A.W. Grube

Charakterbilder aus der Geschichte und Sage

Salzwasser

A.W. Grube

Charakterbilder aus der Geschichte und Sage

1. Auflage | ISBN: 978-3-84600-520-0

Erscheinungsort: Paderborn, Deutschland

Erscheinungsjahr: 2013

Salzwasser Verlag GmbH, Paderborn.

Nachdruck des Originals von 1894.

A.W. Grube

Charakterbilder aus der Geschichte und Sage

Salzwasser

Alexander der Grosse

Charakterbilder

aus der

Geschichte und Sage,

für

einen propädeutischen Geschichtsunterricht

herausgegeben

von

A. W. Grube.

Erster Teil:

Die vorchristliche Zeit.

Dreißigste Auflage.

Mit dem Bildnis Alexanders des Großen und der Ansicht des Forum romanum
(nach einer Rekonstruktion von G. Bauernfeind in München).

Leipzig.
Friedrich Brandstetter.
1894.

Einleitende Vorrede.

Daß der erste Geschichtsunterricht nichts anderes geben könne, als „Geschichten aus der Geschichte", darüber sind wir wohl einig; und daß die ersten Kurse im Geschichtsunterricht möglichst biographisch gehalten werden müssen, ist wenigstens von allen tüchtigen Methodikern anerkannt. Schon der alte wackere Bredow hat uns mit seinem, aus echt pädagogischem Geiste entsprungenen Buche: „Umständlichere Erzählung der merkwürdigen Begeben=heiten aus der allgemeinen Weltgeschichte" auf die rechte Bahn gewiesen. Seitdem wird die biographische Richtung in manchen Schulbüchern mit Glück und Geschick verfolgt, und unter den neueren methodisch bedeutsamen Werken nenne ich, als ausgezeichnet, die Weltgeschichte von Th. Welter (in 3 Teilen) und die Weltgeschichte von Th. Althaus (erster Teil). Aber selbst Bücher, wie die genannten, genügen noch nicht für einen propädeutischen Geschichtsunterricht, und ich will gleich sagen, warum?

„Weltgeschichten für Kinder" sind zwei sich schnurstracks widersprechende Begriffe. Man merkt es aber unsern besten Schulbüchern an, daß sie sich von dem Gedanken, der Jugend eine zusammenhängende Weltgeschichte zu liefern, nicht ganz haben befreien können. Weil sie nun einen Pragmatis=mus, und wenn nicht eine innere, so doch eine äußere Vollständigkeit und Ganzheit anstreben, geben sie auf der einen Seite zu viel, nämlich zu viel Stoffliches von Notizen, Namen und Jahreszahlen, das der Anfänger als rohen Ballast aufnehmen muß und nicht in Fleisch und Blut verwandeln kann; — und auf der andern Seite geben sie zu wenig, nämlich zu wenig in sich vollendete Einzelbilder, zu wenig individuelle charakteristische Züge, welche das geschichtliche Objekt vor die innere Anschauung des Schülers bringen und in seine Empfindung überleiten.

Alles Interesse, welches der Geschichtsunterricht in dem Herzen der Jugend zu erregen vermag, haftet nicht an der Begebenheit als solcher, son=dern an der Person, von der die Begebenheit ihren Ursprung erhält. Die Person ist der lebendige Mittelpunkt, von dem alle Geschichte ausgeht und in den sie wieder zurückkehrt. Vor allem muß der Held dem Schüler mensch=lich nahe treten und zu seinem Herzen sprechen, dann wird auch der Ver=

stand des Schülers gern und leicht die Thatsachen anschauen, welche der Held vollbracht hat. Auch Beschreibungen von Bildungszuständen müssen als Erzählungen auftreten, denn die junge Seele faßt gern und leicht das Nacheinander, ungern und schwer das Nebeneinander. Für den Anfänger sind „Bildungsstufen", „Volkszustände" u. dergl. sehr abstrakte Dinge, die erst konkret und anschaulich werden durch Persönlichkeiten, in und an denen sie sich offenbaren. Für das Alter, das ein propädeutischer Geschichtsunterricht in Anspruch nimmt, sind die Völker nur in den Helden der Völker vorhanden. Das Charakterbild des fränkischen Volksstammes würde in Nebel zerfließen, wenn es nicht in einem Karl dem Großen plastisch vor die Anschauung träte, und in dem Sachsenhelden Wittekind — so wenig wir auch von ihm wissen — stellt sich die Religiosität und zähe Anhänglichkeit an die heimische Sitte, die Offenheit, der Freimut und die Biederkeit des ganzen Sachsenstammes verkörpert dar. Späterhin soll und muß der Schüler allerdings zu der Erkenntnis geführt werden, daß die hervorragenden Heldenpersönlichkeiten eines Volkes nur die Darstellung des Geistes, der in dem Volke lebte und wirkte, nur das Ergebnis einer ganzen Zeit, die ihnen die Bahn bereitete, sind. Und dann mag die Geschichte auch „Zustände" erzählen, dann mag sich zu der Erzählung auch die Beschreibung gesellen. Wer aber das Umgekehrte verlangt, der versteht sich wenig auf die Psychologie. Ich weiß aus Erfahrung, daß selbst die sehr anziehend geschriebenen Kapitel in Welters Weltgeschichte „von den Kulturstufen des Nomadenlebens, des Ackerbaues, vom Handel 2c." die Schüler sehr kalt ließen, weil es an persönlicher Handlung fehlte. Jugendgeschichten müssen dramatisches Leben haben! Macht immerhin ein Kapitel über das „Rittertum im Mittelalter", aber unterlaßt nicht, die lebendigen Gestalten eines du Guesclin, Bayard und Götz von Berlichingen in lebendiger Handlung vorzuführen. Wenn ihr bloß von der „Hansa" sprecht, so bleiben das trockene Notizen, aber diese werden lebendig, wenn sie sich an die Anschauung eines Wullenweber knüpfen.

Ferner: Unsere Lehr= und Lernbücher für den ersten Geschichtsunterricht erzählen wohl von der Gesetzgebung des Lykurg, aber sie haben keinen Raum für die Scene, wo die über Lykurgs Neuerungen aufgebrachten Spartaner mit Steinen auf ihren Gesetzgeber werfen und der leidenschaftliche Jüngling Alkandros den großen Mann blutig schlägt. Und doch ist gerade dieser Zug so höchst charakteristisch und das Gemüt ergreifend; die Sanftmut und Liebe, welche hier der Schwergekränkte offenbart, wie ist sie doch geeignet, den strengen Gesetzgeber dem Herzen des Schülers nahe zu bringen, ihn — ich möchte sagen — von einer christlichen Seite zu zeigen und die Hochachtung in Verehrung zu wandeln! Oder — um ein anderes Beispiel anzuführen — ist es nicht zweckmäßiger, anstatt den ganzen siebenjährigen

Krieg in trockener Skizze abzuhandeln, lieber einige charakteristische und bedeutsame Scenen lebendig darzustellen? Da ist z. B. die Schlacht bei Torgau ein ergreifendes Gemälde. Der schwergeprüfte Held sitzt in dunkler Nacht vor dem Altar der Dorfkirche, mit Sehnsucht den Morgen erwartend, Boten über Boten an Ziethen sendend. Ungeduldig reitet er in die Dämmerung hinaus, da erscheint plötzlich, wie ein Engel vom Himmel, der treue Ziethen und bringt die frohe Botschaft und ruft den Husaren zu: „Unser König hat gesiegt, unser König soll leben!" Die braven Soldaten stimmen ein, rufen aber auch: „Unser Ziethen, unser Husarenkönig auch!" Solche ganz individuelle Züge sind von der tiefsten sittlichen Wirkung.

Es wäre jedoch ein anderes Extrem, wenn man es darauf anlegte, lauter vollständig ausgeführte Biographieen geben zu wollen; man würde dann wieder in eine Systematik fallen, die man vermeiden wollte, und das Kind würde erdrückt von der Menge des Individuellen, wie früher von der Menge des Generellen. Darum möglichst einfache, wenige Pinselstriche, diese aber mit den hellsten, lebhaftesten Farben! Der Anfänger verlangt Einzelbilder; werden aber diese zu lang ausgesponnen, so hören sie auf, Einzelbilder zu sein. Aus diesem Grunde habe ich längere Biographieen wieder in einzelne Nummern zerlegt, die für sich ein abgerundetes Bild darbieten. Zuweilen habe ich die kleinen Abschnitte mit Überschriften versehen, zuweilen auch nicht, damit der Schüler dann Gelegenheit bekomme für eine sehr bildende Übung, selber die Überschrift zu finden.

Wenn es einem Historiker darauf ankommt, gute Quellen zu finden, aus welchen die geschichtliche Thatsache möglichst rein geschöpft werden kann, so muß es dem Pädagogen, der ein Geschichtsbuch für den ersten Geschichtsunterricht herausgiebt, daran gelegen sein, pädagogische Quellen zu finden, d. h. Darstellungen, die sich durch die Einfachheit, Klarheit, Lebendigkeit, charakteristische Anschaulichkeit, kurz durch ihren methodischen Wert auszeichnen. Da ist manches Geschichtsbüchlein, das ein Historiker von Fach verächtlich über die Achsel ansehen würde, für den Methodiker von Fach ein wahrhaft klassisches Werk. Wer seine Geschichtsbilder für den propädeutischen Unterricht aus Raumer oder Ranke, oder aus Böttichers Weltgeschichte in Biographieen entnehmen wollte, würde sehr unpädagogisch verfahren. Nicht minder der, der Chroniken in ihrer originalen (methodisch unbearbeiteten und kritisch nicht gesichteten) Form bringen wollte. Dieses Prunken mit den „Quellschriften" darf uns nicht blenden. — Was unser Buch bringt, ist der Jugend verständlich, klar, leichtfaßlich. Manches habe ich, wenn es vollendet war und dem Zwecke der Charakterbilder vollkommen entsprach, ganz wörtlich mitgeteilt; manches, wenn es der Darstellung an Lebendigkeit und Abrundung fehlte, auch geändert und selbst bearbeitet. Im ganzen bin ich aber von dem Grundsatze ausgegangen, daß es bei Büchern, wie das vorliegende, besser sei, wenn der Verfasser unter dem bereits vorhandenen Guten das Beste auswählt, als wenn er alles nur als seine Arbeit mitteilen will. Eine gewisse Einseitigkeit und Einförmigkeit ist dann schwer zu vermeiden.

So viel über das Wie? der Darstellung; nun einige Worte über das Was? — Hellas, Rom und das deutsche Vaterland sind die drei Sonnen, die im propädeutischen Geschichtsunterricht, wie im Geschichtsunterricht auf Schulen überhaupt, hell leuchten müssen, damit sich der nationale Sinn daran erwärme und erfrische. Wer da meint, gleich mit der deutschen Geschichte beginnen zu müssen und die Griechen und Römer auf eine spätere Zeit verschiebt, handelt eben so sehr gegen das pädagogische, wie das nationale Interesse, denn an Griechenland und Rom lernt die Jugend die eigene Nationalität verstehen. Ferner: Für einen propädeutischen Geschichtsunterricht ist es vor allen Dingen erforderlich, daß die Sage eine größere Berücksichtigung finde, als solches bisher der Fall war. Mit der Sage beginnt die Geschichte, mit der Sage muß auch der Geschichtsunterricht beginnen. In der Sage lebt und webt der Volksgeist in seiner kindlichen Unmittelbarkeit, in der Sage spiegelt sich die Geschichte, wie sie dem Volksgemüte, der noch blaß empfindenden Volksanschauung sich darstellt; darum prägt hier das Volk sein eigenstes, innerstes Wesen, seinen nationalen Kern selber aus Soll der Geschichtsunterricht seine Aufgabe, den nationalen Sinn, das Volksgemüt im Schüler anzuregen und zu entwickeln, sicher lösen, so müssen auch die Sagen, vor allem die griechischen und deutschen, viel mehr in den Vordergrund treten, als solches bisher geschehen ist. In einem Geschichtsbuche für den propädeutischen Unterricht muß ein Siegfried und Roland, ein Herkules und Theseus eben so viel Geltung haben, als ein Alexander oder Karl der Große. Ja, schauen wir näher zu, so findet sich, daß in der Geschichte aller großen Helden, daß in der römischen Geschichte bis zu den punischen Kriegen herab noch sehr energisch die Sage waltet, daß sie in unserer Geschichte nicht bloß einen Carolus Magnus und Friedrich Barbarossa verklärt, sondern bis zum Wilhelm Tell hinaufreicht, ja in jedes Heldenleben hineinspielt. Denn alle großen Männer, welche ins Volksbewußtsein eindringen, werden alsbald auch ergriffen vom Volksgemüte, das sie in ein ideales Reich der Anschauung versetzt, damit sie nicht bloß mit den Augen des Verstandes, sondern mit den Augen des Herzens betrachtet und genossen werden. Die Sagenwelt muß die Pforte sein, durch welche der Schüler in die Geschichtswelt eintritt; die Sagengeschichte muß die Ouvertüre, das erste Konzert spielen, dessen Töne mächtig das Gemüt ergreifen und es mit Lust und Liebe zur Geschichte erfüllen. Solches muß aber zur rechten Zeit geschehen, und diese Zeit ist das Alter von 9 bis 12 Jahren, wo der Verstand noch eingehüllt ist von der Phantasie, aber auf dem Punkte, seine Knospe zu durchbrechen.

Für den propädeutischen Geschichtsunterricht gehören alle Anfänge großer Geschichtsepochen, die Heroen und gewaltigen Kriegshelden, die großen Könige und Gesetzgeber, Reformatoren und Staatsmänner in großem Stil, die als Sterne erster Größe auch der Volksanschauung zugänglich geworden sind; auch ein Albrecht Dürer, ein Haydn und Gellert als Anfänge deutscher Malerei, Musik und Dichtkunst, die eben als Anfänge noch ein naives, einfaches Wesen offenbaren, dessen Bild sich in leicht faßlichen Umrissen darstellen läßt. Es sind die ersten Grundstriche und Konturen, die vom eigentlichen Geschichtsunterricht dann verbunden und ausgefüllt werden. Je einfacher und derber die ersten Striche sind, desto klarer und anschaulicher werden sich späterhin vollendete Gemälde der Seele einprägen. Darum hüte man sich vor den Massen und gebe Charakterbilder, welche äußerlichen Reichtum mit innerer Fülle ersetzen.

Ein Fehler unserer gangbaren Geschichtsbücher ist, daß sie neun Zehntel ihres Inhalts mit Schlachten, Erbfolgestreitigkeiten und Dynastieengeschichten anfüllen. Ist es aber nicht besser, wenn der Schüler einige tüchtige deutsche Kaiser von Angesicht zu Angesicht kennen und lieben lernt, als wenn er die ganze Sippschaft mittelmäßiger Fürsten lernen muß, die sich gleichen, wie ein Ei dem andern? Und wird nicht durch die ewigen Kriege und das fortwährende Blutvergießen die Empfindung des Schülers von vornherein und systematisch abgestumpft? Ich verkenne es nicht, daß gerade die Kriege es sind, deren heroisches Moment für die Jugend so viel Anziehendes hat, weil hier alles Große und wahrhaft Menschliche, weil hier Tugend und Laster besonders anschaulich hervortreten; aber es bleibt ja, wenn man die Hälfte abschneidet, immer noch genug übrig, und dies ist dann von größerer Wirkung. Ich verkenne auch nicht, daß die Kulturgeschichte in einem propädeutischen Kurse weder herrschen kann noch herrschen soll, aber sie darf auch nicht ganz zurücktreten. Die biblische Geschichte aber soll man weglassen, denn es thut nicht gut, sie mit der Profangeschichte zu vermengen. Sie gehört in den Religionsunterricht mit dem ausgesprochenen Zweck der Erbauung.

Ich habe die Geschichtsbilder zu einzelnen Gruppen vereinigt und so viel als möglich Parallelen und Gegensätze zusammengestellt, am liebsten aber so, wie es die Geschichte selber gethan hat. Wohl hätte ich einen Alexander mit einem Karl dem Großen, die Zerstörung von Troja mit der Zerstörung von Karthago zusammenstellen können, allein es wäre das wieder nicht methodisch gewesen. Wenn der erste Unterricht auch nur Einzelnes, Abgerissenes bietet, so können und sollen doch bereits diese Teile in einem innern Zusammenhange stehen; der Schüler soll heimisch werden auf griechischem, römischem, deutschem Boden, der eigentümliche Geist des Volkes soll ihn anwehen, ihm vertraut werden. Das ist aber nicht möglich, wenn man den Anfänger beim Schopf nimmt und ihn durch die Lüfte entführt von Asien nach Europa, von Hellas nach Altgermanien, ohne daß er Zeit gewann, in einem Lande erst heimisch zu werden. Vergleichende Geschichte können wir erst dann treiben, wenn wir die anschauende Geschichtskenntnis sicher gepflanzt haben. Es bleibt ja dem Lehrer unbenommen, bei der Eroberung von Karthago den Blick des Schülers auf die Zerstörung von Troja zurückzuwenden, oder Karl den Großen mit Alexander dem Großen zu vergleichen, ohne daß diese Helden im Buche neben einander stehen müßten. Die Geschichte bietet aber selber auf gleichem Boden und in gleicher Zeit der Parallelen und Gegensätze so viel dar, daß der Methodiker ihr nur zu folgen braucht. Steht nicht ein König Xerxes neben einem König Leonidas, ein Cäsar und Pompejus, Gregor VII. und Heinrich IV. zusammen? Man wird füglich die englische und französische Revolution zusammenstellen können, nicht aber nach den Perserkriegen gleich den siebenjährigen Krieg abhandeln.

In der Weise, wie ich die Gegensätze zusammengestellt habe, wird der Schüler mit der Eigentümlichkeit jedes einzelnen Objektes um so besser vertraut dadurch, daß ich ihm Zeit lasse, in einer Zeitepoche, oder in einem Lande oder unter ähnlichen Verhältnissen mit seinem Blicke zu verweilen. So stehen z. B. im ersten Abschnitte drei Völker zusammen: die Ägypter, Assyrer, Phönizier. Bei allen drei erblicken wir das Volk als ein Ganzes wirkend, ohne daß einzelne Helden aus dem Volke in ihrer Persönlichkeit hervortreten, wie es im zweiten oder dritten Abschnitte der Fall ist. Aber innerhalb des ersten Abschnittes ergiebt sich bald ein bedeutender Gegensatz. Unter den Phöniziern ist jeder einzelne ein Herr und König, während bei den Assyrern absolute Monarchie (Despotie) und bei den Ägyptern ein durch Priester beschränktes Königtum herrscht. Bei den Assyrern und Ägyptern ist aber das Volk willenlose Masse, das Werkzeug, um die Gedanken und Befehle eines Alleinherrschers auszuführen: daher die großartigen Bauten und Heerzüge, während umgekehrt bei den Phöniziern großartige Handelsunternehmungen erscheinen, die unbeschränkte Freiheit des Einzelnen zur Voraussetzung haben. Im zweiten und dritten Abschnitte stellen sich die Helden in ihrer Einzelpersönlichkeit dar; aber im zweiten Abschnitt ist ein Heros der Handelnde, während im dritten sich mehrere — a. Individuen, b. Volksstämme — zu gemeinsamem Handeln vereinigen. Der trojanische Krieg war die erste nationale That der Hellenen, die erst dann erfolgen konnte, nachdem die inneren Gärungen und Kämpfe des Heroentums sich abgeklärt und befriedigt hatten. Der Inhalt des vierten Abschnitts verhält sich zu dem des fünften, wie asiatischer Despotismus zu europäischem Volkstum, wie prunkvolle Barbarei zu edler freier Menschlichkeit. Alexander bringt das Griechentum zum Abschluß, das in Achill, dem

Helden des trojanischen Krieges, so herrlich begonnen hatte; er selbst be=
trachtete sich als den wiedergeborenen Achill, der die Arbeit seines edlen Vor=
bildes zu vollenden habe. Der fünfte Abschnitt stellt wieder im Verhältnis
zum sechsten ein Volk dar, das in Vielstaaterei untergeht, während Rom
durch die Einheit seines Staatswesens die Welt erobert; bei den Griechen
die höchste ästhetisch=humane, bei den Römern die höchste politisch=nationale
Bildung. Diese Verhältnisse werden dem Schüler nicht in ihrer abstrakten
Allgemeinheit, sondern in ihrer konkreten Anschaulichkeit durch bestimmte
Fragen nach Thatsachen zum Bewußtsein gebracht. So stehen im zweiten
Teile die Römer in ihrer Auflösung und Zerrüttung und die Germanen in
ihrer Jugendfrische sich gegenüber, ferner das deutsche Reich in der Einheit
des Kaisertums und in der Zersplissenheit souveräner Fürstengewalt, die be=
reits in der Eifersucht zwischen Franken und Sachsen ihren Anfang nimmt,
durch den Zwiespalt zwischen Kaiser und Papst begünstigt und endlich durch
den religiösen Gegensatz (Reformation, dreißigjähriger Krieg) vollendet wird.
Die Entdeckung von Amerika und die Erfindung der Buchdruckerkunst leiten
eine Entwickelung ein, die sich wesentlich vom Mittelalter unterscheidet, und
die in der Reformation wie in der englischen, amerikanischen und fran=
zösischen Revolution ihre Knotenpunkte hat. Mit den Kämpfen des freien
Geistes, des freien Staates, der freien Gesellschaft, wie sie in Hauptpersön=
lichkeiten charakteristisch sich darstellen, hat es der dritte Teil zu thun. Das
Christentum aber ist überall der Sauerteig, der die Welt durchdringt und
vor Fäulnis bewahrt, und Jesus Christus ist auch in der weltlichen Ge=
schichte der Mittelpunkt und der Wendepunkt zwischen alter und neuer Zeit.
So sind die Grundlinien gezogen, nicht willkürlich, sondern in festbestimmtem
Zusammenhange.

In jedem einzelnen Abschnitte sind wieder Parallelen und Gegensätze zu
finden, welche die Anschauung zur Beobachtung überleiten. So sind z. B.
Attila, Alarich und Theodorich der Große zu einer Gruppe vereinigt. In
Attila stellt sich, gegenüber der verweichlichten und versumpften Römerkraft,
die frische, aber noch ganz rohe Naturkraft dar, unbildsam und vom Christen=
tum unbezwungen; die frische bildsame Naturkraft des Germanen äußer=
lich vom Christentum berührt, gezügelt und gemildert in Alarich; bereits
innerlich ergriffen und den Ansatz zu einem christlichen Staate bildend, in
welchem „Gerechtigkeit wohnt“, in Theodorich d. Gr. So wird der Schüler
in Bonifacius und Ansgar leicht zwei christliche Charaktere, den stürmenden
Petrus und den sanften Johannes erkennen. So ist Friedrich der Große
groß durch die überwiegende Macht seines Verstandes, Josef II. groß durch
die überwiegende Macht seines Herzens. Bei letzterem sind gerade die ein=
zelnen Anekdoten so recht am Platze, damit der Schüler den Menschen im
Kaiser achten und lieben lerne, während er von den gescheiterten Plänen des

Fürsten noch nicht viel zu fassen vermag. Der auf den Vorbereitungs-Kursus folgende Geschichtsunterricht, welcher auf den inneren, festgegliederten, übersichtlichen Zusammenhang der geschichtlichen Thatsachen hinarbeitet, würde nicht mehr Zeit haben für die Einzelheiten; darum müssen sie vorher abgethan werden, denn sie sind nötig.

Durch eine Gruppierung wie die vorliegende wird nicht bloß das freie Nacherzählen, sondern auch das Bilden von Aufsätzen bedeutend erleichtert. Ich verstehe aber unter diesen Aufsätzen keine „Abhandlungen", sondern ausführliche Antworten auf bestimmte Fragen, deren Ausgangspunkt die Vergleichung der ähnlichen oder im Gegensatz stehenden Persönlichkeiten ist. Diese Vergleichung gewinnt im Fortgange des Unterrichts ein immer größeres Feld. „Worin stimmt der Lebensgang des Lykurg mit dem des Solon überein? Was haben sie in ihrer Gesetzgebung gemeinsam, was nicht?" Kommt dann Numa Pompilius und Servius Tullius an die Reihe, so werden diese Römer mit jenen Griechen in Parallele gesetzt, und so die behandelten Stoffe immer im Kurs erhalten. In seiner schriftlichen Arbeit fixiert der Schüler die Resultate, die er aus der mündlichen Unterredung mit dem Lehrer gewonnen hat. Auch muß er sich die Geschichtstafeln und Übersichten selber anfertigen. Das bloße Nacherzählen der Geschichte genügt keineswegs, um den Schüler des Stoffes Herr werden zu lassen; er soll sie geistig durchdringen, indem er sie beobachten lernt.*)

Wer den Sinn des propädeutischen Geschichtskurses recht versteht, wird denselben nicht auf ein Jahr beschränken, sondern zwei bis drei Jahre ihm widmen. Mit zehn bis zwölf Biographieen ist die Sache nicht abgethan. Dr. G. Weber fordert drei Jahre, und ich stimme ihm bei. Ein Schüler, der auch nur den propädeutischen Kurs durchgemacht hätte, würde doch bereits ein relativ Ganzes und Vollständiges gewonnen haben, er hätte bereits aus den „Geschichten" Geschichte gelernt.

Ist einmal ein solcher äußerlich vereinfachter und innerlich bereicherter Lehrgang hergestellt, dann können auch historische Gedichte ihre volle Wirksamkeit entfalten und viel dazu beitragen, jene Bildung des Gemütes zu erzeugen, die zugleich sittliche Kräftigung ist.**) Desgleichen wird nun auch die Wirkung eines historischen Bilderbuches (dessen Mangel bei den

*) Für eine tiefer gehende Repetition ist das 1865 herausgegebene Wiederholungsbuch zu den Charakterbildern aus der Geschichte und Sage bestimmt, das auch zum Einprägen der hauptsächlichsten Jahrzahlen eine Zeittafel enthält. —

**) Man vergl. mein Büchlein „Deutsche Geschichten in deutschen Gedichten" (Leipzig 1851), worin das nationale samt dem ästhetischen und sittlichen Interesse kräftig wahrgenommen ist.

jetzigen Mitteln unverzeihlich ist) bedeutend sein, weil sie mit dem Streben des Unterrichts, der auf das individuelle Bild gerichtet ist, sich vereinigt. Das Ausmalen von Scenen, die im Buche nur angedeutet, oder auf dem Bilde dargestellt sind, bietet eine sehr geeignete Übung für schriftliche Arbeiten. Man sollte weder von ägyptischer, noch griechischer, noch deutscher Baukunst den Schülern erzählen, wenn man ihnen nicht die entsprechenden Abbildungen vorzeigen kann, gleichwie es ratsam ist, wenn der „Guttenberg" an die Reihe kommt, die Schüler zuvor in eine Buchdruckerei zu führen. Wenig extensiv, viel intensiv! Vertiefung in das Individuelle und lebendige Anschauung der Person! Dieser Grundsatz gilt besonders auch für den Geschichtsunterricht, und nur in dem Maße, daß wir ihn zur Geltung bringen, wird die Geschichte ein wirksames Moment werden für die sittliche Bildung des Schülers, nur dann wird derselbe an den Charakteren der Geschichte den eigenen Charakter entwickeln und stärken, nur dann wird er sich begeistern zu dem Entschlusse, teilzunehmen an dem Kampfe für die höchsten Güter des Menschenlebens, für Wahrheit, Freiheit und Recht, und nur dann wird er Liebe und Vertrauen gewinnen zu dem, dessen starke Hand die Geschicke der Menschheit führt und lenkt, damit mehr und mehr das Reich Gottes auf Erden wachse und blühe.

Möge für solch einen Zweck dieses Buch ein brauchbares Mittel sein! Es bietet sich zunächst den unteren Klassen der Gymnasien und Realschulen dar, möchte aber auch für gehobene Volksschulen willkommen geheißen werden.

In der Volksschule wird zwar immer auf die biblische Geschichte und auf die Geschichte der Ausbreitung des Christentums gebührende Rücksicht genommen werden, aber deshalb darf die Profangeschichte nicht zu kurz kommen, damit die Hauptmomente der deutschen Geschichte — das, was die Größe und nationale Kraft des deutschen Volks gefördert, und das, was sie gehindert und die Einigung verzögert hat — der Jugend unseres Volkes recht zu Gemüte geführt werden. Wir wollen nicht das schöne Ziel aus dem Auge verlieren, gerade dadurch die Volksschule zu heben, daß wir die Geschichte in ihren Lektionsplan aufnehmen. Denn fordert nicht auch der christlich=kirchliche Zweck, eines Augustus und Nero, eines Konstantin und Julian Erwähnung zu thun wie eines Karl und Bonifacius? Und ist es nicht gerade dem patriotischen Zwecke förderlich und ganz entsprechend, von der Schlacht bei Marathon und Salamis zu reden, wie von der Leipziger Völkerschlacht? Ein systematischer Geschichtsunterricht gehört allerdings nicht in die Volksschule, wohl aber ein propädeutischer, der dann in der Fortbildungsschule — die notwendig die Volksschule ergänzen muß, wenn sie nicht ein Anfang ohne Ende bleiben soll — seinen Abschluß findet und entschiedener als bisher auf eine christlich=nationale Bildung hin=

arbeitet. Von dem unfruchtbaren Notizenkram müssen die Volksschullehrer sich los machen und zur lebendigen Quelle der Geschichte, zur Vertiefung in die Persönlichkeit zurückkehren, dann können sie auch mit wenigem viel aus= richten. „Teile und herrsche!" — so heißt es auch hier.

Hard am Bodensee, im März 1852.

A. W. Grube.

Vorwort zur siebenten und zu den folgenden Auflagen.

Seit dem Erscheinen dieses Werkes sind mehrere ähnliche ans Licht ge= treten, auf welche ich hier prüfend und vergleichend näher eingegangen sein würde, wenn sie nicht — bei allen Variationen und Abweichungen im ein= zelnen — ganz den Grundsätzen folgten, wie ich sie im Vorwort zur ersten Auflage dieses Buches entwickelt habe.

Auf einen Punkt muß ich aber hier aufmerksam machen, da man von diesem aus den ganzen Elementarunterricht in der Geschichte radikal um= gestalten möchte. Durch den begründeten Gedanken, die Kulturgeschichte auch für den Anfang des Geschichtsunterrichts nicht zu sehr vor den Kriegs= und Königsgeschichten zu vernachlässigen, haben sich nicht bloß die Verfasser ähn= licher Chrestomathieen verleiten lassen, griechisches und römisches, indisches und chinesisches Kulturleben behandeln zu wollen, ohne biographische Ver= mittelung, auch bewährte Kulturhistoriker, wie Prof. Biedermann, sind mit Vorschlägen zu einer Reform des Geschichtsunterrichts hervorgetreten, die darauf ausgehen, mit Kulturgeschichte zu beginnen, die dem An= fänger zumuten, politische Verfassungen und Kulturverhältnisse zu studieren, welche ein Sekundaner und Primaner nur mit Anstrengung sich klar macht, die aber durchaus über dem Horizonte eines zehn= oder elfjährigen Knaben liegen. Schon dieser soll (vergl. die Broschüre von K. Biedermann „der Geschichtsunterricht in der Schule" S. 17) sich darüber Rechenschaft geben, ob die heutige Denk= und Lebensweise, die heutigen Gewohnheiten und Sitten besser seien, als die unserer Vorfahren oder nicht? Ist nicht — so fragt man — die Chronik des Dorfes oder der Stadt, worin der Schüler lebt, das Nächstliegende, das er zuerst kennen lernen muß? „Hier gilt es," sagt Biedermann a. a. O. S. 15, „den Schüler teils zur Erfassung der kultur= geschichtlichen Eigentümlichkeiten des gegebenen Ortes, im Vergleich oder

Gegenſatz mit anderen Orten (gleichſam der kulturgeſchichtlichen Phyſiognomie
desſelben) anzuleiten, teils ihn mit den Veränderungen bekannt zu machen,
welche dieſe Phyſiognomie nach den wichtigſten kulturgeſchichtlichen Be-
ziehungen im Laufe der Zeit erfahren hat!"

Es iſt aber nicht alles, was uns räumlich oder zeitlich
am nächſten liegt, für den Unterricht und im pſychologiſch-
pädagogiſchen Sinne das Nächſtliegende, und der natürliche Übergang vom Wohnort zum Bezirk, von dieſem zur Provinz u. ſ. f. als
Lehrgang für den Geſchichtsunterricht iſt ſeitens der Methodik ein ſehr un-
natürlicher, weil er nicht mit dem Einfacheren, ſondern mit dem Zu-
ſammengeſetzten, nicht mit dem Urſprünglichen, ſondern mit dem Abgeleiteten,
mit den komplizierteſten Kulturverhältniſſen beginnt.

Die Herbartianer (Prof. Ziller und ſeine Schule), die ſich teils an
Biedermann anſchließen, teils ihm widerſprechen, wollen die deutſche Ge-
ſchichte mit Heinrich I. begonnen wiſſen (weil deſſen Regierungszeit „einfache
Zuſtände" enthält!), dann folgt Otto d. Gr. und dann — Karl d. Gr.;
darauf Chlodwig, und dann Auguſtus, Arminius, darauf aber
Heinrich IV. und dann die Völkerwanderung und Attila!*)

Die Geſchichte iſt aber kein Kartenſpiel, das man be-
liebig miſchen kann, um bald dieſes bald jenes Blatt zuerſt
auszuſpielen; ſie iſt ein Entwickelungsprozeß, worin die
frühere Stufe die ſpätere vorbereitet und erklären hilft.

Dieſe pſychologiſch und pädagogiſch — wie mir ſcheint — wohlbegrün-
deten Anſichten und Grundſätze glaubte ich gewiſſen übertriebenen Forderungen gegenüber, die an den erſten Geſchichtsunterricht geſtellt werden, ſo-
wie den methodiſchen Künſteleien und Tiſteleien gegenüber, die gegenwärtig **)
in Aufnahme kommen, hier nochmals kurz hervorheben zu müſſen.

Vorwort zur ſiebzehnten Auflage.

Dieſe Auflage hat neben kleineren Verbeſſerungen und Ergänzungen eine
nicht kleine Bereicherung des dritten Teils erfahren; ein ganzer Abſchnitt,
der zehnte, die Entwickelungskämpfe der neueſten Zeit enthaltend, in ſoweit
ſie für unſer deutſches Vaterland von beſonderer Wichtigkeit ſind, iſt hinzu-

---

*) Vergl. die Abhandlung von Dr. Göpfert: „die Anordnung des Geſchichtsſtoffes
für die Schule" in Manns Deutſchen Bl. f. Erz. u. U. 1881, 30.
**) Dieſer Zuſatz iſt vom Jahre 1881.

gekommen. Um das Buch nicht über Gebühr anschwellen zu lassen, konnte ich nur die Hauptmomente hervorheben; es mußte jedoch, dem Zwecke des Ganzen gemäß, in scharf markierten anschaulichen Zügen geschehen. Man muß teilen, um zu herrschen und nicht schon im ersten Geschichtskursus den Schüler mit zu vielem Detail überschütten. Der glorreiche deutsche Krieg von 1870/71 durfte aber in einer Bildungsschrift wie die vorliegende nicht länger mehr fehlen, und ich glaube den Wünschen vieler Leser und Freunde dieser Geschichtsbilder entsprochen zu haben, daß ich den neuen Abschnitt gerade in der vorliegenden Weise schrieb.

Bregenz im Sommer 1873.

Vorwort zur dreiundzwanzigsten Auflage.

Die neue Auflage des vorliegenden Werkes konnte, da ein frischer Satz angeordnet wurde, nicht nur äußerlich, sondern auch innerlich mannigfach bereichert und verbessert werden. Die früheren Auflagen folgten sich so rasch und die Stereotypen erschwerten so sehr jede größere Abweichung vom Texte, daß ich manche schon längst bereit gehaltene Berichtigung und auch diesen und jenen Zusatz erst jetzt anzubringen vermochte. Eine Lücke, die sich im sechsten Abschnitt des zweiten Teils — zwischen Friedrich d. Schönen von Österreich und Maximilian — fand, habe ich durch einige kurz zusammengefaßte, doch inhaltreiche „Kaiser-Bilder" ausgefüllt und so die Reihe der Hauptmomente der deutschen Geschichte vervollständigt. Als Entwickelungs-Momente stehen diese alle in einem inneren Zusammenhange; wie denn der ganze historische und Sagenstoff, den ich in geschlossenen „Einzelbildern" und Schilderungen vorführe, so geordnet ist, daß dem Leser dieser Zusammenhang erkennbar und fühlbar und dem Lehrer, der mein Buch für den Geschichtsunterricht benutzt, die Arbeit sehr erleichtert wird, das pragmatische Verhältnis seinen Schülern zum Bewußtsein zu bringen. Ich glaube, sowohl in dem, was ich geboten, als in der Art, wie ich's gegeben habe, dem Lehrer manche Handreichung und für die Methodik des grundlegenden Geschichtsunterrichtes fruchtbare Impulse gegeben zu haben. Durfte ich schon aus der weiten Verbreitung des Werkes und der noch immer sich steigernden Nachfrage den Schluß ziehen, daß selbiges in Schule und Haus gleich willkommen geheißen werde: so hat es mir auch, worauf ich besonderen Wert

lege, aus den Kreisen praktischer Lehrer und Schulmänner nicht an zustim=
menden Äußerungen gefehlt, die mir die beruhigende Gewißheit geben, daß
ich mit meinen „Geschichtsbildern" einigermaßen das Richtige getroffen habe.

Was den Geschichtsunterricht in der Volksschule betrifft, so ist und
bleibt zu wünschen, daß er mehr Raum und Zeit gewinnen möge, als ihm
bisher zu teil wurde. Das, was die Lesebücher an geschichtlichem Stoff
darbieten, ist nicht genügend. Selbst in der letzten Versammlung des würt=
tembergischen evangelischen Volksschulvereins",[*] dem man durchaus nicht
vorwerfen kann, daß er die Lehrstoffe und Lehrziele der Volksschule zu hoch
schrauben wolle, lautete die dritte der den Geschichtsunterricht in der Volks=
schule betreffenden, vom Seminardirektor Gundert aufgestellten Thesen:

„Der Unterricht beginnt mit Bildern aus der griechischen und römischen
Geschichte. Wegen ihrer Frische und Einfachheit eignen sie sich beson=
ders für das jüngere Alter, wegen ihres Gehaltes und weil in ihnen
die Wurzeln der späteren geschichtlichen Bildungen liegen, lassen sie sich
nicht entbehren. Dann folgen in größerer Zahl Bilder aus der deut=
schen und württembergischen Geschichte. Unter das vorgeschrie=
bene Maß des Stoffes läßt sich nicht hinabsteigen; eher
wäre eine Erweiterung anzustreben."

Die sechste These lautete:

„Eine kurzgefaßte „deutsche Geschichte für die Volksschule Württembergs"
ist nicht, was wir brauchen; der Versuch, deutsche Geschichte im Zu=
sammenhang zu geben, wäre Zeitverlust. Denn nicht alle Teile der
Geschichtsreihe haben gleichen Wert, und selbst wenn sie ihn hätten, be=
dürften die Kinder doch vor allem scharf umgrenzter Einzelbilder, in
die sie sich gründlich vertiefen können, ohne sich ins allgemeine zu ver=
lieren. Von einer Erzählung zur nächsten mit wenigen Worten über=
zuleiten, mag dem Lehrer überlassen bleiben, welcher in jedem Fall noch
andere Hilfsmittel außer dem Lesebuch zu seiner eigenen Erfrischung be=
nützen und, wo sich eine empfindlichere Lücke fühlbar macht, das Feh=
lende auch ausführlicher ergänzen wird."

In der Versammlung einigte man sich dann darin, daß in „besser ge=
stellten und mehrklassigen Schulen" der geschichtliche Stoff erweitert wer=
den könne und solle.

Diese Übereinstimmung mit Grundsätzen, wie ich solche vor einem
Menschenalter hervorgehoben und betont habe, ist mir sehr erfreulich. Die=
jenigen aber, welche an den elementaren Geschichtsunterricht zu hohe An=
forderungen stellen, täuschen sich selber über den möglichen Erfolg.

Vom Methodischen zum Sachlichen übergehend will ich nur noch be=

---

[*] Sie tagte in Stuttgart am 6. Oktober 1881.

merken, daß ich in vorliegender neuer Auflage hervorgehoben habe, was an diesem und jenem „Faktum", dessen geschichtliche Wahrheit lange als unzweifelhaft angenommen ward, ohne historisch verbürgt zu sein, mythisch oder sagenhaft ist. Wir brauchen deshalb, weil dieser und jener Zug als sagenhaft erkannt worden ist, denselben keineswegs mit Stillschweigen zu übergehen, zumal wenn die betreffende „Sage" in das Volksbewußtsein übergegangen ist und für das Volksgemüt Bedeutung erlangt hat. So sehr auch der Lehrer verpflichtet ist, von den Ergebnissen der neueren historischen Kritik Kenntnis zu erlangen, um sie für den Unterricht zu verwerten: so ratsam ist es doch auch, wenn er nicht zu voreilig der negativen Kritik huldigt, die nicht selten von einem Extrem ins andere gerät. So auch in der Charakterzeichnung. Von der Mohrenwäscherei, wie sie z. B. Stahr mit einem Tiberius*) angestellt hat, ganz zu geschweigen, sind selbst unsere besonnensten Historiker doch nicht ganz frei geblieben von dem Humanitätsschwindel unserer Zeit, der das Eckige, Scharfkantige, grell Beleuchtete abzuschleifen, abzustumpfen, zu vertuschen liebt. Da wird Kaiser Sigismund, dem man schnöde Wortbrüchigkeit und Charakterlosigkeit gegenüber Huß mit Recht vorgeworfen hat, in Schutz genommen; solche Beschuldigung sei „völlig grundlos," denn er habe ja nicht die Verpflichtung gehabt, den Angeklagten vor der Verurteilung und Hinrichtung als Ketzer zu schützen. Der Geleits- und Schutzbrief, worin der Kaiser dem vorgeladenen Huß freies Geleit zusichert, ihn in „seinen und des Reiches besonderen Schutz" zu nehmen verspricht, daß er „frei und sicher passieren, wohnen, sich aufhalten und repassieren" könne — sei eben nichts weiter als ein Reisepaß gewesen. — Die Verurteilung als Ketzer konnte Sigismund freilich nicht hindern, das verlangte auch niemand, wohl aber mußte er, am kaiserlichen Wort festhaltend, dem Verurteilten freies Geleit nach Prag geben, damit dort seine Obrigkeit die Strafe an ihm vollziehen möchte. Huß wurde aber schon vor seinem ersten Verhör gefangen gesetzt und wegen dieses Bruches des kaiserlichen Schutzbriefes ließ sich Sigismund nicht nur durch die Ausrede der Kardinäle besänftigen, daß man einem Ketzer nicht Wort zu halten brauche, er redete dann sogar selber den Kardinälen zu: „sie sollten Huß nur verbrennen, wenn er nicht abschwören wolle, andrerseits aber auch seinem Widerruf nicht trauen und ihn keinenfalls nach Böhmen zurücklassen!"

Wie man in einem Atem dies Thatsächliche zugeben und zugleich die bezeichnete Anschuldigung Sigismunds „völlig grundlos" finden und den

---

*) Eine edle Dame in Schlesien schrieb mir nach dem Erscheinen der Stahrschen Schrift, ich möchte doch nun das dunkle Charakterbild des Tiberius in meinen weit verbreiteten Geschichtsbildern zu einem Lichtbilde gestalten, denn es sei ja historisch erwiesen, daß man dem wackeren Imperator bitter Unrecht gethan habe! Ich konnte ihr leider diesen Gefallen nicht thun.

Lehrern zumuten kann, in solcher Weise zu lehren, ist mir schwer begreiflich. Es ist ja sehr löblich und nur gerecht, das Bild des unglücklichen Kaisers Heinrich IV. von den allzuschwarzen Flecken, mit denen es seine Gegner verdunkelt haben, zu reinigen; aber die tiefen Schatten seiner höchst leicht= sinnigen, sinnlichen, zwischen Übermut und Kleinmut unaufhörlich schwanken= den, von einem Übermaß ins andere geratenden Natur schwinden deshalb noch nicht, und ebenso bleibt es feststehend, daß der Erzbischof Adalbert von Bremen, der, obwohl persönlich einen untadelhaften Lebenswandel führend, doch aus Politik dem Hange zur Üppigkeit des jungen Fürsten nicht ent= gegentrat und den Haß gegen die Sachsen schürte, sein böser Dämon wurde. Nach Giesebrecht (Gesch. der deutschen Kaiserzeit III.) „zerfallen die schweren Anschuldigungen Adalberts als Erzieher Heinrichs in nichts!" Man sieht, wie die Übertreibung auf einer Seite immer wieder eine ähnliche auf ent= gegengesetzter Seite zur Folge hat.

So berechtigt ferner die Berichtigung der Eigennamen ist, so hat sich doch auch in dieser Richtung eine gewisse Neuerungssucht breit gemacht, die an die Schwankungen unserer sogen. Rechtschreibung erinnert. Ohne Not habe ich nichts an der hergebrachten Schreibung geändert und z. B. den alten Sachsenhelden Wittekind (Widukind) und das edle Geschlecht der Bil= lunge (Billinger) ungestört gelassen. Bis vor kurzem war es üblich, Kaiser Heinrich VII. von Luxemburg zu schreiben und vom Luxemburger Karl IV. zu reden ꝛc. Das Stammschloß der Luxemburger, von dem die Stadt und das Land den (undeutschen) Namen erhalten hat, ist „Lützelnburg" (Klein= burg) und somit der Zuname „Lützelnburger" wohlgerechtfertigt. Da jedoch der Name Luxemburg einmal zur Geltung gekommen ist, so hat die Bei= behaltung desselben auch etwas für sich. Wenn die Verfasser von Schul= büchern (z. B. David Müller in der Gesch. des deutschen Volks) statt „Württemberg" „Wirtenberg" schreiben, so hat das wohl eine etymologische Berechtigung, ist aber doch nicht zu rechtfertigen, weil der offizielle nun ein= mal festgestellte Name des Landes „Württemberg" ist.

Der Lateiner, der keines Dehnungszeichens für sein langes i bedarf, schreibt Frisia (Friesland). Obwohl sich in unseren besten geographischen Handbüchern wie auch offiziell die Schreibung „Ostfriesland" festgestellt hatte, beirrte das den trefflichen D. Müller und andere durchaus nicht, der Frise und Ostfrisland drucken zu lassen. — Die Schreibung „Muhamed" und „Muhamedaner" hatte sich seit langer langer Zeit Bahn gebrochen; da trat ein „Sprachkundiger" für Mohamed ins Feld und in den Schul= büchern ward nun Mohamed „Mode". Alsbald trat ein anderer „Sach= kundiger" hervor und bewies, daß es Mohammed heißen müsse und nun marschierten in unsern Schulbüchern die Mohammedaner auf. Hätte es doch dabei sein Bewenden gehabt! Die Mode aber verlangt Abwechslung, und so begegnen wir in neuesten historischen Hand= und Schulbüchern schon wieder den Muhammedanern und bald wird man zu den Muhame= danern zurückgekehrt sein, die sich in manchen historischen Schriften noch immer ihre Anhänger bewahrt haben.

Das Streben nach Genauigkeit und Gründlichkeit, so ehrenwert es an sich auch ist, artet bei uns Deutschen doch nur zu oft in Pedanterie aus, die auf Äußerlichkeiten allzugroßen Wert legt. Wir waren gewohnt, griechische Eigennamen durch das Medium der lateinischen Sprache uns mundgerecht machend, das griechische k durch das lateinische c zu ersetzen und „Circe", „Alcibiades", „Cilicien", „Phönicien" 2c. zu schreiben und zu sprechen. Um dem Griechischen gerecht zu werden, schreibt man nun „Kirke", „Phönikien", „Kilikien" — als ob nun der Ländername völlig griechisch geworden wäre! Dem Bildhauer „Phidias" läßt man noch das lange i, während er doch nun „Pheidias" heißen sollte. Aber der Perserkönig Darius tritt bereits als „Dareios" auf! So wenig aber die Circe poetischer wird, wenn wir sie Kirke sprechen und schreiben und Alkibiades heldenhafter als Alcibiades, so wenig sind wir der Meinung, statt Phidias „Pheidias", statt Cilicien „Kilikien", statt Darius „Dareios" schreiben zu müssen.

Dem Franzosen und Engländer fällt es gar nicht ein, das, was er seiner Zunge angepaßt und „eingebürgert" hat, nach einer Reihe von Jahren wieder fortwerfen zu wollen, auch wenn es einem seiner Schriftsteller oder Geschichtsforscher so belieben möchte. Uns Deutsche hat aber die unbegrenzte Verehrung des Ausländischen und Fremden, verbunden mit der Eitelkeit und Originalitätssucht unserer Gelehrten in dieser Hinsicht völlig revolutionär ge= macht, so daß unsere Geschichtsbücher, gleichviel ob für gelehrte Kreise oder die Schule bestimmt, eine bunte Musterkarte der sogen. „Rechtschreibung" darbieten.

Was die Schreibung unseres Deutsch selber anbetrifft, so wollte ich dem lebhaft geäußerten Wunsche der Verlagshandlung, die neue deutsche Rechtschreibung auch in dem vorliegenden Werke zur Anwendung gebracht zu sehen, nicht entgegentreten, obschon ich mit manchen „Neuerungen" keineswegs einverstanden bin und auch von dieser Orthographie gesagt werden muß — „der Zopf, der hängt ihr hinten!" Immer aber noch besser Einigkeit, wenn auch mit einigen Mängeln, als fortwährende Vielköpfigkeit und Verwirrung.

Bregenz, 1882.

A. W. Grube.

Inhalt.

Erster Abschnitt.

Ägypter. Assyrer. Phönizier.

I. Die Ägypter.*)

1. Möris.

Das älteste Volk, welches wir in der Geschichte kennen, sind die Ägypter. Vor mehreren tausend Jahren herrschte über sie der König Möris; der ließ von seinen Unterthanen einen großen See ausgraben, um das Wasser des Nil darin zu sammeln und es für die heiße Jahreszeit, wo es an Wasser mangelte, aufzubewahren. Denn Ägypten ist ein heißes und trockenes Land, wo es fast niemals regnet oder taut. Aber der Nil fließt mitten hindurch und macht es fruchtbar durch seine Überschwemmungen. Im Monat März fängt sein Wasser an zu steigen von dem vielen Regen, der in den Bergländern fällt, aus denen der Nil entspringt; dann wächst er immer mehr, bis er aus den Ufern tritt, und im Monat August überschwemmt er das ganze Ägyptenland, so daß man mit Kähnen über die Felder fährt, und die Städte wie Inseln aus einem großen See hervorragen. Wie dies vor drei- und viertausend Jahren geschah, geschieht es auch noch jetzt. Erst um die Zeit, wenn bei uns der Winter anfängt, fällt das Wasser wieder in seine Ufer, dann säet man ohne zu pflügen und zu eggen in den Schlamm hinein, und schon im Dezember blüht der Flachs, im Januar schlägt der Weinstock aus, im März ist das Korn reif zum Schnitt und im Juni hat man schon reife Weintrauben.

Wenn aber der Nilfluß nicht hoch genug steigt, oder wenn er zu sehr das Land überschwemmt, kommt Ägypten in große Gefahr. Darum ließ der König Möris jenen großen See graben, der nach ihm der Möris=See genannt wurde und eine große Wohlthat für die Ägypter war. Stieg nämlich das Wasser zu hoch, so wurde es in das Seebecken geleitet, und trat große Trocknis ein, konnte man wieder das Wasser des Seees auf das Feld leiten. Viel tausendmal tausend Menschen mußten viele Jahre lang arbeiten, um die Erde fortzuschaffen; als das Becken tief genug war, ließ der König noch zwei große Pyramiden mitten in den See erbauen, zum Denkmal für sich und die Königin. Auf die Pyramide des Königs ward noch dessen Standbild gesetzt,

---

*) Nach Althaus „Geschichte der alten Welt".

auf einem Throne sitzend; auf die Pyramide der Königin kam gleichfalls ein Thron und das Standbild der Frau des Königs — alles aus schwarzem weißgeflecktem Marmor gearbeitet.

2. Sesostris.

Nach dem Möris regierte der König Sesostris. Da seinem Vater vom Phtha *) verkündigt worden war, daß sein Sohn der Herr der Erde werden solle, ließ er alle mit seinem Sohne an einem Tage geborenen Knaben an den Hof bringen und mit dem Prinzen Sesostris erziehen, damit sie seine treuesten Diener und Feldherren würden. Beim Anfange der Kriege waren deren 1700, die alle Anführerstellen bekamen. Sie waren tüchtig abgehärtet und durften z. B. immer erst nach einem Wege von mehreren Meilen essen.

Sesostris war kriegerisch; sein erster Zug ging gegen die Araber. Dann griff er Libyen (den nördlichen Teil Afrikas) an und breitete seine Herrschaft bis an den atlantischen Ozean aus. Hierauf ward ein Eroberungszug von neun Jahren unternommen, der allen reichen Goldländern galt; zuerst ward Äthiopien bezwungen, das seinen Tribut in Gold, Elfenbein und Ebenholz entrichten mußte. Unterdessen ging eine Flotte von 400 Schiffen in die persischen und indischen Gewässer, eine andere ins Mittelmeer und eroberte alle Küsten und Inseln. Mit seinem Landheere soll Sesostris bis an den Ganges und an den indischen Ozean gekommen sein; dann ging er nord= westlich zu den Skythen und unterwarf sie sich bis an den Don. Erst Europa setzte seinen Siegen Grenzen, sei es, daß Hunger und Beschwerden, oder die kriegerischen Geten fast sein ganzes Heer aufrieben. Überall ließ er Säulen zum Andenken an seine Siege errichten. Eine Menge von Menschen brachte er als Sklaven mit nach Ägypten zurück; gefangene Könige mußten seinen Siegeswagen ziehen. Da geschah's, daß einer dieser Könige unverwandt auf ein Rad blickte, und darum befragt zur Antwort gab: „O König, das Umdrehen des Rades erinnert mich an die Veränderung des Glücks. Wie hier das Unten ein Oben und das Oben bald ein Unten wird, so ist es auch mit den Königen, die heute auf dem Throne und morgen in Knechtschaft sind!" Dies Wort rührte den Sesostris, und die gefangenen Könige zogen fortan nicht mehr den Siegeswagen.

Die unterjochten Völker wurden zu Arbeitern verwandt für die Riesen= baue, welche Sesostris aufführte. Noch heute sind in Ägypten die ungeheuren Ruinen davon zu sehen. Zuerst stehen hohe Spitzsäulen da, die man Obelisken nennt; manche sind so hoch wie Türme, und doch nur aus einem einzigen Stein gehauen. Viele Inschriften und Figuren sind auf den Obelisken eingegraben. Dann kommen lange Alleeen von steinernen Tier= bildern, durch diese gelangt man in einen großen Säulenhof, hinter welchem der Tempel liegt. Die Decke des Tempels wird von 134 Säulen getragen, von denen manche 10 m im Umfange haben. So ließ Sesostris von den Sklaven Tempel und Paläste bauen; vor seinem schönsten Palaste stand seine

---

*) Gott des Feuers.

eigene Bildsäule, 20 m hoch, und die seiner Frau, eben so hoch; vier steinerne Gestalten, jede 13 m hoch, stellten seine vier Söhne vor. Auf den Wänden der Gebäude waren seine Kriege und Triumphzüge abgemalt und alle bezwungenen Völker mit ihren Trachten und Waffen abgebildet.

Nachdem Sesostris länger als ein Menschenalter regiert hatte, ward er blind und brachte sich selber ums Leben. Alle von ihm unterworfenen Völker machten sich aber wieder von der ägyptischen Herrschaft frei. Von jenen Bildern sind aber noch manche übrig geblieben, doch muß man mit Fackeln in die düstern Tempelgänge eindringen, wenn man sie besehen will. Denn die Ägypter bauten ihre Tempel und Paläste sehr düster, manche sogar in Felsengrotten und unterirdischen Räumen.

3. Cheops und Chephren.

Unter dem König Cheops (Chufu) mußte das ganze Volk arbeiten, um für ihn die große Pyramide zu bauen, in der er sich begraben lassen wollte. Da mußten zuerst in dem arabischen Gebirge die Steinblöcke gebrochen werden, die wurden dann bis an den Nil geschleift und auf Schiffen herüber gebracht. Auf dem Wege nach dem Hauptplatze mußte mitten durch einen Berg ein Gang gebrochen werden, der war eine Viertelstunde lang und man mußte 10 Jahre lang daran arbeiten. Bei dem Pyramidenbau waren immer hunderttausend Ägypter zu gleicher Zeit beschäftigt, und alle drei Monate kamen andere hunderttausend an die Reihe, und 20 Jahre dauerte es, bis eine Pyramide fertig war. Sie wurde aber auch so hoch erbaut, wie unsere höchsten Türme. Im Innern machte man Gänge in ein Grabgewölbe, in das der Sarg zu stehen kam. Die innere Steinmasse bestand aus Kalksteinen, die äußeren Steinplatten waren von Granit und Marmor; diese sind aber jetzt nicht mehr vorhanden. Doch der Riesenbau selber hat den Jahrhunderten getrotzt und steht noch unerschüttert da.

Fünfzig Jahre lang soll Cheops regiert haben, und nach ihm sein Bruder Chephren (Schafra) eben so lange Zeit. Auch dieser zwang die Ägypter, eine große Pyramide zu bauen. Diese und die des Cheops und noch eine dritte sind die größten;*) es giebt aber noch eine Menge kleinerer. Fast alle sind noch wohl erhalten und stehen in Mittelägypten. Man zählt im ganzen vierzig und teilt sie in fünf Gruppen. Die drei großen sind nach dem links am Nil belegenen Dorf Gizeh benannt. In der Form sind alle gleich; von einer breiten Grundlage ausgehend laufen sie nach oben spitz zu und endigen sich in eine platte Decke. Eine Seite schaut genau nach Ost, die entgegengesetzte nach West, die dritte nach Nord, die vierte nach- Süd.

4. Verehrung der Toten.

Die Ägypter verwandten viele Mühe darauf, ihre Toten zu ehren, und da sie glaubten, daß die Seele sich nicht von dem Körper trenne, so lange

---

*) Die höchste mißt noch 137 m; unten an der quadratischen Grundfläche 240 m. Der Kölner Dom, das größte Werk gotischer Baukunst, ist 119 m lang, 75 m breit; die Türme aber sind 157 m hoch, übertreffen also in der Höhe die Pyramiden beträchtlich.

dieser nicht verwest sei, wandten sie die größte Sorgfalt darauf, die Leichname zu erhalten und vor der Verwesung zu schützen. Sie hatten drei Arten, die Leichen zu behandeln, eine für die geringen Leute, eine für die mehrangesehenen, und endlich die umständlichste und kostbarste Art für die Könige und Vornehmen. Wenn einer von den letzteren gestorben war, nahm man die inneren Teile aus dem Körper heraus und wusch ihn inwendig mit Wein. Dann füllte man den so gereinigten Körper mit Räucherwerk und wohlriechenden Spezereien, nähete ihn wieder zu und legte ihn 70 Tage lang in Salz. Wenn diese Zeit um war, umwickelte man ihn von oben bis unten ganz mit feinen Binden, über das Gesicht wurde Gyps gestrichen und auf dem Gyps das Gesicht mit Farben abgemalt. Dann stellte man den Leichnam in einen verzierten Sarg, auf welchem allerlei Inschriften und Zeichen (Hieroglyphen) waren. Die Leichen der Geringen aber wurden nur in Salz gelegt und dann mit Binden umwickelt; alle Toten aber wurden nicht in die Erde begraben, sondern in unterirdischen Gemächern aufbewahrt, die bei jeder Stadt angelegt waren. Wenn nun eine Stadt so groß wie Theben war, wo die großen Tempel und Paläste des Sesostris stehen, dann wurde aus diesen Gräbern nach und nach eine ganze unterirdische Totenstadt. Die bei Theben zieht sich zwei Stunden Wegs unter der Erde hin und alle Kammern sind unter einander verbunden, so daß es sehr schwer ist, wieder den Ausgang zu finden. Drinnen ist es entsetzlich heiß und ein betäubender Dunst von den vielen ausgetrockneten Leichen oder Mumien, wie man sie auch nennt. Zum Teil sind diese Mumien an den Wänden aufgestellt, zum Teil sind sie heruntergefallen oder herabgerissen, so daß man im Totenstaube geht. In vielen Kammern sind die Wände auch mit Figuren bemalt, deren Farben sich noch ganz frisch erhalten haben. Da sind Küchengerätschaften abgebildet, Möbeln der Vornehmen, Waffen der ägyptischen Krieger, Barken und Nachen mit Musikern besetzt, die auf 21saitigen Harfen spielen.

Auf diese Art sind wir hauptsächlich zur Kenntnis der Sitten und Gebräuche der alten Ägypter gekommen. Es war natürlich, daß sie ihre Grüfte und Grabmäler mit eben solcher Pracht ausstatteten wie ihre Paläste. Die besten Kunstwerke zierten die Totenstadt; das Gold war bei der Bereitung der königlichen Mumien verschwendet. Man hat Mumien gefunden, denen alle Finger und alle Zehen, das Gesicht und vielleicht der ganze Kopf in massivgoldenen Futteralen eingeschlossen waren; andere hatten einen ganzen goldenen Überzug und waren mit Juwelen bedeckt. Unsere Museen (Kunstsammlungen) besitzen einen Überfluß an Halsketten, Ringen und andern Kleinoden von Gold und Edelstein, die Ausbeute der Gräber. Da die Königsgräber die reichsten sein mußten, so wurden sie auch am meisten mißhandelt. Die Überwinder der Pharaone (Könige) fanden in den Gräbern reiche Schätze.

5. Totengericht.

In jenen Totenstädten wurden aber nur diejenigen ordentlich in den Mumienreihen mit aufgestellt, die im Leben nichts Schändliches begangen hatten. Daher wurde über jeden Verstorbenen ein Totengericht gehalten, wo Kläger und Verteidiger auftreten konnten. Manchen ereilte die Strafe noch im Tode, wenn er sich auch im Leben derselben entzogen hatte, und eine größere Schande gab es kaum, wie diejenige der Verweigerung des ehrenvollen Begräbnisses.

Die Sage meldet, daß Ägyptens Könige Achtung und Liebe genossen, denn sie waren den Gesetzen gehorsam, und ihre Namen vermischten sich mit allen Gebeten und Opfern des Volkes. Bei dem Tode des Königs legte das ganze Volk Trauer an, die Tempel wurden geschlossen, 72 Tage lang blieben alle Festlichkeiten eingestellt, Männer und Frauen bestreuten ihr Haupt mit Asche, beteten und fasteten. Mittlerweile wurde des Königs Mumie und Sarg bereitet. War die Trauerzeit verflossen, so stellte man die Leiche am Eingange des Grabmals aus, und da hatte jeder aus dem Volke das Recht, den König wegen einer schlechten Handlung anzuklagen. Hierauf hielt der Priester die Trauerrede, erinnerte an die Tugenden des Hingeschiedenen und an die Dienste, welche er dem Vaterlande geleistet hatte. Entschied nun der Beifall der versammelten Menge, so sprach das Gericht der 42 Geschworenen das Urteil, und der König empfing die Ehren des Begräbnisses. Einige Fürsten — sagt man — hatten durch das Mißvergnügen und die Einrede des Volkes diese letzte Ehre verwirkt und so für ihre schlechten Thaten die gerechte Strafe erfahren. Die Furcht vor dem Totengerichte war sehr geeignet, die Fürsten auf der Bahn der Gerechtigkeit und der Tugend festzuhalten. Noch trifft man in Ägypten sehr sprechende Zeugnisse für diesen Brauch. Die Namen mehrerer Herrscher sind auf den Denkmälern, die sie bei ihren Lebzeiten errichten ließen, sorgfältig ausgetilgt; sie wurden weggehämmert selbst in den Gräbern.

6. Kasten.

Die Priester hatten die meiste Macht im Lande neben den Königen. Alle Ägypter waren in Stände eingeteilt, die man nach einem portugiesischen Worte „Kasten" genannt hat, und deren man sechs bis sieben zählte. Die hauptsächlichsten waren die Kasten der Priester, der Krieger, der Ackerbauer, Handwerker und Hirten. Keiner durfte aus einer Kaste in die andere über= treten; war der Vater ein Hirt, so mußte auch der Sohn wieder ein Hirt werden, wenn er auch keine Lust dazu und die besten Anlagen zu etwas Höherem hatte. Alles Land war in drei Teile geteilt: der eine Teil gehörte dem Könige, der andere den Priestern, der dritte den Kriegern. Die Acker= bauer hatten kein eigenes Land, sondern mußten es für die Grundbesitzer bestellen, und die Hirten waren die verachtetsten und geplagtesten aller Stände. Darum mußten auch die Israeliten, die zu den verhaßten Nomaden gezählt wurden, von den Ägyptern eine so harte Behandlung erleiden.

Die geehrteste Kaste war die der Priester. Sie waren die Erzieher und Räte des Königs, sie gaben die Gesetze und richteten das Volk nach diesen Gesetzen. Sie bestimmten nach dem Laufe der Gestirne und dem regel= mäßigen Austreten des Nil die Einteilung des Jahres und Ordnung des Kalenders; sie waren die einzigen Gelehrten im Lande, die Pfleger der Künste und Wissenschaften. Zugleich waren sie auch die Ärzte, doch so, daß jeder nur für eine bestimmte Krankheit die Heilmittel studierte. Es gab also Ärzte für Augenkrankheiten, Magenkrankheiten, für gebrochene Glieder u. s. w., wie das auch bei uns zum Teil der Fall ist. Von ihrer Kenntnis der Naturkräfte zeugen die Wunder, die sie vor den Augen des Moses verrichteten. Darum wurden sie auch vom Volke als Zauberer angesehen.

Der Oberpriester wohnte am Hofe des Königs; die Söhne der Priester hatten die vornehmsten Stellen bei Hofe, und mit ihnen wurden die Prinzen erzogen. Mit ängstlicher Genauigkeit ward dem Könige vorgeschrieben, wann er aufstehen, opfern, essen, zu seiner Gemahlin gehen durfte. In der ersten Stunde nach dem Aufstehen wurden die Depeschen eröffnet. Dann verfügte sich der König, angethan mit prächtigen Gewändern, Krone und Scepter, nach dem Tempel. Hier predigte ihm der Oberpriester, was für Eigenschaften ein guter König haben müßte, und las ihm einen Abschnitt aus der Reichs= geschichte vor, um ihn zu belehren.

Nächst den Priestern waren die Krieger die angesehenste Kaste. Diese bildeten aber nicht ein stehendes Heer von Söldlingen (Soldaten), wie bei uns. Der Gedanke eines Mietheeres, welches Leib und Leben einem Herrn verkaufte, kam den weisen Ägyptern gar nicht in den Sinn. Das Gesetz hatte den Kriegsdienst einer Klasse der Nation als ein Vorrecht übertragen und damit eine Ausstattung an Ländereien verbunden, die ihr erblich blieben wie ihr Beruf. Die Ägypter dachten, daß es vernünftig sei, die Obhut des Staates Leuten anzuvertrauen, die etwas besaßen, dessen Verteidigung ihnen am Herzen lag.

7. Götter= und Tierdienst.

Die Ägypter sind wohl das frömmste Volk gewesen, das je gelebt hat. Sie hatten eine Menge von Gottheiten, die sie verehrten und heilig hielten; vor allem war es der Nilstrom, der den Grund= und Mittelpunkt bildete ihres Gottesdienstes. Ägypten ist ja nichts als ein Stück Pflanzenerde im Wüstensande, geschaffen und erhalten durch den Nil. Daher wurde dieser wohlthätige Strom nicht nur durch den Beinamen des Heiligen, des Vaters und Erhalters gefeiert, sondern als ein Gott verehrt, ja als das sichtbare Abbild der obersten Gottheit Ammon betrachtet, der in dieser Gestalt Ägypten belebte und bewahrte. Darum nannten auch die Griechen den Nil den ägyptischen Jupiter.

Die ägyptischen Philosophen hatten sich am Himmel ähnliche Einteilungen ersonnen wie auf Erden, sie hatten einen himmlischen und einen irdischen Nil. Der himmlische Nilgott hat drei Vasen, als Sinnbilder der Überschwemmung: eine dieser Vasen bezeichnet das Wasser, welches Ägypten selbst hervorbringt; die zweite das, welches zur Zeit der Überschwemmung aus dem Ozean nach Ägypten kommt; die dritte die Regen, welche beim Steigen des Nil in den südlichen Teilen Äthiopiens fallen. Der große Gott Knuphis, auf einer großen Zahl von Denkmälern dargestellt, ist Quell und Richtmaß des irdischen Nil. Er hat menschliche Gestalt, sitzt auf einem Thron und ist von einer blauen Tunika umhüllt. Auf dem menschlichen Körper aber sitzt ein Widder=

topf mit grünem Gesicht, und in der Hand hält er ein Gefäß, woraus er die wohlthätigen Wasser ausgießt.

Das Sinnbild der fruchtbaren Erde war die Göttin Isis, mit welcher sich der Gott Osiris als Nilgott vermählte. Beide Gottheiten, Osiris und Isis, sind aber zugleich die Sonne und der Mond; Osiris machte das Sonnenjahr, Isis das Mondjahr. Beide wurden auch in menschlicher Form abgebildet und dem Volke zur Verehrung aufgestellt. Selbst dem Typhon, dem versengenden Winde, jetzt „Chamsin" genannt, hatte man Tempel geweihet, denn man hielt ihn für den Vater des Bösen und suchte ihn durch Opfer zu versöhnen.

Dankbarkeit und Furcht trieben auch zur Verehrung der Tiere, je nachdem sich diese den Menschen nützlich oder schädlich erwiesen. So wurde der storchartige Vogel Ibis verehrt, weil er die im Nilschlamm nistenden Schlangen wegfraß. Das Krokodil, diese 6 m lange gefräßige Eidechse, die blitzschnell auf ihre Beute losschießt und mit ihrem Schuppenschwanze ein ganzes Boot umschlägt, ward aus Furcht verehrt. Der Feind des Krokodils ist der Ichneumon oder die Pharaons-Ratte; diese weiß die Krokodileier im Sande zu finden und verzehrt sie. Darum ward sie von den Ägyptern in hohen Ehren gehalten und empfing Dankopfer. Einer ausgezeichneten Verehrung genossen die Katzen. Sie ruhten auf kostbaren Decken und Polstern, wurden mit den leckersten Speisen gefüttert und nur mit silbernen und goldenen Gefäßen bedient. Wer eine Katze unvorsichtigerweise tötete, mußte ohne Barmherzigkeit sterben. Der Leichnam des heiligen Tieres ward einbalsamiert, in köstliche Leinwand gewickelt und feierlich bestattet.

Doch war es nicht selten, daß man in einer Stadt Tiere als heilige verehrte, die man in einer andern ohne Bedenken schlachtete. Allen Ägyptern ohne Ausnahme war aber der Ochs, Apis genannt, heilig; denn er war ihnen ein Sinnbild des Ackerbaues, und auf dem Ackerbaue ruhte das ganze bürgerliche Leben. Der heilige Ochse mußte am ganzen Leibe schwarz sein und vor der Stirn einen viereckigen weißen Fleck haben; nur dann war der Gott echt. Sein Palast war in der Königsstadt Memphis; Priester bedienten ihn und reichten ihm knieend die Speisen. — War ein neuer Apis gefunden, so jubelte das ganze Volk. In feierlichem Aufzuge wurde das göttliche Tier von den Priestern zum Tempel geleitet. Krieger zogen vor ihm her, zur Seite gingen zwei Reihen schön geschmückter Knaben und sangen Loblieder. Sieben Tage dauerte das fröhliche Fest. Starb aber der Gott, so trauerte das ganze Land und zwar so lange, bis ein neuer Apis gefunden war.

8. Psammetich.

Um die Zeit 666 v. Chr. vereinigten sich zwölf Fürsten und teilten sich in die Herrschaft über Ägyptenland. Zur Verewigung ihres Namens bauten sie das berühmte Labyrinth. Herodot, der Vater der Geschichte, hat es auf seiner Reise in Ägypten besucht und war ganz erstaunt über die wunderbare Pracht und Größe des Gebäudes. Er beschreibt es also: „Man erblickt im Innern zwölf Vorsäle, von einem Dache bedeckt und mit einander gegenüberstehenden Thüren. Sechs dieser Säle liegen gegen Norden, sechs gegen Süden. Die Gemächer in dem Gebäude des Labyrinths sind alle doppelt, die einen unterirdisch, die andern über diesen; ihre Zahl ist 3000, 1500 in jedem Stock. Die über der Erde haben wir durchschritten, von den untern wissen wir aber nichts, als was man uns gesagt, da die Aufseher sie um keinen Preis uns zeigen wollten. Es wären darin, hieß es, die Gräber der Könige, welche das Labyrinth bauen ließen, sowie jene der heiligen Krokodile. Was aber die oberen Gemächer anlangt, so müssen wir gestehen, daß wir nie etwas Großartigeres gesehen haben unter den Werken von Menschenhand; die unendliche Mannigfaltigkeit der mit einander verbundenen Galerieen und Säle und Gemächer verursacht tausend Überraschungen, indem der Beschauer bald aus einem der Säle in die sie umgebenden Gemächer, bald aus diesen Gemächern in Säulenhallen, bald aus den Säulenhallen in andere Säle gelangt. Die Decken und Wände sind überall von Stein, und auf den Wänden sind eine Menge von Figuren eingegraben. Jeden der Säle faßt eine Reihe von Säulen ein, die aus ganz weißen Steinen zusammengefügt sind. An der Ecke, wo das Labyrinth sich schließt, erhebt sich eine 80 m hohe Pyramide, die mit großen Figuren in erhabener Arbeit geziert ist. Mittels eines unterirdischen Wegs hängt diese Pyramide mit dem Labyrinth zusammen."

Der Riesenpalast war aus zwölf einzelnen Palästen zusammengesetzt, nicht bloß nach der Zahl der oben erwähnten zwölf Fürsten, sondern auch nach der Zahl der zwölf Provinzen Ägyptens. Wenn die Abgeordneten derselben sich versammelten, brachte jeder seine Priester und Opfertiere mit, und in den großen Sälen hielt man Rat.

Übrigens war die gemeinschaftliche Regierung der zwölf Pharaonen von kurzer Dauer. Es war eine alte Weissagung vorhanden, daß derjenige einst ganz Ägypten beherrschen würde, der sein Opfer in einer ehernen Schale brächte. Da geschah es bei einem Feste, wo alle zwölf Könige versammelt waren, um den Göttern zu opfern, daß der Priester nur elf goldene Schalen austeilte und Psammetich keine bekam. Schnell entschlossen nahm dieser seinen Helm vom Haupte und brachte in diesem das Trankopfer. Die Fürsten erschraken, und aus Furcht, die Weissagung möchte in Erfüllung gehen, verbannten sie den Psammetich in die sumpfigen Gegenden Nieder-Ägyptens. Die Priester aber weissagten ihm, es würden eherne Männer aus dem Meere aufsteigen und ihn an den elf Fürsten rächen. Das schien dem Psammetich unmöglich, doch nicht lange darauf kamen treue Diener und berichteten ihm, daß am Ufer des Meeres geharnischte Männer gelandet seien, ganz mit Erz bedeckt vom Kopf bis zu den Füßen. Es waren griechische Seeräuber, die alles in Schrecken setzten, denn noch nie hatte man in Ägypten einen geharnischten Mann gesehen. Psammetich gewann die fremden Männer zu Freunden, und mit ihrer Hilfe vertrieb er seine Mitkönige. So erfüllte sich das Orakel und Psammetich wurde Alleinherrscher. Aus Dankbarkeit bewilligte er den Griechen Wohnplätze an der pelusischen Nilmündung, erlaubte auch den Ausländern, in ägyptischen Häfen mit ihren Waren einzulaufen, und so entstand ein lebhafter Handelsverkehr, besonders mit Griechenland. Auch bildete sich jetzt eine neue Kaste, die der Dolmetscher. Das bisher verschlossene Ägypten ward nun von vielen Fremden besucht, nicht bloß des Gewinnes halber, sondern um der Weisheit willen, die bei dem hochgebildeten Volke zu finden war.

9. Necho.

Psammetichs Sohn Necho (Necao) folgte den Grundsätzen seines Vaters und beförderte Handel und Schiffahrt. Zu diesem Zwecke machte er den Versuch, durch einen Kanal den Nil mit dem arabischen Meerbusen zu verbinden. Er nahm auch phönizische Seefahrer in seinen Dienst und ließ von diesen ganz Afrika umsegeln. Man fuhr aus dem roten Meere (dem arabischen Meerbusen) ab und steuerte nach Süden, immer der Küste entlang. Die Fahrt ging freilich nicht so schnell, als heutzutage; wenn es Herbst war, stiegen die Schiffenden ans Land und säeten Korn, bauten sich Hütten und warteten so lange, bis das Korn reif war. Dann ernteten sie und fuhren weiter. Im dritten Herbst kamen sie durch das mittelländische Meer glücklich nach Ägypten zurück.

Necho war auch kriegerisch und drang erobernd bis an den Euphrat vor; bei Circesium aber ward er von Nebukadnezar, dem König von Babylonien, geschlagen und mußte sich eiligst zurückziehen. Unter seinen Nachfolgern sank das Reich mehr und mehr und ward 525 v. Chr. eine Beute der Perser. Psammetich und Necho hatten zuerst das verschlossene „bittere“ Ägypten, wie es die Fremden nannten, dem Auslande geöffnet und mit der einheimischen fremde Sitte gemischt; aber der alte ägyptische Staat war damit nicht stärker geworden, denn die Völker sind nur stark, wenn sie nach ihrer Weise wachsen und sich entwickeln können.

II. Die Assyrer.

1. Ninus und Semiramis.

Die ungemeine Fruchtbarkeit des Landes zwischen dem Euphrat und Tigris hat viele Menschen herbeigelockt. Sie konnten aber nicht alle zusammenbleiben; denn — wie die Bibel erzählt — als sie eine große Stadt bauen wollten mit einem himmelhohen Turme, der weit in die Ebene hinausschaute, verwirrten sich ihre Sprachen, und die Stadt bekam den Namen Babylon oder Babel, d. i. Verwirrung.

Ein tapferer Krieger, Ninus mit Namen, eroberte Babylon und die angrenzenden Länder. Als er nun von seinen siegreichen Zügen mit reicher Beute beladen heimgekehrt war, wollte er auch eine Residenzstadt haben, die seiner würdig sei. Er wählte dazu ein kleines Städtchen am Tigris und baute es mit Hilfe der vielen tausend Überwundenen so groß, daß die neue Stadt der Sage nach 7 Meilen im Umfange hatte. Und groß muß sie gewesen sein, denn der Prophet Jonas erzählt von ihr, es seien allein 120000 Kinder in derselben gewesen, und zwar so kleine, daß sie die rechte

Hand von der linken noch nicht zu unterscheiden wußten. Welche Menschen=
zahl, die Erwachsenen dazu gerechnet! Wie klein müssen da unsere deutschen
Städte Berlin und Wien erscheinen! Eine einzige solche Stadt konnte schon
für ein besonderes Reich gelten. Von der Riesenstadt ist aber nichts übrig
geblieben, als ein Hügel und ein Dorf, mit Namen Nunia.

Nach diesem Baue blieb aber der rastlose Ninus nicht daheim in seiner
schönen Residenzstadt, sondern zog wieder aus gegen Morgen bis zu der
festen Stadt Baktra. Hier lernte er eine Frau kennen, die eben so schön
als klug war und Semiramis hieß. Es ging die Sage von ihr, sie wäre
die Tochter einer Göttin, die sie gleich nach ihrer Geburt ausgesetzt hätte;
da hätten ihr aber Tauben Nahrung gereicht und sie unter ihren Flügeln
erwärmt. Diese wunderbare Frau gab dem Ninus ein Mittel an die Hand,
wie er die Stadt, deren Belagerung ihn aufhielt, bezwingen könnte. Es
gelang, und die Freude über den Sieg, sowie die Schönheit und Klugheit
der Semiramis rissen den König dermaßen hin, daß er sie zur Gemahlin erkor.

Nach dem Tode des Ninus herrschte Semiramis als Vormünderin ihres
Sohnes Ninyas. Sie setzte sich vor, den Ruhm ihres Gemahls noch zu
übertreffen. Wie er Ninive, so bauete sie Babylon so groß und verschönerte
es mit einem solchen Aufwande, daß die Nachrichten hierüber ans Unglaubliche
grenzen. Die Stadt war ein großes Viereck und soll über 12 Meilen im Um=
fange gehabt haben. Die Mauern waren so hoch wie Türme, und so breit, daß
sechs Wagen neben einander auf ihnen fahren konnten. In jeder Seite der
Mauer waren 25 eherne Thore. Mitten durch die Stadt strömte der Euphrat,
dessen beiderseitige Ufer ebenfalls mit einer hohen dicken Mauer eingefaßt
waren. In der Mitte war eine 10 m breite Brücke mit zwei schönen Palästen
an jedem Ende. Jeder dieser Paläste trug auf gewölbten und hoch auf=
getürmten Terrassen die schönsten Gärten, die mit ihren duftenden Blumen
und schattigen Bäumen wie durch Zauberkraft frei in der Luft zu schweben
schienen. Die wunderbaren luftigen Anlagen nannte man die schwebenden
Gärten der Semiramis und zählte sie zu den sieben Wunderwerken
der Welt. An der östlichen Seite der Brücke hob sich zu den Wolken empor
der Belusturm. Auf mächtigem Unterbau erhoben sich 7 den Planeten
geweihte Stufentürme. In dem reich geschmückten Tempel prangte das kolossale
Bildnis des hier verehrten Sonnengottes Belus, der von seiner hohen
Warte die ganze Gegend beherrschte. Der Turm war 192 m hoch, also
noch höher als unsere höchsten Kirchtürme.

Aber nicht in Babylon allein, überall, wo Semiramis hinkam, mußten
neue Städte und Paläste und staunenswerte Anlagen den Namen der großen
Königin verewigen. Und wie sie ihren Gemahl in Werken der Baukunst über=
troffen hatte, so wollte sie ihn auch in Thaten des Krieges übertreffen. An
der Spitze eines großen Heeres durchzog sie in hastiger Siegeseile die Länder
Asiens und bezwang die noch nicht unterjochten Völker. Das assyrische Reich
erstreckte sich bald vom mittelländischen Meere bis zum Indus, und vom
schwarzen bis zum arabischen Meere. Nur ein Volk im Osten, die Indier,
waren unabhängig von Assyrien. Das Land, welches diese bewohnten, sollte

das größte und schönste sein, und dahin zog jetzt die Königin mit großer Heeresmacht. Schon war sie siegreich über den Grenzfluß Indus ins Innere des Landes gedrungen, als sie plötzlich auf ein großes Heer stieß, dessen Anblick sie erschreckte. An der Spitze desselben stand eine Reihe von Elefanten, welche nicht allein ganze Türme voll Krieger auf ihren Rücken trugen, sondern auch mit ihren Rüsseln alles zerschlugen und mit ihren Füßen alles zertraten, was ihnen in den Weg kam. Schon von ihrem Anblicke wurden die Pferde scheu. Die stolze Beherrscherin Asiens wollte den Indiern nicht nachstehen. Da sie selbst keinen einzigen Elefanten hatte, so ließ sie sich eine große Anzahl machen. Sie ließ nämlich viele tausend Büffelochsen schlachten, die Häute derselben so zubereiten, daß sie elefantenartig aussahen, und bedeckte mit diesen ebensoviele Kamele, auf die sich bewaffnete Männer setzten. Diese künstlichen Elefanten stellte sie an die Spitze. Die Indier erschraken anfangs beim Anblick so vieler Elefanten und zogen sich eilig zurück. Bald aber erfuhren sie durch Überläufer die List. Da faßten sie neuen Mut und machten einen wütenden Angriff. Die Kamele rannten scheu zurück und brachten alles in Verwirrung. Das assyrische Heer floh, viele Männer wurden erschlagen. Semiramis selbst rettete sich nur durch schleunige Flucht. Mit einem kleinen Häuflein kam sie beschämt in ihr Land zurück.

Bald nachher entstand ein Aufruhr unter ihrem eignen Volke. Sie saß eben und ließ sich die Haare flechten, als ihr die Nachricht davon überbracht wurde. Sie sprang hinaus und stürzte sich mit fliegenden Haaren mitten unter die Rotte. Der Anblick der erzürnten Königin stillte sogleich den Aufruhr und brachte die Leute zur Ruhe. Zum Andenken an diese Begebenheit wurde ihr eine Statue errichtet, welche die Art ihrer Erscheinung unter den Aufrührern darstellte.

Als sie ihr Ende nahe fühlte, übergab sie dem Ninyas die Herrschaft. Sie selbst entzog sich den Augen der Menschen, als wäre sie unter die Götter versetzt. Sie flog, wie die Fabel erzählt, in der Gestalt einer Taube gen Himmel.

Ihr Nachfolger Ninyas war aber sehr weibisch und regierte so schlecht, daß man allgemein die Semiramis zurückwünschte. Er verschloß sich mit seinen Weibern im Palaste und schämte sich so sehr vor Männern, daß er sich gar nicht vor ihnen sehen ließ. Ihm glichen die meisten seiner Nachfolger, so daß ihre Namen nicht einmal der Aufzeichnung wert befunden wurden. Der letzte dieser Weichlinge war Sardanapal.

2. Sardanapal (885 v. Chr.) und Arbaces.

Sardanapal übertraf alle seine Vorgänger an Schlechtigkeit. Sein Name ist ein Spottname für alle verworfenen Weichlinge geworden. Um die Regierung kümmerte sich dieser König gar nicht; dies mühsame Geschäft überließ er andern. Er selbst verschloß sich in der Burg mit seinen Weibern, spielte mit ihnen, spann auch Wolle mit ihnen. Er putzte und schminkte sich nach Frauenart und trug sogar einen Weiberrock. In diesem weibischen Aufzuge traf ihn einst Arbaces, der Statthalter von Medien. Der Anblick empörte ihn. Er erzählte es seinen Soldaten, verband sich mit noch zwei andern Feldherren und zettelte eine Verschwörung an gegen den unwürdigen König. Als Sardanapal hiervon Nachricht erhielt, verkroch er sich in seinem Palaste. Da er sich aber in keinem Winkel sicher glaubte, so faßte er einen verzweifelten Entschluß; er kam hervor und wollte eine Schlacht wagen. Da noch nicht alle Aufrührer beisammen waren, fiel er über einen kleinen Haufen derselben her, und wirklich, er schlug sie mit seinem Heere in die Flucht. Hierüber geriet er fast außer sich vor Freude. Er gab ein Gast= mahl nach dem andern, und eins war köstlicher als das andere. Sein ganzes Heer mußte mit schmausen und lustig sein.

Diesen Jubel erfuhr Arbaces und fiel bei Nacht über das schwelgende Lager her. Was sich noch rettete, verschloß sich mit dem König in der festen Stadt Ninive. Zum Unglück trat der reißende Fluß Tigris aus seinen Ufern und zerstörte einen Teil der Stadtmauern. Arbaces war im Anzuge, da geriet der feige König in Todesangst, zündete seinen Palast selber an und verbrannte sich mit seinen Weibern und Schätzen. Arbaces nahm das Reich in Besitz, denn der andere Feldherr, Belesys, Statthalter von Babylonien, bat sich bloß die Asche des verbrannten Palastes aus. Freilich waren noch manche Schätze darin verborgen.

III. Die Phönizier.

1.

Das älteste und berühmteste Handelsvolk im Altertume waren die Phönizier. In dem ersten Buche Mosis heißt Sidon, die Hauptstadt der Phönizier, der erstgeborene Sohn Kanaans. „Kanaan" nannten die Juden die ganze Küste des Mittelmeeres von Kleinasien bis Ägypten, und dies hebräische Wort bedeutet „Niederland (Küstenland)".

Phönizien war ein schmaler Küstenstrich, vom Mittelmeere bespült; seine Breite betrug nur ein paar Kilometer, seine Länge 25 Meilen. Von dem übrigen Asien war es durch das hohe Gebirge des Libanon und Antilibanon geschieden. Der Boden war felsig und unfruchtbar und gestattete weder Viehzucht noch Ackerbau. So sahen sich die Phönizier hinausgedrängt auf das Meer, das ihre eigentliche Heimat und nährende Mutter wurde, und ihnen vorläufig seinen Reichtum an Fischen darbot.

Der Fischfang machte die Leute mit dem Meere und dessen Gefahren bekannt. Da ihnen gegenüber die große Insel Cyprus lag, so zimmerten sie Schiffe und wagten sich hinüber. Cypern war aber schon bevölkert, und als Fremde, die man für Feinde ansah, wollte man die Phönizier nicht landen lassen. Diese erzwangen mit List und Gewalt die Landung, fanden manches, was ihnen fehlte, plünderten und schifften wieder zur heimischen Küste zurück. Die Schiffahrt weckt den Mut der Menschen, macht sie listig und erfinderisch. Die Phönizier wiederholten ihre Fahrten, und als sie merkten, daß die arg=

losen und unwissenden Inselbewohner auf kleine bunte Spielsachen großen Wert legten, brachten sie dergleichen mit und begannen einen Tauschhandel. Das Plündern ward aber nicht vergessen, und wenn sie konnten, führten die Phönizier auch Menschen mit sich fort, um sie anderwärts als Sklaven zu verkaufen. Bald wußten sie es dahin zu bringen, daß die Cyprier für sie arbeiteten; sie brachten ihnen dagegen, was sie hatten, und verhandelten die von ihnen gewonnenen Früchte und Arbeiten wieder in andere Gegenden. So wurden die Phönizier nach und nach Herren der Insel Cyprus. Mehrte sich nun zu sehr die Anzahl der Einwohner im eignen Vaterlande, so ging ein Haufen nach Cypern hinüber und baute sich dort an. Eine solche Ansiedlung im fremden Gebiet heißt eine Kolonie.

Die Kolonie auf Cypern gab wegen der reichhaltigen Kupferbergwerke der Insel guten Gewinn, und erweckte die Lust, noch mehrere Kolonieen zu gründen. So segelten die Phönizier nach der ferner gelegnen Insel Kreta, dann um ganz Kleinasien herum bis nach der Meerenge der Dardanellen, welche Asien von Europa trennt. Sie fuhren durch diese Meerenge hindurch und beschifften die Ufer des schwarzen Meeres. Überall errichteten sie feste Punkte, wo sie später ihre Schiffe ausbessern, Nahrungsmittel einnehmen und Waren austauschen konnten. Dann segelten sie nach dem europäischen Griechenland und in das griechische Inselmeer. Doch die Griechen in Kleinasien wurden nun selbst Seefahrer, nahmen die Phönizier zu ihren Lehrmeistern und verdrängten sie dann von allen Handelsplätzen. Doch konnten die europäischen Griechen der Phönizier nie ganz entbehren, weil sie ihnen manche wohlriechende Kräuter, Harze, Früchte, edle Metalle u. s. f. brachten, die sie für ihre Opfer und Tempel brauchten.

Desto fester siedelten sich dafür die Phönizier an der Nordküste Afrikas an. Hier legten sie auf einer hervorragenden Landspitze, der Insel Sicilien gegenüber, die berühmte Kolonie Karthago an, die nachher ein eigener mächtiger Staat wurde, und von dort schifften sie über nach Sicilien, baueten auch hier Städte und machten sich einen großen Teil der Insel unterthan. Endlich schifften sie noch weiter gegen Westen bis zu den Säulen des Herkules (der Meerenge von Gibraltar), die von den Alten als das Ende der Welt betrachtet wurden. Sie landeten an der europäischen Seite in Spanien und fanden hier anfangs eine solche Menge von Silber, daß sie alle ihre Geräte von Holz, Stein und Kupfer dort ließen und silberne dafür zurückbrachten. Selbst die Anker sollen sie sich von Silber gegossen haben. Ihre berühmteste Kolonie in Spanien war Tartessis (die Stadt hieß Tartessus).

Doch fand auch hier die Gewinnsucht der kühnen Kaufleute kein Ziel; sie schifften noch über das vermeinte Ende der Welt hinaus und kamen nach den britischen Inseln, wo sie ein neues Metall, das Zinn, fanden, weshalb sie auch das Land die Zinninseln nannten. Als sie mit Glück ihre Fahrt dahin öfters wiederholt hatten, gingen sie bis an das Nordufer Deutschlands, und fanden hier an der preußischen Küste den glänzenden Bernstein, von den Griechen Elektron genannt. Als sie diesen wunder-

baren durchsichtigen Körper in die Länder des Mittelmeeres brachten, be=
trachtete man ihn als das kostbarste Kleinod und schätzte ihn höher als
Gold. Wie man jetzt goldene Ringe mit Edelsteinen besetzt, schmückte man
sie damals mit Bernstein.

Aus allen Gegenden der bekannten Erde führten nun die Phönizier
jedem Volke das zu, was es sich vorzüglich wünschte, und durch mancherlei
Kunstgriffe wußten sie sich im Besitz des gewinnreichen Handels zu erhalten.
So erzählten sie, wenn man über die Säulen des Herkules hinauskomme,
würde das Meer so dick wie Gallerte und man müßte sich durch feuer=
speiende Seeungeheuer hindurchschlagen. Versuchte dennoch ein fremdes Schiff,
ihnen zu folgen, um ihre heimlichen Wege kennen zu lernen, so führten sie
dasselbe absichtlich in die Irre, bis es auf eine Sandbank geriet oder an
Klippen zerschellte.

Doch nicht bloß zu Wasser, auch zu Lande trieben die Phönizier durch
Karawanen Handel nach Norden, Osten und Süden. Sie holten aus dem
innern Lande nordwärts von Phönizien, nämlich aus Armenien, Eisen
und Stahl, Pferde und Sklaven; von Osten aus Babylonien und Persien
Leinwand, vielleicht auch Seide; aus den südlicher gelegenen Ländern Ge=
würze und Spezereien. Sie folgten da dem Gestade des arabischen Meer=
busens, und fanden an der Küste der großen Halbinsel Arabien jene Harze
und wohlriechenden Kräuter, welche alle Völker zu ihren Opfern verbrannten.
Auch entdeckten sie dort einen Überfluß an Gold und die Zähne des Ele=
fanten, aus welchen man das Elfenbein schnitt. Als es erst kund ward, daß
Kaufleute in Arabien landeten, kamen die entferntesten Völker und brachten
ihre Waren zum Austausch. So führten östliche Völker über den persischen
Meerbusen die Früchte Indiens den Phöniziern zu, ohne daß diese je Indien
kennen lernten. Besonders wertvoll waren ihnen die Pfauen und Affen und
der Zimmet von der Insel Ceylon; die Phönizier glaubten, alle diese Erzeug=
nisse kämen aus dem Innern von Arabien.

2.

Der Zufall hatte die Phönizier auf mehrere Entdeckungen geführt, die
sie kunstreich zu benutzen wußten, um glänzende, in die Augen fallende Waren
zu liefern. Sie erfanden das Glas und die Purpurfarbe; auch das
kunstreiche Weben der Wolle sollen sie erfunden haben, und selbst den ersten
Gebrauch der Buchstabenschrift schreibt man ihnen zu.

Phönizische Kaufleute — erzählt man —, welche Salpeter auf ihrem
Schiffe führten, landeten nicht weit von Sidon am Flusse Belus, an dessen
Ufern ein feiner Kiessand lag. Sie wollten sich hier ein Essen bereiten,
und da es ihnen an Steinen fehlte, den Kessel über dem Feuer zu erhalten,
nahmen sie große Stücke von Salpeter aus ihrem Schiffe, legten diese auf
den Sand und setzten den Kessel darauf. Der Salpeter ward in der Hitze
flüssig, vermischte sich mit der Asche und dem glühenden Sande, und als die
Flamme erloschen war, blickte den Überraschten eine glasartige Masse ent=
gegen. Das Glas war erfunden, aber man wußte es vorläufig zu nichts

anderem zu gebrauchen als zu Schmuck und Zierat. Fenster von Glas kannten die Alten nicht, sie hatten bloß Vorhänge oder Jalousieen. Ihre Trinkgefäße waren meist irdene Krüge oder metallene Becher, auch ihre Spiegel waren von Metall. Dagegen schmückten sie die Decken und Wände ihrer Zimmer mit Glas. Nachher ging die Kunst des Glasmachens zu den Ägyptern über; diese verstanden die flüssige Masse durch Blasen zu bilden, ihr dann auf einer Drehscheibe die erforderliche Gestalt zu geben oder sie auch nach Belieben zu schneiden. Die Römer erhielten zur Zeit Christi fast all ihr Glas aus Ägypten; ein gläserner Becher war aber teurer als ein goldner.

Ein andermal weidete ein phönizischer Hirt seine Herde nicht weit vom Meeresufer bei Tyrus. Sein Hund hatte die Schale einer Meerschnecke zerbissen und kam mit hochrot gefärbter Schnauze zu seinem Herrn zurück. Dieser, in der Meinung, der Hund sei verwundet, wischt ihm mit einem Knäuel Wolle das vermeintliche Blut ab; da fand sich keine Wunde, aber die Wolle hatte die schönste rote Farbe angenommen. Nun forschte der Hirt weiter nach und entdeckte die zerbissene Schnecke, welche die echte Purpurschnecke war. Bald wurde der tyrische Purpur weit und breit berühmt und galt für die größte Kostbarkeit, so daß nur Könige und reiche Leute ihn tragen konnten.

Wie viele andere Erfindungen mögen noch von dem betriebsamen gewerblustigen Völkchen ausgegangen sein! Die Rechenkunst wird noch ausdrücklich als ihre Erfindung ausgegeben, und ihr Handel mußte notwendig darauf führen. Wie sehr sie in der Baukunst erfahren waren, beweist der prachtvolle Tempel in Jerusalem, welchen Salomo durch phönizische Künstler ausführen ließ, die ihm sein Freund, der König Hiram, zugeschickt hatte.

3.

Durch einen so ausgebreiteten Handel und Verkehr über alle Länder und Meere hin waren die Phönizier das reichste und wohlhabendste Volk der ganzen Welt geworden. „Ihre Kaufleute," sagt der Prophet Jesaias, „sind Fürsten, ihre Krämer die Herrlichsten im Lande." Ihr früher so armes Ländchen glich nunmehr einem schönen Lustgarten. Alle vier Stunden war eine Hauptstadt mit fortlaufenden Meiereien bis zu der folgenden Stadt. Und welches Leben überall! Da flatterten die Segel, da schnurrten die Räder, da pochten die Hämmer, alles lebte und webte, alles handelte, Städte und Küsten wimmelten von geschäftigen Menschen. Phönizien war der Markt der ganzen Welt.

Doch der Reichtum und Wohlstand des Kaufmannsvölkchens reizte die kriegerischen Nachbarn. Sein naher Untergang ward ihm von den Propheten Hesekiel und Jesaias vorhergesagt: „Klaget, ihr Schiffe von Tarsis! Daheim ist Verheerung! Aufs Meer streckt Gott den Arm, und Reiche beben; Verderben trifft, so will es Gott, Phöniziens Städte. Du beraubtes Sidon, jauchzest nicht mehr, und deine Feste, o Tyrus, wird zerstört!"

Es war um das Jahr 600 v. Chr., als Nebukadnezar mit großer Heeresmacht hereinbrach. Sidon eroberte er leicht, Tyrus aber mußte er dreizehn Jahre lang belagern, so hartnäckig wehrten sich die Einwohner. Und als er es endlich erobert hatte, fand er doch nur eine menschenleere Stadt, denn die Einwohner hatten sich mit all ihrer Habe auf eine benachbarte Insel geflüchtet und dort wieder angebaut. Hier erhob sich bald ein neues Tyrus mit der Pracht der alten Landstadt, und wurde abermals der Sitz des Welt= handels. Das blieb es bis zum Jahre 333 v. Chr., wo der Welteroberer Alexander der Große, König von Macedonien, heranzog.

Die Tyrier schickten ihm Geld und Lebensmittel entgegen, doch versagten sie ihm den Einzug in die Stadt. Das brachte den stolzen Krieger auf, und er beschloß, sich den Einzug mit Gewalt zu eröffnen. Die Stadt lag eine Viertelstunde vom festen Lande ab und war durch eine hohe Mauer ge= schützt. Alexander ließ einen festen, 65 m breiten Damm ins Meer bauen, wozu er besonders die Trümmer des alten Tyrus benutzte. Mit Erstaunen und Schrecken sahen die Tyrier den Damm ihrer Stadt immer näher kommen. Fast schon war er fertig, als ein heftiger Sturm einen großen Teil des ins Meer geworfenen Schuttes fortschwemmte. Alexander ließ sich dadurch nicht abschrecken; mit verdoppelter Anstrengung ward die Arbeit von neuem be= gonnen, eine Flotte schützte die macedonischen Arbeiter gegen die Angriffe der Phönizier, besonders gegen die Taucher derselben, die unversehens unter dem Wasser heranschwammen und die Arbeiter überfielen. Bald hatte der Damm wieder die Insel erreicht. Jetzt begann die eigentliche Belagerung der Stadt, und die Macedonier stürmten mit solcher Wut, daß die Mauer bald ein= stürzte. Doch eine neue und weit stärkere war bereits von den Tyriern innerhalb der ersten Ringmauer aufgeführt. Auch diese wurde eingestoßen, Alexanders Soldaten drangen in die Stadt: aber die Tyrier verteidigten sich mit solcher List und Tapferkeit, daß jene wieder zurück mußten. Die Öffnung in der Mauer ward schnell ausgebessert, und bei neuen Angriffen umschlangen die Tyrier ihre Feinde mit Netzen, bestreuten sie mit glühendem Sande, so daß jetzt Alexander selbst auf den Rückzug dachte. Noch einen letzten Versuch wollte er wagen; er umschloß mit seiner Flotte die ganze Stadt und ließ sie von allen Seiten bestürmen. Indes hätte er vielleicht auch jetzt noch nicht die Stadt erobert, wenn nicht ein thörichter Aberglaube der Tyrier ihm zu Hilfe gekommen wäre. Sie meinten, einer ihrer Götter habe Tyrus verlassen, und verloren nun den Mut. So drang Alexander endlich in die Stadt, die er 7 Monate lang belagert hatte. Er war so erbittert über den hartnäckigen Widerstand, daß er die Stadt verbrannte, 2000 Gefangene kreuzigen ließ und 30 000 als Sklaven verkaufte. Zwar ward später Tyrus wieder aufgebaut, aber seine Kraft und sein Ruhm war dahin, und der Welthandel zog sich nach Alexandrien, der von Alexander neugegründeten Stadt an der westlichen Mündung des Nil.

Zweiter Abschnitt.
Aus der griechischen Heldensage.

Zwei Heroen: Herkules und Theseus.

I. Herkules.

1. Des Helden Jugend.

In Theben lebte ein König Amphitryon, der hatte eine schöne junge Frau, Namens Alkmene, und diese war Herkules' Mutter. Mit ihr, sagen die Dichter, hatte in des Mannes Abwesenheit der Gott Zeus sich heimlich vermählt, und die Frucht dieser Ehe war Herkules. Doch Juno, die eifersüchtige Gemahlin des Zeus, hatte die Untreue ihres Mannes erfahren und wollte sich nun an dem Knäblein rächen. Kaum war der junge Herkules acht Monate alt, so schickte sie zwei giftige Schlangen in seine Wiege; aber der Knabe streckte lächelnd seine Hände nach ihnen aus und erdrückte sie beide. Der Göttervater gewann eine besondere Vorliebe für den schönen kraftvollen Knaben, und er dachte darauf, wie er diesem seinem Sohne die Unsterblichkeit verleihen könnte. Dazu gehörte nun freilich, daß der junge Herkules wenigstens einmal an der Mutterbrust der Juno gesogen haben mußte; darum sann Jupiter mit dem Merkur darauf, wie die Himmelsgöttin überlistet werden könnte. Der allezeit fertige Götterbote säumte nicht lange; einst, als Juno schlief, eilte er mit Flügelschritten auf die Erde herab, holte den Kleinen und legte ihn der Juno an die Brust. Aber hier sog der Junge mit so gewaltigen Zügen, daß die Göttin erwachte und höchst aufgebracht über den erdgeborenen Säugling ihn von sich riß. Sie that das mit solcher Heftigkeit, daß ein Teil der Milch verschüttet ward, die sich in dem Himmelsraume des blauen Äthers zerteilte und die Milchstraße bildete. Sieh da, wie im Kindesalter eines Volks die Dichtkunst der Wissenschaft vorgreift!

Amphitryon, ohne Eifersucht darüber, daß seine Gemahlin dem Jupiter einen Sohn geboren hatte, erkannte bald dessen große Bestimmung und sorgte nun eifrig dafür, daß das Götterkind frühzeitig von den besten Meistern in allen Künsten unterrichtet werde, durch welche sich in jener Zeit Helden auszeichneten. Allerlei kriegerische Übungen wechselten mit friedlichen Geschäften ab. Herkules machte die auffallendsten Fortschritte, zeigte aber auch früh eine außerordentliche Heftigkeit. Sein Lehrer Linus, der ihn auf der Lyra unterrichtete, gab ihm einstmals Schläge, weil er schlecht gespielt hatte. Darüber wurde der Knabe so aufgebracht, daß er seinen Lehrer mit der Leier erschlug. Amphitryon entfernte ihn zur Strafe dafür von seinem Hofe und schickte ihn aufs Land, wo er die Herden weiden mußte.

2. Herkules am Scheidewege.

In der Einsamkeit des Landlebens reifte der Knabe zum Manne heran; in der Einsamkeit ward dem Herkules seine große Bestimmung klar, ein Wohl= thäter des Menschengeschlechts zu werden. Einst als er, mit großen Ge= danken und Entwürfen in der Seele, ganz allein in der Gegend umherstreifte, gelangte er an einen Scheideweg. Indem er noch überlegte, für welche Richtung er sich entscheiden sollte, erschienen ihm plötzlich zwei Göttinnen. Die eine, schön und lockend von Gestalt, halb nackt und eitel sich selber be= schauend, ging ohne Scheu auf den jungen Mann los, schmiegte sich an ihn und versprach ihm die höchste Wonne und Glückseligkeit, wenn er ihr folgen wolle. „Wer bist du?" fragte Herkules mit prüfendem Blicke. „Meine Freunde," sprach die Göttin mit selbstgefälligem Lächeln, „nennen mich das Vergnügen, meine Feinde aber das Laster." Da schaute der junge Held nach der andern Göttin, die war nicht so schön, aber auf ihrem Antlitze strahlte ein himmlischer Friede; bescheiden, aber würdevoll stand sie da, und mit ihren klaren, hellen Augen schaute sie ernst und doch freundlich dem Manne ins Angesicht. „Wohin führst du mich?" sprach Herkules zu der strengeren Göttin. „Ich führe dich" — war die Antwort — „in Arbeit und Gefahren, aber verheiße dir Unsterblichkeit, Ehre und Ruhm bei Göttern und Menschen, wenn du meiner Leitung dich anvertraust." Diese Worte ergriffen das Herz des Helden, er fühlte, daß er ein Göttersohn sei und Ehrenvolles auf Erden vollbringen müsse. So entschloß er sich schnell: er stieß die zudringliche Wollust zurück und reichte der bescheidenen Tugend seine Hand. Diese führte ihn rauhe Pfade, in zwölffacher Arbeit prüfte sie seinen Willen und seine Kraft, aber sie machte ihn auch zum Wohlthäter des Menschengeschlechtes, zum ersten Helden seines Volkes, von dem alle Dichter sangen, und weil er sich in allen Kämpfen als Held bewährte, erstieg sein Geist den Himmel und wohnte als ein Gott unter den Göttern.

3. Die zwölf Arbeiten des Herkules.

Um seinen Mut und seine Ausdauer zu prüfen, schickten die Götter den Herkules auf Befehl des Orakels zu Delphi zum Könige Eurystheus, auf daß er thue, was dieser ihm gebieten würde. Der Held folgte dieser göttlichen Weisung und murrte nicht, als ihm der strenge Eurystheus schwereres auf= erlegte, als je ein Mensch vollbrachte.

1. Die erste Aufgabe war, einen Löwen zu erlegen, welcher in den Wäldern der Landschaft Argolis, zwischen Nemea und Kleonä, große Ver= heerungen anrichtete und von keinem Geschosse erlegt werden konnte, da alle Pfeile von seinem zottigen Felle absprangen. Herkules griff das Raubtier mit seinen Fäusten an, drückte es zusammen und erschlug es dann mit seiner Keule. Das undurchdringliche Fell zog er ihm ab und hing es sich als Mantel um.

2. Er tötete die lernäische Schlange oder Hyder, ein schlangen=
artiges Ungeheuer mit hundert Köpfen, die immer wieder wuchsen, wenn sie
auch abgehauen waren. Dieses Ungetüm hauste bei Lernä, in den sumpfigen
Einöden der Landschaft Argolis. Kein Mensch, kein Tier durfte sich in seine
Nähe wagen, es zog sie alle in seinen Schlupfwinkel und verspeiste sie dann.
Herkules ging diesem Ungeheuer zu Leibe in Begleitung seines Freundes
Jolaus. Dieser mußte einen Wald anzünden und ihm einen brennenden
Stamm reichen; sobald Herkules mit einem sichelförmigen Schwerte einen
Kopf der Hyder abgehauen hatte, hielt er sogleich den Feuerbrand auf den
Rumpf, und der Kopf konnte nicht wieder neu wachsen. Als er so die
Schlange glücklich erlegt hatte, tauchte er seine Pfeile in die Galle des Un=
geheuers, wodurch sie vergiftet und unfehlbar tödlich wurden.

3. Herkules mußte eine der Diana geweihte Hindin (Hirschkuh) einfangen.
Dieses Tier hatte eherne Füße und goldene Hörner und lief so schnell, daß
kaum der Pfeil es einholte. Aber Herkules ließ nicht nach; unverdrossen hetzte
er das Tier so lange, bis es ermüdet niedersank und seine Beute wurde.

4. Er fing den erymantischen Eber, welcher um den Berg Ery=
mantus her die Ebene Thessaliens verwüstete, lud ihn lebendig auf seine
Schultern und brachte ihn dem erschrockenen Eurystheus nach Mycene.

5. Er reinigte in einem Tage die Ställe des Augias, Königs von
Elis. Dreitausend Rinder hatten geraume Zeit in diesen Ställen gestanden,
ohne daß der Dünger hinweggeräumt worden wäre. Die Aufgabe zu lösen, schien
daher unmöglich. Aber Herkules riß eine Wand des Stalles ein, leitete einen
Arm des Flusses Peneus in dieselbe, und so spülten die Fluten den Unrat weg.

6. Er tötete die Stymphaliden, ungeheure Raubvögel mit ehernen
Flügeln und Schnäbeln, die sich in den dichten Waldungen am See Stymphalis
in Arkadien aufhielten und in der Umgegend großen Schaden anrichteten.

7. Er fing den wütenden Stier, der die Felder von Kreta verheerte.
Minos der Jüngere hatte sich denselben einst vom Neptun erbeten, ihn
aber unter seine Herde gebracht, wo er in Wut geriet und alles niederstieß.
Herkules bemächtigte sich dieses wütenden Stieres und brachte ihn lebendig
nach Mycene; Eurystheus ließ ihn aber wieder los und nun verheerte das
Tier die Gefilde Attikas.

8. Er brachte die Pferde des thracischen Königs Diomedes
nach Mycene. Der grausame Diomedes ließ alle Fremdlinge diesen Tieren
vorwerfen, und niemand wagte sich nach Thracien, aus Furcht, von den
Pferden verschlungen zu werden. Herkules, von mehreren mutigen Männern
begleitet, schiffte sich nach Thracien ein, erschlug die Führer der Rosse, brachte
diese zu Schiffe und führte die gefährlichen Tiere dem Eurystheus zu, welcher
sie in Gebirgsklüfte treiben ließ, wo sie von wilden Tieren zerrissen wurden.

9. Er holte das Wehrgehänge der Amazonen=Königin Hip=
polyte. Er tötete diese tapfere Königin in einem Treffen, das sie ihm mit
ihrer entschlossenen und krieggewohnten Weiberschar lieferte, nahm ihr das
Wehrgehänge ab und brachte es der Tochter des Eurystheus.

10. Er holte die Herden des Geryon von der Insel Erythia im

weſtlichen Ozean und führte ſie nach Mycene. Geryon war ein dreiköpfiger Rieſe, und ſeine Herde ward von einem dreiköpfigen Hunde bewacht. Herkules erſchlug beide mit ſeiner Keule.

11. Herkules brachte die goldenen Äpfel der Hesperiden und tötete den Drachen, der ſie bewachte. Dieſe Aufgabe war höchſt ſchwierig, denn Herkules wußte anfangs gar nicht, wo die Hesperidengärten lagen. Auf gut Glück ging er vorwärts, gelangte an das Nordweſtende von Afrika, wo der Rieſe Atlas auf ſeinen Schultern den Himmel trug. Dieſer entdeckte ihm den Aufenthalt der Hesperiden; dafür aber mußte Herkules eine Weile das Himmelsgewölbe auf ſeine Schultern nehmen.

Die Hesperiden waren Nymphen. Bei der feierlichen Vermählung des Jupiter und der Juno brachten die Götter verſchiedene Hochzeitsgeſchenke dar, und die Göttin der Erde, Gäa, ließ aus der Erde einen Baum hervorwachſen, der goldene Früchte trug. Dieſen Baum ſollten die Nymphen bewachen, aber ſie ließen ſich verleiten, von den goldglänzenden Früchten des Wunderbaumes zu naſchen. Da ſchickte Juno zur Wache einen furchtbaren Drachen, welcher nie ſchlief. Herkules erſchlug dieſen Drachen mit ſeiner Keule, pflückte die ſchönen Äpfel und brachte ſie dem Euryſtheus.

12. Herkules vollführte zuletzt die allerſchwerſte Aufgabe; er holte den Höllenhund Cerberus aus der Unterwelt. Pluto hatte nur unter der Bedingung die Erlaubnis gegeben, daß der Held ſich an das dreiköpfige Un= geheuer wagen dürfe, wenn er ihn ohne Waffen anzugreifen wagte. Der kraftvolle Heros ging dem Untier zu Leibe und bewältigte es mit ſeiner Rieſenſtärke. Herkules brachte den Höllenhund lebendig zum Euryſtheus; dieſer aber befahl nun, das Tier wieder zur Unterwelt hinabzutragen. Auch dieſes vollführte der hartgeprüfte Mann, und nun war er aus der Knecht= ſchaft ſeines Peinigers erlöſt. — Des Euryſtheus Tochter aber, namens Admete, wurde begeiſtert von den Thaten des Herkules, und wurde die erſte, welche die göttliche Verehrung des Heros einführte.

4. Herkules ſchafft in Ägypten die Menſchenopfer ab und bezwingt den Rieſen Antäus.

In Ägypten lebte ein Tyrann mit Namen Buſiris. Der galt für einen Sohn Neptuns und hatte die Gewohnheit, alle Jahre einen Fremdling, der ſein Land betrat, dem Jupiter zum Opfer zu ſchlachten. Dieſes war ihm angeraten worden von dem Wahrſager Phraſius aus Cypern bei einer großen Dürre, die Ägyptenland heimſuchte. Buſiris verſuchte das Mittel zuerſt an jenem Wahrſager, und ſiehe! die Dürre hörte auf. So hielt er die Gewohnheit aufrecht und opferte alle Jahre einen Menſchen. Als Herkules ankam, führte man ihn gleichfalls zum Opferaltar; aber der Held beſann ſich nicht lange, er ſchlug den Buſiris ſamt ſeinem Sohne und Herolde tot und damit hatte das Menſchenopfern ein Ende.

Noch war ein Menſchenwürger vorhanden, der Rieſe Antäus. Der war ein Sohn der Erde, und wenn er ſeine Mutter berührte, gewann er immer wieder neue Kraft. So überwältigte er jeden, der es wagte, mit ihm zu ringen, denn seine Mutter leistete ihm stets Hilfe. Als der Riese den Herkules zum Kampfe aufforderte, salbte sich dieser mit Öl und jener bestreute sich mit Sand. Herkules warf seinen Feind zur Erde; weil er aber merkte, daß jener immer neu gestärkt wieder aufsprang, hob er ihn in die Höhe und erdrückte ihn zwischen seinen Armen.

5. Tod des Herkules.

Nachdem Herkules noch viele rühmliche Thaten vollbracht hatte, kehrte er nach Theben zurück. Von der großen Anstrengung ermattet, fiel er hier in eine Gemütskrankheit, die zum heftigen Wahnsinn sich steigerte. In solchen trüben Anfällen verübte er leider manche Unglücksthat, plünderte sogar das delphische Orakel und beleidigte die Gottheit des Apoll. Da verkündigte ihm die weissagende Priesterin: „Du wirst nur dann von deinem Wahnsinn genesen, wenn du abermals auf drei Jahre als Sklave dich vermietest!" Herkules befolgte den Rat und trat in den Dienst der Königin Omphale von Lydien. Diese bediente sich der Gewalt, die er ihr freiwillig über seine Person gegeben hatte, so wohl, daß sie ihn sogar vermochte, ihre Kleider anzuziehen und sich an den Spinnrocken zu setzen, während sie sich mit seiner Löwenhaut bedeckte und seine Keule ergriff.

Nachdem er die drei Jahre wieder gehorsam überstanden hatte, vermählte er sich mit der Deianira. Ihr Vater hieß Öneus, und da er sie keinem der mächtigen Freier abschlagen wollte, versprach er sie demjenigen, der in einem Wettkampf obsiegen würde. Herkules gewann den Preis. Als er mit seiner jungen Frau fortzog, kam er an den reißenden Strom Evenus, an welchem der Centaur Nessus wohnte. Dieser erbot sich, Deianiren auf den Rücken zu nehmen und mit ihr durch den Fluß zu schwimmen, was ihm sehr leicht wurde, da er unten ein Pferd mit vier Füßen, oben ein Mensch mit zwei Armen war. Der Vorschlag ward gern angenommen. Deianira gelangte glücklich an das andere Ufer, aber dort wollte ihr der Centaur Gewalt anthun. Herkules, der ihr Geschrei hörte, spannte schnell seinen Bogen und schoß mit solcher Gewalt einen Pfeil über den Strom, daß er dem Ehrenräuber durch Brust und Rücken drang. Nessus fühlte bald, daß er mit einem von den Pfeilen verwundet sei, welche Herkules ehemals in das Gift der Hydra getaucht hatte. Um sich zu rächen, überreichte er sein wollenes, mit Blut getränktes Gewand der Deianira, und sagte ihr dabei, wenn sie einst die Untreue ihres Mannes besorge, möge sie ihn nur das Kleid tragen lassen, dann würde seine Liebe zu ihr zurückkehren.

Die Gelegenheit fand sich nur zu bald. Herkules hatte sich in einem Kampfe die schöne Prinzessin Jole erobert und Deianira ward eifersüchtig auf diese. Sie erinnerte sich des Gewandes vom Centauren Nessus. Als eines Tages Herkules auf einem Vorgebirge der Insel Euböa dem Jupiter ein Opfer bringen wollte, übersandte ihm seine Gemahlin ein schön zubereitetes Opferkleid. In dieses Kleid hatte sie die Wolle vom Gewande des Nessus verwebt. Kaum hatte Herkules dieses Kleid angezogen und mit

seinem Körper erwärmt, als er einen brennenden Schmerz empfand. Er
riß es wütend vom Leibe, riß aber Haut und Fleisch mit weg. Vom Schmerz
überwältigt, schleuderte er den Überbringer des verderblichen Geschenks vom
Felsen ins Meer hinab. Als er fühlte, daß er nicht mehr lange leben könnte,
ließ er sich nach Trachin übersetzen, wo Deianira aus Verzweiflung über die
schreckliche Wirkung ihres Geschenks sich selber das Leben nahm. Hierauf
ließ sich Herkules auf den Berg Öta führen, legte sich auf einen breiten
Scheiterhaufen, den ihm Jolaus errichten half, und befahl seinem Freunde
Pöas, dem Vater des Philoktetes, dem er zuvor seine Pfeile schenkte,
solchen anzuzünden. Jupiter aber verzehrte den Scheiterhaufen und alles,
was noch sterblich an dem Helden war, mit seinen Blitzen, und nahm ihn
in einer Wolke gen Himmel. Das Unsterbliche war gerettet, und Herkules
lebte fortan als der größte der Halbgötter im Olymp.

II. Theseus.*)

Die Landschaft Attika ward zur Zeit des Herkules von einem König
beherrscht, der Ageus hieß. Dieser hatte schon zwei Gemahlinnen, aber
noch keine Kinder. Er fragte das Orakel um Rat, und dieses gab ihm den
rätselhaften Befehl, er sollte reisen. Ageus machte sich auf den Weg und
besuchte zuerst seinen Freund Pittheus, welcher Beherrscher von Tröcene
war. Der gab dem Gastfreunde seine Tochter Athra zur Frau, denn es
war ihm geweissagt worden, sie werde durch einen Fremdling einen Sohn
bekommen, dessen Name weit berühmt sein würde. — Ageus verweilte noch
einige Tage in Tröcene, dann schickte er sich zur Abreise an. Ehe er aber
sein Schiff bestieg, ging er mit Athra in eine abgelegene Gegend am Meere,
wo große Felsstücke lagen, und stark wie er war, hob er einen großen Stein
auf, und legte sein Schwert und seine Sohlen darunter. „Sieh, Athra!" —
sprach er — „wirst du mir einen Sohn gebären und er wächst heran, so
führe ihn hierher an diesen Stein und laß ihn denselben aufheben. Kann er
das, dann erst sage ihm, wer sein Vater ist; und sehe ich dann einmal einen
Jüngling, mit diesen Sohlen angethan und mit diesem Schwerte gegürtet, zu
mir kommen: so werde ich ihn mit Freuden für meinen Sohn erkennen!"
Athra versprach das und trennte sich mit traurigem Herzen von ihrem
neuen Gemahl. Dieser kam bald darauf glücklich wieder zu Athen an, und
ließ sich gegen niemand merken, wo er gewesen sei.
Athra gebar einen Knaben, ganz so, wie es ein Orakel dem Pittheus
vorausgesagt hatte. Dieser nannte seinen Enkel Theseus und erzog ihn
mit großer Sorgfalt zu allen körperlichen Geschicklichkeiten, die damals den
Mann schmückten und ehrten. Der Knabe wuchs zu einem schönen, starken
und klugen Jüngling heran, und durch seinen Anblick allein tröstete sich die

---

*) Nach K. F. Becker „Erzählungen aus der alten Welt".

Mutter über die Langeweile ihres einsamen Lebens im elterlichen Hause, denn ihr heimlicher Gemahl Ägeus kam nie wieder.

Als Theseus seine volle Manneskraft erlangt hatte, wünschte er nichts mehr, als die Welt zu sehen und sich in Abenteuern zu versuchen. Dazu feuerten ihn besonders die Reden und Thaten des Herkules an, der oft auf seinen Zügen bei seinem Gastfreund Pittheus einzukehren pflegte und sich schon oft über den kühnen Ehrgeiz des Jünglings gefreut hatte. Damals stand dieser Held schon im Mittagsglanze seines Ruhms und war, wohin er kam, ein Gegenstand der allgemeinen Bewunderung. Ihn also nahm der junge Theseus zum Vorbilde, und in der That hatte die Natur auch ihn zum Heroen bestimmt, denn in Körperkraft und Klugheit war er dem Herkules ähnlich.

Die zärtliche Mutter konnte ihren Sohn nicht länger zurückhalten; da führte sie ihn zu dem großen Steine hin, unter den vor 20 Jahren sein Vater Ägeus sein Schwert und seine Sohlen verborgen hatte. Mit Leichtigkeit wälzte Theseus den Stein hinweg, gürtete das Schwert um seine Lenden und band die Sohlen unter seine Füße. Die Mutter zeigte ihm darauf die Stelle am Ufer, wo sein Vater vormals abgesegelt sei, und riet ihm, auch zur See nach Athen zu gehen.

Aber der kühne Jüngling verwarf den vorsichtigen Rat, denn gerade deshalb — meinte er — weil der Landweg nach Athen sehr gefährlich sei, müsse er diesen mit Fleiß einschlagen, damit er das Land Argolis und die Landenge, den waldigen Isthmus, von bösen Menschen säubere.

Theseus hatte kaum eine Tagereise zurückgelegt, so fand sich schon eine Gelegenheit, um seinen Mut zu erproben. In dem Walde von Epidauros wohnte nahe an der Straße ein übermütiger Unhold, mit Namen Periphetes, der allen Vorübergehenden mit einer schweren Keule auflauerte und sie von hinten erschlug. Theseus, vorher schon gewarnt, durchsuchte die Gegend sehr vorsichtig, und als er den Riesen erblickte, forderte er ihn laut zum Kampfe heraus. Der Wilde kam trotzig hervor und schwang die Keule über ihm; aber ehe er sie niederschmettern konnte, war ihm schon des Jünglings scharfes Schwert in den Leib gefahren, daß er laut stöhnend zurückschwankte und rücklings auf die Erde fiel. Freudig steckte Theseus sein Schwert in die Scheide und ergriff die Keule des Periphetes, die nun sein treuer Begleiter ward.

Indem er getrosten Mutes weiter zog, kam er in bewohnte Gegenden, in welchen ihm die Leute schreckliche Geschichten von einem andern Wilden erzählten, den sie nur „den Fichtenbeuger" nannten, oder auch Sinis, d. i. Bösewicht. Dieser Räuber hauste am Eingange der korinthischen Landenge, und da bog er denn zwei benachbarte Fichten mit seinen starken Armen zusammen, indem er die Vorüberreisenden einlud, ihm das Kunststück nachzuahmen; konnten sie das nicht, hing er sie an den Bäumen auf. Theseus, der außer dem Herkules noch keinen Mann gesehen hatte, der ihm an Stärke gleichgekommen wäre, war recht begierig, sich mit dem gewaltigen Sinis zu messen. Er kam, faßte die glattbehauenen Fichten und bog sie so kräftig zusammen, daß ihre Spitzen sich durchkreuzten. Bei diesem Anblick erblaßte der Bösewicht zum erstenmal in seinem Leben, denn er merkte, daß die Straße nahe sei. Theseus packte ihn an der Kehle und hängte ihn an der Tanne auf, einem Unglücklichen gegenüber, den Sinis vor kurzem an der andern Tanne aufgeknüpft hatte.

Weiter kam Theseus in eine Gegend, wo große Eber hausten und alle Äcker der armen Einwohner verwüsteten. Diese Tiere wurden von dem Helden aufgejagt und erlegt; noch nie hatten die Leute einen so gewaltigen Jäger gesehen, und alle strömten herzu, ihrem Wohlthäter zu danken.

Zwischen Korinth und Megara ging ein Weg an einem Felsenabhang hin, an welchem tief unten im Grunde das Meer flutete. Vor diesem Engpasse warnte man den Theseus, denn dort lauere ein grausamer Riese, Skiron, den Wanderern auf, um sie plötzlich ins Meer zu stürzen. Noch niemand hatte diesen Frevler bezwingen können; doch Theseus fürchtete sich nicht vor ihm. Er ging auf ihn los und rang lange mit ihm, endlich aber stürzte er ihn in denselben Abgrund, der schon so manche unschuldige Pilger verschlungen hatte.

Theseus kam Athen, der Hauptstadt seines Vaters, immer näher; aber ein Hauptkampf stand ihm noch bevor. Damastes, der Ausdehner (Prokrustes) genannt, hauste am Ufer des Cephissus und lud alle Fremdlinge freundlich in seine Wohnung ein, bewirtete sie und führte sie dann höflich in eine Schlafkammer, wo zwei Bettgestelle standen, ein großes und ein kleines. War der Gast von kleiner Statur, legte er ihn in das große Bettgestelle, band ihn mit den Füßen an das untere Ende an und zog dann so lange am Kopfe, bis der Scheitel das obere Ende berührte: eine Folter, die immer mit dem Tode endigte. War der Gast aber groß, so warf er ihn in die kleine Bettstelle und hackte ihm so viel von den Füßen ab, bis das Mißverhältnis gehoben war. Theseus, von der Gewohnheit des Unholds unterrichtet, kehrte freiwillig bei demselben ein und ließ sich ruhig in die Folterkammer führen. Damastes wies ihm das kurze Bett an, und er freute sich schon tückisch auf den Augenblick, da sein Gast sich niederlegen würde. Aber zu seinem Schrecken fühlte er sich plötzlich umschlungen, aufgehoben und selbst auf seine Folterbank niedergedrückt. Kein Bitten half; der Kopf ward mit den schon vorhandenen Schlingen festgeschnürt, die Beine wurden ausgestreckt und was zu lang war, mit dem wohlbekannten Beile abgehauen. Dann, um die Marter zu endigen, gab der Sieger mit seinem Schwerte dem Prokrustes noch einen Gnadenstoß.

Nun gelangte Theseus nach Athen; aber dort herrschte Zwietracht zwischen Ägeus und den Söhnen seines Bruders Pallas, die nach der Herrschaft strebten und denen der alte schwache König nicht zu widerstehen vermochte. Dem alten Vater kam der herrliche Sohn wie ein Engel vom Himmel; aber die Neffen des Königs stellten ihm nach dem Leben. Theseus faßte den weisen Entschluß, vor allen Dingen sich erst die Liebe des athenischen Volkes zu erwerben und ihm zu zeigen, daß er als Wohlthäter der Menschen gekommen sei. Ein grimmiger Auerochs irrte eben damals in den Feldern von Marathon umher; es war derselbe Stier, den Eurystheus losgelassen hatte. Das wütende Tier streifte bis in die Nähe von Athen, und keiner wagte sich mehr auf das Feld. Theseus faßte einen Wurfspieß in seine Rechte und begann sogleich den Kampf. Eine Menge Neugieriger schaute von den Stadtmauern herab zu, wie gewandt Theseus den Stößen des Tieres begegnete und wie kräftig er endlich den Spieß ihm in die Brust stieß. Frohlockend jauchzten die Athener dem Sieger entgegen.

Bald darauf leistete ihnen Theseus noch einen wichtigern Dienst. Der mächtige König Minos in Kreta, dem die Athener einen Sohn getötet hatten, war mit Heeresmacht herangezogen und hatten das Völklein der Athener gezwungen, ihm einen jährlichen Tribut von sieben Jünglingen und sieben Jungfrauen zu schicken, die in das Labyrinth, ein großes Gebäude mit vielen Irrgängen, geworfen wurden, wo ein Ungeheuer, der Minotaur, sie verzehrte. Eben sollte wieder die Sendung der unglücklichen Opfer nach Kreta abgehen, da erbot sich Theseus, selber den Zug mitzumachen und als Opfer sich dem Minos zu stellen. Mit blutendem Herzen sah der alte Vater den blühenden Sohn scheiden; dieser versprach, im Fall er siegreich zurück= kehrte, wollte er ein weißes Segel aufstecken anstatt des schwarzen, mit welchem die armen Kinder absegelten.

Das Schiff kam in Kreta an; die Knaben und Mädchen wurden aus= geschifft. Die schöne Gestalt und kräftige Mannheit des Theseus gefielen der Königstochter Ariadne, und bald hatte der Held ihr Herz gewonnen. Als nun die Opfer in das Labyrinth gebracht werden sollten, gab Ariadne dem Theseus heimlich einen Knäuel, dessen Faden er unbemerkt am Eingange festknüpfte; nun drang er mutig mit seinem Schwerte bis zum Minotaurus vor. Dieser, halb Mensch, halb Stier, wollte den Helden verschlingen; aber Theseus hieb ihm den Kopf ab und kam mit den Seinigen glücklich wieder aus den Irrgängen heraus. Heimlich entfloh er mit den sieben Knaben und den sieben Mädchen; auch Ariadne nahm er mit in sein Schiff, und fröhlich segelte die Gesellschaft nach Athen zurück.

Ägeus hatte schon lange mit Sehnsucht der Rückkehr des Schiffes geharrt: alle Tage ging er an das Gestade des Meeres und stellte sich auf einen Felsen, von dem er weit in die See hinausschaute. Jetzt kam das Schiff, noch konnte man die Farbe des Segels nicht erkennen; aber Theseus hatte vergessen, an die Stelle des schwarzen Segels ein weißes zu setzen. Der alte König schaut, und o Jammer! ein schwarzes Segel weht auf dem Schiffe. Verzweiflungsvoll stürzt er sich in das Meer hinab, um in den Fluten seinen Kummer zu begraben. Seitdem führt das griechische Meer auch den Namen des „Ägäischen".

Bittere Reue kam in das Herz des Theseus, als er den Tod seines Vaters erfuhr. Doch die Athener jubelten und erwählten sogleich den helden= mütigen Sohn an der Stelle des Vaters zu ihrem Könige. Jetzt sann der Held darauf, wie er das Land, das er fortan regieren sollte, blühend und kräftig machen könnte. Zuerst beschloß er, die in weiter Entfernung zer= streuten Bewohner in einen Staat zu vereinigen. Athen bestand damals noch aus einer bloßen Burg, der Akropolis, und aus einigen um die=

selbe herum gehenden Gassen, die zusammen mit einer Mauer umschlossen waren. Rings auf dem Felde umher lagen zwölf kleine Kolonieen, Dörfern ähnlich, von denen jede ihren eigenen Beherrscher hatte. Theseus, im Vertrauen auf sein Ansehen, durfte es schon wagen, diesen kleinen Herrschern einen Vorschlag zu machen. Er lud sie ein, ihre Gerichtsbarkeit aufzugeben und sich mit der Mutterstadt zu vereinigen. Dafür sollten sie in einem Rate Sitz und Stimme haben, in welchem auch Theseus nur ein Mitglied sein wollte. Ihr Herrscheramt gewann also im Grunde an Bedeutung, und so gingen denn die zwölf Häuptlinge in den Vorschlag des Theseus ein. Die engen Mauern von Athen wurden niedergerissen, die zwölf Dörfer schlossen sich an ihren gemeinsamen Mittelpunkt an. Die Einwohner wurden in drei Klassen abgeteilt, in Landbauer, Handwerker und Adlige. Unter den letzteren wurden alle jene regierenden Familien aufgenommen, und nur aus diesen die Mitglieder des hohen Gerichtshofes und die Priester erwählt.

Diese Einrichtungen waren ein sehr wichtiger Schritt zur Bildung, ein Schritt, den die Landschaft Attika allen andern griechischen Staaten vorausthat. Bald gewann der athenische Staat ein Ansehen in ganz Griechenland: Theseus vereinigte auch das benachbarte Gebiet von Megara mit Athen, maß dann die Grenzen von Attika ab, und weil er neue Spiele und neue Feste einführte, zog er die nächsten Nachbarn nach Athen, die gern sich in einer so lebenslustigen Stadt ansiedelten.

Für den Krieg hatte sich Theseus den Oberbefehl ausbedungen; da aber jetzt alles in Frieden lebte, beschloß er, an einem Heldenzuge seines großen Meisters und Vorbildes Herkules teil zu nehmen. Herkules hatte eben damals den Auftrag bekommen, den Gürtel der Amazonenkönigin zu holen, und warb überall in Griechenland tapfere Jünglinge zu Gefährten auf dem weiten Zuge. Theseus schloß sich mit Freuden an und gewann so sehr die Liebe seines Meisters, daß ihm dieser die schönste Beute, nämlich die Amazone Antiope, schenkte.

Indem er wieder nach Hause zurückkehren wollte, traf er auf einen verwegenen Jüngling, namens Pirithous, den Sohn des Lapithenkönigs Ixion aus Thessalien; dieser war in die marathonischen Felder eingebrochen, um dort eine zahlreiche Herde zu entführen. Es war nicht sowohl Raubsucht, als vielmehr ein Kitzel, sich durch irgend einen kühnen Streich hervorzuthun, denn auch in ihm brannte die Begierde, unter den Starken und Berühmten seiner Zeit genannt zu werden. Noch hatte er Herkules und Theseus nicht gesehen, aber er sehnte sich nach ihrem Anblick. Er hatte vielleicht den Einfall in Marathon nur deshalb gethan, um mit dem Theseus persönlich bekannt zu werden.

Mit geheimer Freude und Bewunderung sah er hierauf wirklich den Helden erscheinen, denn daß es Theseus war, verriet ihm sogleich der ausgezeichnete Adel der Gestalt, die Würde des Ganges und der Stimme. So etwas hatte er nie gesehen; er stand bewundernd still, faßte sich und rief ihm entgegen, indem er ihm zum Zeichen des Friedens die Hand hinstreckte: „Würdigster Held, ich weiche dir ehrfurchtsvoll. Sei selbst mein Richter!

Welche Genugthuung verlangst du?" — Theseus sah ihn mit Wohlgefallen an. „Daß du mein Waffenbruder werdest," antwortete er ihm. Freudig fiel ihm Pirithous um den Hals, und beide wurden unzertrennliche Freunde.

Noch manches Abenteuer bestand Theseus mit seinen Freunden gegen seine Feinde. Aber auf heimliche Feinde in seiner Nähe hatte er nicht geachtet; dies waren die Söhne seines Oheims Pallas, die Pallantiden genannt. Sie benutzten jede Gelegenheit, um den Theseus beim Volke zu verdächtigen, als strebe er nach der Alleinherrschaft. Die Athener vergaßen schnell die Wohl= thaten, die ihnen der Held erwiesen, und verbannten ihn aus der Stadt. Er floh auf die Insel Skyros zum König Lykomedes; dieser nahm ihn freund= lich auf, aber in seinem Herzen war er falsch gesinnt und trachtete, wie er den gefährlichen Gast am besten los werden konnte, denn er fürchtete sich vor den Pallantiden in Athen. Als nun Theseus gar keine Anstalt machte, wieder abzureisen, führte ihn der hinterlistige Lykomedes auf eine Felsenspitze, um ihm die ganze Landschaft und das Meer zu zeigen. Als der Held, ohne Arges zu ahnen, sich umschaut, stößt ihn Lykomedes hinab in den Abgrund des Meeres. — So schmählich endete ein Wohlthäter des Menschengeschlechts. Die Athener bereuten bald ihre Undankbarkeit, bauten dem Theseus Tempel und Altäre, und holten später seine Gebeine von der Insel Skyros nach Athen. In der Schlacht bei Marathon erschien ihnen der Geist des Helden, und man sagte, er habe sich an die Spitze der Athener gestellt und tapfer auf die Perser eingehauen.

Dritter Abschnitt.

Aus der griechischen Heldensage.

Zwei Heroenzüge: Der Argonautenzug. Der trojanische Krieg.

Jason oder der Argonautenzug.*)

Als eine Vereinigung vieler zu einem Zuge ins Ausland ist zuerst der Zug der Argonauten merkwürdig; er fällt in die früheste Periode der griechischen Geschichte, noch 60 Jahre vor dem trojanischen Krieg. Der Hauptheld dieser Unternehmung war Jason, ein thessalischer Königssohn.

In Thessalien lag die Stadt Jolkus, die von dem Großvater des Jason, der Kretheus hieß, gegründet ward. Des Kretheus Sohn, Äson, hätte seinem Vater in der Herrschaft folgen sollen, aber Pelias, ein Anverwandter des königlichen Hauses, entriß diesem die Herrschaft, und Äson mußte mit dem kleinen Jason auf das Land wandern, wo er in stiller Zurückgezogenheit seine Tage verlebte. Jason bearbeitete das Feld, wurde aber auch von dem Centauren Chiron in allerlei schönen Künsten unterrichtet und wuchs zu einem starken Jüngling heran.

Einst wollte Pelias dem Poseidon, dem Beherrscher des Meeres, ein Opfer bringen und lud viele Gäste dazu ein. Jason, der so eben seinen Erzieher verlassen hatte und in seine Heimat zurück wanderte, hörte von dem Feste in Jolkus und wollte es auch sehen. Als er an den Bach Anauros kam, war dieser durch Regengüsse sehr angeschwollen. Am Ufer weilte ein kleines schwaches Mütterchen, das auch gern hinüber wollte, nun aber unschlüssig am Ufer wartete. Jason hatte Mitleid mit der Frau, nahm sie auf seine starken Arme und trug sie wohlbehalten über das Wasser. Am andern Ufer bemerkte er zu seinem Schrecken, daß er einen Schuh habe im Schlamme stecken lassen, und mit dem andern Schuh allein auf das Fest zu gehen, schien doch nicht ratsam. Schon wollte er wieder umkehren; doch die alte Frau riet ihm mit beredten Worten, getrost seine Wanderung fortzusetzen. Und kaum hatte sie gesprochen, so verschwand sie vor seinen Augen. Da erkannte Jason, daß er eine Göttin über den Fluß getragen hatte und ging getrosten Mutes weiter.

*) Nach L. Stacke „Erzählungen aus der griechischen Geschichte".

Dem Pelias hatte einst ein Orakel geweissagt, er solle sich vor dem Manne mit einem Schuh hüten, denn er werde ihm Verderben bringen. Als nun Pelias den Jason mit einem Schuh ankommen sah, erschrak er, denn er dachte an die Weissagung. Gern hätte er den Jüngling sogleich fortgeschickt oder heimlich ermordet; doch scheuete er sich, so sträflich das Gastrecht zu verletzen. Da sann er auf eine List. „Ich werde dir, Jason, mein Scepter abtreten und dir die Herrschaft geben, zu der du ohnehin ein Recht hast, wenn du ausziehst und mir das goldene Vließ eroberst." Der heldenmütige Jüngling nahm sogleich diesen Vorschlag an und rüstete sich eiligst zu der großen Fahrt.

Mit dem goldenen Vließ verhielt es sich aber also. In der Stadt Orchomenus in Böotien herrschte einst ein König, welcher zwei Kinder hatte, einen Sohn, der Phrixus, und eine Tochter, die Helle hieß. Die Mutter dieser Kinder starb und es kam eine böse Stiefmutter, die ihnen nach dem Leben trachtete. Um dem Tode zu entgehen, floh der kühne Phrixus mit seiner Schwester Helle auf einem goldwolligen Widder über das Meer. Als sie aber an die Meerenge kamen, die Asien von Europa trennt, fiel Helle von dem Widder herab ins Meer, das von ihr den Namen „Hellespont", d. i. Meer der Helle, erhielt. Den Phrixus trug der Widder an die Küste des schwarzen Meeres, in das Land Kolchis. Dort opferte er das gold= wollige Schaf den Göttern, und das Fell oder Vließ hing er in dem heiligen Haine des Kriegsgottes Ares auf. Der König von Kolchis, namens Aetes, hielt das schöne Fell hoch in Ehren, denn es war ihm geweissagt worden, er werde so lange regieren, als er das goldene Vließ behielte. Darum ließ er auch den heiligen Hain mit einer großen Mauer umgeben und stellte einen feuerschnaubenden Drachen, dem nie der Schlaf in die Augen kam, vor den Eingang. Solches war dem Pelias wohl bekannt, und er vermeinte, der Drache solle den Jason verschlingen.

Jason rüstete indessen, und lud die berühmtesten Helden Griechenlands, unter ihnen den Herkules und Theseus, Kastor und Pollux und den Sänger Orpheus, zur Teilnahme ein. Es ward ein langes Kriegsschiff, eine funfzig= ruderige Galeere gezimmert, welche den Namen Argo*) erhielt. Die Argo= schiffer nannte man Argonauten. Der Kiel des merkwürdigen Schiffes war aus einer Eiche von Dodona gezimmert, welche die Gabe hatte, zu reden, ja zu wahrsagen; diese Gabe ging nun auch auf das Schiff über.

Als die Argo mit allen Walzen und Hebeln, woran die Helden selbst zogen, nicht vom Lande zu bringen war, sang der alte Orpheus und spielte dazu auf seiner Leyer, die ehemals Bäume bewegt hatte; alsbald erhob sich das Schiff und glitt vom Ufer herunter. Hierauf verband er die Argonauten durch ein großes Opfer, eine feierliche Rede und einen vor= gesprochenen Eid, ihrem erwählten obersten Befehlshaber Jason in allen Gefahren treu zu bleiben.

Unter Jasons Anführung segelten nun die Helden ab. Beim Eingange

---

*) Arco heißt im Phönizischen „lang".

in das schwarze Meer trafen sie auf die Symplegaden; das waren zwei Felsen, die beständig zusammenschlugen, so daß jedes Schiff, welches hindurch wollte, von ihnen zerschmettert wurde. Die Argonauten erhielten von dem Wahrsager Phineus den Rat, eine Taube abzuschicken; wenn diese glücklich hindurch flöge, so möchten sie getrost vorwärts segeln, wenn sie aber umkomme, sollten sie die Durchfahrt nicht versuchen. Sie ließen eine Taube aus ihrem Schiffe fliegen; dieser wurden von den zusammenschlagenden Felsen nur ein paar Schwanzfedern ausgerissen, sonst kam sie mit dem Leben davon. Da bekamen die Argonauten Mut, sie fuhren hindurch, und nur der hintere Teil des Schiffes wurde verletzt. Von dieser Zeit an standen die Symplegaden fest auf dem Grunde des Meeres, denn es war ihnen eine Weissagung zu teil geworden, daß sie feststehen würden, wenn zuerst ein Schiff glücklich hindurchgefahren sei.

Auf einer Insel, die von den Dolionen bewohnt ward, herrschte ein König, mit Namen Cycicus. Diesem war die Ankunft der Argonauten geweissagt worden, und er nahm die Gäste freundlich auf, versah sie auch bei ihrer Abfahrt mit allerlei Lebensmitteln. Kurze Zeit, nachdem die Argoschiffer wieder abgesegelt waren, trieb sie ein widriger Wind in denselben Hafen zurück, den sie eben verlassen hatten, den sie aber in der Finsternis nicht erkannten. Die Dolionen glaubten, ihre Feinde, die Pelasger, wären gelandet, und trieben sie mit den Waffen in der Hand zurück. Darüber entstand ein hitziges Gefecht und Jason rannte dem Cycicus seinen Speer durch den Leib. Bei Tagesanbruch erkannten beide Teile ihren Irrtum. Man begrub den König mit großer Pracht und stellte ihm zu Ehren Leichenspiele an. Obgleich Jason den Mord wider Willen begangen hatte, so war doch Rhea, die Schutzgöttin des Landes, so erzürnt über ihn und seine Gefährten, daß der Steuermann Tiphys das Schiff nicht von der Stelle bringen konnte. Die Nacht darauf erschien Minerva dem Tiphys im Traume und gab ihm den Rat, der Göttin Rhea auf dem Berge Dindymus zu opfern; das that er, und Argus schnitzte ihr Bildnis aus Holz und erbaute ihr eine Kapelle.

Als die Schiffenden wieder abfahren konnten, gerieten sie nach manchen Abenteuern wieder auf eine Insel, und wurden da von den grimmigsten aller Raubvögel, den Stymphaliden, angefallen. Um sie von sich abzuhalten, setzten sie ihre Helme auf und schlugen mit den Spießen auf ihre Schilde. Durch dieses Getöse und das Winken der Federbüsche auf den Helmen wurden sie verscheucht.

Endlich gelangten die Helden an den Fluß Phasis in Kolchis, und da landeten sie. Jason ging alsbald zum Könige Aetes und richtete seinen Auftrag aus, daß er das goldene Bließ dem Pelias überbringen müsse. Der König versprach ihm zu willfahren, wenn er zuvor zwei wilde Stiere mit ehernen Hufen und feuerspeienden Rachen allein an einen Pflug spannen, vier Hufen Ackerlandes damit umpflügen und in die Furchen Drachenzähne säen würde. Dann solle er noch eine Schar Riesen erlegen, die aus den Drachenzähnen hervorwachsen würden. Das waren harte Bedingungen, und Jason geriet in nicht geringe Verlegenheit. Doch Medea, die Tochter des

Königs und eine kluge Zauberin, half ihm aus der Not. Sie hatte den schönen und tapferen Jüngling lieb gewonnen und versprach ihm ihren Bei= stand, wenn er schwören wolle, sie zu heiraten und in die Heimat mitzunehmen. Als Jason geschworen hatte, gab ihm Medea eine Salbe, mit welcher der Held seinen Schild, seine Lanze und seinen Körper bestrich. Diese Salbe machte ihn fest gegen alle Tritte und Stöße und Feuerflammen der Stiere.

Nun spannte Jason mutig die Tiere, welche im Haine des Tempels gepflegt wurden, an den Pflug, ohne von dem glühenden Atem der Stiere versengt zu werden. In die gezogenen Furchen streute er die Drachenzähne und versteckte sich dann eiligst in den nahen Wald. Und siehe! es dauerte auch gar nicht lange, da wuchsen geharnischte Riesen aus dem Acker empor. Medea aber reichte ihrem Geliebten einen Stein, den warf Jason mitten unter die Schar der Riesen. Da begannen diese unter sich selbst einen Zank und Streit, und in der Wut erschlug einer den andern.

So hatte Jason seine Aufgabe glücklich gelöst; aber dennoch weigerte sich Äetes, ihm das goldene Vließ zu geben; ja, er wollte sogar die Argo in Brand stecken und die Helden ermorden. Aber Medea führte den Jason des Nachts in den heiligen Hain, wo das Vließ hing; mit ihren Zauber= künsten schläferte sie den Drachen ein, der die Wache hielt, und Jason konnte unangefochten das Vließ fortnehmen. Noch in derselben Nacht bestieg er mit seinen Gefährten die Argo, nahm auch die Medea mit ihrem kleinen Bruder Absyrtus mit und fuhr in aller Stille von dannen.

Am andern Morgen gewahrte König Äetes, daß er hintergangen sei, und zornigen Mutes setzte er den Flüchtlingen nach. Als Medea an den Segeln das Schiff ihres Vaters erkannte, ergriff sie ihren kleinen Bruder, schlachtete ihn, streute die Glieder auf dem Wasser umher, den Kopf aber steckte sie auf einen Felsen an der Küste des Meeres. Äetes er= kannte bald die Glieder seines gemordeten Sohnes und sammelte sie mit kummervollem Herzen, um dem Toten die letzte Ehre zu erweisen. In= dessen gewannen die Argonauten einen Vorsprung und entkamen glücklich der Verfolgung.

Als Jason mit der Medea in Jolkus ankam, überlegte er, wie er sich an dem Pelias für alle Grausamkeiten rächen sollte, die er und seine Familie von ihm erfahren. Medea nahm diese Rache allein über sich. Sie versprach den Töchtern des Pelias, ihren alten Vater wieder jung zu machen. Damit sie an dieses Kunststück glauben möchten, zerstückte sie einen alten Widder, that ihn in einen Kessel und kochte ihn. Bald darauf sprang ein junges Lamm aus dem Kessel. Die Schwestern (Alceste ausgenommen, welche keine Hand hierbei anlegen wollte) zerstückten ihren Vater und kochten ihn mit den Kräutern, die ihnen Medea gab. Weil sie ihnen aber die unrechten gegeben hatte, ward er nicht wieder lebendig.

Einige sagen, Medea habe vorher noch den Äson, Jasons Vater, wieder jung gemacht; andere aber leugnen dies und behaupten, daß Pelias ihn durch Ochsenblut hingerichtet habe, weil er vernommen hätte, daß die Argo= nauten umgekommen wären.

Der trojanische Krieg.

(Ums Jahr 1200 v. Chr.)

I. Scenen aus der Iliade.

1. Die Hochzeit des Peleus und der Thetis.

Als Peleus, ein König in Thessalien, seine Vermählung mit der Meer=
göttin Thetis feierte, waren alle Götter und Göttinnen zum Feste eingeladen,
außer Eris, der Göttin der Zwietracht, weil man befürchtete, sie würde nach
ihrer Gewohnheit Zank und Hader stiften und die Heiterkeit des Festes
stören. Vor Ingrimm über diese Zurücksetzung sann sie auf Rache. Während
sich alle Gäste der Freude des Festes hingaben, öffnete sie die Thür des
Saales und ließ einen goldenen Apfel mit der Aufschrift: „Der Schönsten!"
über den Fußboden hinrollen. Kaum aber hatten die Göttinnen den Apfel
und die Aufschrift gesehen, als sich über den Besitz derselben ein lebhafter
Streit unter ihnen erhob, indem jede behauptete, die Schönste zu sein. Am
meisten Ansprüche machte jedoch Here (lat. Juno), die Königin des Himmels
und Gemahlin des Zeus (Jupiter), dann Pallas Athene (Minerva), die
Göttin der Weisheit, und Aphrodite (Venus), die Göttin der Liebe. Da
keine von ihnen nachgeben wollte, befahl Zeus, um allem Streit ein Ende
zu machen, daß der Götterbote Hermes (Merkur) die streitenden Göttinnen
zu einem durch seine Schönheit berühmten Prinzen führen sollte, nämlich
zum Paris, Sohn des trojanischen Königs Priamus; dieser möge dann
als Schiedsrichter ihren Streit schlichten. Der schöne Königssohn weidete
gerade die Herden seines Vaters am Berge Ida, als die drei Göttinnen vor
ihm erschienen und ihm die Ursache ihres Streites vortrugen. Eine jede
suchte ihn durch Versprechungen zu gewinnen: Here verhieß ihm, wenn er
sie für die Schönste erklären würde, die Herrschaft über alle Länder der
Erde; Athene versprach ihm den Ruhm eines Weisen unter den Menschen;
Aphrodite aber gelobte, ihm Helena, die schönste Frau der Erde, zu schenken.
Dieses Geschenk zog Paris allen übrigen vor; er erklärte Aphrodite für die
schönste Göttin und überreichte ihr den goldenen Apfel. Zum Dank dafür
geleitete die Venus den Paris nach Sparta in Griechenland, zum König
Menelaus, der sich mit der schönen Helena vermählt hatte. Menelaus nahm
den trojanischen Prinzen sehr gastfreundlich auf, aber dieser vergalt das Gast=
recht schlecht. Denn eines Tages, wo der König abwesend war, entführte er
diesem die Gemahlin mit allen ihren Schätzen und entfloh mit der kostbaren
Beute nach Troja.

Darob schworen die Griechenfürsten den Trojanern Rache, und als König
Priamus sich weigerte, die geraubte Helena zurückzusenden, begannen die
Griechen einen Krieg gegen Troja, der zehn Jahre dauerte und mit dem
Untergange dieses Reiches endigte.

2. Die Griechen in Aulis.

Am eifrigsten rüsteten sich zum Kriege Menelaus und sein Bruder Aga=
memnon, König von Argos und Mycene, der mächtigste der griechischen
Fürsten. Sie entboten aber auch die Könige aller übrigen Griechenstädte,
und es dauerte nicht lange, so strömten von allen Seiten Heerscharen zu=
sammen, um an dem Rachekriege gegen das übermütige Troja teil zu nehmen.
Die Helden versammelten sich in dem Hafen Aulis in Böotien, wo eine
Flotte von 1200 Schiffen, die über 100 000 Krieger trugen, zusammenkam.
Lange schon lagen die Schiffe zur Abfahrt gerüstet im Hafen, aber anhaltende
Windstille hielt die Harrenden zurück. Da brach Unzufriedenheit aus im
griechischen Heere. Um nun die Ursache der ungünstigen Winde zu erfahren,
wurde Kalchas, der Wahrsager, aufgefordert, seine Meinung zu sagen und
ein Mittel anzugeben, wie dem Übel abgeholfen werden könnte. Der Seher
verkündigte, daß Artemis (Diana), die Göttin der Jagd, erzürnt sei, weil
Agamemnon die ihr geheiligte Hirschkuh erlegt habe, und daß der Zorn der
Göttin nur durch den Opfertod der Iphigenia, der Tochter Agamemnons,
versöhnt werden könnte. Das Vaterherz des Königs blutete bei diesem Aus=
spruch, aber die andern Fürsten drangen in ihn, daß er nachgeben mußte;
einer der beredtesten Anführer, Odysseus, König von Ithaka, ging nach
Argos und lockte die Jungfrau aus den Armen ihrer Mutter unter dem
Vorwande, daß sie im Lager mit Achilles, dem Tapfersten der Griechen,
vermählt werden sollte. Schon stand die Jungfrau vor dem Opferaltare,
schon zuckte der Priester das Schwert, sie zu durchbohren, da erbarmte sich
Artemis der Unschuldigen, hüllte sie in eine dichte Wolke und entführte sie
nach Tauris, an der Küste des schwarzen Meeres gelegen, wo sie dieselbe
zu ihrer Priesterin machte. An ihrer Stelle fand man am Altare eine weiße
Hindin. Die Göttin war versöhnt; ein günstiger Fahrwind schwellte die
Segel der Schiffe, die nun glücklich an der feindlichen Küste landeten.

Doch schon vor ihrer Abfahrt sollten die Griechen durch ein ungünstiges
Vorzeichen an die lange Dauer des Krieges gemahnt werden. Bei einem
Opfer schoß unter dem Altar ein greulicher Drache hervor, schwang sich
auf einen über dem Altar ausgebreiteten Platanenbaum, verschlang acht junge
Sperlinge samt ihrer Mutter und wurde sofort von Zeus in einen Stein
verwandelt. Dieses Zeichen erklärte Kalchas wegen der Zahl neun dahin, daß
die Griechen neun Jahre vor Troja liegen und erst im zehnten die Stadt
erobern würden.

3. Der Kampf vor Troja.

Troja war eine stark befestigte Stadt in Kleinasien, welche die Griechen
nicht beim ersten Angriff erobern konnten; sie mußten zu einer förmlichen
Belagerung schreiten. Bald aber gingen ihnen die Vorräte aus, und sie
sahen sich genötigt, einzelne Abteilungen des Heeres abzusenden, um durch
Plünderung der nahe liegenden Inseln und Küsten dem Mangel abzuhelfen.
Die Trojaner hatten inzwischen ihre Bundesgenossen zu sich gerufen und
leisteten tapfern Widerstand. Die Griechen schlugen ein befestigtes Lager auf,

das aus hölzernen mit Rasen oder Schilf überdeckten Hütten bestand. Die Anführer kämpften auf Streitwagen, die mit ein oder zwei Rossen bespannt waren, die Gemeinen zu Fuß; Reiterei gab es noch nicht. Die Angriffs= waffen waren Lanzen, Schwerter, Wurfspieße, Bogen und Schleuder; die Schutzwaffen bestanden in einem Helm, einem Brustharnisch und in Bein= schienen von Erz, endlich in einem Schilde, der gewöhnlich mit Ochsenhaut, oft mit Erz überzogen war. Die Brust war durch einen Harnisch geschützt, an den sich ein Gürtel anschloß. Man kämpfte nicht in Masse, sondern die einzelnen Helden Mann gegen Mann. — Von den ersten neun Jahren des Kampfes wissen wir wenig, und nur die Geschichte des letzten Jahres ist uns durch die unsterblichen Gesänge Homers bekannt geworden.

4. Paris' Kampf mit Menelaus.

Das Heer, auf Nestors, des alten weisen Königs von Pylos, Rat nach Volksstämmen geordnet, stand in Schlachtordnung, als man endlich den Staub der aus ihren Mauern heranziehenden Trojaner gewahr wurde. Nun setzten sich auch die Griechen in Bewegung. Als beide Heere einander so nahe waren, daß der Kampf beginnen konnte, schritt aus der Reihe der Trojaner der Königssohn Paris hervor, in ein buntes Pantherfell gekleidet, den Bogen um die Schulter gehängt, sein Schwert an der Seite, und indem er zwei spitze Lanzen schwenkte, forderte er den tapfersten aller Griechen heraus, mit ihm den Zweikampf zu wagen. Als Menelaus den Unbesonnenen erblickte, freute er sich wie ein hungriger Löwe, dem eine ansehnliche Beute, etwa ein Gemsbock oder ein Hirsch, in den Weg kommt. Schnell sprang er in voller Rüstung von seinem Wagen zur Erde herab, den frevelhaften Dieb seines Hauses zu bestrafen. Dem Paris graute beim Anblick eines solchen Gegners, und als hätte er eine Natter gesehen, wandte er sich erblassend um und ver= barg sich im dichtesten Gedränge der Seinigen. Als ihn Hektor, sein tapferer Bruder, so feige zurücklaufen sah, rief er ihm voll Unmut zu: „Bruder! du bist wohl dem Scheine nach ein Held, in Wahrheit aber ein weibischer, schlauer Verführer. Wärest du lieber gestorben, ehe du um Helena gebuhlt! Siehst du nicht, wie die Griechen ein Gelächter erheben, daß du es nicht wagest, dem Manne stand zu halten, dem du die Gattin gestohlen hast? Du verdienest es, daß der Mann dich zu Boden streckt, an welchem du dich versündigt hast!" Paris antwortete ihm: „Hektor! Dein Herz ist hart und dein Mut unwiderstehlich, wie eine Art aus Erz, mit welcher der Schiffs= zimmermann Balken behaut. Du tadelst mich nicht mit Unrecht, aber schilt mir nicht meine Schönheit, denn auch sie ist eine Gabe der Unsterblichen. Willst du mich aber kämpfen sehen, wohlan! so heiß Griechen und Trojaner von ihrem Kampfe ruhen, dann will ich um Helena und alle ihre Schätze mit dem Helden Menelaus vor allem Volk den Zweikampf wagen. Wer von uns beiden siegt, soll die Helena heimführen; ein Bund soll es bekräf= tigen, ihr bauet alsdann in Frieden das trojanische Land, und jene schiffen heim nach Argos."

Freudig überrascht hörte Hektor diese Worte, er trat vor die Schlacht=

ordnung heraus in die Mitte, und hemmte, den Speer vorhaltend, den Anlauf der trojanischen Haufen. Als die Griechen seiner ansichtig wurden, zielten sie um die Wette mit Wurfspießen, Steinen und Pfeilen nach ihm. Agamemnon aber rief laut in die griechischen Reihen zurück: „Haltet ein, Argiver, werfet nicht! Der helmumflatterte Hektor begehrt zu reden!" Die Griechen ließen ihre Hände sinken und verharrten in Schweigen ringsumher! Hektor ver= kündete mit lauter Stimme den Völkern den Entschluß seines Bruders Paris. Auf seine Rede folgte ein tiefes Stillschweigen; endlich nahm Menelaus das Wort: „Hört mich an" — rief er, „mich, auf dessen Seele der allgemeine Kummer am schwersten lastet! Endlich, so hoffe ich, werdet ihr Trojaner und ihr Argiver des Streites ledig werden, und wir werden versöhnt von einander scheiden. Einer von uns zweien soll sterben, ihr andern aber sollt in Frieden scheiden. Laßt uns opfern und schwören, alsdann mag der Zweikampf beginnen!"

Beide Heere wurden froh über diese Worte, denn sie sehnten sich nach dem Ende des langen Krieges. Auf beiden Seiten zogen die Wagenlenker den Rossen die Zügel an, die Helden sprangen von ihren Streitwagen, schnallten ihre Rüstungen ab und legten sie auf die Erde nieder. Die Feinde lagerten ganz nahe bei den Feinden, als wären sie Freunde. Hektor sandte eilig zwei Herolde nach Troja, die Opferlämmer zu bringen und den König Priamus zu holen; auch der Heerführer Agamemnon schickte einen Herold nach den Schiffen, ein Lamm zu holen.

Eben saß Helena, durch die Götterbotin Iris, die auf dem Regenbogen zur Erde niederstieg, von dem bevorstehenden Zweikampf benachrichtigt, auf den Zinnen der Burg neben Priamus, als die Herolde die Bundesopfer durch die Stadt trugen. Der Herold Idäus folgte mit einem blinkenden Weinkrug und goldenem Becher zum Brandopfer. Dieser nahete dem König Priamus und sprach zu ihm: „Mache dich auf, o König, es nahen sich beide, die Fürsten der Trojaner und der Griechen, sie rufen dich hinab ins Gefilde, damit du dort einen heiligen Vertrag beschwörest. Dein Sohn Paris und König Menelaus werden mit dem Speere kämpfen um das Weib; wer im Kampfe siegt, dem folgt sie mit den Schätzen. Alsdann schiffen die Danaër mit allen ihren Mannen nach Griechenland zurück!"

Der König erschrak; doch befahl er seinen Gefährten, die Rosse an= zuschirren, und mit ihm bestieg Antenor den Wagen. Priamus ergriff die Zügel, und die Rosse flogen hinaus aufs Blachfeld nach dem Lager. Als sie zwischen den beiden Völkern angekommen waren, verließ der König mit seinem Begleiter den Wagen und schritt hervor in die Mitte. Nun eilten auch Agamemnon und Odysseus herbei. Die Herolde führten die Bundes= opfer heran, mischten den Wein im Kruge und besprengten die beiden Könige mit dem Weihwasser. Dann zog der Atride Menelaus das Opfermesser, das er immer neben der Scheide seines großen Schwertes trug, schnitt den Lämmern das Stirnhaar ab, und rief den Göttervater an zum Zeugen des Bundes. Hierauf durchschnitt er den Lämmern die Kehlen und legte die geopferten zur Erde nieder. Die Herolde gossen unter Gebet den Wein aus goldenen Bechern und alles Volk von Troja und von Griechenland flehete dazu laut: „Jupiter und ihr unsterblichen Götter alle! Welche von uns zuerst den Eidschwur brechen, deren Gehirn fließe auf den Boden wie dieser Wein!"

Priamus aber sprach: „Jetzt, ihr Trojaner und Griechen, laßt mich wieder zu Ilions hoher Burg zurückkehren, denn ich kann es unmöglich mit meinen Augen ansehen, wie hier mein Sohn auf Leben und Tod mit dem erzürnten Fürsten Menelaus kämpft: weiß es doch Zeus allein, welchem von beiden der Untergang bestimmt ist!" So sprach der Greis, als seine Opfer=lämmer in den Staub gelegt waren, bestieg mit seinem Begleiter den Wagen und lenkte die Rosse wieder der Stadt Troja zu.

Nun maßen Hektor und Odysseus den Raum des Kampfplatzes ab und schüttelten in einem ehernen Helm zwei Lose, zu entscheiden, welcher der beiden Gegner zuerst die Lanze werfen sollte. Hektor, rückwärts gewandt, schwenkte den Helm, da sprang das Los des Paris heraus. Beide Helden waffneten sich jetzt und wandelten im Panzer und Helm, die mächtigen Lanzen in der Hand, in der Mitte ihrer Völker, drohenden Blickes und von den Ihrigen angestaunt. Endlich traten sie in den abgemessenen Kampfraum einander gegenüber und schwangen zornig ihre Speere. Durch das Los be=rechtigt, entsandte zuerst Paris den seinen; der traf dem Menelaus den Schild, aber die Lanzenspitze bog sich am Erz und sank zurück. Nun erhob Menelaus seinen Speer und betete dazu mit lauter Stimme: „Zeus, laß mich den strafen, der mich zuerst beleidigt hat, daß man noch unter den späten Enkeln sich scheue, dem Gastfreunde böses zu thun!" Schnell flog der Speer, durch=schmetterte dem Paris den Schild, drang auch noch durch den Harnisch und durchschnitt auch den Leibrock an der Weiche. Darauf riß der furchtbare Atride sein Schwert aus der Scheide und führte einen gewaltigen Streich auf den Helm seines Gegners, aber knitternd zersprang ihm die Klinge. „Grausamer Zeus, was mißgönnst du mir den Sieg?" rief Menelaus, stürmte auf den Feind los, ergriff ihn am Helm und zog ihn umgewendet der griechischen Schlachtordnung zu; ja, er hätte ihn geschleift und der be=engende Kehlriemen ihn erwürgt, wenn nicht die Göttin Aphrodite die Not gesehen und den Riemen gesprengt hätte. So blieb dem Menelaus der leere Helm in der Hand; er schleudert ihn unwillig den Griechen zu und will den Gegner abermals packen. Aber siehe — Paris ist verschwunden, die Göttin hat ihn in eine Wolke gehüllt und schnell nach Troja entführt, wo sie ihn bei der geliebten Helena niedersetzte.

Auf dem Kampfplatze durchstürmte Menelaus noch immer wie ein Raub=tier das Heer, um nach der verlorenen Beute zu spähen; aber weder ein Trojaner noch ein Grieche vermochte den Fürstensohn zu zeigen. Da erhob Agamemnon seine weithinschallende Stimme und rief: „Höret, ihr Griechen und ihr Völker aus Troja! Menelaus hat gesiegt, ihr habt den Eid ge=schworen und gebet nun Helena mit den Schätzen zurück, bezahlet auch fortan den Griechen Tribut!" Die Danaër hörten diese Worte mit Jubel, die Troër aber schwiegen. Sie meinten, Paris, von den Göttern geschützt, sei noch nicht überwunden — und der Kampf entbrannte aufs neue.

5. Hektor und Ajax im Zweikampf.

Einst sah die Göttin Pallas Athene (Minerva) vom hohen Olymp herab die zwei Brüder Hektor und Paris hineilen zum Kampf; da flog sie stürmisch hinab zur Stadt Troja. An Jupiters Buche begegnete ihr Apollo, der von der Zinne der Burg, von wo er die Schlacht der Trojaner lenkte, daher kam und seine Schwester also anredete: „Welcher Eifer ist doch über dich gekommen, Minerva! Bist du noch immer auf den Fall Trojas bedacht, Erbarmungslose? Hast du mir doch versprochen, für heute den entscheidenden Kampf ruhen zu lassen! Laß ein andermal die Feldschlacht toben, da du und die strenge Juno nicht ruhen, bis die hohe Stadt Ilion dahin sinkt!" Ihm antwortete Pallas Athene: „Fernhintreffer, es sei, wie du sagst. Aber wie gedenkst du den Kampf der Männer zu stillen?" — „Wir wollen" — sprach Apollo — „dem gewaltigen Hektor seinen Mut noch steigern, daß er einen Danaër fordere zum entscheidenden Zweikampf; laß uns dann sehen, was diese thun." Damit war die Göttin zufrieden.

Das Gespräch der Unsterblichen hatte der Seher Helenos in seiner Seele vernommen; eilig kam er zu Hektor und sprach: „Weiser Sohn des Priamus, wolltest du diesmal meinem Rate gehorchen, der ich dein liebender Bruder bin? Heiß die andern alle, Trojaner und Griechen, vom Streite ruhen; du selbst aber fordere den Tapfersten aller Argiver zum Zweikampf heraus. Es drohet dir kein Unglück, des bin ich Bürge."

Hektor freute sich dieses Wortes. Er hemmte die trojanischen Heerhaufen und trat, den Speer in der Mitte haltend, zwischen die kämpfenden Heere. Auf dieses Zeichen ruhte alsbald der Streit auf beiden Seiten, denn auch Agamemnon ließ seine Krieger sich lagern. Minerva aber und Apollo setzten sich in Gestalt zweier Geier auf Jupiters Buche und freuten sich der tapferen Männer, wie sie in einem Lanzenwald so ruhig sich lagerten. In der Mitte der kämpfenden Völker begann nun Hektor also: „Trojaner und ihr Griechen, höret, was mir jetzt mein Herz gebietet! Den Bund, den wir unlängst geschlossen, hat Zeus selber zerrissen, das ganze Volk soll entscheiden, ob Troja falle oder nicht. Doch in eurem Heere sind die tapfersten Männer, und wer es wagt, mit Hektor zu kämpfen, der trete heraus und stelle sich mir. Falle ich im Kampfe, so mag der Sieger meine Waffen zu den Schiffen seines Volkes tragen, meinen Leib aber nach Troja senden; wenn aber Apollo mir Ruhm verleiht, so hänge ich die Rüstung des Besiegten auf zu Troja im Tempel des Phöbus Apollo."

Die Danaër schwiegen, denn es war gefährlich, den Kampf anzunehmen, und schimpflich, ihn zu verweigern. Da erhob sich Menelaus und strafte seine Landsleute mit den Worten: „Wehe mir, nicht Männer seid ihr, sondern Weiber. Ist keiner unter euch, der dem Hektor widerstehet? O, verwandelt euch in Kot, ihr Memmen, ich aber will zum Kampfe mich gürten!" So sprach er und griff nach der Rüstung; aber die Griechen hielten ihn zurück, und sein Bruder Agamemnon erfaßte seine Rechte und sprach: „Hüte dich, Bruder, mit dem starken Manne zu streiten, der schon so manchen tapferen Griechen in den Sand streckte!" Und der kluge Greis Nestor hielt eine Rede an das Volk. „Wäre ich noch so jugendlich, wie ihr, die ihr zaudert, ich würde selbst zum Kämpfer mich stellen!" Da drängten sich die besten Helden herzu, Odysseus, Diomedes, die beiden Ajax und Idomeneus; sie alle erboten sich zu dem gefürchteten Kampf. „Das Los mag entscheiden" — so begann abermals Nestor — „und wen es auch trifft, er wird kämpfen, daß die Griechen sich freuen!" Nun bezeichnete sich jeder selbst sein Los, und jeder warf seines in den Helm Agamemnons; das Volk betete, Nestor schüttelte den Helm, und heraus sprang das Los des Telamoniers Ajax. Freudig warf der Held sein Los vor die Füße und rief: „Freunde, wahrlich es ist meines, und mein Herz ist froh, denn ich hoffe über Hektor zu siegen."

Schnell hatte Ajax den riesigen Leib in blinkende Erzwaffen gehüllt, und als er kühn hervorschritt, war er dem schrecklichen Kriegsgott selber ähnlich. Die Troër zitterten, und der gewaltige Hektor ward ernst. Ajax näherte sich ihm, den ehernen siebenhäutigen Schild vortragend. Als er ganz nahe vor Hektor stand, sprach er drohend: „Hektor, nun magst du erkennen, daß es unter dem Danaërvolk noch Helden giebt, auch wenn der göttergleiche Achilles auf dem Kampfplatze fehlt. Wohlan denn, beginne den blutigen Kampf!" Ihm antwortete Hektor: „Herrlicher Sohn des Telamon, versuche mich nicht wie ein schwaches Kind oder ein unkriegerisches Weib. Sind mir doch die Männerschlachten wohl bekannt; ich weiß den Stierschild zu wenden rechts und links, weiß den Tanz des schrecklichen Kriegsgottes zu tanzen und die Rosse im Gewühl zu lenken! Wohlan, nicht mit heimlicher List sende ich dir den Speer, tapferer Held, nein, öffentlich!" Mit diesen Worten entsandte er in hohem Schwunge die Lanze, und sie fuhr dem Ajax in den Schild, durch= drang sechs Schichten und ermattete erst in der siebenten Haut. Jetzt flog die Lanze des Telamoniers durch die Luft; sie zerschmetterte dem Hektor den ganzen Schild, durchschnitt seinen Leibrock und würde ihm in die Weiche gedrungen sein, wenn nicht Hektor ihrem Fluge ausgebogen wäre. Beide zogen die Speere aus den Schilden und rannten wie unverwüstliche Wald= eber aufs neue gegen einander. Hektor zielte, mit dem Speere stoßend, auf die Mitte des Schildes, aber seine Lanzenspitze bog sich an der harten Haut und durchbrach das Erz nicht. Ajax jedoch durchbohrte mit seinem Speere den Schild seines Gegners und streifte ihm selbst den Hals, daß ihm schwärz= liches Blut entspritzte. Da wich Hektor ein wenig rückwärts, seine nervige Rechte aber ergriff einen Feldstein und traf damit den Schildbuckel des Feindes, daß das Erz erdröhnte. Doch Ajax hob einen noch viel größeren Stein vom Boden auf und sandte ihn mit solchem Schwunge dem Hektor zu, daß er den Schild einwärts brach und dem Gegner das Knie verletzte. Hektor sank rücklings nieder, doch verlor er den Schild nicht aus der Hand, und Apollo, der unsichtbar ihm zur Seite stand, richtete ihn schnell wieder auf. Beide Helden wollten nun mit dem Schwerte auf einander los, um den Streit endlich zu entscheiden; da eilten die Herolde der beiden Völker herbei und streckten die Stäbe aus zwischen den Kämpfenden.

„Nun ist es genug des Kampfes," rief Idäus, der trojanische Herold,

„ihr seid ja beide tapfer und von Jupiter geliebt, des sind wir alle Zeugen!"
Und Hektor selbst sprach zum Held Ajax: „Ein Gott hat dir, o Ajax, den
gewaltigen Leib, die Kraft und die Speerkunde verliehen; darum laß uns
heute ausruhen vom Kampfe der Entscheidung; ein andermal wollen wir so
lange fechten, bis die Götter dem einen Volke Sieg, dem andern Verderben
bereiten!" Da wurde Ajax freundlich und reichte seinem Gegner die Hand.
Und Hektor sprach weiter: „Nun laß uns aber auch einander noch rühmliche
Gaben schenken, damit es einst bei Griechen und Trojanern heiße: „„Sehet,
sie kämpften zusammen den Kampf der Zwietracht, aber in Freundschaft sind
sie von einander geschieden!"" Nach diesen Worten löste Hektor sein Schwert
mit dem silbernen Griff und der silbernen Scheide und dem zierlichen Wehr-
gehenk. Ajax aber löste seinen purpurnen schöngestickten Gurt vom Leibe und
bot ihn dem Hektor dar. So schieden die trefflichen Helden.

6. Achilles.

Wir haben oben der Hochzeit des Peleus mit der Göttin des Meeres
Erwähnung gethan; aus dieser Ehe entsproß ein Sohn, der Achilles genannt
wurde und sich bald durch Schönheit, Schnelligkeit und Tapferkeit hervorthat. Thetis, seine Mutter, wollte ihn gleich nach seiner Geburt unsterblich
machen und tauchte daher ohne Wissen des Peleus bei nächtlicher Weile den
Knaben in ein Feuer, um das Sterbliche an ihm zu vertilgen, des Tages
aber übersalbte sie ihn mit Ambrosia. Doch Peleus lauerte ihr einst auf,
und als er den Knaben über dem Feuer zappeln sah, schrie er laut auf und
hinderte seine Gemahlin, ihr Vorhaben ganz zu vollenden. Zornig verließ
diese ihren Gemahl, um nie wieder das Haus des sterblichen Mannes zu
besuchen; sie tauchte hinab in die Tiefe des Meeres zu ihren Eltern und
Geschwistern. Achilles war aber durch das Feuer unverwundbar geworden
bis an die Fersen, an denen ihn seine Mutter gehalten hatte und welche
deshalb vom Feuer nicht berührt werden konnten.

Peleus brachte seinen Sohn zum weisen Chiron, daß dieser ihn zu einem
Helden erziehen sollte. Dieser nährte seinen Zögling mit den Eingeweiden
der Löwen und dem Mark der Eber und Bären, wodurch er stark und
kräftig wurde. Dem Achilles war vom Schicksal ein doppeltes Los bestimmt
worden: entweder sollte er fern von Waffen und Kämpfen, aber auch ruhmlos, als hochbetagter Greis in seiner Heimat sterben, oder in der Blüte der
Jahre auf fremder Erde fallen, dann aber auch mit Ruhm gekrönt werden.
Zwischen beiden Losen hatte er die Wahl. Die Göttin Thetis wollte ihren
Sohn aus mütterlicher Liebe vor dem frühen Tode bewahren und brachte
ihn heimlich zum König Lykomedes auf der Insel Skyros. Denn Kalchas
hatte geweißagt, daß Troja nicht ohne Achilles würde erobert werden. Als
nun ganz Griechenland sich rüstete, wollten die Fürsten auch den Heldenjüngling Achilles einladen zum Kampfe, aber er war nirgends zu finden.
Indes gelang es dem schlauen Odysseus, der immer Rat wußte, ihn auf-
zufinden und zum Kampfe zu bestimmen. Odysseus verkleidete sich als Kaufmann, nahm allerlei Waren mit sich und erschien so am Hofe des Königs

Lykomedes auf der Insel Skyros. Da hatte man den Achill in Mädchen=
kleider gesteckt, und er ward mit den Töchtern des Königs erzogen. Odysseus
nun breitete vor den Mädchen schöne Armspangen, Bänder, Ringe und andere
Schmucksachen aus, darunter aber auch Waffen. Die Töchter des Lykomedes
griffen nach den Schmucksachen, Achilles nach den Waffen. Dadurch verriet
er sein Geschlecht, und die blitzenden Waffen erweckten seine Kampflust so gut,
daß er dem Odysseus willig nach Aulis folgte.

Achilles war der furchtbarste Feind der Trojaner, wen seine Lanze traf,
der war verloren; er allein verwüstete 23 Städte in der Landschaft Troas.
Im zehnten Jahre des Kampfes hatten die Griechen eines Tages große Beute
gemacht, Achilles forderte die schöne Sklavin Briseis für sich, aber der Völker=
fürst Agamemnon verweigerte sie ihm. Darüber entstand ein heftiger Streit,
dessen Ende war, daß Achilles mit den Scharen seiner Myrmidonen, die er
aus Thessalien hergeführt hatte, von den übrigen Griechen sich trennte. Er
lag nun ruhig in seinem Zelte, vertrieb sich mit den Klängen der Zither die
Zeit und schaute ruhig dem Kampfe zu. Die Trojaner kamen dem griechischen
Lager immer näher und wurden immer kühner, weil Achilles fehlte. Doch
den zornigen Peliden kümmerte das nicht, Odysseus vermochte mit all seiner
Beredsamkeit nichts mehr über ihn, und er wollte in wenigen Tagen in
seine Heimat wieder zurückkehren.

Da geschah es, daß Patroklus in der Rüstung seines Freundes Achilles
gegen die Troër zum Streite auszog. Diese glaubten den Achilles selber zu
schauen, flohen nach der Stadt oder wurden, wenn sie dem Patroklus wider=
standen, niedergestreckt. Doch zu weit ließ er sich von seiner Kampflust fort=
reißen; Hektor, der gewaltige Sohn des Priamus, stellte sich ihm selber
entgegen, und Patroklus erlag diesem Kriegshelden im Streite. Als Achilles
die Leiche des teuren Gefährten sah, ward es Nacht vor seinen Augen, mit
beiden Händen griff er nach dem schwarzen Staube und bestreute sein Haupt,
Antlitz und Gewand. Dann warf er sich, so riesig er war, zu Boden und
raufte sich das Haupthaar aus, und sein Jammergeschrei schallte so fürchter=
lich in die Lüfte hinaus, daß seine Mutter die Stimme des Weinenden ver=
nahm und, aus dem Meere auftauchend, zu ihrem Sohne eilte. Hier vernahm
sie sein Leid und hörte seinen Entschluß, den gefallenen Freund zu rächen.
Da aber seine Rüstung in Hektors Händen war, begab sich die Meergöttin
selbst in die Wohnung des Hephästos (Vulkan), des Schmiedegottes, der
auf ihre Bitten dem Achilles eine neue prächtige Rüstung verfertigte. Diese
brachte die besorgte Mutter zu ihrem immer noch klagenden Sohne.

Der aber ging nun in die Volksversammlung und söhnte sich aus mit
dem Völkerfürsten Agamemnon, und jetzt zog mit neuem Mut das Griechen=
heer in die Schlacht, in der nicht nur Menschen, sondern diesmal die Götter
des Olympos selber mitkämpften — auf Seiten der Troër, wie auf Seiten
der Griechen. Der furchtbare Mars brüllte wie ein Sturm, die schadenfrohe
Eris tobte durch die Scharen, dazu donnerte Zeus vom Olymp, und Poseidon,
der Beherrscher des Meeres, erschütterte die Erde, daß Pluto selber in seinem
unterirdischen Reiche erschrak. Achilles wütete wie ein gereizter Löwe unter

der Herde, seine Roffe trabten stampfend über Schilder und Leichname dahin, die Achse seiner Wagenräder troff von Blut, und bis zu den Rändern des Sitzes sprißten die Tropfen empor. So drängte er die Fliehenden in den Strom Skamander und stürzte sich mit dem Schwerte ihnen nach. Bald rötete sich das Wasser von Blut, seine Hände wurden starr vom Morden, und der Stromgott Skamander selbst ergrimmte ob des entseßlichen Würgens. Er fing an zu schwellen, regte seine trüben Fluten auf, warf die Getöteten mit lautem Gebrüll ans Gestade, und seine Brandung schlug schmetternd an den Schild des Achilles. Nur mit Mühe, über die Äste einer losgeriffenen Ulme klimmend, erreichte dieser das Ufer, aber der Flußgott rauschte ihm nach, die Wogen bespülten seine Schultern und raubten ihm den Boden unter den Füßen. Da kam Minerva und half ihm, daß er das Ufer wieder gewann. Doch der zornige Stromgott rief den benachbarten Simois zu Hilfe, und erst als Hephästos mit seinem Feuer die Bäume am Gestade anzündete, die Fische, von der Glut erschreckt, angstvoll nach frischem Wasser schnappten, der Strom endlich selbst in lichten Flammen wogte, flehte er die Göttermutter Juno um Mitleid an, und auf deren Befehl löschte Hephästos die Glut, der Skamander aber rollte in seine Ufer zurück.

7. Hektor und Andromache.

Als die Feldschlacht vor Trojas Mauern so furchtbar tobte, eilte Hektor in die Stadt zurück, um seine Mutter Hekuba zu mahnen, sie möchte doch durch feierliche Gelübde die erzürnte Pallas Athene (Minerva) versöhnen, daß Achilles nicht mit übermenschlicher Kraft zum Siege gelange. Der treff= liche Mann benußte die Gelegenheit, nach Weib, Kind und Gesinde zu schauen, bevor er wieder in die tobende Feldschlacht eilte. Die Gattin aber war nicht zu Hause. „Als sie hörte" — sprach die Schaffnerin — „daß die Trojaner Not leiden und der Sieg sich zu den Griechen neige, verließ sie angstvoll das Haus, um einen der Türme zu besteigen. Die Wärterin mußte ihr aber das Kind nachtragen."

Schnell legte Hektor den Weg durch die Straßen Trojas jetzt wieder zurück. Als er das skäische Thor erreicht hatte, kam seine Gemahlin Andro= mache eilenden Laufes gegen ihn her; die Dienerin, ihr folgend, trug das unmündige Knäblein Astyanax, schön wie ein Stern, an der Brust. Mit stillem Lächeln betrachtete der Vater den lieblichen Knaben, Andromache aber trat weinend an seine Seite, drückte ihm zärtlich die Hand und sprach: „Ent= seßlicher Mann! Gewiß tötet dich noch dein Mut, und du erbarmst dich weder deines stammelnden Kindes noch deines unglückseligen Weibes, das bald eine Witwe sein wird. Sollte ich dich verlieren, so wäre es das Beste, ich sänke auch zur Unterwelt hinab. Den Vater hat mir Achilles getötet, meine Mutter hat mir der Bogen Dianas erlegt, meine sieben Brüder hat auch der Pelide umgebracht. Ohne dich habe ich keinen Trost, mein Hektor, du bist mir Vater und Mutter und Bruder. Darum erbarme dich, bleibe hier auf dem Turme; mache dein Kind nicht zur Waise, dein Weib nicht zur Witwe! Stelle das Heer dort an den Feigenhügel, dort ist die Mauer

zum Angriffe frei und am leichtesten zu ersteigen, dorthin haben die tapfersten
Krieger, die Ajax beide, die Atriden (Menelaus und Agamemnon), Idomeneus
und Diomedes schon dreimal den Sturm gelenkt — sei es, daß ein Seher
es ihnen offenbarte oder daß das eigene Herz sie trieb."

Liebreich antwortete Hektor seiner Gemahlin: „Auch mich härmt alles
dieses, Geliebteste! Aber ich müßte mich ja vor Trojas Männern und Frauen
schämen, wenn ich hier aus der Ferne feig und erschlafft dem Kampfe zu=
schauen wollte. Auch treibt mich mein Mut, in den vordersten Reihen zu
kämpfen. Wohl sagt es mir eine Stimme im Herzen: Einst wird kommen
der Tag, wo das heilige Ilion hinsinkt, und Priamus und all sein Volk:
aber das Leid meiner Brüder und meines Volkes ist nicht so bitter, als
wenn das Weib Hektors, fortgeführt in die Gefangenschaft, zu Argos am
Webstuhl sitzen und Wasser tragen muß, und die Männer dann auf die
Weinende schauen und mitleidig sprechen: Das war Hektors Weib!" So
sprach der tapfere Mann und streckte seine Hände nach dem Knäbchen aus;
aber das Kind schmiegte sich schreiend an den Busen der Amme, denn es
fürchtete sich vor dem ehernen Helm und dem fürchterlich wehenden Roß=
schweif. Der Vater schaute das Kind und die zärtliche Mutter lächelnd an,
nahm sich schnell den schimmernden Helm vom Haupte, legte ihn zu Boden,
küßte sein geliebtes Kind und wiegte es auf dem Arme. Dann flehte er zum
Himmel gewandt: „Zeus und ihr Götter! Laßt dieses Knäblein werden dem
Vater gleich, voranstrebend dem Volke der Trojaner; laßt es mächtig werden
in Troja, und wenn es einst heimkehrt aus dem Streit, dann möge das Volk
sprechen: Der Sohn ist noch tapferer als der Vater!" Mit diesen Worten
gab er den Sohn der Gattin in den Arm, die unter Thränen lächelnd ihn
an ihren Busen drückte. Hektor aber streichelte sie, inniger Wehmut voll,
mit der Hand und sagte: „Armes Weib! traure nicht zu sehr in deinem
Herzen; gegen den Willen der Götter wird mich niemand töten, dem Ver=
hängnis aber ist noch kein Sterblicher entronnen. Gehe du nun zurück in
dein Haus zum Webstuhl und zur Spindel und befiehl deinen Weibern; der
Mann aber muß hinaus in die Schlacht und siegen oder sterben." Und wie
er das gesagt, nahm Hektor rasch seinen Helm und eilte sofort in das Getümmel
der Schlacht. Weinend und kummervoll schaute das blühende Weib ihm nach.

8. Achilles und Hektor.

Immer näher kam Achilles geschritten, dem Kriegsgott an furchtbarer
Herrlichkeit gleich; auf der rechten Schulter wiegte sich die schreckliche Lanze
aus Eschenholz vom Pelion, seine Erzwaffen schimmerten um ihn wie eine
Feuersbrunst oder wie die aufgehende Sonne. Als Hektor ihn sah, ward
er beklommen ums Herz, seine Füße zitterten, und er wandte sich um, dem
Thore zu. Doch hinter ihm her flog der Pelide wie ein Falke hinter der
Taube, die oft seitwärts schlüpft, während der Raubvogel gerade andringt in
seinem Fluge. So flüchtete Hektor längs der Mauer von Troja über den
Fahrweg hinüber an den beiden sprudelnden Quellen des Skamander vorbei,
der warmen und der kalten, immer weiter um die Mauer, und ein Starker

floh, aber ein Stärkerer folgte. Also kreisten sie dreimal um die Stadt des Priamus, und aufmerksam schauten die ewigen Götter vom Olymp auf den Kampfplatz herab, und mit Schrecken schauten Priamus und die Seinigen die Gefahr des besten Trojaners. Wie ein Jagdhund den aus seinem Lager aufgescheuchten Hirsch, so bedrängte Achilles den Hektor, er gönnte ihm keinen Schlumpfwinkel und keine Rast. Auch winkte er den Griechen zu, daß keiner sein Geschoß auf Hektor werfen und ihm, dem Achilles, nicht den Ruhm schmälern sollte, den furchtbaren Feind der Griechen mit eigner Hand erlegt zu haben.

Als sie nun zum viertenmale auf ihrer Runde um die Mauer an die Quelle des Skamander gelangt waren, da erhob sich Jupiter auf dem Olymp, streckte die goldene Wage vor und legte zwei Todeslose hinein, das eine für den Peliden, das andere für Hektor. Dann faßte er die Wage in die Mitte und wog; da sank Hektors Wagschale tief nach dem Hades zu, und augenblicklich verließ Phöbus Apollo seine Seite. Zu Achilles aber trat Pallas Athene, die kriegerische Göttin, und flüsterte ihm ins Ohr: „Steh' und erhole dich, während ich jenem zurede, dich kühn zu bekämpfen." Achilles lehnte sich, der Göttin gehorchend, auf seinen ehernen Speer, sie aber, in der Gestalt des Deiphobos, trat ganz nahe zu Hektor und sprach zu ihm: „Ach, mein älterer Bruder, wie bedrängt dich der Pelide! Wohlan, laß uns Stand halten und ihn abwehren!" Freudig aufblickend, erwiderte Hektor: „Du warst immer mein trautester Bruder, Deiphobos, jetzt aber liebt dich mein Herz noch mehr, daß du dich herauswagst aus der Stadt, während die andern alle hinter der Mauer sitzen." Athene winkte dem Helden zu und schritt, die Lanze gehoben, ihm voran, dem ausruhenden Achill entgegen. Diesem rief Hektor zuerst zu: „Nicht länger entfliehe ich dir, o Pelide, mein Herz drängt mich, dir Stand zu halten, daß ich dich töte oder selber falle! Laß uns aber bei den Göttern schwören: wenn mir Jupiter den Sieg verleiht, werde ich dich nimmer mißhandeln, sondern die Leiche deinen Volksgenossen zurückgeben, nachdem ich dir die Rüstung abgezogen habe. Ein gleiches gelobe auch mir."

„Nicht von Verträgen geplaudert!" erwiderte finster Achilles. „So wenig ein Hund zwischen Menschen und Löwen Freundschaft stiftet, so wenig zwischen Wölfen und Lämmern Eintracht ist, so wenig wirst du mich dir geneigt machen, und einer von uns muß blutig zu Boden stürzen. Nimm deine Kunst zusammen; du mußt Lanzenschwinger und Fechter zugleich sein. Doch du wirst mir nicht entrinnen; das Leid, das du mir und den Meinigen gethan, sollst du nun auf einmal büßen!" So schalt Achilles und schleuderte die Lanze. Doch Hektor sank schnell ins Knie, und das Geschoß flog über ihn weg in die Erde. Hier faßte es Athene und gab es dem Peliden, unbemerkt von Hektor, zurück. Mit zornigem Schwunge entsandte nun Hektor auch seinen Speer, und dieser fehlte ihn nicht, er traf mitten auf den Schild des Achilles, aber prallte auch davon ab. Bestürzt sah sich Hektor nach seinem Bruder Deiphobos um, denn er hatte keine zweite Lanze zu versenden. Doch dieser war verschwunden. Da wurde Hektor inne, daß es Pallas

Athene war, die ihn getäuscht hatte. Wohl sah er ein, daß das Schicksal ihn jetzt fassen würde; so dachte er nur darauf, nicht ruhmlos in den Staub zu sinken. Er zog sein gewaltiges Schwert von der Hüfte und stürmte, in seiner Rechten es schwingend, wie ein Adler daher, der auf ein Lämmlein herabschießt. Der Pelide wartete den Streich nicht ab; er drang von seinem Schilde gedeckt vor, sein Helm nickte, die Mähne flatterte und sternhell strahlte sein Speer, den er grimmig in seiner Rechten schwenkte. Sein Auge durchspähete den Leib Hektors, forschend, wo etwa eine Wunde haften könnte. Da fand er alles blank von der Rüstung umhüllt: nur wo Achsel und Hals das Schlüsselbein verbindet, erschien die Kehle, die gefährlichste Stelle für des Leibes Leben, ein wenig entblößt. Dorthin lenkte Achilles schnell besonnen seinen Stoß und durchstach ihm den Hals so mächtig, daß die Lanzenspitze zum Genick hinaus drang. Hektor sank nieder, aber der Speer hatte nicht ihm die Kehle durchschnitten, und schwer atmend flehte der Gefallene: „Ich beschwöre dich, Achilles, bei deinen Knieen, bei deinen Eltern, laß meinen Körper nicht schmachvoll bei den Schiffen der Danaër liegen, entsende ihn nach Troja zu den Meinen!“

Aber Achilles schüttelte sein fürchterliches Haupt und sprach: „Beschwöre mich nicht bei meinen Knieen und bei meinen Eltern, du Mörder meines Freundes! Niemand soll dir die Hunde verscheuchen von deinem Haupt, und wenn auch Priamus dich aufwiegen wollte mit Gold!“ — „Ich kenne dich“ — stammelte der sterbende Hektor — „dein Herz ist eisern! Aber denk' an mich, wenn die Geschosse Apolls am skäischen Thore dich treffen.“ Mit dieser Weissagung verließ Hektors Seele ihren Leib und floh zum Hades hinunter. Der grausame Achilles aber rief der fliehenden Seele nach: „Stirb du, mein Los empfang' ich vom Jupiter, wenn die Götter wollen. Jetzt aber will ich meinem Freunde Patroklus das Sühnopfer bringen.“ Und nun zog er die Rüstung ab von dem Leibe des Gemordeten, durchbohrte ihm an beiden Füßen die Sehnen zwischen Knöchel und Fersen, durchzog sie mit Riemen und band diese am Wagensitze fest. Dann schwang er sich in den Wagen und trieb seine Rosse mit der Geißel den Schiffen zu, den Leichnam nachschleppend. Staubgewölk umwallte den Geschleiften, sein jüngst noch so liebliches Haupt zog mit zerrüttetem Haar eine breite Furche durch den Sand. Von der Mauer herab erblickte seine Mutter Hekuba das grauen= volle Schauspiel, warf den Schleier ihres Hauptes weit von sich und sah jammernd ihrem Sohne nach. Auch der König Priamus weinte und jammerte, und das Geheul der Trojaner hallte durch die ganze Stadt. Der alte Vater wollte dem Mörder seines Sohnes nach und mit ihm um die Beute kämpfen. Er warf sich auf den Boden und rief: „Hektor, Hektor! Alle anderen Söhne, die mir der Feind erschlug, vergesse ich über dich! O wärest du doch in meinen Armen gestorben!“

Ruhig saß in einem der Gemächer des Palastes Andromache, denn sie hatte von dem Unglück noch nichts vernommen. Sie durchwirkte eben ein schönes Purpurgewand mit bunter Stickerei und rief einer der Dienerinnen, einen großen Dreifuß aus Feuer zu stellen, um ihrem Gemahl ein wärmendes

Bad vorzubereiten, wenn er aus der Feldschlacht heimkehrte. Da vernahm sie vom Turme her Geheul und Jammergeschrei. Finstre Ahnung im Herzen rief sie: „Weh' mir, ihr Mägde, ich fürchte, Achilles habe meinen mächtigen Gatten von der Stadt abgeschnitten!" Mit pochendem Herzen durchstürmte sie den Palast, eilte auf den Turm und sah herab über die Mauer, wie die Rosse des Peliden den Leichnam ihres Gemahls durch das Blachfeld schleppten. Da sank Andromache rückwärts in die Arme ihrer Schwäger und Schwägerinnen in tiefe Ohnmacht, und der köstliche Haarschmuck, das Band, die Haube, die schöne Binde, das Hochzeitsgeschenk Aphrodites, flogen weit weg von ihrem Haupte. Als sie endlich zum Bewußtsein kam, rief sie mit gebrochener Stimme schluchzend vor Trojas Frauen: „Hektor! Wehe mir Armen! Du elend, wie ich, geboren zum Elend, wie ich! In Schmerz und Jammer verlassen sitze ich nun im Hause, und der unmündige Knabe, des Vaters beraubt, wird mit thränendem Auge erwachsen! Er wird betteln müssen bei den Freunden des Vaters, und man wird ihn verstoßen, weil er keinen Vater hat. Dann flüchtet er sich weinend zur Mutter, die keinen Gatten hat, und Hektors Leichnam sättigt die Hunde!" So sprach jammernd und wehklagend das arme Weib, und die Trojanerinnen seufzten.

9. Achilles und Priamus.

Nun erst, als der Tod des Freundes gesühnt war, wurde der Leichnam des Patroklus verbrannt, und glänzende Spiele wurden gehalten, das Fest der Bestattung zu feiern. Nur Hektors Leichnam lag wie ein Aas auf dem Felde, und am frühen Morgen spannte Achilles seine Rosse ins Joch, befestigte den Leichnam am Wagen und schleifte ihn dreimal um das Denkmal des Patroklus. Doch Apollo schützte den Leichnam vor Verwesung, und auch die andern Götter erbarmten sich über den Toten.

Die Götterbotin Iris stieg abermals herab und mahnte den greisen Priamus, an das Lager des Achilles zu fahren, um den Sohn auszulösen. Da machte sich Priamus auf, ließ den Wagen anschirren und fuhr, von Hermes (Mercurius) beschirmt, in der Stille der Nacht mitten durch das griechische Lager in das Zelt des Achilles. Der Held ruhte schon; der greise König umschlang seine Kniee und küßte dann die Hände, die ihm schon so viele Söhne erschlagen hatten. „Göttergleicher Achilles" — so sprach er — „gedenke deines Vaters, der alt ist, wie ich, vielleicht auch bedrängt von feindlichen Nachbarn in Angst und ohne Hilfe. Doch bleibt ihm die Hoffnung, seinen geliebten Sohn wieder zu sehen. Ich aber, der ich fünfzig Söhne hatte und davon neunzehn von einer Gattin, bin der meisten in diesem Kriege beraubt worden und zuletzt durch dich des einzigen, der die Stadt und uns alle zu schirmen vermochte. Darum komme ich nun zu den Schiffen, ihn, meinen Hektor, von dir zu erkaufen und bringe unermeßliches Lösegeld mit. Scheue die Götter, Pelide, erbarme dich mein und gedenke des eigenen Vaters! Muß ich doch leiden, was kein Sterblicher erduldet, denn ich drücke die Hand an meine Lippe, die meine Kinder getötet hat." So sprach der Greis und der Held gedachte seines Vaters und faßte den

Alten ſanft bei der Hand. Dieſer aber ſank zu den Füßen des Peliden und weinte; Achilles weinte auch über ſeinen Vater und ſeinen Freund, und das ganze Zelt erſcholl von Jammentönen.

Da ſprang Achilles wie ein Löwe aus der Pforte und ihm nach ſeine Genoſſen. Vor dem Zelte ſpannten ſie die Tiere aus dem Joch und führten den Herold herein. Dann hoben ſie die Löſegeſchenke vom Wagen und ließen nur zwei Mäntel und einen Leibrock zurück, um damit die Leiche Hektors anſtändig zu verhüllen. Dann ließ Achilles, fern und ungeſehen vom Vater, den Leichnam waſchen, ſalben und bekleiden. Achilles ſelbſt legte ihn auf ein unterbreitetes Lager, und während die Freunde den Toten auf den Wagen hoben, rief er den Namen ſeines Freundes an und ſprach: „Zürn' und eifere mir nicht, Patroklus, wenn du etwa in der Unterwelt vernimmſt, daß ich Hektors Leiche ſeinem Vater zurückgebe! Er hat kein unwürdiges Löſegeld gebracht, und auch dir ſoll dein Anteil davon werden!"

Nun kehrte Achill zurück ins Zelt, ſetzte ſich dem Könige wieder gegen= über und ſprach: „Siehe, dein Sohn iſt jetzt gelöſt, o Greis! In ehrbare Gewänder gehüllt, liegt er auf deinem Wagen. Sobald der Morgen ſich rötet, magſt du ihn ſchauen und dann davon führen. Jetzt aber laßt uns der Nachtkoſt gedenken; du haſt noch Zeit genug, deinen lieben Sohn zu beweinen, wenn du ihn zur Stadt gebracht haſt, denn wohl verdient er viele Thränen!" Darauf ließ Achilles ein Mahl bereiten und bewirtete ſeinen Gaſt. Während des Mahles ſtaunte Priamus über Wuchs und Geſtalt des Helden, und dieſer bewunderte ſeinerſeits das würdevolle Antlitz und die weiſe Rede des Greiſes. Darauf ward ihm ein Lager bereitet und Achilles verhieß ihm eine Waffenruhe von neun Tagen, um den edlen Hektor würdig zu beſtatten. Der unglückliche Vater konnte nicht ſchlafen, und ſchon vor Anbruch des Tages erſchien ihm Hermes und mahnte zur Rückkehr nach Troja. Da erhob ſich Priamus und fuhr mit dem teuern Leichnam zum trauernden Ilion zurück.

10. Die Eroberung von Troja.

Nachdem die Griechen zehn Jahre lang vor Troja gelagert und ver= gebens gekämpft hatten, nahmen ſie endlich ihre Zuflucht zur Liſt. Auf den Rat des Odyſſeus fällten ſie auf dem waldreichen Idagebirge hochſtämmige Tannen, und nun zimmerte der kunſtreiche Held Epeos ein mächtiges Roß. Er machte zuerſt die Füße des Pferdes, dann den Bauch, über dieſen fügte er den gewölbten Rücken, hinten die Weichen, vorn den Hals, und über dieſen formte er zierlich die Mähne, die ſich flatternd zu bewegen ſchien. Kopf und Schweif wurden reichlich mit Haaren verſehen, aufgerichtete Ohren an den Pferdekopf geſetzt und gläſerne leuchtende Augen unter der Stirn angebracht — kurz, es fehlte nichts, was an einem lebendigen Pferde ſich regt und bewegt. Und weil ihm Minerva half, vollendete der Meiſter das Werk in drei Tagen, zur Bewunderung des ganzen Heeres.

Nun ſtiegen die tapferſten Helden, Neoptolemus, der Sohn des Achilles, Menelaus, Diomedes, Odyſſeus, Philoktet, Ajax und andere, zuletzt Epeos, der das Roß gefertigt, in den geräumigen Bauch des hölzernen Pferdes; die übrigen Griechen aber steckten Zelte und Lagergerät in Brand und segelten nach der nah gelegenen Insel Tenedos, wo sie ans Land stiegen.

Als die Trojaner den Rauch vom Lager in die Luft steigen sahen und auch die Schiffe verschwunden waren, strömten sie voll Freuden aus der Stadt nach dem griechischen Lager zu und erblickten hier das gewaltige hölzerne Roß. Während sie unter einander stritten, ob man das Wunderding ver= brennen oder in die Stadt schaffen sollte, trat Laokoon, ein Priester des Apollo, in ihre Mitte und rief: „Unselige Mitbürger, welcher Wahnsinn treibt euch! Meint ihr, die Griechen seien wirklich davon geschifft, oder eine Gabe der Danaër verberge keinen Betrug? Kennt ihr den Odysseus nicht besser? Entweder ist irgend eine Gefahr in dem Rosse verborgen, oder es ist eine Kriegsmaschine, die von dem im Verborgenen lauernden Feinde in unsere Stadt getrieben wird. Was es aber auch sein mag — trauet dem hölzernen Tiere nicht!“ Mit diesen Worten stieß er eine mächtige eiserne Lanze in den Bauch des Pferdes. Der Speer zitterte im Holz, und aus der Tiefe tönte ein Wiederhall wie aus einer Kellerhöhle. Aber der Sinn der Trojaner blieb verblendet.

Siehe, auf einmal bringen trojanische Hirten einen gefangenen Griechen daher. Sinon hieß er; sie hatten ihn im Schilfe des Skamander ertappt. Da freueten sich alle. Neugierig stellten sie sich im Kreise um ihn herum und drangen in ihn, er solle auf der Stelle bekennen, was das Pferd be= deute. Das eben hatte der Arglistige gewünscht, denn er hatte es früher mit seinen Landsleuten verabredet, sich von den Trojanern fangen zu lassen und dann die Trojaner zu bewegen, daß sie das Pferd in ihre Stadt führten. Er fing laut an zu weinen und stellte sich lange, als könne und dürfe er um alles in der Welt nicht das Geheimnis verraten. „Nein, ich bitte euch“ — sprach er — „tötet mich lieber auf der Stelle!“ Um so neugieriger wurden die Trojaner. Endlich gab er ihren Bitten und Drohungen nach. „So hört denn“ — rief er — „die Griechen schiffen jetzt nach Hause. Auf Befehl des Priesters ward dieses Pferd gezimmert, damit die Heimfahrt der Danaër glücklich sei; denn es ist ein Sühnungsgeschenk für die beleidigte Schutzgöttin eurer Stadt, deren Bildnis Diomedes und Odysseus einst frevent= lich entwandten. Kommt das Pferd unverletzt in eure Stadt, so wird sie nach dem Ausspruch des Sehers unüberwindlich sein und die Völker rings umher beherrschen. Das eben wollten eure Feinde verhindern: darum bauten sie das Roß so groß, daß es nicht durch die Thore geht.“

So sprach der listige Grieche und die bethörten Trojaner glaubten seiner gleißenden Rede. Eiligst machten sie jetzt Räder unter das Pferd, hefteten Stricke an seinen Bauch und alt und jung spannte sich daran. Wer nicht so glücklich war, einen Strick erfassen zu können, schloß sich wenigstens dem Zuge der Knaben und Mädchen an, die schön geschmückt zu beiden Seiten gingen und feierliche Lieder sangen. Nun kommen sie an das Thor, aber das Pferd ist zu groß. Flugs sind starke Männer bereit und reißen einen Teil der Stadtmauer nieder. Jubelnd schieben sie das Pferd durch die weite

Öffnung, der Zug geht durch die langen Straßen, hin nach der Burg. Hier, vor dem Tempel der Göttin, wird das Wundertier feierlich ausgestellt, damit jeder es sehen und über seinen Besitz sich freuen möge.

So fröhlich der Tag, so schrecklich war die ihm folgende Nacht. Während alles in tiefem Schlafe lag, schleicht Sinon sich zu dem hölzernen Pferde, öffnet leise die Thür, und die geharnischten Männer steigen aus dem finstern Bauche hervor. Sie gehen nach den Thoren der Stadt; die Wächter schlafen, man tötet sie. Draußen aber harren schon der Griechen beutelustige Scharen. Die Thore werden geöffnet, und mit freudigem Siegesgeschrei dringen die Danaër in die wehrlose Stadt. Sinon läuft mit Brandfackeln in den Straßen umher und zündet die Häuser an. Zu spät merken die Trojaner den Verrat. In allen Straßen, in allen Häusern wird blutig gekämpft. Bald steht die ganze Stadt in Flammen, und was nicht vom Schwerte der Griechen fort= gerafft wird, stirbt den Tod durchs Feuer. Nur ein kleines Häuflein rettet sich, mit ihm der fromme Äneas. Wie er alles verloren sah, wie schon die Flamme aus dem Giebel seines Daches helllodernd gen Himmel schlug: da nahm er hurtig seinen alten Vater Anchises auf die Schultern, sein Söhnlein Askanius bei der Hand, und so entkam er dem Verderben.

Nicht so glücklich war der König Priamus. Er hatte sich mit Weib und Kind in das Innere des Palastes geflüchtet und sich dort vor den Altären der Hausgötter flehend niedergeworfen. An dieser heiligen Stätte hoffte der unglückliche Greis Gnade zu finden bei den erzürnten Feinden. Aber wie hatte er sich geirrt. Mit entblößten Schwertern drangen sie herein, erst stachen sie die Söhne nieder vor den Augen des Vaters, dann diesen selbst. Sein Weib und seine Kinder schleppten sie auf die Schiffe und teilten dann die Sklaven unter sich. Menelaus bekam seine Helena wieder; aber das schöne Ilion lag zertrümmert!

II. Die Irrfahrten des Odysseus.

1.

Als Odysseus nach der Zerstörung von Troja mit seinen zwölf Schiffen der Heimat zu segelte, verschlug ihn ein Sturm an das Land der Cyklopen, der ungeschlachten Riesen, die weder pflanzten noch säeten, denn ohne Arbeit erwuchs ihnen Weizen und Gerste und die edle Rebe, nur von Zeus' Regen befruchtet. Sie kannten weder Gesetze, noch Versammlungen des Volkes zu gemeinsamer Beratung; sie wohnten einsam in gewölbten Felsgrotten des Gebirges. Vor dem Lande der Cyklopen lag eine kleine Insel voll Wälder, in denen zahllose Herden wilder Ziegen umherstreiften. Dahin kamen die Schiffe des Odysseus in dunkler, mondloser Nacht; mit Anbruch des Tages machten sich die Griechen auf und durchwanderten das Eiland, mit ihren Pfeilen wilde Ziegen zu ihrer Nahrung erlegend. Da sie noch Weins die Fülle hatten, verbrachten sie bei fröhlichem Mahle den Tag.

Bald aber erkannten sie an dem aufsteigenden Rauch und an den

Stimmen des Volkes das nahegelegene Land der Cyklopen, und den folgenden Morgen machte sich Odysseus mit einem Teile seiner Genossen auf, nach dem Lande hinzusegeln, um zu erforschen, was für Menschen es bewohnten. Als sie am Gestade landeten, sahen sie eine von Lorbeerbüschen umschattete Felsenhöhle, um die sich langstämmige Fichten und hochgewipfelte Eichen erhoben. In der Höhle hauste ein Mann von Riesengestalt, der, einsam seine Herde weidend, niemals mit andern umging, sondern für sich allein auf frevelhafte Thaten sann.

Odysseus erwählte zwölf seiner Gefährten und gebot den andern, bei dem Schiffe zu bleiben. Nun wanderte er mit seinen Freunden weiter, die Wein in einem Schlauche und noch Reisekost trugen. An der Höhle angelangt, fanden sie den Riesen nicht daheim, denn schon hatte er seine Herde auf die Weide getrieben. In seiner Abwesenheit betrachteten die Griechen neugierig die Höhle; darin standen ringsum Körbe mit Käsen; Lämmer und Zicklein waren in den Ställen; auch fehlte es nicht an Geschirren, Butten und Kübeln zur Aufbewahrung der reich vorhandenen Milch. Die Griechen zündeten ein Feuer an und aßen von den Käsen. Bald erschien der Riese mit einer gewaltigen Ladung trockenen Holzes, das er mit lautem Gekrach auf die Erde warf, so daß die Griechen vor Schrecken in die Winkel der Höhle flohen. Jetzt trieb er die Schafe und Ziegen, die er melken wollte, in die Felsenkluft, während er die Widder und Böcke draußen ließ; dann setzte er einen gewaltigen Felsen vor den Eingang der Höhle, den kaum 22 vierräderige Wagen hätten fortschaffen können. Als der Riese seine Herde gemolken und an der Milch sich gelabt hatte, und die übrig gebliebene in die Geschirre gefüllt war, zündete er ein Feuer an. Da bemerkte er die Fremdlinge und sprach zornig also: „Wer seid ihr und warum durchschifft ihr die Wogen des Meeres? Seid ihr ein Raubgeschwader und wollt ihr fremde Völker anfeinden?"

Bei dem rauhen Gebrüll seiner Rede und bei dem Anblick des Scheusals erbebten die Griechen, doch Odysseus, sich schnell ein Herz fassend, redete: „Wir sind Griechen, vom Heere des Königs Agamemnon und auf der Heimfahrt von Troja, das wir zerstörten, durch den Sturm in unbekannte Gewässer verschlagen: flehend nahen wir jetzt deinen Knieen, um ein Gastgeschenk dich bittend. Du aber scheue die Götter, denn Zeus schirmt die Fremdlinge."

Der grausame Cyklope erwiderte: „Ein Thor bist du, o Fremdling, daß du mich die Götter scheuen heißest: was kümmern wir Cyklopen uns um Zeus und die seligen Götter, da wir viel vortrefflicher sind, als sie. Aus Scheu vor den Göttern werde ich weder dich, noch einen deiner Gefährten verschonen. Doch sage mir, wohin du dein Schiff gesteuert hast, ob es sich nah oder fern von hier befindet?" Odysseus, schnell eine List ersinnend, antwortete hierauf: „Unser Schiff ist an den Klippen gescheitert, und wir allein sind dem Verderben entronnen."

Ohne noch etwas zu sagen, packte jetzt das Ungeheuer zwei der Gefährten des Odysseus, schlug sie wie junge Hündlein auf den Boden, daß Blut und Gehirn umherspritzte. Darauf zerhackte er sie Glied für Glied und fraß dann drein, so emsig, daß weder Fleisch noch Knochen übrig blieb. Den Griechen gerann das Blut vor Entsetzen. Als sich nun das Scheusal mit Menschenfleisch und Milch den Bauch gefüllt hatte, streckte es sich, so lang es war, in der Höhle aus und sank in tiefen Schlaf. Nun hätte ihm Odysseus das Schwert in die Brust gestoßen, wenn nicht der Gedanke ihn zurückgehalten hätte, daß doch alle Griechen nicht imstande wären, den gewaltigen Felsen vom Eingange fortzuwälzen. In der Höhle eingeschlossen, hätten sie alle eines schmachvollen Todes sterben müssen.

Den andern Morgen packte der Cyklope wieder zwei Griechen und verzehrte sie zum Frühstück, dann hob er ohne Mühe den Felsblock weg und setzte ihn eben so wieder vor den Eingang, wie wenn jemand einen Deckel auf den Köcher setzt; darauf trieb er die Herde auf die Trift. Jetzt sann Odysseus auf Rache, ihm seine Frevelthaten zu vergelten. In der Höhle lag, dick und lang wie der Mast eines zwanzigruderigen Schiffes, die Keule des Cyklopen, vom Stamme des Ölbaums. Diese ließ nun Odysseus von seinen Gefährten glätten, er selbst schärfte sie oben spitz zu, brannte die Spitze an und verbarg die Keule sorgfältig unter dem Mist. Dann wählte er durch das Los vier Gefährten, um mit ihnen dem schlummernden Cyklopen die Keule ins Auge zu stoßen. Diese Riesen hatten nämlich nur ein Auge und das saß mitten auf der Stirn.

Am Abend kam der grausame Cyklope zurück, verrichtete wie sonst seine Geschäfte und schlachtete wieder zwei Griechen, die er zur Nachtkost verzehrte. Jetzt nahete ihm Odysseus und reichte ihm eine Kanne voll Wein. Mit Entzücken leerte sie der Riese, ließ sie sich dreimal füllen und leerte sie dreimal, ohne etwas Arges zu vermuten. Auch den Namen des Odysseus verlangte er zu wissen, um ihm wieder ein Gastgeschenk geben zu können.

„Meinen Namen sollst du erfahren," sprach der kluge Odysseus, „doch gieb mir dann auch das Gastgeschenk. Niemand, so nennen mich Vater, Mutter und Geschwister, Niemand ist mein Name."

Darauf erwiderte der tückische Riese: „Nun denn, so will ich Niemand zuletzt verzehren — das soll dein Gastgeschenk sein!" Mit diesen Worten sank der Cyklope zurück und verfiel in einen so tiefen Schlaf, daß sein Schnarchen dem rollenden Donner glich.

Jetzt war Odysseus bereit, er nahm den Ölstamm, hielt ihn ins Feuer, bis seine Spitze eine glühende Kohle war, und dann faßten die vier Gefährten mit an und bohrten den Stamm mit aller Kraft in das Auge des Riesen. Der brennende Pfahl versengte dem Riesen Wimpern und Augenbrauen, siedend heiß quoll das Blut auf, und das Auge zischte, als wenn ein glühendes Eisen in kaltes Wasser getaucht würde. Der Cyklope erhob ein so grausenhaftes Geheul, daß die Wände der Höhle erzitterten. Tobend und unsinnig vor Schmerz rief der Geblendete die andern Cyklopen zu Hilfe; die kamen an den Eingang der Höhle und fragten: „Was schreist und brüllst du so, Polyphem? Hat man dir die Herden geraubt oder thut dir jemand etwas zuleide?" — „Niemand," schrie Polyphem, „Niemand will mich töten, Niemand hat mich überlistet."

Die Cyklopen, welche diese Antwort nicht verstanden, vermeinten, der Polyphem sei wahnsinnig geworden und zogen wieder ab. Odysseus lachte aber in seinem Herzen und freute sich der gelungenen List. Mit den Händen tappend nahm nun der Riese den Felsblock vom Eingang, setzte sich selber in die Pforte und wollte die Schafe herauslassen, um dann besser die gefangenen Fremdlinge aufspüren zu können. Odysseus jedoch band je drei dickwollige Widder zusammen und unter dem mittleren verbarg er einen Griechen. Für sich wählte er den größten und stärksten Bock der Herde und hing sich ihm unter den Leib, indem er mit den Händen in der langen Wolle sich festhielt. So trabten am Morgen die Widder mit den Griechen hinaus und Polyphem, der jedes Schafes Rücken betastete, merkte nichts vom Betrug. Zuletzt kam sein Lieblingsbock, der den Odysseus trug, und zu dem er sagte: „Böckchen, was trabst du so hinter der Herde, du warst ja sonst der erste beim Ausgang auf die Weide und auch der erste bei der Heimkehr. Gewiß betrübt dich das Auge deines Herrn, das mir der tückische Mann geblendet hat! Könntest du mir nur sagen, wo er sich versteckt hat, dann sollte bald sein Gehirn den Boden bespritzen.“ So ließ er ihn hinausgehen.

Die Griechen aber band Odysseus, als sie eine Strecke von der Höhle entfernt waren, los, und nun eilten sie rasch an das Ufer, wo die Genossen sie freudig empfingen. Die Widder wurden auf das Schiff gebracht, und dann fuhren sie ab. Als sie ein wenig von der Insel weggerudert waren, rief Odysseus dem Cyklopen die höhnenden Worte zu: „Ha, Polyphem, du fraßest die Genossen keines verächtlichen Mannes, aber Zeus hat durch mich deine Freveltaten gestraft!“ Da schleuderte der Riese ein ungeheures Felsstück ins Meer, daß die von dem Falle brausende Woge das Schiff wieder der Insel zutrieb; doch durch eifriges Rudern kamen die Griechen von dem Cyklopenlande wieder fort und Odysseus rief abermals: „Polyphem, wenn dich jemand fragt um deines Auges Blendung, so sag' ihm: der Städteverwüster Odysseus, Laërtes Sohn von Ithaka, hat mich blind gemacht!“ Da erinnerte sich Polyphem einer alten Weissagung und rief: „Wehe mir, jetzt gedenke ich des Sehers, der mir einst verkündigte, ich würde durch einen Griechen, mit Namen Odysseus, mein Auge verlieren. Doch glaubte ich immer, dieser Feind sei ein großer gewaltiger Mann, noch stärker als ich — und nun muß so ein kleines Ding, so ein Wicht kommen, der mich berauscht und betrügt! Komm doch herein“ — wandte er sich jetzt zu Odysseus — „komm doch herein zu mir, ich will dir alles verzeihen und meinen Vater Poseidon bitten, daß er dir eine glückliche Fahrt verleihe.“ Doch Odysseus hütete sich wohl. Da flehete Polyphem zu Poseidon, dem mächtigen Beherrscher des Meers, daß er die Beleidigung seines Sohnes rächen und dem Odysseus eine schlechte Fahrt verleihen möge. Und nochmals schleuderte er ein Felsstück ins Meer, daß der Schaum aufspritzte; aber Odysseus und seine Gefährten ruderten nach der Insel hin, wo der andere Teil der Mannschaft zurückgeblieben war. Dort opferte Odysseus den Lieblingsbock Polyphems dem Zeus.

2.

Sie gelangten zur äolischen Insel, wo Äolus, der Gott der Winde, seine Residenz hatte und die Winde nach Gefallen in alle Welt entsandte oder sie in seinen Schlauch zurückkehren ließ. Dieser Gott nahm den Odysseus freundlich auf und schenkte ihm einen Schlauch, worin alle Winde enthalten waren; ihn selbst aber geleitete er mit einem günstigen Westwinde. Auf dem Meere entschlummerte Odysseus in seinem Schiffe. Unterdessen öffneten seine Gefährten, von heilloser Neugierde getrieben, den fest zugebundenen Schlauch und siehe! da fuhren im Sturme alle Winde heraus und trieben die Schiffe zur äolischen Insel zurück. Doch zum zweitenmale war Äolus den Fremden nicht gnädig; er wies sie mit rauhen Worten ab, als Menschen, die der Zorn der Himmlischen verfolge.

Sechs Tage trieben sie auf dem Meere umher, am siebenten kamen sie zu den riesigen Lästrygonen, die dem Odysseus elf Schiffe zerstörten und viele Gefährten erschlugen. Nun hatte der Held nur noch ein Schiff, in diesem entfloh er mit seiner übrig gebliebenen Mannschaft und gelangte zu einer Insel, auf der die Zauberin Circe wohnte. Odysseus erstieg einen Hügel und von diesem sah er Rauch aus dem Palaste der Zauberin aufsteigen. Da schickte er 22 seiner Gefährten voraus, um die Gegend zu erforschen. Es kamen den Griechen viel Löwen und Wölfe entgegen; aber diese Tiere waren nicht raubgierig, sondern wedelten mit den Schwänzen wie Hunde; es waren Menschen, durch die Zauberkräfte der Circe in gräßliche Ungeheuer verwandelt. Bald nahten die Griechen dem Zauberpalaste und hörten den melodischen Gesang seiner Bewohnerin, die eben an einem großen wundervollen Gewande webte. Die Wanderer riefen die Göttin mit lauter Stimme und nicht vergebens; sie trat aus der Pforte und nötigte die Fremden, einzutreten. Arglos folgten sie der Einladung und tranken von dem Wein, in den Zauberkräuter gemischt waren. Alsbald berührte sie die Göttin mit ihrem Stabe und sie waren in Schweine verwandelt, mit Borsten und grunzender Stimme, nur ihr Geist war unzerrüttet. Die armen Griechen weinten, aber ihr Weinen ward zum Grunzen, und Circe trieb sie allzumal in Schweinskoben und legte ihnen Schweinefutter vor. Aber einer, Eurylochus mit Namen, entfloh und brachte dem Odysseus die schreckliche Kunde.

Sogleich machte sich dieser auf den Weg; Eurylochus wollte aus großer Furcht ihn nicht begleiten. Als er dem Zauberpalast näher kam, begegnete ihm Hermes in der Gestalt eines zarten Jünglings. Der gab ihm das Kraut Moly, um ihn gegen den Zauber der Circe zu schützen. Zugleich erteilte er ihm noch den Rat, in dem Augenblicke, wo die Zauberin ihn mit ihrem Stabe berühren würde, mit dem Schwerte auf sie einzudringen, gleich als wollte er sie ermorden. Darauf verschwand der Gott zu den Höhen des Olympos.

Odysseus langte an der Pforte des Palastes an und rief die Göttin, die ihn einlud, näher zu treten. Sie reichte auch ihm einen Becher Weins, der mit schädlichen Zauberkräutern gemischt war; doch Odysseus trank, ohne daß es ihm schadete, denn er hatte das Kraut Moly in seiner Tasche. Nun berührte ihn die Zauberin mit ihrem Stabe, um ihn in ein Schwein zu verwandeln und gleich seinen Gefährten in den Koben zu sperren. Da aber rannte Odysseus mit gezücktem Schwerte auf sie los, und laut schreiend sank Circe zu seinen Füßen, umfaßte ihm die Kniee und rief: „Wer bist du, der du dem Zaubertranke widerstehst, dem noch kein Mann widerstanden hat? Bist du vielleicht Odysseus, dessen Ankunft mir Hermes verkündet hat? Stecke das Schwert in die Scheide und laß uns beide auf dem Teppich Platz nehmen!"

Doch Odysseus traute der Arglistigen nicht eher, bis sie ihm durch einen Eidschwur versichert hatte, nicht auf ferneren Schaden zu denken. Jetzt deckte eine Dienerin für Odysseus einen schönen Sessel mit purpurrotem Polster, davor stellte eine andere einen silbernen, mit goldenen Körben besetzten Tisch; eine dritte mischte Wein, und die vierte wärmte in einem ehernen Kessel Wasser zum Bad für Odysseus. Nach dem Bade hüllte sich der Held in den prächtigen Mantel und Leibrock, den ihm Circe reichte, und ließ sich auf den Sessel nieder. Doch auch jetzt noch trug er Bedenken, von den Speisen des reichbesetzten Tisches zu kosten, und er aß nicht eher, bis ihm die Göttin seine Genossen, die als neunjährige Eber vor Odysseus erschienen, wieder in Menschen verwandelte. Durch die Zauberkräfte der Circe waren alle die Männer nun viel jünger und schöner, als vorher; und Odysseus lebte mit seinen Genossen ein ganzes Jahr in dem schönen Palast.

3.

Als Odysseus von der Zaubergöttin Abschied nahm, offenbarte ihm diese noch die Zukunft. „Du wirst" — so sprach sie — „nicht eher in deine Heimat gelangen, bis du in die Unterwelt hinabgestiegen bist und den Seher Tiresias um deine Fahrt befragt hast." Zugleich zeigte sie ihm den Weg zum furchtbaren Hades und lehrte ihn die Opfer, durch welche die Schatten der Toten herbeigelockt werden. Odysseus merkte sich alles genau.

Die Fahrt ging über den großen Strom Oceanus, der die ganze Erdscheibe umkreist; an dessen Ende, in dichte Finsternis gehüllt, lag der Ort, den Circe ihm als Eingang zur Unterwelt bezeichnet hatte. Hier grub Odysseus ein Loch, einen halben Meter ins Geviert, und goß ein Trankopfer hinein, aus Honig, Milch, Wein und Wasser bereitet; darüber streute er weißes Mehl. Den Schatten der Toten gelobte er, nach seiner Heimkehr, ein Rind und dem Tiresias insbesondere den schönsten Widder der Herde zu opfern. Darauf zerschnitt er den mitgebrachten Schafen die Kehlen und ließ das Blut in die Grube laufen. Jetzt schwebten die Seelen der abgeschiedenen Toten heran, Bräute und Jünglinge, Greise, die viele Leiden erduldet, Mädchen, in der Blüte der Jahre vom Grame hinweggerafft, auch viele, die im Kriege von ehernen Lanzen durchbohrt worden waren. — Alle wandelten scharenweis mit schaudererregendem Geschrei um die Gruft. Die Gefährten des Odysseus verbrannten die geopferten Schafe und flehten zu den Göttern der Unterwelt. Odysseus, das Schwert in der Hand, setzte sich neben die Grube und wehrte den Toten, dem Blute zu nahen, denn er mußte erst den Tiresias befragen. Wohl nahten manche Freunde, endlich auch die Seele der hingeschiedenen Mutter des Odysseus; aber der Sohn bezwang seine Sehnsucht, mit der Mutter zu reden, und ließ zuerst den Tiresias von dem Blute trinken. Als der Seher getrunken hatte, weissagte er und sprach zum Odysseus also: „Du wünschest fröhliche Heimkehr, ruhmvoller Odysseus! Doch einer der ewigen Götter ist dir entgegen; der Erderschütterer Poseidon hat tiefen Groll gegen dich im Herzen, weil du ihm seinen Sohn Polyphem geblendet hast. Doch endlich muß er dich dennoch ziehen lassen; nur hüte dich, wenn du mit deinen Gefährten auf der Insel Thrinakia landest, die Rinder, die dort weiden, zu verletzen. Sie gehören dem Erdenbeleuchter Helios, und er wird dir alle deine Genossen töten, wenn du ihn erzürnest. Auf einem fremden Schiffe wirst du zur Heimat gelangen, aber in deinem eigenen Hause viel Herzeleid finden. Da sind übermütige Männer, die werben mit schönen Brautgeschenken um deine Gattin Penelope und wollen sie freien. Die arme Frau hat schon viel um dich geweint und auch der Jüngling Telemach, dein Sohn. Mit List und Gewalt wirst du die Freier töten, aber dann vergiß auch nicht, den Göttern ein Dankopfer zu bringen!"

Nun wünschte Odysseus auch mit dem Schatten seiner geliebten Mutter zu reden, denn diese saß am Blute; so lange sie aber nicht davon getrunken hatte, vermochte sie auch nicht den Sohn zu erkennen. Tiresias sprach: „Laß sie dem Blute sich nahen und davon kosten, dann wird sie die Wahrheit verkünden!"

Odysseus ließ sogleich seine Mutter vom Blute trinken, und plötzlich erkannte sie ihren Sohn und sprach jammernd die Worte: „Wie kamst du, ein Lebender, in das nächtliche Dunkel herab, in das sonst kein Sterblicher zu dringen vermag, wenn ihn die Götter nicht geleiten? Bist du noch nicht in das heimische Land Ithaka zurückgekehrt und haben deine Augen noch nicht die Penelope gesehen?"

„Die Not," antwortete Odysseus, „führte mich in die Wohnungen der Toten, denn ich mußte die Seele des thebanischen Greises Tiresias befragen. Noch irre ich seit meiner Abfahrt von Troja umher, noch haben meine Augen die geliebte Insel nicht geschaut. Doch sage mir, o Mutter, was für ein Geschick hat dich hinweggerafft, eine verderbliche Seuche oder ein sanfter, plötzlicher Tod? Erzähle mir auch von meinem Vater und meinem Sohne, führen sie noch mein Herrscheramt, oder hat es schon ein anderer Mann empfangen, der an meine Rückkehr nicht mehr glaubt? Sage mir auch von der Gattin, ob sie ihres Gemahls noch harrt oder schon sich einem edlen Griechen vermählt hat?"

Darauf erwiderte die Mutter: „Noch weilt Penelope, deine Gemahlin, in deinem Palaste, voll Jammer trauert sie um dich, Tag und Nacht Thränen vergießend, denn die übermütigen Freier bedrängen sie hart; noch übt dein Sohn Telemach das Herrscheramt, aber in Furcht vor den Männern, die dein Hab und Gut verzehren. Dein Vater aber kommt nicht mehr zur Stadt, er weilt auf dem Lande, schläft nicht mehr in Betten, sondern im

Winter bei den Knechten am wärmenden Feuer und im Sommer auf Baumsprossen unter freiem Himmel. Dein Geschick beklagend verbringt er gramvoll die Tage. Ich aber starb weder an zehrender Seuche, noch eines plötzlichen Todes, nur die Sehnsucht und der Kummer um dich hat mir das Leben geraubt!"

Von Sehnsucht ergriffen wollte jetzt Odysseus seine Mutter umarmen, dreimal streckte er die Arme nach ihr aus und dreimal schwand der Schatten ihm aus den Händen. Voll Wehmut rief er: "Mutter, warum bleibst du nicht, da ich mich sehne, dich zu umfangen, damit wir mit einander das gramerfüllte Herz erleichtern?" Doch die Mutter antwortete: "Wenn einmal die Sterblichen verblichen, wenn Fleisch und Gebein von der Flamme des Feuers verzehrt sind, dann schwindet die Seele dahin, wie ein luftiges Traumbild. Du aber gehe wieder an das Licht und verkünde alles deiner Gemahlin!"

4.

Odysseus fuhr wieder über den Oceanus zurück zur Insel Äaa, dem Wohnplatze der Circe. Diese kam an die Stelle des Ufers, wo die Griechen gelandet waren, und Dienerinnen mit Speise und Trank folgten ihr. Als sich alle an Fleisch und Wein gelabt hatten, erzählte ihr Odysseus, entfernt von seinen Gefährten und leise redend, seine Abenteuer in der Unterwelt. Circe aber weissagte ihm noch also: "Du wirst" — sprach sie — "zu den Sirenen gelangen, zu schönen Jungfrauen mit Schwimmfüßen, welche durch den Zauber ihrer melodischen Stimme alle Vorübergehenden bethören. Wehe aber denen, die sich ihnen nahen, sie sehen nie wieder ein menschliches Antlitz. Um die Sirenen herum liegen Haufen von Knochen der getöteten Männer. Du, Odysseus, steure vorbei und verklebe deinen Gefährten die Ohren mit Wachs; wenn du sie aber zu hören begehrst, so lasse dich an Händen und Füßen gefesselt an den Mastbaum binden und verbiete deinen Dienern, dich zu lösen.

"Weiter werden sich auf deiner Fahrt zackige Klippen erheben, Irrfelsen genannt, zwischen denen kein Vogel durchzufliegen, kein Schiff durchzusegeln vermag. Auf der andern Seite ragt ein kahler, nackter Fels zum Himmel empor, den nie ein Sterblicher bestieg. In dem Felsen ist eine tiefe dunkle Höhle, vor welcher dein Schiff durchsegeln muß. Hier hauset Scylla, ein fürchterliches Scheusal mit bellender Stimme; es hat zwölf Füße, sechs Schlangenhälse und ebensoviel gräßliche Häupter mit drei Reihen von Zähnen besetzt. Die Füße behält das Ungeheuer in der Höhle, aber die Köpfe streckt es heraus, um einen Delphin oder einen vorüberfahrenden Menschen wegzuschnappen. Noch nie ist ein Schiff hindurchgefahren, ohne seine besten Ruderer verloren zu haben. Der Scylla gegenüber ist ein anderer niedriger Felsen, unter welchem die Charybdis haust, die dreimal täglich das dunkle Meerwasser einschlürft und dreimal es wieder herausprudelt. Mögest du nicht ankommen, wenn sie die salzige Woge einschlürft, denn es möchte Poseidon selber dich nicht vom Untergange erretten können. Rudere du dein Schiff nahe an der Scylla vorbei, denn es ist besser, sechs Genossen, als alle zugleich zu verlieren.

„Bist du glücklich der Scylla und Charybdis entronnen, so gelangst du zur Insel Thrinakia, wo Helios, der Sonnengott, seine schönsten Herden hat, Hornvieh und wollige Schafe, deren Zahl nie abnimmt. Rührt ihr nicht Hand an diese Tiere, dann möget ihr wohl nach Ithaka kommen, obschon immer noch Gefahren deiner harren. Wirst du sie aber verletzen, so wird es dein und deiner Gefährten Verderben sein, und von allen verlassen, arm und bloß wirst du in Ithaka landen."

So hatte die Göttin erzählt, und schon war die Morgenröte am Himmel erschienen. Odysseus eilte zu seinen Gefährten zurück, und bald saßen diese auf den Ruderbänken, von Circe mit günstigem Fahrwinde geleitet. Odysseus eröffnete nun seinen Freunden, was ihm Circe von den Sirenen erzählt hatte. Als das Schiff den gefährlichen Jungfrauen sich näherte, nahm er Wachs und verklebte damit den Gefährten die Ohren; sich selbst aber ließ er an Händen und Füßen festbinden und um den Mast schlingen. Schon hörte er den Gesang der Sirenen, die dem Lauschenden zuriefen: „Komm, preiswürdiger Odysseus, lenke dein Schiff dem Lande zu, wir wollen dir schöne Lieder singen. Wer unsere süßen Töne vernommen, kehrt fröhlich und mit hoher Weisheit begabt zurück. Denn wir wissen alles, was zwischen Griechen und Troёrn sich begeben hat, wir kennen alle Dinge auf der nahrungsprossenden Erde."

Da erwachte im Herzen des Odysseus ein heißes Verlangen, zu den Sirenen hinüberzufahren, und er gebot den Freunden, ihn zu lösen, doch diese waren taub für alle seine Bitten und vernahmen auch nichts von den Zauberklängen der listigen Sirenen. So segelte das Schiff glücklich vorbei, und Odysseus nahm seinen Gefährten das Wachs aus den Ohren, das sie gerettet hatte.

Als sie wieder eine Strecke weiter gefahren waren, da hörten sie das dumpfe Getöse des brausenden Strudels der Charybdis, und vor Schrecken ließen die Griechen ihre Ruder fallen. Odysseus ermutigte sie und befahl dem Steuermann, fern von dem Strudel, nahe am Felsen das Schiff vorbeizulenken; von der Scylla aber sagte er ihnen nichts. Jetzt waren sie in der Enge des Meeres, hier drohte die Scylla, dort die grausige Charybdis, und während die Blicke der Mannschaft auf diese sich hefteten, hatte die gefräßige Scylla schon sechs der tapfersten Griechen gepackt. In den Lüften schwebend, mit Händen und Füßen zappelnd, riefen die Armen vergeblich den Odysseus um Hilfe an; er mußte zusehen, wie das Ungetüm seine Gefährten verschlang.

Den beiden Ungeheuern, Scylla und Charybdis, war nun Odysseus glücklich entkommen; mit seiner sehr zusammengeschmolzenen Mannschaft kam er nun nach der Insel Thrinakia, wo die Herden des Helios weideten. Jetzt gedachte Odysseus der Warnung des Tiresias und der Circe; um der Gefahr zu entgehen, befahl er den Gefährten, an der Insel vorbeizusteuern. Aber seine Leute waren vom Rudern und vom Schrecken so entkräftet, daß sie nach Erquickung und Schlummer sich sehnten, und ohne auf des Helden Mahnung zu achten, bestanden sie darauf, an der Insel zu landen. Da ahnte Odysseus die Erfüllung der schrecklichen Weissagung; doch ließ er wenigstens die Genossen schwören, keins von den Rindern und Schafen des Sonnengottes zu schlachten, sondern nur die Speisen zu genießen, die ihnen Circe mitgegeben hatte. Alle schwuren den Eid. Aber den ganzen Monat hindurch brausten ungünstige Winde; so lange der Vorrat im Schiffe ausreichte, schonten die Griechen die Rinder, dann als alle Nahrung verzehrt war, fingen sie Vögel und Fische zur Speise. Einst aber, als Odysseus in tiefem Schlummer lag, siegte der Rat des Eurylochus bei seinen Freunden, und als er erwachte, drang ihm schon der Duft von dem Opfer der geschlachteten Rinder entgegen. Umsonst war nun alles Schelten, die That war geschehen, und schon ward die Strafe der Götter offenbar, denn die abgezogenen Häute fingen an zu kriechen und das Fleisch an den Spießen brüllte. Doch die hungrigen Griechen schmausten sechs Tage lang von dem Fleisch und am siebenten setzten sie ihre Fahrt fort.

Sobald sie auf dem offenen Meere waren, hüllte sich der ganze Himmel in finsteres Gewölk, ein gewaltiger Orkan begann zu toben, die Wogen fuhren zischend empor, und Segel und Mastbaum zerbrachen. Mit lautem Gekrach stürzte der Mast in das Schiff und zerschmetterte dem Steuermann den Kopf. Der Donner brüllte, und ein Blitz schlug in das Fahrzeug, die Ruderer stürzten heraus und fanden, wie Krähen auf den schwarzen Wellen schwimmend, ihren Untergang. Odysseus stand noch allein auf dem Schiffe; da löste sich auch dieses aus seinen Fugen, und der Unglückliche hatte kaum Zeit, den Mast mit dem Kiel durch ein Seil zu verknüpfen. Auf dieses Floß sich setzend, trieb er schwimmend auf den empörten Wellen umher. Da wechselte der Wind, der Süd erhob sich und trieb den Schiffbrüchigen wieder zur Charybdis zurück, als sie gerade das Wasser einschlürfte. In seiner höchsten Not erblickte Odysseus einen Feigenbaum, aus einer Spalte des Felsens erwachsen; den erfaßte er behende und schwang sich hinauf, als eben die Charybdis den Mastbaum verschlang. Doch es dauerte nicht lange, so gab das Ungeheuer den verschlungenen Kiel und Mastbaum wieder von sich; schnell sprang der Mutige auf die Balken und gewann, von der Charybdis ungefährdet, wieder das offene Meer. So trieb er noch lange umher, bis er an eine Insel gelangte, Ogygia mit Namen, auf welcher die schöngelockte Göttin Kalypso wohnte. Diese nahm den Helden freundlich auf, pflegte sein und gewann ihn so lieb, daß sie ihn gar nicht mehr fortlassen wollte. Odysseus wäre gern heimlich entflohen, aber er hatte kein Schiff. So war er abermals gefangen.

5.

Während Odysseus durch den Zorn des Poseidon auf dem Meere umher geschleudert wurde und viele Drangsale erlitt, blieben auch die Seinigen auf Ithaka, sein treues und gutes Weib Penelope und sein Sohn Telemach, den er als kleines Knäblein verlassen hatte, nicht verschont von Leiden mancherlei Art. Fast waren es schon zwanzig Jahre, daß der Held Ithaka verlassen hatte; alle andern Fürsten und Helden waren längst von Troja zurückgekehrt, nur Odysseus nicht; man hielt ihn für tot und gab jede Hoffnung auf seine Rückkehr auf. Nur Penelope hoffte noch immer und bewahrte dem Manne ihrer Jugend die Treue. Über hundert Freier hatten sich in ihrem Hause eingefunden und hausten da auf die unverschämteste Weise. Sie schlachteten die Rinder des Odysseus, seine Ziegen und Schweine, und zwangen seine Diener und Dienerinnen, ihnen aufzuwarten. Tag für Tag lebten sie in Saus und Braus und wollten die verlassene Penelope zwingen, einen von ihnen zu ihrem Gemahle zu erwählen. Laërtes, der Vater des Odysseus, war vor den übermütigen Männern auf das Land geflohen und Telemachus noch zu jung, um dem Unwesen zu steuern. Die Mutter des Odysseus war vor Gram gestorben, und Penelope weinte Tag und Nacht um ihren Gemahl. Da die Freier immer heftiger auf eine Vermählung drangen, kam sie auf eine List. Sie stickte gerade an einem Teppich, und wenn dieser vollendet sei — so erklärte sie —, wollte sie einen von den Freiern zu ihrem Manne erwählen. Aber nachts beim Schein der Fackeln trennte sie immer das wieder auf, was sie am Tage gewebt hatte, und so wurde sie nie fertig. Eine geschwätzige Dienerin jedoch verriet den Freiern die List, und diese wurden nun noch viel zudringlicher.

Doch jetzt erbarmte sich die Göttin der Weisheit, Pallas Athene, der armen verlassenen Penelope und ihres Sohnes, des trauernden Telemach; Odysseus, der kluge listige Mann, war ja ihr Liebling und ihn konnte sie nicht verlassen. Als eines Tages im hohen Götterrate der meergebietende Poseidon fehlte und der Göttervater Zeus auch guter Laune war, bat die kluge Minerva mit inständiger Bitte ihren Vater Zeus, daß er sich des un=glücklichen Odysseus erbarmen und ihn wieder in die ersehnte Heimat entsenden wolle. Die Bitte ward gewährt, und der schnelle Götterbote Hermes eilte mit beflügelten Füßen auf die Insel Ogygia; Pallas Athene aber schwebt hernieder auf Ithaka, tritt in den Palast, wo die Freier sich eben am Brettspiel vergnügen, und in der Gestalt eines alten Gastfreundes des Odysseus tritt sie zu Telemach, um ihn zu trösten und seinen Mut zu erfrischen. Da macht sich Telemach auf, rüstet insgeheim ein Schiff und ohne daß auch Penelope von der Abreise weiß, fährt er aus, seinen Vater zu suchen. Minerva aber, unter der Gestalt Mentors, eines Führers und Ratgebers, begleitet den Jüngling.

6.

Odysseus hatte schon sieben lange Jahre auf der Insel der Kalypso geweilt, und Gram und Kummer nagten an seinem Herzen. Alle Tage ging er an das Gestade des Meeres und schaute hin nach der Gegend, wo sein geliebtes Ithaka lag. Da kam Hermes, der Götterbote, und Kalypso erschrak, als sie ihn sah. Dem Befehl der hohen Götter mußte sie Folge leisten und sie versprach, obwohl mit schwerem Herzen, den geliebten Odysseus in seine Heimat zu entlassen. Odysseus erhielt eine Axt, um sich im Walde Bäume zu fällen, und ein anderes Werkzeug, die Stämme zu zimmern und zu einem Fahrzeuge zusammenzufügen. Da kam neue Jugendkraft in die Arme des Helden, und in vier Tagen hatte er seine Arbeit vollendet. Nachdem ihm die Göttin noch Speise und Trank und Kleider auf die Reise gegeben hatte, fuhr er mit seinem kleinen Fahrzeug von der Insel ab und lenkte es nach dem Anblick der Gestirne.

Siebzehn Tage lang ging die Fahrt glücklich von statten, und schon erblickte der Schiffende aus der Ferne die Berge der Insel Scheria, wo ihm sein nächstes Ziel gesteckt war. Da erspähte ihn Poseidon, der eben aus dem Äthioperlande zurückkehrte, und zornig schleuderte er seinen mächtigen Dreizack, so daß die Meereswellen sich empörten und die Winde zu heulen begannen. Angstvoll, mit bebendem Herzen und zitternden Knieen stand Odysseus in seinem Schifflein und pries diejenigen glücklich, denen im grimmigen Kampfe vor Troja der Tod beschieret ward: da schlug brausend eine Woge über ihn zusammen und riß im Wirbel das Fahrzeug um. Der Held war weit von dem Floß hinweggeschleudert und tief in den Abgrund der Wellen versenkt. Doch er arbeitete sich wieder empor, spie die salzige Flut des Meeres aus seinem Munde und schüttelte sein triefendes Haupt. Sein Floß war wieder in seine Nähe gekommen, er faßte es und schwang sich hinein. So irrte er, eine Beute der Winde, nach allen Seiten umher, wie wenn der Nordwind dürre Disteln in wilder Flucht durch das Feld treibt. Da erbarmte sich eine Meergöttin, Leukothea, der Not des Unglücklichen und reichte ihm einen Schleier mit dem Befehl, ihn unter den Armen festzubinden, das schwere Gewand aber von sich zu werfen. Als Odysseus das gethan, schlug eine neue stärkere Woge in sein Fahrzeug und zertrümmerte es. Er schwang sich auf einen Balken und weil der Schleier unter den Armen ihn schützte, blieb er oben auf den Wellen. Zwei Tage und zwei Nächte hatte der Sturm gedauert, da beruhigten sich die Winde, und Odysseus nahte sich den Gestaden der Insel Scheria. Die Ufer aber waren voller Klippen und seine Gebeine wären zerschellt worden, wenn Odysseus nicht schnell einen Felsen umfaßt hätte, bis die Woge vorbei war. Doch die zurückkehrende Welle zog ihn wieder ins Meer zurück und er wäre verloren gewesen, wenn sein Auge nicht die Mündung eines Stromes entdeckt hätte, der sich ganz in seiner Nähe ins Meer ergoß. Dahin schwamm er mit der letzten Kraft, und dort gelang ihm endlich die Landung. Nun warf er den Schleier der Göttin ins Meer zurück, mit seinen ermatteten Händen häufte er sich im Gebüsch ein Lager von Moos und Blättern auf und sank ohnmächtig darauf nieder. Doch kam bald der wohlthätige Gott des Schlafes und stärkte die Glieder des Helden mit frischer Kraft.

7.

Die Insel Scheria ward von dem handels- und lebenslustigen Volke der Phääken bewohnt, über welche zwölf Könige herrschten; der oberste König war aber der Held Alcinous. Der hatte eine Tochter, mit Namen Nausikaa, welche eine fleißige Jungfrau war. Sie wollte am Morgen die Gewänder und Leibröcke ihrer Brüder waschen und ließ die Maultiere vor den Wagen spannen, setzte sich mit ihren Gespielinnen hinein und fuhr nach dem Flusse, an dessen Ufer sich Odysseus verborgen hatte. Die Mädchen legten die Wäsche in viereckige, mit Wasser gefüllte Löcher, stampften sie darin und breiteten sie dann auf dem weißen Sande aus. Hierauf erfrischten sie sich durch ein Bad und salbten sich mit glänzendem Öl; dann begannen sie ein Ballspiel. Schon wollten sie wieder nach Hause zurückkehren, da warf noch einmal Nausikaa den Ball einer ihrer Freundinnen zu, aber diese fing ihn nicht und der Ball fiel ins Wasser. Da erhoben die Mädchen ein großes Geschrei, das den schlafenden Odysseus erweckte. Jetzt trat er nackt, von Schlamm, Meergras und Blättern verunstaltet, hervor. Die Mädchen flohen bei dem Anblick der seltsamen Gestalt entsetzt von dannen, doch der Nausikaa flößte Athene Mut in die Seele, daß sie es wagte, die flehende Anrede des Fremdlings zu hören. Dieser schilderte in mitleiderregenden Worten sein trauriges Schicksal und bat flehentlich um ein Stück Zeug zur Bekleidung. Die gerührte Nausikaa sprach ihren Freundinnen Mut ein und ließ dem Odysseus Leibrock und Mantel nebst Salböl in goldener Flasche reichen. Hocherfreut stieg nun der Held, während die Mädchen sich entfernten, in den Strom, um sich zu baden, und als er sich gereinigt hatte von dem Schlamme des Meeres, salbte er seinen Körper und legte die köstlichen Gewänder an. Seine Schutzgöttin erhöhte die Größe und die Fülle seiner Gestalt und ließ sein Haar in Locken von seinem Scheitel wallen. So stand er, vorher noch der unansehnliche Fremdling, in jugendlicher Kraft und Schönheit vor den erstaunten Mädchen, deren Blicke voll Verwunderung auf dem herrlichen Manne ruhten. Nachdem Odysseus sich durch Speise und Trank erquickt, folgte er den Mädchen zur Stadt; doch Nausikaa lief voraus, denn sie schämte sich, mit dem fremden Manne heimzukehren.

Athene selbst, in der Gestalt eines Mädchens mit einem Wasserkrug, zeigte ihm den Weg zum königlichen Palast, in welchem alles vom Glanz des Goldes und Silbers strahlte. Odysseus nahte flehend der am Herde sitzenden Königin und bat, ihre Kniee umfassend, um gastliche Aufnahme. Dann setzte er sich, der Antwort harrend, auf den Herd; doch alsbald trat König Alcinous selbst zu ihm und führte ihn zu einem prächtigen Sessel. Von nun an ward Odysseus geehrt wie ein Fürst, und er durfte in des Königs Palast leben wie in seinem eigenen.

Zur Ehre des fremden Gastes wurden Spiele und heitere Feste angestellt, und es erschien ein Sänger, der sang von dem Kriege gegen Troja, von dem hölzernen Roß, durch welches die stolze Feste erobert ward, von der Klug= heit des Odysseus. Niemand ahnte, daß der Held selber gegenwärtig sei. Als man ihn aufforderte, auch etwas der Versammlung zu erzählen, da be= wegte es dem Helden das Herz und er begann seine Rede und erzählte nun alles, was er selber erlebt vom Falle Trojas an bis dahin, wo er auf der Insel der Phäaken landete. Mit staunendem Entzücken lauschten die Ver= sammelten seiner Rede und als die Erzählung geendet, herrschte tiefe Stille im Kreise. Endlich erhob sich Alcinous und sprach: „Heil dir, edelster der Gäste, den mein königliches Haus jemals bewirtet hat; da du zu mir ge= kommen bist, so hoffe ich, du werdest nicht mehr von der rechten Bahn abirren und bald in deine Heimat gelangen. An Schiffen und guten Ruderern fehlt es uns nicht. Aber zuvor wollen wir dir unsere Geschenke bringen. In einer kunstreich geformten Lade liegen schon die herrlichen Kleider, dazu goldene Becher und Schalen von getriebener Arbeit. Hierzu füge ein jeder von uns noch einen Dreifuß und ein Becken. Und wenn wir dann noch dem Zeus geopfert haben, dann magst du in Frieden von uns ziehen."

Allen Fürsten und den versammelten Gästen gefiel diese Rede. Am andern Morgen brachten die Phäaken sämtliche Erzgeschenke auf das Schiff und Alcinous selbst stellte alles sorgfältig unter die Bänke, damit die Ruderer nicht gehindert würden. Hierauf ward im Palast des Königs ein großes Abschieds=mahl gefeiert und dem Jupiter von den besten Rindern ein Opfer gebracht.

Schön war das Schiff geschmückt und wohlgerüstet; weiche Polster waren für Odysseus ausgebreitet. Der Held stieg schweigend ein und legte sich zum Schlaf nieder. Sein Schlummer war süß, aber auch tief wie der Tod. Das Schiff aber flog schnell und sicher dahin, wie ein Wagen von vier Hengsten gezogen durch das Blachfeld; es war, als ob es das Fahrzeug wüßte, daß es einen Mann trage, der in Klugheit mit den Himmlischen wetteiferte und mehr Leides erduldet hatte, als irgend ein Sterblicher.

8.

Als der Morgenstern am Himmel stand und den Tag ankündigte, steuerte das Schiff in vollem Laufe schon auf die Insel Ithaka zu, und bald lief es in die sichere Bucht, welche dem Meeresgott Phorkos gewidmet war. Zwei Landspitzen mit gezackten Felsen laufen hier zu beiden Seiten in das Meer hinaus und bilden für die Schiffe einen sicheren Hafen. Im Mittelpunkte der Bucht stand ein schattiger Ölbaum, und neben demselben war eine lieb=liche Grotte, in deren tiefer Dämmerung Meernymphen ihren Wohnsitz hatten. Dort standen steinerne Krüge und Urnen gereiht, in welchen Bienen Honig bereiteten; auch Webstühle von Stein konnte man da sehen, mit purpurnen Fäden bezogen, welche die Nymphen zu wundervollen Gewanden verwoben. Zwei nie versiegende Quellen rannen durch die Grotte, die einen gedoppelten Eingang hatte, den einen für die Menschen, den andern für die Nymphen, den nie ein Sterblicher betrat.

Bei dieser Höhle landeten die Phäaken, hoben den immer noch fest schlafenden Odysseus aus dem Schiff, legten ihn samt dem Polster ganz leise auf den Sand unter dem Ölbaum nieder und holten dann auch alle Geschenke herbei und legten diese seitwärts vom Wege, damit nicht etwa ein vorübergehender Wanderer den Schlummernden berauben möge. Den Helden aus seinem Schlafe zu wecken, wagten sie nicht.

Als Odysseus erwachte, glaubte er von den Phäaken hintergangen und an ein ganz fremdes Gestade ausgesetzt zu sein, denn Athene hatte die Gegend rings umher in einen dichten Nebel gehüllt, so daß der Held seine eigene Heimat nicht erkannte. Bald aber erschien die Göttin, nahm den Nebel von der Gegend hinweg, und nun schaute Odysseus mit freudigem Herzen sein Heimatland. Die Schätze mußte er auf Befehl der Minerva in der Grotte verbergen und dann eröffnete ihm die kluge Göttin, wie er Rache an den übermütigen Freiern nehmen könnte, die ihm Hab und Gut verpraßten. Zuerst aber, so riet sie ihm, sollte er zum Eumäus, dem göttlichen Sauhirten, gehen, der von allen seinen Dienern am treuesten ihm anhing. Damit aber niemand den Odysseus erkennen möge, verwandelte ihn Athene in einen armen alten Bettler, ließ seine blühende Gestalt zusammenschrumpfen zum häßlichen Greise und blendete den Glanz seiner Augen. Statt der köstlichen Gewänder hüllte sie ihn in ärmliche Lumpen und gab ihm sogar noch einen Bettelsack. In diesem Aufzuge erschien Odysseus bei seinem treuen Diener Eumäus.

Dieser saß gerade und schnitt sich ein Paar Sohlen aus einer Stierhaut; beim Anblick des Fremden ließ er aber die Arbeit fahren und führte den Gast in seine Wohnung, wo er ihn mit Ferkelfleisch bewirtete, denn die fetten Mastschweine mußte er ja für die Freier in die Stadt schicken. Die Rede kam bald auf Odysseus, und der vermeintliche Bettler schwur beim Zeus, daß der Held bald kommen und Rache an den Frevlern nehmen würde. Doch Eumäus schenkte dem keinen Glauben und meinte, sein unglücklicher Herr sei gewiß schon längst eine Beute der Fische. „Glaube das nicht, mein Lieber," sprach Odysseus, „ich schwöre dir bei deinem gastfreundlichen Tische und bei dem Herde des Odysseus, ehe noch dieser Monat abgelaufen ist, wird er erscheinen und die Frechen züchtigen."

Am andern Tage kehrte auch Telemach von seiner Reise zurück, wiederum ganz geheim, denn die Freier lauerten ihm auf. Bevor er zur Mutter ging, kehrte er erst bei dem treuen Sauhirten ein und ward von ihm wie ein Sohn von seinem Vater empfangen. Ehrerbietig stand der verkleidete Odysseus vor seinem eigenen Sohne auf; doch Telemach sagte freundlich: „Bleib sitzen, Alter, es wird sich für mich auch noch ein Plätzchen finden." Eumäus aber eilte, der Penelope die glückliche Ankunft ihres Sohnes zu melden.

Nun sprach die Göttin Minerva in das Herz des Odysseus: „Gieb dich dem Sohne zu erkennen!" Und von Minervas Stabe berührt, stand jetzt der Vater, in einen kostbaren Mantel und Leibrock gekleidet, in der Fülle seiner schönen und kräftigen Heldengestalt vor dem Sohne, der ihn staunend für einen Gott hielt. „Nein, ich bin kein Gott" — erwiderte Odysseus — „ich bin dein Vater, wegen dessen du von trotzigen Männern viele Kränkungen erduldest." Noch immer war Telemach ungläubig, und erst als ihn Odysseus beschied, die Verwandlung sei ein Werk der Schutzgöttin Athene, schlang der Sohn in Freudenthränen die Arme um den lange vermißten Vater. Dieser erzählte nun in aller Hast die Geschichte seiner Heimkehr und besprach dann mit Telemach den Plan zur Rache. Als Bettler wollte Odysseus in die Stadt gehen, alle Schmähungen und Kränkungen der Freier geduldig ertragen, und auch Telemach sollte sein Gefühl für den Vater verleugnen und ruhig zusehen, wenn dieser mißhandelt würde. Telemach sollte ganz im geheimen alle Waffen aus dem Saale tragen und nur für sich und Odysseus Schwerter, Speere und Schilde zurücklassen. Niemand, selbst Penelope nicht, dürfte von dem Plane etwas erfahren.

9.

Nach dieser Unterredung kehrte Telemach nach der Stadt zurück in den königlichen Palast. Als die Freier ihn sahen, wurden sie zornig, daß er ihnen entwischt war, denn sie trachteten ihm nach dem Leben.

Odhffeus hatte schon seine Bettlergestalt wieder angenommen, als Eumäus von der Stadt zurückkehrte. Der treffliche Sauhirte bereitete seinem Gast= freund ein weiches Lager, und am andern Morgen ging er mit ihm zur Stadt. Schon unterwegs erfuhr der verkleidete König harte Kränkungen von einem unverschämten Ziegenhirten, dem Melantheus, der es mit den Freiern hielt und ihnen Ziegen zum Schmause in die Stadt führte. Als er die beiden Alten sah, rief er höhnisch: „Wahrlich, das heißt recht, ein Tauge= nichts führt den andern! Stets gesellen ja die Götter Gleiches zu Gleichem! Was führst du nun, Sauhirt, diesen Fresser, diesen Tellerlecker, diesen be= schwerlichen Bettler in die Stadt, der, die Schultern an den Thürpfosten sich reibend, um Brocken bittet? Wenn er zum Hüter eines Geheges, zum Aus= fegen der Ställe taugte, könnte er Molken trinken und Fett auf die Lenden gewinnen; doch zur Landarbeit wird er keine Lust haben und lieber für seinen unersättlichen Bauch um Futter betteln. Im Palast des Odhffeus werden ihn die Freier mit Schemeln werfen und ihm die Rippen zerschmettern!"

Diese und andere Schmähungen ertrug der Held mit ruhiger Gelassen= heit; der Ziegenhirt Melantheus enteilte zum Palaste und auch Eumäus und der Bettler langten nach ihm an. Vor der Wohnung auf einem Haufen Dünger lag ein alter Hund des Odhffeus, der, vormals ein stattlicher Jagd= hund, verachtet und von Ungeziefer verzehrt wurde. Das treue Tier erkannte sogleich den Herrn und wedelte mit dem Schwanze, doch vermochte es aus Schwäche nicht mehr zu ihm zu gehen. Sein Herr unterdrückte heimlich eine Thräne, der Hund aber fiel, als ob er des Herrn Wiederkehr habe ab= warten wollen, tot nieder.

Jetzt trat Odhffeus in den Saal, und als er von Telemach Speise empfangen hatte, flehte er der Reihe nach auch die Freier um Gaben an, die ihm auch alle von ihrem Überfluß mitteilten; nur der Vornehmste und Übermütigfte, Antinous, wies ihn mit Scheltworten ab und warf ihn mit dem Schemel an die Schultern; doch Odhffeus duldete schweigend die Mißhandlung. Da kam noch ein Bettler, namens Iros, in den Saal, der bei den Freiern Zutritt hatte. Dieser ward unwillig, einen andern Bettler an seinem Platze zu sehen, stieß den Odhffeus zurück und drohete ihm mit Faustschlägen. „Laßt die Bettler kämpfen" — riefen die Freier — „das wird ein ergözliches Schauspiel sein!" „Dem Sieger einen fettgebratenen Geismagen zur Belohnung!" riefen wieder einige. Odhffeus war gleich be= reit, und als er seine gewaltigen Schultern und Arme entblößte, erstaunten die Freier über den kräftigen Gliederbau. Bald war der Kampf beendet; denn Odhffeus schlug dem Iros unter dem Ohr an den Hals, daß die Knochen zerbrachen und ein Blutstrom seinem Munde entquoll. Dann zog er den Geschlagenen auf den Vorhof und setzte ihn dort an einer Mauer nieder.

Als der Abend herankam, wurden Feuer angezündet, den großen Männer= saal zu erleuchten. Die Freier kamen von ihren Spielen zurück, und das tobende Gastmahl begann aufs neue. Odhffeus fand sich auch wieder ein und bettelte bei den Gästen in demütiger Stellung. Da mußte er wieder manches Schmähwort erdulden, vorzüglich von Antinous, dem der Bettler besonders zuwider war. Endlich begaben sich die ausgelassenen Männer in ihre eigenen Häuser zur Ruhe. Da trat die schöne Penelope mit ihren Mägden aus dem Gemach, denn sie hatte durch den treuen Eumäus vernommen, es sei ein fremder Bettler angekommen, der viel vom Helden Odysseus zu er= zählen wisse. Man setzte dem verkleideten Alten einen Sessel zurecht und dieser erzählte nun, wie er aus Kreta gebürtig sei, vor Troja gekämpft, auch den Odysseus gesehen habe, von dem man wisse, daß er frisch und gesund im Lande der Thesprotier sich aufhalte und bald in die Heimat zurückkehren werde.

Diese Erzählung klang so wahrscheinlich, daß Penelope, im Herzen darüber erfreut, dem armen Bettler sehr gewogen war und ihrer Schaffnerin Euryklea gebot, dem Gaste die Füße zu waschen. Die gute Euryklea holte schnell eine Wanne, goß warmes Wasser hinein, fühlte sich aber von einer freudigen Ahnung bewegt, denn sie hatte an dem fremden Manne bekannte Züge ent= deckt. Als sie aber die Wanne dem Gaste unter die Füße schob und an dem Bein des Fremden die ihr wohlbekannte Narbe gewahrte, erschrak sie so sehr, daß sie das Gefäß umwarf und alles Wasser verschüttete. Penelope war schon hinausgegangen und bemerkte das nicht; aber Odysseus gebot der hoch= erfreuten Schaffnerin mit strenger Miene, zu schweigen.

Nachdem noch der Jüngling Telemach die Waffen gebracht hatte, hüllte sich Odysseus in eine Stierhaut und streckte sich auf den Fußboden des Saales zur Ruhe hin; aber der Schlaf kam nicht in seine Augen.

10.

Mit dem andern Morgen brach der Tag der Entscheidung an. Die Freier kamen und begannen ihr wüstes Treiben noch ärger als sonst, ohne sich durch die Zeichen des nahen Verderbens warnen zu lassen; sie aßen blutbesudeltes Fleisch und die Thränen standen ihnen in den Augen. Doch sie achteten nicht darauf, denn Minerva hatte ihre Augen mit Blindheit geschlagen.

Penelope veranstaltete nun einen Kampf und versprach dem Sieger ihre Hand zu geben. Sie stellte zwölf Beile hinter einander im Saale auf und gebot den Freiern, einen Pfeil mit dem gewaltigen Bogen des Odysseus durch die zwölf Öhre der Beile zu schießen. Die Freier nahmen den Kampf an, doch keiner vermochte den schweren Bogen zu spannen, obschon sie ihn durch Salbe und Wärme geschmeidig zu machen suchten. Da wurden die Männer ungeduldig und sprachen: „Lassen wir die Sache bis morgen!" Doch Odysseus bat sie in aller Demut, daß sie ihm doch auch einmal den Bogen überlassen möchten. Die Freier lachten und ergrimmten über die Unverschämtheit des Bettlers, aber Telemach reichte ihm die Waffe. Eine Weile betrachtete der Held kunstverständig den ihm wohlbekannten Bogen, dann faßte er mit kräf= tiger Hand die Sehne und spannte sie — es krachte und der Pfeil flog durch die Öhre der Beile, ohne ein einziges zu verfehlen.

Jetzt aber war auch Telemach bereit; auf einen Wink des Odysseus gürtete er sein Schwert um, trat zu dem Vater heran, und beide stellten sich auf die Schwelle des Saales. Dann die Pfeile aus dem Köcher schüttend, rief Odysseus mit lauter Stimme zu den Freiern: „Ein Wettkampf ist

vollendet, aber ein anderer kommt noch. Jetzt wähle ich ein Ziel, das noch
kein Schütze getroffen hat!" Kaum hatte er die Worte gesprochen, so flog
sein Pfeil dem Antinous in die Kehle; der sank blutig zurück und stürzte
den Tisch mit den Speisen um. Noch glaubten die Freier, es sei dem Alten
unversehens der Pfeil entflogen, doch Odysseus rief mit finsterem Blick: „Ha,
ihr Hunde! Ihr dachtet, ich würde nimmer meine Heimat wiedersehen,
darum habt ihr mein Gut verpraßt. Doch jetzt ereilt euch die Rache!"

Unterdessen hatten sich auch der treue Sauhirt und der Rinderhirt bewaffnet und kämpften gegen die Freier. Diese zogen sich hinter die Tische
und Bänke zurück und lehnten sich an die Wand. Eurymachus, einer
von den Edelsten in Ithaka, rief: „Wir wollen dir alles ersetzen, furchtbarer
Odysseus, schone nur unser Leben!" Doch er hatte seine letzten Worte gesprochen, ein Pfeil des schrecklichen Bogens streckte ihn zu Boden. Telemach
traf auch gut, und eine Leiche nach der andern füllte den Saal. Da holte
der schändliche Ziegenhirt Melantheus den Freiern Waffen herbei, und diese
drangen verzweiflungsvoll kämpfend vor. Sie schleuderten ihre Lanzen auf
den grimmigen Odysseus, aber Athene schirmte ihn, und keine traf. Zum
zweitenmale schlich sich der treulose Hirt hinweg, um neue Waffen zu holen;
doch der Sauhirt und der Rinderhirt eilten ihm nach, banden ihm Hände
und Füße auf den Rücken und hingen ihn auf unter das Dach des Hauses.
Dann kehrten die Treuen in den Saal zurück und halfen die letzten der
Freier töten.

Als der furchtbare Mord vollbracht war, rief man die Schaffnerin Euryklea in den Saal. Diese frohlockte beim Anblick der Haufen der Erschlagenen,
doch Odysseus bezähmte ihren Jubel mit den Worten: „Freue dich im Geiste,
Mutter, und enthalte dich alles Frohlockens, denn es ist Sünde, über erschlagene Menschen zu jauchzen." Sie mußte aber die treulosen Mägde
nennen, welche den Freiern ergeben gewesen waren; die wurden, zwölf an
der Zahl, alle aufgehängt.

Nun schafften Odysseus und Telemach die Leichen aus dem Saale, die
Schaffnerin wusch das Blut hinweg, und Odysseus räucherte mit Schwefel;
Penelope hatte noch geschlafen und wußte nicht, was sich unterdes in ihrem
Hause begeben. Nun ward sie von Euryklea gerufen und in den Saal ge-
führt; der Held Odysseus stand vor ihr in seiner Kraft und Hoheit, und die
treue Gattin fiel sprachlos in seine Arme.

Vierter Abschnitt.

Charakterbilder aus der sagenhaften Geschichte der Perser.

Cyrus. Kambyses. Darius.

I. Cyrus.*)

1.

Von der Geburt und Erziehung berühmter Männer erzählt die Sage gewöhnlich immer Wunderbares und Auffallendes, als hätte die Vorsehung schon dadurch die Menschen auf die wichtige Bestimmung derselben aufmerksam machen wollen.

Astyages, der letzte König von Medien, hatte einen Traum, in welchem er aus dem Schoße seiner Tochter Mandane einen Baum hervorwachsen sah, dessen Schatten ganz Asien und ihn selber überdeckte. Er ließ die Traumdeuter an seinen Hof kommen und legte ihnen seinen sonderbaren Traum vor. Diese deuteten ihn auf einen Sohn, den Mandane gebären und der einst Herr über ganz Asien und ihm selbst gefährlich werden würde. Hierüber erschrak der König. Damit der Traum nicht in Erfüllung gehen möchte, entfernte er seine Tochter vom Hofe und schickte sie nach der kleinen Landschaft Persis. Dort gab er sie einem Perser, mit Namen Kambyses, zur Frau, von dem er nichts fürchtete, weil er ohne Macht und Ansehen und friedliebender Natur war. Nach Jahresfrist bekam Mandane einen Sohn, welcher den Namen Kores (altpersisch Kurusch, griechisch Kyros, lateinisch Cyrus), d. i. Sonne, erhielt. Der König, welcher wiederholt von der künftigen Macht seines Enkels geträumt hatte, wurde immer ängstlicher. Er ließ das Kind holen und gab es dem Harpagus, einem seiner Hofleute, mit dem Befehle, dasselbe im wildesten Gebirge dem Verhungern auszusetzen. Harpagus nahm das Kind, ging fort und weinte. Er konnte es nicht übers Herz bringen, das unschuldige Kind selbst zu töten. Doch fürchtete er den Zorn seines Königs und gab es einem Hirten zum Aussetzen. Dem guten Hirten wollte das auch nicht in den Sinn. Er nahm das schöne Knäblein mit sich nach Hause und gab es seiner Frau, deren Kind eben gestorben war. Und sie schmückten ihr totes Kind mit den schönen Kleidern des Cyrus und

---

*) Nach Th. Welter.

setzten es statt seiner aus. Drei Tage nachher ging der Hirt in die Stadt und sprach zum Harpagus: „Jetzt kann ich dir des Knaben Leiche zeigen!" Da schickte Harpagus seine getreuesten Lanzenträger, ließ nachsehen, und diese begruben — des Hirten Sohn.

Cyrus aber wuchs in voller Schönheit heran, denn das einfache Leben bei den Rinderhirten bekam ihm gut. Fröhlich wie das Lämmchen auf der Weide, hüpfte er umher und spielte mit den andern Kindern. Gewiß ahnte keiner, daß das muntere Knäblein in seinem Schäferröckchen einst noch der mächtigste König von Asien werden würde. Die Kinder hatten ihn alle so lieb, weil er so munter und verständig war. Bei ihren Spielen mußte er immer König sein. Einst spielte auch der Sohn eines vornehmen Meders mit ihnen. Cyrus war wieder zum König erwählt worden und wies jedem seinen Posten an. Das vornehme Söhnchen aber wollte sich von dem Hirten= knaben nicht befehlen lassen und zeigte sich sehr widerspenstig. Doch der kleine König machte wenig Umstände mit ihm, er ließ ihn von den andern Kna= ben greifen und spielte seinem Rücken mit Peitschenhieben übel mit. Der also bestrafte Knabe lief eilends zu seinem Vater und klagte ihm weinend, was Cyrus ihm gethan habe. Er sagte aber nicht „Cyrus" (denn diesen Namen hatte jener noch nicht), sondern „der Knabe vom Rinderhirten des Astyages." Der Vater ging in seinem Zorn vor Astyages, nahm auch gleich den Kna= ben mit und erklärte, daß ihm Schimpf angethan worden sei, indem er sagte: „Mein König, von deines Knechtes, des Rinderhirten Sohn, werden wir so gemißhandelt." Und dabei zeigte er den Rücken des Knaben.

Astyages, um der Ehre des vornehmen Mannes willen, versprach, den übermütigen Knaben strafen zu lassen. Er ließ sogleich den Hirten samt seinem Sohne kommen. „Wie hast du dich unterstehen können" — so fuhr er den Cyrus an — „so schmählich den Sohn eines Mannes zu behandeln, der bei mir in großen Ehren steht?" „O Herr," — antwortete der kleine Cyrus freimütig, — „dem ist bloß sein Recht geschehen. Die Knaben des Ortes, unter welchen auch dieser war, hatten mich zu ihrem Könige ernannt. Die andern alle thaten, was ihnen geboten war; der aber war ungehorsam und achtete mich nicht. Dafür hat er seine Strafe bekommen. Habe ich da= mit etwas Schlimmes gethan, wohlan, da hast du mich!"

Als der Knabe so sprach, schöpfte Astyages sogleich Verdacht; denn nicht nur schienen ihm die Gesichtszüge wie die seiner Tochter, sondern auch das Benehmen des Knaben war so fürstlich und nicht wie das eines Sklaven: auch die Zeit der Aussetzung schien ihm mit dem Alter des Knaben zu= sammenzutreffen. „Wie!" — sprach Astyages bei sich selbst — „sollte das der Sohn meiner Tochter sein? Wer hat dir den Knaben gegeben?" fuhr er den Hirten an. Dieser gestand vor Angst alles. Jetzt ergrimmte der König in seinem Herzen über Harpagus, und er gebot seinen Lanzenträgern, ihn sogleich zu rufen. Als Harpagus da war, that Astyages freundlich und sprach: „Sag' mir doch, lieber Harpagus, welchen Tod hast du dem Kinde angethan, das ich dir übergab, da es meine Tochter geboren hatte?" Harpagus erschrak, und als er den Rinderhirten beim Könige erblickte, war er nicht mehr in Zweifel, daß die Sache verraten sei. Darum erzählte er offen und frei heraus, wie er das Kind dem Hirten übergeben habe, daß dieser es töten sollte. Astyages verbarg seinen Zorn und stellte sich, als wäre er hocherfreut, daß der Knabe noch am Leben sei. „Ich will ein Freudenmahl ausrichten," sprach er zum Harpagus, „und du sollst mit mir zu Tische sein. Zuvor schicke mir aber dein Söhnchen, daß es mit dem Cyrus spiele!"

Da freuete sich Harpagus und schickte seinen Knaben, das einzige Kind, das er hatte. Aber Astyages nahm den Sohn des Harpagus, schlachtete denselben und zerschnitt ihn gliederweis: von diesem Fleisch bratete er einen Teil, den andern kochte er. So richtete er's schicklich zu und hielt es bereit. Als aber zur Stunde des Mahles die Gäste und darunter auch Harpagus sich einfanden, wurden die Tische vor dem Könige und seinen Gästen mit Lämmerfleisch besetzt, dem Harpagus aber sein ganzer Sohn aufgetragen, außer dem Kopf, den Händen und Füßen. Das lag beiseit in einer Schüssel verdeckt. Als nun Harpagus gegessen hatte, fragte ihn Astyages: „Nun, wie hat dir der Schmaus behagt?" — „Ganz vortrefflich," erwiderte fröhlich der Vater. „Weißt du aber auch," fuhr Astyages mit bitterem Hohne fort — „von welchem Wildbret du gegessen hast?" Und siehe, da brachten auf einen Wink des Königs die Diener eine verdeckte Schüssel, darin waren Kopf, Arme und Beine des gemordeten Knaben. „Kennst du das Wild?" sprach hohnlachend der König. Harpagus erbleichte, sein Vaterherz blutete, aber er durfte seinen Schmerz nicht laut werden lassen. Schnell faßte er sich und antwortete: „Es ist alles gut, was der König thut." Aber im stillen schwur er dem grausamen König furchtbare Rache.

Nun ließ Astyages dieselben Magier wieder zu sich entbieten, die ihm das Traumgesicht gedeutet hatten. Sie beruhigten den besorgten König und sprachen: „Dein Traum, o König, ist nun in Erfüllung gegangen, denn dein Enkel ist zum König erwählt worden. Gut, daß er nur im Spiele König gewesen ist, denn er wird nicht zum zweitenmal König werden. Ein Traum geht nur einmal in Erfüllung."

Astyages freute sich und ließ den Cyrus kommen und sprach: „Mein Sohn, ich habe dir großes Unrecht gethan, weil mich ein trügerisches Traumgesicht verführte, doch ein gutes Glück hat dich erhalten. Jetzt gehe freudigen Mutes nach dem Perserlande, ich werde dich geleiten lassen. Dort wirst du einen ganz anderen Vater und eine ganz andere Mutter finden, als den Hirten und seine Frau." Hierauf entließ er den Cyrus, der ganz erstaunt war über das, was er vernommen.

2.

Als der Knabe im Hause des Kambyses anlangte und sich zu erkennen gab, da war die Bewunderung und Freude seiner Eltern über alle Maßen. Sie hatten ihn schon längst tot geglaubt. Cyrus konnte nicht genug erzählen, und sein drittes Wort war immer die Hirtenmutter, die er sehr lieb gewonnen hatte.

Den Astyages verlangte es aber nach seinem Enkel, und er ließ ihn und seine Mutter wieder zu sich an seinen Hof kommen. Der Knabe war in der strengen kriegerischen Lebensweise der Perser auferzogen und machte große Augen, als er beim Könige alles so fein geputzt und geschmückt fand. Selbst der König auf seinem Throne hatte sich Lippen und Wangen, Stirn und Augenbrauen gefärbt. Cyrus sprang, wie er in das Zimmer trat, auf den geputzten Alten zu, fiel ihm um den Hals und rief: „O was ich für einen schönen Großvater habe!" — „Ist er denn schöner als dein Vater?" fragte lächelnd die Mutter. „Unter den Persern," antwortete Cyrus, „ist mein Vater der schönste; aber unter den Medern der Großvater." Dem alten Könige gefiel diese Antwort; er beschenkte den Kleinen reichlich, und dieser mußte bei Tische immer neben ihm sitzen. Hier wunderte er sich über die Menge Gerichte, mit welchen die Tische von oben bis unten besetzt wurden. „Großvater" — rief er — „du hast doch viele Mühe, satt zu werden, wenn du von dem allen essen mußt!" Astyages lachte und sprach: „Ist's denn hier nicht besser als bei euch in Persien?" — „Ich weiß nicht," antwortete Cyrus, — „aber wir werden viel geschwinder und leichter satt. Uns ist Brot und Fleisch genug, um satt zu werden; ihr aber, ach! was braucht ihr für Arbeiten und Umschweife, bis ihr so weit kommt!" Mit Erlaubnis des Großvaters verteilte nun Cyrus die übrig gebliebenen Speisen unter die Diener, und alle bekamen etwas, nur nicht Sakas, der Mundschenk und Lieb=ling des Königs. „Warum bekommt denn dieser nichts," — fragte scher=zend der König, — „er schenkt ja den Wein so geschickt ein?" „Das kann ich auch," — erwiderte rasch der Kleine, — „und trinke dir nicht zuvor den halben Becher aus!" Darauf nahm er den Becher, goß Wein hinein und reichte ihn ganz artig dem Könige. „Nun," sprach der Großvater, „du mußt auch den Wein erst kosten." — „Das werde ich wohl lassen," ant=wortete der Kleine, — „denn es ist Gift darin, das habe ich neulich bei eurem Trinkgelage wohl bemerkt. Was war das für ein Lärm! Wie habt ihr durcheinander geschrieen und gelacht! Die Sänger schrieen sich die Kehlen heiser, und niemand konnte sie hören. So lange ihr saßet, prahltet ihr mit eurer Stärke; und als ihr aufstandet, konnte keiner gehen, ihr fielet über eure eignen Füße. Ihr wußtet nicht mehr, was ihr waret, du, o König, nicht, daß du König, jene nicht, daß sie Unterthanen waren." — „Aber," sprach Astyages, „wenn dein Vater trinkt, berauschet er sich nie?" — „Nie." — „Und wie macht er es denn? — „Er hört auf zu dürsten, sonst nichts."

Wegen solcher und ähnlicher munterer Einfälle gewann Astyages seinen Enkel immer lieber. Er ließ ihn reiten, schenkte ihm die schönsten Reitpferde, nahm ihn mit sich auf die Jagd und machte ihm allerlei Kurzweil, um ihn recht an sich zu fesseln. Harpagus freute sich auch über den Jüngling, aber aus einem andern Grunde als Astyages.

3.

Cyrus kehrte wieder nach Persien zurück und galt bald für den an=gesehensten und rüstigsten Mann im ganzen Lande. Harpagus schickte ihm heimlich allerlei Geschenke, um ihn für sich zu gewinnen. Eines Tages

schickte er ihm einen Hasen. „Du möchtest ihn," sagte der Bote, „aufschnei=
den, wenn keiner es sieht." Cyrus that das und fand zu seinem Erstaunen
im Bauche einen Brief, worin ihn Harpagus ermunterte, die Perser zum
Abfalle von der medischen Herrschaft zu bewegen und dann seinen tyranni=
schen Großvater selbst mit Krieg zu überziehen. Der Vorschlag gefiel dem
thatenlustigen Manne. Mit dem Brief in der Hand trat er unter das ver=
sammelte Volk und sprach: „Kraft dieses Briefes hat mich Astyages zu
eurem Anführer ernannt, und ich befehle euch nun, daß jeder morgen früh
mit einer Sichel erscheine." Die Perser thaten, wie ihr Anführer ihnen be=
fohlen. Den ganzen Tag mußten sie die schwerste Arbeit verrichten, ein
wüstes Dornfeld reinigen und umarbeiten. Am Abend dieses arbeitsvollen
Tages befahl ihnen Cyrus, am andern Morgen abermals zu erscheinen,
aber wohl geschmückt. Als die Menge versammelt war, lud er sie ein, im
weichen Grase sich zu lagern. Nun wurden Früchte und Wein und Schlacht=
vieh herbeigeschleppt, man kochte und bratete, alles war froh und schmauste
nach Herzenslust.

Nun, liebe Landsleute," sprach Cyrus, — „welcher Tag gefällt euch
besser, der gestrige oder der heutige?" „Wie du doch fragst," riefen alle
verwundert, — „gestern waren wir ja Sklaven, und heute sind wir Herren!"
— „Und solche Herren werdet ihr immer sein," fuhr Cyrus fort, „wenn ihr
das Joch der Meder abwerft; Sklaven aber wie gestern, so lange der Wüterich
Astyages euer Herr ist. Wohlan denn, folget mir, und ihr werdet frei sein!"

Die Perser waren schon längst über den harten Druck der Meder em=
pört, darum war ihnen der Antrag des Cyrus willkommen. Sie sagten sich
von Astyages los und riefen den Cyrus zu ihrem Könige aus. Sobald
Astyages hiervon Kunde erhielt, sendete er ein Heer aus gegen die Empörer,
und den Harpagus stellte er an die Spitze. Für diesen war jetzt die Zeit
der Rache gekommen; er ging mit dem ganzen Heere zum Cyrus über. Da
geriet der König in Wut und ließ alle Traumdeuter kreuzigen. Er selbst
aber zog nun mit einem zweiten Heere gegen Cyrus. Bei Pasargadä (Perse=
polis), dem uralten Sitze persischer Fürsten, kam es zum Treffen; Astyages
wurde geschlagen und gefangen. Cyrus behandelte seinen Großvater mit
schuldiger Liebe und behielt ihn bei sich bis zu dessen Tode. So war Cyrus
Herr von Medien.

Die umliegenden Völker, namentlich die Armenier, welche den Medern
Tribut bezahlt hatten, glaubten ihn dem Cyrus, einem Perser, verweigern
zu können. Cyrus fiel schnell in ihr Land ein und nahm die ganze arme=
nische Königsfamilie gefangen. Diese fürchtete Tod oder ewige Gefangen=
schaft. Doch Cyrus ließ sie mit einer so freundlichen Großmut frei, daß er
sich aus Feinden die besten Freunde machte und in Verbindung mit den
Armeniern alle Nachbarvölker zwang, den Persern sich zu unterwerfen.

4.

Ganz Asien zitterte. Da stand in Kleinasien der König von Lydien auf,
Krösus mit Namen, der Schwager des Astyages. Seine Herrschaft er=

ſtreckte ſich über ganz Vorderaſien bis hinauf zum Fluſſe Halys, der ſein
Reich von Perſien trennte. Er war unermeßlich reich und hielt ſich des=
halb auch für den glücklichſten Mann von der Welt. Einſt kam Solon zu
ihm, ein Weiſer aus Griechenland. Dieſem zeigte er alle Reichtümer und
Schätze und ſagte ihm dann mit großem Selbſtbehagen: „Wohlan, Solon,
du biſt ſo weit in der Welt umhergereiſt, ſage mir, wen du für den glück=
lichſten unter den Sterblichen hältſt?" — „Tellus, einen Bürger von
Athen," war die Antwort. Kröſus wunderte ſich, daß er einen gemeinen
Bürger ihm, dem großen Könige, vorzöge und fragte unwillig: „Warum
hältſt du dieſen Menſchen für den glücklichſten?" „Dieſer Tellus" — ant=
wortete der weiſe Solon, — „lebte zu Athen, als die Stadt blühend und
glücklich war. Er hatte ſchöne und gute Kinder, erlebte ſogar Kindeskinder,
und alle blieben am Leben. Er ſelbſt war brav und in der ganzen Um=
gegend geachtet. Bei genügendem Auskommen lebte er glücklich und zufrie=
den, und hochbejahrt ſtarb er in einem ſiegreichen Treffen den Tod fürs
Vaterland. Seine Mitbürger ehrten ſein Andenken durch eine Ehrenſäule,
die ſie ihm ſetzten." — „Aber wen," fragte der König, „hältſt du nach
dieſem für den glücklichſten?" — „Zwei griechiſche Jünglinge," war die Ant=
wort, „Kleobis und Biton. Sie waren Brüder und beſaßen eine außer=
ordentliche Leibesſtärke. Beide trugen einſt in unſern öffentlichen Kampf=
ſpielen den Sieg davon. Dabei hatten ſie eine innige Liebe zu ihrer alten
Mutter. Dieſe war Prieſterin. Einſt bei einem Feſte mußte ſie notwendig
nach dem Tempel fahren; aber ihre Ochſen kamen nicht zu rechter Stunde
von dem Felde. Da ſpannte ſich das ſchöne Brüderpaar ſelbſt vor den
Wagen und zog die alte Mutter bis an den Tempel. Und als das Volk
bewundernd dies ſah, als die Männer die Kraft und Tugend der Jünglinge
erhoben, die Frauen aber die Mutter über den Beſitz ſolcher Kinder glücklich
prieſen, wurde die Mutter tief gerührt. Freudig eilte ſie mit ihren Söhnen
in den Tempel, warf ſich vor dem Bilde der Göttin nieder und flehete, ſie
möge ihren Kindern geben, was für dieſe das beſte wäre. Darauf ſanken
die betenden Jünglinge, überwältigt von der Ermüdung, in einen tiefen Schlaf,
aus dem ſie nicht wieder erwachten. Die Griechen aber ſetzten ihnen Ehren=
ſäulen zum Denkmal ihrer ſchönen That und ihres ſchönen Todes."

„O atheniſcher Fremdling!" — rief Kröſus unwillig, — „achteſt du
denn mein Glück ſo gering, daß du mich nicht einmal mit gemeinen Bür=
gern in Vergleichung ſtellſt?" Solon antwortete: „O Kröſus! Oft iſt ein
armer Mann weit glücklicher, als ein reicher. Und dann bedenke ich immer,
daß das menſchliche Leben wohl ſiebzig Jahre währt und in dieſer Zeit
vieles ſich ändern kann. Niemand iſt vor ſeinem Ende glücklich zu preiſen."

Kröſus hielt den Solon für ſehr unweiſe, weil er das gegenwärtige
Glück nicht achtete, ſondern das Ende eines jeden Dinges abzuwarten befahl.
Er mochte nicht länger mit ihm reden. Doch nur zu bald ſollte er es er=
fahren, wie wahr Solon geſprochen habe. Er verlor einen Sohn, der auf
einer Jagd verunglückte, und hatte leider nur noch einen, der taub und
ſtumm war. Ein noch größeres Unglück aber ſtand ihm von Cyrus bevor.

Gegen diesen rüstete er ein gewaltiges Kriegsheer. Bevor er aber ausrückte, schickte er nach Delphi, einer Stadt in Griechenland. Da war ein Tempel des Apollo, und die Priester desselben standen in dem Rufe, daß die Götter durch ihren Mund die Zukunft offenbarten. Er ließ prachtvolle goldene Gefäße und andere Geschenke ihnen überbringen und fragen, welchen Ausgang der bevorstehende Krieg nehmen würde? Die Antwort lautete: „Wenn Krösus über den Halys geht, so wird er ein großes Reich zerstören."

Jetzt hielt er sich des Sieges gewiß. In freudiger Erwartung zog er über den Halys dem Cyrus entgegen. Fürchterlich war die erste Schlacht, kein Heer siegte, die Nacht trennte die Streitenden. Krösus zog sich nach seiner Hauptstadt Sardes zurück und ließ die Truppen auseinander gehen. Er hatte vor, im folgenden Jahre mit einem noch größeren Heere wieder vorzurücken.

5.

So lange ließ aber Cyrus nicht auf sich warten. Kaum war Krösus in Sardes, so stand er auch schon mit seinen wilden Scharen von Reitern und Fußvolk vor den Thoren der Hauptstadt. Krösus wurde geschlagen, die Stadt erobert. Mit klirrenden Waffen drangen die erbitterten Feinde hinein und hieben alles nieder. Und schon wollte einer den Krösus, welchen er nicht kannte, durchbohren, als sein ältester Sohn, dem die Angst plötzlich das Band der Zunge gelöst hatte, laut schrie: „Mensch, töte den König nicht!" Da führte man den Krösus gefangen zum Cyrus. Im ersten Rausche des Sieges befahl dieser, ihn lebendig zu verbrennen. Sogleich wurde ein Scheiterhaufen errichtet und Krösus gefesselt darauf gestellt. Schon schlugen hier und dort die Flammen gen Himmel auf, als der Unglückliche, eingedenk der Worte des griechischen Weisen, aus seiner dumpfen Betäubung erwachte und plötzlich durch die tiefe Stille des versammelten Volkes laut aufschrie: „O Solon, Solon, Solon!"

Das hörte Cyrus und ward neugierig zu wissen, wen doch Krösus anrufe. Er ließ ihn deshalb wieder vom Scheiterhaufen herunter nehmen und durch Dolmetscher erfragen, was der Name „Solon" zu bedeuten habe. Krösus schwieg eine Weile still, dann aber sagte er: „Dieser Name nennt einen Mann, dessen Unterredung ich allen Fürsten wünsche, da sie mehr wert ist, als alle Schätze der Welt!" Dann erzählte er das mit Solon geführte Gespräch.

Cyrus wurde tief gerührt. Er bedachte, daß auch er ein Mensch und daß unter den menschlichen Dingen nichts beständig sei. So schenkte er dem Krösus das Leben und behielt ihn fortan als Freund und Ratgeber bei sich. Krösus war durch sein Unglück weiser geworden; denn als die Perser die lydische Hauptstadt ausplünderten, sprach er zum Cyrus: „König, soll ich dir jetzt meine Gedanken sagen, oder in diesem Augenblicke schweigen?" Cyrus ließ ihn aber getrost sagen, was er wollte. Und er fragte ihn: „Was hat denn jener Haufe von Kriegsleuten da so eilig zu schaffen?" Jener antwortete: „Deine Stadt plündern sie aus, und deine Schätze führen sie fort."

Da erwiderte Krösus: „Nicht meine Stadt noch meine Schätze plündern sie, sondern sie berauben dich!"

Cyrus wurde nachdenklich und drang in den unglücklichen König, ihm nur weiter seine Gedanken zu offenbaren. Da sprach Krösus: „Siehe, die Perser sind durch Reichtum noch nicht verdorben, aber trotzig von Natur. Haben sie erst die Schätze in ihrem Besitz und du willst sie ihnen dann nehmen, so werden sie widerspenstig werden. Darum lege an alle Thore Wachen, welche den Plündernden die Schätze abnehmen, mit dem Bedeuten, daß der zehnte Teil dem Zeus geopfert werden müsse. Jetzt wirst du sie willig finden, später aber nicht."

Diese Worte gefielen dem Cyrus gar wohl, und er befolgte den Rat seines Freundes. Dann sprach er zu ihm. „Bitte dir eine Gnade aus, und sie soll dir werden!" Krösus antwortete: „Möchtest du, o Herr, dem obersten Gott der Griechen meine Fesseln übersenden und ihn fragen lassen, ob Betrug an Wohlthätern Brauch bei ihm sei?" — Die Boten wurden abgesandt, aber die delphischen Priester ließen dem Krösus sagen, sie hätten ihn nicht betrogen. Ein großes Reich sei ja zerstört, sie hätten aber nicht gesagt, daß das persische Reich zerstört werden sollte.

6.

Fortan begleitete Krösus den Cyrus auf seinen Heereszügen. Nachdem schon fast alle Völker Asiens unterworfen waren, sollten nun auch die Griechen, welche an der westlichen Küste wohnten, sich unter die Herrschaft der Perser beugen. Cyrus hatte ihnen früher seine Freundschaft angeboten, sie aber hatten diese übermütig zurückgewiesen und sich sogar mit dem Krösus verbinden wollen. Cyrus gab ihnen nun folgende Fabel zur Antwort: „Es war einmal ein Fischer, der saß lange am Ufer und pfiff den Fischen zum Tanze. Sie wollten aber nicht kommen. Da nahm er ein Netz und fing sie. Und als er sie ans Land zog und sie nun um ihn herum sprangen, sagte er: „Höret jetzt nur auf zu tanzen, da ihr vorher auf mein Pfeifen nicht habt tanzen wollen."" Es erging den asiatischen Griechen wie den gefangenen Fischen. Cyrus sendete einen seiner Feldherren ab, der sie besiegte und seinem Könige unterwarf. Er selbst aber ging auf das große babylonische Reich los und griff Babylon an. Die Riesenstadt mit ihren gewaltigen Mauern konnte durch Gewalt nicht genommen werden; Cyrus eroberte sie durch List. In einer finstern Nacht, als ein großes Fest in Babylon gefeiert wurde, ließ er das Wasser des Euphrat in ein anderes schon vorhandenes Bett ableiten. Da wurde der Fluß, welcher die Stadt durchzog, seichter, und die Krieger drangen, bis an den Gürtel im Wasser watend, mit dem Strome unter den Mauern hindurch in die Stadt und überrumpelten die Einwohner bei ihrem schwelgerischen Feste. Der König Nabonetos, in der Bibel Belsazar genannt, saß noch beim Trinkgelage und trank aus den goldenen Gefäßen, die er aus dem Tempel von Jerusalem geraubt hatte, als die Feinde in den Saal drangen und ihn niedermachten. So wurde Cyrus in einer Nacht Herr der Stadt und des großen babylonischen Reiches.

Hiermit war er aber noch nicht zufrieden. Hinter dem kaspischen Meer wohnte das arme, aber kräftige Volk der Massageten. Auch dieses sollte unterworfen werden. Die Königin des Landes, mit Namen Tomyris, bot ihm die Hand zum Vertrage an, doch der kühne Eroberer wollte nichts von Verträgen wissen. Siegend drang er ins Land hinein, schlug die Massageten und nahm selbst den Sohn der Tomyris gefangen. Da rief die bedrängte Königin in Verzweiflung ihr ganzes Volk zum Kampfe auf. Nun wurde Cyrus geschlagen und fiel selbst im Treffen. Die zornige Königin ließ seinem Leichnam den Kopf abschlagen und diesen in ein Gefäß voll Blut tauchen mit den Worten: „Nun trinke dich satt, Barbar!"

Nach einer anderen Erzählung soll aber Cyrus daheim in Frieden gestorben sein, und noch lange zeigte man zu Pasargadä sein von Magiern bewachtes Grab.

II. Kambyses.

Dem Cyrus folgte Kambyses, und dieser schien mit dem Thron auch den kriegerischen Sinn des Vaters geerbt zu haben. Wie jener Asien erobert hatte, so wollte er Afrika unter seine Herrschaft bringen. Ägypten sollte zuerst unterjocht werden, und mit einem großen Heere brach er dahin auf. Er kam glücklich durch die arabische Sandwüste, welche der nördlichen Seite von Ägypten zur Vormauer dient. Bei der Stadt Pelusium traf er auf das feindliche Heer. An der Spitze desselben stand der König von Ägypten, mit Namen Psammenit. Dieser wurde geschlagen und floh mit den Trümmern seines Heeres in die feste Stadt Memphis. Auf eine ganz sonderbare Art soll Kambyses diesen Sieg erlangt haben. Seine vordere Schlachtreihe war mit Katzen bewaffnet, welche bei der Ankunft der Ägypter in die Höhe gehoben wurden. Die bestürzten Ägypter wagten nicht, ihre Pfeile abzuschießen, aus Furcht, die heiligen Tiere zu treffen.

Kambyses sandte alsbald ein Schiff den Nil hinauf und ließ durch Herolde die Stadt Memphis zur Übergabe auffordern. In der ersten Wut hieben die Ägypter das Schiff samt der Mannschaft in Stücke. Da ging Kambyses auf die Stadt los und nahm sie mit stürmender Hand. Psammenit und seine ganze Familie nebst den vornehmsten Ägyptern wurden zu Gefangenen gemacht. Der aufgebrachte Sieger suchte dem Psammenit sein Schicksal recht fühlbar zu machen. Der Unglückliche saß in einem Hause der Vorstadt, von persischen Trabanten bewacht. Zuerst wurde seine Tochter nebst den vornehmsten Jungfrauen in ärmlicher Sklaventracht aus dem Lager in die Vorstadt geschickt, um Wasser zu holen. Es weinten die Jungfrauen, es weinten ihre Väter; nur Psammenit saß schweigend und thränenlos da, die Augen auf die Erde gerichtet. Darauf schickte Kambyses den einzigen Sohn des Psammenit, an der Spitze von 2000 vornehmen Jünglingen, mit Stricken um den Hals und mit Zäumen im Munde, den Augen ihrer Väter vorüber zum Richtplatz. Und noch einmal flossen die Thränen, noch einmal erhob sich das Jammergeschrei; nur aus Psammenits Auge kam keine Thräne, aus seinem Munde kein Laut. Als der Zug der zum Tode verurteilten Jünglinge vorüber war, kam ein Greis, einst ein reicher Mann und des ägyptischen Königs Freund und Tischgenosse, jetzt hilflos und gebeugt unter dem Druck der Jahre und der Armut, und der ging beim Kriegsvolk bettelnd umher. Als Psammenit diesen Freund sah, weinte er bitterlich und rief ein wie das andere Mal laut dessen Namen. Da wunderte sich Kambyses, daß er beim Anblick des alten Mannes weine, während er doch beim Anblick der Tochter und des Sohnes ungerührt geblieben war, und fragte nach der Ur= sache. Psammenit aber sprach: „Für das Unglück des Freundes, der zum Bettler geworden ist, hatten meine Augen noch Thränen; aber mein eigenes Unglück ist zu groß, als daß ich darüber weinen könnte." Den Kambyses rührten diese Worte. Er befahl, den Sohn des Psammenit am Leben zu lassen; doch es war zu spät, denn dieser war unter den Verurteilten zuerst hingerichtet worden. Den gefangenen Vater aber behielt der König bei sich und behandelte ihn gütig. Als er aber in der Folge merkte, daß er die Ägypter heimlich zum Aufstande gegen die Perser reizte, ließ er auch ihn hinrichten.

. So ward durch Kambyses im Jahre 525 v. Chr. der Thron der Pha= raonen über den Haufen geworfen und Ägypten eine persische Provinz.

Nach der Eroberung Ägyptens beschloß Kambyses, das südlich gelegene Äthiopien, von dessen Reichtum man Wunderdinge erzählte, sich zu unter= werfen. Er schickte vorerst Boten ab, um das Land zu erkunden und mit dem Auftrag, den König der Äthiopier zu fragen, ob er nicht des Kambyses Freund werden wolle? Der äthiopische König aber merkte die List und gab den persischen Abgesandten einen Bogen mit den Worten: „Wenn die Perser einen solchen Bogen eben so leicht als wir spannen können, dann mögen sie kommen; wenn nicht, mögen sie es den Göttern danken, daß es den Äthio= piern nicht in den Sinn gekommen ist, gegen die Perser zu ziehen."

Kambyses geriet über diese Antwort in Zorn, und ohne sein Heer mit Lebensmitteln zu versehen, brach er auf. Als er nach Theben gekommen war, sonderte er 50 000 Mann von seinem Heere ab und schickte diese gegen die Ammonier, um sie zu Sklaven zu machen. Mit dem übrigen Teil des Heeres setzte er seinen Zug durch den heißen Wüstengürtel fort. Noch war der dritte Teil des Weges nicht zurückgelegt, als dem Heere schon alle Nah= rungsmittel ausgingen. Dennoch dachte Kambyses an keine Rückkehr, denn er vermeinte bald in die Wohnsitze der Äthiopier zu gelangen. Die Perser schlachteten ihre Lasttiere, und in ein paar Tagen waren diese verzehrt; dann fristeten sie ihr Leben mit Gras und Kräutern. Aber bald kam wieder die schreckliche Sandfläche, und da verfielen sie auf ein grausames Mittel; sie schieden den zehnten Mann des Heeres aus und verzehrten ihn. Da fürchtete Kambyses, sie möchten alle einander auffressen, und nun trat er, nachdem er schon Tausende seiner Krieger eingebüßt hatte, den Rückweg an.

Auch der Zug gegen die Ammonier nahm ein unglückliches Ende. Auf dem Wege erhob sich eines Morgens ein heftiger Südwind, der ungeheure Sandwirbel empor trieb und die Perser verschüttete.

Diese Unfälle erbitterten noch mehr den grausamen Kambyses. Vor Zorn übte er jetzt schonungslos die unerhörtesten Grausamkeiten. Als er nach Memphis zurückkehrte, fand er das ganze Volk im Jubel. Ein neuer Apis (ein schwarzer Ochs mit einem viereckigen weißen Fleck auf der Stirn) war gefunden, und dieser Gott wurde von dem frohlockenden Volke in festlichem Aufzuge durch die Stadt geführt. Kambyses glaubte, man freue sich seiner Unfälle, und ließ seine Soldaten mit gezückten Schwertern in die Volksmasse einhauen und die Priester mit Ruten peitschen. Selbst der arme Tiergott blieb nicht verschont; Kambyses ließ ihn vor sich führen und durchstach ihn mit dem Säbel.

Seinen Kummer zu vergessen, ergab er sich von nun an dem Trunke. Keiner war mehr vor seiner Laune sicher. Einst kam sein Günstling Prexaspes zu ihm. Diesen fragte er im Weinrausch, was wohl die Perser von ihm dächten. „Herr," antwortete jener freimütig — „sie geben dir das größte Lob. Nur meinen sie, du seiest zu sehr dem Weine ergeben." „So!" — rief der König — „und also glauben sie wohl, ich sei meines Verstandes nicht mehr mächtig? Wohlan, wir wollen gleich sehen, ob sie Recht haben. Gieb Acht! Wenn ich deinen Sohn, der dort unten im Vorhof steht, mit dem Pfeil mitten ins Herz treffe, so müssen die Perser doch wohl Unrecht haben." Und mit diesen Worten nimmt er Bogen und Pfeil, legt an und zielt. Wie er abdrückt, stürzt das Kind nieder. Der Pfeil hat wirklich das Herz getroffen. „Nun, Prexaspes?" — rief der Unmensch — „bin ich wirklich betrunken? Giebt es einen besseren Schützen?" — „Nein," — stammelte der unglückliche Vater, — „nein, selbst ein Gott hätte nicht besser treffen können." Seinen eigenen Bruder Smerdis, über den ein Traum ihn beunruhigt hatte, ließ er umbringen; seine Schwester, die des Smerdis Tod beweinte, tötete er mit einem Fußtritte. In Anwandlung übler Laune ließ er oft Menschen, die nichts verbrochen hatten, lebendig begraben.

Diese und andere Handlungen der unsinnigsten Wut hatten die Gemüter von ihm entfernt. Ein Meder benutzte dieses Mißvergnügen und bemächtigte sich unter dem Namen Smerdis (Sohn des Cyrus), dessen Tod man verheimlicht hatte, des Thrones. Kambyses war entschlossen, nach Susa zu gehen, um den Betrüger zu bestrafen, als er beim Aufsteigen auf das Pferd sich mit seinem Säbel in der Hüfte verwundete. Er starb an dieser Wunde, ohne Kinder zu hinterlassen.

III. Darius.

Nach dem Tode des Kambyses herrschte der falsche Smerdis (Pseudo-Smerdis) 7 Monate lang und bewies gegen alle seine Unterthanen eine außerordentliche Milde, indem er ihnen auf 3 Jahre alle Abgaben erließ

und sie von jedem Kriegszuge befreite. Doch erregte die strenge Zurück=
gezogenheit des Königs, der sich nirgends blicken ließ, den Verdacht des
Otanes, eines angesehenen Persers. Dieser Verdacht wurde bald zur Gewiß=
heit. Es hatte einst Cyrus dem Magier Sphendates, der nun den Smerdis
spielte, wegen eines Vergehens die Ohren abschneiden lassen, das war dem
Otanes nicht unbekannt. Nun war eine von den Töchtern des Otanes die
Gemahlin des Smerdis, und diese bestätigte die Vermutung ihres Vaters,
daß der König keine Ohren habe.

Darauf thaten sich sieben vornehme Perser, die keinen Meder über sich
dulden wollten, in einer Verschwörung zusammen, drangen eines Tages mit
Dolchen bewaffnet in das königliche Schloß und stachen den falschen Smer=
dis nieder. Sie waren unschlüssig, ob sie dem Volke wieder einen König
geben, oder die Herrschaft unter sich teilen sollten. Darius, der Sohn des
Hystaspes, stimmte für die Wahl eines Königs, und seine Stimme drang
durch. Sie verabredeten aber unter sich, daß derjenige König werden sollte,
dessen Pferd am andern Morgen, wenn sie vor die Stadt ritten, zuerst
wiehern würde.

Darius hatte einen klugen Stallmeister; dieser führte am Abend des
Darius Pferd, einen Hengst, mit einer Stute zusammen an jenem Orte, wo
die sieben sich einfinden wollten. Als nun der Morgen dämmerte, stiegen
die Perser zu Pferde und ritten vor die Stadt; da wieherte des Darius Roß,
das sich der Stute erinnerte. Zugleich aber kam auch Blitz und Donner
aus heiterer Luft. Sogleich sprangen die anderen von ihren Pferden und
begrüßten den Darius als ihren König.

Die lange Abwesenheit des Kambyses und die Regierung des falschen
Smerdis hatten vielen Unordnungen im Lande freien Lauf gelassen. Zuerst
suchte Darius diese abzustellen. Dann teilte er das ganze Land in 20 Sa=
trapien oder Statthalterschaften und bestimmte für jede die erforderlichen
Abgaben. Bald aber rief ihn eine große Empörung in Babylon, wo man
das Perserjoch abwerfen wollte, zu den Waffen. Darius zog selbst hin an
der Spitze seines Heeres und belagerte die Stadt; doch diese war so fest, daß
sie jedes Angriffes spottete. Als nun der König einst mißmutig in seinem
Zelte saß und schon sein Vorhaben aufzugeben gedachte, trat plötzlich sein
Feldherr Zopyrus herein. Nase und Ohren waren ihm abgeschnitten, das
Haupt wie einem Sklaven geschoren, der Rücken mit Geißelhieben blutig zer=
fleischt. Erschrocken sprang der König auf und rief: „Wer ist der Verwegene,
der so an meinem treuesten Diener gehandelt hat?" — „Ich selbst" — ant=
wortete jener ganz ruhig — „und zwar aus Liebe zu dir, o König; denn
so hoffe ich, die Stadt zu erobern. So wie du mich hier siehst, gehe ich
nach Babylon und sage, ich sei von dir so grausam verstümmelt worden
und wünschte nun nichts mehr, als an dem Grausamen mich zu rächen.
Sie werden mir eine Mannschaft geben, und mit derselben werde ich glück=
liche Ausfälle thun. Du mußt mir am zehnten Tage 1000 Mann der
schlechtesten Truppen entgegenschicken, daß ich sie schlage; sieben Tage darauf
2000 andere und nach zwanzig Tagen 4000. Bin ich so zu drei Malen glück=

lich gewesen, so werden sie mir gewiß trauen und den Oberbefehl über das
ganze Heer mir anvertrauen; dann ist Babylon dein!" — Jetzt eilte er nach
den Thoren von Babylon und sah sich unterwegs oft um, als wäre er ein
wirklicher Überläufer. Er wurde in die Stadt gelassen und spielte hier seine
Rolle ganz meisterhaft. Die getäuschten Einwohner übergaben ihm eine
Mannschaft; mit dieser hieb er die ersten 1000 Feinde, später auf gleiche
Weise die 2000 und zuletzt die 4000 nieder. Die ganze Stadt pries sich
glücklich über die Aufnahme dieses Gastes und machte ihn zum Oberfeldherrn.
Da war es ihm ein Leichtes, die Perser in die Stadt zu lassen und das ihm
anvertraute Heer ins Verderben zu führen. Darius machte den Zopyrus
zum Statthalter von Babylon und gab ihm große Geschenke. Er hatte
großes Mitleid mit ihm. „Lieber wollte ich" — pflegte er zu sagen —
„den Zopyrus nicht so verstümmelt sehen, als noch zwanzig Städte wie
Babylon erobern."

Als die Ruhe im Innern des Reiches hergestellt war, beschloß Darius,
dasselbe auch nach außen zu erweitern. Er wollte jetzt an der Spitze seiner
Völker den dritten Erdteil, unser schönes Europa, unterjochen. Zum Glück
aber hatte die göttliche Vorsehung an der äußersten Grenze von Europa ein
zwar kleines, aber mutiges und freiheitsliebendes Völkchen als feste Schutz=
wehr gegen die wilden Asiaten hingestellt. Das waren die Griechen.

Histiäus und Miltiades.

Der erste Zug, den Darius nach Europa unternahm, war gegen die
Scythen gerichtet, die zwischen dem Tanais (Don) und dem Ister (der Do=
nau) in den Gegenden des heutigen Südrußlands wohnten. Er hatte ein
Heer gerüstet, das 700 000 Mann zählte. Mit diesem ging er über den
thracischen Bosporus (die Meerenge von Konstantinopel) nach Europa und
befahl den Joniern, welche die Flotte von 600 Schiffen führten, bis an den
Ister zu fahren, dort eine Brücke zu schlagen und ihn daselbst zu erwarten.
Die Brücke wurde zwei Tagereisen von dem Ausflusse des Stromes geschlagen,
und das Heer der Perser zog hinüber. Darius aber nahm einen Riemen,
machte darin 60 Knoten und gab diesen den Joniern, die er als Wächter
der Brücke zurückließ, mit den Worten: „Sobald ihr mich gegen die Scythen
abziehen sehet, löset jeden Tag einen Knoten. Bin ich noch nicht zurück=
gekehrt, wenn der letzte Knoten gelöst ist, so ziehet heim in euer Vaterland.
Bis dahin aber bewachet die Schiffbrücke."

Die Scythen vermieden jedes Treffen gegen die Perser und zogen, alles
Land vor den heranrückenden Feinden verwüstend, bis über die Grenzen
ihres Landes und lockten die Perser in eine wüste Steppe. Darius schickte
zu dem Könige der Scythen Boten, die ihn aufforderten, er solle sich ent=
weder zum offenen Kampfe stellen, oder Erde und Wasser als Zeichen der
Unterwerfung senden. Der Scythe aber that keines von beiden, sondern
schickte einen Vogel, einen Frosch, eine Maus und fünf Pfeile, ohne weitere
Antwort. Darius deutete diese Zeichen auf Unterwerfung, der Perser Go=
bryas jedoch wußte eine bessere Erklärung: „Wenn ihr nicht Vögel werdet

und in die Luft flieget, ihr Perser, oder Mäuse und in die Erde euch ver=
kriechet, oder Frösche und in die Sümpfe springet: so werdet ihr durch diese
Geschosse umkommen."

Bald darauf brach das Scythenheer hervor und Darius ward in die
Flucht geschlagen. Schon waren die sechzig Tage verflossen, und die Jonier
überlegten, ob sie die Brücke abbrechen sollten, denn es zeigten sich bereits
scythische Reiter. Der Athener Miltiades, einer von den Wächtern der
Brücke, sprach: „Jetzt, ihr Griechen, ist die Zeit gekommen, wo ihr das
persische Joch abschütteln könnt. Brecht die Brücke ab, und die Macht des
Tyrannen ist gebrochen!" Aber ein anderer Grieche, Histiäus von Milet,
widersprach dem Miltiades und wollte sich bei dem Darius Gunst erwerben.
So blieb die Brücke stehen, und die fliehenden Perser konnten sich retten.

***

Darius belohnte die Treue des Histiäus dadurch, daß er ihm ein Stück
Land am Flusse Strymon (Iskar) schenkte, wo der kluge Grieche sich eine
Stadt baute und bald zu großer Macht gelangte. Da ward Darius arg=
wöhnisch, denn er fürchtete, Histiäus könne ihm selber gefährlich werden.
Darum rief er ihn nach Susa, wo er unter dem Namen eines Freundes und
Ratgebers immer bei ihm bleiben sollte. In der That war aber Histiäus
ein Gefangener; als er das bemerkte, sann er auf Rache gegen Darius.

Aristagoras, der Schwiegersohn des Histiäus, war Statthalter von Milet,
einer von den Griechen bewohnten blühenden Handelsstadt in Kleinasien. Diesen
wollte Histiäus zu einem Aufstande gegen die Perser bewegen, denn die klein=
asiatischen Griechen strebten schon längst nach Freiheit. Wie sollte er aber
sein Vorhaben dem Aristagoras mitteilen, ohne entdeckt zu werden? Er
schor einem Sklaven den Kopf, schrieb auf die Haut die nötigen Zeichen und
ließ die Haare wieder wachsen. Dann sandte er den Boten an den Arista=
goras mit dem Auftrag, dem Sklaven die Haare zu scheren und den Kopf
zu besehen.

Dem Aristagoras, der in Ungnade gefallen war, kam die Aufforderung
sehr erwünscht. Nachdem er bei seinen Landsleuten die Empörung heimlich
eingeleitet hatte, reiste er zu den Brüdern in Europa, nämlich nach Griechen=
land hinüber, um auch deren Hilfe anzusprechen. Zuerst ging er nach
Sparta. Da waren die Bürger mit ihren beiden Königen auf dem Markte
versammelt, und er trug seine Bitte in einer langen, schön gesetzten Rede vor.
Die Spartaner, welche Kürze liebten, wurden ungeduldig. Der König Kleo=
menes fragte kurz: „Wie weit ist es denn vom Meere bis nach Susa?"
Aristagoras merkte nicht das Verfängliche dieser Frage und erwiderte: „Drei
Monate Weges." „Freund von Milet" — rief nun der König unwillig —
„mach', daß du noch vor Sonnenuntergang aus unserer Stadt kommst!"
und finster wandte er dem Abenteurer den Rücken. So schnell aber ließ er
sich nicht abweisen. Er folgte traurig dem Könige in dessen Haus. Hier
fand er ihn allein bei seiner kleinen achtjährigen Tochter und wiederholte
seine Bitte. Der König schlug sie ihm abermals ab. Aristagoras bot Geld,

eine Summe über die andere, der König schüttelte den Kopf. Zuletzt bot er ihm sogar 50 Talente, fast 180 000 Mark. Da rief das kleine Mädchen: „Vater, geh' weg, sonst besticht dich noch der Fremde!" Das wirkte. Kleomenes folgte dem Rate seiner Tochter und Aristagoras mußte abreisen.

Nun wandte er sich nach Athen und hier war er glücklicher. Alle Bürger der Stadt waren aufgebracht gegen den stolzen Perserkönig, der ihnen einen Tyrannen, Hippias mit Namen, den sie vertrieben hatten, wieder aufdringen wollte. Aus Rache gaben sie dem Aristagoras 20 Schiffe. Mit diesen zog er ab, und als er in Kleinasien ankam, brach die Verschwörung der Jonier von allen Seiten öffentlich aus. Sie griffen Sardes an und nahmen es ein. Und als ein Soldat aus Bosheit ein Haus anzündete, verbreitete sich der Brand so schnell, daß die ganze Stadt ein Raub der Flammen ward. Darüber ergrimmten die Perser. Sie sammelten sich, überfielen die Griechen, schlugen sie zurück und steckten die schöne Griechenstadt Milet in Brand. Die Jonier gaben den Athenern die Schuld an diesem Unglück, und die Athener beschuldigten wieder die Jonier der Saumseligkeit. Darüber entstand Zwietracht, und die Athener segelten nach Hause. Die verlassenen Jonier wurden unterjocht und die Anstifter der Empörung, Histiäus und Aristagoras, hingerichtet.

Miltiades. *)

Nichts hatte den Darius so beleidigt, als daß die Athener, ein Völklein, von dessen Dasein er nur so eben gehört, es gewagt hatten, ihm, dem Herrn der Erde, Widerstand zu leisten. Der verjagte Tyrann Athens, Hippias, wußte diesen Zorn so zu nähren, daß der König täglich betete: „Götter, laßt mich Rache üben an den Athenern!" und daß ein Diener ihm bei jeder Mahlzeit zurufen mußte: „Herr, gedenke der Athener!" Doch nicht Athen allein, ganz Griechenland sollte den Frevel büßen. Noch einmal wollte Darius die Griechen einladen, sich freiwillig zu unterwerfen, und er schickte zuvor Gesandte an die einzelnen griechischen Staaten, um Erde und Wasser zu fordern. Mehrere Staaten schickten diese Zeichen der Unterwerfung, aus Furcht vor der Schrecken erregenden Macht des Persers; allein die beiden Hauptstaaten Griechenlands, Sparta und Athen, thaten es nicht. In Sparta wurde man über die persische Forderung so erbittert, daß die Herolde in der ersten Hitze auf der Stelle niedergehauen wurden, und in Athen warf man sie mit Hohn in die Gräben und Brunnen, dort sich zu holen, was sie forderten.

Jetzt rüstete der zornentbrannte Darius eine Flotte und eine Landarmee; aber die Flotte wurde durch einen Sturm so stark beschädigt, daß sie wieder umkehren mußte, und das Landheer kam vor lauter Unfällen auch nicht nach Griechenland.

Furchtbarer segelte eine zweite Flotte daher, gerade auf Athen los; die Landarmee fuhr diesmal auf den Schiffen. Es war in der That eine furchtbare Macht, der nichts widerstehen zu können schien. Die Perser hatten sich

*) Nach Bredow.

mit vielen Ketten versehen, um die große Menge von Gefangenen, die sie machen würden, zu fesseln; auch hatten sie den schönsten weißen Marmor mitgebracht, um auf dem Schlachtfelde ein Denkmal ihres Sieges zu errichten. Alle griechischen Inseln, an denen die ungeheure Flotte vorbeifuhr, mußten sich unterwerfen; kein Volk, außer den Spartanern, wollte jetzt den Athenern beistehen. Bei den Spartanern herrschte der Aberglaube, man dürfte keinen Krieg vor dem Vollmonde anfangen; sie kamen also nicht. Nur eine kleine Stadt, Platää, schickte 1000 Mann zu Hilfe; die Athener stellten 9000 Bürger und in der Not bewaffneten sie auch ihre Sklaven. Dieses Häuschen war freilich nur klein, aber fest entschlossen, für Freiheit und Vaterland alles zu wagen. Die Bürger waren geübt in Kampfspielen aller Art, kraftvoll, nicht allein durch Stärke, sondern auch durch Gewandtheit; auch hatten sie bequemere Waffen und festere Rüstungen als die Perser; diese aber konnten den 10000 Griechen hundert Tausend der Ihrigen entgegenstellen.

In der Ebene von Marathon zogen beide Heere einander entgegen; es war im Herbst des Jahres 490 v. Chr. Geburt. Als die Griechen das ungeheure Heer des Feindes in der Nähe erblickten, kam auch den Tapfersten eine Furcht an vor der überlegenen Macht der Perser, denn das athenische Heer war gar zu klein; einige fingen schon an vom Rückzug zu reden und ob es nicht besser sei, noch die Verstärkung durch die Spartaner zu erwarten. Aber ein Mann hielt die Verzagten und flößte allen wieder Mut und Vertrauen ein; das war Miltiades. „Zeigen wir uns nicht gleich vom Anfang als tapfere Männer," — so rief er — „räumen wir schon das erste Mal schimpflich dem Feinde das Feld: dann wird er, kühn gemacht durch unsere Flucht, uns verfolgen, angreifen und schlagen; unsere Stadt wird ein Raub der wilden Asiaten, und der entflohene Tyrann Hippias wird uns zu Sklaven der Perserkönige machen. Zaudert nicht, ihr Griechen, lasset uns einig sein, einig zur Schlacht; dieser Entschluß rettet uns, rettet Griechenlands Freiheit!" Alle folgten dem Miltiades in die Schlacht.

Auf dem rechten Flügel standen die Athener, auf dem linken die Platäer; die Sklaven hatte man in die Mitte genommen. Die Mitte ward von den Persern durchbrochen und geworfen, aber der rechte und linke Flügel drang siegend vor, und bald eilte Miltiades mit seinen Tapfern auch den weichenden Sklaven zu Hilfe. Mancher edle Grieche fiel, aber die Athener siegten und schlugen das ganze große Perserheer in die Flucht. Als die Perser umkehrten, drangen ihnen jubelnd die tapfern Griechen nach und hieben nieder, was ihnen in den Weg kam. Die Geschlagenen suchten ihre Schiffe und überließen ihr Lager mit allen Kostbarkeiten, auch mit dem Marmorblock und mit den Fesseln, den Siegern.

So glorreich war lange kein Sieg erfochten, und größere Freude hat wohl nie ein siegendes Heer empfunden, als das athenische bei Marathon. Während man noch die fliehenden Perser verfolgte, stürzte ein Bürger Athens in vollem Laufe nach seiner zwei Meilen entfernten Vaterstadt, rief fast atemlos durch die Straßen und auf dem Markte: „Freuet euch, Athener, wir haben gesiegt" — und als er es gerufen, fiel er tot zur Erde. Noch lange nachher feierten die Athener diesen Siegestag; sie brachten ihren Göttern Opfer auf der Walstatt und setzten den Gefallenen Inschriften. Der vor allen gefeierte Held war aber Miltiades; das Volk empfing ihn mit Jubelgeschrei und verewigte sein Andenken durch ein schönes Gemälde, welches den Feldherrn darstellte, wie er sein tapferes Heer zum Siege führte.

Als die athenischen Sieger in ihre Vaterstadt zurückkehrten, begegnete ihnen ein spartanisches Heer, das in Eilmärschen ausgerückt war, nachdem der Tag des Vollmondes vergangen. Sie kamen zu spät, ließen sich aber doch das Schlachtfeld zeigen und lobten die Tapferkeit der Athener.

Des Miltiades Ansehen stieg immer höher bei seinen Mitbürgern, und der treffliche Mann war emsig bemüht, den Athenern neue Vorteile zu verschaffen. Bald aber beneidete man ihn um sein Ansehen und suchte ihn zu stürzen. Einst wollte er mit der athenischen Flotte die Insel Paros erobern und belagerte die Hauptstadt derselben. Schon hatte er die Belagerungsmaschinen erbaut und drang in die Stadt ein, als auf dem festen Lande von Asien ein Wald in Brand geriet. Beide Teile wurden die Flammen gewahr und hielten sie für ein Zeichen der persischen Flotte, die zum Entsatze der Parier herbeirückte. Sofort hob Miltiades die Belagerung auf, steckte seine Werke in Brand und eilte nach Athen zurück, da er, von schweren Wunden krank, nicht mehr imstande war, den Krieg fortzusetzen.

Wegen dieses Rückzuges klagten ihn die Athener der Verräterei an, und seine Feinde beschuldigten ihn, er habe, durch persisches Geld bestochen, die Belagerung aufgehoben. Da seine Wunden ihn hinderten, sich selbst zu verteidigen, übernahm sein Bruder die Verteidigungsrede. Miltiades wurde zwar losgesprochen, aber zu einer Geldbuße von 50 Talenten verurteilt, die man auf die Ausrüstung der Flotte verwandt habe. Unfähig, eine so große Summe zu bezahlen, mußte er ins Gefängnis wandern und starb hier, ein Opfer des Undanks seiner Mitbürger.

Fünfter Abschnitt.

Charakterbilder aus der Geschichte der Griechen.

I. Lykurg und Solon.

Lykurg. *)

1.

Im Peloponnes, an den lieblichen Ufern des Eurotas, lag eine große alte Stadt ohne Mauern und Thore. Das war Sparta. Sie war das Haupt der Provinz Lakonien und wurde mit ihrem Stadtgebiete auch wohl Lacedämon genannt. Die eingewanderten Dorier hatten sie erobert und die Zwillingssöhne Prokles und Eurysthenes teilten sich in die Herrschaft. Seitdem hatte Sparta immer zwei Könige, den einen aus des Prokles, den andern aus des Eurysthenes Stamme. Die dorischen Spartaner sahen sich als die Vollbürger und Herren des Landes an, die unterworfenen Lakonier aber für ihre Unterthanen und Erbpächter. Hart drückte auf diese die neue Herrschaft, und die Einwohner der Stadt Helos waren die ersten, welche ihr altes Recht mit den Waffen in der Hand wieder gewinnen wollten. Allein der Versuch mißlang. Die stolzen Spartaner nahmen aus Rache den Besiegten nicht nur das beschränkte Landeigentum, sondern auch die persön= liche Freiheit. Die Heloten wurden Sklaven, und ihr Schicksal teilten alle, die später noch für ihre Freiheit gegen die Spartaner zu kämpfen wagten.

Bald erhob sich aber auch Zwietracht unter den vornehmen Bürgern selber, und diese standen gegen die Könige auf, wenn letztere nach ihrer Meinung zu streng regierten. In einem solchen Aufstande geschah es, daß der König Eunomos, der Vater des Lykurgos, mit einem Küchenmesser er= stochen ward.

Er hinterließ die Regierung seinem ältesten Sohne Polydektes. Dieser starb jedoch bald, und nun glaubte jedermann, sein jüngerer Bruder Lykurgos sei sein Nachfolger. Lykurg übernahm das Regiment. Da erfuhr er, daß seine Schwägerin, die Witwe des verstorbenen Königs Polydektes, ein Kind unter ihrem Herzen trage. Sogleich erklärte Lykurg den Thron für das

---

*) Nach „Bäßler — hellenischer Heldensaal".

Eigentum dieses Kindes und verwaltete die Regierung fortan nur noch als dessen Vormund. Inzwischen that ihm die Königin heimlich zu wissen, sie sei bereit, das Kind zu töten, wenn er ihr verspräche, sie als König zu heiraten. In der Absicht, das Kind selber zu retten, verbarg Lykurg den tiefen Abscheu, den er gegen ein solches Anerbieten empfand, und ließ die Königin bitten, sie möchte nur ihm die Tötung des Kindes überlassen.

Als nun der Knabe geboren war, schickte die Mutter ihr Kind sogleich dem Lykurg. Dieser saß gerade mit den höchsten Beamten bei Tische; er nahm das Kind auf seine Arme und rief den Anwesenden zu: „Spartiaten, ein König ist uns geboren!" Darnach legte er es auf den königlichen Stuhl und gab ihm den Namen Charilaos, d. i. Volksfreude, denn alles war erfreut über einen solchen Beweis von Edelmut und Gerechtigkeit.

Auch sein übriges Betragen erwarb dem Lykurg die höchste Achtung bei seinen Mitbürgern, und diese beeiferten sich, seinen Befehlen als Reichsverweser pünktlich Folge zu leisten. Aber die Königin und ihr Bruder fühlten sich schwer beleidigt und suchten nun das Gerücht zu verbreiten, Lykurg warte nur auf eine gelegenere Zeit, um den jungen König aus dem Weg zu räumen und sich selber zum Alleinherrscher zu machen. Als der brave Mann solche Verleumdung hörte, beschloß er, so lange außer Landes umherzureisen, bis sein junger Neffe zum Manne erwachsen sei.

2.

Zuerst begab sich Lykurg zu Schiffe nach der Insel Kreta. Diese Insel war schon lange berühmt durch die vortrefflichen Gesetze, die ein weiser König Minos den Bewohnern gegeben hatte, und wodurch diese mächtig zur See und glücklich in ihrem Lande geworden waren. Durch seine Weisheit und Gerechtigkeit hatte sich Minos eine solche Achtung unter den Menschen erworben, daß nach seinem Tode die Sage ging, Minos verwalte in der Unterwelt das Richteramt über die Toten.

Von Kreta schiffte Lykurg nach Kleinasien hinüber, und von dort soll er auch nach Ägypten gekommen sein. Überall machte er sich mit der Landesverfassung bekannt und merkte sich alles, was er an den Gesetzen vortreffliches fand, um es dann in seine Heimat zu verpflanzen. In Kreta hatte er die einfache strenge Lebensweise der Einwohner bewundert; unter den kleinasiatischen Griechen fand er große Prachtliebe und Üppigkeit. Natürlich gefiel ihm die Lebensweise der ersteren viel besser, dagegen traf er bei den letzteren auf ein unschätzbares Kleinod, nämlich die Gedichte des Homer. Die herrlichen Gedichte schienen ihm ebenso ergötzlich und unterhaltend, als reich an Lebenserfahrung und Staatsklugheit. Darum wandte er allen Eifer an, sie zu sammeln und abzuschreiben, um sie auch in Griechenland heimisch zu machen. Dorthin waren nur erst einzelne Bruchstücke gekommen, nun aber sollte das Griechenvolk das ganze Gedicht erhalten, und Lykurg erwarb sich das hohe Verdienst, dies Ganze zu überbringen, das von allen Griechenstämmen mit Begeisterung aufgenommen und ein Mittel ward, daß sich die einzelnen Griechenvölker als eine Nation fühlten. Durch die Griechen sind aber die Gesänge des Homer ein Weltbuch geworden für alle gebildeten Völker der Erde.

Zu Lacedämon wurde Lykurg schmerzlich vermißt, und mehrere Male gingen Gesandte an ihn ab, um ihn einzuladen, bald zurückzukehren und die wankende Ordnung des Staates durch neue bessere Gesetze wieder zu befestigen. Er kehrte zurück, erkannte aber sogleich, daß einzelne Gesetze nichts fruchten würden; die ganze Verfassung mußte umgestaltet werden.

Mit solchen Gedanken erfüllt, wanderte er zunächst nach Delphi, um das Orakel zu befragen. Er verrichtete sein Opfer, und gleich beim Eintritt in die Halle empfing er den berühmten Ausspruch der gottbegeisterten Priesterin Pythia:

> O Lykurgos, du kommst zu meinem gesegneten Tempel,
> Wert und teuer dem Zeus und den sämtlichen Himmelsbewohnern.
> Soll ich als Gott dich begrüßen, so frag' ich mich, oder als Menschen?
> Ja, ich meine, du bist wohl eher ein Gott, o Lykurgos!

Zugleich erhielt er die Erklärung: Der Gott Apollo genehmige seine Bitte um gute Gesetze und bewillige ihm eine Verfassung, die weit besser sein würde, als alle übrigen.

3.

Hierdurch ermutigt, schritt er zum Werk. Zuerst vertraute er seinen Plan nur seinen Freunden, zog dann immer mehrere auf seine Seite und suchte die vornehmsten Bürger für sein Unternehmen zu gewinnen. Als nun sein Vorhaben zur Reife gediehen war, mußten dreißig der angesehensten Lacedämonier in der Frühe des Morgens bewaffnet auf dem Markte erscheinen, um die Gegner einzuschüchtern und jeden Widerstand zurückzuschrecken. Der König Charilaos, in der Meinung, daß dieser Anschlag gegen ihn gerichtet sei, flüchtete sich in den Tempel der Athene, als man ihm aber seine Sicherheit durch Eidschwüre bekräftigte, ließ er sich bewegen, den Zufluchtsort zu verlassen und unterstützte nun selber den Lykurg.

Die erste und wichtigste unter den neuen Einrichtungen war die Einsetzung eines Senats, d. i. eines Rates der Alten. Dieser Senat (Gerusia genannt) bestand aus 28 unbescholtenen Männern, die über 60 Jahr alt waren, und hatte mit den Königen gleiches Stimmrecht. Eine sehr heilsame Anordnung! Denn während bis dahin Könige und Volk um die Herrschaft gerungen hatten und der Staat immer zwischen beiden Parteien schwankte: so diente nun der Senat, zwischen beide sich bekämpfenden Mächte in die Mitte gestellt, wie der Ballast in einem Schiffe — er erhielt das Gleichgewicht. Wollte das Volk zu viel fordern, hatte es den Senat gegen sich; machten die Könige Übergriffe, stellte sich der Senat auf die Seite des Volks. Nur die Könige und Ältesten durften in den Versammlungen der Volksgemeinden ein Gesetz vorschlagen; das Volk hatte aber das Recht, dieses Gesetz anzunehmen oder zu verwerfen. Damit aber das Volk die hohen Staatsbeamten überwachen konnte, wählte es noch fünf Ephoren aus seiner Mitte, die an der Regierung teilnahmen.

Die zweite und kühnste Verfügung des Lykurg war die Teilung des Grundbesitzes. Die Ungleichheit des Vermögens war zu jener Zeit überaus groß in Sparta; während der Reichtum in wenig Häuser zusammengeflossen war, fiel eine Menge besitzloser, armer Leute dem Staate zur Last. Die einen schwelgten in Üppigkeit, die andern darbten im Elend. Um dieses Übel von Grund aus zu heilen, überredete Lykurg seine Mitbürger, das gesamte Grundeigentum als Gemeingut zu erklären und dann von neuem unter alle zu verteilen. Für die Markung von Sparta wurden 9000 Lose gemacht, das übrige Lakonien in 30 000 Lose geteilt. Jedes einzelne Los hatte die Größe, daß es dem Besitzer an Gerste, Wein und Öl — als den unentbehrlichsten Nahrungsmitteln — so viel lieferte, als nötig war, um sich bei Kraft und Gesundheit zu erhalten.

Als er einmal, von einer Reise zurückkehrend, durch die frisch geschnittenen Felder kam und die aufgeschichteten Getreideschober sah, wie sie gleich und gleich einander gegenüberstanden, sprach Lykurgos lächelnd zu seinen Begleitern: „Man sollte meinen, ganz Lakonika gehöre vielen Brüdern, welche eben geteilt haben!"

Lykurgos blieb indes hierbei nicht stehen; auch die bewegliche Habe mußte geteilt werden, wenn die Ungleichheit schwinden sollte. Die Gold- und Silberschätze waren aber leicht zu verbergen, und so gutwillig würden ihre Besitzer sie nicht weggegeben haben. Was that nun der kluge Mann? Er schaffte alle Gold- und Silbermünzen ab und führte eisernes Geld ein, dessen Stücke aber so groß und schwer waren, daß man, um $2\frac{1}{2}$ hundert Thaler aufzubewahren, ein großes Gemach haben, und um diese Summe fortzuschaffen, einen zweispännigen Wagen nehmen mußte. Sobald diese neue Münze in Umlauf kam, verschwanden aus Sparta eine Menge von Verbrechen. Denn wer hätte noch Lust gehabt, durch Diebstahl, Betrug oder Bestechlichkeit Geld an sich zu bringen?

Mit den Gold- und Silbermünzen verschwanden noch viele unnütze Künste, ohne daß sie Lykurg besonders in Bann zu thun brauchte. Denn die übrigen Griechen bedankten sich schön für das eiserne Geld, daher konnte man in Sparta keine ausländischen Flitterwaren kaufen; kein Handelsschiff lief in den lakonischen Hafen ein, kein Lehrer der Beredsamkeit, kein Wahrsager, kein Goldarbeiter betrat mehr das arme Land. So mußte der Luxus von selbst absterben, und die einheimischen Künstler verwandten ihre Geschicklichkeit auf die unentbehrlichen Hausgeräte, als Betten, Stühle, Tische und Becher.

Um alle Üppigkeit noch wirksamer zu bekämpfen, führte Lykurg die gemeinschaftlichen Mahle ein. Keiner durfte zu Hause essen, selbst die Könige nicht. Zur bestimmten Stunde mußte sich jeder nach dem Markte verfügen, wo an großen Tischen gemeinschaftlich gespeist wurde. Jede Tischgesellschaft bestand gewöhnlich aus 14 Personen, und jeder Tischgenoß lieferte dazu einen bestimmten monatlichen Beitrag an Gerstenmehl, Wein, Käse, Feigen und etwas Weniges an Geld zum Ankaufe der Zukost. Außerdem schickte der, welcher opferte, eine Erstlingsgabe, und wer ein Wild erlegt hatte, einen Teil seiner Beute. Ein Lieblingsgericht war die schwarze Suppe, ein Gemisch von Schweinefleischbrühe, Blut, Essig und Salz. Ein fremder Fürst, der viel von dieser Suppe gehört hatte, ließ sich eigens einen spartanischen Koch kommen, um sich ein solches Gericht bereiten zu lassen. Aber ihm wollte diese Suppe nicht schmecken. „Ich dachte es wohl" — sagte der Koch — „denn unsere Suppe schmeckt nur denen gut, die tüchtig gearbeitet und gehungert haben."

Zu diesen Mahlzeiten der Erwachsenen fanden sich auch oft die Knaben in den Speisesälen ein; man führte sie dahin als in Schulen der Weisheit, wo sie Gespräche über die öffentlichen Angelegenheiten hörten, Vorbilder eines würdigen Benehmens vor Augen hatten und sowohl ohne Roheit scherzen, als auch ohne Verdruß den Scherz ertragen lernten. Denn auch dies rechnete man zu den vorzüglichsten Eigenschaften eines Lacedämoniers, Scherz zu verstehen. Wem es übrigens wehe that, der durfte nur bitten, daß man aufhöre, und sogleich geschah es. Auch übte man dabei zugleich die männliche Tugend der Verschwiegenheit; beim Eintritt eines jeden deutete der Älteste auf die Thür mit den Worten: „Durch diese geht kein Wort hinaus!"

Wenn man nun gegessen und zuletzt mäßig getrunken hatte, ging man ohne Fackel nach Hause; denn es war nicht erlaubt, sich bei irgend einem Gange einer Leuchte zu bedienen, damit man in Nacht und Dunkel die Herzhaftigkeit lerne.

4.

Man kann sich aber denken, wie sehr diese Anordnungen den Zorn der Reichen gegen Lykurg erregen mußten. Sie stießen Schmähworte gegen ihn aus, rotteten sich zusammen, um Rache zu üben und beleidigten ihn auf alle Weise. Zuletzt warf man gar mit Steinen nach ihm, so daß er sich genötigt sah, den Marktplatz eilend zu verlassen und sich in einen Tempel zu flüchten. Schon hatte er den Vorsprung vor seinen Verfolgern gewonnen, als ein leidenschaftlicher Jüngling, Alkandros, ihn erreichte und dem Lykurg, als dieser eben sich umwendete, mit dem Stock ein Auge ausschlug. Lykurg blieb stehen und zeigte den Bürgern sein blutiges Gesicht und das zerstörte Auge, ohne einen Laut des Schmerzes. Scham und Reue ergriff sie bei diesem Anblicke und tilgte ihren Zorn; sie überlieferten ihm den Alkandros und begleiteten ihn unter lebhaften Äußerungen der Teilnahme nach Hause. Lykurg war mit dieser Sühne zufrieden, entließ die Menge und nahm den Räuber seines Auges mit sich in sein Haus. Zerknirscht und erbangend stand der Jüngling vor dem Verletzten. Dieser aber sagte ihm kein hartes Wort, entfernte nur seine gewöhnlichen Diener und ließ nun den Alkandros deren Dienste verrichten. Der Jüngling, dem es nicht an natürlicher Gutmütigkeit fehlte, vollzog mit schweigendem Gehorsam die Befehle seines Herrn und lernte als ein täglicher Zeuge seines Wandels die Sanftmut und Gelassenheit, die strenge Lebensart und unermüdete Thätigkeit des großen Mannes dermaßen schätzen und verehren, daß er mit aller Liebe an ihm hing und allen das Lob des

Lykurgos verkündete. So rächte sich Lykurgos, indem er aus einem un=
gefitteten und anmaßenden Jünglinge einen tugendfamen Mann bildete.

Der große Gefetzgeber hatte feine Gefetze nicht aufgeschrieben, gleichwie
auch Sokrates und der größte Erzieher der Menschheit, unfer Heiland Jefus
Christus, eine schriftliche Aufzeichnung ihrer Lehren unterlassen haben. Lykurg
war überzeugt, daß öffentliche Einrichtungen nur dann ficheren Beftand
haben, wenn fie in die ganze Denk= und Lebensweise der Bürger übergegangen
find. Er wollte aber jeden einzelnen Bürger fo erziehen, daß er fich felber
ein Gefetzgeber fein könnte. Vor allem fuchte er feine Spartaner zu einem
starken, abgehärteten Kriegsvolke zu bilden. Die Verhältniffe felbft erforderten
diefes. Denn die Spartaner waren urfprünglich eine Kolonie von Kriegern,
die fich mit Gewalt im Peloponnes niedergelaffen hatten und fich inmitten
einer feindfeligen Bevölkerung auch nur durch Gewalt behaupten konnten.
Wie Schildwachen im Felde mußten fie immer zum Empfange eines Geg=
ners bereit fein. Darum war auch faft ihr ganzes Leben nur dem Kriege
geweiht. Kein Spartaner trieb Ackerbau oder ein friedliches Gewerbe, —
das alles war Sache der Heloten, die nun ein noch härteres Schicksal hatten,
nachdem die Sklaven Eigentum des ganzen Staates geworden waren. Früher
fchonten die Herren ihre Sklaven des Vorteils willen, nun aber war der
Tod eines Sklaven kein Verluft mehr; ja, als fich die Heloten vermehrten,
fah man es gern, wenn viele derfelben hingeopfert wurden. Wie weit ent=
fernt war hierin doch das lykurgische Gefetz von dem Geifte chriftlicher Liebe,
die alle Menfchen als Brüder betrachtet! Es mag nicht in der Abficht Ly=
kurgs gelegen haben, aber doch kam es bald nach feinem Tode dahin, daß
junge Spartaner auf die Heloten zuweilen Jagd machten, wie unfere Jäger
auf Hirfche und Rehe, und wer dann die meiften erlegt hatte, wurde auch
am meiften gelobt.

5.

Sollte der spartanifche Knabe ein tapferer Krieger werden, fo mußte er
früh fich abhärten; den ganzen Tag übte man ihn im Laufen, Schwimmen,
Werfen. Diefe Übungen wurden in leichter Unterkleidung angeftellt, und die
Übungsplätze hießen Gymnafien, von dem griechifchen Worte gymnos =
nackt. Zu Athen verband man mit diefen Gymnafien auch Übungen in der
Bildung des Geiftes, daher unfere Gelehrtenfchulen den Namen „Gymnafien"
empfangen haben. Der Staat follte nur aus gefunden und kräftigen Bür=
gern beftehen. Daher wurde jedes neugeborne Kind erft befichtigt und, wenn
es zu fchwach und kränklich befunden wurde, dem Verhungern ausgefetzt,
„weil ja das Leben eines gebrechlichen Menfchen weder ihm felber, noch dem
Vaterlande frommen könne." Die lacedämonifchen Ammen warteten die Kin=
der mit vieler Kunft und Sorgfalt und waren um diefer Vorzüge willen
auch im Auslande gefucht. Sie zogen ihre Pfleglinge ohne Windeln auf
und ließen ihre Glieder fich frei entwickeln. Auch forgten fie dafür, daß
die Kinder keine Koftverächter wurden, und litten an ihnen keine Unart, noch
Furchtfamkeit im Finftern oder in der Einfamkeit.

Sobald die Knaben das siebente Jahr erreicht hatten, entzog sie der Staat der elterlichen Erziehung und nahm sie unter seine eigene Aufsicht, denn man hielt die Kinder für ein Gemeingut des Vaterlandes. Von nun an ließ man sie beständig zusammenleben, mit einander essen, spielen und lernen. Lesen und Schreiben lernten sie nur zur Notdurft; Gehorsam gegen die Oberen, Ausdauer unter den Mühseligkeiten, Sieg im Kampfe — dies waren die ersten und letzten Tugenden. Darum hielt man sie mit den Jahren immer strenger; man ließ sie jederzeit in leichter Kleidung und barfuß gehen, nackend spielen, auch Hitze und Kälte, Hunger und Durst ohne Murren ertragen. Die Streu, auf welcher sie schliefen, mußten sie sich selber zusammentragen und das Schilf dazu, welches am Flusse Eurotas wuchs, mit der bloßen Hand knicken. Selbst die Mädchen härtete man durch Wettlauf und Ringen ab, damit sie einst kräftige Mütter würden. Bei ihren öffentlichen Spielen priesen die Jungfrauen bisweilen die Thaten der würdigsten Jünglinge, oder spotteten auch wohl der Schwachen und Feigen.

Weil ein guter Kriegsmann auch gewandt und klug sein muß, leitete man die Knaben frühzeitig zur List und Verschlagenheit. Man gab ihnen sehr karge Kost, damit sie aus den Speisesälen und Obstgärten auf geschickte Art stehlen lernten; wurden sie bei der That aber ertappt, so büßten sie — nicht den Diebstahl, sondern ihr Ungeschick, mit Fasten. Auch wurden sie im Tempel der Diana zuweilen bis aufs Blut gegeißelt, ohne daß sie ihr Gesicht zum Schmerz verzogen. Wie weit ihre Selbstüberwindung ging, kann man daraus entnehmen, daß einer, der einen Fuchs gestohlen und ihn unter den Falten seines Mantels verborgen hatte, keinen Laut von sich gab, bis er tot niederfiel, weil der Fuchs ihm den Unterleib aufgebissen hatte.

Feigheit war die größte Schande und Flucht im Kriege ehrlos. Deshalb gab eine spartanische Mutter ihrem Sohne, als er in den Krieg zog, den Schild mit den Worten: „Mit ihm oder auf ihm!" d. h. entweder sieg' oder stirb! Als eine andere Spartanerin die Nachricht erhielt, ihr Sohn sei gefallen, fragte sie rasch: „Und hat er gesiegt?" Als man ihr das bejahete, fuhr sie fröhlich fort: „Nun dazu habe ich ihn geboren, daß er für sein Vaterland zu sterben wisse." Die spartanischen Schwerter waren kurz. „denn" — sagte einst ein Spartaner — „wir lieben es, dem Feinde nahe zu sein." Eine Schlacht war ihnen ein Fest; geschmückt und mit fröhlichem Schalle der Flöten zogen sie in das Treffen.

Ihre Sprache war kurz und treffend, oft witzig. Eine witzige Antwort war sehr beliebt, und daher nennt man noch immer eine kurze, bedeutsame, witzige Rede lakonisch. Ein athenischer Redner nannte die Lacedämonier unwissende Menschen. „Du hast Recht," entgegnete der Spartaner, „denn wir allein unter den Griechen haben nichts Böses von euch gelernt." Von Kunst und Wissenschaft, wie sie in Athen zur Blüte gelangten, war freilich in Sparta keine Rede, darauf hatte es aber auch Lykurg nicht abgesehen.

Als nun so die Gesetze des großen Mannes in das Leben seiner Landsleute eingedrungen waren und das Orakel zu Delphi alles gebilligt hatte, ließ er die Bürger schwören, so lange den Gesetzen treu zu bleiben, bis er von einer Reise ins Ausland zurückgekehrt wäre. Der Eid ward geleistet. Lykurgos nahm Abschied, kehrte aber nimmer zurück. Man sagt, er habe sich freiwillig der Speise enthalten und sich so den Tod gegeben, damit seine Mit= bürger an den Eid gebunden blieben. Sein Ende war geheimnisvoll, aber es erhöhte den Wert seiner Gesetze. Sparta war der erste und mächtigste Staat in Griechenland, so lange es den Vorschriften Lykurgs treulich folgte.

Solon.

1.

In den ältesten Zeiten herrschten Könige über Athen, gute und schlechte, wie es eben kam. Die Athener hatten manche Kämpfe zu bestehen mit ihren Nachbarn; sie gerieten aber besonders in Not, als die reichen kriegslustigen Dorier (die Athener gehörten zum milderen jonischen Stamme, während die Spartaner ihre dorische Stammesart nie verleugnen konnten) in das Gebiet von Attika einbrachen. Es war geweissagt worden, die Dorier würden siegen, wenn der König der Athener, K o d r u s mit Namen, am Leben bliebe. Da beschloß der edelmütige König, für sein Vaterland zu sterben. Er ver= kleidete sich in einen athenischen Bauer, fing im Lager der Feinde Händel an und wurde erschlagen. Bald wurde es ruchbar, wer der Erschlagene sei, die Dorier zweifelten an dem Siege und zogen wieder ab.

Als so der letzte athenische König sich für das Vaterland geopfert hatte, schafften die Athener, welche nicht mehr von Königen regiert sein wollten, die Monarchie ab und strebten zur Republik, in welcher das Volk regiert. An die Spitze der neuen Republik stellten sie einen A r c h o n t e n oder Staats= verweser, der königliche Macht besaß, aber nicht erblich. Aus Dankbarkeit übertrugen sie dem Sohne des ruhmvoll gestorbenen Königs, nämlich dem Medon, die Archontenwürde. Diese Verfassung erhielt sich eine geraume Zeit, aber endlich dauerte dem unruhigen Athenervolke die lebenslängliche Herrschaft eines Archonten zu lange, und sie wählten alle zehn Jahre einen neuen Archonten, endlich jedes Jahr neun Archonten aus den vornehmsten Familien. Das gab aber bald Hader und Zwietracht; statt eines Königs regierten jetzt die Vornehmen, welche die niederen Volksklassen drückten. Wie in Sparta war auch in Athen ein großer Teil des Volkes verschuldet und ganz von den Reichern abhängig. Als die Bedrückungen der Armen immer empfindlicher wurden, brachen Unruhen und Aufstände aus. Vergebens trat der Archont D r a k o n als Gesetzgeber auf, welcher durch seine unerbittliche Strenge die Ordnung wieder herzustellen suchte. Seine Gesetze waren grausam, denn auf das kleinste Vergehen war die Todesstrafe gesetzt. Die Unordnung ward immer ärger, bis ein Mann den Staat rettete, indem er ihm eine Verfassung gab, wodurch Athen blühend und mächtig wurde. Dieser Mann war S o l o n.

2.

Solon stammte zwar nicht von reichen, aber von sehr angesehenen Eltern ab, denn sein Vater gehörte dem Geschlechte des Kodrus an. Solons Vater war durch seine Menschenfreundlichkeit und große Wohlthätigkeit verarmt und konnte seinem Sohne keine glänzende Erziehung geben. Doch der junge Solon fühlte Kraft in sich und vertraute lieber sich selbst, als daß er von seinen Freunden eine Unterstützung angenommen hätte. Er beschloß, Kaufmann zu werden, denn damals war nach Hesiods Ausdruck: „Arbeit noch keine Schande", und die Handelschaft hatte zudem noch bei den Athenern das Lob, daß sie ausländisches heimisch mache, Freundschaftsbündnisse mit Königen schließe und an Kenntnissen bereichere.

Von Natur zum Frohsinn und heiteren Lebensgenuß geneigt, war Solon doch zugleich ein eifriger Verehrer der Weltweisheit, vorzüglich der Sittenlehre in ihrem Verhältnisse zum Staatsleben. Mit dem berühmten Philosophen Thales von Milet war er innig befreundet, und der Scythe Anacharsis kam eigens nach Athen, um von Solon die Weisheit der Griechen zu lernen.

Auch durch seine Anlagen zur Dichtkunst zeichnete sich Solon aus. Anfangs übte er sich nur zu seiner eigenen Unterhaltung in den Mußestunden; später aber machte er von diesem Talent einen sehr würdigen Gebrauch, indem er Sprüche der Weisheit und Lehren der Staatskunst in schönen Versen aussprach, die leicht von seinen Mitbürgern gefaßt und behalten wurden, wie noch heutzutage das Volk die Sprichwörter liebt. Ein Beispiel, wie geschickt und erfolgreich Solon seine Fertigkeit im Dichten anwandte, giebt uns das Folgende:

Die Athener hatten einen schweren und langwierigen Krieg mit den Megaräern um die Insel Salamis geführt und waren nun des Streites so überdrüssig geworden, daß sie bei Todesstrafe jedermann verboten, von der Eroberung der Insel noch ferner zu reden. Das dünkte dem Solon schmachvoll, zumal da er wußte, daß viele junge Männer sich nach einer Erneuerung des Kampfes sehnten. Aber das Gesetz wollte er auch nicht übertreten. Da ließ er denn in der Stadt das Gerücht verbreiten, er sei wahnsinnig geworden. Zu Hause aber verfaßte er ein Gedicht, worin er die Athener mit kräftigen Worten zur Eroberung der Insel ermahnte, und dies Gedicht lernte er auswendig. Dann lief er auf den Markt, einen Filzhut auf dem Kopfe, sprang wie ein Irrsinniger umher und deklamierte sein Gedicht. Die versammelte Menge hörte aufmerksam zu, und alles klatschte den Worten Solons Beifall. Das unlängst gegebene Gesetz ward aufgehoben, ein neuer Feldzug beschlossen. Solon leitete den Zug, und die Megaräer wurden gänzlich geschlagen.

Durch diesen glücklichen Erfolg stieg Solons Ansehen bedeutend; aber noch gefeierter ward sein Name, als er seine Stimme zum Schutz des delphischen Tempels erhob. Die Einwohner von Kirrha hatten einen zum Gebiet des delphischen Apollo gehörenden Landstrich sich zugeeignet, dazu mehrere Weihgeschenke aus dem Tempel geraubt. Da erklärte Solon, Athen dürfe diesem

Frevel gegen das allen Griechen heilige Orakel nicht ruhig zuschauen und müsse den Delphiern Hilfe leisten. Die Athener schlossen sich dem Bundesheere an und das Tempelgebiet wurde gerettet.

3.

Was aber den weisen Solon Tag und Nacht beschäftigte und ihm die meiste Sorge machte, war die Roheit der Sitten in Athen und die drückende Lage des Volks. Dem Übel konnte nur durch eine ganz neue Verfassung abgeholfen werden; die Athener sehnten sich nach neueren und besseren Gesetzen, wie die Spartaner zu Lykurgos' Zeiten. Wer hätte aber besser ein neues Gesetz zu entwerfen vermocht als Solon, der zwischen den Armen und Reichen unparteiisch in der Mitte stand!

Zu diesem Zweck wurde Solon (594 v. Chr.) zum Archonten erwählt. Seine Freunde rieten ihm, er möchte die erlangte Würde benutzen, die Alleinherrschaft (Tyrannis) von Athen zu gewinnen. Aber Solon antwortete, daß er nicht seine Ehre suche, sondern das Volk der Athener groß und glücklich machen wolle. So blieb er streng in den Grenzen seines Amtes.

Sein erstes Werk war, die Armen von ihrer Schuldenlast zu befreien. Er wollte aber die Schuldner nicht ganz von ihrer Schuld entbinden, auch den Gläubigern nicht die ganze Schuldforderung entreißen, sondern er schlug einen Mittelweg ein. Die hohen Zinsen, welche für ein geliehenes Kapital zu zahlen waren, wurden herabgesetzt, dagegen ward der Geldwert erhöhet, denn Solon ließ aus je 75 Drachmen fortan 100 Stück prägen, und diese leichtere Münze mußten die Gläubiger an Zahlungsstatt annehmen. Zugleich wurde festgesetzt, daß kein Armer wegen Zahlungsunfähigkeit zum Sklaven gemacht werden dürfe, welches bis dahin sehr oft geschehen war.

Anfangs war keiner von den beiden Teilen mit dieser „Entlastung" zufrieden; die Reichen schmerzte ihr Verlust, und die Armen hatten auf eine allgemeine Güterteilung gehofft, nach Art der lykurgischen Gesetzgebung. Doch allmählich erkannte das Volk das Wohlthätige jener Verordnungen, und alle Bürger brachten zum Dank ein gemeinschaftliches Opfer, welches man das „Entlastungsopfer" nannte.

Nun teilte Solon das ganze Volk in vier Klassen, die nach dem Vermögen unterschieden waren. Die Bürger der drei ersten Klassen hatten Teil an den Staatsämtern und mußten im Kriege eine schwere Rüstung haben. Aus den Bürgern der zweiten Klasse wurde die Reiterei genommen. Die vierte Klasse enthielt die unbemittelten Bürger, die im Krieg als Leichtbewaffnete, oder später, als Athen eine Seemacht war, auf der Flotte dienten. Diese Klasse hatte zwar Zutritt zu der Volksversammlung, aber nicht zu den Staatsämtern.

Die Volksversammlung hatte viele Rechte, die sonst nur den Königen und Fürsten zustanden. Sie konnte Krieg und Frieden schließen, Bündnisse eingehen, Beamte wählen, alte Gesetze aufheben und neue einführen. Damit aber die Macht der großen Volksmasse etwas beschränkt würde, stellte Solon der Volksversammlung den Rat der Vierhundert zur Seite, in welchen jede der vier Klassen hundert Mitglieder wählte. Nur was in diesem Rat beschlossen war, durfte der Volksversammlung vorgelegt werden, welche dann das Gesetz bestätigte oder verwarf. Somit lag immer die Hauptmacht in den Händen des Volks; die solonische Verfassung war demokratisch, während die lykurgische aristokratisch, d. i. Herrschaft der Vornehmsten, war.

Ferner erneuerte Solon das Ansehen des Areopags, eines sehr heilig gehaltenen Gerichtshofs, der schon seit alten Zeiten bestand und auf dem Hügel des Kriegsgottes Ares (Mars) seine Sitzungen hielt. Diese Sitzungen wurden bei Nacht ohne Licht gehalten, damit die Richter durch den kläglichen Anblick der Angeklagten nicht zum Mitleid bewegt würden. Ihre Urteilssprüche schrieben sie auf Täfelchen und warfen diese schweigend in die Urnen, von denen die eine die Urne des Todes, die andere die der Erbarmung hieß. Waren die Stimmen auf beiden Seiten gleich, so wurde noch ein Täfelchen in die Urne der Erbarmung geworfen und der Beschuldigte frei gesprochen. Dieser oberste Gerichtshof hatte namentlich die Aufsicht über die Sitten der Bürger und die Entscheidung über vorsätzlichen Mord, Brandstiftung, Giftmischerei u. s. w. Einst verurteilte der Areopag sogar einen Knaben, der Wachteln die Augen ausgestochen hatte, zum Tode, „weil ein solcher Mensch, wenn er herangewachsen sei, seinen Mitbürgern zum Verderben sein würde". Das Ansehen und die Würde des Areopags befestigte Solon dadurch, daß er festsetzte, nur diejenigen Archonten, welche ihr Amt untadelhaft verwaltet hätten, dürften unter die Zahl der Richter aufgenommen werden.

Indem die Archonten nur aus der ersten Klasse der Bürger gewählt werden konnten, war die oberste Verwaltung und Gerichtsbarkeit in den Händen der Vornehmsten, also der demokratischen Grundlage eine aristokratische Spitze gegeben. Solon wollte allen Volksklassen gerecht werden, und seine ganze Gesetzgebung war durchdrungen von einem milden Geiste edler Menschlichkeit. Von einem Stande der Heloten wußten die Athener nichts. Solon hatte jedem das Recht gegeben, für einen Unrecht Leidenden Genugthuung zu fordern. Wurde z. B. jemand von einem Stärkeren geschlagen oder sonst verletzt, so durfte, wer irgend wollte, den Beleidiger anklagen und gerichtlich verfolgen. Denn alle sollten sich fühlen als Glieder eines Körpers, und Solon erklärte diejenige Stadt für die beste und glücklichste, in welcher das Unrecht von dem, der es nicht zu leiden hat, eben so eifrig angeklagt wird, wie von dem Gekränkten.

Ein solonisches Gesetz verordnete auch, daß bei bürgerlichen Unruhen derjenige, welcher mit keiner Partei es halte, mit dem Verluste seiner bürgerlichen Rechte bestraft werden solle. Diese Verordnung war sehr weise, denn am Schicksale seines Vaterlandes soll sich jeder beteiligen.

In den Heiratsverträgen hob Solon die Mitgift gänzlich auf. Die Braut durfte nur drei Kleider und einiges Gerät von geringem Wert in das Haus ihres Gatten bringen; denn die Frau sollte keine Ware sein, die man nach ihrem höheren oder geringeren Werte nahm, sondern um ihrer Tugend willen vom Manne gesucht werden.

Lobenswert war ferner das Verbot, Verstorbenen Übeles nachzureden.

Denn ein frommer Sinn achtet die Abgeschiedenen heilig, und wenn es schon unrecht ist, von Abwesenden Übeles zu reden, da sie sich nicht verteidigen können, so ist es noch unbilliger, die Toten zu lästern.

Endlich war Solon ganz im Gegensatz zu Lykurg ein preiswürdiger Pfleger der Künste und Wissenschaften. Schon der felsige, unfruchtbare Boden von Attika wies seine Bewohner darauf hin, sich durch ihren Geist und ihre Geschicklichkeit Erwerbsquellen zu öffnen, ihre Lage in der Nähe des Meeres begünstigte den Handel. Um aber den fremden Kaufleuten und Seefahrern etwas bieten zu können, das des Handels wert wäre, mußten geschickte Hand=werker und Künstler vorhanden sein. In dieser Absicht verordnete Solon, daß ein Sohn, der von seinem Vater zu keinem Gewerbe angehalten sei, auch nicht mehr die Pflicht habe, ihm Unterhalt zu geben. Auch hatte der Areopag die Befugnis, auf die Beschäftigung des einzelnen zu achten und keine Müßiggänger zu dulden.

Dies waren die Grundzüge der solonischen Verfassung. Welcher Weise könnte es aber allen Leuten recht machen! Nach Einführung dieser Gesetze kamen Tag für Tag zu Solon Leute bald mit Lob, bald mit Tadel, bald mit Anfragen und Erkundigungen, bald mit dem Wunsche, noch dieses und jenes in die Tafeln aufzunehmen. Um nun diesen Zudringlichen auszu=weichen, beschloß Solon auf Reisen zu gehen. Zuvor aber ließ er die Archonten schwören, die ersten zehn Jahre an den Gesetzen unverbrüchlich fest zu halten.

4.

Zuerst ging er nach Ägypten und verkehrte daselbst mit den Gelehr=testen unter den Priestern. Dann schiffte er sich nach der Insel Cypern ein, wo er die besondere Gunst und Freundschaft eines Königs dieser Insel, des Philokypros, erlangte, der auf seinen Rat und unter seiner Leitung eine neue Stadt anlegte, die dem Solon zu Ehren S o l o i genannt wurde. Am berühmtesten aber ist Solons Besuch bei dem Könige Krösus von Lydien geworden, von dem er eingeladen wurde, nach der Hauptstadt Sardes zu kommen. Dem Solon verdankte dieser reiche und mächtige König späterhin sein Leben.

Während Solons Abwesenheit war Athen leider wiederum in das alte Parteiwesen zurückgefallen. Die Küstenbewohner von Attika, das Volk vom platten Lande und dann die Gebirgsbewohner — eins stand wider das andere. Das Haupt der letzteren, zu denen sich noch die große Zahl der gegen die Reichen am meisten erbitterten vierten Volksklasse schlug, war P i s i s t r a t u s, ein naher Verwandter Solons von mütterlicher Seite. Solons Gesetze standen zwar noch in Geltung, aber man sah bereits ihrem Umsturz entgegen, denn jede der Parteien wünschte eine Veränderung der Verfassung, um wieder mehr Vorrechte vor der andern Partei zu bekommen.

So standen die Sachen, als Solon heim kam. Man erwies ihm zwar hohe Ehre, aber er war doch schon zu alt, um so kräftig aufzutreten wie vormals. Darum suchte er auf dem Wege friedlicher Unterredung die Partei=

häupter zu versöhnen. Besonders schien Pisistratus ihm ein williges Ohr zu leihen. Dieser Mann war sehr gewandt und sehr anziehend in seinem Gespräche und Umgange, dabei ein Wohlthäter der Armen, bei denen er sich sehr beliebt gemacht hatte. Er strebte nach der Alleinherrschaft, wußte sich aber gut zu verstellen. Solon durchschaute ihn, warf aber deshalb keinen Haß auf ihn, sondern bemühte sich, durch freundliches Zureden ihn von seinem Vorhaben abzubringen. Da irrte sich aber Solon sehr. Pisistratus war zugleich klug an Verstand, unbeugsam und fest in seinem Willen. Sobald er den günstigen Augenblick ersah, brachte er sich mit eigener Hand eine Wunde bei, fuhr dann in einem Wagen auf den Markt und klagte dem Volke, daß ihn seine Feinde hinterlistig überfallen hätten, weil er ein Freund des Volkes sei. Der große Haufe war sogleich zum Schutze seines Lieblings bereit. In der Volksversammlung ward beschlossen, dem Pisistratus eine Leibwache von 50 Keulenträgern zu geben. Solon sprach zwar mit allem Eifer dagegen, allein es bestätigte sich hier, was einst der Scythe Anacharsis über die griechischen Volksversammlungen gesagt hatte: „Bei euch Griechen halten zwar die verständigen Leute den Vortrag, aber die Einfältigen geben den Ausschlag." Das Volk bewilligte dem Pisistratus die Leibwache und bald drang er mit Hilfe derselben in die Burg von Athen. Wer die Burg hatte, beherrschte Athen. Über dieses unerwartete Ereignis geriet die Stadt in große Bestürzung. Megakles, das Parteihaupt der Küstenbewohner, ergriff mit den Seinen die Flucht; Solon aber, obschon in hohem Alter, erschien furchtlos auf dem Markt und hielt eine Rede an die Bürger, worin er sie wegen ihrer Unbesonnenheit und Feigheit schalt und sie beschwor, nicht von der Freiheit zu lassen. Damals sprach er das berühmte Wort: „Vorher war es euch leichter, die Tyrannei, welche noch im Keime war, zu unterdrücken: jetzt ist es größer und ehrenvoller, die schon erwachsene und erstarkte zu zerstören."

Da aber die Furcht seinen Vorstellungen den Eingang verschloß, so ging er nach Hause, ergriff die Waffen, stellte sich in voller Rüstung auf die Straße und sprach: „Ich habe, so viel in meinen Kräften stand, Vaterland und Gesetze verteidigt."

Von nun an verhielt er sich ruhig, ohne doch von seiner Gesinnung abzulassen. Vergeblich rieten ihm seine Freunde zur Flucht, und als man ihn fragte, worauf er sich denn verlasse, daß er so tollkühn sei? antwortete er: „Auf das Alter." Pisistratus aber bewies ihm auch fernerhin große Achtung und Zuneigung und bediente sich seiner als Ratgebers. Die solonischen Gesetze hielt er aufrecht und ging in Befolgung derselben mit gutem Beispiele voran. Ja sogar, als er vor dem Areopag des Mordes angeklagt wurde, erschien er, wiewohl er schon damals unumschränkte Gewalt besaß, ganz bescheiden vor den Richtern, um sich zu verteidigen. Der Ankläger aber blieb aus.

Solon widmete die Muße seiner letzten Lebensjahre den Studien und der Dichtkunst, nach seinem Grundsatze:

„Lernend ohn' Unterlaß komm' ich ins Alter hinein.'

Doch soll er die Freiheit seiner Vaterstadt nicht lange überlebt haben und bereits im zweiten Jahre der Alleinherrschaft des Pisistratus gestorben sein. Sein Name ist unsterblich, und mit Recht ist Solon zu den sieben Weisen des Altertums gezählt worden.

II. Aristodemus und Aristomenes.
743 v. Chr. 686 v. Chr.

Aristodemus. *)

1.

Westlich von Lakonien lag die fruchtbare Landschaft Messenien, nach deren Besitz die Spartaner um so mehr strebten, da ihr eigenes Land jener gesegneten Gegend an Fruchtbarkeit weit nachstand. Unter solchen Umständen konnte es an Feindseligkeiten zwischen beiden Nachbarvölkern nicht fehlen, bis endlich nach zwei blutigen Kriegen Messenien den Lacedämoniern unterworfen ward. Die Veranlassung zum Ausbruch des Krieges wird folgendermaßen erzählt:

Polychares, ein vornehmer Messenier, besaß viele Rinder, aber nicht so viel eigenes Land, daß sein Vieh hinlängliche Weide gehabt hätte. Er übergab es daher einem Spartaner, namens Euäphnos, unter der Bedingung, daß er es auf seinen Grundstücken weiden und dafür einen Teil der Nutzung von dem Viehe haben sollte. Dieser Euäphnos war ein Mensch, der ungerechten Gewinn höher achtete, als Treue und Ehrlichkeit, und dabei durch seine Worte sich einzuschmeicheln wußte. So hatte er auch jetzt die Rinder des Polychares an Kaufleute, die in Lakonien gelandet waren, verkauft und ging nun selbst als Bote zu Polychares. Diesem sagte er, Seeräuber wären ans Land gestiegen, hätten Gewalt gegen ihn gebraucht und als Beute Rinder und Hirten mit fortgenommen. Allein während Euäphnos den Polychares zu täuschen suchte, entlief den Kaufleuten einer von diesen Hirten, kehrte zu seinem Herrn zurück und traf hier den Euäphnos, den er in Gegenwart des Polychares Lügen strafte. Überführt und nicht imstande, es abzuleugnen, bat er inständig den Polychares und dessen Sohn um Verzeihung. Dann gab er an, wie viel er für die Rinder bekommen hätte, und bat den Sohn des Polychares, ihm zu folgen und den Preis in Empfang zu nehmen. Auf dem Wege aber erschlug Euäphnos den Sohn des Polychares. Als dieser die That erfuhr, ging er häufig nach Sparta zu den Königen und Obrigkeiten, um Genugthuung zu erhalten, und als er sie nicht erhielt, geriet er außer sich und, hingerissen vom Zorne, ermordete er, weil er sein eigenes Leben nicht achtete, jeden Lacedämonier, der ihm in die Hände fiel. Die Lacedämonier verlangten nun die Auslieferung des Polychares, und da sie verweigert wurde, begannen sie den Krieg.

---

*) Nach Ludw. Stacke.

In aller Stille betrieben sie ihre Rüstungen, und ohne Kriegserklärung brachen sie in Messenien ein, nachdem sie sich zuvor durch einen feierlichen Eid verpflichtet hatten, nicht eher die Waffen niederzulegen, als bis sie das messenische Land erobert hätten. Zur Nachtzeit überfielen sie die Grenzstadt Amphea, wo sie, da die Stadt ohne Wachen war, sogleich eindrangen und die Bewohner teils auf ihrem nächtlichen Lager, teils an den Altären der Götter, wohin sie ihre Zuflucht genommen hatten, töteten. Der König der Messenier ermahnte jedoch in einer Volksversammlung die Bürger, sich durch das Schicksal Ampheas nicht entmutigen zu lassen, und übte seine Scharen sorgfältig in den Waffen. Die Lacedämonier durchstreiften nun Messenien, verwüsteten aber das Land nicht, da sie es schon als das ihrige ansahen, fällten weder Bäume, noch rissen sie Wohnungen nieder; nur das Vieh, das ihnen in die Hände fiel, trieben sie mit fort, auch Getreide und andere Früchte nahmen sie, wogegen ihre Versuche, die Städte des Landes zu erobern, mißlangen. Aber auch die Messenier raubten und plünderten an den Seeküsten Lakoniens und in den Feldern umher. Erst im fünften Jahre, nachdem der messenische König die Seinen zum entscheidenden Kampfe vorbereitet hatte, kam es zu einer mörderischen Schlacht; der Verlust war auf beiden Seiten gleich groß und beide Teile fühlten sich sehr geschwächt. Aber den Messeniern fehlte es an Mitteln zur Fortsetzung des Krieges, dazu kamen böse Seuchen und andere Unglücksfälle, und die verheerenden Streifzüge der Feinde dauerten fort. Die Messenier vermieden daher offene Feldschlachten und zogen sich in die feste Bergstadt Ithome zurück. Von hier aus befragten sie das delphische Orakel, was zur Rettung Messeniens zu thun sei, und erhielten den Spruch:

> „Aus dem Geschlechte des Äpytus fordert das Los eine Jungfrau!
> Gieb sie des Unterreichs Göttern, und retten magst du Ithome!"

Das Los traf die Tochter des Lyciskus, aber der Seher Ephebolus verbot sie zu opfern, da die Jungfrau nicht die Tochter des Lyciskus sei. Da bot Aristodemus, der auch aus dem Geschlechte des Äpytus stammte und durch Kriegsthaten ausgezeichnet war, seine Tochter freiwillig zum Opfer dar. Aber ein Messenier liebte die Tochter des Aristodemus, erhob Widerspruch gegen ihn und reizte durch seine Einwendungen den Vater so sehr, daß dieser in Wut geriet und im Zorn seine Tochter ermordete. Ephebolus verlangte nun, daß ein anderer seine Tochter dazu hergebe, denn des Aristodemus Tochter helfe ihnen nichts, da sie vom Vater ermordet, nicht aber den Göttern geopfert sei. Nur mit Mühe erwirkte der König die Erklärung des Volkes, daß es keines weitern Opfers bedürfe. Aus Furcht vor der Wirkung des Orakels wagten die Lacedämonier fünf Jahre lang keinen Angriff; erst im sechsten erschienen sie in der Ebene von Ithome, wo es zu einem Treffen kam, in dem der König der Messenier tödlich verwundet ward, so daß er bald darauf starb. An seiner Stelle wurde Aristodemus zum König erwählt. In den ersten fünf Jahren seiner Regierung fielen nur kleine Gefechte vor, bis im sechsten Jahre beide Heere mit ihren Bundesgenossen einander ein entscheidendes Treffen lieferten, in welchem die Lacedämonier eine schwere

Niederlage erlitten. Dennoch hatten die Messenier von ihrem Siege wenig Vorteil, denn zweideutige Orakelsprüche, deren Sinn man nicht erkannte, beunruhigten und entmutigten sie. Im zwanzigsten Jahre des Krieges befragten sie von neuem das delphische Orakel, das ihnen folgenden Spruch erteilte:

„Wer Dreifüße zuerst an des Zeus Altar zu Ithome
Stellet im Kreis' umher, an der Zahl zehen mal zehen,
Dem giebt Gott mit dem Ruhme des Kriegs die messenischen Fluren."

2.

Diese Antwort des Orakels erfuhren die Lacedämonier; ein gemeiner Bürger verfertigte 100 Dreifüße aus Thonerde und zog als Weidmann verkleidet nach Messenien, wo er sich unter die Landleute mischte und mit ihnen in die Stadt Ithome ging. Hier stellte er mit Einbruch der Nacht die Dreifüße im Tempel des Zeus auf und entkam glücklich nach Sparta. Durch die List gerieten die Messenier in große Bestürzung, und dazu kamen noch andere unheilbringende Vorzeichen, die den Untergang Messeniens verkündigten: ein Seher, der von Geburt an blind gewesen war, bekam plötzlich das Gesicht und verlor es bald nachher wieder; die Bildsäule der Artemis ließ ihren Schild fallen; die Hunde kamen an einem Orte zusammen und heulten die ganze Nacht; die zum Opfer bestimmten Widder stießen die Hörner mit solcher Gewalt in den Altar, daß sie von dem Stoße starben; vor allem aber erschütterte den Aristodemus selbst ein Traumgesicht. Es träumte ihm, er wolle zu einem Treffen ausziehen und sei gerüstet, und die Eingeweide der Opfertiere lägen vor ihm auf einem Tische; seine Tochter erscheine ihm in schwarzer Kleidung und zeige ihm die aufgeschnittene Brust, und die Erscheinung werfe das auf dem Tische Liegende um, nehme ihm die Rüstung ab, setze ihm statt ihrer einen goldenen Kranz auf und werfe ihm ein weißes Gewand über. In diesem Traume sah Aristodemus die Verkündigung seines nahen Todes; er erwog, daß er vergebens der Mörder seiner Tochter geworden sei, und da er keine Hoffnung zur Rettung seines Vaterlandes mehr sah, tötete er sich auf dem Grabe seiner Tochter. — Im letzten Jahre des Krieges wurde Ithome belagert und erobert, die meisten Messenier waren zu ihren Gastfreunden in benachbarte Länder geflohen; die zurückgebliebenen aber wurden von den Spartanern mit Härte behandelt und mußten die Hälfte des Ertrages ihrer Felder nach Sparta abliefern und bei den Begräbnissen der spartanischen Könige und Obrigkeiten in Trauerkleidern erscheinen, weshalb die Sieger in ihren Liedern von ihnen sangen:

„So wie Esel gedrückt tragen sie mächtige Last,
Unter dem traurigen Zwang darbringend ihren Gebietern
Alles zur Hälfte geteilt, was sie von Früchten erbaut."

und von Leichenbegängnissen:

„Männer und Weiber betrauern zugleich mit Seufzen die Herren
Raffte des Todes Geschick einen vernichtend dahin."

Aristomenes.

1.

Die Messenier ertrugen mit Unwillen die drückende Herrschaft der Spartaner, am meisten das jüngere Geschlecht, das von den Drangsalen des vorigen Krieges nichts erfahren hatte. Daher wurde die Empörung beschlossen. Unter den Jünglingen, die in Messenien herangewachsen waren, zeichnete sich vor allen Aristomenes durch Mut und Tapferkeit aus. Das erste Treffen mit den Lacedämoniern blieb unentschieden, aber Aristomenes hatte so glänzende Thaten verrichtet, daß ihn die Messenier zum König wählen wollten. Da er sich aber diese Ehre verbat, wählten sie ihn zum unumschränkten Anführer im Kriege. Um nun die Lacedämonier gleich im Anfange des Krieges in Schrecken zu setzen, ging er bei Nacht nach Lacedämon und stellte einen Schild an den Tempel der Minerva, auf dem geschrieben war: „Aristomenes weiht diesen Schild der Göttin als Zeichen des Sieges über die Spartaner." Die Lacedämonier aber hatten einen Orakelspruch aus Delphi, daß sie sich den athenischen Ratgeber holen sollten. Sie baten also durch Gesandte die Athener um einen Mann, der ihnen riete, was nötig wäre, und diese schickten ihnen den Tyrtäus, einen Kinderlehrer, der am wenigsten mit scharfem Verstande begabt zu sein schien und an dem einen Fuße lahm war. Tyrtäus wußte durch seine Kriegsgesänge die Lacedämonier so zu begeistern, daß sie ihn als ein göttliches Geschenk betrachteten. Beide Teile rüsteten sich bei dem sogenannten „Denkmal des Ebers" zur Schlacht. Aristomenes war von einer Schar von achtzig auserlesenen Messeniern umgeben, von denen jeder sich hochgeehrt fühlte, daß er gewürdigt worden war, an der Seite des Aristomenes zu fechten. Diese selbst und Aristomenes hatten zuerst schwere Arbeit, da sie gegen den spartanischen König und den Kern des lacedämonischen Heeres kämpften; aber keine Wunde scheuend und ihre Kampfwut bis auf den höchsten Grad steigernd, schlugen sie durch fortgesetzten Kampf und ihre Wagstücke die Schar des spartanischen Königs zurück. Diese Fliehenden ließ Aristomenes durch eine andere Abteilung der Messenier verfolgen; er selbst stürzte sich auf die, welche den meisten Widerstand leisteten. Als er auch diese geworfen hatte, wandte er sich wiederum gegen andere; schnell drängte er auch diese zurück, und ungehindert warf er sich nun auf die, welche noch standhielten, bis er die ganze Schlachtordnung der Lacedämonier und ihrer Bundesgenossen in völlige Unordnung brachte. Und da sie nun ohne Scham und Scheu flohen und keiner mehr den andern erwarten wollte, drängte er die Nachhut furchtbarer, als man von einem einzigen Manne hätte erwarten können. Bei der weiteren Verfolgung der Feinde verlor Aristomenes seinen Schild, und dieser Umstand war schuld, daß sich mehrere Lacedämonier durch die Flucht retteten, weil er, während er den Schild suchte, Zeit verlor. Die Lacedämonier waren durch diesen Schlag sehr entmutigt; aber dem Aristomenes warfen, als er nach Hause zurückkehrte, die Weiber Bänder und Blumen der Jahreszeit zu und sangen die Verse:

„Spartas Scharen verfolgt Aristomenes bis in die Mitte
Von Stenykleros *) Gefild und bis zum hohen Gebirg."

Seinen Schild fand Aristomenes bald darauf wieder und überfiel sogleich mit einer auserlesenen Schar zwei spartanische Städte, wobei er beträchtliche Beute wegführte.

2.

Einst erfuhr er, daß zu Ägila, einem Ort in Lakonien, wo der Ceres ein Heiligtum gestiftet war, die Frauen ein Fest feierten. Aristomenes brach mit seinen Gefährten auf und suchte sie zu rauben. Allein die Weiber setzten sich zur Wehr; die meisten Messenier wurden mit den Messern, womit die Frauen die Opfertiere schlachteten, und mit den Spießen, woran sie das Fleisch steckten, um es zu braten, verwundet; auf Aristomenes aber schlugen sie mit brennenden Fackeln und nahmen ihn gefangen. Doch Archidamia, die Priesterin, ließ ihn frei und gab vor, er habe die Stricke durchgebrannt und sei entronnen. Aristomenes aber rettete sich in derselben Nacht nach Messenien.

Doch im dritten Jahre des Krieges erlitten die Messenier bei Megalothaphros, d. i. beim großen Graben, eine schwere Niederlage. Aristokrates, König der mit ihnen verbündeten Arkadier, war von den Lacedämoniern bestochen worden und zog sich gleich im Anfange der Schlacht mit den Seinen zurück, wodurch die Messenier so in Verwirrung gerieten, daß die Lacedämonier ohne Mühe einen leichten Sieg davon trugen und eine große Menge der Messenier erschlugen.

Nach diesem Treffen sammelte Aristomenes die Reste der Messenier und zog sich mit ihnen nach der Bergfestung Eira, die nun von den Lacedämoniern elf Jahre belagert wurde. Von hier aus unternahm Aristomenes Streifzüge bis in das Innere des lakonischen Landes; auf einem solchen Zuge stieß er einst auf eine starke Abteilung der Lacedämonier. Er verteidigte sich, erhielt mehrere Wunden, ein Stein traf ihn an den Kopf, es verdunkelten sich ihm die Augen, er fiel, haufenweise liefen die Lacedämonier hinzu und nahmen ihn gefangen. Es wurden aber auch funfzig seiner Gefährten gefangen genommen; diese alle beschlossen sie in die sogenannten Käaden, eine Grube, worin man Missethäter warf, zu stürzen. Die übrigen Messenier nun, die hineinfielen, kamen sogleich um, den Aristomenes aber soll ein Adler, der unter ihm geflogen, auf seinen Flügeln gehalten und unverletzt und ohne irgend eine Wunde auf den Boden hingebracht haben. Als er auf den Grund des Schlundes gekommen war, legte er sich nieder, zog das Gewand über das Gesicht und erwartete den Tod, den er für unvermeidlich hielt. Am dritten Tage darauf hörte er ein Geräusch, er enthüllte sein Gesicht und erblickte einen Fuchs, der an den Leichnamen fraß. In der Voraussetzung, daß das Tier irgend woher einen Eingang habe, wartete er es ab, bis der Fuchs sich ihm näherte. Als er ihm nahe gekommen war, ergriff er ihn, mit der andern Hand aber hielt er ihm, so oft er sich gegen ihn wendete, das Gewand vor und ließ ihn hineinbeißen. Den größten Teil lief er mit

---

*) Stenykleros hieß der Ort, wo sich das Denkmal des Ebers befand.

dem laufenden Fuchse; an Stellen, wo schwer durchzukommen war, ließ er sich auch von ihm nachziehen. Endlich sah er ein Loch, das für den Fuchs zum Durchkriechen groß genug war, und Licht durch dasselbe. Der Fuchs eilte, als er von Aristomenes losgelassen worden war, seiner Höhle zu. Aristomenes aber machte das Loch, das zum Durchkommen für ihn zu klein war, mit den Händen weiter und entkam zu den Seinen nach Eira.

Den Lacedämoniern wurde sogleich von Überläufern gemeldet, daß Aristomenes unversehrt zurückgekommen sei. Sie hielten es aber für unglaublich, bis er eine Schar von Korinthern, die den Lacedämoniern zu Hilfe zogen, schlug und ihre Anführer tötete. Nach dieser That brachte er dem Jupiter das Opfer dar, welches man Hekatomphonia nennt, und das jeder Messenier, der hundert Feinde erlegt hatte, verrichtete. Aristomenes hatte es zum erstenmale dargebracht, als er am Denkmale des Ebers gefochten hatte; auch zum drittenmale soll er es in der Folge wiederholt haben.

3.

Die Lacedämonier schlossen einst, als sie das Fest der Hyacinthien feierten, mit den Messeniern in Eira einen Waffenstillstand auf vierzig Tage. Als nun Aristomenes, ohne etwas zu fürchten, sich eine Strecke von Eira entfernt hatte, wurde er von kretischen Bogenschützen, die in Messenien umherschwärmten, gefangen und mit den Riemen, die sie an ihren Köchern hatten, gebunden. Sie brachten ihn in einen Meierhof im messenischen Gebiete, wo eine Mutter mit ihrer Tochter wohnte; der Vater war gestorben. Dieser Jungfrau war in der vorhergehenden Nacht ein Traumgesicht erschienen: Wölfe führten zu ihnen in den Meierhof einen gefesselten Löwen, der keine Klauen hatte: sie selbst löste dem Löwen die Fesseln, fand seine Klauen und gab sie ihm, so wurden im Traume die Wölfe von dem Löwen zerrissen. Jetzt, da die Kreter den Aristomenes hereinführten, merkte die Jungfrau, daß das in der Nacht erschienene Traumgesicht in Erfüllung gehe, und fragte ihre Mutter, wer das wäre. Als sie seinen Namen erfuhr, faßte sie Mut, das auszuführen, was ihr im Traume befohlen worden war. Sie schenkte daher den Kretern so viel Wein ein, als sie nur trinken wollten, und als sie berauscht waren, entwendete sie dem, welcher am tiefsten schlief, sein Messer und zerschnitt die Fesseln des Aristomenes; er aber ergriff das Schwert und tötete die Kreter. Die Jungfrau aber gab er, um ihr den Lohn der Rettung zu zahlen, seinem Sohne zur Gemahlin.

Aber im elften Jahre der Belagerung war es vom Schicksal bestimmt, daß Eira erobert und die Messenier vertrieben werden sollten. Als Aristomenes und der Wahrsager Theoklos nach der Niederlage am Graben nach Delphi kamen und das Orakel wegen ihrer Rettung befragten, erhielten sie vom Gotte folgende Antwort:

„Wenn ein Tragos *) trinket der Neda sich schlängelndes Wasser,
Schütz' ich Messena nicht mehr, denn es naht sich schon das Verderben."

---

*) Das Wort Tragos bedeutet einen Ziegenbock und einen wilden Feigenbaum Die Neda ist ein Fluß, die viele Krümmungen macht.

Nach diesem Orakelspruche hüteten die Messenier die Böcke, daß sie nicht aus der Neda trinken möchten. Doch damals stand an diesem Flusse ein wilder Feigenbaum, der nicht gerade in die Höhe gewachsen war, sondern sich zu dem Strome der Neda hinneigte und das Wasser mit den Spitzen seiner Blätter berührte. Als dies der Wahrsager Theoklos sah, erriet er, daß in dem Orakelspruche unter dem Tragos dieser wilde Feigenbaum zu verstehen sei, und daß nun den Messeniern ihr Schicksal nahe bevorstehe. Auch dem Aristomenes teilte er seine Entdeckung mit.

4.

Ein lacedämonischer Überläufer besuchte damals oft eine messenische Frau, die außerhalb der Festung ihre Wohnung hatte, in Abwesenheit ihres Mannes, wenn dieser auf dem Wachtposten stand. Einst war eine mondlose, stürmische Nacht, und der Regen ergoß sich in dichten Strömen vom Himmel. Da verließen die Messenier, die in dieser Nacht keinen Angriff besorgten, die Wache; Aristomenes aber lag an einer kurz vorher erhaltenen Wunde darnieder und konnte nicht wie gewöhnlich die Runde bei den Wachtposten machen. So kam denn auch jener Messenier in seine Wohnung zu seiner Frau, die, als sie die unerwartete Ankunft ihres Mannes bemerkte, den lacedämonischen Überläufer schnell versteckte. Der Messenier erzählte, daß wegen des stürmischen Wetters alle Posten unbesetzt wären. Als dies der Überläufer in seinem Versteck hörte, schlich er sich leise davon und meldete alles dem spartanischen Feldherrn. In der Nacht erstiegen nun die Spartaner auf angelegten Leitern die Mauern von Eira, und erst das Bellen der Hunde weckte die Messenier aus ihrem Schlafe. Obschon Aristomenes und die Wahrsager wußten, daß Messeniens Untergang unvermeidlich sei, gingen sie doch zu allen Messeniern und ermahnten sie, wackere Männer zu sein, und riefen die Zurückbleibenden aus den Häusern. In der Nacht setzte die Finsternis dem weitern Vordringen der Feinde Schranken, mit Anbruch des Tages aber erhob sich ein verzweiflungsvoller Kampf, an dem sogar die Weiber teil nahmen, indem sie Dachziegel und was jede hatte auf die Feinde warfen. Aber noch dichter schoß der Regen herab unter dem heftigen Krachen des Donners, und entgegenstrahlende Blitze blendeten die Augen der Messenier, während die Lacedämonier, da es ihnen zur rechten Hand blitzte, dies für ein günstiges Zeichen hielten und sich von größerem Mute beseelt fühlten. Schon drei Tage und Nächte hindurch dauerte der Kampf, die Messenier waren durch Schlaflosigkeit, Regen und Kälte abgemattet, dazu quälte sie Hunger und Durst. Da lief der Wahrsager Theoklos gegen die Feinde und rief ihnen begeistert die Worte zu: „Wahrlich, nicht in allen künftigen Zeiten werdet ihr fröhlich die Früchte der Messenier genießen." Hierauf stürzte er sich unter die Feinde und hauchte, nachdem er seine Rache mit dem Blute der Feinde gesättigt hatte, tödlich verwundet den Geist aus. Nun rief Aristomenes die Messenier vom Kampfe zurück, nahm die Weiber und Kinder in die Mitte und ging mit gesenktem Speere, zum Zeichen, daß er um Durch= zug bitte und abzuziehen beschlossen habe, auf die Feinde zu, die ihre Reihen öffneten und sie ungestört durchziehen ließen. Sie gingen zu den Arkadiern, ihren Bundesgenossen. Aristomenes aber wählte 500 der tapfersten Messenier aus, mit denen er Sparta, während das lacedämonische Heer noch in Messenien stand, überfallen wollte. Allein Aristokrates übte zum zweitenmale an den Messeniern Verrat, er zeigte den Lacedämoniern den Plan an, wodurch die Unternehmung vereitelt wurde. Dafür steinigten die Arkadier ihren König zu Tode und warfen seinen Leichnam unbegraben über die Grenze. Die meisten Messenier zogen nun nach Unteritalien, wo sie die nach ihnen benannte Stadt Messana bewohnten. Aristomenes, den sie zum Führer haben wollten, lehnte es ab mit den Worten, er werde, so lange er lebe, gegen die Lacedämonier Krieg führen, er wisse genau, daß immer irgend ein Unheil durch ihn für Sparta entstehen werde. Später ging er nach Delphi. Als der Herrscher einer Stadt auf der Insel Rhodos, Damagetos, das Orakel befragte, wessen Tochter er zur Frau nehmen sollte, erhielt er die Antwort, die Tochter des tapfersten Mannes unter den Griechen zu heiraten. Darauf heiratete er die Tochter des Aristomenes, dieser zog nach Rhodos, wo er nach einiger Zeit an einer Krankheit starb. Die Rhodier errichteten ihm ein ausgezeichnetes Denkmal und erwiesen ihm besondere Verehrung.

III. Xerxes und Leonidas. Themistokles.

Xerxes' Heerfahrt nach Europa.*)

Als die Nachricht von der Niederlage bei Marathon an den König Darius kam, da entbrannte sein Zorn noch heftiger gegen die Athener, und er rüstete sich zu einem neuen Feldzuge gegen Hellas vier ganze Jahre lang. Aber er starb, ehe er ausführen konnte, was er im Sinne hatte, und sein Sohn Xerxes übernahm mit dem Throne zugleich den Racheplan des Vaters. Hierin bestärkte ihn sowohl Mardonius, welcher bei den Persern am meisten in Ansehen stand, als auch ein Traumgesicht. Es deuchte ihm nämlich, er wäre mit einem Ölsprößling bekränzt, und die Zweige desselben reichten über die ganze Erde, und nach diesem verschwände der Kranz, der ihm auf dem Haupte gelegen. Das legten ihm die Magier so aus: Dieser weitreichende Kranz bedeute, daß er durch den Feldzug, den er vorhabe, die Herrschaft gewinnen werde über die ganze Erde. Und Xerxes hatte wirklich im Sinn, nach Unterwerfung Griechenlands ganz Europa sich eigen zu machen, bis daß der Himmel selbst die alleinige Grenze des Perserreichs wäre. Hätten aber jene Weisen darauf achten wollen, daß der Kranz nachher vom Haupte des Königs entschwunden war, so hätten sie wohl dem Traume eine richtigere Deutung gegeben.

Xerxes indes glaubte den Worten seines Ratgebers und seiner Traum-

*) Nach Ferd. Bäßler.

deuter, und nachdem er noch vier Jahre lang die Kriegsrüstung fortgesetzt hatte, zog er im Frühling des Jahres 480 v. Chr. mit einer fast zahllosen Menge Volks wider die Griechen zu Felde. Das Vorgebirge Athos, wo die Perser vormals Schiffbruch gelitten, ließ er mit ungeheurer Arbeit vom Festlande durch einen breiten und tiefen Graben trennen, in welchem nun die persische Flotte ungehindert durchfuhr. Um aber das Landheer von Asien nach Europa hinüberzubringen, ließ Xerxes über den Hellespont Brücken schlagen. Doch ein Sturm zertrümmerte die Brücken. Als der König solches erfuhr, ließ er den Baumeistern die Köpfe abschneiden und das widerspenstige Meer mit Ruten peitschen.

Nun wurden zwei andere Brücken, stärker als die ersten, hergestellt, und das ganze Heer bereitete sich zum feierlichen Übergange vor. Der Weg war mit Myrtenzweigen bestreut, und auf den Brücken dampfte der Weihrauch. Es war in der Morgendämmerung. In dem Augenblick, wo die still und andächtig erwartete Sonne am Osthimmel herrlich über den Völkern emporstieg, goß Xerxes aus einer goldenen Schale ein Trankopfer in das Meer und betete zur Sonne, daß sie ihm eine sieghafte Bahn beleuchten möge bis an das Ende Europas. Darnach warf er die Schale samt einem goldenen Becher und einem persischen Krummschwerte in die See, und als das geschehen, setzte sich das Heer in Bewegung und ging über von Asien nach Europa. Dieser Zug über die Brücke währte ununterbrochen sieben Tage und sieben Nächte, und wer das mit ansah, achtete den König an Macht gleich einem Gotte.

Als sie nun nach Thracien in die Ebene von Doriskos kamen, hielt Xerxes Heerschau und veranstaltete eine Zählung seines Kriegsvolkes in folgender Art. Man stellte 10000 Mann auf e i n e n Ort dicht zusammen und zog alsdann einen Zaun um sie; darnach ließ man sie herausgehen und trieb andere hinein, bis die Umzäunung abermals gefüllt war. Solchergestalt wurde das persische Heer gezählt oder vielmehr wie Getreide gemessen. Die Gesamtmenge streitbarer Männer wurde bei d r i t t h a l b M i l l i o n e n befunden; der Troß der Diener, Köche, Weiber u. dgl. betrug mindestens ebensoviel, so daß dieser ungeheure Zug von mehr als 5 Millionen Menschen eher einer Völkerwanderung als einer Heerfahrt glich. Da war kein Volk zwischen dem indischen und mittelländischen Meere, das nicht zu dieser Armee seine Heerschar gestellt hätte! Welch ein buntes Gewimmel der verschiedenartigsten Gestalten, Trachten und Waffenarten! Den Kern dieser Kriegsmacht bildeten die Perser. Kleidung und Rüstung derselben war von den Medern entlehnt: sogenannte Tiaren oder ungefilzte Hüte, bunte Ärmelröcke mit eisernen Schuppen belegt, Hosen um die Beine, statt des Schildes ein Geflecht, kurze Speere, große Bogen, im Köcher Pfeile von Rohr und einen Dolch im Gürtel. Die Assyrer hatten eherne, geflochtene Helme auf und linnene Panzer an; ihre Hauptwaffe war eine mit Eisen beschlagene Keule. Die Saken, ein scythisches Volk, gingen mit hohen Turbanen einher, welche oben spitz zuliefen; im Kampfe führten sie eine Streitart. Die Indier trugen Kleidung von Baumwolle, die Kaspier von Pelz. Die Araber waren mit weiten

Oberkleidern umgürtet und führten lange Bogen, die man nach Belieben auf beiden Seiten spannen konnte. Die afrikanischen Äthiopier hatten Panther- und Löwenfelle um, ihre Bogen waren aus dem Blütenstiele eines Palmbaums gefertigt, ihre Pfeile waren von Rohr, und vorn war ein spitzer Stein von großer Härte befestigt; die Spitze ihres Speeres aber bildete ein Antilopenhorn, und wenn sie in die Schlacht zogen, hatten sie ihren Leib gar seltsam halb mit Kreide, halb mit Mennige (rot) gefärbt. Die asiatischen Äthiopier hatten sich das Haupt mit abgezogenen Stirnhäuten der Pferde bedeckt, an denen noch die Ohren gerade in die Höhe standen und die Mähne hinten wallend hinunterhing. An Glanz zeichneten sich vor allen die Perser aus, welche auch die Tapfersten waren. Ihre Rüstungen strahlten von der Menge Goldes. Auch führten sie eine zahlreiche, schön geschmückte Dienerschaft auf Wagen mit sich. Unter der Reiterei that sich das persische Hirtenvolk der Sagartier hervor. Diese hatten 8000 Reiter gestellt und führten keine anderen Waffen mit sich, als einen kurzen Dolch und eine aus Riemen geflochtene Schlinge, womit sie im Gefecht den Gegner fingen und hinter sich fortschleifend töteten. Die Indier kamen teils zu Roß, teils zu Wagen, teils zu Fuß; die arabische Reiterei ritt auf raschen Kamelen und mußte zuhinterst bleiben, da die Pferde vor den Kamelen sich scheuen.

Mehr als 50 Völkerschaften aus allen drei Weltteilen waren auf das Geheiß eines einzigen Gewaltherrn unter die Waffen getreten. Nachdem das Heer gezählt und geordnet war, bestieg Xerxes einen Wagen und fuhr von einem Volke zum andern. Er fragte jedwedes nach seinem Namen, nach Zahl, Führer und was sonst wissenswert schien; seine Schreiber zeichneten es auf. Nach der Musterung des Landheeres besichtigte der König auch die Flotte. Die Schiffe lagen nahe am Ufer in einer Linie, die Schnäbel dem Lande zugekehrt, vor Anker, und die Besatzung derselben hatte sich gewaffnet wie zur Schlacht. Der König bestieg ein sidonisches Schiff und saß auf dem Verdeck unter einem goldenen Zelte. Dann fuhr er an den Schiffen entlang, befragte sie alle und ließ alles aufschreiben. Es waren außer den 3000 Lastschiffen 1200 Kriegsschiffe, wovon 300 von den Phöniziern, 200 von den Ägyptern, 150 von den Cypriern, 100 von den Ciliciern, ebensoviel von den Joniern (den kleinasiatischen Griechen) und 50 von den Lyciern gestellt waren. Die besten Segler gehörten den ältesten Seefahrern, den Phöniziern, an. Nächst diesen zeichneten sich vor allen die fünf herrlichen Galeeren aus, welche die Königin Artemisia führte, die tapferste unter den Heerführern und die weiseste unter den Ratgebern des Königs.

So groß war die Heeresmacht, die gegen das kleine Griechenland auszog.

Leonidas im Paß von Thermopylä.

1.

Schwer und langsam kam die Persermacht herangezogen, ohne Widerstand zu finden, bis zum Engpasse Thermopylä, der in das Herz von

Griechenland führt. Hier, wo das Meer von der einen und das steile Öta=
gebirge von der andern Seite nur einen schmalen Steg gelassen hat, hielten
6000 Griechen. Den Kern dieses Heeres aber bildeten 300 Spartaner unter
König Leonidas. Xerxes lachte überlaut, als er hörte, daß dieses Häuflein
seine Millionen aufzuhalten gedenke und sich zu dem Kampfe wie zu einem
Feste schmückte. Er schickte Boten hin mit dem Befehl, ihm sofort die Waffen
auszuliefern. „Komm' und hole sie!" war die Antwort Und als den
Griechen gesagt wurde, der Feinde seien so viele, daß ihre Pfeile die Sonne
verfinstern würden, erwiderte ein Spartaner kalt: „Desto besser, so werden
wir im Schatten fechten."

Noch zögerte Xerxes mit dem Angriff. Er konnte es sich nicht möglich
denken, daß diese handvoll Menschen wirklich Widerstand leisten würde; so
ließ er ihnen denn vier Tage Zeit zur Besinnung; vielleicht — so meinte
er — würden sie von selber umkehren und abziehen. Dann aber ließ er
seine Asiaten gegen den Hohlweg losstürmen. Hier standen die Griechen,
dicht geschlossen, Mann an Mann, in der Linken den Schild, der sich wie
eine eherne Mauer vor der Reihe herzog, von welcher die Pfeile der Bar=
baren klirrend zurückflogen; mit der Rechten streckten sie einen Wald langer
Lanzen vor sich hin. Schar auf Schar stürmte heran und suchte den Wald
zu durchbrechen, aber immer wurden sie über die Leichen der Ihrigen zurück=
geworfen. Xerxes ließ jetzt die Tapfersten seines Heeres, die „unsterbliche
Schar" genannt, vorrücken. Auch sie fielen. Kein Perser mochte mehr den
Angriff wagen. Zuweilen gebrauchten die Spartaner ihre Kriegslist und
flohen; die persischen Reiter hinterdrein, aber plötzlich wandten sich die
Tapfern und stachen Roß und Mann nieder. Xerxes sprang oft von seinem
Sitze auf, wenn er seine besten Krieger fallen sah, er wütete und tobte und
ließ seine Scharen mit Geißeln in den Hohlweg peitschen, wo ihr sicheres
Grab bereitet war. Hier wäre vielleicht schon die ganze persische Macht an
der Tapferkeit von ein paar hundert heldenmütigen Griechen gescheitert, wäre
nicht ein Verräter gewesen — Ephialtes ist sein Name — der dem per=
sischen Feldherrn einen geheimen Fußpfad über das Gebirge entdeckte.

Nun schlichen sich die Perser in aller Stille an dem Berge hinauf, über=
stiegen die abschüssigen Höhen und fielen den verratenen Griechen in den
Rücken. Diese sahen nun ihren unvermeidlichen Tod vor Augen, aber sie
wollten das Leben auch teuer verkaufen. Wütend stürzten sie sich in die
Feinde, die wie Gras unter der Sense des Schnitters unter ihren Streichen
fielen. Als die Lanzen der tapfern Spartaner zerbrochen waren, gingen sie
mit ihren kurzen Schwertern den Feinden zu Leibe. Da fiel Leonidas in diesem
Handgemenge, nachdem er heldenmütig gekämpft, und mit ihm viele tüchtige
Spartaner; über seinen Leichnam entstand ein großes Gedränge der Perser
und Lacedämonier, bis daß die Griechen ihn durch ihre Tapferkeit fort=
brachten und dreimal die Perser in die Flucht schlugen. Aber nun drangen
von allen Seiten die Feinde auf das immer kleiner werdende Griechenheer
ein, und die Tapfersten mußten der Übermacht erliegen.

2.

Von jenen 300 Spartanern starben alle den Heldentod, bis auf einen, Aristodemus. Dieser war bei einem andern Spartaner, namens Eurytos, der wegen einer schlimmen Augenkrankheit von Leonidas fortgeschickt war. Als sie nun hörten, daß die Perser über den Berg gegangen seien, forderte Eurytos seine Rüstung, legte sie an und befahl seinem Diener, ihn nach dem Kampfplatze zu führen. Hier angekommen, stürzte er sich in den feindlichen Haufen und ward erschlagen; Aristodemus aber rettete sein Leben durch die Flucht. Doch in Sparta erklärten ihn alle Bürger für ehrlos, keiner sprach mehr mit ihm, keiner durfte ihm ein Feuer anzünden. Die Kinder nannten ihn den „Ausreißer Aristodemus". Solche Schmach vermochte er nicht zu ertragen; er zog nachher in die Schlacht von Platää und hielt sich da so tapfer, daß er seine Schmach löschte.

Solchergestalt war der Kampf der Griechen bei Thermopylä im Juli 480 v. Chr. Nach der Schlacht besuchte Xerxes die Leichname, und als man den Leichnam des Leonidas gefunden, ließ er demselben den Kopf abschneiden und ihn schmachvoll ans Kreuz schlagen wider Sitte und Recht. Die Griechen aber ließen nachher an der Stelle, wo Leonidas gefallen war, einen steinernen Löwen und eine Denksäule errichten mit der Inschrift:

„Wanderer, kommst du nach Sparta, verkündige dorten, du habest
Uns hier liegen geseh'n, wie das Gesetz es befahl."

Themistokles.*)

Alle Tapferkeit zu Lande wäre zuletzt gegen die zahllosen Scharen des Xerxes fruchtlos geblieben, wenn nicht der Mut und die hochherzige Aufopferung der Athener alle Griechen zum gemeinsamen Kampfe zur See verbunden hätte. Unter den Athenern war nur ein Mann, der mit richtiger Einsicht erkannte, daß nur zur See den Persern erfolgreicher Widerstand geleistet werden könne. Diesem Manne gebührt vor allem der Ruhm, Griechenlands Retter gewesen zu sein. Sein Name ist Themistokles.

Schon als Knabe war Themistokles lebhaften Geistes und voll kühner Entwürfe; die kindischen Spiele verschmähete er, dagegen beschäftigte er sich eifrig mit Anfertigung gerichtlicher Reden, indem er Fälle erdichtete, wo er andere Knaben anklagte und verteidigte. Daher sagte einst sein Lehrer zu ihm: „Aus dir, o Knabe, wird einst nichts Geringes werden, sondern etwas recht Gutes oder etwas recht Schlechtes." Zu den Künsten und Wissenschaften, die nur zum Vergnügen oder zur feineren Bildung dienen, zeigte er keine Lust, namentlich war er der Musik ganz unkundig. Als er sich später in einer Gesellschaft befand und ihm eine Lyra oder Zither gereicht wurde, damit er, wie die anderen, etwas darauf vorspielen sollte, schob er das Instrument zurück und sagte: „Die Lyra spielen habe ich nicht gelernt, aber einen Staat groß und berühmt zu machen, diese Kunst glaube ich zu

---

*) Nach L. Stacke.

verstehen." Sein ganzes Dichten und Trachten war auf das Kriegswesen und die Verwaltung des Staats gerichtet, und nur was hierauf Bezug halte, betrieb er mit Nachdruck. Begierde nach Ruhm brannte in des Jünglings Herzen; als des Miltiades Name in aller Munde war, sah man ihn in Gedanken vertieft umhergehen; er mied die fröhlichen Gesellschaften seiner Freunde und sah ganz leidend aus. Als man ihn um die Ursache dieser plötzlichen Veränderung befragte, antwortete er: „Das Siegesdenkmal des Miltiades läßt mich nicht schlafen."

Das Volk glaubte, daß die Niederlage der Barbaren bei Marathon das Ende des Krieges sei; allein Themistokles war anderer Meinung; ihm war dieser Sieg der Athener nur der Anfang zu neuen Kämpfen. Mit großem Scharfblick erkannte er, wie notwendig eine Flotte für die Athener sei. Die Athener pflegten die Einkünfte eines Bergwerks unter die einzelnen Bürger zu verteilen. Themistokles beredete sie, diese Einkünfte zum Bau von 300 Ruderschiffen zu verwenden, indem er den Krieg gegen die Einwohner von Ägina, einer benachbarten Insel, zum Vorwand nahm. So wurde auf seinen Rat die Flotte gebaut, die Griechenlands Freiheit rettete.

Als nun Xerxes mit seiner gewaltigen Flotte und dem zahllosen Heere gegen Griechenland anzog, schickten die Athener Boten nach Delphi, den Gott um Rat zu fragen. Der aber gebot ihnen, sich hinter hölzernen Mauern zu verteidigen. Es erhob sich unter den Athenern großer Streit über den Sinn dieser Worte, doch der scharfsinnige Themistokles überzeugte seine Mitbürger, daß unter den hölzernen Mauern die Schiffe zu verstehen seien, und daß der Wille des Orakels sei, den Persern zur See Widerstand zu leisten.

Die Griechen sandten nun Boten an die Städte und forderten sie zu gemeinsamer Hilfe auf, doch nicht alle zeigten sich dazu bereit. Die Argiver versagten die Teilnahme aus Haß gegen Sparta. Andere Gesandte reisten nach Sicilien, um mit Gelon, König von Syrakus, zu unterhandeln. Gelon war bereit, die Griechen mit einer Flotte von 200 Kriegsschiffen, mit einem Heere von 28 000 Mann und mit Korn für das ganze verbündete Heer zu unterstützen, dies alles aber nur unter der Bedingung, daß die Griechen ihm den Oberbefehl gegen die Perser übertrügen. Als einer der Gesandten, ein Lacedämonier, diese Bedingung hörte, hielt er sich nicht länger, sondern sagte: „Wie würde es den Pelopiden Agamemnon schmerzen, wenn er hörte, daß den Lacedämoniern durch den Gelon und die Syrakuser der Oberbefehl entrissen worden sei! Daran denke nicht weiter! Wenn du den Griechen helfen willst, so mußt du unter dem Befehl der Lacedämonier stehen; willst du dir aber nicht befehlen lassen, so brauchst du uns auch nicht zu helfen." Da mäßigte Gelon seine Forderung und verlangte nur noch den Oberbefehl über die Flotte. Dem aber widersprach der athenische Gesandte: „Nicht um einen Obersten zu bitten" — sprach er — „hat uns Griechenland hergesandt, sondern um ein Heer!" Also zerschlugen sich die Unterhandlungen mit Gelon und dieser entließ die Gesandten mit den Worten: „Ihr habt den Frühling aus dem Jahre genommen!"

Dieselben Boten ersuchten auch die Bewohner der Insel Korcyra (Korfu) um Hilfe. Die Korcyräer bemannten zwar 60 Schiffe und segelten nach dem Peloponnes, dort aber hielten sie auf hoher See vor Anker, um erst den Ausgang des Kampfes abzuwarten und im Falle, daß die Perser siegten, sich die Gunst des Xerxes zu verschaffen. Die Kreter versagten einem Orakelspruche zufolge allen Beistand.

So waren es denn außer Athen noch die Insel Ägina, Korinth, Epidauros, Lacedämon und einige andere Staaten, welche Schiffe lieferten. Die Flotte belief sich auf 271 Schiffe, von denen die Athener allein 127 gestellt hatten. Ihnen hätte daher die Anführung der Flotte gebührt, da aber die Lacedämonier vor allen Griechen den Vorrang behaupteten, so gaben die Athener, denen die Rettung des Vaterlandes am Herzen lag, nach und der Spartaner Eurybiades ward Oberbefehlshaber der Flotte, die vorerst nach dem Vorgebirge Artemisium bei Euböa segelte.

Jetzt nahete die persische Flotte. Als die Griechen die Menge der feindlichen Schiffe sahen, und wie alles vom Volke wimmelte, beschlossen sie, sich zurückzuziehen. Da bewogen die Euböer, welche den Zorn des Perserkönigs fürchteten, den Anführer der Athener, Themistokles, durch ein Geschenk von 30 Talenten, standzuhalten und bei Euböa eine Schlacht zu liefern. Themistokles gab von diesem Gelde dem Eurybiades fünf und dem korinthischen Anführer zwei Talente und gewann durch diese Geschenke beide, daß sie vor Euböa stehen blieben.

Als die Feinde die wenigen Schiffe bei Artemisium sahen, beschlossen sie einen Angriff und dachten, es sollte auch keine Maus davon kommen. Sie schickten daher 200 Schiffe ab, die auf einem Umwege Euböa umsegeln und den Griechen den Rückzug abschneiden sollten, während die Hauptmacht der Perser von vorn angreifen würde. Doch die Griechen erhielten von diesem Plane Kunde und beschlossen, den umsegelnden Schiffen nach Mitternacht entgegen zu fahren. Zuvor aber machten sie einen Angriff auf die persische Flotte, um die Art ihres Kampfes zu erfahren. Die Perser meinten, die Griechen seien rasend gewesen, als sie so wenige Schiffe auf sich zukommen sahen. Aber bald wurden sie andern Sinnes, als sie sahen, wie die griechischen Schiffe tapfer Stand hielten und, ohne besiegt zu werden, bis zum Einbruch der Nacht fortkämpften. Nach dem Treffen zogen sich beide Teile auf ihren Standort zurück; die 200 umsegelnden Schiffe aber wurden teils verschlagen, teils zerschellt, denn in der Nacht tobte ein heftiger Sturm.

Schlacht bei Salamis. 480 v. Chr.*)

Da die Griechen durch einen Boten erfuhren, daß Leonidas mit seinen Spartanern gefallen sei, schoben sie den Rückzug nicht länger auf. Die persischen Scharen aber überschwemmten die Insel Euböa und das griechische Festland, brannten die Städte nieder und machten die Einwohner zu Sklaven.

---

*) Nach Bredow.

Die Athener erkannten, daß sie in ihrer Stadt sich nicht würden halten können, zumal da alle übrigen Griechen sie verließen und sich in die süd- liche Halbinsel des Peloponnes zurückzogen, die nur durch eine schmale Land- enge, den Isthmus von Korinth, mit dem übrigen Griechenland zusammen- hing. Diesen Isthmus befestigten sie, zogen querüber eine starke Mauer und überließen Athen seinem Schicksal.

Themistokles brachte es durch seine Beredsamkeit dahin, daß alle waffen- fähigen Bürger die Schiffe besteigen, die wehrlosen aber auf benachbarte Inseln sich flüchten mußten. Das Volk gehorchte mit schwerem Herzen, denn es glaubte kein Glück mehr zu haben, wenn es die Heiligtümer der Götter und die Gräber der Vorfahren den Barbaren preisgegeben hätte. Doch ein Anzeichen ermunterte sie zum Abzuge. Die Schlange, welche auf der Burg im Tempel der Minerva gehalten wurde, hatte den Honigkuchen, den man ihr sonst alle Monate vorsetzte, nicht verzehrt. Daraus schlossen die Athener, die Göttin selbst habe die Stadt verlassen. Als nun so viele Menschen ihrer Vaterstadt Lebewohl sagten, erregte ein solcher Anblick großes Mitleid, aber auch hohe Bewunderung; denn die Männer blieben fest bei den Thränen und der Umarmung ihrer Frauen und Kinder und setzten nach der Insel Salamis über. Die treuen Haushunde folgten bis an den Hafen und erhoben ein jämmerliches Geheul, als sie zurückbleiben mußten und ihre Herren davon rudern sahen. Ein treuer Pudel stürzte sich nach ins Meer und folgte mit aller Anstrengung dem Schiffe seines Herrn: aber die große Entfernung überstieg die Kräfte des treuen Tieres, und als er das Ufer der Insel Salamis erreicht hatte, sah er sich noch einmal nach seinem Herrn um und starb.

Kaum hatten die Athener ihre Stadt verlassen, so folgte Xerxes, bedeckte das ganze Land mit seinen Scharen, plünderte die Stadt und zündete sie dann an. Die Athener sahen von Salamis aus die Rauchsäulen und Feuer- flammen. Zu gleicher Zeit erschien die persische Flotte an der Küste von Athen. Die übrigen Griechen, welche schon höchst ungern ihre Schiffe bei den athenischen gelassen hatten, wollten jetzt fliehen, als sie das ganze Meer mit persischen Segeln bedeckt sahen; und selbst die kriegerischen Spartaner, welche einen feigen Anführer hatten, wollten die Athener verlassen. Man müsse — so meinten fast alle — im Peloponnes Sicherheit suchen. The- mistokles sprach heftig gegen ein solches Beginnen und drohete dem Eury- biades, er würde mit seinen Athenern nach Italien segeln, um sich dort ein neues Vaterland zu suchen, wenn die Spartaner nicht blieben. Doch alles vergeblich. Man wollte in der Nacht ganz still nach dem Peloponnes ent- fliehen.

Da kam Themistokles auf eine kühne List. Er schickte einen treuen Skla- ven an den König der Perser und ließ ihm sagen: „Ich meine es gut mit dir, o König! In der nächsten Nacht wollen die Griechen aus der Bucht bei Salamis entfliehen, um ihre Schiffe und sich vor dem gewissen Unter- gange zu retten. Jetzt hast du noch alle beisammen; umringe die Bucht, und es wird ein leichtes sein, alle zu fangen!"

Xerxes folgte diesem Rate, umschloß noch am selben Abend die Bucht, und die Griechen, welche entfliehen wollten, sahen sich nun gezwungen, zu fechten. Schon hatte aber Themistokles die ganze athenische Flotte zum Empfange der Feinde gerüstet; diese griff tapfer an, und das machte den übrigen Mut. Die persischen Schiffe liefen in der Dunkelheit der Nacht und in Gewässern, die sie nicht kannten, häufig gegen Klippen; von der großen Anzahl konnten die Perser gar keinen Gebrauch machen, und in der engen Bucht kamen immer nur wenige zum Gefecht. Die persischen Schiffe waren alle viel schwerfälliger als die griechischen, und wenn eins von den Griechen zurückgedrängt wurde, brachte es zwei, drei andere mit in Verwirrung. Die Griechen thaten Wunder der Tapferkeit, und bald war das Wasser mit Leichen übersäet, die zwischen zerbrochenen Rudern und zertrümmerten Schiffs= schnäbeln schwammen. Da gingen auch noch die kleinasiatischen Griechen, die zur See den persischen Krieg hatten mitmachen müssen, zu ihren europäischen Brüdern über, und nun wandte sich die ganze persische Flotte zur Flucht. Xerxes, der, auf einem hohen Throne sitzend, vom Lande aus der Seeschlacht zugeschaut hatte, floh, als er die Zerstreuung und Flucht seiner Schiffe sah, mit solcher Eile, daß er an sein Landheer gar nicht mehr dachte, alle Kost= barkeiten zurückließ und nicht ruhete noch rastete, bis er an den Hellespont kam. Seine Schiffbrücke war vom Sturm zertrümmert worden; die Angst vor den nachsetzenden Griechen machte ihn kühn, er bestieg einen kleinen Fischerkahn und setzte mit Lebensgefahr nach Asien über. Sein großes Heer folgte ihm; aber Krankheit und Hungersnot rafften viele Tausende dahin und es blieben nur noch 300 000 Mann übrig, die nordwärts an der Grenze von Griechenland stehen blieben. Diese brachen im nächsten Jahre abermals über Griechenland herein und verwüsteten, was sie im letzten Feldzuge noch übrig gelassen hatten. Auch die Kriegsflotte der Perser hatte sich wieder ge= sammelt und bedrohte das Griechenvolk aufs neue. Beide Feinde wurden aber jetzt zu Land und zu Wasser so entscheidend geschlagen, daß der stolze Perserkönig es nie wieder wagte, die Griechen in Griechenland anzugreifen.

Griechenland erkannte, daß es seine Rettung einzig den Athenern ver= dankte und unter den Athenern vor allem dem Themistokles. Die Spar= taner führten ihn im Triumph nach ihrer Hauptstadt, gaben ihm einen Olivenkranz als Preis der Weisheit, schenkten ihm den schönsten Wagen, der in ihrer Stadt zu finden war, und ließen ihn feierlich durch 300 Jüng= linge bis an die Grenze geleiten. Als darauf fast ganz Griechenland zu den olympischen Spielen versammelt war, um nach alter Sitte Wettkämpfe im Ringen und Rennen zu feiern, und auch Themistokles dabei erschien, erregte er so sehr die Aufmerksamkeit des ganzen Volkes, daß alle Zuschauer die Kämpfenden vergaßen und den ganzen Tag nur auf ihn die Augen richteten. Einer zeigte ihn dem andern; der Name „Themistokles" tönte von aller Lippen, und innig gerührt gestand der Held seinen Freunden, daß dieser Tag der schönste seines Lebens sei.

Fernere Schicksale des Themistokles.

Auch nach dem Perserkriege gab sich Themistokles nicht der Ruhe hin, sondern er war unablässig bemüht, seine Vaterstadt Athen zum ersten Staate Griechenlands zu machen. Da er erkannt hatte, daß Athen durch seine Lage am Meere auf die Herrschaft zur See hingewiesen sei, so wurde auf seinen Rat der geräumige Hafen Piräus, der damals noch nicht gebraucht ward, erweitert und mit Mauern umgeben. Auch sorgte er stets für Vermehrung der Flotte. Noch größer aber ward sein Verdienst, daß er den Wiederaufbau der Mauern Athens betrieb und ihn trotz der Hindernisse, welche die Spartaner ihm in den Weg legten, zustande brachte. Die Spartaner verboten den Athenern geradezu die Errichtung von Mauern, damit, wie sie sagten, die Perser bei einem neuen Angriff keinen festen Haltpunkt gewännen; in Wahrheit aber wollten sie die aufblühende Macht der Athener, auf deren Ruhm sie eifersüchtig waren, unterdrücken. Sie schickten daher Gesandte nach Athen, welche feierlich gegen den Aufbau der Mauern protestierten. Themistokles gab den Athenern den Rat, die Gesandten so lange mit Gewalt zurück= zuhalten, bis die Mauern eine gewisse Höhe erreicht hätten; unter der Zeit reiste er selbst als Abgeordneter nach Sparta und zog hier die Unterhand= lungen so viel als möglich in die Länge. Inzwischen mußten zu Athen alle Einwohner ohne Unterschied, Männer, Weiber und Kinder, an dem Mauer= bau arbeiten, weder eigene noch öffentliche Gebäude schonen, sondern alles abtragen, was man an Steinen und sonstigem Material für die Mauern brauchen konnte; Säulen und Heiligtümer, rohe Steine und schöne Denk= mäler — alles wurde in der Eile mit in die Stadtmauer hinein gebaut. Das Werk ward vollendet, und die Spartaner durften dem Themistokles nicht ans Leben, weil die Athener die spartanischen Gesandten in ihrer Ge= walt hatten.

Ein Mann, wie Themistokles, der sich vor seinen Mitbürgern so glän= zend auszeichnete, konnte dem Neide und der Feindschaft eines Volkes nicht entgehen, das immer vor der Alleinherrschaft eines seiner Mitbürger in Angst lebte. So ward auch Themistokles angeklagt, daß er dem Staate gefährlich sei, und in einer Volksversammlung durch das Scherbengericht verbannt. Er ging nach Argos, wo ihn die Griechen achteten und ehrten. Doch hier war er nicht lange sicher, denn die Lacedämonier schickten wieder Gesandte nach Athen, welche ihn des Verrates an Griechenland und des geheimen Einverständnisses mit dem Perserkönig anklagten. Themistokles rechtfertigte sich zwar freimütig mit den Worten: „Zu herrschen habe ich zwar immer gestrebt; aber mich beherrschen zu lassen und die Griechen an die Barbaren hinzugeben, dazu bin ich weder fähig noch geneigt." Dennoch ließen sich die Athener von seinen Anklägern bereden, Leute auszuschicken, die ihn greifen sollten, wo sie ihn fänden. Themistokles, der hiervon Kunde erhielt, floh nach Korcyra, und da er hier nicht sicher war, zum Admet, König der Molosser. Dieser war gerade nicht zu Hause. Da trat Themistokles als Flehender vor seine Gemahlin und bat sie um Schutz. Auf ihren Rat setzte sich Themistokles mit dem kleinen Sohne des Admet am Herde nieder. Der König, welcher keineswegs des Themistokles Freund war, behielt ihn groß=mütig bei sich und verlieh ihm seinen Schutz trotz der Vorstellungen der Lacedämonier, die seine Auslieferung verlangten. Die Griechen verfolgten aber ihren Wohlthäter so lange, bis dieser gezwungen war, zum Perserkönig zu entfliehen. Admet entsandte ihn nach der macedonischen Stadt Pydna, wo er ein Schiff bestieg. Beinahe wäre er, durch einen Sturm unter das athenische Geschwader getrieben, den Athenern in die Hände gefallen, wenn er sich nicht dem Schiffsherrn entdeckt und ihn durch das Versprechen einer Belohnung vermocht hätte, einen Tag und eine Nacht auf offener See zu halten. Dadurch wurde er gerettet und kam glücklich nach Asien; an den König Artaxerxes, den Nachfolger des Xerxes, hatte er schon folgendes Schreiben gesandt:

„Ich, Themistokles, komme zu dir, der ich, so lange ich mich gegen deines Vaters Angriff zu verteidigen genötigt war, deinem Hause am meisten von allen Griechen Schaden zugefügt, aber auch noch weit mehr Gutes er=wiesen habe, nachdem ich wieder in Sicherheit war, er aber unter Gefahren sich zurückzog. Denn ich habe ihn benachrichtigt, daß man damit umging, die Brücken über den Hellespont zu zerstören. Man ist mir daher Dank schuldig für meine Wohlthat; ich bin auch jetzt noch imstande, dir wichtige Dienste zu leisten, da mich die Griechen wegen meiner Freundschaft gegen dich verfolgen. Ich will aber nach Jahresfrist dir selbst eröffnen, warum ich hierher gekommen bin.“

Der König bewunderte den Verstand des Themistokles und billigte seinen Plan. Themistokles machte sich in Jahresfrist mit der Sprache und den Sitten der Perser bekannt und erschien dann vor dem König. Er gelangte bei diesem zu großem Ansehen, besonders weil er ihm Hoffnung machte zur Unterwerfung Griechenlands und sich überhaupt als einen sehr einsichtsvollen Mann bewies. Der König beschenkte ihn reichlich und gab ihm drei Städte zu seinem Unterhalt: Magnesia sollte ihm das Brot, Lampsakus den Wein und Myus die Zukost liefern. Über seinen Tod sind die Nachrichten ver=schieden; die meisten glauben, er habe Gift genommen, als der Perserkönig in ihn gedrungen habe, gegen die eigenen Landsleute, die Griechen, zu Felde zu ziehen. Er ward in Magnesia begraben, seine Gebeine sollen aber heim=lich nach Attika gebracht und dort beigesetzt worden sein.

IV. Aristides und Sokrates.

Aristides.

Ein Zeitgenosse des Themistokles war Aristides, der Sohn des Lysi=machos. Als Xerxes abgezogen war, hatte er seinen Schwiegersohn Mar=

donius mit 300 000 Mann zurückgelassen. Diese zerstörten, was von dem zertrümmerten Athen noch übrig geblieben war, dann zogen sie sich in die Ebenen von Böotien zurück und lagerten sich bei Platää. Die Spartaner unter Anführung des P a u s a n i a s und die Athener unter A r i s t i d e s rückten ihnen nach und lieferten den Persern eine blutige Schlacht. Mardonius selbst fiel, und sein Tod war die Losung zur allgemeinen Flucht. Das ganze persische Lager mit allen Kostbarkeiten wurde eine Beute der triumphierenden Sieger. Aristides aber verteilte seinen Anteil an der Beute und blieb arm, wie zuvor. Der Spartanerfürst P a u s a n i a s widerstand nicht den Lockungen des Goldes, das die Perser ihm schenkten, aber Aristides wies streng jede Bestechung zurück. Da verloren die Lacedämonier ihre Oberherrschaft (Hege- monie), und die Griechen übertrugen dem Aristides den Oberbefehl. Alle nannten Aristides nur den „Gerechten", und er verdiente den Namen wie wenige. Selbst gegen seine Feinde war er voller Uneigennützigkeit und Ge- rechtigkeitsliebe. Einst war er genötigt, einen Athener vor Gericht zu ver- klagen, und als er seine Anklagerede beendigt hatte, waren die Richter so sehr von dem Rechte seiner Sache überzeugt, daß sie sofort, ohne den An- geklagten hören zu wollen, zur Verurteilung desselben schritten. Da stellte sich Aristides auf die Seite des Angeklagten und unterstützte dessen Bitten, damit auch diesem sein Recht, sich verteidigen zu dürfen, zu teil werden möchte.

Leider bestand zwischen Aristides und Themistokles keine Freundschaft. Der ruhmsüchtige Themistokles sah mit neidischem Blick auf das Ansehen, welches Aristides beim Volke genoß; auch war Aristides dem Themistokles, der in den Mitteln, um seine Zwecke zu erreichen, nicht eben gewissenhaft war, oft unbequem, weil er offen das schlecht nannte, was schlecht war, und dem Themistokles mit Festigkeit widersprach. So kam einst Themistokles in die Volksversammlung und sagte, er habe einen Plan, der für die Athener sehr heilsam sei, er könne ihn aber nicht öffentlich bekannt machen. Man möge ihm einen wackeren Mitbürger geben, dem wolle er alles mitteilen. Das Volk erwählte hierzu den Aristides. Themistokles eröffnete ihm nun, man könne die Flotte der Lacedämonier bei Gythium auf heimliche Weise in Brand stecken und so auf einmal die Seemacht der Spartaner vernichten. Darauf sagte Aristides in der Versammlung des Volkes, die Ausführung des geheimen Planes sei zwar für Athen sehr vorteilhaft, aber zugleich höchst ungerecht. Im Vertrauen zu dem Gerechtigkeitssinne des Aristides wollten die Athener gar nicht einmal den Plan des Themistokles erfahren, und der- selbe unterblieb.

Da es aber dem Aristides nicht an Feinden fehlte, so brachte es end- lich Themistokles dahin, daß er durch den Ostracismus (das Scherbengericht) auf zehn Jahre aus Athen verbannt wurde. Aristides war selbst in der Volksversammlung, in welcher seine Verbannung beschlossen wurde. Da nahete sich ihm ein Landmann mit der Bitte, er möchte den Namen „Aristi- des" auf das Täfelchen schreiben, das zur Aufgabe der einzelnen Stimmen diente. Aristides nahm das Täfelchen und sprach: „Was hat dir denn Aristides zu Leide gethan, daß du ihn verurteilen willst?" Der Landmann antwortete: „Nichts, ich kenne den Mann nicht einmal; nur verdrießt es mich, daß man ihn immer den Gerechten nennt." Darauf schrieb Aristides seinen Namen auf die Scherbe und gab sie dem Manne. Als er die Stadt verließ, erhob er seine Hände gen Himmel und flehte, daß doch die Götter nie eine Zeit möchten eintreten lassen, wo die Athener genötigt wären, seiner zu gedenken *).

Nach einigen Jahren schon ward Aristides wieder zurückgerufen und leistete dem Vaterlande große Dienste. Er ordnete mit der größten Uneigennützigkeit die jährlichen Geldbeiträge der Verbündeten und legte die ganze Bundeskasse in Delos unter dem Schutze des Tempels nieder. Von diesem schwierigen Geschäft ging der edle Mann so arm fort, als er gekommen war. Er starb so arm, daß er nicht aus eigenen Mitteln begraben werden konnte, und seine Töchter mußten vom Staate genährt und ausgestattet werden.

Sokrates **).

1. Charakterschilderung.

Sokrates wurde im Jahre 469 v. Chr. geboren. Sein Vater war ein Bildhauer zu Athen, seine Mutter eine Hebamme. Frühzeitig kündigte sich die hohe und eigentümliche Bestimmung des Knaben an. Eine Sage erzählt, daß gleich nach seiner Geburt der Vater einen Orakelspruch erhielt, welcher ihm befahl, den Knaben alles, was diesem einfiel, thun zu lassen, ihn zu nichts zu zwingen, noch von etwas abzuhalten. Man solle ihn nur den Eingebungen seines eigenen Geistes überlassen und bloß zu Zeus und den Musen für ihn beten, denn diese hätten ihm einen Wegweiser beschert, der besser sei als tausend Lehrer und Erzieher.

Als Jüngling widmete er sich anfangs der Kunst seines Vaters, doch diese Beschäftigung genügte nicht dem Drange seiner Seele. Nicht in Stein, Holz oder Elfenbein, sondern an sich selbst wollte er die sämtliche Schönheit eines tugendhaften Lebens zur Erscheinung bringen und an denen, die seiner Lehre und Leitung sich anvertrauten, auch diese Seelenschönheit herausarbeiten. Er studierte die Schriften der Weisen und begab sich in den Unterricht der vorzüglichsten Lehrer. Da er arm war, so erweckten die Götter einen edlen Freund, den reichen Kriton, der ihn unterstützte.

So nahm er zu an Weisheit und Verstand; aber er wollte die Wahrheit nicht bloß erkennen und darüber streiten, wie jene Weisheitskrämer, die Sophisten, sondern er übte sie im Leben und ging überall mit gutem Beispiele voran. Vor allem wollte er den Geist befreien von der Herrschaft des Leibes und äußerer Güter. „Nichts bedürfen," sagte er, „ist göttlich, und wer am wenigsten bedarf, kommt der Gottheit am nächsten." Der

---

*) Luk. 23, V. 41.   **) Nach F. Bäßler.

Grundstein der Tugend war ihm die Mäßigkeit. Er nahm nur so viel Speise, als er zur Notdurft gebrauchte, und weil er sich durch Leibesbewegung hungrig gemacht hatte, schmeckte ihm jede Kost. Ging er auf die Einladung eines Freundes zu Gast, so konnte ihn auch die leckerste Speise zu keinem Übermaß verlocken, und nie trank er über seinen Durst.

Seine Tracht war schlicht und unansehnlich. Er trug kein Unterkleid, sondern begnügte sich mit dem Mantel und ging fast zu jeder Zeit barfuß. Durch solche Lebensart hatte er sich dermaßen abgehärtet, daß er Frost und Hitze, Hunger und Durst mit großer Leichtigkeit ertrug. Doch vernachlässigte er keineswegs seinen Leib, und welche dies thaten, die tadelte er. Als einer seiner Schüler, Antisthenes, der es dem Meister in der Gleichgültigkeit gegen alles Äußerliche zuvor thun wollte, in einem zerrissenen Mantel einher= ging, rief ihm Sokrates zu: „Freund, Freund! Durch die Löcher deines Mantels schaut die Eitelkeit hervor!"

Sokrates war von Natur heftig, aber durch große Achtsamkeit und Strenge gegen sich selber hatte er einen edlen Gleichmut gewonnen, den nichts erschüttern konnte. Als ihm ein jähzorniger Mann einen Backen= streich gab, sagte er ruhig lächelnd: „Es ist schade, daß man nicht voraus= sehen kann, wann es gut wäre, einen Helm zu tragen." Nie sah man ihn verstimmt und mürrisch; seine Rede war immer von anmutigem Scherz ge= würzt. Wenn er aber von dem Wert der Tugend und dem Walten der Gottheit sprach, dann waren seine Worte tief in die Seele dringend. Selbst der leichtsinnige Alcibiades, der sich sonst nicht viel aus den vortrefflichsten Rednern machte, bekannte: „Von Sokrates' Rede werde ich so ergriffen, daß mir das Herz klopft und die Thränen mir aus den Augen dringen."

Mehrmals kämpfte Sokrates für sein Vaterland, und sein Name ward unter den Tapfersten genannt, aber bescheiden leistete er Verzicht auf die öffentliche Anerkennung seiner Verdienste. Durch seine Unerschrockenheit rettete er in einer Schlacht dem Alcibiades das Leben. Der kühne Jüngling war schon verwundet niedergesunken; da eilte Sokrates herzu, deckte ihn mit seinem Schilde und entzog ihn glücklich der Gefahr.

Ebenso unerschrocken war er auch im bürgerlichen Leben, und weil er die Gottheit fürchtete, kannte er keine Menschenfurcht. Als die Athener bei Lesbos einen Sieg über die Flotte der Lacedämonier gewonnen hatten, waren zwei von den zehn Befehlshabern beauftragt worden, die während des Ge= fechtes schiffbrüchig Gewordenen zu retten und die Leichname der Gebliebenen in Sicherheit zu bringen. Die stürmische Witterung hatte dies aber unmög= lich gemacht. Darüber zogen die wankelmütigen Athener sämtliche Zehn zur Verantwortung vor Gericht, und in der Leidenschaft verlangte man, alle auf einmal zu verurteilen. Sokrates aber, der an diesem Tage gerade Vorsitzen= der der richterlichen Versammlung war, widersetzte sich standhaft jenem Vor= haben, weil es wider das Gesetz sei, jemanden ohne Verhör zu verdammen. Das Volk tobte, viele der Mächtigen drohten, aber Sokrates blieb fest, ließ sich nicht einschüchtern vom Geschrei des Volkes und dem Zorn der Vor= nehmen, und sein Wille drang durch. Denn er war des Glaubens, daß

die Götter alles wüßten, was man redete oder handelte, ja auch was das
Herz dächte.

2. Lehrweise.

Sokrates bildete nicht, wie die Philosophen nach ihm, eine abgesonderte
Schule oder einen geschlossenen Kreis von Jüngern, sondern suchte vielmehr
allen seinen Mitbürgern durch gelegentliche Unterredungen zu nützen. Als
ein echter Bürgerfreund und leutseliger Mann verkehrte er mit den verschiedensten Menschen aus allen Ständen von jederlei Alter und Gewerbe,
und, wie einer unserer Dichter von Jesu sagt, daß er durch Gleichnis und
Exempel jeden Markt zum Tempel gemacht, so wurde oftmals durch Sokrates
die Werkstatt eines Riemers oder Panzermachers zu einer Akademie und
Schule der Weisheit. Man konnte ihn den größten Teil des Tages an
öffentlichen Orten finden. Frühmorgens besuchte er die Hallen und Gymnasien, wo die athenische Jugend Leibesübungen trieb, auch viele Erwachsene
sich einfanden, um sich über dies und jenes zu besprechen. Nach der dritten
Stunde (9 Uhr vormittags) war er auf dem Markte und die übrige Zeit
des Tages da, wo er die meisten Leute vermutete. Dabei sprach er mehrenteils, und wer Lust hatte, konnte ihm zuhören. „Menschen zu fangen"*),
wie er selber sagte, war bei diesem scheinbaren Müßiggange sein Zweck. Und
darauf verstand er sich trefflich.

Sokrates wünschte den Xenophon, einen schönen Jüngling von vortrefflichen Geistesgaben, in seinen Umgang zu ziehen. Einst begegnete er ihm
in einer engen Gasse und hielt ihm einen Stock vor. Der Jüngling blieb
stehen. „Sage mir doch," begann Sokrates, „wo kauft man Mehl?" —
„Auf dem Markte," war die Antwort. — „Und Öl?" — „Ebenda." —
„Aber wo geht man hin, weise und gut zu werden?" — Der Jüngling
schwieg und sann auf eine Antwort. „Folge mir," sprach der Weise, „ich
will es dir sagen!" Seitdem schlossen die beiden eine innige Freundschaft,
und Xenophon ward ein Mann, der sich nachmals nicht nur als Feldherr
und Schriftsteller, sondern auch durch Tugend und Frömmigkeit bei seinen
Zeitgenossen und bei der Nachwelt in hohe Achtung setzte.

Seine Schüler hingen mit aller Hingebung an ihm und kannten keinen
höhern Genuß, als um ihn zu sein und ihn zu hören. Der schon oben
erwähnte Antisthenes, der außerhalb Athens wohnte, ging täglich eine Stunde
weit um Sokrates willen. Euklid von Megara kam oft vier Meilen weit,
um nur einen Tag mit dem geliebten Lehrer beisammen zu sein. Als die
Athener beim Ausbruch des Krieges gegen die Megarenser jedem derselben
bei Strafe des Todes verboten, in die Stadt zu kommen, schlich sich Euklid
öfters in Weiberkleidern durch das Thor, um eine Nacht und einen Tag
bei Sokrates zu weilen. Dann ging der treue Schüler wieder zur Nachtzeit
nach Megara zurück.

„Nichts konnte nützlicher sein," versicherte Xenophon, „als seine Gesell-

---

*) Matth. 4, 19: Folget mir nach, ich will euch zu Menschenfischern machen.

schaft und sein Umgang. Selbst wenn er abwesend war, gereichte noch sein Andenken denen, die bei ihm gewesen waren, zur Stärkung und Kraft in allem Guten." Mancher lasterhafte Jüngling hat von seinen Sünden abgelassen und durch Sokrates Lust zum Guten bekommen. Er rief allen den schönen Spruch des Hesiod ins Gedächtnis:

> Vor die Trefflichkeit setzten den Schweiß die unsterblichen Götter,
> Lang' auch windet und steil die Bahn zur Tugend sich aufwärts
> Und ist rauh im Beginn, doch wenn du zur Höhe gelangt bist,
> Alsdann wird sie dir leicht und bequem, wie schwer sie zuvor war*).

Auf die leichteste und einfachste Weise verstand es der weise Mann, die Wahrheit seinen Schülern einleuchtend zu machen. So belehrte er den jungen Alcibiades, als dieser große Schüchternheit verriet, künftig vor dem Volke als Redner aufzutreten, folgender Art: „Würdest du dich wohl fürchten vor einem Schuster zu reden?" — „O nein!" — „Oder könnte dich ein Kupferschmied verlegen machen?" — „Gewiß nicht!" — „Aber vor einem Kaufmanne würdest du erschrecken?" — „Eben so wenig!" — „Nun siehe" — fuhr er fort — „aus solchen Leuten besteht das ganze athenische Volk. Du fürchtest die einzelnen nicht, warum wolltest du sie versammelt fürchten?"

Seinen Unterricht gab Sokrates stets unentgeltlich. Der junge Äschines wünschte sehr, ein Schüler des Sokrates zu werden, scheute sich aber, zu ihm zu gehen, weil er arm war. Sokrates, der seinen Wunsch merkte, fragte ihn: „Warum scheuest du dich vor mir?" — „Weil ich nichts habe, das ich dir geben könnte." — „Ei," erwiderte Sokrates, „schätzest du dich selbst so gering! Giebst du mir nicht sehr viel, wenn du dich selbst mir giebst!"

3. Tod des Sokrates.

Es war vorauszusehen, daß sich Sokrates durch seine ausgezeichnete Weisheit und Tugend bei dem großen Haufen seiner schon sehr verdorbenen Mitbürger Haß und Neid zuziehen mußte. Sie verleumdeten ihn und suchten ihn auf alle Weise lächerlich zu machen. Als ihnen das nichts half, verklagten sie ihn öffentlich. Sie beschuldigten ihn, er glaube nicht an die Götter seiner Vaterstadt, auch verderbe er durch seine Lehre die Jugend; darum müsse er als staatsgefährlich hingerichtet werden. Sokrates, bereits ein Greis von 70 Jahren, fand es seiner unwürdig, sich gegen solche Anklagen weitläufig zu verteidigen. Er wies auf sein öffentliches Leben hin, beteuerte, daß ihm seit 30 Jahren nichts mehr am Herzen gelegen habe, als seine Mitbürger tugendhafter und glücklicher zu machen, und dazu habe ihn eine innere göttliche Stimme getrieben**). Eine so freimütige Verteidigung erbitterte aber die Richter. Denn sie hatten erwartet, er würde, wie andere Verbrecher, durch eine lange Rede unter Bitten und Thränen um Mitleid

---

*) Matth. 7, 13. 14: Und die Pforte ist eng und der Weg ist schmal, der rc.
**) Mark. 14, 61 rc.: Bist du Christus, der Sohn des Hochgelobten? Jesus aber sprach: „Ich bin's." Da zerriß der Hohepriester seine Kleider und sprach: „Was bedürfen wir weiter Zeugen?"

und Begnadigung flehen. Darum schickten sie ihn vorläufig ins Gefängnis. Hierhin brachte ihm einer seiner Freunde, Lysias, eine sehr schön ausgearbeitete Verteidigungsrede, die sollte er halten. Sokrates las sie und fand sie schön. „Aber" — sagte er — „brächtest du mir weiche und prächtige Socken, ich würde sie nicht anziehen, weil ich es für unmännlich halte." Damit gab er ihm die Rede zurück.

In der nächsten Versammlung wurden die Stimmen über ihn gesammelt. Eine geringe Mehrheit von drei Stimmen verurteilte ihn zum Tode. Sokrates hörte sein Todesurteil mit der größten Ruhe, nicht aber seine Schüler. Sie drängten sich mit Thränen in den Augen zu den Richtern und flehten und boten eine große Summe Geldes für die Freiheit ihres Lehrers. Sie wurden aber abgewiesen. Sokrates nahm Abschied von den Richtern, die für ihn gestimmt hatten, und verzieh auch denen, die ihn verurteilt. Mit heiterer Miene, festem Schritte und edler Haltung entfernte er sich hierauf aus dem Gerichtshause und begab sich in das Gefängnis zurück. Seine Freunde gaben ihm das Geleite. Als er einige derselben Thränen vergießen sah, sprach er: „Was soll das, daß ihr erst heute weint? Wußtet ihr nicht schon längst, daß die Natur, als sie mir das Leben gab, mich zugleich auch zum Tode verurteilte?" Apollodor, der ihm sehr ergeben war, eine gutmütige Seele, versetzte dagegen: „Ach, liebster Sokrates, das geht mir gar zu nahe, daß du unschuldig sterben mußt!" Sokrates strich ihm lächelnd über den Kopf und sprach: „Liebster Apollodor! Wolltest du mich denn lieber schuldig sterben sehen?"

Ein kleiner Trost für die Jünger des Sokrates war es noch, daß der Tag der Hinrichtung hinausgeschoben wurde. Denn an demselben Tage, als Sokrates vor Gericht stand, hatte der Priester des Apoll das heilige Schiff, welches die Athener alljährlich nach Delos sendeten, zur Abfahrt bekränzt. Sobald dies geschehen war, durfte nach einem alten Gesetz die Stadt durch keine Hinrichtung verunreinigt werden, bis das Schiff von seiner heiligen Fahrt zurückgekehrt war. Darüber vergingen dreißig Tage — eine kostbare Zeit, denn es war nun dem Sokrates vergönnt, in der nächsten Nähe des Todes die Kraft und Weisheit seiner Lehre zu bewähren. Er ward mit jedem Tag heiterer, ja er fing sogar an zu dichten, er brachte mehrere äsopische Fabeln in Verse und machte Loblieder auf die Götter. Und wenn die Freunde ihn besuchten, fanden sie bei ihrem Meister stets Worte des Trostes und Lehren der Weisheit.

Kriton, der älteste und vertrauteste seiner Freunde, konnte sich aber gar nicht in das Schicksal seines Lehrers finden. Er hatte daher den Gefängniswärter gewonnen, und dieser ließ des Abends die Thür des Gefängnisses unverschlossen. Für einen sicheren Aufenthalt und ein ehrenvolles Leben war bereits gesorgt; Thessalien war das Ziel einer gefahrlosen Flucht. Als Kriton zum Sokrates eintritt und mit aller Beredsamkeit ihn zur Flucht ermuntert, antwortet der Weise: „Lieber Kriton, sind wir nicht einverstanden, daß man in keinem Falle Unrecht mit Unrecht vergelten soll? Haben wir nicht das für wahr erkannt, daß die erste Bürgerpflicht darin bestehe, den

Gesetzen zu gehorchen? Ich habe so lange unter den Gesetzen meiner Vater=
stadt gelebt und ihre Wohlthat genossen: warum sollte ich jetzt, da einige
Menschen sie zu meinem Verderben mißbrauchen, mich ihnen entziehen?"

Zwei Tage nach dieser Unterredung kamen die Elfmänner, welche die
Hinrichtung der Verurteilten zu besorgen hatten, früh am Morgen in das
Gefängnis, nahmen dem Sokrates die Fesseln ab und kündigten ihm an, daß
er heute sterben müsse. Kurz darnach traten seine Freunde ein, funfzehn an
der Zahl, um die letzten Stunden bei ihm zu sein. Da ergriff Kriton das
Wort und sprach: „Sage uns, welchen Auftrag hinterlässest du mir und
diesen deinen Freunden in Hinsicht deiner Kinder und häuslichen Angelegen=
heiten? Womit können wir dir zu Gefallen leben?" — „Wenn ihr so lebt,"
erwiderte der Greis, „als ich euch längst empfohlen habe. Ich habe nichts
Neues hinzuzufügen." — „Wir werden mit allen Kräften streben, dir zu ge=
horchen, mein Sokrates," fuhr der Jünger fort, „wie sollen wir aber nach
deinem Tode mit dir verfahren?" — „Wie ihr wollt," antwortete Sokrates,
„wofern ihr mich wirklich habt und ich euch nicht entwische." Dabei sah
er die übrigen lächelnd an und sprach: „Kriton meint noch immer, mein
Leichnam werde derselbe Sokrates sein, der jetzt mit ihm spricht. Man soll
bei meiner Beerdigung nicht sagen: Man legt den Sokrates auf die Bahre,
man trägt den Sokrates hinaus, denn ich bin ja dann längst bei den seligen
Geistern."

Jetzt kamen noch sein Weib und seine drei Kinder, und als er Abschied
von diesen genommen hatte, neigte sich die Sonne zum Untergang. Und
der Gerichtsdiener trat herein, den vollen Giftbecher in der Hand. „Sage
mir doch, wie habe ich mich zu verhalten?" fragte er den Diener. „Du
mußt," — erwiderte dieser — „nach dem Trinken auf= und abgehen, bis
dich eine Müdigkeit befällt; dann legst du dich nieder." — Und mit heiterer
Miene nahm Sokrates den Becher, betete noch zu den Göttern, setzte ihn an
den Mund und leerte ihn mit einem Zuge. Da fingen seine Freunde laut
zu weinen an. „Still doch!" — sagte Sokrates — „darum habe ich ja
die Weiber fortgeschickt." Jetzt ging er auf und ab, dann legte er sich nie=
der. Das Gift fing an zu wirken, seine Füße wurden schon kalt und die
Glieder steif. In trauriger Stille standen seine Jünger umher. Plötzlich
schlug er seine Augen auf und sprach: „Ich bin genesen, nun opfert dem
Äskulap ein Dankopfer!" Nach diesen Worten verschied er.

So starb der göttliche Sokrates unschuldig im Jahr 399 v. Chr. Erst
nach seinem Tode sahen die Athener ihr Unrecht ein, und da reuete es sie.
Aber die Reue kam zu spät.

V. Perikles und Alcibiades.

1.

An die Namen Perikles und Alcibiades knüpft sich die Erinnerung an die Blüte und den Untergang der Athener, an die Größe und Kraft und an die Zersplitterung und Verderbnis der griechischen Freiheit.

Perikles

war einer der größten Redner und Staatsmänner, die je gelebt haben. Er redete, so sagten die Athener, als trüge er den Donner auf seiner Zunge und als säße die Göttin der Überredung auf seinen Lippen. Was er dem Volke riet, das geschah; wen er verteidigte, dem schadete die grimmigste Wut des Volkes nicht, sein Wort besänftigte. Einst hielt er den in einer Schlacht gefallenen Athenern eine Leichenrede. Hier erschien er so liebenswürdig und riß alle so mit sich fort, daß, als er von der Rednerbühne herunterstieg, die Weiber ihn mit Ungestüm umarmten, ihm ihre Armbänder umschlangen und ihn bekränzten, ja ihm eine goldene Krone aufsetzten.

Perikles wollte durch das Volk herrschen, darum brach er die Macht der Vornehmen und Reichen, darum stürzte er vor allem den Areopag, jenen alten ehrwürdigen Gerichtshof von Athen. Durch den Ephialtes, einen ihm sehr ergebenen Mann, setzte er es beim Volke durch, daß dem Areopag die Aufsicht über die Sitten der Bürger und über den Staatsschatz entzogen wurde. Da in der Staatsverwaltung der wackere Cimon, des Miltiades Sohn, sein Gegner war, so ruhte er nicht, bis dieser durch den Ostracismus verbannt wurde; als später das Volk die Zurückberufung dieses Mannes wünschte, war er wieder der erste, der den Antrag hierzu in der Volksversammlung stellte. So wußte er sich den Launen und Wünschen des gemeinen Volkes zu fügen und dessen Gunst zu bewahren. Stets suchte er dem Volke etwas zu bieten, was diesem schmeichelte; er veranstaltete bald Festversammlungen, bald öffentliche Gastmähler, bald feierliche Umzüge durch die Stadt. Perikles wollte, daß jeder athenische Bürger, auch der ärmste, an der Staatsverwaltung teilnehmen sollte, darum führte er für die Richter einen Sold ein, der anfangs täglich einen, später drei Obolen (38 Pfennige) betrug. Nun konnten auch arme Handwerker unter den Richtern sitzen, während früher nur die Reichen und Wohlhabenden das Recht sprachen. Damit die ärmere Volksklasse an den großen Festtagen, wo in Athen Schauspiele aufgeführt wurden, einen geistigen Genuß haben möchte, ließ er den Leuten aus dem öffentlichen Schatze Theatergeld zustellen. Der Bundesschatz war von der Insel Delos nach Athen verlegt; dieses Geld war ursprünglich dazu bestimmt, die Kosten für die Perserkriege zu bestreiten und die Bundesgenossen zu schützen. Da aber von den Persern keine Gefahr mehr drohte, glaubte Perikles den Bundesgenossen über die weitere Verwendung des Geldes keine Rechenschaft schuldig zu sein, und er benutzte nun diese Hilfsquellen, um jene herrlichen Kunstwerke aufzuführen, die für alle späteren Zeiten Muster der Schönheit geworden sind, und die Athen zu der glänzendsten und berühmtesten Stadt Griechenlands gemacht haben.

2.

Das ohnehin schon kunstsinnige und geistig geweckte Volk der Athener gelangte durch Perikles auf die höchste Stufe der Bildung, und es war ein glückliches Zusammentreffen, daß die größten Bildhauer und Baumeister Zeitgenossen und Freunde des Perikles waren. Ein solcher Freund des Perikles war Phidias, der berühmteste Bildhauer Griechenlands; zu den Hauptwerken des Perikles gehören aber die Propyläen, der Parthenon und das Odeum.

Die Propyläen oder Vorhallen gehörten zu der Burg (Akropolis) von Athen und waren ein Werk des Atheners Mnesikles. Sie bestanden in einem fünffachen Marmorthor mit herrlichen Säulen*), das zu beiden Seiten große Flügelgebäude hatte. Durch diese Propyläen kam man in die eigentliche Burg, in der sich der große Athenentempel, der Parthenon vom schönsten Marmor gebaut, erhob. Er diente ebensowohl einem religiösen Zwecke, namentlich bei den panathenäischen Festzügen, als er auch Schatzkammer und Archiv des athenischen Staates war. Von hier hatte man die entzückendste Aussicht auf die Stadt und das Gewühl des Volkes und auf das Meer mit seinen zahllosen Schiffen und Kähnen. Hier stand die Bildsäule der Pallas Athene, der Schutzgöttin der Stadt, in übermenschlicher Größe, von Phidias aus Elfenbein gearbeitet und mit einem Gewande von purem Gold überkleidet. Als man über den Stoff beratschlagte, aus welchem die Göttin gebildet werden sollte, und Phidias dem Volke vorschlug, lieber Marmor zu nehmen, als Gold und Elfenbein, weil jener billiger sei, da riefen alle einstimmig: „Nein, nicht aus Marmor, sondern aus Gold und Elfenbein!" Die Athener wollten sich ihrer lieben Göttin nicht undankbar erweisen. Auf dem höchsten Gipfel der Burg stand eine andere Bildsäule derselben Göttin in Erz, von Phidias aus der marathonischen Beute gegossen, von so ungeheurer Größe, daß man Lanze und Helmbusch der Göttin schon vom Vorgebirge Sunion aus in einer Entfernung von fünf Meilen erblickte.

Das Odeum war ein rundes, zu musikalischen und poetischen Vorträgen bestimmtes und mit Säulen und Gemälden verziertes Gebäude. Es war nach dem Muster eines Zeltes des Xerxes erbaut und mit marmornen Sitzreihen versehen; das spitzige Dach wurde von persischen Schiffsmasten getragen.

In denselben Fels, auf welchem die Burg thronte, waren auch die Sitze für das Theater gehauen, die wie Treppen über einander emporstiegen und

---

*) Das Brandenburger Thor in Berlin ist nach dem Muster der athenischen Propyläen erbaut, ebenso die Münchener „Propyläen".

in einem Halbkreis sich ausdehnten. Von diesen Sitzen überschaute man auch die Stadt, die Olivenwälder, das Meer. Alle Tage wurde Theater gespielt unter freiem Himmel, der in Griechenland fast immer sonnig und heiter ist. An einem Festtage wurden oft sechs Stücke hintereinander gegeben; dann ward öffentlich entschieden, welches Stück am besten gedichtet war, und wer am besten gespielt hatte. Die Sieger erhielten als Preis einen Kranz, und ihre Namen wurden auf einer Säule eingegraben. Der erste von den Trauerspieldichtern der Athener hieß Äschylus, der hatte bei Salamis selber mit gefochten, und sein erstes Stück hieß: „die Perser", worin die Schlacht bei Salamis gefeiert ward. Andere Stücke handelten von den alten Helden, die in Griechenland gelebt hatten; in den Lustspielen wurde gescherzt und gespottet, und selbst der angesehenste Mann in Athen durfte es nicht übel nehmen, wenn er auf der Bühne lächerlich gemacht wurde. Die Athener liebten das Theater über alles, und ein Trauerspiel von dem Dichter Sophokles gefiel ihnen einmal so gut, daß sie im nächsten Feldzuge den Dichter zum Feldherrn erwählten, und Sophokles zeigte sich auch tapfer als Krieger.

Weil die Athener ihre Söhne zugleich in den Wissenschaften, in der Dicht- und Redekunst bildeten und zugleich den Körper übten und geschmeidig erhielten — vom achtzehnten Jahre an mußte jeder die Waffen führen: so konnte ein Mann zugleich Dichter, Gesetzgeber und Feldherr sein, wie Solon, und zugleich ein großer Redner, Staatsmann und Feldherr, wie Perikles. Viele Ringschulen gab es in Athen und drei Gymnasien. So ein Gymnasium lag in einem weiten Garten, der mit Gebüsch bepflanzt war. In der Mitte stand das große Gebäude selbst, umgeben von einem Hof mit Säulenhallen. Dahin gingen nicht bloß die Lehrer, sondern jeder gebildete Mann, der Lust hatte, und die Alten unterhielten sich da mit den Jungen über das Gute und Schöne und alles, was den Geist eines Knaben zu bilden vermag. In den Sälen ward gebadet, neben den Bädern waren lange Bahnen zum Wettrennen. So stärkten und übten die Athener immer Geist und Körper zugleich.

Der besuchteste Ort war aber der Markt; dort wurde nicht bloß gekauft und verkauft, sondern es versammelten sich dort auch die Richter, um Recht zu sprechen, und die Volksgemeinde kam zusammen, um über neue Gesetze abzustimmen, auch einzelne Bürger fanden sich immer daselbst ein, um über Krieg und Frieden zu sprechen und ihre Geschäfte abzumachen. Nun erwäge noch, daß Athen zu Perikles' Zeiten am volkreichsten war, daß Hunderte von Schiffen täglich in den Hafen liefen, um neue Waren zu bringen oder auszutauschen, und du kannst dir im Geiste ein schwaches Bild von dem Leben dieser Stadt entwerfen.

Auch die Malerei hatte zu Perikles' Zeiten den höchsten Grad der Vollendung erreicht, und mit einem Phidias wetteiferte ein Zeuxis und Parrhasius. Beide stellten einst einen Wettkampf an in ihrer Kunst. Zeuxis malte Weintrauben, so natürlich, daß die Vögel herzuflogen, um davon zu naschen. Nun brachte auch Parrhasius sein Stück; es war mit einer dünnen

Leinwand überhängt. „Nun, so nimm den Vorhang weg!" sprach Zeuxis; aber Parrhasius lachte, denn der Vorhang war selber das Gemälde. Der eine Künstler hatte bloß Vögel, der andere aber Menschen getäuscht.

3.

Weil Perikles so große Summen aufwendete für die Kunst und die Künstler, klagte ihn Thucydides an, daß er die Beiträge der Bundesgenossen verschwende; doch Perikles ging siegreich aus diesem Kampfe hervor, und endlich gelang es ihm sogar, die Verbannung seines Gegners zu bewirken. Nun hatte er alle seine Feinde aus dem Felde geschlagen, nun lenkte er allein das Volk durch die Gewalt seiner Rede, und wenn auch das Volk dem Namen nach herrschte, so war doch Perikles in der That Alleinherrscher. Und er führte das Staatsruder mit eben so weiser als kräftiger Hand. Bei all den großen Summen, über die er zu verfügen hatte, bewies er doch sein ganzes Leben lang eine so große Uneigennützigkeit und Unbestechlichkeit, daß er das von seinem Vater ererbte Vermögen nicht um eine Drachme vergrößerte. Darum hatten aber auch die Athener unbedingtes Vertrauen zu ihm. Dies zeigte sich bei folgender Gelegenheit.

Die Insel Euböa empörte sich gegen Athen; kaum hatte Perikles mit einem Heere die Insel betreten, so kam die Kunde, daß auch Megaris abgefallen sei. Perikles führte sogleich sein Heer aus Euböa zurück, fand aber auf dem Festlande nicht nur die Megarenser, sondern auch ein spartanisches Heer unter dem jungen König Plistoanax, der verwüstend tief in Attika eindrang. Mit so überlegener Macht scheute sich Perikles den Kampf zu unternehmen, und er bestach den spartanischen König, worauf das peloponnesische Heer sich zurückzog. Nun ging er wieder nach Euböa, unterwarf die Insel und verteilte das Land unter athenische Bürger. Als Perikles dem Volke Rechnung ablegte, fanden sich zehn Talente, die er zu einer Ausgabe verwendet hatte, die „er jetzt nicht nennen könnte". Die Athener verlangten keine nähere Erklärung; Perikles hatte das Geld dem Plistoanax geschickt.

Nachdem Euböa gezüchtigt war, wurden auch die Megarenser hart bestraft, denn Perikles schloß sie von allen athenischen Häfen und Märkten aus, so daß ihr Handel fortan darniederlag. Mit gleicher Härte verfuhr er gegen die andern Bundesgenossen; darüber wurden diese empört und suchten Hilfe bei Sparta. So mußte der schreckliche Bürgerkrieg kommen, welcher der peloponnesische heißt, der Griechenlands Blüte in der Wurzel tötete.

Eine Insel, Korcyra (jetzt Korfu), hatte mit der reichen Handelsstadt Korinth Krieg angefangen und Athen um Hilfe gebeten. Athen freute sich, die angesehene Stadt zu demütigen und leistete die Hilfe sehr gern. Dafür reizte wieder Korinth viele der von Athen unterworfenen und hart gedrückten Städte zum Aufruhr, und mit den Korinthern vereinigten sich alle übrigen, den Athenern feindlich gesinnten Griechen, um in Sparta über Athens Herrschsucht sich zu beklagen. Vorläufig schickte Sparta eine Gesandtschaft nach Athen, mit der Forderung, die unterworfenen Städte und Inseln frei zu geben.

Fast hätten die Athener diese Forderung bewilligt, als Perikles fragte: „Soll Sparta über uns, oder sollen wir über Sparta herrschen?" Alsobald schrie alles: „Krieg, Krieg!"

Nun begann der für Athen so verderbliche Krieg von 27 Jahren (431—404 v. Chr.). Archidamus, König von Sparta, rückte mit einem Heere, das aus Lacedämoniern und peloponnesischen Bundesgenossen bestand, in Attika ein und verwüstete das Land bis nahe vor Athen. Perikles ließ alle Bewohner der Landschaft mit allen ihren Habseligkeiten sich in die Mauern Athens flüchten, wo nun eine so ungeheure Menschenmenge zusammenströmte, daß selbst Mauertürme, Tempel und Kapellen bewohnt wurden. Obgleich die Athener vor Kampflust brannten, hielt es Perikles doch für bedenklich, gegen ein Heer von 60 000 Mann ins Feld zu rücken. Nur mit Mühe konnte er den Ungestüm der Bürger bezähmen, und um nicht wider seinen Willen zur Schlacht gezwungen zu werden, hielt er in jener Zeit keine Volks= versammlung. Seine Freunde drangen mit Bitten auf ihn ein, seine Feinde schmähten ihn und machten Spottlieder auf ihn; er blieb unerschütterlich fest. Sein Plan war, dem Feinde zur See zu schaden; daher schickte er eine Flotte von 100 Schiffen aus, und diese verwüstete die Küsten des Pelo= ponnes. Da mußten die Peloponnesier, denen überdies der Vorrat an Lebensmitteln ausging, abziehen.

Im nächsten Jahre wiederholten die Feinde ihren verheerenden Einfall in Attika, und hier kam zu dem äußeren Feinde noch ein innerer, nämlich jene verderbliche Pest, die wahrscheinlich aus Afrika oder Asien zu Schiffe nach Europa gebracht war und in Athen eine unzählige Menge von Menschen hinwegraffte. Die Hitze des Sommers, die Überfüllung der Stadt mit Land= bewohnern, die sich mit kleinen dumpfigen Hütten behelfen mußten, ver= mehrten die Wut der Krankheit. Den Kranken wurden Augen, Zunge und Schlund feuerrot entzündet, innere Hitze und brennender Durst quälten sie schrecklich. Geschwüre in den Eingeweiden und Eiterbeulen auf der Haut steigerten den Schmerz auf das Äußerste, und eine ertötende Mutlosigkeit machte das Übel noch gefährlicher. Furchtbar war der Einfluß der Seuche auf die Gemüter der Menschen; alle Kraft zum Guten wurde erstickt. Der Glaube an die Götter schwand; die Reichen ergaben sich allen möglichen Ge= lüsten und Genüssen; die Frevelhaften verloren alle Scheu vor dem Gesetz. Die Sittenverderbnis, die wie ein Krebs in die Athener hineinfraß, dauerte viel länger, als das Übel selbst. Und da sich nun bei den ungeheuern Lei= den der athenischen Bevölkerung aller Ingrimm gegen den Perikles wandte, den man für den Urheber des Unglücks hielt, so entsetzte das Volk den hochverdienten Mann seiner Feldherrnwürde und legte ihm noch eine Geld= strafe auf. So erfuhr Perikles noch am Abend seines Lebens den Wankel= mut und die Unbeständigkeit des Volks, das ihn einst vergöttert hatte. Mußte er es doch erleben, wie sein Freund Phidias angeklagt wurde, von dem Golde für die Bildsäule der Athene einen Teil unterschlagen zu haben, und obgleich Perikles die Beschuldigung widerlegte, ward Phidias doch ins Ge= fängnis geschickt und endigte dort sein Leben. Seinen Lehrer Anaxagoras,

oer von den Athenern der Gottlofigkeit befchuldigt wurde, konnte er nur da=
durch retten, daß er ihn aus der Stadt verbannte.

Doch nicht bloß der Schmerz, mit so schnödem Undank belohnt zu wer=
den, traf den Perikles in seinem Alter: auch häusliche Leiden beugten den
sonst so starken Mann. Die fürchterliche Pest wütete in seiner eigenen Fa=
milie. Er verlor durch den Tod seine Schwester und seinen Sohn Xan=
thippus. Dennoch behielt er jenen Mut und jene Seelengröße, die über die
Schläge des Schicksals sich erhebt. Als er aber auch seinem Sohne Paralos,
den gleichfalls die Pest hinraffte, nach athenischer Sitte den Totenkranz auf=
setzte, da überwältigte ihn der herbe Schmerz, und er brach in Thränen aus,
wie er nie in seinem Leben gethan hatte.

Endlich erkannte das athenische Volk den Undank und seine Übereilung;
es überzeugte sich von der Wichtigkeit und Unentbehrlichkeit des tiefgekränkten
Mannes und setzte ihn wieder in seine vorige Würde ein. Doch nicht lange
mehr sollte Perikles an der Spitze seines Vaterlandes stehen; auch ihn er=
griff die verheerende Seuche. Als er dem Tode nahe war, rühmten die um
ihn sitzenden Bürger die Größe seiner Tugend und die Menge seiner Siege,
ohne daß sie von Perikles gehört zu werden glaubten. Er aber hatte alles
gehört und sagte: „Ich wundere mich, daß ihr nur das erwähnt, woran
das Glück gleichen Anteil hat mit mir, und was schon vielen Feldherren
begegnet ist; das Schönste und Beste habt ihr jedoch vergessen — kein
Athener hat meinetwegen ein Trauergewand angelegt." —

Alcibiades.

1.

Alcibiades stammte aus einem reichen und edlen Geschlechte, das bis
auf den Telamonier Ajax hinaufreichte, und war verwandt mit Perikles, der
nach dem Tode seines Vaters die Vormundschaft über ihn führte. Die Natur
hatte den Alcibiades mit den glänzendsten Gaben des Körpers und der Seele
ausgestattet; er besaß eine sehr schöne Gestalt, einen lebhaften, durchdringen=
den Geist, eine einschmeichelnde Stimme, die durch ein leises Anstoßen mit
der Zunge — er konnte den Buchstaben R nicht gut aussprechen — nur
um so lieblicher ward. Dagegen hatte er aber auch jenen Leichtsinn und
jenen ausgelassenen Mutwillen, der überhaupt ein Zug des athenischen Volkes
war. Bei solchen Gaben war es kein Wunder, daß er schon als Knabe die
Aufmerksamkeit der Athener auf sich zog, und manche witzige Äußerung,
mancher lose Streich wird von ihm erzählt.

Einst übte er sich mit einem stärkeren Knaben im Ringen, und um nicht
zu unterliegen, biß er ihn in den Arm. Als sein Gegner ihn mit den
Worten schalt: „Alcibiades, du beißest ja wie die Weiber!" antwortete
dieser: „Sag' lieber, wie die Löwen!" — Ein andermal spielte er mit
mehreren andern Knaben Würfel auf der Straße, und er war gerade am

Wurf, als ein Wagen gefahren kam. Alcibiades bat den Fuhrmann, ein wenig zu warten; da dieser aber nicht auf ihn hörte, legte er sich mitten auf die Straße, quer vor die Pferde und sagte: „Nun fahre zu, wenn du willst!" Der Fuhrmann mußte umwenden. — Alcibiades war lernbegierig und seinen Lehrern folgsam, nur gegen die Flöte zeigte er einen großen Widerwillen, weil sie das Gesicht entstelle und nicht gestatte, daß der Spielende dazu singe. „Die Kinder der Thebaner" — meinte er — „mögen Flöte blasen, denn sie verstehen nicht zu reden." Er teilte seine Abneigung gegen dies Instrument seinen Gespielen mit und brachte es völlig in Verruf. — Einst wollte er seinen Vormund Perikles besuchen, erfuhr aber vor der Thür, daß Perikles beschäftigt sei und eben darüber nachdenke, wie er den Athenern Rechenschaft ablegen wolle. „Wäre es nicht besser" — sagte Alcibiades — „darüber nachzudenken, wie er ihnen keine Rechenschaft abzulegen brauchte?"

Als Jüngling war er innig befreundet mit dem weisen Sokrates, der den sonst leichtsinnigen und übermütigen Alcibiades so für sich zu gewinnen wußte, daß er wißbegierig seine Lehren anhörte und ruhig den Tadel des Meisters über sich ergehen ließ. So lange Alcibiades bei dem Sokrates war, faßte er die besten Vorsätze; kam er aber unter das Volk, so schlug er alle guten Lehren in den Wind. Doch in der Liebe zu dem weisen Manne blieb er treu. Auf dem Feldzuge nach Potidäa, den er und Sokrates mitmachten, fiel einst Alcibiades verwundet nieder; da deckte ihn der Weise mit seinem Schild und rettete ihm das Leben. Als nach der Schlacht der Preis der Tapferkeit dem Sokrates zuerkannt werden sollte, bat dieser die Richter, ihn dem Alcibiades zu erteilen. — In der für die Athener unglücklichen Schlacht bei Delium sah Alcibiades, selbst schon auf der Flucht, wie Sokrates von den Feinden hart verfolgt ward. Alcibiades sprengte zurück — denn er war zu Pferde — zerstreute die Feinde und rettete seinem Lehrer das Leben.

In einer lustigen Gesellschaft machte einst der übermütige junge Mann eine Wette, daß er dem Hipponikus, einem reichen und angesehenen Athener, eine Ohrfeige geben wolle, und er führte diese That auf offener Straße aus. Jedermann war über diese Frechheit empört. Am andern Tage jedoch begab sich Alcibiades zum Hipponikus, bat ihn demütig um Verzeihung und entblößte seinen Rücken zur wohlverdienten Geißelung. Hipponikus verzieh ihm und wurde bald so sehr von ihm eingenommen, daß er ihm seine Tochter zur Frau gab.

Durch solche unbesonnene Streiche machte er sich zum Stadtgespräch, und das wollte er eben. Er kaufte einen schönen Hund um mehr als 3000 Mark. Die ganze Stadt sprach von der Schönheit des Hundes und dem teuern Preise. Da hieb er dem Hunde den Schwanz ab, und nun war der abgehauene Schwanz das allgemeine Stadtgespräch. — Einmal ging er über den Markt, als eben Geld unter das Volk verteilt wurde. Die Athener begrüßten ihren Liebling mit Freudengeschrei; da ließ er eine Wachtel fliegen, die er unter seinem Mantel verborgen hatte, und sogleich lief alles dem Vogel nach, um ihn wieder zu fangen. Alcibiades lachte.

Seine Mitbürger suchte er durch Aufwand und glänzende Pracht zu übertreffen. Auf den olympischen Wettkämpfen erschien er mit sieben Wagen, was noch kein König gethan hatte, und mit dreien trug er den Sieg davon.

2.

Der verderbliche Krieg zwischen Athen und Sparta ward im Jahre 422 v. Chr. durch einen Frieden unterbrochen, aber nicht geendet. Alcibiades, der vor Begierde brannte, sich Feldherrnruhm zu erwerben, wandte alle Kunstgriffe an, den Krieg wieder zum Ausbruch zu bringen.

Vor allem suchte er das Volk zu einem Zuge nach Sicilien zu bereden, wozu sich damals eine günstige Gelegenheit darbot. Die Einwohner der Stadt Segesta auf Sicilien wurden von den mächtigen Syrakusern hart bedrängt. Sie baten in Athen um Hilfe und versprachen in ihrer Not 60 Talente monatlichen Sold für 60 Schiffe. Alcibiades wußte durch seine einschmeichelnde Beredsamkeit das Volk so zu bethören und ihm die Eroberung von ganz Sicilien als so gewiß vorzuspiegeln, daß es den Segestanern den verlangten Beistand bewilligte. Durch Alcibiades' Reden begeistert, schwelgte das Volk schon zum voraus in ausgelassener Siegesfreude und träumte sogar von Afrikas und Karthagos Eroberung, worauf dann die Unterwerfung Italiens und des Peloponnes folgen sollte. Die prächtigste von allen Flotten war mit großen Kosten ausgerüstet und der Oberbefehl in die Hände des Nicias, Lamachus und Alcibiades gelegt.

Noch ehe die Flotte auslief, ereignete sich in Athen ein Vorfall, der für Alcibiades die verderblichsten Folgen hatte. In einer Nacht wurden alle Hermessäulen (dem Gott Merkur geheiligte Statuen), die vor den Häusern der Athener standen, umgeworfen und verstümmelt, wahrscheinlich von einer Schar trunkener und mutwilliger Jünglinge. Das Volk sah hierin einen Angriff auf seine Religion und einen Versuch zum Umsturz seiner Freiheit. Aller Verdacht fiel auf Alcibiades, dessen Feinde nicht säumten, den Unwillen des Volkes gegen ihn rege zu machen, zumal da ein Gerücht im Umlauf war, daß er gewisse gottesdienstliche Handlungen der Athener mit seinen Freunden heimlich nachgeäfft und verspottet habe. Seine Feinde drohten mit einer Anklage und Alcibiades drang darauf, daß diese Sache noch vor seiner Abreise nach Sicilien entschieden würde. Allein seine Gegner wußten, daß sie ihm, solange er in Athen sei, nichts anhaben konnten, denn er stand bei dem Volke und dem Heere in großer Gunst. Sie ließen daher die Anklage vorläufig ruhen und drangen auf die Abfahrt.

Alcibiades segelte ab. Die Flotte landete an der Küste von Sicilien (415) und schon hielten die Feldherren Rat über den Kriegsplan, als von Athen ein Schiff ankam, das den Alcibiades abholte, damit er vor Gericht sich stellte. In seiner Abwesenheit hatte man ihn der Entweihung der Religion angeklagt, und viele der Mitschuldigen waren bereits als Opfer der Volkswut hingerichtet worden.

Alcibiades folgte dem Befehl und bestieg das Schiff. Unterwegs aber faßte er den Entschluß, heimlich seinen Wächtern zu entfliehen, denn er traute dem Wankelmute der Athener nicht. Als ihn jemand fragte: „Trauest du denn deinem Vaterlande nicht?" antwortete er: „Nicht einmal meiner eigenen Mutter, denn sie könnte aus Versehen einen schwarzen Stein statt eines weißen in die Urne werfen!" Er entkam nach Elis, und als er hörte, daß die Athener ihn zum Tode verurteilt und sein Andenken verflucht hätten, sagte er: „Ich will ihnen zeigen, daß ich noch lebe!" Aus Rache ging er nach Sparta, wo man ihn natürlich mit Freuden aufnahm. Von nun an war es seine Sorge, den Athenern auf alle Weise zu schaden, und er erteilte den Lacedämoniern die besten Ratschläge, wie sie den Krieg auf die für Athen verderblichste Weise führen könnten. Auf seinen Rat befestigten sie das nahe an der Grenze von Attika gelegene Decelea und wiederholten von diesem festen Standpunkte aus jährlich die verheerenden Einfälle in das attische Gebiet. Ferner erteilte er ihnen den Rat, den Syrakusern in Sicilien Hilfe zu schicken, um die Unternehmungen der Athener zu vereiteln. Dies geschah und mit solchem Erfolge, daß der anfangs für Athen glückliche Feldzug den schlimmsten Ausgang hatte. Nach vielen Verlusten mußten sich die Athener den Syrakusern ergeben, die Gefangenen wurden in die Steinbrüche von Syrakus geworfen, wo sie elend verschmachteten. Nicias wurde nebst seinem Mitfeldherrn auf dem Markte zu Syrakus öffentlich enthauptet. Nun waren die Hilfsmittel der Athener erschöpft, und Verzweiflung bemächtigte sich aller Gemüter. Alcibiades hatte sich gerächt.

Dieser wetterwendische Mann nahm in Sparta ganz die Sitten des spartanischen Volkes an; er badete im Eurotas, ward mäßig und aß die schwarze Suppe, wie ein echter Lakone. Bald war er auch hier der Liebling von alt und jung. Doch die Regierung schöpfte Mißtrauen, und als er noch obendrein den König Agis beleidigt hatte, war er in Sparta nicht mehr sicher und ging nach Asien zum persischen Statthalter Tissaphernes. Auch diesen wußte er für sich zu gewinnen, daß derselbe nicht mehr wie bisher den Lacedämoniern, sondern den Athenern Hilfe versprach. Hierdurch söhnte sich Alcibiades wieder mit seinen Landsleuten aus und bewirkte seine Zurückberufung. Ehe er aber in seine Vaterstadt zurückkehrte, wollte er erst rühmliche Thaten verrichten; nur als ruhmgekrönter Sieger wollte er in Athen einziehen. So ging er denn zuerst nach Samos, wo die athenische Flotte lag, und mit ihm kehrte das Glück zu den Athenern zurück. Sie schlugen die Spartaner zu Wasser und zu Lande und eroberten alle verlorenen Städte und Inseln wieder. Der Name Alcibiades verbreitete bei den Freunden Siegesmut, bei den Feinden Furcht und Schrecken. Die gedemütigten Spartaner schrieben in ihrer gewohnten Kürze nach Hause: „Unser Glück ist dahin, der Anführer ist getötet, die Soldaten hungern, wir wissen nicht, was zu thun." In dieser Not schickte Sparta eiligst Gesandte nach Athen, die demütigst um Frieden baten; aber das übermütige Volk der Athener wies alle Anträge stolz zurück.

Alcibiades segelte mit reicher Beute beladen und mit den Trümmern von 200 zerstörten Schiffen als Siegeszeichen zu seiner Vaterstadt zurück. Als er sich dem Piräus näherte, erwartete ihn eine zahllose Menge Volkes; doch stieg der Held nicht eher aus, als bis er seine Verwandten am Ufer erblickte.

Nun landete er; das Volk richtete alle seine Blicke nur auf ihn und schien für die andern Feldherren, die ihn begleiteten, gar kein Auge zu haben. Alcibiades ging in die Volksversammlung und verteidigte sich hier gegen alle ihm zur Last gelegten Beschuldigungen, klagte jedoch nicht das Volk, sondern nur sein Mißgeschick an, und am Schlusse seiner Rede feuerte er die Athener zur kräftigen Fortsetzung des Krieges an. Das Volk gab ihm sein Vermögen zurück, widerrief den über ihn ausgesprochenen Fluch und ernannte ihn zum unumschränkten Anführer zu Wasser und zu Lande. Weinend empfing Alcibiades die Beweise des Wohlwollens seiner Mitbürger, und unter der Menge selbst beweinten viele sein herbes Mißgeschick.

Doch Alcibiades sollte zum zweitenmale erfahren, wie unsicher und schwankend die Volksgunst ist. Er kehrte nach Samos zurück und stellte seine Flotte bei dem Vorgebirge Notium, in der Nähe der Stadt Ephesus, auf, während Lysander mit der peloponnesischen Flotte in dem Hafen dieser Stadt lag. Einst entfernte sich Alcibiades auf kurze Zeit von seiner Flotte und übertrug den Oberbefehl einem Unterfeldherrn, doch mit der ausdrück= lichen Weisung, sich durchaus in keine Schlacht einzulassen. Lysander aber wußte schlau die Abwesenheit des Alcibiades zu benutzen, segelte aus dem Hafen heraus und überfiel die athenische Flotte, deren Mannschaft sich auf keinen Angriff vorbereitet hatte. Als Alcibiades zurückkehrte, sah er die schreckliche Niederlage, die seine Flotte erlitten hatte, und die er nicht wieder gut machen konnte. Das athenische Volk aber geriet bei dieser Nachricht außer sich vor Wut und entsetzte ihn, dem es alle Schuld beimaß, seiner Feldherrnwürde. So sank der Mann, der noch vor kurzer Zeit der Abgott des Volkes war, wieder schnell von dem Gipfel seines Glückes herab.

Er ging nach Thracien, wo er sich schon vorher eine Burg erbaut hatte. Doch nie erstarb in ihm die Liebe zu seinem Vaterlande. Als die athenische Flotte bei Ägospotami lag (405) und die Soldaten sich trotz der drohen= den Nähe Lysanders zügellos auf dem Lande zerstreuten, um Beute zu holen, begab sich Alcibiades, der das Gefährliche ihrer Lage einsah, zu dem atheni= schen Feldherrn und versprach ihm, die Feinde in kurzer Zeit zur Schlacht zu zwingen, wenn er ihn am Kommando wollte teilnehmen lassen. Doch dieser wies ihn mit der Antwort ab: „Alcibiades hat nichts mehr zu be= fehlen!" So erlitten denn die Athener jene furchtbare Niederlage bei dem Ziegenflusse (Ägospotamos), die Athen der Rache der Lacedämonier preisgab.

Die Spartaner glaubten jedoch ihres Sieges nicht sicher zu sein, so lange Alcibiades noch lebte. Sie stellten ihm nach, und er mußte nach Asien zum persischen Statthalter Pharnabazus fliehen. Er war im Begriff, von diesem zum Könige von Persien zu reisen, um durch dessen Beistand die Rettung seines Vaterlandes zu bewerkstelligen. Doch Lysander verlangte von Pharnabazus die Auslieferung des gefürchteten Mannes so hartnäckig, bis dieser endlich zwei Mörder schickte, ihn zu töten. Sie waren aber zu feig, ihn im offenen Kampf zu töten, und zündeten daher das Haus an, in wel= chem er schlief. Vom Knistern des Feuers aufgeweckt, sprang Alcibiades mit einem Dolche bewaffnet heraus und stürzte sich durch die Flammen.

Da erlegten ihn die Männer aus der Ferne durch Pfeile, schnitten dann sein Haupt ab und brachten es dem Pharnabazus. Seine Freundin Timandra, die bei ihm lebte, bedeckte seinen Leichnam mit ihrem Gewande und verbrannte ihn in der Flamme des angezündeten Hauses.

VI. Kritias und Theramenes. — Thrasybul.

Kritias und Theramenes.

Nachdem die Athener vom Lysander aufs Haupt geschlagen waren, zog das spartanische Heer nach Athen selber und besetzte die unglückliche Stadt. Ihre Mauern wurden niedergerissen unter Flöten- und Posaunenschall und dem höhnenden Jauchzen der Feinde; alle noch vorhandenen Schiffe wurden fortgeführt, und nur zwölf kleine elende Fahrzeuge blieben den Athenern übrig. Die Volksherrschaft wurde aufgehoben, alle verbannten Aristokraten kehrten frohlockend zurück. Das freie Athen sollte nun nach spartanischem Muster regiert werden; dreißig spartanisch gesinnte Bürger erhielten die unumschränkte Gewalt (Tyrannis), und wurden von den Bürgern die „dreißig Tyrannen" genannt. Diese, von der spartanischen Besatzung unterstützt, mordeten und plünderten nach Willkür.

Das Haupt dieser Tyrannen war Kritias, der mit einem Volksfreunde, Theramenes, anfangs Hand in Hand ging. Als aber letzterem das Wüten des Kritias zu arg wurde, that er Einsprache; aber vergeblich. Kritias beschloß, auch den Theramenes zu vernichten. Zu diesem Zwecke stellte er ein Verzeichnis von 3000 Bürgern auf, als „der Besten aus dem Volke". Diese „Besten" sollten allein das Recht haben, Waffen zu tragen und Staatsämter zu bekleiden. Alle übrigen Bürger mußten ihre Waffen ausliefern. Gegen diese Maßregel äußerte sich Theramenes in den heftigsten Worten. „Ist es nicht ungereimt," sprach er, „daß nur diese 3000 Bürger gut sein sollen und alle übrigen schlecht?" Die Hinrichtungen nahmen aber ihren Fortgang und trafen nicht nur die Volksfreunde, sondern alle, die ein Vermögen besaßen, nach welchem den Tyrannen gelüstete. Auch Theramenes ward aufgefordert, an diesem Unwesen teil zu nehmen; er aber weigerte sich standhaft und sprach: „Sollten wir, die wir uns die Besten nennen, solche Ungerechtigkeiten begehen?" Von dieser Zeit an betrachteten die Dreißig den Theramenes als einen ihrer Willkürherrschaft gefährlichen Mann und beschlossen seinen Sturz.

Eine Ratsversammlung ward berufen; zuvor aber hatte die Wache Befehl erhalten, mit verborgenen Schwertern zu erscheinen. In Gegenwart des Theramenes erhob sich Kritias und klagte ihn als einen Feind der Verfassung an, ja als den Urheber aller Übel im Staat. Als er seine Anklage geendet hatte, nahm Theramenes das Wort zu seiner Verteidigung, und bald

9*

erhoben sich in der Versammlung mehrere Stimmen zu seinen Gunsten. Da erkannte Kritias, daß, wenn man dem Rate die Entscheidung überließe, Theramenes der Verurteilung entgehen würde. Er besprach sich heimlich mit den Dreißigen. Darauf entfernte er sich und befahl der Wache, bis an die Schranken der Versammlung zu treten. Bei seinem Eintritt aber sagte er zu dem Rate: „Diese Männer hier geben zu erkennen, daß sie es nicht gestatten wollen, wenn wir den Theramenes freisprechen, da er ohne Hehl die Regierung geschmäht hat. Da unsere neuen Gesetze verbieten, die in dem Verzeichnisse der 3000 befindlichen Bürger ohne euer Urteil zu strafen, so streiche ich mit euer aller Bewilligung den Theramenes aus diesem Verzeichnisse aus. Dann ist er in der Gewalt der Dreißig und wird seiner Strafe nicht entgehen!“

Nach diesen Worten sprang Theramenes an den Altar und sagte: „Ich flehe euch, ihr Männer, an um das, was ich mit dem größten Rechte fordern kann. Wohl weiß ich, daß dieser Altar mich nicht schützen wird, aber jene sollen zeigen, daß sie nicht bloß gegen Menschen, sondern auch gegen Götter freveln. Ihr aber, Männer von Athen, wollt ihr euch nicht selbst helfen, und seht ihr nicht, daß man auch eure Namen nach Belieben streichen wird?“

Kritias ließ die Elfmänner kommen, denen die Aufsicht über das Gefängnis und die Hinrichtung oblag; zu diesen sprach er: „Wir übergeben euch den Theramenes, der nach dem Gesetze zum Tode verurteilt ist; führt ihn ins Gefängnis und thut das Übrige!“ Darauf zogen die Diener den Theramenes, der Götter und Menschen zu seinem Beistande anrief, von dem Altar hinweg. Der Rat aber blieb ruhig, aus Furcht vor den Bewaffneten, und der Volksfreund Theramenes mußte den Giftbecher trinken.

*　　*

*

Nach der Hinrichtung des Theramenes fuhren die Dreißig fort, die angesehensten Bürger von Athen ihres Vermögens und ihres Lebens zu berauben. Viele verließen ihr Vaterland und gingen freiwillig in die Verbannung. Theben, Megaris und Argos nahmen die Flüchtlinge freundlich auf. Doch bald sollte für Athen der Tag der Befreiung kommen.

Thrasybul, der neben Alcibiades einst den Befehl auf der athenischen Flotte geführt hatte und sich jetzt unter der Zahl der Ausgewanderten befand, besetzte von Theben aus mit 70 Vertriebenen die auf der Grenze gelegene Festung Phyle und machte sie zu einem Zufluchtsorte für die Flüchtlinge. Täglich mehrte sich sein Anhang, und bald flößte er den Dreißigen in Athen Besorgnis ein. Sie zogen gegen Phyle, die Festung zu erobern; doch der Versuch mißlang, und sie mußten sich mit Verlust zurückziehen. Nun unternahm Thrasybul von seiner Festung aus kleine Streifzüge, die für ihn immer siegreich waren und den Mut der Seinigen belebten.

Kritias hielt sich mit seinen Genossen in Athen nicht mehr sicher und zog nach Eleusis. Dort ließ er alle ihm Verdächtigen töten. Thrasybul aber rückte bei Nacht ungehindert bis vor Athen und lagerte mit seinem kleinen Heer, das schon auf die Zahl 1000 gestiegen war, in der Hafen-stadt Piräus. Die Dreißig rafften so viel Mannschaft zusammen, als sie nur vermochten; aber ihrer Schar fehlte der Mut. Es kam zu einem ent-scheidenden Treffen, und Thrasybul gewann den Sieg. Er beobachtete aber die größte Mäßigung und vergalt nicht Blutvergießen mit Blutvergießen. Die fliehenden Bürger wurden nicht verfolgt, die Gefallenen nicht geplün-dert; nur Waffen und Nahrungsmittel nahmen die Sieger. Jetzt ward mit den Bürgern in der Stadt unterhandelt; die Dreißig wurden abgesetzt, und im Jahre 403 v. Chr. bekam Athen seine Freiheit und Verfassung wieder; doch der alte Glanz und die alte Herrlichkeit waren auf immer dahin.

VII. Pelopidas und Epaminondas.

1. Pelopidas.

Seit dem Falle Athens kannte der Übermut der Spartaner keine Grenzen mehr. Mitten im Frieden überfiel ihr Feldherr Phöbidas mit seinem Heere Theben, wo innere Zwietracht zwischen den Aristokraten und Demokraten ausgebrochen war, und besetzte die Burg Kadmea. Jedoch dieses Raubes sollten sich die Spartaner nicht lange erfreuen. Unter den Vertriebenen, die sich nach Athen wandten, war auch Pelopidas, ein edler thebanischer Jüng-ling. Er hatte keine Ruhe mehr, so lange seine Vaterstadt in den Händen der Feinde war, und leitete eine Verschwörung ein. In der Nacht sollten alle Anführer der Spartaner ermordet, die Besatzung verjagt werden; alles war hierzu genau mit den Freunden in Theben verabredet. Als der zur Ausführung bestimmte Tag erschien, machte sich Pelopidas mit elf Gefährten des Morgens in aller Frühe auf den Weg. Sie waren als Jäger ver-kleidet, mit Hunden und Jagdgeräten versehen, um kein Aufsehen zu erregen. Abends spät kamen sie vor Theben an und gingen durch verschiedene Thore der Stadt. In dem Hause des Charon, eines Mitverschworenen, kamen sie nach der Verabredung zusammen. Alle Genossen waren hier versammelt, die Waffen lagen bereit, alle rüsteten sich zur blutigen That.

Unterdessen schmausten Archias und Philippus, die beiden vor-nehmsten Spartaner, bei Phyllidas, einem der Mitverschworenen. Auch dieses war so verabredet. Phyllidas nötigte fleißig zum Trinken und er-wartete seine Gehilfen. Plötzlich trat ein Bote herein und überreichte vom Oberpriester zu Athen einen Brief, der die ganze Verschwörung entdeckte. Der trunkene Archias lächelte und nickte mit dem Kopfe, als ihm der Bote den Brief gab. „Es sind Sachen von Wichtigkeit" — sagte der Bote — „du möchtest den Brief sogleich lesen!" „Sachen von Wichtigkeit auf mor-gen!" schmunzelte Archias und legte den Brief bei Seite. — „So recht" —

schrie Phyllidas — „jetzt ist es Zeit zu trinken und fröhlich zu sein; ich habe auch Tänzerinnen bestellt, die werden sogleich erscheinen!" Sie erschienen nur zu bald. Es waren Verschworene, die unter ihren Weiberkleidern die Dolche verborgen hatten. Sie näherten sich den beiden jubelnden Spartanern, zogen ihre Dolche und stießen sie nieder. Zu gleicher Zeit wurden auch die übrigen Anführer der Spartaner ermordet.

Über diesem Tumult erwachten die Bürger. Jeder zündete in seinem Hause Licht an, hielt aber die Thür dicht verschlossen. Alle erwarteten ängstlich den Anbruch des Tages. Da erschienen die Befreier, feierlich von den Priestern geleitet, welche Friedenskränze in die Höhe hoben, auf dem Marktplatze, wohin das ganze Volk zusammengeströmt war. Epaminondas trat auf und schilderte der versammelten Menge in einer ergreifenden Rede die glorreiche That des Pelopidas. „Wer noch ein Herz hat," sprach er, „für sein Vaterland, der ergreife die Waffen zur Verteidigung der Freiheit!" Freudig folgte das Volk diesem Rufe. Auch die Athener, welche keine Gelegenheit vorbeigehen ließen, wo sie ihren Erbfeinden schaden konnten, schickten Hilfstruppen. Die Burg wurde hart belagert und schon nach einigen Tagen mußte sich die spartanische Besatzung ergeben. So wurde Theben wieder frei.

2. Epaminondas.

Es war aber vorauszusehen, daß die stolzen Spartaner es nicht geduldig ertragen würden, daß man ihnen die köstliche Beute so aus den Händen gerissen hatte. Sie rüsteten ein furchtbares Heer und zogen gegen Theben. Jeder, der den drohenden Zug ansah, hielt die arme Stadt für verloren. Die Thebaner jedoch, durch die gelungene That des Pelopidas ermutigt, rüsteten sich zur tapferen Verteidigung ihrer wieder errungenen Freiheit und stellten zwei treffliche Männer an die Spitze ihres Heeres, Pelopidas und Epaminondas. An diesem herrlichen Freundespaar ist es recht offenbar geworden, wie einzelne große Männer die Kraft und der Segen eines ganzen Volkes sind; mit Pelopidas und Epaminondas sank auch Thebens Ruhm und Größe.

Epaminondas stammte aus einer edeln, aber verarmten Familie, die jedoch seine Erziehung nicht vernachlässigt hatte. In den Wissenschaften hatte der Jüngling solche Fortschritte gemacht, daß er bald mit den berühmtesten Männern Griechenlands wetteifern konnte. Dazu erwarb ihm sein gerades, biederes, liebevolles Wesen viele Freunde, unter andern auch den Pelopidas. Dieser hätte gern seinen Reichtum mit ihm geteilt; aber nie war er zu bewegen, auch das Geringste anzunehmen, so drückend auch oft seine Lage war. Er hatte nur ein einziges Oberkleid und konnte einst mehrere Tage hindurch gar nicht aus dem Hause gehen, weil dieses gerade in der Wäsche war. Ehrenstellen suchte er nie; sobald aber das Vaterland seine Dienste verlangte, war er bereit. Man mochte ihm einen hohen oder niederen Posten anweisen, er verwaltete ihn stets mit der größten Gewissenhaftigkeit. Sein

Grundsatz war, der Mann müsse seinem Amte Ehre machen, nicht aber das Amt dem Manne. Einem persischen Gesandten, der mit Säcken Goldes zu ihm kam, um ihn zu bestechen, gab er zur Antwort: „Mein Freund, wenn die Absichten deines Königs dem Vaterlande vorteilhaft sind, bedarf es deines Goldes nicht; sind sie ihm aber schädlich, so wird dein Gold mich nicht zum Verräter meines Vaterlandes machen. Du aber verlaß sogleich die Stadt, damit du nicht andere verführst." Als er in der Folge das Heer anführte, erfuhr er, daß sein Waffenträger einem Gefangenen für Geld die Freiheit gegeben habe. „Gieb mir meinen Schild zurück," sagte er unwillig zu diesem. „Seitdem Gold deine Hände befleckt hat, kannst du nicht länger in Gefahren mein Begleiter sein."

Dieser biedere Mann stand jetzt an der Spitze des thebanischen Heeres und rückte den Spartanern kühn entgegen. Sein Freund Pelopidas befehligte eine besondere Abteilung thebanischer Jünglinge, die heilige Schar genannt; diese hatten sich durch einen feierlichen Eid verbunden zu siegen oder zu sterben. Bei dem Städtchen Leuktra, wenige Meilen von Theben, stießen beide Heere auf einander. Mustervoll stellte Epaminondas sein Häuflein gegen die überlegenen Feinde auf. Um nicht von der größeren Anzahl überflügelt zu werden, ließ er es in einer schrägen keilförmigen Richtung vorrücken. Durch diese schräge Schlachtordnung (Phalanx) wird der Feind auf einem Punkt mit aller Gewalt angegriffen, und doch kann er keine großen Heermassen wirken lassen. So durchbrach der thebanische Keil die spartanischen Schlachtreihen; der königliche Feldherr der Spartaner wurde niedergehauen und mit ihm die Scharen seiner Getreuen. Da wichen die Feinde bestürzt zurück und suchten ihr Heil in der Flucht. Durch diesen herrlichen Sieg, den die Thebaner im J. 371 v. Chr. erfochten, wurden sie auf einmal das größte und angesehenste Volk in Griechenland. Als solches ordneten sie sogar die Königswahl in Macedonien.

Als die Nachricht dieser Niederlage nach Sparta kam, wurden die Mütter derjenigen Söhne, die sich durch die Flucht gerettet hatten, äußerst traurig; vor Scham ließen sie sich gar nicht sehen. Diejenigen Frauen aber, deren Söhne gefallen waren, erschienen fröhlich, mit Blumenkränzen geschmückt, auf dem Marktplatze, umarmten sich und wünschten sich Glück, dem Vaterlande so tapfere Söhne geboren zu haben. Man war jetzt in großer Verlegenheit, wie man mit den Flüchtlingen verfahren solle, denn das Gesetz des Lykurgos verurteilte sie zu den härtesten Strafen. Aber in dieser Zeit der Not bedurfte man zu sehr der Krieger, deshalb sagte der König: „O lasset das Gesetz für heute schlafen; möge es morgen mit aller Strenge wieder erwachen!" Hiermit hatte es sein Bewenden, und die Flüchtlinge wurden begnadigt.

3. Das Ende der Helden.

Der kühne Epaminondas suchte bald darauf die Spartaner in ihrem eigenen Lande auf. Er fiel in den Peloponnes ein und nahm ihnen hier eine Stadt nach der andern weg. Auch die Messenier rief er zum Freiheits-

kampfe auf, und freudig erhob sich das gedrückte Volk. Die Spartaner ge=
rieten in die höchste Not und sprachen sogar ihre alten Feinde, die Athener,
um Hilfe an. Und diese verbanden sich wirklich mit ihnen, aus Neid über
die wachsende Größe Thebens. Doch Epaminondas verlor nicht den Mut,
er unternahm vielmehr noch ein kühneres Wagstück und griff Sparta selber
an. Schon war er bis auf den Marktplatz vorgedrungen; aber der ver=
zweifelten Gegenwehr des spartanischen Volkes gelang es, ihn wieder zurück=
zutreiben, und Epaminondas zog sich bis Mantinea zurück. Bei dieser
Stadt kam es im J. 362 zu einer blutigen Schlacht. Die Spartaner fochten
wie Verzweifelte, dessenungeachtet mußten sie weichen. Die Thebaner, von
ihrem Helden Epaminondas geführt, drangen mit Ungestüm in ihre Reihen
und warfen alles über den Haufen. Da traf den Feldherrn ein feindlicher
Wurfspieß, dessen eiserne Spitze in seiner Brust stecken blieb. Ein blutiges
Gefecht erfolgte nun um den Verwundeten, aber die Seinigen retteten ihn
aus dem Gedränge der Feinde.

Die Nachricht von der Verwundung des Epaminondas verbreitete
Schrecken und Schmerz im thebanischen Heere; die Schlacht wurde abgebrochen
und der Sieg nicht verfolgt. Aber den Ruhm des Sieges nahm der Held
mit ins Jenseits. Die Ärzte hatten erklärt, daß er sterben würde, sobald
man das Eisen aus der Wunde ziehe. Epaminondas ließ es so lange stecken,
bis man ihm meldete, der Sieg sei gewonnen und sein Schild gerettet.
Man reichte ihm den Schild, und er küßte ihn. Dann sprach er: „Ich habe
genug gelebt, denn ich sterbe unbesiegt." Und als seine Freunde weinten
und klagten, daß er dem Staate keinen Sohn hinterlasse, erwiderte Epami=
nondas: „Ich hinterlasse euch zwei unsterbliche Töchter, die Schlachten bei
Leuktra und Mantinea!" Darauf ließ er das Eisen aus der Wunde ziehen
und hauchte seine Heldenseele aus.

*

Während Epaminondas gegen die Lacedämonier gekämpft, hatte Pelo=
pidas in Thessalien Krieg geführt gegen Alexander, den Tyrannen von Pherä,
welcher sich ganz Thessalien zu unterwerfen suchte. Hinterlistigerweise wurde
er von diesem gefangen genommen. Da ihn jeder im Gefängnis sprechen
durfte, sprach er frei und offen gegen den Tyrannen und ließ dem Alexander
sagen: „Ich wundere mich, daß du mich so lange leben läßest! Denn wenn
ich entkomme, werde ich sofort Rache an dir nehmen." Alexander fragte:
„Warum eilt denn Pelopidas zum Tode?" — „Damit du," antwortete
Pelopidas, „den Göttern desto verhaßter werdest!" Bald aber kam Epami=
nondas an der Spitze eines thebanischen Heeres und befreite seinen Freund.
Nicht lange darauf wurde Pelopidas abermals gegen Alexander nach Thessa=
lien berufen. Der schlaue Mann hatte sogar die Athener mit seinem Gelde
gewonnen und drohte Theben gefährlich zu werden. Als Pelopidas mit
seinen Thebanern auszog, trat plötzlich eine Sonnenfinsternis ein. Darüber
wurde das thebanische Heer stutzig und weigerte sich, weiter vorzurücken. Da
warb Pelopidas auf eigene Hand dreihundert Reiter und zog mit diesen vor=

wärts. Nun verstärkte er wohl unterwegs sein Häuflein, aber nur wenige Thebaner waren mit ihm. Das machte dem Tyrannen Mut, und dieser ging dem Pelopidas mit einem starken Heere entgegen. Doch Pelopidas machte aus seiner zusammengerafften Mannschaft Helden und schlug den Alexander, der sich während der Schlacht hinter einem seiner Trabanten verkroch. Als Pelopidas ganz allein in seinem Siegesmut unter die Feinde gedrungen war, ward er von den Seinigen abgeschnitten und niedergemacht. Es entstand darüber solche Trauer im Heere, als wenn es die größte Niederlage erlitten hätte. Nicht bloß die Menschen schnitten ihre Haare ab, auch die Pferde wurden geschoren.

VIII. Philipp von Macedonien. Demosthenes und Phocion.

1.

Als Pelopidas in Thessalien kämpfte, griff er auch in die Angelegenheiten des macedonischen Reichs und befestigte den König Alexander, den ältesten Sohn des Amyntas, auf dem Thron; den jüngsten aber, Philipp, nahm er als Geisel mit nach Theben. Hier lebte Philipp im Hause des Epaminondas und hatte Gelegenheit, sich nach dem Vorbilde dieses großen Thebaners zum tüchtigen Feldherrn und Krieger auszubilden; vor allem aber lernte er in Theben die Verwirrungen und Zerwürfnisse, sowie die Sittenverderbnis der griechischen Staaten kennen.

Nach dem Tode des macedonischen Königs Perdikkas machte Philipp Ansprüche auf den erledigten Thron; doch befand er sich anfangs in einer sehr schwierigen Lage, da sich mehrere Bewerber um den Thron erhoben und das Reich von allen Seiten durch furchtbare Feinde bedroht ward. Dennoch verlor Philipp den Mut nicht; er besaß Selbstvertrauen genug, alle seine Feinde überwinden zu können. Freilich war ihm auch jedes Mittel recht, wenn es nur zum Zwecke führte, und wenn er auf der einen Seite durch Klugheit, Tapferkeit und Feldherrntalent sich hervorthat, so war er auf der andern Seite nicht minder treulos und hinterlistig. Stets unterhielt er in den griechischen Städten für große Summen Verräter unter den Bürgern, die, durch seine Bestechungen gewonnen, die Freiheit ihres Vaterlandes an den fremden Eroberer verkauften.

Durch seine List und Klugheit schlug Philipp alle andern Thronbewerber aus dem Felde, und sobald er allein König war, zog er aus gegen die Barbaren, die von Norden und Westen her das Reich bedrohten, und brachte ihnen blutige Niederlagen bei. In diesen Kriegen bildete er sich ein geübtes und furchtbares Heer, das er unüberwindlich machte durch die eigentümliche Schlachtordnung, welche er von Epaminondas erlernt und dann selber noch verbessert hatte. Diese Schlachtordnung wurde die macedonische Phalanx genannt; 8000 Mann schwerbewaffnete Krieger standen 16 Reihen tief hinter einander, und die fünf ersten Glieder hielten ihre 4 — 5 m langen Speere vor; die Masse hatte das Ansehen eines Keiles und bildete einen undurch= dringlichen Wald von Speeren.

Vor allem suchte Philipp die griechischen Pflanzstädte an der macedoni= schen und thracischen Küste zu unterwerfen; er nahm Amphipolis, besetzte Pydna und entriß die Stadt Krenides den Thasiern; diese Stadt befestigte er stark und nannte sie Philippi. Mit ihr fielen auch die reichen Goldberg= werke am Pangäus in seine Hände; er ließ diese Minen so eifrig bearbeiten, daß sie ihm jährlich tausend Talente eintrugen. So gewann er Geld für die zahlreichen Bestechungen, durch welche er sich in den griechischen Städten Verräter erkaufte. Sein Grundsatz war: keine Mauer sei so hoch, daß nicht ein mit Gold beladener Esel hinüber schreiten könnte.

Denn Philipp, nicht zufrieden mit seinem Königreiche Macedonien, hatte es sich zur Aufgabe seines Lebens gemacht, die durch Zwietracht und Sitten= verderbnis zerrütteten griechischen Staaten zu unterwerfen. Um dieses Ziel zu erreichen, hatte er sich bereits die Freundschaft der Thessalier erworben, die er gegen die Anmaßungen des herrschsüchtigen Tyrannen von Pherä, der ganz Thessalien zu unterjochen drohte, schützte. So war ihm der Durchzug durch Thessalien nach dem eigentlichen Griechenland gesichert, und er wartete nur auf eine günstige Gelegenheit, sich in die Angelegenheiten dieses Landes zu mischen. Die Veranlassung fand sich bald.

Die Phocier, in deren Gebiet die heilige Stadt Delphi lag, berühmt durch den Tempel und das Orakel des Apollo, hatten einen dem Apollo ge= weihten Landstrich bebaut. Für dieses Vergehen ward ihnen eine schwere Geldstrafe auferlegt, die sie nicht bezahlen konnten. Die schon lange den Phociern feindlich gesinnten Thebaner begannen nun den Krieg, welcher der „heilige" genannt ward, weil die Beschützung des dem Gotte geheiligten Lan= des den Vorwand dazu gab. Die Phocier, die sehr arm waren, überfielen aus Verzweiflung den delphischen Tempel und verwandten die geraubten Tempelschätze zur Anwerbung von Söldnerheeren. Vier Feldherren stellten sich nach einander an ihre Spitze und führten den Krieg nicht ohne Glück. Bis nach Thessalien drangen die siegreichen Phocier vor, die Thessalier aber riefen den Philipp zu Hilfe. Er erschien und schlug die Phocier in einem großen Treffen. Gern wäre er schon jetzt durch die Thermopylen nach Griechenland vorgedrungen, allein hier traf er auf ein athenisches Heer und mußte für diesmal seinen Plan noch aufschieben. Dafür machte er in den folgenden Jahren Eroberungen auf der Insel Chalcidice und zerstörte dort die von den Athenern unterstützte Stadt Olynth (348).

<h2 style="text-align:center">2.</h2>

Die Griechen in ihrer Verblendung hielten den kleinen nordischen König für gar nicht gefährlich; aber ein Mann durchschaute früh den Plan Phi= lipps, ganz Griechenland unter seine Botmäßigkeit zu bringen, und erhob sich mit aller seiner Kraft, seine Mitbürger vor dem gefährlichen Feinde zu warnen. Dieser brave Grieche hieß Demosthenes. Er war der Sohn eines Waffenschmieds in Athen und ließ selbst noch dieses Geschäft durch Sklaven betreiben. Seinen Vater verlor er schon als siebenjähriger Knabe. Da er schwächlich und kränklich war, konnte er an den Leibesübungen der übrigen Knaben nicht teilnehmen und mußte deshalb manchen Spott über sich ergehen lassen. Niemand ahnte damals in ihm den künftigen großen Redner, denn er besaß eine schwache Brust und stotterte, konnte auch das R nicht aussprechen. Einst hatte er eine Rede des Redners Kallistratos gehört und war von derselben so ergriffen worden, daß er den Entschluß faßte, selber die Kunst der Beredsamkeit zu studieren. Er las nun mit dem größten Fleiß die Werke der griechischen Schriftsteller, um sich ihre Darstellungs= weise anzueignen, und ein großes Werk, die Geschichte des Thucydides, schrieb er achtmal ab. Auch hörte er den berühmten Weisen Plato und den Redner Isäos.

Zuerst trat er mit einer Anklage gegen seine Vormünder auf, die ihn durch ihren Eigennutz um sein Vermögen gebracht hatten. Er gewann den Prozeß, erhielt aber nur einen kleinen Teil seines veruntreuten Geldes zu= rück. Nun wagte er es, auch öffentlich vor dem athenischen Volke auf= zutreten, aber seine Rede wurde ausgepfiffen und verlacht. Dasselbe Schick= sal hatte er auch bei einem zweiten Versuche. Voll Verdruß und Mißmut lief er nach Hause und beklagte sich bei seinem Freunde Satyros, der ein Schauspieler war, bitter über die Ungerechtigkeit des Volkes, das so viele ungebildete Menschen gern höre, und ihn, der allen Eifer auf die Beredsam= keit verwandt habe, so schmählich behandle. „Du hast Recht," sagte Satyros, „doch ist vielleicht dem Übel abzuhelfen, wenn du mir eine Stelle aus dem Sophokles oder Euripides hersagen willst." Demosthenes that es, und nun wiederholte der Schauspieler dieselbe Stelle mit einem so lebendigen Vor= trage und ausdrucksvollen Mienenspiele, daß Demosthenes eine ganz andere Stelle zu hören glaubte. Da sah er ein, daß ihm noch vieles fehle, und ohne sich abschrecken zu lassen, ging er nun mit verdoppeltem Fleiß an seine Ausbildung.

Um seine Stimme zu stärken, begab er sich an die Meeresküste und suchte das Tosen der an die Ufer schlagenden Wellen zu überschreien. Dann nahm er Kieselsteine in den Mund und versuchte dennoch deutlich zu reden; er ging steile Berge hinan und sagte dabei Reden her, um seinen Atem zu stärken. Um sich längere Zeit den Ausgang unter das Volk zu versperren, schor er sich das Haupt auf einer Seite. Während dieser freiwilligen Ver= bannung übte er sich in einem unterirdischen Gemache vor dem Spiegel in der Haltung des Körpers und im Mienenspiel. Nach solchen Vorübungen trat er von neuem vor dem Volke auf, und jetzt erntete er allgemeinen Bei= fall. Was das Äußere der Beredsamkeit betrifft, hat kein Mann schlechtere Anlagen zum Redner gehabt, als Demosthenes, und keiner ist so berühmt und so vollkommen gewesen, als der größte Redner Demosthenes.

Seine mit so heldenmütiger Anstrengung errungene Kunst weihte De= mosthenes ganz dem Wohle seines Vaterlandes. Schon waren die Griechen sittlich verdorben; aber mit unermüdlichem Eifer suchte Demosthenes den alten Mut und die alte Tugend wieder in dem leichtsinnigen Volke anzufachen; er erinnerte die Athener an die Heldenthaten des Miltiades und Themistokles, ermahnte sie, nicht ihren Nacken dem Unterdrücker zu beugen, nicht die Beschützung ihrer Freiheit gemieteten Söldlingen zu überlassen. Er forderte die Reichen auf, Beisteuern zum Kriege zu geben und der trägen Ruhe und Bequemlichkeit zu entsagen. Leider hatten aber die besten und begeistertsten Reden des trefflichen Mannes wenig Erfolg, denn es gab in Athen nicht bloß viel verdorbenes Volk, sondern auch unter den bessern Bürgern viele, die an der Rettung des Vaterlandes verzweifelten und den Frieden mit dem macedonischen Könige um jeden Preis erhalten wollten. Diese Ansicht teilte auch Phocion und wurde deshalb einer der Gegner des Demosthenes.

Phocion soll der Sohn eines Löffelmachers gewesen sein. Sein Leben lang war er in großer Armut und zeigte in seinem ganzen Wesen einen tiefen Ernst, denn niemand sah ihn je lachen oder weinen. Nie besuchte er ein öffentliches Bad, und er hielt stets die Hände unter dem Mantel verborgen, was bei den Griechen für ein Zeichen des Anstandes galt. Auf den Feldzügen ging er stets unbeschuht und leicht gekleidet, so daß die Kriegsleute es für ein Zeichen eines strengen Winters hielten, wenn er davon eine Ausnahme machte. Sein Äußeres war finster und mürrisch, weshalb auch niemand seinen Umgang suchte. Als ein Spaßmacher einst seine finstere Miene verspottete und die Athener ein Gelächter erhoben, sagte er: „Meine Miene hat noch niemand ein Leid zugefügt, aber das Gelächter dieser Umstehenden hat dem Staat schon viele Thränen verursacht!“ Ungeachtet seiner Armut nahm er nie Geschenke an, und macedonische Boten, welche ihm ein Geschenk von hundert Talenten überbringen wollten, kamen eben dazu, wie seine Frau den Brotteig knetete, und er selber das Wasser hinzutrug. In Phocions Hause herrschte die größte Einfachheit; die Athener nannten ihn den „Rechtschaffenen“. Während Demosthenes zum Krieg gegen Philipp riet, ermahnte Phocion stets in kurzen, aber scharfen Ausdrücken zum Frieden. Wenn sich Phocion erhob, pflegte Demosthenes heimlich zu seinen Freunden zu sagen: „Das Beil meiner Reden ist da!“ Und dieses Beil fürchtete Demosthenes mehr, als alle übrigen athenischen Redner. Als sie einst mit ihren verschiedenen Meinungen heftig an einander gerieten, rief Demosthenes unwillig aus: „Phocion, die Athener werden dich töten, wenn sie rasend werden!“ — „Und dich“ — antwortete Phocion, „wenn sie bei Verstande sind!“ Da Phocion den Athenern ihre Fehler, namentlich ihren Leichtsinn, mit bitterem Tadel vorwarf, so mußte er dann auch gewöhnlich hören, wie seine Vorschläge verworfen wurden. Als einmal seine Worte Beifall fanden, verwunderte er sich sehr und rief: „Habe ich vielleicht etwas Dummes gesagt?“ Im J. 318 v. Chr. ward Phocion von den Athenern der Verräterei angeklagt, und er mußte den Giftbecher trinken. Als einer seiner Freunde sagte: „Welch unwürdiges Schicksal trifft dich, o Phocion!“ antwortete er ruhig: „Aber kein unerwartetes, denn es hat noch alle großen Athener betroffen!“

3.

Während Philipp seine Eroberungen in Illyrien und Thracien immer weiter ausdehnte, wurde von den Griechen der heilige Krieg mit der größten Erbitterung fortgesetzt. Die Phocier hatten die letzten Tempelschätze weggenommen, um Söldner anzuwerben, und die Thebaner sahen sich wiederholt genötigt, den König Philipp um Hilfe anzusprechen. Philipp wußte die Athener durch listige Unterhandlungen zu täuschen und durch glänzende Versprechungen zu bethören; dann zog er durch die Thermopylen gegen die unglücklichen Phocier, deren Städte, zwanzig an der Zahl, von den siegreichen Macedoniern mit schrecklicher Grausamkeit zerstört wurden.

Philipp war übrigens klug genug, für den Augenblick sich wieder zurückzuziehen; nur den Paß von Thermopylä hielt er besetzt. Listig wartete er auf eine neue Gelegenheit, wo er sich wieder in die griechischen Händel mischen konnte, und seine Boten wanderten unterdes von einer griechischen Stadt in die andere, um die einflußreichsten Männer zu bestechen. Der bekannteste unter denen, die schlecht genug waren, ihr Vaterland zu verraten, ist der athenische Redner Äschines. Dieser und andere seines Schlages bewirkten, daß bald wieder ein heiliger Krieg beschlossen wurde gegen die Einwohner der Stadt Amphissa in Lokris, welche die dem Apoll geheiligte Ebene von Krisa angebaut hatten. Auf den Rat des bestochenen Äschines ward Philipp sogar zum Oberfeldherrn ernannt (339).

Zwar gelang es den Bemühungen des Demosthenes, die Athener zu bewaffnen; doch konnten diese nicht hindern, daß Philipp Amphissa eroberte und dann auch noch Elatea in Lokris besetzte. Nun hatte der Macedonier festen Fuß in Lokris gefaßt, und der Übergang nach Böotien war leicht.

Jetzt ward es den Athenern klar, daß ihnen im folgenden Jahre der Entscheidungskampf um ihre Freiheit bevorstände. Mit rastlosem Feuereifer ermahnte Demosthenes seine Landsleute zur Eintracht und zum Kampfe gegen den gemeinsamen Feind. Die Thebaner, welche auch die Gefahr erkannten, verbanden sich mit den Athenern, und im J. 338 v. Chr. zog das vereinigte Griechenheer nach Böotien in die Ebene von Chäronea, den Macedoniern entgegen. Philipp stand den Athenern, sein achtzehnjähriger Sohn Alexander den Thebanern gegenüber. Tapfer fochten die Griechen, aber die heilige Schar der Thebaner, 300 Mann stark, ward niedergehauen, die Athener wichen dem Andrange der macedonischen Phalanx, und bald war die Flucht des Griechenheeres allgemein.

Selten mag sich ein Feldherr so gefreut haben, wie Philipp über den glänzenden Sieg von Chäronea. Aber zu seinem Ruhme gereicht es, daß er große Mäßigung und wirklichen Edelmut zeigte. Als man ihm riet, Athen zu zerstören, wies er diesen Vorschlag mit den Worten zurück: „Wie, ich habe so vieles für den Ruhm gethan, und sollte jetzt den Schauplatz des Ruhmes zerstören?" Freilich verlor Athen den Chersonnes, fast alle Inseln und seine Herrschaft zur See, aber es bekam doch keine macedonische Besatzung. Strenger wurden die Thebaner behandelt, weil diese es anfangs

mit Sparta gehalten hatten. Ihre Burg Kadmea ward von Macedoniern
besetzt, ihre Stadt unter den Befehl von 300 macedonisch gesinnten Truppen
gestellt, und viele Feinde Philipps wurden verbannt oder hingerichtet. Theben war nur kurze Zeit mächtig gewesen, und Pelopidas und Epaminondas
hatten vergeblich gearbeitet.

Philipp wollte die Kraft der Griechen nicht brechen, er wollte sie vielmehr gebrauchen zum Feldzuge gegen das persische Reich in Asien. Darum
bewies er so viel Schonung und Milde, als nur möglich, damit die Griechen
die Alleinherrschaft eines Königs erträglich finden möchten. Als in Korinth
eine allgemeine Versammlung von Abgeordneten aus den verschiedenen Staaten
Griechenlands gehalten wurde, wählte man ihn einstimmig (339) zum Oberanführer gegen die Perser, die wegen ihrer früheren Einfälle in Griechenland gezüchtigt werden sollten. Nur Sparta wollte nichts von dem Fremdlinge wissen und verweigerte jede Unterstützung. Zornig schrieb ihnen
Philipp: „Wenn ich nach Sparta komme, soll kein einziger von Euch im
Lande bleiben!" — „Wenn!" schrieben ihm die Spartaner zurück, und sonst
kein Wort. Philipp ließ vorerst seinen Streit mit Sparta ruhen und rüstete
sich gegen die Perser. Als er in Macedonien noch die Hochzeit seiner Tochter
feierte, ward er von Pausanias, einem Befehlshaber seiner Leibwache, ermordet. Der Mörder ward ergriffen und hingerichtet, er hatte in einer
Streitsache vom Könige nicht Recht bekommen und aus Rache die Übelthat verübt.

Philipp hatte noch kurz zuvor das delphische Orakel über seinen Feldzug nach Asien befragt und die Antwort erhalten:

„Siehe, der Stier ist bekränzt, sein Ende da, nahe der Opfrer."

Diesen Spruch bezog der König auf die Perser; nun aber war er selber
das Opfer, das durch die Hand eines Meuchelmörders fiel.

IX. Alexander der Große.*)

1.

Philipps Tod machte nur einem noch Größeren Platz, seinem Sohne
Alexander.

Alexander war ein Prinz von den vortrefflichsten Anlagen. Seinem
Vater lag nichts mehr am Herzen, als diese durch allerlei Leibesübungen und
durch einen guten Unterricht auf das Beste auszubilden. Er berief deshalb
den Griechen Aristoteles, den ausgezeichnetsten Weisen damaliger Zeit, an
seinen Hof, um die Erziehung seines hoffnungsvollen Sohnes zu übernehmen.
„Ich freue mich," — schrieb er dem Aristoteles, — „daß das Kind geboren ist, während du lebst, um es zu unterrichten und zu einem guten

---

*) Nach Th. Welter.

Könige bilden zu können." Nie hat ein größerer Erzieher einen größeren Zög=
ling gehabt. Alexander hing aber auch mit ganzer Seele an seinem Lehrer.

Schon früh sehnte sich des Knaben Herz nach hohen ruhmwürdigen
Dingen. Über die ganze Welt wünschte er König und der alleinige Besitzer
aller menschlichen Kenntnisse zu sein. Selbst seinen Vater beneidete er wegen
seiner Thaten. So oft die Siegesboten die Nachricht brachten, Philipp habe
diese oder jene Stadt eingenommen, dieses oder jenes Volk bezwungen, so
wurde der Kleine traurig und sagte mit Thränen in den Augen: „Ach, mein
Vater wird noch die ganze Welt erobern und mir nichts zu thun übrig
lassen!" — Am liebsten hörte er es, wenn seine Lehrer ihm von den Groß=
thaten der alten Helden, von Krieg und Schlachten erzählten. Homer war
deshalb sein Lieblingsbuch. Ein Held zu sein wie Achilles, war sein größter
Wunsch; aber auch so schön besungen zu werden, war sein Verlangen. Die
homerischen Gesänge waren ihm so lieb geworden, daß er sie des Nachts
unter sein Kopfkissen legte, um darin lesen zu können, sobald er erwachte.
Auch auf seinen Feldzügen trug er das Buch bei sich und bewahrte es in
einem goldenen Kästchen. Wie der Held Achilles, so war auch er ein Meister
in allen körperlichen Übungen, vorzüglich in der Behendigkeit. „Willst du
denn nicht" — fragten ihn einst seine jungen Freunde — „bei den öffent=
lichen Wettkämpfen der Griechen mit um den Preis laufen?" „O ja," ver=
setzte er stolz, „wenn Könige mit mir um die Wette laufen." Einst wurde
seinem Vater ein prächtiges, aber sehr wildes Streitroß, Bucephalus ge=
nannt, für den ungeheuren Preis von 13 Talenten (60000 Mark) angeboten.
Die besten Reiter versuchten ihre Kunst an demselben, aber keinen ließ es auf=
sitzen. Der König befahl, das Tier wieder wegzuführen, da es doch kein
Mensch gebrauchen könne. Da bat Alexander, daß man ihn noch einen Ver=
such machen lasse. Mit stolzer Zuversicht näherte er sich dem Pferde, griff
es beim Zügel und führte es gegen die Sonne. Denn er hatte bemerkt, daß
es vor seinem Schatten sich scheute. Dann streichelte und liebkoste er es
und ließ heimlich seinen Mantel fallen. Ein Sprung jetzt und der Jüng=
ling sitzt oben. Pfeilschnell fliegt mit ihm das Pferd dahin! Philipp und
alle Umstehenden zittern für das Leben des Kühnen. Wie er aber froh=
lockend umlenkt und das Roß bald rechts, bald links, so ganz nach Willkür
tummelt, als sei es das zahmste Tier von der Welt, da erstaunen alle.
Philipp weint vor Freuden und umarmt Alexander mit den Worten: „Mein
Sohn, suche dir ein andres Königreich, Macedonien ist zu klein für dich!" —
Persische Gesandte, welche den Knaben in Macedonien sahen, erstaunten und
fürchteten sich schon vor der Kraft und Macht seines künftigen Reichs.

Achtzehn Jahre alt, focht er tapfer mit in der Schlacht von Chäronea,
in welcher die Griechenstämme unterlagen. Der Sieg war hauptsächlich sein
Werk. In seinem 20. Jahre wurde er König. Schwer war für den jungen
Herrscher der Anfang seiner Regierung. Ringsumher standen die unter=
jochten Völker wieder auf; alle gedachten der Freiheit. Die Athener spotteten
des jungen Macedoniers, nannten ihn bald einen Knaben, bald einen un=
erfahrenen Jüngling, von dem nichts zu fürchten sei. „Unter den Mauern

Athens," — sprach Alexander — „werde ich ihnen schon zeigen, daß ich ein Mann bin!" Sogleich brach er mit seinem Heere auf. Das wirkte; alles huldigte ihm. Jetzt eilte er zurück und unterwarf sich unter harten Kämpfen die Völker im Norden und Westen. Plötzlich verbreitete sich das Gerücht, Alexander sei umgekommen. Da war ein Jubel in ganz Griechenland, denn die macedonische Oberherrschaft war den freiheitslustigen Griechen verhaßt. Feste wurden gefeiert und Opfer gebracht, die Thebaner töteten sogar den macedonischen Befehlshaber in ihrer Stadt und verjagten die Besatzung. Aber blitzschnell stand Alexander vor ihren Thoren und zeigte ihnen, daß er noch lebe. Denn als sie ihm auf seine Aufforderung, sich zu unterwerfen, eine kecke Antwort gaben, nahm er mit stürmender Hand die Stadt und zerstörte sie von Grund aus. Nur das Haus des Dichters Pindar verschonte er, weil dieser in so schönen Liedern die Sieger in den griechischen Kampfspielen besungen hatte.

Ein so fürchterliches Beispiel der Strenge verbreitete Schrecken über ganz Griechenland; alle beugten sich vor dem gewaltigen Sieger und gelobten Gehorsam. Alexander verzieh allen und ging nach Korinth, um sich dort, wo eine allgemeine Griechenversammlung gehalten wurde, gleich seinem Vater zum Oberanführer der Griechen gegen die Perser ernennen zu lassen. Die Spartaner waren die einzigen, die von seiner Befehlsherrschaft nichts wissen wollten. „Wir sind gewohnt," — ließen sie ihm sagen — „andere zu führen, aber nicht uns führen zu lassen." Sie nahmen keinen Teil an dem Zuge.

2.

Zu Korinth lebte damals ein sehr weiser, aber auch ein sehr sonderbarer Mann, namens Diogenes. Den Grundsatz, der Mensch müsse so wenig als möglich bedürfen, trieb er ins Lächerliche. Er trug einen langen Bart, einen zerrissenen Mantel, einen alten Ranzen auf dem Rücken und wohnte in einer Tonne. Wenn Alexander alles, so wollte Diogenes nichts besitzen, und warf sogar sein Trinkgeschirr entzwei, als er sich überzeugte, daß man auch aus der hohlen Hand trinken könne.

Alexander hatte Lust, den Sonderling zu sehen und ging, von einem glänzenden Zuge begleitet, zu ihm. Er saß gerade vor seiner Tonne und sonnte sich. Als er die Menge Menschen auf sich zukommen sah, richtete er sich ein wenig auf. Alexander grüßte ihn freundlich, unterredete sich lange mit ihm und fand seine Antworten sehr geistreich. Zuletzt fragte er ihn: „Kann ich dir eine Gunst erweisen?" „O ja," — versetzte Diogenes, — „geh' mir ein wenig aus der Sonne!" Hierüber erhoben die Begleiter Alexanders ein lautes Hohngelächter; Alexander aber wendete sich um und sagte: „Wenn ich nicht Alexander wäre, möchte ich wohl Diogenes sein!"

Auch die Künstler besuchte Alexander fleißig; denn durch griechische Maler, Bildhauer und Steinschneider hoffte er verewigt zu werden. Er zeigte sich aber in allen diesen Dingen, die er nicht verstand, zuweilen etwas vorlaut, und mußte dann manchen Spott verschlucken. Einst tadelte er an einem

Gemälde die unrichtige Zeichnung des Pferdes, und befahl, sein Pferd selbst zur Vergleichung herbeizuführen. Es kam und wieherte sogleich dem gemalten entgegen. „Sieh da!" sagte der Maler, „dein Pferd versteht sich besser auf die Kunst als du." — Als der junge König ein andermal mit viel An= maßung und wenig Kenntnis über Gemälde urteilte, stieß ihn der Meister Apelles an und sagte: „Höre doch auf, Alexander! Sieh nur, wie die Jungen dort lachen, die mir die Farbe reiben."

3.

In seinem 23. Jahre — es war im Frühlinge des Jahres 334 — brach Alexander mit dem Heere der verbundenen Griechen und Macedonier nach Persien auf. Seinen Feldherrn Antipater ließ er als Statthalter in Macedonien zurück, um die feindlich gesinnten Völker, besonders die Spar= taner, in Schrecken zu erhalten. Er selbst setzte bei Sestus über den Helles= pont (die jetzige Meerenge der Dardanellen), sprang in voller Rüstung zuerst ans Ufer von Asien und rief freudig aus: „Mein ist Asien, es werde nicht verheert, ich nehme es als erobert in Besitz!" Auf dem Schlachtfelde von Troja besuchte er die Grabmale der alten Helden, besonders das des Achilles. Er schmückte dasselbe mit Blumen und wünschte nichts mehr, als daß einst ein Dichter wie Homer auch seine Thaten durch Gesänge verherrlichen möge. „O glücklicher Achilles," — rief er, — „der du im Leben einen treuen Freund und im Tode einen Sänger deiner Thaten gefunden hast!" He= phästion, der Freund Alexanders, bekränzte Patroklus' Grabmal. Dann ging's weiter bis nach dem kleinen Flusse Granikus, jetzt Ouswola genannt. An dem jenseitigen Ufer entlang stand ein großes persisches Heer, unter An= führung mehrerer Satrapen (Statthalter), um den Macedoniern den Über= gang zu verwehren. Alexander hielt Kriegsrat. Sein erfahrener Feldherr Parmenio riet, den Abzug der Feinde abzuwarten. „Der Hellespont würde sich ja schämen müssen," — rief Alexander, — „wenn wir uns vor diesem Flüßchen fürchteten!" Er sprang hinein, seine Macedonier ihm nach, die Tapferen wateten durch, griffen an und schlugen die Perser in die Flucht. Im Getümmel der Schlacht wäre der allzukühne Heldenjüngling beinahe ums Leben gekommen. Zwei persische Feldherren, die ihn an dem hochwallenden Federbusch auf dem blinkenden Helm erkannten, sprengten auf ihn los. Er verteidigte sich tapfer, doch bekam er einen Hieb auf den Kopf, daß der Helm zersprang; und als er sich gegen den Hauenden wendete, hob schon der zweite Perser das Schwert zum Todesstreiche auf. Aber in diesem Augenblick eilte Klitus, ein braver Macedonier, herbei und schlug dem einen Perser mit einem fürchterlichen Hiebe Arm und Schwert zugleich zur Erde, während Alexander den andern niederstreckte.

Durch diesen Sieg ward er Herr von Kleinasien. Mit seinem jubeln= den Heere eilte er von Stadt zu Stadt; welche sich ihm nicht freiwillig unterwarf, ward mit Sturm genommen. In Tarsus war sein Leben in Gefahr. Mitten durch die Stadt schlängelte sich der anmutige Cydnusbach, dessen klares Wasser ihn zum Bade einlud. Mit Staub und Schweiß bedeckt stieg er hinein. Da überfiel ein plötzliches Zittern alle Glieder, er wurde leichenblaß und mußte aus dem Bade getragen werden. Die Ärzte gaben ihn auf; sie getrauten sich nicht, etwas zu verordnen. Nur einer, namens Philippus, entschloß sich, in dieser Not ein gefährliches, aber entscheidendes Mittel zu gebrauchen. Der König war eben im Begriff, die ihm verordnete Arznei zu nehmen, als ein Brief von Parmenio anlangte mit der Warnung: „Traue dem Philippus nicht, er soll vom Perserkönig bestochen worden sein, dich zu vergiften." Der König gab den Brief ruhig an seinen Arzt, und während dieser ihn las, nahm er die Arznei. Sein edles Vertrauen ward durch eine schleunige Genesung herrlich belohnt. Schon am dritten Tage stand er wieder an der Spitze seines, den geliebten Feldherrn jubelnd um=ringenden Heeres. Er drang durch die unbesetzten Engpässe Ciliciens und kam nach Issus. Hier, an der äußersten Küste, wo das mittelländische Meer sich nach Süden herunterzieht, stand der Perserkönig Darius Kodo=mannus mit einem Heere von 600000 Mann zur Schlacht bereit. Wie eine schwere Gewitterwolke kam die macedonische Phalanx unverzagt heran=gezogen, so daß die Perser trotz ihrer Überzahl ein Grauen überfiel. Sie wichen nach dem ersten Angriff zurück; bald löste sich das ganze Heer in wilde Flucht auf. Schrecklich war das Gemetzel; über 100000 Perser blie=ben auf dem Platze. Darius' Wagen konnte wegen der Menge der um ihn gehäuften Leichen nicht von der Stelle gerückt werden. Er sprang hinaus, ließ Mantel, Schild und Bogen zurück, warf sich auf sein Pferd und jagte, ohne anzuhalten, Tag und Nacht fort. Seine Mutter, eine seiner Frauen, zwei Töchter und ein unmündiger Sohn fielen dem Sieger in die Hände. Sie brachen in lautes Wehklagen aus, weil sie glaubten, Darius sei er=schlagen. Alexander aber tröstete sie und gab ihnen die Versicherung, daß Darius noch lebe. Er behandelte die hohen Gefangenen mit der größten Teilnahme und Hochachtung, gerade als wäre es die Familie eines Freun=des. Als später Darius hiervon glaubhafte Nachricht erhielt, streckte er die Hände gen Himmel empor und rief: „Götter, erhaltet mir mein Reich, da=mit ich mich dankbar bezeigen kann; habt ihr aber den Untergang desselben beschlossen, so gebet es keinem andern, als dem Alexander von Macedonien!"

4.

Die glorreiche Schlacht bei Issus ward im J. 333 v. Chr. gewonnen. Nun zog der junge Held, unbekümmert um Darius, längs der Meeresküste nach Süden. Die einzelnen Städte unterwarfen sich ihm bereitwillig, weil sie sahen, wie äußerst gnädig der Sieger die eroberten Länder und Völker behandelte. Für die Widerspenstigen aber mußte das Unglück der Stadt Tyrus zur Warnung dienen. Die Bürger derselben versperrten ihm den Eingang und wehrten sich tapfer; aber nach einer Belagerung von 7 Mo=naten mußten sie sich ergeben, und die reiche Handelsstadt wurde gänz=lich zerstört.

Hierauf ward Palästina erobert, und dann zog Alexander über die Land=enge von Suez nach Ägypten. Er schiffte auf dem Nil hinauf bis nach

Memphis; der Weg durch dieses Land glich einem Triumphzuge; des persischen Joches müde, empfingen alle frohlockend den Sieger. An einer der westlichen Nilmündungen gründete Alexander, als Ersatz für das zerstörte Tyrus, eine neue Handelsstadt, die nach seinem Namen Alexandria genannt und bald der Sitz des Welthandels wurde.

Westlich von Ägypten, in der großen libyschen Sandwüste, lag eine Oase, d. i. eine grüne, mit schattigen Palmen und Ölbäumen besetzte und wohlbewässerte Fläche, Ammonium genannt, das heutige Siwah. Hier stand ein uralter Tempel des Jupiter Ammon. Die Priester dieses Gottes standen, gleich denen zu Delphi, im Rufe hoher Weisheit, als verkünde der Gott durch ihren Mund die Zukunft. Perseus, Herkules und andere Helden des Altertums hatten, der Sage nach, hier hohe Weissagungen erhalten. Alexander, der kein geringerer Held sein wollte, als diese, unternahm den höchst mühsamen Weg dahin. Die beiden ersten Tagereisen ging es erträglich; aber solche Einöden hatte man noch nie gesehen. So wie es weiter in das Sandmeer hineinging, wurde die Hitze immer unerträglicher; kein Baum, kein grünes Plätzchen, keine Spur von Pflanzenleben war zu sehen. Der Wasservorrat, den die Kamele trugen, war erschöpft, und in dem glühenden Sande kein Tropfen zu finden. Zum Glück kam ein kleiner Regen, und gierig haschte man nach dieser Erquickung, indem man das Wasser, das vom Himmel fiel, mit dem Munde auffing. Man brauchte vier Tage, um die Wüste zu durchziehen. Als man dem Ziele der Fahrt nahte, diente ein Schwarm Raben Alexanders Heere zum Führer. Endlich langte er in der Oase an, kam zu dem in einem schattigen Haine erbauten Tempel und sah seinen Wunsch erfüllt. Die Priester erklärten ihn für einen Sohn Jupiters.

5.

Nun wendete sich Alexander, nachdem er sein Heer wieder vollzählig gemacht hatte, nach Asien zurück, um abermals den Darius zu verfolgen. Von diesem kamen ihm unterwegs Gesandte entgegen, die eine ungeheure Summe als Lösegeld für die hohen Gefangenen, ferner die Hand der königlichen Tochter und endlich alles Land vom Euphrat bis zum Hellespont boten. „Was meinst du?" fragte Alexander den Parmenio. „Ich würde es thun, wenn ich Alexander wäre!" antwortete dieser. „Ich auch, wenn ich Parmenio wäre!" antwortete Alexander lächelnd. Er wies den Friedensantrag mit stolzer Verachtung zurück; doch versprach er dem Könige eine ehrenvolle Behandlung, wenn er zu ihm käme. Sonst würde er ihn aufsuchen. Noch einmal wollte der bedrängte Perserkönig sein Glück versuchen, und er stellte seine Scharen bei Gaugamela in Assyrien (nicht weit von Arbela), am westlichen Tigrisufer, auf. Die macedonischen Feldherren waren betroffen über die große Zahl der Feinde und rieten am Abend vor der Schlacht ihrem Könige, die Perser lieber in der Nacht anzugreifen. Alexander aber antwortete mit stolzer Zuversicht: „Nein, stehlen will ich den Sieg nicht!" — und ging mit größter Ruhe zum Schlaf. Am andern Morgen weckte ihn Parmenio und sprach verwundert: „Du schläfst so fest, o König' als ob du schon gesiegt hätteft!" — „Und haben wir denn nicht gesiegt," war des Königs Antwort, „da wir endlich den Darius vor uns haben?" Der Kampf war sehr hitzig; die Perser fochten wie Verzweifelte, aber Alexanders Kriegskunst siegte.

Durch den Sieg bei Gaugamela wurde Alexander Herr des großen persischen Reichs. Ein wunderbarer Wechsel! Wer hätte 150 Jahre früher, zu den Zeiten des Miltiades und Themistokles, gedacht, daß einst das griechische Völkchen dem großen Perserreiche das Schicksal bereiten würde, welches die Perser den Griechen zu bereiten versuchten! An Widerstand war nun nicht mehr zu denken; die Soldaten Alexanders durchzogen das weite Perserland nach allen Richtungen und thaten sich gütlich. Die Beute, die sie in den alten Königsstädten Babylon, Susa, Persepolis und Ekbatana machten, war unermeßlich.

Unterdessen floh der unglückliche Darius, stets aufgejagt und verfolgt, von einem Orte zum andern. Beim Verfolgen kam einst Alexander mit seinem Heere selbst in große Gefahr. Er zog durch eine Sandwüste, die gar kein Wasser hatte. Endlich hatte ein Reiter etwas aufgefunden und brachte es im Helme seinem Könige. Als aber dieser sah, daß seine Krieger eben so wie er nach Wasser lechzten, sprach er: „Soll ich der einzige sein, der trinkt?" und goß das Wasser auf die Erde. Als nun die Soldaten solche Enthaltsamkeit ihres Königs sahen, riefen sie begeistert: „Führe uns nur weiter, wir sind nicht müde, nicht durstig, auch nicht sterblich, wenn ein solcher König uns führt!"

Der flüchtige Darius ward endlich von seinem eigenen Statthalter in Baktrien — Bessus hieß der Treulose — gefangen genommen und fortgeführt. Dieser Elende ließ sich sogar zum Könige ausrufen. Das hörte Alexander und jagte sogleich mit einem Trupp Reiter ihm nach. Als der Verräter seine Verfolger in der Nähe witterte, versetzte er seinem Könige mehrere Dolchstiche und eilte dann mit seinen Leuten auf raschen Pferden davon. Alexanders Reiter fanden den Unglücklichen, mit Blut und Staub bedeckt, in den letzten Zügen. Er bat sie um einen Trunk Wassers, und ein Macedonier brachte ihm solches in einem Helme. Erquickt sprach der Unglückliche: „Freund, das ist das höchste meiner Leiden, daß ich die Wohlthat dir nicht vergelten kann: doch Alexander wird sie dir vergelten. Ihn mögen die Götter für die Großmut belohnen, die er an meiner Mutter, meiner Gemahlin und meinen Kindern geübt hat. Hier reiche ich ihm durch dich meine Hand." Nach diesen Worten verschied er. Eben jetzt kam Alexander selbst herangesprengt. Gerührt betrachtete er die Leiche des Mannes, den er, ohne ihn zu hassen, so eifrig verfolgte, und ohne es zu wollen, so unglücklich gemacht hatte. Er breitete seinen Mantel über ihn aus und ließ ihn nach Persepolis bringen, wo er in der königlichen Gruft feierlich beigesetzt wurde. Dann brach er schnell wieder auf, um den schändlichen Mörder zu verfolgen, und ruhte nicht eher, bis er seiner habhaft wurde. Bessus ward hingerichtet.

An der Spitze des frohlockenden Heeres zog nun Alexander durch

Arien, Hyrkanien, Baktrien und Sogdiana; es war ein ununterbrochener Triumphzug. Die Soldaten konnten ihre reiche Beute gar nicht mehr tragen und hätten Ruhe gewünscht. Als sie gar kein Ende des Kriegszuges absahen, wurden sie unwillig und murrten laut. Alexander gefiel sich so sehr in Persien, daß es gar nicht den Anschein hatte, als wolle er wieder nach Macedonien zurückkehren. Er verheiratete sich mit einer Perserin, ließ sich auf morgenländische Weise bedienen, forderte, daß man nach morgenländischer Art sich vor ihm niederwerfen sollte, kleidete sich auch wie ein Perser. Ja, er wurde selbst grausam, wie ein Despot, und hörte es gern, wenn man ihm über alle Maßen schmeichelte. Als einst bei einem Schmause die Rede auf die Helden des Altertums kam, sagten die Schmeichler, sie wären alle nichts gegen die Heldenthaten des großen Alexander. Nur Klitus gestand freimütig, daß ihn doch sein Vater Philipp übertreffe. Da erhob sich Alexander finster von seinem Sitze; sein Auge funkelte vor Zorn, alle zitterten für das Leben des Klitus, und man führte diesen eiligst hinaus. Doch vergebens gewarnt, trat er wieder ein und behauptete noch kräftiger die Wahrheit seiner Aussage. Da sprang Alexander wütend von seinem Sitze, riß einem Trabanten die Lanze aus der Hand und durchbohrte den, der ihm am Granikus das Leben gerettet hatte. Kaum war aber die blutige That geschehen, so kam er wieder zur Besinnung. Er entsetzte sich, weinte laut und rief unaufhörlich: „Klitus, Klitus!“ Er verwünschte sein eigenes Leben und verschloß sich, ohne das mindeste zu genießen, drei Tage und drei Nächte in seinem Zelte. Seine Soldaten wurden unruhig und jammerten: „Wer wird uns wieder in unser Vaterland zurückführen, wenn Alexander nicht mehr ist!“ Endlich drangen die Freunde Alexanders in sein Zelt, trösteten ihn, der Tod des Klitus sei von den Göttern so bestimmt gewesen, und baten, daß er dem trauernden Heere sich zeige. Da kam er wieder hervor; seine Reue war kurz, sein Übermut blieb. Er wollte wie ein Gott verehrt sein.

6.

An eine Rückkehr war aber noch nicht zu denken; immer weiter nach Osten ging der Zug, auch die reichen Goldländer Indiens wollte Alexander erobern, ja, bis ans Ende der bekannten Erde vordringen. Indien war allerdings ein sehr reiches, gesegnetes Land und sehr bevölkert. Die Bewohner, gleich den Ägyptern in Kasten geteilt, unter denen die Priester und Gelehrten, Brahminen genannt, die vornehmste Kaste waren, erfreuten sich hoher Bildung. Sie gehorchten mehreren Königen und Fürsten. Mehrere derselben kamen ihm mit Geschenken entgegen, als er über den Indusstrom setzte. Alexander rückte weiter vor bis an den Hydaspes, jetzt Dschilam genannt. Hier fand er Widerstand. Am jenseitigen Ufer stand der König Porus mit einem großen Heere, um ihm den Übergang über den reißenden Fluß zu versperren. In einer schauerlichen Nacht, während es donnerte und blitzte und der Regen in Strömen floß, setzte der kühne Held über und schlug das Heer des Porus in die Flucht. Porus kämpfte wie ein Löwe und war der letzte, welcher das Schlachtfeld verließ. Von Wunden erschöpft, ergab er sich dem Alexander. Dieser ging ihm entgegen, verwunderte sich über seine Größe, über seine Schönheit und sein edles Benehmen, und fragte ihn: „Wie willst du behandelt sein?" „Wie ein König!" erwiderte Porus. „Verlangst du sonst nichts von mir?" fragte Alexander weiter. „Sonst nichts," — war die Antwort — „jenes begreift schon alles in sich!" Sein Verlangen ward ihm mehr als erfüllt; er bekam nicht nur sein ganzes König= reich wieder, sondern auch mehrere neue Besitzungen zu demselben.

Die Nachbarvölker, durch die Niederlage des Porus erschreckt, verließen ihr Land und flohen bestürzt über den Hyphasis, einen Nebenfluß des Indus, jetzt Bjasa genannt. Auch über diesen Fluß wollte Alexander setzen. Da aber wurden seine Macedonier unruhig und empörten sich. Sie waren es endlich müde, sich unaufhörlich von einem Volke auf das andere hetzen zu lassen; sie sehnten sich nach der Heimat, von welcher sie über 600 Meilen entfernt waren. Alexander wollte sie aufmuntern. Vergebens! Es erhob sich ein dumpfes Gemurmel; manche weinten. Da sprach der König erzürnt: „Ich werde weiter ziehen, und es werden sich noch genug finden, die mich begleiten; wer nicht will, der kehre um und verkündige daheim, daß er seinen König verlassen hat!" Dann verschloß er sich drei Tage lang in seinem Zelte, und keiner durfte ihm vor die Augen kommen. Als er aber merkte, daß das Heer bei seinem Vorsatze blieb, erklärte er, daß er mit ihm um= kehren wolle. Da erscholl ein jauchzendes Freudengeschrei aus dem ganzen Lager. Alle drängten sich um ihren König, ihm zu danken. Heitere Waffen= spiele wurden angestellt, große Opfer gebracht. Zum Andenken erbaute man zwölf turmhohe Altäre auf der Stelle der Umkehr.

Der größte Teil des Heeres schiffte sich auf dem Indus nach dem indischen Ozean ein, um von dort in den persischen Meerbusen zu segeln, und so den Seeweg nach Indien zu erforschen. Alexander selbst kehrte mit dem übrigen Teile seines Heeres unter unsäglichen Beschwerden durch die Sandsteppen von Gedrosien und Karmanien zurück nach Babylon, wo er wieder mit seinen eingeschifften Kriegsleuten zusammentraf. Babylon sollte die Hauptstadt seines Weltreichs werden, denn er hatte vor, alle unter= worfenen Völker zu einem einzigen großen Reiche zu vereinigen und dieses auf die höchste Stufe menschlicher Bildung zu bringen. Aber mitten in seinen großen Entwürfen erkrankte er; die vielen Anstrengungen, aber auch das schwelgerische Leben, dem er sich ergeben hatte, stürzten ihn in ein hitziges Fieber, das nicht mehr zu heilen war. Seine Feldherren standen trauernd an seinem Krankenlager und reichten ihm die Hand. Er hob den Kopf etwas in die Höhe, sah jeden bedeutungsvoll an und sprach: „Ich ahne, es wer= den nach meinem Tode blutige Kämpfe erfolgen." Man fragte den Sterben= den, wen er zu seinem Nachfolger bestimme, denn er selbst hatte keine Kin= der. Er antwortete: „den Würdigsten." Hierauf verschied er, am 11. Juni 323, in einem Alter von 33 Jahren, nachdem er nur 12 Jahre 8 Monate regiert hatte. Sein früher Tod war ein unersetzlicher Verlust für die Menschheit, denn er hinterließ eine Welt in Trümmern.

Forum Romanum

Sechster Abschnitt.

A. Rom unter Königen.

(753—510 v. Chr.)

I. Romulus und Numa Pompilius.*)

Romulus.

1. Romulus und Remus.

Nach der Zerstörung Trojas flüchtete sich Äneas mit den Seinigen nach Italien und landete an der Tibermündung in der Landschaft Latium. Dort bei den Latinern gründete Ascanius, des Äneas Sohn, die Stadt Albalonga, welche bald die Hauptstadt eines kleinen Reichs wurde, aus dem die stolze, weltbeherrschende Roma hervorgehen sollte.

Dreihundertundsechzig Jahre hatten schon Könige in Albalonga geherrscht, da geschah es, daß der König Prokas starb und zwei Söhne hinterließ, Numitor und Amulius. Der ältere, Numitor, war gutmütig und sanft; der jüngere, Amulius, ehrsüchtig und rauh; der stieß seinen Bruder Numitor vom Throne. Damit aber auch Numitors Sohn nicht einstmals sein Recht von dem herrischen Oheim zurückfordern möchte, ließ dieser ihn ermorden und zugleich die Tochter des Numitor, Rhea Sylvia, zur Vestalin weihen. Die vestalischen Jungfrauen waren die Priesterinnen der Göttin Vesta und durften nie heiraten. So vermeinte Amulius sicher zu sein, daß keine Nachkommenschaft des Numitor ihm gefährlich sein würde. Nun trug sich's aber zu, daß eines Tags die Jungfrau im heiligen Hain des Kriegsgottes Mars Wasser schöpfte, als plötzlich der Sonne Licht erlosch und ein Wolf sie in eine Höhle verscheuchte, wo sie der Gott Mars sträflich umarmte. Bei Todesstrafe durfte keine Vestalin mit einem Manne zusammenkommen, doch die That war einmal geschehen, und Rhea Sylvia gebar Zwillingsknaben, den Romulus und Remus. Darüber erschrak der Oheim und befahl, die Mutter ins Gefängnis, die Kinder in die Tiber zu werfen. Die königlichen Diener legten die Zwillinge in einen Korb und setzten diesen

---

*) Nach Plutarch. — Wie in der griechischen, so ist auch in der römischen Geschichte Mythus, Sage und Geschichte noch vielfach verschlungen.

auf das Wasser der Tiber, die zum Glück eben ausgetreten war, so daß der
Strom das Schifflein nicht fortführte. Der Korb blieb an einem wilden
Feigenbaume hängen, und als das Wasser gefallen war, stand er auf dem
Trockenen. Der Gott Mars aber erbarmte sich seiner Söhne und sandte die
ihm geheiligten Tiere zur Rettung. Eine durstige Wölfin kam an den Fluß,
hörte der Kinder Wimmern, trug sie in die Höhle, leckte und bettete sie auf
ein weiches Lager und säugte sie dann. Später flog auch der Vogel Specht,
der Vogel des Mars, herbei und brachte Fleisch. So wurden die Knaben
mit kräftiger Speise genährt.

Solches Wunder erblickte Faustulus, des Königs Hirte, und sein Herz
erbarmte sich der Knaben. Er brachte sie zu seiner Frau, die ihr Söhnlein
durch den Tod verloren hatte, und Acca Laurentia, die Hirtenfrau,
pflegte die Zwillinge wie eine Mutter. Romulus und Remus wuchsen heran
und tummelten sich mit zwölf anderen Hirtenknaben weidlich herum. Als
sie mit ihren Gespielen heranwuchsen, bauten sie sich selber Hütten auf dem
palatinischen Berge; die Jünglinge kämpften rüstig gegen Raubtiere
und tapfer gegen Räuber, jeder an der Spitze einer kleinen Schar. Zuweilen
führten sie auch wohl Krieg untereinander, öfter noch gerieten sie in Händel
mit andern Hirten, namentlich mit denen Numitors, die auf dem aben=
tinischen Berge weideten. Bei solch einer Fehde wurde einst Remus
gefangen und vor Numitor gebracht. Diesem fiel die edle Haltung des
kräftigen Jünglings auf, und er forschte nach dessen Herkunft. Da begab
sich Faustulus mit seinem Pflegesohn Romulus nach Albalonga und entdeckte
dem Numitor alles. Mit Freuden erkannte dieser seine herrlichen Enkel und
offenbarte ihnen, was Amulius übels gethan. Alsbald machten sich Romu=
lus und Remus mit ihren Gefährten auf, erschlugen den bösen König Amu=
lius und setzten den guten Numitor auf dessen Thron. Dann gründeten sie
an der Stelle, wo der heilige Tiberstrom sie an den Feigenbaum gesetzt
hatte, mit ihren Freunden eine eigene Stadt, im J. 753 v. Chr. Romulus
bespannte einen Pflug mit zwei weißen Rindern, zog um den palatinischen
Berg im Viereck eine Furche, und neben dieser Furche ließ er ringsherum
einen Erdwall aufwerfen. An der Stelle, wo später ein Thor sein sollte,
ward der Pflug aufgehoben. In den innern Raum aber wurden kleine
ärmliche Lehmhütten gebaut, die mit Schilf und Stroh kümmerlich be=
deckt waren.

Als der Bau vollendet war, entstand unter den Brüdern ein Streit,
welcher von ihnen der neugegründeten Stadt den Namen geben und als
König über sie herrschen sollte. Auf den Rat ihres Großvaters Numitor
beschlossen sie, der Götter Willen durch den Vogelflug zu erkunden, und wem
zuerst ein glückliches Zeichen sich offenbaren würde, der sollte König sein.
Lange harrten sie auf verschiedenen Bergen. Endlich erschienen dem Remus
sechs Geier, er brachte die glückliche Kunde seinem Bruder Romulus, da
flogen an diesem zwölf Geier vorüber unter Donner und Blitz. Remus be=
hauptete, er müsse den Vorzug haben, weil ihm zuerst die Schicksalsvögel
erschienen seien: Romulus behauptete, er sei König, weil ihm noch einmal

so viel Vögel erschienen seien. Doch Remus verspottete den Bruder und sprang über die niedrige Stadtmauer, um sich über die armselige Stadt lustig zu machen. Da ergrimmte Romulus und schlug seinen Bruder Remus tot. „So fahre jeder, der nach dir über meine Mauer setzt!" — Diesen Fluch sprach Romulus aus, und die Stadt wurde nach seinem Namen genannt.

2. Der erste König.

Romulus war nun König und Herr der neugegründeten Stadt. Um die Zahl seiner Unterthanen zu erfahren, ließ er eine Zählung veranstalten, und es fanden sich 3300 starke wehrhafte Männer, die teils aus seinen Gefährten, teils aus eingewanderten Albanern bestanden. Die hausten nun dort auf ihrem Hügel, wie in einem wohlverschanzten Lager, und die Nachbarn sahen mit Schrecken das kriegslustige Volk, angeführt von einem starken kühnen Herrscher.

Zum Zeichen seiner Königswürde umgab sich Romulus mit einer Leibwache von 300 Reitern, aus deren Nachkommen sich später ein besonderer Stand, der Stand der Ritter, bildete. So oft er öffentlich erschien, schritten zwölf Gerichtsdiener, Liktoren genannt, mit Beilen und Rutenbündeln bewaffnet, in stattlicher Reihe vor ihm her, teils um Ordnung und Anstand unter dem Volke zu erhalten, teils um die nötigen Strafen auf der Stelle zu vollziehen. Aus den angesehensten und erfahrensten Männern wählte er sich einen Rat der Alten (Senatus), der anfangs aus hundert Mitgliedern bestand, später aber bedeutend vermehrt wurde. Die Senatoren sollten mit dem Könige gemeinschaftlich das Beste der Gemeinde beraten, sie sollten die Väter (Patres) des gemeinen Volkes sein. Daher nannte man auch ihre Nachkommen, die einen erblichen Adelsstand ausmachten, Patrizier, zum Unterschiede von den gemeinen Bürgern, die Plebejer genannt wurden.

Die Stadt teilte Romulus in drei Bezirke, tribus genannt, jede Tribus wieder in zehn Kurien, so daß im ganzen dreißig Kurien waren. Nach diesen Kurien mußten sich alle Bürger auf dem Volksplatze (forum) versammeln, um über die Angelegenheiten der ganzen Gemeinde Entschlüsse zu fassen und zu beraten.

Um die Zahl seiner Unterthanen zu vermehren, eröffnete Romulus eine Freistätte (ein Asyl), wohin jeder verfolgte Unglückliche, aber auch jeder verbannte Verbrecher sich retten durfte. Durch dieses Mittel erhielt die Stadt einen bedeutenden Zuwachs an Männern. Aber nun fehlte es an Frauen. Um diese zu erhalten, schickte er an die benachbarten Völker Gesandte und ließ freundlich bitten, sie möchten ihre Töchter den römischen Männern zur Ehe geben. Aber die Nachbarn wiesen die Gesandten höhnisch zurück, keiner wollte mit den Wildfängen und Räubern etwas zu thun haben.

3. Raub der Sabinerinnen.

Nun veranstaltete Romulus ein glänzendes Fest dem Neptun zu Ehren, und glänzende Festspiele sollten dabei gefeiert werden. Das lockte die Bewohner der benachbarten Städte herbei, die bei dieser Gelegenheit auch einmal die wunderschöne Hügelstadt zu sehen wünschten. Besonders zahlreich fanden sich die Sabiner mit ihren Weibern und Töchtern ein. Die Römer hatten ihre Hütten festlich ausgeschmückt und nötigten die Fremden, alles in Augenschein zu nehmen. Dann begannen die Spiele; aber während die Augen aller auf das Schauspiel gerichtet waren, siehe, da stürzten auf ein gegebenes Zeichen die römischen Jünglinge in die Haufen der Zuschauer, und jeder riß sich eine Jungfrau heraus, die er auf seinen Armen in die Stadt trug. Die bestürzten Eltern flohen von allen Seiten schreiend und wehklagend auseinander.

Die geraubten Sabinerinnen ließen sich in Rom von ihren Männern leicht besänftigen, aber ihre Väter daheim sannen auf blutige Rache. Und wären jetzt die Völker alle vereint gegen Rom gezogen, so wäre es um den jungen Staat geschehen gewesen. Da sie aber in ihrer Wut eine gemeinschaftliche Rüstung nicht abwarten konnten, so wurden sie, einzeln wie sie kamen, vom Schwerte der Römer blutig zurückgewiesen.

4. Titus Tatius.

Die größte Gefahr für Rom drohte aber von dem kriegerischen Volke der Sabiner, die jetzt unter ihrem Könige Titus Tatius wohlgerüstet heranzogen. Nach mehreren Gefechten kam es in einem Thale zwischen zwei Hügeln zur Schlacht. Während die beiden Schlachtreihen grimmig gegen einander standen, während die Pfeile hinüber und herüber flogen und die Männer niederstreckten: stürzten plötzlich die geraubten Sabinerinnen mit fliegenden Haaren mitten zwischen die feindlichen Reihen und flehten hier zu ihren Männern, dort zu ihren Brüdern und Vätern, sie nicht zu Witwen und Waisen zu machen.

Dieser Anblick rührte die Heere und ihre Anführer. Es erfolgte eine tiefe Stille. Gerührt traten die beiden Könige in die Mitte und schlossen Frieden unter der Bedingung, daß beide Staaten vereinigt, die Regierung von Romulus und Tatius gemeinschaftlich zu Rom geführt, die Römer aber fortan Quiriten genannt werden sollten von der sabinischen Hauptstadt Kures. Durch diesen Frieden wurde die Macht Roms ansehnlich vermehrt. Der nahegelegene Hügel Quirinalis wurde noch mit in das Gebiet der Stadt gezogen und mit Sabinern besetzt. Doch der herrschsüchtige Romulus, der nicht einmal seinen Bruder hatte neben sich dulden können, wollte noch weniger mit einem Fremden den Thron teilen; nach einigen Jahren räumte er ihn aus dem Wege und regierte wieder allein.

5. Romulus' Ende.

Alle schwächeren Nachbarn mußten sich vor dem Romulus beugen; alle stärkeren fürchteten ihn. Das tapfere Volk von Veji wurde auch besiegt und in einer Schlacht bei Fidenä soll Romulus allein mehrere Hundert erschlagen haben. So großes Glück machte ihn übermütig, und er wurde immer herrischer gegen seine Untergebenen, immer stolzer gegen die Patrizier. Er trug

ein purpurnes Unterkleid und eine purpurverbrämte Toga; bei allen öffent=
lichen Geschäften sah man ihn auf einem Throne mit einer Lehne sitzen.
Immer umgab ihn eine Schar von Jünglingen, die celeres oder Schnellen
genannt, von der Schnelligkeit, mit welcher sie seine Befehle ausführten. Die
Liktoren (von ligare = binden) verhafteten und banden jeden, welcher die
Unzufriedenheit des Königs erregte.

Solche unbeschränkte Macht erregte den Unwillen und Haß der Patri=
zier, und sie verschworen sich, den Romulus heimlich zu überfallen und um=
zubringen. Einst hielt der König eine große Volksversammlung, als plötz=
lich ein großes Ungewitter entstand. Der Himmel wurde schwarz, Blitze
zuckten, der Donner rollte; das Volk lief auseinander, um Schutz vor dem
Sturme zu suchen. Diesen Augenblick der allgemeinen Verwirrung benützten
die Senatoren, ihren Racheplan auszuführen. Romulus war plötzlich ver=
schwunden. Das Volk kam wieder zusammen und verlangte seinen König zu
sehen. Da erhob sich Julius Proculus, ein vornehmer Patrizier, schwur
einen Eid, Romulus sei ihm erschienen, schöner und größer, als er ihn je
zuvor gesehen, mit prächtigen, flammenden Waffen geschmückt. Über diesen
Anblick bestürzt, habe er ihn gefragt: „O König, womit haben wir dich ge=
kränkt, daß du uns verlässest und die ganze Stadt um dich trauern muß?"
Darauf habe Romulus geantwortet: „Es war der Götter Wille, o Procu=
lus, daß ich wieder dorthin zurückkehren sollte, von woher ich stamme, nach=
dem ich mein Werk auf Erden vollbracht habe. Sage den Römern, sie
würden den höchsten Gipfel menschlicher Macht erreichen, wenn sie Mäßigung
und Tapferkeit üben. Ich aber werde euch ein gnädiger Schutzgott sein!"
Eine wunderbare Bewegung ergriff nun alle Gemüter, und fortan wurde
Romulus unter dem Namen „Quirinus" göttlich verehrt.

Numa Pompilius.

1. Die Wahl.

Nachdem Romulus gestorben war, beschlossen die Patrizier, 150 an der
Zahl, nun selber das Regiment zu führen. Jeder von ihnen sollte 6 Stun=
den des Tages und 6 Stunden des Nachts mit der obersten Gewalt be=
kleidet werden, Purpurkleid und Scepter, die Zeichen der königlichen Würde,
tragen und den Göttern die gebräuchlichen Opfer bringen. Diese Einrich=
tung gefiel den Senatoren sehr, denn sie konnten alle Jahre ein paarmal
sich als König zeigen, aber das Volk murrte, daß es nun statt eines 150
Könige erhalten habe, und verlangte, man solle wieder einen einzigen König
wählen.

Allein die Wahl war sehr schwierig, denn die Sabiner, welche Rom
bevölkert und mächtig gemacht hatten, wollten aus ihrer Mitte den neuen
König gewählt haben, die Römer aber wollten nicht gern einem sabinischen

Manne gehorchen. Endlich kam man darin überein, daß die Römer allein wählen sollten, daß jedoch der neue König aus dem Volke der Sabiner zu wählen sei. Es ward lange in der Volksversammlung beraten; endlich erklärten sich die meisten Stimmen für Numa, den weisen Mann aus Kures, der Hauptstadt der Sabiner. Man schickte nun die Vornehmsten beider Völker als Gesandte an den Mann mit der Bitte, er möchte kommen und die Regierung übernehmen.

2. Sinnesweise des Numa.

Numa war der Sohn eines geachteten Mannes und von vier Brüdern der jüngste. Durch göttliche Fügung war er gerade an dem Tage geboren worden, an welchem Rom durch Romulus gegründet worden war. Sein Herz war für alles Gute und Schöne empfänglich, und er hatte es durch Lernen, Dulden und Nachdenken noch mehr veredelt. Von aller Raubsucht und Gewaltthätigkeit hielt er sich fern, und er setzte echte Mannestugend in Beherrschung der Leidenschaften durch Vernunft. Aus seinem Hause verbannte er alle Pracht und Üppigkeit, und er diente bereitwillig jedem Einheimischen und Auswärtigen als Schiedsrichter und Ratgeber. Seine Mußestunden widmete er nicht dem Genießen und Erwerben, sondern dem Dienste der Götter und der Betrachtung ihres Wesens und Wirkens. Deswegen war er auch bei allen hochgeehrt, und Tatius, der mit Romulus auf dem römischen Throne saß, gab ihm seine einzige Tochter zur Frau. Diese hohe Verbindung konnte aber den Numa nicht bewegen, daß er zu seinem Schwiegervater zog, sondern er blieb im Sabinerlande, seines greisen Vaters zu pflegen.

Zuweilen verließ Numa das Getümmel der Stadt und begab sich in die Einsamkeit und Stille des Landlebens. Da sah man ihn oft ganz allein in heiligen Wäldern und Auen, in deren geheimnisvoller Stille ihm die Nymphe Egeria erschien, die ihn lieb hatte. Von dieser Göttin lernte Numa hohe Weisheit, und es ward ihm manches offenbart, was den andern Menschen verborgen bleibt.

3. Regierung.

Einen bessern Mann als Numa hätten die Römer nicht wählen können. Als er sich entschlossen hatte, den Ruf zur Königswürde anzunehmen, brachte er den Göttern Opfer und begab sich auf die Reise. Senat und Volk gingen ihm freudig entgegen. Die Frauen empfingen ihn mit lauten Glückwünschen, in allen Tempeln wurde geopfert, und überall war Jubel. Als ihm die Zeichen der königlichen Würde gebracht wurden, bat er um Aufschub, da er noch einer Bestätigung der hohen Götter bedürfte. Er nahm Auguren, die aus dem Fluge der Vögel weissagten, und Priester mit sich auf das Kapitol, welches damals noch der tarpejische Hügel hieß. Hier ließ ihn der erste Augur das verhüllte Gesicht gegen Mittag wenden, trat dann hinter ihn, berührte sein Haupt mit der Rechten, sprach ein Gebet und schaute sich rings nach allen Seiten um, ob die Götter durch ein Zeichen ihren Willen zu erkennen geben möchten. Indessen herrschte auf dem Markte unter der großen

Menge die tiefste Stille, denn alle harrten begierig des Ausgangs. Siehe, da erschienen günstige Vögel und flogen von rechts heran. Nun erst legte Numa den Königsmantel um und kam zum Volke von der Burg herab. Da erscholl lauter Freudenruf, und alles hieß ihn, als den frömmsten Mann und größten Liebling der Götter, willkommen.

Das erste, was Numa that, war, daß er die 300 Trabanten, mit denen Romulus sich umgeben hatte, entließ. Mit Vertrauen und ohne Rückhalt wollte der friedliebende König unter seinem Volke wandeln, das ihn liebte und verehrte. Es war keine leichte Sache, den raub= und kriegslustigen Sinn der Römer für den Frieden und die Gerechtigkeit zu gewinnen. Doch es gelang dem Numa, die rauhen Sitten des Volkes zu mildern, weil er vor allem auf die Ehrfurcht gegen die Götter hielt. Darum ordnete er den Gottesdienst, leitete selbst die Opfer und Festaufzüge, verband damit auch festliche Reigen, an denen sich des Volkes Sinn ergötzte. Er baute neue Altäre und einen neuen Tempel, den Janustempel, der nur in Kriegs= zeiten offen stehen solle, damit man darin um Frieden beten möchte. Dann ordnete er auch die Reihe der Festtage und bestimmte die priesterlichen Würden. In Albalonga bestand schon seit langer Zeit der Orden der vesta= lischen Jungfrauen, und derselbe ward nun auch in Rom eingeführt.

Das Amt der vestalischen Priesterinnen bestand besonders darin, auf dem Altar ihres Tempels das heilige Feuer zu bewahren. Wie in jedem Wohnhause auf dem Herde des Vorhofs ein stets brennendes Feuer war, so sollte auch für den Staat das Feuer im Tempel der Vesta der geheiligte Mittelpunkt sein. Das Verlöschen dieses Feuers ward für ein großes, den Staat bedrohendes Unglück gehalten, und diejenige Vestalin, welche sich da= bei einer Nachlässigkeit schuldig machte, erfuhr eine harte Strafe. Auch durfte keine Vestalin heiraten; verletzte sie das Gelübde der Keuschheit, so ward sie lebendig begraben. Am kollinischen Thore war ein Hügel, in welchen man eine tiefe Höhle grub. In diese Höhle setzte man ein Bett und einen Tisch mit Brot, Wasser, Milch und ein wenig Öl, und stellte eine brennende Lampe daneben. Dahin nun ward die Verurteilte in einer verhüllten Sänfte ge= tragen. Wer dem traurigen Zuge begegnete, ging still vorbei oder folgte mit wehmütigem Blicke schweigend nach. Am Eingange der Höhle verrichtete der Oberpriester einige Gebete, hob dann die tiefverschleierte Vestalin aus der Sänfte und stellte sie auf die Leiter, auf der sie hinabsteigen mußte. Die Leiter ward dann zurückgezogen, und die Unglückliche in ihren Grabeskerker eingeschlossen. Doch genossen auf der andern Seite die Vestalinnen der höchsten Ehren, und das Volk wußte ihre strenge Enthaltsamkeit zu schätzen. Auf der Straße schritt ein Liktor vor ihnen her; begegneten sie durch Zu= fall einem Menschen, den man zum Tode führte, so ward die Hinrichtung nicht vollzogen.

Numa gründete ferner den Priesterorden der Fetialen. Die Fetialen waren bei Kriegserklärungen und Friedensschlüssen wirksam. Wenn ein Volk die Römer verletzt und zum Kriege gereizt hatte, so wurde durch jene Priester erst Genugthuung gefordert, und wenn diese nicht erfolgte, erschienen

sie wieder an der Grenze und erklärten den Krieg unter gewissen Ceremo=
nieen. Diese Feierlichkeiten sollten den jähen Ausbruch wilder Leidenschaften
zurückhalten.

Zu ähnlichem Zwecke diente auch die göttliche Verehrung des Jupiter
Terminalis oder des Gottes Terminus (Grenze), dem alle Grenzsteine ge=
heiligt wurden. Bei diesen mußten jährlich unblutige Opfer dargebracht wer=
den, teils, damit die Grenze immer in Erinnerung gehalten, teils, damit die
Verletzung derselben als ein Frevel gegen die Götter betrachtet werden möchte.
Und wie diese Grenzsteine nicht bloß das Gebiet der Römer von dem der
benachbarten Völker schieden, sondern auch die Ländereien der einzelnen Bür=
ger abgrenzten; so sollte die Verehrung derselben nicht bloß den Krieg mit
den Nachbarvölkern verhindern, sondern unter den römischen Bürgern selber
Frieden und Eintracht erhalten.

Die Jahre von Numas Regierung verflossen in stillem Glück, ohne
Trübsal, ohne Krieg. Der Janustempel blieb verschlossen. Waren die Römer
unter Romulus gefürchtet und gehaßt, so wurden sie unter Numa geachtet
und geehrt: nur dann, wenn zur rauhen Kraft die milde Sitte sich gesellt,
ist der Mensch unserer Liebe und Bewunderung wert.

II. Tullus Hostilius und Ankus Martius.

Tullus Hostilius.

1. Die Horatier und Kuriatier.

Die Wahl der Kurien fiel nach Numas Tode auf Tullus Hosti=
lius, der in der Sinnesart wieder dem Romulus glich und große Lust
am Kriege fand. Er unternahm wieder Streifzüge in die Umgegend und
reizte Roms Mutterstadt, Albalonga, zum Kriege gegen die Römer. Die
Albaner unter ihrem Feldherrn Mettus Fuffetius zogen mit einem
wohlgerüsteten Heere heran. Schon standen beide Völker in Schlachtordnung
einander gegenüber, als Mettus in die Mitte der beiden Schlachtreihen trat
und den Tullus zu einer Unterredung einlud. „Ist es nicht thöricht" —
so sprach der albanische Feldherr, „daß sich zwei verwandte Völker anfeinden
und schwächen wollen aus bloßer Eifersucht? Werden nicht beide dann eine
Beute ihrer Feinde werden? Ehe wir so viel Blut vergießen, mag lieber
ein Zweikampf weniger die Sache entscheiden!"

Der Vorschlag ward angenommen, und das Schicksal selbst schien ihn
zu begünstigen; denn im römischen Heere dienten drei Söhne des Hora=
tius, nach diesem die „Horatier" genannt, und im albanischen Heere drei
Brüder, die „Kuriatier" genannt. Diese wurden von beiden Seiten zum
Zweikampf auserlesen, die Fetialen bekräftigten mit ihren Opfern die Gültig=

keit des Vertrags und beide Heere stellten sich erwartungsvoll zuschauend um
die Kämpfenden her.

Das Zeichen ward gegeben, und mit gezückten Waffen stürzten die Jüng=
linge auf einander. Nach langem wütendem Kampfe stürzte endlich ein
Römer, dann noch ein Römer zu Boden. Die drei Albaner waren auch
schwer verwundet, doch standen nun drei gegen einen. Ein Jubelgeschrei
ertönte aus dem albanischen Lager, und der tiefgebeugte römische Stolz wagte
nicht mehr zu hoffen. Da plötzlich floh der Horatier, noch durch keine
Wunde entkräftet, und nötigte die drei Kuriatier, ihn zu verfolgen. So
trennte er die dreifache Gewalt, wohl voraussehend, daß die drei verwun=
deten Feinde ihm nur ungleich, nach Verhältnis ihrer leichteren oder schwe=
reren Wunden, würden folgen können. Nach kurzer Flucht blieb er stehen,
blickte zurück und sah die drei Albaner weit von einander getrennt. Nur
einer war nahe hinter ihm; auf diesen stürzte er mit gewaltiger Wut, durch=
bohrte ihn und rannte dann auf den zweiten los. Durch alle Lüfte schallte
der Zuruf der wieder hoffenden Römer; auch der zweite Kuriatier fiel. Das
Geschrei der Römer verdoppelte sich, als der dritte, am schwersten verwundet,
atemlos herankeuchte. Mit leichter Mühe streckte diesen der tapfere Römer
nieder; da liefen alle seine Kampfgenossen und Kriegsobersten auf ihn zu,
umarmten ihn und begrüßten ihn als Sieger. Die Albaner aber unter=
warfen sich der römischen Herrschaft.

Stolz ging der Sieger Horatius, triumphierend die Rüstungen der drei
Kuriatier tragend, an der Spitze des römischen Heeres nach Rom zurück.
Am Thore begegnete ihm seine Schwester; sie war mit einem der Kuriatier
verlobt, und da sie nun dessen Gewand, von ihr selbst gewirkt, unter den
Siegeszeichen ihres Bruders erblickte, fing sie laut an zu jammern; sie rang
die Hände, löfte ihr Haar und rief einmal um das andere den Namen ihres
Geliebten. Das empörte den wilden Sinn des Bruders; solches Wehklagen
unter den Tönen der Freude und des Sieges schien ihm ein Verbrechen zu
sein. Wild fuhr er seine Schwester an, und mit seinem noch blutigen Schwerte
stieß er sie nieder. „Fahre hin zu deinem Buhlen" — so sprach er, —
„mit deiner unzeitigen Liebe, du Unwürdige, weil du der toten Brüder und
des lebenden und des Vaterlandes vergessen kannst! und so fahre künftig jede
Römerin hin, die einen Feind betrauern wird!"

Dieser Schwestermord stimmte den allgemeinen Jubel herab, und so
verdient sich auch Horatius um sein Vaterland gemacht hatte, er wurde vor
Gericht gestellt und zum Tode verurteilt. Die letzte Entscheidung jedoch blieb
dem Volke; und dieses, gerührt durch des Vaters flehende Bitten, man möchte
ihn nicht seines letzten Kindes berauben, sprach den Horatius von der Todes=
strafe frei. Doch mußten Reinigungsopfer zur Entfündigung dargebracht
werden, und der Schuldige ward von den Liktoren unter einem auf zwei
Pfählen ruhenden Balken — einer Art von Galgen — mit verhülltem Ge=
ficht durchgeführt.

2. Zerstörung von Albalonga.

Die Albaner trugen das römische Joch mit großem Unwillen, und Fuffetius, ihr Feldherr, sann auf Mittel, seine Vaterstadt wieder zu befreien. Er hetzte die Fidenater und Vejenter, zwei Nachbarn Roms, zum Krieg gegen dasselbe auf und versprach ihnen, wenn es zur Schlacht käme, mit allen seinen Albanern zu ihnen überzugehen. König Tullus rückte den Fein=den entgegen, bot die Albaner auf, ihm Hilfe zu leisten, und stellte sie unter Fuffetius auf den rechten Flügel seines Heeres. Das Treffen begann, Tul=lus stürzte sich auf die Vejenter, Fuffetius dagegen, anstatt auf die Fidenater einzuhauen, zog seine Albaner allmählich rechts herum, wagte es aber doch nicht, sich öffentlich mit dem Feinde zu vereinigen, denn er wollte erst ab=warten, auf welche Seite sich der Sieg neigen würde. Ein Reiter sprengte zum Tullus heran und meldete ihm die Bewegung der Albaner. Tullus erschrak, doch faßte er sich schnell und rief mit scheinbarer Freude so laut, daß die Vejenter es hörten: „Die Albaner umzingeln die Fidenater auf meinen Befehl!" Bei diesen Worten sank den Vejentern der Mut. König Tullus gelobte, der Furcht und dem Schrecken Tempel zu erbauen, wenn es ihm gelingen sollte, Furcht und Schrecken unter seinen Feinden zu verbreiten. Das gelang ihm; die Vejenter flohen, die getäuschten und unschlüssigen Fide=nater wurden von den Geschlagenen mit fortgerissen, und die Römer erfochten einen glänzenden Sieg.

Nach der Schlacht beeilte sich Fuffetius, dem Tullus seinen Glückwunsch darzubringen, dieser stellte sich freundlich und dankte ihm. Am andern Morgen berief er beide Heere zu einer Versammlung; die Albaner drängten sich neugierig um den König Tullus, die Römer, auf ihres Königs Befel;l bewaffnet, umgaben ihn. „Römer," sprach jetzt Tullus, „gestern in der Schlacht haben uns die Götter sichtbarlich beigestanden, denn — ihr wißt es selbst noch nicht — nicht mit den Feinden allein habt ihr gekämpft, son=dern auch mit der Verräterei unserer Freunde. Nicht auf meinen Befehl zogen die Albaner von unserer Seite fort; es war ihr heimlicher Plan, zu den Feinden überzugehen. Doch nicht auf das Heer schiebe ich die Schuld, es folgte nur dem Befehle seines Führers. Aber ich denke, niemand soll wieder ein Ähnliches wagen, so wahr ich an diesem ein schreckliches Beispiel geben will." Bewaffnete umringten sogleich den Fuffetius, der König aber fuhr fort: „Ich habe beschlossen, das ganze Volk der Albaner nach Rom herüberzuführen und aus beiden Städten wieder e i n e zu machen, wie sie ja auch aus e i n e r hervorgegangen sind." Die Albaner, unbewaffnet und von lauter Bewaffneten umgeben, schwiegen; zum Fuffetius aber sprach Tul=lus: „So wie du zwischen Römern und Albanern doppelsinnig geschwankt hast, so soll auch dein Körper zwiefach geteilt werden." Er gab den schrecklichen Wink, und Fuffetius ward von angespannten Pferden lebendig zerrissen. Jedermann wandte von dem unmenschlichen Schauspiel die Augen weg.

Unterdessen war schon Reiterei nach Alba geschickt, um die Menge nach Rom zu führen. Dann rückten römische Legionen heran, die Stadt zu zer=

stören. Traurig zogen die Einwohner fort, Tullus räumte ihnen einen neuen, bisher unbebauten Hügel, den cölischen, ein, und dieser ward dann in die Ringmauer Roms eingeschlossen. So ward die Stadt immer größer und größer.

Noch andere Kriege kämpfte Tullus glücklich aus, aber er versäumte den Dienst der Götter, und darob erwachte der Zorn des Himmels, allerlei Wunderzeichen geschahen, und Seuchen brachen herein. Erschrocken nahm Tullus zu allerlei abergläubischen Gebräuchen seine Zuflucht, aber mitten in einer Beschwörung fuhr ein Blitzstrahl herab, der ihn mit seinem ganzen Hause verbrannte.

Ankus Martius.

Ankus Martius, der nun zum König erwählt wurde, war der Enkel des Numa Pompilius und, wie es schien, der Erbe seiner frommen und friedlichen Gemütsart. Er stellte den unter Tullus Hostilius sehr in Verfall geratenen Gottesdienst wieder her und übte die Werke des Friedens. Aber Rom war schon zu sehr in feindliche Verhältnisse verwickelt, als daß die friedliche Sinnesart des Königs hätte vorwalten können. Sabiner, Vejenter, Latiner und andere Nachbarn Roms zwangen den König, die Waffen zu ergreifen und für die Sicherheit seines Staates zu kämpfen. Er that es mit Glück, und nach hergebrachter Sitte mußten die überwundenen Völker in Rom sich anbauen und Römer werden. Auf dem aventinischen Hügel entstand ein neues Stadtviertel, das mit Rom verbunden ward.

Damit die immer mehr wachsende Bevölkerung stets sicher mit Lebensmitteln versorgt werden konnte, suchte sich Ankus der Tiber und der Schifffahrt auf derselben zu versichern. Er nahm den Vejentern den Hafen Ostia an der Mündung des Tiberflusses, samt den dabei gelegenen Salzquellen. Auch befestigte er den jenseits der Tiber gelegenen Berg Janikulus, der nun eine Vormauer bildete, welche Stadt und Fluß gegen die Etrusker schützte. Zu größerer Bequemlichkeit war der Berg mit der Stadt durch eine hölzerne Brücke verbunden, pons sublicius, welche als eines der ältesten Werke dieser Art bis in die späteste Zeit von den Römern ehrfurchtsvoll betrachtet wurde. So mischte dieser König in seiner 24jährigen Regierung den Ruhm des Krieges und die Wohlthaten des Friedens zur Verherrlichung Roms

III. Tarquinius Priskus und Servius Tullius.

Tarquinius Priskus.

1. Wie Tarquinius König wird.

Während der Regierung des Ankus war ein reicher Fremdling, Lu=
kumo mit Namen, nach Rom gezogen. Sein Vater, ein griechischer Kauf=
mann, war aus Korinth wegen bürgerlicher Unruhen entflohen, hatte sich
in Italien bei den Etruskern in der Stadt Tarquinii niedergelassen und dort
eine etruskische Frau geheiratet. Nach dem Tode seines Vaters beschloß Lu=
kumo nach Rom zu ziehen, im Glauben, daß er dort wohl sein Glück machen
könnte. Und seine Hoffnung täuschte ihn nicht; der König und das Volk
nahmen den reichen freigebigen Fremdling gern auf, und dieser veränderte
seinen Namen in Lucius Tarquinius.

Wegen seiner Klugheit und feinen Bildung wurde Tarquinius vom
Könige öfters zu Rate gezogen; aber er zeigte sich auch als tapferer Krieger
und ward bald vom römischen Volke hoch geehrt. Ankus Martius übertrug
ihm daher kurz vor seinem Tode die Vormundschaft über seine beiden noch
unmündigen Söhne. Doch Tarquinius war ein unredlicher Vormund. Als
der Tag der Königswahl erschien, schickte er die beiden Königssöhne auf die
Jagd und überredete das Volk, ihn selber zum Könige zu wählen.

Übrigens hatten die Römer Ursache, mit ihrer Wahl zufrieden zu sein,
denn der Tarquinier war gleich erfahren in den Künsten des Friedens und
des Krieges.

2. Was Tarquinius für Rom that.

Zuerst zog Tarquinius gegen die Sabiner und Latiner und kämpfte so
glücklich, daß Rom auf längere Zeit vor feindlichen Angriffen gesichert war.
Die Friedenszeit wußte der rastlos thätige Mann gut zu benutzen. Anstatt
des Erdwalles ließ er eine feste Stadtmauer um die ganze Stadt aufführen.
Da wegen der vielen Hügel bei Regenwetter sich Schmutz und Schlamm in
den niederen Teilen der Stadt anhäuften, waren Abzugskanäle höchst not=
wendig. Tarquinius ließ großartige Kloaken mauern, in welche alle Un=
reinigkeiten aus den Straßen und Wohnhäusern abflossen und dann in die
Tiber geleitet wurden. Man muß sich aber diese Kanäle nicht eng und
niedrig denken, sondern als große, weite Gewölbe von so fester Bauart, daß
sie noch Jahrhunderte nachher die schwersten Türme trugen. Für öffentliche
Kampfspiele und Leibesübungen wurde ein großer Platz angelegt, der Circus
maximus genannt. Ringsumher gingen in immer steigender Erhebung Bänke,
die nach den Kurien verteilt waren: der Umfang war so groß, daß der
Circus 150 000, nach einigen sogar 250 000 Menschen zu fassen vermochte.
Endlich legte der baulustige König noch den Grund zu dem berühmten Kapitol,
der mächtigen Tempelburg des Jupiter auf dem kapitolinischen Hügel.

3. Wie Tarquinius endet.

Die Söhne des Ankus Martius konnten es nicht vergessen, daß sie vom Tarquinius um den väterlichen Thron betrogen worden waren. Der König hielt sie absichtlich von allen Regierungsgeschäften fern und ging damit um, seinen Schwiegersohn Servius Tullius zu seinem Nachfolger wählen zu lassen. Da trachteten die beiden Brüder ihm nach dem Leben. Sie gewannen zwei Hirten, die mußten, mit ihren Holzärten bewaffnet, in die Wohnung des Königs eindringen und großen Zank und Lärm erheben. Es war damals noch Sitte, daß die Könige in Person das Richteramt übten, und so kam denn auch der alte Tarquinius aus seinem Hause, um den Streit zu schlichten. Während er aber der erdichteten Erzählung des einen zuhört, schleicht sich der andere hinter ihn und schlägt ihn mit seiner Axt zu Boden. Dann flohen beide Hirten davon.

Servius Tullius.

1.

Servius war in Rom geboren, wo seine Mutter als Gefangene und Sklavin in das Haus des Tarquinius gekommen war. Als Servius noch ein Kind war, brannte ihm einst, erzählt die Sage, das Haupthaar wie in hellen Flammen, ohne daß das Feuer die Haare verzehrte. Die Gemahlin des Tarquinius, die Königin Tanaquil, welche in etruskischer Weisheit wohlbewandert war, erklärte dies Wunder als ein Zeichen der Götter von der künftigen Größe des Knaben. Auf ihren Rat wurde nun Servius wie ein Königssohn für die höchsten Würden erzogen. Er zeichnete sich bald durch Geist und Tapferkeit vor allen aus; Tanaquil und Tarquinius gaben ihm ihre Tochter zur Frau und bald auch Anteil an der Regierung.

Das Volk ehrte diesen glücklichen und würdigen Emporkömmling und darauf baute Tanaquil die Hoffnung, den geliebten Schwiegersohn einst als König von Rom zu sehen. Als nun Tarquinius ermordet war, die Liktoren den Mördern nachsetzten und das Volk neugierig und bestürzt zusammenlief, ließ Tanaquil sogleich die Königsburg verschließen und den Servius holen. Sie zeigte ihm den entseelten Leichnam und beschwor ihn, den Tod seines Schwiegervaters zu rächen. Zugleich entflammte sie seinen Ehrgeiz. „Nicht die Mörder," sagte sie, „müssen herrschen, sondern dein ist das Reich, wenn du ein Mann bist." — Darauf rief sie aus einem oberen Fenster der Burg dem andringenden Volke zu, der König sei bloß verwundet und lebe noch; er habe den Servius zu seinem Stellvertreter bestimmt, dessen Befehlen möge jeder gehorchen.

Servius erschien nun im Königsmantel, entschied Streitigkeiten, stellte sich bei andern Dingen, als ob er erst mit dem kranken Könige Rücksprache nehmen müßte, und gewöhnte so das Volk an seine Herrschaft. Endlich wurde der Tod des Königs bekannt gemacht, die Kurien versammelten sich und bestätigten die Herrschaft des Servius. Die Söhne des Ankus hatten schon auf die falsche Nachricht, daß Tarquinius noch lebe, die Flucht ergriffen.

2.

Servius wurde der Wohlthäter seines Volkes und der eigentliche Begründer des römischen Staatswesens. Er teilte das ganze Volk nach dem Vermögen in sechs Klassen; diese nach der Vermögensschätzung oder dem Census gebildeten Klassen zerfielen wieder in Centurien.

Die Bürger der ersten Klasse waren die vornehmsten und reichsten; sie mußten 100 000 römische As (oder so viel Pfund Kupfer), nach unserm Gelde etwa 6900 Mark, besitzen. Man nannte solche Bürger vorzugsweise classici, und hiervon bedeutet noch bei uns der Ausdruck „klassisch" das Vorzügliche und Ausgezeichnete. Die Bürger der zweiten Klasse mußten 75 000, die der dritten 50 000, die der vierten 25 000, die der fünften 11 000 As im Vermögen haben. Zu der sechsten Klasse gehörten die vielen Armen, die wenig oder nichts im Vermögen hatten.

Nach diesem Census richtete sich auch der Anteil an der Regierung und am Kriegsdienste. Die erste Klasse bestand aus 80 Centurien Fußvolk und 18 Centurien Reiterei, stimmte also auch in der Volksversammlung mit 98 Centurien, während die zweite Klasse nur aus 22 Centurien, die dritte aus 20, die vierte aus 22, die fünfte aus 30, die sechste aus einer einzigen Centurie bestand. Wenn es also zur Abstimmung kam, konnten die classici 98 Stimmen gegen 95 aufbringen, und so behielten die Patrizier fortwährend die höchste Gewalt.

Für Bewaffnung und Lebensunterhalt mußte damals jeder Kriegsmann selber sorgen. Darum konnten die Schwerbewaffneten nur aus der ersten Klasse genommen werden; denn zur schweren Bewaffnung gehörte Beinharnisch, Panzer, Spieß, Schwert, Helm und runder Schild; bei den Rittern natürlich noch ein Pferd samt dessen Ausrüstung.

Die zweite Klasse hatte ähnliche Waffen, nur fehlte ihr der Panzer, und der Schild war nicht rund. Ihr zugesellt waren zwei Centurien von Waffenschmieden und anderen Handwerkern.

Die dritte Klasse hatte weder Panzer, noch Beinharnische; die vierte Klasse bloß Spieß, Schwert und Schild, und an diese schlossen sich zwei Centurien von Trompetern und Hornbläsern.

Die fünfte Klasse bildeten die leichten Truppen mit Spieß und Schleuder, die sechste aber war ganz vom Kriegsdienst, die Ärmsten derselben auch von Abgaben frei.

Weil das Vermögen einzelner Bürger sich in einigen Jahren sehr vermehren oder vermindern konnte, so verordnete der König alle fünf Jahre eine neue Schätzung (census), die mit einem Reinigungsopfer (lustrum) begann. Bei der erſten Muſterung fanden ſich ſchon 83700 waffenfähige Bürger. Dieſe wurden nach ihren Wohnplätzen in 30 Diſtrikte oder Tri= bus geteilt, von denen 26 auf das Land und nur vier auf die Stadt kamen, denn die reicheren Bürger zogen den Ackerbau und das Landleben vor.

Unter Servius wurden auch die beiden letzten römiſchen Hügel, der viminaliſche und esquiliniſche, angebaut und mit beſiegten Völkern aus der Umgegend beſetzt. So thronte denn die Hauptſtadt Roma auf ſieben Hügeln.

3.

Zum Dank gegen die Götter über die glückliche Vollendung ſo vieler wichtigen Dinge errichtete Servius Tullius dem Glück zwei Tempel. Aber dennoch verließ ihn das Glück, und die Glieder ſeiner eigenen Familie be= reiteten ihm ein ſchmähliches Ende. Tarquinius hatte zwei Söhne hinter= laſſen, Lucius und Aruns. Um dieſe wegen der verlorenen Herrſchaft zu tröſten und freundlich zu ſtimmen, vermählte ihnen der König ſeine beiden Töchter. Die jüngere, Tullia, war wild und herrſchſüchtig, dieſe gab er dem ſanften Aruns; die ältere, welche auch Tullia hieß, war viel gut= mütiger und ſanfter, und dieſe gab der Vater dem wilden herrſchſüchtigen Lucius, um deſſen Gemütsart zu mildern. Doch Servius hatte ſich ver= rechnet; dem Lucius ward ſeine allzu ſanfte und zarte Gemahlin verhaßt, und die jüngere Tullia hätte viel lieber mit dem feurigen, kühnen Lucius Tarquinius gelebt. Sie verſtändigte ſich mit dieſem und tötete ihren Mann, Lucius aber brachte ſeine Frau um und heiratete die Tullia. Nun faßten beide den Plan, auch noch den König Servius aus dem Wege zu räumen und ſelbſt des Thrones ſich zu bemächtigen. Durch ſchöne Worte und große Geſchenke brachten ſie einen Teil der Senatoren auf ihre Seite, wiegelten auch alle, die mit dem König nicht recht zufrieden waren, gegen deſſen Re= gierung auf. Eines Tages erſchien Lucius, angeſpornt von ſeinem böſen Weibe, im Kriegsmantel auf dem Forum, ging in die Ratsverſammlung und ſetzte ſich auf den königlichen Thron. Der alte König, dem man ſolches meldet, eilt herzu und will den trotzigen Lucius vom Throne ſtoßen, doch der junge Mann iſt ſtärker als der Greis, ſtürzt dieſen ſelber die ſteinernen Stufen hinab, und als derſelbe ſich blutend wieder erhebt, um zu fliehen, ſchickt er ihm einige ſeiner Leute nach, die ihn ermorden. Die unnatürliche Tochter kommt triumphierend in einem Wagen gefahren, um ihren Gemahl als König zu begrüßen; ſie ſieht ihren greiſen Vater auf der Straße liegen und fährt hohnlachend über deſſen Leichnam hin, ſo daß die Räder des Wagens vom Blute ihres Vaters ſich röten. Die Straße, in welcher dieſe Unthat geſchah, hieß von nun an die „verruchte".

IV. Tarquinius Superbus (der Stolze) und Junius Brutus (der Dumme).

1. Ein übermütiger König.

Tarquinius, der sich auf so schändliche Art des Thrones bemächtigt hatte, konnte unmöglich die Liebe und das Vertrauen des Volkes gewinnen. Durch ihn wurde das Königtum, dessen Thron zweimal hintereinander mit Blut befleckt worden war, allen Römern verhaßt. Weil Tarquinius auch niemand traute, bildete er sich eine Leibwache von Ausländern, die er mit vielem Gelde bezahlte. Er war ein tapferer Feldherr und eroberte mehrere Städte, vollendete auch den Bau des schon früher begonnenen Kapitoliums, der Burg Roms, mit dem dreifachen Tempel des Jupiter, der Juno und Minerva. In der Cella des Jupiter wurden die sibyllinischen Bücher — sie trugen den Namen von den Sibyllen, d. h. wahrsagenden Weibern — aufbewahrt, in denen teils Prophezeiungen, teils Ratschläge für wichtige Fälle des Lebens verzeichnet waren. Sie wurden von den Römern in allen Verlegenheiten und wichtigen Entschlüssen zu Rate gezogen. Der stolze König folgte aber nur seinem Gelüst, und von den Rechten seiner Unterthanen wollte er nichts wissen, er drückte die Patrizier und Plebejer. Wer sich ihm widersetzte, den ließ er hinrichten, so daß zuletzt weder der Senat, noch das Volk ihm zu widerstehen wagte. Man nannte ihn superbus, d. h. den Übermütigen, Stolzen. Er schonte selbst seiner eigenen Verwandten nicht, und nur einer, Lucius Junius, nachher Brutus genannt, wußte sich seinem Grimme dadurch zu entziehen, daß er sich blödsinnig stellte. Tarquinius nannte ihn daher spöttisch „den Dummen" (brutus) und setzte kein Mißtrauen in ihn. Bald aber wurde der Name Brutus ein Ehrenname.

2. Ein Vaterlandsfreund.

Tarquinius belagerte gerade Ardea, eine feste Stadt im Lande der Rutuler, nur wenige Meilen von Rom entfernt. Eines Abends ritt sein Sohn Sextus aus dem Lager fort nach dem benachbarten Kollatia und besuchte dort die edle Lukretia, die Frau des Kollatinus, deren Schönheit in dem Herzen des wüsten Jünglings eine sträfliche Neigung erweckt hatte. Da Kollatinus im Lager war, glaubte Sextus die Frau ungestraft mißhandeln zu können, doch Lukretia wollte ihre Schmach nicht überleben. Sie ließ eiligst ihren Mann nebst einigen bewährten Freunden aus dem Lager herüber kommen, erzählte ihnen jammernd die erlittene Unbill, und im Übermaß des Schmerzes nahm sie einen Dolch und erstach sich vor den Augen der Männer.

Da erhebt sich zum Erstaunen aller der früher verspottete Brutus. Während Vater und Mutter der armen Lukretia wehklagen, reißt er den blutigen Dolch aus der Wunde, läßt die Leiche auf dem Markte öffentlich ausstellen, hält eine ergreifende Rede und schwört dem Frevler samt der

ganzen königlichen Familie bittere Rache. Sogleich werden alle Thore geschlossen, während der unermüdlich thätige Brutus ins Lager eilt und dort
die neue Übelthat des Königssohnes erzählt. Da wird auch das Heer gegen
den König erbittert, verläßt das Lager und kehrt nach Rom zurück.

Tarquinius mit seiner Familie wurde geächtet, er durfte nicht wieder
nach Rom zurückkehren. Er bat, er drohte; es half ihm nichts. Zornig
flüchtete er sich nach Etrurien, um die Feinde Roms aufzubringen und seine
Rückkehr auf den Thron mit Gewalt zu erzwingen. Die Römer aber schafften
die Königswürde für alle Zeiten ab und feierten die Flucht des verhaßten
Tarquinius alljährlich durch ein Volksfest. Zweihundertfünfundvierzig Jahre
hatten die sieben Könige Roms regiert.

3. Die Konsuln.

Nun war Rom eine Republik. Aus der Mitte der Patrizier wurden
jährlich zwei Männer mit königlichem Ansehen gewählt, die an der Spitze
des Senats das Volk regierten, die Volksversammlungen leiteten und im
Kriege den Oberbefehl hatten. Damit aber keiner der Konsuln, so nannte
man die Reichsverwalter, seine Macht zum Schaden der Volksfreiheit mißbrauchen möchte, so wurde die Dauer ihrer Regierung nur auf ein Jahr
festgesetzt. Hierin lag ein Grund zu den vielen Kriegen der Römer. Jeder
Konsul suchte sein Jahr durch irgend eine glänzende Waffenthat zu verherrlichen, um dadurch bei den Nachkommen ein ruhmwürdiges Andenken zu erwerben. Aus Dankbarkeit wählte das römische Volk die beiden Männer,
denen es seine Freiheit verdankte, nämlich Brutus und Kollatinus, zu den
ersten Konsuln.

4. Der strenge Vater.

So streng Brutus gegen die Königsfamilie war, eben so streng gerecht
war er gegen seine eigenen Kinder. Die römische Jugend war durch Tarquinius' Söhne verführt worden, einen Versuch zu machen, dem vertriebenen
Könige die Thore Roms zu eröffnen. Der Anschlag ward entdeckt, und zwei
Söhne des Brutus waren unter den Verbrechern, auch zwei Neffen des
Kollatinus. Die beiden Konsuln versammelten das Volk auf dem Forum
und ließen die Angeklagten vorführen. Zuerst kamen die Söhne des Brutus.
Der Vater sprach das Todesurteil über sie und winkte den Liktoren. Die
banden ihre Rutenbündel los, geißelten die Verurteilten mit den Ruten und
schlugen ihnen darauf mit dem Beile das Haupt ab. Brutus blieb sitzen
und sah mit unverwandten Augen hin. Darauf kamen die beiden Neffen
des Kollatinus. Dieser wünschte das Leben seiner Neffen zu retten und
stellte den Antrag, sie möchten aus Rom verbannt werden. Brutus aber
sprach für den Tod. Da wurden auch diese beiden vornehmen Jünglinge
enthauptet, nach ihnen alle übrigen Verschworenen. Kollatinus aber schien
wegen seiner Weichherzigkeit zum Konsul untüchtig und zu schwach, um die
Republik zu schützen, darum mußte er sein Amt niederlegen und sich aus
Rom entfernen.

B. Rom ein Freistaat.

(510 — 30 v. Chr.)

I. Hohe Vaterlandsliebe.

Horatius Kokles, Mucius Scävola, Klölia.

1. Horatius Kokles.

Nördlich von Rom lag das fruchtbare Land der Etrusker; ein mächtiger etruskischer König, Porsena, war von Tarquinius zu einem Kriegszuge gegen Rom beredet worden. Dieser drang mit einem großen Heere siegreich vor, und es gelang ihm, die Stadt einzuschließen. Nur der Fluß Tiber trennte ihn noch von Rom; mit seinen kriegslustigen Scharen rückte er an die Brücke, welche die beiden Ufer des Flusses verband. Eine kleine Schar von Römern, die auf der Brücke Wache hielt, floh. Bloß ein Mann, Horatius Kokles mit Namen, blieb am Eingange der Brücke stehen; zwei andere, durch das Beispiel des Tapfern ermuntert, gesellten sich zu ihm, und diese drei Männer sperrten das Brückenthor und hielten mit ihren Schildern und Schwertern den Feind zurück. Unterdessen wird hinter ihnen die hölzerne Brücke abgebrochen; als man an das letzte Brett kommt, rufen die Römer den Ihrigen zu, nun möchten sie sich retten. Die zwei gehen zurück, Horatius aber bleibt allein und kämpft so lange, bis die Brücke hinter ihm einstürzt. So fällt er mit seiner ganzen Rüstung in den Strom hinab. Aber mutig schwimmt er zu den Seinen hinüber, die ihn frohlockend empfangen. Die feindlichen Wurfspieße hatten ihn nicht verletzt.

2. Mucius Scävola.

Konnte nun auch der feindliche König nicht in die Stadt selber kommen, so hielt er doch alle Zugänge besetzt und drohte das geängstigte Rom auszuhungern. Da entschloß sich ein edler Jüngling, Mucius, zu einer kühnen That, um die Feinde in Schrecken zu setzen. Er ging allein in das Lager der Feinde, mit einem Dolche unter dem Mantel. Unangefochten kam er vor das königliche Zelt, wo eben den Kriegsleuten der Sold ausgezahlt wurde. Mucius, welcher den König nicht kannte, stürzte auf den los, an welchen sich die meisten Soldaten wandten, und erdolchte den Schreiber des Königs. Sogleich ergriffen die Soldaten den Unbekannten, entwaffneten ihn und führten ihn vor den König Porsena. Furchtlos sprach der kühne Jüngling: „Mein Name ist Mucius, ich bin ein römischer Bürger und wollte den Feind meines Vaterlandes ermorden. Da ich mich getäuscht habe, will ich dir gestehen, daß ich nicht der einzige bin, welcher dir nach dem Leben strebt." Der König erschrak und drohte ihn verbrennen zu lassen, wenn er nicht die ganze Verschwörung entdeckt würde. Der römische Jüngling aber sprach kein Wort mehr, sondern entblößte seinen rechten Arm, ging an ein dastehendes Kohlenbecken und hielt mit unverändertem Angesichte seine Hand in die Glut und ließ sie darin langsam verbrennen. Da ergriff Staunen und Entsetzen die Umstehenden, und der König rief: „Geh', geh' ungestraft! Du hast feindlicher an dir, als an mir gehandelt. Ich wollte, daß solche Tapferkeit auch für mich stritte!"

Es war dem Könige angst geworden vor solchen Männern, und er bot nun selber den Römern die Hand zum Frieden. Rom mußte Geiseln stellen und einige früher von den Etruskern eroberte Landstriche zurückgeben.

Horatius Kokles und Mucius wurden vom Volke hochgepriesen und reichlich beschenkt; Mucius erhielt den ehrenvollen Beinamen „Scävola", d. i. „Linkhand", und dieser Name erbte auf die Nachkommen fort.

3. Klölia.

Unter den römischen Geiseln, die nach dem Etruskerland abgeführt wurden, befand sich auch eine edle Jungfrau, Klölia mit Namen. Gleich in der ersten Nacht überlistete sie ihre Wächter, entfloh mit den übrigen Mädchen und stürzte sich in die Tiber. Glücklich schwamm sie an das andere Ufer und langte wieder in Rom an. Ihre Gespielinnen waren ihr gefolgt und auch der Gefangenschaft entronnen. Doch die Römer sandten die entflohenen Mädchen sogleich zum Porsena zurück. Dieser lobte und bewunderte die Klölia und schenkte ihr die Freiheit, indem er ihr zugleich erlaubte, sich noch einige von den übrigen Geiseln zu erbitten. Klölia wählte sich die jüngsten unter den Mädchen und kehrte mit diesen fröhlich nach Rom zurück.

II. Kämpfe zwischen Patriziern und Plebejern.

1. Ein Schuldknecht.*)

Als die Patrizier keinen Krieg mehr zu fürchten hatten, wurden sie immer übermütiger gegen die Plebejer, und besonders behandelten die Reichen die Armen, die ihnen Geld schuldig waren, hart und grausam. Die Gesetze schützten die Armen nicht gegen solche Bedrückungen, denn die Patrizier hatten die Gesetze gemacht, und so waren sie fürchterlich streng. Wenn ein Schuldner nicht bezahlte, hatte der Patrizier das Recht, ihn zu seinem Knechte zu machen, ihn an andere zu verkaufen, ja sogar ihn zu töten. Die Plebejer haßten darum die Patrizier von ganzem Herzen und warteten nur auf eine Gelegenheit, sich von ihnen zu befreien. Alles war in Rom in Uneinigkeit und Erbitterung, und zu diesen Wirren im Innern kam große Gefahr von außen.

Die Volsker griffen Rom an, und die Plebejer wurden von den Kon-

---

*) Nach Althaus.

fuln zu den Waffen gerufen. Jetzt in der Gefahr gab man den Plebejern gute Worte. Da geschah es, daß ein alter, aus dem Schuldkerker entsprungener Mann in Lumpen, mit verwildertem Haar und blutigen Malen schwerer Mißhandlung auf den Markt stürzte und um Hilfe schrie. Er erzählte, wie er in achtundzwanzig Schlachten gefochten, wie ihm Haus und Hof, während er im Felde kämpfte, geplündert und verbrannt sei, wie Krieg und Hungersnot ihn gezwungen habe, alles zu verkaufen, wie er dann habe borgen müssen, aber die Wucherer seine Schuld ins Unerschwingliche getrieben hätten. Das Volk lief zusammen und erkannte wirklich in ihm einen alten wackeren Hauptmann. Da murrten die Plebejer und versagten den Kriegsdienst gegen die Volsker. Doch der Konsul Servilius beruhigte die Leute, indem er versprach, fortan dürfe auch jeder Schuldknecht ins Feld ziehen, und niemand solle ihm während des Krieges Kind und Habe pfänden.

Das geduldige Volk war zufrieden gestellt, rückte nun hinaus zur Schlacht und siegte; aber nach Hause zurückgekehrt, fand es den alten Jammer wieder. Ein stolzer Patrizier, Appius Klaudius, widersetzte sich jeder milderen Maßregel und schickte alle seine Schuldner in den Kerker.

2. Der Diktator Valerius.

Im folgenden Jahre entstand ein neuer Aufstand. Das arme Volk forderte Erlaß seiner Schulden. Da schrie Appius Klaudius, den Lumpen sei zu wohl, man müsse ihnen den Übermut brechen! Die Gefahr, worin die Stadt schwebte, war groß, denn schon zogen Sabiner und Volsker mit ihren Verbündeten wieder gegen Rom. In dieser Not wählte der Senat einen Diktator. Das geschah nur in großen Gefahren, denn ein Diktator hatte umumschränkte Macht über Leben und Tod, er stand über dem Gesetze, und jeder mußte seinem Willen gehorchen. Ein dem Volke freundlich gesinnter Patrizier, Valerius, wurde zum Diktator erwählt, der versprach den Plebejern, ihre Lasten sollten erleichtert werden. Mit zehn Legionen zog er aus und besiegte in drei Treffen die Sabiner, Äquer und Volsker. Triumphierend kehrte er heim. Aber als die Gefahr vorüber, hielten ihm die Reichen wieder nicht Wort und kerkerten wiederum ihre Schuldner ein. Voll gerechten Zorns legte nun Valerius sein Amt nieder, das Volk aber zog aus auf den heiligen Berg außerhalb der Stadt, wo es sich in einem Lager verschanzte.

3. Menenius Agrippa.

Nun gerieten die Patrizier in Angst. Sie schickten zehn Gesandte aus der Mitte des Senats, welche mit dem Volke unterhandeln sollten, daß es wieder in die Stadt zurückkehren möchte. Unter den Gesandten war auch Menenius Agrippa, ein Liebling des Volkes; der führte das Wort: „Hört" — sprach er — „was ich zu erzählen habe. Einst hatten sich alle Glieder des Körpers wider den Magen verschworen; denn sie wollten es nicht länger dulden, daß dieser allein in behaglicher Ruhe nur immer genießen wollte, was die Glieder durch schwere Arbeit erworben hatten. Sie versagten ihm also den Dienst und begaben sich auch zur Ruhe. Die Hände führten keine Speise mehr zum Munde, der Mund rührte sich nicht, um mit den Zähnen die Speise zu zermalmen, und so ging der Magen leer aus. Bald schrumpfte dieser zusammen, aber auch der Körper wurde nun matt und krank, die Arme verloren ihre Kraft zur Arbeit, der Mund seine Lust zum Sprechen. Da merkten die Glieder, daß doch der Magen es sei, von welchem Kraft und Munterkeit in den ganzen Körper überströme, sie gaben ihr thörichtes Vorhaben auf und söhnten sich mit dem Magen wieder aus."

Die Plebejer verstanden das Gleichnis und hörten nun versöhnlich die Friedensvorschläge an, die Menenius Agrippa überbrachte. Alle Schuld= knechte sollten freigelassen, den ganz Armen aber die Schulden erlassen werden, und das Volk sollte fortan ein wichtiges Recht erhalten. Es sollte alljährlich aus seiner Mitte zwei Beamte, Tribunen genannt, wählen dürfen; die Tribunen sollten unverletzlich sein, keiner ihnen eine Gewalt an= thun. Das geheiligte Amt, welches die Tribunen übten, war: darüber zu wachen, daß dem Volke kein Unrecht geschähe. Um das Un= recht zu verhüten, hatten sie die Macht, bei jedem Beschlusse des Senats, der ihnen für das Volk verderblich schien, ein Veto oder Nein in den Saal hinein zu rufen; dann war der Senatsbeschluß ungültig. — Auf solche Be= dingungen kehrten die Plebejer wieder nach Rom zurück.

4. Marcius Koriolanus.

Die Patrizier hatten das alles nur aus Not und sehr ungern zugestan= den. Vor allen aber zürnte über die neuen Rechte der Plebejer ein junger Patrizier, Marcius, mit dem Zunamen Koriolanus. Er war ein stolzer und tapferer Mann; im letzten Kriege mit den Volskern hatte er die Stadt Korioli mit Sturm erobert und davon den ehrenvollen Beinamen „Koriolanus" empfangen. Als nun in den folgenden Jahren eine Hungers= not entstand, riet er den Senatoren, das Brotkorn teuer zu verkaufen und dadurch die Plebejer wieder zu Schuldnern und Knechten der Patrizier zu machen; denn die Patrizier allein müßten herrschen, so wäre es von Anfang an gewesen, und so müßte es bleiben.

Als die Tribunen das hörten, riefen sie ein Volksgericht zusammen und verbannten den Koriolanus aus Rom (491 v. Chr.). Da schwur der ge= kränkte Patrizier, sich an diesen Plebejern zu rächen und sie zu züchtigen für ihren Übermut. Er ging zu den Volskern, den Feinden Roms, und ver= sprach ihnen, sie zum Siege gegen die Römer zu führen. Sie machten ihn zu ihrem Feldherrn, er drang in das römische Gebiet ein, verwüstete alle Äcker der Plebejer und lagerte sich nahe bei Rom. Das Volk war nicht zum Kriege gerüstet, zwischen Plebejern und Patriziern herrschte großes Zer= würfnis, kein Heer war aufzubringen. Da schickte der Senat Gesandte, die um Frieden bitten und den Koriolan feierlich in seine Würde als römischer Bürger wieder einsetzen sollten. Doch der aufgebrachte Mann wies sie stolz und höhnend zurück.

Nun sandte der römische Senat eine zweite Gesandtschaft, Priester und

Augurn in ihrer heiligen Tracht, die heiligen Gefäße vor sich hertragend; sie richteten ebensowenig aus. Da versammelte eine ehrwürdige Matrone, Valeria, alle edlen Römerinnen, ging mit ihnen zu Marcius' kummervoller Mutter Veturia und seinem gebeugten Weib Volumnia, und alle zusammen zogen nun ins feindliche Lager hinaus. Dem Fußfall der alten Mutter und den Bitten des liebenden Weibes, deren Kinder weinend die Kniee ihres harten Vaters umschlangen, konnte der Mann im ehernen Brustharnisch nicht widerstehen, und als ihn endlich noch die geliebte Mutter Veturia zürnend fragte, ob sie denn einen Verräter des Vaterlandes geboren haben sollte, da ward das Herz des stolzen Mannes überwältigt. Er stürzte ihr in die Arme und rief: „O Mutter, Mutter! Rom hast du gerettet, aber deinen Sohn verloren!"

Marcius gab dem Heere der Volsker den Befehl zum Rückzug; diese aber, aus Rache, daß ihr Feldzug vereitelt war, schlugen den Römer tot. Nach anderem Bericht soll er als hochbetagter Greis in der Verbannung gestorben sein.

5. Die Zehnmänner und Appius Klaudius, ihr Oberhaupt.*)

1.

Kaum atmeten die Römer freier, so begannen auch wieder die alten Streitigkeiten, die jetzt um so heftiger wurden, da das Volk seine eigene Macht erfahren hatte. Jetzt wollte es auch wissen, nach welchen Grundsätzen die Patrizier, seine Richter, ihm das Recht sprächen, was diese ihm bisher sorgfältig verheimlicht hatten. Da trat der Tribun Terentillus Arsa mit dem wichtigen Antrage auf, gleichmäßiges Recht allen Bürgern durch geschriebene Gesetze zu bestimmen. Aber dieser billigen Forderung widersetzten sich die Patrizier mit der unbesonnensten Hartnäckigkeit. Aufs neue entstand Bürgerzwist in Rom, und wiederum benutzten fremde Völker, namentlich die Sabiner, den günstigen Zeitpunkt, um die Römer zu überfallen. Der Feind drang sogar in die Stadt und besetzte das Kapitol. Nur von einem Manne hoffte man Rettung, und den wählte man zum Diktator. Dieser Mann hieß Quinctius Cincinnatus. Als die Boten anlangten, um ihm die Wahl zur höchsten Würde zu melden, fanden sie ihn auf seinem Felde hinter dem Pfluge, nach Landmanns Weise nur mit einem Schurz bekleidet. Seine Hausfrau reichte ihm eiligst die Toga, damit er würdig die Befehle des Senats entgegennähme. Cincinnatus eilte nach Rom auf das Forum. Alle Buden wurden geschlossen, alle Prozesse schwiegen, die Aushebung begann, der Soldat zog mutig dem Feinde entgegen. Die Sabiner hatten sich bereits zurückgezogen, die Äquer wurden entscheidend geschlagen.

2.

Zum zweitenmal drohten die Äquer und Sabiner; da verweigerte das Volk den Kriegsdienst, denn man hatte es wieder mit leeren Versprechungen

*) Nach Th. Welter.

wegen der geschriebenen Gesetze hingehalten. Nun entschloſſen ſich doch end=
lich die Patrizier, drei Senatoren nach Griechenland zu ſenden, beſonders
nach Athen, das damals unter Perikles blühte, um dort die beſten Geſetze
zu ſammeln. Darauf wählte man zehn Patrizier (decemviri), welche aus
den fremden Geſetzen und einheimiſchen Satzungen eine Geſetzgebung für den
römiſchen Staat ausarbeiten ſollten. Während dieſer Zeit wurde den Zehn=
männern die höchſte Staatsgewalt übertragen, jedem Decemvir ſchritten zwölf
Liktoren voran. Am Ende des erſten Jahres waren ſchon zehn Geſetztafeln
fertig, aber ſie reichten noch nicht hin; ſo wurde das Amt der Zehnmänner
auf das zweite Jahr verlängert. Appius leitete die Wahl auf ſich und ſeine
Anhänger; doch kamen diesmal auch 5 Plebejer hinzu. Nachdem noch 2 Ta=
feln mit Geſetzen beſchrieben waren, konnte man die Geſetzgebung ſchließen.

3.

Die Zehnmänner hatten indes keine Luſt, ihr Amt, durch welches ſie
die erſten und mächtigſten Herren in Rom geworden waren, ſobald wieder
niederzulegen. Ohne ſich um die Zuſtimmung des Volkes und des Senates
zu kümmern, behielten ſie ſich auch für das dritte Jahr ihr Amt bei. Ja,
Appius Klaudius, das Oberhaupt der Zehnmänner, ſchien es darauf an=
gelegt zu haben, ſich die Alleinherrſchaft zu erringen. Solcher Übermut
empörte alle, die Patrizier ſowohl als die Plebejer. Endlich kam der lange
verhaltene Ingrimm durch eine Greuelthat des Appius zum Ausbruch.
Dieſer Tyrann wollte einem Bürger Roms, mit Namen Virginius, ſeine
Tochter Virginia mit Gewalt entreißen, da das ſchöne und ſittſame Mäd=
chen nichts von den Anträgen des böſen Mannes hören wollte. Er be=
hauptete frech, Virginia ſei die Tochter einer ſeiner Sklavinnen, alſo ſein
Eigentum; durch ſeine Diener ließ er ſie auf offener Straße ergreifen und
vor ein Gericht ſchleppen, das ſie unter dem Schein des Rechts ihm zu=
ſprechen ſollte.

Als der unglückliche Vater ſah, daß gegen den Gewaltigen niemand ihn
ſchützen konnte, ſtellte er nur noch die Bitte, ſeine Tochter etwas fragen zu
dürfen. Er trat mit ihr beiſeit, riß von einer Schlächterbude ein Meſſer
weg und ſtieß es ſeiner Tochter ins Herz (449 v. Chr.). Mit dem blutigen
Meſſer eilte er, wie einſt Brutus, durch die Haufen des Volkes und rief
Götter und Menſchen um Rache an. Das ganze Volk geriet in Aufruhr.
Appius wurde ergriffen und ins Gefängnis geworfen, wo er ſich ſelbſt ent=
leibte; ſeine Genoſſen flohen aus Rom. So nahm die Regierung der Zehn=
männer ein Ende, und die Konſuln und Tribunen traten wieder in ihre
Rechte ein. Zum zweitenmal ging Roms Freiheit aus dem Blut einer edlen
mißhandelten Römerin hervor.

6. Kamillus und Manlius.

1.

Sobald die Römer wieder Kräfte geſammelt hatten, wollten ſie den
ſchon jahrhundertelang dauernden Kampf mit Veji endlich auskämpfen.

Veji war die größte und mächtigste Stadt Etruriens; sie lag auf einer An=
höhe, am rechten Ufer der Tiber. Überragende Felsen und Mauern schienen
sie gegen jeden feindlichen Angriff hinreichend zu schirmen. Dennoch unter=
nahmen die Römer (im J. 406) die Belagerung; sie warfen Wälle auf,
errichteten Sturmdächer und ließen selbst im Winter nicht von der Be=
lagerung ab. Doch ward die Stadt erst im zehnten Jahre, wie das einst
von den Griechen belagerte Troja, eingenommen. Der Held, dem die Er=
oberung gelang, war der Diktator Kamillus. Dieser ließ unter den
Mauern hindurch einen unterirdischen Gang graben, und während er von
außen stürmen ließ, stiegen von innen die geharnischten Männer aus der
durchbrochenen Kluft in die Stadt und überrumpelten die Einwohner. Un=
ermeßlich war die Beute, die man in Veji fand. Das Triumphgepränge
übertraf alles bisher Gesehene. Der Diktator fuhr in einem mit vier weißen
Rossen bespannten Wagen das Kapitol hinan. Das schien vielen sträfliche
Hoffart, denn weiße Rosse waren dem Jupiter und der Sonne heilig. In
der That wurde auch Kamillus bald sehr übermütig, und einen Teil der
Beute unterschlug er. Darum ward er von dem Volkstribun Apulejus an=
geklagt, entzog sich aber der Strafe durch eine freiwillige Verbannung nach
Ardea. Scheidend that er das unedle Gebet, daß die Römer bald in Not
kommen und sich nach seiner Hilfe sehnen möchten. So beteten die Vater=
landsfreunde Aristides und Demosthenes nicht.

2.

Dem Kamillus ward sein Wunsch nur zu bald erfüllt. Im Norden
von Italien, dort, wo das Land von den hohen Alpen begrenzt wird, hauste
ein wilder Stamm der Gallier, die Senonen. Diese mochten nach den
reichen Wein= und Kornländern Italiens lüstern geworden sein und drangen
mit 30 000 streitbaren Männern nach Süden vor bis vor Klusium (Chiusi)
in Etrurien. Die erschrockenen Klusiner riefen eiligst die Römer zu Hilfe.
Diese schickten, um vorläufig den Feind zu erkunden, drei Gesandte, welche
Brennus, den Oberanführer der Gallier, fragten, mit welchem Rechte er
denn in das Gebiet freier Männer falle? „Das Recht,“ — erwiderte der
tapfere Mann, — „führen wir auf der Spitze des Schwertes. Dem Tapferen
und Starken gehört die Welt!“ Über solche Keckheit ergrimmten die Ge=
sandten; sie stellten sich selbst an die Spitze der Klusiner, machten einen
Ausfall, und einer der römischen Jünglinge tötete mit eigener Hand einen
gallischen Anführer.

Wütend über eine solche Verletzung des Gesandtschaftsrechts zog Brennus
gegen Rom. An dem Flusse Allia, zwei Meilen vor der Stadt, kam es
zur Schlacht (390 v. Chr.). Beim Anblick der wilden gallischen Männer
mit ihrer barbarischen eigentümlichen Bewaffnung kam ein Schrecken über
das ganze römische Heer; die Soldaten flohen nach allen Seiten auseinander.
In Rom war kein Heer mehr vorhanden; da faßte man auf den Rat des
Manlius den Entschluß, die unhaltbare Stadt aufzugeben, Schätze, Lebens=
mittel, Heiligtümer auf das feste Kapitol zu flüchten und dieses mit den

wehrhaftesten Männern zu besetzen Die übrige Habe wurde vergraben; wer fliehen mochte, floh. Nur achtzig Greise und Priester, welche Rom nicht überleben wollten und sich durch den pontifex maximus (den Oberpriester) dem Tode hatten weihen lassen, setzten sich, in weißer Toga und mit Stäben in der Hand, ernst und unbeweglich auf den Prachtstühlen des Marktes nieder. Die Gallier erstaunten nicht wenig, als sie in die offenen Thore eindrangen, die Straßen leer fanden und dann auf das Forum gelangten, wo sie die lange Reihe ehrwürdiger Greise erblickten. Sie meinten anfangs, es wären Götterbilder. Neugierig, ob die unbeweglichen Gestalten auch wohl Leben haben möchten, näherte sich ein Gallier einem der Priester und zupfte an dessen Bart. Der erzürnte Greis giebt dem Verwegenen einen Schlag mit seinem elfenbeinernen Scepter. Da haut ihn der Gallier nieder; zugleich werden die andern alle umgebracht. Nun wird die Stadt angezündet und in einen schaudervollen Schutthaufen verwandelt. Doch die Stürme auf das Kapitol werden von den Verteidigern mutvoll zurückgeschlagen. Brennus beschloß, die Besatzung auszuhungern, und sandte indes seine Scharen nach Latium und Apulien, um Lebensmittel einzubringen.

3.

Ein Teil des gesprengten Römerheeres hatte sich in Ardea gesammelt, wo Kamillus als Verbannter lebte. Der tapfere Kriegsmann wußte den Verzagten wieder Mut einzuflößen, stellte sich an ihre Spitze und schlug mehrere Haufen plündernder Gallier in die Flucht. Die römischen Soldaten meinten, Kamillus sei nicht länger mehr ein Verbannter, da kein Vaterland mehr sei: er möge wieder den Oberbefehl über das ganze Heer annehmen. Kamillus aber verlangte zuvor die Genehmigung der Obrigkeiten auf dem Kapitol. Der kühne Publius Kominius wagte es, die Einwilligung der Senatoren zu holen. Im schlichten Kleide, unter welchem Kork verborgen war, erreichte er des Nachts die Tiber, schwamm eine Strecke weit hinab, schlich sich mitten durch die feindlichen Posten an das karmentalische Thor, wo das Kapitol für unersteigbar galt, und es gelang ihm wirklich, die steile Höhe zu erklimmen. Da meldete er den Sieg Kamills und den Antrag der Soldaten, und Kamillus ward zum Diktator ernannt.

4.

Die Fährte des Kominius ward aber von den Galliern entdeckt und wurde zu einem Überfall benutzt. In der stillen, mondhellen Nacht klimmten die Feinde zum Kapitol hinan. Dort lag alles im Schlaf, die Schildwachen, selbst die Hunde schliefen. Schon war ein Gallier fast oben, als plötzlich die Gänse, welche der Juno geheiligt waren und darum trotz der Hungers=not nicht geschlachtet wurden, ein so starkes Geschnatter erhoben, daß der Senator Manlius davon erwachte. Der eilte schnell an den bedrohten Ort, hieb dem nächsten Gallier die rechte Hand ab, den folgenden stürzte er mit seinem Schild in die nächtliche Tiefe, so daß auch die Nachfolgenden zurück=taumelten und das Kapitol gerettet war. Die Wachtposten, welche so schlecht

Wache gehalten hatten, wurden am nächsten Morgen zum tarpejischen Felsen hinabgestürzt. Für den Manlius aber darbte sich jeder etwas Wein und Mehl ab. Aus dem letzten Rest von Getreide buk man Brot und warf es, als hätte man noch dessen zu viel, beim Sturm gegen den Feind. Da sank den Galliern die Hoffnung, die Römer auszuhungern, um so mehr, als das Gerücht sich verbreitete, Kamillus sei mit einem Heere im Anzuge.

Brennus zeigte sich zu einem Friedensantrag bereit, unter der Bedingung, daß die Römer ihm 1000 Pfund Gold auszahlten. Beim Abwägen des Goldes übten die Gallier Betrug, und als sich die Römer darüber beschwerten, warf Brennus noch sein Schwert und Wehrgehänge zu dem Gewicht, mit den Worten: „Weh' den Besiegten!" Aber während man so vor= und nachwog, zählte und zankte, erschien der Diktator. Ihm machten die Römer ehrerbietig Platz; Kamillus warf das Gold von der Wage den Seinen mit den Worten zu: „Die Römer bezahlen mit Eisen, nicht mit Gold; der Vertrag gilt nicht, denn er ist ohne den Diktator geschlossen!" Nun kam es zum Gefecht, aber Brennus ward in die Flucht geschlagen.

So die patriotische Sage. Wahrscheinlicher ist's jedoch, daß die Feinde mit ihrer reichen Beute abzogen, später jedoch, sobald Rom unter Kamillus wieder Kraft gewonnen hatte, wiederholt — zuletzt bei Alba 367 v. Chr. — geschlagen wurden. Der zum Diktator ernannte tapfere und kriegserfahrene Kamillus führte seine Römer zum Siege.

5.

Kamillus war ein Feind des Manlius, welcher der „Kapitoliner" genannt und vom Volke hochgeachtet ward. Da Kamillus einen zahlreichen Anhang unter den Patriziern hatte, ward er mit Belohnungen überschüttet, doch Manlius blieb unbelohnt. Das erregte seinen Groll, und er trat auf die Seite des Volkes, dessen Druck und Plage ihm auch redlich zu Herzen gegangen sein mag. Ein als Schuldknecht vom Wucherer gefesselter alter Hauptmann und Kriegskamerad wurde von ihm auf der Stelle losgekauft. Das Volk jubelte ihm Beifall. Da schlug er auch sein bestes Landgut los und schwor, keiner solle, so lange er ein As besitze, als Schuldknecht abgeführt werden. Er lieh den Armen ohne Zins. Bald wurde sein Haus ein Sammelplatz der Unzufriedenen; vor ihnen klagte er, wie das gallische Geld unterschlagen worden sei. Er forderte zum besten des Volkes eine neue Verteilung der Äcker und Verkauf des Gemeindelandes zur Schuldentilgung für die Armen, welche durch den Wiederaufbau der zerstörten Häuser vollends den Reichen in die Hände gefallen waren. Da wurde durch den Einfluß der Patrizier ein Diktator ernannt, der ließ den Manlius als einen der Republik gefährlichen Mann, als Meuterer und Verleumder verhaften. Die Plebejer trauerten um ihren Patron in zerrissenen Kleidern und lagerten sich an seiner Kerkerschwelle. Der Volksauflauf ward immer bedenklicher, und der Senat sah sich genötigt, den ihm Verhaßten wieder frei zu geben.

Es dauerte nicht lange, so klagten die Tribunen den Manlius an, daß er nach Alleinherrschaft strebe. Man hoffte, nun werde er sich selbst verbannen;

er erwartete aber unbiegsam und furchtlos das Gericht. Er zeigte auf seine Wunden, auf die Waffen von dreißig erlegten Feinden, auf das gerettete Kapitol; er rief die Götter an, gerechter als die Menschen sich seiner Not zu erbarmen. Da wurde er abermals entlassen. Als aber sein Anhang sich bereitete, das Kapitol bewaffnet zu behaupten, und ihn völlig zur Empörung hindrängte, da wurde Kamillus, sein Feind, zum viertenmal Diktator und Manlius abermals in die Acht erklärt. Klüglich versammelten sich diesmal die Patrizier in einem Haine, wo das Kapitol nicht sichtbar war. Dort sprach man die Todesstrafe gegen den Unglücklichen aus, er wurde auf den tarpejischen Felsen geschleppt und dann in den furchtbaren Abgrund hinab=gestürzt. „Es sind nur wenig Schritte vom Kapitol bis zum tarpejischen Felsen", das ist seitdem ein Sprichwort geworden.

6.

Noch immer wurden den Plebejern die Rechte geschmälert; da erhoben sich zwei wackere Volkstribunen, Licinius und Sextius, und Kamillus war hochherzig genug, sie zu unterstützen. Der Senat erkannte endlich, daß es Zeit sei, dem Volke nachzugeben, und glücklich wurden die licinischen Anträge durchgebracht und zu Gesetzen erhoben:

1. Von den Schulden mußte ein Teil den Plebejern erlassen werden.
2. Bei den Ackerverteilungen durfte keiner mehr als 500 Joch (120 Hek=tar) erhalten und auch die Plebejer mußten dabei bedacht werden.
3. Von den beiden Konsuln sollte fortan einer aus den Plebejern genom=men und von den Plebejern gewählt werden.

Als diese Gesetze angenommen waren, geschah es, wie Kamillus gelobt hatte; die Römer bauten der Eintracht (Konkordia) einen Tempel. Andert=halbhundert Jahre hatten bis jetzt die Plebejer unabläßig gestrebt, ihren Teil an der Staatsgewalt zu erlangen; vieles Blut war um dieses Recht vergossen, viele Tribunen und Freunde des Volkes waren erschlagen worden, und auch von außen hatten die Römer, weil sie uneins waren unter sich, großes Un=glück erlitten und zuweilen an dem Abgrund des Verderbens gestanden. Jetzt aber, da im Innern Friede und Eintracht herrschte und die Rechte des Volkes gesichert waren, nahm die römische Republik mit jedem Jahre an Kraft zu; keiner verweigerte mehr Kriegsdienste, und das Volk hatte frische Lust, große Thaten zu vollbringen, weil es sein Vaterland liebte.

III. Die Heldenzeit der Republik.

1. Kurtius. Manlius. Decius.

1. Kurtius.

Nachdem Kamillus 64 Jahre lang der Republik gedient hatte, starb er an der Pest. Furchtbar wütete die Krankheit und raffte viele wackere Bürger hin. Die Not vermehrte sich, als ein Erdbeben die Stadt erschütterte und auf dem Markte einen tiefen Abgrund bildete, der sich durchaus nicht wollte füllen lassen. Die Augurn prophezeiten, es würde der Riß nur dann wieder geschlossen werden, wenn der Stärkste und Mächtigste der Stadt hineingeworfen würde. Da setzte sich der junge Kurtius in voller Rüstung auf sein prächtig aufgezäumtes Roß, weihte sein Leben den Göttern und sprengte mutig in den Abgrund, der ihn verschlang, aber auch alsbald sich schloß. — Solche Sagen konnten nur bei einem Volke sich bilden, das von heißer Vaterlandsliebe erglühte.

2. Manlius.

Am meisten hatten die Römer mit zwei tapferen freiheitsliebenden Volksstämmen Mittelitaliens zu kämpfen, mit den Samnitern und Latinern. Jene wurden in drei Kriegen (erster Samniterkrieg von 343—341, zweiter 326—304, dritter 298—290) unterworfen.

Die Bewohner von Latium, die Lateiner oder Latiner (Latini), kamen, seitdem Albalonga sich gefügt hatte, mehr und mehr in Roms Gewalt, bis 338 v. Chr. sich alle Latiner-Städte ergeben hatten.

Die Latiner verlangten mit den Römern ein Volk zu bilden, und daß sie wie die Römer einen Konsul wählen könnten. Dazu waren die Römer viel zu stolz, um solches zu bewilligen; sie wollten Römer bleiben und allein herrschen. Also zogen sie ins Feld unter dem Konsul Titus Manlius. Dieser befahl seinen Soldaten bei Todesstrafe, daß ohne seine Erlaubnis sich niemand mit den Feinden in einen Kampf einlassen sollte, denn strenge Ordnung mußte in einem römischen Heere sein. Nun ritt eines Tages sein Sohn mit einigen Reitern aus, um den Feind auszukundschaften; er begegnete dem Anführer der latinischen Reiterei. Dieser forderte den jungen Manlius zum Zweikampf heraus. Der tapfere Römer hielt es für schimpflich zu fliehen, er dachte nicht mehr an das Verbot, nahm den Zweikampf an, erschlug den Latiner und kehrte mit der erbeuteten Rüstung triumphierend ins Lager zurück. Er konnte freilich nicht leugnen, daß er wider das Verbot den Kampf gewagt hatte; doch alle Soldaten freuten sich seines Sieges und baten laut den Konsul, die Strafe zu erlassen. Manlius aber winkte den Liktoren, die mußten seinen Sohn ergreifen und ihn enthaupten, damit allen Römern offenbar würde, wie das Gesetz das Höchste sei.*)

3. Decius.

Dann führte Manlius das Heer den Latinern entgegen; am Berge Vesuv begann die Schlacht. Den einen Flügel des römischen Heeres befehligte der Konsul Manlius, den andern der zweite Konsul Decius. Vor der Schlacht war beiden Feldherren eine göttergleiche Gestalt erschienen, die hatte verkündet, der eine Feldherr und das andere Heer sei den Todesgöttern ver-

---

*) Wegen dieser Strenge erhielt er den Beinamen imperiosus, und ein zweiter Beiname, torquatus, ward ihm zuteil, weil er (361 v. Chr.) einen gallischen Riesen tötete und ihm die goldene Halskette (torques) abnahm.

fallen. So beschlossen denn beide Konsuln, daß der Feldherr des zuerst weichenden Flügels sich selbst opfern und damit das feindliche Heer dem Untergange weihen solle.

Decius befehligte den linken Flügel, dessen erstes Treffen wich. Da ließ sich der brave Feldherr vom Oberpriester dem Tode weihen. Er ver= hüllte sein Antlitz und betete zu allen Göttern der Ober= und Unterwelt für sein Volk um Sieg, für den Feind um Furcht und Graus. Dann sprach er über sich und den Feind den schrecklichen Todesfluch. Jetzt, wie der Geist des Verderbens, brauste er hoch auf schnaubendem Rosse mitten unter die Legionen der Latiner; entseelt sank er nieder. Die Römer wollten ihren Feldherrn rächen, die Latiner wurden bestürzt und konnten dem furchtbaren Andrang nicht widerstehen. Sie mußten fliehen, kaum der vierte Teil ent= kam. Ihr Lager und Decius' Leiche, die herrlich bestattet wurde, fiel in die Hände der Sieger (340 v. Chr.).

2. Lucius Papirius Cursor und die Kaudinischen Pässe.

Als die Römer ganz Latium und das schöne Campanien unter ihre Herrschaft gebracht, wollten die tapferen Samniter nicht länger unthätig zu= sehen und begannen ihren zweiten Krieg wider Rom. Der römische Feld= herr Lucius Papirius mit dem Beinamen „der Läufer" (cursor) warf sie aber siegreich zurück und drang so schnell ins gebirgige Land der Feinde, daß diese um Waffenstillstand baten.

Nachdem derselbe abgelaufen, standen zwei weniger fähige römische Führer dem sehr gewandten samnitischen Feldherrn Gavius Pontius gegen= über, der durch List die Römer in die Engpässe von Kaudium lockte, wo sie sich plötzlich umzingelt sahen und weder vorwärts noch rückwärts sich durch= schlagen konnten. Es stand in der Macht des Pontius, sie alle zu töten; doch er schwankte und fragte seinen Vater, den weisen Herennius, um Rat. Dieser lautete: Entweder mußt du den ganzen Heerhaufen töten, wodurch Roms Macht für längere Zeit geschwächt wird; oder du mußt großmütig alle frei geben, um Roms Freundschaft zu gewinnen. Pontius that weder das eine noch das andere, er wählte ein mittleres zu seinem Verderben. Er schloß mit den Anführern des gefangenen Heeres einen Vertrag, in welchem ihnen das Leben geschenkt wurde unter der Bedingung, daß Rom für immer das samnitische Gebiet räume; die Gefangenen aber mußten unter dem Joch hindurchgehen, zum Erweis ihrer Niederlage. Diese Schmach empörte die Römer, und das Volk zeigte sich abermals groß und heldenmütig, daß es solche Friedensbedingungen nicht annahm. Es sandte die beiden Konsuln und die, welche den Frieden unterzeichnet hatten, mit auf den Rücken gebun= denen Händen zu den Samnitern zurück, sammelte ein frisches Heer, und Pa= pirius ward abermals zum Diktator ernannt, der den Pontius so aufs Haupt schlug, daß die erschöpften Samniter zu einem für sie harten Frieden sich bequemen mußten.

3. Pyrrhus.*) Fabricius. Kurius.

1.

In ganz Mittelitalien waren die Römer schon Herren geworden, und bald fanden sie auch zu ihrer Freude eine Gelegenheit, den Krieg in Unter=italien zu führen. Dort war die mächtigste Stadt Tarent. Die Griechen, die sie bewohnten, waren reich und lebten üppig, es waren leichtsinnige und übermütige Menschen. Sie nahmen einmal ohne allen Grund den Römern vier Schiffe weg, und als deswegen römische Gesandte in Tarent erschienen, wurden sie vom Volke verhöhnt und beschimpft, weil sie das Griechische nicht ganz richtig sprachen. Als nun aber die Römer mit einem starken Heere anrückten, riefen die Tarentiner den König Pyrrhus von Epirus zu Hilfe, der durch seine großen Kriegsthaten weit und breit berühmt war.

Epirus war ein halbgriechisches Land, das westlich von Macedonien lag, und Pyrrhus brauchte nur über das adriatische Meer zu fahren, so war er in Italien. Er war ein vortrefflicher Feldherr, sein Heer hatte er aufs beste eingerichtet und in vielen Kämpfen geübt. Der Krieg war seine Herzenslust, und er war voll Begierde, zu erobern und zu herrschen, gleich=viel wo es war. Zuerst hatte er in Macedonien und Griechenland Krieg geführt, denn da war lauter Unordnung, nachdem das Reich Alexanders des Großen zerfallen war.

Nun, als ihn die Tarentiner riefen, dachte er gleich, ganz Italien und Sicilien dazu zu erwerben. Rasch kam er nach Tarent mit einem auserlesenen Heere und 20 Elefanten (280 v. Chr.).

Die Tarentiner hatten ihm in ihrem griechischen Stolze gesagt, die Römer wären ungebildete Menschen und bloße Barbaren, die würden leicht zu bezwingen sein. Als aber Pyrrhus von einem Hügel bei Heraklea das römische Heer anrücken sah, sagte er gleich, die Schlachtordnung dieser Barbaren käme ihm gar nicht barbarisch vor, sondern ganz wohl überlegt. Noch mehr bewunderte er die Römer, wie sie unerschrocken über den Fluß Liris gingen und sich zum Angriff vorbereiteten. Sie stürmten nun auf das Heer des Pyrrhus los, um es zu durchbrechen; siebenmal erneuerten sie den Angriff, aber es gelang ihnen nicht. Als nun vollends die Elefanten mit Türmen voll Soldaten auf ihren Rücken anrückten, wurden die Römer bestürzt, ihre Pferde scheuten, warfen die Reiter ab, und die Verwirrung und Flucht war allgemein. Doch alle Leichen der gefallenen Römer lagen mit dem Kopfe gegen den Feind, kein einziger war fliehend niedergehauen, und Pyrrhus rief: „Hätte ich solche Soldaten, so wäre die Welt mein."

Er meinte, die Römer würden nach dieser Niederlage den Frieden wohl annehmen, und schickte deshalb seinen Freund Cineas nach Rom. Der=selbe bot Geschenke, man nahm sie nicht an, seine schlaue, einschmeichelnde Rede bethörte aber einige, daß sie meinten, man solle die Vorschläge des

*) Nach Althaus.

Pyrrhus annehmen. Da stand ein alter blinder Ratsherr auf, der sonst nicht in die Versammlung kam, diesmal sich aber von seinen Sklaven in einer Sänfte hatte hintragen lassen. „Wie?" rief er, „bisher habe ich den Verlust meiner Augen betrauert; jetzt wünschte ich auch taub zu sein, daß ich die unwürdigen Vorschläge eurer Feigheit nicht mit anhören dürfte. Ihr zittert vor einem Haufen Menschen, die immer die Beute der Macedonier gewesen sind, vor einem Abenteurer, der um die Gunst der Diener Alexanders gebuhlt hat." Das wirkte. Die Versammlung beschloß einstimmig, nicht eher sei an Friedensunterhandlungen zu denken, als bis Pyrrhus Italien geräumt habe. Als Cineas seinem Könige die Nachricht überbrachte, sagte er: „Der römische Senat sei ihm vorgekommen, wie eine Versammlung von Königen."

2.

Um die Gefangenen auszulösen, schickten die Römer den Cajus Fabricius als Gesandten an Pyrrhus. Er war schon Konsul gewesen, aber ein ganz einfacher Mann und ganz arm geblieben; er hatte nur seinen Acker, den er selbst bebaute. Pyrrhus bot ihm ein großes Geschenk an, nicht um ihn zu etwas Ungerechtem zu verleiten, sondern nur als Zeichen seiner Hochachtung. Aber Fabricius wies es mit den Worten zurück: „Ich brauche kein Geld!" Am andern Morgen stellte ihn Pyrrhus auf die Probe; er ließ den größten Elefanten heimlich hinter das Zelt führen, worin er sich mit dem Gesandten unterredete. Auf ein gegebenes Zeichen ward der Vorhang plötzlich hinweggezogen, und der Elefant streckte mit fürchterlichem Gebrüll seinen Rüssel hinter dem Kopfe des Fabricius hervor. Der aber sagte ganz ruhig zum Könige: „So wenig mich gestern dein Geld reizte, so wenig schreckt mich heute dein Elefant!" Pyrrhus konnte sich nicht genug darüber verwundern. Die Gefangenen wollte er zwar nicht freigeben, aber er erlaubte ihnen doch, nach Rom zu einem großen Feste zu gehen unter der Bedingung, daß sie sich freiwillig wieder als Gefangene stellten. Sie gingen hin und feierten das Fest mit, am bestimmten Tage aber erschienen sie alle wieder im Lager des Pyrrhus. Todesstrafe hatte der Senat darauf gesetzt, wenn einer zurückbliebe.

3.

Im folgenden Jahre, 279 v. Chr., kam es bei Asculum in Apulien abermals zu einem Treffen. Pyrrhus siegte zwar, verlor aber so viel von seinen Soldaten, daß er ausrief: „Noch einen solchen Sieg, und ich bin verloren!" Im dritten Jahre des Krieges führte der wackere Fabricius selber die Römer gegen den König. Ehe die Heere einander nahe kamen, erhielt der römische Feldherr einen Brief vom Leibarzte des Pyrrhus, worin dieser sich erbot, gegen eine angemessene Belohnung den König zu vergiften. Fabricius las den Antrag mit gerechtem Unwillen und meldete dem Pyrrhus die Verräterei seines Arztes. Pyrrhus rief voll Bewunderung: „Eher könnte die Sonne aus ihrem Lauf, als dieser Römer vom Pfade der Rechtlichkeit abgelenkt werden!" Er ließ den Arzt hinrichten, schickte aus Dankbarkeit den Römern alle ihre Gefangenen ohne Lösegeld zurück und ließ abermals Frieden anbieten. Er erhielt wieder die gleiche Antwort: erst müsse er Italien geräumt haben, bevor an Friedensunterhandlungen zu denken sei. Für die erhaltenen Gefangenen schickten die Römer eben so viele Gefangene zurück. Pyrrhus scheute indes ein drittes Treffen, und da es ihm schimpflich schien, nach Hause zu gehen, ohne den Krieg beendet zu haben, kam ihm ein Antrag von den Siciliern sehr gelegen, die ihn gegen die Karthager zu Hilfe riefen. Er ließ eine Besatzung in Tarent zurück und schiffte hinüber.

4.

In Sicilien richtete Pyrrhus auch nichts aus, und nach zwei Jahren kehrte er auf dringendes Bitten der geängsteten Tarentiner nach Italien zurück. Die Römer stellten ihm ein großes Heer entgegen. Einer der beiden Feldherren war der berühmte Manius Kurius, an Geisteskraft wie an Armut dem Fabricius ähnlich. Als er das erste Mal die höchste obrigkeitliche Würde in Rom, das Konsulat, bekleidete, schickte ein Volk Unteritaliens Gesandte an ihn, einen Frieden zu vermitteln. Diese fanden ihn auf einer hölzernen Bank am Feuerherde sitzend, sich ein Gericht Rüben zu kochen. Sie boten ihm eine große Summe Geldes. Er antwortete lächelnd: „Kann derjenige, der sich mit Rüben begnügt, noch Geld verlangen? Ich will lieber reiche Leute beherrschen, als selbst reich sein!"

Dieser Mann war jetzt Feldherr gegen Pyrrhus und hatte eine sehr vorteilhafte Stellung eingenommen. — Als es bei Beneventum (275 v. Chr.) zur Schlacht kam, versuchte Pyrrhus wieder, durch seine Elefanten den Römern Schrecken einzujagen. Allein diese wußten jetzt die Elefanten zu schrecken; sie warfen brennende Pechkränze auf die Ungeheuer, und diese Tiere wurden darüber so wütend, daß sie sich gegen ihre eigenen Herren wandten und alles in Verwirrung brachten. Die Römer erfochten einen vollständigen Sieg, und Pyrrhus verlor nicht allein 20 000 Menschen, sondern mußte auch sein ganzes Lager den Siegern preisgeben. Das letztere war für die Römer ein sehr wichtiger Gewinn, denn sie lernten dadurch die Kunst, ein Lager regelmäßig zu befestigen.

Pyrrhus zog aus Italien heraus, Kurius aber mit vier Elefanten triumphierend in Rom ein. Das ganze südliche Italien hatte sich den Römern unterworfen.

5.

Wie Fabricius und Kurius lebten fast alle Römer zu der Zeit einfach, den alten Sitten getreu. Jedes Jahr wurden aus denen, die schon Konsuln gewesen waren, zwei Censoren gewählt; diese hatten das Amt, darüber zu wachen, daß jeder sein Vermögen ordentlich verwaltete, keine Schulden machte und ohne Prunk (Luxus) lebte. So — meinten sie — gezieme es einem Republikaner, d. h. dem Bürger eines freien Staates. Als Fabricius Censor war, stieß er einen vornehmen Patrizier aus dem Senate, weil er in seinem Hause zehn Pfund Silbergeschirr fand! Die vornehmsten Römer hielten es für keine Schande, den Acker selbst zu bauen, und durch die Arbeit erhielten sie sich gesund und kräftig. Von studierten Leuten und Gelehrsamkeit wußte man damals noch nichts; die Römer lasen wenig Bücher, auch von Malern, Bildhauern und Schauspielern wußten sie damals noch nichts, sie verstanden aber den Staat auch ohne solche Künste zu regieren und ihre Herrschaft über alle Nachbarländer auszubreiten. Sie hatten noch wenig Prachtgebäude, bauten aber ihre Häuser dauerhaft, und ihre Landstraßen waren unverwüstlich.

4. Die römischen Legionen.

Das römische Heer war vortrefflich geordnet. Es war in Legionen eingeteilt; jede Legion bestand aus 6000 Mann Fußvolk, bewaffnet mit Speeren, Wurfspießen und Schwertern. Statt der Fahnen hatte jede Legion als Feldzeichen einen silbernen Adler auf einer Stange. Zu den 6000 Mann Schwerbewaffneten kamen noch fast eben so viel leichtbewaffnete Bundesgenossen, und außerdem Reiterei. Eine vollständige Legion bestand dann wieder aus zehn Kohorten.

So oft die Römer sich lagerten, warfen sie Schanzgräben auf; innerhalb derselben wurden dann reihenweis die Zelte aufgeschlagen, zwischen denen die Wege so genau abgesteckt waren, daß die Zeltreihen wie Straßen aussahen. Gewöhnlich befehligten die Konsuln das Heer; ihre Unterfeldherren hießen Legaten; wenn die Republik in Gefahr kam und der beste Feldherr nicht gerade ein Konsul war, wurde eben der Tüchtigste zum Diktator erwählt. Stets ward auf strenge Mannszucht gehalten; jeder Soldat mußte unbedingt gehorchen. Wenn einer ungehorsam war, wurde er mit Ruten gepeitscht oder auch enthauptet; wenn aber ganze Kohorten oder Legionen geflohen waren oder sich empört hatten, so wurde der zehnte Mann von ihnen hingerichtet. Der sich im Kriege ausgezeichnet hatte, wurde feierlich belohnt. Hatte einer einem Bürger das Leben gerettet, so erhielt er eine Bürgerkrone; hatte einer zuerst den Wall einer belagerten Stadt erstiegen, so bekam er eine Mauerkrone; und für die Befreiung einer belagerten römischen Stadt wurde eine Belagerungskrone geschenkt. Alle diese Kronen waren verschieden gearbeitet, durften aber nur an Festtagen getragen werden.

Wenn ein Feldherr einen Sieg erfochten hatte, bei dem wenigstens 10000 Feinde erschlagen worden waren, so riefen ihn die Soldaten zum Imperator aus, d. h. zum kommandierenden General, und so wurde er von da an immer genannt. Ein Imperator bewarb sich dann um einen Triumph in Rom, und wenn derselbe ihm gestattet wurde, zog er feierlich mit den erbeuteten Waffen und den Gefangenen in die Hauptstadt ein. Die Soldaten schmückten sich mit grünen Zweigen und sangen lustige Lieder;

auch wohl Spottlieder auf den Triumphator selber, damit dieser nicht zu übermütig würde. Der Triumphator aber fuhr, auf einem offenen Wagen stehend, in der Mitte des Zuges. Sein Lohn war diese Ehre, und sein Schmuck ein Lorbeerkranz.

Weil die römischen Legionen so vortrefflich eingerichtet waren, als römische Bürger sich fühlten und mit Stolz für die Größe ihres Vaterlandes kämpften, wurden sie die berühmtesten und tapfersten Soldaten der alten Welt.

---

5. Die punischen Kriege.*)

1. Duilius. Regulus.

1.

Unter den Pflanzstädten, welche Tyrus, die berühmte phönizische Handelsstadt am Mittelländischen Meere, angelegt hatte, war Karthago die mächtigste und blühendste geworden. Diese Stadt lag auf der am nördlichsten ins Meer hervorragenden Spitze Afrikas, da, wo jetzt Tunis liegt, Sicilien gerade gegenüber. Karthago trieb nicht bloß Handel, wie einst Sidon und Tyrus, sondern führte auch Krieg und machte Eroberungen. So hatte es sich nicht bloß das umliegende Gebiet in Afrika erworben, sondern auch die Inseln Sardinien und Korsika, und einen großen Teil der Insel Sicilien unterjocht. Außerdem hatte es noch viele Kolonieen, seine Flotten segelten auf allen bekannten Meeren, sein Handel war blühend, sein Reich unermeßlich. Die Punier oder Karthager selbst waren ein kleines Volk, aber mit ihrem Gelde mieteten sie fremde Truppen, die ihnen die Länder erobern mußten.

Sobald die Römer über Italien hinausgingen, konnte es nicht fehlen, daß sie mit den Puniern feindlich zusammentrafen; denn beide Völker hatten die Weltherrschaft im Sinn. Die Römer setzten nach Sicilien über, schlugen die karthagischen Soldtruppen, welche dort standen, und eroberten in wenig Jahren mehr als 60 sicilische Städte. Nun schickten die Karthager eine große Kriegsflotte. Die Römer, die auf dürftig zusammengenagelten Brettern nach Sicilien übergesetzt waren, kamen in große Verlegenheit; doch sie wußten sich zu helfen. Zufällig war an der Küste ein karthagisches Kriegsschiff gestrandet; dessen bemächtigten sich die Römer und erbauten nach diesem Muster mit unbeschreiblicher Anstrengung in 60 Tagen ihre erste Flotte von 120 Kriegsschiffen. Diese Schiffe waren freilich sehr unbehilflich; sie konnten nur mit großer Mühe fortgestoßen werden. Aber der römische Feldherr Duilius wußte auch hier Rat; er erfand eine Art Zugbrücken, welche man, sobald ein feindliches Schiff nahte, auf dasselbe niederfallen ließ. Widerhaken hielten dann sogleich die beiden Schiffe zusammen, die römischen Sol-

---

*) Nach Bredow.

daten sprangen auf die Brücke und fochten nun wie auf dem festen Lande. Unter des tapfern Duilius Anführung erfochten die Römer einen glänzenden Sieg über 150 feindliche Schiffe (bei Mylä 260 v. Chr.), und die Römer waren über diesen ersten Seesieg so erfreut, daß sie ihrem Feldherrn eine marmorne Ehrensäule errichteten, an welcher die Schnäbel der eroberten kar= thagischen Schiffe befestigt wurden. Zugleich bewilligten sie dem Duilius, so oft er des Abends von einem Gastmahle nach Hause zurückkehrte, mit Fackeln und mit Musik sich begleiten zu lassen — eine Ehre, die andere Sieger nur an dem Tage ihres feierlichen Einzuges in Rom genossen.

2.

Nach diesem Siege eroberten die Römer die Inseln Sardinien und Korsika, und Regulus wagte es sogar, nach Afrika überzusetzen und die Feinde in ihrem eigenen Lande anzugreifen. Er eroberte eine karthagische Stadt nach der andern, machte sehr reiche Beute und stand schon vor den Thoren Karthagos. Da landeten griechische Mietstruppen; Regulus, der sich des Sieges allzugewiß glaubte, wurde geschlagen und selbst mit 200 Römern gefangen genommen.

In den nächsten Jahren waren die Römer nicht glücklicher; mehrere Städte in Sicilien wurden von den Karthagern wiedererobert, zwei römische Flotten durch einen Sturm zerstört. Doch die Römer verzagten nicht; sie bauten wieder neue Flotten, und durch einen glänzenden Sieg, den sie auf Sicilien über das karthagische Heer davontrugen, wurden die Karthager so gedemütigt, daß sie den gefangenen Regulus selbst mit mehreren Gesandten nach Rom schickten, um einen Frieden zu vermitteln. Regulus mußte aber schwören, wenn er nichts ausrichtete, wieder nach Karthago zurückzukommen. Wiewohl er nun wußte, daß bei seiner Rückkehr die schrecklichsten Martern seiner warteten, riet er dennoch nicht zum Frieden, sondern zeigte den Rö= mern, daß Erschöpfung die Karthager zwinge, um Frieden zu bitten. Die Vorschläge der Gesandten wurden also verworfen, und Regulus, den weder die Vorstellungen des Senats, noch die Bitten der Seinigen zurückhalten konnten, ging seinem Eide getreu nach Karthago zurück. Dort ward er von den erbitterten Feinden hingerichtet.

3.

Es kam, wie Regulus vorhergesagt hatte. Die Karthager wurden wie= derum in einer blutigen Seeschlacht entscheidend geschlagen, und da zugleich Unruhen in Karthago selbst ausgebrochen waren, mußten sie den Frieden auf die Bedingungen annehmen, welche die Römer ihnen stellten. Sie mußten Sicilien gänzlich räumen und eine ungeheure Summe als Entschädigung für die Kriegskosten den Römern bezahlen. Sicilien, die reiche, fruchtbare Insel, ward nun zu einer römischen Provinz. Eine Provinz mußte Steuern und Abgaben nach Rom bezahlen, Soldaten stellen, so viel und so oft als Rom es verlangte, und von dem Guten, was sie hätte, den Römern das Beste liefern. War ein Römer Konsul gewesen, dann wurde er auf ein Jahr als Statthalter oder Prokonsul in die Provinz geschickt und konnte hier frei schalten und walten. Nur mußte er nachher dem Senat und Volke Rechenschaft von seinem Wirken geben. Als die Römer die schöne Insel Sicilien erworben hatten, da erfuhren sie, wie herrlich es wäre, über eroberte Länder zu herrschen. Und da sie das mächtige Karthago überwunden hatten, waren sie stolz auf ihre Kraft und scheuten sich vor keinem Volke mehr. Ihre Eroberungssucht war jetzt so groß geworden, daß ihnen auch kein Friedensvertrag mehr heilig war. So nahmen sie, während Karthago in Afrika die Unruhen zu dämpfen suchte, treulos noch die Inseln Sardinien und Korsika weg, und als die Karthager sich darüber beschwerten, drohten sie Krieg, und verlangten, daß jene noch obendrein die Kosten bezahlen sollten, welche ihnen der Zug nach diesen Inseln verursacht hatte. Kein Wunder also, daß die Karthager auf Rache sannen.

2. Hannibal.

1.

Hamilkar, ein edler Karthager, schiffte mit seinem Heere nach Spanien hinüber, um hier seiner Vaterstadt ein Gebiet zu erobern, von wo aus sie dann gegen Rom wieder vorrücken könnten. In Spanien fanden die Karthager viel Silber in den Bergwerken, und allmählich erholte sich auch ihr Handel wieder. Sie gründeten an der Küste des Mittelländischen Meeres Neu-Karthago, an der Stelle, wo jetzt Karthagena steht. Als Hamilkar nach Spanien abreiste, bat ihn sein neunjähriger Sohn Hannibal, ihn mitreisen zu lassen. Der Vater erlaubte es, führte den Knaben aber zuvor an einen Altar und ließ ihn schwören, daß er ewig ein Feind der Römer sein wolle. Nie ist ein Schwur treuer erfüllt worden.

Nach dem Tode seines Vaters und Schwagers Hasdrubal übernahm Hannibal den Oberbefehl über das Heer der Karthager, ein Feldherr, der an Geistesgröße und Heldenmut wenige seinesgleichen in der Weltgeschichte hat. Er war groß und wohlgewachsen, hatte ein feuriges Auge, einen würdevollen Gang und eine edle kräftige Stimme. Keine Gefahr konnte seine Geistesgegenwart erschüttern, keine Anstrengung seinen Körper ermüden; er war unempfindlich gegen Frost und Hitze, gleichgültig gegen die Reize des Wohllebens; er konnte hungern und dursten, Nächte durchwachen, ohne daß man es ihm anmerkte. Er begehrte nichts vor dem geringsten Soldaten voraus zu haben. Oft schlief er, nur in seinen Kriegsmantel gehüllt, auf bloßer Erde. Im Treffen war er der erste und letzte. Die Soldaten hingen aber auch an ihm, wie an ihrem Vater; die schlechtesten Miettruppen wurden unter seiner Leitung tapfere Krieger.

Als die Römer von den Eroberungen hörten, welche die Karthager in Spanien machten, wurden sie unwillig und setzten herrisch den Fluß Ebro den Karthagern zur Grenze; auch sollten diese die Stadt Sagunt, noch auf der Westseite des Ebro, unangetastet lassen. Hannibal achtete aber nicht auf die römischen Bedingungen; er belagerte Sagunt. Die Einwohner sandten nach Rom um Hilfe, doch vergebens; da sie sich nicht länger verteidigen konnten, steckten sie ihre Häuser in Brand und verbrannten sich mit ihren Weibern und Kindern. Die Eroberung von Sagunt erklärten die Römer für einen Friedensbruch; sie schickten Gesandte nach Karthago und verlangten die Auslieferung des Hannibal. Da sich der Rat in Karthago nicht vereinigen konnte, faßte der römische Gesandte, des Redens müde, sein Oberkleid zusammen und sprach: „Hier ist Krieg und Frieden, was wollt ihr?" „Gieb, was du willst!" antwortete einer aus dem Rat. — „So sei es Krieg," rief der Römer, und ließ den Mantel auseinander fallen. Und es begann nun ein Krieg zwischen Rom und Karthago, der das übermütige Rom seinem Untergange nahe brachte und achtzehn Jahre dauerte (218 bis 201 v. Chr.).

Die Römer erwarteten einen Angriff zur See und machten Pläne, den Feind in Spanien anzugreifen. Aber ehe man noch mit dem Plane fertig war, stand Hannibal schon mit Elefanten, afrikanischen Reitern und Fußgängern in Italien. Was kein Mensch für möglich hielt, das führte Hannibal aus. Mit einem Heere von Soldaten, die nur an heißes Klima gewöhnt waren, mit einem Gefolge von Elefanten, die nur in Ebenen brauchbar sind, mit Tausenden von Pferden, die über Klippen und Eisschollen an der Hand geführt werden mußten, oft niederstürzten und ihre Führer in den Abgrund rissen; — dann rings umgeben von wilden Räubervölkern, die dem Heere des Hannibal Hinterhalte legten, endlich in der schlechten Jahreszeit, im Monat November, unter allen diesen Hindernissen stieg Hannibal über zwei der höchsten Gebirge Europas, über die Pyrenäen und die Alpen. Über die Pyrenäen ging es schnell: in 10 Tagen ward das ganze Gallien (Frankreich) durchzogen, als man aber an die Alpen gelangte, schien Kälte und Hunger dem Kühnen ein Ziel zu setzen. Hannibal schreckte nicht zurück. Menschen und Tiere mußten die steilen, mit Eis bedeckten Anhöhen hinaufklettern. Tagelang mußte erst Weg und Steg geebnet werden, und dann, wenn die Führer vermeinten, eine Anhöhe erklommen zu haben, sanken sie oft plötzlich wieder zurück in den Abgrund, oder wurden von Lawinen verschüttet. Überall war jedoch der Feldherr selbst gegenwärtig; überall ordnete, arbeitete, kämpfte er selber. Endlich, nach neuntägigem Klettern, bei welchem mehrere tausend Menschen und der größte Teil der Lasttiere umgekommen waren, erreichte Hannibal den Gipfel der Alpen, und hier über den Wolken, auf den ewigen Schnee- und Eisfeldern, ließ er sein Heer zwei Tage lang rasten. Doch das Hinabsteigen war fast noch schwieriger als das Hinaufklettern; ganze Scharen stürzten in die Felsklüfte und Abgründe, oft konnte man nicht vorwärts noch rückwärts. Als das Heer in den schönen Gefilden Italiens anlangte, war nur noch die kleinere Hälfte vorhanden; von 59000 Mann waren bloß 26000 geblieben; die andern waren erschlagen, erfroren, in die Abgründe versunken.

2.

Nun zeigte Hannibal seinen Feldherrngeist. Ein römisches Heer rükte ihm entgegen; er schlug es am Fluß Ticinus. Dann rief er die Gallier auf zur Empörung gegen Rom und verband sich mit ihnen. Aber schnell hatten die Römer ein zweites Heer gesammelt; doch der Meister im Kriege wußte eine günstige Stellung an der Trebia zu gewinnen, so daß ein kalter Wind den Römern Regen und Schnee ins Gesicht trieb, und fast das ganze römische Heer wurde in der Schlacht an der Trebia aufgerieben. Ganz Oberitalien ging zu dem Sieger über, und mehr noch als durch Waffen= gewalt gewann er durch schonende Milde.

Mit dem Frühling des nächsten Jahres drang Hannibal in das mitt= lere Italien vor. Der Fluß Arno hatte die ganze Gegend überschwemmt; doch das hielt den Hannibal nicht auf. Drei Tage und drei Nächte mußten die Soldaten, ohne zu rasten, im Wasser waten, die Lasttiere blieben im Schlamme stecken, und Hannibal selber verlor durch Erkältung das eine Auge. Kaum aber war er auf dem Trockenen, so wußte er den neuen römischen Feldherrn durch verstellte Flucht in einen Hinterhalt zu locken, und nun be= gann die Schlacht am trasimenischen See. 6000 Römer wurden ge= fangen, 15 000 niedergemacht, der Konsul Flaminius tötete sich selbst.

Hannibal zog weiter, hinter Rom hinweg, plünderte alles aus, und machte erst im südlichen Italien Halt. Da wählten die Römer einen alten, äußerst bedächtigen Mann, den Fabius, zum Feldherrn. Dieser ließ sich durch Hannibals Kriegslisten nicht täuschen; er besetzte sorgfältig alle An= höhen und suchte seinem Feinde die Flucht abzuschneiden. Die römischen Soldaten jedoch waren unzufrieden mit diesem trägen Hin = und Herziehen und nannten den Fabius spottend cunctator oder „Zauderer", welchen Na= men er nachher als Ehrennamen behielt; denn er ließ sich nicht irre machen und blieb seinem Plane getreu. Und beinahe hätte er den schlauen Kar= thager gefangen. Wegweiser führten den Hannibal irre; dieser sah sich plötz= lich in einem ganz von Bergen umringten Thale eingeschlossen und den Fa= bius auf den Anhöhen. Sorgfältig besetzten die Römer alle Ausgänge der Kaudinischen Pässe. In der Nacht aber ließ Hannibal 2000 Ochsen Reis= bündel an die Hörner binden, das Reisig anzünden und so die Ochsen gegen das Heer der Römer treiben. Diese, welche nicht anders glaubten, als daß das ganze feindliche Heer gegen sie im Anzuge sei, und überall Flammen sahen, wußten nicht, auf welcher Seite sie sich zuerst verteidigen sollten, und in der allgemeinen Verwirrung hatte Hannibal Zeit, aus der ihm gelegten Schlinge sich zu befreien.

Hierauf zog Hannibal bei des Fabius Landgütern vorbei; er ließ alles umher verwüsten, verschonte aber sorgfältig die Güter des Fabius. Seine Absicht gelang; die unzufriedenen Soldaten begannen zu argwöhnen, daß Fabius ein geheimes Einverständnis mit dem Feinde habe, und als der kühne Unterbefehlshaber (Magister equitum) Minucius einen kleinen Vorteil über die Karthager gewann, ward ihm gleicher Anteil an dem Oberbefehl gegeben.

Fabius teilte mit ihm das Heer. Kaum sah sich Minucius frei von dem lästigen Zwange, als er sogleich die Höhen verließ, um den Hannibal an= zugreifen. Er ward aber, von diesem in einen Hinterhalt gelockt, plötzlich umzingelt und würde mit allen seinen Soldaten nicht davon gekommen sein, hätte ihn Fabius nicht gerettet. Dieser aber hatte die Gefahr gesehen und war schnell dem bedrohten Minucius zu Hilfe gezogen. Als Hannibal ihn kommen sah, zog er sich zurück, indem er sagte: „Ich hab' es immer gesagt, daß die Wolke auf den Bergen uns einmal Ungewitter bringen würde!" Nach der Schlacht berief Minucius seine Soldaten. „Genossen!" sprach er, „derjenige ist der erste Mann, der gut rät; derjenige der zweite, der gutem Rate folgt; wer aber weder selbst zu raten, noch dem guten Rate zu folgen versteht, ist der allgemeinen Verachtung wert. Fabius hat uns errettet. Auf! laßt uns zu ihm und seinen Kriegern gehen, ihn als Vater, sie als unsere Retter zu begrüßen, und so uns wenigstens den Ruhm dankbarer Herzen gewinnen!" Alle gingen zum Heere des Fabius zurück. „Nimm uns gütig wieder auf unter deinen Oberbefehl!" sprach Minucius. Und alle umarmten sich, Bekannte und Unbekannte bewirteten einander als Gast= freunde, und ein Tag, der kurz vorher ein Tag der Trauer und der Ver= wünschungen war, endigte als ein festlicher Tag der Freude.

3.

Für das nächste Jahr, 216 v. Chr., hatten die Römer zwei neue Feld= herren erwählt, von denen der eine ein stürmischer, unvorsichtiger Mann war (Terentius Varro). Hannibal wünschte daher nichts sehnlicher, als eine Schlacht; und der unbedachtsame Römer gewährte ihm diese nur zu bald. Das römische Heer griff die hervorragende Mitte der karthagischen Schlacht= reihe an; diese zog sich eiligst zurück, die Römer folgten, aber die beiden Flügel des karthagischen Heeres hielten nicht bloß Stand, sondern drangen vorwärts. So wurde nach und nach fast das ganze römische Heer ein= geschlossen und erlitt eine fürchterliche Niederlage. 50000 Römer lagen tot, unter ihnen der andere Konsul, gegen dessen Rat die Schlacht unternommen worden war (Ämilius Paullus). Es waren allein 80 Senatoren umgekom= men, und so viele Ritter (von denen jeder als Abzeichen einen Ring am Finger trug), daß Hannibal einen ganzen Scheffel voll Ringe nach Karthago senden konnte. Bei Cannä in Apulien wurde die blutige Schlacht ge= schlagen; die Kunde davon verbreitete tiefe Trauer in der Hauptstadt, da war fast kein Haus, das nicht einen Vater oder Sohn oder Verwandten zu betrauern hatte. Rom schien verloren, und es wäre verloren gewesen, hätte jetzt Hannibal Unterstützung von Karthago aus erhalten. Denn sein Heer hatte durch die vielen Schlachten sehr gelitten, und in den ausgeplünderten Gegenden konnte er keine Lebensmittel mehr auftreiben. Er war erschöpft; in Karthago aber waren die habsüchtigen Kaufleute unzufrieden, daß er noch immer Geld und Soldaten verlange und nicht vielmehr Geld schicke. Die Römer aber vertrauten noch in der höchsten Not auf sich selbst und blieben wie freie Männer fest und ungebeugt. Als der vorsichtige Konsul die Reste des Heeres gesammelt hatte und mit ihnen im geordneten Zuge in Rom anlangte, ging der Senat ihm entgegen und dankte ihm, daß er nicht an der Republik verzweifelt hätte.

4.

Die Söldlinge des Hannibal fochten nicht wie die Römer für Freiheit und Vaterland, sondern nur fürs Geld; sie waren zusammengelaufenes Gesindel. Hannibal suchte sich daher durch Bündnisse mit Sicilien und Macedonien zu stärken. Allein Marcellus, ein tapferer und kluger Feldherr (die Römer sagten: „Fabius war unser Schild, Marcellus ist unser Schwert"), schlug den Hannibal in mehreren Treffen und eroberte Sicilien. Die Hauptstadt der Insel, Syrakus, hielt sich am längsten gegen die Angriffe der Römer, besonders durch die kunstreichen Erfindungen eines Mannes, des Archimedes. Der war ein äußerst sinnreicher Kopf, hatte viele wichtige mechanische Werkzeuge erfunden, durch die man mit geringen Kräften die schwersten Lasten hob; er hatte Wurfmaschinen verfertigt, mit denen man Steine und Feuerkugeln auf die Feinde und ihre Schiffe hinabwarf. Ja, man erzählt, er habe mit großen Brennspiegeln von der Mauer herab die römischen Schiffe in Brand gesteckt. Endlich nach zweijähriger Belagerung mußte sich die Stadt ergeben. Marcellus, der römische Feldherr, hatte zwar befohlen, den Archimedes zu schonen. Dieser aber, ohne noch davon gehört zu haben, daß die Stadt eingenommen sei, saß in Nachdenken vertieft vor einer mit Sand bestreuten Tafel und zeichnete Kreise und andere Figuren. Ein römischer Soldat tritt herein, um nach Schätzen zu suchen. Archimedes ruft ihm ängstlich zu: „Verwirre mir meine Zirkel nicht!" Da durchstößt ihn der Soldat, ohne zu ahnen, wer er sei, mit seinem Schwert.

5.

Endlich hatten die Karthager beschlossen, dem Hannibal Hilfe zu schicken. Sein Bruder Hasdrubal sollte ihm aus Spanien ein neues Heer zuführen, und der war bereits glücklich über die Pyrenäen und Alpen gelangt, als er in Oberitalien von den Römern geschlagen ward. Eines Morgens warfen die Römer dem Hannibal über die Wälle seines Lagers einen Kopf, — es war der Kopf seines Bruders. Da verzagte der große Mann. „Jetzt seh' ich Karthagos Schicksal!" rief er.

In Spanien hatte ein ausgezeichneter Feldherr, Publius Cornelius Scipio, ein Jüngling von 24 Jahren, das Glück der Römer wieder hergestellt. Er hatte Neukarthago erobert, das feindliche Heer geschlagen und durch seine Freundlichkeit und Milde sich die Herzen der Spanier gewonnen. Dann faßte er den kühnen Plan, Karthago selbst in Afrika anzugreifen; mit einer großen Flotte fuhr er hinüber. Dort fand er weder ein bedeutendes Heer, noch einen bedeutenden Feldherrn sich gegenüber: ohne Widerstand zu finden, durchzog er das ganze feindliche Land, eroberte eine Stadt nach der andern und nahete den Thoren Karthagos. Da ward Hannibal zurückberufen. Traurig, wie einer, der vom Vaterlande scheidet, verließ der große

Feldherr Italien, das Land seiner Siege, das er erobert hatte, und das er jetzt aufgeben mußte, weil ihn seine Mitbürger verlassen hatten.

Er landete in Afrika und ging dem Scipio entgegen. Doch er erkannte bald, daß sein Gegner ihm überlegen sei, und daß er mit seinem zusammen= gerafften Heere den Römern nicht widerstehen könne. In der Ebene bei Zama sollte die verhängnisvolle Schlacht geliefert werden. Hannibal bot Frieden an, und im Angesicht beider Heere traten die zwei größten Feld= herren ihrer Zeit zu einer Unterredung zusammen. Scipio, der junge Held, blühend und frisch, sprach mit Hannibal und schaute dessen von Gram und Narben durchfurchtes Antlitz. Doch die Unterredung war vergebens; der Römer verlangte gänzliche Unterwerfung. Nun begann die Schlacht. Hanni= bal bot die höchste Kraft seiner Klugheit und Geistesgegenwart auf; die Stel= lung seines Heeres war meisterhaft: aber seine Soldaten waren entnervt, seine alten Krieger in Italien gefallen. An 20 000 wurden gefangen und eben so viel niedergemacht. Da mußten sich die Karthager auf Gnade oder Un= gnade ergeben, und die Friedensbedingungen waren hart. Sie mußten alles, was sie außer ihrem Gebiete in Afrika besaßen, den Römern abtreten: Spanien, Sicilien, Sardinien; alle römischen Kriegsgefangenen mußten sie umsonst ausliefern, alle abgerichteten Elefanten herausgeben und versprechen, nie wieder solche Tiere abzurichten; alle Kriegsschiffe bis auf zehn mußten sie verbrennen, den Römern die Kosten des Kriegs bezahlen (über 30 Mil= lionen Mark!) und endlich geloben, ohne Einwilligung der Römer nie einen Krieg anzufangen.

Als zur Abtragung der ungeheuren Entschädigungssumme eine Kopf= steuer angeordnet wurde, weinte alles in Karthago; Hannibal aber lachte bitter und rief: „Damals hättet ihr weinen sollen, als ihr vor den Römern flohet, euch die Waffen genommen und die Schiffe verbrannt wurden!"

6.

So sehr nun auch Karthago gedemütigt war, so konnte doch Hannibal nicht in unthätiger Ruhe sein Leben beschließen. In Syrien herrschte da= mals ein eroberungssüchtiger König, Antiochus. An diesen schickte Hanni= bal heimlich Gesandte, die ihn aufmuntern sollten, sich mit den unzufriedenen Griechen gegen die Römer zu verbinden und diese in ihrem eigenen Lande, in Italien, anzugreifen. Allein die Unterhandlung ward verraten, römische Gesandte erschienen in Karthago und verlangten die Auslieferung des Hanni= bal. Die Karthager hätten sich diesem Verlangen wohl fügen müssen; Hannibal aber entrann in der Nacht, bestieg ein Schiff, das er schon längst für solche Fälle bereit gehalten hatte, und setzte nach der kleinen Insel Cer= cina über. Hier lagen einige karthagische Kaufmannsschiffe; man empfing ihn mit Jubel, wunderte sich aber, ihn hier zu sehen. Doch er kam jedem Verdachte durch die Erdichtung zuvor, er gehe als Gesandter nach Tyrus, der Mutterstadt Karthagos. Indes konnte leicht ein Schiff nach Karthago absegeln und Nachricht von dem Aufenthalte Hannibals bringen. „Hört," sprach er daher zu den Schiffern, „rückt eure Schiffe zusammen und spannt

die Segel aus, damit wir vor der Abendsonne beschirmt im Schatten trinken
können!" Der Vorschlag fand Beifall, man veranstaltete ein Mahl, und
Hannibal nötigte fleißig zum Trinken. Als alle berauscht fest schliefen, löste
er sein Schiff und ruderte mit seinen wenigen Getreuen davon, nach Asien
zum Antiochus. Dieser beschloß sogleich Krieg gegen Rom, aber er war
wohl ein ruhmsüchtiger, doch kein großer Mann. Als die Römer heran-
rückten, ward er unschlüssig, achtete nicht auf Hannibals Ratschläge und ließ
die beste Gelegenheit zum Siege ungenützt vorübergehen. Da ward er geschlagen und mußte einen schimpflichen Frieden schließen, worin ihm auch
zur Bedingung gemacht wurde, den Hannibal an die Römer auszuliefern.
Antiochus willigte ein; aber Hannibal entfloh nach dem nordwestlichen Teil
Kleinasiens zum Könige von Bithynien. Auch an diesen schickten die Römer
Gesandte und erklärten es für eine Feindseligkeit gegen Rom, wenn er dessen
erbittertstem Feinde Schutz gewährte. Der eingeschüchterte König ließ Hannibals Haus mit Wachen umringen, die Wege der Flucht waren dem Unglücklichen gesperrt; nur ein einziges Mittel blieb ihm, um dem Schicksal zu entgehen, in Rom als Sklave aufgeführt zu werden. Lange schon trug er bei
sich ein Fläschchen mit Gift; als die Bewaffneten zu ihm eindrangen, zog er
es hervor und trank es aus. So starb der größte Feldherr der alten Welt.

3. Der Censor Kato.

Die Römer hatten sich in Asien an die Schwelgerei und Üppigkeit gewöhnt. Je mehr Schätze die Republik und die einzelnen Bürger gewannen,
desto mehr dachte jeder nur darauf, wie er am besten leben könnte, und
nicht, wie er am besten dem Staate diente. Dabei wurden die Reichen
immer mächtiger, mit Gold konnte man jetzt mehr ausrichten als sonst, und
solche Männer, wie Fabricius und Kurius waren, wurden immer seltener.
Ein Mann von altem Schrot und Korn war der Censor Kato, der wollte
mit aller Gewalt die früheren einfachen Sitten wiederherstellen. Er fürchtete,
daß leicht einer zum Tyrannen sich aufwerfen könnte, wenn die Bürger einem
weichlichen Leben sich ergeben würden, wenn sie schöne Paläste bauten, Kunstwerke aufstellten und den Griechen es nachthun wollten. Auf die Griechen
hatte der strenge Mann besonders seinen Haß geworfen, denn von diesen
kamen viele nach Rom, um die jungen Römer in griechischer Kunst und
Wissenschaft zu unterrichten. Manche jener Griechen waren allerdings
Schwätzer und ausschweifende Menschen, welche einem Republikaner wie
Kato nicht gefallen konnten. Feinheit und Anmut und Kunst, meinte dieser,
gezieme nur Sklaven, die kein Vaterland hätten. So versuchte er denn, alle
griechischen Redner, Lehrer und Künstler aus Rom zu vertreiben, und darin
standen ihm auch manche von den Volkstribunen bei. Scipio, der ruhm-
gekrönte „Afrikaner", wie er seit seinem Siege über Hannibal genannt wurde,
war diesen Männern auch verhaßt, weil er Gefallen hatte an griechischer
Weisheit und Kunst, aber auch, weil sie meinten, es wäre für den Freistaat
gefährlich, wenn einer so viel bedeute. So klagten denn zwei Tribunen den

trefflichen Mann unter dem Vorwande an, er habe auf seinen Feldzügen
Gelder, die dem Staate gehörten, veruntreut und für sich behalten.

An dem Tage, wo die Sache verhandelt werden sollte, kam Scipio auf
das Forum, mit einem Lorbeerkranz um die Stirn. Er sprach: „Heute, ihr
Römer, ist der Tag, wo ich einst über Hannibal in Afrika einen herrlichen
Sieg erfochten habe. Kommt, laßt uns auf das Kapitol gehen und den
Göttern dafür danken!" Da jubelte das Volk und folgte ihm nach; von
der Anklage war nun nicht mehr die Rede. Scipio aber mochte seit dieser
Zeit nicht mehr in Rom bleiben; er ging auf sein Landgut und lebte dort
in stiller Zurückgezogenheit bis an seinen Tod, der in demselben Jahre er=
folgte, in welchem Hannibal sich selber das Leben nahm.

Der Censor Kato fuhr indessen fort, die Prunksüchtigen zu strafen und
gegen die Erpressungen der Reichen und Mächtigen zu eifern; doch konnte
er der zunehmenden Zügellosigkeit keinen Damm mehr entgegensetzen. Aber
jedesmal, so oft Kato im Senate eine Rede gehalten hatte, fügte er regel=
mäßig die Worte bei: „Übrigens bin ich der Ansicht, daß Karthago zer=
stört werden muß!" *)

4. Die Zerstörung Karthagos.

Der Wunsch des Kato war auch der Wille des römischen Volks; dieses
wartete nur auf eine Gelegenheit, um abermals über die Karthager herfallen
zu können. Da geschah es, daß ein benachbarter König (Masinissa) den
Karthagern ein Stück Land wegnahm. Sie durften aber ohne Einwilligung
der Römer keinen Krieg anfangen, darum schickten sie Gesandte nach Rom
und baten um Hilfe. Doch die Gesandten fanden kein Gehör. Die Kar=
thager erneuerten ihre Klagen und Bitten, und endlich wurden Römer ab=
gesandt, die Sache zu untersuchen. Diese entschieden gegen Karthago. Der
König ward nun übermütiger, und die Karthager ergriffen die Waffen, sich
selbst zu wehren. Dies erklärten die Römer für einen Friedensbruch und
schickten ein Heer nach Sicilien; Karthago erschrickt, sendet Abgeordnete und
unterwirft unbedingt Land und Leute. „So schickt uns 300 Geiseln als
Zeichen eurer Unterwerfung!" 300 Jünglinge werden ihren Eltern entrissen
und nach Rom geschickt. Dennoch setzt ein römisches Heer unter Scipio dem
Jüngern (Ämilianus) nach Afrika über, und den Karthagern wird befohlen,
alle Waffen und Kriegsvorräte auszuliefern. Sie thun es. Als nun aber
der Befehl kommt, Karthago zu schleifen, und sich irgendwo im Lande, drei
Meilen von der Küste entfernt, anzubauen: da werden die Karthager zur
Verzweiflung gebracht. Sie bieten ihre letzte Kraft auf, um wenigstens nicht
ehrlos unterzugehen.

Karthago hatte eine vortreffliche Lage auf einer Halbinsel und war stark
befestigt. Der Eingang in den Hafen konnte den römischen Schiffen durch
eine Kette gesperrt werden, und ein Landheer war so gestellt, daß die Stadt
ununterbrochen mit Lebensmitteln versehen werden konnte. Jung und alt

---

*) „Ceterum censeo, Carthaginem esse delendam!"

arbeitete nun, Verteidigungsmittel zu bereiten. Man trug die Häuser ab, um Schiffsbalken zu gewinnen; alles Metall, alle Kostbarkeiten von Gold und Silber wurden zusammengebracht, um Waffen daraus zu schmieden; auf den Straßen, in den Tempeln sogar sah man hämmern, schmelzen, hobeln und zimmern. Es fehlte an Sehnen für die Bogen; die Weiber schnitten ihr langes Haar dazu ab. So wehrten sich die Karthager mit der äußersten Verzweiflung zwei Jahre lang gegen die Römer. Im dritten Jahre endlich, 146 v. Chr., erstürmten die römischen Soldaten die Mauern. Doch mußten sie auch jetzt noch straßenweise die Stadt den Karthagern abringen, und das wütendste Morden in den Straßen und Häusern währte sechs Tage. Von 700 000 Einwohnern blieben nur 59 000 am Leben, die als Sklaven verkauft wurden. Die Stadt war an mehreren Orten in Brand gesteckt worden und brannte siebzehn Tage lang.

5. Die Eroberung von Korinth.

Die Griechen hatten von ihrer früheren Geschichte nichts gelernt; um der Uneinigkeit willen waren sie früher eine Beute Philipps von Macedonien geworden, und um der Uneinigkeit willen wurden sie nun eine Beute der Römer. Sparta stand in Fehde mit Korinth, Korinth wiegelte wieder andere Städte gegen Sparta auf. Es waren viele Verräter unter den Griechen, die hielten es mit den Römern und lockten viele ins Land. Da zog der Konsul Mummius gegen die Korinther und ihre Verbündeten, schlug sie und eroberte Korinth in demselben Jahre, in welchem Karthago zerstört ward. Nachdem die Soldaten die reiche Stadt geplündert hatten, steckten sie dieselbe in Brand. Die herrlichsten Paläste gingen in Rauch auf, eine Menge wertvoller Bildsäulen und Gemälde schickte der rohe Eroberer nach Rom; er war aber in Kunstsachen so unwissend, daß er den Schiffsleuten sagte, sie möchten diese Statuen nicht entzwei brechen, sonst müßten sie dieselben wieder machen lassen. Er hielt die Kunst für ein bloßes Handwerk.

Die Einwohner Korinths und viele andere Griechen wurden als Sklaven fortgeführt; durch sie kam griechische Weisheit und Kunst nach Rom und verbreitete sich von dort über alle Länder der Erde. So haben die Griechen noch lange für die Bildung der Menschheit gewirkt, obwohl ihr Staat zertrümmert und ihre Kraft gebrochen war.

6. Roms Weltmacht.

Als die Römer auch die Karthager vernichtet hatten, betrachteten sie sich als die Herren der Welt, und Furcht und Schrecken kam über die Völker, wenn sie nur die Römer nennen hörten. Antiochus von Syrien wollte einen Krieg gegen die Ägypter führen; der Senat schickte einen Gesandten und verbot es ihm; Antiochus gehorchte. Als der König Prusias von Bithynien einen Besuch in Rom machte, zog er Sklavenkleider an und küßte die Thürschwelle, ehe er in den Senat trat. Der König Masinissa von Numidien, von welchem die Römer Korn gekauft hatten, schickte seinen Sohn zum Senat und ließ sagen: „Er wäre ganz beschämt, daß die Römer ihm Geld dafür gegeben hätten, da er ja selbst, sein Land und alles darin den Römern gehöre."

Nachdem die Römer fast zu gleicher Zeit in Spanien, in Griechenland, in Macedonien und in Afrika Krieg geführt und überall gesiegt hatten, rührte sich niemand gegen sie. Der König Attalus in Kleinasien vermachte ihnen, als er starb, sein ganzes Reich und alle seine Schätze. So schienen die Römer die sicherste Macht und das größte Glück auf Erden zu haben. Beides, ihre Macht und ihr Reichtum, wurden mit jedem Tage unermeßlicher; davon sprachen sie auch gern und rühmten ihre Größe mit römischem Stolze.

IV. Verfall des freien Staates.

1. Die beiden Gracchen.

1. Das Mißverhältnis zwischen Patriziern und Plebejern erneuert sich.

Der große Reichtum verderbte die Sitten und die Gesundheit des Staatswesens. Denn nur die Vornehmen, die im Senat waren und die Ämter verwalteten, erlangten die großen Schätze; der größte Teil des Volks blieb arm. Die Plebejer hatten zwar seit langer Zeit das Recht, die Konsuln und die andern Beamten mitzuwählen; aber wenn ein Plebejer reich wurde, hielt er sich gleich zur vornehmen Partei, und das Recht war ihm dann Nebensache. Weil aber das Volk arm und ungebildet war, ließ es sich von den Reichen bestechen und wählte zu Staatsmännern nicht die Würdigsten, sondern die, welche am meisten zahlten. So hatte jeder Reiche nicht bloß eine Menge Sklaven, sondern auch unter den Bürgern eine große Menge, die ihm ergeben waren und die sich seine „Schützlinge" (Klienten) nannten. Diese mußten in den Volksversammlungen so abstimmen, wie es der Patron verlangte. Die Prokonsuln gingen arm in ihre Provinz und kamen reich zurück; dann kauften sie Äcker und Ländereien und ließen diese von ihren Sklaven bearbeiten. So häufte sich wieder der Besitz bei wenigen an, und viele tausend Bürger wurden brotlos. Der so herabgekommene Pöbel sah nicht mehr auf das, was recht und gut und gesetzlich war, sondern er verkaufte sich an die Meistbietenden und folgte diesen blindlings, gleichviel ob die vornehmen Herren das Beste des Staates wollten, oder zum Schaden der Freiheit wirkten. Zuweilen standen aber doch brave Männer auf, denen die Not des Volkes zu Herzen ging; zu solchen edlen und wahrhaftigen Volksfreunden gehörten die Brüder Tiberius Gracchus und Kajus Gracchus.

2. Zwei Söhne einer edlen Mutter.

Ihre Mutter Kornelia war die Tochter des großen Scipio Afrikanus und eine der edelsten und besten Frauen, die Rom je gehabt hat. Von zwölf Kindern waren jene beiden Söhne ihr allein geblieben; aber sie konnte auch stolz sein auf die beiden Söhne, denn sie waren von der Natur mit den herrlichsten Anlagen ausgestattet. Diese Anlagen verstand die Mutter trefflich zu entwickeln, sie ließ ihre Söhne von den vorzüglichsten Lehrern unterrichten und wandte alle Sorgfalt an, um so edle und brave Männer aus ihnen zu machen, wie einst Scipio war. Eine vornehme Dame zeigte ihr einmal ihren prächtigen Schmuck und ihre Kostbarkeiten; Kornelia aber, als sie nun auch ihre Schätze zeigen sollte, rief ihre beiden Söhne und sagte: „Hier sind meine einzigen und größten Schätze!"

Die Brüder entwickelten sich sehr verschieden, gerieten aber doch zuletzt auf eine Bahn. Tiberius war sanft, ruhig, fast jungfräulich bescheiden; Kajus, der neun Jahre jüngere, rasch und feurig. Beide glänzten als Redner; aber der ältere rührte und überzeugte; der jüngere riß mit sich fort, und da er wohl auch in Zorn und Schmähungen ausbrechen konnte, so hatte für solche Gelegenheiten ein Sklave den Auftrag, mit dem Ton einer Flöte besänftigend einzufallen. Tiberius lebte einfach und zurückgezogen; Kajus machte Aufwand und liebte Pracht der Tafel und des Hausgerätes. Beide aber erglühten für die Wahrheit und das Recht.

3. Tiberius Gracchus als Volkstribun.

Der ältere Bruder trat zuerst öffentlich hervor. Er ging mit dem geringen Volke um und nahm sich der Armen an. Die Plebejer liebten ihn und wählten ihn zu einem ihrer Tribunen, damit er für die Volksrechte kämpfen sollte. Das erste und wichtigste schien ihm, daß jeder Bürger ein Besitztum haben mußte, wovon er leben konnte; denn so lange einer von der Gnade anderer leben muß, kann er nicht frei sein. Da trat er in der Versammlung auf mit einem Gesetzvorschlage. Zugleich schilderte er die Not des Volkes. „Das Volk" — rief er — „hat in so vielen Kriegen nur gefochten, um den Vornehmen Reichtum zu verschaffen. Die Römer werden die Herren der Erde genannt, und doch besitzen die meisten von ihnen keinen fußbreit Landes. Darum rate ich, das alte Gesetz des Licinius zu erneuern, nach welchem kein Bürger mehr als 125 Hektar von den Staatsländereien besitzen darf."

Da es ihm sehr am Herzen lag, seinen Vorschlag durchzubringen, so that er alles, was er konnte, um auch die Vornehmen, die viel mehr, als erlaubt war, besaßen, zur Beistimmung zu bewegen. Alle, die etwas herausgeben mußten, sagte er, sollten dafür eine Entschädigung aus dem Staatsschatze erhalten, und jeder durfte außerdem 62 Hektar für den ältesten Sohn verwalten.

Aber die Vornehmen waren nicht gesonnen, irgend etwas von ihrem übermäßigen Besitze abzutreten. Da nun Tiberius Gracchus die meisten übrigen Volkstribunen auf seiner Seite hatte, brachten die Patrizier den Tribun Oktavius auf ihre Seite, und als in der nächsten Volksversammlung über den Antrag abgestimmt werden sollte, sprach Oktavius „Veto" (ich verbiete es!). Da rief Tiberius: „Ihr Römer, nehmt dem Tribun das

Amt, welches er zu eurem Schaden mißbraucht!" Es ward zur Abstim=
mung geschritten und Oktavius seiner Tribunswürde entsetzt. Nun konnte das
Ackergesetz des Tiberius durchgebracht werden, und dazu ward noch bestimmt,
die Schätze des Königs Attalus sollten unter die Armen verteilt werden.

4. Das Ende des Volksfreundes.

Tiberius, sein Bruder Kajus und noch ein anderer Freund des Volkes
wurden gewählt, um die öffentlichen Äcker nun wirklich zu verteilen. Aber
es war eine höchst schwierige Aufgabe, auszumitteln, welches Land ein Reicher
vom Staate oder als Erbeigentum besaß. Die Patrizier waren wütend auf
den Volkstribun Gracchus, sie trösteten sich aber damit, daß die Zeit seines
Amtes bald zu Ende ging. Dann wollten sie alles aufbieten, um seine
Wiedererwählung zu verhindern.

Der verhängnisvolle Tag erschien; der Senat versammelte sich schon
früh morgens auf dem Kapitol. Tiberius kam auch mit einer kleinen Schar
seiner Anhänger. Die Senatoren drangen in den Konsul, er solle Waffen=
gewalt gebrauchen, wenn man den Tiberius wieder wählen würde. Doch
der Konsul antwortete: „Ich mag kein Bürgerblut vergießen!" Da rief der
Oberpriester Nasika: „Ihr Senatoren, der Konsul verrät den Staat: wer
ihn retten will, der folge mir!" So stürzte er fort nach der Volksversamm=
lung, die Senatoren folgten ihm, und deren Anhänger standen schon be=
waffnet draußen, um auf das gegebene Zeichen loszuschlagen. Das un=
bewaffnete Volk ward umzingelt, die Senatoren und ihre Helfershelfer hieben
mit ihren Schwertern ein, erschlugen den Tiberius mit 300 Bürgern, schleiften
die Leichen dann durch die Straßen und warfen sie endlich in die Tiber.

Kajus Gracchus.

1.

Nun sorgten die Patrizier dafür, daß das ganze Gesetz über die Acker=
verteilung nicht zur Ausführung kam. Dem Kajus, den sie fürchteten, gab
der Staat ein Amt in Sardinien zu verwalten, um ihn von Rom zu ent=
fernen. Er mußte gehorchen und ging. Aber als seine Zeit um war, er=
schien er plötzlich wieder in Rom, und keine Bitten seiner Mutter, die ihn
um Aufschub bat, hielten ihn ab, sich um das Tribunat zu bewerben. Das
Bild seines erschlagenen Bruders schwebte ihm Tag und Nacht vor Augen,
aber er wollte vollenden, was Tiberius begonnen hatte, und dem Streben
seines edlen Bruders nicht untreu werden.

Das Volk wählte den Kajus zum Tribun, und nun ließ er seiner stür=
mischen Beredsamkeit freien Lauf. Das Andenken an seinen Bruder, die
Not des Volkes, die er vor Augen sah, und der Zorn über die vielen ver=
geblichen Anstrengungen, die bereits zur Abhilfe gemacht waren — das alles
machte ihn leidenschaftlich und ungestüm, und wenn er vor dem Volke sprach,
dann war seine Stimme, sein Blick, seine Gebärde so hinreißend gewaltig,

daß selbst seine Feinde einmal zu Thränen gerührt wurden. Nun war er
thätig, wie kein Tribun vor ihm war; er schlug neue Gesetze vor, durch
welche das Volk Macht und Vorteil erhielt, und was beschlossen war, das
führte er dann mit bewundernswerter Entschlossenheit durch. Ein Gesetz
war: die armen Bürger sollten das Korn wohlfeiler bekommen; ein anderes:
kein Bürger darf ohne Beschluß des Volks zum Tode verurteilt werden; ein
drittes: der Senat hat nicht mehr über die Verbrechen gegen den Staat zu
richten. In Italien ließ er große und prächtige Landstraßen bauen, um dem
Volke Arbeit und Verdienst zu verschaffen; in den eroberten Ländern grün=
dete er neue Städte, daß die armen Bürger sich dort anbauen möchten.

2.

Während er auf einer solchen Reise nach Afrika zur Gründung einer
neuen Stadt sich befand, setzten die Vornehmen alle ihre Macht in Be=
wegung, daß Kajus nicht wieder zum Tribun gewählt wurde. Sie teilten
Geld unter den Pöbel aus, thaten auch dem Volke manches zu Gefallen und
versicherten dabei, sie wollten das Beste des Volks, aber Kajus wollte sich
zum Tyrannen machen, und das dürfe niemand leiden.

Als Kajus nun nach Rom zurückkehrte, war das Jahr seines Tribunats
fast abgelaufen, und dann war er nicht mehr eine heilige und unverletzliche
Person. So warb er denn von neuem um die Würde eines Volkstribuns,
aber er sah schon, daß manche von ihm abgefallen waren, und er ahnte,
was ihm bevorstand. „Wohin soll ich mich wenden?" rief er in seinem
Schmerz. „Auf das Kapitol? es trieft noch vom Blute meines Bruders!
Nach Haus? damit ich meine Mutter, die arme, beklagenswerte, sehe? Ich
bin euer Freund, ihr seid mein einziger Schutz!"

Nun kam der Wahltag heran. Die Patrizier bewaffneten sich, ihre
Sklaven und ihre Anhänger; viele von den Freunden des Kajus thaten eben
so; sie wachten die Nacht vor seinem Hause. Am Morgen, als er seinen
Mantel umwarf, verbarg er einen Dolch darunter; an der Thür warf seine
Gattin mit ihrem Kinde sich ihm zu Füßen und beschwor ihn flehend, zu
bleiben. Er aber wand sich aus ihren Armen los und ging zur Versamm=
lung. Sobald der Senat erfuhr, die Versammlung habe begonnen, wurde
dem Konsul alle Macht übertragen mit den Worten: „Die Konsuln
mögen darauf sehen, daß der Staat keinen Schaden leide!"
Da eilte der Konsul mit seinen Bewaffneten auf den aventinischen Hü=
gel, wo das Volk versammelt war; unverzüglich griff er an, und es begann
ein blutiger Kampf. Die Anhänger des Kajus waren bald niedergehauen,
die meisten flohen und verließen ihn. Da wünschte er in Verzweiflung ewige
Knechtschaft diesem feigen und undankbaren Volke und zückte den Dolch auf
seine eigene Brust. Zwei seiner Freunde, die letzten, welche ihm geblieben
waren, rissen ihm die Waffe aus der Hand und zogen ihn fort zur Flucht.
Die Verfolger waren schon ganz nahe; der eine Freund, Pomponius,
trat ihnen im Thore entgegen und hielt sie fechtend auf. Doch er ward
niedergestreckt und über seine Leiche stürzten sie dem Kajus nach. Auf der

Tiberbrücke blieb der andere Freund, Licinius, stehen und wehrte sie so lange ab, bis er nicht mehr konnte; dann stieß er sich sein Schwert in die Brust und sprang in die Tiber. Kajus hatte sich den Fuß verletzt; aus allen Häusern am Wege schrieen die Leute ihm zu: „Schnell! Schnell!" Aber keiner brachte ihm ein Pferd, keiner half ihm.

Da sank er ermattet hin; nur ein Sklave war noch bei ihm, den bat er, seinen Herrn zu töten, da er waffenlos war. Der Sklave that es voll Schmerz, darauf erstach er sich selbst, und die Verfolger fanden nur Leichen. So starb Kajus Gracchus, der größte aller römischen Tribunen. Mehr als 3000 Bürger fanden mit ihm den Tod. Alle Güter der Getöteten wurden in den Staatsschatz gebracht, die Unglücklichen wurden als Feinde des Vaterlands gebrandmarkt, und ihren Witwen und Kindern wurde sogar die Trauer verboten.

Mehrere Jahre nachher errichtete das Volk den beiden Tribunen Kajus und Tiberius Gracchus Bildsäulen und hielt die Orte heilig, wo sie gefallen waren. Auch der Kornelia setzten sie ein Denkmal, auf dem geschrieben stand: Kornelia, die Mutter der Gracchen. Denn nur zu bald wurde es klar, was das Volk an den beiden Gracchen verloren hatte.

2. Marius und Sulla.

1. Jugurtha.

Das Geld vermochte nun in Rom alles, mit Geld wurden alle Schand= thaten zugedeckt. Dieser Verfall der Tugend ward recht offenbar an Ju= gurtha, dem König von Numidien.

Der numidische König Micipsa hinterließ zwei Söhne, den Adherbal und Hiempsal und noch einen Brudersohn, den Jugurtha, einen heim= tückischen Afrikaner. Dieser hatte eine zeitlang in dem römischen Heere ge= dient und wußte bereits, was sich auf die Schlechtigkeit der Römer bauen ließ. Er räumte den Hiempsal durch Meuchelmord aus dem Wege, in Rom aber wußten seine Gesandten den Unwillen einiger Senatoren durch Gold zu besänftigen.

Das Reich wurde nun unter Jugurtha und Adherbal geteilt, doch jener fing sogleich mit seinem Vetter Krieg an und ließ auch diesen heimtückischer Weise ermorden. Seine Bestechungen halfen aber diesmal in Rom nicht, weil ein redlicher Volkstribun sich seiner Straflosigkeit widersetzte. Doch der Konsul, den man an der Spitze eines Heeres gegen ihn schickte, nahm Ju= gurthas Gold und schloß Frieden mit ihm, auf sehr gute Bedingungen. Darüber ward das römische Volk so unwillig, daß es nun den Jugurtha selber nach Rom forderte. Dieser erschien, aber mit vollen Geldbeuteln, und war noch so verwegen, einen Sprößling der numidischen Königsfamilie, der auch Ansprüche auf den Thron hatte, in Rom selber durch einen Banditen ermorden zu lassen. Diese Greuelthat war zu empörend. Frei ließ man ihn, — weil man es ihm versprochen hatte, — wieder nach Afrika zurück, und er schied mit den Worten: „Feiles Rom, wer auf dich bieten wollte!" Doch folgte ihm sogleich ein Konsul mit einem Heere nach. Dieses Heer bestand weniger aus Kriegern, als aus zusammengelaufenem Gesindel, und wurde von Jugurtha so geschlagen, daß es unter dem Joch durchgehen mußte.

Nun erst machten die Römer Ernst; der treffliche Konsul Metellus, als unbestechlicher Mann bekannt, schiffte mit einem auserlesenen Heere nach Afrika über und trieb den Jugurtha so in die Enge, daß dieser in die höchste Not geriet. Doch noch ehe der Konsul den Krieg ganz beendigt hatte, reiste sein Legat Marius, ein rauher, wilder Mensch von gemeiner Abkunft, aber von unbändiger Ehrsucht, nach Rom, beschuldigte den Metellus, er führe mit Absicht den Krieg so schläfrig; doch wenn man ihm, dem Marius, den Oberbefehl geben wollte, so würde er den Jugurtha bald tot oder lebendig haben. Marius wurde zum Konsul und Feldherrn in Numidien ernannt; der Unterfeldherr, der ihm mitgegeben wurde, hieß Sulla, ein junger Mann von edler Herkunft, großem Ehrgeiz und großer Klugheit. Dieser vermochte den Bocchus, König von Mauritanien (Marokko), dessen Schwiegersohn Jugurtha war, daß er seinen Verwandten, der bei ihm Schutz gesucht hatte, dem Sulla auslieferte. Dafür erhielt der Verräter ein kleines Stück von Numidien; das übrige ward römische Provinz.

Jugurtha wurde nun im Triumph zu Rom aufgeführt und ging in Ketten vor Marius' Wagen, von dem Pöbel geschimpft und gemißhandelt. Man warf ihn dann in einen Keller, wo er nach sechs Tagen Hungers starb. Den Triumph hatte zwar Marius, allein der Adel erhob den Sulla als den wahren Beendiger des Kriegs, und seit dieser Zeit waren Marius und Sulla die erbittertsten Feinde.

2. Die Cimbern und Teutonen.

Ein neuer Triumph wartete des Marius. Von Norden her waren aus Deutschland und Frankreich die wilden Völker der Cimbern und Teutonen in die römischen Provinzen hereingebrochen. Sie zogen nach Süden, gleich den Galliern mit Weib und Kind und aller Habe. Mehrere römische Heere hatten sie bereits vernichtet: da kam Furcht in die Herzen der Römer, und zum erstenmal bewarb sich niemand um das Konsulat; Marius erhielt es, und zwar fünf Jahre hintereinander. Doch auch den alten, tapfern Soldaten des Marius kamen jene Barbaren in ihren Tierfellen und mit ihrem riesigen Wuchs so fürchterlich vor, daß der kluge Feldherr sich erst wochenlang in seinem Lager verschanzte, um die Römer an den Anblick des Feindes zu gewöhnen. Dann, als er eine vorteilhafte Stellung bei Aix (Aquae Sextiae) im südlichen Frankreich genommen hatte, griff Marius die Teutonen an und schlug sie völlig. Der überlegenen Kriegskunst der Römer vermochten die Deutschen doch nicht zu widerstehen. Als die Römer in das teutonische Lager drangen, verteidigten sich noch die Weiber auf ihrer Wagenburg mit Löwenmut; sie töteten lieber ihre Säuglinge und erhängten sich an ihren eigenen langen Haaren, um sich nicht den Römern zu ergeben.

Unterdessen waren die Cimbern über die Tiroler Alpen nach Italien hereingebrochen; ihre großen hellglänzenden Schilde hatten sie als Schlitten benutzt, um über Schnee und Eisklüfte damit bergab zu fahren. Sie hatten große Felsstücke losgerissen und Baumstämme zwischen die Steine geworfen, um über die Etsch zu kommen. In der Schlacht verbanden sie ihre vorderen Reihen mit Ketten, um nicht getrennt zu werden. Der Konsul Katulus, welcher sich ihnen entgegenwarf, ward geschlagen. Da stieß der siegreiche Marius zu ihm und beide vereint schlugen und vernichteten das ganze cimbrische Heer bei Vercellä in Oberitalien (101 v. Chr.). Furchtbar fochten auch hier noch die Weiber, und da sie alles verloren sahen, warfen sie ihre Kinder unter die Wagenräder und die Füße der Lasttiere, und dann töteten sie sich selbst. Nur wenige von den Barbaren hatte Marius in seine Hände bekommen; als er triumphierend in Rom einzog, verbreiteten die an seinen Siegeswagen gefesselten Barbaren Schrecken und Bewunderung, denn sie hatten riesige Größe. Besonders erzählen die Römer von Teutobod, wie dieser stolz und majestätisch über alle Siegeszeichen hervorragte und so kräftig war, daß er über sechs Pferde mit Leichtigkeit hinwegspringen konnte. Marius aber ward von dem Volke fast vergöttert.

3. Der Bundesgenossenkrieg.

Kaum war die Gefahr, mit welcher die nordischen Barbaren gedroht, glücklich beseitigt, so entbrannte in Italien selber ein Bürgerkrieg. Die italischen Bundesgenossen, die zu allen Kriegen, welche Rom geführt, das meiste beigetragen hatten, verlangten als gerechte Belohnung das Bürgerrecht, das ihnen auch längst versprochen war. Der Tribun Drusus sprach laut für die Ansprüche der Bundesgenossen, wurde aber auf der Patrizier Anstiften vor seinem Hause ermordet. Nun entstand ein blutiger Krieg von 4 Jahren, welcher den Römern viel zu schaffen machte. Endlich gewann Sulla zwei große Schlachten und ließ Tausende von Gefangenen ohne Gnade niederhauen. Da gaben die empörten Völker nach, und es kam ein Friede zustande, in welchem ihnen die Römer die meisten verlangten Rechte gewährten.

4. Marius gegen Sulla.

Um diese Zeit hatte sich der König Mithridates von Pontus (der Landschaft am Schwarzen Meere) gegen die Römer erhoben. Er war ein entschlossener Mensch und geschworener Feind der Römer. Bald hatte er ganz Kleinasien erobert und mit Hilfe seines Verbündeten, des Königs von Armenien, ein Heer von 300000 Mann mit 180 Sensenwagen und 400 Schiffen zusammengebracht. Sulla sollte gegen ihn kämpfen und ward zum Konsul ernannt. Das ertrug Marius nicht. Er erregte mit Hilfe der Volkspartei einen Aufstand in Rom, die vornehmsten Gegner wurden erschlagen, und das Volk übertrug dem Marius den Oberbefehl.

Sulla floh zu seinem Heere, das noch von dem Bundesgenossenkriege her in Unteritalien stand. Er erzählte den Soldaten die Schmach, die ihm angethan war, versprach ihnen auch die reichste Beute, die sie unter seinem

Kommando erlangen würden. Da riefen sie: „Führe uns nach Rom, o Feldherr!" Das wollte er eben. Mit sechs Legionen rückte er in die Stadt ein;
der Volkshaufen, den Marius in der Eile zusammengerafft hatte, wurde auseinander gesprengt, Sulla drohte sogar, die ganze Stadt anzuzünden. Da
ward Marius in die Acht erklärt und mußte eiligst fliehen. Als er in
Minturnä, einer kleinen italischen Stadt, anlangte, ergriff ihn die Obrigkeit des Orts und warf ihn ins Gefängnis. Ein wilder cimbrischer Sklave
wurde ausgesucht, um ihn zu töten. Als der aber mit seinem Schwerte ins
Gefängnis trat, rief ihm Marius mit donnernder Stimme zu: „Sklav', du
wagst es, den Kajus Marius zu töten?" Den Cimbrer überkam eine solche
Angst, daß er forteilte. Marius entkam und floh nach Afrika; dort lebte er
in den Ruinen von Karthago und sann auf Rache.

Bald kam die Gelegenheit. Sein Freund Cinna sammelte das Volk,
sobald die Soldaten des Sulla Rom wieder verlaffen hatten. Es entspann
sich ein blutiges Gefecht innerhalb der Mauern Roms, Cinna ward aus
der Stadt vertrieben, floh aber zu einem Heer, das ihm und der Volkspartei ergeben war. Die Soldaten erkannten ihn als den rechten Konsul an
und riefen nun auch den Marius zurück. Der verließ augenblicklich Afrika,
fuhr nach Italien hinüber und brannte vor Begierde, sich an seinen Feinden zu rächen. In Trauerkleidern, zum Zeichen der Schmach, die ihm widerfahren war, zog er durch Etrurien; er erinnerte die Einwohner, wie er sechsmal Konsul gewesen wäre, wie er über den Jugurtha gesiegt und die Republik
von den Cimbern und Teutonen gerettet hätte. Da sammelten sich viele von
seinen Freunden und Anhängern um ihn, alte Soldaten, Sklaven, verlaufenes
Volk, es war alles willkommen, was gegen die Vornehmen, was gegen die
Partei des Sulla losschlagen wollte. Mit dem Heere des Cinna vereint
rückte Marius an der Spitze einer Bande, die sich nur die „Marianer"
nannte, in Rom ein. Dem Konsul Oktavius, der noch drinnen war,
hatte Cinna Schutz und Sicherheit versprochen, aber kaum war die Gewalt
in den Händen des Marius, als dieser kein Versprechen und keine Bitten
mehr achtete, sondern seine Bande losließ, um endlich einmal volle Rache
an seinen Feinden zu nehmen.

Nun zogen sie durch die Straßen, plündernd, raubend, mordend; den
Konsul Oktavius stießen sie zuerst nieder, dann erschlugen sie jeden, auf den
Marius zeigte; bald war es schon genug, wenn Marius einen, der ihn
grüßte, nicht wieder grüßte, um den niederzumachen. Die größten Schandthaten wurden verübt; fünf Tage und fünf Nächte währten die Greuel. In
den Straßen lagen die Leichname hoch übereinander, denn Marius gönnte
keinem ein ehrliches Begräbnis. Endlich entsetzten sich selbst Cinna und sein
Freund Sertorius über dieses Wüten. Da sich die zügellosen Rotten nicht
mehr halten ließen, führten sie in einer Nacht ihr Heer gegen die Marianer und hieben sie alle, mehr als 4000 an der Zahl, bis auf den letzten
Mann nieder.

5. Sulla zieht nach Rom.

Sulla, der unterdessen glücklich gegen Mithridates gekämpft hatte, machte schnell Frieden, sobald er die Vorgänge in Rom erfuhr, und setzte sich mit seinem siegreichen Heere in Marsch gegen Italien. Marius, der wilde Marius zitterte, und vor Angst trank er so übermäßig, daß er (im J. 86 vor Chr.) seinen Tod fand. Cinna sammelte ein Heer, um gegen Sulla zu ziehen; aber seine eigenen Soldaten empörten sich gegen ihn und schlugen ihn tot. An der Spitze der Volkspartei standen nun der junge Marius und Sertorius; sie brachten ein Heer von 300 000 Mann zusammen, das aber aus verdorbenen, zügellosen Scharen bestand und dem wohlgeübten des Sulla nicht standzuhalten vermochte.

Sulla landete (83 v. Chr.) in Italien, schlug alle seine Widersacher, hielt dann einen prächtigen Triumphzug in Rom, fing aber nun ebenfalls zu wüten an. Sechstausend von des Marius Sklaventruppen hatten sich ergeben, weil ihnen Verzeihung versprochen worden war; aber sie wurden samt und sonders in der großen Rennbahn zu Rom niedergemetzelt. Während dies geschah, hielt Sulla in einem benachbarten Tempel eine Versammlung der Senatoren; als diese das Geschrei der Unglücklichen hörten, sprangen sie voll Entsetzen auf. Doch Sulla beruhigte sie mit den Worten: „Es ist nichts, man richtet nur einige Elende hin."

Fürchterlich war die Acht (Proskription), die Sulla über seine Gegner ergehen ließ. Die meisten Reichen und Vornehmen standen auf der Liste der Geächteten (Proskribierten), und wessen Name auf einer solchen Liste stand, der galt für vogelfrei. Wochenlang dauerte das Morden, während Sulla mit liederlichen Weibern, Tänzern, Possenreißern schwelgte. „Wen willst du denn noch leben lassen?" fragte ihn kühn ein angesehener Senator, „es ist nur, um aus der Ungewißheit zu kommen." Sulla äußerte: „er wisse das selbst noch nicht." Vor der Hand hatte er noch 80 auf ein Blatt geschrieben; Tags darauf gab er noch eine Liste von 220, und nächsten Tages eben so viel; im Senat äußerte er: „es sollten noch alle, wie sie ihm gerade beifielen, darankommen." Nach ungefährer Berechnung waren 15 Konsularen (die Konsuln gewesen waren), 90 Senatoren, 2600 Ritter und über 100 000 Bürger hingerichtet worden; denn nicht allein in Rom, sondern auch in vielen andern Städten Italiens wüteten Schrecken und Mord. Sklaven ermordeten ihre Herren, Verwandte die Verwandten, um die Prämie für den Kopf eines Proskribierten zu erhalten. Viele Güter wurden herrenlos, die Sulla an seine Günstlinge verschenkte: sein Offizier Krassus kaufte um ein Spottgeld so viel, daß ihm fast die halbe Stadt zum Eigentum gehörte. Die 120 000 Soldaten des Sulla wurden königlich belohnt.

Als die Gegenpartei so gut wie vernichtet war, rühmte sich Sulla, die Ruhe und Ordnung im römischen Staate wieder hergestellt zu haben. Ruhig war es nun allerdings geworden; kein Freund des Volkes regte sich mehr, niemand wagte mehr, seine Meinung frei heraus zu sagen, jeder zitterte vor dem gewaltigen Diktator oder schmeichelte ihm. Die Macht der Tribunen hörte nun fast ganz auf, alle Gesetze, welche zum Vorteil des Volkes gegeben waren, wurden aufgehoben; so schien die Macht des Adels wieder fest gegründet.

Nachdem Sulla drei Jahre lang unumschränkt geherrscht hatte, wurde er der Regierung selber überdrüssig; er legte seine Diktatur nieder und zog sich auf ein Landgut zurück. Dort führte er mit Schmeichlern und Freunden, unter Tänzerinnen und Schauspielern ein ausschweifendes Leben, aber schon nach einem Jahre starb er an einer ekelhaften Krankheit infolge seiner Schwelgereien.

3. Spartakus, der Sklavengeneral.

1. Die Sklaven.

Sklaven gab es in Rom, in Italien, in der ganzen alten Welt eine große Menge; die Kriegsgefangenen, besonders die von den barbarischen Völkern, von den Afrikanern, Galliern, Germanen, Thraciern, wurden zu Sklaven gemacht und verkauft, und alle Kinder der Sklaven und Sklavinnen blieben dann auch in der Knechtschaft. Alle möglichen Dienste wurden von den Sklaven verrichtet: sie mußten das Land bauen und die häuslichen Geschäfte besorgen; manche von ihnen, besonders die griechischen, lehrten auch die Wissenschaften und wurden als Lehrer und Erzieher oder als Schreiber und Vorleser gebraucht. Dann geschah es oft, daß sie wegen guter Dienste freigelassen wurden. Ein reicher Römer hatte wohl ein paar hundert Sklaven, mit welchen er namentlich seine Güter bewirtschaftete.

Außerdem wurden aber auch die Sklaven als Gladiatoren oder Fechter gebraucht, die zur öffentlichen Belustigung des römischen Volkes auf Tod und Leben mit einander kämpfen mußten. Die an blutige Kriege gewöhnten Römer bedurften solcher blutigen Schauspiele. Es wurden große runde Theater unter freiem Himmel erbaut; in der Mitte war ein mit Sand bestreuter Platz, die Arena, wo die Fechtersklaven mit den verschiedensten Waffen kämpften. Wenn einer den andern zu Boden gestreckt hatte, so blickte er nach dem Volke in die Höhe, und je nachdem die Zuschauer ein Zeichen gaben, ließ er ihn leben oder stieß ihn vollends nieder. Wollte ein Vornehmer oder Reicher sich beim Volke beliebt machen, so kaufte er sich eine Menge Fechtersklaven und ließ diese im Theater kämpfen.

2. Der Sklavenkrieg.

Nicht lange nach Sullas Tode erhob sich in der Fechterschule zu Kapua der Thracier Spartakus. Er hatte einst unter den Römern Kriegsdienste gethan, war in Gefangenschaft geraten und unter die Fechter verkauft worden. Dieser überredete gegen 70 Fechter, sie sollten ihr Leben lieber für die Freiheit wagen, als um ein bloßes Schaustück preisgeben. Mit ihnen überwältigte er die Hüter, bewaffnete dann seine Schar mit Knütteln und Dolchen, die man den Reisenden abgenommen hatte, und flüchtete sich auf den Berg Vesuv. Hier verstärkte er sich mit vielen entlaufenen Sklaven, auch mit vielen Freigeborenen, die Lust zum Rauben und Plündern hatten, und bald hatte er einen ansehnlichen Heerhaufen beisammen. Die Aufrührer zogen nach Rom zu, verwüsteten das Land, plünderten die Städte. Ein römischer Prätor, der schnell ein Heer zusammenraffte, um sie aufzuhalten, ward geschlagen; ein zweites, vom Konsul selber geführtes Heer hatte gleiches Schicksal.

Schon ins dritte Jahr zog sich dieser Krieg, der bei seinem Beginn als ein bloßer Fechterkampf verlacht wurde. Niemand wollte sich zum Heerführer gegen die Sklaven wählen lassen, da übernahm Licinius Krassus, der schon unter Sulla sich hervorgethan, den Oberbefehl. Sein Legat Mummius ließ sich gegen den Befehl des Feldherrn mit Spartakus in ein Treffen ein und wurde geschlagen. Da ließ Krassus von den 500 Römern, die zuerst die Flucht ergriffen hatten, den zehnten Mann hinrichten. Das wirkte. Krassus führte nun selbst sein Heer gegen die Räuberbanden und brachte ihnen blutige Niederlagen bei. Spartakus mußte fliehen und wandte sich gegen Brundisium. Krassus folgte ihm und eilte um so mehr, eine entscheidende Schlacht zu liefern, weil die Römer noch einen Mit-Feldherrn, den Pompejus, gewählt hatten; Krassus wollte allein die Ehre haben; er schloß das Heer des Spartakus ein, die Sklaven fochten wie Verzweifelte, und die Schlacht war blutig. Da sank Spartakus, durch einen Wurfspieß in der Hüfte verwundet, auf das Knie, hielt aber die Andringenden tapfer ab und deckte sich mit seinem Schilde so lange, bis er samt der Schar, die einen Kreis um ihn bildete, gefallen war.

Dem Pompejus, welcher nun auch anrückte, fielen noch 5000 aus der Schlacht Entflohene in die Hände, wodurch er doch noch einen Anteil am Siege erhielt.

4. Julius Cäsar und Pompejus „der Große".

1.

Das römische Volk geriet immer tiefer in die Zerrüttung und inneren Zwiste, so daß sich endlich jeder bessere Bürger darnach sehnte, es möchte wieder ein Mann aufstehen, der mit seinem Geiste und seiner Kraft der Gesetzlosigkeit ein Ende machte. Und es kam ein solcher hochbegabter Mann, der es verdient hätte, das einzige Oberhaupt des römischen Staates zu sein, — das war Julius Cäsar.

Cäsar hatte seinen Vater, dessen Schwester Julia des Marius Gemahlin war, schon im sechzehnten Jahre verloren; er starb als Prätor in Macedonien. Seine Mutter Aurelia aber, eine treffliche Frau, besorgte seine Erziehung und ließ ihn von den geschicktesten Lehrern unterrichten. Besonders lernte er von ihr die Freundlichkeit im Umgange, wodurch er sich nachher so beliebt zu machen wußte, und die sanfte, einnehmende Beredsamkeit, die ihn zu den ersten Rednern Roms erhob.

Cäsar bewies bald, daß in ihm ein Wille lebte, der nicht gewohnt war, sich zu beugen. Er heiratete die Tochter eines Römers, der zu den Gegnern des damals allmächtigen Sulla gehörte. Cäsar erhielt den Befehl, sich von ihr zu scheiden; allein er floh lieber aus Rom und gab das erheiratete Gut seiner geliebten Gemahlin preis. Zum Jubel des Volkes hatte er sogar das Bild des Marius öffentlich ausgestellt. Sulla erklärte ihn in die Acht und begnadigte ihn nur nach langen Bitten vieler Freunde und der Vestalinnen, mit den Worten: „Ihr mögt ihn haben, aber er wird den Untergang vieler Patrizier herbeiführen, denn in ihm stecken viele Mariusse." Pompejus da=gegen, ein Günstling des Sulla, hatte sich dem Willen des Despoten gefügt und seine Gemahlin verstoßen.

Nicht Körperstärke, aber eine proportionierte, angenehme, schlanke Ge=stalt zeichnete den jungen Cäsar aus; er hatte eine Adlernase und schwarze lebhafte Augen. Später wurde er mager und bleich und auf dem Haupte haarlos; doch trotz seiner Kränklichkeit, an der er öfters litt, hatte er sich zu jeglicher Strapaze abgehärtet und war ein guter Fechter, Reiter und Schwimmer.

Während seiner Ächtung machte er seine ersten Feldzüge in Asien und gewann sich vor Mitylene eine Bürgerkrone. Nach Sullas Tode kehrte er wieder zurück, blieb aber nicht lange in Rom, sondern ging nach Rhodus, um unter dem berühmten Molo sich noch mehr in der Redekunst zu ver=vollkommnen. Unterwegs nahmen Seeräuber das Schiff, auf welchem er fuhr, und da sie ihn für einen vornehmen Mann hielten, forderten sie 20 Ta=lente (über 72 000 Mark) Lösegeld. „Was!" rief Cäsar, „für einen Mann, wie ich bin, verlangt ihr nicht mehr? 50 Talente sollt ihr haben!" Er schickte seine Begleiter aus, diese Summe zusammenzubringen. Sechs Wochen mußte er in der Gefangenschaft bleiben, doch wußte er sich bei den See=räubern so in Achtung zu setzen, daß er ihr Herr und nicht ihr Gefangener zu sein schien. Wenn er schlafen wollte, gebot er ihnen still zu sein. Zu=weilen las er ihnen auch Gedichte und Aufsätze vor, die er gemacht hatte, und wenn sie diese nicht lobten, so drohte er ihnen, sie alle kreuzigen zu lassen, sobald er frei wäre. Endlich brachten seine Leute die 50 Talente Lösegeld. Und kaum war er frei, so verschaffte er sich einige stark bemannte Schiffe, holte die Seeräuber ein, eroberte ihr Schiff, ließ sich sein Geld wie=dergeben und führte die Räuber nach der Küste Kleinasiens, wo sie alle gekreuzigt wurden.

2.

Nachdem Cäsar wieder nach Rom zurückgekehrt war, lebte er hier meh=rere Jahre lang ganz wie ein Stutzer, er kleidete sich schön, duftete von Salben, lebte gern unter Damen und wußte sich durch seine Freundlichkeit die Liebe aller Bürger zu gewinnen. Dabei schien er sich um die glänzen=den Kriegsthaten des Pompejus gar nicht zu kümmern.

Erst spät bewarb er sich um obrigkeitliche Ämter und ging als Quä=
stor nach Lusitanien, dem heutigen Portugal. Er reiste gewöhnlich in einem
Wagen, von zwei Schreibern begleitet, denen er zu gleicher Zeit diktierte.
Die Streitigkeiten in der Provinz entschied er mit solcher Gewissenhaftigkeit
und Treue, daß alle Städte Portugals mit ihm zufrieden waren. In Ga=
des, dem jetzigen Kadix, trat er in einen Tempel, der mit den Bildnissen
berühmter Helden geschmückt war. Unter diesen bot sich seinem Blicke zu=
erst Alexanders Statue dar, und Thränen stürzten ihm aus den Augen.
„Der hatte in meinem Alter schon die Welt erobert, und ich habe noch nichts
gethan," sagte Cäsar zu seinen Begleitern.

Als er jetzt wieder nach Rom zurückkam, schien er ganz dem Pompejus
ergeben und heiratete sogar dessen Schwester. Noch brauchte Cäsar eine
Stütze, und Pompejus war der angesehenste Mann im Staate. Zugleich
aber verschenkte er mit unbegrenzter Freigebigkeit ungeheure Summen an
das Volk. Er ließ unter anderem 320 Paar Fechter zum Vergnügen der
Römer auftreten und alle in silbernen Rüstungen. Und in kurzem hatte er
seinen Zweck erreicht; Pompejus, der sich der erste Mann in Rom zu sein
dünkte, hatte einen mächtigen Nebenbuhler bekommen; Cäsar war bereits der
Liebling des Volkes. So wagte er es, sich um eine Würde zu bewerben,
zu welcher sonst nur die ehrwürdigsten und verdientesten Ratsherren ge=
langten, um das Amt eines Oberpriesters. Seine Mutter begleitete ihn am
Tage der Wahl bis vor die Thür, zweifelnd und weinend. „Mutter," rief
er, „du siehst mich als Pontifex wieder oder als Verbannten!" Er ging,
und das Volk wählte ihn, zum Erstaunen und Zittern aller Senatoren, die
nach und nach das Große, das in Cäsars Geiste verborgen lag, ahnten und
nicht minder deutlich auch seinen Ehrgeiz erkannten. Einige Zeit nachher
sollte er als Statthalter in die Provinz Spanien gehen, aber seine Gläu=
biger wollten ihn nicht aus Rom fortlassen, denn er war über 36 Millionen
Mark schuldig. Da wußte er durch seine Gewandtheit den reichen Krassus
zu gewinnen, daß dieser für ihn gut sagte. Er reiste ab, und bald hatte er
in der Provinz so viel erworben, daß er seine Schulden bezahlen konnte.
Auf der Reise nach Spanien kam er durch ein kleines schmutziges Städtchen
in den Alpen. Seine Begleiter warfen die Frage auf, ob denn auch wohl
unter diesem armseligen Völkchen Neid und Rangstreit herrschen möchte?
„Gewiß!" antwortete Cäsar. „Ich wenigstens möchte lieber in diesem Flecken
der erste, als in Rom der zweite sein."

3.

Nach seiner Rückkehr aus Spanien betrug sich Cäsar schon viel her=
rischer, und die Großen Roms sahen staunend, mit welcher Gewalt er das
Volk nach seinem Willen lenkte. Pompejus erkannte bald, daß er ohne
Cäsar nichts vermöchte. Krossus, der Reiche, der durch seine Bürgschaft
den Cäsar gerettet, der durch sein ausgeliehenes Geld fast alle Bürger sich
verpflichtet hatte, sah jetzt den Cäsar als Herrn gebieten. Cäsar aber, wel=
cher beide brauchte, zeigte beiden in der Ferne die Weltherrschaft, und ver=

einigte sich insgeheim mit ihnen zu einem Triumvirat, d. h. die drei Männer verbanden sich, für einen zu stehen. So traten in diesen drei Männern drei große Gewalten: Klugheit und Tapferkeit (Cäsar), Glück und Ruhm (Pompejus) und Reichtum (Krassus) in einen engen Bund. Cäsar stellte die reiche Mittelmäßigkeit vorerst noch zwischen sich und Pompejus in die Mitte, als den Kitt, der ihn mit Pompejus zusammenhalten sollte; aber nur Cäsar begriff, wohin dieser Dreibund führen mußte, und wozu Rom reif sei. Die nächste Folge des Triumvirats war seine Erwählung zum Konsul für das Jahr 59 und die Vermählung seiner Tochter Julia mit Pompejus. Während seines Konsulates wußte sich Cäsar beim Volke sehr beliebt zu machen, indem er einige Ackerverteilungen durchsetzte, und als seine Amtszeit um war, setzte er es durch, daß man ihm die Provinz Gallien auf fünf Jahre zur Verwaltung übertrug. Noch nie war jemand auf so lange Zeit zum Statthalter ernannt worden.

Pompejus wählte sich Spanien, blieb aber in behaglicher Ruhe in Rom sitzen; Krassus ging nach Asien. Am besten hatte unstreitig Cäsar gewählt, denn Gallien war noch zum großen Theil freies Land und mußte erst erobert werden. Hier konnte also der aufstrebende Mann sich Feldherrnruhm erwerben und ein treues Heer dazu.

4.

Galliens Bevölkerung zerfiel in drei Hauptgruppen von Völkerschaften: in die aquitanische zwischen den Pyrenäen und der Garonne, die eigentliche gallische von der Garonne bis zur Seine, und die schon halb germanische oder belgische bis an den Niederrhein. Einen inneren Verband hatten jedoch die Völker nicht, es war lauter Zersplitterung unter ihnen. Nach acht Jahren konnte sich Cäsar rühmen, 800 Städte erobert und 300 Völkerschaften bezwungen zu haben. Von drei Millionen Menschen blieb eine tot, wurde die zweite gefangen und die dritte gehorchte.

Seinen ersten Kampf hatte Cäsar mit den Helvetiern zwischen Rhein und Rhone. Sie hatten ihre zwölf Städte und 400 Dörfer verbrannt und wollten nun westwärts nach Gallien auswandern in fruchtbare Gaue. Damit waren sie aber dem Cäsar schlecht willkommen; er warf sich ihnen entgegen und schlug sie in zwei Treffen. Die eine Hälfte des Volkes ging unter, die andere zwang er, wieder nach Helvetien zurückzukehren, damit nicht die Germanen das Land besetzten und Italiens Nachbarn würden.

Bald darauf brachen deutsche Stämme in Gallien ein und griffen die Äduer an, die es mit Cäsar hielten. Der Anführer jener Scharen war Ariovist, ein sehr entschlossener und tapferer Mann. Cäsar forderte ihn zu einer Zusammenkunft; er aber meinte, wenn der Römer ihm etwas zu sagen habe, möge er zu ihm kommen. Da brach Cäsar gegen ihn auf, seine Legionen folgten ihm diesmal mit schwerem Herzen, denn vor den Deutschen hatten die Römer entsetzliche Furcht. Man hörte im Lager nichts als Testamente machen oder Klagen und Murren gegen den Feldherrn. Die Vornehmsten, selbst die Vertrauten des Cäsar, suchten alle nur möglichen Vorwände hervor, um sich aus dem Lager entfernen zu können, und diejenigen, die sich schämten, es zu thun, konnten ihre Furcht doch so wenig verbergen, daß man sie oft die bittersten Thränen weinen sah.

Mit seltener Überredungsgabe sprach nun Cäsar ermutigend zu den Hauptleuten und schloß damit, daß, wenn niemand ihm folgen würde, er mit der zehnten Legion allein angreifen und diese zu seiner Leibwache machen wolle. Da verschwand die Furcht, man folgte dem kühnen Feldherrn, der es längst erprobt hatte, daß für den keine Gefahr bestehe, der sie nicht fürchtet. Jetzt fand eine Unterredung zwischen dem deutschen und römischen Heerführer statt; aber sie war vergeblich. Als Cäsar erfuhr, daß die Deutschen, durch ihre heiligen Frauen gewarnt, vor dem Neumond nicht schlagen wollten, ließ er auf ihre Bollwerke stürmen und reizte sie so lange, bis die Feinde voller Grimm hervorbrachen und die Schlacht annahmen. Sie stritten mannhaft, unsere Vorfahren, in ihrer rohen Kampfesart, aber Cäsars Kriegskunst und der Ausdauer erprobter Legionen erlagen sie. Sie gingen über den Rhein zurück. Cäsar folgte ihnen in ihre finstern Wälder; aber da ward es ihm bald unheimlich, und er kehrte gern wieder nach Gallien zurück. Auch nach Britannien setzte er mit seinen Legionen über. Der Adlerträger seiner zehnten Legion sprang zuerst an der fremden Küste ins Wasser, die andern ihm nach. Doch behaupten konnten sich die Römer ebensowenig in Britannien als in Germanien.

5.

Während Cäsar in Gallien ganz mit Krieg und Eroberung beschäftigt schien, vernachlässigte er doch keineswegs die Dinge in der Hauptstadt. Er hatte in Rom seine Freunde, die ihm von allem Nachricht gaben, und denen er von der Provinz aus Geld und Befehle zukommen ließ. Er lag wie ein schlauer Feind im Hinterhalt, bereit, zu jeder Zeit mit gerüsteter Macht hervorzubrechen.

Pompejus schaltete und waltete unterdessen mit aller Willkür in Rom und ließ seine Provinz Spanien durch Abgesandte verwalten. Krassus war von Syrien aus in das Land der Parther gezogen und hatte sich von dem tapfern Volke überraschen lassen, so daß er geschlagen und gefangen wurde. 30 000 Römer gingen unter, und damit dem reichen Geizhals auch im Tode das Geld nicht fehlen möchte, ließ es der Anführer der Parther geschmolzen ihm in den Hals gießen. Pompejus mochte wohl ahnen, welch einen Nebenbuhler er in Cäsar hatte; er meinte aber im Vorteile zu sein, wenn er in Rom selber anwesend wäre. Darum ließ er, als seine Zeit um war, die Statthalterschaft von Spanien sich verlängern. Sobald Cäsar dies erfuhr, ließ er durch seine Freunde in Rom ebenfalls um Verlängerung seiner Statthalterschaft in Gallien anhalten, und da Pompejus ganz wider das Gesetz als Prokonsul von Spanien in Rom obrigkeitliche Ämter verwaltete, verlangte auch Cäsar dergleichen. Dagegen erhob sich nun Pompejus mit Heftigkeit, brachte den Senat auf seine Seite, und es kam ein Beschluß zustande, welcher Cäsar für einen Feind des Vaterlandes erklärte, wenn er nicht sogleich die Waffen niederlegte und in Rom erschiene. Dieser Beschluß empörte durch seine Ungerechtigkeit, und Cäsar leistete ihm keine Folge. Er rüstete sich, um mit seinen treuen Soldaten auf Rom anzurücken, während Pompejus in stolzer Unthätigkeit verharrte. Man fragte diesen, womit er denn den Cäsar aufhalten wolle? Er antwortete: „Ich darf nur mit dem Fuße auf den Boden stampfen, und es werden Legionen daraus hervorwachsen!" Im Grunde aber glaubte der Kurzsichtige, daß Cäsar mit seiner geringen Macht es nicht wagen würde, gegen Rom selbst zu marschieren. Cäsar aber wagte es allerdings; als er an das Flüßchen Rubikon kam, das seine Provinz von Italien trennte, wurde er nachdenkend, dann aber faßte er sich schnell und sprach: „Die Würfel sind gefallen!" Mit der einen Legion, die er bei sich hatte, ging er schnell auf Rom los. Der Senat hatte dem Pompejus den Oberbefehl gegeben; fast alle Senatoren waren für Pompejus, der in Spanien noch ein großes Heer stehen hatte und sich immer noch für unbezwinglich hielt. Doch als Cäsar so unerwartet schnell sich der Hauptstadt näherte, floh Pompejus aus Rom, mit ihm 200 Senatoren und seine übrigen Freunde. Sie flohen so schnell, daß sie sogar den ganzen Staatsschatz in Rom zurückließen.

Cäsar hatte in 60 Tagen ganz Italien erobert; fast alle gefangenen Soldaten traten zu ihm über, da er sich gegen jedermann leutselig und freundlich bewies. Pompejus sammelte in Kapua, wohin er geflohen war, seine Truppen; und als Cäsar ihn bis dahin verfolgte, schiffte er eiligst nach Griechenland über. Da kehrte Cäsar wieder um, denn er wollte erst Spanien, des Pompejus Provinz, in Besitz nehmen. „Erst will ich eine Armee ohne Feldherrn schlagen," sprach er, „und dann den Feldherrn ohne Armee!"

Die sieben Legionen des Pompejus, welche in Spanien standen, wehrten sich tapfer, aber es fehlte ihnen an einem erfahrenen Feldherrn; so wurden sie endlich geschlagen und gingen großenteils unter die Fahnen des Cäsar. Als dieser mit seinem siegreichen Heere nach Rom zurückkehrte, fürchteten viele, die es nicht von Anfang mit ihm gehalten hatten, er möchte sie in die Acht erklären und wie Sulla eine große Proskriptionsliste aufsetzen. Die Anhänger des Cäsar wählten ihn zum Diktator; doch er betrug sich so schonend und milde, daß alle darüber erstaunten. Er ordnete die Angelegenheiten des Staates, rief die meisten Verbannten zurück und ließ das Volk auf die gewöhnliche Art Konsuln wählen. Es wählte ihn selbst und einen seiner Freunde. Nun legte Cäsar seine Diktatur nieder und gewann sich damit die Herzen des Volkes.

6.

Unterdessen hatte Pompejus in Griechenland ein ansehnliches Heer versammelt und erwartete die Landung Cäsars. Dieser schiffte mit einer geringen Macht hinüber, um nur recht bald seinem Gegner die Spitze bieten zu können. Doch das erste Zusammentreffen bei Dyrrhachium an der illyrischen Küste war unglücklich für Cäsar; er ward zurückgeschlagen und

mußte sich in öde, unfruchtbare Gegenden zurückziehen, wo er einer drohen=
den Hungersnot entgegensah. Aber Cäsar verlor den Mut nicht; seine Sol=
daten waren meist rauhe, abgehärtete Krieger, an die Mühseligkeiten des
Feldzugs gewöhnt, auch hatte er sechs Kohorten deutscher Hilfstruppen bei
sich, die noch nichts von Salben und Pomaden wußten, während die adeligen
Herrchen in des Pompejus Heer sehr verweichlicht waren.

Pompejus ließ sich zu einem zweiten Angriff überreden, und bei Phar=
salus in Thessalien kam es (48 v. Chr.) zur entscheidenden Schlacht, in
welcher Cäsar, besonders mit Hilfe der deutschen Kohorten, einen glänzenden
Sieg gewann. Er hatte seinen Soldaten befohlen, sie möchten nur immer
nach den schönen weißen Gesichtern der vornehmen Herrchen hauen, dann
würden diese schon ängstlich werden. Und so geschah es auch. In wilder
Flucht lief alles aus einander, und Pompejus, der sicher auf den Sieg ge=
rechnet hatte, war so verwirrt, daß er den Rückzug nicht zu ordnen ver=
mochte. Das ganze Lager fiel in die Hände der Sieger; die Zelte waren
mit Epheu bekränzt und wie zu einem Festschmause eingerichtet. Alle Brief=
schaften des Pompejus fielen dem Cäsar in die Hände; doch der großmütige
Sieger verschmähte es, die Namen seiner Feinde zu erfahren; er ließ die
Briefe verbrennen. Den vornehmsten Kriegsgefangenen aber schenkte er die
Freiheit.

Mit wenigen Getreuen floh Pompejus an die Küste und bestieg ein
Schiff. Man wußte in der Angst nicht, wohin; endlich ward beschlossen,
nach Ägypten zu fahren, weil Pompejus, als er in Asien Krieg führte, dem
Vater des jetzt regierenden Königs die Herrschaft erworben hatte. Der
13 jährige König, sobald er die Ankunft des Gastes erfuhr, ward bestürzt,
denn er fürchtete sich vor Cäsar. Er beriet sich mit seinen Ministern, was
zu thun sei, und diese rieten, man solle den Pompejus ermorden, das wäre
am sichersten. Als der ägyptische Kahn an das Schiff des Pompejus heran=
fuhr, nahm dieser noch einen schmerzlichen Abschied von seiner treuen Kor=
nelia, von seinen Kindern und Freunden. Es ahnte ihm Unglück, als er die
finstern Gesichter der Mannschaft gewahrte. Als der Kahn ans Ufer stieß,
fielen die Ägypter über ihn her und ermordeten ihn. Sie schnitten ihm das
Haupt ab und ließen den Körper liegen; ein treuer Diener bestattete den=
selben. So endete der glückliche Pompejus, den man den „Großen" nannte.

7.

Pompejus war nicht mehr, aber seine Partei kämpfte noch hartnäckig
fort. Cäsar mußte in Afrika und Spanien noch zwei schwere Kämpfe be=
stehen. In Afrika hatte Kato ein großes pompejanisches Heer gesammelt,
mit dem er gegen Cäsar als einen Tyrannen und Feind der Republik ziehen
wollte. In Asien hatte der Sohn des Königs Mithridates sich empört, in
Spanien stellten sich die Söhne des Pompejus an die Spitze der treu ge=
bliebenen Soldaten.

Zuerst eilte Cäsar nach Asien und endigte dort die ganze Empörung
mit einer einzigen Schlacht; das ging so schnell, daß er den Bericht nur in

drei Worte gefaßt haben soll: „Veni, vidi, vici!" — „Ich kam, sah, siegte!"
Als er nun zurückkehrte, um nach Afrika überzusetzen, schien ihm doch sein
Glück untreu zu werden. Es brach eine Empörung in seinem eigenen Heere
aus; die Soldaten wollten, ehe sie weiter zögen, erst das Geld in Empfang
nehmen, das ihnen Cäsar versprochen hatte. Sie wären eigentlich die Herren,
so meinten sie, ihnen hätte Cäsar seine Erfolge zu verdanken. Schon waren
mehrere Hauptleute, welche die Aufrührer zur Ruhe bringen wollten, er=
mordet; da trat Cäsar furchtlos unter sie. Bisher hatte er sie immer Sol=
daten und „Kameraden" genannt, nun redete er sie also an: „Bürger, da
ihr es so verlangt, so seid ihr hiermit aus dem Dienst entlassen. Die ver=
sprochenen Belohnungen sollt ihr haben, aber erst, wenn ich mit andern
Truppen in Afrika gesiegt habe!" Das überraschte die Aufrührer und sie
fühlten, daß sie ohne Cäsar nichts waren. „Nimm uns wieder auf," so
flehten sie, „wir wollen dir folgen, wohin du willst!"

Cäsar setzte mit ihnen erst nach Sicilien, dann nach Afrika über. Dort
hatten die Pompejaner sich mit dem König von Numidien verbündet, und
ihr Heer war viel stärker, als das des Cäsar. Dessen Truppen begannen
schon zu weichen, Cäsar aber stemmte sich den Fliehenden entgegen, jagte sie
zurück in die Schlacht, und einen Fahnenträger, der in vollem Lauf war, er=
griff er, drehte ihn um und rief: „Dort sind die Feinde!" Mit Mühe er=
rang er den Sieg. Als diese Nachricht nach Utika gelangte, wo Kato mit
einer Schar lagerte, wollte der edle Republikaner den Triumph des Tyran=
nen nicht überleben und stieß sich den Dolch ins Herz. Rom war aber
schon längst nicht mehr frei.

Auch in Spanien wurde auf Tod und Leben gestritten, auch hier be=
gann das Heer des Cäsar zu weichen. Da sprang der tapfere Feldherr
vom Pferde, lief durch die Glieder und schrie: „Schämt ihr euch denn
nicht, den Cäsar, euern Feldherrn, zweien Knaben in die Hände zu liefern?"
Vergebens, sie neigten sich zur Flucht. Da stürzte er wie ein gemeiner Sol=
dat mit Schwert und Schild auf die feindlichen Reihen und rief: „So sei
denn dieser Tag der letzte meines Lebens." Das brachte die Soldaten wie=
der zum Stehen; sie fochten mit beispielloser Wut, bis der blutige Sieg ge=
wonnen war. Und Cäsar gestand, in dieser Schlacht (es war bei Munda)
habe er zum erstenmal um sein Leben gefochten.

8.

So oft Cäsar nach Rom kam, empfingen ihn seine Anhänger mit den
schmeichelhaftesten Lobsprüchen und Ehrenbezeigungen; der Senat, der sich
nicht genug vor dem Mächtigen demütigen konnte, ernannte ihn zum immer=
währenden Diktator und Imperator, zum Konsul auf zehn Jahre, zum
alleinigen Censor, zum erblichen Pontifex Maximus und erklärte seine Person
für heilig und unverletzlich. Das Volk und die Heere hingen ihm an. Er
hatte die unermeßlichen Geldsummen, die er in den Kriegen erbeutet, dazu
angewendet, das Volk zu belustigen und es ganz von seinem Willen ab=
hängig zu machen. Jedem Soldaten seines Heeres hatte er 3000 Mark,

jedem Bürger Roms 60 Mark geschenkt. Außerdem ließ er Korn und Öl austeilen, Spiele zu Land und zu Wasser aufführen; einmal fochten 1200 Menschen gegen 40 Elefanten zur großen Belustigung des Volkes, das zum Beschluß auf Cäsars Kosten in 22 000 Zimmern gespeist wurde.

Cäsar hatte erreicht, was er wollte. Aber die Menschen in ihrer Krie=
cherei waren ihm bald so verächtlich, daß er auch nicht mehr viel auf sie gab. Oft stand er vor dem Senate gar nicht mehr auf, während ihm doch dieser einen goldenen Sessel und den Purpur gab, sein Bild auf die Münzen schlagen, den Monat Quintilis Julius nennen, seinen Geburtstag als ein jährliches Volksfest feiern ließ. Cäsar verteilte Ämter und Würden nach Willkür, behandelte auch manchen mit Verachtung, der es nicht verdiente. Der Staat befand sich aber wohl unter ihm, und nur eine kräftige Herrscher=
hand konnte ihn regieren. Cäsar war in der That und Wahrheit König, hätte er nur nicht auch nach der Krone gestrebt und die republikanischen Formen geschont! Aber mehrere edle Römer, welche den Untergang des Freistaates nicht verschmerzen konnten, schwuren dem Alleinherrscher blutige Rache. Die Verschwörung blieb geheim, nur fehlte noch der Anführer. Dazu wählten sie den Brutus, einen Nachkommen jenes Brutus, der einst die Könige vertrieben hatte. Er war ein tapferer Feldherr, ein äußerst rechtschaffener Mann, beim Volke hoch in Ansehen, und sollte die verhängnis=
volle That gewissermaßen heiligen. Doch hatte auch Cäsar ihn lieb, ihn mit Gunst und Ehren überhäuft, ihn behandelt wie seinen eigenen Sohn. Brutus hatte sich aber von Cäsar nicht gewinnen lassen und war ihm so fern wie möglich geblieben; denn es schmerzte ihn, seines Vaterlandes Freiheiten so von der Willkür eines Mannes unterdrücken zu sehen.

Der Prätor Kassius war die Seele der Verschworenen; er haßte den Herrscher, während Brutus nur die Herrschaft haßte. Kassius gehörte zu den blassen hageren Menschen, die wenig schlafen und viel brüten, und Cäsar hatte immer eine unerklärliche Furcht vor ihm. Jener unterließ nichts, um den Brutus zu gewinnen. Oft fand der letztere auf seinem Richterstuhle einen Zettel mit den Worten: „Brutus, du schläfst!" Und an der Statue seines Ahnherrn, des alten Brutus, stand mehreremal: „O, daß du jetzt lebtest!" Diese Aufforderungen machten der Unschlüssigkeit des Brutus ein Ende; er stellte sich an die Spitze der Verschworenen, und Cäsars Tod ward auf den 15. März des J. 44 v. Chr. festgesetzt, an welchem Tage man den Diktator zum „Könige außerhalb Roms" ernennen wollte.

Cäsar war schon lange gewarnt. „Besser fallen, als immer fürchten!" war seine Rede. Noch am Abend vor seinem Tode ward in einer Gesell=
schaft bei Lepidus die Frage aufgeworfen, welcher Tod wohl der wünschens=
werteste sei? „Der unerwartete!" rief Cäsar schnell. Er hatte nie etwas von Vorbedeutungen gehalten (Pompejus desto mehr!), aber jetzt häuften sie sich wunderbar. Die heiligen Schilde im Tempel dröhnten; das Opfertier hatte keine Leber; in der Nacht sprangen in Cäsars Schlafgemach plötzlich alle Thüren und Fenster auf, und seine Gemahlin Kalpurnia träumte von seiner Ermordung. Dringend beschwor sie ihren Gemahl am Morgen

des 15., nur heute nicht auszugehen, und wirklich wollte Cäsar, der an seiner Kalpurnia nie weibische Abergläubigkeit wahrgenommen hatte, durch Antonius, den Konsul, die Sitzung absagen lassen. Aber ein Vetter des Brutus, von den ängstlich harrenden Verschworenen abgesendet, überredete ihn dennoch. Noch unterwegs warnte man ihn, aber Cäsar achtete nicht darauf, sprach sogar ganz wohlgemut zum Spurinna, der ihn vor den Idus des März gewarnt hatte: „Spurinna, die Idus des März sind da!" — „Aber noch nicht vorüber!" antwortete der Freund.

Die Versammlung war in der Kurie des Pompejus. Vor der Kurie verflocht einer der Verschworenen den Markus Antonius, dessen persönliche Tapferkeit man fürchtete, in ein langes Gespräch; Cäsar nahm unterdessen seinen Sitz ein. Die Verschworenen umringten ihn; einer von ihnen trat hervor, um den Cäsar zu bitten, seinen verbannten Bruder zu begnadigen. Als Cäsar die Bitte versagte, riß der Verschworene ihm die Toga von der Schulter, und ein anderer stieß mit seinem Dolche auf ihn. „Verruchter, was machst du?" schrie Cäsar und durchstieß mit dem eisernen Schreibgriffel des Mörders Arm. Aber schon folgte Stoß auf Stoß und so hitzig, daß die Mörder sich untereinander selbst verwundeten. Einige Augenblicke verteidigte sich Cäsar herzhaft. Als er aber auch Brutus unter seinen Mördern erblickte, sprach er bloß noch die Worte: „Auch du, mein Sohn Brutus?" verhüllte sein Gesicht mit dem Mantel und sank, von 23 Stichen getroffen, am Fuß einer Bildsäule des Pompejus tot zur Erde.

9.

Die Senatoren flohen auseinander, die Mörder des Cäsar aber zogen triumphierend durch die Straßen Roms mit dem Rufe: „Der Tyrann ist tot, der Staat wieder frei!" Das Volk entsetzte sich, stimmte aber nicht in den Ruf mit ein. Da flohen die Verschworenen auf das Kapitol, unschlüssig, was sie nun beginnen sollten. Der Senat sollte den Cäsar für einen Tyrannen erklären und seinen Leichnam in die Tiber werfen; aber Antonius widersetzte sich diesem Antrage, indem er der Versammlung bemerklich machte, daß dann auch alle, die von Cäsar Amt und Würden empfangen hätten, ihre Stellen aufgeben müßten. Nun ward zwar den Mördern Verzeihung zugesichert, aber auch dem Cäsar ein feierliches Leichenbegängnis bewilligt. Mit der höchsten Pracht wurde die Bahre, auf welcher der Leichnam nach dem Forum getragen werden sollte, geschmückt; Senatoren und Freunde Cäsars trugen sie. Dann hielt Antonius die Leichenrede und stellte mit solcher Beredsamkeit dem Volke dar, wie Cäsar so vieles für die Römer gethan, wie er ein Freund der Armen und Unterdrückten gewesen sei, daß alle zu Thränen gerührt wurden. Dann zeigte der Redner den von Dolchstichen durchbohrten Mantel, und dieser Anblick erregte die Wut des Volkes gegen die Mörder. Endlich zog Antonius noch eine Rolle hervor und rief: „Seht da, was der, den ihr einen Tyrannen nennt, für euch gethan hat. Hier ist das Testament, worin geschrieben steht, daß alle Gärten Cäsars dem Volke zu dessen Belustigung vermacht werden, und daß jeder römische Bürger ein Geldgeschenk empfangen solle!" Da wurde das Volk fast wahnsinnig vor Schmerz; alles trug brennbare Dinge zum Scheiterhaufen herbei; vornehme Staatsbeamte warfen ihre Kleider in die Flammen, Weiber ihren Halsschmuck, Soldaten ihre Waffen. Dann nahmen sie Fackeln, um die Häuser der Mörder anzuzünden, die bereits in die Provinzen geflohen waren. Die ganze Stadt geriet in Aufruhr.

5. Der Übergang zum Kaisertum.

Antonius und Oktavianus. *)

1.

Antonius, welcher die Leibwache des Cäsar befehligte, stellte die Ordnung wieder her. Der Senat haßte und fürchtete ihn, war aber zu ohnmächtig, ihn zu stürzen. Auf die Soldaten kam alles an, und diese hingen an ihm, weil er ein Freund Cäsars war. So setzte es Antonius durch, daß ihm die Provinz Gallien überwiesen wurde; dort wollte er, dem Cäsar gleich, sich ein Heer sammeln.

Unterdessen war ein Neffe Cäsars, der junge Cäsar Oktavianus, aus Kleinasien, wo er eben studierte, herbeigeeilt, und machte Ansprüche auf das Erbe seines Oheims. Er war kein tapferer Kriegsmann, wie Antonius, aber sehr gewandt und schlau. Den Plan des Antonius durchschaute er sogleich, und er beschloß, ihn zu vereiteln. Vor allem mußte er sich in die Gunst des Volkes setzen; darum verkaufte er alle seine Landgüter und gab Festspiele zu Ehren Cäsars; auch die Bildsäule seines Oheims stellte er in einem Tempel auf, und mit den alten Soldaten war er sehr freundlich. So gewann er einen Anhang, der sich mit jedem Tage vergrößerte, und selbst der Senat neigte sich zu ihm, um ein Gegengewicht gegen den Antonius zu haben.

Nun trat Cicero auf, ein Mann von außerordentlicher Rednergabe, der römische Demosthenes genannt, und donnerte gegen den Antonius, als den gefährlichsten Feind des Vaterlandes. Er suchte den noch vorhandenen Freiheitssinn zu entflammen und brachte es auch dahin, daß der Krieg gegen Antonius beschlossen wurde. Oktavianus begleitete die Konsuln, die mit einem Heere nach Oberitalien zogen, dem Antonius entgegen. Bei Mutina kam es zur Schlacht, in welcher die Konsuln siegten, aber auch beide ihr Leben verloren. Nun stand Oktavianus an der Spitze des Heeres. Aber anstatt den Sieg zu verfolgen, verbündete er sich mit Antonius und dessen treuem Anhänger Lepidus, und stiftete mit ihnen ein zweites Triumvirat, worin sich die drei in die Herrschaft über das römische Reich teilten.

Die Triumvirn zogen auf Rom los, das, auf das Höchste überrascht, nun wieder traurige Zeiten erlebte. Alle Feinde des Cäsar und Freunde

---

*) Nach Bredow.

der Freiheit wurden in die Acht erklärt; auf jeden Kopf eines Vornehmen wurde ein Preis von 15000 Mark gesetzt; sämtliche abgehauenen Köpfe wurden auf der Rednerbühne des Forums ausgestellt. Oktavianus, der gern den Cicero gerettet hätte, mußte dem erzürnten Antonius auch das Leben dieses berühmten Mannes preisgeben. Der Unglückliche war bei Zeiten aus Rom entflohen, aber die Mörder holten ihn ein, hieben ihm den Kopf und die rechte Hand ab und wurden dafür vom Antonius königlich belohnt. Seine Gemahlin, die böse Fulvia, durchstach noch die Zunge des Redners mit glühenden Nadeln.

2.

Alle Freiheitsfreunde waren nach Macedonien geflüchtet, wo Brutus und Kassius ein Heer sammelten. Die Triumvirn zogen mit ihren Kriegs= scharen ihnen nach, und bei Philippi kam es zur Schlacht, in welcher die Republikaner aufs Haupt geschlagen wurden. Brutus, voller Verzweiflung, stürzte sich in sein eigenes Schwert. Antonius betrachtete den Leichnam mit Rührung und Bewunderung; Oktavianus ließ ihm den Kopf abschneiden und in Rom aufstecken, Antonius aber verbrannte den übrigen Leichnam und sandte die Asche der Mutter des Brutus.

Jetzt, da die Sieger keinen Feind mehr zu fürchten hatten, teilten sie die Provinzen des großen römischen Reiches; Lepidus, der weder besonders tapfer, noch klug war, erhielt bloß die Provinz Afrika, Antonius wählte Asien, Oktavianus Italien. Doch die Freundschaft der Dreimänner dauerte nicht lange; denn Oktavianus machte heimlich Pläne, die ganze Oberherr= schaft an sich zu reißen. Unterdessen schwelgte Antonius in Asien ohne Maß und Ziel. In der Stadt Ephesus zog er als Gott Bacchus verkleidet ein; die Bürger und ihre Frauen und Töchter kamen ihm als Diener und Die= nerinnen des Bacchus mit Weinschläuchen und Stäben, um die sich Wein= laub rankte, entgegen; sein Aufenthalt dort war ein immerwährendes Trink= gelage.

In Ägypten regierte Kleopatra, die durch Cäsar zur Königin er= hoben war. Sie war eine schöne und geistreiche, aber auch eine eitle und herrschsüchtige Frau, die darauf ausging, wo möglich Königin Roms zu werden. Erst hatte sie es mit dem Cäsar gehalten; sobald dieser ermordet war, hielt sie es mit den Mördern des Cäsar; und als diese geschlagen waren, suchte sie den Sieger Antonius durch ihre Reize zu gewinnen. An= tonius forderte sie vor sich, um sie zur Verantwortung zu ziehen, daß sie seine Feinde unterstützt hatte. Sie kam auf einem prächtigen Fahrzeuge mit silbernen Rudern, purpurnen Segeln und reichen Vergoldungen. Eine lieb= liche Musik begleitete den Takt der Ruder, und eine Menge schöner Knaben und Mädchen, als Liebesgötter gekleidet, folgten auf Kähnen neben ihr, die in der Gestalt der Venus, der Göttin des Liebreizes und der Anmut, vor allen hervorstrahlte. Sie war damals 25 Jahre alt und hatte durch einen passenden Schmuck die Schönheit ihrer Gestalt noch zu erhöhen gewußt. Als die Umstehenden sie erblickten, riefen alle jubelnd: „Venus kehrt beim

Bacchus ein!“ Die schlaue Frau verfehlte ihren Zweck nicht. Mit Witz und Scherz, mit ihrem feinen Verstand und Geschmack, und mit tausend angenehmen Gaukeleien nahm sie den entzückten Feldherrn so ein, daß er von diesem Tage an für nichts anderes mehr Sinn hatte, als für Kleopatra. Schmausereien und Lustbarkeiten waren das Hauptgeschäft des Tages, und einer suchte den andern in Anordnung derselben zu übertreffen. Einmal wetteten sie, wer von beiden die kostbarste Mahlzeit geben würde. Antonius ließ die teuersten Leckerbissen anschaffen; die Königin dagegen bewirtete ihn ganz einfach, zum Schluß der Mahlzeit aber gab sie einen Becher mit wenig Flüssigkeit, die nach unserem Gelde eine Million Gulden kostete; es war nämlich eine Perle in Essig aufgelöst, die ihrer seltenen Größe wegen diesen Wert gehabt hatte.

Einmal kam ein Fremder in Antonius’ Küche und sah acht wilde Schweine an Spießen braten. Er erstaunte und meinte, es sei wohl große Gesellschaft heute. Ach nein! sagte der Koch, es sind nur zwölf Gäste; allein unter diesen Schweinen ist immer eins später aufgesteckt, als das andere, damit wir gerade in dem Augenblicke, wenn unser Herr befiehlt, das ausjuchen können, welches den höchsten Wohlgeschmack hat. — Antonius und Kleopatra belustigten sich zuweilen mit Angeln. Antonius fing selten etwas und ward dafür ausgelacht. Er befahl daher heimlich einem geübten Schwimmer, unvermerkt unterzutauchen und einen schon gefangenen Fisch an seine Angel zu stecken. Dies geschah, und Antonius fing mit jedem Zuge die schönsten Fische. Kleopatra, welche den Betrug merkte, befahl indes ihrem besten Taucher, jenem Schwimmer zuvorzukommen. Antonius warf die Angel aus, und zugleich fühlte er ein schweres Gewicht an seiner Schnur; er zog es mit Mühe herauf und siehe: es war ein großer eingesalzener Fisch aus einem entfernten Meere. Alle lachten; Antonius errötete vor Beschämung; Kleopatra aber wußte den Spaß trefflich zu wenden: „Überlaß uns kleinen Fürsten, Fische zu angeln; du, Feldherr, fange Länder, Könige und Völker!“

3.

Indes hatte Antonius in Rom eine Gemahlin zurückgelassen, Fulvia mit Namen, die sehr unzufrieden darüber war, daß ihr Mann in Ägypten bei der Kleopatra lebte. Sie fing Unruhen in Italien an, reizte den Oktavianus gegen Antonius, um diesen zur Rückkehr zu zwingen. Er kam; da aber Fulvia starb, wußte Antonius den Oktavianus zu besänftigen, sie versöhnten sich wieder, und nach dem Wunsche des Volks, das der neuen Eintracht lange Dauer wünschte, heiratete Antonius die Stiefschwester des Oktavianus, die schöne und tugendhafte Oktavia. Das ganze Reich nahm Anteil an der Freude Roms, und jeder sah einer ruhigen Zukunft entgegen.

Wirklich schien auch die Sanftmut und Güte der Oktavia den Antonius von seinem ausschweifenden Leben zurückzubringen. Sie war jung und schön, er lebte mit ihr in vergnügter Häuslichkeit und widmete sich wieder ernsten Geschäften. Doch bald entspannen sich wieder neue Streitigkeiten mit Okta-

vianus, welcher dem Lepidus alle Truppen abspenstig gemacht und den un=
fähigen Anführer in einen kleinen Ort verbannt hatte, so daß ihm bloß noch
Antonius im Wege stand. Dieser, welcher mit seiner jungen Gemahlin in
Griechenland lebte, schiffte sich mit einem Heere nach Italien ein. Als er
hier gelandet war, bat ihn die sanfte Oktavia, er möchte sie, ehe die Feind=
seligkeiten anfingen, voran zu ihrem Bruder schicken. Oktavianus stand be=
reits gerüstet an der Spitze eines zahlreichen Heeres; doch seine Schwester
versöhnte wieder Bruder und Gemahl. Eine große Zahl der Soldaten aus
beiden Heeren, die als Feinde gekommen waren, eilten jetzt zu einander und
umarmten sich als Freunde, und die beiden neu versöhnten Feldherren gaben
sich gegenseitig prächtige Gastmähler. Darauf ging Antonius wieder nach
Asien zurück, Oktavia aber reiste mit ihrem Bruder nach Rom, um ihres
Gemahls Andenken in Liebe hier zu erhalten.

Doch er war der treuen Liebe nicht wert. Kaum war er in Asien, so
fing er sein ausschweifendes Leben mit der Kleopatra wieder an und dachte
nicht mehr an seine treffliche Gattin. Sie duldete dies lange Zeit, bis sie
sah, daß ihm in Rom neue Gefahr drohe, während er unbekümmert fort=
schwelgte. Nun machte sich Oktavia auf, ihn zu besuchen. Er aber schrieb
ihr, sie möchte nur in Athen bleiben, er habe gerade jetzt einen Feldzug gegen
die Parther beschlossen. Sie blieb mit ihren Kindern in Athen, und obgleich
ihr Bruder sie zu bereden suchte, sie möchte den Schimpf nicht dulden und
sich öffentlich in Rom über Antonius beschweren, so blieb sie dennoch ihrem
Manne ergeben. „Wenn du mich nicht sehen willst," schrieb sie an ihn,
„so melde mir wenigstens, wohin ich das Geld und die Truppen und die
Kleidungsstücke schicken soll, die ich für dich mitgebracht habe, um dich zu
überraschen!" Dies rührte den Antonius, doch sobald das Kleopatra merkte,
bot sie alle ihre Künste auf, um ihn zu umstricken; sie stellte sich krank, zeigte
sich immer mit verweinten Augen, und ihre Kammerfrauen mußten den An=
tonius versichern, daß sie gewiß sterben werde, wenn er seine Liebe von ihr
wende und zu Oktavia zurückkehre, die ja doch nur aus schlauer Berechnung
des Oktavianus sein Weib geworden sei! So ward ihm selbst Argwohn
gegen die edelste Frau eingeflößt; er vergaß ihrer nach und nach ganz, und
jede gute Regung seines Herzens ward in dem unaufhörlichen Taumel von
Vergnügungen erstickt, in welchem ihn die ägyptische Königin zu erhalten
wußte. Endlich machte er sogar die beiden Söhne, die ihm Kleopatra ge=
boren hatte, zu Königen und schenkte ihnen im voraus die Provinzen Syrien
und Sicilien. Hierdurch reizte er den Unwillen des römischen Volkes aufs
äußerste. Sobald Oktavianus das merkte, klagte er den Antonius öffentlich
an; dieser ward für einen Feind des Vaterlandes erklärt, und der Kleopatra
wurde der Krieg angekündigt. Mit Freuden gab sie zu dem Kriege Geld
und Schiffe her, sie ging dem Antonius nicht von der Seite und vermochte
ihn sogar, daß er seine edle Gemahlin in Rom aus seinem Hause weisen
ließ. Oktavia ging mit Thränen; ihre Kinder nahm sie alle mit, und als
Antonius und Kleopatra gestorben waren, nahm sie auch deren Kinder zu
sich und erzog sie alle zu tugendhaften und achtungswerten Menschen.

4.

Antonius und Kleopatra zogen mit ihrer Flotte dem Oktavianus entgegen; bei Aktium im adriatischen Meere kam es (31 v. Chr.) zu einer Seeschlacht. Die Soldaten des Antonius fochten, trotz ihrer schwerfälligen Schiffe, mit gewohnter Tapferkeit, als mitten im Gefecht, da noch nichts entschieden war, Kleopatra ihren Schiffen Befehl gab, nach Hause zu fliehen. Antonius folgte ihr auf dem Fuße nach; die braven Soldaten, die in der Hitze des Kampfes den Feldherrn nicht sogleich vermißten, fochten tapfer bis an den Abend, da endlich ergaben sie sich dem Oktavianus. Die Landarmee, welche die verlorene Seeschlacht durch einen Sieg zu Lande wieder gut machen konnte, wartete mit Sehnsucht auf Antonius; da er aber nach sieben Tagen nicht erschien, ging alles zum Oktavianus über. Dieser folgte der Geflohenen nach Ägypten. Kleopatra, die treulose, hätte nun gewiß gern den Antonius verraten, wenn sie nicht von Oktavianus sehr kalt und stolz behandelt worden wäre. So wurde sie gezwungen, sich zu stellen, als ob sie es noch immer mit Antonius hielte. Antonius wollte noch einmal das Kriegsglück versuchen; er stellte seine Truppen zur Schlacht, aber mit Schrecken sah er, daß eine Truppe nach der andern, wahrscheinlich auf Kleopatras Befehl, zum Feinde überging. Verlassen eilte er nach dem Schlosse der Königin. Auch sie verbarg sich vor ihm, verschloß sich in ein Grabgewölbe und ließ dem Antonius sagen, sie sei gestorben. Diese Nachricht brachte ihn zur Verzweiflung; er stieß sich den Degen durch den Leib, allein die Wunde war nicht tödlich, und er quälte sich lange zwischen Leben und Sterben. Da sagte man ihm, Kleopatra lebe noch. Er bat, daß man ihn zu ihr bringen möchte. Man that es, und nach langen Zuckungen starb er zu ihren Füßen.

Oktavianus zog als Sieger in die Hauptstadt Ägyptens, Alexandrien, ein, er ließ den Antonius prächtig begraben und stellte sich gar freundlich gegen Kleopatra, daß sie seine Absicht nicht merken sollte; denn er hatte vor, sie an seinem Triumphwagen gefesselt in Rom mit aufzuführen. Doch sie erriet seine Gedanken und kam ihm durch schnellen Selbstmord zuvor; man sagte, sie habe ein paar giftige Schlangen sich in die Brust beißen lassen. Darauf sandte sie einen Brief an Oktavianus, worin sie ihn bat, daß er sie bei Antonius begraben lassen möchte. Er hielt dies für eine List, schickte sogleich Leute auf ihr Zimmer, aber diese fanden sie bereits tot in ihrem königlichen Schmucke auf dem Ruhebett liegend.

5.

Ägypten war nun eine Beute des Siegers, und ihm gehorchte fast der ganze bekannte Erdkreis. An dem Titel „König" lag ihm nichts; es war ihm der Name „Imperator", erster und einziger Feldherr aller Heere, genug; das Volk gab ihm aber den schmeichelhaften Beinamen „Augustus", der Erhabene, Ehrwürdige, Heilige. Er war ein Enkel der Schwester des ermordeten Cäsar, welcher ihn an Kindesstatt angenommen hatte, und da auch seine nächsten Nachfolger zu dieser Familie gehörten, wurde der Name

„Cäſar" (woraus unſer Kaiſer entſtanden iſt) die Bezeichnung für das oberſte Haupt des Staates. Auguſtus war klug genug, dem Volke den Schein der Republik zu laſſen, er ließ wieder Konſuln wählen, übertrug dem Senate mancherlei Geſchäfte, ja ſogar Volkstribunen wurden noch vom Volke erwählt. Aber die Wahl fiel natürlich immer auf ſolche, welche dem Imperator ergeben waren, und der Senat mußte zu allem „ja" ſagen. Auguſtus regierte unumſchränkt, aber doch waren die meiſten Bürger froh, daß endlich wieder Ruhe und Ordnung im Reiche herrſchte, denn ſie ſahen, daß für Rom keine andere Rettung ſei, als in dem kräftigen Regiment eines Mannes. Auguſtus ſtellte ſich zuweilen, als wollte er die Herrſchaft niederlegen; dann bat ihn das Volk dringend, er möchte doch die Obergewalt wieder übernehmen. Allmählich änderte ſich die Republik um in eine Monarchie (Alleinherrſchaft); die Heere wurden ſtehend, die Beamten erhielten feſte Beſoldungen und wurden ſo an die beſtehende Regierung gebunden. Auguſtus vereinigte endlich die wichtigſten Stellen des Staates in ſeiner eigenen Perſon, und ſeine Unterthanen waren es zufrieden.

Die Stufenfolge war dieſe:

Im Jahr 29 v. Chr. ward er zum Erſten des Senats (princeps senatus) ernannt.

Im Jahr 27 zum beſtändigen Prokonſul in allen Provinzen.

Im Jahr 23 ward ihm die tribuniciſche Gewalt übertragen, und zwar nicht bloß auf die Hauptſtadt Rom ſich erſtreckend, ſondern auf das ganze Reich. Damit wurde er zum Schutzherrn aller Bürger und zum eigentlichen Vertreter des Volks erklärt, und ſeine Perſon war unverletzlich.

Im Jahr 19 ward er zum beſtändigen Konſul ernannt und auch zum beſtändigen Cenſor.

Im Jahr 12 n. Chr. ward ihm die Würde des pontifex maximus übertragen.

Die Kriege wurden zumeiſt glücklich geführt; ſie erweiterten in Aſien, Afrika und beſonders in Spanien die Grenzen des ungeheuren römiſchen Reichs. Pannonien (Ungarn), Dalmatien, Illyrien und das weſtliche Germanien wurden unterworfen, Armenien durch ein Bündnis mit den Parthern gewonnen und der im Jahr 29 v. Chr. zum erſtenmal geſchloſſene Tempel des Janus zum zweitenmal geſchloſſen.

6.

Doch die Macht hilft nicht immer zum Glücklichſein. Auguſtus, der dem gewaltigen römiſchen Reiche vom Tajo bis zum Euphrat, von den Sandwüſten Afrikas bis zur Themſe im nördlichen Britannien gebot, konnte ſich keine Ruhe in ſeinem eigenen Hauſe gewinnen. Er hatte zu einer dritten Gemahlin eine ſehr böſe Frau, die Livia, genommen.

Dieſe ſah es mit Eiferſucht, daß Auguſtus eine Tochter aus voriger Ehe, die Julia, ſehr lieb hatte, und noch mehr erbittert ward ſie, als der Gemahl der Julia, der treffliche Marcellus, von den Bürgern Roms allgemein geehrt und geliebt und ihren beiden Söhnen, dem Tiberius und

Drusus, vorgezogen wurde. Sie war so boshaft, daß sie dem Marcellus Gift beibringen ließ. Nun hoffte sie, ihren Liebling Tiberius, einen kühnen, aber heimtückischen Menschen, dem Herzen des Kaisers allmählich näher zu bringen. Aber Augustus, der den Tiberius nicht leiden konnte, erklärte nach einigen Jahren zwei Söhne seiner Tochter Julia für seine Nach= folger, zog auch den Drusus immer noch dem Tiberius vor. Dies erbitterte die Livia aufs äußerste, und da Giftmischerei gleichsam ihr Gewerbe war, so schaffte sie nicht bloß ihres Mannes Enkel, sondern auch ihren eigenen Sohn Drusus aus dem Leben. Augustus war ganz untröstlich bei dem Tode seiner Enkel und hing nun mit doppelter Liebe an seiner Julia. Auch dies konnte die Grausame nicht ertragen, sie klagte die Julia eines aus= schweifenden Lebens an, und da sie durch Zeugen überführt ward, mußte sie der Kaiser aus Rom verbannen. So brachte es die Livia dahin, daß Au= gustus den Tiberius zu seinem Nachfolger erklärte. Bald darauf, als Tibe= rius einen Kriegszug unternehmen wollte, begleitete ihn der alte Kaiser bis nach Neapel, wohnte hier den Schauspielen bei, die man zu seinem Geburts= tage gab, und war sehr heiter. Auf einer nahen Insel lebte der jüngste Sohn seiner geliebten Tochter Julia als unschuldig Verbannter. Seine Liebe zu dem Jünglinge erwachte; doch wagte der schwache Greis es nicht, der Livia seinen Wunsch zu äußern. Heimlich schiffte er hinüber, und Großvater und Enkel sahen sich wieder. Doch die auflauernde Gemahlin des Augustus erfuhr es: sie fürchtete von dieser Zusammenkunft alles Böse für sich und ihren Liebling. Plötzlich hieß es, Augustus sei krank. Keiner ward zu ihm gelassen, nur Livia war bei ihm, und die ließ schnell ihren Sohn Tiberius rufen. Als er gekommen, ward bekannt gemacht, Augustus sei tot, und Tiberius wurde zum Kaiser ausgerufen.

Vierundzwanzig Jahre hatte Augustus das Weltreich mit Umsicht und Mäßigung regiert; kurz vor seinem Tode soll er die um sein Bett stehenden Freunde gefragt haben: „Habe ich meine Rolle gut gespielt? Nun so klatschet Beifall, denn die Komödie ist zu Ende!"

Rückblick auf die Kultur der Römer.

In der ältesten Zeit war der Römer, wie jeder andere Natursohn, mit den Verfeinerungen des Lebens noch ganz unbekannt. Zuerst waren seine Häuser und Tempel bloß Lehmhütten; dann baute man von Stein, aber Marmor ward erst zu Sullas Zeiten angewandt. Die Kleidung war eine Art Hemde ohne Ärmel, bis auf die Kniee reichend, von Wollstoff (Tunika), und darüber eine Art Mantel (Toga), der bloß aus einem viereckigen Stück Tuch bestand; Arme und Beine blieben nackt. Das Bett war ein Stroh= lager. Das „tägliche Brot" bestand lange Zeit in einem einfachen Mehlbrei und in Mehlklößen; erst nach Beendigung der punischen Kriege bekamen die Römer Bäcker. Das Abendessen war die Hauptmahlzeit, die aus Honig, Bohnen, Früchten, Fleisch und Öl bestand; Wein mit Wasser vermischt wurde auch nur abends getrunken. Das Mittagsmahl war ein leichtes Frühstück, das um 11 oder 12 Uhr genommen wurde.

Mit Künsten und Wissenschaften war man anfangs so unbekannt, daß man unter Numa den Tag noch nicht in seine Stunden einzuteilen verstand. Die Münze war bis auf die punischen Kriege Kupfermünze, anfangs ohne Gepräge. Am Ende des zweiten punischen Krieges kamen Goldmünzen auf, und es war darauf das Bild eines Tieres, eines Schafes oder Ochsen (pecus — pecunia) geprägt. Cäsar vertauschte diese Schafs= oder Ochsenköpfe mit seinem Brustbilde.

Der Ackerbau war die Hauptbeschäftigung, und selbst Konsuln schämten sich nicht, hinter dem Pfluge herzugehen und ihr kleines Erbgut zu bestellen, von welchem sie ausschließlich lebten. Von anderen Gewerben wußte man wenig. Die Sklaven, welche nachmals Feldbau und Künste treiben mußten, brauchte man anfangs gar nicht für den Ackerbau.

Jeder Hausvater war König in seinem Hause. Noch in späteren Zeiten hatte er volle Gewalt über das Leben seines Sohnes, so lange er ihn noch nicht völlig freigesprochen hatte. Er konnte seine Kinder töten oder zu Sklaven verkaufen, ohne daß ihn jemand darüber belangen durfte. Auch den Schuldner, der nicht bezahlen konnte, durften die Gläubiger töten oder als Sklaven verkaufen.

Die strengste Sitteneinfalt war noch nach einem halben Jahrtausend so groß, daß es für etwas Außergewöhnliches galt, als man dem Seehelden Duilius erlaubte, er dürfe mit einer Fackel sich nach Hause geleiten lassen. So lange diese Sitteneinfalt blieb, blieb auch des Römers unwiderstehliche Kraft und Festigkeit, durch welche er die Welt besiegt hatte. Freilich stand er in Künsten und Wissenschaften weit hinter dem Griechen zurück. Zwar plünderten die Römer Asiens Schätze und kauften Griechenlands Kunstwerke und Gemälde zu ungeheuren Summen, aber nur aus Prachtliebe, nicht aus Kunstsinn. Ein köstliches, in Korinth erbeutetes Gemälde brauchten die Sol= daten als Würfeltisch, und als ein asiatischer König 90 000 Mark dafür bot, gab es Mummius nicht her, weil er glaubte, es sei eine Zauberkraft darin verborgen.

Schauspiele auf öffentlicher Bühne wurden schon dritthalbhundert Jahre vor Christo gegeben, allein der blutgierige Sinn des Volkes fand mehr Ge= fallen an den Fechterspielen, die ihren ersten Grund wohl in dem Gebrauche haben mochten, am Grabe der Vornehmen Sklaven und Gefangene hin= zurichten. In Rom kam man auf den Einfall, diese Unglücklichen sich selbst hinrichten zu lassen, woraus dann die Fechterspiele entstanden, welche zuletzt so furchtbar wurden, daß zuweilen Tausende auf dem Platze blieben. Die jungen Gladiatoren wurden oft mit Peitschenhieben und glühenden Eisen gegen ihre überlegenen Gegner getrieben. Auch mußten Menschen mit reißen= den Tieren kämpfen, und je mehr Blut floß, je mehr Todesseufzer stöhnten, desto größer war das Entzücken der Zuschauer.

Mit den von fremden Völkern gewonnenen Reichtümern wuchs die Üppigkeit, mit der Üppigkeit alle Arten von Schändlichkeiten und Verbrechen.

Der alte Kato eiferte schon 200 Jahre v. Chr. gegen den Aufwand und meinte, daß ein Staat schwer zu retten sei, in dem ein Fisch mehr koste als ein Ochs. Mancher Seefisch wurde mit 600—900 Mark bezahlt.

Unzählige Scharen von Sklaven, denen man zuletzt alle Arbeit überließ, die alle Wissenschaften, Künste und Gewerbe trieben, wurden gehalten; die Reichen hatten mehrere Tausend derselben, unter welchen die geschicktesten zuweilen 15 000 ja bis 30 000 Mark gekostet hatten. Die ungeschickten wurden aber so gering geachtet, daß Pollio, ein Freund Augusts, sie für begangene Fehler in Stücke zerhauen und die Fischteiche mit der angenehmen Mast versorgen ließ. Antonius hatte bloß für Maurer= und Zimmerarbeit 500 Sklaven.

Was war aus den anfänglich so einfachen Mittags= und Abendmahlzeiten geworden! Lukullus, ein reicher Feinschmecker, erhielt einst unerwarteten Besuch von Cäsar und Pompejus, und in aller Eile ward ein ländliches Abendessen veranstaltet, welches 30 000 Mark kostete. Sulla hatte die Bürger Roms mehrere Jahre lang mit den leckersten Gerichten und feinsten Weinen bewirtet, und wie viel auch an jedem Tage übrig blieb, es wurde in die Tiber geworfen.

Der Schwiegersohn Sullas, Markus Skaurus, ließ, nur um für einen Monat das Volk zu belustigen, ein Theater mit 80 000 Sitzen bauen, das auf schönen, mit Marmor bekleideten Säulen ruhte, mit 3000 kostbaren Statuen und Gemälden geschmückt war und Jahrhunderten hätte Trotz bieten können; es wurde aber nach dem Monate des Gebrauchs wieder abgebrochen. Kurio baute zwei große Theater, die man durch Maschinen herumdrehen, auseinander und nebeneinander rücken konnte. Die Schaubühne und das Amphitheater waren in Rom wie in Griechenland offen, aber seit Cäsar wurden sie mit Purpurdecken überzogen zum Schutz vor den Sonnenstrahlen. Durch Wasserkünste ließ man, zur Erfrischung der Zuschauer, einen feinen Staubregen von Wein und Wasser sprühen.

In der Zeit des Prunkes waren die Tischsitten ganz den athenischen ähnlich; Scharen von Schauspielern, Sängern und Tänzern mußten zur Unterhaltung dienen. Nur in den Leckereien und in der Kostbarkeit der Gerichte wurden die Griechen von den Römern übertroffen. Um Seefische unterhalten zu können, wurden eigens Kanäle gegraben, welche das salzige Meerwasser in die Fischteiche leiteten. Dem Römer Hirtius kostete die Unterhaltung seiner Seefische jährlich 1 200 000 Mark. Auch für ausländische Vögel wurde viel verschwendet, man baute ihnen die schönsten Prachtgebäude. Schiffe und Karawanen führten damals nach Rom die Leckereien und Kostbarkeiten der fernsten Länder; Scharen von Köchen und Lakaien wurden gehalten, alle prächtig gekleidet; wenn einer dieser Sklaven während des Aufwartens bei Tische nieste oder hustete, bekam er Peitschenhiebe.

Der Römer war von den ältesten Zeiten dem religiösen Aberglauben ergeben; in diesem Punkte bildete er seinen Geist nur langsam aus. Seine meisten Gottheiten waren von den Griechen entlehnt; vieles in seinem Gottesdienste kam von den Etruskern. In den alten (sibyllinischen) Büchern fand

sich eine Weissagung, Griechen und Gallier würden Roms Boden ein=
nehmen. Man ließ daher, auf Anraten der Priester, von jeder Nation ein
paar in die Erde graben, damit so ohne Nachteil für Rom die Weissagung
erfüllt würde. Als die Römer (150 v. Chr.) gegen Perseus sochten, setzte
sie eine Mondfinsternis in Schrecken. Sie schlugen (ganz so wie die Süd=
amerikaner) ihre metallnen Schilde gegen einander — wahrscheinlich um den
Feind des Mondes zu verscheuchen —, hielten brennende Fackeln gen Him=
mel, und brachten nach Ablauf der Finsternis noch große Opfer. Und wenn
eine Stadt zerstört werden sollte, slehte im stillen der Konsul die Schutz=
götter derselben an, herauszugehen, Rom zu ihrem Sitze zu erwählen und
den unterirdischen und bösen Göttern den Ort zu überlassen.

Man zählte zuletzt in Rom 424 Göttertempel, unter welchen das Pan=
theon (Tempel aller Götter) eine runde Gestalt hatte und sein Licht von
oben her erhielt. Jupiters prächtiger Tempel auf dem Kapitol hatte drei=
fache Säulengänge. Die Prachtgebäude waren nach griechischen Mustern an=
gelegt und oft noch großartiger als die griechischen. Die öffentlichen Bade=
häuser hatten Platz für mehrere Tausend, die auf einmal baden konnten.
Ausgezeichnet waren die großen Wasserleitungen und Heerstraßen.
Jene führten das Wasser meilenweit her in alle Häuser, diese gingen von
Rom aus in alle Gegenden und Provinzen und hatten Ruhebänke und Baum=
schatten. Die berühmteste dieser Straßen war die appische, die aus großen,
sest verkitteten Quadern gebaut war, und von der noch bis jetzt einzelne Teile
der Zerstörung getrotzt haben.

Einer der größten Plätze in Rom war der länglich runde Circus
maximus, auf welchem die Kampfspiele gehalten wurden. Von den langen
Sitzreihen, die ihn einschlossen, erhob sich eine über der andern, so daß die
hintersten Zuschauer über alle Köpfe vor ihnen hinwegsehen konnten. Er
hatte eine Länge von 1000 m und faßte 250 000 Zuschauer. An dem einen
Ende desselben standen drei Pyramiden, als Ziel für die Wettrenner.

Von den Palästen in Rom werden als ausgezeichnet und besonders
prunkvoll genannt das Haus des Cicero, dessen Wert man auf 720 000
Mark, und das Haus des Klodius, das man auf 2 400 000 Mark schätzte.
Vor allen aber prangte das Haus des Mäcenas, des Freundes und Rat=
gebers des Augustus, majestätisch und groß. Dieser reiche Mann beförderte
auch die Künste und Wissenschaften, und die römische Dichtkunst feierte unter
Augustus ihr goldenes Zeitalter. Da verfaßte Vergilius Maro sein
Heldengedicht, die Äneide, worin er die Abenteuer des Äneas nach der Zer=
störung von Troja besang; Horatius Flakkus schrieb seine meisterhaften
Lob= und Spottgedichte (Oden und Satiren) und Ovidius Naso seine
Metamorphosen (Verwandlungen), worin die Göttersagen sehr anmutig er=
zählt sind. Auch treffliche Geschichtschreiber lebten um diese Zeit, ein Li=
vius, Sallust, Kornelius Nepos, deren Werke aber nur unvoll=
ständig auf uns gekommen sind.

Diese Blüte des geistigen Lebens war jedoch nur von kurzer Dauer,
denn die ganze römische Herrschaft war bereits faul in ihrer Wurzel.

Das Christentum.

Das Reich des mächtigen Cyrus in aller seiner Macht und Herrlichkeit zerfiel, als der große Held Alexander nach Asien zog; die schöne Blüte des griechischen Staates verwelkte schon zu Philipps und Alexanders Zeiten; das macedonische Weltreich, kaum gegründet, brach schnell wieder zusammen, und dem noch größeren und mächtigeren Römerreiche drohte nun auch der Zerfall. Die Besseren kämpften und stritten wohl für ihre Ehre, zu des Vaterlandes Ruhm, aber das, wofür sie kämpften, war doch nur ein Irdisches, Vergäng= liches. Das Höchste, wonach der Mensch ringen soll, das, was ewig und unvergänglich ist, was kostbarer als Gold und Edelstein, die Gemein= schaft mit Gott, die Verehrung Gottes im Geist und in der Wahrheit, dieses hohe Ziel ward den Menschen durch die heidnische Viel= götterei aus den Augen gerückt. Das Reich Gottes, das alle Men= schen ohne Ausnahme umfaßt, in welchem es weder Herren noch Sklaven giebt, wo der König gleich ist dem Bettler, in welchem die Liebe walten soll und der Geist des Friedens, der keinen Krieg und kein Blutvergießen kennt — dieses Reich als Ziel des menschlichen Strebens blieb dem Altertum verborgen, die schöne griechische Götterlehre erhob den Menschen nicht über das Sinnliche, darum waren die Menschen dahingegeben an ihres Herzens Lüste und Begierden, darum konnte alle griechische Weisheit und Kunst ihnen nichts helfen, darum wandelte das Volk in der Finsternis und im Schatten des Todes. Die Vornehmen und Reichen schwelgten in Wohlleben oder in Ehre und Macht, aber sie konnten die Stimme ihres Gewissens, das nach Gott verlangte, nicht übertäuben; das Volk betete und opferte vor den Götzenbildern, aber es fühlte, daß diese Götter ihm nicht helfen konnten. Die Festaufzüge und Opfer, die Wahrsagerei und Zeichendeuterei war den Priestern selbst zum Spott geworden; wenn sich zwei römische Auguren begegneten, mußten sie lachen. Einzelne Männer, wie Sokrates, mochten wohl eine Ahnung von dem wahren Christengott haben, aber ihre Lehre drang nicht in das Volk, denn es fehlte ihr die göttliche Kraft; solche Männer waren Lichtfunken, die schnell erloschen und die allgemeine Finsternis dann nur um so bemerkbarer machten. Die Menschheit sehnte sich nach dem Heil, nach der Erlösung von der Sünde, nach reiner Gotteserkenntnis und nach reiner Gottesverehrung; wer konnte aber das Bessere bringen, wer anders als Gott selber? Er sandte seinen eingeborenen Sohn, Jesus Christus, den Heiland der Welt, mitten in das verderbte Menschengeschlecht, und mit ihm kam eine neue Gotteskraft in die ermatteten Seelen. Von ihm, dem Arm- und Niedriggebornen und doch dem König aller Könige, ward ein Reich gestiftet, das bereits viel größer ist, als die Weltmonarchie eines Alexander oder Augustus, das schon länger gestanden hat, als alle Weltreiche der alten und neuen Zeit, und das bestehen wird bis an den jüngsten Tag.

Und Gottes unendliche Weisheit sandte den Heiland zu einer Zeit, welche der Ausbreitung des Evangeliums großen Vorschub leistete.

Jesus Christus ward geboren, „als die Zeit erfüllet war", unter dem Kaiser Augustus. Unter dessen Scepter waren die entlegensten, die rohesten und gebildetsten Völker mit einander in Verbindung gebracht; nach erschöpfenden Bürgerkriegen war endlich eine längere Ruhe gekommen; im ganzen Umfange des Reichs ward die griechische Sprache geredet, und die Boten des Evangeliums konnten sich allen verständlich machen. Es waren die Juden, durch ihre Religion und Hoffnung auf einen Erretter (Messias) am ersten für die neue Lehre empfänglich, schon früher durch alle Länder des römischen Reiches zerstreut, und ihre Lehr= und Bethäuser (Synagogen) waren auch den Heiden geöffnet. So fand die neue Lehre einen guten Anhalt. Selbst die Verfolgungen mußten dazu dienen, die Herrlichkeit des Christenglaubens zu offenbaren, welcher das Himmelreich höher achtete als Ehre und Leben unter den Menschen. Als nun das römische Reich auseinanderfiel wie ein morsches Gebäude, da kamen die germanischen Völkerstämme, rohe, kräftige, unverdorbene Söhne der Natur, und nahmen die frohe Botschaft von Jesu Christo auf in ihr Herz; und da fand der Same den rechten Boden, in welchem er zu einem herrlichen Baume erwachsen konnte. Davon soll der zweite Band unserer „Charakterbilder" ein mehreres erzählen.

Druck von Oscar Brandstetter, Leipzig.

Karl der Grosse

Leipzig Friedrich Brandstetter

Druck von F. A. Brockhaus in Leipzig.

Charakterbilder

aus der

Geschichte und Sage,

für

einen propädeutischen Geschichtsunterricht

herausgegeben

von

A. W. Grube.

Zweiter Teil:

Das Mittelalter.

Dreißigste Auflage.

Mit dem Bildnis Karls des Großen.

———✦———

Leipzig.
Friedrich Brandstetter.
1894.

Inhalt.

Erster Abschnitt.

Deutsche Götter und Helden.

I. Hertha und Odin.

Hertha. *)

Es war ein liebliches Eiland, im Baltischen Meere gelegen. Eichen, so alt wie der Boden, auf dem sie entsprossen, und gewaltige Buchen beschatteten dasselbe, das nördliche Ende bildend des großen hercynischen Waldes, welcher, bei den Nordabhängen der Alpen beginnend, sich bis hierher erstreckte. Von bemoosten Hügeln umgeben lag nicht fern vom Rande der Insel im Schatten der Bäume ein klarer, fast zirkelrunder See. Am nördlichen Ufer desselben erhob sich ein halbmondförmiger Hügel, die Herthaburg. Sie war der Sitz der Göttin Nerthus oder Hertha, der Geberin alles Segens in Feld und Wald. Uralte Buchen bildeten rund herum jenen heiligen Hain, dessen Innerstes nur der Fuß des Priesters betrat. Tiefe Stille herrschte in dem dunkeln Schatten der Bäume und kein Uneingeweihter wagte das leise Flüstern der Untergötter zu unterbrechen. Selbst die kecken Urbewohner des hercynischen Waldes, der gewaltige Ur, das riesige Elen, der heulende Wolf, wie der grimmige Bär schienen scheu zurückzubleiben von dem heiligen Orte, dem der Mensch nur in tiefster Ehrfurcht sich nahte.

Wenn aber mit dem wiederkehrenden Lenze die erstarrte Erde unter den erwärmenden Strahlen der Sonne erwachte und die schlummernden Kinder des Frühlings von ihrem langen Winterschlafe erstanden, wenn Tausende der befiederten Sänger ihre Lieder erschallen ließen zum Lob der schaffenden Hertha: siehe, dann tauchten ganze Scharen riesiger Männergestalten aus dem Dunkel der Wälder hervor, in stiller Erwartung dem heiligen Haine sich nahend. Welche Männer! Kühn blitzt das blaue Auge unter den buschigen Brauen, und lockig wallt das blonde Haar herab auf die breiten Schultern. Sieben Fuß messend von der Ferse bis zum Scheitel tragen sie

---

*) Nach Fr. Henning (Vaterl. Geschichtsbilder).

die Zeichen des freien Mannes, den breiten Schild und den gewichtigen Speer, in den starken Armen. Ja, man sieht es ihnen an, das sind die Herren der Wälder, die gewaltigen Helden, welche flüchtigen Laufes den Ur im Dickicht ereilen und ihn kämpfend mit dem Speere erlegen. Stolz auf solche glücklich bestandene Kämpfe tragen sie die Zeichen ihrer Siege an ihrem Leibe. Es sind die Häute des erlegten Wildes, mit denen sie sich bekleiden.

Wer sind die Männer? Es sind die Ureinwohner unseres Vaterlandes, die Sueven, und zwar die edelsten Stämme derselben, die Semnonen, welche zwischen der Elbe und Oder wohnten, und ihre Nachbarn, die kriegerischen Langobarden aus der Altmark. Sie und noch andere freie deutsche Männer sind gekommen, um das Frühlingsfest zu feiern zur Ehre ihrer Göttin Hertha. Schon ist diese — das haben die Priester geschaut und verkündigt — herab-gestiegen auf ihren Wagen im heiligen Hain; schon haben die Priester den Wagen bespannt mit den geweihten Kühen und ihn bedeckt mit köstlichen Teppichen. Erwartungsvoll steht die Menge. Da nahet der Zug der Priester mit dem Wagen der Göttin, welche, unbemerkt von dem Volke, sich freuet über ihre Schöpfung und über die Zeichen der Verehrung, die man ihr zollt. So fährt sie auf der Insel umher.

Da waren denn die Tage fröhlich und die Orte festlich, welche die Göttin mit ihrer Gegenwart beglückte; man zog in keinen Krieg, ergriff keine Waffe zum Kampf; alles Eisen ruhte, man kannte nur Friede und Freude. War der Wagen mit der Göttin vorüber, dann belustigte man sich auf mancherlei Weise. Dort tanzten nackte Jünglinge zwischen ausgestellten Schwer-tern; hier unterhielt man sich durch das beliebte Würfelspiel. Da saßen und tranken sie aus dem Horn des Ur den berauschenden Met und lauschten auf den Gesang des Skalden (wie der Sänger im Norden hieß), welcher in Liedern die Heldenthaten der Tapfersten besang.

Wenn aber die Göttin des Umgangs mit den Sterblichen müde war, dann führten die Priester den Wagen zurück in das Innerste des Haines. Dort wurde sie nebst Wagen und Teppichen in dem geheimnisvollen See gebadet. Die Sklaven, welche man dabei gebrauchte, kehrten nie zurück, sie wurden von dem See verschlungen. Daher entstand dann ein geheimes Grauen und eine heilige Scheu vor dem Heiligtum, das nur die schauen durften, welche starben.

Jene Insel „des heiligen Haines" steht noch im Meere, sie ist das lieb-lichste Eiland der Ostsee. Ihr Name ist Rügen und noch wird germanisch auf ihr gesprochen. Noch zeigen die Eingeborenen dem Fremdling den hei-ligen Hain, wo einst freudige und freie Menschen sich zum Frühlingsfeste der Mutter Erde versammelten und der Priester mit dem Wagen den fröh-lichen Umzug hielt. Noch ruht der kleine runde von Rohr und Binsen umkränzte Herthasee mit seinem tiefen Wasser zwischen bemoosten Hügeln, von dunkeln Buchen beschattet, und in dieser stillen Natur umwehen uns noch immer heilige Schauer.

Wodan oder Odin.*)

Im Lande der Semnonen zwischen Oder und Elbe befand sich das größte Bundesheiligtum der suevischen Stämme. Es war dies ein heiliger Hain mit der Bildsäule des Kriegsgottes Wodan (Wuotan). Als mächtiger Lenker der Schlachten, als erhabener Schützer in jedwedem Kampfe galt dieser Gott für den vornehmsten unter den germanischen Asen. Durch ihn nur gab es Sieg und Beute, und ohne ihn war kein Himmel. Wer nicht in seinem Dienste stand, d. h. wer nicht im Kampf sein Leben verlor, dem öffnete er nicht die Pforten Walhallas. Hatte also jemand einen ruhigen, natürlichen Tod gefunden, so mußte er als stummer Schatten hinabwandern in die Unterwelt, in das Reich der bleichen Hela. Traurig schritten da die Schatten an einander vorüber, und nur durch leises Summen vermochten sie sich gegenseitig ihre Klagen mitzuteilen. Da gab es weder Kampf, noch Spiel, noch Trank. Es war ein trauriger, freudenleerer Ort.

Wie ganz anders erging es den gefallenen Helden! Sie, aber auch nur sie, schwebten hinauf in Wodans ewige Himmelsräume. Dort lag Walhalla, die große, schöne Götterburg mit 500 Thoren und 50 Pforten. Hier war der Wohnsitz tapferer Männer, hier führten sie ein herrliches Leben, denn sie konnten ihren liebsten Gewohnheiten folgen, ihre Lieblingswünsche erfüllen. Täglich ritt Wodan mit ihnen hinaus vor die Thore der Burg. Dort tummelten sie ihre Rosse und ergötzten sich in lustigen Kämpfen. Sie durchbohrten sich mit den Speeren, spalteten sich die Köpfe und teilten so gewaltige Hiebe aus, daß Arme und Beine umherflogen. War aber der Kampf beendet, so saßen alle, als wäre nichts geschehen, wieder gesund und frisch auf ihren Rossen, und lustig ging es nach der Burg zurück. Dort wartete ihrer das Mahl. An langen Tafeln saßen sie da und schmausten ihr Lieblingsgericht, den Schweinebraten. Dessen gab es genug in Walhalla, denn es war dort ein Schwein, Namens Skrimmer, welches immer ganz und unversehrt blieb, wenn man auch täglich viel große Stücke davon ab=schnitt. Darüber freuten sich die hungrig gewordenen Kämpfer über die Maßen, sie ließen sich den Braten herrlich munden und tranken in langen Zügen den köstlichen Gerstentrank, den ihnen die ewigen Jungfrauen, Wal=küren genannt, in schönen Gefäßen herumreichten. Auch Milch war im Über=fluß vorhanden, denn die Euter der Ziege Heidrun wurden nie leer.

So dachten sich die alten Germanen das Reich ihres Gottes Wodan. Kein Wunder also, wenn das Leben der freien Sueven fast in beständigem Kampfe bestand, im Kampfe gegen fremde Völker oder gegen die wilden Tiere des heimischen Waldes! Daher galten auch Mut und Ausdauer im Kampfe für die höchsten Tugenden des Mannes! Eben so natürlich war es aber auch, daß die alten Deutschen ihren Wodan über alles verehrten, da er ihnen die höchsten Güter bescherte. Und wahrlich, nichts glich der Ehrfurcht, mit welcher die Semnonen und andere suevische Völker dem Haine sich

---

*) Odin hieß der Gott bei den nordischen Völkern.

nahten, welcher ihrem Gott Wodan geheiligt war. Ihre tiefe Ehrfurcht glaubten sie durch nichts besser ausdrücken zu können, als wenn sie dem Gott ihr höchstes Gut zum Opfer brächten. Ihr höchstes Gut war aber die Freiheit. Daher wagte es kein Sueve, dem Haine Wodans anders zu nahen, als mit gefesselten Gliedern und in demütigster Stellung. Keiner wagte aufzuschauen, wenn der Priester dem Gott opferte und seinen Willen ihnen verkündete. War das Opferfest vorüber, dann zogen sie sich gebückt zurück, und erst außerhalb des Hains entledigten sie sich ihrer Fesseln. Dann aber erhoben sie auch wieder ihr Haupt in stolzem Mute und schritten dahin, frei und kühn, wie sie gekommen waren. Wodans Gemahlin war Fria, nordisch Frigg, die holdselige Frau des Himmels, die auch den Ehesegen spendete, seine zwei Söhne Donar (Thunar oder Thor), der Gott des Donners und Wetters, der den mächtigen Hammer schleuderte, und Ziu oder Tiu, gleich seinem Vater ein Kriegsgott und Lenker der Schlachten. Der Tiustag (Dienstag) — dies Martis — hat von ihm den Namen.

II. Arminius, der Cherusker, und Civilis, der Bataver.*)

Armin, der Retter der deutschen Freiheit.

1.

Unter der Regierung des Kaisers Augustus suchten die Römer auch ihre Herrschaft über Niederdeutschland zu verbreiten. Ein glücklicher Erfolg begleitete den Anfang dieser Unternehmung. Die Deutschen, zwar mutig, kriegslustig und freiheitsliebend, aber in mehrere Völkerschaften geteilt, unter sich uneins und der Kriegskunst unkundig, setzten keinen vereinigten und geordneten Widerstand entgegen. Von dem Rhein bis zur Elbe hin drangen die Römer vor, und schon schien es, daß ganz Niederdeutschland ihrer Übermacht auf immer unterliegen würde. Aber alles, was sie durch 25jährige Anstrengung errungen hatten, raubte ihnen ein einziger Schlag durch die Klugheit und Tapferkeit eines deutschen Helden, dessen Name noch jetzt vom deutschen Volke mit dankbarer Liebe gefeiert wird.

Arminius oder Hermann,**) — so hieß der edle deutsche Held — war der Sohn des Segimer (Sigmar), eines Anführers der Cherusker, die vom Harz bis zur Elbe hin wohnten. In früher Jugend kam er mit seinem Bruder als Söldner nach Rom; denn die Cherusker standen damals in gutem Vernehmen mit den Römern, und diese zogen gern Deutsche in ihre Kriegsdienste, um Deutsche durch Deutsche zu unterdrücken. Einige Jahre blieb Armin in Rom. Sein lebhafter, hervorstrebender Geist fand daselbst Nahrung; er lernte römische Sprache, römische Kriegskunst und römische Schlauheit und machte sich bald so beliebt, daß ihm Augustus das römische

*) Die Geschichte des deutschen Volks von E. Duller.
**) Dieser Name ist seit Klopstock uns vertraut und lieb geworden, wenn er auch „Armin" nicht decken mag.

Bürgerrecht und die römische Ritterwürde erteilte. Als aber sein Vater Segimer gestorben war, kehrte er, mit Erlaubnis der Römer, in seine Heimat zurück. Vielleicht glaubte man zu Rom, daß der Jüngling, den man zu Ehren und Würden erhoben hatte, mit Liebe für Rom erfüllt sei, und daß er seine Landsleute zu gleichen Gesinnungen führen würde; aber man irrte sich. Sowie Moses einst, als er am Hof der Ägypter erzogen wurde, in aller Weisheit derselben zunahm und doch voll heißer Liebe für sein armes, unterdrücktes Volk erglühte: so war auch Armin nur seiner Bildung, nicht seiner Gesinnung nach ein Römer geworden. Sein Herz war und blieb seinem Vaterlande mit heißer Liebe zugethan.

Er sah, als er in die Heimat zurückkehrte, die nahe Unterjochung seines Vaterlandes vor Augen. Immer weiter hatten sich die Römer mit List und Gewalt ausgebreitet; immer zahlreicher wurden ihre Schanzen und Besatzungen auf deutschem Boden; immer mehr wurden deutsche Sitten verdrängt. Um allmählich und unvermerkt das Joch der Knechtschaft über den Nacken der Deutschen zu werfen, entzog man ihnen durch Aushebung ihre junge Mannschaft, gewöhnte man sie an fremde Bedürfnisse und römische Lebensweise und schickte ihnen römische Advokaten zu, die nach römischem Recht die Streitigkeiten schlichten sollten. Besonders hart wurden die Deutschen von Quintilius Varus gedrückt, der jetzt Statthalter war diesseits und jenseits des Rheins. Die Deutschen haßten ihn: denn dieser Römer nahm ihnen nicht bloß ihr Hab und Gut, sondern suchte ihnen auch das alte gute Recht aus der Hand zu winden und die Sprache ihrer Väter zu verdrängen, damit sie auch dann, wenn sie redeten, immer daran denken sollten, daß sie Knechte seien des römischen Kaisers.

Armin ergrimmte in seinem Herzen, als er die Schmach seines Vaterlandes sah, und er beschloß die deutsche Freiheit zu retten. Aber das Unternehmen war schwierig und für einen gemeinen Kopf ganz unausführbar. Die Römer standen da mit einer großen Kriegsmacht, die sich an das rauhe Klima von Deutschland gewöhnt hatte. Die Deutschen waren geteilt, schwer zu vereinigen und noch schwerer zusammenzuhalten. Im offenen Felde konnten sie es nicht mit den kriegserfahrenen Römern aufnehmen; nur in sumpfigen, waldigen Gegenden, die sie genau kannten, ließ sich Vorteil für sie erwarten. Das bedachte Armin und entwarf danach seinen Plan.

2.

Ein Bruder Armins, Flavius mit Namen, war ganz und gar römisch geworden. Nach dessen Sinnesart beurteilte nun auch Varus den Armin, welcher eben so freundlich als Flavius gegen den römischen Feldherrn that und oft von Varus zu Tische geladen ward. Armin ließ ihn beim Glauben, bis das Werk der Befreiung, das er heimlich im Herzen trug, zur Reife gediehen sei. Denn heimlich hatte er die Besten seines Stammes zusammenberufen und mit ihnen in stiller Waldeinsamkeit Rat gepflogen. Alle erkannten, daß für die Deutschen nur darin Heil sei, wenn sie alle Römer, die im Lande saßen, wie böse Raubtiere auf einem einzigen Treibjagen erschlügen. Dazu lud er nun die benachbarten Brukterer, Marsen und Chatten ein, und alle schlossen mit den Cheruskern eine Eidgenossenschaft auf Leben und Tod. Vorerst wollten sie aber die Römer durch erheuchelte Demut recht sicher machen, und wenn sich Römer bei ihnen zeigten, thaten sie nicht den geringsten Widerstand.

Indessen hatte Armin eine Jungfrau gesehen, die hieß Thusnelda. Keine andere im ganzen Cheruskerlande kam ihr gleich an Schönheit des Leibes und der Seele, und mit bitterem Schmerz sah auch sie die Erniedrigung ihres Volks. Ihr Vater aber, Segest, hielt zu den Römern und hoffte durch ihren Beistand sich die Herrschaft über sein Volk zu erringen. Zu dieser Jungfrau trug Armin treue Liebe im Herzen, und treu und innig hing Thusnelda an ihm. So ging denn Armin zu Segest und freite um die Hand der Jungfrau, und als sie ihm verweigert ward, achtete er in seiner großen Liebe weder der alten Sitte, noch der Gefahr für seine Freiheit, wenn der Vater ihn ereilte. Er entführte Thusnelden und brachte sie heim als sein ehelich Weib. Dafür schwur ihm Segest ewige Rache, und er begann dieselbe damit, daß er den Varus vor Armin als einem Verräter warnte. Doch Segest predigte tauben Ohren; der römische Feldherr meinte, an allen den Verleumdungen sei bloß die Entführung der Thusnelda schuld, und überdies dünkte er sich klüger und verachtete den Rat eines „plumpen Deutschen". So schlug ihn Gott mit Blindheit.

3.

In seinem Sommerlager an der Weser saß Varus, als er die Kunde erhielt, ein deutscher Stamm an der Ems habe sich erhoben und alle Römer, die in seinen Marken wohnten, erschlagen. Also war es verabredet worden unter den Eidgenossen. Denn Armin, die Seele des Bundes, hatte zuvor bedacht, daß Varus in solchem Falle nicht säumen würde, mit aller Macht ins Feld zu ziehen. Und so kam's auch. Der Römer beschloß, ohne Verzug aufzubrechen und Rache zu nehmen. Beim Abschiedsmahl im Lager waren Armin und Segest zu Gast, und Segest warnte noch einmal. Doch Varus glaubte ihm abermals nicht und gebot vielmehr dem Armin, daß dieser den Heerbann der Deutschen aufbiete und sie als Bundesgenossen den Römern zuführe. Dann brach er stolzen Mutes mit drei erprobten Legionen auf und zog in die Berge an der Weser, in die Gegend, wo jetzt Herfort und Salzufeln liegen. Rasch bot Armin den Heerbann auf, und freudig nahmen die Eidgenossen ihre Schwerter, um für die Freiheit zu kämpfen. Auf wohlbekannten kürzeren Wegen führte Armin sie hinter den Römern her und fiel plötzlich deren Nachhut an. Noch ahnte Varus nicht den ganzen Umfang der Gefahr und hielt für Übermut einzelner, was Plan und kluge Berechnung war. Denn zuerst wollte Armin die römische Kriegsmacht schwächen und zerbröckeln, um dann die Trümmer desto sicherer zermalmen zu können.

Es kamen und schwanden die Rächer wie Schatten der Nacht. Bald hier, bald dort fiel ein Römer im Engpaß. In dem Gedränge konnte Varus die Gefahr nicht überschauen; er befahl, geschlossenen Marsch zu halten, aber in der Wildnis war dies unmöglich. Endlich neigte sich der Tag, und Varus gebot dem Heere, Halt zu machen, sich zu verschanzen, so gut es ginge, und zu verbrennen, was vom Gepäck überflüssig sei und im Zuge nur hindern könne. Am andern Tage rückte das Heer, immer von den Deutschen umschwärmt, doch in bester Ordnung in der Ebene weiter, die sich an der Werra ausdehnt, und gelangte in die Gegend von Detmold, wo die hohe Teutoburg ragte. Da ward auf einmal jeder Busch lebendig, aus jeder Bergschlucht raschelte es wie viel hundert Schlangen empor, und die uralten Bäume schüttelten, wie sonst nach dem Wetter Regentropfen, jetzt Pfeile ohne Zahl auf die erschrockenen Römer herab. Der Himmel wollte auch nicht feiern und half den Deutschen mit Sturm und Regen. Von den Güssen unterwühlt sank die deutsche Erde unter des Römers Füßen ein; im losen Erdreich schwankend, von Sturm gerüttelt, stürzten die deutschen Eichen über die Unterdrücker hin und zermalmten sie im Fall. Überall dringen die Deutschen heran; Schritt für Schritt kämpft der Feind um den Boden, auf dem er steht, um den Weg, um jeden Baum und Stein, und er kommt nicht eher zu Atem, als bis die Nacht hereinbricht. Da läßt Varus abermals Lager schlagen, und ermattet sinken die Römer hin; aber in jedem Augenblick scheucht der Deutschen Kriegsgeheul sie aus der kurzen Nachtruhe empor. Als der dritte Morgen tagt, entdecken sie erst, wie licht es in ihren Reihen geworden ist. Mann an Mann geschlossen brechen sie auf und kommen aufs offene Land, das die „Senne" heißt. Da sehen sie mit Grausen die ganze Masse der Eidgenossen vor sich entfaltet. Ringsum Deutsche, nirgends ein Ausweg! Für alle Tapferkeit ist nichts mehr feil als der Tod. Jauchzend stürzt jetzt die Eidgenossenschaft in der verzweifelnden Römer starre Reihen. „Die Freiheit, die Freiheit!" schallt's wie Donner des Himmels den Römern in die Ohren. Wie die Saat unter Hagelschloßen sinken die Tapfersten unter deutschen Hieben nieder. Armin selbst ist überall; hier ordnet er als Feldherr die Schlacht und ruft: „Drauf, Brüder, drauf!" Dort kämpft er mit der Kraft von zehn Männern, Stirn an Stirn; kein Eidgenosse, der nicht mit ihm um den Preis wetteifert! Des Feindes Scharen sind zersprengt, nur wenige wilde Haufen ragen noch aus dem Meer der Schlacht empor. Jetzt wird die Flucht allgemein; doch die meisten rennen blind in die Spieße der Deutschen. Da faßt Verzweiflung das Herz des Varus, und er stürzt sich in sein eigenes Schwert,*) um sein Unglück und seine Schmach nicht zu überleben. Nur wenige aus dem großen Römerheer entrinnen; die meisten liegen auf dem Walplatz.

Wer in Gefangenschaft kam, ward entweder den Göttern geopfert oder als Sklave verkauft. Am grausamsten rächte das Volk die lang erduldete Fremdherrschaft an den Sachwaltern und Schreibern, die ihm statt des

---

*) Germanikus soll später die Gebeine dieses Feldherrn auf das befestigte Lager bei Xanten (castra vetera), das von Varus angelegt war, gebracht haben, während sein Haupt dem Markomannenkönig Marbod geschenkt wurde, der es an Augustus sandte.

guten alten Rechts das spitzfindige neue römische Recht aufgedrängt hatten; einem riß man die Zunge aus und rief dazu: „Nun zische, Natter, wenn du kannst!"

Das war die Schlacht im Teutoburger Walde, die geschlagen ward im 10. Jahre nach Christi Geburt.*)

(Das schon im Jahre 1838 begonnene Hermannsdenkmal auf der Grotenburg im Teutoburger Walde ward am 16. August 1875 im Beisein des deutschen Kaisers Wilhelm und des Kronprinzen Friedrich feierlichst enthüllt.)

4.

Als Augustus die Kunde erhielt von dem Unglück, stieß er in Verzweiflung die Stirn an die Wand und rief einmal über das andere: „Varus, Varus! Gieb mir meine Legionen wieder!" Ganz Rom war voll Bestürzung, und jeder glaubte, der Deutschen furchtbare Heerscharen kämen wieder, wie einst die Cimbern und Teutonen, nach Welschland herabgezogen. In der Provinz Gallien und am Rhein ward zur Notwehr gerüstet. Grundlose Furcht! Eroberungen wollten die Deutschen nicht machen, nur von der Fremdherrschaft wollten sie frei sein. Sie waren zufrieden, als sie die Zwingburgen im Lande gebrochen hatten, und als kein Römer am Rhein mehr zu schauen war. Armin allein dachte daran, wie die Freiheit auch für alle künftigen Zeiten gewahrt werden müsse, und das einzige Mittel fand er in einem Bunde der deutschen Völker. Aber die Mißgunst der Häuptlinge, die für sich selbst die Herrschaft zu erringen hofften, widerstrebte ihm; vor allem Segest. Der trug noch immer unversöhnlichen Groll gegen Armin im Herzen, überfiel ihn unversehens und schlug ihn in Ketten. Doch das treue Gefolge befreite den Helden und rächte sich an dem Verräter.

Sobald die Römer von dieser Zwietracht vernahmen, wuchs ihnen aufs neue der Mut, und sie beschlossen, die Niederlage des Varus zu rächen. Große Macht ward gerüstet; zuerst brach Tiberius, der Stiefsohn des Augustus, auf, aber die Deutschen zogen sich in ihre Wälder zurück. Bald darauf drang Germanikus, des Drusus Sohn, an den Rhein vor, überfiel die Marsen und die Chatten, schlug sie und verwüstete ihre Gaue. Da sandte ihm Segest durch einen Vertrauten die Botschaft, er, der stets ein Freund der Römer gewesen, werde von seinem eigenen Volk in seiner Burg belagert, und er bitte den Germanikus, daß er mit Heeresmacht käme, um ihn zu befreien. Diese Kunde war dem Römer sehr erfreulich; er zog hin und befreite den Verräter. In Segests Burg wurden viele edle Frauen gefunden, unter ihnen auch Armins Weib, Thusnelda; alle diese übergab der

---

*) Im jetzigen Marktflecken Barenholz hat sich doch wohl noch die Erinnerung an das Barusholz erhalten, und selbst der Kindermund hat sich in einem Abzählspruch die Erinnerung an Armin bewahrt:

Hermann schlauk Lärm an,
Mit Pipen und Trummen,
Din Kaiser is kummen
Mit Hammer und Tangen,
Will Hermann uphangen.

treulose Segest den Römern als Gefangene. Schweigend und thränenlos stand Thusnelda in ihrer Würde da, die Hände unter dem Busen gefaltet; sie dachte an Armin. Als dieser von Segests Niederträchtigkeit vernahm, eilte er von Schmerz durchdrungen von Gau zu Gau und entflammte das Volk zur Rache. Da erhoben sich die Vaterländischgesinnten aufs neue voll Wut gegen die Römer. Germanikus aber zog stolz und in Siegeshoffnung durch den Teutoburger Wald heran. Da fand er auch den Walplatz, wo die Legionen gefallen waren, und begrub die meisten Gebeine seiner erschla=genen Landsleute. Noch standen die Altäre, auf welchen die Hauptleute der Römer den Göttern geopfert waren. Germanikus zog Rache schnaubend tiefer ins Land hinein; da kam wiederum Armin wie im Sturm mit seinen Scharen herbei und schlug die Römer zurück. Die flohen in Eile bis hinter den Rhein.

Doch Germanikus rüstete sich mit neuer Macht und bot alle List und Kriegskunst auf. An den Meeresküsten fuhr er mit einer Flotte bis hin zur Ems; von dorther drang er jetzt ins Land. Da wichen die Cherusker, in der Gegend, wo heutzutage Minden steht, hinter die Weser zurück und erwarteten ihn zur Schlacht. Bevor sie begann, sah Armin seinen Bruder Flavius auf feindlicher Seite stehen und rief ihm zu: „O komm' herüber zu deinem freien Volk, mein Bruder! Was kämpfest du in den Reihen der Römer gegen dein eigenes Vaterland? Kennst du die alten Eichen nicht mehr? Hörst du nicht, wie sie dir Grüße zurauschen aus unserer Knaben=zeit? Wirf hin, wirf sie von dir die goldenen Ehrenzeichen, mit denen die Römer deine Knechtschaft vergülden! Wie ist es doch viel schöner, von freien Brüdern geliebt zu sein und auf heimischer Erde zu sterben!" Aber Flavius war zum Römer geworden und hatte kein Herz mehr für solche Worte. Da gebot Armin voll Grimm die Schlacht; sie dauerte vom Morgen bis tief in die Nacht. Klug hatte Armin den Plan erdacht und bestellt; doch die Wut des Kampfes verdarb das Wohlersonnene. Die Cherusker rannten von den waldigen Hügeln, wo Armin sie aufgestellt, zu früh ins Thal hinab. Da=durch entstand Verwirrung. Die Römer benutzten sie, drangen von allen Seiten vor und wurden Meister des Schlachtfeldes. Da stürmte Armin hoch zu Roß wider die Bogenschützen und bahnte sich endlich eine Gasse. Plötz=lich stieß er wieder gegen eine lebendige Mauer; das waren die römischen Bundesgenossen aus Gallien, aus Tirol, vom Lech. Verwundet, daß das Blut ihm übers Gesicht rann und ihn unkenntlich machte, brach der tapfere Held dennoch durch und gewann das Freie.

Wie aber die Römer den Rückzug antraten, stand alles Volk in den Gauen wider sie auf, und abermals ward grimmig geschlagen bis tief in die Nacht. Die Römer nannten's einen Sieg, zogen sich aber doch eiligst zu=rück. Darauf fuhren sie auf der Ems ins Meer, dort zerstörte der Sturm ihre Flotte. Ungebeugt durch diesen Verlust griff Germanikus die Chatten und Marsen an, legte das Land wüst und hoffte mehr denn je, Deutschlands Meister zu werden. Doch der Kaiser Tiberius, eifersüchtig auf den Ruhm des tapfern Germanikus, rief ihn zurück und sprach dabei ein Wort, das sich leider zu allen Zeiten als wahr erwiesen hat: „Sicherer als durch fremde Waffen wird die Kraft der Deutschen durch sie selbst gebrochen!"

5.

In der Gefangenschaft hatte Thusnelda ihrem geliebten Manne, der sein treues Weib nicht wieder sehen sollte, ein Söhnlein geboren; sie mußte mit andern Gefangenen ihres Stammes nach Rom wandern und ward hier im Triumphe aufgeführt, Segest, ihr Vater, schaute schamlos zu.

Armins einziger Trost war das Vaterland; dem lebte er, für das wirkte er. Aus der Römer Gewalt hatte er es errettet, und nun wollte er es von einem andern Feinde befreien, von dem bösen Beispiele der Alleinherrschaft eines Fürsten. Das gab Marbod, der von den Alpen bis an die Elbe sein gewaltiges Markomannenreich aufgerichtet hatte und darin als un= beschränkter König herrschte. Nach der Teutoburger Schlacht hatte ihm Ar= min den Kopf des Varus zugeschickt, aber er hatte den Wink nicht verstehen wollen und den Kopf des Römers zum Kaiser Augustus gesandt. Um als König herrschen zu können, hielt er es nun mit dem Despoten Tiberius. Doch zwei tapfere Stämme des Suevenvolks, die Langobarden und die Semnonen, mochten das nicht ertragen; sie trennten sich von dem Bunde der Markomannen und reichten den treuen Cheruskern die Hand. Bei diesen aber ergrimmte Armins Oheim, Ingiomar, in Eifersucht über den Ruhm seines Neffen und ging aus Trotz zu den Markomannen. So entstand Krieg, und Deutsche kämpften wieder gegen Deutsche. Die einen, Armins Eid= genossen, waren geringer an Macht, doch stärker an Tugend, und kämpften für die Unabhängigkeit deutschen Landes; die andern, Marbods Gefolge, waren zahlreicher und kämpften für die neue Herrschergewalt. Endlich mußte Marbod weichen, und er schämte sich nicht, die Römer um Beistand an= zuflehen; so tief hatte die Herrschsucht sein Ehrgefühl verderbt. Da brach ihm plötzlich ein junger Edler aus dem Stamm der Goten, mit Namen Katwald (Catualda), ins Land und gewann seine Burg und seinen Schatz; Marbod floh in den Schutz der Römer. Sie wiesen ihm die Stadt Ravenna zum Aufenthalt an; dort lebte Marbod ruhmlos noch achtzehn Jahre lang.

Den Armin aber, den edlen Cherusker, traf der Tod in der Blüte seiner Kraft. Ihm, der die Freiheit mehr noch geliebt als Weib und Kind, ihm ward von neidischen Verwandten nachgesagt, er strebe nach der Alleinherr= schaft! Eine Zeitlang verteidigte er sich mit abwechselndem Glücke; endlich aber unterlag er der Arglist. Er wurde von seinen Kriegsgesellen überfallen und getötet, im 12. Jahre nach der Schlacht im Teutoburger Walde, im 37. Jahre seines Lebens (21 n. Chr.). Doch sein Ruhm, schon damals in Heldenliedern gefeiert und auch von römischen Schriftstellern anerkannt, lebt unsterblich fort in den Jahrbüchern der Geschichte und in der Dankbarkeit seiner Nachkommen.

Civilis, der brave Bataver (70 n. Chr.).

1.

Nach dem Tode des römischen Kaisers Nero (im Jahre 68 n. Chr. Geb.) entstand großer Zwiespalt um die Herrschaft des römischen Reichs, das in sich zusammenbrach, seitdem Treue und Redlichkeit daraus verschwunden war.

Damals lebte im Lande der Bataver (an den Rheinmündungen), welches Volk schon lange zu den Römern als Bundesgenosse gestanden hatte, ein Mann, Namens Civilis, den sie über eine Abteilung seiner Landsleute gesetzt, welche in ihrem Heere dienten. Er hatte nur ein Auge, sah aber damit besser, als hundert andere mit zwei Augen, die Not und Schmach seines Vaterlandes, und wie niederträchtig die geizigen, wollüstigen Römer darin walteten. Diese aber erkannten bei Zeiten sein vaterländisches Herz, darum legten sie ihn in Fesseln, ja ermordeten sogar seinen Bruder, der eben so gesinnt war. Endlich gaben sie den Civilis wieder frei: doch er ließ sich Bart und Haupthaar wachsen und that einen Eid, nicht eher wolle er sein Haar scheren, als bis er Rache genommen habe. „Dulden wir's länger, daß sie unsere Knaben nach Rom schleppen und unsere Greise zu Soldaten pressen, um schweres Lösegeld zu gewinnen?" — so rief der Brave seinen Landsleuten zu, und alle sprachen einmütig: „Nein!" und erhoben die Waffen. Alsbald schickte er insgeheim Botschaft an die andern, die in Mainz den Römern dienten, und an die Friesen und Kaninefaten; diese beiden Völker stimmten ihm bei, daß die Fremdherrschaft nicht länger zu ertragen sei, und alle zusammen schlugen die Römer. Da ward es auch den Belgiern warm ums Herz und den Deutschen überm rechten Ufer des Rheinstroms, und jene Bataver, welche in Mainz lagen, eilten zu ihren Brüdern.

Im Lande der Brukterer war um jene Zeit eine Jungfrau, vor deren Augen die Zukunft offen lag; die hieß Velleda. Alles deutsche Volk verehrte sie und horchte gläubig auf ihre Worte. Sie selber sprach nur mit ihren Verwandten; diese allein und kein Fremder durfte zu dem Turm kommen, in dem sie wohnte; der stand in tiefer Waldeinsamkeit an den Ufern der Lippe. Jetzt, als die Bataver, von Civilis angeführt, den Krieg um die Freiheit begannen, sprach die begeisterte Jungfrau: „Die Götter billigen den Kampf, und die Römer werden im alten Lager (castra vetera — Xanten am Rhein) untergehen!" Auf dies Wort griffen auch die Brukterer und Tenchterer zu den Waffen, eilten zu den Batavern, und alle Verbündeten stürmten auf das „alte Lager" ein, worin sich die Römer verschanzt hatten und mit dem Mut der Verzweiflung wehrten. Nachdem sie wegen anhaltender Hungersnot schon ihre Pferde verzehrt hatten, baten die Übriggebliebenen um das Leben und freien Abzug, was Civilis, ihre Tapferkeit achtend, ihnen auch gewährte. Nun erst hielt Civilis sein Gelübde für gelöst, und im Angesicht des ganzen Heeres ließ er sich wieder Bart und Haupthaar scheren; den besten Teil der Beute schickte er aber der Seherin Velleda.

2.

Nun verbündeten sich auch die Gallier mit den Deutschen, aber den letz=
teren gereichte dieser Bund zum Verderben. Der römische Kaiser Vespa=
sian schickte einen alten erfahrenen Feldherrn, Cerealis mit Namen, nach
Gallien, und gab ihm die besten Truppen mit. Dieser schlug bei Trier das
ganze Heer der Verbündeten, und nun fielen die Gallier von den Deutschen
ab. Am schlechtesten erwiesen sich die Ubier; diese überfielen und schlugen
bei Nacht bundesgenössisches Volk von den Friesen und Chauken, da es eben
beim Schmause saß; sie bekamen auch die Frau und Schwester des Civilis
in ihre Hände und lieferten sie den Römern aus; Civilis verlor im tiefsten
Schmerz über diesen Verlust den Mut nicht, ja, er setzte um so beharrlicher
den Freiheitskrieg fort. Bei Xanten sammelte er sein Heer; dann baute
er einen Damm am Rhein, damit die Wasser des Stroms weit umher sich
ergössen und die Feinde darin untergingen. Er selbst und seine Bataver
waren ja mit den Fluten vertraut. So gab er guten Muts das Zeichen
und trieb die deutschen Völker, jedes wie einen scharfen Keil, in die sechs
Legionen der Feinde. Aber ein Überläufer hatte diesen einen Umweg ge=
wiesen, auf dem sie die Deutschen hinterrücks überfielen. Da gab Civilis
den Sieg verloren, aber noch immer nicht die Hoffnung. Er durchstach jetzt
den Rheindamm, den Drusus einst gebaut hatte; — auf einmal stand alles
Niederland bis an die Waal unter Wasser, und nun griff er mit vier Heeres=
haufen die Römer an. Dennoch gewannen diese durch ihre Tapferkeit und
die Kriegskunst ihres Feldherrn den Sieg. Als die Eidgenossen flohen, stellte
sich ihnen Civilis in den Weg und hielt sie mit Bitten und Ermahnungen
auf; endlich ward ihm das Roß unter dem Leibe getötet, da sprang er in
den Rhein und gewann schwimmend das sichere Ufer. Binnen kurzer Zeit
stand er schon wieder den Römern schlagfertig gegenüber. Man kämpfte
wieder zu Schiffe im Bataverland; als der Ausgang des Treffens unent=
schieden blieb, zog der unermüdliche Freiheitsheld über die Waal zurück, um
neue Pläne zu ersinnen und unversehens ins Werk zu setzen. Die Römer
aber, so tapfer sie auch gekämpft hatten, erkannten, daß offener Krieg für sie
keinen glücklichen Ausgang haben könne, so lange Civilis mit seiner eisernen
Ausdauer an der Spitze des Bundes stehe. Darum wiegelten sie das Volk
und die Vornehmsten gegen ihn auf und bethörten beide durch listige Rede
so lange, bis die Bataver in ihrem Glauben und in ihrer Treue zu Civilis
wankend wurden. Da mußte denn der verlassene Held dem Erbfeinde die
Hand zum Vergleiche bieten; er that's, im Jahre 70, um größeres Unheil
von seinem Volke abzuwenden.

Auch bei den Brukterern, den Cheruskern und den Chatten
streuten die Römer mit gleichem Erfolg den Samen der Zwietracht aus,
und die böse Saat keimte schnell. In dem Kriege, den jene Stämme unter
einander erhoben, verblutete fast alles Volk der Brukterer, und Velleda,
die Seherin, ward von den Römern gefangen.

Zweiter Abſchnitt.

Die römiſchen Kaiſer und das Chriſtentum.

Tiberius und Nero.

Tiberius (37 n. Chr.).

1.

Dem Tiberius, welcher ſchon zu Auguſtus' Lebzeiten an der Spitze der Geſchäfte ſich befunden hatte, wurde es leicht, die Regierung an ſich zu reißen, zumal da die kaiſerliche Leibwache der Prätorianer auf ſeiner Seite war. Kaum ſah er, daß der Senat und das Volk ſich vor ihm demütigten, ſo ſpielte er eine ſonderbare Komödie. Er ſtellte ſich nämlich, als wollte er die Regierung nicht übernehmen. Nur Auguſtus, ſagte er, ſei imſtande geweſen, ein ſo großes Reich zu leiten; ſeine Schultern ſeien für ſolch' eine Laſt zu ſchwach, man ſollte einen Würdigeren wählen. Und doch würde es demjenigen Senator übel ergangen ſein, der dieſe Erklärung für bare Münze genommen hätte. Das merkten auch alle ſehr wohl und baten daher inſtändigſt, doch den Senat nicht durch ſeine Weigerung unglücklich zu machen. Aber er trieb das lächerliche Spiel noch lange fort. Je mehr der Senat bat, flehte, weinte und fußfällig die Arme nach ihm ausſtreckte, deſto mehr Abſcheu heuchelte Tiberius vor der Regierung. Endlich — endlich ſtellte er ſich von ſo vielen Bitten überwunden, erklärte aber, nur für einige Zeit wolle er das ſchwere Amt übernehmen. Dabei hatte er ſich genau die gemerkt, die ihn nicht ernſtlich gebeten oder es ſich gar halten merken laſſen, daß ſie ihn nicht gern zum Kaiſer haben wollten; dieſe ſparte er für ſeine Rache auf. Denn ſchon in den letzten Jahren des Auguſtus war ein ſchreckliches Geſetz gegeben worden, das der beleidigten Majeſtät, nach welchem jeder, der über den Kaiſer oder ſeine Regierung ſchlecht oder unehrerbietig ſpräche, zur Rechenſchaft gezogen und nach Umſtänden mit dem Tode beſtraft werden ſollte. Von dem Vermögen des Angeklagten bekam der Ankläger einen Teil, und da läßt ſich denken, zu welchen Schändlichkeiten jenes Geſetz Veranlaſſung gab. Manche nichtswürdige Menſchen machten ſich ein eigentliches Geſchäft daraus, andere anzugeben, die oft nichts weiter gethan hatten.

als verdrießlich eine Bildsäule des Kaisers anzusehen, oder bei dem Aussprechen des kaiserlichen Namens die Achseln zu zucken. So wurde mancher,
der gar nichts verbrochen hatte, plötzlich aus der Mitte seiner Familie her-
ausgerissen, ins Gefängnis geworfen und ohne weiteres Verhör hingerichtet.
Fast kein Tag verging, an welchem Tiberius nicht eine Menge von Todes-
urteilen unterzeichnete, und das that er sehr gern. Eine Mutter wurde hingerichtet, weil sie über ihren Sohn Thränen vergossen hatte, der auf Tiberius' Befehl hingerichtet worden war. Zuletzt war der Schrecken vor dem
Despoten so groß, daß sich Männer und Frauen selbst ums Leben brachten,
nur um nicht dem Kaiser und seinen Söldnern in die Hände zu fallen. Je
freundlicher Tiberius war, desto mehr mußte man sich vor ihm hüten.
Außer sich liebte er kein Wesen, selbst seine Mutter nicht, die doch so viel
für ihn gethan hatte. Er sagte einmal: „Wenn ich tot bin, mag der
Himmel einfallen."

2.

Daß Tiberius höchst mißtrauisch war und von jedem das Schlimmste
argwöhnte, lag ganz in seiner Despotennatur. Freilich ward seine Herrschaft bedroht, als die römischen Legionen den Germanikus, seines Bruders
Sohn, zum Cäsar erwählten. Die Furcht vor Germanikus verließ ihn nicht
eher, bis er ihn durch Piso, einen seiner Vertrauten, in Antiochien hatte
vergiften lassen. Seine Leibgarde, die Prätorianer, brachte er auf 10 000
Mann, die sollten teils seine Person beschützen, teils seine Bluturteile vollstrecken. Sie wurden in befestigten Kasernen (castra praetoriana) vor den
Thoren der Hauptstadt gelagert und hielten alles in Furcht und Schrecken.
Der Oberste dieser Leibwache war Sejanus, ein schlechter, verworfener
Mensch, aber eben deshalb dem Tiberius lieb und wert. Dieser Sejanus,
um desto ungestörter in Rom wirtschaften zu können, beredete den Kaiser,
lieber auf dem Lande sich zu vergnügen, wo er vor Meuchelmord sicherer
sei als in der Stadt. Das schien dem Tiberius nicht übel; er verließ wirklich Rom und wählte die Insel Caprea oder Capri, Neapel gegenüber,
zu seiner Residenz. Da baute er sich einen prächtigen Palast und fröhnte
allen Lüsten und Begierden. Diese Insel war aber auch ganz passend für
seinen Argwohn und sein Mißtrauen. Überall von schroffen Felsen umgeben, hat sie nur einen Zugang, der von dem Palast aus leicht übersehen
werden konnte, und es wurde streng verboten, daß keiner ohne ausdrückliche
Erlaubnis des Kaisers nach Capri käme. Einmal kam ein armer Fischer,
der einen vorzüglich schönen Fisch gefangen hatte, nach der Insel und kletterte an einer Felswand hinauf, um ihn dem Kaiser zu überreichen. „Unglücklicher, wie kommst du hierher?" schrie ihn Tiberius an, sobald er ihn
erblickte, und befahl sogleich, ihm mit dem Fische und der harten Schale
eines Seekrebses so lange das Gesicht zu reiben, bis die Haut abspränge.
Unterdessen regierte Sejan in Rom auf fürchterliche Weise. Die meisten
vornehmen Familien wurden nach einander ausgerottet, und ihr Vermögen
floß in die Kasse des Kaisers und seines würdigen Freundes. Es kam eine

solche Angst über die Römer, daß keiner mehr seinem Nächsten traute und selbst in seinem eigenen Hause kein lautes Wort zu sprechen wagte, aus Furcht, die Wände möchten Ohren haben. Man erwies dem Sejan dieselbe Ehre wie dem Kaiser; auf den Gassen, in den Tempeln und Privathäusern wurden ihm Bildsäulen errichtet. Da schöpfte der Kaiser Verdacht, und ehe sich's der Günstling versah, ließ er ihn ermorden.

Nach des Sejanus Hinrichtung wurde Tiberius noch finsterer und grausamer. Oft ließ er sich zum Vergnügen verurteilte Menschen nach Capri bringen, vor seinen Augen foltern und dann von dem Felsen ins Meer hinabstürzen. Doch von Zeit zu Zeit wachte sein böses Gewissen auf und ließ ihm besonders des Nachts keine Ruhe. Einmal schrieb er an den Senat einen Brief, der die Qualen seines Gewissens verriet und mit den Worten anfing: „Was soll ich euch schreiben oder nicht schreiben? Die heimlichen Mächte mögen mich noch ärger quälen, als es täglich schon geschieht, wenn ich es weiß." — Aber diese innere Angst trieb ihn nicht zur Besserung, sondern zu noch größeren Verbrechen, um darin seinen glühenden Haß zu kühlen, den er gegen die ganze Menschheit empfand. Trotz seines wüsten Lebens wurde Tiberius doch 78 Jahre alt und regierte 24 schreckliche Jahre über Rom. Zuletzt fiel er in eine ekelhafte und schmerzliche Krankheit, und aus Besorgnis, daß er noch einmal sich erholen möchte, erstickte ihn unter Mitwissen Kaligulas ein Oberst der Leibwache durch aufgeworfene Betten.

Nero (68 n. Chr.).

1.

Nach dem Tiberius bestieg Kajus, mit dem scherzhaften Zunamen „Kaligula" (d. i. Stiefelchen), den Thron. Man nannte ihn so, weil er schon als Kind im Lager mit kleinen Soldatenstiefeln gesehen wurde. Dieser war eben so toll und grausam, ließ allen Bildsäulen des Jupiter die Köpfe abschlagen und sein eigenes Bild auf den Rumpf setzen. Er wollte selbst als Donnergott verehrt sein und baute sich Tempel, worin seine Statuen göttlich verehrt werden mußten. Endlich ließ er sogar sein Pferd zum Konsul ernennen; es residierte in einem marmornen Stalle und fraß aus goldenen Gefäßen. Zum Glück ward der Donnergott bald ermordet. Sein Nachfolger war Klaudius; der ließ Weiber und freigelassene Sklaven für sich regieren und unterhielt sich dafür mit dem Anblick der Sterbenden, deren Zuckungen ihm das angenehmste Schauspiel waren. Er wurde von seiner eigenen Gattin vergiftet. Nero aber übertraf noch alle an Grausamkeit. Er regierte 54—68 n. Chr. und wurde der Mordbrenner Roms. Um durch schöne Bauten seinen Namen zu verherrlichen, ließ er die Stadt anzünden. Sechs Tage und sieben Nächte dauerte der Brand. Als das Feuer am verderblichsten wütete, sah man den Kaiser auf der Zinne seines Palastes im prunkenden Gewande eines Saitenspielers, der zum Klange der Leier die Einäscherung Trojas besang. Als er aber merkte, daß das Volk hierüber aufgebracht war und ihn für den Brandstifter hielt, so wälzte er die Schuld sogleich von sich auf die armen verhaßten und verachteten Christen. Ihre Martern waren ihm nun ein ebenso angenehmes Schauspiel, wie vorher der Brand der Stadt. Die Christen wurden gefoltert, mit glühenden Eisen gesengt, von wilden Tieren zerrissen. Um den Anblick noch interessanter zu machen, wurden sie mit brennenden Stoffen bestrichen und dann angezündet. Nero gab zu diesem schrecklichen Schauspiele seine Gärten her und fuhr selber in einem Prachtwagen zwischen den Totenfeuern hindurch, um sich an dem gräßlichen Schauspiele zu ergötzen. Auch die Apostel Paulus und Petrus wurden von seiner Verfolgungswut betroffen; jener wurde als römischer Bürger enthauptet, dieser jenseits der Tiber gekreuzigt.

Nach dem Brande baute Nero seine Hauptstadt prächtiger wieder auf, als sie vorher gewesen war, und sein neuer Palast wurde „das goldene Haus" genannt, wegen der unermeßlichen Verschwendung von Gold und Edelsteinen, von denen alle Zimmer blitzten. Doch nicht genug, daß er Künstler für sich arbeiten ließ, er wollte auch selber als Künstler verehrt sein und allen andern den Rang ablaufen. An dem großen Wagenrennen im Cirkus nahm er selbst persönlichen Anteil, er trat als Sänger und Dichter öffentlich auf, und die Lobeserhebungen eines Heeres von Schmeichlern, das ihn umgab, verrückten ihm vollends das Gehirn. Er unternahm eine eigentliche Kunstreise nach Griechenland, um in den griechischen Kampfspielen den Preis zu erwerben, den er auch von den bereits zu Speichelleckern herabgesunkenen Griechen erhielt. Nero brachte aus Griechenland nicht weniger denn 1800 Kronen mit, die man ihm als König der Sänger, Dichter, Wagenlenker und Ringer dort gespendet hatte. Sein Einzug in die Hauptstadt war überaus prachtvoll. Hier erschien er auf Augusts Wagen in Purpur gekleidet und mit dem Laube des Ölbaumes, dem Stirnschmucke der olympischen Sieger, bekränzt. In der Hand trug er die pythische Krone, und die 1800 übrigen wurden vor ihm hergetragen. Neben ihm saß Diodorus, ein Tonkünstler, und dann folgte eine unermeßliche Schar von Sängern, welche seine Siege in ihren Liedern feierten. Der Senat, die Ritter und das Volk begleiteten diesen kindischen Aufzug, die Luft erscholl von Beifallsrufen, die ganze Stadt war erleuchtet, und die Straßen dufteten von Weihrauch. Wohin er trat, bluteten zur Feier seiner Rückkehr die Schlachtopfer, das Pflaster war mit Safran bestreut, und Guirlanden von Blumen und Bändern strömten aus allen Fenstern auf ihn nieder.

2.

Nero hatte seine Gemahlin verstoßen und dann vergiften lassen; dann mordete er seine eigene Mutter und seinen Lehrer und Ratgeber Seneka, weil gegen diese sein Mißtrauen rege geworden war. Oft hörte man ihn sagen, es sei ihm lieber, gehaßt als geliebt zu werden. Und fort und fort würgte auf seinen Befehl das Schwert des Henkers, unter dem die edelsten Häupter Roms bluten mußten.

Endlich ward aber das Volk des grausamen Thrannen überdrüssig. Julius Vindex, der Befehlshaber der römischen Legionen in Gallien, sprach sich öffentlich gegen Neros Blutregierung aus und rief den Statthalter in Spanien, Servius Galba, zum Gegenkaiser aus. Anfangs spottete Nero darüber, als er jedoch die Nachricht erhielt, daß Galba sich dieser Empörung angeschlossen, erschrak er so heftig, daß er den Tisch vor sich umstieß, seine Kleider zerriß, sich auf das Haupt schlug und unaufhörlich rief: „Ich bin verloren!" Schreckliche Gedanken und Entschlüsse durchzogen seine Seele. Er beschloß, alle Statthalter zu vertilgen, alle Gallier ermorden zu lassen. Den Senat wollte er vergiften, die Stadt in Brand stecken und die zu den Tiergefechten bestimmten Bestien auf das Volk loslassen. Dann gelobte er wieder, wenn er mit dem Leben davon käme, auf dem Theater mit seiner Laute als Sänger zu erscheinen. Als aber die Empörung immer allgemeiner ward, ahnte Nero seinen Untergang. Er wollte nach Ägypten entfliehen, als er aber um Mitternacht aufstand, hatte ihn seine Leibwache verlassen. Da begehrte der Elende, einer seiner Günstlinge möchte ihm das Leben nehmen, aber auch dazu fand sich keiner bereit. Mit den Worten: „So habe ich denn keinen Freund mehr", rannte er davon und wollte sich in die Tiber stürzen; aber am Gestade entsank ihm der Mut. Dann stand er still und faßte den Entschluß, sich nach einem Landhause zu begeben, um dort den Tod mit Standhaftigkeit zu erwarten. Der Senat, nachdem er gemerkt, wie die Soldaten alle gegen den Nero waren, hatte sich ermannt und den Kaiser zum Tode verurteilt. Als Nero das erfuhr, begann er am ganzen Leibe zu zittern. Er ergriff zwei Dolche und untersuchte ihre Spitzen, aber schob sie bald wieder in die Scheiden, da ihm der Mut zum Selbstmord fehlte. Der Freigelassene, der um ihn war, sollte erst sich entleiben, um mit seinem Beispiele ihm Mut zu machen. Plötzlich ertönte der Hufschlag von Pferden: es waren die Reiter, welche dem entflohenen Kaiser nachsetzen sollten. Zitternd setzte er jetzt den Dolch an seinen Hals, aber nur dem Drucke, den sein Freigelassener dem Mordwerkzeuge gab, hatte er die tödliche Wunde zu danken, die seinen Leib vor den Mißhandlungen seiner Verfolger schützte. Noch war Nero nicht tot, als einer der Reiteranführer in sein Zimmer trat und ihn im Blute schwimmend fand. Finstern Blickes schaute ihn der Thrann an; seine letzten Worte sollen gewesen sein: „Welch ein Künstler stirbt in mir!"

Titus, Trajan und Mark Aurel.

Titus (80 n. Chr.).

1.

Die Juden hatten sich schon öfters gegen die Römer empört und waren immer erst nach vielem Blutvergießen wieder unterworfen worden. Zu Neros Zeit war eine abermalige Empörung ausgebrochen, und der Oberfeldherr Vespasian wurde gegen sie abgeschickt. Da Jerusalem auf mehren

Bergen lag, feste Mauern hatte und daher schwer einzunehmen war, so be=
gnügte sich Vespasian, es einzuschließen, in der Hoffnung, die Parteien in
der Stadt selber würden sich untereinander aufreiben. Indessen ward er
zum Kaiser ausgerufen; er mußte nach Rom eilen und übertrug die Be=
zwingung der hartnäckig sich wehrenden Juden seinem Sohne Titus. Dieser
griff die Belagerung sogleich mit großem Eifer an und ängstigte die Juden
mit seinen großen Belagerungsmaschinen, mit welchen große Steine und
Balken geschleudert wurden. Er eroberte einen Teil der Stadt nach dem
andern, aber die Juden wehrten sich mit dem Mute der Verzweiflung, und
jeder Fußbreit des gewonnenen Stadtraums mußte durch Ströme Blutes
erkauft werden. In der Stadt wütete der Hunger auf schreckliche Weise;
auf den platten Dächern und auf den Gassen sah man die Leichen der ver=
hungerten Mütter und Kinder haufenweise herumliegen. Eine Frau hatte im
Wahnsinn des Hungers sogar ihren Säugling geschlachtet und setzte das
Fleisch ihres Kindes den eindringenden Soldaten zum Essen vor. Das Ge=
rücht dieser That gelangte auch zu den Ohren des edlen Titus. Er schlug
die Hände über dem Kopfe zusammen und rief die Götter zu Zeugen an,
daß er an diesem Frevel nicht schuld sei. Desto mehr empörte ihn der Starr=
sinn der Juden, die sich noch immer auf der Burg Zion und im Tempel
behaupteten. Endlich waren auch die Vorhöfe desselben in den Händen der
Römer, aber als sich die Juden noch nicht ergeben wollten, warf ein römi=
scher Soldat Feuer in das herrliche Gebäude, und es ging in Flammen auf.
Noch einen Monat länger hielt sich die Burg, und nun ward erfüllt, was
Jesus vorhergesagt hatte. Die große prächtige Stadt sank in grauenhafte
Trümmer, die meisten Einwohner wurden erschlagen, viele als Sklaven ver=
kauft oder in fremde Länder abgeführt. Wie schrecklich ging nun an dem
unglücklichen Volke der Fluch in Erfüllung, den es selbst bei Jesu Kreuzigung
über sich ausgesprochen hatte: „Sein Blut komme über uns und unsere
Kinder!" Titus hätte den Juden Gnade angedeihen lassen, wären sie von
ihrem halsstarrigen Hasse gegen die Römer nicht verblendet worden. Nun
wurden sie in alle Länder zerstreut, lebten, von den andern Völkern gehöhnt
und verachtet, als ein ausgestoßenes, von Gott verlassenes Geschlecht, und
erst unserer Zeit ist es aufbehalten, den Zustand der armen Juden zu
verbessern.

2.

Nach Vespasians Tode regierte sein trefflicher Sohn Titus, von seinem
dankbaren Volke „die Liebe und Wonne des Menschengeschlechts" genannt.
Seine Regierung war kurz, aber segensreich. Das erste war, daß er die ge=
heimen Ankläger abschaffte. Er hatte das Gelübde gethan, keinen zum Tode
zu verurteilen, und hielt es auch treulich. Wo er jemandem etwas Gutes
erweisen konnte, that er es mit Vergnügen, und sein Grundsatz war, daß
niemand von einem Kaiser mißvergnügt fortgehen dürfe. Bewundernswert
war seine Großmut, mit welcher er denen vergab, die ihn beleidigt hatten.
Nie wollte er eine Klage gegen solche zulassen, die Übles von ihm redeten.

„Reden sie," sprach er, „mit Unrecht Übles von mir, so wird sie schon ihr Gewissen zeihen; reden sie aber mit Recht Übles von mir, so wäre es Unrecht, die zu bestrafen, welche die Wahrheit reden."

Einst stifteten zwei junge Römer von Adel (Patrizier) gegen ihn eine Verschwörung an. Sie wollten zu einer bestimmten Zeit das Kapitol in Brand stecken, im Tumult den Kaiser ermorden und sich dann des Thrones bemächtigen. Aber ihr Vorhaben wurde entdeckt, und der römische Senat verurteilte sie zum Tode. Titus sollte dies Urteil bestätigen; aber er war weit entfernt davon, ja er vergalt vielmehr seinen Feinden Böses mit Gutem. Er ließ beide Patrizier vor sich kommen, stellte ihnen vor, daß nicht durch Schandthaten, sondern durch den Willen der Götter die Herrschaft verliehen werde, ermahnte sie dann, mit dem Stande zufrieden zu sein, in welchem sie sich befänden, und versprach, was sie sonst verlangten, ihnen gern bewilligen zu wollen. Darauf zog er beide an seine Tafel und unterhielt sich mit ihnen auf das Freundschaftlichste. Am andern Tage wurde ein Fechterspiel gegeben. Titus erschien im Amphitheater, nahm seinen gewöhnlichen Platz ein und ließ jene beiden Patrizier neben sich setzen. Die Waffen der Fechter wurden einer alten Gewohnheit gemäß ihm überreicht, und so groß war sein Zutrauen zu denen, die kurz zuvor sein Leben bedroht hatten, daß er ihnen diese Waffen in die Hände gab.

Auch gegen seinen Bruder Domitian bewies Titus die größte Sanftmut. Domitian, ein herrschsüchtiger und blutgieriger Mensch, hörte nicht auf, ihm Nachstellungen zu bereiten. Titus wußte es; aber weit davon entfernt, ihn deshalb zur Strafe zu ziehen, vergab er ihm nicht nur, sondern ließ ihm auch die Ehrenstellen, die er bis dahin bekleidet hatte, und erklärte ihn sogar zu seinem Nachfolger. Ja oft bat er ihn im geheimen und mit Thränen: „Bruder! liebe mich, wie ich dich liebe!"

3.

Unter dem guten Kaiser Titus wurde Italien von drei großen Unglücksfällen heimgesucht. Der Vesuv hatte seit undenklichen Zeiten nicht mehr gespieen, und hätte er nicht noch fort und fort geraucht, würde man den Vulkan für ganz erloschen gehalten haben. Um so unerwarteter kam der entsetzliche Ausbruch am 24. August 79 n. Chr. Um 1 Uhr mittags stieß von dem Berge eine ungeheure Rauchwolke auf, die sich immer weiter ausbreitete. Ein der Naturkunde ergebener Mann, Plinius der Ältere, der sich gerade in der Gegend aufhielt, weil er Befehlshaber der in dem Meerbusen liegenden Flotte war, wollte das merkwürdige Phänomen in der Nähe schauen. Er befahl den Schiffern, ihn nach der andern Seite des Meerbusens nach dem Vesuv hin zu fahren, so sehr auch die erschrockenen Menschen ihn davon abmahnten. Eine Menge Fahrzeuge mit Flüchtlingen begegneten ihm, die alle über den kühnen Mann staunten, der so ruhig der Gefahr entgegeneilte. Schon fiel die Asche häufig aus der Luft herab und wurde, je näher das Schiff kam, desto dichter und glühender; ein dumpfes Rollen ward gehört; heiße Steine flogen umher und schlugen rechts und links in das Wasser. Einen Augenblick schwankte Plinius, ob er doch nicht lieber umkehren sollte; dann rief er aber: „Mit den Mutigen ist das Glück!" Er befahl, gerade nach dem nahen Ufer zu steuern. Dort lag eine Stadt, worin er einen lieben Freund hatte; bei dem wollte er die Nacht zubringen. Aber er fand schon das ganze Haus in Verwirrung; die Fahrzeuge waren bereits bepackt, um eilig an Bord gehen zu können, sobald der Wind sich drehte und die Rauch= und Aschesäule nach der Stadt zu getrieben würde. Plinius sprach den guten Leuten Mut ein, ließ sich, um sie recht sicher zu machen, ein Bad geben, aß mit Appetit und machte allerhand Scherz. In= dessen schlugen aus mehreren Stellen des Berges Feuerströme heraus; Flam= men durchzuckten die Finsternis. Alle blieben wach; doch Plinius legte sich ruhig zu Bette. Nach einigen Stunden aber mußte man ihn wecken, denn die Asche und die Steine fielen so dicht, daß man fürchtete, die Hausthür möchte versperrt werden. Die Erde begann immer heftiger zu schwanken, jeden Augenblick besorgte man den Einsturz des Hauses; und doch auch wagte man sich nicht aus demselben heraus, weil die glühenden Bimssteine dicht wie Hagel fielen. Endlich wurde der Aufbruch beschlossen. Jeder band sich ein Kopfkissen auf den Kopf, um die Steine abzuwehren, und nun ging die Wanderung durch die stockfinstere Nacht, die Sklaven mit Fackeln voraus. Als der starkbeleibte Mann, auf die Schultern zweier Sklaven gestützt, so forteilte, erhitzte er sich durch die Anstrengung, und stürzte plötzlich, vom Schlage getroffen, tot zu Boden. Die übrigen aber eilten weiter, um sich der drohenden Gefahr zu entziehen, und erst einige Tage später konnte man den Leichnam des Plinius aufsuchen, um ihn zu bestatten.

Der Neffe des Alten, der jüngere Plinius, war indessen in der Stadt, in welcher der Oheim wohnte, mit seiner Mutter zurückgeblieben. Hier war er Zeuge der schrecklichen Naturerscheinung, und wir haben noch zwei Briefe übrig, worin er dieselbe beschreibt. Auch an diesem auf der andern Seite des Meerbusens liegenden Orte wurde stündlich das Erdbeben ärger; das Hausgerät bewegte sich und die Häuser schwankten. Der Sohn flieht mitten in der Schreckensnacht mit seiner alten Mutter an das Gestade des Meeres, um dort den Tag abzuwarten. Dort hörten sie den Einsturz vieler Häuser, das Meer schlägt schäumende Wellen und wirft die Seetiere und Muscheln weit aufs Land. Es ist Morgen geworden, aber die Sonne kann nicht durch den Aschenregen dringen, und es bleibt dämmerig. Alles was fliehen kann, eilt von dannen; aber plötzlich wird es abermals raben= schwarze Nacht, und nun entsteht schreckliche Verwirrung. Die Männer rufen einander zu, die Kinder und Weiber schreien, Menschen und Tiere laufen in der Finsternis aneinander, die Wagen stürzen in Gruben und Löcher, und jeder glaubt, die Götter hätten die Menschen verlassen und die Welt gehe unter. Noch entsetzlicher ist die Scene in der Nähe des Verderben speien= den Berges; da ist der Aschenregen so gewaltig, daß drei blühende Städte, Herkulanum, Pompeji und Stabiä, völlig verschüttet werden. Ein ödes wüstes Aschenfeld ist ihr Grabhügel geworden. Sechzehnhundert Jahre blieb ihre Spur verborgen, und erst 1711, dann 1738 kam man auf die Spur von Herkulanum, als der König von Neapel in der dortigen Gegend sich ein Landhaus bauen ließ. Man stieß zuerst auf das Theater, und je weiter man nachgrub, um so mehr zeigte sich die verschüttete Stadt. Jetzt sind bereits ganze Straßen ausgegraben, so daß man ziemlich frei in ihnen umher gehen kann. Die Häuser und das Hausgerät haben sich gut erhalten; man sieht da noch Stühle, Tische, Flaschen, Lampen, Messer, Ringe und Schlüssel, die Wände sind mit Götter= und Heldengeschichten bemalt, und über den Hausthüren stehen noch die Inschriften. In den Buden am Theater lagen allerlei Eßwaren, Nüsse, Weintrauben, Oliven, auch eine große Pastete, die aber zusammenfiel, sobald man sie berührte. Auch die Gebeine der Unglücklichen, die hier lebendig verschlungen wurden, lagen noch da als Zeugen des Schreckenstages; denn das Unglück war eingebrochen, als das Volk im Theater saß.

Auch **Pompeji** ist wieder ans Tageslicht gekommen (1748), aber nicht ganz, denn seine Stadtmauern hatten eine Stunde im Umfang. In den Straßen, die überaus enge sind, sieht man deutlich die ausgehöhlten Gleise. An den Straßenecken befanden sich viele Inschriften, die auf die Mauer mit Farbe geschrieben sind, und allerlei Bekanntmachungen enthalten, z. B. daß ein Haus zu vermieten oder zu verkaufen sei, daß Fechterspiele gegeben werden sollen ꝛc. Zwei Theater, eins für Lustspiele, das andere für Trauerspiele bestimmt, hat man vollständig ausgegraben, außerdem auch noch ein Amphitheater, das wenigstens 18 000 Menschen fassen konnte, in dessen Räumen man noch Löwengerippe fand. In einem Landhause des Cicero fand man noch die großen Weinkrüge an die Wand gelehnt, aber statt des Weines mit Lava angefüllt. Was an den Häusern auffällt, ist ihre niedere Bauart und die Kleinheit der Zimmer. Die meisten Häuser haben nur ein Erdgeschoß; das Licht erhielten sie weniger durch Fenster als durch die Thür, die also immer offen sein mußte und auf eine rings um den Hof laufende Galerie ging. Nach der Straße zu gingen wenig Fenster, denn die Zimmer öffneten sich eben nach der Seite des Hofes, zu dem der Haupteingang des Hauses führte. In der Mitte dieses Hofes befand sich ein Wasserbecken mit einem Springbrunnen. Links und rechts liefen die kleinen Zimmer, zum Aufenthalt bei schlechter Witterung oder zum Schlafen bestimmt; sonst verweilte man im Hofe selber und noch mehr draußen. Im Jahre 1832 grub man ein besonders schönes Haus aus; darin waren der Hof und die Zimmer mit schönem Mosaikboden geziert, d. h. es sind größere und kleinere Steinchen von verschiedener Farbe zusammengesetzt. Der Hof war mit 45 Marmorsäulen umgeben, und in einem Winkel desselben befanden sich zierliche Nischen für die Hausgötter.

In einem andern Hause fand **man** 1700 Bücherrollen, die auf einem Repositorium der Reihe nach aufgestellt waren, — das war eine Bibliothek. Denn die Alten hatten weder solches Papier, wie wir, noch wurden ihre Bücher so gebunden wie die unsrigen. Man schrieb vielmehr auf die eine Seite einer Pergamenthaut und legte dieses Pergament dann aufgerollt hin. Oder man bereitete sich ein Papier aus der Zwiebel der in Ägypten häufig wachsenden Papyrusstaude, indem man die Häute der Zwiebeln abschälte, sie einweichte, dann über einander legte und so lange schlug, bis sie breiartig wurden. Aus dieser breiartigen Masse bildete man dann große Bogen, auf welche man, wenn sie getrocknet waren, die Buchstaben mit schwarzer Farbe auftrug. Von dieser Art waren jene pompejanischen Rollen; aber sie waren von der heißen Asche ganz verkohlt, und als man sie auseinander rollen wollte, fielen sie wie mürber Zunder zusammen.

So viel über Pompeji und Herkulanum. Auf jenes Unglück folgte eine Feuersbrunst in der Hauptstadt Rom, und dann wieder eine schreckliche Pest, die Tausende von Menschen hinwegraffte. Der menschenfreundliche Titus war überall mit seiner Hilfe gegenwärtig, wo die Not am größten war. Das Wohlthun war seine Lust, und er pflegte jeden Tag für verloren zu achten, an welchem er seinen Mitmenschen nicht genützt hatte. Leider sollte seine treffliche Regierung nur zwei Jahre währen; er starb, vielleicht durch seinen heimtückischen Bruder Domitian vergiftet.

Trajan.

1.

Trajan, ein Spanier von Geburt, war der erste Ausländer auf dem römischen Kaiserthrone. Schon ausgezeichnet als Feldherr, wurde er einer der besten Kaiser, die regiert haben. Auch unter seiner zwanzigjährigen Regierung fehlte es nicht an Unglücksfällen aller Art; hier zerstörte ein Erdbeben ganze Gegenden, dort entstand eine Hungersnot, und Rom litt durch Feuersbrünste, bei welchen auch Neros goldenes Haus, auf welchem wohl der Fluch des Himmels ruhen mußte, abbrannte. Aber Trajans milde Hand linderte, dem Titus gleich, überall das Unglück. Unter dem abscheulichen Domitian waren wieder die heimlichen Angebereien eingerissen; Trajan reinigte Rom von dem Gesindel der Ankläger, die so vieler unschuldiger Menschen Leben auf ihrem Gewissen hatten; er ließ sie auf Schiffe packen und schickte sie auf wüste Inseln, wo sie kein Unheil stiften konnten. Die vorigen schlechten Kaiser hatten sich ängstlich mit Wache umgeben und waren doch ermordet worden. Trajan umgab sich daher mit einer stärkern Wache, mit der Liebe seiner Unterthanen. Er ließ auch seine Bildsäulen nicht aufstellen, um verehrt zu werden, denn in den Herzen seiner Unterthanen hatte er sich ein bleibendes Denkmal errichtet. Sein Palast stand für jeden den ganzen Tag offen, und mit allen sprach er freundlich. So lebte er wie ein Vater in der Mitte seiner Kinder. Den durch Unglücksfälle verarmten Provinzen erließ er die Abgaben oder mäßigte sie; zur Hebung des Verkehrs legte er Landstraßen an; für arme Kinder stiftete er Erziehungsanstalten. Es war keine Schmeichelei, wenn das Volk ihn „den Besten" nannte, und wenn man in späteren Zeiten den Kaisern und dem Volke etwas Gutes wünschen wollte, sagte man ihnen: „Sei glücklicher als August und besser als Trajan!"

Auch als Feldherr war er groß. Schon waren dacische Stämme über die entlegenen Grenzen hereingebrochen, und der feige Domitian hatte ihnen

Tribut zahlen müssen. Da zog Trajan über die Donau, schlug die Dacier und machte ihr Land zu einer römischen Provinz. Darauf führte er auch mit den kriegslustigen und tapfern Parthern Krieg und drang über den Euphrat bis nach Assyrien vor, nahm die Hauptstadt der Parther, Ktesiphon, ein, eroberte die Provinz Arabien und beschiffte — der erste und letzte aller römischen Feldherren — den persischen Meerbusen. Die Macht und Kraft des Römerreichs loderte unter ihm und Mark Aurel noch einmal in heller Flamme empor.

2.

Wie schade, daß der treffliche Trajan das Christentum nicht besser kennen lernte und aus Unkenntnis grausam gegen die Christen verfuhr! Die Römer hielten nämlich die Christen für eine Sekte der Juden, und weil diese schon sehr als ein halsstarriges, zum Aufruhr geneigtes Volk verschrieen waren, so hielt man die Christen für noch gefährlicher, weil sie die heidnische Religion zu verdrängen drohten. So führten denn die armen Christen, von Juden und Römern zugleich verfolgt, ein sehr elendes Leben. Des Nachts, wenn alles schlief, kamen sie furchtsam in unterirdischen Gewölben oder in abgelegenen Höhlen zusammen, sangen dort in Gemeinschaft mit leiser Stimme ihre frommen Gesänge und schickten ihre brünstigen Gebete zu Gott und dem Heilande, der ihnen dafür auch so viele Stärkung verlieh, daß sie selbst unter den grausamsten Martern ihrem Glauben treu blieben. Die Römer, die keinen Begriff von der hohen Begeisterung hatten, welche die Religion dem Menschen zu geben vermag, hielten die christliche Treue für Starrsinn und quälten die Gläubigen mit aller erdenklichen Grausamkeit. Auch Trajan hielt die Christen für staatsgefährliche Leute, und da besonders in Kleinasien viele Christengemeinden waren, schickte er seinen Freund, den jüngern Plinius (von dem bereits Erwähnung geschah), dorthin, um die vom alten Götterglauben Abgefallenen zu bestrafen oder sie von ihrem vermeintlichen Irrtum zurückzubringen. Plinius erstattete folgenden Bericht an Trajan: „Die bei mir als Christen angegeben worden sind" — schrieb er — „und es eingestanden, habe ich mit dem Tode bedroht und, wenn sie dabei beharrten, hinrichten lassen, weil ihre unbiegsame Hartnäckigkeit Strafe verdient. Viele beteuerten, sie wären Christen gewesen, aber davon zurückgekommen, und ihre ganze Verirrung habe darin bestanden, daß sie an einem bestimmten Tage (Sonntags) vor Tagesanbruch zusammengekommen wären, Gesänge an Christus und an Gott gerichtet und sich durch einen Eid verbunden hätten, sich des Diebstahls, Raubes und Ehebruchs zu enthalten, ihr Wort treu zu erfüllen und jedes anvertraute Gut treu wieder zu überliefern. Darauf wären sie auseinander gegangen, bald aber wieder zusammengekommen, um mit einander eine unschuldige und gewöhnliche Mahlzeit (das hl. Abendmahl) einzunehmen. Ich habe an den Christen überhaupt kein Verbrechen, sondern nur einen thörichten, übertriebenen Aberglauben gefunden." Welch ein schönes Zeugnis für die unsträflichen Sitten der ersten Christen, und obendrein aus dem Munde eines Heiden, der sie zum Tode verurteilen zu müſſen glaubte! — Trajan antwortete dem Plinius: „Auffuchen mußt du die Chriſten nicht; werden ſie als ſolche aber überführt, ſo müſſen ſie freilich beſtraft werden. Sagt einer, er ſei kein Chriſt mehr, ſo ſprich ihn los, auch wenn der Schein gegen ihn wäre. Auf Anzeigen von Leuten, die ſich nie nennen, nimm gar keine Rückſicht.“

Als der Kaiſer nach Antiochia kam, ließ er den Hirten der chriſtlichen Gemeinde daſelbſt, den Biſchof Ignatius, vor ſich bringen. Trajan fuhr ihn hart an und ſchalt ihn einen vom böſen Geiſte Beſeſſenen, da er unermüdlich ſeine Befehle verletzte und auch andere mit ins Verderben fortriſſe. Der alte ehrwürdige Mann entgegnete ſonder Furcht: „Nicht der verdient den Namen eines vom böſen Geiſte Beſeſſenen, welcher als Diener Gottes Jeſum freudig in ſeinem Herzen trägt, ſondern der, welcher ihn verleugnet.“ Und als er weiter bekannte, daß es nur einen Gott gäbe, und daß die Götter der Heiden ſolche böſe Geiſter wären, ließ ihn der Kaiſer ſofort in Feſſeln legen und nach Rom zum Tode abführen. Hier wurde er öffentlich in der Rennbahn unter dem Jubel des heidniſchen Pöbels zwei hungrigen Löwen vorgeworfen und gierig von ihnen verſchlungen. Die chriſtlichen Brüder aber ſammelten ſorgfältig die übrig gebliebenen Gebeine des Märtyrers und brachten ſie als heilige Reliquien nach Antiochia.

Markus Aurelius (168 n. Chr.).

Der Kaiſer Antonin der Fromme hatte den Markus Aurelius und Lucius Verus an Sohnes ſtatt angenommen, und beide kamen (161 n. Chr.) zugleich zur Regierung. Zum erſten Male herrſchten jetzt zwei Kaiſer nebeneinander; aber welcher Unterſchied zwiſchen beiden! Verus war roh, träge, ausſchweifend, und ſeine Neigung zum Böſen ward nur durch das höhere Anſehen des Markus Aurelius im Zaume gehalten oder unſchädlich gemacht. Mark Aurel, auch der „Philoſoph“ genannt, war ein Philoſoph (Weltweiſer) in Lehre und Leben, voll heiligen Eifers für ſeine Pflichten, ſtreng gegen ſich, nachſichtig gegen andere und unermüdet thätig. Fand er auch zuweilen, aus Gefälligkeit gegen das Volk, ſich bei den öffentlichen Schauſpielen ein, ſo pflegte er während derſelben zu leſen, oder zu ſchreiben, oder mit ſeinen Miniſtern von Geſchäften zu reden. Den wahren Bedürfniſſen ſeines Volkes kam er überall liebevoll entgegen. Aber es war ihm nicht beſchieden in ſtiller Ruhe die Früchte ſeiner Anſtrengungen reifen zu ſehen: vielmehr ſollte ſeine Tugend durch Leiden bewährt werden. Zuerſt bekümmerte ihn die Laſterhaftigkeit ſeines Mitregenten; dann brach ein Krieg mit den Parthern aus. Dieſer wurde zwar ſiegreich geendet, aber dem heimkehrenden Heere folgte die Peſt, und mehrere Provinzen litten durch Erdbeben und Überſchwemmung. Darauf folgten ſtürmiſche Bewegungen unter den Völkern des Nordens. Die Markomannen, mit mehreren ſüddeutſchen und ſarmatiſchen Völkern vereinigt, brachen von der Donau her in Italien ein und drangen bis Aquileja vor (168); Roms Untergang ſchien nahe. Da raffte der Kaiſer alle Kräfte des Staates zuſammen, um den verwüſtenden Völkerſtrom zu hemmen. Alles, was nur Waffen tragen konnte,

wurde zu dem gefahrvollen Kampfe aufgeboten. Der Kaiser gab seinen gan=
zen Privatschatz her, ließ sogar alle Kostbarkeiten und Schmucksachen aus
dem Palaste versteigern, um die Unkosten des Feldzuges zu bestreiten. Und
nun kämpfte er so wacker, daß die Feinde jenseits der Donau sich zurück=
ziehen mußten.

Mark Aurel verfolgte sie. Auf den Rat der Wahrsager ließ er zwei
Löwen in die Donau jagen, „die würden dem Feinde Verderben bringen"
— so glaubten die Soldaten. Lachend aber sahen am jenseitigen Ufer die
Quaden zu und riefen: „Sehet doch, was für große Hunde!" Und als
die Löwen drüben waren, nahmen jene ihre Keulen und schlugen sie damit
tot. Indessen spannte der Kaiser mit Klugheit ein Kriegsnetz über das ganze
Donauland, und wo er selber war, gewann er den Sieg. So bezwang er
die Markomannen und schlug die Jazygen (ein Volk sarmatischer Abkunft, das
mit den Deutschen verbündet war) auf der Eisdecke der Donau. Darnach
gedachte er auch das zahlreiche Volk der Quaden zu überwinden; diese aber
wichen vor ihm tiefer ins Ungarland zurück und verlockten ihn in eine Wild=
nis. Da sah er sich plötzlich in einem Thale rings von ihnen umstellt, und
das Heer, das seit fünf Tagen fast vor Durst verschmachtete, gab sich schon
für verloren. Nur wie durch ein Wunder ward es errettet; ein furchtbares
Gewitter brach los, erquickte die Römer, daß sie mit zehnfacher Kraft fort=
kämpften, und verdarb den Quaden ihre Geschosse. Diese meinten, eine Le=
gion habe den Blitz in ihrer Mitte (legio fulminatrix), flohen und unter=
warfen sich. Als der Friede geschlossen war, stellte der Kaiser die Burgen
und Schanzen an der Donau wieder her. Die Ruhe konnte er aber nicht
wieder herstellen, denn der Hochmut und die Tyrannei der Römer stachelten
die Überwundenen immer wieder zu neuen Kämpfen. Leider hatte er sich
schon im Jahre 177 zu einer grausamen Christenverfolgung hinreißen lassen.
Nachdem er zu Anfang des Jahres durch ein allgemeines Edikt allen An=
klägern der Christen das Recht verliehen hatte, in das Besitztum der An=
geklagten einzutreten, nachdem er also die Christen ganz recht= und schutzlos
gemacht hatte, schloß er das Jahr 177 mit massenhaften Hinrichtungen.
Diese Christenverfolgung ist ein schwarzer Fleck im Charakter des sonst so
edlen Kaisers. Er starb im Jahre 180 in der Stadt Vindobona, aus wel=
cher später Wien entstanden ist. Sein Sohn Kommodus schloß mit den
auf die Grenzen des Reichs anstürmenden Feinden eiligst einen schmählichen
Frieden und zog aus allen Kastellen, die über die Reichsgrenze hinausstan=
den, die römischen Besatzungen. So ging dieser Krieg aus, der nur ein
Vorspiel war zu anderen, welche entscheidender enden sollten.

Unter der Regierung des Markus Aurelius im Jahre 167 starb auch
Polykarpus, der Bischof von Smyrna, den Märtyrertod. Auf Ver=
langen des Volkes wurde der ehrwürdige Greis herbeigeholt und aufgefor=
dert, Christum zu verfluchen. Auf ein so gottloses Ansinnen entgegnete
Polykarp mit ruhiger Würde: „Über 86 Jahre diene ich bereits meinem
Herrn Jesu, und noch nie hat er mir etwas zu Leide gethan; wie könnte
ich meinen König und Herrn lästern!" Da schrie die tobende Menge: „Ins

Feuer, ins Feuer mit ihm!" und türmte in stürmischer Hast einen Scheiter=
haufen empor. Freudig und mit einem Dankgebet bestieg ihn der Greis.
Allein die Flamme berührte seinen Leib nicht, sie wölbte sich um ihn gleich
einem vom Winde geschwellten Segel, so daß endlich der Henkersknecht hin=
aufsteigen und ihm den Dolch ins Herz stoßen mußte.

Antonius und Pachomius (300 n. Chr.).

(Der Ursprung der Klöster.)

Antonius.

1.

Antonius, im Jahre 251 in einem Dorfe in Ober=Ägypten (Thebais)
von christlichen Eltern geboren, führte in seiner Jugend ein sehr zurück=
gezogenes Leben. Seine Eltern waren reich und angesehen, aber nie ver=
langte er nach Leckerbissen und Vergnügungen. Dagegen war er immer ein
sehr gehorsames Kind, besuchte fleißig mit den Eltern den Tempel des Herrn
und nahm zu Herzen, was er dort hörte.

In seinem zwanzigsten Jahre starben ihm beide Eltern, und er mußte
nun die Aufsicht über die jüngere Schwester und über das Hauswesen über=
nehmen. Aber die Sorge für irdische Dinge sagte seinem Sinnen und Trach=
ten, das auf das Himmlische gerichtet war, nicht zu. Als er die Kirche
besuchte, traf es sich, daß die Stelle des Evangelii (Matth. XIX. 21) vor=
gelesen wurde, wo Jesus zu einem reichen Jüngling sagte: „Willst du voll=
kommen werden, so gehe hin, verkaufe, was du hast, und gieb's den Armen,
so wirst du einen Schatz im Himmel haben; und dann komm und folge mir
nach." In diesen Worten glaubte Antonius einen göttlichen Wink zu er=
kennen; es dünkte ihn, daß sie nur seinetwegen verlesen worden wären, und
kaum war er aus der Kirche zurückgekommen, so entsagte er seinen Gütern.
Seine liegenden Gründe, 300 fruchtbare Äcker, schenkte er den Einwohnern
des Dorfes; seine bewegliche Habe aber verkaufte er, und das hierdurch ge=
löste Geld verteilte er unter die Armen. Nur weniges behielt er für seine
Schwester zurück, und auch dieses nur auf kurze Zeit. Denn als er wieder
in die Kirche gekommen war und daselbst die Worte des Evangelii (Matth.
VI. 34): „Sorget nicht für den andern Morgen rc." gehört hatte, so ver=
teilte er alles Geld, was er noch hatte, und verschaffte seiner Schwester ein
Unterkommen bei frommen Jungfrauen, wo sie nachmals die Erzieherin vieler
andern Jungfrauen und so gleichsam die Mutter der Nonnen wurde. Er
selbst aber begab sich außerhalb des Dorfes in die Einsamkeit.

2.

Es liegt im Charakter kraftvoller Menschen, den einmal ergriffenen
Lebensplan mit unverdrossenem Eifer zu verfolgen, und sich durch vorkom=

mende Schwierigkeiten mehr anfeuern als abschrecken zu lassen. Auch Antonius bewies dies durch sein Beispiel. Fest entschlossen, nach Asketenart zu
leben, blieb er dieser Lebensart unverbrüchlich treu und suchte es darin weiter
als seine Vorgänger zu bringen. Zuerst hielt er sich an das Beispiel eines
frommen Greises, der nicht weit von seinem Dorfe in der Einsamkeit lebte.
Dann suchte er auch die übrigen Asketen der Umgegend auf und bestrebte
sich, die guten Eigenschaften derselben, als die Geduld des einen, das eifrige
Gebet des andern, das häufige Fasten des dritten in sich zu vereinigen.
Dies gelang ihm, und bald gewann er durch sein frommes Leben die Achtung aller, die ihn kannten. Da suchte ihn, wie es heißt, der Teufel bald
durch Reizungen zur Wollust, bald durch furchtbare Erscheinungen zu verführen; aber vergebens! Antonius blieb standhaft und vertrieb den Teufel
durch Anrufung Gottes. Er behandelte seinen Körper mit größter Strenge,
brachte oft ganze Nächte schlaflos hin, schlief auf der bloßen Erde, aß erst
gegen Sonnenuntergang, fastete oft drei bis vier Tage hinter einander, genoß nie Fleisch und Wein, sondern nur Brot, Salz und Wasser, und verschmähte das Salben mit Öl als Sache der Weichlichkeit.

Hiermit noch nicht zufrieden, verließ er seinen bisherigen Aufenthalt
und begab sich zu den entlegenen Grabmälern, wo er in einem derselben
eingeschlossen lebte. Aber auch hier hatte er, der Sage zufolge, vor dem
Teufel keine Ruhe, sondern wurde von ihm auf alle Weise geplagt, ja oft
mit Schlägen gemartert. Halbtot wurde er eines Tages von einem Freunde,
der ihm Brot bringen wollte, aus seiner Höhle getragen und in eine Kirche
gebracht. Dort kam er wieder zu sich, und sogleich verlangte er, in sein
Grabgewölbe zurückgeführt zu werden. Sein Freund erfüllte dies Verlangen.
Matt und so erschöpft, daß er nicht aufstehen konnte, kam Antonius in seine
Einsamkeit zurück. Da überfiel ihn abermals der Teufel, umringte ihn mit
tausend Schreckgestalten und peinigte ihn mit Schlägen. Doch nun erschien
auch Jesus Christus, verjagte den Teufel, heilte ihn von allen Wunden und
Schmerzen und sicherte ihm den göttlichen Schutz zu mit dem Befehl, den
Namen Christi unter den Menschen zu verherrlichen.

3.

Vieles hatte Antonius bereits gethan, um sich zu einem gottseligen Leben
zu erheben, aber er wollte noch mehr thun. Noch lebten die Einsiedler in
der Nähe menschlicher Wohnungen, und keiner hatte noch die Wüste aufgesucht. Je schwieriger dies war, desto verdienstlicher schien es dem frommen Antonius. Er machte sich also unter Gebet auf, in die Wüste zu ziehen.
Unterwegs begegnete ihm wieder der Teufel, warf ihm einen Goldklumpen
in den Weg, um ihn aufzuhalten; aber Antonius verfolgte seine Bahn unerschütterlich und kam so in die Gebirge, die nach dem Roten Meere zu
liegen. Dort fand er ein altes verfallenes Gebäude, das er zu seiner Wohnung erwählte. Wasser war in der Gegend, Brot brachten ihm seine Freunde
jährlich zweimal. Aber wenn seine Anhänger ihm das Brot brachten,
mußten sie es ihm durch den obern Teil des Gebäudes hinabreichen, denn

der Eingang war abgesperrt. So lebte Antonius zwanzig Jahre lang in völliger Einsamkeit. Da nötigte ihn aber die Menge derer, die zu ihm drangen und seine Lebensart nachahmen wollten, wieder zum Vorschein zu kommen. Er trat hervor wie ein Prophet und Gottbegeisterter. Sein Äußeres hatte sich nicht verändert, aber sein Geist schien verklärt, denn er hatte Gnade bei Gott gefunden. Nun heilte er Kranke, trieb die bösen Geister aus, tröstete die Traurigen, versöhnte die Feindseligen, ermahnte alle, der Weltlust zu entsagen und Christo nachzufolgen.

Mächtig wirkte sein Wort, noch mächtiger sein Beispiel. Viele erwählten das einsame Leben, oder wie sie es nannten, den „göttlichen Beruf", und nahmen, nachdem sie ihr ganzes Besitztum verlassen, ihren Aufenthalt bei ihm in der Wüste. So entstanden um seine Burg herum mehrere einsame Wohnungen (Monasteria von monos, allein), die zu den spätern Klöstern den Anstoß gaben. Die Bewohner derselben, welche man Einsame (Monachi) oder Mönche nannte, sahen auf Antonius als ihren gemeinschaftlichen Vater, während er selbst sie als seine jüngeren Brüder behandelte. Deshalb erschien er fleißig in ihrer Mitte und suchte durch gottselige Gespräche ihren frommen Eifer immer mehr anzufachen und aus eigener Erfahrung sie über die Mittel zu belehren, wie man den Angriffen des Teufels widerstehen könne. So wurde, wie Athanasius berichtet, die Wüste ein Schauplatz der Frömmigkeit.

Pachomius.

1.

Pachomius war ums Jahr 292 in Ober-Ägypten unweit Theben geboren. Seine Eltern waren Heiden, und auch er wurde im Heidentum erzogen, aber auch in den Kenntnissen und Wissenschaften der Ägypter unterrichtet. Als er zwanzig Jahre alt war, wurde er ausgehoben, um unter dem Maximin, einem Gegner des Kaisers Konstantin, als Soldat zu dienen. So kam er nach Theben, wo er von seinen Hütern sehr hart behandelt wurde. Aber mit dieser Härte wetteiferte die Mildthätigkeit der Christen. Unaufgefordert nahmen sie sich des Pachomius und seiner Gefährten an und brachten ihnen Nahrungsmittel und andere Erquickungen. Durch diese Mildthätigkeit wurde Pachomius so gerührt, daß er sich entschloß, sobald er wieder frei wäre, dem Gott der Christen zu dienen und seine Mitmenschen so zu lieben, wie die Bekenner Jesu. Schon dieser Entschluß erhob ihn weit über die niedrige Gemeinheit seiner Gefährten, und bald fand er auch Gelegenheit zur Ausführung desselben. Der Krieg des Maximin nahm mit dem Tode desselben ein schnelles Ende, und die von ihm geworbenen Truppen erhielten den Abschied. So wurde auch Pachomius wieder in Freiheit gesetzt. Alsbald ging er in eine Kirche Ober-Ägyptens, wo er im Christentum unterrichtet, getauft und in den Schoß der katholischen Kirche aufgenommen wurde. Aber noch floh ihn die Ruhe. Die Ketzereien der damaligen Zeit, besonders die Streitfragen über die Gottheit Jesu, bestürmten sein Inneres. Er wandte sich daher unter Gebet und

Thränen an Gott, um zu erfahren, wo Wahrheit zu finden sei. Und Gott offenbarte ihm, die Kirche, in welche er aufgenommen sei, die sei auch die rechte. Von nun an hing er fest an derselben, seine bangen Zweifel hörten auf und er beschloß, ein einsames Leben zu führen, um sich Gott völlig zu weihen.

2.

Im großen Ruf der Heiligkeit stand damals Palämon, ein Einsiedler, der sich zwischen dem Nil und dem Roten Meer aufhielt. Zu ihm ging Pachomius, um sich nach ihm zu bilden. Der Greis stellte ihm alle Beschwerlichkeiten des einsamen Lebens vor, aber der mutvolle Jüngling ließ sich dadurch nicht abschrecken. Da öffnete Palämon ihm die Thür seiner Zelle, nahm ihn bei sich auf und bildete ihn weniger durch Lehren — denn er sprach wenig — als durch sein ernstes, sich immer gleich bleibendes Beispiel. Von ihm lernte Pachomius alle Arten von Selbstpeinigungen, durch die sich die Asketen der damaligen Zeit abzuhärten suchten; z. B. mit Brot und Salz zufrieden sein und Gemüse mit Staub und Asche vermischt genießen; ferner, um sich des Schlafes zu erwehren, Sand von einem Orte zum andern tragen und mit nackten Füßen durch stachlichte Dornen gehen. Noch rühmlicher aber nahm Pachomius zu in gottseligen Gesinnungen. Die heilige Schrift las er oft und übte sich in dem, was er daselbst vorgeschrieben fand. Oft brachte er ganze Nächte im Gebete zu, und Bitte um Reinheit des Herzens und Bewahrung vor den Versuchungen des Satans war vorzüglich der Gegenstand seiner Gebete. Palämon freute sich über seinen Zögling; Gott aber, der ihn also leitete, wollte, daß Pachomius noch eine größere Bedeutung in der christlichen Kirche erhalten sollte.

In der Nähe seines Aufenthalts lag ein verlassenes Dorf, oder, wie andere meinen, eine Insel am Nil, Namens Tabennä. Dahin ging Pachomius oft, um zu beten. Einst, als er daselbst im Gebet versunken war, hörte er eine Stimme, die ihm zurief: „Hier bleibe und erbaue ein Kloster; denn viele werden zu dir kommen, begierig nach einem heiligen Leben.“ Zugleich erschien ihm ein Engel, der ihm eine Tafel überreichte, auf welcher die Regeln für das Klosterleben standen.

Diese Regeln, welche wohl die ältesten Vorschriften für Mönche sind, lauten im wesentlichen also: „Jeder Mönch soll nach Maßgabe seiner Kräfte essen, trinken, arbeiten und fasten. Denen, die viele Körperkräfte haben und viel essen, sollen härtere Arbeiten auferlegt werden; aber leichtere den Enthaltsamen und Schwachen. — Jedes Kloster soll verschiedene Zellen haben, und in jeder Zelle sollen drei Mönche wohnen; allen aber soll an e i n e m Orte die Speise zubereitet und gereicht werden. — Alle sollen nicht liegend, sondern sitzend, auf rückwärts gelehnten und mit ihren Mänteln bedeckten Stühlen schlafen, des Nachts leinene Kleider um die Lenden und beständig einen weißen Ziegenpelz mit einem purpurfarbenen Kreuze tragen, außer bei dem Genusse des heiligen Abendmahls, wo sie ihr Haupt mit einer Kappe bedecken sollen. — Eben diese Kappe sollen sie auch bei den gemeinschaftlichen

Mahlzeiten tragen; denn keiner soll bei Tische den andern ansehen oder sprechen, oder sonst umherblicken. — Kommt ein fremder Mönch, der andere Gewohnheiten hat, so soll er auch nicht mit ihnen essen; nur einem Reisenden soll dies gestattet sein. — Sämtliche Mönche sollen in 24 Haufen abgeteilt, jeder dieser Haufen soll mit einem Buchstaben des griechischen Alphabets bezeichnet sein, und jeder dieser Buchstaben soll eine Eigenschaft dessen, der ihn führt, andeuten. — Wer in das Kloster aufgenommen werden will, soll erst drei Jahre lang durch harte Arbeit geprüft werden, ehe er zu den heiligen Übungen zugelassen wird. — Alle sollen des Tages zwölfmal, eben so oft des Abends und eben so vielmal des Nachts beten. Doch soll es dem, der in der Gottseligkeit weiter gekommen ist, unverwehrt bleiben, hierin noch ein übriges zu thun!"

3.

Pachomius machte sich in Gemeinschaft mit dem alten Palämon auf, und beide bauten nach Vorschrift des Engels ein Kloster zu Tabennä. Als aber der Bau (ums Jahr 326) größtenteils vollendet war, ging Palämon in seinen alten Aufenthaltsort zurück; doch machte er mit dem geliebten Zögling aus, daß sie sich wechselweise besuchen wollten. Und so geschah es bis zum Tode des Greises, der nach kurzer Zeit in den Armen des Pachomius verschied und von diesem begraben wurde.

Indessen hatte der Ruhm des heiligen Pachomius sich weiter und weiter verbreitet, und es kamen immer mehrere, die nach dem Mönchsleben verlangten. Erst prüfte sie Pachomius und fragte nach der Beistimmung ihrer Eltern; dann gab er ihnen das Mönchskleid, unterrichtete sie in ihren Pflichten und ermahnte sie besonders zur Verachtung alles Irdischen und zur standhaften Nachfolge Jesu Christi. Wirklich zeichneten sich auch, wie die Geschichte meldet, die ersten Mönche zu Tabennä durch große Frömmigkeit aus, und selbst viele von denen, die in der Roheit aufgewachsen waren, wurden zu tugendhaften Menschen gebildet.

Die anfangs kleine Zahl von Mönchen belief sich schon im Jahre 333 auf hundert, und als Pachomius starb, auf dreitausend. Um sie unterzubringen, bedurfte es mehrerer Klöster. So entstanden noch durch Pachomius selbst in Ober-Ägypten neun Mönchsklöster und ein Nonnenkloster. Jedes derselben erhielt mehrere Häuser und jedes Haus mehrere Zellen. Auch erhielt jedes Kloster seinen besondern Vorsteher oder Vater (Abbas, davon Abt), und die Mönche wurden in einzelne Ordnungen abgeteilt. Die eine Abteilung mußte für Essen und Trinken, die andere für Pflege der Kranken, die dritte für Aufnahme der neuen Ankömmlinge und Fremden sorgen. Dabei mußten aber die meisten noch besondere Arbeiten verrichten, entweder Matten oder Körbe flechten, oder den Garten- und Feldbau betreiben, oder die Hausgeräte und Kleider anfertigen. Pachomius war der Oberaufseher oder Obervogt, und ihm mußten die entbehrlichen Erzeugnisse abgeliefert werden, der sie dann verkaufen ließ und mit dem gelösten Gelde die Ausgaben für die Klöster bestritt.

4.

Der Ruf der Einrichtungen des Pachomius war auch bis zu dessen Schwester gelangt, und sie ging daher nach Tabennä, ihn zu besuchen. Aber Pachomius, dem es als Frömmigkeit galt, keine Frau anzusehen, ließ ihr durch den Pförtner sagen: „Du hörst, Schwester, daß ich gesund bin und lebe. Ziehe nun hin in Frieden und gräme dich nicht, daß du mich mit leiblichen Augen nicht siehst. Bedenke aber fleißig, ob du imstande seiest, eine Lebensweise wie die meinige zu wählen, um dadurch Gnade bei Gott zu finden. Höre ich, daß dieses dein Vorsatz ist, so werde ich dir nicht weit von der meinigen eine Wohnung einrichten, wo du mit andern Jungfrauen, die dein Beispiel erwecken wird, dem Heil deiner Seele nachstreben kannst." Die Schwester des Pachomius, deren Name uns nicht aufbehalten worden ist, ergriff mit Eifer den ihr vom Bruder erteilten Rat. Sogleich ließ dieser durch seine Mönche ein Kloster erbauen, das nur durch den Nil von Tabennä geschieden war, den Namen Men erhielt und in kurzer Zeit von vielen nach Heiligkeit dürstenden Jungfrauen angefüllt wurde. Ein ehrwürdiger Greis, aus der Zahl der Mönche von Tabennä, erhielt die Oberaufsicht; und Pachomius selbst entwarf die Regeln für die Jungfrauen, die nach einem ägyptischen Worte „Nonnen", d. i. ehrwürdige Mütter, genannt wurden.

In jenen Zeiten, wo das große römische Reich zusammenstürzte, wo alles in Verwirrung geriet und in Barbarei zu versinken drohte, waren die Klöster allein Sitze der Frömmigkeit, eine Zuflucht für die lebensmüden, von der Welt zurückgestoßenen Seelen, für die verfolgte Unschuld, wo selbst den Räuber ein Gefühl der Ehrfurcht überkam. Großes haben sie geleistet, um das Land urbar zu machen, um die Schätze der Wissenschaft zu retten, um den Frieden Jesu Christi zu erhalten inmitten des wilden Kriegsgetümmels; sie waren ein Werkzeug in der Hand der göttlichen Vorsehung.

Konstantin und Julian.

Konstantin (325 n. Chr.).

1. Die Teilung der Herrschaft im römischen Reich.

Diokletian, streng als Gesetzgeber und Herrscher (er regierte von 284 bis 305, wo er freiwillig die Krone niederlegte), religiös, aber auch noch ganz dem heidnischen Aberglauben ergeben und darum ein Feind der Christen, die er verfolgen ließ — hatte dem ohnehin zum Schatten gewordenen römischen Senate völlig ein Ende gemacht, sich zum Alleinherrscher des gesamten römischen Reiches erklärt und seine Stirn mit dem orientalischen Diadem geschmückt; aber auch, weil er zuerst Mitregenten annahm, die spätere Teilung des übergroßen Reiches angebahnt. Sein Mitregent

Maximianus, der wie er selbst den Titel Augustus führte, übernahm die Westhälfte, Diokletian, der seine Residenz in Nikomedia (Kleinasien) aufschlug, den östlichen Teil des Reichs. Maximian hatte seinen Sitz in Mailand genommen und regierte von hier aus Italien, Gallien, Spanien und Afrika. Doch dünkte beiden die Aufgabe immer noch zu schwer, und so nahmen sie im Jahre 292 noch jeder einen Reichsgehilfen (mit dem Titel Cäsar) an; nämlich Diokletian den Galerius, welchem er Griechenland, Thracien und die Donauländer überließ, und Maximian den Konstantius Chlorus. Dieser war der Vater Konstantins; er verwaltete Gallien und Spanien als ein menschenfreundlicher und kluger Regent, der die Christen, so viel er vermochte, schonte, und christliche Bischöfe und Priester öfters zur Tafel zog.

Wie bei dem Vater war auch bei dem Sohne der Glaube an die heidnischen Götter nicht mehr so fest, daß Konstantin nicht hätte auch dem unsichtbaren Christengotte, der sich trotz aller blutigen Verfolgungen seiner Bekenner als unbesiegbare Macht erwiesen hatte, große Aufmerksamkeit, wenn auch noch keine Verehrung schenken sollen. Aber die politischen Verhältnisse des schon in sich zerrütteten Reiches, der Kampf gegen die Mitregenten und die Erfahrung, wie christliche Soldaten die tapfersten Helden waren und das Zeichen des Kreuzes alle Beschwörungen und Opfer der heidnischen Priester zu nichte machte, brachten Konstantin zu dem großen Entschluß, mit Hilfe der neuen Religion alle seine Widersacher zu vernichten und sich selbst zum Alleinherrscher des neugefestigten Reiches zu machen. Und es gelang dem staatsklugen Manne, der leider auch keine Treulosigkeit und Schlechtigkeit verschmähte, um zum Ziele zu kommen. Auch sein Schwager und Mitkaiser Licinius ward von ihm besiegt. Das Christentum ward Hofreligion, die armen verfolgten Christianer gelangten zu Ansehen und Würden, der unterdrückte Glaube ward Herrscher, prächtige Kirchen erhoben sich, und ein glänzender Gottesdienst ward eingerichtet, besorgt von einer Menge von Geistlichen, die sich in allerlei Rangstufen gliederten. (Unter Theodosius dem Großen 379 wurde das Christentum Staatsreligion.)

Die wunderbare Umwandlung geschah im Lichte der frommen Sage (Legende) nach Eusebius also.

2. Die Fahne des Kreuzes.

Als Konstantin der Große im Jahre 312 von Gallien aus gen Rom zog, wo sich der Sohn des Maximin, Maxentius, zum Kaiser aufgeworfen hatte: so überlegte er lange bei sich selbst, welche Gottheit er zu seinem Führer und Beschützer wählen sollte. Er erwog, daß die meisten seiner Vorgänger, die auf eine Menge Götter gebaut und sie durch Opfer und Gaben verehrt hatten, ermordet worden waren; daß dagegen sein Vater, der den einzigen Gott verehrte, stets glücklich gewesen wäre. Gegen die zauberischen Künste des Maxentius — so meinte er ferner — würden die vielen Götter nichts vermögen, da könne nur der eine wahre Gott helfen. So wendete er sich denn nun an diesen Gott und bat ihn demütigst, er möchte sich ihm doch zu erkennen geben und ihm bei dem gegenwärtigen Unternehmen beistehen. Und Gott erhörte sein Gebet und offenbarte sich ihm, wie einst dem betenden Moses, durch eine himmlische Erscheinung.

Als Konstantin, noch in Gallien, an der Spitze seines Heeres dahin zog, zeigte sich nachmittags, da sich die Sonne schon gegen Abend neigte, über derselben das Siegeszeichen des Kreuzes, aus Lichtstrahlen gebildet, mit der Aufschrift: „Durch dieses wirst du siegen!" Solche Erscheinung setzte ihn und sein ganzes Heer, das Zeuge derselben war, in außerordentliches Erstaunen. Jedoch wußte er noch nicht, wie er das Bild zu deuten hätte, und die Nacht überraschte ihn bei seinem Nachsinnen und Zweifeln. Da bot sich ihm eine andere Erscheinung dar. Jesus Christus trat zu ihm im Traum mit demselben Zeichen, das er wachend am Himmel gesehen hatte, und befahl ihm, eine Fahne, ähnlich jener himmlischen Erscheinung, verfertigen und sie **als** Zeichen des Sieges in allen Kriegen vor dem Heere tragen zu lassen.

Am folgenden Morgen benachrichtigte Konstantin seine Freunde von diesem Traumgesicht, ließ dann alle Künstler, die in Gold und Edelsteinen arbeiteten, zu sich kommen, und befahl ihnen, eine Fahne, ganz der Beschreibung gemäß, die er ihnen davon machte, zu verfertigen.

So entstand die Fahne des Kreuzes, „Labarum" genannt — eine große mit Goldblech bedeckte Stange, durch die ein Querbalken in Gestalt eines Kreuzes ging. An der Spitze war eine Krone von Gold und Edelsteinen befestigt, welche die beiden in einander geschlungenen griechischen Anfangsbuchstaben des Namens Christus in sich schloß. An dem Querbalken hing ein viereckiges seidenes Fahnentuch, purpurfarbig mit Gold durchwirkt und mit Edelsteinen besetzt. Über demselben, gleich unter dem Zeichen des Kreuzes, sah man die Bilder des Kaisers und seiner Söhne. Diese ebenso kostbare als glänzende Fahne gebrauchte Konstantin in allen seinen Kriegen als ein Mittel der Sicherheit und des Sieges. Fünfzig Soldaten der Leibwache, ausgezeichnet durch Körperkraft und frommen Sinn, hatten kein anderes Geschäft, als sie zu bewachen und einander im Tragen derselben abzulösen, und wer sie trug oder nur mit ihrem Dienste beschäftigt war, hatte, wie Konstantin selber versicherte, mitten unter den Pfeilen der Feinde keine Gefahr oder Verwundung zu fürchten. Wo sich die Fahne des Kreuzes zeigte, wurden die Feinde in die Flucht getrieben. Als Konstantin dieses merkte, ließ er diese Fahne immer dahin tragen, wo die größte Gefahr war, und er konnte mit Zuversicht auf einen glänzenden Sieg rechnen, indem die Kraft dieses göttlichen Zeichens alle Soldaten mit neuem Mute belebte.

Auch befahl Konstantin, daß nach dem Muster dieser Fahne mehrere ganz ähnliche verfertigt werden sollten für diejenigen seiner Heere, die er persönlich nicht anführen konnte. So hatte auch einst König Numa, als ihm — der Sage nach — ein Schild (Ancile) vom Himmel gefallen war, auf dessen Erhaltung die Sicherheit des römischen Reiches beruhen sollte, befohlen, daß elf andere diesem ganz ähnliche Schilde verfertigt werden sollten, damit der echte nicht gestohlen würde.

Konstantin traf mit dem Heere des Maxentius zusammen und erfocht einen vollständigen Sieg. Fortan ließ er sich christliche Lehrer kommen, die ihm erklärten, warum der Sohn Gottes Mensch geworden und gestorben wäre. Da verordnete der Kaiser, daß alle seine Staatsdiener und Unter= thanen Christen werden sollten.

3. Die Gründung von Konstantinopel.

Die Römer waren sehr unzufrieden mit ihrem Kaiser, daß er Christ geworden war und sie selber zu Christen machen wollte. Sie wollten lieber bei ihren heidnischen Göttern bleiben und von dem unsichtbaren Christen= gotte nichts wissen. Da beschloß Konstantin, noch eine zweite Hauptstadt zu gründen im Osten seines Reichs, um dasselbe zu schützen gegen die Anfälle der Perser und gleich bei der Hand zu sein, wenn die Goten, die an der Donau hausten, einen Einfall versuchen sollten. Diese neue Hauptstadt sollte ein neues christliches Rom werden und das alte heidnische Rom an Pracht noch übertreffen.

Konstantin zog aus, um eine passende Stelle für die neue Stadt zu finden. Da fiel ihm Byzantium in die Augen, eine alte und berühmte Stadt an der Meerenge, welche Europa von Asien scheidet, und auf einem Vorgebirge gelegen, an dem das Schwarze Meer in das Marmormeer aus= mündet. Die Lage zwischen zwei Erdteilen und zwei Meeren, der fruchtbare Boden, die anmutige Gegend, die vortreffliche Gelegenheit zur Schiffahrt und zum Handel — das alles gefiel dem Kaiser, und er beschloß, hier die zweite Hauptstadt der von den Römern unterworfenen Welt zu gründen.

Das alte Byzanz war schon eine große Stadt; aber die neue Mauer, welche Konstantin aufführte, war so lang, daß sie von einem Meere zum andern ging. Darauf ward der kaiserliche Palast gebaut, fast eben so groß als das römische Kapitol, dann die andern großen öffentlichen Gebäude. Die heidnischen Tempel wurden in christliche Kirchen verwandelt, dazu noch mehrere Kirchen neu und prächtig aufgeführt. Die Stadt wurde dem am Kreuze gestorbenen Erlöser geweiht, und auch die Bildsäulen des Konstantin und der Helena (seiner Mutter) trugen ein Kreuz in der Hand. In dem schönsten Zimmer seines Palastes ließ der Kaiser ein Kreuz aus Gold und Edelsteinen gebildet an der Decke befestigen. Doch blieb neben dem Christ= lichen noch viel Heidnisches. So ließ Konstantin auch sein goldenes Stand= bild zur Verehrung ausstellen. Den Senatoren, die ihm gefolgt waren, baute er Wohnungen; andere Angesehene, die sich hier ansiedelten, erhielten liegende Gründe in Asien, die Bürger erhielten alle Freiheiten des alten Roms, dem ärmeren Volke wurde Wein, Korn und Öl gespendet. Die Kunstschätze Asiens, Griechenlands und Italiens wurden für die neue Stadt zusammengeplündert; im Jahre 330 n. Chr. ward sie feierlich eingeweiht; Neu=Rom sollte sie heißen, aber sie ward nach ihrem Gründer Konstan= tinopolis, d. i. Konstantins Stadt, genannt.

Julian der Abtrünnige.

1.

Sobald Julian den Kaiserthron bestiegen hatte, erklärte er sich mit allem Eifer für das Heidentum. Auf seinen Befehl mußten die von Konstantin geschlossenen Göttertempel wieder geöffnet werden; die in Verfall gekommenen wurden ausgebessert, andere neu wieder aufgebaut. Die heidnischen Priester erhielten das volle Ansehen wieder, das sie seit Konstantin verloren hatten; alle Opfer und Ceremonieen wurden wieder eingeführt. Julian selber schrieb an die Städte, welche dem Heidentum treugeblieben waren, und munterte sie auf, sich alles, was sie wünschten, von ihm auszubitten.

Der Geschäftigste in der Götterverehrung war er selbst. Er hatte sich zum Oberpriester ernennen lassen und zum Vorsteher des Orakels Apollos. Sein Garten war mit Altären angefüllt, die er allen Göttern errichtet hatte, und auf denen er jeden Morgen opferte. In seinem Palaste hatte er eine Kapelle, welche der Sonne gewidmet war; daselbst brachte er bei Aufgang und Niedergang des Tagesgestirns Opfer. In den Tempeln erschien er öfters und schlachtete da selber die Opfertiere. Vor den Götterbildern knieete er nieder, um mit seinem Beispiele das Volk aufzumuntern, ein gleiches zu thun. Die Christen nannte er verächtlich bloß „Galiläer", aber er verfolgte sie nicht; er ließ selbst arianische*) Bischöfe wieder zurückkommen, die unter den vorigen Regierungen vertrieben worden waren. Denn leider waren schon damals unter den Christen viele Parteien, die sich zankten wegen einiger Abweichungen im christlichen Glauben und nicht des Gebotes Christi eingedenk waren: „Liebet euch untereinander!" Namentlich aber war die Erziehung, welche sein Vetter Konstantius dem Julian hatte geben lassen, der Art gewesen, daß eine Abneigung gegen das Christentum in dem kaiserlichen Neffen entstehen mußte. Man hatte ihn und seinen Bruder Gallus zu den strengsten Bußübungen angehalten und die Knaben sogar gezwungen, auf dem Grabe eines Märtyrers mit eigener Hand eine Kapelle zu erbauen. Der frische aufstrebende Geist des talentvollen Julian wurde bloß mit kirchlichen Ritualien und Litaneien genährt, und die Lektüre der Bibel ward ihm durch den Zwang verleidet, womit man sie ihm aufdrang.

2.

Julian war als Mensch sehr achtungswert und stand hoch über manchem seiner Nachfolger, die sich ihres Christenglaubens rühmten, aber dabei

---

*) Die Streitfrage, ob der Sohn Gottes mit dem Vater gleichen Wesens sei oder nicht, teilte damals die Christenheit in zwei Parteien, die sich tödlich haßten. Daß der Sohn mit dem Vater nicht gleichen Wesens sei, behauptete Arius, ein Presbyter in Alexandrien; daß sie beide gleichen Wesens seien, behauptete der Bischof Alexander. Die Meinung des Letzteren siegte auf der Kirchenversammlung zu Nicäa 325; aber die Meinung des ersteren ward dadurch nicht unterdrückt. Sie pflanzte sich weiter fort, und ihre Anhänger hießen Arianer. Dagegen hießen diejenigen, die sich an den Ausspruch der Kirchenversammlung zu Nicäa oder an die allgemein herrschende (katholische) Lehre hielten, Rechtgläubige oder Katholiken, und ihr Glaube der katholische

ihren Leidenschaften frönten und von christlichem Leben viel weniger hatten, als dieser ehrliche Heide, der sich vergeblich abmühte, den Glanz des alten Götterglaubens zu erneuern. Er drängte wohl die Christen aus den Staatsämtern zurück, enthielt sich aber der offenen Verfolgung und regierte im ganzen genommen gerecht und menschlich. Er führte ein sehr thätiges Leben, lebte stets einfach und mäßig und strebte nach dem Guten, wenn er sich auch in den Mitteln irrte. Er brauchte nur wenige Zeit zum Schlafe. Ohne Ausnahme stand er um Mitternacht auf, nicht von weichen Federbetten und seidenen Decken, sondern von einer gemeinen Matratze. Nach einem stillen Gebet an den Merkur, den er für den Weltgeist hielt, der die Seelen in Thätigkeit setze, widmete er sich zuerst den öffentlichen Geschäften, um das gemeine Beste zu fördern und den Gebrechen des Staates abzuhelfen. War dies als das Wichtigere abgethan, so beschäftigte er sich, um seine Kenntnisse zu vermehren und seine Grundsätze zu befestigen, mit der Philosophie, Geschichte, Beredsamkeit oder Dichtkunst; ja er schrieb selbst Werke, von denen wir noch mehrere besitzen. Den Vormittag brachte er wieder mit öffentlichen Geschäften zu; das Mittagsmahl war kurz. Öffentliche Schauspiele, denen seine Vorgänger einen großen Teil ihrer Zeit geopfert hatten, konnten ihn nicht vergnügen. Wenn er ihnen beiwohnte, geschah es nur auf kurze Zeit und dem Volke zu gefallen. Dann wendete er sich wieder zu den gewohnten Arbeiten, während seine Minister ausruhten.

Mit dieser außerordentlichen Thätigkeit, durch welche Julian seine kurze Regierung gleichsam verlängerte, verband er die größte Mäßigkeit. Schon als er, 24 Jahre alt, vom Kaiser Konstantius (dem Sohne Konstantins) zur Würde eines Reichsgehilfen (Cäsar) erhoben wurde, war er mit der schlechtesten Kost des gemeinsten Soldaten zufrieden. Seine kaiserlichen Vorgänger hatten ihre Tafeln mit den ausgesuchtesten und seltensten Leckereien besetzt; er blieb bei der einfachsten Kost.

Seine Kleidung war die allereinfachste; er verschmähte jeden Pomp. Seine Vorgänger hatten bei ihrer Prachtliebe eine Menge unnützer Diener gehalten, die, ohne für den Staat etwas zu thun, das Mark desselben aufzehrten. Er aber dankte sie alle ab, eben so sehr erstaunt über ihre große Zahl als über ihre Pracht und Üppigkeit. Da er als Kaiser nach Konstantinopel kam (361), verlangte er einen Barbier, um sich das Haar abnehmen zu lassen. Ein schön geputzter Mann tritt in sein Zimmer. Der Kaiser stutzt und ruft unwillig: „Aber ich habe ja einen Barbier und keinen Finanzrat bestellt!" Man sagte ihm, dieser Mann sei der verlangte Barbier. Hierauf fragte er denselben, was er für Einkünfte habe? Der Barbier antwortete, täglich für zwanzig Sklaven Brot, Futter für eben so viel Pferde, einen ansehnlichen Jahresgehalt und noch bedeutende Nebengeschenke. Julian, hierdurch aufmerksam gemacht, gab ihm und mehreren tausend Köchen, Mundschenken und Verschnittenen den Abschied.

Dritter Abschnitt.

Die Völkerwanderung.

I. Attila (451 n. Chr.).

1.

Die Hunnen gaben den Anstoß zur großen Völkerwanderung, die mit Zertrümmerung des römischen Weltreichs endigte. Sie wohnten ursprüng=lich im Norden und Nordwesten von China, in der heutigen Mongolei und Kalmuckei, und hausten im 4. Jahrhundert in den Steppen am Kaspischen Meere. Ihre unfruchtbaren Hochebenen erstreckten sich mehrere hundert Meilen in die Breite und in die Länge vom Irtisch bis an den Amur und von den tibetanischen Gebirgen bis zum Altai. Den gesitteten Völkern er=schienen sie wie wilde reißende Tiere; ihr Anblick war furchtbar. Sie hatten einen kleinen, aber starkknochigen Körper, ihr fleischiger Hals schien zwischen den Schultern vergraben, der Kopf war dick und rund, die Stirn kurz, die Nase gequetscht, das Gesicht breit und platt, der Bart dünn; ihre Augen waren klein und scharf, die schwarzen Augenbrauen schräg stehend und sehr dünn, die Ohren abstehend, der Mund breit. Als ein echtes Steppenvolk haßten die Hunnen den Ackerbau und feste Wohnsitze; Jagd und Krieg war ihr Leben, Viehzucht ihre Beschäftigung. Sie nährten sich von den Wurzeln ihrer Steppen und von dem halbrohen Fleisch ihrer Tiere. Ihr Getränk war die Milch ihrer Herden, aus deren Molken sie einen berauschenden Trank zu bereiten wußten. Der unzertrennliche Gefährte des Hunnen war sein Pferd. Auf seinem kleinen und häßlichen, aber schnellen und unermüdlichen Pferde aß, trank und schlief er, zu Pferde focht er seine Kriege aus und durchschwärmte er seine Wüsteneien, während seine Familie auf Wagen, die von Ochsen gezogen wurden, gefolgt von den Herden, langsam hinter ihm drein zog. Die ganze Nomadenhorde gehorchte 24 Oberhäuptern, welche aber, wenn es große Unternehmungen galt, einen gemeinschaftlichen Ober=befehlshaber wählten. Ihre Art zu fechten war wild und regellos. Mit gräßlichem Geschrei überfielen sie den Feind, stoben aber sogleich wieder aus=einander, um mit der Schnelligkeit des Falken und der Wut des Löwen zum Angriff zurückzukehren und alles vor sich her zu Boden zu werfen.

Diese Hunnen, von östlichen Nachbarn gedrängt, brachen mit Weib und Kind und all ihrer Habe von ihren Wohnsitzen auf und zogen gen Westen, nach Europa zu. Die tapfern Alanen, zwischen der Wolga und dem Don, auch ein tatarisches Volk, konnten dem Andrange der gewaltigen Massen nicht widerstehen und flohen teils, teils verbanden sie sich mit den Hunnen, um weiter auf die Ost- und Westgoten einzudringen. Auch diese unterlagen; ganz Europa zitterte. Doch nahmen einstweilen die Hunnen mit den am Schwarzen Meer und in Südrußland gefundenen Weideplätzen fürlieb. Als sie aber unter einem Herrscher vereinigt wurden, drang der wilde Strom weiter nach Westeuropa. Der furchtbare König, der sie anführte, war Attila oder Etzel.

Attila war klein von Wuchs, aber eisenfest an Körper und eisenfest an Willenskraft. Sein Gang war stolz und majestätisch, und wenn er die kleinen funkelnden Augen rollte, kam auch dem Beherztesten ein Zittern an. Der Krieg war sein Element, und weil seine Unterthanen nichts mehr liebten, als Rauben und Plündern, so stand der tapfere Attila bei ihnen im größten Ansehen, ja er ward fast abgöttisch von ihnen verehrt. Im heutigen Ungarn hatte er sein Hoflager; seine Residenz bestand aus lauter hölzernen Hütten. Obwohl die vornehmen Hunnen in seiner Umgebung ein üppiges und schwelgerisches Leben führten, so blieb er doch sehr mäßig und einfach. Wenn er ein Gastmahl gab, ließ er seinen Gästen eine Menge der ausgesuchtesten Speisen und Getränke in silbernen und goldenen Gefäßen vorsetzen; er selbst aber begnügte sich mit wenigem, aß aus einer hölzernen Schüssel und trank aus einem hölzernen Becher. Er war nicht gesprächig, doch sorgte er dafür, daß seinen Gästen die Zeit bei ihm nicht lang wurde. Er erlaubte — gegen die Gewohnheit morgenländischer Völker — seiner Gemahlin, öffentlich zu erscheinen und die Gäste zu unterhalten: er unterhielt sogar eine Art von Hofpoeten, die seine Thaten in Verse bringen, und wenn die Unterhaltung ins Stocken geriet, sie der Gesellschaft vorsingen mußten.

Täglich hielt er Gericht unter freiem Himmel, und wer eine Klage vorzubringen hatte, fand sich ein. Attila übte strenge Gerechtigkeit. Er war ein feiner, schlauer Kopf, der ein sehr gesundes Urteil besaß und die Menschen sehr geschickt nach seinen Absichten zu nehmen verstand. Auch war er großmütig gegen einzelne, aber erbarmungslos gegen das ganze Menschengeschlecht. Nachdem er seinen Bruder Bleda erschlagen hatte, vereinigte er alle Stämme der Hunnen, die von den Ufern der rauschenden Wolga bis zur Mitte des deutschen Landes zerstreut waren. Sobald er Alleinherrscher geworden, sann er auf große Dinge. Einstmals, so erzählt die Sage, als er im Ungarlande Hof hielt, kam ein Hirt zu ihm und brachte ihm ein Schwert, das er gefunden, verborgen auf einer Wiese, wo er die Herde weidete. Da sprach Attila in Begeisterung: „Das ist das heilige Kriegsschwert, welches so lange in der Erde verborgen lag und das mir nun der Himmel beschert, um die Völker des Erdkreises zu überwinden!" Er machte sich auch sogleich auf, um sein Kriegsschwert in das morgenländische Kaisertum zu tragen, dessen Hauptstadt Konstantinopel war. Da zitterte der Kaiser auf seinem goldenen Thron und schickte ihm Gold und Gut, seine Gunst zu erhalten. Als aber einmal der jährliche Tribut ausblieb, wälzte Attila den Krieg über die schönen Gefilde Thessaliens und bedrohte die Hauptstadt des Kaisers. Da ließ ihm dieser 2000 Pfund Gold zu Füßen legen, gab ihm Land an der Donau, so viel er verlangte, und schickte ihm Gesandte, seinen Grimm zu versöhnen. Alle Länder waren voll Schrecken vor ihm, und die Schwachen glaubten, Gott habe ihn als Geißel ausersehen, um die Mensch= heit für ihre Sünden zu züchtigen. „Gottes Geißel" ward Attila genannt, und er verdiente diesen Namen. Dünkte er sich doch selber wie Gott, und sah er doch schon im Geiste die ganze Erde als sein Eigentum an. „Wer hebt die Hand wider mich auf, und wer kann mir widerstehen?" so dachte er in seinem Übermut.

2.

Damals hatte Geiserich, König der Vandalen, seine Schwiegertochter in dem falschen Verdacht, daß sie ihn vergiften wolle; darum ließ er sie grau= sam verstümmeln und schickte sie ihrem Vater, dem König der Westgoten, der im südlichen Frankreich hauste, schimpflicher Weise zurück. Weil er nun fürchtete, der Westgote möchte sich mit den Römern verbünden gegen ihn, trug er dem Attila seine Freundschaft an und reizte ihn, das Reich der Westgoten zu erobern. Ein anderer Grund kam noch dazu, der den Hunnen= könig bestimmte, nach dem westlichen Europa aufzubrechen.

Der damalige Kaiser in Rom, Valentinian III., hatte eine Schwester, Namens Honoria, eine reizende Prinzessin, die aber ihre hohe Abkunft mit allen Ausschweifungen des niedrigsten Pöbels schändete. Als ihr Bru= der, der Kaiser, hiervon Nachricht bekam, geriet er in Zorn und sandte die ehr= und pflichtvergessene Schwester nach Konstantinopel in ein Kloster, daß sie da für ihre Ausschweifungen büßte. Dreizehn lange Jahre verlebte Ho= noria in der Gesellschaft der frommen Jungfrauen und teilte ihre Übungen und Kasteiungen, ohne ihnen einen Geschmack abgewinnen zu können. Des einsamen Lebens überdrüssig und nach den so lange entbehrten Freuden der Welt sich sehnend, geriet sie auf einen sonderbaren Einfall. Attilas Name erfüllte den Erdkreis, und seine Thaten waren das allgemeine Gespräch. Nach und nach wurde Honoria mit dem Gedanken vertraut, daß Attila und kein an= derer geeignet sei, als ihr Held und Retter aufzutreten. An den ungeheuern Abstand der Nationen, der Sitten und des Glaubens — denn Attila war noch Heide — kehrte sie sich nicht. Sie sandte einen vertrauten Diener an ihn ab und ließ ihm ihre Hand anbieten, mit der Versicherung, sie betrachte sich mit Vergnügen als seine Braut, wenn er nur ihr Erbe den Händen ihres ungerechten Bruders entreißen wollte. Dieses Anerbieten begleitete sie mit einem kostbaren Verlobungsringe.

Obgleich Attila schon mehrere Gemahlinnen hatte, so schien es ihm doch, daß Anerbieten der Prinzessin sei so vorteilhaft, daß er es nicht von der Hand weisen dürfe. Er ließ daher der schönen Honoria, ohne sie gesehen zu haben, seine Gegenliebe versichern, und hielt dann förmlich bei ihrem

Bruder um sie an. Vielleicht dachte er, der römische Kaiser würde es sich zur Ehre schätzen, den Hunnenkönig zum Schwager zu bekommen; aber er hatte sich geirrt. Valentinian, der vielleicht schon Nachricht erhalten haben mochte, wer den Attila auf diesen Einfall gebracht hatte, dankte ihm zwar höflichst für die Ehre, die er ihm erzeigen wollte, schlug ihm aber sein Verlangen geradezu ab. Zugleich ward die Prinzessin unverzüglich von Konstantinopel nach Rom geholt, ganz in der Stille mit dem ersten besten unbedeutenden Manne getraut und dann auf ewig eingekerkert.

Attila schäumte vor Wut, als er davon Nachricht bekam, und schwur, sich fürchterlich zu rächen. Er bot sogleich alle seine Heere auf und verließ seine Hauptstadt an der Spitze eines Heeres, das 500 000 streitbare Krieger zählte. Von Ungarn aus hätte er geradezu nach Italien marschieren können, aber mancherlei Ursachen bestimmten ihn, einen großen Umweg zu nehmen. Er zog mit seinem Heere längs der Donau hinauf, zerstörte die römischen Festungen an diesem Strom und verödete jeden Landstrich, den er berührte. Sein Zug glich dem der Heuschreckenschwärme, welche die Saatfelder, auf die sie fallen, in wenig Stunden zur Wüste machen. So kam er durch das heutige Österreich, Bayern und Franken, und riß mehrere deutsche Völker mit sich fort, die sein Heer verstärkten, so daß es auf 700 000 Mann anwuchs. In der Gegend, wo der Neckar in den Rhein sich ergießt, setzte er über diesen Strom und stürzte sich mit unwiderstehlichem Ungestüm in die belgischen Provinzen. Alle Städte, welche dem barbarischen Heere im Wege lagen, wurden erstürmt, geplündert und größtenteils in Asche gelegt. Die starken Mauern von Metz schienen anfangs dem Grimm der Barbaren trotzen zu wollen; als sie aber auf die Länge dem wütenden Sturme nicht widerstehen konnten, brach der Feind um so wütender herein, mordete ohne Rücksicht Männer und Frauen, Greise und Kinder, tötete die Priester in den Kirchen und die Täuflinge über den Taufsteinen. Eine einzige Kapelle zum heiligen Stephan bezeichnete den Ort, wo einst Metz stand. Zwischen dem Rhein und der Seine, zwischen der Marne und Mosel ward alles Land zur Einöde. Zum fünften Male ward Trier zerstört. Bei Auxerre ging der verheerende Zug über die Seine nach Orleans zu. Diese große Stadt ward belagert; schon war ein großer Teil ihrer Mauern niedergeworfen, schon waren die Vorstädte besetzt, das Volk in der Stadt lag betend auf den Knieen: da kam unerwartete Hilfe. Der tapfere römische Feldherr Aëtius und Theodorich II., König der Westgoten, hatten ein großes Heer zusammengebracht, das bereit war, zu siegen oder zu sterben.

Attila zog sich schleunig zurück in die Ebene bei Chalons in der Champagne; denn die Hauptstärke seines Heeres war die hunnische Reiterei, und die konnte er ungehindert in den catalaunischen Gefilden ausbreiten. Hier kam es denn zu einer entsetzlichen Schlacht, von der ein alter Schriftsteller sagt, es sei ihr keine weder in der damaligen noch in der vergangenen Zeit gleich gewesen. Alle Nationen von der Wolga bis zum Atlantischen Meere waren in der Ebene von Chalons versammelt. Nichts Geringeres galt es, als den Kampf der gesitteten Welt mit roher Barbarei, welche

die kaum aufgesproßte Blüte christlicher Bildung wie ein Nachtfrost zu zer=
knicken drohte.

Es war im Jahre des Heils 451 an einem Herbsttage, als die große
Schlacht geliefert wurde. In dieser Völkerschlacht kämpften Ostgoten gegen
Westgoten, Franken gegen Franken, Alanen gegen Alanen, Burgunder gegen
Burgunder; sie begann mit Anbruch des Tages und dauerte bis tief in die
Nacht hinein. Gegen 200 000 Tote deckten die Walstatt; ein blühendes
Geschlecht war in wenigen Stunden abgemäht worden durch den Ehrgeiz
eines einzigen. Die Römer und ihre Bundesgenossen siegten; die Gottes=
geißel wurde diesmal selber gegeißelt. Aber die Sieger waren so ermattet,
daß sie König Attila mit den Überbleibseln seines Heeres sich ruhig zurück=
ziehen ließen. Attila selbst hatte das nicht erwartet, und weil er am folgen=
den Tage einen neuen Angriff befürchtete, hatte er alle Kostbarkeiten, die er
auf seinem Zuge erbeutete, auf e i n e n Haufen zusammenschichten lassen, in
der Absicht, sich mit denselben sogleich zu verbrennen, wenn sein Lager von
den Römern angegriffen würde. Aber seine Feinde blieben ganz ruhig und
hinderten ihn nicht, sich über den Rhein nach Deutschland, und von dort
in sein Gebiet zurückzuziehen.

3.

Durch diesen Zug der Hunnen, sowie durch die Völkerwanderung über=
haupt, bekam Deutschland ein ganz anderes, aber freilich kein freundlicheres
Ansehen. Die vielen schönen Städte, welche die Römer auf der linken Rhein=
seite angelegt hatten, wie z. B. Speier, Worms, Mainz, Köln, Trier und
andere, waren in Aschenhaufen verwandelt worden. Die schönen Gebäude,
Kirchen, Paläste, Landhäuser, an denen die Römer jahrhundertelang müh=
sam gebaut hatten, lagen zertrümmert da; die Gärten und Felder, die durch
römischen Fleiß entstanden waren, lagen wüst. Auch das Christentum, das
die Römer zu verbreiten begonnen hatten, verlor sich in den meisten Gegen=
den, und die heidnische Religion wurde allgemein.

Attila aber ging nur in seine Residenz zurück, um wieder neue Kräfte
zu sammeln und dann mit verstärkter Macht über die Römer herzufallen.
Nur einen Winter lang vermochte er die Ruhe zu ertragen. Als er noch
einmal bei dem Kaiser um Auslieferung seiner Braut angehalten und wie=
derum eine abschlägige Antwort erhalten hatte, brach er mit Anbruch des
Frühlings auf, zog durch Pannonien und Norikum, ging über die Julischen
Alpen und lagerte sich unter den Mauern des festen und volkreichen Aqui=
leja, das damals die blühendste unter den italienischen Seestädten war. Nach
der hartnäckigsten Gegenwehr ward die Stadt eingenommen und zerstört.
Als diese Vormauer Italiens gefallen war, stand der ganze obere Teil des
blühenden Landes den feindlichen Verheerungen offen. Das reiche Venetien
war überdeckt mit der Asche und dem Schutt seiner fünfzig Städte. Pavia
kaufte den gänzlichen Untergang mit Auslieferung seines ganzen Reichtums
ab. Allenthalben flohen die Leute aus ihren Städten und Dörfern vor der
Geißel Gottes. Die meisten flüchteten sich auf die kleinen Inseln in der

Bucht des Adriatischen Meeres und siedelten sich auf den Lagunen um den Rialto herum an; davon hat die Stadt Venedig ihren Ursprung.

Im kaiserlichen Palaste zu Mailand fand Attila ein Gemälde, welches die Kaiser auf ihren Thronen sitzend und skythische (nordische) Fürsten zu ihren Füßen niedergeworfen darstellte. Attila befahl einem Maler, das Gemälde zu ändern: nun erschienen die Kaiser in einer demütigen Stellung vor den Skythen, die auf dem Throne saßen, und zählten ihnen Hilfsgelder hin. Was das Gemälde bei dieser Änderung an Schönheit verloren haben mochte, hatte es zwiefach an Wahrheit gewonnen.

Italien geriet über die Fortschritte der Barbaren in eine dumpfe Betäubung. Der unkriegerische Kaiser Valentinian verließ sein festes Ravenna und floh in das offene Rom, vermutlich um bei zunehmender Gefahr Italien gänzlich zu räumen. Die einzige Stütze des Reichs war jetzt der tapfere Aëtius; aber ohne Heer und ohne Aussicht, eins zu sammeln, war er nicht imstande, etwas zu leisten, was seines ehemaligen Ruhmes würdig war. Die Barbaren, die ihm hatten Gallien verteidigen helfen, weigerten sich, auch diesseits der Alpen ihn zu unterstützen. Aëtius konnte daher nichts thun, als mit einer kleinen Schar dem Feinde das Vorrücken zu erschweren, und wirklich that er ihm hin und wieder einen nicht unbedeutenden Abbruch. Noch verderblicher aber war für die Hunnen das heiße Klima Italiens, die italienischen Weine, Gewürze und Leckereien. Es brachen ansteckende Krankheiten unter ihnen aus, die sie zu Tausenden hinrafften.

Attila rückte indessen Rom immer näher. Am Flusse Mincio, wo dieser in den Po tritt, hatte er sein Lager aufgeschlagen. Da kam aus der Stadt, welche einst die Welt beherrschte und jetzt kein Heer mehr hatte und keinen Mut, der Bischof Leo, ein ehrwürdiger Greis. Wehrlos, aber gerüstet mit der Kraft des Herrn, trat er vor den finstern Hunnenkönig, inmitten seiner Heerscharen, und griff mit Bitten und weisen Reden an sein trotziges Herz. Und siehe — es gelang dem gottbegeisterten Priester, was kein Kriegsheer vermocht hatte — Rom vor der Geißel Gottes zu retten. Es mögen auch die Geschenke sehr wirksam gewesen sein, die dem Attila teils gebracht, teils versprochen wurden. So entschloß er sich denn, einen Waffenstillstand einzugehen. Er verließ Italien mit der Drohung, daß, wenn ihm die Prinzessin Honoria nebst einem königlichen Brautschatze nicht ausgeliefert würde, er bald wiederkommen und das Land noch härter heimsuchen werde.

Doch das Schicksal wollte nicht, daß diese Drohung in Erfüllung gehen sollte. Im Jahre 453 sah der römische Kaiser des Morgenlandes im Traume den Bogen Attilas zerbrochen; das war in derselben Nacht, in welcher der Hunnenkönig mit der schönen Hildegunde Hochzeit hielt; diese stieß ihm aus Blutrache den Dolch ins Herz — so erzählt die Sage. Groß war der Schrecken, allgemein die Trauer der Hunnen um den großen König. Unter freiem Himmel ward ein seidenes Gezelt aufgeschlagen, unter welchem auf einem herrlichen Prunkbette der königliche Leichnam zur Schau ausgestellt wurde. Die Edelsten der Nation ritten Tag für Tag in feierlichem Gepränge um das Zelt. Sie schoren ihr Haar, zerfetzten ihren Leib und sangen Klagelieder. Dann legten sie den Leichnam in einen goldenen Sarg, setzten diesen in einen silbernen und diesen wieder in einen eisernen, vergruben ihn des Nachts und töteten alle Gefangenen, welche dabei geholfen hatten. Denn niemand sollte wissen, wo Attilas Asche und seine kostbare Kriegsbeute vergraben läge.

Mit dem Tode dieses großen Eroberers löste sich sein mächtiges Reich wieder in seine Teile auf; denn seine Söhne hatten nicht den Verstand und den Heldenmut des Vaters. Die vornehmsten der unter Attila vereinigten Völker setzten sich wieder in Freiheit und machten Eroberungen für sich allein.

II. Alarich (410 n. Chr.).

1.

Als der Kaiser Theodosius auf dem Totenbette lag, teilte er sein großes Reich unter seine zwei jungen Söhne, Honorius und Arkadius; jener sollte im Abendlande, dieser im Morgenlande herrschen und Konstantinopel zu seiner Residenz erwählen. Weil aber den unerfahrenen Prinzen ein erfahrener Mann not that, so hatte der sterbende Theodosius seinem Sohne Honorius den Stilicho als obersten Minister gegeben, und seinem Sohne Arkadius den Rufinus. Solches geschah im Jahre 395 n. Chr.

Stilicho, ein Vandale von geringer Herkunft, hatte im römischen Kriegsdienste so außerordentliche Geistesgaben entwickelt, daß er sich bis zum Oberfeldherrn emporarbeitete. Er herrschte jetzt im Namen des elfjährigen Honorius ganz unumschränkt über die Abendländer. Rufinus, der Minister des achtzehnjährigen Arkadius, war ein geborner Gallier, der sich durch Verstellung und Heuchelei das Vertrauen des Kaisers Theodosius erschlichen hatte. Diese beiden Reichsverweser hatten keinen andern Wunsch, als anstatt des halben das ganze Reich nach Willkür zu beherrschen. Sie haßten einander von ganzer Seele und ergriffen begierig jede Gelegenheit, wo der eine dem andern schaden, wo möglich ihn stürzen konnte. Die Armeen, von deren Schutze die Sicherheit der beiden Reiche abhing, bestanden jetzt meistens aus Deutschen; die Obergenerale waren auch Deutsche, und diese ließen sich nicht gern befehlen. That man nicht nach ihrem Willen, so plünderten sie ganze Provinzen.

Das erste Beispiel dieser Art gaben die Goten. Kaum war der römische Kaiser aus dem Leben geschieden, so standen sie wieder unter den Waffen, und zwar furchtbarer als jemals, weil sie jetzt einem einzigen tapferen und verschlagenen Anführer gehorchten. Dies war Alarich, entsprossen aus einem der edelsten gotischen Geschlechter. Er hatte in früheren Jahren gegen Theodosius, in späteren Jahren unter ihm gedient, und fand sich beleidigt, daß man seine Verdienste nicht mit der Würde eines Oberbefehlshabers belohnt hatte. Unwillig verließ er den römischen Dienst und verleitete die sämtlichen gotischen Hilfsvölker, zu seiner Fahne zu schwören. Dieses gotische Heer ward noch verstärkt durch eine Anzahl Hunnen, Alanen und Sarmaten, denen die hart gefrorene Donau zu einer sicheren Brücke diente, auf welcher sie in die südlichen Länder hinüber drangen und alles verwüsteten. Alarich führte hierauf seine Scharen durch Macedonien und Thessalien nach Griechen= land, und gab auch dieses schöne Land der Plünderung preis. Nirgends zeigte sich einiger Widerstand, und wohin die Goten kamen, da zogen sich die römischen Truppen zurück. Athen, Argos, Korinth, Sparta kapitulierten, das platte Land wurde verheert, alt und jung als Sklaven fortgeführt.

Als Stilicho auf solche Weise die schönste Provinz des morgenländischen Kaisertums den Barbaren überlassen sah, hielt er es für Pflicht, nun selber vor den Riß zu treten und die Majestät des Reiches zu rächen. Er rüstete eiligst in dem Hafen von Ravenna eine Flotte aus und segelte nach Griechen= land. An der Küste von Korinth gelandet, eilte er mit seinem Heere den Goten entgegen; in Arkadien kam es zur blutigen Schlacht; der edle Stilicho siegte. Die Goten flohen, und Stilicho zog ihnen nach. Er hätte sie gänz= lich aufreiben können, verlor aber die beste Zeit in den griechischen Städten mit Schauspielern, Weibern und Festlichkeiten. So konnten sich die Goten sammeln, und Stilicho kehrte ohne weitere Unternehmung nach Italien zurück.

Vielleicht war er auch aus Haß gegen Ostrom so bald wieder ab= gezogen; denn Rufinus' Nachfolger, ebenso neidisch wie dieser, wollte den Helden gar nicht in Griechenland dulden, und Arkadius erklärte dessen Feldzug für eine unverschämte Zudringlichkeit. Dieser feige Kaiser schloß einen Vertrag mit Alarich ab und überließ ihm die Oberbefehlshaberstelle im östlichen Illyrikum, in denselben Provinzen, die er eben verwüstet hatte. Alarich be= nutzte seine Würde klug, denn die geplagten Einwohner seines Bezirks mußten Tag und Nacht arbeiten, um Helme, Schilder, Spieße und Schwerter zu machen, die vielleicht nächstens zu ihrem eigenen Verderben gebraucht werden sollten. Die Goten, in Bewunderung der Talente ihres Heerführers, hoben in einer feierlichen Versammlung den Alarich auf einem Schilde empor und riefen ihn einstimmig zu ihrem König aus. So stand jetzt Alarich als König eines tapferen Soldatenvolks und als Feldmarschall des morgen= ländischen Kaisers an der Grenze zweier verbrüderten Reiche, welche, anstatt sich gegenseitig zu helfen, sich gegenseitig zu vernichten strebten. Teuer genug verkaufte er seine Freundschaft bald diesem, bald jenem, und im stillen be= reitete er seine Goten zu dem kühnen Unternehmen vor, das den Honorius zittern machte.

Im Jahre 400 n. Chr., bevor man etwas vermutete, drang er gegen den Po vor, nachdem sein ganzes Heer die Julischen Alpen überstiegen hatte. Er hatte im Sinne, Rom selber zu nehmen und in Italien ein westgotisches Reich zu gründen.

Schrecken und Entsetzen ergriff alle Gemüter, als die barbarischen Goten über die Alpen kamen und eine Stadt nach der andern nahmen. Die Christen flüchteten sich zu den Gräbern der Märtyrer, die Heiden zu den Altären ihrer Götter; Scharen von Flüchtlingen bevölkerten die Inseln des Mittelländischen Meeres. Der schwache Kaiser Honorius vernahm mit Ent= setzen, daß der furchtbare Alarich sich den Thoren Mailands näherte. Statt zu den Waffen zu greifen, achtete er auf das Zureden seiner zitternden Höf=

linge, die der Meinung waren, der kaiserliche Hof sollte ohne Zeitverlust nach Gallien fliehen. Nur der tapfere Stilicho widersprach mit Nachdruck und traf schnell Anstalten zur Gegenwehr. Er ließ die zerfallnen Mauern Roms wieder herstellen und sammelte alles, was von streitbarer Mannschaft vorhanden war. In größter Eile ging er über die Alpen, um die römischen Besatzungen vom Rhein, aus Gallien und Britannien zur Erhaltung des Hauptlandes herbeizuführen. Als Alarich indessen vordrang, bat der Kaiser um Frieden und versprach den Goten ganz Gallien und Spanien zu überlassen, wenn sie nur wieder abziehen wollten. Die Goten nahmen das Anerbieten an, aber jetzt erschien Stilicho an der Spitze eines Heeres, mit dem er im härtesten Winter über die Alpen gegangen war. Er hatte alle Truppen des abendländischen Reiches aufgeboten, Italien zu retten. Hunnen, Alanen, selbst Goten standen in seinem Solde. Am ersten Osterfeiertage des Jahres 403 griff Stilicho seinen Feind an und schlug ihn.

Alarich war, obwohl geschlagen, doch noch nicht überwunden, und Stilicho, dem alles daran lag, die wilden Goten so schnell als möglich aus dem Herzen des Reiches zu entfernen, bot Unterhandlungen an. Alarich ließ sich darauf ein, hatte aber heimlich im Sinn, Verona zu überrumpeln. Doch Stilicho kam ihm zuvor und schlug ihn zum zweiten Male. Da beschloß der Gote umzukehren und zog wieder gen Illyrien.

2.

Alarichs Einfall in das römische Reich machte großes Aufsehen in ganz Europa. Das Gerücht davon drang auch zu den Bewohnern der nördlichen deutschen Lande und erregte dort allgemeine Gärung. Alles brannte vor Begierde, auszuwandern und Eroberungen zu machen. Es sammelten sich unter Rhadegast (Rhadegais) unzählige deutsche Horden, die im Jahre 405 über die Alpen stiegen und noch mehr Schrecken verbreiteten als selbst Alarich, da dieser ein Christ, Rhadegast aber ein Heide war. Doch Stilicho rettete noch einmal Italien und vernichtete das Heer des Rhadegast bei Florenz, so daß wenige entkamen. Dies hinderte aber keineswegs andere deutsche Stämme, auch die von Truppen entblößten römischen Grenzen zu überschreiten. Stilicho sah das Schlimmste voraus, denn es regte sich schon wieder Alarich, der unterdes Kräfte gesammelt hatte und sich nun anschickte, abermals in Italien einzufallen. Stilicho sah nicht ab, wie er mit den erschöpften Kräften seines Landes einem so mächtigen Feinde widerstehen sollte, und er beschloß, den Alarich lieber zu seinem Freunde zu machen. So versprach er ihm denn 4000 Pfund Gold, wenn er von seinem Zuge abstehen wollte. Alarich war es zufrieden, doch der wackere Stilicho zog sich dadurch den Verdacht zu, als stände er mit den Goten in einem heimlichen Einverständnisse. Unter den Höflingen hatte der kräftige Minister viele Feinde, die schwärzten ihn jetzt bei dem schwachen Honorius an, als ob er nach dem Kaiserthrone strebe und den Kaiser verraten wolle. Diese Anklagen wurden geglaubt, Stilicho in Verhaft genommen und im Jahre 408 zu Ravenna enthauptet. Sein Andenken wurde geschändet, seine Güter wurden eingezogen und seine Anhänger erwürgt.

Mit Stilicho sank die letzte Stütze des schwachen Thrones dahin, und die unklugen Ratgeber des Kaisers verleiteten ihn zu Maßregeln, die das Unglück des Staates beschleunigten. Auf ihren Rat wurden auch die Weiber und Kinder der fremden Truppen, die in römischen Diensten standen, ermordet, denn man wollte sich an den deutschen Barbaren rächen. Nun aber schlossen sich über 30000 Mann, größtenteils Verwandte der Ermordeten, zusammen und beschlossen, sich mit Alarich zu verbinden. Der gotische König, dem man das versprochene Geld nicht gezahlt hatte, war gern dazu bereit, und im Oktober des Jahres 408 brach er aus Illyrien auf, drang ohne Widerstand in Italien ein und verband sich mit den mißvergnügten Deutschen. Der kaiserliche Hof hatte sich in dem wohlbefestigten Ravenna eingeschlossen, aber Alarich kehrte sich nicht an diese Festung, drang durch die unbewachten Pässe der Apenninen und schlug sein Lager unterhalb der Mauern Roms auf.

Rom war immer noch die erste und vornehmste Stadt des Erdbodens, ob es gleich in den ersten Jahrhunderten nach Christo durch den allgemeinen Verfall des Reichs und durch die Entfernung des kaiserlichen Hoflagers viel verloren hatte. Es zählte in seinen vierzehn Quartieren die ungeheure Anzahl von 40382 Wohnungen, unter denen 1780 Paläste waren, deren jeder mit seinen Umgebungen wiederum für eine kleine Stadt gelten konnte. Es dehnte sich also die Hauptstadt der Welt in einer viel zu großen Ebene aus, als daß jeder Verteidigungsposten hätte hinlänglich besetzt werden können. Innerhalb der Mauern gab es wohl Menschen genug, aber keine im Felde und Kriege gestählten Römer mehr. Die Reichen waren durch Ausschweifungen aller Art entnervt; die Armen waren ein faules Bettelvolk ohne Zucht, das durch öffentliche Almosen gefüttert werden mußte.

Bei dem Anblick der Barbaren, die es wagten, die Hauptstadt des Erdkreises zu belagern, brach alles in Wut aus. An wem aber rächte man sich? An einer armen, wehrlosen, unschuldigen Frau, an Stilichos Witwe, Serena. Sie ward eines geheimen Einverständnisses mit Alarich beschuldigt und ohne Untersuchung vom Senat zum Tode verurteilt und erdrosselt. Damit war alle Wut gestillt, und man hoffte nun, Honorius werde aus Ravenna Hilfe senden, um die Stadt zu retten. Allein dieser elende Regent beschäftigte sich lieber mit einem großen Hahn, den er wegen seiner ansehnlichen Gestalt „Rom" nannte, als mit seinem wirklichen Rom. Er war auch nicht imstande, etwas für die bedrängten Römer zu thun, da die meisten Soldaten nach Gallien geschickt waren. Weil nun keine auswärtige Hilfe kam, so suchten die bedrängten Römer durch Zauberei dem Himmel seine Blitze zu entlocken, um sie ins feindliche Lager zu schleudern; aber leider war solches Bemühen vergeblich!

Alarich begnügte sich indessen, die Stadt einzuschließen. Durch die möglichst vorteilhafte Verteilung seiner Truppen gelang es ihm, jeden wichtigen Posten zu besetzen, die zwölf Hauptthore zu bestreichen, alle Zufuhr zu hemmen und die Schiffahrt auf der Tiber durchaus zu hindern. Die Folgen wurden in kurzem fühlbar. Die Nahrungsmittel wurden seltener, und das Korn stieg zu unerschwinglichen Preisen. Die tägliche Austeilung des Brotes und Öles ward auf die Hälfte, dann auf ein Drittel herabgesetzt, und bald hörte sie ganz auf. Hunderttausende fielen nun dem wütenden Hunger anheim. In dieser traurigen Lage blieb nichts übrig, als zur Gnade des gotischen Königs seine Zuflucht zu nehmen. Der Senat beorderte zwei Gesandte an ihn, welche erklären sollten: „das römische Volk sei geneigt, den Frieden einzugehen, wenn ihm derselbe unter annehmbaren Bedingungen angetragen würde. Widrigenfalls werde es zeigen, daß ihm die Ehre teurer sei als das Leben. Die Belagerer würden ein zahlreiches, in den Waffen geübtes Volk zum Kampfe bereit finden." Laut auflachend erwiderte Alarich auf diesen, der Not Roms wenig entsprechenden Antrag: „Je dichter das Gras steht, um so leichter ist es zu mähen."

Bald ward der Übermut der Gesandten um viele Grade herabgestimmt, und in einem bescheidenen Tone fragten sie: „unter welchen Bedingungen die Stadt von der Belagerung loskommen könnte?" Alarich forderte alles Gold und Silber, es möchte nun öffentliches oder Privateigentum sein; alle kostbaren Gerätschaften, alle Sklaven von deutscher Abkunft. Auf die Frage: „Und was denkst du uns denn zu lassen?" folgte die Antwort: „Euer Leben!" Doch meinte es Alarich nicht so schlimm. Er begnügte sich mit 5000 Pfund Gold, 30 000 Pfund Silber, 4000 seidenen Kleidern, 3000 Häuten Saffian und 3000 Pfund Pfeffer. Dafür hielt er auch strenge Mannszucht und nahm in dem nahen Tuscien seine Winterquartiere. Hier kam sein Schwager Athaulf (Adolf) mit einer ansehnlichen Verstärkung von Goten und Hunnen zu ihm; diese Scharen hatten sich mit Gewalt den Weg von der Donau her geöffnet. Nun liefen auch eine Menge Sklaven aus Rom davon und sammelten sich unter Alarichs Fahnen, so daß dessen Heeresmacht bis auf 150 000 Mann anwuchs.

3.

Als Honorius in Ravenna von den Vorgängen in Rom Nachricht erhielt, wagte er es wenigstens, dagegen zu protestieren. Mehrere von den Bedingungen, die man dem Gotenkönige zugestanden hatte, verwarf er wieder. An seinem Hofe befand sich alles in der größten Unordnung und Unentschlossenheit. Heute herrschte dieser, morgen jener Günstling, und was man heute beschloß, ward morgen widerrufen. Wenn man nicht mehr aus und ein wußte, schwur man den Goten in Verzweiflung ewige Rache! Als ob die Worte Thaten wären! Die Römer, denen nichts Gutes ahnte, und die sich vor einem zweiten Besuche Alarichs fürchteten, thaten wiederholt die dringendsten Vorstellungen bei dem Kaiser und baten flehentlich, er möchte sich doch mit dem furchtbaren Feinde ausgleichen. Aber Honorius, von blinden Ratgebern irre geführt, war nicht zu bewegen. Er sandte den Römern 6000 Dalmatier zu Hilfe, die aber unterwegs von Alarich so übel empfangen wurden, daß kaum 100 mit dem Leben davon kamen.

Zu verwundern ist, daß Alarich im Gefühl seiner Überlegenheit sich nicht verleiten ließ, härtere Forderungen an den Hof zu Ravenna zu stellen. Er that es nicht. Immer noch nannte er sich einen Freund des Friedens und der Römer.

Es lag ihm wirklich daran, mit Honorius in Güte sich zu vergleichen. Er verlangte außer einem bestimmten Jahrgelde und einer Lieferung von Proviant, daß ihm Venetien, Norikum und Dalmatien eingeräumt werden sollten. Aber die letztere Bedingung wollte Honorius durchaus nicht eingehen. Und obschon Alarich zuletzt seine Forderungen bloß auf Norikum*) und auf eine jährliche Lieferung von Lebensmitteln einschränkte und dagegen versprach, dem Kaiser gegen alle Reichsfeinde beizustehen, so wurde gleichwohl auch diese billige Bedingung verworfen.

Alarich zog nun zum zweiten Male (409) mit seinem Heere nach Rom und zwar furchtbarer als das erste Mal (408). In kurzem brachte er die Belagerten so weit, daß sie ihm nicht nur die Thore öffnen, sondern auch dem Honorius den Gehorsam aufkündigen und ihren bisherigen Statthalter Attalus zum Kaiser erklären mußten.

Nun schien das Schicksal der Römer wirklich sich zu bessern. Attalus, der die Liebe des Volkes besaß, besetzte sogleich die wichtigsten Staatsämter mit andern Personen; dem Alarich aber mußte er das Oberkommando über die ganze kaiserliche Kriegsmacht übertragen. Rom war entzückt über die glücklichen Regierungsanstalten des neuen Kaisers, der dem Volke zu schmeicheln wußte, denn gleich nach seinem Regierungsantritt erklärte Attalus im Senate, daß er den ganzen Erdkreis den Römern zu unterwerfen gedächte. Ein Jubel verbreitete sich durch alle Stände. Man sprach mit einer Zuversicht von der Wiederherstellung des alten römischen Reichs in seinem vollen Glanze, von einer Erneuerung der Herrschaft über die Welt, als ob die Sache schon gewiß wäre. Alarich verlangte vom neuen Kaiser Attalus, ihm alle die Mittel zu bewilligen, um sich in Besitz von Afrika, als der Kornkammer Italiens, zu setzen. Aus falschem Mißtrauen gegen die Goten ward dieser Antrag verworfen. Überhaupt konnte Alarich deutlich genug merken, daß die Gesinnung des Attalus gegen ihn sehr sich geändert hatte, und daß dieser ihn gern los sein wollte. Darüber ward der Gotenkönig so unwillig, daß er dem neuen Kaiser den Purpur wieder auszog und ihn in den Privatstand zurückversetzte.

Rom war inzwischen von den Goten wieder geräumt worden und nun, nach dem Sturz des Attalus, hätte der kaiserliche Hof die günstige Gelegenheit benutzen sollen, sich mit dem Gotenkönige in ein gutes Einvernehmen zu setzen. Allein Honorius, der bei dem geringsten Schein von Hoffnung wieder übermütig wurde, war jetzt durchaus nicht geneigt, zu einer Aussöhnung die Hand zu bieten. War doch der Gegenkaiser abgesetzt, ihm selber aber ein neuer Zug von Soldaten versprochen worden. Da aber riß dem Alarich die Geduld: er wandte sich zum dritten Male nach Rom; denn Ravenna war ihm vermutlich zu fest, und mit Belagerungen hielten sich die Deutschen nicht

---

*) Das Land vom Kalenberge in Unterösterreich bis zum Innstrom.

gern auf. Rom war hingegen ohne große Mühe einzunehmen und dann war hier auch mehr Beute zu machen. Verräter öffneten den Goten um Mitternacht die Thore, das Heer stürmte hinein, und die stolze Stadt, welche 1100 Jahre lang den Völkern der Erde furchtbar gewesen war und 800 Jahre lang keinen Feind in ihren Mauern gesehen hatte, ward nun eine Beute der „Barbaren", wie sie die fremden Völker nannte. Viele schöne Gebäude wurden in Asche gelegt, aber die Goten betrugen sich doch menschlich und verübten keine Grausamkeit. Alles, was sich in die vielen Kirchen geflüchtet hatte, wurde verschont. Alarich ließ sogar einige aus der Peterskirche geraubte kostbare Gefäße wieder zurückgeben. Grausam aber rächten sich 40 000 Deutsche, welche die Römer als ihre Sklaven sehr unbarmherzig behandelt hatten. Wer von den ehemaligen Herren sich nicht in die Kirche oder durch die Flucht rettete, wurde als Sklave verkauft.

Roms Eroberung verursachte eine allgemeine Bestürzung. Alle Kirchen ertönten von den Gebeten und Wehklagen der Bußprediger, und man betrachtete dieses Unglück als einen Vorboten vom nahen Untergange der Welt. Die Einwohner der Stadt selbst vergrößerten noch in ihren Erzählungen das Unglück, welches sie betroffen, und wollten nicht mehr in die von Gott verlassene Stadt zurückkehren. Von diesem Zeitpunkte an wurde Rom immer öder. Am gleichgültigsten bei dem allen war der Kaiser Honorius. Als die Nachricht in Ravenna anlangte, Rom sei in den Händen der Feinde, lief der Diener, welcher die Aufsicht über das kaiserliche Vogelhaus führte, voller Bestürzung zu seinem Herrn und rief: „Rom ist verloren!" Der Kaiser erschrak heftig, weil er glaubte, sein großer Hahn sei gestorben; doch tröstete er sich bald, als man ihm sagte, nicht sein Hahn, sondern die Hauptstadt der Welt sei verloren.

Am 24. August des Jahres 410 war Alarich in Rom eingezogen; aber er blieb nicht müßig, schon am 6. Tage zog er mit seinem Heere ab, nach Sicilien zu, um dann auch nach Afrika überzusetzen. Schon wurden viele Fahrzeuge ausgerüstet, um das Heer über die Meerenge von Messina zu bringen; da erkrankte der Held in Kosenza am Busento und starb in einem Alter von 34 Jahren. Sein Volk trug ihn wehklagend an den Fluß, leitete das Wasser ab, und in dem trockenen Bette grub es seinem König das Grab. In voller Rüstung, das Schwert in der Hand und mit einem kostbaren Schatze senkte es ihn hinab, und nachdem es den Sarg mit Erde bedeckt, opferte es die Gefangenen, die bei diesem Werke gedient hatten, und dann ließ es den Fluß über das Grabmal wieder hinströmen. Keine Menschenseele hat die Stätte erkundet, wo der Gotenheld von seiner Arbeit ruht.

III. Odoaker und Theodorich der Große*) (500 n. Chr.).

1.

Theodorich ist die lateinische Form des deutschen Namens Dietrich, welcher Volksherrscher bedeutet aus dem gotischen thiuda Volk, und riche Herrschaft.

---

*) Nach Wippermann.

Theodorichs Eltern waren Theodomir und Erelinva. Theodomir war ein Fürst der Oftgoten. Als die verheerenden Schwärme der Hunnen über das zusammenbrechende Gotenreich hinwegstürmten und die westgotischen Stämme sich auf das römische Gebiet zurückzogen, konnten die zurückbleibenden Oftgoten nur durch Unterwerfung unter den übermächtigen Feind einen unrühmlichen Frieden erkaufen. Ihre streitbare Mannschaft mußte dem wilden Hunnenführer Attila auf seinen Heereszügen folgen. Auch Theodomir mit seinen Brüdern Widimir und Walamir befand sich im Gefolge des hunnischen Königs. Doch Attilas Reich verschwand mit seinem Tode. Die Oftgoten, einmal aus ihren frühern Wohnsitzen verdrängt, ließen sich in den weiten Länderstrecken zwischen der untern Donau und dem Adriatischen Meere nieder. Hier aber erneuerten sich die alten Kämpfe der Goten mit dem ränkevollen Kaiserhof zu Konstantinopel. Als einmal von dem letzteren das vertragsmäßige Jahrgeld verweigert worden war, griff der mutige Theodomir rasch zu den Waffen und erzwang durch schnellen Sieg den Frieden. Der griechische Kaiser bewilligte alle Forderungen Theodomirs. Aber nach der Sitte jener Zeit verlangte er die Auslieferung des siebenjährigen Theodorich als Geisel und Unterpfand des Friedens. Der betrübte Vater zögerte. Doch sein Bruder Walamir redete ihm zu, er möge nicht durch Verweigerung der gestellten Bedingung seinem Volke die Wohlthat des Friedens entziehen. Theodomir gab nach und Theodorich kam nach Konstantinopel. Wie einst Armin in Rom, wie Moses am königlichen Hofe Ägyptens den Samen edlerer Bildung empfingen und durch tägliches Anschauen die Kunst des Herrschens erlernten, so erzog auch Konstantinopel in dem germanischen Knaben sich selbst einen gefürchteten Gegner und seinem Volke einen weisen und thatkräftigen Fürsten. Das fürstliche Kind gewann durch seine Schönheit und reichen Anlagen die Liebe des griechischen Kaisers und ward am Hofe mit aller Auszeichnung behandelt. Doch das Kind reifte zum Jüngling, und der Jüngling achtete aufmerksam auf die Sitten und Künste des Landes, in welchem er weilte. Und wenn auch ihm selbst nur ein mangelhafter Unterricht geworden zu sein scheint, so wurde doch seine Seele mit hoher Achtung vor der Gediegenheit und Vielseitigkeit der griechischen Bildung erfüllt.

2.

In seinem achtzehnten Jahre kehrte Theodorich an den Hof seines Vaters zurück. Er fand sein Volk in einer vielfach verwickelten und bedrohten Lage; herumschweifende Horden der wilden Hunnen und Sarmaten beunruhigten die Grenze des oftgotischen Gebiets und veranlaßten mannigfache Kämpfe, in deren einem auch Theodorichs Oheim Walamir rühmlich kämpfend gefallen war. Doch der schlimmste Feind Theodomirs und seines Hauses war ein stammverwandter Fürst. Als nämlich ein halbes Jahrhundert früher König Alarich seine gewaltigen Heeresmassen aus der Heimat in das schönere Italien geführt hatte, war doch auch ein nicht unbedeutender Teil des westgotischen Volkes in seinen alten Wohnsitzen zurückgeblieben. Ihr

Gebiet umfaßte die heutige Bulgarei und die angrenzenden Gegenden. Über dieses Reich herrschte zur Zeit Theodomirs ein König, welcher ebenfalls den gotischen Lieblingsnamen Theodorich führte und den Zunamen Strabo erhalten hatte. Zur Vermeidung eines Mißverständnisses möge er hier stets unter dem letztern Namen angeführt werden. Wohl hätten nun Theodomir und Strabo sich als Fürsten eines Brudervolkes eng aneinander anschließen und dem hinterlistigen Kaiserhof zu Konstantinopel gegenüber eine Achtung gebietende Stellung einnehmen sollen. Doch schon damals ruhte der Fluch der Uneinigkeit und Zwietracht auf den germanischen Fürsten und Völkern. Die Beherrscher des oströmischen Reiches erkannten gar wohl, wie furchtbar ihnen die vereinigten Goten werden könnten. So suchten sie denn die- selben zu trennen. Statt durch Offenheit und Redlichkeit sich in den arg- losen Germanen getreue und friedliche Nachbarn zu gewinnen und etwaige Übergriffe derselben mit gewaffneter Hand kräftig zurückzuweisen, suchte der konstantinopolitanische Hof Argwohn und Mißtrauen zwischen den gotischen Fürsten zu säen, voll tückischer Arglist heute den einen und morgen den andern durch Geschenke und Versprechungen an sich zu ketten und wider den Nachbar aufzuhetzen. Leider waren seine Bemühungen nicht ohne Erfolg geblieben; doch dem hochsinnigen Theodorich war es vorbehalten, sein Volk einem so unwürdigen Verhältnis zu entreißen.

3.

Bald nach seiner Rückkehr in das Vaterhaus zeigte der ritterliche Jüngling durch eine glänzende Waffenthat, daß auch in der Fremde sich in ihm die angeborne germanische Heldenkraft ungeschwächt erhalten habe. Ein Haufe räuberischer Sarmaten war in die Donauländer eingefallen und hatte die kaiserlichen Truppen, welche dort standen, geschlagen. Rasch sammelte Theo- dorich eine Schar von 6000 tapfern Streitern und warf den Feind in sieg- reichem Kampfe zurück. Doch nicht zufrieden mit diesem Erfolge, drang er selbst in das Land der Sarmaten ein und eroberte ihre Hauptstadt, das jetzige Belgrad. Ruhmgekrönt zog der jugendliche Held in seine Heimat zurück.

Nicht lange darauf geschah es, daß der alte Theodomir von einer schweren Krankheit befallen wurde und dem Tode nahe war. Da versammelte er die Edlen seines Volks und empfahl ihnen seinen Sohn Theodorich zu seinem Nachfolger. Denn es bestand unter den Goten noch immer die Sitte der freien Königswahl. Die Goten wählten mit Freuden den blühenden Jüngling Theodorich zu ihrem König, und dieser faßte mit mutiger Hand die Zügel der Regierung, um für sein Volk ein neues Zeitalter zu schaffen.

Der griechische Kaiser Zeno empfing die Nachricht von Theodorichs Thronbesteigung mit Freude und Besorgnis, denn er liebte und fürchtete zu- gleich den jungen Herrscher. Er hielt es für geraten, vorerst ein freund- liches Verhältnis mit ihm anzuknüpfen, und sandte sofort Boten an Theo- dorich, welche ihn mit ehrenden Worten nach Konstantinopel einluden. Theo- dorich folgte der Einladung, und der Kaiser ritt ihm entgegen und geleitete ihn in feierlichem Zuge in seinen Palast. Auch erhob er den jungen Gotenfürsten zu den höchsten Würden seines Reichs und überhäufte ihn mit Ehren und Auszeichnungen. Zuletzt ließ er die eherne Bildsäule Theodorichs vor seinem Palaste aufstellen. Aber hinter dieser außerordentlichen Freundlichkeit verbarg er einen arglistigen Plan. Nur zu leicht gelang es dem schlauen Griechen, das offene, vertrauensvolle Gemüt Theodorichs zu bethören und die beiden Herrscher der Goten, Theodorich und Strabo, in Feindschaft und Streit zu verwickeln.

Noch unerfahren und getäuscht durch das heuchlerische Wohlwollen Zenos ließ sich Theodorich zur Kriegserklärung gegen seinen Volksgenossen Strabo bewegen. Zeno stellte ihm diesen Krieg als notwendig für das allgemeine Beste dar und versprach ihm ein Hilfsheer von 50 000 aus= erlesenen Streitern.

Um die bestimmte Zeit brach Theodorich mit seinem Heere auf und zog nach dem Gebirge Hämus, das schon seit Jahrhunderten der gewöhnliche Kriegsschauplatz in den Kämpfen der Römer und Goten gewesen war. In den waldigen Gebirgsthälern jener unwegsamen Gegend gesellen sich bestellte Wegweiser zu Theodorich und führen ihn immer tiefer in die Schluchten und Felsen des Hämus hinein, bis ihm endlich von einer steilen Anhöhe herab das feste Lager seines Feindes Strabo drohend entgegenwinkt. Die griechischen Hilfstruppen sind ausgeblieben, und mit bittrem Zorn sieht sich Theodorich betrogen und verraten. Unentschlossen lagert er sich dem Feinde gegenüber.

So hatte es Zeno gewollt. Deutsche standen schlagfertig wider Deutsche. Aber an der deutschen Biederkeit scheiterte diesmal die Arglist der Fremden.

Unerwartet erschien Strabo unter dem Walle des ostgotischen Lagers und forderte ein Gespräch mit Theodorich. Dieser kam herzu. Neugierig strömten die Ostgoten auf den Wall und lauschten auf die Worte des Fürsten. Strabo aber erhob voll edlen Unwillens seine Stimme und schalt den über= raschten Theodorich mit gar ernsten Worten, daß er sich durch die doppel= züngige Rede des griechischen Hofes habe bethören lassen und nun im bruder= mörderischen Kampfe die Waffen wider die eigenen Landsleute kehre. Die Krieger des Theodorich empfanden die Wahrheit, die aus Strabos Worten sprach, und forderten mit Ungestüm von ihrem Könige die Auflösung seines Bundes mit Konstantinopel. Theodorich aber schwankte noch immer zwischen der Treue gegen das einmal gegebene Wort und der Forderung der Natur und seines Volkes. Doch als am andern Tage Strabo sich wieder auf dem Vorsprunge des Felsens zeigte und noch einmal mit kraftvollen Worten zu den Ostgoten redete, da gab auch Theodorich nach und verband sich mit Strabo zu steter Freundschaft. Hatte doch Zeno selbst den Vertrag weder gehalten noch überhaupt halten wollen. Große Freude herrschte nun in beiden gotischen Lagern.

Theodorich aber brach mit seinem Heere auf und rückte als zürnender Feind in die Staaten des treulosen Zeno. Dieser beantwortete Theodorichs Vorwürfe mit leeren Ausflüchten, ja die Schamlosigkeit des feigen Griechen ging so weit, daß er abermals sein Spiel begann, um Theodorich zum Kriege gegen Strabo zu bewegen. Er verhieß ihm ein Geschenk von 1000 Pfund

Goldes und 10 000 Pfund Silbers. Aber mit Entrüstung verwarf der Goten=
fürst solchen Antrag. Da wandte sich Zeno mit seinen Vorschlägen an Strabo,
und wirklich gelang es seiner List und Klugheit mit diesem. Der wankel=
mütige Fürst vergaß, wie er selbst einst so schön und warm für die brüderliche
Einheit der Gotenstämme gesprochen hatte, und erklärte endlich seinem Freunde
Theodorich den Krieg. Aber das Schicksal wollte nicht den Ausbruch des
Bruderkampfes. Strabo, als er den Zug gegen die Goten beginnen wollte,
verwundete sich selbst mit der Spitze seiner Lanze und starb plötzlich.

4.

Der jugendlich feurige Theodorich erglühte im gerechten Zorn wider den
griechischen Hof, der nun schon lange alle Gerechtigkeit mit Füßen getreten
hatte. Einem reißenden Bergstrom gleich überflutete das gotische Heer das
wehrlose griechische Reich. Verzagt barg sich Zeno hinter den Wällen seiner
Hauptstadt. Aber von seinem Palaste aus sah er den Himmel gerötet von
dem Brande der Städte und Dörfer ringsumher, deren unglückliche Bewohner
schwer für die Treulosigkeit ihres Herrschers büßen mußten. Zeno hatte kein
Heer, das vermocht hätte, den Kampf mit dem furchtbaren Gegner zu bestehen.
Durch neue Unterhandlungen und große Versprechungen hoffte er den Frieden
zu gewinnen. Aber Theodorich hatte kein Ohr mehr für die glatten Worte
des griechischen Hofes. Der Krieg zog sich in die Länge, denn das feste
Byzanz war schwer zu erobern. Da stieg plötzlich in der Seele des jungen
Gotenkönigs ein großer Gedanke auf. Er wollte seine Goten in ein
mächtiges, geschlossenes Reich vereinigen und im Frieden regieren; er wollte
sie wegführen von der Nachbarschaft der treulosen Griechen in ein besseres
Land, wo der Segen des Friedens die Goten zu einem gebildeten, wohl=
habenden Volke machen sollte. Gleich dem Alarich wollte er sie in die
gesegneten Fluren Italiens führen, eines Landes, dessen schlaffe, weiche
Bevölkerung nicht lange der gotischen Tapferkeit widerstehen konnte.

5.

Doch eben dieses Italien war bereits in kläglicher Hilflosigkeit den Waffen
eines deutschen Fürsten unterlegen. Dieser Fürst war Odoaker oder Ottokar.
Odoaker war ein Mann von schlichter Herkunft, aber nach dem Höchsten
strebend und früh schon die Ahnung künftiger Größe in sich tragend. Eine
alte Sage berichtet darüber also: Einst hatten sich mehrere deutsche Männer
verabredet, gemeinsam nach Italien zu wandern und dort im römischen Kriegs=
dienst ihr Glück zu versuchen. Unter ihnen befand sich auch ein schöner,
kräftiger Jüngling von hoher Gestalt und feurigem Auge. Auf ihrer Wanderung
kamen sie durch die Gegend, wo jetzt Passau liegt. Hier wohnte ein frommer
Einsiedler, Severinus geheißen. Der war aus fernen Landen gekommen, um
in Deutschland das Christentum zu verkünden. Odoaker aber und seine
Genossen waren dem Christentum schon zugetan. Da pilgerten sie denn
nach der einsamen Wohnung Severins und begehrten den Segen des heiligen
Mannes zu empfangen. Sie traten ein in die kleine Hütte. Der riesengroße

Odoaker aber mußte in gebückter Stellung dastehen, um nicht mit dem Haupte an die niedrige Decke des Gemaches zu stoßen. Da sah ihn der Klausner an und sagte: „Ziehe getrost hin nach Italien, jetzt trägst du ein geringes Kleid, einst aber wirst du ein Herrscher werden über viele!" Und Odoaker zog fröhlich seine Straße.

In Italien herrschte bei Odoakers Ankunft große Verwirrung. Von der allgemeinen Wanderlust ergriffen, waren mehrere kleine deutsche Völkerschaften über die Alpen hinabgestiegen in die schönen Ebenen des Po und hatten Gefallen gefunden an dem einem Garten gleichenden Lande. Unter ihnen waren die Rugier die an Zahl und Kraft hervorragendsten. Sie hatten an den einförmigen Ufern der Ostsee im heutigen Pommern gewohnt, wo noch jetzt der Name der Insel Rügen an sie erinnert. Ein solcher Rugier war auch Odoaker. Durch Einsicht und Kriegsmut schwang er sich zur Feldherrnwürde empor und zertrümmerte endlich mit kühner Hand das abgelebte römische Reich, dessen letzter Kaiser ein schwacher Knabe war, Romulus Augustulus genannt. Odoaker schenkte ihm ein Schloß mit einem reichen Einkommen in Unteritalien, und er selber machte sich zum Könige Italiens. Er herrschte mit Weisheit und Kraft; aber nach kurzer Blüte sollte sein Königreich durch die Hand eines Mächtigern fallen.

6.

Auf einem Feldzuge in die Donauländer hatte Odoaker auch mehrere den Goten verbündete Völkerstämme angegriffen und sich hierdurch den ostgotischen König Theodorich zum Feinde gemacht. Der griechische Kaiser wünschte, Theodorich möchte sich nach Italien wenden und so das griechische Reich von einem gefährlichen Nachbar befreien. Daher bezeigte er sich in einer mündlichen Unterredung überaus freundlich gegen den scheidenden Helden und trat ihm das ganze Land Italien feierlich ab. Denn er betrachtete sich als den nächsten Verwandten des gefallenen römischen Kaiserhauses und darum als den rechtmäßigen Herrn des weströmischen Reiches.

Freudig folgten die Goten dem Rufe ihres ritterlichen Königs. Im Frühling des Jahres 489 begann die allgemeine Auswanderung. Der gewaltige Zug zählte allein 200 000 wehrhafte Männer; Frauen und Kinder folgten auf Wagen. Aber die Fahrt nach Italien war überaus beschwerlich und gefahrvoll. Gleichwie einst die Kinder Israel durch die Schrecken der Wüste und die gewaffneten Scharen feindlicher Völker sich den Weg bahnen mußten zu dem ihnen verheißenen neuen Vaterlande, so konnte auch Theodorich mit den Seinen nur auf unwegsamen Straßen und durch unwirtbare Länder zur erwählten künftigen Heimat gelangen, und er hatte mit der Natur nicht minder als mit den auflauernden Haufen raublustiger Barbaren zu kämpfen. An den Ufern der Donau hin und dann durch das südliche Germanien nahm er seinen Weg und erschien dann endlich an dem rauschenden Isonzoflusse, wo schon die welsche Zunge ihren Anfang nimmt.

Wohlgerüstet stand Odoaker an den Marken seines Reichs. Die Goten waren erschöpft durch die Mühsal der langen Wanderung, zum Teil ohne

Nahrung und Waffen. Aber Theodorich entflammte durch feurige Reden den Mut seiner Streiter und besiegte seinen Gegner in drei großen Schlachten. Wankelmütig neigte sich das italische Volk bald dem Odoaker und bald dem Theodorich zu. Seinem Herzen waren beide Herrscher fremd. Fast ohne Schwertstreich öffneten die Städte Italiens dem Sieger die Thore. Selbst das Heer Odoakers ward wankend in seiner Treue. Da warf sich der auch im Unglück nicht verzagende Odoaker mit wenigen Getreuen in seine feste Hauptstadt Ravenna und rüstete sich zur entschlossensten Gegenwehr. Ravenna lag damals am Meer, während es heute durch ein allmähliches Zurücktreten der Fluten eine Stunde weit vom Strande entfernt ist. Diese Lage unterstützte die Verteidigung. Theodorich war seinem Gegner auf dem Fuße gefolgt und unternahm die Belagerung der Stadt. Mit Heldenmut widerstand Odoaker. Oftmals brach er in nächtlicher Stunde mit den Seinen aus der Stadt hervor und verbreitete Tod und Schrecken im feindlichen Lager. Aber in immer engeren Kreisen umschlossen die Goten die bedrohete Stadt und sperrten endlich sogar den Hafen ab. Eine furchtbare Hungersnot entstand unter den Belagerten. Da entschloß sich Odoaker, nachdem er drei Jahre lang sich tapfer gewehrt, an seinem Glücke verzweifelnd, zur Übergabe; sie erfolgte am 27. Februar des Jahres 493. Am 5. März hielt Theodorich seinen feierlichen Einzug in die bezwungene Stadt. Odoaker ward mit Schonung und Auszeichnung am Hoflager des Siegers aufgenommen und behandelt. Aber Theodorich fürchtete auch noch den bezwungenen Gegner. Denn Odoaker war seinem Überwinder an Edelsinn wie an Mut ebenbürtig und mochte wohl einmal den Kampf um die entrissene Königskrone erneuern. Da tauchten in Theodorichs sonst so reinem Gemüte arge Gedanken auf. Denn in hoher Stellung ist auch viel Verführung. Gleichwie einst Alexander der Große, auf dem Gipfel des Glücks angelangt, seinen Ruhm mit rohen Ausbrüchen der Leidenschaft befleckte, so hatte auch in jenen Tagen der finstere Geist der Herrschsucht und des Argwohns Gewalt bekommen über den Gotenhelden. Bei einem Gastmahle stieß Theodorich mit eigener Hand sein Schwert in die Brust des unglücklichen Odoaker.

Wohl folgte die Reue der unseligen That; aber keine Reue konnte den Mord ungeschehen machen. Er haftet als ein unauslöschlicher Flecken an dem sonst so ruhmvollen Andenken Theodorichs.

Jäher Schreck durchzuckte die Freunde des edlen Gemordeten. Doch ihnen geschah kein Leid. Mit großmütigem Vertrauen nahm Theodorich sogar mehrere Diener Odoakers, die bis zum letzten Augenblicke treu zu ihrem Herrn gestanden hatten, in seine Dienste.

7.

Nun war Theodorichs einziger Gegner gefallen. Mit zitternder Unterwürfigkeit begrüßte ganz Italien den mächtigen ostgotischen König als seinen Gebieter. Und als später Theodorich sogar das südliche Frankreich zu seinen Staaten geschlagen und die Regierung über das wankende Westgotenreich in

Spanien übernommen hatte, da war das oftgotische Reich das mächtigste
der Erde und umfaßte die blühendften Länder Europas. Denn es gehorchten
dem Gebote Theodorichs alle Lande von den eifigen Häuptern der deutschen
Alpen bis zum rauchenden Gipfel des Ätna, und von den baumlofen
Heiden Ungarns bis zum Felfen Gibraltars, der Pforte des Mittelmeeres.
Zu Sitzen feiner Herrschaft wählte Theodorich die Städte Ravenna und
Verona. Verona ward von den Goten „Bern" geheißen und war dem
Theodorich eine werte Stadt, weil er dort feinen glänzendften Sieg über
Odoaker erfochten. Darum wird er auch in den alten Sagen König
Dietrich von Bern genannt.

Tapferkeit hatte das neue Reich gegründet; Weisheit mußte es ordnen,
verschiedene Völker waren unter Theodorichs Scepter vereint. Vor allen
standen die feingebildeten, unkriegerischen Römer den nur mit den Künsten
des Krieges vertrauten Goten schroff gegenüber. Verschiedene Sitte, ver=
schiedenes Recht galt unter beiden. Auch der Glaube trennte sie. Denn die
Römer gehörten der katholischen Kirche an, die Goten aber waren Anhänger
des Arius. Doch Theodorich wußte diesen Zwiespalt zu versöhnen. Beide
Völker behielten ihre alten Gesetze und Einrichtungen und sollten ohne Neid
und Eiferfucht bei einander wohnen. Der arianische König störte nicht den
Glauben und Gottesdienst der katholischen Römer, zugleich verstand er aber
auch, sie nach ihren Neigungen zu beschäftigen. Die Römer zeichneten sich
durch ihre Bildung und Geschicklichkeit in Verwaltung der öffentlichen Ämter
aus. Darum nahm der König aus ihnen die Beamten feines Reichs. Das
schmeichelte ihrer leicht erregbaren Eitelkeit und versöhnte sie mit der Fremd=
herrschaft. So bestanden denn die Titel und Würden der alten Kaiserstadt
fort, wurden aber jetzt zur Freude des römischen Volks nach Verdienft und
Würdigkeit verliehen und nicht nach Gunst, wie es gewöhnlich bei den Kaisern
geschehen war. Zu feinem ersten Rate erhob Theodorich den Kafsiodorus.
Dieser durch Frömmigkeit und Gelehrfamkeit ausgezeichnete Mann hatte lange
Zeit hindurch die höchste Leitung aller Staatsangelegenheiten in feiner Hand,
bis er als Greis sich in ein Kloster zurückzog und dort den Wissen=
schaften sich widmete.

Außer den öffentlichen Ämtern ruhte auch der Betrieb des Handels
wie die Pflege der Künste und Wissenschaften faft ausschließlich in den Händen
der Römer. Theodorich belebte den Handel durch den Bau trefflicher Land=
straßen und durch Strenge gegen alle Räubereien. Die Ordnung und Sicher=
heit im ganzen Lande war so groß, daß, wer einen Geldbeutel verlor,
ziemlich ficher war, ihn wieder zu bekommen. Vorzüglich liebte Theodorich
die Baukunst, und er schmückte seine beiden Hauptstädte mit herrlichen Kirchen
und Paläften, in deren edler Bauart man bereits die Anfänge der fpätern
altdeutschen oder gotischen Baukunft zu erkennen vermag.

Zur Sicherftellung seines Reiches gegen innere und äußere Feinde be=
durfte aber Theodorich eines stets schlagfertigen und wohlgerüfteten Kriegs=
heeres. Dieses bildete er einzig und allein aus seinen Goten, deren Treue
und Tapferkeit sich in den vergangenen Jahren so glänzend bewährt hatte.

Hunderttausend Streiter waren stets unter den Waffen. In vierzehn Heerhaufen geteilt standen sie in allen festen Plätzen des Reichs und vorzüglich
an den Pässen der Alpen als stete Wächter des Friedens. Zugleich deckte
eine Flotte von tausend Kriegsschiffen die Küste und schirmte die Sicherheit
des Handels im Mittelmeer.

8.

Während so Theodorich wie ein Vater mit liebender Fürsorge über die
Wohlfahrt seines Reiches wachte, wußte er nicht minder auch den auswärtigen
Fürsten Achtung und Ehrfurcht einzuflößen. Mit allen begehrte er in stetem
Frieden zu leben, nie zog er das Schwert, außer wenn das Recht oder
die Notwehr es forderte. Aber oft genügte auch das bloße Erscheinen eines
gotischen Heeres zur Herstellung des Friedens. Ein schöner großartiger
Gedanke leitete alle Verhandlungen Theodorichs mit fremden Fürsten. Er
wünschte nämlich alle christlichen germanischen Könige zu einem großen heiligen
Bunde zu vereinen, dessen Glieder in Freundschaft friedlich neben einander
leben sollten. Die eiserne, rohe Zeit hat das schöne Bild nicht zur Wahrheit
werden lassen. Aber doch ist Theodorich durch jene Gesinnung ein Wächter
des Friedens und des Rechtes und somit ein Segen für seine Zeitgenossen
gewesen.

Noch sind die Briefe vorhanden, die Theodorich an fremde Fürsten schrieb.
Sie zeugen von der Weisheit des großen Königs nicht minder als von seinem
Ansehen bei auswärtigen Herrschern. Einst führte der wilde Frankenkönig
Chlodwig Krieg mit den Alemannen. Diese baten um Theodorichs
Vermittelung. Alsbald schickte derselbe eine Gesandtschaft nach Frankreich.
Sie ward begleitet von einem kunstreichen Sänger, der seinen Gesang mit
anmutigem Saitenspiel zu begleiten verstand. Am Hofe Chlodwigs pries er
in herrlichen Liedern die Waffenthaten des siegreichen Königs. Zugleich aber
überreichten auch die Gesandten ein Schreiben ihres Herrn, in welchem
Theodorich in freundlicher ernster Weise den Chlodwig zum Abstehen von
fernerem Kampfe wider die Alemannen ermahnte. In dem Briefe heißt es:
„Glaube mir, ich habe die glücklichsten Kriege dann geführt, wenn ich mit
Mäßigung endigte." Und Chlodwig folgte dem Rate und versöhnte sich mit
seinen Gegnern.

Einige Jahre später war Streit entstanden zwischen demselben Chlodwig
und dem westgotischen König Alarich dem Zweiten. Ein blutiger
Krieg drohte auszubrechen. Da sandte wiederum Theodorich Boten und Briefe
an die entzweiten Herrscher. Dem Alarich schrieb er: „Laß dich nicht hin=
reißen durch blinde Leidenschaft. Mäßigung erhält die Völker, Gerechtigkeit
macht die Könige stark. Noch kann der Streit friedlich beigelegt werden!"
Dem Burgunderfürsten Gundobald aber schrieb er mit väterlichem Ernste: „Alle
Könige ringsumher haben Beweise meines Wohlwollens empfangen. Es be=
reitet mir großen Schmerz, wenn sie gegeneinander freveln. Habet Ehrfurcht
vor meinem Alter und wisset, daß ich euren Thorheiten entgegentreten werde."
Zwar konnte Theodorich dem Ausbruch des Kampfes nicht vorbeugen. Als

aber Alarich im Kampfe geblieben war und das gotische Reich den siegreichen Scharen Chlodwigs offen stand, da verhinderte Theodorich durch sein kräftiges Einschreiten die völlige Auflösung des bedrohten Staates und übernahm im Namen des unmündigen Sohnes Alarichs die Regierung über die Westgoten.

Auch andere Fürsten ehrten den großen Theodorich als ihren Schutz= herrn und sandten ihm Briefe und Geschenke. So schickte ihm einst der thüringische König Hermanfried eine Anzahl auserlesener Rosse, die in den üppigen Wiesenthälern des thüringer Waldes gezogen worden waren und durch ihre Schönheit die Bewunderung durch ganz Italien erregten. Sie waren groß und wohlgebaut und von silbergrauer Farbe. Ihre Schnellig= keit glich der des Hirsches. Bei aller Stärke waren sie doch folgsam und trefflich zu gebrauchen. Ein anderes Mal kam eine Gesandtschaft aus dem fernen Livland mit wertvollen Geschenken, und selbst an dem nördlichsten Ende von Europa, in Skandinavien, pries man die Thaten des edlen Theodorich.

Die Freundschaft Theodorichs mit anderen Königen ward sehr befördert durch die von ihm eingeleiteten Ehebündnisse. So vermählte er seine älteste Tochter Ostrogotha mit dem burgundischen Fürsten Siegmund, seine jüngste, Amalasuntha, mit dem ostgotischen Edlen Eutharich. Eine dritte Tochter, Theodicusa, ward die Gemahlin des westgotischen Königs Alarich. Seine Schwester Amalafrieda gab er dem Vandalenkönig Theosimund und seine Nichte Amalaberga dem Hermanfried von Thüringen. Durch Theodorich kam die vorher unbekannte Sitte auf, daß Fürsten sich nur mit Fürstentöchtern vermählten. Theodorichs Gemahlin hieß Audafleda und war Chlodwigs Schwester.

Theodorich herrschte mit Kraft und Weisheit länger denn dreißig Jahre über sein weit ausgedehntes Reich. Aber die letzten Jahre seiner Herrschaft waren nicht erfreulich. Die Römer lohnten ihm seine väterliche Fürsorge mit Undank. Von dem arglistigen Hofe zu Konstantinopel genährt, ver= breiteten sich geheime Verschwörungen über Italien. Da ward Theodorichs Gemüt von finsterem Argwohn ergriffen; seine heitere Milde verwandelte sich in blutige Strenge. Schwere Strafen trafen Schuldige und Unschuldige, und man erkannte den sonst so edelmütigen Theodorich nicht mehr. Da ward einst beim Mahle ein großer Fisch auf die königliche Tafel gesetzt. Der auf= gesperrte Rachen des Fisches erschien dem Theodorich als ein Bild der Hölle, als das Angesicht der schuldlos Gemordeten. Sein Gewissen erwachte, und tiefe Reue kam in sein Herz. Er wurde seines Lebens nicht mehr froh und starb bald darauf, im siebzigsten Jahre seines Lebens, 526 n. Chr. Zu Ravenna zeigt man noch heut sein kunstreich getürmtes Grabmal.

IV. Oſtgoten. Weſtgoten. Langobarden.*)

Beliſar und Narſes.

1. Beliſar macht dem Vandalenreiche ein Ende.

Die Vandalen, ein kräftiger deutſcher Volksſtamm, waren durch Spanien über die Meerenge von Gibraltar gewandert und hatten die Provinz Afrika erobert. Ihr König hieß Genſerich, der war ein tapferer Kriegsmann, und ſo lange er lebte, behielten die Vandalen ihre natürlichen Sitten. Sie waren grauſam und roh, aber nüchtern, mäßig und keuſch. Liederliche Perſonen wurden mit dem Kolben auf den Kopf geſchlagen. Dieſe Kolben waren gezähnt und wurden am Kopfe umgedreht, ſo daß ſich die Haare darin verwickelten, und wenn dann kräftig angezogen wurde, gingen nicht bloß die Haare, ſondern auch oft die ganze Kopfhaut mit hinweg.

Nach dem Tode Genſerichs entartete das Volk in dem warmen, frucht= baren Lande und wurde eben ſo üppig und verderbt als die Römer. Als der ſchwache Hilderich den Thron beſtieg, ſtürzte ihn ſein Gegner Ge= limer und ließ ihn ins Gefängnis werfen. Dies nahm der oſtrömiſche Kaiſer Juſtinian zum Vorwand, um die Vandalen zu bekriegen, und ſandte ſeinen tapfern Feldherrn Beliſarius mit 15 000 Gewaffneten nach Afrika. Das Volk, welches die Kraft der Väter verloren hatte, hielt dem Angriffe nicht ſtand, und ſiegreich zog Beliſar mit ſeinem Heere in der Hauptſtadt Karthago ein. Gelimer hatte unterdeſſen neue Scharen geſammelt, aber Beliſar ſchlug ihn abermals. Da flüchtete ſich der Vandalenkönig auf einen Berg und verſchanzte ſich dort; aber die Feinde ſchloſſen ihn ein. Drei Monate blieb er ſtandhaft in ſeiner bittern Not; endlich aber ſchickte er zu den Feinden hinaus und bat ihren Hauptmann, der ein Deutſcher war, um drei Dinge: um ein Stück Brot, ſeinen Hunger zu ſtillen, um einen Schwamm, ſeine rotgeweinten Augen zu netzen, und um eine Laute, das Lied ſeines Jammers zu ihren Klängen zu ſingen. So aufs äußerſte gebracht, ergab er ſich in der Feinde Gewalt. Beliſar führte ihn in ſil= bernen Ketten fort nach Konſtantinopel und hielt hier einen glänzenden Triumphzug, in welchem die unermeßliche Beute prangte, welche die Van= dalen, als ſie früher Rom geplündert hatten, nach Karthago gebracht. Beliſar ging aber beſcheiden zu Fuß, während die altrömiſchen Feldherren ihren Triumphzug zu Wagen hielten.

2. Beliſar zieht nach Italien.

Inzwiſchen ſank auch die Macht des oſtgotiſchen Reiches in Italien mehr und mehr. Nach Theodorichs Tode hatte deſſen Tochter Amala= ſuntha für ihren minderjährigen Sohn die Regierung geführt. Als dieſer

---

*) Nach O. Klopp. Geſchichten, charakteriſtiſche Züge und Sagen der deutſchen Volksſtämme. (Leipzig, 1851) I.

frühzeitig starb, nahm sie Theodat, den Neffen ihres Gatten, zum Mit=
regenten an. Doch sie achtete den Theodat nicht sonderlich, und diesen ver=
droß es, unter der Herrschaft eines Weibes zu stehen. Darum trachtete er
ihr nach dem Leben, und eines Tages, als sie im Bade saß, ließ er sie er=
morden. Solche Übelthat kam dem morgenländischen Kaiser sehr gelegen
und diente ihm zum Vorwande, Italien, das er immer noch als sein Eigen=
tum betrachtet hatte, wiederzuerobern. Schon vorher hatte er die Un=
einigkeit zwischen Goten und Römern genährt und den Haß der Katholiken
gegen die Arianer aufgestachelt; denn die Italiener waren dem katholischen
Glaubensbekenntnis zugethan.

So sandte er denn im Jahre 535 seinen siegreichen Feldherrn Be=
lisar nach Italien und reizte überdies auch die Franken zum Kriege gegen
Theodat. Dieser aber erwies sich jetzt in der Gefahr schwach und verzagt
und verlor dadurch das Vertrauen seines Volkes. Weil er unentschlossen
zögerte, bekam Belisar bald Sicilien und ganz Unteritalien in seine Gewalt.
Da riefen die Goten: „Was thun wir länger mit diesem armseligen
König!" Sie setzten den König ab und riefen unter Trompetenschall und
Schwertergeklirr ihren tapfern Feldherrn Vitiges zum Könige aus. Der
sammelte schnell ein Heer von 150 000 Mann und rückte vor Rom, in
welche Stadt sich Belisar mit 5000 Mann geworfen hatte. Und doch hielt
sich der letztere über ein Jahr lang in der bedrohten Hauptstadt und ver=
teidigte sie solange, bis griechische Hilfstruppen zum Entsatze herbeirückten.
Vitiges mußte unverrichteter Sache wieder abziehen, und die Goten kamen
immer mehr ins Gedränge, so daß sie auch an dem Vitiges irre wurden.
In ihrer Verzweiflung trugen sie sogar dem gefürchteten Belisar die Krone
an, um ihn zum Abfall von seinem Kaiser zu verlocken. Belisar stellte sich,
als ob er das Anerbieten annähme, und die getäuschten Goten ließen ihn
ungehindert in das feste Ravenna einziehen. Da warf er plötzlich die Maske
ab, nahm den Vitiges in seinem eigenen Schloß gefangen und schickte ihn
samt den erbeuteten Kostbarkeiten nach Konstantinopel. Der Kaiser
Justinian lohnte aber die Dienste des treuen Feldherrn schlecht, denn er lieh
den Feinden des Belisar sein Ohr und rief ihn mitten aus seiner Siegesbahn
nach Konstantinopel zurück. Belisar gehorchte ohne Murren.

3. Totilas und Narses.

Aber das tapfere Volk verzagte noch nicht; es wählte sich den Toti=
las zum König, welcher noch jung, aber eben so weise als edel und tapfer
war. Jetzt schien das Glück den Goten noch einmal zu lächeln. Totilas
eroberte das offene Land und die meisten Städte wieder, zog siegreich in
Rom und Neapel ein und gewann durch seine Milde und Freundlichkeit
die Herzen der Überwundenen. Schon hatte der wackere Gotenkönig ganz
Unteritalien wieder gewonnen, da ward es dem Justinian doch ängstlich,
und er schickte abermals den Belisar mit Heeresmacht nach Italien. Dieser
gewann Rom aufs neue und verteidigte die Hauptstadt gegen Totilas mit

solcher Beharrlichkeit, daß er, als es an Wurfgeschoß mangelte, sogar die schönsten Bildsäulen auf die Belagerer herabschleudern ließ.

Nun aber bestürmten die Feinde Belisars abermals den Kaiser und suchten ihm den Argwohn beizubringen, der Feldherr wolle sich zum Allein=herrscher von Italien machen. Justinian rief wiederum den Belisar zurück, und abermals gewann Totilas Rom, ja noch ganz Sicilien dazu. Doch die Flotte der Goten ward geschlagen, und zu Lande kam der neue Feldherr N a r s e s , ein Kämmerling des Kaisers, klein und schwächlich, aber großen Geistes und tapferen Mutes. Der brachte ein wohlgerüstetes Heer mit, und am Fuße der Apenninen, in jener Gegend, wo einst Kamillus die Gallier geschlagen hatte (bei Tagina), trafen beide Feinde auf einander.

Totilas hatte den Goten verboten, sich der Pfeile oder irgend eines andern Geschosses zu bedienen, nur die Speere sollten sie brauchen, nur im Handgemenge kämpfen, damit die Kraft und der Mut des einzelnen Mannes entscheide. Dieses Verbot war edel aber nicht klug, weil dadurch die Seinigen den Kaiserlichen nachstehen mußten; denn diese bedienten sich der verschiedenen Waffen, wie es die Umstände erheischten. Die gotische Reiterei stürmte ungestüm vorwärts, ohne daß die Fußgänger ihr folgen konnten, und vertraute ihren Speeren; aber ihre Kühnheit war blind, und bald mußte sie die Folgen derselben empfinden. Sie bemerkten nicht, daß die Enden des Halbmondes, in welchem die Bogenschützen aufgestellt waren, sich einander näherten und sie einschlossen. Als aber die Pfeile von beiden Seiten in ihre Reihen flogen, merkten sie bald ihre Thorheit. Sie hatten schon viele Menschen und Pferde verloren, bevor sie nur mit dem Feinde recht zusammen=gekommen waren, und mit Mühe zogen sie sich auf ihre Schlachtreihe zurück.

Nun aber begann der gewaltige Andrang der Kaiserlichen gegen die Reihe der Goten, und die Römer wetteiferten mit ihren Bundesgenossen an Tapferkeit. Der Tag neigte sich, da wurden die Goten verzagt, denn sie waren zurückgedrängt von der Übermacht der Feinde. Es wurde immer dunkler, aber die Römer metzelten ohne Erbarmen alles nieder. Sechs=tausend Goten blieben in diesem Treffen, und die, welche sich den Kaiser=lichen ergaben, wurden alle getötet. Totilas floh in der Nacht mit fünf seiner Getreuen; die Feinde setzten ihm nach, ohne zu wissen, wer die Flüch=tigen wären. Unter den Kaiserlichen war auch ein Gepide, Namens Asbad. Dieser war dem Gotenkönig zunächst und zielte mit dem Speer auf den Rücken des Helden. Ein gotischer Jüngling sah die Gefahr und hieb nach dem Feinde, doch es war zu spät; Totilas war tödlich getroffen. Aber er ritt noch eine lange Strecke, bis ihn seine Freunde vom Pferde hoben; sie wollten seine Wunde verbinden, aber er starb unter ihren Händen. Da machten die Goten ein Grab und legten ihren unglücklichen König hinein.

Die Kaiserlichen wußten noch nicht, daß Totilas gefallen sei, bis es ihnen eine gotische Frau, die in der Nähe gewesen war, erzählte. Die Römer nannten das eine Lüge, bis sie den frischen Grabhügel erblickten, den die Goten ihrem Könige als das letzte Zeichen ihrer Treue errichtet hatten. Sie gruben das Grab wieder auf, um nachzusehen. Da erkannten sie die Leiche des Gotenkönigs, und als sie sich satt daran gesehen, legten sie ihn wieder in sein Grab zur Ruhe und verkündeten die Sache ihrem Feldherrn Narses. Dieser schickte den Hut und das blutgetränkte Gewand des Helden nach Konstantinopel, und dort wurden diese Überbleibsel dem Kaiser zu Füßen gelegt. Mit stolzer Freude betrachtete sie der Mann, der nie ein Schwert gezogen und doch so vielen Jammer über die deutschen Völker gehäuft hatte.

4. Tejas, der letzte König der Ostgoten (553 n. Chr.).

Die Goten, welche aus dem Treffen entkommen waren, setzten über den Po und eilten nach Ticinum (Pavia). Dort wählten sie Tejas zu ihrem Könige. Dieser bemächtigte sich des gotischen Schatzes, den Totilas zu Ticinum angehäuft hatte, und suchte dafür wieder Mannschaften an sich zu ziehen. Narses aber eilte zuerst nach Rom, welches die Goten, die dort lagen, mutig verteidigen wollten. Totilas hatte einen großen Teil der Stadt niedergebrannt; aber das Grabmal Hadrians (auf dem rechten Tiber-ufer) hatte er noch mehr befestigt, und dahin brachten nun die Goten alle ihre Kostbarkeiten und wollten diese Feste mit aller ihrer Macht schützen; die andern Mauern vernachlässigten sie. Die Kaiserlichen konnten auch nicht alle Mauern zugleich angreifen, sondern nur hier und da, und auf diesen bedrohten Punkten sammelten sich dann auch die Goten und ließen die dazwischen liegenden Räume frei. An einer solchen unbewachten Stelle er-stiegen einige Kaiserliche die Mauer, und so ward Rom zum fünften Mal erobert — dreimal von den Kaiserlichen und zweimal von den Goten.

Tejas sah wohl ein, daß die Goten für sich allein dem Kriege nicht mehr gewachsen wären, und bat darum den Frankenkönig Theobald um Hilfe. Allein die Franken wollten weder dem Kaiser noch den Goten zu Liebe ihr Leben einsetzen, sondern für sich selber Italien haben. Da mußte Tejas die Hoffnung aufgeben; er zog südwärts an der Meeresküste hin. So kam er nach Kampanien, ohne daß ihn der Feind bemerkte. In Kampanien liegt der feuerspeiende Berg Vesuv, an dessen Fuße ein kleiner Fluß Draco entspringt, der bei der Stadt Nocera vorbeifließt. Das Bett des Flusses ist eng und tief, darum der Übergang sehr schwer. Die Goten hatten die einzige Brücke besetzt, durch hölzerne Türme und Ballisten (Wurfmaschinen) befestigt, um auf die andringenden Feinde niederzuschießen. So war kein Handgemenge möglich, weil der Bach immer zwischen den Kämpfern war; aber sehr oft standen die Feinde auf beiden Ufern und suchten sich mit Pfeilen zu erlegen.

Wohl zwei Monate vergingen, und kampfgerüstet standen sich die Heere gegenüber. Noch hatten die Goten die Herrschaft über das Meer, und ihre Schiffe führten ihnen reichlich Lebensmittel zu. Aber der Anführer der gotischen Flotte übergab sie den Kaiserlichen, und zugleich segelten von Sicilien her mehrere kaiserliche Schiffe heran. Da stellte auch Narses an seiner Seite des Flusses hohe Türme auf und erschreckte die Goten, daß sie meinten, sich nicht länger da halten zu können, sondern sich auf den benachbarten Berg zurückzogen. Dahin konnte ihnen das kaiserliche Heer nicht folgen, wegen der Unebenheit des Bodens. Aber bald reuete es die Goten, so hoch hinaufgestiegen zu sein, denn sie hatten dort keine Lebensmittel mehr, weder für sich noch für ihre Pferde. Darum entschlossen sie sich, lieber im ehrlichen Kampfe zu sterben, als langsam zu verhungern, und warfen sich mit Ungestüm auf die Kaiserlichen, die so etwas am wenigsten erwarteten. Diese wehrten sich nicht auf ein Zeichen der Hörner, auch nicht nach Ab= teilungen und regelmäßiger Anordnung, sondern wie sie gerade standen; denn der Angriff war ihnen zu unerwartet gekommen. Aber dennoch ver= teidigten sie sich mit aller Anstrengung, bis sich allmählich ihre Macht gesammelt hatte.

Die Goten stiegen nun ab von ihren Rossen und ließen sie ungehindert laufen. Dann stellten sie sich alle in eine tiefe Schlachtreihe, die Stirn dem Feinde zugewendet. Als die Römer das erblickten, verließen auch sie alle Pferde und stellten sich so wie die Goten. Dann aber begann der Kampf, in welchem Tejas an Heldenkraft und Mut keinem aller Namen weicht, welche die Geschichte kennt. Den Goten gab die Verzweiflung Mut, ob= gleich ihnen der Feind an Macht weit überlegen war; die Römer kämpften für ihre Ehre; denn sie wollten sich nicht von der kleinen Schar besiegen lassen.

Am Morgen begann der Kampf, und Tejas stand durch seinen Schild gedeckt allen erkennbar an der Spitze seines Haufens. Sobald die Römer ihn erblickten, meinten sie, daß sein Tod dem Treffen ein Ende machen würde, und darum drängten sich alle Kampflustigen gegen ihn heran. Ihrer war eine große Zahl, und alle richteten auf ihn die Speere oder suchten ihn auch mit Wurfspießen zu verwunden, die sie auf ihn schleuderten. Aber Tejas stand und fing die Spieße mit seinem Schilde auf; zuweilen sprang er vor und tötete seinen Gegner. Wenn er aber bemerkte, daß sein Schild voll war von Wurfspießen, die mit der Spitze darin steckten und daran nieder= hingen, da rief er seinen Waffenträger, und dieser reichte ihm einen andern dar. Als er so kämpfend den dritten Teil des Tages dagestanden hatte, geschah es, daß wiederum zwölf Wurfspieße an seinem Schilde niederhingen und er ihn nur schwer bewegen und nicht ferner die Feinde damit abwehren konnte. Da rief er wiederum mit lauter Stimme seinen Waffenträger; er selbst bewegte sich aber nicht einen Finger breit von seiner Stelle, zog nicht seinen Fuß zurück und gestattete auch keinem Feinde, den seinigen vor= zusetzen. Auch wandte er sich nicht und bog sich nicht zur Seite; sondern gleich als wäre er an den Boden geheftet, so stand er mit seinem Schilde an derselben Stelle, während seine Rechte unter die Feinde schlug und die Linke den Andrang abhielt. So stehend rief er seinen Waffenträger mit Namen. Der brachte ihm einen neuen Schild und nahm den schweren, an welchem die Wurfspieße niederhingen. Da aber ward seine Brust einen Augenblick frei, und diesen Augenblick benützte der Feind; ein Wurfspieß sauste herüber und durchbohrte die Brust des Königs. Da hauchte der Held seine Seele aus.

Einige der Kaiserlichen aber zerrten die Leiche hervor und hieben ihr den Kopf ab und steckten denselben auf einen Speer, damit dieser Anblick den Römern Mut einflöße und die Goten verzagt mache. Aber die Goten kämpften wacker fort bis zum Abend. Die Nacht schied das Treffen, und von beiden Seiten blieben die Kämpfer in den Waffen. Am folgenden Morgen stellten sie mit dem ersten Strahl der Sonne ihre Reihen, und wiederum kämpften sie bis in die Nacht, und keiner wandte den Rücken und keiner wich, so viel auch ihrer fielen, und jeder fiel an dem Orte, wo er getroffen war. Die Goten wußten wohl, daß sie zum letzten Male kämpften; die Römer aber wollten ihnen nicht nachstehen an Mut.

Am Abend aber des zweiten Tages sandten die Goten einige der Angesehensten ihres Volkes zu Narses und ließen ihm sagen, sie sähen nun wohl ein, daß Gott ihnen das Land Italien nicht zum Eigentum beschert habe. Darum wollten sie abstehen vom Kampfe, doch nicht um sich dem Kaiser zu unterwerfen, sondern um mit ihren Genossen nach ihren Gesetzen zu leben. Darum bäten sie um freien Abzug, und daß sie auch das Reisegeld mit= nehmen dürften, das früher ein jeder zurückgelegt hätte.

Narses erwog diesen Vorschlag im Kriegsrate mit seinen Anführern, und diese rieten ihm, die Bitte zu gewähren, weil ja doch die Goten zum Todeskampfe entschlossen wären, der auch den Kaiserlichen noch manchen tapfern Mann hinwegnehmen würde. Die Meinung billigte auch Narses, und er kam mit den Goten überein, daß diese ungehindert abziehen und niemals wieder mit dem Kaiser Krieg führen sollten. Da gingen noch 1000 Goten aus ihrem Lager hervor und begaben sich nach Ticinum (Pavia) und dem nördlich vom Po gelegenen Lande. So endete der Krieg, der 18 Jahre gedauert und an 15 Millionen Menschen verschlungen hatte, und so war das Ende des Stammes der Ostgoten. Narses aber wurde zum Statthalter Italiens bestimmt.

Roderich und Tarek (711 nach Chr.).

In dem schönen Spanien wurden die Goten während des sechsten und siebenten Jahrhunderts selten angegriffen, und darum wurde das Volk im ganzen der Waffen entwöhnt. Zugleich war das Land immer von Parteiungen zerrissen; denn es war ein Wahlreich, und nur der war recht= mäßiger König, welcher feierlich dazu gewählt auf dem Schilde emporgehoben wurde. Dadurch stieg die Macht der Großen des Reiches, sowohl der welt= lichen als der geistlichen; denn nur die Großen hatten das Recht der Wahl, und dadurch entstanden unendliche Streitigkeiten, welche sowohl die königliche Macht, als auch die Ruhe und Sicherheit des Volkes zerrütteten.

Um den Anfang des achten Jahrhunderts drang ein neuer welteroberner Stamm nach Westen, die Nordküste Afrikas entlang. Die stürmende Tapferkeit der Araber überwältigte allen Widerstand; denn der Araber war nach der Lehre Mohammeds überzeugt, daß der einmal dem Tode Geweihte seinem Schicksal nicht entrinnen könne. Ein ähnlicher Glaube hatte auch einst Attila und die Hunnen zu ihren länderverwüstenden Eroberungen geführt. Als nun die Araber an der Nordküste Afrikas immer weiter nach Westen drangen, bis wo die Fluten des Meeres ihnen eine Grenze setzten, vernahmen sie allerlei Gerüchte von dem schönen Lande Spanien. Es war dem arabischen Feldherrn Musa erzählt: Spanien hat einen immer heitern Himmel, große Reichtümer und einen Überfluß an heilsamen Kräutern und Früchten. Die natürliche Fruchtbarkeit des Bodens wird durch das rechtzeitige Eintreffen des Regens und die vielen Flüsse und wasserreichen Quellen befördert. Große und prachtvolle Städte bezeugen den Reichtum der Bewohner. Man verglich Spanien mit Syrien in Rücksicht auf den heitern Himmel und die Fruchtbarkeit, mit dem Glücklichen Arabien in Rücksicht des Klimas, mit Indien in Hinsicht seiner Blüten und Wohlgerüche, mit China in betreff seiner kostbaren und reichhaltigen Minen, mit Griechenland wegen seiner günstigen Lage und seiner zahlreichen Küstenländer. Zugleich erfuhr Musa die Feindseligkeiten der Bewohner Spaniens unter einander, und es wurde ihm gesagt, daß die Juden, die seit Hadrians Zeit in großer Anzahl in Spanien weilten, nur auf den günstigen Augenblick warteten, um sich dem Drucke der verhaßten Goten zu entziehen. Aber nicht die Juden nützten den Arabern so viel, als der Verrat der ersten Würdenträger des Reichs.

Die Araber griffen zuerst Ceuta in Afrika an, das der gotische Graf Julian wacker gegen sie verteidigte. Aber dieser Mann, der die festeste Stütze des gotischen Reichs hätte sein können, wurde das Verderben desselben. So lange der Gotenkönig Vitiza regierte, war Julian diesem und dem Reiche treu; aber dann stieß Roderich den Vitiza vom Thron, und diesen fürchtete Julian, weil er ihn haßte. Die Sage erzählt noch dazu, daß der Gotenkönig Roderich dem Grafen Julian einen frevelhaften Schimpf angethan hatte durch die Mißhandlung der Cava, der Tochter Julians. Darum beriet sich Julian mit Oppas, dem ersten Bischofe des gotischen Reichs und nach dem Könige auch dem Ersten an Ansehen im gotischen Staate, und beide kamen überein, den arabischen Feldherrn Musa aus Afrika nach Spanien herüberzurufen. Musa versprach ihnen, daß er sich mit der Ehre und Beute begnügen wolle, und darauf hin verrieten die beiden rachsüchtigen Männer ihr Vaterland.

Allein Musa traute ihnen nicht recht und ließ deshalb zuerst Tarek mit einer kleinen Schar über die schmale Meerenge setzen, damit dieser das Land und die Gesinnung der Bewohner erforsche. Tarek landete an der Südspitze Spaniens und nannte den Felsen, an welchem er aus seinem Schiffe stieg, Gebel al Tarek, d. i. der Berg des Tarek, woraus der Name Gibraltar entstanden ist. Sogleich fielen einige gotische Edle ab und gingen zu Tarek über, der seine Scharen durch neue Zuzüge von Afrika her verstärkte. Roderich erschrak über die Gefahr und entbot das ganze gotische Heer. An 90 000 Mann sammelten sich unter seinen Fahnen; aber die alte Kraft war nicht mehr in ihnen, und viele haßten den Roderich. Er zog nach Süden in die Nähe der kleinen Stadt Xeres, wo auch Tarek gelagert war, und nur der Guadaletestrom trennte die beiden Heere. Die Araber waren viel schwächer an Zahl, aber ihr Kriegsmut war stürmender und gewaltiger; denn

Mohammed hatte gelehrt, daß derjenige die größte Seligkeit im Himmel empfangen werde, welcher die Lehre des Propheten mit bewaffneter Hand ausbreitete und in der Schlacht den Tod fände. Roderich, als er zum Treffen ging, trug auf seinem Haupte ein Perlendiadem, er war bekleidet mit einem weiten Gewande, das mit goldener und silberner Stickerei bedeckt war, er fuhr in einem Wagen von Elfenbein, den zwei weiße Maultiere zogen, und in demselben lehnte er nachlässig, um der Schlacht zuzuschauen.

Drei Tage lang ward schon gekämpft, ohne daß sich der Sieg entschied; denn gegen den höheren Mut der Araber stand die größere Zahl der Goten. Am dritten Tage erlahmte fast die Kraft der Mauren vor der Übermacht; denn Tausende von ihnen lagen schon auf dem Schlachtfelde. Da rief Tarek aus: „Meine Brüder, vor euch ist der Feind und hinter euch das Meer; wohin wollt ihr? Folget eurem Führer; ich lasse mein Leben, oder setze meinen Fuß auf den Nacken des entthronten Königs." Außer dieser Anrede und der Wut der Verzweiflung vertraute Tarek aber besonders auf sein geheimes Einverständnis mit dem Grafen Julian und den Söhnen des früheren Königs Vitiza, mit denen er die Nacht vorher eine Zusammen= kunft gehabt und das Bündnis erneuert hatte. Die beiden Söhne des Vitiza und Oppas hatten die wichtigsten Posten inne; im entscheidenden Augenblick des vierten Tages verließen sie dieselben, und Entsetzen und Verdacht herrschte nun durch das gotische Heer. Ein Krieger traute dem andern nicht mehr, und jeder suchte nur sein Leben zu retten. Da drängten die Araber immer stärker heran, und das ganze gotische Heer löste sich auf in wilder Flucht.

Unter der allgemeinen Verwirrung sprang Roderich von seinem Wagen und bestieg Orelia, das schnellste seiner Rosse; aber wenn er auch dem Tode in der Schlacht enteilte, so entkam er doch nicht seinem Schicksal, denn er geriet in den Guadalquivir und ertrank in den Gewässern dieses Flusses. Sein Diadem und seine Gewänder wurden am Ufer gefunden; aber seine Leiche ward von den Wellen ins Meer hinabgespült, und deshalb begnügte sich Tarek mit dem Haupte eines andern Goten und ließ es als Zeichen seines Triumphes nach Damaskus bringen. „Und so," erzählt uns der arabische Geschichtschreiber, „ist das Schicksal der Könige, die vom Schlacht= felde zu entfliehen suchen."

Oppas aber und Julian sahen, daß sie sich so tief in Schuld und Ver= brechen gestürzt hatten, daß nur der völlige Untergang des gotischen Reichs sie vor Bestrafung schützen konnte. Darum rieten sie dem Tarek, seinen Sieg auf das kräftigste zu verfolgen und den Goten keine Ruhe zu verstatten. Tarek folgte dem Rate, aber er war doch mild und ließ die Goten nach ihren eigenen Gesetzen leben, nur verlangte er Tribut von ihnen. Die Juden aber belohnte er, denn sie hatten seine Unternehmungen befördert, weil sie von den Goten hart bedrängt wurden.

Unter den Kostbarkeiten, welche die Araber in dem eroberten Lande plünderten, befand sich auch ein massiv goldener Tisch, Missorium genannt, welcher 500 Pfund wog und mit den schönsten Edelsteinen besetzt war. Das war der wertvollste Schatz der gotischen Könige gewesen. Ein anderer Tisch war aus einem einzigen Smaragd geschnitten, mit drei Reihen schöner Perlen eingefaßt und wurde von 365 goldenen Füßen, an denen Edelsteine blitzten, getragen.

Bald war ganz Spanien den Arabern unterworfen, und nur in Asturien, dem Norden und Nordwesten des Landes, erhielten sich einige Überbleibsel der gotischen Macht unbesiegt. Diese drangen nach vielen Jahren aus ihren Gebirgen wieder hinab ins Land, und der christliche Glaube, der sie beseelte, gab ihnen Heldenkraft, wie vormals den Arabern die Lehre Mohammeds.

Alboin und Autharis.

1. Alboin wird seinem Vater tischfähig.

Als die Langobarden von ihrem Könige Audoin nach Pannonien (Ungarn) geführt waren, lebten sie in beständiger Feindschaft mit den Gepiden, welche am linken Donauufer wohnten, so daß nur der Fluß sie schied. Als sie nun einmal ein Treffen lieferten, standen beide Heere lange einander gegenüber im Kampfe, ohne daß das eine dem andern auch nur einen Fuß breit weichen wollte. Da geschah es, daß Alboin, der Sohn des Audoin, und Thorismund, der Sohn des Gepidenkönigs Thorisind, auf einander trafen, und daß nach kurzem Kampfe Alboin seinen Gegner mit dem Schwerte vom Pferde schlug. Als die Gepiden den Fall ihres Königssohnes sahen, wandten sie sich zur Flucht. Diese war so eilig und verworren, daß die Langobarden eine große Menge erschlugen.

Als sie dann nach dem erfochtenen Siege mit der Beute ins Lager heimkehrten, baten sie den König Audoin, daß Alboin um seiner bewiesenen Tapferkeit willen mit ihm an einem Tische speisen sollte, denn er habe es nun verdient, wie in der Gefahr, so auch in dem Genusse der Gefährte des Vaters zu sein. Aber Audoin entgegnete, das könne er nicht zugeben, weil es gegen die Sitten des Volkes wäre. „Denn ihr wißt ja alle," — so sprach er, — „daß es dem Sohne nicht vergönnt ist, mit dem Vater zu speisen, bis er von einem andern Könige die Waffenweihe empfangen hat."

Sobald Alboin diese Worte seines Vaters vernommen hatte, nahm er nur vierzig Jünglinge mit sich und ging zu Thorisind, dem Könige der Gepiden, mit welchem er kurz zuvor noch Krieg geführt hatte. Er sagte dem Könige, weshalb er gekommen wäre. Thorisind nahm ihn gütig und freundlich auf, lud ihn zu seinem Gastmahle ein und setzte ihn an seine Seite rechter Hand, wo früher sein Sohn Thorismund gesessen hatte. Während der Vorbereitungen zum Mahle dachte Thorisind an den Tod seines Sohnes, an dessen Stelle nun der Mörder desselben saß. Er seufzte tief auf, und der Schmerz entriß ihm diese Worte: „Das ist mir ein lieber Platz; aber der Mann, der jetzt auf ihm sitzt, hat mir viel Leid gethan!"

Durch diese Worte des Königs ward ein anderer seiner Söhne erregt und fing an, die Langobarden zu reizen, indem er behauptete, daß die Langobarden Stuten glichen, deren Füße bis an die Schienbeine weiß seien; die

Langobarden pflegten nämlich das untere Bein mit weißen Binden zu um=
hüllen. Dann sagte er: „Die Stuten, denen ihr gleicht, haben einen üblen
Geruch." Da sprach einer der Langobarden zu ihm: „Geh doch auf das
Aasfeld, und dort wirst du ohne Zweifel erfahren können, wie kräftig die=
jenigen, welche du Stuten nennst, hinten ausschlagen. Dort wirst du die
Gebeine deines Bruders zerstreut finden, wie die Gebeine eines schlechten
Gespannes mitten auf der Wüste." Als das die Gepiden hörten, konnten
sie ihren Zorn nicht mehr verhehlen, sondern wollten sofort Rache nehmen
an ihrem Beleidiger. Auch die Langobarden hatten schon ihre Hand
an den Schwertern.

Da erhob sich der König vom Tische, trat mitten dazwischen und gebot
den Seinen Stille, indem er drohte, daß derjenige den Tod erleiden sollte,
der zuerst den Kampf beginnen würde; „denn," — so sprach er — „ein
solcher Sieg kann Gott nicht wohlgefällig sein, wenn man den Feind tötet
im eigenen Hause." Als so der Streit beigelegt war, setzten sie das Gast=
mahl fort mit fröhlichem Sinn. Thorisind aber nahm die Waffen seines
Sohnes Thorismund und übergab sie dem Alboin und entließ ihn dann in
Frieden zu seinem Vater. Sobald Alboin zu seinem Vater zurückgekehrt
war, ward er dessen Tischgenoß und erzählte ihm alles, was bei dem Könige
der Gepiden sich zugetragen hatte. Da verwunderten sich alle, welche dabei
waren, und lobten die Kühnheit des Alboin, aber nicht weniger rühmten sie
die Redlichkeit und Treue des Königs der Gepiden.

2. Alboin zieht nach Italien.

Nachdem Alboin König geworden war, überwand er das Volk der
Heruler und auch das der Gepiden; Kunimund, den Gepidenkönig, erschlug
er in einer Schlacht; aus seinem Schädel ließ er sich nach alter Sitte einen
Trinkbecher machen, aber die Tochter des Königs, die schöne Rosamunde,
nahm er zum Weibe. Bald führte ihn das Schicksal noch auf ein weit größeres
Feld für kühne Thaten. Der tapfere Narses war nämlich, zum Lohn für
seine treuen Dienste, vom Hofe zu Konstantinopel abgesetzt worden, und die
Kaiserin spottete seiner noch gar: „Bist doch nur ein halber Mann, Narses;
drum nimm die Spindel, und ich will dich zum Aufseher der Mädchen
machen, wenn sie am Rocken sitzen!" — „Und ich will dir ein Gespinst
übers Haupt werfen, o Kaiserin, dessen du nicht mehr ledig werden sollst,"
rief Narses im Grimm, und schickte stracks zu den Langobarden, sie möchten
herbeikommen und Italien, in welchem sie bereits gegen die Goten so wacker
gefochten, für sich selbst erobern. Des Narses Botschafter brachte ihnen köst=
liche Früchte als Wahrzeichen, und jene aus dem Volke, welche mit Ruhm
und Beute aus dem Feldzuge wieder gekommen waren, priesen nun ihren
Brüdern daheim die Schönheit des Landes und die Milde des Himmels.
Da schwoll dem Könige Alboin das Herz vor Lust; er vertrug sich mit
seinen Nachbarn, den Avaren, und überließ ihnen das Land, in welchem die
Langobarden 42 Jahre lang gewohnt hatten. Dann lud er die Sachsen,
alte Freunde seines Volks, zur Heerfahrt ein; es kamen ihrer 20 000 mit

Weib und Kind. Mit diesen vereinigt zogen nun die Langobarden, von Alboin angeführt, im Jahre 568 gen Italien aus und gewannen zuerst das Land, welches von den Flüssen Isonzo, Tagliamento, Piave, Brenta und Etsch durchschnitten wird; darüber setzte Alboin einen Herzog. Dann eroberte er das Land von der Etsch bis zu den hohen Alpen Savoyens. Überall flohen die Römer in die festen Städte, nach Ravenna, wo der Statthalter des griechischen Kaisers Hof hielt, nach Rom und Genua. Pavia aber wider= stand dem Alboin drei Jahre lang; da schwur der Held einen grimmigen Eid: „Wenn ich die Stadt einnehme, soll keine Menschenseele darin dem Schwerte der Langobarden entrinnen." Im vierten Jahre endlich erstürmte das tapfere Volk die Stadt. Alboin selbst ritt auf einem weißen Rosse den Seinigen voran; doch als er nun ins Thor kam und den Befehl zum Morden geben wollte, stürzte sein Roß im Thore nieder. Es half kein Zuruf und kein Sporn, das Pferd blieb liegen und wollte nicht weiter. Da trat ein weiser Mann zum Könige und sprach: „Herr! Du hast ein zorniges Wort gesprochen, darum hemmt der Himmel selbst hier dein Roß, daß es nicht vorwärts gehen kann. Nimm dein im Grimm gesprochenes Wort zu= rück und verzeihe der Stadt, die sich so wacker verteidigt hat; dann wird auch dein Roß weiter gehen können." Da besann sich Alboin eine Weile und blickte gen Himmel; dann sprach er: „Ich will zurücknehmen, was ich im Zorn gesprochen habe, und der Stadt ihren kühnen Mut verzeihen." Nun erhob sich sogleich das Pferd, und der König zog in die Stadt, und die Bürger nahmen ihn freudig auf. Pavia ward die Hauptstadt des neuen Langobardenreichs, das bis an die Tiber sich erstreckte.

3. Der Tod Alboins und Rosamundens.

Nachdem Alboin drei Jahre in Italien geherrscht hatte, ward er durch die Anschläge seiner Gemahlin Rosamunde getötet. Als er nämlich eines Tages ein Fest gab und zu viel des süßen Weins trank, forderte er den Becher, welcher aus dem Schädel des Gepidenkönigs Kunimund bereitet war. In seinem Übermute ließ er diesen Becher bis oben mit Wein füllen und zwang seine Gemahlin, mit ihm aus ihres Vaters Schädel zu trinken. Die Königin gehorchte, aber in ihrem Herzen schwur sie dem grausamen Manne bittere Rache. Sie überredete den Helmichis, welcher des Königs Milch= bruder und Schildträger war, daß er ihn töten sollte. Helmichis riet ihr aber, zu dieser That lieber den Peredeo, einen sehr starken Mann, zu wählen. Peredeo weigerte sich auch, aber die Königin wußte ihn doch zu überreden. Während nun der König am Mittage schlief, hieß Rosamunde alles still sein im Palaste, daß nicht das leiseste Geräusch den Schlummer Alboins störte. Dann nahm sie ihrem Gemahl alle Waffen weg, und sein Schwert, das er im Arme trug, band sie am Bette fest, daß er es nicht gebrauchen konnte. Als das geschehen war, führte sie den Peredeo ins Gemach. Aber Alboin erwachte darüber, und da er gleich seine Gefahr erkannte, streckte er seine Hand aus nach seinem Schwerte. Da er dieses nicht losmachen konnte, ergriff er einen Fußschemel und verteidigte sich mit demselben eine Zeitlang.

Aber lange konnte er sich nicht schützen, und er mußte den Streichen des Peredeo unterliegen. Die Langobarden beklagten ihren König bitterlich und begruben ihn unter der Treppe seines Palastes.

Doch auch Rosamunde nahm ein trauriges Ende. Sobald Alboin getötet war, heiratete sie den Helmichis, der sich zum König der Langobarden aufwarf. Aber die Langobarden wollten ihn töten. Da schickte Rosamunde einen Boten nach Ravenna, wo der Exarch, der Statthalter des Kaisers von Konstantinopel, wohnte, und ließ ihm sagen, er möchte ihr ein Schiff senden, daß sie entfliehen könnte. Dies that Longinus — so hieß der Statthalter — und Helmichis und Rosamunde flüchteten mit dem Schatze der Langobarden nach Ravenna. Dort überredete Longinus die Rosamunde, sie sollte seine Frau werden und den Helmichis töten. Als Helmichis im Bade saß, über= reichte ihm Rosamunde einen Becher mit Gift und sagte ihm, das wäre ein sehr heilsamer Trank. Doch Helmichis bemerkte bald, daß er seinen Tod getrunken habe; da zog er sein Schwert und zwang die böse Frau, den Becher vollends auszutrinken. So starben sie miteinander.

4. Autharis und Theudelinde (Theodolinde).

Die Langobarden machten nun K l e p h, einen tapfern Mann von edlem Stamm, zum König; der breitete ihre Herrschaft aus bis ins südliche Italien, nach Benevent hinab; dort setzte er einen Grenzherzog ein mit großer Macht. Aber schon nach 18 Monaten ward Kleph ermordet; da wollte das Volk keinen König mehr wählen, sondern verteilte die oberste Macht nach alter Sitte an viele Herzöge, die in den großen Städten regierten.

Zehn Jahre lang hatte diese Vielherrschaft der Herzöge gedauert, da schaute das Volk mit Sorgen, daß nur Zwietracht und kein Segen dabei war, und daß es von der Macht des morgenländischen Kaisers, der noch die Gegenden an der Meeresküste und alles Land gegen Süden inne hatte, bald würde bedroht werden. Da kam es darauf zurück, daß ein einziger König, der aller Kräfte vereinigte, es vor jeder Gefahr besser schützen werde, und erwählte (584) A u t h a r i s, den Sohn Klephs, einen schönen, tapfern und klugen Mann. Der waltete mit Weisheit im Innern des Landes, sicherte die Grenzen und verband sich mit den Bayern gegen die Franken, welche stets in Unfrieden lebten mit den Langobarden. Der Volksstamm der Bayern hielt seit dem Fall der Ostgoten zum Reich der Franken, aber er war ihm nicht zinsbar und wurde von einem Fürsten beherrscht. Damals war G a r i b a l d Herzog der Bayern, der hatte eine holdselige Tochter T h e u d e l i n d e. Um diese warb nun König Autharis durch Gesandte, und Garibald sagte sie ihm zu. Da kam Autharis selber, den Bayern unbekannt, als sein eigener Botschafter verstellt, zu Garibald und bat um die Gunst, die Braut zu erschauen, damit er ihre Gestalt und ihr Antlitz dem Könige daheim beschreiben könnte. Als er sie nun erblickte, überwältigte ihn ihre Schönheit, und er bat um einen Becher Wein aus ihrer schneeweißen Hand. Die Fürstentochter kredenzte ihm denselben, und als ihn der Unbekannte zu= rückgab, berührte er wie von ungefähr ihre Finger und Wangen. Darüber erschrak die Jungfrau, und voll Scham erzählte sie es heimlich ihrer Amme. Die aber sagte: „Gewiß ist's dein Bräutigam selbst, denn kein Geringerer hätte solches gewagt, und fürwahr, der dich berührte, ist wohl wert, ein König und dein Gatte zu sein." Wie nun Autharis wieder mit den Seinigen vom Hofe fortzog, gaben ihm die Bayern bis zur Grenze des Landes das Geleit; da erhob sich Autharis auf seinem Roß, warf seine Streitaxt an den nächsten Baum, daß sie tief eindrang, und rief: „Solche Würfe thut Autharis." Daraus erkannten jetzt die Bayern, daß sie den König selber begleitet hatten.

Nicht lange darauf überzog der König der Franken den Garibald mit Krieg. Als die Bayern hart bedrängt wurden, entfloh Theudelinde mit ihrem Bruder Gundrald nach Italien, um Schutz zu suchen bei ihrem Verlobten, Autharis. Dieser ritt ihr mit einem großen Gefolge entgegen, und als er ihr auf den Gefilden bei Verona begegnete, hielt er dort gleich die stattliche Hochzeit. Jubelnd begrüßten die Langobarden ihre junge Königin.

5. Theudelinde und Agilulf.

Nachdem Autharis sechs Jahre König der Langobarden gewesen war, starb er bei Ticinum (590). Die Königin Theudelinde (Theodolinde) aber hatte sich die Zuneigung des ganzen Volkes erworben, und darum gestatteten sie ihr, daß sie Königin bleiben sollte, und versprachen auch, denjenigen als ihren Herrn anzuerkennen, welchen Theudelinde sich zum Gemahl ersehen würde. Da berief die Königin die weisesten Männer und beredete sich mit ihnen; diese rieten ihr, den Agilulf zu wählen, einen tapferen und thätigen Mann, auch an Körper und Geist zur Herrschaft wohl geschickt. Die Königin ließ ihn zu sich entbieten und ritt ihm selber entgegen. Als er zu ihr kam, unterredete sie sich eine Zeitlang mit ihm und ließ dann Wein herbeibringen. Zuerst trank sie und reichte dann dem Agilulf den Becher. Als dieser getrunken hatte und ihr die Hand küssen wollte, sprach sie lachend: „Nicht geziemt es dem, meine Hand zu küssen, der wohl meinen Mund küssen dürfte." Dann erzählte sie ihm, daß sie nach dem Rate der Weisen ihn zu ihrem Gemahl und zum König der Langobarden erwählt hätte. Da ward die Hochzeit mit Jubel gefeiert, und alle freuten sich über die Wahl der Königin. Aber das Volk mußte erst ihre Wahl bestätigen, und das geschah in feierlicher Volksversammlung im Mai auf den Feldern von Mailand (591). Agilulf herrschte mit großem Ruhme bis zum Jahre 610, und das Andenken der Theudelinde blieb lange gesegnet im Volke der Langobarden.

Aistulf und Desiderius.

1. König Aistulf (749).

Unter dem Könige Aistulf nahm die Feindschaft zwischen dem Papste und den Langobarden immer mehr zu; denn der König wollte ganz Italien sich unterwerfen, und der Papst sah ihn als Hindernis seiner Macht an. Der Haß zwischen den Römern und Langobarden wurde so bitter, daß einmal der Bischof Luitprand von Cremona zu dem Kaiser Nicephorus sagte: „Wenn wir einen Menschen mit einem schweren Schimpfworte nennen wollen, so heißen wir ihn einen Römer; denn unter diesem Namen verstehen wir Langobarden alles, was niederträchtig, was furchtsam, geizig, unkeusch und verlogen ist, ja, was sich nur Lasterhaftes denken läßt." In diesem Zwiste aber betrachtete der Papst den fränkischen König als die Stütze, an welche er sich zu halten habe. Darum kam es dem Papste so sehr gelegen, als Pipin, der bisherige Hausmeier (major domus, Minister des königlichen Hauses), ihn um Rat fragte, ob derjenige König zu sein verdiene, welcher die Macht, oder der, welcher bloß den Namen habe? Zacharias, der römische Papst, erwiderte: „wer die Macht in Händen habe, müsse auch den Namen des Königs haben." Da wurden dem letzten Merowinger, dem schwachen Childerich, die Locken abgeschnitten, und Pipin bestieg den Thron der Franken. Durch diese That hatte sich der Papst den fränkischen König zur Dankbarkeit verpflichtet, und diese Schuld der Dankbarkeit haben die fränkischen Könige reichlich abgetragen, so daß die Welt die Folgen davon spürt bis auf den heutigen Tag.

Als Aistulf nun nicht aufhörte, den Papst zu bedrängen, sah Stephan, der Nachfolger des Zacharias, wohl ein, daß er sich auf die Hilfe des Kaisers in Konstantinopel nicht mehr verlassen könnte; denn alle seine Klagen dahin waren fruchtlos geblieben. Darum rief er den kräftigen und tapfern Pipin zu Hilfe, und Pipin kam. Zuerst mahnte er den Langobardenkönig in Güte, der Kirche zu geben, was der Kirche sei; als aber derselbe nicht darauf achtete, drang Pipin, als Schirmvogt der Kirche, mit seinen Franken durch die Pässe der Alpen ins Langobardenland und schloß den Aistulf in Pavia ein. Da redete der Papst nochmals zum Frieden; Aistulf nahm ihn an und beschwor mit allen Herzogen seines Volks, daß er die Oberherrschaft der Franken und den neuen römischen Staat anerkennen wolle, dessen unsichtbarer Regent der heilige Petrus, gleichwie der Papst der sichtbare sei. Dies geschah im Jahre 755, in welchem Bonifacius bei den heidnischen Friesen den Märtyrertod fand.

Kaum war jedoch Pipin aus Italien heimgekehrt, so brach Aistulf den Eid und zog im Grimm aus, um den neuerstandenen römischen Staat zu zertrümmern. Bald stand er vor Rom und belagerte den Papst in dieser seiner Hauptstadt. Da schickte Stephanus abermals zu Pipin, und dieser kam wieder und bezwang die Langobarden. Aistulf mußte nun das Exarchat — d. i. alles Gebiet an den Küsten des Adriatischen Meeres, welches einst der Statthalter (Exarch) des morgenländischen Kaisers besessen — mit gar vielen herrlichen Städten abtreten; dies übergab Pipin dem heiligen Petrus und seinem Stellvertreter, dem römischen Papste, als ewiges Eigentum. Das war der Grund und Anfang des Kirchenstaats, und so wurde das geistliche Oberhaupt der Christenheit nun auch ein weltlicher Herr.

Bald darauf (756) starb Aistulf; im nächsten Jahre wurde Desiderius König der Langobarden.

2. Sage von dem eisernen Karl.

Im Frankenreiche war Karl der Große zur Regierung gelangt; dieser hatte sich mit der Tochter des Desiderius vermählt, aber dieselbe auf dringende Mahnungen des Papstes wieder verstoßen. Da nun auch Karl die Länder seines Bruders Karlmann erworben hatte, dessen Witwe und Söhne aber zu Desiderius geflohen waren, wollte der Langobardenkönig den Papst zwingen, daß er die Söhne Karlmanns zu Königen der Franken salben sollte. Da sandte der Papst Hadrian eiligst Boten an den König Karl, und dieser ließ nicht lange auf sich warten.

Als Karl mit seiner Heeresmacht gegen Pavia heranzog, wollte Desiderius seinen Gegner gern selbst sehen. Zu ihm war einer von den Dienstmannen Karls geflohen, der hieß Autkar (Otkar). Autkar hatte den fränkischen König erzürnt und suchte nun Schutz bei Desiderius. Der König bestieg mit dem Flüchtling den höchsten Turm, von dem man das Feld weithin überblicken konnte. Als sie nun zuerst das Heer der Krieger aus dem weiten fränkischen Reiche erblickten, sprach Desiderius zu Autkar: „Ist der König Karl unter dieser Schar?" „Noch nicht," antwortete Autkar. Darauf nahte das Gepäck heran, welches gar kein Ende nehmen wollte, und Desiderius fragte wieder: „Ist Karl unter dieser Schar?" „Noch nicht, noch nicht!" erwiderte Autkar. Da begann es dem Desiderius schwül zu Mute zu werden, und er sprach: „Was sollen wir denn thun, wenn ihrer noch mehr kommen?" Autkar sprach: „Du sollst ihn sehen, wenn er herannaht; aber was aus uns werden soll, weiß ich nicht!"

Wie sie noch so redeten, zeigte sich ihnen ein anderer Haufe Bewaffneter. Als Desiderius die erblickte, sprach er bestürzt: „Das ist sicherlich Karl!" Aber Autkar entgegnete: „Auch das noch nicht, noch immer nicht!" Darauf nahten die Bischöfe, die Äbte, die Priester. Als Desiderius diese sah und schon an sein nahes Ende dachte, sprach er: „Laßt uns hinuntersteigen und uns verbergen vor dem Anblick des furchtbaren Feindes!" Autkar aber sagte: „Wenn du eine eiserne Saat auf dem Gefilde starren siehst, wenn es dir scheint, als wälzte der Po und der Tessin schwarzeiserne Wogen gegen die Mauern der Stadt heran, dann ist Karl uns nahe!"

Als sie noch so redeten, zeigte sich im fernen Westen ein schwarzes Gewimmel, ähnlich einer dicken Wolke, welche ihre Schatten auf den sonnenhellen Tag wirft. Allmählich kam der Haufe heran und das Gefilde erglänzte weithin von den blanken Waffen. Da erschien Karl, bedeckt mit einem eisernen Helm, mit eisernen Armschienen, und die breite Brust und die Schultern mit einem eisernen Panzer umhüllt. In der linken Hand trug er einen langen eisenbeschlagenen Speer, dessen Spitze zum Himmel sah, die rechte aber ruhte immer am Schwertgriff; an den Hüften trug er eiserne Panzerbekleidung, und eiserne Schienen bedeckten auch seine Beine. Am Schilde sah man nichts als Eisen, und sein Roß zeigte mit der Farbe des Eisens auch eiserne Festigkeit. Alle umringten den König und ritten teils vor ihm, teils an seiner Seite, teils hinter ihm. Die Bürger, die von den

Mauern aus zuschauten, riefen aus: „O des Eisens, mit welchem der König bewehrt ist!" Als die beiden vom Turme herab das alles erblickten, wandte sich Autkar zu Desiderius und sprach: „Siehe, da ist er, den du zu sehen begehrtest!" Desiderius aber stürzte vor Schrecken nieder.

3. Sage von der Einnahme von Pavia.

Desiderius floh mit einem Sohne und einer Tochter nach Pavia und hielt sich für sicher in dieser festen Stadt. Die Tochter des Desiderius hatte aber viel von der Macht des Königs Karl vernommen und ließ ihm deshalb mit einem Wurfgeschosse über den Ticinus einen Brief in sein Lager werfen. In diesem Briefe stand, daß sie ihm die Stadt und alle Schätze ihres Vaters überliefern würde, wenn er sie zu seiner Frau und zur Königin des fränkischen Reiches machen wollte. Auf diesen Brief antwortete ihr Karl so, daß die Liebe der langobardischen Königstochter noch mehr angefacht wurde. Sie ließ dem König wiederum durch ein Wurfgeschoß die Nachricht sagen, daß er sich in derselben Nacht am Thore bereit halten sollte, welches sie auf das gegebene Zeichen öffnen würde. So geschah es. Sie nahm die Schlüssel und öffnete das Thor, und alsbald stürzten die Franken in die Stadt. Die Tochter des Desiderius wollte Karl unter den Reitern aufsuchen, aber sie geriet unter die Pferde und ward im Getümmel von den Hufen zertreten.

Von dem Lärm erwachte Adalgis, der Sohn des Desiderius, zog sein Schwert und wollte hinausstürzen, den Feinden entgegen. Aber der Vater untersagte es ihm, denn er meinte, es wäre Gottes Wille, daß sie untergingen. Desiderius war ein gutmütiger Mann, aber ohne Mut und Geist. Darum sah Adalgis, daß aller Widerstand vergeblich sein würde, und floh eiligst aus der Stadt. Karl hatte sie unterdessen ganz eingenommen und ging dann in den Palast hinauf, wohin er die Langobarden berief, daß sie ihm huldigen sollten. Dem Könige Desiderius ließ er die Haare scheren und steckte ihn in ein Kloster.

Vierter Abschnitt.

Völkerbewegende Religionen.

I. Mohammed und die Kalifen.

Mohammed *) (622 n. Chr.).

1.

Mohammed wurde ums Jahr 570 zu Mekka geboren. Seine Mutter, eine Jüdin, hieß Amina, sein Vater, ein Araber aus dem edlen Stamme Koreisch, hieß Abdallah. Dieser starb früh und hinterließ nichts als fünf Kamele und einen äthiopischen Sklaven. In seinem sechsten Lebensjahre verlor Mohammed auch seine Mutter, und nun nahm sich der Oheim Abu Taleb des verwaisten Knaben an.

Abu Taleb führte die Aufsicht über die Kaaba, das Nationalheiligtum der Araber. In diesem Tempel wurde der schwarze Stein aufbewahrt und verehrt, den Gott dem Abraham durch den Engel Gabriel zuschickte, als jener Tempel zu Mekka gebaut wurde. Wie die Christen nach dem heiligen Grabe zu Jerusalem, so wallfahrteten die Araber zu diesem Heiligtume. Siebenmal gingen die Pilger mit schnellen Schritten um die Kaaba, siebenmal küßten sie den Stein, und siebenmal warfen sie Steine in das Thal Mina. Diese Gebräuche haben sich bis jetzt erhalten.

Abu Taleb war ein sehr thätiger und unternehmender Kaufmann, der große Reisen machte und zuweilen auch den kleinen Mohammed mitnahm. In seinem Hause blühte der Knabe zu einem schönen Jüngling auf, und man bewunderte dessen majestätische Gestalt, das durchdringende Auge, das anmutige Lächeln, die Kraft und den Wohllaut der Stimme.

In seinem dreizehnten Jahre gelangte Mohammed mit seinem Oheim nach Syrien, und dort lernte er einen christlichen Mönch Namens Sergius kennen. In seinem vierzehnten Jahre begleitete er den Abu Taleb auf einem Feldzuge gegen einige feindliche Stämme und zeichnete sich hier durch große Tapferkeit aus. Im fünfundzwanzigsten Jahre kam er in das Haus der

---

*) Nach Lossius und Schulze.

reichen Witwe Chadidscha, die ebenfalls aus dem Stamme Koreisch war. In ihrem Geschäfte machte er viele Handelsreisen, und aus Dankbarkeit gab sie ihm ihre Hand, wodurch er ein reicher Kaufmann wurde.

2.

Seine Handelsreisen und der große Verkehr auf dem Markte und in der Kaaba zu Mekka hatten ihn mit Juden und Christen in Verkehr gebracht, seinen Blick geschärft, besonders ihn auch mit den Bedürfnissen seines Vaterlandes bekannt gemacht. Er hatte den Verfall der Religion bei den Juden gesehen, die Glaubensstreitigkeiten bei den Christen kennen gelernt und konnte sich weder mit dem Judentum, noch mit dem Christentum befreunden. In seinem Lande herrschte aber viel Aberglaube, dazu war sein Volk in zahllose, feindlich sich bekämpfende Stämme zerspalten, die seine beste Kraft zerstörten. Arabien bedurfte auch eines Erretters und Erlösers, und wenn Mohammed in einsamen Stunden darüber nachdachte, so mochte ihm wohl eine innere Stimme sagen, daß er dazu berufen sei, die Araber mit neuer Kraft zu beseelen.

In seinem vierzigsten Jahre erschien ihm, wie erzählt wird, „die Nacht der Ratschlüsse Gottes", oder, wie er selbst im Koran sie nannte, „die gesegnete Nacht". Als er nämlich in der Höhle Harra ruhte, trat vor ihn ein Engel und sprach also: „Mohammed, du bist der Prophet Gottes und ich bin Gabriel!" Er erzählte dies seiner Frau; sie glaubte ihm und schwur bei demjenigen, der ihre Seele in den Händen habe, Mohammed sei ein Prophet. Hierauf glaubte ihr Vater, dann Ali, der neunjährige Sohn Abu Talebs, dann der hochgeehrte Abu=Bekr, der getreue Zeuge und Nachfolger des Propheten, und sein Sklave Zeid, den er deshalb frei gab.

3.

Drei Jahre wirkte er in der Stille und gewann etwa vierzehn Personen. Im vierten Jahre aber beschloß er öffentlich als Prophet aufzutreten. Eine neue Offenbarung erweckte ihn dazu. Er lud vierzig Personen aus seinem Stamme zu einem Gastmahl, und als sie Brot und Lammfleisch gegessen und Milch getrunken hatten, sprach er: „Niemand kann euch etwas Vortrefflicheres anbieten, als ich, denn ich bringe euch die Güter des jetzigen und des zukünftigen Lebens. Gott will, daß ich euch zu ihm rufe. Wer von euch will mein Vezier (Gehilfe) sein? Wer von euch will einen Teil der Bürde auf sich nehmen? Wer von euch will mein Bruder, mein Freund, mein Verweser sein?" — Sie scheuten sich zu antworten. Nur der Jüngste und Unansehnlichste von ihnen, Ali, der Sohn Abu Talebs, sprang auf und rief: „Ich, o Prophet, ich will dein Verweser sein!" Mohammed umarmte den Ali und gebot den übrigen ihm Gehorsam zu leisten. Allein sie lachten und sagten höhnisch zum Abu=Taleb, er werde nun seinem eigenen Sohne gehorchen müssen.

Mohammed achtete ihres Hohnes nicht; rastlos verfolgte er seine Pläne. Er predigte unter seinen Stammesgenossen und unter den Pilgern zu Mekka und forderte sie auf, dem Götzendienste zu entsagen und an seine Sendung und Lehre zu glauben. Allein er fand wenig Gehör; die Zahl seiner Gegner mehrte sich, und selbst seine Freunde rieten ihm, von seinem Vorhaben abzustehen. Er aber erklärte mit unerschütterlicher Festigkeit: „Sollten sie auch die Sonne in meine Rechte und den Mond in meine Linke legen (d. i. sollten sie mir auch die allergrößten Vorteile versprechen), so lasse ich dennoch nicht ab."

Den lebhaftesten Widerstand fand er bei seinen Stammesgenossen, den Koreischiten. Seine Lehre schien ihnen Beschimpfung der vaterländischen Religion, seine Sendung eitel Anmaßung zu sein. Sie nötigten daher die meisten seiner Anhänger (83 Männer und 18 Frauen), in das benachbarte Äthiopien zu flüchten, schlossen ein Bündnis gegen ihn und hingen die Urkunde davon in der Kaaba auf. Dadurch sah sich Mohammed bewogen, Mekka zu verlassen. Aber sein Oheim Abu Taleb schützte ihn, und Mohammed fand Mittel, das Bündnis der Koreischiten zu trennen. Er erklärte seinem Oheim, Gott habe einen Sturm geschickt, der jedes Wort jener Urkunde, den Namen „Gott" ausgenommen, durchlöchert habe. Wirklich wurde die Urkunde durchlöchert gefunden, und die Koreischiten, heißt es, staunten dieses Ereignis als ein Wunder an und hoben das Bündnis auf.

4.

Um dieselbe Zeit, im Jahre 619, starb sein Oheim Abu Taleb und seine Gattin Chadidscha: beide hatten ihn geschützt. Jetzt nahm sich sein zweiter Oheim, Al-Abbas, der dem Abu Taleb als Vorsteher der Kaaba folgte, seiner an; aber am meisten baute Mohammed auf sich selbst. Da er sah, daß er unter seinen Stammesgenossen wenig ausrichten würde, so wendete er sich vorzüglich an die vielen Fremden, die des Handels oder der Wallfahrten wegen häufig nach Mekka kamen. Durch neue Offenbarungen, die er empfangen zu haben vorgab, wußte er Glauben zu gewinnen. Besonders merkwürdig ist eine Erzählung, die mit den prächtigen Bildern einer entzückten Einbildungskraft, die den Arabern von jeher gefielen, reichlich ausgestattet ist.

Als Mohammed einst — so heißt es in der Erzählung — unweit Mekka unter freiem Himmel schlief, trat der Engel Gabriel in einem von Perlen und Goldfäden durchflochtenen Kleide zu ihm und reinigte sein Herz. Er nahm es nämlich aus Mohammeds Leibe, drückte den schwarzen Tropfen oder den Samen der Erbsünde aus demselben heraus und erfüllte es mit Weisheit und Gnade. Als er es an den gehörigen Ort zurückgebracht hatte, führte er einen wundersamen Grauschimmel herzu, Namens Al Borak, der die Schnelligkeit des Blitzes und die Gabe der Rede hatte. Der Prophet wollte ihn besteigen, aber das Wundertier bäumte sich und war nicht eher fügsam, bis ihm Mohammed die Aufnahme in das Paradies versprochen hatte. Kaum war dies geschehen, so trug es den Propheten unter Leitung des Engels in einem Nu zum Berge Sinai, von da nach Bethlehem, von Bethlehem nach Jerusalem. An allen diesen Orten verrichtete der Prophet sein Gebet; im Tempel zu Jerusalem gemeinschaftlich mit Abraham, Moses und Jesus. Von hier führte ihn der Engel (Al Borak blieb vor dem Tempel stehen) auf einer Leiter, deren Stufen von Gold, Silber, Perlen und an= deren Kostbarkeiten waren, in alle sieben Himmel nach einander. Jeder dieser Himmel war von dem andern so weit entfernt, daß nach menschlicher Weise 500 Jahre nötig gewesen wären, um von dem einen zu dem andern zu gelangen; Mohammed aber machte mit seinem Begleiter die Reise in einem Augenblicke. Die Herrlichkeiten, die er hier erblickte, lassen sich nicht malen; der Sprache fehlt es dazu an Worten, der Phantasie an Bildern. Alles war von Gold und Edelstein, voll von blendendem Licht, und in jedem Himmel begrüßten ihn Engel, Erzväter und Propheten der Vorzeit. Bis zum siebenten Himmel, wo schon die Stimme Gottes vernommen wurde, durfte Gabriel gehen, Mohammed aber gelangte über denselben hinaus bis in die Nähe des Thrones Gottes. Diesen Thron trug der Engel Asrafel, der so groß war als der ganze Raum vom Morgen bis zum Abend. Er hatte eine Million Häupter, jedes Haupt hatte eine Million Münder, jeder Mund eine Million Zungen, jede Zunge redete eine Million Sprachen, mit welchen er Tag und Nacht das Lob Gottes unaufhörlich pries. Der Thron Gottes wie jedes Thor der sieben Himmel hatte die Aufschrift: „Es ist kein Gott als Gott, und Mohammed ist sein Prophet!"

Mohammed schwindelte, aber eine Stimme rief: „Tritt herzu und nähere dich dem herrlichen und allmächtigen Gott!" Er näherte sich und hielt eine lange Unterredung mit Gott. Unaussprechliche Süßigkeit und Wonne durch= drang sein Inneres; er empfing den vollkommensten Unterricht von dem Willen Gottes und die Verheißung, daß sein Name nie von dem Namen Gottes getrennt werden sollte. Die Anzahl der Gebete, welche jeder Araber täglich verrichten sollte, bestimmte Gott auf fünf. Als die Unterredung ge= endet war, kehrte Mohammed zurück. Gabriel führte ihn auf dem vorigen Wege wieder nach Jerusalem zurück. Dort bestieg Mohammed abermals den Grauschimmel und langte noch in derselben Nacht in Mekka wieder an.

Diese kühne und ausschweifende Dichtung war wohl imstande, auf die Sinnlichkeit eines phantasiereichen Volkes Eindruck zu machen; doch wurde sie anfangs verlacht und erst späterhin geglaubt. Abu=Bekr, der „getreue Zeuge", empfahl sie mit der Bemerkung, daß alles wahr sein müsse, was der Gesandte Gottes berichte.

5.

Aber noch wichtiger war es, daß sich die Einwohner von Jathreb (Medina), die seit langer Zeit mit den Koreischiten in Feindschaft lebten, für Mohammed erklärten. Feierlich gelobten sie ihm durch ihre Abgesandten, sie wollten ihn, wenn er verfolgt werden sollte, aufnehmen und aufs äußerste verteidigen. Dagegen versprach er ihnen, sie niemals zu verlassen, und daß das Paradies ihr Lohn sein sollte, wenn sie in seinem Dienste umkommen würden. So gewann er treue und mutige Anhänger und eine Zufluchts= stätte, wenn seine Vaterstadt ihn ausstieß.

Wirklich traf das in kurzem ein. Die Koreischiten, die sein wachsendes Ansehen bemerkten, verschworen sich aufs neue gegen ihn; sein Tod ward beschlossen. Dies nötigte ihn zur Flucht. In der Nacht des 16. Julius 622
machte sich der Prophet auf. Seine Anhänger hatte er vorausgeschickt; ein
einziger, Abu-Bekr, begleitete ihn. Mit Mühe entkam Mohammed den Nach=
stellungen seiner Verfolger, und sechzehn Tage nach dem Anfange seiner
Flucht gelangte er nach „Jathreb", das von nun an „Medina el Nabi",
Stadt des Propheten, genannt wurde. Hier hatten die Einwohner für sein
Leben gezittert; doppelt groß war nun das Frohlocken über seinen Einzug.
Neue Zusicherungen der Treue und Ehrfurcht begrüßten ihn, und eben die
Flucht, die ihn ganz zu vernichten schien, führte ihn zur glänzendsten Periode
seines Lebens. Billig setzte daher sein zweiter Nachfolger, der Kalif Omar,
fest, daß von dieser Flucht (Hedschra) die Mohammedaner ihre Zeitrechnung
beginnen sollten.

6.

Von nun an gab Mohammed seiner Lehre mehr Umfang und Be-
stimmtheit. Zu dem Hauptgrundsatz, den er gleich anfangs aufgestellt hatte:
„Es ist nur ein Gott und Mohammed sein Prophet", kamen genauere Er-
örterungen über die Ergebung in den göttlichen Willen (Islam), über das
Waschen, Beten, Almosengeben, über das unvermeidliche Schicksal, dem kein
Mensch entrinnen kann, über Belohnungen und Strafen jenseits des Grabes.
Ein systematisch geordnetes Lehrgebäude stellte Mohammed nicht auf. Bei
Gelegenheiten, wenn er irgend ein Gesicht oder eine göttliche Offenbarung
gehabt hatte, ließ er solches auf einzelne Blätter schreiben und unter dem
Namen „Koran" (Schrift) bekannt machen. Nach seinem Tode sammelte
sein Nachfolger, der Kalif Abu-Bekr, die einzelnen Blätter zu einem Ganzen,
das in 114 Suren oder Abschnitte geteilt und gleichfalls „Koran" genannt wurde.

7.

Vor der Flucht hatte Mohammed nur durch Unterricht seine Lehre aus=
zubreiten gesucht und den Verfolgungen seiner Feinde Geduld entgegengesetzt;
jetzt aber fing er an, das Schwert für seine Sendung zu ziehen. Aus dem
begeisterten Prediger ward ein gewaltiger Heerführer, und Bekämpfung der
Ungläubigen ward Glaubenspflicht. „Einen Tropfen Bluts," rief er den
Seinigen zu, „in Gottes Sache vergossen, eine Nacht in Waffen zugebracht,
ist mehr wert, als zwei Monate Fasten und Beten. Wer im Treffen fällt,
dessen Sünden sind vergeben. Am Tage des Gerichts werden seine Wunden
glänzen wie Leuchtkäfer und riechen wie Moschus. Ihn empfangen die ewig
schönen Gärten des Paradieses. Daselbst ruht er auf seidenen, mit Gold
durchwirkten Kissen; Flüsse von Honig, Wein und Milch umgeben ihn; herr=
liche Speisen sind zu seinem Genusse bereitet. Zu ihm gesellen sich Jungfrauen (Houris) mit großen schwarzen Augen, schön wie Rubine und Perlen,
in blühender Jugend, von zarter Empfindsamkeit, die auch im Ehestande nicht

aufhören, Jungfrauen zu sein. Nie vernimmt er schlechtes Geschwätz, nie einen Vorwurf wegen der Sünden, wohl aber süße Stimmen, welche ihm ewiges Heil zurufen." — „Schrecklich sind dagegen die Strafen der Hölle, die denen bevorstehen, welche nicht für den Islam streiten, oder ihn gottlos verlassen. In einem ewigen Feuer werden sie weder leben noch sterben können. Ist ihre Haut von dem höllischen Feuer durchbrannt, so wird sie eine neue Haut überziehen. Angeschlossen an eine 30 Ellen lange Kette werden sie stinkendes Aas essen und siedendes Wasser trinken müssen." Durch solche Lehren befeuerte Mohammed den Mut seiner Anhänger. Mit furcht= losem Vertrauen rückten sie ins Treffen, und ein glücklicher Sieg ward er= rungen.

8.

Anfangs schickte Mohammed seine noch kleinen Haufen nur zu Streif= zügen gegen die Karawanen der Koreischiten aus. Bei dem Dorfe Bedr — noch beten daselbst wallfahrende Gläubige — erhielt er den ersten Sieg gegen eine dreimal stärkere Anzahl der Feinde. In dem zweiten Treffen gegen sie am Berge Ohod, nicht weit von Medina, wurde er verwundet und zurück= geschlagen. Aber er erhob sich über sein Unglück und erhielt die Seinigen im Glauben an seine Prophetenwürde. Die Koreischiten, die erst im folgen= den Jahre Medina angriffen, wurden zurückgeworfen. Dies erneute Glück erhöhte seinen Mut und vermehrte die Zahl seiner Anhänger. Nicht zu= frieden, bloß die Koreischiten zu bekämpfen, griff er nun auch andere ara= bische Stämme und außerdem die in Arabien wohnenden Juden an. Überall war er glücklich und schrecklich. Er unterjochte seine Gegner und ließ die Gefangenen als Feinde seines Glaubens niederhauen. So gelangte er all= mählich zu Macht und Reichtum; ein großer Teil Arabiens trat ihm bei, und schon im Jahre 628 lud er den persischen König Kosroes, den ost= römischen Kaiser Heraklius, dessen Statthalter in Ägypten, und den äthiopischen Fürsten Nagaschi zur Annahme seines Glaubens ein. Der Erfolg dieses Schrittes war verschieden. Der persische König zerriß mit stolzer Verachtung den Einladungsbrief, aber sein Befehlshaber im glücklichen Arabien trat dem Propheten bei; Kaiser Heraklius erwiderte die Einladung mit einem höflichen Antwortschreiben und ansehnlichen Geschenken; ebenso der ägyptische Statthalter; Nagaschi aber trat feierlichst zum Islam über.

9.

Indes fehlte dem Propheten noch vieles, so lange er noch nicht Herr von Mekka und der dortigen Kaaba war. Erst durch diesen Besitz erschien seine Sendung über jeden Zweifel erhaben. Aber wie sollte er dazu ge= langen? Eine freiwillige Übergabe war nicht zu erwarten, und gefährlich schien es, die Stadt mit Gewalt zu erobern; der Ruf der Heiligkeit ruhte auf ihr. Er näherte sich daher im Jahre 627 der Stadt Mekka auf eine friedliche Art und brachte einen Vergleich mit den Koreischiten zustande, kraft dessen ihm erlaubt wurde, im Jahre 628 die Kaaba zu besuchen und drei

Tage daselbst zu verweilen. Während dieses Aufenthalts erbaute er das Volk durch Frömmigkeit und gewann selbst einige der angesehensten Korei= schiten, unter anderen den tapferen Chaled, der ihn bei Ohod geschlagen hatte und der nun im Dienste des Propheten das Schwert Gottes genannt wurde. Hierauf rückte er im Jahre 629 unter dem Vorwande, daß die Koreischiten den Vertrag gebrochen hätten, mit einem Heere von 10000 Mann gegen Mekka. Aber auch jetzt wollte er nicht das Ansehen eines Eroberers der heiligen Stadt haben. Er suchte daher Mekka durch Unterhandlungen zu gewinnen, aber vergebens. Nun ließ er die Zugänge der Stadt besetzen; doch verbot er alles Blutvergießen. Plötzlich griff ein Haufen Koreischiten den tapfern Chaled an; aber dieser schlug sie zurück und drang mit den Flüchtlingen zugleich in Mekka ein. Die wichtige Stadt fiel in die Hände des Propheten.

Jetzt hatte Mohammed die glänzendste Epoche seines Lebens erreicht. Triumphierend zog er in Mekka ein, rotgekleidet, auf seinem liebsten Kamele sitzend, mit dem Scepter in der Hand und von einem glänzenden Gefolge umgeben. Die Stadt empfing ihn als Propheten und Herrn, und er be= handelte sie nicht als feindseliger Sieger, sondern als großmütiger Beschützer. Er erklärte Mekka als unverletzliche Freistatt und verzieh den Koreischiten, die bisher seine unversöhnlichen Feinde gewesen waren; bloß zehn Personen, nämlich sechs Männer und vier Frauen, waren von dieser Verzeihung aus= genommen. Aber auch von diesen ließ er nur vier, die sich durch ihre Laster verhaßt gemacht hatten, hinrichten. Das Vorsteheramt über die Kaaba über= trug er dem Koreischiten Othman, der vor kurzem zu ihm übergetreten war. Er selbst zog unter dem wiederholten Ausruf: „Gott ist groß!" sieben= mal um die Kaaba herum und dann in dieselbe hinein. Mit Unwillen er= blickte er hier Götzenbilder; er ließ sie allesamt hinauswerfen und zerschlagen.

10.

Kaum war Mekka in seinen Händen, so schickte er seine Feldherren aus, um die benachbarten Stämme zu bekehren. Er selbst zog nach 50 Tagen denselben nach. Seine Märsche waren Siege. Ehrfurcht und Schrecken ging vor ihm her, und selbst da, wo seine Scharen zurückgeschlagen wurden, wußte er doch durch Klugheit und Tapferkeit sich aus Verlegenheiten zu retten. Auch seine Freigebigkeit vermehrte und befestigte die Zahl seiner Anhänger. Fast alle Stämme Arabiens erkannten ihn teils freiwillig, teils gezwungen als den Oberherrn Arabiens an.

Auch nach Syrien unternahm der Prophet einen Kriegszug mit einem Heere von 30000 Mann gegen den oströmischen Kaiser Heraklius. Unter großen Bedrängnissen einer fast unerträglichen Hitze kam er bis Tabuc, zehn Tagereisen weit von Damaskus. Aber weiter wagte er nicht vorzudringen: es war ihm genug, den Seinigen den Weg zu weitern Eroberungen gezeigt zu haben und sie zum rastlosen Kampf gegen die Ungläubigen anzuspornen. „Streitet," rief er ihnen nach seiner Rückkehr von diesem Feldzuge zu, „streitet wider die, die weder an Gott, noch an den Tag des Gerichts glauben.

Auch wider Juden und Christen streitet so lange, bis sie sich bequemen, Tribut zu zahlen und sich zu unterwerfen."

11.

Noch einmal von Medina aus unternahm Mohammed eine glänzende Wallfahrt über Mekka, welche die Ehrfurcht für seine Person erhöhen und allen übrigen Wallfahrten für die Zukunft zum Muster dienen sollte. Durch ganz Arabien wurde diese Wallfahrt mit größter Feierlichkeit ausgerufen; mehr als 100000 Gläubige begleiteten ihn. Vor seiner Abreise von Medina salbte er sich, während der Reise sprach er unzählige Gebete, und in Mekka zog er eben so festlich ein wie damals, als er sich dieser Stadt bemächtigt hatte. Die Kaaba begrüßte er mit tiefer Ehrfurcht, oft und laut erklärte er seinen Glauben an Gott und hielt auch viele Reden an das Volk, worin er allen seinen Bekennern die Wallfahrt nach Mekka zur heiligen Pflicht machte.

12.

Dies war das letzte Unternehmen des Propheten. Bald nach seiner Rückkehr nach Medina fiel er in eine Krankheit, die seinem Leben ein Ende machte. Den Grund dazu soll eine Vergiftung gegeben haben, deren Wirkung erst nach mehreren Jahren sich zeigte.

Die empfindlichsten Schmerzen quälten ihn, er ertrug sie aber mit großer Standhaftigkeit. In ruhigeren Zwischenräumen ließ er sich in die Moschee führen und erbaute das versammelte Volk durch Demut und Buße. „Ist einer unter euch," sprach er, „den ich mit Härte gestraft, so laßt mich eben die Streiche fühlen; habe ich jemandes guten Namen beleidigt, so thut meinem Namen ein Gleiches; habe ich von jemand ungerechter Weise Geld genommen, so bin ich bereit, es wieder zu erstatten." Mit diesen Worten verließ er den Lehrstuhl und betete. Nach geendigtem Gebet wiederholte er die vorige Aufforderung. Da rief ein Unbekannter: „Ich habe drei Drachmen zu fordern." Der Prophet bezahlte die Forderung und dankte seinem Gläubiger, daß er ihn lieber in dieser als in der zukünftigen Welt angeklagt habe. Weiterhin äußerte er: „Gott habe ihm die Wahl zwischen dieser und der zukünftigen Welt gelassen; er aber habe die zukünftige vorgezogen." Mit Schmerz hörten dies die Gläubigen. Hierauf erteilte er ihnen noch folgende Vorschriften, die genau befolgt wurden: „Sie sollten Arabien von allem Götzendienst frei erhalten, nie einen Proselyten (zum Islam freiwillig Übergetretenen) gering achten und sich ohne Unterlaß mit Beten beschäftigen."

Mohammed hinterließ keine männlichen Nachkommen; vier Söhne, die ihm Chadidscha, und noch einer, den ihm Maria, eine von seinen elf Frauen, geboren hatte, waren frühzeitig gestorben. Über seinen Nachfolger bestimmte er nichts, und unter seinen drei Feldherren Abu=Bekr, Omar und Ali war die Wahl schwer. Indessen gab er doch, indem er seinen getreuen Abu=Bekr häufig zu seinem Stellvertreter ernannte, nicht undeutlich zu verstehen, daß er diesen zum Nachfolger zu haben wünschte.

13.

Bis zum dritten Tage vor seinem Tode ließ er sich in die Moschee bringen und sprach daselbst, wiewohl mit schwacher Stimme, einige Gebete. In einem Anfall von Fieberhitze forderte er Feder und Tinte, um den Haupt= inhalt seiner Offenbarungen aufzuschreiben. Seinen Vertrauten erschien aber dies als eine Herabwürdigung des Koran, der ja bereits alle Lehren Mo= hammeds enthielt. Sie stritten sich, ob man ihm das Geforderte reichen sollte. Darüber unwillig, hieß er sie weggehen, mit der Äußerung, es schicke sich nicht, in der Gegenwart des Propheten zu hadern.

Als sein Todeskampf eintrat, rief er: „Ja, ich komme mit den himm= lischen Gefährten!" Er lag auf einem Teppich, sein Haupt ruhte auf den Knieen seiner geliebten Ayescha, und so entschlief er den 17. Juni 632, im 63. Jahre seines Alters.

Bestürzung ergriff das Volk bei der Nachricht von seinem Hinscheiden. Anfangs wollte man gar nicht daran glauben. „Bei Gott," hieß es, „er ist nicht tot: er ist, wie Moses und Jesus, in eine heilige Entzückung ver= sunken und bald wird er wieder zu seinem treuen Volke zurückkehren." Selbst Omar drohte, die zu töten, welche sagen würden, der Prophet sei nicht mehr. Endlich gelang es dem verständigen Abu=Bekr, diesem Streite ein Ende zu machen. Er sprach zu Omar und der Versammlung: „Ist es Mohammed oder der Gott Mohammeds, den ihr anbetet?" Sie sprachen: „Der Gott Mohammeds!" — „Dieser Gott," fuhr Abu=Bekr fort, „lebt ewig, aber Mohammed selbst war dem Tode unterworfen, wie wir, und ist nun zu dem Ewigen hinübergegangen, wie er euch vorher verkündigt hatte."

Ein neuer Streit erhob sich über die Begräbnisstätte. Auch diesen Streit schlichtete Abu=Bekr. Er gab vor, Mohammed habe oft geäußert, ein Prophet müsse begraben werden, wo er sterbe. Demnach wurde ein Grab unter dem Boden der Wohnung der Ayescha ausgemauert und die Leiche des Propheten von seinen nächsten Anverwandten beigesetzt. Noch jetzt wird dieses Grab von frommen Pilgern besucht.

Der Islam.

Mohammeds Religion, der Islam genannt, ist auf uralte Sagen und Gewohnheiten der Araber und auf Überlieferungen des Juden= und Christen= tums gebaut. Ihrem wesentlichen Inhalte nach ist sie sehr einfach, aber vielfältig sind die Ceremonieen, die sie vorschreibt. Ihr Hauptgrundsatz ist: „Es giebt nur einen Gott und Mohammed ist sein Prophet." Die Haupt= pflicht, die sie vorschreibt, ist die völlige Ergebung an Gott, der unwiderruf= lich jedes Menschen Schicksal bestimmt hat. Ihm soll jeder Gläubige (Mos= lem) Ehrfurcht, Gehorsam und Vertrauen beweisen. Von dieser Hauptpflicht sind als gute Werke unzertrennlich das Waschen, Beten, Fasten, Almosengeben und die Wallfahrt nach Mekka.

Das Waschen der Hände, des Gesichts und des Leibes, eine alte Ge= wohnheit der Araber, wozu selbst ihr Klima auffordert, wird als Schlüssel zum Gebet empfohlen. Wo es an Wasser mangelt, was in Arabiens Wüsten meistenteils der Fall ist, darf sich der Gläubige mit Sand waschen. Das Gebet soll jeder Gläubige täglich fünfmal verrichten, mit dem Gesicht nach der Kaaba hingewendet. Diese Richtung des Betenden wird Kebla genannt. — Das Fasten soll alljährlich während des Monats Ramadan dreißig Tage lang beobachtet werden, als ein Mittel, die Seele zu reinigen und den Körper zu bezähmen, als Übung des Gehorsams gegen Gott und den Propheten. Während desselben sollen sich die Gläubigen vom Aufgang bis zum Untergang der Sonne des Essens, des Trinkens, der Bäder und alles Vergnügens der Sinne enthalten. Die Größe des Almosens, das den Zutritt zu Gott eröffnet, ist genau bestimmt; jeder Gläubige soll den zehnten Teil seiner Einnahme dazu verwenden, und klagt ihn sein Gewissen des Betrugs und der Erpressungen an, so soll dies Zehntel zum Fünftel erhöht werden. Die Wallfahrt nach Mekka soll jeder Gläubige wenigstens einmal in seinem Leben unternehmen; ist ihm dies unmöglich, so soll er am zehnten Tage des letzten Monats im Jahre, an welchem das große Opfer in Mekka geschieht, zu Hause fasten und Almosen geben. Erlaubt ist die Vielweiberei, verboten das Spielen und Weintrinken. Zum Unterschiede der Juden und Christen ist der Freitag jeder Woche zur öffentlichen Andacht und zur Unterweisung der Religion bestimmt. Die Gläubigen müssen an diesem Tage von ihren Geschäften ablassen und sich zur Andachtsübung in der Moschee versammeln. Zusammenberufen werden sie durch das Ausrufen der Worte: „Gott ist groß! Ich bezeuge, daß kein Gott ist, als der einzige! Ich bezeuge, daß Mohammed der Gesandte Gottes ist!" Von den Minarets, den spitzen Türmen, erschallt dieser Ruf an Stelle unserer Glocken.

Der Jslam geht aber noch mit seinen Lehren auf das zukünftige Leben ein; er verkündigt die Auferstehung und einen Gerichtstag Gottes, der über fünfzigtausend Jahre währen wird. Jeder wird dann empfangen, was er hier im Leben verdient oder verschuldet hat. Die Frommen werden in das Paradies eingeführt, wo sie in die Gesellschaft der Houris gelangen; die Gottlosen müssen die Qualen der Hölle erdulden.

Wahr ist es, diese Religion erscheint als eine Dienerin der Sinnlichkeit, sie beschränkt die Geistesfreiheit und fördert den Aberglauben; denn sie weist auf grobsinnliche Freuden hin, sie verbietet alle Untersuchungen über den Koran, sie lehrt, daß ein einziger Blick auf die Kaaba mehr nütze, als ein ganzes Jahr Buße. Aber nicht zu verkennen ist es auch, daß sie viel Gutes gewirkt hat. Sie hat die entzweiten Stämme der Araber zu einerlei Glauben und Gehorsam vereinigt und einen mächtigen Aufschwung des geistigen Lebens in ihnen angeregt, sodaß eine Zeitlang Poesie und Wissenschaft bei ihnen blühte; sie hat die heidnischen Völker, die sich zu ihr bekannten, von dem rohen Götzendienst zur Anbetung eines Gottes geführt, sie hat Ehrfurcht, Gehorsam und Vertrauen zum Schöpfer, Regierer und Richter der Welt verbreitet und viele Tugenden empfohlen, die das Leben schmücken und heiligen. Mit Recht kann sie also, bei allen Mängeln, die ihr ankleben, als eine für rohe Völker wohlthätige Erscheinung angesehen werden.

Die Kalifen.

Diejenigen, welche nach Mohammed über das Reich der Araber herrschten, führten den Namen Kalifen, d. i. Nachfolger, oder Emirs al Mummenin, d. i. Fürsten der Gläubigen. Keine Gesetze beengten ihren Willen, nur der Koran sollte ihre Richtschnur, sie selbst aber sollten die Ausleger des Koran sein. Sie waren Fürsten und Priester zugleich; in den Krieg gingen sie nicht, sondern übertrugen die Führung desselben ihren Feldherren. Sie hielten es für ihre wichtigste Herrscherpflicht, in den Moscheen ihrer Residenzen Gebete und Anreden an das Volk zu halten, daselbst Fluch und Segen auszusprechen und ihren Feldherren die Befehle zu erteilen. Anfangs lebten sie in achtungswerter Einfalt in Medina, dann in Pracht und Üppigkeit zu Damaskus, welche Stadt damals das irdische Paradies genannt wurde, und zuletzt in dem neuerbauten volkreichen Bagdad, wo sie die Künste und Wissenschaften übten und verbreiteten.

1. Abu-Bekr.

Abu-Bekr, Mohammeds Schwiegervater und ältester Freund, gepriesen wegen seiner Rechtschaffenheit, Frömmigkeit und Gerechtigkeitsliebe, befestigte zuerst die Ruhe im Innern von Arabien und begann auf dem von Mohammed bezeichneten Wege auswärtige Eroberungen. Er schickte Heere aus gegen Persien und Syrien, und sie waren auf beiden Seiten glücklich; Damaskus ward erobert (635).

Als er seinen Feldherrn Jezid gegen Syrien aussandte, gab er ihm folgende Verhaltungsregeln: „Denke daran, daß du stets in Gottes Gegenwart bist. Begegne deinen Soldaten mit Güte, ziehe deine Brüder zu Rate und thue, was recht und billig ist. — Wenn du dem Feinde begegnest, so halte dich männlich und kehre ihm nicht den Rücken zu. Wenn du einen Sieg gewonnen, so verschone die Greise, die Weiber und die Kinder. Haue keinen Palmbaum nieder und stecke keine Kornfelder an. Verderbe keine Fruchtbäume und töte nicht mehr Vieh, als zum Gebrauche des Heeres hinreichend ist. Laß dein gegebenes Wort heilig sein. Verschone gottesdienstliche Personen, die du an heiligen Orten findest; diese letzteren verschone ebenfalls. Du wirst aber auch auf Leute treffen, die zur Schule des Satans gehören und eine geschorene Platte tragen" (er meinte hiermit wahrscheinlich die griechischen Mönche, die damals anfingen, ihr Haupt zu scheren und fern von den Klöstern herumzuziehen), „diesen sollst du den Hirnschädel spalten und sie niederhauen, bis sie den Islam annehmen und Tribut entrichten."

2. Omar.

Nach Abu-Bekrs Tode wurde der zweite Schwiegervater des Propheten, Omar, dessen Nachfolger. Unter ihm machten die Araber, voll von Begeisterung und Religionsschwärmerei, die staunenswertesten Eroberungen. Sie bezwangen einen großen Teil von Persien und Armenien, ferner Palästina famt Jerusalem, die Städte Phöniziens, namentlich Tripolis und Tyrus, wodurch sie eine ansehnliche Seemacht erhielten, und vollendeten mit der Einnahme Antiochiens die Eroberung von ganz Syrien.

Der Patriarch von Jerusalem wollte seine Stadt unter keiner andern Bedingung den Arabern übergeben, als wenn der Kalif selbst herbeikäme und den Vergleich bestätigte. Als Rat und sein eigener Wunsch, in der Stadt, wo Mohammed gen Himmel gefahren sei, seine Andacht zu verrichten, bewogen den Kalifen, in dieses Verlangen zu willigen. Eine große Schar von Gläubigen aus Medina zog mit ihm nach Palästina; es war ein stattlicher Zug, doch Omar beobachtete stets die größte Einfachheit. Bekleidet mit einem schlechten Gewand aus Kamelshaaren, ritt er sein rotes Kamel und führte nichts mit sich als zwei lederne Beutel, den einen mit Datteln, den andern mit Reis angefüllt, eine hölzerne Schüssel und einen Schlauch mit Wasser. Wo er anhielt, ließ er die ganze Gesellschaft der Reisenden speisen und heiligte die Mahlzeit durch Gebet und Ermahnungen. Im Lager von Jerusalem, wo er in einem gemeinen Zelte auf der Erde saß, versicherte er den geängstigten Bewohnern Sicherheit des Lebens und Eigentums, und Jerusalem hatte Ursache, seine Wahrhaftigkeit und Leutseligkeit zu rühmen.

Als Amru, Omars Feldherr, die ägyptische Hauptstadt Alexandrien erobert hatte, fand er daselbst auch eine ausgezeichnet reiche Bibliothek, die große Schätze der wissenschaftlichen Werke des Altertums enthielt. Er wollte erst bei dem Kalifen anfragen, was er mit den Büchern beginnen sollte, und er erhielt von Omar folgenden Bescheid: „Was in den Büchern, deren du Erwähnung thust, geschrieben steht, ist entweder schon im Buche Gottes (Koran) enthalten, und dann sind jene Bücher überflüssig, oder es ist demselben zuwider, und dann sind jene Bücher schädlich. Befiehl also, daß sie vernichtet werden." Dieser berüchtigte Vernunftbeschluß wurde mit blindem Gehorsam vollzogen. Amru ließ die Bücher der alexandrinischen Bibliothek unter die warmen Bäder der Stadt verteilen, deren es damals in Alexandrien 4000 gab, und sechs Monate lang wurde mit dem köstlichen Nachlaß des Altertums geheizt.

Omar ward um seiner Frömmigkeit willen von seinen Unterthanen wie ein Vater geliebt; gleichwohl wurde er, während er in der Moschee zu Medina betete, von einem Sklaven, dem er eine Bitte abgeschlagen hatte, tödlich verwundet. Drei Tage darauf starb er, 63 Jahre alt, im elften Jahre seiner Regierung.

3. Othman.

Ihm folgte durch Wahl Othman, ein alter Mann, eben so glücklich als sein Vorgänger, aber nicht so unbescholten. Die großen Eroberungen, die unter Omar gemacht waren, wurden unter ihm noch fortgesetzt. In Ägypten behauptete Amru, in Syrien Moawijah die Herrschaft, von wo aus auch noch die Inseln Cypern und Rhodus erobert wurden. Dem persischen Reich ward völlig ein Ende gemacht. Othman selbst aber kam nie aus Arabien und machte sich durch Geiz und Parteilichkeit verhaßt. Eine Verschwörung entstand gegen ihn und er ward, 82 Jahre alt, im Aufruhr ermordet.

4. Ali.

Nun erst, da kein näherer Verwandter Mohammeds übrig war, er=
nannte man den frommen Ali, Mohammeds Schwiegersohn (Gemahl der
Fatime, der Lieblingstochter des Propheten) zum Kalifen. Allein mit seiner
Regierung fingen die inneren Unruhen an, die von nun an bald mehr, bald
weniger an der Wurzel des arabischen Staates nagten. Ayescha, die
„Mutter der Gläubigen", Alis unversöhnliche Feindin, hatte seine Ernennung
zum Kalifen nicht hindern können, desto eifriger suchte sie ihn zu stürzen.
Wirklich brachte sie das ganze Reich in Aufruhr, unterstützte den Moawi=
jah, Statthalter von Syrien, der sich von seinen Truppen zum Kalifen aus=
rufen ließ, und zog selbst gegen Ali zu Felde. Doch hier war ihr der Mann
überlegen. Sie ward geschlagen und gefangen, aber als Mutter der Gläu=
bigen vom frommen Ali mit Schonung behandelt. Dagegen erhob sich
Moawijah in Verbindung mit Amru, dem Statthalter Ägyptens; die Pro=
phetenstädte Mekka und Medina fielen in seine Hände, nur Kufa blieb dem
Ali treu. Doch konnte er seinen Feinden nicht entrinnen. Er wurde durch
dieselbe Partei, die den Othman ermordet hatte, im fünften Jahre seiner Re=
gierung (660) zu Kufa erstochen. In ihm starb ein edler Mann, dessen
hoher Geist noch aus seinen Sittensprüchen zu uns redet. *)

Diese Unterdrückung des Hauses Ali erzeugte große Spaltung unter den
Mohammedanern. Viele derselben glaubten, nur dem Ali habe die Herr=
schaft gebührt, und Abu-Bekr, Omar und Othman, so wie alle ihre Nach=
folger, wären unrechtmäßige Regenten gewesen. Sie verehrten daher den
frommen Ali als einen Märtyrer und Heiligen. Diese Anhänger des Hauses
Ali, die sich besonders in Persien ausbreiteten, bekamen den Namen „Schiiten"
oder Sektierer. Ihnen standen die Sunniten entgegen, welche der Sunna
oder Tradition (Überlieferung) ein gleiches Ansehen beilegten wie dem Koran
und des Ali Andenken in ihren Moscheen verfluchten. Keine Zeit hat die
Parteien und ihren gegenseitigen Haß unterdrückt. Noch jetzt nähren die
Perser als Schiiten einen unversöhnlichen Haß gegen die Türken und gegen
alle, welche die drei Kalifen für rechtmäßig halten. Die Sunniten oder
Rechtgläubigen waren aber die überwiegende Mehrzahl.

---

*) Einige derselben mögen hier stehen: „Fürchte Gott, so bist du sicher." — „Zu-
friedenheit mit dem göttlichen Willen ist Heiligung des Herzens." — „Die Enthaltung
der Seele von der Lustbegier ist der wichtigste heilige Krieg." — „Ehre deinen Vater,
so wird dein Sohn dich ehren." — „Die Welt ist der Schatten einer Wolke und der
Traum des Schlafenden." — „Der Gläubige hat Gott beständig vor Augen und ist
voller Gedanken. Er ist dankbar im Glück und geduldig im Unglück." — „Das ist ein
weiser Mann, der sich in seinem Zorn, seinem Verlangen, seiner Furcht regieren kann." —
„Der Wert eines jeden Menschen ist das Gute, so er thut!" — „Die Zunge eines weisen
Mannes liegt hinter seinem Herzen, aber das Herz eines Narren liegt hinter seiner
Zunge." — „Wissenschaft ist der Reichen Zier und der Armen Reichtum." — „Der ist
der größte Narr unter allen, der Böses thut und doch gelobt und geehrt sein
will, der Böses thut und doch die Belohnung des Guten erwartet." — „Wer sich selbst
kennt, der kennt Gott den Herrn." — „Ein weiser Feind ist besser als ein thörichter
Freund."

5. Ausdehnung des arabischen Reichs.

Moawijah, der den Ali gestürzt hatte, war das Haupt der Ommajaden, die sich bis zur Mitte des achten Jahrhunderts im Besitz des Kalifats erhielten. Den Kampf mit den Aliten (Anhängern des Ali) beendete erst Abdel Malek im Jahre 693. Dieser Kalif vollendete die Eroberung von Nordafrika bis an das Atlantische Meer durch seine Feldherren Hassan und Musa. Sein Sohn und Nachfolger war Walid (705—15), unter welchem die Araber sogar nach Spanien übersetzten, angeführt von dem kühnen Feldherrn Tarek (s. oben Seite 65), während ein anderer Feldherr (Kotaibah) im Osten vordrang, die asiatischen Reiche von Bochara, Turkestan rc. bis zur Grenze des nördlichen Indus eroberte. So erstreckte sich die Herrschaft der Kalifen über das ganze nördliche Afrika bis nach Ägypten, und von den Ländern Asiens gehörten ihr Palästina, Syrien, die Küsten des Roten Meeres und das ganze weite Ländergebiet vom Taurus und Kaukasus bis zum Sir Darja, also ganz Persien und Mesopotamien (das Land zwischen Euphrat und Tigris). Somit stand dem abendländisch-christlich-germanischen Reiche ein morgenländisch-mohammedanisch-arabisches Reich gegenüber, mit dem auf Tod und Leben gekämpft werden mußte.

6. Harun al Raschid.

Von den Kalifen, die in Bagdad ihre Residenz hatten, ist Harun al Raschid der berühmteste geworden; er ist der Held des arabischen Märchens, und seine Regierung wird als das goldene Zeitalter des arabischen Reichs gepriesen. Er durchzog mit seinen Truppen Kleinasien und zwang den griechischen Kaiser zum Tribut. Um die Oströmer ganz zu unterjochen, faßte er den kühnen Gedanken, sich mit Karl dem Großen, dem Haupte des weströmischen Kaisertums, zu verbinden. Er schickte daher an diesen mächtigen Herrscher Gesandte, die unter andern Geschenken auch eine kostbare Schlaguhr, die erste, die man bis dahin in Europa hatte, mitbrachten. Das Bündnis kam freilich nicht zustande; vielmehr griff Karl die Araber in Spanien an; aber immer zeigt ein solcher Antrag die große Staatsklugheit des Kalifen.

Den vorzüglichsten Ruhm erwarb sich Harun al Raschid durch seine Liebe zu den Künsten und Wissenschaften; aber er belebte auch die Schiffahrt und den Handel der Araber, gründete ebensowohl Fabriken als Schulen und legte viele prächtige Paläste, Gärten und Wasserleitungen an. Die hohe Schule von Bagdad konnte mit der zu Alexandrien wetteifern. Der Hof des Kalifen war ein Sammelplatz von Gelehrten mancherlei Art; er selbst nahm noch Unterricht in der Beredsamkeit, denn er bedurfte derselben zu den öffentlichen Vorträgen über den Koran, die er als Kalif halten mußte. Zum Lehrer seiner Söhne ernannte er den ebenso gelehrten als freimütigen Malek. Allein dieser war bereits mit Unterweisung der jungen Araber in in der Moschee vollauf beschäftigt und sagte, er habe nicht Zeit, in den Palast des Kalifen zu kommen; Harun al Raschid möchte ihm seine Söhne nur in die Moschee schicken. Freimütig sprach er: „Es ist besser, daß die Herren der Wissenschaft dienen, als daß die Wissenschaft den Herren dient." Der Kalif, weit entfernt, durch diese Antwort beleidigt zu werden, befahl seinen Söhnen, in die Moschee zu gehen und dort mit den Arabern niederen Standes den Unterricht des weisen Malek zu empfangen.

Die guten Ermahnungen, die der erste Kalif Abu-Bekr seinen gegen Syrien ausziehenden Heeren gegeben hatte, „Saatfelder und Fruchtbäume zu schonen und nicht mehr Vieh zu töten, als zur Unterhaltung der Armee durch= aus notwendig sei," wurden nicht immer von den Arabern befolgt. Auch zu Haruns Zeit war dies der Fall. Einst trat eine Frau niederen Standes zu ihm und beschwerte sich bei ihm, daß die Soldaten ihren Feldern Schaden zugefügt hätten. Der Kalif, der auf die Klagen aller seiner Unterthanen hörte, suchte die Frau zu beruhigen und fragte sie, ob sie sich nicht der Stelle im Koran erinnerte, wo gesagt wird: „Wenn die Heere großer Fürsten aus= ziehen, müssen die Unterthanen leiden, durch deren Felder sie gehen?" — „Ja, Herr," erwiderte die bedrängte Frau, „aber wiederum steht auch im Koran geschrieben, die Wohnung derjenigen Fürsten soll wüste werden, welche Un= gerechtigkeiten gut heißen." Diese treffende Antwort rührte den Kalifen. Auf der Stelle befahl er, daß man der Klägerin allen erlittenen Verlust ersetzen sollte. Er regierte von 786—809.

7. Glanz des Kalifentums.

Bagdad, vom Kalifen Al Mansur erbaut, wurde unter Harun al Raschid so glänzend und prächtig, daß die arabischen Märchen noch lange davon zu erzählen wußten. Es soll 2 Millionen Einwohner gehabt haben, 10 000 Moscheeen und ebensoviele öffentliche Bäder, 105 Brücken, 600 Kanäle, 400 Wassermühlen, 4000 Trinkanstalten und ebensoviel Brotbuden, 100 000 Gärten, prächtige Paläste und Springbrunnen. Das Schloß des Kalifen hatte 7 Höfe, und 10 000 Mamelucken bildeten die Dienerschaft des Herrschers. Am glänzendsten entfaltete sich die arabische Baukunst mit ihren schlanken Türmen, runden Kuppeln und prachtvollen Thoren in dem sogenannten Rundbogenstil. Ein schönes Gebäude war die Moschee in Kordova; sie war 173 m lang und 123 m breit und bestand aus 19 Schiffen, welche durch 150 Säulen und Bogen getrennt wurden. Die 19 ehernen Thore waren mit Goldblech überzogen, der Boden der Kapelle von Gold und Silber und das Ganze durch zahllose prachtvolle Lampen erhellt. Das Königsschloß Alhambra in Granada zeigt noch in seinen Ruinen den ehemaligen Glanz und Reichtum seiner Bauart. Die Höfe hatten kühle Springbrunnen, Balkone öffneten herrliche Aussichten auf die Schneegipfel des nahen Gebirges, die Wände der Säle waren wie bunte Teppiche mit schönen Steinen gemauert, und schlanke Säulen trugen schattige Hallen. In den Gärten dufteten Rosen= hecken, und in den Kronen der Palmen fächelte der laue Wind. Ähnliche Pracht war in Ägypten, in Persien bis zum Thal des Ganges zu finden, wo Delhi noch voll Trümmer arabischer Bauwerke ist.

Auch in den Wissenschaften zeichneten sich die Araber aus. Sie lernten Griechisch, übersetzten die Werke griechischer Ärzte, Sternkundiger und anderer Gelehrten in ihre Sprache, legten Schulen an, Sternwarten, und Laboratorien

zu chemischen Versuchen, und mancher deutsche Geistliche wanderte nach
Spanien, um dort zu lernen. Die Araber haben die ersten Apotheken und
Hospitäler gehabt, aber auch den Aberglauben aufgebracht, daß man mit
einem Spruch aus dem Koran die fallende Sucht zu heilen vermöge, oder
daß man aus der Stellung der Gestirne sein künftiges Schicksal erraten könne
(Astrologie). Manche Wörter aus ihrer Sprache sind in die Sprachen
Europas übergegangen, wie z. B. Algebra, das Rechnen ohne Ziffern mit
allgemeinen (Buchstaben=) Zeichen, Alkali, Laugensalz, denn die Araber
gewannen unser Laugensalz (Pottasche) aus einer Pflanze, welche sie Kali
nannten; Zenith und Nadir (Scheitel= und Fußpunkt) und viele andere.
So hat der Islam auch wieder bildend und befruchtend auf die christlich=
europäische Bildung zurückgewirkt, einem Strome gleich, der anfangs alles
zu überschwemmen drohte, dann aber verlief und einen düngenden Schlamm
zurückließ, aus welchem neue Ernten hervorwuchsen.

II. Christliche Sendboten.

Bonifacius, der Apostel der Deutschen*) († 755 n. Chr.).

Während die Goten, Burgunder und Vandalen schon zu der Zeit, als
sie in die Provinzen des römischen Reichs einwanderten, zum Christentum
bekehrt waren, hingen die Bewohner des eigentlichen Deutschlands, auch als
sie durch Chlodwig und seine Nachfolger mit dem Frankenreiche vereinigt
worden waren, immer noch dem alten Heidentume an. Zwar waren im
siebenten Jahrhundert englische und fränkische Mönche, wie Kolumbanus,
Gallus, Kilian, Emmeran und Rupertus, nach Deutschland gekommen und
hatten in verschiedenen Gegenden das Christentum gepredigt; aber die Zahl
der Christen war nur gering, und die Masse des Volkes widerstand hart=
näckig allen Bemühungen dieser frommen Männer. Da gelang es der
glühenden Begeisterung und der aufopfernden Liebe eines angelsächsischen
Mönchs, die meisten deutschen Stämme für das Christentum zu gewinnen
und in dem größten Teile unseres Vaterlandes das Heidentum für
immer auszurotten.

Winfried, später Bonifacius genannt, stammte aus einer vornehmen
angelsächsischen Familie. Schon in der Schule, wo er sich durch vorzügliche
Anlagen und seltene Lernbegierde vor allen Knaben seines Alters auszeichnete,
reifte in ihm der Entschluß, sein Leben der Ausbreitung des Christentums
zu widmen. Aber erst nach langem Widerstreben gestattete ihm der Vater,
sich dem geistlichen Stande zu weihen. Zu seiner weitern Ausbildung ver=
lebte er dann mehrere Jahre in einem durch die Frömmigkeit und Gelehrsam=
keit seiner Mönche berühmten Kloster und erhielt endlich in seinem dreißigsten
Lebensjahre die Priesterweihe. Sogleich machte er sich, seinem ersten Entschlusse

*) Nach Theodor Dielitz.

getreu, nach Deutschland auf den Weg. Welchen Gefahren er entgegenging, wußte er aus den Schicksalen seiner Vorgänger, von denen mehrere in Deutschland den Märtyrertod gestorben waren; aber vergeblich waren alle Versuche, ihn zurückzuhalten. Zuerst begab er sich nach Friesland, um seinen Landsmann Willibrord in der Bekehrung der Friesen zu unterstützen. Allein er überzeugte sich bald, daß die rohen Sitten und die Wildheit dieses Volkes der Einführung des Christentums unübersteigliche Hindernisse in den Weg legten. Er kehrte also im folgenden Jahre in seine Heimat zurück, wo er von seinen Ordensbrüdern einstimmig zum Abt gewählt wurde. Er war jedoch entschlossen, das begonnene Werk nicht nach dem ersten mißlungenen Versuch aufzugeben, schlug die ihm angebotene Würde aus und begab sich nach Rom. Der Papst erkannte bald die seltenen Eigenschaften des eifrigen, gottergebenen Mannes, ermunterte ihn zur Fortsetzung des Bekehrungswerkes und stattete ihn mit Reliquien und Empfehlungsschreiben aus.

Jetzt ging Winfried nach Thüringen, wo das Christentum zwar schon seit zwei Jahrhunderten bekannt, aber durch die Nachbarschaft der heidnischen Slaven und Czechen so entstellt und mit heidnischen Gebräuchen vermischt war, daß von einem christlichen Leben kaum eine Spur zu finden war. Mit kräftigen Worten ermahnte er die Großen des Landes, vom Götzendienst zur wahren Gottesverehrung zurückzukehren. Doch er konnte hier nur kurze Zeit verweilen, weil er die Nachricht von der Unterwerfung der Friesen durch Karl Martell erhielt. Sogleich eilte er nach Friesland und wirkte hier drei Jahre lang mit solchem Erfolg, daß Willibrord ihn durch die Erteilung der Bischofswürde belohnen wollte; er verbat es sich aber wegen seiner Jugend, da er noch nicht das fünfzigste Jahr erreicht habe. Darauf predigte er den Hessen das Evangelium, gründete in ihrem Lande das erste deutsche Kloster und reiste abermals nach Rom, wo ihm der Papst die Bischofswürde und den Namen Bonifacius erteilte und ihm Empfehlungsbriefe an viele Fürsten und Geistliche, namentlich auch an Karl Martell mitgab. Von diesem erhielt er einen Schutzbrief an alle Herzöge und Grafen des Frankenreichs und begab sich abermals nach Hessen, wo viele der früher durch ihn Bekehrten sich wieder dem Götzendienst zugewandt hatten. Um durch eine kräftige That den Glauben an die heidnischen Götter zu vernichten, legte er selbst die Hand an die uralte, dem Donnergotte geheiligte Eiche, die in der Nähe des heutigen Geismar stand, und fällte den Baum mit kräftiger Hand, während das heidnische Volk mit seinen Priestern in stummem Entsetzen den Blitzstrahl erwartete, durch den der beleidigte Gott den Frevler vernichten würde. Als diese Erwartung nicht erfüllt wurde, erkannten viele die Machtlosigkeit ihrer Götzen und ließen sich taufen. An der Stelle, wo die Eiche gestanden hatte, errichtete Bonifacius ein Kreuz, und aus dem Holze derselben erbaute er eine dem heiligen Petrus gewidmete Kapelle (das nachmalige Kloster Fulda 744).

Noch größere Schwierigkeiten fand der unermüdliche Mann in Thüringen, denn hier widersetzte sich nicht allein das Volk der weiteren Ausbreitung des Christentums, sondern es widerstrebten auch viele irrgläubige und sittenlose Priester seinen Anordnungen, so daß er viele derselben ihres Amtes entsetzen und neue an ihre Stelle berufen mußte. Unterstützt von treuen, fleißigen Gehilfen, gründete er in allen Teilen des Landes Kirchen und Klöster, suchte gleichzeitig mit dem Götzendienst auch die Ketzerei auszurotten und mit dem christlichen Glauben auch christliche Gesinnung und sittliches Leben zu verbreiten. So vermehrte sich mit jedem Jahre die Zahl der Bekehrten; immer größer wurde der Einfluß der neuen Lehre auf die Bildung und Gesittung des Volks, selbst für die Verbesserung des Feldbaues und der Viehzucht; die neugestifteten Klöster wurden Zufluchtsörter für die Bedrängten und Verfolgten, Herbergen für die Wanderer, Pflanzstätten der Kunst und Wissenschaft und Spitäler für die Kranken.

Als Bonifacius dem Papst von dem Erfolg seiner Bemühungen Bericht erstattete, erteilte ihm dieser die Würde eines Erzbischofs und veranlaßte ihn, noch einmal nach Rom zu kommen. Auf der Reise dorthin wurde der edle Mann überall, wo er erschien, aufs ehrenvollste empfangen, und selbst aus entfernten Gegenden strömten die Menschen herbei, um den mutvollen Glaubenshelden zu sehen. Nach einem längeren Aufenthalt im Rom, während dessen ihn der Papst mit Ehrenbezeigungen überhäufte, kehrte er nach Deutsch= land zurück, entschlossen, die Kirchenverfassung des ganzen Landes gleichmäßig zu ordnen und dem römischen Stuhl völlig unterzuordnen. Er teilte zu dem Ende Bayern in vier bischöfliche Sprengel, gründete in Franken und Thüringen drei neue Bistümer und die später durch ihre Klosterschule so berühmte Abtei Fulda, und berief im Jahre 742 die erste deutsche Kirchenversammlung, in der strenge Gesetze gegen den anstößigen Lebenswandel der Geistlichen gegeben wurden und alle deutsche Bischöfe ihre Unterwerfung unter den Papst schriftlich erklärten. Durch Pipin unterstützt, stellte er dann auch in dem westlichen Teil des Frankenreichs die alte Kirchenverfassung wieder her, und ließ die Oberhoheit des Papstes durch alle Bischöfe anerkennen.

So sehr aber Bonifacius die Päpste als Oberhäupter der Kirche ver= ehrte, so eifrig er bemüht war, ihr Ansehen zu befestigen und zu vermehren, so trug er doch auch kein Bedenken, dasjenige offen an ihnen zu rügen, was er in ihrem Verfahren verwerflich fand. So schrieb er einmal an den Papst Zacharias: „Wenn die unwissenden Deutschen nach Rom kommen und sehen da so manches Schlechte, das ich ihnen verbiete, so meinen sie, es sei von dem Papste erlaubt, und machen mir dann Vorwürfe, nehmen für sich selbst Ärgernis, und alle meine Predigten und mein Unterricht sind umsonst." Oft ging freilich der edle Mann in seinem Eifer zu weit. Namentlich verklagte er nicht selten Bischöfe und Priester, welche nach seiner Meinung irrige und ketzerische Lehren verbreiteten, bei dem Papst und verlangte ihre Bestrafung. So klagte er einen Priester aus Irland an, welcher behauptete, daß es auch auf der andern Seite der Erde Menschen gäbe, die unsere Gegenfüßler (Anti= poden) seien. Diese richtige Vorstellung machte ihm alle Ehre. Bonifacius aber verketzerte ihn deshalb in Rom. Der Papst antwortete: „Wenn der Mensch bei seiner verkehrten Lehre beharrt, so muß er seines priesterlichen Schmucks entkleidet und aus der Kirche gestoßen werden."

Nachdem Bonifacius dreißig Jahre lang für die Ausbreitung des Christen=

tums in Deutschland und für die Unterwerfung der Gläubigen unter den römischen Papst gewirkt hatte, wurde er zum Erzbischof von Mainz erwählt und vom Papste in diesem einflußreichen Amte, in welchem ihm vierzehn Bistümer untergeordnet waren, bestätigt. In dieser Eigenschaft salbte er Pipin zum Könige und wirkte dann unablässig für die Verbreitung wahrhaft christlicher Bildung und die festere Begründung der kirchlichen Ordnung. Dabei vergaß er nicht seinen ursprünglichen Beruf, sondern besuchte noch im hohen Alter das Land, in welchem er seine Laufbahn als Verkünder des göttlichen Worts begonnen hatte. Da sollte der unermüdliche Glaubensheld sein schönes Leben auch mit dem hehren Märtyrertod beendigen. Keine Gefahr noch Beschwerde achtend, zog der mehr als achtzigjährige Greis in Westfriesland von Ort zu Ort, predigte mit solcher Begeisterung, daß täglich Hunderte aus dem wilden Volke sich taufen ließen, zerstörte Götzenbilder und erbaute Kirchen und Klöster. Er schickte sich an, das Pfingstfest in der Gegend des heutigen Gröningen zu feiern und hatte dort einige Zelte auf= schlagen lassen, als eine große Schar heidnischer Friesen, um die Vernichtung ihrer Götterbilder zu rächen, mit Dolchen und Schwertern auf ihn eindrang. Seine Begleiter griffen zu den Waffen; er verbot ihnen aber jeden Widerstand, erinnerte sie an das Beispiel des Heilandes, ermahnte sie für göttliche Heils= lehre, der sie ihr ganzes Leben geweiht, nun auch den Tod willig zu erleiden, und fiel mit seinen elf Genossen unter den Mordwaffen der Heiden. Sein Leichnam wurde in der Domkirche zu Fulda beigesetzt, in der auch noch sein Bischofsstab, sein Evangelienbuch und der Dolch, mit dem er ermordet wurde, aufbewahrt werden.

Apostel des Nordens.

Der heilige Ansgar*) (831 n. Chr.).

1.

Die beseligende Lehre des Evangeliums sollte nach dem Willen Jesu nur auf dem friedlichen Wege der Überzeugung und durch das verborgene Walten des heiligen Geistes unter den Menschen ausgebreitet werden. Aber zu allen Zeiten ist der reine Glanz der himmlischen Botschaft vielfältig getrübt worden durch die dunkeln Schatten menschlicher Leidenschaft und Thorheit. So hatte auch Karl der Große im falschen Eifer für das Reich Gottes mit Waffen= gewalt dem Christentume eine Bahn zu brechen gesucht. Das Kreuz der Priester und das Schwert der Krieger hatten gleichmäßig das sächsische Land und Volk erobert. Gottes Gnade aber ließ auch aus dem Irrtume des Königs Gutes hervorgehen. Die Bekehrung der Sachsen vernichtete die letzte Stütze des deutschen Heidentums und öffnete zugleich dem Evangelium den Weg zu den fernen Ländern des Nordens. Fortan trennte sich auch die Ausbreitung des göttlichen Wortes mehr und mehr von dem blutigen Werke der Gewalt, und es fehlte nicht an gottbegeisterten Männern, welche mit

---

*) Nach Wippermann, Kreuz und Eiche.

wahrhaft apostolischem Heldenmut und Liebesdrang den nordischen Völkern die Botschaft des Heiles verkündigten und darum billig die Apostel des Nordens genannt werden mögen. Die ausgezeichnetsten unter ihnen sind Ansgar, Adalbert und Otto von Bamberg.

Ansgar war im Jahre 801 in der Nähe der französischen Stadt Amiens geboren und gehörte, wie Winfried, einem vornehmen adligen Geschlechte an. Frühe schon legte seine Mutter die zarten Keime der Frömmigkeit und des innigen Glaubens in das weiche Herz des Knaben und entschied so die ganze Richtung seines spätern Lebens. Doch bereits in seinem fünften Lebensjahre verlor Ansgar die liebende Pflegerin seiner Jugend durch den Tod. Dieser Verlust war für ihn um so unersetzlicher, als ihm der Vater nicht die gleiche unermüdete Sorgfalt und Aufmerksamkeit widmen konnte. So verlebte er seine Zeit meist im muntern Kreise seiner Gespielen, und unter den ausge= lassenen Spielen der Jugend schien der frühere Ernst mehr und mehr aus seinem Gemüte zu verschwinden. Aber in stillen Stunden tauchte in der Seele des Knaben das freundliche Bild der Mutter gleichwie ein schützender Engel wieder auf. Es war ihm, als warne sie ihn mit bekümmertem Antlitz vor dem betretenen Pfade des Leichtsinns und der Unbesonnenheit. Solche Augenblicke ergriffen tief sein Gemüt. Er wurde stiller, ernster, träumerischer. Die frommen Eindrücke, die er von der Mutter empfangen, wurden wieder lebendig. Seine rege Einbildungskraft beschäftigte sich Tag und Nacht mit dem Göttlichen. Einst hatte er ein wunderbares Traumbild. Er sah sich versunken in einen häßlichen Sumpf; am Rande des Sumpfes aber war ein anmutiger Weg, und darauf stand seine Mutter mit der Maria, der Mutter des Herrn und mehreren anderen Frauen, alle weiß gekleidet und lieblich anzusehen. Sogleich wollte er auf seine Mutter zueilen, aber er konnte sich aus dem Sumpfe nicht herauswinden. Da rief ihm Maria zu: „Mein Sohn, du möchtest wohl gern zu deiner guten Mutter kommen?" — „O, freilich sehne ich mich danach!" gab Ansgar lebhaft zur Antwort. Maria aber entgegnete: „Dann, lieber Sohn, fliehe allen kindischen Mutwillen und Leicht= sinn und wandle still und fromm durch das Leben. So nur wirst du zu uns kommen." Und damit zerrann der Traum, einen tiefen Eindruck in der Seele des Knaben zurücklassend.

Ansgars Vater glaubte für die Erziehung und Ausbildung seines Sohnes nicht besser sorgen zu können, als wenn er ihn dem berühmten Kloster zu Corbie anvertraute. So wuchs Ansgar unter der Leitung frommer und gelehrter Mönche heran und trat frühe schon selbst in den geistlichen Stand über. Bald war er die Zierde und der Stolz des ganzen Klosters. Ein ausdauernder Fleiß hatte seinen Geist mit ungewöhnlichen Kenntnissen bereichert; die reinste und lauterste Frömmigkeit leuchtete aus seinem ganzen Wesen her= vor, und sein überaus sanftes und liebevolles Gemüt gewann ihm alle Herzen.

2.

In dieser Zeit erwachte in ihm die Ahnung, er sei von Gott zu einem Heidenboten ausersehen. Und wie denn kein schöneres Zeugnis für die unerschütterliche Treue und Festigkeit des Glaubens gedacht werden kann, als der Tod um Christi willen, so glaubte er auch nichts Herrlicheres thun zu können, als solchem Tode sich zu weihen. Mit schwärmerischer Innigkeit verfolgte er diesen Gedanken. In wunderbaren Träumen spiegelte seine leicht entzündbare Phantasie die Sehnsucht seines Herzens ab. Einmal war es ihm, als wenn er der Erde entschwebte und von Petrus und Johannes zum Throne Gottes geführt würde. Dort stand er im großen Kreise der Seligen. Alle sangen himmlische Lieder zum Preise Gottes und schauten voll heiliger Lust gen Osten. In Osten aber war ein unermeßlicher, strah= lender Lichtglanz, welcher den Thron Gottes verhüllte. Da trat er hin vor den Lichtglanz, von Johannes und Petrus geleitet, und eine Stimme redete aus demselben zu ihm. Und wie die Stimme zu reden anhob, da schwiegen die Seligen und sanken still anbetend auf die Kniee nieder. Die Stimme aber sprach also zu Ansgar: „Gehe hin, und mit dem Kranze des Mär= tyrertums wirst du zu mir zurückkehren!" Darauf stieg er zur Erde hinab. Anfangs war er traurig, daß er den Himmel verlassen sollte. Dann aber tröstete er sich mit der Verheißung, daß er ja doch wieder einmal dahin zurückkehren sollte. Die Apostel gingen schweigend neben ihm her. Aber sie blickten auf ihn mit einem Blick voll zärtlicher Liebe, wie wenn eine Mutter ihr einziges Kind erblickt.

Solche Traumgesichte befestigten immer mehr Ansgars Entschluß, als Prediger des Evangeliums zu den Heiden zu gehen. Aber zu so schwierigem Werk bedurfte er erst noch längerer Vorbereitung und Ausrüstung; er war noch zu jung und unerfahren. Darum ließ Gott erst einen andern Ruf an ihn ergehen.

In dem Kloster zu Corbie befanden sich nämlich viele Sachsen, welche von Karl dem Großen dorthin gesendet worden waren, um in dem christ= lichen Glauben unterwiesen zu werden. Sie waren mehrenteils in den Mönchsstand übergetreten. Der fromme Kaiser Ludwig, Karls des Großen Sohn und Nachfolger, gestattete ihnen die Rückkehr in ihre Heimat und baute für sie ein prächtiges Kloster an der Weser. Weil nun das Kloster von den Mönchen aus Corbie bevölkert wurde, so wurde es Neu=Corbie oder Corvey genannt. Corvey wurde mit einer Klosterschule verbunden und zu einer Missionsstätte bestimmt, von welcher aus christliche Bildung sich immer tiefer und weiter unter dem Sachsenvolke verbreiten sollte. Ansgar aber ward zum Vorsteher der Klosterschule zu Corvey ernannt.

Im Jahre 822 ging Ansgar, ein einundzwanzigjähriger Jüngling, an den Ort seiner Bestimmung ab. Vier Jahre verweilte er zu Corvey unter mancherlei Mühen und Prüfungen. Die Gegend, jetzt überaus reizend, war damals arm und wüst, und in den Herzen der kaum bezwungenen Sachsen war der alte Haß gegen die Franken wie gegen das Christentum noch nicht ganz erstickt. Hierdurch wurde für Ansgar das ihm übertragene Amt eines Predigers doppelt schwer. Aber er erfüllte seine Pflichten mit einer so un= ermüdeten Treue und Hingebung, wie sie nur aus der reinsten Liebe zu Gott hervorkommen kann. Gottes Segen ruhte darum auch auf seinem

Wirken und mit wachsender Freude und Teilnahme gewahrten die Brüder des Klosters die reifenden Früchte von Ansgars begeistertem Streben.

3.

Da geschah es, daß der dänische Fürst Harald mit einem großen Gefolge am kaiserlichen Hofe zu Ingelheim bei Mainz erschien. Er war durch innere Unruhen aus seiner Heimat vertrieben worden und suchte Schutz und Hilfe bei Ludwig. Um aber die Zuneigung und den Beistand des frommen Herrschers um so eher zu gewinnen, trat er zum christlichen Glauben über und empfing in der Kirche zu Ingelheim die heilige Taufe. Die feierliche Handlung wurde mit großer Pracht vollzogen. Der Kaiser selbst führte den Fürsten Harald und die Kaiserin Judith, Haralds Gemahlin, zum Taufstein, und gegenseitig gegebene Geschenke sollten die gemeinsame Freude über das heilige Fest ausdrücken. Als aber Harald nach einiger Zeit in seine Heimat zurückkehren konnte, ergriff Ludwig freudig die Gelegenheit, etwas für die Bekehrung der heidnischen Dänen thun zu können. Er forderte den Dänenfürsten auf, einen christlichen Missionär unter sein Gefolge aufzunehmen. Harald willigte ein. Also wandte sich Ludwig an Wala, den Abt des Klosters Corvey, und ersuchte diesen, ihm einen zur Heidenbekehrung geeigneten Mann zu bezeichnen. Wala wußte keinen trefflicheren zu nennen, als den Mann, der mit so hoher Begeisterung die Jugend und das Alter zu lehren verstand. So ward Ansgar zum Missionär für Dänemark bestimmt.

Ansgar vernahm die Kunde von seiner Erwählung zum dänischen Missionär mit inniger Freude. Aber zugleich schwebte auch seiner Seele die ganze Schwere und Heiligkeit des großen Werkes vor, zu dem er beschieden war. Nicht die Gefahr oder der Tod war es, was er fürchtete. Vielmehr verglich sein demütiger Sinn die Größe der Aufgabe mit der Schwachheit seiner Kraft und bebte schüchtern zurück vor dem bedeutungsvollen Amte eines Heidenboten. Nur durch den Beistand des allmächtigen Gottes, das fühlte er in tiefster Seele, konnte er das heilige Werk vollführen. Diesen Beistand erflehte er nun auch durch tägliches Gebet. Er wurde still und in sich gekehrt und mied allen Umgang der Menschen; ein einsamer Weinberg in der Nähe des Klosters war sein liebster Aufenthalt. Hier bereitete er sich in ungestörter Stille vor zu seinem heiligen Amte und forschte mit noch größerem Eifer denn zuvor in der Schrift, deren beseligendes Wort er bestimmt war, den Heiden auszulegen.

Da trat einst ein anderer Mönch zu ihm, Autbert geheißen, ein Mann von edler Geburt und den trefflichsten Brüdern des Klosters zugezählt. Unwillig blickte Ansgar auf. Er meinte, der Bruder wolle ihn durch abschreckende Schilderungen von dem Trotz und der Wildheit der Heidenvölker in seinem frommen Vorsatze wankend zu machen suchen, wie man schon oft gethan.

„Beharrest du noch in deinem Beschluß, zu den Heiden des rauhen Nordens zu gehen?" fragte Autbert.

„Was geht das dich an!" entgegnete Ansgar in einem so gereizten Tone, wie man an dem liebevollen Manne sonst nicht gewohnt war.

„Zürne mir nicht!" sprach Autbert ruhig. „Ich will dich ja nicht darüber tadeln, sondern möchte nur Gewißheit haben über deinen Vorsatz!"

„Nun denn," entgegnete Ansgar, „man hat mich gefragt, ob ich im Namen Gottes den Heiden das Evangelium verkündigen wollte, und ich wagte nicht, dem Rufe Gottes auszuweichen. Ja, ich sehne mich, dahin zu gehen, und keinem Menschen wird es gelingen, mich von diesem Vorsatz abzubringen."

„Und ich," hob Autbert wieder an, „werde nie zugeben, daß du allein gehest. Ich begleite dich."

Ansgar war freudig überrascht. Durch die Teilnahme eines Mannes wie Autbert mußte ja sein Werk leichter und zugleich segensreicher werden. Wala, der Abt des Klosters, erteilte dem Autbert gern die Erlaubnis, den Freund zu begleiten. So traten sie denn, vom Kaiser Ludwig mit allem, was sie dazu bedurften, ausgerüstet, getrosten Mutes die Reise an. Sie bestiegen mit Harald und dessen Gefolge ein Schiff und fuhren nun auf dem Rheine hinunter nach der Nordsee.

Schon auf dieser Reise wurde die Sanftmut und Selbstverleugnung der beiden Missionäre auf eine schwere Probe gestellt. Denn ihre dänischen Begleiter kränkten und höhnten sie auf jegliche Weise. Doch ihre unermüdete Freundlichkeit und Milde, welche sie den Beleidigungen und dem Spott ihrer Gefährten entgegensetzten, entwaffnete endlich auch die wilden Herzen der Dänen, und diese begegneten fortan den sanften Dienern Christi mit immer sich steigernder Achtung und Liebe.

Im Herbste des Jahres 826 erreichten die Reisenden die dänische Küste. Autbert und Ansgar durchwanderten nunmehr das Land und verkündeten seinen Bewohnern die Lehre des Heils. Aber jetzt trat ihnen auch die ganze Schwere ihres Unternehmens mit niederdrückender Gewißheit entgegen. Denn die Dänen empfingen die christlichen Prediger mit stumpfer Gleichgültigkeit oder mit finsterm Haß. Die Gemüter des Volks waren rauh wie ihr Land und aufbrausend wie das Meer an ihren Küsten. Darum beschlossen die beiden Mönche, sich an die Kinder zu wenden und in ihnen ein dem Christentum empfänglicheres, milderes Geschlecht zu erziehen. Darum kauften sie den rohen Eingeborenen eine Anzahl von Knaben ab und gründeten für dieselben ein Erziehungshaus zu Haddeby im jetzigen Lande Schleswig. Hier wurden diese Kinder mit aller Liebe und Weisheit erzogen und in dem christlichen Glauben unterwiesen, damit sie dereinst selbst als Lehrer ihres Volkes auftreten könnten. Freilich wurde das schöne Werk vielfach gehindert durch die unversöhnliche Feindseligkeit der heidnischen Dänen. Dazu erkrankte Autbert, erschöpft von den Entbehrungen und Mühseligkeiten seines kummervollen Lebens. In dem kalten Norden schien seine Herstellung unmöglich, er kehrte nach Corvey zurück, wo ihn ein früher Tod aus dem Lande der Lebendigen abrief. Ansgar aber stand nun allein in dem fernen fremden Lande, um=

geben von einem finstern, mißtrauischen Volke, und es mochte ihm in manchen Stunden wohl der Mut zum ferneren Ausharren entsinken.

4.

Drei Jahre weilte jetzt Ansgar in Dänemark, immer hoffend, Gott werde ihm doch noch einen Ausweg aus dieser Bedrängnis zeigen. Da erschienen am Hofe Ludwigs des Frommen schwedische Gesandte und begehrten unter andern von ihm, daß er einen Missionär nach Schweden schicken möchte. Die Schweden hatten das Christentum schon etwas kennen gelernt. Zuweilen waren christliche Kaufleute nach ihrem Lande gekommen, und schwedische Männer hatten auf ihren Handelsreisen christliche Länder besucht und daselbst den Gottesdienst angesehen, der nicht ohne tiefen Eindruck auf manches Gemüt geblieben sein mag. Auch mußte durch Gottes Führung selbst die rohe Gewalt jener Zeiten eine Brücke werden, auf welcher der christliche Glaube hinüberschritt zum schwedischen Volke. Die Bewohner der skandinavischen Halbinsel waren damals gefürchtete Seeräuber, welche unter dem Namen der Normannen oder auch der Wikinger auf dem Meere Schiffe wegnahmen, unvermutet an den Küsten landeten und eine Strecke weit ins Land drangen, wo sie sengten und brannten und die Bewohner als Gefangene fortführten. Unter diesen befanden sich oft auch Christen. Der Umgang mit den heidnischen Eingebornen blieb nicht ohne segensreiche Folgen. So war denn in manchem Herzen das Verlangen nach einer nähern Kenntnis des Evangeliums entzündet worden, von welchem man so viel Herrliches gehört hatte. Darum hatten sich auch die schwedischen Gesandten mit jener Bitte an Kaiser Ludwig gewendet.

Der fromme Ludwig erfüllte gern das Verlangen der Schweden. Und weil Ansgar mit der Sprache und den Sitten der nordischen Völker vertraut war wie kein anderer, so sandte der Kaiser Botschaft an ihn, hinüberzugehen nach Schweden. Mit hoher Freude sah Ansgar ein neues Feld der christlichen Predigt sich öffnen. Mehrere Mönche vereinigten sich voll frommen Eifers mit Ansgar zu gemeinsamer Thätigkeit für das Reich Gottes. Einem von ihnen, Gislemar genannt, übergab Ansgar die Leitung des Erziehungshauses zu Haddeby, mit einem andern, Wittmar, schiffte er selbst sich nach Schweden ein. Auf einem Teil des Weges wurden sie von einem Wikingerschiff überfallen und rein ausgeplündert. Es entstand großer Jammer unter den Reisenden, und nur Ansgar blieb ruhig, obgleich ihm auch alle seine Bücher, vierzig an der Zahl, genommen wurden. Ohne weitern Unfall erreichten die Reisenden die schwedische Küste und landeten bei Birka am Mälarsee, in der Nähe der schwedischen Hauptstadt Sigtuna. Ansgar begab sich nun an den Hof des schwedischen Königs Berno oder Björn und überbrachte demselben ein von wertvollen Geschenken begleitetes Schreiben des Kaisers. Der König nahm den christlichen Missionär wohlwollend auf und gestattete ihm, überall ungehindert zu lehren und zu taufen. Vorzüglich erfreut über Ansgar waren die christlichen Gefangenen, welche als Knechte unter den Schweden lebten. Die erste christliche Kirche erbaute Ansgar auf dem Landgute eines vornehmen schwedischen Hofbeamten, Herigar mit Namen,

welcher sogleich im Anfang zum christlichen Glauben übergetreten war. Viele
seiner Landsleute folgten seinem Beispiele. Rasch und segensreich schien das
Christentum in Schweden sich entfalten zu wollen. Ansgar kehrte ein Jahr
nach seiner Ankunft in Schweden nach Deutschland zurück, um sich mit dem
Kaiser Ludwig über die Schritte zu besprechen, die nun zur weiteren Aus=
breitung und Befestigung des Christentums in den nordischen Ländern zu
thun wären.

Der Kaiser beschloß in der kurz zuvor gegründeten Stadt Hamburg
ein Bistum zu gründen, zu dessen Erzbischof Ansgar ernannt wurde. Diese
Erhebung (831) erfüllte den unermüdlichen Missionär mit neuem Eifer.
Während er den fränkischen Mönch Gauzbert nach Schweden sandte, über=
nahm er selbst das unendlich schwierige Werk der Heidenbekehrung unter den
Dänen. Doch wie früher hinderte ihn auch jetzt der wilde, christenfeindliche
Sinn des Volkes an dem Gelingen seines Werkes; selbst der König Horik
war feindlich gegen Ansgar und das Christentum gesinnt. Die Schule zu
Haddeby ging ein, und Ansgar sah sich mit tiefem Schmerz auf den Unter=
richt einzelner Knaben und Jünglinge beschränkt, die er aus der Leibeigen=
schaft loskaufte. Aber er sollte noch härter geprüft werden.

5.

Unter den Söhnen Ludwigs des Frommen brach ein Krieg aus, der
Deutschland verheerte und zerteilte; die raubgierigen Scharen der Normannen
verstanden es trefflich, die allgemeine Verwirrung zu benutzen. Sie drangen
verheerend in die blühendsten Landstriche ein, überfielen und verbrannten auch
die Stadt Hamburg. Die von Ansgar erbaute schöne Kirche, das von ihm
gegründete Kloster und die Bibliothek, ein Geschenk des Kaisers, gingen in
jenen Schreckenstagen in Flammen auf. Ansgar und seine Gefährten flohen
nach dem Gute der frommen Ida, einer vornehmen holsteinischen Edelfrau,
wo sie gastliche Aufnahme und eine willkommene Zufluchtsstätte fanden. Mit
tiefem Schmerze gedachte Ansgar des zerstörten Heiligtums zu Hamburg, mit
welchem ihm zugleich so manche selige Hoffnung untergegangen war. Sein
ganzes Wirken schien ja jetzt zerstört und in Frage gestellt. Aber doch tröstete
er noch seine verzagenden Genossen und sprach voll christlicher Ergebung:
„Der Herr hat's gegeben, der Herr hat's genommen, der Name des Herrn
sei gelobt!" Und als in dem ausgeplünderten Lande die Not immer höher
stieg, da sandte er den größten Teil der ihn begleitenden Mönche in ihre
deutschen und französischen Klöster zurück. Er selbst blieb aber voll helden=
mütiger Ausdauer auf seinem schwierigen Posten.

Durch den Vertrag zu Verdun ward der fränkische Erbfolgestreit beendigt,
und Ludwig, der über Deutschland herrschte, schützte sein Reich vor den Ein=
fällen der Normannen und sorgte für Ruhe und Sicherheit. So nahm er
sich denn auch des vertriebenen Ansgar an, indem er dessen bischöflichen
Sitz von Hamburg nach dem sicheren Bremen verlegte (847). Ansgar war
nun aus aller Bedrängnis befreit. Mit um so größerem Eifer widmete er
sich der Fürsorge für die weitere Verbreitung des Christentums. Vorzüglich

lag es ihm am Herzen, den Dänenkönig Horik zu belehren, da dann auch das
Volk das Christentum annehmen würde. Darum suchte er Horik von An=
gesicht zu Angesicht zu sehen und mit ihm zu verkehren. Ansgar erschien mehrmals
als kaiserlicher Gesandter am Hofe des dänischen Königs. Wunderbar fühlte
sich Horik ergriffen von der ruhigen Klarheit, die über Ansgars Wesen aus=
gebreitet war, von der liebevollen Milde, die aus den Augen, wie aus den
Worten des christlichen Missionärs ihm entgegenleuchtete. Aller Haß und
Argwohn gegen Ansgar schwand aus der Seele des Königs, und Liebe und
Verehrung trat an ihre Stelle. Und wenn auch Horik sich nicht entschließen
konnte, dem väterlichen Götterglauben zu entsagen, so hinderte er doch nun=
mehr die Predigt des Evangeliums in seinem Lande nicht und gestattete sogar dem
Ansgar den Bau einer christlichen Kirche in der Stadt Schleswig, welche
damals Sliaswic genannt wurde. Diesen Ort hatte Ansgar gewählt, weil
er ein ansehnlicher Handelsplatz war. Viele der daselbst zusammenströmenden
Kaufleute lernten nun die christliche Lehre kennen, erzählten davon in ihrer
Heimat, und dadurch fand das Christentum Eingang in vielen Herzen. So
war endlich durch Ansgars unermüdete Thätigkeit das dänische Land dem
Christentum geöffnet worden.

Um so ungünstigere Nachrichten liefen dagegen aus Schweden ein. Der
Segen, der die Bemühungen des Missionärs Gauzbert begleitete, reizte den
Zorn der heidnischen Priester und derer, die noch fest an ihren Götzen hingen.
Eines Tages rotteten sie sich zusammen und überfielen die christlichen Brüder.
Einer der letztern fand seinen Tod; Gauzbert selbst aber und seine übrigen
Genossen wurden in Fesseln geworfen, dann in ein Schiff gesetzt und über
das Meer nach der deutschen Küste geführt, wo man sie an das Land setzte.
Doch das Christentum hatte schon zu sehr die Herzen ergriffen, als daß es
so leicht wieder ausgerottet hätte werden können. Herigar wurde jetzt das
Haupt und der Schutz der schwedischen Christen. Neben ihm zeichnete sich
vorzüglich eine fromme Witwe, Friedberg geheißen, durch die Festigkeit und
Wärme ihres Glaubens aus. So blieben die schwedischen Christen mitten
unter dem Haß und der Verfolgung ihrer heidnischen Landsleute beständig
im Glauben und in brüderlicher Gemeinschaft. Doch trauerten sie, daß sie
in ihrer Mitte keinen christlichen Priester hatten, der ihnen das Wort des
Herrn auslegen und das heilige Abendmahl reichen konnte.

Einige Jahre waren vergangen. Ansgar glaubte, in Schweden werde
sich der Haß der Heiden gegen die Christen wohl etwas gelegt haben. Auf
sein Suchen fand er einen frommen Klausner, Adgar, der nach Schweden
hinüberging und von den Christen mit hoher Freude, von den Heiden aber
mit finsterem Mißmute empfangen wurde. Aber ihm fehlte der unerschütter=
liche, glaubensstarke Heldenmut, der das erste Erfordernis eines Heidenboten
ist. Als Herigar und Friedberg gestorben waren, kehrte er nach Deutschland
zurück, die schwedischen Christen in großer Bedrängnis lassend. Dazu trat
unter den Heiden ein schwärmerischer Mann auf, welcher ein Gesandter der
Götter zu sein vorgab, als solcher die Heiden gegen die Christen aufwiegelte
und in ihnen den Glauben an ihre Götzen neu stärkte.

6.

Auf die Kunde von diesen Ereignissen reiste Ansgar mit einem Begleiter, Namens Erimbert, nach Schweden. Auf seine Bitte hatte ihm Horik ein Empfehlungsschreiben an den schwedischen König Olof und als Schutz einen Hofbeamten mitgegeben. Ansgar und sein Gefährte langten glücklich in Schweden an, durch den dänischen Gesandten gegen alle Beleidigung des Volkes geschützt. Alsbald suchte er mit dem Könige näher bekannt zu werden und lud ihn darum zu einem Gastmahl ein. Olof erschien, schon im voraus durch Horiks Brief gegen die Missionäre freundlich gestimmt. Er faßte auch wirklich bald große Zuneigung gegen Ansgar. Als dieser aber um die Erlaubnis zur Predigt des Evangeliums bat, antwortete ihm Olof bedenklich, daß er zuerst das Volk befragen müsse; er wolle darum die Entscheidung dem Reichstag überlassen.

Nun flehte Ansgar im brünstigen Gebet zu Gott, er möge doch das Herz des Volkes zum Heile lenken, und sah dann mit freudiger Zuversicht dem Tage der Entscheidung entgegen.

Die Zeit der Volksversammlung kam. Der König versammelte zuerst die Edeln, welche sich für die Zulassung der christlichen Predigt erklärten. Hierauf begab sich der König in die Volksversammlung und trug derselben die Bitte Ansgars vor. Es erregte einen gewaltigen Sturm, und viele Stimmen erhoben sich laut gegen die Duldung der neuen Lehre. Da trat ein ehrwürdiger Greis auf und erinnerte in kräftiger Rede die Versammelten, wie doch der Gott der Christen ein gar mächtiges Wesen sein müsse und schon viele, die an ihn geglaubt und ihn angerufen hätten, gar wunderbar in allen Nöten geschirmt und erhalten habe. Ein Wort gab nun das andere, und endlich erhielt Ansgar doch noch die Erlaubnis zur ungehinderten Ausbreitung des Christentums.

Ansgar verweilte nur noch einige Zeit bis zur vollständigen Herstellung einer Missionsanstalt in Schweden, übergab dann die weitere Leitung derselben dem Erimbert und kehrte zu seinem bischöflichen Sitze zu Bremen zurück.

In Bremen hätte jetzt Ansgar in Ruhe und Bequemlichkeit leben mögen. Die Früchte seiner jahrelangen, unausgesetzten Bemühungen fingen an zu reifen. Die Aufmerksamkeit der christlichen Völker war durch ihn auf den Norden hingelenkt, der Widerstand des dortigen Heidentums gebrochen worden, und weiter und weiter begann der Strahl des Evangeliums zu leuchten. Ansgar konnte sich sagen, daß dies sein Werk sei; mit Zufriedenheit mochte er auf seine Vergangenheit zurückblicken. Aber noch gönnte er sich keine Ruhe. Die Sorge für die nordischen Missionäre war sein erstes und liebstes Geschäft. Um ihnen in ihrer nicht selten bedrängten Lage recht reichliche Unterstützung gewähren zu können, legte er — hierin zugleich der klösterlichen Strenge jener Zeit folgend — sich selbst die härtesten Entbehrungen auf. Ein härenes Gewand war sein Kleid, Brot und Wasser seine tägliche Nahrung.

Ein überaus mühevolles und beschwerliches Leben hatte Ansgars Kräfte frühzeitig erschöpft. Noch hatte er kein hohes Alter erreicht, als die Vorboten eines nahen Todes sich einstellten. Da schrieb er noch einmal an den König Ludwig den Deutschen und legte demselben in beredten Worten die Fürsorge für die nordische Mission ans Herz. Eine schmerzliche Krankheit warf ihn darauf auf das Siechbett. Mit Sanftmut und Geduld ergab er sich in den Willen Gottes und wiederholte oft das Wort der Schrift: „Haben wir Gutes empfangen von Gott und sollten das Böse nicht auch annehmen?" Nur das betrübte ihn, daß er nicht gewürdigt worden war, als Märtyrer in das Reich Gottes einzugehen, wie es immer sein Lieblingswunsch gewesen war. Als er die Nähe seiner Todesstunde fühlte, ließ er alle Mönche und Priester seiner Umgebung rufen und bat sie, das Lied: „Herr Gott, dich loben wir!" anzustimmen. Darauf empfing er das heilige Abendmahl und verschied. Seine letzten Worte waren: „Herr gedenke meiner nach deiner Barmherzigkeit! Herr, sei mir Sünder gnädig! In deine Hände befehl' ich meinen Geist, du hast mich erlöst, du treuer Gott!"

Ansgars Tod erfolgte am 3. Februar 865.

Der heilige Adalbert.*)

Preußen war schon im hohen Altertume Gegenstand vielfacher Sagen. In dem unbekannten fabelhaften Lande wohnten nach der Meinung der Griechen die glücklichen Hyperboreer, die ihr tausendjähriges Leben in stetem Frohsinn und ununterbrochener Gesundheit zubrachten. Von den Göttern geliebt und ihres Umgangs gewürdigt, hatten sie von Schmerz und Angst keine Ahnung, lebten nur in Unschuld und patriarchalischem Frieden und endeten endlich als hochbejahrte Greise freiwillig ihr Leben, um fern von den Gebrechlichkeiten des Alters die innigste Gemeinschaft mit den Göttern zu suchen. Nach Preußen versetzte die Mythe den mächtigen Fluß Eridanos, in welchen, vom Blitze des Donnerers Jupiter getroffen, Phaëthon zurückgeschleudert wurde, als er, vermessen in des Vaters Amt greifend, den Sonnenwagen lenken wollte und, zu schwach dazu, der Erde zu nahe gekommen war. In Preußen standen die Schwestern des gestürzten Jünglings, die Heliaden, aus Schmerz über den Tod des Bruders in Pappeln verwandelt und selbst in dieser Verwandlung noch schmerzliche Thränen weinend, die, zu Elektron (Bernstein) verhärtet, ein kostbarer Schmuck reicher Männer und Frauen waren. So war Preußen schon in den ältesten Zeiten ein berühmter Boden und der Schauplatz der anmutigsten und sinnreichsten Mythen der Vorwelt. Kühne Seefahrer wagten es, an die Küsten des Landes vorzudringen; aber nur dunkel war die Kunde, welche sie zurückbrachten; Preußen, von mancherlei Völkern bewohnt, blieb ein geheimnisvolles Land beinahe bis zur Einführung des Christentums. Einst vielleicht völlig vom Meere bedeckt, wurde sein Boden wahrscheinlich nur allmählich von den überfluteten Gewässern angeschwemmt. Überall, selbst auf den Höhen und oft tief unter der Ober-

*) Fr. Henning, Vaterländische Geschichtsbilder.

fläche, finden sich Versteinerungen von Schaltieren und andere Erzeugnisse des Meeres. Die Erdoberfläche selbst deutet darauf hin, daß hier einst das Meer flutete; denn es gebricht dem Lande gänzlich an bedeutenden Höhen und Thalgründen, während es mit einer Menge Seen bedeckt ist, deren Zahl sich einst auf 2000 belaufen haben soll. Eigentümlich sind dem Lande die beiden Haffe, das Frische und das Kurische; sie bilden große Wasserbecken an der Küste von 10 bis 14 Meilen Länge und 3 bis 7 in der Breite und sind von der Ostsee durch sandige Landzungen, Nehrungen genannt, getrennt.

Es war im Jahre 995, als sich der fromme Adalbert, Bischof von Prag, mit zwei Freunden und 30 Bewaffneten zu Krakau einschiffte, um, die Weichsel hinabfahrend, in das Land der heidnischen Preußen zu gelangen und dort das Christentum zu verkündigen. Er kam in die Gegend von Danzig. Kaum war er gelandet, so strömte das Volk herbei, um das Begehren der sonderbaren Fremdlinge zu erfahren. Von der begeisterten Rede des Apostels ergriffen, stiegen viele hinab in die Weichsel, um die Taufe zu empfangen und dadurch aller der Wohlthaten teilhaftig zu werden, von denen der Bischof gesprochen hatte.

Nach diesem glücklichen Anfange bestieg er wieder das Schiff, um, wie er sich ursprünglich vorgenommen hatte, das unbekannte östliche Preußen, das Bernsteinland, zu besuchen. Er kam ins Frische Haff und daselbst an eine kleine Insel, an der Küste von Samland gelegen. Hier landete er mit seinen beiden Freunden. Die Bewaffneten hatte er zurückgelassen, um nicht durch ihren Anblick die Bewohner zu reizen, sondern ihnen vielmehr auch äußerlich als ein Bote des Friedens zu erscheinen. Die Insulaner aber, ahnend, daß es sich darum handle, ihnen ihre Götter und damit auch ihre Freiheit zu rauben, strömten tobend herbei, um die Fremdlinge zu vertreiben. Der fromme Adalbert fing nun an, mit lauter Stimme einen Psalm zu singen, hoffend, er werde durch die Klänge des heiligen Liedes die Gemüter der Aufgebrachten zu besänftigen vermögen. Umsonst. Schreiend drangen sie auf ihn ein. Ein Ruderschlag auf die Schulter streckte ihn zu Boden. Gott lobend, daß er würdig gewesen war, um seines Namens willen Schmach zu leiden, erhob er sich wieder, begab sich wieder ins Fahrzeug und schiffte nach Samland hinüber.

Es war ein Sonntag, als er die Küste des Landes betrat. Gegen Abend kam er in ein Dorf, wo er von dem Herrn desselben freundlich aufgenommen wurde. Ehe es indes völlig dunkel geworden war, eilten die Leute herbei, umgaben das Haus und verlangten zu wissen, warum die Fremdlinge gekommen seien? Adalbert geht hinaus, um es ihnen zu sagen. Kaum aber haben sie den Sinn seiner Rede vernommen, so erheben sie ein wütendes Geschrei, schwingen ihre Keulen und drohen, ihn zu töten, wenn er am Morgen nicht das Dorf verlassen hätte.

Noch in der Nacht brach er auf und kam nach einem andern Orte der samländischen Küste. Hier verweilte er fünf Tage in einem Dorfe. Alles, was er hier sah und hörte von den Bewohnern, von ihrem festen Sinne, mit welchem sie beharrten bei dem Gotte ihrer Väter, war keineswegs geeignet, ihn zum weitern Vordringen zu ermuntern. Auch einige Träume, die er hatte, schienen ihm das Gefährliche seiner Unternehmung zeigen und ihm die Rückkehr gebieten zu wollen. Allein der fromme Apostel achtete nicht auf solche Zeichen, und der Gedanke, daß er vielleicht dem gewissen Tod entgegengehe, ohne seinen heiligen Beruf erfüllt zu haben, vermochte seinen regen Eifer nicht zu erkalten.

Demnach zog er mit seinen Freunden mehr landeinwärts. Ein dichter Wald nahm sie auf. Tiefe Stille herrschte unter dem Schatten der gewaltigen Bäume, heilige Schauer durchbebten die einsamen Wanderer. Adalbert stimmte einen Psalm an. Von neuem Mute belebt, schritten sie unerschrocken vorwärts und erreichten gegen Mittag einen vom Wald umkränzten freien Platz. Hier machten sie Halt. Einer der Freunde las die Messe, und Adalbert nahm das Abendmahl. Darauf genossen sie einige Speise und legten sich in die Schatten der Bäume, um neue Kräfte zur Fortsetzung der Reise zu sammeln. Bald senkte sich der Schlaf auf ihre müden Augen, und die vorige Stille trat wieder ein.

Die Armen! Sie waren, ohne es zu wissen, durch den heiligen Wald auf das geheiligte Feld der Preußen gekommen, welche geweihten Örter der Fuß des Fremden ungestraft nicht betreten durfte. Wildes Geschrei schreckte die müden Schläfer aus ihrem Schlummer. Mit geschwungenen Keulen stürzten die Heiden herbei, um die Entweihung zu rächen. Die Wanderer wurden ergriffen, gefesselt, gegeißelt und zum Tode bestimmt.

„Trauert nicht, liebe Freunde!" rief der fromme Adalbert. „Ihr wißt, daß wir dies alles nur leiden für den Namen Gottes, welcher allein Herr ist über Leben und Tod."

Kaum waren diese Worte gesprochen, als der Führer des Haufens, ein Priester, herbeistürzte und ihm den Wurfspieß in die Brust stieß. Die zunächststehenden Heiden folgten seinem Beispiele. Von sieben Lanzen durchbohrt, stand Adalbert noch aufrecht, Augen und Hände betend gen Himmel gerichtet. Jetzt löste man seine Bande. „Vater, vergieb ihnen!" lallt er sterbend und stürzt leblos nieder. (23. April 997.)

Neue Volkshaufen strömen herbei. Wütend fallen sie über den Leichnam her, verstümmeln ihn und stecken den Kopf auf eine Stange. Die beiden Freunde des Gemordeten werden fortgeführt und dann freigelassen. Sie eilen zurück und bringen dem Herzog Boleslaw von Polen die traurige Kunde. Dieser sandte zu den Preußen, um wenigstens den teuren Leichnam wieder zu erhalten. Für so viel Geld, als derselbe schwer war, ward er endlich verabfolgt, Boleslaw ließ ihn nach Gnesen bringen und in der dortigen Domkirche beisetzen. Später ward er als Märtyrer heilig gesprochen.

Fünfter Abschnitt.

Staatenbildung.

Franken, Sachsen und Normannen.*)

I. Chlodwig (500).

Chlodwigs Kampf gegen Syagrius und der Kirchenkrug zu Soissons.

Die Franken wohnten ursprünglich ostwärts vom Rheine, drangen dann über diesen Strom und zerstörten die blühenden Städte des römischen Reichs, Mainz, Köln und Trier. Sie wählten sich nach den einzelnen Gauen langgelockte Könige (denn die Franken schnitten ihre Haare am Hinterkopfe ab), deren Haar lang über Schultern und Nacken niederwallte. Der erste König, welcher die kleinen Reiche in ein großes vereinigte, war Chlodwig, Sohn des Childerich.

Sobald Chlodwig zur Regierung gelangt war, sann er darauf, wie er seine Herrschaft ausbreiten möchte. Es war nach dem Sturze des römischen Reiches in Italien (Odoaker 476) noch eine römische Herrschaft in Gallien übrig geblieben unter Syagrius, der sich zum König aufwarf. Chlodwig schickte ihm seine Herausforderung zu und überließ es ihm, Ort und Zeit des Kampfes zu bestimmen. Syagrius nahm den Fehdebrief an, ward aber von den Franken gänzlich geschlagen und floh nach Toulouse, der Haupt= stadt der Westgoten, wo Alarich II. herrschte (486). Der Westgotenkönig fürchtete aber den Krieg mit Chlodwig, und als fränkische Boten anlangten, lieferte er diesen den Syagrius gebunden aus. Chlodwig ließ den Gefan= genen in einen Kerker werfen und bald darauf erwürgen.

Der König Chlodwig aber haßte die Christen, weil er dem alten Hei= dentum treu bleiben wollte; darum zerstörte er viele Kirchen. Einstmals hatten seine Franken aus einer Kirche nebst andern kostbaren Gegenständen einen Krug von wunderbarer Größe und Schönheit geraubt. Der Bischof dieser Kirche sandte darauf einen Boten an den König und ließ ihn bitten,

---

*) Nach O. Klopp a. a. O. II.

daß, wenn er auch alles andere behielte, seiner Kirche nur der Krug zurückgegeben werden möchte. Der König erwiderte dem Boten: „Folg uns nach
Soissons, denn dort soll die ganze Beute verteilt werden. Wenn mir das
Los den Krug zuspricht, so soll er deinem Bischof wieder zugestellt werden.“
Als nun in Soissons alle Beute auf einem Haufen zusammengebracht war,
sprach der König: „Ich bitte euch, meine tapferen Kämpfer, daß ihr mir
außer dem mir zukommenden Anteile auch noch jenen Krug abtretet.“ Darauf erwiderten einige: „Ruhmvoller König, was du erblickst, ist dein. Nimm
dir heraus, was du willst; denn es ist vergeblich, sich deiner Macht zu
widersetzen.“ Als diese so sprachen, erhob aber ein anderer Franke seine
Stimme und sprach: „Du sollst nichts bekommen, als was dir das Los zuspricht!“ Und damit schlug er mit seiner Streitaxt an den Krug. Alle
erstaunten; aber der König verbarg seinen Zorn über die Beleidigung und
übergab dem Boten des Bischofs den Krug.

Ein Jahr darauf berief Chlodwig zur gewöhnlichen Zeit der großen
Volksversammlung im Monat März sein Volk zu einer Heerschau, um ihre
Waffen zu prüfen. Als er die Reihen durchschritt, kam er auch zu dem,
welcher an den Krug geschlagen hatte, und sprach zu ihm: „Keiner hat so
ungeschickte Waffen hergebracht, wie du; denn weder dein Speer, noch dein
Schwert, noch deine Streitaxt sind etwas nütze!“ Mit diesen Worten warf
er die Streitaxt jenes Mannes auf die Erde. Dieser bückte sich, um sie wieder aufzuheben; im selben Augenblick aber erhob der König seine Streitaxt
und schlug ihn an den Kopf, indem er sprach: „So hast du es in Soissons
mit dem Kruge gemacht!“ Der Mann war tot; da entließ der König die
andern. Alle aber fürchteten sich vor den Gewaltthätigkeiten des Königs.

Chlodwigs Bekehrung zum Christentum.

Nach einigen Jahren seiner Herrschaft schickte Chlodwig Abgesandte nach
Burgund an den König Gundobald, um dessen Nichte Chlotilde
zu werben, welche man ihm als eine sehr schöne und kluge Jungfrau geschildert hatte. Gundobald hatte alle seine Geschwister übel behandelt, wagte
indes nicht, sich mit dem Frankenkönig zu verfeinden, und schickte ihm seine
Nichte. Chlotilde aber bat ihren Gemahl inständigst, er möchte sich taufen
lassen. Chlodwig wollte nicht, gestattete aber, daß sein Sohn getauft würde.
Doch der Sohn starb bald nach der Taufe; da sprach Chlodwig erzürnt: „Wenn
der Knabe den Göttern meines Volkes geweiht worden wäre, so wäre er
nicht gestorben.“ Chlotilde wußte ihren Mann wieder zu trösten; da gab
dieser zu, daß auch sein zweiter Sohn getauft würde. Auch dieser ward
krank, doch starb er nicht.

Dennoch konnte die Königin nicht von Chlodwig erlangen, daß auch
er sich taufen ließ, bis einmal ein Krieg mit den Alemannen ausbrach.
Als ein heftiges Treffen geliefert wurde, begannen die Franken zu weichen,
und es war vorauszusehen, daß ihr ganzes Heer vernichtet werden würde.
Als Chlodwig das sah, erhob er weinend die Hände gen Himmel und sprach:
„Jesus Christus, den Chlotilde den Sohn des lebendigen Gottes nennt, der

du den Unglücklichen helfen willst, wenn sie auf dich vertrauen, ich flehe dich an um deine Hilfe. Wenn du mir den Sieg gewährst, und wenn du mächtig bist, wie die Christen sagen, so will ich an dich glauben und mich taufen lassen. Denn ich habe meine Götter vergeblich angerufen, und nun rufe ich dich an, daß du mich errettest von meinen Feinden!" Als er so gesprochen hatte, wandten sich die Alemannen zur Flucht. Ihr König war gefallen, und die Vornehmsten der Alemannen kamen jetzt zu Chlodwig und sprachen: "Laßt jetzt des Mordens genug sein, wir wollen dir gehorchen!" Da gebot Chlodwig, dem Kampfe Einhalt zu thun, kehrte heim und erzählte der Königin, wie der Christengott ihm zum Siege verholfen habe.

Die Königin ließ sofort den Bischof Remigius kommen, der den König im Christentum unterrichten sollte. Als nun der Bischof dem Könige von Christi Leiden und Tod erzählte, ward dieser zornig und rief: "Wäre ich nur mit meinen Franken dabei gewesen, ich hätte alsbald seine Schmach gerächt!" Da forderte ihn Remigius auf, daß er nun mit seinem ganzen Volke sich zur Lehre Christi bekennen sollte. Aber der König antwortete: "Ich würde gern deine Lehre hören, heiliger Vater, aber mein Volk wird seine heimatlichen Götter nicht verlassen wollen. Jedoch will ich gehen und deinem Rate gemäß mit ihm reden." Als der König zu dem Volke sprach, antworteten viele: "Wir lassen ab von unsern vergänglichen Göttern und wollen dem unsterblichen Gotte folgen, den Remigius predigt." Alsbald war das Taufbad bereitet und die Kirche reich geschmückt. Chlodwig schritt zuerst in das Bad, und der Bischof Remigius segnete ihn ein mit den Worten: "Beuge dein Haupt, wilder Sigamber, bete an, was du früher mit Brand verheertest, und verbrenne, was du früher anbetetest." Auch die Schwester Chlodwigs ward getauft und außer dieser noch viele Franken. So war Chlodwig der erste katholische König unter den deutschen Stämmen, denn die andern Könige waren alle Arianer. Später ging die Sage, daß zur Taufe Chlodwigs eine Taube vom Himmel eine Flasche mit heiligem Öl gebracht habe, mit welchem dann alle französischen Könige gesalbt wurden, durch alle Jahrhunderte hindurch, bis zu Ende des bourbonischen Königsgeschlechts.

Jenes Treffen ward geschlagen im Jahre 496 bei Tolpiakum, das jetzt Zülpich heißt und ungefähr sechs Stunden von Bonn entfernt ist. Die Alemannen wurden durch diese Schlacht teils den Franken unterworfen, teils baten sie den Ostgotenkönig Theodorich um Schutz, der sich für sie bei Chlodwig verwendete und einen großen Teil derselben dem Ostgotenreiche hinzufügte. Diese Alemannen trat später der gotische König Vitiges an die Franken ab, als er sich diese zu Freunden machen wollte, um nicht gegen sie und Belisar zugleich kämpfen zu müssen.

Chlodwigs Treulosigkeit gegen Siegbert und dessen Sohn.

Als Chlodwig schon Paris zu seiner Hauptstadt gemacht hatte, schickte er von dort aus Boten an Chloderich, den Sohn des Frankenkönigs Siegbert in Köln, und ließ ihm sagen: "Dein Vater Siegbert ist alt und schwach und hinkt auf dem einen Fuße. Wenn er tot wäre, so würde dir sein Reich zufallen und meine Freundschaft dich schützen!" Die Worte Chlodwigs erweckten in dem jungen Mann die Begierde, und er trachtete seinem Vater nach dem Leben. Eines Tages ging der Vater über den Rhein, um sich an dem andern Ufer im Walde zu ergehen. Als er da des Mittags in seinem Zelte schlief, sandte sein Sohn Mörder über ihn, welche ihn töteten. Dann schickte der böse Sohn Boten an Chlodwig und ließ ihm sagen: „Mein Vater ist tot, seine Schätze und sein Reichtum sind jetzt mein. Darum schicke einige von deinen Leuten zu mir, und ich werde ihnen geben, was du von dem Reichtum meines Vaters zu haben wünschest." Chlodwig schickte seine Gesandten.

Als diese anlangten, ward ihnen alles gezeigt. Der junge König führte sie zu einer Kiste und sprach: „In diese Kiste pflegte mein Vater die Goldmünzen hineinzulegen." Da antworteten jene: „Stecke deine Hand hinein und hole vom Boden herauf, was du dort findest!" Der König bückte sich tief vorn über, da erhob einer von ihnen eine Streitaxt und schlug sie ihm ins Haupt, daß er tot niederfiel. Chlodwig aber eilte sogleich nach Köln, rief das Volk zusammen und sprach: „Höret, was geschehen ist. Während ich auf der Schelde schiffte, verleumdete Chloderich, der Sohn meines Vetters Siegbert, mich bei seinem Vater und sagte, daß ich ihn töten wollte. Und nun, da sein Vater einsam im Walde schlief, hat er selbst die Mörder gegen ihn gesandt und ihn getötet. Er selbst ist dafür, als er seine Schätze besah, von einem mir unbekannten Manne erschlagen worden. Aber ich bin unschuldig daran; ich kann ja nicht das Blut meiner Verwandten vergießen, denn das wäre gottlos. Weil es nun einmal so gekommen ist, so biete ich euch meinen Rat an: wendet euch zu mir und kommt in meinen Schutz!" Als die Kölner das vernahmen, klatschten sie mit den Händen und riefen Beifall, hoben Chlodwig auf den Schild und begrüßten ihn als König.

Chlodwig besiegt die Westgoten.

Während Chlodwig sich ein Reich nach dem andern unterwarf, wurden die Westgoten besorgt um sein weiteres Vordringen, und deshalb ließ der westgotische König Alarich den Frankenkönig Chlodwig zu einer Besprechung auf der Grenze ihres Gebietes einladen. Auf einer Insel im Loirestrom, nahe bei Amboise, kamen die beiden Könige zusammen, umarmten sich und aßen und tranken miteinander, so daß allen schien, es wäre ein Freundschaftsbund geschlossen. Aber dieser Schein währte nicht lange; denn kurz nachher berief Chlodwig eine Versammlung seiner Getreuen nach Paris. Der Frankenkönig als katholischer Fürst sprach zu den Seinen: „Es schmerzt mich, daß diese Arianer noch einen so großen Teil Galliens inne haben. Laßt uns gegen sie ausrücken, und wenn wir mit Gottes Hilfe diese Ketzer besiegt haben, wollen wir ihre Länder unter uns teilen!" Da stimmten alle bei; auch die Königin Chlotilde ermunterte ihren Gemahl zu dem Unternehmen, denn sie meinte, Gott würde Wohlgefallen daran haben. Der kriegerische Chlodwig faßte mit starker Hand seine Streitaxt und schleuderte sie weithin mit den Worten: „Wo meine Franziska (so hieß die Streitaxt) niederfällt, will ich eine Kirche zur Ehre der heiligen Apostel erbauen!“

Die Katholischen im Reiche der Westgoten wollten lieber dem Chlodwig als dem Alarich unterthan sein und erwarteten mit Freude die Annäherung des fränkischen Königs. Als Chlodwig in das Gebiet von Tours kam, gebot er, aus Ehrfurcht vor dem heiligen Martin von Tours, daß niemand etwas anderes als Gras und Wasser daselbst nehmen sollte. Einer von den Franken fand einen Haufen Heu und sprach: „Wir sollen nur Gras nehmen, aber dies ist auch Gras, und ich übertrete das Gebot des Königs nicht, wenn ich es nehme!“ Darum entriß er es mit Gewalt dem armen Manne, der sein Eigentum schützen wollte. Die Kunde davon gelangte zum König, welcher zornig sprach: „Wo bleibt die Hoffnung des Sieges, wenn der heilige Martin beleidigt wird?“ Mit diesen Worten schlug er den Franken nieder.

Alsdann schickte er einige seiner Begleiter voraus, gab ihnen Geschenke mit für die Kirche, in welcher die Gebeine des heiligen Martin begraben lagen, und sprach zu ihnen: „Gehet voraus, ob ihr vielleicht eine Weissagung des Sieges in dem heiligen Gebäude vernehmet.“ Als die Diener des Königs in die Kirche traten, vernahmen sie die Worte des Psalms: „Du, o Herr, hast mich mit Kraft zum Kriege umgürtet, du hast die Feinde mir unter die Füße gethan, ihren Rücken hast du mir preisgegeben, und die mich hassen, hast du zu Falle gebracht!“ Da freuten sie sich über diese Worte von glücklicher Vorbedeutung und kehrten wieder um, dem Könige die frohe Botschaft zu verkünden. Voll Vertrauen auf den Sieg zog dieser weiter fort, bis er an den Fluß Vienne kam; dieser aber war angeschwollen, und die Franken wußten nirgends eine Furt. Sie verweilten die Nacht am Ufer; am andern Morgen erblickten sie einen Hirsch von wundersamer Größe, der zum Wasser herabstieg. Das Tier watete durch den Fluß, und daran erkannten die Franken die Furt.

Als sie in die Nähe von Poitiers kamen, sahen sie von fern auf der Kirche des heiligen Hilarius ein Licht leuchten und schrieben das dem Heiligen zu, der ihnen den Sieg über ihre Feinde verleihen wollte. Chlodwig bedrohte aber auch hier das fränkische Heer, daß niemand es wagen sollte, irgend etwas zu nehmen, was ihnen nicht zukäme. Die Bewohner der ganzen Gegend hielten es mit den Franken und begünstigten das Heer derselben auf alle Weise. Die Westgoten waren unter sich nicht einig, was zu thun wäre, ob sie lieber sich zurückziehen und die Ostgoten erwarten sollten, welche Theodorich ihnen zu Hilfe zu schicken sich erboten hatte, oder ob sie da den Feinden ein Treffen liefern sollten. Nach langen vergeblichen Beratungen entschlossen sie sich, die Ankunft der Ostgoten zu erwarten; aber während sie sich zurückzogen, holte Chlodwig sie ein und zwang sie zu einem Treffen. In diesem Kampfe trafen die beiden Könige auf einander, aber Chlodwig tötete den Alarich. Als die Westgoten ihren König fallen sahen, rannten sogleich zwei von ihnen auf Chlodwig los, aber ihre Speere vermochten nicht, durch seinen Panzer zu dringen, und das schnelle Roß, welches Chlodwig ritt, trug ihn eilig aus der Gefahr.

Die Westgoten wurden geschlagen, und dieser eine Kampf entschied das Schicksal des gallischen Landes. Von der Loire bis an die Pyrenäen und von der Rhone bis ans Atlantische Meer wurde nun alles Land den fränkischen Königen unterthan, und die Westgoten behielten nur im Süden einen schmalen Landstrich, welcher Septimanien genannt wurde. Aber dafür machten sie ihr Reich in Spanien größer und unterwarfen sich die Sueven, die bis dahin ein eigenes Reich in Spanien gehabt hatten.

Als Chlodwig siegesfroh von diesem Zuge zurückkehrte, empfing er zu Tours eine Gesandtschaft des Kaisers von Konstantinopel, der es immer gern sah, wenn die Goten Schaden litten. Der Kaiser Anastasius sandte ihm die Zeichen der Königswürde, den Purpurmantel und das Diadem, ernannte ihn auch zum Patricius. Obwohl niemand so recht wußte, was dieser Name bedeutete, ward er doch immer als eine hohe, nur vom Kaiser zu verleihende Würde betrachtet, die hernach auch Pipin und Karl der Große bekleideten. Der König Chlodwig machte die Annahme dieser Würde zu einem hohen Festtage. In der Abtei von St. Martin legte er das Purpurgewand an und setzte die Krone auf; dann ritt er in feierlichem Aufzuge durch die Stadt bis zum Dom. Unterwegs streute er nach beiden Seiten hin Geld aus.

II. Fränkische Sitten.

Beschreibung des Aufzugs eines fränkischen Großen an seinem Hochzeitstage
(um 600 n. Chr.).

Ein fränkischer Großer, Namens Sigismer, wollte eine westgotische Prinzessin heiraten. Den Hochzeitstag desselben sah ein Römer mit an und machte in seinem Briefe an einen Freund folgende Beschreibung:

„Da du so gern Waffen und Waffenkleidung betrachtest, so wäre es dir eine Freude gewesen, wenn du den königlichen Jüngling Sigismer, nach der Sitte seines Volkes als Bräutigam angethan, nach der Wohnung seines Schwiegervaters hättest einherschreiten sehen. Sein Pferd war mit glänzendem Brustschmuck geziert, ja es gingen ihm Pferde voraus und folgten andere, die von Edelsteinen glänzten. Aber der Bräutigam saß nicht auf seinem Pferde, sondern es ward für anständiger gehalten, daß er mitten unter seinen Begleitern zu Fuße einherschritt, angethan mit flammendem Purpur, mit rötlich glänzendem Goldschmuck und weißer Seide, während sein Haar, seine Gesichtsfarbe und die übrige Haut diesem Schmucke entsprachen. Das Ansehen seiner Genossen war aber im Frieden noch furchtbar; ihr Fuß bis an die Knöchel war mit einem rauhen Stiefel umhüllt, die Schienbeine, die Kniee und die Schenkel über ihnen waren unbedeckt. Außerdem umgab sie ein eng anschließendes Gewand von verschiedenen Farben, welches aber nicht bis an die Kniekehlen niederreichte. Die Armel umhüllten nur den obern Teil des Armes, der grünlich schimmernde Mantel stach ab von den rötlichen

Gliedern. Die Schwerter hingen an den Bändern von der Schulter nieder und schlossen dicht an die mit Pelz umhüllten Weichen an. Dieselbe Kleidung, die ihnen zum Schmuck dient, dient ihnen auch zur Wehr. In der rechten Hand trugen sie Lanzen, mit Widerhaken versehen, und Streitäxte, die auch zum Werfen geeignet sind; in der Linken dagegen einen Schild, dessen Rand schneeweiß, dessen Buckel gelb ist. Dieser Schild beweist sowohl den Reichtum seines Besitzers als die Kunst seines Verfertigers. Überhaupt war alles so beschaffen, daß das Ganze nicht bloß ein Hochzeitszug, sondern zugleich ein Kriegszug zu sein schien."

Die Behandlung der Sklaven.

Im sechsten Jahrhundert lebte ein fränkischer Großer, Namens Rauching, ein stolzer und grausamer Mann, der seine Sklaven sehr mißhandelte. Wenn er zu Abend aß, so mußte ihm ein Sklave das Wachslicht halten. Vorher jedoch befahl er ihm, seine Schenkel zu entblößen, und dann mußte der Sklave das Licht so nahe an seinen Körper halten, bis es erlosch, und wenn es wieder angezündet war, so geschah dasselbe und wurde so lange wiederholt, bis die Schenkel verbrannt waren. Wenn aber der Unglückliche einen Laut des Schmerzes von sich gab oder sich von der Stelle fortbewegen wollte, so bedrohte ihn Rauching mit dem entblößt daliegenden Schwerte, und jemehr der Sklave vor Schmerz weinte, desto mehr freute sich sein Herr.

Einstmals wollten sich unter seinen Sklaven ein Mann und eine Frau heiraten, da sie sich schon zwei Jahre hindurch Zuneigung bewiesen hatten. Deshalb gingen sie in die Kirche, und der Priester segnete ihren Bund ein. Als Rauching das erfuhr, eilte er schnell hinzu und forderte von dem Priester, er solle ihm sogleich seine Sklaven herausgeben. Der Priester aber sprach: „Du weißt, welche Verehrung der Kirche Gottes gebührt. Du kannst die Leute nicht eher wieder erhalten, als bis du mir versprichst, sie nicht wieder zu trennen und sie nicht mit einer Strafe zu belegen." Rauching schwieg eine Weile, um darüber nachzudenken; alsdann legte er die beiden Hände auf den Altar und schwur: „Ich will sie nie von einander trennen, sondern sie sollen immer beisammen bleiben. Zwar haben sie unrecht gethan, daß sie ohne meine Einwilligung zu dir gegangen sind; aber doch willige ich ein." Der Priester glaubte gutmütig dem Versprechen und entließ sie.

Rauching nahm die beiden Sklaven mit nach Hause. Dort ließ er einen dicken Baum fällen, die Zweige und Äste abhauen und dann den Stamm mit einem Keil auseinander spalten. Dann ließ er die Hälfte desselben aushöhlen und in eine Grube legen. In diese Grube wurden auf dies Holz die beiden Sklaven gelegt, und dann befahl er Erde aufzuschütten und das Paar lebendig zu begraben. „Ich habe meinen Eid nicht gebrochen," sprach er, „denn die beiden sind nicht getrennt." Als das dem Priester angesagt wurde, eilte dieser schnell herbei, schalt den Rauching über diese That und erlangte von ihm, daß sie wieder ausgegraben wurden. Der Mann wurde noch lebend herausgezogen, aber die Frau war schon erstickt.

Die Blutrache bei den Franken.

Zwar war im sechsten Jahrhundert bei den Franken die Blutrache bereits abgeschafft und an ihrer Statt längst das Wergeld eingeführt, aber in den Zeiten der Verwirrung und des Kampfes zwischen den beiden Königinnen Fredegunde und Brunhilde kehrten sie noch oft zu der alten rohen Sitte der Vorfahren zurück. Davon zeugt folgende Geschichte, welche zu Tournay im Frankenlande geschah.

Ein Ehemann wurde seiner Gattin oftmals ungetreu, und deshalb machte ihm ihr Bruder Vorwürfe und schalt ihn, daß er sich bessern möge. Als dies aber dennoch nicht geschah, wurde der Schwager so zornig, daß er mit einer Anzahl seiner Freunde auf den Beleidiger losging und ihn erschlug. Aber auch die Freunde des Erschlagenen eilten herbei, und es entspann sich ein allgemeiner Kampf, der mit dem Tode aller endete bis auf einen, der übrig blieb. Nun standen auch alle Verwandten der Erschlagenen gegen einander auf und wollten ihre Toten rächen. Die Königin Fredegunde mahnte zum Frieden, damit nicht der Brand der Feindschaft immer größer würde; aber alles ihr Zureden war vergebens. Deshalb gedachte sie den Streit dadurch zu beenden, daß sie die Urheber vernichtete. Sie lud die hervorragendsten Führer beider Parteien zu einem Gastmahle ein und bewirtete sie gut. Als das Mahl abgetragen war, blieben die Eingeladenen nach fränkischer Sitte ruhig auf ihren Sitzen und tranken weiter. Allmählich wurden sie trunken, und auch ihre Gefolgsleute verliefen sich einer nach dem andern in dem königlichen Palaste und schliefen ihren Rausch aus, wo sie gerade einen Platz fanden. Als Fredegunde glaubte, daß alles ihrer Absicht günstig sei, ließ sie einige von ihrer Leibwache mit ihren Streitäxten bewaffnet hinter die Stühle der Männer treten, welche noch da saßen und mit einander stritten. Auf ein gegebenes Zeichen schlugen die Diener der Königin zu, und die Franken fielen tödlich getroffen von ihren Stühlen. So glaubte die Königin den Frieden gewahrt zu haben; aber die Freunde der Getöteten hätten gern wieder Rache an der Königin genommen, wenn sie es nur vermocht hätten.

Strafgesetze und Gottesurteile.

Wir finden bei den Franken schon uralte Gesetze und Gerichtstage, zu denen sich das Volk auf einem freien Platze versammelte. Der König selber saß zu Gericht, und in den Gauen thaten es die Herzöge und Grafen. Die meisten Verbrechen, welche vorkamen, waren Diebstahl, Verletzung des Körpers und Mord. Für jede Art des Vergehens war eine Geldstrafe bestimmt (Wergeld), die oft, wenn der Verurteilte sie nicht erschwingen konnte, in Leibeigenschaft verwandelt wurde. Es ist merkwürdig, wie genau in den fränkischen (salischen) Gesetzen die einzelnen Fälle bestimmt sind. Da ist genau ausgemacht, wie viel ein abgehauener erster, zweiter, dritter, vierter, fünfter Finger kosten soll; ferner, wie viel ein Hieb, der einen blauen Fleck hinterlassen, ein anderer, nach welchem Blut geflossen, noch ein anderer, welcher den Knochen beschädigt hat; ferner, wie viel für eine gequetschte Nase, für eine beschädigte Lippe, für ein abgehauenes Ohr und einen ausgebrochenen Zahn bezahlt werden müsse. Der Totschlag eines freien Franken ward mit 200 Schillingen, eines Leibeigenen mit 35, der Diebstahl eines Hengstes mit 45 Schillingen gebüßt.

Die Unbeholfenheit der Richter machte es oft sehr schwierig, von einem Angeklagten ein eigenes Geständnis herauszubringen. Man legte ihm dieselbe Frage ein paarmal nach einander vor, und wenn er im Leugnen beharrte, so war der Richter mit seinem Scharfsinn zu Ende. Die abscheuliche Folter ward damals nur bei Knechten angewendet; für freie Männer wählte man eine andere Auskunft, den Zweikampf. Wer siegte, der hatte recht, der andere ward für schuldig erklärt. Für die Frauen, besonders für solche, die der Verletzung ihrer weiblichen Ehre angeklagt waren, galt ein anderer Beweis der Unschuld, die Feuerprobe. Glühende Eisenstangen oder Pflugschare wurden entweder auf die Erde gelegt und die angeklagte Person mußte mit bloßen Füßen darüber hingehen, oder sie mußte dieselben eine Strecke weit in den Händen tragen. Bei einer andern Probe mußte der Angeklagte den aufgestreiften Arm in einen Kessel voll siedenden Wassers tauchen; sodann verband eine Gerichtsperson den wunden, geschwollenen Arm und drückte ein Siegel auf den Verband. Nach einigen Tagen besichtigte man die verbrannten Glieder, und fand man sie schon in der Heilung begriffen, so ward der Beklagte freigesprochen. Es soll bei solchen Fällen nicht immer ganz ehrlich zugegangen sein. Personen, welche der Hexerei beschuldigt waren und nicht bekennen wollten, wurden krumm zusammengebunden ins Wasser geworfen. Schwammen sie oben, so wurden sie für schuldig erklärt, sanken sie unter, so sprach man sie frei. Die Kreuzprobe bestand darin, daß die Parteien in der Kirche vor einem Kreuze mit ausgebreiteten Armen unbeweglich stehen mußten, während der Priester eine Messe las. Wessen Arm zuerst ermüdet sich senkte, der hatte den Prozeß verloren, denn den Unschuldigen, so meinte man, hatte Gott gestärkt. Daher der Name Gottesurteile.

Das Asylrecht der Kirche.

Der König Chilperich wurde von seiner Gemahlin Fredegunde gegen ihren Stiefsohn Meroväus aufgehetzt, und deshalb ließ er ihm die Haare abschneiden und steckte ihn in ein Kloster. Als Meroväus da verweilte, gab ihm einer seiner Freunde den Rat, er solle entweichen und sich nach Tours in die Kirche des heiligen Martinus flüchten. Dies that Meroväus und kam eines Tages in der Martinskirche zu Tours an, als der Bischof Gregor, der uns dies berichtet hat, selber die Messe las. Meroväus bat den Bischof um seinen Segen, und dieser gab ihn auf vieles Bitten; dadurch nahm er den Königssohn in seinen Schutz. Alsdann schickte er Boten zum König Chilperich und ließ ihm sagen: „Siehe, dein Sohn ist hier!" Fredegunde aber sprach: „Das sind Kundschafter, die wollen sehen, wie es mit dem Könige steht," und sie bat ihren Gemahl, er solle die Boten gefangen setzen.

So wurden die Gesandten des Bischofs in einen Kerker geworfen. Alsdann schickte Chilperich Boten an den Bischof und ließ ihm sagen: „Wirf den abtrünnigen Menschen aus der Kirche; wo nicht, so will ich das ganze Gebiet von Tours verheeren." Der Bischof Gregor aber war entschlossen, das alte Recht der Kirche zu wahren, und entgegnete deshalb: „Was zur Heidenzeit nicht geschehen ist, soll wahrlich auch zur Christenzeit nicht geschehen." Denn auch in heidnischen Zeiten hat ein Tempel oder Altar den Bedrängten Schutz verliehen; darum behielt Gregor den Meroväus bei sich im Schutz der Kirche.

Der König Chilperich kam nun mit einem großen Heeresgefolge heran und wollte doch seinen Sohn gern ausgeliefert haben; aber er wagte es nicht, Gewalt zu brauchen. Deshalb ließ er durch einen Diener auf das Grab des heiligen Martin einen Brief niederlegen, der die Bitte enthielt, daß der heilige Martin ihm wieder schreiben möchte, ob er ihm erlauben wollte, den Meroväus aus der Kirche herauszuholen oder nicht. Der Diakonus, welcher auf Befehl des Königs den Brief auf das Grab gelegt hatte, hatte noch ein unbeschriebenes Blatt dazu gelegt, worauf der Heilige seine Antwort schreiben sollte, und wartete drei Tage lang auf Antwort. Als das Blatt noch immer unbeschrieben blieb, brachte er es dem Könige zurück, und der König sah ein, daß der Heilige ihm nicht antworten wolle. Meroväus versuchte aber auch sein Heil auf dem Grabe des heiligen Martin und legte den Psalter, das Buch der Könige und ein Evangelienbuch darauf nieder. Dann durchwachte er eine ganze Nacht im Gebet und flehte den Heiligen an, daß er ihm eine Weissagung möchte zu teil werden lassen, was noch sein Schicksal sein würde. Er erwachte und fastete drei Tage lang, und am dritten Tage öffnete er die Bücher, zuerst das Buch der Könige und dann den Psalter. Beide Sprüche, auf die zuerst sein Auge fiel, schienen ihm Unglück zu bedeuten, und als er das Evangelienbuch aufschlug, las er die Worte: „Ihr wisset, daß wir nach zween Tagen das Passahlamm essen werden, und des Menschen Sohn wird in die Hände seiner Feinde gegeben, daß sie ihn kreuzigen." Da überfiel ihn Schrecken, und er suchte zu entfliehen; aber unterwegs wurde er von einer Schar des Königs Gunthram gefangen, der ihn bei sich behielt. Chilperich war sehr ergrimmt auf die Bewohner von Tours und auf den heiligen Martin, er überfiel das Gebiet der Stadt und plünderte sogar die Kirche des heiligen Martin.

Kolumban.

Als Kolumban und Gallus im Jahre 612 in Alemannien wanderten, um für die Erhaltung und Ausbreitung des Christentums zu predigen, kamen sie auch nach Bregenz am Bodensee. Sie traten aus dem Schiff und gingen in die Kirche. Alsdann wanderten sie umher, um alles zu besehen, und die Gegend schien ihnen so schön und so lockend, daß sie beschlossen, sich Wohnungen zu bauen und dort zu bleiben. Da fanden sie in einem Tempel drei eherne, aber vergoldete Götterbilder, die an der Wand befestigt waren, und sie vernahmen bald, daß das Volk jener Gegend sich wenig um den Gottesdienst der christlichen Kirche kümmerte, sondern diesen Bildern Opfer darbrachte, sie anbetete und sprach: „Das sind unsere alten Götter, die uns hold sind, und unter deren Schutz und Schirm wir noch bestehen, bis auf den heutigen Tag." Als das Fest jenes Tempels begangen wurde, strömte eine große Menschenmenge von verschiedenem Alter und Geschlecht herbei, nicht bloß um der Festlichkeit willen, sondern auch um die Fremd= linge zu sehen, von denen in der Gegend schon viel geredet wurde. Kolum= ban befahl darauf dem Gallus, zu predigen, und während dieser predigte, ergriff Kolumban im Angesichte aller die Götzenbilder, schlug sie mit Steinen in Stücke und warf sie in den See. Als das die Leute sahen, wandten sie sich aufs neue wieder zum Christentum.

Die Worte dieser christlichen Sendboten drangen aber auch mahnend an die Herzen der Fürsten. Vor allen andern bewies Kolumban seinen festen Mut gegen die Königin Brunhilde. Nachdem diese Frau schon viele aus dem fränkischen Königsstamm ums Leben gebracht hatte, führte sie im Namen ihres Enkels Theodorich die Herrschaft. Als sie mit diesem einst= mals in der Nähe des Klosters verweilte, in welchem der heilige Kolumban sich aufhielt, besuchte der junge König den Prediger des Christentums oft und unterredete sich mit ihm. Der ernste und strenge Kolumban aber redete dem König ins Gewissen und ermahnte ihn, daß er doch allen Ausschwei= fungen entsagen und eine Ehe eingehen möge, wie sie einem Könige gezieme. Theodorich gab den Ermahnungen des frommen Mannes nach und versprach ihm, daß er also thun wolle. Aber das war seiner Großmutter nicht recht, denn sie sah wohl ein, daß der König dann selbst regieren und ihrer Leitung nicht mehr bedürfen würde, und darum wollte sie lieber, daß er durch Aus= schweifungen sich zerstreuen sollte.

Einige Tage nachher geschah es, daß Kolumban zur Königin Brunhilde kam, und sobald diese ihn in die Halle treten sah, faßte sie die Söhne Theo= dorichs und seiner Buhlerinnen an der Hand und führte sie dem heiligen Kolumban entgegen. Dieser sprach: „Was sollen die Kinder für unsere Unterredung?" und die Königin Brunhilde erwiderte ihm: „Es sind die Kinder des Königs, und ich habe sie dir entgegengebracht, daß du sie segnen mögest." Aber Kolumban antwortete: „Nimmermehr werde ich sie segnen, denn es sind die Söhne der Buhlerinnen und nicht berufen, auf dem frän= kischen Königsthrone zu sitzen." Erzürnt ließ die Königin die Kinder sogleich wegbringen, und auch Kolumban ging von dannen. Als der fromme Mann die Schwelle des Palastes überschritt, ertönte ein gewaltiger Donnerschlag; aber das machte die Königin nicht irre, vielmehr verbot sie zugleich den Um= wohnern des Klosters, worin der heilige Kolumban wohnte, daß keiner von ihnen die Mönche bei sich aufnehmen, noch ihnen sonst irgend eine Unter= stützung geben sollte; aber Kolumban ging zu ihnen und ermahnte sie, daß sie durch die Drohungen der Königin sich nicht möchten abschrecken lassen. Der König Theodorich erfuhr auch das Verbot seiner Großmutter und schickte den Mönchen köstliche Speisen und Vorrat in Menge. Als Kolumban dies sah und erfuhr, daß es vom Könige käme, sprach er: „Fort damit, denn es

8*

ziemt uns nicht, die Gaben derer zu genießen, welche den Dienern Gottes das Obdach versagen." Auf diese Worte hin zerschlugen die Mönche des heiligen Kolumban die Schüsseln und die Geräte; die Diener des Königs aber standen bestürzt und kehrten zu ihrem Herrn zurück, um ihm das Geschehene zu verkünden. Theodorich ward betroffen, er trat zu seiner Großmutter, und sie beschlossen, den Kolumban aus dem Land zu vertreiben. Dies geschah, und Kolumban wanderte nach Italien und gründete dort das berühmte Kloster Bobbio.

In damaliger Zeit waren die Geistlichen fast die einzige Schutzwehr des Volkes gegen den Eigenwillen der Herrscher.

III. Die fränkischen Hausmeier an Statt der schwachen Könige.

Pipin von Heristal.

Während die Könige aus Chlodwigs Stamm immer schwächer und träger wurden, erhoben sich ihre Hausmeier zu immer größerer Macht. Dem mannhaften Pipin aber war es vorbehalten, das Ansehen dieses Amtes und seines Hauses für immer zu befestigen. Im Jahre 687 gewann er die Herrschaft über das ganze östliche Frankenreich. Im westlichen Frankenreich (Neustrien) herrschte jener Theodorich, welcher die Kirchen plünderte und die Unterthanen drückte. Viele von den Beraubten flohen zu Pipin, und dieser schickte Boten zu Theodorich, welche den König baten, er möchte doch die Flüchtlinge wieder bei sich aufnehmen. Aber die Antwort war: „Ich will meine entlaufenen Sklaven schon selber von Pipin holen." Da versammelte Pipin die Vornehmsten seines Volks, und der Krieg gegen den übermütigen Theodorich ward beschlossen. Bei Testri, einem Dorfe nicht weit von St. Quentin, stießen die feindlichen Heere auf einander. Pipin wählte mit kluger Vorsicht seine Stellung auf einem Hügel, und beim Anbruch der Morgenröte führte er sein Heer aus dem Lager, stellte sich dann gegen Theodorich so, daß dessen Heer die aufgehende Sonne im Gesicht hatte. Die Westfranken erlitten eine große Niederlage und flohen in wilder Flucht auseinander.

Pipin betrat als Sieger das Lager der Feinde und erlangte reiche Beute, die er unter seine Genossen verteilte. Die entflohenen Feinde aber hatten sich in die Kirchen und Klöster geflüchtet, und in den nächsten Tagen kamen nach einander die Äbte und Priester der Gegend und baten Pipin um Schonung des Lebens dieser Unglücklichen. Das gewährte ihnen Pipin und verfolgte dann weiter den Theodorich. Er kam nach Paris und nahm die Stadt ein, und da kam auch Theodorich wieder. Pipin war zu klug, sich selbst zum Könige zu machen; er ließ dem Theodorich den Namen; aber er selbst nahm die Zügel der Regierung in seine Hand. So ward Pipin der alleinige Hausmeier des ganzen Frankenreichs.

Karl Martell.

Auf Pipin folgte Karl, und zu dessen Zeit wurde Abderrhaman Anführer der Mauren in Spanien. Dieser faßte nach den Wünschen seines Volkes den Plan, das Reich der Araber auch im Norden der Pyrenäen sieg= reich zu verbreiten und dann von Westen her durch Europa ostwärts vor= zudringen, also daß er auf diesem Wege das Reich der Araber im Osten wieder erreichte. Mit einem gewaltigen Heere zog er zerstörend über die Pyrenäen, schlug den Herzog Eudo von Aquitanien (Südfrankreich) und warf alles vor sich nieder. Dann zog er an die Rhone, um Arles einzunehmen, und hier trat ihm Eudo wieder entgegen, doch vergebens; die Fluten der Rhone wälzten die Leichen der erschlagenen Franken zu Tausenden ins Meer. Noch einmal sammelte Eudo ein Heer; aber seine Niederlage war so ge= waltig, daß die Franken trauernd sagten, nur Gott habe die Gefallenen zählen können. Die Kirchen und die Klöster lagen in Asche, die Felder ver= wüstet; es war keiner mehr im großen Frankenreiche, der helfen und retten konnte, als Karl der Hausmeier.

Zu ihm gingen deshalb die fränkischen Edeln, und selbst Eudo ver= gaß der Feindschaft, die er früher mit Karl gehabt hatte, und bat, er möchte doch jetzt helfen. Karl antwortete den Bittenden: „Laßt die Mauren erst ungestört ziehen und übereilt euch nicht mit einem Angriffe, denn sie gleichen einem Strom, den man nur mit Gefahr in seinem Laufe aufhalten kann. Mögen sie erst ihren Durst nach Reichtümern sättigen und sich mit Beute überladen; dann werden sie uneinig sein und euch den Sieg leichter machen!"

Diese Worte sprach Karl auch im Hinblick auf die Schwierigkeit, ein großes Heer schnell zusammenzubringen; denn Austrasien, der östliche Teil des Reiches, war säumig in der Stellung des Heerbannes, weil es die Ge= fahr nicht kannte, welcher Neustrien fast unterlag. Aber als das Heer mit vieler Mühe endlich zusammengebracht war, rückte Karl mit festem Mute gegen die Räuber vor, deren Scharen in der Nähe von Tours und Poi= tiers mit Plündern beschäftigt waren. Da trafen die Völker des fernen Ostens und Westens auf einander, es war ein harter, gewaltiger Kampf, und er dauerte sieben Tage. Die Araber waren den Franken überlegen durch ihre Reiterei und die Schnelligkeit ihrer Bogenschützen; die deutschen Stämme dagegen hatten festere Körper und kräftigere Glieder und waren im Vorteil, wenn es zum Handgemenge kam. Karl hatte eine feste Stellung gewählt; denn eine Reihe von Hügeln deckte die Seite seines Heeres und machte es den Mauren schwer, von dort her mit Reiterei einzubrechen. Nachdem aber schon sechs Tage lang der Kampf gewährt hatte, rückten sie sich näher, und die Araber erschraken vor den breiten Gliedern und zornigen Blicken der Deutschen. Abderrhaman selbst fiel am siebenten Tage, und die Mauren zogen sich am Abend in ihr Lager zurück.

Noch spät am Abend vernahmen die Franken großes Getümmel im maurischen Lager; doch wußten sie die Ursache nicht und rüsteten sich für den folgenden Tag wieder zum Kampfe. Der Morgen brach an, und die

Sonne stieg höher und höher am Himmel; aber alles blieb still im Lager der Mauren. Darüber verwunderten sich die Christen, und Karl vermutete eine Kriegslist. Aber die Kundschafter berichteten, daß das ganze Lager leer und verlassen sei; da drangen die Franken vor. Sie fanden in dem Lager eine Menge der erbeuteten Schätze und Kostbarkeiten. Die Araber selbst aber ließ Karl ungestört entfliehen, denn sein Heer war so sehr ermüdet von dem siebentägigen Kampfe. Dreihundert und fünfzig Tausend Leichen erschlagener Mauren sollen das Feld bedeckt haben, und der Ruhm Karls erscholl durch die Christenheit, die er mit seinen Franken durch diesen Sieg gerettet hatte. Von dieser Schlacht bekam er den Zunamen „Martellus", weil er wie ein Hammer die Macht der Mauren zertrümmert hatte (732 n. Chr.).

Pipin der Kurze.

Des Helden Karl Martell tapferer Sohn war Pipin, von seiner kleinen gedrungenen Gestalt „der Kurze" genannt. Das Volk hatte die schwachen Könige nicht mehr lieb und bekam sie nur zu der großen Heerschau zu sehen, die jedes Frühjahr gehalten wurde, wo die geistlichen und weltlichen Großen ihre Zustimmung gaben zu den Beschlüssen des Hausmeiers. Dahin kam nun der König auf einem von Ochsen gezogenen Wagen gefahren, ein Knecht ging nach Bauernsitte nebenher und trieb das Gespann. Und wenn der König sich dann auf den Thron setzte, sah er, umwallt von seinen langen Haaren, blöd aus wie ein scheues Kind, sprach auch nur einige Worte, die man ihm eingelernt hatte. Neben einem solchen König, der gebeugt und furchtsam dasaß, als könnte er sich nicht auf eigenen Füßen erhalten, sah das Volk den Hausmeier, aufrecht, das Kriegsschwert in der Faust, Feuer im Blick, das Siegel der Kraft im Antlitz. Darob freute sich das kriegslustige Volk, und das wußte Pipin. Da er nun bei dem Papste anfragte: „Sprich, o Vater der Christenheit, wer soll König der Franken sein, der den Namen trägt, oder der sein Volk durch Rat und Kraft groß macht?" antwortete der heilige Vater: „Nur der soll die Krone tragen, welcher sie verdient." Als Pipin dies gehört, berief er einen Reichstag in die Stadt Soissons; da kamen die geistlichen und weltlichen Großen des Reiches und das Volk zusammen und erfuhren die Antwort des Stellvertreters Jesu Christi. „Das ist des Himmels Stimme!" riefen alle und hoben Pipin empor, trugen ihn dreimal feierlich herum und setzten ihn dann auf den Thron der Merovinger. Pipin aber kniete in der Kirche vor dem Altar nieder, und Bonifacius, als Gesandter des Papstes, salbte ihn im Namen Gottes zum König der Franken. Der schwachsinnige König Childerich III. ward in ein Kloster gesteckt, wo ihm die Mönche seine langen Haare abschnitten.

Bisher war das Königtum aus freier Volkswahl hervorgegangen, nun aber machte sich die Ansicht geltend, daß der Papst Zacharias die Krone des fränkischen Reichs verschenkt und Pipin sie auf seinen Befehl angenommen habe. Noch mehr wurde diese Ansicht befestigt, als im Jahre 800 Papst

Leo III. dem Sohne Pipins, dem mächtigen Karl, die Kaiserkrone aufsetzte. Nunmehr sollte das Königtum von „Gottes Gnaden" durch die Kirche geheiligt werden, um bei dem Volke Geltung zu erlangen.

Die Kraft Pipins.

Als der König Pipin einmal erfuhr, daß die Großen seines Reichs ihn um seiner kleinen Gestalt willen heimlich verhöhnten, befahl er, als sie alle versammelt waren, daß man einen wilden ungezähmten Stier herbeibringen und einen starken Löwen auf dieses Tier loslassen sollte. Der Löwe stürzte sich mit einem heftigen Sprunge auf den Stier, faßte ihn beim Nacken und warf ihn so zu Boden. Als die Tiere übereinander lagen, wandte sich der König zu den umstehenden Höflingen und sprach: „Wer entreißt dem Löwen seine Beute?" Sie sahen einander stumm und betroffen an, endlich murmelten sie: „Herr! Wer möchte solches wagen?"

Pipin erwiderte nichts, sondern stieg schweigend von seinem Thronsessel und trat in die Schranken. Mit gezücktem Schwert ging er auf den Löwen los; ein kräftiger Hieb — und der Kopf des Löwen lag zu seinen Füßen; und wiederum mit einem Streiche trennte er auch den Kopf des Stiers von dem starken Halse. Als der König zurückkehrte, sprach er bloß die Worte: „Ich bin zwar klein, aber starken Armes!" Niemand hat seitdem mehr über seine kleine Gestalt gespottet.

IV. Karl der Große (800 n. Chr.).

Was Karl wollte?

In Karl war der Geist seines Vaters Pipin und die Kraft seiner heldenmütigen Ahnen, so daß er das Werk, welches sie klug und tapfer begonnen hatten, vollendete. Die Macht der Kirche war mit ihm und drückte seinen Thaten das Siegel der göttlichen Weihe auf. Sein Zweck war aber die Einigung aller Völker des Abendlandes zu einem christlichen Reiche. Diesen Zweck verfolgte er mit eisernem Willen, und zermalmend schritt er über jeden, der ihm in den Weg trat; für diesen Zweck schlachtete er das Teuerste der Völker, die Freiheit, zum Opfer. Für das deutsche Volk aber wurde er der Schöpfer einer neuen Zeit, und er machte es zum Mittelpunkt, von welchem wie von einer Sonne die übrigen Völker Licht und Wärme empfangen sollten.

Das erste Werk, das ihm gelang, war die Vereinigung des langobardischen Reichs mit dem fränkischen; davon ist bereits erzählt in der Sage vom eisernen Karl. Ein zweites Hauptwerk war die Bekehrung und Unterwerfung der Sachsen.

Die Irmenful.

Im Jahre 772 hielt Karl eine große Reichsversammlung zu Worms und stellte allem Volk vor, wie verdienstlich es wäre, die Sachsen zu zwingen und sie zu Christen zu machen. Die Reichsversammlung rief seinen Worten Beifall zu, und es ward alsbald der Heerbann des Frankenreichs aufgeboten. Mit diesem Heere drang Karl ins freie Sachsenland ein und eroberte zuerst die Eresburg, die da gelegen haben soll, wo jetzt Stadtberg an der Diemel liegt. Dann drangen die Franken weiter in einen heiligen Wald der Sachsen und fanden da eine Säule, welche die Sachsen ehrfurchtsvoll verehrten. Das war ein Stamm von Holz, der sich unter freiem Himmel zu bedeutender Höhe erhob und in der Sprache der Sachsen irmin-sûl genannt wurde, d. i. Irminsäule, nach einem von den Sachsen verehrten Schutzgott. Diese Irminsäule wurde zerstört. Siegreich drang Karl bis an die Weser vor; dort machte er Frieden mit den Sachsen, und diese mußten Geiseln geben.

Sieg der Sachsen über Geilo und Adalgis.

Unterdessen war Wittekind (Widukind, Uitikin), einer aus den Ersten des Stammes der Westfalen und der angesehenste Mann in seinem Volke, der früher zu den Normannen geflohen war, in sein Vaterland heimgekehrt und reizte aufs neue die Gemüter der Sachsen zum Abfall. Karl wußte davon noch nichts, aber er erhielt die Nachricht, daß die Sorben und andere Slaven, welche an der Elbe und Saale wohnten, in das benachbarte Land der Thüringer eingebrochen wären und alles mit Feuer und Schwert verheerten. Darum berief er sogleich seinen Kämmerer Adalgis, seinen Stallmeister Geilo und seinen Pfalzgrafen Worard und trug ihnen auf, im östlichen Franken und im Sachsenlande den Heerbann aufzubieten und sofort die Verwegenheit der räuberischen Slaven zu züchtigen. Als diese Feldherren mit ihren Mannen das sächsische Gebiet betreten hatten, vernahmen sie, daß auf Wittekinds Anstiften die Sachsen zum Kampfe mit den Franken sich bereiteten. Deshalb gaben sie ihren Zug gegen die Slaven auf und zogen mit ihrem Frankenheer derjenigen Gegend zu, wo die Sachsen versammelt sein sollten. Unterwegs vereinigte sich mit ihnen noch Dietrich, ein Verwandter Karls.

Nicht weit von Rinteln, nördlich von der Weser und dem Gebirg Süntel, hatten die Sachsen ein Lager aufgeschlagen. Am südlichen Abhange des Gebirges lagerte sich Dietrich mit seinem Heerhaufen, und die andern Feldherren setzten nach der Verabredung über die Weser, damit sie um so leichter den Berg umgehen könnten, und schlugen an der rechten Seite des Flusses ihr Lager auf. Dann hielten die drei Feldherren einen Kriegsrat und sprachen unter einander die Besorgnis aus, daß, wenn sie in Gemeinschaft mit Dietrich etwas unternähmen, diesem allein die Ehre des Sieges zufallen würde. Darum beschlossen sie, ohne seine Mitwirkung die Sachsen anzugreifen. Ihre Krieger nahmen die Waffen in die Hand und gingen

auf die Sachsen los, nicht wie auf einen Feind, der in fester Schlachtordnung
steht, sondern als wenn sie den fliehenden Feind verfolgten und die Beute
erjagten. Ohne alle Ordnung eilte jeder gegen die Sachsen, wohin ihn sein
Roß tragen wollte. So wurde ohne Vorbedacht angegriffen und auch ohne
Vorbedacht weiter gekämpft; denn während man sich schlug, schickte Witte=
kind eine Heeresabteilung ab, welche die Franken umging, so daß sie bei=
nahe alle getötet wurden. Die, welche entfliehen konnten, retteten sich nicht
in ihr eigenes Lager, sondern in das des Dietrich, welcher an der andern
Seite des Berges stand. Aber nicht allein die Mannschaft war verloren,
sondern auch zwei von den Feldherren, Geilo und Adalgis, fielen in dem
Treffen.

Als der König Karl diese Nachricht vernahm, brach er sogleich mit
einem starken Heere nach Sachsenland auf, wo alle schon wieder in ihre
Heimat zurückgekehrt waren. Da ließ Karl die Vornehmsten des Volks vor
sich fordern und forschte bei ihnen nach dem Urheber dieser That. Alle
gaben einstimmig Wittekind an; doch dieser war längst wieder zu den
Normannen geflohen. Von den übrigen aber, die auf Wittekinds Anstiften
teilgenommen hatten an dem Kampf wider Karl, wurden ihm viertausend=
fünfhundert ausgeliefert, und diese ließ Karl samt und sonders an einem
Tage enthaupten. — Diese Blutthat geschah zu Verden an der Aller.

Wittekind geschlagen.

Im folgenden Jahre erhob sich das ganze Sachsenland einmütig gegen
Karl; denn Wittekind eilte überallhin durch das ganze Land und forderte
alle Kämpfer auf, um der Freiheit, um des Vaterlandes, um der Götter
und alles dessen willen, was ihnen lieb und teuer wäre, noch einmal den
Kampf gegen den Frankenkönig zu wagen. Die Ostfalen und die Engern
rückten ihm zuerst entgegen, und im Monat Mai traf Karl sie bei Detmold
in derselben Gegend, wo einst Hermann die Römer geschlagen und vernichtet
hatte. Karl lagerte sich an den Höhen, die Sachsen standen im offenen
Felde. Es wurde mit großer Erbitterung gekämpft, nur mit Mühe ver=
mochte Karl ihnen standzuhalten, und er war so geschwächt, daß er sich erst
nach Paderborn zurückziehen mußte, um hier Verstärkungen zu erhalten.
Alsdann aber brach er wieder auf gegen das Sachsenheer, das nicht weit
von Paderborn an der Hase gelagert war und unter Wittekinds Anführung
stand. Die Franken hatten den Vorteil größerer Kriegserfahrung und bes=
serer Bewaffnung, denn viele von ihnen waren mit eisernen Helmen und
Panzern bewehrt. Bei den Sachsen dagegen war dies nur den Vornehmen
gestattet, denn ihr Land war nicht reich an Eisen. Aber mehr als auf Eisen
vertrauten sie auf ihre Sache und ihre Liebe zum Vaterlande. Sechstausend
Sachsen lagen erschlagen, da flohen die übrigen.

Sage von der Wittekindsburg.

Karl zog nun mit seinem Heere ostwärts gegen die Wittekindsburg bei
Rulle und wollte sie einnehmen. Allein Wittekind war listig und wußte die

Franken zu täuschen. Diese wollten nicht gern die Hauptmacht der Sachsen in ihrem befestigten Lager angreifen, zumal wenn Wittekind dabei war, den sie sehr fürchteten. Das sächsische Lager war nämlich in zwei Burgen verteilt, in die eine bei Rulle und in die andere bei Schagen, und die Franken konnten niemals erfahren, in welcher Burg die Hauptmacht wäre. Denn Wittekind ließ seinen Rossen die Hufeisen verkehrt unterschlagen und ritt so des Nachts hin und her zwischen den beiden Burgen, und wenn die Franken meinten, die Spuren der Hufschläge führten nach der andern Seite und nach der andern Burg, so kamen sie in die verkehrte und wurden heimgeschickt mit blutigen Köpfen.

Darüber waren die Franken wieder in großer Bekümmerniß, denn dem großen Heere fing die Nahrung bald an auszugehen, da ringsumher alles verwüstet war. In dieser Not ersann ein Priester aus Osnabrück eine List. In der Burg zu Schagen waren zwei Schwestern und Verwandte Wittekinds, die man wohl gewinnen konnte. Deshalb ließ man diesen beiden Frauen sagen, sie sollten in Osnabrück alle ihre Tage bis an ihr Lebensende wohl verpflegt werden und es gut haben, wenn sie einmal offenbaren wollten, wann Wittekind weggeritten wäre nach der andern Burg. Das schien den Frauen lockend, und sie versprachen, es den Franken kund zu thun. Eines Morgens in aller Frühe erblickten die Franken auf der Burg zu Schagen das verabredete Zeichen, woraus sie ersahen, daß Wittekind fortgeritten wäre, und sofort begannen sie diese Burg mit aller Macht zu berennen und zu stürmen. Ihren Anstrengungen gelang es endlich, und als Wittekind dieser Burg zuritt, um zu sehen, wie es stünde, erkannte er bald verdächtige Zeichen und wandte sein Roß um zur Flucht. Die Franken, die ihn erblickt hatten, verfolgten ihn und kamen immer näher. An einer Stelle des Weges, den er auf seiner Flucht passieren mußte, hatten sie einen Verhau gemacht, und an diesen kam Wittekind, da waren ihm die Franken auf den Fersen. Sein braves Pferd hieß Hans, und Wittekind sprach zu ihm:

> Hensken spring aver,
> dann krigstu 'n spint haver,
> springstu nich aver,
> freten mi un di de raven.

Da sprang Hans hinüber, und Wittekind war gerettet. Aber er sah, daß nun alles verloren und nicht mehr seines Bleibens im Sachsenlande sei, darum floh er weiter und begab sich zu Siegfried, dem Dänenkönig.

Wittekind wird Christ.

Das Sachsenvolk unterwarf sich aber noch immer nicht dem mächtigen Karl, sondern kämpfte mutig fort für seine Freiheit, während die Franken unablässig das Land mit Feuer und Schwert verwüsteten. Endlich erkannte der König Karl aber doch, daß er mit aller seiner Macht nicht imstande sei, ein freies Volk zu zwingen, und er gab den Vorsatz auf, den Glauben an Jesum Christum durch Menschenopfer zu erzwingen. In Paderborn hielt er einen feierlichen Reichstag und behandelte hier alle, die sich ihm unterworfen hatten, sehr milde und gnädig; auch die beiden Sachsenherzoge, Wittekind und Albion, ließ er einladen und versprach ihnen sicheres Geleit; ja er stellte sogar Geiseln zu dessen Bürgschaft. Da kam der Held Wittekind (785) und freute sich, den Mann von Angesicht zu schauen, gegen welchen er so lange gekämpft hatte. Karl aber empfing ihn mit hohen Ehren, reiste mit ihm und andern Edeln des Sachsenlandes nach Attigny in Frankreich und sprach ihm von der Lehre des Heils so eindringlich und weise, daß Wittekinds Herz von der göttlichen Kraft derselben überwältigt ward. Er nahm die Taufe an, und Karl selbst war Pathe. Auch Albion und viele Freie, die auf Wittekind als ihr Vorbild schauten, thaten desgleichen.

Eine Legende aber erzählt von Wittekinds Taufe also: Als Wittekind am andern Ufer der Elbe in der Nähe des fränkischen Heeres umherstreifte, ward er von Sehnsucht ergriffen, einmal zu schauen, wie die Christen ihren vielgepriesenen Gott verehrten. Das Weihnachtsfest nahte heran; da hüllte sich Wittekind in Bettlerkleider und schlich sich beim ersten Morgenrot ins fränkische Lager. Unerkannt schritt er durch die Reihen der Krieger, die sich zum Gottesdienste anschickten; dann betrat er die Kirche. Da wurden nicht Pferde noch Rinder geopfert, sondern andächtig kniete Karl mit allen seinen Großen vor dem Altare, um das Sakrament zu empfangen. Der Weihrauch= duft wallte empor, und die Gesänge der Priester verherrlichten die geweihte Nacht, in welcher die Herrlichkeit des Heilands sich den Menschen offenbarte. Da wurde Wittekind tief ergriffen von dem christlichen Gottesdienste, seine Augen füllten sich mit Thränen, und stumm faltete er die Hände. Es war ihm, als wenn das Christuskind auf dem Arme der Jungfrau Maria ihm zuwinkte und spräche: „Komm her zu mir!" Er warf sich vor dem Altare nieder auf die Kniee, und als alle erstaunt und verwundert ihn umringten, sprach er: „Ich bin Wittekind, der Sachsenherzog, gebt auch mir die Taufe, daß ich Christ werde, wie ihr!" Da umarmte ihn Karl, und lauter Jubel erscholl durch das Frankenheer.

Friede mit den Sachsen.

Dreiunddreißig Jahre lang hatten die Sachsen mit Karl gestritten, da endlich nahmen sie dessen Friedensbotschaft an, worin ihnen versprochen ward, sie sollten in allem mit den Franken gleichgestellt werden und hinfort mit diesen nur ein Reich unter einer Herrschaft ausmachen. In Selz an der Saale (803) kamen die Gesandten aus Ostfalen, Engern und Westfalen zusammen, um mit Karl den Frieden abzuschließen. Da versprachen die Sachsen, sie wollten ihren Göttern entsagen und Christum bekennen; den Geistlichen wollten sie den Zehnten entrichten, aber sonst keinen Zins und keine Abgaben bezahlen. Den Geboten der Priester wollten sie gehorchen und ebenso den Richtern folgen, welche der König ihnen setzen würde, aber die alten Sitten und Gewohnheiten der Sachsen sollten bleiben.

Hierauf bestätigte Karl diejenigen Bischofssitze, die er bereits im Sachsen= lande eingerichtet hatte, und gründete neue dazu. In allem waren es sieben, und ihre Namen sind: Osnabrück, Bremen, Paderborn, Münster,

Minden, Verden, Hildesheim. Die Taufformel, mit welcher die heidnischen Sachsen ihrer Religion entsagten und sich zum christlichen Glauben bekannten, lautete nach einer bereits im Jahre 742 auf einer Kirchenversammlung angenommenen Fassung:

Frage des Priesters: Forsachistu diobole? Entsagst du dem Teufel?

Antwort des Täuflings: Ec forsachu diobole. Ich entsage dem Teufel.

Frage: End allum diobol gelde? Und aller Teufelsgilde?

Antwort: End ec forsachu allum diobol gelde. Und ich entsage aller Teufelsgilde.

Frage: End allum dioboles uercum? Und allen Teufelswerken?

Antwort: End ec forsachu allum dioboles uercum end uordum. Thuner end Wodan end Saxnôte ende allum them unholdum the hiro genôtas sint. Und ich entsage allen Teufelswerken und Worten, Thunar (Thor) und Wodan und allen Unholden, die ihre Genossen sind.

Frage: Gelôbistu in Got almechtigun fadaer? Glaubst du an Gott, den allmächtigen Vater?

Antwort: Ec gelôbu in Got almechtigun fadaer. Ich glaube an Gott, den allmächtigen Vater.

Frage: Gelôbistu in Crist, Godes suno? Glaubst du an Christ, Gottes Sohn?

Antwort: Ec gelôbu in Crist, Godes suno. Ich glaube an Christ, Gottes Sohn.

Frage: Gelôbistu in hâlogan Gâst? Glaubst du an den heiligen Geist?

Antwort: Ec gelôbu in hâlogan Gâst. Ich glaube an den heiligen Geist.

Es wurden nun viele Kirchen und Klöster im Sachsenlande angelegt, und eine neue Zeit begann für das Volk. Dieses erkannte wohl die Überlegenheit des Christengottes, aber von manchen heidnischen Ansichten und Gebräuchen konnte es sich doch nicht sobald trennen. Was die Juden und ersten Christen von dem Teufel geglaubt hatten, wurde nun bei den Deutschen auf Wodan, Thor und die andern heidnischen Götter übertragen. Wir sehen dies z. B. aus der Benennung Meister Hämmerlein, welche der Teufel in einigen Gegenden Deutschlands führt. Der Name kommt von dem Hammer, dem gewöhnlichen Abzeichen Thors. Auch entstammt diesem Gotte unser „Donnerstag", sowie der Name „Freitag" der lieblichen Göttin Freyja, der Schwester des Sonnengottes Freyr.

An ein Leben nach dem Tode hatten die Sachsen schon früher geglaubt, aber das wollte ihnen schwer in den Sinn, daß alle Menschen sich der Unsterblichkeit freuen sollten. Sie hielten dafür, nur den Tapferen, in der Schlacht Gefallenen, gebühre es, in die Halle der Gefallenen (Walhalla) zu kommen und dort ein frohes Leben zu führen.

Karl erobert die spanische Mark.

Der Reichstag zu Paderborn, der in der ersten Zeit des Sachsenkrieges gehalten wurde, war einer der glänzendsten. Es erschien da in Karls Hoflager eine sonderbare Gesandtschaft, die außerordentliches Aufsehen erregte sowohl bei den Franken, als bei den Sachsen. Araber aus Spanien waren es in ihrer vaterländischen Tracht mit langen Kaftans und mit buntgeschmückten Turbanen an dem Kopfe. Sie waren von zwei unterdrückten spanischen Emiren nach Paderborn gesandt, um den mächtigen Frankenkönig, dessen Ruf schon über die Pyrenäen gedrungen war, gegen ihren Unterdrücker, den Kalifen Abderrhaman, um Hilfe zu bitten. Der fromme Karl vernahm in der Bitte der Fürsten aus dem mohammedanischen Spanien den Ruf des Himmels, das Kreuz Christi auch dort aufzupflanzen. Auch lockten jenseits des Pyrenäengebirges so reizende Provinzen. Er brach daher im Jahre 778 an der Spitze seines Heeres auf und stieg mit unbeschreiblicher Anstrengung über die steilen Pyrenäen nach Spanien hinab. Die Mauren wurden geschlagen; Karl bemächtigte sich in kurzer Zeit der wichtigsten Städte und des ganzen Landstrichs von dem Gebirge bis zum Ebro. Dieser Strich ward von nun an unter dem Namen „spanische Mark" ein Teil des fränkischen Reichs.

Auf dem Rückwege war der König Karl nicht so glücklich. Während sein Heer mit Beute beladen, zerstreut, langsam, in fröhlicher Sorglosigkeit durch die engen Gebirgsschluchten von Ronceval daherzog, ward der Nachtrab von den auflauernden Bergbewohnern überfallen, beraubt und größtenteils niedergehauen. Hier fiel nebst vielen andern Helden der berühmte Markgraf Roland, der Liebling des Kaisers, ein Held, von dessen wunderbaren Waffen und Thaten aller Orten erzählt und gesungen wurde. (Vgl. Abschnitt 7.)

Karls Krieg gegen Thassilo, Herzog von Bayern.

In Bayern, über welches sich die fränkischen Könige schon lange die Oberherrschaft anmaßten, herrschte zur Zeit Wittekinds Thassilo, der Schwiegersohn des Desiderius. Dieser wollte den Frankenkönig nicht als seinen Herrn anerkennen. Als aber Karl drei Heere gegen den kühnen Herzog anrücken ließ, gab dieser der Übermacht nach und unterwarf sich der Gnade des Siegers. Karl verfuhr jedoch großmütig; er begnügte sich, ihn aufs neue zur Huldigung zu zwingen und entzog ihm sein Herzogtum nicht.

Jedoch war diese Huldigung nur scheinbar und das Werk augenblicklicher Not. Denn Thassilo empörte sich von neuem und reizte sogar die Avaren, ein Volk in Ungarn, zu wiederholten Einfällen in das fränkische Gebiet. Da ergrimmte Karl gegen den Undankbaren, nahm ihn bei Ingelheim am Rhein gefangen und verurteilte ihn, wie einst den Desiderius, zur ewigen Gefangenschaft im Kloster; denn damals dienten die Klöster zugleich zu Staatsgefängnissen. Auch die räuberischen Avaren blieben nicht ungestraft. Karl griff sie in ihrem eigenen Lande an, besiegte sie im Jahre 796 und vereinigte ihr Land bis jenseits der Raab unter dem Namen „östliche Mark" mit seinem Reiche. Zum Behuf der leichteren Kriegszufuhr hatte der umsichtige König den Plan zur Verbindung des Rheins mit der Donau mittelst des Mains, der Rednitz und Altmühl. Schon war ein Kanal eröffnet, doch natürliche Hindernisse und Ungeschicklichkeit der Arbeiter hemmten das Werk;

nach Beendigung des Krieges ward es ganz vergessen. Erst in unserer Zeit ist dieser großartige Plan wieder aufgenommen worden.

Karl, römischer Kaiser.

Der Papst Hadrian, Karls Freund, war gestorben. Ihm folgte Leo III. Als dieser nach alter Sitte am St. Georgentage des Jahres 799 in feier= licher Prozession aus dem Lateran nach der St. Lorenzkirche zog, wurde er plötzlich von einem Haufen Übelgesinnter überfallen, vom Pferde gerissen und gemißhandelt. Nur mit genauer Not ward er von dem herbeieilenden Herzoge von Spoleto gerettet. Da wandte sich Leo an den mächtigen Frankenkönig und begab sich selbst mit einem glänzenden Gefolge nach Paderborn, wo Karl gerade sein Hoflager hielt. Der König empfing nach seiner frommen Weise den heiligen Vater mit aller Ehrerbietung und versprach ihm, bald selbst nach Rom zu kommen, um die Frevler zu bestrafen. Dann ließ er den Papst auf das feierlichste nach Rom zurückgeleiten. Gegen Ende des Jahres kam Karl, seinem Versprechen gemäß, selbst nach Rom und hielt Gericht, doch auf Fürbitte des Papstes mit großer Milde. Die Ruhe ward bald wieder hergestellt, und ungestört konnte man jetzt das Weihnachtsfest feiern, mit welchem damals das neue Jahr und diesmal noch dazu ein neues Jahrhundert anfing.

Die Anwesenheit des mächtigen Frankenkönigs und der vielen Großen des Reichs erhöhte den Glanz des Festes und zog eine unbeschreibliche Menschenmenge nach Rom. Angethan mit einem Purpurmantel kniete Karl an den Stufen des Hochaltars nieder, um sein Gebet zu verrichten. Dann, als er wieder aufstehen und sich entfernen wollte, siehe, da nahte sich ihm der heilige Vater, im feierlichen Gefolge der hohen Geistlichkeit, mit einer goldenen Krone in der Hand, die setzte er dem Frankenkönige aufs Haupt und salbte ihn mit dem heiligen Öl zum römischen Kaiser und weltlichen Oberherrn der gesamten katholischen Christenheit. Das Volk aber jauchzte und rief dreimal laut auf: „Leben und Sieg Karl dem Großen, dem von Gott gekrönten friedbringenden Kaiser der Römer!" So= gleich schmetterten die Trompeten und Posaunen; helle Musik ertönte in den tausendfachen Jubel des Volks, und ein zahlreicher Chor stimmte den Krönungsgesang an. Unaufhörliches Entzücken durchströmte die Stadt. Seit 324 Jahren, nachdem Odoaker den Romulus Augustulus entthront, hatte diese Würde geruht. Wie damals das Kaisertum der Römer durch Deutsche gestürzt worden war, so wurde es jetzt durch Deutsche neu gegründet, zum großen Verdruß der oströmischen Kaiser, die man jetzt bloß die „grie= chischen" nannte.

Karls des Großen Einrichtungen.

Wäre Karl nur Eroberer gewesen, so würde sein Verdienst gering ge= wesen sein: denn schon bald nach seinem Tode zerfiel das aus so viel fremd= artigen Teilen zusammengesetzte Gebäude seines Reiches. Sein Streben war aber auf etwas Höheres und Edleres gerichtet. Wen er als Held mit dem

Schwerte unterworfen hatte, den wollte er als Vater mit Liebe beglücken. Unablässig war er bemüht, seine Völker zu bilden, sie weiser und besser zu machen. Die gelehrtesten Männer seiner Zeit lebten an seinem Hofe und genossen seine Achtung und Freundschaft. Durch sie stiftete er viele Schulen, um der Jugend eine bessere Erziehung zu verschaffen. Er achtete mehr auf erworbene Kenntnisse, die auch den Ärmsten adeln, als auf ererbte Standes=vorzüge. Einst fand er bei einem Schulbesuche, daß die Söhne der Vornehmen den gemeinen Bürgerkindern an Fleiß und Sittlichkeit weit nach=standen. Da ließ er die Fleißigen zu seiner Rechten, die Faulen zu seiner Linken stellen und sprach zu den armen, aber geschickten Kindern also: „Ich danke euch, meine Kinder, ihr habt nach meinem Wunsche gehandelt, euch zur Ehre und bleibendem Nutzen!" Zürnend wandte er sich hierauf an die Vornehmen: „Ihr aber, ihr Söhne der Edlen, ihr feinen Püppchen, die ihr träg und meinen Befehlen ungehorsam gewesen seid, trotzet nur nicht auf den Stand und Reichtum eurer Eltern; wenn ihr euch nicht bessert, soll keines mir wieder vor die Augen kommen. Beim Könige des Himmels, ich werde euch strafen, wie ihr es verdient."

Mit ganzer Seele hing er am Christentum. Deshalb sorgte er für gute Geistliche und untersagte ihnen alles, was sich mit der Würde ihres Berufes nicht vertrug, z. B. das Jagen. Die Klöster wurden reichlich begabt, denn sie beförderten in ihren stillen Mauern nicht bloß die Bildung der Jugend, sondern sorgten auch für Arme und Kranke und nahmen Fremde gastfreundlich auf, indem man dazumal von Gasthöfen noch wenig wußte. Die Kirchen wurden mit Heiligenbildern geschmückt, denn Karl sah es gern, daß das Leben und die Thaten frommer Männer bei der christlichen Gemeinde in frommem Andenken erhalten würden. Zur Verherrlichung des Gottesdienstes ließ er Sänger und Orgelspieler aus Italien kommen; denn seine Franken hatten eine so rohe und unbeholfene Stimme, daß ihr Gesang fast dem Gebrülle wilder Tiere glich. Die feineren Römer verglichen diese Töne mit dem Dahinrollen eines Lastwagens über einen Knüppeldamm.

Auch liebte Karl seine Muttersprache über alles. Er arbeitete selbst mit den Gelehrten seines Hofes an einer deutschen Grammatik und ließ auch eine Sammlung altdeutscher Heldenlieder veranstalten. Uns ist leider von diesen ehrenwerten Bestrebungen des großen Mannes nichts übrig geblieben, als die deutschen Namen, die er den Winden und Monaten gab.*)

Vorzügliche Sorgfalt verwandte er auf die Rechtspflege. Für diese ernannte er angesehene, durch Alter und Erfahrung ausgezeichnete Männer, die den Namen „Grafen," d. i. Graue, führten, weil sie ihres Alters willen meist schon graues Haar trugen. Diese Grafen hatten verschiedene Namen. Die, welche über einen Gau gesetzt waren, hießen Gaugrafen, über eine

*) Den Januar nannte er den Wintermonat; Februar Hornung (vielleicht weil in demselben die Hirsche ihr Gehörn [Geweih] ablegen); März Lenzmonat; April Ostermonat; Mai Wonnemonat; Juni Brachmonat; Juli Heumonat; August Erntemonat; September Herbstmonat; Oktober Weinmonat; November Windmonat; Dezember Christmonat.

Burg, Burggrafen. Die Pfalzgrafen waren über die kaiserlichen Schlösser gesetzt; denn Pfalz bedeutet soviel als Schloß. Die Markgrafen bewachten die Marken oder Grenzen. Dabei forschte er fleißig nach, ob seine Diener auch ihre Pflichten treulich erfüllten. Deshalb sandte er von Zeit zu Zeit noch besondere Sendgrafen in die Provinzen und ließ sich von allem genauesten Bericht erstatten. Und über den großen Angelegenheiten des Reichs vergaß er nicht die kleinen seines Hauses. Er durchsah mit der größten Genauigkeit die Rechnungen seiner Verwalter über Einnahme und Ausgabe. Es ist noch eine schriftliche Anweisung übrig geblieben, welche er für diese entworfen hatte. Er bestimmte darin ganz genau, wie ein erfahrener Landwirt, wie Butter und Käse, Honig und Wachs bereitet, wie der Wein gekeltert, das Bier gebraut, wieviel Eier, und wieviel Gänse, Enten und Hühner verkauft werden sollten.

Eine bestimmte Residenz hatte Karl nicht. Er war bald hier, bald dort; am liebsten jedoch in Aachen — wegen der warmen Bäder, die schon von den Römern geschätzt wurden, — dann zu Ingelheim bei Mainz und endlich zu Nymwegen.

Karls Persönlichkeit.

Karl war ein echt deutscher Mann, von starkem Körperbau und schlanker Gestalt. Er hatte eine hohe, klare Stirn und überaus große lebendige Augen, die dem Freunde und Hilfesuchenden freundlich, dem Feinde aber furchtbar leuchteten. In früher Jugend übte er nach fränkischer Sitte seine Körperkraft und wurde der beste Fechter und beste Schwimmer. Ein Hauptvergnügen war die Jagd, und wenn er seinem Hofe ein Fest bereiten wollte, wurde ein Treibjagen angestellt. Alles setzte sich zu Pferde, und dann ging es unter dem Klange der Hörner und dem Gebelle unzähliger Hunde in lärmendem Jubel hinaus in die Weite der Wälder, wo dann die jungen Edeln sich durch Mut und Geschicklichkeit zu übertreffen suchten. Karl, mitten unter ihnen, bestand manchen heißen Kampf mit wilden Ebern, Bären und Auerochsen. Karl hatte einen starken Appetit, aber er war nicht üppig weder im Essen noch im Trinken. Ein Wildbretbraten, vom Jäger am Spieße auf die Tafel gebracht, war seine Lieblingsspeise. Die Trunkenheit war ihm verhaßt. Des Nachts stand er öfters von seinem Lager auf, nahm Schreibtafel und Griffel, um sich in der früher versäumten Schreibkunst zu üben; oder er betete, oder er stellte sich auch ans Fenster, um mit Ehrfurcht und Bewunderung des Schöpfers den gestirnten Himmel zu betrachten. Die einfache Lebensweise erhöhte außerordentlich die Körperkraft des gewaltigen Mannes, und er soll so stark gewesen sein, daß er einen geharnischten Mann aufhob wie ein Kind.

Seine Kleidung war nach deutscher Art einfach. Sein Gewand war von der fleißigen Hand seiner Gemahlin selber verfertigt; er trug Strümpfe und leinene Beinkleider, mit farbigen Bändern kreuzweis umwunden, ein leinenes Wams und darüber einen einfachen Rock mit seidenem Streife, seltener einen viereckigen Mantel von weißer oder grüner Farbe. Aber stets hing ein großes Schwert mit goldenem Griff und Wehrgehänge an seiner Seite. Nur an Reichstagen und hohen Festen erschien er in voller Majestät, mit einer goldenen, von Diamanten strahlenden Krone auf dem Haupte, angethan mit einem lang herabhängenden Talare, der mit goldenen Bienen besetzt war.

Karls Tod.

Karl genoß bis in sein spätestes Alter einer dauerhaften Gesundheit. Erst vier Jahre vor seinem Ende fing dieselbe zu wanken an; beständige Fieberanfälle erschütterten ihn. Schmerzlich berührte ihn der Tod seiner beiden Lieblingssöhne, Pipin und Karl, die in Jahresfrist starben. Gleichwohl fuhr er fort, für das Beste seines Reichs zu sorgen. Als er sich immer schwächer fühlte, berief er den einzigen noch lebenden Sohn, Ludwig, seitherigen König von Aquitanien, zu einer Reichsversammlung nach Aachen (813). Hier ermahnte er die Großen seines Reichs, seinem Sohne Treue zu beweisen, und dann fragte er sie, von dem größten bis zum kleinsten, ob sie einwilligten, daß er ihm die Mitregentschaft und den Kaisertitel übertrage? Einmütig antworteten sie: „das sei Gottes Wille."

Hierauf zog Karl am nächsten Sonntag mit seinem Sohn in die von ihm erbaute Marienkirche zu Aachen. Er selbst erschien im königlichen Schmucke, mit der Krone auf dem Haupte; eine andere Krone ließ er auf den Altar hinlegen. Vor demselben beteten beide, Vater und Sohn, lange Zeit in stiller Andacht. Darauf erhob sich der ehrwürdige Greis und ermahnte im Angesichte des ganzen Volkes seinen Sohn, „Gott zu fürchten und zu lieben, seine Gebote in allem zu halten, für die Kirche zu sorgen und sie gegen Frevler zu schützen, sich gegen die Verwandten immer gütig zu beweisen, die Priester als Väter zu ehren, die ihm anvertrauten Völker als Kinder zu lieben, getreue und gottesfürchtige Beamte zu bestellen und niemand der Lehen und Ehrenstellen ohne genügende Ursache zu entsetzen." Nach solchen Ermahnungen fragte Karl seinen Sohn, ob er entschlossen sei, dem allen nachzuleben? „Gern," antwortete Ludwig, „gern will ich gehorchen und mit Gottes Hilfe vollbringen, was du mir geboten hast." Nun befahl ihm Karl — gleichsam zum Zeichen, daß er das Reich nur Gott verdanke — die Krone mit eigenen Händen vom Altar zu nehmen und sich aufzusetzen. Ludwig that, wie ihm geboten war.

Nach beendigter Feierlichkeit zog Karl, auf seinen Sohn gestützt, in die kaiserliche Burg zurück. Hier erteilte er ihm prächtige Geschenke und entließ ihn dann wieder nach Aquitanien. Beim Abschied umarmten und küßten sich beide und weinten Thränen der Liebe und Wehmut. Sie fühlten, daß dies ihr letztes Zusammensein war; sie sahen sich nie wieder.

Im Januar des folgenden Jahres (814) wurde Karl abermals von einem heftigen Fieber überfallen. Er wollte sich, wie er gewohnt war, durch Fasten heilen; aber umsonst; sein Körper war schon zu sehr geschwächt, er ging seiner Auflösung entgegen. Am siebenten Tage seiner Krankheit ließ er seinen Vertrauten, den Bischof Hildbald, zu sich kommen, um von ihm das heilige Abendmahl zu empfangen. Als er dasselbe genossen hatte, nahm seine Schwäche zu. Am folgenden Morgen merkte er, daß sein Ende nahe sei. Da bezeichnete er sich mit dem Zeichen des Kreuzes, faltete seine Hände über der Brust, schloß seine Augen und betete mit leiser Stimme: „Herr! In deine Hände befehle ich meinen Geist!" Und so entschlief er, sanft und selig, am 28. Januar 814, nachdem er sein Leben auf 72 Jahre gebracht und 47 Jahre sein großes Reich ruhmvoll regiert hatte.

Sein Leichnam, nachdem er sorgfältig einbalsamiert worden, ward in dem Münster beigesetzt, in vollem kaiserlichen Schmucke, sitzend auf dem Thronsessel, die Krone auf dem Haupt, mit Schwert und Pilgertasche umgürtet, ein Evangelienbuch auf den Knieen. Dann ward die Kammer durch eine Mauer verschlossen.

V. Ludwig der Fromme und seine Söhne.

Ludwigs Frömmigkeit.

Voll guten Willens ergriff Karls des Großen Sohn, Ludwig, die Herrschaft. Aber mit dem guten Willen allein ist eines Fürsten Pflicht und Amt noch nicht erfüllt; Verstand muß er dazu haben, immer das Rechte zu erkennen, und Kraft, es durchzuführen. Gerade diese beiden Eigenschaften gingen dem Sohne Karls des Großen ab; und so ward Ludwigs Milde zur Schwäche und diese Schwäche ihm selbst wie dem Volke zum Verderben.

Als er zu regieren anfing, erschrak er, wie ihm von allen Seiten das Notgeschrei des Volkes zu Ohren scholl. Da kamen viele Klagen, wie untreu die Beamten gewaltet hätten! So hatte selbst der gewaltige Herrscher Karl das Volk nicht immer vor den Bedrückungen der Großen zu schützen vermocht, wie viel weniger konnte es ein Schwächling, wie Ludwig. Dennoch strengte dieser im Anfange alle seine Kräfte an; er schickte Männer, die er für rechtschaffen hielt, als Sendboten in alle Marken des Reichs, um das Recht wieder herzustellen; er gab auch den Adligen und Freien der Sachsen die Erbgüter wieder, die ihnen der Vater genommen hatte. Überdies sicherte er die Grenzen des Reichs gegen die slavischen Völker und gegen die Basken in Spanien, zwang auch den Herzog von Benevent zum Gehorsam.

Über Italien herrschte Bernhard, seines verstorbenen Bruders Pipin Sohn, unter Oberhoheit Ludwigs, und zu Rom, nach dem Tode Leos, der Papst Stephan IV. Dieser ließ, als er den päpstlichen Stuhl bestieg, sein Volk dem Kaiser schwören und kam im Jahre 816 selbst zu ihm nach Deutschland, um ihm zu huldigen. Da gewahrte er mit großen Freuden Ludwigs Frömmigkeit und Demut und beredete ihn, daß er sich die Kaiserkrone, die er einst selbst vom Altare genommen, nun von der Hand des Papstes aufsetzen ließ. Dies geschah zu Rheims. Von der Zeit an ergab sich Ludwig immer mehr dem Einflusse der Geistlichkeit, und bald sehnte er sich nach einem zurückgezogenen, frommen, beschaulichen Leben, zumal als er auf wunderfame Weise aus einer Todesgefahr gerettet ward. Denn als er einst nach vollendetem Gottesdienste aus der Kirche nach Hause zurückkehren wollte und über eine hölzerne Galerie ging, deren Balken verfault waren, stürzte diese zusammen, und mehr als zwanzig Menschen stürzten mit hinab, auch der Kaiser, aber der nahm keinen Schaden. Um nun ungestörter mit religiösen Dingen sich beschäftigen zu können, teilte er das Reich unter seine drei Söhne, Ludwig, Pipin und Lothar. Lothar, dem ältesten, gab er den Kaisertitel und nahm ihn zum Reichsgehilfen, dem Pipin verlieh er die Herrschaft über Aquitanien und Ludwig das Regiment über Bayern, die avarischen und slavischen Länder.

Dadurch schuf er aber überall Mißvergnügen, besonders in Italien. Dort stellten die Bischöfe und Großen dem König Bernhard vor, wie arg ihn sein Oheim, der Kaiser, bei der Teilung übervorteilt habe, und reizten ihn, sich von dem Frankenreich unabhängig zu machen. Aber bevor noch Bernhard zu solchem Endzweck seine Heeresmacht gesammelt hatte, zog Ludwig gegen ihn aus, und nun verließen die Welschen zaghaft ihren König. Da warf sich dieser zutrauensvoll seinem Oheim zu Füßen und gab sich dessen Gnade anheim. Aber Irmengard, die Kaiserin, wollte Italien einem von ihren Söhnen verschaffen und lag ihrem schwachen Gemahl an, daß er seinen Neffen blenden ließ. Als dieser nun drei Tage nach dem Verlust des Augen= lichts an den Folgen der Mißhandlung starb, hatte Ludwig nicht mehr Rast und Ruh', und als die Kaiserin bald darauf starb, zitterte er vor dem Strafgericht Gottes. Da schenkte er mit vollen Händen an die Kirche und an die Armen, um Gottes Barmherzigkeit für seine Sünden zu erwerben. Seinem Sohne Lothar gab er das Reich Italien, welches der verstorbene Bernhard bisher verwaltet hatte.

Der Kampf mit den Söhnen.

So bußfertig nun der verwitwete Kaiser auch war, so widerstand er doch der Begierde nicht und hielt gar bald Rundschau über die schönsten Frauen seines Reichs. Am besten gefiel ihm Judith, die Tochter des Welf, aus einem edlen Geschlecht, das in Schwaben und Bayern gar reich an Gütern war. Und er nahm die schöne Judith zur Gemahlin. Diese hatte ihn bald so sehr durch Liebe gefangen, daß er ihr alles zu Willen that, was sie verlangte. Nur an ihr und an der Geistlichkeit hingen alle seine Gedanken, und darüber vergaß er sein weltliches Reich. Da merkten die Völker, die an der Grenze wohnten, daß Karls des Großen Schwert in der Scheide roste, und sie stürmten von allen Seiten her wider das Reich. Die Normannen kreuzten an den Küsten Flanderns, im Süden schweiften die Araber mit Mord und Brand durch die spanische Mark, und im Osten drohten die Slaven. Zu gleicher Zeit unterdrückten und mißhandelten daheim die Grafen und Edeln das Volk, rissen das Land an sich, trieben Zölle für sich selber ein, schlugen eigene Münze und thaten, als wären sie die Herren und kein

König und Kaiser mehr über ihnen. Bei solcher Willkür kam jeder darauf, sich selber Recht zu verschaffen; da ward das Land voll Raub und wilder Gewalt. Der Kaiser aber griff nicht zum Schwert, sondern suchte den Zorn Gottes durch Buße und Gebet zu versöhnen.

Im Jahre 823 hatte ihm seine zweite Gemahlin einen Sohn geboren, Karl (der Kahle zubenannt), den liebte er nun über alles, und Judith beredete ihn, daß er zu Gunsten ihres Söhnleins die Teilung zwischen den drei Söhnen aus erster Ehe umstieß. Da ergrimmten die drei Brüder Lothar, Pipin und Ludwig und vergaßen, daß der, welcher ihr Recht beugen wollte, ihr Vater sei. Sie zogen als Feinde wider ihn aus; das Volk entsetzte sich über den Frevel, aber die Großen frohlockten im stillen. Der Kaiser brachte auch ein Heer zusammen, aber die Söhne hatten es ihm abtrünnig gemacht, und als er losschlagen wollte, gingen alle seine Truppen zu den Söhnen über, und diese nahmen den Vater gefangen. Nun ward die Judith in ein Kloster verstoßen, und Lothar, der ruchloseste von den Brüdern, übergab seinen Vater den Geistlichen, daß sie ihn überreden sollten, dem Reiche zu entsagen und Mönch zu werden. Aber die Geistlichen dachten, wie der Kaiser ihnen immer ergeben gewesen war und es auch künftig sein werde; darum bewegten sie die Herzen der zwei andern Brüder, Pipin und Ludwig, und auch das Mitleid des Volkes für den unglücklichen Kaiser, und also kam dieser wieder auf den Thron. Da verbannte er den Lothar von seinem Angesichte nach Italien und gönnte ihm wohl dies Reich, doch nicht mehr den Kaisertitel.

Doch die Not hatte ihn nicht klug gemacht, und die Liebe zu seinem jüngsten Sohne Karl verführte ihn bald wieder zu neuer Ungerechtigkeit gegen Pipin und Ludwig; er teilte ihre Reiche, um Karl ausstatten zu können Darüber vereinigten sich nun Pipin und Ludwig plötzlich wieder mit Lothar, und der Papst Gregor IV. heiligte den Bund. Bei Colmar erwarteten die drei feindlichen Söhne ihren Vater, den Kaiser Ludwig. Dieser stand aber mit seinem Heere bei Worms. Dorthin kam der Papst, um den Vater zu bereden, sich den Söhnen zu unterwerfen. Zugleich wichen alle seine Krieger treulos von ihm, bis auf wenige, welche noch Ehre und Gewissen hatten. Zu diesen sprach er in seinem bittern Herzeleid: „Warum harret ihr noch aus bei mir altem verlassenen Mann? O, geht zu den Glücklichen, damit euch die Treue nicht verderbe!" Darauf ging er selbst zu seinen Söhnen hinüber, und sie nahmen ihn wieder gefangen. Das geschah auf einem Felde im Elsaß, nicht weit von Thann, das wird das „Lügenfeld" genannt zum ewigen An= denken der Untreue. Der ruchlose Lothar führte seinen Vater nach Soissons und sperrte ihn da wieder in ein Kloster. Dort drängten sich nun, auf Lothars Geheiß, viele Geistliche an den tiefgebeugten Kaiser und bestürmten Tag und Nacht sein schwaches Gewissen und seinen schwachen Verstand so lange, bis daß er endlich zerknirscht dem Willen seines Sohnes sich fügte.

Im Gewande eines Büßers schritt er in die Kirche, dort kniete er auf einem härenen Sacke und las unter heißen Thränen ein Verzeichnis seiner Sünden vor allem Volke ab. Hierauf ward er des Waffenschmucks entkleidet, und damit er der ganzen Herrschaft verlustig werde, wollte ihm Lothar sogar das Haupthaar scheren lassen und ihn zum Mönche machen. Da flammte die Scham in dem herabgewürdigten Kaiser noch einmal auf, und die Liebe zu seinem Sohne Karl, um dessentwillen er dies alles gelitten hatte, gab ihm Kraft, sich des Ansinnens zu erwehren. Auch fürchteten seine zwei andern Söhne, Ludwig und Pipin, daß ihr Bruder Lothar, wenn dieses Äußerste vollbracht sei, die Alleinherrschaft ergreifen möchte, denn sie kannten sein treuloses Gemüt. Darum kamen sie jetzt zur Rettung ihres Vaters, und das Volk, über Lothars Frevel empört, stand ihnen bei. So wurde der alte Kaiser abermals befreit und Herr im Reich.

Doch sein erstes Geschäft war abermals — das Reich wieder zu teilen; und hieran dachte der thörichte Greis, nicht an die Araber und Normannen, nicht an die treulosen Sendboten, welche das Volk bedrückten, anstatt es vor den Bedrückungen der Großen zu schützen. Er dachte nicht daran, wie die geistliche Macht der weltlichen über den Kopf wuchs, befreite vielmehr die Güter der Geistlichkeit von allen Abgaben und bewilligte auch dem Klerus eigene Gerichtsbarkeit. Dafür empfing er den Beinamen „des Frommen", aber Karl der Große, der auch fromm war, hätte doch sein Recht besser gewahrt.

Im Jahre 838 starb Ludwigs Sohn Pipin. Da wollte der Kaiser, von seiner Gemahlin verführt, zwischen Lothar, dem er alles verziehen hatte, und seinem Liebling Karl teilen; Pipins Söhne sollten ausgeschlossen sein und Ludwig, der Sohn, bloß Bayern erhalten. Aber die Aquitanier erhoben sich für den Sohn ihres gestorbenen Königs Pipin, und Ludwig zog gegen seinen Vater ins Feld (840). Da ward der alte Kaiser plötzlich krank und starb auf einer Insel im Rhein, bei Ingelheim, so kläglich, wie er gelebt hatte. Im Irrsinn glaubte er den bösen Feind vor seinem Totenbette zu sehen und wollte ihn verscheuchen. Der böse Feind war aber die Zwietracht, die goß an seiner Leiche den Fluch der Ohnmacht aus über sein Geschlecht, dafür, daß er Land und Leute wie ein Stück Ackerland zerstückelte und selber nicht zu regieren wußte.

Der Kampf der Brüder.

Nach dem Tode Ludwigs des Frommen kam die Treulosigkeit Lothars erst recht an den Tag, und dessen Bruder Karl erkannte, daß Lothar es mit ihm eben so falsch meine, wie mit seinem andern Bruder Ludwig, welcher der „Deutsche" hieß. Lothar, weil er den Kaisertitel führte, wollte auch alle Länder weiland Karls des Großen für sich haben. Darum verbanden sich nun die Brüder Karl und Ludwig gegen Lothar, dieser aber schloß mit seinem Neffen, dem jungen Pipin von Aquitanien, Bundesfreundschaft. So standen sich die Könige eines Blutes feindlich gegenüber. Bei Fontenaille, im Jahre 841, ward eine große Schlacht gekämpft, da mußten 40 000 Menschen für die bösen Gelüste der Könige ihr Leben lassen. Lothar ward geschlagen, floh aber nach Deutschland, welches Ludwig beherrschte, um diesen in seinem eigenen Reiche zu verderben. Zum Deckmantel seiner Bosheit mißbrauchte Lothar die Freiheitsliebe des Sachsenvolkes und erklärte, daß alle Adligen dort im Lande keine Güter mehr haben, die Freien und Freigelassenen (Frilinge und Lite), welche zur Zeit Karls des Großen meist hörige (dienst= bare) Leute geworden waren, ihre alten Rechte jetzt wieder bekommen sollten. In heller Freude erhoben sich nun jene, und es ward ein großer Bund ge= schlossen, der Bund der „Stellinger", d. i. der Wiederhersteller der alten sächsischen Stammverfassung und der Unabhängigkeit von den Franken. Diese vertrieben nun die wegen des Zehnten ihnen verhaßten christlichen Priester und auch viele Edelinge (Adlige). Darüber wurden die Bischöfe und der Adel dem Lothar feind, denn dieser hielt es mit dem Volke, und so gingen sie von seiner Partei zu seinen Brüdern Ludwig und Karl. Diese beiden kamen mit ihren Heeren bei Straßburg zusammen; die Deutschen, unter Ludwig, standen am rechten Ufer des Rheinstroms, die Westfranken, unter Karl dem Kahlen, am linken Ufer, und die Fürsten und Völker schwuren sich wechselweis einen Bundeseid zum Kampfe gegen den Kaiser Lothar. Als nun dieser einsah, daß er allein einer solchen vereinigten Macht nicht wider= stehen konnte, bat er um Frieden. Um diesen aber zu erhalten, verließ und verriet jetzt der ehrlose Mann das Sachsenvolk. Nun brach König Ludwig gegen dasselbe auf, und flugs zogen die Edelinge freudig mit ihm, um die Freien wieder zu unterdrücken. Leider gelang's auch ihrer Übermacht, und Ludwig verfuhr mit unmenschlicher Strenge gegen die Besiegten. Einhundert= vierzig von den Stellingern wurden hingerichtet, viele andere grausam ver= stümmelt. So büßten sie es, daß sie, auf ein Fürstenwort vertrauend, ihre alte Verfassung und Unabhängigkeit herzustellen unternommen hatten.

Der Vertrag zu Verdün.

Nun erst vereinigten sich Ludwig und Karl mit Lothar zum Frieden, und in der Stadt, die in deutscher Zunge Wirten, dann aber französisch Verdün hieß, schlossen sie 843 einen Teilungsvertrag. Ludwig bekam alle Länder diesseits des Rheinstroms, wo Deutsch geredet ward, des guten Weines wegen aber auch die Städte Mainz, Speier und Worms mit ihren Gebieten jenseits des Rheins und das alles als ein eigenes, selbstherrliches Königreich. Die Länder am andern Ufer des Rheins, nämlich Burgund und die Nieder= lande, dazu Italien mit der Kaiserwürde, empfing Lothar. Alles westfrän= kische Land aber, das hinter Lothars Reich lag, fiel dem Karl zu, welcher „der Kahle" hieß, und dessen Reich zwischen Rhone, Saone, Maas und Schelde, dem Mittelmeere und den Pyrenäen ward später Frankreich genannt. Seitdem schieden sich die Deutschen von den Westfranken (Franzosen) mehr und mehr, und Deutschland ging seinen eigenen Weg. Der Begriff eines deutschen Volks war jedoch der damaligen Zeit noch nicht geläufig und be= wußt; erst später knüpfte sich an die gemeinsame Sprache (lingua teudisca) der gemeinsame Nationalname.

VI. Angelsachsen und Normannen.

Alfred der Große (880 n. Chr.).*)

1. Alfreds Jugend.

Egbert, der zuerst alle Königreiche Englands unter seiner Herrschaft vereinigte, hatte zwei Söhne, von denen Ethelstan zum Könige, Ethelwolf aber für die Kirche erzogen wurde. Als aber der ältere Bruder starb, mußte doch der milde und friedliebende Ethelwolf die Regierung übernehmen. Er hatte mit seiner Frau Osburga fünf Söhne, deren jüngster der Liebling beider Eltern war. Sein Name war Alfred, und er war im Jahre 849 geboren. Weil Ethelwolf den Knaben um der herrlichen Gaben seines Leibes und seiner Seele willen über alles liebte, so gedachte er ihm schon im zarten Alter diejenige Segnung zuzuwenden, welche man damals über alles hoch= schätzte, als sich Karl der Große vom Papste in Rom zum Kaiser hatte krönen lassen, nämlich die Salbung durch den Papst. Mit dem erst fünf= jährigen Knaben fuhr der Vater über das Meer und zog mit ihm weiter bis über die Alpen nach Rom. Dort hatte der Papst Leo seine Freude an dem herrlichen Knaben und salbte und krönte ihn auf die Bitte seines Vaters.

Dann kehrte Ethelwolf mit seinem Sohne wieder heim und verweilte auf der Rückkehr längere Zeit am Hofe Karls des Kahlen in Frankreich. Er verheiratete sich zum zweiten Male mit dessen Tochter Judith und nahm diese mit nach England. Aber Osburga, die Mutter Alfreds, lebte noch und hatte nach wie vor Einfluß auf seine Erziehung. Sie liebte sehr die alten Lieder und Heldengesänge des Volkes der Angelsachsen und lehrte sie ihren kleinen Alfred, der sie mit großer Aufmerksamkeit vernahm. Einst traten alle ihre Söhne zu ihr und fanden ihre Mutter lesend, da sprach sie zu ihnen: „Demjenigen von euch will ich dies Buch schenken, der es zuerst auswendig lernt!" Da erwachte in dem Knaben Alfred die Begierde, lesen zu lernen, und als er das Buch besah, lockten ihn die schönen großen Anfangsbuchstaben, und er hätte das Buch um jeden Preis gern das seinige genannt. Darum fragte er noch einmal, ob es denn wirklich Ernst sei, daß derjenige das Buch erhalten sollte, der es zuerst ihr vorlesen könnte, und als ihm solches bejaht wurde, entschloß sich Alfred rasch und lernte nicht allein lesen, sondern auch noch manche andere Kenntnisse, wodurch er sich später über alle Zeit= genossen erhob.

2. Raubzüge der Dänen.

Nicht minder aber übte sich Alfred in den Waffen, und es kam die Zeit heran, wo diese Übung ihm Früchte tragen sollte. Denn alljährlich brachen die Normannen ins Land, die man in England „Dänen" nannte, und verheerten alles mit entsetzlicher Grausamkeit. Ihre Schiffe waren nur klein, aber desto zahlreicher, so daß oft eine Flotte von 300 Schiffen zu= sammen auf einen Raubzug ausging. Denn Rauben und Plündern war

*) O. Klopp a. a O. II.

für sie die ehrenvollste Beschäftigung, sie verachteten den Mann, der auf dem Bette starb; „nur der Tod durchs Schwert" — sagten sie — „ist des Mannes würdig," und ihre größte Kraft zeigten sie darin, unter quälenden Wunden lachend zu sterben. Diese Grausamkeit, die sie standhaft zu erdulden vermochten, zeigten sie auch gegen andere, und nicht zufrieden damit, ihre unschuldigen Opfer zu berauben und zu morden, quälten sie dieselben auch auf martervolle Weise.

Sie drangen tief hinein in die Länder; denn ihre Schiffe waren klein, und wie sie mit ihnen auf der stürmischen See der Gewalt der Wellen trotzten, so fuhren sie mit eben denselben Fahrzeugen die Ströme hinauf bis tief in das Land, und wenn sie an eine Stelle kamen, wo das seichte Wasser sie nicht mehr tragen konnte, so hoben sie ihre Schiffe auf den Rücken und trugen sie hinüber. Dasselbe geschah auch, wenn sie aus einem Flusse in den andern wollten, auch dann trugen und schleppten sie ihre leichten Fahr= zeuge über das Land. Wo sie nahten, da ging Schrecken vor ihnen her; denn ihre Wut war nicht zu versöhnen. Sie wollten nicht herrschen, nicht Land erwerben, wie es doch vordem die wandernden Stämme gewollt hatten; nein, sie wollten nur rauben und nach dem Raube auch noch zerstören. Darum bewahren noch bis auf den heutigen Tag alle Küsten der westeuro= päischen Länder grauenvolle Erinnerung an die Normannen, und nicht bloß die Küsten, sondern auch die Städte, wie Paris und Köln, wurden von ihnen heimgesucht. Darum betete man in allen Kirchen: a furore Normannorum libera nos, domine! Beschütze uns, Herr, vor der Wut der Normannen!

3. Feindseligkeit gegen das Christentum.

Zur Zeit von Alfreds Jugend brachen diese Normannen alljährlich in England ein und verheerten, was sie in ihre Gewalt bekommen konnten. Wenige Jahrhunderte waren erst vergangen, als auch die nach England ein= gewanderten Sachsen durch ihre Räubereien den Küstengegenden sich furcht= bar gemacht hatten. Aber sie hatten in ihrer neuen Heimat bald den Ein= fluß erfahren, welchen der Ackerbau auf die Gesittung der Menschen ausübt, und zugleich hatte das Christentum ihre Sitten gemildert und ihnen zum Bewußtsein gebracht, wie unrecht Raub und Plünderung sei. Freilich ver= schwindet mit der wachsenden Gesittung auch gar leicht die Kraft und Lust zum Kampfe, und so griffen die Angelsachsen nicht mehr an, sondern ver= teidigten sich nur notgedrungen gegen die Angriffe der Dänen. Besonders grausam und unternehmend war der Dänenkönig Inguar, der bekam sogar den angelsächsischen König Edmund in seine Gewalt. Da forderte er von diesem, daß er sich vom Christentum lossagen sollte. Aber Edmund weigerte sich standhaft. Da ließ ihn Inguar an einen Baum binden und mit Pfeilen auf ihn schießen. Auch da noch blieb Edmund standhaft und unerschüttert, bis Inguar, durch solche Festigkeit aufgebracht, ihm das Haupt abschlagen ließ. Da wurde Edmund in der Sage und im Liede verherrlicht und seine Verehrung hat viele Jahrhunderte überdauert.

4. Alfred wird König.

Alfreds vier ältere Brüder stritten mutig gegen diese entsetzlichen Feinde; aber einer nach dem andern erlag in dem Kampfe, bis zuletzt Alfred im Alter von 22 Jahren nach dem Wunsche des gesamten Volkes auf den Thron berufen wurde. Denn wenige Monate vor dem Tode Ethelreds, des letzten seiner Brüder, hatte sich Alfred in einem Treffen die Liebe und Achtung aller Sachsen erworben. Es war an einem Sonntage und die Heiden rückten schon in ihre Schlachtordnungen, da ging Ethelred noch in die Kirche, um dem Gottesdienste beizuwohnen. Vergebens baten ihn seine Anführer, daß er doch für diesmal den Besuch der Kirche aufgeben möchte. Ethelred erwiderte, daß nichts ihn vom Gottesdienste abhalten solle, und daß er nicht eher lebendig den Ort verlassen würde, bis die Messe geendigt sei. Da warf sich Alfred, der die andere Heeresabteilung anführte, mit kühnem Jugendmute auf die Feinde, die den Angriff noch nicht erwarteten, und brachte sie in Verwirrung. Zwar leisteten sie noch einige Zeit Widerstand, weil Alfreds Haufen zu klein war; aber als nun auch Ethelred nach Beendigung der Messe mit seiner Schar anrückte, konnten die Dänen das Feld nicht mehr behaupten, sondern suchten in wilder Flucht ihr Heil. Bald darauf wurden sie noch einmal geschlagen, aber Ethelred starb in diesem Treffen 871. Nun ward Alfred König.

Trotz seines Jugendmutes schlug Alfred die Gefahr, welche von den Dänen her das Land bedrohte, nicht geringer an, als sie wirklich war; auch gedachte er wohl seiner Krankheit, die ihn oft unerwartet faßte. Die Ärzte wußten gegen das Übel — man vermutete einen innern Krebs — keinen Rat, und als er sich in seinem zwanzigsten Jahre verheiratete, brach gerade am Hochzeitstage die Krankheit wieder aus. Von da an kehrte der Schmerzanfall fast täglich wieder, doch Alfreds mächtiger Geist überwand die Krankheit, so daß er an Leib und Seele der Erste seines Volkes blieb, denn an Übung in den Waffen kam ihm eben so wenig einer gleich, als an Wissenschaft und Kenntnis.

5. Alfred baut eine Flotte.

Während Alfred die Leiche seines Bruders nach Winburn in die Gruft begleitete, drangen die Dänen wiederum so vor, daß Alfred von diesem Zuge ablassen mußte, um ihnen mit einer kleinen Schar entgegentreten zu können. Er besiegte die Feinde dennoch, und sie mußten ihm mit einem Eide versprechen, daß sie fortan sich friedlich und ruhig verhalten wollten. Aber die Zügellosen kehrten sich weder an den Eid, noch an die Geiseln und brachen bald wieder hervor. Da kam Alfred auf den Gedanken, lieber mit den Dänen zu Wasser zu kämpfen, als sich ihnen erst nach der Landung entgegenzustellen. Er erinnerte die Angelsachsen daran, daß auch ihre Vorfahren groß und mächtig zur See gewesen waren, und forderte sie auf, in allen Häfen Schiffe zu bauen, damit sie mit ihnen die Mündungen der Ströme bewachen und die Dänen vor ihrer Landung zurückschlagen könnten. Dies ward ausgeführt und eine ganze Flotte der Dänen zurückgeschlagen.

Während dies im Westen, in Wessex, geschah, fiel aber eine andere Dänenschar unter ihrem Anführer Hubbas ins nördliche England ein, aber auch diese erlitt eine schwere Niederlage und verlor sogar ihre Fahne. In diese Fahne hatten die drei Schwestern des Inguar und Hubbas den Vogel Odins gewebt, einen Raben, den die Dänen für lebend ansahen, und auf den sie ihre Blicke richteten, wenn eine Unternehmung sie lockte. Schien der Rabe zu flattern oder seine Flügel zu heben, so bedeutete es Heil und Sieg für die Dänen; wenn er sie aber senkte, so stand ihnen Unglück bevor.

6. Alfred im Elend.

Aber dennoch kam das Unglück über Alfreds Haupt. Sein Heer wurde wiederholt geschlagen, und er mußte mit wenigen Begleitern in den Sümpfen und Marschen der Grafschaft Somerset seine Zuflucht suchen. Viele der Angelsachsen flohen übers Meer in andere Länder, noch andere hielten es mit den Dänen und verließen ihren König, der mit der größten Not kämpfte. Einmal hatte er bei einem Kuhhirten einen sichern Zufluchtsort gefunden und saß am Herde desselben und schnitzte Bogen und Pfeile. Die Hausfrau aber, welche nicht ahnte, wer ihr Gast sei, hatte ihm anbefohlen, auf das Brot zu achten, das sie buk und in den Ofen geschoben hatte. Aber Alfreds Gedanken blieben nicht beim Brote, sondern schweiften hinaus ins Weite, denn er sann auf ein Mittel, sein Volk zu schützen gegen die Dänen. Da verbrannte das Brot, und als die Hausfrau herzu kam, rief sie zornig: „Du träger Mensch! Brot verschlingen kannst du, aber zum Backen bist du zu dumm!"

Ein anderes Mal, erzählt die Sage, saß Alfred allein im Hause, während seine Begleiter auf den Fischfang ausgegangen waren, und las in den Geschichten seines Stammes und Landes. Da klopfte ein Bettler an die Thür und bat ihn um einen Bissen Brot. Es war aber nur noch ein Stück da, das letzte; dieses nahm Alfred, zerbrach es in zwei Hälften und gab dem Bettler die eine Hälfte. Darauf schlief er ein, und während des Schlafes hatte er ein Traumgesicht, das ihm verkündete, bald würde er sein Reich wieder erobern. Er teilte den Traum seiner treuen Mutter Osburga mit, die ihn auch in seiner Verbannung nicht verlassen hatte, und beide schöpften neuen Mut.

Nachdem einige Zeit verflossen war und die Dänen in ihren Nachforschungen ermüdet waren, ging Alfred mit seinen Begleitern aus seiner Zufluchtsstätte hervor und suchte sich eine andere. Diese lag in derselben Grafschaft Somerset und war durch zwei Flüsse, die sich dort vereinigten, zu einer völligen Insel gemacht. Alfred nannte sie „Ethelingsey", d. i. Insel der Edelinge oder Edeln. Nur eine einzige Zugbrücke führte zu ihr, und diese war leicht zu beschützen. Über sie hinaus eilten oft die Angelsachsen, um sich Nahrung zu verschaffen, oder auch um kleine Trupps der Dänen anzugreifen und dann eiligst wieder in den sichern Versteck zu ziehen.

Wenn nun aber auch diese Angriffe gelangen, so halfen sie doch nicht gegen die große Macht der Dänen. Darum entschloß sich Alfred zu einem kühneren Schritte. Er war ein Meister im Gesange und Saitenspiele, und die Kunst gedachte er zu nützen, sowohl um die Macht der Dänen zu erforschen, als auch im Lande selbst zu erkunden, wo er auf Hilfe zu rechnen habe. So machte er denn als Harfner verkleidet sich auf und ging ins Lager der Dänen, die sich gern an seinem Spiele und Gesange ergötzten, ja ihn selbst in das Zelt des Königs Guthrum führten. Da sah er die Beschaffenheit ihres Heeres, alle ihre Zurüstungen, er sah, wie sie sorglos und fahrlässig an keinen Feind und keinen erheblichen Widerstand mehr dachten, sondern nur auf Raub und Plünderung ausgingen und selbst die Bewachung ihres Lagers versäumten.

7. Alfred gewinnt sein Reich wieder.

Dann erforschte Alfred auch die Stimmung der Bewohner der drei zunächst gelegenen Grafschaften, und da er glaubte, sich auf ihren Eifer und Mut verlassen zu können, so kehrte er wieder in seine Wasserburg zurück. Sieben Wochen hatte sich sein Häuflein hier gehalten, da berief Alfred um die Pfingstzeit alle seine Getreuen nach dem östlichen Ende des Seelwood, d. i. Weidenwald, in Somerset. Sie erschienen zahlreich und hießen mit Jubel ihren König willkommen. Nun rückten die Sachsen auf das Lager der Dänen los. Es war ein heißer Kampf gegen den an Zahl überlegenen Feind; aber die Sachsen kämpften für ihr Vaterland und ihre Freiheit und wurden von einem Könige geführt, der an Mut, Klugheit und Tapferkeit es allen zuvor that. Die Dänen wurden geschlagen und zogen sich in ihr festes Lager zurück. Aber Alfred rückte nach und umschloß sie eng von allen Seiten. Da gingen den Dänen die Lebensmittel aus, und sie schickten zu Alfred und erboten sich das Land zu verlassen und nimmer wieder zu kehren, wenn ihnen freier Abzug bewilligt würde. Alfred gewährte ihnen die Bitte, und diesmal hielten die Dänen den Vertrag. Ja ihr König that noch mehr. Alfreds herrlicher Sinn hatte tiefen Eindruck auf Guthrum gemacht, und als dieser mehrmals mit dem Sachsenkönig sich unterredet hatte, gelobte er, ein Christ zu werden. Nicht lange darauf wurden mit Guthrum dreißig seiner Mannen getauft, und Alfred selbst war Pate. Dann beschenkte er den Dänenkönig mit reichen Gaben und gab ihm das Land Ostangeln zu Lehen.

Von da blieb dem Alfred immer der Sieg. Es kamen zwar noch neue Scharen, aber der wackere König hatte für Schiffe gesorgt, ging ihnen schon auf dem Meere entgegen und schlug sie dort. Einmal traf er eine Dänenflotte, die er zur Hälfte aufrieb, so daß die Dänen in den übrigen Schiffen ihre Waffen weglegten, auf ihre Kniee fielen und um Gnade flehten. Die gewährte ihnen Alfred, und von da an hatte England längere Zeit Ruhe. Denn die Dänen wandten sich nun lieber den anderen Küsten zu, wo sie nicht so tapfere Gegenwehr fanden, wie bei Alfred. Namentlich waren den Normannen auch die Schiffe Alfreds furchtbar, denn er hatte sie größer bauen lassen, als es damals Sitte war, mit sechzig Rudern, während die Fahrzeuge der Dänen nur klein waren. Auch die Angelsachsen konnten die neue Bauart Alfreds nicht gleich lieb gewinnen, darum ließ er Seeleute aus Friesland kommen, das schon damals seegeübte Bewohner hatte.

8. Schöpfungen im Frieden.

Nachdem Alfred sein Reich nach außen gesichert hatte, war die ganze Sorgfalt des jungen Königs darauf gerichtet, es auch innerlich zu befestigen und ihm eine neue Verfassung durch gute Gesetze zu geben. Darum ließ er eine Sammlung guter Gesetze veranstalten, welche bereits früherhin weise Könige hatten niederschreiben lassen; diese prüfte er nun mit seinen Räten. Er änderte nicht viel darin, denn er sagte, er wüßte nicht, wie solche Abänderungen dem Volke gefallen würden, dem das Gesetz durch langen Brauch schon vertraut war. Namentlich lag ihm die Rechtspflege am Herzen, und er prüfte deshalb die Urteile der Richter, ob sie mit den Gesetzen und dem Herkommen ihres Volkes übereinstimmten oder nicht. Einmal soll er in einem Jahre vierundvierzig Richter mit dem Tode bestraft haben, weil ihnen bewiesen war, daß sie falsches Urteil gesprochen hatten. Darum verlangte er auch von den Richtern, daß sie fleißig in den Gesetzen ihres Volkes forschen sollten. Als wichtigsten Rechtsgrundsatz bei allen Vergehen aber hielt er die alte deutsche Überlieferung fest, daß jedermann nur von seinesgleichen gerichtet werden dürfe. Darum sollten zwölf Männer, die Volks- und Standesgenossen des Angeklagten wären, den Wahrspruch fällen, ob schuldig oder nicht. Dieses Gesetz, das ursprünglich auch bei den andern deutschen Völkerschaften galt, ist nun Jahrhunderte lang der Stolz des englischen Volks gewesen, weil es in ihm die sicherste Schutzwehr gegen alle Willkür erblickt, und es ist Alfreds unsterblicher Ruhm, dieses Gesetz bei seinem Volke ausgebildet zu haben.

Aber Alfred wollte auch Ruhe und Sicherheit schaffen, ohne daß der Angelsachse zum Gericht seine Zuflucht nehmen müßte, und darum sann er darüber nach, wie er am besten allen Gewaltthätigkeiten und Räubereien steuern könnte. Das sicherste Mittel schien ihm zu sein, wenn er seine Angelsachsen selbst verantwortlich machte, und dies geschah auf folgende Weise. Er teilte England in Grafschaften ein, diese Grafschaften wieder in Hundertschaften (hundreds) und die Hundertschaften wieder in Zehnschaften. Zehn bei einander liegende Häuser machten eine Zehnschaft aus, und ihre Bewohner zusammen waren verantwortlich für alles Unrecht, das bei ihnen vorfiel. Sie richteten auch unter einander über kleine Dinge; aber wichtigere wurden vor das Gericht der Hundertschaft gebracht. Wenn ein Mann unterließ, seinen Namen in eine Zehnschaft einschreiben zu lassen, so wurde er als einer betrachtet, der außerhalb dem Gesetze stand, er ward für vogelfrei erklärt. Von dem Gericht der Hundertschaft ging man weiter an das Gericht der Grafschaft und von diesem an den König. So kam es dahin, daß man sagte, der Reisende, welcher seine Börse auf der Straße verloren hätte, könne sich ruhig schlafen legen, weil er sie sicher wiederfinden würde. Alfred selber — erzählt man — ließ goldene Armbänder am Scheidewege aufhängen, und niemand wagte, sie hinwegzunehmen. Aber nicht genug, daß Alfred so den inneren Frieden sicherte, er begründete durch diese Einteilung auch die beste Wehr gegen den Feind nach außen. Denn jede Zehnschaft und jede Hundertschaft mußte ihre bestimmte Anzahl Krieger stellen, und der Graf oder Aldermann der Grafschaft war auch zugleich ihr Kriegshauptmann, der auf den ersten Ruf die Seinen bald versammeln konnte.

Ferner sorgte Alfred für die Bildung seines Volkes und leuchtete auch darin wieder als das erhabenste Muster eines guten Königs seinem Volke voran. Vor allen Dingen hielt er auf seine Muttersprache, das Angelsächsische, und sorgte dafür, daß die Jugend seines Volkes die alten Heldenlieder lernte, und sich am Gesange derselben erfreute. Dann berief er die ausgezeichnetsten Männer seiner Zeit zu sich, und sie kamen willig und gern zu dem Könige, der wie kein anderer die Wissenschaften ehrte und liebte. Alfred erlernte noch in seinem 36. Lebensjahre die lateinische Sprache, um aus den guten Schriften der Römer seinem Volke das Zweckmäßigste auswählen und in der Muttersprache vorführen zu können. Er stiftete Schulen, wie und wo er nur konnte, und auch die Söhne der Adligen mußten lateinisch lernen. In einem Briefe, den Alfred an die Bischöfe Englands schrieb, als er ihnen seine Übersetzung der Reise des heiligen Gregor schickte, heißt es: „Die Gelehrsamkeit war bei meiner Thronbesteigung so in Verfall gekommen, daß es nördlich vom Humberflusse wenig Priester gab, welche die Gebete so weit verstanden, daß sie ihre Bedeutung in angelsächsischer Sprache wiedergeben konnten, oder welche überhaupt einen lateinischen Satz übersetzen konnten. Auch im Süden waren nur sehr wenige. Gott dem Allmächtigen sei aber Dank, daß es jetzt doch einige Bischöfe giebt, die sogar imstande sind, selbst Latein zu lesen!"

9. Other aus Norwegen.

Auch in andern Dingen wirkte Alfred für die Bildung seines Volkes. Einmal kam zu ihm ein Mann, Namens Other, und erzählte dem Könige, daß er im nördlichen Teile des Landes Norwegen wohne, dort wo das Eismeer die norwegische Küste im Westen bespült. Er beschrieb dem Könige das Land, wie es öde und verlassen sei, und wie nur hier und da zerstreut einige Finnen wohnten, die sich mit Jagd und Fischerei beschäftigten. Er selbst aber habe einmal erforschen wollen, wie weit sich das Land noch nach Norden und Osten ausdehne, und darum sei er nordwärts gefahren, wobei zur rechten Hand ihm immer Land geblieben sei. Dann aber habe er wieder abwarten müssen, bis der Wind von Nordwest geweht habe, und zuletzt habe er völligen Nordwind haben müssen. Alsdann habe er einen großen Fluß gesehen, der sich dort ins Meer ergieße, aus Furcht vor den Anwohnern habe er jedoch nicht gewagt, diesen Fluß hinaufzuschiffen; er habe die Fahrt nur eingeschlagen, um Walroßzähne zu holen. Solche brachte er auch dem Könige Alfred zum Geschenk. Other war ein sehr reicher Mann in seiner Heimat; denn er besaß 600 Renntiere und unter ihnen sechs Lockrenntiere zum Fangen der wilden; aber nur zwanzig Rinder, zwanzig Schafe und zwanzig Schweine. Dagegen bestand sein hauptsächlicher Reichtum in dem Tribute, den ihm die Finnen bezahlten, nämlich in Pelzwerk, Flaumfedern der Vögel, Walfischbarten und Stricken, die aus der Haut der Walfische und Seekälber gemacht wurden.

Dieser Bericht Others von seiner Heimat war dem König Alfred sehr lieb, und als er wieder ein lateinisches Geschichtsbuch ins Angelsächsische übersetzte, erzählte er darin auch das, was er von Other vernommen hatte. Aber er selbst war auch angeregt zu neuen Forschungen und entsandte deshalb einen Seefahrer, namens Wulfstan; dieser schiffte ostwärts, bis er durch das Kattegat und den kleinen Belt in die Ostsee kam. Dort suchte er die Völker und ihre Sitten zu erforschen, um seinem Könige darüber Bericht erstatten zu können. Er fuhr bei der Insel Burgundaland (Bornholm) vorbei bis zum Ausfluß der Weichsel. Was er bekundete, schrieb Alfred für sein Volk nieder.

10. Staatshaushalt.

Wahrlich, wir müssen staunen ob der rastlosen Thätigkeit dieses Mannes. Er konnte aber viel mehr leisten, als andere Menschen, weil er mit seiner Zeit so sparsam und haushälterisch war. Da man noch keine Uhren hatte und der Gebrauch der Sonnenuhren wegen der häufigen Nebel in England nicht immer zweckmäßig ist, so war er selbst darauf bedacht, einen Zeitmesser zu erfinden. Er nahm dazu sechs Lichter, von denen jedes in einer vor Luftzug geschützten Kapsel brannte und zwar genau vier Stunden lang. Die Kapsel war von durchsichtigen Häuten eingeschlossen, denn der Gebrauch des Glases war in den Dänenkriegen untergegangen.

So haushälterisch wie mit seiner Zeit ging Alfred auch mit seinen Einkünften um. Denn obwohl diese nicht so groß waren und mancher Kaufmann in unserer Zeit viel mehr einnimmt, als dieser große König, so war doch alles auf das genaueste verteilt, und dadurch mußte Alfred viel zu schaffen. Die eine Hälfte seiner Einnahmen war für weltliche, die andere für geistliche Zwecke bestimmt. Die erste zerfiel wieder in drei Teile, von denen einer für seine Krieger bestimmt war; denn abwechselnd mußten die Krieger seiner Leibwache je einen Monat im Vierteljahr bei ihm sein, und während der beiden andern Monate konnten sie ihren Geschäften nachgehen. Das zweite Dritteil der ersten Hälfte war für die unzähligen Bauleute und Künstler, welche Alfred aus allen Gegenden zu sich her berief, damit sie sein Reich durch herrliche Gebäude verschönerten und seinem Volke die nötige Anleitung gäben, sich selbst weiter fortzubilden. Das dritte Dritteil der ersten Hälfte war den Zwecken der Gastfreundschaft geweiht für alle diejenigen Fremden, welche aus weiter Ferne den König besuchten. Die andere Hälfte seiner Einkünfte war für geistliche Zwecke bestimmt und in vier Teile geteilt. Von diesen war das eine Viertel für die Armen bestimmt, das zweite für die beiden Klöster, welche er selbst gestiftet hatte, das dritte für die Schule für den jungen Adel seines Landes, welche er mit großer Mühe ins Leben gerufen hatte, das vierte Viertel war für die gelegentlichen Unterstützungen aller andern Kirchen und Klöster bestimmt, die sich bittend an ihn wandten.

11. Neuer Einfall der Dänen.

Lange Zeit hindurch genoß Alfred Frieden; aber noch am Abend seines Lebens drangen die Dänen wieder ins Land und hausten nach ihrer alten Weise. Sie waren von dem kräftigen deutschen König Arnulf im September des Jahres 891 bei Löwen aufs Haupt geschlagen worden, und wie sie sich früher nach den Siegen Alfreds ganz auf das gegenüberliegende Festland von Frankreich und Deutschland geworfen hatten, so wollten sie nach dieser Niederlage umgekehrt wieder England heimsuchen. Aber Alfred empfing sie, und nach manchem harten Kampfe kehrte die Mehrzahl der Dänen heim, die wenigen Zurückbleibenden konnten leicht abgewehrt werden. Nun war auch Alfred darauf bedacht, die alten Briten mit den Seinigen zu versöhnen. Von den britischen Ureinwohnern wohnten noch viele in dem gebirgigen Wales im Westen von England, und von da aus machten sie nur zu oft gemeinschaftliche Sache mit den Dänen gegen die Angelsachsen. Aber der Charakter Alfreds gewann ihre Achtung, und ihr letzter König kam freiwillig zu Alfred, der ihn ehrenvoll aufnahm und als seinen Sohn behandelte.

12. Alfreds Charakter.

Ein wahrhaft religiöser Sinn schmückte sein Leben. In früher Jugend war er, der kräftige Jüngling, von heftigen Versuchungen zu sinnlicher Lust heimgesucht; aber er mußte sie durch Wachen und Gebet zu bekämpfen. Oft stand er auf beim ersten Hahnschrei, eilte in eine Kirche, warf sich vor den Stufen des Altars nieder und flehte inbrünstig zu Gott, daß er ihm eine Krankheit senden wolle, durch welche die Glut unreiner Begierden in ihm gedämpft werden möchte. Auch in seinem späteren Leben suchte er sich durch fleißiges Beten zur Ausübung seiner Pflichten zu stärken. Er widmete täglich einen Teil seiner Zeit frommen Andachtsübungen, nie versäumte er den öffentlichen Gottesdienst, und immer trug er ein Büchlein bei sich, welches Gebete und Psalmen enthielt, an welchen er sich schon in seiner Jugend erbaut hatte. Er war wohlthätig gegen die Armen, ehrerbietig gegen die Bischöfe, doch sah er auch darauf, daß sie die Pflichten ihres heiligen Amtes gewissenhaft erfüllten.

Nicht unbemerkt darf es bleiben, daß Alfreds schöne Seele in einem schönen Körper wohnte. Die Würde seines Äußeren, die Anmut seines einnehmenden, offenen Gesichts und die Stärke seines Gliederbaues ließ leicht in ihm den großen Mann vermuten; aber noch höher mußte die Achtung für ihn steigen bei denen, die es fühlten, wie er Tapferkeit mit Wohlwollen, Gerechtigkeit und Milde, Liebe zu den Wissenschaften und Künsten mit wahrhaft religiösem Leben verband.

Der Abend seiner Tage war ruhig. Seitdem er im Jahre 897 zuletzt mit den Dänen gekämpft hatte, störte kein neuer Krieg seine Anstalten für den innern Wohlstand seines Reichs. Und so starb er im Glanze eines fleckenlosen Ruhmes und geliebt von seinem durch ihn beglückten Volke im dreißigsten Jahre seiner Regierung und im dreiundfunfzigsten seines Lebens, den 28. Oktober 901. Von seiner Gemahlin Alswitha, der Tochter eines Grafen von Mercia, hinterließ er drei Töchter und eben so viel Söhne, von denen der zweite, Eduard, ihm in der Regierung folgte. Aber keiner seiner Nachkommen hat ihn an Größe erreicht.

Edmund Fronside und Kanut der Große.

1.

Die Nachfolger Alfreds des Großen im zehnten Jahrhundert hatten die größte Not, sich der Überfälle der Dänen zu erwehren, und endlich kam es so weit, daß die Angelsachsen den Dänen Tribut zahlen mußten, das sogenannte Danegeld (991). Das Volk, in Verzweiflung über die Schwäche seiner Fürsten, wollte mit einem Schlage das Joch abschütteln und ermordete am 13. November 1002 alle auf der Insel ansässigen Dänen (dänische Vesper). Nun aber brach König Swen von Dänemark racheschnaubend herein und eroberte ganz England. Doch wehrte sich Edmund, Ethelreds Sohn, tapfer. Als der grimme Swen gestorben war, folgte ihm der mildere Kanut (Knut), von der Geschichte mit Recht „der Große" zubenannt.

In dem Kampfe mit Kanut dem Großen bewährte Edmund den gewaltigen und ausdauernden Mut, der ihm den Namen „Fronside" oder „Eisenseite" erwarb. Schon bei Lebzeiten seines Vaters, des feigen und ehrlosen Ethelred, übernahm er die Verteidigung und Erhaltung der angelsächsischen Herrschaft, und eifrig fuhr er in diesem Streben fort, als er nach Ethelreds Tode den angestammten Thron bestieg.

Höchst bedenklich war seine Lage. Seine ganze Herrschaft war eigentlich nur auf das damals feste London beschränkt, alles übrige lag in Kanuts, des Dänenkönigs, Händen. Die Hilfsquellen zur Verteidigung waren verstopft, der Mut der Engländer gebrochen. Nur er zagte nicht. Gleich seinem großen Ahnen Alfred, dessen Beispiel ihn begeisterte, brauchte er List und Gewalt, um den Dänen Abbruch zu thun. Fünfmal belagerte Kanut London, aber vergebens; fünf Feldschlachten wurden in einem Jahre (1016) geliefert, ohne daß dadurch der Kampf um die Krone Englands entschieden wurde.

2.

Dem langen und vergeblichen Blutvergießen wollte der menschenfreundliche Edmund mit einem Male ein Ende machen. Als die feindlichen Heere abermals einander gegenüberstanden, forderte er den Dänenkönig zum Zweikampf auf. Kanut aber schlug den Zweikampf aus. „Es fehle ihm," ließ er zurücksagen, „keineswegs an Mut; allein er fühlte sich nicht groß und stark genug, um gegen Edmunds Riesengestalt mit Erfolg zu kämpfen. Da sie aber beide auf England, als das Erbe ihrer Väter, Ansprüche hätten, so schlage er vor, dieses Reich zu teilen." Dieser Vorschlag ward von beiden Heeren mit vielem Beifall aufgenommen.

Der Fluß Severn trennte die beiderseitigen Heere. Am westlichen Ufer stand Edmund mit den Seinen, Kanut aber am östlichen, und zwischen beiden, mitten im Fluß, befand sich eine kleine Insel Olanege. Dort kamen beide Helden zusammen, nachdem sie sich gegenseitig Geiseln zugeschickt hatten. Beide schwuren einander Friede und Freundschaft, umarmten und küßten sich und teilten darauf das Reich so, daß die nördlichen Gegenden, namentlich Mercia und Northumberland, dem Dänenkönig, die südlichen Gegenden, samt der Stadt London, dem Edmund verbleiben, beide aber unabhängig von einander regieren sollten. Hierauf vertauschten sie, gleich den homerischen Helden, ihre Waffen und Gewänder und trennten sich.

3.

Bald darauf ward Edmund auf Anstiften des schändlichen Grafen Edrik meuchlings ermordet. Nun nahm Kanut dessen Gebietsteil auch noch in Besitz und ließ sich zum König von ganz England krönen. Demnach vereinigte er auf seinem Haupte die Kronen von Dänemark und England, und späterhin brachte er auch Norwegen und einen Teil von Schweden an sich, so daß er der mächtigste Monarch des Nordens wurde und den Beinamen „des Großen" erhielt.

Er verdiente sein Glück durch die Umsicht und Mäßigung, womit er besonders über England regierte. Um die Engländer für sich zu gewinnen, ließ er den verräterischen Edrik, den das Volk haßte, hinrichten. An der alten Verfassung des englischen Reichs änderte er nichts. Engländer und Dänen behandelte er nach gleichen Gesetzen, und den Nationalhaß unter ihnen suchte er auf alle Weise zu mildern. Deshalb heiratete er selbst die Witwe Ethelreds, Emma, aus der Normandie gebürtig. Auch bezeigte er der Geistlichkeit sehr große Ergebenheit. Er hielt darauf, daß ihr der Zehent ordentlich entrichtet ward, erneuerte und beschenkte die Kirchen und Klöster, die in den vorigen Kriegen viel gelitten hatten, und gründete zu Assendon, wo zwischen ihm und Edmund die letzte Schlacht vorgefallen war, ein Kloster, in welchem für die Seelen der erschlagenen Angelsachsen und Dänen Messen gelesen werden mußten. Hiermit nicht zufrieden, unternahm er im fünfzehnten Jahre seiner Regierung eine Pilgerreise nach Rom. Er zog durch Flandern, Frankreich und Italien und bezeichnete seinen Weg durch Büßungen und Wohlthaten. In Rom selbst betete er auf dem Grabe Petri um Vergebung seiner Sünden und errichtete ein Gasthaus für dänische und englische Pilger.

Die Andachtsübungen ließen ihn immer mehr das Eitle irdischer Herrlichkeit empfinden. Als einst einige seiner Schmeichler seine Größe rühmten und versicherten, daß ihm nun alles unterworfen sei, setzte er sich an den Meeresstrand. Die Ebbe war zu Ende, und er sprach zu dem anschwellenden Meere: „Die Erde ist mein, darum befehle ich dir, daß du nicht weiter vordringst und meine Füße benetzest." Aber das Meer kehrte sich nicht an diesen Befehl, kam näher und überschwemmte seine Füße. Da sprang er auf und sagte: „Es ist niemand so groß als der, welchem Erde und Winde und Meere gehorchen!"

Wilhelm der Eroberer (1066 n. Chr.).

1.

Wilhelms Vater war Robert, vierter Herzog der Normandie, seine Mutter aber war eine Tänzerin, deshalb nannte man den Knaben einen Bastard, weil er keine fürstliche Mutter hatte und außer der Ehe erzeugt war. Doch schon früh begünstigte den Knaben das Glück und bahnte ihm den Weg zu seiner Erhebung, wovon die Geburt ihn auszuschließen schien.

Er war ungefähr sieben Jahre alt, als sein Vater, im Begriff, eine Pilgerreise nach Jerusalem zu unternehmen, die Großen des Herzogtums um sich versammelte und sie beredete, seinem natürlichen Sohne zu huldigen und ihn als Herzog anzuerkennen, falls er selber im Auslande sterben sollte. Wirklich starb Robert auf der Wallfahrt nach Jerusalem, und nun ward, wie er es gewünscht hatte, sein geliebter Sohn Wilhelm Herzog der Normandie. Aber die Minderjährigkeit desselben gab zu vielen Unruhen Veranlassung. Die großen Vasallen wollten sich Wilhelms Herrschaft nicht unterwerfen, und der damalige König von Frankreich, Heinrich I., suchte die furchtbare Macht der Normannen zu brechen. Doch wie sich unter Gefahren und Mühseligkeiten der Mann bildet, so reifte auch Wilhelm auf diesem Wege seiner zukünftigen Größe entgegen. Im Kampfe mit seinen Vasallen entwickelte sich sein Feldherrntalent, und eben dadurch erwarb er sich einen ausgebreiteten Ruhm und ein tapferes Heer für das große Unternehmen, das seinen Ruhm unsterblich gemacht hat.

2.

Eduard der Bekenner, der jüngere Bruder Edmunds Ironside, seit 1042 König von England, war dem Herzog Wilhelm in Liebe gewogen, und da er keine Nachkommen hinterließ, versprach er ihm heimlich die Erbfolge, zumal da auch Wilhelm mit dem Königshause verwandt war. Noch näher dem Throne stand aber Graf Harald. Dieser, der angesehenste Mann unter den englischen Großen, besaß das Vertrauen der Nation, auch Reichtum, Ehrgeiz und Macht genug, um nach der Krone begierig zu sein. Fast ganz England stand unter seinem und seiner Freunde Einfluß, und Eduard konnte sich ihm nicht entziehen. Aber auch hier schien das Glück für Wilhelm geschäftig, indem es ihm den Gegner zuführte. Einst war Harald durch Stürme an Frankreichs Küste verschlagen und in Räuberhände gefallen. Wilhelm, hiervon benachrichtigt, befreite den Gefangenen und empfing ihn sehr ehrenvoll in seiner Hauptstadt Rouen. Während er nun hier in Freundschaft mit ihm lebte, entdeckte er ihm das Geheimnis seiner Aussicht auf den englischen Thron und beschwor ihn, mitzuwirken für die Erlangung desselben. Um ihn recht fest an sich zu ketten, versprach er ihm seine Tochter zur Gemahlin, und zugleich ließ er ihn auf heilige Reliquien schwören, daß er unverbrüchlich treu Wilhelms Thronbesteigung fördern wolle.

3.

Harald hatte den verlangten Eid geleistet, aber er war nicht der Meinung, ihn halten zu müssen. Sein Ehrgeiz sträubte sich dagegen, vielleicht auch seine Vaterlandsliebe, der es unerträglich sein mochte, daß England einer Fremdherrschaft anheimfallen sollte. Er vermehrte daher nach seiner Rückkehr die Zahl seiner Anhänger und verbreitete unter den Engländern Widerwillen gegen die Normänner. König Eduard, obwohl er wünschte, daß der Herzog der Normandie sein Nachfolger werde, hatte weder Mut noch Kraft, sich nachträglich für denselben zu erklären, und mitten in diesem Zögern ereilte ihn der Tod (1066). Kaum war er verschieden, so bestieg Harald, mit Genehmigung des englischen Volkes, den Thron.

Da entbrannte Herzog Wilhelm von heißem Zorn, er schalt den Harald einen Eidbrüchigen und rüstete sich nun, mit den Waffen zu erringen, was man ihm gutwillig nicht geben wollte. Aber auch Harald säumte nicht, ein großes Heer zu sammeln.

4.

Als Wilhelm mit seinem Heere an der Küste von Suffex landete, sprang er zuerst ans Ufer; aber er stolperte und fiel zu Boden. Doch mit schneller Fassung wußte er das üble Zeichen zu seinem Vorteile zu deuten. „Das Land," rief er, „das Land ist mein!" Einer seiner Krieger, der ihm zunächst stand, erwiderte: „Ja, Herzog und König, bald wirst du England in Besitz nehmen!" Und ein anderer lief zu einer nahen Hütte, zog ein Strohreis vom Dache und überreichte es dem Feldherrn als ein Zeichen der Besitznahme. Keiner aber der Krieger durfte plündern, denn Wilhelm sagte: „Wir müssen schonen, was unser ist." Alle hielten sich ruhig und sahen frohen Mutes das Heranrücken der Gefahr.

5.

Harald hatte soeben seinen aufrührerischen, mit den Norwegern verbündeten Bruder Toftig in Northumberland angegriffen und geschlagen; da vernahm er die Landung Wilhelms. Sogleich eilte er gen Haftings, wo die Normannen ihr Lager aufgeschlagen hatten. Stolz und Rachsucht verblendeten ihn gegen die Regeln der Klugheit. Sein Heer war geschwächt, und doch wollte er nicht einmal eine Verstärkung abwarten. Seine Freunde rieten ihm, daß aus vielerlei Völkern zusammengesetzte Heer seiner Feinde, dem es bald an Lebensmitteln fehlen müsse, in kleinen Gefechten zu ermüden und zu schwächen; er aber, entschlossen, zu siegen oder zu sterben, setzte alles Glück auf den Ausschlag eines einzigen Tages.

Verschieden waren die Vorbereitungen zu dieser Schlacht. Die Engländer verachteten den Feind, der ihnen als ein Haufen zusammengeraffter Abenteurer geschildert worden war. Das eben errungene Kriegsglück hatte sie übermütig gemacht; sie glaubten den Herzog Wilhelm eben so leicht schlagen zu können, wie den Tostig und dessen Bundesgenossen, und brachten daher den Vorabend zur Schlacht unter Schmausereien und Lustbarkeiten zu. Die Normannen dagegen, von Religiosität und Tapferkeit beseelt, stärkten sich durch Gebet und fromme Gesänge, blieben auch, um vor einem Überfalle gesichert zu sein, unter den Waffen. Wilhelm selbst, der vorher die Stellung der Feinde besichtigt hatte, beratschlagte sich mit den Häuptern seines Heeres und entflammte den Mut aller durch begeisterte Anreden.

Die Engländer hatten eine gute, keilförmige Stellung auf einer Anhöhe gewählt. Harald erwartete den angreifenden Wilhelm, und in der Frühe des Morgens entbrannte der Kampf an drei Orten unter Trompeten-, Zinken- und Hörnerschall. Vor dem Herzog ritt der im Schmieden wie im Handhaben der Waffen zugleich fertige Taillefer. Spielend warf er mehrere blanke Schwerter in die Luft und fing sie wieder, er sang dabei das Heldenlied vom Roland und von dem großen Karl, und das ganze Normannenheer sang mit. Aber plötzlich fiel auch eines seiner Schwerter nicht wieder in seine Hand, und ein englischer Bannerträger, von ihm getroffen, stürzte nieder. Angriff und Abwehr wurde nun gleich heldenmäßig. Das Glück neigte sich auf die Seite der Engländer, die in ihren festen Reihen nicht zu erschüttern waren. Die Normannen wichen, und ein Gerücht, Wilhelm sei gefallen, vermehrte die Unordnung in ihrem Heere. In diesem gefahrvollen Augenblicke bewährte Wilhelm den Mut, der dem Helden eigen ist. Er stellte sich den Flüchtigen entgegen, riß den Helm ab und rief: „Ich lebe und werde siegen!" Sie standen und folgten ihm aufs neue gegen den Feind, der wieder in seine vorige Stellung zurückgetrieben wurde. Aber der Angriff auf diese war abermals vergeblich. Da lockte Wilhelm durch verstellte Flucht den Feind hervor und umzingelte dann die übereilt und unvorsichtig Vordringenden. Eine schreckliche Unordnung verbreitete sich durch alle Haufen; sie wichen. Harald, seine Brüder und viele der angesehensten Engländer wurden getötet, und am Ende des Tages hatte Wilhelm den großen und entscheidenden Sieg gewonnen.

6.

Wie die Schlacht von Xeres ganz Spanien den Arabern überlieferte, ebenso unterwarf die einzige Schlacht von Hastings ganz England den Normannen. Die Engländer waren betäubt, dem Widerstand der einzelnen fehlte es an Einheit und Nachdruck, und durch ihre lange Unterthänigkeit unter die Dänen war ihre Anhänglichkeit an das angestammte Regentenhaus geschwächt. Aber auch Wilhelm säumte nicht, alle Früchte des gewonnenen Sieges zu sammeln. Sobald als möglich brach er vom Schlachtfeld auf, unterwarf sich Dover und andere benachbarte Orte; ganz Kent erkannte ihn als König. Von da rückte er gegen London, wohin sich die Reste des geschlagenen Heeres geflüchtet hatten. Seine Annäherung brach alle daselbst gepflogenen Verhandlungen ab. Hohe und Niedere kamen ihm mit Versicherung ihrer Ergebenheit entgegen und baten ihn, den erledigten Thron zu besteigen. Nach einigem Zögern willigte er in ihre Bitten. In der Westminsterabtei erfolgte die Krönung, vollzogen von dem Erzbischof von York. Alle Anwesenden wurden befragt, ob sie dem Herzog Wilhelm als ihrem neuen König treu sein wollten? Sie bejahten dies mit lauter Stimme. Darauf schwur er selbst, Gerechtigkeit zu handhaben, die Kirche zu schützen und Engländer und Normannen wie ein Volk zu regieren. Das Volk jubelte ihm Beifall zu. Da ereignete sich ein Umstand von übler Vorbedeutung. Die Soldaten, die vor den Kirchenthüren Wache hielten, hörten das Geschrei im Innern der Kirche und bildeten sich ein, das Volk habe sich an ihrem Herzog vergriffen. Augenblicklich fielen sie über dasselbe her und steckten sogleich die benachbarten Häuser in Brand. Schrecken ergriff die Versammelten, überall war Flucht und Verwirrung, und Wilhelm selbst konnte nur mit Mühe den Aufruhr stillen.

7.

Der Anfang der neuen Regierung entsprach den Wünschen der Engländer und dem geleisteten Krönungseide. Wilhelm hielt sein Heer in strengster Zucht, sorgte für Handhabung der Gerechtigkeit und zeigte sich seinen neuen Unterthanen voll Huld und Gnade. Er gewann die Geistlichkeit durch große Geschenke und suchte Engländer und Normannen durch Ehen und Freundschaftsbündnisse zu vereinigen. Zugleich sorgte er aber auch für Befestigung seiner Regierung. Er entwaffnete London und mehrere andere Plätze, erbaute da und dort Festungen und legte alle Gewalt in die Hände der Normannen, räumte auch seinen Landsleuten alle Güter der Engländer ein, die bei Hastings gekämpft hatten. Dies erregte große Unzufriedenheit, und als Wilhelm bald darauf nach der Normandie abreiste, brach ein Aufstand aus. Schnell aber war der König (der vielleicht schon vorher von allem unterrichtet war) wieder in England und dämpfte mit Waffengewalt den Aufruhr. Nun verfuhr er mit der größten Härte. Dem Adel wurden die großen Güter entzogen, und Wilhelm gab sie fortan seinen Anhängern, nicht zum Eigentum, sondern als Lehen. Das ganze Reich wurde in 60 215 Ritterlehen geteilt, von welchen 28 215 den Geistlichen angehörten und 1422 königliche Kammergüter waren. Jeder Lehnsträger war verbunden, eine bestimmte Zahl Mannschaft zum Kriegsdienst zu stellen. Auch die reiche und mächtige Geistlichkeit wurde nun vom Könige abhängig, und die wichtigsten Kirchenstellen wurden mit Normannen besetzt. Die angelsächsische (englische) Sprache mußte der französischen weichen, in allen Schulen des Reichs wurde fortan Französisch gelehrt. Da aber die alte Landessprache sich nicht vertilgen ließ, bildete sich das Englische als ein Gemisch von Deutsch und Französisch, wie denn auch die britische Nation aus Briten, Angelsachsen und Normannen entstanden ist.

8.

Indes verlor Wilhelm bei allen Anstalten, die er zur Unterjochung Englands traf, nicht seine Erbstaaten aus den Augen. Die Grafschaft Maine in Frankreich, die ihm durch Erbverträge zugefallen war, wollte sich seiner Herrschaft entziehen. Er zog daher nach Frankreich mit einem größtenteils aus Engländern bestehenden Heere. Hier wie anderwärts war er glücklich. Er vertrieb den Grafen von Anjou, der sich in Maine festgesetzt hatte, und verhieß die Verwaltung der Grafschaft seinem Sohne Robert.

Aber während seiner Abwesenheit brach abermals ein Aufstand in England aus, diesmal von normännischen Edeln selbst, die unzufrieden dar= über waren, daß Wilhelm auch sie so herrisch behandelte. Doch das Glück war auch hier für Wilhelm geschäftig. Einer der Mitverschworenen, von Reue ergriffen, entdeckte die Verschwörung, und so ward der König bald der Unzufriedenen Meister. Bald aber kam noch etwas Schlimmeres, Robert, Wilhelms ältester Sohn, offen und kühn, forderte von seinem Vater, dem Versprechen gemäß, die Grafschaft Maine mit der ganzen Normandie. Wil= helm zögerte und wies ihn endlich mit den Worten ab: „Ich werde meine Kleider nicht eher ausziehen, als bis ich zu Bette gehe!" Diese Antwort, sowie die parteiische Vorliebe, die Wilhelm für seine jüngeren Söhne zeigte, erbitterte den leicht aufbrausenden Robert. Unterstützt von Frankreich und vielen Großen der Normandie, ergriff er gegen seinen Vater die Waffen. Die unnatürliche Fehde dauerte zum größten Schaden des Landes drei Jahre (1077—1080), und Wilhelm mußte, um seinen Sohn zu bezwingen, eine starke Armee aus England herbeirufen. Dadurch kam der Prinz ins Gedränge; er ward aus der Normandie vertrieben und mußte auf einem französischen Schlosse Sicherheit suchen. Sein Vater folgte ihm, belagerte das Schloß, und täglich fielen daselbst Streifereien vor. Da geschah es einst, daß Vater und Sohn auf einander stießen, ohne einander zu erkennen. Ein hitziger Kampf erfolgte, in welchem der Sohn den Vater verwundete und vom Pferde warf. Die Heftigkeit des Falls entpreßte dem Vater einen Schrei, und nun erst wurde er, da ihn das heruntergelassene Visir unkennt= lich gemacht hatte, an der Stimme erkannt. Schrecken und Reue ergriff den Sohn. Er sprang vom Pferde, richtete seinen Vater auf, warf sich ihm zu Füßen, bat ihn mit Thränen um Verzeihung und gelobte augenblicklich die Waffen niederzulegen. Wilhelm aber ward nicht so schnell erweicht. Selten Meister seines Zornes und jetzt vielleicht ärgerlich über seinen Fall, vergalt er Zärtlichkeit mit Härte. Sobald er wieder zu Pferde saß — der Prinz hatte ihn auf sein eigenes Pferd gehoben, — eilte er in sein Lager und machte neue Anstalten zur Fortsetzung des Krieges. Doch bald wählte er das Bessere. Aufgemuntert von seiner Gemahlin, söhnte er sich mit Robert aus. Zu Rouen kamen beide zusammen. Wilhelm verzieh dem Sohn, nahm ihn dann mit nach England und übertrug ihm einen Streifzug gegen Malcolm, König von Schottland, den der Prinz mit glücklichem Er= folge ausführte.

9.

Um eben diese Zeit verteidigte Wilhelm seine königlichen Rechte mit Nachdruck gegen Gregor VII. Dieser herrschsüchtige Papst verlangte von ihm, er möchte seinem Versprechen nachkommen und wegen Englands dem päpstlichen Stuhl huldigen und den gewöhnlichen Tribut — den Petrus= pfennig — übersenden. Diese Abgabe war anfangs von den angelsächsischen Königen als Liebesgeschenk an den päpstlichen Stuhl entrichtet, dann aber von diesem als ein Zeichen der Unterwürfigkeit angesehen worden. Wilhelm antwortete, das Geld solle wie gewöhnlich abgesendet werden; aber er habe nie versprochen, dem päpstlichen Stuhle zu huldigen oder seine Staaten von demselben abhängig zu machen. Ja, er ging noch weiter; er verbot allen Bischöfen seines Reichs, den Kirchenversammlungen in Rom beizu= wohnen, und Gregor, sonst so hartnäckig gegen die Widerspenstigkeit anderer Fürsten, behandelte Wilhelm, der ihm zu weit entfernt war und zu mut= voll widerstrebte, mit Schonung. Erst als er sah, daß durch Schmeiche= leien nichts zu gewinnen sei, schritt er zu Drohungen und untersagte der englischen Geistlichkeit, ihre Stellen von Weltlichen anzunehmen. Doch Wil= helm lachte über diesen Befehl; er setzte, ohne sich an den päpstlichen Wider= spruch zu kehren, Bischöfe und Äbte ein, die ihm huldigen und den Lehns= eid leisten mußten. Indessen war er dem Gesetze der Chelosigkeit nicht entgegen; auch gestattete er eine Trennung der weltlichen und geistlichen Ge= richtsbarkeit.

10.

In der Nähe des Todes stellten sich seinem Geiste alle Thaten und Begebenheiten seines Lebens dar. Er fühlte die Eitelkeit aller menschlichen Hoheit und tiefe Reue über alle Gewaltthaten, die er verübt hatte. Hin= gerissen von diesen Gefühlen, erteilte er an Kirchen und Klöster reiche Ge= schenke, gab mehreren Staatsgefangenen die Freiheit und befahl, allen längs der französischen Grenze verwüsteten Örtern den zugefügten Schaden zu er= setzen. Auch traf er Anordnungen über seine Hinterlassenschaft. Die Nor= mandie nebst der Grafschaft Maine hinterließ er seinem ältesten Sohn Robert; seinen zweiten Sohn Wilhelm ernannte er zum König von England, mit der dringenden Bitte, England mild zu behandeln; dem dritten Sohn, seinem geliebten Heinrich, vermachte er nichts als eine Geldsumme und das Erbgut seiner Mutter, wobei er jedoch die Hoffnung hegte, Heinrich würde einst seine Brüder an Glanz und Macht überstrahlen.

Und so starb er in einem Kloster bei Rouen, den 9. September 1087, im dreiundsechzigsten Jahre seines Alters und im einundzwanzigsten seiner Regierung über England. — Er besaß große und seltene Eigenschaften. So= wie er sich durch Körpergröße und Körperkraft auszeichnete — gleich dem Ulysses konnte nur er und niemand anders seinen Bogen spannen, — ebenso zeichnete er sich durch hellen Verstand, rastlose Thätigkeit, unerschrocke= nen Mut und seltene Gewandtheit des Geistes aus. Widerstand feuerte ihn an, Gemächlichkeiten verschmähete er, allen Ausschweifungen war er feind, vor niemand in der Welt beugte er sich, immer ging er gerade auf sein Ziel los.

Aber bei aller Bewunderung seiner Größe kann man doch nicht das Gefühl unterdrücken, daß er mehr furchtbar als liebenswürdig war. Ihm fehlte der hehre Sinn und die zarte Gemütlichkeit, wodurch sich Alfred auszeichnete. Herrschsucht, mit Strenge gepaart, machte den Grundzug seines Charakters; seine Gerechtigkeitsliebe war oft seiner Staatsklugheit untergeordnet, und seine natürliche Heftigkeit war oft schonungslose Härte. Indessen darf man nicht vergessen, daß er unter dem Geräusch der Waffen aufgewachsen war, daß ihn fast immer offenbare und heimliche Feinde umgaben, und daß harte Maßregeln notwendig waren, um seine Herrschaft über England zu befestigen.

Sechster Abschnitt.

Deutsche Kaiser und Könige.

I. Heinrich I. und Otto I.

Heinrich I. der Städteerbauer (933 n. Chr.).*)

1.

Die Nachfolger Karls des Großen hatten weder den Mut, noch die Geistesgröße ihres Ahnherrn, sein weitausgedehntes Reich in Ordnung zu erhalten. Da nun überdies das Erbrecht der Erstgeburt noch nicht eingeführt war, so entstanden bald blutige Fehden unter den Söhnen der fränkischen Könige, und diese Zersplitterung dauerte fort, als Deutschland als eigenes Reich sich von dem großen Frankenreiche abgelöst hatte. Die mächtigen Herzöge wollten dem deutschen Könige nicht gehorchen und bekriegten sich unter einander. Und zwei Feinde hatte der große Karl noch nicht besiegt, die Ungarn, welche man fälschlich „Hunnen" nannte, und die Slaven, die jenseits der Flüsse Elbe und Oder, in Mecklenburg, Pommern und Polen wohnten. Beide Völker brachen oft über die Grenzen, besonders schrecklich aber hausten die Ungarn oder, wie sie sich selber nannten, die Magyaren.**) Das waren wilde Räuberhorden; wenn sie in das deutsche Land gleich Heuschrecken einfielen, zerstörten sie alles, was sie fanden; Männer, Weiber und Kinder, die nicht schnell genug fliehen konnten, koppelten sie zusammen und trieben sie als Sklaven ins Ungarland heim. Rückte ein deutscher Heerhaufen in Reih und Glied gegen sie an, so flohen sie plötzlich auseinander; und hieß es dann: „Gott sei Dank, die Räuber sind fort!" so waren sie schon wieder da, den Deutschen im Rücken. In die Gotteshäuser und Klöster warfen sie die Brandfackeln, daß die Flammen hoch aufwirbelten. Der letzte Karolinger, der auf dem deutschen Königsthrone saß, war Ludwig das Kind. Der schwache junge König weinte ob des Reiches Zer-

---

*) Nach Fr. Körner.   **) Spr. Madjaren.

fall und Ungemach, konnte aber nicht helfen. Er starb 911, achtzehn Jahre alt, und Deutschland wäre wohl schon jetzt in lauter kleine Staaten zerfallen, hätten sich nicht die Franken und Sachsen mit einander vereinigt und einen König als Reichsoberhaupt gewählt. Ihre Wahl fiel auf den alten Sachsen= herzog Otto; der lehnte sie aber ab und empfahl den Frankenherzog Kon = rad. Dieser war ein guter Mann, besaß aber nicht die Geisteskraft, ein so zerrüttetes Reich zusammenzuhalten. Überdies kam er in Streit mit dem Sachsenherzog Otto, und als dieser starb, wollte er dem Sohne Ottos, Heinrich, die Lehen des Vaters nicht bestätigen. Dies empörte die Sachsen, und sie schlugen alle Angriffe der Franken zurück. In diesen Wirren brachen wieder die Ungarn in Deutschland ein und plünderten, ohne daß Konrad es ihnen wehren konnte.

2.

Konrad starb voll tiefen Schmerzes über seine erfolglose Regierung, aber er beschloß sein Leben mit der edelmütigsten That. Er ließ seinen Bru= der Eberhard, Herzog der Franken, zu sich nach Limburg kommen, allwo er krank lag, und sagte zu ihm in Gegenwart vieler Fürsten und Herren: „Lieber Bruder! Ich fühle, daß mein Ende nahe ist, darum höre auf mei= nen Rat und laß dir deine Wohlfahrt und das Beste der Franken empfohlen sein. Wohl haben wir noch Heere und Waffen und die Zeichen königlicher Hoheit, nur Glück und die Kraft der Väter haben wir nicht. Das Glück, mein Bruder, und die edelsten Sitten sind im vollen Maße bei Heinrich; auf den Sachsen beruht die Wohlfahrt des Reichs. Darum laß die Feind= schaft ruhen, nimm hier diese Kleinodien, die heilige Lanze, die goldenen Armbänder, den Purpurmantel, das Schwert und die Krone, gehe damit zu Heinrich und mache ihn dir zum Freunde und Friedensgenossen auf immer. Er ist bestimmt, der König und Hort vieler Völker zu sein!" Als Eber= hard versprochen hatte, den letzten Willen des Königs zu erfüllen, starb Konrad im Dezember 918 und ward im Kloster zu Fulda begraben. Eber= hard aber stieg mit seinem Gefolge zu Rosse, ritt über Berg und Thal, bis hinaus in die schattigen Wälder des Harzes. Heinrich war eben auf dem Vogelherd, als die Ritter anlangten, denn die Jagd war sein Vergnügen.*) Eberhard spornte sein Roß, daß es im Nu neben dem Herzog Heinrich stand, und sprang ab, um seinem bisherigen Feinde freundlich die Hand zu reichen. „Ich komme als Freund," sprach er, „und bitte um deine Freund= schaft. Laß uns des Haders vergessen um des Vaterlandes willen!" Gern schlug Heinrich in die dargebotene Rechte und schüttelte sie nach alter deut= scher Art. Doch Eberhard sprach weiter: „Ich verlange noch ein größeres Opfer; Deutschland ist verwaist, nur e i n e r kann es schützen und dieser

---

*) In der Vorstadt Westendorf bei Quedlinburg wird noch die Stelle gezeigt, wo Heinrich die Botschaft empfangen haben soll. Geschichtlich erwiesen ist die an sich un= bedeutende Thatsache, die dem großen Manne den Beinamen „Vogelsteller", „Finkler" verschafft hat, nicht; unwahrscheinlich ist sie aber auch nicht, und das Volk knüpft gern an zufällige Umstände den Beinamen seiner Helden.

eine bist du. Mein Bruder hat noch im Sterben dein gedacht und sendet
dir hier die Krone des Reichs. Willst du sie tragen?" — „Ich weiß wohl,"
sprach Heinrich, „wie schwer eine Krone drückt; aber wenn so biedere Fürsten
sie mir anvertrauen, will ich sie in Gottes Namen tragen und zu des Vater=
landes Besten verwalten." Hierauf umarmten sich die beiden Männer und
alle, die es sahen, waren bis zu Thränen gerührt.

3.

Eberhard aber rief die deutschen Herzöge und Erzbischöfe nach Fritzlar
zu einer Versammlung, wo er ihnen seines Bruders letzten Willen und Hein=
richs Einwilligung zu dessen Befolgung mitteilte. Während er Heinrichs
Heldenmut, Hochherzigkeit und Vaterlandsliebe warm empfahl, wandten sich
aller Augen auf Heinrich, welcher gleichfalls anwesend war und bescheiden
bei seinem Lobe schwieg. „Wer an seinem Feinde einen Lobredner findet,"
sprach da der Erzbischof Heriger von Mainz, „der muß ein edler Mann
sein!" Die Fürsten stimmten bei, wählten Heinrich zum König und teilten
ihren Völkern diesen Beschluß mit. Da erhob sich gewaltiger Jubel, der nie
enden wollte: Es lebe unser König Heinrich! und alle wußten, daß Deutsch=
land von seinem Schwert am besten geschützt und von seiner Weisheit am
sichersten geleitet werden konnte. Es lebe König Heinrich! rief es aus jedem
Zelt, in mannigfacher Sprachweise, Trompeten und Pauken fielen schallend
ein in das Jubelgeschrei, Fahnen wurden geschwenkt, und manches stille
Gebet für des Reiches und seines Oberhauptes Wohl floß von den Lippen
der Geistlichen.

Als der erste Freudensturm verbraust war, erhob Heriger von neuem
die Stimme: „Wohlan, laßt uns hinausziehen in den Münster, um den er=
wählten König zu salben vor dem Altar des Herrn!" — „Nicht doch,"
entgegnete Heinrich, „es genügt mir, daß ich, der erste aus meinem Geschlecht,
durch die Gnade Gottes und eure Liebe zum König berufen werde. Ein
Würdigerer als ich empfange Salbung und Krone, solcher Ehre achte ich
mich nicht für würdig." Solche Demut gefiel dem Volke. Die Franken
hoben nach altdeutscher Sitte den früheren Stammfeind Heinrich auf den
Schild und zeigten ihn dem Volke mit dem Rufe: Sehet hier euren König!
Tausend Hände erhoben sich schwörend gen Himmel, tausend Lippen ge=
lobten: Unserm König Heinrich Treue und Liebe! und in manchen grauen
Bart rann die Thräne der Rührung.

Obschon die meisten deutschen Fürsten und das Volk sich von Herzen
der Königswahl freuten, so gab es doch zwei eigennützige Männer, die nicht
gern einen starken Herrn über sich haben mochten, und denen die eigene Ehre
höher stand, als die des Reichs. Diese waren Arnulf, Herzog von Bayern,
und Burchard, Herzog von Schwaben. Beide enthielten sich der Wahl, um dem
König nicht den Eid der Treue leisten zu müssen. Vergeblich sandte ihnen
Heinrich Boten nach und ließ sie an ihre Pflicht erinnern; sie wollten lieber
Bürgerkrieg als Ordnung und Obrigkeit im Lande. Da mußte Heinrich die

kriegsmutige Jugend Sachsens, Thüringens und Frankens unter die Waffen rufen, damit scharfe Schwerter dem königlichen Worte Gehorsam verschafften. Tief betrübt zog der 38jährige König gegen seine eigenen Vasallen in den Kampf; aber er wollte nicht, daß um des Trotzes eines einzigen willen Unschuldige das Leben verlieren sollten. Dem Schwabenherzog entfiel der Mut, als das Reichsheer in sein Land rückte, er erbat und erhielt Gnade und Vergebung im Jahre 920. Der Bayer hingegen wollte sich nicht fügen, sondern warf sich in das feste Regensburg mit seinen Kriegern, wo er von Heinrich belagert wurde. Da hielt es der König für gut, noch einmal zu versuchen, den Streit mit Worten zu schlichten und nicht mit scharfen Schwertern. Er bot Arnulf eine Zusammenkunft an. Dieser nahm das Anerbieten an und erschien vom Kopf bis zur Zehe schwer bepanzert, Heinrich dagegen hatte Helm, Panzer und Schild im Lager gelassen; denn er vertraute seinem Rechte und seiner Friedensliebe.

„Du widerstrebst mir," begann er ernst, „du erneuerst den Bürgerkrieg, gleich als ob du nicht wüßtest, daß der Ungar nur auf diese Uneinigkeit der deutschen Fürsten wartet, damit er sie einzeln überwältige! Siehe hinüber nach Frankreich, nach Italien! Wodurch sind diese Reiche so schwach, so voller Zerrüttung und Elend geworden? Wodurch anders als dadurch, daß keine Obrigkeit zu Kraft und Ansehen gelangen konnte, weil es den einzelnen Grafen und Herzogen zu schwer fiel, dem Gesetz eines Königs zu gehorsamen. Willst du die Unabhängigkeit Bayerns mit dem Untergang Deutschlands erkaufen? Willst du es vor Gott verantworten, wenn wegen deines Ungehorsams gegen den Willen der Reichsfürsten auch nur ein Tropfen deutsches Blut vergossen wird? Ich habe die Krone nicht gesucht," fuhr er nach einer Weile fort, „Gott hat sie mir durch die Stimme des Volkes gegeben. Wärest du zum Könige gewählt worden, ich würde dir als meinem Lehnsherrn gehorchen." Die Wahrheit dieser schlichten Worte ergriff den trotzigen Bayer so sehr, daß er demütig um Verzeihung bat und den Lehnseid leistete.

Manchem schlachtbegierigen Sachsen war dies Ende des Heerzuges nicht lieb, aber alle Vaterlandsfreunde priesen die edle Gesinnung des Königs, der ohne Blutvergießen Ordnung, Frieden und Gehorsam herzustellen wußte. Während Heinrichs 16jähriger Regierung hat kein Vasall es wieder gewagt, ihm den Gehorsam zu verweigern.

4.

So war die innere Ruhe Deutschlands durch Milde und Versöhnlichkeit hergestellt. Nun galt es aber auch, Deutschland gegen die Verheerungen durch raubsüchtige Nachbarn zu schützen, denn 924 erschienen die Ungarn wieder, die man wie Würgengel fürchtete. Sie kamen aus den grasreichen Steppen Ungarns auf kleinen, häßlichen, aber unermüdlichen Pferden an der Donau heraufgezogen wie Hagelwetter; überall, wohin sie kamen, steckten sie Höfe, Weiler und Flecken in Brand, töteten alles Lebendige oder schleppten

es mit fort. Gefangene Menschen banden sie nicht selten an die Schweife
ihrer Pferde und schleiften sie auf diese Weise unter schrecklichen Qualen zu
Tode. Schon ihre Gestalt flößte Ekel und Grauen ein; denn ihre Gesichter
waren braun und durch Narben bis zur größten Häßlichkeit entstellt, ihre
Köpfe bis auf drei Zöpfe kahl geschoren, und aus den tief im Kopfe liegen=
den Augen blickten tierische Roheit und Habgier. So tapfer die Deutschen
auch kämpften, diese Feinde waren ihnen stets überlegen, weil sie auf ihren
flüchtigen Rossen bald hier bald dort erschienen und einzelne Landstriche über=
fielen, ehe man es ahnte und helfen konnte. Auch wichen sie einem ernsten
Massenkampfe aus, überfielen dagegen einzelne Scharen oder flohen, indem
sie ihre sicher gezielten Pfeile im Davonreiten auf die Verfolger richteten.
Sie hatten durch die Erfolge ihrer Überfälle einen so furchtbaren Namen bei
den Deutschen erhalten, daß Verzagtheit und Schrecken nur zu oft deutschen
Mut und deutsche Tapferkeit niederhielten.

Es erscholl also plötzlich das Wehgeschrei durchs Land: die Ungarn
kommen! die Ungarn kommen! Es flüchtete, wer konnte, als sie wie Holles
wildes Heer durch Sachsen und Thüringen zogen. König Heinrich aber
mochte nicht fliehen, sondern stellte sich ihnen zum ritterlichen Kampfe ent=
gegen. Er verlor jedoch das Treffen, sei es, weil er gerade krank war, oder
weil seiner Streiter zu wenig und sie der Kampfweise des Feindes ungewohnt
waren, welcher im Fliehen zu siegen pflegte. Genug, Heinrich mußte sich
in die königliche Pfalz (Burg) Werla bei Goslar einschließen, von wo aus
er sich mutig verteidigte. Sturm auf Sturm unternahmen die Ungarn, aber
sie konnten die Burg nicht ersteigen, vielmehr nahmen Heinrichs Mannen
bei einem mutigen Ausfall einen Ungarnhäuptling gefangen, worüber die
Belagerer so erschraken, daß sie einen neunjährigen Frieden schlossen unter
der Bedingung, daß ihr Häuptling freigegeben und von Heinrich ein jähr=
licher Tribut gelobt werde. Heinrich nahm das wenig ehrenvolle Opfer auf
sich, um eine bessere Zukunft vorzubereiten.

Nicht aus Feigheit hatte Heinrich Tribut versprochen, sondern weil sein
scharfer Verstand ihm sagte, es müßten, um Deutschland von der Ungarn=
plage zu befreien, große Vorkehrungen getroffen werden. Denn er frug sich:
worin liegt die Unwiderstehlichkeit ihrer Angriffe? und mußte bald erkennen,
daß die Ungleichheit der Waffen und die Wehrlosigkeit der norddeutschen
Ebenen den deutschen Kriegsscharen den Sieg raubten. Die Ungarn waren
ein Reitervolk, die Deutschen vorzugsweise Fußvolk, welches jene Reiter nicht
angreifen und verfolgen konnte. Es war der alte Heerbann, d. i. das Auf=
gebot der wehrhaften deutschen Männer, außer Gebrauch gekommen und da=
her selten eine hinreichende Anzahl von Streitern beisammen; endlich gab es
im Lande Sachsen und Thüringen noch nicht, wie bereits in Süddeutschland,
ummauerte Ortschaften und große Burgen, sondern nur einzeln liegende Höfe
und kleine Ritterburgen. Wie nützlich feste Orte waren, da sie von Reitern
nicht erstürmt werden konnten und daher den umwohnenden Landleuten eine
sichere Zuflucht gewährten, erkannte Heinrich im Jahre 924, als die Ungarn
Bayern und Schwaben durchzogen bis Lothringen, das altehrwürdige Kloster

St. Gallen plünderten, die Vorstädte von Konstanz abbrannten, die ummauerte Stadt selbst aber nicht erobern konnten.

Heinrich erließ also ein Gebot durch das Land, daß an passenden Orten große geräumige Festen angelegt würden, wohin ein jeder neunte Mann aus dem umliegenden Gau als Besatzung ziehen sollte. Zwar war das Wohnen in Städten der Gewohnheit des Norddeutschen zuwider, und es gab hie und da viel Widerstreben; aber man erkannte sehr bald die Weisheit der königlichen Verordnung und baute Tag und Nacht mit solchem Eifer, daß sich bald überall im Lande Städtchen mit stattlichen Türmen und starken Mauern erhoben, hinter deren Zinnen die wehrhaften Bürger trotzig die Ungarn erwarteten. Da ward Hamburg befestigt, Itzehoe ausgebaut, die Mauern um Magdeburg, Halle und Erfurt erweitert, denn diese Flecken bestanden schon seit Karls des Großen Zeit; es wurden neu gegründet Quedlinburg, Merseburg, Meißen, Wittenberg, Goslar, Soest, Nordhausen, Duderstadt, Gronau, Pölde und viele andere, von denen in alten Chroniken nichts aufgezeichnet ist.

Der in der Burg Wohnende hieß Bürger und fing an, sich mit allerlei zu beschäftigen, um nicht müßig zu bleiben und Waren vom Landmann eintauschen zu können. Die Kaiser begünstigten den Städtebau, gaben jedem Leibeigenen, der in die Stadt zog, die Freiheit, verlegten Messen und Märkte in die Städte, verliehen an dieselben Münz- und Steuerrechte, schenkten ihnen viel liegende Gründe und Forsten, so daß das Städtewesen sich rasch entwickelte und die Kaiser in ihren Streitigkeiten mit dem unfügsamen Adel bei den kampfgeübten Bürgern stets treue Hilfe fanden. Nach wenig Jahrhunderten waren die Städte, die nun meist Republiken unter dem Namen „freie Reichsstädte" wurden, der Sitz der Kunstfertigkeit, des europäischen Handels, der Wissenschaften und der Bildung. Sie waren eine Zeitlang die dritte Macht im Staate, und welche Bedeutung sie gegenwärtig für Staat und Bildung haben, liegt ja auf der Hand. Diese unermeßlichen Folgen hatte Heinrichs Aufforderung zum Städtebau.

Außerdem erneuerte er den Heerbann, d. i. die uralte Landwehr, indem er befahl, daß nicht nur die Vornehmen, sondern jeder älteste Sohn eines Hofes zu Pferde erscheinen mußte. Weiter verordnete er, daß diese Landwehren in ihren Gauen sich öfters versammeln sollten, um sich zu üben, in Reihe und Glied zu reiten, zu schwenken, anzugreifen u. s. w. Die kleinen Scharen teilten sich dann gewöhnlich in zwei Abteilungen, die gegen einander ritten und die feindliche Reihe zu durchbrechen suchten. Jede Abteilung trug ein gemeinschaftliches Abzeichen und hatte eine gemeinsame Kasse, denn die, welche sich von ihren Korps hatten abschneiden lassen, mußten eingelöst werden. Heinrich selber war Meister in allen Waffenspielen und gewöhnte nun mit Erfolg seine schwer gepanzerten Reiter an leichtere Bewegung im Einzelkampf wie im geschlossenen Angriff. Nicht mit Unrecht hat man gesagt, daß schon damals die Anfänge der späteren Turniere sich bildeten.

Nachdem Heinrich diese Einrichtung getroffen hatte, wollte er ihre Brauchbarkeit gegen einen schwächern Feind versuchen. Die slavischen Heveller an der Havel reizten seinen Zorn, er ließ ihre Hauptstadt Brennabor (Brandenburg) mitten im Winter erobern, nahm den Daleminziern an der Elbe Grana und baute an deſſen Stelle die feſte Burg*) Meißen als Stützpunkt weiterer Unternehmungen, unterwarf die Obotriten, Wilzen und Redarier in Mecklenburg und der Priegnitz, zwang den Böhmenfürſten Wenzel, ihm den Lehnseid zu leiſten, und ſandte die Grafen Bernhard und Thietmar nochmals gegen die Redarier, die ſich empört hatten. Die Deutſchen belagerten deren Hauptort Lenzen fünf Tage, dann nahmen ſie am frühen Morgen nach einer ſtürmiſchen Regennacht das Abendmahl, griffen unverzagt den zahlreichen Feind an, beſiegten ihn nach tapferer Gegenwehr und eroberten Lenzen. Hierdurch übte Heinrich ſeine Krieger im Kriegführen und ſicherte Deutſchlands Oſtgrenze, welche von der Elbe, Havel und Lauſitz damals gebildet wurde. Im Jahre 934 zog der unermüdliche König ſogar hinaus nach Schleswig, beſiegte den übermütigen Dänenkönig Gorm bei dieſer Stadt und machte die Provinz Schleswig zu deutſchem Reichsland, indem er ſächſiſche Kolonieen dahin führte. Der Biſchof Unni von Bremen predigte in dem neuen Lande das Chriſtentum und gewann Gorms Sohn, Harald, für dasſelbe.

5.

Währenddem waren die neun Jahre verfloſſen, in welchen die Ungarn Sachſen und Thüringen mit ihren Raubzügen verſchonen wollten. Ihre Geſandten erſchienen, um den fälligen Tribut zu holen, Heinrich aber (nach ſpäterer Sage) ließ ihnen einen verſtümmelten Hund überreichen. „Das iſt alles, was ich für euch habe!“ ſagte er mit Entſchloſſenheit. Ein Racheſchwur und ein Fußtritt gegen den Hund war der Geſandten Antwort, die ſich fluchend entfernten. **)

Daheim erzählten ſie die erhaltene Abfertigung, und bald riefen Feuerzeichen die raubluſtigen Scharen zu einem Rachezuge nach Norddeutſchland zuſammen. Ihr zahlloſer Haufen ſtürmte durch Öſterreich und Bayern hinein nach Thüringen; allabendlich röteten brennende Weiler und Flecken den Himmel und wimmelte es auf den Straßen und Waldpfaden von flüchtigen Weibern, Greiſen und Kindern. Ungarn und Deutſche hatten ſich in zwei große Haufen geteilt und ſtanden einander endlich in der Gegend zwiſchen Gera, Merſeburg und Sondershauſen gegenüber. Bei der letzteren Stadt erlag ein Ungarnhaufe dem Schwerte der Deutſchen, und die Raubhorden zogen ſich in die Ebene der Saale zurück. Ihnen gegenüber lag Heinrich mit ſeinem Heere, der Sage nach an der Saale bei Keuſchberg, eine Stunde ſüdlich von Merſeburg, um die Seinen an den Anblick und die Gewohnheiten der wilden Feinde zu gewöhnen.

---

*) Erſt ſeinem Sohne Otto I. gelang es, hier einen Burggrafen einzuſetzen.
**) Nach der Erzählung Widukinds ſeien die Ungarn durch das Land der Daleminzier (ſlaviſcher Stamm im heutigen Sachſen) gezogen und hätten ſie zur Kriegsfolge aufgefordert. Dieſe aber hätten ihnen einen verſtümmelten Hund zugeſchickt, da ſie wußten, daß ein kriegstüchtiges Heer unter Heinrich der Ungarn wartete.

Da leuchteten weithin ihre Wacht= und Kochfeuer, da scholl Jubel und rauher Gesang von früh bis abends im Ungarnlager, das Gekreisch derer, die sich beim Teilen der Beute zankten, das Siegesgeschrei neu ankommender Scharen, die frische Beute brachten, dazwischen aber auch das Wehgeheul der gemißhandelten Gefangenen. Gar oft stand Heinrich auf einem Wart= hügel und sah mit verhaltenem Zorn dem Treiben der Feinde zu, deren leichte Scharen oft an das Lager der Deutschen heransprengten, um sie höh= nend zum Kampfe herauszufordern. Endlich war die Ungeduld der Deut= schen nicht länger zu halten, sie verlangten nach der Feldschlacht. Durch Beichten und Abendmahl bereiteten sie sich vor aufs Sterben und stellten sich dann in wohlgeordneten Abteilungen auf. Um ihren Mut zu erhöhen, ritt Heinrich an sie heran und redete sie an: „Von wie großen Gefahren unser ehemals so zerrüttetes Reich frei ist, wißt ihr selbst am besten, denn ihr er= laget unter der Geißel innerer Zwietracht und auswärtiger Kriege. Jetzt aber seht ihr es durch Gottes Gnade, durch unsere Anstrengungen und eure Tapferkeit beruhigt und in Ordnung gebracht und den einen Feind, die Slaven, besiegt. Es bleibt uns übrig, uns ebenso gegen den allgemeinen Feind, die Ungarn, zu erheben. Bisher habe ich alles das Eurige hingeben müssen, ihre Schatzkammern zu füllen, jetzt müßte ich die Kirche und ihre Diener plündern; denn das Unserige ist dahin. Bedenket also euer Heil und beschließet, was geschehen soll. Soll ich das dem Dienste Gottes Ge= weihte hinwegnehmen und damit von den Feinden Gottes den Frieden er= kaufen, oder dasselbe dem göttlichen Dienste erhalten, damit er uns erlöse, der in Wahrheit unser Gott und Erlöser ist?" — Einstimmig rief das Heer und reckte die Hand zum Schwur empor: „Wir wollen streiten für die Altäre Gottes, für des Reiches Ehre und die Sicherheit der Unsrigen." — „Nun denn zur Schlacht!" rief der König.

Die Heerpauken erschollen, Trompeten schmetterten, die Fahnen wehten, voran aber schwebte die Reichsfahne mit dem Bilde des Erzengels Michael, und in kurzem Trabe rasselten die geharnischten Scharen mit vorgestreckten Lanzen die Ebene dahin auf das Ungarnlager los. Wie blitzte es da von blanken Helmen und Schilden, wie schnoben die mutigen Rosse, wie schlachten= mutig schlugen die Herzen ihrer Reiter!

Die Ungarn ihrerseits waren auch nicht müßig gewesen, schnell hatten sie sich geordnet und rückten den Angreifenden entgegen. Bereits waren die Heere einander nahe genug, da erhoben die Deutschen das Feldgeschrei: Kyrie! Kyrie! worauf es von drüben hieß: Hui! Hui! und wie zwei Wetter= wolken stürzten die Heere in gestrecktem Galopp aufeinander. Bald wirbelte dicker Staub empor unter dem Hufschlag der Rosse, das Reitertreffen wogte auf und ab, hierhin und dorthin, aber wo die geschlossenen Scharen Hein= richs erschienen, warfen sie den Feind vor sich nieder, den endlich Schrecken ergriff und ihn in eilige Flucht trieb. Acht Tage lang verfolgten ihn die Sieger, die im Lager unermeßliche Beute fanden. Heinrich aber ließ ein Bild der Schlacht malen und es im Dom zu Merseburg aufhängen.

Im Jahre 936, also wenige Jahre nach dieser Befreiungsschlacht, die

933 geschlagen wurde, ward Heinrich zu Bothfeld bei Elbingerode vom Schlagfluß getroffen. Dies mahnte ihn an den Tod, er berief daher eine Reichsversammlung nach Erfurt, wo sein Sohn Otto zum König gewählt ward, und kurz darauf warf ihn ein neuer Schlagfluß auf seiner Pfalz Memleben an der Unstrut aufs Krankenlager. Seine treue Gattin saß weinend an seinem Sterbebette, als Heinrich mit diesen Worten von ihr Abschied nahm: „Ich danke, du Teuerste, meinem Erlöser, daß ich dich nicht überlebe. Kein Mann hat je eine treuere und frömmere Frau gehabt; habe Dank, daß du oft meinen Zorn besänftigt, mir nützlichen Rat erteilt, mich von Unbilligkeit zur Gerechtigkeit geführt und zur Barmherzigkeit gegen die Unterdrückten ermahnt hast. Jetzt empfehle ich dich und unsere Kinder, samt meiner aus dem Körper entfliehenden Seele, dem allmächtigen Gott und der Fürbitte seiner Auserwählten."

Da stürzte Mathilde hinweg nach der Kapelle und bat Gott um Erhaltung des teuren Gemahls. Noch hatte sie ihr Gebet nicht geendet, da erschien auch schon der Presbyter Aldedag, um die erste Messe für den eben verschiedenen König zu halten. Mathilde kehrte, vom Gebete getröstet, zurück ans Sterbelager und ermahnte hier ihre weinenden Söhne, zu leben in der Furcht Gottes und im Gehorsam gegen seine Gebote.

Wir aber wollen, wenn wir unsere Städte mit ihren Herrlichkeiten sehen, oder wenn wir von den ruhmvollen Thaten des Mittelalters lesen, mit treuem Herzen daran denken, daß wir dies alles dem König Heinrich zu danken haben, der recht eigentlich das deutsche Reich erst fest begründete. Mit Recht sagt einer unserer Geschichtschreiber: Griechenland würde Heinrich unter die Götter versetzt haben.

Otto I. (955 n. Chr.).

1.

Also huldigten die Fürsten und edlen Herren dem Königssohne Otto; von ihnen begleitet, brach dieser nach Quedlinburg auf und fuhr nach Aachen. Dort erneuerten die Herzöge von Bayern, Schwaben, Franken und Lothringen mit den andern Großen des Reichs in einer Halle neben dem Dom am 8. August 936 die Wahl und schwuren dem Otto Treue und Lehnspflicht. Dann schritten sie mit ihm in den Dom, wo die Geistlichkeit und das Volk versammelt waren. Und der Erzbischof Hildebert von Mainz, als erster Kirchenfürst von Deutschland und als Erzkanzler, nahte dem jungen König mit der Inful auf dem Haupte und dem Hirtenstabe in der Hand, führte ihn in die Mitte des Domes, zeigte ihn allem Volk und sprach: „Seht hier Otto, welchen Gott zum König ausersah, weiland Herr Heinrich dazu empfahl und die Fürsten der Reiche erkoren haben. Gefällt euch die Wahl, so erhebe jeder von euch seine rechte Hand!" Da hob das Volk frohlockend die Hände auf, und nun führte der Erzbischof den König zum Altar, wo die Reichskleinodien lagen. Er umgürtete ihn mit dem Schwerte Kaiser Karls des Großen und sprach zu ihm: „Nimm und führ es den Feinden Christi zum

Schrecken, der Christenheit zum Heil." Dann that er ihm den Kaisermantel und die Armringe an mit den Worten: „Bleibe, in den heiligen Glauben gehüllt, getreu bis in den Tod und erhalte den Frieden." Hierauf legte er ihm das Scepter und den Stab in die Hände, salbte ihn mit dem geweihten Öle und sprach dazu: „Herrsche recht als Vater über deine Unterthanen, schütze die Diener Gottes, die Witwen und Waisen; das Öl der Barmherzigkeit gehe dir nimmer aus!" Nach diesem setzte er mit Hilfe der Erzbischöfe von Köln und Trier dem Könige die Krone aufs Haupt und alle drei führten ihn zwischen zwei Marmorsäulen auf den Thron hinan; dort erblickte ihn alles Volk im vollen Glanze der Majestät. Otto aber dachte, während das Hochamt gesungen wurde, an Karl den Großen, welcher unten in der Gruft des Domes auf seinem goldenen Stuhle saß, und schwur sichs zu, dessen Reich wieder herzustellen. Nach Beendigung des Gottesdienstes zog der König mit allen Fürsten, Grafen und Edlen, Bischöfen und Äbten in den kaiserlichen Palast und setzte sich an einen Marmortisch; da ward das Krönungsmahl vor ihm aufgetragen, und die Herzöge bedienten ihn dabei, der von Franken als Truchseß, der von Schwaben als Mundschenk, der von Bayern als Marschall und der von Lothringen als Kämmerer. Von dieser Zeit schreiben sich des Reichs vier Erzämter her, wodurch die höchste Herrlichkeit des Königs über alle Fürsten ausgedrückt ward, welche ihn aus ihrer Mitte erwählt hatten, da er zuvor ihresgleichen gewesen war.

2.

Bald zeigte Otto dem deutschen Volke durch die That, daß er die Krone verdiente. — In Böhmen hatte damals der wilde Heide Boleslav seinen Bruder, den Herzog Wenzeslav, welcher ein frommer Christ war, an der Pforte der Veitskirche zu Prag erschlagen und weigerte die Huldigung. Da rüstete Otto, der Oberlehnsherr Böhmens, gegen den Brudermörder und sandte einen tapfern Mann, den Hermann Billung, das Gericht zu vollstrecken. Dieser kam mit einem Heere kampfrüstiger Sachsen, schlug den Boleslav und zwang ihn, daß er die Lehnspflicht erneuerte und Zins gab.

Bald darauf hielt der König das königliche Ansehen auch in Bayern aufrecht. Dort war Herzog Arnulf (937) gestorben und die drei Söhne desselben wollten das Land von dem König nicht zu Lehen haben, sondern es unabhängig beherrschen. Da kam Otto plötzlich nach Bayern, sprach sie des Landes verlustig und übergab es ihrem Oheim Berthold, einem treuen Mann, welcher bis dahin Markgraf an der Etsch gewesen war. Während dieser Zeit aber waren die Ungarn wieder in Sachsen eingebrochen. Schnell zog nun Otto aus Bayern gegen sie heran, schlug sie, kehrte nach Bayern zurück, bezwang (938) die drei Brüder und verbannte Eberhard, den trotzigsten von ihnen, nach Schwaben, einen andern aber, den Arnulf, machte er zum Pfalzgrafen, und zu Regensburg, in der alten Hauptstadt Bayerns, setzte er als seinen besondern Stellvertreter einen „Burggrafen" ein, damit durch diesen die Willkür der Pfalzgrafen ebenso in Schranken gehalten werde, wie die der Herzöge durch jenen.

3.

Gleichwie Karl der Große, welchen Otto stets zum Vorbild nahm, die Bekehrung der Sachsen und ihre Verschmelzung mit allen übrigen Deutschen erstrebt hatte, also trachtete Otto sein ganzes Leben hindurch nach dem Ruhm, die Slaven zu Christen und zu Deutschen zu machen. In seinem Eifer ließ er sich manche unchristliche Härte zu schulden kommen. Er unterstellte das Land an der Mulde und Elbe seinem Markgrafen Gero, welcher ein gewaltger Kriegsmann, aber roh und grausam war und die Slaven wie Hunde ansah, die nur durch die Peitsche in Treue zu halten seien. So ließ dieser einmal dreißig ihrer Fürsten zu einem Gastmahl laden und, während sie sorglos zechten, überfallen und ermorden. Darnach hat Gero (940) alle Wenden bis an den Oderfluß unterworfen, daß sie Zins geben mußten, und Otto stiftete die Bistümer Brandenburg und Havelberg.

Auch die nördlichen Nachbarn des Reichs, die kriegerischen Dänen, empfanden Ottos Arm. Über diese herrschte König Harald, mit dem Zu=namen „Blauzahn"; der hatte die Mark Schleswig, welche König Heinrich gestiftet (ums Jahr 948), erobert und mit Mord und Brand verwüstet. Da soll Otto (historische Gewißheit fehlt) wider die Dänen ausgezogen, über das „Danevirk" gestiegen sein und sein Heer siegreich bis zur äußersten Spitze Jütlands hinaufgeführt haben. Dort warf er (nach der Sage), zum Wahr=zeichen, daß nur das Meer seinem Siege Grenzen setze, seinen Speer in die Wogen hinab; seitdem führe der Meerbusen dort den Namen der „Ottensund". Nach einer Schlacht bei Schleswig bat Harald „Blauzahn" endlich um den Frieden und erhielt ihn unter der Bedingung, daß er sich taufen ließ und sein Reich Dänemark dem deutschen Könige zu Lehen übergab. Da stiftete Otto drei Bistümer in Jütland zur Bekehrung des Volks; denn die Religion war ihm ein heiliger Ernst, wenn er auch in der Wahl der Mittel zum Zweck nach der Ansicht seiner Zeit oft irrte. Aber der gute Zweck soll nie ein schlechtes Mittel heiligen.

Durch so viele kühne Thaten hatte Otto, da er erst 38 Jahre zählte, das Ansehen der deutschen Königswürde und die Grenzen des Reichs weit ausgebreitet; mit freudigem Stolze sah das deutsche Volk auf ihn, wie er es bei allen andern Völkern zu hohem Ruhme brachte. Die Freien kamen wieder zu Ansehen; der Heerbann hielt sich fest zusammen, und der Stern der Ehre leuchtete ihnen zu kühnen Thaten. Auch die Geistlichkeit hielt den König Otto gar hoch, weil er nicht bloß den Glauben durch Schwertesmacht aus=breitete, sondern auch die Kirche durch reiche Gaben und kostbare Rechte trefflich versorgte. In den Städten wuchs indessen das Bürgertum still und unbeachtet, aber kräftig heran, vom ersten Morgenschimmer der neuen Frei=heit begrüßt. So war im Innern des Landes ein schönes Einverständnis zwischen allen Ständen, und hoch oben auf der Spitze der Ordnung stand der König, gerecht, kühn, fromm, mild und weise, das deutsche Herz voll stolzer Hoffnungen auf noch größere Herrlichkeit.

4.

Damals lebte nun in Italien ein treuloser Tyrann, Berengar, Markgraf zu Ivrea. Dieser hatte Lothar, den jungen König von Italien, vergiftet und dessen Witwe, die schöne Adelheid, welche von Geburt eine Königstochter aus Burgund war, gefangen genommen, weil sie sich weigerte, Berengars Sohn, Adalbert, zum Mann zu nehmen. In dem finstern Turm eines Schlosses am Garda=See hielt sie dieser verschlossen. Da saß Adelheid vier Monde lang in ihrem Leid und betete inbrünstig zu Gott, daß er ihr einen Retter sende. Ihr getreuer Kaplan brach endlich heimlich ein Loch in die Mauer des Turmes und grub einen Gang in die Erde ins Freie; auf diesem flüchtete er die schöne Witwe und brachte sie glücklich bis an den See bei Mantua, wo sie ein Fischer von Almosen pflegte; von dort kam sie auf das feste Schloß Kanossa, das auf einem hohen Felsen stand, um welchen ringsum Wasser floß. Azzo, der Herr des Schlosses, nahm sie mit Freuden auf und verteidigte sie getreulich gegen Berengar, als dieser in seinem Grimme heran= zog und das Schloß belagerte. Nun hatte Adelheid gar viel von dem Ruhme des deutschen Königs Otto vernommen, darum sandte sie jetzt zu ihm und bat ihn, er möge als christlicher Ritter ihre weibliche Ehre rächen, dafür bot sie ihm ihre Hand und das Reich Italien. Wie Otto, welcher Witwer war, diese Kunde vernahm, rief er alle Freien und Treuen zusammen und ermahnte sie, ihm zum Schutze der bedrängten Unschuld beizustehen. Das war deutschen Herzen ein lieber Klang; schnell ritt ein edles Heer mit dem König, seinem Sohne Ludolf und seinem Bruder, dem Bayernherzog Heinrich, im Jahre 951 gen Welschland. Als sie herankamen, floh Berengar voll Schrecken von den Mauern des Schlosses hinweg, während die Sadt Pavia sich dem deutschen Könige mit Freuden ergab. Alsbald huldigte ihm das Reich Italien, wo seit Arnulf kein Deutscher mehr als König oder Kaiser geherrscht hatte. Die schöne Adelheid aber zog nun ihrem deutschen Ritter entgegen und gab ihm als seine Hausfrau die Hand. Zu Pavia wurde die Hochzeit mit großer Pracht und Herrlichkeit gefeiert, und es strahlte die Kraft des Königs wie Sonnenglanz, und wie Mondesschimmer leuchtete die Holdseligkeit der Königin.

5.

Kaum war im Jahre 954 der Friede zur Freude aller Wohlgesinnten geschlossen, so kamen im nächsten Jahre die Ungarn aus Frankreich zurück ins Bayerland und drohten übermütig, daß ihre Rosse die deutschen Ströme austrinken sollten. Zahlloses Volk (es wird erzählt, daß ihrer 100 000 ge= wesen) tobte gegen Bayern heran und legte sich an den Lech vor Augsburg. In dieser Stadt war der Bischof Ulrich, ein gar frommer, mutiger Mann; der machte die Augsburger wehrhaft und stärkte sie im Vertrauen auf Gott. Wie nun die Ungarn eines Morgens zu den Mauern aufschauten und sie von lauter Harnischen und Schwertern leuchten sahen, ward ihnen plötzlich Botschaft, daß der König mit dem deutschen Heerbann wider sie aufs Lech=

feld herangezogen sei; das breitet sich zwischen dem Lech und der Wertach
zehn Wegstunden lang aus. Da mochten die Ungarn vor Kampflust nicht
länger vor Augsburg liegen bleiben und eilten dem König entgegen an den
Lech. Schnell zogen nun auch die Augsburger mit Bischof Ulrich zum Heer=
bann hinaus. Der König teilte denselben in acht Haufen; drei davon waren
lauter Bayern, die führte Graf Eberhard von Sempt und Ebersberg an
(weil der Herzog Heinrich krank lag), den vierten Haufen bildeten die Franken,
an ihrer Spitze stand Herzog Konrad, der voll Scham über seinen Verrat
war und vor Begierde brannte, ihn durch einen ehrlichen Tod in der Schlacht
zu büßen; der fünfte Haufe bestand aus den edelsten Kampfhelden des
ganzen Heeres, der König selbst war ihr Vorfechter, und vor ihm her flog
der Erzengel Michael, wie vor seinem Vater bei Merseburg; den sechsten und
siebenten Haufen bildeten die Schwaben, mit ihrem Herzog Burkhard, und
den achten die Böhmen; — alle diese Völker schwuren sich unter einander
Treue und Hilfe wie leibliche Brüder. Das war am 10. August 955.
Wie nun die Ungarn das deutsche Heer in Schlachtordnung erblickten,
schwammen sie, voll Ungeduld, auf ihren Rossen durch den Lech ans linke
Ufer; dort umringten sie die Schlachtordnung der Deutschen und warfen sich
plötzlich mit wildem Geheul auf die Böhmen. Diese hielten den Pfeilregen
nicht lange aus, flohen und überließen voll Schrecken den Ungarn den Troß.
Da brachen die Sieger schnell auch auf die Schwaben los, welche sich mann=
haft wehrten, aber endlich dennoch weichen mußten. Wie der König diese
große Gefahr sah, winkte er dem Herzog Konrad von Franken; wie ein ge=
reizter Löwe sprang dieser den Ungarn entgegen, warf sie zurück, befreite alle
Deutschen, die sie gefangen hatten, und brachte sie dem König. Am gleichen
Tage (am Festtag des heiligen Laurentius) betete der König inbrünstig zu
Gott und gelobte, wenn Christus ihm die Feinde des Glaubens und des
Vaterlandes überwinden helfe, dem heiligen Laurentius ein Bistum in Merse=
burg zu stiften. Dann las Bischof Ulrich dem Heere die Messe und reichte
dem knieenden König den Leib des Herrn. Wie sich Otto wieder erhoben,
sprach er zu den Deutschen: „Seht um euch! Zahllos sind die Haufen der
Heiden, aber mit uns ist der allmächtige Helfer, Christus, mit seinen Scharen.
So laßt uns aushalten und lieber sterben, als weichen. Doch, wozu viel
Worte? Statt der Zunge rede das Schwert!“ Hoch zu Roß, den Schild am
Arm, die heilige Lanze schwingend, sprengte er jetzt im Glanze der Morgen=
sonne seinen Deutschen voran. Nun beginnt die Schlacht. Unwiderstehlich rückt
das deutsche Heer, Mann an Mann, gegen die Ungarn heran; vor deutscher
Einigkeit und deutscher Begeisterung wird ihr blinder Ungestüm zu Schanden.
Schon weichen sie auseinander; um so heißer wird ihre Wut; viele deutsche Hel=
den müssen sie büßen. Da sinken Graf Theobald (Bruder des Bischofs Ulrich)
und sein Vetter Reginald; Herzog Konrad von Franken löst sich in der Hitze
den Helm los, da trifft ihn ein Pfeil in die Kehle, und so löst ihn der Tod
von seiner Schuld. Wie nun die Ungar=Haufen zersprengt werden, schreiten
die Deutschen über die, welche noch widerstehen wollen, zermalmend hinweg.
Jetzt wird die Verwirrung der Ungarn allgemein; ihr Entsetzen wächst; die

weite Ebene wimmelt von Flüchlingen; die Deutschen über sie herein, wie der Zorn Gottes! Heulend sprengen die Ungarn in den Lech, aber der ist gut deutsch und läßt weder Roß noch Reiter los; Leichen füllen das Fluß= bett, die blutgefärbten Wasser schwellen über. So wird das übermütige Volk vernichtet; nur wenige entrinnen dem heißen Tag. Noch am Abend zieht Otto mit Bischof Ulrich glorreich in Augsburg ein und dankt dem Herrn für Deutschlands Befreiung. — Am andern Tage ritt er aufs Schlachtfeld hinaus, seine Toten zu zählen; da fand er Konrads Leiche und weinte um den tapfern Mann. Dann zog er über den Lech und ließ allerorten in Bayern gebieten, auf die Flüchtigen zu fahnden. Wo sie sich blicken ließen, schlug sie das erbitterte Bayernvolk wie Wölfe tot; drei gefangene Ungarfürsten ließ Herzog Heinrich vor dem Osterthor in Regensburg aufhängen. Nur sieben Männer von den 100000, die gekommen waren, sollen die Botschaft der Niederlage nach Ungarn heimgebracht haben. Darnach hielt Herzog Heinrich zu Regens= burg ein strenges Gericht über alle Verräter des Vaterlandes, welche sie herbeigerufen. Unter diesen war auch der Bischof von Salzburg, der wurde geblendet. Das war des Bayernherzogs letztes Werk auf Erden; er starb noch im selben Jahre. Die Ungarn wagten sich aber seit der Zeit nicht weiter vor, als bis zu ihrer Grenzfestung, welche die Eisenburg hieß; diese stand gar trutzig auf einem Felsen am rechten Donauufer, auf der Stelle, wo nachher das stattliche Kloster Mölk erbaut worden ist.

Indessen hatten sich die Wenden um ihre Freiheit wieder erhoben und den Sachsenherzog Hermann Billung hart bedrängt. Schnell zog Otto, der überall war, wo das Reich seiner bedurfte, in ihr Land, lagerte an der Recknitz, einem Flüßchen in Mecklenburg; da umgingen ihn die Obotriten und Ukern mit andern slavischen Völkern und schlossen ihn ein, so daß er in große Gefahr kam; obendrein schlichen sich zwei böse Gäste, Hungersnot und Seuche, in sein Heer. Gerade noch zur rechten Zeit kam der Schrecken aller Slaven, der Markgraf Gero, herbei und schlug die Feinde am 16. Oktober desselben Jahres, in welchem Deutschland der Ungarn ledig geworden; ihr Fürst Stoinef kam auf der Flucht um.

6.

Während dieser Zeit hatte Berengar in Italien, welches er vom deutschen Reich zu Lehen trug, seines Lehneides spottend, mit unerträglicher Will= kür und Grausamkeit gewaltet; er wähnte sich sicher, weil König Otto mit den Ungarn und Wenden zu kämpfen hatte. Da riefen die welschen Fürsten dessen Hilfe an, und Otto übergab seinem Sohne Ludolf ein wohlgerüstetes Heer, daß er sich die Herrschaft der Lombardei erkämpfe. Wie nun der Königssohn dahin kam, thaten sich ihm alle Herzen und Städte auf, und Berengar hatte bald nirgends mehr einen Zufluchtsort. Durch Verräterei ward er sogar dem tapferen Ludolf überliefert, aber dieser ließ ihn schwören, sich dem König Otto wieder zu unterwerfen, und gab ihn dann großmütig frei; auch über Adalbert gewann Ludolf den Sieg. — Doch bald darauf starb er (957) jähen Todes, und die Welschen sagten, Berengar habe ihn ver=

giften laffen. Diefer aber fiel jetzt frohlockend fogar in den römifchen Kirchen=
ftaat ein. Da befchloß König Otto, auf die vielen Bitten des Papftes und
der Großen Italiens, felbft nach Italien zu kommen, um den Berengar zu
züchtigen, Ordnung und Gerechtigkeit herzuftellen und das Kaifertum endlich mit
dem deutfchen Königtum zu vereinigen, wie Karl der Große, Ottos ruhm=
reiches Vorbild, es gethan. Darum berief er im Jahre 961 die deutfchen
Fürften auf einen Reichstag zu Worms, und fie billigten feinen Vorfatz und
wählten feinen Sohn, den fiebenjährigen Otto, welchen er ihnen vorgefchlagen
hatte, zu ihrem Könige; dann zog er mit nach Aachen zum Pfingftfeft, dort
wurde der Knabe gekrönt. Hierauf brach der König mit einem großen Heere
und von feiner Gemahlin Adelheid begleitet von Deutfchland auf und fuhr
gen Welfchland in voller Pracht und Herrlichkeit, wie es der Würde eines
Königs der Deutfchen geziemte. So kam er nach Pavia. In Mailand
erklärten alle geiftlichen und weltlichen Fürften den Berengar und fein ganzes
Gefchlecht als verflucht, für ewige Zeiten der Herrfchaft unwürdig und er=
wählten Otto zum König. Dann holten fie diefen nach Mailand. Der Erz=
bifchof diefer Stadt falbte ihn und fetzte ihm die „eiferne Krone" der Lom=
barden auf; die war von Gold und hieß alfo von einem eifernen Reif im
Innern, welcher aus einem Nagel vom Kreuze Chrifti gefchmiedet worden.

Als König von Lombardien zog nun Otto im Januar des nächften
Jahres (962) nach Rom. Dort wallten ihm der Senat, die Ritter und das
Volk, feinen Ruhm lobfingend, zum goldenen Thore heraus entgegen, und er
ritt auf einem weißen Roß zum Vatikan und ftieg die Stufen zur St. Peters=
kirche hinan. Vor ihren filbernen Pforten fchwur er, daß er die römifche
Kirche immerdar fchirmen werde, wie Kaifer Karl es gethan. Am andern
Tag (Mariä=Lichtmeß=Feft) falbte ihn der Papft Johannes XII. in der
Peterskirche zum Kaifer und fetzte ihm die Krone auf. Zahllofes Volk aus
den verfchiedenen Ländern der Chriftenheit jauchzte ihm zu, und alle Großen
Roms befchworen ihm auf die Reliquien St. Peters ihre Treue. Otto aber
wollte nicht bloß dem Namen nach Kaifer fein, fondern waltete auch als
folcher in Italien. Da wurden die erften Grundfteine der freien ftädtifchen
Verfaffungen gelegt; befonders aber ließ fich's der Kaifer angelegen fein, fo=
wohl fein Verhältnis zu dem Papft, als auch das des Papftes zu den
Römern feftzuftellen. Doch bald mußte er erfahren, daß die Römer das
Kaifertum nur als eine leere Würde ohne Macht betrachteten und ihre
Selbftändigkeit der Fremdherrfchaft nicht aufopfern wollten. Mit Strenge
trat er denn als oberfter Richter mitten unter die Römer, und fie beugten
ihren ftolzen Nacken; aber fo oft er wieder ferne war, richteten fie fich
grimmig empor und rüttelten an der deutfchen Oberherrfchaft. Die Deutfchen
nannten dies Wankelmut und fchalten die Welfchen untreu; doch das ift
der Fluch jeder Fremdherrfchaft, daß fie rings um die unvertilgbaren Wurzeln
des edlen Freiheitsdranges das Unkraut der Heimtücke großzieht. Der Kaifer
aber bändigte die Widerfacher feines Anfehens, endlich (964) bekam er auch
den ruchlofen Störenfried Berengar in feine Gewalt und ließ ihn nach
Deutfchland auf die fefte Babenburg bringen, wo derfelbe ftarb.

Otto selbst ging im nächsten Jahre dorthin zurück. Dort hatte indessen der Markgraf Gero (964) die Slaven in der Niederlausitz unterworfen, aber in der Schlacht seinen einzigen Sohn verloren, für dessen künftige Hoheit er sein langes Leben hindurch so tapfer gekämpft; dies Herzeleid hatte er jetzt zum Lohn für seine Unmenschlichkeit gegen die Slaven. Verzweifelnd pilgerte der narbenvolle Greis nach Rom, legte sein Schwert auf den Altar St. Peters, that Buße, zog auf der Heimkehr zu St. Gallen ein Mönchsgewand an und starb (965) in der Heimat.

7.

Während nun der Kaiser in Deutschland war, hatte Adalbert, der Sohn Berengars, in Italien den Kampf alsogleich erneuert; zur selben Zeit stritten in Rom die mächtigen Adelsgeschlechter um die Herrschaft, so daß große Verwirrung war. Da schickte der Kaiser zuerst den Herzog Burkhard von Schwaben nach Italien; dann kam er selbst (966) hin und hielt ein furcht= bar Gericht über alle, welche das kaiserliche Ansehen keck verachtet hatten. Erschrocken huldigten ihm die Fürsten von Benevent und Capua; der Kaiser trachtete nun aber auch darnach, das innere Italien, welches bis dahin noch unter der Oberherrschaft der griechischen Kaiser gestanden, zu gewinnen, da= mit das römische Kaisertum in der ganzen Fülle der alten Macht und Herr= schaft wieder aufblühe. Er hoffte dies friedlich ins Werk zu setzen. Darum berief er seinen Sohn Otto II. nach Rom, ließ ihn von dem Papste zum Kaiser krönen und warb für ihn um Theophanien, die Stieftochter des griechischen Kaisers Nikephorus. Durch diese Vermählung gedachte er die Landschaften Unteritaliens von den Griechen als Brautschatz der Prinzessin zu erhalten. Aber Nikephorus war voll thörichten Dünkels und betrachtete sich selbst als einzigen rechtmäßigen Erben des römischen Kaisertums, sowie des ganzen Reichs Italien, den deutschen König hingegen bloß als einen Räuber jener Würde und dieses Landes. Also mißhandelte er dessen Ge= sandte, schlug ihm die Prinzessin Theophania ab und verbündete sich heim= lich mit Adalbert. Da gab Otto in Unteritalien durch Waffenthaten kund, daß sich der deutsche Name nicht ungestraft beschimpfen lasse, am wenigsten von einem so entnervten und verderbten Volke, wie die Griechen waren. Bald darauf (968) wurde Nikephorus zu Konstantinopel ermordet; sein Nachfolger, Johannes Tzimiskes, welcher den Frieden suchte, sandte Theo= phanien, als Braut des jungen Otto II., nach Italien, und Otto I. ließ nun den Griechen die Landschaften Apulien und Calabrien bis auf Benevent und Capua.

Mit großer Pracht wurde die Hochzeit Ottos II. (972) mit Theophanien zu Rom gehalten. Dann kehrten die beiden Kaiser, Vater und Sohn, nach Deutschland zurück und begingen das heilige Osterfest (973) zu Quedlinburg. Da saß Otto I. in seiner Pfalz, welche, auf lieblicher Anhöhe ragend, auf die wogenden Waldgipfel des Harzes weithin schaute; rings um den alten Kaiser saßen sein Sohn Otto II., die edlen Frauen Adelheid und Theophania, die Herzoge von Sachsen, Schwaben, ferner von Bayern, Lothringen, Polen und Böhmen, nebst vielen Markgrafen, Grafen und edlen Herren, dazu alle geistlichen Fürsten des Reichs, und Gesandte kamen herbei aus Ungarn und Griechenland, Rußland und Bulgarenland, aus Dänemark und Italien, brachten Geschenke und suchten die Bundesfreundschaft des mächtigen Kaisers, dessen Ruhm wie Windeswehen über die Erde ging. Also genoß er mit vollem Behagen das höchste irdische Glück, daß er, zufrieden mit sich selber, sein Lebenswerk überschauen konnte. Denn in Deutschland war Friede und Einigkeit, Wohlfahrt und Segen bei großem Waffenruhm, und es war für die andern Länder Europas das, was das gesunde hochklopfende Herz für die Glieder eines Leibes ist. Nach jenem Osterfest zog Otto I. nach Merse=burg und von dort in die güldene Aue, nach Memleben, wo sein Vater Hein=rich gestorben war. Dort verschied auch er, sanft und ruhig (973), seines Alters im 61. Jahre. Sein Leichnam ward im Dom zu Magdeburg bei=gesetzt, neben der ersten Gemahlin Ottos, Editha.

Nie seit Karl dem Großen und auch nie mehr nach Otto I. war das deutsche Königtum zu solchem Ansehen gelangt, da auf dasselbe alle Hoheit und Machtfülle des alten römischen und des Karolingischen Reichs mit der Kaiserkrone übergingen. Dennoch war diese römische Kaiserkrone ein Unglück für das deutsche Reich, ein verhängnisvoller Schmuck, dem Ströme deutschen Blutes geopfert wurden, ein Wahn, der Zerrüttung und unendliches Weh nach Deutschland brachte und dem Papst zur Einmischung und Oberherrschaft über deutsche Könige und Fürsten verhalf.

II. Kaiser Heinrich IV. und Papst Gregor VII.

Heinrich IV. (1077 n. Chr.).

1. Heinrichs Jugend.

Der Vater Heinrichs IV. war Heinrich III., ein kräftiger, wackerer Kaiser, aber nur zu herrisch und stolz gegen die Großen des Reichs. Er setzte Herzöge ein und wieder ab, wie es ihm beliebte, drang auch mutig nach Italien, wo damals drei Päpste zu gleicher Zeit regieren wollten, setzte alle drei ab und ließ dreimal hintereinander deutsche Bischöfe zu Päpsten wählen. Seinem Söhnlein Heinrich ließ er schon sechs Wochen nach der Geburt als König huldigen, zur großen Freude der Franken, deren Stamm er angehörte, aber zum Mißfallen der Sachsen, in deren Lande er feste Zwing=burgen anlegte. Großes wäre aus dem jungen Prinzen Heinrich geworden, hätte ihn der große Mann erziehen können; aber Heinrich III. starb zu früh, denn Heinrich IV. war erst sechs Jahre alt. Alsbald erhoben die Grafen und Herzöge Deutschlands wieder keck ihr Haupt und waren froh, der lästigen Oberherrschaft des Kaisers entbunden zu sein. Agnes, die Mutter des jungen Kaisers, war eine treffliche Frau und leitete die Erziehung Heinrichs, aber den trotzigen Fürsten gegenüber war sie doch zu schwach. Die großen Herren hielten es unter ihrer Würde, von einer Frau sich regieren zu lassen, und hätten am liebsten den kaiserlichen Knaben selbst in ihrer Gewalt gehabt, um in seinem Namen schalten und walten zu können. Anno*) (gewöhnlich geschrieben Hanno), der Erzbischof von Köln, ein äußerlich frommer, aber herrschsüchtiger und schlauer Mann, verband sich mit mehreren weltlichen Fürsten und geistlichen Herren, der Kaiserin die Vormundschaft über ihren Sohn zu entreißen. Er veranstaltete zu Kaiserswerth am Rhein ein glänzendes Fest und lud dazu auch Agnes mit dem jungen Könige ein. Als die Kaiserin in munterer Gesellschaft bei Tafel sich unterhielt, ward der Knabe auf ein schönes Rheinschiff gelockt, das Hanno hatte erbauen lassen und nun seinen Gästen zeigen wollte. Die Mutter ahnte nichts Böses; sobald aber ihr Sohn das Schiff betreten hatte, setzten sich alle Ruder in Bewegung, und das Schiff flog davon. Da merkte Heinrich, daß man ihn entführen wollte, er schrie und sprang über Bord ins Wasser. Doch vergebens! Man zog ihn wieder heraus und führte ihn in die erzbischöfliche Burg zu Köln. Voll Jammers blickte die edle Kaiserin ihrem entführten Sohne nach; mit betrübtem Herzen verließ sie auf immer das treulose Deutschland und ging nach Rom, um in der Stille der Klostermauern alle Wirrnisse der Welt zu vergessen.

Hanno hielt den jungen Heinrich — er war damals zwölf Jahre alt — sehr streng, und Heinrich, der seine verlorene Freiheit nicht verschmerzen konnte, warf einen bittern Haß auf den Erzbischof. Dieser hatte indes einen klugen und gewandten Nebenbuhler in dem Erzbischof Adalbert von Bremen, der gar zu gern den Königsknaben in seinem Hause gehabt hätte. Und wirklich, als nach Verlauf von drei Jahren Hanno eine Reise nach Rom unternahm, gelang es dem Adalbert, Heinrich zu befreien und nach Sachsen zu entführen. Bald hatte der feine Weltmann das Vertrauen des Jünglings gewonnen, und um diesen sich geneigt zu machen, erlaubte er ihm alles, anstatt seinen Lüsten und Begierden mit Strenge entgegenzutreten. An eine Bildung des Geistes und Herzens ward gar nicht gedacht, und Heinrich, von Natur schon leidenschaftlich, wurde nun durch und durch verzogen. Was aber das Schlimmste war, Adalbert pflanzte in das Herz des jungen Königs Haß und Groll gegen das Sachsenvolk, mit welchem er selbst in beständiger Fehde lag. Er schilderte es dem jungen König unablässig als ein empörungssüchtiges, trotziges Volk, dem man den Fuß auf den Nacken setzen müßte.

2. Empörung der Sachsen.

Um Hannos Einfluß ganz zu vernichten, ward auf Betrieb Adalberts der erst 15 Jahre alte Heinrich für mündig erklärt, aber was sollte man von einem Herrscher erwarten, der so stolz, launenhaft, wankelmütig und dem sinnlichen Vergnügen so ergeben war, wie der junge Heinrich? Gleich seinem Vater nahm auch er seinen Sitz in Sachsen, in den schönen Thälern

---

*) Abgekürzte Form für „Arnfried".

des Harzes, obschon er das Volk haßte. „Sachsen ist ein schönes Land,"
soll er einst gesagt haben, „aber die, welche es bewohnen, sind nichtswürdige
Knechte!" So sprach er vom Volke, und die sächsischen Fürsten kränkte er
durch hochfahrenden Stolz. Einer der ausgezeichnetsten Männer jener Zeit
war der sächsische Graf Otto von Nordheim, damals Herzog von Bayern.
An diesem hätte Heinrich eine starke Stütze haben können; statt dessen entriß
er ihm sein mütterliches Erbe, das Herzogtum Bayern, auf eine falsche An=
klage hin, daß Graf Otto einen Edelmann habe dingen wollen, um den
König Heinrich zu ermorden. Heinrich übertrug Bayern einem Italiener,
Namens Welf. Aber Otto begab sich voll Rache zu dem Grafen Magnus
von Sachsen und verband sich mit ihm gegen den König. Heinrich zog gegen
sie, nahm beide gefangen und ließ darauf im ganzen Sachsenlande, besonders
am Harz, feste Bergschlösser erbauen. In diese legte er als Besatzung frän=
kische Soldaten, welche nun das Land durchstreiften, die Bewohner plünderten
und sie im Namen des Königs zu harter Frohnarbeit zwangen.

Da kamen die vornehmsten weltlichen und geistlichen Herren in Sachsen
zusammen und ratschlagten miteinander, was zu thun sei. Einige waren
der Meinung, man solle sogleich mit dem Schwerte drein schlagen: dem
aber widersprachen andere, die den Weg zur Güte versuchen wollten. So
schickte man denn drei Abgeordnete an Heinrich, der eben in Goslar sein
Hoflager hatte. Sie sprachen: „Adeligster König! Das Volk der Sachsen,
welches keiner Nation an Mut und Treue nachsteht, bittet dich, die Rechte
der Altvordern, die alte Freiheit des Landes, ihm wiederzugeben. Ausländer
und Dürstige maßen sich mit Gewalt unsere Güter an und entziehen Ein=
gebornen die Waldungen, Weiden und Herden. Lässest du uns nach vater=
ländischer Sitte leben, so wird kein Volk in Deutschland und Frankreich
treuer und ergebener gefunden werden." — Das war gut und vernünftig
gesprochen, aber das gute Wort fand bei dem stolzen Heinrich keine gute
Statt. Er fuhr die Gesandten rauh an und entließ sie, ohne ihre Bitten zu
erhören. Da war die Geduld der Sachsen erschöpft; schnell brachten sie ein
Heer von 60 000 Mann zusammen und zogen gen Goslar. Bestürzt floh
Heinrich nach seiner geliebten Harzburg, einem festen Bergschlosse zwischen
Ilsenburg und Goslar. Aber das Sachsenheer umringte auch dieses Schloß,
und nur mit Mühe entkam Heinrich in einer dunkeln Nacht durch die Schluch=
ten des Harzgebirges, nachdem er seine Schätze und Reichskleinodien in Säcken
heimlich hatte fortbringen lassen. Drei Tage und drei Nächte irrte er um=
her, bevor er nach Hessen gelangte. Unterdessen machten sich die Sachsen
über seine Bergschlösser her und zerstörten sie aus dem Grunde. Noch jetzt
erblickt man auf vielen Bergen des Harzes die grauen Trümmer aus jener
Zeit. Das Volk war so erbittert auf den Frankenkönig, daß es selbst die
schöne Kirche in der Harzburg niederbrannte und die Leichen eines Bruders
und eines Söhnchens des Kaisers aus ihren Grüften herauswarf. Dann
wurde in einer großen Versammlung der König Heinrich für unwürdig er=
klärt, die Reichskrone zu tragen, und der Herzog Rudolf von Schwaben
zum König von Deutschland ausgerufen.

Voll inneren Grimmes zog Heinrich 1075 nach Worms, wo er sich unter dem gemeinen Volke, das immer Achtung vor dem rechtmäßigen Fürsten hat, viel treue Anhänger erwarb. Zugleich stimmte er seinen stolzen Ton herunter, stellte sich freundlich und gewann durch Bitten und Versprechungen endlich auch mehrere Fürsten, daß sie ihm Beistand gegen die Sachsen gelobten. Mit einem trefflichen Heere zog er in das Land des Aufruhrs, und als es zum Treffen kam, focht Heinrich selbst, auf einem wilden Schlachtroß reitend, so tapfer, daß er viele Feinde mit eigner Hand niederhieb. Es war bei Langensalza an der Unstrut, wo die vereinigten Sachsen und Thüringer völlig geschlagen wurden. Ihr unglückliches Land ward nun von dem Frankenheere barbarisch verwüstet, viele wurden eingekerkert und die letzten Freiheiten ihnen genommen. Die Sachsen, die sich nicht mehr zu helfen wußten, wandten sich in ihrer Not an den Papst, den Vater der ganzen Christenheit. Und eben damals hatte ein Mann den heiligen Stuhl bestiegen, vor dem bald Fürsten und Könige sich beugen sollten.

3. Papst Gregor VII.

Dieser Papst hieß Gregor VII. Er war der Sohn eines Landmanns in Saona oder Soano im Toskanischen, Namens Hildebrand, hatte sich früh dem geistlichen Stande gewidmet und schon in seinem Kloster sich durch tiefe Einsicht in die Angelegenheiten der Kirche, durch strenge Sitten und hohe Gelehrsamkeit so ausgezeichnet, daß er bald nach Rom an den päpstlichen Hof berufen wurde. Hier lenkte er mit großer Umsicht und eiserner Festigkeit zwanzig Jahre hindurch alle Schritte der Päpste. Dann wurde er selbst zum Oberhaupt der Kirche erwählt, und zwar so schnell, daß außer Italien niemand früher davon Kunde erhielt, als bis er schon als geweihter Stellvertreter Petri in Thätigkeit war. Heinrichs Vater hatte verordnet, daß kein Papst ohne des deutschen Königs Willen gewählt werden sollte. Als daher Gregor seine Wahl Heinrich IV. melden ließ, war dieser sehr ungehalten und schickte einen Gesandten mit der Anfrage: „Ob denn auch die Wahl rechtsgültig sei, da der Kaiser sie nicht bestätigt habe?" Der schlaue Gregor stellte sich ganz demütig, um nur erst die Bestätigung zu erhalten. „Herr Graf," sagte er zu dem kaiserlichen Gesandten, „Gott ist mein Zeuge, daß ich diese Ehre nicht gesucht habe, sondern daß sie mir von den Römern mit Gewalt aufgebürdet ist. Die Einweihung soll erst dann vorgenommen werden, wenn es des Kaisers Wille ist." Heinrich wurde durch diese Bescheidenheit ganz gerührt; er genehmigte nicht nur die Wahl, sondern befahl auch, die Einweihung sogleich vorzunehmen. Wie schwer mag er das später bereut haben!

Nun ging Gregor rasch an sein Werk. Fest stand in seiner Seele der Entschluß, die Geistlichkeit ganz zu befreien von aller Fürstengewalt und den Papst zum Herren aller Fürsten und Völker zu machen. Die Macht der Fürsten — so sprach er — ist von dieser Welt, die Macht der Geistlichen ist aber von Gott und Jesus Christus, und wie die Päpste von Petrus den Schlüssel überkommen haben, zu binden und zu lösen, so sind sie auch die Stellvertreter Jesu Christi auf Erden und nur ihm und Gott für ihre Hand=

lungen verantwortlich, nicht aber den weltlichen Fürsten. Darum kann auch nach göttlichem Rechte weder das römische Volk noch der Kaiser (wie bisher) einen Priester zum Papste erwählen, sondern es bestimmt diesen der heilige Geist selbst, welcher einen besondern Ausschuß von Erzpriestern oder Kardinälen*) dazu erleuchtet. Darum kann den Papst auch niemand richten und absetzen, selbst keine Kirchenversammlung. Und weil der Papst als Stellvertreter Gottes auf Erden ein ewiges Reich beherrscht, muß des Kaisers zeitliche Würde und Gewalt erst durch den Papst geheiligt werden, der ihm die Krone aufsetzt, gleichwie auch der Mond erst sein Licht von der Sonne empfängt. So dachte Gregor, aber er war auch der Mann dazu, diesen kühnen Gedanken ins Werk zu setzen und die Herrschaft der Kirche (Hierarchie) trotz allem Widerstand zu gründen.

Drei Mittel waren es besonders, durch welche Gregor seinen kühnen und großen Zweck erreichte. Das erste war, daß er die Simonie ab= schaffte, d. h. den Kauf und Verkauf geistlicher Ämter, welchen ärgerlichen Handel man mit dem Verbrechen des Simon verglich, von welchem in der Apostelgeschichte Kap. 8, V. 9 erzählt wird. Das andere war, daß die welt= lichen Fürsten nicht mehr das Recht haben sollten, die Geistlichen in ihren Ämtern und Würden zu bestätigen, sondern daß dieses Recht einzig dem Papste verbleibe. Als Zeichen seiner Würde empfing der Bischof einen Ring und einen Stab, und das nannte man Investitur, d. i. Bekleidung. Das Investiturrecht wurde also den Fürsten genommen. Damit aber die Geistlichen wegen Versorgung ihrer Kinder nicht von den weltlichen Herrschern mehr abhängig sein sollten, verordnete Gregor drittens den Cölibat oder die Ehelosigkeit der Geistlichen.

Es war allerdings hohe Zeit, daß eine schärfere Kirchenzucht und strengere Ordnung unter den Geistlichen eingeführt wurde. Der Handel mit den geistlichen Stellen wurde auf eine höchst schamlose Weise getrieben und vorzüglich während der Minderjährigkeit Heinrichs IV. wurden die erledigten Bistümer und Abteien oft den Meistbietenden verkauft. Die Bischöfe ver= kauften dann wieder ihrerseits alle von ihnen zu erteilenden geistlichen Würden. So bekam mancher eine sehr einträgliche Stelle, der ihrer gar nicht würdig war. Nun aber mußte jeder Geistliche ein anderes Leben führen, wenn er nicht seines Amtes wieder entsetzt werden wollte. Der schwierigste Punkt war aber der Cölibat. Fortan sollte kein Priester mehr eine Frau nehmen, und wer eine hatte, sollte sich von ihr scheiden, bei Strafe der Ab= setzung. Dies erregte allgemeinen Aufruhr unter den Geistlichen. Der Erz= bischof von Mainz schrieb nach Rom zurück, er habe die Geistlichen seines Kirchspiels zusammenberufen und ihnen den Befehl vorgelegt; er zweifle aber, daß er ihn durchsetzen werde. Sogleich erschien ein neuer Legat mit der Antwort, er müsse ihn durchsetzen bei Verlust seiner Würde. Der Erzbischof

---

*) Die Zahl der Kardinäle wurde auf 70 festgesetzt; sie hatten den Rang über den Fürsten und über den Gesandten der Könige und wurden die Minister des Papstes. Ihre Kleidung ist ein roter Scharlachmantel und ein roter Hut.

berief seine Geistlichen zu einer neuen Versammlung, auf der es aber so stürmisch herging, daß beide, der Erzbischof und der Legat, in Lebensgefahr gerieten. Doch Gregor blieb standhaft; er nahm nichts zurück, und wenige
Jahre nachher war die Ehelosigkeit bei allen Geistlichen durchgesetzt.

Durch diese Einrichtungen gewann der Papst unendlich an Macht.
Kein Geistlicher war fortan noch an seinen Landesherrn gebunden, keiner
durfte wegen Weib und Kind des Staates Schutz und Hilfe suchen, keiner
brauchte die weltlichen Herren zu fürchten. Alle waren an den Papst ge-
knüpft, von dem sie alles zu fürchten und zu hoffen hatten. So bildeten
die Geistlichen einen großen Staat, der in allen Ländern der Christenheit
seine Wurzeln und Zweige hatte, aber vom Papste in Rom sein Leben und
sein Gesetz erhielt. Das Volk ehrte in den Befehlen des Papstes das Wort
Gottes, und die Fürsten wagten nicht zu widersprechen, denn der Papst hatte
ja die Macht, die Völker ihres Eides gegen den Landesherrn zu entbinden,
oder gar über ein ganzes Land das Interdikt zu verhängen. Dann ver-
stummten alle Glocken, keine Messe ward mehr gelesen, alle Kirchen wurden
geschlossen; kein feierliches Leichenbegängnis ward gehalten, keine Ehe ein-
gesegnet. Der Zorn Gottes lastete auf dem unglücklichen Lande. Mit solchen
Waffen stritten die Päpste, und diese Waffen waren, da das Volk an sie
glaubte, stärker als Spieß und Schwert.

4. Heinrich IV. gegen Gregor VII.

Gregor nahm die Klagen der Sachsen bereitwillig auf und warnte den
Kaiser. Allein dieser, voll Stolz über seinen Sieg, wies alle Warnungen
und Ermahnungen mit Spott und Hohn zurück. Da erschienen plötzlich
päpstliche Legaten vor ihm mit dem päpstlichen Befehl, er solle sich binnen
60 Tagen in Rom vor ein geistliches Gericht stellen, um Rechenschaft zu
geben über die wider ihn erhobenen Beschuldigungen. Wofern er das nicht
thäte, würde er an demselben Tage mit dem apostolischen Fluche beladen aus
der Kirchengemeinschaft ausgestoßen werden.

Heinrich war wütend über ein solches Ansinnen des Papstes und jagte
dessen Gesandte mit Schimpf aus dem Lande. Sogleich berief er die deutschen Bischöfe nach Worms und hatte die Freude, daß diese Kirchenversammlung für die Absetzung des Papstes stimmte. Nun meinte der Kaiser, aller
Gefahr überhoben zu sein; hatte doch sein Vater auch mehrere Päpste abgesetzt. Aber er vergaß, daß er kein Heinrich III. und Gregor kein gewöhnlicher Papst sei. Das Absetzungsschreiben übergab er nun einem mutvollen
Gesandten und schickte diesen nach Rom, indem er ihm zugleich noch einen
derben Brief mitgab. Eben hatte Gregor die angekündigte Versammlung der
Kardinäle eröffnet, als der Gesandte ankam. Gregor saß im päpstlichen
Ornate auf einem erhabenen Stuhle, um ihn herum die Bischöfe und Kardinäle. Alle erwarteten, der Gesandte werde im Namen seines Herrn
demütig um Verzeihung bitten; aber wie groß war das Erstaunen und die
Entrüstung der geistlichen Herren, als dieser vor den Papst hintrat mit den
Worten: „Der König, mein Herr, und alle Bischöfe über dem Gebirge und

in Italien (auch einige lombardische Bischöfe, die über den strengen Papst ungehalten waren, hatten mit unterschrieben) verkündigen dir den Befehl: Du sollst den Stuhl Petri, welchen du dir angemaßt hast, sogleich verlassen, denn ohne des Königs Genehmigung kannst du nicht Papst sein!" Und zu der Versammlung gewendet fuhr er fort: „Euch, ihr Brüder, wird angesagt, daß ihr zum nächsten Pfingstfest euch vor dem Könige stellen sollt, aus seinen Händen einen andern Papst und Vater zu erhalten; denn dieser hier ist nicht Papst, sondern als ein reißender Wolf erfunden worden!"

Da aber brach der Sturm des Unwillens und der Entrüstung los; einige der Unternehmendsten sprangen auf den Gesandten ein und würden ihn arg mißhandelt haben, wäre nicht Gregor mit ruhiger Würde unter sie getreten, ihrem Eifer zu wehren. Und der Papst las nun selber den Brief vor, welcher begann: „Heinrich, nicht durch Anmaßung, sondern nach Gottes Ordnung König, an Hildebrand, nicht den Papst, sondern den falschen Mönch." Nach Vorlesung dieses Briefes wurde die Wut gegen Heinrichs Abgesandten noch größer, und nur mit Mühe konnte sich der Mann retten. Gleich am folgenden Tage hielt Gregor eine neue Versammlung und sprach hier mit starker Stimme den Bann gegen Heinrich aus und entband die Christen von allen Eiden, die sie dem Könige geleistet hatten. Kein Unter=than und Priester sollte ihm mehr gehorchen, kein Priester die heil. Sakra=mente reichen, jeder ihn als einen Verpesteten fliehen. Mit dem Könige wurden auch die Bischöfe, welche das Absetzungsdekret zu Worms unterzeichnet hatten, in den Bann gethan.

Die nächste Folge war, daß sich Deutschland in zwei große Parteien teilte, in eine päpstliche und eine kaiserliche. Der sorglose Heinrich, nicht ahnend, was eben in Rom über ihn beschlossen sei, war gerade in dem unter=worfenen Sachsenlande, baute die eingerissenen Schlösser wieder auf und ver=schenkte die Güter der gefangenen Sachsenhäupter an seine Günstlinge. Dann ging er wohlgemut nach Utrecht, um dort das Osterfest zu feiern; denn der Bischof Wilhelm war sein treuer Anhänger und ein munterer, geselliger Mann. Mit diesem Bischof trug sich aber ein Vorfall zu, der den Kaiser und alle seine Freunde sehr bestürzt machte. Am ersten Festtage hielt Wil=helm selber die Predigt und leitete seine Rede auf den Papst, den er mit großer Beredsamkeit schmähte und lästerte; mit höhnischem Lächeln schloß er: „Von solchem Manne ist unser König in den Bann gethan! Aber welch ein lächerlich Ding ist doch dieser Bann!" Allein kaum war das Fest vorüber, so fiel der Bischof in eine schwere Krankheit. Es überfiel ihn eine furcht=bare Gewissensangst, und er glaubte, die Krankheit sei eine Strafe dafür, daß er den heiligen Vater gelästert habe. In seiner Fieberhitze sah er lauter böse Geister an sein Bett kommen, die seine Seele in die Hölle tragen wollten. In Verzweiflung gab er den Geist auf, und Heinrich selbst geriet in eine tödliche Angst, denn der Glaube an die Heiligkeit und Unfehlbarkeit des Papstes war zu tief in den Herzen aller, als daß ihn selbst die Gegner des Papstes ganz verleugnen konnten. Überall waren die Gemüter furchtbar erschüttert; eine schreckliche Gärung herrschte im ganzen Reiche. Die Sachsen traten schnell wieder zusammen und rüsteten sich; Heinrichs Feinde bekamen neuen Mut, und von seinen Freunden schlich sich einer nach dem andern wieder davon, aus Furcht vor der Strafe des Bannes. Heinrich ließ ein Aufgebot ergehen an alle seine Anhänger und Freunde, doch keiner erschien. Vergebens war sein Bitten, vergebens sein Drohen, sein Ansehen schwand von Tage zu Tage. Da versammelten sich die deutschen Fürsten zu Tribur am Rheine, den König förmlich seines Königreichs verlustig zu erklären. Sieben Tage lang dauerte der Fürstentag; Heinrich eilte herbei und lagerte sich am andern Ufer des Rheins. Mit nassem Auge schaute er nach Tribur hinüber, aber die Fürsten achteten seiner nicht, denn sie hatten die Thorheiten seiner Jugend und seinen stolzen Übermut nicht vergessen. Jeden Tag schickte Heinrich Boten an die Versammlung, und er gab die schönsten Worte, daß er nie etwas ohne den Rat der Fürsten unternehmen wolle, aber man möge ihm den königlichen Titel und die Reichsinsignien lassen, damit er nicht gar zu sehr beschimpft werde. Aber jetzt war das Bitten zu spät. Man antwortete ihm, es sei ihm schon zu viel nachgegeben worden, und auf sein Wort könne man nicht mehr trauen. Man wolle ihm jedoch noch ein Jahr Frist geben. Könne er sich bis dahin vom Banne lösen, so wolle man weiter mit ihm unterhandeln; widrigenfalls würde man Rudolph von Schwaben als König anerkennen.

5. Heinrich IV. zu Canossa.

Das war nun freilich ein schlechter Trost. Zu seinem Schrecken erhielt Heinrich noch die Nachricht, daß im nächsten Frühjahr 1077 die deutschen Fürsten in Augsburg einen Reichstag halten wollten, zu welchem auch der Papst eingeladen werden sollte, um Heinrichs Sache zu entscheiden. Der arme König wußte sich nicht mehr zu helfen und zu raten. Endlich kam er auf den Gedanken, er wolle dem Papst gute Worte geben, und wenn es ihm gelänge, seinen Zorn zu besänftigen, wäre er doch der traurigen Notwendigkeit überhoben, vor allen versammelten Fürsten als ein reuiger Sünder erscheinen zu müssen. Schnell war der Entschluß gefaßt; aber es fehlte an Geld zu der weiten Reise. Demütig bat er seine alten Freunde, die oft an seiner Tafel geschwelgt hatten, um einen Vorschuß; aber er erhielt nichts, und so mußte er ärmlicher abreisen, als ein gewöhnlicher Edelmann. Einige Tage vor Weihnachten, mitten im strengsten Winter, reiste Heinrich von Speier ab. Frau Bertha, seine edle Gemahlin, wollte ihn nicht verlassen. Obwohl es Heinrich nicht verdient hatte, denn Bertha war von ihm sehr schnöde behandelt worden und der König hatte sie ganz verstoßen wollen, so scheute sie doch nicht die Gefahr und Mühseligkeit der Reise und wollte jede Not treu mit ihrem Gemahl teilen. Auch das kleine Söhnchen nahmen sie mit, und nur ein Diener verstand sich dazu, mitzureisen. So zog eine Kaiserfamilie nach Italien. Die Feinde Heinrichs waren aber bereits geschäftig gewesen, ihm die Pässe Tirols und der Schweiz zu verlegen, um die Aussöhnung mit Gregor über die festgesetzte Frist hinauszuschieben. So war der König gezwungen, einen großen Umweg durch Frankreich zu machen.

Die Reise war sehr beschwerlich, noch ehe man ins Gebirge gelangte, denn es gab damals noch nicht so bequeme Heerstraßen als jetzt. Völlig unwegsam wurde aber die Bahn, als man ins Gebirge kam. Die hohen Bergrücken waren mit ungeheuren Schneemassen bedeckt, und ein eiskalter Wind riß den armen Reisenden die Haut ab vom Gesicht und von den Händen. Der Schnee war so hart gefroren wie Eis und so glatt, daß Menschen und Pferde jeden Augenblick in die Abgründe zu stürzen Gefahr liefen. Und doch war die größte Eile nötig; denn bald war das Jahr verflossen, welches die Fürsten als Frist gesetzt hatten. Wegweiser hatten dem König eine Bahn durch den tiefen Schnee brechen müssen; nun hatte man endlich den Gipfel erreicht. Aber hier schien es unmöglich, weiter zu kommen; denn die Seite nach Italien zu war so abschüssig und glatteisig, daß man keinen Fuß fest aufsetzen konnte. Doch was half es? Man mußte hinunter, auf Leben oder Tod! Die Männer krochen auf Händen und Füßen, in beständiger Angst, hinabzurollen in den gähnenden Abgrund; die Königin aber und ihre Kammerfrau wurden in Rinderhäute eingenäht und so von den Führern hinabgezogen. Den Pferden band man die Füße zusammen und ließ sie an Stricken hinab; die meisten kamen dabei um. Endlich — endlich kam man in der Ebene an. Die eine Angst war glücklich überstanden, aber eine zweite begann für den unglücklichen Kaiser.

Gregor war bei Heinrichs Ankunft gerade auf seiner Reise nach Deutschland zum Reichstage nach Augsburg begriffen und eben in Oberitalien angelangt. Er erschrak nicht wenig, als er hörte, der Kaiser sei im Anmarsche! Denn er vermeinte, Heinrich komme, um sich für die ihm angethane Schmach zu rächen. Und wirklich hätte Heinrich solches thun können, denn die lombardischen Großen und Bischöfe kamen ihm frohlockend entgegen in der Hoffnung, er würde sie gegen den herrschsüchtigen Gregor anführen. Sie boten ihm alle ihre Hilfe an, aber Heinrich wies sie ab mit den Worten: „Ich bin nicht gekommen, zu kämpfen, sondern Buße zu thun."

Gregor war schnell von seinem Wege abgewichen und in das feste Schloß Canossa zu seiner Freundin, der reichen Markgräfin Mathilde von Toscana, geflohen, da er noch nicht wußte, mit wie reumütigem Sinne Heinrich zu ihm kam. Er freute sich aber nicht wenig, als er hörte, daß der deutsche König sich als büßender Pilger ihm nahe. Sobald Heinrich in Canossa anlangte, ließ er durch die Markgräfin den Papst bitten, ihn vom Bannspruche zu lösen, er wolle sich ja jeder Bußübung unterziehen, die der heilige Vater ihm auferlegen würde.

Es war damals Sitte, daß der öffentliche Sünder, der sich um Lossprechung (Absolution) von der Kirchenbuße bemühte, mit einem wollenen Hemde angethan wurde, das über seine gewöhnliche Kleidung gezogen wurde. In diesem Kleide der Reue und Buße mußte er eine geraume Zeit lang an der Kirchenthüre stehen und vor der ganzen Gemeinde sich demütigen. Auch mußte er so lange fasten und beten, bis er durch des Priesters Absolution wieder in den Schoß der Kirche zurückgeführt wurde. Das sollte aber keine Demütigung vor Menschen, sondern eine Demütigung vor Gott sein, vor welchem Bettler und Fürsten gleich sind. Dieser Bußübung mußte sich nun auch Heinrich in Canossa unterwerfen. Der König von Deutschland und Italien stand hier, im Büßergewande, mit entblößtem Haupte und barfuß, im Schloßhofe unter freiem Himmel auf des Papstes Entscheidung harrend. Drei Tage lang mußte der Unglückliche so stehen, und erst des Abends, wenn er in seine Herberge zurückkehrte, durfte er sich durch Speise und Trank erquicken. Die Markgräfin und die andern Freunde Gregors wurden durch die Klagelaute Heinrichs so gerührt, daß sie unter Thränen Fürbitte beim Papste einlegten; ja, einige riefen sogar, das sei mehr als apostolische Strenge, das sei tyrannenmäßige Grausamkeit. Endlich am vierten Tage ließ der Papst den Büßenden vor sich kommen und sprach ihn unter der Bedingung vom Banne los, daß er ruhig nach Deutschland gehe, sich aller königlichen Gewalt entschlage, bis auf einem Reichstage entschieden sei, ob er König bleiben solle oder nicht.

Einen so harten Bescheid hatte Heinrich doch nicht erwartet. Mit Unwillen und Zorn im Herzen schied er von Gregor, nach der günstigen Stunde sich sehnend, wo er sich rächen könnte.

6. Heinrich gegen Rudolf von Schwaben.

Des Königs Selbstgefühl war wieder erwacht, und er machte Anstalten, mit dem Papste zu brechen. Sobald dies die Lombarden vernahmen, die über Heinrichs Kleinmut am meisten sich geärgert hatten, wurden sie wieder freundlich, öffneten ihm ihre Städte und scharten sich um ihn. Die deutschen Fürsten hingegen, sobald sie hörten, daß Heinrich sich wieder ungehorsam gegen den Papst bezeigte, sagten sich nun ganz von ihm los und schritten zu einer neuen Königswahl. Sie erwählten den schon genannten Rudolf von Schwaben, einen tapferen, biederen Mann, der schon lange Zeit Heinrichs Feind gewesen war. Nun war es hohe Zeit, daß Heinrich wieder nach Deutschland zurückeilte. Es gelang ihm, abermals ein Heer zu versammeln, denn des Königs unwürdige Behandlung hatte doch viele empört, und besonders boten ihm nun die Städte ihre Hilfe an. Nach manchen Kämpfen trafen endlich die beiden feindlichen Heere bei Merseburg (im Jahre 1080) aufeinander, auf demselben Boden, wo der große Heinrich I. die Ungarn so tapfer bekämpft hatte. Heinrich IV. stritt mit wahrer Kühnheit und echt ritterlich. Lange schwankte der Sieg. Die Sachsen drangen siegreich vor, als plötzlich ihr Siegeslauf durch die Nachricht gehemmt wurde, Rudolf sei tödlich verwundet. Er hatte eben über einen Graben setzen wollen, als ein junger Ritter, Gottfried von Bouillon, derselbe, welcher später Jerusalem eroberte, ihn erreichte. Lange schon hatte dieser, ein treuer Anhänger Heinrichs, ihn aufgesucht. Jetzt rannte er mit eingelegter Lanze an, und zwischen beiden Männern erhob sich ein hitziges Gefecht. Die Schwerter sausten durch die Luft und fielen klirrend auf Helm, Schild und Panzer. Endlich traf Gottfried seinen Feind an der Handwurzel; sein Schwert drang zwischen die Schienen des Panzers, und abgehauen fiel Rudolfs rechte Hand samt seinem Schwerte zu Boden. Auch in den Unterleib hatte er eine tödliche Wunde erhalten. So trugen ihn die Seinen aus dem Getümmel, und traurig standen die Bischöfe um ihn, mit dem letzten Segen ihn zu weihen. Als man ihm seine tote Hand zeigte, rief er wehmütig aus: „Die ist es, mit der ich einst dem König Heinrich den Eid der Treue schwur!" Bald darauf starb er. Sein Grabmal ist in der Domkirche zu Merseburg, wo auch noch seine abgehauene Hand gezeigt wird.

7. Gregors Ende.

Rudolfs Tod war für Heinrich ein großes Glück. Viele seiner Feinde verloren jetzt den Mut, und mancher hielt den Tod des Gegenkaisers für ein Strafgericht Gottes. So nahm Heinrichs Anhang mit jedem Tage zu, und bald war er wieder so mächtig, daß er mit Heeresmacht nach Italien ziehen konnte. Er erklärte den Papst Gregor, der ihn bereits wieder in den Bann gethan hatte, für abgesetzt und ließ einen Erzbischof zum Papst erwählen. Geradezu drang er nun auf Rom, den Sitz seines Todfeindes, und schloß die Stadt ein. Gregor verlor aber in seiner Bedrängnis den Mut nicht, sondern schleuderte fort und fort den Bannstrahl auf Heinrich, diesmal aber vergebens. Im dritten Jahre der Belagerung wurde Rom erobert, und der Papst flüchtete sich in die feste Engelsburg. Heinrich bot dem Papste die Hand zur Versöhnung, wenn dieser ihm die Kaiserkrone aufsetzen wolle. Aber Gregor gab ihm zur Antwort: „Nimmermehr! Frevel wäre es, einen Verfluchten zu krönen und zu weihen! Lieber leid' ich den Tod, als daß ich solch Unrecht thue!" Da ließ Heinrich IV. Clemens III. feierlich als Papst erwählen und empfing aus dessen Händen die Kaiserkrone. Hierauf schloß er den Papst Gregor in der Engelsburg so ein, daß wenig Hoffnung für ihn war, dem Kaiser zu entkommen. Und doch gelang es ihm mit Hilfe des Normannenherzogs Robert Guiscard, der in Unteritalien mit seinen Normannen sich ein Reich erobert hatte und nun mit seinem Heere heranstürmte, den Papst zu erlösen. Gregor entfloh nach Salerno in Unteritalien. Dort aber erkrankte er, doch seinem Werke blieb er getreu bis in den Tod. Auf seinem Sterbebette entband er alle, die von ihm in den Bann gethan waren, vom Fluche der Kirche, nur den Kaiser Heinrich IV. und den Papst Clemens III. nicht. Ja, alle um ihn versammelten Bischöfe mußten ihm eidlich versprechen, daß sie jene beiden Männer nie vom Banne erlösen wollten, außer wenn sie ihre Würde niedergelegt und sich der Kirche völlig unterworfen hätten. Sterbend sprach er noch aus tiefster Überzeugung: „Ich liebte die Gerechtigkeit und haßte die Gottlosigkeit, darum sterbe ich hier in der Verbannung." So schied dieser kühne, außerordentliche Geist aus dem irdischen Leben am 25. Mai 1085. Aber sein Werk, die Hierarchie oder Herrschaft der Kirche, überlebte ihn.

8. Heinrichs Ende.

Mit Gregor VII. hatte Heinrich seinen Hauptfeind verloren. Glückliche und ruhige Zeiten schienen nach so heftigen Stürmen für ihn zu kommen. Zwar hatten die deutschen Fürsten einen neuen Gegenkönig, den Grafen

Hermann von Luxemburg, erwählt; allein dieser war dem Kaiser nicht gewachsen, der sich nun, durch das Unglück belehrt, sehr klug und besonnen zeigte. Hermann hatte keine Macht, und das Volk nannte ihn „den Knoblauchskönig", weil zu Ochsenfurt, am Orte seiner Wahl, diese Pflanze häufig wuchs. Darum legte er bald seine Krone wieder nieder. Und da der Hauptanführer der Sachsen, Otto von Nordheim, gestorben war, neigten sich auch diese, des langen Haders müde, endlich zum Frieden.

Doch sollte Heinrichs Leben so sturmvoll enden, als es begonnen hatte, denn es erstanden ihm nun in seiner eigenen Familie die Feinde. Erst empörte sich sein ältester Sohn Konrad gegen ihn und ließ sich zum König von Italien krönen. Dieser starb zwar (1101), wie einige meinen, vor Gram, seinen Vater verraten zu haben. Nun aber gelang es der päpstlichen Partei auch den zweiten Sohn Heinrich zum Abfall und zur Empörung gegen den alten Heinrich zu überreden, und die Päpste Urban II. und Paschalis II., Anhänger Gregors, erneuerten den Bann. Da erklärte der junge Heinrich mit erheuchelter Frömmigkeit, er könne und dürfe mit einem Vater, auf welchem der Fluch der Kirche laste, keine Gemeinschaft haben. Durch solche Heuchelei gewann der Empörer die geistlichen Fürsten und bildete sich einen großen Anhang. Dann berief er einen Reichstag nach Mainz, wo er selbst zum Könige gewählt, der Vater aber abgesetzt werden sollte. Der bekümmerte Greis sammelte die letzten Freunde, die er noch hatte, und wollte mit diesen nach Mainz gehen, um seinen gewissenlosen Sohn mit Gewalt zum Gehorsam zurückzuführen. Weil dieser aber fürchtete, der Anblick des rechtmäßigen Königs möchte die versammelten Fürsten auf andere Gedanken bringen, so nahm er zu einer noch schändlicheren List seine Zuflucht. Er reiste seinem Vater bis nach Koblenz entgegen, warf sich dort weinend zu seinen Füßen, bat um Verzeihung und schwur hoch und teuer, daß er es gut mit seinem Vater meine, so daß er fortan bereit sei, sein Leben für ihn zu opfern. So wußte der Arglistige seinen Vater dahin zu bringen, daß dieser sein ganzes Heer entließ, als wäre nun aller Streit beigelegt. Frohlockend über sein gelungenes Bubenstück eilte nun der junge Heinrich nach Mainz zu den versammelten Fürsten zurück, um das Nähere mit ihnen zu verabreden. Unterdessen zog der Vater sorglos in Bingen ein. Aber hier ward der Verrat offenbar. Man nahm ihn gefangen, verjagte alle seine Gefährten bis auf drei und warf ihn ins Gefängnis. Nun sandte der böse Sohn zu seinem Vater die Erzbischöfe von Mainz und Köln und den Bischof von Worms. Diese fuhren den Gefangenen hart an und sprachen: „Gieb uns Krone, Ring und Purpur heraus, damit wir es deinem Sohne überbringen." Und als der Vater rührende Gegenvorstellungen machte, rissen sie ihm die Krone vom Haupte, zogen ihm den Purpur aus und beraubten ihn aller Zeichen irdischer Hoheit. Da rief Heinrich wehmutsvoll aus: „Ich leide für die Sünden meiner Jugend, wie noch kein Fürst gelitten hat!" Die Bischöfe aber brachten die Kleinodien nach Mainz zum Reichstage und überreichten sie dem herrschsüchtigen Sohne des Kaisers.

Eine Zeitlang saß nun Heinrich auf dem Schlosse zu Ingelheim gefangen, aber es gelang ihm, nach Lüttich zu entkommen, deſſen Biſchof ihm freundlich geſinnt war. Hier ſammelte er ein Heer und ſchickte ſich an, wider ſeinen unnatürlichen Sohn zu Felde zu ziehen. Da erlöſte ihn der Tod von einem Leben, das nur eine Kette von Unglück und Leiden für ihn geweſen war (1106). Doch nicht einmal im Tode ſollte der hartgeprüfte Kaiſer Ruhe haben, auch noch im Grabe verfolgte ihn der päpſtliche Bann. Der Biſchof von Lüttich hatte die Leiche in einer Kirche feierlich beiſetzen laſſen, aber den Gebannten durfte keine geweihte Erde aufnehmen. Auf den Befehl des Papſtes mußte der kaiſerliche Leichnam wieder ausgegraben werden und ward auf eine Inſel in der Maas geſchafft. Nur ein einziger Mönch hatte noch Teilnahme für den Dahingeſchiedenen, der betete und ſang bei dem Sarge, ohne ihn zu verlaſſen. Endlich ließ der junge König Heinrich den Leichnam ſeines Vaters nach Speier bringen, ohne jedoch ihm das chriſtliche Begräbnis zu verſchaffen. Da wallfahrtete das Volk, welches Heinrich IV. mehr ge= liebt hatte als den Sohn, unter lautem Jammer zu der ungeweihten Kapelle, in welcher jetzt der Sarg ſtand, und erſt im Jahre 1111 nahm der Papſt den Bann zurück, ſo daß ein feierliches Leichenbegängnis in der Dom= kirche zu Speier abgehalten werden konnte.

III. Die großen Hohenſtaufen.*)

Konrad III.

In der Mitte des ſchwäbiſchen Landes, unfern des blühenden Städtchens Göppingen im heutigen Königreich Württemberg, erhebt ſich der hohe Staufen, ein kegelförmiger Berg, auf deſſen Gipfel einſt das Stammſchloß der ſchwäbiſchen Herzoge und Kaiſer ſtand. Nur ein kleines Stück morſcher Mauer iſt der ganze Überreſt dieſes ehemals ſo glänzenden Stammſitzes und bietet ein trauriges Bild von der Hinfälligkeit aller Menſchengröße und Erden= herrlichkeit dar. Hier entſproß vor acht Jahrhunderten eines der edelſten und mächtigſten Geſchlechter, aus welchem ſechs deutſche Kaiſer hervorgingen.

Als nämlich das fränkiſche Kaiſerhaus mit Heinrich V. im Jahre 1125 erloſchen war, wurde Lothar, der Herzog von Sachſen, zum Könige gewählt. Dieſer regierte bis 1137. Er hatte mächtige Gegner an den beiden hohen= ſtaufiſchen Brüdern Konrad von Franken und Friedrich von Schwaben. Faſt die ganze Zeit ſeiner Regierung war ein ununterbrochener Krieg gegen ſie. Um ſeinen Feinden gewachſen zu ſein, verband er ſich mit Heinrich dem Stolzen, Herzog von Bayern, und gab ihm ſeine Tochter nebſt ſeinem Herzogtume Sachſen. Durch den Beſitz dieſer beiden Herzog= tümer wurde Heinrich der mächtigſte Fürſt von Deutſchland und der Schrecken

*) Nach Th. Welter.

seiner Feinde. Als nun Lothar ohne Kinder starb, betrachtete der Stolze den Thron als sein zuverlässiges Eigentum, das ihm wohl keiner streitig machen würde, und er nahm auch zugleich die Reichskleinodien zu sich. Aber eben seine große Macht und der Übermut, mit welchem sie ihn erfüllte, vereitelten seine Hoffnung. Die Großen des Reichs fürchteten ihn nur, liebten ihn aber nicht. Zu seinem nicht geringen Erstaunen wählte man nicht ihn, sondern Herzog Konrad von Hohenstaufen zum deutschen Kaiser.

Über diese Wahl war Heinrich sehr entrüstet und wollte sie nicht gelten lassen. Da ward er als Empörer seiner beiden Herzogtümer entsetzt und geächtet. Bayern bekam der kriegerische Markgraf Leopold von Öster= reich, Sachsen dagegen der Markgraf von Brandenburg, Albrecht der Bär. Um diese Zeit findet man auch zuerst den Namen Berlin genannt, eine erst im Werden begriffene, noch unscheinbare Stadt, während an den Ufern der Donau in der Gegend des alten Vindobona sich bereits stattlich die Stadt Wien erhob.

Heinrich war jedoch nicht der Mann, der sich seine Länder ohne Schwert= streich nehmen ließ. Er griff zu den Waffen und vertrieb Albrecht den Bären. Und schon rüstete er sich zum zweiten Kampfe um sein Herzogtum Bayern, als ihn der Tod vom Schauplatze des Krieges abrief. Er hinter= ließ einen Sohn von zehn Jahren, der sich nachher durch seinen Mut den Namen Heinrich der Löwe erwarb. Billig hätte der Kleine, weil er an des Vaters Vergehungen unschuldig war, beide Herzogtümer wieder erhalten sollen; Konrad gab ihm aber nur Sachsen zurück. Da nahm sich Welf, ein Bruder des verstorbenen Herzogs, des jungen Prinzen an und griff für dessen Erbe zu den Waffen. Bei dem Städtchen Weinsberg im heutigen Königreich Württemberg kam es zwischen ihm und Konrad im Jahre 1140 zu einer Schlacht. In dieser soll das Feldgeschrei der Bayern: „Hier Welf!" und die Losung der Hohenstaufen: „Hier Waiblingen!" gewesen sein,*) wo= mit die Stadt Waiblingen in Württemberg gemeint war, die zu den Stamm= gütern der Hohenstaufen gehörte. Hieraus entstanden die Parteinamen der Welfen und Waiblinger, oder, wie die Italiener sagten, der Guelfen und Ghibellinen (Bayern und Schwaben), und die Feindschaft dieser Parteien spann sich durch Jahrhunderte fort, indem sich die Päpste, um die Macht der hohenstaufischen Kaiser niederzuhalten, auf Seite der Welfen stellten.

Die Welfen wurden in jener Schlacht besiegt, und das umlagerte Weins= berg konnte nicht länger Widerstand leisten. Die Chronik hat folgende schöne Sage dazu gedichtet: Erzürnt über die lange und hartnäckige Gegen= wehr der Belagerten beschloß Konrad, die härteste Rache an der Besatzung zu nehmen. Nur die Weiber und Kinder sollten freien Abzug haben; den Männern aber drohte Tod und Kriegsgefangenschaft. Den Bitten und Thränen der Weiber gab endlich der Kaiser soweit nach, daß er allen Weibern erlaubte, soviel aus der Stadt mitzunehmen, als sie auf ihren Schultern fort= schaffen könnten. Und siehe da! aus den geöffneten Thoren kam ein langer

---

*) So erzählen die Chronisten des 15. Jahrhunderts.

2.

Zuerst richtete der Kaiser seinen Blick auf Italien. Hier war während der großen Unruhen in Deutschland, welche die ganze Thätigkeit seiner Vorgänger in Anspruch genommen hatten, das kaiserliche Ansehen fast gänzlich erloschen. Der eigentliche Herd der Empörung war die Lombardei. Unter dem Schutze freier Verfassung waren in vielen Städten derselben Handel und Gewerbfleiß aufgeblüht; Genua, Lucca, Pisa, Mailand, Pavia, Cremona, Lodi, Venedig, Florenz und viele andere waren reich und mächtig geworden. Sie wählten aus der Mitte ihrer Bürger ihre Obrigkeiten und fragten weder nach dem Kaiser als ihrem gemeinschaftlichen Oberherrn, noch nach den von ihm eingesetzten Statthaltern. Durch Errichtung starker Festungswerke, durch Bewaffnung ihrer Bürger suchten sie sich gegen die Unterwerfung durch Waffengewalt zu sichern; sie schlossen untereinander einen Bund, der machte sie so mächtig, daß sie hoffen konnten, selbst dem deutschen Kaiser Trotz zu bieten. Am übermütigsten war das mächtige Mailand, das seine Macht bald dazu benutzte, die Nachbarstädte sich selber unterthänig zu machen. Jeder Bürger übte sich in den Waffen, um als freier Mann den heimischen Herd tapfer gegen jeden feindlichen Angriff zu verteidigen. Das Vorrecht des Erzbischofs von Mailand, die Könige Italiens mit der eisernen Krone zu schmücken, trug nicht wenig zum Stolze der Mailänder bei.

Die Bürger von Lodi hatten sich bei dem Kaiser über die unaufhörlichen und unerträglichen Bedrückungen beschwert, die sie von den übermütigen Mailändern erdulden mußten, und Friedrich säumte nicht, zu Gunsten der Bedrückten einen Abgeordneten nach Mailand zu senden. Aber das kaiserliche Schreiben, welches den Bürgern das Ungesetzliche ihres Benehmens vorhielt, wurde zerrissen und in den Kot getreten, der kaiserliche Gesandte, welcher das Schreiben überbrachte, verhöhnt. Nur durch schleunige Flucht konnte er sich den Mißhandlungen des Pöbels entziehen. Eine solche Verletzung des Völkerrechts durfte nicht ungeahndet bleiben, und in Friedrichs Herzen stand der Entschluß fest, den unerhörten Frevel nach Gebühr zu züchtigen.

Augsburg ward nun der Sammelplatz der deutschen Scharen, welche bestimmt waren, den Kaiser nach Italien zu begleiten, ihm dort die Anerkennung seiner Rechte zu erkämpfen. Im Jahre 1154 überstieg Friedrich an der Spitze eines mächtigen Heeres die Thyroler Alpen, zog in die Ebene von Verona, und am Po, wo einst Hannibal nach seinem kühnen Alpenzuge Heerschau gehalten, musterte er sein Heer und ordnete dann einen großen Reichstag an. Von allen Seiten strömten die Gesandten der lombardischen Städte herbei und suchten durch reiche Geschenke, die sie dem Kaiser darbrachten, sich der Gunst desselben zu versichern. Selbst das stolze Mailand hatte seine Boten gesendet, den Kaiser durch eine große Geldsumme zur Bestätigung der angemaßten Herrschaft über Como und Lodi zu bewegen. Mit Verachtung lehnte Friedrich das schimpfliche Anerbieten ab und wendete sich zu den Gesandten der Bürger von Como und Lodi, ihre Klagen wider die Mailänder zu vernehmen.

Alle Städte der Lombardei hatten sich damals in zwei mächtige Parteien geteilt, für welche Mailand einerseits, Pavia andererseits das Oberhaupt war. Friedrich erklärte sich für Pavia und zog mit seinem Heere dorthin, um sich zum Könige der Lombardei krönen zu lassen. Unterwegs zerstörte er mehrere mailändische Festungen und gab die Stadt Asti der Plünderung seiner Krieger preis. Dann belagerte und eroberte er nach hartnäckigem Widerstande Tortona, eine Stadt, welche mit Mailand eng verbündet war. Nachdem sich Friedrich in der alten Residenz des Langobardenreichs die Königskrone Italiens hatte aufsetzen lassen, zog er nach Rom. Hier herrschte große Uneinigkeit zwischen dem Papste und dem Volke. Ein Geistlicher von edler Gesinnung, Arnold von Brescia, hatte hier durch seine reformatorischen Lehren großen Anhang gefunden. Begeistert von den Erinnerungen der ruhmvollen Zeiten Roms predigte er gegen die weltliche Herrschaft des Papsttums und für die Erneuerung der alten, römischen Republik, hatte aber der Macht des Papstes Hadrian IV. weichen und sich in das Lager Friedrichs flüchten müssen. Um den Preis der Kaiserkrönung willigte Friedrich ein, Arnold auszuliefern, der nun den Märtyrertot der kirchlichen und politischen Freiheit auf dem Scheiterhaufen fand. Der Papst begab sich hierauf in das deutsche Lager, fand sich aber dort nicht wenig betroffen, als Friedrich ihm beim Absteigen vom Pferde nicht den Steigbügel hielt, wie dieses doch früher von Lothar geschehen war. Solches Versäumnis sah Hadrian als ein böses Zeichen der kaiserlichen Gesinnung an. Als aber bald darauf der Kaiser sich vor ihm niederwarf und ihm die Füße küßte, faßte der Papst wieder Mut und machte ihm Vorwürfe, daß er ihm die schuldige Ehrerbietung nicht erzeigt habe. Friedrich gab nach und hielt, als der Papst wieder fortreiten wollte, ihm beim Aufsteigen den Bügel, entschuldigte sich jedoch lächelnd mit den Worten: „Ich werde es nur ungeschickt machen, da ich noch nie Stallknecht gewesen bin!" Friedrich empfing nun in der Peterskirche aus den Händen des Papstes die Kaiserkrone.

3.

Wohl hätte der Kaiser noch länger in Rom verweilt, die Unterwerfung der hochmütigen Römer zu vollenden, allein er sah sich genötigt, die Umgegend von Rom schleunigst zu verlassen. Denn der Mangel an Lebensmitteln begann sein Heer auf die empfindlichste Weise zu drücken, zudem hatte die große Hitze und ansteckende Krankheiten, welche manchem wackern deutschen Kämpfer ein ruhmloses Grab bereiteten, die Reihen seiner Krieger gar sehr gelichtet. Deshalb führte der Kaiser sein Heer in die gesunden Gebirgsgegenden des Herzogtums Spoleto und beschloß, gelegentlich die Bürger von Spoleto für den Frevel, daß sie einen kaiserlichen Gesandten zu mißhandeln gewagt hatten, nachdrücklich zu züchtigen. Die Spoletaner hofften in thörichtem Übermut erfolgreichen Widerstand leisten zu können und kamen dem kaiserlichen Heere bis vor das Thor ihrer Stadt mit Schleudern und Armbrüsten entgegen. Alsbald donnerten ihnen die deutschen Reiterscharen entgegen, deren gewichtigen Schwertern die Städter nicht zu widerstehen vermochten. In grenzenloser Verwirrung stürzten sie nach der Stadt zurück, gedrängt von den deutschen Reitern, die zugleich mit ihnen durch die Thore eindrangen und Spoleto den Flammen preisgaben.

Wie gern wäre Friedrich nun nach Mailand gezogen; aber er sah seine Siegesbahn unerwartet gehemmt. Die deutschen Fürsten waren des Ungemachs und der Mühseligkeiten dieses Feldzuges, der so manchen tapfern Landsmann bereits hingerafft hatte, so überdrüssig, daß sie mit ernstlichen Vorstellungen in den Kaiser drangen, den Rückzug nach Deutschland anzutreten. Mehrere von ihnen verließen mit ihren Scharen das Heer, um in die Heimat zurückzukehren, und der Kaiser durfte sie nicht hindern, da mit dem Beginn des Herbstes die Verpflichtung zum Kriegsdienste aufhörte. Doch der größere Teil des Heeres dachte noch ehrenhaft genug, den Kaiser auf seinem Rückzuge durch ein so feindliches Land nicht zu verlassen. In der That bedurfte es aller Vorsicht und Tapferkeit, um den Gefahren zu entgehen, welche den Heimzug des Kaisers bedrohten. Zuerst waren es die Bürger der Stadt Verona, welche ihm zu schaden suchten. Diese Stadt hatte seit undenklichen Zeiten das Vorrecht, dem kaiserlichen Heere den Durchzug zu wehren; sie pflegten selbiges auf einer oberhalb ihrer Mauern erbauten Schiffbrücke über die Etsch zu führen. Diese Schiffbrücke nun zimmerten jetzt die Veroneser aus so zerbrechlichen Balken zusammen, daß sie durch große Holzlasten, die man von oben herab mit dem Flusse treiben ließ, notwendig zertrümmert werden mußte. Allein die Raschheit der Deutschen vereitelte diese Arglist der Italiener, und die Lasten trieben erst, alles zersprengend und zertrümmernd, gegen die Brücke an, als das kaiserliche Heer schon das jenseitige Ufer erreicht hatte.

Ein anderes gefährliches Abenteuer hatte Friedrich mit seinen Scharen in einer wilden Gebirgsgegend zu bestehen. Hier nämlich erhob sich auf einem Felsen eine Burg, die den engen vorüberziehenden Pfad beherrschte. Der Besitzer, ein veronesischer Edelmann, forderte von jedem Reiter ein Pferd und einen Harnisch, von dem Kaiser aber eine Summe Geldes, wenn er den Durchzug gestatten solle. Außerdem drohte er jeden, der den Fußpfad betreten würde, durch Hinabrollen von Steinen zu zerschmettern. Unmöglich konnte der Kaiser die schmachvollen Bedingungen des verwegenen Raubritters eingehen; allein die Gefahr seiner braven Krieger schreckte ihn, und er war nicht gesonnen, ihr Leben nutzlos aufs Spiel zu setzen. Als er nun in dieser Verlegenheit die Umgegend genauer betrachtete, gewahrte er mit dem ihm eigenen Scharfblicke, daß ein Felsen über der Burg einen passenden Angriffspunkt auf das Raubnest bildete. Ein Wink von ihm rief den tapfern Grafen Otto von Wittelsbach an seine Seite, und bald darauf zog dieser an der Spitze von 200 Jünglingen, den kühnsten und unerschrockensten im ganzen Heere, hin auf die Berghöhe, um sich des Felsens zu bemächtigen. Einer auf dem Rücken des andern, abwechselnd ihre Speere als Leitern gebrauchend, gelang es den 200 Helden, die steile Anhöhe zu ersteigen. Alsbald wehte, von des Wittelsbachers kecker Hand gepflanzt, die kaiserliche Fahne von der Felsenspitze herab, und mächtige Felsstücke rollten donnernd auf den Raubritter und seine Genossen nieder. Nun entsank diesen der Mut; sie suchten zu fliehen, wurden aber teils von den niedergewälzten Felsstücken zerschmettert, teils gefangen. Unter den Gefangenen befand sich auch der Burgherr, mit Namen Alberich, der mit den übrigen, lauter angesehenen Edelleuten aus Verona, an einem schnell errichteten Galgen ohne weiteres aufgeknüpft wurde.

4.

Mit Ruhm und Ehre gekrönt betrat Friedrich den deutschen Boden, dessen Bewohner dem mannhaften Kaiser fröhlich zujauchzten, daß er den deutschen Namen den Ausländern so furchtbar gemacht hatte. Allein es sollte das, was er in Italien ausgerichtet, nur ein Vorspiel von dem sein, was er künftig dort zu vollbringen gedachte. Die übermütigen Mailänder trugen nicht wenig dazu bei, den Kaiser zu einem abermaligen Römerzuge zu reizen. Kaum hatte nämlich Friedrich mit seinem Heere den Boden Italiens verlassen, als sie auch sofort Anstalt trafen, das zerstörte Tortona wieder aufzubauen; sie zogen noch andere Städte in ihr Bündnis gegen den Kaiser, erneuerten den Krieg gegen Pavia und ließen dieses und andere kaiserliche Städte das Gewicht ihrer Übermacht doppelt drückend empfinden. Abermals erschienen Gesandte beim Kaiser, ihn um Hilfe zu bitten, und Friedrich sagte sie abermals zu. Während sein Kanzler Reinald, der nach=malige Erzbischof von Köln, und der tapfere Otto von Wittelsbach nach Italien vorauseilten, die Ankunft Friedrichs zu verkündigen, sammelte der heldenmütige Kaiser in den Gefilden von Augsburg ein Heer, wie noch keines von einem seiner Vorgänger nach Italien geführt worden war. Es zählte an 100 000 Mann und ward von den berühmtesten deutschen Fürsten und Feldherren befehligt. Im Jahre 1158 überschritt es die Alpen, und sein Vortrab stand wenige Tage darauf unter dem tapferen Böhmenkönige Wla= dislav vor den Mauern von Brescia, einer Stadt, welche mit Mailand im Bunde dem kaiserlichen Ansehen Trotz zu bieten wagte. Der Anblick der gesamten deutschen Macht aber setzte die Brescianer in so gewaltigen Schrecken, daß sie um Gnade baten, 60 Geiseln aus den edelsten Familien der Stadt stellten und durch eine große Summe Geldes sich Schonung erkauften. So konnte Friedrich bereits am 6. August desselben Jahres die erste Belage= rung von Mailand beginnen, nachdem er die Einwohner als Empörer und Feinde des Reichs in die Acht erklärt hatte. Nicht weniger als 60 000 Streiter zählte die große und wohlbefestigte Stadt in ihren Mauern, und der Kaiser erkannte wohl, daß sein zahlreiches Heer doch nicht hinreichen würde zur völligen Einschließung der Stadt; auch konnten wegen des breiten, mit Wasser gefüllten Grabens die Kriegsmaschinen zur Zerstörung der gewaltigen Mauern nicht angewendet werden. Friedrich teilte daher seine Kriegsmannen in sieben Heerhaufen, welche vor den sieben Thoren der Stadt sieben ver= schanzte Lager bezogen, um so die Mailänder durch Hinderung der Zufuhr zur Übergabe zu zwingen.

Nun begann der Greuel der Verwüstung in einem weiten Kreise rings um die Stadt. Vor allen zeichneten sich in der Zügellosigkeit ihrer Wut bei der Verheerung des Landes die Italiener aus, besonders die Einwohner von Cremona und Pavia. Sie rissen die Weinstöcke, die Feigen= und Öl= bäume aus dem Boden und verbrannten sie, und jede Hütte, die sie vor= fanden, wurde niedergerissen. Nicht minder grausam bewiesen sie sich gegen die gefangenen Mailänder, die sie mit Pfeilen langsam tot schossen. Die Bürger von Mailand verteidigten sich tapfer und fügten durch ihre kühnen Ausfälle dem deutschen Heere manchen Schaden zu. Allein da sie es ganz versäumt hatten, sich mit Lebensmitteln zu versehen, so entstand schon nach wenig Tagen der drückendste Mangel; Seuchen und Krankheiten brachen aus und nahmen auf eine furchtbare Weise überhand. Da begaben sich die Mai= länder in das kaiserliche Lager und baten demütig um Frieden. Erst er= schien der Erzbischof und die übrige Geistlichkeit, barfuß, in zerrissenen Klei= dern, dann der Bürgermeister und der Adel, ebenfalls barfuß, mit entblößtem Haupte, in Lumpen gekleidet, mit einem bloßen Schwerte am Halse; endlich ein Teil des Volkes mit Stricken um den Hals, gleich als ob sie zum Galgen gingen. Alle warfen sich demütig vor dem Kaiser nieder und flehten um Gnade. Solche Demut nach solchem Hochmut war süße Rache für den Kaiser. Gerührt bewilligte er ihnen den Frieden unter gemäßigten Bedingungen.

5.

Jedoch bald zeigte es sich, daß ihre Unterwerfung nur scheinbar und das Werk der Not gewesen war. Denn kaum war der Kaiser abgezogen, so wogte der Sinn für Freiheit und Unabhängigkeit und der Haß gegen die deutsche Oberherrschaft von neuem auf. Sie jagten sogar den kaiserlichen Ge= sandten, der einen neuen Bürgermeister einsetzen wollte, schimpflich aus der Stadt. Da ergrimmte der Kaiser und schwur, nicht eher die Krone wieder auf sein Haupt zu setzen, als bis er die meineidige Stadt der Erde gleich gemacht habe. Zuerst griff er Crema an, Mailands unerschütterliche Freundin. Die Bürger wehrten sich hinter ihren Mauern auf das Hartnäckigste und reizten dadurch den Kaiser zu noch größerer Wut. Er ließ 40 Bürger aus Crema, die er als Geiseln in seinem Lager hatte, hinrichten; und die Kinder der vor= nehmsten Cremenser, die ihm gleichfalls als Geiseln übergeben worden waren, ließ er an einen beweglichen hölzernen Belagerungsturm binden, von dem aus er die Mauern zu ersteigen hoffte. Umsonst! die Belagerten zerschmet= terten mit ungeheuren Steinblöcken zugleich den Turm und die Kinder und priesen diese glücklich, daß sie schon im zarten Alter einen so schönen Tod fürs Vaterland sterben könnten. Nach sechsmonatlicher harter Belagerung mußte sich Crema endlich ergeben; die Bürger erhielten freien Abzug, die Stadt aber wurde dem Erdboden gleich gemacht.

Nun legte sich der Kaiser vor Mailand. Auch dieses leistete verzweif= lungsvolle Gegenwehr. Allein abermals begann der grimmigste Feind der Belagerten, der Mangel, die Kräfte derjenigen zu lähmen, deren Mut durch kein anderes Mittel sich gebeugt hatte. Sie entschlossen sich endlich, drei ihrer Gesandten an den Kaiser zu senden, um wegen des Friedens zu unterhandeln. Allein noch ehe diese den Ort ihrer Bestimmung erreichten, wurden sie von einer Schar deutscher Reiter aufgefangen und fortgeführt, ein Umstand, der die Mailänder bewog, in ihrer hartnäckigen Verteidigung fortzufahren.

Schon war das Jahr 1161 verronnen, und noch drohten die Wälle von Mailand unbesiegt den Belagerern entgegen. Friedrichs Zorn stieg immer höher und verleitete ihn nun zu Grausamkeiten, die seines hohen Charakters gänzlich unwürdig waren. Fünf der vornehmsten Gefangenen, welche bei dem nächsten Ausfalle der Mailänder in seine Hände fielen, ließ er beide Augen ausstechen, einem sechsten aber die Nase abschneiden, damit er imstande sei, die übrigen Verstümmelten nach Hause zu führen. Allen denen, die durch Mitleid oder Gewinnsucht bewogen den Mailändern Lebensmittel zubrachten, wurde die rechte Hand abgehauen.

Mit jedem Tage ward das Elend der unglücklichen Stadt größer, und nichts blieb ihnen übrig, als ein qualvoller Hungertod. Da beschlossen sie von neuem, dem Kaiser Friedensanträge zu machen; aber dieser forderte Übergabe der Stadt auf Gnade und Ungnade. Es blieb den Mailändern kein anderer Ausweg. Der 1. März des Jahres 1162 war der denkwürdige Tag der Übergabe Mailands. Am Morgen desselben zogen die Konsuln und zwanzig der vornehmsten Edelleute, alle mit bloßen Schwertern auf dem Nacken, in das Lager des Kaisers, um dem Überwinder die Stadt mit allen Gütern und Personen zu übergeben. Am folgenden Tage zogen abermals die Konsuln ins feindliche Lager, und ihnen folgten in der Kleidung von Büßenden 300 der vornehmsten mailändischen Ritter, wobei die Stadtschlüssel und die Fahnen von 36 Thoren und Schlössern getragen wurden, um sie dem Kaiser zu überreichen. Am dritten Tage endlich kam das ganze Volk von Mailand, alle Kriegsleute mit der Fahne der Stadt. Als diese an Friedrichs Thronsitz gebracht und zum Zeichen der Unterwerfung niedergebeugt wurde, sprang der Kaiser zornig auf und riß den Saum der Fahne herunter — ein schlimmes Zeichen für das Volk, welches angstvoll harrend der Entscheidung des Siegers entgegensah. Finster blickte Friedrich um sich, mit düsterer Miene hörte er die Rede an, welche einer der Konsuln hielt, um Friedrichs Zorn zu beschwichtigen. Das Volk, welches zur Erde gesunken war, streckte laut jammernd die Kreuze empor, die es mit seinen Händen umfaßt hielt. Aber die Erbitterung in Friedrichs Herzen war zu groß. Ein Wink von ihm beschied endlich die Unglücklichen, aufzustehen, und sie wurden mit der Erklärung entlassen, daß sie am folgenden Tage ihr Schicksal erfahren sollten. Umsonst benützten die Mailänder diese Frist, die Fürstin Beatrix zur Fürsprache zu bewegen. Die Fürstin zog sich in das Innerste ihrer Gemächer zurück und überließ die Bittenden ihrem Schicksal. Beatrix hatte, als Friedrich im Jahre 1158 auf seinem Heerzuge gegen Rom begriffen war, den Wunsch geäußert, die berühmte Stadt Mailand zu besehen. Gern hatte ihr der Kaiser diese Bitte gewährt. Kaum aber war sie durch das eine Thor eingezogen, als sie plötzlich von einem wütenden Volkshaufen überfallen wurde. Man setzte sie rückwärts auf einen Esel und gab ihr statt des Zügels den Schwanz in die Hand. In dieser schimpflichen Stellung schleppte man sie durch die ganze Stadt und zum andern Thor wieder hinaus. Die Mailänder hatten daher keineswegs Ursache, die Kaiserin um ihre Fürsprache zu ersuchen. Friedrich war unerbittlich. Er gebot allen Bürgern auszuziehen und überließ die menschenleere Stadt den Nachbarn zur Plünderung und Zerstörung. Die Mauern, Türme und die meisten öffentlichen Gebäude wurden niedergerissen. Die sonst so blühende Stadt bot innerhalb weniger Tage einen schauderhaften Anblick dar, und selbst viele ihrer ehemaligen Feinde wurden zum Mitleid gerührt.

6.

So furchtbare Strafe erregte in Italien Schrecken und Erbitterung zugleich. Noch mehr wuchs diese Erbitterung durch die Bedrückungen und Erpressungen, deren sich die kaiserlichen Statthalter schuldig machten. Bald schlang die gemeinsame Not ein allgemeines Band um die lombardischen Städte, an deren Spitze sich jetzt Verona stellte. Die Hauptstütze dieses mächtigen Städtebundes aber war des Kaisers erbittertster Feind, der kühne und kluge Papst Alexander III., der Nachfolger Hadrians. Im Jahre 1163 zog der Kaiser zum drittenmale nach Italien. Nur wenige Ritter begleiteten ihn, denn als Herr, nicht als Eroberer wollte er auftreten. Er wollte versuchen, die neuen Gärungen durch den Glanz seiner Majestät zu beschwichtigen. Aber das gelang ihm nicht, und seine Feinde, die jetzt einig waren, nötigten ihn zu schleuniger Rückkehr nach Deutschland. Darauf zog der Kaiser im Jahre 1166 zum viertenmale mit Heeresmacht über die Alpen und wandte sich mit seinem Heere zuerst gegen Rom, um den Papst zu züchtigen. Die Stadt wurde mit Sturm genommen, der Papst aber rettete sich durch die Flucht. Doch der Vorteil dieses Sieges ging für den Kaiser ganz verloren, denn es brach eine furchtbare Seuche aus, welche die Blüte des Heeres dahinraffte. Die Freunde des Papstes erklärten sie für eine Strafe des erzürnten Himmels. Fast ganz allein, heimlich und verkleidet, eilte Friedrich über die Alpen nach Deutschland zurück.

Unterdessen richteten die lombardischen Städte, durch des Kaisers Anwesenheit nicht mehr geschreckt, wieder kühn ihr Haupt empor. Schnell erhoben sich auch Mailands Mauern wieder. Schmähsäulen gegen den Kaiser und seine Gemahlin wurden an seine Thore gesetzt. In der Ebene zwischen Asti und Pavia wurde in aller Eile eine starke Festung erbaut und dem Kaiser zum Hohne, dem Papste „Alexander" aber zu Ehren, Alexandria genannt. So gerüstet, fürchteten die Italiener den Kaiser nicht.

7.

Nicht ohne Mühe brachte der Kaiser zu einem neuen Zuge über die Alpen ein Heer in Deutschland zusammen. Mit diesem brach er im Jahre 1174 auf, ging über den Berg Cenis und belagerte Alexandria. Es war

Winter, häufiger Regen durchnäßte den ohnehin sumpfigen Boden. Krank=
heiten und Ungemach aller Art schwächten das deutsche Heer. Dennoch
wollte Friedrich vor einer Stadt nicht weichen, die ihm zum Trotze war er=
baut worden. Sieben Monate lag er vor ihren Wällen; da kam die Nach=
richt, ein großes lombardisches Heer sei im Anzuge. Der Kaiser mußte mit
seinen erschöpften Truppen so schnell die Belagerung aufheben, daß er sein
Lager den Flammen preis gab.

Dieser mißlungene Versuch schlug jedoch den Mut und die Hoffnung
Friedrichs nicht nieder; denn er erwartete noch Verstärkung durch mehrere
deutsche Fürsten, vor allem aber den Zuzug Heinrichs des Löwen, seines
tapfersten Waffengefährten in den früheren Kriegen mit den Lombarden.
Der Löwe kam aber nicht. Heinrich hegte immer noch alten Groll und hatte
die Klagen nicht vergessen, welche die Welfen gegen die Hohenstaufen führten.
Friedrich, dem in dieser Not alles an dem Beistande des mächtigen Herzogs
lag, lud ihn zu einer Unterredung ein, und Heinrich begab sich wirklich mit
seinem Gefolge nach Chiavenna.*) Hier erinnerte ihn der Kaiser an die
vielen Beweise von Freundschaft und Liebe, die er ihm gegeben, an die Län=
der, die er ihm zugewandt hatte, und beschwor ihn bei seiner Lehenspflicht,
er möchte ihn doch in diesem Augenblicke, wo des deutschen Vaterlandes
Ehre auf dem Spiel stehe, nicht verlassen. Umsonst! der stolze Löwe blieb
ungerührt. Zuletzt warf sich ihm der Kaiser sogar zu Füßen und umfaßte
flehend die Kniee des Unerbittlichen. Auch diese Demütigung beugte nicht
den Sinn des Stolzen. Da nahte sich dem Kaiser würdevoll seine Ge=
mahlin und sprach: „Lieber Herr, stehe auf! Gott wird dir Hilfe leisten,
wenn du einst dieses Tages und dieses Hochmutes gedenkest!" Und der
Kaiser erhob sich, Heinrich aber ritt trotzig nach Deutschland zurück.

Unterdessen kamen die Lombarden mit einem gewaltigen Heere von Mai=
land herangezogen. In ihrer Mitte führten sie das Heiligtum der Stadt,
Carocium genannt. Dieses war ein roter Wagen, auf welchem sich ein
eiserner Baum mit eisernen Blättern erhob. Auf der Spitze des Baumes
stand ein großes Kreuz, auf dessen Vorderseite der heilige Ambrosius, Mai=
lands Schutzheiliger, abgebildet war. Eine auserlesene Schar von Bürgern
hatte es übernommen, diesen Heerwagen der Stadt zu verteidigen. So zogen
sie, ihren Schutzheiligen in der Mitte, mutig zum Kampfe aus. Bei Legnano
stießen sie auf das kaiserliche Heer. Da sanken die Schlachtreihen der Mai=
länder auf die Kniee und flehten im Angesicht der Feinde den Himmel um
Beistand zu dem bevorstehenden Kampfe an. Dann begann die blutige
Schlacht. Der Kaiser selbst focht heldenmütig an der Spitze; schon neigte
sich der Sieg auf seine Seite. In diesem entscheidenden Augenblicke er=
neuerten 900 edle Bürger Mailands, die Schar des Todes genannt, weil
sie geschworen hatten, zu siegen oder zu sterben, mitten in der Schlacht den
heiligen Eid und stürzten sich mit Ungestüm auf den siegenden Feind. Das

---

*) Anderen Nachrichten zufolge soll die Zusammenkunft in Partenkirchen statt-
gefunden haben (März 1176).

Hauptbanner des Kaisers wurde genommen, er selbst von seinem Streitrosse gestürzt. Die Seinigen hielten ihn für tot und wichen bestürzt zurück. Nur ein geringer Teil entkam mit dem fliehenden Kaiser unter dem Schutze der Nacht dem Racheschwerte der Lombarden. So vernichtete der blutige Tag bei Legnano im Jahre 1176 (29. Mai) die Arbeit von zwanzig Jahren.

Durch den Verlust einer so entscheidenden Schlacht sah sich der Kaiser genötigt, mit seinen aufrührerischen Städten einen unrühmlichen Waffen= stillstand auf sechs Jahre zu schließen. Auch mit seinem alten Feinde, dem Papste Alexander, söhnte er sich aus und küßte ihm zu Venedig ehrerbietig den Fuß.

8.

Tief gebeugt kehrte er nach Deutschland zurück, mit Zorn im Herzen gegen Heinrich den Löwen, dessen Widerspenstigkeit allerdings mit an dem Unglück bei Legnano Schuld war. Darum gab er gern den Feinden Hein= richs Gehör, welche bittere Klagen führten über des Herzogs Stolz und An= maßung. Der erzürnte Kaiser lud ihn vor seinen und seiner Freunde Richter= stuhl auf mehrere Reichstage, allein Heinrich erschien nicht. Da wurde er zur Strafe seiner Herzogtümer und anderer Lehen verlustig erklärt. Sachsen erhielt Graf Bernhard von Anhalt, Sohn jenes Albrecht des Bären, welcher den ersten Grund zu Brandenburgs Größe legte; Bayern aber bekam der Pfalzgraf Otto von Wittelsbach, Stammvater des noch jetzt regierenden bayerischen Hauses.

Aber der alte Löwe sah nicht so ruhig der Teilung seiner Länder zu. Er griff zu den Waffen; doch er war der vereinigten Macht des Kaisers und der Fürsten nicht gewachsen. Geschlagen eilte er nach Erfurt, warf sich dort seinem Kaiser zu Füßen und flehte um Gnade. Da gedachte Friedrich des Tages zu Chiavenna und des Wechsels der menschlichen Schicksale. Ge= rührt und mit Thränen in den Augen hob er seinen ehemaligen Freund und Waffengefährten auf und sprach: „Dennoch bist du selbst die Ursache deines Unglücks." Er begnadigte ihn, doch unter der Bedingung, daß er drei Jahre lang das beleidigte Vaterland meide; sein väterliches Erbe, Braunschweig und Lüneburg, ward ihm gelassen. Heinrich der Löwe ging im Frühling 1182 in die Verbannung nach England zu dem König Heinrich, dem Vater seiner Gemahlin Mathildis, nicht ahnend, daß sein Stern, nachdem er in Deutschland untergegangen war, glanzvoll dereinst in diesem Eilande wieder aufgehen würde. Denn 500 Jahre nachher bestiegen seine Nachkommen, die Herzöge von Braunschweig=Lüneburg, den englischen Thron.

Unterdessen war der Waffenstillstand mit den Lombarden abgelaufen. Allein das gegenseitige Unglück hatte beide Parteien zu milderen Gesinnungen gebracht. Im Jahre 1183 kam deshalb zu Kostnitz (Konstanz) ein voll= ständiger Friede zustande. Darauf zog der Kaiser zum letztenmale, aber friedlich, nach Italien und wurde von den Lombarden überall mit Jubel empfangen. Auch mit dem Könige der Normannen in Unteritalien, welcher die welfische Partei fortwährend unterstützt hatte, söhnte er sich aus. Seinen

Sohn und Nachfolger Heinrich vermählte er sogar mit der normannischen Prinzessin Konstantia, der Erbin von Neapel und Sicilien. Erst diese Verbindung schien ihm die Größe des hohenstaufischen Hauses fest zu begründen, und doch ward sie die Ursache seines Unterganges.

9.

Unter so vielen Stürmen, die das Leben des Kaisers fortwährend bewegt hatten, war er bereits zum Greise geworden. Jetzt, am Abend seines Lebens, widmete er sein Schwert der Sache Gottes. Saladin, der Sultan von Ägypten, ein junger kühner Held, breitete damals seine Eroberungen unaufhaltsam nach allen Seiten aus. Er eroberte Syrien, drang siegreich in Palästina vor, belagerte Jerusalem und eroberte es nach kurzem Widerstande im Jahre 1187, nachdem es 88 Jahre in den Händen der Christen gewesen war. Er ließ das goldene Kreuz von der Kirche des heiligen Grabes hinabstürzen und als Siegeszeichen an den Kalifen von Bagdad schicken. Übrigens aber bewiesen die Mohammedaner bei dieser Eroberung weit mehr Menschlichkeit, als früher die Christen.

Die Nachricht dieses Verlustes erregte die größte Bestürzung, die größte Trauer in der ganzen Christenheit. Der Papst starb vor Betrübnis. Sein Nachfolger forderte alle christlichen Fürsten und ihre Völker auf, die heilige Stadt zum zweiten Male den Händen der Ungläubigen zu entreißen. Es entstand im Abendlande wieder eine allgemeine Bewegung, von der Meerenge von Messina bis an den großen und kleinen Belt.

Mit dem Frühlinge des Jahres 1189 versammelten sich die Kreuzfahrer aus allen Gegenden Deutschlands bei Regensburg. Ihre Zahl belief sich auf 150000. Der alte Barbarossa stellte sich an ihre Spitze. Die Regierung seines Reiches überließ er seinem Sohne, dem nachmaligen Kaiser Heinrich VI. Kaum hatte das Kreuzheer den Boden des griechischen Reiches betreten, als die heimtückischen Bewohner desselben nach alter Weise ihm auf alle Art zu schaden suchten. Isaak, der damalige griechische Kaiser, wollte dem deutschen Kaiser nicht einmal den Kaisertitel geben, sondern nannte ihn bloß den ersten Fürsten Deutschlands, sich selbst aber ließ er den Heiligen nennen. Ja, einer seiner Gesandten hatte die Verwegenheit, dem deutschen Kaiser zu sagen, Friedrich sei dem heiligen Kaiser Isaak Gehorsam schuldig und das um so mehr, da er jetzt mit allen seinen Pilgern wie in einem Netze gefangen sei! Friedrich gab ihm aber zur Antwort: „Durch die Wahl der Fürsten und des Papstes Bestätigung bin ich Kaiser, nenne mich aber, meiner Sünden eingedenk, nicht einen Heiligen. Für jetzt hat uns Gottes Gnade die Herrschaft auch im griechischen Reiche soweit gegeben, als wir sie zu unserem großen Zwecke bedürfen; und die Netze, mit denen ihr droht, werden wie Spinngewebe zerreißen." Auf seinem ganzen Zuge durch das griechische Reich hatte der Kaiser mit Nachstellungen zu kämpfen. Nur mit Mühe erreichte er endlich Kleinasien. Dort kamen die Kreuzfahrer in wüste, wasserlose Gegenden; es trat ein solcher Mangel ein, daß man sogar Pferdefleisch aß und Pferdeblut trank. Zudem umschwärmten leichte türkische Reiter das Heer Tag und Nacht. Nie hatten die Pilger Ruhe; sechs Wochen lang durften sie die Rüstung gar nicht ablegen. Ermattet stießen sie endlich auf ein türkisches Heer von 300 000 Mann. Allein Friedrich verzagte nicht. Mit wenigen, aber kräftigen Worten sprach er den Seinigen Mut ein. Alle empfingen das heilige Abendmahl und stürzten dann, im Vertrauen auf Gott, für dessen Ehre sie fochten, mit solcher Gewalt in die Feinde, daß 10 000 von diesen erschlagen, die übrigen nach allen Seiten hin zerstreut wurden. Dieser Sieg erfrischte den Mut der erschöpften Pilger wieder. Unter vielen Mühseligkeiten und Gefahren setzten sie den Zug fort und kamen glücklich zur Stadt Seleucia am Flusse Kalykadnus oder Seleph. Hier aber war dem greisen Helden seine Grenze bestimmt. Weil die Brücke über jenen Strom nur schmal war und der Zug nur deshalb sehr langsam vorwärts ging, so beschloß der Kaiser, des Zögerns müde, hindurchzuschwimmen. Man warnte ihn, er möchte sich nicht dem unbekannten Wasser anvertrauen; aber furcht= los wie immer sprengte er mit dem Pferde in den eiskalten Fluß. Da aber ergriffen die Wellen den allzukühnen Greis und rissen ihn fort. Er arbeitete sich zwar wieder empor, und ein Ritter, der ihm eiligst nachge= schwommen war, ergriff ihn, aber beide gerieten in einen Wirbel des Stromes, der sie auseinander riß. Ein Zweiter, der sich mit dem Pferde ins Wasser geworfen hatte, brachte den Kaiser zwar aus Land, aber als Leiche (10. Juni 1190).

Über alle Beschreibung war die Trauer und Bestürzung des Heeres. Jeder glaubte, in dem Kaiser seinen Vater verloren zu haben. Mehrere kehrten sogleich zu Schiffe in ihre Heimat zurück. Das übrige Heer führte des Kaisers Sohn, Herzog Friedrich, bis zur Stadt Akra und belagerte sie lange. Aber eine unter dem Kreuzheer ausgebrochene Seuche raffte den hoff= nungsvollen Jüngling dahin. Nach ihm übernahm Herzog Leopold von Österreich die Führung des Heeres.

10.

In Deutschland wollte man lange nicht glauben, daß der Schirmherr des Reiches, der gefürchtete und geachtete Kaiser Rotbart, wirklich gestorben sei. Die Volkssage hat ihn nach Thüringen in die Burg Kyffhausen versetzt. Dort sitzt er im unterirdischen Saale nachdenkend und sinnend am marmornen Tische. Zu Zeiten gelingt es einem Sterblichen, in jenes Ge= mach zu dringen. Dann wacht der Kaiser aus seinem Schlummer auf, schüttelt den roten Bart und begehrt Kunde, ob noch krächzende Raben den Kyffhäuserberg umkreisen. So lange die schwarzen Vögel noch um die Felsen= krone flattern und ein Adler sie nicht hinweggetrieben hat, so lange — meldet die Sage — verharrt auch der Alte noch in seiner verzauberten Burg. Ver= nimmt er, daß sie noch kreischen, so blickt er düster vor sich hin, seufzt tief und spricht: „Schlafe wieder ein, müde Seele! Noch muß ich hundert Jahre harren, bevor ich wieder unter meinem Volke erscheine." Zuletzt soll den schlummernden Kaiser ein Hirt gesehen haben, der seine Ziegen durch die goldene Aue trieb und sich am Kyffhäuserberg verirrte. Der Bart des Kaisers war beinahe um den Marmortisch geschlungen. Wenn er denselben ganz bedeckt, dann erwacht Friedrich Barbarossa und die Raben sind verscheucht. Das Reich soll dann in neuer Herrlichkeit erstehen.

Friedrich II. († 1250).

1.

Heinrich VI., der Sohn Friedrich Barbarossas, hatte sich durch Hab=sucht und Grausamkeit verhaßt gemacht, und als er gestorben war, wollten weder Deutsche noch Sicilianer seinen Sohn Friedrich, der noch ein un=mündiges Kind war, anerkennen, doch seiner klugen Mutter Konstantia ge=lang es mit Hilfe des Papstes, daß er zum König von Sicilien und Neapel gekrönt wurde. In Deutschland aber loderte der Streit zwischen Welfen und Hohenstaufen mit erneuter Heftigkeit auf. Die eine Partei wählte Otto, einen Sohn Heinrichs des Löwen, die andere den Herzog Philipp von Schwaben, einen Sohn des Barbarossa und Oheim des zweiten Friedrich. Mit furchtbarer Wut kämpften die beiden Gegenkönige zehn Jahre lang um den Besitz der Krone. Die verderbliche Zwietracht zwischen Welfen und Hohenstaufen drang bis in das Innere der Häuser und Familien. Raub, Mord und Grausamkeit aller Art wüteten so schauderhaft, daß selbst Kirchen und Klöster nicht verschont blieben. Handel und Gewerbfleiß verfielen, und da König Philipp die großen Schätze und Güter der Hohenstaufen zu Be=stechungen verschwendete, so schwand auch alle Redlichkeit, und die Fürsten und Herren verkauften ihre Treue schamlos an den, der sie am besten bezahlte. Endlich wandte sich jeder der beiden Gegenkönige an den Papst, und so räumten sie diesem aus freien Stücken das oberste Recht der Entscheidung in Sachen des deutschen Vaterlandes ein. Papst Innocenz III. war ein sehr kluger Mann. Vorsichtig prüfte er, welcher von beiden Nebenbuhlern der Kirche gehorsamer und für Italien weniger gefährlich sei. Anfangs entschied er sich für den Welfen Otto IV., weil er nicht bloß die Macht, sondern auch den Geist der Hohenstaufen fürchtete, der immer der kirchlichen Herrschaft widerstrebte. Philipp wurde in den Bann gethan und im Jahre 1208 in einem Streite mit dem Pfalzgrafen von Wittelsbach von diesem ermordet. — Nun stand Otto IV. ohne Nebenbuhler da, aber da er nicht ein unter=thäniger Diener des Papstes sein mochte, wurde er auch von Innocenz in den Bann gethan und der junge Friedrich zum deutschen Könige erwählt, weil dieser, unter dem Schutz der Kirche von einem päpstlichen Legaten er=zogen, ein gehorsameres Werkzeug des Papstes zu werden versprach. Von seinem hochgebildeten Geiste, von seiner Liebe zu den Wissenschaften und der Dichtkunst, war ihm schon ein guter Ruf nach Deutschland vorangegangen, und die Freunde der Hohenstaufen waren hocherfreut, den Enkel des Barbarossa als Herrscher begrüßen zu können.

2.

Friedrich II. war damals ein Jüngling von 18 Jahren, anmutig von Gestalt, durch sein blondes Haar gleich als Deutscher zu erkennen. Gleich als wäre ein Zauber in seinem Wesen, so huldigten ihm die Herzen aller, die ihn sahen. Schwere Gefahren hatten ihn schon in der Wiege umringt; wie durch Wunder beschützt, war er inmitten des Unglücks erwachsen. Aber eben diese Schule des Unglücks hatte seinen Willen gestählt, seinen Geist er= leuchtet. Als ihm nun die Botschaft aus Deutschland kam, ermunterte ihn auch Innocenz, die deutsche Krone anzunehmen; mit kluger Vorsicht forderte er aber das Versprechen, daß er die Krone Unteritaliens nie mit der von Deutschland vereinigen wollte. Denn einen mächtigen Nachbar mochte der Kirchenfürst nicht leiden.

Der Gedanke an die deutsche Krone begeisterte Friedrichs Herz. Zwar flehten ihn seine treuen Räte an, und seine Gattin Konstantia von Aragonien, welche ihm der Papst bereits im 15. Jahre gefreit und die ihm eben ein Söhnlein, mit Namen Heinrich, geboren hatte, beschwor ihn, er möchte doch in seinem Erbreich Unteritalien und Sicilien bleiben; doch jede Vorstellung und Bitte war vergeblich. Friedrich zog mutig und hoffnungsreich durch alle Gefahren, womit ihn seine Feinde, besonders die Städte der Lombardei, umstellten und stieg über die Alpen nach Deutschland hernieder. Wo er sich blicken ließ, im Thurgau und Schwabenland, begrüßten ihn Adel und Volk als rechten König. Von Ort zu Ort, je weiter er kam, wuchs sein Anhang, und Kaiser Otto IV. wich nach Sachsen zurück. Am 25. Juli 1215 wurde Friedrich in Aachen feierlich als deutscher König gekrönt, und nach der Krönung that er aus Dankbarkeit gegen den Papst das Gelübde, einen Kreuz= zug zu unternehmen.

3.

Der junge Kaiser bekam vollauf zu thun, denn in Deutschland wie in Italien war große Unordnung und Verwirrung. Die Ritter brachen aus ihren festen Burgen, und die freigelassenen Leibeigenen bildeten eine Art von Räuberbanden, so daß die armen Bauern mit Sorgen ihr Feld bauten. Friedrich ordnete den Landfrieden an und bestellte einen Hofrichter, der alle Tage zu Gericht sitzen sollte, über die Friedensstörer. Aber das Unglück war, daß er nicht lange genug in Deutschland verweilte, um seinen Gesetzen Nach= druck zu geben. Seine größte Sorge war auf die Erbländer gerichtet; hier gedachte er sich eine feste Macht zu gründen, um dereinst als Herr des ver= einigten Deutschlands und Italiens den alten Glanz der Kaiserkrone wieder herzustellen. Nachdem er die übermütigen Burgherren in Sicilien und Apulien gedemütigt hatte, ließ er durch seinen vertrauten Freund, den ge= lehrten Kanzler Peter von Vineis, eine ganz neue Gesetzgebung aufstellen, welche in vielen Punkten dem römischen Kirchenrechte widersprach. Was er für Deutschland vernachlässigte, die Pflege und Hebung der Städte, das führte er in seinen Erbländern aus; er berief nicht bloß die geistlichen Fürsten und die Ritter und den Adel als Abgeordnete, sondern auch die Städte. Kunst und Wissenschaft blühten herrlich auf; der Kaiser schrieb selbst ein Buch über die Vögel, die Naturgeschichte des Aristoteles ließ er übersetzen; in Neapel wurde eine Hochschule errichtet, prachvolle Werke der Baukunst erhoben sich, und der kaiserliche Hof erscholl vom Klange der Lieder, von Minnegesang und den Sprüchen der morgenländischen Weisen. Von einem ägyptischen Sultan hatte Friedrich ein Zelt geschenkt bekommen, an dem der Lauf der Gestirne durch eine kunstreiche Maschinerie vorgestellt wurde. Um Handel und Schiffahrt zu beleben, stiftete er nicht nur Märkte, sondern sicherte auch die Kaufleute gegen Gewaltthätigkeiten und Bedrückungen und verschaffte ihnen durch seine Bündnisse mit den mohammedanischen Fürsten in Syrien und Ägypten Gelegenheit zum Handel mit ostindischen Waren.

4.

Während aber Friedrich so an der Blüte seiner Erbländer arbeitete, zerfiel er mehr und mehr mit den Päpsten. Wiederholt war er von dem Papste Innocenz III. und von dessen Nachfolger Honorius III. an sein Versprechen, einen Kreuzzug zu unternehmen, erinnert worden; allein der Kaiser fühlte, wie nötig seine Gegenwart daheim sei und schob den Zug nach Asien hinaus. Nach dem Tode des Honorius übernahm Gregor IX. die päpstliche Würde, ein Greis an Jahren, ein Mann an Thatkraft, ein Jüngling an Leidenschaft. Dieser drohte dem Kaiser sogleich mit dem Bannfluche, wenn er länger säumen würde. Da merkte Friedrich wohl, daß er den zürnenden Kirchenfürsten nicht länger mit Versprechungen hinhalten durfte und schiffte sich wirklich zu Brindisi in Unteritalien ein. Aber schon nach wenigen Tagen kehrte er wieder zurück. Eine Seuche war auf der Flotte ausgebrochen und der Kaiser selbst davon ergriffen worden. Obgleich er dem Papste die Ursache dieser neuen Zögerung anzeigte, so war doch dessen Zorn nicht zu besänftigen. Gregor hielt die ganze Krankheit für erdichtet und sprach sogleich den Bann über Friedrich aus. Vergebens suchte sich dieser im Bewußtsein der Schuldlosigkeit zu verteidigen; um aber der Christenheit zu zeigen, daß er es mit dem Kreuzzuge wirklich ehrlich gemeint habe, schiffte er sich gleich nach seiner Genesung ein. Jedoch versöhnte er hierdurch den Papst nicht; derselbe erließ sogar an die Geistlichkeit und an die Ritterorden in Palästina die strengsten Befehle, den Kaiser auf keine Weise zu unterstützen, weil ein mit dem Fluche der Kirche Beladener des Kampfes für die Sache Gottes unwürdig sei. Allein Friedrich war viel glücklicher, als man erwartete. Er hatte schon längst mit dem Sultan El Kamel von Ägypten geheime Unterhandlungen gepflogen; nun lernte er diesen persönlich kennen. Da beide Herrscher, der Kaiser wie der Sultan, gleich große Männer waren an Bildung des Geistes, Ritterlichkeit und Edelmut, so gewann Friedrich bald die Hochachtung und Liebe des Sultans und erreichte das, was ganzen christlichen Heeren nicht gelungen war. Den Christen wurden die Städte Jerusalem, Bethlehem, Nazareth, Rama und das Land zwischen diesen Städten und Sidon, Thyrus und Accon eingeräumt. Im Triumph zog Friedrich (1229)

Zug von Frauen, die trugen das Kostbarste, was sie hatten, auf ihren Rücken, nämlich ihre Männer! Der Kaiser lachte über den listigen Einfall und fand so großes Wohlgefallen an diesem Beweise von Liebe und Treue, daß er um der braven Weiber willen alle Männer begnadigte.

Friedrich I. oder Barbarossa (1152—1190).

1.

Konrad III. beschloß seine thätige Regierung im Jahre 1152, und in demselben Jahre wählten die deutschen Fürsten seines Bruders Sohn, den Herzog Friedrich von Schwaben, zum Oberhaupt des deutschen Reichs. In Friedrich, dem ersten Friedrich in der deutschen Kaiserreihe, vereinigten sich die ausgezeichnetsten Eigenschaften des Geistes und des Körpers, die ihn der Ehre des weltlichen Oberhauptes der Christenheit vor vielen andern würdig machten. Des Kaisers große Seele wohnte in einem schön gebildeten Körper. Von Gestalt hoch gewachsen und starken Gliederbaues, flößten seine erhabene Stirne, seine feurigen, durchdringenden Augen, seine angenehmen Gesichtszüge jedem, der sich ihm näherte, Liebe und Bewunderung ein. Sein gelbliches Haupthaar, den echten Deutschen beurkundend, verwandelte sich im Barte ins Rötliche, daher Friedrich I. von den Italienern Barbarossa, d. i. Rotbart, genannt wurde. Den Deutschen war besonders lieb seine nahe Verwandtschaft mütterlicherseits mit dem welfischen Hause. Sie hofften, daß er die Streitigkeiten, welche schon so lange zwischen Hohenstaufen und Welfen gedauert hatten, beilegen würde. Und wirklich that er auch viel zur Beseitigung derselben. Er gab dem sächsischen Herzog Heinrich dem Löwen auch das Herzogtum Bayern zurück, das ihm mit Unrecht entzogen worden war, und dadurch gewann er an dem tapfern jungen Helden einen tüchtigen Waffengefährten in seinen ersten Feldzügen. Derselbe Heinrich gründete auch die Stadt München; dafür ward die bisherige Markgrafschaft Österreich zu einem von Bayern unabhängigen Herzogtume erhoben und Wien zur Hauptstadt desselben.

Nicht sobald hatte sich die Nachricht von Friedrichs Erhebung auf den Kaiserthron verbreitet, als auch fast alle europäischen Fürsten sich beeiferten, ihm ihre Aufmerksamkeit und Achtung zu bezeigen. Aus allen Gegenden kamen Gesandte nach Merseburg, dem neuen Kaiser Glück zu seiner Erhebung zu wünschen. Der König von Dänemark fand sich in Person ein, um die Lehen seines Reiches von dem deutschen Kaiser zu erhalten, sich von ihm krönen zu lassen und als Vasall des deutschen Reiches den Eid der Treue in seine Hand zu legen. Wie glücklich auch sich dieser Anfang der Regierung Friedrichs des Ersten in solchen Huldigungen zeigte, so wenig entsprach ihm der Fortgang, indem Aufruhr und Empörung den Kaiser unaufhörlich zwangen, das Schwert zu ihrer Vertilgung zu ziehen.

in Jerusalem ein, und weil der Patriarch dieser Stadt ihn als einen Gebannten nicht krönen wollte, setzte er sich die Krone selber aufs Haupt. Kraft des Friedensvertrages war auch den Mohammedanern gestattet, im Tempel Salomons nach ihrem Glauben dem einen ewigen Gott zu dienen, dessen Kinder ja alle Völker und Nationen sind, und der jedes Gebet gnädig annimmt, wenn's nur recht von Herzen kommt. Diese schöne freisinnige Ansicht Friedrichs II. mußte jedoch dem Papste durchaus verwerflich er= scheinen, weil die römisch=katholische Kirche von dem Grundsatze ausging, daß nur in ihr allein der wahre Glaube zu finden sei, durch welchen die Menschen selig werden können. Für die hohen Gedanken Friedrichs war das Zeitalter noch nicht reif, und so kämpfte der Kaiser zugleich gegen den Papst und die Vorstellungen des Abendlandes. Kein Wunder, daß er in dem Kampfe unterliegen mußte!

Gregor IX. war nun ebenso heftig darüber erzürnt, daß Friedrich II. trotz des Bannes den Kreuzzug unternommen hatte, wie früher darüber, daß er denselben hinausgeschoben. Während der Kaiser Jerusalem erwarb, hatte Gregor Kriegsvolk besoldet, welches in Unteritalien feindlich eindrang. Ferner hatte er, ganz so wie die früheren Päpste, sich mit den welfisch gesinnten Städten der Lombardei verbunden; endlich sogar hatte er auch die deutschen Fürsten zum Abfall vom Kaiser aufzureizen gesucht, was ihm jedoch nicht gelungen war. Als Friedrich aus dem Morgenlande nach Italien zurück= kehrte, liefen die päpstlichen Schlüsselsoldaten (sie trugen Peters Abzeichen, den Schlüssel, auf den Kleidern) so eilig sie konnten davon, und die Feinde des Kaisers in der Lombardei zögerten erschrocken, dem Papste beizustehen. Da blieb diesem nichts anderes übrig, als mit dem Kaiser Frieden zu schließen und ihn vom Banne zu erlösen.

5.

Indem Friedrich das Kaisertum in seiner vollen Macht herzustellen sich bemühte, wankte ihm doch der Boden überall unter den Füßen. Seinen schlecht erzogenen Sohn Heinrich hatte er nach Deutschland als seinen Stellvertreter gesandt und ließ ihm dann von Italien aus die Befehle zu= kommen. Aber der Sohn hörte lieber auf die Worte der Schmeichler, die ihm also zusprachen: „Herr, was gehorcht Ihr doch immerdar Eurem Vater, welcher fern ist und sich um Deutschland nicht bekümmert? Wißt Ihr denn nicht mehr, daß er selber hoch und teuer geschworen hat, Deutschland und Italien nie zu vereinigen?" Da schwoll Heinrichs Herz von unbändigem Ehrgeiz; er beschloß, von seinem Vater abzufallen und die Fürsten für sich zu gewinnen. Er nannte sie „Landesherren" und beschränkte die Freiheit der Städte. Friedrich, der über die freien lombardischen Städte auf= gebracht war, fürchtete, daß die deutschen Städte auch ihre Freiheit gegen den Kaiser mißbrauchen möchten, und bestätigte Heinrichs Beschlüsse. Den= noch blieben ihm, als der Sohn wirklich von ihm abfiel, die deutschen Städte treu, und später mochte er wohl anerkennen, daß er besser gethan hätte, die Städte gegen die Fürsten zu unterstützen.

Als Kaiser Friedrich den Verrat seines Sohnes und dessen Bündnis mit den Lombarden erfuhr, begab er sich schnell nach Deutschland, zwar ohne Heer, aber im Vertrauen auf die deutsche Treue, und darin täuschte er sich nicht. Siebzig geistliche und weltliche Fürsten erklärten auf dem Reichstage zu Regensburg Heinrich für schuldig. Dieser mußte sich der Gnade seines Vaters ergeben und erhielt, durch Vermittelung des trefflichen Hochmeisters des deutschen Ritterordens, Hermann von Salza, Verzeihung. Als er aber in thörichtem Stolz bald wieder auf Verrat sann, ließ ihn der Vater greifen und gefangen nach Apulien führen; dort starb er zu Friedrichs großem Herzeleid in einem festen Schloß.

In demselben Jahre (1235), in welchem Heinrichs Verräterei erstickt ward, feierte der Kaiser noch ein fröhliches Fest. Friedrich war Witwer und warb um die schöne Isabella, Tochter des Johann ohne Land, des Bruders von Richard Löwenherz. Als die Kaiserbraut nach Deutschland kam, wurde sie überall auf das prachtvollste empfangen, besonders aber in Köln. Zehntausend Bürger, alle zu Pferde und köstlich geschmückt, holten sie feierlich ein. Auch fuhren ihr Schiffe auf trocknem Lande entgegen. Es waren Wagen wie Schiffe gebaut, mit Flaggen und Wimpeln. Die Pferde waren unter Purpurdecken verborgen. In den Schiffen saßen Geistliche und ließen zu Orgel- und Flötentönen heilige Lieder erklingen. Als die Braut durch die festlich geschmückten Straßen fuhr und an allen Fenstern, auf allen Balkons die fröhliche Menge sah, nahm sie Hut und Schleier ab und grüßte freundlich. Da priesen alle unter lautem Jubel ihre ausnehmende Schönheit und Herablassung. Vier Könige, elf Herzöge und dreißig Grafen wohnten der Vermählungsfeier bei.

6.

Neue Unruhen riefen den Kaiser nach Italien zurück. Hier hatten sich während seiner Abwesenheit die lombardischen Städte, Mailand an der Spitze, von neuem empört. Friedrich eroberte mehrere der verbündeten Städte und schlug (1237) bei Cortenuova die Mailänder so entscheidend, daß sie selbst ihren Fahnenwagen verloren. Der Bürgermeister von Mailand ward gefangen, und Friedrich ließ ihn auf den Fahnenwagen setzen und beide Siegeszeichen durch seinen Elefanten über Cremona nach Rom bringen. Umsonst boten die Mailänder an, ihn als Herrn anzuerkennen, ihr Gold und Silber auszuliefern und 10000 Mann zum Kreuzzuge zu stellen. Aber Friedrich verlangte Ergebung auf Gnade und Ungnade, und so beschlossen die Mailänder, lieber mit dem Schwerte in der Hand sterben zu wollen. Sie griffen abermals zu den Waffen; bald trat auch der Papst auf ihre Seite und erneuerte den Bann gegen Friedrich. So wiederholte sich der unselige Streit, der Italiens Boden mit dem Blute von Tausenden tränkte. Zu diesem Wirrsal kam noch ein großes Ungewitter, das von Osten her gegen das deutsche Reich heranzog.

Unter dem wilden Volke der Mongolen, welche im nördlichen Asien den Gebirgsrücken des Altai und die Wüsten Sibiriens bewohnten, war im

Jahre 1206 ein großer Eroberer aufgetreten, mit Namen Dschingis=
Khan, d. i. der große Fürst. Er unterwarf sich alle ihm benachbarten
Khans und eroberte an ihrer Spitze einen großen Teil Asiens. Nieder=
gebrannte Städte und Dörfer bezeichneten den Weg dieses Barbaren. Nach
dem Tode des furchtbaren Helden setzten dessen Söhne die Eroberungen fort.
Unter schrecklichen Verwüstungen zogen sie durch Rußland und Polen bis
an die Oder und kamen in die Gegend von Liegnitz in Schlesien. Hier,
unweit Walstadt, stellte sich ihnen im Jahre 1241 Herzog Heinrich von
Schlesien mit vielen deutschen Rittern entgegen. Blutig war die Schlacht;
die Deutschen, an Zahl zu klein, wurden besiegt, Herzog Heinrich selber fiel.
Doch zogen die Mongolen nicht weiter; sie hatten die Tapferkeit der Deut=
schen kennen gelernt, auch schreckte sie die Menge der festen Burgen. Nach=
dem sie mit den abgeschnittenen Ohren der Erschlagenen mehrere Säcke
zum Zeichen ihres Sieges angefüllt hatten, kehrten sie über Ungarn nach
Asien zurück.

7.

Gregor IX., der furchtbare Gegner des Kaisers, war gestorben, und ein
anderer Papst, ein nicht minder zu fürchtender Feind Friedrichs, folgte ihm.
Innocenz IV. war sein Name. Als Kardinal war derselbe noch Friedrichs
Freund gewesen, als Papst aber änderte er seine Gesinnung. Als der Kaiser
die Wahl desselben erfuhr, sprach er ahnungsvoll: „Ich fürchte, daß ich in
dem Kardinal einen Freund verloren und in dem Papste einen Feind be=
kommen habe, denn kein Papst kann Ghibelline sein!" Und so war's auch.
Von dem Augenblicke an, da Innocenz den päpstlichen Stuhl bestieg, trachtete
er nach der Vernichtung des Kaisers. Um sich aus der gefährlichen Nach=
barschaft desselben zu entfernen und freier handeln zu können, entfloh er
heimlich aus Italien nach Lyon. Dort berief er eine allgemeine Kirchen=
versammlung und zugleich erneuerte er den Bann gegen den Kaiser. Gleich
nach dem Johannisfeste 1245 begann das Konzil. Viele der angesehensten
Prälaten aus Frankreich, Spanien, England, noch mehrere aus Oberitalien
hatten sich eingefunden, aber aus Deutschland nur wenige. In dieser Ver=
sammlung beschuldigte nun der Papst den Kaiser aller nur möglichen Ver=
brechen und Laster. Mutig verteidigte Friedrichs treuer Kanzler, Thad=
däus von Suessa, die Unschuld und die Rechte seines Herrn. Ver=
gebens! Innocenz IV. beherrschte die Prälaten mit eisernem Willen, verfluchte
den Kaiser und jeden, der ihm anhängen würde, zur Hölle, entband dessen
Völker feierlich von allen Eiden der Treue und gebot den deutschen Fürsten,
einen andern König zu wählen. Nach diesem ungerechten Spruch stimmte
er, mit eiserner Stirn, den Gesang an: „Herr Gott, dich loben wir!" und
stieß dann samt allen Prälaten die brennende Fackel zu Boden mit den
Worten: „So wie diese Fackel, soll des Kaisers Macht erloschen sein!"
Als dem Kaiser diese Nachricht überbracht wurde, rief er von Zorn
erglühend: „Mich hat der Papst und seine Versammlung abgesetzt, mich der
Krone beraubt? Bringet mir her meine Krone, daß ich sehe, ob sie wirklich

verloren ift!" Und als man fie ihm brachte, fetzte er fie aufs Haupt und rief mit drohender Stimme: „Noch habe ich meine Krone, und ehe ich fie verliere, müffen Ströme von Blut fließen!" Diefe Worte gingen in Erfüllung. Auf Antrieb des Papftes wählten mehrere deutsche Fürften den Landgrafen von Thüringen, Heinrich Raspe, zum König. Ungern übernahm diefer die glänzende Würde und ftarb fchon im folgenden Jahre vor Gram. Nun ward von Friedrichs Feinden der Graf Wilhelm von Holland auf den Thron erhoben. Während der Kaifer mit den Lombarden kämpfte, fchlug fich fein Sohn Konrad, der nach dem Tode Heinrichs die königliche Würde erhielt, mit der Partei des Gegenkönigs in Deutschland herum.

So ftand Friedrich inmitten aller Anfechtungen noch immer mutig da; aber tiefer Gram nagte an dem Innerften feiner Seele. Sein liebfter Sohn Enzius wurde von den Bolognefern gefangen, feine treueften Freunde verließen ihn, unter diefen felbft fein vertrautefter Minifter, Peter von Vineis. Diefer, den Friedrich aus dem Staube erhoben hatte, faßte den Anfchlag, ihn zu vergiften. Der kirchliche Fluch lag fchwer auf feinem Herzen, und der Papft verfolgte ihn mit dem wütendften Haffe, fchickte fogar nach Deutschland Legaten, welche einen Kreuzzug gegen den Kaifer predigen follten. Da rief im Jahre 1250, am 13. Dezember, der Tod den lebensmüden Kaifer von feiner irdifchen Laufbahn ab. Friedrich ftarb zu Firenzuola in Apulien, im 56. Jahre feines Lebens, in den Armen feines jüngften Sohnes Manfred, nachdem ihn der wackere Erzbifchof von Palermo zuvor vom Banne losgefprochen und ihm das Abendmahl gefpendet hatte.

Konradin (1268).

1.

Innocenz triumphierte, aber er wollte nicht ruhen, bis auch der letzte Zweig des Hohenftaufengefchlechts von der Erde vertilgt fei. Abermals forderte er das deutsche Volk auf zum Abfall von Konrad IV., dem Sohne Friedrichs, und abermals ließ er durch Bettelmönche einen Kreuzzug gegen Konrad predigen. So zertrümmerte er frevelhaft alle fefte bürgerliche Ordnung, vergiftete die Sitten und brachte unfägliche Not und Verwirrung über das deutsche Land. In Regensburg wollten fogar der Bifchof und der Abt zu St. Emmeran den König Konrad in feinem Bette ermorden laffen. Nicht einmal fein Erbreich, das Königreich beider Sicilien, wollte der Papft ihm laffen; er erklärte es als ein erledigtes Lehen des päpftlichen Stuhles und wollte es an einen andern Fürften als Vafallen des Papftes verfchenken. Um wenigstens diefes Reich zu retten, war Konrad IV. im Oktober des Jahres 1251 nach Italien aufgebrochen und hatte dort glücklich gekämpft. Aber ein plötzlicher Tod raffte ihn dahin, im 26. Jahre feines Lebens.

Das kaiserliche Ansehen war bereits so tief gesunken, daß kein deut=
scher Fürst die Krone verlangte. Jeder wollte lieber im ungestörten Ge=
nusse seiner Erbländer bleiben und sich auf Kosten des Reiches mit noch
andern Ländern bereichern. Die neue Wahl schien eine willkommene Er=
werbsquelle, und jeder Kurfürst war entschlossen, seine Wahlstimme um den
höchsten Preis zu verkaufen. Aber keiner traute dem andern. Da verfielen
endlich die deutschen Fürsten auf den unwürdigen Gedanken, die deutsche
Krone einem Ausländer anzubieten. Und selbst darin waren sie noch uneins.
Eine Partei wählte Richard von Cornwallis, den Bruder des Königs
von England, die andere einen spanischen Fürsten, Alphons von Kasti=
lien. Beide hatten den Kurfürsten viel Geld geboten. Richard soll sogar
mit 32 achtspännigen Geldwagen herüber gekommen sein. Er wurde zu
Aachen feierlich gekrönt; doch sein Ansehen dauerte nur so lange als sein
Geld. Bloß dreimal besuchte er Deutschland und stets nur auf kurze Zeit;
Alphons hingegen ist nie nach Deutschland gekommen. Willkür und rohe
Gewalt griffen nun auf schreckliche Weise um sich, und das Zwischenreich
(Interregnum) — da Deutschland keinen Regenten hatte — dauerte vom
Jahre 1256 (dem Tode Wilhelms von Holland) bis 1273.

2.

Unterdessen wurde das Söhnchen Konrads IV., Konradin genannt,
am Hofe seines Oheims Ludwig von Bayern erzogen, während sein Oheim
Manfred die vormundschaftliche Regierung in den italienischen Staaten
führte. Innocenz IV. war zwar gestorben, aber seine Nachfolger wüteten
fort gegen das Haus Hohenstaufen; sie mochten weder den Manfred, noch
Konradin. Clemens IV. übergab die Krone Unteritaliens einem französischen
Prinzen, Karl von Anjou. Dieser kam mit einem wohlgerüsteten Heere
nach Italien, um den König Manfred zu vertreiben. Gleich in der ersten
Schlacht verlor Manfred Krone und Leben, der Sieger nahm Besitz von
Sicilien und Neapel und herrschte mit eisernem Scepter. Es entstand bald
ein allgemeines Mißvergnügen über die Herrschaft der Franzosen, und alle
sahen sich nach einem Retter um. Die Ghibellinen Italiens richteten auf
den zum Jüngling herangewachsenen Konradin ihre Hoffnung und munterten
ihn auf, nach Italien zu kommen, um die verhaßten Franzosen zu vertreiben.
Umsonst warnte und beschwor ihn seine treue Mutter Elisabeth in Thränen:
„O verlaß dein deutsches Vaterland nicht! Dies Italien, so reich von Gott
gesegnet, hat deinen Vätern doch nur Unheil und Verderben gebracht!" Be=
geistert von dem Ruhme seiner Ahnen und das Herz mit Hoffnungen erfüllt,
riß sich Konradin los von der Mutter Brust. Von seinem treuen Jugend=
freunde, dem Prinzen Friedrich von Österreich, und von vielen deut=
schen Rittern begleitet, trat er, 16 Jahre alt, den verhängnisvollen Zug an.
Jubelnd empfingen ihn in Italien alle Ghibellinen, und voll freudigen
Mutes ritt er für sein gutes Recht in den Kampf.

Bei Tagliacozzo trat ihm Karl von Anjou entgegen und hier kam
es im August des Jahres 1268 zur Schlacht. Die Franzosen wurden über=

wunden und zurückgetrieben, allein die Deutschen wußten ihren Sieg nicht zu benutzen. Alle überließen sich einer grenzenlosen Freude, sie plünderten das Gepäck und zerstreuten sich der Beute wegen. Viele auch legten die Panzer und Waffen ab, um von den Anstrengungen des heißen Sommer= tages auszuruhen. Da überfiel sie plötzlich ein französischer Hinterhalt und verbreitete allgemeine Bestürzung und Verwirrung im deutschen Lager. Wer fliehen konnte, floh; nur wenige leisteten kurzen Widerstand. So war das Glück des Tages wieder vereitelt. Konradin eilte mit seinem Freunde Fried= rich, nachdem sie lange ritterlich gekämpft hatten, nach der Meeresküste, um zu Schiffe nach Sicilien zu entkommen. Sie wurden aber erkannt und an Karl von Anjou ausgeliefert. Dieser beschloß jetzt, blutige Rache an ihnen zu nehmen. Um aber den Schein der Ungerechtigkeit zu meiden, setzte er ein Gericht nieder, welches über die Gefangenen das Todesurteil sprechen sollte. Aber unerschrocken sprach einer der versammelten Richter: „Konradin frevelte nicht, indem er versuchte, sein angestammtes vaterländisches Reich durch einen Krieg wiederzugewinnen; und Gefangene schonend zu behan= deln, gebietet göttliches und menschliches Recht." Alle übrigen stimmten ihm bei bis auf einen Nichtswürdigen, und dies genügte dem Tyrannen, das Todesurteil zu sprechen.

3.

Der sechzehnjährige Konradin saß gerade mit seinem Freunde beim Schachbrete, als beiden das Todesurteil angekündigt wurde. Sie verloren jedoch die Fassung nicht. Die wenigen ihnen gelassenen Augenblicke ge= brauchten sie, ihr Testament zu machen und sich durch Empfang der heiligen Sakramente zum Tode vorzubereiten. Am 29. Oktober 1268 wurden die Unglücklichen zum Richtplatze nahe vor dem Thore geführt, wo auf einem erhabenen Blutgerüste der Scharfrichter schon mit aufgestreiften Armeln ihrer wartete. Jetzt trat jener ungerechte Richter auf und las der versammelten Menge das Urteil vor. Da sprang Graf Robert von Flandern, Karls eigener Schwiegersohn, vom plötzlichen Zorne überwältigt, hervor und rief: „Wie darfst du frecher ungerechter Schurke einen so großen und herrlichen Ritter zum Tode verurteilen!" Zugleich hieb er ihn mit dem Schwerte, daß er für tot hinweggetragen wurde. Der König, welcher aus dem Fenster einer gegenüber gelegenen Burg der Hinrichtung zusah, verbiß seinen Zorn hier= über, denn er fürchtete das Volk, welches den jungen Prinzen liebte.

Von dem Blutgerüste herab sprach Konradin noch rührende Worte zum Volke. Dann nahm er Abschied von seinem Jugendfreunde, legte sein Ober= kleid ab, hob Arme und Augen gen Himmel und sprach: „Jesus Christus, Herrscher der Welt! Wenn dieser Kelch nicht an mir vorübergehen soll, so befehle ich meinen Geist in deine Hände!" Dann knieete er nieder und rief: „O Mutter, Mutter! Welches Herzeleid bereite ich dir!" Und darauf empfing er den Todesstreich. Als Friedrich von Österreich das Haupt seines Freundes fallen sah, schrie er, von dem heftigsten Schmerze ergriffen, laut auf, so daß alle Umstehenden zu Thränen gerührt wurden. Da traf auch ihn des Henkers Beil.

So kläglich endete das edle Geschlecht der Hohenstaufen, welches so herrlich begonnen hatte. Wie großen Nutzen hätte dasselbe stiften können, wenn es, statt nach fremden Kronen zu streben, sich mit allem Eifer einzig der Regierung des deutschen Vaterlandes gewidmet hätte!

IV. Rudolf und Albrecht.

Rudolf von Habsburg (1273—1291).

1. Der fromme Graf.*)

Graf Rudolf von Habsburg ritt einmal mit seinen Dienern aufs Weidwerk zum Beizen und Jagen, und wie er in eine Aue kam, er allein mit seinem Pferde, so hörte er eine Schelle klingen. Er ritt dem Getön nach durch das Gesträuch, zu erfahren, was da wäre. Da fand er einen Priester mit dem hochwürdigen Sakramente und seinen Meßner, der ihm das Glöcklein vortrug; da stieg Graf Rudolf von seinem Pferde, kniete nieder und bewies dem heiligen Sakramente seine Verehrung. Nun war es an einem Wässerlein, und der Priester stellte das heilige Sakrament neben sich, fing an, seine Schuhe auszuziehen, und wollte durch den Bach, der sehr angeschwollen, hindurchwaten, denn der Steg war durch Anwachsen des Wassers hinweggerissen. Der Graf fragte den Priester, wo er hinauswolle. Der Priester antwortete: „Ich trage das heilige Sakrament zu einem Siechen, der in großer Krankheit liegt, und da ich an das Wasser gekommen, ist der Steg hinweggerissen, muß also hindurchwaten, damit der Kranke nicht verkürzt werde."

Da hieß Graf Rudolf den Priester mit dem hochwürdigen Sakramente auf sein Pferd sich setzen und damit bis zum Kranken reiten, damit er nicht versäumt werde. Bald kam der Diener einer zum Grafen, auf dessen Pferd setzte er sich und ritt der Weidlust nach.

Da nun der Priester wieder heim kam, brachte er selber dem Grafen Rudolf das Pferd wieder mit großer Danksagung für die Gnade und Tugend, die er ihm erzeigt. Da sprach Graf Rudolf: „Das wolle Gott nimmer, daß ich oder meiner Diener einer mit Wissen ein Pferd besteige, das meinen Herrn und Schöpfer getragen hat. Dünket Euch, daß Ihr's mit Gott und Recht nicht haben möget, so bestimmt es zum Gottesdienst, denn ich habe es dem gegeben, von dem ich Leib, Seele, Ehre und Gut und Lehen habe." Der Priester sprach: „Herr, so wolle Gott Ehre und Würdigkeit hier in Zeit und dort in Ewigkeit Euch schenken."

Am folgenden Morgen ritt Rudolf in ein Kloster. Dort sagte ihm die Klosterfrau: „Darum wird Gott der Allmächtige Euch und Eure Nach-

---

*) Nach der Chronik von Ägidius Tschudi.

kommen hinwiederum begaben und sollet fürwahr wissen, daß Ihr und Eure Nachkommen zu höchster zeitlicher Ehre gelangen werdet!"

Der Priester ward Kaplan des Erzbischofs von Mainz und hat ihm und anderen Herren von solcher Tugend, auch von der Mannheit des Grafen Rudolf so rühmend gesprochen, daß sein Name im ganzen Reich bekannt und berühmt ward, so daß er nachmals zum römischen König erwählt wurde. So die Sage!

2. Rudolf wird zum König erwählt.

Geschichtlich steht fest, daß es hauptsächlich zwei Männer waren, denen Graf Rudolf seine Erwählung verdankte: der kluge Mainzer Erzbischof Werner, dem der Habsburger auf der Reise nach Rom einst sicheres Geleit durch die Alpenthäler gegeben hatte, und sein Schwager, der Burggraf Friedrich III. von Nürnberg, der die Mehrzahl der Kurfürsten zu Gunsten Rudolfs gestimmt hatte. Dieser war eben im Begriff, einen zwischen den Bürgern und Patriziern der Stadt Basel ausgebrochenen Streit zu schlichten, als ihm (1273) die Botschaft seiner Erhebung auf den deutschen Thron zukam.

Ganz unerwartet traf ihn die Erwählung wohl nicht, da schon mancherlei Verhandlungen vorausgegangen waren, namentlich hatte er dem Papst (Gregor X.) versprechen müssen, auf alle Besitzungen und kaiserlichen Hoheitsrechte zu verzichten und nach erfolgter Kaiserkrönung durch den Papst einen Kreuzzug zu unternehmen. — Desto größer war die Überraschung bei seinen Feinden. Unwirsch schlug sich der Bischof von Basel vor die Stirn und rief: „Sitze nur fest, Herr Gott, oder Rudolf wird deinen Platz einnehmen." Die Baseler Bürgerschaft aber machte sogleich mit ihm Frieden, öffnete ihm die Thore und leistete ihm den Eid der Treue. Er ging darauf nach Mainz, wo er die Reichsinsignien in Empfang nahm bis auf das Reichsscepter, das in den Zeiten der Verwirrung abhanden gekommen war; dann zog er nach Aachen, wo er von dem Erzbischof von Köln feierlichst gekrönt wurde (24. Okt. 1273). Gleich darauf forderte er die deutschen Fürsten auf, ihm wegen der Lande, die sie vom Reiche zu Lehen trugen, zu huldigen. Viele der anwesenden Fürsten suchten sich dieser Aufforderung zu entziehen, weil, wie sie sagten, das Reichsscepter fehlte, auf welches diese Huldigung gewöhnlich geleistet wurde. Aber mit der Geistesgegenwart, die überall eingreifend wirkt, ergriff Rudolf ein nahes Kruzifix, hob es in die Höhe und sprach: „Dieses Zeichen, das die Erlösung bedeutet, mag wohl das Scepter ersetzen, und es soll mir zum Scepter dienen gegen alle, die mir und dem Reiche treulos sind!" Darauf reichte er das Kruzifix den Fürsten hin. Sie küßten es und leisteten darauf die verlangte Huldigung.

3. Wie Rudolf Ordnung schafft.

Die kaiserlose Zeit war eine schreckliche Zeit gewesen für das arme Deutschland; kein Recht und keine Sitte hatte mehr gegolten, nur das Faustrecht hatte geblüht. Rudolf zog nun selbst gegen die Raubritter aus und schleifte ihre Burgen. In Thüringen allein schleifte er sechzig solcher Raubnester. Die adligen Räuber ließ er insgesamt hängen. Den Zollaufsehern schrieb er: „Ich höre, daß ihr Reisende zu ungebührlichen Abgaben zwingt und unerträgliche Lasten ihnen auflegt; aber ich sage euch, haltet eure Hände rein von ungerechtem Gut und nehmt nur, was euch zukommt, denn ihr sollt wissen, daß ich mit aller meiner Macht mich bestreben werde, Gerechtig=keit zu üben und Ordnung und Ruhe zu erhalten." Den trotzigen Herzog von Niederbayern und die Grafen in Schwaben und Burgund zwang er mit den Waffen in der Hand zur Unterwerfung. Aber vor allem richtete er seine Macht gegen den mächtigen, stolzen und kampflustigen Ottokar, König von Böhmen und Mähren und Herrn von Österreich, Steiermark, Kärnten und Krain. Dieser war ergrimmt, daß er nicht zum deutschen König erwählt worden war, und wollte dem neuen Kaiser nicht huldigen. Dreimal forderte ihn Rudolf auf, vor ihm zu erscheinen und den Lehnseid abzulegen; aber Ottokar kam nicht. Da sprach Rudolf die Reichsacht über ihn aus, griff zum Schwerte und zog mit Heeresmacht gegen den Wider=spenstigen aus. Nun demütigte sich Ottokar und empfing sein Böhmen und Mähren als Lehen vom Kaiser, den er als Oberherrn anerkannte. Bald aber brach er seinen Vasalleneid, und der Kaiser zog mit Heeresmacht aber=mals gegen ihn. Auf dem Marchfelde, einige Meilen von Wien, kam es im Jahre 1278 zur entscheidenden Schlacht. Auf beiden Seiten wurde mit gleicher Erbitterung und gleicher Tapferkeit gefochten. Selbst des Kaisers Leben kam in Gefahr. Ein polnischer Ritter sprengte in wildem Ungestüm mitten durch die feindlichen Scharen gerade auf Rudolf zu und hatte schon dessen Pferd niedergestoßen, als noch zum Glück habsburgische Reiter herbei=eilten und ihren Herrn aus der nahen Gefahr erretteten. Ottokar selbst focht an der Spitze der Seinigen mit einer Tapferkeit, die ein besseres Schicksal verdient hätte. Allein das Glück verließ ihn, seine Scharen wichen überall zurück, er selbst ward im Gedränge niedergestoßen. Zwei steiermärkische Ritter, die er einst hart behandelt hatte, versetzten ihm den Todesstreich. Sein Leichnam ward nachher in der Prager Schloßkapelle beigesetzt. Auf der Walstatt fand man auch noch jenen polnischen Ritter schwer verwundet und wollte ihn seinen Frevel mit dem Tode büßen lassen, aber Rudolf sprach: „Das wolle Gott verhüten! Einen so herzhaften Ritter töten, hieße dem ganzen Reiche einen unersetzlichen Schaden zufügen!" und ließ ihn auf das sorgfältigste pflegen. Ebenso großmütig zeigte er sich auch gegen Ottokars unmündigen Sohn, dem er das Königreich Böhmen ließ. Die österreichischen Länder aber gab er seinen Söhnen Albrecht und Rudolf, Kärnten an Meinhard, und wurde so der Stammvater des österreichischen Hauses. Bei so großer Macht verzichtete Rudolf gern auf den Prunk der römischen Kaiser=krone; er ging nicht nach Italien, wie seine Vorfahren, welche die Kraft deutscher Jugend der römischen Hinterlist opferten; er unternahm auch keinen Kreuzzug, wie Papst Gregor X., dessen Tod ihn von dem gegebenen Versprechen ent=band, gewünscht hatte. Wohl aber brachte er mit starker Hand die königliche Macht zu Ehren und die Gesetze wieder in Achtung. Darum sagte auch ein gleichzeitiger Schriftsteller, Volkmar: „Ruhe und Friede folgte auf Krieg und Zerrüttung. Der Landmann nimmt den Pflug wieder zur Hand, der lange Zeit ungebraucht im Winkel lag; der Kaufmann, der aus Furcht vor Räubern zu Hause blieb, durchreist jetzt das Land mit großer Sicherheit und die Räuber und Bösewichter, die zuvor öffentlich und ohne Scheu herumschwärmten, suchen sich in wüste Gegenden zu verbergen."

4. Rudolfs Sinnesart.

Rudolf verachtete allen eitlen Schimmer, alle Üppigkeit und Weichlichkeit. Befand er sich mit seinen Kriegern auf dem Marsche, so schämte er sich nicht, seinen zerrissenen grauen Rock selbst auszubessern, und fehlte es an Lebensmitteln, so war er der erste, welcher eine Rübe aus den Äckern zog, um seinen Hunger damit zu stillen. Nie vergaß er auf dem Throne, daß er Mensch sei. Jedermann hatte Zutritt zu dem menschenfreundlichen Herrscher. Einst, da die Wache einen gemeinen Mann, der ihn zu sprechen wünschte, nicht zu ihm lassen wollte, rief er ihr zu: „Ei laß ihn doch herein! Bin ich denn zum Kaiser erwählt, daß man mich einschließt?"

Rudolf behielt bis in sein hohes Alter einen sehr lebhaften Geist, war ein Freund muntern Scherzes und machte bisweilen selbst ganz erfreuliche Späßchen. Einmal wurde er von einem Bettler mit den Worten angeredet: „Bruder Rudolf! Beschenke doch einen armen Mann mit einer kleinen Gabe!" — „Seit wann sind wir denn Brüder?" fragte ihn der Kaiser, dem diese Anrede von einem Bettler etwas Neues war. „Ei" — antwortete der Arme — „sind wir denn nicht alle Brüder von Adam her?" — „Du hast Recht," sprach Rudolf, „ich dachte nur nicht gleich daran." Mit diesen Worten langte er in die Tasche und drückte ihm einen Pfennig in die Hand. „Aber ein Pfennig ist doch für einen großen Kaiser gar zu wenig," antwortete der Bettler. „Was" — entgegnete Rudolf — „zu wenig? Freund, wenn dir alle deine Brüder von Adam her soviel schenkten, als ich, so würdest du bald der reichste Mann sein." Nach diesem brüderlichen Geschenke gab er ihm vermutlich noch ein kaiserliches.

Da Rudolf meist sehr schlecht gekleidet ging, so wurde er oft verkannt und hatte manche, bisweilen ganz unangenehme Abenteuer. Er verzieh aber gern kleine Beleidigungen, die ihm unter solchen Umständen widerfuhren. Einst, da er sein Hoflager in der Nähe der Stadt Mainz hatte, kam er in seinem gewöhnlichen schlechten Anzuge in die Stadt. Es war ein kalter Morgen und ihm froren die Hände. Daher freute er sich, daß eben glühende Kohlen aus einem Backofen geworfen wurden und trat hin, sich zu wärmen. Die Bäckerin aber, die eine böse Sieben war und ihn für einen gemeinen Kriegsknecht ansah, wollte das nicht leiden und machte gar keine Umstände mit ihm. „Marsch" — sagte sie — „troll dich fort, du schäbiger Hund, zu deinem Bettelkönig, der mit seinen Pferden und Knechten das ganze Land aufzehrt, oder wenn du nicht gleich gehst, gieße ich dir den Kübel Wasser über den Kopf!" Der Kaiser meinte, sie würde denn doch nicht so böse sein, lachte zu ihren Schimpfreden und blieb ruhig auf seinem Platze. Aber das keifende Weib führte ihre Drohung aus und goß dem vermeintlichen Kriegsknechte das ganze eiskalte Wasser über den Kopf. Rudolf eilte nun so schnell als möglich in das Lager zurück, um seine nassen Kleider zu wechseln und sich wieder zu erwärmen. Bei Tische erzählte er mit der ihm eigenen kurzweiligen Art seine Abenteuer und belachte es lange mit seinen Gästen. Dann nahm er eine Flasche Wein vom Tische und schickte sie samt einer Schüssel voll der besten Speisen der unfreundlichen Frau, nach deren Namen er sich erkundigt hatte. „Geh," sagte er dem Boten, „bring ihr das mit meinem Gruße, und der alte Landsknecht, den sie diesen Morgen so freundlich getauft hätte, ließe sich für das frische Bad schön bedanken!"

Als die Bäckerin vernahm, wer der arme Kriegsknecht gewesen sei, wollte sie vor Schrecken in den Boden sinken. Sie lief eiligst ins Lager hinaus und warf sich dem Kaiser, der noch bei Tafel saß, zu Füßen. Rudolf aber hieß sie freundlich aufstehen und legte ihr keine andere Strafe auf, als daß sie vor allen anwesenden Herren ihre Schimpfreden wiederholen mußte. Kein Wort durfte sie vergessen, und wo sie stockte, half ihr Rudolf nach, was einen höchst komischen Auftritt gab.

Bisweilen meinten des Kaisers Freunde, er sei allzugütig; doch Rudolf antwortete ihnen: „Es hat mich schon öfter gereut, daß ich zu strenge war: nie aber wird es mich reuen, daß ich zu gut gewesen bin!"

Albrecht I. und die freie Schweiz (1308 n. Chr.).

1.

Es war Rudolfen von Habsburg nicht gelungen, seinem Sohne Albrecht die Nachfolge auf dem deutschen Throne zu verschaffen, besonders auf Antrieb der geistlichen Kurfürsten wurde Graf Adolf von Nassau (1291—98) zum König gewählt. Als dieser aber eine bürgerfreundliche Politik verfolgte, brachte er die Fürsten wider sich auf, die ihm Rudolfs Sohn Albrecht von Österreich entgegenstellten, welchem er im Treffen bei Göllheim bei Worms erlag (1298). Albrecht I. war thätig, entschlossen und tapfer, wie sein Vater; er hielt das kaiserliche Ansehen aufrecht, befestigte den Landfrieden und zwang die Fürsten am Rhein, die Schiffahrt auf diesem Strome frei zu geben. Aber ihm fehlte seines Vaters Milde, Leutseligkeit und Freundlichkeit, und noch lange war das Wort im Munde des Volkes: „Der hat Rudolfs Biederkeit nicht!" Sein Vater hatte nicht bloß Länder, sondern auch Herzen zu gewinnen gewußt. Albrecht wollte nur Länder besitzen und beherrschen. Rudolf hatte große Besitzungen in der Schweiz, und die mitten im Lande gelegenen drei Kantone Schwyz, Uri und Unterwalden wählten ihn zu ihrem Schirmherrn; Kaiser Albrecht I. aber wollte die Unterwerfung schonungslos vollenden. Da sie ihre alten Gerechtsame sich nicht nehmen lassen wollten, setzte er Landvögte über sie, welche sie sehr hart bedrückten. Dies ist geschichtliche Thatsache. Die Befreiung der Schweiz ist aber auch von der Sage ergriffen worden und als solche in das Volksbewußtsein übergegangen. Sie lautet:

2.

Der eine dieser Landvögte hieß Beringar von Landenberg, der hatte zu Sarnen in Unterwalden seinen Sitz; der andere hieß Hermann Geßler von Bruneck und hauste zu Küßnacht in Schwyz. Um das Schweizervolk zu schrecken, ließ Geßler in Uri eine Feste bauen, die den Namen „Zwing Uri" führen sollte, und als er einst durch Steinen im Lande Schwyz ritt und das schön gezimmerte Haus sah, das Werner Stauffacher, ein angesehener biederer Landmann, sich erbaut hatte, sagte er mit verachtendem Hohne: „Kann man leiden, daß das Bauernvolk so schön wohnt?" Andererseits ließ Landenberg einem bejahrten Bauer zu Unterwalden, Heinrich von Melchthal, um einer geringen Ursache willen ein Gespann schöner Ochsen wegnehmen. Als der Greis über dies Verfahren jammerte, sagte des Vogtes Knecht: „Wenn die Bauern Brot essen wollen, so können sie selbst den Pflug ziehen." Über diese Rede wurde der Sohn Arnold so aufgebracht, daß er mit seinem Stock den Knecht durchprügelte und ihm einen Finger zerbrach. Da mußte Arnold aus Furcht vor Landenbergs Zorn entfliehen, aber der Vogt ließ den alten Heinrich von Melchthal ergreifen und ihm beide Augen ausstechen.

Arnold von Melchthal war zu Walther Fürst geflohen, der im Lande Uri zu Attinghausen wohnte und auch ein biederherziger Landmann war. Am andern Ende des Vierwaldstättersees wohnte Werner Stauffacher, der kam über den See gerudert, um seinem Freunde Walther Fürst das Leid zu berichten, das ihm die stolzen Worte des Vogtes erregt. Schon längst waren Boten an den Kaiser abgesandt, ihm die Not des Landes zu klagen; aber diese waren gar nicht vorgelassen worden. Da meinten die drei Männer, es sei besser zu sterben, als ein so schmähliches Joch geduldig zu tragen. Sie reichten sich die Hand, in Not und Trübsal treulich aneinander zu halten und mit Gottes Hilfe den Bund zu erneuern, den das Schweizer Volk schon begehrt hatte, als Rudolf gestorben war. Jeder der drei Männer ging nun aus, seine Verwandten und Landsleute zu erforschen. Da fanden sie alle bereit, für die Ehre und Freiheit des Vaterlandes mannhaft zu streiten. Jeder hatte zehn seiner Vertrautesten zu gemeinsamem Rate berufen. Diese kamen denn auch in einer Herbstnacht des Jahres 1307 in aller Stille auf dem Rütli, einer baumumkränzten Bergwiese am Vierwaldstättersee, zusammen. Als nun die dreiunddreißig Männer versammelt waren, hoben sie ihre Augen auf zu den Sternen, und dann reichten sie sich die Hände und schwuren zu Gott, mannhaftig ihre Freiheit zu behaupten, aber dabei dem Hause Habsburg nichts an Leuten und Gütern zu beschädigen. So schwuren die Eidgenossen, und ihren Schwur haben sie treulich gehalten.

3.

Inzwischen hatte Geßler in seinem Argwohn sich vorgenommen, die Herzen derer zu erforschen, welche seinem Regiment und dem Hause Österreich am meisten abhold wären. Deshalb ließ er im Lande Uri den Herzogshut von Österreich auf einer hohen Stange aufrichten mit dem Gebot, jeder, welcher des Wegs käme, müsse sich vor dem Hute neigen und demselben Ehrfurcht beweisen. Da kam Wilhelm Tell, ein Mann aus Bürglen in Uri, der auf dem Rütli mitgeschworen hatte, und weit und breit als ein tapferer Schütz bekannt war. Der weigerte sich, den Hut zu grüßen. Als der Vogt dies vernahm, kam er voll Grimm herzu, ließ den Tell greifen und that in seinem Übermut also mit ihm: Er ließ des Tells Kind an eine Linde stellen und einen Apfel auf des Knaben Haupt legen, und dann gebot er dem Vater, weil er ein so guter Schütze sei, solle er zur Stelle den Apfel von dem Haupt des Kindes schießen. Mit Gottes Hilfe unterwarf sich Tell der schweren That und traf glücklich den Apfel, ohne des Söhnleins Haupt zu verletzen. Der Vogt hatte aber genau auf Tells Miene und Gebärde ge= achtet, und wie alle Gott priesen, daß er dem braven Mann geholfen, sprach er zu ihm: „Du bist ein wackerer Schütze! Doch sag mir an: Ich sah, wie du einen andern Pfeil hinten ins Koller stecktest, wofür war der?“ Da säumte Tell mit der Antwort und wollte sich entschuldigen: „Das sei so Schützenbrauch!“ Doch der Vogt in seinem Argwohn nahm dies nicht an und sprach: „Tell, es ist ein anderer Grund, den sag mir frei, du sollst deines Lebens sicher sein.“ Da erwiderte Tell: „Wohlan, Herr, weil Ihr mich meines Lebens versichert habt, so will ich Euch gründlich die Wahrheit sagen. Wenn ich mein Kind getroffen, dann hätte ich Euch selbst mit dem andern Pfeil erschossen und Eurer nicht gefehlt.“ Wie der Vogt dies vernahm, sprach er: „Deines Lebens hab’ ich dich gesichert und will dies halten. Weil ich aber deinen bösen Willen erkannt, so laß’ ich dich binden und an einen Ort bringen, wo weder Sonne noch Mond scheint, auf daß ich vor dir sicher sei.“ Und er ließ ihn mit Ketten binden und führte ihn mit sich über den Vierwaldstättersee; denn er wollte ihn nach Küßnacht bringen auf sein Schloß und dort in den Turm werfen. Als sie aber auf dem See fuhren und jenseits des Rütli kamen, erhob sich der wilde Wind, welcher der Föhn heißt, und die Wellen schlugen so hoch auf, daß dem Landvogt ein Grausen ankam und ihm bange ward um sein Leben. In solcher Todesnot ließ er dem Tell, welcher gebunden dalag, die Fesseln lösen, auf daß der im Rudern erfahrene Mann ihn errettete. Nun führte Tell das Fahrzeug mit Macht gegen Wind und Wellen; wie sie aber an den Axenberg kamen und der Tell eine Felsplatte sah, drückte er das Schiff hart daran, ergriff rasch seinen Bogen, und dann sprang er auf die Felsplatte, die noch heute die Platte des Tell heißt. Dem Schiffe aber gab er mit kräftigem Fuß einen Stoß, daß es wieder in den See fuhr. Ehe Geßler ans Ufer kam, war Tell schon über alle Berge und legte sich in den Engpaß bei Küßnacht, wo Geßler des Weges kommen sollte. Da kam der Vogt geritten, Böses sinnend; Tell spannte seine Armbrust, und der Pfeil flog in das Herz des strengen Herrn, also daß er tot niederfiel. Das war den Schweizern kein Schmerz, aber die auf dem Rütli geschworen hatten, verhielten sich still bis zur Nacht am Ende des Jahres 1307.

4.

Und in der Nacht, als das neue Jahr begann, kam ein junger Gesell aus Stanz, der auf dem Rütli mit geschworen hatte, vor die Feste Roßberg, darin eine Magd war, die ihn liebte. Diese ließ ihm ein Seil aus ihrem Fenster herab, woran er sich in ihr Kämmerlein hinaufzog. Das hatten sie so verabredet, aber der junge Gesell hatte noch zwanzig Eidgenossen mitgebracht, und während er mit der Magd kosete, zogen sich die, welche mit ihm gekommen waren, einer nach dem andern an dem Seil ins Schloß hinauf. Darin fingen sie den Amtmann und sein Gesinde, und schlossen das Thor zu, daß niemand hinaus konnte, der es denen zu Sarnen angesagt hätte.

Zu Sarnen ging der Landenberger am Neujahrsmorgen in die Kirche, um die Messe zu hören. Siehe, da traf er am Morgen zwanzig Männer aus Unterwalden, welche ihm nach der Gewohnheit Lämmer, Ziegen, Hasen und Geflügel zum Neujahrsgruß brachten. Er hieß frohen Mutes die Gaben ins Schloß tragen und die Leute seiner warten bis nach der Kirche. Wie er fort war, stieß einer der Verschworenen ins Horn, und auf dieses Zeichen steckten die andern scharfe Speereisen, welche sie unter ihren Kleidern verborgen gehalten, auf ihre Stäbe, und dreißig andere Eidgenossen eilten herbei, die bis dahin in einem nahen Erlenholze versteckt gewesen; diese Funfzig eroberten die Zwingburg und brachen sie bis auf den Grund. Als dies der Landenberger in der Kirche vernahm, floh er zitternd gen Alpnach. Er ward gefangen, aber die freien Männer verschmähten es, sein Blut zu vergießen und ließen ihn bloß schwören, das Land für immer zu meiden.

Als so die Feste genommen war, gaben die Eidgenossen allen im Lande Unterwalden durch Feuer, das sie auf den Alpen anzündeten, das Zeichen, daß die Freiheit gerettet sei. Nun brachen die im Lande Uri die Burg, die Geßler erbaut und „Zwing Uri" genannt hatte, und in Schwyz zerstörte der Stauffacher mit den Eidgenossen die Herrenburg auf der Insel Schwanau, im Lowerzer See. Da war lauter Jubel in den drei Waldstätten, und alle dankten Gott inbrünstig, daß er ihnen gegen die Zwingherren beigestanden hatte. Der 1. Januar 1308 war der helle Neujahrsmorgen der Freiheit des Schweizervolkes.

5.

Fahren wir nun in dem Bericht geschichtlicher Thatsachen fort. Als Kaiser Albrecht hörte, was die Schweizer gethan, entbrannte er vor Zorn und schwur diesen „elenden Hirten" bittere Rache. Aber die Vorsehung hatte es anders beschlossen. Unter den vielen, die von Albrechts Herrschsucht und Ländergier beleidigt wurden, war auch sein eigner Neffe, Johann von Schwaben. Dieser hatte von seinem Vater, einem Bruder des Kaisers, die habsburgischen Herrschaften und Vogteien im Elsaß, in der Schweiz und in Schwaben geerbt, und als er zum Jüngling herangewachsen war, forderte er vom Oheim die Herausgabe der Erbgüter. Doch Albrecht vertröstete den Neffen von einer Zeit auf die andere. Auch auf die Krone Böhmens durfte

Johann als Enkel Rudolfs I. und Ottokars Anspruch machen. Als der letzte Przemyslide Wenzel III. im Jahre 1306 ermordet ward, belehnte Albrecht seinen Sohn Friedrich mit Böhmen. Das erbitterte den Herzog „ohne Land", wie ihn das Volk scherzweis nannte. Im Frühjahr 1308 war der Kaiser selbst in die habsburgischen Erblande gekommen. Vergebens hoffte sein Neffe, nun wenigstens die Grafschaft Kyburg zu erhalten. Als Albrecht zu Baden Mittag hielt — es war gerade der erste Mai — brachten die Einwohner dem Könige Maienkränze. Da nahm Albrecht den schönsten, legte ihn lächelnd auf das Haupt seines Neffen und sprach: „Seht, solch eine Krone mögt Ihr wohl tragen, die andere ist für Euch noch zu schwer!" Dieser Hohn brachte ein schwarzes Vorhaben zur Reife, das schon längst in des Jünglings Brust gekeimt hatte. Vier andere Ritter bestärkten den jungen leidenschaftlichen Mann in seinem Vorsatze; ihre Namen waren Rudolf von der Wart, Walther von Eschenbach, Rudolf von Palm und Konrad von Tegernfeld, Johanns Erzieher.

Von Baden aus wollte Albrecht nach Rheinfelden reiten, wo seine Ge=mahlin ihn erwartete. Als er an die Reuß gekommen war, drängten sich die Verschworenen auf die schmale Fähre, um zuerst mit ihm hinüber zu kommen. Und als sie drüben waren, fiel Eschenbach dem König in die Zügel, und Johann rannte ihm mit den Worten: „Das ist der Lohn deines Unrechts!" den Speer in den Hals, Palm aber durchbohrte ihn mit dem Schwerte. Nach einem lauten Schrei sank er ohnmächtig vom Pferde. Eine arme Frau war in der Nähe und eilte herzu; in ihrem Schoße gab Albrecht seinen Geist auf, nahe am Fuße seiner Stammfeste, der alten Habsburg.

Nachdem schon Adolf von Nassau, der Gegenkaiser Albrechts, 1295 die drei Schweizer Gemeinwesen als reichsunmittelbar, d. h. nur unter der Ober=hoheit des Kaisers stehend erklärt hatte, bestätigte Albrechts Nachfolger, Heinrich VII. von Luxemburg, 1309 ihre Selbständigkeit und hob jedes Unterthanenverhältnis zu Österreich auf. Dasselbe geschah von Ludwig von Bayern.

Aber die Söhne Albrechts, Friedrich und Leopold, versuchten die Eid=genossen mit Gewalt unter ihre Herrschaft zu bringen. Die Schweizer brachten Leopold 1315 am Morgarten eine furchtbare Niederlage bei und stritten ebenso siegreich 1339 in der Schlacht bei Laupen. Zusehends vergrößerte sich die Eidgenossenschaft. Im Jahr 1332 war Luzern, 1351 Zürich, Zug und Glarus hinzugetreten, 1353 auch Bern.

Noch einmal rückte Herzog Leopold, ein Enkel Albrechts, mit einer auserlesenen Schar österreichischer und schwäbischer Ritterschaft gegen die „elenden Bauern" an, die er leicht zu vernichten hoffte. Schnell entschlossen zogen Luzerner und Schwyzer, Urner und Unterwaldner wider den Feind; sie trafen auf das stolze Ritterheer bei Sempach, am 9. Juli 1386, und nahmen ihre Stellung sehr günstig auf einem kleinen dreieckigen Felde neben dem Meierholz, zwischen Gräben und Hohlwegen. Es war die einzige ebene Stelle an dem vom See aufsteigenden Berghang; die Reiterei konnte da wenig thun. Das kümmerte jedoch die stolzen siegsgewissen ritterlichen

Herren wenig; sie saßen von ihren Pferden ab und bildeten mit ihren langen Lanzen eine schwer zu durchbrechende Reihe. Die Schweizer in ihren leichten Wämsern stürmten mit lautem Geschrei mutig an, ihre Keulen und Morgen= sterne schwingend. Allein sie prallten zurück, und mancher Tapfere fiel von den Ritterlanzen durchbohrt. Schon begann sich die Heersäule der geharnischten Ritter halbmondförmig zu schließen, um die kleine verwegene Schar in die Mitte zu nehmen. Da soll — wie das Siegeslied von Hans Suter, des Luzerner Meistersängers,*) berichtet — ein großer starker Unterwaldner, Arnold von Winkelried — Wehr und Waffe fortgeworfen haben und auf den Feind eingesprungen sein mit dem Ruf: „Sorget für mein Weib und meine Kinder, liebe Eidgenossen! Ich will euch eine Gasse machen!“ Er umfaßte mit seinen Armen — so berichtet die patriotische Sage — soviel Spieße, als er nur konnte, und begrub sie in seine Brust. Im Fallen drückte er die Spieße mit sich auf den Boden, so daß die Ritter, welche die Waffen nicht losließen, sich niederbücken mußten. Sogleich drangen die Schweizer über Winkelrieds Leichnam hin und fielen über die Ritter her, deren viele in dem Schrecken und in der Eile sogar unverwundet in den schweren Harnischen erstickten, viele, von den Bauern umringt, erschlagen wurden. Auch Herzog Leopold von Österreich, ein tapferer junger Herr in blühender Manneskraft, fiel unter den Streichen der Eidgenossen, welche drei Tage lang auf dem Schlachtfelde blieben und ihre Toten begruben oder von den Ihrigen abführen ließen. Von dieser Zeit an wurde die Tapferkeit der Schweizer gerühmt und gefürchtet; überall hieß es, Gott habe zu Gericht ge= sessen über den mutigen Trotz der Herren von Adel.

Mit der Schlacht bei Sempach, welcher bald der Sieg der Glarner bei Näfels folgte, verlor Österreich seine Herrschaft in der Schweiz, die Schweizer aber gingen bald von der Verteidigung zu Angriffskriegen über.

V. Friedrich der Schöne von Österreich und Ludwig der Bayer (1322 n. Chr.).

1.

Friedrich und Ludwig waren blutsverwandt, beide König Rudolfs Enkel, Friedrich von väterlicher, Ludwig von mütterlicher Seite, denn Ludwigs Mutter Mechthild war eine Schwester König Albrechts. Einst, da Ludwig noch im zarten Jugendalter, war Mechthild mit ihm vor den Mißhandlungen ihres andern Sohnes Rudolf zu ihrem Bruder Albrecht gen Wien geflohen, dort wurde Ludwig mit Friedrich dem Schönen erzogen. So waren beide in Jugendfreundschaft herangewachsen, beide reich an herrlichen Gaben, mut= voll und ritterlichen Sinnes. Nun begab sich's, daß Herzog Otto von Nieder-

---

*) Gewöhnlich Halbsuter genannt.

bayern auf seinem Todbett sein unmündiges Söhnlein und seine zwei Neffen der Treue seiner S t ä d t e Straubing und Landshut übergab, daß sie die Waisen schützen und seinen tapferen und edlen Vetter, den Herzog Ludwig von Oberbayern, als Vormund anerkennen sollten. Sie thaten's mit Freuden. Aber der niederbayrische Adel wollte diese Bevorzugung der ihm verhaßten Städte nicht dulden, verband sich, die strenge Gerechtigkeitsliebe Ludwigs scheuend, mit Herzog Friedrich von Österreich und übertrug diesem die Vormundschaft. Voll Thatenlust und Ruhmburst nahm Friedrich sie an, und als Ludwig sich das nicht gefallen lassen wollte, kam es zwischen beiden Jugendfreunden zum Krieg. Aber Ludwig vertraute auf die Kernkraft des Volkes, die in den B ü r g e r n lag, und freudig schwangen diese ihre Schwerter, dem stolzen Adel zu weisen, daß nicht das Vorrecht der Geburt, sondern die Kraft des freien Mannes den Ausschlag giebt. Bei Gammelsdorf in Bayern schlug Ludwig mit Hilfe der schlichten Bürger 1313 die übermütige Ritterschaft Österreichs und Bayerns. Da setzte Ludwig den streitbaren Bürgern von Landshut drei Reiterhelme in ihr Stadtwappen. Hierauf vertrug sich Friedrich der Schöne zu Salzburg mit Ludwig dem Bayer und entsagte den Ansprüchen auf die Vormundschaft in Bayern. Ihm stand jetzt ein höheres Ziel vor Augen — die Herrschaft des deutschen Reichs, welche durch Heinrichs VII.*) Tod erledigt war; Ludwig versprach ihm, bei der Königswahl ihm nicht hindernd in den Weg treten zu wollen.

2.

Friedrich der Schöne hoffte zuversichtlich, daß die Wahl der Fürsten auf ihn fallen würde; denn groß war Habsburgs Macht und die Zahl seiner Freunde, der Erzbischof von Köln, der Pfalzgraf Rudolf, die Herzöge von Sachsen-Wittenberg und von Kärnten waren für Friedrich, und noch mehr, er hatte einen Bruder, der für ihn gegen die ganze Welt gekämpft hätte, das war der tapfere Herzog L e o p o l d, „die Blume der Ritterschaft" genannt. Aber eine nicht minder mächtige Partei war gegen das Haus Habsburg: der junge König Johann von Böhmen, Heinrichs von Luxemburg Sohn, die Kurfürsten von Mainz und Trier, Markgraf Waldemar von Brandenburg und der Herzog von Sachsen-Lauenburg, kurz alle, welche dem Hause Luxemburg anhingen, dessen Sprößling, König Johann von Böhmen, noch zu jung für die deutsche Kaiserkrone war. Diese luxemburgische Partei wandte ihre Blicke auf Ludwig den B a y e r, der als ein edler, gerechter und tapferer Herr bekannt war; ihm trug sie die Krone an. Als diese Botschaft zu ihm kam, sprach er überrascht: „Was wollen die Fürsten

---

*) H e i n r i c h v o n L u x e m b u r g oder Lützelnburg (wie sein Stammschloß hieß) war nach der Ermordung Albrechts zum König von Deutschland gewählt worden; das war ein kräftiger und tapferer Herrscher. Um das kaiserliche Ansehen in Italien wieder herzustellen, war er nach Italien gezogen, hatte Rom erstürmt und sich in der Lateran-kirche die Kaiserkrone aufsetzen lassen. Aber auf seinem Zuge nach Neapel starb er plötzlich am 24. August 1313 zu Buenconvento, wahrscheinlich durch Gift, das ihm ein Dominikaner im heiligen Abendmahl beigebracht haben soll.

mit mir? Ich gab meinem Vetter Friedrich mein Wort, ihm bei der Wahl nicht zuwider zu sein! Ihn wählet zum König; auch ist seine Macht bei weitem größer als die meinige." Darauf entgegneten ihm die Kurfürsten von Mainz und Trier: „Das Versprechen, das Ihr ihm gabt, ist null und nichtig; denn Ihr gabt es, bevor Ihr wissen konntet, daß man Euch selbst zum Kaiser wählen würde. Was aber Eure Macht betrifft, so wisset, daß alle Freunde des Hauses Luxemburg für Euch einstehen." Nun willigte Ludwig endlich ein. Aber kaum hatte er's gethan, so kam auch der Eigennutz der Kurfürsten an den Tag, und sie bedingten sich große Summen Geldes und wichtige Vorrechte von ihm aus, denn den Fürsten war der Kaiser am liebsten, der sie in ihrer Selbstherrlichkeit nicht störte.

Als nun der Tag zur Königswahl da war, lagerten sich beide Parteien, die habsburgische und die luxemburgische, vor Frankfurt am Main. Die erstere wählte am 19. Oktober 1314 mit vier Stimmen Friedrich den Schönen, die letztere am folgenden Tage mit fünf Stimmen Ludwig den Bayer. Freudig schloß diesem die Stadt Frankfurt die Thore auf und huldigte ihm als rechtem Herrn des deutschen Reichs, während sie Friedrich den Schönen abwies. Da wollte sich dieser schnell in Aachen krönen lassen, doch Ludwig kam vor ihm an, und so ließ sich Friedrich am 25. November in Bonn durch den Erzbischof von Köln krönen. Ludwig empfing des folgenden Tages zu Aachen aus der Hand des Erzbischofs von Mainz die Krone. So hatte jeder der beiden Nebenbuhler ein Herkommen für sich und zwar Friedrich, daß ihn jener Erzbischof gekrönt hatte, welcher diese Handlung schon seit alten Zeiten zu verrichten pflegte, Ludwig hingegen die Krönungs= stadt. Da nun bisher nur die Einhelligkeit der Wahlstimmen gegolten hatte, so behauptete jeder, er habe Recht, und die Entscheidung ward auf das Gottesurteil des Kampfes gestellt. Darüber wurde ganz Deutschland zum Schlachtfeld und leider jahrelang!

3.

Endlich vermochte der feurige Friedrich seine Ungeduld nach einer Ent= scheidung nicht länger mehr zu bemeistern und brach im Herbste des Jahres 1322 ins Bayerland ein. Seine zuchtlosen Kriegsleute hausten dort so übel, daß Ludwig, vom Schmerz über die Not des Volkes tief ergriffen, lieber der Krone entsagen, als es noch länger leiden sehen wollte. Doch schon drängten ihn Friedrich und Leopold zur Schlacht. Leopold wollte von Schwaben her gegen ihn vordringen; Friedrich lagerte mit einem zahlreichen und starken Heere, das noch durch ungarische Hilfsvölker verstärkt war, bei dem Städt= chen Mühldorf am Inn (Oberbayern) und schickte Eilboten an seinen Bruder Leopold, so schnell wie möglich mit seinen Truppen herbeizukommen. Gelang's beiden Brüdern, ihre Streitkräfte zu vereinigen, so war Ludwig verloren. Doch Leopold säumte zur Unzeit, indem er aus Rache die Güter des Grafen von Montfort verwüstete, und zu Ludwigs Glück fingen die Mönche von Fürstenfelde die Boten auf, die zwischen den beiden Brüdern hin und wieder gingen, so daß keiner vom andern etwas erfuhr. Rasch zog jetzt Ludwig seinem Feinde entgegen und stellte seine Heeresmacht bei Ampfing (nicht weit von Mühldorf) auf; mit ihm waren die meisten Bürger nebst Kriegsvölkern des Kurfürsten von Trier und des Königs Johann von Böhmen. Er übergab die Leitung der Schlacht und den Oberbefehl einem wohlerfahrenen Ritter, Seifried Schweppermann.*) Als dieser, ein gebeugter Greis, herangeritten kam, schlotterten ihm die Füße in den Steigbügeln, daß ihn alle jungen Herren verlachten: er ließ sie lachen und bestellte still die Schlachtordnung. Den Burggrafen von Nürnberg, Friedrich von Hohenzollern, legte er mit 400 Rittern, welche aus Kriegslist österreichische Farben und Fahnen angenommen hatten, in einen Hinterhalt. König Ludwig trug einen einfachen Waffenrock, wie ein gemeiner Mann, aus Vorsicht, da seinem Leben schon öfters meuchlings nachgestellt worden war. Friedrich ritt, als König gerüstet, in leuchtendem goldenem Harnisch, den Reichsadler darauf, die Krone auf dem Helm, stolzfreudig den Seinen voran; nie schien er schöner, als an diesem Tage. Am frühen Morgen des 18. September 1322 brach die Schlacht los. Die Schlachthörner ertönten, die Heerpauken schmetterten drein; mit Geheul jagten Friedrichs Hilfsvölker aus Ungarn, die wilden Kumanen und Bulgaren, gegen den linken Flügel von Ludwigs Schlachtordnung heran. Dort standen die Böhmen unter ihrem König Johann und verteidigten sich heldenmütig. Dennoch mußten sie und die Bayern über den Innfluß zurückweichen.

Schon stand Ludwig selbst in Gefahr, gefangen zu werden; da brachen die Münchener Bäcker zu ihm heran und machten mit tüchtigen Hieben freie Bahn. Bayrische Ritter hielten die Flucht ihres Fußvolks auf, und nun konnten sich auch die Böhmen wieder sammeln. Indessen wandte der kluge Schweppermann plötzlich den linken Flügel, so daß die Feinde Sonnenschein, Wind und Staub ins Gesicht bekamen. Begeistert focht Friedrich mit ritterlichem Heldenmute um die Krone; Siegesjubel erscholl in seinem Heere. Doch unerschrocken schlug und wehrte sich Ludwigs Heer zehn Stunden lang. Horch, da erscholl vom rechten Flügel des österreichischen Heeres helles Freudengeschrei, aus einem Waldthal an der Isar rückten frische Schlachthaufen mit österreichischen Farben und Fahnen heran. Das ist gewiß Herzog Leopold! Die Scharen eilten dicht in Seiten und Rücken der Österreicher heran. Jetzt erst, Stirn an Stirn, erkennen diese die Kriegslist; nicht Leopold, sondern ihr Feind, der Burggraf von Nürnberg, ist es. Da bricht Entsetzen in die österreichischen Reihen. Von allen Seiten umstellt, drängen sie sich zur Flucht. Nur Friedrich kämpft noch mit drei edlen Genossen wie rasend auf einer Wiese. Endlich stürzt sein Roß; da eilt der Ritter Albrecht von Rindsmaul, Schweppermanns Schwager, auf ihn zu, diesem übergiebt er sein Schwert.

Freundlich begrüßte ihn Ludwig, welcher durch diesen Sieg nun Allein-

---

*) Als Feldhauptmann wird auch Konrad Schlüsselburg genannt. Gleichzeitige Chroniken und Urkunden erwähnen Schweppermanns erst in einem späteren Treffen; es ist schwer, hier Sage und Geschichte genau zu trennen.

herr geworden war: „Wir sehen Euch gern, Herr Vetter!" Friedrich aber
schwieg mit gesenktem Blicke und tiefem Schmerz. Als sich darauf am Abend
die müden Helden zum Mahl setzten, gab's nach so viel Arbeit nur spärliche
Kost; in der ganzen geplünderten Gegend waren nur noch einige Eier aufzutreiben gewesen — so berichtet eine historisch allerdings nicht verbürgte Sage. —
König Ludwig verteilte sie; sie reichten je eins auf den Mann, und eins blieb
übrig. Das gab er dem alten Feldhauptmann und sprach: „Jedem ein Ei,
dem frommen Schweppermann aber zwei!" Diese Worte ließ der alte Held
auf seinen Grabstein schreiben.*) Der gefangene König Friedrich aber wurde
auf das Schloß Trausnitz bei Pfreimdt in der Oberpfalz abgeführt. Als das eiserne Thor des Schlosses knarrend sich öffnete und
Friedrich hineinfuhr, sprach er: „Ja wohl, Trausnitz (trau es nicht!)
— ich würde nicht hier sein, wenn ich meinen Kräften nicht allzusehr ge-
trauet hätte!"

4.

Hiermit war aber der Krieg noch nicht zu Ende; Herzog Leopold führte
ihn fort und brachte den König Ludwig sehr ins Gedränge. Dazu kam,
daß der Papst Johann XXII., gegen den Ludwig nicht gehorsam genug gewesen war, Freund und Feind gegen ihn aufhetzte, ja zuletzt den König mit
dem Bann und das deutsche Land mit dem Interdikt belegte. Da fand indes Ludwig und das deutsche Volk einen unerwarteten Beistand in den
Minoriten (Franziskanermönchen). Diese verteidigten hartnäckig das Gelübde unbedingter Armut, demzufolge sie nicht das geringste irdische Gut besitzen durften. Weil nun der Papst diese Satzung verwarf, traten sie kühn
gegen ihn auf und bestritten sein Ansehen. Eifrig öffneten sie dem lang
verblendeten Volke die Augen, sowohl durch Predigten, als in den Beicht-
stühlen, über alle Anmaßungen des römischen Stuhles, über alle Mißbräuche
und Laster am römischen Hofe. So zerrissen sie den Schleier des Wahns,
hinter welchem sich das Volk den Papst nicht bloß wie Gottes Stellvertreter,
sondern fast wie den allmächtigen Gott selber in unbegreiflicher Heiligkeit
und Majestät gedacht hatte. Da verlor die früher so furchtbare Waffe des
Interdikts ihre Schrecken, und wollten die Geistlichen, dem Gebote des
Papstes folgend, etwa keinen Gottesdienst mehr halten, so zwang sie nun
das Volk dazu. Aber das brachte den Papst nur noch mehr gegen Ludwig auf.

In dieser Not trat der Karthäuser-Prior Gottfried von Mauerbach,
Friedrichs Beichtvater, zu Ludwig und redete mit sanften Worten an sein
Herz. Fromm horchte ihm Ludwig zu; er gedachte der alten Jugendfreundschaft, und voll Vertrauen auf Friedrichs edles Herz sah er in der Versöhnung den Stern des Heils. So ritt er in aller Eile von München
zur Feste Trausnitz und bot dort Friedrich dem Schönen ohne Lösegeld die
Freiheit an. Freiheit! — Dies Wort tönte dem Gefangenen wie Oster-

---

*) Sie finden sich in seiner Grabschrift zu Burgkastel in der Oberpfalz.

glocken; freudetaumelnd verzichtete er auf das Reich und versprach, sowohl für sich als auch für seine Brüder, dem König Ludwig zu huldigen und ihm auch wider den Papst beizustehen; — endlich, wenn es ihm nicht gelingen sollte, die Feinde zu versöhnen, sich auf den Johannistag wieder in Haft zu stellen. Andächtig hörten hierauf die versöhnten Jugendfreunde Messe und nahmen das heilige Abendmahl; der edle Prior Gottfried teilte die Hostie zwischen ihnen zur Weihe der Eintracht und des Friedens. Sie umarmten und küßten sich und der Geist des Herrn heiligte diese Stunde der Versöh=nung. Es war am 13. März 1325.

Blaß und abgemagert kehrte Friedrich, der einst so schön und freudig gewesen war, nach Wien zurück. Seine treue Gattin Isabella konnte es nicht mehr sehen, wie seine Schönheit im Unglück dahin geschwunden war; sie hatte sich um ihn blind geweint. Doch er berief sogleich alle seine Brü=der zusammen und bat sie, dem König Ludwig zu huldigen und ihm die Reichsgüter in Schwaben und im Elsaß zurückzugeben; das ganze deutsche Reich forderte er auf, Ludwig als den rechtmäßigen Herrn anzuerkennen. Doch Herzog Leopold verschloß allen Bitten sein Ohr und sprach: „Nie werde ich erfüllen, was du überrascht in der Not versprochen hast. O sieh! Mein ganzes Leben gab ich ja einzig für die Macht und Ehre unseres Hauses dahin — für dich, mein Friedrich, für dich! Und alles wäre jetzt um=sonst? Nein! Endlich ist das Glück uns hold; du bist frei, ich bin gerüstet, unsere Bundesgenossen harren ungeduldig des Kampfes. Darum nichts vom Frieden!" Der Papst reizte noch diesen Ungestüm und sprach: „Nichtig ist der Eid, welchen du dem Ludwig geschworen, und willst du ihn halten, so treffe auch dich der Bann, wie ihn!" Und der unversöhnliche Papst rief noch die Könige von Polen und Frankreich gegen Deutschland auf, um Lud=wig den Bayer zu verderben.

Als nun Friedrich sah, daß es ihm unmöglich sei, das gegebene Ver=sprechen zu erfüllen und die Feinde Ludwigs zu versöhnen, wollte er doch sein Wort halten. Er reiste um Johannis nach München und stellte sich freiwillig in die Haft. Tief gerührt schloß ihn Ludwig ans Herz und wollte ihn nicht mehr davon lassen. Von Stund' an aßen beide an einem Tische und schliefen in einem Bette, wie zwei leibliche Brüder. Der Papst konnte solche deutsche Treue lange nicht für möglich halten, doch Ludwig baute fest darauf. Und als er seinem Sohne, dem er die Mark Brandenburg ver=liehen hatte, zu Hilfe ziehen mußte, übergab er dem treuen Friedrich die Ob=hut Bayerns. Am 5. September 1326 aber schloß Ludwig mit Friedrich einen Vertrag, daß sie auch die Herrschaft teilen wollten, wie Tisch und Bett. Doch damit waren wieder die Kurfürsten nicht einverstanden, und die Bedrängnisse Ludwigs waren noch keineswegs zu Ende.

Ludwigs Römerzug.

Im nächsten Jahre nach der Aussöhnung mit Friedrich beschloß Lud=
wig einen Zug nach Italien, um sein kaiserliches Ansehen zu heben und
seinem unversöhnlichen Feinde, dem in Avignon (Südfrankreich) unter fran=
zösischer Botmäßigkeit residierenden Papst Johann XXII., durch Einsetzung
eines kaiserfreundlichen Papstes in Rom die Spitze zu bieten. Den Deut=
schen waren jedoch diese Römerzüge stets so verderblich geworden, daß ihre
Abneigung erklärlich war, und nur mit einem kleinen Söldnerheere zog Lud=
wig über die Alpen. Von den gegenpäpstlich gesinnten Ghibellinen ward er
mit offenen Armen empfangen; zwei vom Papst gebannte Bischöfe setzten
ihm in Mailand die lombardische Krone auf, und in Rom empfing er vom
Stadthauptmann Sciarra Colonna die römische, unter lautem Jubel des
römischen Volks. Sodann erhob er einen frommen und gelehrten Franzis=
kanermönch unter dem Namen Nikolaus V. auf den Stuhl Petri. Als aber
der neue Papst, um einen würdigen Hofhalt einrichten zu können, von den
Römern Steuern und Abgaben verlangte, und als Ludwig selber, dem das
Geld fehlte, Ansprüche an ihre Unterstützung machte und seine Kriegsleute
auf Unkosten der Römer zu zehren begannen: da war es mit der Freude
und Zuneigung schnell zu Ende, der Kaiser mußte mit dem von ihm er=
wählten Papste und seiner geringen Kriegerschar schnell aus Rom entweichen,
und Schimpfworte und Steine flogen den Abziehenden nach. Selbst Mai=
land verschloß dem Kaiser die Thore, und mit ärmlichem Gefolge kehrte er
nach Deutschland zurück.

Der Kurverein zu Rense.

Indessen schien ihm hier das Glück wieder lächeln zu wollen. Vier
Wochen vor seiner Rückkehr war sein schwer geprüfter Mitregent, Friedrich
von Österreich, durch den ihm willkommenen Tod von dieser eiteln Welt
abberufen worden (1330), und noch im nämlichen Jahre konnte sich Ludwig
mit dem Hause Österreich völlig aussöhnen. Nun drängte es ihn, auch mit
dem Papst Johann XXII. einen Ausgleich zustande zu bringen. Allein
dieser wies alle Anträge des Kaisers und Königs zurück. Zwar starb er
1334, und ein milder friedliebender Priester folgte ihm unter dem Namen
Benedikt XII. als Papst. Da ließ sich Ludwig in seinem Wahn so weit
herab, dem neuen Papst ein Sündenbekenntnis und Gehorsamsgelöbnis nach
Avignon zu senden. Wie lautete aber die Antwort? Wenn er die Erbar=
mung des apostolischen Stuhles erlangen wolle, so möge er zuvor seine
Krone niederlegen, die er ohne päpstliche Genehmigung trage!

Da ward auch den blödesten Augen klar, daß der Papst unter der Ge=
walt des Franzosenkönigs stand, dem es nach der Oberherrschaft über Deutsch=
land gelüstete. Im ganzen Reich ward der Unwille laut über solche Zu=
mutung, und die Kurfürsten (mit Ausnahme des Königs Johann von Böh=
men) traten (im Jahr 1338) zu dem denkwürdigen Kurverein in Rense

(am Rhein) zusammen, allwo erklärt wurde, daß der durch die Mehr=
zahl der deutschen Kurfürsten erwählte römische König einer
Bestätigung des päpstlichen Stuhles gar nicht bedürfe. Der
hierauf folgende Reichstag zu Frankfurt a. M. stellte als Reichsgrundgesetz
auf, daß der rechtmäßig gewählte deutsche Kaiser seine Macht von Gott habe,
unabhängig von der Anerkennung des Papstes.

Durch diese Beschlüsse war endlich das Recht und die Würde des deut=
schen Reichs gewahrt worden. Die durch das päpstliche Interdikt verbotenen
gottesdienstlichen Handlungen wurden wieder verrichtet und widerspenstige
Priester auf das strengste bestraft.

Ludwigs Ende.

Anstatt nun aber sich selber zu ermannen und auf Grundlage genannter
Beschlüsse alle Verhandlungen mit dem Papste in Avignon abzubrechen, setzte
der kleinmütige und wankelmütige Kaiser diese Unterhandlungen nicht nur
fort, sondern verstand sich zu neuen Demütigungen. Er wollte jetzt den
französischen König (Karl IV.) zu seinen Gunsten stimmen, um durch diesen
— Deutschlands Erbfeind — des Papstes Gnade und Lossprechung vom
Banne zu erlangen. Zu diesem Zwecke brach er sogar ein mit England
gegen Frankreich geschlossenes Bündnis, worauf es der schlaue Karl abgesehen
hatte, der nun den Papst erst recht in seinem Vorgehen gegen Ludwig be=
stärkte. Der Papst verlangte nun sogar, daß ohne seine Erlaubnis keine
Gesetze im deutschen Reiche erlassen werden dürften und die Beschlüsse von
Rense und Frankfurt aufgehoben werden sollten.

Die Kurfürsten hielten aber an ihren Beschlüssen fest — hatten sie doch
durch dieselben ihre eigene Fürstenmacht erhöht und befestigt. Aber den
Kaiser mochten sie fortan auch nicht mehr unterstützen, zumal da derselbe,
um sich von den Fürsten unabhängig zu machen, nun alles aufbot, seine
eigene Hausmacht zu vermehren. Schon 1324 hatte er die Markgrafschaft
Brandenburg nach dem Aussterben der Askanier an seinen Sohn Ludwig
gegeben. Nun bot sich neue Gelegenheit zu Ländererwerb. Die Gräfin von
Tirol, Margareta, mit dem Zunamen „Maultasche", Tochter Heinrichs von
Kärnten, hatte ihrem Gemahl, einem Sohn König Johanns von Böhmen, Tirol
und Kärnten zugebracht; da ihr aber Ludwig, des Kaisers Sohn, besser
gefiel als ihr Gemahl, klagte sie gegen ihn auf Ehescheidung. Dem Kaiser
war das ganz recht; er trennte eigenmächtig diese Ehe und vermählte 1342
Margareta mit seinem Sohne Ludwig, wodurch er Tirol gewann, während
er Kärnten an Österreich gab. Dadurch brachte er das mächtige luxem=
burgische Haus wider sich auf; als er bald darauf (1345) noch Holland,
Seeland und Hennegau als Erbe seiner Gemahlin an sich zog, empörte diese
Ländergier alle Fürsten. Der Papst (Clemens VI.) hatte die Ehescheidung
durch den Machtspruch des Kaisers als einen Eingriff in das Recht der
Kirche verurteilt und benutzte nun die feindliche Stimmung der Fürsten, den
Kaiser abermals zu bannen und seiner Krone verlustig zu erklären. Mehrere

Kurfürsten waren vom Papste gewonnen und wählten nun zu Rense (wo sie nicht lange zuvor die Unabhängigkeit der deutschen Königswahl beschworen hatten!) einen Freund des Papstes aus dem luxemburgischen Hause, Karl, den Sohn König Johanns von Böhmen, der sich auch der Gunst des französischen Königs erfreute.

Ludwig, gestützt auf die deutschen Städte, die ihm treu blieben, rüstete sich zu neuem Kampf, als er, auf einer Bärenjagd bei Fürstenfeldbruck vom Schlage getroffen, plötzlich verstarb, im Jahre 1347.

VI. Karl IV. (aus dem böhmisch=luxemburgischen Hause) 1346—1378.

1.

Mit Ludwigs des Bayern Tode gewann sein Nebenbuhler Karl freie Hand, obwohl er noch einen Gegner, den die bayerische Partei aufstellte, zu bekämpfen hatte. Das war der ritterliche Graf Günther von Schwarzburg. Allein der schlaue Karl wußte auch diesen schnell genug unschädlich zu machen. Er warb um die Tochter des rheinischen Pfalzgrafen Ruprecht, und indem er sie heiratete, zog er das ganze bayerisch=wittelsbachsche Haus auf seine Seite. Gegen den Sohn des verstorbenen Kaisers Ludwig, Ludwig von Brandenburg, hatte er den falschen Waldemar, der sich für einen Sprößling des längst gestorbenen letzten Askaniers ausgab, aufgestellt; diesen ließ er nun fallen. Günther sah sich von seinem Anhange verlassen, und da er plötzlich erkrankte, gab er seine Kronansprüche gegen eine Entschädigung von 20 000 Mark Silber auf. Zwei Tage darauf starb er, wahrscheinlich von seinen Feinden vergiftet.

Der Regierungsantritt Karls ward noch auf andere Weise getrübt. Im Todesjahre Ludwigs des Bayern erschütterte ein Erdbeben die Länder, namentlich im Osten des deutschen Reichs; die Stadt Villach in Kärnten ward samt 30 kleineren Ortschaften fast ganz zerstört. Im folgenden Jahre (1348) wütete die Pest, der „schwarze Tod" genannt, die durch Schiffe aus Ostindien, Persien und der Türkei nach Sicilien, Pisa und Genua gebracht, sich im ganzen deutschen Reiche verbreitete und die Hälfte seiner Bewohner dahin raffte. Man erkannte in diesen schrecklichen Ereignissen die Strafe des Himmels wegen begangener Sünden und glaubte, das jüngste Gericht sei nahe. Im südwestlichen Deutschland erstand die Sekte der Geißler oder Flagellanten, die ihren Körper blutig geißelten, um den Zorn Gottes abzuwenden, und alle Länder durchzogen. Auf einmal hieß es wieder, die Juden hätten alle Brunnen vergiftet, daher rühre die todbringende Seuche. Und nun fiel das bethörte Volk über die Juden her, plünderte ihre Häuser und mordete die Unschuldigen zu Hunderten, ja zu Tausenden

2.

Karl behauptete sich auf seinem Thron. Er hatte sich's viel Geld kosten lassen und verstand es meisterlich, mit Geld sich die Wege zu ebnen. Mit dem Papste und der Geistlichkeit hatte er sich von vornherein gut zu verein= baren verstanden, weshalb ihn das Volk den „Pfaffenkönig" nannte. Das Geld, das er für seine Bestechungen ausgab, mußte er bald wieder ein= zubringen, da er unbedenklich die Rechte und Einkünfte des Reichs an Fürsten und Städte verkaufte. Durch Kauf und Erwerb mehrte er fort und fort seine Hausmacht, die ihm viel mehr am Herzen lag, als das Reich. Er zog zwar (1355) nach Rom, um von dem Papste die Kaiserkrone zu empfangen, hatte jedoch diesem versprochen, alsbald nach der Krönung wieder abzuziehen, so daß er nicht einmal eine Nacht in Rom verblieb. Um die Wünsche und Bedürfnisse der italienischen Patrioten kümmerte er sich nicht, verkaufte aber auch dort die letzten Reichsrechte und kehrte mit gefüllten Ta= schen aus Italien heim.

Nur für sein geliebtes Böhmen sorgte er väterlich. Um seine Czechen zu bilden, gründete er (1348) mit deutschen Lehrkräften die Prager Uni= versität; brachte, nachdem er die Raubburgen zerstört, Handel, Ackerbau, Bergbau empor, baute Brücken und Straßen, Kirchen und Paläste, — auch den stolzen Hradschin in Prag.

3.

Die goldene Bulle.

Für Deutschland hatte er gleich nach der Rückkehr von seiner Romfahrt ein tief in die Verfassung des Reichs eingreifendes folgenreiches Werk ge= schaffen. Er erließ (1356) auf den Reichstagen zu Nürnberg und Metz ein Reichsgrundgesetz, dessen Urkunde von dem großen goldenen Reichssiegel, das in einer Kapsel daran hing, die „goldene Bulle" genannt wurde. Um den Unordnungen und Streitigkeiten bei den Kaiserwahlen ein Ende zu machen, wurde genau festgestellt, wie es bei der Wahl und Krönung gehalten werden sollte. „Ein jeglich Reich," so beginnt die goldene Bulle, „so in ihm selbst uneins ist, wird zugrunde gehen." Die sieben Kurfürsten werden mit den sieben Leuchtern verglichen; sie sollen das heilige römische Reich in Einheit des Geistes erleuchten. Die drei geistlichen Kurfürsten von Mainz, Trier und Köln sind noch im Sinn des alten Reichs die Erzkanzler für Deutschland, Burgund und Italien; die vier weltlichen sind der König von Böhmen als Erzmundschenk, der Pfalzgraf am Rhein als Erztruchseß, der Herzog von Sachsen (Wittenberg) als Erzmar= schall und der Markgraf von Brandenburg als Erzkämmerer.

Diese Wahlfürsten werden vor den übrigen Reichsfürsten sehr bevor= zugt. Ihre Länder sollen ungeteilt auf die Nachfolger übergehen, den Kur= fürsten soll die oberste Gerichtsbarkeit zukommen, so daß man von ihnen nicht mehr an den Kaiser appellieren dürfe; sie verfügen frei über das Münz-

recht, die Bergwerke, den Judenzoll, die alle bis dahin königliche Gerecht=
jame (Regale) gewesen waren. Als Wahlstadt ward Frankfurt a. M., als
Krönungsstadt Aachen bestimmt. Daran schlossen sich Gesetze zur Aufrecht=
erhaltung des Landfriedens. Des Papstes und seines angeblichen Bestätigungs=
rechts bei der Kaiserwahl wird mit keinem Worte gedacht.

Die goldene Bulle war ein Grundstein für die Verfassung des deutschen
Reichs, sie wurde aber auch der erste bedeutsame Schritt zu der unum=
schränkten Fürstenmacht, in welcher das Reich sich zersplitterte und der Kaiser
zu einer Schattenmacht herabsank. Wie wenig dies „Reichsgrundgesetz" dazu
half, die Ordnung im Reiche herzustellen und zu befestigen, zeigte sich schon
unter dem Sohn und Nachfolger Karls, Wenzel von Böhmen. Um diesem
noch bei Lebzeiten die Kaiserkrone zu sichern (was den Bestimmungen der
goldenen Bulle entgegen war), wandte sich Karl an den Papst (was dem
Geiste desselben Grundgesetzes ebenso widerstrebte). Und als Karl 1378 auf
seinem Schlosse in Prag starb, stand der Krieg zwischen Städten, Adel und
Fürsten in hellen Flammen.

Wenzel von Böhmen (1378—1400) und Ruprecht von der Pfalz (1400—1410).

Vor seinem Tode hatte Karl seine Hausmacht derart unter seine Söhne
geteilt, daß sein Erstgeborner Wenzeslav (kurz „Wenzel" genannt) Böhmen
und Schlesien nebst den bayerischen und sächsischen Besitzungen; der zweite
Sohn Sigismund die Mark Brandenburg, Johann das Herzogtum Görlitz
(Lausitz und Neumark) erhielt; seine Neffen Jobst und Procop hatten schon
vorher Mähren in Besitz.

Wenzel zeigte als Reichsoberhaupt anfangs guten Willen, nahm sich
des Landfriedens, der Münzverbesserung eifrig an, zerfiel aber bald wegen
seines herrischen Wesens mit seinen böhmischen Ständen. Dem Trunk und
Jähzorn ergeben, wurden ihm die Regierungsgeschäfte bald zur Last. Seine
Bemühung, die Kirchenspaltung zu beseitigen (zwei Päpste, der eine in
Avignon, der andere in Rom, sollten mit Hilfe des Königs von Frankreich
beide zur Abdankung gezwungen werden), trug ihm üble Frucht, denn der
schlaue Bonifaz IX. hetzte nun die rheinischen Kurfürsten gegen ihn.

Den Fehden im südlichen Deutschland hatte er nicht zu steuern ver=
mocht. Gegen die Städtebünde wurden dort Herrenbündnisse geschlossen, so
der Ritterbund der Schlegler oder Martinsvögel, der Bund vom heiligen
Wilhelm, der Löwenbund, an dessen Spitze der aufstrebende Graf Eberhard
der Greiner (Zänker) stand, und dessen Mitglieder eine lange Kette vom Elsaß
bis nach Thüringen hinein bildeten. Diese Adelsgenossenschaften kehrten ebenso
gern ihren Spieß gegen die Fürsten, damit ihre Übermacht nicht die kleineren
Herren verschlinge, wie gegen die mächtigen, dem Adel Trotz bietenden
Städte, die wie der große schwäbische Städtebund, eine ansehnliche Truppen=

macht ins Feld stellten. Bei dem schwäbischen Dorfe Döffingen kam es im Jahre 1388 zu einer blutigen Schlacht zwischen dem Herrenheer unter Eberhard und dem Bürgerheer unter Besserer von Ulm. Manch Edler war von den wuchtigen Streichen der Bürgerzünfte gefallen, tödlich getroffen sank auch der junge Graf von Württemberg dahin, erschrocken weichen die Mitkämpfer zurück — da ruft der alte Eberhard: Erschrecket nicht! Mein Sohn ist wie ein anderer Mann! Steht tapfer, seht die Feinde fliehen! Und mit Zorn und Ungestüm wirft er sich auf die Feinde, die Seinen thun's ihm nach und die stolzen Bürger werden völlig geschlagen.

Wenzel verbot nun von Eger aus jede Einigung der Städte und suchte den Landfrieden dadurch zu festigen, daß er das Reich in sieben Kreise teilte. Er konnte aber nicht einmal in seinem Erblande Böhmen die Ordnung erhalten. Der böhmische Adel belagerte ihn in seiner Burg, mit der Geistlichkeit war er ganz zerfallen — er hatte unter anderem den erzbischöflichen Vikar Johann von Pomuk (Nepomuck), der ihm nicht Gehorsam leisten wollte, ohne weiteres in die Moldau werfen lassen. — So mußte er sich's gefallen lassen, daß sein Bruder Sigismund, der zu seiner Markgrafschaft Brandenburg noch durch Heirat die Königskrone von Ungarn erworben hatte, im Jahr 1396 Reichsverweser ward. Doch das half dem deutschen Reiche auch wenig, da Sigismund durch die ungarischen Verhältnisse, namentlich durch den Krieg mit der Türkei, ganz in Anspruch genommen wurde. Die Mißstimmung war besonders dadurch gesteigert worden, daß Wenzel dem mächtigen und reichen Galeazzo Visconti um 100 000 Dukaten das Herzogtum Mailand überließ. So ward er im Jahre 1400 von den vier rheinischen Kurfürsten, die auf dem Königsstuhl bei Rense zusammenkamen, für abgesetzt erklärt und an seiner Statt der Pfalzgraf Ruprecht von der Pfalz zum deutschen König erwählt.

Ruprecht, ein Wittelsbacher, war ein ganz tüchtiger Mann, er hatte jedoch in seinen Unternehmungen weder in Deutschland noch in Italien Glück. Erstens fehlte ihm eine größere Hausmacht, und zweitens traten ihm die Kurfürsten, namentlich der Mainzer, alsbald feindselig entgegen, sobald er seinen kaiserlichen Willen durchsetzen wollte. Sein Kriegszug nach Italien, gegen Visconti gerichtet, den er zur Herausgabe kaiserlichen Reichsgebietes zwingen wollte, verunglückte. Daheim führte der ehrgeizige Erzbischof Johann von Mainz, „der beißende Wolf" genannt, das große Wort und thatsächlich das Regiment. Als Ruprecht dies Joch abschütteln wollte, starb er plötzlich (1410).

Es herrschte nun wieder die Meisterlosigkeit im lieben deutschen Reich. Wenzel von Böhmen hatte in seine Absetzung nicht gewilligt; sein Oheim Jobst von Mähren meldete sich zu der Kaiserwürde und Wenzels Bruder Sigismund trat nun gleichfalls als Bewerber hervor. Ihn, als den Tüchtigsten unter den dreien, unterstützte der kluge und reichstreue Burggraf von Nürnberg, Friedrich VI. von Hohenzollern.

Sigismund und das Konstanzer Konzil.

Da Jobst schon 1411 starb und Wenzel sich bewegen ließ, zu Gunsten seines Bruders abzudanken mit Beibehaltung des Titels „römischer König" und einigen Entschädigungen, so bestieg der zweite Sohn Karls IV. unangefochten den deutschen Kaiserthron. Er brachte eine achtunggebietende Hausmacht mit, denn ihm gehörten die Kronen von Ungarn, Bosnien, Dalmatien und in Deutschland die brandenburgischen Marken. Da er, gewandt und im kräftigsten jugendlichen Mannesalter stehend, mit dem bayerischen Hause sich verständigt und in Friedrich von Hohenzollern einen trefflichen Freund und Ratgeber gewonnen hatte: so schöpfte man wieder Hoffnung, daß es ihm gelingen werde, die Ordnung im zerfahrenen Reich herzustellen.

An gutem Willen fehlte es ihm nicht, wohl aber an Charaktergröße; die Verwirrung in Kirche und Staat war so groß, daß er ihrer nicht Herr zu werden vermochte.

Vor allem galt es, der Kirchenspaltung (dem Schisma) ein Ende zu machen. Zwei Päpste, der eine zu Rom, der andere zu Avignon, hatten sich bisher gegenseitig in den Bann gethan, jedoch jeder an seinem Teil mit Ablaß und Stellenhandel auf schamlose Weise Geld erpreßt; die Bischöfe hatten es ebenso getrieben, in den Klöstern war Zuchtlosigkeit und Üppigkeit, in der gesamten Geistlichkeit Trägheit, Unwissenheit und Sittenlosigkeit herrschend geworden. Das Volk erkannte diese Schäden wohl, und allgemein verlangte man nach einer Verbesserung der Kirche „an Haupt und Gliedern". Auf der allgemeinen Kirchenversammlung (Concilium) zu Pisa (1409) waren die beiden Gegenpäpste abgesetzt worden, und ein neuer bestieg den päpstlichen Stuhl; da aber die ersteren nicht weichen wollten, hatte die Kirche nun drei Päpste auf einmal, die sich gegenseitig verfluchten.

So wurde denn von Sigismund ein neues Konzil nach Costnitz (Konstanz) am Bodensee ausgeschrieben, im Jahre 1414. Der Papst Johann XXIII., obwohl er ein schlechtes Gewissen hatte, hielt es doch für ratsam, dem Rufe des Kaisers Folge zu leisten und sich persönlich in Konstanz zu stellen. Die beiden anderen Päpste erschienen nicht selbst, sondern sandten nur ihre Vertreter. Von geistlichen Würdenträgern versammelten sich in der Bodenseestadt 3 Patriarchen, 29 Kardinäle, 33 Erzbischöfe, 150 Bischöfe, 100 Äbte und nahezu 300 Doktoren von allen Universitäten. Außer dem römisch=deutschen Kaiser und den Kurfürsten waren viele Reichsfürsten, Grafen und Herren, ferner Gesandte der christlichen Potentaten von Frankreich, England, Schweden, Dänemark, sowie Abgesandte der freien Reichsstädte erschienen, dazu kamen eine Menge von neugierigen Gästen, von Gewerb= und Handeltreibenden, von Schauspielern, Musikanten, Gauklern und liederlichen Dirnen. Die durchschnittliche Fremdenzahl belief sich auf mindestens 50 000! Das Konzil dauerte 3½ Jahr.

Zuerst erhob sich ein Streit, wie gestimmt werden sollte; man kam endlich überein, daß die Abstimmung nicht nach der Kopfzahl, sondern nach Nationen — der italienischen, französischen, englischen und deutschen, denen die anderen nach Verhältnis zugeteilt wurden, — erfolgen sollte. Johann XXIII. hatte schlau genug eine große Menge italienischer Prälaten (geistliche Würdenträger) mitgebracht in der Hoffnung, daß deren Stimmenzahl zu seinen Gunsten den Ausschlag geben würde. Dieser sein Plan ward nun vereitelt. Was von drei Nationen einstimmig angenommen wurde, galt als Konziliumsbeschluß.

Darauf ging die Versammlung an ihre erste und wichtigste Aufgabe, und es ward durch die zusammenwirkenden Stimmen der Deutschen, Franzosen und Engländer beschlossen, die drei vorhandenen Päpste zu beseitigen und einen neuen, Martin V., zu erwählen. Der zum Rücktritt veranlaßte Papst Johann hatte bereits seine Abdankung unterschrieben, als er plötzlich bei Nacht und Nebel entwich, seine Unterschrift widerrief und das ganze Konzil für ungültig erklärte. Da fuhr ein Schrecken in die versammelten Herren; man fürchtete, es könnte wieder alles vereitelt werden. Doch Kaiser Sigmund hielt sich diesmal tapfer, ermutigte die Konzilsgenossen und brachte den Beschluß zustande, daß eine allgemeine Kirchenversammlung über dem Papste stehe und auch über ihn Gericht halten könne. Der flüchtige Johann wurde verfolgt, eingefangen und nun als schändlicher Verbrechen schuldig (er war früher auch Seeräuber gewesen) schimpflich abgesetzt. Herzog Friedrich von Österreich, der ihm zur Flucht verholfen, ward in die Reichsacht erklärt, worauf die schweizerischen Eidgenossen sich seiner Besitzungen im Aargau bemächtigten und die deutschen Fürsten und Reichsstädte seine österreichischen Besitzungen wegnahmen. Doch ließ sich der Kaiser, dem er schmiegsam Unterwerfung gelobte, bald wieder bestimmen, ihm diese zurückzugeben.

Der neugewählte Papst Martin war ein sehr gewandter und entschlossener Kirchenfürst, der von den päpstlichen Vorrechten und Ansprüchen durchaus nichts opfern wollte. Vergebens hatte Sigismund mit seinen Deutschen geraten, vor der Papstwahl die Kirchenverbesserung vorzunehmen; die italienischen Geistlichen wollten davon nichts wissen und zogen auch die französischen auf ihre Seite. „Zuerst wieder einen Papst!" riefen sie, und als derselbe am 11. November 1417 gewählt war, hintertrieb er alle Besserungsversuche.

Den böhmischen Prediger und Professor Johann Huß, der mit hohem Glaubensmut das Papsttum und die Verderbnis der Kirche angegriffen und bloßgelegt, hatte man schon vor zwei Jahren als verdammten Ketzer verbrannt. Wir kommen in der Reformationsgeschichte (T. III, 2. Abschn.) darauf zurück.

Am 22. April 1418 hielt das Konzil seine letzte Sitzung. Weder die Abstellung der kirchlichen Übelstände und Mißbräuche, noch die Sicherung des Landfriedens und kaiserlicher Macht gegenüber den Reichsfürsten war erreicht worden. Der römische Papst aber verließ Konstanz mit allem Pomp eines weltlichen Herrschers. Der Kaiser führte seinen weißen Zelter am Zügel; Fürsten hielten die Zipfel der scharlachroten Pferdedecke, Grafen trugen einen Himmel über ihm. Stolz zog der neue — alte Papst wieder hinaus in die „ewige Stadt". Dem armen deutschen Reich aber standen neue blutige Kämpfe bevor.

Die Huſſiten.

Die ſchmachvolle Hinrichtung Huſſens, der 1415 verbrannt wurde (im folgenden Jahre bereitete das Konzil deſſen Freunde Hieronymus von Prag dasſelbe Schickſal), ward zur Flamme, die eine Reihe von Jahren in Böhmen furchtbar aufloderte und auch die Nachbarländer ergriff. Die Czechen, ſchon längſt über die harte und willkürliche Regierung ihres Königs Wenzel empört, gerieten nun über die Treuloſigkeit ſeines Bruders, des Kaiſers Sigismund, der ihrem geliebten Lehrer das Wort gebrochen, vollends in Wut. Das Konſtanzer Konzil hatte die Lehre des Böhmen Jakob von Mies, daß man das Abendmahl unter beiderlei Geſtalt — Brot und Wein — wie es die erſten Chriſten gethan, genießen müſſe, verworfen. In Volksverſammlungen feuerten huſſitiſche Geiſtliche das Volk an, den Kelch beim Abendmahl, den die katho-liſchen Prieſter für ſich allein beanſpruchten, ſich nicht nehmen zu laſſen. Als nun vollends der Papſt eine Ketzerbulle gegen die Böhmen erließ und ſein Legat (1419) im Lande ſelber, zu Schlan, einen ihrer Geiſtlichen verbrennen ließ: da war der Aufruhr nicht mehr zu dämpfen. Eine huſſitiſche Prozeſſion zog vor das Prager Rathaus, von wo aus man mit Steinen auf einen ihrer Prieſter, der den Kelch trug, geworfen hatte, die erhitzte Menge er-ſtürmte es und warf ſieben Ratsherren aus den Fenſtern hinab in die Spieße der Untenſtehenden. Die katholiſchen Geiſtlichen wurden verjagt, ihre Kirchen entweiht, Klöſter niedergebrannt.

Der alte König Wenzel war bei der erſten Meldung dieſer Empörung ſo in Wut geraten, daß er ſchon nach zwei Tagen, vom Schlage gerührt, ſtarb. Der Aufruhr ergriff das ganze Land; der wilde, ſehr tapfere, ent-ſchloſſene und kriegstüchtige Ziska (ſpr. Tſchiſchka) von Troznow ſtellte ſich an die Spitze der Scharen, die ſich mit Keulen, Sichelſenſen, Spießen bewaffneten. Die Unterhandlungen, welche Sigismund, der nun als König von Böhmen anerkannt ſein wollte, eröffnete, ſcheiterten an deſſen Verlangen, die Böhmen müßten vor allem ihrer Ketzerei entſagen und zur katholiſchen Kirche zurück-kehren. Nun ſtellte ſich Sigismund an die Spitze eines Heeres von 80 000 Mann — der Papſt hatte, wie früher gegen die Türken der Kreuz-zug gepredigt ward, ſo nun eine Kreuzbulle wider die ungläubigen Czechen erlaſſen. Das Kreuzheer rückte vor Prag, aber Ziska ſchlug den Sturm ab, und Sigismund mußte wieder abziehen. Mit gräßlicher Wut, wie ge-wöhnlich in Religionskriegen, die alle böſen Leidenſchaften des Menſchen ent-feſſeln, wurde von beiden Seiten der Krieg geführt. Zündeten die Deutſchen ganze Dörfer an und warfen Weiber und Kinder in die Flammen, ſo ſteckten die Huſſiten katholiſche Prieſter und deutſche Gefangene in ausgepichte Fäſſer und verbrannten ſie. Mit zwei neuen Heeren brach Sigismund in Böhmen ein; das eine ward bei Saaz zerſtreut, das andere bei Deutſchbrod geſchlagen. Die Huſſiten fielen nun ihrerſeits von Böhmen (dem gelobten Lande) in die Nachbarländer Sachſen, Franken, Brandenburg, Bayern ein (die ſie die Länder der Kananiter, Moabiter, Ammoniter, Philiſter nannten); der Schrecken ging vor ihnen her, und alles floh, wenn ſie anrückten.

15*

Endlich mußte man sich bequemen, mit ihnen zu unterhandeln und ihnen den Gebrauch des Kelchs im Abendmahl gestatten. Die hierdurch besänftigte mildere Partei der Kalixtiner (Kelchner) verband sich nun mit dem Adel wider die wilde unversöhnliche Partei der Taboriten, und nun wurden diese besiegt und 1436 Sigismund auch als König anerkannt.

Hohenzollern und Habsburg.

Um Geld zur Rüstung wider die Hussiten zu bekommen, mußte Sigismund mancherlei Anleihen machen und konnte nicht an die Abtragung älterer Schulden denken. Früher schon hatte er die Markgrafschaft Brandenburg an die Markgrafen Jobst und Procop von Mähren verpfändet. Nach dem Tode derselben übertrug er die Verwaltung und Einkünfte von Brandenburg dem Burggrafen Friedrich VI. von Nürnberg als Pfand für eine Schuld von etwa 100 000 Gulden. Der tapfere und tüchtige Hohenzoller unterwarf den märkischen Adel, welcher ein Räuberleben führte, stellte die Ordnung wieder her und regelte die Einkünfte. Daß er sich als Freund und Helfer des Kaisers bei dessen Thronbesteigung erwiesen, haben wir schon oben erwähnt. Auf die Einladung Sigismunds begab er sich nach Konstanz auf das Konzil. Daselbst wurde er vom Kaiser, der ihn für seine treuen Dienste belohnen und in ihm zugleich eine kräftige Stütze für seine fernere Regierung gewinnen wollte, mit der Markgrafschaft Brandenburg nebst der Kurfürstenwürde und dem Erzkämmerer-Amt förmlich belehnt. „Die Redlichkeit, Vernunft, Festigkeit und andere Tugenden des Burggrafen," heißt es in der Belehnungs-Urkunde vom 30. April 1415, „vorzüglich auch seine lautere, bewährte Treue" seien ihm Bürge, daß derselbe das Wohl der Mark befördern werde. Außerdem wolle er die Zahl der Kurfürsten nicht dadurch mindern, daß er als König zugleich Kurfürst von Brandenburg sei. Endlich sei auch die bisherige Verwaltung des Burggrafen derart gewesen, daß er sich die Zufriedenheit und Liebe der Einwohner erworben habe.

Doch mußte Friedrich erstens das Recht des Rückkaufs für 400 000 Gulden von Seiten Sigismunds zugestehen und zweitens versprechen, die Marken unentgeltlich an den König oder dessen eheliche Erben zurückzugeben, wenn er (Friedrich) mit des Königs (Kaisers) Geheiß, Gunst und Willen selber römischer König werden sollte. Dachte Sigismund daran, während er selber die Kaiserkrone erwerben wollte, dem Burggrafen die Verwaltung des deutschen Reichs als Mitregent zu übertragen? Oder war er willens, die Krone niederzulegen, wenn ihm seine Reformpläne nicht gelangen?

Vom Rückkauf war später keine Rede mehr. Die Besitzungen des neuen Kurfürsten — Brandenburg mit den fränkischen Hausgütern — betrugen im ganzen nur 400 Quadratmeilen mit etwa 300 000 Einwohnern. Das war der Anfang einer Macht, die sich zum Königreich Preußen erweitern, der Hort Deutschlands werden und schließlich die deutsche Kaiserkrone erwerben sollte, im Siege über das Haus Habsburg, das sie vier Jahrhunderte lang besessen.

Die Habsburger begannen viel glänzender und waren mit einer vie' reicheren Hausmacht gesegnet. Sigismund, nachdem er 1431 in Mailand die lombardische, 1433 in Rom die Kaiserkrone erworben und durch Vermittelung des in Basel abgehaltenen Konzils die Böhmen beruhigt hatte, vermählte seine einzige Tochter mit einem Habsburger, dem Herzog Albrecht von Österreich. Da er zugleich König von Ungarn und Böhmen, Herzog von Mähren und Schlesien und Markgraf von der Lausitz war, erbte Albrecht durch seine Frau die Herrschaft über alle diese Lande und so kam die große Hausmacht der Luxemburger an das habsburg'sche Haus, auf das auch in langer ununterbrochener Reihe die deutsche Königskrone überging.

VII. Albrecht von Österreich und Friedrich III.

Nach Sigismunds Tode (1437) folgte ihm unangefochten in Ungarn und nicht ohne Anfechtung in Böhmen und Deutschland Albrecht II., auf den als einen einsichtsvollen und willenskräftigen Mann die Deutschen große Hoffnung setzten. Es war ein Unglück für das Reich, daß er nicht einmal zwei Jahre lang regierte. Nachdem er den von den Böhmen gewählten Gegenkönig Casimir von Polen besiegt hatte, ging er wie seine Vorgänger mit dem Gedanken um, das Reich in Kreise zu teilen, wodurch die Erhebung der Abgaben und Stellung der Kriegsmannschaft erleichtert werden sollten; er wollte auch das römische Recht abschaffen und ein Reichskammergericht einrichten, als die Türken abermals vordrangen. Albrecht warf sich ihnen mit einem österreichisch-deutschen Heere an der Theiß entgegen, starb aber plötzlich an der Ruhr, im kräftigsten Mannesalter.

Die Kurfürsten wählten nun Albrechts Vetter, Friedrich von Steiermark, obwohl man sich nicht viel Gutes von ihm versprach. Sehr päpstlich gesinnt, gab er in seiner gutmütig frommen Schwäche dem Papste alles preis, was die Kirchenversammlungen von Konstanz und Basel ihm abgerungen hatten. Durch seine Trägheit gingen auch Böhmen und Ungarn für Österreich verloren; die Böhmen wählten den kräftigen Georg Podiebrad, die Ungarn Matthias Corvinus zu ihrem König, der sogar Wien eroberte und das Herzogtum Österreich besetzte. Erst nach dessen Tode konnte Friedrich in seine Hauptstadt zurückkehren. Im Inneren von Deutschland war unabläßiger Streit und Hader. Albrecht Achilles von Brandenburg lag in Fehde mit den fränkischen Städten, namentlich mit Nürnberg; in Thüringen und Meißen bekämpften sich Friedrich, der Kurfürst von Sachsen, und Wilhelm, sein Bruder; der Erzbischof von Köln lag im Krieg mit der freien Stadt Soest, in Kurpfalz behauptete sich Friedrich der Siegreiche trotz der über ihn ausgesprochenen Reichsacht. Im Südosten unseres Erdteils stürzte das längst morsch gewordene oströmische Kaisertum, von der Hauptstadt Byzanz (Konstantinopel) auch das byzantinische genannt, unter dem Andrang der tapferen kriegslustigen Türken zusammen. Diese eroberten (1453) Konstantinopel und begannen nun ihre Verheerungszüge gegen die österreichischen

Länder. Ein noch gefährlicherer Feind erwuchs dem Reiche im Westen. Dort, an den Maasmündungen und zwischen Rhein und Schelde war ein Seitenzweig der französischen Königslinie, die Herzöge von Burgund, durch Erbschaft und Eroberung in den Besitz von Niederlothringen gekommen. Unter dem kriegslustigen Herzog Karl dem Kühnen erreichte Burgund eine bedenkliche Macht; alles, was auf dem linken Ufer des deutschen Rheines lag, war in Gefahr, von dem burgundischen Herzog weggenommen zu werden. Im Jahre 1474 belagerte er, vom Kölner Erzbischof zu Hilfe gerufen, die Stadt Neuß am Rhein, zehn Monate lang. Nur dem heldenmütigen Widerstande der Bürger, die alle Stürme abschlugen, und nicht dem höchst trägen langsamen Heranzug des Reichsheeres gelang es, daß dem Herzog hier ein Halt geboten wurde. War doch der sehr undeutsch gesinnte Kaiser selber in geheime Unterhandlung mit dem Reichsfeinde getreten, weil ihm viel daran lag, seinen Sohn Maximilian mit der einzigen Tochter Maria des reichen Herzogs zu vermählen. Darum sah Friedrich auch ruhig zu, als der Burgunder die Schweizer mit Krieg überzog, die vergebens vom Reiche sich Hilfe erbeten hatten. Aber deutsche Tapferkeit machte welsche Prahlerei auch hier zu schanden; die Schweizer allein schlugen das stolze Ritterheer bei Granson und bei Murten (1476) und im folgenden Jahr (1477) vereinigt mit den Lothringern und Elsäßern bei Nancy, wo der zwar tapfere aber unbesonnene und eitle Herzog sein Leben lassen mußte. Diese Siege wurden vom ganzen deutschen Volke, vom Bodensee bis zur Ostsee, mit lautem Jubel begrüßt.

Der Fall Karls des Kühnen kam aber doch dem trägen Kaiser zu statten; die burgundische Herzogstochter reichte dem ritterlichen Max ihre Hand und das reiche Erbe kam nun an das österreichische Haus. Das eigentliche Herzogtum Burgund mit der Hauptstadt Dijon hatte freilich alsbald der König von Frankreich in Besitz genommen, es blieben aber noch die Freigrafschaft Burgund, die Niederlande (Limburg, Brabant, Holland, Hennegau u. s. w.) und die Landschaften Zütphen und Geldern eine reiche Mitgift.

Maximilian I. (1493—1519).

Das Reichskammergericht.

Maximilian war in allem das Widerspiel seines Vaters. Lebenslustig und kraftvoll, in allen ritterlichen Künsten wohlgeübt und tapfer im Krieg, war ihm stete Bewegung und selbst die gefahrvolle Unternehmung erwünscht; schnell ging er in politische Pläne ein, ließ sie freilich auch schnell wieder fallen, wenn ihre Durchführung nicht gleich gelang.

Leider starb ihm schon nach 5 Jahren seine geliebte Maria, nachdem sie ihm einen Sohn Philipp und eine Tochter Margareta geboren hatte. Nun geriet er aber mit den Niederländern wegen der Erbfolge in Streit; er wurde sogar von den Bürgern der Stadt Brügge gefangen genommen. Auch mit dem französischen König Karl VIII. hatte er mancherlei Kämpfe zu bestehen, versöhnte sich aber dann mit dessen Nachfolger Ludwig XII. Auf seine Kriegszüge nach Italien — er hatte sich von dort auch eine zweite Frau, die Nichte des Herzogs Ludwig Moro von Mailand geholt, Blanka mit Namen, die ihm eine Mitgift von 300 000 Dukaten zubrachte — wollen wir nicht näher eingehen, wohl aber der wichtigen und segensreichen Einrichtung gedenken, die im Jahre 1495 zustande kam. Auf dem Reichstage zu Worms setzte er, nachdem das Gesetz vom ewigen Landfrieden zustande gebracht war, nach welchem das Fehderecht für immer aufgehoben ward, das Reichskammergericht ein, nach welchem man schon lange begehrt hatte, besonders von seiten der Städte. Dort sollten die Streitigkeiten zum Austrag gebracht werden, und dem Rechtsspruch dieses Gerichts sollten die Reichsstände sich fügen. Wer dagegen sich auflehnte und sich in der früheren Weise des Faustrechts selber Recht verschaffen wollte, den sollte die Reichsacht treffen. Zur Erhaltung des Kammergerichts ward eine Reichssteuer, der sogenannte gemeine Pfennig ausgeschrieben. Dieses oberste Gericht bestand aus dem obersten Kammerrichter als Stellvertreter des Kaisers und aus sechzehn Beisitzern, von denen 8 aus dem Ritterstande, 8 aus den Rechtsgelehrten genommen wurden. Zur Erleichterung und Förderung seiner Thätigkeit wurde das Reich in zehn Kreise geteilt; es waren der österreichische, bayerische, schwäbische, fränkische, kurrheinische, oberrheinische, burgundische, niederrheinisch = westfälische, der nieder- und obersächsische. Böhmen war, als slavisches Land, nicht einbegriffen; ebenso fehlte die Schweiz.

Der Sitz des Reichskammergerichts war anfangs Frankfurt a. M., dann Speier, seit 1693 Wetzlar. So war endlich das Werk zustande gekommen, mit dessen Entwurf man sich schon lange beschäftigt hatte. Daß der „ewige Landfriede" nicht mit einem Schlage zustande gebracht werden konnte, war erklärlich; aber er ward nun doch auf wirksame Weise angebahnt.

Max war auch der erste deutsche König, der, ohne zu Rom mit der Kaiserkrone gekrönt worden zu sein, den Kaisertitel annahm. Als er gegen die Venetianer zu Felde zog, brachte ihm ein päpstlicher Legat den Titel „Erwählter römischer Kaiser" nach Trient.

Eine neue Zeit war angebrochen; Kaiser Max stand auf dem Wendepunkte, halb in die neuen Verhältnisse und Strebungen hineingezogen, und halb noch in der Romantik des Rittertums und der Lust am Abenteuer befangen. Wir geben auch für diesen Zug seines Wesens noch eine charakteristische Schilderung.

Maximilian „der letzte Ritter" auf dem Throne.

1.

Als Maximilian den Thron bestieg, war er ein Jüngling von außerordentlicher Schönheit der Gestalt und ungemeinem Liebreiz der Sitten, rasch

und feurig, bereit, das Gewagteſte zu unternehmen. An ritterlichen Tugen=
den übertraf ihn keiner. Auf einem Reichstage zu Worms erſchien einſt ein
franzöſiſcher Ritter von rieſenartiger Größe und forderte die tapferſten deut=
ſchen Ritter zu einem Turniere heraus. Lange mochte es keiner wagen, mit
dieſem Goliath in die Schranken zu treten; da kam in glänzender Waffen=
rüſtung mit geſchloſſenem Viſier ein feiner Ritter herangeſprengt, und dieſer
warf nach kurzem Kampfe zum Erſtaunen aller den Rieſen aus dem Sattel
in den Sand hinab. Alle jubelten über die deutſche Kraft und Tapferkeit;
aber die Freude ward erſt recht groß, als der Ritter das Viſier aufſchlug
und der Kaiſerſohn erkannt ward.

Den Gemſen kletterte er nach bis auf die ſteilſten Felſenſpitzen. Einmal
ging er in die Tiroler Alpen auf die Gemſenjagd; da geriet er in der Ge=
gend von Innsbruck auf einen hohen Felſen, die Martinswand genannt.
Er war ſo eifrig von Fels zu Fels geklettert und gerutſcht, daß er nun in
ſchwindelnder Höhe der Martinswand ſich gegenüber ſah und nicht mehr
rückwärts und vorwärts konnte. So viel auch ſein Auge nach einem Aus=
weg forſchte, nirgends war es möglich, die Schritte zurück zu lenken. Vor
ihm war ein jäher Abgrund, wohl 200 Klafter tief. Seine Freunde hatten
ihn aus dem Geſichte verloren; endlich entdeckten ſie ihn an der gefährlichen
Stelle. Zwei Tage und zwei Nächte brachte der allzu kühne Fürſt auf der
Felsplatte zu; da verzweifelte er an ſeiner Rettung. Unten hatte ſich das
treue Tirolervolk verſammelt, das ihm gern geholfen hätte; dem gab Max
durch ein Zeichen zu verſtehen, er wolle ſich zum Tode vorbereiten und er
verlange noch das heilige Abendmahl. Während nun der Prieſter tief unten
Meſſe las und das Allerheiligſte emporhob, fiel der fromme Fürſt oben auf
ſeine Kniee und empfahl ſeine Seele dem barmherzigen Gott, und alles Volk
lag auf den Knieen und betete mit. Aber während Max noch betet, hört er
hinter ſich ein Geräuſch; er wendet ſich um und ſchaut einen jungen Tiroler,
der reicht ihm treuherzig die Hand und ſpricht alſo: „Gnädiger Herr, ſeid
getroſt! Gott lebt noch, der Euch aus der Gefahr erretten wird. Folgt mir
nach und fürchtet Euch nicht, ich will Euch dem Tode entführen." Und es
gelingt dem braven Manne, der jede Felsſpitze genau kennt, ſeinen fürſtlichen
Herrn ſonder Gefahr hinwegzubringen und ihm das teuere Leben zu erhalten.
Es war, als hätte der Himmel ſelber den rettenden Engel geſandt.

2.

Der berühmteſte und klügſte unter den Hofnarren des Kaiſers Maxi=
milian I. war Kunz oder Konrad von der Roſen. Dieſer war ein vertrauter
Günſtling des Kaiſers und hatte ſich durch ſeine Treue und luſtigen Einfälle
ſo beliebt bei ihm gemacht, daß ſein Herr ihn immer um ſich haben mußte.
Als Maximilian noch als römiſcher König im Jahre 1488 in den
Niederlanden einen Landtag ausſchrieb, um die unruhigen Unterthanen in
Ordnung zu bringen, riet ihm Kunz von der Roſen, ſein kurzweiliger Rat,
er ſollte ſich nicht nach Brügge begeben, es möchte ihm ſonſt übel ergehen.
Allein Maximilian kehrte ſich nicht an die Warnung ſeines ſonſt ſo beherzten

Freundes und reiste doch hin. Als nun der König vor der St. Katharinen=
pforte anlangte, ritt Kunz zu ihm und sagte in Gegenwart aller andern:
„Lieber König! ich sehe wohl, daß du deinen getreuen Räten und mir nit
folgen, sondern gefangen sein willst. So sage ich dir, daß ich nit will ge=
fangen werden. Ich will dir das Geleite bis zur Burg in der Stadt geben,
aber mich alsbald zum Genter Thore wieder hinauspacken. Wenn du aber
sehen und hören wirst, daß vor der Stadt die Dörfer und Lusthäuser bren=
nen, so gedenke, daß dein närrischer Kunz solches verursacht habe." König
Maximilian gab ihm zur Antwort: „Kunz, ich sehe wohl, daß du meinen
Söhnen zu Brugg nit viel Gutes zutrauest, die uns doch alle Treue ver=
sprochen haben." Worauf Kunz sagte: „Das glaube ihnen der Teufel!
Trau wohl, ritte mir das Roß hinweg!" Also ist er mit dem Könige in
die Stadt und allein zum andern Thore wieder hinausgeritten nach Middel=
burg zum Herzog Christoph aus Bayern. Kurz nachdem Maximilian in der
Stadt abgestiegen ist, entsteht ein Tumult; der König reitet auf den Markt,
ihn zu stillen, da reißen ihn die Bürger vom Pferde und schleppen ihn in
eines Würzkrämers Haus, welches nachher die Kranenburg genannt worden;
da muß er mit einem anhaltischen Prinzen und etlichen andern des Nachts
auf der bloßen Bank liegen. Die Fenster in dem kleinen Stübchen sind mit
eisernen Stäben wohl verwahrt und den Fenstern gegenüber stehen drei ge=
ladene Armbrüste, als ob man den König gar wollte totschießen.

Kunz von der Rosen blieb unterdessen nicht müßig, sondern bewies seine
Treue durch zwei Wagstücke. Erstlich hatte er sich zwei Schwimmgürtel
machen lassen, womit er bei Nacht über den Schloßgraben bis zu der Burg,
in die man nun seinen Herrn gebracht hatte, hinüberschwamm, willens, mit
Hilfe des andern Schwimmgürtels den König aus der Stadt zu bringen.
Er ward aber, als er sich in den Graben gelassen, von den Schwänen an=
gefallen, welche unter großem Geschrei ihn mit ihren Flügeln dermaßen
schlugen, daß er mit Lebensgefahr sich retten mußte und zurückschwamm.
Diese Schwäne waren wie die Bürger von Brügge französisch gesinnt.

Nach diesem bedachte sich Kunz eines andern Anschlags. Er lernte das
Barbieren oder das Haar= und Bartscheren, stahl sich in Brugg hinein, kam
zu dem Guardian des Franziskaner=Klosters, der dem König wohl gewogen
war und entdeckte ihm sein Vorhaben, seinen Herrn zu befreien. Er begehrte,
der Guardian sollte ihm eine Platte scheren lassen und ihm ein Ordenskleid,
auch einen Klosterbruder (Konventualen) zugeben; so wolle er in der Person
eines Beichtigers zum Könige gehen, ihm gleichfalls eine Platte scheren, dann
ihn in seine Kutte stecken lassen und mit dem Konventbruder ins Kloster
zurücksenden. Alsdann sollte der Guardian mit dem König sich auf ein
Schifflein setzen, welches mit vier Knechten und drei Pferden vor St. Ka=
tharinenpforte auf ihn warten würde, und ihn also nach Middelburg ab=
führen. Der Guardian fragte ihn, wo er denn bleiben wollte. Er ant=
wortete: „Ich will des Königs Kleider anlegen, und wenn die von Brugg
den König suchen, werden sie an dessen Statt einen Narren finden, mit dem
sie alsdann anfangen können, was sie wollen. Mir ist genug, ob sie mir

gleich alle Marter und den Tod selber anthun, wenn ich nur meinen Herrn errette und diese Rebellen von einem Narren betrogen werden." Der Guardian verwunderte sich über diese Treue, that, was er begehrte, und befahl dem Konventbruder, daß er von dem Kunzen sagen solle, er sei des Königs Beichtvater.

Als sie in des Königs Haus kamen und der Leibwacht-Hauptmann fragte, was sie beim Könige zu verrichten hätten, zog der Kunz die Kappe ab, entblößte die Platte und gab andächtig zur Antwort, er sei vom Guardian abgeordnet, den König Beichte zu hören und ihn aus Gottes Wort zu trösten. Wie er nun in des Königs Gemach kam, begann er seiner Gewohnheit nach mit starker Stimme den König also anzureden: „Siehe, nun finde ich dich da, mein frommer König? Daß dich Gottes Marter schänd,*) warum hast du mir nit gefolgt, da ich dich gewarnt? Nun siehe, ich habe mein Leben deinethalben gewagt und will dich mit Gottes Hilfe aus deiner Feinde Händen erledigen, du mußt mir aber jetzt besser folgen." Der König wußte nicht, wie ihm geschah; er erkannte wohl seinen Kunz an der Rede, ihm dünkte aber unmöglich, daß er also durch drei Wachen habe zu ihm kommen können. Als der Kunz den Max so bestürzt sah, sagte er ferner zu ihm: „Lieber Max! Laß dich's nit befremden! Du kennst ja deinen treuen Narren, den Kunzen. Da hab ich mein Scherzeug, damit will ich dir eine Platte scheren; denn ich habe um deinetwillen dies Handwerk erlernt. Ich will auch mit dir die Kleider tauschen und hier bleiben; du aber sollst in meiner Kutte durch die Wacht hinausgehen. Es ist schon alles bereit, komm nur und laß dich scheren."

Doch der edle König Maximilian vermeinte, es stünde seiner Hoheit übel an, auf solche Weise aus der Gefangenschaft zu entkommen, zumal da er vernommen hatte, daß eine starke Hilfe, ihn zu retten, im Anzuge sei. Darum wollte er seinem treuen Kunz nicht folgen; dieser aber sprach: „Lieber König! Ich sehe wohl, daß du immer noch so narrend bist, als zuvor. So behüt' dich Gott, mein närrischer König, du bist gar zu fromm für die Fläminger!" Weinend und betrübt ging er wieder zur Thüre hinaus, und als der Hauptmann ihn fragte, wie er den König befunden, antwortete er: „Fromm!"

---

*) Ein damals gebräuchlicher Fluch.

Siebenter Abschnitt.

Die Helden- und Ritterzeit des Mittelalters.

Aus der Siegfrieds- und Rolandssage.

I. Siegfried der Starke.

1. Die Fahrt nach Isenland. *)

Nun wollen wir, bevor wir uns zur neuen Zeit wenden (womit der dritte Teil unseres Werkes beginnen soll), noch einen Rückblick auf die hochpoetischen Heldensagen unseres Volkes werfen, darauf an die Geschichte der Kreuzzüge eine Charakteristik des Rittertums knüpfen und mit einigen Bildern des mittelalterlichen Kulturlebens schließen.

*   *

*

Fern über der See hatte eine Königin ihren Sitz, die hatte nirgends ihresgleichen; sie war überaus schön und von sehr großer Kraft. Sie schoß den Speer, warf ihn weit hin und sprang dann hinterdrein, und auch im Ringen zeigte sie hohe Meisterschaft. Wer ihre Liebe begehrte, der mußte ihr ohne Zaudern diese Spiele abgewinnen; gebrach's ihm nur in einem Wettkampf, so hatte er sein Haupt verloren. Davon gelangte die Kunde auch zu den Burgunden.

Da sprach der Burgundenkönig Gunther: „Ich will an die See hin zu Brunhilden, wie es mir auch ergehen mag; ich will um ihre Minne mein Leben wagen, ja ich will es verlieren, sie werde denn mein Weib. Willst du mir helfen, um die Minnigliche werben, edler Siegfried? Thu es, ich bitte dich darum; und wo ich das liebliche Weib gewinne, will ich auch wieder deinetwillen Ehre und Leben wagen." Darauf antwortete Siegfried, Siegmunds Sohn: „Giebst du mir deine Schwester, die schöne Kriem-

*) Nach F. Bäßler.

hilde, so will ich es thun und begehre weiter keines Lohnes für meine
Arbeit." — „Das gelobe ich, Siegfried, in deine Hand," sprach Gunther;
„wenn die schöne Brunhilde in mein Land kommt, will ich dir meine
Schwester Kriemhilde zum Weibe geben." Das gelobten sich die beiden
hohen Recken mit Eiden. Nun rüsteten sich die kühnen Männer mit wenig
erlesenen Rittern zu der Fahrt. Siegfried nahm heimlich seine Tarnkappe
mit sich, die er einst den Zwergen abgewonnen hatte, und welche ihren Träger unsichtbar machte. Die Diener trugen die goldfarbenen Schilde der Helden ans Ufer, brachten ihr Gewand und führten auch die Rosse herzu. Da
standen an den Fenstern die lieblichen Kinder und weinten sehr; aber ein
frischer Wind blähte die Segel des Schiffes, und die stolzen Heergesellen
stiegen wohlgemut ein und saßen auf dem Rheine. „Wer will Schiffmeister
sein?" rief König Gunther. Alsbald ergriff Siegfried eine Ruderstange und
schob kräftig vom Gestade; der König Gunther nahm selbst ein Ruder, und
so huben sich die Ritter vom Lande. Sie führten reiche Speise mit sich,
dazu auch guten Wein, den besten, den man am Rheine finden konnte. Ihre
Rosse standen ruhig, das Schiff ging sanft dahin, und auf dem ganzen Wege
widerfuhr ihnen kein Leid.

Am zwölften Morgen hatten die Winde sie vor den Isenstein gebracht,
wo Brunhilde herrschte. Sechsundachtzig Türme sahen sie aus dem Lande
ragen, vor ihnen standen drei große Paläste; sie traten in einen wohl-
gebauten Saal von edlem Marmorstein, in welchem Brunhilde mit ihrer
Dienerschaft wohnte. Die Burg war weit aufgethan; Brunhildens Mannen
liefen ihnen entgegen, empfingen die Gäste im Lande ihrer Königin, führten
ihre Rosse hinweg und nahmen auch ihre Waffen in Empfang. Als nun
die Königin Siegfrieden sah, sprach sie züchtig zu dem Gaste: „Seid willkommen, Herr Siegfried, allhier in diesem Lande. Was bedeutet eure Reise?
Das möcht' ich gern wissen." Siegfried antwortete: „Hier ist Gunther, ein
König reich und hehr, der keinen Wunsch weiter kennet, wofern er deine
Hand gewonnen hätte. Um deinetwillen bin ich mit ihm hierher gefahren;
wäre es nicht mein Herr, ich hätte es nimmer gethan." Sie sprach: „Nun
wohl, wenn er vermeint, die Spiele, die ich ihm zuerteilen werde, zu bestehen, so werde ich sein Weib; gewinne aber ich, so geht es euch allen ans
Leben. Den Stein soll er werfen und danach springen, sodann soll er mir
den Speer schießen und endlich mit mir ringen. Seid nicht zu jach! Ihr
könnt hier Ehre und Leben verlieren; darum bedenkt euch wohl!" — Siegfried der Schnelle trat zum König und munterte ihn auf, gutes Mutes zu
sein; er wolle ihn schon behüten. Da sprach der König Gunther: „Hohe
Königin! Teilet mir zu, was ihr gebietet; und wäre es auch noch mehr.
Ich will mein Haupt verlieren, so ihr nicht mein Weib werdet!"

Als die Königin seine Rede vernahm, hieß sie die Spiele beschleunigen.
Ihre Diener brachten ihr das Kriegsgewand, einen Panzer von rotem Golde
und einen guten Schild. Derweilen war auch Siegfried, der starke Mann,
zum Schiffe gegangen, ohne daß es jemand wußte; dort schlüpfte er in seine
Tarnkappe, und niemand sah ihn nun. Als er zurückkam, standen viele

Recken um die Königin, die ihre hohen Spiele ordnete. Heimlich ging Siegfried umher, und niemand erkannte ihn. Jetzt trug man der Frau einen schweren und großen, starken und gewaltigen Speer herbei, der an der Spitze schrecklich schnitt. Da sprach Hagens Schwestersohn, der kühne Ortwin: „Mich reut die Reise an diesen Hof von Herzen. Sollen uns in diesem Lande die Weiber zugrunde richten? Hätte nur mein Oheim Hagen die Waffe in seiner Hand und auch ich die meine, so möchten wohl alle Brunhildensmannen mit ihrem Übermute sanfter auftreten." — „Ja hätten wir unser Kriegsgewand," sprach Hagen, „so würde auch der Übermut der schönen Frau gesänftigt!" Diese Worte hörte Brunhilde. „Bringet ihm die Waffen," sprach sie mit spöttischem Lächeln. Da freute sich Ortwin und sprach: „Gunther ist unbezwungen, da wir die Waffen haben."

Brunhildens Stärke schien überaus gewaltig. Man trug ihr in den Kreis einen runden Stein, der war so groß, daß ihn kaum zwölf der Recken tragen konnten. An ihren weißen Armen streifte sie die Ärmel empor; faßte den Schild mit der Linken und schwang den Speer mit der Rechten. Da ging es in den Streit. Den Fremden bangte vor Brunhildens Zorn, und wäre nicht Siegfried zu Hilfe gekommen, so hätte Gunther sein Leben eingebüßt. Siegfried eilte herzu und rührte an Gunthers Hand. Die List machte dem Könige große Sorge; doch jener flüsterte ihm zu: „Den Schild gieb in meine Hand, daß ich ihn trage, und nun mache du die Gebärde, das Werk will ich bestehen." Da Gunther nun seinen Freund erkannte, war es ihm lieb. Jetzt warf die herrliche Maid gar kräftiglich auf den großen und breiten Schild, den Siegelindens Sohn an seiner Hand trug, so daß Feuer vom Stahle sprang, als wenn es der Wind wehte. Die Schneide des starken Speeres durchbrach völlig den Schild, daß man das Feuer aus dem Panzerringe lohen sah; die beiden kräftigen Männer strauchelten. Dem kühnen Siegfried sprang das Blut aus dem Munde; aber bald sprang der gute Held wieder auf, nahm den Speer, welcher durch den Schild gedrungen war, und warf ihn mit starker Hand wieder zurück. Das Feuer stob aus den Ringen; so mit starker Kraft hatte Siegmunds Sohn den Speer geschleudert. Auch Brunhilde konnte sich mit aller Kraft nicht aufrecht erhalten, aber sogleich sprang sie wieder auf die Füße. „Edler Ritter Gunther," rief sie, „habt Dank für diesen Schuß!" Sie meinte, der König habe es mit seiner Kraft gethan. Da trat sie zornigen Mutes an den Stein heran, faßte ihn mit kräftiger Hand, und zwölf Klafter weit flog die schwere Last. Die herrliche Jungfrau sprang hinterdrein und mit einem Sprunge stand sie wieder bei dem Steine. Nun ging der schnelle Siegfried hin, wo der Stein lag; Gunther wiegte ihn in der Hand, aber Siegfried warf ihn noch weiter. Da zeigte die kühne Maid dem König Gunther ihrer Stärke Meisterschaft und warf ihn nieder, daß ihm das Haupt dröhnte. Mit ihrer Linken hielt sie seine Hände so fest umschlossen, daß ihm das Blut durch die Nägel drang, mit ihrer Rechten aber griff sie nach ihrem Gürtel von starker Borte, ihn damit zu binden. Da kam der reiche König in große Not. Aber Siegfried, der seinen Fall nicht hatte hindern können, riß jetzt den Darnieder-

liegenden wiederum empor und setzte ungesehen der starken Jungfrau so zu,
daß ihr die Glieder krachten. Nun bekannte sie sich besiegt. Siegfried aber
zog ihr einen goldenen Fingerring von den Händen und nahm ihr den
Gürtel, ohne daß sie es inne ward. Vielleicht that er das aus Übermut;
später, als er mit seiner Kriemhilde gen Niederlande zog, gab er ihr beides,
was ihm später sehr leid werden sollte.

Die Königin rief nun ihre Hofleute herzu und sprach: „Kommet näher,
ihr meine Verwandten und Mannen, ihr sollt nun alle dem Könige Gunther
unterthan werden!" Da legten die Tapferen ihre Waffen aus der Hand
und beugten sich vor Gunther, dem reichen König von Burgundenland; denn
sie wähnten, er habe mit seiner Kraft die Spiele gewonnen.

Siegfried der Starke trug weislich seine Tarnkappe wieder fort und trat
dann in den Saal, wo die Ritter und Frauen versammelt waren. „Wohl
mir um der Kunde willen," sprach er, „daß euer Stolz besiegt ist, und daß
jemand lebt, der euer Meister geworden! Nun sollt ihr uns von hinnen
folgen an die lieblichen Ufer des Rheins, edle Maid!"

2. Siegfrieds Tod.*)

Die beiden Königinnen Kriemhilde und Brunhilde saßen einst zusammen,
gedachten der früheren Tage und stritten über den Vorrang ihrer Männer.
Und als sie zur Kirche gingen, wollte Brunhilde den Vortritt haben. Darüber erhob sich neuer Streit. Erzürnt sprach nun Kriemhilde: „Wie mag
doch Gunther größer sein, als Siegfried, welcher der stolzen Brunhilde den
Ring und Gürtel genommen hat!" Da erschrak Brunhilde und grimme Rachsucht kam in ihr Herz gegen Siegfried, der sie überwunden.

Während Brunhilde voll von Schmerz und bitterem Haß in ihrem Gemache verweilte, trat der grimmige Held Hagen zu ihr ein und fragte nach
der Ursache ihres Kummers. Dem öffnete die Königin ihr Herz, und Hagen
schwur ihr, den edlen Siegfried zu verderben. Gunther und Hagen boten
ihre Kriegsmannen auf, als ob es gegen den Feind gehen sollte, und auch
Siegfried rüstete sich zur Heerfahrt. Da kam auch der grimme Hagen zu
Kriemhilden, um Abschied zu nehmen. „O schütze ihn," sprach arglos Siegfrieds schönes Weib: „zwar ist sein Leib im Blute des Drachen gebadet und
unverwundbar, doch zwischen die Schulterblätter fiel ihm ein Lindenblatt,
und diese Stelle ist verwundbar. O schütze sie, wenn ein Speer den Helden
bedroht!" — „Nun wohl!" sagte der tückische Mann, „aber damit ich die
Stelle wohl im Auge behalte, so nähet mir doch, königliche Frau, ein Zeichen
auf sein Gewand." Und voll zärtlicher Liebe nähet Kriemhilde selber das
blutige Todeszeichen.

Tags darauf beginnt der Kriegszug, und Hagen reitet nahe heran an
Siegfried, um zu sehen, ob die Gattin in ihrer blinden, grenzenlosen Liebe
arglos genug gewesen sei, das Zeichen einzusetzen. Siegfried trägt es wirklich
und nun ist die Heerfahrt nicht weiter nötig; Hagen hat aus den Händen

*) Nach Th. Vernaleken.

Kriemhildens das, was er will, und mehr noch als das, was er erwarten konnte. Die Gefolgsmannschaft wird, statt in den Krieg, zu einer großen Jagd entboten; noch einmal eilt Siegfried zu seinem trauten Weibe, und sie umarmt ihn zum letzten Mal. Bange Ahnungen beängstigen ihre Seele, wie damals, als sie in ihrer Jungfrauenblüte von dem Adler träumte, der den Edelfalken zerriß. Jetzt hatte sie zwei Berge auf Siegfried fallen und ihn unter den Bergestrümmern verschwinden sehen. „O bleibe zurück von dieser Jagd," so bittet sie den Mann, „es drohet dir Verderben!" Doch Siegfried tröstet sie. „Wer soll mir feind sein," spricht er, „da ich allen Gutes er= wiesen habe?" Was sie fürchtet und wen sie fürchtet, das weiß sie nicht, aber mit schwerem Herzen spricht sie das Abschiedswort: „Daß du von mir gehest, thut mir inniglich wehe!"

Die Jagd ist vollendet, und Siegfried hat das meiste Wild erlegt. Die Jäger sind aber durstig geworden ob der Hitze, doch ist weder Wein vor= handen, noch der Rheinstrom in der Nähe, um aus dem Flusse die ersehnte Labung zu schöpfen. Doch Hagen weiß nahe im Walde einen Brunnen; dahin, so rät er, könne man ziehen. Der König Gunther mit allen seinen Mannen bricht auf, dem Borne zu. Schon zeigt sich die breite Linde, an deren Wurzel der kühle Quell entspringt, da beginnt Hagen: „Man hat viel gerühmt, daß dem Manne der Kriemhilde niemand im schnellen Lauf folgen könne. Möchte er uns doch solches sehen lassen!" — „Wohlan!" entgegnete Siegfried, „laßt uns zur Wette laufen nach dem Brunnen, ich werde mein Jagdgewand, auch Speer und Schild behalten; ihr aber könnt eure Kleider ablegen!" — Es geschieht, der Wettlauf beginnt; gleich wilden Panthern springen Hagen und Gunther durch den Waldklee, aber Siegfried ist weit voraus und zuerst zur Stelle. Ruhig legt er nun Schwert, Bogen und Köcher ab, lehnt den Speer an die Linde und setzt den Schild neben den Brunnen. Doch er will nicht früher trinken, als der König und wartet. Diese ehrerbietige Scheu sollte er mit dem Tode bezahlen. Gunther kommt heran und trinkt; nach ihm beugt sich auch Siegfried zum Brunnen nieder. Da springt Hagen herzu, trägt schnell die Waffen des Helden abseits, aber den Speer behält er in der mörderischen Faust, und als Siegfried noch die letzten Züge des frischen Wassers einschlürft, bohrt der grimme Hagen Sieg= frieds eigene Lanze in den Rücken des starken Helden, dort wo das Kreuz die verwundbare Stelle bezeichnet. Das rote Herzblut des herrlichen Sieg= fried spritzt auf Hagens Gewand. Wütend springt der Todwunde auf von dem Brunnen; zwischen den Schulterblättern ragt die lange Speerstange aus dem Leibe hervor. Er greift nach Schild und Schwert, aber das Schwert ist fort, nur der Schild geblieben, weil er dem Helden allzu nahe lag. So faßt er den Schild und stürzt damit auf Hagen los. Grimmig schlägt er auf den Mörder, daß die Edelsteine aus dem Rande des Schildes herausspringen; er schlägt so furchtbar, daß Hagen zu Boden stürzt und der Schild zerbricht. Der Wald hallt wieder von den Schlägen, die von der Hand des sterbenden Helden auf das Haupt des Mörders fallen. Da erbleicht aber seine lichte Farbe, die Stärke des Heldenleibes zerrinnt, der Tod hat ihn gezeichnet.

Kriemhildens Gatte fällt dahin in die Blumen, und in breiten Strömen stürzt das Herzblut aus der Todeswunde.

Siegfried ist tot. Da heben die Herren den Leichnam des Helden, alter Sitte und Ehre gemäß, auf einen goldroten Schild und tragen ihn gen Worms an den Rhein. Manche reden davon, daß man sagen solle, Räuber hätten ihn erschlagen, um den Schandfleck des Verwandtenmordes zu verhehlen. „Ich will" — ruft Hagen — „ihn selbst nach Worms bringen; was kümmert es mich, wenn Kriemhilde erfährt, daß ich ihn erschlagen habe. Sie hat Brunhilden so schwer gekränkt, nun mag sie weinen, so viel sie will!"

Und der entsetzliche Hagen läßt noch in der Nacht den Toten vor die Thür des Hauses legen, in dem Kriemhilde wohnte. „Wenn sie dann morgen früh" — sprach er — „in die Messe gehen will, wird sie den Schatz schon finden." Und des andern Morgens bereitet sich Kriemhilde zur Kirche zu gehen; ein Kämmerer geht ihr voran und sieht den Leichnam. „Frau," sagt er, „da liegt vor der Thür ein erschlagener Ritter!" Ein lauter Schrei des Entsetzens ist Kriemhildens Antwort: sie weiß, wer da erschlagen liegt, ohne daß man es ihr gesagt hat. Und als sie nun den Erschlagenen sieht, vom Blute übergossen und die edlen Züge starr vom Todeskampfe, da ruft sie: „Du bist ermordet, dein Schild ist nicht zerhauen. Wehe dem Mörder!"

Siegfrieds Mannen und der greise Vater Siegmund werden geweckt; lauter Jammer erfüllt weit und breit die Höfe und Säle, und die treuen Mannen scharen sich zur Rache zusammen. Kriemhilde aber wehrt mit aller Macht und spricht: „Noch ist es nicht Zeit zur Rache, aber sie wird kommen!" Als der Tote auf der Bahre liegt, kommt der König mit seinen Leuten; auch Hagen tritt herzu. Kriemhilde aber wartet des Bahrrechts — einer Volkssitte und eines Volksglaubens, der noch heute nicht ganz erstorben ist. Wenn der Mörder dem Gemordeten nahe tritt oder gar dessen Leichnam berührt, so öffnen sich die Wunden und das Blut fließt von neuem. Und siehe, da König Gunther der trauernden Witwe eben einreden will, der Held sei von Raubmördern erschlagen, da tritt Hagen heran, und die Wunden fließen. „Ich kenne den Mörder schon," ruft die arme Kriemhilde, „und Gott wird die Frevelthat rächen!" Der Leichnam wird eingesargt und zu Grabe getragen; Kriemhilde folgte mit unendlichem Jammer und ringt bis zum Tode. Noch einmal begehrt sie das schöne Haupt des Geliebten zu sehen, und der köstliche Sarg, aus Gold und Silber geschmiedet, wird aufgebrochen. Da führt man sie herbei, und mit ihrer weißen Hand hebt sie noch einmal das Heldenhaupt empor und drückt einen Kuß auf die bleichen Lippen.

II. Rolands des Kühnen Tod.*)

1.

Nachdem der herrliche Kaiser Karl sich Spanien unterworfen und zum Glauben an Gott und seine heiligen Apostel bekehrt hatte, zog er zurück und kam nach Pampelona und ruhte dort einige Tage aus mit seinem ganzen Heere. In Saragossa aber waren damals zwei sarazenische Könige, die Brüder Marsilies und Beligand, die der Sultan von Babylon dahin geschickt hatte. Sie waren dem Kaiser Karl unterthänig geworden und dienten ihm scheinbar gern in allen Stücken; aber sie meinten es nicht ehrlich mit ihrer Treue und Anhänglichkeit an ihn. Da schickte ihnen der Kaiser den Ganelon zu, der zu den zwölf besten Mannen Karls gehörte, aber Untreue im Herzen trug, und ließ ihnen sagen, daß sie sich taufen lassen oder ihm den Tribut schicken sollten. Sie schickten ihm dreißig Rosse mit Gold und Silber und feinen Gewändern beladen, vierzig Rosse mit dem süßesten und reinsten Weine und eben so viel auch für die anderen Kämpfer, dazu tausend schöne Maurinnen. Dem Ganelon aber boten sie zwanzig Rosse mit Gold und Silber und feinen Gewändern beladen, wenn er die Krieger Karls in ihre Hand liefern wollte. Darein willigte der böse Ganelon und empfing den Lohn.

Nachdem sie dann alles wohl miteinander verabredet hatten, kehrte Ganelon zum König Karl zurück und gab ihm die Schätze, welche die maurischen Könige ihrem Oberherrn darbrachten, und sagte auch dem Könige, daß Marsilies Christ werden wollte und sich schon vorbereitete, ins Frankenreich zu Karl zu gehen, um dort bei diesem die Taufe zu empfangen. Karl schenkte den Worten Ganelons Glauben und schickte sich an, die Pässe der Pyrenäen zu übersteigen. Ganelon aber gab ihm ferner den Rat, er solle seinem Neffen Roland und dem Grafen Oliver den Nachtrab übergeben, da diese mit 20 000 Streitern im Thale Ronceval die Wacht hielten, bis Karl und das ganze Frankenheer wohlbehalten hinüber gekommen sei. So geschah es. Aber einige aus dem Heere der Christen überließen sich zügellosem Leben und allerlei Ausschweifungen, und dafür mußten sie bald den Tod erleiden.

Während Karl mit Ganelon und dem Erzbischof Turpin und vielen Tausenden der christlichen Streiter die Pässe überstieg, hielten Roland und Oliver mit ihren 20 000 Kriegern treue Wacht. Aber in der Frühe eines Morgens stiegen Marsilies und Beligand mit 50 000 Kriegern von den Hügeln aus den Schluchten, wo sie sich auf Ganelons Rat zwei Tage und zwei Nächte lang verborgen gehalten hatten. Sie machten zwei Haufen, einen von 20 000, den andern von 30 000 Kriegern, und als der größte Haufe noch zurück war, griff der kleinere Haufe die Franken sofort im Rücken an. Diese aber wandten sich und kämpften so wacker, daß nach der dritten Stunde auch nicht ein einziger von den 20 000 Mauren noch am Leben

---

*) Nach O. Klopp.

war. Aber unterdessen waren auch die andern herangekommen, und die er-
matteten Franken mußten abermals gegen sie kämpfen. Da fielen sie vom
Größten bis zum Geringsten, einige durch den Speer, andere durch das
Schwert, andere durch die Streitaxt und wiederum andere durch Pfeile und
Wurfspieße. Manche wurden auch lebendig geschunden, andere verbrannt und
an Bäumen aufgehängt. Darauf zogen sich die Mauren eine Strecke zurück.

2.

Roland aber war noch nicht gefallen, sondern als die Heiden sich zurückzogen, kehrte er zurück und forschte, wie es mit den Seinen stünde. Da
erblickte er einen Mauren, der kampfesmüde sich in den Wald zurückgezogen
hatte und dort ausruhte. Sogleich ergriff ihn Roland lebendig und band
ihn mit vier starken Stricken an einen Baum. Dann stieg er auf eine Anhöhe, um sich nach den Feinden umzusehen, und als er erkannt hatte, daß
ihrer viele in der Nähe waren, stieß er in sein gewaltiges Horn, um die
Franken zu rufen, welche etwa noch leben und sich verloren haben möchten.
Da versammelten sich ungefähr hundert um ihn, und mit diesen stieg er wieder hinab ins Thal Ronceval. Als er zu dem Mauren kam, den er vorher
gefesselt hatte, band er ihn los und erhob die entblößte Klinge seines
Schwertes über das Haupt des Gefangenen und sprach zu ihm: „Wenn du
jetzt mit mir kommst und mir den Marsilies zeigst, so sollst du das Leben
behalten, wenn aber nicht, so mußt du sterben." Damals kannte Roland
den Marsilies noch nicht. So ging denn der Maure voran, und Roland
folgte ihm, und der Gefangene zeigte ihm bald in der Ferne unter den
Reihen der Mauren den Marsilies, der auf seinem Rotfuchs saß und den
runden Schild schwang. Da ließ Roland seinen Gefangenen entweichen, er
betete zu Gott und stürzte sich dann mit seiner kleinen Schar auf die Mauren. Einer von diesen kam zu Roland heran, der war größer und stärker
als die andern; aber Roland faßte sein Schwert und spaltete ihn mit einem
Hiebe vom Scheitel an, also daß rechts und links vom Pferde ein halber
Maure niedersank. Da erfaßte Schrecken die andern, sie eilten davon und
ließen Marsilies mit wenigen Begleitern allein im Felde. Roland vertraute
auf Gott und auf die Kraft seines Armes und drang in die Reihe der
Mauren, gerade auf Marsilies los. Der begann zu fliehen, aber Roland
erreichte ihn und schlug ihn mit starker Hand, also daß auch Marsilies hin-
fiel und starb.

Unterdessen waren die hundert Begleiter Rolands, die vom Frankenheer
noch übrig waren, alle gefallen, und Roland selbst war von vier Speeren
und vielen Steinwürfen hart verletzt, und nur mit Mühe gelang es ihm, zu
entkommen. König Karl aber war mit seinem Heere schon über die Spitze
der Berge hinüber und wußte nichts von dem, was in seinem Rücken geschah. Da irrte der gewaltige Held Roland, kampfesmüde und tiefbekümm-
mert um den Untergang eines so herrlichen Heeres, einsam umher und kam
bis an den Fuß des Berges, welchen er nicht mehr zu übersteigen vermochte.
Dort stand ein Baum neben einem Marmorstein, hier sprang Roland vom

3.

In der Geschichte ist der Name Roland kaum genannt und bekannt. Die Sage, die zu einem so großartig schönen Heldengedichte Anlaß gab, scheint von wenigen Worten Einhards (Eginhards) ihren Ausgang genommen zu haben, worin der Verfasser der Lebensbeschreibung Karls des Großen berichtet, es sei im Jahr 777 eine arabische Gesandtschaft aus der hispanischen Stadt Caesaris Augusta (Saragossa) nach Paderborn zu König Karl gekommen,*) als derselbe allda das Maifest feierte und habe ihn um Hilfe gegen den Emir Abderrhaman gebeten. Diese habe Karl zugesagt und sei im folgenden Jahr mit Heeresmacht nach Spanien gezogen, habe die Städte Pamplona und Saragossa erobert, sei aber schnell nach Deutschland zurückgekehrt, da man ihm von einem neuen Aufstand der Sachsen Meldung gethan. Auf dem Rückzug sei er durch ein enges Thal in den Pyrenäen gekommen und dort von dem Bergvolke der Waskonier (Gascogner) überfallen worden, wobei der Held Hruodlandus (Roland), der das Hintertreffen deckte, erschlagen ward.

Merkwürdig genug ist in den Pyrenäen das Andenken an Roland noch keineswegs erloschen, denn noch jetzt führen Berge, Felsen und selbst Blumen nach ihm den Namen. In unserem Deutschland aber lebt das Andenken an Held Roland, ob an diesen oder einen andern, noch in mancher andern Sage fort. Wo der grüne Rhein das Gebirge verläßt, das er in grauer Vorzeit zwischen Bingen und dem Siebengebirge durchbrochen haben soll, unfern von Bonn, liegt ein Ort, Rolandseck genannt. Auf einem steilen Berge steht da noch ein alter Fensterbogen, der einst zu Rolands Burg gehört haben soll, welche auf diesem Felsen stand. Von da schaut man nieder auf die schöne Insel Nonnenwert, im breiten Spiegel des Rheines, und gegenüber liegt die jähe Wand des Drachenfelsen, wo einst der Drache die Jungfrau bewachte, die von dem leuchtenden Helden Siegfried erlöst ward. Hinter dem Drachenfelsen aber ragen die sechs andern Kuppen des Siebengebirges hervor.

Aber noch in einer andern Weise ist uns das Andenken Rolands und zwar im Sachsenlande erhalten. In vielen alten Sachsenstädten findet man gewaltige Steinbilder, die man Rolande nennt. Es sind riesenhafte Männergestalten mit Waffen geschmückt; die Rechte hebt hoch das Schwert empor, und die Linke deckt mit dem Schilde die Brust. Von allen der berühmteste ist der Roland von Bremen, der mitten auf dem Markte steht. Außerdem aber findet man Rolandsbilder in Naumburg, Nordhausen, Magdeburg, Halberstadt und — wohin später der sächsische Stamm vordrang, nachdem die vorgedrungenen Slaven wieder zurückgetrieben waren, — in Brandenburg, Stendal, ja auch in kleineren Städten, wie in Perleberg, selbst in Flecken und Dörfern, wie in Reichenwalde in der Lausitz.

*) Vgl. oben S. 124 u. ff.

III. Geschichtsbilder aus den Kreuzzügen.

Papst Urban II. und der Eremit Peter von Amiens (1095 n. Chr.).

1.

Als die Türken, welche schon längst unumschränkte Herren von Palästina und der heiligen Stadt Jerusalem waren, die christlichen Pilger, welche nach dem Grabe des Erlösers wallfahrteten, immer härter bedrückten, dazu auch der griechische Kaiser Alexius, dem vor der türkischen Übermacht bange ward, sich mit Bitten um Hilfe an den heiligen Vater in Rom wandte, faßte Urban II., das damalige Oberhaupt der katholischen Christenheit des Abendlandes, in seinem weitschauenden Geiste den großen Entschluß, alle Gläubigen der katholischen Kirche zu einem Kreuzzuge nach Palästina aufzubieten, um das Grab des Heilandes und die heilige Stätte, wo er gelehrt, gelebt und gelitten hatte, aus den Händen der Ungläubigen zu befreien. Er berief eine große Kirchenversammlung nach Klermont im südlichen Frankreich, auf den November 1095. Eine weite Ebene war hier mit Bischöfen und Mönchen, Fürsten und Herren bedeckt; und als der Papst ihnen alle die Vorteile ans Herz legte, die sie bei einem solchen Zuge gewinnen könnten, nämlich unermeßliche Beute, Vergebung aller Sünden und unsterbliches Verdienst im Himmel, da rief die ganze Versammlung: „Gott will es, Gott will es!" Alle knieten nieder, um den Segen des heiligen Vaters zu empfangen, und als der Papst einem Bischofe, den er zu seinem Legaten auf dem Zuge ernannte, ein rotes Kreuz von wollenem Zeuge auf die Schulter heftete, drängten sich alle, Geistliche und Laien, herzu, um sich ein Kreuz auf ihr Gewand nähen zu lassen. Daher der Name „Kreuzfahrer".

In größter Aufregung eilten alle nach Hause, um sich zu rüsten. Der Ritter träumte schon von seinen Heldenthaten und den unermeßlichen Schätzen auf Erden und im Himmel. Der leibeigene, hartgedrückte Bauer verließ fremden Pflug und Egge, um sich in einem andern Weltteile die Freiheit und den Himmel zu erkämpfen. Alle Schuldner sollten von ihrer Schuld keine Zinsen bezahlen, so lange sie im heiligen Lande wären. Für die Zurückbleibenden sollte väterlich gesorgt werden; Geld und Gut wollte die Kirche in Verwahrung nehmen und den Zurückkehrenden wiedererstatten.

2.

Nicht wenig half im nördlichen Frankreich ein begeisterter Einsiedler, Peter von Amiens, die allgemeine Begeisterung mehren. Dieser, ein hageres kleines Männchen, aber voll Feuer und Beredsamkeit, durchzog im groben Pilgergewand, mit einem Strick umgürtet, das Kruzifix in der Hand und auf einem Esel reitend, das Land und schilderte mit glühenden Farben die

Not der Christen im heiligen Lande, und wer ihn hörte, war auch mit Begeisterung erfüllt, Gut und Blut für die Sache Gottes zu opfern. *)

Der Zug sollte den 15. August 1096 nach vollbrachter Ernte anfangen. Allein schon im Frühling dieses Jahres erschien Peter an der Spitze von 15000 Menschen, meist Italienern und Franzosen, und wie er weiter zog, vergrößerte sich der Haufe immer mehr, so daß er ihn teilen mußte; er übergab darum eine Hälfte einem französischen Ritter, Walter von Habenichts, so genannt wegen seiner Dürftigkeit. Doch diese Scharen zogen ohne Lebensmittel und Bekleidung, wie Feinde und Räuber daher. Die Reichtümer der Juden reizten ihre Habsucht; da schworen sie in roher Wut: „Verflucht ist dies Volk, das den Heiland gekreuzigt hat! Darum Rache an den Juden für Christi Blut!" Und sie erschlugen die Juden in Deutschland, wo sie dieselben fanden. Als sie jedoch weiter nach Osten vordrangen, wurden die Ungarn, Bulgaren und Griechen über ihre Plünderungen so erbittert, daß sie über die Kreuzfahrer herfielen, einen großen Teil derselben niederhieben und ihnen all ihr Gepäck wegnahmen. Endlich gelangten Peter und Walter nach Konstantinopel und baten hier um Lebensmittel und Beistand. Der Kaiser ließ sie geschwind über die Meerenge nach Kleinasien übersetzen, um des losen Gesindels nur ledig zu werden. Dort gerieten sie unter einander selbst in Zwist, mordeten sich selbst und wurden bei ihren Plünderungen von den Türken ermordet. Eine Schar von 25000 Mann ward am Drakonflusse von dem seldschuckischen Heere geschlagen und fast aufgerieben. Es blieben nur noch 3000, mit welchen sich Peter noch zur rechten Zeit nach Konstantinopel rettete. Er selber verblieb den Winter über in Konstantinopel und schloß sich später den Scharen Herzogs Gottfried von Bouillon an, mit denen er dann nach Jerusalem gelangte.

Gottfried von Bouillon (1099 n. Chr.).

1.

Nun erst, zu der bestimmten Zeit, brach der edle und fromme Held Gottfried, Herzog in Niederlothringen, auf mit 80000 Fußsoldaten und 10000 Reitern. Er wurde von seinem Bruder Balduin begleitet. Beide Herren hatten ihr Leben diesem heiligen Kriege geweiht und verkauften oder verpfändeten alle ihre Besitzungen im Abendlande; viele Ritter und Gemeine thaten dasselbe. Gottfried zog mit seinem Heere in guter Ordnung durch Deutschland, wo sich auch manch tapferer Ritter seiner Fahne anschloß, öffnete sich dann den Durchzug durch Ungarn mit Güte und langte ohne Störung im Gebiete des griechischen Kaisers Alexius an. Hier fanden sich auch die übrigen Grafen und Herzöge zu ihm, die auf anderen Wegen gezogen waren:

---

*) Bisher ward allgemein angenommen, Peter von Amiens habe nach einer Wallfahrt zum heiligen Grabe durch seine Beredsamkeit den Papst Urban II. zur Ausschreibung eines Kreuzzuges bestimmt und schon vor der Kirchenversammlung zu Klermont das Kreuz gepredigt; das Verdienst gebührt aber allein dem Papste, und von Peter von Amiens ist erwiesen, daß er erst mit dem Kreuzheere nach Jerusalem gelangt ist.

Hugo, Bruder des Königs von Frankreich; Graf Raimund von Toulouse, ein Greis, der den Rest seines Lebens dem heiligen Grabe weihte; Herzog Robert von der Normandie, Bruder des Königs von England; Robert, Graf von Flandern. Nachher vereinigte sich noch mit ihnen einer der mäch= tigsten, Boëmund, Fürst von Tarent in Unteritalien, nebst seinem berühmten Vetter Tankred, der sich auf diesem Zuge auch ein eigenes Reich zu erobern gedachte. Das ganze Kreuzheer belief sich auf 600000 Mann. Dem grie= chischen Kaiser war es zwar unlieb, daß ein so zahlreiches Heer seine Län= der überschwemmte; aber der wohlgeordneten Macht wagte er nicht zu widerstehen, und so bequemte er sich, den Kreuzfahrern die verlangten Lebens= mittel zu reichen, nachdem sie ihm alle künftigen Eroberungen gewährleistet hatten.

2.

Der edle Gottfried hielt während des Zuges streng auf Ordnung und Zucht; wenn Streit und Hader unter den uneinigen Kreuzfahrern ausbrach, stillte sein Ansehen den Zwist, und wo tapfere Thaten geschahen, da war Gottfried dabei. Bei Doryläum in Kleinasien hatte sich ein Türkenheer auf= gestellt, aber unter Gottfrieds Oberbefehl gewann das Heer der Kreuzfahrer einen herrlichen Sieg.

Auf dem Marsche von Doryläum nach Tarsus gelangte das Christen= heer in ein liebliches Thal. Hier machte es Halt, und die Kreuzfürsten, an= gelockt durch die freundlichen Wälder, vergnügten sich mit Jagen. Bald zerstreuten sie sich. Da erblickte Gottfried, von den übrigen getrennt, einen armen Pilger, der von einem furchtbaren Bären verfolgt wird. Gottfried zieht eiligst sein Schwert und mit heftigem Geschrei sprengt er gegen den Bären heran. Sogleich verläßt dieser den Pilger, wendet sich gegen den Herzog und stellt sich, um ihn zu packen, hoch empor. Der Herzog läßt sich dadurch nicht schrecken, er führt einen gewaltigen Streich gegen den Bären, aber — verfehlt ihn. Nun erfaßt dieser mit den Tatzen des Ritters Kollet und reißt ihn zu Boden. Zwar erhebt sich Gottfried augenblicklich, aber in= dem er sein Schwert, das beim Fallen vom Pferde ihm zwischen die Beine gekommen ist, abermals zieht, verwundet er sich in den Schenkel. Doch stößt er es dem Ungeheuer in die Kehle. Wütend setzt der Bär den Angriff fort, und Gottfrieds Blutverlust wird immer größer, immer mißlicher der Ausgang. Da sprengt, herbeigeführt durch das Geschrei des geretteten Kreuz= fahrers, einer von Gottfrieds Rittern heran und giebt dem Ungeheuer den Rest. Jetzt erst fühlt der Herzog das Übermaß seiner Erschöpfung. Schwach, bleich, mit dem Tode ringend, kann er kaum mehr stehen. Auf einer Trag= bahre wird er unter dem Wehklagen des ganzen Heeres ins Lager zurück= geschafft, und lange Zeit vergeht, bis er völlig hergestellt ist.

3.

Antiochien war, bis auf die feste Burg, von dem Kreuzheer erobert, und 10000 Einwohner dieser großen Stadt wurden erschlagen; allein so glänzend anfangs auch die Beute war, bald kam wieder die Not. Kor=

boga, Fürst von Mosul, zog mit einem ungeheuren Heere der Seldschucken heran und schloß die Christen in Antiochien ein. Aus Belagerern wurden nun diese Belagerte, die bald in Hungersnot kamen. Vielen der Kreuzfahrer entsank der Mut so sehr, daß sie an Stricken sich von der Mauer herab= ließen und entrannen; davon bekamen sie den Namen „Strickläufer". Selbst der Kaiser Alexius hatte wegen dieser Strickläufer Angst bekommen, daß er nicht zum Entsatz herbeizukommen wagte. Ohne Mut und Trost saßen die Wallbrüder in den Häusern, ohne an die Verteidigung der Mauern ihre Kraft zu wenden; da ließ Boëmund an 2000 Häuser in Brand stecken, um nur die Säumigen herauszutreiben. Gottfried teilte sein letztes Brot mit seinem Freunde Heinrich von Hache, aber er erklärte auch mit feierlichem Eide, daß er nur als Leiche Antiochien räumen, lebend aber den Zug nach Jerusalem nie aufgeben werde.

In dieser bedrängnisvollen Lage war die Rettung nur von der Er= neuerung der hingestorbenen Begeisterung zu erwarten. Nur dann, so schien es, konnten die Kreuzfahrer auf sich selbst vertrauen, wenn sie dem Himmel vertrauten. Priester und Heerführer beeiferten sich daher, durch das Gerücht himmlischer Erscheinungen und Tröstungen dieses Vertrauen zu erwecken. Zuerst hieß es, der heilige Ambrosius, ehemals Erzbischof von Mailand, sei einem italienischen Priester erschienen und habe ihn versichert, daß die Kreuz= fahrer nach drei harten Prüfungsjahren Jerusalem erobern und alle Un= gläubigen besiegen würden. Dann meldete ein anderer Priester, Namens Stephan, Christus selbst, begleitet von der heiligen Jungfrau und dem Apostel Petrus, sei ihm erschienen und habe ihm aufgetragen, den Kreuz= fahrern zu sagen, würden sie zu ihm zurückkehren, so wolle er auch zu ihnen zurückkehren und binnen fünf Tagen ihnen helfen.

War schon durch diese Verheißungen ein Strahl von Hoffnung in den Gemütern der entmutigten Kreuzfahrer aufgegangen, so mußten sich noch weit glänzendere Wirkungen erwarten lassen, wenn eine Reliquie zu Tage geför= dert werden konnte, die Kampf und Sieg bedeutete. Als eine solche Reliquie mußte man die heilige Lanze betrachten, womit der römische Soldat Longinus einst die Seite des Heilandes durchbohrt hatte. Sollte sie aber das leisten, was von ihr zu erwarten war, so mußte ihre Echtheit durch göttliche Aussprüche bewährt und selbst ihre Auffindung als Werk himm= lischer Offenbarung betrachtet werden können. Graf Raimund von Toulouse war die Seele dieses Unternehmens. Eines Tages trat ein Priester aus Raimunds Gefolge, Namens Peter Bartholomäus, öffentlich zu ihm und dem Bischof Adhemar und meldete folgendes: Zu wiederholten Malen habe ihm der Apostel Andreas auf= getragen, die heilige Lanze, die in Antiochien und zwar in der Peterskirche nicht weit vom Hochaltar vergraben liege, den Kreuzfahrern und zuerst dem Grafen Raimund, dem sie Gott zugedacht, zu übergeben. „Nach der Erobe= rung Antiochiens," sagte Peter Bartholomäus, „habe ich aus Besorgnis, man möchte mir als einem unbedeutenden Manne keinen Glauben schenken, die empfangene Offenbarung verschwiegen. Nun aber ist mir der Apostel

Andreas noch dreimal erschienen und das dritte Mal hat er mich unter harten Drohungen zum Aufsuchen der heiligen Lanze aufgefordert." Als Bartholomäus seine Rede geendet hatte, erklärte der fromme Bischof Ademar dessen Angabe für nichtiges Geschwätz; allein Graf Raimund hielt sie für wahr, alle wundergläubigen Kreuzfahrer traten ihm bei, und im Rate der Fürsten wurde das Ausgraben der heiligen Lanze beschlossen.

Am 14. Juni des Jahres 1098 ging Peter Bartholomäus mit zwölf Männern, unter denen sich auch Graf Raimund und dessen Kaplan befanden, in die Peterskirche. Alle Zuschauer wurden hinausgetrieben und vom Morgen bis zum Abend wurde gegraben. Umsonst! Da begannen einige an der Auffindung des erwarteten Siegeszeichens zu zweifeln, selbst Graf Raimund entfernte sich, und an die Stelle der ermüdeten Arbeiter traten neue. Hierauf sprang Peter Bartholomäus mit bloßen Füßen, nur mit einem Hemde bekleidet, in die Grube und beschwor die Anwesenden, eifrig zu Gott zu beten, daß er den Seinigen die heilige Lanze zur Stärkung und zum Siege verleihen möge. Nun, da die Anwesenden im Gebet versunken und von der Abenddämmerung umflossen sind, bringt Peter eine Lanzenspitze hervor. Kaum zeigt er dieselbe, so ergreift sie Raimunds Kaplan und küßt sie mit einer Lebhaftigkeit, die alle andern mit Inbrunst entzündet. Ein lautes Jauchzen entsteht; wonnetrunken strömt die Menge herbei, küßt mit Freudenthränen das Unterpfand der göttlichen Gnade und singt mit dankbarem Entzücken: „Herr Gott, dich loben wir!" Darauf wird die Lanze in kostbaren Purpur gewickelt, mit Gold und Silber umgeben und Graf Raimund zu ihrem Träger bestimmt.

Nun blühte neue Hoffnung und neue Begeisterung im Heere der Kreuzfahrer auf; man vergaß alle vergangenen und künftigen Leiden, der Mutlose bekam neuen Mut, der Schwache frische Kraft; einer ermunterte den andern zum Kampfe. Es wurde ein großer Ausfall unternommen und der herrlichste Sieg errungen. Korboga mit seinem unermeßlichen Heere wurde glänzend geschlagen und floh über den Euphrat zurück. Die Burg Antiochia ergab sich den Siegern, aber nun entstand Streit über den Besitz der Stadt. Gottfried, seinem Eide getreu, stimmte für den Kaiser Alerius, aber Boëmund, als erster Ersteiger der Türme, sprach sie für sich selber an. Er erhielt sie endlich als Fürst von Antiochia.

Die Eroberung von Jerusalem, den 15. Juli 1099.

1.

Drei Jahre waren schon verflossen, seitdem die Kreuzfahrer zur Befreiung des heiligen Grabes aufgebrochen waren, und noch war das Ziel nicht erreicht. Krankheiten und Seuchen, die noch viele Tausende hinrafften, die unaufhörlichen Anfälle der Türken und das ungewohnte Klima hatten die Reihen des Kreuzheeres sehr gelichtet. Dazu kam der Zwist der einzelnen Anführer. Noch in der Nähe von Jerusalem hatte Graf Raimund durch die Belagerung von Akka und Tripolis, aus welchen Städten er sich ein neues Fürstentum zu bilden gedachte, die Kreuzfahrer aufgehalten. Aber je näher dem Ziele der Reise, desto ungeduldiger wurde das Heer, und die Mehrzahl der Kreuzfürsten fand es ratsam, diese Ungeduld zu befriedigen. Die Eroberung von Akka wurde aufgegeben, mit dem Emir von Tripolis ein Vergleich geschlossen, und rasch ging es dann auf der Straße zwischen dem Libanon und dem Meere südwärts gegen Jerusalem.

Vor Sidon, Tyrus und Akre zogen die Kreuzfahrer, ohne sich aufzuhalten, vorüber; die Eroberung dieser Städte ward für gelegenere Zeiten aufgespart. Zu Cäsarea feierten sie das Pfingstfest (29. Mai 1099), und am Abend des 5. Juni erreichten sie Nikopolis, vormals Emmaus genannt. Jetzt waren sie kaum eine halbe Tagereise von Jerusalem entfernt, und nur die Nacht und das vorliegende Gebirge entzogen ihnen den ersehnten Anblick. Drückend langsam schien ihnen diese Nacht hinzuschleichen; schmerzhaft war ihnen jeder Verzug. Um Mitternacht kamen von Bethlehem Gesandte der Christen im Lager an und baten um Schutz gegen die Angriffe und Drohungen der Türken. Herzog Gottfried gewährte diese Bitte. Hundert auserlesene Ritter wurden unter Tankreds Anführung nach Bethlehem gesandt, wo sie, von ihren christlichen Brüdern freudig empfangen, die Geburtsstätte des Heilandes mit Jubelliedern begrüßten. Als aber die übrigen von der Absendung dieser Schar hörten, wurde ihr Verlangen nach den heiligen Orten immer ungestümer. Ungeheißen brachen mehrere von ihnen auf, streiften bis vor die Mauern von Jerusalem und erbeuteten einiges Vieh. Dabei gerieten sie in große Gefahr, aus der sie jedoch von dem tapfern Tankred, der über den Ölberg zu dem Heere zurückkehrte, gerettet wurden.

2.

Endlich brach der Tag (6. Juni) an, und schnell wurden die Höhen erstiegen; da lag sie vor ihnen, die heilige Stadt mit ihren Mauern und Türmen, und wie mit himmlischem Glanze strahlte sie ihnen entgegen. Namenlose Wonne und innige Rührung durchdrang aller Herzen; vergessen waren alle Gefahren und Mühseligkeiten, nahe der Lohn für alle Verluste. Sie jauchzten und weinten vor Freuden, beteten und sangen, warfen sich nieder und küßten den Boden, wo sie die Fußtritte des Heilandes und seiner Jünger zu sehen glaubten. Nichts glich ihrer Freude, diese Stätte zu schauen, als die Begierde sie zu besitzen, und wohl nie ist ein Heer begeisterter als dieses zur Eroberung einer Stadt herangerückt.

Aber den Herzog Gottfried drückte nun die schwere Sorge, wie die große, von 60 000 Mann verteidigte feste Stadt mit der geringen Zahl von vielleicht nur 20 000 wirklichen Kriegern einzuschließen und zu belagern sei. Man begann die Arbeit von der nördlichen Seite her. Zunächst der Burg Davids nahm Gottfried mit den Deutschen und Lothringern seinen Platz. Schon am fünften Tage wagte das Heer einen allgemeinen Sturm. Vergebens! Zwar warfen sie die Vordermauer nieder und drangen bis zur Hauptmauer, aber aus Mangel an Strickleitern konnten sie weiter nichts ausrichten. Viele von ihnen wurden getötet, noch mehrere verwundet, und mit Einbruch der Nacht mußten sich alle wieder zurückziehen.

Das Mißlingen dieses ersten Anlaufs führte zur Besonnenheit. Man dachte nun ernstlicher an einen geordneten Angriff und an die Verfertigung des nötigen Belagerungszeuges. Aber nun war Mangel an Holz, und bald entstand auch Mangel an Nahrungsmitteln, besonders an Wasser; fast wäre in der unerträglichen Hitze das Heer vor Durst verschmachtet. Endlich ent=deckte man in einer entfernteren Gegend einen Wald, aus welchem große Stämme und Balken ins Lager geschafft wurden. Noch ein sehr glücklicher Umstand war es, daß Schiffe von Genua in den Hafen von Joppe ein=liefen, wodurch den Kreuzfahrern Nahrungsmittel, Mannschaft und geschickte Baumeister zugeführt wurden. Nun ging es rasch an die Arbeit. Alle ohne Ausnahme, Vornehme und Niedrige, Arme und Reiche unterzogen sich derselben, und in kurzer Zeit wurden Sturmleitern und Wurfmaschinen in Menge gefertigt. Herzog Gottfried aber und Graf Raimund ließen auf eigene Kosten zwei große Belagerungstürme bauen und unter unsäglichen Mühen zu denjenigen Stellen der Mauern schaffen, wo ihre Wirkung am erfolgreichsten schien.

3.

Es waren vier Wochen unter mancherlei Arbeit und Beschwerde ver-gangen; fast alle Vorkehrungen waren vollendet und der Tag zum aber=maligen Sturm festgesetzt, als man auf Rat der Geistlichkeit einen feierlichen Umzug veranstaltete, zuerst um die obwaltenden Zwistigkeiten auszutilgen, dann um die Begeisterung und den Glauben des Volks zu stärken, endlich auch um zu versuchen, ob sich das Wunder nicht erneuerte, durch welches Jericho in die Hände der Israeliten gefallen war. Freitags den 8. Juli wurde diese Prozession gehalten. Die Bischöfe und die übrigen Geistlichen führten sie an, festlich geschmückt, aber barfuß, mit Kreuzen und Reliquien in den Händen. Ihnen folgten, gleichfalls barfuß, aber völlig bewaffnet, mit Fahnen und Trompeten die Ritter und alles Volk; Gebete und Gesänge ertönten. So ging der Zug um die Stadt von dem Ölberge bis zur Zions=burg. An beiden Punkten wurden Reden gehalten von Peter von Amiens und einem flandrischen Geistlichen. Aller Hader wurde abgethan, reichliche Al=mosen verteilt und inbrünstig gebetet, Gott möchte seinem Volke, das er bis zum Ziele der Reise geführt, auch fernerhin beistehen.

Inzwischen verfolgten die Mohammedaner von ihren Mauern herab den sonderbaren Zug mit lautem Hohn. Bald schossen sie Pfeile und Steine und verwundeten einige, die sich zu unvorsichtig näherten; bald errichteten sie Kreuze auf Galgen und beschimpften sie mit schmutzigen Worten und Handlungen. Aber gerade diese Entweihung des Heiligen entflammte die Kreuzfahrer zum Zorn und zur Rache, und mit heißer Ungeduld, es die Ungläubigen entgelten zu lassen, kehrten sie in ihr Lager zurück.

4.

Sechs Tage darauf, Donnerstag den 14. Juli, wurde zur Erstürmung
Jerusalems geschritten. Mit kühnem Ungestüm, fest entschlossen zu siegen
oder zu sterben, rückte das Heer heran; selbst Weiber, Kinder und Greise
drängten sich zu den Thaten der Männer. Aber wie heftig und nachdrück=
lich der Angriff auch war, ebenso nachdrücklich und heftig war die Gegen=
wehr. Ein schrecklicher Hagel von Pfeilen und Steinen empfängt die Stür=
menden; sie erwidern ihn und unter großen Anstrengungen nähern sie ihre
Kriegsmaschinen den Mauern. Doch diese sind mit Säcken voll Stroh und
Heu, welche den Anprall der Mauerbrecher schwächen, wohl verwahrt und
mit zahllosen Maschinen besetzt, welche die Stürmenden zurückhalten. Vom
Morgen bis in die Nacht wird ununterbrochen gekämpft. Die Sonne geht
unter, da wird der Kampf eingestellt. Aber welche Nacht! Schlaflos für
Christen und Mohammedaner! Jene können nicht ruhen, weil sie einen
feindlichen Ausfall und die Zerstörung ihrer Maschinen befürchten; diese aber
sind in Sorgen, die Christen möchten im Schleier der Nacht heranschleichen,
Leitern anlegen und die Mauern erklimmen. Endlich bricht der Morgen an.
Sogleich eilen die Kreuzfahrer, von neuer Streitlust entflammt, jeder auf
seinen Posten zum heißen Kampfe. Jetzt gelingt es ihrem kühnen Mute, die
Vordermauer niederzuwerfen und bis zur Hauptmauer vorzudringen. Aber
hier finden sich neue Schwierigkeiten. Diese Mauer ist dick und hoch, mit
einer Menge von Maschinen besetzt, aus denen Geschosse aller Art Tod und
Verderben verbreiten. Die Mohammedaner schleudern Töpfe mit brennen=
dem Pech und Schwefel auf die Maschinen der Christen, und das Holzwerk
gerät in Brand. Umsonst ist alle Anstrengung, aller Mut; die Festigkeit
der Mauern und der Türken ist furchtbar. So kommt der Mittag heran,
und den Christen entsinkt der Mut. Nahe dem Ziele, wähnen sie sich dem=
selben ferner als je. Laut jammerten die edelsten Ritter, daß sie nicht ge=
würdigt werden sollten, die heilige Stadt einzunehmen; schon wollen manche
den Kampf aufgeben und die rauchenden Belagerungstürme zurückziehen, schon
weicht das Heer in Unordnung zurück.

In diesen bedenklichen Augenblicken war es Herzog Gottfried, der die
Verzagten ermutigte und sie zur Vollendung der blutigen Arbeit begeisterte.
Während er wie der gemeine Soldat arbeitete und zugleich die Pflicht des
Heerführers übte, während er mit seinem Bruder Eustachius auf den obersten
Teil des Belagerungsturmes stieg, bemerkte er plötzlich auf dem Ölberge eine
Rittergestalt in weißer Rüstung und einen hellstrahlenden Schild schwingend.
Er winkt nach der heiligen Stadt zu. „Seht da, ein Cherub mit flammen=
dem Schwerte, den Gott zum Mitstreiter uns gesandt!" so rufen alle be=
geistert, und jauchzend springen sie abermals gegen die Mauern her.

Nichts hilft es mehr, daß die Feinde mit Woll= und Strohsäcken ihre
Mauern verwahren, nichts, daß sie große Balken an die Belagerungstürme
stoßen, um sie zu zertrümmern und zurückzuhalten; Gottfried mit seinen
Mannen reißt die Balken nieder, und mit feurigen Pfeilen läßt er die Woll=

und Strohsäcke in Brand stecken. Jetzt erhebt sich schwarzer Dampf, und ein heftiger Nordwind treibt ihn so dick nach der Stadt hin, daß die Feinde von der Mauer zurückweichen. Sowie Herzog Gottfried dies merkt, läßt er die im zweiten Stockwerk seines Turmes befindliche Fallbrücke auf die Mauer herabfallen. Sie erreicht ihr Ziel. Herzog Gottfried ist einer der ersten auf den Zinnen der Mauer. Ihm folgen die andern. Tankred der Normann und Robert von Flandern erstürmen das Stephansthor, und unter dem Ruf: „Gott will es, Gott will es!" dringen die Sieger in die Stadt.

5.

Aber kaum darf man die Sieger „Christen" nennen, die jetzt unaufhaltsam in die Stadt eindringen; so wild und furchtbar ist ihr Toben, so schrecklich überlassen sie sich ihren Leidenschaften. Mit blinder Blutgier fallen sie über die Unglücklichen her, alles, was ihnen aufstößt, gleichviel ob Bewaffnete oder schwache Kinder, ob Männer oder Weiber oder Greise, wird erwürgt. Umsonst suchen sich die Unglücklichen zu retten; sind sie auch Gottfrieds Scharen, die von Norden her vordringen, entronnen, so fallen sie Raimunds Kriegern, die von der südlichen Seite heranstürmen, in die Hände, und von Gasse zu Gasse wälzt sich der Mord. Am schrecklichsten wütet er in dem Tempel Salomos. Viele Tausende haben hinter den weiten und festen Mauern desselben Schutz und Rettung gesucht, aber Tankred erstürmt den Tempel und bemächtigt sich unter großem Blutvergießen der dortigen Schätze. Die übrigen Heerführer mit ihren Mannschaften folgen, an 10 000 Feinde werden getötet, und das Blut fließt in Strömen. Viele der Ungläubigen werden gespießt, andere gebraten, noch andere gezwungen, sich von den hohen Türmen herabzustürzen. Zugleich erwacht die Begier nach Beute. Die Sieger stürzen sich in alle Häuser und plündern, was sie finden; jeder behält das Haus, vor dem er zuerst Schild oder Lanze aufsteckte, als sein Eigentum.

Gottfried allein bleibt auch hier seinem edlen Charakter getreu. Nur bei dem ersten Eindringen in Jerusalem, wo der Widerstand seine Hitze aufgeregt und der Tod so vieler Christen seinen Zorn entflammt, taucht er seine Hände in Blut, aber er enthält sich alles Marterns und Raubens, und bald verläßt er das Mordgetümmel und geht, wohin das Herz ihn ruft. Von dreien seiner Diener begleitet, ohne Panzer und Helm, barfuß und im Pilgerhemd, wallt er um einen Teil der Stadt herum zum heiligen Grabe. Dort wirft er sich nieder in heißer Andacht, weinend, betend und Gott dankend, daß er nun das Ziel seiner Sehnsucht erreicht hat. Dann kehrt er freudig zurück und trifft Anstalten zur Beschirmung der Stadt gegen mögliche Angriffe herumschwärmender Feinde.

6.

Indessen dauerte das Mordgetümmel an diesem und dem folgenden Tage zu Jerusalem fort. Dreihundert Türken, die sich auf das Dach des salomonischen Tempels geflüchtet und von Tankred Gnade erfleht hatten, wurden von andern Kreuzfahrern getötet, zur großen Erbitterung Tankreds, der dort sein Panier aufgepflanzt hatte. Nur die Besatzung des Turmes Davids, die sich an Graf Raimund ergeben hatte, erhielt von diesem freien Abzug nach Askalon. Erst am dritten Tage, einem Sonntage, vereinigen sich alle Kreuzfahrer zu einer gemeinsamen Wallfahrt nach dem heiligen Grabe. Sie legen ihre Waffen ab, entblößen ihre Füße, reinigen sich vom Blute, und angethan mit weißen Kleidern ziehen sie zu den heiligen Örtern, besonders zur Kirche des heiligen Grabes. Hier kommt ihnen mit Kreuzen und Gesängen die Geistlichkeit entgegen samt den bereits in Jerusalem ansässigen Christen, die so viele Jahre das Joch der Knechtschaft getragen haben und nun dem Heiland für ihre Befreiung danken. Auch Peter von Amiens empfängt den Zoll des Dankes und der Freude. Im Heiligtum selbst fallen die Kreuzfahrer auf ihre Kniee, um dem Allbarmherzigen zu danken, der ihnen den Sieg verliehen hat. Voll frommer Andacht beichten die einen und geloben Besserung, die andern verteilen von der gewonnenen Beute reichliche Almosen an Kranke und Greise, noch andere rutschen auf bloßen Knieen zu dem Grabe des Heilandes und bedecken es mit Küssen und Thränen. Einer sucht den andern in Werken der Andacht zu übertreffen.

Nachdem so die Wallfahrt beendet war, gedachte man der irdischen Notdurft. Stadt und Tempel wurden vom Blute gereinigt, alle Spuren des Islam vertilgt, die innern Angelegenheiten geordnet und süßlabende Ruhe (für kurze Zeit!) folgte auf jahrelange Leiden. Dem Herzog Gottfried trug man die Königskrone an, aber er schlug sie aus und nannte sich nur Schirmherr des heiligen Grabes. „Wie sollte ich" — sprach er — „dort eine goldene Krone tragen, wo der König der Könige eine Dornenkrone getragen hat?" — Gottfried starb leider zu früh, schon 1100 den 18. Juli, und überließ die von den Türken unaufhörlich beunruhigte Herrschaft seinem Bruder Balduin, der den Königstitel annahm.

Bernhard von Clairvaux.

1.

Seit dem ersten Kreuzzuge fehlte es nicht an kleinen Pilgergesellschaften, welche von Jahr zu Jahr nach Palästina zogen; allein diese Verstärkungen waren doch viel zu unbedeutend, als daß die Eroberer des heiligen Landes sich lange hätten halten können. Sie baten den Papst dringend um Hilfe, und dieser brachte auch endlich, besonders durch den frommen Abt Bernhard, in Frankreich einen großen Heereszug zustande, der an Glanz noch den ersten übertraf.

Ludwig VII., König von Frankreich, hatte gegen zwei rebellische Vasallen die Waffen ergriffen, ihr Land verheert und Vitri in der Champagne mit Sturm erobert. Da war eine Kirche, in welche sich 1500 Menschen geflüchtet hatten, von seinen Soldaten in Brand gesteckt worden. Um diese Grausamkeit wieder gut zu machen, gelobte er Gott einen Kreuzzug. Der Abt Bernhard bestärkte ihn in diesem Vorhaben und reiste alsbald im ganzen

Lande umher, das Kreuz zu predigen. Dann erschien er auf dem glänzenden Reichstag, den Ludwig VII. 1146 zu Vezelay in Burgund hielt. Hier erteilte er zuerst dem Könige, der jungen Gemahlin desselben, Eleonoren, und mehreren Baronen, welche beiden zu folgen entschlossen waren, die ihm vom Papste zugesandten Kreuze. Dann begab er sich auf das freie Feld zu der unzähligen Volksmenge, die in der Stadt keinen Platz gefunden hatte. Eine Rednerbühne war daselbst für ihn bereitet. Er bestieg sie samt dem Könige, und kaum hatte er zu reden angefangen, so riefen von allen Seiten die Anwesenden: „Kreuze, Kreuze!" Er hatte ein großes Bündel derselben mitgebracht, aber es langte nicht, und nachdem er es mehr ausgestreut, als ausgeteilt hatte, so mußte er seine Kleider zerschneiden, um daraus neue Kreuze zu bereiten. Ihn selbst wollten die Bekreuzten zum Anführer erwählen, allein er verbat sich diese Ehre, ließ sich aber versprechen, daß alle, welche das Kreuz empfangen hätten, bereit sein würden, im folgenden Frühjahr (1147) mit dem König Ludwig den Kreuzzug zu beginnen.

2.

Von Frankreich aus begab sich Bernhard im Herbste 1146 nach Deutschland, um auch hier das Kreuz zu predigen und besonders den deutschen König Konrad III. zur Annahme desselben zu bewegen. Aber er fand bei demselben große Schwierigkeiten. Zwar zeigte Konrad Ehrfurcht gegen den außerordentlichen Mann, der so viel Wunderbares wirkte und von Herzen fromm war; ja er soll sogar, als einst zu Frankfurt das Volk mit Ungestüm zu ihm drängte, ihn auf seine Schultern genommen und aus dem Gedränge getragen haben, aber zu einem Kreuzzuge war er nicht zu bewegen. Die Unruhen in Italien und Deutschland machten sein Verbleiben in Europa nötig, überdies hatte er schon einmal eine Pilgerreise nach Jerusalem gemacht. Bernhard fand es für unklug, jetzt weiter in ihn zu dringen; er überließ es der zweifachen Macht der Zeit und des Beispiels, ihn auf andere Gedanken zu leiten, und unternahm indes auf den Rat des Bischofs Hermann von Konstanz eine Reise ins südliche Deutschland. Der Ruf der Heiligkeit ging vor ihm her, und wohin er kam, begeisterte er das Volk für den neuen Kreuzzug. Wie im Triumph reiste er über Zürich, Basel und Straßburg und von da auf dem Rheine nach Speier, wo sich König Konrad mit den angesehensten deutschen Fürsten und Bischöfen zu einem Reichstage versammelt hatte. Am 24. Dezember 1146 traf er in Speier ein. Auch hier empfing ihn hohe Bewunderung. Doch Konrad widerstand noch immer allen Anforderungen, bis er endlich durch Überraschung gewonnen wurde. Am dritten Weihnachtsfeiertage hielt Bernhard das Hochamt. Plötzlich unterbrach er, aller Gewohnheit entgegen, die heilige Handlung durch eine Anrede an die ganze Versammlung, um sie zum Kampf für das heilige Grab zu ermuntern. Dann richtete er seine Rede unmittelbar an den König, stellte ihm das jüngste Gericht vor Augen und wie dort Christus zu ihm sagen würde: „Mensch, was ich dir Gutes thun konnte, habe ich dir gethan! Von mir bekamst du den Glanz der Herrlichkeit, bekamst Reichtümer, Weisheit, männlichen Mut und Kräfte des Leibes, und was hast du für mich gethan?" — Bei diesen Worten konnte sich Konrad nicht länger halten. Überwältigt von seinem Gefühle unterbrach er den Abt mit Weinen und Seufzen. „Ach," rief er aus, „ich erkenne die Wohlthaten der göttlichen Gnade und will nicht als Undankbarer befunden werden. Ich bin bereit, ihm zu dienen!" Hocherfreut stimmte jetzt die Versammlung einen Lobgesang an; der König trat hin zum Altare, und Bernhard bezeichnete ihn mit dem Kreuze und überreichte ihm das Panier, das er im heiligen Kriege tragen sollte. Nun zögerten auch die deutschen Fürsten, die bis dahin dem Kreuzzuge hartnäckig widerstrebt hatten, nicht länger. Sie empfingen das Kreuz und mit ihnen der junge Neffe des Königs, Friedrich, damals Herzog von Schwaben und späterhin als Kaiser „Barbarossa" zubenannt. *)

3.

So zogen im Jahre 1147 zwei große Heere von mehr als 200 000 Kriegern unter zwei Königen und vielen Fürsten aus; aber es kamen nur wenige zurück. Sie fanden auf ihrem Marsche noch größere Schwierigkeiten als Peter und Gottfried funfzig Jahre vorher. Der griechische Kaiser verweigerte ihnen Lebensmittel, griff sie als Feinde an und führte sie wohl gar den Türken in die Hände, denn er war eifersüchtig auf die Macht der Abendländer. Und als sie in Asien ankamen, rieben Hungersnot und Pest den größten Teil des Heeres auf, und die Christen in Jerusalem, voll Argwohn gegen die abendländischen Fürsten, als suchten sie eigene Macht, hinderten jede größere Unternehmung. Konrad und Ludwig kehrten unwillig wieder zurück, nachdem sie durch Aufopferung von beinahe 200 000 Menschen nichts weiter erlangt hatten, als daß sie Jerusalem und das heilige Grab gesehen. Bernhard, der von diesem Zuge den glücklichsten Erfolg im Namen Gottes versprochen hatte, ward jetzt mit Vorwürfen überhäuft. Er aber rechtfertigte sich, die Schuld läge an den Sünden der Kreuzfahrer, und die Seelen der Gebliebenen seien doch im Himmel. Hätte doch Moses selbst sein Volk nicht in das gelobte Land einführen können!

Philipp August und Richard Löwenherz.

1.

Im Jahre 1190 traten auch der König von Frankreich, Philipp August, und der König von England, Richard I., dem seine Heldenkühnheit den Beinamen „Löwenherz" erworben hat, gemeinschaftlich den Kreuzzug an. Sie beschlossen, statt des mühsamen und gefährlichen Landweges durch Ungarn, lieber zur See die Reise zu unternehmen. Die italienischen Seestädte, Genua, Pisa und Venedig übernahmen die Überfahrt und Besorgung der Heere und wurden dadurch reiche und mächtige Seestaaten. Bei der

---

*) Über den Kreuzzug, welchen der Kaiser Barbarossa im Jahre 1189 unternahm, siehe oben S. 193.

Rückkehr beluden sie die leeren Schiffe gewöhnlich mit Erde aus dem gelobten Lande. Diese wurde in der Heimat teuer verkauft und auf die Begräbnis= plätze gestreut, denn seliger glaubte der fromme Christ unter dem heiligen Sande zu schlummern, und wenn er nicht das Glück genossen, die heilige Erde selbst zu betreten, hatte er doch den Trost, daß sie nach dem Tode seine irdische Hülle bedecke. Auch wurde Wasser aus dem heiligen Jordan mit= gebracht, womit sich die Christen in ihrer Sterbestunde besprengen ließen.

Die Engländer schifften sich in Marseille, die Franzosen in Genua ein. In Messina vereinigten sich beide Könige wieder, aber schon hier entzweite Eifersucht und Nationalhaß Könige und Völker, und weil sie sich nicht einigen konnten, blieben sie einen ganzen Winter auf Sicilien liegen. Noch größer wurde der Zwiespalt, als sie im folgenden Jahre bei der Stadt Akre lan= deten und diese belagerten. Man kam endlich darin überein, daß einen Tag die Engländer, den andern Tag die Franzosen stürmen sollten, und so brachte es der Wetteifer in der Tapferkeit dahin, daß die Türken am 13. Juli 1191 die Stadt unter der Bedingung übergaben, daß man ihnen freien Abzug ge= statte, sie aber nichts als ihre Kleider mitnähmen und der Sultan Saladin beiden Königen 200 000 Dukaten Kriegskosten bezahlte; bis dahin sollte die Besatzung verhaftet bleiben. Man ließ nun die eingeschlossenen Türken herausziehen, da aber Saladin das Geld nicht gleich schickte, ließ Richard in der Hitze 2000 der Sarazenen niedermetzeln. Man schnitt sogar noch mancher Leiche den Leib auf, ob man vielleicht verschluckte Edelsteine fände. Jetzt stürmten die Christen von allen Seiten in die Stadt, und Herzog Leopold von Österreich war einer der ersten, aber gewinnsüchtig und ge= waltthätig schloß Richard die Deutschen von der Beute aus. Nun weigerte sich Leopold, ihm bei der Befestigung von Askalon zu helfen. Richard aber ließ die deutsche Fahne im Lager herunterreißen und durch den Kot ziehen. Zornig griffen die Deutschen zu den Waffen, aber sie waren zu schwach, ihren Schimpf rächen zu können, und Leopold zog mit ihnen wieder heim.

2.

Auch der König Philipp August konnte den stolzen, hochfahrenden Sinn Richards nicht länger ertragen und schiffte sich bald wieder ein; nur den Herzog von Burgund ließ er mit 10 000 Mann zurück. Richard aber zog weiter vorwärts und erfüllte das ganze Morgenland mit dem Ruhme seiner Thaten. Saladin wurde geschlagen, schon war er Jerusalem nahe, da ver= ließ ihn plötzlich der Herzog von Burgund mit den französischen Truppen, und selbst viele Engländer zogen mit den französischen Truppen ab. Richard indes, im Vertrauen auf seine Tapferkeit, ließ sich dadurch nicht abhalten, wiewohl er einigemal in Lebensgefahr kam. Einst ging er mit wenigen Be= gleitern auf die Jagd und geriet in einen türkischen Hinterhalt. Er hieb wie ein Rasender um sich, allein seine Begleiter waren schon alle bis auf einen gefallen, und der Türken waren viele. Da rief plötzlich jener eine — es war Wilhelm von Pourcellet —: „ich bin der König!" Sogleich ließen die Feinde Richard los und nahmen jenen gefangen, Saladin lobte ihn, als er die List erfuhr, behandelte ihn ehrenvoll und wechselte ihn nachher gegen 10 Türken aus.

Richard indes, schon im Angesichte von Jerusalem, war nun doch zu schwach, die heilige Stadt zu erobern. Er wandte sein Gesicht unwillig ab und rief: „Wer den Mut nicht hat, das heilige Grab zu befreien, der verdient auch nicht, es zu sehen!" Er zog zurück nach Ptolemais (Akre), schloß mit Saladin Frieden und segelte im September 1192 nach Europa zurück. Er eilte so sehr als möglich, weil er die Nachricht erhalten hatte, sein Bruder Johann gehe damit um, sich auf den englischen Thron zu schwingen. Auf der Rückreise hatte er das Unglück, vom Sturme ins Adriatische Meer verschlagen zu werden. Bei Aquileja, unweit Venedig, stieg er ans Land und setzte nun seine Reise, als Pilger verkleidet, weiter fort. Aber zu Wien ward er erkannt. Der erbitterte Herzog Leopold VI. von Österreich, welcher die Beschimpfung seiner Fahne noch nicht vergessen hatte, ließ ihn augenblicklich gefangen nehmen, kerkerte ihn ein in der Felsenburg Dürrenstein und lieferte ihn dem deutschen Kaiser Heinrich VI. auf dessen Verlangen aus. Dieser hielt den stolzen Engländer auf der Burg Trifels in strenger Haft, aus Rache, weil er früher die unruhigen Sicilianer gegen ihn unterstützt hatte, und gab ihn erst im Februar 1194 gegen ein Lösegeld von 150000 Mark frei.

Über die Nachricht von Richards Gefangennehmung empfand keiner größere Freude, als Philipp August von Frankreich. Sogleich fiel er über dessen englische Besitzungen in Frankreich her. Auch unterstützte er Richards nichtswürdigen Bruder Johann, der, weil ihm sein Vater keine Provinz ausgesetzt hatte, Johann ohne Land genannt wurde. Aber der größte Teil der Engländer verabscheute Johann und sehnte sich nach Richard zurück. Man wußte in England noch gar nicht, wo sich eigentlich der König befände. Schon mehrere Monate schmachtete Richard in schmählicher Gefangenschaft; aber ein Freund der Dichtkunst, goß er jetzt seinen Schmerz in Liedern aus, und dadurch machte er sich seinen Freunden kenntlich. Die Volkssage hat seine Abenteuer und Schicksale romantisch ausgeschmückt. Als es — so erzählt eine alte Sage — noch unbekannt war, in welchem Schlosse man den hohen Gefangenen festgenommen habe, zog Blondel, sein Lieblingssänger, aus, um den Herrn aufzusuchen. Er kommt bis Österreich. Dort hört er, daß auf dem Schlosse Dürrenstein ein vornehmer Gefangener sei, aber jeder Zutritt werde verweigert. „Das ist Richard," denkt der Sänger in seinem Herzen; er setzt sich in der Nähe des Schlosses nieder und stimmt ein Lied an, das er einst gemeinschaftlich mit seinem König gedichtet hat. Richard lauscht den Tönen, und als der Sänger innehält, singt er die andere Hälfte des Liedes weiter. Da ist Blondel hoch erfreut, er meldet die Kunde nach England, und das Lösegeld wird zusammengebracht.

Die Ritterorden.

Schon vor den Kreuzzügen, im Jahre 1048, hatten sich mehrere Kaufleute aus Amalfi in Unteritalien zusammengethan, um die Pilger, welche oft krank und hilflos in Jerusalem ankamen, zu unterstützen. Sie bauten zu diesem Zwecke in der Nähe des heiligen Grabes ein Kloster mit einem Hospitale, in welchem kranke und hilflose Pilger unentgeltlich verpflegt werden sollten. Als Schutzpatron dieser frommen und nützlichen Stiftung wurde der heilige Johannes der Täufer gewählt. Darum hießen die Ordens= brüder Johanniter, auch wohl Hospitalbrüder. Ihr Name ward in der ganzen Christenheit berühmt, und damit sich immer mehrere zu dem frommen Dienste finden möchten, schenkten ihnen manche wohlhabende Christen des Abendlandes Geldsummen und vermachten ihnen liegende Güter, um so zur Bekämpfung der Ungläubigen ein frommes Werk zu stiften, auch wenn sie nicht ins heilige Land ziehen konnten.

Nach der Eroberung von Jerusalem teilten sich die Ordensbrüder in drei Klassen: Ritter, Geistliche und dienende Brüder. Während die Geist= lichen den Gottesdienst besorgten und die dienenden Brüder pflegend am Krankenlager der Pilger saßen, bestiegen die rüstigen Ritter das Roß, um mit dem Schwerte in der Hand die Wallfahrer gegen die überall an den Wegen auflauernden Sarazenen zu schützen. Ihre Ordenstracht war ein schwarzer, mit einem achtspitzigen weißen Kreuze bezeichneter Mantel. Lange behauptete sich dieser Orden durch die Eintracht und Tapferkeit gegen die mohammedanischen Waffen. Als aber das heilige Land an die Türken ver= loren ging, flohen sie nach der Insel Rhodus an der Südwestküste von Klein= asien, und als sie auch hier von den Feinden vertrieben wurden, gingen sie nach der kleinen Felseninsel Malta. Darum haben sie auch den Namen Rhodiser und Malteser Ritter geführt.

Der Orden der Tempelherren entstand nach der Eroberung Jeru= salems im Jahre 1118 und war ganz kriegerisch. Er wurde von acht fran= zösischen Rittern gestiftet, die sich zu dem Zwecke vereinigten, die Pilger durch Palästina zu geleiten und sie mit gewaffneter Hand gegen die Anfälle der Ungläubigen zu schützen. Ihren Namen erhielten sie von dem Platze, auf welchem einst der Tempel Salomonis gestanden hatte; dieser Platz wurde ihnen vom König Balduin eingeräumt. Der Papst verlieh ihnen den Vor= zug, als Sinnbild ihres blutigen Berufs ein rothes Kreuz auf ihren weißen Mantel zu heften. Ungewöhnlich schnell stieg das Ansehen dieses Ordens, der größtenteils aus Franzosen bestand, und er gewann durch reiche Mit= glieder und fromme Vermächtnisse beträchtliche Reichtümer. Von Herrschsucht und Habsucht hielt er sich nicht frei, und er ward seiner ursprünglichen Auf= gabe untreu. Die meisten ihrer Güter hatten die Tempelherren in Frankreich, und der große Reichtum reizte die Habsucht der französischen Könige zum Verderben dieses Ordens. Im Jahre 1307 ließ der heimtückische König von Frankreich, Philipp IV. (der Schöne), alle Tempelherren in seinem Reich er= greifen und in hartes Gefängnis werfen. Er legte ihnen die unerhörtesten Verbrechen zur Last, an die sie gar nicht gedacht hatten, und er ließ sie auf die schrecklichste Weise foltern, damit sie solche Geständnisse machen sollten wie er sie wünschte. Manche wurden sogar lebendig verbrannt. Dann wurde auf der Kirchenversammlung zu Vienne im Jahr 1312 der Orden

17*

vom Papst für aufgehoben erklärt und der Reichtum desselben fiel dem
Könige zu.

Auch der deutsche oder Marianer=Ritterorden hat seine Ent=
stehung den Kreuzzügen zu verdanken. Er wurde 72 Jahre später, im Jahre
1190, von Deutschen gegründet. Die Mitglieder desselben mußten Deutsche
sein, und sie verpflichteten sich, wie die beiden vorher genannten Orden, zu
den gewöhnlichen Klostergelübden des Gehorsams, der Ehelosigkeit
und der Armut. Ihre Ordenstracht war ein weißer Mantel mit schwarzem
Kreuze. Nach dem Verluste des heiligen Landes wandten sie sich nach Venedig.
Von da wurden sie unter ihrem Großmeister, Hermann von Salza,
im Jahre 1229 von den Polen gegen die Preußen zu Hilfe gerufen. Drei=
undfünfzig Jahre führten sie mit diesem damals noch heidnischen Volke schwere
Kriege. Endlich eroberten sie das Land und zwangen die Bewohner, die
christliche Religion anzunehmen. Marienburg wurde im Jahre 1309 die
Residenz des Hochmeisters. Im 16. Jahrhundert (1523) ging ihr Hoch=
meister, der Markgraf Albrecht von Brandenburg, samt den meisten
Ordensgliedern zur lutherischen Religion über, die übrigen wandten sich nach
dem Städtchen Mergentheim in Würtemberg. Im Wiener Frieden (1815)
wurde der Orden aufgehoben.

IV. Ritterliche Helden.

Bertrand du Guesclin (1330 n. Chr.).

1.

Bertrand du Guesclin wurde um 1314 auf dem Ritterschloß
Motte Broon bei Rennes (in der Bretagne) geboren. Früh zeigte sich seine
Heldennatur. Da er mit Lernen nicht geplagt wurde — er hat nie gelesen
oder geschrieben — bildete er sich als Knabe aus seinen Altersgenossen eine
Kompanie und übte sie als ihr General in Schlacht und Kampf. Oft
schlug die Mutter ihre Hände über dem Kopf zusammen, wenn er zerfetzten
Gesichts und blutigen Kopfes nach Hause kam. Schon in seinem 17. Jahre
übertraf er viele ältere Ritter an Kraft und Waffenfertigkeit. Aber er wurde
von den Damen ausgelacht, weil er so häßlich aussah und ein so schlechtes
Pferd ritt. Sie verspotteten ihn und meinten, er sähe mehr wie ein Esel=
treiber aus, denn wie ein Ritter und Edelmann, und sein Roß habe er
sicherlich von einem Müller geliehen! Bertrand ärgerte sich darob, und als
einst wieder ein Turnier bevorstand, bat er einen Vetter, ihm Roß und
Rüstung zu leihen. Beides ward ihm gewährt, und mit jubelndem Herzen
begab er sich in die Schranken, wo ihn in der fremden Rüstung, bei herab=
gelassenem Visier, niemand, auch sein Vater nicht erkannte. Ein bekannter
tapferer Ritter stellt sich ihm. Das Zeichen wurde gegeben, sie rannten mit
Blitzesschnelle wider einander, und krachend zersplitterten die Lanzen in beider

Händen. Bertrand jedoch hatte mit solcher Kraft seinen Stoß gegen den Helm seines Gegners geführt, daß dieser alsbald aus dem Sattel flog und mehrere Schritte davon ohnmächtig auf dem Sande liegen blieb und aus den Schranken fortgetragen werden mußte.

Der junge Sieger kehrte mit frischer Lanze auf seinen Platz zurück und erwartete neue Kämpfer. Da stellte sein eigener Vater sich ihm gegenüber. Gegen den mochte er nicht kämpfen, aber eben so wenig wollte er sein Inkognito aufgeben. Also beschloß er beim Rennen seine Lanze zu senken und den Stoß seines Vaters mit dem Schilde aufzufangen, ohne Widerstand zu leisten. So that er und zwar mit solcher Geschicklichkeit, daß er, fest im Sattel bleibend und ohne zu wanken, vorüberjagte und nun geradezu erklärte, er werde nicht mehr mit dem Ritter kämpfen. Man wunderte sich, machte aber keine spöttischen Bemerkungen, weil des Ritters Mut schon im vorigen Treffen hinreichend erprobt war. Sein Vater ritt aus den Schranken und machte andern Rittern Platz. Diese warf Guesclin in den Staub, und einstimmig wurde er als Sieger anerkannt. Jedermann war begierig, den Helden kennen zu lernen, am meisten sehnte sich der Vater nach der Enthüllung des Geheimnisses. Endlich, nachdem das Turnier geendigt war und Bertrand seinen Ritterdank empfangen hatte, sprengte er zu seinem Vater, schlug den Helmsturz auf und rief: „Kennst du mich nun, Vater?" Der Alte umarmte ihn mit Freudenthränen im Auge und rüstete ihn nun mit Roß und Waffen freigebig aus. Aber der Ruf des jungen Helden erfüllte nun ganz Frankreich.

2.

Bisher hatte Bertrand nur immer Siege auf Turnieren erfochten, nun sollte auch das ernstere Feld der Schlachten die Erstlingsthaten seines Schwertes erblicken. Herzog Karl von Blois führte gegen Johann von Montfort Krieg um den Besitz der Bretagne. Philipp VI., König von Frankreich, hielt es mit ersterem, der König von England dagegen unterstützte Montfort. Für Bertrand blieb natürlich keine Wahl, denn er folgte als braver Franzose seinem Könige, wohin dieser ihn führte. Damals war das Schloß Fougeray in den Händen der Engländer, und Bertrand beschloß, diesen nicht unbedeutenden Ort ihrer Macht zu entreißen. Zu diesem Ende verkleidete er sich mit sechzig seiner Gefährten in Holzhauer. Er teilte diese in vier Haufen, die sich von verschiedenen Seiten dem Platze näherten. Darauf paßte er eine Zeit ab, wo der Befehlshaber des Schlosses mit einem Teile der Besatzung eine Streifpartie machte, ließ während der Nacht seine Leute im nahen Gehölz sich versteckt halten, dann bei Tagesanbruch mit Bündeln Holz und Reisig sich beladen, die Waffen unter den Kleidern verbergen und von da und dorther auf das Schloß zugehen. Bertrand, im weißen Kittel, mit einer gewaltigen Last Holz auf dem Rücken, war der vorderste, der vor der Zugbrücke zuerst erschien; ohne Bedenken ließ man die Brücke herab. Sogleich warf Bertrand sein Bündel nieder, zog sein Schwert und durchstach den Brückenwächter; dann schrie er mit starker Stimme: „Guesclin!" Auf dieses

Zeichen beeilten sich die übrigen, ihm zu Hilfe zu kommen und die Brücke zu gewinnen. Da aber wohl 200 Engländer in dem Schlosse waren, so war der Kampf sehr ungleich, und es entstand ein fürchterliches Gemetzel. Ein Engländer spaltete mit seiner Streitaxt einem Gefährten Bertrands den Kopf; dieser hieb ihn dafür zusammen, ergriff die Axt und teilte nach allen Seiten hin Hiebe aus, während er den Rücken an eine Schäferhütte lehnte. So hielt er kämpfend sich eine Zeit lang den Feind vom Leibe, bis zufällig eine Reiterschar von seiner Partei in die Nähe kam, ihn aus der Not befreite und den Platz gewinnen half. Es war aber auch hohe Zeit, daß Hilfe kam, denn im Kampf mit zehn Feinden war ihm bereits die Streitaxt entfallen, und sein Kopf war so mit Wunden bedeckt, daß das Blut über das Gesicht rann. Durch diese ausgezeichnete Tapferkeit erlangte er den Ruf des unerschrockensten und kühnsten Ritters seiner Zeit.

3.

Als der Herzog von Lancaster, der Bruder des schwarzen Prinzen, Dinan belagerte, geschah es, daß während ausbedungener Waffenruhe Bertrands Bruder, Olivier du Guesclin, von einem englischen Ritter Thomas von Canterbury wider Fug und Recht gefangen genommen wurde. So wie Bertrand diese Nachricht vernahm, stieg er sogleich zu Pferde und ritt spornstreichs ins englische Lager hinüber. Mit großer Achtung ward er daselbst empfangen und seinem Wunsche gemäß sogleich zum Herzog geführt, der eben mit Lord Chandos und anderen vornehmen Herren beim Schachspiele saß. Diese Herren erwiesen ihm die größte Ehre, und als er seine Klagen über die an seinem Bruder verübte Unbill vorgebracht, beschied der Herzog den Ritter Thomas sogleich vor sich und befahl ihm mit einem harten Verweise, seinen Gefangenen sogleich loszugeben. Voll Zorn wandte sich Canterbury gegen Bertrand und warf ihm seinen Handschuh vor die Füße. Bertrand hob ihn nicht nur willig auf, sondern faßte seinen Gegner bei der Hand und beteuerte, er wolle ihm im Kampfe auf Tod und Leben beweisen, daß er ehrlos gehandelt habe durch Verletzung des Völkerrechts. Zornig begehrte Thomas, noch am selbigen Tage zu kämpfen. Lord Chandos bot Bertrand das beste Roß seines Stalles und die beste Rüstung zum Gebrauch an, und Bertrand nahm beides mit Vergnügen. Wie ein Lauffeuer durchdrang das Gerücht des Zweikampfes das Lager und gelangte auch schnell nach Dinan. Die Bürger der Stadt, welche in großer Bedrängnis waren, im Falle sie ihren tapferen Beschützer verloren, und die auch den Engländern nicht recht trauten, schickten ungesäumt an Bertrand einen Boten und ließen ihn bitten, den Zweikampf auf ihren Marktplatz zu verlegen; dabei möchte der Herzog mit 20 Begleitern zugegen sein, für welche sie tüchtige Geiseln stellen wollten. Bertrand setzte zwar nicht den mindesten Zweifel in die Ehrlichkeit der Engländer und in des Herzogs Wort; doch trug er demselben die Wünsche seiner Mitbürger vor. Der Herzog willigte ein, und der Kampf ward auf den folgenden Morgen verschoben.

Den andern Tag erschienen die Engländer in aller Frühe. Bertrand, vom Kopf bis zu den Füßen stattlich gerüstet, ritt in vortrefflicher Haltung auf den Kampfplatz. Um die Schranken reihten sich die hohen Gäste, die Bürgerschaft, das ganze Volk; alle Fenster und Balkone waren rings mit Damen besetzt, um Zeugen des Kampfes der zwei tapfersten Ritter zu sein.

Indes war aber dem guten Thomas der Mut gesunken. Auf sein Anstiften kamen einige Ritter von des Herzogs Gefolge zu Bertrand, stellten ihm die Größe der Gefahr vor, da er, noch so jung, gegen einen so alten, erfahrenen Kämpfer streiten wolle, und sie erboten sich, die Sache in Güte beizulegen. Allein Bertrand erklärte, der Handel sei schon zu weit gediehen, um beigelegt werden zu können; wollte jedoch Thomas öffentlich ihm seinen Degen überreichen und damit ihm den Sieg zuerkennen, so sei er es zufrieden.

Da nun Thomas sah, daß nichts anderes zu thun sei, kam ihm der Mut der Verzweiflung, und er gedachte sein Leben so teuer als möglich zu verkaufen. Die Bahn wurde geöffnet, die beiden Kämpfer ritten gegen einander und hieben zuerst mit den Schwertern wütend auf einander los. Die blanken Klingen durchschnitten blitzend die Luft, und Schlag auf Schlag rauschte hernieder mit immer verdoppelter Kraft. Aber keiner wankte in den Bügeln. Nachdem sie also geraume Zeit sich mit gleichem Glücke geschlagen, zogen sie die Stoßdegen und kämpften wieder eine Zeit lang, ohne daß einer dem andern einen Stich beibringen konnte. Endlich, als der Engländer alle Kraft zusammennahm, flog ihm der Degen aus der Hand. Jetzt schwenkte Bertrand sein Roß und tummelte es, als wie seinem Gegner zum Spaß; auf einmal stieg er ab, hob den gefallenen Degen auf und schleuderte ihn mit aller Kraft bis außerhalb der Schranken, um dann besser über seinen Gegner zu triumphieren. Dieser ritt anfangs rings um den Plan, um Bertrand auszuweichen, der ihm wegen der Schienen an den Beinen und der schweren Rüstung nicht rasch folgen konnte. Er besann sich aber kurz und setzte sich nieder, um die Schienen abzuschnallen. So wie dies der Engländer sah, sprengte er im Galopp herzu, um ihn zusammen-zureiten; aber Bertrand hatte sich vorgesehen und stieß dem Pferde den Degen in den Leib, daß es stürzte und den Reiter abwarf. Jetzt fiel Bertrand im Nu über ihn her, versetzte ihm erst ein paar Hiebe übers Gesicht und zer-bläute ihn dann mit seinem Panzerhandschuh dergestalt, daß er von Blut triefte. Zehn englische Ritter eilten herzu, ihm Einhalt zu thun, aber Ber-trand bedeutete sie, daß sie gar kein Recht hätten, ihn zu hindern, und wenn er auch seinem Gegner das Leben nehmen wollte. Endlich ließ er ihn los, aber so entstellt, daß ihn kaum jemand kannte. Jedermann eilte herzu, Bertrand Glück zu wünschen; der Herzog von Lancaster aber verurteilte den Ritter Thomas, die Summe, welche er als Lösegeld für Olivier du Guesclin verlangt hatte, als Buße zu entrichten.

Die Jungfrau von Orleans (1429 n. Chr.).

1.

Ihr eigentlicher Name war Johanna oder Jeanne d'Arc. Sie war in dem Dorfe Domremi bei Vaucouleurs, an der westlichen Grenze

Lothringens, geboren, ums Jahr 1412. Ihre Eltern waren gemeine Land=
leute, wenig bemittelt, aber im Rufe der Arbeitsamkeit, Redlichkeit und
Frömmigkeit. Von ihnen ward sie zu allem Guten angehalten. Sie lernte
von ihrer Mutter das Vaterunser, den englischen Gruß und den Glauben,
aber weder lesen noch schreiben. Alle Geschäfte der Landwirtschaft betrieb
sie mit sonderlichem Fleiß; sie spann Wolle, pflügte den Acker, weidete die
Herde, wartete die Pferde. Wie ihr früher Fleiß, so wird auch ihre Sanft=
mut, thätige Menschenliebe und Gottesfurcht gerühmt. Sie pflegte die
Kranken, war hilfreich gegen Arme, ging täglich zur Kirche und genoß häufig
das heilige Abendmahl. Dabei verriet sie aber auch eine Neigung zur
Schwärmerei. In der Nähe des Dorfes stand ein Wunderbaum, eine schöne
Buche, die nach einer alten Sage von Feen umgeben war, und nicht weit
davon war eine ebenso merkwürdige Quelle. Dort pflegte sie öfters mit
ihren Gespielinnen in schönen Nächten zu singen und zu tanzen. Aber seit
ihrem 13. Jahr vermied sie Gesang und Tanz und lebte mehr in sich ge=
kehrt, auch so eifrig mit Andachtsübungen beschäftigt, daß sie dadurch das
Gespötte ihrer Gespielinnen auf sich zog. Engel und Heilige waren ihr, wie
sie selber nachmals erzählte, seit dieser Zeit erschienen, und wenn sie inbrünstig
betete, war sie immer der himmlischen Erscheinung gewiß. Doch redete sie
damals mit niemand über die Offenbarungen, die sie empfing, sondern führte
ein stilles, zurückgezogenes Leben, bis der Ruf der Gottheit und der Drang
ihres Herzens sie auf den Schauplatz des öffentlichen Lebens führte.

Nur 13 Monate dauerte ihr öffentliches Auftreten, aber welche große
und wunderbare Veränderung der Lage Frankreichs hat sie in dieser kurzen
Zeit bewirkt!

2.

Tief gesunken war Frankreichs Glück! der ganze nördliche Teil bis zur
Loire war in den Händen der Engländer, und schon wurde Orleans, der
Schlüssel zum südlichen Frankreich, von ihnen belagert (1428 im Oktober).
Karl VII., welcher König hieß, ohne es zu sein — denn nicht einmal die
Krönung und Salbung zu Rheims hatte er erlangen können — schien rettungs=
los verloren. Ohne Vertrauen auf sich und seine Sache war er auch ohne
Hoffnung. Von Tag zu Tag ward er ärmer an Geld und Truppen und
durch neue Unglücksboten erschreckt. Er faßte den Entschluß, das Schloß
Chinon, an dem südlichen Ufer der Loire, zu verlassen und ins südliche
Frankreich zu ziehen, oder gar nach Spanien zu flüchten, um dort eine Frei=
statt zu suchen. Diese traurige Lage des Reiches und des Königs mußte
alle wohlgesinnten Franzosen mit Angst und Mitleiden erfüllen und der
Gegenstand ihrer Gespräche und Sorgen sein. Auch Johanna ward von
dem Unglück ihres Vaterlandes tief ergriffen, und in ihrer Seele erwachte
der Gedanke, König und Vaterland zu retten.

3.

Nie darf man die Zeiten einer großen Not und Aufregung mit dem
Maßstabe der Zeiten der Ruhe messen. Wo außerordentliche Umstände ein=

treten, werden außerordentliche Kräfte wach. Nach dem Glauben der Zeit erschienen Engel und Heilige den Menschen; in der Nähe des Dorfes Domremi wurden allerlei Wundererscheinungen wahrgenommen, dort stand ein Feenbaum, dort sprudelte eine Zauberquelle, und eine alte Weissagung verkündete, daß ein Mädchen von der lothringischen Grenze kommen würde, um Frankreich zu erretten. Johanna fühlte, daß sie dieses Mädchen sei, und der feste Glaube, verbunden mit ihrem kindlichen Gottvertrauen, gab ihr Kraft. Sie wollte das bedrohte Orleans entsetzen, sie wollte den verlassenen König nach Rheims zur Krönung führen.

Von dieser Zuversicht getrieben, verließ sie ihre Eltern, denen sie bis dahin mit kindlichem Gehorsam gedient hatte. Zuerst wandte sie sich nach Vaucouleurs, wo sie bei dem dortigen Befehlshaber, Baudricourt, Zutritt fand (1429). Als sie diesem Manne ihr Vorhaben eröffnete, hielt er sie für eine Schwärmerin und wollte nichts von ihr wissen. Doch entschloß er sich endlich, ihretwegen an den König Karl zu berichten. Die Antwort war, er möchte sie schicken, damit man sie näher prüfen könne. So zog denn Johanna in Mannskleidern, zu Pferde und im Geleite mehrerer Ritter, an den französischen Hof.

Unterwegs erwarb sie sich durch ihre kluge Rede, durch ihre Gottesfurcht und Sittsamkeit große Achtung von Seiten ihrer Begleiter. Als sie in Chinon angekommen war, dauerte es eine lange Zeit, bis sie bei dem Könige vorgelassen wurde. Karl VII. war lange ungewiß, ob er ihren Offenbarungen trauen oder sie für teuflisches Blendwerk halten solle. Endlich ließ er sie vor sich kommen, und die Jungfrau erkannte sogleich den König, obgleich sich dieser ohne alle Zeichen seiner Würde unter den Haufen der Hofleute gemischt hatte. Dann entdeckte sie ihm auch ein Geheimnis, das niemand außer dem Könige wissen konnte. Das erregte großes Aufsehen. Um aber ihre göttliche Sendung außer allen Zweifel zu setzen, ließ Karl VII. zuerst von einer Versammlung Geistlicher, dann von dem Parlament zu Poitiers sie prüfen, und alle thaten den Ausspruch, Johanna sei von Gott zur Rettung Frankreichs gesandt.

4.

Nun war der Entschluß gefaßt, dem wunderbaren Mädchen, als einer göttlichen Prophetin, die Führung des Heeres anzuvertrauen. Sie erhielt, ihrem Verlangen gemäß, ein Schwert, das in der Katharinenkirche zu Fierbois aufbewahrt wurde, und das sie genau beschrieb. Dann erbat sie sich eine weiße, mit Lilien gestickte Fahne, worauf Gott mit der Weltkugel in der Hand abgebildet war und die Worte geschrieben standen: „Jesus Maria!" Diese Fahne trug sie, wie sie selbst sich äußerte, um das Schwert nicht brauchen zu dürfen. Hierauf legte sie Mannskleider an, panzerte sich vom Kopf bis zu den Füßen und bestieg dann ein Streitroß. Mit dem Gefolge und Ansehen eines Feldherrn ward sie nach Blois gesendet zu den französischen Truppen, die Orleans entsetzen oder wenigstens mit neuer Zufuhr versehen sollten. Der Glaube an ihre göttliche Sendung zog ihr voran

Als sie zu Blois angekommen war, drang sie vor allem bei den Soldaten auf Religionsübung und gute Sitten. Sie befahl, daß alle beten, die Messe hören, beichten und das heilige Abendmahl genießen sollten; sie beschränkte das Fluchen, Spielen, Plündern; sie vertrieb alle liederlichen Dirnen aus dem Lager und sprach den Soldaten Mut und Trost ein. Den Engländern ließ sie ihre Ankunft verkündigen und befahl ihnen im Namen Gottes, ihr sogleich Platz zu machen. Darauf traf sie Anstalten, um die Zufuhr nach Orleans zu bringen und sich selbst in diese hart bedrängte Stadt zu werfen.

Am 29. April 1429 langte sie vor Orleans an, und während die französische Besatzung nach einer andern Seite hin einen Ausfall that, brachte sie auf der entgegengesetzten die Lebensmittel glücklich in die Stadt. In Orleans ward sie als himmlische Retterin empfangen. Am 4. Mai, als eine zweite Zufuhr vor Orleans erschien, rückte sie mit dem Grafen von Dünois aus, und ungestört ging der Zug mitten zwischen zwei Schanzen der Engländer hindurch. Jetzt entflammte sie den Mut der Franzosen zu mutigen Angriffen auf die feindlichen Schanzen; auch diese Angriffe glückten, eine Schanze nach der andern ward den Engländern entrissen. Es wurden entscheidende Gefechte geliefert, und mehrere Tausend Engländer blieben auf dem Platze, so daß die Feinde genötigt wurden, die Belagerung von Orleans aufzuheben.

5.

Vollbracht war das erste, was Johanna, die nun den Namen „Jungfrau von Orleans" erhielt, versprochen hatte; nun blieb ihr noch die zweite, viel größere Aufgabe zu lösen, den König zur Krönung nach Rheims zu führen. Zuvor mußte noch mancher schwere Kampf bestanden werden. Die Franzosen hatten neue Zuversicht gewonnen, eroberten die Stadt Jargeau, wo der englische General Suffolk gefangen wurde, und schlugen am 18. Juni das englische Heer bei dem Dorfe Patai, wo der tapfere Talbot in ihre Hände fiel. Wo der Kampf am heißesten war, da erschien die Jungfrau und erfüllte die Ihrigen mit neuem Mut; aber die Engländer wurden verzagt, denn sie vermeinten mit dem Geisterspuk der Hölle zu kämpfen.

Noch war Rheims in den Händen der Feinde und der weite Weg dahin überall von den Engländern besetzt. Dennoch wagten die Franzosen das Unmöglichscheinende, und Karl VII., sonst aus Schlaffheit von dem Schauplatze des Krieges entfernt, stellte sich selber an die Spitze seines Heeres und brach auf nach Rheims. Die von den Engländern besetzten Städte wurden alle bezwungen und unterwarfen sich ohne Schwertstreich. Rheims selbst verjagte die englische Besatzung und sendete Karl die Schlüssel der Stadt entgegen. Triumphierend zog dieser in Rheims ein, und am 17. Juli wurde er daselbst feierlich gekrönt und gesalbt. Während dieser Feierlichkeit stand die Jungfrau ihm zur Seite, in voller Rüstung, mit ihrer Fahne in der Hand, und nach geschehener Salbung des Königs warf sie sich ihm zu Füßen, umfaßte seine Kniee und wünschte ihm unter tausend Freudenthränen Glück. „So ist denn endlich" — sagte sie — „der Wille Gottes erfüllt, daß Ihr, edler König, nach Rheims gekommen seid und die Krönung empfangen habt, zum Zeichen, daß Ihr der wahre König seid, dem das Reich angehören muß." Der König dankte ihr für die Dienste, die sie ihm geleistet hatte, erhob sie in den Adelstand und befreite ihr Geburtsdorf von allen Abgaben.

6.

Die Jungfrau hielt nun ihre Sendung für erfüllt und wollte nach Domremi zurückkehren; aber man hielt sie noch für unentbehrlich zu fernerer Begeisterung des Heeres. Johanna fühlte, daß sie den Gipfel ihres Glückes erreicht habe und blieb ungern. Ihre Ahnungen wurden nur zu bald gerechtfertigt. Sie zog im September desselben Jahres mit vor Paris, auf welches König Karl einen Angriff thun ließ. Aber die französischen Truppen wurden mit großem Verluste zurückgeschlagen und die Jungfrau selbst verwundet. Im folgenden Jahre warf sie sich in die Stadt Compiegne, welche damals von dem Herzog von Burgund belagert wurde. Gleich am folgenden Tage nach ihrer Ankunft (23. Mai 1430) that sie mit 600 Mann einen Ausfall auf die Seite, wo die Burgunder unter Johann von Luxemburg standen. Aber dieser Ausfall mißglückte, und die Franzosen mußten sich zurückziehen. Die Jungfrau, beim Rückzug wie immer die Letzte, ritt langsam hinterdrein, um ihn zu decken, und kehrte sich mehrmals gegen den Feind, um ihn zurückzutreiben. Schon war sie nahe am Thore von Compiegne, als sie, von Freunden verlassen und von Feinden umringt, in die Hände der letzteren geriet. Ein kühner Kriegsmann erfaßte sie und zog sie vom Pferde. Nach verzweifelter Gegenwehr ergab sie sich dem Bastard von Vendome, dem Vasallen des Herzogs von Burgund.

7.

Ihre Gefangennehmung erregte die größte Freude unter den Engländern. Nun glaubten sie, jetzt könnten ihre vorigen Siege, ihre vorige Macht in Frankreich wieder hergestellt werden. Der Herzog von Bedford ließ daher das „Herr Gott, dich loben wir" zu Paris singen, veranstaltete Freudenfeste und erkaufte die Jungfrau für 10 000 Livres von den Burgundern. Ruhig hatte sie das Los der Gefangenschaft ertragen, auch hatte man sie anfangs sehr anständig behandelt. Als sie aber erfuhr, daß sie nicht in burgundischen Händen bleiben, sondern den Engländern übergeben werden sollte, wagte sie einen gefährlichen Sprung vom Turme, in dem sie gefangen saß. Vergebens! Schwer verwundet wurde sie ergriffen und ihren Todfeinden, den Engländern, übergeben. Diese, hocherfreut über den herrlichen Fang, schleppten das arme Mädchen nach Rouen und warfen sie daselbst in einen finstern Kerker. Vier Monate hindurch wurde sie mit Fragen über ihre Offenbarungen gequält, sogar mit der Folter bedroht. Die Universität von Paris, damals in den Händen der Engländer, verlangte ihre Hinrichtung, und der Bischof von Beauvais leitete den Prozeß gegen sie ein, daß

sie der Hexerei, Zauberei und Abgötterei sich schuldig gemacht habe. Unerschrocken beantwortete sie alle ihr vorgelegten Fragen, und ihre klugen Antworten brachten oft die Richter in Verlegenheit, die sich abmüheten, etwas
Böses an ihr zu finden. Endlich ward sie zum Flammentode verdammt.

Am 23. Mai 1431 ward ihr im Gefängnis dies Urteil vorgelesen.
Sie hörte es mit Standhaftigkeit an. Auch als sie am folgenden Tage auf
den Richtplatz geführt wurde und schon neben dem Scheiterhaufen stand,
blieb sie unverzagt. Erst als ein Geistlicher sie ermahnte, ihrem Irrtum zu
entsagen und sich der Kirche zu unterwerfen, und als ihr dann das Urteil
nochmals vorgelesen wurde, brach ihr der Mut. Sie rief: „Ich will mich
der Kirche unterwerfen und alles thun, was sie befiehlt!" Nun mußte sie
ihre Zaubereien nach einer Formel, die man ihr vorlas, abschwören und
sodann diese Formel mit einem Kreuz unterzeichnen. Hierauf wurde sie in
ihr voriges Gefängnis zurückgebracht, wo sie auf immer bei Wasser und
Brot bleiben sollte. Aber der unmenschlichen Wut ihrer Verfolger war das
nicht genug, sie sollte den martervollen Tod erleiden, und es ward ihnen
leicht, denselben herbeizuführen.

Johanna hatte bei ihrem Widerruf auch versprechen müssen, nie wieder
Mannskleider anzulegen; aber man hatte, vielleicht um sie zur Untreue gegen
dieses Versprechen zu reizen, die Mannskleider in ihrem Gefängnis gelassen.
Als sie nun dennoch die Mannskleider anlegte, um den schamlosen Zudring-
lichkeiten der Soldaten zu entgehen, so galt dies als ein Rückfall in ihre
vorige Ketzerei, und abermals wurde das Urteil des Feuertodes über sie
ausgesprochen. Bei Ankündigung desselben that sie einen Schrei des Entsetzens, sie jammerte, daß sie so grausam behandelt werden sollte. Aber das
war auch der einzige Tribut, den sie der natürlichen Liebe zum Leben zollte.
Bald kehrte ihr Glaubensmut zurück und verherrlichte ihr schmerzvolles Ende.
Am 30. Mai 1431, früh 9 Uhr, wurde sie mit einer Mütze, auf der die
Worte „Abtrünnige und Ketzerin" zu lesen waren, auf den Altmarkt der
Stadt Rouen geführt und dem weltlichen Arm übergeben. Auf dem Wege
zum Scheiterhaufen sagte sie zu ihren Begleitern: „Noch heute werde ich
durch Gottes Gnade im Paradiese sein!" Man ließ die Flamme nur langsam sich ihr nähern, um ihre Todesqual zu vermehren; noch lange hörte
man, wie sie die Heiligen anrief, und der Name „Jesus" war der letzte, den
man vernahm. Sie mochte fühlen, was der Dichter sie sagen läßt: „Kurz
ist der Schmerz, und ewig währt die Freude!" Ihre Asche wurde in die
Seine gestreut, um ihr Andenken zu vertilgen.

Aber aus tiefer Herabwürdigung erhob sich ihr Andenken zu der verdienten Verherrlichung. Nach 24 Jahren gelang es ihren Verwandten, den
Papst Kalixtus III. zu einer Prüfung ihres Prozesses zu bewegen. Bei der
Untersuchung, die deshalb angestellt wurde, kam das ungerechte Verfahren
der bösen Richter an den Tag. Sie wurde darauf (1456) zwar nicht für
eine Heilige, aber für unschuldig, unsträflich und rechtgläubig erklärt. Nun
wurden ihr zu Ehren in Rouen feierliche Umzüge veranstaltet, und auf dem
Platze ihrer Hinrichtung ward ein Kreuz errichtet und späterhin eine Ehren-

säule. Aber noch schöner und für alle Zeiten bleibend hat die Dichtkunst ihren Ruhm verherrlicht.

Bayard, der Ritter ohne Furcht und Tadel († 1524).

1.

Pierre du Terreil, gewöhnlich der Ritter Bayard genannt, war der Sohn eines Edelmannes, der ein Schloß und ein mäßiges Gütchen in der Dauphiné besaß. Die Heldentugend schien erblich in diesem Geschlechte zu sein, denn Großvater und Urgroßvater des Ritters hatten ihr Leben auf dem Schlachtfelde geendigt. Auch Bayard, ein starker, mutiger Knabe, wie= wohl fast immer von magerem und blassem Aussehen, kannte von Jugend auf kein anderes Vergnügen, als wilde Pferde zu tummeln, und keinen größeren Ehrgeiz, als der Bravste unter seinesgleichen genannt zu werden. Im 15. Jahre nahm ihn sein Oheim, der Bischof von Grenoble, zu sich und ließ ihn in den Wissenschaften unterrichten. In seinen Freistunden waren wieder Fechten und Reiten seine einzige Erholung.

Nach einigen Jahren treuen Fleißes brachte ihn sein Oheim als Pagen an den savoyischen Hof. Er war noch nicht lange in Chambery, als er schon wegen seiner ungemeinen Geschicklichkeit in Reiterkämpfen berühmt zu werden anfing. Bald darauf besuchte König Karl VIII. von Frankreich den Herzog von Savoyen, und da er ein Freund von solchen Künsten war, so ward ihm der junge Bayard bald bekannt, ja er mußte einmal zwei Stun= den lang auf einer Wiese Karussell reiten, woran sich der König gar nicht müde sehen konnte und wobei er rief: Piquez, piquez encore une fois! (Stecht nur noch einmal!)

Der Graf von Ligny, Karls Günstling, glaubte dem König dadurch zu schmeicheln, daß er den herrlichen Pagen in seine Dienste nahm, und so kam Bayard nach Lyon. Hier wollte während der Anwesenheit des Königs ein Edelmann von Bourgogne, Herr von Vaudrey, seine Stärke zeigen und bat den König um Erlaubnis, mit der Lanze, dem Schwert und der Streit= axt eine Probe ablegen zu dürfen, und als man es ihm bewilligt hatte, stellte er an einem öffentlichen Platze seinen Schild aus, wodurch er jeden waffenkundigen Edelmann herausforderte, sich mit ihm zu messen. Die stärksten Kämpfer meldeten sich, doch als auch der blasse, kaum 18jährige Bayard seinen Namen aufschreiben lassen wollte, trug man Bedenken, einen so schwächlich scheinenden Jüngling zuzulassen. Aber der König, ein Freund kühner Unternehmungen, munterte ihn selbst dazu auf, und siehe, als das Turnier begann und nach und nach die Stärksten besiegt waren, bekämpfte der schlanke Page jenen Riesen mit solcher Geschicklichkeit, daß ihm lauter Beifall zugerufen wurde. Die Bewunderung ging in Erstaunen über, als die Kämpfer zuletzt der Sitte gemäß mit aufgehobenem Visier vor den Damen vorüberritten und des Siegers jugendliches und kränklich scheinendes Antlitz sichtbar ward. Der König nahm ihn nun förmlich in seine Dienste.

schenkte ihm ein Pferd aus seinem Stalle und etwas Reisegeld, und wies ihm einen Platz in einer Kompanie Gendarmen an, die zu Aire in Artois stand.

2.

Auch hier verbreitete sich bald der Ruf von seiner Tapferkeit, den er noch dadurch vermehrte, daß er unter den Edelleuten in Aire und den benachbarten Garnisonen kleine Turniere ausschrieb, in denen er gewöhnlich den Preis davon trug. Sein erster Kriegszug war derjenige, den Karl VIII. im Jahre 1494 nach Italien unternahm, um Neapel zu erobern. In dem Treffen wurden dem allzukühnen Bayard zwei Pferde unter dem Leibe getötet. Er selbst focht hier zum ersten Male unter den Augen des trefflichen Ritters von Ars, dessen Feldherrnklugheit und Tapferkeit damals in aller Munde lebte. Auch den Feldzug von 1499 zur Eroberung Mailands machten beide zusammen. Als im folgenden Jahre die Mailänder das französische Joch wieder abwarfen und ihren Herzog Ludwig Moro zurückriefen, mußte der Marschall la Tremouille das Land noch einmal erobern, und Bayard war wieder dabei.

Er hatte erfahren, daß 300 Mann von Ludwig Moros Truppen, unter der Anführung des braven Hauptmann Cajazzo, in Binasko lägen, einem Flecken etwa anderthalb Stunden von Mailand. Sogleich besprach er sich mit etwa 50 seiner Kameraden, die seines Sinnes waren, und sie erhielten die Erlaubnis, ohne Anführer nach Binasko zu reiten, um gegen die 300 Italiener ihr Heil zu versuchen. Cajazzo, der von ihrem Anschlage Nachricht erhielt, rückte ihnen entgegen, und der fürchterlichste Kampf begann. Endlich sammelte Cajazzo seine Leute und zog sich ermüdet zurück. Da erst ward Bayard gewahr, daß sie sich kaum noch eine halbe Stunde von Mailand befänden. „Halloh!" rief er, „meine Freunde, meine Kameraden, der Sieg ist unser!" und sogleich griffen alle die Italiener noch einmal an, die sich indessen aufs neue geordnet hatten. Auch diesen Angriff hielten Cajazzos Truppen nicht lange aus, vielmehr suchte sich jeder, dessen Pferd noch Kraft genug zum Laufen hatte, in die Stadt zu retten. Vergebens rief der brave Cajazzo sie zum Stehen auf, der Tumult ward allgemein, und Italiener und Franzosen stürzten in buntem Gewühl auf das Thor zu. Erst dicht vor dem Schlagbaume machten die letzteren Halt, doch der siegestrunkene Bayard ritt mit hinein und besann sich nicht eher, als bis er vor dem fürstlichen Schlosse hielt. Hier starrte er wie bezaubert vor sich hin, und in Gefahr, von Bürgern, Soldaten und Weibern mit Steinen totgeworfen zu werden, sah er keinen andern Ausweg, als sich Cajazzo zu ergeben. Doch dieser räumte ihm achtungsvoll seine Wohnung ein und lud ihn zum Abendessen beim Herzog, der aus seinem Fenster den ungleichen Kampf des kühnen Ritters mit angesehen hatte.

„Herr Ritter," redete Ludwig Moro ihn an, „was hat Euch hierher gebracht?" — „Die Lust zu siegen!" antwortete Bayard. — „Aber glaubtet Ihr denn, Mailand allein einzunehmen?" — „Nein, gnädiger Herr, ich glaubte mich von meinen Kameraden begleitet." — „Auch mit diesen wäre ja das nimmermehr möglich gewesen." — „Es ist wahr," sagte Bayard bescheiden, „auch sind sie klüger gewesen, als ich, und dafür sind sie frei, und ich gefangen. Doch immerhin, ich bin ja der Gefangene des bravsten und großmütigsten Mannes." — Der Herzog erkundigte sich hierauf in einem etwas verächtlichen Tone nach der Stärke des französischen Heeres. „Wir zählen unsere Leute nicht," antwortete Bayard, „allein, was ich Euch sagen kann, ist, daß die Soldaten meines Herrn lauter ausgesuchte Leute sind, vor welchen die Eurigen nicht Stand halten werden." — Der Herzog versetzte darauf etwas empfindlich, der Ausgang werde in kurzem das Gegenteil beweisen. — „Wollte Gott," rief Bayard, „es käme morgen zur Schlacht und ich wäre frei!" — „Ihr seid es," entgegnete der Herzog, „ich liebe Euren Mut und Eure Standhaftigkeit und bewillige Euch gern alles, was Ihr noch sonst von mir verlangen wollt." Durchdrungen von dieser unerwarteten Güte warf sich Bayard zu Moros Füßen, bat, ihm in Erwägung seiner Ritterehre seine stolzen Antworten zu verzeihen, gelobte ewige Dankbarkeit und verlangte nichts, als sein Pferd und seine Waffen. Cajazzo ließ beides auf der Stelle holen, worauf der Ritter sich empfahl, vor Ludwigs Fenster noch eine Lanze brach und dann nach kurzem Gruße lustig zum Thore hinaus ritt. Wenige Tage nachher endigte des Herzogs Gefangenschaft den Krieg.

3.

Bald nach seiner Krönung zog der junge König Franz I. wieder nach Italien, von Bayard begleitet. Die zweitägige Schlacht von Marignano ward gewonnen und setzte den König in den Besitz von Mailand. Am Abend des ersten Tages ward Bayards Rüstung ganz durchlöchert, und zuletzt bekam auch sein Pferd einen Hieb, durch den es seine eiserne Kopfbedeckung samt dem Gebiß verlor. Das freigewordene Tier, wild gemacht durch die Wunde, trug nun seinen Herrn mitten in einen schweizerischen Schlachthaufen hinein, wo er seinen Tod vor Augen sah, ohne ihm entfliehen zu können. Aber das Glück wollte es, daß man ihn nicht erkannte, und dies war um so leichter, da es schon dämmerig war. Endlich stand sein Pferd, nahe bei den Schweizern, unter einem breitastigen Baume still, der nach italienischer Sitte mit Weinreben umschlungen war. Er stieg vorsichtig ab, warf die schwere Rüstung von sich, ließ das müde Pferd stehen und schlich nach der Seite hin, wo er seine Landsleute vermutete. Wenn er ein Geräusch hörte, warf er sich nieder und kroch auf den Händen fort. Nachdem er sich im Finstern mehrere Stunden lang durch Gräben, Sümpfe und Gesträuch mühsam durchgearbeitet hatte, hörte er endlich zu seiner Freude in einiger Entfernung „Frankreich" rufen. Das verdoppelte seine Anstrengung, bis er zuletzt ganz erschöpft bei den französischen Vorposten ankam. Der Herzog von Lothringen schenkte ihm sogleich ein Pferd. Andere brachten ihm Waffen, und nach einigen Stunden erquickenden Schlafs war er wieder einer der ersten im Steigbügel.

Erst dieser zweite Tag entschied die Schlacht. Der junge König Franz war so freudetrunken über diesen ersten Sieg, und der Anblick so vieler Krieger, die für ihn an seiner Seite so mutig gekämpft hatten, begeisterte ihn so, daß er nach vielen Danksagungen gegen seine Offiziere das Verlangen äußerte, hier auf dem Schlachtfelde in der Mitte der Helden nach alter Weise zum Ritter geschlagen zu werden. Darauf wandte er sich an Bayard und sagte: „Ich kenne niemand in dem Heere, der so allgemein geschätzt würde, als dieser Ritter; ich will die öffentliche Stimme in ihm ehren. Ja, Bayard, lieber Freund, von Eurer Hand will ich heute zum Ritter geschlagen wer= den, weil derjenige, der sich in so vielen Schlachten und Kämpfen immer als einen vollkommenen Ritter gezeigt hat, am meisten dazu berechtigt ist, andere zu Rittern zu machen." Bescheiden blickte Bayard auf die anwesenden Fürsten und Herren und erwiderte, eine solche Ehre komme nur ihnen zu, und er werde es nie wagen, sie in ihrer Gegenwart anzunehmen. Umsonst; sie selber munterten ihn dazu auf. Noch immer zögerte er beschämt. Ein König — sagte er — sei ein geborener Ritter. „Nichts, nichts!" rief der König, „ich verlange es!"

„Nun wohlan denn, Sire!" entgegnete Bayard, „und wenn's mit einem Male nicht genug wäre, würde ich's tausendmal thun, um nicht dem Willen meines Herrn zu widerstreben." Hierauf kniete der König nieder, Bayard zog sein Schwert, schlug ihn mit der flachen Klinge sanft auf den Rücken und sagte dazu ganz unvorbereitet: „Sire! Es sei so gut, als ob es Roland wäre oder Oliver, oder Gottfried von Bouillon. Wahrlich, Ihr seid der erste Fürst, den ich zum Ritter schlage. Der Himmel gebe, daß Ihr im Kriege nie die Flucht nehmet." Das war die glücklichste Stunde in Franzens und Bayards Leben. Schon unter den eben gesprochenen Worten waren dem letztern die Thränen aus den Augen gestürzt; dann blickte er mit kind= licher Freude auf sein Schwert und rief im herzlichsten Tone: „Auch du, mein lieber Degen, du bist wohl recht glücklich, einem so tugendreichen und mächtigen Könige heute den Ritterschlag gegeben zu haben. Dafür will ich dich auch als Reliquie aufheben und vor allen Schwertern ehren; nie will ich dich anders führen, als gegen Sarazenen und Mauren."

Beschaffenheit des Rittertums.

1.

Die Ritter bildeten einen besonderen Stand. Religion, Ehre, Tapferkeit und Hochachtung gegen das weibliche Geschlecht waren die drei Haupttugenden der Mitglieder. Die, welche ritterbürtig heißen wollten, mußten anfangs durchaus dem Adelstande angehören, wenigstens vier Ahnen aufzuweisen haben und ansehnliche Güter besitzen. Erst in der Folge konnten ehrenwerte Kriegsmänner überhaupt ohne Rücksicht auf Her= kunft und Reichtum die Ritterwürde erlangen; ja im dreizehnten Jahrhun=

dert wurde manchmal auch denen, die bürgerliche Gewerbe trieben, ritterliche Ehre zugestanden.

Zur Erlangung der Ritterwürde gehörte gewöhnlich eine lange Vorbereitung und eine feierliche Aufnahme. Schon in seinem siebenten Jahre wurde der Knabe, der einst Ritter werden sollte, aus dem väterlichen Schlosse auf die Burg eines angesehenen Ritters gebracht, wo er als Page oder Edelknabe aufwartete und die ersten Reiterkünste erlernte. Im vierzehnten Jahre seines Alters wurde er wehrhaft gemacht, d. h. vor dem Altar mit dem Wehrgehänge umgürtet. Hiermit trat er in den Stand der Knappen. Nun mußte er die früher begonnenen Roß= und Kampfübungen weiter fortsetzen und dem Ritter, dem er diente, immer zuhanden sein. Er mußte dessen Stall und Rüstung unter Aufsicht nehmen, mußte ihm das Streitroß vorführen, mußte ihn zu allen Kämpfen begleiten, im Gefechte hinter ihm halten und ihn bei feierlichen Gelagen und in vertraulichen Kreisen bedienen. Eine gelehrte Bildung erhielt er nicht; sehr wenige Ritter konnten schreiben. Nur für Ritterehre und Ritterpflicht suchte man sein Gemüt zu begeistern, und dazu schien hinreichend der Dienst, den er leistete, das Beispiel, das ihm voranleuchtete, und alles, was er an den Rittertafeln von bestandenen Abenteuern und Heldenthaten hörte. Doch erteilte man ihm bisweilen auch besondere Aufgaben, um ihn zum Gehorsam oder zur Ehrerbietung gegen edle Frauen zu gewöhnen. Manche dienten ihr ganzes Leben hindurch als Knappen; gewöhnlich aber wurde der Knappe nach sieben Jahren, also im 21. Jahre seines Alters, unter die Ritter aufgenommen.

Diese Aufnahme geschah immer in Gegenwart von Zeugen, aber bald mit, bald ohne große Feierlichkeiten. Wurde z. B. ein ausgezeichneter Kriegsmann nach einem gewonnenen Siege unter die Ritter aufgenommen, so geschah dies bloß durch einen Ritterschlag. Ganz anders aber war die feierliche Aufnahme. Da bereitete sich der Knappe durch Baden, Fasten, Beten, Genuß des heiligen Abendmahls und Wachen in einer Kirche dazu vor. Kam dann der feierliche Tag, so mußte er, angethan mit einem weißen Gewande und umgeben von Zeugen oder Paten, vor seinem Erhörer, d. h. demjenigen, der ihm die Ritterehre erteilen wollte, erscheinen und knieend um Erteilung derselben bitten. Hierauf ließ ihn der Erhörer nach einer vorausgeschickten Ermahnung den Rittereid schwören, der die allgemeinen Ritterpflichten umfaßte, und erteilte ihm dann unter Anrufung Gottes den Ritterschlag, entweder einen Backenstreich oder gewöhnlich drei Schläge mit dem flachen Schwerte auf den Hals oder die Schultern — vielleicht eine Andeutung, daß dies die letzte Beleidigung sei, die er gesetzmäßig dulden dürfe. Geschenke an das Volk und die Kirchen, ferner Ritterspiele, Schmausereien und Ball schlossen gewöhnlich die Feier eines solchen Festes. Auch erteilte wohl der neue Ritter, als ein Zeichen seiner nunmehrigen Befugnis, den Ritterschlag.

Als Graf Wilhelm von Holland, erst zwanzig Jahre alt, im Jahre 1247 in der Gegend von Köln zum deutschen König erwählt worden war, ohne noch seiner Jugend willen die Ritterwürde erlangt zu haben, ließ er sich gleich nach seiner Wahl in Köln zum Ritter schlagen. Die dortige

Kirche ward zu dieser Festlichkeit eingerichtet. An dem bestimmten Tage führte der König von Böhmen, Ottokar I., den Grafen Wilhelm als Knappen zum Kardinal Petrus, der im Festgepränge seiner Würde am Altare Messe las, indem er ihn folgendermaßen anredete: „Eurer Herrlichkeit, gütiger Vater, stellen wir diesen auserwählten Knappen vor, bittend, Eure väterliche Liebe möge seine Gelübde annehmen, damit er unserm Ritterstande würdig beigesellt werde." Der Kardinal stellte nun dem Knappen die Pflichten eines Ritters vor. „Wer Ritter sein will," sprach er, „muß hochherzig, adelig, wacker sein, hochherzig im Unglück, adelig von Geblüt, wacker als Mann. Ehe du nun dein Gelübde ablegst, so höre mit Nachdenken die Forderung der Ritterregel. Das aber ist Ritterregel: „Zuerst mit andächtiger Erinne= rung an die Leiden unseres Herrn täglich die Messe zu hören; dann für den katholischen Glauben täglich Gefahren zu bestehen, die heilige Kirche samt ihren Dienern von jedem Wüterich zu befreien, die Witwen, Waisen und Unmündigen in ihren Drangsalen zu beschützen, ungerechte Kriege zu ver= meiden, für die Errettung jedes Unschuldigen in den Kampf zu gehen, die Turniere nur um ritterlicher Übungen willen zu besuchen, dem römischen Kaiser ehrerbietig in weltlichen Dingen zu gehorchen, die Lehnsgüter des Kaiser= und Königtums nicht zu veräußern und untadelig vor Gott und Menschen in dieser Welt zu leben. Wirst du diese Ordnungen der Ritter= regel gebührend beobachten und nach Kräften genau erfüllen, so wisse, daß du zeitliche Ehre hier auf Erden und nach diesem Leben ewige Ruhe im Himmel erwirbst." Nach diesen Worten legte der Kardinal beide Hände des Knappen auf das Evangelienbuch und sprach: „Willst du also dem Ritter= stand im Namen des Herrn gebührend beitreten und die Regel, die ich dir wörtlich vorgelegt habe, so viel du kannst, erfüllen?" — „Ich will es," er= widerte der Knappe. Darauf gab ihm der Kardinal folgendes Bekenntnis, welches der Knappe laut und öffentlich ablas: „Ich, Wilhelm, Graf von Holland, Heerführer und des heiligen Reiches freier Vasall, bekenne eidlich Beobachtung der Ritterregel in Gegenwart meines Herrn, des Kardinals und apostolischen Gesandten Petrus, bei diesem Evangelienbuch, das ich mit meiner Hand berühre." — „Dieses fromme Gelöbnis," fügte der Kardinal hinzu, „sei dir eine Erlassung deiner Sünden, Amen!"

Hier führte der König von Böhmen den Ritterschlag gegen den Hals des Knappen unter folgenden Worten: „Zur Ehre des allmächtigen Gottes weihe ich dich zum Ritter und nehme dich mit Freuden in unsere Zunft. Aber merke es dir, da der Heiland der Welt für dich vom Hohenpriester Hannas Backenstreiche empfangen hat, vom Landpfleger Pilatus aber ver= höhnt, gegeißelt und mit Dornen gekrönt, vom König Herodes mit einem Schleppgewand angethan und vor allem Volk nackt und verwundet ans Kreuz geschlagen worden ist, so rate ich dir, an seine Schmach zu denken, sein Kreuz auf dich zu nehmen und seinen Tod zu rächen." Als nun dies alles samt der Messe vollendet war, vollzog der neue Ritter unter dem Geschmetter der Trompeten und Pauken mit dem Sohne des Königs von Böhmen erst ein dreimaliges Lanzenstechen, dann eine Waffenprobe mit blitzen=

den Schwertern. Auch hielt er mit großen Kosten drei Tage Hof und machte unter reichlichen Geschenken an die Fürsten seine Erhebung kund.

Die Waffen, mit denen ein neuerkorener Ritter geschmückt wurde, waren Schwert, goldene Sporen, Helm und Harnisch, Schild und Lanze, Streitkolben und Dolch. Alle diese Waffen haben eine symbolische Bedeutung erhalten. So war das Schwert als Kreuz gestaltet, ein Zeichen, daß der Ritter Gerechtigkeit schützen und handhaben, der Dolch (ein kurzes Schwert, Misericorde genannt, wozu der Ritter griff, wenn Schwert und Lanze nicht mehr ausreichten) sollte auf die Barmherzigkeit Gottes hindeuten.

Pflichtvergessene Ritter zogen sich nicht nur die öffentliche Verachtung zu, sondern konnten auch ihrer Würde entsetzt werden. Dagegen genossen die Ritter, welche den beschworenen Pflichten treu blieben, hohe Achtung und vielerlei Rechte. Ihr Wort galt statt des Eides; sie durften nur vor Rittern gerichtet werden, durften nach vorausgegangener Ankündigung andere befehden, durften den Knappen die Ritterwürde erteilen, Ritter und Knappen in ihrem Gefolge haben, an Höfen und Turnieren erscheinen, goldene Sporen tragen, ihren Harnisch, Helm und Schild mit Gold auszieren, Wetterfahnen auf den Türmen und Helmzierden über den Thoren ihrer Burgen aufstellen. Auch führten sie den Titel „Herr", den sie ihrem Namen vorsetzen durften, während jeder andere von hohem Adel, der nicht Ritter war, nur „Jungherr" oder „Junker" hieß.

2.

Zur Ausbildung und Befestigung des Rittertums trugen die glänzenden Waffenspiele und Ritterfeste, „Turniere" genannt, vorzüglich bei. Wie sie entstanden, ist ungewiß. Die Reiterübungen, welche Heinrich I. veranstaltete, um seine Deutschen zum Kampf gegen die gefürchteten Ungarn vorzubereiten, waren noch keine Turniere, obschon sie denselben zur Vorschule dienen konnten; ja, als ein Vorspiel derselben konnte man schon den Waffentanz, den deutsche Jünglinge nackt zwischen bloßen Schwertern vollführten, betrachten. Die eigentlichen Turniere (vom französischen tourner, drehen, wenden) kamen in Frankreich auf, und zwar im 11. Jahrhundert, als schon das Rittertum sich gebildet hatte. Erst während der Kreuzzüge wurden sie in Deutschland unter Friedrich I. und in England durch Richard Löwenherz eingeführt.

Ein Turnier wurde von regierenden Fürsten oder von der ganzen Ritterschaft eines gewissen Distriktes veranstaltet; gewöhnlich bei großen Städten, im Anfange des Frühlings oder Spätherbstes. Auserwählte Turniervögte oder Turnierwächter, gewöhnlich angesehene Ritter, mußten die dazu nötigen Vorbereitungen treffen, was man Turnierlegen nannte. Sie mußten Ort und Zeit lange vorher dem turnierfähigen Adel verkünden lassen; sie mußten vor der Stadt, wo das Turnier abgehalten werden sollte, den Turnierhof einrichten, mit doppelten Schranken für die Turnierer und mit Gerüsten für die Frauen und andere Zuschauer; in der Stadt aber einen Tanzsaal bestellen und den Rat der Stadt um Herberge und Bewirtung der Turnierer anſprechen, denn oft war die Anzahl der Hinzuſtrömenden ſehr groß. So waren z. B. (wie Rixner's Turnierbuch meldet) bei dem Turnier, das Kaiſer Heinrich IV. im Jahre 1098 zu Nürnberg hielt, außer dem Kaiſer 13 Fürſten, 29 Grafen, 13 Freiherren, 68 Ritter, 497 Edle, zuſammen 620, „die alle in dieſem Turniere ſelbſt geritten, ohne andere Grafen, Ritter und Adelige, die als Diener der Fürſten auf bemeldetem Turnierhof geweſen ſind und turniert haben." „Desgleichen waren hier 7 Fürſtinnen, 15 Gräfinnen, 6 Landfrauen und 148 geſchmückte Frauen und Jungfrauen von Adel." Vorzüglich drängten ſich junge Ritter zu den Turnieren, weil ſie hier vor den Augen der edelſten Geſchlechter Gelegenheit fanden, ihren Ruhm zu grün-den oder zu befeſtigen.

Wenn nun an dem beſtimmten Tage die Turnierer eingezogen waren, ſo wurde am folgenden Tage zur Beſetzung der Turnierämter geſchritten. Denn außer den Turniervögten gab es daſelbſt Herolde, deren Oberhaupt der Wappenkönig hieß, Ehrenritter und Ehrenknappen für die Frauen, von denen einer ein Gewand an ſeinen Lanzenſchaft bekam, um es auf den Ritter zu ſenken, dem die Frauen in mißlichem Kampfe Schonung angedeihen ließen; dann Grieswärtel, die auf dem Gries oder Kampfplatze die allzuheftigen Kämpfer auseinander zu bringen hatten; endlich Prügelknechte zur Beſtrafung der Unwürdigen und um das Volk in Ruhe zu halten.

Waren die Turnierämter beſetzt, ſo folgte die Helmſchau. Die Tur-nierer ließen ihre Helme und Paniere an einem öffentlichen Orte, gewöhnlich dort, wo die Turniervögte wohnten, aufſtellen; Frauen und Jungfrauen aber nahmen, von Ehrenrittern und Herolden geführt, die aufgeſtellten Kleinodien in Augenſchein. Drei- oder viermal zogen ſie durch die Reihen derſelben, und bei jedem Helm rief ein Herold den Namen des Ritters, dem ſelbiger angehörte.

Verbunden mit dieſer Helmſchau war die Prüfung der Turnierfähigkeit. Turnieren durfte nämlich nur ein Ritter, der wenigſtens vier Ahnen auf-zuweiſen und ſeinen Adel nicht durch Mißheirat oder durch unedles Betragen entehrt hatte. Fand ſich nun, daß ein Ritter dieſen Bedingungen nicht ent-ſprochen hatte, ſo wurde er nach dem Ausſpruche der Turniervögte des Tur-nierens für unfähig erklärt und mit Hohn und Spott zurückgewieſen. Sein Helm wurde auf die Erde geworfen oder das Pferd ihm genommen. Nur die Fürbitte der Frauen konnte ſein Schickſal erleichtern.

An die Helmſchau ſchloß ſich endlich auch die Helmteilung. Es wurde nämlich beſtimmt, ob die Ritter zu einem Kampfe oder zu mehreren ab-geſondert werden ſollten, und in welcher Ordnung die einzelnen Paare mit-einander kämpfen ſollten. Auf deutſchen Turnieren wurden dann die Turnier-geſetze geleſen und der Turniereid geſchworen. Durch dieſen verpflichtete ſich jeder Ritter, nicht mit einem biſſigen oder ſchlagenden Pferde in den Schran-ken zu erſcheinen; keine andern als landesübliche Waffen zu führen; mit dem Schwerte nur zu hauen, nicht zu ſtechen; die Hiebe nicht gegen den Unter-leib, ſondern gegen den Oberleib, der mit dem eiſernen Harniſch, oder gegen das Geſicht, welches mit dem eiſernen Viſier geſchützt war, zu führen.

War dies alles beendigt, so ward am folgenden Tage das Turnier selbst vollzogen. Die Zuschauer, welche an Pracht und Aufwand einander zu übertreffen suchten, nahmen die für sie bestimmten Plätze ein; die Damen, feierlich geschmückt, bildeten einen schönen Kranz. Im feierlichen Zuge mit Trompetern und Pfeifern kamen die Turnierbeamten daher; endlich verkündete das Geschmetter der Trompeten und das Wirbeln der Pauken die Ankunft der Ritter. Auf schnaubenden Rossen, in strahlender Waffenrüstung, mit wehenden Helmbüschen ritten sie in stattlichem Zuge stolz in die Schranken bis an die aufgespannten Seile. Sobald die festgesetzte Stunde ausgeschlagen hatte, wurden die Schranken geschlossen, die Seile durchgehauen. Ein Herold kündigte das Lanzenstechen an und rief mit lauter Stimme diejenigen mit Namen auf, welche sich zuerst miteinander versuchen sollten. Zuweilen erschien wohl auch noch ein Ritter mit geschlossenem Visier, der unbekannt bleiben wollte bis zu Ende des Festes. Ein solcher wurde aufgerufen nach seinem Wappenschilde, z. B. Löwenritter, Drachenritter. Doch mußte er zuvor unter dem Siegel der Verschwiegenheit dem Turniervogt seinen Namen nennen, damit kein Unritterlicher und Unebenbürtiger sich zudränge.

Alles ist still und stumm vor Erwartung. Da geben die Trompeter das Zeichen und auf ihren Schall tummeln die beiden Gegner ihre Rosse, mit eingelegter Lanze, in vollem Galopp, sprengen sie aufeinander los. Die Spitze der Lanze steht über des Pferdes linkes Ohr hinaus, das Ende des Schaftes halten sie fest unter dem Arme. Wer gut trifft und fest im Sattel ist, wirft seinen Gegner entweder aus dem Sattel, oder er zersplittert seine Lanze an dem stählernen Brustharnisch. Beides gilt als Sieg. Bleibt aber die Lanze des Gegners unversehrt, so ist das ein Zeichen, daß er entweder gar nicht oder nur schlecht getroffen hat. Oft auch vertauscht der Ritter seine gebrochene Lanze mit einer andern, und mancher bricht wohl funfzig Lanzen an einem Tage. Nach dem ersten Kämpferpaare wird das zweite aufgerufen, dann das dritte und sofort meist drei Tage lang, aber auch wochenlang.

In älteren Zeiten kämpften Haufen gegen Haufen, in späteren meist nur Mann mit Mann. Auf deutschen Turnieren schlug man erst mit Kolben gegeneinander, dann, auf ein gegebenes Zeichen, ließ man die Kolben fallen, griff zu den Schwertern und suchte einander die Helmkleinodien abzuhauen.*) Überall kam es darauf an, durch geschickte Wendungen mit dem Pferde die

---

*) Wenn der Ritter in voller Rüstung einherritt, bedeckte das vorgeschobene Visier das Gesicht, und es war unmöglich, ihn zu erkennen. Darum wählte er ein äußeres Abzeichen, das ihn kenntlich machte, z. B. einen Hirsch, Löwen, Wolf, Bär, Fuchs, seit den Kreuzzügen häufig das Bild des Kreuzes; diese Abzeichen kamen in vielerlei Gestalten auf die Schilde und hießen Wappen. Durch kühne und tapfere Thaten bekamen diese Schilde eine Geschichte und wurden mit Ehrfurcht angesehen; auch erbten sie fort vom Vater auf den Sohn. Damit man aber die verschiedenen Seitenlinien einer Familie, welche dasselbe Wappen führte, voneinander unterscheiden konnte, so brachte man noch besondere Verzierungen, meist von Gold, am Helme an und nannte diese Kleinode.

Hiebe und Schläge des Gegners abzuwehren und dagegen mit Kraft und Gewandtheit demselben Schläge oder Hiebe beizubringen.

Den Beschluß der Ritterspiele machte die Verteilung des Dankes, d. h. des Preises. Dieser wurde nach dem Ausspruche der Kampfrichter demjenigen Ritter erteilt, welcher sich am meisten ausgezeichnet hatte. Er galt ebensoviel als ein Sieg auf dem Schlachtfelde. Unter dem Schalle der Pauken und Trompeten wurde der Name des Siegers mit lauter Stimme ausgerufen. Dann nahte dieser sich ehrerbietig den Damen, welche den Dank verteilten, und empfing auf den Knieen aus schöner Hand irgend ein teures Kleinod, eine goldene Kette, einen Helm oder ein Schwert oder einen Ring. Bis= weilen überreichten die Frauen ihren Rittern als besondere Gunstbezeugung ein Band, eine Schleife oder ein Tuch; das trugen nun die Ritter beständig an ihrem Helme und unterließen nie, ihre Dame zu preisen und ihre Tugend und Schönheit gegen jedermann zu behaupten. War die Preisverteilung unter dem Klange der Musik beendigt, dann ward der Sieger feierlich unter großem Zulauf der Menge in das Schloß geführt. Hier empfingen ihn die Edelfrauen, nahmen ihm die schwere Rüstung ab und schmückten ihn mit den prachtvollsten Feierkleidern. Am Abend folgte ein kostbarer Schmaus und großer Ball. An der Tafel bekam der Sieger einen Ehrenplatz und wurde zuerst bedient; er eröffnete auch am Abend den Ball.

3.

Die Turniere waren ein schönes und edles, aber auch ein sehr gefähr= liches Vergnügen. Oft fiel ein Ritter in seiner schweren Rüstung vom Pferde und war auf der Stelle tot. Mancher wurde von seinem Gegner tödlich verwundet, wenn nicht getötet. So hatte noch im Jahre 1559 der König von Frankreich, Heinrich II., das Unglück, einen Lanzenstich durch das rechte Auge zu erhalten und an der Wunde zu sterben. Oft sogar gebrauchten Ritter die Turniere als eine Gelegenheit, frühere Beleidigungen zu rächen, und alsdann glichen die Turnierplätze kleinen Schlachtfeldern. Im Jahre 1240 wurden auf dem Turniere zu Reuß unter Köln gegen sechzig Ritter und Knappen erschlagen oder von dem entsetzlichen Staube erstickt. Aus diesem Grunde eiferte die Geistlichkeit gegen die Turniere und versagte denen, welche darin gefallen waren, ein christliches Begräbnis.

Auf ihren Burgen lebten übrigens die Ritter wie kleine Könige, in Reich= tum, Pracht und heiterem Lebensgenusse. Ein Fest drängte das andere. Beim Becherklang ergötzten sie sich an den Erzählungen ihrer Großthaten. Andere, welche kein Eigentum besaßen, zogen mit ihren Knappen zu Roß von Land zu Land, schmausten bei andern Rittern und gingen, wie einst die griechischen Helden Herkules, Jason, Theseus, auf Abenteuer aus. Diese nannte man „fahrende Ritter". Bald kamen wunderbare Erzählungen auf von Abenteuern und Heldenthaten, welche diese Ritter vollbracht haben sollten. Der eine hatte gegen Zauberer, der andere gegen fürchterliche Riesen, der dritte sogar gegen feuerspeiende Drachen gekämpft.

Manche Ritter vergaßen aber die Würde ihres Standes so sehr, daß sie fast nur von Streit und Fehde, von Raub und Plünderung lebten. Da hingen an Bergen und Felsen hundert und hundert trotzige Burgen, die wie eine große Sklavenkette sich durch das ganze Land zogen. Aus ihren Raub= nestern machten die Ritter mit ihren Reisigen Ausfälle, überfielen den armen, wehrlosen Wanderer, den Bauer und den Städter, warfen die Knechte der Kaufleute nieder und führten den Raub frohlockend mit sich auf ihre Burg. Auch an den Felsenufern der Flüsse erhoben sich drohend ihre Schlösser und Burgen, und die vorüberfahrenden Schiffe mußten harten Zoll erlegen. In den häufigen Fehden der Ritter untereinander wurden nicht selten die blühend= sten Saatfelder von den Hufen der wilden Streitrosse zertreten. Die Kaiser waren schwach und vermochten selten dem Übermute der Adeligen mit kräf= tigem Arm zu steuern. Das waren die traurigen Zeiten des Faustrechts, wo derjenige Recht behielt, der die Gewalt besaß.

Achter Abschnitt.

Mittelalterliche Kultur.

I. Die Femgerichte.

In Zeiten, wo das staatliche, gesellschaftliche und Rechts-Leben in einem Gärungsprozesse befangen ist und nach neuen Gestaltungen ringt, da verlieren auch die gewöhnlichen Gerichte ihre Macht, und aus dem Volke selber heraus erheben sich Männer, um nach althergebrachter Sitte das Recht zu schützen und den Verbrecher zu strafen, auch wenn er der Strafe des ordentlichen Gerichtes entgangen ist. So wurden am Ausgang des Mittelalters, namentlich in der ersten Hälfte des 15. Jahrhunderts, die Femgerichte (auch Freigerichte, Freistuhlsgerichte, die heimlichen Gerichte genannt) zu einer Macht erhoben, die sich über ganz Deutschland erstreckte, vor der kein Ansehen der Person galt und mancher vornehme Bösewicht, welcher der gemeinen Gerichtsbarkeit Trotz bot, zittern mußte.

Der Name „Feme" stammte von dem altdeutschen „verfemen", das so viel bedeutet wie verbannen, verfluchen. Die Femgerichte gehörten dem Lande Westfalen an, durften nur dort „auf roter Erde", d. h. in dem Lande zwischen Weser und Rhein gehalten werden; sie hingen nur vom deutschen Kaiser selber ab, und ihre Vorsitzer, die Freigrafen, empfingen vom Kaiser persönlich oder von seinem Stellvertreter, dem Kurfürsten von Köln, den Blutbann, d. h. das Recht über Leben und Tod. Ihren Ursprung leiteten sie von Karl dem Großen ab, der, die Rechtsgewohnheiten der alten heidnischen Sachsen achtend, die Grafengerichte bei ihnen einführte, nachdem sie zum Christentum bekehrt worden waren. Denn schon in den ältesten Zeiten waren die freien Männer der Sachsen zu bestimmten Zeiten des Jahres, wenn sie ihre großen Opfer abgehalten hatten, zusammengekommen, um unter dem Vorsitz eines Ältesten (Grauen, Graven) ein „Ding" abzuhalten und nach dem alten guten Recht zu strafen und Gerechtigkeit zu üben.

Das Femgericht bestand aus einem Freigrafen und einer Anzahl Freischöppen oder Beisitzer, die man auch Wissende nannte, weil sie um die Geheimnisse der heiligen Feme wußten. Solcher Beisitzer mußten wenigstens 14 sein, gewöhnlich aber betrug ihre Zahl das Doppelte. Da es nicht verborgen blieb, wenn einer Freischöffe war, und dies zur Sicherheit seiner Person viel beitrug — da man sich wohl hütete, einem Mitglied der heiligen Feme Übels zu thun —, so ließen sich allmählich Männer aus

allen deutſchen Gauen unter die Zahl der Freiſchöffen aufnehmen. Als
Kaiſer Sigismund am Freiſtuhl zu Dortmund „wiſſend“ gemacht ward, ſoll
die Zahl der Freiſchöffen ſich auf 100 000 belaufen haben, worunter viele
Fürſten und Herren. Und gegen 1000 Freiſchöffen ſollen bei der Verſemung
des Herzogs Heinrich von Bayern im Jahre 1429 zugegen geweſen ſein.

Dieſe Aufnahme konnte nur auf roter Erde an einem Freiſtuhl ge=
ſchehen und ging unter feſtbeſtimmten Förmlichkeiten vor ſich. Zwei oder
mehr Freiſchöffen traten vor den auf ſeinem Stuhle ſitzenden Freigrafen und
baten um Erlaubnis, den oder jenen „unwiſſenden Mann“ in die heimliche
Acht bringen zu dürfen, indem ſie ſich zugleich dafür verbürgten, daß er ein
Freigeborner und Unbeſcholtener ſei. Nach erhaltener Erlaubnis wurde der=
ſelbe in die beſchloſſene (d. h. mit einem Strick umzogene) Gerichtsſtätte ge=
führt. Mit entblößtem Haupte knieete er vor dem Freigrafen nieder, der,
das Geſicht nach Oſten gewendet, vor einem Tiſche ſaß, auf welchem zwei
gekreuzte Schwerter und ein Strick lagen. Auf dieſe legte das neue Mit=
glied ſeine Hand und ſchwor mit einem Eide, die Feme heilig zu halten
vor Weib und Kind, vor Sand und Wind, vor allem, was Gott hat laſſen
werden zwiſchen Himmel und Erden. Hierauf teilte ihm der Freigraf die
geheime Feme, d. h. die Loſung mit, woran ſich die Freiſchöffen erkannten,
aus den vier Worten beſtehend: „Strick, Stein, Gras, Grein“, deren
Zuſammenhang erklärt wurde, und zuletzt wurde auch das „Notwort“ kund
gegeben, auf welches jeder Freiſchöffe dem andern zu Hilfe kommen mußte,
und wäre ſelbſt der Gegner der eigene Sohn geweſen. Die geheimnisvolle
Formel, deren Sinn erklärt wurde, lautete: „Reinir dor Feweri“; ihre
Bedeutung iſt bis zur Stunde noch nicht enträtſelt, denn wer ſie verriet,
ward ohne Gnade hingerichtet. Das Geſetz ſchrieb vor, dem Schuldigen die
Hände zuſammenzubinden, ein Tuch über ſeine Augen zu hängen, ihm die
Zunge bis auf den Nacken und einen dreiſträngigen Strick um den Hals zu
winden und dann ihn ſieben Fuß höher zu hängen als einen verſemten
Miſſethäter oder Dieb.

Auch mit dem heimlichen Schöffengruß wurde der neue Freiſchöffe
(ähnlich wie bei den freien Maurern des Mittelalters) vertraut gemacht.
Der Freiſchöffe legte ſeine rechte Hand auf ſeines Genoſſen linke Schulter
und ſprach: „Ich grüß' Euch, lieber Mann, was fanget Ihr hier an?“
worauf der andere antwortete: „Alles Glück kehre ein, allwo die Frei=
ſchöffen ſein!“

Aus den Freiſchöffen wurden dann wieder die Freigrafen gewählt, die
ſtets geborene Weſtfalen ſein mußten, doch, wenn ſie nur die gehörigen
Kenntniſſe beſaßen, jedem Stande angehören konnten. Nicht ſelten nahm ein
einfacher Bauer den Freiſtuhl ein, während unter den um ihn verſammelten
Freiſchöffen ſich Ritter und Grafen befanden. Dieſe ſaßen, wenn das Urteil
„geſchöpft“ wurde, entblößten Hauptes, über den Schultern das „Mentelin“,
ohne Waffen und nüchtern.

Es gab „geheimes Ding“, bei welchem nur die Eingeweihten Zutritt
hatten, und „offenes Ding“ oder Gericht, das morgens bei hellem Tage an

den bekannten „Malstätten" oder Gerichtsplätzen gehalten wurde. Die „Frei=
stühle" befanden sich stets unter freiem Himmel, unter einer Linde, Eiche,
einem Birnbaum, Hagedorn, oft ganz nahe bei einer Stadt, Burg oder einem
Dorfe. Der Freistuhl von Dortmund lag dicht an der Stadtmauer unter
einer Linde, die noch jetzt, obwohl sehr verwittert, zwischen den Eisenschienen
des dortigen Bahnhofs steht. Um den steinernen Tisch zogen sich drei stei=
nerne Bänke für die Schöppen; auf dem Tische stand der deutsche Reichs=
adler in erhabener Arbeit und lag das Schwert der Gerechtigkeit.

Der Freigraf bestieg seinen Stuhl und eröffnete das Gericht mit der
Frage an den Freifron, den Diener des Gerichts. ob es Tag und Zeit sei,
im Namen des römischen Kaisers ein „heilig Ding" zu hegen und zu span=
nen? Der Freifron bejahte, und dann fragte der Stuhlherr weiter, mit
wie viel Freischöffen er das Gericht besetzen und bekleiden solle? und der
Gerichtsbote antwortete: zum mindesten mit sieben. Diese wurden vom
Stuhlherrn namentlich aufgerufen. Waren diese und andere Einleitungs=
formen abgemacht, so forderte der Freigraf den Kläger vor Gericht. Dieser
wie der Beklagte (der freilich, wenn er sich schuldig fühlte, selten erschien)
durfte sich einen Freischöffen wählen, der das Wort für ihn führte und der
„Vorsprecher" hieß. Der Kläger bekräftigte mit einem Eide die Wahrheit
seiner Aussage, wählte aber noch zwei Eideshelfer, d. h. Freischöffen, die es
beschwuren, daß sie seinen Eid für rein und kräftig hielten. Gegen diese drei
Eide konnte der Beklagte mit sieben Eiden auftreten, indem er sich sechs
Eideshelfer wählte. Dann hielt der Kläger wohl auch seine Klage mit vier=
zehn Eiden aufrecht, die der Beklagte, wenn das Recht auf seiner Seite zu
sein schien, mit einundzwanzig Eiden wieder rückgängig machen konnte —
das war das höchste Zeugnis, und nun war er frei. Konnte der Beklagte
aber keine oder zu wenig Eideshelfer finden, dann fragte der Freigraf einen
Freischöffen, was seine „Wette" (Buße, Strafe) sei. Dieser, nachdem er sich
mit dem „Umstande" — der Versammlung — beraten, erklärte, daß der
Angeklagte der „höchsten Wette", nämlich des Stranges schuldig sei. Nun sprach
der Freigraf das Urteil. warf den Strick über seinen Kopf und den Gerichtskreis
weg, und der Verurteilte wurde zum nächsten Baume geführt und gehängt.

Wenn drei oder mehrere Freischöffen einen Verbrecher auf frischer That
ertappten, oder wenn jemand sich in Gegenwart mehrerer Schöppen schuldig
bekannte oder gar wohl seiner Missethat rühmte: dann führten ihn diese ohne
weiteres an den nächsten Baum und knüpften ihn ohne alle Umstände auf.
Entkam der Verbrecher, oder hatte man sein Vergehen bloß erfahren, so ward
er dreimal vor die Feme geladen, indem der Fron oder ein Freischöffe die
schriftliche Vorladung heimlich an die Thür seiner Wohnung oder in deren
Nähe anheftete. Erschien der Angeklagte auf die dritte Vorladung nicht, so
ward er als Verächter des höchsten kaiserlichen Gerichts verfemt, d. h.
in die Acht erklärt. Nachdem der Stuhlherr die feierliche Achtserklärung ge=
sprochen hatte, warf er den Weidenstrang über sich weg aus dem Gericht,
und alle Freischöffen spieen aus, als ob der Schuldige in diesem Momente
gehängt würde. Alle Genossen hatten nun die Pflicht, den Verfemten, wo

sie ihn treffen oder seiner habhaft werden mochten, aufzuhängen. In den Baum, an dem das Opfer vollzogen ward, steckte man einen Dolch, zum Zeichen, daß die heilige Feme hier gewaltet habe.

Das Femgericht, das ursprünglich ein öffentliches war und sein sollte, artete aber allmählich aus, indem es sich mit geheimnisvollem Dunkel umgab und unter dem Deckmantel der Verborgenheit auch wohl allerlei unlautere Zwecke verfolgte. Darum verbanden sich schon im Jahre 1461 Fürsten und Städte mit einander, um dem Unwesen dieser Gerichte zu steuern, und sobald mit der neu erstehenden Fürstenmacht wieder eine geordnete Rechtspflege entstand, gingen sie an ihrer eigenen Machtlosigkeit zu Grunde.

II. Die deutsche Hansa.*)

Während Kaiser Friedrich II. in Italien und Palästina kämpfte, herrschte in Deutschland noch immer der greuliche Unfug des Faustrechts. Alles wimmelte von Land= und Seeräubern; weder auf den Landstraßen, noch auf den Flüssen und Meeren war Sicherheit zu finden. Die Ritter hatten eine Menge Burgen an der Elbe und am Rhein errichtet und nötigten die vorübersteuernden Schiffe, ihnen hohe Zölle zu bezahlen. An den Straßen aber lauerten sie den Kaufleuten auf, warfen sie nieder, plünderten sie aus, führten sie gefangen fort und gaben sie nicht anders, als gegen ein starkes Lösegeld, wieder frei.

Dieser Plackereien wurden endlich die großen Handelsstädte, besonders Lübeck und Hamburg, müde; sie beschlossen, sich selbst zu schützen und traten mit einander in einen Bund (1241). Auf gemeinschaftliche Kosten sammelten sie ein bedeutendes Heer und rüsteten Kriegsschiffe aus, welche die Kauffahrer auf der Elbe in Schutz nahmen. Die Raubritter hatten nun üble Tage. Ihre Burgen wurden belagert, zerstört, der Erde gleich gemacht und die Galgen mit ihren Personen geziert. Nicht besser erging es den Seeräubern; eine Flotte lief gegen sie aus, suchte sie auf, vernichtete ihre Fahrzeuge, ersäufte ihre Mannschaft. Bald erzitterte alles vor der deutschen Hansa — so nannte man ihren Bund, dem bald eine Stadt nach der andern beitrat. Die bekanntesten Hansastädte damaliger Zeit waren Braunschweig, Rostock, Wismar, Stralsund, Greifswald, Kolberg, Stettin, Stolpe, dann Köln, Nimwegen, Frankfurt a. d. O., Königsberg, Danzig, Magdeburg — im ganzen über sechzig Städte. Sie hatten sich nun, da sie durch Einigkeit stark geworden, vor den mächtigsten Feinden nicht mehr zu fürchten, rüsteten eine Flotte von 200 Schiffen, hielten ein furchtbares Landheer und führten Krieg mit Königen und Fürsten. Der schwedische König Magnus wurde von der deutschen Hansa gezwungen, seine Krone niederzulegen, und dem dänischen König Christoph erklärte ein Bürgermeister von Danzig den Krieg. Andere Städte und Länder bemühten sich um die Freundschaft der

*) Vergl. Jürgen Wullenweber im III. Teil.

deutschen Hansa und räumten ihren Schiffen Stapelplätze und Handels-
rechte ein. Weithin nach allen Weltgegenden, nach England und tief nach Rußland hinein, zogen deutsche Kaufleute, geehrt in der Fremde wie in der Heimat.

Zu Lübeck wurden die Hansatage oder die Bundesversammlungen ge-
halten, wobei sich alle Bundesstädte durch ihre Abgeordneten einfanden.
Auch Gesandte aus den benachbarten Staaten erschienen dabei, um mit dem
Bunde ihre Angelegenheiten zu verhandeln. Da wurden denn alle Unternehmungen verabredet, die Beiträge zu den Kosten ausgeschrieben und die
Beschwerden eines jeden gehört und abgethan. Der Bund hielt strenge
Polizei unter seinen Gliedern. Hatte eine Stadt ihre Pflichten nicht erfüllt
oder sonst sich eines Frevels schuldig gemacht, so wurde sie verhanset,
d. h. aus dem Bunde gestoßen und geächtet, für eine Feindin aller andern
erklärt. Eine solche Strafe war immer von furchtbaren Folgen, denn der
geächteten Stadt wurden ihre Schiffe weggenommen und ihr Handel zerstört.

Dreihundert Jahre lang war die Hansa mächtig und lange Zeit die
Hauptmacht des Nordens. Nachher haben sich die niederländischen Städte
des Handels und der Seemacht bemächtigt, und dann herrschte England auf
allen Meeren.

III. Die Städte am Schlusse des 13. Jahrhunderts.*)

Hohe, oft doppelte Mauern, Gräben und Wälle umgürteten das streitbare Geschlecht in den Städten, das immer des Angriffs gewärtig sein
mußte. Wehrtürme krönten die Mauern. Sie ragten in gemessenen Ab-
ständen empor und waren von mannigfacher Bauart, rund, eckig, spitz, flach.
Um die Stadt war das ganze Weichbild mit einem Graben, einer Landwehr, umzogen, deren Zugang feste Warten bezeichneten. Wächter lugten
aus ihnen nach den Landstraßen hinaus und meldeten durch Zeichen jede
Gefahr oder das Herannahen reisender Kaufmannszüge, denen in unsicherer
Zeit ein gewaffnetes Geleit entgegenging. Inwendig an der Mauer der
Stadt durfte sich niemand anbauen; dergleichen Anbauten drohten Gefahr
des Verrats oder hinderten das Besteigen der Zinnen. In den meisten
Städten wanden sich die Straßen gekrümmt, oft im Sacke endend, hin und
her. Seitdem die Zünfte oder Handwerkerklassen mit einander kämpften,
schloß man sogar einzelne Gassen durch Thore oder hing des Nachts Sperr-
ketten ein. Das Rathaus, auch wohl Bürgerhaus genannt, ragte über alle
Gebäude weltlichen Gebrauchs hervor; auf seinem schlanken Turme hing die
Glocke mit dem Glöcklein, die zur Rats- und Gemeindeversammlung oder
sonst zu wichtigen Dingen riefen. Auf dem Rathausturme lugte der Wächter
ins Weichbild aus. Kirchen und Rathäuser, Kaufhallen und Zunfthäuser
wurden von der ganzen Bürgerschaft mit großer Ausdauer prachtvoll aufgebaut, besonders die Kirchen und Kapellen. Himmelhoch erhoben sich die
Türme. Soëst, das in neuerer Zeit fast bis zu einem Dorfe herabsank,

*) Nach Barthold.

zählt noch jetzt sechs betürmte Kirchen und Kapellen. Zur Zeit seiner Blüte zählte es zehn stattliche Gotteshäuser und gegen 27 Kapellen, die Krankenhäuser, Pilgerherbergen, Mariengärten und anderen kirchlichen Anstalten nicht gerechnet.

Die Bürgerhäuser blieben Jahrhunderte hindurch sehr einfach. Sie bestanden nur aus Fachwerk und ragten mit dem Giebel nach der Straße. Die oberen Stockwerke traten über die unteren hervor und verengten die schmalen Gassen so sehr, daß sie kaum den Himmel blicken ließen. So leichte, enge Bauart begünstigte die ungeheuern Feuersbrünste, welche alle unsere Städte so oft heimsuchten, aus denen sie aber eben so schnell sich wieder erhoben.

Die häusliche Einrichtung entsprach der Einfalt des Zeitalters. Der Hausrat, ohne Putz, war dem einfachsten Bedürfnis gemäß und roh gearbeitet. Beim Mahle aßen Mann und Frau aus einem Teller; ein oder zwei Becher dienten der ganzen Familie; Fackeln und Laternen leuchteten bei Nacht den Schmausenden; Kerzen gab es nicht. Die Glasur irdener Gefäße kam um diese Zeit erst auf. Selbst in wohlhabenderen Häusern wohnte der Sohn des Hauses mit seiner jungen Frau im Hinterstübchen bei den Eltern; ohne eigene Wirtschaft ging er bei ihnen zur Kost.

Dennoch aber fand schon das 13. Jahrhundert gesetzliche Beschränkung der Prunkliebe und Schwelgerei nötig, die besonders bei Festen geübt wurde. Das erste Gesetz der Art finden wir bei den fröhlichen prassenden Wormsern im Jahre 1220. Die Ritter, Richter und Ratleute mit Beistimmung der ganzen Gemeinde, untersagten die Gastmähler und Gelage, welche man im Hause des Gestorbenen zu halten pflegte, wenn dieser zu Grabe getragen war. Wer dagegen fehlte, sollte 30 Schillinge der Stadtbaukasse zur Strafe zahlen. Die strengen Niedersachsen duldeten bei Hochzeiten nicht mehr als zwölf Schüsseln und drei Spielmänner der Stadt, die Breslauer (1290) dreißig Schüsseln und vier Spielleute. Gegen das Ende des 13. Jahrhunderts setzte der alte und der neue Rat zu Soëst fest, beim Verlöbnis keinen Weinkauf zu trinken, doch dürfe der Bräutigam der Braut ein Paar Lederschuhe und ein Paar Holzschuhe senden. Bei der Hochzeit waren den Reichsten 50 Schüsseln, aber nur fünf Gerichte gestattet.

Unter den Künsten blühte besonders die Goldschmiedekunst. Sie schuf köstliche Schreine für die Leiber der Heiligen, Kelche mit heiligen Bildern, Kreuze mit der Gestalt des Erlösers. Auch die Kunst des Siegelschneidens stand in hohem Ansehen. Die Städte hatten seit dem Ende des 12. Jahrhunderts überall ein besonderes Wappen, welches meistens das reichverzierte Bild des Patrons der Hauptkirche enthielt. Lübecks Siegel zeigt bedeutsam das Schiff auf hoher Flut; der alte Steuermann mit spitzer Kappe leitet das Fahrzeug durch die Wogen; ein Jüngling am Tauwerk weist auf den Beistand nach oben. Köln hat als ältestes Wappen den heiligen Petrus, mit den Schlüsseln auf dem Stuhle sitzend; Magdeburg hatte seit uralter Zeit eine Jungfrau über den Zinnen sich erwählt; Worms zeigte den Lindwurm und deutete damit vielleicht auf den Drachen, den Siegfried erschlug. Hamburg und vielen anderen Städten behagte das dreifach betürmte Stadtthor; Berlins ältester Bär schritt aufrecht zum Angriff und trug nicht Halsband noch Kette.

Hinter den düstern Mauern der Städte wurde Gesang und Saitenspiel gepflegt. Auch diese Kunst bildete sich nach der Sitte der Zeit in Zunft und Schule aus und erheiterte das ernste Leben der Bürger. Manche Städte unseres Vaterlandes waren erfüllt mit einer Unzahl von Spielleuten. Fiedel, Harfe, Pfeife und Zinke waren ihre Instrumente. Alte Heldensagen ließ man in Liedern erklingen. Auch die Lust an der Natur war in den dumpfen Gassen erwacht. Überall wurde in deutschen Städten das Frühlingsfest mit Lust und Jubel begangen und im Freien ward getanzt. Man dachte sich den Winter als einen feindseligen Riesen, den Sommer als einen knabenhaften, holden und zugleich starken Jüngling, welcher gewaffnet in den Wald zog, um den gehaßten Gegner aufzusuchen und zu überwältigen. Ein Knabe zog daher als Sonnengott, an der Spitze gewaffneter Genossen, in den Wald. Er trug Laub- und Blumenkränze an Stirn, Brust und Schulter und kehrte, nachdem Scheinkämpfe im Walde gehalten waren, als Sieger mit Jubel heim. Sein Gefolge führte zum Beweise des Sieges grüne Birkenzweige mit sich. Ein hoher glattgeschälter Baum mit grüner Krone wurde aufgepflanzt. Unter allerlei Leibesübungen und Spielen, mit Gesang und Tanz begleitet, verlebte man den Tag. Diese Sitte war aus dem Dorfe mit den eingebürgerten Bauern in die Stadt gezogen, verwandelte sich aber im 14. Jahrhundert in einen Auszug der Schützenbrüderschaften. Ein bunter Frühlingsvogel wurde von der Stange herabgeschossen und der beste Schütze bekränzt. Nur die Ratsherren begingen noch hier und da für sich einen Mairitt unter festlicher Musterung des waffengeübten Volkes. In der Frühe des ersten grünen Maitags ritt der jüngste Ratsherr — ihm voran noch ein schöner bekränzter Knabe — mit den stattlich geputzten Ratsherren in den Wald hinaus, führte den Mai ein und verlebte den Abend mit Weib und Sippschaft im laubgeschmückten Rathause bei festlicher Kost und bei Tanz. Die Straßburger begingen am 1. Mai ein lustiges Schifferstechen auf dem Rhein, wobei im Jahre 1286 die mit Zuschauern überfüllte Brücke zusammenstürzte.

Das Kriegswesen lag noch den Bürgern ob. Jeder zünftige Meister mußte mit Waffen versehen sein. Diese waren von der verschiedensten Art und den wunderlichsten Namen. Im gewöhnlichen Leben auf Markt und Gassen war das Tragen derselben verboten; auf Reise und Fahrt ging aber jedermann bewehrt. Jede Zunft war im Besitz eigener Banner und Zeughäuser; die Zunftmeister waren die Führer gegen den Feind. Die gebräuchlichste Waffe war die Armbrust, deren Erfindung dem Morgenlande angehört; die Bürger gebrauchten sie mit großer Wirkung von den Zinnen ihrer Städte herab. Es entstanden nun auch die Schützengilden der Kaufleute und Handwerker. Braunschweig ging in der Ausbildung des Schützenwesens voran. Dort gab es schon im Jahre 1265 eine Schützenstraße, und das Armbrustschießen nach dem Vogel auf hoher Stange blieb noch lange neben dem Feuerrohr im Gebrauch. Mit Freudenspielen mancherlei Art ergötzte sich die Bürgerwehr. So baten die Magdeburger den tapferen Bruno von Störenbeck, ein recht besonderes Freudenspiel zu ersinnen. Herr Bruno lud darauf mit seinen wohlgesetzten Briefen die Kaufherren von Goslar,

Hildesheim, Braunschweig, Quedlinburg, Halberstadt und andere Nachbarn zu Pfingsten nach Magdeburg. Die Geladenen fanden sich zahlreich ein, die Goslarer mit verdeckten Rossen, die Braunschweiger in Grün, andere in besonderer Rüstung und Kleidung. Mit Speeren wurden die gewappneten Gäste empfangen, denn ohne Strauß wollten sie nicht einziehen. Inzwischen erhoben sich auf einer Insel in der Elbe Zeltreihen, und auf Schilderbäumen wurden die Wappenschilder aufgehängt. Am folgenden Tage, nach der Messe und dem Mittagsmahl, zog man hinaus und erlaubte jedem Fremden, den Schild dessen zu berühren, mit dem er kämpfen wollte. Ein alter Kaufmann aus Goslar verdiente den schwer erworbenen Kampfpreis.

IV. Die Familie Fugger.*)

Der Stammvater der Familie Fugger, deren Glieder noch jetzt als Fürsten und Grafen weitläufige Güter und Herrschaften in Bayern und Würtemberg besitzen, war Hans Fugger. Als armer, aber rühriger Webergeselle kam er nach Augsburg (1365), erlangte durch Verheiratung mit einer Bürgerstochter das Bürgerrecht und wurde, nachdem er ein wohlgelungenes Meisterstück verfertigt hatte, in die Weberzunft aufgenommen. Durch Fleiß und Geschicklichkeit, durch einen untadelhaften und ehrbaren Lebenswandel erwarb er sich bald die Zuneigung und Achtung seiner Mitbürger, so daß ihn die Weberzunft sogar zu ihrem Deputierten im Stadtrate erwählte. Es war aber dieses Amt um so ansehnlicher, als die Weberzunft gerade in Augsburg die höchste Geltung unter den übrigen Zünften genoß, und dies schrieb sich von den ältesten Zeiten her. Die Weber rühmten sich nämlich, in der ewig denkwürdigen Schlacht auf dem Lechfelde, in welcher der große deutsche Kaiser Otto I. die Ungarn aus Deutschland vertrieb, von einem mächtigen Heerführer dieses wilden Volkes einen Schild erbeutet zu haben. Zur Belohnung ihrer Tapferkeit — erzählten sie weiter — habe der Kaiser ihnen diesen Schild als Wappen geschenkt, und sie trugen denselben von Zeit zu Zeit in pomphaftem Aufzuge durch die Stadt.

Im Jahre 1409 starb Hans Fugger und hinterließ ein Vermögen von 3000 Gulden, das er sich durch seinen Fleiß und seine Geschicklichkeit erworben hatte. Es war dies aber für jene Zeit eine ansehnliche Summe, da die reichen Goldminen der neuen Welt noch nicht geöffnet waren und die Lebensmittel noch einen sehr niederen Preis hatten.

Die Söhne setzten das Geschäft ihres Vaters fort und mit so viel Glück und Geschick, daß sie nur die reichen Fugger genannt wurden. Das Ansehen und der Reichtum der Familie wuchs von Tag zu Tag. Schon um das Jahr 1500 war nicht leicht ein befahrener Weg zur See oder zu Lande, worauf sich nicht Fuggersche Waren befanden. Auf einmal nur

---

*) Nach Denhard.

nahm ihnen die mächtige Hansa 20 Schiffe weg, die, mit ungarischem Kupfer beladen, auf der Weichsel über Krakau und Danzig gingen.

Unter der Erde arbeitete der Bergmann für die Fugger, auf derselben der Fabrikant. Schon 1448 liehen sie den damaligen Erzherzögen von Öster= reich, dem Kaiser Friedrich III. (Vater Maximilians) und seinem Bruder Albrecht 150 000 Gulden. Es waren im Jahre 1509 gerade 100 Jahre, daß der Weber Hans Fugger starb und sein durch mühsamen Fleiß errunge= nes Vermögen von 3000 Gulden hinterließ. Jetzt waren seine Enkel die reichsten Kaufleute in Europa; ohne ihre Geldhilfe vermochten die mächtigsten Fürsten dieses Erdteils keine irgend bedeutende Unternehmung zu vollführen, und ihre Familie war mit den edelsten Geschlechtern durch die Bande der Blutsverwandtschaft verbunden. Vom Kaiser Maximilian I. wurden sie in den Adelstand erhoben und mit den ehrenvollsten Vorrechten begabt.

Aber die Fugger zeichneten sich auch aus in wohlthätiger Sorge für Arme und Dürftige. So erkauften sie schon gegen das Ende des 15. Jahrhunderts in der Jakobervorstadt einen großen Platz nebst einer Anzahl von Gebäuden, ließen diese niederreißen und 51 Häuser mit 106 Wohnungen erbauen, in denen arme Bürger Augsburgs für den geringen Mietzins von jährlich zwei Gulden ein bequemes Unterkommen fanden. Die ganze Anstalt bildet, so zu sagen, eine eigene Stadt; sie hat drei Haupt= und drei Nebenstraßen, drei Thore und eine eigene Kirche. Noch jetzt ist diese Anstalt unter dem Namen der Fuggerei eine Zierde Augsburgs und eine Wohlthat für dessen Bürger.

Ihren Reichtum, ihren Geschmack und ihre Prachtliebe zeigte vor allem die äußere und innere Einrichtung ihrer palastähnlichen Häuser, welche die höchste Zierde ihrer Vaterstadt wurden. Die Fuggerschen Häuser waren mit Kupfer gedeckt und von außen mit Bildern auf nassem Wurf bemalt. In= und ausländische Baumeister waren bei diesen Bauten thätig. Noch bewun= dert man die künstliche Schreiner= und Schlosserarbeit in den Fuggerschen Häusern.

Unter Kaiser Karl V. drang der Ruf der Fuggerschen Reichtümer bis in das ferne Spanien, wo das Sprichwort entstand: „Er ist reich wie ein Fugger". Ja der Kaiser selbst soll in gerechtem Stolz auf solche Unterthanen, als ihm der königliche Schatz zu Paris gezeigt wurde, ausgerufen haben: „In Augsburg habe ich einen Leinweber, der das alles mit Gold bezahlen kann!" Hatte ihm doch auch, wie die Sage erzählt, dieser Leinweber, der Graf Anton, einen großartigen Beweis seines Reichtums gegeben. Derselbe hatte einmal Karl V. eine ansehnliche Summe gegen Schuldverschreibung vorgestreckt. Als nun 1530 der Kaiser aus Italien nach Augsburg kam, kehrte er bei dem Grafen ein und entschuldigte sich, daß es ihm noch nicht möglich sei, die Summe wieder zu bezahlen. Ob es gleich Junius war, so war es doch kalte Witterung, und als dem Kaiser das Frühstück gebracht wurde, bemerkte dieser händereibend, daß er den Unterschied des italienischen und deutschen Klimas doch ziemlich deutlich fühle. Fugger ließ auf der Stelle ein Kaminfeuer anzünden, legte einige Bündel Zimmetrinde auf das Holz, zog darauf des Kaisers Schuldverschreibung hervor und zündete die

Pferde und überdachte fein Geschick. Noch hatte er fein Schwert Durenda, das herrliche und leuchtende, von koftbarer Arbeit, scharf zugleich und ftark, das nur Rolands Arm mit rechter Kraft schwingen konnte. Den Namen Durenda hatte es aber von feinen harten Schlägen (durus = hart). Dies Schwert zog Roland aus der Scheide, betrachtete es traurig, und mit Thränen in den Augen sprach er dann: „O du herrliches, immerdar leuchtendes Schwert, du bift geziert mit einer elfenbeinernen Koppel und mit einem goldenen Kreuze, du trägft den Namen Gottes eingegraben auf deiner Klinge und bift mit aller Tugend eines Schwertes begabt. Wer aber foll von nun an dich führen im Streit? Du haft viele Mauren gefällt, und fo oft ich einen Ungläubigen niederschlug, gedachte ich dabei an Gott und Chriftum. Nun aber werden die Ungläubigen felbft dich hinwegnehmen, und ihnen wirft du dienen müffen!“ Als Roland diese Worte sprach, gedachte er lieber fein treues Schwert zu zertrümmern, als es den Mauren zu überliefern, und er schlug aus allen Kräften auf den Marmorftein, der da errichtet war. Aber das Schwert spaltete den Stein und zerbrach doch nicht. Dreimal versuchte es Roland, und es wollte ihm nicht gelingen, und Durenda blieb unversehrt.

Alsdann nahm Roland fein Horn und ftieß mit Macht hinein, damit die Chriften, welche etwa noch im Walde sich verborgen hielten, sich um ihn sammelten; oder wenn einige von denen, die das Gebirge bereits überschritten hatten, etwa den Ton vernähmen, zu ihm eilen und bei feinem Tode gegenwärtig fein möchten. Er ftieß aber mit folcher Kraft ins Horn, daß es zersprang und die Sehnen an feinem Halse zerriffen. Und selbst König Karl, der schon acht Meilen entfernt war, vernahm den gewaltigen Schall; denn die Engel des Himmels trugen ihn dahin. Da wollte Karl fogleich umkehren und ihm Hilfe bringen; aber der schlimme Ganelon, der wohl wußte, was dort geschah, hinderte ihn daran und sprach: „Vielleicht ift Roland auf der Jagd und ruft feine Gefährten zusammen; denn oft ftößt er auf diese Weise ins Horn!“

Roland aber lag nun auf dem Grase ausgeftreckt in heißer Fieberglut und sehnte sich nach einem Trunke Waffers. Da kam ein Franke daher, Namens Balduin, und ihn bat Roland um einen Trunk. Balduin suchte lang, aber er fand keine Quelle, und da er zurückkehrte und Roland schon im Sterben lag, betete er mit ihm und segnete ihn. Dann aber beftieg er eilends fein Roß und jagte dem fränkischen Heere nach, damit einige wiederkehrten und Rolands Leiche nicht in die Hände der Mauren fallen ließen. Als Karl diese Nachricht vernahm, ward er fehr bekümmert und kehrte felbft wieder um. Da fand er feinen Neffen, der tot da lag, die Arme in Kreuzesgeftalt auf der Bruft. Der Kaiser und alle Franken jammerten und beklagten bitterlich den Tod des wackeren Helden und aller feiner Mannen. Ganelon aber ward des Verrats überwiesen und an die vier wildeften Pferde gebunden, die im fränkischen Heere zu finden waren, und von diesen schrecklich zerriffen.

dünnen Zimmetrollen damit an. Eine Unze (2 Lot) Zimt koftete zu jener Zeit in Deutschland zwei Dukaten.

V. Die freien Maurer.

In den Städten blühten Künste und Handwerke, und beide waren auf das innigste mit einander verbunden. Am erhabensten offenbarte sich dies in der Baukunst. In ihr lebte noch der religiöse Sinn des deutschen Volkes; der sogenannte gotische Baustil mit seinen kühnen Spitzbogen ist aus deut= schem, christlichem Gemüte entsprungen; wie das Christentum stets nach oben weist, von dem Irdischen emporstrebt zum Himmlischen, so überwindet auch der Spitzbogen die irdische Schwere, schließt sich nicht wie der arabische Rundbogen zufrieden mit den Freuden dieser Erde zur Erde sich krümmend ab. Diese Säulen, Pfeiler und Türme wachsen schlank wie die Palmen zum Licht hervor, die Steine selber sind zu lebendigen Blüten und Blättern geworden. Die Rose in Fenstern, Thüren, Säulenverzierungen und von ihr getragen oder zu ihr ausblühend das Kreuz — das sind die Grundformen, die in den mannigfaltigsten Gestalten wiederkehren. Die Rose ist das volle, blühende Leben, das Kreuz ist aber der himmlische Sinn, der alle Erden= herrlichkeit für gering achtet, um das ewige Leben zu gewinnen. Ein Kreuz in der Rundung der Rose war das allgemeine Zeichen der Gottheit im Mittelalter.

Aber nicht bloß die Kirchen, sondern auch die Burgen, Paläste, Rat= häufer und andere öffentliche Gebäude trugen das Gepräge des kirchlichen Baustils. Heutzutage, wenn wir jene Werke anschauen, begreifen wir's kaum, wie es möglich war, sie so riesenhaft und erhaben im ganzen, so zierlich und lieblich im einzelnen, so rein nach einem Grundgedanken und doch wieder so mannigfaltig in den einzelnen Teilen zustande zu bringen. Dies war nur dadurch möglich, daß die Kräfte derer, welche sie schufen, zu einer großen Verbrüderung sich zusammenfanden, in welcher die tiefen Ge= heimnisse der Kunst sorgsam gepflegt wurden und von Geschlecht zu Geschlecht sich forterbten. Tausend und aber tausend kunstbegabte Hände setzten ihr ganzes Leben daran, um das rohe Gestein nach dem Gedanken des Geistes zu zwingen; kein Meister wollte eigensinnig für sich etwas sein und hervor= bringen, sondern er arbeitete fort im Sinne und Geist seines Vorgängers. — Jeder war stolz auf das Werk, nicht auf seinen Namen. Die Innungen und Gilden des Mittelalters wirkten alle mit vereinten Kräften, und der ein= zelne war nur groß im ganzen. Zur edlen Baukunst durften aber nur freie Meister und Gesellen; ihre Genossen hießen die freien Maurer und ihre Kunst die königliche. Bei jedem großen Bauwerk war eine Bau= hütte, in welcher die freien Maurer ihre Geheimnisse pflegten. Solcher großen Bauhütten waren vier: in Köln, Straßburg, Zürich und Wien. Die Zunft der Maurer und Steinmetzen bewahrte erblich ihre Geheimnisse und genoß große Vorrechte.

Das größte der Wunderstücke mittelalterlicher Baukunst ist der Dom zu Köln. Am 15. August 1248, unter dem gewaltigen Erzbischof Konrad von Hochstaden, wurde der Grund gelegt; der hohe Chor, dessen Höhe ca. 44 m mißt, ward 1320 vollendet und 1321 eingeweiht. Oft schien es, als sollte das Halbvollendete wieder ganz zerfallen, und ein halbes Jahrtausend verging, bis unter der Regierung des kunstsinnigen und frommen Königs Friedrich Wilhelm IV. von Preußen das große Werk wieder ernstlich fortgesetzt und unter dem ruhmreichen Scepter Kaiser Wilhelms, der das deutsche Reich aus seiner Zerrissenheit erlöst hatte, im Jahre 1880 vollendet wurde.

Nächst dem Kölner Dom ist vor allem berühmt der **Straßburger Münster***) mit seinem Riesenturm von 141 m Höhe, an welchem 161 Jahre gearbeitet wurde. Den Bau dieses herrlichen Werkes leitete seit 1277 der wackere Meister **Erwin von Steinbach**, einem Städtchen in Baden, der im Jahre 1318 starb. Er hatte eine Tochter **Sabina**, welche viele schöne Steinbilder von Heiligen aus Stein meißelte, während der Vater des Baues pflegte. Der Sohn Johannes setzte das Werk des Vaters fort, und seine kunstreiche Schwester unterstützte ihn dabei. Von ihrer Hand ist das schöne Sinnbild an dem Portal bei den Graden (beim Uhrwerk) gehauen. Hier ist zur rechten Hand die christliche Kirche durch eine gekrönte Jungfrau dargestellt, die in der Linken das Kreuz und in der Rechten den Kelch hält; links aber die jüdische Synagoge, als ein Frauenbild mit herabgesenktem Haupt und verbundenen Augen, die in der rechten Hand einen zerbrochenen Pfeil und in der linken die Gesetztafeln Mosis hält, indem ihr die Krone zu den Füßen herabfällt. Zu beiden Seiten stehen die zwölf Apostel. Auch Johann von Steinbach erlebte die Vollendung dieses Werkes nicht, und erst im Jahre 1438 wurde es durch Johann Hülz von Köln vollendet.

VI. Dichtkunst im Mittelalter.

Herr Walther von der Vogelweide (1207 n. Chr.).

1.

Dieser gefeierte Minnesänger stammt aus Tirol von dem Hof zur Vogelweide (unweit Bozen, oberhalb der Brennerstation Waidbruck gelegen) und wurde ums Jahr 1170 geboren. Er war adligen Geschlechts, wie die Beinamen „Herr", „Ritter" zeigen, während die bürgerliche Abkunft durch das Wort „Meister" ausgedrückt wurde. Sein Wappen ist der Vogel im

---

*) Wie das Wort „Dom" von dem lateinischen domus (Haus) stammt, so das Wort „Münster" von monasterium (Kloster). Es bedeutet also ursprünglich einen abgeschlossenen Ort, wo Mönche zusammenleben. Dann nannte man einige hohe Stiftskirchen oder Kathedralen „Münster", weil ehemals die Geistlichen und Stiftspersonen bei selbigen unter einer gewissen Regel (canon — davon canonici) gleich den Mönchen zusammen lebten.

Käfig, und Österreich bezeichnet er selbst als das Land, wo er dichten und
singen gelernt. Die dort regierenden Babenberger gehörten wie die Hohen=
staufen zu den sangesfreudigen Fürstenhäusern. Walther war arm und trieb
seine Kunst als Erwerb. Auf einem Rößlein reitend, mit einem Saitenspiel
auf dem Rücken, zog er umher an den Höfen und auf den Ritterburgen, wo
jeder Sänger willkommen war, und wo sich der Adel zu großen Festen ver=
sammelte. Mit dem Babenberger Herzog Friedrich dem Katholischen starb
ihm eine große Stütze; Walther erzählt, daß er nun seine Kraniche (Schnabel=
schuhe) tief in die Erde gedrückt und schleichend wie ein Pfau und gesenkten
Hauptes von dannen gezogen sei. Er mag weit umhergekommen sein, denn
— wie er selbst erzählt — er kam von der Seine bis ins Ungarland, von
der Elbe bis zur Mur, vom Po bis an die Drave. So, als ein vielgewan=
derter Odysseus, erkundete er die Sitten und Länder der Menschen und wußte
anmutig zu singen und zu sagen von allem, was er gesehen und erlebt hatte.

Um das Jahr 1200 begann in Deutschland jener Funke unseliger Zwie=
tracht zwischen Kaiser und Papst zur hellen Flamme empor zu lodern. Der
trostlose Bürgerkrieg in Deutschland preßte dem wackeren Ritter Walther
bittere Klagen aus; sein Herz ist dem Hohenstaufenfürsten Philipp zugethan,
und als dieser in Mainz gekrönt wird, ist er selbst dabei und feiert mit
seinem Liede das Fest. Er richtet an den neugesalbten Herrscher die Bitte,
daß er sich nun des deutschen Reichs gegen die zudringlichen Mitbewerber
kräftig annehmen möge, denn die Kaiserkrone passe nur ihm allein. Er möge
aber mild regieren wie Richard Löwenherz und der Sultan Saladin. In
einer Zeit, wo so viel Streit und Unfrieden war, wo die Geistlichkeit gegen
die Könige stritt, wo Zucht und Ehrbarkeit zu verschwinden drohte, mußten
auch seine Gedichte ernst werden. Er zeichnete sich selbst, auf einem Steine
sitzend, Bein über Bein geschlagen, den Ellbogen darauf gestützt, Kinn und
Wange in die Hand geschmiegt und so über die Welt nachdenkend. So tief
aber auch sein Schmerz ist über die hinwelkende Kraft des deutschen Reiches,
so liebt sein Herz doch fort und fort das herrliche deutsche Volk, und sein
Mund weiß dessen Vorzüge zu preisen.

> Tiutsche man sint wol gezogen,
> Als engel sint diu wip getan.
> Swer si schildet (schilt), der ist betrogen,
> Ich enkan sie anders niht verstan.
> Tugent und reine minne (Liebe), swer die suochen wil,
> Der sol komen in unser lant, da ist wunna vil,
> Lange muesse ich leben dar inne.

> Ich han lante viel gesehen
> Und nam der besten gerne war,
> Übel muesse mir geschehen,
> Kunde ich je mein Herze bringen dar (dazu),
> Daz ime wolde wol gefallen frömder Sitte.
> Was hülfe mich, ob ich unrehte strite,
> Tiutschiu zuht (deutsche Zucht) gat vor in allen.

Walther beschloß sein unstetes Leben in Würzburg, nachdem er noch den großen Hohenstaufen-Kaiser Friedrich II. auf dessen Zuge nach Palästina (1227—28) begleitet und von demselben ein Lehensgut bei Würzburg zum Geschenk erhalten hatte. Er liegt im Lorenzgarten des neuen Münsters begraben, und im Kreuzgang dieser Kirche liest man noch heute, in Stein gehauen, eine Grabschrift auf den edeln deutschen Dichter und Patrioten in lateinischen Versen.

2.

Unter den Fürsten, welche edle Sänger hegten und pflegten, zeichnete sich damals Landgraf Hermann von Thüringen aus. Thüringen galt für das lebensfroheste Land, für die Heimat lustiger Tanzmusik, und in Eisenach und auf der hohen Wartburg, erbaut von Ludwig dem Springer (Salier), fanden sich zu jener Zeit die ausgezeichnetsten Dichter zusammen. Da fuhr die eine Dichterschar ein, die andere aus, so Nacht als Tag, und hätte ein Fuder Wein noch tausend Pfund gegolten — meint Herr Walther, — des Ritters Becher hätte doch nicht leer gestanden.

Daß es unter den Minnesängern verschiedene Schulen gab, die von verschiedenen Fürsten unterstützt, oft sehr feindlich gegeneinander standen, erkennen wir aus folgender Sage: Landgraf Hermann von Thüringen, Sohn Ludwig des Eisernen, ein warmer Freund des Minnegesangs, veranstaltete auf der Wartburg einen Kampf der besten Minnesänger. Diese waren, nächst Walther, Wolfram von Eschenbach, Reinmar von Zweter, Heinrich von Risbach (der Kanzler des Landgrafen Hermann) und Biterolf (vom landgräflichen Hofgesinde). Der Streit galt dem Lobe des würdigsten Fürsten; da pries Heinrich von Ofterdingen den glorreichen Leopold VII. von Österreich, alle übrigen aber rühmen den Thüringer Landgrafen, und ihnen schließt sich Walther an, nachdem er zuvor das Lob des Königs von Frankreich gesungen. Die Merker führten die Aufsicht, und es war festgesetzt, daß der Besiegte den Tod von der Hand des Scharfrichters erleiden sollte. Gegen die fünf Gegner konnte Heinrich nicht aufkommen, die Merker erklärten ihn für besiegt, und schon sollte der Stempel (Scharfrichter) ihn aufknüpfen, als der junge Dichter sich unter den Mantel der schönen Landgräfin Sophie von Bayern flüchtete. Diese schützte ihn und wirkte ihm die Erlaubnis aus, daß der berühmte Meister Klingsor aus Siebenbürgen als Schiedsrichter herbeigeholt wurde. Nun begann aufs neue der Wettgesang, und Meister Klingsor sang mit Heinrich gegen die Fünfe, bis er sie endlich versöhnte.

So endete im Frieden der Sängerkrieg auf der Wartburg.

3.

Nach König Philipps Untergange wandte sich Landgraf Hermann und mit ihm unser Walther dem König Otto zu; aber dieser war nicht der Mann für beide, am wenigsten für Walther, da er auf Gesang und Sänger gar nichts gab. Da ward der junge Friedrich von Hohenstaufen aus Italien berufen, und beide, der Landgraf und Walther, hingen nun diesem an. Und welche Freude! Der junge Friedrich beschenkte den Dichter mit einem Ritterlehen, worüber Walther höchlich jubelte, denn er sehnte sich nach vielem Wanderleben nach einer bleibenden Heimat. Er wurde jedoch kein Schmeichler der Großen und gab den Fürsten vortreffliche Lehren.

An die Fürsten.

Ir vürsten, tugent iwer sinne mit reiner güete,
sit gegen vrinnden sanfte, tragt gein vinden hochgemüete,
sterket reht und danket gote der grozen eren,
daz mannir mensch sein lip sin guot muoz ju zu dienste keren;
sit milde, vridebäre, lat in wirde iuch schouwen,
so lobent iuch die reinen suezen brouwen;
schame, triuwe, erbermde, zuht, die sult ir gerne tragen,
minnet got, und rithet swaz die armen klagen,
glaubt nicht daz ju die lugenare sagen,
und volget guotem rate: so muog ir in himmelreich bouwen.

*

Ihr Fürsten, adelt euer Herz durch reine Güte,
Seid gegen Freunde sanft, vor Feinden tragt Hochgemüte,
Stärket das Recht und danket Gott der großen Ehren,
Daß Gut und Blut so mancher muß zu euren Gunsten kehren;
Seid mild, friedfertig, laßt euch stets in Würde schauen,
So loben euch die reinen süßen Frauen;
Scham, Treue, Milde, Zucht sollt ihr mit Freuden tragen,
Minnet Gott und schaffet Recht, wenn Arme klagen;
Glaubt nicht, was euch die Lügenbolde sagen;
Folgt gutem Rat, so dürft ihr auf das Himmelreich vertrauen.

Die Meistersänger (1550 n. Chr.). *)

1.

Ich ging in meiner Stube auf und ab, indem ich auf das Frühstück wartete. Ich sah durch das Fenster und erblickte ein Seil, das von St. Sebald nach dem Rathause **) gezogen war und woran mitten ein gemaltes Schild hing. Alle Mühe, die ich mir gab, die Figuren darauf zu erkennen, war vergebens, und ich war im Begriff, zum Schenkwirt hinunter zu gehen und mir Bescheid zu holen. In demselben Augenblick trat in mein Zimmer Peter Vischer, der Jüngere, der zum Rate gehörte und eben so liebenswürdig als unterrichtet war. Er begrüßte mich, und indem er sich darauf berief, was zwischen uns verabredet wäre, meldete er mir, daß heute dem Kaiser zu Ehren eine Festschule gehalten würde. Ich sah ihn stutzig an, dann aber erinnerte ich mich, daß Peter Vischer der holdseligen Meistersängerkunst beflissen wäre, und ich wußte mir seine Worte zu erklären und zugleich, was es mit dem Aufhängen der Tafel für ein Bewenden hätte. Peter erzählte mir, daß durch das Schild alle, die an erbaulichen Festen teilnehmen, zu der Singschule eingeladen würden.

Unterdessen war das Frühstück hereingetragen, und Vischer ließ es sich

---

*) Nach A. Hagen.　　**) In Nürnberg.

gefallen, dasselbe mit mir zu teilen. Er erzählte mir über die Entstehung und das Wesen der Meistersängerkunst gar vieles, dem ich gern ein aufmerksames Ohr lieh. Die unschickliche Frage, die mir entschlüpfte, ob die Handwerker an anderen Orten auch dergleichen Kurzweil trieben, erzürnte ihn nicht, vielmehr hielt er sich dadurch bewogen, mich über die hohe Bedeutung ihres Strebens zu belehren.

Die löbliche Musik und die liebliche Singekunst, fing er etwas feierlich an, dient nicht allein zur Freude und Ergötzung der Menschen, sondern sie ist das erste Erregungsmittel zur Erinnerung göttlicher Wohlthaten und zur Andacht des Herzens. Wie denn auch der heilige Apostel Paulus zur Übung guter Gesänge gar treulich vermahnt.

Ich unterbrach ihn absichtlich in der Rede, und er fuhr also fort: Der Meistersänger hohe Schule ist Mainz, und die Töchterschulen sind Nürnberg und Straßburg. Aber in Nürnberg ward seit lange die holdselige Kunst besser gepflegt, als irgendwo. Wie vor 50 Jahren der Briefmaler Hans Rosenblüt und der Barbier Hans Folz berühmt waren, so jetzt der Leinweber Nunnenbeck und vor allen dessen Schüler, Hans Sachs, der Schuster.

Was haben jene Figuren auf der Tafel zu bedeuten? fragte ich ihn. Auf der Tafel, erwiderte er, seht ihr oben ein Wappen mit einer Krone, das ist der Meistersänger Wappen, und darunter zwölf Männer, die einen Garten bestellen, deren Mühe aber ein wildes Tier zu nichte macht; die zwölf Männer sind die zwölf berühmten Sänger, die die erste Singschule einrichteten, und das wilde Tier ist der Neid, der von außen her, und die Zwietracht, die von innen her ihrem Gedeihen schadet. Von heiligem Beruf durchdrungen, sangen die zwölf Männer Lieder, die Gott wohlgefällig waren und den Menschen frommten. Der Kaiser Otto der Große, erlauchten Angedenkens, bestätigte ihren Bund und schenkte ihnen ein Wappen mit der Krone.

Weiß man die Namen dieser Wundermänner?

Freilich weiß man sie. Sie waren teils Gelehrte, teils Ritter, teils Bürger. Einer war Schmied, einer Seiler, einer Glasbrenner. Von diesen ist nicht viel zu erzählen, aber desto mehr vom Ritter Wolfram von Eschenbach, von Nikolaus Klingsor, der freien Künste Magister, von Walther von der Vogelweide, von Heinrich von Osterdingen aus Eisenach und von Heinrich Frauenlob aus Meißen, der heiligen Schrift Doktor zu Mainz. Dieser erhob in unsterblichen Gesängen der Frauen Schönheit und Sittigkeit, und zum Dank trugen ihn die Frauen in Mainz zu Grabe, denn nicht dem Lebenden allein, sondern auch dem Toten sollte ihre Tugend offenbar werden. Im Dom ist sein Leichenstein, den die Frauen mit Thränen und mit Wein benetzten.

Die Singekunst, deren ihr euch jetzt befleißigt, leitet ihr also von den zwölf Meistern her?

Ja wohl. Sie unterrichteten Jünglinge, und die Schüler wurden wieder Meister und so bis auf unsere Zeit. Wer die Kunst erlernen will, der geht zu einem Meister, der wenigstens einmal in der Singschule den Preis gewonnen hat, und dieser unterweist ihn unentgeltlich. Er lehrt, was es heißt, zur Ehre der Religion singen, und weiht ihn ein in die Geheimnisse der Tabulatur; so nennen wir die Gesetze der Dichtkunst. Hat der Lehrling diese begriffen, so bittet er die Gesellschaft um seine Aufnahme, da er von löblichen Sitten sei und guten Willen zeige. Der Aufgenommene muß alsdann den Singestuhl in der Kirche besteigen und eine Probe seiner Kunst ablegen. Gelingt sie ihm, so wird sein Wunsch gewährt. Feierlich gelobt er, der Kunst stets treu zu sein, die Ehre der Gesellschaft wahrzunehmen, sich stets friedlich zu betragen und kein Meisterlied durch Absingen auf der Gasse zu entweihen. Dann zahlt er das Einschreibegeld und giebt zwei Maß Wein zum besten. Bei den gewöhnlichen Versammlungen der Meistersänger und wenn sie sich in der Schenke zusammen finden, sind weltliche Lieder wohl erlaubt, nie aber in den Festschulen. Die Festschulen finden dreimal im Jahre statt: zu Ostern, Pfingsten und Weihnachten in der Katharinenkirche. Hier werden Gedichte vorgetragen, deren Inhalt aus der Bibel oder den heiligen Sagen geschöpft ist. Wer am fehlerfreiesten singt, wird hier mit einer goldenen Kette geschmückt, und mit einem Kranze, wer nach ihm am besten besteht. Wem dagegen grobe Fehler nachgewiesen werden, der muß es durch Strafgeld büßen. So fließt das Leben der Meistersänger unter erbaulichen Gesängen hin, und wenn einer aus dem frohen Kreise abberufen wird, so versammeln sich seine Genossen um sein Grab und singen ihm das letzte Lied.

2.

Da jetzt die Ratsuhr schlug, so brach Vischer auf. Ich hatte gemeint, er würde mich zur Katharinenkirche führen. Allein Vischer versprach mir, in einer Stunde zurückzukehren, da er erst andere Tracht anlegen müßte. Er hielt Wort und erschien jetzt ganz in schwarze Seide gehüllt mit einem geschmackvollen Barett. Um das Fehlgehen hatte es keine Not, da man nur dem Zuge der Menschen zu folgen brauchte, die alle nach der Festschule strömten. Am Eingange des kleinen Kirchleins hielt der Kirchner zu einem Trinkgelde die Mütze auf. Dies geschah darum, daß nicht alles Gesindel sich hinzu drängte und ehrliche Leute um die Erbauung brächte.

Die Kirche war im Innern schön aufgeputzt, und vom Chor, den der Kaiser einnehmen sollte, hing eine kostbare Purpurdecke herab. Gar feierlich nahm sich der Verein der edlen Meistersänger aus, so umher auf den Bänken saßen, teils langbärtige Greise, die aber noch alle rüstig schienen, teils glatte Jünglinge, die aber alle so still und ernst waren, als wenn sie zu den sieben Weisen Griechenlands gehörten. Alle prangten in Seidengewändern, grün, blau und schwarz, mit zierlich gefalteten Spitzkragen. Unter den stattlich gekleideten Meistern befand sich auch Hans Sachs und sein Lehrer Nunnenbeck. Größere Ruhe herrscht nicht beim Hochamte. Nur ich und Vischer sprachen, der mir alles erklären mußte.

Neben der Kanzel befand sich der Singstuhl. Nur kleiner war er, sonst wie eine Kanzel, und heute mit einem bunten Teppich geschmückt. Vorn im Chor sah man ein niedriges Gerüst aufgeschlagen, worauf ein Tisch und ein

Pult stand. Dies war das Gemerke; hier hatten diejenigen einen Platz, die die Fehler anmerken mußten, die die Sänger in der Form, gegen die Gesetze der Tabulatur und im Inhalt gegen die Erzählung der Bibel und der Heiligengeschichte begingen. Diese Leute hießen Merker, und ihrer gab es drei. Obgleich das Gemerk mit schwarzen Vorhängen umzogen war, so konnte ich doch von meinem Sitze alles beobachten, was vorging, und ich sah an der einen Seite des Gerüstes die goldene Kette mit vielen Schaustücken hängen, die der Davidsgewinner hieß, und den Kranz aus seidenen Blumen.

Nun erschien der Kaiser Maximilian mit dem ganzen Gefolge und zeigte sich gar gnädig. Aber er verweilte nicht lange, denn ihm schien die holdselige Singkunst nicht sonderlich zu behagen.

Als der Kaiser sich zeigte, geriet alles in lebhafte Bewegung. Ein greiser Meister betrat den Singstuhl, und vom Gemerke erscholl das Wort: Fanget an! Es war Konrad Nachtigall, ein Schlosser, der so sehnsüchtig und klagend sang, daß er seinen Namen wohl mit Recht führte. Vom himmlischen Jerusalem, von der Gründung des neuen sagte er viel Schönes in gar künstlichen Reimen und Redensarten. Auf dem Gemerke sah ich, wie einer der Meister in der Bibel nachlas, der andere an den Fingern die Silben abzählte und der dritte aufschrieb, was diese beiden ihm von Zeit zu Zeit zuflüsterten. Nach dem Meister Nachtigall kam die Reihe an einen Jüngling, Fritz Kothner, einen Glockengießer; der hatte die Schöpfungsgeschichte zum Gegenstand seines Gedichtes gewählt. Aber hier hieß es nicht: und Gott sah, daß es gut war. Denn der Arme war verlegen, es wollte nicht gehen, und ein Merker hieß ihn den Singstuhl verlassen. Der Meister hat versungen, raunte mir Vischer zu, er hat ein Laster begangen. Mit diesem Namen belegten die Kenner der Tabulatur einen Verstoß gegen die Reime. Dergleichen wunderliche Benennungen für Fehler gab es viele, als: blinde Meinung, Klebsilbe, Stütze, Milbe, falsche Blumen. Die Bezeichnung der verschiedenen Tonweisen war ganz absonderlich, als: die Schwarztintenweise, die abgeschiedene Vielfraßweise, die Cupidinis Handbogenweise. In der Hageblütweise ließ sich jetzt vom Singstuhl herab Leonhard Nunnenbeck vernehmen, ein ehrwürdiger Greis im schwarzen Gewande. Sein Kopf war glatt, und nur das Kinn schmückte ein schneeweißer Bart. Alles bewunderte ihn, wie er gemäß der Apokalypse den Herrn beschrieb, an dessen Stuhl der Löwe, Stier, Adler und der Engel ihm Preis und Ehre und Dank gaben, der da thronet und lebt von Ewigkeit zu Ewigkeit. Als Nunnenbeck endigte, da waren alle voller Entzücken, und namentlich leuchtete aus Hans Sachsens Gesicht hell die Freude hervor, der sein dankbarer Schüler war. Er rühmte sich des Lehrers, wie der Lehrer sein. Mir gefiel das Gedicht, das aber mehr erhaben als schön war. Da trat, als der vierte und letzte Sänger, wieder ein Jüngling auf. Was der sagte, war so recht nach meinem Sinn. Er gehörte auch zur Weberzunft und hieß Michael Behaim, der manche Länder gesehen. Sein Vater hatte sich Behaim (Böhme) genannt, da er aus Böhmen nach Franken gezogen war. Mit rastloser Anstrengung übte sich Behaim in der Singkunst und verglich sich mit Recht mit einem Bergmann, der mühsam gräbt und sucht, um edles Gold zu för= dern. Nie war er früher in einer Festschule aufgetreten, da er nicht anders als mit Ruhm den Singstuhl besteigen wollte. Sonder Zweifel hätte Be= haim den ersten Preis errungen, wenn nicht Nunnenbeck vorher gesungen. Sein Gedicht war gar sinnreich mit künstlichen Reimen.

3.

Da Michael Behaim sein Gedicht vorgetragen hatte, so verließen die Merker ihren Sitz. Der erste Merker trat zu Nunnenbeck, und mit schmeichel= haftem Glückwunsch hing er ihm den Davidsgewinner um, und der zweite Merker zierte Behaims Haupt mit dem Kranze, der ihm wohl stund. Diese Gaben aber waren nicht Geschenke, sondern nur Auszeichnungen für die Feier des Tages. Das Fest in der Kirche war beendigt, und alle drängten sich jetzt mit aufrichtiger Teilnahme zu den Begabten, um ihnen freudig die Hände zu drücken. Auch ich konnte mir das Vergnügen nicht versagen, meinen Dank dem wackern Behaim laut darzubringen. In der Nähe stund Hans Sachs, der mich freundlich anredete und den vor kurzem geschlossenen Freund= schaftsbund erneuerte. Ich bedauerte, daß mir nicht das Glück geworden wäre, ihn zu hören, und daß ich Nürnberg verlassen müßte, ohne andere Lieder aus seinem Munde vernommen zu haben, als die er mir auf der Straße zum besten gegeben, damals, als ich gerade zum Hören nicht auf= gelegt gewesen. „Liebster Herr Heller, kommt mit in die Schenke, und es soll euch ein Genüge werden," erwiderte er und ging mit mir Arm in Arm aus der allmählich leer gewordenen Kirche.

Es war Brauch, daß die Meistersänger, insonderheit die jüngeren, sich nach der Festschule in eine nahe gelegene Schenke begaben, wo in demselben Grade frohe Ungebundenheit herrschte, als in der Kirche heiliger Ernst. Hier wurde der Wein getrunken, den der eine zur Buße, wie der Meister Kothner, der andere zur Ehre hergeben mußte, wie Meister Behaim, weil er zum ersten Male begabt war. Fünf Maß Wein gab es heute zum Nachschmause. Die Meistersänger, etwa sechzehn an der Zahl, gingen über die Gasse paar= weise hintereinander von der Kirche bis zur Schenke. Der bekränzte Behaim eröffnete den Zug. Er hatte die Verpflichtung, für die Aufrechterhaltung der Ordnung zu sorgen, und wie einem Merker mußten sie ihm alle folgen. Die geputzten Gäste stachen sonderbar genug von der Schenke ab, die von außen und innen gleich beräuchert und verfallen aussah. In dem langen Zimmer standen bloß Tische und Bänke von der Art, wie man sie in Landgärten findet. Allein heiterer Mut und ein gutes Glas Wein ließen alle die Mängel übersehen. Tisch an Tisch wurde zusammengeschoben, und zu beiden Seiten setzten sich die Sänger. Obenan befand sich Behaim. Sein Thron war ein Lehnstuhl und sein Scepter der Ruhe gebietende Hammer. Ich saß neben Hans Sachs. Als ich, von den Nachbarn gedrängt, hart anrückte, so merkte ich, daß seine Ärmel mit Fischbeinstäbchen gesteift waren, und dies gab mir Veranlassung, die sonderbare Tracht recht genau anzusehen. Die Jacke war von meergrünem Zeuge mit mehreren Schlitzen auf der Brust, durch die das Hembde vorschimmerte, dessen faltiger Kragen den Hals scheibenförmig umschloß. Die Ärmel waren von schwarzem Atlas, in welchem zackige Einschnitte in bestimmten Linien künstlich eingehakt waren, so daß überall das helle Unterzeug hindurchblickte.

Mitten auf der Tafel stand ein Weinfäßchen, und einer der Meister hatte das Geschäft des Zapfens, indem ihm ohne Aufhören die leeren Becher gereicht wurden. Als mancherlei besprochen und belacht war, mahnte ich Nürnbergs berühmtesten Sänger an das mir gegebene Versprechen. Er war bereit. Behaim klopfte mit dem Hammer und fragte alsdann die Versammelten, ob sie nicht ein Kampfgespräch versuchen wollten. Niemand wandte etwas dawider ein. Er fragte wieder, wer singen wollte, und drei Meister hoben die Hände auf, es war Behaim selbst, Hans Sachs und Peter Vischer. Hans Sachs sollte eine Streitfrage aufwerfen, und um meinetwillen, da er wußte, daß ich mich viel in Künstlerwerkstätten umhergethan hatte, wählte er einen dahin zielenden Gegenstand.

Hans Sachs.

Ihr Freunde, sagt mir, wenn ihr wißt,
Wer der künstlichste Werkmann ist?

Peter Vischer.

Das ist fürwahr der Zimmermann;
Wer hat's ihm jemals gleich gethan?
Durch Schnur und Richtscheit wird ihm kund
Die höchste Zinn und der tiefste Grund;
Ihn loben stattliche Lustgemächer,
Hoch strebt sein Ruhm so wie seine Dächer.
Reich an Erfindungen ist sein Geist,
Mühlwerk und Wasserbau ihn preist:
Er schützt durch Bollwerk dich und Schanz,
Die heil'ge Schrift weiht ihm den Kranz;
Er zimmerte die starke Arch',
Drin Noah war der Patriarch;
Wie rings auch brausete die Flut,
Er ruht in ihr in sich'rer Hut;
Gerettet mit all den Seinen er ward,
Mit allen Tieren aller Art.
Er zimmerte nach weisem Rat
Jerusalem, die Gottesstadt;
Des weisen Salomo Königshaus,
Das führt' er gar mächtig und prächtig aus.
Denk an das Labyrinth zum Schluß,
Wer ist geschickt wie Dädalus?

Michael Behaim.

Das Holz verfault, der Stein bleibt Stein,
Der Steinmetz muß d'rum der erste sein,
Ringmauern baut er, kühne Türme,
Basteien auch zu Schutz und Schirme;
Gewölbe pflanzt er, die sich kühn

Aufrankend in die Lüfte ziehn,
Schwindliche Gänge durchsichtig und fest,
Mit Säulen und Bildwerk geschmückt aufs best'.
Den schiefen Turm von Pisa schaut,
Den Wilhelm von Nürnberg hat aufgebaut;
Zu Jerusalem der hohe Tempel,
Der trug der höchsten Vollendung Stempel.
Der himmelhohe Turm zu Babel,
Das Grab des Mausolus ist keine Fabel:
Die Pyramiden, die künstlichen Berg',
Sie überragen weit alle Werk'.

Hans Sachs.

Vermag auch Beil und Meißel viel,
Schwach sind sie gegen den Pinselstiel,
Er bringt nicht nur Häuser und Städte hervor,
Türmt Schlösser und schwindlichte Warten empor
Nein, was im Anfange Gott erschuf
Durch seines göttlichen Wortes Ruf,
Das schafft der Maler zu aller Zeit:
Gras, Laubwerk, Blumen auf Feld und Heid',
Den Vogel, wie in der Luft er schwebt,
Des Menschen Antlitz, als ob er lebt.
Die Elemente beherrscht er all',
Des Feuers Wut, des Meeres Schwall.
Den Teufel malt er, die Höll' und den Tod,
Das Paradies, die Engel und Gott,
Das macht er durch Farben dunkel und klar,
Mit geheimen Künsten euch offenbar.
Das hebt sich mächtig durch die Schattierung,
Nach einer schön entworfnen Visierung,
Er kann euch alles vor Augen stellen,
Nicht deutlicher könnt ihr es je erzählen.
Drauf muß er brüten Tag und Nacht,
In Traumgebilden sein Geist stets wacht.
Er ist an Phantasieen reich
Und fast dem kühnen Dichter gleich;
Und alle Dinge weiß er wohl,
Weil er sie alle bilden soll.
Wer zu allen Dingen hat Schöpferkraft,
Den rühmt die höchste Meisterschaft.

Michael Behaim.

Du lobst den Maler mir zu hoch,
Nützlicher bleibt der Steinmetz doch.
Des Malers können wir entraten,
Er schafft von jedem Ding nur den Schatten:
Sein gemaltes Feuer wärmt uns nicht,
Seine Sonne spendet nicht Schein und Licht,
Sein Obst hat weder Schmack noch Saft,
Seine Kräuter nicht Duft und Heilungskraft.
Seine Tiere haben nicht Fleisch und Blut,
Sein Wein verleihet nicht Freud' und Mut.

Hans Sachs.

Das Sprichwort immerdar noch gilt,
Daß, wer die Kunst nicht hat, sie schilt.
Wie nützlich auch ist die Malerei,
So nenn' ich euch jetzt nur der Dinge drei.
Was uns die Geschichte als teures Vermächtnis
Bewahrte, prägt uns ins Gedächtnis;
Wie der Nürnberger Heer unter Schweppermann glänzte,
Wie den Dichter hier Kaiser Friedrich bekränzte,
Wer sich nicht auf die Schrift versteht,
Des Malers Schrift ihm nicht entgeht,
Er lehrt, wie Bosheit und Mißgeschick,
Wie Frömmigkeit bringt Ehr' und Glück.
Zum andern verscheuchet die Malerei
Uns der Einsamkeit Tochter, Melancholei;
Sie lichtet der düstern Schwermut Schmerz,
Verklärt uns das Auge durch Lust und Scherz.
Zum dritten: Jegliche Kunst erkennt
In des Malers Kunst ihr Fundament.
Der Steinmetz, Goldschmied und der Schreiner,
Formschneider, Weber, der Werkmeister keiner
Entbehrt sie je, weshalb die Alten
Sie für die herrlichste Kunst gehalten.
Wie strahlt der Griechen Name hell,
Zeuxis, Protogenes, Apell,
Gott hat zum Heil dem deutschen Land
Der Künstler manchen mit hohem Verstand,
Wie Albrecht Dürer, uns gegeben,
Des Kunst verschönernd schmückt das Leben.
Was er mit Fleiß gesä't, erwachs'
Ihm zu reichem Segen, fleht Hans Sachs.

So sang der Poet und die Gegner schwiegen. Voll inneren Wohl= gefallens klopfte ich ihm auf die Schulter und gab ihm zu verstehen, daß er mir wie aus der Seele gesprochen habe. Alle zollten ihm Beifall, und Michael Behaim war nicht der letzte. Er nahm sich den Kranz ab und setzte ihn Hans Sachsen aufs Haupt, Nürnbergs kunstreichem Schuster.

Hans Sachs.

Hans Sachs, der einzige Sohn des ehrsamen Schneidermeisters Veit Sachs in der freien Stadt Nürnberg, ward am 5. November 1494 geboren; seine Jugend fiel also in die geistig bewegte, nach allen Seiten hin rührige und strebsame Wende des 14. und 15. Jahrhunderts. Der Vater schickte ihn schon mit dem 7. Jahre in die lateinische Schule, in der er einen guten Grund für eine tiefere Bildung gewann.

Nach zurückgelegtem 14. Lebensjahre ward er zu einem Schuhmacher in die Lehre gebracht, der ihn zu fleißiger Arbeit anhielt, dem nach geistiger Beschäftigung verlangenden Lehrling aber auch gestattete, abends den Lein= weber Leonhard Nunnenbeck besuchen zu dürfen, um dort die Tabulatur, d. h. die Gesangsregeln der Meistersänger zu erlernen. Er gewann an diesem achtbaren Bürgersmann einen treuen Lehrer, Ratgeber und Freund, der seinerseits die größte Freude an dem hoffnungsvollen Schüler hatte, welcher alles so schnell als leicht erfaßte, und dem der Reim und Vers so wohl gelang, daß er eine Krone des Meistersangs zu werden versprach.

Nach vollendeter Lehrzeit begab sich der junge Schustergesell auf die Wanderschaft, durchstreifte sein deutsches Vaterland nach allen Richtungen und verfehlte nicht, in den Städten die Gesangschulen zu besuchen, um sich in der edeln Dichtkunst fortzubilden. In München dichtete er, 21 Jahre alt, seinen ersten Meistersang, wanderte dann noch nach Würzburg, Frankfurt a. M., Straßburg, Koblenz, Köln, Aachen, Osnabrück, bis nach der freien Handelsstadt Lübeck im Norden. Dann kehrte er, nach 5jähriger Wanderschaft, in die alte liebe Vaterstadt zurück (1515), machte dort im nächsten Jahr sein Meisterstück als Schuhmachermeister und errichtete seine Werkstätte in einem Hause vor dem Frauenthor. Da er auch als ein tüchtiger Handwerker sich erwies, der sich auf das Schuh= und Stiefelmachen wohl verstand und dabei fleißig und ordentlich war, so nährte das Handwerk seinen Mann und gewährte manchen Überschuß, den der junge Meister wohl zu Rate hielt, um die Mittel zu haben, neue Bücher sich anschaffen und die Lieblingsneigung zum Lesen und Dichten befriedigen zu können. Dabei vernachlässigte er aber sein Geschäft durchaus nicht, sondern verwandte nur die Feiertage und Abende zum Lesen und Reimen. Am 1. Sept. 1519 machte er Hochzeit mit der tugendsamen Jungfrau Kunigunde Kreutzigerin aus Wendelstein bei Nürnberg. Seine Ehe ward mit sieben Kindern (zwei Söhnen und fünf Töchtern) gesegnet, von denen aber keines den Vater überlebte. Über 40 Jahre dauerte sein glücklicher Ehestand, der es ihm ermöglichte, ein ansehnliches Vermögen zu erwerben und in den vierziger Jahren ein eigenes Haus im Mehlgäßlein, jetzt die Hans=Sachsstraße genannt, anzukaufen. Er blieb dabei der fleißige schlichte Schuhmacher, als welchen er sich auch in seinen Gedichten unterzeichnete, arbeitete unablässig an seiner Fortbildung, förderte wo und wie er konnte das Wohl seiner Mitbürger, die ihn liebten und ehrten, ganz besonders aber lag ihm die edle Dichtkunst am Herzen, die durch ihn ihre Blüte erreichte. Durch seine unermüdliche Thätigkeit ward die Meistersängerschule zu Nürnberg so gehoben, daß sie 250 Nürnberger Handwerker zu Mitgliedern zählte. Die öffentlichen Aufführungen der „Gesänge" wurden in der Katharinenkirche abgehalten, und der aus dem Wettstreit hervorgegangene Sieger ward, wie wir schon oben erwähnt, mit dem „Davidsgewinner" geschmückt, einem goldenen Schildchen, auf welchem der König David mit der Harfe abgebildet war. Diesen Orden hatte Hans Sachs gestiftet, um den Eifer und Ehrtrieb der Nürnberger Dichter anzuspornen. Es war und blieb jedoch selbstverständlich, daß er unter allen Sangesmeistern der Stadt sich als der erste Meister hervorthat, und niemand dachte daran, ihm diesen Vorrang streitig zu machen. Der Ruhm Hans Sachsens erstreckte sich jedoch weit über das Weichbild seiner Vaterstadt hinaus. Seine Dramen, besonders seine Fastnachtspiele, wurden in allen Städten, wo die Meistersängerei blühte und Anklang fand, mit größter

Luſt aufgeführt, und an zahlreichen Beſtellungen fehlte es dem Nürnberger Poeten nicht, der vor lauter Arbeit kaum zu Atem kam und gewiſſenhaft jeden freien Augenblick benutzte.

Im Jahre 1560 raubte ihm der Tod ſeine getreue Hausfrau; er fühlte ſich aber noch ſo rüſtig und lebensluſtig, daß er ſich im folgenden Jahr mit der 17jährigen Jungfrau Barbara Harſcherin vermählte, deren Schönheit er in dem „künſtlich Frawen=Lob" feierte. Mit ihr lebte er in ſehr glück= licher Ehe bis an ſeinen Tod.

Schon einige Jahre vorher, bevor er die zweite Ehe begann, hatte er eine Ausgabe ſeiner Gedichte veranſtaltet; ſie erſchienen 1558 zu Nürnberg im Druck — bis 1561 drei gewaltige Foliobände, doch ohne die lyriſchen Gedichte. Seine Manuſkripte waren ſo zahlreich, daß ſie ein ganzes Zim= mer füllten; nach einer Aufzeichnung, die Hans Sachs in ſeinem 74. Lebens= jahr machte, enthielten die 34 Bücher, die er voll geſchrieben,

4725 Bar= oder Meiſtergeſänge (in 16 Bänden),

1773 Schwänke, Fabeln und Gedichte (die er aber nicht drucken ließ),

208 Komödien, Tragödien und Faſtnachtſpiele,

73 Lieder — geiſtliche, Kriegs=, Liebeslieder und Gaſſenhauer.

Von ſeinen „geiſtlichen Liedern" fand beſonders das ſchöne innige, faſt in alle evangeliſche Geſangbücher übergegangene, Anklang:

> Warum betrübſt du dich, mein Herz,
> Bekümmerſt dich und trägeſt Schmerz
> Nur um das zeitlich Gute?

Der deutſchen Kirchenverbeſſerung huldigte er aus voller Seele; für Luther und ſein großes Werk dichtete er nicht nur Lieder und Sprüche, ſondern ſchrieb auch Zwiegeſpräche über reformatoriſche Fragen. Die durch Luther dem deutſchen Volke erſt recht zu teil gewordene Bibel blieb ihm zeitlebens das liebſte Buch, dem er meiſtens die Stoffe für ſeine „Meiſtergeſänge" entnahm.

Seine Lehrgedichte wußte er in ſpannende Kampfgeſpräche einzukleiden; in ſeinen Fabeln, Erzählungen und Schwänken iſt ſein redlicher Sinn und deutſches Gemüt auf das glücklichſte mit ſeiner Weltbeobachtung und gut= mütigem Spott vereint. Wir erinnern an das bekannte: „Eine Gegend heißt Schlaraffenland, den faulen Leuten wohlbekannt." Unter ſeinen Faſtnacht= ſpielen (z. B. vom Teufel, der ein altes Weib zur Ehe nahm, vom Weibe im Brunnen, der fahrende Schüler, im Paradies) waren die meiſten Stücke allbekannt und allbeliebt.

Nur in den drei letzten Lebensjahren verließ ihn die Dichterkraft. Er ſtarb am 19. Januar 1576, im ehrwürdigen Alter von 82 Jahren. Den Eichkranz und das ſtattliche Denkmal, das ihm ſeine Vaterſtadt im Jahre 1874 errichtete, hat er wohl verdient.

———

Druck von Oscar Brandstetter, Leipzig.

Friedrich der Große

Charakterbilder

aus der

Geschichte und Sage,

für

einen propädeutischen Geschichtsunterricht

herausgegeben

von

A. W. Grube.

Dritter Teil:

Die neue Zeit.

Dreißigste Auflage.

Mit dem Bildnis Friedrichs des Großen
und einer Zeittafel (als Anhang).

Leipzig.
Friedrich Brandstetter.
1894.

Inhalt.

Erster Abschnitt.

Erfindungen und Entdeckungen.

I. Die Erfindungen.

1. Johann Gutenberg.*)

Daß wir heutzutage für wenig Geld gute Bücher kaufen und lesen können, das verdanken wir, nächst Gott, der jeden heilsamen Gedanken in dem Geiste der Menschen erweckt, einem Deutschen, einem Mainzer, der Johannes Gutenberg oder genauer Johannes Gensfleisch zum Gutenberg hieß und in dem Hofe „zum Gensfleisch" in Mainz im Jahr 1397 geboren wurde. Sein Vater hieß Frielo oder Friedrich Gensfleisch und seine Mutter Else oder Elisabeth zum Gutenberg. Da mit ihr die Familie zum Gutenberg ausstarb, so nahm ihr Mann ihren Geschlechtsnamen zu dem seinigen, wie das in jener Zeit häufig vorkam. Das Geschlecht der Gensfleische und Gutenberge war ein edles und angesehenes in der Stadt Mainz. Zwischen diesen reichen und edeln Familien und denen der Zünfte und übrigen Bürger bestand ein alter Haß, weil die edeln Geschlechter meist die Herrschaft besaßen und oft und vielfach die Bürger unterdrückt hatten. Da gab's denn immer Neid und Hader. So auch in Mainz im Jahr 1420. Der Aufruhr der Bürger nötigte die edeln Familien, die auch Altbürger genannt wurden, aus der Stadt zu flüchten. Die Gensfleische flüchteten nach Straßburg, blieben aber dort wohnen, als der Friede hergestellt war und die Altbürger zurückkehren durften. Die Jugend des Johannes Gutenberg, sowie die Orte und Gelegenheiten, wo er seine vielfachen Kenntnisse sich erwarb, sind völlig unbekannt; das aber ist gewiß, daß er in den Jahren 1424 bis 1438 in Straßburg mit mehreren Männern in Verbindung trat, um Spiegel zu machen, Steine zu schleifen, aber auch vermittelst einer von ihm erfundenen Presse die ersten unvollkommensten Versuche machte, Bücher zu drucken. War auch seine Familie früher reich und mächtig, so verursachte doch die

---

*) Pflanz „Kulturbilder".

Flucht aus Mainz große Verluste, und Gutenberg mußte, um sich zu er=
nähren, seine erlernten vielen Künste anwenden und andere teilweise lehren
und sich ihres Geldes bei seinen kostspieligen Arbeiten und Versuchen be=
dienen. In Straßburg hat er aber noch kein Buch gedruckt, das ist gewiß.

Man sollte denken, man wäre schon weit früher darauf gekommen,
Bücher zu drucken, da man Heiligenbilder, mit Reimen und Sprüchen da=
bei, druckte. Das geschah aber so: In eine Tafel von Birnbaumholz wurde
das Bild ausgeschnitten und die Sprüchlein auch, so daß das, was auf das
Papier gedruckt werden sollte, hoch war, das andere vertieft und weg=
geschnitten wurde. Dies Hohe wurde nun mit Schwärze oder Farbe be=
strichen und vermittelst eines Reibers auf das Papier gedruckt.

Von dieser Art, ein Bild und dazu auch Worte zu vervielfältigen, zum
Bücherdrucke war kein weiter Weg, und doch kam niemand auf den Ge=
danken, als Gutenberg. Er schnitt nun zuerst Holztafeln voll Worte, die
erhaben standen, und bestrich diese mit Schwärze; allein da mußte er eben
so viel Tafeln schneiden, als er Blattseiten haben wollte, und mit dem Ab=
drucken durch den Reiber ging's eben auch nicht; der Druck wurde nicht
überall gleich. So kam er denn auf den Gedanken, eine Presse zu bauen,
durch die man den gleichmäßigen Druck machen könnte. Da er selbst kein
Geld hatte, so mußte er mit fremdem Geld arbeiten, und das bereitete ihm
Prozesse und Ungemach. Endlich ging ihm beim Nachsinnen über die Sache
ein Licht auf. Er dachte: wenn du die einzelnen Buchstaben (Lettern) in
großer Anzahl vorrätig hättest, so könntest du sie zusammensetzen, wie du
wolltest, und könntest daraus immer neue Worte bilden. Wir wollen uns
das durch ein Beispiel klar machen. Hatte er die losen Buchstaben: A, B,
E, N, D, so konnte er daraus bilden die Worte: Abend, Ab, End, Bad,
Baden, Band, Den ꝛc., wenn er nämlich die Buchstaben versetzte und anders
zusammenfügte; hatte er sie aber in der Holztafel fest eingeschnitten, so konnte
er damit nur das eine Wort Abend drucken. Da seht ihr, was das für ein großer
Fortschritt war! Aber aus welchem Stoff sollten die Lettern gemacht wer=
den? Das wußte Gutenberg längst, daß sich die Holzbuchstaben leicht ab=
nutzten, also unsauber druckten, nicht lange hielten, und daß es doch eine
entsetzliche Mühe und Zeitaufwand verursachte, so viele ABC aus Holz zu
schneiden, als zu einem größeren Buche, besonders aber zu einer Bibel nötig
waren. So sann er denn darauf, Buchstaben aus Metall, Blei, Zinn oder
Kupfer zu machen. Ehe er jedoch dies ausführte, verließ er Straßburg und
ging nach Mainz. Hier hatte er mit einem reichen Mainzer Bürger, Namens
Fust (Faust), einen Vertrag geschlossen, in der Art, daß er eine Druckerei
in Mainz anlegen, das Druckgeräte vervollständigen wolle, wozu Fust das
Geld vorschießen sollte. Der Gewinn sollte zwischen beiden geteilt werden.
Gutenberg sollte das Kapital mit sechs Prozent verzinsen, Fust dagegen jähr=
lich einen Beitrag zu den Kosten liefern.

Hätte es der ehrliche Gutenberg mit einem ehrlichen Manne zu thun
gehabt, so hätte aus dieser Verbindung endlich der Lohn für all sein Mühen,
Denken und Ringen hervorgehen können; allein Fust war ein Pfiffikus, dem

Geld und Geldgewinn über alles ging, der in Gutenberg nur einen Mann erblickte, den er wohl gebrauchen könne.

Der Letternguß, die Herstellung der Typen oder Schriftzeichen aus festen dauerhaften Metallstäbchen: das war der große folgenreiche Gedanke, der die neue Kunst ins Leben rief. Der Metallguß der Lettern bot den neuen Vorteil, daß diese Buchstaben regelmäßiger, gleich groß und doch viel kleiner und feiner gemacht werden konnten, als die hölzernen. Das war ein neuer und großer Fortschritt in der wunderbaren und herrlichen Kunst, die der Welt so unbegreiflich viel nützen sollte. Dies bewerkstelligte er so: Über sauber aus Messing geschnittene Buchstaben goß er Blei. Hierdurch erhielt er die vertieften Formen, in denen er nun zinnerne und erzene Buchstaben goß. Erwägt man, daß er so in einem Tage viel Hunderte von A B C gießen konnte, während auf die früheren Holzbuchstaben außerordentlich viele Zeit mußte verwendet werden, so ergiebt sich abermals ein bedeutender Fortschritt.

Es ist ein herrliches Zeugnis für Gutenberg, daß er nun sogleich daran ging, eine Bibel zu drucken. Dem Worte Gottes sollte zuerst die neue Kunst dienstbar werden, und hier zeigte sich ein frommes, dankbares Gemüt, das die von Gott geschenkte Einsicht auch sogleich zur Ehre Gottes anwenden wollte. Er begann den Druck im Jahre 1452, und im Jahre 1455 war er vollendet; aber dies Werk hatte ungeheure Kosten verursacht, und die lange Zeit seiner Dauer legte auch dafür Zeugnis ab, wie unvollkommen noch die Einrichtung der Druckerei und wie wenig geübt die Drucker in der neuen Kunst waren.

Um diese Zeit war auch Peter Schöffer aus Gernsheim in die Verbindung mit Gutenberg und Fust getreten. Schöffer war ein sehr geschickter Mann, der besonders die Schönheit der Buchstaben hervorbrachte, weil er sehr schön schrieb, aber auch ein besseres Verfahren zur Herstellung noch dauerhafterer Buchstaben ersann. Statt die Matrizen (Hohlformen) zu gießen, schlug er sie mit einem Stahlstempel (einer Punze), auf dem die betreffenden Lettern erhaben geschnitten waren, in Kupfer- und Messingstückchen; er erzielte damit nicht nur einen schnellen Guß, sondern auch größere Schärfe und Gleichheit der Buchstaben. Die von ihm erfundene Metallmischung war vorzüglich. Fust erkannte die Brauchbarkeit Schöffers, und da er den falschen Gedanken schon mit sich herumtrug, sich von Gutenberg zu trennen und die Vorteile des Druckes allein für sich zu gewinnen, so suchte er den Schöffer sich recht anzuketten und gab ihm endlich sogar seine Tochter zum Weibe.

Jetzt, wo Gutenberg nach vielen Mühen und Opfern und nach langem Sinnen am Ziele war, jetzt sollte den wackern Mann der härteste Schlag treffen. Fust, ein habgieriger und falscher Mensch, verlangte plötzlich von Gutenberg sein ihm dargeliehenes Kapital samt allen Zinsen, die er ihm doch mündlich erlassen hatte.

Gutenberg war ein gutmütiger, stiller Mann, der sich nur mit seinen Wissenschaften abgab, in Welthändeln aber nur geringe Erfahrung hatte und leider in Geldsachen unpraktisch, aus den Schulden nie herauskam. Darauf baute auch der falsche Just und hing dem armen Gutenberg, der nicht bezahlen konnte, einen Prozeß an, in dem er noch allerlei Schleichwege ging und Lügen vorbrachte. Durch seinen Reichtum und sein Ansehen drehte er die leider oft wächserne Nase des Rechts zu seinem Vorteil und gewann gegen alles Recht den Prozeß. Da der arme Gutenberg nicht bezahlen konnte, so sprach überdies das erkaufte Gericht dem Just die ganze Druckerei als Eigentum zum Ersatze seiner Forderungen zu.

Das geschah im November 1455. Denkt man sich in die Lage des armen Gutenberg, so blutet einem das Herz. Alle Frucht seiner Mühen, der Preis seines Lebens und Strebens war ihm auf eine nichtswürdige, schändliche Weise entrissen von dem Manne, den er arglos und voll Vertrauen in seine Kunst eingeweiht hatte. Es war im Anfang eines rauhen Winters. Ohne Brot, ohne Hilfsmittel und Geld, ohne Unterstützung und Recht, — was sollte er in Mainz anfangen? Noch einige Zeit weilte er daselbst, niedergebeugt und gedrückt; dann nahm der Mann, dem die Welt die höhere Einsicht, die Mittel des Erkennens danken sollte, den Wanderstab und verließ seine Vaterstadt zum zweiten Male, bettelarm und hilflos und, was noch mehr ist — betrogen um seinen Glauben an die Ehrlichkeit der Menschen!

Und wohin wandert der treffliche und doch so arme Mann? Wieder nach Straßburg zieht er hin, wo er auch schon so bittere Erfahrungen gemacht hatte. Dort hoffte er eine Druckerei errichten zu können und wieder einen ehrlichen Lebensunterhalt sich zu gründen. Mit dieser Hoffnung, die den gebeugten Mann noch aufrecht hielt, kam er nach Straßburg. Er bot alles auf, reiche, ihm bekannte Leute dazu zu bewegen, die nötigen Geldmittel herbeizuschaffen, um den Plan, den er in der Seele trug, auszuführen; aber alles blieb erfolglos, und die Not kam mit Macht über ihn, während Just und Schöffer ernteten, was er gesäet hatte. Recht verräterisch schlau hatten beide die Erfindung Schöffers, schönere und dauerhaftere Buchstaben zu verfertigen, vor ihm geheim gehalten und übten sie jetzt aus, als sie ihn auf die Seite geschoben hatten. Sie druckten einen prächtigen Psalter, der noch heute ein Prachtstück der Buchdruckerkunst ist, und wurden steinreich, während der edle Gutenberg, der Erfinder der Kunst, dem sie alles verdankten, darbte und kaum einen Ort hatte, wo er sein kummervolles Haupt niederlegen sollte.

Als in Straßburg alle Hoffnung verschwand und der arme Mann am Rande der Verzweiflung stand, schien ihm noch einmal ein Glücksstern aufzugehen. Er kam in Verbindung mit dem Syndikus Dr. Konrad Humery (Hummer) in Mainz und dieser, ein reicher Mann, ließ sich bereit finden, die Geldmittel zu einer neuen Druckerei in Mainz vorzuschießen. Gutenberg kehrte in die Vaterstadt zurück, wo er das Härteste erfahren hatte, daß die Treulosen ihn um alles betrogen hatten, und richtete die Druckerei wieder ein. Er mußte hier wieder von vorne anfangen, wo er schon einmal am glücklichen Ziele gewesen war. Er baute wieder von unten auf; er setzte wieder seine ganze Kraft daran, die neue Druckerei bestmöglichst einzurichten, um endlich den Lohn seines Fleißes und Denkens so weit zu ernten, als es Fust und Schöffer ihm zu erringen übrig ließen, und dennoch betrog ihn auch diese letzte Hoffnung.

Tief schmerzte es ihn, den Erfinder, der seine Kunst als Geheimnis bewahrt hatte, damit es ihm den Vorteil abwerfe, den er mit Fug und Recht in Anspruch nehmen konnte und dessen er doch auch in seiner bedrängten Lage so sehr bedurfte — tief schmerzte es ihn, daß sein Geheimnis nun verraten war; denn als er mit Fust und Schöffer in Streit geriet und sich endlich von ihnen trennen mußte, da lag, während des Prozesses, das Geschäft stille. Die vielen Gehilfen, welche sie angenommen, und die durch einen Eidschwur sich hatten verpflichten müssen, das Geheimnis ihrer Kunst nicht zu verraten, waren nun ohne Verdienst. Sie wanderten aus und hielten sich, da das Geschäft aufgehört hatte, ihres Eides entbunden. Sie gründeten in andern Städten Druckereien; so in Straßburg, Frankfurt a. M., Bamberg, aus denen nun bald Druckschriften hervorgingen. Zu diesem Unglück für Gutenberg kam nun bald noch ein anderes, das in noch weit größerem Maße die Kunst, Bücher zu drucken, in der Welt verbreitete. Der Erzbischof und Kurfürst Diether von Mainz wurde vom Papste in Rom seiner Würde entsetzt und an seiner Stelle Adolf, Graf von Nassau, eingesetzt. Dies ließ sich Diether nicht gefallen. Er sammelte ein Heer, und Adolf von Nassau that zu seinem Schutze dasselbe. So entspann sich ein blutiger Krieg zwischen beiden. Diether hatte die Bürger von Mainz zu seinen Anhängern und setzte sich in der Stadt Mainz fest. Adolf belagerte die Stadt und eroberte sie in einer nebeligen Herbstnacht. Zwar verteidigten sich die Bürger, aber sie mußten dem plötzlichen Überfall und der Übermacht weichen. Adolfs Scharen mordeten unbarmherzig, zündeten einen Teil der Stadt an und verführten ein greulich Wesen. In dieser schrecklichen Nacht traf denn auch den treulosen Fust die verdiente Strafe. Seine Druckerei mit allen Werkzeugen brannte nieder, und es dauerte lange, ehe er wieder eine neue Druckerei eingerichtet hatte. Seine Gehilfen zogen fort und gründeten neuerdings an andern Orten Druckereien. Auch den armen Dulder Gutenberg traf das Unglück dieser sogenannten Mordnacht so schwer, daß er seine neuerrichtete Druckerei nicht mehr halten konnte. Er mußte sie wieder an den als Eigentum abtreten, der ihm das Geld vorgeschossen hatte, nämlich an den Dr. Humery in Mainz. Übrigens schien es, als hätten sich wohlwollende Menschen seiner getreulich angenommen; denn eben dieser Dr. Humery, welchem nun die Druckerei eigentümlich war, ließ ihm die Aufsicht über dieselbe, wie denn auch nahe Verwandte von ihm die Druckerei, welche nach Eltvil (am Rhein sagen gewöhnlich die Leute Elfeld) im Rheingau verlegt worden war, betrieben. In Eltvil nämlich wohnte damals der Kurfürst und Erzbischof Adolf, Graf von Nassau, der zu den Mainzern, die ihn verschmäht hatten, so wenig Liebe trug, als die Mainzer, unter denen seine

Söldner dazumal, als sie die Stadt eroberten, greulich gemordet, zu ihm. Erzbischof Adolf nahm ihn auch unter seine Hofjunker auf. Das warf nun freilich keine fetten Bratwürste ab, und einen Hofjunker oder Kammerherrn unserer Zeit käme ein Entsetzen an, wenn er nicht mehr Besoldung haben sollte, als der arme Gutenberg hatte; er bekam nämlich alle Jahre eine Hof= kleidung, die Befreiung von allen Abgaben und das Recht, alle Jahre 20 Malter Korns und zwei Fuder Weins zollfrei in Mainz einzuführen. Dazu war er denn auch von allem Dienst bei Hofe entbunden. Das war zum Leben zu wenig, zum Sterben zu viel, und wenn nicht der Lohn, wel= chen er von der Druckerei empfing, größer war, so mochte der arme, um die Welt so hochverdiente Mann bei Zeiten daran denken, den Schmacht= riemen eng zusammenzuziehen.

So viel ist gewiß, goldene Tage erlebte er nicht; wohlverdienten Lohn empfing er nicht; das einzige, was ihm Freude im höheren Sinne bereiten konnte, war das, daß er der Welt die Pforte reicher Erkenntnis eröffnet hatte, und wir alle, wenn wir uns am Worte Gottes in unserer lieben Muttersprache oder sonst einem guten Buche erbauen, sollten den Mann segnen, der durch sein Nachdenken und seine Kunst das Mittel fand, uns dies Lesen möglich zu machen. Wahrhaftig, es thut einem leid, sagen zu müssen: er starb im Jahre 1468 arm und gebeugt durch das Mißgeschick, das ihn durchs ganze Leben begleitete. Verheiratet scheint er gewesen zu sein, aber Kinder hatte er nicht. In der alten Franziskanerkirche in Mainz wurde er begraben, wo ihm ein braver Anverwandter einen Denkstein setzte. Seines Stammes, nämlich der Gensfleische zum Gutenberg, war er der Letzte. Die undankbare Welt erkannte und dankte es lange Zeit dem großen Manne nicht, daß er ihr die Wege der Erkenntnis eröffnet hatte. Erst in unserer Zeit hat man es in Mainz erkannt, daß die Stadt es sich schuldig sei und ihrem größten Bürger, daß sie ihm ein Denkmal setze. Dies geschah denn mit großer Feierlichkeit am 14. August 1837, und wenn einer unserer Leser nach Mainz kommt, so versäume er ja nicht, das erzene Standbild Guten= bergs auf dem Platze nahe bei dem Dome, der auch Gutenbergsplatz heißt, zu besehen.

Schon im Jahre 1470 errichtete ein Gehilfe Gutenbergs eine Druckerei in Nürnberg, und der Abt von St. Ulrich in Augsburg legte 1472 in der Abtei selber eine Druckerei an. Bald hatte man nicht nur an vielen Orten Deutschlands, sondern auch Italiens und Frankreichs 2c. Druckereiwerkstätten. Die neue Kunst eroberte die Welt.

2. Die Erfindung des Papiers.

Die älteste bekannte Art, das ägyptische Papier, ward aus der ägyp= tischen Papierstaude, Cyprius Papyrus, bereitet. Diese gehört zu den Gräsern (Cyperaceen), ihr Halm ist unten von Scheidenblättern umgeben, oben trägt er eine Blütendolde. Sie wuchs am Nil, in Syrien, Palästina, auch auf Sicilien in stehenden Gewässern. Jetzt soll sie in Ägypten ver= schwunden sein. Man löste vom Halme dieses Papierschilfes die Häute oder

Fäserchen in feinen Schichten ab, breitete diese auf einer mit Nilwasser be=
feuchteten Tafel aus und bestrich sie mit heißem, klebrigem Nilwasser. Auf
die erste Lage ward eine zweite gelegt, zusammengepreßt, an der Sonne ge=
trocknet und mit einem Zahne geglättet. Die Römer bedienten sich lange
dieses Papiers, und von den Papyrusrollen ist bereits im zweiten Teile die
Rede gewesen. Auch die Eingeborenen von Mexiko bereiteten vor der spanischen
Eroberung ihr Papier auf ähnliche Art aus den Blättern der Agave (Aloe).

Die Israeliten zu Davids Zeiten hatten aufgerollte Bücher von Tier=
häuten, und auch die Jonier in Kleinasien schrieben auf ungegerbte Hammel=
und Ziegenfelle, von denen bloß die Haare abgeschabt waren. In der Folge
wurden dieselben mit Kalk gebeizt und geglättet und von der Stadt Pergamus
in Kleinasien, wo man diese Kunst vervollkommnete, Pergament genannt.
Aber sowohl das ägyptische Papier, wie das Pergament blieben doch für den
Gebrauch unbequem und dabei höchst kostbar. Dagegen hatten die Hindus
bereits vor Christi Geburt die Kunst erfunden, aus roher Baumwolle,
die sie zu einem Brei auflösten, eine Masse zu bereiten, auf der sich gut
schreiben ließ. Von ihnen kam dieses sogenannte Baumwollenpapier in
das mittlere Asien, in die Bucharei, wo man es besonders in der Stadt
Samarkand verfertigte. Als die Araber auf ihren Eroberungszügen auch nach
der Bucharei vordrangen, lernten sie den Gebrauch und die Zubereitung dieses
Papieres kennen und legten in Mekka Fabriken an, und diese kamen im elften
Jahrhundert durch die Araber auch nach Spanien. Hier, wo man bereits
Wassermühlen hatte, entstanden auch die ersten Papiermühlen in Europa,
die später nach Italien, Frankreich und Deutschland verpflanzt wurden. Das
Baumwollenpapier hatte aber auch noch manche Mängel, da es weniger zu=
sammenhält und leichter bricht, als das Leinenpapier. Man kam indessen
bald auf den Gedanken, statt der rohen Baumwolle abgenutztes baumwollenes
Zeug zu nehmen und dies auch in einen Brei aufzulösen, um es dann zu
dünnen Blättern auszupressen. Der Versuch gelang, und mit diesem ersten
Schritte war der zweite vorbereitet, statt des baumwollenen Zeuges leinene
Lumpen zu nehmen, die damals viel häufiger waren und meist unbenutzt
weggeworfen wurden. Es war ein Deutscher, der diesen Gedanken ausführte;
aber wir kennen weder seinen Namen, noch das Jahr der Erfindung. Vor
1300 kommt kein leinenes Papier vor; vom Jahre 1318 aber hat das Archiv
des Hospitals Kaufbeuern Urkunden, die auf leinenes Papier geschrie=
ben sind, aufzuzeigen, sowie auch im dortigen Stadtarchiv mehrere von 1326
und 1331 befindlich sind — ein Beweis, daß man diese Papierart zuerst in
Deutschland anfertigte; denn Spanien und Italien haben vor dem Jahre 1367
kein Leinenpapier in ihren Bibliotheken aufzuweisen. Aus China stammt diese
Erfindung auch nicht, da die Chinesen noch gegenwärtig ihr Papier aus rohem
Hanf, Bambus oder Maulbeerbaumrinde (Seidenpapier) bereiten.

Das Leinenpapier ist aber das festeste und brauchbarste
und war früher auch das billigste; ohne die Erfindung des=
selben würde die Buchdruckerkunst nur langsame Fortschritte
gemacht haben.

3. Die Erfindung des Kompasses.

Die ganze Schiffahrt der alte Völker war fast nur Küstenschiffahrt; denn es fehlte ihnen ein sicherer Wegweiser durch die große Wasserwüste. Ihre einzigen Wegweiser waren die Sonne und die Sterne, aber diese wurden untreu, wenn Wolken und Finsternis den Himmel bedeckten. Keinem fiel es ein, daß ein Stückchen schwarzes Eisen besser Bescheid am Himmel wissen könnte, als der Mensch selber, und daß man sich einem solchen Wegweiser auf den entferntesten Reisen in den unermeßlichen Ozean sicher anvertrauen könnte. Erst im Mittelalter, um das Jahr 1300, machte man diese Entdeckung, doch sollen die Chinesen schon im Jahre 121 n. Chr. den Kompaß gekannt und benutzt haben. Er besteht aus einer stählernen Nadel, die mit einem Magnet bestrichen worden ist und frei auf einem Unterstützungspunkte sich dreht. Diese zeigt mit der einen Spitze auf der nördlichen Halbkugel jederzeit nach Norden und in der südlichen Erdhälfte nach Süden. Der Neapolitaner Flavio Gioja soll der erste gewesen sein, der sie in eine Büchse einfügte. Thut man sie in ein Kästchen, in welchem eine Windrose verzeichnet ist, so weiß man jederzeit, nach welcher Richtung man fährt, bei Tag und bei Nacht, bei heiterem und bedecktem Himmel. Ein so eingerichtetes Kästchen nennt man einen Kompaß. Sobald der Kompaß erfunden war, blieb der große Ozean nicht mehr eine verschlossene Welt; die Europäer fanden den Seeweg nach Ostindien, segelten quer über den atlantischen Ozean auf die westliche Halbkugel und fanden einen ganz neuen Erdteil.

4. Die Erfindung des Schießpulvers.

Wie der Kompaß in die Getriebe des Handels, so griff die Erfindung des Schießpulvers in das Kriegswesen ein und bewirkte eine große Veränderung der Stände und Kräfte des Volks. Die Chinesen geben sie für eine alte Erfindung ihres Volkes aus und wollen das Pulver schon vor 1600 Jahren gekannt haben. Von ihnen, meint man, sei es zu den Arabern gekommen, die sonst nach Indien handelten, und durch die Araber nach Europa. Die frühesten Spuren vom Gebrauch des Pulvers finden sich in Spanien, das die Araber 711 eroberten. Im zwölften Jahrhundert brauchte man Feuer und eine Art Pulver zur Sprengung des Gesteins im Rammelsberge bei Goslar. Dieser Gebrauch gab Gelegenheit, daß ein Sohn Heinrichs des Löwen im Jahre 1200 auf gleiche Weise die Mauern eines Schlosses sprengte. Aber der Gebrauch für den Krieg ist jünger; es verfloß noch eine geraume Zeit, bis man auf den Gedanken kam, das Schießpulver in Mörser einzuschließen und durch seine Entzündung Kugeln fortzutreiben.

Gewöhnlich bezeichnet man einen Franziskaner-Mönch zu Freiburg in Baden, Namens Berthold Schwarz, als den Erfinder des Schießpulvers. Er lebte ums Jahr 1350, war ein Freund der Chemie und beschäftigte sich gern mit Auflösung der Metalle, vielleicht um das Goldmachen zu lernen. Einst stampfte er zufällig Salpeter, Schwefel und Kohlen in einem Mörser, legte einen Stein darauf, und indem er in der Nähe des

Mörsers Feuer anschlug, fiel ein Funken hinein. Die Materie entzündete sich und warf den Stein, welcher darüber lag, mit Heftigkeit in die Höhe. Erschrocken stand der Scheidekünstler da und staunte über das wunderbare Ereignis. Er wiederholte seine Versuche, und immer zeigte sich derselbe Erfolg. Jetzt machte er seine Erfindung weiter bekannt und zeigte, welchen Nutzen man aus derselben im Kriege zur Zerstörung der Mauern, Brücken und anderer Festungswerke ziehen könnte. Es wurden deshalb mörserähnliche Röhren gemacht, die man auch Mörser nannte. In die Mündung schüttete man jene Pulvermischung und schob dann Steine hinterdrein; hinten aber an dem geschlossenen Ende der Mörserröhre war ein kleines Loch gebohrt, um durch die Öffnung das Pulver anzuzünden. Noch jetzt schießt man aus den weiten Mörsern die schweren Bomben. Dann verlängerte man aber die Mörser zu Kanonen (Röhren), und in diese Donnerbüchsen, wie sie genannt wurden, lud man auch erst Steine, dann Kugeln von bedeutender Schwere. Im Jahre 1378 wurden zu Augsburg drei Kanonen gegossen, von denen die größte Kugeln von 127 Pfund, die mittlere von 70 Pfund, die kleinste von 50 Pfund tausend Schritt weit schoß. Aber diese großen Maschinen waren schwer von der Stelle zu bringen, darum machte man sie immer kleiner, so daß man sich ihrer auch auf freiem Felde und zur Verteidigung fester Plätze bedienen konnte. Später goß man sogar Kanonen von so dünnen Röhren, daß ein einzelner Mann sie bequem trug und nach Willkür regierte. Diese tragbaren Feuergewehre wurden, wie die Mörser und Kanonen, am Zündloche mit einer Lunte angezündet. Das älteste Zeugnis über den Gebrauch dieser Handbüchsen ist vom Jahre 1387, in welchem die Stadt Augsburg ihren Bundesgenossen dreißig Büchsenschützen stellte; denn in Augsburg und Nürnberg verfertigte man lange Zeit die besten Büchsen und Kanonen, und dort wurden sie auch mit der Zeit immer mehr vervollkommnet. So fand man es sehr unbequem, die Handbüchsen wie Kanonen durch Lunten abbrennen zu müssen, und erdachte sich nun den Hahn, indem man ein Stück Kiesel einschraubte und dabei ein stählernes Rad anbrachte, welches umlief und Feuer aus dem Kiesel schlug. Diese Erfindung ward 1517 in Nürnberg gemacht und daher das deutsche Feuerschloß genannt. Da aber das Rad schwer aufzuziehen war, erfanden die Franzosen das noch jetzt übliche Flintenschloß. Weil der dazu gebrauchte Feuerstein auf slavisch „Flis", im Englischen „Flint" hieß, so bekam das ganze Gewehr hiervon den Namen „Flinte". Um diese neue Waffe zugleich als Lanze gebrauchen zu können, wurde an der Mündung derselben ein Seitengewehr angeschraubt, das von der Stadt Bayonne in Frankreich, wo diese neue Erfindung zuerst aufkam, den Namen Bajonett erhielt. Jetzt bedient man sich nicht einmal mehr des Feuersteins, sondern erhält den Funken leichter und sicherer durch Zündhütchen und Zündnadeln.

Anfangs wurden die neuen Kriegsmaschinen weniger im Felde gebraucht, denn sie galten für heimtückische Waffen, die sich für einen ehrlichen Kriegsmann nicht schickten. Besonders eiferten die Ritter gegen die „höllische Erfindung", wie sie dieselbe nannten. Denn was half ihnen nun all ihre Kraft und Gewandtheit, was die trefflichen Waffen und Rüstungen, da ein

Fingerdruck des Feigsten aus weiter Ferne sie niederstrecken konnte! Als gemeine Fußknechte mit Musketen und Kanonen sich ihnen entgegenstellten, legten sie die Lanze und das Schwert nieder. Von nun an verrichteten Söldlinge (weil sie um Sold dienten, Soldaten genannt) den Waffendienst; es bildeten sich stehende Heere, zunächst in Frankreich, wo stehende Kompanieen, gens d'armes, den Anfang machten, welche die Macht der Fürsten sehr verstärkten. Auch wurden nun die Schlachten mit weniger Erbitterung ausgekämpft, da jetzt nicht die Stärke der einzelnen Streiter, sondern die Gewandtheit des Anführers und die Schnelligkeit in den Bewegungen der Massen den Ausschlag gab. Der Krieg wurde zur Kunst, die Kriegsführung zu einer Wissenschaft.

5. Die Erfindung der Uhren.

Auch diese auf das Leben wie auf die Wissenschaft höchst einflußreiche Erfindung fällt in das Mittelalter und erhielt erst in der neueren Zeit ihre hohe Vollendung. Man lernte bald an dem Stande der Sonne unterscheiden, ob der Tag wenig oder viel vorgerückt sei, und nach dem verschiedenen Schatten, den die Sonne nach ihrem Stande auf der Erde hervorbringt, lernte man auch früh Sonnenuhren anfertigen. Aber diese waren eben nur im Sonnenschein brauchbar, für die Nacht hatte man gar keinen Maßstab. Um die Zeit in jedem Augenblicke bestimmen und unterscheiden zu können, dazu gehörte eine Maschine, die in gleichmäßig fortgehender Bewegung blieb, und bei dieser Bewegung irgend ein sichtbares oder hörbares Zeichen gab, wie viel Zeitteile verflossen seien. So kamen alte Völker, wie z. B. die Chinesen, sehr früh auf Wasseruhren. Die Chinesen bedienten sich dazu eines runden Gefäßes, das unten ein kleines, rundes Loch hatte und leer in ein anderes mit Wasser gefülltes Gefäß gesetzt wurde. Wie nun das Wasser aus dem unteren Gefäß in das obere eindrang, sank letzteres nach und nach und zeigte dadurch die Teile der verflossenen Zeit an. Im westlichen Asien sollen die Babylonier Erfinder der Wasseruhren gewesen sein; von ihnen kamen sie nach Kleinasien zu den Griechen, im Zeitalter des großen persischen Eroberers Cyrus. Die Römer aber erhielten die erste Wasseruhr erst im Jahre 160 v. Chr.; Julius Cäsar brachte bereits aus Britannien eine Wasseruhr mit nach Rom. Im Jahre 490 schickte Theodorich, König der Ostgoten, dem burgundischen König Gundobald eine Wasseruhr zum Geschenk, welche die Bewegungen der Sonne und des Mondes mit anzeigte. Da mußten also in dem Wassergefäß Räder angebracht sein, die von dem herabtröpfelnden Wasser in Bewegung gesetzt wurden. Von ähnlicher Art war auch die Uhr, welche der arabische Kalif Harun al Raschid 809 Karl dem Großen zum Geschenk machte. Diese Uhr war aus Metall gearbeitet, mit einem Stundenzeiger versehen und so eingerichtet, daß am Ende jeder Stunde so viel metallene Kügelchen auf ein darunter gestelltes Becken fielen, als Zeit verflossen war. Zugleich traten mit den niederfallenden Kügelchen aus Thüren Reiter hervor, welche mit der letzten Stunde des Tages wieder

zurückgingen und die Thüren schlossen. Die durch das Wasser in Bewegung ge=
setzten Räder öffneten die Thüren, aus welchen Kugeln und Reiter hervorkamen.

Da aber das Wasser noch viel Unbequemes hatte, weil es im Sommer
durch die Wärme ausgedehnt und verdünnt wird, auch verdampft, im Winter
aber leicht gefriert: so wählte man schon in frühen Zeiten statt des Wassers
den Sand, der ja, wenn er recht trocken ist, auch leicht durch die Öffnung
des Gefäßes hindurchrieselt. Man that den Sand in zwei miteinander ver=
bundene Spitzgläser, und war er aus dem oberen Glase abgelaufen, so kehrte
man die ganze Sanduhr um. Das waren aber bloße Stundengläser (deren
manche noch auf den Kanzeln in unsern Kirchen gefunden werden), die sehr
unvollkommen die Zeit bezeichneten. So wurde denn der menschliche Geist
auf Räderuhren hingewiesen, die weder des Sandes, noch des Wassers,
noch des Schattens der Sonne bedurften, und deren Räder durch eine Kraft in
Bewegung gesetzt wurden, die fort und fort gleich stark wirkte, ohne abzunehmen.

Diese Kraft fand man anfangs in Gewichten, die man an die
Uhr hängte, und welche das Getriebe der Räder in Bewegung setzten. Man
kannte diese Gewichtuhren schon vor dem Jahre 1000, aber ihr Erfinder ist
unbekannt geblieben. Eine der ersten solcher Uhren, von der wir Nachricht
haben, hat ums Jahr 996 ein französischer Mönch Gerbert in Magdeburg
verfertigt, derselbe, welcher unter dem Namen Sylvester II. Papst wurde.
Doch zeigte diese Uhr bloß die Stunden, ohne zu schlagen, und erst drei
Jahrhunderte später finden wir bestimmte Nachrichten von Schlaguhren. Im
Jahre 1344 ward zu Padua die erste Turmuhr verfertigt, welche Stunden
schlug, und im Jahre 1370 ließ der französische König Karl V. den be=
rühmten Uhrmacher Heinrich von Wick aus Deutschland kommen, der die
erste große Uhr in Paris machte und sie auf den Turm des königlichen
Palastes setzte. In Deutschland scheint Augsburg die erste Stadt gewesen zu
sein, welche eine Schlaguhr hatte; man findet dort eine schon 1364.

Doch waren alle diese Uhren noch unvollkommen, denn es fehlte ihnen
das Pendel oder das Perpendikel, wodurch der Fortgang im Ab=
rollen der Gewichte erst gleichmäßig wird. Diese äußerst wichtige Erfindung
verdanken wir dem berühmten Florentiner Physiker Galilei (1564—1642),
der an einem hin= und herschwankenden Kronleuchter in der Kirche die ganze
Lehre vom Pendel entdeckte, daß nämlich alle Schwingungen des Pendels
gleich lange Zeit dauern, daß es bloß von der Länge des Pendels abhänge,
ob es sich langsamer oder schneller schwinge ꝛc. Dieses Pendel verband man
nun so mit den Uhren, daß eine kleine Erschütterung (die sogenannte Unruhe)
es unaufhörlich in Bewegung erhält.

Nun wurde aber noch ein großer Fortschritt gemacht zu den höchst künst=
lichen Taschenuhren, die jeder bequem mit sich tragen konnte. Der
Ruhm ihrer Erfindung gebührt einem Deutschen, dem Peter Hele, Uhrmacher
zu Nürnberg, der um das Jahr 1560 die ersten Sackuhren verfertigte. Diese
waren anfangs groß, von der Gestalt der Eier, so daß man sie auch Nürn=
berger Eierlein genannt hat. Bald kam man auch dahin, die Gestalt
und Größe immer kleiner und bequemer zu machen, und bald hatte man es

so weit gebracht, in einen Siegelring eine Cylinderuhr einzuschließen. Der Holländer Huhgens, der im 17. Jahrhundert lebte, hat auch große Verdienste um die Verbesserung der Taschenuhren, die jetzt so wohlfeil geworden sind, daß fast jeder Knabe schon ein solches Kunstwerk in seine Tasche steckt.

Wenn man die genannten Erfindungen und eine Menge anderer, die von Deutschen ausgegangen sind, bedenkt, so steht Deutschland vor allen andern Ländern rühmlich da. Das tröstet wieder einigermaßen dafür, daß der deutsche Mensch seiner Unbehilflichkeit willen, und weil er so oft kein Deutscher sein will, von andern Nationen verspottet wird. In der Tiefe seines Geistes, in der Ausdauer, die schwierigsten Probleme zu lösen, in der Erfindungs= gabe und in der Kunst nimmt es der Deutsche mit allen andern Nationen der Erde auf.

II. Die Entdeckungen.

1. Heinrich der Seefahrer.

Nachdem in der Halbinsel Spanien die Araber mehrere Jahrhunderte hindurch die Oberherrschaft behauptet hatten, erholten sich allmählich die Goten wieder, und ums Jahr 1035 bildeten sich zwei neue Staaten: Aragonien und Kastilien. Neben diesen bildete sich aus einer kastilischen Statthalterschaft ein eigenes Reich, Portugal. Henri, ein französischer Prinz, hatte nämlich den christlichen Spaniern gegen die Araber geholfen. Zum Dank erhielt er von dem kastilischen Könige Alphons VI. das zwischen dem Minho und Duero gelegene Land als eigene Grafschaft, vom Hafen Cale (porto cale) Portugal genannt, welche durch Eroberungen sich allmählich bis zur Mündung des Guadiana erweiterte. Die Nachfolger jenes Henri nannten sich Könige, und diese fochten tapfer wider die Mauren; ja, nachdem sie dieselben von der Halbinsel vertrieben hatten, suchten sie sogar ihre Erbfeinde in Afrika auf. König Johann (1411—1433) setzte über die Meerenge von Gibraltar, und es gelang ihm, das feste Ceuta an der afrikanischen Küste einzunehmen. Von diesem Hafen aus begannen nun große Entdeckungen.

Der dritte Sohn des Königs Johann, Infant Heinrich, widmete nämlich alle seine Mußezeit den Wissenschaften, besonders aber der Erd= und Himmelskunde. In seiner Lernbegier verließ er den Hof und wählte seine Wohnung im südlichsten Teile von Portugal, in Lagos, nahe bei dem Kap St. Vincent. Hier war er der afrikanischen Küste möglichst nahe und konnte mancherlei Nachrichten von den gegenseitigen Bewohnern einsammeln. All= gemein ging zu jener Zeit das Bestreben, einen Seeweg nach Indien zu finden, nach jenem durch seine Fruchtbarkeit und Reichtümer hochgelobten Lande. Der Infant Heinrich hing immer dem Gedanken nach, ob es nicht möglich sein sollte, um Afrika herum nach dem südwestlichen Asien zu kommen, denn irgendwo müsse doch der Erdteil ein Ende haben. Auch war ja aus alter Zeit eine Sage überliefert, daß Afrika bereits einmal umschifft sei (vgl. Teil I. S. 9). Aber man fürchtete die Hitze unter dem Äquator und hielt sie dort für so groß, daß alles verbrennen müßte, was die Linie passierte. Man erzählte sich Geschichten von wilden, grimmigen Tieren, welche die Schiffe anfielen, von Feuerströmen und schlammigem Wasser, das sich bis zur Gallerte verdickte, und worin die Schiffe stecken blieben. Solche Fabeln schreckten von allen Versuchen ab. Dazu kam, daß man immer noch an der Küste hinschlich, und obwohl seit 1300 der Kompaß erfunden war, sich nicht gern auf das hohe Meer wagte.

Sorgfältig forschte Heinrich, was er von Seefahrern und Kaufleuten über die Westküste Afrikas erkunden konnte. Die gesammelten Nachrichten gaben ihm Mut, auf eigene Kosten Fahrzeuge zu rüsten und abzuschicken. Allein die ersten Steuermänner hatten die Köpfe noch zu sehr voll von jenen schrecklichen Fabeln; sie fürchteten sich, als sie in das weite Meer hinaus= kamen, und kehrten unverrichteter Sache wieder um. Heinrich ward darob sehr erzürnt; endlich fand er zwei tapfere Ritter, die gaben ihm ihr Wort, nicht eher umkehren zu wollen, als bis sie etwas Ordentliches gefunden hätten. Sie fuhren und fuhren, da brach ein Ungewitter und Sturm los und schleu= derte ihr Schiff auf die kleine Insel Porto Santo. Heinrich ließ dort eine Kolonie anlegen, den Boden mit Korn, Gemüse und Wein bepflanzen, auch verschiedene Tiere aussetzen, die sich unter dem schönen, warmen Himmel sehr vermehrten. Ein einziges trächtiges Kaninchen lieferte in wenig Jahren eine so zahlreiche Nachkommenschaft, daß man im Ernst befürchten mußte, sie werde alle Pflanzungen der Insel zerstören.

Von Porto Santo sah man oft bei hellem Wetter einen fernen Nebel= berg am Horizonte, und Heinrich ließ auf denselben lossteuern. Man fand so die Insel Madera (im Jahre 1420), und auf derselben einen einzigen, dichten, dem Anschein nach von Menschen nie betretenen Wald von 18 Meilen Länge und mehr als 4 Meilen Breite. Der Wald wurde angezündet, und das Feuer soll länger als sieben Jahre gebrannt haben. Heinrich legte auch hier eine Kolonie an, schickte Sämereien und Haustiere, ließ Wein aus Cypern und Zuckerrohr aus Sicilien dorthin verpflanzen, und beides gedieh auf dem mit Asche so herrlich gedüngten Boden und unter dem schönen Himmel ganz vor= trefflich. Noch jetzt ist der Zucker aus jenen Inseln von vorzüglicher Fein= heit, obwohl er wenig gebaut wird; aber von Maderawein kommen jährlich an 30 000 Fässer (jedes zu 3 Oxhoft gerechnet) nach Europa, und ein großer Teil dieses feurigen Weines geht nach Ost= und Westindien.

Durch diese Entdeckungen ward der Mut des Prinzen immer mehr be= lebt, obwohl seine Seeleute immer noch nicht ohne Furcht waren. Sie kamen zu den von der Küste nicht weit entfernten kanarischen Inseln, welche bereits den Alten unter dem Namen der „glücklichen Inseln" bekannt waren. Sie fanden auf diesen mehrere Vulkane, und der hohe Pik auf Teneriffa wirbelte Dampfwolken auf. Da kamen sie wieder auf den Gedanken, nun möchte das Feuer des Äquators beginnen. Dennoch schiffte man weiter in die offene See hinein und entdeckte 1432 eine der Azoren-Inseln, die zwischen Portugal und Amerika an 200 Meilen von der Küste entfernt liegen. Diese Inseln waren völlig menschenleer; 1449 bekamen sie die ersten Einwohner. Jetzt haben sie einen großen Überfluß an Getreide und Wein und versehen die portugiesischen und spanischen Schiffe auf ihren Fahrten nach Amerika und Ostindien mit Erfrischungen.

Indessen war man südwärts noch nicht über die kanarischen Inseln hinausgekommen, denn dort erstreckte sich ein Vorgebirge westwärts ins Meer, welches man bis dahin als das Ende der Welt angesehen und das Kap Non (nämlich non plus ultra) genannt hatte. Das Meer machte hier gewaltige Strudel und konnte auch kühnen Seefahrern Besorgnis erregen. Gilianez, ein mutiger und verständiger Steuermann, wagte verschiedene Versuche, aber anfangs vergeblich; endlich aber steuerte er tief ins offene Meer hinein, und so gelang es ihm (1433), das gefährliche Kap Non zu umfahren, das nun auch seinen Namen ändern mußte und Kap Bojador genannt wurde, d. h. das umfahrene Vorgebirge. Diese Begebenheit erregte allgemeines Aufsehen und machte dem Infanten Heinrich große Freude, wiewohl man die Küste jenseits Bojador fast ganz wüst und öde fand. Die einzige Ausbeute waren Robben und Seehundsfelle.

In den Bewohnern, welche die christlichen Seefahrer auf den afrikanischen Küsten antrafen, glaubten sie lauter Christenfeinde zu treffen. Sie mordeten, plünderten und führten die Menschen als Gefangene fort. Aus diesen Räubereien entstand der Negerhandel. Im Jahre 1442 sah die Hauptstadt Portugals, Lissabon, die ersten Menschen mit schwarzer Hautfarbe, lockigem Haar, aufgeworfenen Lippen; man hatte sie in der Gegend des Goldflusses gefangen. Die Unglücklichen boten für ihre Freiheit Goldstaub. Dies war es, was die habsüchtigen Europäer begehrten. Nunmehr entstand ein allgemeiner Eifer für Entdeckungsreisen; die Goldgier trieb Menschen zu Schiffe, die sich sonst nimmermehr über den Kreis der bekannten Welt hinaus gewagt hätten. Kaufleute aus Venedig und Genua ließen Schiffe ausrüsten, alles wollte neue Länder mit Goldflüssen entdecken. Da man diese aber nicht sogleich fand, raubte man Neger.

Um 1440 erreichten die Portugiesen den Fluß Senegal. Hier fanden sie zum ersten Male wilde heidnische Neger; die sie nördlicher getroffen hatten, waren alle Mohammedaner gewesen. Nahe an der Mündung des Senegal liegt das grüne Vorgebirge und vor diesem zehn Inseln, welche man die Inseln des grünen Vorgebirges (kapverdische) genannt hat. Dahin kamen die Portugiesen im Jahre 1447. Diese Inseln sind sehr gebirgig, haben aber eine so warme Luft, daß die niedrigen Gegenden mit immergrünen Bäumen bedeckt sind. Da die portugiesische Regierung sich nicht viel um sie kümmert, sind sie wenig angebaut und menschenleer. — Es dauerte übrigens bis 1462, daß man die Küste des eigentlichen Guinea entdeckte; nun war man bis in die gefürchtete Gegend des Äquators gekommen, ohne von der Sonnenhitze verbrannt zu sein. Man fand hier Gold, Elfenbein, Wachs und andere Kostbarkeiten, so daß in den nächsten Jahren die Schiffahrt nach Afrika sich sehr vermehrte.

Alle diese Entdeckungen, von Porto-Santo bis Guinea, eine Strecke von 500 Meilen, verdanken wir dem Infanten Heinrich. Wenn er auch nicht selber mitschiffte, so wurden doch alle jene Fahrten nach seinen Entwürfen vorgenommen, und welche Freude muß der Mann empfunden haben, daß ein so herrlicher Erfolg diese Entwürfe krönte. Er war es, der den Grund zur Größe und Macht des kleinen Königreichs Portugal legte, denn eine Zeit lang war dieser Staat der blühendste und mächtigste Handelsstaat in Europa.

2. Bartholomäus Diaz und Basko de Gama.

Nach Heinrichs des Seefahrers Tode erkaltete der Eifer für Entdeckungen ein wenig, denn man war vorerst vollkommen zufrieden mit dem Goldstaub, den man in Guinea fand. Im Jahre 1481 aber kam ein König in Portugal zur Regierung, Johann II., der die Pläne Heinrichs wieder aufnahm und mit großem Eifer fortführte. Er ließ auf Guinea Kolonieen und Festungen anlegen und sandte von dort Schiffe auf weitere Entdeckungen aus. So drang man 300 Meilen südlich über den Äquator hinaus und sah mit Freuden, daß Afrika gegen Süden sich nicht erweiterte, wie es auf allen Karten abgebildet war, sondern daß es gegen Südosten sich immer mehr abschräge. Da ward die Hoffnung reger als je, die südlichste Spitze von Afrika zu erreichen, diese zu umschiffen und so herum zur See nach Ostindien zu fahren. Ein kühner Mann, Bartholomäus Diaz, wagte den Versuch; er schiffte immer weiter nach Süden, entdeckte 200 Meilen neuen Landes und erreichte (1486) glücklich die Südspitze von Afrika, auf welcher er ein Kreuz errichtete. Doch seine Soldaten und Matrosen glaubten nun, an dem Ende der Welt zu sein und ihrem gewissen Untergange entgegenzufahren; dazu wüteten die Stürme, die noch jetzt an dieser Spitze sehr gewöhnlich sind, so heftig, daß der wackere Diaz sich entschließen mußte, nach Lissabon zurückzukehren. Er nannte das Südende Afrikas das „Vorgebirge der Stürme". Sobald aber König Johann II. die frohe Nachricht erhielt, rief er voll freudigen Vertrauens: „Nein, wir wollen es das Vorgebirge der guten Hoffnung nennen." Und dieser Name ist mit Recht der herrschende geblieben, da Johanns Hoffnung so schön erfüllt wurde.

Der König hatte um diese Zeit zwei beherzte Männer, die zugleich des Arabischen kundig waren, an den König von Abyssinien gesandt, von dessen Existenz man gehört hatte; wo möglich sollten sie ein Handelsbündnis mit ihm schließen. Sie reisten über das Mittelländische Meer nach Kairo, und von dort mit einer Karawane nach Aden am Roten Meere. Hier trennten sie sich. Der eine ging nach Abyssinien, ward aber unterwegs erschlagen; der andere schiffte sich nach Indien ein, sah das herrliche Land mit seinen Augen, besuchte Kalikut und Goa und kam glücklich nach Portugal zurück. Er konnte nicht Worte genug finden, den Reichtum Indiens zu schildern, und das erregte den Portugiesen neuen Mut, den Weg zur See nach dem gepriesenen Lande zu finden. Doch Johann starb; sein Nachfolger Emanuel aber rüstete vier Schiffe aus und übergab sie dem mutvollen See= fahrer Vasko de Gama, um mit ihnen die Umschiffung Afrikas zu ver= suchen. Gama war frohen Mutes, nicht aber seine Mannschaft, die im ganzen aus 160 Mann bestand; diese fürchtete einen gewissen Tod und suchte durch Fasten und Beten den Zorn des Himmels zu besänftigen. Den 8. Julius 1497 ging die Flotte unter Segel. Vasko de Gama kam aber gerade in der ungünstigsten Jahreszeit an das Kap, denn die Stürme waren so fürch= terlich, daß sie seine Schiffe jeden Augenblick in den Abgrund zu schleudern drohten. Noch furchtbarer drohte aber die Verzweiflung seiner Leute, welche den tollkühnen Urheber ihrer Gefahr und Todesangst mehr als einmal über Bord werfen wollten. Gama jedoch blieb unerschütterlich ruhig und fest, und überwand durch seine Standhaftigkeit alle Gefahren; er ließ die widerspenstigen Seeleute in Ketten werfen und stellte sich selbst ans Ruder. So umsegelten sie endlich (20. Nov.) mit günstigem Westwinde das Kap. Doch wagte sich Gama nicht gleich auf das offene Meer, sondern schiffte nun an der Ostküste Afrikas hinauf, versuchend, ob hier nicht Nachricht über Indien zu holen sei. Je weiter er nördlich hinaufsegelte, am Lande der Hottentotten vorbei, um das Vorgebirge Korrientes herum, längs der Küste von Sofala, desto mehr Spuren von Wohlstand und Verkehr mit Indien traf er an. Im März 1498 gelangte er in den Hafen von Mozambique, und da sah er zuerst Schiffe mit Segeln. An diesen Schiffen war kein einziger Nagel; die Bretter waren mit Bindfaden zusammengebunden, und dieser Bindfaden war von Kokosfasern, mit denen auch alle Fugen verstopft waren. Die Segel waren aus Palmblättern; einige der größeren Schiffe hatten Landkarten und Kom= passe. Auch fanden sie hier nicht nur alle indischen Produkte: Seide, Perlen, Gewürze, sondern auch Mohammedaner, welche diese Waren von hier nach dem arabischen Meerbusen abholten. Jetzt waren sie gewiß, das Ziel ihrer Reise zu erreichen. Gama schiffte noch bis Melinda hinauf, dicht unter der Linie. Hier ward er freundlich aufgenommen, erhielt Seemänner, welche den Weg nach Indien schon mehrmals gemacht hatten, und segelte so 500 Meilen quer über den Ozean. Am 19. Mai 1498 ankerte er im Hafen von Kalikut auf der Küste Malabar.

So war das große Ziel großer und kühner Unternehmungen endlich errungen, das gepriesene Indien endlich erreicht! Allein die Portugiesen er= kannten bald, daß sie mit ihren drei Schiffen (eins hatten sie unterwegs ver= brannt) hier keine Eroberung machen, daß sie ebensowenig mit ihren Schellen, Glaskorallen und andern glänzenden Kleinigkeiten einen Handel an= fangen könnten. Denn die Indier waren keine rohen Neger, sondern lebten in einem blühenden Wohlstande, hatten Städte, Manufakturen, trieben Handel und Ackerbau; ihr König lebte unter einem glänzenden Hofstaate.

Ein Kaufmann aus Tunis, der sich des Handels wegen hier aufhielt, freute sich gar sehr, so unvermutet Europäer zu finden und mit ihnen spa= nisch reden zu können. Vasko de Gama ließ sich durch ihn dem Zamorin oder König von Kalikut vorstellen, und hatte schon die beste Hoffnung, ein vorteilhaftes Handelsbündnis zustande zu bringen, als die Mohammedaner dazwischen kamen. Diese fürchteten, von den Europäern aus ihren Handels= vorteilen verdrängt zu werden, machten die Portugiesen verdächtig, als wollten sie nur das Land des Königs auskundschaften, so daß der Zamorin sich ent= schloß, die fremden Eindringlinge gefangen zu nehmen. Kaum gelang es dem Gama mit seinen Schiffen der Gefahr zu entrinnen. Er segelte schnell nach Melinda und von da um das Kap nach Europa zurück. Am 14. Sep= tember 1499 lief er wohlbehalten mit seiner kleinen Flotte in den Tajo ein, nachdem er die längste und schwierigste Seereise seit Erfindung der Schiff= fahrt gemacht hatte.

3. Martin Behaim.

In der Geschichte der von Portugiesen und Spaniern gemachten Ent= deckungen wollen wir unseren wackeren Landsmann Behaim nicht vergessen, den Kaiser Maximilian I. mit großer Bewunderung als den „am weitesten gewanderten Bürger des deutschen Reichs" ehrte. Er war aus einer alten angesehenen Familie in Nürnberg entsprossen, sein Vater ein angesehener Ratsherr der Stadt. Der Sohn lernte die Tuchhandlung, wollte sich als Kaufmann in der Welt umsehen und „konditionierte" eine Zeit lang in Salz= burg und im Österreichischen. Von da ging er 1457 nach Venedig. 1477 befand er sich in Mecheln bei einem Kaufherrn Jorius van Dorff, für den er zuweilen die Frankfurter Messe besuchte, auch die niederländischen Handels= städte Antwerpen, Gent, Brügge ꝛc. bereiste. Etwa vier Jahre darauf zog er nach Portugal. Hier, wo um diese Zeit alles, was Kaufmann hieß, von neuen Handelswegen und Entdeckungen schwärmte, scheint auch er von dem allgemeinen Eifer hingerissen worden zu sein und mehrere Seereisen längs der Küste von Afrika mitgemacht zu haben. Ausgestattet mit guten mathe= matischen Kenntnissen, zeichnete er sich bald unter dem Haufen der Seefahrer aus; denn er wurde von König Johann II. nebst noch einigen geschickten Männern erwählt, mit dem Astrolabium eine Verbesserung zu Gunsten der Schiffahrt vorzunehmen. Er kam durch seine Kenntnisse so zu Ehren, daß ihn der König von Portugal 1485 öffentlich zum Ritter schlug, wobei ihm der Herzog Emanuel, nachheriger Thronfolger, den rechten Sporn, der König selbst aber den Degen umschnallte; hierauf ließ er sich auf Fayal, einer der azorischen Inseln, nieder, welche von einer flamändischen Kolonie be= wohnt wurde, mit deren Oberhaupt, dem Ritter Jobst de Hürter von Moer= kirchen, er schon früher sich befreundet hatte. Er heiratete dessen Tochter (1486) und fühlte sich nun in dem warmen gesunden Klima der Insel ganz behaglich.

Aber sein Vaterland noch einmal wieder zu sehen und sich dort noch einmal in seinem ganzen Glanze zu zeigen, dieser Begierde konnte er nicht widerstehen. Er kam glücklich nach Nürnberg (1491) und hielt sich über ein Jahr bei seinen dortigen Verwandten auf. Man kann sich denken, wie die alten ehrsamen Bürger der alten Reichsstadt, und insbesondere die werten

Vettern und Muhmen, den Mann begafft und ausgefragt haben mögen, der sich rühmte, „ein Drittel der Erde gesehen zu haben". Er beschrieb ihnen auch die Gestalt derselben auf allen ihren Punkten, und das bewog sie, ihn zu bitten, daß er ihnen doch eine Abbildung der Erdkugel zum Andenken hinterlassen möchte. Er that ihnen den Gefallen, es ward eine hölzerne Kugel von circa 50 cm im Durchmesser gedrechselt und mit Pergament überzogen, und diese bemalte er nun mit allen Ländern und Inseln, die er gesehen und nicht gesehen hatte; auch schrieb er mit roter und schwarzer (jetzt gelber) Tinte allerlei Kuriosa bei, die er von ihnen wußte. Dieser Globus befindet sich noch gegenwärtig in Nürnberg und ist ein deutlicher Beweis, daß Behaim von Indien, China, Japan 2c. gar keinen deutlichen Begriff hatte, und nur einige fabelhafte Berichte von Ptolemäus, Plinius und manche wahre Berichte von Marko Polo im Sinne seiner Zeitgenossen ausschmückte. Da, wo Amerika liegen sollte, hat er einen großen Haufen Inseln hingepinselt und Erläuterungen beigeschrieben, wie folgende:

„Zanziber insula. Diese Insel genannt Zanziber hat umbfangen 2000 Meilen. Die hatt Ihren aignen Konigk und Ihre besunder Sprach vnd die Inwoner petten Abgotter an. sind groß leutt gleich wan Ihr ainer hot vier unser man starck. vnd Ihr ainer ist so vil als ander fünf Menschen. sie gin alle nacket, und sind alle schwarz leutt, fast vngestalt mit großen langen oren, weiten mündern, gros erschreckliche augen, hand zu viermalen größer dan ander leutt händ 2c."

Bei einer Insel Java minor steht unter anderem:

„In Königreich Jambri haben die leutt Man und Frawen hinden schwanz gleich die hundt. Do wechst übertrefflich vil Specerey und allerlei Thier alß Ainhörner und andere. Im andern Königreich Fanfar, da wechst der best Camphor in der Welt, den man mit Gold abwigt. Daselbst sind groß gewachsen Paumen (Palmen), da zwischen Holz vnd Rinten aus dem Safft Mehl würdt, daß guet zu essen ist, und Marko Polo schreibt in seinem dritten Buch, er sei fünf Monath in der Insel geweßt."

Bei der großen Insel Zipangu (Japan) steht eine lange Note:

„Hie findt man vil Meerwundter und Serenen und andern Fischen. Und ob Jemand von diesem wunderlichen Volkh und seltsamen Fischen im Möer oder Thieren auf dem Erdreich begehrt zu wissen, der leß die Bücher Plini, Isidori, Aristotelis, Strabonis, Specula Vincenci und vil anderer Lehrer mer 2c. 2c."

Ferner:

„Insel Coylus. In dieser Insel Coylus ist Sant Thomas, der zwelff bott (Apostel) gemartert worden."

Auf diese Weise ist der ganze Globus eng beschrieben; es ist aber von großem Interesse zu sehen, wie man zu Kolumbus' Zeiten von den Ländern der andern Halbkugel dachte. Den untern Raum des großen Weltmeeres nimmt noch ein langer Bericht von der Verfertigung dieses Globus ein, in demselben Nürnberger Deutsch. Der Schluß lautet also: es sei

„solche Kunst und Apfel gepracticiret und gemacht worden nach Christi Geburt 1492. Der dan durch den gedachten Herrn Martin Behaim gemainer Stadt Nürnberg zu Ehren und Letze (Vergnügen) hinter ihme gelassen (hinterlassen) hat, sein zu allen Zeiten in gut zu gedenken, nachdem er von hinnen wieder heim wendet, zu seinem Gemahl, das dann ob 700 mail von hinnen ist: da er hauß hält, und sein Tag in seiner Insel zu beschließen, da er daheimen ist."

4. Christoph Kolumbus (geb. 1456, † 1506).

Indem nun die Begeisterung für neue Entdeckungen zur See alle unternehmenden Köpfe jener Zeit ergriffen hatte, entzündete sich auf einmal in dem Genie eines erfahrenen und nachdenkenden Mannes ein Gedanke, dessen Auflösung nichts Geringeres zur Folge hatte, als die Entdeckung eines bis dahin ungeahnten vierten Erdteils. Dieser merkwürdige Mann war Christoph Kolumbus. *)

Kolumbus, in Genua (1456) geboren, hatte zur Zeit, als Johann II. den portugiesischen Thron bestieg, sein Vaterland mit Portugal vertauscht und daselbst die Tochter des Bartholomäus Perestrello geheiratet, der als Schiffshauptmann mehrere Entdeckungsreisen unter dem Infanten Don Heinrich mitgemacht hatte und von diesen Reisen sehr sorgfältige Tagebücher, Zeichnungen und Karten besaß. Kolumbus hatte sich diesem Manne durch seine Kenntnisse und Wißbegierde empfohlen, auch galt er schon damals für einen geschickten Seefahrer, der wenige seinesgleichen habe. Dem Handwerke des wohlhabenden Vaters, der ein Tuchweber war, hatte er keinen Geschmack abgewinnen können, dagegen war die Lust zur Schiffahrt schon im zarten Knabenalter lebendig geworden, und da hatte er denn bald eingesehen, daß man ohne Geometrie, Astronomie, Erdkunde und Fertigkeit im Zeichnen ewig nur ein gemeiner Schiffer bleiben müsse. So hatte bereits der Knabe aus freiem Antrieb sich zu ernsten Studien gewandt. Von seinem 14. Jahre an war er auf der See gewesen, hatte die vorzüglichsten Häfen des Mittelländischen Meeres besucht und war selbst, wie man sagt, mit den Engländern auf den Fischfang nach Island gesegelt.

In Portugal las und verglich er die Tagebücher und Landkarten seines Schwiegervaters mit großem Eifer und machte selbst eine Reise nach Madera, den azorischen und kanarischen Inseln. So entstand nach und nach der Gedanke in ihm, man müßte Indien erreichen können, wenn man gerade aus nach Westen ins offene Meer hinein steuerte. Denn das wußte oder glaubte man damals wenigstens, daß die Erde eine Kugel sei. Auf dieser Kugel lag Indien weit nach Osten herum; nach den Berichten der älteren Reisenden war es aber ein sehr großes Land, von dessen östlichsten Enden noch keiner bestimmte Nachricht gegeben hatte. Wer weiß, dachte

---

*) Im Italienischen Christoforo Colombo, im Spanischen Christoval Colon.

2*

Kolumbus, ob es nicht nahe bis an die westliche Küste Europas herum=
reicht? Und ist auch dieses nicht der Fall, so muß es doch möglich sein,
wenn man gerade gegen Westen steuert, Indien zu erreichen. Dieser Ge=
danke erhielt dadurch noch größere Wahrscheinlichkeit, daß portugiesische See=
fahrer zuweilen seltenes Rohr, künstlich bearbeitetes Holz, ja einmal sogar
zwei Leichname von ganz besonderer Bildung sahen, die von Westen her
übers Meer schwammen und an die Küste der Azoren trieben. In Kolum=
bus' Seele ward die Meinung von Indiens westlicher Nähe immer mehr
zur Gewißheit. Sein Schwiegervater und mehrere verständige Männer, denen
er seine Ideen vorlegte, billigten sie, und es hing nur davon ab, daß man
den König den Plänen des kühnen Mannes geneigt machte. Doch dachte
Kolumbus patriotisch genug, zuerst seiner Vaterstadt Genua das Anerbieten
zu machen. Er bat um einige Schiffe, um den neuen Weg zu versuchen;
aber spöttisch wies man ihn als einen Schwärmer ab. Nun freilich war
ihm sein Landesherr, Johann II., der nächste. Der König prüfte mit einigen
seiner Räte die Vorschläge des Kolumbus, und nachdem der begeisterte Mann
alle seine Ideen den Herren mitgeteilt hatte, waren diese niedrig genug, ihn
mit zweideutigen Antworten hinzuhalten, um insgeheim für sich selber die
Sache zu versuchen. Der portugiesische König ließ eiligst ein paar Schiffe
ausrüsten und schickte einen andern Seefahrer damit ab. Doch dieser war
nicht der Held, um ein großes Werk zu vollbringen. Als er einige Tage
westlich ins Meer hineingefahren war, kehrte er wieder um und versicherte,
es sei da ganz und gar nicht an Land zu denken.

Kolumbus in Spanien.

Voll bitteren Verdrusses über die portugiesischen Minister wandte sich
nun Kolumbus, den nach dem Tode seiner Gattin ohnehin nichts mehr an
Portugal fesselte, an den spanischen Hof. Hier regierten damals Ferdi =
nand in Aragonien und die hochherzige Isabella in Kastilien. Beide
Fürsten übergaben des Kolumbus Vorschläge gleichfalls einem Ausschusse
von gelehrten Männern, die wohl ehrlicher als die portugiesischen Räte, aber
um ein gut Teil einfältiger waren. Es waren Geistliche, die von der
Mathematik und vom Seewesen sehr wenig verstanden; auch waren die Spa=
nier bis dahin keine seefahrende Nation gewesen und hatten den Entdeckungen
ihrer Nachbarn unthätig zugesehen. Einer der geistlichen Räte meinte, wenn
man da so weit herumsegeln wollte, so müßte man ja immer tiefer und
tiefer heruntergleiten und könnte dann den Wasserberg nicht wieder hinauf.
Ein anderer sagte, wenn da etwas zu holen wäre, so hätten's die Alten ge=
wiß ausgespürt. Ein dritter, der wenigstens zugab, daß die Sache möglich
sei, behauptete, da könne man wohl drei Jahre segeln, und ein vierter er=
klärte das Projekt geradezu für gottlos und vermessen.

Zu diesen weisen Sprüchen der geistlichen Herren kam noch eine große
Geldverlegenheit Ferdinands und Isabellens und die große Not, die ihnen
damals die harten Kämpfe mit den Mauren machten, welche noch den Sü=
den von Spanien behaupteten. So erhielt Kolumbus den Bescheid, man

willige, teils auf Jsabellens Befehl die Reise mitmachten. Am Tage vor der Abreise begab sich die ganze Gesellschaft in feierlicher Prozession nach dem Kloster Rabida, empfahl sich Gott und allen Heiligen im Gebet, beich= tete und erhielt Absolution und Abendmahl nach frommer Christen Weise.

Des Kolumbus erste Entdeckungsreise (1492).

Am nächsten Morgen, den 3. August 1492, an einem Freitage, kurz vor dem Aufgang der Sonne, stieß die Flottille vom Lande ab, in Gegen= wart unzähliger Zuschauer, welche den kühnen Abenteurer mit Blick und Zuruf begleiteten. Die ersten Wochen hatte alles noch guten Mut, denn noch segelte man in bekannten Gewässern den kanarischen Jnseln zu. Nur als ein Steuerruder brach, wollten die Furchtsamen darin ein böses Vor= zeichen erblicken. Die Jnseln wurden indes glücklich erreicht, und an einer derselben legte man an, um die Schiffe auszubessern.

Am 6. September fuhren sie wieder ab und gerade gegen Westen in den offenen Ozean. Der regelmäßige Wind, der auch bis zu Ende anhielt, begünstigte die Fahrt, und schon am folgenden Tag war alles Land den Augen entschwunden. Entsetzlicher Zustand für Menschen, die sich zum ersten Mal von der ganzen lebendigen Welt abgeschnitten sahen, auf einem Gezimmer von Balken und Brettern den wilden Wogen preisgegeben, keine Aussicht ringsumher, als auf ein weites Meer und den hohen Himmel — immer tiefer hineingetrieben, ohne zu wissen wohin, und von einem Verwegenen an= geführt, der keine andere Kunde vom Ziele hatte, als die seine Phantasie ihm vorspiegelte! Wahrlich, es wäre auch dem Beherztesten nicht zu ver= denken gewesen, wenn er angefangen hätte zu zittern und den Rasenden zu verwünschen, der 90 Menschen mit kaltem Blute ins Verderben stürzte.

Kolumbus flößte indessen durch seine große Ruhe Bewunderung und Vertrauen ein. Unermüdet stand der edle Mann Tag und Nacht mit Senk= blei und Beobachtungsinstrumenten auf dem Verdeck, schlief nur wenige Stunden und zeichnete die kleinste Beobachtung auf. Wo er Angst und Traurigkeit bemerkte, da redete er freundlich zu und heiterte die Murrenden mit Versprechungen auf; und es war erstaunlich, welche Herrschaft über die Gemüter ihm zu Gebote stand.

Aber die Angst der zagenden Seelen wuchs doch mit jedem Tage. Als die Schiffe in den Strich des Passatwindes kamen, schossen sie wie Pfeile dahin. Gott im Himmel, was sollte daraus werden! Am 1. Oktober hatten sie schon 770 Seemeilen durchflogen. Kolumbus gab zwar den Fragenden weit weniger an, aber das konnte sie nicht trösten.

Hin und wieder stellte sich Ursache zur Hoffnung ein. Man sah un= bekannte Vögel; aber man wußte nicht, daß die Seevögel viele hundert Meilen weit fliegen können. Einmal war die See mit grünem Meergrase so dicht bedeckt, daß die Schiffe in ihrem Laufe aufgehalten wurden. Aber Gras und Vögel verschwanden nach einigen Tagen wieder, und die armen verlassenen Menschen sahen sich wieder auf dem grenzenlosen Weltmeer allein. Da verwandelte sich die Furcht in Verzweiflung, und die Verzagtesten stellten ihren Anführer mit größter Wut zur Rede — sie drohten ihn über Bord zu werfen, wenn er nicht augenblicklich umkehrte. Noch einmal besänftigte er sie durch sein ruhiges heiteres Vertrauen; er stellte sich, als wenn er mit seinen bisherigen Fortschritten sehr zufrieden sei und gewisse Hoffnung habe, sein Ziel zu erreichen.

Vögel erscheinen und verschwinden wieder; die Sonne geht auf und unter und wieder auf, und die Schiffe fliegen noch immer pfeilschnell nach Westen. Die Verzweiflung kennt keine Mäßigung mehr, man will Hand an Kolumbus legen. Nur der Gedanke, wer sie zurückführen sollte, wenn er ermordet sei, hält sie noch ab. Er verlangte noch drei Tage. Sähe man dann noch kein Land, so wolle er umkehren. Diese Bedingung gehen sie widerstrebend ein.

War es sein guter Genius, der ihm diesen Einfall gab, oder hatte er bestimmtere Spuren — am folgenden Tage erreichte das Senkblei schon den Grund; Rohr und ein Baumast mit roten Beeren schwamm auf sie zu, und Landvögel besuchten die Masten. Die Sonne war eben untergegangen. Noch sah man nichts; aber Kolumbus ließ die Segel einwickeln, um nicht etwa bei Nacht auf Klippen gestoßen zu werden. Zwei Stunden vor Mitternacht erblickte er ein Licht von ferne. „Land! Land!" erscholl es jetzt aus jeder Brust; man stürzte einander in die Arme, einer schluchzte vor Freuden an des andern Brust, und Kolumbus hatte die Freude, die, welche vorher sein Leben bedroht hatten, nun zu seinen Füßen zu sehen. Nach der ersten Trunkenheit des Entzückens erinnerte man sich der höheren Pflicht und stimmte aus vollem Herzen ein Tedeum an. Die ganze Nacht verging unter Äuße= rungen der Freude, und als der Morgen anbrach (Freitags, 12. Oktober), sahen sie eine schöne grüne Insel vor sich.

Guanahani, Kuba, Hispaniola.

Mit Sonnenaufgang bestiegen sie nun die Boote und ruderten mit Musik und wehenden Fahnen dem Lande zu. Am Ufer hatte sich fast das ganze Völkchen der Einwohner versammelt, die eben so sehr über die seltsamen Gäste erstaunten, als sie selber bei diesen Staunen erregten. Sie waren alle ganz nackt, von einer rötlichen Kupferfarbe, mit schwarzem, straffem Haupt= haar. Ihre Sprache hatte etwas Unzusammenhängendes und Tierisches; sie glichen einer Herde scheuer Rehe, so furchtsam, wehrlos und behende trip= pelten sie hin und her. Die Spanier wußten erst nicht, ob sie wirkliche Menschen vor sich hatten.

Das waren nun die Wilden allerdings, nur hatten sich ihre geistigen Kräfte durchaus nicht entwickelt. Eingeschränkt auf eine Insel, deren mildes Klima ihnen Früchte, Mais und Maniokwurzeln im Überflusse darbot, hatte die Not sie weder zum Ackerbau, noch zur Viehzucht, noch zur Jagd ge= zwungen, und für wärmere Kleidung brauchten sie auch nicht zu sorgen, nicht einmal für feste Wohnungen. Große Tiere, die ihre List und Stärke hätten üben können, gab es auf der Insel nicht; daher waren die Indianer so schwach, daß ein europäischer Bullenbeißer einen ganzen Haufen von ihnen in die Flucht jagte. Auch war die Anzahl dieser Menschen so gering, daß niemand den andern in seiner Nahrung beeinträchtigte; daher hatte auch niemand ein Eigentum, sie hatten sich noch zu keiner Gemeinde verbunden und lebten wie die Tiere des Feldes.

Kolumbus, in einem reichen Kleide und den bloßen Degen in der Hand, stand an der Spitze des ersten Bootes, welches ans Land stieß, um der erste Europäer zu sein, welcher die neue Welt betrat. Ihm folgten die andern, und in dem Freudengefühl des geretteten Lebens, nach mehr als vierzehntägiger Todesangst auf schwankenden Brettern, warfen sie sich alle nieder und küßten mit Inbrunst die sichere Erde. Das war das Dankopfer der Natur; ein anderes schrieb die Religion ihnen vor, sie errichteten ein Jesuskreuz und stammelten vor demselben ihre frommen Gebete. Hierauf nahm Kolumbus die Insel für den König von Spanien in Besitz, mit den Ceremonieen, welche die Portugiesen bei ihren Entdeckungen in Afrika zu beobachten pflegten. Die Indianer sahen das staunend mit an und begriffen natürlich nichts davon, wie ihnen denn die ganze Erscheinung weißer Männer mit Bärten und Kleidern, mit einer seltsamen Sprache und noch seltsameren Manieren etwas Unbegreifliches war.

Man merkte es den Wilden ab, daß sie ihre Insel mit dem Namen Guanahani bezeichneten, und so heißt sie noch jetzt. Man findet sie auf der Karte unter den Bahamainseln. Kolumbus sah wohl, daß hier von den Schätzen Indiens noch nicht viel anzutreffen sei, und beschloß daher, weiter zu steuern. Die Indianer, welche die Begierde der Spanier nach den kleinen Goldblechen, die einige als Zierrat in der Nase oder den Ohren trugen, bemerkten, wiesen sie nach Süden. Man kam auf dieser Fahrt an einigen flachen Inseln vorbei und fand zuletzt eine größere, welche die Indianer, die man mitgenommen hatte, Kuba nannten, und die Kolumbus beim ersten Anblick schon für das feste Land von Indien hielt. Er steuerte hart an der Küste hin, fand überall die üppigste Vegetation und eine Schönheit von Gegenden, die ihn in Erstaunen setzte; aber von Anbau war wieder keine Spur. Herden nackter Menschen rannten eben so tierähnlich und schüchtern wie in Guanahani herum, und schienen sich weder um Gold, noch um Brot zu kümmern. Als man ihnen Goldbleche vorhielt, schrieen sie Hayti und zeigten nach Osten hin. Kolumbus folgte dem Wink und kam am 6. Dezember nach Hayti, welches er Hispaniola (klein Spanien) nannte, und das auch St. Domingo genannt wird.

Auch hier fand er dieselbe Schönheit der Landschaften, dieselbe Fruchtbarkeit des Bodens und dieselbe gutmütige schwache Menschenart, die weder von Kleidung, noch von Arbeit einen Begriff hatte. Doch hatten sich die Insulaner schon in mehrere Stämme geteilt, deren jeder unter einem Oberhaupte stand, das sie Kazik nannten. Einer dieser Kaziken ließ sich auf einem Tragsessel von vier Indianern herbeitragen, war übrigens nackt wie die andern. Er gab den Spaniern durch Zeichen zu verstehen, daß zuweilen Feinde von den benachbarten Inseln (den nachher entdeckten karaïbischen) auf ausgehöhlten Baumstämmen (Kanots) herüberkämen, sein Volk feindlich anfielen und die Gefangenen fortschleppten, um sie zu Hause zu verzehren. Kolumbus schauderte; und da er schon vorher willens gewesen war, hier eine Niederlassung zu begründen, so deutete er dem Kaziken an, er wolle eine kleine Festung (ein Fort) bauen und darin einen Teil seiner Leute ihm zum Schutze zurücklassen. Die Wilden begriffen seine Meinung und freuten sich wie die Kinder; neugierig sahen sie den spanischen Zimmerleuten zu und halfen selbst das Holz zutragen. Was sie an Goldblechen hatten, gaben sie freudig für Glaskorallen, Schellen und Stecknadeln hin, und auf Befragen zeigten sie nach Süden, als dem rechten Goldlande.

Kolumbus war indes in einer Verfassung, die ihm keine weiteren Entdeckungsreisen erlaubte, denn eins seiner Schiffe war ihm an einer Klippe gescheitert, und mit dem andern hatte sich Don Pinzon, der Befehlshaber desselben, heimlich entfernt, um das wahre Goldland für sich aufzusuchen. So blieb unserm Helden nur noch ein Schiff, und gerade das kleinste, übrig. Mit diesem entschloß er sich nach Spanien zurückzukehren, ehe vielleicht Pinzon ihm dort zuvorkäme. Er ließ in dem neu erbauten Fort, welches er Navidad nannte, 38 Spanier zurück, gab ihnen weise Verhaltungsbefehle, ermahnte sie zu einem freundlichen Betragen gegen die Indianer und stach am 4. Januar 1493 mit seinen übrigen Gefährten und einigen mitgenommenen Indianern in See.

Erste Rückkehr (1493).

Gleich am dritten Tage seiner Fahrt holte er den treulosen Pinzon ein, der nichts entdeckt hatte, aber nun sich mit der ersten Botschaft nach Europa schleichen wollte. Kolumbus' bloßer Anblick durchbohrte den Elenden; er wollte sich mit nichtigen Vorwänden entschuldigen, aber der große Mann ersparte ihm die Demütigung, indem er versicherte, daß er schon alles vergessen habe.

Ein fürchterlicher Sturm drohte bald darauf den kühnen Seglern den Untergang und ihren wichtigen Nachrichten ewige Unterdrückung. Während die Mannschaft in der Angst der Verzweiflung dem Untersinken der elenden Schiffe entgegen sah, behielt Kolumbus allein seine Fassung. Er schrieb eilig die Nachricht von seiner Entdeckung auf ein Pergament, steckte dies sorgfältig verwahrt in eine Tonne und warf diese ins Meer. Aber sein gutes Schicksal wollte ihm selbst noch die Freude gönnen, der Herold seiner kühnen Thaten zu sein. Der Himmel ward wieder heiter, und am 15. Januar gegen Abend entdeckten sie Land. Es war Sankta Maria, eine der Azoren=Inseln. Hier mußte man beinahe sechs Wochen liegen bleiben, um die stark beschädigten Schiffe wieder auszubessern. Auf der letzten Fahrt trieb den Kolumbus ein neuer Sturm in den Tajostrom (4. März), und dies nötigte ihn nach Lissabon zu gehen. Sein Ruf ging vor ihm her. König Johann II. von Portugal wollte ihn selber sprechen und bereute es nun sehr, dem kühnen Manne vor zehn Jahren nicht Gehör gegeben zu haben.

Als nun aber Kolumbus am 15. März in den Hafen von Palos einlief, mit welchem Jubelgeschrei wurde er da von der gaffenden Menge em=

pfangen, die ihn vor sieben Monaten an eben der Stelle hatte abfahren sehen! Man läutete die Glocken, feuerte die Kanonen ab und erdrückte ihn beinahe, als er, ein frommer Christ, mit den Seinen wieder in Prozession nach dem Kloster Rabida ging. Der Hof hielt sich damals in Barcellona auf, Kolumbus durchzog daher Spanien der Länge nach, wie im Triumphe, und in Barcellona selbst durfte er einen feierlichen Einzug halten. Auf dem Throne saßen Ferdinand und Isabella, der Held kniete nieder und brachte seinem Monarchen die Huldigung dar und erstattete getreulich Bericht von allem, was er gesehen und erlebt hatte. Da ward er mit Ehren und Lob= sprüchen überhäuft und aus besonderer Gnade in den Adelstand erhoben.

Das Gerücht von einer neu entdeckten Welt flog nun, tausendfältig ver= größert, durch ganz Europa; das lebhafteste Interesse erregte es jedoch in Spanien selbst. In kurzer Zeit hatten sich gegen 1500 Menschen zusammen= gefunden, die an dem zweiten Zuge — der nun in das eigentliche Goldland gehen sollte — teilnehmen wollten. Der König rüstete ihnen 17 Schiffe aus, sandte Handwerker und Bergleute mit, und Kolumbus sorgte für euro= päische Tiere und Gewächse, von denen er sich auf jenen fruchtbaren Inseln gutes Gedeihen versprach.

Vor allen Dingen holte man erst die Einwilligung des Papstes ein, der auch nicht ermangelte, alle neu zu entdeckenden Länder der Krone Spanien zu schenken. Als sich aber Portugal dagegen auflehnte, beschränkte er seine Schenkungen auf die Länder jenseits einer Mittagslinie, die er in Gedanken erst 100, späterhin aber 360 Meilen westlich von der äußersten azorischen Insel durch die Pole zog. Was diesseits gefunden würde, sollte den Portugiesen gehören. Dadurch blieb Brasilien in der Folge ein Eigentum von Portugal.

Kolumbus' zweite Reise (1493).

Diesmal lief die Flotte aus der Bay von Kadix aus (25. September) und nahm einen mehr südlichen Lauf. So gelangte man am 3. November an die erste der karaïbischen Inseln, welche Kolumbus Deskada nannte, und kam von da nacheinander zu den übrigen, Dominika, Mariagalante, Guadelupe, Antigua, Portoriko x., fand aber auf allen eine feind= selige Menschenart und häufige Spuren von Menschenfressern.

Die Sorge für seine Kolonie trieb Kolumbus nun nach Hispaniola, wo er am 22. November ankam. Aber wie erschrak er, als er weder Fort, noch Kolonie fand. Ein unmenschliches Betragen der Spanier gegen die gutmütigen Indianer hatte diese zu gerechter Notwehr gereizt, darum hatten sie alle diese Tyrannen erschlagen, ihre Festung zerstört und sich in das Innere der Insel geflüchtet. Nun beschloß Kolumbus, an einem bequemeren Orte eine Nieder= lassung zu gründen, und er legte mit einem wahren Entzücken den Grund zur ersten Stadt in der neuen Welt; der Königin zu Ehren ward die Ko= lonie Isabella genannt. Doch nun begann auch jene Kette von Wider= wärtigkeiten, welche dem großen Manne das ganze Leben verbitterten. Unter allen seinen 1500 Gefährten waren vielleicht kaum drei, die ihn nicht ver= wünschten. Denn sie meinten, darum wären sie nicht nach Indien gereist, um den Acker zu bauen, wilde Gegenden urbar zu machen und an allen Bequemlichkeiten civilisierter Länder Mangel zu leiden. Hätte man durch mühselige Arbeit reich werden wollen, so hätte man das in Europa auch gekonnt.

Kolumbus war wirklich in einer üblen Lage. Auch sein König erwartete nun schon, das erste Goldschiff nächstens ankommen zu sehen. Nun wurde zwar auf Hispaniola häufig Goldsand gefunden, aber wie mühsam mußte dieser gesucht werden, und wie wenig ergiebig war dieses Geschäft! Um aber seine Leute und den König befriedigen zu können, ward der edle Kolumbus zu der Grausamkeit gezwungen, die armen Wilden zu unterjochen und sie zu einem Tribut an Gold und Baumwolle zu zwingen. Als die unglücklichsten Sklaven mußten nun die Indianer nach Goldstaub suchen, und wenn ihre angeborene Freiheitsliebe sich widersetzen wollte, feuerte man ein paar Kanonen ab oder hetzte die großen Hunde auf die nackten Geschöpfe; dann wurden sie ihrem Zwingherrn wieder gehorsam.

Kolumbus wollte aber doch auch den Winken der Indianer folgen, die immer nach Süden wiesen: er segelte um Kuba herum und entdeckte Jamaika. Aber nun wurde er krank, die Lebensmittel gingen der Mannschaft aus, und als er nach unsäglichen Drangsalen Hispaniola wieder erreicht hatte, fand er alles in Aufruhr. Die Spanier hatten abermals die Indianer mit unmenschlicher Härte behandelt, diese hatten die Mais= und Maniokpflanzungen vernichtet, und viele Unzufriedene waren nach Spanien zurückgekehrt. In kurzem erschien ein spanischer Kammerjunker mit großen Vollmachten und nahm Protokolle auf über alles, was man dem Kolumbus vorwerfen wollte. Dieser, eben so entrüstet über die Frechheit des Abgesandten, als begierig, ihren Wirkungen zuvorzukommen, übergab seinem Bruder Bartholomäus das Kommando und machte sich schleunig auf den Weg nach Spanien (1496). Hier fand er, daß böse Menschen ihn angeschwärzt hatten, und wiewohl seine Gegenwart diesmal noch alle Verleumdungen niederschlug, verzögerte sich doch die Ausrüstung einer neuen Flotte zwei Jahre, und da gab man ihm nichts weiter mit, als eine Anzahl grober Verbrecher, die er aus Not, um nur abschiffen zu können, sich erbeten hatte.

Kolumbus' dritte Reise (1498).

Auf der dritten Fahrt richtete Kolumbus seinen Lauf noch weiter nach Süden, und er würde vielleicht nach Brasilien gekommen sein, wenn nicht eine ungünstige Windstille und die brennende Hitze unter dem Äquator ihn gezwungen hätten, nach Westen zu steuern; denn alle Wein= und Wasserfässer fingen an, ihm zu zerplatzen, und die Lebensmittel verdarben. So kam er nach der Insel Trinidad am Ausflusse des Orinokostromes, dessen Heftigkeit seine Schiffe beinahe auf Klippen geworfen hätte. Er schloß aus der Größe dieses Stromes, daß er aus keiner Insel kommen könnte, und indem er die Küste entlang fuhr, überzeugte er sich völlig, daß er festes Land erreicht habe. Da er es aber nicht wahrscheinlich fand, daß dieses Land mit dem eigentlichen (Ost=) Indien zusammenhängen sollte, so vermutete er, es müsse irgendwo eine Durchfahrt zu finden sein; diese wurde nachher auch wirklich gefunden, aber nicht da, wo er sie suchte, sondern tief im Süden, an der Spitze des Erdteils.

Für jetzt zwangen ihn Krankheit und die Unzufriedenheit seiner Mann=
schaft, nach Hispaniola zu steuern. Aber hier fand er wenig Ursache zur Freude. Sein Bruder war mit einem Teile der Mannschaft ausgezogen, in einer andern Gegend der Insel eine zweite Niederlassung (St. Domingo) zu gründen. Indessen hatte ein spanischer Edelmann seine Landsleute gegen die beiden Statthalter empört und namentlich den Kolumbus beschuldigt, er wolle die Indianer nur darum schonen, um die Spanier zu unterjochen. Man solle dem Genueser nicht trauen! Drei Schiffsladungen mit Lebensmitteln hatten die Aufrührer für sich behalten, und Bartholomäus mit seinen Leuten mußte am andern Ende der Insel fast vor Hunger verschmachten. So fand Kolumbus die Lage der Dinge; mit Mühe bekämpfte er den Aufruhr, nur durch seine Klugheit entging er dem Meuchelmorde, und wiewohl er seinem Könige die treuesten Berichte abstattete, sandten doch auch seine Feinde ganze Aktenstöße von Anklagen, und bei dem mißtrauischen Könige fanden diese Lügen leicht Eingang. Ein vornehmer herrischer Spanier, Franz von Bo=
vadilla, ward abgesandt, die Klagen zu untersuchen, und wenn er die ge=
häßigen Anklagen erwiesen fände, sollte er den Kolumbus absetzen und dessen Stelle einnehmen.

Sobald Bovadilla in Hispaniola ankam, nahm er ohne Untersuchung Haus und Güter des Kolumbus in Beschlag, gebot jedermann, ihn, den Bovadilla, als den neuen Herrn anzuerkennen, und schickte dem Kolumbus das königliche Absetzungsdekret zu, das man schon im voraus angefertigt hatte. Nun erst eröffnete er seinen Gerichtshof, forderte jedermann auf, seine Beschwerden gegen Kolumbus vorzubringen und munterte die Ankläger noch auf. Doch Kolumbus bewies auch hier jene Ruhe und Mäßigung, wodurch er schon oft in Todesgefahr der Seinigen Retter geworden war; er ließ alles über sich ergehen und forderte nur bescheiden Gehör. Aber ohne ihn nur vor sich zu lassen, befahl Bovadilla, man sollte die beiden Brüder in Ketten legen und jeden auf einem besonderen Schiffe nach Europa führen. Den Anblick dieser Ketten konnten indes alle redlichen Spanier nicht ertragen. Als die Schiffe in einiger Entfernung vom Lande waren, nahete sich der Kapitän des Schiffes ehrerbietig dem Kolumbus und wollte ihm die Ketten abnehmen. Kolumbus aber gab es nicht zu; ganz Spanien sollte es sehen, wie sein König den Entdecker einer neuen Welt belohne. Der Anblick des Gefesselten erregte in Spanien allgemeine Unzufriedenheit. Ferdinand und Isabella schämten sich und ließen ihm sogleich die Ketten abnehmen; die Königin schickte ihm Geld, damit er anständig bei Hofe erscheinen könnte. Er kam und warf sich schweigend, aber mit dem Blicke des gekränkten Ver=
dienstes, an den Stufen des Thrones nieder. Es fehlte auch diesmal nicht an Versicherungen von Gnade, man gestand den begangenen Irrtum, Bo=
vadilla wurde abgesetzt; aber des Kontraktes mit Kolumbus schien man sich nicht mehr zu erinnern, sandte vielmehr einen gewissen Ovando als Statt=
halter in die Kolonie (1500). Unwillig verließ Kolumbus den Hof, trug

seine Ketten überall mit sich herum und verordnete, daß sie ihm einst mit in sein Grab gelegt werden sollten.

Kolumbus' vierte Reise (1502).

Doch bald erwachte in der Seele des Kolumbus die alte Neigung und besonders der Wunsch, die vermutete Durchfahrt nach Indien zu finden. Er kam mit seinem Gesuche wieder bei Hofe ein und Ferdinand, eifersüchtig auf die Entdeckungen der Portugiesen in Indien, gab ihm vier ziemlich schlechte Schiffe, mit denen Kolumbus am 9. Mai 1502 von Kadix aus unter Segel ging. Ein Fahrzeug ward schon in den ersten Wochen leck; das nötigte ihn, auf Hispaniola loszusteuern, das er so gern vermieden hätte. Der feindselige Ovando versagte ihm die Landung im Hafen. Da richtete Kolumbus seinen Lauf dem Festlande zu, segelte längs der Küste vom Vorgebirge Gracias a Dios südwärts bis Portobello, fand aber die gehoffte Durchfahrt nicht. Die Schönheit der Gegend brachte ihn auf den Gedanken, hier eine Kolonie anzulegen; allein seine Spanier verdarben es durch ihre unersättliche Habgier so schnell mit den Wilden, daß er mit dem Verlust mehrerer seiner Leute sich schnell zurückziehen und das Land verlassen mußte.

Von nun an drängte ein Unglück das andere. Stürme und schreckliche Gewitter ängstigten die Schiffer alle Tage, eines ihrer elenden Fahrzeuge ging zu Grunde, die andern wurden so heftig an einander geworfen, daß sie fast zusammenbrachen. Nach vielen Mühseligkeiten erreichten sie endlich am 14. Juni 1503 Jamaika. Die fast zertrümmerten Fahrzeuge mußten auf den Strand getrieben werden; an Ausbesserung war nicht zu denken. Wenn sich nicht der Himmel selbst über die Unglücklichen erbarmte und ihnen ein fremdes Schiff zur Rettung sandte, so war das traurige Los des berühmten Weltentdeckers, von Europa vergessen sein elendes Leben bei Mais und Maniokwurzeln mitten unter den Wilden zu beschließen.

Dies zu verhüten, unternahmen zwei brave Männer von der Schiffsgesellschaft, der Spanier Mendez und der Italiener Fieschi, ein kühnes Wagstück. Sie ruderten auf zwei ausgehöhlten Baumstämmen nach Hispaniola, eine Strecke von 30 Seemeilen, zehn Tage lang durch das wogende Weltmeer; und es gelang, sie kamen glücklich ans Ziel. Kolumbus aber mußte sie für verloren halten, denn es verging über ein halbes Jahr, ohne daß er etwas von ihnen hörte. Dies halbe Jahr war für ihn das unglücklichste, das er je verlebt hatte. Alle Subordination verschwand bei den Seinen; seine Warnungen, die Indianer nicht zu kränken, wurden verachtet; ein Haufen Spanier rottete sich zusammen und verließ den Befehlshaber ganz, um auf der Insel umherzustreifen und mit aller Habsucht und Roheit gegen die Eingeborenen zu wüten. In kurzer Zeit zogen sich die Wilden aus der Gegend zurück und hörten auf, den ungezogenen Gästen noch ferner Lebensmittel zu bringen. Nur die Klugheit und Wissenschaft des kranken Kolumbus konnte die Mannschaft vom Hungertode erretten. Am Tage vor dem Eintritt einer totalen Mondfinsternis, die er berechnet hatte, verkündete Kolumbus den Wilden, sein Gott sei sehr erzürnt über die Nachlässigkeit der Indianer und sie würden

den Zorn desselben an der hellen Mondscheibe sehen, die sich verfinstern werde. Und wie es der weise Mann vorhergesagt hatte, so geschah es. Die Mond= scheibe wurde dunkler und dunkler, mit Angst und Entsetzen sahen das die Indianer, fielen dem von den Göttern beschützten Gaste zu Füßen und baten ihn, den Zorn des Himmels zu besänftigen; dann wollten sie auch wieder Lebensmittel bringen, so viel als man verlangte.

Der Unfug, den die entlaufene Rotte auf der Insel trieb, ward aber so groß, daß die Besseren selber die schlimmsten Folgen davon befürchteten. Sie zogen gegen die Unverbesserlichen aus und lieferten ihnen unter der Anführung des Bartholomäus Kolumbus eine förmliche Schlacht, worauf die Übrig= gebliebenen zum Gehorsam zurückkehrten.

Endlich nach acht kummervollen Monaten erschienen die treuen Seelen, Mendez und Fieschi, wie hilfreiche Engel und holten die Verlassenen auf einem großen Schiffe ab, das sie nur mit größter Mühe von dem hartherzigen Ovando hatten erlangen können. Abgezehrt von Krankheit und Gram kam Kolumbus auf Hispaniola an und benutzte die erste Gelegenheit, wieder nach Spanien zurückzuschiffen.

Des Kolumbus Ende.

Auch die erste Nachricht, die er hier erfuhr, mußte eine sehr traurige sein — die Königin Isabella war gestorben. Sie hatte ihn immer geachtet, und auf sie hatte er noch seine letzten Hoffnungen gesetzt. Die waren nun verschwunden, denn auf den höchst selbstsüchtigen König Ferdinand durfte er nicht rechnen.

Nächst der Undankbarkeit des Königs schmerzte ihn nichts so sehr, als der verächtliche Dünkel, mit dem viele hochgelahrte Herren auf seine Ent= deckung herabsahen, die ihnen nun, nachdem sie gemacht war, sehr leicht vor= kam, als hätte sie jeder von ihnen eben so gut machen können. Mit einer so überklugen Gesellschaft saß der Held einstmals zu Tische, als eben gesottene Eier aufgetragen wurden. „Was meint ihr wohl, ihr Herren" — sagte Ko= lumbus — „ob man wohl ein Ei mit seiner Spitze so auf den Tisch stellen könnte, daß es ohne andere Haltung stehen bliebe?" Alle erklärten die Sache für unmöglich, kaum daß noch der eine und andere den Versuch zu machen wagte. „Wohlan, seht her!" rief Kolumbus. Er faßte ein Ei und stieß es so stark nieder, daß es auf der eingedrückten Spitze stehen blieb. — „Ja, so hätten wir es auch gekonnt!" — riefen sie alle. — „Nun, warum habt ihr es denn nicht gethan?" fragte Kolumbus.

Wohl kam der bescheidene Held mit Bittschriften bei Hofe ein, er berief sich auf sein Patent und auf das königliche Versprechen — alles vergebens. Man ließ ihn in Armut schmachten, bis endlich sein willkommener Tod den treulosen König seines Wortes entband. Kolumbus starb zu Valladolid im Jahre 1506, den 21. Mai. Sein Bruder brachte den Leichnam nach St. Domingo, setzte ihn daselbst in der Domkirche bei und vergaß die Kette nicht, wie es der Held verordnet hatte. Später (1796) wurden die Gebeine des Ent= deckers nach Kuba gebracht und in der Kathedrale zu Havana feierlich bestattet.

Ein Sohn des Kolumbus, Diego, erhielt endlich die Statthalterschaft über die neuentdeckten Länder; doch nicht, weil er Kolumbus' Sohn war, sondern weil er die Nichte des vielvermögenden Herzogs von Alba geheiratet hatte. Nicht einmal den Namen hat Kolumbus dem von ihm entdeckten Erd= teil geben dürfen; ein florentinischer Edelmann, Amerigo Vespucci (Vespucius), welcher mehrere Reisen nach der neuen Welt gemacht und eine Beschreibung derselben herausgegeben hatte, erhielt die Ehre, daß man nach ihm den Erd= teil „das Land des Amerikus" oder Amerika nannte, und erst in neuerer Zeit hat man einen Staat in Südamerika zu Ehren des großen Entdeckers „Kolumbia" genannt.

III. Weitere Entdeckungen in Amerika. Erste Reise um die Welt.

1. Alvarez Kabral.

Nun folgten fast jährlich neue Entdeckungen in Amerika. Noch zu Ko= lumbus' Lebzeit, im Jahre 1500, schickte Emanuel, König von Portugal, eine Flotte auf dem neuentdeckten Seewege nach Ostindien; gab aber dem Ad= miral Alvarez Kabral den Befehl, sich auf seiner Fahrt nach dem Vor= gebirge der guten Hoffnung so weit als möglich westwärts zu halten. Er that es und fand Brasilien in Südamerika, das er sogleich für den König von Portugal in Besitz nahm. Eines von den 13 Schiffen wurde zurückgeschickt, um die frohe Botschaft nach Lissabon zu bringen.

Mit den übrigen 12 Schiffen brach Kabral am 5. Mai 1500 von Brasilien auf und wandte sich nach dem Vorgebirge der guten Hoffnung. Auf diesem Wege ereilte ihn ein entsetzlicher Sturm, und er hatte den Schmerz, eines seiner besten Schiffe und mit demselben den wackeren Entdecker des Kaps, Bartholomäus Diaz, vor seinen Augen vom Meere verschlungen zu sehen. Nach vielen Gefahren erreichte er endlich Melinda, und am 13. August lief er in den Hafen von Kalikut ein. Er überreichte dem Zamorin im Namen seines Herrn Geschenke und trug auf ein Handelsbündnis und auf die Er= laubnis an, in seinen Staaten ein Fort zur sicheren Niederlage der portu= giesischen Waren anlegen zu dürfen. Der Zamorin schien anfangs nicht ab= geneigt, ward aber von den eifersüchtigen Mohammedanern bald umgestimmt und ließ die Portugiesen zuletzt gar feindlich angreifen. Kabral, zum Wider= stande zu schwach, verließ Kalikut mit der Drohung, bald wiederzukommen, schiffte an der Küste Malabar hin und sprach hier bei den kleinen Königen von Kochim und Kananor ein, die ihn freundlich aufnahmen und gegen seine europäischen Waren ihm eine überschwengliche Ladung von Pfeffer und anderen Gewürzen austauschten, mit denen er am 31. Juli 1501 glücklich in Lissabon anlangte.

Das große Land Brasilien ward aber von den Portugiesen wenig ge= schätzt, denn sie fanden hier wohl einen fruchtbaren Boden, aber wenig kost=

bare Handelsartikel und weder Gold noch Silber. Erst im Jahre 1695 ent=
deckten sie reiche Goldlager und 1730 Diamanten, die auf der ganzen
Erde nicht so schön und groß gefunden wurden.

2. Las Kasas.

Die Spanier, welche ihrerseits das Goldland auch noch nicht gefunden
hatten, mißbrauchten die unglücklichen Indianer auf den Inseln, indem sie
dieselben zwangen, ihnen den fruchtbaren Boden anzubauen. Sie wollten
nun durch die Arbeit der Wilden reich werden. Besonders pflanzten sie
Zuckerrohr, welches auch jetzt noch der vorzüglichste Reichtum der westin=
dischen Inseln ist. Die Indianer aber waren schwächlich und der Arbeit
nicht gewohnt; unter den Schlägen ihrer grausamen Herren starben sie so
schnell dahin, daß von einer Million Menschen auf Hispaniola nach 15 Jahren
kaum noch 60 000 übrig waren. Noch unmenschlicher verfuhr man gegen
diejenigen, welche sich der Herrschaft der Spanier zu entziehen suchten; man
hetzte Hunde auf die Nackten, hieb mit Schwertern auf sie ein oder schoß sie
mit Flintenkugeln nieder. Ihre Kaziken aber verbrannte man gewöhnlich
zur Warnung bei langsamem Feuer. Und diesen Greueln sahen Priester
der Lehre Jesu nicht bloß ruhig zu, sondern ermunterten wohl gar dazu,
wenn die armen Menschen nicht vor einem Kruzifix niederfielen oder den
christlichen Glauben nicht herbeten wollten.

Doch es gab auch einige edle Männer unter den Geistlichen. Beson=
ders eiferte ein ehrwürdiger Dominikaner, Bartholomäus de las Kasas,
gegen die unmenschliche Behandlung der Indianer. Er selbst gab seine
Sklaven frei, da man aber auf seine Ermahnungen nicht hörte, machte er
mehrere Reisen nach Spanien, um den König und seine Räte zu rühren.
Das gelang ihm auf kurze Zeit; aber bald wußten es die habsüchtigen
Europäer durch Bestechungen bei Hofe wieder dahin zu bringen, daß alles
beim alten blieb. Freilich war die schwierige Frage, welche Menschen man
statt der Indianer zur Arbeit nehmen sollte. Da kam der edle Kasas auf
den Gedanken, anstatt der schwächlichen amerikanischen Rasse lieber die an
Arbeit mehr gewöhnte und muskelkräftige Negerrasse zur Arbeit zu verwen=
den. Das fand man denn auch bald so vorteilhaft, daß von nun an
jährlich mehr als 80 000 schwarze Sklaven aus Afrika nach Amerika hinüber=
gebracht wurden. Die Last, welche Kasas dem einen Erdteile abnehmen
wollte, ward nun dem andern aufgebürdet. Übrigens hatte man schon lange
vor ihm die unglücklichen Neger als Sklaven gekauft und verkauft.

3. Vasko Nunnez de Balboa.

Balboa war ein roher Mensch von gemeiner Herkunft; aber auf einer
Reise nach der Landenge Darien entwickelte er so ausgezeichnete Beweise
von Mut und Tapferkeit, daß alle seine Kameraden ihn einstimmig an die
Stelle des Schiffsherrn, der ein unbehilflicher Mensch war, zu ihrem An=
führer erwählten. Er machte ihrem Vertrauen Ehre und stiftete die erste
Kolonie auf dem festen Lande, Santa Maria.

Sein nächster Wunsch war nun, sich zu seiner neuen Würde königliche Autorisation aus Spanien zu verschaffen. Diese konnte er nicht sicherer hoffen, als wenn er sich mit reicher Beute vor dem Throne einfand. Er trieb daher auf seinen Streifereien von den Wilden so viel Goldblech ein, als er bekommen konnte, und wußte sich die Indianer durch sein freund= liches Betragen so geneigt zu machen, daß sie ihm alles willig übergaben. Einst, als er wie gewöhnlich begierig nach Gold forschte, sagte ein junger Kazike zu ihm: „Was wollt ihr doch mit dem unnützen Tand! Wenn euch so sehr darnach verlangt, so dürft ihr nur nach jenem Lande gehen, das drüben über dem Ozean liegt, sechs Sonnen von hier. Doch dazu müssen eurer viele sein."

Welche Nachricht! Er meinte Peru, und der andere Ozean, sechs Tage= reisen jenseits, war die Südsee, die Kolumbus immer geahnt hatte. Balboa eilte, einen neuen Botschafter mit dieser Entdeckung nach Hispaniola zu schicken und sich den Statthalter durch ein ansehnliches Geschenk geneigt zu machen. Zugleich verstärkte er sich von dort aus mit frischen Kriegern, die von der Aussicht auf große Reichtümer gelockt wurden, an allen Mühselig= keiten und Drangsalen teilzunehmen, die mit einer ersten Wanderung durch diese ungebahnte Wildnis, durch Wälder, Sümpfe und über Gebirge verbunden sein mußten.

Hundertundneunzig kühne Abenteurer setzten sich nun in Marsch, um dem König von Spanien ein Land zu erobern, das von wilden Völkerschaf= ten zahlreich bedeckt war. Balboas großes Talent, die Gemüter zu beherr= schen, zeigte sich auch in seinem Verkehr mit den Kaziken, die er unterwegs antraf. Er machte sie sich alle zu Freunden, und mehr als tausend Indianer folgten ihm freiwillig, um den Spaniern ihr Gepäck nachzutragen. Die heiß= feuchten Niederungen in dieser höchst ungesunden Gegend Amerikas, die breiten Ströme, die dichtverwachsenen Wälder, dazu Schlangen und Muskitos, Mangel an frischem Wasser und an gesunder Nahrung — dies alles machte die Reise zu einer der beschwerlichsten, die je unternommen worden sind. Balboa schlug aber alle Klagen seiner murrenden Gefährten durch seine Teil= nahme an ihren Drangsalen nieder. Immer war er der erste, wenn ein Morast zu durchwaten oder ein Weg durch wildes Gestrüpp zu hauen war; kein Zug von Verdrossenheit trübte seine immer heitere Miene.

Indessen waren aus den sechs Sonnen schon 25 geworden, und noch zeigte sich kein Ozean. Natürlich! Man hatte bei aller Anstrengung manchen Tag nur eine Meile weit vordringen können. Endlich kamen sie an einen großen Berg. Da sagten die Indianer, wenn sie den erstiegen hätten, würden sie den Ozean vor sich liegen sehen. Diesen Anblick mußte sich der begeisterte Balboa zuerst verschaffen; er ließ seine Leute unten und stieg allein hinauf. Und siehe! da lag das weite Weltmeer vor seinen trunkenen Augen und wälzte seine dunklen Wogen aus unabsehbarer Ferne vom äußersten Horizonte herauf. Er breitete die Arme aus, fiel auf seine Kniee und dankte Gott mit heißen Freudenthränen, daß er ihn bis hieher geführt hatte. Seine Gefähr= ten hielten sich nun auch nicht länger, sondern stürzten hinauf und teilten auf dem Gipfel des Berges ihres Führers Empfindungen und Gebete. Dann stieg Balboa hinab an den Strand, ging mit Schwert und Schild bis an die Brust ins Meer und nahm mit dem gewöhnlichen Spruche das Welt=meer im Namen des Königs von Spanien in Besitz.

Es war dieser Teil der Südsee ein Meerbusen, der ostwärts von Panama liegt. Balboa gab ihm den Namen Golfo de St. Michael, den er noch jetzt führt. Auch hier verband er sich die Indianer durch sein biederes Be=tragen; sie brachten ihm Lebensmittel in Menge, und die Kaziken schenkten ihm Perlen und Gold. Überall bestätigte sich die Sage von dem reichen Goldlande, das südwärts liegen, aber auch von einem mächtigen Könige be=herrscht werden sollte. Dieser Umstand bewog den Balboa, umzukehren und zuvor Verstärkung zu holen, und so kam er denn im Anfange des Jahres 1514 in seiner Kolonie Santa Maria wieder an, mit großem Ruhme und noch größeren Reichtümern überhäuft.

Er sandte nun dem Könige Ferdinand ein Geschenk an Golde, wie dieser noch keins aus seinem neuen Lande erhalten hatte, und bat um die Statt=halterschaft von Darien und um Verstärkung seiner kleinen Mannschaft. Man kann sich das Entzücken des Königs denken! Aber immer ist es die Politik mißtrauischer Regenten gewesen, die auch Kolumbus erfahren hatte, nie einen sehr thätigen und einen sehr glücklichen Mann zu hoch steigen zu lassen; und so wurde denn die erbetene Statthalterschaft nicht dem braven Balboa, son=dern einem unendlich schlechteren Menschen, Namens Davila, erteilt. Dieser ging mit fünfzehn tüchtigen Schiffen und 1200 Soldaten nach Mittel=amerika ab; zu jener Mannschaft gesellten sich noch 1500 Edelleute freiwillig. Denn das Gerücht hatte die Reichtümer jener Länder so vergrößert, daß in Spanien eine Sage ging, man dürfe dort nur ein Netz ins Meer senken, um Gold zu fischen.

Der ehrliche Balboa, in ein grobes leinenes Wams und in Schuhe von geflochtenen Hanfstricken gekleidet, war eben mit einigen Indianern be=schäftigt, seine Hütte mit Rohr zu decken, als eine große Gesellschaft vor=nehmer spanischer Herren auf ihn zukam und unter ihnen Don Pedrarias Davila, der sich sogleich mit stolzen Worten als den neuen Statthalter an=kündigte. Balboa, so tief er auch den Undank des Königs empfand und so laut seine treuen Soldaten murrten, unterwarf sich doch gehorsam, den Befehlen seines neuen Gebieters, der es sogar für gut fand, ihn für die Anmaßung des seitherigen Kommandos zur Rechenschaft zu ziehen und ihm dafür eine ansehnliche Geldstrafe abzufordern.

Pedrarias konnte übrigens die ungeheuren Reichtümer des Landes gar nicht finden; dagegen litt er Mangel an allen gewohnten Bequemlichkeiten, und das ungesunde Klima raffte ihm in kurzem gegen 600 Menschen weg. Die übrigen, die er nicht zu beherrschen verstand, durchstreiften wie Räuber das Land, plünderten die Wilden und betrugen sich so gewaltthätig, daß alle die schönen Freundschaftsverhältnisse, die Balboa mit den Kaziken gestiftet hatte, augenblicklich gestört wurden.

Ganz gleichgültig konnte indessen Balboa (gleich dem Kolumbus) sein so glücklich begonnenes Werk nicht aufgeben. Er machte durch seine Freunde in Spanien noch einen Versuch auf die Gerechtigkeit des Königs und erhielt wirklich den Adelantado= oder „Unterstatthalterposten" über die Länder an der Südsee. P. Davila mußte ihm vier Brigantinen bewilligen, mit denen er sein Lieblingsprojekt, die Entdeckung von Peru, auszuführen sich beeilte. Aber doch war er nicht schnell genug, der Gewalt seines eifersüchtigen Oberen zu entfliehen. Denn ehe er sich dessen versah, ward er vor den Statthalter gerufen, eines erdichteten Verbrechens beschuldigt und zum Tode verurteilt. Die ganze Kolonie bat mit einem Munde für ihn; aber um des Begnadigens willen hatte man ihn nicht festgenommen. Die Spanier sahen mit Erstaunen und Schmerz einen Mann öffentlich hinrichten, den sie für den fähigsten aller Befehlshaber halten mußten, und der so geeignet war, große Pläne nicht bloß zu fassen, sondern auch auszuführen.

4. Ferdinand Kortez (1485—1547).

Die Entdeckungsreisen währten unterdessen immer fort. Am weitesten nach Süden kam Juan Diaz de Solis, der 1515 ausgesandt wurde, die vermutete Durchfahrt in die Südsee zu entdecken. Schon glaubte er sie gefunden zu haben, als er bei näherer Untersuchung merkte, daß es nur ein Strom, der La Plata, war, dessen riesenmäßige Breite von mehr als 30 Meilen freilich seinen Irrtum sehr verzeihlich machte. Bei einem Versuche, in dieser Gegend zu landen, wurde der unvorsichtige Anführer mit mehreren seiner Leute von den feindseligen Wilden erschlagen, gebraten und verzehrt, worauf die übrigen schnell nach Hause zurückeilten.

Andere Spanier hatten von Kuba aus die Küste des großen mexikanischen Reiches besucht und sehr günstige Nachrichten von dem Anbau und den Schätzen dieses Landes mitgebracht. Dies bewog den Statthalter von Kuba, Don Velasquez, einen zuverlässigen Mann dorthin zu senden, der nicht nur so viel Gold als möglich von dorther zurückbrächte, sondern auch ihm, dem Statthalter, die Ehre erwürbe, die Besitzungen des Königs von Spanien beträchtlich vermehrt zu haben. Nach seinem feigen Charakter wünschte er sich zwar einen thätigen, aber nicht allzuklugen und selbständigen Mann, der nur die Arbeit übernehmen, ihm aber Gewinn und Ehre überlassen sollte. Man schlug ihm dazu einen armen, aber tapferen Offizier Namens Kortez vor. Dieser war ein Feuerkopf, der auf der Universität Salamanka die Rechte studiert, aber nicht Stand gehalten, das Kriegshandwerk ergriffen und dann in Amerika sein Glück gesucht hatte. Obwohl Kortez noch nie ein Kommando besessen, benahm er sich doch beim Einschiffen so verständig und klug, daß Velasquez erstaunte und schon Lust bekam, die Stelle ihm wieder zu nehmen. Kortez merkte dies und machte, daß er mit seinen elf Schiffen fortkam; an einer entfernteren Stelle der Insel hielt er wieder an, um sich mit dem nötigen Vorrat zu versehen. Velasquez verfolgte ihn, und nur die größte Anhänglichkeit und Treue der Seinen rettete ihn vor dem Schicksale des Balboa. Obgleich mit einer Bestallung des Statthalters versehen, handelte Kortez doch nun als Rebell, denn Velasquez hatte ihm jene wieder abfordern lassen.

Am 12. Februar 1519 verließ die Flotte Kuba und steuerte auf Mexiko zu. Die religiösen Vorbereitungen waren auch hier nicht vergessen worden, und in allen Fahnen flatterte das heilige Kreuz. Im Namen Christi hofften 617 Mann mit 13 Musketen, 16 Pferden und 14 kleinen Kanonen ein Land zu erobern, das mehrere Millionen Menschen aufbringen konnte!

5. Einzug in Mexiko (1519).

Die erste Landung geschah bei dem nachherigen Flecken St. Juan de Ulloa, am 2. April. Als man das Land betreten hatte, fand man aller= dings eine weit zahlreichere Bevölkerung und einen höheren Grad von Kultur, als in den besuchten Ländern. Ein besonderes Glück war es, daß man mit den Einwohnern durch eine Indianerin, die sehr schnell das Spanische erlernt hatte, unterhandeln konnte. Im Anfange verschaffte den Spaniern schon ihr bloßes Äußere, ihre Bärte und Bekleidung Ehrfurcht, und die Wilden waren lange zweifelhaft, ob sie Menschen oder Götter vor sich sähen. Sie sagten aus, daß alle umherwohnenden Völkerschaften einem sehr mächtigen Könige, Namens Montezuma, zinsbar wären, der etwa 20 Tagereisen von hier in einer großen Stadt wohnte und einen prächtigen Hofstaat hätte. Montezuma hielt sich Schnelläufer in allen Gegenden seines Reichs, die ihm schnell jeden merkwürdigen Zufall hinterbringen mußten, und durch diese erfuhr er auch die Ankunft der wunderbaren Fremden. In kurzem erschienen Gesandte von ihm an Kortez, um diesem reiche Geschenke zu bringen und ihn zu fragen, was er begehrte. Kortez nannte sich einen Abgeordneten des großen Königs der Spanier, gesandt, um einen wichtigen Auftrag an die Person des mexi= kanischen Königs zu bringen. Die Boten eilten davon; aber bald erschienen sie wieder und sagten, ihr Herr ließe den Kortez bitten, das Reich zu ver= lassen, übersende aber als Zeichen seiner Gesinnung noch reichlichere Geschenke. Kortez aber bestand darauf, den König von Mexiko selber sehen zu müssen, und drang immer weiter vor. Da erschienen die Boten zum drittenmal mit noch reicheren Geschenken, aber gerade durch diese lockten sie die Eindringlinge, die an keine Rückkehr dachten. Denn Kortez, um sich ganz der Treue seiner Mannschaft zu versichern, hatte sie mit seltener Überredungskunst zu dem heldenmütigen Entschlusse vermocht, alle Schiffe zu verbrennen. Damit hatten sich die 600 Menschen jeden Weg zur Flucht abgeschnitten.

Kortez traf im Vorrücken auf zwei sehr volkreiche und mit Hütten be= deckte Gaue, wovon der eine Tlaskala hieß. Die gute Mannszucht, die er hielt, die Würde, mit welcher die Spanier einherschritten, die Reiter, die man mit den Pferden zusammengewachsen glaubte, besonders aber ein paar wohl= angebrachte Kanonenschüsse — dies alles wirkte so überwältigend auf die sonst gar nicht feigen Indianerstämme, daß sie es für geraten hielten, sich gleich unter den Schutz der mächtigen Fremdlinge zu begeben. Nur so glaubten sie sich retten zu können, wenn das ganze mexikanische Reich zu Grunde ginge. Sie brachten den Spaniern Lebensmittel in Überfluß, und Kortez ermangelte nicht, sich ihre Oberhäupter durch kleine Geschenke zu verbinden, wobei er aber jede Gelegenheit benutzte, ihnen das Schicksal derer zu zeigen, die ihm untreu würden. So ließ er auf den bloßen Verdacht eines geheimen Anschlags funfzig Tlaskalanern die Hände abhauen.

Doch dies war nur ein kleines Vorspiel zu einem größeren Trauerspiel. In Cholula, dem nächsten Gau, wohin sie kamen, wurde fast die ganze Bevölkerung niedergemacht, damit die 500 Spanier ihr Leben erhielten. Kortez erfuhr durch seine Dolmetscherin, daß die Cholulaner nur darum so freundlich gethan, um ihn desto sicherer in der Nacht zu überfallen und Mann für Mann zu ermorden. Sogleich bemächtigt er sich der Oberhäupter, hält sie in Gewahrsam und läßt auf ein gegebenes Zeichen seine Soldaten unter die Einwohner einhauen und ihre Häuser anzünden. Sechstausend Menschen sollen bei dieser Gelegenheit ums Leben gekommen sein; die übrigen waren entflohen. Nun eröffnet Kortez den Häuptlingen den Grund seiner Strenge, tadelt sie, läßt sie aber doch wieder frei mit dem Befehl, die Entflohenen zurückzurufen und die Hütten wieder aufzubauen. Sie betrugen sich wie rechtmäßig bestrafte Kinder und waren fortan gehorsam.

Keiner dieser Stämme hing aber so treu an Kortez, als die Tlaskalaner. Diese waren ihm zu Tausenden gefolgt und hatten sich bereit erklärt, mit ihm gegen Montezuma zu fechten. Sie waren dem Könige, der sie vor kurzem mit Krieg überzogen und unterworfen hatte, nicht gewogen. Welch ein Vorteil für die Spanier! Ihr Heer ward dadurch so ansehnlich verstärkt, daß Kortez kein Bedenken trug, geradezu auf die Hauptstadt selber loszugehen.

Diese zeigte sich ihnen endlich in ihrer ganzen Ausdehnung, mit weißen Häusern und Tempeln, bewundernswürdig genug für ein Volk, das weder Eisen noch Zugvieh hatte. Die Spanier schätzten die Zahl der Einwohner auf 60 000. Die Stadt lag auf einer Insel in einem See, und man konnte nur auf langen Dämmen zu ihr kommen. Kortez passierte einen dieser Dämme sehr vorsichtig und stand mit seinem ganzen Heere in der Stadt, ehe noch Montezuma mit sich einig geworden war, ob er die Fremden als Freunde oder als Feinde behandeln sollte.

Endlich erschien er selbst auf einem Tragsessel, umringt von seinen Großen, die in eine Art kattunener Mäntel gekleidet und zur Freude der Spanier mit Goldblechen reichlich behängt waren. Montezuma staunte die seltsamen weißen und bärtigen Gäste an, begrüßte dann den Kortez sehr höflich, der vom Pferde stieg und ihm — sehr unbekannter Weise — einen Gruß vom König der Spanier brachte. Montezuma ward darüber nachdenklich. Er erinnerte sich einer alten Sage, daß seine Urelstern aus Osten gekommen, ihr Anführer aber wieder weggegangen wäre mit dem Versprechen, einst wieder zu kommen und die Gesetze des Landes zu verbessern. Kortez erhielt ihn in diesem Glauben, daß nun die Sage erfüllt würde, und nahm mit den Seinen von einem steinernen Gebäude Besitz, das er unvermerkt zu einer kleinen Festung machte. Geladene Kanonen und die sorgfältigsten Wachen sicherten ihn vor jedem Überfall.

So hatten sich 500 Wagehälse (100 waren in einem Fort zu Vera

Kruz zurückgeblieben) glücklich bis in die Mitte eines großen Reiches gedrängt, in welchem sie sich entweder als Oberherrn behaupten, oder bis auf den letzten Mann totschlagen lassen mußten.

6. Montezuma gefangen (1519).

Ist einmal ein kühnes Wagestück begonnen, so kann es nur durch fort= gesetzte Kühnheit vollendet werden. Kortez war der Mann, die verwegensten Schritte mit einer Festigkeit zu thun, als handle die eherne Notwendigkeit selbst durch ihn. Wollte er der Beherrscher dieses Reiches werden, so mußte etwas Entscheidendes geschehen. Der König selber mußte ihm freiwillig seine Würde abtreten, und um ihn dahin zu bringen, mußte man ihn im Angesicht seines Volkes gefangen nehmen.

Nur die beherzte Seele eines Kortez konnte einen solchen Plan entwerfen, vor dem selbst seine tapfersten Offiziere erschraken; nur eine so kluge Be= sonnenheit, wie die seine, konnte den Plan glücklich ausführen. Der König hatte ihm schon mehrere Besuche abgestattet und von ihm Gegenbesuche er= halten, als Kortez eines Tages, nach genauer Verabredung mit seinen Sol= daten, sich mit seinen besten Offizieren in die Wohnung des Königs begab. Sein erstes Gespräch betraf eine soeben eingelaufene Nachricht, daß ein ent= fernter mexikanischer Feldherr die in der Kolonie Vera Kruz zurückgelassenen Spanier angegriffen, einen derselben getötet und dessen Kopf nach der Haupt= stadt gesandt habe, um allen Mexikanern zu zeigen, daß diese Fremden eben so gut sterblich wären wie andere Leute. Kortez stellte dem König dieses feindselige Verfahren als eine so ungeheure Beleidigung seines Herrn, des Königs von Spanien, vor und machte ein so ernsthaftes Gesicht, daß dem armen Montezuma angst und bange ward. Er erklärte ferner, der Verdacht geheimer Feindschaft, in den er sich dadurch gesetzt habe, könne nur durch einen ganz ungewöhnlichen Beweis von Vertrauen und Ergebenheit wieder aus= gelöscht werden. Montezuma versprach zitternd, er wolle jenen Feldherrn sogleich zurückberufen und ihn den Spaniern zur beliebigen Bestrafung aus= liefern. Kortez antwortete, das verstünde sich von selbst, aber damit könne er noch lange nicht zufrieden sein. Es sei kein Mittel, sich in dem Zutrauen der Spanier wieder herzustellen, als daß er sich freiwillig entschlösse, eine Zeit lang mitten unter ihnen zu wohnen. Montezuma erblaßte, nahm sich aber bald wieder zusammen und antwortete wie ein Mann, der seine Würde kennt. Kortez ward immer ernster. Drei Stunden ward hin und her ge= redet; endlich rief ein rascher spanischer Offizier: „Wozu die Umstände? Fort mit ihm oder stoßt ihn nieder!" Der König erschrak über die Stimme und Gebärde des Mannes und fragte die Dolmetscherin, was er gesagt habe. Als er es erfuhr, zitterte er heftiger, und nach langem Schwanken ergab er sich. Als er hinausgeführt ward, lief das staunende Volk zusammen; aber er winkte mit den Händen und nahm eine heitere Miene an, um seinen Unterthanen glauben zu machen, es sei sein eigener Entschluß. Kortez unter= ließ übrigens nichts, was dem tiefgebeugten Monarchen seinen Zustand er= träglicher machen konnte, und begegnete ihm mit ausgezeichneter Höflichkeit.

Seine ehemaligen Räte hatten zu seinem Gefängnis täglich freien Zutritt. Jener mexikanische Feldherr wurde bald nachher mit seinen vornehmsten Offizieren, zum Entsetzen aller Mexikaner, lebendig verbrannt, und das auf einem Scheiterhaufen, den man aus lauter mexikanischen Waffen aufgetürmt hatte.

Um sich der Herrschaft noch gewisser zu versichern, bewog Kortez den König, seine klügsten Räte abzusetzen und schwächere dagegen anzunehmen. Unter dem Vorwand, ihm einen Begriff von europäischer Schiffbaukunst zu geben, worauf er ihn schon lange neugierig gemacht hatte, ließ er zwei Brigantinen zimmern und in den mexikanischen See stoßen, wodurch er sich schlau genug des ganzen Gewässers um die Stadt versicherte. Endlich, nachdem er den schwachen König durch alle Stufen der Erniedrigung geführt hatte, mutete er ihm geradehin zu, sich für einen Vasallen des Königs von Spanien zu erklären und einen jährlichen Tribut zu entrichten. Bei dieser Forderung brach der unglückliche Mann in Thränen aus. Aber was konnte er jetzt noch verweigern? Die Unterwerfungsformalität, die Kortez so feierlich als möglich einrichtete, ging vor sich, vor den Augen des ganzen Volks, welches darüber in tiefe Trauer geriet.

Bei allem Unglück hielt den Montezuma noch immer die Hoffnung aufrecht, seine gefürchteten Gäste würden nun bald abziehen, da ihr Auftrag nun ausgerichtet sei. Kortez ließ ihn bei diesem Glauben und sagte, man müsse nur erst die gehörigen Schiffe bauen. Eigentlich wartete er aber nur auf die Verstärkung aus Spanien, wohin er schon vor 9 Monaten Depeschen gesandt hatte. Freilich wußte er nicht, daß diese Depeschen von seinem Feinde Velasquez waren aufgefangen worden, und daß von dorther ein Gewitter gegen ihn heranzog, welches ihn mit einem Schlage um alle Früchte seines Mutes und seiner Klugheit zu bringen drohte.

7. Pamphilo de Narvaez.

Velasquez hatte eine Flotte von 18 Schiffen mit 800 Mann Fußvolk, 80 Reitern, 12 Kanonen und vielen Musketen und Armbrüsten unter dem Kommando eines gewissen Narvaez ausgesandt, der den Auftrag hatte, den Kortez in Ketten nach Kuba zu schicken und an seiner Stelle die Eroberungen fortzusetzen.

Kortez versuchte zuerst den Narvaez zu gewinnen; aber dieser junge Held träumte viel zu süß von den Lorbeeren, die er in Mexiko sich erkämpfen wollte, als daß er sie von Kortez sich hätte abkaufen lassen. Also mußte es Krieg sein, und hier galt es nun Sieg oder Tod. Kortez bestellte sein Haus in Mexiko, ließ eine mäßige Besatzung zurück und machte dem Montezuma weis, er reise seinen Freunden entgegen, sich mit ihnen zu besprechen. So zog er mit seiner Handvoll Leute einem wohl fünfmal stärkeren Feinde entgegen.

Es war aber sein Glück, daß Narvaez ein unkluger und tölpischer Mensch war, der weder bei seinen Soldaten, noch bei den Indianern Vertrauen erweckte, so daß ihm jene verdrossen folgten, diese ihm alle möglichen Hindernisse bereiteten. Als nun gar geheime Sendboten von Kortez im Lager des Narvaez herumschlichen und aus Kortez' Goldsäcken freigebig Geschenke aus-

teilten, so konnte es nicht fehlen, daß wenigstens schon die Hälfte der Sol=
daten auf Kortez' Seite war, ehe noch eine Schlacht geliefert ward. Aber
nicht die Klugheit allein sollte entscheiden; ein angestrengter Marsch brachte
die braven, versuchten Krieger des Kortez ihren Feinden schneller auf den
Hals, als diese berechnet hatten. In einer stockfinsteren Nacht durchwateten
sie den breiten Fluß, der sie noch vom Feinde trennte, und ein schrecklicher
Überfall brachte die sicher Schlummernden so in Verwirrung, daß sie nicht
wußten, wo und wie stark der Feind sei. In wenigen Augenblicken war
alles schwere Geschütz in Kortez' Händen und ward nun gegen Narvaez'
Heer gerichtet. Dieser fuhr selbst mit blinder Tapferkeit unter die Feinde,
ward aber sogleich tödlich verwundet. Kortez bot allen, die sich ergeben
würden, Pardon an, und so war der Krieg beendet, ehe die Morgenröte an=
brach. Wohlverstärkt mit frischen Truppen und gutem Geschütz stand nun
Kortez im Begriff, nach der Hauptstadt zurückzukehren, als eine andere
Schreckenspost seinen Geist zu neuen Erfindungen spornte.

8. Montezumas Tod (1. Juni 1520).

Der in Mexiko zurückgelassene Offizier hatte Kortez' Strenge nachahmen
wollen, ohne seine Klugheit zu besitzen, und damit hatte er es sehr schlecht
gemacht. So hatte er um eines bloßen Verdachtes willen bei einem fest=
lichen Tanze viele Vornehme überfallen und ermorden lassen. Darüber geriet
die ganze Stadt in Aufruhr, und selbst Kortez' schnellste Dazwischenkunft
konnte die Gärung nicht dämpfen. Es bereiteten sich 60000 Indianer zur
Schlacht, und wie sollten diese 500 Spanier ihnen widerstehen! Kortez zog
sich in seine Verschanzung zurück, that einige Ausfälle, verlor aber viele
Spanier und wurde selbst an der linken Hand verwundet. In dieser Not
wollte er seine Rettung durch Montezuma versuchen, den er in letzter Zeit
sehr vernachlässigt hatte. Er bewog ihn, sich in seinem Königsschmuck oben
auf der Mauer zu zeigen; aber sobald der König erschienen war, schrie ihn
das wütende Volk mit Verachtung an und schleuderte einen Hagel von Stei=
nen und Pfeilen auf ihn. Schwer am Kopfe verwundet sank der Unglück=
liche nieder und starb nach wenigen Tagen.

Die Mexikaner aber zogen täglich mehr Volk aus der umliegenden
Gegend in die Stadt, und die spanische Verschanzung ward nun mit blinder
Wut täglich berannt. Neben dem steinernen Hause stand ein hoher Turm,
von welchem die Indianer unaufhörlich auf die Spanier Steine herabwarfen.
Vergebens waren alle Versuche, sie von diesem Turme zu vertreiben, bis
Kortez selbst, trotz seiner Wunde, sich den Schild an den linken Arm binden
ließ und an der Spitze seiner Tapfersten hinaufstürmte. Seine Riesenkraft
schmetterte jeden nieder, der ihm begegnete, aber dennoch floh man nicht.
Zwei mexikanische Jünglinge, nach einem Heldentode dürstend, umfaßten ihn,
als er nahe am Rande des Turmes stand, schwangen sich mutig hinüber und
wollten ihn mit sich hinabreißen. Nur seine herkulische Stärke rettete ihn;
er rang sich los, und so stürzten sie allein hinunter. Nach langer An=

ftrengung gelang es den Spaniern, Feuer in den Turm zu werfen, und dies
scheuchte die Feinde für diesmal zurück.

Aber an eine längere Behauptung seines Platzes dachte nun Kortez
nicht mehr. Er gab geheime Befehle, und um Mitternacht trat der ganze
Haufe in großer Stille den Rückzug an. Die ehrlichen Tlaskalaner sollten
den Rückzug decken. Sie waren eben auf dem schmalen Damme zusammen=
gedrängt, als von allen Seiten durch die finstere Nacht ein Hagel von
Steinen und Pfeilen auf sie eindrang. Der See wimmelte von Kähnen.
Die Bemühung der Spanier, ihre Schätze zu retten, vermehrte noch die töd=
liche Verlegenheit dieses gepreßten Haufens. Angst und Verzweiflung kam
in die Seele des Tapfersten: man schob und drängte, so gut es gehen wollte.
Am Morgen nach dieser schrecklichen Nacht fand Kortez nur noch die Hälfte
seiner Leute, und er konnte sich der Thränen nicht enthalten, da er sie
musterte. Viele der bravsten Offiziere waren teils erschlagen, teils ertrunken;
von den guten Tlaskalanern wurden 2000 vermißt, von denen die Mexi=
kaner viele lebendig gefangen hatten, um sie den Göttern zu opfern. Alles
Geschütz und Pulver war verloren, fast alle Pferde fehlten, und von den
großen Schätzen war nur wenig gerettet.

Kortez war auch in dieser Not der einzige Trost und das Vorbild seiner
niedergebeugten Soldaten. Er teilte alle Entsagungen und Beschwerden mit
ihnen und heiterte sie durch seine Ruhe und Zuversicht auf. Aber noch war
nicht das Schlimmste überstanden. Sie hatten ihren Rückzug nach Tlaskala
noch nicht lange fortgesetzt, als sie auf einmal von einer Anhöhe herab die
ganze weite Ebene vor sich mit Mexikanern bedeckt sahen. Sieg oder Tod
konnte auch hier nur die Losung sein. Kortez ließ seinen Soldaten zum Be=
sinnen keine Zeit, sondern führte sie nach einer kräftigen Anrede blindlings
ins Treffen. Sie hieben ein wie Verzweifelte, aber ihre geringe Anzahl ver=
lor sich fast in den unzählbaren Scharen, von denen sie umringt und bei=
nahe erstickt wurden. Da erblickt Kortez die große Reichsfahne, und plötzlich
fällt ihm ein, was er einmal in Mexiko gehört hat, daß von dem Schicksal
dieser Fahne der Ausgang jeder Schlacht abhinge. Augenblicklich spornt er
sein Pferd und sprengt mit einigen tapferen Gefährten auf dies Palladium
zu. Den, der es trägt, rennt er mit der Lanze nieder, die andern Spanier
verscheuchen die übrigen Wilden umher, und Kortez trägt die Fahne im
Triumph von dannen. Dies sehen und sinnlos entfliehen, war bei den
Mexikanern eins. Die Hilfe kam den Spaniern so plötzlich, daß sie dieselbe
auf Rechnung der Heiligen schrieben.

Am folgenden Tage rückten sie in das treue Tlaskala ein.

9. Neuer Angriff auf Mexiko.

Sollte man's glauben, daß der so mühsam dem Tode entronnene Mann
noch immer darauf bestehen konnte, diese ungeheure Feindesmasse zu be=
zwingen und ihr ganzes weitläufiges Reich zu erobern? So war es wirk=
lich. Ein stiller Abzug, ohne sein Ziel erreicht zu haben, war so wenig in

Kortez' Plane, daß er gerade jetzt erst begierig ward, sein Ziel aus allen Kräften zu verfolgen und zu erreichen.

Solche Beharrlichkeit ist freilich nicht jedermanns Sache. Viele seiner Soldaten schalten ihn einen Tollkühnen, dem sein Leben nichts wert sei, und waren höchst unzufrieden mit seinen neuen Entwürfen. Viele Gemüter lenkte er dadurch um, daß er sie zur Rache gegen diese „heidnischen Hunde" entflammte; andern gab er Beschäftigung, indem er sie in den Wäldern von Tlaskala Holz zum Schiffbau fällen und zimmern ließ; noch andere machte er wieder mutig, indem er mit ihnen die einzelnen Feindeshaufen verfolgte und plünderte, die sich noch in der Gegend sehen ließen. Ein Vertrauter war längst nach Hispaniola abgeschickt, um Pulver und Gewehre zu kaufen und Abenteurer anzuwerben, als das Glück ihm unerwartet Verstärkung zuführte.

Es kamen zwei Schiffe aus Kuba, welche dem Narvaez, der längst verscharrt war, Mund- und Kriegsvorräte zuführen sollten. Der bekannten Überredungskunst des Kortez war es ein leichtes, Mannschaft und Ladung für sich zu erobern. Das gelang ihm auch mit einem Kauffahrteischiff, welches mit Waren beladen des Handels wegen angesegelt kam. Aber noch mehr; es erschienen bald darauf wieder drei Schiffe, die vom Statthalter von Jamaika auf Entdeckungen ausgesandt waren, aber nichts hatten ausrichten können. Mit Freuden ließen sich auch diese anwerben und traten in Kortez' Dienste über.

Dieser dankte nun alle Unzufriedenen aus Narvaez' Heere ab und schickte sie nach Vera Kruz; mit den übrigen aber (500 Mann, 40 Pferden, 80 Musketen und Armbrüsten und 9 Kanonen) trat er fröhlichen Mutes den 28. Dezember seinen Marsch nach Mexiko wieder an, von 10 000 Tlaskalanern begleitet, welche die vielen gezimmerten Bretter und Balken trugen, aus denen er am Ufer des mexikanischen Sees seine neuen Schiffe zusammensetzen wollte.

Dies Zusammensetzen hielt ihn mehrere Monate auf. In dieser Zeit bewarb er sich mit großer Klugheit um die Freundschaft der benachbarten Gaue. Dann ließ er die Wasserleitungen, die nach der Hauptstadt führten, zerstören. Um ganz sicher zu gehen, schloß er die Stadt von drei Seiten ein und operierte nun langsam und vorsichtig; denn der jetzt herrschende König Guatimozin, ein Neffe Montezumas, war ihm als ein sehr kluger und beherzter Mann bekannt. Endlich setzte er auf den 3. Juli einen Hauptsturm fest. Der Plan war mit großer Überlegung entworfen, jeder Offizier erhielt seinen Posten, und um im schlimmsten Falle einen sichern Rückzug zu haben, erhielt einer der neuhinzugekommenen Offiziere den Befehl, die Brücke auf dem Damme, den sie passieren mußten, zu decken. Dieser leichtsinnige Mensch aber, welcher sich einbilden mochte, er werde bei der Plünderung zu kurz kommen, wenn er draußen die Brücke hütete, vergaß allen Gehorsam und mischte sich hitzig unter die Fechtenden. Guatimozin bemerkte sogleich den Fehler und ließ die Brücke abbrechen. Die Spanier indessen, nachdem sie bis zum Einbruch der Nacht gefochten hatten, aber zuletzt der Menge nicht widerstehen konnten, suchten ihr Heil in der Flucht. Aber ach! wie sollten sie entfliehen? Das Gedränge über den Damm war so groß, daß die Vordersten haufenweise in die Öffnung hineingestoßen wurden und so mit ihren Leibern eine Brücke bildeten. Während dieser Stopfung ergriffen die Mexikaner die Hintersten, die nicht vorwärts konnten, und führten vierzig derselben lebendig nach dem Tempel, schlitzten ihnen den Leib auf, rissen ihnen das Herz aus und opferten es den Göttern. Die geretteten Spanier sahen mit Grausen aus der Ferne diesem teuflischen Opferfeste zu; sie sahen, wie die freudetrunkenen Mexikaner jubelnd in dem hell erleuchteten Tempel tanzten, und glaubten die brüllenden Schlachtopfer an den Stimmen zu erkennen. Ihr Haar sträubte sich empor; aber Kortez sann auf einen neuen Sturm.

10. Mexiko erobert (1521, 13. August).

Die Spanier hatten 60 Mann eingebüßt; Kortez verschanzte sich und verhielt sich eine geraume Zeit ganz stille, um die Prophezeiung der heidnischen Priester zu schanden zu machen, als würden die Spanier binnen acht Tagen vertilgt sein. Der gänzliche Mangel an eisernen Waffen, welche die Mexikaner nicht kannten, die Hungersnot in der Stadt, in welcher drei Vierteile der Häuser verbrannt waren, und die Treulosigkeit der umwohnenden Stämme — diese Umstände machten es 500 europäischen Abenteurern möglich, ein großes Reich umzustürzen, das vielleicht ein Jahrhundert lang der Schrecken seiner Nachbarn gewesen war. Als Guatimozin sah, daß keine Rettung möglich war, floh er. Er wurde aber eingeholt und vor Kortez gebracht. „Ich habe gethan — sprach er mit Würde — was einem König geziemte; ich habe mein Volk auf das Äußerste verteidigt. Jetzt bleibt mir nichts übrig als der Tod. Fasse deinen Dolch und stoße ihn mir ins Herz!"

Er blieb gefangen. Gleich darauf ergab sich auch die Stadt. Die Soldaten, welche eine unermeßliche Beute gehofft, fanden sich aber sehr getäuscht. Sie meinten, die Besiegten hätten aus Rachsucht ihre Schätze in den See geworfen, und waren barbarisch genug, viele der Vornehmsten auf die Folter zu spannen, um die Stellen zu erforschen, wo das meiste Gold versenkt sei. Auch der edle Guatimozin, sagt man, ward entkleidet, gefesselt und neben seinem Vertrauten auf glühende Kohlen gelegt. Er hatte nichts zu gestehen und schwieg, während sein minder standhafter Unglücksgenosse sich wimmernd und zuckend den unglücklichsten der Menschen nannte. Tadelnd sagte Guatimozin mit spartanischer Selbstbeherrschung: „Liege ich denn auf Rosen?"

Kortez kam hinzu, schämte sich des unwürdigen Anblicks und befreite die Leidenden.

11. Kortez' Tod (2. Dezember 1547).

So hatte der große Eroberer von Mexiko glücklich sein Ziel erreicht. Aber sein Feind Velasquez in Kuba hatte nichts unterlassen, was den Zorn des Königs (Karl V.) gegen ihn reizen konnte, und so erschien denn, eben als die Eroberung des Reiches völlig beendet war, ein königlicher Kommissär, Don Tapia, mit weitläufigen Vollmachten versehen, um den

Kortez gefangen zu nehmen, sein Vermögen einzuziehen und sein Verfahren zu untersuchen.

Don Tapia war ein einfältiger Mensch, den Kortez auf den ersten Blick durchschaute. Dieser stellte sich ehrerbietig gegen ihn, sprach mit der tiefsten Ehrfurcht von dem König und machte den guten Mann so verwirrt, daß er gar nicht wußte, wie er ihm billigerweise beikommen sollte, und am Ende wieder davonging. Kortez wandte sich nun selbst mit einer treuen Erzäh= lung seiner Thaten und einem reichen Geschenk an den König und bat um die wohlverdiente Statthalterschaft. Karl V., selbst ein unternehmender Kriegs= mann, ward von gerechter Bewunderung der Thaten des Helden hingerissen und bewilligte seine Bitte.

Kortez ließ darauf Mexiko wieder aufbauen, die Ländereien verteilen und die Bergwerke untersuchen. Die Indianer wurden wie Sachen unter die Spanier verteilt und mußten in den Goldminen harte Sklavenarbeit thun, der sie bald unterliegen sollten. Vor dem Eingange jedes Schachtes lagen die Leichname der entseelten Mexikaner zu Hunderten und verpesteten die Luft, während von den vielen Geiern, die sich nach diesen reichen Futter= plätzen drängten, die Erde von fern wie mit einem schwarzen Tuche bedeckt schien. Jede Empörung, durch welche die gekränkte Freiheit ihre Menschen= rechte wieder herzustellen suchte, ward als Sklaventrotz angesehen und fürchter= lich bestraft. In einer einzigen Provinz wurden einmal 60 Kaziken und 400 mexikanische Edle verbrannt und ihre Weiber und Kinder zum Anblick dieses höllischen Schauspiels gezwungen. Auf einen geringen Verdacht hin wurde auch der edle Guatimozin, und mit ihm die sonst den Spaniern so treuen Kaziken von Tazcuko und Tabuka, gehängt, welche dem Kortez hatten Mexiko erobern helfen.

Ganz allein ward indessen dem Kortez die Einrichtung des eroberten Landes nicht überlassen. Es ward ihm von Spanien aus eine Regierungs= kommission zugeordnet, mit der sich aber der freie Herrschergeist dieses außer= ordentlichen Mannes nicht wohl vertragen konnte. Die Klagen und An= schwärzungen bei Hofe fingen nun wieder an, und es erschienen fortwährend neue Abgeordnete, welche den Statthalter vor ihren Richterstuhl zogen. Zu stolz, sich in dem Lande, das der Schauplatz seiner Siege gewesen war, einem schimpflichen Verhör zu unterwerfen, wollte er lieber selbst sich vor dem Könige stellen. Er erschien 1528 in Spanien mit einer Pracht, die seiner Würde angemessen war, und hatte eine Reihe mexikanischer Edlen in seinem Gefolge. Karl empfing ihn mit Auszeichnung und überhäufte ihn mit Ehren= bezeugungen; aber ihn ganz unbeschränkt zu lassen, wagte er doch nicht mehr. Er unterwarf die bürgerliche Regierung von Mexiko einem eigenen Kolle= gium und überließ dem Kortez nur das Militär und die Sorge für weitere Eroberungen.

Mißmutig kehrte dieser zurück und zerstreute sich durch neue Feldzüge. Nach unendlichen Mühseligkeiten entdeckte er 1536 die große Halbinsel Kali= fornien und nahm den größten Teil des Golfs, der sie vom Festlande trennt, in Augenschein. Im Jahre 1540 reiste er abermals nach Spanien.

fand aber die Stimmung am Hofe sehr verändert. Der König Karl V. schien von seinen Verdiensten gar nichts zu wissen, die Günstlinge und Minister hielten ihn mit höflichen Worten hin, und so starb er, wie Kolumbus, in Trauer und Gram über den Undank seines Herrn im 62. Jahre seines Alters.

IV. Die Portugiesen in Ostindien.

1. Eduard Pacheco Pereira.

Während der Bemühungen der Spanier in Amerika waren die Portugiesen in Ostindien auch nicht müßig gewesen. Kabral hatte teils die Macht des Zamorins von Kalikut an sich sehr groß, teils aber auch den Einfluß der dort handelnden Mohammedaner so bedeutend gefunden, daß der König Emanuel entweder den indischen Handel ganz aufgeben, oder eine Macht hinschicken mußte, die dem Zamorin samt seinen Mohammedanern Trotz bieten konnte. Er wählte das letztere. Im März 1502 wurde der wackere Gama mit 20 Schiffen ausgesandt, mit denen er sich und dem portugiesischen Namen bald Respekt verschaffte. Er beschoß die Hauptstadt Kalikut einen ganzen Tag lang und nahm mehrere sarazenische Schiffe weg, auf denen er eine so reiche Beute, namentlich an Gold, Perlen und Edelsteinen fand, daß er für seine Fahrt überflüssig belohnt nach Lissabon zurückkehrte, wo er am 1. September 1503 ankam.

Noch vor seiner Rückkehr segelten schon wieder zwei kleinere Flotten nach Indien. Diese fanden den Zamorin von Kalikut beschäftigt, seinen Nachbar, den Beherrscher von Kochim, für seine feste Anhänglichkeit an die Portugiesen zu züchtigen. Schon hatte er ihn aus seinem Reiche verjagt, als jene ankamen und ihn zurücktrieben. Der Beherrscher von Kochim ward nun wieder in sein Reich eingesetzt. Aus Dankbarkeit erlaubte er den Portugiesen, ein kleines hölzernes Fort an seiner Küste zu bauen, und das ist die erste Niederlassung der Portugiesen in Ostindien. Nachdem die beiden Flotten sich mit indischen Gütern reich beladen hatten, dachten sie auf den Rückzug. Aber was sollte aus dem Fort werden? Zu dessen Verteidigung blieb ein Mann von ausgezeichnetem Heldenmut, Eduard Pacheco Pereira, mit zwei Schiffen und 150 Mann zurück und verrichtete dort Thaten, die ans Wunderbare grenzen.

Kaum waren nämlich die beiden Flotten abgesegelt, so erschien der Zamorin von Kalikut schon wieder mit seiner ganzen Kriegs- und Seemacht, um diesmal den Beherrscher von Kochim ganz zu vertilgen. Auch hatte er Schießgewehre (die Mohammedaner hatten ihn damit versorgt) und 50 000 Soldaten. Er sah das kleine Fort und dabei zwei kleine Schiffe, nur von einer Handvoll Menschen besetzt. Welch ein Verhältnis! Aber Pereira wußte sich zu helfen; er machte Ausfälle, wenn es die Feinde am wenigsten meinten, stellte seine Truppen immer so geschickt, daß sie vor Umzingelung gedeckt waren, und schlug so tapfer drein, daß die Soldaten des Zamorin ihm nicht beikommen konnten. Auch schossen die Portugiesen mit ihren Kanonen viel sicherer, als die ungeübten Feinde. Aber wunderbar bleibt es immer, wie der brave Pereira sich fünf Monate lang halten konnte! Da endlich erschien Hilfe aus Portugal. Pereiras That erregte so allgemeine Bewunderung, daß man ihn bei seiner Rückkehr nach Lissabon mit lautem Jubel empfing und ihn in feierlicher Prozession in die Domkirche führte, wo ihm der Bischof eine herrliche Lobrede hielt.

Auch Pereira gehörte zu den uneigennützigen Helden, denen am Ruhme genügt; er hatte ein ansehnliches Geschenk des dankbaren Beherrschers von Kochim ausgeschlagen und bloß um ein schriftliches Zeugnis seiner dort verrichteten Thaten gebeten. Der König von Portugal gab ihm einen Kommandantenposten auf Guinea, lieh aber bald den Feinden des Helden sein Ohr und ließ ihn in Ketten werfen. Als die Unschuld Pereiras an den Tag kam, ward er zwar in Freiheit gesetzt, aber an eine Belohnung seiner vormaligen Verdienste dachte niemand.

2. Franz von Almeida.

So klein Pereiras hölzernes Fort auch sein mochte, so hatten doch die Portugiesen nun in Ostindien festen Fuß gefaßt und dachten daran, sich weiter auszubreiten. Die nächste Flotte, welche ausgerüstet ward, bestand schon aus 36 Schiffen und hatte Befehl, nicht zurückzukehren, sondern die neuen Ansiedelungen zu decken. Ihr Führer, Don Franzesko de Almeida, empfing das erste Diplom eines indischen Unterkönigs und machte seiner neuen Würde Ehre. Er benahm sich so, als wenn ganz Indien sein wäre, und that auch alles Mögliche, es wirklich dahin zu bringen. Er baute mehrere Festungen, setzte Warenpreise fest und richtete Marktplätze ein, von denen er die Mohammedaner gänzlich ausschloß. Nicht zufrieden mit der Küste Malabar, segelte er 1506 nach Ceylon und verband diese fruchtbare und reiche Insel durch Handelsbündnisse mit Portugal. Sein Hauptplan ging auf die völlige Herrschaft des Meeres; darum versuchte er, den arabischen und persischen Meerbusen zu sperren. Nun rüsteten aber auch die Mohammedaner, besonders der Sultan von Ägypten, der sich mit den Venetianern verband; denn allen thaten die Portugiesen Abbruch. Allein sie kamen zu spät, denn ihre Gegner hatten ihre Macht schon zu fest in Ostindien begründet.

3. Alfons Albuquerque.

Dem tapfern Almeida folgte in dem Unterkönigsposten Alfons Albuquerque, ein außerordentlicher Mann, der den größten Helden seines Jahrhunderts mit Recht beigezählt wird. Er steigerte die Macht der Portugiesen auf das Höchste. Schon bevor er Vizekönig war, hatte er ein kleines Geschwader kommandiert, mit welchem er die Mohammedaner aus dem arabischen und persischen Meerbusen hatte verjagen sollen. Er aber hatte damit etwas viel Größeres vollbracht, nämlich die Insel Ormus, den allgemeinen

Stapelplatz der persischen, arabischen und ägyptischen Kaufleute, weggenommen. Der bisherige König dieser Insel hatte dem Schah von Persien einen Tribut erlegen müssen; bei ihrer nächsten Ankunft verwies er die persischen Gesandten an die Portugiesen. Albuquerque gab ihnen Degenspitzen und Kanonenkugeln mit dem Bescheid, das sei die Münze, in welcher die Portugiesen Tribut zu zahlen pflegten. Schon hatte er auf einer Landspitze ein Fort erbaut, welches die beiden vortrefflichen Häfen der Insel bestrich, als Neid und Eifersucht der Seinen ihn mitten aus seinen glücklichsten Unternehmungen abriefen, so daß er die ganze schöne Eroberung wieder den Mohammedanern überlassen mußte. Doch schwur er im Weggehen, er wolle sich nicht eher den Bart abnehmen lassen, als bis er Ormus wieder gewonnen habe.

Als er bald darauf Unterkönig wurde und nun völlig freie Hand bekam, überließ sich sein großer Geist den kühnsten Entwürfen zur Begründung einer unbeschränkten Herrschaft über das Meer und alle Zugänge von Indien. Zuerst dachte er auf einen bequemen Mittelpunkt dieser Herrschaft und erwählte Goa dazu. Denn Kochim, die bisherige Niederlassung der Portugiesen, hatte keine so günstige Lage zum Handel, und Kalikut schien einmal mehr zur Vertilgung, als zur Eroberung bestimmt. Daß Goa bereits seinen Herrn hatte — es gehörte dem Könige von Dekan — kam wie gewöhnlich in keinen Betracht. Albuquerque eroberte es beim zweiten Angriff (1510), erhob es zur Hauptstadt des portugiesischen Indiens und versah den trefflichen Hafen der Stadt mit furchtbaren Festungswerken. Demütig bewarben sich jetzt die kleineren indischen Könige um die Gunst der Portugiesen, und selbst das hartnäckige Kalikut erkannte 1514 die Oberhoheit des Königs von Portugal an.

Von Goa aus verbreitete nun Albuquerque seine Herrschaft immer weiter. Des wichtigen Handels von Ceylon versicherte er sich völlig; dann zog er nach Malakka und eroberte es 1511 nach einem hitzigen Gefecht, worin er selbst mit dem Degen in der Hand eine Brücke erstürmte. Er machte dort ungeheure Beute, erbaute eine Festung und empfing daselbst Gesandtschaften aus Siam, Pegu, Java und Sumatra, deren Beherrscher seine Freundschaft suchten. Ein Teil der Flotte drang noch weiter vor und eroberte das Vaterland der feinsten Gewürze, die Molukken-Inseln. Alle diese Länder des reichen Indiens waren zahlreich von einem muntern Völkchen bewohnt, das viele Überreste einer früheren Bildung bewahrte, jetzt aber unter dem Drucke despotischer Regierungen erschlafft und aufgelöst war.

Nun erst nahm Albuquerque seinen alten Plan wieder auf, Ormus wegzunehmen und dadurch den Mohammedanern den Weg nach Indien ganz zu verschließen. Sein schneeweißer Bart war unterdessen so lang geworden, daß er ihm bis über den Gürtel hinabreichte. Er rückte 1515 vor die Stadt; seine Portugiesen thaten Wunder der Tapferkeit, im Sturm ward sie eingenommen. Diese Eroberung beschloß die lange Reihe glänzender Thaten, welche der Held in so kurzer Zeit vollbracht hatte; denn als er nach Goa zurücksegeln wollte, erhielt er von seinem Könige — seine Entlassung. Und noch hätte ihn dieser Schlag nicht so sehr geschmerzt, wäre nicht ein Mensch zu seinem Nachfolger bestimmt worden, den er selbst einmal zur Strafe nach Portugal zurückgejagt hatte. Schon entkräftet von einer gefährlichen Krankheit, empfing er durch diese Nachricht vollends den Todesstoß. Mit zitternder Hand schrieb er noch auf dem Schiffe an den König: „Sennor! Dies ist der letzte Brief, den ich an Ew. Hoheit in tödlichen Zuckungen schreibe, nachdem ich so viele in voller Kraft des Lebens geschrieben habe, dieses Lebens, das ich bis zur letzten Stunde eifrig und willig zu Ihrem Dienste zu erhalten gestrebt. Im Königreiche habe ich einen Sohn, er heißt Blas de Albuquerque. Ich flehe Ew. Hoheit an, ihn so groß zu machen, als es meine Dienste wert sind. Was Indien betrifft, so wird es selbst für sich und mich sprechen." — Er wollte gern Goa noch einmal sehen; er sah es und entschlummerte kurz vorher, ehe sein Schiff in den Hafen einlief (1515). Seine Soldaten meinten, ihr Vater wäre gestorben; die Bewohner der von ihm bezwungenen Städte verdankten ihm die Einführung einer guten polizeilichen Ordnung und besserer Gesetze; die besiegten Völker rühmten dankbar seine Menschlichkeit und Mäßigung. Selten mag es einen Helden gegeben haben, in dem so viel Stärke mit Herzensgüte vereinigt war. Viele Jahre nach seinem Tode wünschte man seine Gebeine in Lissabon zu haben; aber die Einwohner von Goa konnten nach langem Streit nur durch eine päpstliche Bulle bewogen werden, die teuren Überreste des großen Statthalters herauszugeben.

V. Die Spanier in Peru (1526).

1. Pizarro.

Seit Balboas kühnen Zügen richtete der Golddurst seine Augen unaufhörlich nach diesem Lande, das, nach allen Aussagen der Indianer, des Goldes Vaterland sein sollte. Der nichtswürdige Mörder des Balboa, Pedrarias, war aber zu feig, um selbst eine Unternehmung zu wagen, und zu eifersüchtig, um andern Vorschub zu leisten. So unterblieben alle Versuche, bis sich zuletzt ein Triumvirat zusammenfand, das sich erbot, auf eigene Kosten eine Reise in jenes Land zu unternehmen. Dies konnte der Statthalter nicht verhindern.

Der erste unter den dreien, dem es beschieden war, große und glänzende Thaten eines Alexander zu vollbringen, war früher ein armer Sauhirt gewesen; Franz Pizarro war sein Name. Als Bastard eines hartherzigen Edelmannes und einer gemeinen Dirne war er früh in die Fremde gestoßen worden, und im Kampf mit dem rauhen Schicksal hatte er nichts von den zärtlichen, geselligen Empfindungen eingesogen, welche diejenigen Kinder mit in die Welt nehmen, die aus einem wohlgeordneten Vaterhause und aus den Armen einer liebevollen Mutter ins Leben übergehen. Daher finden wir in Pizarros ganzem Leben keine Spur von Wohlwollen und treuer Liebe. Nachdem er als Knabe die Schweine gehütet, trieb ihn sein feuriger Geist in den Krieg nach Italien und zuletzt nach Amerika, wo er mit Kortez und Balboa bekannt wurde. Den letzteren hatte er auf seinen Zügen begleitet, und schon damals hatte er ausgezeichnete Proben von Verstand und Tapferkeit abgelegt.

Nicht viel geringere Talente, doch etwas mehr Gutmütigkeit, besaß sein Waffenbruder Diego del Almagro, der seine eigenen Eltern nicht einmal anzugeben wußte. Der dritte Mann im Kleeblatt war ein Priester, Hernando de Luque, der das Geld zum Zuge hergeben wollte, das er sich in der neuen Welt zusammengewuchert hatte; man hatte ihm das erste Bisthum in Peru versprochen.

Almagro wandte gleichfalls sein ganzes Vermögen an das Unternehmen, und Pizarro, der nichts hatte, erbot sich dafür, das schwerste Geschäft, den Anführerposten, zu übernehmen. Almagro sollte ihm von Zeit zu Zeit Hilfe zuführen, und die Beute sollte unter alle drei gleich verteilt werden. Der Vertrag ward auf eine geweihte Hostie beschworen, von welcher jeder der drei Kontrahenten ein Stück verzehrte, worauf Luque noch eine feierliche Messe las.

Am 14. November 1524 segelte hierauf Pizarro mit einem Schiff und 113 Mann ab. Er hatte gerade die ungünstigste Witterung getroffen und kam in 70 Tagen kaum so weit, als jetzt ein Seemann in 70 Stunden kommt. Die ganze Fahrt ging so langweilig von statten, man ward so oft genötigt, auf kleinen Inseln monatelang um der Kranken willen still zu liegen, daß sicherlich aus dem ganzen Zuge nichts geworden wäre, hätte nicht Almagro sich fleißig mit Mannschaft und Lebensmitteln, eingestellt und wäre nicht Pizarro selbst ein Mann von so unbeugsamem Charakter gewesen. Pizarros Unternehmungsgeist wuchs mit den immer größer werdenden Schwierigkeiten. Erst am Ende des Jahres 1526 langte er an der peruanischen Küste an. Er fand aber das Land so bevölkert und bebaut, daß er nicht daran denken konnte, mit seiner geringen Mannschaft sich hier festzusetzen. Er handelte daher von den Wilden bloß eine Menge goldener und silberner Gefäße für europäische Kleinigkeiten ein und nahm ein paar junge Peruaner mit, die er im Spanischen unterrichten lassen wollte, um sie künftig zu Dolmetschern gebrauchen zu können. So kam er nach drei mühseligen und fast unnütz verbrachten Jahren 1527 in Panama wieder an.

Da von dem Statthalter noch immer keine Unterstützung zu erlangen war, so reiste er geradezu nach Spanien, trat vor den König Karl und machte diesem von seinen überstandenen Drangsalen eine so rührende, von den Reichtümern Perus eine so reizende Schilderung, daß der König, dem es ohnehin nur einen Titel kostete, den kühnen Mann sogleich zum Statthalter des zu erobernden Landes ernannte und ihm freie Vollmacht erteilte, seine Offiziere und andere Beamte selbst zu wählen. Dafür versprach Pizarro, die Kosten der Unternehmung mit seinen Freunden ganz allein zu tragen. Kortez, der sich damals gerade in Spanien befand, hörte nicht sobald von seinem Unternehmen, als er seinem alten Kriegsgefährten sogleich eine beträchtliche Summe vorschoß und ihm mit seinem besten Rat an die Hand ging.

Die Reise ward 1529 mit drei Schiffen und 180 Mann angetreten. Nach 13 Tagen landete Pizarro an der peruanischen Küste. Im Vertrauen auf seine Kanonen und Musketen und auf seine 36 Pferde, welche den Eingeborenen eine wunderbare Erscheinung waren, wandte er keine von Kortez' Klugheitsmaßregeln an, sondern brach wie ein beutegieriger Löwe in die schüchternen Horden ein. Die Indianer wurden verscheucht und ihre Hütten geplündert, in denen sich Gold in ungeheurer Menge fand. Als dies letztere bekannt wurde, ward es dem Almagro in Panama leicht, eine Menge frischer Rekruten anzuwerben und nachzuschicken. Am Flusse Piura ward hierauf die erste Kolonie angelegt, welche man St. Michael nannte.

Bei einem so ungestümen Verfahren wäre es wohl unmöglich gewesen, ein volkreiches Land, das sich gegen 300 Meilen längs der Seeküste erstreckte, mit einigen hundert Menschen in so kurzer Zeit zu erobern, wenn nicht zu eben dieser Zeit ein innerer Zwist das Reich gespalten hätte. Kurz vor der Ankunft der Spanier war der König (Inka, auch Sohn der Sonne genannt), Namens Huana Kapak, gestorben, der als ein kriegerischer Mann das benachbarte Quito erobert und eine Tochter des Königs von Quito geheiratet hatte. Dieses war freilich wider das Gesetz, denn er hatte bereits eine Gemahlin. Von seiner ersten Frau hatte er einen Sohn Huaskar, von seiner zweiten Frau einen jüngeren Atahualpa. Nach des Vaters Willen sollten sich beide Söhne in die hinterlassenen Länder teilen; aber das wollte Huaskar nicht, und so gärte das unglückliche Reich in vollem Bürgerkriege. Atahualpa, dem das Heer seines Vaters zu Gebote stand, hatte soeben seinen Stiefbruder gefangen bekommen und alle übrigen Sprößlinge aus dem Geschlechte der Inkas ermorden lassen.

Diesem Zwiespalt verdankte es Pizarro, daß man ihn so tief eindringen ließ, ohne ihm Widerstand entgegenzusetzen. Huaskar, sobald er von den neuen Ankömmlingen gehört hatte, schickte sogleich hilfebittende Gesandte an die Spanier. Atahualpa, dem dabei nicht wohl zu Mute war, schickte gleichfalls Boten an Pizarro und suchte durch reiche Geschenke seine Freundschaft zu gewinnen. Dem Atahualpa ließ Pizarro sagen, er sei geneigt, ihm beizustehen, nur müsse er ihn erst sprechen, denn er sei der Abgesandte eines großen Königs und habe ihm wichtige Dinge zu eröffnen. Er ging ihm auch gleich nach Kapamalka entgegen, einem peruanischen Flecken, in welchem man einige seltsame steinerne Gebäude, dem Anschein nach einen Sonnentempel und einen Palast, neben einander fand. Pizarro verwandelte mit einiger Nachhilfe diese feste Steinmassen in eine Verschanzung, ließ einen Graben davor ziehen und pflanzte seine zwei Kanonen vor den Eingang hin.

2. Atahualpa gefangen (1532).

Pizarro hatte sich den Kortez zum Muster genommen; ihm in der Gefangennehmung des Montezuma nachzuahmen, war sein heißester Wunsch, und die vertrauensvolle Gutmütigkeit des Inka machte ihm die Ausführung leicht.

Auf Pizarros freundschaftliche Einladung hatte der Inka ihm einen

Besuch versprochen und erschien auch wirklich mit einer Pracht und einem so wohlgeordneten, feinbekleideten Hofstaat, daß die Spanier ihn nicht ohne Bewunderung betrachten konnten. Auch was er sagte, war so verständig, daß ein Menschenfreund große Freude über diese achtungswerten Halbwilden empfunden haben würde. Pizarro dagegen sah nur sein Gold, und wie hätte er den Atahualpa achten können, da dieser ein Heide war? Es erfolgte jetzt eine der scheußlichsten Scenen, welche die Geschichte kennt.

Pizarros Feldpater, Vincenz Valverde, trat hervor und hielt eine seltsame Anrede in spanischer Sprache an den Inka, worin er ihm die Geschichte von der Schöpfung, von dem Sündenfall, der Menschwerdung, dem Leiden und der Auferstehung Christi, ferner von der Ernennung des heiligen Petrus zum Statthalter Jesu Christi, vom Papste u. s. w. vorerzählte und ihn dann aufforderte, sich dem christlichen Glauben, dem Papst und dem König von Spanien zu unterwerfen. Darauf bedrohte er ihn mit schrecklichen Strafen, wenn er sich weigern würde.

Es konnte unmöglich alles in peruanischer Sprache dem Inka klar gemacht werden. Was jedoch Atahualpa von der unvernünftigen Rede verstehen konnte, beantwortete er mit großer Vernunft und Mäßigung. Der Pater geriet darüber vermöge seiner Dummheit in Wut, schlug immer auf sein Brevier und schrie: „Da steht's! da steht's!" Ruhig nahm der Inka das Buch, hielt es — unbekannt mit europäischer Schreibkunst — ans Ohr und sagte: „Es schweigt, es sagt mir nichts," und warf es gleichgültig zur Erde. „Ha, verfluchter Heide!" rief bei diesem Anblick der Pfaff, — „so verhöhnst du Gottes Wort? Christen, habt ihr's gesehen? Auf, zum Gewehr, zum Gewehr! Rächet diese Entheiligung an diesen ruchlosen Hunden!" Pizarro winkte, und im Augenblick waren alle Säbel entblößt; die Peruaner an der Seite des Inka wurden niedergehauen, er selbst von Pizarro fortgeschleppt, indes draußen die beiden Kanonen losgebrannt wurden, die mehr durch das plötzliche Aufblitzen des Feuers und den entsetzlichen Knall, als durch ihre verheerenden Wirkungen, Schrecken und Flucht verbreiteten. Ein Heer von vielleicht 30 000 Menschen, das in der Ebene zerstreut stand, ward so von ein paar Schüssen verscheucht, wie ein Fliegenschwarm durch einen Schlag auf den Tisch. Aber der Fanatismus der Spanier war mit diesem Triumph noch nicht zufrieden. Die Reiterei schwang sich auf die Pferde, setzte den Fliehenden nach und metzelte so lange unter den Indianern, als es der Tag erlaubte. Man rechnet auf 4000 Peruaner, die an diesem Tage ermordet sein sollen. Die Beute an Gold und Silber war unermeßlich.

3. Atahualpas Tod (1533).

Der unglückliche Inka, den die erste Überraschung in eine dumpfe Erstarrung versetzt hatte, sah sich bei seinem Erwachen mit unaussprechlicher Angst von seinen Freunden verlassen, mitten im Kreise der furchtbaren Fremdlinge, die sich an seinem Anblick weideten. Er weinte, er zitterte und wußte nicht, was er thun, was er sagen sollte. Als er aber sah, mit welcher Gier die Spanier in dem erbeuteten Golde wühlten, erbot er sich, ihnen von diesem

könne sich jetzt in so unsichere und kostspielige Unternehmungen nicht einlassen. Auf diesen Bescheid hatte der arme Kolumbus 5 Jahre warten müssen.

Ganz als ob er diesen Erfolg geahnt hätte, hatte er damals, als er
nach Spanien ging, seinen Bruder Bartholomäus nach England geschickt,
um wo möglich den dortigen König für sein Projekt zu gewinnen. Aber
dieser Bruder ließ nicht ein Wort von sich hören. Kolumbus wußte nicht,
daß jener einem Kaper in die Hände gefallen und nach mancherlei traurigen
Schicksalen als Bettler nach England gekommen war, wo er sich erst mit
Kartenzeichnen so viel verdienen mußte, um in einem anständigen Kleide bei
Hofe erscheinen zu können.

Kolumbus, des langen Wartens müde, entschloß sich (1491) nach Frankreich zu gehen. Auf der Reise dahin kam er in die Hafenstadt Palos, klopfte,
seinen Sohn Diego an der Hand, an das Thor des Franziskanerklosters La
Rabida und bat den Pförtner um Brot und einen Trunk Wasser für den
erschöpften Knaben. Die Aussprache des Fremden erregt die Aufmerksamkeit
des Bruders Juan Perez de Marchena; Kolumbus teilt ihm seine Schicksale und Pläne mit, der Mönch schickt nach einem in Astronomie und Erdkunde erfahrenen Arzte in der Stadt, und beide suchen Kolumbus zu bestimmen, Spanien noch nicht zu verlassen. Juan Perez schrieb einen warmen
Brief an den Hof, und seine Empfehlung — er war „Beichtvater der Königin" — blieb nicht ohne Wirkung. Wirklich ward auch Kolumbus noch
einmal an den Hof berufen; allein der Krieg mit den Mauren dauerte immer noch fort, in Ferdinands Kassen war Ebbe und die spanischen Gelehrten,
die abermals befragt wurden, waren noch nicht klüger geworden. Darüber
verfloß wieder ein Jahr.

Endlich ward die Beharrlichkeit des edlen Kolumbus gekrönt. Die
Mauren waren besiegt, Isabella zog triumphierend in die arabische Hauptstadt Granada ein, und das frohe Ereignis benützten Kolumbus' Freunde,
die Königin für den großen Plan zu gewinnen. Am meisten bemühte sich
der Schatzmeister von Aragonien, Santangelo. Als er der Königin ihre
Einwilligung abgeschmeichelt hatte, gestand sie ihm, daß sie ganz arm an
Geld sei, erbot sich aber, ihre Juwelen zu verpfänden. Santangelo küßte
ihr gerührt die Hand und bot ihr sein ganzes Vermögen an. Es waren
70000 Dukaten. Isabella nahm das Darlehn an, und am 17. April 1492
ward der Kontrakt unterzeichnet. Kraft dieses Kontraktes ward Kolumbus
zum Großadmiral aller neuen Meere und zum Unterkönig aller Länder und
Inseln, die er entdecken würde, ernannt. Es ward ihm ferner der zehnte
Teil aller daraus zu hoffenden Einkünfte bewilligt, und alle diese Vorteile
sollten erblich auf seine Nachkommen übergehen.

Wer war froher als Kolumbus! Er eilte nach Palos, wo seine kleine
Flotte ausgerüstet werden sollte; dem wackern Prior reichte Kolumbus dankbar die Hand. Mit dem Ende Juli war alles zur Abreise fertig. Drei
höchst mittelmäßige Schiffe, von denen die beiden kleineren nicht viel mehr
als große Boote waren, machten die ganze Flotte aus. Die Mannschaft bestand aus 90 Mann, worunter mehrere Edelleute waren, die teils als Frei-

Zierrat (denn weiter hatte das gelbe Metall für ihn keinen Wert) das ganze Zimmer voll, so hoch man reichen könne, zu verschaffen, wenn man ihn dafür in Freiheit setzen wolle. Die Spanier erstarrten fast vor freudiger Bestürzung bei diesem Versprechen. Pizarro hielt ihn beim Wort, zog in der angegebenen Höhe einen schwarzen Strich um alle vier Wände des 6 m langen und 4½ m breiten Zimmers und gab ihm sein Wort, daß er ihn ganz gewiß frei lassen wolle, wenn er sein Versprechen erfülle.

Es wäre den Peruanern, nachdem sie sich von dem ersten Schrecken erholt hatten, ein leichtes gewesen, noch jetzt die wenigen Spanier zu überwältigen, aber die Liebe zu ihrem gefangenen Könige war so groß, daß sie um seinetwillen die furchtbaren Feinde lieber gar nicht reizen wollten. Sie beeiferten sich dagegen, die von ihm verlangten goldenen Gefäße aus allen Häusern und Tempeln des ganzen weiten Reichs zusammenzuholen, und alle Tage kamen einige selbst aus den entferntesten Gegenden mit ihren Schätzen an. Huaskar, der noch von Atahualpas Leuten gefangen gehalten wurde, hörte nicht sobald von diesen Dingen, als er dem Pizarro noch mehr versprechen ließ, wenn er ihn freimachen wolle. In dieser mißlichen Lage blieb dem geängstigten Atahualpa kein Ausweg übrig, als seinen Stiefbruder ermorden zu lassen. Nichts hätte dem Pizarro erwünschter sein können, als diese Mordthat, denn sie gab ihm einen herrlichen Vorwand, sein Wort zu brechen. Als nämlich nach langem Zusammentragen das ungeheure Zimmer wirklich bis an den schwarzen Strich voll Goldes war und der hoffende Inka nun frei zu sein begehrte, erhielt er zu seinem tödlichen Schrecken die Antwort, daran sei nun gar nicht zu denken.

Unterdessen führte Almagro seinem Freunde Rekruten über Rekruten zu, denn alles wollte nun in Peru dienen. Wirklich stellte auch die Geschichte kein ähnliches Beispiel von einer solchen Belohnung der Soldaten auf. Nach vorgenommener Teilung sämtlicher Schätze fielen auf jeden Reiter 8000 Pesos (damals im Werte von eben so viel Friedrichsdor), auf jeden Fußgänger die Hälfte, und auf die Offiziere fielen ungeheure Summen. Mit einem Schatze von wenigstens einer Million Thaler ging Pizarros jüngster Bruder nach Spanien, um dem erstaunten Könige das Gold zu überreichen, und brachte darauf so viel Abenteurer mit zurück, daß in kurzem ganz Peru von Spaniern wimmelte, die mit Goldstücken wie mit Rechenpfennigen spielten und die Peruaner wie Haustiere behandelten.

Dem Pizarro war indes sein Gefangener längst ein lästiger Gast gewesen. Er beschloß, ihn in bester Form Rechtens aus der Welt zu schaffen; so ward sein eigenes Gewissen beruhigt, und die böse That erhielt in den Augen der Einfältigen den vollen Schein der Gerechtigkeit. Es ward ein Gerichtstag angesetzt, Advokaten und Gerichtschreiber wurden bestellt, Protokolle geschrieben, Zeugen verhört, der förmliche Prozeß eingeleitet, Pizarro und Almagro saßen persönlich zu Gericht. Das Ergebnis des ganzen Gaukelspiels war, daß der unglückliche Inka als Usurpator,*) Brudermörder, Götzendiener, Polygamist**) und Aufruhrstifter gegen den König von Spanien schuldig

---

*) Der sich die Herrschaft angemaßt. **) Der mehrere Frauen hat.

befunden wurde, lebendig verbrannt zu werden. Alle Anwesende, auch Valverde, unterschrieben das Urteil, das sogleich vollzogen werden sollte. Der Inka erblaßte vor Schrecken, da er es vernahm. Er flehte um Gnade, er weinte, er bat, man möchte ihn doch nach Spanien senden, der König würde ja menschlicher sein — vergebens! Pizarro befiehlt, ihn augenblicklich zum Richtplatz zu führen. Es geschieht. Unterwegs gesellt sich Valverde zu ihm und will ihn bekehren, er verspricht ihm Linderung der Strafe, wenn er sich noch zum Gott der Christen wende. Die Hoffnung des Lebens lockt den Armen, er wird getauft und dafür — kurz vor der Verbrennung — am Pfahle erdrosselt.

Viele edle Offiziere und Gemeine wandten sich ab von dem unwürdigen Anblick und murrten laut über diese Schändung des spanischen Namens.

4. Almagros Tod (1538).

Pizarros Armee erhielt jetzt fast mit jedem Monat neuen Zuwachs, und dies machte es ihm möglich, auf Kutzko, die Residenz des Inka, loszugehen und sie in Besitz zu nehmen. Almagro erhielt nun auch vom spanischen Hofe, was er sich gleich anfangs ausbedungen, aber von Pizarro nicht erhalten konnte, eine eigene Statthalterschaft über 200 Meilen Landes jenseits Pizarros Gebiet. Bei näherer Erkenntnis des Landes ergab sich, daß Kutzko schon zu Almagros Gebiet gehöre, und darüber entstand der erste Streit. Pizarro stellte sich indessen zur Nachgiebigkeit bereit, und so trat Almagro seinen Zug über die wildesten und höchsten Gebirge nach Chili an, einen der beschwerlichsten und undankbarsten, die je gemacht worden sind. Gold fand er wenig, und das Volk war so streitbar, daß an eine Niederlassung noch nicht zu denken war.

Pizarro richtet unterdessen die Regierung in Peru ein, baut eine ordentliche Hauptstadt, das heutige Lima (1535), und verteilt nach alter Weise Ländereien und Eingeborene unter die Spanier. Viele Offiziere zerstreuen sich mit kleinen Trupps im Lande umher, teils um das Innere kennen zu lernen, teils um Gold zu suchen. Dies benutzt ein übriggebliebener Sprößling aus dem Geschlecht der Inkas; er sammelt seine Völker und treibt die kleine spanische Besatzung in Kutzko so in die Enge, daß sie dem Verhungern nahe ist. Da erscheint der aus Chili zurückgekehrte Almagro, schlägt die Peruaner, nimmt aber auch die spanische Besatzung gefangen, worunter zwei Brüder Pizarros sind. Er hatte um so mehr Ursache, diesen Teil von Pizarros Gebiet für sich zu fordern, da sein wildes Land gegen das reiche und schöne Peru gar nicht in Betracht kam. Daß er aber mit Gewalt nahm, was ihm gebührte, war ein Beweis, daß er Pizarros Charakter kannte. Seine Freunde rieten ihm sogar, dessen Brüder hinrichten zu lassen und gegen ihn selbst nach Lima zu marschieren, weil jener ihm sonst zuvorkommen werde; doch dies schien ihm zu hart.

Und doch ward diese Menschlichkeit sein Verderben. Der eine Bruder Pizarros entwischte ihm, den andern schlug Pizarro vor als Gesandten, den man nach Spanien schicken sollte, damit der König selber entscheide. Almagro, der gern alles zum Guten lenken wollte, traut dem Fuchs noch einmal, der ihn schon so oft betrogen hat, und läßt den Bruder los. Dieser, anstatt nach Spanien zu reisen, kommt mit Pizarros ganzer Macht nach Kutzko, liefert dem alten kranken 75jährigen Almagro im Angesicht aller Peruaner eine blutige Schlacht (1538), worin er Sieger bleibt; er bringt den Almagro selbst gefangen nach Lima, wo ihm der rachedurstende Pizarro sogleich den Prozeß macht und ihn als einen Hochverräter hinrichten läßt.

Der König von Spanien, der zuerst durch Almagros Freunde diese schändliche That erfuhr, sandte sogleich einen klugen Mann, Don Christoval Vaca de Castro, Richter im königlichen Gerichtssaale zu Valladolid, ab, die Sache zu untersuchen. Ferdinand Pizarro, der gleich darauf am Throne erschien, konnte selbst durch ein großes Geschenk die Sache nicht hindern, sondern wurde vielmehr selbst zurückbehalten und ist vermutlich im Gefängnis gestorben.

5. Neue Entdeckungen.

Gonzalo Pizarro, der andere Bruder, welcher Statthalter von Quito war, versuchte unterdessen die Entdeckung des Landes jenseits der Andengebirge mit 340 Soldaten und 400 Indianern, die das Gepäck tragen mußten. Die üppige Vegetation in den feuchten Gegenden hemmte so sehr alles Fortschreiten, daß man sich durch die Bäume durchdrängen und sich Schritt vor Schritt erst mit dem Schwerte Bahn durch das Gesträuch machen mußte. Wo die Wälder aufhörten, begannen die Sümpfe, und diese wechselten wieder mit den höchsten Gebirgen ab, die eine viel größere Höhe als unsere Alpen erreichen. Dabei fand man wenig Lebensmittel, nirgends angebautes Land, überall viel giftiges Ungeziefer, und zwei Monate hinter einander regnete es unaufhörlich. Es waren Schwierigkeiten zu überwinden, von welchen sich ein in Betten und wohlgeheizten Zimmern aufgezogener Knabe keinen Begriff macht.

Endlich, fast nach einem Jahre täglichen angestrengten Wanderns, kommen die kühnen standhaften Männer an einen der großen Flüsse, die sich in den Marannon oder Amazonenfluß ergießen. Mit vieler Mühe ward hier eine Barke gezimmert. Sie faßte aber nur 50 Mann, und über diese erhielt ein gewisser Franz Orellana das Kommando, mit dem Auftrage, die Ufer dieses Flusses bis an den Marannon zu untersuchen und dann Bescheid zu bringen. Dieser aber, froh des beschwerlichen Durchkriechens der Wälder und Sümpfe überhoben zu sein, beredet seine Gefährten, mit ihm nach Spanien zu gehen, und setzt einen einzigen, der so treulos nicht sein will, ans Land aus. Dann rudert er munter den Marannon hinab, tauscht Lebensmittel von den Wilden ein und erreicht die Insel Kubagua, wo er spanische Schiffe antrifft, die ihn und die Seinen aufnehmen. Es beliebte diesem Abenteurer, von seiner Reise wunderbare Fabeln auszubreiten, z. B. von einer Amazonenrepublik, einem Eldorado, wo die Dächer mit Gold- und Silberblech gedeckt wären, u. dgl. m.

Die armen Zurückgebliebenen warteten indes so lange auf ihn vergebens,

bis jener Ausgesetzte unter tausend Todesängsten sich zu ihnen hindurch=
gewunden hatte. Ihren Zorn und Schrecken kann man sich denken. Sie
waren über 200 Meilen von Quito entfernt. Wurzeln, wilde Beeren, dann
ihre Hunde und Pferde und zuletzt Ungeziefer und das Leder von den Sätteln
und Degengehängen ward ihre Nahrung. Der Rückweg war fast noch schreck=
licher, als die Hinreise. Die 400 Indianer kamen alle um, von den Spaniern
kamen nur 80 nach Quito zurück und diese nackt und totenbleich. Zwei
lange Jahre hatte der Marsch gedauert.

6. Pizarros Tod (1541).

Pizarro dehnte seinen Haß auf alle Freunde des hingerichteten Almagro
aus und ließ sie fast in Armut verschmachten, während er seine eigenen An=
hänger mit Gütern überhäufte. Die Anzahl jener aber war in Lima allein
groß genug, um einen weniger mutigen Tyrannen besorgt zu machen; er
aber wies selbst jede freundschaftliche Warnung mit stolzer Zuversicht auf
seine Furchtbarkeit zurück.

Die Mißvergnügten versammelten sich täglich in der Wohnung des
jungen Almagro, eines schönen und beherzten Mannes, der einen äußerst
klugen Offizier, Namens Juan de Herreda, zum Hofmeister hatte. Mit
größter Vorsicht ward ein Plan zur Ermordung des Tyrannen entworfen
und Tag und Stunde der Ausführung festgesetzt. An einem Sonntage, um
die Zeit der spanischen Siesta (Mittagsruhe), wo es auf den Straßen ziemlich
still zu sein pflegt und in großen Häusern selbst die Bedienten in ihren
Kammern ruhen, stürzen 18 Verschworene, Herreda an ihrer Spitze, auf die
Straße, rufen laut: „Lange lebe der König, aber der Tyrann sterbe!" und
dringen in den Palast des Statthalters ein. Pizarro ist eben vom Tische
aufgestanden und unterredet sich noch mit einigen Freunden, als ein Edel=
knabe hereinstürzt und die Gefahr anzeigt. „Verriegle die Thür!" ruft
Pizarro einem Offizier zu; aber dieser hat den Kopf verloren und, wie er
die Verschworenen kommen hört, geht er ihnen entgegen und fragt, was sie
wollen. Ein Stoß durch den Leib ist die Antwort. Als sie hineindringen,
springen einige aus dem Fenster, andere ziehen sich mit Pizarro in ein
inneres Zimmer zurück. Hier erhebt sich ein hitziges Gefecht; der alte Pizarro
verteidigt den Eingang mit Schwert und Schild und ficht mit allem Feuer
eines jungen Kämpfers. „Getrost, Kameraden!" ruft er, „unser sind noch immer
genug, diese Verräter zu züchtigen." Nach langem Kampfe fällt endlich sein
Stiefbruder, Alcantara, neben ihm. dann seine übrigen Begleiter, und zuletzt
empfängt auch er, an Kräften erschöpft und fast atemlos, den Todesstoß in
die Kehle. — Sein Tod war seines Lebens würdig; er erlag der rohen Ge=
walt, und keine Thräne floß um den, der selber nie das Mitleid gekannt.

7. Ferdinand Magellan (1519—1522).

Während in Amerika große Dinge geschahen, hatte bereits ein geschickter
Seefahrer nicht minder Großes vollbracht. Die so lange vergeblich gesuchte
Durchfahrt nach Indien wurde glücklich gefunden von dem Portugiesen

Magellan, der nach vielen tapfern Thaten in Ostindien, aus Erbitterung über erlittene Unbill, den Dienst seines Königs verlassen und sich nach Spanien gewendet hatte. Hier machte er sich gegen König Karl verbindlich, ihm einen Weg nach Indien durch Amerika zu entdecken, und er erhielt eine Flotte von 5 Schiffen, mit denen er am 10. August 1519 von Sevilla absegelte.

Er hatte 234 Mann an Bord, über die er sich ausdrücklich das Recht über Leben und Tod hatte erteilen lassen, wohl eingedenk der traurigen Lage des Kolumbus und Gama, die mehr von der Widersetzlichkeit ihrer Leute, als von Sturm und Wellen hatten erleiden müssen. Von den Kanarien wandte sich Magellan sogleich südlich und untersuchte jede Bai an der Küste von Südamerika. Erst am 12. Jan. 1520 erreichte er die Mündung des La Plata. Von nun an hatte er mit rauher Witterung und gefährlichen Klippen zu kämpfen, und als er den 48. Grad südlicher Breite erreicht hatte, sah er sich genötigt, in den Hafen St. Julian einzulaufen und daselbst den Winter abzuwarten, der bekanntlich jenseits der Linie in unsere Sommer= monate fällt.

Hier lernten die Reisenden zuerst eine Menschengattung kennen, die von ungewöhnlicher Leibesgröße war; alle Menschen hatten an 7 Fuß oder noch darüber, daher sie den Spaniern wie ein Volk von Riesen erschienen. Die Gesichter waren rot bemalt, um die Augen herum hatten sie gelbe Streifen und auf den Backen zwei herzförmige Flecken. Sie waren in Pelzwerk gekleidet und wußten Pfeil und Bogen gut zu gebrauchen. Auch aßen sie im Verhältnis ihrer Größe recht wacker. Magellan hatte zwei gefangen, um diese Wunder von Größe mit nach Europa zu nehmen; von diesen beiden aß jeder täglich einen Korb voll Zwieback und trank in einem Atem= zuge einen halben Eimer Wasser aus. Die Mäuse aßen sie roh. Magellan nannte dies Riesenvolk „Patagonier".

Nun aber geschah, was er längst befürchtet hatte. Diejenigen seiner Leute, welche daheim in Spanien Weib und Kind zurückgelassen hatten, sahen keinen Grund, warum sie Tag und Nacht in unbekannten Weltgegenden auf stürmischen Meeren um eines Abenteurers willen allen Gefahren sich preis= geben sollten. Um eine Straße durch Amerika zu suchen, wollten sie nicht dem sichern Tod entgegengehen. Es entstand eine fürchterliche Empörung, sie vergriffen sich an den Anführern der Schiffe und wählten andere, von denen sie zurückgeführt sein wollten. Mit großer Klugheit und mit Hilfe einiger weniger Getreuen ergriff Magellan hierauf die Haupt=Rädelsführer, ließ sie hängen und nachher vierteilen; ein Priester aber und noch ein Offizier, welche das Schiffsvolk heimlich aufgehetzt hatten, wurden wie Robinson in die Wildnis ausgesetzt.

Magellan segelte weiter nach Süden, und endlich, nahe am Feuerlande, erreichte er die gewöhnliche Straße. Seine Freude war unbeschreiblich; doch wurde sie ihm durch den Verlust eines Schiffs verbittert, das er ausgesandt hatte, eine Bai zu untersuchen, und das sich nicht wieder zu ihm finden konnte. Ein anderes hatte ihm schon früher der Sturm an der Felsenküste zerschmettert. Zwanzig Tage kreuzte er hierauf in dieser krummen und höchst gefährlichen Straße herum, die noch jetzt seinen Namen führt, und am 27. November 1520 erblickte er endlich mit nicht geringerer Freude, als Balboa auf seiner Bergspitze, die Südsee in ihrer ganzen Unermeßlichkeit. Ein günstiger Wind trieb ihn nun quer über den weiten Ozean so ununter= brochen fort, der Himmel war so unveränderlich heiter, daß Magellan be= wogen wurde, diesen Ozean das stille Meer zu nennen. Drei Monate und zwanzig Tage glitten die Schiffe so fort, ohne Land zu sehen. Die Lebensmittel gingen aus, frisches Wasser fehlte gänzlich, und die Sonne schoß ihre Strahlen fast senkrecht auf die Köpfe der Schiffenden. Die Mannschaft erkrankte. Endlich am 6. März 1521 erreichte man eine Inselgruppe und begrüßte mit tausend Freudenthränen das Land. Magellan nannte die Inseln los Ladrones (Diebsinseln), weil er die Einwohner sehr diebisch fand, und so heißt die Inselgruppe noch jetzt. Das klarste Wasser und ein Überfluß von erfrischenden Früchten in diesem heitern Klima stellte alle seine Kranken in kurzer Zeit völlig her. Besonders heilsam erwies sich die Milch aus den Kokosnüssen. Von den Ladronen segelte Magellan hierauf nach den von ihm so genannten Philippinen. Hier aber gerieten seine Leute mit den Wilden in einen Streit und Magellan wurde von einem Pfeil getroffen, so daß er bald darauf starb (27. April 1521).

Der Rest der kleinen Mannschaft setzte nun auf den noch übrig geblie= benen zwei Schiffen die Reise fort, und am 8. Nov. erreichten sie die große Insel Borneo. Von da kamen sie nach Tidor, einer der Molukken, wo sie schon Portugiesen fanden, die sich über die Ankunft der Spanier nicht wenig wunderten, denn von Osten her hatten sie keine Europäer erwartet. Bald gerieten die beiden Nationen in Streit; die Mannschaft des einen sehr beschädigten Schiffes mußte sich an die Portugiesen ergeben. Das andere Schiff aber nahm in aller Geschwindigkeit moluckische Gewürze ein und setzte mit dieser Ladung seine Reise nach dem Kap der guten Hoffnung fort. Ohne Unfall ward das Vorgebirge umsegelt, und am 7. Nov. 1522 langten die hartgeprüften Reisenden endlich im Hafen von Sevilla an, von welchem sie vor drei Jahren ausgefahren waren. Dies war also die erste Reise um die Welt. So viel Mühseligkeiten und Gefahren hat es gekostet, die ersten Kenntnisse von unserer Erdkugel zu erhalten, Kenntnisse, die jetzt jedes Kind mit leichter Mühe erlangt.

Zweiter Abschnitt.

Die Kirchenreformation in ihren Kämpfen.

I. Ketzer und Reformatoren vor Luther.

1. Arnold von Brescia.

Nach den Zeiten der Kreuzzüge waren die Begriffe heller, war das Nachdenken lebendiger geworden. Von nun an erhob sich der Geist des Zweifelns, Prüfens und Forschens, der erst gegen das Äußere der Kirche, gegen die Herrschaft der Geistlichen und den Ceremoniendienst, dann aber auch gegen das Innere oder die herrschende Lehre gerichtet war. Hatte man vorher nichts von Religionssekten in den Abendländern gehört, so traten nun seit dem zwölften und dreizehnten Jahrhundert nicht bloß einzelne Denker, sondern ganze Parteien (Sekten) hervor, welche der Macht des Papstes widerstrebten und, um diese siegreich zu bekämpfen, auf die ursprünglichen Lehren des Christentums zurückgingen, wie solche in der Bibel verzeichnet sind.

Einer der ersten, welche das Papsttum mit dem Feuereifer glühender Liebe für Recht und Wahrheit angriffen, war Arnold, gebürtig aus Brescia (Brixia) in der Lombardei, geboren zu Anfang des zwölften Jahrhunderts. Als Jüngling, voll Kraft und Feuer für alles Große, hatte er den tiefsinnigen Abälard in Paris zum Lehrer gehabt und war durch ihn zu hohen Ideen angeregt worden. Um so widerlicher war ihm die Entartung der Kirche und ihrer Lehrer, und um so stürmischer kämpfte er dagegen an, doch ohne der langsam und sicher wirkenden Kraft der Wahrheit Raum zu gestatten.

Arnold behauptete, den Geistlichen gebühre weder Macht noch Reichtum, beides gehöre den weltlichen Fürsten, und nur dann werde es mit der Kirche besser werden, wenn sie alle weltlichen Güter dem Staate zurückgebe und die Geistlichen allein mit der Sorge für das Seelenheil sich befaßten und mit freiwilligen Gaben oder Zehnten, als ihrem Einkommen, sich begnügten. Seine feurigen Reden machten ihn zu einem Manne des Volks, aber regten auch den Haß der Geistlichkeit gegen ihn auf. Diese erklärte seine Lehren für Ketzerei, der Bischof von Brescia verklagte ihn bei dem Papste in Rom und Innocenz II. verwies ihn aus Italien (1139).

Er begab sich nach Frankreich, aber konnte auch hier nicht lange bleiben. Denn da er seinen ehemaligen Lehrer Abälard gegen dessen Feinde lebhaft verteidigte, wendete sich der Haß derselben gegen ihn, und als auch Bernhard, Abt des Klosters Clairvaux, ihn verklagte, befahl der Papst, daß er in ein Kloster als Gefangener eingeschlossen werden solle. Er entging diesem Befehle durch eilige Flucht und fand in Zürich eine Freistätte. Der Bischof von Kostnitz, zu dessen Diözese Zürich gehörte, duldete ihn, und selbst der päpstliche Legat, der ein Freund Abälards war, bezeigte ihm seine Achtung. Arnold fuhr nun in Zürich fort, wie damals in Brescia, über die Ausartung der Geistlichen zu predigen, und über die Mittel, deren Abstellung zu bewirken.

Bald darauf hatten die Römer sich gegen das päpstliche Regiment empört und die uralte Verfassung der Stadt wieder herzustellen versucht. Sie hatten das Kapitol eingenommen, einen Senat gewählt und einen Patricius an die Spitze gestellt. Arnold eilte nach Rom und eiferte hier laut gegen die Herrschaft des Papstes, ja er bewog die Römer, den deutschen König Konrad III. zu bitten, den Sitz des Kaisertums nach Rom zu verlegen. Zwar achtete Konrad nicht auf die Bitten, aber die drei folgenden Päpste vermochten nicht die Ruhe wieder herzustellen und den Arnold zu vertreiben; dieser blieb in Rom, geschützt von den Großen und geliebt von dem Volke. Erst dem Papst Hadrian IV. gelang es, diesen Feind des Papsttums zu unterdrücken und das geistliche Regiment in Rom wieder zu befestigen. Als einer der Kardinäle von einem Anhänger Arnolds auf öffentlicher Straße angefallen und tödlich verwundet wurde, verbot Hadrian allen Gottesdienst in Rom; keine Glocke wurde mehr geläutet, keine Messe gelesen, keine Beichte angenommen. Das Volk war hierüber sehr bekümmert, — denn noch nie war Rom mit dem Interdikte belegt worden, — und nötigte die Senatoren, sich mit dem Papste auszusöhnen. Da mußte Arnold aus Rom weichen. Als er auf der Flucht war, gelang es einem päpstlichen Legaten, ihn zu ergreifen; aber ein Graf von Kampanien befreite ihn und führte ihn auf eins seiner Schlösser. Doch bald darauf kam Kaiser Friedrich I. nach Italien. Dieser zwang den Grafen von Kampanien, den Arnold auszuliefern und dem Papste zu übergeben; denn Friedrich hatte dem Papst gelobt, die römische Kirche zu schützen und die Römer ihm zu unterwerfen.

Sobald Hadrian den verhaßten Ketzer in seiner Gewalt hatte, ließ er ihn (im Jahre 1155) aufhängen, seinen Leichnam verbrennen und die Asche in den Tiber werfen.

2. Petrus Waldus und die Waldenser.*)

Die Sage leitet die Waldenser von ihrem Stifter Petrus Waldus ab. Zu Lyon — so erzählt man — lebte im zwölften Jahrhundert ein Kaufmann, Namens Waldus, der sich einige biblische Bücher und namentlich die Evangelien ins Französische übersetzen ließ. Das Lesen dieser Schriften

---

*) Von der Stadt „Albi" im südlichen Frankreich auch „Albigenser" genannt.

führte ihn zu der Überzeugung, daß in der römischen Kirche nicht alles so sei, wie es sein sollte, und diese Überzeugung brachte ihn zu dem Entschlusse, gleich den Aposteln zu leben und zu lehren. Er verkaufte daher alle seine Habe, verteilte das dafür gewonnene Geld unter die Armen und lehrte öffentlich, was er von den Lehren Jesu und der Apostel wußte. Viele Männer und Weiber, besonders aus den niedern Ständen, versammelten sich um ihn; diese schickte er aus, das Evangelium weiter zu verbreiten und das Volk zu reineren Sitten zu ermahnen. Der Erzbischof von Lyon verbot ihm, als einem Laien, das Predigen und Erklären der heiligen Schrift; er aber war des Glaubens, daß nach den Worten der Bibel jeder Bruder den andern ermahnen, warnen und trösten solle und widersetzte sich dem Verbot mit den Worten, man müsse Gott mehr gehorchen als den Menschen.

Sehr schnell verbreitete sich die neue Lehre im südlichen Frankreich und von dort aus über die Alpen auch nach Italien, sowie andererseits über die Pyrenäen nach Spanien. Die Waldenser ließen es nicht an Lehreifer fehlen, und während die Anmaßungen und Ausschweifungen der römischen Geistlichkeit sehr anstößig geworden waren, empfahlen sie sich durch ein unbescholtenes Betragen, durch Mäßigung und Demut. Aber je mehr sie sich ausbreiteten, desto mehr wurden sie von der herrschenden Kirche verfolgt. Im Jahre 1184 belegte sie der Papst Lucius III. mit dem Bann; im Jahre 1199 befahl Innocenz III. dem Bischof von Metz, die französische Übersetzung biblischer Bücher, welche die Waldenser verbreitet hatten, zu unterdrücken. Als aber alle Strafen und Verdammungen nichts fruchten wollten, ordnete Innocenz einen Kreuzzug gegen die Ketzer an. Der Krieg war sehr blutig, da zwei mächtige Grafen, von Toulouse und Foix, auf Seiten der Waldenser standen. Im Jahr 1209 erstürmte das Kreuzheer die Stadt Beziers, verbrannte 4000 Menschen in einer Kirche und schlug 20 000 tot. Beim allgemeinen Gemetzel fiel Ketzer und Gläubiger. „Schlagt nur tot!" rief ein Abt, „der Herr wird die Seinigen schon herausfinden!" Carcassonne ging durch Vertrag über, aber dennoch mußten die Einwohner barfuß und im bloßen Hemde mit Zurücklassung aller Habe auswandern. Einige der Waldenser sollen sogar nach Böhmen und Mähren gekommen sein.

3. Johann Huß und Hieronymus von Prag.

Johann Huß, geboren 1373 in dem Flecken Hussinez im südlichen Böhmen, war auf der Universität zu Prag gebildet. Ebendaselbst wurde er Magister der freien Künste, dann öffentlicher Lehrer und seit 1402 Prediger an der Kirche Bethlehem und Beichtvater der Königin Sophie, der Gemahlin Wenzels. Sein Freund war Hieronymus, gewöhnlich Hieronymus von Prag genannt, ein böhmischer Edelmann. Dieser hatte aus Liebe zu den Wissenschaften mehrere Universitäten besucht, war auch in Oxford gewesen, wo er die Lehren Wiklefs (spr. Uickliff) kennen gelernt hatte, die auch gegen die Herrschaft des Papstes gerichtet waren. Nach seiner Rückkehr ward er ebenfalls als Lehrer an der Universität Prag angestellt. Auf dieser Hochschule studierten viele Ausländer, besonders Deutsche, und weil diese die Mehrheit ausmachten, hatten sie das Übergewicht über die Böhmen oder Czechen, deren Haupt Huß und Hieronymus waren. Beide Männer erwirkten einen königlichen Befehl, daß fortan die Böhmen drei Stimmen, die Deutschen aber nur eine behalten sollten. Hierüber erbittert, wanderten an 5000 Ausländer, Studenten und Professoren, aus und stifteten die Universität Leipzig (1409).

Inzwischen hatte Huß die Schriften von Wiklef (Wickliff) gelesen und war von ihrem Inhalte so ergriffen, daß er sie nicht nur in Vorlesungen empfahl und durch Übersetzungen verbreitete, sondern daß er nun auch selbst gegen die Ausartungen und Mißbräuche der Kirche predigte. Er lehrte wie Arnold von Brescia, daß es heilsam sei, wenn man die überflüssigen Einkünfte der Geistlichen beschränkte, und wie Wiklef, daß alle Bischöfe und Priester ebensowohl Nachfolger der Apostel wären, als der Papst und die Kardinäle; daß nicht der Papst, sondern Christus das Haupt der Kirche sei, und daß man den Christusglauben aus der Bibel schöpfen müsse.

Wegen dieser und ähnlicher Lehren zog sich Huß mancherlei Anfeindungen zu. Auf Anstiften des Erzbischofs von Prag wurden nicht nur Wiklefs Schriften öffentlich verbrannt, sondern auch Huffen das Predigen verboten. Da er aber dennoch fortfuhr zu predigen, so wurde er von dem Papste nach Rom beschieden. Zwar nahmen sich König Wenzel, dessen Gemahlin und viele böhmische Große seiner an und verhinderten sein persönliches Erscheinen in Rom. Doch als Huß gegen den Ablaß eiferte, welchen der Papst allen denen versprach, die ihm in seinem Kriege gegen den König von Neapel beistehen würden, wurde er mit dem Banne und die Stadt Prag mit dem Interdikt belegt auf so lange, als Huß daselbst bleiben würde. Da mußte er die Stadt verlassen und floh nach seinem Geburtsorte Hussinez. Dort fuhr er fort gegen das Papsttum zu predigen und zu schreiben und appellierte von dem Urteile des Papstes an Christum, als den wahren Oberherrn der Kirche. Auch kam seine Partei in Prag bald wieder empor, so daß er schon im August des Jahres 1414 nach der Universität zurückkehren konnte.

Unterdessen (1414) war das Konzilium zu Kostnitz*) (Konstanz am Bodensee) zusammenberufen worden, und Kaiser Sigismund verlangte, daß auch Huß daselbst erscheinen und sich wegen seiner Lehren verantworten sollte. Die Kirchenversammlung war zusammenberufen worden, um eine Reformation oder Verbesserung der Kirche „an Haupt und Gliedern" vorzunehmen, und Huß war sich bewußt, daß er nur gegen die Mißbräuche der Kirche, nicht aber gegen den christlichen Glauben gestritten habe. In Böhmen waren jetzt alle Klagen gegen ihn zum Schweigen gebracht; selbst der neue Erzbischof von Prag, ja sogar der Ketzerrichter Niklas von Nazareth, bezeugten ihm schriftlich, keine Irrlehren an ihm wahrgenommen zu haben. So entschloß er sich zur Reise, zumal da ihm Sigismund die Versicherung seines

---

*) Vergl. Teil II, S. 225.

kaiſerlichen Schutzes gab. Gleichwohl mochten doch bange Ahnungen in seiner Seele aufsteigen. Denn in seinem Schreiben, das er bei seinem Ab=schiede an die Böhmen erließ, gedenkt er der vielen und mächtigen Feinde, die er in Koſtnitz finden würde, und er forderte seine Freunde auf, Gott zu bitten, daß er ohne Verletzung seines Gewiſſens nach Böhmen zurückkehren oder ſtandhaft nach dem Beiſpiele des Erlöſers den Tod erleiden möchte.

Am 11. Oktober trat er seine Reiſe an mit drei der angeſehenſten Edelleute, die ihm König Wenzel zu Begleitern mitgegeben hatte. Zu Nürn=berg empfing er den kaiſerlichen Schutzbrief, und am 3. November gelangte er nach Konſtanz. Hier verſprach ihm auch Papſt Johann XXIII. Schutz und Sicherheit und hob ſogar den Bann auf, in welchem er noch war. Doch ließ ſich Huß dadurch nicht zur Änderung seiner Überzeugung be=wegen, er predigte selbſt in Konſtanz seine Lehre. Da nahm man ihn trotz dem kaiſerlichen Geleitsbrief gefangen, und obwohl ſich der Kaiſer darüber beſchwerte, bedeuteten ihn doch die verſammelten Väter, einem Ketzer brauche man nicht Wort zu halten.

Bald darauf wurde Huß aus seinem Gewahrſam vor die Verſammlung geführt. Die Väter erklärten seine Lehren für ketzeriſch und forderten ihn wiederholt zum Widerruf auf. Allein Huß weigerte ſich ſtandhaft und er=klärte, nur dann widerrufen zu können, wenn man ihn mit Gründen aus der heiligen Schrift seiner Irrtümer überführte. Da ward er in einer feier=lichen Verſammlung, an welcher auch Kaiſer Sigismund teilnahm (er hatte selber den Kardinälen zugeredet, Huß nicht zu ſchonen), als Ketzer zum Feuer=tode verurteilt. Vor dem Stadtthore wurde ein großer Scheiterhaufen er=richtet und der Verurteilte dahin abgeführt. Ruhig und ſtandhaft unter einem großen Zulauf der Menge näherte er ſich betend dem Richtplatze. Die Zeichen der prieſterlichen Würde waren ihm abgenommen; man hatte ihm eine papierne, mit drei Teufeln bemalte Mütze aufgeſetzt. Er gedachte dabei des Heilandes, dem der Hohn seiner Feinde eine Dornenkrone auf=geſetzt hatte. Die Biſchöfe ſprachen die Worte: „Wir übergeben deine Seele dem Teufel!" Aber Huß ſetzte, wie der Märtyrer Stephanus, dazu: „Ich befehle ſie meinem Herrn Jeſu Chriſto!" Und als er ſchon ganz von den Flammen umfangen war, betete er noch laut: „Jeſu Chriſte, du Sohn des lebendigen Gottes, der du für uns gelitten haſt, erbarme dich meiner!" bis der Rauch und Schmerz seine Stimme erſtickte. Damit seinen Freun=den kein Andenken übrig bleibe, ward seine Aſche in den Rhein geworfen. (6. Juli 1415.)

Ein Jahr nach seinem Tode wurde auch sein treuer Freund Hierony=mus von Prag mit gleicher Marter hingerichtet. Ungerufen und ohne freies Geleit, bloß um seinen Freund zu unterſtützen, war er auf die Nachricht von Huſſens Gefangennehmung nach Konſtanz geeilt. Vergebens ſuchte er dort Schutz bei dem Konzil, er wurde als Ketzer betrachtet und mußte fliehen; aber als er bereits auf dem Rückwege in Böhmen war, ergriff man ihn und

brachte ihn in Ketten nach Konstanz zurück. So lange Huß noch lebte,
wurde nichts über ihn entschieden. Als aber die Böhmen auf die Nachricht
von Huffens Tode in Aufstand gerieten, dem Konzilium die bittersten Vorwürfe machten und die Freigebung des Hieronymus forderten, da wurde die
Sache desselben aufs neue vorgenommen. Man glaubte die Böhmen zum
Schweigen zu bringen, wenn Huffens Lehre durch den Freund des Hingerichteten selber verdammt würde. Da suchte man mit allen Mitteln den
Hieronymus zum Widerruf zu bewegen. Anfangs erlag derselbe den Ein-
schüchterungen und Versprechungen des Konziliums. Am 11. Sept. 1415
verdammte er öffentlich die von dem Konzil verdammten Lehrsätze Huffens
und Wiklefs, und am 23. September bestimmte er seinen Widerruf noch
näher, indem er hinzusetzte, daß er dies freiwillig und ungezwungen thue.
Aber wenn er durch solche Verleugnung seiner Überzeugung Freiheit und
Leben zu erhalten hoffte, so hatte er sich geirrt. Er blieb in dem Gefängnis;
seine Feinde fürchteten ihn und drangen auf seinen Tod. Da erwachte in
ihm die Liebe zur Wahrheit aufs neue und besiegte die Schrecken des Todes.
Als er am 26. Mai abermals vor seinen Richtern erscheinen mußte und die
Abschwörung der Meinungen Huffens wiederholen sollte, erhob sich in ihm
die Kraft seines bessern Selbst. In einer feurigen Rede bekannte er, daß
nur die Furcht vor den Flammen ihm den Widerruf entlockt habe, daß er
sich aber jetzt seiner Sünde schäme, und daß er die Lehren Wiklefs und seines
Freundes Huß als heilig und wahr erkenne. Auf solches Bekenntnis säumten
die versammelten Väter nicht länger, das Todesurteil über ihn, als einen
rückfälligen Ketzer, auszusprechen. Am 30. Mai 1416 erlitt er den Tod auf
dem Scheiterhaufen, mit einer Standhaftigkeit, die selbst seine Feinde bewun=
dern mußten. Er verlangte ausdrücklich, daß der Scheiterhaufen nicht hinter,
sondern vor ihm angezündet würde. „Denn," sprach er, „wenn ich diesen
Anblick gefürchtet hätte, würde ich nicht hier sein."

II. Reformatoren.

1. Doktor Martin Luther.*)

Wie Luther ins Kloster kommt.

Am 10. November 1483, am Abend vor dem Martinstag, ward zu
Eisleben einem armen Bergmann Hans Luther ein Söhnlein geboren, das
am folgenden Tage getauft und, dem heiligen Martin zu Ehren, Martinus
genannt wurde. Hans Luther war vom Dorfe Möhra, unweit des Thüringer
Waldes, mit Margarete, seiner jungen Ehefrau, nach Eisleben gezogen, um

---

*) Vergl. Joh. Matthesius, Leben Luthers. Geschichte der Reformation des 16. Jahr-
hunderts von J. G. Merle d'Aubigné. Aus dem Französischen. 2. verb. Aufl. (Stuttgart, 1861) II. III.

hier durch angestrengten Fleiß sich seinen Lebensunterhalt zu schaffen. Doch er fand da nicht, was er suchte. Der junge Martin war kaum ein halb Jahr alt, als die Eltern Eisleben verließen und nach dem 5 Stunden ent= fernten Städtchen Mansfeld zogen, da die Arbeit in den dortigen Bergwerken einen besseren Lohn verhieß. Aber auch hier mußte die Familie erst mit bitterer Armut kämpfen. Mit Gebet und Gottvertrauen und von seiner frommen und tüchtigen Hausfrau unterstützt, arbeitete indes Hans Luther rüstig fort, und der Herr segnete seinen Fleiß, so daß er zwei Feuer (Schmelz= öfen und Schmiede) erwerben konnte, um seiner Rechtschaffenheit willen auch bald in den Rat der Stadt erwählt wurde. Von seinem wohlerworbenen Gut machte er den besten Gebrauch, las, wenn er eine freie Stunde hatte, in guten Büchern, lud auch öfters die Geistlichen und Schullehrer des Orts an seinen Tisch, so daß der kleine Martin schon früh manches gute Wort zu hören bekam. Oft kniete der Vater vor dem Bette des Kindes und betete laut und inbrünstig, daß sein Sohn den Namen des Herrn im Ge= dächtnis behalten und zur Ausbreitung der göttlichen Wahrheit wirksam sein möchte. Dieses väterliche Gebet ist herrlich erhört worden!

Der Vater schickte sein Söhnlein früh in die Schule, und bei schlechtem Wetter nahm er es auch wohl selber auf die Arme, um es hinzutragen. Die Zucht in damaliger Zeit war sehr streng. Zu Hause wie in der Schule wurden die Kinder häufig mit Ruten gestrichen und oft übermäßig. Sein Lehrer prügelte den vielleicht etwas ungestümen Knaben einst fünfzehnmal an einem Vormittage, und selbst die Mutter züchtigte ihn einmal wegen einer Haselnuß so hart, daß Blut floß.

Durch solche Strenge ward des Kindes Gemüt eingeschüchtert. Doch lernte Martin fleißig die Kapitel des Katechismus, die zehn Gebote, das Vaterunser, die christlichen Gesänge und die lateinische Grammatik.

Als er 14 Jahre alt geworden war, sandte ihn der Vater nach Magde= burg zu den Franziskanern in die Schule. Da hatte der Knabe eine schwere Lehrzeit. Freunde und Gönner hatte er nicht, keiner tröstete ihn, und vor seinen strengen Lehrern zitterte er. Dabei mußte er durch Singen vor den Thüren der wohlhabenden Bürger sich das tägliche Brot verdienen.

Als die Eltern von der Not ihres Sohnes hörten, schickten sie ihn schon im folgenden Jahre nach Eisenach auf die Schule; in dieser Stadt hatten sie Verwandte, und sie hofften, daß ihr Martin dort eine Stütze fände. Doch diese Verwandten, selbst arm, konnten ihm gar keine Unterstützung bieten, und so mußte der junge Luther manchen Abend hungrig zu Bette gehen. Eines Tages aber, da er im Schuleifer vor der Thür eines ehrsamen Bür= gers gesungen hatte, Namens Konrad Cotta, trat die Ehefrau desselben auf die Schwelle, winkte ihm und hieß ihn eintreten. Diese fromme Frau hatte schon öfters in der Kirche sich an der klaren und sanften Stimme des jungen Luther erbaut und erbarmte sich nun des Armen; sie nahm ihn an ihren Tisch, und so kam der Jüngling in eine Familie, die seinen niedergedrückten Geist wieder aufrichtete und sein Gemüt erheiterte.

Bis zum 18. Jahre blieb Luther in Eisenach, und er brannte nun vor Begierde, an einer Universität, an einer reichen Quelle des Wissens, seinen Durst nach Erkenntnis löschen zu können. Sein Vater sandte ihn 1501 nach dem hochberühmten Erfurt und schrieb ihm das Rechtsstudium vor, im Glauben, daß die guten Anlagen des Sohnes ihn bald zu einer ehrenvollen Beamtenstelle führen würden. Mit allem Eifer warf sich der Student auf die Philosophie des Mittelalters und die sogenannten sieben freien Künste,*) und keine Minute im Tag blieb unbenutzt. Er begann jeden Morgen seine Arbeit mit herzlichem Gebet, ging dann in die Kirche, um sein Werk mit Gottes Segen zu treiben, und sein Sprichwort war: Fleißig gebetet ist über die Hälfte studiert! Er befragte auch gern seine Lehrer und besprach sich in Ehrerbietigkeit mit ihnen über das, was ihm besonders wichtig schien und noch unklar geblieben war.

In seinen freien Stunden besuchte er am liebsten die Universitäts-Bibliothek. Eines Tages (er war schon zwei Jahre auf der Erfurter Universität gewesen und 20 Jahre alt) fiel ihm ein Buch in die Hand, das ihm bis dahin ganz unbekannt geblieben war — eine lateinische Bibel. Zu seiner großen Verwunderung entdeckte er darin viel mehr Geschichten und Texte, als die Bruchstücke der Evangelien und Episteln, welche die Kirche sonntäglich dem Volke vorlesen ließ. Auf der ersten Seite, die er aufschlägt, fesselt ihn die Geschichte von der Hanna und dem jungen Samuel, er liest und kann sich vor Freude kaum fassen. Das Kind, das seine Eltern für das ganze Leben dem Ewigen weihen, das Loblied der Hanna, worin sie singt, Jehova erhebe den Niedrigen und setze den Armen unter die Fürsten, die herrliche Entwickelung des jungen Samuel — das alles liest der fromme Student mit herzlicher Lust, und er geht mit dem Wunsche heim: O, wenn mir doch Gott auch einmal ein solches Buch bescheren möchte! Bald kehrt er in die Bibliothek zurück, seinen Schatz wieder aufzusuchen, und er liest mit immer größerer Freude.

In demselben Jahr erhielt der junge Luther die erste akademische Würde, er ward Baccalaureus.**) Um die Prüfung gut zu bestehen, hatte er so übermäßig gearbeitet, daß er in eine schwere Krankheit fiel. Ein alter Priester besuchte den Todkranken und richtete seinen Mut durch kräftige Trostworte auf. „Seid guten Mutes" — sprach der Greis —, „mein lieber Baccalaureus, Ihr werdet dieses Lagers nicht sterben, unser Gott wird noch einen großen Mann aus Euch machen, der viele trösten wird."

Luther genas; die Krankheit, die Worte des Priesters und das Lesen der Bibel hatten sein Gemüt ernst gestimmt und, obschon er es sich selber noch nicht gestand, die Lust an der Jurisprudenz ihm verleidet. Doch studierte er fleißig weiter und ward im Jahre 1505 zum Magister artium (Doktor

---

*) Das Trivium: Grammatik, Dialektik, Rhetorik; das Quadrivium: Arithmetik, Musik, Geometrie, Astronomie.

**) Die akademischen Würden waren: Baccalaureus, Magister, Doktor. Der Magister ward mit großer Feierlichkeit ernannt, man trug ihm Fackeln vor; noch größer war die Feierlichkeit bei einer Doktorpromotion, man ritt in höchstem Pomp in der Stadt umher und hielt dann einen feierlichen Schmaus.

der Philosophie) erhoben. So sehr ihn der Fackelzug und die ganze Feier erfreute, so richteten sich doch seine Gedanken immer mehr auf den Zustand seiner Seele, und das eine, was ihm Not that, Vergebung der Sünden und Versöhnung mit Gott, konnte er in der Philosophie und in den alten Klassikern nicht finden. Da geschah es, daß sein Herzensfreund Alexis plötzlich von Mördern überfallen und erstochen wurde, und nicht lange nachher, daß bei einem Gewitter ganz nahe bei ihm der Blitz in die Erde fuhr und sein Leben wunderbar gerettet wurde. Da beschloß er, sein ganzes Leben nur Gott und seinem Dienst zu weihen, der Welt zu entsagen und in einem Kloster den Frieden der Seele zu suchen.

Nachdem er alle seine Universitätsfreunde zu einem fröhlichen Mahle eingeladen hatte, wobei die Musik das trauliche Beisammensein erheiterte, verkündete er seinen Freunden den bis dahin geheim gehaltenen Entschluß. Vergebens suchten ihn diese zurückzuhalten; noch am selben Abend verließ er sein Zimmer, ließ alle Sachen und Bücher zurück, und nur den Virgil und Plautus nahm er mit. So ging er im nächtlichen Dunkel hin zum Augustiner-Kloster — es war am 17. August 1505 — klopfte an die Pforte und begehrte Einlaß. Das Thor öffnete sich und schloß sich wieder hinter ihm; der gefeierte Universitäts-Lehrer war ein armer Augustiner-Mönch geworden, ohne Wissen und Willen seines Vaters.

Wie es ihm im Kloster ergeht.

Im Kloster fand Luther nicht die Ruhe des Herzens, nach der ihn so sehnlich verlangte. Während seines Probejahrs wurden ihm die allerdrückendsten Geschäfte aufgebürdet. Er mußte die Kirche ausfegen, die Thüren auf- und zuschließen, die Turmuhr aufziehen, die Unreinigkeiten des Klosters austragen, ja sogar mit dem Bettelsacke in Erfurt umherwandern. Das war ihm um so empfindlicher, da jedermann den Magister kannte und nicht selten die Leute mit Fingern auf ihn zeigten. Aber Luther ertrug alles in Demut und Furcht Gottes. Seine größte Freude war, daß im Kloster auch eine lateinische Bibel war, und daß er in der heiligen Schrift alle Tage lesen durfte. Die Mönche sagten ihm freilich: Nicht mit Studieren, sondern mit Betteln sollst du dem Kloster nützlich werden! Und als er Profeß that und die Kutte anzog, nahmen ihm seine Klosterbrüder die Bibel wieder. Weil er aber Tag und Nacht im Kloster betete und studierte und sich dabei mit Fasten und Kasteien abmergelte, so war er stets betrübt, und all sein Messelesen wollte ihm keinen Trost geben. Wie aber Gott denen, die ihn mit redlichem Herzen suchen, sich nicht unbezeugt läßt, so ließ er ihn fromme Männer finden, die ihn trösteten, wenn er vor Angst vergehen wollte. So schickte ihm Gott einen alten Klosterbruder zum Beichtvater, der wies ihn hin auf Gottes gnädige Vergebung der Sünden. Dieser Zuspruch machte einen tiefen, wundersamen Eindruck auf sein Gemüt. Auch der ehrwürdige Johannes von Staupitz, der über die vierzig Augustinerklöster in Meißen und Thüringen gesetzt war, suchte den frommen Luther aufzurichten: „Du willst mit Gewalt ein Sünder sein," sagte er ihm einst, „und hast doch keine rechte Sünde. Soll Christus dir helfen, so mußt du nicht mit solchem Humpelwerk und Puppensünden umgehen und aus jedem Gedanken gleich eine Sünde machen!" Dergleichen Zuspruch half wenigstens auf einige Zeit; aber dann kamen auch wieder recht trübe Stunden. Einmal schloß sich Luther mehrere Tage lang in seine Zelle ein, aß und trank nicht und versank in tiefe Melancholie, so daß er nichts von dem merkte, was um ihn her vorging. Die Mönche dachten, da er gar nicht wieder zum Vorschein kam, es sei ihm ein Unglück begegnet; sie zerbrachen die Thür, und nur durch die Töne der Musik brachten sie ihn wieder zur Besinnung.

Im Jahre 1502 hatte der Kurfürst von Sachsen, Friedrich der Weise, in seiner Residenz Wittenberg eine Universität gestiftet; es fehlte aber noch ein tüchtiger Lehrer der Philosophie, und er gab dem Dr. Staupitz den Auftrag, ihm jemand dazu in Vorschlag zu bringen. Dieser dachte gleich an Luther und lud den Bruder Martin ein, nach Wittenberg zu kommen. Dem schwermütigen Manne wollte das nicht in den Sinn, und er meinte, dazu sei er nicht gelehrt genug. Aber Staupitz ließ nicht nach, und so zog Luther 1508 im 25. Jahre seines Alters nach Wittenberg und nahm seine Wohnung in der Zelle eines Augustinerklosters, die man noch jetzt den Reisenden zeigt. Nun sollte Luther auch einmal predigen; aber dazu wollte sich der blöde Mann gar nicht verstehen. "Herr Doktor," sagte er zu Staupitz, "Ihr bringt mich um mein Leben; ich werde es nicht ein Vierteljahr treiben." Doch Staupitz drang durch, und siehe! gleich die erste Predigt machte gewaltiges Aufsehen, denn Luther predigte einfach und kräftig im Geiste der heiligen Schrift, und was er sagte, das kam ihm aus dem Herzen. Da machte man ihn zum Prediger an der Universitätskirche, die nun von andächtigen Zuhörern jeden Sonntag überfüllt war.

Wie Luther gegen die Mißbräuche der katholischen Kirche eifert.

Bald darauf, im Jahre 1510, wurde er in Angelegenheiten seines Ordens — denn auch als Professor war er Augustinermönch geblieben — nach Rom geschickt. Hier lernte er in der Nähe die Verdorbenheit der katholischen Geistlichkeit kennen und ärgerte sich besonders über den großen Leichtsinn, mit welchem die Priester den Gottesdienst verrichteten. "Kaum hatte ich eine Messe gelesen," erzählte er selbst, "so fehlte bei ihnen schon keine an der Mandel. Ist es doch, als ob man um Lohn bete." Er versicherte nachmals: "Nicht tausend Goldgulden wollte ich nehmen, daß ich Rom nicht sollte gesehen haben."

Kaum war er von seiner Reise zurückgekehrt, so erhielt er die besondere Auszeichnung zum Doktor der Theologie ernannt zu werden. Der Kurfürst hatte ihn einmal predigen gehört und war so sehr durch ihn erbaut worden, daß er selbst die Kosten zu seiner Amtserhöhung hergab. Nun war des Studierens kein Ende, denn er wollte seiner neuen Würde auch Ehre machen und suchte mit emsigem Fleiße das nachzuholen, was er in seiner Jugend nicht hatte lernen können.

Ein Vorfall gab indes seinem Geiste plötzlich eine ganz neue Richtung.

Ein Dominikanermönch, Namens Johann Tezel, reiste damals in ganz Deutschland herum, Ablaßzettel zu verkaufen, und kam bis Jüterbogk, vier Meilen von Wittenberg. Die Kirche hat schon seit den ältesten Zeiten das Recht geübt, den Christen für ihre Sünden eine Buße aufzulegen, auch, wenn sie sich reuig und bußfertig zeigten, ihnen die Strafe abzukürzen. Daraus entstand aber im Volke der Aberglaube, die Priester könnten die Sünden vergeben und den Sünder von der ewigen Strafe, von den Leiden im Fegefeuer lossprechen. Solches benutzten die Päpste und schickten Ablaßverkäufer ins Land, die für Geld den Leuten Ablaßzettel verkauften, die den Leuten sehr willkommen waren, da sie sich nun wegen ihrer Sünden beruhigt fühlten. Wer z. B. die Erlaubnis haben wollte, in der Fastenzeit Butter und Käse zu essen, der kaufte sich für einen Groschen solch einen Zettel.

Damals war Leo X. Papst, ein vergnügungssüchtiger, prachtliebender Mann, der viel Geld brauchte. Besonders erforderte der Bau der Peterskirche ungeheure Geldsummen, und um diese zu erhalten, wurde ein allgemeiner Ablaß ausgeschrieben. Unter den Ablaßverkäufern, die in Deutschland umherzogen, war aber keiner unverschämter, als eben jener Tezel, ein nichtswürdiger Mensch, den das erbitterte Volk schon einmal hatte ertränken wollen. Dieser setzte jetzt eine Menge von Ablaßzetteln ab. Wenn er nach einer Stadt kam, so hielt er immer einen feierlichen Einzug, damit das Volk recht zusammenlaufen sollte. Die päpstliche Bulle, worin der Ablaß verkündigt war, wurde auf einem sammetnen Kissen vorangetragen; die Priester und Mönche, der Magistrat und die Schulen zogen ihm mit Kerzen und Fahnen entgegen und holten ihn ein; alle Glocken läuteten, man begleitete ihn in die Kirche, wo er des Papstes Panier, mit einem roten Kreuze geziert, aufrichtete, und nun begann der Handel. Er hatte zwei Kasten bei sich; in dem einen waren die Zettel, in dem andern das Geld, und er pflegte wohl zu rufen: „Sobald das Geld im Kasten klingt, die Seele aus dem Fegfeuer in den Himmel springt!" Es waren Ablaßbriefe für alle Vergehen zu haben, für Diebstahl, Meineid, Gewaltthat, Mord. In Jüterbogk, so berichtet die Sage, ward aber Tezel mit eigener Münze bezahlt. Ein Ritter meldete sich, der einen Ablaß begehrte, weil er jemand zu berauben vorhabe; — denn man konnte auch für Sünden, die erst in der Zukunft begangen werden sollten, einen Ablaßzettel erhalten. „Ei," sagte Tezel, „solchen Zettel mußt Du teuer bezahlen!" Der Preis wurde ihm gern bezahlt, und der Ablaßkrämer fuhr mit seinem schweren Geldkasten ab. Als Tezel in einen Wald kommt, sprengt plötzlich ein Ritter mit mehreren Knechten auf ihn ein, hält den Wagen an und nimmt den vollen Geldkasten in Besitz. Tezel verflucht den Räuber in den Abgrund der Hölle, doch dieser zeigt ihm lächelnd den Ablaßzettel mit den Worten: „Kennst du mich nicht mehr?" Der leere Kasten wird noch auf dem Rathause zu Jüterbogk aufbewahrt.

Der Handel mit diesen Ablaßzetteln machte die Leute ganz gewissenlos, denn sie mußten am Ende glauben, eine Sünde habe nicht viel zu bedeuten, da man sie mit einigen Groschen, höchstens mit einigen Thalern lösen konnte. Und Tezel lehrte geradezu, der Ablaß sei die höchste und allerwerteste Gabe

Gottes. Das Ablaßkreuz mit des Papstes Wappen vermöge eben soviel als Christi Kreuz, wie denn auch unser Heiland dem Papste alle Macht übergeben habe. Da war es denn kein Wunder, daß das unwissende Volk dem Tezel nachlief. Aber Luthers frommes Gemüt empörte sich ob solcher Betrügerei; er fing an zu predigen und zu lehren gegen den Unfug. Seine Predigten regten mächtig das Volk auf, und der Zudrang war um so größer, je kühner und ungewöhnlicher sie waren. Es kam da manches zur Sprache, was jeder rechtschaffene Christ schon selbst gedacht, aber nur nicht auszusprechen gewagt hatte. Aber damit war der feurige Doktor noch nicht zufrieden. Er schlug am 31. Oktober 1517 einen großen Bogen an die Thür der Schloßkirche zu Wittenberg, auf welchen er 95 Sätze (theses) geschrieben hatte, die er gegen jedermann mündlich und schriftlich verteidigen wollte. Es war besonders auf Tezeln abgesehen, aber der hütete sich wohl, nach Wittenberg zu kommen und mit dem Doktor Luther zu disputieren. Er machte, daß er aus der Gegend von Wittenberg fortkam und ließ sich dort nicht weiter sehen. Dagegen wurden Luthers Sätze mit Begierde von jedermann gelesen. In vielen tausend Abdrücken flogen sie schnell durch Deutschland, so daß man binnen vier Wochen sie schon überall kannte. Und allerorten sprach man von dem mutigen Mönche aus Wittenberg, und was nur noch aus der Sache werden möchte. An die große Kirchenspaltung dachte noch keiner.

Der Papst und Luther.

Besonders waren die Dominikaner, ohnehin den Augustinermönchen nicht freundlich gesinnt, böse auf Luther, denn jener Orden führte das einträgliche Geschäft des Ablaßpredigens. In Predigten und Schriften zogen sie mit wütenden Schmähreden gegen die Theses los, schalten den Verfasser ohne weiteres einen Ketzer und nahmen dabei die Wendung, daß ein Angriff auf den Ablaß auch ein Angriff auf den Papst und die heilige Kirche selber sei. Luther aber entwickelte seine Lehren auf einer Versammlung der Augustinermönche in Heidelberg, gab eine Erklärung und Verteidigung seiner Theses heraus und überschickte sie dem Papste mit der Bitte um eine Entscheidung, in der er die Stimme Christi zu vernehmen hoffte. Hätte nun Leo X. den Ablaß oder wenigstens die ärgerlichsten Mißbräuche desselben abgestellt, so hätte wohl Luther, bei seiner noch fortdauernden Ehrfurcht gegen den päpstlichen Stuhl, geschwiegen. Aber Leo X. befahl, Luther solle binnen 60 Tagen in Rom erscheinen, um sich wegen seiner Reden und Schriften zu verantworten. Hier wäre es ihm übel ergangen, aber glücklicherweise ging er nicht hin. Der Kurfürst Friedrich der Weise hatte ihn schon damals wegen seiner Freimütigkeit so lieb gewonnen, daß er erklärte, er werde nicht zugeben, daß man den Doktor Luther nach Rom schleppe. Er brachte es dahin, daß Leo seinem Gesandten, dem Kardinal Kajetan, Befehl gab, Luthern in Augsburg zu verhören. Dahin reiste auch dieser ab, und zwar zu Fuße, vom Kurfürsten mit Reisegeld und Empfehlungsbriefen an einige vornehme Ratsherren versehen. Der Kardinal empfing ihn freundlich, forderte aber streng, er solle seine Irrtümer widerrufen, sich künftig derselben enthalten und in allen Stücken sich dem Papste gehorsam beweisen. Uner= schrocken antwortete Luther, er sei sich keiner Irrtümer bewußt, und vertei= digte, was er gelehrt hatte, mit christlichem Mut. Doch versprach er zu schweigen, wenn auch seinen Gegnern Stillschweigen auferlegt werde. Damit war aber der Kardinal sehr unzufrieden; er hieß ihn gehen und nicht wiederkommen, wenn er nicht nachgeben wolle. Da verließ Luther auf Rat und mit Beihilfe seiner Freunde schnell und heimlich die Stadt Augsburg und kam nach 11 Tagen wieder in Wittenberg an. Doch zuvor hatte er noch in Gegenwart mehrerer Zeugen von dem übelberichteten Papst an den besser zu berichtenden appelliert, und diese Berufung nicht nur an den Dom zu Augsburg angeschlagen, sondern auch dem Kardinal über= schicken lassen. Dagegen verlangte der Kardinal, der Kurfürst von Sachsen solle nun Luthern nach Rom schicken, und der Papst bestätigte die Ablaß= predigten und erklärte Luthern für einen Ketzer. Er hatte an Kajetan ge= schrieben: „So du sein mächtig wirst, wolltest du ihn ja wohl und gewiß verwahren lassen, bis so lange du von uns weitere Befehle erhältst, auf daß er vor uns gestellt werde. Wo er in seiner Halsstarrigkeit beharrt, und du seiner nicht kannst mächtig werden, so geben wir dir gleiche Gewalt und Macht, an allen Orten Deutschlands ihn und alle, so ihm anhangen, für Ketzer, Verfluchte und Vermaledeite zu publizieren." Diese Rede trieb Luthern weiter; er appellierte von dem Papste an eine allgemeine Kirchenversammlung.

Nun versuchte Leo X. Luthern durch Milde zu gewinnen. Er über= trug seinem Kammerherrn Karl von Miltitz, einem Edelmann aus dem Meißnischen, dem Kurfürsten von Sachsen eine goldene Rose, als Gnaden= zeichen des Papstes, zu überbringen und bei dieser Gelegenheit die Streitigkeiten mit Luther in Güte beizulegen. Miltitz ließ Luthern nach Altenburg kom= men, und durch seine Milde und Freundlichkeit gelang es ihm auch, daß er den Doktor dazu bewog, einen überaus ehrerbietigen Brief an den Papst zu schreiben und dem päpstlichen Stuhl und der römischen Kirche die tiefste Ergebenheit auszudrücken.

Aber was Miltitz aufzubauen versucht hatte, zerstörte wieder Dr. Jo= hann Eck, Professor der Theologie zu Ingolstadt. Dieser, ein gelehrter und gewandter Mann, aber auch heftig und stolz, glaubte mehr als alle Gegner Luthers auszurichten oder durch die Feinheit seiner Disputierkünste ihn niederschlagen zu können. Er forderte daher ihn und andere witten= bergische Theologen zu einer öffentlichen Disputation nach Leipzig. Als Luther mit einigen anderen Professoren sich auf den Weg machte, begleiteten seinen Wagen an 200 Studenten, die mit Spießen und Hellebarden nebenher liefen. Die guten Leute wollten sorgen, daß ihrem geliebten Lehrer kein Leid ge= schehen sollte. Die Leipziger Disputation dauerte mehrere Wochen; es ward aber nichts entschieden, denn jede Partei schrieb sich den Sieg zu. Wohl aber fühlte sich nun Luther angetrieben, den Ursprung der Papstmacht näher zu untersuchen, und die heillose Anmaßung so vieler Päpste ans Licht zu ziehen. Sehr erbittert reiste Dr. Eck nach Rom ab und bewog den Papst, eine Bulle gegen Luthern zu erlaſſen. In dieſer Bulle wurden 41 Sätze aus Luthers Schriften als ketzeriſch verdammt, das Verbrennen dieſer Schriften anbefohlen, er ſelbſt, wofern er binnen 60 Tagen nicht widerrufen würde, mit dem Banne bedroht, und allen deutſchen Obrigkeiten anbefohlen, ihn und ſeine Anhänger gefangen zu nehmen und nach Rom zu ſenden. Zur Bekanntmachung und Vollziehung dieſer päpſtlichen Bulle kam Eck triumphierend nach Deutſchland zurück, in der Hoffnung, Luthern ganz und gar zu vernichten. Doch betrog er ſich. Zwar wurden an einigen Orten, als zu Köln, Mainz und Löwen, Luthers Schriften verbrannt; aber in Kurſachſen und andern Orten durfte die Bannbulle gar nicht bekannt gemacht werden; das Volk zerriß ſie, und in Leipzig wäre Eck beinahe tot geſchlagen worden. Bei Luther aber war der letzte Reſt von Ehrfurcht gegen die Heiligkeit und Unfehlbarkeit des Papſtes verſchwunden; er ſchrieb ſein Werk von der babyloniſchen Gefangenſchaft der Kirche, nannte den Papſt einen Antichriſt, der die Wahrheiten der heiligen Schrift zu unterdrücken ſuchte, und rechtfertigte alle ſeine Behauptungen, die in jener Bulle als ketzeriſch verdammt waren. Auch wiederholte er ſeine Berufung an eine allgemeine Kirchenverſammlung und kündigte dem Papſt allen Gehorſam auf. Durch einen öffentlichen Anſchlag berief er die Studenten in Wittenberg zuſammen und zog am 10. Dezember 1520, vormittags 9 Uhr, vor das Elſterthor, begleitet von einer Menge Doktoren und Studenten. Dort ward ein Scheiterhaufen errichtet und angezündet, und Luther warf eigenhändig die Schriften über das päpſtliche Recht, die wider ihn erlaſſene Bulle und andere Schriften ſeiner Gegner ins Feuer, wobei er die bibliſchen Worte ſprach: „Weil du den Heiligen des Herrn betrübet haſt, ſo betrübe und verzehre dich das ewige Feuer!" Damit war der entſcheidende Schritt gethan, durch welchen er ſich auf immer von der katholiſchen Kirche trennte; an der Flamme des Scheiterhaufens ſollte ſich bald die Fackel eines furchtbaren Religionskrieges entzünden, der unſer ſchönes, von Gott geſegnetes Vaterland in eine Einöde verwandelte, ohne die Kluft zu füllen, die bis auf den heutigen Tag noch die Katholiken von den Proteſtanten trennt.

Luther in Worms.

Kaiſer Karl V. hatte auf das Jahr 1521 einen Reichstag ausgeſchrieben, der in Worms gehalten werden ſollte, und ſchrieb an den Kurfürſten, er möchte doch auch kommen und den Luther mitbringen, damit deſſen Sache dort verhandelt werde. Der Kurfürſt fragte bei Luther an, ob er wohl nach Worms gehen würde, wenn man ihn dahin entböte. „Wenn ich berufen werde," antwortete Luther, „ſo will ich auch gehen. Fliehen will ich nicht, widerrufen noch viel weniger, ſo wahr mich mein Herr Jeſus ſtärket; denn ich kann keines ohne Gefahr der Gottſeligkeit und vieler Seligkeit thun!" Nun wurde ihm beim Kaiſer ſicheres Geleit ausgewirkt, und zugleich erhielt er die kaiſerliche Citation, binnen 21 Tagen nach Worms zu kommen. Als er abreiſte, umarmte er noch einmal ſeinen lieben Freund Melanchthon. „Komme ich nicht wieder," ſprach er, „und morden mich meine Feinde, so beschwöre ich dich, lieber Bruder, laß nicht ab zu lehren und bei der Wahrheit zu verharren. Arbeite unterdessen für mich, weil ich nicht hier sein kann. Du kannst es ja noch viel besser machen. Daher ist auch nicht viel Schade um mich, bleibest du doch da. In dir hat der Herr einen noch viel gelehrteren Streiter."

In Begleitung des kaiserlichen Herolds Kaspar Sturm, ferner seines Bruders Jakob, seiner Freunde Justus Jonas, Nikolaus Amsdorf und des berühmten Rechtsgelehrten Hieronymus Schurf trat Luther am 2. April die Reise an. Er fuhr in einem Wagen, den ihm der wittenbergische Magistrat geschenkt hatte. Wo er unterwegs anhielt, lief meilenweit das Volk herbei, den Mann zu sehen, der so dreist dem Papste widersprochen hatte. Als er seinem geliebten Erfurt sich näherte, kam ihm ein langer Zug zwei Meilen weit zu Pferde und zu Fuß entgegen, und in der Stadt konnte der Wagen vor allem Gedränge kaum aus der Stelle. Auch ließ man ihm nicht eher Ruhe, bis er predigte — und unter welchem Zulauf geschah das! In Eisenach wurde er krank, doch erholte er sich bald wieder. Man warnte ihn, nicht weiter zu reisen, denn man werde ihn in Worms zu Pulver ver= brennen. Aber mutig antwortete er: „Wenn gleich meine Feinde ein Feuer machen, das von Worms nach Wittenberg reicht, so will ich doch im Namen des Herrn erscheinen, Christum bekennen und denselben allein walten lassen." In der Nähe von Worms kam ihm ein Bote von Spalatin, seinem Freunde und des Kurfürsten Geheimschreiber und Hofprediger, entgegen, er sollte doch ja nicht nach Worms kommen und sich in solche Gefahr begeben. Luther ließ aber zurücksagen: „Und wenn auch so viel Teufel in Worms wären, als Ziegel auf den Dächern, so will ich doch hinein!"

Am 16. April 1521 zog er in Worms ein. Vor seinem Wagen ritt der kaiserliche Herold einher; eine Menge von Reitern und Wagen, die ihn eingeholt hatten, schlossen sich an, und mehr als 2000 Menschen drängten ihm nach bis in sein Quartier. Schon am folgenden Morgen erschien der Reichsmarschall bei ihm und citierte ihn, nachmittags auf der Reichsversamm= lung zu erscheinen. Zur bestimmten Zeit holte er ihn selbst ab. Da gab es wieder einen großen Zusammenlauf! Auf der Straße standen die Men= schen Kopf an Kopf; ja viele stiegen auf die Dächer, und alle Fenster waren dicht besetzt. Aber dieses Mal warteten die Leute vergebens; denn weil durch das Gedränge nicht durchzukommen war, mußte Luther durch Hinterhäuser und Gärten geführt werden. An der Thüre des großen Saales standen mehrere Ritter. Einer von ihnen, der berühmte Georg Frundsberg, klopfte ihn treuherzig auf die Schulter und sprach: „Mönchlein, Mönchlein! Du gehest jetzt einen Gang, dergleichen ich und mancher Kriegsoberst in der schwersten Schlacht nicht gethan haben. Bist du aber rechter Meinung und deiner Sache gewiß, so fahre in Gottes Namen fort und sei nur getrost, Gott wird dich nicht verlassen!" Diese Worte stärkten Luthers Gemüt nicht wenig, denn etwas beklommen war ihm doch ums Herz, als er, der zurück= gezogene Mönch, nun auftreten sollte vor Kaiser und Fürsten, um seine Mei= nung zu verteidigen. Jetzt öffneten sich die Saalthüren und Luther schritt hinein. Da saß auf dem Throne Kaiser Karl V., obwohl erst 21 Jahre alt, doch sehr stattlich und würdevoll, in wahrhaft kaiserlicher Pracht, und in zwei langen Reihen vor ihm saßen die Fürsten, Herzöge und Grafen des deutschen Reiches. Alle schauten Luthern stark an, und mehr als 5000 Menschen, die in dem Saale und vor den Fenstern standen, sahen nur auf ihn allein. Man legte ihm seine Bücher vor, und der Reichsmarschall fragte ihn, ob er sie für die seinigen erkenne, und ob er widerrufen wolle? Die erste Frage bejahte er, aber wegen der zweiten bat er sich bis zum folgenden Tage Bedenkzeit aus, die ihm der Kaiser auch gewährte.

Erst als er den Saal hinter sich hatte, atmete er wieder frei. Das hatte er nun erfahren, daß es nichts Kleines sei, so vor Kaiser und Reich zu stehen und seine Meinung zu verfechten. Aber schnell gab ihm der Gedanke an den Beistand Gottes, für dessen Wort er hier zu reden habe, neue Kraft, und er freute sich, als er schon am folgenden Nachmittage um 4 Uhr wieder zur Versammlung abgerufen ward. Nachdem er zwei volle Stunden draußen hatte warten müssen, umringt von unzähligen Neugierigen, öffneten sich für ihn die Thüren und er trat ein. Schon brannten im Saal die Fackeln und Kerzen. „Allergnädigster Kaiser, gnädigste Kurfürsten, Fürsten und Herren!" hob er an, „ich erscheine gehorsam zu dem Termine, so mir gestern abend angesetzt ist, und bitte durch Gottes Barmherzigkeit, Ew. Majestät und Gnaden wollen diese gerechte und wahrhaftige Sache, wie ich hoffe, gnädigst hören; und so ich aus Unverstand vielleicht einem jeglichen seinen gebührlichen Titel nicht geben, oder mich sonst nicht nach Hofgebrauch in Gebärden erzeigen sollte, mir es gnädigst zu gut halten, als der ich nicht zu Hofe gewest, sondern immer im Kloster gesteckt bin und von mir anders nicht zeugen kann, denn daß ich in dem, was ich bisher mit einfältigem Herzen gelehret und geschrieben, allein Gottes Ehre und der Gläubigen Christi Nutz und Seligkeit gesucht habe." Dann redete er von seinen Büchern und den darin enthaltenen Lehrsätzen, alles in deutscher Sprache. Da erinnerte man ihn, der Kaiser verstehe davon nicht viel; er solle doch das mit lateinischen Worten wiederholen. Das that er auch, ob er gleich sehr schwitzte und ihm wegen des Getümmels sehr heiß war. Nachdem er lange überaus bescheiden gesprochen hatte, fiel ihm ein vornehmer Geistlicher in die Rede und verlangte eine runde richtige Antwort, ob er widerrufen wolle oder nicht. „Weil denn," antwortete Luther, „kaiserliche Majestät, kur- und fürstliche Gnaden eine schlichte, einfältige, richtige Antwort begehren, so will ich eine geben, die weder Hörner, noch Zähne haben soll, nämlich also: Es sei denn, daß ich mit Zeugnissen der heiligen Schrift, oder mit klaren und hellen Gründen überwiesen werde, so kann und will ich nichts widerrufen, weil es nicht geraten ist, etwas wider das Gewissen zu thun. Hier stehe ich, ich kann nicht anders, Gott helfe mir, Amen!"

Mit diesen kräftigen Worten trat Luther ab: aber er hatte nicht vergebens geredet. Das freudig und mutig abgelegte Bekenntnis der Wahrheit hatte ihm viele Herzen, auch unter den Fürsten, gewonnen. Der alte Erich, Herzog von Braunschweig, sonst ein großer Feind der Reformation, schickte ihm eine silberne Kanne voll Eimbecker Bier, daß er sich damit erquicke. Luther fragte den Boten, welcher Fürst seiner so in Gnaden gedächte, und da er hörte, daß es Erich sei, und daß er selbst vorher von dem Biere getrunken, so fürchtete er keine Vergiftung, sondern trank beherzt daraus und sprach: „Wie heute Herzog Erich meiner gedacht, also gedenke seiner unser Herr Christus in seinem letzten Kampfe." Erich vergaß dieser Worte nicht und erinnerte sich noch derselben auf seinem Sterbebette. Besonders aber hatte sich Friedrich der Weise über Luthers Freimütigkeit gefreut, und er äußerte noch denselben Abend gegen Spalatin: „Recht schön hat Doktor Martin geredet vor dem Herrn Kaiser und allen Fürsten und Ständen des Reichs; er ist mir nur zu herzhaft gewest."

Noch einmal versuchte man, Luthern zum Widerruf zu bewegen; aber er antwortete: „Ist meine Sache nicht aus Gott, so wird sie bald untergehen; ist sie aber aus Gott, so könnt ihr sie nicht dämpfen!" Nun erhielt er die Erlaubnis abzureisen und verließ Worms am 26. April; denn Kaiser Karl hielt ihm das versprochene sichere Geleit, so sehr auch der päpstliche Gesandte ihm zuredete, einem Ketzer brauche man kein Wort zu halten. Er antwortete dem Legaten mit Festigkeit: „Ich mag nicht erröten wie einst Sigismund!" Dagegen wurde Luther in die Reichsacht erklärt. Es hieß in dem Beschlusse, Luther habe nicht als Mensch, sondern als der böse Feind in Gestalt eines Menschen mit angenommener Mönchskutte vieler Menschen lange Zeit verborgen gebliebene, verdammte Ketzerei in eine stinkende Pfütze gesammelt und selbst etliche Ketzereien von neuem erdacht. Darum solle vom 14. Mai an niemand diesen Luther hausen, höfen, ätzen, tränken, und seine Bücher solle niemand kaufen, verkaufen, lesen, behalten, abschreiben, drucken und abschreiben und drucken lassen — u. s. f. Diese Verordnung wurde auch das Wormser Edikt genannt.

Zwar fehlte es dem Kaiser an Zeit und Macht, dieses Edikt in Ausführung zu bringen, aber doch war die Gefahr, in welche Luther geriet, groß und dringend. Kurfürst Friedrich der Weise beschloß daher, ihn seinen Verfolgern wenigstens eine Zeit lang zu entziehen. Demnach geschah es, als Luther auf der Rückreise nicht weit von Eisenach, in der Nähe des Schlosses Altenstein war, daß der Wartburger Amtshauptmann, Hans von Berlepsch, und dessen Freund, Burkhard von Hund, Herr zu Altenstein, mit zwei Knechten aus dem Walde sprengten und mit verstellter Gewalt Luthers Wagen angriffen. Sein Bruder Jakob, der neben ihm saß, sprang beim Anblick der Reiter, ohne Abschied zu nehmen, aus dem Wagen und lief in größter Angst nach Waltershausen. Luther selbst wurde aus dem Wagen gerissen und in den nahen Wald geführt, daselbst umgekleidet, auf ein Pferd gesetzt und um Mitternacht auf das Schloß Wartburg gebracht. Hier nannte man ihn Junker Görge und behandelte ihn als einen Staatsgefangenen; aber so gut, daß selbst der Kellermeister sich darob verwunderte.

Luther auf der Wartburg.

Nur die vertrautesten Freunde, wie Melanchthon und Spalatin, wußten, wohin Luther gekommen war; unter dem Volke verbreitete man die Sage, der Teufel habe ihn geholt. Aber bald zeigte er, daß er noch lebe und vom Geiste Gottes beseelt sei. Aus seiner Zurückgezogenheit schrieb er gegen den Ablaß, den der Erzbischof von Mainz aufs neue in Halle predigen ließ, und er bewirkte, daß dem Unfug Einhalt geschah; dort fing er seine Kirchenpostille und faßliche Erklärung der Sonntagsevangelien an. Sobald eine neue Schrift des Gottesmannes erschien, merkten wohl seine Freunde und Feinde, daß Luther noch am Leben sei, aber den Ort konnten sie nicht erfahren. Das Allerwichtigste aber, was der Reformator auf der Wartburg arbeitete, war seine vortreffliche Übersetzung der Bibel, die voll Kraft des heiligen Geistes das beste Rüstzeug für Ausbreitung der neuen Lehre wurde, und die für alle Zeiten ein Heiligtum des deutschen Volkes bleiben wird. Da Luther so angestrengt arbeitete, verfiel er zuweilen in Schwermut und wähnte dann, der Teufel verfolge ihn, um sein Werk wieder zu zerstören. Einst, heißt es, glaubte er sogar den Teufel an der Wand zu sehen, aber herzhaft warf er das Tintenfaß nach ihm.

Indessen ereignete sich manches Denkwürdige in Wittenberg, wie im übrigen Deutschland. Schon in demselben Jahre (1521) wagte ein sächsischer Geistlicher, sich zu verheiraten. Viele Mönche traten öffentlich zu Luthers Lehre über, besonders die Augustiner in Sachsen. Die Messe wurde in deut= scher Sprache gehalten, die Hostie nicht mehr emporgehoben und angebetet und das Abendmahl jedem, der es wünschte, in beiderlei Gestalt gereicht, wie es der Heiland vorgeschrieben. Aber wie leicht das rechte Maß über= schritten und die Reform zur Revolution (Umsturz) wird, zeigte sich auch hier. Doktor Karlstadt, Luthers Freund und Amtsgenosse, ein ungestümer, schwärmerischer Eiferer, stürmte mit seinen Anhängern die Kirchen, vertrieb die katholischen Geistlichen und vernichtete die Bilder der Heiligen. Andere Schwärmer schafften die Kindertaufe ab. Luther vernahm das mit dem tiefsten Unwillen. Denn wie feurig und reizbar auch sein Gemüt war, so war ihm doch solches stürmische Gebaren ein Greuel. Nicht länger mochte er auf der Wartburg bleiben, obgleich sein Kurfürst dieses wünschte; denn wo es dem christlichen Glauben galt, fragte er nicht nach der Gunst seines Herrn, wie hoch er auch sonst ihn verehrte. Auf der Stelle reiste er nach Wittenberg ab und predigte allda acht Tage lang gegen den Unfug der neuen Propheten.

Thomas Münzer. Johann von Leyden.

Die Bauern hatten es damals in Deutschland sehr schlimm. Sie waren zwar nicht eigentlich Leibeigene, mußten aber harten Frondienst leisten, d. h. für ihre Gutsherren mehrere Tage in der Woche arbeiten; auch wurden sie zugleich vom Landesherrn und Gutsbesitzer mit schweren Abgaben belastet. Sie hatten schon einigemal versucht, das Joch abzuschütteln, aber man hatte sie jedesmal mit Härte wieder unterworfen. Nun erfolgte die Reformation. Luther predigte von der christlichen Freiheit und meinte, man solle die Christen nicht zum Glauben zwingen und ihrem Gewissen Gewalt anthun; aber die Bauern verstanden unter dieser christlichen Freiheit die Befreiung von Abgaben und Frondienst. Sie scharten sich zusammen, um ihren Herren den Gehorsam zu kündigen.

Anfangs verfuhren die Bauern noch glimpflich; sie setzten zwölf Punkte ihrer Beschwerden auf und schickten sie nach Wittenberg, damit Luther und Melanchthon ihr Urteil darüber abgeben möchten. Luther fand nun freilich mehrere ihrer Beschwerden gegründet, aber er riet zur Unterwerfung. „Vergesset nicht," schrieb er, „daß in der heiligen Schrift stehet: die Rache ist mein, ich will vergelten, spricht der Herr!" Zugleich ermahnte er die Herren zur Mäßigung und Nachsicht. Aber damit war beiden Teilen schlecht gedient. In Franken, Schwaben, Thüringen — überall brach die Empörung aus, überall zogen zahlreiche Bauernscharen aus, um das Land zu plündern und zu verwüsten. Klöster und Kirchen wurden ebensowenig verschont, als die Burgen und Schlösser. Jeder Ritter oder Adelige, welcher den wütenden Bauern in die Hände fiel, wurde gespießt oder enthauptet; nicht anders verfuhren aber auch die Herren. Luther, da er sah, daß er mit sanften Worten nichts mehr ausrichtete, erließ eine harte Streitschrift „wider die räuberischen und mörderischen Bauern", und da diese auf keine vernünftige Vorstellung mehr hören wollten, sagte er, „man solle sie wie tolle Hunde tot schlagen".

In Thüringen brach auch die Empörung aus; an deren Spitze stellte sich Thomas Münzer, ein Schüler Luthers. Dieser höchst schwärmerische Mann, der früher Weltpriester zu Zwickau gewesen, aber wegen seiner aufrührerischen Reden von dort vertrieben worden war, rühmte sich besonderer Offenbarungen Gottes, durch welche ihm das Wesen christlicher Freiheit weit klarer geworden sei, als Luther sie kenne und lehre. Nach diesen vermeintlichen Offenbarungen sollte jetzt ein ganz neues christliches Reich gestiftet werden, in welchem völlige Gleichheit herrschen und alle Güter gemeinschaftlich sein müßten. „In diesem Reiche," sagte Münzer, „bedarf es nicht der Fürsten und Obrigkeiten, nicht des Adels und der Geistlichkeit; im Christentum soll kein Unterschied sein zwischen reich und arm!" Zu dieser bewegten Zeit, wo jede neue Lehre haftig aufgegriffen wurde, verschafften sich die Lehrsätze Münzers leicht Eingang bei dem gemeinen Volk, und den Armen zumal dünkte es sehr einladend, mit den Reichen fortan teilen zu können und des lästigen Arbeitens überhoben zu sein. Vorzüglich waren es die Bauern, die sich zu diesem neuen Propheten retteten. Unter seiner Anführung zogen sie von Stadt zu Stadt, von Dorf zu Dorf und verwüsteten und zerstörten alles mit Feuer und Schwert.

Die Not war groß; doch die Fürsten rüsteten sich, der Empörung Einhalt zu thun. Sie ließen ihr Heer gegen Frankenhausen aufbrechen, wo die Bauern auf einem Berge ihr Feldlager aufgeschlagen und mit einer Wagenburg befestigt hatten. Um nichts unversucht zu lassen, schickten die Fürsten einen Edelknaben an sie ab, der ihnen Gnade anbieten sollte, wenn sie friedlich auseinander gingen und die Rädelsführer auslieferten. Da erschrak Münzer über die Gefahr, in welcher er schwebte, hielt eine feurige Rede an die Bauern, die er damit schloß, es möchte sich nur keiner fürchten vor den Kugeln der Feinde, die würde er alle mit seinem Armel auffangen, und wer

in der vorderſten Reihe niedergeſchoſſen würde, der ſtünde in der hinterſten
wieder auf. Ihm ſehr zu gelegener Zeit entſtand gerade ein Regenbogen
am Himmel. „Seht!" ſchrie er, „das Zeichen des Bundes, welchen Gott
mit uns macht! Dieſer Bogen iſt der Bürge unſeres Sieges und des Unter=
ganges unſerer Feinde. Alſo zum Kampf und Sieg!" Noch ſtanden die
Bauern unſchlüſſig da, ſahen ihn an und ſeinen Armel; da ließ er den Ab=
geſandten in Stücke hauen, um ſo den Weg zu einem gütlichen Vergleiche
abzuſchneiden. Nun griffen die Bauern zu ihren Senſen, Piken und Schwer=
tern und erwarteten ihre Feinde. Dieſe ließen auch nicht lange auf ſich
warten. Die Kugeln ſauſten, die Reiter ſprengten heran, und wie Spreu
ſtob das Bauernheer auseinander. Die armen verblendeten Leute ſahen ſich
nach Münzer um; aber der hatte beim erſten Kanonenſchuß die Flucht er=
griffen und ſich in Frankenhauſen auf einem Heuboden verſteckt. Die Bauern
fielen nieder und baten um Gnade. Aber nun war es zu ſpät; fünftauſend
wurden erſchlagen, viele niedergeritten, die Gefangenen ſamt dem Rädelsführer
Münzer enthauptet.

* *
*

Von Münzers Anhängern waren einige entkommen und hatten ſich nach
Holland gewendet, wo ſie Anhänger fanden. Dieſe Leute kamen auf den
Einfall, alle, die zu ihnen gehörten, noch einmal zu taufen, weil die Kinder=
taufe keine wahre Taufe ſei, da ja die Kinder nichts davon verſtänden und
auch in der heiligen Schrift nichts davon angeordnet ſei. So bildete ſich
die Sekte der Wiedertäufer. Einige derſelben kamen nach Weſtfalen
und ließen ſich in der Stadt Münſter nieder. Die Verworfenſten dieſer
Wiedertäufer waren Johann Bockold, gewöhnlich Johann von Leyden genannt,
und Johann Matthieſen, ein Bäcker aus Haarlem. Dieſe verbanden ſich mit
einem Prediger der Stadt, Namens Rottmann, der ein unwürdiger Schüler
Luthers war und viele Bürger für ſeine Neuerungen gewann. Vergebens
ermahnte und drohete der Biſchof — er mußte Münſter verlaſſen; vergebens
verſuchte der Magiſtrat dem Unweſen Einhalt zu thun, man jagte ihn fort.
Heinrich Rulle, ein Mönch aus Haarlem, rannte wie beſeſſen durch die
Stadt und ſchrie unaufhörlich: „Thut Buße und laſſet euch taufen, denn
der Tag des Herrn iſt nahe!" Daſſelbe Geſchrei wiederholten am Nach=
mittage Johann von Leyden und Bernhard Knipperdolling, ein Tuchhändler
aus Münſter. Nachdem ſich die Rotte des Zeughauſes bemächtigt hatte,
luden Rottmann und Knipperdolling die Bauern ein, ſie möchten nur ihre
Arbeit ſein laſſen und in die Stadt kommen, da würden ſie ein beſſeres
Leben finden. Sie lehrten, wie Münzer, eine allgemeine Gütergemeinſchaft;
die Reichen mußten alles hergeben und verließen je eher je lieber die Stadt,
die nun den Armen und Wiedertäufern allein überlaſſen blieb. Matthieſen
befahl, daß jeder ſein Gold, Silber und übriges Eigentum in ein beſtimmtes
Haus bringen ſollte; es geſchah. Dann wurden alle Bücher verbrannt, aus=
genommen die Bibel.

Indeſſen rückte der Biſchof von Münſter mit einem Heere herbei, die

Stadt zu belagern. Da erschien der Bäcker Matthiesen auf dem Markte, suchte sich dreißig Männer aus und rief: „Gott hat mir offenbart, daß ich mit diesen Leuten allein das ganze Heer des Bischofs in die Flucht schlagen werde!" Wirklich zog der Tollkopf aus, und alle waren neugierig, wie es ihm ergehen würde. Aber er wurde gleich vom ersten Soldaten niedergestochen. Da trat der Schneider Bockold auf und sprach, das habe er längst gewußt, denn er sei bestimmt, des Bäckers Witwe zu heiraten und auch als Bürger= meister an Matthiesens Stelle zu treten. Nun wurde der Schneider Bürger= meister, aber diese Würde verrückte ihm vollends den Kopf. Auf sein Geheiß mußte ein Goldschmied dem Volke bekannt machen: „Gott hat mir offenbart, daß Bockold ein König ist, dazu bestimmt, den ganzen Erdkreis zu beherrschen und alle Fürsten tot zu schlagen." Da fiel Bockold auf seine Kniee und rief: „Meine Brüder! das hat mir Gott schon vor längerer Zeit offenbart, aber ich wollte warten, bis ein anderer es euch verkündigte." Nun ließ sich Bockold eine goldene Krone, ein Scepter und ein breites Schwert machen; auf dem Markte ließ er sich einen Thron errichten und erteilte dort Audienz, und wenn er über die Straße schritt, trug er einen scharlachroten Mantel mit einer langen Schleppe, die ihm von Edelknaben nachgetragen werden mußte. Er erlaubte seinen Anhängern, so viel Weiber zu nehmen, als sie nur wollten; er selbst brachte es auf vierzehn. Eine dieser Frauen enthauptete er auf dem Markte mit eigener Hand, weil sie ihm Vorstellungen über all den Unsinn machte, dann tanzte er mit den übrigen um den blutigen Leichnam herum. Endlich schickte er 28 Apostel aus in die nächsten Städte; das Reich Christi, wie er sagte, sollte nun aufgerichtet werden. Doch nun sollte dem Unwesen ein Ende gemacht werden. Der Bischof schloß die Stadt immer enger ein, und die Hungersnot nahm so überhand, daß viele verhungerten, andere wie Schatten umherwankten. Und doch durfte keiner sich unterstehen, von Übergabe zu sprechen. Da flohen zwei Bürger aus der Stadt und zeigten dem Bischof einen geheimen Eingang. In einer stürmischen Nacht drangen 400 feindliche Krieger durch den Graben auf den Wall, und nun begann ein furchtbares Gemetzel, das bis in den hellen Tag hinein fort= dauerte. Wer fliehen konnte, der floh oder versteckte sich in Kellern, wüsten Klöstern und andern Schlupfwinkeln. Der König verkroch sich auf den höchsten Boden des Ägidii=Turmes; er wurde aber von einem Knaben ver= raten und in Fesseln geschlagen. Nicht besser erging es seinen beiden Mi= nistern, Krechting und Knipperdolling. Rottmann aber stürzte sich, um den Bischöflichen nicht lebendig in die Hände zu fallen, mit dem Schwerte in der Faust in die dichtesten Haufen der Feinde und fiel, ritterlich kämpfend, ehrenvoller, als er gelebt hatte. Bockold, Krechting und Knipperdolling wur= den in eiserne Käfige gesperrt, wie seltene Tiere im Lande umhergeführt, dann aber in Münster grausam hingerichtet. Die Käfige mit den Leichnamen hing man am Lampertus=Turme auf (1532).

Fortgang der Reformation.

Durch alle Händel, Verirrungen und Ausschweifungen, die um diese Zeit entstanden, ließ sich der wackere Luther doch keineswegs aufhalten, die gute Sache zu fördern. Im Jahre 1523 schrieb er eine neue Ordnung des Gottesdienstes, die auch bald in Wittenberg Eingang fand; dann besorgte er, in Verbindung mit dem Kapellmeister Johann Walther, das erste evangelische Gesangbuch, wozu er selber kräftige Lieder und Gesangweisen lieferte. Im Jahre 1524 verließ er das Kloster und legte die Mönchskutte ab, und im folgenden Jahre verheiratete er sich mit einem zwar armen, aber an Tugend reichen Fräulein, Katharina von Bora, die vorher Nonne im Cisterzienser-Kloster zu Nimptschen bei Grimma gewesen war. Späterhin reiste Luther mit seinem Freunde Melanchthon in Sachsen umher, um zu untersuchen, wie die Prediger und Schullehrer beschaffen wären. Da fanden sie eine erstaunliche Unwissenheit, und das konnte nicht wohl anders sein, da gute Schulen die größte Seltenheit waren. Das bewog Luthern, seinen großen und kleinen Katechismus zu schreiben, damit die Pfarrherren und Lehrer doch einen Leitfaden hätten, nach welchem sie das Volk und die Jugend unterrichten könnten. Dazu forderte Luther die Ratsherren aller Städte Deutschlands auf, für die Verbesserung des Jugendunterrichts zu sorgen, und ermahnte die Fürsten, die eingezogenen Kirchengüter zu diesem löblichen Zwecke zu benutzen. Und nicht bloß in Kursachsen wurde um diese Zeit nach Luthers Sinn und Lehre die Reformation eingeführt, sondern auch in vielen andern Gegenden Deutschlands, ja auch in Preußen, Schweden, Dänemark.

Unstreitig wurde die Reformation dadurch sehr begünstigt, daß Kaiser Karl V. sich nur selten einmal in Deutschland sehen ließ und überhaupt viele andere Dinge im Kopfe hatte, die ihm weit mehr am Herzen lagen, als die Zänkereien der Deutschen. Seitdem er mit König Franz I. von Frankreich, einem jungen ritterlichen Fürsten, zugleich auf der Kaiserwahl gewesen war, haßten sich beide mächtige Monarchen. Sie haben vier erbitterte Kriege miteinander geführt, besonders wegen der Oberherrschaft in der Lombardei. Diese Kämpfe hielten Karl von Deutschland fern, und nie hat dieser sonst so große Kaiser den Charakter der Deutschen recht kennen gelernt. Nur wenn einmal der Lärm in Deutschland zu arg wurde, oder wenn er Geld brauchte, schrieb er einen Reichstag aus. So ließ er im Jahre 1529 einen Reichstag in Speyer halten, wo abermals der Streit zwischen den Katholischen und Lutheranern vorgenommen wurde. Nach langem Hin- und Herreden gaben die Katholiken so weit nach, daß die Lutherischen fürs erste freie Religionsübung behalten sollten, wenn sie die Messe beibehielten und allen Neuerungen entsagten. Dagegen protestierten aber die Lutherischen und erhielten seitdem den Namen „Protestanten".

Noch wichtiger war 1530 der Reichstag in Augsburg, dem der Kaiser selbst beiwohnte. Auf Anraten des Kurfürsten von Sachsen hatte der gelehrte und sanfte Melanchthon eine Schrift aufgesetzt, in welcher die Lehrsätze der neuen Kirche enthalten waren. Diese Arbeit war ein wirkliches Meisterstück; jedes Wort war sorgfältig abgewogen, und so klar die Glaubenslehren der Protestanten dargelegt waren, so schonend war über die Irrtümer der Katholiken hinweggegangen. Diese Augsburger Konfession, wie man die Urkunde nannte, wurde öffentlich vorgelesen und dann dem Kaiser überreicht, welcher darauf erwiderte, er wolle diesen trefflichen Handel mit allem Fleiße erwägen und dann seine Entschließung bekannt machen. Er übergab nun die Schrift einer Gesellschaft von katholischen Geistlichen, unter denen auch Eck mit seinen Genossen war. Diese faßten nun eine Gegenschrift ab, aber in so heftigen, unschicklichen Ausdrücken, daß selbst der Kaiser sie mit Unwillen zurückwies und eine andere aufzusetzen befahl. Diese wurde nun den Protestanten übergeben, und der Kaiser bedrohte sie mit seiner Un= gnade, wenn sie noch ferneren Widerspruch dagegen erheben würden. Wie wäre aber ein Vertrag zwischen beiden Parteien noch möglich gewesen, da beide so himmelweit von einander abwichen? Es blieb jeder hartnäckig bei seiner Meinung. Die Fürsten aber fuhren fort, in ihren Ländern die Re= formation zu verbreiten. Luther war nicht mit in Augsburg gewesen, denn der Kurfürst von Sachsen hielt es nicht für rätlich, den Geächteten und Ge= bannten solcher Gefahr auszusetzen; aber über alle Angelegenheiten hatte man ihn zuvor befragt, und ohne seine Zustimmung war nichts von seiten der Protestanten ausgeführt worden.

Luthers Ende.

Die protestantischen Fürsten, Johann der Standhafte (Sohn Friedrichs des Weisen) von Sachsen, Landgraf Philipp von Hessen an der Spitze, schlossen in Verbindung mit 11 Städten zu Schmalkalden einen Bund, daß sie treulich wollten zusammenhalten, wenn die Katholischen sie mit Ge= walt der Waffen zwingen wollten, von ihrem Glauben abzulassen. Solches geschah im Jahre 1531. Luther war auch bei dieser Versammlung; aber so streitlustig er auch war, so verabscheute er doch den Krieg, weshalb er oft= mals äußerte, daß er lieber einen zehnfachen Tod erdulden, als durch seine Lehre einen Krieg entzünden wollte. Seiner Meinung nach sollte man alle Sachen der Religion Gott anheimstellen, der werde eher und besser für sie sorgen, als irgend eine bewaffnete Macht. Wirklich kam es auch, so lange er lebte, nicht zum Kriege. Dagegen hatte er in seinen letzten Lebenstagen viel andere Kümmernisse zu tragen. Nicht bloß krankhafte Zufälle ergriffen ihn, als Schwindel, Ohrenbrausen, Steinschmerzen — Folgen seiner über= großen Anstrengung! — er sah auch sein Ansehen auf der Universität Witten= berg hier und da angetastet, und in seiner großen Reizbarkeit wurde der sonst so heitere und lebensfrohe Mann finster und verschlossen. So von innen und außen bestürmt, verließ er in einer Aufwallung seines Unmutes (im Mai 1545) Wittenberg und begab sich auf das ihm vom Kurfürsten ge= schenkte Landgut Zeilsdorf bei Borna. Allein die Bitten der Wittenberger und die Ermunterungen Johanns des Standhaften bewogen ihn doch, wie= der zurückzukehren. Er kam im August desselben Jahres wieder nach Witten= berg, doch mit dem Flehen zu Gott, daß er bald abgerufen werden möchte. Und sein Flehen ward erhört. Was hätte auch die Vorsehung dem Lebens= müden nach so vielen unsterblichen Thaten Schöneres geben können, als einen sanften Tod?

Kurz nach seiner Rückkehr baten ihn die Grafen von Mansfeld, nach

Eisleben zu kommen, um eine Streitigkeit, die unter ihnen entstanden war, zu schlichten und beizulegen. Mit Bewilligung seines Kurfürsten machte er sich mitten im Winter auf die Reise, begleitet von drei Söhnen und seinem alten Diener Ambrosius Rutfeld. Als er nach Halle kam, mußte er drei Tage lang bei seinem Freunde, dem Oberprediger Justus Jonas, bleiben, weil die Saale ausgetreten war, und nicht ohne Lebensgefahr setzte er endlich auf einem Kahne über. So kam er am 28. Januar 1546 nach Eisleben, wo ihn die Grafen mit vielen Reitern feierlichst einholten. Beim Anblick seiner geliebten Vaterstadt ward sein Herz mächtig ergriffen; aber eine Erkältung hatte ihm bereits Brustbeklemmungen und Ohnmachten verursacht. Gleichwohl war er unermüdet thätig; er arbeitete an dem ihm aufgetragenen Friedenswerk, prüfte und billigte eine ihm vorgelegte Kirchenordnung, weihte zwei Prediger ein und predigte selber viermal, zuletzt am 14. Februar. Am 17. Februar fühlte er sich aufs neue krank und schwach; er mochte daher den Friedensunterhandlungen nicht beiwohnen, sondern blieb auf seiner Stube, legte sich aufs Ruhebette, ging dann wieder herum, betete öfters und unterhielt sich darauf mit seinen Freunden. Todesgedanken stiegen in ihm auf, und bedenklich sprach er die Worte: „Ich bin hier in Eisleben geboren, wie, wenn ich auch hier sterben sollte?" Aber er blieb sehr heiter beim Vorgefühl seines Todes. Abends ging er in das Speisezimmer zu seiner gewöhnlichen Tischgesellschaft. Bei Tische sprach er viel von der Kürze des Lebens, von der Hoffnung der Ewigkeit und dem dereinstigen Wiedersehen. Nach dem Abendessen kehrte er in sein Zimmer zurück. Da befielen ihn die heftigsten Brustbeklemmungen, bis er während des Reibens mit warmen Tüchern ein wenig einschlummerte. Um 10 Uhr erwachte er wieder und ließ sich in seine Schlafkammer führen. Indem er sich hier in das gewärmte Bett legte, reichte er seinen anwesenden Söhnen und Freunden die Hand und sprach: „Betet zu unserm Herr Gott für sein Evangelium, daß es ihm wohlgehe, denn das Konzilium zu Trident und der leidige Papst zürnet hart mit ihm!" So beschäftigte ihn noch in seiner Todesstunde der Gedanke an das große Werk seines Lebens! Schwer atmend schlief er ein, doch um 1 Uhr erwachte er wieder, von Brustbeklemmungen gequält. Er ging in seine Stube zurück und in derselben einigemal auf und ab; dann legte er sich aufs Ruhebett, klagend, daß es ihn auf der Brust hart drücke. Nun wurden Ärzte herbeigeholt; auch Graf Albrecht von Mansfeld und dessen Gemahlin erschienen und brachten stärkende Tropfen, mit denen sie ihm die Pulsadern bestrichen. Doch alle Hilfe war vergebens! Immer heftiger wurden die Brustbeklemmungen. Seine Freunde suchten ihn zu trösten; weil er schwitze, werde Gott Gnade zu seiner Besserung geben. Er aber antwortete: „Es ist ein kalter Todesschweiß, ich werde meinen Geist aufgeben, denn die Krankheit mehrt sich." Dann fuhr er fort: „O mein himmlischer Vater, Gott und Vater unseres Herrn Jesu Christi, du Gott alles Trostes, ich danke dir, daß du mir deinen lieben Sohn Jesum Christum geoffenbart hast, an den ich glaube, den ich gepredigt und bekannt, den ich geliebt und gelobt habe. Ich bitte dich, mein Herr Jesu Christ, laß dir meine Seele befohlen sein.

O himmlischer Vater, obschon ich diesen Leib lassen und aus diesem Leben hinweggerissen werden muß: so weiß ich doch gewiß, daß ich bei dir ewig bleiben und aus deinen Händen mich niemand reißen kann." — Man reichte ihm Arzneien; dann betete er dreimal hinter einander: „Vater, in deine Hände befehle ich meinen Geist; du hast mich erlöset, Herr, du getreuer Gott." Jetzt wurde er still; man rieb und rüttelte ihn, aber er schlug kein Auge auf. Da rief ihm Doktor Jonas zu: „Ehrwürdiger Vater! Wollt ihr auf die Lehre Jesu, wie Ihr sie gepredigt habt, auch sterben?" Er ant= wortete mit einem vernehmlichen J a, legte sich dann auf die rechte Seite und starb so ruhig und sanft, daß die Umstehenden noch lange glaubten, er schlummere. Es war in der Nacht zwischen 2 und 3 Uhr, am 18. Fe= bruar 1546, als der große Mann verschied.

Ungemein groß war das Wehklagen bei der Nachricht von Luthers Tode. Viele Tausende hatten ihn als Vater geliebt, als Ratgeber geehrt und mit wahrer Ehrfurcht aufgeschaut zu ihm, dem freimütigen, unerschütterlichen und gottesfürchtigen Lehrer. Scharenweis strömte daher alt und jung zu seiner Leiche; auch sämtliche Grafen von Mansfeld, der Fürst Wolf zu Anhalt, der Graf Heinrich zu Schwarzburg und viele Edelleute kamen, um dem Toten das Opfer ihrer Liebe und Trauer zu bringen. Am 19. Februar trug man die Leiche in die Andreaskirche zu Eisleben, wo Doktor Jonas unter vielen Thränen die Leichenpredigt hielt. Aber der Kurfürst J o h a n n F r i e d r i c h (Nachfolger Johanns des Standhaften) wollte nicht, daß Luther in Eisleben begraben würde. Innigst betrübt über dessen Tod, schrieb er an die Grafen von Mansfeld, er hätte gewünscht, daß sie den alten Mann mit ihren Händeln verschont hätten; nun, da er tot sei, solle sein Körper in der Schloßkirche zu Wittenberg bestattet werden. Demnach ward am 20. Februar die Leiche von Eisleben abgeführt, begleitet von den Grafen von Mansfeld und deren Hofstaat, vom Adel der umliegenden Gegend und einer zahllosen Menge von Bürgern und Bauern. Auf dem ganzen Wege von Eisleben nach Wittenberg läuteten überall die Glocken; von Ort zu Ort strömten Menschen herbei, und das Gedränge war oft so groß, daß der Leichenzug still halten mußte. Am 22. Februar traf derselbe in Wittenberg ein. Die ganze Universität, der Rat und die Bürgerschaft waren ihm ent= gegen gegangen, auch viele ehrbare Frauen und Mädchen. Darauf wurde die Leiche in die Schloßkirche gebracht, und als sie in die Gruft vor dem Altare hinabgelassen ward, blieb kein Auge thränenleer. So ward noch im Tode der Gottesmann geehrt, der uns Deutsche erlöst hat von dem Cere= monieendienst und Lippenwerk und uns den Weg gezeigt, wie wir Gott ver= ehren und anbeten sollen im Geist und in der Wahrheit.

Luther im häuslichen Leben.*)

Freigebig war Luther, wie selten ein Reicher; freilich schützte er, wäh= rend er allerwegen die Not seiner Nächsten zu lindern beflissen war, seine

---

*) Nach Fr. Bäßler.

eigene Familie allzuwenig vor einer sorgenvollen Zukunft. Als ihn einer seiner Freunde erinnerte, er möchte doch zum Besten seiner Familie ein kleines Vermögen sammeln, gab er zur Antwort: „Das werde ich nicht thun, denn sonst verlassen sie sich nicht auf Gott und ihre Hände, sondern auf ihr Gold."

Notleidenden gab Luther, so lange er noch etwas hatte, ja auch noch, wenn er nichts mehr hatte, wie folgende Beispiele beweisen werden. Einst kam ein Mann, der sich in Geldnot befand, auf Luthers Studierzimmer und bat ihn um eine Unterstützung. Luthern gebrach es damals — und das mochte öfters der Fall sein — ebenfalls an Geld. Da er aber doch gern helfen mochte, besann er sich, holte das Patengeld eines jüngst geborenen Kindes und gab es dem Bittenden. Die Wöchnerin, welche davon nichts wußte, merkte es doch bald an der Leere der Sparbüchse und war etwas ungehalten über die unbedachte Großmut ihres Mannes. Luther aber entgegnete ihr: „Laß es gut sein, Gott ist reich, er wird anderes bescheren."

Ein andermal kam ein armer Student zu ihm, welcher nach Vollendung seiner Studien Wittenberg verlassen wollte, und bat Luthern um ein Reisegeld. Da aber Luther selbst ohne Geld war und vergebens bei seiner Frau darum angefragt hatte, so war die Verlegenheit des Gebetenen fast größer, als die des Bittenden. Plötzlich fiel Luthers umhersuchender Blick auf den schönen vergoldeten Becher von Silber, den er vor kurzem vom Kurfürsten zum Geschenk erhalten hatte; er lief herzu, faßte das Kleinod und reichte es dem Studiosen. Dieser war darüber bestürzt und wollte nicht zugreifen, und Katharina schien durch den Entschluß ihres Mannes nicht eben angenehm überrascht. Da das der Doktor sahe, machte er den Überraschungen schnell ein Ende, drückte den Becher mit Kraft zusammen und sprach: „Ich brauche keinen silbernen Becher. Da nimm ihn, trag ihn zum Goldschmied, und was er dir giebt, das behalte!"

War in Luthers Hause das Mittagsmahl mit sinnreichen Reden gewürzt, so verschönte den Abend meistens Musik und Gesang. Einer unserer neueren Dichter hat den Ausspruch gethan:

> Wo man singt, da laß dich ruhig nieder;
> Böse Menschen haben keine Lieder.

Wer am Abend vor Luthers Hause vorüberging, der konnte es deutlich und mit andächtiger Freude hören, daß darinnen gute Menschen wohnten. Luther selbst begleitete den Gesang mit Flötenspiel oder mit der Laute. „Musik" — pflegte er zu sagen — „ist das beste Labsal eines betrübten Menschen, dadurch das Herz wieder zufrieden, erquickt und erfrischt wird; sie verjaget den Geist der Traurigkeit, wie man an König Saul sieht. Die Jugend soll man stets zu dieser Kunst gewöhnen, denn sie macht feine und geschickte Leute."

Luther war ein eben so liebherziger als verständiger Vater seiner Kinder. Einst brachte ihm die Muhme seiner Kinder eins auf dem Arme entgegen, da segnete er es und sprach: „Gehe hin und bis fromm; Geld will ich dir nicht lassen, aber einen reichen Gott will ich dir lassen, der dich nicht verlassen wird. Bis nur fromm, da helfe dir Gott zu! Amen!"

Seine überaus große Zärtlichkeit gegen seine Kinder hinderte ihn jedoch nicht, sie in guter Zucht zu halten. Als sein zwölfjähriger Sohn sich eines Vergehens schuldig gemacht hatte, ließ er ihn drei Tage nicht vor sich und nahm ihn nicht eher wieder zu Gnaden an, bis er ihm schrieb, sich demütigte und Abbitte that. Bei dieser Gelegenheit, als die Mutter, Dr. Jonas und Dr. Teutleben für ihn baten, sprach Luther: „Ich wollt lieber einen toten, als einen ungezogenen Sohn haben."

Im Jahre 1542 erkrankte seine innig geliebte vierzehnjährige Tochter Magdalena, ein anmutiges Jungfräulein von trefflichem Gemüt und hellen Geistesgaben. Die Krankheit ließ sich sehr schlimm an. Luther wich kaum noch vom Bette der Tochter. „Ich habe sie sehr lieb" — seufzte er — „aber lieber Gott, da es dein Wille ist, daß du sie dahin nehmen willst, so will ich sie gern bei dir wissen." Darauf wandte er sich zur Kranken: „Magdalenichen, mein Töchterlein, du bliebest gern hier bei deinem Vater und zeuchst auch gerne zu jenem Vater?" Die Tochter erwiderte: „Ja, herzer Vater, wie Gott will." Da sagte Luther: „Du liebes Töchterlein, der Geist ist willig, aber das Fleisch ist schwach;" und wandte sich herum und sprach: „Ich hab' sie ja sehr lieb; ist das Fleisch so stark, was wird der Geist sein?"

Da nun Luthers Hausfrau sehr traurig war, laut weinte und jammerte, sprach er zu ihr: „Liebe Käthe, bedenk doch, wo sie hin kommt, sie kommt ja wohl!" In der Nacht vor Magdalenens Tode hatte Katharina einen Traum; es deuchte sie, zween schöne junge geschmückte Gesellen kämen und wollten ihre Tochter zur Hochzeit führen. Als nun Philippus Melanchthon ins Kloster kam, zu fragen, was ihre Tochter machte, da hat sie ihm den Traum erzählt. Aber er war darüber erschrocken und hat zu den anderen gesagt: „Die jungen Gesellen sind die lieben Engel, die werden kommen und diese Jungfrau in das Himmelreich, in die rechte Hochzeit führen." An demselben Tage starb sie.

Als nun Magdalenchen in den letzten Zügen lag, fiel der Vater vor dem Bette auf seine Kniee, weinte bitterlich und betete, daß sie Gott wolle erlösen. Da verschied sie und entschlief in ihres Vaters Händen, denn die Mutter war wohl auch in derselben Kammer, aber weiter vom Bette abseits, um ihrer großen Traurigkeit willen und weil sie, wie Hagar, ihres Kindes Sterben nicht sehen wollte. Und als die Tochter im Sarge ruhte, sprach Luther: „Du liebes Lenchen, wie wohl ist dir geschehen. Du wirst wieder auferstehen und leuchten wie ein Stern, ja wie eine Sonne. Ich bin ja fröhlich im Geist, aber nach dem Fleische bin ich sehr traurig. Das Fleisch will nicht heran, das Scheiden vexieret einen über die Maßen. Wunderlich ist es, zu wissen, daß sie im Frieden und ihr wohl ist und doch noch so traurig sein." Und da das Volk kam, die Leiche zu bestatten und sie den Doktor nach dem Gebrauch anredeten und sprachen, es wäre ihnen seine Betrübnis leid, sprach er: „Es soll euch lieb sein; ich habe einen Heiligen gen Himmel geschickt, ja einen lebendigen Heiligen! O hätten wir einen solchen Tod! Einen solchen Tod wollte ich auf der Stelle annehmen."

2. Philipp Melanchthon (geb. 1497, gest. 1560).

Der treue Freund und Gehilfe Luthers in dem großen Werke der Reformation wurde am 16. Februar 1497 in Bretten geboren, einem Städtchen in der Unterpfalz. Hier wohnte in der letzten Hälfte des 15. Jahrhunderts ein wackerer Amtmann, Namens Reuter, dessen Tochter Barbara an einen eben so braven Mann, den Waffenschmied und Stückgießer Georg Schwarzerd, verheiratet war. Beide Familien lebten in herzlicher Freundschaft mit einander, und besonders herrschte unter den jungen Eheleuten diejenige liebevolle Eintracht, welche nie verfehlt, die Kinder, die aus solcher Ehe hervorgehen, zu liebenswürdigen und glücklichen Menschen zu machen. Beide waren von sanftem Charakter, sehr arbeitsam und haushälterisch und nach dem Geiste der Zeit sehr religiös. Selbst des Nachts stand der fromme Schwarzerd aus dem Bette auf, um knieend ein Gebet zu verrichten.

Von fünf Kindern war Philipp das älteste; dieser Knabe zeigte schon früh die größten Anlagen, ein hellsehender, vielwirkender Mann zu werden. Ein leichter Sinn, eine ruhige Besonnenheit, eine liebenswürdige Bescheidenheit, verbunden mit äußerer Anmut in Gang und Stimme, machten ihn in jeder Gesellschaft beliebt. Aber er war noch nicht 11 Jahre alt, als er schon seinen Vater durch einen frühen Tod verlor. Noch auf dem Sterbebette ermahnte ihn der brave Mann, sein Leben lang Gott vor Augen zu haben, denn es seien schreckliche Veränderungen in der Welt und böse Zeiten zu fürchten. „Ich habe" — das waren seine letzten Worte — „viele und große Dinge in der Welt erlebt, aber noch größere stehen bevor. Gott mag dich leiten und regieren."

Nach seinem Tode nahm sich der Großvater Reuter der verwaisten Kinder redlich an. Philipp erhielt einen Hofmeister, Johann Unger, der sich mit ganzer Seele seiner Erziehung hingab und sich bemühte, eine recht große Menge von Begriffen in seinem Kopfe zu entwickeln. Doch auch der Großvater starb bald, Unger verließ die Familie, und der junge Philipp ward nun nach Pforzheim in die öffentliche Schule geschickt. Der Rektor dieser Anstalt war ein besonderer Freund der griechischen Sprache, und da diese in der Schule nicht eigentlich gelehrt ward, so versprach er denjenigen Schülern, die im Lateinischen recht fleißig sein würden, darin besonderen Unterricht zu erteilen. Philipp gehörte mit zu diesen Auserwählten und ward bald des Rektors Liebling. Als nun um diese Zeit Johann Reuchlin, ein berühmter Humanist (durch griechische und römische Wissenschaft und Kunst Gebildeter) durch Pforzheim kam und vom Fleiße des Knaben, dem er verwandt war, hörte: so war er darüber so erfreut, daß er ihm nicht nur mehrere Bücher schenkte, sondern ihm auch einen griechischen Namen aufdrang, der eine wörtliche Übersetzung des Wortes Schwarzerd war — Melanchthon; nach einer damals unter den Gelehrten sehr gewöhnlichen Sitte.

Melanchthons frühe Reise machte ihn schon im 14. Jahre zur Universität geschickt. Er ging (1510) nach Heidelberg und von dort (1512) nach Tübingen. Auf dieser letzteren Universität kam ihm zuerst eine Bibel zu Gesicht, die ihn zur näheren Erforschung der Lehre Jesu Christi und seiner Apostel reizte. Von jetzt an war sein Beruf zur Theologie entschieden. Er verwarf, wie Luther, sogleich die trockenen, verworrenen Lehrsätze der Scholastiker und überließ sich einzig dem Studium der Bibel, von welcher er sich, sobald es ihm möglich war, ein Exemplar zu eigen machte.

Sechs Jahre hatte er in Tübingen gelebt, als sein Oheim Reuchlin vom Kurfürsten von Sachsen den Auftrag erhielt, ihm einen tüchtigen Philologen (Kenner der alten Sprachen) für seine Universität Wittenberg vorzuschlagen. Reuchlin erinnerte sich sogleich seines fleißigen Vetters, die Sache ward schnell abgemacht, und im Jahre 1518 zog der 21jährige Melanchthon als Professor in Wittenberg ein. Ungeachtet seiner Jugend ging doch schon ein großer Ruf der Gelehrsamkeit vor ihm her, die Universität zu Leipzig veranstaltete sogar bei seiner Durchreise ein Fest zu Ehren des Gastes. Seine Vorlesungen wurden eifrig besucht, oft las er vor 2000 Zuhörern. Er besaß die Gabe des angenehmen und faßlichen Vortrages in einem hohen Grade und bei der tiefsten Einsicht die größte Bescheidenheit.

Zufällig ward Luther Melanchthons erste Bekanntschaft in Wittenberg. Sie wurden bald Freunde und blieben es bis in den Tod. Die Natur selber schien sie für einander geschaffen zu haben, denn einer ergänzte den andern. So wie Melanchthon mit allen seinen Kenntnissen und Einsichten keine Reformation würde zustande gebracht haben, so würde Luther durch sein Ungestüm ohne des Freundes leitende Hand in tausend Verwirrungen geraten sein; und wie Melanchthon fühlte, daß Luthers Mut und Sicherheit ihm fehlte, so ehrte Luther dagegen Melanchthons gründliche Kenntnis und ruhigere Fassung. „Ich danke es meinem guten Philipp" — schreibt Luther einmal — „daß er uns Griechisch lehrt. Ich bin älter als er, allein das hindert mich nicht, von ihm zu lernen. Ich sage es frei heraus, er versteht mehr denn ich, dessen ich mich auch gar nicht schäme." Die gerechte Anerkennung seines Verdienstes erwiderte Melanchthon mit einer Hochachtung, die an Verehrung grenzte. Gewöhnlich nennt er Luther in seinen Schriften vorzugsweise den Doktor. Sein Betragen gegen ihn war nachgebend und vorsichtig. Er erklärt sich darüber in einem Briefe, der einige Zeit nach Luthers Tode geschrieben ist. „Luther" — sagt er darin — „war bei seinen großen Tugenden von Natur hitzig und aufbrausend. Oft mußte ich ihm eine sklavische Unterwürfigkeit beweisen, da er zuweilen mehr seinem Temperamente folgte und weniger auf seine Person und das allgemeine Beste Rücksicht nahm. Er konnte es nicht gut leiden, wenn man von seiner Meinung abwich." Wie glücklich mußte sich's also treffen, daß der Mann, welcher Luthern in Ansehung des Wissens so weit übertraf, ihm in Ansehung des Mutes zum Handeln so weit nachstand. Nur daher kam es, daß ihr Ehrgeiz während einer Laufbahn von 28 Jahren nie feindselig zusammenstieß und die zum Wohle des ganzen Reformationswerkes so nötige Harmonie nirgends störte.

Welch ein bedeutender Mann übrigens dieser Melanchthon gewesen sein muß, erhellt schon daraus, daß selbst der strahlende Glanz eines Luther ihn nicht verdunkeln konnte. Wer beide Männer kannte, war oft zweifelhaft, welcher von ihnen der größere sei; ja viele, denen Luthers rasche Anmaßungen mißfielen, traten der guten Sache nur um Melanchthons willen bei. Seine unermüdete Thätigkeit, die selbst des kränkelnden Körpers spottete, die Gründlichkeit seiner Untersuchungen, die Klarheit seiner Darstellung, die heitere Ruhe bei den Einwürfen seiner Gegner — das alles nötigte seinen Zuhörern Bewunderung ab. Ein Fremder, der einmal seinen Vorlesungen beigewohnt hatte, versicherte, die Apostel könnten Jesu nicht aufmerksamer zugehört haben, als die Studenten dem Melanchthon. Eines seiner größten Verdienste war, daß er die Wissenschaften, die damals auf Schulen gelehrt wurden, in eine bequemere Form brachte, zweckmäßigere Schulbücher für dieselben schrieb und besonders für die Erlernung der alten Sprachen bessere Methoden erfand. Durch ihn wurde die griechische Sprache im nördlichen Deutschland erst bekannt. Er schrieb eine griechische Grammatik, welche 28, und eine lateinische, welche 32 Auflagen erhielt. Wir haben von ihm eine Logik, Ethik, Rhetorik, Poëtik, Physik, die für ihre Zeiten vortrefflich waren. Dadurch, daß er das neue Testament zuerst aus dem Griechischen erklärte und wohlfeile Abdrücke der einzelnen Bücher desselben den Studierenden in die Hände gab, arbeitete er Luthern ungemein in die Hand. Dieser hielt ihn auch für ein auserwähltes Rüstzeug, das ihm Gott zur Begründung seines Werkes zugesandt hätte.

Melanchthons Gewissenhaftigkeit in seinem Berufe ging so weit, daß er sich nicht getraute, eine Reise zu seiner geliebten Mutter zu machen, aus Furcht, sich dadurch zu sehr zu zerstreuen. Aus demselben Grunde wollte er auch nicht heiraten, und Luther mußte ihn zu beiden Dingen erst lange ermuntern. „Reise du, lieber Bruder Philipp, in Gottes Namen!" sagte er zu ihm. „Hat doch unser Herr auch nicht immer gepredigt und gelehrt, sondern ist auch oft unterwegs gewesen. Er besuchte selbst zu Zeiten seine Freunde und Verwandte. Was ich aber von dir verlange: Komm bald wieder zu uns. Ich will dich Tag und Nacht in mein Gebet einschließen. Und damit gehst du!" Die Reise ging glücklich von statten. Als er sein geliebtes Bretten zum ersten Mal von fern erblickte, stürzten ihm die hellen Thränen aus den Augen; er mußte vom Pferde steigen und fiel auf die Kniee nieder. „O vaterländischer Boden!" — rief er aus. „Ich danke dir, Gott, daß du mich ihn wieder sehen ließest!"

Seine Heirat ward am 25. November 1520 vollzogen. Seine Gattin, die Tochter eines wittenbergischen Bürgermeisters, Hieronymus Krapp, glich ihm in Sanftmut und Nachgiebigkeit. Sie machte ihn sehr glücklich und beschenkte ihn mit zwei Söhnen und zwei Töchtern.

Schade, daß eine ausschließlich gelehrte Erziehung diesen herrlichen Mann für das öffentliche, thätige Leben durchaus verdorben hatte. Selbst zum

Predigen konnte er nie bewogen werden, und wenn man ihn bei der Reformation oft wider seinen Willen zwang, öffentlich aufzutreten, so that er jeden Schritt mit Angst und Beklommenheit. „Ach" — so schreibt er unter anderm — „wenn man mich doch nicht aus meinem Hörsaal abriefe und mich nur zum Besten der Jugend ungestört arbeiten ließe! Das ist meine Ruhe und meine Freude. Für andere Dinge bin ich zu weich und ungeschickt." Und in der That, als er Luthern nicht mehr hatte, glich er der Rebe, die ihren Stab verloren hat. All sein Mut sank dahin, und als die Drangsale des Kriegs ausbrachen, waren die Thränen sein süßester Trost. „Mein Schmerz über die Kriegsunruhen verzehrt mich," so schreibt er. „Oft zweifle ich, wenn ich die Elbe erblicke, ob ich ihn ausweinen könnte, wenn ich auch eben so viel Thränen weinen wollte, als die Elbe Wellen wirft." Die Lutheraner haben es ihm auch vorgeworfen, daß er, wenn es von ihm abgehangen hätte, in Gottes Namen wieder alles zum alten zurückgekehrt haben würde, um nur Frieden zu haben. Übrigens wirkte er in seinem stillen Kreise unermüdet lehrend, forschend und schreibend bis an seinen Tod; noch am Tage vor seinem Tode trug er selber das Manuskript seines letzten Osterprogramms in die Druckerei. Er starb am 19. April 1560 in Wittenberg. Wegen seiner umfassenden Gelehrsamkeit und der seltenen Gabe, sie der studierenden Jugend zugänglich zu machen, ist er mit Recht Praeceptor Germaniae (der Lehrer Deutschlands) genannt worden.

3. Ulrich Zwingli (geb. 1484, gest. 1531).

Zu den großen evangelisch gesinnten und mit hoher Thatkraft von Gott begnadigten Männern, welche die Herolde der neuen Lehre wurden, gehört vorzüglich der edle Zwingli, der gleichzeitig mit Luther, doch unabhängig von ihm, die Reformation in der deutschen Schweiz begründete. Er ward am 1. Januar 1484 in Wildhaus, einem Bergdörfchen der zum Kanton St. Gallen gekommenen Grafschaft Toggenburg, am Südfuß des Sentis zwischen steilen Berggipfeln gelegen, unter bescheidenen, aber gesunden und tüchtigen Lebensverhältnissen geboren. Sein Vater war Gemeinde-Ammann, sein Oheim der Pfarrer von Wildhaus, später Dekan zu Weesen am Wallenstädter See. Vom Oheim empfing er seine erste Bildung, dann schickten die Eltern den hoffnungsvollen, aufgeweckten Knaben auf die Schulen nach Basel und Bern. In Bern zog der junge Zwingli durch seine musikalischen Talente die Aufmerksamkeit der Dominikaner auf sich, und sie boten alles auf, ihn zum Eintritt in ihren Orden zu bewegen; doch für den gesunden Sinn des Gemeinde-Ammanns in Wildhaus und seines Bruders, des Dekans, war der Nimbus des Mönchtums längst geschwunden, und es gelang ihnen, den Jüngling von dem bedenklichen Schritt zurückzuhalten.

Anstatt ins Kloster ging Zwingli im Jahre 1499 auf die Hochschule nach Wien, welche damals von studierenden Schweizern gern besucht wurde und durch ihre philosophisch tüchtigen Professoren berühmt war. Hier schloß er mit gleich strebsamen Jünglingen seines Heimatlandes den Freundschaftsbund, übte sich in der Kunst, über wissenschaftliche Fragen frei zu reden und zu disputieren und bildete auch seine musikalischen Anlagen weiter aus. Als kenntnisreicher junger Mann kehrte er ins Schweizerland zurück und nahm in Basel an der Martinsschule die Stelle eines Jugendlehrers an. Doch rastlos arbeitete er auch fort an seiner eigenen Bildung und benutzte eifrig die Vorträge der Lehrer an der Baseler Hochschule. Unter diesen war besonders ein redlicher Theolog, Thomas Wyttenbach, welcher durch seine ebenso geistvollen als freisinnigen Vorlesungen den jungen Zwingli anzog. Wyttenbach lehrte schon damals öffentlich, daß das ganze Ablaßwesen nichts als ein bloßes Blendwerk sei; Jesus Christus allein habe das Lösegeld für die Sünden der Menschen geleistet. In gleichem Sinn und Streben, auf das lautere Wort Gottes in der Bibel zurückzugehen, verband sich Zwingli auch mit Leo Jud, seinem Wiener Universitätsfreund, der sein treuester Mitarbeiter am späteren Reformationswerk wurde.

Nachdem Zwingli vier Jahre in Basel zugleich Lehrer und Schüler gewesen, ward er von der Gemeinde Glarus als Pfarrer berufen. In Konstanz ließ sich der 22jährige Mann vorerst zum Priester weihen, hielt auf seiner Reise in Rapperswyl die erste Predigt und in Wildhaus die erste Messe. Von 1506—1516 wirkte er nun als Pfarrer in Glarus. Es waren zehn bedeutende Jahre. Er machte als Feldprediger die Kriegszüge nach Italien mit, lernte das Verderbliche des Schweizer Söldnerwesens kennen und eiferte dann mit aller Kraft gegen die, welche um schnödes Gold das Blut ihrer Mitbürger an die Fürsten des Auslandes verkauften. Dies erweckte ihm viel Feindschaft, aber der größere Teil seiner Gemeinde war ihm herzlich zugethan; seine Predigten erleuchteten und erwärmten zugleich, und bei aller sittlichen Strenge, mit welcher Zwingli die vielen Mißbräuche auch im staatlichen Leben rügte, fehlte doch die christliche Liebe nicht.

Als er im Jahre 1516 sich entschloß, als Prediger an den berühmten Wallfahrtsort Einsiedeln zu gehen, wollte ihn die Gemeinde nur „auf Urlaub" entlassen, und nötigte ihn, seinen Titel und Gehalt beizubehalten. In Maria-Einsiedeln traf Zwingli abermals mit freigesinnten Männern zusammen, in denen das Gefühl lebendig war, daß die Schäden der Kirche zu offenbar seien, um nicht einer Heilung zu bedürfen. Am Fest der Engelweihe 1517 hielt Zwingli die Predigt, und redete voll des heiligen Geistes zu den Pilgerscharen in volkstümlicher Kraft, daß nicht Maria, sondern Jesus unser Heil sei, daß niemand angebetet werden solle als der alleinige Gott, und daß Gottes Geist und Gnade sich nicht an einen Ort binden lasse, sondern allerorten gegenwärtig sei.

Viele Pilger entfernten sich mit Schrecken, andere schwankten zwischen dem Glauben der Väter und der neuen Lehre, viele wurden aber auch von der Wahrheit der evangelischen Predigt überzeugt. Der Ruf Zwinglis erscholl nicht allein durch die Städte und Dörfer der Schweiz, auch in Schwaben und im Elsaß ward des kühnen Predigers Name ehrenvoll genannt. Denn auch Zwingli hatte, wie Luther, das kühnlich ausgesprochen, was schon in vielen Gemütern sich regte und worauf die ganze Zeit hindrängte.

Nun berief man ihn nach Zürich, zwei Jahre darauf, nachdem Luther seine 95 Sätze angeschlagen hatte. Hier fand er ein gewecktes, freiheitsliebendes Völkchen und einen Magistrat, der ihm auf halbem Wege entgegenkam. Die Zuhörer strömten ihm zu, denn er predigte das lautere, reine Evangelium, frei von menschlichen Zusätzen und Verdrehungen, und führte eine neue Art zu predigen ein, indem er in zusammenhängenden Vorträgen (Homilien) seiner Gemeinde das ganze neue Testament bekannt machte und erklärte. Dabei deckte er die Verderbnis der Geistlichkeit und die Mißbräuche in der katholischen Kirche auf, und als ein Franziskaner = Mönch, B e r n a r d i n S a m s o n, in der Schweiz umherreiste, um wie Tezel in Norddeutschland den Ablaß zu predigen, eiferte Zwingli so kräftig gegen diesen Unfug, daß Samson es nicht wagte, nach Zürich zu kommen. Es wurden jetzt in mehreren Orten die Messe, die Ohrenbeichte und andere Gebräuche, die zum Mißbrauch ausgeartet waren, abgeschafft; hier und da verließen die Nonnen ihre Klöster und verheirateten sich. Da nun Zwingli fortfuhr, für Ausbreitung der einfachen Lehre Jesu Christi thätig zu wirken, so bot ihm der Papst hohe Ehrenstellen an, in der Hoffnung, ihn dadurch zum Schweigen zu bringen. Aber Zwingli achtete die Ehre bei Gott und den Schatz im Himmel für höher, als menschliche Ehre, und lehnte alle Anträge ab. Der Rat berief darauf alle Geistliche, die vermeinten, Zwinglis Lehre widerlegen zu können, nach Zürich, und obgleich über 600 zusammenkamen, so ging der Reformator doch siegreich aus dem Wortkampfe hinweg. Nun gab er sein Glaubensbekenntnis von der wahren und falschen Religion heraus und äußerte sich darin fast ganz so wie Luther. „Nur die Bibel," sagte er, „muß über unsern Glauben und über unser Thun entscheiden; alle menschlichen Zusätze sind verwerflich, und eher wird es nicht besser mit uns, als bis wir zu der Einfachheit der christlichen Kirche in ihren ersten Zeiten zurückkehren." In wenigen unwesentlichen Stücken wich Zwingli von Luther ab, namentlich in der Lehre vom Abendmahl. Er lehrte, daß beim Tische des Herrn das Brot und der Wein z u m G e d ä c h t n i s an das Leben und Sterben des Heilandes genossen würden und nur ein Erinnerungszeichen seien; während Luther behauptete, man müsse sich an den Wortlaut der heil. Schrift halten, denn der Heiland habe ausdrücklich gesagt: „D a s i s t m e i n L e i b!" Wie das Brot in den Leib und der Wein in das Blut Jesu Christi v e r w a n d e l t würde, wüßten wir freilich nicht anzugeben, aber man solle auch nicht darüber klügeln. Obwohl es nun darauf ankommt, daß wir mit Demut und aufrichtiger Liebe zu Jesu Christo das heilige Abendmahl genießen und in solchen Streitigkeiten nicht die Seligkeit beruht, so trennten sich doch die Lutheraner von den Anhängern Zwinglis, welche sich die Reformierten nannten. Denn Luther wollte durchaus nicht nachgeben, und eine Unterredung in Marburg 1529, die auf Antrieb des Landgrafen Philipp von Hessen zwischen beiden Reformatoren stattfand, brachte keine Vereinigung zustande.

Lange schon hatte große Erbitterung und Feindschaft geherrscht zwischen den katholisch gebliebenen Kantonen der Schweiz und zwischen dem protestantisch gesinnten Zürich, das durch Bern verstärkt, mit den Städten Biel, Mühlhausen, Basel und St. Gallen ein Schutz= und Trutzbündnis geschlossen hatte. Nun brach der Krieg aus, und der edle Zwingli mochte nicht in Ruhe daheim bleiben, während um die höchsten christlichen Güter gekämpft wurde; hatte er doch den Kampf hauptsächlich veranlaßt. Er rüstete sich, als Feldprediger mitzureiten. Vor seiner Wohnung auf dem Stiftsplatze sammelte sich das Kriegsvolk. Das Pferd, welches ihn tragen sollte, ward herbeigeführt; er schnallte sich den Panzer an und sprach tröstend zu seinem treuen Weibe: „Die Stunde ist gekommen, wo wir uns trennen müssen! Es sei so, denn der Herr will es! Er sei mit dir, mit mir und den Kindern!" Der Vater hatte Mühe, aus den Umarmungen des tiefbetrübten Weibes und der weinenden Kinder sich loszureißen. „So der Herr will, sehen wir uns wieder!" — das waren die letzten Worte, welche die traute Familie von dem Streiter Gottes auf Erden vernehmen sollte.

Am 12. Oktober 1531 kam es bei Kappel, nahe am Rigiberge, zur Schlacht. Die Züricher wurden von der Übermacht der katholischen Kantone besiegt; auch Zwingli, der unter den Vordersten war — er trug das Banner des Kantons — und den Kämpfenden Mut einsprach, wurde mit Wunden bedeckt, sein Pferd getötet, zuletzt sank er selbst nieder. Ein Kriegsknecht aus Uri glaubte ihn zu erkennen, trat zu dem sterbenden Manne und rief: „Du bist der Hilterich (Huldreich), sollt' i meine?" Zwingli leugnete es nicht. Da knieete der Mensch auf den Kraftlosen nieder und schrie ihm ins Ohr: „Gläubst an Papsten, so möchst du lebe." Er sollte die Heiligen anrufen, beichten, wie ein Katholik. Er aber lag da mit gefalteten Händen, den Blick gen Himmel gerichtet, in der Nähe eines Birnbaumes, später der Zwingli=Baum genannt. Da drang der Unterwaldner Hauptmann Bokinger auf ihn ein: „Bist du der schändliche Ketzer und Verräter, so stirb!" und gab ihm den Todesstreich. Zwinglis Leiche wurde noch an demselben Tage auf dem Schlachtfelde verbrannt und die Asche verunreinigt. Sein Waffengefährte rettete mit Lebensgefahr das Herz des treuen Freundes und Lehrers und brachte es seinem Freunde Myconius, der es beerdigen ließ.

4. Johann Kalvin (geb. 1509, gest. 1564).

Jean Chauvin (latinisiert Calvinus) war der Sohn eines angesehenen Kaufmanns zu Noyon in Frankreich. Der Vater, der wegen seines hellen Verstandes und festen Charakters in großem Ansehen stand, hatte den Grundsatz, daß man den Kindern die recht innige Liebe auf alle Art verbergen und sie durch die Furcht zum guten erziehen müßte. So verfuhr er mit dem Sohne sehr streng, doch that dieses der Hochachtung und Ehrfurcht, welche derselbe ihm stets bewies, keinen Eintrag, und als Johann älter wurde, ward ihm der Vater der treueste Ratgeber und Freund. Das strenge Wesen war indessen doch auf den Sohn übergegangen. Von der andern Seite wirkte der Charakter seiner Mutter, die sehr religiös war, nicht minder lebhaft auf

den Knaben ein. Wenn er sie in die Kirche gehen, lesen, singen, nieder=
knieen, beten und weinen sah, so ward sein zartes Gemüt wunderbar davon
gerührt, und eine unaussprechliche Ehrfurcht vor dem Heiligen, Unsichtbaren
durchzitterte seine Nerven. Auch ward er früh gewöhnt, oft unter freiem
Himmel niederzuknieen und zu beten, und er that dies immer mit der größten
Inbrunst und Freudigkeit, auch wenn er ganz allein war. Ein geliebter
Bruder, Anton, half ihm als Gespiele seine Kinderjahre versüßen.

Der kleine gesetzte Knabe gefiel allen Leuten, besonders einem Herrn von
Montmor, der ihn sich von den Eltern ausbat, um ihn in Gesellschaft seiner
Kinder erziehen zu lassen. Mit diesen ward er denn auch nach einigen
Jahren in eine öffentliche Schule, das Kollegium de la Marche, nach Paris
geschickt. Der junge, sehr fleißige, gehorsame und fromme Kalvin erhielt
täglich die größten Auszeichnungen auf Kosten seiner Mitschüler, das machte
diese neidisch auf ihn; Kalvin fand beständig an ihren Sitten etwas zu
tadeln, das machte sie ärgerlich; er war in allen Dingen sehr eigen und
empfindlich, das reizte sie, ihn immerfort zu necken und zu verspotten. Da=
durch setzte sich eine gewisse krankhafte Reizbarkeit, ein Eigensinn und eine
Eigenliebe bei ihm fest, obwohl seine Neigungen immer auf das Gute ge=
richtet waren.

Eine lateinische Disputation, in welcher er durch seine Gewandtheit und
Gelehrsamkeit die Aufmerksamkeit aller Zuhörer erregte, verschaffte ihm schon
in seinem 18. Jahre eine Pfarrstelle zu Pont l'Evèque, die er mit großem
Beifall verwaltete. Eine Pfründe hatte er schon in seinem 12. Jahre be=
kommen, denn so verschleuderte man damals die übermäßigen Reichtümer
der Kirche.

Indessen blieb er nicht lange der so rühmlich betretenen Laufbahn treu.
Durch einen gelehrten Vetter, Robert Olivetan, zuerst mit der voll=
ständigen Bibel bekannt gemacht, auch schon ein wenig von den Grundsätzen
der neuen Reformatoren in Deutschland und der Schweiz unterrichtet, fing
sein Glaube an die Wahrheit des Katholizismus sehr zu wanken an, und
dies erregte in ihm eine solche Unruhe, daß er sich lange weder zu raten,
noch zu helfen wußte. Eine Zeit lang widerstand noch immer die Liebe zu
den in seiner Kindheit ihm eingepflanzten Meinungen, und es kostete ihm
einen harten Kampf, sie als Irrtümer aufzugeben. Aber dieser Kampf dauerte
nur so lange, als der neue Glaube noch nicht zur festen Überzeugung hin=
durchgedrungen war. Sobald dies geschehen, war es ihm unmöglich, noch
länger katholischer Priester zu bleiben. „Ich konnte meines Herzens wegen
nicht bleiben" — äußerte er sich später über diesen Punkt. Er legte seine
Stelle freiwillig nieder und ging nach Orleans, um die Rechte zu studie=
ren, worein auch sein Vater, der sich von dieser Laufbahn mehr Ehre ver=
sprach, mit Freuden willigte.

Mit seinem gewöhnlichen Fleiße brachte es Kalvin binnen kurzer Zeit
auch in der Rechtswissenschaft ungewöhnlich weit. Er versagte sich alle Ver=

gnügungen, aß sehr wenig und brachte die halbe Nacht noch über den Bü=
chern zu. Ja, er verscheuchte alle seine Freunde durch seinen Studiereifer,
indem er es fast übel nahm, wenn ihn jemand durch einen Besuch im Ar=
beiten störte. Seine Lehrer selbst erstaunten über seine raschen Fortschritte,
und um ihn recht ehrenvoll auszuzeichnen, boten sie ihm aus freien Stücken
die juristische Doktorwürde an. Er hatte die Bescheidenheit, sie abzulehnen,
weil er sich erst in Bourges unter dem berühmten, aus Italien dorthin
berufenen Rechtslehrer Andreas Alciatus zu einem recht vollkommenen Ju=
risten bilden wollte.

Auf dieser Universität war damals auch ein junger Deutscher, Namens
Wolmer, aus Rottweil in Schwaben gebürtig, als Professor der griechischen
Sprache angestellt. Mit diesem machte Kalvin bald Bekanntschaft, und er
ward von demselben dergestalt für das Studium der alten Sprachen und
des neuen Testaments eingenommen, daß er darüber die ganze Rechtswissen=
schaft in den Winkel warf und von dem heftigen Verlangen entzündet wurde,
sich, als Verbreiter der richtigeren Religionslehre Ehre bei Gott und ein Ver=
dienst bei den Menschen zu erwerben. Er fing wirklich an, auf den Dörfern
in der Nähe bei Bourges im Geiste der neuen Lehre zu predigen, und weil
er aus einem glühenden und überzeugten Herzen sprach, so fand er auch
überall den lebhaftesten Beifall. Man suchte ihn auf alle Art in Bourges
zu fesseln, aber der Tod seines Vaters rief ihn nach Noyon und dann nach
Paris, wo er sich sogleich an die dort befindlichen Reformierten aus Zwinglis
Schule anschloß. Er erbaute die Herzen der Gemeinde durch seine Reden,
die er in den geheimen Zusammenkünften hielt, und beförderte durch allerlei
geistliche Schriften die Ausbreitung der neuen Lehre. Schon in seinem
24. Jahre hielten ihn die Reformierten zu Paris für einen Hauptpfeiler ihrer
Kirche. Die Königin Johanna von Navarra, Franz I. Schwester, selbst eine
heimliche Freundin dieser Partei, ließ ihn oft zu sich kommen und unterhielt
sich mit ihm über Gegenstände des Glaubens. Als aber die Verfolgungen
gegen die Hugenotten begannen, mußte Kalvin aus Paris entweichen und
reiste eine Zeit lang bei seinen Freunden umher. Dann wagte er es noch
einmal, die Hauptstadt zu betreten, aber sogleich mußte er fliehen, um sein
Leben zu retten. Ungern, aber gefaßten Mutes verließ er sein Vaterland;
„denn" — so schrieb er — „verdient es die Wahrheit nicht, in Frankreich
zu wohnen, so verdiene ich es noch weniger. Gern will ich das Schicksal,
das sie trifft, auch mir gefallen lassen."

Er kam nach Basel, wo damals der Katholizismus durch Zwinglis
Lehre schon völlig verdrängt war. Auch hier fand er Freunde und Gönner
in Menge, auch Lehrer, von denen er noch etwas lernen konnte. So legte
er sich hier zuerst auf das Hebräische, und wie sich denken läßt, mit seinem
gewöhnlichen Eifer. Voll des Wunsches, in seinem Vaterlande seinen Über=
zeugungen mehr Eingang und höhere Billigung zu verschaffen, schrieb er
einen „Unterricht in der christlichen Religion" und widmete ihn dem Könige
von Frankreich, dem aber seine geistlichen Ratgeber das Buch nicht einmal
zu Gesicht kommen ließen.

Im Jahre 1536 kam Kalvin nach Genf, einer Stadt, die sich seit länge=
rer Zeit die Unabhängigkeit einer Republik erworben hatte und in großem
Wohlstande war; auch war sie kürzlich durch ein Paar reformierte Prediger,
Wilhelm Farel und Peter Viret, in die neue Lehre eingeweiht worden.
Die beiden Geistlichen hörten nicht sobald von Kalvins Ankunft, als sie ihn
dringend baten, bei ihnen zu verweilen und einmal zu predigen. Er that
das letztere und mit solchem Beifall, daß nach der Predigt das Volk in
großer Menge zu seiner Wohnung strömte, um ihm Dank zu sagen. Kalvin
konnte sich bei diesem Anblick der Thränen nicht erwehren und mußte allen
versprechen, am folgenden Tage noch einmal zu predigen. Das Ende war,
daß ihn die Genfer gar nicht fortließen, sondern als Prediger anstellten.
Seine Amtsthätigkeit war nun sehr bewegt. Er machte häufig kleine Reisen,
um die benachbarten kleinen Gemeinden in ihrer ersten Einrichtung zu unter=
stützen, Lehrer zu bestellen, Streitigkeiten zu schlichten; nebenher ließ er auch
manches drucken, unter anderem nach Luthers Beispiel einen großen und
kleinen Katechismus. Auch hielt er fleißig Disputationen, und in seiner
Streitlust forderte er alle Andersdenkenden heraus, ihm öffentlich Rede zu
stehen. Der schnelle und glänzende Erfolg, mit dem sein Fleiß gekrönt
wurde, veranlaßte die eigensinnige Rechthaberei, die keine andere Meinung
neben sich dulden wollte. Auch über die Liturgie (die zum äußeren Gottes=
dienst gehörigen Gebräuche) geriet Kalvin in Streit mit dem Genfer Rat
und ward, da er nicht nachgeben wollte, aus der Stadt verwiesen. Aber
die Straßburger, sobald sie davon hörten, beriefen ihn sogleich als Pre=
diger und Professor der Theologie an ihre Universität. Er verbreitete auch
in dieser Stelle eine vernünftige Gottesverehrung und eine strengere Kirchen=
zucht und erwarb sich eine Achtung, die fast an Furcht grenzte.

Hier in Straßburg dachte er auch darauf, sich zu verheiraten, und er
traf eine glückliche Wahl, obschon seine Ehe kinderlos blieb. Nur drei Jahre
blieb er in Straßburg; denn seine Freunde hatten in dem Rate zu Genf
wieder die Oberhand gewonnen, und das Volk sehnte sich ungestüm nach
dem vertriebenen Prediger. Mehrmals ward er gebeten, zurückzukehren, aber
die Straßburger wollten ihn nicht ziehen lassen, bis er sich endlich auf wieder=
holtes Bitten des Rates und der Bürgerschaft von Genf zur neuen Über=
siedelung entschloß und 1541 glücklich wieder in Genf anlangte. Man kam
ihm meilenweit entgegen; jeder mißbilligte seine Verbannung und wollte sich
von dem Anteile daran lossagen, so daß Kalvin im Scherze an einen Freund
schrieb: „Wenn ich den Versicherungen der Genfer glauben soll, so hat kei=
ner um meine Verweisung gewußt, so müssen mich die Häuser und nicht
die Menschen dieser Stadt vertrieben haben."

Er fing nun wieder an zu predigen, zu lehren, zu schreiben und — zu
eifern. Sein moralisches Gefühl ward schon dadurch empört, daß jemand
Zinsen nahm, oder eine Sache teurer verkaufte, als er sie selbst gekauft hatte,
wenn sie nicht von ihm gebessert worden war. Um die Genfer sittlicher zu

machen, entwarf er strenge kirchliche Gesetze, nach denen jede Unsittlichkeit, die vor einem eigens dazu ernannten Sittengerichte angezeigt wurde, mit öffentlicher Kirchenbuße gerügt ward. Man kann denken, wie besonders die junge Welt sich gegen diese Strenge auflehnte; da indessen die alten Leute sehr viel Erbauung darin fanden, und Kalvin der Mann nicht war, der ein begonnenes Werk halb vollendet hätte liegen lassen, so ergab man sich darein, und die neue Kirchenzucht bestand wenigstens so lange, als der Stifter lebte.

Bei Kalvin galt kein Ansehen der Person. Ami Perrin, ein Senator und General-Kapitain in Genf, war ein unmoralischer Mensch und heftiger Widersacher des Reformators. Einst erschien er als Pate bei einem Kinde, das Kalvin taufen sollte. Dieser weigerte sich, ihn dafür anzunehmen, und sagte laut, zu Paten müßten nur gottesfürchtige und fromme Personen genommen werden, von denen man Hoffnung habe, daß sie für das wahre Wohl ihrer Paten christliche Sorge trügen. Ein andermal hatte sich ein Gerichtssekretär, Namens Berthelier, durch einige Ausschweifungen die Exkommunikation zugezogen. Er appellierte an den Rat, und dieser bewilligte ihm nach einem halben Jahre wieder den Genuß des heiligen Abendmahls. Umsonst stellte Kalvin vor, daß an dem Menschen noch keine Besserung zu verspüren sei — der Senat wollte bei dieser Gelegenheit einmal durchgreifen, um seine Autorität über das geistliche Konsistorium zu behaupten. Das hieß aber dem Kalvin ans Leben gehen. An dem Sonntage, wo Berthelier das heilige Abendmahl genießen wollte, hielt Kalvin eine donnernde Predigt gegen die Sittenverderber und rief mit donnernder Stimme von der Kanzel herab: „Eher will ich das Leben verlieren, als diese meine Hand dem Unwürdigen das heilige Abendmahl reichen soll!" Das machte Eindruck, man befürchtete einen Aufruhr in der Kirche, und Bertheliers Freunde rieten ihm selber, wegzugehen. Aber Kalvin blieb nicht auf halbem Wege stehen. Verschanzt hinter die ganze Masse des Volkes trotzte er dem Senate die Zusage ab, sich künftig nie mehr in Angelegenheiten mischen zu wollen, die vor das geistliche Departement gehörten.

Was übrigens den Haß, welchen Kalvin durch seine Strenge sich zuzog, bedeutend milderte, war die ungemeine Gewissenhaftigkeit, Arbeitsamkeit und Uneigennützigkeit, die auch seine heftigsten Tadler an ihm bewundern mußten. Wir haben schon bei Luther gesehen, daß ein Geist, der einen höheren Zweck mit aller Kraft verfolgt, von aller Liebe zum kaufmännischen Gewinn so rein bleibt, daß er sogar den Schein des Eigennutzes fürchtet. So auch Kalvin. Er war arm und wollte es bleiben. Ein Anerbieten des Rates, ihm eine Zulage zu geben, wies er mit den Worten ab: „Ich arbeite um des Gewinstes willen, den andere von mir haben sollen, nicht den ich von mir haben will." Und doch belief sich sein Gehalt auf nicht mehr als 50 Thaler, zwölf Maß Getreide, zwei Tonnen Wein und freie Wohnung. Dennoch gab er einmal bei einer Teuerung noch zwanzig Thaler seines Einkommens ab und unterstützte dabei manchen Armen im stillen.

Wie weit aber der Glaubenseifer sich verirren kann, wenn die christliche Duldung fehlt, zeigt die Geschichte des unglücklichen Servede. Michael Servetus (Miguel Servede) war ein spanischer Arzt, aber zugleich ein großer Denker und ein Freund von theologischen Untersuchungen. Er lebte und wirkte längere Zeit in Frankreich und führte mit den gelehrtesten Männern seiner Zeit einen Briefwechsel, auch mit Kalvin. Aber dieser brach bald die Korrespondenz ab, da er merkte, daß Servede über die Dreieinigkeit Gottes eine andere Meinung habe, als er, und auch mit der Lehre von der Gnadenwahl nicht einverstanden sei. Kalvin lehrte nämlich, Gott habe von Ewigkeit her die guten Menschen zur Seligkeit, die bösen zur Verdammnis bestimmt, ohne daß wir wissen, warum er gerade diese und jene auserwählt habe. Als nun Servede seine freieren Ansichten in einem besonderen Buche unter dem Titel: „Wiederherstellung des Christentums", auseinandersetzte, schalt ihn Kalvin einen heillosen Ketzer, der in teuflischer Gestalt die Menschen verführen wolle. Da bereits Servede auf Antrieb der französischen Geistlichkeit in Vienne festgenommen war, sandte Kalvin noch die eigenhändigen Briefe des Angeklagten bei der Behörde ein, und derselbe sollte die Todesstrafe erleiden, als es ihm gelang, aus seinem Gefängnisse zu entfliehen. Seine Reise führte ihn über Genf, und hier in einer protestantischen Stadt vermeinte er sicher zu sein und gedachte sich einige Tage auszuruhen. Aber ach! kaum hatte Kalvin seine Ankunft erfahren, als der arme Flüchtling auf Kalvins Anstiften ins Gefängnis geschleppt ward. Er erstaunte, den frommen, den redlichen Kalvin an der Spitze seiner Ankläger zu sehen. Dieser besuchte ihn zwar in seinem Gefängnisse, um ihn zur Abschwörung seiner vermeintlichen Irrtümer zu bewegen. Da aber Servede so standhaft, wie einst Luther, das, was er einmal für wahr und recht erkannt hatte, bis in seinen Tod behaupten wollte, so erklärte Kalvin, der Mensch wäre ein heilloser, unverbesserlicher Ketzer und müßte als solcher verbrannt werden. Der Angeschuldigte verlor vor Schrecken fast die Besinnung; dann raffte er sich wieder auf und berief sich auf die Gerechtigkeit seiner Sache, dann flehte er wieder um Gnade und Barmherzigkeit. Zuletzt wünschte er die barbarische Strafe des Verbrennens nur in die mildere des Enthauptens verwandelt zu sehen. — Alles umsonst. Er wurde auf den Scheiterhaufen geschleppt, den man vor dem Rathause errichtet hatte. Noch in seiner letzten Stunde beschämte er die Fanatiker dadurch, daß er für alle etwaigen Kränkungen um Verzeihung bat. Zu denen, die bis zuletzt bei ihm blieben, sagte er: „Ich fürchte mich nicht vor dem Tode, aber ihn als ein Verbrecher leiden zu müssen, das zerreißt mein Herz. Jesu, mein Heiland, tröste mich, wie du einst getröstet wurdest! Der Drache, den ich bekämpfen wollte, überwältigt mich!" Sitzend auf einem niedrigen Block und angeschlossen an einen hinter ihm stehenden Pfahl, das Unglücksbuch an seiner Seite, sah er nun den Scheiterhaufen mit Mühe anzünden, denn man hatte frisches und feuchtes Holz genommen. Fast gebraten von dem langsamen Feuer, das gar nicht auflodern wollte, quälte sich der Unglückliche über eine halbe Stunde, während er unaufhörlich schrie: „Jesu, du Sohn des ewigen Gottes, erbarme dich mein!" Endlich warf das umstehende Volk, von Mitleid ergriffen, ihm brennende Holzbündel auf den Leib, die ihn nach unsäglichen Schmerzen erstickten (27. Oktober 1553).

III. Bekämpfer der Reformation.

Ignaz von Loyola (1492—1556).

Ignaz von Loyola (◡—◡) war der Sohn eines spanischen Edelmannes, der mit Kindern reich gesegnet war. Er verließ das väterliche Haus in seinem sechzehnten Jahre und versuchte sich zuerst als Page am Hofe Ferdinands und Isabellens, dann als Soldat im Dienste eines Herzogs von Najara, wo er sich durch sein schönes, kräftiges Äußere und durch seinen Anstand so auszeichnete, daß er zu den artigsten Kavalieren gerechnet wurde. Er dürstete nach einer Gelegenheit, seinen Heldenmut zu zeigen, und wußte nicht, welchen schlimmen Ausgang seine erste Kriegsthat nehmen, und noch weniger, welche sonderbaren und merkwürdigen Folgen dieser Ausgang für sein ganzes Leben haben sollte.

Die Franzosen, welche den von Ferdinand aus seinem Reiche verdrängten König von Navarra wieder einsetzen wollten, benutzten Karls V. Reise nach Deutschland, um in Spanien einzufallen. Sie fanden keinen Widerstand und drangen schnell bis Pampelona vor. Unter dem kleinen Häuflein, welches die Stadt verteidigen sollte, befand sich unser Loyola. Vergebens feuerte er die Bürger zum Widerstande an; die Stadt ergab sich ohne Schwertstreich. Er, voller Zorn über diese Treulosigkeit und Feigheit, aber entschlossen, noch das Äußerste zu wagen, warf sich mit wenigen Getreuen in die Burg. Man forderte ihn auf, sich zu ergeben, doch er verachtete die unwürdigen Bedingungen und reizte den Feind zum Sturmlaufen. Das Geschütz warf einen Teil der Mauer nieder, Loyola trat vor die Bresche und wehrte die Stürmenden ab. Da plötzlich riß eine Kanonenkugel die Mauer neben ihm ein, ein losbrechender Stein zerschmetterte ihm den linken Fuß und brach ihm das Bein; seine Kameraden flohen, und die Franzosen eroberten die Burg.

Sie bewilligten den braven Spaniern freien Abzug, und Loyola ließ sich nun zu seinen Geschwistern bringen, um seine Wunden heilen zu lassen. Ein ungeschickter Wundarzt setzte ihm das Bein so falsch ein, daß ein besserer, den man später zu Rate zog, erklärte, wenn der Schaden ganz gehoben werden sollte, so müsse das Bein noch einmal wieder zerbrochen werden. Loyola unterwarf sich dieser schmerzhaften Operation ohne alle Klage, ja er ließ sich mit gleichem Heldenmut noch ein Überbein aussägen, das sich unter dem Knie gebildet hatte. Und als trotz der zweiten Heilung das Bein doch noch zu kurz zu werden drohte, ließ er sich auch noch mehrere Monate lang den schmerzhaften Zwang dehnender Gewichte und Kompressen gefallen.

Beweise genug von einer Stärke des Ehrgefühls, das ihm den Gedanken, sein so ruhmvoll begonnenes Leben thatenlos zu vollenden, unerträglich machen mußte.

Um die Langeweile zu zerstreuen, die sein feuriger Geist während der langwierigen Kur empfand, fiel er aufs Lesen. Aber leider war auf den Gütern seiner Verwandten kein anderes Buch aufzutreiben, als eine Legendensammlung von echt katholischer Salbung. Diese durchlas er mit großer Aufmerksamkeit, und je mehr er über das Gelesene nachdachte, desto interessanter wurde ihm das Studium. Er machte allerlei Betrachtungen über die wunderbaren Führungen der Menschen; er verglich sein Schicksal mit dem der Heiligen, und jemehr seine Schmerzen ihn zur Religion hinleiteten, desto fester wurde er überzeugt, daß eben dies sein Unglück eine Fügung Gottes sein könnte, durch welche er zu einem ihm bis dahin unbekannten Beruf, nämlich zum Märthyrertum, hingeführt werden sollte.

Die Verwandten bemerkten mit Unruhe die Veränderung, die durch die Lesung jener Bücher in ihm hervorgebracht worden war, aber vergebens bemühten sie sich, ihn auf andere Gedanken zu bringen. Sein Entschluß stand fest, ein Heiliger zu werden, und sobald sein Bein geheilt war, beurlaubte er sich bei den Seinigen, um die Reise nach Jerusalem anzutreten. Das Reisegeld, welches ihm sein ältester Bruder mitgab, verteilte er an die Armen, und nun setzte er seinen Pilgerstab auf den Weg nach Barcellona. Unterwegs legte er in der Kapelle der Mutter Gottes zu Monte Serrato das Gelübde der ewigen Keuschheit ab und empfahl sich dem Schutze der Himmelskönigin; er beichtete dann und machte von seinem Schwerte den letzten Gebrauch, indem er damit vor dem Bilde der Mutter Gottes Schildwache stand. Dann legte er Schwert und Dolch für immer in dem Kloster nieder und vertauschte seine Kleider mit einem Sack und einem Strick, ging auch anfangs barfuß, bis ihn der Schmerz in seinem geschwollenen Fuße zwang, diesen mit Pfriemenkraut zu umwickeln. Bettelnd half er sich von Dorf zu Dorf, bis er nach der Stadt Manresa kam. Hier brachte er in einer Höhle vor der Stadt eine Woche lang ohne Speise und Trank zu, und er wäre gewiß daselbst gestorben, hätten nicht zufällig Leute den Eremiten entdeckt und ihn ins Leben zurückgerufen. In dem unnatürlichen Zustande geistiger Abspannung, in dem er gelegen hatte, waren ihm die seltsamsten Gestalten vorgekommen, deren er sich nun als göttlicher Offenbarungen rühmte. Selbst die unbegreifliche Dreieinigkeit hatte sich ihm enthüllt.

Eine übertriebene Strenge gegen sich selbst unterhielt diese religiöse Schwärmerei ununterbrochen fort. Dreimal des Tages geißelte er sich, sieben Stunden brachte er mit Gebet zu, seine Nahrung war Wasser und Brot, sein Lager die bloße Erde. Je mehr diese Lebensart ihn abzehrte, desto stolzer ward er auf seine Entkräftung, und je ähnlicher sein Äußeres einem Rasenden wurde, desto heiliger kam er sich vor. In Manresa machte er so großes Aufsehen, daß alt und jung ihm nachlief; selbst die Damen interessierten sich für ihn sie halfen liebreich seinem Mangel ab, pflegten seiner während eines heftigen Fiebers und bewogen ihn, von seiner Strenge künftig etwas nachzulassen. So setzte er denn seine Reise in einem tuchenen Mantel und mit Hut und Schuhen bekleidet fort.

Im Anfange des Jahres 1523 schiffte er sich in Barcellona ein. Der Schiffskapitän nahm ihn frei mit nach Italien, aber das Geld zum Schiffszwieback hatte er sich erst in der Geschwindigkeit zusammenbetteln müssen. Als er in Gaëta angekommen war und nun Italien durchwanderte, lief er Gefahr, zu verhungern, denn die Pest herrschte damals in Italien, und alle Einwohner verschlossen ihre Häuser. In Rom angelangt, küßte er dem Papst Hadrian VI. den Pantoffel und ging dann trotz der Pest sogleich nach Venedig. Seine tiefliegenden brennenden Augen und sein ganzes übriges Aussehen verscheuchten alles von ihm, man glaubte das Bild der Pest leibhaftig vor sich zu sehen. Überall zurückgestoßen, oft erschöpft von der furchtbaren Anstrengung, aber nicht im mindesten unzufrieden mit sich selbst, langte er in Venedig an und begab sich auf ein Schiff, das eben segelfertig lag. Während der Fahrt hielt er den Matrosen Strafpredigten über ihre gottlosen Reden mit einem Eifer, in welchem ihn weder Gelächter, noch Drohungen irre machen konnten. So kam er nach Cypern und endlich nach Palästina. Wie schlug sein Herz, als er den heiligen Boden betrat! Ganz aufgelöst in Entzückung begann er stehenden Fußes die Wallfahrt nach Jerusalem. Freudenthränen stürzten ihm aus den Augen, da er die Stadt erblickte; die Kreuzigungs- und Begräbnißstätte des Heilandes verließ er in einigen Tagen nicht, und knieend küßte er unaufhörlich die geweihte Erde.

Leider ward sein Entzücken bald unterbrochen; denn kaum hatte er seinen Vorsatz, in Palästina die Ungläubigen zu bekehren, ruchbar werden lassen, so lehnten sich die Mönche des Franziskanerklosters eifersüchtig gegen ihn auf, und der Guardian ließ ihn ohne Umstände, eben da er auf dem Ölberge betete, aufgreifen und mit Gewalt auf ein Schiff bringen, das nach Venedig zurückkehrte. Nach einer beschwerlichen Fußwanderung von Venedig nach Genua schiffte er sich wieder nach seinem Vaterlande Spanien ein und kam glücklich im Hafen von Barcellona an.

Was nun beginnen, nachdem der Bekehrungsplan verunglückt war? Denn noch immer lebendig loderte in ihm die Begierde, sich einen Namen zu machen. Wie, wenn er einen Orden stiftete? Aber dazu reichte der bloße Ruf der Heiligkeit nicht hin; um über den Willen anderer zu herrschen, muß man ihnen an Verstand überlegen sein. Also Wissenschaft, Wissenschaft mußte erst erworben werden. Aber im 33. Jahre noch mit der lateinischen Grammatik anzufangen — das mußte einem feurigen Gemüt doppelt schwer werden. Er quälte sich über seine Kräfte, ängstigte sich ab, daß doch auch gar nichts in seinem Kopfe haften wollte, bat seinen Lehrer, einen Cisterzienser, doch ja nur des Unterrichts nicht müde zu werden, und flehte in seinem täglichen Gebete die Mutter Gottes an, sein Gedächtnis zu stärken und ihm das schwere Latein zu erleichtern.

Als er sich endlich nach langer Anstrengung fähig glaubte, einen lateinischen Vortrag zu verstehen, ging er auf die Universität nach Alkala. Aber sein Unstern verfolgte ihn auch hier. Er hatte kaum angefangen, sich in Predigten hören zu lassen, als er einen solchen Zulauf bekam, daß die Inquisition, aus Furcht vor Neuerungen, ihm die Kanzel verbot. Unwillig darüber ging er nach Salamanka. Hier ging's ihm nicht besser; er ward sogar wegen seiner Schwärmereien in den Kerker geworfen und zur Untersuchung gezogen. Seine Antworten verrieten Geist und Scharfsinn; man erstaunte über ihn, verbot ihm aber doch das Predigen. Im höchsten Verdruß entschloß er sich nun, nach Paris zu gehen, wo man doch wenigstens von einer Inquisition nichts wußte.

Im Februar 1529 kam er in der Hauptstadt Frankreichs an. Vier Jahre lang kämpfte er hier im Elend und Mangel, verschlang aber mit Heißhunger die philosophischen und theologischen Vorlesungen der berühmten Lehrer und ward um so weniger in seinen Studien gestört, als er sich aus Unkunde der Landessprache den Volksunterricht, seine Leidenschaft, versagen mußte. Aber außerordentlich muß doch immer der Eindruck gewesen sein, den er auf seine Umgebung zu machen wußte, denn er erwarb sich auch in Paris durch seine Reden bald so viel Verehrer, daß er die Aufmerksamkeit der Sorbonne*) auf sich zog. Er ward über seine Meinungen zur Rechenschaft gefordert, aber diesmal, da er sich mit Klarheit und Würde rechtfertigen konnte, ehrenvoll entlassen.

In Paris reifte nun sein Plan, den er schon lange im Herzen trug, einen Orden zu stiften. War ihm auch das Ganze seines Vorhabens noch nicht recht klar, so warb er doch immer im voraus für die neue Gesellschaft. Seine ersten Anhänger waren fünf Spanier und ein Savoyarde; diese ließ er am 15. August 1534 auf eine geweihte Hostie schwören, nach geendigtem theologischen Kursus allen weltlichen Dingen zu entsagen und mit ihm zuerst nach Rom und dann nach Palästina zu gehen. Da er aber zuvor sein Vaterland gern noch einmal wiedersehen wollte, so verließ er seine Freunde im Herbst 1535 und verabredete mit ihnen, daß sie in Venedig sich wieder treffen wollten.

Seine Reise nach Spanien glich den früheren Pilgerfahrten; sie war ein Wechsel von Predigten, Bekehren, Krankenpflegen und Betteln. Man kannte ihn nun schon überall und verehrte ihn auch wirklich wie einen Heiligen. Seine Verwandten suchten ihn zu bereden, in Gnipuzkoa zu bleiben, aber vergeblich. Er schiffte sich ein, landete in Genua, pilgerte zu Fuße nach Venedig und hatte sich auch hier schon durch seine Predigten und seine Ent-

---

*) Das höchste geistliche Kollegium in Paris.

haltsamkeit einen Namen gemacht, als seine Freunde zu ihm stießen. Sie verweilten in Venedig bis zum Frühjahr 1537 und beschäftigten sich mit Bekehrungen ruchloser Menschen, mit Zuspruch an Sterbebetten, mit Predigen und der Pflege aller Kranken im dortigen Hospitale, wobei sie eine so beispiellose Standhaftigkeit und Selbstverleugnung zeigten, daß schon die bloße Lesung ihrer Thaten unser Gefühl empört. Der Spanier Franz Xaver z. B. fand es gar nicht ekelhaft, jenen Unglücklichen, deren Körper mit den bösartigsten Beulen und Geschwüren bedeckt war, den Eiter mit dem Munde auszusaugen.

Unterdessen war der Türkenkrieg wieder ausgebrochen, und vor der Hand war an keine Überfahrt nach Jerusalem zu denken. Die Glieder der kleinen Gesellschaft zerstreuten sich daher in die Städte Oberitaliens, trieben ihre christlichen Beschäftigungen fort und fanden überall Zulauf und Verehrung. In Loyolas Kopf war nun der alte Plan, einen Orden zu stiften, zur Reife gekommen. Da aber die Bekehrung der Ungläubigen im Morgenlande aufgegeben werden mußte, wollte er nun die Ungläubigen im Abendlande bekehren, denn er rechnete auch die Protestanten zu den Ungläubigen. Er beschloß, das wankende Ansehen des Papstes zu stützen und gegen den mehr und mehr sich verbreitenden Protestantismus zu Felde zu ziehen. Das tiefsinnige, ununterbrochene Brüten des lebhaft begeisterten Mannes über diesen Plan spannte seine Nerven wieder so an, daß er abermals Erscheinungen hatte; Christus selber erschien ihm in Gestalt eines Werbeoffiziers und sagte zu ihm: „In Rom werde ich dich unterstützen."

So ging er denn mit zweien seiner Jünger nach Rom und legte dem Papste ein kleines Geschenk an Gelde zu Füßen, welches die Gesellschaft von dem Ersparten ihrer reichlich empfangenen Almosen zusammengebracht hatte. Der Papst freute sich dieses Beweises von Ergebenheit und hörte des Loyola Vorschläge mit großer Aufmerksamkeit an. Erwünschter konnte ihm in der damaligen Krisis nichts kommen, als das Anerbieten, geistliche Streiter, eine päpstliche Armee zu organisieren, deren Zweige sich durch alle Länder erstrecken sollten, und die mit aller Macht die Feinde des Papstes bekämpfen wollten. Der Papst bestätigte im Jahre 1540 feierlich die neue Brüderschaft, ernannte den Loyola, dessen heller Verstand ihm Bewunderung eingeflößt hatte, zum General des Ordens und gab ihm die Erlaubnis, den neuen Staat einzurichten. Sogleich wurden Proselyten aus allen Ständen und Altern geworben, und in kurzer Zeit war die Zahl der Mitglieder schon zu mehreren Hunderten angewachsen.

Die Einrichtung dieses Ordens, dem man nach Loyolas letzter Erscheinung den Namen der Gesellschaft Jesu gab, ist das Werk des feinsten Verstandes. Die Verfassung war monarchisch. Dem General, der in Rom lebte, waren die Untergenerale in den Provinzen unterworfen, und von diesen gingen wieder, wie beim Militär, unendliche Stufen bis zum gemeinsten Bruder herab. Durchgängig herrschte der strengste Gehorsam. Über das kleinste Unternehmen und Wirken jedes einzelnen wurden Protokolle geführt und

dem General eing sandt. Über die Aufzunehmenden wurde die strengste Prü=
fung gehalten; die Oberen beobachteten erst sorgfältig ihre Neigungen und
Fähigkeiten, um dann mit Sicherheit jedem seinen Wirkungskreis zu bestim=
men. Die Gewandtesten und Verschlagensten sandte man an die Höfe und
schlug sie zu Beichtvätern oder Prinzenerziehern vor; die gelehrtesten beför=
derte man zu Schulämtern oder überließ sie ihrer Neigung zur Schriftstellerei;
die Schwärmer versandte man als Missionäre, und die offensten und bieder=
sten Leute stellte man an solche Plätze, wo sie ihr Licht am besten leuchten
lassen und dem Orden das meiste Vertrauen erwecken konnten. Das Ge=
lübde der Armut erließ man den Gliedern der Gesellschaft gern, um sie
dafür desto sicherer an das Gelübde des Gehorsams zu fesseln. Wer das
letztere übertrat, ward sogleich aus dem Orden gestoßen, und damit kein
Jesuit durch ein anderes Interesse von dem des Ordens abgezogen würde,
stellte man ein Gesetz auf, welches die Mitglieder von allen kirchlichen Wür=
den ausschloß. In der Folge wurden nur wenig Ausnahmen von diesem
Grundsatze gemacht.

Dadurch, daß man keinen zu einer bestimmten Beschäftigung zwang und
die Mitglieder von den geistlichen Geschäften anderer Orden (als Beten,
Messelesen, Horensingen ꝛc.) freisprach, verschaffte man ihnen Zeit und Lust,
sie auch mit nützlichen Wissenschaften zu beschäftigen. Daher hat kein an=
derer Orden so viele treffliche Lehrer und Schriftsteller aufzuweisen, wie die
Jesuiten. Spitzfindige Theologen, eifrige Beichtiger, leidenschaftliche Kanzel=
redner, ausharrende Missionäre, geschickte Meßkünstler, Astronomen und Mecha=
niker, ja selbst treffliche Gesetzgeber sind unter ihnen in Menge aufgestanden.

Diese Vielseitigkeit mußte ihnen offenbar die Hochachtung des Volkes
verschaffen. Man verband im 16. und 17. Jahrhundert mit dem Namen
Jesuit eben so schnell den Begriff eines brauchbaren und klugen Kopfs,
als man jetzt etwa mit dem Worte Herrnhuter den Begriff eines fried=
lichen und betriebsamen Bürgers verbindet. Was ihnen aber bei der Menge
den größten Eingang verschaffte, war die Uneigennützigkeit, mit der sie sich
überall des Jugendunterrichts annahmen. In jenen Zeiten, wo gute Lehrer
so selten waren, hielt man es für eine göttliche Wohlthat, daß so viele ge=
schickte Leute sich freiwillig erboten, umsonst zu unterrichten. Auch ihre Pre=
digten gefielen weit mehr, als die anderer Geistlichen, und als Beichtväter
wußten sie sich durch ihre Gefälligkeit und Gewandtheit höchst beliebt zu
machen. So konnte es denn nicht fehlen, daß der Orden in weniger als
50 Jahren nicht nur über ganz Europa, sondern selbst über die anderen
Weltteile verbreitet war und unermeßliche Reichtümer erwarb, die er teils frei=
willigen Geschenken und Vermächtnissen, teils dem Handel der indischen und
amerikanischen Missionäre verdankte. Länger als 200 Jahre waren die Je=
suiten in allen fürstlichen Kabinetten und bei allen politischen Verhandlungen
thätig, sie waren im Besitz der Erziehung fast der ganzen katholischen Jugend,
in die sie sorgfältig den bittersten Haß gegen den protestantischen Glauben
pflanzten; sie verbreiteten das Papsttum in den fernsten Weltgegenden und
errichteten sogar ein großes Reich im Innern von Südamerika, in Para=

guay. Der bereits erwähnte Xaver versuchte sein Heil als Missionär in Ostindien, Ceylon und Japan und endigte sein thätiges Leben in China (1552). Ihm folgten viele andere, und die ersten umständlicheren Nachrichten, die wir von China besitzen, stammen von Jesuiten her.

IV. Fürsten.

1. Johann Friedrich und Moritz von Sachsen.

Immer größer war schon in den letzten Lebensjahren Luthers die Spannung zwischen den Evangelischen und Katholischen geworden. Vergebens hatten jene dringend und oft den Kaiser um gleiche Rechte mit den Katholiken und um ungekränkte Religionsübung gebeten. Nun hörten sie gar, der Kaiser rüste sich und habe mit dem Papst ein Bündnis geschlossen. Sie fragten daher bei ihm an, wohin die Rüstungen zielten, und erhielten die beruhigende Antwort, er werde sich gegen alle, die ihm gehorsam wären, gnädig und väterlich erweisen, gegen die Ungehorsamen und Widerspenstigen aber sein kaiserliches Ansehen zu gebrauchen wissen. Am folgenden Tage erklärte er sich noch bestimmter, er habe beschlossen, einige ungehorsame Störer des Friedens, die bisher unter dem Scheine der Religion selbst die kaiserliche Hoheit anzutasten gewagt hätten, zum Gehorsam zurückzubringen Die protestantischen Städte und Fürsten verstanden, daß er sie damit meinte, schlossen zu Schmalkalden ein Bündnis und rüsteten sich geschwind. Nur schade, daß unter ihnen gar keine Einigkeit war. Johann Friedrich von Sachsen war ein guter ehrlicher Mann, aber von sehr beschränkten Verstandeskräften. Er hatte den sonderbaren Glauben, daß Gott sein Evangelium schon verteidigen würde, vergaß aber, daß Gott den immer verläßt, der seine Hände aus Trägheit in den Schoß legt. Daher hatte er einen rechten Abscheu vor dem Kriege und wurde darin von Melanchthon, der die Friedensliebe selber war, noch mehr bestärkt. Ganz anders war dagegen Philipp von Hessen, ein thätiger, verständiger Mann, der wohl einsah, daß es ohne Krieg nicht abgehen würde, und daß es am vorteilhaftesten wäre, schnell anzugreifen, ehe sich der Kaiser völlig gerüstet hätte. Aber dazu war Johann Friedrich nicht zu bringen, und darum konnte man schon jetzt vorhersagen, daß die schmalkaldischen Bundesgenossen unterliegen würden.

Einige evangelische Fürsten schlossen sich gar nicht an den Bund an; zu diesen gehörte der junge Herzog Moritz von Sachsen, ein Vetter des Kurfürsten Johann Friedrich. Von den beiden sächsischen Linien, der ernestinischen und albertinischen, hatte jene das Kurfürstentum mit der Hauptstadt Wittenberg, diese das Herzogtum mit der Hauptstadt Dresden. Moritz war ein gewandter, talentvoller Fürst in der Blüte der Jahre. Aus seinen feurigen Augen blitzte Klugheit und Heldenmut, und seine Seele strebte nach hohen Dingen. Mit seinem schwerfälligen Vetter mochte er nichts zu thun haben; von seinem Schwiegervater, Philipp von Hessen, hielt er sich aus Politik entfernt. Ihn gelüstete nach dem Besitze des benachbarten Kurfürsten= tums und sein Ehrgeiz galt ihm mehr, als alle Familienbande. Das wußte der Kaiser, und er suchte den jungen Fürsten, der überdies so tapfer als liebenswürdig war, ganz auf seine Seite zu ziehen. Bald war Moritz Karls V. Liebling.

Als der Krieg ausbrach, hatte der Kaiser nur 8000 Mann beisammen. Die Truppen der oberländischen Städte, geführt von dem kriegserfahrenen Sebastian Schärtlin von Burtenbach, erschienen zuerst auf dem Kampfplatze. Schärtlins wohldurchdachter Plan war, den kleinen kaiserlichen Heerhaufen zu überrumpeln, ehe der Kaiser in Deutschland Truppen werben und Verstärkung aus Italien an sich ziehen konnte. Deswegen rückte er schnell gegen das Städtchen Füssen, nahe der Tiroler Grenze, wo der Kaiser seinen Hauptwerbeplatz hatte. Die Kaiserlichen zogen sich nach Bayern zurück; als aber Schärtlin sie verfolgen wollte, erhielt er vom Augsburger Stadtrat, dessen Dienstmann er war, den Befehl, das neutrale Gebiet des Herzogs von Bayern nicht zu betreten. Ohne diesen unklugen Befehl würde der kluge Feldherr auf Regensburg losgegangen sein, wo sich der Kaiser mit seiner kleinen Macht befand. Um aber wenigstens den italienischen Truppen den Durchgang zu versperren, besetzte er schnell die Ehrenberger Klause, den wichtigsten Paß. Schon drang er nach Innsbruck, als ganz Tirol zu den Waffen griff und auch die Bundeshäupter ihm den Befehl zuschickten, Tirol sogleich zu räumen, weil der König Ferdinand (des Kaisers Bruder), der Herr des Landes, den Krieg noch nicht erklärt habe. So war der Kai= ser durch die Uneinigkeit und Planlosigkeit seiner Gegner aus der drohenden Gefahr gerettet und hatte Zeit, sein Heer zu verstärken.

Alsbald brach auch das sächsische und hessische Heer nach Süddeutsch= land auf. Die beiden Bundeshäupter schickten dem Kaiser eine förmliche Kriegserklärung zu, in welcher es unter anderem hieß, sie seien sich keiner Widersetzlichkeit gegen ihn bewußt; er aber habe die Absicht, ihren Glauben und die Freiheit des Reiches gewaltsam zu unterdrücken. Der Kaiser ant= wortete aber damit, daß er die Reichsacht über sie aussprach, sie Empörer, Meineidige und Verräter nannte, die ihm Krone und Scepter nehmen woll= ten, und daß er dem Herzog Moritz von Sachsen die Ausführung der Reichsacht auftrug.

Sogleich brach dieser in Gemeinschaft mit dem König Ferdinand in das Land seines Vetters ein und eroberte es im Nu. Als Johann Friedrich diese Schreckenspost empfing, war er nicht mehr zu halten, sondern brach mit seinem Heere auf, um das Kurfürstentum zu retten. Der Rest der Bundestruppen, nun zu schwach, dem Kaiser widerstehen zu können, bat demütigst um Frieden und ging auseinander. Wie im Triumphe zog Karl durch Oberdeutschland; seine Gegenwart schreckte alles zu dem alten Gehor= sam zurück. Die früher so übermütigen Städte öffneten ihm demütig ihre Thore und kauften seine Gnade um vieles Geld.

Moritz war unterdes selbst ins Gedränge gekommen und hatte, statt fremdes Land zu erobern, beinahe das seinige verloren. Jetzt aber rückte das siegreiche kaiserliche Heer in Eilmärschen zur Hilfe herbei und stand schon am 22. April (1547) an der Elbe, nicht weit von Meißen, wo sich eben der Kurfürst befand. Dieser glaubte den Feind noch weit entfernt und wurde nun sehr überrascht. Eiligst zog er sich mit seinem kleinen Heerhaufen auf das rechte Elbufer und ließ die Brücke hinter sich abbrechen. Nun trennte ihn der breite Strom von seinem mächtigen Gegner, und ruhig zog er sich hinunter bis Mühlberg. Karl folgte ihm auf dem linken Ufer. Am Abend vor der Schlacht ritt der Kaiser mit seinem Bruder Ferdinand und mit Herzog Moritz am Ufer hin, um die Gegend anzusehen. Die Elbe flutete stark, jenseits standen die Feinde und hatten alle Kähne auf das rechte Ufer geführt. Doch bald hatten die kaiserlichen Reiter eine Furt erkundet, gerade der Stadt Mühlberg gegenüber, wo mehrere Pferde nebeneinander ohne Gefahr an das jenseitige Ufer gelangen konnten.

Am Morgen des folgenden Tages (24. April), der das Schicksal des Kurfürsten entscheiden sollte, lag ein dichter Nebel über der Gegend. Mehrere spanische Soldaten warfen ihre Rüstung ab, stürzten sich in den Strom, schwammen, den Degen im Munde, nach dem jenseitigen Ufer und jagten dem Feinde mehrere Kähne ab, die sie im Triumphe herüberbrachten. Diese wurden mit Scharfschützen bemannt, um den Übergang der Reiterei zu decken. Ihnen zur Seite ritten der Kaiser, Ferdinand, Moritz, Alba und die übrigen Führer durch die Furt. Der Kaiser hatte sich wie zum Siege geschmückt. Mit der Linken tummelte er sein andalusisches Streitroß, mit der Rechten schwang er die Lanze, und die eben durchbrechende Sonne spiegelte sich an seinem vergoldeten Helme und Panzer.

Es war Sonntag, und der Kurfürst wohnte eben dem Gottesdienste bei, als man ihm plötzlich die Ankunft des Kaisers verkündigte. Anfangs wollte er nicht glauben, was man ihm berichtete; als er aber nicht länger zweifeln konnte, ordnete er eiligst seinen Rückzug nach Wittenberg an. Doch es war schon zu spät. Sein Heer wurde auf der Lochauer Heide eingeholt und zum Treffen gezwungen. Mit dem wilden Kriegsgeschrei: Hispania! Hispania! warf sich die spanische Reiterei auf die sächsische und schlug sie in die Flucht. Bald waren auch die Reihen des Fußvolks durchbrochen, und das ganze sächsische Heer löste sich in wilde Flucht auf. Der Kurfürst suchte zu entkommen, wurde aber von einem Schwarm leichter Reiter eingeholt. Er verteidigte sich mit dem Mute der Verzweiflung, erhielt aber einen starken Hieb in die linke Wange und mußte sich ergeben. Gefangen wurde er vor den Kaiser geführt; Gesicht und Panzer waren mit Blut bedeckt. Als ihn der Kurfürst mit den Worten: „Allergnädigster Kaiser!" anredete, unterbrach er den Bittenden: „So, nun bin ich Euer allergnädigster Kaiser? Ihr habt mich lange nicht so geheißen!" — „Ich bin," fuhr der Kurfürst fort, „Eurer kaiserlichen Majestät Gefangener und bitte um ein fürstliches Gefängnis!" — „Wohl!" rief der Kaiser, „Ihr sollt gehalten werden, wie Ihr es verdient!"

Nun ging Karl vor Wittenberg, wo die Kurfürstin mit ihren Kindern war. Der Kaiser verlangte, daß gleich die Thore geöffnet werden sollten, sonst würde er ihnen den Kopf des Kurfürsten hineinschicken. Die mutige Frau aber ließ sich nicht schrecken; sie mochte wohl die Drohung nicht für Ernst halten. Indessen ward der hohe Gefangene wirklich zum Tode verurteilt, aber es kam nicht zur Hinrichtung; nur unter sehr harten Bedingungen konnte der Kurfürst sein Leben retten. Er mußte für sich und seine Nachfolger auf die Kurwürde und sein Land Verzicht leisten, und zu seinem Unterhalt behielt er bloß einige Ämter in Eisenach, Gotha, Weimar 2c., aus denen später die kleinen Herzogtümer sich bildeten. Sein Land und seine Würde erhielt Moritz; durch ihn ist die jüngere (albertinische) Linie in den Besitz des späteren Königreichs Sachsen gekommen.

Mit Ergebung unterwarf sich Johann Friedrich seinem traurigen Schicksal, das ihm jedoch der Kaiser auf alle Art zu mildern suchte, denn er behandelte ihn fortan mehr wie einen Gast, als wie einen Gefangenen. Überhaupt zeigte sich der Kaiser in Sachsen höchst edelmütig. Als die Kurfürstin mit ihren Kindern vor ihm einen Fußfall that, hob er sie freundlich auf, sprach ihr Trost zu und erlaubte ihrem Gemahl, acht Tage lang in Wittenberg im Kreise der Seinigen zu verleben. Ja, er selbst begab sich in die Stadt und erwiderte den Besuch der Kurfürstin. Und als er erfuhr, daß man aus Furcht vor ihm den evangelischen Gottesdienst eingestellt habe, wurde er unwillig und sprach: „Wer richtet uns das an? Ist in unserm Namen der Dienst Gottes unterlassen, so gereicht uns das nicht zum Gefallen. Haben wir im Oberlande (Schwaben) doch nichts gewandelt in der Religion, wie sollten wir es hier thun?" Er besuchte auch die Schloßkirche in Wittenberg, und als man ihm Luthers Grab zeigte und einige Umstehende, unter anderen der Herzog Alba, ihm rieten, die Leiche des Ketzers ausgraben und verbrennen zu lassen, erwiderte er: „Laßt ihn ruhen, er wird seinen Richter schon gefunden haben; ich führe Krieg mit den Lebenden, nicht mit den Toten!"

Nun war bloß noch Philipp von Hessen zu züchtigen; aber dieser wartete den Einfall des kaiserlichen Heeres nicht ab, sondern ließ durch seinen Schwiegersohn Moritz und den Kurfürsten von Brandenburg den Kaiser um Gnade bitten. Er selbst ging dann zum Kaiser nach Halle und that vor ihm fußfällige Abbitte. Diese Abbitte las ihm sein hinter ihm knieender Kanzler vor, und der Landgraf sprach sie nach. Als aber bei der demütigsten Stelle sich sein Mund zu einem höhnischen Lächeln verzog, hob der Kaiser, der es bemerkt hatte, drohend den Finger auf und rief in seinem niederländischen Dialekt: „Wol! ick sall dir laken leeren!" Dann kündigte er ihm die Strafe an. Er mußte sein Geschütz ausliefern, eine große Geldbuße erlegen und gleich dem Kurfürsten in Gefangenschaft bleiben. So vollständig besiegte Karl den schmalkaldischen Bund.

Jetzt stand Karl auf dem Gipfel seiner Macht, aber die Protestanten trauten ihm nicht, obwohl er ihnen keineswegs in Bezug auf den Glauben Gewalt anthat. Er hatte sich nach Innsbruck in Tirol begeben, wo er die folgenden Jahre sehr eingezogen lebte, da ihn die Gicht sehr quälte, so daß er oft das Zimmer hüten mußte. Indessen hatte Moritz sich mehrere Male, aber immer vergebens, für seinen Schwiegervater verwendet. Es kränkte ihn tief, daß Karl noch immer beide Fürsten gefangen hielt; doch mochte ihm wohl sein Gewissen sagen, daß er bei seinen evangelischen Glaubensgenossen viel wieder gut zu machen hätte. So reifte in ihm der Entschluß, den Kaiser mit Gewalt zu zwingen, seine Gefangenen freizugeben. Karl kam ihm zu diesem Zwecke selber entgegen. Über die protestantische Stadt Magdeburg war damals die Reichsacht ausgesprochen, und dem Moritz wurde ein Heer übergeben, diese Acht zu vollziehen. Der zog aber die Belagerung ein ganzes Jahr lang hin, und als endlich die Stadt eingenommen war, ließ er seine Truppen dennoch nicht auseinandergehen, indem er bald diesen, bald jenen Grund vorschützte. Man warnte den Kaiser, doch dieser vertraute unbedingt auf seinen Schützling, der ihm ja so viel zu verdanken hatte. Moritz wußte ihn durch die ausgezeichnetsten Verstellungskünste zu täuschen. Er schrieb ihm, daß er nächstens selber nach Innsbruck kommen würde, er ließ auch dort eine Wohnung mieten, ja er reiste gar dahin ab, wurde aber unterwegs plötzlich krank. Endlich, als alles reif war, versammelte er schnell sein Heer und flog wie ein Sturmwind herbei, mit einer solchen Schnelligkeit, daß er den Kaiser fast in Innsbruck erreicht hätte. Bei Nacht und Nebel mußte der kranke Mann im fürchterlichsten Regenwetter fliehen, und nur mit Mühe und Not entkam er nach Villach in Kärnten, in einer von Mauleseln ge=tragenen Sänfte.

Moritz benutzte seinen Vorteil. Er drang dem Kaiser nicht nur das Versprechen ab, augenblicklich beide gefangene Fürsten freizulassen und sich an ihm nie rächen zu wollen, sondern zwang ihn auch in einem Vertrage zu Passau, 1552, den Evangelischen dasselbe Recht vor dem Reichskammergerichte zu bewilligen, welches die Katholiken bisher allein genossen hatten, auch einen Reichstag zu berufen, auf dem endlich einmal alle Religionszwiste ausgeglichen werden sollten. Das geschah auch 1555 in Augsburg, wo der sogenannte Religionsfriede geschlossen wurde, der den Protestanten im ganzen Reiche freie Religionsübung sicherte. Weder sie noch die Katholiken sollten einander zum Übertritt verleiten, kein Landesherr sollte seine Unterthanen zu einem anderen Bekenntnis zwingen, auch jedem das Auswandern erlauben. Wäre nur dieser Friede dauerhaft gewesen!

---

2. Karls V. Abdankung und Tod.

Seit der durch Moritz erlittenen Demütigung verlebte der Kaiser keine frohe Stunde mehr. Alles mißlang ihm. Er hatte einen einzigen Sohn, den finsteren, stolzen, heimtückischen Philipp, den hätte er gern zum deut=

schen Kaiser gemacht. Aber sobald ihn die Deutschen nur sahen, hatten sie
schon genug an seinem finsteren Gesichte, das sich nie zum Lachen verzog;
auch wollte Ferdinand nicht die Krone abtreten. Dann fing Karl noch
einen Krieg mit Frankreich an, aber seine Heere wurden geschlagen. Zu
diesem Verdruß kamen körperliche Leiden, die ihm jede Freude vergällten.
Da faßte der lebensmüde Kaiser den Entschluß, seine Regierung niederzu=
legen und die ihm noch übrige Lebenszeit in klösterlicher Stille zu verleben.
Im Herbst 1555 reiste er nach Brüssel, ließ seinen Sohn Philipp auch dort=
hin kommen und trat ihm in feierlicher Versammlung die Regierung der
Niederlande ab. Neapel hatte er ihm schon früher übergeben. Es war ein
rührender Anblick, den kranken Kaiser zu sehen, wie er von dem Leben Ab=
schied nahm. Mit Mühe erhob er sich von seinem Throne, gestützt auf die
Schulter des Prinzen von Oranien, und hielt eine erschütternde Rede. Er
erzählte, wie er seit seinem 16. Jahre unablässig mit der Regierung seiner
weitläufigen Staaten beschäftigt gewesen sei und für sich fast gar keine Zeit
übrig behalten habe. Überall sei er bestrebt gewesen, mit eigenen Augen zu
sehen, und sein Leben sei daher eine stete Pilgerfahrt gewesen. Neunmal
habe er Deutschland, sechsmal Spanien, viermal Frankreich, siebenmal
Italien und zehnmal die Niederlande besucht; zweimal sei er in England
und zweimal in Afrika*) gewesen, überhaupt habe er elf Seereisen gemacht.
Jetzt erinnere ihn seine Hinfälligkeit, jüngeren Schultern die Last der Krone
zu übergeben. Habe er während seiner vielen Regierungsgeschäfte etwas
Wichtiges versäumt oder etwas nicht recht gemacht, so bitte er alle, die da=
durch gekränkt worden, recht herzlich um Verzeihung. Er werde seiner treuen
Niederländer bis an sein Ende stets in Liebe gedenken und für sie beten.

Nun wandte er sich an seinen Sohn, der sich auf ein Knie vor ihm
niederließ und seine Hand küßte. „Sieh, mein Sohn," sprach er, „du wä=
rest mir schon Dank schuldig, wenn ich dir nach meinem Tode so blühende
Länder hinterließe; aber ich übergebe sie dir noch in meinem Leben. Re=
giere deine Unterthanen mit Gerechtigkeit und Güte, wie ein Vater seine
Kinder!" Aller Augen schwammen in Thränen, auch Philipp schien gerührt,

---

*) Während der Wiedertäufer=Unruhen in Münster hatte Karl einen Zug nach
Afrika unternommen. Hier hatte der verwegene türkische Seeräuber Hairadin Bar=
barossa Tunis erobert und beunruhigte von dort aus mit seinen Raubschiffen alle
benachbarten Meere und Küsten. Viele tausend Christen waren von ihm nach Afrika
in die härteste Sklaverei geschleppt worden. Solcher Schmach der Christenheit konnte
der Kaiser nicht länger gleichgültig zusehen. Als Schirmherr derselben hielt er sich in
seinem Gewissen für verpflichtet, den Seeräubern das ehrlose Handwerk zu legen. Im
Sommer des Jahres 1535 setzte er mit einer großen Flotte, welche der genuesische See=
held Andreas Doria befehligte, nach Afrika über, schlug Hairadins Heer in die
Flucht, eroberte Tunis und gab es als Lehen der spanischen Krone dem rechtmäßigen
Herrscher Muley Hassan zurück. Dieser glänzende Sieg befreite 22 000 Christen=Skla=
ven, die vom Kaiser beschenkt in ihre Heimat zurückeilten. Den Tag ihrer Befreiung
hielt Karl für den schönsten seines Lebens, und mit Thränen in den Augen soll er ge=
sagt haben: „Dieser Gewinn lohne den Feldzug allein, wenn er auch weiter nichts ge=
wonnen hätte."

aber sein Versprechen hat er nicht gehalten. Wenige Monate später übergab ihm Karl auch die Regierung von Spanien, dann eilte er nach seinem Zufluchtsorte, den er sich in der Provinz Estremadura in einer einsamen, schönen Gegend ausgesucht hatte. Neben dem Hieronymitenkloster S a n J u s t e ließ er sich eine einfache Wohnung bauen, lebte dort in der tiefsten Zurückgezogenheit und brachte den Tag abwechselnd mit Gebet, mit Drechslerarbeiten, Uhrmachen und Gartenbestellung hin. In seinen Todesgedanken kam er auf den Einfall, noch bei seinen Lebzeiten ein feierliches Totenamt halten zu lassen, als ob er schon gestorben wäre. So ließ er einen offenen Sarg von den Mönchen in die schwarz ausgeschlagene Kirche tragen (spätere Chronisten meldeten, er habe sich selbst hineingelegt), Trauerlieder singen und Seelenmessen lesen. Ringsumher brannten Wachskerzen, und eine Trauermusik hallte schwermütig durch das weite Kirchengewölbe. Dies alles machte einen so tiefen Eindruck auf sein Gemüt, daß er wenige Tage darauf, im Jahre 1558, wirklich starb.

Dritter Abschnitt.

Adel und Hansa in ihren letzten Kämpfen.

Götz von Berlichingen. Franz von Sickingen. Ulrich von Hutten. Jürgen Wullenweber.

I. Götz von Berlichingen.

Wohl war zu Anfang des sechzehnten Jahrhunderts bereits jene Zeit vorüber, wo der freie Deutsche keine andere Beschäftigung für seiner würdig erkannte, als den Krieg; doch war jener Geist noch keineswegs ausgestorben, zumal in demjenigen Teile des Volkes, welcher sich stolz für die allein echte Nachkommenschaft der alten freien Deutschen hielt, die nur zum Kriegen und Herrschen geboren wären, — unter dem Adel. Dieser sehr zahlreiche Stand, welcher doch nur teilweis mit Gütern und Burgen versehen war, dennoch aber jeden bürgerlichen Nahrungszweig verächtlich von sich wies, war sehr übel beraten, wenn es nicht irgendwo Krieg gab; ja mancher adlige Ritter mußte aus Not ein Räuberleben führen. Kaiser Maximilian I. setzte indes dem Faustrecht kräftige Schranken; er verbot nicht nur jede Selbsthilfe, sondern setzte auch ein Gericht ein aus erfahrenen Männern, das Reichs= kammergericht, vor welchem selbst jeder Reichsfürst belangt werden konnte, und bei dem jeder Deutsche sein Recht suchen sollte. Es bekam seinen Sitz anfangs in Frankfurt a. M., nachmals in Speier und zuletzt in Wetzlar. Um die Ordnung besser handhaben zu können, teilte Maximilian das deutsche Reich in zehn Kreise ein, die von Norden nach Süden gerechnet folgende waren: der westfälische, obersächsische, niedersächsische; der burgundische, nieder= rheinische, fränkische, oberrheinische; der schwäbische, bayrische und österrei= chische. Wer sich den Beschlüssen des Reichskammergerichts widersetzte, ward in die Reichsacht erklärt, und eine Reichsarmee mußte diese vollziehen. So wollte Maximilian einen ewigen Landfrieden herstellen.

Aber sobald war die Kampflust des deutschen Adels doch nicht gebrochen. Mancher edle Ritter, der seine Kraft fühlte, wollte lieber seine Fehde mit dem Schwerte in der Hand ausfechten, als einen langweiligen Prozeß führen und vor dem Kammergerichte sich stellen. So geschah denn auch nach der Verkündigung des Landfriedens noch manchesmal etwas, das zu dem Sprich= wort Veranlassung gab: „Es ist dem Landfrieden nicht zu trauen!" Was aber mehr als kaiserliche Befehle die Macht des Adels brach, war die zur Blüte gekommene Macht der Städte und die neu erstandene Macht der Fürsten, die sich mit den Bürgern verbanden, um den Stolz und Übermut der Ritter zu brechen. Dazu kam die Erfindung des Pulvers, welche die schweren Geschütze hervorrief, denen weder die Mauern der Ritterburgen, noch die Panzer und Harnische der Ritter widerstehen konnten.

Es gab aber noch manche harte Kämpfe, ehe die neue Zeit zum Durch= bruch kam. Unter den kühnen Rittern, die mit Unwillen die neue Reichs= ordnung ertrugen, mit Ingrimm die zunehmende Fürstenmacht sahen, war auch Götz von Berlichingen mit der eisernen Hand, ein Mann voll Streitsucht und Standesstolz, aber auch voll deutscher Biederkeit, der sich mit seiner eisernen Faust selbst Recht zu schaffen suchte trotz Kaiser und Reich.

Wie Götz seine rechte Hand verliert.

Unter der Regierung des Kaisers Maximilian starb 1503 der Herzog Georg von Bayern=Landshut; nach den Hausverträgen sollte die Herrschaft an Albert von Bayern=München gelangen, aber der Verstorbene hatte in einem Testament seine ganze Hinterlassenschaft seinem Tochtermanne Rup= recht, Sohn des Kurfürsten Friedrich von der Pfalz, vermacht. Darüber begann ein böser innerer Krieg; Ruprecht und sein Vater, mit Frankreich verbündet, wurden in die Acht erklärt, aber sie hatten ein Heer von Deut= schen und Böhmen geworben und wehrten sich tapfer. Da bot Maximilian das Reich zum Kampf gegen die widerspenstigen Herzöge auf, und Götz von Berlichingen stellte sich zum Heere der Bundesgenossen, das vom schweren Geschütz der Nürnberger geschützt ward. Landshut wurde umzingelt. Pfalz= graf Ruprecht verteidigte diese Stadt mit den Tapfersten seines Volks. Täg= lich geschahen Angriffe, gleich blutig auf beiden Seiten und keiner ganz ent= scheidend. Götz war überall im Gefecht, und sein Mut wie seine Geschicklichkeit erwarben sich aller Achtung. Wo sein Helmbusch wehte, da fielen die Hiebe am dichtesten. So war er auch eines Tages tief im Gefecht; die Nürnberger Feldschlangen wüteten mächtig unter den Belagerten, die einen Ausfall ge= macht hatten; in das dichteste Faustgemenge gerichtet, verschonten sie weder Freund noch Feind. Da zerschmetterte ein unglücklicher Schuß das Schwert des Ritters, drängte die Hälfte des Schwertknopfes in die Armschienen seines Panzers und zerschlug den rechten Arm so gewaltig, daß die zersplitterte Hand nur noch an der Haut festhing. Der nämliche Schuß streckte seinen Gegner, Fabian von Wallsdorf, mit welchem er eben kämpfte, tot zur Erde. Kaltblütig schaute Götz auf diese Verwüstung; er lenkte sein Pferd sacht dem Lager zu, wohin er mit Hilfe eines alten Knappen gelangte. Dort erst konnte der Arzt gerufen werden; aber kein Verband half, keine Salbe rettete die Hand — man löste sie dem Tapfern vom Arm, um einem Brande vor= zubeugen, der sein Leben bedrohte.

Nicht nur die Freunde und Genossen des Ritters fühlten inniges Mit= leid mit seinem Unglück, auch die Feinde bedauerten ihn. So erbittert Herzog Ruprecht auch war, so verhieß er dem Kranken doch gern sicheres Geleit und freien Aufenthalt in Landshut, wo bessere Pflege als im Lager zu er= warten war. Doch brach in der Stadt bald eine bösartige Ruhr aus, und die Wunden des Ritters verschlimmerten sich. Der Gedanke, hinfort ein unnützer Mann sein zu müssen, wurde ihm drückender als je; er strengte daher alle Kräfte der Seele an, um Mittel zu ersinnen, wodurch er sich über sein Unglück erheben möchte. Steter Friede war seinem Geiste unleidlich, Krieg sein Lieblingsgedanke und Ehre der Abgott des Helden. Noch floß jugendliches Blut in seinen Adern, noch vereinigte sich Kraft mit dem Willen, und Drang lehrte ihn erfinden. Oft erinnerte er sich auf schlaflosem Kranken= lager der Erzählungen von einem hohenlohischen Reiter, der trotz dem Ver= luste seiner Hand bis an sein Ende in Kriegsdiensten geblieben sei, und neue Hoffnung belebte ihn. Er selbst ersann eine Hand von Eisen und fand einen geschickten Waffenschmied, der seinen Gedanken Wirklichkeit gab. Durch künstliche Zusammensetzung ineinandergreifender Federn wurde die Hand so brauchbar, daß sie die Zügel halten konnte. Alles überstandene Ungemach war vergessen, alle trüben Gedanken waren verschwunden, als der emsige Arbeiter mit dem Meisterwerk seiner Kunst in das Zimmer trat und der Ritter seinen versammelten Freunden die Kräfte dieser Hand zeigte. Von nun an war er völlig genesen, er verließ Landshut und zog, mit eiserner Rechten bewehrt, auf sein Stammschloß Jaxthausen.

Wie Götz mit der Stadt Köln Fehde bekommt.

Nachdem der Ritter sich in Jaxthausen mit einem braven Weibe ver= mählt und wieder mancherlei Kämpfe unternommen hatte, begann er im Jahre 1509 eine Fehde mit der damals sehr reichen und mächtigen Reichs= stadt Köln. Götz hielt das für eine uralte, heilige Bestimmung des Adels, den von Mächtigen unterdrückten Schwachen zu Hilfe zu ziehen.

Hans Sindelfinger, Schneidermeister aus Stuttgart, hatte zu Köln im Zielschießen das Beste, 100 Gulden im Wert, erworben. Aber man entzog ihm die Belohnung durch schlaue Ränke und ließ ihn mit leerer Hand nach Hause ziehen. Jedermann mißbilligte das Betragen dieser Reichsstädter, und Herzog Ulrichs (von Württemberg) Hofleute verhießen ihm Schutz und Bei= stand. Ein Schreiben von den Vornehmsten am Hofe, unter denen auch Götzens Schwager von Sachsenheim war, forderte den Ritter zur Mitwirkung auf. Er kündigte den Kölnern sogleich Fehde an und zog mit einer gewor= benen Mannschaft aus, sie an ihren Frachten und Kaufleuten zu pfänden. In der Wetterau stieß er auf neun schwer beladene Wagen, welche den Köl= nern reiche Waren zuführten. Götz nahm sie in Beschlag; weil aber seine und seiner Gehilfen Besitzungen zu fern waren und er den alten kranken

Philipp von Kronberg, der ihm seine Feste geöffnet hatte, nicht in Verlegen=
heit bringen wollte, ließ er die Schätze wieder ledig und erwartete schick=
lichere Gelegenheit zur Rache. Sie kam. Zwei kölnische Kaufleute, Vater
und Sohn, reisten auf die Messe nach Leipzig, aber Götz führte beide ge=
fangen nach Jarthausen. Da baten sie ihn, wenigstens einem die Fortsetzung
der Reise zu erlauben, damit sie ihre Waren verkaufen und ein tüchtiges
Lösegeld aufbringen könnten. Götz gewährte ihre Bitte und entließ den
Vater, dem sein schwächlicheres Alter ohnedies die Gefangenschaft härter
machte, unter dem eidlichen Versprechen, nach geendigter Messe wieder zu
kommen und sich und seinen Sohn zu lösen. Ein Knappe des Ritters
sollte ihn zu Bamberg erwarten und auf dem Rückwege sicher nach Jart=
hausen geleiten.

Aber der Alte brach Schwur und Treue und verriet den Knappen an
den Bischof von Bamberg, Georg von Limburg, der ihn gefangen nehmen
ließ. Nach langem vergeblichen Harren erfuhr Götz diese Treulosigkeit und
schickte ein Abmahnungsschreiben an den Bischof, worin er ihm alles Ernstes
anriet, seinen Knappen freizugeben; von ihm habe er sich der Feindschaft
am wenigsten versehen, da er erst vor kurzem um die Freundschaft des Rit=
ters geworben habe. — Der Bischof ließ zwar den Knappen ledig, nahm
ihm aber ein hartes Gelübde ab, sich nie wieder gen Bamberg zu stellen. Das
verdroß den Ritter Götz so, daß er dem Bischof Fehdebriefe zuschickte und
eiligst eine starke Anzahl Reiter und Knechte gegen ihn warb. Die Sache
wäre bald geschlichtet worden, wäre ein Anschlag zur Ausführung gekommen,
den Bischof, der zur Brunnenkur nach Göppingen reiten wollte, gefangen zu
nehmen. Aber einer von Götzens Genossen ging hin und warnte den Bi=
schof, der in Eile nach Bamberg zurückreiste. „Wollt ihm," sagte Götz von
Berlichingen, „das Bad gesegnet und ihn weidlich abgetrocknet haben!"

Die Kölner Fehde verwickelte den Ritter in viele andere, namentlich mit
dem Grafen von Hanau und dem Herrn von Hutten. Zu gleicher Zeit
griff Philipp Stumpf den Götz an und verbrannte ihm einen Hof und eine
Mühle. Nun durfte er nicht feiern und mußte jede Kraft aufbieten, um
mit Ehren fünf Gegner zu bestreiten. Jetzt war er im Harthäuser Wald
und hieb des Stumpfens Reiter zusammen, und jetzt stand er wieder wie im
Fluge bei Erfurt und machte sich Herrn Frobin von Hutten furchtbar, der
ihm nur mit genauer Not entwischen konnte. So gering auch des Ritters
kriegerisches Gefolge war, so gefährlich blieb doch damals, wo noch keine
stehenden Heere dem Mächtigen zu Gebote standen, auch ein kleiner mutiger
Feind, dessen Angriffe oft unversehens geschahen.

Götz hatte sechzehn Tage lang auf seinen Streifzügen fast keine Stunde
ruhig geschlafen, als er im Vorbeistreifen unfern des Mains ein Schloß
seines Freundes Eustachius von Thüringen erreichte. Hier gedachte er des
lang entbehrten Schlafes sich zu freuen. Er kam wie gerufen; denn Götz
mit dem eisernen Arm und Mut war überall willkommen, wo ritterliche
Thaten geschehen sollten. Das Schloß lag voll wehrhafter Ritter und Knechte,
und Berlichingen, von der Freundschaft aufgefordert, verschob den Genuß

des nächtlichen Schlummers noch einmal, um den Anschlag seines Vetters gegen den Bischof zu unterstützen. Um Mitternacht brach der Haufe, an Reitern und Fußknechten beträchtlich, auf; Götz immer unter den Vordersten. Sie erreichen nächtlicher Weile den Main, setzen glücklich durch eine wohl= bekannte Furt, nehmen zwei wohlbewaffnete Schiffe weg und führen sech= zehn Wagen kaufmännischer Waren gen Neuenburg.

Endlich gelang es dem guten Grafen von Königstein, eine Vermittelung der Kölner Fehde in Gang zu bringen. Er schrieb einen Tag zwischen den streitenden Teilen nach Frankfurt aus, verglich ihre Beschwerden zu wechsel= seitiger Zufriedenheit und erlöste dadurch auch seinen Freund Götz von seinen übrigen Gegnern.

Wie Götz Urfehde schwören muß.

Herzog Ulrich von Württemberg war mit dem mächtigen Bunde schwä= bischer Fürsten und Städte in Streit geraten und hatte die Bundesstadt Reutlingen erobert. Da zogen die Truppen des schwäbischen Bundes heran, geführt von Herzog Wilhelm von Bayern.

Ulrich war zu schwach zum Widerstande; doch hob er noch, bevor er aus seinen eigenen Grenzen floh, die getreuesten und mutvollsten seiner Ritter aus und verteilte unter sie die Bewahrung und Verteidigung seiner Festen und Schlösser. Dem Götz von Berlichingen wurde das Schloß zu Möck= mühl anvertraut, und mit ihm warf sich mancher Freund des Ritters in dasselbe. Der Angriff war so schnell gekommen, daß der Herzog nicht für Vorrat an Waffen und Lebensmitteln hatte sorgen können. Auch in Möck= mühl fand der Ritter wenig und um so weniger, als die Bürger des Städt= chens mit den Bauern im ganzen Oberamte ihrem Herrn entsagten und sich freiwillig dem Bund ergaben. Götz mußte daher die kurze Zeit, welche noch vor der Belagerung übrig war, sparsam dazu nützen, was er an Wein, Frucht, Vieh und Geschoß mit Gewalt aufzutreiben vermochte, auf das Schloß zu bringen, denn von der Einwohner gutem Willen war nichts zu hoffen.

Ein vom Hauptlager ausgesandter Trupp von Kriegsleuten, von Johann von Hattstein geführt, fing nun die Belagerung des Schlosses an, das der Ritter bis auf den letzten Mann zu verteidigen willens war. Wiederholte Aufforderungen zur Übergabe, mit der Bedingung ganz freien Abzuges, wur= den verworfen und so lange mit Kugeln beantwortet, bis der Vorrat ver= schossen war. Nun mußte Fensterblei und altes Eisen jeder Gattung aus= helfen; aber es konnte die Hungernden nicht sättigen, die Dürstenden nicht laben. Bald war aller Vorrat aufgezehrt, und die Angriffe des Feindes wurden immer stürmischer. So von der Not gezwungen, gab der Ritter dem erneuerten Antrage, das Schloß frei samt den Seinigen zu verlassen, Gehör. Arglos ahnte er nichts von der schnöden Hinterlist der Feinde. Im Glauben, mit ehrlichen Leuten verhandelt zu haben, zog er seines Weges, als plötzlich die bündischen Soldaten über ihn und seine Gefährten herfielen. Man kämpft, es werden viele getötet, und Götz schlägt tapfer drein; aber er muß der Übermacht weichen und sich auf ritterliches Gefängnis ergeben, das ihm willig zugestanden wird.

So wird er nach Heilbronn geführt. Doch als die Heilbronner Abgeordneten vom Bundestage zu Eßlingen heimkehren, bringen sie ein Schreiben der Stände mit, wodurch der Rat den Antrag erhält, dem Götz von Berlichingen eine harte Urfehde (Gelöbnis ewigen Friedens) vorzulegen, seinen Eid darob zu empfangen, und wenn er sich weigern würde, ihn so lange in einen Turm zu werfen, bis er die Urfehde beschworen haben würde.

Götz von Berlichingen schlug den vorgelegten Eid aus. Ihm sei ritterlich Gefängnis zugesagt — antwortete er den Abgesandten — und er stelle in keinen Zweifel, es werde ihm gehalten. Zudem sei er des Trostes, sein Schwager Franziskus von Sickingen und andere seine Herren würden ihm helfen, daß er verhoffe, seine Sache würde besser werden. Der Rat sandte seine Abgeordneten wieder zurück und fand die Sache so mißlich, daß er bat, man möchte den Götz in einer andern Stadt verwahren. Aber alsbald erschien der Eßlinger Syndikus mit dem Befehl, die Urfehde zu erzwingen und im Weigerungsfalle den Gefangenen in den Turm zu legen. Götz blieb standhaft. Da wurden die Weinschröter, lauter wehrhafte Männer, befehligt, ihn aus seiner bisherigen Herberge abzuführen. Aber geübter in den Waffen, als diese, ergriff er mit bedachter Eile einen seiner Gegner, riß ihm den Degen aus der Scheide und setzte durch diese unerwartete Gegenwehr alle in Schrecken. Er hätte den Augenblick der Verwirrung zu eigenmächtiger Befreiung wohl nützen können, „denn — wie er selbst von dieser Scene erzählt — sie schnappten alle hinter sich; auch baten mich die Abgeordneten des Rats fleißig, ich sollt' einstecken und Fried' halten, sie wollten mich nit weiter führen, denn uf das Rathaus."

Götz folgte nun willig, ward aber in den Turm geworfen. Beim Wegführen begegnete ihm seine Gattin, die, ängstlich für das Leben ihres teuren Gemahls, ihm in die Gefangenschaft nachgefolgt war. Götz aber sprach: „Weib, erschrick nicht, sie wollen mir eine Urfehde vorlegen, die will ich nit annehmen, will mich lieber in den Turm stecken lassen. Thue mir aber also und reit hinauf zu Franziskus von Sickingen und Georg von Frundsberg und zeige ihnen an, man wolle mir das ritterliche Gefängnis nit halten; sie werden mich als Redliche vom Adel schon zu halten wissen."

Die sorgliche Gattin achtete keine Beschwerde, ritt in der Nacht in das Lager und brachte schon am andern Morgen die erfreuliche Nachricht, daß sich die Hauptleute der Stadt näherten. Sickingen und Frundsberg waren auf Seiten des schwäbischen Bundes, und ihr Freund Berlichingen war ihr Feind, aber das that ihrer Freundschaft keinen Abbruch. Sobald sich die Hauptleute der Stadt näherten, wurde Götz aus dem Turme befreit, und Franz von Sickingen gab dem Rate einen derben Verweis in einem Briefe, so daß Götz wieder seine alte Herberge bekam. Aber dennoch mußte er noch zwei Jahre ein Gefangener bleiben, und der Langeweile überdrüssig, beschwor er 1522 die Urfehde. Er mußte 2000 Gulden Schatzung bezahlen, seine

Zehrung berichtigen und allen Bundesverwandten, klein und groß, so lange er lebte, Ruhe und Frieden geloben.

Wie Götz von den Bauern zum Hauptmann erwählt wird.

Am Neujahrstage 1525 standen die Bauern des Abtes von Kempten auf und verwüsteten das Stift. Diese That war gleichsam das Losungswort für alle übrigen Bauern in Süddeutschland, ihr Joch zu zertrümmern, denn die Erbitterung über die Frondienste und schweren Abgaben war allgemein. Bald stand die ganze deutsche Bauernschaft in Waffen und verwüstete das Land mit Feuer und Schwert, mit unmenschlicher Grausamkeit gegen den Adel wütend.

Götz von Berlichingen war auf seinem Hornberg bisher noch in Ruhe geblieben; aber da die Gefahr näher rückte, war es nötig, auf Mittel zu seiner und der Seinigen Rettung zu sinnen. Da er bei allem Volk beliebt war, als ein Freund der Freiheit und Beschützer ihrer Rechte, so hoffte er, seine Verwendung bei den Bauern werde nicht nutzlos sein. Auf den Wunsch seines Bruders, der damals Jaxthausen bewohnte, ritt er gen Schönthal und erwarb ihm bei den Hauptleuten die Zusicherung des Friedens. Auch für sich selbst bat er um Ruhe, doch sollte er diese nicht lange genießen.

Kaum zu den Seinigen zurückgekehrt, erschien sein Dorfschulz, der von den Bauern beauftragt war, den Junker zu ihren Hauptleuten nach Gundels= heim zu rufen. Götz, ihrer Ansicht unkundig, ritt hin und erfuhr zu seinem Schrecken, er solle die Obrist=Hauptmannsstelle bei ihrem Heere annehmen. Mit Bitten und Vorstellungen versuchte er es, sie von diesem Vorsatze ab= zubringen, fand auch Gehör bei allen Rotten; nur die Hohenlohischen er= griffen sein Pferd und zwangen ihm einen Eid ab, sich des andern Tages bei ihnen in Buchau einzufinden. Dem Eid getreu und bange für die Folgen, wenn er ihn brechen wollte, erschien er am folgenden Tage. „Gott erkennt und weiß, wie mir war, und ich wünscht mir, daß ich eher in dem bösesten Turm läg, der in der Türkei wäre." Die Bauern nötigten ihn abzusteigen, schlossen einen festen Kreis und wiederholten drohend den Antrag der Hauptmannschaft. Als er sich weigerte, drohten sie mit dem Tode; dazu kamen viele Hohe und Niedere vom Adelstand und baten Götz, die Stelle anzunehmen, weil er viel Unglück und manche Grausamkeit verhüten könnte, zum Schutz der Fürsten und des gesamten Adels. Diese Gründe bewogen den Ritter, nachdem ihm fest der Gehorsam seiner Untergebenen zugesichert war, einen Monat lang sich an die Spitze des Bauernheeres zu stellen.

In den Urkunden und Schirmbriefen, die er während dieser Zeit unter seinem Namen ausfertigen ließ, wird er Obrist=Feldhauptmann der Bauern genannt. Aber nur wenige Tage dauerte die Freude des Heeres über den neuen Anführer, denn er hielt streng auf Ordnung und Zucht, verbot Raub und Brand und strafte mit unerschrockenem Ernst. Den= noch ward es ihm unmöglich, sich allgemeine Folgsamkeit bei den Urhebern des Weinsberger Blutbades, wo die Bauern selbst die wehrlosen Weiber und

Kinder nicht verschont hatten, zu erzwingen: *) da ·und dort brannte noch ein Schloß oder Dorf und wurde ein Kloster ausgeplündert. Der lichte Haufe, berauscht von Freiheitsgefühl und strenger Zucht erst entlaufen, erregte daher Aufruhr und Empörung gegen den Feldhauptmann. Er trat aber, troß der Warnungen seiner Freunde, mit männlichem Mut, wie der Schuld= lose unter Verbrechern, in ihre Mitte, schalt ihre Treulosigkeit und ihren Un= gehorsam und entwaffnete durch seine Unerschrockenheit die boshaften An= schläge seiner Widersacher.

Die Bauern zogen hierauf vor Würzburg und belagerten das Schloß, und dort belud sich Berlichingen aufs neue mit dem Hasse ihrer Anführer durch den Verdacht eines Verständnisses mit den Belagerten, daß sie im ge= heimen Rat beschlossen, ihn mit dem Schwert hinzurichten. Indessen hatte der schwäbische Bund ein wohlgerüstetes Heer ausgesandt, die Empörung zu dämpfen; die Bauern unterlagen in der Schlacht bei Böblingen, und jener Anschlag ward vereitelt. Denn auf die erste Nachricht der heranrückenden Rache ward die Belagerung des Würzburger Schlosses aufgegeben, der Rück= zug durch den Taubergrund in größter Eile genommen, und bei der allge= meinen Verwirrung dem Ritter Zeit gegeben, nach beendigtem Probemonat bei Adelsfurt zur Nachtzeit zu entkommen.

II. Franz von Sickingen.

Wie Franz von Sickingen gen Worms zieht.

Die Reichsstadt Worms litt damals durch Zerrüttungen bürgerlicher Unruhen, der Stadtrat hatte sich bei den Bürgern verhaßt gemacht, und diese setzten ihn 1513 ab, verjagten die Ratsglieder, beraubten sie ihrer Habe und übten allerlei Grausamkeit gegen die Verjagten. Diese suchten Hilfe beim Kaiser, und der Landvogt von Hagenau erhielt 1514 den Auftrag, die Sache beizulegen. Nun wurde der Aufruhr unterdrückt, die Anstifter desselben aber büßten denselben mit dem Verlust ihres Lebens und Vermögens. Balthasar Clör, Hofnotar des Bischofs Reinhard von Worms, stand in dem Verdachte, an dem Aufstande teilgenommen zu haben; man belegte in seiner Abwesen= heit, ohne Untersuchung und Recht, sein bürgerliches Vermögen mit Arrest, unter dem Vorgeben, er sei aus Furcht vor der Strafe entflohen. Der Bischof hatte ihn aber auf seinen und seiner Lehnsmannen Antrieb — zu denen auch Sickingen gehörte — mit geheimen Aufträgen an den Kaiser Maximilian nach Wels in Österreich gesendet; er verlangte daher schriftlich vom Kaiser Schuß und Gerechtigkeit gegen dieses Verfahren und erbot sich zu dem strengsten Verhör. Der Kaiser übertrug die Untersuchung auch dieser

---

*) Bei der Erstürmung von Weinsberg (16. April 1525) wurden Graf Helfenstein und siebzig Ritter niedergemeßelt.

Sache gedachtem Landvogt von Hagenau, doch derselbe schob die Entscheidung von einem Tag zum andern! Slör klagte Franz von Sickingen seine Not, und dieser warnte die Wormser; aber vergebens. Da schickte der Ritter kurz und gut den Bürgern einen Fehdebrief.

Unterdessen war der Wormser Stadtschreiber, Johann Glantz, an den kaiserlichen Hof gegangen, hatte den Slör als einen Betrüger verleumdet und die Acht gegen ihn erwirkt. Alle Habe des Geächteten wurde nun eine will= kommene Beute seiner öffentlichen und heimlichen Feinde. Franz griff zu den Waffen. Er sammelte ein beträchtliches Heer, wobei ihn heimlich der Pfalzgraf am Rhein unterstützte, fiel in das städtische Gebiet ein, nahm Wormser Schiffe auf dem Rhein hinweg und entschädigte sich durch die hier= bei gemachte Beute für einen Teil seiner Kriegskosten und für die Forderungen seiner Schutzbefohlenen. Viele kampflustige Ritter und Edle standen unter seiner Fahne, die hoch in Ehren gehalten wurde. Franz durchzog das flache Land, plünderte und verheerte nach damaliger Sitte und rückte dann vor die Mauern der Stadt Worms, um sie zu belagern. Auf innere Zwistigkeiten sowohl der Geistlichen, als auch der unterdrückten Bürgerschaft konnte er rechnen und davon große Vorteile hoffen. Das Feuer des Aufruhrs glimmte noch fort in der Asche. Die Stadt litt Mangel an Nahrungsmitteln, und die Bürger begannen zu murren. Schon sprach man von der Übergabe und den Bedingungen derselben. Der Bischof von Worms war überdies seinem Lehnsmann freundlich gesinnt, und die Geistlichkeit unterhielt den Kleinmut.

Da trat der Kammerrichter Graf von Haag mit den Beisitzern des Reichskammergerichts auf, befeuerte den gesunkenen Mut der Bürgerschaft und erlangte von den gut gesinnten Einwohnern der Stadt den Eid, sie wollen sich und ihre Weiber bis auf den letzten Blutstropfen verteidigen. Nun wurde die Gegenwehr der Belagerten trotziger, das Geschütz wirksamer, und kühne Ausfälle nötigten den Ritter, sich zurückzuziehen.

Der Rat zu Worms aber samt dem ganzen hochpreislichen Kammer= gericht erhob nun die lauteste Klage bei dem Kaiser über den Bruch des Landfriedens; sie verlangten die Erklärung der Reichsacht gegen den Ritter. Das Geschrei vermehrte sich, da Sickingen noch zuguterletzt mehrere Kauf= mannsgüter, die zur Frankfurter Messe bestimmt waren, weggenommen hatte. Das ganze kaufmännische Deutschland schrie gegen den übermütigen Sickingen und bestürmte seinetwegen den Kaiser Max, dem der Ritter im Grund des Herzens sehr lieb war. „Soll man doch," sprach er, „das ganze Reich auf= bieten, wenn ein Kaufmann seinen Pfeffersack verliert." Er zauderte lange, den lärmenden Bitten Gehör zu geben, denn er ehrte die Kriegertugenden des Ritters und rechnete auf sie bei Ausführung seiner großen Pläne. Doch erforderte die Achtung des neuen Landfriedens und die Ehre des neuen Kammergerichts eine gesetzliche Ahndung, die indes für Sickingen nicht sehr drückend wurde.

Wie der französische König den deutschen Ritter gewinnen möchte.

Auch in fernen Landen ertönte der Name des tapfern Franz von Sickin= gen. König Franz I. von Frankreich glaubte an ihm den Mann zu finden, welcher einst seine Absichten auf den deutschen Kaiserthron kräftig unterstützen könnte; er hing selber fest an den Grundsätzen des alten Ritterwesens, die seinem Hang zur Pracht und Freude schmeichelten. So lud er denn den edlen deutschen Ritter zu sich nach Amboise ein, und ein solcher Ruf war viel zu schmeichelhaft, als daß ihn Sickingen hätte ausschlagen können. Sein guter Freund und Waffengenosse, Robert von Sedan, Graf von der Mark und dessen Sohn, der nachmalige Marschall von Fleuranges, führten ihn nach Frankreich, und zwölf deutsche Ritter waren in seinem Gefolge. Dies wurde selbst am französischen Hofe für glänzend und ansehnlich gehalten. Die Aufnahme übertraf alle Erwartung des Gastes, sie war höchst ehrenvoll. Dem jungen lebhaften Könige gefiel der gerade Sinn des deutschen Ritters, er bewunderte die Geschwindigkeit seines Ausdrucks und den gebildeten Verstand, der aus jeder Rede leuchtete. Das Geschenk einer goldenen Kette von 3000 Thalern an Wert war ein sprechender Beweis von der Zuneigung des Königs und von seinem Wunsch, sich den Helden geneigt zu erhalten. Nach damaliger Sitte sollte der, welchen man mit einem solchen Ehrenzeichen behing, an den Geber desselben gefesselt bleiben. Zu dieser Kette fügte Franz noch andere Geschenke und das Versprechen eines Jahrgeldes von 3000 Franken. Auch die Ritter im Gefolge des Franz von Sickingen wurden mit goldenen Ketten von 500 bis 1000 Thalern an Wert beschenkt. Solche Freigebigkeit hätte wohl minder edle Gemüter an das Ausland gefesselt, nicht aber den ehrenwerten Sickingen.

Es beklagten sich kurz darauf mehrere deutsche Handelsleute bei ihm über die Mailänder wegen rückständiger Schuldforderungen. Unser Ritter fand ihr Verlangen gegründet, handelte mit ihnen die Forderungen ab und nahm hierauf einen Warenzug weg, der aus Mailand nach Deutschland zog. Der französische König, dem damals das mailändische Gebiet unterthan war, wurde höchst aufgebracht, als ihm die Mailänder die erlittene Unbill klagten; er ließ die Beute von Ritter Franz zurückfordern, erhielt aber eine derbe deutsche Antwort, die er kaum vermutete: „In Rechtssachen kümmere ich mich außer Deutschland um niemand." Der König Franz entzog ihm nun das bedeutende Jahrgehalt; dafür gewann aber der Ritter einen Freund an dem neuerwählten deutschen Kaiser Karl V., der ihm ein gleiches Jahrgeld bewilligte.

Sickingens Schloß Ebernburg eine „Herberge der Gerechtigkeit".

Als der kühne Mönch Luther dem Papsttum den Krieg erklärte, fand solches Unternehmen großen Beifall bei den Rittern Götz von Berlichingen und Franz von Sickingen. Ein anderer Ritter, der edle Ulrich von Hutten, hatte schon früher (1515) gegen das Mönchstum geeifert, das er für eine Stütze der Unwissenheit hielt. In seinen epistolis obscurorum virorum (Briefe der Dunkelmänner) goß er beißende Lauge auf das Haupt der Mönche und stellte sie dar in ihrer aufgedunsenen Blöße; denn als er in Italien den Verfall der Geistlichkeit überhaupt kennen gelernt hatte, eiferte er heftig gegen die Gebrechen der Kirche. Er wollte deutsche Bischöfe, aber keinen römischen Papst. „Den alten Römern habt ihr männlich widerstanden" — so rief er dem deutschen Volke zu — „aber den neuen Römern beugt ihr schimpflich euer Haupt!" Und der Hierarchie weissagte er, schon sei die Axt an den morschen Baum gelegt. „Jacta est alea!" Ich hab's gewagt! — das war sein Wahlspruch. Dem Luther bot er seine Feder, sein Schwert; mit beiden kämpfte er ritterlich für die große Sache der Reformation. Auch Sickingen hatte dem kühnen Reformator ein Asyl auf seiner Burg angeboten.

Hutten kämpfte mit in jenem Kampfe des schwäbischen Bundes gegen Ulrich von Württemberg, und hier ward er mit dem edlen Sickingen befreundet. Im Jahre 1518 hatte Ritter Hutten sein Gespräch: Aula, in lateinischer Sprache zu Mainz herausgegeben; Franz von Sickingen wünschte es deutsch zu lesen, und Ulrich von Hutten sandte ihm die Übersetzung noch in demselben Jahre. Durch ihn wurde Ritter Franz auch der Beschützer und Freund des tiefen und gelehrten Denkers Reuchlin, und er bewirkte einen Befehl, daß, wenn Stuttgart erstürmt würde, das Haus des gelehrten Mannes verschont bleiben sollte. Sickingens Wohlgefallen an der Wissenschaft und ihren Lehren, seine deutsche Geradheit und Unerschrockenheit, verbanden ihn auf das innigste mit dem wackern Hutten; ein Zelt schloß sie gewöhnlich ein, und sie verlebten manche frohe Stunden und durchwachten manche Nacht in traulichem Gespräch.

Bald traf sich's, daß Hutten von seinen väterlichen Gütern fliehen und, überall verfolgt, sich seinem treuen Sickingen in die Arme werfen mußte. Die Schlösser des Ritters wurden bald Freistätten für mehrere, die sich von den Fesseln des Glaubenszwanges losgemacht hatten. Martin Bucer, aus dem Dominikaner-Kloster zu Schlettstadt entwichen, erhielt von Franz die Stelle als Prediger zu Landstuhl; Ökolampadius (Hausschein) wurde ein Hausgenosse des Ritters und half den lateinischen Gottesdienst in deutscher Sprache einrichten, wofür ihn jeder Zuhörer segnete. Von Ebernburg aus schleuderte Hutten seine Gedankenblitze und rief die deutschen Fürsten, vor allem den Adel auf, unter einem neuen Otto nach Rom zu ziehen und der dortigen Herrschaft ein Ende zu machen. „Sterben kann ich," sprach er, „aber kein Knecht sein: wer will mit Hutten für die Freiheit sterben?"

Inzwischen begann Sickingen eine blutige Fehde mit dem Erzbischof Richard von Trier, und da sie unglücklich endete, mußte Hutten sein Asyl verlassen. Vom Papst verfolgt, von den Fürsten aufgegeben, vom Vaterland verstoßen, von böser Krankheit angegriffen, fand er flüchtig und arm (er hatte nichts mehr als seine Feder) eine stille letzte Freistätte in dem Hause des heilkundigen Pfarrers Schnegg auf der Insel Ufnau im Zürichsee. Dorthin von Zwingli empfohlen, endete der unverdrossene Kämpfer „für Licht und Recht" — wie er es nannte — „das Trauerspiel seines Lebens" im 36. Lebensjahre (1523).

Wie der Ritter die Macht geistlicher und weltlicher Fürsten brechen will.

Franz von Sickingen hatte, wie Hutten und andere Vaterlandsfreunde, lange seine Hoffnungen auf den Kaiser Karl V. gesetzt, daß dieser sich an die Spitze der geistigen Bewegung stellen und zu Gunsten der Selbständigkeit und Herrlichkeit Deutschlands sich von dem Papsttum völlig lostrennen würde. Dies gläubige Vertrauen Sickingens erwies sich leider nur als schöner Traum. Von der furchtbaren Höhe seiner stolzen Entwürfe herab betrachtete Karl V. die Interessen der Völker nur wie Fäden eines Gewebes, zur Willkür in seine Hand gegeben, und die einzelnen Menschen nur wie Werkzeuge, gut genug, um sie zu gebrauchen und nach dem Gebrauche wegzuwerfen. So ging es auch dem Ritter Franz von Sickingen. Als er sein Vertrauen auf den Kaiser getäuscht sah, faßte er im hohen Bewußtsein seines Strebens und seiner Macht den Plan, den ganzen Adel deutscher Nation zu bewaffnen, um die Fürstenmacht zu brechen, das Reichsregiment aufzulösen, die Interessen der Ritterschaft zu wahren und mit dem Adel wie durch den Adel, aber nicht ohne Mitwirkung der Städte, der Reformation allgemeinen Eingang zu verschaffen. Daß eine übermäßige Kampf= und Rauflust und auch die Ehrsucht, das Streben nach Macht und Selbstherrlichkeit bei Franz von Sickingen starke Beweggründe seines Thuns bildeten, ist außer Frage. War doch auch bei Ulrich von Hutten nicht alles rein. Aber in ihrem Feuereifer für Glaubensfreiheit und Brechung des fürstlichen Despotismus stimmten sie zusammen. Zu diesem Zwecke wirkte Hutten durch feurige Schriften, welche das Mißtrauen der Städte gegen den Adel austilgen sollten, und Sickingen berief im Jahre 1522 den Adel aus den Ritterkantonen Schwaben, Franken und vom Rhein gen Landau. Da kamen die trefflichsten Ritter zusammen, unter anderen die von Dalberg, Flersheim, Türkheim, Rüdesheim, Lorch, Schwarzenberg, auch Sickingens Freund, der kühne Ritter Hartmuth von Kronenberg, ein begeisterter Freund der Reformation und Todfeind der Römlinge. Alle beschworen aufs Evangelium für drei Jahre einen Bund und erwählten einmütig Franz von Sickingen zum Hauptmann. Alsobald befestigte dieser seine Schlösser Nannstuhl (bei Landstuhl) und Ebernburg und rüstete ein stattliches Heer, unter dem Vorwande, er zöge gegen Frankreich. Bald aber ward offenkundig, daß es dem Sturz der Priesterherrschaft in Deutschland gelte und zwar zunächst dem Kurfürsten und Erzbischof von Trier, Richard von Greifenklau, welcher an der Spitze aller Gegner der Reformation stand. Durch dessen Überwältigung wollte Franz von Sickingen, wie er sich ausdrückte, „dem Evangelium eine Öffnung brechen".

Sickingen ergriff einen geringfügigen Vorwand zur Kriegserklärung gegen den Erzbischof, musterte bei Straßburg sein Heer und führte es rasch zur That. Bald fiel Blieskastell in des Ritters Gewalt; dann stürmte er St. Wendel und nahm mehrere Edle gefangen, zu welchen er die bedeutungsvollen Worte sagte: „Pferde und Harnische, so ihr verloren, mag euch euer Kurfürst wohl bezahlen, wenn er's bleibt. Werd' ich aber selber Kurfürst, wie

ich wohl kann und will, oder noch mehr, so mag ich euch wol ergetzen."
Die Nachricht von seiner Rüstung und seinem Glück im Felde verbreitete in
Trier anfangs großen Schrecken; doch Kurfürst Richard handelte unerschrocken
als Feldherr und als Fürst. Er rief das Reichsregiment in Nürnberg auf,
begeisterte die Bewohner Triers durch priesterliche Kraft, daß sie für den
Glauben ihrer Väter freudig zu den Waffen griffen, und setzte seine Haupt=
stadt, als Bollwerk des Katholizismus, in trefflichen Verteidigungszustand.
Franz von Sickingen zog indes, unbekümmert um die Abmahnungen des
Reichsregiments, am 8. September 1522 ins triersche Gebiet, rückte vor die
Stadt, forderte sie zur Übergabe auf und begann, als ihm der Kurfürst eine
heftige Antwort gab, sie zu beschießen. Da stürzte wohl mancher ehrwürdige
Rest von herrlichen Bauwerken aus der Römerzeit; heiß tobte der Kampf
um das riesige „schwarze Thor", dessen Quadern noch heute dem Zahn der
Zeit trotzen. Vergeblich ließ Sickingen die Belagerungsmaschinen auf einen
Berg vor der Stadt bringen, wo das Volk glaubte, daß Triers Stifter, der
fabelhafte Heidenkönig Trebetha, begraben sei, und wo noch heutzutage ein
Römerhügel den Namen „Franzens Kniepchen" trägt. Schon waren 20 Ton=
nen Pulvers verschossen, und Sickingen harrte ungeduldig auf 1500 Kriegs=
leute aus Braunschweig, welche ihm der Ritter Nikolaus Minkwitz zuführen
sollte. Sie kamen nicht, denn der Landgraf von Hessen verweigerte ihnen
den Durchzug durch sein Land und rüstete, neben dem Kurfürsten von der
Pfalz, selber gegen Sickingen. Als dieser nun den Heldenmut der Trierer
erkannt und jene üblen Nachrichten erhalten hatte, hob er am 14. September
die Belagerung auf mit dem Entschluß, im nächsten Jahre den Krieg aufs
neue zu beginnen.

Aber Sickingens Stern neigte sich bereits zum Untergange. Die Kur=
fürsten von Trier und von der Pfalz und der Landgraf Philipp von Hessen
schlossen ein Bündnis, um ihn zu verderben. Des Reiches Acht und Aber=
acht ward auf ihn geschleudert; mehrere seiner Freunde, die mit ihm zu
Landau geschworen hatten, fielen jetzt aus Furcht von ihm ab; der treue
Hartmuth von Kronenberg verlor durch der Fürsten Übermacht sein Schloß
und all sein Gut. Doch Sickingen verzagte an dem Gelingen seines großen
Planes noch nicht, sondern betrieb ihn vielmehr um so eifriger. Er baute
auf die Unterstützung der fränkischen Ritterschaft, sowie auf die des oberrheini=
schen und böhmischen Adels und der ganzen evangelischen Partei. Deshalb
warf er sich in seine Feste Nannstuhl, um sich da so lange zu verteidigen,
bis jene Hilfe herankäme. Aber im Frühling des Jahres 1523 zogen die
drei verbündeten Fürsten von Kur=Trier, Kur=Pfalz und Hessen mit großer
Heeresmacht wider ihn und belagerten ihn in seiner Burg. Heldenmütig
verteidigte sich Sickingen, der an der Gicht litt, aber ungebeugten Geistes
war. Furchtbar beschossen die Fürsten seine festen Mauern; ein Turm,
welcher 24 Schuh in der Dicke gebaut war, stürzte zusammen. Der Ritter
eilte an den bedrohten Punkt; da schlug die Kugel einer Feldschlange neben
ihm auf den Boden und die Splitter von Holz und Steinen fuhren ihm in
den Leib. So schwer verwundet, wurde er in ein gehauenes Gewölbe ge=

tragen. Noch immer hoffte er auf Entsatz; als aber keine Hilfe kam, über=
gab er die Burg den Fürsten. Diese kamen an sein Krankenlager und fanden
ihn sterbend. Freundlich zog er noch vor dem Kurfürsten von der Pfalz
und dem Landgrafen von Hessen die Mütze vom Haupt und antwortete mit
edler Würde in gebrochenen Worten auf ihre Fragen; nur dem Erzbischof
von Trier gönnte er trotzig keinen Gruß. Mannhaft verschied er (am 7. Mai
1525), und erschüttert standen seine Feinde um die Leiche des Helden, falteten
die Hände und beteten andächtig für seine Seele. Seine andern festen
Schlösser, die Ebernburg, der Drachenfels und andere, fielen nebst seinen
Gütern in die Hände seiner Feinde, wurden jedoch später seinen Nachkommen
zurückgegeben. Solchen Ausgang nahm der ritterliche „Rächer der deutschen
Freiheit". In einem Harnischkasten ward er zu Grabe getragen und in der
Kapelle zu Landstuhl beigesetzt.

Als Luther Sickingens Tod vernahm, rief er: „Der Herr ist gerecht.
Aber wunderbar! Er will seinem Evangelium nicht mit dem Schwerte
helfen!" Das deutsche Volk möge aber fort und fort seines edlen, wackern
deutschen Ritters in Ehren gedenken.

III. Jürgen Wullenweber, der letzte Hanseat.

1.

In Lübeck, dem reichen Vorort der wendischen Städte — Lübeck, Wis=
mar, Rostock, Stralsund, Greifswald waren die vornehmsten — hatten Adel
und Geistlichkeit die Kirchenverbesserung am längsten zurückgehalten; sie war
hier allein das Werk des unermüdeten Eifers der niedern Zünfte. Früh
schon erwachte unter der Menge das fromme Verlangen nach dem „reineren
Worte"; einzelne Prediger hatten Zugang gewonnen, aber noch im Jahr
1528 durfte der Rat die Apostel Luthers vertreiben, dessen Werke auf offenem
Markte durch die Hand des Büttels verbrennen und die Sänger deutscher
Psalmen einsperren lassen. Die Zünfte baten und murrten, aber das Dom=
kapitel und die Junker, in Verbindung mit dem Rate, wollten nichts von
der kirchlichen Neuerung wissen. Da geschah es, daß der Rat neue Steuern
ausschreiben mußte, denn die vielen Kriege, welche die Stadt Lübeck geführt,
hatten die Staatskasse gänzlich erschöpft. Die Bürgerschaft hatte 36 Männer
aus ihrer Mitte erwählt, um den Staatshaushalt zu ordnen; als binnen
Jahresfrist das Geschäft noch nicht erledigt war, berief die Gemeinde (1529)
neue Achtundvierziger, erteilte ihnen aber insgeheim die Weisung, sich auf
keine Geldbewilligung einzulassen, bevor nicht der Rat die Einführung der
evangelischen Lehre zugestehe. Der Rat erschrak, eiferte heftig gegen so ketze=
rische, unerhörte Forderungen, war aber schon so weit aus seiner Stellung
gewichen, daß dem Ausschusse die Schuldregister überliefert wurden. Immer
noch in dem Wahne, die Junker und Kaufleute seien das Volk von Lübeck,
hielt er unter mancherlei Bedenken die ungeduldige Menge hin, welche be=

reits den katholischen Gottesdienst zu stören begann. Als aber beharrlich jede neue Abgabe verweigert wurde, aufgeregte Volkshaufen die Kirche, den Markt, die Säle des Rathauses füllten, gaben die eingeschüchterten Herren dem Ausschusse nach, der von 48 auf 56 vermehrt wurde, gestatteten auch die Zurückberufung zweier vertriebener Prediger. Vergeblich drohte Heinrich der Jüngere von Braunschweig, der berüchtigte Gegner der neuen Lehre, er werde sich des von seinen Vorfahren beschenkten Hochstiftes annehmen; die geduldete Kirchenpartei war schon eine unduldsame geworden, sie drang ungestüm auf die Abschaffung der katholischen Predigt, und am zweiten Ostertage ward das heilige Abendmahl unter beiderlei Gestalt genommen. Die Sechsundfünfzig wurden noch auf Vierundsechzig vermehrt, unter den Handwerkern standen tüchtige Redner auf, und am 30. Juni 1530 mußte der Rat die Abschaffung des gesamten katholischen Kultus, die Domkirche ausgenommen, befehlen. Alsbald, da auch die furchtsamen Kanonici (Domherren) die Messe einstellten, ließ der Rat alles Kirchensilber und die Altarkleinodien in die Tresorkammer (Schatzkammer) der Stadt bringen. Einer der kühnsten Sprecher des Volkes war Jürgen Wullenweber gewesen.

2.

Wullenweber hatte sich aus niederem Stande zum Bürgermeister von Lübeck emporgeschwungen und einen Freund gefunden, der gleiches Streben nach Volksherrschaft mit ihm teilte und gleichen Aufschwung des Geistes besaß. Dies war Marx Meier, aus Hamburg gebürtig, früher ein Grobschmied, aber durch seine schöne Gestalt, seine kriegerische Tapferkeit und Gewandtheit bald so ausgezeichnet, daß er nun zum Oberanführer zur See von der Stadt Lübeck erwählt wurde. Beide Männer faßten den kühnen Plan, die Niederländer, deren Handelsthätigkeit die Hansa immer mehr verdunkelte, aus den Gewässern der Nord- und Ostsee zu vertreiben, das durch Streitigkeiten zerrüttete Dänemark zu erobern und Lübeck zur Hauptstadt des neuen nordischen Handelsreiches zu machen.

Gustav Wasa von Schweden hatte auf seiner Flucht vor dem grausamen Christian II. von Dänemark in Lübeck Unterstützung gefunden und war dieser Stadt zu Dank verpflichtet; Friedrich, der König von Dänemark, der Oheim jenes Christian, war mit Hilfe der Hansa zum Throne gelangt und durch eine lübeckische Flotte vor neuen Gefahren geschützt worden. So hatte er sich zu einem Vergleiche mit Lübeck verstanden, demzufolge den Niederländern der Sund versperrt werden sollte. Sobald aber Wullenweber mit den übrigen Abgeordneten den König verlassen hatte, gereute diesen die Zusage, denn er wollte sich wo möglich der Abhängigkeit von den Hansestädten entziehen. Die Holländer kamen nach wie vor in die Ostsee, und die Dänen leisteten ihnen Vorschub. Da beschloß Wullenweber kräftige Maßregeln. Er berief die Gemeinde aufs Rathaus und schilderte ihr mit beredten Worten, wie der Handel der Hansa untergehen müßte, wenn man die Niederländer nicht unterdrückte. Da wurden ihm neue Kriegsschiffe bewilligt, das aus den katholischen Kirchen genommene Silber wurde zu Geld ausgeprägt und selbst der

große Kronleuchter zu St. Martin nicht verschont. Bald waren zwei Kriegs=
schiffe erbaut, die machten sich auf, die holländischen Handelsschiffe zu ver=
folgen. Doch diese hatten Wind bekommen und retteten sich.

3.

Inzwischen war in dem dänischen Reiche eine Veränderung eingetreten,
welche auf einmal alles in Gärung brachte. König Friedrich I. starb 1533
zu Gottorp und hinterließ vier Söhne. Der älteste, lutherisch gesinnt und
voll männlicher Kraft, war der katholischen Partei verhaßt. Sie wollte von
dem dritten Christian nichts wissen, der schon von Anbeginn der neuen
Lehre zugethan gewesen war. Man erzählte sich von ihm, daß er bereits
auf dem Reichstage in Worms neckende Feindschaft gegen Mönche und Pfaffen
zu erkennen gegeben, indem er in Gegenwart des Kaisers und der Fürsten
unter der Predigt den Strick des Kapuziners, welcher durch ein Astloch der
Kanzel blickte, festknötete, den heftigen Eiferer am Aufstehen hinderte und dem
erzürnten Kaiser sich offen zum Schelmstück bekannte. Sein jüngerer Bruder,
Herzog Johann, war erst zwölf Jahre alt, und diesen unterstützte der Adel
wie die Geistlichkeit. Da man sich nicht vereinigen konnte, ward eine Regent=
schaft der Vornehmsten des Landes eingesetzt, denen es ganz lieb war, gar
keinen König zu haben. Die Regentschaft war den Lübeckern nicht freundlich
gesinnt, ebensowenig Gustav Wasa von Schweden, welcher den Lübecker Ge=
sandten geradezu erklärte, es wäre nicht der Vorteil seines Reichs, die
Holländer zu vertreiben. Er nahm sogar den Lübeckern ihre Handels=
rechte, die sie bisher in Schweden besessen hatten, und legte auf alle Hansa=
schiffe Beschlag.

Wullenweber, noch in Kopenhagen von diesen Vorfällen unterrichtet, ver=
zagte nicht, auch mit zweien Königreichen den Kampf zu beginnen. Er wußte,
daß die Bürger in Dänemark sich vor den Aristokraten und vor den katholi=
schen Geistlichen fürchteten und nach einem volkstümlichen Könige sich sehnten.
Demnach schloß er in aller Stille ein Bündnis mit dem Bürgermeister von
Kopenhagen, einem geborenen Deutschen, Namens Ambrosius Bockbinder,
und mit dem Bürgermeister von Malmöe, Jürgen Kock, aus Westfalen ge=
bürtig. Diese drei Bürgermeister wollten alles aufbieten, um die Freiheit
der Lehre und des Bürgerstandes zu retten und den Herzog Christian auf
den Thron zu heben. Sollte dieser aber die Krone aus der Hand des
Bürgertums verschmähen, so versprach Wullenweber jede Hilfe seiner Republik,
Unterwerfung des Adels, Aufnahme in den Hansabund und den Sieg des
Luthertums. Eine Welt von Plänen in seinem Kopfe, kehrte Wullenweber
in die Heimat zurück. Gewiß stammt aus dieser Zeit ein Denkvers, den
man zu Kopenhagen angeschrieben fand:

Lübeck, klein und rein, verzage nicht,
In Holland groß, die Buben sind bloß, sie thun dir's nicht.
Wenn zwei Könige du gemacht und den dritten aus dem Lande getrieben.
Seid ihr noch gewaltige Herren zu Lübeck geblieben.

4.

Herzog Christian weigerte sich, die Krone von einer revolutionären Partei anzunehmen; Schweden und Dänemark rüsteten. Unterdessen war aber Marx Meier in London glücklich gewesen und hatte ein Bündnis mit König Heinrich VIII., der eben mit dem Papste zerfallen war, zustande gebracht. Sobald der kühne Abenteurer nach Lübeck zurückgekehrt war, hielt er mit seinem Freunde Wullenweber Rat, und beide Männer beschlossen, den gefangenen Christian II., der noch immer in seinem Turme saß, wieder vorzuschieben, da er nicht bloß der lutherischen Lehre zugethan, sondern auch ein Feind des Adels war. Der kriegslustige Graf Christoph von Oldenburg, der sich im Bauernkriege bereits durch Tapferkeit ausgezeichnet hatte, wurde zum Feldherrn ernannt und mit Geld zur Werbung eines Heeres versehen, ohne daß die Lübecker Bürgerschaft darum wußte. Sobald Christoph in Niedersachsen die Trommeln rühren ließ, hatte er schnell 4000 Landsknechte und Reiter unter seinem Fähnlein versammelt. Am 14. Mai 1531 erschien das Kriegsvolk vor Lübeck. Nun berief Wullenweber den Rat, die Stadtverordneten und die ganze Gemeinde, schilderte die Undankbarkeit und den Haß der Königreiche gegen Lübeck und forderte das Volk zur Rache auf. Das Volk jubelte Beifall und beschloß, die Kriegsmannschaft nach Seeland überzusetzen. Auf 21 mit Geschütz und Lebensmitteln wohl versehenen Schiffen ging die Mannschaft unter Segel, auch Wullenweber und Marx Meier gingen mit, und man steuerte gerade auf Seeland zu. Hier hatten bereits die beiden Bürgermeister Bockbinder und Kock (gewöhnlich Mynter genannt, weil er das Münzmeisteramt in Malmöe bekleidete) tüchtig vorgearbeitet, und in kurzem war die ganze Insel erobert, Kopenhagen ergab sich, und Graf Christoph schaltete wie ein König.

Doch Herzog Christian hatte einen tüchtigen Freund in dem wackern Johann von Ranzau, der drang über das abgebrannte Travemünde auf Lübeck ein und belagerte es. Die ganze Umgegend ward verwüstet, mehrere Schiffe wurden weggenommen, und das Volk begann zu murren wider die, welche zum Kriege geraten hatten. Zugleich erkannte nun der Adel in Dänemark, daß es Zeit sei, einen König zu wählen, und da Christian als Herzog von Holstein so gut den Lübeckern zu Lande beikommen konnte, rief man nun diesen zum Könige aus. Da hob sich in Lübeck die aristokratische Partei und Wullenweber entschloß sich zu schneller Rückkehr, damit er nicht sein ganzes Ansehen verlöre. Es wurde Frieden mit Holstein geschlossen, und um die Feinde zu verringern, hatten die Lübecker auch den Holländern auf vier Jahre freie Schiffahrt auf der Ostsee zugestanden.

5.

Mit Hilfe des Johann von Ranzau und der Adelspartei faßte Christian III. immer mehr und festeren Fuß auf den dänischen Inseln, und Christoph, der Lübecker Feldhauptmann, ward in Kopenhagen eingeschlossen, Gustav Wasa hatte Kaperschiffe ausgerüstet, welche den Lübecker Handelsschiffen nachstellten, und als die meisten dieser Kaper den Danzigern in die Hände gerieten, stellten die Schweden elf große Orlogschiffe, welche die Lübecker hart bedrängten. Nun trat Hamburg auf, um den Frieden zu vermitteln, und berief die Abgeordneten der Hansestädte nach Lüneburg (1536). Noch unter dem Einflusse Wullenwebers beschickten die Lübecker jene Versammlung, luden aber die Herren auch zu sich ein; dem Folge leistend, versammelten sich im Hauptorte Lübeck die Abgeordneten von Köln, Bremen, Hamburg, Danzig, Riga, Osnabrück, Kempten, Deventer, Zwoll, Soëst, Göttingen, Braunschweig, Hannover und Hildesheim. Aber leider sahen die Städte nicht ein, daß die ganze Hansa bedroht sei, wenn in gegenwärtigem Kampfe Lübeck unterläge. Wullenweber sprach mit glühender Beredsamkeit für die Fortsetzung des Krieges, der zur Rettung des Bundes notwendig sei. Man schwankte aber hin und her; da erschien plötzlich auf Betrieb der durch Wullenweber und die Volkspartei vertriebenen aristokratischen Ratsherren ein Strafmandat des Reichskammergerichts in Speier, das den Lübeckern mit der Reichsacht drohte, wenn sie die alte Ordnung der Dinge nicht wieder herstellen und die vertriebenen Bürgermeister wieder zu Ehren bringen würden. Zugleich arbeitete die Geistlichkeit, um das Volk von dem aufrührerischen Wullenweber abtrünnig zu machen, und da zu eben dieser Zeit der Krieg mit den Wiedertäufern geführt ward, brachte man boshafter Weise den Bürgermeister in Verdacht, daß er mit dieser Sekte in Verbindung stehe. Allerdings wollte er ein freies Bauerntum, wie er ein freies Bürgertum den Fürsten gegenüberstellte, aber an den Ausschweifungen der Wiedertäufer hatte er gar keinen Anteil. So ward Wullenweber seines Amtes entsetzt, und der vertriebene Bürgermeister, Nikolaus von Brömsen, zog feierlichst in Lübeck ein.

Wullenweber aber verzagte immer noch nicht; er hatte den Herzog Albrecht von Mecklenburg zum Kampfe um die dänische Königskrone angefeuert und wollte diesem nun mit Kriegsvolk zu Hilfe kommen. Er überreichte dem alten Rate ein Schreiben, worin er berichtete, wie im Lande Hadeln ein Haufen von 6000 dienstbaren Knechten zusammengelaufen sei, und erbot sich, mit den Hauptleuten zu unterhandeln und dies Kriegsvolk selbst nach Dänemark zu führen. Seine Feinde ließen ihn in die Falle gehen und bewilligten sein Begehren; alle Freunde aber warnten den allzukühnen Mann, denn er lief Gefahr, vom Bremer Erzbischof, durch dessen Gebiet er mußte, gefangen zu werden. Bischof Christoph von Bremen war nämlich ein Freund des Dänenkönigs Christian III.; zu ihm sendeten die Feinde Wullenwebers sogleich Eilboten, und wirklich, sobald der Mann das Gebiet des Erzbischofs berührte, wurde er von einem Trupp Bewaffneter ergriffen und gefangen fortgeführt. Da nun die Lübecker Truppen in Kopenhagen keine Verstärkung erhielten, mußten sie den Feinden unterliegen. Der gefangene Wullenweber aber wurde der Botmäßigkeit Herzogs Heinrich von Braunschweig, des Bruders des Bremer Erzbischofs, übergeben, der ihn zu Steinbruck bei Wolfenbüttel ins Gefängnis warf und ihm auf Betrieb der Aristokraten in Lübeck den Prozeß machte. Die ungerechten Richter erkann-

ten die Todesstrafe — für einen Mann, der seiner Vaterstadt gedient, um
sie groß und mächtig zu machen. Alle Kraft und aller Stolz kamen in die
Seele des Unglücklichen, als er die Todesnachricht vernahm; der stummen
Kerkerwand vertraute er das Zeugnis seiner Unschuld; dort las man die
Worte eingegraben:

Kein Dieb, kein Verräter, kein Wiedertäufer auf Erden
Bin ich niemals geweft, will's auch nimmer befunden werden!
O Herr Jesu Christ, der du bist der Weg, die Wahrheit und das Leben,
Ich bitte dich durch deine Barmherzigkeit, du wollest Zeugnis von meiner Un-
schuld geben.

Im Jahre 1537 am 24. September, nachdem der Lübecker Rat dem peinlichen Gericht seine Zustimmung erteilt hatte, wurde Jürgen Wullenweber
von Henkers Hand mit dem Schwerte hingerichtet und sein Körper darauf
gevierteilt.

Vierter Abschnitt.

Deutsche Kunst zur Zeit der Reformation.

I. Lukas Kranach.*)

1.

Nicht allein die Wissenschaften hatten zur Zeit der Reformation einen großen Fortschritt gemacht; die allgemeine Gärung der Geister war auch den Künsten förderlich gewesen. Zu gleicher Zeit sehen wir drei ausgezeichnete Maler hervortreten, die aber auch als Menschen, teils durch Güte des Herzens, teils durch Bildung des Geistes sich auszeichneten.

Lukas Kranach war 1472 in Kronach (Kranach), einer kleinen Stadt am Fuße des Fichtelgebirges, geboren. Er hieß eigentlich Lukas Sunder, nahm aber, wie damals zuweilen geschah, den Namen seines Geburtsortes an. Von seinem Vater soll er den ersten Unterricht im Zeichnen erhalten haben, sonst ist von seinen früheren Lebensschicksalen wenig bekannt. Daß er aber schon früh ausgezeichnete Fortschritte gemacht haben müsse, geht daraus hervor, daß er noch als Jüngling zum sächsischen Hofmaler ernannt wurde, und das ist er unter den drei Kurfürsten Friedrich dem Weisen, Johann dem Beständigen und Johann Friedrich geblieben.

Im Jahr 1493 unternahm Friedrich der Weise eine Reise nach Jerusalem. Unter der sehr zahlreichen Begleitung von Rittern, Herren und Geistlichen befand sich auch Kranach. Auf Befehl des Kurfürsten malte er eine sogenannte Reisetafel auf Leinwand, denn er stellte auf derselben alle Städte, Schlösser und Gegenden dar, durch welche sie reisten. Sie ist, auf eine hölzerne Tafel geklebt, noch jetzt in der Schloßkirche zu Wittenberg zu sehen, hat aber im Laufe der Zeiten sehr gelitten.

Nach der Rückkehr aus dem heiligen Lande wählte Kranach Wittenberg zu seinem beständigen Wohnorte, und hier hat er 46 Jahre verlebt. Er verheiratete sich mit Barbara Brangbier, einer Tochter des Bürgermeisters von Gotha, und lebte mit ihr in sehr glücklicher Ehe, denn er war ein

*) Nach Fr. Hofmann und Fr. Nösselt.

sanfter, gutmütiger Mann. Von seinen Mitbürgern war er sehr geachtet und genoß so viel Vertrauen, daß sie ihn 1519 zum Kämmerer und Senator, 1537 aber zum Bürgermeister wählten. Dies Amt bekleidete er sieben Jahre; dann legte er es freiwillig nieder, weil ihn das Alter drückte. Seine amt= liche Thätigkeit verhinderte ihn jedoch nicht am Malen, besonders malte er die Bildnisse der sächsischen Kurfürsten und Prinzen, sowie seiner Freunde Luther und Melanchthon, deren Porträte er sehr vervielfältigte. Oft wurde Kranach in seinem Arbeitszimmer von hohen Herrschaften besucht, die ihm mit Vergnügen zusahen, und die er wieder auf die Jagd zu begleiten pflegte. Wurden da besonders große und schöne Tiere erlegt, so war er gleich bei der Hand, sie abzumalen. Kranachs Ruhm war so groß, daß der König Ferdinand ihn nach Wien berief, damit er mit seinen schönen Gemälden die Schlösser ausschmückte. Die Bildergalerieen in Wien, München, Prag und Dresden verdanken dem Lukas Kranach ihre Entstehung. So lieblich auch oft die Gesichter dieses Malers sind, so haben die Figuren doch den Fehler, daß sie nicht die rechte Gewandung haben; alte römische Feldherren und Senatoren sind gekleidet wie sächsische Ritter oder wittenbergische Bürger= meister. Außer seinen größeren Ölmalereien machte Kranach noch treffliche Miniaturgemälde; man findet sie noch in den Gebet= und Geschichtsbüchern der damaligen Kurfürsten.

2.

Da Lukas Kranach mit ganzer Seele an seinem Herrn hing, so betrübte ihn der Tod des guten Friedrich gar sehr. Er war unter denen, welche der kurfürstlichen Leiche folgten, als diese von dem Schlosse, wo Friedrich ge= storben war, nach Wittenberg gebracht wurde; dabei hatte er die Ehre, jedem Armen auf Befehl des neuen Kurfürsten Johann einen Groschen auszuhän= digen. Auch Johann starb schon 1532; doch ersetzte ihm Johann Friedrich durch große Gnade und unbedingtes Vertrauen den Verlust reichlich, so daß Kranach recht eigentlich der Freund des Kurfürsten wurde.

Das harmlose Leben des Malers ward sehr getrübt durch schwere Ver= luste; sein ältester Sohn Johann starb auf einer Reise nach Italien; fünf Jahre darauf verlor er auch seine geliebte Frau und nach abermals fünf Jahren seinen Freund Luther, der so gern mit ihm verkehrt hatte. Aber fast noch mehr, als diese häuslichen Kümmernisse, schlugen den alten Mann die Unglücksfälle nieder, die seit 1547 sein Vaterland Sachsen und seinen Kurfürsten trafen. Als Kaiser Karl nach dem Siege bei Mühlberg vor die Residenz Wittenberg rückte und sie belagerte, waren fast alle angesehenen Ein= wohner, selbst der edle Melanchthon, aus Furcht vor Kriegsungemach fort= gegangen. Nur Kranach hielt es für seine Bürgerpflicht, zu bleiben und zu erwarten, was da kommen würde. Als Karl die Stadt erobert hatte, er= innerte er sich des berühmten Malers und daß dieser ihn einst in seinen Kinderjahren gemalt habe. Er ließ ihn daher in sein Lager holen und sprach mit ihm dies und jenes über Gegenstände der Kunst. Ein Zeitgenosse er= zählt darüber folgendes. Als der alte Maler Lukas aus der Stadt in des

Kaisers Zelt gefordert, zeigte ihm Karl an, daß ihm der gefangene Kurfürst auf dem Reichstage zu Speier eine schöne Tafel geschenkt, so er, Lukas, gemalt, und die er, der Kaiser, oft mit sonderlichem Wohlgefallen angesehen hätte. „Es ist aber zu Mecheln" — fuhr der Kaiser fort — „in meinem Gemache eine Tafel, auf welcher du mich, als ich noch jung war, gemalt hast. Ich begehre deswegen zu wissen, wie alt ich damals gewesen bin." Darauf hat der alte Lukas geantwortet: „Ew. Majestät war damals acht Jahre alt, als Kaiser Maximilian Euch bei der rechten Hand führte und Ew. Gnaden in Niederland huldigen ließ. Indem ich aber anfing, Ew. Majestät abzureißen, hat Ew. Majestät sich stetig gewendet, worauf Euer Präceptor, welchem Eure Natur wohl bekannt, vermeldet, daß Ew. Majestät ein sonderliches Gefallen zu schönen Pfeilen trüge, und darauf befahl, daß man einen kunstreich gemalten Pfeil an die Wand gegenüberstecken sollte, davon Ew. Majestät die Augen niemals gewendet und ich desto besser das Konterfei zu Ende gebracht." — Diese Erzählung hat dem Kaiser sehr wohlgefallen, und er hat dem Maler Lukas freundlich zugesprochen. Als aber der gute alte Mann an seines Vaterlandes Unglück dachte, ist er mit weinenden Augen auf seine Kniee gefallen und hat für seinen gefangenen Herrn gebetet. Darauf der Kaiser sanftmütig geantwortet: „Du sollst erfahren, daß ich deinem gefangenen Herrn Gnade erzeigen will." Hat ihn darauf mildiglich begabt und wieder in die Stadt ziehen lassen.

Der Kaiser ließ ihm nämlich als Zeichen seiner Gunst einen silbernen Teller voll ungarischer Dukaten überreichen. Am liebsten hätte Kranach die Gabe zurückgewiesen, aber das würde den Herrn beleidigt haben. Daher nahm er davon so viel, als er zwischen seinen Fingerspitzen fassen konnte, lehnte auch alle Anträge des Kaisers ab, ihm nach den Niederlanden zu folgen. Dagegen erbat er sich die Erlaubnis, seinem unglücklichen Herrn in der Gefangenschaft Gesellschaft leisten zu dürfen.

Nachdem Moritz die Regierung von Kursachsen angetreten hatte, ließ er sich von seinen neuen Unterthanen huldigen. Nur Kranach vermochte nicht, dem Manne Treue und Gehorsam zu geloben, der so zweideutig an seinem geliebten Herrn gehandelt und sich auf dessen Unkosten erhoben hatte. Er verließ die ihm so lieb gewordene Stadt, sagte seinen zahlreichen Freunden und Verwandten in Wittenberg für immer Lebewohl und reiste nach Innsbruck in das Gefängnis seines Herrn. Hier blieb er drei Jahre und suchte mit seltener Treue dem armen Gefangenen die Langeweile zu vertreiben. Ein alter Geschichtschreiber sagt: „Wenn Seine fürstlichen Gnaden morgens aufgestanden, haben Sie bei einer Stunde in Ihrem Gemache allein gebetet und in der heiligen Bibel oder in Doktor Luthers Schriften, sonst vielfältig in vornehmen französischen und deutschen Historienbüchern, gelesen und nächst denselben noch damit Ihre Zeit vertrieben, daß Sie den berühmten Maler, den alten Lukas Kranach, allerhand Kontrafakturen und Bildwerk haben machen lassen."

Im August 1552 ließ endlich der Kaiser dem Kurfürsten seine Freiheit ankündigen. Schon am 6. Tage darauf saßen er und der treue Kranach auf dem Reisewagen, um sich nach Weimar zu begeben, allwo sie mit großer Freude empfangen wurden. Mehr aber als alles erfreute den alten Lukas, daß er seine Tochter Barbara, die Frau des sächsischen Kanzlers Brück, hier fand. Von nun an beschloß er in Weimar zu bleiben, doch schon im folgenden Jahre starb er in den Armen seiner Tochter, im 81. Jahre. Sein Grabmal ist noch in Weimar zu sehen.

II. Albrecht Dürer.

1.

Dieser berühmteste aller deutschen Maler, der Held deutscher Kunst, wurde am 21. Mai 1471 in der alten Reichsstadt Nürnberg geboren. Sein Vater war ein geschickter Goldschmied, aus dem Dorfe Eutas in Ungarn stammend. Sehr jung war derselbe nach Nürnberg gekommen und hatte daselbst als Goldschmiedsgesell im Hause Hieronymus Hellers, eines trefflichen Goldarbeiters, eine bleibende Stelle gefunden. Seine Treuherzigkeit, sein Fleiß, seine große Geschicklichkeit und ein frommes, verständiges Herz gewannen ihm des Meisters Neigung in so hohem Grade, daß er ihn zu seinem Eidam erwählte und ihm seine schöne Tochter Barbara zur Gattin gab. Aus dieser glücklichen Ehe entsprossen 18 Kinder, die aber sämtlich eines frühzeitigen Todes starben, bis auf unsern Albrecht und zwei seiner Brüder, Andreas und Hans. Der wackere Dürer verwendete auf die Erziehung seiner Kinder die größte Sorgfalt. Sein Wahlspruch lautete: Habet Gott im Herzen und handelt treu an eurem Nächsten! Diesen Spruch prägte er von klein auf den jugendlichen Gemütern seiner Söhne ein, und Albrecht zumal, der Erstgeborene, vergaß ihn nimmer. Er hatte ganz des wackern Vaters Geist und herzliche Biederkeit geerbt.

Albrecht wuchs heran und ward ein blühend schöner Jüngling. Schon als Knabe liebte er mehr eine sinnige, ernste Beschäftigung, als die geräuschvollen Spiele der Jugend, und oft saß er, während seine Brüder draußen im Freien umhertrollten, daheim im stillen Kämmerlein vor dem Arbeitstische und suchte eine mathematische Aufgabe zu lösen, oder mit dem Stifte eine Zeichnung nachzubilden, die sein kunstreicher Vater entworfen und ihm zum Kopieren vorgelegt hatte. So konnte es denn, bei einer seltenen natürlichen Anlage, nicht fehlen, daß er in kurzer Zeit bedeutende Fortschritte im Zeichnen machte, ja er fing sogar an, die Gebilde seiner eigenen Phantasie, wie sie in seinem schöpferischen Kopfe auftauchten, mit bestimmten und festen Umrissen auf das Pergament zu bringen.

Albrecht machte aber nicht bloß im Zeichnen daheim, sondern auch in der Schule, welche er besuchte, sehr schnelle Fortschritte. Alle seine Lehrer liebten ihn, nicht nur wegen seines erstaunlichen Fleißes, sondern auch hauptsächlich seines sanften, zuvorkommenden Wesens, seines tadellosen frommen Benehmens halber.

Als er die Schule verließ, nahm ihn sein Vater zu sich in die Lehre, damit er gleich ihm ein tüchtiger Goldschmied werden möchte. Albrecht legte frisch Hand ans Werk; aber sein Genius nahm bald einen höheren Flug, und still im Innern hegte er den brennenden Wunsch, das Handwerk verlassen und der edleren Kunst der Malerei sich widmen zu dürfen. Endlich wagte er es schüchtern, dem Vater seine Neigung zu entdecken; doch als er sah, wie dieser nicht gern darauf einging, unterdrückte er mit kräftigem Entschlusse seine brennende Sehnsucht und wollte aus Liebe zum Vater nicht dessen Willen widerstreben. Emsiger als je lag er nun seinem Geschäfte ob, und er gewann durch seinen rastlosen Fleiß bald eine solche Geschicklichkeit, daß er schon in seinem 16. Jahre ein äußerst kunstreiches Werk in getriebener Arbeit von Silber, die Leiden Christi darstellend, auszuarbeiten vermochte. Alle Welt lobte ihn und bewunderte sein Werk; aber Albrecht blieb kalt und teilnahmlos bei allem Preise seiner Kunstfertigkeit, die Lobsprüche waren für ihn kein Sporn, auf dem betretenen Wege fortzuschreiten. Mit stiller Sehnsucht hing er an der Malerkunst, und er drang von neuem in seinen Vater, ihn doch gehen zu lassen, wohin er von unwiderstehlicher Neigung getrieben würde. Er selbst sagt in seinem von Willibald Pirkhaimer aufbewahrten schriftlichen Nachlasse: „Da ich säuberlich arbeiten konnte, trieb mich meine Lust mehr zur Malerei, denn zu dem Goldschmiedewerke; das hielt ich meinem Vater vor, aber er war nicht wohl zufrieden, denn ihn reuete die verlorene Zeit, so ich mit Goldschmiedlern hatte zugebracht. Dennoch ließ er mir's endlich nach."

Der alte Herr Dürer mochte wohl bedenken, daß gezwungenes Werk nimmer gute Früchte trägt, und er schrieb deshalb an einen guten Freund, der ein berühmter Maler war, Namens Schön, wohnhaft in Straßburg, daß er seinen Sohn möchte in die Lehre nehmen und in der edlen Malerkunst unterweisen. Martin Schön willigte ein, und schon war des Jünglings Bündel geschnürt, als plötzlich, wie ein Blitzstrahl aus heiterem Himmel, von Straßburg die Kunde kam, Martin Schön, der berühmte Meister, sei eines schnellen Todes verblichen. Da wurde denn unter bitteren Thränen Albrechts der Reisesack wieder ausgepackt, und der Vater mußte sich nach einem andern Lehrmeister für seinen Knaben umsehen. Er wählte dazu einen tüchtigen Mann in Nürnberg selbst, den Michael Wohlgemuth, einen Künstler, der sich nicht allein im Malen und Zeichnen, sondern auch im Holzschneiden und Kupferstechen, sowie auch in der Formschneidekunst auszeichnete. Dieser nahm den jungen Albrecht in die Lehre, und mit inniger Seelenfreude warf sich der für seine Kunst glühende, hochbegeisterte Jüngling in seine Arme.

Binnen drei Jahren hatte Albrecht seinen Meister nicht nur erreicht, sondern dieser selbst, in schönem Stolze auf seinen wackern Schüler, gestand ein, daß er von demselben übertroffen worden sei. Albrecht Dürer war der erste Maler Nürnbergs geworden, und nebenbei hatte er noch im Zeichnen, Kupferstechen und Formschneiden bedeutende Fortschritte gemacht.

„In meiner Lernzeit," so schreibt er von sich selbst, „gab mir Gott Fleiß, daß ich wohl lernte, aber viel mußte ich von Wohlgemuths Schülern leiden." Der Neid und die Mißgunst verfolgten ihn schon frühe, aber dafür belohnte ihn auch die Liebe seines Lehrmeisters, an dem der Schüler hin=wiederum mit ganzer Seele hing. Er malte seinen Meister Wohlgemuth verschiedene Male, das letzte Bildnis, als derselbe 79 Jahre alt war. Darauf schrieb er:

„Dies Bildnis hat Albrecht Dürer abkonterfeit nach seinem Lehrmeister Michael Wohlgemuth 1515 und er war 82 Jahre da er verschieden ist am Sankt Andreas=Tag früh an dem die Sonne aufging."

2.

Je lauter in dieser Zeit Albrechts Lob aus aller Munde erscholl, desto bescheidener und inniger fühlte der Jüngling, daß er noch viel zu lernen haben würde, um die äußerste Höhe der Kunst zu erreichen. Er sehnte sich darnach, eine Kunstreise zu machen, die berühmten Maler der Niederlande und Italiens kennen zu lernen, ihre Werke zu studieren und sich selbst nach Kräften auszubilden und zu verbessern. So verließ er denn im Jahre 1490 mit Bewilligung seines Vaters die Heimat, durchzog Deutschland, die Nieder=lande, das Elsaß und ging endlich nach Basel, wo er sich einige Zeit bei den daselbst wohnenden Brüdern Martin Schöns aufhielt. Überall ward er mit Liebe empfangen, und nach einigen Jahren kehrte er als vollendeter Meister in seine Heimat zurück.

Um diese Zeit war er ein ausnehmend schöner junger Mann, voller Kraft und blühenden Liebreizes. Die Stirn war heiter, die Nase ein wenig gebogen, der Hals nicht zu stark und ein wenig lang, sein dunkles Haar rollte in schönen Locken über die Schultern, die Brust war männlich und breit und der ganze Bau seines Körpers in dem vollkommensten Ebenmaß. Mehr aber noch als seine äußere Schönheit nahm seine große Gutmütigkeit, seine Anspruchslosigkeit und Bescheidenheit für ihn ein. Wenn er aufgefor=dert wurde, ein Urteil über ein nicht besonders gelungenes Werk eines frem=den Künstlers zu fällen, so ergoß er sich nicht in bitteren, höhnischen Tadel, sondern äußerte gewöhnlich nur, man sehe wohl, daß der Meister sein Mög=lichstes gethan habe. Mit vollem Herzen aber lobte er, wenn er irgend etwas Lobenswertes fand. Sein Mund floß dann über von Beifall und Anerkennung, und man konnte wohl sehen, daß alle seine Worte aus dem neidlosesten und liebevollsten Gemüte kamen. Auch mochte er nicht leiden, wenn der Wert anderer durch Neid oder Mißgunst geschmälert wurde.

Der alte Vater Dürer wünschte, daß sein Sohn sich verheiraten möge, und schlug ihm zur Ehegattin die Tochter des berühmten Mechanikers Hans Frey vor. Albrecht weigerte sich der Heirat nicht, denn Agnes schien ihm eine gar liebliche und anmutige Jungfrau, aber leider! heiratete er mit ihr sein ganzes lebenslängliches Elend. Denn so schön Agnesens äußere Gestalt war, so häßlich und abschreckend war ihre Seele. Sie war zänkisch, keif=lustig, harten und unbiegsamen Sinnes, und ihr mürrisches, liebloses Wesen peinigte den armen Dürer von früh bis spät. Dabei war sie über alles

Maß hinaus geizig und lag ihren Gatten unaufhörlich an, er möge fleißig sein und Geld herbeischaffen, da sie sonst auf ihre alten Tage am Hunger= tuche werde nagen müssen.

Das verbitterte dem armen Albrecht alles häusliche Glück und beugte ihn tief darnieder. Lebenslustig, wie er war, durfte er es dennoch kaum wagen, sein Haus zu verlassen, um sich auf einige Stunden fröhlicher Ge= selligkeit hinzugeben; denn ehe er noch ausging, graute es ihm schon vor der Heimkehr in sein Haus, wo er regelmäßig von seiner Frau mit harten Scheltworten und bittern Vorwürfen empfangen wurde. Nur in seinem stillen Arbeitsgemach, im Heiligtum der Kunst, fand er Frieden und Ruhe. Hier, vor seiner Staffelei sitzend, überließ er sich ungehemmt dem Fluge seiner Phantasie und bevölkerte das kleine Zimmer mit den herrlichen Ge= stalten, die er kunstreich auf die Leinwand zu zaubern wußte. Hier schuf er die herrlichen Gemälde, die noch heute das Auge des Kenners wie des Laien in der Kunst entzücken.

Lange ertrug Albrecht Dürer die unaufhörlichen Quälereien seines bösen Weibes geduldig, bis er endlich seine Kraft erliegen und seine Gesundheit wanken fühlte. Jetzt entschloß er sich, sein Haus zu fliehen und Erholung und Ruhe in Italiens Gefilden zu suchen. Ein treuer Freund, der schon erwähnte Willibald Pirkhaimer, bestärkte ihn in diesem Entschluß; der ver= sorgte ihn freigebig mit Geldmitteln zur Reise und übernahm während Al= brechts Abwesenheit die Sorge für dessen Hauswesen, besonders für die Mutter, welche Albrecht nach dem Tode seines Vaters zu sich genommen und liebevoll verpflegt hatte. Ingleichen hatte Albrecht auch seine zwei Brüder, Andreas und Hans, zu sich genommen. Selbst in der Ferne gedachte der brave Mann getreulich an die Seinigen, wie die folgenden Zeilen beweisen, die er von Venedig aus, wo er am Schlusse des Jahres 1505 angelangt war, an Willibald Pirkhaimer schrieb:

„Ich bitt Euch, sprecht zu meiner Mutter, daß sie sich gütlich thue, und ob sie zu Euch käme, Leihens halb, so wollet ihr Geld geben, bis mir Gott hinaushilft, so will ich's Euch zu Dank gar ehrbarlich bezahlen. Um meines Bruders Hans halber sprecht zu meiner Mutter, daß sie mit Wohlgemuth rede, ob er sein bedarf, daß er ihm Arbeit gebe, bis ich zurückkomme. Mit meinem Weib, denk ich, hat's keine Not. Ich hab' ihr Geld über Frankfurt gesendet, und ob ihr mangelt, muß der Schwager helfen."

In Venedig gefiel es unserm Albrecht sehr wohl, und er verlebte da= selbst fröhliche Tage. Hier sah er sich in einer ganz neuen Welt, er ward überall mit Hochachtung und Liebe aufgenommen, und seine Arbeiten wurden ihm reichlich mit goldenen Dukaten bezahlt. Die italienischen Maler schimpften voll Neid auf den deutschen Meister; aber heimlich kopierten sie seine Bil= der, wo sie derselben habhaft werden konnten.

Albrecht Dürer gab sich aber auch alle Mühe, immer noch Neues zu lernen. So reiste er nach Bologna nur in der Absicht, die Perspektive voll= kommen zu erlernen, und als er ein Gemälde wieder zu Gesicht bekam, das er vor elf Jahren angefertigt hatte, sprach er offen darüber also: „Dieses Ding, das mir vor elf Jahren so wohl gefallen hat, gefällt mir jetzt gar nicht mehr, und wenn ich nicht wüßte, daß es von mir wäre, so würde ich es nicht glauben."

Von den Gemälden, welche Dürer in Venedig anfertigte, ist wohl das prächtigste die Krönung Kaiser Maximilians I. und seiner Gattin, ausgezeichnet durch die Schönheit und den Glanz der Farbe. Da wurden die neidischen Kunstgenossen Albrechts zum Schweigen gebracht, denn sie hatten gesagt, im Kupferstechen verstehe wohl der deutsche Mann seine Sache, aber die Farben wisse er nicht zu behandeln. Nun bekannte jedermann, schönere Farben habe man noch nicht gesehen.

Wie die Italiener dies Bild bewunderten, so wunderten sie sich auch über Dürers Vielseitigkeit, die sie sich gar nicht erklären konnten. Sie sahen von seiner Hand Zeichnungen, große Gemälde, Kupferstiche, Holzschnitte; sie erfuhren, daß er in Stein, Holz, Gyps und Elfenbein allerlei Kunstwerke zu arbeiten verstehe; daß er Basreliefs (halberhabene Bildhauerarbeiten) in Silber, Gold, Kupfer und andern Metallen verfertige; daß er in Holztafeln eine schöne Buchstabenschrift schneide; daß er in der Mathematik, namentlich in der Geometrie, dann in der Bildhauer= und Baukunst die gründlichsten Kenntnisse besitze — wie mußte diese Vielseitigkeit sie nicht befremden! Wie hätten sie dem kunstvollen Manne ihre Bewunderung und Achtung versagen können, der bei alledem so bescheiden und anspruchslos, so edelsinnig und bieder war, und der mit den Vorzügen seines Geistes die einnehmendsten und liebenswürdigsten Sitten verband!

Zu Bologna wurde er von den Malern auch sehr ausgezeichnet. Christoph Schauerl, ein berühmter Rechtsgelehrter, der sich damals eben in Bologna befand, schreibt von ihm unter anderem:

„Mit verschiedenen Malern und andern Künstlern ist Albrecht Dürer in Gesellschaft. Eines Tages sollte jeder Künstler ein Probestück seiner Kunst ablegen. Als Dürern die Reihe traf, nahm er ein Stück Kreide, zog damit auf dem Tische einen Zirkel, punktierte die Mitte desselben und verlangte, man möchte nun mit dem Zirkel die Probe machen, ob sein aus freier Hand gezogener Kreis nicht die gehörige Rundung habe, und ob das Zentrum getroffen sei. Zu aller Erstaunen war er auch nicht um ein Haar breit abgewichen, und einmütig erkannte man ihm den Preis der Meisterschaft. Sie nennen ihn den Fürsten ihrer Kunst und preisen sich glücklich, seine persönliche Bekanntschaft gemacht und in ihm einen so großen Künstler und so frommen, leutseligen Mann gefunden zu haben."

Es wird erzählt, Dürer habe noch andere italienische Städte besucht, und er sei auch in Rom gewesen, wo er Michel Angelos Bekanntschaft gemacht und mit Raphael Sanzio von Urbino ein Freundschaftsbündnis geschlossen habe. Ohne die Wahrheit dieser Angabe behaupten zu wollen, können wir wenigstens bestätigen, daß Dürer vor der Abreise nach Deutschland Raphael seine Verehrung bezeigt und ihm sein Porträt, in Wasserfarben gemalt, über=

sendet hat. Raphael nahm dieses Geschenk hoch auf und erwiderte es, indem er dem deutschen Künstler ein Heft eigenhändiger prächtiger Zeichnungen übersandte. Die beiden Meister wußten gegenseitig ihre Größe zu würdigen. Dürer bewahrte zeitlebens dem Raphael das geneigteste Andenken, und Raphael, durchdrungen von Dürers Genialität, schmückte sein Zimmer mit Zeichnungen von dessen Hand.

3.

Im Jahre 1506 wendete Albrecht dem schönen Italien, wo er so glückliche Tage verlebt hatte, wieder den Rücken zu. Voll Wehmut pilgerte er in die deutsche Heimat, denn er wußte wohl, daß es ihm an der Seite seines mürrischen, launenhaften Weibes nicht so wohl werden würde, als in dem Kreise der trefflichen Männer, die er als Freunde im sonnigen Welschland zurückließ. Gleichwohl wurde er besser empfangen, als er vermutete, indem die oft wiederholten Vorstellungen Willibald Pirkhaimers nicht ohne Einfluß auf das Gemüt der Frau Agnes geblieben waren. Nicht mehr so sehr von häuslichem Unfrieden belästigt, wie in früherer Zeit, lebte Dürer in steter Thätigkeit seiner Kunst und genoß ungestört die Freundschaft Pirkhaimers und die Freuden einer harmlosen Geselligkeit.

Dürers hoher Künstlerruf erfüllte ganz Deutschland, und aus allen Gegenden kamen Besucher, welche ihm ihre Achtung zu bezeigen und seine persönliche Bekanntschaft zu machen wünschten. Selbst der Kaiser Maximilian besuchte ihn, setzte ihm ein Jahrgehalt von hundert Reichsgulden aus, verlieh ihm ein Wappen und überhäufte ihn mit Beweisen seiner Achtung. Eines Tages wollte Dürer in Gegenwart des kunstliebenden Kaisers, auf einer Leiter stehend, einen Riß entwerfen. Die Leiter schwankte, und Max gab einem Ritter aus seinem Gefolge den Befehl, dieselbe zu halten. Als der Ritter nun zögerte, dem Befehl zu gehorchen, warf ihm der Kaiser einen verächtlichen Blick zu und hielt die Leiter selbst, indem er sagte: „Du Narr! Weißt du nicht, daß die Würde der Kunst höher steht, als alle elenden und zufälligen Vorzüge, so die Geburt verleihet? Leicht ist es mir, aus hundert niedrig gebornen Bauern Ritter und Edelleute zu machen; aber nimmer kann es mir gelingen, einen Ritter in einen solchen Künstler zu verwandeln, wie der ist, dem du eine so kleine Handreichung verweigert hast!"

Dürer zeichnete sich auch in wissenschaftlichen Arbeiten aus. Er schrieb ein mathematisches Werk unter dem Titel: Unterweisung in der Messung mit dem Zirkel und Richtscheit in Linien, Ebenen und ganzen Körpern, durch Albrecht Dürer. Zusammengezogen und zu Nutz aller Kunstliebhabenden mit gehörigen Figuren in Druck gebracht. Im Jahre 1524. Das Buch erlebte mehrere Auflagen und wurde ins Lateinische und mehrere lebende Sprachen übersetzt.

Im Jahre 1527 gab er ein kleines Werk über die Befestigungskunst heraus und 1528 ein Heft über die Proportion des menschlichen Körpers. Alle diese Bücher wurden mit dem größten Beifall aufgenommen.

Im Jahre 1520 hatte sich Dürer wieder eine Erholung von seinen anstrengenden Arbeiten gegönnt. Er unternahm, begleitet von seinem Weibe und einer Magd, eine Reise in die Niederlande. Der Ruf seines Namens ging wie ein Herold vor ihm her und öffnete ihm überall Thüren und Herzen. Allerorten ward er glänzend empfangen, und jedermann bestrebte sich, den berühmten Mann auf das beste zu bewirten. Besonders aber ehrten ihn die Künstler. Auf der Malerakademie zu Antwerpen ward die Ankunft Dürers wie ein Festtag begangen. „Sie gaben mir,“ schreibt Dürer, „auf ihren Stuben ein großes Bankett zu Nacht und beschenkten mich. Die Ratsherren brachten mir 12 Kannen Wein, und die ganze Gesellschaft von 60 Personen geleitete mich mit Windlichtern heim.“

Mit den berühmtesten Malern der Niederlande schloß Dürer innige Freundschaft, schenkte ihnen von seinen Werken, empfing von ihnen Gegengeschenke und erwarb sich besonders dadurch ihren Dank, daß er sie abkonterfeite und ihnen die Porträte als ein Zeichen seiner Zuneigung schenkte.

Margareta von Österreich, die kunstliebende Tante Karls V., Statthalterin der Niederlande, hatte kaum seine Ankunft erfahren, als sie ihn auch an den Hof entbot und mit vielen Ehren überhäufte. Durch ihre Vermittelung erhielt Dürer das Diplom als kaiserlicher Hofmaler. Besonders freundlich gegen ihn bewiesen sich die portugiesischen Gesandten und der König Christian II. von Dänemark, der sich zweimal von Dürer malen ließ. Auf dessen Schiffe fuhr Dürer nach Brüssel, ward da verschiedene Male zu des Königs Tafel gezogen, überaus huldreich aufgenommen und beschenkt, als er die besten seiner Kupferstiche überreichte.

In der Mitte des Jahres 1521 kehrte Dürer nach Nürnberg zurück, hatte aber leider nun wieder von der Zanksucht seines Weibes zu leiden. In den letzten Jahren seines Lebens quälte ihn die Xanthippe mehr als je; denn mit dem zunehmenden Alter wuchs auch ihre böse Laune, und ihr Geiz wurde immer unerträglicher. Sie störte selbst ihres Mannes einzige Erholung, den geselligen Umgang mit seinen Freunden, und so erlag denn endlich der kränkliche Körper des edlen, sanftmütigen Mannes dem täglich wiederkehrenden Kummer und Ärger. Er starb an der Auszehrung am 6. April 1528, beklagt und beweint von Tausenden. In Nürnberg auf dem Kirchhofe der St. Johanniskirche ruhen seine Gebeine. Ein breiter Stein bezeichnet sein Grab. Die Inschrift lautet:

Memoriae Alberti Dureri.

Quidquid Alberti Dureri mortale fuit, sub hoc conditur tumulo, emigravit VIII Idus Aprilis MDXXVIII.

Ein Verehrer und Landsmann Dürers, von Sandrart, erneuerte im Jahre 1681 sein Grabmal und schmückte es mit einer messingenen Tafel, deren Inschrift also lautet:

Vixit Germaniae suae Decus
Albertus Durerus,
Artium lumen, sol Artificum,
Urbis patriae ornamentum,
Pictor, Chalcographus, Sculptor
Sine exemplo, quia omniscius
Dignus inventus Exteris,
Quem imitandum censerent.
Magnes Magnatum, Cos ingeniorum
Post sesquiseculi Requiem
Quia parem non habuit,
Solus heic cubare jubetur.
Tu flores sparge, Viator.

Zu deutsch:

Es lebte als Schmuck seines Deutschlands
Albrecht Dürer,
Ein Licht der Künste, der Künstler Sonne,
Seiner Vaterstadt Zierde,
Maler, Kupferstecher, Bildner
ohnegleichen, weil er bei seinem reichen Wissen
würdig erfunden wurde, daß die
Ausländer ihm nachzuahmen rieten.
Ein Magnet der Großen, ein Wetzstein
der Talente, weil er nach einer Ruhe
von anderthalb Jahrhunderten seines-
gleichen nicht hatte, so muß er hier allein ruhen.
Streue ihm Blumen, o Wanderer!

III. Hans Holbein.

1.

Holbein wurde 1498 in Augsburg geboren, war also 27 Jahre jünger
als Dürer. Auch sein Vater war ein Maler, der den Knaben früh zur
Malerkunst anhielt. Nachdem der alte Holbein an verschiedenen Orten gewesen war, ließ er sich endlich in Basel nieder, und hier zeichnete sich
der Jüngling bald so aus, daß ihm der Magistrat den Auftrag gab, die
Wände des Rathauses inwendig und auswendig mit Malereien zu schmücken.
Davon ist aber fast gar nichts mehr vorhanden, weil die Feuchtigkeit alles
unscheinbar gemacht hat. In seiner Jugend hatte Holbein wenig zu leben
und mußte daher jede Arbeit, die ihm aufgetragen wurde, annehmen. Man
zeigt in Basel noch ein Aushängeschild, das er für einen Schulmeister malte;
oben ist eine Schulstube mit Kindern und erwachsenen Schülern dargestellt
und darunter die Einladung zum Eintreten. Auch Häuser hat er oft bemalt,
denn damals war es üblich, die ganze Vorderseite der Häuser mit allerhand
Bildern und Geschichten zu verzieren. So gab ihm einst ein Apotheker den
Auftrag, sein Haus auswärts mit dergleichen Bildern zu versehen. Holbein

machte dazu ein Gerüste und verhängte dies so, daß man von außen nur seine beim Sitzen herabhängenden Beine wahrnehmen konnte. Zuweilen wurde indes dem Maler die Zeit lang, und da er ein lebenslustiger Jüngling war, so schlich er dann und wann nach einem benachbarten Weinhause. Aber der Apotheker, wenn er die Beine nicht mehr sah, wurde unwillig und schalt über die Versäumnis. Was that nun Holbein? Er malte seine herabhängenden Beine auf die Wand und zwar so natürlich, daß der Apotheker lange dadurch getäuscht wurde. Übrigens verstand Holbein außer der Malerei auch das Form= und Holzschneiden, und seine Holzschnitte werden noch jetzt sehr geschätzt.

Etwas unbesonnen muß er in der Jugend gewesen sein, denn er heiratete ohne Überlegung, als er kaum 20 Jahre alt war und noch gar keine sichern Einkünfte hatte, um ein Hauswesen einrichten zu können. Es ging ihm in der Ehe nicht viel besser als dem Albrecht Dürer. Seine Frau war weder schön an Körper, noch freundlichen Gemüts, dazu viel älter als er. Da der junge Künstler in Basel schlecht bezahlt wurde und nicht genug Arbeit fand, machte er sich auf, um als wandernder Maler sich Geld zu verdienen. Er reiste in der Schweiz und in Schwaben umher und bemalte die Häuser reicher Leute von innen und von außen.

Eine wichtige Bekanntschaft machte Holbein nach seiner Zurückkunft in Basel. Der berühmte Erasmus von Rotterdam, einer der witzigsten und gelehrtesten Köpfe jener Zeit, gewann den jungen Künstler lieb, obgleich sie an Alter zu verschieden waren, um vertraute Freunde zu werden. Einstmals fiel dem Maler des Erasmus kleine Schrift, „Lob der Narrheit" in die Hände. Er fand das Buch sehr ergötzlich und versah es am Rande mit 83 schönen Federzeichnungen. Als man die Arbeit dem Erasmus brachte, freute sich dieser sehr darüber und bat den Maler, die Figuren in Holz zu schneiden. Das geschah, und nun wurde das Buch bei jeder neuen Auflage mit Holzschnitten von Holbein versehen. Sowie Lukas Kranach die Bilder Luthers und Melanchthons unzählige Male vervielfältigt hat, so hat Hans Holbein den Erasmus vielfältig gemalt.

2.

So beliebt auch Holbein durch seine Kunst bereits in und um Basel geworden war, so war doch sein Einkommen noch höchst spärlich. Zugleich hatte er bei seinem zänkischen Weibe wenig Freude. Daher war ihm der Antrag eines englischen Großen, der durch Basel reiste und den Maler kennen lernte, ganz recht. Der Engländer redete ihm zu, sein Glück in England zu versuchen. Nun hatte Holbein freilich Kinder daheim; das machte ihm aber wenig Kummer, wie ihm denn überhaupt der sanfte, liebenswürdige Charakter des guten Dürers ganz fehlte. Er hatte mehr Sinn für die Freuden der Welt, und die glaubte er eher in England als in Basel am Hungertische und an der Seite seiner bösen Frau zu finden. So ließ er denn seine vorrätigen Gemälde seiner Frau zurück, damit diese nicht ganz von Hilfs=

mitteln entblößt sei, versah sich dann mit Empfehlungsschreiben, die ihm sein Freund Erasmus gern ausstellte, und reiste 1526, 28 Jahre alt, mit fröhlichem Mute von Basel ab. Wovon unterwegs leben? das kümmerte ihn nicht, denn er vertraute der Geschicklichkeit seiner Hand und der Tugend des Pinsels.

In Straßburg soll sich mit ihm ein ähnlicher Spaß, wie der oben von Dürer erzählte, zugetragen haben. Er ging nämlich, da es ihm an Geld fehlte, zu dem ersten Maler der Stadt und bat ihn um Arbeit, ohne aber seinen Namen zu sagen. Der Maler verlangte eine Probe seiner Geschicklichkeit, und da malte Holbein, während jener ausgegangen war, auf die Stirn eines halbvollendeten Kopfes eine Fliege. Als der Maler nach Hause kam, wollte er die Fliege wegjagen, fand aber zu seinem Erstaunen, daß sie gemalt war. Sogleich schickte er in der ganzen Stadt umher, den Fremden, der sich bereits entfernt hatte, wieder zu holen. Aber Holbein war schon abgereist. Nachdem Holbein durch die Niederlande gereist war, kam er glücklich über den Kanal nach London und ging zum berühmten Kanzler Thomas Morus, an welchen ihm Erasmus einen Empfehlungsbrief mitgegeben hatte. In dem Hause des Kanzlers wurde er sehr freundlich aufgenommen; hier übte er sich im Englischen, lernte die englischen Sitten, um sich öffentlich mit Anstand zeigen zu können, und malte für seinen freundlichen Hauswirt viel treffliche Stücke. Einst fragte ihn Morus, wie der englische Herr geheißen, der ihn zur Reise nach England aufgemuntert habe? „Ich weiß es nicht," antwortete Holbein, „aber seine Züge sind mir noch gegenwärtig." Und nun malte er sogleich das Bild des Reisenden auf eine Tafel mit so trefflicher Ähnlichkeit, daß Morus sogleich ausrief: „Das ist der Graf Arundel."

3.

König Heinrich VIII. pflegte den Kanzler öfters auf seinem Landhause zu besuchen. Einst kam er auch, und Morus führte ihn in die Halle, deren Wände mit den Gemälden Holbeins ganz bedeckt waren. Der König, ein Freund der Kunst, erstaunte, denn so etwas Herrliches hatte er nie gesehen. „Lebt der Künstler noch" — fragte er — „und ist er für Geld zu haben?" — „Er wohnt bei mir, Sire," antwortete Morus, „und die ganze Sammlung steht Ew. Majestät zu Diensten." — Sogleich wurde Holbein geholt und dem Könige vorgestellt, der ihn sofort in seine Dienste nahm. „Nun ich den Meister habe," sagte der König, „bedarf ich dieser Bilder nicht; er soll mich schon befriedigen."

Es begann jetzt für Holbein ein ganz neues Leben. Der früher so arme Baseler Maler, der froh war, wenn er Häuser und Aushängeschilder zu malen hatte, wohnte nun im königlichen Schlosse, bekam einen festen Gehalt und wurde außerdem noch für jedes Gemälde besonders bezahlt. Er war jetzt ein feiner Weltmann geworden und wurde von allen Großen eifrig gesucht. Obgleich damals in England kein Mangel an geschickten Malern war, so erkannten doch alle dem Hans Holbein den ersten Rang zu, denn er malte

getreu nach der Natur, so klar und schön, daß jeder von seinen Bildern an=
gezogen ward. In wie großer Gunst Holbein bei dem Könige selber stand,
zeigt folgender Vorfall. Eines Tages, als Holbein mit einer geheimzuhalten=
den Arbeit für den König beschäftigt war, kam ein englischer Graf und ver=
langte seine Arbeit zu sehen. Holbein wollte die Thür nicht aufmachen und
wies den Lord erst mit guten Worten zurück. Da sich aber dieser hierdurch
beleidigt fühlte, so kam es bald zu heftigem Wortwechsel, der sich damit
endigte, daß der äußerst aufgebrachte Lord die Thür mit Gewalt zu erbrechen
begann. Das war dem Maler zu arg. Voll Zorn sprang er heraus und
stieß den Lord die Treppe hinunter, merkte aber aus den Klagetönen des
Gefallenen und aus dem Lärme der herbeieilenden Bedienten, daß es nicht
ohne Beschädigung abgelaufen sei. Erschrocken kehrte er in sein Zimmer zu=
rück, verriegelte die Thür und flüchtete sich durchs Fenster über ein Dach
aus dem Hause. Dann eilte er geraden Weges zum König, erzählte den
Vorfall und bat um Gnade. „Ich will dir verzeihen," antwortete dieser
gnädig, „wenn du den Grafen um Verzeihung bittest." Das versprach Hol=
bein und wurde, da man eben die Stimme des Grafen hörte, in ein Neben=
zimmer gebracht. Mit verbundenem Kopfe und kläglichem Gesicht trat der
beleidigte Engländer ein und bat um strenge Bestrafung des Schuldigen.
„Beruhige dich," sprach der König, „und sei mit der Abbitte des Malers
und dem scharfen Verweise zufrieden, den er in deiner Gegenwart erhalten
soll." Der Lord, der eine ganz andere Genugthuung für einen Mann seines
Standes erwartet hatte, vergaß sich so sehr, daß er drohte, er würde sich
selbst Recht verschaffen. Aber einen größeren Dienst hätte er dem bedrängten
Maler nicht leisten können, denn der heftige König konnte keinen Wider=
spruch ertragen und geriet daher in großen Zorn. „Nun hast du es mit
mir zu thun," rief er mit funkelnden Augen; „geh' und denke daran, daß
du jede Beleidigung, welche du dem Maler zufügen wirst, meiner eigenen
Person anthust. Ich kann aus sieben Bauern sieben Lords machen, aber
aus sieben Lords nicht einen Holbein!"

4.

Nachdem Holbein drei Jahre lang in England verweilt hatte, reiste er
auf Besuch nach Basel, um sein Weib und seine Kinder zu sehen. Zugleich
schickte Morus seinem Freunde Erasmus ein Gemälde, seine Familie vor=
stellend, von Holbein gemalt, worüber der Beschenkte große Freude hatte.
„Ich habe keine Worte," schrieb er an des Kanzlers Tochter zurück, „meiner
Freundin, der Zierde Britanniens, die Freude zu schildern, die mir der
Familienverein gemacht hat, den Holbeins Meisterhand so glücklich mir vor
Augen stellt, daß ich sie alle, als wäre ich mitten unter ihnen, erkannt und
mich zurückgesehnt habe nach dem unvergeßlichen Hause, dem ich so viel
Glück und Ruhm schuldig bin!"

Viele, die den armen Maler früher über die Schultern angesehen hatten,
drängten sich jetzt an den berühmten, von König und Fürsten geehrten Hol=
bein, wurden aber nun etwas kalt abgefertigt. Auch diesmal reiste er wie=

der ohne Frau und Kinder ab. Daß er lieber ohne seine Frau nach Lon=
don ging, war natürlich, und seine Kinder hätte er ohnedies, da er selten
zu Hause arbeitete, nicht erziehen können. Da er aber noch immer ein
Bürger in Basel war und ein solcher nicht ohne Erlaubnis des Rates ab=
wesend sein durfte, so erhielt er nur auf einige Jahre Urlaub. Wie sehr
man jetzt seinen Wert in Basel zu schätzen begann, geht daraus hervor, daß
ihm der Rat 50 Gulden Wartegeld aussetzte und außerdem seiner Frau alle
Jahre 40 Gulden zahlte. Dennoch blieb Holbein in London und besuchte
Basel nur noch zweimal auf kurze Zeit.

Auch nach Heinrichs VIII. (1547) erfolgtem Tode stand Holbein bei
seinem Sohne und Nachfolger Eduard VI. in großen Gnaden. Als dieser
aber schon nach sechs Jahren starb und die katholische Maria, Heinrichs
älteste Tochter, Königin wurde, die alle, welche nicht Katholiken waren,
haßte: da ward auch Holbein genötigt, sich vom Hofe zurückzuziehen, denn
er war der Reformation zugethan. Er starb 1554 in London an der Pest
in einem Alter von 56 Jahren.

Fünfter Abschnitt.

Umgestaltung der Staatsverhältnisse durch die Reformation.

A.

I. Philipp von Spanien und Wilhelm von Oranien,

oder:

1. Der Abfall der Niederlande.

Kein Land unseres Erdteils hatte in der Gestaltung seines Bodens so mannigfache Veränderungen erlitten, als das Delta des Rheins, der Maas und Schelde, das wir die Niederlande nennen. Die Flüsse und Ströme, welche sein Gebiet jetzt noch durchfluten, hatten einst, nach verbürgten Nachrichten, einen ganz anderen Lauf und andere Mündungen. Jetzt erheben sich volkreiche Städte und freundliche Dörfer da, wo einst der Kiel der Schiffe über unsicheren Meeresgrund dahin glitt oder die Geschöpfe der See sich tummelten, und wiederum hat das landverschlingende Meer jetzt seine Arme dahin gebreitet, wo ehedem festes Land grünte und zahlreiche Bewohner ernährte. Das noch tiefer als das Meer gelegene Land ist von alters her den Überschwemmungen ausgesetzt gewesen und hat seine Bewohner gezwungen, die menschlichen Wohnplätze vor den stets drohenden Fluten durch Dämme (Deiche) zu sichern und den dürren Seeboden mit unsaglicher Mühe in fruchtbares Land umzuschaffen. Aber eben durch solche fortdauernde Arbeit wurden auch alle die Tugenden — Ausdauer, Erfindungskraft, Betriebsamkeit, Genügsamkeit und Mäßigkeit, — worin die Niederländer sich in so hohem Grade auszeichnen, hervorgerufen. Und in der mutvollen Verteidigung des teuer erkämpften Bodens gegen die Übermacht der Elemente wurden die Bürger zugleich entflammt zum Kampf gegen alle Tyrannei der Despoten, die sie ihrer Freiheit berauben wollten. So zeigten sich uns bereits die ersten uns bekannt gewordenen Bewohner der Niederlande, die Bataver und Belgier, welche dem großen germanischen Völkerstamme angehörten. (Vergl. Teil II, Abschn. 1.) Jene Bataver hätten bereits die Macht des gewaltigen Römerreichs gebrochen, wären sie nicht von deutscher Uneinigkeit in Stich gelassen worden. Als der Sturm der Völkerwanderung den Römerkoloß zertrümmerte und naturfrische deutsche Stämme über Europa sandte, kamen die Niederlande unter die Herrschaft der Franken, welche sie in kleine Staaten und Provinzen, jede mit besonderer Verfassung und Regierung, teilten. Seit jenen Zeiten erhoben sich daher überall kleine Grafen und Herren, welche größere oder kleinere Gebiete beherrschten, oft selbst aber auch wiederum von mächtigeren Fürsten beherrscht wurden. Dann erwarben sich auch, wie der Bürgerstand sich hob, manche Städte Freiheit und Selbständigkeit; denn die Lage des Landes an der Nordsee und an schiffbaren Strömen, recht in der Mitte zwischen Deutschland, England und Frankreich, dazu die Arbeitsamkeit und Betriebsamkeit des Volkes, erzeugten bald blühende Manufakturen und gewinnreichen Handel. In manchen großen Manufakturstädten (Antwerpen, Gent, Brügge ꝛc.) war die Betriebsamkeit so außerordentlich, daß man abends um 6 Uhr, wenn die Arbeiter nach Hause gingen, mit der Glocke den Eltern ein Zeichen gab, ihre Kinder von der Straße zu nehmen, damit sie nicht von dem stürmenden Gedränge zertreten würden. Alle englische Wolle wurde noch am Ende des funfzehnten Jahrhunderts in den Niederlanden verarbeitet, und bald fanden holländische Schiffe den Weg nach Afrika, Ostindien und Amerika. Der blühende Handel der Hansa ging von den deutschen auf die holländischen Städte über.

Von den fürstlichen Häusern war im Mittelalter eines das herrschende geworden, das der Herzöge von Burgund, das unter Karl dem Kühnen einen so reichen Glanz entfaltete, daß dieser schon damit umging, sich vom deutschen Kaiser die Königskrone zu erwerben. Allein sein Tollmut im Kriegführen stürzte ihn ins Verderben, und auf einem Raubzuge gegen die Schweiz verlor er in der Schlacht bei Nancy das Leben. Er hinterließ eine einzige Tochter, die schöne Maria, und diese reichte ihre Hand dem österreichischen Herzog, nachmaligem Kaiser Maximilian I., wodurch die burgundischen Besitzungen an Deutschland kamen, unter dem Namen des „burgundischen Kreises".

Ungeachtet des häufigen Wechsels ihrer Herren hatten die einzelnen Provinzen doch bis dahin eine Menge von Rechten und Freiheiten behalten, welche stets von den Regenten geachtet worden waren. Auch Karl V. unterließ nicht, den Niederländern seinen besondern Schutz angedeihen zu lassen, und während er die Reformation in Deutschland zu unterdrücken strebte, hinderte er sie nicht in den Niederlanden, für die er besondere Vorliebe hegte, da aus ihnen die besten Reichtümer in den spanisch-österreichischen Schatz flossen. Aber bald änderte er doch seine Meinung, als der protestantische Glaube in den Niederlanden immer mehr Freunde gewann; er verfuhr besonders strenge gegen die Rederyker (Rhetoriker), die religiöse Schauspiele aufführten, um das Pfaffentum zu verspotten. Im Jahre 1550 ward sogar die Inquisition eingeführt, und mancher ehrliche Niederländer wurde an seinem Leben gestraft, weil er von seinem Glauben nicht lassen wollte.

2. Die Inquisition.

Nun trat der finstere, bigotte Philipp auf. Er hatte zwar den Niederländern geschworen: „Ich, Philipp, gelobe und schwöre, daß ich ein guter
und gerechter Herr sein, daß ich alle Freiheiten, die euch von meinen Vorfahren verliehen worden, auch eure Gewohnheiten, Herkommen und Rechte
wohl und getreulich halten und halten lassen und ferner alles dasjenige üben
will, was einem guten und gerechten Fürsten und Herrn zukommt. So
müsse mir Gott helfen und alle seine Heiligen!" — aber in seinem Herzen
hatte er beschlossen, sich an das gegebene Wort nicht zu kehren, sondern die
Niederländer zu ebenso sklavisch gesinnten Katholiken zu machen, wie es seine
Spanier waren. Das erste, was er als Regent für die Niederlande that,
war die Schärfung der schrecklichen Inquisition, um das Gift der neuen
Lehre auszurotten. Denn es beleidigte seinen Stolz, daß es Menschen gäbe,
die einen andern Glauben haben wollten, als den seinigen. Er setzte also
geistliche Richter nieder, die strenges Gericht über jede Abweichung von der
katholischen Lehre halten sollten. Der bloße Verdacht war hinreichend, einen
ruhigen Bürger aus der Mitte seiner Familie zu reißen. Da man dem
Angeber eines Ketzers die Hälfte der Güter desselben versprach, so stieg die
Zahl der Angegebenen bald in die Tausende. Fand sich ein Schurke, der
gegen einen Ehrenmann zeugte, und wollte dieser nicht gestehen, so spannte
man ihn auf die Folter, so daß der Arme vor lauter Schmerz zuweilen gestand, was er gar nicht begangen hatte. Dabei erfuhr er nie, wer sein Ankläger sei. Niemand wußte des Morgens, ob er nicht des Abends in einem
Kerker schmachten müßte; denn sobald sich ein schlechter Mensch fand, der
sich an einem Wohlhabenden rächen oder sich durch denselben bereichern
wollte, ging er zu dem Richter des Inquisitionstribunals, um Anzeige zu
machen. Wenn jemand ein evangelisches Lied gesungen oder einer Versammlung von Protestanten beigewohnt hatte, so reichte das hin zur Anklage
und Verurteilung.

Wer einmal in den Schlund der Inquisition gefallen war, kam nicht
wieder heraus. Entweder er mußte im Gefängnisse als ein lebendig Be-
grabener seine noch übrigen Lebensjahre einsam vertrauern, oder er wurde
an den Tagen der großen Verbrennung mit den übrigen Schlachtopfern zum
Scheiterhaufen geführt. Mit feierlichem Pompe zog der traurige Zug durch
die Gassen nach dem Richtplatze. Eine rote Blutfahne wehte voran, alle
Glocken läuteten, voran zogen Priester im Meßgewande und sangen ein heiliges
Lied. Ihnen folgte der verurteilte Sünder, in ein gelbes Gewand gekleidet,
auf welches schwarze Teufelsgestalten gemalt waren. Auf dem Kopfe trug
er eine Mütze von Papier, die sich in eine Menschenfigur endigte, um welche
Feuerflammen schlugen. Abgewendet von dem ewig Verdammten wurde das
Bild des Gekreuzigten getragen; denn für den Verurteilten galt nicht mehr
die Erlösung. So wie sein sterblicher Leib den irdischen Flammen, so gehörte seine unsterbliche Seele den Flammen der Hölle. Im Munde trug er
einen Knebel, damit er weder seinen Schmerz durch Klagen lindern, noch

die Geheimnisse seines ungerechten Prozesses andern mitteilen konnte. Hinter ihm drein ging die Geistlichkeit im festlichen Ornate, die Obrigkeit und der Adel. Die Väter, welche ihn gerichtet hatten, beschlossen den schauerlichen Zug. Man glaubte eine Leiche zu sehen, die zu Grabe geleitet würde; aber es war ein lebendiger Mensch, an dessen langsamen Qualen die Gläubigen sich erbauen sollten. Solche Hinrichtungen wurden gewöhnlich auf hohe Festtage verspart und dann viele zusammen abgethan.

So tief konnten Menschen sinken, die sich Christen nannten und an den Heiland zu glauben meinten, der da sprach: Liebet euch untereinander, ja liebet eure Feinde! Philipp mit seinen Geistlichen glaubte aber dennoch, er thäte ein christliches Werk.

3. Kardinal Granvella; Graf Egmont und Hoorne.

Gleich nach seinem Regierungsantritt blieb Philipp drei Jahre in den Niederlanden, um den Wirkungen seines Ketzertribunals den rechten Nachdruck zu geben. Als er abreiste, setzte er seine Halbschwester, Margareta von Parma, als Statthalterin ein, eine Frau von männlichem Geiste und strenger Gerechtigkeitsliebe. Ihr zugeordnet war ein Staatsrat, der aus den vornehmsten Gliedern des niederländischen Adels, aber auch aus mehreren Spaniern bestand. Der gefährlichste unter den letzteren war Philipps Minister, der Kardinal Granvella, Bischof von Arras, der das Interesse seiner Religion auf das äußerste verfocht und die niederländischen Großen mit empörender Verachtung behandelte. Granvella schärfte noch die Inquisition und machte hierdurch das spanische Regiment beim Volke immer mehr verhaßt. Der Unwille wurde immer lauter, und die drei vornehmsten Glieder des Adels, Prinz Wilhelm von Oranien, Graf Egmont und Hoorne, kamen aus Verdruß über den stolzen Kardinal gar nicht in den Staatsrat. „Sie wollten dort nicht mehr bloße Schatten vorstellen" — schrieben sie der Regentin. Diese war selbst über den herrischen Minister aufgebracht.

Wilhelm von Oranien war einer von denen, die Kaiser Karls V. Gunst im höchsten Grade genossen hatten. Schon als dreizehnjähriger Knabe war er an den kaiserlichen Hof gekommen, und seine hohen Geistesgaben, wie seine Verschwiegenheit, hatten ihn zum Lieblinge Karls gemacht. Dieser vertraute ihm die wichtigsten Geschäfte, fragte ihn bei allen wichtigen Angelegenheiten um Rat, und auf ihn stützte er sich, als er in Brüssel jene ergreifende Abschiedsrede hielt. Mit Karls V. Tode sank auch das Ansehen des Oraniers. Die eifersüchtigen und neidischen Spanier wußten das Mißtrauen des argwöhnischen Philipp gegen den edlen Fürsten zu erregen, der als ein guter Deutscher im Selbstgefühl seiner Kraft und Würde auftrat. Daher kam es, daß Wilhelm nur die Statthalterschaft von Seeland, Utrecht und Holland, auf die er durch Erbrecht gegründete Ansprüche hatte, erhielt, die Oberstatthalterschaft aber an die Herzogin Margareta von Parma kam. Als Philipp die Niederlande verließ, war Wilhelm 26 Jahre alt, aber so weise und erfahren wie ein Fünfziger. Auf seinem hageren braunen Gesichte bemerkte man nie eine Veränderung; er war stets schweigsam, aber hatte er einen Entschluß gefaßt, so führte er ihn unerschütterlich durch. Dabei war er sehr reich, seine Tafel stand gern den Gästen offen, und die Niederländer ehrten und liebten ihn, wie er es verdiente.

Noch mehr ein Liebling des Volkes war Lamoral Graf von Eg = mont, ein schöner ritterlicher Herr, der die Gesprächigkeit und Freundlichkeit selber war, sich allen gern mitteilte, aber nicht die kluge Umsicht Wilhelms besaß. Wenn er durch die Gassen von Brüssel ritt, schlug ihm jedes Herz entgegen. Die Männer rühmten seine Kriegsthaten, und die Mütter zeigten den Kindern den feinen Anstand des ritterlichen Grafen. Gut wie er selbst war, traute er jedem, und von der Zukunft hoffte er stets das Beste.

Beide Männer in Verbindung mit dem wackern Grafen Hoorne brachten es dahin, daß Philipp den Kardinal Granvella zurückberief. Egmont war selber nach Madrid gegangen, um bei dem Könige Vorstellungen zu machen. Aber in seiner Strenge gegen die Ketzer mochte dieser nicht nachlassen; im Gegenteil rauchten nun die Scheiterhaufen ärger als zuvor.

4. Die Geusen.

Nun verbanden sich dreihundert vom Adel zur Verteidigung der Rechte und Freiheiten des Vaterlandes und unterschrieben das Kompromiß, wie man die Schrift nannte, wodurch sie sich gegenseitig Hilfe versprachen. Man beschloß nach Brüssel zu ziehen, um der Statthalterin eine Bittschrift zu über= reichen. Am 5. April 1566 zogen die Verschworenen, mehr als 300 an der Zahl, zu Pferde in Brüssel ein und gingen in einem feierlichen Aufzuge paarweise auf das Schloß, geführt von Heinrich von Brederode, einem Spröß= ling der alten Grafen von Holland. Ehrfurchtsvoll überreichten sie ihre Bitt= schrift. Die Statthalterin, als der lange Zug in den Saal kommt, entfärbt sich und wird betroffen; doch ein Herr von Barlaimont, einer ihrer Räte, sagt ihr auf Französisch, sie dürfe sich vor dem Lumpengesindel (gueux) gar nicht fürchten. Das hatten einige gehört, und um die Schimpfrede zu adeln, nannten sich nun alle Verbündete Gueux oder Geusen und trugen fortan als Ehrenzeichen am Halse eine Medaille mit dem Bilde des Königs und der Umschrift: „Getreu bis zum Bettelsack!"

Margareta berichtete den Vorfall nach Madrid; sie wagte nicht, ohne Genehmigung Philipps die Inquisition aufzuheben, aber sie empfahl den Richtern Mäßigung bis zur Ankunft einer Antwort aus Madrid. Die In= quisitionsrichter, von denen wohl die meisten ihr Amt ungern verrichteten, ließen ihr Geschäft ganz ruhen. Nun war die Freude bei den Evangelischen groß. Alle, die bisher aus Furcht ihren Glauben verhehlt hatten, traten nun keck damit hervor, und die neue Lehre gewann ungeheuern Anhang. Viel trugen dazu die Prediger bei, die auf dem Felde unter freiem Himmel ihre Reden hielten. Die Zuhörer versahen sich mit Rappieren, Hellebarden und Flinten, stellten Posten aus und verrammelten die Zugänge mit Karren und Wagen. Wer des Weges zog, mußte herbei und zuhören. Solchen Predigten hörten oft an 15 000 Menschen zu, und je wackerer auf das Papsttum ge=

scholten wurde, desto größerer Beifall wurde dem Redner zugeklatscht. Am größten war der Lärm in und um Antwerpen; da der Magistrat den evangelischen Bürgern keine Kirche einräumen wollte, so zogen diese mit Weib und Kindern dann und wann aufs Feld und hielten hier ihren Gottesdienst; der Magistrat bat die Statthalterin ums Himmelswillen, doch selbst nach Antwerpen zu kommen, oder wenigstens den Prinzen von Oranien zu schicken, der allein das Zutrauen der Bürger besäße. Das letztere bewilligte sie. Welch ein Getümmel aber erhob sich an dem Tage, an welchem man Oranien erwartete. Antwerpen schien alle Einwohner ausgegossen zu haben. Die ganze Landstraße wimmelte von Menschen; die Dächer der Landhäuser waren abgedeckt und mit Zuschauern besetzt; und als er endlich heran kam, jubelte jung und alt ihm entgegen: „Die Geusen sollen leben!" Andere riefen: „Seht ihn! Das ist der, welcher uns Freiheit bringt!" — Er aber winkte mit stillem Ernste, sie möchten schweigen, und da keiner gehorchte, rief er halb unwillig, halb gerührt: „Bei Gott! Ihr sollt zusehen, was ihr thut! Es wird euch einmal reuen, was ihr jetzt gethan habt!" — Als er in die Stadt selbst einritt, wurde das Jauchzen noch ärger. Er aber gab sich gleich die ersten Tage Mühe, die Ordnung herzustellen; denn so warm auch sein Herz für sein Vaterland schlug, so war er doch kein Freund von Unordnungen, die nie zu bürgerlichem Glücke führen.

5. Die Statthalterin, Oranien und Egmont.

Indessen hatte man am spanischen Hofe beratschlagt, was zu thun sei. Philipp beschloß endlich, zum Scheine etwas nachzugeben, und befahl, daß die Inquisition auf den Fuß hergestellt werden sollte, wie sie unter Karl V. gewesen war. Zugleich gab er der Statthalterin die Weisung, ganz in der Stille Truppen zu werben. Aber seine Nachgiebigkeit kam zu spät. Die Erbitterung des Volkes über die Verachtung seiner Religion war endlich so groß geworden, daß ein rasender Haufe zu den Waffen griff und die katholischen Kirchen zu stürmen begann. Denn es kränkte diese Leute, daß man ihnen kein Gotteshaus bewilligen wollte, während die Katholiken unzählige, und zwar prächtig ausgeschmückte hatten. Die Thüren der Kirchen und Klöster wurden erbrochen, die Altäre umgestürzt, die Bilder der Heiligen zerschmettert und mit Füßen getreten. Der Zulauf mehrte sich, und binnen wenig Tagen hatte die Zerstörungswut ganz Flandern ergriffen. Überall wurden mit gleicher Wut die Kirchen verwüstet. Selbst in Antwerpen, von wo Oranien nach Brüssel hatte reisen müssen, fielen die Rasenden über die Hauptkirche her, durchstachen ein wunderthätiges Marienbild, zerstörten die herrliche Orgel, zerstreuten die Hostien auf die Erde und traten sie mit Füßen, ja sie stiegen selbst in die Gewölbe hinab und warfen die halbverwesten Leichen umher. Es braucht nicht gesagt zu werden, daß dies alles nur vom gemeinsten Pöbel verübt wurde, der überall zum Bösthun aufgelegt ist; aber es zeigte, wie aufgeregt die Gemüter waren.

Margareta war in der allergrößten Verlegenheit. Schon waren die Bilderstürmer auch nach Brüssel im Anzuge. Im ersten Augenblicke wollte sie entfliehen, aber ihre Räte redeten ihr zu, zu bleiben, lieber den Umständen nachzugeben und mit dem Adel einen Vergleich zu schließen. Das that sie; sie bewilligte den Geusen alles, und diese dagegen machten sich anheischig, die Bilderstürmerei zu unterdrücken. Zwar hielt es hier und da sehr schwer; aber es gelang doch, und besonders zeigten sich Oranien, Egmont und Hoorne ausnehmend thätig dabei, so daß sie dadurch allein schon den Dank Philipps verdient hätten. Aber der König traute ihnen nicht und glaubte gar, daß sie insgeheim die Geusen sowohl als die Bilderstürmer unterstützt hätten, was doch gewiß nicht der Fall war. Er hatte ihnen den Untergang geschworen; darum that er recht freundlich mit ihnen, besonders mit Oranien, dessen Rat er sich sogar ausbat. Aber je gnädiger Philipp war, desto mehr mußte man sich vor seinen Tücken hüten, und Oranien wußte durch seine Spione sehr gut, wie er bei Hofe angeschrieben stand. Auch Margareta meinte es nicht gut; sobald die angeworbenen Soldaten angekommen waren, nahm sie eine ganz andere Sprache an. Sie habe, sagte sie, zwar erlaubt, daß die Evangelischen Predigten halten dürften, aber die evangelischen Taufen, Trauungen und Abendmahlsfeier seien nicht erlaubt; unter allerlei Vorwand ließ sie die Versammlungen zerstören und einige Prediger selbst aufhenken. Daher war es kein Wunder, wenn die Geusen auch Truppen warben und es hie und da zu offenbaren Widersetzlichkeiten kam. Oranien begünstigte diese Bewegungen insgeheim, weil er wohl sah, daß es auf die Unterdrückung seines Vaterlandes abgesehen war. Doch was half aller guter Wille der Geusen, da kein rechter Zusammenhang unter ihnen war. Margareta ließ ihre Soldaten marschieren, und die Truppen der Geusen wurden zum Schrecken der Calvinisten zusammengehauen.

Endlich fiel Margareta auf ein Mittel, wodurch sie ihre Freunde von ihren heimlichen Feinden unterscheiden könnte und die letzteren zwänge, sich bestimmt zu erklären. Sie verlangte von den Häuptern des Adels einen Eid, daß sie den katholischen Glauben befördern, die Bilderstürmer verfolgen und die Ketzerei aller Art nach besten Kräften ausrotten wollten. Viele leisteten ihn, auch Egmont, der sich durch die Gnade des Königs ganz sicher hatte machen lassen. Hoorne verweigerte ihn, weil er, wie er sagte, still auf seinen Gütern lebte und also mit der Regierung nichts mehr zu thun hätte. Brederode legte alle seine Ämter nieder, um keinen Meineid zu schwören, und Oranien entschloß sich, sein Vaterland zu verlassen, um es zu einer glücklicheren Zeit wieder zu betreten. Er sah wohl, daß bei der Uneinigkeit der Geusen und der Verblendung Egmonts mit Gewalt nichts auszurichten wäre; er wußte, daß sich Herzog Alba bereits mit einem Heere nähere, um den Freiheitssinn der Niederländer unter die Füße zu treten. Wartete er erst Alba ab, so war er verloren; Philipps Gesinnungen waren ihm nicht unbekannt. Aber ehe er ging, wünschte er noch einmal seinen Freund Egmont zu warnen, der so sicher seinem Untergange entgegenging. Die Zusammenkunft wurde gehalten. Egmont bestürmte Oranien, zu bleiben. „Es wird dir deine Güter kosten, Oranien, wenn du auf deinem Beschlusse beharrst," rief endlich Egmont. — „Und dir," antwortete Oranien, „dein

Leben, Egmont, wenn du den deinigen nicht änderſt. Ich werde, wie es mir auch gehen wird, den Troſt haben, daß ich dem Vaterlande und meinen Freunden mit Rat und That habe beiſtehen wollen in der Not, du aber wirſt Freunde und Vaterland in ein Verderben hinabſtürzen mit dir." Noch einmal bat ihn Oranien mit einem Feuer zärtlicher Beſorgnis, dem Un= gewitter auszuweichen, welches heranzöge. Aber Egmont erwartete von der Zukunſt nur das Beſte und konnte ſich nicht entſchließen, ſein gemächliches Wohlleben zu verlaſſen und von ſeiner zärtlich geliebten Frau und ſeinen ihm ſo teuren Kindern Entbehrungen zu verlangen, die durch eine Flucht nötig geworden wären. „Nimmermehr wirſt du mich bereden, Oranien," ſagte er, „die Dinge in dieſem trüben Lichte zu ſehen. Was kann auch der König mir anhaben? Er iſt gütig und gerecht, und ich habe mir Anſprüche auf ſeine Dankbarkeit erworben." „Wohlan," rief Oranien mit Unwillen und innerem Schmerz, „ſo wage es denn auf die königliche Dankbarkeit. Aber mir ſagt eine traurige Ahnung — und gebe der Himmel, daß ſie mich betrüge! — daß du die Brücke ſein werdeſt, Egmont, über welche die Spanier in das Land kommen, und die ſie abbrechen werden, wenn ſie hinüber ſind." — Innig drückte er ihn noch einmal an ſein Herz. Lange, als wäre es für das ganze Leben, hielt er die Augen auf ihn geheftet; Thränen entfielen ihm; ſie ſahen einander nicht wieder! — Gleich am folgenden Tage ſchrieb er der Statthalterin ſeinen Abſchiedsbrief und ging auf ſeine Güter im Naſ= ſauiſchen. Ihm folgten viele Gleichgeſinnte nach; denn mit größerer Strenge verfuhr jetzt Margareta gegen die Calviniſten; viele flohen, andere ſtarben durch die Hand des Henkers. Den reformierten Predigern wurde angedeutet, binnen 24 Stunden das Land zu räumen. Alle Straßen waren jetzt von Flüchtlingen vollgedrängt, die ihrer Religion zu Ehren ihr Liebſtes verließen und für ſie ein glücklicheres Land ſuchten. Dort nahmen Männer von ihren Weibern, Väter von ihren Kindern ein ewiges Lebewohl; hier führten ſie ſie mit ſich. Die Städte glichen einem Trauerhauſe. Aus den Balken der durch die Bilderſtürmer zerſtörten Kirchen wurden Galgen gebaut für die, welche ſich an ihnen vergriffen hatten. Alle Hochgerichte waren mit Leichnamen, alle Gefängniſſe mit Todesopfern, alle Landſtraßen mit Flüchtlingen angefüllt. Keine Stadt war ſo klein, daß in ihr in dem mörderiſchen Jahre 1567 nicht 50 bis 300 wären zum Tode geführt worden. Jetzt hielt es auch Brederode für geraten, zu entfliehen; er entkam nach Emden, wo er das Jahr darauf ſtarb.

6. Alba.

Nun war die Ruhe wieder hergeſtellt; wer nicht tot oder geflohen war, wurde durch die Furcht in Unthätigkeit erhalten, und Margareta berichtete an den König, alles ſei ruhig; er möchte alſo doch ja den Herzog von Alba, der ſchon mit einem Heere unterwegs war, zurückrufen, weil ſeine Ankunft nur die Ruhe wieder ſtören könnte. Aber in Madrid war es anders be= ſchloſſen. Philipp und Alba wollten die Gelegenheit nicht vorbeigehen laſſen, Blut in Strömen zu vergießen. Jetzt ſei zwar, hieß es daher, der Tumult

geſtillt, aber nur aus Furcht; man müſſe den Rebellenſinn in den Nieder=
ländern ganz austreiben. Mit 10 000 mordluſtigen, zu jedem Verbrechen
aufgelegten Soldaten erſchien der Herzog von Alba in den Niederlanden,
Angſt und Schrecken waren ihm vorausgeeilt: denn er war ein würdiger
Diener ſeines Herrn. Nie kam in ſein Geſicht ein Lächeln, nie in ſein Herz
ein Gefühl der Menſchlichkeit. Wer nur irgend fliehen konnte, war geflohen.
Die bloße Annäherung des ſpaniſchen Heeres hatte die Niederlande um
100 000 Bürger entvölkert, und die allgemeine Flucht dauerte noch immer fort.

Der 22. Auguſt 1567 war der Tag, an welchem Alba an den Thoren
von Brüſſel erſchien. Sobald er ſeinen Einzug gehalten hatte, nahm er von
der Statthalterſchaft Beſitz, die Margareta nur noch dem Namen nach be=
hielt. Kaum zeigten ſich ſeine Soldaten auf den Gaſſen, ſo eilten alle Ein=
wohner in ihre Häuſer, ſchoben die Riegel vor, und die Stadt ſchien wie
ausgeſtorben. Klopfte jemand an ein Haus, ſo erſchraken die Bewohner
und glaubten, es ſei ein Gerichtsdiener. Vor allem lag dem Herzog daran,
die Häupter des Adels zu fangen; er ſtellte ſich daher recht freundlich, ſo
daß Egmont ganz treuherzig wurde und ſelbſt Hoorne wieder nach Brüſſel
kam. Alba berief einen großen Staatsrat zuſammen; auch Egmont erſchien.
Nachdem die übrigen ſchon wieder auseinander gegangen waren und auch
Egmont gehen wollte, um mit Albas Sohn ein angefangenes Spiel aus=
zuſpielen, trat ihm ein Hauptmann in den Weg und forderte ihm ſeinen
Degen ab, und eine Schar Soldaten umringte ihn. Einen Augenblick ſtand
er ſprachlos da. „O Oranien! Oranien!" rief er dann ſchmerzhaft aus,
gab ſeinen Degen und ſprach weiter: „So nimm ihn hin! Weit öfter hat
er ja des Königs Ruhm verteidigt, als meine Bruſt beſchützt!" — Auch
Hoorne wurde auf dem Wege nach Hauſe verhaftet. Seine erſte Frage war
nach Egmont. Als man ihm erzählte, dieſer ſei auch verhaftet, ergab er ſich.
„Von ihm habe ich mich leiten laſſen," ſprach er, „es iſt billig, daß ich ein
Schickſal mit ihm teile." Allgemeiner Schrecken überfiel die Einwohner von
Brüſſel und 20 000 verließen auf die Nachricht ſeiner Verhaftung die Nieder=
lande. So verlor das Land für immer eine große Zahl ſeiner geſchickten
Einwohner, welche die Kunſt, Wolle zu weben, nun nach England und
Deutſchland brachten. Glücklich waren die, welche noch entrannen; denn
Alba ließ die Häfen ſperren und ſetzte Todesſtrafe auf die Auswanderung.

7. Moritz von Oranien und die freien Niederlande.

Daß Alba ſogleich die Inquiſition mit aller ihrer Strenge wieder her=
ſtellte, verſteht ſich von ſelbſt. Aber er machte auch bekannt, daß alle, welche
in irgend einer Berührung mit den Geuſen geſtanden, oder an den calviniſti=
ſchen Predigten teilgenommen hatten, des Verbrechens der beleidigten Majeſtät
im höchſten Grade ſchuldig wären. Hiernach waren die Güter und das
Leben aller in ſeinen Händen, und wer eines oder beides rettete, empfing es
nur als ein Geſchenk ſeiner Großmut. Dann ſetzte er ein Gericht nieder,
welches über die vorhergegangenen Unruhen erkennen ſollte. Er ſelbſt war
Vorſteher desſelben und nach ihm ein gewiſſer Vargas, ein Spanier, ein

Mensch, welchen sein Vaterland wie eine Pestbeule ausgestoßen hatte, ein schamloser, verhärteter Bösewicht, der eben so blutgierig als habsüchtig war. In diesem Gerichte wurde über das Leben der Niederländer mit empörendem Leichtsinne abgeurteilt, und man erzählt, daß einer der Richter, der oft in den Sitzungen zu schlafen pflegte, dann, wenn die Reihe an ihn kam, sein Urteil zu sagen und er dazu geweckt wurde, ohne weiteres rief: „An den Galgen, an den Galgen!" — so geläufig war ihm dies Wort geworden. Oft wurden 20—50 aus einer Stadt zugleich vorgefordert. Die Reichen traf der Donnerschlag am ersten. Manche angesehene Kaufleute, die über ein Vermögen von 60—100000 Thalern zu gebieten hatten, sah man hier wie gemeines Gesindel mit auf den Rücken gebundenen Händen an einem Pferdeschweife zur Richtstätte geschleift werden; in Valenciennes wurden einmal 55 zugleich enthauptet. Die Gefängnisse waren bald zu enge für die Menge der Verbrecher; täglich wurden Schuldige und Unschuldige, Arme und Reiche gehenkt, geköpft, geviertelt und verbrannt, und das Vermögen der Unglücklichen fiel dem Staatsschatze anheim. Mit Recht nannte das Volk dies Gericht den Blutrat. — Durch das eigenmächtige Verfahren Albas fühlte sich die Herzogin Margareta von Parma tief gekränkt. Was sollte sie länger Statthalterin heißen, wenn sie es nicht war? Sie hielt bei Philipp um ihren Abschied an und erhielt ihn in den gnädigsten Ausdrücken. Mit ihr schwand den Niederländern die letzte Hoffnung; denn so unzufrieden diese auch sonst mit ihr gewesen waren, als ein Engel des Lichtes erschien sie ihnen neben einem Alba.

Dieser ließ den Prinzen von Oranien vorladen, welcher aber klug genug war, nicht zu erscheinen. Dagegen wurden die beiden Grafen Egmont und Hoorne zum Tode verurteilt, weil sie dem Prinzen von Oranien angehangen, den Geusen Vorschub gethan und in Hinsicht der Evangelischen ihre Pflicht nicht gethan hätten, also des Verbrechens der beleidigten Majestät schuldig wären. Beide hörten das Todesurteil mit männlicher Standhaftigkeit an. Egmont, so wie er immer voll Hoffnung war, hoffte auch noch, selbst auf dem Blutgerüste, auf Begnadigung. Als man ihm aber sagte, daß er vergebens hoffte, kniete er nieder, betete, küßte ein silbernes, ihm vom Bischofe dargereichtes Kruzifix, und indem er die Worte sprach: „Herr, in deine Hände befehle ich meinen Geist!" fiel das Beil und machte seinem Leben ein Ende (1568). Gleich nach ihm bestieg Hoorne das Blutgerüst und starb auf dieselbe Weise. Beide Körper wurden dann in Särge gelegt, die Köpfe aber — so wollte es Alba — zwei Stunden lang auf Pfähle gesteckt und dem Volke zur Schau gestellt. Tief erschüttert waren alle, selbst die Roheit der spanischen Soldaten konnte den Thränen nicht widerstehen. Ganz Brüssel, wo die That geschah, betrauerte die beiden erhabenen Männer, und konnte der Haß gegen Alba noch größer werden, so wurde er es hierdurch.

Die vielen ausgewanderten Holländer blieben indessen nicht unthätig. Die Unternehmendsten, welche nach England gegangen waren, verschafften sich eine Anzahl Schiffe, mit denen sie nicht nur die spanischen Schiffe auf der See wegkaperten, sondern auch selbst den Hafen Briel an der Mündung der Maas wegnahmen. Man nannte sie Meergeusen. Sogleich machte sich Wil-

helm von Oranien auf, warb Truppen und fiel in die Niederlande ein.
Daraus entstand ein langwieriger Krieg, dessen Begebenheiten und Wechsel
wir hier nicht verfolgen wollen. Nach sechs Jahren verließ Alba, mit dem
Fluche der unglücklichen Niederländer beladen, Brüssel und kehrte nach Spa=
nien zurück. Man rechnet, daß in dieser Zeit wenigstens 18 000 Nieder=
länder auf dem Blutgerüste·gestorben sind! Welche Last mußte auf seinem
Gewissen liegen! Unter mehreren ihm gefolgten Statthaltern währte der
Krieg fort. Die freiheitsliebenden Einwohner führten ihn mit einer unge=
heuren Anstrengung. Jedermann hatte geglaubt, sie müßten den sieggewohn=
ten spanischen Legionen unterliegen; aber auch hier sah man wieder, welche
Kraft ein Volk hat, welches für seine Freiheit streitet, während die Spanier
sich nur auf Befehl ihres Königs herumschlugen. Wilhelm von Oranien
wurde von mehreren der nördlichen Provinzen, die sich die Spanier zuerst
vom Halse schafften, zum Statthalter gewählt, und gewiß wäre es dem
thätigen Manne zu gönnen gewesen, die gänzliche Befreiung vom spanischen
Joche zu erleben. Aber er erlebte sie nicht. Ein verruchter Mensch, Balthasar
Gerard, aus der Franche Comté gebürtig, brachte ihn, von den Jesuiten auf
Befehl Philipps dazu angestiftet, 1584 in Delft ums Leben; denn Philipp
hatte einen Preis von 25 000 Thalern auf Oraniens Kopf gesetzt. Doch er
hinterließ einen Sohn, Moritz von Oranien, der ein noch größerer Kopf als
sein Vater war. Zwar war er erst 17 Jahre alt, da sein Vater starb;
aber er gehörte zu den Menschen, die sich gleich in die ihnen angewiesene
Lage zu finden wissen, als wenn sie schon lange eine Erfahrung darin hätten.
Der Krieg dauerte noch lange Zeit fort, selbst noch nach Philipps II. Tode,
bis beide Teile gleichsehr den Frieden herbei wünschten. Ein förmlicher
Frieden wurde nun zwar nicht geschlossen, und 1609 kam es zu einem bloßen
Waffenstillstande zwischen den Spaniern und Niederländern auf zwölf Jahre;
aber dieser Stillstand galt den letztern mit Recht als ein Frieden, weil die
Spanier darin die sieben nördlichen Provinzen als frei anerkennen mußten.
Diese sieben hießen: Holland, Seeland, Utrecht, Geldern, Oberyssel, Grönin=
gen und Friesland, und blieben bis zur Zeit der ersten französischen Revo-
lution eine Republik, unter dem Namen der sieben vereinigten Provinzen.

II. Reformation in England und Schottland.

1. Heinrich VIII. und der Papst.

Zu der Zeit, als Karl V. Kaiser in Deutschland war, regierte König
Heinrich VIII. in England. Dieser war anfangs ein sehr eifriger Anhänger
des Papstes und hatte selbst gegen Luther geschrieben, so daß er vom heiligen
Vater den Titel „Beschützer des Glaubens" empfing. Aber die Freundschaft
dauerte nicht lange. Heinrich hatte auf Befehl seines Vaters schon im
18. Jahre die 24jährige Katharina von Aragonien, Ferdinands des
Katholischen und der Isabella Tochter, heiraten müssen, konnte aber seine

Frau nicht leiden. Indessen hatte er sie aus Pflichtgefühl geduldet. Katharina gab ihm eine Tochter, Maria, aber keine männlichen Erben, welche der König so sehr wünschte. Die Ungleichheit des Alters, auch der Zwang, den ihm seine Gemahlin auferlegte, machten den leidenschaftlichen König immer mißvergnügter. Bereits 17 Jahre hatte er mit seiner Gemahlin gelebt, als er eine ihrer Hofdamen kennen lernte, die ihn durch ihre Anmut und Schönheit so bezauberte, daß er nun durchaus seine Frau los sein wollte, um das Hoffräulein heiraten zu können. Anna Boleyn (Bohlehn) war ihr Name. Um die Scheidung möglich zu machen, führte Heinrich an, seine Ehe mit Katharina sei unrechtmäßig, weil diese schon früher seines verstorbenen Bruders Frau gewesen sei. Vor allem mußte aber der Papst erst die Scheidung erlauben, und diesem hätte es auch nur ein Wort gekostet, aber er hatte mancherlei Rücksichten zu nehmen. Katharina war die Base Kaiser Karls V., und dieser drohte dem Papste, falls derselbe die Scheidung gestatten wollte. Indessen wagte es der Papst auch nicht, geradezu dem König von England sein Gesuch abzuschlagen. Er schickte einen Legaten nach London, der die Sache untersuchen sollte, aber sogleich die Weisung erhalten hatte, alles möglichst in die Länge zu ziehen. Diese Kunst verstand der Legat meisterhaft; doch kam ihm auch die Hartnäckigkeit der Königin sehr zu Hilfe. Als diese vorgeladen worden war, fiel sie ihrem Gemahl zu Füßen und erinnerte ihn unter vielen Thränen daran, wie sie nun seit 20 Jahren bereits sein treues Weib sei. Aber diese Erinnerung brachte den König erst recht auf. Da sich die Unterhandlungen vier Jahre lang hinzogen, riß dem ungeduldigen Heinrich die Geduld. Er brach die Unterhandlungen mit dem Papste ganz ab, und da ein kluger Geistlicher auf den Einfall kam, der König möchte doch bei allen Universitäten sich Rats erholen, ob es unrecht sei, sich von Katharina zu scheiden und Anna Boleyn zu heiraten, so ergriff er mit Freuden diesen Rat. Wirklich sprachen auch die Universitäten ganz so, wie er es gewünscht hatte. Sie erklärten die Ehe mit Katharina für unrechtmäßig und die Vermählung mit jeder andern Frau für erlaubt.

So ward denn die unglückliche Katharina verstoßen, und gleich darauf hielt Heinrich mit seiner lieben Anna Hochzeit. Aber auf den Papst war er so erbittert, daß er sich von der katholischen Religion ganz lossagte. Gewiß hätte er die lutherische Lehre, die in England bereits viele Anhänger gefunden hatte, angenommen, aber Luther hatte ihm früher einmal einen derben Brief geschrieben, und das konnte ihm der eitle Heinrich nicht vergessen. Er schrieb daher nach seinem eigenen Gutdünken ein Lehrbuch des christlichen Glaubens und verlangte, daß alle Unterthanen seine neue Lehre, die ein Mittelding zwischen der katholischen und evangelischen war, annehmen sollten. Das war eine despotische Forderung; die Lutheraner und Katholiken weigerten sich, den ihnen lieb und teuer gewordenen Glauben wie ein Kleid zu wechseln. Da ließ Heinrich aller Orten Scheiterhaufen errichten, und die treuen Bekenner wurden grausam hingerichtet. Dann zog er alle kleineren Klöster in seinem Lande ein, 315 an der Zahl, und als die reichen Einkünfte derselben in seinen Schatz geflossen waren, kamen auch die größeren Klöster und Abteien

an die Reihe, mit ihren unermeßlichen Reichtümern. Aber das gewonnene
Geld verschleuderte Heinrich auf die unbesonnenste Weise an seine Günstlinge.
Sonst hatten zur allgemeinen Landsteuer die Geistlichen das meiste bei=
getragen; jetzt, da sie der Güter beraubt waren, fiel das weg, und Karl V.
sagte mit Recht: „Der König von England hat mit eigner Hand die Henne
totgeschlagen, welche ihm die goldenen Eier legte!" Der Papst hatte zu
einem so ungeheuren Eingriffe in die Rechte der Kirche natürlich nicht ge=
schwiegen; Heinrich wurde in den Bann gethan und sein Land jedem, der
es zu erobern Lust hätte, übergeben. Aber die Macht des heiligen Vaters
war schon sehr geschwunden und die Fürstenmacht die überwiegende geworden.

2. Johanna Gray und Maria von England.

Heinrich VIII. hatte in seiner Despotenlaune die unschuldige Anna
Boleyn, die er im Verdacht der Untreue hatte, hinrichten lassen und darauf
nacheinander noch vier Frauen genommen, von welchen eine starb, die andere
(Anna von Kleve) wieder nach Deutschland geschickt, die folgende wegen wirk=
licher Untreue enthauptet wurde, und nur die letzte ihn überlebte. Als Hein=
rich VIII. starb, war sein einziger Sohn Eduard VI. erst neun Jahre alt.
Es übernahm daher sein Oheim, der Graf Herfort, unter dem Namen
„Protektor" (Beschützer) von England, die vormundschaftliche Regierung.
Unter ihm ward die Reformation vorzüglich durch den Erzbischof von Can=
terbury (spr. Kenterbörri), Thomas Cranmer (spr. Kränmer), auf eine mil=
dere und weisere Art verbreitet. Die Protestanten erhoben triumphierend ihr
Haupt, jedoch nicht ohne geheime Furcht, es möchte dieser Triumph nur von
kurzer Dauer sein. Denn der junge König war sehr schwächlich, so daß sein
baldiger Tod zu fürchten war; seine Schwester Maria aber galt für eine
eifrige Katholikin, und diese, als die Tochter aus Heinrichs erster Ehe (mit
Katharina von Aragonien), mußte den Thron erben. Lieber hätten die Eng=
länder Heinrichs Tochter aus zweiter Ehe (mit Anna von Boleyn), die pro=
testantische Elisabeth, als Königin anerkannt, aber wenn Maria über=
gangen wurde, mußte auch Elisabeth übergangen werden. Diesen Umstand
benutzte Northumberland, einer der mächtigsten und reichsten Herzoge
in England, um seine ehrsüchtigen Pläne durchzusetzen und die königliche
Krone an sein eigenes Haus zu bringen. Er hatte seinen Sohn Guilfort
Dudley (sprich Gilfort Döddli) mit Johanna Gray (spr. Greh), einer
Enkeltochter der jüngeren Schwester Heinrichs VIII., vermählt. Als nun Eduard
auf dem Sterbebette lag, begab er sich zu ihm und wußte durch allerlei
Vorspiegelungen das Gewissen des jungen Königs so lange zu ängstigen, bis
dieser endlich seine eigne Schwester Maria von der Thronfolge ausschloß
und sie dagegen der Johanna Gray zusicherte. Sobald der König gestorben
war, ließ Northumberland den Palast mit einer Wache umgeben, damit das
Volk nicht früher den Tod erführe, als er seine Veranstaltungen getroffen
hätte. Schon waren von ihm die Vornehmsten des Reichs durch große
Versprechungen gewonnen, und Johanna Gray wurde zur Königin gewählt.
Sie war erst sechzehn Jahre alt und zeichnete sich gleicherweise durch die

reinste Tugend und Anmut, wie durch den feingebildetsten Geist aus. Sie hatte nichts von den Plänen und Mißgriffen Northumberlands erfahren. Nun, als ihr Vater, der Herzog von Suffolk (Suffock), mit dem Herzog von Northumberland ihr die wichtige Nachricht überbrachten, ward sie vor Schrecken sprachlos, und als sie sich gefaßt hatte, sprach sie zu den Anwesenden: „Der Schwester Eduards, nicht mir, gehört der Thron. Ungeachtet meiner Jugend bin ich alt genug, die Wechsel des Glückes zu kennen und habe in Katharina von Aragonien und Anna Boleyn warnende Beispiele. Auch ich fühle mich zu schwach für eine solche Würde, und wer mich wahrhaft liebt, wird mich nicht Stürmen aussetzen wollen, die unvermeidlich sind." Doch den vereinigten Bitten ihrer Verwandten und Freunde ergab sie sich. „Mag denn Gott mir Kraft verleihen," sprach sie, „das Scepter zu seiner Ehre und zum Besten der Nation zu führen."

Am folgenden Tage begab sich die junge Königin nach dem Tower (Tauer), dem gewöhnlichen Aufenthalte der englischen Könige vor ihrer Krönung, und hielt ihren Einzug mit großem Gepränge. Das Volk aber nahm keinen Teil an der Feier, es murrte laut und weigerte sich standhaft, die Schwiegertochter des ränkevollen Northumberland als Königin anzuerkennen. Der überwiegend größere Teil des englischen Volkes erklärte sich für Heinrichs VIII. Tochter Maria, deren Anhang sich schnell vergrößerte, und die nach wenigen Tagen triumphierend in die Hauptstadt einzog. Nur neun Tage hatte Johanna regiert und diese kurze Zeit war für sie traurig und schmerzlich genug gewesen. Northumberland ward gefangen genommen und zum Tode verurteilt. Er war nun so kleinlaut und verzagt geworden, daß er noch auf dem Blutgerüst bekannte, bloß der Ehrgeiz habe ihn verleitet, von der katholischen Religion zu lassen und einem Glauben beizutreten, den er innerlich verdamme; er wünsche, daß alle Engländer wieder katholisch werden möchten. Sein Tod ward von niemand betrauert. Auch Suffolk, Dudley und Johanna Gray wurden ins Gefängnis gesetzt und zum Tode verurteilt. Doch vollzog man nicht sogleich das Urteil, denn der erstere schien nicht gefährlich, und für die beiden letzteren sprach die Jugend.

Maria hatte von ihrer Mutter, Katharina von Aragonien, eine glühende Vorliebe für den katholischen Glauben eingesogen. Alles, was ihr Vater und ihr Bruder für die neue Lehre gethan hatten, auszurotten und die katholische Lehre in aller Pracht wieder herzustellen, war ihr fester Wille. Die vertriebenen Bischöfe wurden wieder eingesetzt, und wer sich der Messe widersetzte, ins Gefängnis geworfen. An 200 Menschen wurden, da sie sich weigerten, zur alten Kirche zurückzukehren, grausam hingerichtet. Nur eine Angelegenheit konnte für kurze Zeit eine kleine Unterbrechung ihrer unduldsamen Handlungen herbeiführen, die Wahl eines Mannes. Sie erklärte sich für Philipp II., Karls V. einzigen Sohn. Philipp, erst 26 Jahre alt, willigte aus Politik in die Vermählung mit der bereits 38jährigen Maria, die er durchaus nicht liebte. Aber ganz England war über diese Heirat aufgebracht, denn man fürchtete den Stolz und die Grausamkeit des heimtückischen Philipp.

Diese Stimmung suchte Suffolk mit seinen Freunden zu benutzen, um einen Aufstand zu erregen — zu seinem und seiner Kinder Verderben. Denn Maria unterdrückte diese Unruhen schnell und ließ den Herzog von Suffolk enthaupten. Nun ward auch der Tod des jungen Dudley und seiner unglücklichen Gemahlin beschlossen. Johanna empfing die Nachricht von ihrer Verurteilung mit großer Ruhe und beklagte nur ihren jungen Gatten. Maria hoffte, sie im Angesicht des Todes noch zur katholischen Religion herüber zu ziehen, und schickte einen gewandten Geistlichen zu ihr. Johanna empfing denselben mit einer Milde und Zartheit, die ihn selber tief bewegten; aber über ihren Glauben sprach sie so fest und bestimmt, daß der Geistliche ihre Überzeugung nicht zu erschüttern vermochte.

So kam der Tag des Todes heran. Guilfort Dudley sollte sofort sterben. Er wünschte Johanna noch einmal zu sehen; diese aber, welche das Ergreifende des Abschieds fürchtete, ließ ihm sagen, er möchte sie lieber im Jenseits erwarten. Als er zum Tode geführt wurde, winkte sie ihm aus dem Fenster ihres Gefängnisses den letzten Abschiedsgruß zu, und als bald darauf der in ein weißes Tuch gehüllte Leichnam vorübergetragen ward, freute sie sich zu hören, daß er standhaft und seinem Glauben treu gestorben sei. Festen Mutes schritt sie nun zum Blutgerüst; der katholische Geistliche begleitete sie ohne ihren Willen. Ihr Gebetbuch in der Hand, achtete sie wenig auf seine Zusprache; doch dankte sie ihm zuletzt freundlichst für seine Güte und wünschte, daß Gott ihn erleuchten wolle, die Wahrheit zu erkennen. Dann hielt sie eine kurze Anrede an die Umstehenden, klagte sich an, daß sie schwach genug gewesen sei, die Krone anzunehmen, obgleich ihr Herz sich nie darnach gesehnt habe, und demütigte sich vor Gott, der sie durch Leiden von der Liebe zum Irdischen habe losmachen wollen. „Ich sterbe" — so endete sie — „als eine evangelische Christin, entsage allen Verdiensten vor Gott durch meine Werke, da ich wohl weiß, wie viel an ihnen fehlt, um nicht auf seine Gnade und das Verdienst Jesu allein zu rechnen." Sie schloß mit dem lauten Gebete des 51. Psalms.

Als sie ihr Haupt auf den Block legte, rief sie noch: „Herr! In deine Hände befehle ich meinen Geist!" Kein Auge blieb trocken, selbst die Anhänger Mariens weinten. Ihr Leichnam wurde in der Kapelle des Towers neben dem ihres Gatten beigesetzt. — In alle Länder ist der Ruf ihres seltenen Verstandes und ihrer schönen Seele gedrungen; überall, auch spät noch, sind nah und fern ihrem Schicksale Thränen geflossen. Künstler und Dichter haben gewetteifert, sie in ihren Werken zu verherrlichen. Der Oberrichter aber, der ihr Todesurteil gesprochen hatte, ist nach dessen Vollziehung wahnsinnig geworden, hat unaufhörlich gerufen: „Weiche, — weiche von mir, Johanna!" — und so ist er gestorben.*)

3. Elisabeth und Maria Stuart (1558—1603).

Elisabeth hatte, aus Furcht vor ihrer Stiefschwester, der Königin Maria, in strengster Zurückgezogenheit gelebt, aber die Mußezeit wacker benutzt, ihren

---

*) H. Niemeyer (Beobachtungen auf Reisen Teil I).

Geist zu bilden. Maria starb aber bereits nach fünfjähriger freudenloser Regierung. Sobald Elisabeth die Nachricht vom Tode der Schwester erhielt, eilte sie mit freudiger Überraschung nach London und wurde vom Volke jauchzend empfangen. Es war, als ob die Engländer ahnten, daß eine neue glorreiche Zeit für das Land gekommen sei.

Die erste Handlung der jungen Königin war, daß sie die evangelische Lehre wieder auf den Fuß herstellte, wie sie unter Eduard VI. gewesen war. Aber sie verfuhr dabei als kluge Frau. Nur nach und nach wurden die unter Maria eingeführten katholischen Gebräuche wieder abgeschafft. Sie erklärte sich dann selbst für das Oberhaupt der Kirche und setzte in 39 Artikeln die Religion in der Art fest, wie sie noch jetzt unter dem Namen der **englischen Hochkirche** oder der **bischöflichen Kirche** in England herrschend ist. Die katholische Kirche war ihr schon darum verhaßt, weil sie die Ehe zwischen Heinrich VIII. und Anna Boleyn, der Mutter Elisabeths, nicht als gültig anerkannte; aber auch ihr heller, aufgeklärter Geist konnte sich nicht mit dem katholischen Lehrbegriffe versöhnen.

Ihr Charakter war übrigens ein sonderbares Gemisch von Tugenden und Fehlern. Ohne schön zu sein (denn sie war etwas breitschulterig und hatte eine zu große Nase), war sie doch sehr liebenswürdig und freundlich. Gegen das gemeine Volk war sie äußerst herablassend und leutselig und suchte auf alle Art die Gunst desselben zu gewinnen. Leute aus den niedrigsten Ständen hatten zu jeder Zeit freien Zutritt zu ihr; sie nahm ihre Bittschriften mit vergnügter Miene an, dankte für die Zeichen von Anhänglichkeit und ließ sich mit ihnen in ein Gespräch ein, so daß jeder Unterthan mit der größten Bewunderung seine Königin verließ. Gegen die Großen des Reichs aber trat sie mit stolzer Würde auf, um ihnen den Abstand recht fühlbar zu machen. Von dem Gepränge, mit dem sie öffentlich erschien, wenn sie des Sonntags aus ihren Gemächern sich in die Kapelle begab, erzählt ein Zeitgenosse: „Zuerst erschien eine Menge von Edelleuten, — Grafen, Barone und Ritter; dann kam der Kanzler mit den Siegeln zwischen zwei Lords, die Schwert und Scepter trugen. Ihm folgte Elisabeth, und wohin sie blickte, fielen die Anwesenden auf ihre Kniee. Hinter ihr kam ein langer Zug wohlgekleideter junger Damen, und zu beiden Seiten stand eine Reihe von Edelleuten in reichen Uniformen und mit vergoldeten Streitäxten." Sie war überhaupt sehr eitel und herrisch; selbst im vorgerückten Alter hörte sie noch gern, wenn man sie mit der Venus an Schönheit, mit der Minerva an Klugheit und mit der Diana an Sittsamkeit verglich. Obwohl sie die Gesellschaft der Männer gern hatte, vermählte sie sich doch nie, um freier und ungebundener zu sein. Auch Philipp II. bewarb sich um ihre Hand, ward aber zurückgewiesen.

Maria Stuart, Königin von Schottland.

Der schwärzeste Punkt im Leben der Elisabeth ist ihr Betragen gegen ihre unglückliche Verwandte, Maria Stuart, Königin von Schottland. Heinrich VIII. hatte zwei Schwestern gehabt; die jüngere war die Groß=

mutter der Johanna Gray, die ältere aber war mit Jakob IV., König von
Schottland, vermählt worden. Ihr Sohn war Jakob V., der Vater der
Maria Stuart. Als hätte sie das Unglück schon in der Wiege verfolgen
wollen, starb der Vater, als sie erst acht Tage alt war. Es entstanden
innere Unruhen in Schottland, und die Königin Mutter führte ihr fünfjähri=
ges Kind nach Frankreich, wo Maria am Hofe der Katharina von Medici
erzogen wurde. Obwohl die französische Königin samt ihren Söhnen in
große Sittenverderbnis versunken war, erhielt doch die junge Maria Stuart
durch die Sorgfalt ihrer Mutter die beste Erziehung und war bald wegen
ihrer Schönheit und Herzensgüte der Gegenstand allgemeiner Liebe und Ver=
ehrung. Kaum sechzehn Jahre alt, wurde sie mit dem Dauphin, dem nach=
maligen Könige Franz II., vermählt. Maria sah sich jetzt im Besitze des
größten Glückes. Alles huldigte ihrer Würde, ihrer bezaubernden Anmut,
und der junge König hatte sie von Herzen lieb. Doch nur anderthalb Jahre
regierte Franz II., als ein früher Tod ihn hinwegraffte; bald darauf starb
Mariens Mutter, die bis dahin als Regentin die Regierung in Schott=
land geführt hatte.

Unter der Regentschaft war es in Schottland sehr unruhig zugegangen;
die neue Lehre der Protestanten hatte auch hier Wurzel gefaßt, besonders
durch einen Schüler Calvins, Johann Knox (spr. Nox), der mit dem
ganzen Feuer seiner Beredsamkeit und Überzeugung gegen den katholischen
Lehrbegriff kämpfte. Seine heftigen Predigten entflammten das Volk so zur
Glaubenswut, daß es die katholischen Kirchen ausplünderte, und die Priester
mißhandelte, und als die Regentin die Übermütigen strafen wollte, stand
alles gegen sie auf, und sie mußte froh sein, einen Vergleich abschließen zu
können. Mit Vergnügen sah Elisabeth, wie die Schottländer nach dem Tode
der Regentin die katholische Religion abschafften und die reformierte Lehre
einführten; ihren lauernden Blicken entging nichts, was in dem Nachbarlande
vorging. Sie wußte, daß die Wünsche und Hoffnungen aller Katholiken auf
Maria Stuart gerichtet waren, und daß diese in vieler Augen für die recht=
mäßige Königin von England galt, als Enkelin der ältesten Schwester Hein=
richs VIII. So wurde der Haß und die Eifersucht gegen die Thronbewer=
berin, gegen die Katholikin und gegen das schönere Weib immer größer.
Maria schauderte vor dem Gedanken, das schöne Frankreich, das Land ihrer
Jugendfreuden, mit dem rauhen, nebeligen Schottland vertauschen zu sollen,
worin der Aufruhr tobte, — und doch mußte sie nun die schwere Regie=
rung übernehmen. Sie hielt bei Elisabeth um die Erlaubnis an, ihren Weg
durch England nehmen zu dürfen, aber diese schlug die Bitte nicht nur ab,
sondern rüstete eilig eine Flotte aus, um Marien aufzufangen, wenn diese zu
Schiffe von Frankreich nach Schottland führe.

Am 15. April 1562 segelte Maria Stuart mit zwei Galeeren= und
vier Transportschiffen von Calais ab. So lange sie die französische Küste
noch zu sehen vermochte, ruhte ihr Blick unverwandt auf dem Lande, an
welchem ihre Liebe hing. „Lebe wohl, Frankreich, lebe wohl! Ich werde
dich nimmer wiedersehen!" rief sie im schmerzlichsten Tone mehrmals aus.

Bald danach entstand ein dichter Nebel, unter dessen Schutz ihre Galeeren dem auflauernden englischen Admiral glücklich entgingen; drei Transport=schiffe aber fielen in dessen Hände. Mit steigender Angst näherte sich die junge Königin der vaterländischen Küste; denn wie ihr Volk gegen sie gesinnt sei, wußte sie nicht. Um so angenehmer wurde sie bei ihrer Landung über=rascht, indem alle Stände zusammenströmten, der schönen Herrin ihre Hul=digung zu bringen. Kaum 19 Jahre alt, stand sie jetzt in der Blüte ihrer Schönheit und Jugend, und ihr freundliches, anmutiges Wesen nahm aller Herzen für sie ein. Der Tag ihrer Ankunft war für sie ein Tag der Freude und des Glückes, der einzige frohe Tag, den sie in Schottland verleben sollte.

Die Reformierten fürchteten, unter einer katholischen Königin möchte die katholische Religion wieder ihr Haupt erheben. „Soll man leiden," schrieen die Prediger von den Kanzeln, „daß dieser Götze (die katholische Lehre) wieder in dem Reiche aufgerichtet werde?" Nichts half, daß Maria jeden bei seinem Glauben ließ, daß sie nur für sich um die Erlaubnis bat, Messe in ihrer eigenen Kapelle halten zu dürfen. „Die Messe ist schreck=licher," rief der unduldsame Knox von der Kanzel, „als 10 000 fremde Sol=daten, die in dem Königreiche landen würden!" Und ein Kirchendiener, den das Volk Lichter in die Kapelle tragen sah, wurde vor dem Schlosse Ma=riens gemißhandelt und fast ermordet. Selbst auf ihrem Zimmer machte Knox der Königin oft so bittere Vorwürfe, daß sie in Thränen ausbrach. Und doch mußte sie den heftigen Mann auf alle Weise schonen, da er beim Volke beliebt war.

Um nicht ganz allein zu stehen, vermählte sie sich mit dem Grafen Heinrich Darnley (Därnli), den sie wegen seiner Schönheit und Jugend lieb gewonnen hatte. Doch die Schotten sahen diese Verbindung sehr un=gern, weil Darnley katholisch war. Maria mußte zu ihrem großen Schmerze bald erfahren, daß die äußere Schönheit des Mannes sie verblendet habe; er war roh, trotzig und hochfahrend und ganz unfähig, die Zärtlichkeit der Königin zu erwidern. Diese wurde immer kälter gegen ihn und schenkte ihr Zutrauen einem jungen Italiener, David Rizzio, den sie wegen seines Talents für Gesang und Lautenspiel zu ihrem Geheimschreiber erhoben hatte. Doch der Übermut dieses Emporkömmlings reizte die schottischen Großen zum Zorn, und Darnley gab Befehl, ihn zu ermorden. Vor den Augen der Kö=nigin — der Bedrängte hatte sich der Gebieterin zu Füßen geworfen — er=dolchten die Verschworenen den Günstling. Diese vermessene That entfrem=dete das Herz Mariens noch mehr von ihrem Gemahl; es war, als ob das Gespenst des Ermordeten sich zwischen beide gestellt hätte.

Dies Verhältnis benützte Graf Bothwell (Boßwel), der aus ange=sehenem schottischen Adel stammte, aber ein höchst ausschweifender und lieder=licher Mensch war. Es war ihm gelungen, Mariens Gunst so sehr zu ge=winnen, daß sie nichts ohne seinen Rat unternahm. Er legte es darauf an, die Königin durch eine Scheidung von Darnley zu befreien, um sie dann selber heiraten und den schottischen Thron besteigen zu können. Da aber Maria von keiner Scheidung wissen wollte, dachte Bothwell darauf, sie mit

Gewalt von ihrem Gemahl zu trennen. Die Gelegenheit fand sich bald. Darnley war in Glasgow erkrankt, und sobald Maria dies erfuhr, erwachte — wie es schien — ihre frühere Liebe zu dem Manne wieder, und sie reiste zu ihm, um ihn mit aller Sorgfalt zu pflegen. Beide Gatten versöhnten sich wieder und reisten zusammen nach Edinburgh, wo sie ein Privathaus bezogen. In einer Nacht, als die Königin sich aus dem Hause entfernt hatte, um der Hochzeit einer ihrer Kammerfrauen beizuwohnen, flog das Haus, worin sich der König befand, mit einem fürchterlichen Knall in die Luft. Das Volk strömte voll Schrecken hinaus und fand Darnley samt seinem Bedienten tot in dem Garten. Allgemein nannte man Bothwell den Mörder des Königs, ja es erhoben sich Stimmen, welche Maria selber anklagten. Diese beteuerte zwar ihre Unschuld, aber die Umstände legten doch starkes Zeugnis wider sie ab. Statt sich von dem bösen Bothwell loszumachen und die geforderte Untersuchung gegen ihn einzuleiten, ließ sie sich unter dem Scheine eines gewaltsamen Überfalls als Gefangene auf eins seiner Schlösser entführen und reichte ihm, drei Monate nach der Ermordung ihres Gatten, vor dem Altare ihre Hand. Elisabeth und der französische Hof hatten sie dringend abgemahnt und gewarnt, doch vergeblich.

Diese höchst unbesonnene Vermählung mit dem Mörder ihres Gemahls erhöhte den Verdacht und reizte die Schotten zum Zorn; der empörte Adel stellte ein Heer ins Feld, und Bothwell rettete sich nur durch die schleunigste Flucht. Er entkam nach den Orkney-Inseln und trieb eine Zeit lang Seeräuberei; dann flüchtete er sich nach Dänemark, wo er im Gefängnis zehn Jahre lang schmachtete und im Wahnsinn starb. Maria aber wurde von den Rebellen im Triumph nach Edinburgh geführt, wo der Pöbel sie verhöhnte und ihr eine Fahne vortrug, auf welcher die Ermordung Darnleys abgebildet war. Man brachte die arme Königin in ein festes Schloß (Lochleven bei Edinburgh), behandelte sie dort mit aller Härte und Verachtung und zwang sie endlich, eine Schrift zu unterzeichnen, in der sie der Regierung entsagte und diese ihrem Sohne Jakob übertrug, während dessen Minderjährigkeit ein Graf Murray (spr. Mörree) die Regentschaft führen sollte. Mit viel Thränen unterschrieb sie das verhaßte Papier und hoffte nun in Freiheit gesetzt zu werden. Aber vergebens! Man verschärfte noch ihre Gefangenschaft und kränkte die Verlassene auf alle Art. Diese unwürdige Behandlung erregte wieder im Volk und Adel Teilnahme für die unglückliche Königin; ein junger Edelmann entführte sie aus ihrem Gefängnis, und viele ihrer alten Freunde versammelten sich um sie, mit den Waffen in der Hand. Aber das kleine Heer war zu schwach; es ward von der Kriegsmacht des Grafen Murray aufs Haupt geschlagen, und Maria floh mit wenigen Begleitern, nicht wissend, wo sie nun Zuflucht finden sollte.

Maria in England.

Da erinnerte sie sich der freundlichen Teilnahme, die ihr die Königin Elisabeth während ihrer Gefangenschaft gezeigt hatte, und zu ihr beschloß sie zu fliehen. Schnell warf sie sich in ein Fischerboot und landete noch an demselben Tage in Carlisle (Kärleil) auf englischem Boden. Sie war so eilig entflohen, daß sie weder Geld, noch die nötigen Kleidungsstücke mitgenommen hatte. Ein Eilbote ward nach London geschickt, für die hilfesuchende Königin Schutz zu erflehen (1568).

Elisabeth triumphierte, als sie das seit Jahren gehetzte Wild nun freiwillig ins Garn gehen sah. Sie ließ der Maria sagen, sie könne für jetzt ihr nicht erlauben, nach London zu kommen; erst müsse sie sich von dem Verdachte reinigen, an der Ermordung Darnleys teilgenommen zu haben. Das hatte Maria nicht erwartet; nach der ersten Bestürzung weinte sie bitterlich. Gern — sprach sie — wollte sie ihre Sache der Entscheidung einer so gütigen Freundin unterwerfen. Das wollte eben Elisabeth. Sie leitete sogleich ein förmliches Gericht ein, das über die Königin und den Grafen Murray entscheiden sollte. Maria verteidigte sich leicht gegen jede Anschuldigung. Als aber Graf Murray Briefe vorlegte, welche sie früher an Bothwell geschrieben haben sollte, und die auf ein Einverständnis mit ihm zur Ermordung Darnleys deuteten: so erklärte sie, es sei wider ihre Ehre und königliche Würde, auf derlei Beschuldigungen etwas zu erwidern. Wahrscheinlich waren diese Briefe untergeschoben, denn so sehr auch Maria bat, ihr die Originale vorzulegen, so weigerte sich doch Elisabeth dessen fortwährend. Maria Stuart wurde auf ein festes Schloß in Gewahrsam gebracht und sollte nie wieder ihre Freiheit erhalten.

Für die Politik des protestantischen Englands konnte nichts erwünschter sein, als die katholische Königin von Schottland, die auf den englischen Thron selber Anspruch machte, in der Gewalt der englischen Königin zu wissen. Als Maria von England, die katholische Schwester der Elisabeth, gestorben war, hatten Maria Stuart und ihr Gemahl, Franz II. von Frankreich, Englands Wappen und den Titel der Könige von England angenommen, weil nach Auffassung der katholischen Partei die Auflösung der Ehe Heinrichs VIII. mit Katharina von Aragonien widerrechtlich, mithin Elisabeth nicht legitim war. Auch hatte Papst Pius V. gegen Elisabeth den Kirchenbann ausgesprochen und ihre Unterthanen vom Eide der Treue entbunden. Diese hatten also wohl Grund, Verschwörungen der englischen Katholiken zu fürchten, welche ihr Auge auf Maria Stuart geworfen hatten. Die englischen Staatsmänner erklärten im Parlament, zur Erhaltung der protestantischen Religion und zur Sicherheit der Königin Elisabeth sei der Tod der Königin von Schottland, der Mörderin ihres Gemahls, notwendig.

Mit diesem Gedanken konnte sich Elisabeth vorerst nicht befreunden; sie wollte nur ihre Nebenbuhlerin unschädlich machen, und so blieb Maria Stuart neunzehn Jahre lang auf verschiedenen Schlössern gefangen. Da entwarf der Herzog von Norfolk, dem sie heimlich ihre Hand angetragen hatte, den Plan, sie zu befreien, dann sie zu heiraten und ihre Wiedereinsetzung in Schottland mit Gewalt durchzusetzen. Doch der Plan ward verraten, und Norfolk büßte das Wagstück mit dem Leben. Darauf faßten zwei andere Katholiken, der Franzose Johann Ballard und der Engländer Anton Babintong (Bäbingten), den Entschluß, die grausame Elisabeth zu ermorden und den Kerker Mariens zu sprengen. Aber auch diese Verschwörung wurde verraten, und Babington, Ballard und zwölf andere Genossen wurden enthauptet.

Durch diese Verschwörungen wurde die Lage Marias nur immer trostloser. Elisabeth, die nun das Leben der schottischen Königin als mit ihrer eigenen Sicherheit unverträglich hielt, beschloß den Tod ihrer Nebenbuhlerin. Sie ließ dieselbe auf das Schloß Fotheringhai (Foßheringhee) in noch engere Haft bringen und dann ein Gericht niedersetzen, welches über ihren Anteil an dem Hochverrate entscheiden sollte. Maria beteuerte ihre Unschuld und erklärte alles für eine abscheuliche Verleumdung. Da man ihr keine Papiere vorlegen konnte, die ihre Schuld bewiesen hätten, so stellte man zwei ihrer Geheimschreiber als Zeugen wider sie auf, die man zuvor mit Geld bestochen hatte. Das Todesurteil wurde ausgesprochen und von Elisabeth bestätigt.

Maria empfing die traurige Botschaft mit einer Heiterkeit und Würde, die alle Anwesenden rührte und erschütterte. Der Tag, sprach sie, nach dem sie so lange sich gesehnt habe, sei endlich eingetroffen; beinahe zwanzig Jahre habe sie im Gefängnis geschmachtet, und kein glücklicheres und ehrenvolleres Ende eines solchen Lebens könne sie sich denken, als ihr Blut für ihre Religion zu vergießen. Dann zählte sie die Kränkungen auf, die sie erlitten, die Anerbietungen, die sie gemacht, und die arglistigen Kunstgriffe und Betrügereien ihrer Feinde. Sie schloß, die Hand auf der Bibel, mit den Worten: „Gott ist mein Zeuge, daß ich nie nach dem Tode der Königin, eurer Gebieterin, getrachtet habe."

Der 18. Februar 1587 war der Tag ihrer Hinrichtung. Die Nacht zuvor brachte sie größtenteils im Gebete zu. Um 8 Uhr morgens trat ein Diener in den Kerker und zeigte ihr an, daß die Stunde geschlagen habe. „Ich bin bereit!" war ihre Antwort, und ihr Auge strahlte Frieden. Sie bat flehentlichst um einen Priester, der sie auf des Lebens letztem Gange begleite; allein auch diese Tröstung ward ihr versagt. Mit einer Miene voll Ruhe und Majestät durchschritt sie die Halle, die zu dem Saale führte, wo das Blutgerüst aufgeschlagen war. Auf dem Wege fand sie ihren alten Haushofmeister Melvil, dem seit mehreren Monaten der Zutritt zu ihr verboten war. Der alte Diener fiel in die Kniee und weinte laut auf. Sie bot ihm liebreich die Hand. „Klage nicht — sprach sie — ehrlicher Mann, freue dich vielmehr, denn du wirst das Ende sehen von Marias Leiden. Die Welt, mein guter Melvil, ist nur Eitelkeit, und ein Meer von Thränen würde nicht hinreichen, ihre Trübsale zu beweinen. Gott vergebe denen, die schon lange nach meinem Blute dürsten." Dann brach sie in Thränen aus und sprach: „Lebe wohl, guter Melvil, lebe wohl!"

Als sie das Blutgerüst bestiegen hatte, trat der Dechant von Peterborough zu ihr und ermahnte sie im Namen der Königin Elisabeth, die katholische Religion abzuschwören. Maria bat ihn wiederholt, sich und sie nicht zu belästigen; er aber hörte nicht auf zu reden und drohte mit dem ewigen Höllenfeuer. Entschlossen, in der Religion, in welcher sie geboren und erzogen war, zu leben und zu sterben, sank sie auf ihre Kniee und betete voll Inbrunst für die bedrängte Kirche, für ihren Sohn Jakob und für

Elisabeth. — Dann wurden ihr die Augen verbunden, die Henker ergriffen sie bei den Armen und führten sie zum Blocke. Hier kniete sie nieder und sprach wiederholt mit fester Stimme: „In deine Hände, o Herr, befehle ich meinen Geist!" Der Henker ward selber im Herzen gerührt, das Schluchzen und Weinen der Anwesenden machte ihn ganz verwirrt; er zitterte und verfehlte seinen Streich und erst auf den dritten Hieb ward das schöne Haupt vom Rumpfe getrennt. Als der Henker es emporhielt, rief jener Dechant: „Mögen alle Feinde der Elisabeth so enden!" Aber keine Stimme hörte man, die dazu Amen sprach. Der Parteigeist war aufgelöst in Bewunderung und Mitleid. Denn die unglückliche Maria war wohl sehr leichtsinnig, aber nicht böse gewesen, und ihre Fehler hatte sie schwer genug gebüßt. Sie starb im fünfundvierzigsten Jahre ihres Alters.

Jetzt hatte Elisabeth ihren Durst nach Rache gestillt, und nun bemühte sie sich, das Gehässige der That auf ihre Minister zu wälzen. Sie stellte sich deshalb, als die Hinrichtung der Maria ihr gemeldet ward, sehr erschrocken und betrübt und entsetzte sogleich die Minister ihres Amtes. Diese erkannten wohl, was die Königin mit der Scheinanklage wollte, bekannten in Demut ihre Schuld und wurden dann einer nach dem andern wieder angestellt, mit Ausnahme des wackern Davison, der sich standhaft geweigert hatte, an der ungerechten Verfolgung Mariens teilzunehmen.

Englands wachsende Seemacht.

Nachdem Elisabeth durch ein solches Blutgericht ihren Thron gesichert hatte, wandte sie wieder alle Sorgfalt auf die Regierung ihres Staates, und der glänzendste Erfolg krönte alle ihre Unternehmungen. Sie belebte den Handel und das Seewesen und ist als die Schöpferin der großen Seemacht Englands zu betrachten. Alle, die wegen ihres Glaubens aus Frankreich und den Niederlanden vertrieben wurden, fanden in England eine offene Freistätte, und auf solche Art ward die Insel ein Hauptsitz der Manufakturen und Gewerbe. Die Seefahrer, von der Königin aufgemuntert, besuchten alle Teile der Erde. Der Engländer Richard Chanceller (spr. Tschänßeller) entdeckte 1553 den Weg nach Archangel über das Eismeer, und der russische Zar bewilligte im Jahre 1569 einer englischen Gesellschaft das ausschließliche Recht zum Handel mit Rußland. Der große Seeheld Franz Drake (spr. Drehk) eiferte dem Portugiesen Maghellan nach; er war der erste Engländer, der im Jahre 1580 eine Reise um die Welt unternahm. Er war es auch, der die so nützlichen Kartoffeln aus Amerika nach Europa brachte. Dieses Knollengewächs kam 1586 nach England und von da nach Frankreich, wo noch im Jahre 1616 Kartoffeln als eine große Seltenheit auf die königliche Tafel gebracht wurden. In Deutschland wurden sie erst 1650 im Voigtlande angepflanzt, in Niedersachsen aber erst 100 Jahre später (1740) angebaut.

Die Schiffahrt der Engländer nach Ostindien begann zu Ende des 16. Jahrhunderts; die erste ostindische Handelsgesellschaft ward 1600 gestiftet. Um eben diese Zeit wurden auch Kolonieen in Nordamerika gegründet; Walther Raleigh (Räli) nannte das von ihm in Besitz genommene Land nach seiner unvermählten Königin Virginia, d. i. Jungfrauenland. Den größten Triumph aber erlebte Elisabeth im Kampfe gegen die unüber= windliche Flotte Philipps II. von Spanien.

4. Die unüberwindliche Armada.

1.

Als Elisabeth den englischen Thron bestiegen hatte, bot ihr Philipp II. seine Hand an, in der Hoffnung, daß es ihm nun gelingen werde, sich zum Herrn von England zu machen. Allein die kluge Fürstin hütete sich wohl, ein Anerbieten anzunehmen, das ebensowohl gegen ihre Neigung, als gegen die Wünsche ihres Volkes war. Eine abschlägige Antwort konnte Philipp, der stolzeste Monarch seiner Zeit, nicht verzeihen, und er haßte die Königin von England um so grimmiger, als diese immer entschiedener die katholische Religion in ihrem Lande unterdrückte. Dazu kam, daß Elisabeth den Auf= stand der Niederländer unterstützte, und daß der englische Seeheld Franz Drake den spanischen Seefahrern großen Schaden zufügte. So beschloß der König von Spanien einen Vertilgungskrieg gegen die protestantische Königin, in der Hoffnung, durch die Eroberung Englands zugleich dem Himmel und seiner Herrschbegierde ein Opfer zu bringen. So geheim als möglich ließ er die gewaltigen Rüstungen machen. Es gab keinen Hafen in Spanien und Portugal, in welchem nicht auf Befehl des Königs an der Erbauung neuer Fahrzeuge gearbeitet worden wäre. Galeeren, Fregatten und große Drei= master wurden mit schweren Geldsummen ausgerüstet oder neu erbaut. Ein großes geübtes Landheer unter dem Oberbefehl des Herzogs Alexander von Parma sollte von der Flotte übergesetzt werden.

So furchtbare Anstalten, wie sie in Spanien und den Niederlanden be= trieben wurden, mußten endlich offenbar werden und allen Fürsten und Völ= kern Europas verdächtig erscheinen. Zwar ließ Philipp das Gerücht aus= streuen, er bezwecke nur, die abgefallenen Niederländer wieder zu gewinnen; aber niemand, am wenigsten die kluge Elisabeth, ließ sich dadurch täuschen. Sie traf mit allem Nachdruck Anstalten zur Verteidigung und schien jetzt eine ganz andere Frau zu sein, als die eitle, rachsüchtige und heuchlerische, die sie in ihrem Verhältnis zu Maria Stuart war. Sie zeigte sich jetzt in voller Thätigkeit, Geistesgegenwart und Entschlossenheit. Den Weltumsegler Franz Drake schickte sie sogleich ab, den Spaniern in ihren Rüstungen Ab= bruch zu thun. Drake segelte mit seinem Geschwader nach Kadix, in dessen Nähe eine große Menge von Kriegsbedürfnissen und Lebensmitteln aufgehäuft waren. Die spanischen Kriegsschiffe, welche sich daselbst befanden, flüchteten bei seiner Ankunft sogleich unter die Kanonen der Festung, und nun begann der englische Admiral sein Zerstörungswerk. Hundert reich beladene Schiffe wurden in einem Tage und zwei Nächten teils in den Grund gebohrt, teils verbrannt. Damit noch nicht zufrieden, segelte Drake nach dem Vorgebirge Vincent, eroberte dort mehrere feste Schlösser, verheerte die Küste und ver= brannte abermals eine Anzahl von Schiffen. Darauf richtete er seinen Lauf nach den azorischen Inseln, wo er sich eines großen spanischen Lastschiffes bemächtigte, welches mit einer reichen Ladung aus Ostindien zurückkehrte. Andere kühne englische Seeleute, welche auf eigene Hand ihre Raubzüge unternahmen, fügten auch den Spaniern beträchtlichen Schaden zu, so daß hierdurch die Kriegsrüstungen der letzteren nicht wenig verzögert wurden.

Unterdessen war Elisabeth nicht müßig geblieben. Um die Kampflust und das Rachegefühl des Volkes aufzuregen, wurden Druckschriften verbreitet, worin die Abscheulichkeiten, welche die Spanier in Amerika und den Nieder= landen begangen, das vielfache Unglück, welches sie in England angestiftet hatten, und die von den Ketzergerichten verhängten Todesstrafen, auch die Marterwerkzeuge beschrieben wurden, mit welchen mehrere spanische Schiffe angefüllt sein sollten. Indem nun die Königin auf solche Weise die prote= stantischen Unterthanen ihres Reichs gegen die Spanier erbitterte, behandelte sie die Katholiken dagegen mit der größten Mäßigung und Milde. So er= füllte sie alle Bewohner Englands mit Zutrauen und machte sie willig, ihr jede Unterstützung zu geben, die sie verlangte. Man bewilligte ihr große Darlehen und bewaffnete sich überall; 20 000 Mann waren an den Küsten verteilt, die Landung des Feindes zu verhindern; ein anderes Heer hatte sich zur Verteidigung der Hauptstadt bereitet, und die Hauptarmee war 42 000 Mann stark. Nichts desto weniger hegten die erfahrensten Männer große Besorgnisse, da die spanischen Soldaten damals die geübtesten Krieger in Europa waren, überdies unter einem so vollendeten Feldherrn wie Alexander von Parma kämpften. Elisabeth allein war guten Mutes. Sie gab alle ihre Befehle mit vollkommenster Ruhe, ermunterte das Volk, sah nach allem selbst und zeigte, daß sie ganz zum Herrschen geboren sei. Eines Tages er= schien sie im Lager. Auf einem edlen Streitrosse, einen Marschallsstab in der Hand, einen Brustharnisch von poliertem Stahl über dem prachtvollen Anzug, einen Pagen hinter sich, der den weißbefiederten Helm trug, ritt sie mit entblößtem Haupte von Glied zu Glied. Ein freudiges Hussarufen der Soldaten empfing sie; dann hielt sie eine begeisterte Anrede an die Armee, und diese war bereit, für die glorreiche Königin zu siegen oder zu sterben.

2.

Philipps Ansicht ging dahin, den zerschmetternden Schlag unmittelbar auf England herabfallen zu lassen. Auf ihrem Wege nach England sollte die große Flotte alle englischen Schiffe, welche Widerstand leisten würden, verjagen, im Verein mit den niederländischen Transportschiffen in die Themse einlaufen, die ganze spanische Armee in der Nähe von London ans Land setzen und so mit einem Streich das Schicksal von England entscheiden. Die große Flotte, von den Schmeichlern des Königs die glückliche, die unüberwindliche, ja die katholische genannt, bestand aus 138 Linien= schiffen von ungeheurer Größe; dabei befanden sich 60 eben so große Ga= leeren, welche schwimmenden Schlössern und Festungen nicht unähnlich sahen. Sie waren so dicht gebaut, daß, wie es nachher sich erwies, die meisten Kanonenkugeln nicht durchzudringen vermochten. Das Admiralschiff, welches den Seeadmiral Herzog von Medina=Sidonia trug, stellte gleichsam eine Stadt mit einem Turme in der Mitte vor; auf demselben befanden sich außer dem Herzoge und seinem Gefolge noch 1200 Soldaten. Die Ga= leassen, Schiffe, welche die größten Galeeren an Größe übertrafen, hatten 300 Ruderer. Alle Masten und Stangen auf diesen riesenhaften Schiffs= gebäuden hatte man mit Seilwerk umflochten und nichts vergessen, um sie unverletzlich zu machen. 15000 Mann der besten Landtruppen waren an Bord, außer den 6000 Mann Seetruppen und Matrosen; die Bedienung und das Schiffsvolk eingerechnet, befanden sich auf der schwimmenden Stadt über 30000 Menschen. Es gab wenig vornehme und begüterte Familien, welche nicht Söhne, Väter oder Verwandte auf der Flotte gehabt hätten. Die Zahl der Geistlichen und Mönche belief sich allein auf fast 700 Köpfe, und an ihrer Spitze befand sich der gefürchtete Großinquisitor, welcher das schreckliche Ketzergericht über die protestantischen Einwohner Englands zu halten gedachte.

Das Geschütz belief sich auf 2630 Stück. Mit allerlei Kriegsbedürf= nissen und Lebensmitteln war die unüberwindliche Armada so reichlich ver= sehen, daß nur der Besitzer der ungeheuren Reichtümer Amerikas die Kosten davon zu tragen vermocht hatte. So fürchterlich ausgerüstet ging diese Flotte am 29. Mai 1588 von Lissabon aus unter Segel. An Menge und Schwere der Schiffe hatte der Ozean noch nie eine solche Flotte getragen und ein spanischer Geschichtsschreiber erzählte davon, freilich mit spanischer Über= treibung, daß Meer habe nicht Raum gehabt, die mächtigen und zahlreichen Schiffe zu fassen.

Der Papst, Sixtus V., hatte den Bannfluch über die Königin von England ausgesprochen, sie ihres Reiches für verlustig erklärt und dem Könige von Spanien die Vollziehung dieses Richterspruches übertragen. So schien auch der Segen der Kirche dem Unternehmen nicht zu fehlen.

Indessen hatte Elisabeth zu ihrem Beistande die niederländischen Staaten gewonnen, die sich unlängst vom spanischen Joche losgemacht hatten. Sie rüsteten für ihre Bundesgenossin eine beträchtliche Flotte aus, die Küsten Hollands und Seelands wurden mit Wachen besetzt und die Tonnen, Pfähle und Seeleuchten, die zur Sicherung der Schiffahrt dienten, weggenommen. Um die Gunst des Himmels zu erlangen, wurden in England und Hol= land Fast= und Bettage gehalten und die Kirchen von zahlreichen Andäch= tigen besucht.

Nicht allein die thätigen und klugen Vorkehrungen der Engländer und Holländer erschwerten Philipps Unternehmen, sondern auch in seiner eigenen Flotte lag ein großes Hindernis. Die ungeheuren schwimmenden Maschinen wurden von unwissenden, schlecht geübten Steuerleuten und Matrosen regiert, und noch hatte die Flotte den Hafen von Korunna, wo sie Truppen und allerlei Vorräte einnehmen sollte, nicht erreicht, als sie, von einem heftigen Sturme überfallen, sehr beschädigt auseinander getrieben wurde. Doch nach und nach fanden sich die Schiffe wieder im Hafen von Korunna zusammen.

Am 20. Juli ging endlich die Armada wieder unter Segel und nahm

ihre Richtung gerade nach England zu. Langsam in Form eines Halb=
mondes, der einen Raum von sieben englischen Meilen einnahm, segelte sie
in die unter dem Namen des Ärmelmeeres (la manche) bekannte Meerenge
ein. Fast wäre die englische Flotte, welche ganz ruhig in dem Hafen von
Plymouth vor Anker lag und den Feind sobald nicht erwartete, überrascht
worden, wenn der Admiral nicht noch zur rechten Zeit von der französischen
Küste her gewarnt worden wäre. Jetzt kam die Insel W i g h t (Ueiht) den
Spaniern zu Gesicht und dies war der Ort, wo die königlichen Befehle ent=
siegelt und großer Kriegsrat gehalten werden sollte. Jenen Befehlen zufolge
sollte nun der spanische Admiral seinen Lauf gerade nach der Meerenge von
Calais nehmen, nach Dünkirchen steuern, sich hier mit dem Herzoge von
Parma vereinigen und dann mit vereinter Kraft auf England losgehen. Um=
sonst stellten viele spanische Heerführer dem Herzog von Sidonia vor, wie
viel klüger es sei, sogleich den Angriff auf England zu beginnen; der Ad=
miral wagte es nicht, von dem königlichen Befehle abzugehen, und steuerte
daher in dicht geschlossenen Reihen auf die Rhede von Dünkirchen.

3.

Die Engländer, welche von der Rhede von Plymouth aus die Be=
wegungen des Feindes beobachteten, wunderten sich nicht wenig, als sie die
Spanier immer tiefer in den Kanal vorrücken sahen. Der englische Admiral
besann sich nicht lange, sondern segelte frisch hinterdrein, um die spanischen
Schiffe zu beunruhigen oder zu zerstören. Seine viel kleineren, aber ge=
wandter segelnden Schiffe umzingelten jedes feindliche Kriegsschiff, das sich
vereinzelte; mit einer Geschwindigkeit, welche die in der Steuermannskunst
weniger erfahrenen Spanier in das höchste Erstaunen setzte, waren sie bald
ganz nahe, bald wieder entfernt von der Armada, die gar sehr von den
Verfolgungen litt und mit Mühe auf der Höhe von Calais anlangte.

Von hier aus sendete der spanische Admiral dem Herzoge von Parma
einen Eilboten zu, mit der dringenden Bitte, ihm seine Truppen zu senden,
um die Landung zu bewirken. Allein dieser fand sich selbst in der größten
Verlegenheit. Nachdem er mit unglaublicher Anstrengung seine Fahrzeuge
in die niederländischen Häfen geschafft hatte, wurde er von der vereinigten
Flotte von Holland und Seeland umzingelt und konnte sich nicht rühren.
Die große spanische Flotte aber konnte sich weder der englischen, noch der
flandrischen Küste nähern, wegen der Untiefen und Sandbänke, die für große
Schiffe sehr gefährlich waren. Auch mußten die Spanier beständig auf ihre
eigene Verteidigung bedacht sein, denn vom 30. Juli bis 12. August ver=
ging kein Tag, an welchem sie nicht von den Engländern beunruhigt wur=
den. Seitdem sich die Spanier von der Küste von Plymouth entfernt hatten,
war eine so anhaltende furchtbare Kanonade, daß die Inseln und Küsten bis
nach Frankreich hinein davon erdröhnten. Der hohe Bord der großen spa=
nischen Schiffe machte es, daß ihre Kanonen über die niedrigen englischen
Schiffe zumeist hinwegschossen, während jeder Schuß von den Engländern traf.

Um aus der Verlegenheit zu kommen, segelte der spanische Admiral gegen Dünkirchen und schien entschlossen, die feindlichen Flotten, welche diesen Hafen besetzt hielten, zu verjagen, auch wenn es ein Treffen kosten sollte. Kaum aber befand sich die Armada im Angesicht des Feindes, als eine Windstille die Bewegungen der drei Flotten gänzlich hemmte. Diese Stille dauerte den ganzen Tag und ließ dem englischen Admiral Zeit, über die Ereignisse, die sich vorbereiteten, nachzudenken. Nach kurzem Sinnen fiel er auf ein Mittel, wodurch er den Feind zu verwirren gedachte. Er ließ acht kleine Schiffe, welche nicht in dem besten Zustande waren, mit allerlei feuer= fangenden Stoffen füllen und dieselben, sobald der Wind zu wehen begann, durch zwei Fahrzeuge von seiner Flotte mitten unter die Spanier führen. Die kühnen Seeleute, welche diese Fahrzeuge gelenkt hatten, steckten jene Schiffe in Brand und ruderten eiligst wieder davon. Dies geschah in einer finstern Nacht und die Dunkelheit machte den Anblick der brennenden Schiffe noch fürchterlicher. Die Spanier glaubten dieselben mit Pulver angefüllt. Ein allgemeiner Schrecken ergriff sie. Jedes Geschwader, jedes einzelne Schiff dachte nur auf seine eigene Sicherheit und segelte fort, ohne sich um die übrigen zu kümmern. Einige nahmen sich die Zeit, die Anker zu lichten, andere aber hieben die Ankertaue ab und entfernten sich mit vollen Segeln. Viele wurden durch die Dunkelheit der Nacht verhindert, die gehörige Ent= fernung zu beobachten, stießen aufeinander und beschädigten sich wechsels= weise; noch andere, durch diese Stöße erschreckt, zerstreuten sich, gerieten auf Klippen oder mitten unter die Feinde.

Als der Tag nach dieser für die Spanier so verhängnisvollen Nacht anbrach, sah man ihre Schiffe nach allen Seiten zerstreut, mit Wind und Wellen kämpfend. Diesen Augenblick der Verwirrung benutzte der englische Admiral, um gemeinsam mit den Holländern den Feind anzugreifen. Es begann ein Kampf, welcher von 6 Uhr früh bis abends 6 Uhr dauerte. Obschon einzelne Schiffe der Spanier, den alten Kriegsruhm ihrer Nation rechtfertigend, mit der größten Tapferkeit fochten, so blieben doch alle Vor= teile entschieden auf Seite der Engländer, denn diese hatten schnellere Segler und kannten das Meer und die Küsten. Die Spanier verloren ein Schiff nach dem andern; der heftige Wind ließ es zu keinem Kampfe in geschlosse= nen Reihen kommen. Der Herzog von Sidonia gab das Signal zur Flucht; da aber ein starker Südwind wehte, welcher die Fahrt durch die Meerenge von Calais nicht gestattete, so sahen sich die Spanier genötigt, um Schott= land und dessen nördliche Inseln herum nach ihrem Vaterlande zurückzusegeln.

Die Engländer folgten den flüchtigen Feinden in geschlossenen Reihen nach, da aber der Sturm immer heftiger wurde, ließ der englische Admiral seine Schiffe in den Häfen Sicherheit suchen, zufrieden mit den errungenen Lorbeeren. Die spanischen Schiffe aber wurden vom Sturme auf der hohen See umhergetrieben; viele stießen aufeinander, weil sie allzunah zusammen segelten, und versanken. Denjenigen, welche an die schottische Küste verschla= gen wurden, versagte man die Einnahme von frischem Wasser, weshalb sie sich genötigt sahen, die auf den Schiffen befindlichen Maultiere über Bord zu werfen. Einige wurden ohne Masten an die Küsten von Norwegen ge=

trieben, wo sie scheiterten und Tausende von Menschen ihr Grab in den Wellen fanden; andere wurden in den Kanal zurückgeworfen und fielen in die Gewalt der Engländer und Holländer. So kamen nur armselige Trümmer der unüberwindlichen, glücklichen Armada in die spanischen Häfen zurück. Doch hörte selbst hier das feindliche Geschick, welches von ihrem Auslaufen an gewaltet hatte, nicht auf, sie zu verfolgen. Zwei große Galeeren, welche den Angriffen der Feinde und der Wut der Stürme glücklich entronnen waren, gerieten in dem Hafen, worin sie vor Anker lagen, durch einen Zufall in Brand und wurden von den Flammen verzehrt.

Viele Personen vom vornehmsten Adel und aus den höheren Ständen, welche den Zug mitgemacht hatten, wurden teils auf der See, teils nach der Rückkehr ein Opfer des allgemeinen Elends. An Überfluß und Bequemlichkeit gewöhnt, überstiegen die Beschwerden und das Ungemach, welches sie erdulden mußten, ihre Kräfte. Es gab kaum eine Familie in Spanien, die nicht den Tod eines Bruders, Vaters, Sohnes, Gatten oder Verwandten zu beklagen hatte, und der Trauerkleider gab es am Hofe Philipps II. so viele, daß sich dieser Monarch bewogen fand, ausdrücklich die Verkürzung der Trauerzeit anzuempfehlen, um nur nicht immer an den schweren Verlust erinnert zu werden, den er erlitten hatte.

Als der Herzog von Medina-Sidonia vor dem Könige erschien, fiel er ihm zu Füßen, denn er fürchtete mit Recht für sein Leben; doch wider Erwarten sagte Philipp ganz ruhig: „Stehen Sie auf! Ich habe Sie zum Kampfe gegen Menschen, nicht aber gegen Sturm und Klippen gesandt."

4.

Die Pulververschwörung.

Das katholische Spanien, dessen König im Interesse des katholischen Glaubens jede freiere Regung geistigen Lebens und bürgerlicher Freiheit mit despotischer Härte unterdrückte, sank fortan von der Höhe seiner Macht unaufhaltsam herab, während das protestantische England zu einer meerbeherrschenden Weltmacht sich entwickelte, durch Handel und Gewerbfleiß immer wohlhabender ward. Zu diesem mächtigen Aufschwung gelangte es durch die weise Politik der Königin Elisabeth, deren lange 45jährige Regierung eine ruhmreiche und gesegnete war; sie hat England in der That groß gemacht.

Die „jungfräuliche" Königin, wie sie sich gern nennen ließ, starb am 3. April 1603, siebzig Jahre alt. Ihr nächster Erbe (von ihr selbst als Nachfolger bezeichnet) war König Jakob VI. von Schottland, der Sohn der Maria Stuart und des Henry Darnley. Mit ihm gelangten nun die Stuarts auf den englischen Thron; England und Schottland bildeten fortan ein Königreich „Großbritannien", und der schottische König nahm nun als Jakob I. in London seinen Regierungssitz, von den Engländern ohne Widerrede anerkannt, da er protestantisch war.

Er hatte eine gelehrte Bildung gewonnen, war aber ohne Thatkraft und als Regent seiner großen Vorgängerin in keiner Weise gewachsen. Schwach und eitel unterdrückte er die protestantische Sekte der Presbyterianer, weil diese eine sehr freimütige Sprache führten; die englische Episkopalkirche, die mit ihrer bischöflichen Verfassung der katholischen Kirche näher stand, sagte ihm mehr zu, weil sie ihm zu der unbeschränkten Königsgewalt, die er anstrebte, besser zu passen schien. Das war aber wieder den englischen Katholiken nicht recht, die von ihm größere Begünstigung erwartet hatten und sich bald in ihren Hoffnungen getäuscht sahen. Da er, anstatt ihnen dienstbar zu werden, sie sogar streng behandelte, verschworen sich eine Anzahl der katholischen Hitzköpfe — die Hauptanstifter waren Catesby, Percy, Wright, Winter und besonders Guy Fawkes (spr. Fahks) — den König und das ganze Parlament in die Luft zu sprengen. Eifrig schürten die Jesuiten. Die Verschwörer mieteten ein Haus, das an das Parlamentsgebäude stieß, durchbrachen die 9 Fuß dicke Grundmauer und gelangten so in den Keller des Parlamentshauses, in den sie 36 Fässer Pulver brachten. Am 5. November 1605 sollte der König in Person das Parlament eröffnen, und da wollte man dann die ganze Versammlung in die Luft sprengen.

Einer der Teilnehmer an diesem verruchten Mordplan wollte doch aber seinen Schwager, den Lord Monteagle (spr. Montigel) vom sicheren Tode retten; er schrieb ihm einen namenlosen Brief, worin auf ein bevorstehendes schreckliches Ereignis hingedeutet und ihm der Rat erteilt ward, der nächsten Parlamentssitzung nicht beizuwohnen. Der Lord trug diesen Brief zu den Ministern des Königs, die sich darob den Kopf zerbrachen, ohne zu einem Entschluß zu gelangen. Nun legten sie ihn dem Könige vor, der diesmal sogleich das Richtige traf: man könne möglicherweise das Parlamentsgebäude unterminiert haben. Alsbald ward eine Untersuchung vorgenommen, und da fanden sich denn im Keller die Pulverfässer, mit großen Steinen, Holz und Reisig verdeckt. Die Verschwörer ergriffen die Flucht; mehrere aber und namentlich das Haupt derselben, Guy Fawkes, wurden eingefangen, gehenkt und geviertelt. Auch der Jesuit Garnet befand sich unter den Hingerichteten, wurde jedoch später wegen seines „heiligen Eifers" vom Papst heilig gesprochen.

Der Schlag, der den Protestantismus treffen und womöglich vernichten sollte, war vereitelt; der Protestantismus aber befestigte sich in England wie in Schottland.

B.

III. Das Blutbad zu Stockholm. Gustav Wasa.

1.

Die Königin Margareta von Dänemark hatte im Jahre 1397 durch einen Vertrag, der in der Geschichte den Namen der kalmarischen Union führt, die drei nordischen Reiche Dänemark, Schweden und Norwegen unter einem einzigen Oberhaupte vereinigt, doch so, daß jedes dieser Reiche seine eigenen Rechte und Freiheiten behielt. Allein auf Margaretens Nachfolgern ruhte nicht der Geist dieser großen Fürstin, vielmehr entzündeten sie durch ihre Tyrannei gegen die Schweden eine Reihe der blutigsten Kriege und einen unaussprechlichen Haß zwischen beiden Völkern. Besonders aber war es zu Anfange des 16. Jahrhunderts Christian II., der mit vollem Rechte seiner Grausamkeit wegen die Nero des Nordens genannt ward, unter welchem die Bedrückungen des Schwedenvolkes den höchsten Grad erreichten, zugleich aber auch die Erbitterung desselben. Diese gebar endlich den Entschluß, sich mit Gewalt der Tyrannei zu entledigen, und indem die Schweden Sten Sture, den Edelsten aus ihrer Mitte, zum Vorsteher ihres Reiches wählten, begannen sie den Kampf gegen das damals übermächtige Dänemark. So glücklich aber auch dieser Kampf begann, so unselig endete er, und mit dem Falle des hochherzigen Sten Sture ging die Hoffnung der Schweden zu Grabe, jetzt ihre Unabhängigkeit zu erringen. Christian ward nun von ihnen als rechtmäßiger König anerkannt, doch mußte er vorher ausdrücklich und eidlich geloben, in keinem Stücke die Freiheiten und Rechte der Schweden, die ihnen von der großen Margareta durch die kalmarische Union verbürgt worden waren, zu kränken.

Im Spätherbste des Jahres 1520 verließ nun Christian seine Residenz Kopenhagen, um sich in Stockholm die schwedische Königskrone aufsetzen zu lassen. Seine Gemahlin und der größte Teil des Hofstaates begleiteten ihn; unter dem letztern befanden sich zwei der gefährlichsten Ratgeber des Königs, die sein ganzes Vertrauen besaßen. Diese waren Dietrich Slaghäk, damals Christians Beichtvater, nachheriger Erzbischof von Lund, der von dem geringen Stande eines Barbiergesellen bis zur höchsten geistlichen Würde in Dänemark emporstieg, und Baldenake, der Bischof von Odense, zwei Män-

ner, die den meisten Anteil an den Grausamkeiten hatten, welche die Regie=
rung Christians II. schändeten.

Die Einwohner von Stockholm ahnten keineswegs das Unglück, welches
ihnen bevorstand; sie dachten nur vielmehr darauf, wie sie ihren neuen
Herrscher, der in der That einige recht liebenswürdige persönliche Eigen=
schaften besaß, würdig empfangen und sein Krönungsfest recht feierlich be=
gehen möchten. Das erste, was der König nach seiner Ankunft in Stockholm
unternahm, war, daß er die vornehmsten schwedischen Reichsräte versammelte,
um sie eine Urkunde, eine sogenannte Wahlakte, unterschreiben zu lassen, wo=
durch sie bekannten, daß Christian II. durch die einstimmige Wahl des Volkes
auf den schwedischen Königsthron berufen worden sei. Zwei Tage darauf
versammelte man die Bürger der Hauptstadt; allein der König, der ihnen
nicht traute, trug zugleich Sorge dafür, den Versammlungsort in einiger
Entfernung mit seinen Soldaten zu umringen. Darauf trat auf der eigens
dazu eingerichteten Bühne der dänische Bischof Baldenake auf, suchte in einer
langen Rede zu beweisen, daß Christian II., König von Dänemark, auch zu=
gleich Erbkönig des schwedischen Reiches sei, und fragte endlich das versam=
melte Volk, ob es geneigt sei, ihn als seinen Regenten anzuerkennen? Nie=
mand wagte, da die Nähe der dänischen Truppen allen Mut und Wider=
stand erstickte, ein Wort dagegen zu sagen; alle leisteten den Eid der Treue
und die Feierlichkeit endete damit, daß der dänische Bischof Christian II. zum
König von Schweden ausrief.

2.

Der Krönungstag war indessen herbeigekommen, und selbst die Feier=
lichkeiten desselben entweihte Christian durch die Verachtung, die er nun un=
verhohlen gegen seine neuen Unterthanen an den Tag zu legen strebte. Bei
dem Krönungszuge selbst wurden die Zeichen der Herrschaft über Schweden,
die Krone, das Scepter, der Reichsapfel und das Schwert nicht von Ein=
geborenen des Landes, sondern von Fremdlingen, den feindlich gesinnten
Dänen, getragen, und eine große Anzahl Ausländer, mit Ausschließung aller
Schweden, zu Rittern geschlagen. Die Absicht Christians ging unverhohlen
dahin, das neue Königreich, das er mehr durch die Künste und Ränke seiner
Staatsmänner, als durch die Gewalt der Waffen für sich gewonnen hatte,
als ein gehaßter und gefürchteter Tyrann zu beherrschen. Der nächste Schritt
zu diesem schändlichen Ziel war die Ausrottung der vornehmsten schwedischen
Familien, deren Ansehen und Einfluß seinen Absichten leicht hätte in den
Weg treten können. Der Untergang der Edelsten des schwedischen Reichs
war also im Blutrate des nordischen Nero beschlossen, und man beratschlagte
nur noch über die Art und Weise, wie man denselben herbeiführen und zu=
gleich durch einen schicklichen Vorwand vor den Augen der Welt rechtfertigen
möchte. Nach langem Überlegen machte nun Slaghäk, der uns bereits be=
kannte Beichtvater des Königs, einen Vorschlag, welcher sofort allgemeinen
Beifall erhielt. Dieser hinterlistige, verschlagene Mann gab nämlich den Rat,
die Religion zum Deckmantel des königlichen Blutdurstes zu benutzen. Der

König, so meinte er, habe ja nicht bloß für sich, sondern auch für den Papst gegen die ketzerischen Schweden gestritten; als König könne er sein Wort halten und seinen Gegnern verzeihen; als Vollzieher des päpstlichen Bannes aber sei es seine Pflicht, sie zur Verantwortung und Strafe zu ziehen. Einer derjenigen, welche diesem schändlichen Vorschlage den meisten Beifall gaben, war der dänische Bischof Trolle, einer der grimmigsten Feinde der Schweden. Er hatte nämlich früher danach gestrebt, Reichsvorsteher in Schweden zu werden, allein die Schweden lehnten nicht nur seine Wahl aufs entschiedenste ab, sondern er wurde auch von ihnen, als er zum Erzbischof ernannt worden war, dieser Würde wieder entsetzt. Seitdem hatte er den Schweden blutige Rache geschworen, und jetzt erbot er sich sogar, in dem Blutrate die Stelle eines Anklägers zu übernehmen.

Noch waren die Gastmahle, die zur Verherrlichung der Krönungsfeierlichkeiten dienen sollten, nicht geendigt, als das Gericht eingesetzt ward, dessen blutige Entscheidungen Schweden seiner edelsten Männer berauben sollten. Vor demselben, welches, allen Gesetzen des Reichs zuwider, aus lauter Dänen bestand, erschien nun der elende Trolle mit seiner nichtswürdigen Anklage in allem Glanze seiner bischöflichen Würde, von den vornehmsten Priestern, seinen Verwandten, Freunden und Günstlingen begleitet. Der König selbst war am Gerichtstage bei der Sitzung gegenwärtig, um sich an dem traurigen Zustande seiner vormaligen Feinde zu ergötzen. Mit der diesem Tyrannen eigentümlichen Heuchelei lehnte er das Richteramt von sich ab und übergab die Entscheidung den beiden dänischen Prälaten, welche, wie er sagte, durch die päpstliche Bulle völlig dazu ermächtigt wären. Trolle sprach nun seine Anklage aus gegen die Gemahlin des edlen Reichsvorstehers Sten Sture, gegen den Reichsrat und gegen den ganzen Rat von Stockholm, und seine Beschuldigung lautete dahin, daß man ihn seiner Würde entsetzt und das Schloß Stäke, das Erbteil der Kirche, hätte schleifen lassen. Die Witwe Sten Stures, die edle Christina, ward zuerst aufgefordert, um für das Betragen ihres verstorbenen Gemahls Rede zu stehen, ein Verlangen, welches deutlich zeigt, mit welch nichtigen Vorwänden der königliche Tyrann und seine Helfershelfer ihre Blutgier zu beschönigen suchten. Die unglückliche Christina hatte bei der unerwarteten Wendung der Dinge ganz ihren Mut verloren, den sie bei der heldenmütigen Verteidigung Stockholms gegen die Dänen früher so glänzend an den Tag gelegt hatte. Sie erinnerte den König an seinen Vertrag, an seinen geleisteten Eid und ließ sich endlich sogar herab, dem Tyrannen ihre verlassene Lage zu schildern und ihn um sein Mitleid zu bitten. Allein dies alles vermochte weder das Ehrgefühl, noch die Menschlichkeit in Christians Brust rege zu machen, und kalt erteilte er die Antwort, wie er nichts zu entscheiden vermöge, sondern das Urteil seinen Bischöfen überlassen müsse. Dieses Urteil, gesprochen von blutgieriger Herrschsucht, von der Ungerechtigkeit, der Eidbrüchigkeit selbst, lautete also: „Alle Reichsstände, die durch ihr Verfahren gegen den Erzbischof Trolle den Bannfluch auf sich geladen, müßten als Ketzer sterben.“ Kaum war dieser entsetzliche Spruch erschollen, als die königliche Leibwache in den Gerichtssaal stürzte und sich der Unglücklichen bemächtigte, welche er als Opfer bezeichnet hatte. Man hielt sie als Gefangene auf dem Schlosse zurück, um sie von hier auf geradem Wege zum Richtplatze zu schleppen. Die Anstalten zur Hinrichtung wurden mit einer beispiellosen Eile betrieben, damit außer den Bewohnern der Hauptstadt das übrige schwedische Volk nicht früh genug erfahren sollte, welches entsetzliche Schicksal seinen Edelsten bevorstehe, um gewaltsame Versuche zu ihrer Befreiung machen zu können. Auf allen öffentlichen Plätzen der Stadt wurden Galgen errichtet, und so sehr eilte der königliche Henker mit seinen Helfershelfern in der Vollstreckung des Bluturteils, daß den Verurteilten sogar der letzte Genuß des heiligen Abendmahls versagt wurde.

3.

Der 8. November des Jahres 1520 war der verhängnisvolle Tag, der für immer der blutigste und entsetzlichste in den Jahrbüchern der schwedischen Geschichte bleiben sollte. Kaum begann er zu grauen, als dänische Herolde unter Trompetenschall bekannt machten, daß niemand bei Todesstrafe die Stadt verlassen sollte. Alle Thore und Straßen waren mit dänischen Truppen besetzt, und auf den öffentlichen Plätzen drohte das Geschütz mit seinen ehernen Schlünden. Den Bürgern wurde unter Androhung der Todesstrafe angekündigt, daß sie ihre Thüren verschließen und die Häuser nicht verlassen sollten, ein Befehl, welcher der Gefahr ungeachtet doch keineswegs erfüllt wurde, denn das Volk füllte die Straßen und harrte in banger Erwartung der Dinge, die da kommen sollten. Es umringte in dichten Haufen das Schloß, in welchem die Opfer der Thrannei gefangen gehalten wurden, und wer beschreibt das allgemeine Entsetzen, als die Pforten desselben sich öffneten und die edelsten Männer des Landes Paar für Paar heraustraten, umringt von Henkern und Häschern, alle in den Prunkkleidungen, wie sie sich zwei Tage zuvor aufs Schloß begeben hatten. Umsonst machten einige entschlossene Bürger einen Versuch zu ihrer Befreiung, er scheiterte an der Wachsamkeit und dem entschlossenen Widerstande der dänischen Truppen, die alle Straßen mit ihren undurchdringlichen Reihen erfüllten.

Und weiter bewegte sich der schaudervolle Zug zum Richtplatz. Es waren 94 Personen, die durch Geburt, Erziehung, Ehrenstellen, Einsicht und Tugenden ausgezeichnetsten Männer eines ganzen Königreichs; die größten Reichsbeamten, die Reichsräte, zwei Bischöfe, die Vornehmsten der Ritterschaft, die Bürgermeister und der ganze Rat von Stockholm. Die Bischöfe trugen ihren vollen Ornat, die Reichsräte und Magistratspersonen ihre Amtskleidung nebst den übrigen Zeichen ihrer Würde. Mit der Ruhe und Würde der Unschuld gingen die Verurteilten ihren entsetzlichen Weg, aber in dem versammelten Volke erscholl gellender Jammer, lautes Wehklagen, das selbst die Wut der dänischen Soldaten, welche die Trauernden ohne Unterschied des Alters und Geschlechtes niedermetzelten, nicht zu stillen vermochte. Matthias Lilie, der Bischof von Stregnäs, sollte zum Danke dafür, daß er sich zuerst den dänischen Truppen unterworfen hatte, auch jetzt die Reihen der

Schlachtopfer eröffnen. Umsonst suchten mehrere der Verurteilten Reden an das Volk zu halten, die Schweden zur Rache für das vergossene Blut aufzurufen, die dänischen Soldaten machten den erhaltenen Befehlen zufolge ein solches Geräusch mit ihren Waffen, daß man nur wenig von diesen Reden verstehen konnte. Unter den weltlichen Räten, deren Häupter nun unter dem Beile des Henkers fielen, befand sich auch Erich Johanson, der Vater Gustav Wasas. Nach den Reichsräten und Rittern wurden die Bürgermeister und Ratsherren, 16 an der Zahl, enthauptet. Das Blut rann in Strömen von dem schrecklichen Gerüste herab auf den Markt und in die anstoßenden Gassen. Und fort und fort tönte das Jammergeschrei des unglücklichen Volkes, und abermals mordeten die dänischen Soldaten, zur Vergeltung für das Mitleid. Andere Henker beschäftigten sich indes damit, an den ringsumher errichteten Galgen eine Menge Bürger, Anhänger der Verurteilten und andere nicht dänisch gesinnte Einwohner der Hauptstadt ohne weitere Umstände aufzuknüpfen. Der Ritter Mäns Jönson, der die Festung Kalmar mit größtem Heldenmute verteidigt hatte, ward gekreuzigt und sein toter Körper von Pferden in Stücke zerrissen. Noch vom Kreuze herab munterte er das Volk zur Rache auf und verstummte erst, als ihm die Henker das Herz aus dem Leibe rissen.

Sich an dem scheußlichen Anblicke zu weiden, ging der Tyrann auf dem Markt umher und achtete es nicht, daß ringsum das Blut seine Füße umspielte und seine Kleidung befleckte, ein würdiger Schmuck für den Nero des Nordens. Bei Todesstrafe verbot er, einen der Gemordeten zu begraben oder wegzunehmen, selbst der schon halbverweste Leichnam des Reichsvorstehers Sture ward auf seinen Befehl wieder ausgegraben und zu den übrigen verstümmelten Körpern geworfen. So lagen die Leichen zwei Tage und Nächte auf dem Marktplatz, den Hunden und Vögeln zum Raube, und erst am dritten Tage, als der Schaudergeruch der Verwesung die Stadt zu verpesten begann, erschien der königliche Befehl, sie vor der Stadt auf einem mit Teer und Pech angefüllten Scheiterhaufen zu verbrennen.

Noch war es mehreren angesehenen Schweden gelungen, sich vor der blutigen Verfolgung verborgen zu halten. Um auch dieser habhaft zu werden, ließ Christian alle Häuser der Hauptstadt von seinen kriegerischen Henkern durchsuchen. Ganz dem Geiste ihres Herrn getreu, verübten die Verwilderten dabei die größten Gewaltthätigkeiten und Grausamkeiten, raubten und plünderten, und unter ihrem Mordstahle verhauchte mancher unglückliche Hausvater in den Armen seiner Gattin und Kinder sein Leben. Dennoch war es mehreren Gegnern des Tyrannen gelungen, dem entsetzlichen Schicksale durch die Flucht zu entgehen. Um sie zur Rückkehr zu bewegen, ließ Christian II. öffentlich bekannt machen, daß nun alles vergessen und vergeben sein, das Morden ein Ende haben sollte. Und in der That waren manche unbesonnen genug, einem Fürsten zu trauen, der hinlänglich bewiesen hatte, wie wenig ihm die heiligsten Versicherungen, die teuersten Eidschwüre galten. Kaum zeigten sich nämlich die Unglücklichen, so wurden sie festgenommen und ohne weitere Umstände niedergehauen. Diejenigen, welche man auf den Landstraßen antraf, wurden von den Pferden gerissen und an den nächsten Galgen aufgeknüpft. Die edle Christina mußte mit Ketten belastet nach Dänemark in ein ewiges Gefängnis wandern, der ausgegrabene Leichnam ihres Gemahls ward zerstückelt, die Glieder im Lande umhergeschickt und der Rest verbrannt. Noch immer aber war der Blutdurst des Tyrannen nicht gestillt. Er reiste nun selbst im Lande umher, nicht um die Huldigungen seiner Unterthanen zu empfangen, sondern sich ihnen als ein Schreckensbild zu zeigen. In allen Städten, wohin er kam, wurden Galgen errichtet, und diejenigen daran aufgeknüpft, die nicht blindlings seinem Willen sich unterwarfen oder durch Freimütigkeit in Wort und That sein Mißfallen auf sich geladen hatten. Mit dem tödlichsten Hasse aber verfolgte er die Familie Ribbing, eines der edelsten schwedischen Grafengeschlechter, und suchte alle männlichen Zweige dieses Namens auf, um ihn ganz von der Erde zu vertilgen. In Jönköping fand er zwei Knaben dieser Familie, und sein Blutbefehl sprach ihren martervollen Tod aus. Die unschuldigen Kinder wurden durch Stricke bei den Haaren in die Höhe gezogen und ihnen dann das Haupt abgeschlagen. Selbst den mordgewohnten Henker rührte die Unschuld dieser Knaben bei der Marter so tief, daß er sein Schwert wegwarf und seines Amtes sich weigerte. Allein schnell ersetzte ein größerer Unmensch seine Stelle, und mit den Häuptern der unschuldigen Kinder fiel auch zugleich, auf Christians ausdrücklichen Befehl, der Kopf des mitleidigen Henkers.

Nimmer wollte es dem Tyrannen heimisch in dem Schwedenlande werden, darum kehrte er bald darauf, belastet mit dem Fluche des Volkes, nach Kopenhagen zurück, nicht ohne Statthalter zurückzulassen, die in seinem Geiste das unglückliche Land zu mißhandeln angewiesen und fähig waren.

4.

Indes lebte Gustav Wasa zu Rafnäs ganz in der Verborgenheit, um den Nachstellungen der Mörder zu entgehen.

Dieser Held, ein Abkömmling der alten Könige von Schweden, ward im Jahre 1490 geboren. Sein Vater und der hochgefeierte Sture gaben ihm die beste Erziehung, und auf der Universität Upsala erwarb er sich für die damalige Zeit sehr ausgebreitete Kenntnisse, und besonders jene große Beredsamkeit, die ihn bei seinen nachherigen Unternehmungen mit so glänzendem Erfolge unterstützte. Als der Krieg gegen Dänemark ausbrach, trat Gustav Wasa in die Reihen der Krieger und gab da glänzende Proben seiner Vaterlandsliebe, wie seines Mutes. Als Christian II. bei einer friedlichen Zusammenkunft mit dem schwedischen Reichsvorsteher Geiseln zu seiner Sicherheit verlangte, befand sich auch Gustav Wasa unter diesen, und treulos, wie er stets gewesen, teuflisch erfreut über den glücklichen Fang, ließ der eidbrüchige König den Jüngling in engen Gewahrsam auf das dänische Schloß Kalloe bringen. Diesem gelang es jedoch, die Wachsamkeit seiner Hüter zu täuschen und in Bauernkleidern aus dem Schlosse zu entfliehen. Zwei Tage lang setzte er die beschwerliche Reise auf unbekannten und ungebahnten Wegen fort und erblickte endlich die Türme von Flensburg. Hier gewahrte er auf

der Landstraße mehrere deutsche Kaufleute, welche mit den in Dänemark er=
handelten Ochsen nach ihrem Vaterlande zurückkehrten. Nur auf vieles Bitten
gewährten es diese dem Nachkommen eines königlichen Geschlechts, daß er sich
ihrem Zuge als Viehtreiber anschließen durfte, und in dieser Verkleidung
kam er endlich glücklich im September 1519 in Lübeck an. Diese Stadt,
schon damals dem mächtigen Bunde der Hansa angehörig, war immer ein
Gegenstand der Feindschaft und des Neides ihrer dänischen Nachbarn ge=
wesen, und darum hoffte Gustav Wasa hier Schutz vor den Verfolgungen
seines Todfeindes zu finden. Er erschien alsbald in der Versammlung des
Rates, seine Bitte um Schutz vorzutragen; gleichzeitig war aber auch sein
Vetter Banner, der sich für Gustav verbürgt hatte, nach Lübeck gekommen,
dessen Auslieferung zu verlangen, und wurde dabei nicht wenig durch ein
Schreiben des Königs von Dänemark unterstützt. Unentschlossen schwankten
die Räte der Stadt hin und her, allmählich aber begann die Furcht vor der
Rache des mächtigen Nachbarkönigs die Oberhand zu gewinnen, und schon
beschloß die Mehrzahl, den flüchtigen Jüngling an seinen Verderber aus=
zuliefern, als der Bürgermeister Bröm, ein Mann von seltener Klugheit und
Umsicht, entschlossen auftrat und bewies, wie schimpflich es für eine deutsche
Stadt sei, einem so edlen, so ungerecht verfolgten Flüchtlinge den begehrten
Schutz zu versagen; wie es dem Senate vielmehr daran gelegen sein müsse,
Gustav Wasa nicht nur sicher in sein Vaterland zu geleiten, sondern auch
mit Geld und Kriegern zu unterstützen. Um nicht geradezu gegen Dänemark
sich feindlich zu erklären, beförderte man nun im geheimen Gustavs Abreise;
der Jüngling bestieg ein Kauffahrteischiff und langte im Mai 1520 glücklich
in seinem Vaterlande an. Noch war Kalmar, die zweite Stadt des Reiches,
in den Händen der Schweden. Dorthin nahm Gustav seinen Weg, gab sich
den Kriegern zu erkennen und ermunterte sie zur standhaften Gegenwehr.
Allein seine hochherzige Rede verhallte nutzlos vor den Ohren eines Befehls=
habers, welcher nur darauf bedacht war, unter den vorteilhaftesten Be=
dingungen für seine Person die Stadt den Dänen zu überliefern, vor den
Ohren der deutschen Mietsoldaten, aus denen zum größten Teil die Besatzung
bestand, welche in Gustav nur einen hilflosen Flüchtling und Abenteurer er=
blickten. Und als der Jüngling dennoch in seinen Vorstellungen fortfuhr,
umringten ihn die Krieger mit feindseligen Mienen und drohten, ihn um=
zubringen oder an die Dänen auszuliefern, wenn er nicht sogleich die Stadt
und deren Umgegend verlassen würde. Abermals sah sich also Gustav zur
Flucht genötigt, und er hatte von Glück zu sagen, daß er, den ihm überall
nachspürenden Feinden entronnen, endlich die Stadt Rafnäs in Süderman=
land erreichte.

5.

Hier gelangte nun zu seinen Ohren die Nachricht von den Greuelscenen
in der Hauptstadt, durch welche er seiner Eltern, aller seiner Verwandten
und Freunde auf eine so entsetzliche Art beraubt worden war. Zugleich ward
ihm kund, daß seine Verfolger von seinem Aufenthalte in Schweden unter=

richtet wären; überall suchte man fortwährend mit verdoppeltem Eifer nach ihm, auf seinen Kopf war eine große Summe gesetzt und denjenigen der gewisse Tod angedroht worden, welche den Flüchtling verbergen würden.

Wiederum mußte der Arme seinen Zufluchtsort verlassen und sein Leben dem flüchtigen Umherirren anvertrauen. Sein Entschluß war, im Norden des Landes die Thäler aufzusuchen, welche die Dalekarlier, zu deutsch: die Thalmänner, ein biederer, tapferer Volksstamm, bewohnten. Hier, in der Mitte dieser braven Männer, die seit den ältesten Zeiten durch tapfere Thaten ihren Mut und ihre Vaterlandsliebe bewährt hatten, glaubte der Flüchtling nicht nur Schutz, sondern auch gewaffnete Unterstützung gegen die Bedrückungen zu finden. Aber der Weg in jene Thäler war weit, noch manches Ungemach, noch manche Gefahr mußte er überstehen, ehe er dahin gelangte. Von einem einzigen Diener begleitet, trat er die schicksalsvolle Reise an, und schon beim Beginn derselben verließ ihn eben dieser Diener auf die treuloseste Weise, indem er mit dem ganzen ihm von seinem Herrn anvertrauten Gepäcke davon ging. Wütend darüber setzte Gustav, der dadurch alles seines Geldes, aller seiner bisher geretteten Kostbarkeiten und Habseligkeiten beraubt war, eine Strecke nach, allein bald ermattete sein Pferd, und er sah sich genötigt, nur auf seine Rettung bedacht zu sein. Zu diesem Zwecke ließ er sein Pferd mit dem darauf befindlichen Gepäcke in Stich, um seine Verfolger glauben zu machen, daß er ermordet worden sei. Dann warf er alle seine Kleider, die seinen wahren Stand hätten verraten können, von sich, legte einen groben Kittel an, schnitt seine Haare kurz ab, setzte einen runden Filz auf den Kopf und ging nun als Tagelöhner umher, um vor den Thüren der Landleute um Arbeit und Unterhalt zu bitten. Mehrere Tage lang irrte er so ohne Geld, ohne Gefährten, von allen Menschen verlassen, fast ohne Hoffnung in unwirtbaren Wäldern und Gebirgen umher und kam endlich nach Fahlun, wo er als Handlanger in den Kupferbergwerken seinen armseligen Unterhalt erwarb. Allein des unterirdischen Aufenthaltes ungewohnt, begann seine Gesundheit zu wanken, und bald sah er sich genötigt, wieder auf die Oberfläche der Erde zurückzukehren, um dort durch die Arbeit seiner Hände das kümmerliche Leben zu fristen. Endlich gelang es ihm, auf einem Edelhofe als Drescher Arbeit zu erhalten; so sehr er jedoch bemüht war, seinen Mitarbeitern seinen Stand zu verbergen, so fanden sie doch vieles in seinem Wesen, was damit nicht übereinstimmte, und sie versäumten nicht, ihrem Herrn Nachricht davon zu bringen. Dieser ließ ihn kommen und erkannte ihn leicht, da er zu gleicher Zeit mit ihm in Upsala gewesen; allein nimmer war er zu bewegen, sich des bedrängten Vaterlandes anzunehmen, nicht einmal getraute sich der Feige, seinem Gastfreunde längeren Schutz zu gewähren, und so sah sich Gustav abermals genötigt, weiter in das Gebirge zu flüchten.

Unter mannigfachen Gefahren und Beschwerden, mit welchen die Strenge der Jahreszeit in diesen unwirtbaren Gegenden sein Leben bedrohte, erreichte Gustav einen andern Edelhof, dessen Besitzer, Arend Peterson, ihn als einen ehemaligen Waffengefährten sofort erkannte und mit offenen Armen empfing. Allein Peterson war ein Bösewicht, der unter der Larve der Freundschaft die Tücke des Verräters barg und alsbald in seinem habsüchtigen Gemüte beschloß, den Flüchtling auszuliefern, um die darauf gesetzte Belohnung zu gewinnen. Unter dem Vorwande, die Nachbarn dem Unternehmen Gustavs geneigt zu machen, reiste er ab; allein sein Weg ging zum nächsten dänischen Befehlshaber, dem er alles meldete. Sofort wurden 20 dänische Soldaten abgesendet, sich des Flüchtlings zu bemächtigen, und der letzte Sprößling des alten schwedischen Königsstammes wäre ohne Rettung verloren gewesen, hätte nicht Petersons Gattin, den Verrat des Elenden zu sühnen, Gustav zur schnellen Flucht getrieben, ihn selbst dazu mit Pferd und Schlitten versehen. Als die Häscher auf dem Edelhofe anlangten, war der Flüchtling schon einige Meilen fern, neuem Umherirren preisgegeben. Im Dorfe Scerdson traf er einen ihm ebenfalls von der Universität her bekannten Pfarrer, der, um die immer heftiger werdenden Nachstellungen zu täuschen, ihn eine Woche lang in seiner Kirche einschloß und ihn dann zu einem Bauer brachte, welcher durch seine Klugheit und Entschlossenheit der endliche Retter und Befreier Gustavs aus den Gefahren seiner Flucht wurde.

6.

Dieser Landmann, Namens Siren Nilson, besaß ein kleines Gut im Dorfe Isala und erbot sich mit Freuden, alles daran zu wagen, Gustav Wasa den Nachstellungen seiner Verfolger zu entziehen. Um sie zu täuschen, nahm er ihn als seinen Knecht an, und Gustav war ganz in der Tracht der gemeinen Landleute gekleidet. Eben befand sich der letztere in der Stube des braven Nilson, als plötzlich an die Hofthüre geschlagen wurde, mehrere dänische Reiter Einlaß begehrten und endlich, um sich nach dem Flüchtlinge zu erkundigen, auch in die Stube traten. Um die Aufmerksamkeit derselben von dem vermeintlichen Knechte abzulenken, auch um ihn mit einer guten Art aus den argwöhnischen Augen der Späher zu entfernen, schalt Nilsons Weib wacker auf Gustav, nannte ihn einen Müßiggänger, gab ihm mit dem Spaten einen derben Schlag auf den Rücken und trieb ihn endlich so zur Thüre hinaus. Glücklich durch dieses eben so listige als entschlossene Benehmen der wackeren Bäuerin getäuscht, entfernten sich die Reiter. Allein man sah nun ein, wie sehr ein längerer Aufenthalt in Isala Gustavs Sicherheit gefährden würde, und darum beschloß Nilson, seinen Schützling nach dem Dorfe Stättwick zu bringen, wo er durch die Gastfreiheit und den Mut der Dalekarlier vor allen weitern Verfolgungen hinlänglich geschützt war. Die Gefahr der Reise dahin war nicht die kleinste unter denen, die Gustav Wasa bisher so glücklich bestanden hatte. Die Dänen hatten nämlich alle Pässe und Brücken mit Reitern besetzt, und einzelne Scharen derselben zogen auf den Straßen hin und wieder, jeden Verdächtigen anzuhalten und zu untersuchen. Man mußte daher suchen, den Flüchtigen auf irgend eine Weise diesen Aufpassern unsichtbar zu machen, und Nilson wußte dies zu bewerkstelligen, indem er seinen Schützling in einem mit Stroh angefüllten Wagen verbarg. Auch dieser Wagen wurde angehalten, als Nilson, der die Pferde selbst leitete, eine der Brücken erreicht hatte. Die dänischen Krieger, die nicht

mit Unrecht etwas Geheimnisvolles, Verdächtiges in den sonderbar auf=
gehäuften Strohbündeln vermuteten, stachen mit ihren Lanzen hinein, und
einer dieser Stöße traf tief verwundend den Schenkel des Versteckten. Allein
selbst der heftige Schmerz war nicht vermögend, ihm auch nur einen einzigen
Wehlaut auszupressen; der Wagen kam den Verfolgern aus dem Gesichte,
und Nilson eilte den Rücken des Gebirges zu erreichen. Allein fast hätte
noch das Blut, das aus der Wunde Gustavs durch den Wagen auf den
Schnee träufelte, ihn verraten; schon setzten die feindlichen Reiter, der Blut=
spur folgend, dem Wagen nach, und nur die Geistesgegenwart des braven
Landmannes vollbrachte das Werk der Rettung, indem Nilson schnell eines
seiner Pferde in den Fuß schnitt und so die Dänen glauben zu machen wußte,
die blutige Spur sei von der Verwundung des Tieres bewirkt worden.

7.

So gelang es Gustav Wasa, das Dorf Stättwick zu erreichen. Hier
ließ er sich seine Wunde verbinden, die zum Glück nicht gefährlich war, und
eilte dann nach der Kirche, wo eben alle Einwohner versammelt waren.
Ohne sich hier als den Nachkommen des alten schwedischen Königsgeschlechtes
zu erkennen zu geben, stellte er den braven Landleuten die Grausamkeiten
des Tyrannen dar; er zeigte ihnen, wie auch sie das Los, das in der
Hauptstadt die Edelsten des Landes dem Tode geweiht hatte, ereilen werde,
und ermunterte sie, mit den Waffen in der Hand das Joch der Unterdrücker
abzuwerfen. Und wirklich hatte sich auch der Held in seinem Vertrauen zu
diesen biedern Thalbewohnern keineswegs getäuscht. Beifallsruf erscholl von
allen Seiten, und zu Mora, dem größten und volkreichsten Thale Dalekar=
liens, fand Gustav Wasa noch thätigere Unterstützung. Bald sah er sich an
der Spitze von 3000 mutigen Männern, mit welchen er die Dänen angriff
und ihnen manchen empfindlichen Verlust zufügte. Aus allen Gegenden
strömten Krieger herbei, die Schmach des Vaterlandes an seinen Unterdrückern
zu rächen, täglich mehrte sich das kleine Heer und erfocht, an Anzahl endlich
dem dänischen gleich, unter seinem heldenmütigen Führer so entscheidende
Siege, daß Christian II. für immer die Hoffnung aufgeben mußte, die
Schweden unter sein Joch zu beugen. Vielmehr bestieg Gustav Wasa, der
Retter seines Vaterlandes, mit dem Gesamtwillen der ganzen Nation den
schwedischen Königsthron, führte bald darauf in seinem ganzen Reiche den
gereinigten Lehrbegriff Luthers ein und ward der Ahnherr einer Reihe von
hochbegabten und glücklichen Herrschern, die Schweden unter den europäischen
Staaten zu einer noch nie gekannten Höhe der Macht und des Ansehens
emporhoben.

IV. Die Bartholomäusnacht. Heinrich IV.

1. Die Hugenotten.

Zu der Zeit, als der Despotismus Philipps II. Spanien in Verfall brachte, ward Frankreich durch Religionskriege erschüttert. Auch in diesem Lande hatte die Reformation Wurzel gefaßt, und besonders durch Calvin war die reformierte Lehre verbreitet worden. Anfangs versammelten sich die Protestanten aus Furcht vor den Katholiken bei Nacht; besonders geschah solches in der Gegend von Tours. Da nun das Volk sich ein Märchen erzählte, der König Hugo spuke des Nachts in dortiger Gegend, so nannte man die Anhänger des neuen Glaubens spottweise Huguenots, Nachtgespenster.

Die Hugenotten wurden indes immer zahlreicher; selbst zwei königliche Prinzen aus dem Hause Bourbon, König Anton von Navarra (einem an der spanischen Grenze gelegenen Ländchen) und sein Bruder Herzog Ludwig von Condé bekannten sich öffentlich zur reformierten Kirche. Dagegen verfolgte eine andere herzogliche Familie, die Guisen, aus dem Hause Lothringen, die Hugenotten aus allen Kräften, und zum Unglück bemächtigte sich zu gleicher Zeit ein Weib der Regierung, welches, anstatt die Parteien zu versöhnen, nur Zwietracht am Hofe und im Lande nährte und einen entsetzlichen Bürgerkrieg erregte. Dieses Weib war eine Italienerin, Namens Katharina von Medici, die Witwe des französischen Königs Heinrich II., der in einem Turnier gefallen war. Die drei Söhne Heinrichs II., Franz, Karl und Heinrich, kamen schnell hintereinander zur Regierung, weil keiner lange lebte. Da die Prinzen so schwach waren, daß ihnen die Feste und ausschweifenden Lustbarkeiten des Hofes über alles gingen, das Regieren aber höchst gleichgültig war, so hatte ihre ränkevolle Mutter die beste Gelegenheit, ihren Willen geltend zu machen. In Gemeinschaft mit den Herzögen von Guise begann die Königin Mutter schon unter der kurzen Regierung ihres Sohnes Franz II. (des Gemahls der unglücklichen Maria Stuart) die Verfolgung der Hugenotten, denen durch ein königliches Edikt alle gottesdienstlichen Handlungen bei Lebensstrafe verboten wurden. Obschon keine Inquisition in Frankreich war, erfolgten doch zahlreiche Hinrichtungen; Leute von niedrigem Stande und die vornehmsten Männer starben auf dem Blutgerüste oder Scheiterhaufen, während man am Hofe von Vergnügen zu Vergnügen taumelte. Die Klagen und Beschwerden der Hugenotten auf den Reichstagen wurden nicht gehört. Da griffen, als eben der junge Karl IX. seinem frühverstorbenen Bruder Franz auf dem Throne folgte, die Hugenotten zu den Waffen, unter der Anführung des Prinzen Condé und des Admirals Coligny. Mehrere Jahre schon wütete der Bürgerkrieg; die einflußreichsten Anführer beider Parteien waren in der Schlacht oder durch Meuchelmord gefallen. Doch nun stellten sich der junge König Heinrich von Navarra und Prinz Condé an die Spitze ihrer Glaubensbrüder, und diese bekamen neuen Mut.

Heinrich war als Prinz von Béarn (an den Pyrenäen) in der reformierten Religion erzogen und von einer trefflichen Mutter gebildet. Sein Geist war lebendig und feurig, sein Körper gewandt und abgehärtet; seinem Herzen war Gottesfurcht und Liebe zu den Menschen eingeprägt. „Es ist besser, mit Ruhm zu sterben, als mit Unrecht zu siegen; ein Fürst herrscht zwar mit großer Macht über Völker und Länder, aber Gott behält doch die Oberhand über ihn," — das waren Sittensprüche, die er von Jugend auf in treuem Gedächtnis behielt.

2. Blutige Arglist der Katharina von Medici.

Nachdem die arglistige Katharina von Medici gesehen, daß auf dem Wege der Gewalt mit den Hugenotten nichts anzufangen sei, beschloß sie den Weg der List. Sie bot dem jungen Heinrich von Béarn ihre eigene Tochter Margareta von Valois zur Ehe, um zu verhüten, daß der Fürst nicht auf eine andere Verbindung dächte, die wider ihren Vorteil sei. Die verstellte Freundlichkeit schien so innig, daß auch Johanna, die kluge Königin von Navarra, traute und selbst nach Paris ging, wohin man sie höflichst ein= geladen hatte. Aber noch während der Zurüstung zur Hochzeit starb sie plötzlich, man sagt an vergifteten Handschuhen, denn in der Kunst des Gift= mischens war Katharina von Medicis sehr bewandert.

Am 17. August 1572 ward die Hochzeit des jungen Königs Heinrich von Navarra gefeiert, und das Fest hatte viel protestantische Adlige und An= gesehene nach Paris gezogen. Auch der Admiral Coligny war an den Hof berufen worden und hatte sich durch allerlei Schmeicheleien und Versprechun= gen so bethören lassen, daß er das Netz nicht sah, welches um ihn gezogen war. Schon war ein Meuchelmörder gedungen, dem Admiral in einem Hause aufzulauern, vor welchem er täglich vorüberging, wenn er vom Louvre (dem Schlosse des Königs) kam. Der Schuß ging richtig los, die Kugel dem alten Mann durch den rechten Arm und nahm dann den Zeigefinger der rechten Hand weg. Betroffen, doch nicht außer Fassung, sah sich Coligny um und zeigte seinen Begleitern die Fenstergardine, hinter welcher der Schuß hervorgekommen war. Da der Mörder aber die Vorsicht getroffen hatte, die Hausthür zu schließen, so gewann er Zeit genug, durch eine Hinterpforte zu entwischen.

Der Vorfall machte Aufsehen. Prinz Condé und Heinrich von Navarra eilten bestürzt zum Könige. Dieser schwört, daß der Vorfall ihn noch mehr als sie selber schmerze. Gleiche Schwüre thut er auch dem Admiral Coligny, den er auf der Stelle besucht. Dieser läßt sich wieder bethören und hört nicht auf die Warnungen seiner Freunde, die ihm raten, aus Paris zu fliehen. Die Königin Mutter aber beeilt sich nun desto mehr, ihren lange entworfenen Plan auszuführen. Sie läßt, da der Admiral selber um eine Leibwache gebeten hat, ein Garderegiment nach Paris kommen, und dasselbe rings um seine Wohnung in Quartier legen. Auch wird den benachbarten Katholiken befohlen, Hugenotten in ihre Wohnung aufzunehmen.

Die Königin hielt Rat mit ihren Vertrauten, und man kam überein, in einer Nacht die Häupter der Hugenotten nebst so vielen Gemeinen, als man deren habhaft werden könnte, zu ermorden. Der König erschrak anfangs; aber man wußte ihn zu überreden. Dem Marschall von Tavannes ward der Auftrag gegeben, die katholischen Bürger von allem zu unterrichten, und dem jungen Herzog von Guise, für Colignys Ermordung zu sorgen. Der Herzog wollte auch den König von Navarra und den Prinzen Condé auf die Liste setzen, aber man scheute sich doch, königliches Blut zu vergießen.

Tavannes ließ hierauf die Vorsteher der Bürgerschaft vor den König kommen und befahl ihnen im Namen desselben, ihre Kompanieen um Mitternacht vor dem Rathause zu versammeln. Als man ihnen vorläufig den Zweck dieser Verfügung kund that, erschraken sie aufs heftigste und entschuldigten sich mit ihrem Gewissen; aber Tavannes fuhr dergestalt mit Drohungen auf sie ein, daß sie bald aus Furcht mehr versprachen, als man verlangt hatte. Hierauf wurde ihnen gesagt, daß abends um 9 Uhr mit der Glocke im Louvre ein Zeichen gegeben werden sollte, worauf sogleich vor alle Fenster Fackeln gesteckt, auf alle Plätze und Kreuzwege Wachen gestellt und vor die Straßen Ketten gezogen werden sollten. Zur Unterscheidung von den Reformierten mußten die Katholiken während des Gemetzels ein weißes Tuch um den Arm und ein weißes Kreuz auf den Hüten tragen.

3. Colignys Ermordung.

Die Vorkehrungen zu diesem grauenvollen Überfall wurden mit so bewunderungswürdiger Verschwiegenheit getroffen, daß kein Reformierter etwas davon erfuhr. Einer der Häupter dieser Partei, der Graf von la Rochefoucauld, war noch spät bis gegen Abend bei dem Könige, der ihn wegen seines munteren Gesprächs liebte und ihn gern gerettet hätte, aber sich doch nicht getraute, ihm einen Wink zu geben. Alles, was er thun konnte, war, ihn zu bitten, diesen Abend bei ihm zu bleiben; da aber der Graf ein notwendiges Geschäft vorschützte und nicht bleiben wollte, mußte er ihn seinem Schicksale überlassen.

Jetzt ward es dunkel, und unter bangem Herzklopfen erwartete Karl IX. die bestimmte Stunde. Seine Mutter, die beständig um ihn blieb, sprach ihm Mut ein. Man mußte ihm aber doch noch den Befehl zum Läuten der Glocke im Louvre abnötigen. In der höchsten Unruhe eines Missethäters ging er hierauf aus seinem Kabinett in ein Vorzimmer des Louvre und sah zitternd zum Fenster hinaus. Seine Mutter und sein Bruder Heinrich von Anjou begleiteten ihn auch dahin. In der Angst, sagt man, wünschten sie alle den heillosen Befehl zurück, aber es war zu spät. Schon hatte das Blutbad begonnen. Der junge Guise und der Graf von Angoulème hatten gleich nach gehörtem Zeichen das Haus des Admirals mit 300 Geharnischten besetzt, im Namen des Königs das Thor zu öffnen befohlen und ein paar verwegene Kerle hinaufgeschickt. Diese stürmten wild die Treppe hinan, riefen: „Mord und Tod!" und drangen mit gezücktem Degen in des kranken Mannes Schlafzimmer. Er war gleich bei dem ersten Lärmen aufgestanden und stand mit dem Rücken an die Wand gelehnt, als die Mörder hereinstürzten. Einer derselben, ein Lothringer Namens Böhm, rief ihn an: „Bist du Coligny?" „Ich bin es," antwortete dieser mit gefaßter Miene. „Junger Mensch, habe Ehrfurcht vor meinen grauen Haaren." Aber jener stieß ihm den Degen in den Leib, zog ihn rauchend wieder heraus, hieb ihn ins Gesicht, in den Hals, in die Brust, so lange, bis der Unglückliche kein Zeichen des Lebens mehr von sich gab, und dann rief er zum Fenster hinaus: „Es ist geschehen!" Aber Guise schrie hinauf: „Der Graf von Angoulême will es nicht eher glauben, als bis er den Leichnam vor seinen Füßen sieht!" Die Söldlinge warfen den Leichnam zum Fenster hinab. Angoulême wischte ihm hierauf das Blut aus dem Gesicht, und da er sich überzeugt hatte, daß es der rechte sei, gab er ihm einen Tritt mit dem Fuße.

Auf das fürchterliche Geschrei, welches sich gleich nach dem Läuten der Glocke erhoben hatte, waren die Reformierten aus dem Schlafe erwacht und an die Fenster, ja vor die Thüren gestürzt, meist schlaftrunken, viele fast unbekleidet. Die, welche auf Colignys Wohnung zueilten, wurden von Guisens Geharnischten, die auf das Louvre losrannten, von des Königs Gardesoldaten mit Piken niedergestochen. Jetzt kamen auch die Bürgerpatrouillen mit ihren weißen Tüchern zum Vorschein und fielen nicht bloß über die Fliehenden her, sondern drangen auch in die Häuser ein und metzelten nieder, was sie erreichen konnten. Wirte stachen ihre Mietsleute, Dienstboten ihre reformierten Herrschaften über den Haufen. Welch eine Nacht! Während die eine Hälfte der Pariser racheschnaubend durch die Straßen lief oder röchelnd und winselnd niedersank, saß die andere Hälfte in Kammern, auf Böden und in Kellern und wagte kaum zu atmen, bis das Bedürfnis oder die Neugier sie doch hervorlockte und sie dann wie die andern niedergemacht wurden. Karl, so ängstlich er am Anfange des Blutbades gewesen war, geriet bald selbst in eine Art von Wut. Er rief selbst mehrere Male zum Fenster hinaus: tuez! tuez! Ja er schoß selber mit einer Flinte unter die Hugenotten, die über den Fluß setzen wollten. Guise rief laut durch alle Straßen, es sei des Königs Wille, daß diese ganze Natternbrut vertilgt werde, und den Tavannes machte die Mordlust sogar witzig. Er schrie unzähligemal: „Laßt Ader! Laßt Ader! Die Ärzte sagen, das Aderlassen sei im August so heilsam als im Mai!" Das alles munterte denn die katholischen Bürger so kräftig auf, daß sie Wunder der Unmenschlichkeit verrichteten. Ein Goldschmied, Namens Crucé, rühmte sich, mit seinem Arme allein 400 Ketzer niedergemacht zu haben. Viel Habsucht und Rachsucht war mit im Spiel, denn Schuldner stießen ihre Gläubiger nieder, gleichviel ob letztere katholisch oder protestantisch waren. So starb auch der berühmte Philosoph Petrus Ramus für seine Angriffe auf des Aristoteles Ansehen, von Professoren ermordet, die dem Aristoteles anhingen.

Der Tag brach an über diesen Greueln und beleuchtete die Spuren der fürchterlichen Menschenschlacht. Straßen und Häuser klebten von Blut; überall lagen verstümmelte Leichname oder noch zuckende Sterbende. Man mußte einen großen Teil derselben mit eisernen Haken in die Seine schleppen; es waren der Gemordeten über 3000. Das war die berüchtigte Bartholomäusnacht, vom 24. bis 25. August 1572, die, weil sie so schnell auf die Hochzeit Heinrichs von Navarra folgte, mit einem grausamen Scherz die Pariser Bluthochzeit genannt wurde.

Philipp II. von Spanien triumphierte und stellte Freudenfeste an; der Papst Gregor XIII. hielt sogar eine feierliche Danksagungsmesse, ließ Kanonen lösen und Freudenfeuer abbrennen und eine eigene Münze auf die Pariser Bluthochzeit schlagen. Nur die Engländer und Deutschen äußerten lebhaft ihren gerechten Abscheu über diese That. „Wollte Gott," schrieb der redliche Kaiser Maximilian II., „mein Tochtermann hätte mich um Rat gefragt, wollte ihm treulich als ein Vater geraten haben, daß er solches nimmermehr gethan hätte."

4. Heinrich IV.

Die Scenen der Hauptstadt wiederholten sich nun in den Provinzen; zu Lyon kamen 1300, in ganz Frankreich wohl 30 000 um. Heinrich und Condé wurden vor den König gerufen, und dieser fuhr sie mit den Worten an: „Messe, Tod oder Bastille!" Heinrich rettete sich nur dadurch, daß er in die Messe ging und zum Schein den katholischen Glauben annahm. Karl IX. starb bald darauf unter schrecklichen Gewissensbissen und an einer fürchterlichen Krankheit; man sagt, er habe Blut geschwitzt. Ihm folgte als König Heinrich III., welcher inzwischen vier Monate lang König von Polen gewesen war, ein leichtsinniger, elender Wollüstling, der mit den liederlichsten Menschen umging, die er seine Mignons (Schoßkinder) nannte, und den ganzen Tag mit Hunden und Papageien spielte.

Während dieser Heinrich III. leichtsinnig dahin lebte, stiftete der Herzog Heinrich von Guise die sogenannte heilige Ligue, einen Bund von fanatischen Katholiken, der es sich zum Gesetz machte, alle Hugenotten aus= zurotten und das Haus Guise=Lothringen auf den Thron zu erheben. Zu diesem Zwecke vereinigte sich Heinrich von Guise mit König Philipp II. von Spanien, beraubte die Königin Mutter ihres Einflusses auf die Regie= rung und wiegelte sogar die Pariser gegen den König auf. Da ermannte sich Heinrich III. und ließ den Herzog von Guise ermorden. Doch nun erfolgte ein allgemeiner Aufstand der Katholiken, und Heinrich mußte zu dem König von Navarra seine Zuflucht nehmen, um mit diesem vereint seine Hauptstadt wieder zu erobern. Im Schlosse von St. Cloud wurde er jedoch von einem Dominikanermönch, Namens Clement, meuchlings ermordet und Heinrich IV., König von Navarra, folgte, als der erste Bour= bon, auf dem französischen Throne.

Aber Heinrich IV. mußte sich erst den Thron erkämpfen, denn die ganze Ligue, angeführt von dem Herzog von Mayenne, dem Bruder des er= mordeten Heinrich von Guise, stand ihm feindlich gegenüber. Der Herzog von Mayenne war klug und tapfer, aber auch sehr dem Wohlleben ergeben. Der Papst bemerkte sehr richtig: „Dem Bearner wird es ge= lingen, denn er braucht kaum so viel Stunden zum Schlaf, als der Herzog von Mayenne zum Essen." Und Heinrich war auch wirklich die Thätigkeit selbst; früh um 4 Uhr stand er auf, sah nach allem selbst, entschied alles rasch und sicher, und in der Schlacht verglichen seine Feinde selbst ihn mit dem Adler. Als er bei Jvry mit Mayennes Heer zusammentraf und früh am Morgen seine Scharen ordnete, fiel er auf die Kniee nieder und bat Gott, ihm statt des Sieges den Tod zu schenken, wenn er vorher wisse, daß er ein schlechter König werden würde. Alle Soldaten zerflossen in Thränen und fühlten sich durch einen solchen Anführer zwiefach zur Tapferkeit begeistert. Aus allen Kehlen erschallte es: „Hoch lebe der König Heinrich IV.!" Dann sprengte er mehrmals durch die Reihen und hielt eine herrliche Anrede an die Truppen, die er mit den Worten schloß: „Und wenn ihr eure Standarten verlieren solltet, so sehet nur nach meinem weißen Federbusch; ihr werdet ihn immer auf dem Wege der Ehre und des Sieges finden!" Und er erfocht einen herrlichen Sieg, am 14. März 1590, noch herrlicher durch die Mäßigung, die er nach demselben zeigte. Denen, die den Fliehenden nachsetzten, rief er zu: „Schonet die Franzosen, macht nur die Ausländer nieder!" So blieben fast alle Spanier auf der Walstatt. Die Gefangenen fesselte er durch seine herzliche Freundschaft an sich, dem Herzog von Mayenne bot er Frieden an. Aber Paris schloß ihm die Thore. Er hätte die Stadt durch Hunger zur Übergabe zwingen können; allein er hoffte sie durch Großmut zu besiegen und ließ es geschehen, daß seine Befehlshaber und Soldaten den Parisern Lebensmittel zuführten, wofür sie freilich teure Bezahlung erhielten. Endlich gab er die Belagerung wieder auf, weil er keinen Sturm unternehmen wollte. Er sah mehr und mehr ein, daß es ihm nie nach Wunsch gelingen würde, die Liebe seiner Unterthanen zu gewinnen und dem Lande Frieden zu geben; so entschloß er sich endlich auf die Bitten vieler Katholiken nicht bloß, sondern auch vieler Reformierten, 1593 den katholischen Glauben anzunehmen, und nun gelang es ihm, den Einzug in Paris zu erhalten. Er bekam nun viele seiner erbittertsten Feinde in seine Gewalt, doch verzieh er ihnen mit Großmut. „Ich will alles vergessen!" rief er. „Meine Siege kommen von Gott, er vergiebt uns, wenn wir es auch nicht verdienen, wie sollte ich meinen Unterthanen nicht verzeihen?"

Einem seiner tapfersten Generale, der aber große Schulden hatte, ward am Tage seines Einzugs in Paris von den Gläubigern sein Hausgerät weggenommen. Er beklagte sich beim Könige und bat ihn, Befehl zu geben, daß das Gerät freigelassen werde. „Nein," sagte der König, „man muß seine Schulden bezahlen, ich bezahle die meinigen auch." Darauf zog er ihn beiseite und gab ihm einige seiner Edelsteine, sie zum Unterpfand einzusetzen, bis er bezahlen könnte; denn Geld hatte der König selbst nicht. — Als die spanische Besatzung, welche besonders Paris gegen Heinrich verteidigt hatte, auszog, sprach er zu den Gesandten: „Meine Herren: Empfehlen Sie mich Ihrem Könige, reisen Sie glücklich, aber kommen Sie nie wieder!"

5. Das Edikt zu Nantes.

Nachdem es ihm endlich gelungen war, das ganze katholische Frankreich zu beruhigen, vergaß er auch seiner alten Glaubensgenossen nicht, die durch seinen Übertritt zum Katholizismus in nicht geringe Besorgnis geraten waren. Er gab im Jahre 1598 das Edikt zu Nantes, wodurch die Reformierten freie Religionsübung in Frankreich erhielten; sie durften Schulen anlegen, konnten zu Staatsämtern gelangen und bekamen einige feste Sicherheitsplätze. Die katholischen Räte widersetzten sich lange, dieses Edikt anzuerkennen; doch Heinrichs Treuherzigkeit gewann sie endlich.

Nun suchte er durch alle Mittel Wohlsein im Lande zu verbreiten. Er schaffte die überflüssigen Soldaten ab und nötigte die entlassenen, unbebaute Felder urbar zu machen. Er reinigte die Landstraßen von Räubern, die sich bei den inneren Unruhen sehr vermehrt hatten. Den Landleuten erließ er eine große Summe rückständiger Steuern, da sie, durch den Krieg verarmt, nicht zu bezahlen imstande waren, und noch jetzt erinnern sich die französischen Bauern gern der Worte des Königs: "Ich wollte, daß jeder meiner Bauern des Sonntags sein Huhn im Topfe hätte!"

In seinem Äußern war Heinrich sehr einfach; er trug gewöhnlich nur einen grauen Rock ohne alle Auszeichnung und spottete über diejenigen, die ihre Mühlen und Felder auf dem Rücken trügen. Ja er verbot sogar, Gold und Silber auf den Kleidern zu tragen. Und um seinem Lande das Geld zu erhalten, das für den Ankauf seidener Waren damals in fremde Länder ging, ließ er viele Maulbeerbäume pflanzen, Seidenwürmer ziehen und brachte selber mehrere Seidenmanufakturen in Gang. Auch erleichterte er auf alle Weise den Handel, machte Flüsse schiffbar, ebnete Wege, setzte die Zölle herab. In seinem treuen Kriegsgefährten Maximilian von Bethüne, später vom König zum Herzog von Sülly ernannt, fand er den Mann, der ihm zugleich der beste Minister und treueste Freund war. Und Heinrich verdiente es, solchen Freund zu haben. Sülly, der mit jedem Wort und Blick ihm sagte, wie er so innig teil an ihm nehme, erniedrigte sich nie zum Schmeichler, sondern sprach und handelte stets mit der Freimütigkeit eines edlen Mannes. Heinrich konnte zuweilen sehr empfindlich, ja zornig werden, wenn Sülly ihn tadelte; aber immer war das Ende dieses Zorns, daß sein Zutrauen und seine Freundschaft wuchsen. Als der König der schönen, aber herrschsüchtigen Henriette d'Entragues ein schriftliches Eheversprechen ihrem Wunsche gemäß ausgestellt hatte und es Sülly zeigte, zerriß es dieser. "Bist du närrisch?" fuhr ihn Heinrich an. "Wollte Gott, ich wäre es allein in Frankreich!" antwortete dieser. Einst that ihm Sülly auch wegen einer ungerechten Handlung so nachdrückliche Vorstellungen, daß der König zornig aufstand und wegging: "Das ist doch ein unausstehlicher Mensch, er thut nichts lieber, als mir widersprechen und mißbilligt alles, was ich will. Aber bei Gott, ich will mir Gehorsam verschaffen und ihn vierzehn Tage lang nicht sehen!" Des andern Morgens um 7 Uhr hört Sülly, der schon seit drei Uhr für seinen König gearbeitet hat, an seine Thür klopfen. — "Wer ist da?" ruft er. — "Der König!" und Heinrich tritt herein, umarmt seinen Freund und sagt: "Wenn Ihr mir nicht mehr widersprecht, werde ich glauben, daß Ihr mich nicht mehr liebt!"

Einst hatte Heinrich den spanischen Gesandten zu sich beschieden. Wie derselbe eintritt, ist der König gerade damit beschäftigt, seinen kleinen Sohn auf dem Rücken, als vierbeiniges Pferd durch das Zimmer zu traben. Er hält einen Augenblick inne und fragt: „Herr, habt Ihr auch Kinder?" „Ja, Sire!" antwortete der Spanier. „Nun, da erlaubt Ihr mir schon, daß ich meinen Ritt vollende!" — So bewahrte der König das rein Menschliche, ohne seine Pflichten als König zu vernachlässigen.

6. Heinrichs IV. Ermordung.

Viele seiner Unterthanen erwiderten die Liebe nicht, die Heinrich für sie hatte; sie argwöhnten immer, daß er kein aufrichtiger Katholik sei, und die Begünstigung der Ketzer durch das Edikt von Nantes war und blieb ihnen ein Anstoß. Die Geistlichkeit, besonders die Jesuiten, unterließen nicht, den Haß gegen den guten König rege zu halten. Schon 1594 hatte ihn ein verführter Katholik in seinem Zimmer ermorden wollen, aber wegen eines Fehlstoßes ihn bloß an der Lippe verwundet. Dann kommen noch mehrere Verschwörungen gegen sein Leben an den Tag. Dies stimmte den heitern, sonst so lebenslustigen König sehr traurig, und es quälten ihn oft schwer= mütige Ahnungen. Die Königin, Maria von Medicis, eine Schwester des Großherzogs von Toskana, hing der spanischen Partei an und haßte ihren Gemahl. Da geschah es, als Heinrich sich zu einem Kriege gegen das österreichisch=spanische Haus rüstete, daß die Königin ihn bat, sie feierlich krönen zu lassen, damit sie desto nachdrücklicher während seiner Abwesenheit die Regentschaft führen könnte. Heinrich sagte zu Sülly: „Wie sehr miß= fällt mir diese Krönung; mein Herz sagt mir, daß ein Unglück bevorsteht; ich werde in Paris sterben!"

Am 13. Mai fand die Krönung in St. Denys statt, am 14. nachmit= tags fuhr Heinrich mit sieben anderen Herren ins Zeughaus zu dem kranken Sülly. Die Kutsche, an beiden Seiten offen, kommt in eine enge Gasse, wo sie einiger beladenen Wagen wegen, die entgegen kamen, still halten muß. Die Bedienten steigen ab, um Platz zu machen oder um einen näheren Weg einzuschlagen. Die rückwärts sitzenden Herren sahen sich nach den Pferden um, der König aber spricht mit seinem Nachbar und sagt ihm etwas ins Ohr. Diesen Augenblick benutzt ein gewisser Ravaillac, der schon lange dem königlichen Wagen gefolgt ist; er steigt auf das Hinterrad, biegt sich in das Innere des Wagens und giebt dem Könige zwei Dolchstiche hintereinander mit solcher Geschwindigkeit, daß keiner der im Wagen sitzenden Herren die That eher gewahrt, als bis sie geschehen ist. Auf des Königs Geschrei: „Mein Gott! ich bin verwundet!" wenden sich alle um, aber schon ist der König verschieden, denn der Dolch hat das Herz getroffen (1610, 14. Mai).

Der Mörder blieb ruhig neben dem Wagen stehen. Es zeigten sich mehrere bewaffnete Männer, welche riefen, man müsse ihn töten, aber schnell verschwanden, sobald man ihn gefangen nahm. Ein allgemeiner Jammer verbreitete sich bald durch Stadt und Land zum Befremden Ravaillacs, der einen Tyrannen, Heuchler und Feind des Papstes ermordet zu haben glaubte; Mitschuldige gab er nicht an, aber er soll geäußert haben, man würde wie

angedonnert sein, wenn er deren nenne. Der Jesuit Cotten, Heinrichs Beicht=
vater, war bei ihm im Kerker und drang in ihn, keine ehrlichen Leute anzu=
geben. Seine Strafe war schrecklich. Er wurde mit glühenden Zangen zer=
rissen und siedend Öl ihm in die Wunden gegossen; dann arbeiteten vier
schwache Pferde eine Stunde lang, ihn in vier Stücke zu zerreißen. Die
Königin war nicht sehr bestürzt und dachte nur darauf, sich die Regentschaft
zu sichern. Am Hofe war Heinrich so schnell vergessen, als ob er nie ge=
lebt hätte; aber in Millionen seiner Unterthanen lebte der treffliche König
fort in gesegnetem Andenken.

V. Scenen aus dem dreißigjährigen Kriege.*)

1. Der Ausbruch des Krieges.

In Böhmen waren ungeachtet der Verbrennung Huffens doch viele An=
hänger seiner Lehre geblieben, bei diesen fanden die Religionsverbesserungen
Luthers und Zwinglis sehr schnellen Eingang, und wiewohl sie sich weder
Lutheraner, noch Reformierte nannten, waren sie doch im Grunde Protestan=
ten. Man nannte sie gewöhnlich die böhmischen Brüder. Einige Erz=
herzoge von Österreich, die zugleich Könige von Böhmen waren, hatten sie
geduldet; aber Rudolf II. (1576—1612), der sich ganz von Jesuiten leiten
ließ, verbot den böhmischen Brüdern freie Übung ihrer Religion. Sie
widersetzten sich; doch umsonst. Und wiewohl sie ihn gegen seinen Bruder
Matthias, der ihn vom Throne stoßen wollte, verteidigten, achtete er doch
ihrer gerechten Forderungen nicht. Da verschafften sie sich selbst Recht; sie
richteten an allen Orten den Gottesdienst nach ihrer Weise ein und stellten
eine bewaffnete Macht unter dem Grafen von Thurn auf, sich im Notfall
verteidigen zu können. Der Kaiser, ohnedies von seinem Bruder Matthias
hart bedrängt, mußte nachgeben und stellte ihnen 1609 den sogenannten
Majestätsbrief aus, dessen Verletzung einige Jahre später die nächste Veran=
lassung des furchtbaren Krieges wurde. Durch diesen Brief erhielten alle
böhmischen Protestanten vollkommen gleiche Rechte mit den Katholiken; ihre
Geistlichen sollten unabhängig sein von den Bischöfen; wo in Städten,
Flecken und Dörfern protestantische Kirchen wären, die sollten bleiben; aber
neue zu bauen, sollte nur den Städten und dem Ritterstande erlaubt sein.
Diese Erlaubnis erstreckte sich aber nicht auf die Unterthanen der Gutsbesitzer
oder Magistrate; wenigstens deuteten es so die kaiserlichen Räte.

Nun geschah es, daß die protestantischen Unterthanen des Erzbischofs
von Prag und des Abtes von Braunau gegen den Willen ihrer Gutsherren
sich Kirchen erbauten, indem sie ihr Recht dazu auf den ihnen erteilten Ma=
jestätsbrief stützten. Auf Befehl des Kaisers Matthias wurde aber die Kirche

*) Nach Th. Welter.

zu Klostergrab niedergerissen, die zu Braunau gewaltsam gesperrt, die un=
ruhigsten Bürger aber wurden ins Gefängnis geworfen. Eine allgemeine
Bewegung unter den Protestanten war die Folge dieser Gewaltthat: man
schrie über Verletzung des Majestätsbriefes und wandte sich mit einem Schrei=
ben an den Kaiser. Die Bittsteller wurden mit harten, drohenden Worten
zur Ruhe verwiesen; es ging aber das Gerücht, die Antwort käme gar nicht
vom Kaiser, sondern sei in Prag selbst gemacht. Diesem Gerücht ward leicht
geglaubt, denn unter den kaiserlichen Räten zu Prag waren zwei, Martinitz
und Slawata, allgemein verhaßt; man beschuldigte sie, daß sie ihre pro=
testantischen Unterthanen mit Hunden in die Messe hetzen ließen, ihnen auch
Taufe, Heirat und ein christliches Begräbnis versagten, um sie zur Rückkehr
zu dem alten Glauben zu zwingen.

Es war am 23. Mai 1618, als ein Haufen bewaffneter Protestanten
tobend und lärmend das Prager Schloß hinanstürmte und in den Saal
drang, wo die vier kaiserlichen Statthalter Adam von Sternberg, Diepold
von Lobkowitz, Martinitz und Slawata versammelt saßen. Diese wurden
mit drohenden Worten angefahren und jeder besonders gefragt, ob er Anteil
habe an dem kaiserlichen Schreiben. Die verhaßtesten, Martinitz und Sla=
wata, antworteten trotzig. Da schleppte man sie ans Fenster, warf sie acht=
zig Fuß tief in den Schloßgraben hinab, und den Geheimschreiber schickte
man ihnen nach. Diese Art zu verfahren war echt böhmisch, und man fand
bei dem Vorfalle nur das sonderbar, daß die Hinuntergestürzten nicht den
Hals gebrochen hatten.

Die Aufständischen bemächtigten sich nun des Schlosses, wählten neue
Obrigkeiten, jagten alle Jesuiten aus dem Lande und forderten alle Böhmen
auf, ihre Rechte zu verteidigen. Dem Kaiser aber schrieben sie, daß sie seine
getreuen Unterthanen wären, nur wollten sie die Kraft der Gesetze und ihr
gutes Recht aufrecht erhalten. Nur wenige Städte in Böhmen hielten fest
an dem Kaiser; fast die ganze Bevölkerung griff zu den Waffen. Selbst die
Protestanten in der Lausitz, in Schlesien, Mähren, Österreich und Ungarn
machten bald mit den Böhmen gemeinschaftliche Sache. Der Bund prote=
stantischer Fürsten und Städte in Deutschland, unter dem Namen der „Union“
zur Erhaltung des protestantischen Glaubens gebildet, schickte ein Hilfsheer
von 4000 Mann unter der Anführung des Grafen Ernst von Mans=
feld. So gerüstet, erwarteten die Böhmen ruhig, welche Maßregeln der
Kaiser wider sie ergreifen würde.

Matthias geriet über den Aufstand in nicht geringe Verlegenheit. Er
war bereits alt und kränklich und sehnte sich nach Ruhe; darum wollte er
den Weg gütlicher Unterhandlung einschlagen. Davon wollte jedoch sein
Vetter und Thronfolger Ferdinand, Erzherzog von Steiermark, nichts
wissen. Dieser hatte zwar den Böhmen bereits feierlich gelobt, daß er als
ihr zukünftiger König ihnen alle Freiheiten lassen wollte, aber er hatte sein
Herz ganz den Jesuiten ergeben, und diese hatten ihm nicht nur eine blinde
Anhänglichkeit an die katholische Kirche, sondern auch den Grundsatz einge=
prägt, daß nur die Katholiken wahre Christen seien und allein selig werden

könnten. Aus übelverstandener Liebe zu seinen Unterthanen wollte er nun durchaus nicht die neue Lehre in seinen Landen dulden, er ließ Räder und Galgen errichten und drohte, die hinrichten zu lassen, die nicht zum katholischen Glauben zurückkehrten. „Lieber eine Wüste, als ein Land voll Ketzer!" war sein Wahlspruch. So wanderten viele treue und fleißige Unterthanen aus und gingen lieber in Armut und Elend in die Fremde, als daß sie ihrer Überzeugung untreu geworden wären. Die Böhmen sahen mit Angst der Zeit entgegen, wo der neue König Ferdinand ihr Herr werden sollte. Und dieser Zeitpunkt war nun gekommen; denn am 20. März 1619 starb Matthias, nachdem er zuvor mehrere Heerhaufen nach Böhmen gesendet hatte, da sich die Protestanten auf keine Unterhandlungen einlassen wollten.

2. Ferdinand II. und Friedrich V. von der Pfalz.

Anfangs schien das Glück den Böhmen hold. Graf Thurn schlug zwei kaiserliche Heere, die in Böhmen einrückten, zurück und drang in Mähren und Österreich ein. Allenthalben empfing ihn das Volk mit Freuden und erhob sich gegen den Kaiser. Im Anfange des Juni 1619 stand Thurn mit seinem Heere vor den Thoren Wiens. Die Hauptstadt schien verloren; denn sie hatte keinen Feind vermutet und war deshalb auf keine Belagerung vorbereitet. Sie schloß zwar ihre Thore, aber auch diese Maßregel war vergeblich, denn die zahlreiche Menge der Protestanten hatte beschlossen, den Glaubensgenossen die Thore zu öffnen. Bei dem Andrange so großer Gefahr blieb der König allein unerschüttert. Mit altrömischer Standhaftigkeit sprach er zu denen, die ihm rieten, entweder mit Thurn zu unterhandeln, oder sich nach dem immer treuen Tirol zu flüchten: „Nicht diese Feinde, die Gottes Gewalt bald erreichen wird, nein, der Wahltag zu Frankfurt ist mein Augenmerk, mitten durch die Feinde will ich dahin ziehen und auf mein Haupt, das sie schon verloren und preisgegeben glaubten, die Kaiserkrone setzen." Solchen Mut verlieh ihm sein festes Vertrauen auf den Beistand Gottes. Und wie durch ein Wunder ward er aus der drohenden Gefahr errettet.

Zwar drangen am 5. Juni 1619 sechzehn protestantische Herren mit Ungestüm in die öde, hin und wieder schon von böhmischen Kugeln durchlöcherte Burg, um von dem Könige seine Einwilligung zu einem Bündnisse mit den Böhmen zu ertrotzen. Einer von ihnen, Andreas Thonradel, verging sich selbst so weit, daß er den König bei den Knöpfen seines Wamses faßte und höhnisch rief: „Nun, Ferdinandel, willst du bald unterschreiben?" Da schmetterten plötzlich Trompeten auf dem Schloßhofe. Es waren 500 Kürassiere vom Regiment Dampierre, dem ältesten der Armee, welches der kaiserliche Feldherr Bucquoy in aller Eile auf der Donau nach Wien geschickt hatte. Der Trompetenschall wirkte wie ein Donner auf die vor kurzem noch so Übermütigen; sie stäubten auseinander, versteckten sich in Kellern oder flüchteten in das Lager des Grafen Thurn. Dieser mußte aber auch bald nach Böhmen zurückkehren, da Graf Bucquoy Prag bedrohte.

Der König Ferdinand zog nun wohlgemut nach Frankfurt und ließ sich hier zum Kaiser krönen. Doch die Böhmen mochten ihn nicht als ihren

König anerkennen, setzten ihn förmlich ab, und ihnen traten auch die Schlesier, Mährer und Lausitzer, selbst die evangelischen Österreicher bei. Dagegen wählten sie das Haupt der Union, den jungen Kurfürsten Friedrich V.
von der Pfalz, zu ihrem Könige. Dieser war zwar reformiert, aber sein
Oheim war der berühmte Held Moritz von Oranien und sein Schwiegervater König Jakob I. von England. So sehr Friedrich die Königskrone gewünscht hatte, so bedenklich schien es ihm doch nun, sie anzunehmen. Die
große Gefahr, in die er sich begeben sollte, schwebte seinem Geiste vor, und
manche Freunde warnten ihn. Jedoch seine Gemahlin, die eitle und stolze
Elisabeth, trieb ihn an. „Kannst du dich vermessen" — sprach sie — „die
Hand einer Königstochter anzunehmen, und nun bangt dir vor einer Krone,
die man dir freiwillig entgegenbringt? Ich will lieber Brot essen an deiner
königlichen Tafel, als an deinem kurfürstlichen Tische schwelgen." So nahm
Friedrich das gefährliche Geschenk an; er reiste nach Prag und wurde hier
mit beispiellosem Pompe gekrönt. Hoch schlug der eitlen Elisabeth das
Herz vor Freude.

Indessen zog sich über dem neuen König und seinen Böhmen ein schweres Ungewitter zusammen. Ferdinand hatte seinen Jugendfreund, den kräftigen Herzog Maximilian von Bayern, für sich gewonnen, und die Liga, der
katholische Bund, welcher sich gegen die protestantische Union gebildet hatte,
versprach Beistand. Auch der König von Spanien, Philipp III., schickte Geld,
was er doch selbst so nötig brauchte, und der Kurfürst von Sachsen, Johann
Georg I., trat auf des Kaisers Seite, weil es ihn ärgerte, daß die Böhmen
einen Reformierten und nicht einen Lutheraner zum König gewählt hatten.
Nun setzte sich das kaiserlich-katholische Heer in Bewegung, unterwarf zuerst
die österreichischen Stände und rückte dann, von Maximilian angeführt, in
Böhmen ein. Die protestantischen Heerhaufen wurden von einem Ort zum
andern getrieben und zogen sich auf Prag zurück. Wäre nun Friedrich ein
unternehmender, charakterfester Mann gewesen, so hätte er sich wohl gegen
den Kaiser und Herzog Maximilian gehalten, denn das Volk wäre in Masse
für ihn aufgestanden. Aber er war ebenso schwach und träge, als er leichtsinnig war, gab, anstatt sich um die Ausrüstung eines Heeres zu kümmern,
glänzende Feste und verschwendete seine Zeit wie die Einkünfte seines Landes
in Ergötzlichkeiten, ohne an die Gefahr zu denken, die über ihn hereinbrach.
Das kaiserlich-ligistische Heer stand bereits auf dem weißen Berge, einer
Anhöhe unweit Prag, ehe Friedrich an Gegenwehr dachte. Die dort aufgestellten Böhmen waren ohne tüchtige Führer und wurden rasch von dem
ungeduldigen Maximilian angegriffen. Nach einer Stunde blutiger Arbeit
war die Schlacht entschieden. An 5000 Böhmen waren auf dem Schlachtfelde tot oder verwundet, an 1000 waren in der Moldau ertrunken, und die
Geretteten stürzten in wilder Flucht auf die Thore von Prag zu (3. Nov.
1620). Friedrich hatte eben an der Tafel gesessen, als das Schießen anfing, und als er auf den Wall ritt, sah er mit Schrecken die verwirrte
Flucht der Seinigen. Der feige König machte sogleich Anstalten zur Flucht.
Die Prager baten ihn flehentlich, sie doch jetzt nicht zu verlassen, sie hätten

ja noch Leute genug, um die Stadt zu verteidigen. Aber der schwache Friedrich hatte dafür keine Ohren. Wie betäubt setzte er sich den andern Morgen mit Frau und Kindern in den Wagen, nahm den Grafen Thurn mit und fuhr nach Breslau. „Ich weiß nun, wer ich bin," sagte er, als er in den Wagen stieg. Nur einen Winter hatte seine Herrlichkeit gedauert, weshalb man ihn auch spöttisch „den Winterkönig" nannte.

Gleich am Tage nach der Schlacht öffnete das bestürzte Prag dem Sieger die Thore. Ganz Böhmen unterwarf sich dem Kaiser und erwartete in ängstlicher Spannung sein Schicksal. Anfangs schien es, als wolle er großmütig alles Vergangene vergessen; denn drei Monate lang verfügte er nicht das geringste zur Bestrafung der Empörer; dann brach plötzlich das Gewitter seines Zornes aus. In einer Stunde wurden 43 der vornehmsten Anführer festgenommen, und 27 von ihnen wurden zum Tode verurteilt. Vor dem Rathause wurde ein Blutgerüst aufgeschlagen: auf diesem wurden einige enthauptet, andere gevierteilt; mehreren ward vorher die Zunge ausgeschnitten oder die Hand abgehauen. Die am Leben blieben, verloren ihre Güter, ebenso alle Geflohenen. Über 700 wurden an ihrem Vermögen gestraft, an 30 000 Familien wanderten aus, und die tiefe Wunde, welche hierdurch dem gewerbfleißigen Böhmen geschlagen ward, ist kaum in Jahrhunderten vernarbt. Ferdinand zerschnitt mit eigener Hand den Majestätsbrief und verbrannte das Siegel. Die Jesuiten wurden zurückgerufen, sämtliche protestantische Geistliche und Lehrer verjagt. Der Kurfürst Friedrich von der Pfalz aber wurde als Hochverräter seines Landes und seiner Kurwürde verlustig erklärt.

Durch die einzige Schlacht auf dem weißen Berge schien somit der ganze Krieg beendigt. Das aufrührerische Böhmen war unterworfen, entwaffnet und mutlos; die Union aufgelöst; auch Mähren, Schlesien und die Lausitz beugten sich erschrocken vor dem gewaltigen Sieger. Die Liga blieb unter dem General Tilly gerüstet stehen, um jede Aufwallung der Gemüter im Keime zu unterdrücken. Wer hätte unter solchen Umständen denken mögen, daß der Krieg noch siebenundzwanzig Jahre dauern sollte!

3. Ernst von Mansfeld und Christian von Braunschweig.

Der geächtete Kurfürst, welcher seinen Schwiegervater vergebens um Hilfe angefleht hatte, fand einen tapferen Verteidiger an dem kühnen Grafen von Mansfeld, der allein, zur Beschämung der ganzen Union, der Macht des Kaisers trotzte. Der Ruf seiner Tapferkeit sammelte in kurzer Zeit ein Heer von 20 000 Mann um ihn, mit welchem er dem General Tilly keinen Augenblick Ruhe ließ. Verwüstung zeigte überall die Spuren der wilden Mansfeldischen Scharen, denn sie lebten einzig vom Raube. Durch das Beispiel des kühnen Abenteurers ermutigt, trat bald auch der Markgraf Georg Friedrich von Baden als Streiter auf für das pfälzische Haus und ließ seine Truppen zu den Mansfeldischen stoßen. Aber bald nach dieser Verbindung entstand wieder Uneinigkeit unter den beiden Anführern,

13*

und sie trennten sich. Diese Trennung ward ihr Verderben. Tilly griff zu=
erst den Markgrafen an und besiegte ihn bei Wimpfen (1622) vollständig.
Durch diesen Schlag entmutigt, trat der Markgraf wieder von dem
Schauplatze des Krieges ab. Er entließ seine Truppen und zog sich in die
Stille des Privatlebens zurück. Nur Mansfeld verlor den Mut nicht. Er
bekam bald einen andern Waffengenossen an dem jungen Helden Christian
von Braunschweig, dem Bruder des regierenden Herzogs. Beide trieben
nun ihr gewagtes Kriegsspiel bald hier, bald dort mit kühner Verwegen=
heit; selbst Paris zitterte vor ihnen, als sie den Hugenotten Hilfe versprachen.
Fürchterlich hausten ihre Raubscharen, besonders in Westfalen, wo Kirchen
und Stifte geplündert und an wehrlosen katholischen Priestern viel Frevel
verübt wurde. Als Christian nach Paderborn kam, nahm er von dem Al=
tare der dortigen Domkirche die silbernen Bildsäulen der Apostel weg und
sagte dabei: „Ihr seid bestimmt, in alle Welt zu gehen, aber nicht hier
müßig zu stehen." Er schickte sie in die Münze, und die daraus geprägten
Thaler erhielten die Umschrift: „Gottes Freund, der Pfaffen Feind!" Aber
Tilly eilte ihm nach, holte ihn bei Höchst, als er eben über den Main setzen
wollte, ein und schlug ihn dergestalt, daß er kaum mit der Hälfte seiner
Truppen entkam. Mit diesen stieß der Flüchtling zu Mansfeld, und beide
fielen wieder verheerend in das Elsaß ein.

Friedrich erkannte endlich, daß er von den Waffen jener Raubscharen
nichts zu hoffen habe. Er wandte sich deshalb an die Gnade des Kaisers
und erklärte sich bereit, fußfällig Abbitte zu thun, wenn er ihm nur seine
Pfalz und seine Kurwürde lassen wollte. Zugleich entließ er jetzt, in der
Hoffnung, den Kaiser zu versöhnen, den Grafen Mansfeld und den Herzog
Christian, die sich ohnehin durch ihre Raubzüge allgemein verhaßt gemacht
hatten, öffentlich ihres Dienstes. Allein seine Hoffnung ward nicht erfüllt.
Der Kaiser schenkte die pfälzische Kurwürde nebst der Ober= und Unterpfalz
diesseits des Rheins seinem Jugendfreund Maximilian von Bayern (1623).
Dem Kurfürsten von Sachsen gab er für die in den Lausitzen und in Schle=
sien ihm geleisteten Dienste die beiden Lausitzen, anfangs unterpfändlich,
dann aber (1635) für immer.

Die beiden entlassenen Anführer Mansfeld und Braunschweig trugen
jetzt dem Kaiser selbst ihre Dienste an. Aber dieser wies die Kriegsknechte
mit gerechtem Unwillen von sich und zeigte damit zugleich, daß er sie als
seine Feinde nicht fürchtete. Sie zogen nun mit ihrem Raubgesindel über
Lothringen nach den Niederlanden, wohin man sie zur Teilnahme am Kriege
gegen Spanien gerufen hatte. Allein auch hier ward man ihrer bald über=
drüssig und entließ sie. Gesondert warfen sie sich wieder auf Westfalen und
Niedersachsen und hausten fürchterlich in diesen Ländern. Am 6. August
1623 erreichte Tillys Schwert Christian, dessen Schar im Treffen bei
Stadtlohn zum größten Teil aufgerieben ward. Später retteten sich die
beiden Anführer in das benachbarte Holland.

Nun hatte der Kaiser glücklich seine Feinde aus dem Felde geschlagen,
und die deutschen Fürsten erwarteten von ihm, er werde seine Truppen aus=

einander gehen laffen. Da aber dies nicht geschah, im Gegenteil die Rüftun=
gen auf kaiferlicher Seite fortdauerten, schöpfte man Verdacht, als sei jetzt
die Ausrottung des proteftantischen Glaubens das nächfte Ziel, das Ferdi=
nand verfolgte. Die Fürften fürchteten, sie möchten jetzt zu bloßen Lehns=
trägern eines unumschränkten Gewalthabers herabsinken. Darum rüfteten
die niederfächsischen Fürften und wählten den König Christian IV. von Däne=
mark, der wegen Holftein zu ihnen gehörte, zum Anführer des Bundesheeres.
Auch der König von England, der vergebens auf die Wiedereinfetzung feines
Schwiegerfohnes gehofft hatte, nahm teil an dem Kriege und unterftützte das
Bundesheer. Sogleich eilten da wieder jene beiden furchtbaren Abenteurer,
Mansfeld und Christian von Braunschweig, aus Holland herbei und über=
nahmen die Anführung einzelner Abteilungen des deutschen Heeres. So be=
fand man sich denn am Ende des Jahres 1625 wieder auf gleichem Punkte,
wie 1618; nur war jetzt das nördliche Deutschland der Schauplatz eines
Krieges, der bis dahin in ganz Europa seinesgleichen nicht gehabt hatte.

4. Albrecht von Wallenftein.

Es schien faft, als wäre das Glück an Ferdinands Thron gefeffelt;
denn bei der neuen Gefahr zeigte sich ihm auch wieder neue Hilfe. Jetzt
trat einer feiner Offiziere zu ihm mit dem überraschenden Anerbieten, ihm
ein Heer zu verschaffen, ohne daß es dem Kaifer das geringfte koften follte.
Diefer Mann hieß Albrecht von Waldftein, gewöhnlich Wallenftein
genannt. Er war aus einem alten freiherrlichen Geschlecht Böhmens ent=
sproffen, von lutherischen Eltern in Prag geboren und auch im lutherischen
Glauben erzogen. Zuerft ward er in die Schule zu Goldberg in Schlesien
gethan, dann mußte er die Universität zu Altdorf bei Nürnberg besuchen.
Aber der wildausgelaffene und ftarrfinnige Jüngling zeigte weder Luft, noch
Geschick zum Studieren. Sein Vater brachte ihn daher als Edelknaben zu
dem Markgrafen von Burgau nach Innsbruck. Dort ereignete es sich, daß
er auf einem Geländer des Bogenganges im Schloffe Ambras (nahe bei
Innsbruck) zwei Stock hoch hinabftürzte, aber völlig unbeschädigt blieb.
Diefes wunderfame Ereignis brachte wunderfame Veränderungen in ihm
hervor. Von nun an hielt er sich für einen befonderen Schützling des
Glückes und zu großen Thaten beftimmt. Er trat zur katholischen Kirche
über und fing an, feine Talente zu bilden. Seit dem Jahre 1606 durchreifte
er Deutschland, Holland, England, Frankreich und Italien. Am liebften
verweilte er in Padua; der dort erteilte Unterricht in der Aftrologie oder
Sterndeuterei zog ihn mächtig an; denn es herrschte damals der Aberglaube,
man könne aus der Stellung der Geftirne die künftigen Schicksale der Men=
schen lefen. Ein Sterndeuter, Namens Seni, gab dem kühnaufftrebenden
jungen Mann die Versicherung, in den Sternen gelefen zu haben, Wallen=
ftein fei zu hohen Ehren beftimmt. Seit der Zeit ward Seni fein trautefter
Freund und Ehrgeiz feine heftigfte, ja faft einzige Leidenschaft. Das Gefühl
in feiner eigenen Bruft, zu etwas Außerordentlichem beftimmt zu fein, fand
nun auch in den Sternen vollfte Beftätigung.

Mit hohen Entwürfen in der Seele kehrte er in sein Vaterland zurück und nahm bei dem kaiserlichen Heere Dienste. Er vermählte sich mit einer reichen Witwe, deren früher Tod ihn zum Erben eines fürstlichen Vermögens machte. Seit dieser Zeit machte er den glänzendsten Aufwand, jedoch nicht aus Hang zur Schwelgerei, sondern um die Aufmerksamkeit der Leute auf sich zu lenken. Er lud die Offiziere fleißig an seine Tafel, unterstützte sie mit Geld und belohnte die unter seinem Befehle stehenden Soldaten reichlich. In allen Schlachten that er sich durch Klugheit, Mut und Tapferkeit hervor und erwarb sich die Anhänglichkeit sowohl der Gemeinen, als der Offiziere. Auch bei Hofe geschah seiner rühmlichst Erwähnung. Ferdinand II. ernannte ihn gleich nach seinem Regierungsantritte zum Obersten; als solcher focht er an der Spitze eines auf eigene Kosten geworbenen Kürassierregiments in der Schlacht auf dem weißen Berge und trug wesentlich zum Siege bei. Zum Ersatz des Schadens an seinen Gütern, die beim Ausbruch der böhmischen Unruhen größtenteils zu Grunde gegangen waren, schenkte ihm der Kaiser die Herrschaft Friedland in Böhmen mit dem Titel eines Grafen; im Jahre 1623 wurde er sogar zum Fürsten über Friedland und später zum Herzog ernannt. Mit ungeduldigem Ehrgeiz hatte er bis dahin den Feldherrnstab in Tillys Händen gesehen; er war deshalb hoch erfreut, als nun des Kaisers Geldnot ihm Gelegenheit gab, sich durch eine ehrenvolle Rolle auszuzeichnen.

Unentgeltlich wollte er dem Kaiser 50 000 Mann anwerben, falls ihm der unumschränkte Oberbefehl über dies Heer zu teil würde. Ein Antrag dieser Art kam dem Kaiser anfangs abenteuerlich und lächerlich vor; allein ebensobald kam die Überzeugung nach, welche großen Vorteile er von einem solchen für seine persönlichen Absichten streitenden Heere würde ziehen können, da er bisher ganz abhängig von dem Heere der ligistischen Fürsten gewesen war, besonders aber ihres Oberhauptes, des Kurfürsten Maximilian von Bayern. Er nahm deshalb den Antrag mit Vergnügen an.

Nun ließ der Friedländer — wie man den Wallenstein auch wohl nannte — die Trommel rühren, und von allen Seiten strömten die Leute unter seine Fahne, denn der lange Krieg hatte die Menschen gar sehr verwildert. Der gemeine Mann wollte lieber fechten und Beute machen, als durch mühsame Arbeit sein Brot erwerben. Zum Erstaunen aller war in kurzer Zeit ein Heer von 25 000 Mann beisammen. Mit diesem drang Wallenstein noch im Herbst des Jahres 1625 durch Schwaben und Franken, und bevor er die Elbe erreichte, war es schon auf 30 000 Mann angewachsen. Bei Dessau wollte ihm Mansfeld den Übergang über die Brücke wehren, ward aber so geschlagen, daß er eiligst nach Ungarn entfloh. Dort wollte er sich mit dem unruhigen Großfürsten von Siebenbürgen, Bethlen-Gabor, verbinden, aber dieser hatte Geld verlangt und keine hungrigen Soldaten, zog es auch vor, mit dem Kaiser sich zu vertragen. So blieb dem tapfern Mansfeld nichts übrig, als seine Truppen zu entlassen, sein ganzes Heergerät zu verkaufen und mit wenigen Getreuen nach Venedig zu flüchten. Von dort wollte er nach England schiffen. Aber noch ehe er Venedig erreichte, ward er in Bosnien krank. Der Arzt eröffnete ihm, daß er nur noch wenige Stunden zu leben habe; da ließ er seine Soldatenkleider sich anziehen, den Degen umgürten und erwartete so stehend, gestützt auf die Schultern zweier Freunde, den Tod. In seinem 46. Jahre ward er aus einem schicksalsvollen Leben abgerufen. Kurz vor ihm war auch sein Waffengefährte, Christian von Braunschweig, erst 29 Jahre alt, gestorben.

Während Wallenstein den Mansfeld verfolgte, hatte Tilly mit seinem gewohnten Waffenglück den Dänenkönig vor sich hergetrieben und ihn endlich bei Lutter am Barenberg, einem Städtchen im Hannöverschen, eingeholt. Hier kam es am 27. August 1626 zu einer blutigen Schlacht, die mit der völligen Niederlage des Königs endete. Christian verlor 60 Fahnen und alles Geschütz. Tilly rückte hierauf nach der holländischen Grenze, um die übrigen Bundesgenossen der Dänen zu züchtigen. Den flüchtigen König mußte er aber dem zurückgekehrten Wallenstein überlassen, der von Ungarns Grenzen zu neuem Kampfe herbeigeeilt war. Dieser überschwemmte nun mit seinen Scharen ganz Holstein, Schleswig und Jütland, und Christian mußte auf seine Inseln flüchten, wohin das Wehklagen seiner ausgeplünderten Unterthanen hinüber hallte. Noch trauriger erging es den beiden Herzögen von Mecklenburg, die als Bundesgenossen Christians verjagt und deren Länder schrecklich verwüstet wurden. Im Jahre 1629 belohnte der Kaiser den Feld=herrn Wallenstein mit dem Herzogtum Mecklenburg, schenkte ihm noch dazu das Fürstentum Sagan in Schlesien und ernannte ihn zum Reichsfürsten. Mit dieser Belohnung verband Ferdinand noch den Plan, eine Seemacht auf der Ostsee zu gründen; darum ernannte er Wallenstein zu seinem Oberfeld=herrn zu Wasser und zu Lande.

Wallenstein, dessen Heer bereits zu 100 000 Mann angewachsen war, suchte sich jetzt der Küsten der Ostsee zu bemächtigen und belagerte Stral=sund, welches sich geweigert hatte, kaiserliche Besatzung einzunehmen. Allein hier scheiterte zum ersten Mal sein Glück an der tapfern Gegenwehr der Be=satzung und an der Hilfe, welche die Hanseschiffe von der Seeseite her brachten. Er mußte mit empfindlichem Verluste die Belagerung aufheben, obwohl er noch kurz zuvor gedroht hatte, Stralsund vom Erdboden weg=zufegen, wie er mit der Hand über die Tischplatte fuhr. Zwölftausend Mann hatte der hartnäckige Wallenstein in den Gräben Stralsunds begraben.

Mit Dänemark aber schloß jetzt Wallenstein plötzlich einen Frieden zu Lübeck (1629) und zwar so vorteilhaft für Christian, daß dieser auch nicht ein Dorf verlor. Der schlaue Herzog Wallenstein wollte nämlich jetzt un=gestört das gewonnene Mecklenburg beherrschen; zu diesem Zwecke mußte er aber mit seinem Nachbar Frieden haben. Dieser erkannte ihn als Herzog von Mecklenburg an und war unedel genug, seine Bundesgenossen, die ver=triebenen Herzöge, die doch erst um seinetwillen zu den Waffen gegriffen hatten, aufzuopfern.

Der Kaiser stand abermals als Sieger da und herrschte unumschränkt. Man hätte glauben sollen, jetzt würden die kaiserlichen Heere auseinander gehen, denn kein Feind war mehr vorhanden. Aber die Feldherren blieben gerüstet, und statt des Friedens machte Ferdinand das **Restitutions-** (oder **Wiederherstellungs-**) **Edikt** bekannt. Diesem zufolge sollten die Lutheraner alle seit dem Passauer Vertrage eingezogenen geistlichen Güter — zwei Erzbistümer, zwölf Bistümer und viele Stifter und Klöster — den Katholiken restituieren oder zurückgeben, die Reformierten sollten gar nicht geduldet, die Lutheraner aber von ihren katholischen Herren und Fürsten zur katholischen Religion angehalten werden. Dieses Edikt war ein Donnerschlag für die Protestanten. Vergebens machten die Fürsten Vorstellungen; Aufschub auf ein Jahr war alles, was sie vom Kaiser erhalten konnten. Doch innerhalb dieser Frist sollte sich die Lage der Dinge wesentlich ändern.

5. Wallensteins Abdankung.

Nicht allein das Restitutionsedikt schlug die Gemüter nieder; auch die zuchtlose Wirtschaft der Wallensteiner, unter welcher Katholiken wie Protestanten gleich sehr litten, erregte allgemeine Unzufriedenheit, und alle Fürsten sehnten sich nach Frieden. Zwölf Jahre hatte bereits der Krieg gedauert und grenzenloses Elend in den deutschen Gauen verbreitet. Durch die Klagen der Fürsten und Völker bewogen, berief der Kaiser im Jahre 1630 einen Kurfürstentag nach Regensburg. Hier klagten alle einstimmig den Wallenstein an wegen der vielen Gewaltthätigkeiten, die sich seine Soldaten erlaubten. „Raub und Mord, Mißhandlung der Weiber und Kinder würden überall geübt; die Offiziere füllten ihre Beutel mit dem Schweiß und Blut der armen Leute an, und viele, die früher ganz arm gewesen, besäßen jetzt 3- bis 400 000 Gulden bar Geld." Der Kaiser war tief erschüttert von diesem Bilde des Elends und entschloß sich, 18 000 Reiter seines Heeres sogleich zu entlassen. Damit waren aber die Kurfürsten nicht zufrieden. Alle verlangten mit Ungestüm die Entlassung Wallensteins und seiner verwegenen Raubscharen. Besonders sprach Maximilian von Bayern, der, seit Wallenstein den Befehl führte, sehr zurückgesetzt wurde, für des Feldherrn Abdankung. Mit schwerem Herzen willigte endlich der Kaiser ein, denn er fürchtete den Wallenstein.

Dieser stand damals mit seinem Heere in Schwaben, um die Fürsten in Regensburg zu beobachten und nötigenfalls dem Kaiser zu Hilfe zu eilen. Da kamen die Gesandten und brachten ihm sein Urteil. Wider Erwarten blieb er ganz ruhig und versprach, Gehorsam zu leisten. Er wußte schon von allem und hatte, wie er vorgab, den Ausgang des Regensburger Kurfürstentages in den Sternen gelesen. Wegen seiner Entlassung schien er den Kaiser mehr zu bedauern, als zu hassen. Er schrieb selbst an ihn, dankte ihm für sein bisheriges Zutrauen und bat, er möchte ihm seine Gnade nicht gänzlich entziehen. Die Gesandten entließ er fürstlich beschenkt. Auch seinem Heere gab er bei der Entlassung große Geschenke, gleichsam als Handgeld für die Zukunft, wenn er dessen wieder bedürfen würde. Dann zog er sich, getröstet durch die Sterne, die ihm glänzendes Glück verhießen, mit ungeheuren Schätzen auf seine mährischen Güter zurück, wo er rachebrütend die Zeit erwartete, die ihn zu noch höheren Ehren rufen sollte. Seine Söldner kehrten teils plündernd und raubend in ihre Heimat zurück, teils stießen sie zu dem kaiserlich-ligistischen Heere, dessen alleiniger Oberanführer jetzt wieder Tilly war.

6. Gustav Adolf, König von Schweden, in Deutschland.
(1630—1632.)

Nun, da die Fürsten unbedingt dem Kaiser gehorchten, schien die Sache der Protestanten verloren, und es wäre auch wieder der katholische Glaube in ganz Deutschland hergestellt worden, hätte sich jetzt nicht ein Mann er=hoben, welcher dem bisherigen Lauf der Dinge eine ganz andere Wendung gab. Dieser Mann war Gustav Adolf, König von Schweden, einer der größten Helden seines Jahrhunderts, der ausgezeichnetste Fürst seiner Zeit. Die Gefahr, welche seinen Glaubensgenossen in Deutschland drohte, sah er als seine eigene an. Auch trug er schon seit mehreren Jahren einen bitteren Groll im Herzen gegen den Kaiser und dessen Feldherrn Wallenstein, von denen er mehr als einmal schwer beleidigt worden war. Ihn, als nahen Anverwandten des Hauses Mecklenburg, schmerzte es, daß seiner Schwester Söhne trotz seiner Fürbitte nicht wieder eingesetzt, seine Gesandten sogar schimpflich von Wallenstein zurückgewiesen worden waren. Als die Stadt Stralsund belagert ward und schwedische Truppen ihnen zu Hilfe kamen, hatte Wallenstein höhnend ausgerufen: „Wenn der Schneekönig selbst herüber kommt, so werde ich ihn mit Ruten nach Hause peitschen."

In dem Kriege, den Gustav Adolf mit den Polen führte, hatte er sich tapfere Krieger und Feldherren herangebildet. Tilly wußte seinen neuen Feind besser zu schätzen, als der Kaiser mit seinen Räten. Als der Kaiser in Regensburg die Nachricht von dem Anzuge des Schwedenkönigs empfing, sprach er zu Tilly: „Wir haben halt a Feindle mehr!" Dieser aber er=widerte ernsthaft: „Der König von Schweden ist ein Feind von ebenso vieler Klugheit als Tapferkeit, in der Blüte der Jahre, kräftig und abgehärtet. Er hat im Kriege siegen und durch Siege den Krieg zu führen gelernt. Sein Heer ist ein Ganzes, das er wie ein Roß mit dem Zügel regiert. Das ist ein Spieler, gegen welchen nicht verloren zu haben schon ein Gewinn ist."

Als Gustav alles zur Überfahrt nach Deutschland vorbereitet hatte, ver=sammelte er die vier Stände seines Reichs. Es war am 21. Mai 1630, als er unter sie trat, um ihnen ein feierliches Lebewohl zu sagen. Hier nahm er sein einziges Kind, sein vierjähriges Töchterlein Christina, auf den Arm, zeigte sie den Ständen als ihre künftige Königin und ließ ihr den Eid der Treue schwören. Dann setzte er seinen getreuen Unterthanen mit be=wegter Stimme auseinander, was ihn zu dem Kriege nötige. Er schloß seine Rede mit den Worten: „Ich sage euch allen mein zärtliches Lebe=wohl; ich sage es vielleicht auf ewig." Dabei rannen dem Könige die Thränen aus den Augen, und in der Versammlung hörte man nichts als Schluchzen und Seufzen.

Mit einem kleinen, aber auserlesenen Heere (15 000 Mann), welches aus Liebe für seinen Feldherrn alles zu opfern bereit war, schiffte er sich ein und landete zuerst an der pommerschen Küste, an der Mündung der Peene. Er war der erste, der ans Land stieg. Vor den Augen des ganzen Heeres knieete er auf deutscher Erde nieder, dankte Gott mit lauter Stimme für die glückliche Überfahrt und bat um des Himmels ferneren Segen. Allen umstehenden Offizieren kamen vor Rührung die Thränen in die Augen. Der König sah es. „Weinet nicht," sprach er, „meine Freunde, sondern betet fleißig! Je mehr ihr betet, desto mehr werdet ihr siegen. Oft gebetet, ist halb gesiegt. Der beste Christ ist immer der beste Soldat!" Während im Wallensteinischen Heere Laster aller Art im Schwange gingen, keiner aber nach Gott fragte, ließ Gustav Adolf jedes Regiment täglich zu Morgen= und Abendgottesdienst einen Kreis um den Feldprediger schließen und unter freiem Himmel seine Andacht halten. Fluchen, Spielen, Rauben und Zwei= kämpfe waren streng verboten. In allen Tugenden ging Gustav selbst den Seinigen als Muster voran. Seine reine lebendige Gottesfurcht gab ihm in den schwierigsten Lagen Mut und Besonnenheit, und seine Soldaten waren mit dem festen Vertrauen erfüllt, daß sie unter einem so frommen Könige siegen müßten.

Man hätte denken sollen, die protestantischen Fürsten würden ihn alle als ihren Retter mit offenen Armen empfangen haben; statt dessen aber er= schraken die meisten vor seiner Ankunft und wollten sich mit dem Ausländer nicht verbinden, sei es aus Mutlosigkeit oder Furcht vor dem Kaiser, sei es aus Eifersucht gegen das fremde Bundeshaupt. Gustav trieb indessen die kaiserlichen Truppen in Pommern vor sich her und wandte sich dann an den Herzog Bogislav, einen überaus peinlichen, ängstlichen Mann, daß ihm dieser Stettin einräume, das sei zu seiner Sicherheit durchaus nötig. Aber davon wollte der Herzog nichts hören. Er kam selbst in Gustavs Lager und war außer sich vor Angst. Auf der einen Seite war Gustav mit einem schlagfertigen Heere und auf der andern die Furcht vor des Kaisers Zorn. „Ach!" rief er aus, als Gustav ungeduldig wurde, „soll ich denn in meinem Alter noch erleben, daß ich geächtet, mein Land verwüstet und einem andern gegeben und meine Residenz von Grund aus zerstört werde!" Gustav suchte ihn zu beruhigen und rief endlich: „Eilet, eilet, lieber Vetter! Hier ist Schnelligkeit nötig und glaubt mir, nicht jeder Zauderer ist ein Fabius!" — „Nun in Gottes Namen!" rief Bogislav halb in Verzweiflung aus, und die Schweden zogen ein.

Nicht besser ging es dem König von Schweden mit dem Kurfürsten von Brandenburg, Georg Wilhelm, einem höchst unentschlossenen Manne. Dieser weigerte sich geradezu, einem fremden Fürsten seine Festungen Küstrin und Spandau anzuvertrauen, welche dieser zur Deckung seines Rückzuges von dem Kurfürsten verlangt hatte. Und doch hatte Gustav so große Eile; denn bereits wurde die Stadt Magdeburg von Tilly hart bedrängt und hatte Boten an den Schwedenkönig gesandt mit flehentlicher Bitte um Hilfe. „Drei Wochen nur haltet euch noch," ließ Gustav der Stadt sagen, „dann hoffe ich euch Hilfe zu bringen!" Einstweilen schickte er ihnen einen erfah= renen General zum Kommandanten, den braven von Falkenberg. Als nun der Kurfürst von Brandenburg immer noch zögerte, geriet Gustav in den heftigsten Zorn. „Ihr Protestanten habt es einst vor Gott zu verantworten, daß ihr für das Evangelium nichts habt thun wollen. Ist Magdeburg verloren und bin ich nach Schweden zurückgegangen, so mögt ihr zusehen, wie ihr fertig werdet." Nun endlich räumte ihm der Kurfürst Spandau ein, und Gustav schickte sich an, bei Wittenberg über die Elbe zu gehen, um Magdeburg zu retten. Aber Wittenberg gehörte dem Kurfürsten von Sachsen, Johann Georg, einem kleinlich denkenden, dem Biertrunke ergebenen Manne, und dieser schlug ihm den Durchmarsch rund ab; denn — wie man laut sagte — seine Bierfässer galten ihm mehr, als das Wohl seiner Glaubensgenossen. Während Gustav noch unterhandeln mußte, traf die schreckliche Nachricht ein, daß Magdeburg von den Kaiserlichen erobert sei.

7. Die Zerstörung Magdeburgs (1631).

Die Stadt Magdeburg war dem Kaiser schon längst ein Dorn im Auge, denn unerschütterlich hielt sie am protestantischen Glauben fest und bildete eine Hauptstütze der Feinde des Kaisers. Da sie sich überdies geweigert hatte, kaiserliche Soldaten zu beherbergen, war sie in die Reichsacht erklärt worden, und Tilly sollte die Strafe an ihr vollziehen. Schon seit dem Dezember 1630 hatten die Kaiserlichen die fremde Stadt eingeschlossen und lebhaft bombardiert. Mehrmals schon hatte Tilly sie aufgefordert, sich zu ergeben; aber die Einwohner wiesen jede Aufforderung trotzig zurück und beschlossen, sich bis aufs äußerste zu wehren. War doch Gustav Adolf im Anzuge. Noch einmal schickte Tilly — es war im Mai 1631 — einen Trompeter in die Stadt; aber Falkenberg hielt diesen drei Tage lang zurück, um Zeit zu gewinnen. Indessen machte Tilly Anstalt, die Mauern mit Sturm zu nehmen, ehe Gustav herankäme. Am 9. Mai vormittags richtete er ein fürchterliches Feuer auf die Stadt; Bomben, Granaten und glühende Kugeln fielen wie ein Regen über die Häuser. Aber des Nachmittags hörte das Feuer plötzlich auf, selbst die Kanonen wurden aus den Batterieen zurückgeführt, und das bestärkte die Magdeburger in der Hoffnung, daß die Schweden nicht mehr fern seien. Die Nacht verging ruhig; da gingen morgens um 5 Uhr die ermüdeten Bürger und Soldaten, die seit Monaten nicht mehr ausgeschlafen hatten, in ihre Wohnungen, um auf ein paar Stunden der Ruhe zu pflegen.

Um 7 Uhr aber donnerten plötzlich wieder die Kanonen, und von allen Seiten stürzten die Kaiserlichen, mit Sturmleitern versehen, auf die Wälle los. Die meisten Soldaten und Bürger waren noch im Schlaf, die wenigen Wachen wurden schnell überrumpelt, und Pappenheim war mit einem Heerhaufen bereits in der Stadt und öffnete ein Thor, als die armen Einwohner noch gar nicht wußten, was vorging. Falkenberg, sobald er den Kanonendonner hörte, warf sich mit so viel Kriegsvolk, als er in der Geschwindigkeit zusammenraffen konnte, den Eindringenden entgegen; aber eine Kugel streckte ihn zu Boden. Des Anführers Tod verbreitete Furcht und Schrecken unter den Bürgern. Bestürzt verließen sie die Mauern, um ihre Wohnungen zu verteidigen. Von allen Seiten läuteten die Sturmglocken, die Trommeln wirbelten; in den Straßen wurde geschossen, gekämpft, aber die Bürger mußten der Übermacht des Feindes bald weichen und verriegelten sich in ihren Häusern. Doch die Thüren waren von den wilden Wallonen bald eingeschlagen; alles, was widerstehen wollte, ward niedergestochen. Die Väter wurden vor den Augen ihrer Kinder ermordet, die Frauen in den Armen ihrer Männer erwürgt, die Kinder vor den Augen ihrer Eltern an der Wand zerschmettert. Nicht einmal die schwachen Mädchen wurden verschont; manche, um der Mißhandlung zu entgehen, stürzten sich vor Angst aus den obern Fenstern auf das Straßenpflaster, andere suchten in den Wellen der Elbe Rettung. Alles Gold und Silber mußte den gierigen Soldaten ausgeliefert werden, und zum Dank dafür wurde der Überbringer niedergestoßen. Jetzt brachen auch die Kroaten, die wildesten und raubgierigsten unter allen, in die Stadt und hielten eine fürchterliche Nachlese. Zugleich brach an mehreren Stellen der Stadt Feuer aus, und der Sturmwind trieb die Flammen nach allen Richtungen; bald standen alle Straßen in lichter Lohe. In zehn Stunden war von einer der schönsten und reichsten Städte Deutschlands nichts mehr übrig als die Domkirche, ein Kloster und einige elende Fischerhütten; das übrige lag in Asche und Graus. Als nun ganze Straßen in Flammen standen und die Luft glühte, mußten sich die Bürger eiligst zurückziehen; über Trümmer und Leichen und durch das strömende Blut nahmen sie ihren Rückzug ins Lager.

Über 20 000 Leichen wurden teils begraben, teils in die Elbe geworfen. Erst am dritten Tage, als die Straßen von Schutt und Leichen etwas gereinigt waren, hielt Tilly seinen Einzug in die rauchenden, blutbespritzten Trümmer und sah nicht ohne Entsetzen den Greuel der Verwüstung. Zeitgenossen und zwar Protestanten sowohl als Katholiken erzählen einstimmig, der greise Krieger habe bei dem Anblick sogar geweint. Auch war der Untergang Magdeburgs für den Sieger selbst ein herber Verlust, denn die Stadt wäre ein vortrefflicher Waffenplatz und Stützpunkt an der Elbe gewesen. Man meldete ihm, daß im Dome noch 100 Einwohner sich befänden, die seit drei Tagen nichts gegessen hätten. Er schenkte ihnen das Leben und ließ Brot unter sie austeilen. Dann begab er sich selbst in die Kirche, um Gott für den Sieg zu danken. Der feurige Pappenheim, der in dem Untergange einer ketzerischen Stadt den gerechten Zorn des Himmels erblickte, schrieb mit inniger Selbstzufriedenheit an den Kurfürsten von Bayern: „Seit Trojas und Jerusalems Zerstörung ist kein ähnlicher Sieg erfochten worden!" Aber noch in demselben Jahre war das Schicksal der Stadt schrecklich an dem Sieger gerächt.

8. Die Schlacht bei Breitenfeld (17. Sept. 1631).

Tilly wandte sich nun nach Sachsen, um den Kurfürsten wegen seines Bündnisses zu züchtigen, das er mit andern protestantischen Städten und Fürsten zur Sicherung der Selbständigkeit sowohl gegen Schweden als gegen Österreich geschlossen hatte, und das die Leipziger Konvention genannt wurde.

Tilly bemächtigte sich schnell der Städte Halle, Eisleben, Merseburg, Naum=
burg, Zeitz und Weißenfels und legte ihnen unerschwingliche Steuern auf.
Nun bereute der Kurfürst, das Bündnis mit den Schweden nicht angenom=
men zu haben. Er schickte in aller Eile Gesandte zum König, die flehent=
lich um Hilfe und Freundschaft baten. Gustav empfing die Boten mit
scheinbarer Kälte und gab den Bitten des Kurfürsten endlich nur unter der
Bedingung nach, daß dieser ihm Wittenberg einräumte, einen dreimonatlichen
Sold für seine Truppen zahlte, ihm seinen ältesten Sohn als Geisel schickte
und alle seine schlechten Ratgeber zur Bestrafung auslieferte. Der geängstigte
Kurfürst war zu allem bereit. „Nicht nur Wittenberg“ — rief er — „son=
dern ganz Sachsen soll er zum Unterpfande haben; nicht nur einen Prinzen,
sondern meine ganze Familie, ja mich selbst will ich als Geisel überliefern,
und alle Verräter, die er mir anzeigt, sollen bestraft werden.“ Den König
rührte die Angst und Verlegenheit des schwachen Mannes; er stand groß=
mütig ab von seinen harten Forderungen. Nur auf einen Monat nahm
er den Sold für seine Truppen an, mit denen ungesäumt das sächsische Heer
vereinigt wurde.

Tilly hatte sich bereits der Stadt Leipzig bemächtigt, als das vereinigte
Bundesheer gegen ihn auszog. Bei dem Dorfe Breitenfeld, nicht weit von
Leipzig, stießen sie auf einander. Wohlweislich hatte Gustav die Sachsen
auf den linken Flügel gestellt, denn er hatte zu ihrer Tapferkeit kein großes
Vertrauen. Ein furchtbarer Kanonendonner begann, und Tilly warf sich mit
stürmender Gewalt auf die Sachsen. Diese hielten nicht stand, ihre Glie=
der löſten sich, und bald lief alles auseinander. Der Kurfürst selber floh in
solcher Eile, daß er seinen Hut verlor und erst nach mehreren Stunden in
Eilenburg Halt machte, um sich durch einen Trunk Bier zu stärken. Desto
wackerer hielten sich die Schweden. Siebenmal sprengte Pappenheim mit
seiner Reiterei gegen den rechten Flügel an, und siebenmal ward er zurück=
geschlagen. Eben so fruchtlos blieben die Versuche Tillys, als er von der
Verfolgung der Sachsen zurückgekehrt war, die Reihen der schwedischen
Schlachtordnung zu durchbrechen. Nun aber ließ Gustav vorrücken. Der
schwedische General Horn durchbrach siegreich die Reihen der Feinde, wäh=
rend der König eine Anhöhe erstürmte, auf welcher der größte Teil des feind=
lichen Geschützes aufgestellt war; dieses ließ er sogleich in die Feinde spielen.
Da wurde die Verwirrung und Flucht unter ihnen allgemein. Zum ersten
Mal ward Tilly geschlagen und zwar vollständig. Fast wäre er gefangen
oder getötet worden. Ein schwedischer Rittmeister, wegen seiner Größe der
lange Fritz genannt, wollte ihn lebendig oder tot haben und griff den alten
General wütend an. Schon war dieser von mehreren Schüssen gestreift,
schon schlug der lange Fritz mit einer umgekehrten Pistole auf ihn los, faßte
ihn beim Kragen und forderte ihn auf, sich zu ergeben — da kam ihm noch
zu rechter Zeit ein Offizier zu Hilfe und zerschmetterte dem Rittmeister den
Kopf. Die Niederlage Tillys war so groß, daß er zwei Tage darauf kaum
600 Mann beisammen hatte. Er flüchtete sich nach Halberstadt, wohin ihm
Pappenheim mit 1400 Reitern folgte.

Gleich nach dem erfochtenen Siege kniete Gustav Adolf auf dem leichen=
erfüllten Schlachtfelde von Leipzig nieder und sprach mit gefaltet empor=
gehobenen Händen: „Dank dir, Gott! Dank dir, für deinen Sieg!" Durch
diese entscheidende Schlacht veränderte sich sogleich das ganze Verhältnis.
Dem Kaiser waren mit einem Schlage alle Vorteile eines zwölfjährigen
Krieges entrissen. Die Unterdrückten aber erhoben wieder mutig ihr Haupt
und schlossen sich an den Sieger an, den sie fast abgöttisch verehrten.

Am Tage nach der Schlacht fand sich auch der Kurfürst von Sachsen
wieder ein, und der König war edel genug, ihn freundlich zu empfangen
und ihm zu danken, daß er zu dieser Schlacht geraten habe. Er trug ihm
auf, mit seinem Heere in Böhmen einzudringen, während er selbst durch die
Rheingegenden nach Bayern ziehen wollte.

9. Folgen des Sieges.

Größere Macht über die Gemüter hat seit Luther wohl niemand geübt,
als Gustav Adolf. Sein Weg durch Thüringen nach dem südlichen Deutsch=
land glich einem ununterbrochenen Triumphzuge. In Frankfurt stieß auch
der „Winterkönig" zu ihm, der sich unterdessen in Holland umhergetrieben
hatte. Tilly zog soviel Streitkräfte als möglich zusammen, und als Gustav
bei Rain über den Lech setzen wollte, stellte er sich ihm entgegen. Aber die
tapferen Schweden erkämpften den Übergang, und der alte Tilly wurde durch
eine Stückkugel am rechten Knie verwundet, so daß er nach Ingolstadt ge=
bracht werden mußte, wo er nach 15 Tagen verschied. In ihm verlor der
Kaiser einen großen Feldherrn und tüchtigen Kriegsmann, der zwar roh,
aber doch ein Mann von gutem Schrot und Korn war, unerbittlich streng
gegen sich selber lebte, gegen seine Soldaten aber fürsorglich und höchst frei=
gebig war. Als ihn der Kaiser zum Reichsfürsten erheben wollte, verbat er
sich die Ehre und schenkte dem Schreiber der Kanzlei 500 Thlr., damit dieser
das Patent n i c h t ausfertige. Er war klein, aber von starkem Knochenbau.
Zwischen seinen eingefallenen Wangen, seiner langen spitzigen Nase und seiner
runzeligen Stirn sahen zwei große finstere Augen heraus. Sein graues
borstiges Haar hing um den Kopf herum, den er mit einem spitzigen hoch=
aufgestutzten Hute zu bedecken pflegte, von welchem eine rote Straußfeder
nach hinten zu herabhing. Er trug ein grün atlassenes Kleid nach spanischem
Schnitt mit aufgeschlitzten Ärmeln, weite Beinkleider von demselben Zeuge
und aufgeschlitzte weite Stiefeln. In der Schlacht ritt er einen kleinen Grau=
schimmel. Vor der Schlacht bei Breitenfeld konnte sich Tilly rühmen, nie
eine Schlacht verloren zu haben. Niemals hatte er einen Rausch und nie=
mals Umgang mit liederlichen Weibsbildern. Er starb in seinem 73. Jahre.

Nachdem Gustav einen wiederholten Sturm gegen das feste Ingolstadt,
in welches sich auch der Kurfürst von Bayern geflüchtet hatte, vergeblich
unternommen, brach er nach München auf. Die Hauptstadt zitterte, und nur
ihre freiwillige Unterwerfung konnte den Zorn des Siegers entwaffnen. Die
Pracht des kurfürstlichen Schlosses setzte ihn in Erstaunen, und er fragte nach
dem Namen des Baumeisters. Es ist kein anderer, als der Kurfürst selbst,

sagte man ihm. „Ich möchte ihn haben, diesen Baumeister" — erwiderte der König — „um ihn nach Stockholm zu schicken." Als man das Zeughaus durchsuchte, fand man bloß Lafetten (hölzerne Gestelle) ohne Kanonen Diese hatte man so künstlich unter dem Fußboden eingescharrt, daß sich keine Spur davon zeigte, und ohne die Verräterei eines Arbeiters hätte man das Versteck nicht erfahren. Als die Dielen aufgehoben wurden, entdeckte man 140 große Kanonen. „Stehet auf von den Toten!" sprach der König und nahm die willkommene Beute in Besitz. Das ganze Bayerland wurde furchtbar gebrandschatzt, das ganze deutsche Reich war der Macht des Schwedenkönigs verfallen.

10. Wallenstein tritt wieder auf.

Während dies alles geschah, hatte Wallenstein zurückgezogen von dem Weltgetümmel, doch wachsam wie ein lauernder Löwe, gelebt. Mit innerlicher Schadenfreude sah er den Wechsel der Dinge. Er nahm aber den Schein an, als bekümmerte er sich gar nicht mehr um das Kriegsspiel und lebe in seiner Stille und Verborgenheit höchst zufrieden. An seinem Hofe herrschte kaiserliche Pracht. Er ließ sich täglich von 60 Edelknaben, die in hellblauem Sammet mit Gold besetzt gekleidet waren, und von 20 Kammerherren, die zum Teil des Kaisers Dienst verlassen hatten, bedienen. Eine Leibwache von 50 Mann, mit Hellebarden bewaffnet, stand in seinem Schloßhofe. 300 auserlesene Pferde fraßen in seinen Ställen aus marmornen Krippen. Er gab die glänzendsten Feste und sah es gern, wenn seine Gäste es sich wohl schmecken ließen und fröhlich waren, während er selbst stets ernst und finster blieb. Er sprach wenig und beobachtete mit argwöhnischem Blicke die Anwesenden. Er war groß und stark gebaut und kleine, aber feurige Augen blickten unter seiner hohen Stirn stolz hervor. Gewöhnlich trug er einen Reitkoller von Elenhaut, eine rote Leibbinde und einen scharlachroten Mantel; auf dem Kopfe einen hochaufgestutzen Hut mit einer herabwallenden roten Straußfeder; an den Füßen große Stulpenstiefeln. Mit einem geheimen Grausen blickten die Wachen auf, wenn der finstere Mann so in nächtlicher Stille einsam über den Schloßhof daherwandelte, um die Sterne zu befragen.

In der bedrängten Lage, in welcher sich jetzt Kaiser Ferdinand befand, erinnerte er sich mit bitterer Reue seines entlassenen Feldherrn. Er schickte Gesandte an ihn, die seinen gekränkten Stolz versöhnen und ihn bewegen sollten, ein neues Heer zu werben. Wallenstein verbarg seinen Triumph und empfing den kaiserlichen Gesandten mit anscheinender Kälte. „Ich bin nicht gesonnen," war seine Antwort, „mir eine undankbare Arbeit aufzubürden; ich lebe als Privatmann recht vergnügt und wünsche meine Tage in Ruhe zu beschließen." Als aber die Gesandten mit den rührendsten Bitten und dringendsten Vorstellungen unablässig in ihn drangen, versprach er endlich, innerhalb dreier Monate ein Heer zu werben. Kaum war es ruchbar geworden, daß Wallenstein wieder ins Feld ziehen wollte, so strömten die Krieger scharenweise der alten bekannten Fahne wieder zu. Bauern verließen den

Pflug, Handwerker ihre Werkstatt, um auf leichterem Wege des Lebens wieder froh zu werden. Denn der Wallensteinische schwere Reiter erhielt neun Gulden monatlichen Sold, der leichte sechs, der Fußgänger vier Gulden, ohne die tägliche Kost an Fleisch, Brot, Bier und Wein. Wie wenige konnten so viel in jenen schweren Zeiten durch Arbeit verdienen! So löste Wallenstein sein Wort, in drei Monaten ein Heer von 30 000 Mann zu stellen. „Das Heer ist da, nun schickt einen Führer!" schrieb er nach Wien. Und noch einmal mußte der Kaiser, der wohl einsah, daß nur der Schöpfer des Heeres auch der Führer sein könnte, den stolzen Mann flehentlichst bitten, den Oberbefehl selbst zu übernehmen. Wallenstein verstand sich gern dazu, machte aber Bedingungen, wie sie wohl noch nie ein Unterthan seinem Landesherrn stellte. Dem Fürsten von Eggenberg, der als kaiserlicher Gesandter mit ihm unterhandelte, überreichte er schriftlich sein „letztes Wort":

„Der Herzog von Friedland wird Generalissimus des Kaisers, des ganzen Erzhauses und der Krone Spanien. Er erhält den Oberbefehl ohne allen Vorbehalt. Der Kaiser darf sich nie bei der Armee einfinden. Zur Gewißheit der ordentlichen Belohnung wird dem Herzog von Friedland ein österreichisches Erbland in bester Form zum Unterpfand verschrieben. Als außerordentliche Belohnung aber erhält er noch die Oberlehnsherrschaft über die Länder, die er noch erobern wird. Die Konfiskationen im Reiche, desgleichen die Begnadigungen hängen ganz allein von ihm ab. Im künftigen Frieden muß ihm Mecklenburg wieder zugesichert werden. Das nötige Geld zum Kriege wird ihm ausgezahlt, und im Notfalle müssen ihm alle kaiserlichen Erbländer offen stehen."

Eggenberg erblaßte. Solche Dinge fordern, hieß, den Kaiser geradezu vom Throne stoßen. Er sandte indes das Blatt nach Wien, und es ward von dem hartbedrängten Kaiser unterschrieben. Wallenstein vermehrte nun sein Heer auf 40 000 Mann, brach im April 1632 von Znaym in Mähren nach Prag auf, eroberte die Stadt mit Gewalt und jagte den Kurfürsten mit seinen Sachsen aus Böhmen heraus.

11. Gustav und Wallenstein bei Nürnberg (1632, Juli bis Sept.).

Da Wallenstein in Böhmen reine Bahn gemacht hatte, so wäre nichts billiger gewesen, als daß er sich mit seinem Heere nach Bayern gewendet hätte, um dem bedrängten Maximilian zu Hilfe zu kommen. Auch der Kaiser erwartete dies, und der Kurfürst lud ihn mit den dringendsten Bitten dazu ein. Dem rachsüchtigen Feldherrn war aber die Not seines ehemaligen Feindes auf dem Reichstage zu Regensburg recht lieb, und er ließ ihm sagen, jetzt dürfe er Böhmen von Truppen nicht entblößen, auch werde er den Krieg nach keines andern Sinn, sondern nach seinem eigenen führen. Maximilian, immer mehr von der Not gedrängt, sandte Kuriere über Kuriere von Regensburg nach Böhmen und erbot sich zuletzt, ohne Widerrede allen Befehlen Wallensteins sich unterwerfen zu wollen, wenn dieser sich nur jetzt mit ihm vereinige. Das ward endlich angenommen, allein Wallenstein bestimmte zu neuem Verdruß des Kurfürsten nicht Regensburg, sondern Eger zum Vereinigungsplatz, weil man dem Feinde erst Nürnberg wegnehmen müßte. So unzufrieden der Bayer damit war, so zeigte sich doch bald der vermeintliche Eigensinn des Feldherrn als kluge Berechnung; denn kaum hatte Gustav den Marsch Wallensteins vernommen, als er eiligst Bayern verließ und noch früher als sein Gegner in Nürnberg ankam.

Gustav stellte den Senatoren der Stadt die bevorstehende Gefahr vor und fragte sie, ob sie ihn unterstützen wollten. Sie bewilligten ihm alles; einige tausend junge Bürger verstärkten sein Heer, und über 7000 Bauern und Soldaten umschlossen in wenig Tagen die Stadt dergestalt mit Schanzen und Gräben, daß das dahinter angelegte schwedische Lager unüberwindlich war. Bald darauf erschienen das vereinigte Wallensteinsche und bayerische Heer, besetzte die Höhen vor Nürnberg im Angesicht des schwedischen Lagers und verschanzte sich gleichfalls bis an die Zähne. Der König war damals noch schwach, und Maximilian hätte ihn so gern angegriffen, aber Wallenstein verhielt sich weislich ganz still. Er hoffte, die Schweden samt den Nürnbergern auszuhungern, allein in der Stadt war noch guter Vorrat.

Elf Wochen lagen die beiden Heere sich einander gegenüber und reizten sich wechselseitig durch kleine Scharmützel. Die Wallensteinschen zehrten die Gegend so fürchterlich aus, daß man zuletzt sieben Meilen weit nach Futter gehen mußte. Zu den Schweden stießen nach und nach beträchtliche Hilfsvölker, so daß Gustav zuletzt wieder 70 000 Mann stark ward. Mit einer so ungeheuren Menschenmenge den armen Nürnbergern länger zur Last zu fallen, schien ihm grausam, und da der Feind durchaus nicht Anstalt machte, die Berge zu verlassen, so brach ihm die Geduld, und er führte seine Truppen zum Sturm gegen die verschanzten Höhen. Das war ein tollkühnes Unternehmen. Wallenstein richtete seine Kanonen alle hinab, und unter einem mörderischen Feuer, in welchem kein Schuß vergeblich fiel, rückten die Schweden an. Schar auf Schar wurde niedergeschmettert; der tapfere Herzog Bernhard von Weimar, unter dessen Leibe schon mehrere Pferde erschossen worden waren, stellte dem Könige die Unmöglichkeit des Sieges vor, da aber kein Reden half, stürzte er wieder wie ein Verzweifelnder in das Feuer hinein. Seine fast sinnlose Kühnheit brachte ihn mit einem Teile seines Regiments glücklich auf den Berg hinauf, allein da man die Kanonen nicht nachziehen konnte und überdies die Dunkelheit einbrach, mußte er sich nach einem fürchterlichen Gemetzel wieder zurückziehen. Endlich ließ der König zum Abzug blasen, nachdem die fast übermenschliche Anstrengung fast zehn Stunden gedauert hatte und viele Tausende braver Krieger geopfert waren. Gustav erkannte nun selbst seine Unbesonnenheit und sagte beim Abendessen zum Pfalzgrafen Friedrich: „Wir haben einen Pagenstreich gemacht, Herr Vetter!"

Noch vierzehn Tage wartete er hierauf in seinem Lager, ob Wallenstein nicht, vom Hunger getrieben, herunterkommen werde; allein trotz dem bittersten Mangel blieb dieser unbeweglich auf seinem Berge sitzen. Da verließ Gustav selbst sein Lager und marschierte in bester Ordnung mit vollem Trommelschlag und hellem Trompetenklang vor dem Feinde vorüber, der sich nicht rührte, sondern ihn ruhig hinziehen ließ. Als die Schweden fort waren, brach auch Wallenstein auf und zündete sein Lager an, das andert= halb Meilen im Umfang gehabt hatte.

12. Die Schlacht bei Lützen (16. Nov. 1632).

Wallenstein, anstatt die Schweden zu verfolgen, eilte nach Sachsen, um den Kurfürsten zu einem besonderen Frieden mit dem Kaiser zu zwingen und dann den geschwächten König im Rücken anzugreifen. In dieser Not schickte der Kurfürst Boten über Boten an den König und ließ ihn um die schleunigste Hilfe bitten. Augenblicklich brach auch Gustav, alle seine errun= genen Vorteile in Bayern aufgebend, zur Hilfe seines Bundesgenossen nach Sachsen auf. In Erfurt umarmte er zum letzten Male seine geliebte Frau, die ihm von Schweden aus gefolgt war, sie sah ihn erst im Sarge wieder.

Auf seinem Zuge durch Sachsen ward Gustav von dem zuströmenden Volke mit unbeschreiblichem Jubel empfangen. Es drängte sich an ihn heran, warf sich vor seinem Retter auf die Kniee und suchte den Saum seines Kleides zu küssen, so daß der König, unwillig über diese abgöttische Verehrung, in die Worte ausbrach: „Ist es nicht, als ob mich dieses Volk zum Gotte machen wollte? Unsere Sachen stehen gut; aber ich fürchte, die Rache des Himmels werde mich für dieses Gaukelspiel strafen, um diesen thörichten Menschen meine Sterblichkeit früh genug zu offenbaren!"

Bei Naumburg an der Saale bezog er ein verschanztes Lager. Wallen= stein glaubte, der König würde wegen der vorgerückten Jahreszeit (es war schon im November) keinen Angriff mehr unternehmen, und schickte den Gra= fen von Pappenheim mit einer beträchtlichen Abteilung seines Heeres zur Eroberung der Moritzburg bei Halle; von da sollte er nach dem Rheine ziehen. Aber kaum hatte Gustav dieses vernommen, als er schnell seine Truppen zusammenzog und über Weißenfels nach Lützen, einem Städtchen nicht weit von Leipzig, eilte. Hier lagerte er sich am Abend des 15. No= vember 1632 dem Wallensteinschen Heere gegenüber.

Als der neue Tag anbricht, welcher die blutige Entscheidung herbei= führen soll, bedeckt ein dichter Nebel die ganze Gegend. Im Dunkel ordnen die beiderseitigen Feldherren ihre Scharen. Der König sinkt betend auf die Kniee, mit ihm sein ganzes Heer; unter Begleitung der Feldmusik stimmen sie ein Lied zur Ehre Gottes an. Darauf besteigt Gustav sein Pferd, reitet durch die einzelnen Glieder und feuert mit kräftigem Zuspruch ihren Mut an. Auch Wallenstein fliegt auf seinem Streitrosse die Reihen auf und nie= der, Belohnung dem Tapfern, Verderben dem Feigen verkündend. Gegen 11 Uhr dringt endlich die Sonne durch, und die beiden Heere stehen schlag= fertig einander im Gesicht. Da giebt der König das Zeichen zum Angriff. Und mit dem lauten Kriegsgeschrei: „Gott mit uns!" stürmen die Schweden über die Landstraße an den von den Kaiserlichen besetzten Graben. Aber ein mörderisches Feuer streckt die Anstürmenden reihenweis zu Boden. Mit verzweifelter Tapferkeit streiten die Heere, und der Sieg schwankt hin und her. Zweimal dringen die Schweden siegreich über den Graben, erobern die Kanonen und richten sie gegen den Feind; aber eben so oft werden sie blutig über den Graben zurückgeworfen. Endlich dringt ihr rechter Flügel, vom Könige selbst geführt, siegreich durch und treibt die Feinde fliehend vor sich her. Da erhält Gustav die Nachricht, sein linker Flügel wanke und sei bereits in Unordnung. Mit Blitzesschnelle eilt der König an den bedrohten Punkt; nur wenige können ihm folgen. Sein kurzes Gesicht bringt ihn zu nahe an den Feind; ein kaiserlicher Scharfschütze schlägt auf ihn an und zerschmettert ihm den linken Arm. Überwältigt von Schmerz und der Ohnmacht nahe bittet er den Herzog von Lauenburg, der hinter ihm reitet, ihn aus dem Getümmel zu führen. In demselben Augenblick erhält er einen zweiten Schuß in den Rücken und sinkt mit dem Seufzer: „Mein Gott! Mein Gott!" vom Pferde. Und über den Gefallenen setzen Freund und Feind. Wiehernd rennt des Königs Roß, seines Reiters beraubt und mit Blut übergossen, durch die Reihen der Schweden und bringt ihnen zuerst die schreckliche Kunde, daß ihr angebeteter Führer dahin sei. Da giebt die Wut ihnen neue Kraft. Wie grimmige Löwen dringen sie unter der Anführung des tapfern Herzogs von Weimar abermals in den Feind, stürzen alles vor sich nieder, erobern das Geschütz und richten es wiederum gegen die Kaiserlichen. Schon ist der Sieg für die Schweden entschieden; siehe, da erscheint plötzlich Pappenheim mit acht frischen Reiterregimentern von Halle her auf dem Kampfplatze, und die Schlacht beginnt von neuem. Voll blutiger Begierde, dem gehaßten Schwedenkönige selbst im Kampfe zu begegnen, stürzt er sich in das dichteste Schlachtgewühl. Schon hat er den einen Heerhaufen in die Flucht geschlagen, schon will er auf den zweiten los und den Sieg vollenden, da trifft eine Kugel und wieder eine Kugel des Tapfern Brust, und mit Gewalt müssen ihn die Seinigen aus dem Handgemenge ziehen. Jetzt erst erfährt er, daß auch der König gefallen ist, und sein Auge erheitert sich. „Meldet dem Herzoge von Friedland," — spricht er mit sterbender Stimme — „daß ich ohne Hoffnung zum Leben darniederliege, aber fröhlich dahinscheide, da ich weiß, daß dieser unversöhnliche Feind meines Glaubens an einem Tage mit mir gefallen ist." Mit ihm schwindet auch der Mut seiner Reiter; bestürzt weichen sie zurück, und nur der dicht einfallende Abendnebel rettet sie vom gänzlichen Untergange. Unterdessen sind auch die Pappenheimschen Fußtruppen von Halle her auf dem Kampfplatze angelangt und leisten noch lange den hartnäckigsten Widerstand. Erst die einbrechende Nacht macht dem mörderischen Kampfe ein Ende.

Der Sieg bei Lützen wurde für einen Verlust der Sieger und für einen Gewinn der Überwundenen gehalten; denn der Tod des Königs war ein unersetzlicher Verlust für die Schweden. Erst am folgenden Tage fanden sie seinen Leichnam, kaum kenntlich vor Blut und Wunden, zertreten von den Hufen der Pferde und aller Kleider beraubt, unfern eines großen Steines, der seitdem der Schwedenstein genannt wird und jetzt neben einem neuen, mit einer Inschrift versehenen Denkmale mit Pappeln umpflanzt ist. Er wurde erst nach Weißenfels und von da weiter, von der trostlosen Gattin begleitet, nach Stockholm in die Gruft seiner Väter gebracht. Seine goldene

Kette und das blutige Koller, welches ihm von den Kroaten ausgezogen worden war, schickte Wallenstein dem Kaiser nach Wien, und beim Anblicke der Überreste soll dieser mit Thränen im Auge geäußert haben: „Gern hätte ich dir, großer Held, längeres Leben und fröhliche Rückkehr in dein Vaterland gegönnt, wenn nur Friede in Deutschland geworden wäre!“ Was des Königs letzter Plan war, — ob nur frommer Eifer für seine bedrängten Glaubensgenossen, oder vielmehr eitle Eroberungssucht ihn herüber geführt hatte — dieses Geheimnis ging mit ihm unter. Wie ein glänzendes Meteor war er am deutschen Himmel erschienen und verschwunden.

Obgleich Wallenstein nicht der Besiegte sein wollte, so leistete er doch auf Sachsen Verzicht und trat den Rückzug nach Böhmen an. Zu Prag hielt er strenges Gericht. Elf hohe Offiziere wurden nach dem Ausspruche des Kriegsgerichtes als Ausreißer vor dem Rathause öffentlich enthauptet, sieben andere zum Galgen geführt; die Namen von fünfzig Offizieren, die sich nicht mutig genug gezeigt hatten, an den Galgen geschlagen und die Fahne des Regiments, welches zuerst die Flucht ergriffen hatte, vom Nachrichter öffentlich verbrannt.

13. Wallensteins Ermordung am 25. Februar 1634.

Nach dem Tode Gustavs, welchem dreizehn Tage später auch der unglückliche Pfalzgraf Friedrich ins Grab folgte, übernahm der schwedische Kanzler Oxenstierna, ein Mann von vieler Einsicht und wohl vertraut mit den Plänen seines Königs, die Leitung der schwedischen Angelegenheiten in Deutschland und handelte, da die Thronerbin Christina erst sieben Jahre alt war, unter Genehmigung der Reichsstände mit uneingeschränkter Vollmacht. Dem Herzog Bernhard von Weimar übertrug er den Oberbefehl des Heeres und suchte zu Heilbronn eine nähere Vereinigung der Protestanten zustande zu bringen. Allein es fehlte Gustavs Geist, der allein dem Ganzen Kraft und Einheit hätte geben können. Kleinliche Eifersucht hemmte von nun an alle größeren Unternehmungen. Der Kurfürst von Sachsen hielt es seiner unwürdig, von einem fremden Kanzler Befehle anzunehmen. Die schwedischen Feldherren Banner, Torstenson, Horn und Thurn wollten nicht unter dem Oberbefehle des Herzogs von Weimar stehen. Jeder handelte mit seinem Heere für sich, ohne den andern zu unterstützen oder Befehle von ihm anzunehmen. Bei diesem Zwiespalt wäre es für Wallenstein vielleicht ein leichtes gewesen, sie einzeln anzugreifen und zu vernichten; allein er verhielt sich eine geraume Zeit hindurch ganz ruhig in Böhmen und schien sich sogar über die Fortschritte der Schweden zu freuen. Denn es kränkte ihn tief, daß seine Feinde, die jeden seiner Schritte mit mißtrauischen Augen ausspähten und in denselben verräterische Absichten zu entdecken glaubten, ihn unaufhörlich als einen höchst verdächtigen Mann beim Kaiser anschwärzten und auf seine Absetzung drangen. Schon mit Gustav Adolf, hieß es, habe er einen höchst verdächtigen Briefwechsel gepflogen, und jetzt gehe sein Streben dahin, mit den Protestanten gemeinsame Sache zu machen und sich mit ihrer Hilfe zum Könige von Böhmen aufzuwerfen. Kein Wunder, wenn

der Kaiser endlich Verdacht gegen einen Mann schöpfte, dessen stolzer, hoch=
fahrender Sinn ihm längst bekannt war, und wenn von der andern Seite
Wallenstein nun mehr auf seine eigene Sicherheit bedacht war. Obschon
man ihn solcher verräterischer Pläne durchaus nicht überführen konnte, so
ist doch nicht zu leugnen, daß er selbst manche Veranlassung zum Verdachte
wider sich gab. So stellte er den Grafen von Thurn, der die Unruhen in
Böhmen angefangen hatte und von ihm in Schlesien gefangen genommen
war, ohne Lösegeld wieder auf freien Fuß, anstatt ihn zur Bestrafung nach
Wien abzuliefern. Der Herzog Bernhard von Weimar war dem Kurfürsten
von Bayern ins Land gefallen. Umsonst erhielt Wallenstein Befehl, dem
Bedrängten mit seinem Heere, das in Böhmen stand, zu Hilfe zu eilen.
Der Kaiser mußte sieben Eilboten an ihn abschicken, ehe er sich in Bewegung
setzte, und kaum war er bis zur Oberpfalz vorgerückt, so kehrte er plötzlich nach
Böhmen zurück. Überhaupt schonte er in den zwei letzten Jahren seines
Oberbefehls beständig den Feind, leistete mit ungeheuren Mitteln nur Ge=
ringes und drückte und ängstigte nur des Kaisers Länder mit des Kaisers
Heer. Was von all diesem der Grund gewesen sein mag, ist nicht ausge=
macht; seine Feinde und Nebenbuhler aber fanden hierin eine erwünschte Ver=
anlassung, ihn bei Hofe als Verräter anzuschwärzen. Endlich wurde er auch
vom Kaiser des Oberbefehls entsetzt, wenn auch noch nicht in die Acht erklärt.
Nunmehr mußte er auf seine eigene Erhaltung bedacht sein. Er rechnete hierbei
auf die Treue seiner Truppen; allein sie wurden ihm durch die heimlichen An=
hänger des Kaisers entfremdet. Selbst Octavio Piccolomini, dessen Treue er
und sein Freund Seni, welchen er immer um sich hatte, in den Sternen gelesen
haben wollten, täuschte das Vertrauen, welches Wallenstein in ihn gesetzt
hatte. Jener suchte alle Pläne seines Freundes und Gönners auszuspähen
und sie heimlich beim Kaiser zu verdächtigen. Ein Versuch, den General in
Pilsen gefangen zu nehmen, mißlang. Nun lag der Gedanke, ihn meuch=
lings aus dem Wege zu räumen, nahe, obschon der Kaiser dieses Äußerste
nicht direkt anbefohlen hatte. Wallenstein war mit drei Regimentern nach
Eger geeilt, um hinter den Mauern dieser Feste Schutz zu suchen. Hier aber
ward er das Opfer des schwärzesten Verrates. Drei Obersten der Besatzung,
der Irländer Leßlie und die beiden Schotten Butler und Gordon, die er
selbst aus dem Staube erhoben hatte, stifteten eine heimliche Verschwörung
gegen sein Leben an. Schon vor der Durchführung ihres blutigen Vor=
habens gerieten die drei Ausländer über die Teilung seiner Häuser, Kostbar=
keiten und Pferde in wütenden Zwiespalt gegeneinander.

Zuerst sollten des Herzogs Freunde aus dem Wege geräumt werden.
Gordon lud daher Illo, Terczky (spr. Terschky), Kinsky und Neumann,
Wallensteins treue Anhänger, auf den 24. Februar zu sich zum Abendessen
in die Citadelle ein. Vorher aber weihten die Verschworenen die Haupt=
leute Geraldin, Deveroux, Macdonald, Birch und Pestaluß, meist Irländer
und Schottländer, in ihr Geheimnis ein und bewogen sie, den Mord
zu übernehmen.

Der verhängnisvolle Abend erschien, und mit ihm fanden sich die ge=

ladenen Gäste ein. Sie setzten sich mit Gordon, Butler und Leszlie fröhlich zu Tische und ließen sich guter Dinge sein. Plötzlich flog die Thüre des Speisesaals auf und Geraldin trat ein an der Spitze von sechs Dragonern, die mit Hellebarden bewaffnet waren, und rief: „Holla! wer ist gut kaiserlich?" „Hoch lebe Ferdinand!" riefen Gordon, Butler und Leszlie und traten auf die Seite. Nun fielen die Mörder über die Gäste her und hieben sie nieder. Draußen aber im Vorhofe standen noch vierundzwanzig andere Dragoner Geraldins, die unterdessen die Bedienten niedergemacht hatten, während die aufgezogene Zugbrücke hinderte, daß einer in das Schloß hinein oder hinaus konnte.

Darauf wurde die Zugbrücke niedergelassen, und die Verräter eilten in die Stadt. Hier herrschte die tiefste Stille. Keiner hatte die geringste Ahnung von jenem Blutbade. Jetzt sollte der Hauptschlag vollbracht werden. Leszlie übernahm es, die Straße, welche zu des Herzogs Wohnung am Markte führte, zu besetzen, um jeder Unruhe vorzubeugen. Butler, Geraldin und Deveroux aber begaben sich in aller Stille mit einem Haufen herzhafter Dragoner nach des Herzogs Wohnung selbst. Es war abends um eilf Uhr. Butler blieb an der Hausthür, Geraldin besetzte die Hausflur. Der Schotte Deveroux aber stürmte mit seinen Dragonern, jeder eine Hellebarde in der Faust, die Treppe hinauf. Ein Kammerdiener, der sie abhalten wollte, wurde im Vorzimmer niedergehauen; ein anderer entsprang mit dem Geschrei: „Rebellen! Rebellen!" Auf diesen Lärm erwachte Wallenstein und fuhr aus dem Bette auf. Aber in diesem Augenblicke wurde die Thüre seines Schlafgemachs gesprengt, und Deveroux stürzte mit seinen Dragonern hinein. Der Herzog stand am Fenster, wehrlos, unangekleidet, sowie er vom Lager aufgestanden war. „Bist du der Schelm!" — brüllte ihn Deveroux an — „der das kaiserliche Volk zum Feinde überführen und Seiner Majestät die Krone vom Haupte reißen will? Du mußt jetzt sterben!" Wallenstein sprach kein Wort, sondern warf einen ernsten, kalten Blick auf den Bösewicht. „Du mußt sterben!" schrie Deveroux noch einmal. Da bewegte Wallenstein bloß die Lippen, hob die Arme gen Himmel, und in demselben Augenblicke erhielt er von Deveroux mit einer Hellebarde den Todesstoß in die Brust; der Leichnam wurde in einen Teppich gewickelt und nach der Citadelle gefahren, wo er zu den Leichen der übrigen Ermordeten gelegt wurde.

So endete Wallenstein, erst fünfzig Jahre alt, ein Mann, der bei manchen Fehlern, unter denen der Ehrgeiz nicht der geringste war, zu den außerordentlichsten Menschen aller Zeiten gehört. Die Verschworenen und ihre Helfer teilten sich in seine beträchtliche Barschaft. Sie bemächtigten sich auch aller seiner Papiere; es fand sich aber nicht ein einziges unter denselben, welches auch nur auf das entfernteste auf eine Verräterei gegen den Kaiser hindeutete.

Bis zum zweiten Tage blieb der Markt mit Soldaten und geladenen Kanonen besetzt, um des Herzogs Anhänger von jedem Versuche der Rache abzuschrecken. Aber keiner erhob sich für ihn, denn nur Sold und Beute

hatten die meisten an seine Fahnen gefesselt. Der Kaiser soll bei der Nach=
richt des traurigen Endes seines ihm als treulos geschilderten Generals viele
Thränen vergossen haben.

14. Schlacht bei Nördlingen (am 7. Sept. 1634).

Nach Wallensteins Tode wurde der Sohn des Kaisers, der König Fer=
dinand von Ungarn, zum Oberfeldherrn ernannt und ihm der im Kriege
erfahrene Graf Gallas beigesellt. Ferdinand war bei dem Heere sehr be=
liebt und rechtfertigte auch bald das Vertrauen, welches der Kaiser in ihn
gesetzt hatte. Mit seinem durch spanische Truppen verstärkten Heere wandte
er sich nach Bayern, um die Schweden aus demselben zu vertreiben. Seine
erste glänzende Waffenthat war die Eroberung von Regensburg. Dann be=
setzte er die Oberpfalz und zog vor Nördlingen, um auch diese Stadt zu
erobern. Gegen den Rat des erfahrenen Horn drang der junge, vor Kampf=
lust glühende Herzog von Weimar auf eine Schlacht, um rasche Entscheidung
herbeizuführen. Sie ward am 7. September 1634 geliefert und endete mit
der völligen Niederlage der Schweden. Zwölftausend blieben auf dem Platze,
viertausend wurden gefangen, unter ihnen Horn nebst drei andern schwe=
dischen Generalen; dazu fiel alles Geschütz und alles Gepäck den Siegern in
die Hände. Erst bei Frankfurt am Main konnte der Herzog von Weimar
die kläglichen Trümmer seines Heeres sammeln.

Dieser glänzende Sieg bei Nördlingen war für die Katholiken, was
vor drei Jahren gerade in demselben Moment und an demselben Tage der
Sieg bei Breitenfeld für die Protestanten gewesen war. Noch trostloser
wurde die Lage der Schweden, als jetzt der schon längst schwankende Kur=
fürst von Sachsen von ihnen abfiel und im Mai des folgenden Jahres zu
Prag mit dem Kaiser Frieden schloß. Auch die übrigen Fürsten Deutsch=
lands, mit Ausschluß von Hessen, verließen die Schweden und verglichen
sich, der eine nach dem andern, mit dem Kaiser. Jetzt, wo die schwedische
Macht fast vernichtet, wo alle feindlichen Parteien fast bis zur Ohnmacht
erschöpft waren, sah alles mit Sehnsucht dem Ende eines Krieges entgegen,
der beinahe ganz Deutschland zu einer Wüste gemacht hatte. Wer hätte
denken sollen, daß unter solchen Umständen der Krieg noch vierzehn Jahre
fortwüten würde! Frankreich war es, das die Flamme von neuem in un=
serem Vaterlande anfachte.

Schon lange hatte der staatskluge französische Minister, der Kardinal
Richelieu, die Not Österreichs und Deutschlands mit tückischer Freude be=
trachtet; denn sein ganzes Streben ging dahin, die Übermacht desselben zu
schwächen und sein Frankreich mit deutschen Provinzen zu vergrößern. Darum
hatte er durch Geld und Versprechungen die Uneinigkeit unter den Deutschen
sorgfältig zu unterhalten gesucht, damit sie sich einander schwächten und ihm
so seine Eroberungspläne selbst beförderten. Zunächst war es auf das schöne
Elsaß und die Rheinfestung Philippsburg abgesehen. Bisher hatte er die
Schweden nur schwach unterstützt und die Unterstützung am Ende ganz ein=
gezogen, als diese selbst ihm schon zu mächtig wurden. Bei dem neuen Glücks=

wechsel aber erneuerte er sogleich wieder das Bündnis mit denselben, ver=
sprach reichliche Unterstützung an Geld und Mannschaft und brachte es zu=
gleich bei dem Könige von Polen dahin, daß der mit den Schweden ab=
gelaufene Waffenstillstand noch auf sechsundzwanzig Jahre verlängert wurde,
damit ihre ganze Kraft sich einzig gegen den Kaiser richten könne. Endlich
fand auch Frankreich selbst eine längst gesuchte Gelegenheit, öffentlich gegen
Kaiser und Reich aufzutreten. Der Kurfürst von Trier hatte mit den Schwe=
den den Vertrag abgeschlossen, sich aller Teilnahme am Kriege zu enthalten,
und darauf eine französische Besatzung zum Schutze in seine Stadt genommen.
Hierdurch beleidigt, ließ der König von Spanien, Philipp IV., seine Truppen
von Luxemburg gegen Trier aufbrechen. Die Stadt ward erobert, die fran=
zösische Besatzung niedergehauen und der Kurfürst gefangen fortgeführt. So=
gleich erklärte der Minister Richelieu an Spanien den Krieg, welcher in den
Niederlanden und in Italien eröffnet ward. Gegen Österreich aber, den
Bundesgenossen Spaniens, zog ein französisches Heer ohne vorhergegangene
Kriegserklärung.

Während der Herzog Bernhard von Weimar, von Frankreich unter=
stützt, am Rheine focht, rückten die Schweden aus Pommern, — so weit
waren sie zurückgetrieben — und erfochten unter Anführung Banners und
Wrangels einen glänzenden Sieg über das vereinigte österreichische und säch=
sische Heer bei Wittstock am 24. September 1636. Infolge dieses Sieges
wurde ganz Thüringen und Hessen von den Kaiserlichen befreit und das
Vertrauen der Protestanten zu den schwedischen Waffen von neuem belebt.
Das unglückliche Sachsen mußte jetzt für sein Bündnis mit dem Kaiser tief
die Rache der Sieger fühlen. Der Kaiser erlebte das Ende dieses Krieges
nicht. Er starb zu Wien am 15. Februar 1637, und sein Sohn Ferdi=
nand III. ward Erbe wie des Thrones, so des Krieges.

15. Ferdinand III. (von 1637—1657).

Ferdinand III. war neunundzwanzig Jahre alt, als er den Thron be=
stieg, und regierte zwanzig Jahre. Während der ersten Hälfte seiner Re=
gierung hatte er noch immerfort mit den Greueln eines Krieges aus Kriegen
zu kämpfen. Wie früher der böhmisch=pfälzische den dänischen und dieser
den schwedischen Krieg erzeugte, so hatte jetzt Gustav Adolfs Verschwinden
und das Nördlinger Siegesglück auch noch einen französischen herbeigeführt.
Wegen Religionsfreiheit war der Krieg angefangen; im Fortgange desselben
aber trat die Religion immer mehr in den Hintergrund und selbstsüchtige
Zwecke einzelner Fürsten an ihre Stelle. Darum verliert auch im Fortgange
der Zeit dieser Krieg immer mehr von dem Interesse, welches er früher
darbot. Frankreich trachtete nur nach deutschen Besitzungen am Rheine,
Schweden wollte sein Gebiet an der Ostsee erweitern. Bei den deutschen
Fürsten trat sichtbar das Streben nach völliger Unabhängigkeit hervor; da=
rum unterstützten sie die Ausländer. Unser unglückliches Vaterland glich
einer großen Beute, in welche sich inländische Fürsten mit auswärtigen zu
teilen strebten.

Der Herzog von Weimar focht gegen die Kaiserlichen im Elsaß, in der Absicht, sich selbst zum Herrn dieses Landes zu machen. Er war in seinem Unternehmen sehr glücklich, schlug die Kaiserlichen bei Rheinfelden und Breisach und belagerte diese Festung. Ein österreichisches Heer, das zum Entsatze heranzog, wurde geschlagen, die Stadt selber am 3. Dezember 1638 erobert. Seit dieser Eroberung schwand aber das gute Vernehmen zwischen Richelieu und Bernhard. Jener hatte gehofft, der Herzog würde ihm die wichtige Festung Breisach, welche der Schlüssel Frankreichs zu Deutschland war, übergeben; allein dieser wies alle fremden Anträge und Versprechungen von sich; denn er hatte vor, die Stadt zu seinem eroberten Elsaß zu schlagen. Aber der Tod vereitelte die Pläne seiner Ehrsucht. Er starb plötzlich am 18. Juli 1639 zu Neuburg am Rhein, in einem Alter von vierunddreißig Jahren, wahrscheinlich von den Franzosen vergiftet. Diese nahmen sogleich des verstorbenen Herzogs Heer in ihren Sold und ließen Elsaß für sich besetzen, so daß es jetzt klar genug am Tage lag, was Frankreichs eigentlicher Zweck bei der Unterstützung Bernhards gewesen war.

Nach so vielen Drangsalen dieses endlosen Krieges wurde die Sehnsucht nach Frieden in Deutschland immer lauter. Der Kaiser berief deshalb im Jahre 1640 einen Reichstag nach Regensburg, zunächst, um die deutschen Fürsten zu bewegen, sich von den Ausländern loszusagen und mit gemeinsamen Kräften die übermütigen Franzosen und Schweden aus dem Reiche zu vertreiben. Kaum hatte der General Banner die Absicht des Kaisers erfahren, als er mit seinem durch französische Truppen verstärkten Heere nach Regensburg eilte, um den Kaiser nebst allen dort versammelten Fürsten zu überrumpeln. Allein dieser kecke Versuch mißlang; wegen des eingetretenen Tauwetters mußte er es bei einer Kanonade bewenden lassen. Er starb nicht lange nachher, am 10. Mai 1641.

Nach Banners Tode kam Torstenson mit Geld und frischen Truppen aus Schweden. Von zartester Kindheit an war er als Edelknabe um Gustav Adolf gewesen, unter welchem er auch das furchtbare Kriegshandwerk erlernt hatte. Obschon er im besten Mannesalter sehr an der Gicht litt, so machte er dennoch die beschwerlichsten Winterfeldzüge mit reißender Schnelligkeit und erteilte vom Tragsessel oder aus der Sänfte seine Befehle. Von Lüneburg aus zog er durch Brandenburg nach Schlesien, eroberte Großglogau und schlug am 31. Mai 1642 bei Schweidnitz die Kaiserlichen unter dem Herzog Franz Albert von Sachsen-Lauenburg, einst General der Schweden und, wie viele ihn offen beschuldigen, Meuchelmörder Gustav Adolfs. Dann drangen die Schweden in Mähren ein, eroberten Olmütz und streiften nun keck, das feste Brünn zur Seite lassend, bis tief in Österreich, ja sechs Reiter wagten sich bis an die Wiener Donaubrücken; sie wurden aber gefangen und in die Stadt gebracht, wo sie durch ihre sonderbare Tracht, Haltung und Sprache der zusammengelaufenen Menge ein seltsames Schauspiel gewährten. Bei der sichtbaren Gefahr der Kaiserstadt eilte schnell das österreichische Heer unter Piccolomini und dem Erzherzog Leopold herbei und drängte die Schweden nach Sachsen zurück. Bei Breitenfeld aber, wo Gustav Adolfs Siegesfeld

über Tilly, gewann Torstenson am 2. November 1642 einen glänzenden
Sieg über die Kaiserlichen, rückte infolge dessen neuerdings in Mähren ein
und forderte auch Ragoczy, den Fürsten von Siebenbürgen auf, ihm die
Hand zu bieten und die Pforte zum Bruch zu mahnen. Torstensons Riesen=
plan war, gerade auf Wien loszugehen und dem Kaiser in seiner eigenen
Hauptstadt den Frieden vorzuschreiben. Aber dieser Plan ward ihm bald
bereitelt.

Die Schweden hatten nämlich einen neuen Feind erhalten an den Dä=
nen, die das Waffenglück ihrer Grenznachbarn schon längst mit neidischen
Augen angesehen und sich jetzt mit dem Kaiser verbündet hatten. Gleich
einem Spaziergange machte Torstenson den Zug aus Mähren nach Holstein
und Jütland bis an die Ostseeküsten und überschwemmte das ganze Land
mit seinen Scharen. Dann wandte er sich zurück gegen den kaiserlichen Feld=
herrn Gallas, der ihm gefolgt war, und trieb ihn von der Ostsee wieder
über die Elbe ins böhmische Gebirge hinein. Bei Jankowitz aber trat ihm
ein neues kaiserliches Heer unter den Generalen Hatzfeld und Götz entgegen.
Dort kam es am 6. März 1645 zu einer blutigen Schlacht, die ganz zum
Nachteile der Österreicher ausfiel. Götz und mehrere Generale wurden ge=
schlagen, Hatzfeld aber mit einer bedeutenden Heersäule und allem Geschütz
und Gepäck gefangen. Die Trümmer des Heeres warfen sich in wilder
Flucht nach Prag, das der Kaiser sogleich verließ, über Regensburg nach
Wien eilend. Der erste Schrecken übertraf jenen von Tillys Niederlage bei
Leipzig. Prag ward nur gerettet, weil Torstensons stolzer Sinn auf Wien
selbst gerichtet war. Acht Tage nach der Schlacht stand er schon an der
Donau und bedrohte die Hauptstadt. Die kaiserliche Familie, die Schatz=
kammer, das Archiv wurde nach Graz gebracht. Der Kaiser aber beschloß,
gleich seinem Vater, in Wien das Äußerste zu erwarten, und traf die nötigen
Verteidigungsanstalten. Torstenson hatte darauf gerechnet, der Fürst von
Siebenbürgen werde sich jetzt mit ihm verbinden; aber dieser wollte, Torsten=
son sollte ihm vor allem Ungarn erobern; bis ihm dies nicht genügend ver=
bürgt sei, werde er sich nicht von der Stelle bewegen. Das vom Kaiser
erhaltene Geld bewog ihn zum Rückzug. Der Schwede ward endlich un=
geduldig, brach unversehens von Wien auf und beschloß, zuerst den in seinem
Rücken gelassenen Waffenplatz Brünn zu nehmen, und dann nach der Donau
zurückzukehren. Die Festung verteidigte sich aber auf das hartnäckigste, so
daß Torstenson nach mehreren vergeblichen Stürmen mit ungeheurem Ver=
luste die Belagerung aufgeben mußte. Mißmutig zog er sich nach Böhmen
zurück und legte den Oberbefehl nieder, welchen jetzt Wrangel übernahm.

Bereits waren zwei Waffengefährten des Kaisers vom Kampfplatze ge=
treten. Im Jahre 1645 hatte der hartbedrängte König von Dänemark
Frieden mit den Schweden geschlossen; zwei Wochen später war auch der
Kurfürst von Sachsen, dessen Land rein ausgesogen war, einen Waffenstill=
stand eingegangen. Der Kurfürst von Bayern folgte diesem Beispiele, und
der Kaiser stand jetzt allein einem überlegenen Feinde gegenüber. Er selbst
stellte sich, da sein Feldherr Gallas eben gestorben war, an die Spitze des

Heeres und hemmte die Fortschritte der Schweden. Bald ließ auch der Kurfürst von Bayern seine Truppen wieder zu den Kaiserlichen stoßen, und Wrangel mußte sich aus Böhmen nach den Rheingegenden zurückziehen. Dort vereinigte er sich mit dem berühmten französischen General Türenne, und beide zogen unter schrecklichen Verwüstungen durch das unglückliche Bayern. Wrangel drang bis an den Bodensee vor und nahm Bregenz, während der schwedische General Königsmark die kleine Seite von Prag am 25. Juli 1648 eroberte. Schon sollte die Hauptstadt selbst bestürmt werden; da endlich, nach so namenlosen Leiden und Drangsalen, erscholl plötzlich, wie eine Stimme vom Himmel, der Ruf — Friede! In Prag hatte der unselige Krieg begonnen, in Prag erlosch auch die verheerende Flamme.

16. Der westfälische Friede (1648).

Schon im Jahre 1641 waren die beiden westfälischen Städte Münster und Osnabrück zu den Orten ausersehen, wo die Gesandten der kriegführenden Mächte den längst ersehnten Frieden unterhandeln sollten, aber erst im Jahre 1643 nahmen die eigentlichen Unterhandlungen ihren Anfang und zwar mit den Katholiken zu Münster, mit den Protestanten zu Osnabrück. Der päpstliche Nuntius und der Botschafter von Venedig, als Vermittler beider, hatten ihren Sitz in Münster. Der kaiserliche Gesandte, Graf von Trautmannsdorf, leitete vorzüglich die Geschäfte. Bei den einzelnen Unterhandlungen stellten sich unermeßliche Schwierigkeiten ein, indem jeder Teil nur gewinnen, keiner verlieren wollte, und mehr als einmal drohten die Unterhandlungen sich wieder zu zerschlagen. Insbesondere machten die Ausländer, die Franzosen zu Münster und die Schweden zu Osnabrück, übermäßige Forderungen, wie dieses vorauszusehen war. Während die Gesandten unterhandelten und durch gegenseitige Überlistungen und Täuschungen aller Art die Verhältnisse auf das äußerste verwickelten, fochten die Heere fort, und die Siege und die Niederlagen hemmten oder förderten die Unterhandlungen der Gesandten. Die Unterhandlungen wurden absichtlich in die Länge gezogen, weil die kriegführenden Mächte von einem Tage zum andern hofften, daß das Glück der Waffen sich zu ihrem Vorteil wenden würde, so daß alsdann ihre Gesandten mit größeren Forderungen auftreten könnten. Erst im Jahre 1648 kam durch die Thätigkeit des biederen Grafen von Trautmannsdorf, der überall mit Kraft und Offenheit zu Werke ging, der Friede glücklich zustande. Die Hauptpunkte desselben sind folgende:

Die Freiheit und Unabhängigkeit der Schweiz vom deutschen Reiche und der Niederlande von Spanien wurden förmlich anerkannt.

Frankreich erhielt das schöne Elsaß, soweit es österreichisch war, den Sundgau, die Festungen Breisach und Philippsburg, auch mußten mehrere Festungen am Rheine geschleift werden, so daß Frankreich nun ein offenes Thor nach Deutschland bekam. Zuerst erhielt es die Bestätigung seiner völligen Landeshoheit über die lothringischen Bistümer Metz, Toul und Verdun.

Schweden bekam Vorpommern, die Insel Rügen, nebst der Festung Stettin, die mecklenburgische Stadt Wismar und die sekularisierten oder weltlich gemachten Bistümer Bremen und Verden, außerdem Sitz und Stimme auf dem deutschen Reichstage. Als Kriegskosten wurden demselben fünf Millionen Thaler zugesichert. Bis diese Summe von dem erschöpften Deutschland aufgebracht war, hielten die Schweden die Festungen besetzt.

Brandenburg bekam die Stifter Minden, Halberstadt, Kamin und Magdeburg.

Hessenkassel hatte im Laufe des Krieges nichts verloren, gleichwohl erhielt es für seine treue Anhänglichkeit an Schweden die Abtei Hersfeld nebst 1 800 000 Mark, welche Münster, Paderborn, Mainz, Köln und Fulda aufbringen mußten.

Mecklenburg bekam, wegen des abgetretenen Wismar, die Bistümer Schwerin und Ratzeburg als Fürstentümer.

Bayern erhielt die Oberpfalz nebst der Kurwürde; den übrigen Teil der Pfalz aber, die Unter- oder Rheinpfalz, erhielt der Sohn des geächteten Friedrich V. zurück, nebst der neu errichteten achten Kurfürstenstelle.

Den sämtlichen deutschen Fürsten wurde die längst geübte Landeshoheit nun auch gesetzmäßig zugesprochen, wohin auch das Recht gehörte, Bündnisse unter sich und mit auswärtigen Mächten zu schließen, insofern sie nicht dem Reiche zu Schaden wären.

In Hinsicht der Religionsangelegenheiten wurden den Lutherischen und Reformierten gleiche Rechte mit den Katholiken eingeräumt und zugleich festgesetzt, daß sie alle Kirchen und Kirchengüter behalten sollten, die sie seit dem Jahre 1624 besaßen. Dieses Jahr bekam deshalb den Namen Normal- oder Bestimmungsjahr. Somit war das frühere Restitutionsedikt hierdurch stillschweigend von selbst aufgehoben.

Der Friede mit Schweden zu Osnabrück wurde am 8. August, mit Frankreich zu Münster am 17. September geschlossen, beide Friedensschlüsse aber erst am 24. Oktober bekannt gemacht. Das Schmählichste für uns Deutsche war, daß die Ausländer, Schweden und Franzosen, auch noch die Gewährleistung unserer Reichsverfassung und der Friedensbedingungen übernahmen, und daß wir die übermütigen Fremdlinge so lange beherbergen und ernähren mußten, bis alle Bedingungen auf das genaueste erfüllt waren.

So endete der dreißigjährige Krieg, der unglücklichste und schmachvollste, den Deutschland je geführt hat. Unser sonst so blühendes Vaterland bot jetzt einen erschütternden Anblick dar. Tausende von Flecken, Dörfern und Städten lagen nieder in Schutt und Asche, und heimatlos irrten die unglücklichen Bewohner umher. Die reiche Fabrik- und Handelsstadt Augsburg, die vor dem Kriege nahezu 100 000 Einwohner hatte, zählte nach dem Kriege nur noch 6000. Die fruchtbare gesegnete Rheinpfalz hatte nur noch den funfzigsten Teil ihrer Bevölkerung. In Böhmen und Mähren waren, außer vielen Städten und Flecken, über 1000 Dörfer also verschwunden, daß man die Stätte vieler gar nicht mehr zu bezeichnen weiß. Ganze Gegenden, einstens Sitze des regsten und fröhlichsten Lebens, waren in schaurige, menschenleere Wüsten verwandelt. Felder lagen unangebaut, Handel und Gewerbe stockten, Bildungsanstalten verwilderten oder hörten ganz auf, da sie aller Pflege entbehrten, die einzig auf die Ausrüstung der Heere verwendet wurde. Dagegen vermehrten sich in den wüst gewordenen Gegenden die wilden Tiere und drangen bis in die Städte. Fast die Hälfte der Einwohner Deutsch= lands war untergegangen; pestartige Krankheiten, Hungersnot und Verzweif= lung wüteten unter denen, welche dem Racheschwerte der Feinde entronnen waren. Dazu hatte die ungeheure Not und der stete Anblick des allgemeinen Jammers die Herzen der Menschen gar sehr verwildert. Nirgends war Sicherheit, überall wimmelte es von Räubern und Mordgesindel. Und was ließ sich von der während des Krieges in Druck und Elend, in beständiger Angst und Not wild aufgewachsenen Jugend erwarten, die des Friedens schöne Segnungen nicht kannte!

Von so vielen Greueln konnte sich unser unglückliches Vaterland nur allmählich erholen, und bloß dem Biedersinn des deutschen Volkes und seiner Fürsten ist es zuzuschreiben, daß es sich schneller erholte, als man hätte erwarten sollen.

Sechster Abschnitt.

Unumschränkte Könige.

I. Ludwig XIV. (1643—1715).

1. Frankreich und Deutschland.

Die traurigen Folgen des dreißigjährigen Krieges, der die Kraft des deutschen Reiches in seiner Wurzel gelähmt hatte, zeigten sich auf erschreckende Weise, als in Frankreich ein Alleinherrscher den Thron bestieg, der, eben so herrschsüchtig als stolz, es darauf anlegte, alle Nachbarmächte zu demütigen und von Frankreich abhängig zu machen. Ludwig wurde schon als sechsjähriges Kind zum Könige von Frankreich gekrönt, seine Mutter aber führte bis zu seiner Großjährigkeit die Regentschaft. Schon in seinem vierzehnten Jahre erklärte sich Ludwig im Parlament für mündig und selbstregierend und begann nun eine Regierung, die allerdings zu den glänzendsten gehört in der ganzen französischen Geschichte, die aber auch das arme Volk von Grund aus ruinierte. Denn es begannen nun Kriege auf Kriege, welche die besten Kräfte des durch Handel und Gewerbfleiß so blühenden Frankreichs aufzehrten.

Durch die Minister Richelieu und Mazarin war die Selbständigkeit des Adels gebrochen; die Parlamente, welche die Steuern ausschrieben und bewilligten, mußten thun, was der König wollte. Einst, da sich noch einmal die Parlamentsräte ermannten, den übertriebenen Forderungen der Krone zu widersprechen, ritt der junge Ludwig, der in St. Germain eben zur Jagd sich anschickte, spornstreichs nach Paris, trat im Jagdkleide und mit der Reitpeitsche in der Hand in die Versammlung und donnerte die Herren Abgeordneten so an, daß sie demütig alles bewilligten, was man verlangte. Der Wille des einzigen war das Gesetz für alle; als man bei dem Könige einst von der Rücksicht auf den Staat sprach, antwortete er frech: „Der Staat — das bin ich!"*) Kein Wunder, wenn Ludwig so große Macht bekam, daß Kaiser und Könige sich vor ihm beugten, denn es kostete ihm nur ein Wort, und ganze Heere standen ihm zu Befehl.

---

*) Sollte, wie neuerdings angenommen wird, das Wort nicht so gesprochen worden sein: so bezeichnet es doch sehr treffend Ludwigs Denk- und Handlungsweise.

Ganz anders war es in Deutschland, diesem Rumpfe mit hundert Köpfen, wo jeder kleine Fürst und Herzog einen König vorstellen, niemand dem Kaiser folgen und für das Reich etwas thun wollte. Selbst einige reiche Fabrik= und Handelsstädte versuchten es, sich zu der Unabhängigkeit der alten Reichsstädte zu erheben. Münster, Erfurt, Braunschweig und Magdeburg waren es namentlich, die sich weigerten, den Fürsten, in deren Gebiet sie lagen, Abgaben zu entrichten und Besatzungen von ihnen ein= zunehmen. Mit bewaffneter Hand mußten sie erst dazu gezwungen werden. Des Kaisers vornehmster Ratgeber, Fürst von Lobkowitz, stand in fran= zösischem Solde, und die drei geistlichen Kurfürsten von Köln, Mainz und Trier wollten sogar dem König Ludwig ihre Stimme geben, daß dieser zum Kaiser von Deutschland erwählt würde. Die Protestanten widersprachen aber dem kräftig und blieben dem Hause Österreich treu.

2. Der Kurfürst von Brandenburg gegen Ludwig.

Ludwig XIV. hatte im Jahre 1672 auf höchst ungerechte Weise die vereinigten Niederlande angegriffen, und die deutschen Fürsten am Rhein waren verblendet genug, ihm ihre Hilfe zu leihen. Die armen Niederländer kamen in die größte Gefahr, von der französischen Übermacht überwältigt zu werden, und riefen vergebens ihre Nachbarn um Hilfe an. Nur der Kur= fürst Friedrich Wilhelm von Brandenburg, für seine westfälischen Länder fürchtend, wagte es, mit der Aussicht auf gute Hilfsgelder, die ihm die Holländer versprochen hatten, nicht bloß mit seinem ganzen Heere auf= zubrechen, sondern auch den Kaiser zum Beitritt zu bewegen. Aber wie bitter mußte er das bereuen! Er wußte nicht, daß des Kaisers Minister, Fürst von Lobkowitz, in französischem Solde stand, und dem General Monte= cuculi, der wirklich mit 17 000 Mann kaiserlicher Truppen abging, geheimen Befehl erteilt hatte, sich mit den Franzosen durchaus in kein Gefecht ein= zulassen. Voll froher Hoffnung, mit deutscher Tapferkeit den französischen Räubereien in Holland ein Ende zu machen, vereinigte er sich mit dem öster= reichischen Feldherrn zu Halberstadt und drang darauf gerade nach Westfalen, dem dort plündernden Türenne die Spitze zu bieten. Aber Montecuculi bewies dem Kurfürsten mit mancherlei Gründen, wie weit vorteilhafter es wäre, sich nach der Mosel zu wenden, um dort den Franzosen alle Zufuhr ab= zuschneiden und sich mit den Holländern im Lüttichschen zu vereinigen, wo= durch die Franzosen genötigt würden, Westfalen und die Niederlande von selbst zu verlassen. Friedrich Wilhelm wich bescheiden der Autorität des größeren Kriegshelden und folgte ihm unverdrossen auf einem weiten Um= wege durch das Hessische und über Koblenz, und da Trier, Mainz und die Pfalz aus Furcht vor den Franzosen den Durchmarsch nicht gestatten wollten, noch weiter herunter. Als man endlich über den Rhein hätte setzen können, weigerte Montecuculi sich dessen schlechterdings unter dem Vorwand, daß man nun den Generalen Türenne und Condé nicht mehr gewachsen sei. Das durch so viele nutzlose Märsche sehr entkräftete Heer zog hierauf wieder zurück nach Hessen und über den Westerwald nach Westfalen in die Winter=

quartiere, aus denen aber der Hunger und die feindlichen Angriffe des Bischofs von Münster, der es mit den Franzosen hielt, es bald über die Weser zurücktrieben. So ward ein schönes Heer, das einen ganzen Sommer und Herbst vergebens herumgeführt war, durch die Treulosigkeit eines einzigen Verräters zu Grunde gerichtet!

Der Kurfürst, schändlich betrogen, hatte nicht nur ein Heer eingebüßt, sondern erhielt auch nun die versprochenen Hilfsgelder von Holland nicht, ja er mußte es geschehen lassen, daß die Franzosen seine westfälischen Länder nicht bloß barbarisch ausplünderten, sondern ihm auch die Festungen Wesel und Rees wegnahmen. Mit schweren Opfern mußte er den Frieden (zu Vossem unweit Löwen 1673) von den Franzosen erkaufen. „Möge dereinst aus meinen Gebeinen ein Rächer erstehen!" — sagte er, die bessere Zukunft vorahnend, bei der Unterzeichnung des Vertrags.

3. Eroberungskrieg gegen Deutschland.

Ludwig XIV. hatte dieser deutschen Uneinigkeit lachend zugesehen und erlaubte sich jetzt die übermütigsten Neckereien. Deutsche Kaufmannsgüter auf dem Rhein wurden ohne Umstände weggenommen, die Rheinbrücke bei Straßburg wurde abgebrannt, das Triersche und Kölnische auf wiederholten Durchzügen schrecklich verwüstet, und zehn Reichsstädte im Elsaß, die das Reich im westfälischen Frieden sich ausdrücklich vorbehalten hatte, wurden ohne Umstände unter französische Botmäßigkeit gebracht. Und das alles geschah mitten im Frieden. Aber Ludwig wollte mit Fleiß den Kaiser Leopold reizen, um noch ganz Lothringen an sich reißen zu können und wieder einen Frieden wie den westfälischen zu schließen.

Was Ludwig XIV. durch seine Schikanen beabsichtigt hatte, geschah. Der Kaiser konnte nicht länger mit Ehren schweigen, und nach vielen vergeblichen Beschwerden erfolgte 1673 die Kriegserklärung. Im August brach Montecuculi mit 33000 Mann aus der Oberpfalz nach dem Main auf. Türenne kam ihm schon entgegen, denn es verstand sich, daß das arme Deutschland wie immer der Schauplatz der Verheerung sein mußte. Bei Ochsenfurt in Franken trafen die Heere zusammen, und es gelang dem österreichischen Feldherrn, die Franzosen so in die Enge zu treiben, daß er leicht das ganze feindliche Heer hätte aufreiben können, wenn — er nicht von dem verräterischen Lobkowitz geheimen Befehl gehabt hätte, durchaus kein Treffen zu liefern. Türenne entkam glücklich nach Philippsburg und hinterließ auf seinem Zuge durch die Pfalz die gräßlichsten Spuren französischer Kriegswut. Nachdem er seinen Vorteil ersehen — denn er war ein trefflicher Kriegskünstler — schlug er die Deutschen bei Holzheim. Das schöne Rheinland mußte die Uneinigkeit des Reiches hart büßen. Auf des französischen Kriegsministers Louvois Befehl wurden in der Pfalz Städte und Dörfer bis auf den Grund niedergebrannt, die Menschen wie das liebe Vieh fortgetrieben und der ganze Grenzstrich zwischen Deutschland und Frankreich zur Wüste gemacht.

Friedrich Wilhelm war schon mit 20000 Mann unterwegs gewesen, um den Österreichern zu Hilfe zu eilen, aber diese hatten die Ehre des Siegs allein haben wollen und voreilig losgeschlagen.

4. Der große Kurfürst bei Fehrbellin (1675).

Auch diesmal sollte der große Kurfürst für seinen Patriotismus am schwersten büßen. Ludwig XIV. trat mit den Schweden in ein Bündnis und bewog sie, über die Grenze zu setzen und dem Kurfürsten ins Land zu fallen. Im Dezember 1674, während dieser mit seinem Heere in Franken lag, rückten die Schweden unter dem Feldmarschall Wrangel in Pommern ein und in die Mark Brandenburg und erpreßten die größten Kriegssteuern in beiden Provinzen. Ludwig triumphierte; er glaubte nun das herrlichste Mittel gefunden zu haben, das Reichsheer zu trennen. Allein er irrte sich. Friedrich Wilhelm schrieb seinem Statthalter in der Mark, die Schweden würden ihn durch ihren Einbruch nicht zur Untreue gegen seine Bundes= genossen reizen; er bedauerte das Schicksal seiner Unterthanen, indessen möchten sie geduldig ausharren, bis er ihnen mit seiner ganzen Macht zu Hilfe kom= men könnte. Er reiste hierauf mitten im Winter selbst nach dem Haag, um sich mit den Niederländern zu verständigen, versuchte auch die Höfe von Wien und Kopenhagen zum Kampf gegen Schweden zu bewegen; aber beide versagten ihm ihre Hilfe. Auch auf dem Reichstage zu Regensburg bemühte er sich vergebens um einen Bundesgenossen. So mußte er sich also selber genug sein. Mit seinen in den Winterquartieren wohl ausgeruhten Branden= burgern brach er zu Anfang des Junius 1675 plötzlich auf, eilte mit schnellen Märschen nach Magdeburg, ging bei Nacht über die Elbe und stand vor Rathenow, da man ihn noch tief in Franken glaubte. Schrecklich war die Überraschung der in Rathenow befindlichen Schweden, als sie plötzlich von allen Seiten sich angegriffen sahen. Die meisten wurden niedergehauen, die andern wollten nach Havelberg flüchten, wo Wrangels Hauptquartier war. Auch die in Brandenburg und der Umgegend liegenden Schweden brachen dahin auf, aber der Kurfürst ließ ihnen durch vorangeschickte Reiter alle Brücken abbrechen. Der Prinz von Hessen=Homburg sollte mit 1500 Reitern den 11 000 Mann starken Feind zum Stehen bringen, aber nicht eher losschlagen, bis der Kurfürst selber nachgekommen sei. Bei Fehr= bellin machen die Schweden Halt und nehmen eine gute Stellung ein. Prinz Homburg, von seinem Mute verleitet, greift an, wird aber bald gänz= lich umzingelt. Der Kurfürst mit seinen 4200 Reitern und 13 Geschützen — ihr kriegserfahrner Führer war der zum Feldmarschall emporgestiegene Georg Derfflinger — ist noch eine Meile entfernt. Nun geht alles im Sturm= lauf vor. Schnell übersieht der Kurfürst die Stellung, postiert auf einem noch unbesetzten Hügel sein Geschütz, und dieses donnert in den Feind. Die Schweden dringen wütend gegen den Hügel und das Brandenburger Geschütz, schon schwanken einige Scharen, als der Kurfürst herbeieilt, sich selbst an die Spitze etlicher Schwadronen stellt, die keine Offiziere mehr haben. „Mut!" ruft er, „ich, euer Fürst, nun euer Hauptmann, will siegen oder ritterlich mit euch sterben!" An seiner Seite wird sein tapfrer Stallmeister Froben

von einer schwedischen Stückkugel niedergestreckt; er aber stürmt unaufhalt=
sam vorwärts. Da werfen die kräftigen brandenburgischen Arme die Feinde
auf allen Seiten, und Wrangel nimmt seinen Rückzug nach Fehrbellin. Alles
Geschütz und Gepäck wird eine Beute der Sieger.

Es war eine denkwürdige Schlacht; die erste, welche die Brandenburger
allein und über einen Feind gewannen, der seither noch im Glauben der
Unbesiegbarkeit stand. Selbst Montecuculi ließ zu Ehren des Sieges drei=
mal feuern. Von der Beute gab der Kurfürst 2000 Wagen und unzählig
Vieh dem schwer mitgenommenen Landvolk. In Berlin mit Jubel em=
pfangen, hielt Friedrich Wilhelm vor allem einen Dankgottesdienst, wozu er
den Text angab Jerem. XX, 11: „Der Herr ist bei mir wie ein starker
Held, darum werden meine Verfolger fallen!" Den Glückwünschenden sagte
er: „Es ist Gottes Wille, der hat es gethan!"

5. Die Réunionen Ludwigs.

Dem tapferen Kurfürsten hatte indes seine Tapferkeit zunächst nicht viel
geholfen, denn als es zum Frieden von Nymwegen kam, mußte der Kaiser
den Schweden alles lassen, die Franche-Komté (Freigrafschaft Burgund), die
früher als kaiserliches Lehen zu Deutschland gehört hatte, wurde Frankreich
einverleibt, auch die Festung Freiburg ihm abgetreten. Die deutschen Fürsten
wurden gar nicht gefragt, und Friedrich Wilhelm allein konnte nicht mehr
widerstreben; er mußte das kaum eroberte Schwedisch=Pommern wieder
herausgeben.

Mit den eroberten deutschen Länderstrecken waren die Franzosen noch
lüsterner geworden, es schmeckte nach mehr. Ludwig versuchte seine Erobe=
rungen im Frieden fortzusetzen, und ein Parlamentsrat zu Metz, Roland de
Ravaulx, gab ein Mittel an, wie der große König mit Ehren zum Besitz
des ganzen linken Rheinufers, ja aller Ufer in der Welt gelangen könne.
Er stellte nämlich dem Kriegsminister Louvois vor, welchen Gebrauch man
von dem in den letzten Friedensverträgen vorkommenden Ausdruck: Die und
die Städte sollten an Frankreich „mit allen ihren Dependenzen" ab=
getreten werden — machen könnte. Man dürfe nämlich nur in der Ge=
schichte nachschauen, welche Länder, Städte und Dörfer ehemals zu dem
und dem Gebiete gehört hätten, so würde man sicher finden, daß immer
eins mit dem andern zusammengehangen habe. Louvois hielt auf den ersten
Anblick der Sache den Menschen für unklug; indessen je mehr er den
Vorschlag überlegte, desto sinnreicher erschien er ihm, als er bedachte, daß
man dem zerrissenen Deutschland alle Schmach ungestraft anthun könnte.
So legte er denn dem Könige den Vorschlag vor, dem es ganz recht war,
das ganze linke Rheinufer ohne Schwertstreich zu erlangen.

Die Sache ward in bester Form Rechtens eingeleitet. Vier „ehrwür=
dige" Gerichtshöfe wurden eingesetzt zu Metz und Besançon, dann zu Dor=
nick und Breisach unter dem Namen der „Réunionskammern" (1680), und
diese untersuchten nun, was zu den im westfälischen und Nymwegener Frie=
den den Franzosen abgetretenen Länderteilen irgend einmal gehört hatte,

mithin jetzt damit reuniert, d. i. wieder vereinigt werden müsse. Man kann denken, was diese Herren jetzt für Entdeckungen in der Geschichte machten; sie sprachen gegen 600 Städte, Dörfer und Schlösser ihrem Könige zu. Dieser ließ sogleich die Besitzer vorladen, um dem neuen Landesherrn den Huldigungseid zu leisten, und als sie nicht erschienen, wurden sie ihres Eigentums verlustig erklärt. Umsonst schrie alles laut auf. Ludwig war Ankläger, Zeuge, Richter, Vollstrecker — alles in einer Person; ja der freche Louvois bewies die Gerechtigkeit des Raubes damit, daß man ja Gerichtshöfe dafür niedergesetzt habe. Die Verletzten klagten beim deutschen Reichstag; aber dieser hatte über rote und grüne Sessionsstühle und über die Rechtschreibung des Namens Kurfürst sich zu streiten. Endlich vereinigte man sich zu einer Zusammenkunft in Frankfurt, wohin auch Ludwig Gesandte zu schicken versprach. Während aber dort die deutschen Abgeordneten stritten, wie man nach Rang und Würde sitzen sollte, nahm Ludwig Straßburg und Casale, die Schlüssel zu Deutschland und Italien. ließ in Straßburg die Bürger sogleich entwaffnen, den Dom den Katholiken übergeben und die Stadt stark befestigen. Der deutsche, im Herzen aber französisch gesinnte Bischof Fürstenberg empfing den König im Dome mit den Worten: „Herr, nun lässest du deinen Diener in Frieden fahren, denn meine Augen haben den Heiland gesehen!" So ward die Stadt schmählich dem deutschen Reiche entrissen, von welcher Karl V. zu sagen pflegte: „Wenn der Türke vor Wien und der Franzose vor Straßburg stände, würde ich erst dem bedrohten Straßburg beispringen!"

6. Die Belagerung Wiens durch die Türken (1683).

Bald sollte auch, so hatte Ludwig gehofft, der andere Schlüssel zum deutschen Reiche, das Bollwerk im Osten — die kaiserliche Residenzstadt Wien — fallen. Ludwig, der in seinen Anschlägen zu Deutschlands Verderben unermüdlich war, hatte die Türken zum Angriff gegen Kaiser Leopold aufgehetzt. Von Aufgang und von Niedergang wollte er zu gleicher Zeit, hier durch seine eigenen Waffen, dort durch die des Erbfeindes der Christenheit, Deutschland zermalmen, er, welcher wie zum Spott den Titel „allerchristlichster König" trug. Sein tieferer Plan war, dann plötzlich im vollen Glanze seiner Macht aufzutreten und seinen Sohn zum deutschen Kaiser krönen zu lassen. Deshalb lagen seine Gesandten in Konstantinopel dem Sultan Mohammed II. immerfort an, den Kaiser mit Krieg zu überziehen; des Kaisers eigene Schuld aber öffnete dem Verderben Thor und Thür.

Dies kam also: Leopold hatte der jesuitischen Partei volle Gewalt gegeben, den evangelischen Glauben in dem freiheitsstolzen Ungarn auszurotten, und alle, welche dort an jenem Glauben hielten, sollten auf alle erdenkliche Weise bedrückt und zum Katholizismus zurückgebracht werden. Deutsche Truppen wurden ins Land gelegt, um jede Empörung niederzuhalten; aber die Ungarn erhoben sich für ihre gerechte Sache, und ein kühner Mann, Emmerich Tököly, trat an ihre Spitze, um Gewalt durch Gewalt zu vertreiben. Bald stand ganz Ungarn in Aufruhr, und Ludwig schürte den-

selben schadenfroh durch seine Gesandten. Tököly aber warf sich den Tür=
ken in die Arme, um sich die ungarische Königstrone als türkischer Vasall
aufs Haupt setzen zu können. Da führte der Großwesir Kara Mustapha
im Jahre 1683 ein Heer von 200 000 Türken durch Ungarn gerade gegen
Wien und dachte für gewiß, es zu erobern und zu seiner Hauptstadt zu
machen. Der Hof floh über Hals und Kopf nach Linz, verfolgt von den
lauten Verwünschungen der Unterthanen, die mit Recht alles Unheil der
schlechten Regierung und der Schwäche des Kaisers zuschrieben. Auch viele
Einwohner Wiens suchten ihr Heil in der Flucht.

Doch die deutsche Treue und der ritterliche Sinn des trefflichen Polen=
königs Sobiesky machten alles wieder gut. Der fränkische und schwäbische
Kreis und die Kurfürsten von Bayern und Sachsen hatten dem Kaiser Hilfs=
truppen gesandt; Johann Georg III., der sächsische Kurfürst, war sogar per=
sönlich mit ins Feld gerückt. Und was guten Erfolg verhieß, der Ober=
befehl über die verbündeten deutschen Truppen lag in den Händen des Her=
zogs Karl von Lothringen, eines der größten Feldherren seiner Zeit. Bevor
aber dieser alle seine Truppen beisammen hatte und stark genug war, um
es mit dem gewaltigen Feinde aufnehmen zu können, hatte Kara Mustapha
längst die Hauptstadt Wien eingeschlossen und belagerte sie mit allem In=
grimm und aller Wut. Die Wälle und Mauern der Stadt hielten schlechten
Stand. Die Türken drangen mit Laufgräben und Minen immer näher
heran. Was von der Bürgerschaft die Waffen tragen konnte, bewaffnete sich,
mit Einschluß der Bürgerwehr war die Besatzung 22 000 Mann stark.
Angeführt von dem heldenmütigen Grafen Rüdiger von Stahremberg,
kämpften sie wie die Löwen, das Blut floß in Strömen, denn Kara Mu=
stapha führte immer neue Scharen ins Treffen; er hatte bei dem Propheten
geschworen, die Stadt dem Erdboden gleich zu machen. Unablässig donner=
ten die türkischen Kanonen, die Straßen Wiens waren mit Leichen und halb=
verhungerten Menschen erfüllt; es ward am 10. September durch eine Mine
die Burgbastei in die Luft gesprengt, und der wackere Stahremberg eilte auf
den Stephansturm, um als Zeichen der äußersten Not eine Rakete steigen
zu lassen. Da sehen die Wiener auf der Spitze des Leopoldberges eine rote
Fahne flattern, es steigen Raketen auf, und die Rettung ist nahe!

Das verbündete Heer zieht von der Höhe des Kalenberges herab, Johann
Sobiesky, der König von Polen, ist mit 12 000 Reitern und 3000 Fuß=
gängern im Heere des Herzogs von Lothringen erschienen, und dieser rückt
nun zum Entsatze heran. Fünf Kanonenschüsse geben das Zeichen zur
Schlacht. Jeder Hohlweg, jeder Schutthaufen wird von den Türken mit
aller Todesverachtung verteidigt; die Polen auf dem linken Flügel, Herzog
Karl auf dem rechten, drängen unaufhaltsam vor, die von neuem begeistertem
Mut ergriffenen Wiener brechen aus ihren Mauern hervor; — allein noch
immer schwankt der Sieg, denn Kara Mustapha wütet wie ein Verzweifelter,
daß ihm die sichere Beute entrissen werden soll, er läßt in seine eigenen
weichenden Scharen einhauen, zugleich aber auch von den gefangenen Chri=
sten, die als Sklaven fortgeführt werden sollten, 30 000 niedermetzeln. Aber

der christlichen Tapferkeit vermögen die Moslems nicht zu widerstehen, um 6 Uhr abends ist der Sieg entschieden, die Türken stürzen in wilder Flucht davon, nach Raab zu, ihr ganzes Lager mit allen seinen Schätzen den Siegern überlassend. Dreihundertsiebzig Kanonen, die Kriegskasse mit mehr als zwei Millionen Thalern und das prächtige Zelt des Großwesirs, allein zu 400 000 Thalern geschätzt, fällt den frohlockenden Siegern in die Hände.

Innige Gebete des Dankes sendet das erlöste Volk zum Himmel. Die Namen Johann Sobiesky, Karl von Lothringen und Rüdiger von Stahremberg sind in aller Munde, und sie leben noch fort in der dankbaren Nachwelt. Nach zwei Tagen kam der Kaiser Leopold von Linz zurück, aber das Volk schaute nicht auf ihn, sondern auf den edlen Sobiesky von Polen. — Die Nachricht von dem Entsatze Wiens war Ludwig XIV. so empfindlich, daß er sich drei Tage lang eingeschlossen haben soll. Er hatte die Türken mit Geld, mit Offizieren, Ingenieurs unterstützt, ihnen auch einen Belagerungsplan für Wien ausfertigen lassen und so sicher auf die Eroberung der Hauptstadt gerechnet, daß er schon der Zeit entgegensah, in welcher das geängstigte Deutschland seine Hände nach ihm ausstreckte. Dann wollte er Vermittler sein und so seinem Sohne den Weg zu der langersehnten Kaiserkrone bahnen. Alle diese glänzenden Aussichten waren nun mit e i n e m Male zerstört.

7. Ludwigs Mordbrennereien in der Pfalz.

Nachdem Kurfürst Karl II. von der Pfalz am 26. Mai 1685 in Heidelberg gestorben war, ohne einen Thronerben zu hinterlassen, und nun nach dem Hausgesetze Herzog Philipp Wilhelm von Pfalz-Neuburg die Kurfürstenwürde hätte erlangen sollen, beeilte sich Ludwig XIV., dies schöne Rhein- und Neckarland an sich zu bringen unter dem Vorwande, daß die Frau seines Bruders, des Herzogs Philipp von Orleans, Elisabeth Charlotte, des verstorbenen Kurfürsten Schwester sei.

Am 24. Sept. 1688 erklärte Ludwig den Krieg an Deutschland, und alsbald drangen französische Heere gegen den Rhein vor. In kurzer Zeit waren die Pfalz, Baden und Württemberg von den übermütigen Franzosen überschwemmt, deren Befehlshaber, als willige Henkersknechte des Despoten, entbrannt von Raub- und Mordsucht, keine Schonung kannten; hatte doch ihr Gebieter kurz und deutlich den Befehl erteilt, m a n s o l l e d i e P f a l z v e r b r e n n e n.

Kaiserslautern erlag zuerst nach viertägiger blutiger Gegenwehr, dann folgte Dürkheim, Alzey, Kreuznach und Oppenheim. Während der Marquis Bouflers die alte Reichsstadt Worms bezwang, marschierte General v. Hüxelles auf Neustadt und Speier los. Ein vorausgesandter Offizier suchte die Bürger der schönen Bischofsstadt Speier durch Vorspiegelungen zu beruhigen. Seine Botschaft lautete: Wenn sich die Stadt gutwillig unter den Schutz des Königs stellte und die anrückenden Kriegsscharen zur Verpflegung aufnähme, so sollten alle ihre Freiheiten und Gerechtsame geachtet sein und den Bürgern kein Leid widerfahren; widrigenfalls werde man Gewalt brauchen.

Die zitternde Stadt ergab sich, öffnete am 28. Sept. 1688 den Fran= zosen die Thore und erhielt schwere Einquartierung. Bald genug erkannten die Bürger, was der große König beabsichtigte. Ludwig XIV. hatte befohlen, die Mauern und Türme, der Stadt uralten Schutz und Stolz, niederzureißen; zu dieser entehrenden Arbeit wurden die Einwohner selber gezwungen. Dann mußte das städtische Archiv (in 138 Mehlfässern) nach Straßburg, alles Geschütz der Stadt nach Landau geschafft werden. Den Winter blieben die Franzosen in der Stadt; als der Frühling 1689 gekommen, schickten sie sich zum Abzug an, doch nicht um nun Speier freizugeben, sondern — zum Dank für die Gutwilligkeit der Bewohner — um die Stadt einzuäschern. Am 28. Mai erklärte Monclar: sein König habe befohlen, die ganze Stadt mit allen Häusern, Kirchen und Klöstern niederzubrennen; man möge alle fahrende Habe fortschaffen, oder was nicht fortgebracht werden könne, in den Dom flüchten, den man verschonen wolle.

Am dritten Pfingsttage zogen die Franzosen ab, und alsbald wurden die Feuerbrände in die Häuser geschleudert; vom Sturme angefacht stiegen die Glutsäulen empor, auch der altehrwürdige Kaiserdom wurde von den Flammen ergriffen, und alle Kostbarkeiten, die man in seine Räume geflüch= tet, gingen verloren. Selbst die Kaisergruft schreckte die Vandalen nicht zu= rück. Begierig nach dem Gold= und Silberschmucke erbrachen sie die Särge; sie rissen die Leiche des Kaisers Albrecht heraus und streuten die Gebeine um= her. Gleiches Schicksal hatte die Kaiserin Beatrix, die Wohlthäterin des Doms. Die Sonne des 2. Juni schien auf die rauchenden Trümmer von 3 Stiften, 5 Klöstern, 8 Pfarrkirchen, 12 Kapellen, 14 Zunftstuben, 29 städtischen (öffentlichen) Gebäuden und 788 Bürgerwohnungen herab.

Im selben Jahre und dann noch einmal 1693 erging über das un= glückliche Heidelberg die Wut dieser Mordbrenner. Kaum — so erzählt der rheinische Antiquarius — waren die Franzosen in der Stadt, so fingen die Soldaten schon an, die Bürger jämmerlich niederzuhauen, zu Boden zu stoßen, zu prügeln, nackend auszuziehen und greulich zu plagen. Die, welche sich in das Schloß flüchteten und nicht gleich hineinkamen, wurden auf der Stelle niedergehauen. „An vielen, ohnedem halbtoten Leuten verübten diese abendländischen Türken solche Grausamkeiten und Mutwillen, die keine Feder zu beschreiben imstande ist." Nachdem die Stadt von fünf Regimentern ge= plündert worden war, steckte man sie in Brand, und innerhalb zehn Stun= den war sie in einen Stein= und Aschenhaufen verwandelt. Die noch übri= gen elenden Bewohner wurden nach Heilbronn geleitet.

Während solches in der Stadt geschah, erging es dem schönen pracht= vollen Schlosse nicht besser. Der östliche Turm wurde von Melac gesprengt und dann in den herrlichen Bau die Brandfackel gelegt. Wilde Horden stürzten in die fürstlichen Säle und warfen die Schätze, welche durch viele Menschenalter hindurch von den Pfalzgrafen hier aufgehäuft waren, auf die Höfe hinaus. Da wurde manches Kunstwerk zertrümmert. Dann begannen die Mordbrenner im Hofe zwischen den geraubten Gütern, zwischen Leichen, Rüststücken und Kostbarkeiten aller Art ein viehisches Gelag und berauschten sich in den edlen Weinen des kurfürstlichen Kellers, während knisternd die Flammen aus den Fenstern des Schlosses hervorbrachen und prasselnd die Balken zusammenstürzten.

Die edle deutsche Pfalzgräfin Elisabeth Charlotte, die als französische Prinzessin sich nimmer an die französische Gleisnerei hatte gewöhnen können und die Liebe zu ihrer deutschen Heimat tief im Herzen bewahrte, weinte Tag und Nacht, als sie die Greuel erfuhr, die an ihrer Vaterstadt Heidelberg verübt wurden. Der allerchristlichste König Ludwig aber ließ zum Andenken an die Heldenthaten seiner Soldaten eine Münze schlagen, welche das brennende Schloß von Heidelberg zeigt mit der Umschrift:

Rex dixit et factum est!
Der König gebot und es geschah!

8. Prinz Eugen, der edle Ritter.

Nachdem also Ludwig von den Niederlanden und dem deutschen Reiche Länderstücke abgerissen und die Rheinprovinzen in eine Wüste verwandelt, nachdem seine Feldherren Sieg auf Sieg gegen das verbündete Holland, England, Spanien und Österreich erfochten hatten, da, als sein Stolz und seine Macht auf ihrem Gipfel stand: da war auch sein Fall am nächsten. Ein Franzose von Geburt sollte die Unbill, welche Kaiser und Reich von dem französischen Tyrannen erlitten hatten, rächen.

Eugen war der jüngste von fünf Söhnen des Eugen Moritz, Titulargrafen von Soissons, aus einer Seitenlinie der Herzöge von Savoyen, und wurde 1663 zu Paris geboren. Wegen seines schwächlichen Körpers ward der Kleine zum geistlichen Stande bestimmt, lernte auch früh mit großem Eifer griechisch und lateinisch, und Ludwig XIV., der ihn zuweilen sah, nannte ihn scherzweise nur das „Abtchen". Aber den Jüngling ekelte die Theologie an, und von allen Büchern, die in seine Hände kamen, las er keine lieber, als die alten Geschichtschreiber, besonders solche, welche die Kriegsthaten großer Helden beschrieben. Da sein Vater früh starb, wurde seine Mutter genötigt, den Hof zu verlassen und in den Niederlanden ihren Witwensitz aufzuschlagen. Ihre älteren Söhne hatten bereits Regimenter; auch Eugen erbat sich eins, aber der König, der ihn wegen seiner Kleinheit verachtete, fand den Einfall wunderlich und ließ ihm sagen, er möchte nur Geistlicher werden.

Eugen war im zwanzigsten Jahr, als die Nachricht von dem neu ausgebrochenen Türkenkriege erscholl. Mehrere mißvergnügte Offiziere benutzten diese Gelegenheit, in österreichische Dienste zu treten, um gegen die Ungläubigen zu kämpfen; Kaiser Leopold empfing sie mit Freuden. Der junge Eugen kämpfte so wacker bei dem Entsatz durch Sobiesky, daß ihn der Kaiser mit einem Dragonerregiment belohnte. Doch veranlaßte seine schwächliche Figur und sein grauer Mantel, in dem er öfters auszureiten pflegte, die kaiserlichen Soldaten noch lange zu dem Scherze, der kleine Kapuziner werde wohl nicht vielen Türken den Bart ausraufen.

Aber der Held wußte sich bald mehr Ansehen zu verschaffen. In den

Türkenkriegen, die er mitmachte, ging er dem kriegserfahrenen Prinzen Lud=
wig von Baden und dem noch berühmteren Herzog von Lothringen (Karl V.)
nicht von der Seite, beobachtete alle ihre Pläne und richtete ihre schwierig=
sten Aufträge aus, so daß Herzog Karl, als er mit ihm nach Wien zurück=
kehrte, ihn dem Kaiser mit den Worten vorstellte: „In diesem jungen Hel=
den blüht der erste Feldherr seines Jahrhunderts auf." Und dieses Wort
ging in Erfüllung. In wenigen Jahren hatte sich Eugen bis zum General=
feldmarschall emporgeschwungen und die besten Feldherren Ludwigs XIV.
aus dem Felde geschlagen, so daß sich der stolze König alle Mühe gab, den
so gefährlichen Feind wieder auszusöhnen. Er ließ ihm die Statthalterschaft
der Champagne, die Würde eines Marschalls von Frankreich und eine jähr=
liche Pension von 2000 Louisdor anbieten. Aber der Prinz betrachtete mit
Recht das Land, das ihn so liebreich aufgenommen, als sein wahres Vater=
land und sagte dem französischen Gesandten: „Antworten Sie Ihrem Könige,
daß ich kaiserlicher Feldmarschall bin, welches eben so viel wert ist, als der
französische Marschallstab. Geld brauche ich nicht. So lange ich meinem
Herrn redlich diene, werde ich dessen genug haben." Und mit dankbarer
Liebe ist der große Mann dem österreichischen Kaiserhause treu geblieben bis
an seinen Tod.

Das Äußere des Helden fiel nicht sehr ins Auge; doch gewann sein
kleiner, leichter und sehr gewandter Körper durch die Strapazen des Krieges
bald eine gewisse Festigkeit, und die bleiche Farbe seines länglichen Gesichts
verwandelte sich in eine männliche Bräune. Er hielt den Körper sehr ge=
rade und faßte jeden, der mit ihm redete, scharf ins Auge. Seine Stimme
war beim Kommandieren stark und vernehmlich, außerdem sprach er für einen
Franzosen sehr bedächtig und langsam. Die Nase war lang, die Augen
schwarz und feurig. Die Nase stopfte er beständig mit spanischem Tabak
voll — wie Friedrich der Große — daher er den Mund beständig offen
hielt. Sein schwarzes Haar ergraute früh und machte darauf einer gewal=
tigen Wollenperücke, nach damaliger Mode, Platz.

Bei aller Größe war Eugen die Bescheidenheit und Leutseligkeit selber,
jedes fremde Verdienst willig anerkennend. Seine Aufmerksamkeit erstreckte
sich auf die kleinsten Dinge, und seine Offiziere fürchteten ebensosehr seinen
Falkenblick als sein ungeheures Gedächtnis. Mitten in der Verwirrung der
Schlacht blieb er besonnen und ruhig; Furcht war ihm ganz fremd. Thätig=
keit war sein Element; in den Jahren der Kraft brauchte er nur drei Stun=
den zum Schlaf. Seine Erholung fand er in dem Studium der Mathe=
matik und der Geschichte, auch wohl der Philosophie. Noch in seinem Alter
wußte er aus den alten Geschichtschreibern ganze Seiten auswendig. Alle
Dispositionen zu Angriffen und Belagerungen entwarf er mit eigener Hand;
er sann sogar zum Vergnügen auf mögliche Fälle und überlegte, was in
jedem derselben zu thun sein würde. Die Soldaten liebten und bewunderten
ihn. Er war aber auch so behutsam in der Schonung seiner Leute, daß er
ohne Not nicht einen opferte. Die Verpflegung des Heeres, besonders in
den Winterquartieren, lag ihm über alles am Herzen, und wenn Mangel

eintrat, schoß er lieber von seinem Gelde vor, ehe er es am Zahlungstage fehlen ließ. Dafür verlangte er aber auch Pünktlichkeit im Dienst und strengen Gehorsam. Ausreißer schoß er oft mit eigener Hand im Fliehen nieder.

Der Hofkriegsrat in Wien, welcher jeden Schritt der Feldherren nach langweiligen Beobachtungen vorschrieb, lähmte oft die besten Kriegsoperationen. So wollte er auch den Prinzen Eugen nichts unternehmen lassen, als sich die Türken über die Theiß nach Zentha zurückzogen. Aber Eugen paßte seine Gelegenheit ab, und unbekümmert um den Wiener Hofkriegsrat drang er auf die türkische Armee ein, als diese eben über den Fluß ging (1697, 11. Sept.), und erfocht einen so herrlichen Sieg, daß die Türken 30 000 Mann an Toten und 6000 Mann Gefangene verloren. Die Schlacht endete mit dem Tage, „als ob" — wie Eugen in seinem Berichte nach Wien sagte — „die Sonne gezögert hätte, um mit ihren letzten Strahlen den herrlichsten Sieg kaiserlicher Waffen zu beleuchten." Als die Schlacht schon begonnen hatte, kam ein Bote vom Hofkriegsrate mit dem Befehl, keine Schlacht zu liefern. Eugen aber ließ den Boten warten, ohne die Depeschen zu lesen, und schlug wacker los, bis der Sieg errungen war. In Wien wollte man ihm dafür ans Leben, allein der Kaiser Leopold sprach: „Dafür bewahre mich Gott, den Mann zu strafen, durch den mir Gott so viel Gutes erwiesen hat."

9. Der spanische Erbfolgekrieg.

Am 1. November des Jahres 1700 war König Karl II. von Spanien gestorben, der letzte vom Mannesstamm der Habsburger in spanischer Linie, und nun hatte die habsburgisch-österreichische Linie die nächsten Ansprüche auf den Thron. Aber auch Ludwig XIV. machte Ansprüche auf die große Monarchie, zu der noch Neapel und Mailand, Sicilien und die Niederlande gehörten. Ludwig war nämlich mit der ältesten Schwester Karls II. vermählt, aber die spanische Prinzessin hatte feierlich auf jeden Anspruch verzichten müssen. Auch der Kurfürst von Bayern, Maximilian Emanuel, machte Rechte geltend, denn er war gleichfalls mit dem spanischen Königshause verwandt. König Ludwig, um die Eifersucht der übrigen Mächte nicht zu reizen, verlangte bloß für seinen zweiten Enkel Philipp von Anjou die spanische Krone; sobald der König Karl gestorben war, rief er: „Nun giebt es für Frankreich keine Pyrenäen mehr!" und schickte sogleich ein Heer nach Spanien, das die Anerkennung erzwang. Der französische Prinz zog als König Philipp V. feierlich in Madrid ein.

Kaiser Leopold konnte dem nicht ruhig zuschauen und erklärte an Frankreich den Krieg. Er fand Bundesgenossen an dem neuen Könige Friedrich I. von Preußen, der 10 000 seiner Brandenburger sandte, an den Seemächten England und Holland, die ihrer eigenen Sicherheit wegen die Übermacht der Franzosen nicht zulassen konnten, und später traten noch Portugal und Savoyen dem Bunde bei. Was aber noch mehr wert war, als zwei große Armeen, das waren die beiden großen Feldherren, die jetzt den Oberbefehl erhielten, Prinz Eugen, der Sieger von Zentha, und der britische Held, Herzog Marlborough. Aber auch Ludwig fand Bundesgenossen. Zwei deutsche Fürsten, der Kurfürst Maximilian von Bayern, dem die Niederlande von den Franzosen zugesichert wurden, und dessen Bruder, der Kurfürst von Köln, traten auf Ludwigs Seite, wurden aber dafür vom Kaiser mit der Reichsacht belegt. So brach nun ein blutiger Krieg aus, der bis zum Jahre 1714 zu Wasser und zu Lande geführt wurde.

Eugen eröffnete den Feldzug im März des Jahres 1701, indem er mit einem 30 000 Mann starken Heere nach Italien aufbrach, wo der tapfere französische Feldherr Catinat sich festgesetzt hatte. Freudig und vertrauensvoll folgten dem Prinzen Österreicher und Preußen bis auf die Gipfel der Alpen. Aber hier boten sich seiner Kühnheit die ersten Schwierigkeiten dar. Alle Pässe waren bereits von den Franzosen besetzt, und Catinat hielt es für eine bare Unmöglichkeit, daß Eugen, wofern er keine Flügel hätte, über das Gebirge zu dringen vermöchte. Allein diesem zweiten Hannibal war kein Gebirge unübersteiglich. Ein steiler Berg verschloß einen Ausweg, an den kein Franzose gedacht hatte. Eugen bewaffnete einige Regimenter mit Hacken, Bohrern, Pulver; Gemeine und Offiziere begannen zu arbeiten, und in wenigen Tagen war ein Weg von sechs Meilen in der Länge und $2^1/_2$ m in der Breite durch die Felsen gebrochen. Auf diesem wurden die auseinander genommenen Wagen und Kanonen hinaufgebracht, dann mit Seilen, Winden, Flaschenzügen in die Tiefe hinabgelassen. Mit Erstaunen sah Catinat den ganzen Zug von den Bergen herabkommen und, ehe er es verhindern konnte, die Ebene von Verona bis an die Etsch besetzen. Bald täuschte ihn Eugen durch unerwartete Wendungen, bald verschanzte er sich so klug, daß er nicht anzugreifen war, und zuletzt überfiel er ihn bei Carpi und schlug ihn tüchtig aufs Haupt.

Gleich wacker wußte Eugen in Gemeinschaft mit dem trefflichen Marlborough zu siegen. Dieser, nachdem er einen festen Platz nach dem andern in den Niederlanden genommen, wandte sich nach Deutschland und vereinigte sich mit Eugen. Bei Höchstädt (oder Blindhein, einem benachbarten Dorfe) trafen sie auf die vereinigten Franzosen und Bayern, und eine Hauptschlacht mußte jetzt entscheiden (1704). Marlborough warf sich an der Spitze der Engländer und Hessen mit Ungestüm auf die Franzosen, durchbrach ihre Reihen und trieb sie in die Flucht. Einen ungleich schwereren Stand hatte Eugen, der am linken Flügel mit seinen Österreichern gegen die tapfern Bayern focht. Drei Angriffe der Österreicher wurden von diesen heldenmütig zurückgeschlagen, und erst beim vierten Sturme, als der Kurfürst die Franzosen schon in wilder Flucht begriffen sah, gab er verzweifelnd den Befehl zum Rückzuge. Zwanzigtausend Franzosen und Bayern lagen tot oder verstümmelt auf dem Schlachtfelde. 15 000, unter ihnen der französische General Tallard selber, waren gefangen, und außerdem fielen alle Kriegskassen, 5300 Wagen, 117 Kanonen und 300 Fahnen den Siegern in die Hände. Die Franzosen flohen über den Rhein zurück, und der Kurfürst folgte ihnen.

Bald nach diesem glorreichen Siege starb Kaiser Leopold, und sein Sohn Joseph I. folgte ihm, der den Krieg mit gleichem Nachdruck zu Gunsten seines Bruders, des Erzherzogs Karl, fortsetzte, denn dem Karl gebührte der spanische Thron. Frankreich bot seine besten Truppen und Feldherren auf; doch vergeblich. Ein Schlag folgte auf den andern. In den Niederlanden erfochten Eugen und Marlborough einen großen Sieg bei Oudenarde (1708), und gleich darauf eroberte Eugen die für unüberwindlich gehaltene französische Festung Lille (Ryssel). Zu diesem Unglücke kam eine große Hungersnot in Frankreich, infolge eines schrecklich harten Winters. Das Volk war in Verzweiflung, der Schatz leer, die Schuldenlast ungeheuer. Da sank dem stolzen Könige der Mut, und er demütigte sich, nachdem er so= lange an den Rechten der Völker und Fürsten gefrevelt hatte. „Gern wolle er auf Spanien, Westindien, Mailand und die Niederlande verzichten, wenn man seinem Neffen Philipp nur Neapel und Sicilien lassen wollte." „Auch nicht ein Dorf soll von der ganzen spanischen Monarchie dem Hause Habsburg entzogen werden" — lautete die stolze Antwort der österreichischen und englischen Feldherren. Auch dieses gab Ludwig zu; ja er erbot sich, selbst Elsaß und mehrere Festungen an der savoyischen und niederländischen Grenze abzutreten, aber auch das ward dem durch Schicksal und Alter ge= beugten Könige abgeschlagen. Seine Gegner stellten die harte Forderung, er solle mit eigener Hand seinen Enkel aus Spanien vertreiben. Es blieb dem schwergeprüften Monarchen nichts übrig, als noch einmal das Äußerste zu wagen. Noch einmal mußte das französische Volk ein Heer aufbringen, und der erfahrene Marschall Villars übernahm den Oberbefehl. In Belgien, unweit Malplaquet, kam es zu einer Hauptschlacht, der blutigsten im ganzen Kriege. Die Franzosen fochten wie Verzweifelte, doch die Verbündeten siegten.

Wenn auch der Krieg in Spanien für die Franzosen einen günstigeren Verlauf genommen hatte, — denn Erzherzog Karl konnte sich in Madrid, wo er im Juli 1706 als König Karl III. eingezogen war, nur wenige Monate behaupten, — so war Ludwigs Lage durch die Ereignisse in Belgien und anderwärts verzweifelter als je. Abermals bot er daher Frieden an, willigte in alle Forderungen und erbot sich sogar, Hilfsgelder zur Vertreibung seines Enkels zu zahlen. Aber als die übermütigen Sieger grausam darauf bestanden, daß der Großvater mit seinen eigenen Truppen seinen Enkel aus Spanien vertreiben helfen sollte, da brach er die Unterhandlungen ab. Er= neut entbrannte der Krieg in Spanien; schon war Karl III. wieder in Madrid (1710), wenn auch auf kurze Zeit eingezogen, als zwei unerwartete Ereignisse die ganze Lage änderten. Joseph starb schon im folgenden Jahre (1711) an den Pocken, und nun wäre Karl III. von Spanien zugleich Kaiser von Deutschland und Erbe der österreichischen Länder geworden, mit einer Macht, die allen europäischen Staaten gefährlich zu werden drohte; Marlborough aber fiel bei seiner Königin Anna in Ungnade und mußte seine Feldherrn= würde niederlegen. Dadurch erhielt Ludwig im Frieden von Utrecht (1713) so günstige Bedingungen, wie er sie nimmer erwartet hatte, denn sein Enkel Philipp V. behielt Spanien unter der Bedingung, daß es nie mit Frankreich verei..igt würde. Die spanischen Niederlande, Mailand und Sardinien er= hielt Karl, als deutscher Kaiser der Sechste, der, von seinen Bundesgenossen verlassen, im Frieden zu Rastatt (1714) seine Einwilligung gab.

10. Die Aufhebung des Edikts von Nantes.

Nachdem Ludwig eine Jugend voll Ausschweifungen und Sünden hinter sich hatte, ergab er sich der Frömmelei; die Frau von Maintenon, mit welcher er heimlich vermählt war, wußte in Gemeinschaft mit den Jesuiten, die durch den Beichtvater La Chaise auf den König wirkten, diesen Hang trefflich zu benutzen. Heinrich IV., dieser beste der französischen Könige, hatte den Protestanten (Hugenotten) im Edikt von Nantes volle Religions= freiheit bewilligt, und das war seit langem der streng katholischen, von den Jesuiten geleiteten Partei ein Dorn im Auge gewesen. Nun stellte man dem „großen" Ludwig vor, welche Gnade bei Gott zu erlangen sei, wenn man die verführten Sünder zum wahren Glauben zurückbrächte. Man bewies ihm, daß er solange kein vollkommener Souverän (unumschränkter Herrscher) sei, solange noch zwei Millionen seiner Unterthanen einem andern Glau= ben als dem seinigen huldigten, und man versicherte ihn, daß der weise Heinrich IV. das Edikt von Nantes nicht gegeben haben würde, wenn er Ludwigs unumschränkte Macht gehabt hätte.

Da gab der bethörte König Befehl, man solle sogleich das Bekehrungs= werk anfangen und in alle Provinzen zugleich Dragoner und Priester schicken, denn wer nicht gutwillig seinen Glauben verlassen wollte, den solle man mit Gewalt zwingen. Die Unglücklichen beteuerten, sie wollten mit Freuden ihr Leben für den König lassen, allein ihren Glauben könnten sie nicht wechseln wie ein Kleid. Aber dann rückten die Dragoner heran, setzten ihnen den Degen auf die Brust und schrieen: „Sterbt oder werdet katholisch!" Die unmenschlichen Soldaten wurden bei den reformierten Bürgern einquartiert und wirtschafteten mit den Gütern und Weibern derselben als mit ihren eigenen. Was der stille Fleiß einer redlichen, arbeitsamen Familie in vielen Jahren mühsam erworben und sorglich erspart hatte, das verzehrten jetzt rohe Kriegsknechte hohnlachend und trotzend in wenigen Wochen. Die, welche standhaft bei ihrem Glauben verharrten, wurden in die Gefängnisse geworfen, hingerichtet, die Geistlichen sogar gerädert. Frauen, die reformierte Psalmen sangen, schnitt man die Haare ab; den Eltern nahm man ihre Kinder weg und steckte sie in katholische Waisenhäuser, Greise wurden unter Flüchen und Drohungen an die Altäre geschleppt, um dort nach katholischer Weise das heilige Abendmahl zu empfangen. Damit aber niemand entfliehen möchte, besetzte man die Grenzen und behandelte jeden, der sich nicht mit einem Zeugnis eines Bischofs ausweisen konnte, als Staatsverbrecher. Wie das Wild wurden die Reformierten gehetzt.

Der Anfang mit diesen Abscheulichkeiten wurde in Bearn gemacht, dann kam die Reihe an Ober= und Nieder=Guienne, an Saint= Onge, Poitou, Languedok und Dauphiné. Hierauf wandte sich der Dämon des Fanatismus hinauf nach der Normandie, Pikardie, Bre= tagne, dann nach der Champagne und den inneren Provinzen. Lud= wig erfuhr das wenigste von den Greuelscenen, ja man erfreute ihn oft mit der Nachricht, daß der Ketzerei im Lande immer weniger werde, und end=

lich, daß nun das Edikt von Nantes ganz überflüssig geworden sei. Hierauf schritt man zum völligen Widerruf desselben, und das neue deshalb
ausgefertigte Edikt ward am 18. Oktober 1685 bekannt gemacht und von
allen Parlamenten willig registriert. Es hieß darin, das Edikt von Nantes
sei nur in der Absicht gegeben worden, um an der Vereinigung der beiden
Religionsparteien desto eifriger zu arbeiten; dies sei nun mit so gutem Erfolge geschehen, daß es nun jenes Ediktes gar nicht mehr bedürfe. Der noch
übrige unbedeutende Haufen der Reformierten sei als eine Anzahl unruhiger
Köpfe zu betrachten, die mit Ernst zum Gehorsam gebracht werden müßten.
Es sei ihnen demnach jede kirchliche Zusammenkunft untersagt, bei Strafe des
Gefängnisses und des Verlustes ihrer Güter. Jeder Reformierte, der auswandern, und jeder Prediger, der innerhalb 14 Tagen nicht auswandern
würde, sollte zu den Galeeren verdammt werden. Übrigens wolle man
niemand drücken.

Nach Erlassung dieses Gesetzes fingen die Greuel erst recht an, und die
unterirdischen tödlichen Gefängnisse füllten sich mit Unglücklichen, die nichts
weiter verbrochen hatten, als daß sie nicht in die katholische Kirche gehen
wollten. Die Verzweiflung der Verfolgten stieg auf das höchste. Aber die
Gewalt auf der einen Seite erzeugte die List auf der andern, und wie sorgfältig auch der Kriegsminister Louvois die Grenzen besetzen mochte, so fanden
doch nach und nach mehr als 50 000 Familien Mittel, durchzuschlüpfen und
ihre Güter und ihre Geschicklichkeit benachbarten Ländern zuzuwenden. Da
die meisten der Flüchtlinge arbeitsame und geschickte Handwerker waren, so
nahmen die protestantischen Fürsten sie mit Freuden auf, und bald nach
ihrer Auswanderung sah man in England und Deutschland französische Zeuge,
Spitzen, Hüte und Strümpfe verfertigt, die man bisher aus Frankreich hatte
kommen lassen müssen. Eine ganze Vorstadt von London wurde mit französischen Seidenarbeitern bevölkert. Der Prinz Wilhelm von Oranien und
der Herzog von Savoyen errichteten ganze Regimenter von französischen
Flüchtlingen, und der Kurfürst Friedrich Wilhelm von Brandenburg, der
allein 20 000 derselben in seine Mark verteilte, gab in ihnen seinen Unterthanen ebensoviele Lehrer ungekannter und nützlicher Künste und Gewerbe.

11. Ludwigs XIV. Hof und häusliches Leben.

Ludwig lebte meist zu Versailles, wo das prächtigste seiner Lustschlösser
war. Hierher hatte er sich gleich in den ersten Jahren seiner Selbstregierung
zurückgezogen, weil ihm Paris wegen der Tumulte daselbst zuwider geworden war. Er umgab sich mit einem solchen Glanze und einer solchen Pracht,
wie sie in arabischen Zaubermärchen geschildert wird, und sein Hof, der sich
unter immerwährenden Festlichkeiten bewegte, war zum Unglücke für viele
Länder das Muster, nach welchem große und kleine Fürsten ihren Hofstaat
einrichteten. War auch vieles, was Ludwig anordnete, geschmacklos, steif
und unnatürlich, wie z. B. die königlichen Gärten, wo sogar die Bäume in
andere Gestalten zugeschnitten wurden, als ihnen die Natur gegeben hatte,

und die schnurgeraden Alleen den ganzen Raum in abgezirkelte Beete teilten:
so mußte doch der Anblick der Herrlichkeit, die er entfaltete, Bewunderung
erregen und die Vorstellung von seiner Größe steigern. Man hat ihn häufig
mit dem Kaiser Augustus verglichen — nicht ganz ohne Grund; mitten unter
den geputzten und wohlaussehenden Gestalten war Ludwig immer die herr=
lichste Erscheinung; seine Gestalt war schön und einnehmend; sein Benehmen
taktvoll und berechnend klug, jedes seiner Worte anziehend und geistreich.
Die Gewalt, die er über andere durch seine Persönlichkeit ausübte, kannte er
recht wohl. Seine ganze Umgebung mußte in Kleidern, in der Bewegung
und Begrüßung, beim Speisen und beim Beten, in der Kirche und im Opern=
hause, auf der Wachtparade und am Spieltische gewisse vorgeschriebene Re=
geln beobachten, die zusammengenommen das ausmachen, was man Etikette
nennt. Die spanisch=italienische Tracht wurde ganz umgewandelt; der kurze
Mantel mit einem Frack, das Wams mit einer langen Weste vertauscht;
kurze Beinkleider gingen bis an die Kniee, seidene Strümpfe bedeckten Fuß
und Bein; was aber am meisten imponieren sollte, war — die Perücke,
ein riesiges Haargebäude in hundert Locken, das man auf den kahlgeschorenen
Scheitel setzte. Nicht minder unnatürlich herausgeputzt erschienen die Damen,
denen auch mehr daran gelegen war, recht steif und gravitätisch, als liebens=
würdig zu erscheinen. So wenig man das natürliche Haar vor Puder und
Pomade zu sehen bekam, ebensowenig konnte man die natürliche Gesichts=
farbe vor weißer und roter Schminke, Schönpflästerchen und dergl. wahr=
nehmen. Dabei war aber die ganze Tracht beständigem Wechsel unterworfen;
wie die Laune des Königs oder eines anderen Hofkavaliers, einer Hofdame
und deren Zofen oder Kammerdiener es sich einbildete, mußte das Kleid
geschnitten, aufgeschlitzt, gewülstet oder die Perücke frisiert und aufgesetzt
sein. Die Mode aber verbreitete sich von Paris und Versailles aus in alle
Welt und macht ja jetzt noch oft genug die Deutschen zu Affen der Fran=
zosen und Französinnen.

Dieser Tracht entsprechend mußte auch der Gang, das Ein= und Ab=
treten und jede Gebärde geregelt sein. Da entstanden die verschiedenen Arten
von Komplimenten, Knixen, Verbeugungen; die Männer gingen nicht mehr
wie sonst in Stiefeln, sondern trippelten gleich Weibern in leichten Schuhen
auf den blanken Parketten (getäfelten Fußböden) einher; es war bestimmt,
wie viel Schritte man beim Eintritte zu machen hatte, bis man sich zum
ersten Male anständiger Weise verbeugen durfte u. s. w. Für König Lud=
wig XIV. wurde das Menuett erfunden, weil kein Tanz für den großen
König anständig genug erschien. Diese lächerliche Steifheit und Gravität,
welche zum Teile mit den spanischen Königinnen Anna und Maria Theresia
nach Frankreich kam, beschäftigte den König oft mehr, als die Kriege und
Staatsangelegenheiten, welche doch nur seine Minister besorgten, wobei sie
aber thun mußten, als ob er selbst alles leitete. Ja er nahm unverschämt
die Lobpreisungen hungriger Dichter an und eignete sich die Ehrenpforten
und Triumphzüge zu, welche seinen Feldherren für erfochtene Siege zukamen.
Nicht uninteressant ist die Tagesordnung dieses Monarchen, weil er sich hier

ganz in orientalischer Weise zeigte; sie wurde beinahe in ganz Europa Sitte und findet zum Teil noch heute bei den höheren und höchsten Ständen statt.

Noch bis zum 15. Jahrhundert war man der Natur treu geblieben, indem man am Tage wachte, um in der Nacht zu schlafen. Das änderte sich zuerst in den südlichen Ländern, in Italien, Spanien und Frankreich. Ludwigs XIV. Tagesordnung war folgende. Um 8 Uhr weckte ihn der erste Kammerdiener. Dann ging die Oberhofmeisterin zu ihm, um ihn nach einer alten, vermutlich abergläubischen Sitte zu küssen, und zwei Leibärzte folgten, um ihn zu reiben und ihm ein anderes Hemde zu geben. Hierauf rief man einige (adelige) Kammerherren, von denen einer ihm das Weih= wasser, der andere das Gebetbuch reichte. Damit ließ man ihn denn einige Augenblicke allein, bis er alle wieder herein rief. Jetzt war er aufgestanden, man reichte ihm den Schlafrock, und nun füllte sich das Zimmer mit Prin= zen, Offizieren und den „Herren vom zweiten Zutritt". In ihrer Gegen= wart zog er sich mit graziösem Anstande Schuhe und Strümpfe an, ließ sich barbieren und setzte sich seine Perücke auf; dabei ward von gleichgültigen Dingen, meist von der Jagd gesprochen.

Nun begann das eigentliche Ankleiden, bei dem die großen Herren ihm ein bestimmtes Kleidungsstück zu reichen hatten. Sobald er angekleidet war, ward von allen gebetet, wobei die Geistlichen knieeten. Darauf ging der König in sein Kabinett, wohin ihm alle Anwesenden folgten und noch andere sich dazu einfanden. Er erteilte seine Befehle und entließ dann die Herren bis auf seine natürlichen Söhne, deren Hofmeister und die Kammerleute. Nun konnte man ein Wort anbringen, gewöhnlich ward von Bauprojekten, neuen Anlagen u. dergl. gesprochen. Sodann ging es in die Messe und dort mußte auch der ganze Hof gegenwärtig sein. Die Hofleute, um besser ge= sehen zu werden, stellten brennende Lichter vor sich hin. Eines Morgens machte sich Brisac den Spaß, zu versichern, der König werde heute nicht erscheinen. Schnell löschte alles seine Lichter aus und rannte davon. Als der König kam, fand er zu seiner Verwunderung die Kirche leer und dunkel.

Nach der Messe erschienen die Minister, und der geheime Rat (conseil) begann. Um 1 Uhr ward gespeist, gewöhnlich vom kleinen Kouvert, d. h. der König saß in seinem Zimmer allein an einem viereckigen Tische, in Gegenwart seines Bruders, seiner Söhne und Enkel, welche standen und zusahen, indes er meist sehr wenig sprach, sich's aber trefflich schmecken ließ. Die Kammerherren bedienten ihn und Monsieur (des Königs Bruder) reichte ihm von Zeit zu Zeit die Serviette, wofür er zuweilen die Erlaubnis erhielt, sich zu setzen.

Nach der Tafel ging der König in sein Kabinett, fütterte die Hunde, spielte mit ihnen oder unterhielt sich mit Frauen. Dann kleidete er sich um und fuhr aus. Nach der Rückkehr ward wieder die Kleidung gewechselt — jede Tageszeit erforderte ihr besonderes Kostüm — und die Günstlinge, Kammerleute hatten wieder Zutritt. Als der König sich mit der Maintenon vermählt hatte, ging er regelmäßig jeden Tag zu ihr in ihr Schlafzimmer, wo zwei Lehnstühle zu beiden Seiten des Kamins standen, auf deren einem sie saß, während der König den andern einnahm und auf einigen Tischchen seine Briefschaften hatte; hierher wurden auch die Minister beschieden, die stehen bleiben mußten. Während die Frau las oder stickte und sich um politische Dinge wenig zu kümmern schien, folgte sie doch aufmerksam den Verhandlungen und hatte die Sache in der Regel schon vorher mit den Ministern abgemacht. Gab der König etwa nicht nach, so verwickelte man die Sache und vertagte sie.

Um 10 Uhr war Abendtafel, und da mußte wieder der ganze Hof in vollem Glanze erscheinen. Nach dem Essen blieb der König gewöhnlich noch eine Weile im Speisezimmer stehen, mit dem Rücken an ein Geländer sich lehnend, und war von seinem Hofe umringt. Dann machte er den Damen eine Verbeugung und ging in sein Kabinett, wo dieselbe unbedeutende Unter= haltung (oft Klatschgeschichten aus der Stadt) fortgesetzt ward. Den Hun= den gab er wieder zu fressen, nickte mit dem Kopfe und ging in sein Schlaf= zimmer. Hierhin durften ihm nur die Personen vom ersten und zweiten Zutritt folgen; in ihrer Gegenwart verrichtete er wie des Morgens sein Ge= bet und ward entkleidet. Dies hieß das kleine Niederlegen (le petit coucher). Das große Schlafengehen war glänzender, und da reichte ein Prinz von Geblüt das Nachthemd. Erst wenn der König eingeschlafen war, gingen die letzten Hofleute weg.

Diese Tagesordnung erlitt an großen Galatagen, an welchen den Ge= sandten fremder Mächte feierlich Zutritt und Gehör bewilligt wurde, oder Hoffeste stattfanden, manche Abänderung. Dann ging alles noch ceremoniöser zu, und ein wirklich imposantes Schauspiel mußte es sein, wenn sich der ganze Hof in voller Pracht darstellte. Da gab es Karussellreiten, Ballette, Bälle, Konzerte, Theater, Feuerwerke und allerlei andere Festspiele; in den Gärten zu Versailles wimmelten alle Baumgänge von schimmernden Gestalten, in den Grotten standen Tische, bedeckt mit allen Kostbarkeiten und Leckerbissen der Welt auf krystallenen, goldenen und silbernen Gefäßen, die plätschernden Springbrunnen aber wetteiferten mit den Chören von Sängern und Ton= künstlern aller Art.*) Oft führten die Herren und Damen des Hofes Maskenaufzüge, Ballette und Singspiele auf und zeigten sich dabei in den reichsten Kostümen.

Daß die Höflinge dem König auf die unsinnigste Weise schmeichelten, kann man sich denken. Einen Abend schläft Ludwig auf einem Schlosse und äußert sich gegen den Herzog von Antin, daß ihm die große Allee von Bäumen mißfalle, da sie die Aussicht auf den Fluß verhindere. Während der Nacht bietet der Herzog alle Arbeiter auf, um die Allee umzuhauen. Beim Erwachen erstaunt der König, die getadelten Bäume nicht mehr zu sehen. „Ew. Majestät haben sie verdammt, darum stehen sie nicht mehr," sagte der Höfling. — Auch ein ziemlich großes Gehölz bei Fontainebleau mißfiel dem König. Der Herzog bestellte im geheimen Arbeiter, läßt alle

---

*) Fenelon hat diese Herrlichkeiten in seinem Telemach ausführlich beschrieben, und mehrere Denkschriften jener Zeit bestätigen die Wahrheit seiner Schilderungen.

Bäume ansägen und nun leitet er bei einem Spaziergange die Aufmerksam=
keit seines Herrn abermals auf diesen Wald. Der König spricht wieder sein
Mißfallen aus; da giebt der Herzog Befehl, und in einem Nu sieht man
den Wald sinken. — Der König versuchte sich wohl in Versen, die ihm aber
schlecht gelangen. Einst fragte er den geistreichen Boileau um sein Urteil.
Dieser antwortete fein: „Nichts ist Ew. Majestät unmöglich. Sie wollten
schlechte Verse machen, und es ist vortrefflich gelungen."

Noch wenige Monate vor des Königs Tode wollte man seiner Eitelkeit
ein glänzendes Fest geben. Man spiegelte ihm vor, der Schah von Per=
sien, von dem berühmten Namen seiner Majestät unterrichtet, strebe nach der
Ehre, mit ihm ein Freundschaftsbündnis zu knüpfen. Ganz Frankreich ge=
riet in Bewegung bei dem Gerüchte; Ludwig befahl dem Baron von Bre=
teuil, dem Gesandten zwei Meilen von Paris entgegen zu gehen und ihn mit
größter Pracht zu empfangen. Er selber gab ihm bald nach gehaltenem
Einzuge eine glänzende Audienz, bei welcher er alle Edelsteine und Juwelen
der Krone auf dem Leibe trug, im Wert von zwölf Millionen Franks. Er
ließ dem Gesandten täglich 100 Louisdor reichen und ein Badezimmer für
7500 Mark für ihn einrichten. Die Reisekosten von Marseille wurden ihm
mit 18 000 Mark vergütet. Indessen war der angebliche Perser nichts als
ein portugiesischer Jesuit, der von seinen Ordensbrüdern aus dem Gefäng=
nisse zu Konstantinopel befreit und nun dazu benutzt worden war, dem
schwachen und eitlen Könige diese Komödie zu spielen. Ludwig, als er den
Betrug gemerkt, ließ den Gesandten ohne Abschiedsaudienz abreisen.

Als eine schmerzhafte Krankheit den „großen" König auf das Totenbette
warf, flohen ihn alle seine Anhänger und Freunde, und man konnte kaum
ein paar Bedienten bewegen, bei ihm zu bleiben. Das Volk, das er nicht
bloß arm gemacht, sondern auch der Sittlichkeit und alles Vertrauens be=
raubt hatte, jubelte laut auf bei der Nachricht von seinem Tode, und der Pöbel
verfolgte den Leichenzug nach St. Denys mit solchem Unwillen und solchen
Schimpfreden, daß man genötigt war, die Leiche auf Nebenwege zu führen.

II. Peter der Große und Karl XII. von Schweden.[*]

1. Peter der Große alleiniger Zar.

Bis zu Peters glorreicher Regierung gehörten die wilden Russen zu den
asiatischen Völkern. Kaum wußte man in Europa von ihnen, und es war
eine große Seltenheit, wenn einmal ein europäischer Fürst eine Gesandtschaft
nach Moskau sandte. Sitten, Kleider, Bildung und Sprache unterschieden
sie gänzlich von den gebildeten Völkern, die daher nichts nach ihnen fragten.
Da trat vor ungefähr 200 Jahren Peter auf. Anfangs selbst ohne Bildung,

[*] Fr. Nösselt.

bildete er sich selbst mit nie gestillter Wißbegier und that dann soviel für die Bildung seines Volkes, daß es während seiner Regierung größere Fort=schritte machte, als andere Völker kaum in Jahrhunderten. Peter erscheint als einer der großen Männer, deren sich die Vorsehung bedient hat, auf das Glück ganzer Völker einzuwirken.

Während der ersten dreißig Regierungsjahre Ludwigs XIV. regierte in Rußland der Zar Alexei. Als er starb, hinterließ er mehrere Kinder, von denen der älteste Sohn, Feodor, zwar folgte, aber auch bald (1682) starb. Sein Tod ließ Unruhen fürchten; denn er hinterließ eine eifersüchtige Schwe=ster, Sophia, einen schwachsinnigen Bruder, Iwan, und einen zehnjährigen Stiefbruder, Peter. Die Unruhen blieben auch nicht aus. Zwar riefen die russischen Großen den jungen Peter zum Zaren aus, aber Sophia, die ihn und seine Mutter Natalie bis auf den Tod haßte, hetzte die Strjelzü oder Strelitzen — so nannte man nämlich die adlige Leibwache — auf, und diese erregten einen furchtbaren Aufruhr, weil Sophia ausgesprengt hatte, daß Iwan durch die Familie der Natalie ermordet sei. Mit wütenden Blicken wälzte sich die Schar nach dem Palaste, um Iwans Tod zu rächen, und selbst als dieser sich zeigte, hörte der Tumult nicht auf. Die meisten Brü=der, Verwandten und Räte Nataliens wurden grausam ermordet. Den Leib=arzt ermordeten sie, weil sie bei ihm getrocknete Meerpolypen und eine Schlangenhaut gefunden hatten, ihn daher für einen Zauberer hielten. Dann riefen sie Iwan zum Zaren aus. Er erschien und stammelte: „Ich will euer Zar sein; aber laßt doch meinen lieben Bruder Peter mit mir regieren!" Das ließen sie sich gefallen.

Bald brach unter den Strelitzen ein neuer Tumult aus. Natalie und Peter flohen aus Moskau nach einem festen Kloster. Ihnen folgten die Mörder. Lange suchten sie vergebens; endlich kamen sie in die Kirche. Hier kniete Peter am Altare; seine Mutter stand vor ihm und deckte ihn mit ihren Armen. Aber ein wilder Strelitz rannte auf ihn los und wollte ihm eben das Messer ins Herz stoßen, als ein anderer mit gräßlicher Stimme rief: „Halt, Bruder! Nicht hier am Altare. Er wird uns nicht entgehen." In dem Augenblicke aber erschien die zarische Reiterei und trieb die Stre=litzen auseinander. Peter war gerettet. Je mehr Übermut, desto mehr Sklavensinn. Die noch eben so übermütigen Strelitzen nahten sich bald darauf, 3700 an der Zahl. Je zwei und zwei trugen einen Block und der dritte ein Beil. Viele hatten Stricke um den Hals. Sie hatten nämlich, um den Zorn des Zaren zu sühnen, den zehnten Mann ausgehoben. Diese nahten sich jetzt. Sie hatten das Abendmahl empfangen, von ihren Weibern und Kindern, die dem Zuge weinend folgten, Abschied genommen, stellten sich vor dem Palaste auf und riefen: „Wir sind schuldig: der Zar richte nach Gefallen über uns." Drei Stunden lang überlegte der Hof; endlich wurden dreißig der Schuldigsten hingerichtet, die übrigen entlassen.

Des nun 15jährigen Peters Liebling war ein Kaufmannssohn aus Genf, Le Fort. Nachdem er seinen Eltern davongelaufen war und sich in mehreren Ländern herumgetrieben hatte, war er nach Moskau gekommen und dem jungen Zaren bekannt worden. Er wußte von den europäischen Völkern angenehm zu erzählen und war daher ganz Peters Mann. Stundenlang saß oft Peter und horchte auf seine Erzählung. Einmal hatte er ihm auch von der Art, wie in andern Ländern die Soldaten exerziert würden, erzählt. „Das willst du auch versuchen!" dachte Peter, und geschwind errichtete er im Dorfe Preobraschenskoy bei Moskau eine Kompanie von 50 Knaben seines Alters, die er Poteschni (Spielkameraden) nannte und von Le Fort, den er zum Hauptmann der kleinen Schar machte, exerzieren ließ. Er selbst diente als Gemeiner und erklärte, daß nur Verdienst, nie Geburt zu Auszeichnungen berechtige. Jeder junge Russe hielt es für eine Ehre, ein Poteschni zu sein, und bald hatte er so viele Rekruten, daß sie nicht im Dorfe Platz hatten. Hieraus entstand die nachmalige russische Garde. Sophia hatte das Spiel= werk ruhig angesehen, ja es war ihr lieb, daß Peter, wie es ihr schien, in der Wildheit aufwüchse. Aber bald merkte sie, wie gefährlich ihr seine Po= teschni werden könnten, und leicht war es ihr, die Strelitzen wieder auf= zuwiegeln. Es wurde beschlossen, ihn mit seiner ganzen Familie zu ermor= den. Peter floh wieder nach jenem festen Kloster und rief seine Poteschni und alle, die es gut mit ihm meinten, herbei. Eine Menge kam, und nun wagte es keiner, ihn anzugreifen. Sophia mußte sich ihm unterwerfen und wurde in ein Kloster verwiesen, wo sie unter dem Namen Susanne den Schleier nahm. Einige Jahre darauf starb auch der gute, aber schwache Iwan, und Peter war nun alleiniger Zar (1696).

Rasch ging er nun an seine Verbesserungspläne. Einst ging er, neun= zehn Jahre alt, in einem Dorfe bei Moskau durch einen Speicher, wo altes Hausgeräte aufbewahrt wurde. Da fiel ihm ein Boot in die Augen. „Warum ist das anders gebaut," fragte er gleich, „als die Schiffe, die ich auf der Moskwa sehe?" — „Es ist ein englisches Boot," antwortete man ihm, „und sowohl zum Rudern, als zum Segeln zu gebrauchen." „Das möchte ich sehen!" rief Peter. „Ist denn niemand da, der es regieren könnte?" — Man sagte ihm, vielleicht verstände es ein alter holländischer Tischler, Karsten Brand, der ehemals ein Schiffszimmermann gewesen sei. Er wurde gerufen, setzte es bald wieder instand und fuhr dann vor den Augen des erstaunten Zaren den Strom hinab und hinauf. Nun trat Peter selbst ans Steuer, und das Wasser war von jetzt an sein Element. Bald war ihm der Fluß, bald ein großer Teich zu enge; das Schiff mußte in einen See gebracht werden. Diesem Schiffe folgten bald mehrere, die der alte Brand ihm bauen mußte. „Könnte ich doch nur einmal ein Seeschiff sehen!" rief Peter sehnsüchtig aus. Rußland hatte damals noch kein Land an der Ostsee und am Schwarzen Meere; das Weiße Meer war das einzige, wo Peter seine Sehnsucht stillen konnte; dorthin reiste er. Er kam nach Archangel. Wie schlug ihm das Herz, als das weite Meer mit vielen hol= ländischen Schiffen vor seinen trunkenen Blicken dalag. In der Tracht eines holländischen Schiffers befuhr er selbst die See und munterte die Holländer auf, nur recht bald wiederzukommen. Als er zum zweiten Male in Ar= changel war, überfiel ihn mitten auf dem Meere ein Sturm. Die Gefahr war so groß, daß alle Schiffer beteten und ihr Ende erwarteten. Nur Peter war unerschrocken, sah auf den Steuermann und wollte ihm Vorschriften geben, wie er lenken müsse. Dieser aber war ungeduldig. „Geh mir vom Leibe!" fuhr er den Zaren an. „Ich muß wissen, wie man steuern soll; ich weiß das besser als Du!" und wirklich brachte er auch das Schiff glücklich an das Ufer. Hier aber fiel er vor dem Zaren auf die Kniee und bat ihn wegen seiner Grobheit um Verzeihung. „Hier ist nichts zu verzeihen," sagte Peter, hob ihn auf und küßte ihn dreimal auf die Stirn, „aber Dank bin ich dir schuldig, daß du uns gerettet hast. Auch für die Antwort, die du mir gabst, danke ich dir!"

Solchen Mann, sollte man glauben, müßten seine Unterthanen vergöttert haben. Aber es gab der Unzufriedenen genug, vorzüglich unter den Strelitzen, die es ihm nicht vergeben konnten, daß er die Poteschni ihnen vorzog. Eines Abends war Peter in Preobraschenskoy bei seinem Liebling Le Fort, der ihn mit vielen andern zu Gaste geladen hatte. Eben wollte man sich zur Tafel setzen, da wurde der Zar herausgerufen. Es waren zwei Strelitzen, die ihn allein zu sprechen verlangten. Sie warfen sich vor ihm nieder und sprachen, sie brächten ihm ihre Köpfe dar, die sie verwirkt hätten. Sie gehörten zu einer großen Verschwörung; ihr Gewissen triebe sie her, es ihm anzuzeigen. In der nächsten Nacht wollten die Verschworenen Feuer anlegen, und wenn dann der Zar herbeieilte, ihn im Gedränge ermorden. Jetzt säßen sie im Hause des Staatsrates Sokownin versammelt. Es war gerade 8 Uhr. Peter ließ die beiden verwahren und schickte einen schriftlichen Befehl an einen Hauptmann seiner Garde, gegen 11 Uhr das bezeichnete Haus zu umgeben und alle, die darinnen wären, gefangen zu nehmen. Dann ging er ruhig zur Gesellschaft, als wenn nichts vorgefallen wäre. Aber um 10 Uhr stand er auf. „Laßt euch nicht stören," sprach er, „ein kleines Geschäft ruft mich auf einen Augenblick ab." Von einem Adjutanten begleitet, setzte er sich in den Wagen und fuhr nach Sokownins Hause. Er wunderte sich, die Wache nicht zu finden. „Vielleicht sind sie schon im Hause," dachte er und trat in den Saal. Da saßen die Verschworenen noch alle. Erschrocken standen sie auf. „Ei guten Abend!" sagte Peter. „Ich fuhr vorbei und sah hier helles Licht. Da vermutete ich muntere Gesellschaft! Ich komme, mit euch ein Gläschen zu trinken." — „Viele Ehre!" antwortete der Wirt. Alle setzten sich wieder; es wurde fleißig eingeschenkt, und der Zar that wackern Bescheid. Jetzt winkte ein Strelitze dem Sokownin und flüsterte ihm zu: „Nun ist es Zeit, Bruder!" — „Noch nicht!" antwortete dieser leise. „Für mich aber ist es Zeit!" schrie Peter mit funkelndem Blicke, indem er aufsprang, daß die Gläser klirrten, und den Sokownin mit der Faust ins Gesicht schlug. „Fort! bindet die Hunde!" — Zu seinem Glücke trat in demselben Augenblicke der Gardehauptmann herein, hinter ihm seine Soldaten. Die Verschworenen verloren den Mut, fielen auf die Kniee und baten um Gnade. Nachdem sie gebunden waren, gab Peter dem Hauptmann eine tüchtige Ohrfeige, weil er, wie er glaubte, eine Stunde zu spät gekommen sei. Da dieser sich aber durch Vorzeigung des schriftlichen Befehls auswies, entschuldigte der Zar seine Hitze, küßte ihn auf die Stirn und erklärte ihn für einen braven Offizier. Wie staunten Le Fort und seine Gäste, als er zurückkam und erzählte, was indessen geschehen war! Viele der Schuldigen wurden hingerichtet.

Je mehr ihm Le Fort von fremden Ländern erzählte, desto begieriger wurde er, sie selbst zu sehen. Im Jahre 1697 rüstete er eine große Gesandtschaft aus, die von Le Fort angeführt wurde, wohl aus 300 Personen bestand und durch einen großen Teil von Europa reisen sollte. Er selbst wollte sie begleiten; aber weil er ein großer Feind von allen Umständen war und gern alles ungestört sehen wollte, so ging er unter dem Titel eines Oberkommandeurs mit, und er hatte ausdrücklich seinen Leuten befohlen, zu thun, als wenn er nicht der Zar sei. Zunächst ging es über Riga nach Königsberg, wo der Kurfürst von Brandenburg, Friedrich III., die Gesandtschaft in feierlicher Audienz empfing. Peter war auch dabei und wollte unerkannt bleiben. Aber das war vergebens. Alle Hofleute erkannten ihn gleich an seiner hohen Gestalt, seinen blitzenden Augen, die er überall umherwarf, und an der Mühe, die er sich gab, nicht erkannt zu werden, indem er sich oft seine Mütze vor das Gesicht hielt. Doch besuchte er auch den Kurfürsten allein, der sich alle Mühe gab, ihn mit Schmausereien, Opern u. s. w. zu unterhalten. Einmal hatte er zu viel getrunken und bekam mit Le Fort Streit. Wütend fiel er ihn an und befahl ihm, den Säbel zu ziehen. „Das sei ferne," sagte der verständige Le Fort; „lieber will ich von den Händen meines Herrn sterben!" Mit Mühe wurde der Zar zurückgehalten. Am folgenden Morgen bereute er seine Übereilung. „Ich will mein Volk gesitteter machen," rief er schmerzlich aus, „und noch vermag ich's nicht, mich selbst zu zähmen!" — Mit großer Wißbegier besuchte er die Handwerker und Künstler, besonders die Bernsteindrechsler. Dann ging er durch die Mark und Hannover nach den Niederlanden. Überall fand man ihn sehr liebenswürdig, obgleich seine Sitten, besonders bei den Damen, etwas roh waren. Am hannöverschen Hofe wunderte er sich, daß die Damen nicht alle rot und weiß auflegten; das sei in Rußland allgemein, und eine alte, tüchtig geschminkte Hofdame gefiel daher den Russen am besten. Nachdem er mit den Damen, die nach damaliger Sitte steif geschnürt waren, getanzt hatte, wandte er sich an Le Fort und sagte mit Verwunderung: „Wie teufelsharte Knochen haben doch die deutschen Frauen!"

2. Peter in Holland.

Nun kam er nach Amsterdam. Auf diese Stadt hatte er sich am meisten gefreut; denn für die Holländer hatte er eine große Vorliebe. Um unerkannt zu bleiben, kam er 14 Tage früher als die Gesandtschaft. Aber man erkannte ihn doch, und der Magistrat bot ihm eine schöne Wohnung an. Er aber wählte ein ganz kleines Haus und legte die Kleidung eines holländischen Schiffszimmermanns an. Am meisten lag ihm daran, hier das Schiffsbauen zu lernen. Amsterdam gegenüber liegt das Dorf Saardam, wo 700 Windmühlen stehen und großer Schiffsbau getrieben wird. Dahin

begab er sich bald. Auf der Überfahrt sah er ein Fischerboot. Er erkannte
in dem Fischer einen alten Bekannten, den er einst in Rußland gesehen
hatte. Treuherzig schüttelte er ihm die Hand. „Höre! ich will bei dir
wohnen!" rief er. Der Mann entschuldigte sich; er hätte nur eine Hütte
mit einer Stube und Kammer. Das half alles nichts, der Fischer mußte
mit seiner Frau in die Kammer ziehen, und Peter nahm die Stube ein. Das
Haus steht noch. Nun ging es ans Arbeiten. Man wußte wohl, wer er
eigentlich sei; aber er konnte nicht leiden, wenn man es merken ließ. Man
nannte ihn Peter Baas; als solcher kam er alle Morgen, mit dem Beile in
der Hand, auf die Schiffswerfte, zimmerte wie ein gemeiner Arbeiter, fragte
nach allem und versuchte alles. Selbst in der Schmiede arbeitete er mit,
und seine Kammerherren mußten die Kohlen zulangen. Wie verwünschten
diese den sonderbaren Geschmack ihres Zaren, der sie nötigte, ihre zarten Hände
zu verderben. Peter dagegen zeigte gern die harte Haut seiner Hände, weil
sie ein Beweis seiner Arbeitsamkeit war. Recht in den Tod zuwider war es
ihm aber, wenn ihn die Leute wie ein Wundertier angafften. Manchmal
standen sie in dicken Haufen vor seiner Thüre, wenn sie wußten, daß er
ausgehen würde. Dann kam er entweder wohl gar nicht, oder es setzte
tüchtige Püffe rechts und links. Nach einer siebenwöchentlichen Arbeit kehrte
er nach Amsterdam zurück, und statt mit Zerstreuungen die Zeit zu töten,
suchte er Gelehrte, Künstler und Handwerker auf, bei denen er etwas lernen
konnte, nahm auch viele davon in seine Dienste und schickte sie nach Ruß=
land. Dasselbe that er in England, wohin er nun reiste. Einen großen
Genuß verschaffte ihm hier König Wilhelm, indem er vor ihm eine See=
schlacht aufführen ließ. „Wäre ich nicht zum Zaren des russischen Reichs
geboren," rief er einmal aus, „so möchte ich ein englischer Admiral sein!"
Drei Monate blieb er da. Als er auf der Rückreise wieder über Holland
ging und ihn hier bei einer seiner Wasserfahrten auf der Zuyder=See
(spr. Seuder=See) ein Sturm überfiel, war er allein ganz unerschrocken.
„Habt ihr denn je gehört," sagte er zu den bebenden Schiffern, „daß ein
russischer Zar in Holland auf der See ertrunken sei?" — Nun ging es
über Dresden nach Wien, wo es ihm sehr gefiel, und eben wollte er nach
Italien gehen, als er die Nachricht erhielt, die Strelitzen hätten sich schon
wieder empört.

Wie ein grimmiger Löwe fuhr er auf und eilte schnell nach Rußland
zurück. Auf der Reise durch Polen besuchte er den König des Landes, den
starken August II., dem es ein Leichtes war, zinnerne Teller wie ein Papier
zusammenzurollen. Auch dem Zaren gab August eine Probe seiner Stärke,
indem er mit einem scharfen Säbel einem polnischen Ochsen den Kopf mit
einem Hiebe abschlug. „Schenkt mir den Säbel," sagte Peter: „er ist mir
nötig, um das Haupt des Empörungsdrachens vom Rumpfe zu trennen."
Der König reichte ihm den Säbel mit den Worten: „Tod den Türken und
Tataren! Leben und Gnade den Unterthanen!" eine Äußerung, die seiner
Menschlichkeit Ehre macht. Peter fand den Aufruhr schon gedämpft; alle
Gefängnisse waren voll. Kaum bezwang sich Peter, seine Schwester Sophia

nicht zu mißhandeln; denn sie hatte vermutlich wieder ihre Hand im Spiele gehabt. Darum wurde sie noch enger eingesperrt, und 130 Schuldige wurden ihren Fenstern gegenüber aufgehenkt. Schrecklich war diesmal die Strafe der Übelthäter; einen ganzen Monat lang floß ihr Blut auf dem Richtplatze bei Moskau.

Um diese Zeit starb sein Freund Le Fort. „Nun habe ich keinen treuen Diener mehr!" rief Peter mit Thränen aus. „Auf ihn allein konnte ich mich verlassen." Er küßte den teuren Leichnam und badete ihn mit seinen Thränen. Seine Stelle ersetzte späterhin Menschikow. Die Nachrichten über seine Herkunft sind verschieden. Es heißt, er sei ein Pastetenbäckerjunge gewesen und habe Pasteten auf den Straßen herumgetragen. Einst kam er so auch in die Küche eines vornehmen Russen, der den Zaren zu Tische geladen hatte. Da bemerkte er, daß der Wirt in ein Lieblingsgericht des Zaren ein Pulver that. Menschikow schöpfte Verdacht, ging auf die Gasse und wartete, bis der Zar kam. Dieser bemerkte ihn und sagte: „Gieb mir deinen Korb zum Kaufe!" — „Den Korb," antwortete der Junge, „darf ich nicht ohne meines Herrn Erlaubnis weggeben. Indes, da Euch das alles zugehört, so nehmt ihn immerhin." — Die Antwort gefiel Petern; er befahl ihm zu folgen und ihn bei Tische zu bedienen. Als nun das verdächtige Gericht kam, rief der Knabe den Zaren bei Seite und sagte ihm, was er gesehen habe. Peter verlangte, daß der Wirt zuerst davon essen sollte, und da dieser bestürzt es ablehnte, setzte er einem Hunde davon vor, der bald darauf starb. Seit dieser Zeit genoß Menschikow das Vertrauen des Zaren und half ihm auch treulich bei der Ausführung seiner Verbesserungspläne.

3. Seine Reformen in Rußland.

Das Ausland hatte dem Zaren so gefallen, daß er nichts sehnlicher wünschte, als seine Russen danach zu bilden. Mit dem Äußern fing er an und verbot die lange Nationalkleidung. Nur Geistliche und Bauern durften sie tragen. Wer zu ihm kommen wollte, mußte in ausländischer Tracht erscheinen; dazu ließ er ein Muster über jedes Stadtthor hängen, und wer noch mit einem langen Kleide durchs Thor ging, mußte entweder einen Zoll bezahlen oder unter dem Thore niederknien und es sich gefallen lassen, daß ihm der Rock so weit, als er beim Knieen auf der Erde schleppte, abgeschnitten würde. In kurzer Zeit waren die langen Röcke verschwunden. — Ebenso ging es dem langen Barte. Wer ihn behalten wollte, mußte ein Geistlicher oder ein Bauer sein, oder — jährlich 100 Rubel bezahlen. Auch die Frauen wurden nun umgewandelt. Bisher hatten die Unglücklichen ein trauriges Leben geführt; sie wurden für unwürdig gehalten, in der Gesellschaft der Männer zu erscheinen, und lebten eingeschlossen in ihren Harems. Aber Peter wollte, sie sollten sein wie die Frauen, die er im Auslande gesehen hatte, und befahl, daß alle in ausländische Tracht gekleidete Frauen in allen Gesellschaften erscheinen dürften. Dadurch wurden die Ausbrüche der Roheit der Männer mehr zurückgehalten, und nach und nach kam ein besserer Ton auf. Auch verbot er, daß irgend eine Ehe ohne freie

Bestimmung des jungen Paares geschlossen würde, und daß sich beide wenig=
stens sechs Wochen lang vor der Hochzeit sehen dürften. Bisher hatten die
Eltern die Kinder vermählt, und die Brautleute hatten sich am Hochzeittage
zum ersten Mal gesehen. — Auch Schulen wurden angelegt, Buchdruckereien
errichtet und viele gute Werke des Auslandes ins Russische übersetzt; kurz,
kein Zweig der Verwaltung blieb unverändert. Freilich schüttelte darüber
mancher den Kopf; aber Peter war nicht der Mann, der sich irre machen
ließ oder auf halbem Wege stehen blieb.

Karl XII., König von Schweden.

1. Seine Feldzüge in Dänemark, Liefland und Polen.

Karl XII. war ein Urenkel der Schwester Gustav Adolfs. Als sein
Vater starb, war er noch nicht 15 Jahre alt. Daher verwaltete anfangs
seine Großmutter, eine verständige Frau, die Regierung. Aber die Schweden
wollten nicht gern unter der Herrschaft einer Frau stehen und übertrugen
daher bald dem jungen Karl die Regierung. Er zeichnete sich als Knabe durch
nichts aus, und man hielt ihn allgemein für einen sehr mittelmäßigen Kopf.

Schweden hatte damals einen viel größeren Umfang als jetzt. Auch
Ingermanland (wo jetzt Petersburg liegt), Esthland und Liefland gehörten
den Schweden. Darüber waren aber die Nachbarn längst eifersüchtig ge=
wesen und hatten nur auf eine Gelegenheit gewartet, über Schweden herzu=
fallen und ihm die Federn auszurupfen. Jetzt, glaubten sie, sei die Gelegen=
heit gekommen. Peter der Große, August II. von Polen und Friedrich IV.
von Dänemark schlossen ganz insgeheim einen Bund, und wirklich merkte auch
Karl nichts davon. Plötzlich brachen die Dänen in Holstein ein, welches
damals einem Schwager des Königs von Schweden gehörte, während sich
August auf Liefland warf. Als Karl dies erfuhr, sprach er: „Es ist wun=
derlich, daß meine beiden Vettern Krieg haben wollen. Es mag also darum
sein. Wir haben eine gerechte Sache; Gott wird uns wohl helfen. Ich will
die Sache erst mit dem einen abthun, und hiernächst kann ich alle Zeit mit
dem andern sprechen.“ Seit der Zeit hatte er keinen Sinn mehr für Hoffeste.
Man sah ihn sich lebhaft mit den alten Generalen seines Vaters und Groß=
vaters unterhalten, und ein ganz neuer Geist war in ihn gefahren.

Alles war nun gespannt, was Karl thun würde. Sein Feuergeist
wollte die Sache schnell entschieden wissen, und darum beschloß er auf See=
land zu landen und dem Könige von Dänemark einen solchen Schrecken ein=
zujagen, daß er Frieden machen müßte. Gesagt, gethan; Karl fuhr selbst
mit einem ausgesuchten Heere über den Sund. Schon standen die Dänen
am Ufer, ihn zurückzutreiben. Aber ungeachtet des Kugelregens sprang er
aus dem Schiffe ins Wasser, welches ihm bis an die Arme reichte, den
Degen in der Hand, und so stürmte er gegen die Dänen an, hinter sich seine

Soldaten, die die Gewehre hoch über dem Wasser emporhielten. Als die
Kugeln um ihn herum flogen, fragte er seine Begleiter, was das für ein
Pfeifen wäre. „Sire! Das sind die Flintenkugeln!" — „So!" sagte Karl,
„das soll künftig meine Lieblingsmusik sein!" — Die Feinde verloren den
Mut, solchen Leuten zu widerstehen, und warfen sich in die Flucht. Nun
ging es rasch auf Kopenhagen los. Karl hielt die schönste Mannszucht;
jedes Plündern war bei Todesstrafe verboten. Dafür aber nahmen ihn die
braven seeländischen Bauern freundlich auf. „Gott segne Ew. Majestät,"
sprachen sie; „wir wissen wohl, daß Ihr uns kein Leid thun werdet; Ihr
seid ja der frommen Ulrike Sohn." — Und als Karl nachher wieder zurück=
ging, sagten ihm die ehrlichen Leute mit Thränen Lebewohl. Der König
Friedrich war über die plötzliche Erscheinung der Schweden so bestürzt, daß
er gleich demütig um Frieden bat. Karl gewährte ihn gern; denn er hatte
mehr zu thun. Das geschah 1700.

Nun ging es rasch wieder zu Schiffe. Karl fuhr über die Ostsee nach Lief=
land, landete und eilte der Stadt Narva zu Hilfe. Hier kam es zu einer
Schlacht, 8000 Schweden gegen fast 80 000 Russen, die sich noch obendrein
verschanzt hatten. Aber der Wind trieb die fallenden Schneeflocken den
Russen gerade ins Gesicht, und dies machte es den Schweden möglich, unbe=
merkt sich zu nähern. In einer Viertelstunde war die Schlacht entschieden
und die Russen in voller Flucht nach einer einzigen Brücke. Endlich brach
diese ein und alle, die auf ihr waren, stürzten mit Angstgeschrei zum un=
fehlbaren Tode hinab. Den Nachgebliebenen war nun jeder Weg der Ret=
tung verschlossen; sie verteidigten sich hinter einer Reihe von Wagen. Dies
Schießen hörte Karl am andern Ende des Schlachtfeldes. Er jagte herbei.
Unterwegs hielt ein Morast ihn auf; er wollte durchsetzen, sein Pferd fiel
aber so tief hinein, daß er nur mit Hilfe eines herzueilenden Knechtes her=
ausgezogen werden konnte. Einen Stiefel und seinen Degen mußte er im
Stiche lassen. Nur mit einem Stiefel warf er sich auf ein anderes Pferd
und jagte fort, und nun wurden die Russen bald besiegt. Peter selbst war
nicht dabei gewesen; denn ein großer Feldherr war er nicht. Als ihm die
Niederlage gemeldet wurde, sagte er ruhig: „Ich weiß wohl, die Schweden
werden uns noch manchmal schlagen, aber wir lernen durch sie. Die Zeit
wird kommen, wo wir über sie siegen werden." Und in sein Tagebuch
schrieb er: „Da wir dieses Unglück oder vielmehr dies Glück erlebt hatten,
machte uns die Not emsig, arbeitsam und erfahren." Ein schöner, eines
großen Fürsten würdiger Gedanke, das Unglück so zu benutzen!

Jetzt ging es gegen den dritten Feind, gegen August II., und Karl er=
klärte laut, er wolle nicht eher ruhen, bis er ihn abgesetzt hätte und einen
andern König von Polen sähe. August hatte nicht erwartet, daß Karl ihm
so geschwind über den Hals kommen würde; denn sonst pflegte man nur
im Sommer Krieg zu führen und im Winter zu ruhen. Karl aber war
gegen alle Witterung abgehärtet; nicht einmal einen Pelz pflegte er im Winter
zu tragen. In seiner Verlegenheit schickte August die Gräfin von Königs=
mark, eine Frau von ausgezeichneter Schönheit, die bei August viel galt, an

Karl ab. Sie sollte unter dem Vorwande, sich für einen Verwandten zu verwenden, bei ihm Audienz suchen und ihn dann überreden, mit August Frieden zu machen. Aber darin hatte sich dieser verrechnet. Karl konnte die Frauen nicht leiden, ist auch nie verheiratet gewesen, und sobald er hörte, die Gräfin sei gekommen, ihn zu sprechen, wandte er sich unwillig ab und mochte sie nicht einmal sehen. Eine Frau, die sich in Männergeschäfte mischte, war ihm vollends ein Greuel. Ebenso fruchtlos waren andere Gesandtschaften. Karl wollte diesen seinen Feind, den er mehr haßte als die anderen, durchaus verderben, erreichte ihn auch bald, nahm ihm fast ganz Polen weg und zwang die Einwohner, so sehr sie auch widerstrebten, einen andern König zu wählen. Dies war Stanislaus Leszczinski, ein Mann von schönem Wuchs und bescheidenen Sitten, erst 27 Jahr alt. August war nach Sachsen geflohen; dies Land gehörte ihm auch. Aber auch selbst da suchte ihn Karl auf. Sein Marsch ging durch Schlesien. Bei Steinau ritt er, ohne die Vollendung der Brücke zu erwarten, durch die Oder, so stark sie auch flutete, und wurde am andern Ufer von einer Menge gemeiner Leute umringt, die ihn flehentlich baten, sich doch ihrer gegen ihre katholischen Mitbürger anzunehmen. Die evangelischen Schlesier wurden damals, trotz der Versicherungen des Kaisers bei dem westfälischen Frieden, auf alle Weise von den Katholiken bedrückt. Ein alter, grauköpfiger Schuhmacher drängte sich vor allem heran, fiel dem Pferde in die Zügel und sagte: „Gnädigster Herr! Gott sei und bleibe bei Ihnen. Aber lassen Sie sich doch durch unsere Thränen erweichen und denken Sie nicht allein an sich selbst, sondern auch an uns arme Leute und an unsern unterdrückten Glauben im Lande." Der König sagte wohl zehnmal: „Ja, ja." Aber der Schuster ließ ihn nicht eher los, bis er ihm die Hand darauf gab. Karl hielt auch sein Wort. Er brachte es beim Kaiser dahin, daß dieser der Obrigkeit Befehl gab, es sollten den Protestanten in Schlesien alle seit dem westfälischen Frieden abgenommenen Kirchen zurückgegeben, ihnen keine Kinder mehr geraubt werden, um sie katholisch zu erziehen, und den Gemeinden in Schweidnitz, Jauer und Glogau erlaubt sein, bei den Gnadenkirchen mehrere Geistliche anzustellen; alles Dinge, die, wie man glauben sollte, sich von selbst verstanden und doch den armen Protestanten verweigert worden waren.

2. Karl in Schlesien und Sachsen.

Karl brach nun 1706 in Sachsen ein und ließ bekannt machen, daß jeder ruhig in seiner Heimat bleiben könne; niemand sollte etwas geschehen. So rückte er bis Altranstädt vor, einem Ort nicht weit von Lützen. Gleich den folgenden Tag ritt er nach dieser Stadt, um das Schlachtfeld zu besehen, wo sein großer Ahnherr vor 74 Jahren so ruhmvoll gefallen war. Mit Rührung betrachtete er die Stelle, wo ihn der Tod ereilt hatte, und sprach: „Wir haben allezeit gesucht, sowie König Gustav Adolf zu leben; vielleicht thut uns Gott die Gnade und läßt uns auch auf die Art, wie er, sterben." Dann wurde den schwedischen Soldaten vorgeschrieben, wie sie sich gegen die Einwohner zu verhalten hätten. Was sie verlangten, sollten

fie bar bezahlen und fich aller Mißhandlungen, bei Todesstrafe, gänzlich ent=
halten. Auf diese Befehle wurde auch streng gehalten. In einem Dorfe
nahmen zwei Soldaten vom Leibregimente einem Bauer eine Schale mit
dicker Milch und schlugen den Jungen, der fie daran hindern wollte. Karl
ritt gerade vorbei und hörte den Lärm, erkundigte fich nach der Urfache und
ließ beide lofen, wer von ihnen sterben sollte. Das Urteil wurde auf der
Stelle vollzogen. — Einige Tage darauf hatte ein Dragoner wider Willen
feines Wirtes ein Huhn geschlachtet. Auf die Klage des Bauern wurde der
Schuldige augenblicklich gehenkt. Solche strenge Gerechtigkeit hielt die Sol=
daten in Ordnung, und die Sachsen, denen die Großeltern die entsetzlichen
Greuelthaten der Wallensteiner erzählt und die jetzt Ähnliches gefürchtet hatten,
konnten fich gar nicht darein finden, den Feind im Lande zu haben und doch
ruhiger als im Frieden zu leben. — August übrigens verlor nun ganz den
Mut und eilte, mit Karl Frieden abzuschließen, und da dieser darauf be=
stand, daß August der polnischen Krone entsagen müßte, so that er es mit
schwerem Herzen. Dann stattete August dem Könige von Schweden einen
Besuch ab, und beide sprachen miteinander als die besten Freunde. Auch er=
hielt Karl hier einen Besuch vom Herzoge von Marlborough. Wie mochten
beide fich freuen, einander kennen zu lernen! Von beider Ruhm war Europa
voll. Hier sahen sie fich zum ersten und letzten Male.

Erst nach einem Jahre ging Karl aus Sachsen zurück. Als er wieder
durch Schlesien kam, drängten fich die evangelischen Schlefier von allen Sei=
ten herzu, ihn zu sehen. Das Landvolk fiel auf die Kniee nieder und dankte
ihm mit Thränen für die Religionsfreiheit, die er ihm verschafft hatte, und
die Betstunden, die er täglich 2—3 mal halten ließ, wirkten so auf die
Gemüter, selbst der Kinder, daß man noch geraume Zeit nachher bis nach
Oberschlesien hinein Kinder von 5—14 Jahren morgens und abends fich
auf dem Felde versammeln sah, um gemeinsam Lieder anzustimmen.

3. Zar Peter. Gründung von Petersburg.

Einen Feind hatte nun Karl noch, den Zaren Peter. Gegen ihn
machte er fich auf und beschloß, ihm in Moskau einen Besuch zu machen.
Peter hatte indessen, während Karl in Polen und Sachsen herumgezogen war,
von den Ländern am Finnischen Meerbusen Besitz genommen. Es war längst
sein sehnlicher Wunsch gewesen, einen Punkt an diesem Meere zu haben, um
auf der Ostsee seine Flotten schwimmen zu sehen. Kaum war daher die
schwedische Armee bei ihm vorbeigeflutet, so machte er fich gleich darüber her,
oben in Ingermanland eine neue Stadt zu bauen. St. Petersburg wurde
fie genannt und sollte die Hauptstadt seines Reiches werden. Wenn Peter
einmal etwas unternahm, dann wurde es auch mit allem Eifer betrieben,
und so wurden auch jetzt viele Tausend Bauern, von denen manche 2—300
Meilen weit her waren, zusammengetrieben und mußten graben und schanzen.
Aber zum Unglück war weder für hinlängliche Lebensmittel, noch für Hand=
werkszeug gesorgt. Da fehlte es an Schaufeln, Hacken und Brettern, und
Schubkarren kannten die Russen noch gar nicht einmal. Zwanzigtausend

mußten täglich arbeiten und die Erde in den Schößen ihrer Röcke herzu=
tragen. Welche Arbeit! Viele Tausend Menschen gingen dabei zu Grunde.
Dennoch machte der Bau reißende Fortschritte. Nachdem binnen vier Mo=
naten die Wälle und Gräben vollendet waren, ging es an den Häuserbau.
Freilich waren es nur hölzerne Hütten; aber wer sollte darin wohnen? —
Da ließ sich der Fürst Menschikow, hier nieder und seine vielen Hofbedienten
nahmen allein viele Häuser ein. Auch blieben manche der Arbeiter, die sehr
weit nach Hause hatten, lieber gleich hier und bauten sich an. Zufällig kam
ein holländisches Schiff mit reicher Ladung an; Peter war darüber so er=
freut, daß er ihm entgegenfuhr und es selbst in den Hafen lotste. Dann
gab er dem Schiffer ein Gastmahl. Wie wunderte sich der Mann, als er
hörte, der mit am Tisch saß und den er bisher für einen Lotsen gehalten
hatte, sei der Zar! Wie geschwind flog seine Mütze vom Kopfe herunter;
Peter kaufte ihm einen großen Teil seiner Ladung ab; bald war das Schiff
leer und der Schiffer wurde obendrein reich beschenkt entlassen. Vergnügt
kam er nach Holland zurück, und bald mehrten sich die Schiffe im Hafen von
Petersburg, die alle so freundlich aufgenommen wurden. Das lockte wieder
viele Kaufleute hin, und so wurde die Stadt immer größer. Freilich muß=
ten sich auch viele russische Große da niederlassen, weil der Zar es so haben
wollte. Das geschah 1703.

Ein recht schöner Zug muß hier von Peter noch erzählt werden, ein
Gegenstück zu Tillys Betragen in Magdeburg. Die Stadt Narva in Esth=
land, dieselbe, wo Karl die schöne Schlacht gewonnen hatte, wurde vom Zar
belagert. Sie war schwach; aber der schwedische Kommandant wollte sie
durchaus nicht übergeben. Da ließ Peter zur Mittagszeit, als die Schweden
tafelten, stürmen und gewann die Festung. Vorher aber hatte er streng ver=
boten, die Einwohner auszuplündern und zu mißhandeln. Daher ritt er
selbst in den Straßen umher und sah auf Ordnung. Aber die Russen wa=
ren rohe Menschen, und es fielen doch viele Gewaltthätigkeiten vor. Er
strafte die Übelthäter streng und stieß viele mit eigener Hand nieder, die er
über dem Plündern ertappte. Dann ließ er den schwedischen Kommandanten
vor sich führen. „Du bist,“ sprach er zornig und gab ihm einen Backen=
streich, „du bist allein Schuld an dem vergossenen Blute. Hilflos, wie du
warst, hättest du dich längst ergeben sollen. Sieh diesen Degen! Er ist rot,
nicht von Schwedenblute — von Russenblute ist er rot. Deine unbesonnene
Hartnäckigkeit gab die armen Einwohner dem Verderben preis. Ich habe
den Ausschweifungen meiner Soldaten gewehrt und die Einwohner gerettet,
soweit ich's vermochte.“ Und Peter war nur ein roher Russe; aber er hatte
Religion im Herzen.

4. Karl zieht in die Ukraine. Schlacht bei Poltawa.

Nun wieder zu Karl. Mitten im Winter zog er unter den unsäglich=
sten Beschwerden durch Polen und Litauen, Länder, durch die man selbst
im Sommer ungern reist. Dazu kam, daß die Russen nicht standhielten,
sondern beim Rückzuge ihre eigenen Dörfer verbrannten und das ganze Land

vollends zur Wüste machten. Dennoch ging Karl immer vorwärts, und jedermann glaubte, er würde nach Moskau vordringen. Plötzlich aber wandte er sich südlich und senkte sich in die weiten Steppen der Ukraine hinab. Hiermit ging Karls Unglücksstern auf. Die Ursache dieses Entschlusses war, daß der alte 70jährige Kosaken-Hetmann Mazeppa ihm vorspiegelte, in der Ukraine, wo damals die Kosaken wohnten, wären Lebensmittel, woran es jetzt den Schweden so sehr fehlte, im Überfluß und seine Kosaken bereit, mit den Schweden gemeinschaftliche Sache zu machen. Das war aber alles nicht wahr. Mazeppa war ein ehrgeiziger Mann und hoffte sich durch die Hilfe der Schweden zum unabhängigen Herrn zu machen. Karl, den alles Ungewöhnliche schnell einnahm, folgte seinem Rate und führte dadurch namenloses Elend für sich und sein Heer herbei.

In der Ukraine fand Karl alles anders, als er es sich gedacht hatte. Überall war drückender Mangel an Lebensmitteln. Die Kosaken weigerten sich, zu den Schweden überzugehen und blieben den Russen treu; nur wenige folgten dem treulosen Mazeppa. Karl hatte einen seiner besten Generale, Löwenhaupt, beehligt, ihm einen großen Vorrat von Lebensmitteln und Pulver aus Kurland zuzuführen; endlich kam er auch bei ihm an, aber — die Vorräte hatte ihm der Zar und Menschikow unterwegs abgenommen und ihm in einer blutigen Schlacht Tausende von Soldaten verwundet und getötet, und die paar Tausend vermehrten nur die Zahl der Hungernden. Nun fiel gar noch der Winter ein und zwar in solcher Strenge, wie man erlebt zu haben sich nicht erinnerte. Tausende erkrankten und starben. Was sollten die armen Schweden, entblößt von aller Bequemlichkeit, nun anfangen? Die Generale rieten, schnell umzukehren und sich durchzuschlagen. Aber dazu war der eigensinnige Karl nicht zu bewegen; das sehe ja einer Flucht ähnlich, meinte er; er könne nur vorwärts gehen. So kam man zur Stadt Poltawa und belagerte sie. Schon war die russische Besatzung aufs äußerste gebracht, da rückte Peter schnell heran, um durch eine Schlacht die Entscheidung herbeizuführen. Alles deutete darauf hin, daß die Schweden verlieren würden. Die Russen zählten an 120 000 Mann, die Schweden kaum 20 000. Dazu kam, daß Karl einige Tage vor der Schlacht einen Schuß in den Fuß erhielt, der ihm einige Zehen zerschmetterte, und er also nicht reiten, daher auch nicht befehligen konnte.

Am 8. Juli 1709 begann die verhängnisvolle Schlacht. Karl war selbst zugegen. Er saß auf einer Sänfte, die von zwei Pferden getragen wurde, und sein Adlerblick schweifte auf dem ganzen Schlachtfelde umher. So ging er in den dicksten Kugelregen! Plötzlich stürzte das eine Pferd, von einer Kugel getroffen, zu Boden, und die ihn begleitenden Gardisten mußten ihn nun weiter tragen. Aber auch dies dauerte nicht lange. Eine Stückkugel zerschmetterte die eine Stange seines Tragbettes, und er mußte sich nun mit seinem dickumwundenen Fuße zu Pferde setzen. Auch Zar Peter schonte sich nicht; eine Kugel war ihm durch den Hut gegangen, eine andere hatte seinen Sattelknopf zerschmettert. Aber reiche Entschädigung erhielt er durch den herrlichen Sieg, den er erfocht. Ein schwedisches Regi-

ment nach dem andern mußte sich ergeben, und endlich begann eine all=
gemeine Flucht. Karl selbst warf sich mit Mazeppa in einen Wagen und
eilte davon. Peter behandelte die gefangenen Generale mit großer Achtung.
Sie mußten an seiner Tafel mit ihm speisen, und als ein russischer Offizier
von Karl verächtlich sprach, warf er ihm einen ernsten Blick zu und sagte:
„Bin ich nicht auch ein König, und wer bürgt mir dafür, daß nicht Karls
Schicksal das meinige werde?"

5. Karls Flucht nach Bender in der Türkei.

Mit dem Überreste seines Heeres kam Karl am folgenden Tage an einen
Fluß. Mit Mühe überredete ihn Löwenhaupt, sich schleunigst hinüber zu
retten, und kaum war er auch mit nur 169 Mann, meist Offizieren, drüben,
so erschienen die Russen und nahmen vor seinen Augen Löwenhaupt mit fast
dem ganzen schwedischen Heere gefangen. Was nun thun? — zurück konnte
und wollte Karl nicht. Da beschloß er denn nach der Türkei zu gehen. Ein
sonderbarer Entschluß! Aber gerade das Sonderbare zog ihn an. Mit man=
cher Gefahr setzte er über den Dniepr und fand eine ungeheure Einöde, mit
Gras und niedrigem Gesträuch bewachsen, weit und breit keine Spur von
Menschen, nicht einmal ein Fußsteig zu sehen. In tiefer Stille setzten die
Schweden ihren Weg fort. Jeder war mit der Vergangenheit und Zukunft
beschäftigt. Es war nichts zu essen da. Die Kosaken jagten Rebhühner und
wilde Schafe, die Schweden aßen bittere Mandeln und wilde Kirschen und
tranken Wasser aus einem faulen Moraste dazu. Nach zwei Tagen erreichte
man den Bug. Jenseits fing das türkische Reich an. Karl sandte einen
General hinüber, dem nächsten Pascha in Oczakow seine Ankunft zu melden.
Dieser aber wollte erst in Konstantinopel anfragen; bis dahin wären alle
Schweden verhungert oder von den nacheilenden Russen gefangen worden.
Zum Glück brachten mehrere Kaufleute Lebensmittel ins Lager, und viele
Schweden drängten sich mit Gewalt über den Fluß. Die übrigen wurden
richtig von den Russen gefangen. Indessen hatte der Pascha von Bender,
Jussuf Pascha, der von des Königs Thaten ganz bezaubert war, seine An=
näherung erfahren, schickte ihm gleich Boten entgegen und bereitete ihm
einen glänzenden Empfang. Zum Glück für Karl war der damalige Sul=
tan Achmed III. ein großmütiger Mann, der sogleich Befehle erteilte, für die
Schweden bei der Stadt Bender ein Lager zu errichten, und sie unter
seinen Schutz nahm.

Hier im Lager traf Karl die Nachricht, daß seine um ein Jahr ältere
geliebte Schwester gestorben sei. Man hatte ihm, um ihn zu schonen, diesen
Verlust lange verschwiegen, bis er ihn durch Zufall erfuhr. „Ach, meine
Schwester!" rief er aus, „ach, meine Schwester!" Ein Augenzeuge sagt:
„Wie sehr ihm diese Nachricht zu Herzen ging, ist kaum zu beschreiben.
Jedermann hatte geglaubt, sein Heldenleben hätte alle seine Gefühle abge=
stumpft, da er weder Zorn, noch Begierde, noch Freude, noch Sorge zu
äußern pflegte und selbst für seine Wunde und über das Unglück bei Pol=
tawa nicht die geringste Gemütsverstimmung zeigte; aber dieser Verlust rührte

sein Herz so sehr, daß Augen, Hände und Sprache die tiefste Traurigkeit verrieten und er lange in diesem Zustande blieb." An seine jüngere Schwester schrieb er bald darauf: „Meine einzige Hoffnung ist, daß meine Herzens= schwester sich bei fester Gesundheit befinden möge. Unser Herr erhalte sie ferner und mache mich einst so glücklich, sie noch einmal zu sehen. Diese Hoffnung macht mir das Leben noch einigermaßen wert, seit ich die Betrüb= nis erduldet habe, die ich nicht zu überleben glaubte. Denn mit frohem Mute würde ich alles ertragen haben, wenn ich nur so glücklich gewesen wäre, von uns drei Geschwistern der erste zu sein, der sein ihm abgestecktes Ziel erreicht hätte. Nun hoffe ich wenigstens nicht so unglücklich zu sein, der letzte von uns zu werden."

6. Peter von den Türken eingeschlossen. Durch seine Gemahlin Katharina gerettet.

Bis so weit war nun Karl gekommen; aber was sollte nun weiter ge= schehen? — Ohne Heer sich durch Polen oder Deutschland nach Schweden zurückzuschleichen, war für den stolzen Mann ein entsetzlicher Gedanke. „Wie?" dachte er, „wenn du den Sultan zu einem Kriege gegen Rußland bewegen könntest? — Und nun bot er alles dazu auf. Anfangs hatte Ach= med keine Ohren dafür; aber Karl brachte es dahin, daß zwei Wesire, die vom Kriege abrieten, abgesetzt wurden, und selbst die Mutter des Sultans wurde bestochen. „Wann willst du," fragte sie ihren Sohn, „endlich meinem Löwen beistehen, daß er den Zaren verschlinge?" — Achmed ernannte einen neuen Großwesir, Balkadschi Mehemet, und befahl ihm: „Führe das Heer gegen die Russen!" „Gut," sagte Mehemet, mein Schwert in der einen und den König an der andern Hand will ich ihn an der Spitze von 200 000 Mann nach Moskau führen!" — Im Geiste sah sich Karl schon in Moskau, und beinahe wäre es auch so weit gekommen.

Zar Peter hatte indessen in Moskau einen herrlichen Triumph gehalten. Durch sieben Triumphpforten zog er ein. Hinter ihm her wurden nicht nur die gemeinen schwedischen Gefangenen, sondern selbst die berühmten Generale Karls geführt. Auch sah man unter der Beute den zerschossenen Tragsessel Karls, das redendste Bild der gebrechlichen Heldengröße und der zertrüm= merten Schwedenmacht. Nun brach er selbst mit dem Heere auf und nahm seine Frau, Katharina I. oder Kathinka, mit sich. Von dieser berühmten Frau hier nur einiges. Daß ihr Vater ein litauischer Bauer, sie also eine Leibeigene gewesen sei, ist historisch nicht festgestellt. Viel wahrscheinlicher ist, daß sie die Tochter eines Rigaer Bürgers, Peter Badendick, war, und dem Rigaer Kirchenbuch zufolge ward sie am 3. Februar 1679 auf den Namen „Katharina" getauft. Als arme verlassene Waise nahm sie der Propst Gluck von Marienburg zu sich ins Haus, obwohl er selber mit Kindern reich gesegnet war. Die Pflegetochter erwarb durch den Fleiß und die An= stelligkeit, womit sie sich der Hausgeschäfte annahm, bald die Zuneigung ihrer Pflegeeltern. Das schöne 18 jährige Mädchen ward geliebt von einem jungen schwedischen Dragoner, der um ihre Hand warb und sie erhielt. Aber gleich nach der Hochzeit ward der junge Mann zum Heere berufen und blieb im Kampfe gegen die Russen. Als nun die Russen Marienburg eroberten, ward die junge Frau samt den übrigen Bewohnern als Sklavin fortgeführt; sie fiel dem General Scheremetjew zu, der sie an Menschikow abtreten mußte. Als einst Zar Peter bei diesem speiste und Kathinka mit Tischgerät durch das Zimmer ging, fiel ihre Schönheit ihm so auf, daß er sie gleich zu sich nahm. Er ließ ihr anständige Kleider machen, gab ihr Dienerschaft und sorgte für ihre Ausbildung. Weniger durch ihre Schönheit, als durch ihr sehr einnehmendes, sanftes Betragen wußte sie sich sein ganzes Vertrauen zu verschaffen, bis er sie endlich gar zu seiner Gemahlin erhob. Sie begleitete ihn auch jetzt in den Krieg. — Die Russen fielen in die Moldau ein und zogen längs dem Pruth hinab. Plötzlich sahen sie sich von ungeheuren Schwärmen Türken und Tataren eingeschlossen. Sie konnten weder vor-, noch rückwärts, und alle Lebensmittel waren ausgegangen. Der Großwesir vernichtete in einer dreitägigen Schlacht 40 000 Russen. Peter sah den Augenblick sich nähern, wo er mit allen den Seinigen verhungern oder den Feinden sich ergeben müßte. Er schrieb an den russischen Senat einen Brief, worin er seine Lage schilderte und gestand, daß er ohne besondere göttliche Hilfe nichts erwarten könne, als Tod oder Gefangenschaft. Peter schloß sich mißmutig in sein Zelt ein; kaum Kathinka wagte vor ihm zu erscheinen, so übellaunig war er. Da half ihm — seine Kathinka. Sie wußte, wie leicht die türkischen Großen sich bestechen lassen und schickte einen Friedensboten an den Großwesir mit ihrem Juwelenkästchen und einer guten Summe Geldes ab. Das wirkte. Die Augen Mehemets wurden von den glänzenden Steinen so geblendet, daß er die hoffnungslose Lage der Russen nicht mehr sah und mit ihnen so schnell einen Frieden schloß, daß Karl ihn nicht mehr zu hindern imstande war. Auf die erste Nachricht davon warf sich Karl auf sein Pferd, jagte 15 Meilen weit in einem Ritt bis ins türkische Lager und bot Himmel und Hölle auf, den Wesir zu bewegen, daß er den Frieden bräche. „Vertraue mir," sprach er, „20000 deiner Freischaren, und ich liefere dir den Zaren in deine Hände." — Aber Mehemet blieb dabei: „Der Friede ist geschlossen und muß bestehen." — Wütend vor Zorn verließ Karl ohne Abschied das Lager des Wesirs und verklagte ihn beim Sultan. Dieser setzte ihn ab und verwies ihn; im folgenden Jahre schon starb er. Der Friede mit Rußland wurde nicht umgestoßen.

7. Karls Eigensinn und Tapferkeit. Rückkehr nach Schweden und Tod.

Keiner hatte sich mehr über Karls Niederlage bei Poltawa gefreut als August II. Auf die erste Nachricht davon erklärte er den mit Karl in Altranstädt geschlossenen Frieden für erzwungen, kehrte nach Polen zurück, verband sich wieder mit dem Zaren und verjagte bald seinen Gegner Leszinski vom polnischen Throne. Auch Friedrich IV. von Dänemark erklärte den Schweden wieder den Krieg. Alle drei fielen nun über die schwedischen Provinzen her, und wären die braven Schweden nicht so tapfer gewesen, so hätte Karl jetzt sein ganzes Land verloren. Karl saß indessen ruhig in seinem Lager bei Bender und entwarf Riesenpläne, von denen kein einziger ausgeführt wurde. Seine Lage wurde von Tag zu Tage schwieriger. Zu seinen drei Feinden gesellten sich noch drei: Preußen, England und Holland. Alle seine Mühe, den Sultan zu einem neuen Kriege gegen Rußland zu bewegen, war vergeblich. Dagegen widerstand Achmed allen Aufforderungen des Zaren, ihn auszuliefern. Endlich bot Peter fünf Millionen für den König. Aber Achmed antwortete, Peter sei durch nichts in der Welt imstande, ihn zu einem so großen Verbrechen gegen die Gastfreundschaft zu bewegen; ein türkischer Kaiser habe eine noblere Seele. Zuletzt ließ aber Achmed Karln merken, sein langer Aufenthalt sei ihm lästig, er möchte doch endlich an die Abreise denken. Aber Karl war so erbittert auf ihn, daß er alle ihm erwiesene Gastfreundschaft vergaß und gerade ihm zum Ärger bleiben wollte. Endlich drohte man mit Gewalt, und da Karl immer hartnäckiger wurde und sich mit seiner Hand voll Schweden — es waren 196 Mann — in Verteidigung setzte, so befahl der Sultan dem ehrlichen Juffuf Pascha, sich Karls tot oder lebendig zu bemächtigen. Mit Thränen in den Augen zog der Pascha die Janitscharen zusammen. Die Kanonen donnerten, seine Verschanzungen wurden erstiegen. Da beschloß Karl, sich in seinem hölzernen Hause bis aufs äußerste zu verteidigen. Er hieb sich durch 40 Janitscharen, die ihn umringten, bis zur Hausthür durch. Hier raffte er einige Soldaten, Offiziere und Knechte, 50 an der Zahl, zusammen, trieb die Janitscharen, die sein Haus schon plünderten, heraus und verrammelte sich. Er wehrte sich sieben Stunden lang. Eine Menge toter und verwundeter Türken lag schon umher. Da gelang es den Janitscharen endlich, das Dach in Brand zu setzen. Nun erst, als schon die brennenden Sparren auf den König herabfielen, entschloß er sich, das Haus zu verlassen. In der einen Hand ein Pistol, in der andern den Degen, brach er heraus, um sich nach einem benachbarten Hause zu flüchten, verwickelte sich aber mit den Sporen und fiel zu Boden. Schnell sprangen die Türken herzu und ergriffen ihn. Man brachte ihn nun nach einer andern türkischen Stadt, wo er kürzer gehalten wurde. Dennoch blieb er noch über 1½ Jahre. Endlich — endlich, nachdem er über fünf Jahre in der Türkei gewesen war, erklärte er, er wolle abreisen. Der Sultan benahm sich trotz Karls trotzigem Eigensinn sehr edel. Er machte ihm noch zum Abschiede große Geschenke und ließ ihn mit allen seinen Leuten bis an die Grenze auf seine Kosten bringen. Karl that, als wenn das alles so sein müßte. Der Zug ging durch Siebenbürgen und Ungarn. Karln aber selbst wurde in der langsamen Reise bald die Zeit lang; er beschloß, die Reise schneller und auf einem Umwege durch Deutschland zu machen, setzte sich mit dem Generaladjutant von Rosen und Oberstlieutenant Düring zu Pferde, ließ sich einen Paß geben, worin er sich für einen schwedischen Hauptmann, Karl Frisch, ausgab, machte sich durch eine große schwarze Perücke, einen Hut mit goldenen Tressen und einen braunen Reiserock unkenntlich, und nun ging die Reise mit seiner gewöhnlichen Ungeduld vorwärts. Er reiste über Wien, Regensburg, Nürnberg, Würzburg,

Hanau, Kaffel, Braunschweig, Güstrow nach Stralsund. In 14 Tagen legte er 286 Meilen zurück, und Düring blieb einmal von den starken Ritten unterwegs für tot liegen, Rosen aber hatte schon in den ersten Tagen zurückbleiben müssen. Endlich langte Karl in der Nacht um ein Uhr vor Stralsund an. Die Schildwache, ja selbst der wachthabende Offizier wollten ihn nicht einlassen, weil es Nacht sei; aber er versicherte, sie wären Boten, die sehr dringende Briefe brächten, worauf der Kommandant sie einzulassen befahl. Seine Füße waren von den starken Ritten so geschwollen, daß er die Stiefeln mußte herunterschneiden lassen. Welche Freude war es nicht für die Einwohner, als sie am Morgen hörten, ihr König sei wieder da, und als er in der Stadt herumritt, jauchzte ihm alles entgegen.

Nach dieser Zeit lebte Karl noch vier Jahre und schlug sich während der ganzen Zeit mit seinen Feinden herum, so daß er seit seinem funfzehnten Jahre nicht zur Ruhe gekommen ist. Im Jahre 1718 unternahm er die Belagerung einer kleinen Festung auf der Grenze zwischen Norwegen und Schweden, Frederikshald (Friedrichshall). Es war schon Ende November; die Soldaten litten sehr von der Kälte; daher betrieb er die Belagerung mit vielem Eifer und sah täglich der Arbeit in den Laufgräben zu. Am 11. Dezember, dem dritten Adventssonntage, wohnte er noch nach seiner Gewohnheit des Vor= und Nachmittags dem Gottesdienste bei. Am Abend ging er in Begleitung des Ingenieuroberst Maigret und des Adjutanten Kaulbars nach den Laufgräben, stützte sich mit beiden Armen auf die Brustwehr und sah dem Feuern aus der Festung ruhig zu. Die Offiziere, die nicht weit davon standen, wunderten sich endlich, daß der König so lange ruhig bliebe, und glaubten schon, er sei eingeschlafen. Endlich gingen sie hin und fanden ihn — tot. Eine Kugel war ihm mitten durch den Kopf gegangen. Man hat fälschlich behauptet, der Generaladjutant Siquier, der auch in seiner Nähe war, hätte ihn ermordet (im Dienst des Prinzen von Hessen, der Anwartschaft auf den schwedischen Thron hatte), und es ist wahr, daß Siquier vier Jahre darauf im Wahnsinne sich den Mörder des Königs nannte. Aber man glaubt ja doch sonst den Aussagen eines Wahnsinnigen nicht, und der Verdacht ist keineswegs erwiesen. Daß seine Soldaten ihn aufrichtig betrauerten und mit zahllosen Thränen zu Grabe trugen, braucht nicht erst gesagt zu werden. Seine Unterthanen dagegen gewannen durch seinen Tod; denn bald darauf wurde Friede geschlossen, worin freilich die Schweden manche schöne Provinz abtreten mußten.

Karl hatte großen Verstand, einen Mut, der an Verwegenheit grenzte, und einen so festen, eisernen Willen, daß vor ihm alle Hindernisse schwanden. Seine Haupttugenden waren Wohlwollen und Redlichkeit. Aber weil er gegen sich selbst streng war, so ließ er auch von seinen Forderungen an andere nicht nach. Fand er Hindernisse und Schwierigkeiten, so verdoppelten sie nur seine Kräfte. Um überwunden zu werden, ließ er sich eher brechen als beugen. Dieser Eigensinn war sein und seines Reiches Unglück. Er hatte ihn schon in seiner Jugend gezeigt, und fiel ihm da ein, zu behaupten, daß der Hofmaler eine Meerkatze sei, so war nichts imstande, ihn davon ab=

zubringen. Sonst war er ein sehr achtungswerter Mensch, voll Gottesfurcht, frommer Ergebung, frohen und unerschütterlichen Mutes, strenger Gerechtig= keit und durchaus unbefleckten Wandels vor Gott und den Menschen. — Auch hatte er ein angenehmes Äußere. Er war groß und schlank gewachsen, von gerader Haltung, bräunlicher Gesichtsfarbe, und seine blauen Augen strahlten von großer Lebendigkeit. Sein Anzug unterschied ihn leicht von andern. Sein Rock war von blauem Tuche mit übergoldeten Messingknöpfen, seine Unterkleider strohgelb, seine Haare kurz abgeschnitten und in die Höhe gekämmt; die Stulpen seiner Handschuhe reichten bis an die Ellenbogen. Seine Stiefeln gingen weit über die Kniee hinauf und waren unten mit eisernen Sporen versehen. Um den Leib geschnallt trug er ein einfaches Degengehäng; der Degen selbst war sehr lang mit vergoldetem Messinggriff. Seinen kleinen dreieckigen Hut trug er, sobald er vom Pferde gestiegen war, in der Hand. Er sprach wenig, aber mit Verstand und großer Bestimmt= heit; auf sein Wort konnte man sich jederzeit verlassen.

8. Peters des Großen letzte Regierungsjahre.

So lange der große Zar lebte, hörte er nicht auf, neue Einrichtungen zu machen, Mißbräuche abzuschaffen und an der Bildung seines Volkes kräftig zu arbeiten. Um neue Ideen zu sammeln, reiste er für sein Leben gern in andere Länder. Einmal zog er auch nach Pyrmont ins Bad. Der Graf von Waldeck bewirtete ihn auf seinem Schlosse ganz prächtig und fragte ihn zuletzt, wie ihm sein Schloß gefalle. „Recht gut!" antwortete Peter, „es hat nur einen großen Fehler: die Küche ist zu groß angelegt." — Im Jahre 1716 machte er eine größere Reise, auf der er auch sein geliebtes Holland wieder besuchte. Hier wurde er mit einer feierlichen Rede empfangen. Der Redner hatte in den pomphaftesten Ausdrücken gesprochen. „Ich danke Ihnen," antwortete Peter, „aber ich habe Sie nicht verstanden. Mein Hol= ländisch lernte ich beim Schiffsbau in Saardam; doch diese Sprache lernte ich nicht." —

Auch nun strich er fleißig auf den Schiffswerften umher und besuchte alle Sehenswürdigkeiten. Stundenlang sah er den Malern in ihrer Werk= stätte zu. Dann reiste er nach Paris. Ludwig XIV. war kurz vorher ge= storben. Sein Urenkel, Ludwig XV., ein siebenjähriges Kind, war jetzt König. Als der königliche Knabe Petern besuchte, nahm ihn dieser ohne weiteres auf die Arme, küßte ihn und sprach: „Ich wünsche, Sire, daß Sie wohl aufwachsen und einst löblich regieren mögen! Vielleicht können wir mit der Zeit einander nützlich werden."

In Paris fand Peters Wißbegierde noch mehr Nahrung als in Hol= land. Aus einer Anstalt eilte er zur andern, besuchte die Gelehrten, Künstler und Fabriken und machte bei den Künstlern große Bestellungen. Als er in die Kirche kam, wo der kluge Richelieu begraben lag, umarmte er dessen Bildsäule und rief: „Großer Mann! Dir würde ich die Hälfte meiner Staaten gegeben haben, um die andere Hälfte von dir regieren zu lernen." Seine Spazierfahrten führten ihn auch nach St. Cyr, wo Frau von Maintenon in

Ruhe lebte. Sie war unpäßlich und verbat sich anfangs den Besuch. Aber
Peter bestand darauf. „Ich muß," sagte er, „der Frau meine Hochachtung
beweisen, die es so gut mit dem Könige und mit dem Reiche meinte und,
wenn sie gegen die Hugenotten sich ungerecht bewies, nur aus Einfalt und
Aberglauben fehlte." Er trat in ihr Zimmer, zog leise die Vorhänge ihres
Bettes auf, setzte sich zu ihren Füßen aufs Bett und fragte nach ihrem Be=
finden. „Mein Alter ist meine Krankheit." antwortete sie mit schwacher
Stimme. Peter sagte ihr, das Bewußtsein die Wohlthäterin Frankreichs ge=
wesen zu sein und der tägliche Anblick der Schar von Mädchen, die ihr noch
jetzt ihr Glück verdankten, müsse ihr jene Krankheit gewiß erleichtern. Höchst
vergnügt kehrte Peter über Holland und Norddeutschland nach Rußland zurück.

Hier aber wartete seiner ein trauriges Geschäft, die Bestrafung seines
einzigen Sohnes, Alexei. Dieser war der Sohn der ersten, verstoßenen Frau
Peters und schon deswegen dem Vater verhaßt. Noch mehr wurde er es
dadurch, daß er bei jeder Gelegenheit zeigte, wie zuwider ihm die Verbesse=
rungen seines Vaters wären. Die Geistlichen, unter denen er aufgewachsen
war, hatten ihn früh schon gegen die Neuerungen Peters eingenommen, und
dieser sah nun mit Kummer voraus, daß einmal nach seinem Tode Rußland
in die alte Barbarei zurückfallen würde. Vergebens hatte er dem Sohne
ausländische Lehrer gegeben, vergebens ihn an die liebenswürdige Prinzessin
von Braunschweig vermählt, vergebens ihn ein Jahr lang am Hofe seiner
Schwiegereltern leben lassen. Eben weil ihm seine Frau aufgedrungen war,
haßte Alexei sie, selbst nachdem sie ihm zwei liebe Kinder geboren hatte.
Peter machte ihm über das schlechte Betragen gegen seine Frau bittere Vor=
würfe; Alexei hörte sie mit verbissenem Grimme an, aber nur, um sie noch
verächtlicher zu behandeln. Ob sie gleich in einem Hause wohnten, sahen
sie sich doch kaum einmal in der Woche, und führte eine Gesellschaft sie zu=
sammen, so ging er ihr mit Fleiß aus dem Wege. Die unglückliche Prin=
zessin fühlte sich nun ganz verlassen; stundenlang saß sie weinend da und
härmte sich so ab, daß sie endlich in eine tödliche Krankheit fiel. Auf ihr
Verlangen besuchte sie Peter. Sie dankte ihm für alle Güte, welche er und
die Zarin ihr erwiesen hätte, segnete unter tausend Thränen ihre kleinen
Kinder ein, die sie ihrem fühllosen Manne in die Arme gab, tröstete ihre
weinenden Kammerfrauen und starb. Peter war tief erschüttert. Das Un=
glück, ein ungeratenes Kind zu haben, ergriff ihn mit seiner ganzen Gewalt.
„Wenn ich meine Blicke in die Zukunft werfe," sprach er zu ihm, „dann
verdrängt der Kummer, der mir am Herzen nagt, die Freude über die bis=
herigen Erfolge. Und diesen Kummer erregst du, mein Sohn! Ich bin
ein Mensch, bin sterblich. — Wem soll ich die Erhaltung des Gewonnenen,
wem die Vollführung dessen, was ich begann, vertrauen? Soll ich's einem
Menschen hinterlassen, der sein Pfund unter die Erde vergräbt? Wie oft
habe ich dir dies vorgehalten? wie oft dich gestraft? Auch geschwiegen habe
ich seit mehreren Jahren. Aber gefruchtet hat so wenig das Reden, als das

Schweigen; ich habe die Zeit verloren! Statt thätig zu sein, ergiebst du dich dem Müßiggange und ruhst auf Polstern!" Dann drohte er ihm, ihn von der Thronfolge auszuschließen. „Lieber überlasse ich mein Reich einem würdigen Fremden, als meinem eigenen unwürdigen Sohne." Das alles geschah vor der Reise des Zaren nach Amsterdam und Paris. Noch beim Abschiede hatte Alexei, um Peters Mißtrauen einzuschläfern, ihm erklärt, er wolle der Thronfolge entsagen und in ein Kloster gehen. Peter war damit zufrieden. Aber unterwegs erhielt er Briefe, er solle sich vor Alexei hüten; dieser gehe mit verdächtigen Leuten um, er solle ihn ja unter die Augen nehmen. Gleich schrieb Peter an Alexei: „Entweder komm in acht Tagen zu mir, oder schreibe mir, in welches Kloster und an welchem Tage du eintreten willst." Alexei reiste darauf ab, flüchtete aber nach Wien. Kaiser Karl VI. nahm ihn in Schutz und verbarg ihn erst in Tirol, hernach in Neapel. Doch der russische Gesandte kundschaftete ihn aus, und Peter verlangte seine Auslieferung. Zugleich schrieb Peter selbst an seinen Sohn: „Welchen Kummer bringst du über deinen Vater! Thue, was meine Gesandten von dir verlangen, und fürchte dich nicht. Ich verspreche hiermit bei Gott und dem jüngsten Gerichte, daß ich dich nicht bestrafen will, wenn du dich meinem Willen durch Gehorsam und Zurückkehr unterwirfst. Thust du es aber nicht, so gebe ich als Vater dir meinen ewigen Fluch und werde dich schon zu finden wissen." — Alexei ließ sich bereden, nach Rußland zurückzukehren. Hier entsagte er feierlich der Krone (es war indessen Petern ein anderer Sohn geboren) und erhielt Verzeihung unter der Bedingung, daß er die Teilnehmer anzeige und nichts verschweige. Das erste that er, und eine Menge Menschen wurden dadurch unglücklich gemacht und hingerichtet. Seine eigene Mutter kam dabei in Untersuchung und wurde nun enger eingesperrt. Aber er verschwieg vieles, was erst nach und nach herauskam, und zugleich ergab sich, daß er die Absicht gehabt hatte, sich gegen seinen Vater zu empören und ihm den Thron zu rauben. Das machte ihn der versprochenen Gnade unwürdig, und Peter setzte ein geistliches und weltliches Gericht über ihn nieder, welches ganz unparteiisch über den Schuldigen erkennen sollte. Recht schön lautete der Urteilsspruch der Geistlichen: „Will unser Herr den Gefallenen strafen nach seinen Thaten, so hat er die Beispiele des alten Testamentes für sich. Will er aber Barmherzigkeit üben, so hat er für sich das Beispiel Jesu Christi, welcher den verlorenen Sohn aufnimmt und mehr Gefallen hat an Barmherzigkeit, als an Opfer." — Die weltlichen Richter sprachen ihm das Leben ab. Peter kämpfte nun einen schweren Kampf zwischen Regentenpflicht und Vatergefühl, wie einst Brutus. Die Besorgnis, daß einst nach seinem Tode durch Alexei Unruhen entstehen könnten, gab den Ausschlag. Als dem ungeratenen Sohne das Todesurteil angekündigt wurde, erschrak er so, daß er augenblicklich erkrankte und von Stunde zu Stunde schwächer wurde. Dringend verlangte er, seinen Vater zu sprechen. Katharina redete Petern zu, ihm die Bitte zu bewilligen. Er fand ihn sehr krank. Mit thränenden Augen und gefalteten Händen bekannte Alexei wiederholt: „Ich habe mich schwer an Gott und meinem Vater versündigt. Ich bin unwert des Lebens und hoffe nicht, von der Krankheit zu genesen. Nur flehe ich Euch an, vor meinem Ende den Fluch, den Ihr auf mich gelegt, von mir zu nehmen, mir meine Verbrechen zu verzeihen, mir den Vatersegen zu erteilen und für meine Seele beten zu lassen." Alle Anwesenden waren tief gerührt, der Zar aber mächtig erschüttert. Als er sich etwas gefaßt hatte, gab er ihm seinen Segen, verzieh alles Vergangene und schied von ihm in tiefer Bewegung. — Gegen Abend nahmen die Beängstigungen des Kranken zu; er begehrte dringend, noch einmal den Vater zu sprechen. Schwer entschloß sich Peter dazu; aber schon auf dem Wege erhielt er die Nachricht, daß Alexei gestorben sei. Dieser plötzliche Todesfall regte, wie gewöhnlich, den Argwohn der Leute auf, und nun hieß es, Peter habe ihn heimlich töten lassen; einer meinte durch Aderlaß, ein anderer durch Gift, ein dritter behauptete gar, es sei ihm der Kopf abgeschlagen worden. Das geschah 1718.

Auf dieses traurige Ereignis folgte ein fröhlicheres, der Friede mit Schweden, nachdem Karl XII. vor Friedrichshall erschossen war. Die ersten russischen Staatsbehörden beschlossen bei dieser Gelegenheit, die großen Verdienste ihres Zaren dadurch anzuerkennen, daß sie ihn baten, den Titel eines Vaters des Vaterlandes, eines Kaisers aller Reußen und des Großen anzunehmen. Nach einigen Umständen willigte er ein, und zu seinem Ruhme muß man sagen, daß er dieser Titel würdig war. — Seit der Zeit nahmen seine Kräfte sichtlich ab. Seine ungeheure Thätigkeit, die vielen drückenden Sorgen und Kümmernisse und zum Teil auch seine heftigen Leidenschaften untergruben vor der Zeit seine Leibeskräfte. Er ging in den letzten Jahren wenig mehr aus, las viel, und nur die Drechselbank verschaffte ihm dann und wann Erholung. Zu dieser Kränklichkeit kam noch eine heftige Erkältung. Er sah eines Abends ein Boot in Gefahr unterzugehen. Ohne an sich zu denken, steuerte er schnell an den gefährlichen Ort, sprang selbst bis an die Brust ins Wasser und half das Boot wieder flott machen. Bald darauf fiel er in seine letzte Krankheit, wobei er große Schmerzen litt. Als ihn die Geistlichen dabei auf Jesus, als das große Trostmittel aller Leidenden, hinwiesen, sprach er mit erheitertem Gesichte: „Ja, dies ist das einzige, was meinen Durst stillt; das einzige, was mich erquickt!" Die treue Katharina verließ ihn keinen Augenblick. In Schmerz versunken, hingen ihre Blicke nur an dem Sterbenden, der schon schwach und besinnungslos dalag. Da meldete man ihr, daß im Vorzimmer die vornehmsten Beamten sie wegen der Thronfolge zu sprechen verlangten. „Ich bin jetzt keiner Überlegung fähig," antwortete sie. Endlich ging sie. „Ich nehme die Krone an," sprach sie, „aber nur, um sie dem Großfürsten Peter II., des Alexei Sohn, zu bewahren, bis zu dem Augenblick, da es dem Himmel gefällt, mich mit ihm zu vereinigen, der bald, ach! nicht mehr sein wird." Bald darauf verschied Peter in Katharinas Armen. Sie warf sich auf die Kniee und betete: „Herr! Öffne dein Paradies und nimm diese schöne Seele zu dir!" Er starb den 25. Januar 1725.

III. Friedrich der Große.

1. Der entlaufene Fritz.

Auf den ersten König von Preußen, Friedrich I., den Sohn und Nachfolger des großen Kurfürsten, war im Jahre 1713 Friedrich Wilhelm I.
gefolgt. Das war ein strenger Regent und ein sehr rauher Mann bei vieler
Herzensgüte und Frömmigkeit. Auf Künste und Wissenschaften gab er wenig,
desto mehr aber auf Verbesserung des Ackerbaues, und seine größte Freude
hatte er an seinem Kriegsheer und besonders an dem Grenadierregiment, für
das er aus allen Gegenden Deutschlands die größten und schönsten Leute
anwerben ließ. Für einen sieben Fuß hohen Flügelmann gab er gern die
größte Summe, sonst aber war er sehr sparsam und hinterließ seinem Sohne
einen gefüllten Schatz.

Sein ältester Sohn, eben der berühmte Friedrich II., war am 24. Januar 1712 in Berlin geboren, zeigte jedoch schon in früher Jugend einen
ganz anderen Sinn, als der Vater. Er haßte den Zwang, mit dem man
ihn von seinem achten Jahre an zu militärischen Übungen anhielt. In
seinem zehnten Jahre mußte er bereits gleich einem gemeinen Soldaten, trotz
Wind und Wetter, mit Tasche und Flinte auf die Schloßwache ziehen und
Schildwacht stehen. Vom funfzehnten Jahre an nahm ihn der König unter
seine unmittelbare Aufsicht und reihte ihn im sechzehnten Jahre als Offizier in sein geliebtes Heer. Der rege Geist des Kronprinzen verlangte aber
nach einer edleren Beschäftigung; er fühlte sich vor allem zur Dichtkunst und
Musik hingezogen. Das waren freilich Dinge, die der Vater verachtete, denn
er mochte keine andern Bücher leiden, als Bibel und Gesangbuch. Dennoch
gelang es dem Prinzen, durch Hilfe der Mutter, seiner Neigung im stillen
zu folgen. Gar zu gern warf er sich, wenn die Übungen in den Waffen
beendet waren, in seinen goldgestickten Schlafrock, ließ sich frisieren und las
seine Bücher oder blies seine Flöte. Einst, als eben der berühmte Quanz,
sein Lehrer im Flötenspiel, bei ihm war, ertönte der Schreckensruf: „Der
König kommt!" Eilig flüchtete der Lehrer sich in das Kamin; der Prinz
verstecke Flöte und Noten, warf den Schlafrock weg und zog die Uniform
an. Da trat der König ein. Sein spähendes Auge entdeckte gar bald die
Bücher, den Haarputz und endlich gar den Schlafrock. Der Schlafrock wurde
ins Feuer geworfen, die Bücher wurden dem Buchhändler zurückgeschickt und
die schönen frisierten Haare vom Hofchirurgus abgeschnitten. Von Tage zu
Tage wuchs die Spannung zwischen dem Vater und dem Sohne, und als
der strenge König gar beschloß, den Prinzen gegen seinen Willen zu vermählen, da faßte dieser den kühnen Entschluß, nach England zu entfliehen
und sich dort mit der Tochter Georgs II., des Bruders seiner Mutter, zu
verheiraten. Alles war dazu vorbereitet. Mit Hilfe seiner Freunde, von
Katte und von Keith, sollte die Flucht von Wesel aus vor sich gehen.
Aber die Sache ward dem Könige verraten, der nun in aller Stille seine

Maßregeln traf. In dem Augenblicke, da der Kronprinz sein Vorhaben ausführen wollte, wurde er verhaftet. Als ihn die Wache vor den König brachte, geriet dieser so in Zorn, daß er mit dem Degen auf ihn zustürzte, um ihn zu durchbohren. Der General von der Mosel sprang dazwischen, hielt des Königs Arm zurück und rief: „Sire! Durchbohren Sie mich, aber schonen Sie Ihres Sohnes."

Bald darauf saß Friedrich, den der König von jetzt an nur den entlaufenen Fritz nannte, im engen Gefängnis zu Küstrin. Ein hölzerner Schemel war sein Sitz, der Fußboden sein Bett, ganz magere Kost seine Nahrung. Keith hatte vom Kronprinzen noch zu rechter Zeit einen Zettel erhalten mit den Worten: „Retten Sie sich, alles ist entdeckt!" und war glücklich nach England gekommen. Der arme Katte aber wurde in Berlin verhaftet, als Deserteur zum Tode verurteilt und in Küstrin vor den Augen des Kronprinzen enthauptet. „Verzeihung, teurer Katte!" rief weinend der Gefangene aus seinem Fenster dem Unglücklichen zu. „Der Tod für einen solchen Prinzen ist süß," gab dieser zur Antwort.

Der König wütete nun gegen alle, die dem Kronprinzen nahe standen und ließ ihn selber durch ein Kriegsgericht zum Tode verurteilen. Da rief der alte General Buddenbrock: „Wenn Ew. Majestät Blut wollen, so nehmen Sie mein's; das des Kronprinzen bekommen Sie nicht, so lange ich noch reden darf!" Ebenso sprach der Fürst von Dessau, und der Kaiser ließ dem Könige durch seinen Gesandten sagen, der Kronprinz dürfe nur auf einem Reichstage gerichtet werden. Als der König erwiderte, daß er über seinen Sohn in Königsberg Gericht halten werde, wo niemand über ihm stehe, sagte der Propst Reinbeck: „Niemand als Gott, und dem werden Ew. Majestät über das Blut Ihres Sohnes Rechenschaft geben müssen." Bei diesen Worten wurde der König nachdenklich und sprach nicht mehr von der Todesstrafe.

2. Der wackere Kronprinz.

Friedrich blieb jetzt in Küstrin und wurde anfangs so strenge gehalten, daß er nicht einmal Licht in seinem Kerker brennen durfte. Die religiösen Gespräche, die er täglich mit dem Feldprediger Müller hielt, machten einen so lebhaften Eindruck auf ihn, daß er in einem Briefe an seinen Vater sein Unrecht bekannte und in den demütigsten Ausdrücken um Verzeihung bat. Jetzt versprach ihm der König Begnadigung, wenn er eidlich geloben wolle, sich wegen des Vorgefallenen an keinem Menschen zu rächen und künftig in allen Stücken seinem Vater gehorsam zu sein. Nachdem Friedrich diesen Eid in Gegenwart mehrerer Minister und Generale abgelegt hatte, erhielt er Orden und Degen zurück, mußte aber noch mehrere Jahre in Küstrin als Kriegsrat arbeiten. Das that Friedrich mit großem Fleiß und lernte die Regierungsgeschäfte gründlich kennen. Am Vermählungstage der Prinzessin Wilhelmine ließ ihn der Vater heimlich kommen, trat plötzlich mit ihm in den Speisesaal und führte ihn der hochbeglückten Mutter mit den Worten in die Arme: „Da ist der Fritz!" Bald darauf übergab er ihm ein Regiment und kaufte ihm noch das Lustschloß Rheinsberg.

Auf diesem freundlichen Landsitze begann für den Prinzen ein neues schönes Leben. Hier konnte er nach Herzenslust den Wissenschaften sich widmen; hier las er mit Bewunderung die Thaten der Helden aller Zeiten; hier versammelte er die geistreichsten Männer, in deren Gespräch sein Geist die beste Anregung, sein Gemüt die beste Erholung fand. Mit Vorliebe war er den Franzosen, besonders dem witzigen Voltaire, zugethan, denn leider hatte sich damals die deutsche Sprache noch nicht großer Achtung bei den Deutschen selber zu erfreuen, und Friedrichs Erziehung war ganz französisch gewesen. Und doch war Friedrich ein echtdeutscher Held, der nach langer Schmach zuerst wieder den deutschen Namen zu Ehren brachte.

Den Vater stellte Friedrich dadurch zufrieden, daß er sein Regiment stets im besten Stande erhielt; auch bewahrte er ihm nun immer die kindlichste Liebe und versäumte keine Gelegenheit, wo er ihm Freude machen konnte. Das rührte den sonst so harten Mann bis zu Thränen. „O mein Gott," rief er gerührt, „ich sterbe zufrieden, da ich einen so würdigen Sohn zum Nachfolger habe."

3. Regierungsantritt.

Der 31. Mai des Jahres 1740, der Todestag Friedrich Wilhelms I., rief den vielgeprüften Prinzen in seinem 28. Lebensjahre auf den Thron. Freudig jubelte ihm das Volk entgegen, als er am 8. August die Huldigung empfing; er aber blieb nach Beendigung der Feier noch eine halbe Stunde auf dem Balkon des Schlosses stehen und schaute mit festem, nachdenkendem Blick auf die unermeßliche Volksmenge herab. Seine Regierung begann er mit einer Umsicht und Thätigkeit, welche alle in Erstaunen setzte. Um die durch Mißwachs und Teuerung entstandene Not zu lindern, ließ er seine Magazine öffnen und das Korn zu einem billigen Preise verkaufen. Die schon von seinem Großvater gestiftete Gesellschaft der Wissenschaften, die unter seinem Vater ganz in Verfall geraten war, rief er unter dem Namen einer Akademie der Wissenschaften mit neuem Glanz ins Leben, indem er geistreiche Franzosen heranzog. Er ließ ferner den von seinem Vater verbannten Philosophen Wolff nach Halle zurückkommen und erklärte, daß in seinem Lande jeder seines Glaubens leben könne. Reste alter Barbareien, wie z. B. die Folter, wurden ganz weggeschafft.

Im Oktober 1740 starb Kaiser Karl VI. Dieser hatte, in Ermangelung männlicher Erben, seine Tochter Maria Theresia zur Erbin aller seiner Länder bestimmt, durch ein Hausgesetz, das von allen europäischen Mächten anerkannt worden war. Aber gleich nach seinem Tode erhoben der König von Spanien, der Kurfürst von Bayern und der Kurfürst von Sachsen Ansprüche auf die österreichische Erbschaft. Friedrich II. verlangte die Abtretung des Herzogtums Schlesien, auf welches schon seine Vorfahren ihre Ansprüche bei dem Kaiser vorgebracht hatten, aber ohne Erfolg. Nun erklärten alle die genannten Mächte an Österreich den Krieg. Friedrich ließ durch seinen Gesandten in Wien anfragen, ob man ihm Schlesien abtreten wolle, und erklärte sich für den Fall bereit, der Kaiserin gegen ihre Feinde kräftigen Beistand zu leisten. Als eine ablehnende Antwort erfolgte, so gab er seinen Truppen Befehl, in Schlesien einzurücken. Er selbst reiste, nachdem er noch am 13. Dezember einem glänzenden Hoffeste in Berlin beigewohnt hatte, am folgenden Morgen nach Krossen ab und besetzte in wenigen Wochen ganz Schlesien; nur die Festungen Glogau, Brieg und Neiße leisteten Widerstand.

4. Der erste schlesische Krieg.

Der Feldzug des Jahres 1741 begann mit der Erstürmung von Glogau und einer blutigen Schlacht, welche am 10. April bei dem Dorfe Mollwitz bei Brieg stattfand. Als schon mehrere Stunden lang mit großer Erbitterung gefochten war, verlor der junge König, der zum ersten Mal Ehre und Glück auf dem Spiele stehen sah, die Fassung und übergab seinem erfahrenen Feldmarschall Schwerin den Oberbefehl. Auf Schwerins Rat entfernte er sich vom Schlachtfelde, da die feindliche Artillerie sein Fußvolk reihenweise zu Boden streckte. Er ritt mit seinem Gefolge nach Oppeln, wo er eine preußische Besatzung vermutete, wurde aber am Thore mit Flintenschüssen empfangen. So kehrte er denn nach Löwen zurück und wurde hier mit der Freudenbotschaft empfangen, daß die Schlacht gewonnen worden sei. Sogleich begab er sich auf das Schlachtfeld, auf welchem von den Preußen 2500 Mann tot und 3000 verwundet lagen, besetzte dann Brieg und Breslau, und zwang endlich den österreichischen General Neipperg, Schlesien gänzlich zu räumen.

Unterdessen war der Kurfürst von Bayern in Österreich eingedrungen und hatte in Linz die Huldigung der österreichischen, darauf in Prag die der böhmischen Stände angenommen, während die junge Kaiserin Maria Theresia nach Preßburg floh. Aber die mutige Fürstin, obschon von allen Seiten bedrängt und ihrer schönsten Länder beraubt, verlor nicht den Mut. Sie wandte sich an den Edelmut der Ungarn, reiste selber nach Preßburg und berief die Stände in das königliche Schloß. Unter hervorquellenden Thränen schloß sie ihre Rede mit den Worten: „Eurem Heldenarme und Eurer Treue vertraue ich mich und meine Kinder an; Ihr seid der letzte Anker meiner Hoffnung!" Die Jugend, die Schönheit und das Unglück der Königin machten auf die Versammlung einen mächtigen Eindruck. In feuriger Begeisterung rissen die Ungarn ihre Säbel aus der Scheide und riefen: „Wir wollen sterben für unseren König Maria Theresia."*)

Nun griff ganz Ungarn freudig zu den Waffen. In wenigen Wochen waren 15000 Edelleute, alle wohl beritten und völlig gerüstet, in Preßburg versammelt; bald darauf war Österreich befreit, und an demselben Tage, an welchem der Kurfürst von Bayern, der unter dem Namen Karl VII. zum

---

*) Wenn diese Worte auch nicht genau so gesprochen wurden, so drücken sie doch in kräftiger Kürze die opfermutige Bereitwilligkeit aus, der bedrohten Königin zu helfen.

deutschen Kaiser erwählt worden war, in Frankfurt sich krönen ließ, rückten die Österreicher in seine Residenz München ein.

Friedrich hatte unterdessen den Kampf mit Glück fortgesetzt und, nachdem er von Schlesien aus in Mähren eingedrungen war, den Prinzen Karl von Lothringen am 17. Mai 1742 bei Chotusitz geschlagen. So sah sich Maria Theresia genötigt, ihm ganz Schlesien mit der Grafschaft Glatz abzutreten. Der Friede ward in Breslau geschlossen. Nun, nachdem vorerst der gefährlichste Feind zur Ruhe gekommen war, bekamen die Österreicher freiere Hand gegen den unglücklichen Kaiser Karl VII., der vergeblich die Franzosen ins Land gezogen hatte. Beide, die Bayern und Franzosen, wurden überall geschlagen. König Georg II. von England hatte auch der Maria Theresia Hilfe geleistet und in Bezug auf Schlesien der Kaiserin geschrieben: „Was gut zu nehmen ist, das ist auch wieder gut herauszugeben."

5. Der zweite schlesische Krieg.

Nun fürchtete Friedrich mit Recht, daß Maria Theresia, wieder zur Macht gelangt, ihm den Breslauer Frieden nicht halten würde. Langes Zögern und Überlegen war nicht seine Sache. So rückten denn im August 1744 hunderttausend Preußen „zur Unterstützung des Kaisers" in Böhmen ein, und es begann der zweite schlesische Krieg, in welchem auch der Kurfürst von Sachsen sich mit Österreich gegen Preußen verband. Friedrich, nachdem er schnell ganz Böhmen besetzt hatte, ward durch den Prinzen von Lothringen nach Schlesien zurückgedrängt. Aber unterdes drangen die Bayern siegreich vor, so daß der Gegenkaiser wieder in seine Hauptstadt München zurückkehren konnte, doch nur, wie es schien, um in seiner Residenz zu sterben, denn nach wenigen Monaten überraschte ihn der Tod. Sein Sohn erhielt hierauf durch den Frieden zu Füssen (einem Städtchen an der Grenze von Tirol), worin er auf die österreichische Erbschaft verzichtete, sein Kurfürstentum wieder, und Maria Theresia konnte den Kampf gegen Preußen mit größerem Nachdruck fortsetzen.

Beim Anfange des folgenden Jahres (1745) befand sich Friedrich in einer sehr mißlichen Lage. Auf dem Rückzuge aus Böhmen hatte er den größten Teil seines Geschützes eingebüßt; seine Kassen waren dermaßen erschöpft, daß er sein ganzes Silbergerät in die Münze schicken mußte; Oberschlesien mit seinen wichtigsten Festungen war in den Händen der Feinde. Aber mit der Gefahr wuchs auch sein Mut. Am 4. Juni griff er die Österreicher bei Hohenfriedberg (unweit Striegau) an und erfocht über den Prinzen Karl von Lothringen in 5 Stunden einen so glänzenden Sieg, daß 66 Kanonen, 7 Fahnen und 7000 Gefangene in seine Hände fielen. Dann folgte er dem fliehenden Feinde nach Böhmen. Hier ward er bei Sorr von den Österreichern angegriffen; doch unter dem feindlichen Feuer ordnete er sein Heer und drang mit solchem Ungestüm vor, daß nach wenigen Stunden die feindlichen Batterieen genommen waren. Zweiundzwanzig Kanonen und gegen tausend Gefangene waren die Frucht des Sieges, den Friedrich, wie er selbst gestand, nur der heldenmütigen Tapferkeit seiner Soldaten verdankte. Den glänzendsten Sieg aber erfocht in diesem ruhmreichen Feldzuge der Fürst Leopold von Dessau, von den Soldaten nur „der alte Dessauer" genannt, am 15. Dezember bei Kesselsdorf (unweit Dresden), über die Sachsen und Österreicher. Hier mußten die Preußen steile, mit Eis und Schnee bedeckte Anhöhen hinaufklimmen und mit gefälltem Bajonett die Feinde aus ihrer Stellung vertreiben. Aus diesem Grunde war die Schlacht für die Sieger ebenso blutig, wie für die Besiegten; doch machten die Preußen 5000 Gefangene und erbeuteten 48 Kanonen, und die Österreicher mußten sich eilig nach Böhmen zurückziehen. Zehn Tage später wurde in Dresden der Friede abgeschlossen, durch welchen Maria Theresia ihr Schlesien nochmals an Friedrich abtrat und der Kurfürst von Sachsen drei Million Mark an Preußen bezahlte. Drei Jahre später schloß Maria Theresia, deren Gemahl Franz I. inzwischen zum deutschen Kaiser erwählt worden war, auch mit Frankreich einen Frieden, der ihr gegen Abtretung einiger italienischer Gebiete den Besitz ihrer Erbländer sicherte.

6. Friedrichs Leben.

Nach dem Abschlusse des Dresdener Friedens widmete sich Friedrich mit größtem Fleiß den Regierungsgeschäften. Er ordnete alles selber an und überließ den Ministern nur die Ausführung seiner Befehle; dennoch blieb ihm noch Zeit zu wissenschaftlichen und künstlerischen Beschäftigungen. Dies wurde ihm dadurch möglich, daß sein ganzes Leben auf das genaueste geordnet war und jede Stunde des Tages ihre Bestimmung hatte. Um 4 Uhr des Morgens stand er auf; in wenigen Minuten hatte er sich ohne fremde Hilfe angekleidet, und nun ging er an den Schreibtisch, auf welchem die in der Nacht angekommenen Briefe lagen. Die wichtigeren las er selbst; aus den übrigen mußten die Kabinettsräte kurze Auszüge machen. Während des Lesens hörte er zugleich die Berichte seines Adjutanten an; dann trank er Kaffee und ging, die Flöte blasend, ein bis zwei Stunden im Zimmer auf und ab. Sobald er die Flöte weglegte, traten die Kabinettsräte mit ihren Auszügen ein, und nun bestimmte er, was auf jede Eingabe geantwortet werden sollte, schrieb auch wohl mit eigener Hand den Bescheid in kurzen, treffenden Worten an den Rand. Wenn dies Geschäft beendigt war, nahm er ein Buch zur Hand und las oder schrieb Briefe. Mit dem Schlage zwölf ging er zur Tafel, deren Küchenzettel er jeden Morgen aufmerksam durchsah oder auch selbst niederschrieb, und bei der es an Leckerbissen nicht fehlen durfte. Wichtiger aber waren ihm noch seine geistigen Genüsse, durch welche seine Tischgesellschaften so berühmt geworden sind. Er wählte dazu seine geistreichsten und gebildetsten Offiziere und die berühmtesten Gelehrten. Der König war durch seine schöne, fließende Sprache, seine Belesenheit, seinen Witz stets der Mittelpunkt dieser Unterhaltungen. Nach Tische blies er wieder eine halbe Stunde auf der Flöte; dann unterzeichnete er die Briefe, die unterdes im Kabinett vorbereitet waren, trank Kaffee und besah seine Anlagen oder ging ein wenig spazieren. Die Stunden von 4 bis 6 Uhr waren für schriftstellerische Arbeiten bestimmt; von 6 bis 7 Uhr wurde von be-

wundeten am Boden wüteten und mordeten noch untereinander. Man fand einen schwer verwundeten Russen, der über einem sterbenden Preußen lag und ihn mit den Zähnen grimmig zerfleischte. Erst die Dunkelheit der Nacht und die Erschöpfung beider Teile machten dem Gewürge ein Ende, und die Russen traten den Rückzug an. Die Wut über die verübten Greuel hatte alles Gefühl der Menschlichkeit so sehr erstickt, daß die preußischen Bauern und Soldaten bei dem Beerdigen der Toten manchen schwerverwundeten Russen mit lebendig begruben.

d. Überfall bei Hochkirch und Schlacht bei Kunersdorf.

Nach diesem blutigen Siege eilte Friedrich nach Sachsen, wohin Daun und die Reichstruppen sich gewendet hatten. Bei der Annäherung des Königs bezog der Marschall ein festes Lager; ihm gegenüber, bei dem Dorfe Hochkirch, eine Stunde östlich von Bautzen, lagerte sich der König. Seine Stellung war höchst unsicher, und mehrere Generale machten ihn auf das Gefährliche derselben aufmerksam. Der General Keith sagte frei heraus: „Wenn uns die Österreicher hier ruhig lassen, so verdienen sie gehängt zu werden!" Friedrich lächelte und sagte: „Sie fürchten sich vor uns mehr, als vor dem Galgen!" Eine so geringschätzige Meinung hatte Friedrich von seinem Gegner! Die Zuversicht des Königs wuchs, als er drei Tage lang unangefochten blieb. Allein diesmal hatte er sich in seinem Gegner geirrt. Daun traf in aller Stille die Anstalten zu einem Überfalle. In der Nacht vom 13. auf den 14. Oktober verließen die Österreicher in aller Stille ihr Lager und fingen an, die Preußen zu umzingeln. Die preußischen Vorposten wurden ohne Geräusch überwältigt, mehrere Batterien genommen und sogleich gegen die Preußen selber gerichtet.

Die Nacht war finster; es schlug 6 Uhr vom Turme zu Hochkirch, als die Preußen durch die Kugeln ihres eigenen Geschützes aus dem Schlafe geweckt und niedergeschmettert wurden. Wie aus der Erde gestiegen, standen die Feinde plötzlich mitten in ihrem Lager. Auf den entstandenen Lärm griffen die Überraschten zu den Waffen und sammelten sich, so gut es in der Dunkelheit möglich war. Das flammende Dorf war das einzige Licht, das ihnen leuchtete. Vergebens boten die Anführer alles auf, ihre Scharen zu ordnen und den Feind aus ihrem Lager zu schlagen. Der General Keith wurde von zwei Kartätschenkugeln durchbohrt, dem Prinzen Franz von Braunschweig durch eine Kanonenkugel der Kopf weggerissen und Prinz Moritz von Dessau tödlich verwundet. Mit Sehnsucht harrten die Bedrängten auf den anbrechenden Tag; allein auch dieser brachte keine Hilfe, denn ein dichter Nebel hinderte den König, sein und das österreichische Heer zu übersehen. Endlich schwand der Nebel, und schnell war die Ordnung seines Heeres hergestellt, aber eine Seite desselben war auch schon von den Österreichern umgangen. So ließ denn der König den Rückzug antreten, und dieser erfolgte mit solcher Ordnung, daß Daun ihn nicht zu stören wagte. Dieser vorsichtige Feldherr zog sich in sein Lager zurück, gleich als ob der König den Sieg gewonnen hätte.

Die Preußen hatten viel verloren, 9000 Mann und fast alles Geschütz und Gepäck. Dennoch verlor Friedrich den Mut nicht und suchte ihn auch bei seinen Soldaten aufzufrischen. Als die Artilleristen ohne Geschütz an ihm vorüberzogen, rief er scherzend: „Wo habt ihr denn eure Kanonen gelassen?" — „Der Teufel hat sie über Nacht geholt!" war die Antwort. — „Nun, so wollen wir sie ihm bei Tage wieder abnehmen. Nicht wahr, Grenadiere!" — „Ja" — sprachen diese — „so ist es recht, sie sollen uns auch noch Interessen dazu geben!" Durch künstliche Märsche gelang es dem König, nach Schlesien zu entkommen und seine Festung Reiße zu entsetzen. Dann aber bekam für seinen Sieg vom Papste einen geweihten Hut und Degen.

Der vierte Feldzug (1759) war noch unglücklicher für Friedrich, denn er verlor die Hauptschlacht bei Kunersdorf. Die Russen unter Soltikow und die Österreicher unter Laudon hatten sich vereinigt. Schon in seinem 15. Jahre war Laudon in russische Dienste getreten und hatte in mehreren Schlachten Proben seiner Tapferkeit und seines Mutes abgelegt. Bald aber ward ihm dieser Dienst verleidet, und er suchte bei dem Könige von Preußen um eine Hauptmannsstelle nach, wurde aber von Friedrich abgewiesen. Nun trug er seine Dienste der Kaiserin Maria Theresia an und erhielt von ihr die nachgesuchte Hauptmannsstelle. Gleich dem Prinzen Eugen belohnte auch er das in ihn gesetzte Vertrauen. Er schwang sich durch seine großen Verdienste bis zur Marschallswürde empor und gab dem König genug Veranlassung zur Reue, ihm einst die Hauptmannsstelle verweigert zu haben.

Friedrich griff die vereinigten Feinde am 12. August um 12 Uhr mittags bei Kunersdorf, nahe bei Frankfurt an der Oder, an. Zuerst warf er sich auf den linken Flügel der Russen. Diese standen auf wohl verschanzten Anhöhen, und ihr zahlreiches Geschütz sprühte Tod und Verderben in die heranstürmenden Preußen. Ganze Rotten derselben wurden auf einmal niedergeschmettert. Dennoch trug die preußische Tapferkeit den Sieg davon. Um 5 Uhr abends war der ganze linke Flügel geworfen und alles Geschütz erobert. Schon fertigte der König eine Siegesbotschaft nach Berlin ab. Allein unerschüttert stand noch der rechte russische Flügel, und die Österreicher waren noch gar nicht zum Kampfe gekommen. Um den Sieg zu vollenden, ging der König, trotz der Gegenvorstellungen seiner Generale, mit seinen erschöpften Soldaten auch auf diese los. Da ging der Sieg in völlige Niederlage über. Ganze Regimenter erlagen dem furchtbaren Kartätschenfeuer der Feinde; zugleich brach die zahlreiche österreichische Reiterei auf allen Punkten los, und grauenvoll war die Niederlage und Flucht der Preußen. Mitten in diesem Getümmel hielt der König in dumpfer Verzweiflung; zwei Pferde waren schon unter ihm gefallen, eine Kugel war nur durch das goldene Etui in seiner Westentasche aufgehalten worden, und dennoch wollte er nicht weichen. Mit Gewalt wollte man ihn vom Schlachtfelde reißen. „Alles ist verloren, retten Sie die königliche Familie!" schrieb er gleich nachher an seinen Minister von Finkenstein; und einige Stunden später: „Ich werde des Vaterlandes Sturz nicht überleben. Gott befohlen auf immer!" Und in der That war seine Lage nie so verzweiflungsvoll als jetzt. Nur 5000 Mann

rühmten Künstlern ein Konzert aufgeführt, bei dem der König oft mitwirkte, und dann folgte die Abendmahlzeit, die oft bis Mitternacht dauerte, und bei der es an munterer Unterhaltung nicht fehlen durfte. Diese gleichmäßige Lebensart erlitt nur durch die Feldzüge und in Friedenszeiten durch Reisen und Musterungen eine Unterbrechung. War der König auf Reisen, so erkundigte er sich genau nach dem Zustande jedes Kreises und jeder Ortschaft, und damit auch die Zeit, die er auf der Landstraße zubrachte, nicht unbenutzt bliebe, mußten die Landräte und Amtleute gewöhnlich neben seinem Wagen herreiten und ihm von ihren Angelegenheiten erzählen.

Eine besondere Sorgfalt widmete Friedrich den Künsten und Wissenschaften. Gleich zu Anfang seiner Regierung hatte er den Bau des schönen Opernhauses in Berlin begonnen, in welchem seit 1742 dreimal wöchentlich unter Mitwirkung der berühmtesten Sänger und Tänzer aus Italien und Frankreich gespielt wurde. Darauf wurde die Bibliothek vermehrt und eine Münzsammlung angelegt; in Italien wurden Gemälde und alte Bildwerke angekauft und Berlin und Potsdam durch neue Gebäude, das Invalidenhaus, die katholische Kirche, den Dom und die Sommerresidenz Sanssouci verschönert.

7. Der siebenjährige Krieg.

Aber bald sollten die friedlichen Beschäftigungen des Königs eine längere Unterbrechung erleiden. Zu Anfang des Jahres 1756 wurde ganz insgeheim dem Könige eine Nachricht mitgeteilt, die erschreckend genug war. Die Hauptmächte Europas hatten sich verbündet, Preußen wieder in seine früheren Grenzen zurückzuführen, den König Friedrich wo möglich wieder zu einem Markgrafen von Brandenburg zu machen. Die Seele dieses Bündnisses war die Kaiserin Maria Theresia, die ihr schönes Schlesien nicht so bald vergessen konnte. Ihr ging immer ein Stich durchs Herz, wenn sie einen Schlesier sah. Um die verlorene Provinz wieder zu gewinnen, verband sie sich zuerst mit Frankreich. Hier herrschte damals ein weichlicher Fürst, Ludwig XV., der alles that, was eine Frau wollte. Diese Frau war die berüchtigte Marquise von Pompadour, welche den schwachen König wie ein Kind am Gängelbande leitete. Sie war sehr böse auf den König von Preußen, weil dieser über sie gespottet hatte. Das wußte die Kaiserin von Österreich und schrieb ihr einen schmeichelhaften Brief, der zur Folge hatte, daß zwei langjährige Feinde Freunde wurden, nämlich, daß Frankreich mit Österreich einen Bund gegen Preußen schloß. Diesem Bunde trat bald darauf die Kaiserin von Rußland, Elisabeth, bei, deren unsittliches Leben gleichfalls ein Gegenstand des Spottes für Friedrich gewesen war. Zu diesen drei Mächten gesellte sich noch Sachsen, dessen allmächtiger Minister, Graf Brühl, den König von Preußen persönlich haßte; endlich noch Schweden, welches die Gelegenheit benutzen wollte, Pommern wieder zu erobern, das durch die Tapferkeit des großen Kurfürsten von Preußen gewonnen war.

Friedrich besann sich nicht lange; er beschloß, seinen mächtigen Feinden zuvorzukommen. Im August des Jahres 1756 drang er in Sachsen ein, besetzte Dresden und die wichtigsten Städte des Landes und forderte den

König August III. zum Bündnis mit Preußen auf. Das sächsische Heer hatte sich, 17 000 Mann stark, in dem engen Elbthale zwischen Königstein und Pirna verschanzt. August wies den Antrag Friedrichs zurück, weil er auf Unterstützung von Österreich hoffte. Die Österreicher rückten heran, Friedrich aber schlug sie bei Lowositz und nahm hierauf das sächsische Heer bei Pirna gefangen. Das war der Anfang des merkwürdigen siebenjährigen Krieges, eines Krieges ohnegleichen. Da auch das deutsche Reich, welches Friedrichs Einfall in Sachsen für einen Landfriedensbruch erklärte, auf Seite Österreichs trat, so stand fast ganz Europa mit 500 000 Mann Kriegern gegen den einzigen König von Preußen in den Waffen. Jedermann hielt ihn für verloren, und die Feinde hatten schon eine Teilung seiner Länder unter sich verabredet. Aber niemand hatte berechnet, was auch ein kleines Volk vermag, wenn es mit Liebe an seinem Fürsten hängt; niemand ahnte, welche Heldenkraft Friedrich II. nun entwickeln würde. Dieser, anstatt zu verzagen, scherzte vielmehr noch über seinen Krieg mit den „drei Weibern".

a. Schlachten bei Prag und Kollin.

Zuerst wandte er sich gegen den mächtigsten Gegner und drang in Böhmen ein, 1757. Er traf die Österreicher unter General Brown (spr. Braun) bei Prag, wo sie auf steilen, mit Kanonen besetzten Anhöhen eine sehr vorteilhafte Stellung eingenommen hatten. Friedrichs Offiziere widerrieten den Angriff, denn die Soldaten waren vom beschwerlichen Marsche erschöpft; der König aber wollte gleich losschlagen. Die Preußen stürmten an, aber reihenweise wurden sie von dem fürchterlichen Kartätschenhagel niedergeschmettert. Schon begannen die Stürmenden von allen Seiten zurückzuweichen; da ergriff der Feldmarschall Schwerin eine Fahne, seine Tapfern ihm nach, die Anhöhe hinauf. Da wird der heldenmütige Greis von vier Kartätschenkugeln niedergestreckt, aber sein Tod entflammt die Soldaten zur äußersten Wut, unaufhaltsam dringen sie gegen die Batterie vor, erobern sie und richten das Geschütz gegen den Feind. Nun erstürmt auch Prinz Heinrich, der Bruder des Königs, eine Schanze, der Prinz Ferdinand von Braunschweig auch; Friedrich durchbricht den Mittelpunkt der feindlichen Schlachtordnung und der Sieg ist errungen. Aber teuer ist dieser Sieg erkauft, denn über 16 000 Preußen liegen auf dem Schlachtfelde niedergestreckt, und Feldmarschall Schwerin ist nicht mehr!

Noch stand aber ein großes Heer von Österreichern und Sachsen bei Kollin schlagfertig da, unter dem Feldmarschall Daun. Der Feind war ihm um das doppelte an Zahl überlegen, doch Friedrich griff mutig an. Schon neigte sich der Sieg auf seine Seite und Daun, an einem glücklichen Ausgange verzweifelnd, hatte bereits den Befehl zum Rückzug mit Bleistift auf ein Blatt Papier geschrieben, da ändert Friedrich plötzlich die Schlachtordnung gegen den Rat seiner Generale. Ein sächsischer Oberst bemerkt schnell die daraus entstehende Verwirrung, schickt Dauns Befehl nicht weiter, wirft sich mit seinen Reitern auf das preußische Fußvolk und bringt es zum Weichen. Bald war die Niederlage der Preußen entschieden; sie mußten sich nach einem Verlust von 13 000 Toten und Verwundeten und 45 Kanonen nach Sachsen zurückziehen. Dagegen überschwemmten die Österreicher den größten Teil von Schlesien, und einer ihrer Generale, Namens Haddik, wagte sich sogar mit 4000 Kroaten bis vor die Thore von Berlin und brandschatzte die Hauptstadt.

b. Schlachten bei Roßbach und Leuthen.

Unterdes waren die Russen raubend und plündernd in Ostpreußen eingedrungen und hatten den preußischen Feldmarschall Lewald bei Großjägerndorf geschlagen; die Schweden hatten Pommern besetzt, und zwei französische Heere waren in Hannover und Hessen eingedrungen. Friedrichs Lage schien verzweiflungsvoll. Er teilte sein Heer in mehrere Haufen, und mit einem derselben wandte er sich gegen die Franzosen, um ihrem weiteren Vordringen Einhalt zu thun. In Gotha trafen die Preußen zuerst mit ihnen zusammen. Friedrich hatte von der Herzogin von Gotha geheime Nachricht erhalten, daß der französische General Soubise nebst der ganzen Generalität sich in das herzogliche Schloß einquartiert hätte. Sogleich sprengte der preußische General Se y d l i tz, der kühne Mann, mit 1500 Reitern nach Gotha. Es war gerade Mittag, und die Franzosen ließen es sich bei reich besetzter Tafel wohl schmecken, als Seydlitz vor den Thoren erschien. Die 6000 Franzosen, die in der Stadt lagen, dachten an keinen Widerstand, sondern verließen erschrocken ihre rauchenden Schüsseln und flohen mit solcher Eile aus der Stadt, daß von den hereinstürmenden Preußen nur wenige Soldaten, aber desto mehr Friseurs, Köche und Komödianten und Kammerdiener gefangen und ganze Kisten voll wohlriechender Wasser und Pomaden, auch eine Menge Haarbeutel, Pudermäntel und Sonnenschirme erobert wurden, ein Beweis, welche Üppigkeit damals im französischen Lager herrschte. Triumphierend kehrten die Reiter mit der gemachten Beute zu ihren lachenden Kameraden zurück.

Nachdem Soubise zu Erfurt mit dem Reichsheer sich vereinigt hatte, zog er weiter hinauf, um den König Friedrich aufzusuchen. Dieser rückte bereits dem 60 000 Mann starken Feinde mit 22 000 Mann kühn entgegen. Bei dem Dorfe Roßbach, nicht weit von Weißenfels, traf er am 5. November mit den Feinden zusammen. Schon jubelten diese, daß Friedrich mit seiner Potsdamer Wachtparade — wie sie das kleine Preußenheer nannten — dem Tode oder der Gefangenschaft nicht entgehen könnte. Mit klingendem Spiel und wehenden Fahnen zogen sie um den Hügel herum, auf den sich Friedrich postiert hatte, und wollten ihn umzingeln. Friedrich beobachtete ruhig ihre Bewegungen, ohne einen Schuß zu thun, ja er hatte sogar die Kanonen verdecken lassen, um die Feinde recht sicher zu machen. Auch die Gezelte blieben aufgeschlagen, und die Soldaten mußten ihr Mittagsmahl halten. Er selbst saß mit seinen Feldherren ganz ruhig zur Tafel. Die Franzosen hielten diese sorglose Ruhe für reine Verzweiflung. Plötzlich — es ist 2 Uhr nachmittags — giebt Friedrich Befehl, die Zelte abzubrechen; im Nu stehen die Regimenter in Schlachtordnung, die Kanonen donnern. Und augenblicklich kommt Seydlitz, der die Feinde umgangen hat, mit seiner Reiterei hinter dem Hügel herangeflogen und stürmt in die überraschten Feinde. Zu gleicher Zeit rückt auch das preußische Fußvolk im Sturmschritt vor. Entsetzen kommt über die Feinde, sie geraten in Unordnung, und ehe anderthalb Stunden verflossen sind, ist das ganze Heer in wilder Flucht.

Das war ein lustiger Sieg! Nun aber galt es, Schlesien vor den Österreichern zu retten, und Friedrich eilte in seine bedrohte Provinz, nach Breslau zu. Dort standen Feldmarschall Daun und der Prinz von Lothringen mit einem großen Heere, dem Friedrich nur ein kleines entgegensetzen konnte. Bei Leuthen trafen die beiden Heere zusammen, gerade einen Monat nach der Roßbacher Schlacht (5. Dezember). Da die österreichische Schlachtlinie sich zwei Stunden weit ausdehnte, so wählte Friedrich, um nicht überflügelt zu werden, die schräge Schlachtordnung, in welcher das Heer einem durchdringenden Keile gleicht. Der thebanische Held Epaminondas siegte durch diese Schlachtordnung über das tapfere Spartanerheer, und Friedrich erfocht in drei Stunden den herrlichsten Sieg über die starke österreichische Armee. Der Verlust derselben betrug 10 000 Mann tot und verwundet, 12 000 Gefangene, 51 Fahnen und 116 Kanonen. Ferner fielen 3000 Wagen in die Hände der Sieger, und mit der Eroberung von Breslau endete dieses für Friedrich so glückliche Jahr.

c. Schlacht bei Zorndorf.

Zwei Feldzüge waren nun glücklich für Preußen beendet. Friedrich war wieder Meister von Schlesien und eröffnete den dritten Feldzug (1758) mit der Eroberung des festen Schweidnitz. Dann drang er nach Mähren gegen Olmütz vor, aber die Belagerung mißlang, weil eine Zufuhr von 3000 Wagen mit Lebensmitteln ihm vom Feinde genommen wurde. Der König mußte schleunig zurück, denn die Russen unter General Fermor waren wieder in Preußen eingefallen. Wie Barbaren hatten sie überall gehaust, geraubt, gebrannt und verwüstet. Die Festung Küstrin war von diesen Raubscharen ganz zusammengeschossen, überall bezeichneten rauchende Trümmer ihren Weg. Friedrich eilte mit seinem ergrimmten Heere vorwärts, solchen Frevel zu rächen. Bei Zorndorf, unweit Küstrin, kam es am 25. August zur Schlacht, und nicht mehr eine Schlacht, ein Schlachten war es zu nennen. Friedrich wollte seinen grimmigen Feind vertilgen, der Schreckensruf: „Die Preußen geben keinen Pardon!" donnerte den Russen entgegen. — „Und wir auch nicht," hallte es gräßlich in den russischen Reihen wieder. Vom Morgen bis in die Nacht wurde gestritten mit aller Wut der Rache und Verzweiflung. Das preußische Geschütz streckte die Feinde reihenweise nieder, der General Seydlitz that mit seinen Reitern Wunder der Tapferkeit; dennoch wichen die Russen nicht. Mit dem Bajonett, mit dem Kolben stürmten die Preußen grimmig gegen die feindlichen Glieder an, aber unbeweglich standen die Russen; man mußte sie, wenn sie fallen sollten, nicht bloß totschießen, sondern umstoßen. Aber selbst die Verwundeten am Boden wüteten und mordeten noch untereinander. Man fand einen schwer verwundeten Russen, der über einem sterbenden Preußen lag und ihn mit den Zähnen grimmig zerfleischte. Erst die Dunkelheit der Nacht und die Erschöpfung beider Teile machten dem Gewürge ein Ende, und die Russen traten den Rückzug an. Die Wut über die verübten Greuel hatte alles Gefühl der Menschlichkeit so sehr erstickt, daß die preußischen Bauern und Soldaten bei dem Beerdigen der Toten manchen schwerverwundeten Russen mit lebendig begruben.

d. Überfall bei Hochkirch und Schlacht bei Kunersdorf.

Nach diesem blutigen Siege eilte Friedrich nach Sachsen, wohin Daun und die Reichstruppen sich gewendet hatten. Bei der Annäherung des Königs bezog der Marschall ein festes Lager; ihm gegenüber, bei dem Dorfe Hochkirch, eine Stunde östlich von Bautzen, lagerte sich der König. Seine Stellung war höchst unsicher, und mehrere Generale machten ihn auf das Gefährliche derselben aufmerksam. Der General Keith sagte frei heraus: „Wenn uns die Österreicher hier ruhig lassen, so verdienen sie gehängt zu werden!" Friedrich lächelte und sagte: „Sie fürchten sich vor uns mehr, als vor dem Galgen!" Eine so geringschätzige Meinung hatte Friedrich von seinem Gegner! Die Zuversicht des Königs wuchs, als er drei Tage lang unangefochten blieb. Allein diesmal hatte er sich in seinem Gegner geirrt. Daun traf in aller Stille die Anstalten zu einem Überfalle. In der Nacht vom 13. auf den 14. Oktober verließen die Österreicher in aller Stille ihr Lager und fingen an, die Preußen zu umzingeln. Die preußischen Vorposten wurden ohne Geräusch überwältigt, mehrere Batterien genommen und sogleich gegen die Preußen selber gerichtet.

Die Nacht war finster; es schlug 6 Uhr vom Turme zu Hochkirch, als die Preußen durch die Kugeln ihres eigenen Geschützes aus dem Schlafe geweckt und niedergeschmettert wurden. Wie aus der Erde gestiegen, standen die Feinde plötzlich mitten in ihrem Lager. Auf den entstandenen Lärm griffen die Überraschten zu den Waffen und sammelten sich, so gut es in der Dunkelheit möglich war. Das flammende Dorf war das einzige Licht, das ihnen leuchtete. Vergebens boten die Anführer alles auf, ihre Scharen zu ordnen und den Feind aus ihrem Lager zu schlagen. Der General Keith wurde von zwei Kartätschenkugeln durchbohrt, dem Prinzen Franz von Braunschweig durch eine Kanonenkugel der Kopf weggerissen und Prinz Moritz von Dessau tödlich verwundet. Mit Sehnsucht harrten die Bedrängten auf den anbrechenden Tag; allein auch dieser brachte keine Hilfe, denn ein dichter Nebel hinderte den König, sein und das österreichische Heer zu übersehen. Endlich schwand der Nebel, und schnell war die Ordnung seines Heeres hergestellt, aber eine Seite desselben war auch schon von den Österreichern umgangen. So ließ denn der König den Rückzug antreten, und dieser erfolgte mit solcher Ordnung, daß Daun ihn nicht zu stören wagte. Dieser vorsichtige Feldherr zog sich in sein Lager zurück, gleich als ob der König den Sieg gewonnen hätte.

Die Preußen hatten viel verloren, 9000 Mann und fast alles Geschütz und Gepäck. Dennoch verlor Friedrich den Mut nicht und suchte ihn auch bei seinen Soldaten aufzufrischen. Als die Artilleristen ohne Geschütz an ihm vorüberzogen, rief er scherzend: „Wo habt ihr denn eure Kanonen gelassen?" — „Der Teufel hat sie über Nacht geholt!" war die Antwort. — „Nun, so wollen wir sie ihm bei Tage wieder abnehmen. Nicht wahr, Grenadiere!" — „Ja" — sprachen diese — „so ist es recht, sie sollen uns auch noch Interessen dazu geben!" Durch künstliche Märsche gelang es dem König, nach Schlesien zu entkommen und seine Festung Neiße zu entsetzen. Dann aber bekam für seinen Sieg vom Papste einen geweihten Hut und Degen.

Der vierte Feldzug (1759) war noch unglücklicher für Friedrich, denn er verlor die Hauptschlacht bei Kunersdorf. Die Russen unter Soltikow und die Österreicher unter Laudon hatten sich vereinigt. Schon in seinem 15. Jahre war Laudon in russische Dienste getreten und hatte in mehreren Schlachten Proben seiner Tapferkeit und seines Mutes abgelegt. Bald aber ward ihm dieser Dienst verleidet, und er suchte bei dem Könige von Preußen um eine Hauptmannsstelle nach, wurde aber von Friedrich abgewiesen. Nun trug er seine Dienste der Kaiserin Maria Theresia an und erhielt von ihr die nachgesuchte Hauptmannsstelle. Gleich dem Prinzen Eugen belohnte auch er das in ihn gesetzte Vertrauen. Er schwang sich durch seine großen Verdienste bis zur Marschallswürde empor und gab dem König genug Veranlassung zur Reue, ihm einst die Hauptmannsstelle verweigert zu haben.

Friedrich griff die vereinigten Feinde am 12. August um 12 Uhr mittags bei Kunersdorf, nahe bei Frankfurt an der Oder, an. Zuerst warf er sich auf den linken Flügel der Russen. Diese standen auf wohl verschanzten Anhöhen, und ihr zahlreiches Geschütz sprühte Tod und Verderben in die heranstürmenden Preußen. Ganze Rotten derselben wurden auf einmal niedergeschmettert. Dennoch trug die preußische Tapferkeit den Sieg davon. Um 5 Uhr abends war der ganze linke Flügel geworfen und alles Geschütz erobert. Schon fertigte der König eine Siegesbotschaft nach Berlin ab. Allein unerschüttert stand noch der rechte russische Flügel, und die Österreicher waren noch gar nicht zum Kampfe gekommen. Um den Sieg zu vollenden, ging der König, trotz der Gegenvorstellungen seiner Generale, mit seinen erschöpften Soldaten auch auf diese los. Da ging der Sieg in völlige Niederlage über. Ganze Regimenter erlagen dem furchtbaren Kartätschenfeuer der Feinde; zugleich brach die zahlreiche österreichische Reiterei auf allen Punkten los, und grauenvoll war die Niederlage und Flucht der Preußen. Mitten in diesem Getümmel hielt der König in dumpfer Verzweiflung; zwei Pferde waren schon unter ihm gefallen, eine Kugel war nur durch das goldene Etui in seiner Westentasche aufgehalten worden, und dennoch wollte er nicht weichen. Mit Gewalt wollte man ihn vom Schlachtfelde reißen. „Alles ist verloren, retten Sie die königliche Familie!" schrieb er gleich nachher an seinen Minister von Finkenstein; und einige Stunden später: „Ich werde des Vaterlandes Sturz nicht überleben. Gott befohlen auf immer!" Und in der That war seine Lage nie so verzweiflungsvoll als jetzt. Nur 5000 Mann

sammelten sich am andern Morgen um seine Fahnen; das Geschütz war gänzlich verloren. Unter den zahllosen Gefallenen war auch der Dichter des Frühlings, der Major Ewald von Kleist. Doch auch teuer war dieser Sieg
von den Verbündeten erkauft worden, so daß der russische Feldherr sagte:
„Wenn ich noch einen solchen Sieg erfechte, werde ich mit einem Stabe in
der Hand allein diese Nachricht nach Petersburg bringen müssen."

e. Schlacht bei Torgau.

Ein Glück für Friedrich war es, daß die Russen sich nicht beeilten,
ihren Sieg zu verfolgen, und den Österreichern die Hauptarbeit überließen.
Der Feldzug von 1760 fing eben so unglücklich an, als der vorige geendet
hatte. Ein preußischer Heerhaufen von 8000 Mann wurde von einer dreimal stärkeren Anzahl unter Laudon umzingelt, teils niedergehauen, teils gefangen. Dafür schlug Friedrich den General Laudon bei Liegnitz, aber sogleich mußte er sich schon wieder gegen die vereinigten Österreicher und Russen
wenden, die unter General Tottleben sogar Berlin erobert hatten. Des Königs Ankunft verscheuchte die Feinde, und er konnte sich wieder nach Sachsen
wenden, wo in einer trefflichen Stellung Feldmarschall Daun bei Torgau
ein festes Lager bezogen hatte.

Am 3. November*) erschien Friedrich mit seinem Heere, um die Schlacht
zu wagen, von der sein ganzes Schicksal abhing. Wurde er jetzt geschlagen,
so war er verloren; denn bei Landsberg an der Warthe standen die Russen
und lauerten auf eine günstige Gelegenheit, um wieder nach Berlin vorzudringen. Friedrich beschloß, die furchtbaren Verschanzungen anzugreifen. Er
selbst wollte einen Teil seines Heeres gegen die Torgauer Weinberge führen;
Ziethen aber sollte den Feind umgehen und ihn im Rücken angreifen.
Beide werden aber durch Sümpfe, Gräben und Wälder aufgehalten. Es
ist 2 Uhr nachmittags, als der König mit der ersten Abteilung seiner Grenadiere aus dem Walde tritt und die feindlichen Verschanzungen vor sich hat.
Geschütz und Reiterei ist noch zurück. Dennoch befiehlt er den Angriff auf
der Stelle; denn er vernimmt ein starkes Gewehrfeuer von Ziethens Seite
und meint, der Feind sei schon dort in vollem Kampfe. Aber es war nur
ein Vorpostengefecht, und Ziethen befand sich noch lange nicht an Ort und
Stelle. Als nun die Grenadiere gegen die Schanzen anstürmten, wendet der
Feind seine ganze Macht gegen sie. Vierhundert Kanonen speien ihr mörderisches Feuer unter die Tapfern; reihenweise, wie sie vordringen, werden
sie niedergeschmettert und liegen noch im Tode geordnet. Der König selbst
gesteht, daß er ein so entsetzliches Krachen noch nie gehört habe. Neue
Scharen dringen vor, nicht achtend der hingestreckten und verstümmelten
Brüder; sie stürmen mutig vorwärts, werden aber von der österreichischen
Reiterei geworfen. Indes braust die preußische Reiterei heran und treibt
die Feinde zurück, aber bald muß sie selber wieder zurück. Endlich kommt
auch das Geschütz an, vermag aber auch wenig auszurichten; denn hier wer-

---

*) F. Henning (Vaterländische Geschichtsbilder).

18*

den die Pferde niedergeschmettert, dort die Räder der Kanonen zertrümmert. Mitten im Getümmel und Kugelregen hält der König. Von der aufgewühlten Erde ist sein Pferd in steter Bewegung. Eine Kanonenkugel schlägt dicht bei ihm durch die Trommel eines Tambours. Das Pferd eines Trompeters wird scheu und geht mit ihm durch. „Sag den Österreichern," ruft Friedrich ihm nach, „sie sollen bald aufhören zu schießen, sonst nehme ich ihnen die Kanonen weg." Der kurze Novembertag ist zu Ende, aber nichts entschieden. Die rabenschwarze Nacht bricht herein, aber ohne den Frieden zu bringen. Hier irrt ein Trupp Österreicher umher; sie geraten den Preußen in die Hände und werden gefangen. Dort geht es einer Abteilung Preußen nicht besser, Freunde schießen auf Freunde, bis sie endlich den Irrtum erkennen.

Endlich brennen zahlreiche Feuer in dem Torgauer Walde. Freund und Feind folgt dem lockenden Scheine, um der empfindlichen Kälte bei dem wärmenden Feuer zu entgehen. Niemand denkt daran, den andern zu vertreiben; die gemeinschaftliche Not macht sie alle einig. Da keiner weiß, wer die Schlacht gewonnen hat, so kommen sie miteinander überein, sich am Morgen dem Sieger zu ergeben.

Schrecklich war der Zustand der Verwundeten auf dem blutigen Schlachtfelde. Wer sich nicht nach einer Scheune oder einem Stalle der nächsten Dörfer schleppen konnte, krümmte sich nun in seinem Schmerze auf dem nassen Boden. Wo aber war der König? Der sitzt in der Kirche des Dorfes Elsnig auf der untersten Stufe des Altars. Sein Herz ist von Kummer zerrissen, sein Haupt gebeugt. Der Kern seiner Truppen liegt auf dem Schlachtfelde, seine besten Offiziere sind gefallen, er selbst verwundet, und immer ist noch nichts entschieden. Er wünscht sich selber den Tod; doch will er bis zum letzten Augenblick die Arme nicht sinken lassen. Entschlossen, am andern Morgen die Schlacht wieder zu beginnen und noch einen Bajonettenangriff zu wagen, schreibt er beim spärlichen Lichte einer Lampe seine Befehle. Mit Sehnsucht erwartete er den Tag, mit heißem Verlangen Nachricht vom General Ziethen. Doch der hatte auch nicht geruhet, den Schlachtplan verfolgend, war er noch in der Dunkelheit gegen die Süptitzer Höhen vorgerückt, hatte sie erstürmt und so die Schlachtreihe der Österreicher durchbrochen. Diese konnten nun keine Schlacht mehr wagen; in aller Stille zogen sie sich zurück.

Der König hatte schon Boten auf Boten nach dem Ziethenschen Heerhaufen entsendet; endlich graut der Morgen, Friedrich besteigt das Pferd und reitet zum Dorfe hinaus. Da taucht ein Trupp Reiter in weißen Mänteln aus dem grauen Nebel auf und kommt ihm entgegen. Es ist Ziethen mit seinen Husaren. Er sprengt auf den König zu: „Ew. Majestät! Der Feind ist geschlagen, er zieht sich zurück!" In dem Augenblicke stürzen beide zugleich von den Pferden; der König liegt in Ziethens Armen. Der alte Feldherr, seiner Gefühle nicht mehr mächtig, weint, wie ein Kind, laut auf und kann kein Wort mehr hervorbringen. Dann sprengt er zu den Kriegern zurück und ruft: „Burschen, unser König hat die Schlacht gewonnen, und der

Feind ist völlig geschlagen. Es lebe unser großer König!" Und alle stimmen jubelnd ein: „Es lebe unser großer König! Aber unser Vater Ziethen, unser Husarenkönig auch!"

So kämpfte, so litt, so lebte der preußische Held, und er brachte einen siebenjährigen Krieg glücklich und ruhmvoll zu Ende. Am 17. Februar 1763 ward zu Hubertusburg in Sachsen der Friede geschlossen, in welchem der König auch nicht ein Haar breit seiner Länder verlor.

8. Charakterzüge des großen Königs und sein Tod.

Gleich nach dem Abschluß des Friedens begab sich der König nach Charlottenburg und ließ dort das Tedeum (Herr Gott, dich loben wir) von Graun anstimmen. Die Musiker und Sänger erwarteten den ganzen Hof zu finden; zu ihrem Erstaunen aber erschien der König allein, setzte sich und ließ die Musik ihren Anfang nehmen. Als die Singstimmen einfielen, stützte er den Kopf auf die Hand und verhüllte seine Augen, um den Thränen des Dankes freien Lauf zu lassen.

Seine erste Sorge war nun, die Wunden zu heilen, die der Krieg seinem Lande geschlagen hatte. Das Getreide, welches er schon für den nächsten Feldzug hatte aufkaufen lassen, verteilte er unter die verarmten Landleute, und die Pferde, die für das Geschütz und Gepäck bestimmt waren, schenkte er den Dörfern, die durch den Krieg am meisten gelitten hatten. Das schlechte Geld, das er in der Not hatte prägen lassen, zog er allmählich ein, und um die brotlosen Arbeiter der Hauptstadt zu beschäftigen, begann er den Bau des neuen Palais am Ende des Gartens zu Sanssouci. Zugleich ließ er den Oderbruch entwässern, die unfruchtbaren Gegenden des Havellandes in Acker und Wiesen umwandeln, die Niederungen der Warthe urbar machen und die Havel mit der Elbe durch Kanäle verbinden. So wirkte er unermüdlich für die Wohlfahrt seines Landes.

Eine seiner hervorstechenden Eigenschaften war die Herablassung und Freundlichkeit, die er auch dem Geringsten seines Volkes bewies. Als einst auf der Reise die Pferde gewechselt wurden, drängt sich ein altes Mütterchen dicht an den Wagen. „Was wollt Ihr," fragte sie der König. — „Nur Ihr Angesicht sehen und sonst nichts weiter," erwiderte die Alte. Der König gab ihr einige Friedrichsdor und sagte: „Seht, liebe Frau, auf diesen Dingern könnt Ihr mich ansehen, so oft Ihr wollt!"

Friedrich hatte es sehr gern, wenn man ihm freimütig antwortete, und war die Antwort nur treffend, so nahm er auch ein dreistes Wort nicht übel. Einen Soldaten, dessen Gesicht mehrere tiefe Narben hatte, die er bei Kollin geholt, fragte er einst bei einer Musterung, in welcher Schenke er die Bierhiebe erhalten habe. „Bei Kollin," war die Antwort, „wo Ew. Majestät die Zeche bezahlt haben." Die Dreistigkeit aber durfte nicht in Unbescheidenheit ausarten, zumal wenn von ernsthaften Dingen die Rede war. Ein junger Landrat hatte einst gemeldet, daß sich in seinem Kreise ganze Scharen von Heuschrecken zeigten. Das wollte der König nicht glauben, und nun schickte der Landrat zum Beweise eine große Schachtel mit lebendigen

Heuschrecken, die beim Öffnen des Deckels lustig im Zimmer des Königs um=
herflogen. Friedrich ließ den Vorfall ungestraft; der Domänenkammer aber
schrieb er, man solle nicht naseweise junge Leute zu Landräten machen, son=
dern lieber gesetzte Männer und namentlich erfahrene Offiziere, die schon wüß=
ten, was sich schickte, und wie sie ihrem Könige begegnen müßten. Alten
verdienstvollen Generalen hielt er schon was zugute. Dem General Seydlitz,
dem er vorzüglich den Sieg bei Roßbach verdankte, sagte er einst bei einer
Revue: „Mein lieber Seydlitz, ich dächte, Sein Regiment ritte viel länger,
als meine übrige Kavallerie." „Ew. Majestät," erwiderte Seydlitz, „das
Regiment reitet heute noch so, wie bei Roßbach." Der König vermied es
seitdem, Bemerkungen zu machen, die den wackern General kränken konnten.

Geistesgegenwart und Mut besaß Friedrich, wie wenige Menschen. In
der Schlacht bei Kollin führte er selbst mit dem Degen in der Hand eine
Kompanie gegen eine feindliche Batterie. Die Leute flohen, als sie in den
Bereich der feindlichen Kugeln kamen; Friedrich aber achtete nicht darauf
und ritt immer weiter, bis einer von seinen Adjutanten ihm zurief: „Sire!
Wollen Sie denn die Batterie allein erobern?" Jetzt erst erkannte Friedrich
seine mißliche Lage, hielt sein Pferd an, betrachtete die Batterie durch ein
Fernglas und ritt langsam zu den Seinigen zurück.

Nach der Schlacht bei Leuthen ritt er mit wenigen Begleitern nach Lissa
und trat in das dortige Schloß ein, das aber noch voll österreichischer Offi=
ziere war. Diese kamen ihm mit brennenden Lichtern entgegen, als er eben
die Treppe hinaufstieg, und hätten ihn unmittelbar nach seinem schönsten
Siege gefangen nehmen können. Er aber redete sie unbefangen mit den
Worten an: „Guten Abend, meine Herren! Sie haben mich hier wohl
nicht vermutet?" Und dabei ging er furchtlos durch die feindlichen Offiziere
hindurch, die nichts als ein ehrfurchtsvolles „Ah" erwiderten. Bald darauf
erschien eine Schwadron preußischer Husaren, welche die sämtlichen Öster=
reicher zu Gefangenen machte.

Einst kam Friedrich bei einem Ritt, den er unternahm, um die Gegend
zu erforschen, einem feindlichen Vorposten zu nahe. Ein Pandur legt auf
ihn an; der König aber hebt den Stock mit einem drohenden „du, du!" in
die Höhe und bringt den Ungar dermaßen in Verwirrung, daß dieser sein
Gewehr an den Fuß setzt und den König ruhig davon reiten läßt.

Dieselbe Unerschrockenheit, die Friedrich in allen Gefahren bewies, ver=
langte er aber auch von seinen Offizieren. Einem seiner Pagen wurde bei
der Belagerung von Schweidnitz das Pferd unter dem Leibe erschossen, und
er selbst erhielt eine bedeutende Quetschung. Mit schmerzlichen Gebärden eilte
er davon; aber der König rief ihm zu: „Wo will Er hin, will Er wohl
den Sattel mitnehmen?" Der Page mußte umkehren und den Sattel ab=
schnallen und durfte sich an die Kugeln nicht kehren, die ihn und den König
umsausten.

Einer der schönsten Züge in Friedrichs Charakter ist seine strenge Ge=
rechtigkeitsliebe und seine unermüdliche Sorgfalt für die unparteiische Hand=
habung des Rechts. Bekannt ist die Geschichte von der Windmühle bei

Sanssouci, die der König dem Müller abkaufen wollte, weil sie ihm bei der
Anlage des Parkes in Sanssouci im Wege stand. Allein der Windmüller
weigerte sich standhaft, sein Eigentum zu veräußern. Der König bot ihm
eine große Summe und versprach noch obendrein, ihm eine andere Mühle
bauen zu lassen. „Mein Großvater" — antwortete der starrsinnige Alte —
„hat diese Mühle gebaut; ich habe sie von meinem Vater geerbt, und meine
Kinder sollen sie von mir erben." Der König ward nun ungeduldig und
sprach: „Aber weißt du wohl, daß ich deine Mühle umsonst haben könnte,
wenn ich wollte?" — „Ja," antwortete der Müller, „wenn zu Berlin das
Kammergericht nicht wäre!" Der König entließ den Mann und freute sich
über das Vertrauen, welches dieser zu den preußischen Gerichten hatte.

Die Beschwerden des Alters ertrug Friedrich mit großer Geduld, ohne
etwas in seiner Lebensordnung zu ändern, oder in seiner Thätigkeit nach=
zulassen. Er war so arbeitsam, daß er sich einmal den Schlaf ganz und gar
abgewöhnen wollte, um noch mehr schaffen zu können. Noch ein Jahr vor
seinem Tode hielt der Greis beim stärksten Regen zu Breslau die Musterung
über seine Truppen ab, und bis an sein Ende besorgte er die Regierungs=
geschäfte selbst. Als er endlich die Annäherung des Todes fühlte, sah er
ihm mit der Ruhe eines Weisen entgegen; er verschied am Morgen des
17. August 1786. Sein Tod, obwohl längst vorausgesehen, wirkte doch wie
ein erschütternder Schlag durch ganz Europa, denn Friedrich war der Held
seines Jahrhunderts, von den Königen geehrt und geachtet, vom Volke ver=
ehrt und geliebt, von seinen Soldaten angebetet. Sie nannten ihn bloß
„den alten Fritz", aber die Geschichte nennt ihn Friedrich „den Großen".

IV. Kaiser Joseph II.

Wie man Friedrich den Großen auch wohl den „Einzigen" genannt
hat, so könnte man auch den trefflichen Kaiser Joseph den „Einzigen" nennen,
denn große Männer seiner Art kommen kaum alle hundert Jahre auf den
Thron. Er ist nicht so ausgezeichnet als Kriegsheld, wie Friedrich, hat auch
nicht, wie dieser, das Glück gehabt, seine Schöpfungen so vollendet zu sehen;
aber sein großer unsterblicher Ruhm ist, daß er Mensch war unter den Men=
schen und ein deutscher Mann unter deutschen Männern.

1. Zusammenkunft Friedrichs II. und Kaiser Josephs.

Nach dem Frieden, welcher im Jahre 1763 zu Hubertusburg geschlossen
worden war, standen die Beherrscher der österreichischen und preußischen
Monarchie in einem sehr freundlichen Benehmen. Joseph, welcher nach seines
Vaters (des Kaisers Franz I.) Tode von seiner Mutter (Maria Theresia)
zum Mitregenten angenommen worden war, beschloß bald darauf, den einst
so furchtbaren Gegner derselben zu besuchen. Friedrich hatte in der Gegend
der Festung Neiße in Schlesien ein Lustlager veranstaltet und erwartete hier

die Ankunft des Kaisers. Dieser traf in der Begleitung zweier seiner berühmtesten Generale ein, der Generale Laudon und Lazzy. Friedrich bewillkommnete ihn mit den Worten: „Das ist der glücklichste Tag meines Lebens!" und der Kaiser erwiderte: „Nun sind alle meine Wünsche erfüllt!" Es war ein rührendes Schauspiel für alle Anwesenden, die zwei mächtigsten Fürsten Deutschlands, welche sich so lange feindlich gegenübergestanden hatten, in so friedlichem und freundschaftlichem Vernehmen zu sehen. Wenn der Ruhm, den Friedrich sich durch seine glücklich geführten Kriege, durch die Trefflichkeit seiner Staatsverwaltung, durch die Kraft seines Geistes erworben hatte, in der Brust des noch jugendlichen Kaisers Gefühle der Ehrfurcht und Bewunderung für den ergrauten Preußenkönig erwecken mußte; so fühlte sich dagegen Friedrich von der liebenswürdigen Bescheidenheit und dem Edelmut des kaiserlichen Gastes mächtig angezogen. Als der König dem Kaiser den Vortritt lassen wollte, sagte dieser mit der ihm eigentümlichen Bescheidenheit: „Das Alter geht vor; der Sohn muß sich nie über die Verdienste seines Vaters erheben wollen." So sprach der mächtigste Fürst von Europa. Friedrich freute sich auch, mit dem Helden Laudon zusammenzutreffen, der ihm so viel Schaden zugefügt hatte, und er behandelte ihn mit der größten Achtung.

Die beiden Fürsten verließen einander, erfüllt von gegenseitiger Bewunderung.

2. Menschenliebe.

Einst ritt Joseph, nur von einem Reitknecht begleitet, nach einem von Wien nicht weit entlegenen Dorfe. Es war Winter, und ein tiefer Schnee deckte ringsum die Gefilde. Da der Kaiser einen Nebenweg eingeschlagen hatte, so konnte es nicht fehlen, daß die Pferde bisweilen tief in den Schnee versanken. Plötzlich ertönte ein Schrei hinter dem Rücken des Kaisers; dieser wendet sich um und sieht mit Schrecken, wie sein Reitknecht samt seinem Pferde in einen tiefen, mit Schnee gefüllten Graben geraten ist und vergebliche Anstrengungen macht, sich herauszuarbeiten. Schnell springt der edle Monarch vom Pferde, um seinem Diener Beistand zu leisten. Unmöglich, er versinkt selbst und kommt in große Gefahr. Rings umher auf den vom Schnee blinkenden Feldern zeigte sich weit und breit kein Mensch, und noch in ziemlicher Entfernung blickt der Kirchturm eines Dörfchens über die Fläche hervor. Dorthin lenkte nun der menschenfreundliche Joseph sein Pferd, nachdem er noch mit liebevollen Worten den Diener getröstet und ihm versprochen hat, bald Hilfe zu bringen. Bald hat der Kaiser das Dorf erreicht, und schnell sind mehrere Bauern zur Stelle, die mit ihren Pferden dem Voranreitenden folgen. Diesen aber treibt die Angst und Sorge um das Leben seines treuen Dieners weit voraus. In großer Entfernung folgen die aufgebotenen Bauern, langen endlich an dem Unglücksort an und bringen glücklich den Reitknecht mit seinem Pferde unter dem Schnee hervor. Der Arme war ohnmächtig geworden, aber den Bemühungen seines Herrn gelang es bald, ihn zum Leben zurückzubringen.

3. Wohlthätigkeit.

Einst fuhr der Kaiser in der Vorstadt spazieren; da begegnete ihm ein kleiner Knabe, welcher seine Hände bittend gegen den vornehmen Wagen ausstreckte und unablässig schrie: „Ach, Ew. Majestät, nur einen einzigen Gulden!" Der Kaiser ließ sogleich den Wagen halten und fragte den weinenden Knaben: „Wozu brauchst du denn gleich so viel Geld?" Dreist antwortete dieser: „Freilich ist es viel, Ew. Gnaden! Aber ich muß einen Gulden haben. Meine Mutter ist krank, sie hat mich fortgeschickt, einen Arzt zu holen; nun bin ich schon bei zweien gewesen, aber keiner will für weniger als einen Gulden kommen, und doch ist meine Mutter so krank. Ach, Ew. Gnaden, nur e i n e n Gulden, nur einen einzigen, und ich will in meinem Leben nicht wieder betteln!"

Der Kaiser ließ sich von dem Knaben die Wohnung auf das genaueste beschreiben und gab ihm den verlangten Gulden. Kaum sah der Knabe seinen Wunsch erfüllt, so lief er, ohne den kaiserlichen Geber besonders zu betrachten, mit Windesschnelle davon. Joseph, dem die Not auch des geringsten seiner Unterthanen das Herz schwer machte, wollte selbst den Schauplatz des Elends besuchen und sich von der Wahrheit der Erzählung des Knaben überzeugen. Er ließ den Wagen bis vor das Häuschen fahren, in welchem nach der Beschreibung des Knaben die arme Frau wohnen sollte. Um nicht erkannt zu werden, hüllte er sich in seinen Mantel, stieg aus und trat in die Krankenstube. „Bist du's, mein Kind?" rief eine schwache Stimme von dem ärmlichen Lager her. „Nein," sagte Joseph, „ich bin der Arzt, den euer Kind gerufen hat." Und der menschenfreundliche Kaiser trat zum Bette der Kranken und schaute mitleidsvoll die arme Frau an, als ob er über ein Heilmittel nachdächte. Dann sagte er: „Gebt mir Feder, Tinte und Papier, damit ich Euch ein Rezept verschreiben kann." Die Frau bat ihn mit schwacher Stimme, das auf einem Gesimse stehende Schreibzeug ihres Sohnes herabzunehmen und sich desselben zu bedienen. Joseph nahm es, schrieb und befahl, das Rezept in die Apotheke zu tragen. Er wünschte der Frau gute Besserung und ging. Bald darauf erschien der Knabe mit dem wirklichen Arzte. Die Mutter erstaunte nicht wenig, als sie den zweiten kommen sah, und fragte ihren Sohn, wie das zuginge. Der Knabe erzählte, was sich ereignet hatte, und die Mutter auch. Alle wunderten sich; doch als die Rede auf das Rezept kam und der Arzt es untersuchte, rief er voll Freude: „Der kann besser verschreiben als ich! Euer Arzt ist niemand anderes gewesen, als der Kaiser selber. Das Rezept ist eine Anweisung an den Kammerzahlmeister auf 50 Dukaten, die Euch sogleich ausgezahlt werden sollen." Zwar wurde die Kranke, weil die Überraschung zu groß gewesen war, noch kränker, aber bald erholte sie sich, da ihr fortan die besten Arzneien und die gesundesten Speisen gereicht werden konnten. Mit inbrünstigem Danke lobte sie Gott der einen rettenden Engel in ihr Haus gesandt hatte.

4. Gerechtigkeitsliebe.

Es herrschte in Böhmen große Teuerung, so daß viele Einwohner dem bittersten Mangel ausgesetzt waren und nicht Brot genug hatten, um ihren Hunger zu stillen. Joseph ließ nun Korn und andere Lebensmittel in großen Massen nach jenem Lande schaffen und reiste selbst dahin ab, um zu sehen, ob auch die Verteilung so geschähe, wie er sie angeordnet hatte. Ohne sich kenntlich zu machen, kam er in eine kleine Stadt. Hier standen mehrere mit Getreide beladene Wagen und Karren vor der Thür eines Amthauses; die Bauern aber, denen die Wagen gehörten, standen dicht beisammen und sprachen heftig miteinander. Als sich Joseph nach der Ursache erkundigte, antworteten die Leute: „Wir warten schon sehr lange und haben noch einen Rückweg von acht Stunden zu machen." — „Das ist die Wahrheit," setzte der anwesende Amtsschreiber hinzu, „und außer ihnen warten noch die Einwohner des Orts schon seit mehreren Stunden vergeblich auf die Verteilung des Getreides." Der Kaiser, welcher mit einem einfachen Oberrock bekleidet war, trat nun in das Haus und ließ sich durch den Amtsschreiber bei dem Amtmanne, welcher eben große Gesellschaft hatte, melden.

Der Amtmann. Wer sind Sie?

Der Kaiser. Offizier in kaiserlichen Diensten.

Der Amtmann. Womit kann ich dienen?

Der Kaiser. Damit, daß Sie die armen Leute unten abfertigen, die schon so lange gewartet.

Der Amtmann. Die Bauern können noch länger warten, ich werde mich durch sie in meinem Vergnügen nicht stören lassen.

Der Kaiser. Aber die Leute haben noch einen weiten Weg zu machen und schon lange genug gewartet.

Der Amtmann. Was gehen Sie die Bauern an?

Der Kaiser. Man muß menschlich sein und die Bauern nicht ohne Not plagen.

Der Amtmann. Ihre Sittenlehre ist hier am unrechten Orte, ich weiß, was ich zu thun habe.

Länger ertrug der Kaiser die Grobheit und Hartherzigkeit des Beamten nicht. „Nun, so muß ich Ihnen eröffnen, Herr Amtmann," sagte er, „daß Sie das Korn und die Austeilung desselben gar nichts mehr angeht. Hören Sie, lieber Freund," fuhr er fort, indem er sich zu dem Amtsschreiber wendete, „fertigen Sie die Leute ab. Sie sind von jetzt ab Amtmann und Sie (hier kehrte er sich wieder zu dem Amtmann), erkennen Sie in mir Ihren Kaiser, der Sie hiermit Ihres Amtes entsetzt." Dann entfernte sich Joseph und überließ den hartherzigen Beamten dem Gefühl seiner Schmach und seines selbstverschuldeten Unglücks.

5. Volksliebe.

Joseph liebte sein Volk und wünschte von ihm geliebt zu sein. Er öffnete den bis dahin nur dem Adel geöffneten Augarten allem Volke zur Beluſtigung und ſetzte über den Eingang die Inſchrift: „Allen Menſchen gewidmet von ihrem Schätzer.“ Der Adel mißbilligte dieſen Schritt, und als einige vornehme Herren ſich eines Tages beim Kaiſer beklagten, daß ſie nun nirgends mehr ein Plätzchen hätten, wo ſie ganz ungeſtört unter ſich ſein könnten, erwiderte Joſeph:

„Wenn ich immer unter meinesgleichen leben wollte, ſo müßte ich in die Kapuzinergruft hinabſteigen, wo meine toten Ahnen ruhen.“

Mit dieſem Beſcheide gaben ſich die Herren zufrieden, und ſo iſt der durch ihn dem Publikum geöffnete Prater noch heutzutage der Hauptver= gnügungsort der Wiener aus allen Ständen.

6. Herablaſſung.

Im Jahre 1781, auf ſeiner Reiſe durch die Niederlande, fuhr Kaiſer Joſeph in einem Mietwagen von Mecheln nach Löwen. Der Weg dahin war ihm unbekannt, und er ließ ſich denſelben von einem Bauer zeigen, den er unterwegs antraf, und der ihm durch eine reinliche Kleidung gleich gefiel. Der Bauer erkannte bald die hohe Perſon des Reiſenden, ſetzte ſich zu Pferde und ritt neben der Kutſche. Joſeph unterhielt ſich mit ihm über Ackerbau und Landwirtſchaft, wobei die Äußerungen des Landmanns dem Kaiſer ſo wohl gefielen, daß er ihn zu ſich in den Wagen ſetzen ließ. Als bei Löwen der Bauer ausſtieg, ſagte er freimütig: „Jetzt brauchen mich Ew. Majeſtät nicht mehr, hier iſt die gerade Straße, welche Dieſelben nach Löwen führen wird.“ Joſeph wollte ihn beſchenken, der Bauer ſagte aber: „Ich habe kein Geld nötig; es iſt aber die Pflicht der Flamänder, Ew. Majeſtät welches zu geben.“

7. Helfer der Unterdrückten.

Als Joſeph in Ungarn war, betrachtete er aufmerkſam einen der gefan= genen Gaſſenkehrer, der ein ſchöner alter Mann war. „Warum arbeitet Ihr in Eiſen?“ fragte er ihn. — „Ich ſchlug vor meinem Hauſe einen Haſen tot.“ — „Was habt Ihr ſonſt verbrochen?“ — „Nichts.“ — „Sonſt nichts?“ — „Nein, gnädigſter Herr!“ — „Wer iſt Euer Oberer? Ich will für Euch bitten.“ — „O, nein, Euer Gnaden, nur das nicht. Es bat ſchon einmal ein vornehmer Herr für mich, und das hat mir 50 Prügel ein= getragen, als er fort war.

Joſeph ging zum Verwalter, erfuhr die Wahrheit des Geſagten und ließ den Gefangenen frei, dagegen dem Verwalter 50 Prügel geben und ihn dann in Ketten ſchlagen.

8. Reformen in der Kirche.

Joſeph II. erließ am 15. Oktober 1781 das berühmte Toleranzedikt, wodurch er den Lutheranern und Reformierten und nichtunierten Griechen die freie Ausübung ihres Gottesdienſtes erlaubte und ſie in bürgerlichen Rechten den Katholiken gleich ſtellte; nur durften ihre Kirchen keine Türme und keine Glockengeläute, auch nicht den Eingang von der Straße haben. Die katholiſche Kirche blieb Staatskirche, aber alles Fremdartige in ihr sollte ausgeschieden und von der römischen Hierarchie sollte sie unabhängig gemacht werden. Keine päpstliche Bulle durfte mehr ohne vorhergegangene Genehmigung des Kaisers verkündigt werden, auf daß der Staat vor den Übergriffen des römischen Hofes geschützt sei. Von den 1443 Mönchs= und 623 Nonnenklöstern im österreichischen Staate hob Joseph 700 auf und ließ nur solche fortbestehen, die sich mit dem Unterricht der Jugend oder mit der Krankenpflege beschäftigten. Nicht länger sollten dem Staate viele Tausende von Menschen entzogen werden, welche bisher in einem für heilig gehaltenen Müßiggange gelebt hatten. Die Güter der aufgehobenen Klöster ließ Joseph einziehen und zu gemeinnützigen Anstalten verwenden, nämlich zur Gründung neuer Volks= und gelehrten Schulen, zur Herstellung von Hospitälern, Waisen= häusern, Findelhäusern und ähnlichen Anstalten. Die Messe mußte in deut= scher Sprache gesungen werden, wozu der österreichische Dichter und Gelehrte M i ch a e l D e n i s geistliche Lieder verfaßte. Die heilige Schrift wurde in die Landessprache übersetzt; die Wallfahrten, so häufig ein Anlaß zu großer Unsittlichkeit, wurden abgeschafft. Solche durchgreifende Maßregeln des Kai= sers erregten die größte Besorgnis bei der Geistlichkeit, besonders des römi= schen Hofes. Da machte sich 1782 der Papst Pius VI. auf den Weg und fuhr nach Wien, um durch sein persönliches Ansehen und seine Überredungen den Kaiser von seinen Neuerungen zurückzuhalten. Joseph II. empfing das Oberhaupt der katholischen Kirche mit der größten Feierlichkeit und Höflich= keit, ließ sich aber auf keine Unterhandlungen ein, und der Papst mußte un= verrichteter Dinge wieder abziehen.

9. Kaiserliche Worte und Thaten.

In der Verwaltung des Staatswesens wollte Kaiser Joseph bloß höchster V e r w a l t e r des Staates sein. Deshalb litt er keine Unterhändler und Vermittler zwischen sich und dem Volk. Vor der Thür des Kabinetts, in welchem er vom frühen Morgen bis spät in die Nacht arbeitete, standen immer viel Leute jedes Standes, denn jeder durfte frei zu dem Kaiser kom= men und mit ihm reden. Da ging Joseph von Stunde zu Stunde hinaus, nahm ihnen ihre Bittschriften ab und führte sie auch wohl in sein Zimmer, daß sie ihm alles sagten, was sie auf dem Herzen hatten. Schon seine edle Mutter hatte große Verbesserungen eingeführt, vornehmlich die Abschaffung der Folter, der Hexenprozesse und der Inquisition. Joseph erwarb sich ewigen Ruhm, indem er die so lange unterdrückten Juden durch Bildung und Recht den übrigen Staatsangehörigen in Österreich gleichzustellen suchte, und indem er 1781 die L e i b e i g e n s ch a f t d e r B a u e r n aufhob. Dabei sprach er die echt kaiserlichen Worte: „Es ist ein Unsinn, zu glauben, daß die Obrigkeit das Land besessen habe, bevor es noch Unterthanen gab." Zum Beweise, wie hoch er den Bauernstand ehrte, trat er einst auf einer Reise durch Mähren zu einem Bauer, der auf dem Felde pflügte, ergriff den Pflug und ackerte selbst eine Strecke Landes. Die mährischen Stände bewahrten diesen Pflug, den des Kaisers Hand geführt hatte, zum Andenken.

10. Unglückliches Ende.

So gut es nun auch der wackere Kaiser mit seinen Unterthanen meinte, so wurden doch seine Absichten von den meisten verkannt; ja viele arbeiteten ihm recht absichtlich entgegen. Statt geliebt zu werden, wie er so recht verdiente, erntete er nur Haß und Undank. War dies schon in seinen deutschen Staaten der Fall, so war es noch mehr in Ungarn und in den österreichischen Niederlanden. Ungarn, als ein besonderes Königreich, hatte noch seine eigenen Gesetze und Freiheiten; auch wurden die Gerichtsverhandlungen in lateinischer Sprache geführt, die fast jeder Ungar verstand. Aber Joseph wollte, daß alle seine Länder ein gleichmäßiges Ganzes ausmachen sollten, und befahl daher, daß künftig auch in Ungarn die deutsche Sprache die allgemeine Geschäftssprache sein sollte. Wer von den Beamten sie in drei Jahren nicht verstünde, sollte sein Amt verlieren. Das zu fordern, war aber eine große Ungerechtigkeit und Härte und brachte die Gemüter in Gärung, die sich noch vermehrte, als auch die bisherige Regierung des Landes noch verändert wurde.

Noch schlimmer ging es in den Niederlanden, dem jetzigen Belgien. Hier machte er mehrere sehr nützliche Einrichtungen, die besonders einen besseren Unterricht der Geistlichkeit bezweckten. Aber gerade darüber waren die Bischöfe aufgebracht und hetzten das über manche Neuerung schon unzufriedene Volk noch mehr auf. So brach im Jahre 1788 ein förmlicher Aufruhr aus; Joseph gab nach, aber es war zu spät. Mit Gewalt konnte er nicht viel ausrichten, da seine Heere gerade gegen die Türken fochten, und so mußte er es erleben, wie sich seine niederländischen Provinzen für unabhängig erklärten. Der Feldzug gegen die Türken endete auch unglücklich, und so wurde die ohnehin schon angegriffene Gesundheit des Kaisers völlig erschüttert durch den Kummer, der fortan unaufhörlich an seinem Herzen nagte. In Ungarn hatte der Adel sich erhoben und das Volk gegen den Kaiser aufgereizt. Joseph, siech und mit gebrochener Kraft, sah sich genötigt, alle seine Verordnungen zurückzunehmen.

Im Bewußtsein, das Gute gewollt zu haben, sprach er: „Ich wollte, man schriebe auf mein Grab: Hier ruht ein Fürst, dessen Absichten rein waren, der aber das Unglück hatte, alle seine Pläne scheitern zu sehen." Er starb am 20. Februar 1790.

Siebenter Abschnitt.

Freiheitsmänner.

I. Washington.*)

1. Die früheste Kolonisation Nordamerikas.

Bekanntlich betrat Kolumbus, der Entdecker von Amerika, erst auf der dritten seiner großen Entdeckungsreisen das feste Land dieses Erdteils. Fast zur nämlichen Zeit, im Jahre 1497, segelte von England aus ein kühner Venetianer, Namens Johann Kabot, nach dem atlantischen Ozean auf Entdeckungen aus, landete an den Küsten von Neufoundland und Virginien und ward also der Entdecker des Nordens von Amerika. Allein diese unermeßlich große Länderstrecke, so groß als unser ganzer Erdteil, war damals und noch lange nachher eine einzige ungeheure, rauhe Waldeinöde und bot mithin nichts dar, was die Gier der goldhungrigen Europäer hätte reizen können. Ihre Schiffe erschienen nur dann an der langen endlosen Küste Nordamerikas, wenn sie bei ihren des Stockfischfangs wegen unternommenen Seereisen dahin verschlagen wurden. Erst im Jahre 1606 kamen Auswanderer aus England, mit dem Entschlusse, sich hier anzubauen. Schon damals legten sie den Grund zu mehreren jetzt noch blühenden Städten, wie Plymouth, Charlestown zc., und ihre Zahl ward in den folgenden Jahren aufs ansehnlichste vermehrt, als die Verfolgungen der Katholiken in England eine Menge derselben aus ihrem Vaterlande trieben. In schneller Aufeinanderfolge entstanden nun Provinzen und Städte, wie Connecticut, Rhode-Island, Südkarolina und Pennsylvanien. Das letztere führte von einem Quäker, Namens Penn, seinen Namen, welcher zugleich in seinen letzten Silben die ungeheure Waldlandschaft, die das Land bei der ersten Niederlassung der Anbauer bildete, bezeichnete. Alle Anbauer hatten mit einer großen Anzahl von Hindernissen und Schwierigkeiten zu kämpfen, um den mit Wäldern und Morästen bedeckten Boden urbar zu machen, und der Gewinn, den sie daraus zogen, war mit dem aus den Goldgruben des in

---

*) Maukisch, Parallelbilder.

der üppigsten Vegetation prangenden Südamerikas keineswegs zu vergleichen. Allein die Vorrechte und Freiheiten, welche England, das die Obergewalt über den ganzen unermeßlichen Länderstrich in Anspruch nahm, den dahin Auswandernden verlieh, vor allem das Recht, sich selbst eine Verfassung zu geben, und die unbedingteste Religionsfreiheit lockten gar manchen braven und thätigen Mann aus Europa, welches seit Jahrhunderten der Schauplatz der blutigsten und unsinnigsten Meinungs- und Glaubensverfolgungen gewesen war. Die Bewohner dieses Teiles der neuen Welt waren daher die freisinnigsten, die freiheitsliebendsten der ganzen Erde, und ihr Fleiß bei der Bebauung ihrer Felder, der Reichtum ihrer ausgebreiteten Fischereien verlieh ihnen bald einen gewissen Grad von Wohlstand. Nur um den Handel, die vorzüglichste Erwerbsquelle aller Küstenländer, sah es für die Amerikaner lange Zeit nicht zum besten aus, da sich die Engländer ganz desselben bemächtigt hatten, indem sie auf ihren Schiffen die Erzeugnisse der Kolonisten abholten und diesen wiederum brachten, was ihnen nötig war. Dies gab Veranlassung zu einem unerlaubten Schleichhandel, welcher besonders dann in einem außerordentlichen Umfange getrieben wurde, als die Franzosen die Provinz Kanada besetzten und von hier aus den Engländern in ihren Kolonien allen möglichen Schaden zuzufügen suchten. Bald kam es daher zum Kriege zwischen England und Frankreich, und in den Kämpfen desselben trat zuerst der Mann auf, welcher berufen war, seinem Vaterlande einst die Unabhängigkeit zu erringen, dadurch den Grund zu der jetzt noch immer im Steigen begriffenen Größe der nordamerikanischen Freistaaten zu legen, und sich selbst eine Stelle unter den merkwürdigsten und ausgezeichnetsten Menschen aller Zeiten und Völker zu erwerben.

2. Washingtons Erziehung.

Georg Washington (spr. Uaschingt'n) — dies ist der Name jenes Mannes — wurde als der Sohn eines reichen Gutsbesitzers am 22. Februar 1732 in Virginien geboren. Sein Großvater war bereits im Jahre 1657 aus England nach Amerika ausgewandert. Schon als zehnjähriger Knabe verlor er seinen Vater, allein sein Hofmeister, ein braver, unterrichteter Mann, bot alles auf, ihn durch die beste Erziehung für den harten Verlust zu entschädigen. Georg lernte unter seiner Leitung alles, was er in seiner Lage und für seine künftige Bestimmung nötig hatte, und seine außerordentlichen Anlagen und Fähigkeiten ließen ihn die schnellsten Fortschritte in allen Zweigen des Unterrichts machen. Besonders zog ihn seine Neigung zu der Mathematik und den Kriegswissenschaften hin, und bald erwarb er sich in denselben so ausgezeichnete Kenntnisse, daß er schon als zwanzigjähriger Jüngling zum Major in der Miliz seines Vaterlandes ernannt wurde. Als nun die Franzosen am Ohiostrom (spr. Ohaio) sich festzusetzen begannen, versuchten die Engländer zuerst durch Unterhandlungen sie davon abzubringen, und Washington war es, dem man die Sendung anvertraute. Es gab dabei mannigfache Schwierigkeiten zu überwinden, denn man hatte es mit den klugen und verschlagenen Franzosen zu thun und mit der starren Unbiegsamkeit einiger Indianerstämme. Mit einem einzigen Begleiter trat der Jüngling seine Reise nach dem 400 Meilen weit entfernten Ziele an, wo er zuletzt glücklich anlangte. Allein umsonst waren alle seine Bemühungen, den französischen Befehlshaber zu bewegen, von seinem Vorhaben abzustehen; vielmehr erklärte dieser, daß er fortfahren werde, da der Landstrich am Ohio allein seinem Könige gehöre, jeden gefangen zu nehmen, der sich ohne seine Erlaubnis auf diesem Strome treffen lasse. So kehrte nun zwar Washington von dieser Sendung zurück, ohne den Zweck derselben erreicht zu haben; allein dennoch war die Reise für ihn und sein Vaterland von großer Wichtigkeit, da der junge Mann mit dem ihm eigenen Scharfsinn und guter Beobachtungsgabe sich auf dem ganzen Wege hinlängliche Kenntnis der Richtungen desselben, der Gegend und der Menschen gesammelt hatte.

Kaum vernahm der englische Gouverneur in Virginien die Fruchtlosigkeit jener Friedensvorschläge, als er auch beschloß, sich mit bewaffneter Hand den Unternehmungen der Franzosen zu widersetzen. Es wurde daher eine Schar von 300 Kriegern gesammelt und der Oberbefehl über dieselben dem Major Washington übergeben. Schnell rückte der junge Held mit diesem Häuflein nach dem Ohiostrome vor, und in einem Kampfe mit einem weit überlegenen französischen Haufen wurde der letztere in die Flucht geschlagen. Allein neue Verstärkungen rückten, unter dem entsetzlichen Schlachtgeheule mehrerer Hundert Wilden, die auf der Seite der Franzosen waren, heran, und Washington, um seine braven Leute nicht unnütz zu opfern, sah sich genötigt, der Übermacht zu weichen. In der größten Schnelligkeit ließ er eine Verschanzung aufwerfen, und diese verteidigte er mit seinem Häuflein gegen die entschiedenste Übermacht mit solchem Mute, daß die Franzosen, die dem wackern Gegner in ihrem ritterlichen Sinne volle Gerechtigkeit widerfahren ließen, ihm einen ehrenvollen Abzug mit den Waffen in der Hand zugestehen mußten. Aber das Fehlschlagen dieser Unternehmung bewog die Engländer nur zu desto nachdrücklicheren Anstalten, und an der Spitze von mehr als 2000 Mann rückte jetzt General Braddock ins Feld, den Unternehmungen der Feinde ein Ziel zu setzen. Im übermütigen Vertrauen auf sein Heer, welches in jenen Gegenden damals als ein sehr zahlreiches galt, vernachlässigte dieser Führer beim Vorrücken alle Vorsichtsmaßregeln, zu deren Anwendung ihn Washington, der sich als Adjutant des Generals im Zuge befand, dringend ermahnte. Plötzlich sahen sich die Engländer in einem waldigen Gebirge von zwei Seiten zugleich angegriffen, die Kugeln der Franzosen, wie die Pfeile der Indianer wüteten gleich schrecklich in ihren Reihen. Braddock selbst fiel tödlich verwundet, und kaum würde einer vom ganzen Heere dem Blutbade entronnen sein, wenn nicht Washington an der Spitze seiner löwenkühnen virginischen Scharfschützen sich dem mit Macht andrängenden Feinde entgegengeworfen, durch ein ununterbrochenes, wohlgezieltes Feuer Unordnung und Verwirrung in dessen Reihen gebracht und so seinen weichenden Landsleuten den Rückzug möglich gemacht hätte. Allgemein war die Bewunderung, welche dem jugendlichen Helden sowohl seiner Tapferkeit als seiner Einsicht wegen zu teil ward, und eben so allgemein die Stimme, mit welcher man ihn zum Oberbefehlshaber der ganzen Macht erwählte, welche den Kampf gegen die Franzosen fortsetzen sollte. Allein die Unterstützung aus England war dabei so gering, daß man gegen die Übermacht nichts ausrichten konnte, und erst mit dem Jahre 1757 erschienen Verstärkungstruppen mit neuen Heerführern aus Europa. Unwiderstehlich drängten die Engländer die Franzosen zurück, aus einer Festung nach der andern mußten sie weichen, und ein Jahr darauf war das ganze große Kanada, noch jetzt die englische Hoheit anerkennend, in der Gewalt der Briten. So wichtige Dienste aber auch bei allen diesen Unternehmungen Washington an der Spitze seiner wackern Virginier durch seine Kenntnis des Landes, seine Einsicht und Tapferkeit leistete, so mußte er doch, als ein geborener Amerikaner, von den stolzen Engländern sich mannigfach gekränkt, viele seiner weisesten Ratschläge auf eine beleidigende Weise zurückgewiesen sehen. Dies bewog ihn endlich im Jahre 1762, als der Friede zwischen den kriegführenden Mächten abgeschlossen wurde, seine Stelle als Oberster des virginischen Regiments niederzulegen, und nie haben Offiziere und Soldaten den Verlust ihres Befehlshabers herzlicher bedauert, als es hier der Fall war.

3. Auflehnung der amerikanischen Kolonieen gegen England.

Washington begab sich nun nach seinen väterlichen Besitzungen, trat bald darauf in den Stand der Ehe und führte so mehrere Jahre hindurch das einfachste, glücklichste Leben. Der Anbau seiner weitläufigen Ländereien und das Studium der Wissenschaften waren seine Lieblingsbeschäftigungen, und im traulichen Kreise seiner Familie genoß er seine schönsten Erholungsstunden.

Während dieser Zeit aber hatten sich in seinem Vaterlande durch Verhältnisse mannigfacher Art große Ereignisse vorbereitet. Unter den Rechten, welche England über seine Kolonieen im nördlichen Amerika in Anspruch nahm, war eins der vornehmsten, die Kolonisten mit Abgaben und Steuern zu belasten. Und obschon diese weit geringer und weniger drückend, als in dem Mutterlande waren, so fand es doch der Freiheitssinn der Amerikaner bald unerträglich, zu den Lasten des fernen Englands beitragen zu müssen, ohne doch die Vorrechte desselben zu genießen. Die Stempelakte, eine Verfügung der englischen Regierung, durch welche den Amerikanern der Gebrauch des teuren englischen Stempelpapiers bei gewissen Handlungen geboten wurde, nahm man zwar im Jahre 1766 zurück, dafür aber führte man eine neue Abgabe für einige nach Amerika gehende Waren, wie Glaswaren, Papier, Malerfarben und Thee, ein. Allgemein war die Unzufriedenheit in allen Provinzen, als sich die Nachricht von dieser willkürlichen Verfügung der englischen Regierung verbreitete, überall besprach man sich in zahlreichen Zusammenkünften über die Maßregeln, welche man dagegen ergreifen wollte. Man beschloß, von allen diesen Waren keine ins Land kommen zu lassen, sondern die ankommenden sogleich zurückzuweisen. Darüber kam es zu Thätlichkeiten zwischen den englischen Soldaten und den Bürgern von Boston, einer der wichtigsten Seestädte Amerikas. Und als nun die englische Regierung mit Nachdruck verfahren wollte und drei angesehene Bürger von Boston im Jahre 1770 wegen der Teilnahme an jenen Thätlichkeiten erschießen ließ, stieg die Erbitterung der Amerikaner gegen das Mutterland immer höher und verschwand selbst dann nicht, als die Nachricht kam, daß die Abgabe auf die übrigen Waren wieder zurückgenommen worden sei und nur vom Thee eine kleine Abgabe gegeben werden sollte. Denn die Amerikaner waren nicht länger gemeint, auch nur die kleinste unrechtmäßige Bedrückung zu dulden, und in einem erneuten Aufstande zu Boston im Jahre 1773 begaben sich siebzehn Bürger, als Indianer vermummt, auf drei im Hafen liegende englische Schiffe und warfen allen darauf befindlichen Thee, 326 Kisten, ins Meer. Die gewaltthätigen Maßregeln, welche hierauf die Regierung zur Unterdrückung der Empörung nahm, veranlaßten endlich den Zusammentritt aller dreizehn Provinzen Amerikas, wobei man sich gegenseitig verpflichtete, Gewalt mit Gewalt zu vertreiben und das Recht mit den Waffen in der Hand zu behaupten. Der Rat, den die Abgeordneten der einzelnen Provinzen bildeten, nannte sich der Kongreß, und Washington, welcher gleich anfangs an jenen Angelegenheiten lebendigen Anteil genommen und sich auf die entschiedenste Weise gegen die Bedrückungen der Engländer erklärt hatte, ward einstimmig zum Mitgliede dieses Kongresses ernannt.

Es war am 5. September des Jahres 1774, als der Kongreß in Philadelphia zusammentrat, gebildet aus den Abgeordneten von Virginia, New-Hampshire, Rhode-Island (Rohd' Eiländ), Connektikut, New-York, New-Jersey (Nju Dscherfi), Massachusetts (Massätschusets), Pennsylvanien, Delaware, Maryland (Märriländ), Nord- und Südkarolina (Georgien trat dem Bunde im folgenden Jahre bei). Dieser erste Nationalkongreß als Vertreter der 13 Kolonieen entwarf nun eine Reihe von Proklamationen, die, alle in kernhafter entschiedener Sprache abgefaßt, es aller Welt verkündigten, daß die Zeit unbeschränkter Fürstenmacht vorüber sei, und es auch den Völkern Europas ans Herz legten, das Recht an die Stelle der Willkür zu setzen. Dem Könige von England ward offen und freimütig gesagt, daß er nur unter der Bedingung auf den Gehorsam der amerikanischen Kolonieen zu rechnen habe, wenn ihnen dieselben politischen Rechte (die Teilnahme an der Volksvertretung im Parlament) bewilligt würden, wie sie das Volk von England längst besaß. Es wurden die Menschenrechte verkündigt, nämlich, daß für jeden Menschen Freiheit, Leben und Eigentum ein unantastbares Recht bildeten, das gerade jetzt von der englischen Regierung den Amerikanern verkümmert wurde. Die denkwürdigen vier Grundsätze lauteten:

1) An Leben, Freiheit und Eigentum hat jeder Mensch ein unveräußerliches Recht.

2) Die Bewohner der Kolonieen haben von ihren Vorfahren alle Rechte, Privilegien und Freiheiten freier und eingeborner Unterthanen der Krone Englands geerbt.

3) Sie haben ihre ursprünglichen Rechte durch ihre Auswanderung aus dem Mutterlande nicht verlieren können.

4) Der Grund und die Stütze aller englischen Freiheit und jeder andern Regierung ist das Recht des Volkes, an der Gesetz-

gebung soweit Anteil zu haben, als dieselbe den Staatsbürgern Leistungen und Beschränkungen ihrer Freiheit auferlegt.

Wirkten beredte und feurige Redner wie Henry und Rutledge begeisternd auf die Versammlung, so drang Washingtons Wort durch seine Einfachheit und Überzeugungskraft tief in die Gemüter ein. Nicht war es der Unwille über die Kränkungen, die ihm im Dienste Englands widerfahren, welches ihn bewog, gegen das Mutterland in die Schranken zu treten, wie viele Gegner und Neider seines Ruhmes behauptet haben, sondern es war einzig und allein die Überzeugung, daß die Kolonieen in Amerika unter dem Drucke des Mutterlandes nie des Glückes würden teilhaftig werden, zu welchem sie in gleichem Grade so fähig als berechtigt waren. Fortan verweigerten nun die Amerikaner auf das bestimmteste alle Auflagen, Zölle und andere Abgaben, welche die Regierung ohne die Zustimmung der Volksvertreter erheben wollte. Jene Vereinigung der Provinzen gab der Regierung Veranlassung, immer gewaltthätiger zu verfahren; sie sendete den General Gage mit vier Regimentern nach Boston, und dieser bemächtigte sich, nach der Vereinigung mit den übrigen im Lande zerstreuten Truppen, schnell und unerwartet aller Pulver- und anderer Kriegsvorräte, welche in den Städten und festen Plätzen sich befanden. Bei einem solchen Unternehmen der Engländer auf das Städtchen Concord war es, daß das erste eigentliche Gefecht zwischen ihnen und den Amerikanern geliefert wurde. In der Gegend von Lexington trafen beide mit großer Erbitterung aufeinander, und so trotzig auch die stolzen Engländer standen, so mußten sie endlich doch mit einem Verluste von mehreren hundert Mann den mit dem ganzen Enthusiasmus des Freiheitssinnes und der Vaterlandsliebe wiederholten Angriffen der Amerikaner weichen. Dieser Sieg hob den Mut der letztern, sie überfielen bald darauf mehrere Forts, deren Besitz ihnen den Weg nach Kanada bahnte, und auch eine Kriegs-Schaluppe der Engländer fiel ihnen in die Hände. Umsonst landeten frische Truppen, auch das Befreiungsheer wurde beträchtlich verstärkt, und auf dem Kongreß zu Philadelphia am 15. Juni 1775 ward Washington zum Oberbefehlshaber der nordamerikanischen Kriegsmacht ernannt.

4. Washington als Oberbefehlshaber der Amerikaner.

Kaum hatte je ein Feldherr mit so großer Übereinstimmung aller Bewohner eines Landes ein so wichtiges Amt übernommen, als Washington' dessen anspruchslose, uneigennützige Denkungsart nicht minder als seine hohen kriegerischen Fähigkeiten allgemein bekannt waren, keiner empfing aber auch je eine so gewichtige Würde mit einer solchen Bescheidenheit. Seine Uneigennützigkeit bewährte er im Augenblicke seiner Erhebung sogleich dadurch, daß er sich alle Besoldung verbat und die Vergütung der beträchtlichen Summen, welche er bereits früher auf die Anschaffung von Kriegsbedürfnissen und die Ausrüstung der Mannschaft aus seinem eigenen Vermögen verwendet hatte, aufs entschiedenste ablehnte. Zugleich bereitete er sich aber auch vor, sein

großes Werk mit Ernst und Nachdruck zu beginnen und dem ehrenvollen
Vertrauen zu entsprechen, welches seine Mitbürger in ihn gesetzt hatten.

Groß, ja zahllos waren die Schwierigkeiten und Hindernisse, welche sich
diesem Werke überall entgegenstellten. Die Bevölkerung der amerikanischen
Provinzen war damals noch sehr gering, so daß das Heer, welches man den
kriegserfahrenen Engländern gegenüberstellen konnte, auch an Anzahl von
diesen weit übertroffen wurde. Der Geist der Bewohner, welche bisher ihre
Kräfte und ihren Fleiß fast ausschließlich nur den friedlichen Beschäftigungen
des Ackerbaues und der Betreibung der bürgerlichen Gewerbe gewidmet hat=
ten, war nichts weniger als kriegerisch, und die große Entfernung der ein=
zelnen Provinzen voneinander hatte die Erzeugung alles Gemeingeistes ge=
hindert. Dazu war das Land, welches die Amerikaner zu verteidigen hatten,
so ungeheuer groß, und die Engländer besaßen darin eine solche Menge fester
Plätze, daß sie überall und zu allen Zeiten mit ihren Flotten ungehindert
landen und ihren Heeren Hilfe und Unterstützung zuführen konnten. Alles
dies entging nicht dem Scharfblick des amerikanischen Oberbefehlshabers,
allein weder dies, noch der Umstand, daß, als er im Lager ankam, er alles
weit unter seiner Vorstellung fand, es an Zelten, Pulver, Kleidungsstücken,
Geschütz, an allen Vorräten und Anstalten fehlte, die Kolonisten von Kriegs=
und Mannszucht durchaus keinen Begriff hatten, vermochte die Standhaftig=
keit des Helden einen Augenblick zu erschüttern, und in seinen hohen Gaben,
in dem Mute seiner braven Krieger fand er die Mittel, das unendliche Heer
von Hindernissen und Schwierigkeiten zu besiegen.

Sein erstes Unternehmen war die Belagerung der Stadt Boston, und
die Engländer, welche ihre mutigen Feinde nichts weniger als gerüstet
glaubten, staunten nicht wenig, als die Amerikaner wirklich das Bombarde=
ment der Stadt begannen. Da die Behauptung derselben eben von keinem
sonderlichen Nutzen für die Engländer gewesen sein würde, so gaben sie die=
selbe preis, und nach einer nur zehntägigen Belagerung zog Washington als
Sieger zur Freude aller patriotisch gesinnten Einwohner in Boston ein.
Nicht so glücklich war der Zug des Generals Arnold, den der Kongreß ab=
sendete, Kanada in Besitz zu nehmen. Zwar drang er siegend in die Haupt=
stadt dieser Provinz, Quebeck, ein, allein er konnte sie, der Schwäche seines
Heeres wegen, nicht behaupten und mußte sich zurückziehen.

Gar bald erkannte man in England, mit welchem mutigen und ent=
schlossenen Gegner man es zu thun habe, und hielt es für nötig, eine größere
Macht zur Bekämpfung der Empörer aufzubieten. Eine mächtige Flotte er=
schien an Nordamerikas Küsten, die Häfen und Schiffe dieses Landes zu
sperren und das Landheer da, wo es nötig sein würde, zu unterstützen.
Nun, wo die stolzen Engländer unverhohlen den Entschluß an den Tag leg=
ten, die Kolonieen mit der Gewalt der Waffen zu unterwerfen, und dadurch
die Erbitterung der Amerikaner zu einem erhöhten Grade steigerten, jetzt,
wo die letztern, ermutigt durch mancherlei glückliche Erfolge, die Möglichkeit
vor sich sahen, die Freiheit zu erkämpfen, faßte man einstimmig den Ent=
schluß, sich für frei und unabhängig zu erklären, und der Kongreß sprach

diese Erklärung im Jahre 1776 am 4. Juli gegen die englische Regierung aus. Umsonst ließ der britische Oberbefehlshaber Howe (spr. Hau) Washington Vorschläge zur Aussöhnung machen und sprach dabei von Verzeihung, die man den Kolonieen angedeihen lassen wollte. Allein mit Würde antwortete ihm Washington: „Wer keinen Fehler begangen hat, bedarf keiner Verzeihung, und die Amerikaner haben nichts gethan, als ihre natürlichen Rechte verteidigt." Der Kampf begann also von neuem und zwar unter den nach= teiligsten Umständen für die Amerikaner. Denn bei Brooklyn erfochten die Engländer einen entscheidenden Sieg und verschafften ihren Heeren längere Zeit hindurch die entschiedenste Überlegenheit. Sie besetzten New=York, Washington mußte seine feste Stellung bei White=Point aufgeben und sich in die nördlichen Gebirge zurückziehen. Klug vermied er jedes größere Ge= fecht und hielt sich bis in den November. Nun verließen ihn aber seine Milizen, deren Dienstzeit zu Ende ging, und er mußte sich über den Dela= ware zurückziehen. So besetzten die Briten ganz Rhode=Island, eroberten auch am 18. Dezember New=Port, wodurch die britische Flotte einen treff= lichen Hafen zum Überwintern erhielt. Dem Heere der Engländer stand Philadelphia offen; der Kongreß floh eiligst nach Baltimore — doch zum Glück zögerte Howe, und Washington gewann Zeit, sein aufgelöstes Heer wieder zu sammeln und durch Freiwillige aus Pennsylvanien und New= Jersey sich zu verstärken. Alsbald rückte er wieder vor, durchbrach am Weihnachtstage 1776 die englischen Linien bei Trenton, nahm 1000 Mann Hessen gefangen, befreite Philadelphia und schlug am 3. Januar 1777 den englischen General Cornwallis bei Princetown (spr. Prinßtaun). Da von dem Oberstlieutenant Barton auch der englische General Prescou auf= gehoben wurde, mußte die britische Armee fast alle ihre Posten in New= Jersey wieder räumen. Das stärkte den Mut der Nordamerikaner, und dieser wuchs, als sich auch ausgezeichnete Europäer, wie der edle Marquis Lafayette, der polnische Held Koscinsko u. a. einfanden, um als Freiwillige in ihren Reihen zu kämpfen. Mit dem feurigen Lafayette schloß Washington den innigsten Freundschaftsbund.

Im Juni 1777 beschloß General Howe, Philadelphia zur See anzu= greifen. Da die Amerikaner den Delaware=Fluß gesperrt hatten, konnte er da nicht einlaufen; er segelte deshalb südwärts, landete in der Chesapeake= Bai und zog nun wieder nordwärts auf Philadelphia. Am 13. Sept. traf er am Brandywine (spr. Brändiwein) =Fluß auf das Heer Washingtons, schlug es und zog am 26. Sept. in Philadelphia ein, von wo sich der Kon= greß abermals hatte flüchten müssen. Am 4. Oktober traf er bei Ger= mantown (Dschermentaun) wieder mit Washington zusammen und warf ihn abermals zurück.

5. Friede mit England.

Während so Washington mit abwechselndem Glücke die feindliche Über= macht in den südlichen Provinzen bekämpfte, war das Glück dem nordameri= kanischen Nordheere unter Gates (spr. Gehts) holder. Der englische General

Bourgoyne sollte mit seinem Heerhaufen bis Albany vordringen, um sich mit den Briten in New-York zu vereinigen. Am 20. Juni 1777 brach er, etwa 7200 Mann stark, auf, und die Amerikaner zogen sich vor ihm bis an den Hudsonfluß zurück, um sich hier durch die Milizen von Vermont, New-Hampshire (Njuhämpschir) und Connektikut zu verstärken. Bourgoyne war bis Fort Edward, 7 deutsche Meilen von Albany, vorgedrungen. Hier machte er wegen Mangels an Lebensmitteln Halt und sandte 500 Mann, um ein amerikanisches Magazin in Bennington wegzunehmen. Aber diese wurden von den Amerikanern gefangen und ein zweites englisches Streifcorps eben-falls. Als Bourgoyne vorrückte, wurde er bei Saratoga, 5 Meilen von Albany, geschlagen und zog sich gegen das Fort Edward zurück. Als er über den Hudson setzen wollte, fand er aber diesen schon von den Ameri-kanern besetzt, sah sich nun auf allen Seiten eingeschlossen und mußte sich mit seinem auf 3500 Mann zusammengeschmolzenen Heerhaufen dem General Gates ergeben.

Der Sieg bei Saratoga verschaffte den Amerikanern wichtige Bundes-genossen. Frankreich, das schon lange mit Teilnahme den Kämpfen der Nordamerikaner gefolgt war, fand die Gelegenheit günstig, das mächtige Großbritannien zu schwächen, schloß am 18. Dezember 1777 mit ihnen einen Handelsvertrag, am 8. Februar 1778 aber ein förmliches Bündnis, rüstete zwei Flotten aus, eine kleinere zu Toulon, eine größere zu Brest, und wußte auch Spanien und die Niederlande zur Kriegserklärung an England zu be-wegen. Obschon die französische Flotte, welche bald darauf an der ameri-kanischen Küste erschien, nichts Erhebliches ausrichtete, so wurden doch die Engländer mehr als je beschäftigt. Von schlimmen Folgen für die Sache der Freiheit war der Abfall des tapfern Generals Arnold, welcher zu den Feinden überging und seinen ehemaligen Kampfgefährten manchen empfind-lichen Verlust zufügte. Aber hier erhielt zugleich Washington Gelegenheit, sich in dem ganzen Edelmute, der Menschenfreundlichkeit und der Gerechtig-keitsliebe seines Charakters zu zeigen. Der General Arnold nämlich hatte seine Verräterei durch den englischen Major André bewerkstelligt; dieser fiel den Amerikanern in die Hände und ward nach den strengen Kriegsgesetzen als Spion zum Tode durch den Strang verurteilt. Zwar konnte Washington ihm die Bitte um eine andere Todesart nicht gewähren, allein als man ihm die Vollziehung der Hinrichtung des Majors meldete, schämte er sich der Thränen nicht, welche er dem Andenken eines übrigens wackeren, unglücklichen Mannes weihte. Indes war dessen Verderber nach Virginien gezogen, wo er die entsetzlichsten Verheerungen anrichtete. Auch von Mount Vernon, dem Landgute Washingtons, verlangten die Feinde Lebensmittel. Der Verwalter desselben sendete das Verlangte und bat um Schonung für die Güter seines Herrn, welche man ihm aus Achtung gegen den hochgefeierten Namen, der auch den Feinden ehrwürdig war, bewilligte. Allein dieses Verfahren ent-sprach so wenig den patriotischen Gesinnungen Washingtons, daß er gleich darauf an seinen Verwalter folgendes Schreiben erließ: „Was mich am meisten verdrießt, ist, daß Sie sich zu den Feinden begeben und sie mit

Lebensmitteln versehen haben. Es wäre mir weniger unangenehm gewesen, zu erfahren, daß der Feind, wegen Ihrer Weigerung, sein Ansuchen zu erfüllen, mein Haus verbrannt und meine Pflanzungen zu Grunde gerichtet hätte. Sie hätten sich für meinen Stellvertreter ansehen und bedenken müssen, was es für ein übles Beispiel war, mit dem Feinde Gemeinschaft zu haben und ihm die Schonung meines Eigentums abzukaufen." Mit gleicher Uneigennützigkeit verschmähte er es, der Provinz Virginien zu Hilfe zu kommen, wo alle seine Güter den Verwüstungen der Feinde ausgesetzt waren, da er seinem reiflich überlegten Entschlusse, vom Mittelpunkte aus das Ganze zu leiten, unerschütterlich treu blieb. Und in der That erreichte er nur eben dadurch endlich glücklich das große Ziel, die Befreiung seines Vaterlandes. Nach mehreren Wechseln des Kriegsglückes nämlich gelang es ihm im Jahre 1781, als amerikanischer Obergeneral, die englische Hauptarmee unter Lord Cornwallis in Yorktown einzuschließen und sie nach einer kurzen, aber thatenreichen Belagerung, bei welcher die wohlgeschulten französischen Offiziere,*) welche Ludwig XVI. den Nordamerikanern zu Hilfe gesandt hatte, die besten Dienste leisteten, am 19. Oktober zur Übergabe zu zwingen. 7000 Mann Engländer streckten die Waffen. Die Folgen dieses Ereignisses waren entscheidend, denn die englischen Minister sahen sich durch die Unzufriedenheit des Volkes, auf welchem die unermeßlichen Kosten dieses Krieges drückend lasteten, zur Nachgiebigkeit genötigt, und nach langen Unterhandlungen kam endlich im Jahre 1783 zu Versailles in Frankreich der für die Amerikaner eben so vorteilhafte als ehrenvolle Friede zustande, der die Freiheit und Unabhängigkeit ihres Vaterlandes für immer fest gegründet hat.

Laut und unermeßlich war der Jubel, der das befreite Land erfüllte; aller Augen aber blickten mit Verwunderung, mit Stolz und Liebe, mit freudiger Begeisterung auf den Mann, dem man es vorzüglich verdankte, daß so viel Herrliches vollbracht worden war, und es genoß jetzt der Held die Glückseligkeit, deren ein Mensch fähig ist, wenn er in dem Bewußtsein und dem Gefühle seiner Rechtschaffenheit sein Streben für das allgemeine Wohl mit dem glücklichsten Erfolge gekrönt sieht. Sein großes Werk war vollendet, und nun zog er sich in die Einsamkeit des Landlebens zurück, nicht ohne vorher herzlichen Anteil an der allgemeinen Freude genommen zu haben. Dann legte er seine Würde feierlich nieder und nahm von seinen Waffengefährten einen rührenden Abschied. Die erprobten Krieger vergossen Thränen, als er aus der Barke, die ihn in seine Heimat bringen sollte, ihnen das letzte Lebewohl zurief, und ihre feuchten Blicke hingen unverwandt an dem Schiffe, bis es sich in weiter Ferne verlor. Zuvor erschien jedoch Washington noch vor dem Kongresse und hielt hier vor einer unzählbaren Menge Zuhörer seine feierliche und rührende Abschiedsrede. Darauf erwiderte der Präsident des Kongresses und schloß dann mit den Worten: „Nachdem Sie die Freiheit

---

*) Namentlich der General Lafayette. Aber auch der deutsche General Steuben, ein Magdeburger, der in amerikanische Dienste übertrat und sich um Einrichtung des amerikanischen Heerwesens verdient machte, zeichnete sich aus.

in dieser neuen Welt verteidigt, den Unterdrückten und Unterdrückern eine heilsame Lehre gegeben haben, treten Sie, von den Segnungen Ihrer Mitbürger begleitet, von dem großen Schauplatze wieder ab. Aber der Ruhm Ihrer Thaten wird nicht mit Ihrer Würde aufhören, er wird fortdauern und die fernsten Geschlechter unserer Nachkommen begeistern. Mögen Ihre künstigen Tage ebenso glücklich sein, als Ihre bisherigen ruhmvoll gewesen sind." Die Ausbrüche der Dankbarkeit, der Begeisterung für den Herrlichen, des Schmerzes um sein Scheiden ehrten ihn würdiger, als je ein Held der Vorzeit und der Mitwelt durch prunkvolle Feste, durch den Mund der Dichter, durch die Lobpreisungen der Schmeichler gefeiert worden ist.

6. Washington als Präsident und sein Tod.

Und dann kehrte er in seine Heimat zurück. — Mount (Maunt) Vernon ward jetzt der Schauplatz seiner stillen Bürgertugenden, wie es einst das Schlachtfeld für seine Feldherrntalente, das Getriebe der Unterhandlungskunst für seine Staatsweisheit gewesen war, und Washington, der mit solchem Ruhme das Siegesschwert geschwungen, wendete sich mit allem Eifer den einfach friedlichen Arbeiten des Landbaues wieder zu.

Indes ging es freilich in den einzelnen Provinzen recht stürmisch zu, denn der Krieg hatte Verwirrungen herbeigeführt. Um diesen zu begegnen, beschloß man eine allgemeine Regierung, und an die Spitze derselben rief man wieder Washington, der sich nicht einen Augenblick bedachte, durch Annahme dieser Würde seinem großen Werke den Schlußstein beizufügen. Und in der That brachte er vorzüglich nicht allein die weiseste Bundesverfassung glücklich zustande, sondern leitete auch als Präsident sein Vaterland einen Zeitraum von acht Jahren hindurch mit solcher Weisheit und Kraft, daß, als er dann sich abermals in seine Einsamkeit zurückzog, nichts mehr als wahr und gerecht der öffentliche Ausspruch war, er nehme das Bewußtsein eines redlich geführten Amtes, die Dankbarkeit der gesamten Vereinigten Staaten und den Beifall der ganzen Welt mit sich.

Mitten in den friedlichen Beschäftigungen des Landlebens machte der Tod am 14. Dezember des Jahres 1799 seinem großen Leben ein Ende, und die Sklaven, die sein letzter Wille dem Stande der Freiheit zurückgegeben, die Schulen seines Vaterlandes, die er mit reichlichen Summen zu ihrer Vervollkommnung bedacht, priesen aufs würdigste auch sein unmittelbar segensreiches Wirken nach seinem Tode.

Fort und fort ist seitdem mit Riesenschritten das Land, für welches der unsterbliche Washington gelebt und gewirkt, seiner Ausbildung entgegengegangen. Neue Staaten haben sich dem Bunde angeschlossen, der Handel Nordamerikas scheint selbst den des Mutterlandes überflügeln zu wollen, große und volkreiche Städte erheben sich in allen Provinzen des ungeheuren Ländergebietes, und es bedarf nichts als der Einigkeit der Provinzen, nichts, als daß sie treu bleiben der weisen Verfassung, um den Völkern dort das wahre Glück zu gewähren, sie auf den Standpunkt der Vollkommenheit zu heben, zu welcher sie bereits so wichtige Fortschritte gethan haben.

II. Benjamin Franklin.*)

1.

Es giebt wenig große und berühmte Männer, deren Namen ich mit einer tiefern Ehrfurcht ausspreche, als den Namen des schlichten Amerikaners Benjamin Franklin. Dieser Mann war ein Mann nach dem Herzen Gottes, der es mit dem Menschengeschlechte nicht bloß gut meinte, sondern ihm so viele Wohlthaten spendete, wie nur selten einer der gefeiertsten Männer aller Zeiten; ein Mann, der immer gerade und redlich seinen Weg wandelte, der für die Freiheit seiner Mitbürger arbeitete, wie kaum ein Bürger Roms oder Griechenlands, und der bei all seiner Größe immer einfach und anspruchslos blieb!

Benjamin Franklin wurde zu Boston, der jetzigen Hauptstadt des Staates Massachusetts in Nordamerika, am 17. Januar 1706 geboren. Sein Vater, Josiah Franklin, ein wackerer und einsichtsvoller Mann, konnte dem kleinen Benjamin keine solche Erziehung geben, wie er es wohl wünschte, denn er war nicht vermöglich, und sein Handwerk des Seifensiedens und Lichterziehens nährte nur notdürftig die zahlreiche Familie. Benjamin, das jüngste seiner sechzehn Kinder, lernte, wie die übrigen, notdürftig lesen und schreiben, erhielt auch einigen Rechenunterricht, aber sonst mußte er sich selbst Mittel und Wege eröffnen, um seinen Wissensdurst zu befriedigen. Die Liebe zur Wissenschaft war in dem Knaben schon früh lebendig, und als der Vater sie bemerkte, stand er von dem Plane ab, den Benjamin Seifensieder werden zu lassen. Bis in sein zwölftes Jahr mußte aber der Knabe seinem Vater bei dessen Geschäft an die Hand gehen. Dann, um zu sehen, ob der Kleine nicht zu einem andern Handwerk Lust hätte, nahm er ihn bald in diese, bald in jene Werkstätten mit, führte ihn zu Maurern, Böttichern, Kupferschmieden und Tischlern. Diese Besuche waren dem Knaben sehr vorteilhaft, denn sie schärften seine Beobachtung und gaben ihm eine Geschicklichkeit seiner Hände, die ihm später oft zu statten kam, namentlich wenn er die Maschinen für die physikalischen Versuche sich selber anfertigen mußte.

Jede Stunde, die der rastlos thätige und lernbegierige Knabe erübrigen konnte, benützte er zur Lektüre. Am liebsten las er Reisebeschreibungen, und den größten Eindruck auf die junge Seele machte ein Buch, das schon manchen Helden begeistert hat, Plutarchs Lebensbeschreibungen, die sich in englischer Übersetzung in der Bibliothek des Vaters vorfanden. Dies Buch wurde wieder und wieder gelesen und gab der Seele des Knaben einen mächtigen Schwung.

Als der alte Franklin seines Benjamins unüberwindliche Neigung zu den Büchern bemerkte, gab er ihn zu einem seiner älteren Söhne, Namens James (Dschehms), der Buchdrucker war, in die Lehre.

*) Franz Hoffmann.

Der jüngere Bruder ruhte bei dem älteren nicht auf Rosen, denn Jakob (James) war ein strenger, harter und barscher Mann, der dem jungen Lehrlinge keine Nachlässigkeit ungestraft hingehen ließ und ihn dabei zu den niedrigsten Diensten verwendete. Benjamin ertrug jedoch die strenge Behandlung seines Bruders ziemlich geduldig, klagte sein Leid nur zuweilen dem Vater, und gewiß immer nur dann, wenn der Druck gar zu schwer auf seinen Schultern lastete und eine Erleichterung dringend notwendig war. Jede solche Klage zog zwar dem Bruder eine derbe Zurechtweisung des Vaters zu, bewirkte aber keine Besserung in Benjamins Verhältnissen. Darum schwieg der Knabe endlich still und trug sein Ungemach mit Geduld. Immer war er eifrig in seiner Arbeit, und er machte in dem Geschäfte bald so große Fortschritte, daß sein Lehrherr darüber erstaunte. In den Freistunden beschäftigte sich Benjamin, wie daheim, mit dem Lesen guter Bücher, und da seine Freiheit am Tage zu kurz war, nahm er die Nächte zu Hilfe, um seinen Geist recht auszubilden.

Hatte der junge Franklin einen gut geschriebenen Aufsatz gelesen, dann freute er sich in seiner Seele und wünschte nichts mehr, als auch so zu schreiben, so klar und richtig seine Gedanken aussprechen zu können, wie die berühmten Männer, an deren Schriften er seinen Geist bildete. Mit seiner gewohnten Entschlossenheit ging er sogleich ans Werk. Hatte er ein oder zwei Seiten gelesen, machte er das Buch zu und versuchte nun, das Gelesene frei niederzuschreiben. Dann verglich er sein Geschriebenes mit dem Gedruckten und verbesserte seine Fehler. Die Fehler wurden immer seltener, und zuweilen hatte er die Freude, daß ihm seine Ausdrucksweise noch treffender vorkam, als die seines Vorbildes. Das feuerte ihn dann zu neuen Versuchen an, so ward er ein Meister der Sprache.

2.

Benjamins Bruder gab eine Zeitung heraus, zu welcher die angesehensten und gelehrtesten Männer in Boston Beiträge lieferten. Zuweilen versammelten sich jene Herren in der Buchdruckerei, um über den nächsten Aufsatz sich zu beraten oder ihr Urteil abzugeben über das, was gedruckt war. Diesen Gesprächen hörte auch der Lehrjunge in seinem Winkel mit zu, und mit welcher Aufmerksamkeit kann man sich denken. Einst kam die Rede auf einen Artikel, den man in die Zeitung einrücken wollte, um etwas Wichtiges bei den Bürgern von Boston durchzusetzen. Jeder der Anwesenden machte Vorschläge, aber keiner traf das Rechte. Benjamin dachte: „Wenn ich nur den Artikel schreiben dürfte, ich wollte schon den Nagel auf den Kopf treffen!" Sagen durfte er nichts, aber in seinem Kopfe arbeitete es heftig. Die Gedanken ließen ihn nicht schlafen; er wartete, bis alles zur Ruhe gegangen war, dann erhob er sich von seinem Lager und schrieb in einem Zuge, was ihm die Seele bewegte. Hierauf nahm er die Schrift und legte sie heimlich unter die Thüre der Buchdruckerei, so, daß man sie morgens finden mußte. Doch hütete er sich weislich, seinen Namen unter den Artikel zu schreiben, und er konnte sich auch vor jeder Entdeckung gesichert halten, da sein Bruder die Handschrift nicht kannte.

Man fand das Blatt, und es wurde in der gewöhnlichen Versammlung der Zeitungsschriftsteller vorgelesen. Keiner war auf das Endurteil gespannter als unser Benjamin. Wie freudig schlug ihm das Herz, als er einstimmiges Lob vernahm! Der eine rühmte die Klarheit und Einfachheit, der andere die treffenden Beweisgründe, der dritte die Gründlichkeit. Jeder sprach seinen Wunsch aus, daß der unbekannte Verfasser des Artikels seine Zuschriften recht oft wiederholen möge. Dies geschah, und der junge Franklin erwarb sich immer neues Lob, obgleich auch zuweilen einzelne Arbeiten getadelt wurden. Niemals ward übrigens ein Artikel zurückgewiesen, obgleich man über den geheimnisvollen Verfasser stets in Unkenntnis blieb.

Unterdessen war Franklin ein so geschickter Buchdrucker geworden, daß er bei seinem Bruder nichts mehr lernen konnte. Dieser, dem er doch so große Dienste leistete, blieb aber immer hart und rauh gegen Benjamin, ja er prügelte ihn wohl gar. Da ward dem zartsinnigen Jüngling der Aufenthalt in des Bruders Hause unausstehlich, und er beschloß, heimlich Boston zu verlassen und in einer entfernteren Gegend sein Heil zu versuchen. Geld hatte er nicht, und er mußte den schweren Schritt thun, seinen kleinen Bücherschatz zu verkaufen. Die Reise ging nach New-York. Dort hoffte er bei einem Buchdrucker ein Unterkommen zu finden, doch überall waren die Stellen besetzt. Nun war guter Rat teuer, aber Franklin verzagte nicht, er beschloß nach dem fernen Philadelphia zu gehen. Seinen Koffer mit Kleidungsstücken gab er auf ein Schiff, er selbst schlug auf einem Boote den kürzeren Weg ein, nach Amboy, wäre aber in der stürmischen Nacht mit dem Fahrzeuge fast gescheitert. Dann ging er von Burlington aus wieder zu Schiffe und langte endlich nach vielen Mühseligkeiten in Philadelphia an.

„Bei meiner Ankunft in Philadelphia" — so erzählt Benjamin Franklin selber — „war ich in meinen Arbeitskleidern, da meine besseren erst zur See nachkommen sollten. Ich war mit Schmutz bedeckt, und meine Taschen waren mit Hemden und Strümpfen angefüllt. Dabei kannte ich keine Seele in der Stadt und wußte nicht, wo ich nur eine Wohnung finden sollte. Ich war durch das Gehen, Rudern, und weil ich die ganze Nacht nicht geschlafen hatte, sehr angegriffen und fühlte außerordentlichen Hunger. Mein ganzer Geldvorrat bestand aber bloß aus einem holländischen Thaler und etwas Kupfermünze, die ich den Bootsleuten gab. Da ich ihnen beim Rudern geholfen hatte, wollten sie nichts annehmen, aber ich beharrte darauf, daß sie das Geld nehmen mußten. Der Mensch ist zuweilen viel freigebiger, wenn er wenig hat, als wenn seine Taschen gefüllt sind."

3.

Als der Fremdling in den Straßen von Philadelphia ratlos umherwanderte, begegnete ihm ein Kind mit Brot. Franklin steuerte nun auch auf einen Bäckerladen zu, um sich ein Brot zu kaufen. Für die dem Bäcker gereichte Münze bekam er aber ganzer drei, und er war von diesem Über-

flusse so überrascht, daß er nicht wußte, was er mit den übrigen zwei Bro=
ten anfangen sollte. Doch erinnerte er sich noch zu rechter Zeit einer armen
Witwe, die auf demselben Schiffe mit ihm gefahren war und gewiß nicht
minder hungrig war, als er selbst. So nahm er denn ohne weiteres seine
beiden überflüssigen Brote unter den Arm, und während er das dritte ver=
zehrte, begab er sich durch die Straße nach dem Landungsplatz zurück, wo er
seine Reisegefährtin mit dem Geschenk erfreute und sich selbst durch einen
Trunk frischen Wassers stärkte. So wenig leckerhaft war der junge Mann,
daß ihn dieses einfache Mahl so erheiterte, als habe er die besten Gerichte
genossen.

Am nächsten Tage sah Benjamin Franklin sich nach Arbeit um, nach=
dem er in dem Hause eines Mannes, Namens Read, sich ein einfaches
Zimmerchen gemietet hatte. Ein Buchdrucker, der nicht in besten Umständen
war und Keimer hieß, zeigte sich geneigt, den jungen Menschen in seinen
Dienst zu nehmen. Franklin brachte das zerrüttete Geschäft bald so in Auf=
nahme, daß der andere Buchdrucker es bereute, ihn nicht in sein Geschäft
aufgenommen zu haben, und Keimer freute sich nicht wenig seines Glückes.
Dabei lebte der junge Mann einfach und mäßig, so daß sich seine Umstände
von Tag zu Tag verbesserten. Auch kam sein Koffer an, und er konnte
nun auch mit anständiger Kleidung erscheinen. Sobald er ein wenig Geld
zurückgelegt hatte, schaffte er sich wieder eine kleine Bibliothek nützlicher Bü=
cher an. Es konnte nicht fehlen, daß ein so geschickter, kenntnisreicher und
doch so bescheidener Jüngling sich die Aufmerksamkeit und Achtung aus=
gezeichneter Männer in Philadelphia gewann. Unter anderen interessierte sich
auch der Gouverneur der Stadt, Namens William Keith (sp. Kihth), un=
gemein für Franklin, lud den jungen Mann öfters in sein Haus, unterhielt
sich mit ihm über die verschiedensten Gegenstände und hörte mit vielem Bei=
fall zu, wenn dieser seine Ansichten vortrug. Ja, er munterte ihn endlich
auf, selbst und mit eigener Kraft eine dritte Buchdruckerei in Philadelphia
anzulegen, indem er ihm versprach, daß ihm von Stund an alle Druck=
Arbeiten, deren das Gouvernement benötigt sein würde, übertragen werden
sollten. Als Franklin einwendete, daß die Errichtung eines solchen Geschäftes
für ihn zu kostspielig sei, gab ihm der Mann sogar das heilige Versprechen,
ihm 100 Pfund Sterling, etwa 2000 Mark nach unserem Gelde, Vorschuß
zu leisten, wenn er nach England gehen würde, um in London die nötigen
Einkäufe an Lettern und Maschinen zu machen. In Amerika war dergleichen
damals noch nicht zu bekommen.

Der junge Franklin fühlte Kraft genug in sich, einer Druckerei selb=
ständig vorzustehen, und weigerte sich nicht lange, ein so gütiges Anerbieten
anzunehmen. Vorerst mußte aber Benjamin seinen Vater um Einwilligung
bitten, und mit einem Empfehlungsschreiben des Gouverneurs versehen, reiste
er nach Hause ab.

4.

Franklins Eltern und Verwandte waren bisher in großer Besorgnis um
den Flüchtling gewesen, über dessen Schicksal sie gar nichts erfahren hatten.

Um so größer war die Freude und das Entzücken, als der verloren geglaubte Benjamin im April des Jahres 1724 auf einmal ganz frisch und wohlgemut in dem väterlichen Hause anlangte. Als er dem Vater die Absicht, in Philadelphia eine Buchdruckerei anzulegen, mitteilte, sprach derselbe sehr triftige und wohlgemeinte Bedenken aus über einen so gewagten Schritt; doch als Benjamin den Brief des Gouverneurs aus der Tasche zog und des edlen Versprechens Erwähnung that, willigte der Vater endlich ein, und unter dessen Segenswünschen reiste er wieder nach Philadelphia ab.

Aber wie bitter sollte des jungen Mannes Vertrauen auf die Hilfe des William Keith getäuscht werden! Dieser war wohl ein gutmütiger Mann, aber kein zuverlässiger. Als sich Benjamin bei ihm meldete, um den versprochenen Vorschuß in Empfang zu nehmen, ward er von einem Tage zum andern vertröstet, und endlich erhielt er statt des Geldes bloß schriftliche Anweisungen, die er in London vorzeigen sollte. Franklin glaubte sicher, daß er auf diese Papiere das Geld erhalten würde, und schickte sich zur Überfahrt an. Vorher aber verlobte er sich mit Miß Read, der Tochter seines Hauswirts, welche ihm in Philadelphia zuerst begegnet war, als er mit den drei Broten durch die Straße zog.

Am 24. Dezember des Jahres 1724 langte Franklin, 18 Jahre alt, in der weltberühmten Hauptstadt des britischen Reiches an. Seine jugendlich frische, vertrauende Seele war voll von den besten Hoffnungen, aber diese sollten alle getäuscht werden. Die Anweisungen des menschenfreundlichen Gouverneurs waren keinen Heller wert, und der junge Franklin sah sich nun hilflos in einem fremden, viele hundert Meilen von der Heimat entfernten Land. Ein anderer, minder mit Mut und Gottvertrauen erfüllter Jüngling würde in einer so traurigen Lage vielleicht untergegangen sein; nicht aber unser Benjamin. Obgleich ihn die leichtsinnige Täuschung des Gouverneurs, den er bisher für seinen besten Freund gehalten hatte, bitterlich betrübte, so raffte er sich doch bald wieder aus der Versunkenheit seines Schmerzes auf und suchte Beistand im Gebet zu Gott, dessen Vaterhand er vertrauensvoll die Leitung seiner ferneren Schicksale überließ. Mit müßigem Hinträumen wollte er nicht seine Zeit verschwenden; er machte sich auf und ging von einer Druckerei Londons in die andere, um irgendwo eine Beschäftigung zu finden, durch die er sein Leben fristen konnte.

5.

Wer da redlich sucht, der findet, und wer da anklopft, dem wird aufgethan. Nach manchen vergeblichen Anfragen fand unser Held endlich eine Anstellung, wodurch sein Lebensunterhalt gesichert wurde. Doch war ihm noch manche Prüfung vorbehalten. Es herrschte nämlich damals — vielleicht auch noch jetzt — in den Buchdruckereien Londons der Gebrauch, daß jeder neu ankommende Gehilfe den alten Gehilfen eine kleine Summe Geldes bezahlen mußte, die vertrunken wurde. Franklin, in seinem lebhaften Rechtsgefühl, hielt diesen Gebrauch nicht ohne Grund für eine Prellerei und weigerte sich entschieden, als er dazu aufgefordert wurde, die verlangte Summe

zu zahlen. Seine Weigerung wurde natürlich mit großem Mißfallen auf=
genommen, aber Benjamin kümmerte sich nicht um den Zorn seiner Genossen,
weil er wußte, das Rechte gethan zu haben, und weil er glaubte, mit der
Zeit würde sich die Verstimmung schon legen.

Hierin aber irrte der sonst so kluge Jüngling. Seine Kameraden blie=
ben ihm feind, obwohl Franklin immer freundlich, gefällig und versöhnlich
sich zeigte. Sie spielten ihm manchen Possen, warfen in seiner Abwesenheit
die Lettern seines Setzkastens bunt durcheinander, zerbrachen die Kolumnen,
die er bereits gesetzt hatte, und schadeten ihm auf alle Weise. Franklin trug
alles mit unermüdlicher Geduld, machte niemand einen Vorwurf, führte auch
niemals Klage gegen seinen Herrn und besserte ruhig den Schaden wieder
aus, den ihm die Mutwilligen gemacht hatten. Da aber das unangenehme
Wesen kein Ende nehmen wollte, entschloß er sich doch endlich den Beitrag
zu zahlen. Er machte übrigens seinen Kollegen bemerklich, daß dieser Tribut
ganz unrechtmäßig sei, und daß er ihn nur gezwungen entrichte. Die Drucker
nahmen seine freimütigen Äußerungen nicht übel, und endlich gelang es der
überwiegenden Geisteskraft Franklins, einen bedeutenden Einfluß auf seine
Kameraden zu gewinnen.

So ärgerte ihn unter anderem das viele Biertrinken der Leute, und er
gab sich die größte Mühe, sie von diesem Fehler abzubringen. Er selbst
hatte sich von Jugend auf an die strengste Mäßigkeit gewöhnt, genoß kein
anderes Getränk, als Wasser, und keine andere Speise, als Brot, Gemüse
und wenig Fleisch. Diese strenge und mäßige Lebensweise erhielt ihn heiter
und gesund, und er hatte dabei noch den Vorteil, Geld zu sparen, welches
er zu nützlichen Zwecken, besonders zur Anschaffung von Büchern, verwenden
konnte. Dies stellte er seinen Kameraden vor, bewies ihnen, daß sie durch
den übertriebenen Biergenuß sich eher schwächten als stärkten, und brachte
wirklich einige dahin, daß sie dem jungen Mäßigkeitsprediger Gehör gaben.
Niemand stand sich dabei besser als die Mäßigen selber, die mit Erstaunen
bemerkten, daß ihre Kräfte frischer wurden und zunahmen, außerdem aber
noch die Erfahrung machten, daß auch ihr Geldbeutel an Kräften zunahm.
Besonders dieser letztere Umstand erregte allgemeine Zufriedenheit und trug
nicht wenig dazu bei, die Achtung vor dem jungen Franklin zu erhöhen.

6.

Der unausgesetzte Fleiß und die streng geregelte sittlich=fromme Lebens=
weise Benjamins hatten ihm einen Freund erworben, Namens Denham (spr.
Dennem), welcher ihm endlich den Vorschlag machte, in seiner Gesellschaft
nach Amerika zurückzukehren und dort ein Handelsgeschäft anzulegen. Den=
ham, ein sehr wohlhabender Mann, wollte die Geldmittel hergeben, und
Franklin sollte den Geschäftsführer machen und dafür einen ansehnlichen Ge=
halt beziehen. Franklin zeigte sich nach reiflicher Überlegung bereit, in die
Vorschläge seines Gönners einzuwilligen, und verließ mit ihm England, wo
er etwa 18 Monate zugebracht und seine Kenntnisse bedeutend vermehrt hatte.
Glücklich kam er am 11. Oktober 1726 in Philadelphia an. Aber sobald

er wieder den Fuß auf heimischen Boden setzte, schien sein Glücksstern zu verschwinden.

Die erste unangenehme und sehr betrübende Nachricht, die er empfing, bestand darin, daß seine Braut, Miß Read, ihm untreu geworden war und sich mit einem andern Manne verheiratet hatte. Sie glaubte, Franklin würde sie in den Zerstreuungen Londons vergessen haben. Ein anderer nicht minder unangenehmer Umstand war, daß William Keith, der Gouverneur, seine Stelle niedergelegt hatte und nun halb ängstlich, halb stolz Franklins Umgang mied. Benjamin hatte ihm aber seine Täuschung längst verziehen und hätte gern mit ihm sich dann und wann unterhalten.

Der härteste Unfall traf jedoch Franklin kurz darauf, nachdem er in Verbindung mit Herrn Denham das Handlungsgeschäft eingerichtet und mit seiner gewohnten unermüdlichen Thätigkeit in Gang gebracht hatte. Er sowohl wie Herr Denham wurden von einer gefährlichen Krankheit darniedergeworfen, und des letzteren Zustand verschlimmerte sich so, daß er den Geist aufgeben mußte. Franklin mit seiner durch äußerste Mäßigkeit gestählten Natur erholte sich zwar wieder, sah sich aber wiederum in die hilfloseste Lage versetzt, da mit Denhams Tode auch das beiderseitige Geschäft aufhörte.

Um sich den notdürftigsten Unterhalt zu verschaffen, trat Franklin abermals in die Dienste des Buchdruckers Keimer, dessen Geschäft in den letzten Jahren durch die Unfähigkeit seines Besitzers sehr herabgekommen war. Mit Franklins Eintritt kam auch wieder ein neuer Geist in das Geschäft, und der junge Mann war ehrlich genug, allen Vorteil davon seinem Herrn zu überlassen. So lange Keimer sah, daß er von Franklin noch lernen konnte, war er die Freundlichkeit selbst; sobald er aber merkte, daß er nun auch ohne dessen Hilfe fertig werden konnte, wurde er kalt und barsch, und Franklin sah wohl, daß der Mann es darauf anlegte, ihn wieder los zu sein. Unter solchen Umständen war es ihm lieb, daß einer seiner Kollegen, Namens Meredith, ihm den Vorschlag machte, eine Druckerei in Philadelphia zu errichten.

7.

Meredith war nicht der Mann, wie Franklin ihn liebte, denn er war dem Trunke ergeben und unordentlich. Doch um von Keimer fort zu kommen, ging er einen Vertrag mit Meredith ein, nach welchem dieser die nötigen Werkzeuge bezahlen, Franklin aber die Leitung des Geschäftes übernehmen sollte. Das Geschäft wurde eingerichtet, Franklin griff mit seiner Energie ein und fand bald volle Arbeit. Aber Meredith trieb sich indessen in den Schenken und Kneipen umher und wurde oft völlig betrunken nach Haus gebracht. Alle Vorstellungen seines braven Genossen fruchteten nichts; die Ausschweifungen Merediths schadeten selbst dem guten Rufe Franklins. Dieser hatte eine Gesellschaft gestiftet, die Junta genannt, die sich wöchentlich an bestimmten Tagen versammelte und aus lauter geistreichen und sittlich guten Menschen bestand. Von diesen waren viele Franklins Freunde geworden, welche jetzt das drückende Verhältnis, unter welchem Benjamin seufzte, wohl durchschauten. Sie gingen zu ihm und erboten sich, ihm die nötigen Gelder vorzustrecken unter der Bedingung, daß er sich von seinem Kompagnon lossagte. Franklin war von diesem Anerbieten tief gerührt und dankte seinen Freunden mit Thränen in den Augen. Aber — er wies es zurück und gab damit einen Beweis seiner trefflichen, ehrenwerten Ge= sinnungen.

„Liebe Freunde," sagte er, „obgleich ich sehr gut weiß, daß Merediths Betragen ein Hindernis für den Aufschwung meines Geschäftes ist, so darf ich ihn doch nicht fortschicken, weil er es ist, dem ich meine jetzige unab= hängige Stellung verdanke. Nur im Vertrauen auf meine Geschicklichkeit und Ehrlichkeit gab er das Geld zur Errichtung der Buchdruckerei her, denn ich besaß nichts als eben nur meine Kenntnisse. Soll ich Meredith nun ent= fernen, nachdem er mir ein so großes Vertrauen geschenkt hat? Lieber will ich meinen Fleiß verdoppeln, als undankbar handeln gegen einen Mann, der sich als Freund mir anvertraut hat."

Die Freunde lobten Franklins edle Gesinnungen, erklärten ihm aber auch, daß er sich selber ins Verderben stürzen würde, indem Merediths Vater die eingegangenen Verbindlichkeiten nicht lösen und die ausgestellten Wechsel nicht bezahlen könne. Auf des Vaters Kredit war allerdings das ganze Geschäft gegründet, und darum mußte es jetzt fallen; das sah Franklin wohl ein. Nach einiger Überlegung erklärte er sich bereit, das Geld von seinen Freunden anzunehmen, wenn Meredith ihm selber erklären würde, daß sein Vater nicht bezahlen könne. Am selbigen Abend noch fragte er seinen Kompagnon um die Sache, und dieser war ehrlich genug, einzugestehen, daß Benjamins Freunde nicht unrecht hätten. Freiwillig machte er Franklin den Vorschlag, die Druckerei auf eigene Rechnung zu übernehmen, und Franklin ging nun mit Freuden auf die Trennung ein. Die Freunde gaben ihm das versprochene Geld, und er war nun sein eigener Herr.

Jetzt hob sich die Druckerei schnell. Eine Zeitung, die er schon früher herausgegeben hatte, fand immer größeren Absatz, immer weitere Verbrei= tung; er legte neben seiner Druckerei noch einen kleinen Buchhandel an, und durch seine Rechtlichkeit, seinen Fleiß und seine unermüdete Thätigkeit erwarb er sich die Liebe und das Vertrauen aller seiner Mitbürger. Im Jahre 1730 verheiratete er sich mit seiner vormaligen Braut, deren Mann, mit Schulden beladen, sie heimlich verlassen hatte und in Westindien gestorben war, und Franklin führte mit ihr die glücklichste Ehe. Alles war Heiter= keit und Sonnenschein um ihn her, und vielleicht fühlte er sich nie wieder so glücklich, obschon er später ein viel berühmterer Mann wurde, als jetzt, wo er sein bescheidenes Glück mit inniger Zufriedenheit genoß.

8.

Franklin war nun 23 Jahre alt geworden, und wie reich waren be= reits seine Erfahrungen! Er ließ aber in seiner angestrengten Thätigkeit nichts nach und arbeitete nicht bloß fleißig in seinem Geschäft, sondern auch an der Veredelung seines inneren Menschen. Nur ein tugendhafter Mensch — das war sein Wahlspruch — kann wahrhaft glücklich sein! Um in dem

Streben nach Vollkommenheit nicht zu erkalten, entwarf er sich eine Tabelle, auf welcher die Haupttugenden geschrieben standen, in denen er sich üben wollte. Diese waren folgende: Mäßigkeit, Schweigsamkeit, Ordnung und Reinlichkeit, Entschlossenheit, Sparsamkeit, Fleiß, Aufrichtigkeit, Demut, Menschenliebe. Um es in allen diesen Tugenden zur Fertigkeit zu bringen, nahm sie Franklin einzeln vor und übte sich eine Zeit lang bloß in dieser einen, bemerkte dann mit Strichen, wenn er dagegen gesündigt hatte, und strebte mit allem Fleiß danach, immer weniger Striche zu bekommen. Wie groß war seine Freude, wenn er binnen mehreren Wochen in einer Rubrik gar keinen Strich fand!

Im Jahre 1732 gab Franklin, um auf die sittliche Besserung seiner Landsleute zu wirken, zum ersten Mal einen Kalender heraus, den er „Almanach des armen Richard" benannte. Er fand wie die Zeitung die beste Aufnahme, denn die besten Lehren und Ratschläge waren darin in der einfachsten, leichtesten Sprache vorgetragen. Der unerwartete Erfolg seiner Schriften erhöhte sehr die Geldeinnahme ihres Verfassers, der nun imstande war, auch noch einen Papierhandel anzufangen. Die Freistunden, die Franklin erübrigte, benutzte er zur Erlernung fremder Sprachen. Nacheinander lernte er für sich allein das Französische, Italienische, Spanische und Lateinische. Welch ein rastloser Fleiß!

Zehn Jahre hatte Franklin so gelebt, da sehnte er sich danach, einmal seine Verwandten zu sehen. So machte er sich denn auf die Reise nach Boston, besuchte unterwegs seinen Bruder und ehemaligen Lehrherrn James, der sich in New-Port niedergelassen hatte, und vergalt diesem mit Gutem, was jener früher Übeles an ihm gethan. Denn als der Bruder bald darauf starb, nahm er dessen ältesten Sohn zu sich, gab ihm eine treffliche Erziehung und bildete ihn zu einem geschickten Buchdrucker, der das väterliche Geschäft mit Glück und Einsicht fortsetzte.

Im Jahre 1736 ehrten die Bürger Philadelphias den wackeren Mitbürger Franklin dadurch, daß sie ihn zum Sekretär der General-Versammlung ernannten, und das Jahr darauf bekam er die einträgliche Stelle eines Postmeisters zu Philadelphia. Diese Stellung benutzte Franklin nach Kräften, um alte Mißbräuche abzuschaffen und bessere Einrichtungen zu treffen. Kein Gebiet des Lebens blieb ihm fremd, sein großes Genie umfaßte das Höchste wie das Kleinste. Auch die Wissenschaft ward durch ihn bereichert. Franklin hatte schon länger über die Natur des Gewitters nachgedacht und kam im Jahre 1749 auf die Vermutung, daß der Blitz nichts anderes als ein elektrischer Funke sein möchte. Er stellte einen Versuch an, indem er einen fliegenden Drachen anfertigte (aus Seidenzeug) und diesen bei einem Gewitter steigen ließ. An dem langen Stabe des Drachen hatte er eine eiserne Spitze angebracht; ein Bindfaden aus Hanf reichte bis zu seiner Hand und war an die eiserne Spitze gebunden. Damit aber die elektrischen Funken nicht in die Hand fahren möchten, knüpfte er noch eine seidene Schnur an den Bindfaden und hing an das Ende des letzteren einen Schlüssel. In diesem Schlüssel mußten sich nun die von der Spitze des Drachens aufgefangenen elektrischen Funken anhäufen, weil Seide, so lange sie trocken ist, die elektrische Materie nicht leitet. Sobald das Gewitter heranzog, eilte Franklin mit seinem Sohne auf das Feld; der Drache stieg, und eine Donner= wolke ging über ihm hin. Bald fingen die Fasern des Bindfadens an, sich auseinander zu sträuben, Franklin näherte einen Fingerknöchel dem Schlüssel, und siehe! ein Funken sprang ihm entgegen. Der Regen kam jetzt häufiger, und immer stärker wurden die Funken, weil die nasse Schnur besser leitete. Er wiederholte den Versuch öfter und sammelte die Blitzmaterie in Flaschen, wo sich denn zeigte, daß sie gerade so wirkte, wie die elektrische. Der Ver= such war zur Gewißheit geworden.

Dieses glückliche Experiment leitete Franklin auf die Blitzableiter, und im Jahre 1761 hatte er schon die Freude, wie ein mit einem solchen Ab= leiter versehenes Haus in Philadelphia vom Blitz ohne Schaden getroffen wurde. Immer auf Fortschritte der geistigen Bildung bedacht, strebte er danach, zu Philadelphia eine hohe Schule zu begründen. Auf seine Ver= anlassung gingen Listen zur Unterzeichnung bei allen Bürgern um, und die Folge war, daß eine Summe von 50 000 Pfund Sterling zusammenkam, mit welcher die Universität, das jetzt noch blühende und gesegnete Denkmal von Franklins Bemühungen, gegründet wurde. Als der brave Mann zum Stadtrat und Mitglied der Abgeordneten in die Volksversammlung gewählt wurde, stiftete er eine Freistätte für das gebrechliche Alter und arme Kranke. Dann brachte er es dahin, daß die Straßen in Philadelphia gepflastert wurden, und so hatte jedes Jahr von einer rühmlichen That Franklins zu erzählen.

War schon jetzt der Ruf des vortrefflichen Mannes von Amerika nach Europa gedrungen, so ward Franklin ein wahrhaft gefeierter Mann, als die nordamerikanische Revolution ausbrach. England, als der Mutterstaat, hatte bis 1769 seine nordamerikanischen Kolonieen friedlich besessen und friedlich regiert. Da fiel es dem englischen Ministerium ein, allerlei drückende Ab= gaben von den Nordamerikanern zu erheben, ohne diesen die gleichen Rechte zu bewilligen wie den Engländern. Nun weigerten sich die amerikanischen Städte, englische Waren zu kaufen. Darüber kam es zum Kriege zwischen dem Mutterlande und seinen Kolonieen, in welchem diese den Sieg errangen und sich für frei und selbständig erklärten. Die Männer aber, die am meisten zum glücklichen Ausgange dieses Kampfes beitrugen, waren Franklin und Washington, dieser als Krieger, jener als Staatsmann.

9.

Noch vor dem Ausbruche der Revolution ging Franklin als Gesandter nach England und suchte die Regierung milder zu stimmen. Er hielt noch eine Aussöhnung für möglich. Freilich hatte schon im Jahre 1759 der hell= blickende Lord Crambdon zu Franklin bei dessen Anwesenheit in London ge= sagt: „Trotz allem, was ihr Amerikaner von eurer Treue sprecht, trotz eurer so oft gerühmten Liebe zu England weiß ich doch, daß ihr die Bande, die euch mit jenem verknüpfen, einst abschütteln und das Banner der Unab=

hängigkeit erheben werdet!" „Kein solcher Gedanke" — antwortete Franklin — „existiert und wird je in die Köpfe der Amerikaner kommen, es sei denn, daß ihr uns schmählich behandelt." Der Zeitpunkt, wo die englische Regierung durch ihre eigensinnige unkluge Strenge die Widersetzlichkeit der Kolonieen hervorrief und sie antrieb, für ihre Freiheit alles zu wagen, war näher, als Franklin damals selber glaubte. Im Jahre 1767 ließ sich der englische Finanzminister Townshand (Taunshend) vom Parlament einen Einfuhrzoll von Thee, Papier, Glas und Farben für Amerika bewilligen, d. h. die Kaufleute, welche diese Waren nach den Kolonieen fuhren, mußten dafür einen Zoll entrichten, welcher in die Regierungskasse floß. Da nun die Amerikaner durch Handelsgesetze gezwungen waren, diese englischen Waren, die nun im Preise stiegen, zu kaufen, so war ihnen damit eine Steuer auferlegt, zu welcher sie keine Zustimmung gegeben hatten, und es reifte im Volke der Entschluß, sich solcher Willkür nicht zu fügen. Als dann die englische Regierung die Statthalter und Richter, welche bisher überwiegend vom Volke gewählt waren, von sich allein abhängig zu machen suchte, um den Amerikanern einen Zügel anzulegen, ward der Unwille allgemein. Hutchinson (Hötschinsen), der Statthalter von Massachusetts, hatte Briefe an hochgestellte Engländer geschrieben, worin er riet, die Widersetzlichkeit der Amerikaner mit Gewalt zu unterdrücken und mehr Soldaten in die Kolonieen zu schicken. Diese Briefe kamen in die Hände Franklins, der sie alsbald seinen Landsleuten bekannt gab. Nun reichten die Vertreter der Kolonie dem Könige Georg III. eine Bittschrift ein, worin sie um Absetzung Hutchinsons baten. Sobald Franklin diese Schrift überreicht hatte, ward er vor den geheimen Rat des Königs geladen und vom Oberstaatsanwalt heftig angefahren, als sei er — Franklin — an all den Unruhen schuld. Seine ruhige, würdevolle Haltung machte zwar auf alle Unparteiische den günstigsten Eindruck, doch der Rat des Königs erklärte das Gesuch der Kolonie für grundlos und aufreizend, es wurde zurückgewiesen und Franklin zugleich seiner Stelle als Oberpostmeister entsetzt.

Zwar hatte Lord North, ein gewandter, aber kurzsichtiger Staatsmann, erster Minister seit 1770, die meisten Einfuhrzölle wieder aufgehoben (denn auch die englischen Kaufleute waren darob erzürnt) und nur den Einfuhrzoll auf Thee festgehalten. Die Amerikaner beschlossen, von den Engländern gar keinen Thee zu kaufen. Da begünstigte Lord North (1773) die ostindische Kompanie, welche allein das Recht hatte, Thee aus England auszuführen, mit Aufhebung des Ausfuhrzolles, so daß der Thee nun wieder billiger zu haben war. Die Amerikaner wollten aber auch den geringen Eingangszoll nicht bezahlen, weil sie jede ohne Bewilligung des Volkes erlassene Steuer verabscheuten. Als im Dezember des Jahres 1773 drei mit Thee beladene Schiffe in den Hafen von Boston einliefen, widersetzte sich das Volk der Löschung, und als sie der Statthalter befahl, überfielen 17 als Indianer verkleidete Bostoner Bürger die Schiffe und warfen die ganze Theeladung ins Meer.

Als die Botschaft von der in Boston verübten Gewaltthat nach London gelangte, ward (März 1774) vom Parlament die Boston=Hafen=Bill erlassen, wonach der Hafen von Boston so lange gesperrt bleiben sollte, bis die Stadt zum Gehorsam zurückgekehrt sei, und die Verfassung von Massachusetts auf= gehoben, alle Gewalt in die Hände des Statthalters gelegt wurde. An Hut= chinsons Stelle ward ein Soldat, General Gage (Gahsch), zum Statthalter ernannt und diesem vier Regimenter Truppen auf Kriegsschiffen übersandt.

Gage löste die Abgeordnetenversammlung von Boston auf. Diese Maß= regel hatte aber zur Folge, daß nun alle Kolonieen Bevollmächtigte zu einem Nationalkongreß sandten, der im September 1774 in Philadelphia zusammen= trat, und von welchem jene denkwürdigen Schriftstücke veröffentlicht wurden, deren wir schon im Leben Washingtons gedacht haben.

In der an den König gerichteten Bittschrift sprach der Kongreß es offen aus, daß die Amerikaner nur unter der Bedingung Unterthanen der eng= lischen Krone bleiben könnten und wollten, wenn ihnen alle die Rechte der Selbstbesteuerung und Selbstverwaltung, deren sich England erfreute, be= willigt würden.

Franklin hatte noch immer in London ausgehalten. Er überreichte die Bittschrift des Nationalkongresses dem Könige, gab dem freisinnigen Lord Chatam=Pitt (spr. Tschätäm=Pitt) gute Ratschläge über die besten Mittel, die aufgeregten Kolonieen wieder zu beschwichtigen, und hatte auch die großen Redner des Unterhauses, Fox und Burke, auf seiner Seite. Chatams Ver= söhnungs=Bill ward aber vom Parlamente verworfen, und der König be= harrte auf seinem Sinn.

So blieb denn der Krieg unvermeidlich, und Franklin reiste — drei Wochen vor dem ersten blutigen Zusammentreffen der Engländer und Ameri= kaner bei Lexington*) — aus London ab mit dem Entschluß, nun seinen Landsleuten zum beharrlichen Widerstande gegen eine Regierung, von der sie nichts mehr zu hoffen hatten, zu raten und zu helfen. Das Volk von Penn= sylvanien wählte ihn zum Abgeordneten für den zweiten Kongreß (Mai 1775), in welchem Washington zum Oberfeldherrn des Unionsheeres ernannt wurde. Alle Mitglieder des Kongresses gelobten feierlich, mit Gut und Blut für die Erringung der Freiheit einstehen zu wollen.

Der Krieg begann zwar nicht glücklich für die im Waffenhandwerk un= geübten, an militärischen Gehorsam nicht gewöhnten Amerikaner, doch Wa= shington operierte so gut, daß die in Boston belagerten englischen Truppen die Stadt räumten (17. März 1776). Das gab den Amerikanern frischen Mut, und im Juli desselben Jahres erklärten die dreizehn vereinigten Staaten ihre Unabhängigkeit vom Mutterstaate. Franklin aber wurde, mit unbeschränkter Vollmacht versehen, nach Paris gesandt, um ein Bündnis mit Frankreich zu gewinnen, denn die junge Republik erkannte wohl, daß ohne Unterstützung eines Alliierten der Kampf gegen das mächtige England schwer durchzuführen sei.

Der französische Hof zeigte sich anfangs wenig geneigt, einen Krieg mit

---

*) Siehe oben bei Washington S. 291.

England anzufangen, obwohl er die Vorteile, welche für Frankreich aus einem Handelsverkehr mit der unabhängigen amerikanischen Republik sich ergeben würden, wohl erkannte und die Aussicht, das mächtige britische Reich zu schwächen, viel Lockendes hatte. Ein Sieg aber, den die Bundestruppen über den englischen General Bourgoyne bei Saratoga im Sommer 1777 erfochten, brachte das von Franklin geschickt und beharrlich angebahnte Angriffs- und Verteidigungsbündnis im Februar 1778 zustande.

Keine Persönlichkeit konnte für den Gesandtenposten in der französischen Hauptstadt passender sein, als Franklin. Er war, als er Ende 1776 nach Paris abreiste, 70 Jahre alt, eine ganz einfache, aber Ehrfurcht gebietende Erscheinung, jünglingskräftig trotz der weißen Haare, die in langen Locken, ungepudert und ohne Perücke ihm auf die Schulter wallten. Ohne Ordenssterne, im schlichten Bürgerrocke besuchte er zu Fuß die Prinzen und Minister in ihren Palästen; die Träume Rousseaus von der noch unverdorbenen Natur des Menschen, die auf Freiheit und Gleichheit gerichteten politischen Ideen des Philosophen schienen sich in Franklin zu verwirklichen; bei den Physikern genoß er schon lange hohe Achtung. So behandelten ihn die französischen Gelehrten mit höchster Ehrerbietung, und das französische Volk blickte mit Begeisterung auf einen Mann, der in seinem Gegensatz zum höfischen Prunk ihm um so lieber war.

Durch das Bündnis mit Frankreich gewannen die Vereinigten Staaten eine Kriegsflotte, welche die Operationen des Landheeres unterstützen konnte; sie erhielten Geld und Hilfstruppen. Die Kräfte Englands aber wurden um so mehr zersplittert, als auch Spanien (1779) und Holland (1780) an England den Krieg erklärten. Zwar brachte die englische Seemacht ihren europäischen Feinden empfindliche Verluste bei — sie vernichtete die spanische Flotte, that den Holländern Abbruch, nahm den Franzosen ihre Besitzungen in Ostindien; — aber der Krieg mit den Amerikanern zog sich in die Länge, und als im Oktober 1781 der allzu kühne englische General Cornwallis zu Yorktown von Washington eingeschlossen wurde und sich mit 6000 Mann ergeben mußte: da brachte die Oppositionspartei im englischen Parlamente den Sturz des Ministeriums North zustande, und das neue Ministerium war für den Frieden. Zu Anfang des Jahres 1783 wurden zu Paris die Friedensverhandlungen eröffnet und zu Versailles am 3. September definitiv geschlossen. Der edle Franklin hatte die Genugthuung, diesen ruhmvollen Friedensvertrag im Namen seines Vaterlandes zu unterzeichnen, in welchem die dreizehn vereinigten Staaten als unabhängige Republik von England (das auch die Kriegskosten zahlte) anerkannt und überdies noch alles Land westwärts gegen den Mississippi ihnen zugesprochen wurde.

So bewährte sich das witzige Lob des Franzosen d'Alembert über Franklin:

Eripuit coelo fulmen, sceptrumque tyrannis!

Er entriß dem Himmel den Blitz, den Tyrannen das Scepter!

Rastlos thätig für das Beste seines Vaterlandes, begnügte sich aber Franklin mit diesen großen und schönen Erfolgen keineswegs, sondern schloß auch noch, um den Handel Nordamerikas in Flor zu bringen, Handelsverträge mit

Schweden und Preußen ab, welche den jugendlich aufblühenden Freistaaten bedeutende Vorteile sicherten.

Im Jahre 1785 kehrte er endlich in sein Vaterland zurück und begrüßte nach neunjähriger Abwesenheit sein teures Philadelphia wieder. Bei seiner Ankunft wurde er von dem lauten Jubel einer versammelten Volksmenge empfangen und mit Jauchzen und Freudengeschrei in seine Wohnung geleitet. In seiner Familie befand sich zu seiner großen Freude alles wohl. Bald nach seiner Rückkehr wurde er zum Mitglied des obersten Staatsrats und dann zum Präsidenten von Pennsylvanien erwählt, welche Stelle er drei Jahre lang ruhmvoll verwaltete.

Franklin war ein Kämpfer für die Freiheit, ein Feind aller Sklaverei. In diesem Kampfe ruhte und rastete er nicht, selbst als die Gicht ihn heimsuchte und auf das Krankenlager warf. Inmitten seiner Krankheit schrieb er noch immer Artikel an das Haus der Abgeordneten der Vereinigten Staaten, in welchen er dasselbe aufforderte, mit aller Macht dahin zu wirken, daß der schändliche Sklavenhandel ein Ende nehme. Doch diese Schrift war auch sein Schwanengesang; seine Krankheit nahm zu, und er litt an den qualvollsten Schmerzen. Aber sein Geist blieb heiter, sein Glaube unerschüttert. Auf seinem Sterbebette dankte er Gott für alle seine Gnade, ja selbst für die Schmerzen, die er als ein Mittel betrachtete, das Gemüt für ein höheres Leben vorzubereiten.

„Ich habe" — sagte er zu einem Freunde, dem Bischof Shipley — „ein langes Leben gelebt und während dieses Lebens einen großen Teil von dieser Welt gesehen. Jetzt fühle ich eine wachsende Begierde, auch eine andere Welt kennen zu lernen, und überlasse freudig und mit kindlichem Vertrauen meine Seele dem großen und guten Vater der Menschheit, der mich erschuf und von meiner Geburt an so gnädig beschützt und gesegnet hat."

In solchem Glauben erwartete Franklin seinen Tod, der am 17. April des Jahres 1790 erfolgte. Das ganze Volk beweinte sein Abscheiden, alle Einwohner von Philadelphia folgten seinem Sarge, alle Glocken läuteten. Ein einfaches Denkmal, eine schlichte Marmorplatte bezeichnet das Grab dessen, der schlicht und anspruchslos lebte und doch mehr gethan hat, als mancher gefeierte König und Fürst. Denn er war ein Bürger der Menschheit

---

III. Toussaint Louvertüre.*)

1.

Toussaint Louvertüre, jener arme Schwarze, der durch die Zeitverhältnisse und sein Genie sich zu einer wunderbaren Höhe emporschwang, wurde im Jahre 1745 als Sklave auf der Pflanzung des Grafen von Noé, nicht

*) Buch der Welt.

weit vom Kap François, im nördlichen Teile der Insel St. Domingo geboren. Er wuchs auf, wie alle übrigen Negerkinder, nämlich ohne allen
Unterricht und bloß in der Furcht vor dem Pflanzer erzogen, den das Schicksal ihm zum Herrn über Leben und Tod gegeben hatte. Als Jüngling bekam er die Herden seines Herrn zu hüten, und jetzt schon gab er sein Genie
zu erkennen durch Aufmerksamkeit auf Dinge, welche über das Fassungsver-
mögen der meisten seiner Stammesgenossen weit hinaus ragten. Ohne Anleitung, ohne Unterstützung von den gelehrten Weißen, einzig und allein von
seiner Wißbegierde, seinem brennenden Durste nach Kenntnissen getrieben,
lernte er mit Überwindung unendlicher Schwierigkeiten die Anfangsgründe
alles Wissens, — Lesen und Schreiben. Als ihm dies gelungen war, ruhte
er nicht, seinen Geist weiter auszubilden, und aus der Bibliothek des Herrn
von Libertas, des Aufsehers der Pflanzung, wußte er sich einige Bücher zu
verschaffen, die seine Kenntnisse bedeutend vermehrten und den Horizont seines
Geistes beträchtlich erweiterten. Das Wissen, welches er sich auf diese Weise
erwarb, verschaffte ihm nicht nur die Verwunderung und scheue Ehrfurcht
seiner Mitsklaven, sondern wendete ihm auch die Aufmerksamkeit des Inten-
danten Libertas zu, der, zum Glück für Toussaint, ein milder und menschen-
freundlich gesinnter Mann war. Er unterstützte Toussaint in seiner Bemühung, sich zu bilden, befreite ihn von den schweren Arbeiten des Landbaues und verbesserte seine äußere Lage sehr, indem er ihn zu seinem Kut-
scher machte. Das war ein großer Vorzug, welchen Toussaint vor den
übrigen Sklaven genoß, denn diese Stelle verschaffte ihm ein gutes Auskommen und mehr Gelegenheit, seinen Studien nachzuhängen.

Wie tief Toussaint die Gunst seines Gebieters gefühlt, und wie hoch er
die Vorteile zu schätzen gewußt hat, welche Herr von Libertas ihm zukommen
ließ, zeigte sich in späterer Zeit, als die Schwarzen den Kampf gegen die
Tyrannei der Weißen begannen. Anstatt seinen Herrn zu ermorden und
so die Pflicht der Dankbarkeit von sich abzuschütteln, wie es viele andere
Neger taten, trieb ihn sein dankbares Herz, nicht nur mit Gefahr seines
eigenen Lebens das des Herrn von Libertas zu retten, sondern er unterstützte
ihn auch später, als er zu einer fast königlichen Würde gelangt war, mit
freigebiger Großmut, um seine Zukunft sicher zu stellen und die letzten Tage
seines Lebens von aller Sorge zu befreien.

Unter andern Zügen, die man aus der früheren Periode von Toussaints
Leben auf St. Domingo zu erhalten bemüht gewesen ist, zeichnet sich seine
Liebe zu den Tieren und seine unerschöpfliche Geduld besonders aus. Von
dieser Liebe zu den vernunftlosen Geschöpfen erzählt man sich eine Menge
Beispiele, die sämtlich ein Herz voll Liebe und Güte verraten. Er wußte
sich der Klugheit des Pferdes so zu bedienen, daß er Wunder mit diesem
Tiere ausrichtete, ohne doch jemals von den grausamen Mitteln Gebrauch
zu machen, mit deren Hilfe man in Europa den Pferden Gelehrigkeit bei-
bringt. Oft sah man ihn, in Gedanken verloren, mitten unter den Tieren
seiner Herde, die sich wohl hüteten, sein Nachsinnen und Grübeln durch ihre
gewöhnliche Ungebärdigkeit zu unterbrechen. Oft führte er durch Blick und

Wink eine Art stummen Gespräches mit ihnen, und die Tiere schienen ihren
Hüter vollkommen zu verstehen. Alle kannten ihn und gaben ihm, so oft
er unter ihnen erschien, ihre Liebe auf die deutlichste Weise zu erkennen. Er
widmete ihnen aber auch die äußerste Sorgfalt. Wenn ein Tier von einem
Unfall betroffen war, so eilte er ihm mit der ängstlichsten Teilnahme zu
Hilfe und ruhte nicht eher, bis dem Schaden abgeholfen war. Das einzige,
was seine unendliche Langmut stören und ihn in Zorn versetzen konnte, war
eine Mißhandlung der ihm anvertrauten Geschöpfe. Wenn er sah, daß die
Sklaven für eine Züchtigung, die sie von ihrem Gebieter erhalten hatten, sich
an dem harmlosen und unschuldigen Vieh zu rächen suchten — was leider
nur zu häufig geschah — dann schwoll sein Herz vor Grimm, und dann
konnte er wohl selber auf den Grausamen losschlagen. Übrigens war seine
Geduld und Langmut so sehr zum Sprichwort geworden, daß die jüngeren
und mutwilligen Sklaven der Pflanzung sich oft ein Vergnügen daraus mach=
ten, mit allerlei dummen Späßen Toussaint zu necken und aufzubringen, was
ihnen jedoch selten gelang. Toussaint war so sehr Herr seiner Leidenschaften,
daß er auf die albernen Neckereien nur durch ein sanftes Lächeln antwortete.
Immer war er zur Versöhnung und Duldung bereit, und oft, wenn Herr
von Libertas die Schuldigen bestrafen lassen wollte, legte er sich ins Mittel
und bat um Verzeihung für die Armen, die ja nur in ihrer Unwissenheit
thöricht und unwissend handelten.

2.

In seinem 25. Jahre verheiratete sich Toussaint mit einer Frau, deren
Charakter so vortrefflich zu dem seinigen paßte, daß er die glücklichste Ehe
mit ihr führte. Sie schenkte ihm mehrere Kinder, und nie erfuhr man, daß
ihre Verbindung durch Unfrieden oder Zänkereien gestört worden wäre.
Herr von Libertas vermehrte jetzt noch die Wohlthaten, welche er schon
immer seinem Schützlinge gespendet hatte, und Toussaint wurde in eine so
behagliche Lage gesetzt, daß er immer mehr Muße fand, seine früher erwor=
benen Kenntnisse noch zu vermehren. Durch die Bekanntschaft mit Priestern
und andern kenntnisreichen Männern wurden ihm neue Quellen des Unter=
richts eröffnet, und er begann sich lebhaft und anhaltend mit Werken zu
beschäftigen, die schon eine ziemliche Bildung des Geistes voraussetzten. Der
Schriftsteller, welcher am geschwindesten seine Neigung zu gewinnen wußte,
war der Abbé Raynal, dessen philosophische und historische Schriften er mit
besonderer Vorliebe studierte. Wochenlang dachte er über manche Stelle nach,
und nie trennte er sich von dem Buche ohne den Vorsatz, bald wieder zu
demselben zurückzukehren. Eine französische Übersetzung des Epiktet, in
dessen Schicksal er wohl manche Ähnlichkeit mit dem seinigen finden mochte,
machte ihn eine Zeit lang zum Anhänger der Lehre dieses Philosophen, und
oft pflegte er die bekannte Anekdote, welche man von diesem vormaligen
Sklaven des Römers Epaphroditus erzählt, zu wiederholen. Dieser Römer,
ein Freigelassener des Kaisers Nero, war ein übermütiger Mensch und behan=
delte den armen Epiktet oft auf die grausamste Weise. Doch treu den Lehren

der Stoiker, welche sich in allem der Gelassenheit befleißigten, ertrug auch Epiktet alle Mißhandlungen seines Herrn mit Geduld. Einst schlug ihn dieser mit Heftigkeit auf den Schenkel. „Du wirst mir das Bein zerschmettern," sagte Epiktet gelassen. Sogleich verdoppelte jener die Schläge und zerschlug ihm wirklich das Bein. Epiktet blieb ruhig und sagte bei dieser Rohheit nichts als die Worte: „Habe ich dir es nicht vorausgesagt? Nun hast du selber den Schaden davon!"

Toussaint führte oft die Grundsätze und Lehren dieses Stoikers an und bemühte sich, ihm ähnlich zu werden, was ihm auch bei der großen Herrschaft über sich selbst sehr wohl gelang. Sein forschender Geist suchte indes nach Nahrung anderer Art, und in den alten Geschichtschreibern fand er gute Ausbeute. Besonders eifrig bemühte er sich mit Werken über Staats- und Kriegskunst, vielleicht nicht ohne die geheime Ahnung, daß solches Wissen seinem armen gedrückten Volke einst nützlich werden könnte. Seine kleine Bibliothek enthielt unter anderem folgende Werke, in denen er am fleißigsten studierte: Cäsars Kommentarien, ins Französische übersetzt, die Geschichte Alexanders des Großen und Cäsars, Herodots Geschichte der Kriege Griechenlands mit Persien, die Werke des Plutarch und Kornelius Nepos. Das Studium dieser Werke bildete nicht bloß seinen Geist, sondern wirkte auch vorteilhaft auf sein äußeres Benehmen; zu der Reinheit seiner Sitten gesellte er auch einnehmende Anmut.

Auf solche Weise arbeitete sich dieser Mann aus dem Nichts empor und zerriß die dichten Schleier der Unwissenheit, welche bei seiner Geburt die Verhältnisse für immer über seinen Geist gebreitet zu haben schienen. Er glich der Frucht einer Eiche, welche, vom Winde planlos hingestreut, langsam zu einem mächtigen Baume emporwächst, dessen grüne Zweige sich schützend über das niedere Gesträuch ausbreiten, und die kein Sturm mehr zu knicken vermag.

3.

Zu der Zeit, als die Gärung in den Gemütern der unterdrückten farbigen Rasse immer höher stieg und ein blutiger, schreckenvoller Kampf bevorstand, wurde Toussaint, der mit Aufmerksamkeit dem Gange der Begebenheiten folgte, der Ratgeber und Führer seiner Mitsklaven, die sich demütig und achtungsvoll vor seinem höheren Geiste beugten. Gleichwohl vermied er es im Anfang, sich an die Spitze der mächtigen Bewegung zu stellen, und gebrauchte vor der Hand nur seinen Einfluß zur Rettung des Herrn von Libertas, dessen großer Güte er ja so viel zu verdanken hatte. Vermutlich wurde sein menschenfreundliches Gemüt durch die Zügellosigkeit empört, welche die befreiten Sklaven, nachdem sie ihre Ketten gebrochen, im Rausch der Freiheit an ihren vorigen Unterdrückern begingen. Toussaint wollte mit Raub, Mord, Brand und Plünderung nichts gemein haben. Mit seinem klaren Geiste sah er voraus, daß von einer Revolution weit eher in der Zukunft, als in der Gegenwart Gutes zu hoffen wäre; darum verhielt er sich eine Zeitlang ganz ruhig, den rechten Zeitpunkt erwartend, wo er, aus der Verborgenheit hervortretend, die Zügel des Geschickes in seine kräftige Hand nehmen könne.

Der erste Anführer der Schwarzen, der sich übrigens nur durch un=
erhörte Verbrechen auszeichnete, war ein Neger, Namens Boukmann. Dieser
Tiger, an der Spitze einer Bande von Räubern stehend, die in unzugäng=
lichen Gebirgen Schutz und Sicherheit fand, pflegte unversehens bei finsterer
Nacht hervorzubrechen, um die Pflanzungen zu plündern und nicht nur die
Weißen, sondern auch die Schwarzen ohne Unterschied zu morden. Als der
Aufstand der Schwarzen jedoch einen immer ernsteren Charakter annahm
und sich immer weiter über die Insel ausdehnte, entschloß sich Toussaint,
seiner Unthätigkeit ein Ende zu machen, und begab sich zu dem Heerhaufen
eines mutvollen Anführers, des Negers Biassou, der ihm die nächste Stelle
im Kommando erteilte. Auf sein Zureden beschloß Biassou, dem Wüten des
grausamen, erbarmungslosen Schlächters Boukmann ein Ende zu machen.
Er drang in dessen Schlupfwinkel vor und hatte auf den Rat Toussaints
seine Anstalten so gut getroffen, daß dem Bösewicht kaum Zeit zum Ent=
rinnen blieb, während seine Räuberbande zum größten Teil niedergemetzelt
und gefangen genommen wurde. Kurze Zeit nachher wurde Boukmann mit
dem Überreste seiner Genossen in der Nähe des Kap François geschlagen
und getötet. Er hatte sich bei den Weißen so verhaßt gemacht, daß sein
Kopf auf eine Pike gesteckt und öffentlich auf dem Marktplatze der Kapstadt
aufgepflanzt wurde, mit der Aufschrift: „Kopf Boukmanns, des Anführers
der Rebellen."

Biassou wurde jetzt einstimmig von den Schwarzen zum Oberhaupt des
Heeres ausgerufen, welches sich bald auf die Zahl von 60 000 Mann belief,
die er in der nördlichen Ebene von Hayti zusammengezogen hatte. Doch
führte er den Oberbefehl nicht lange. Obgleich er unbezweifelte Talente be=
saß, so machte ihn doch sein Charakter für den hohen Posten, welchen er
bekleidete, völlig unbrauchbar. Er wurde bald nicht minder grausam und
blutdürstig, als Boukmann, und dieser Grausamkeit wegen beraubte man
ihn seiner Gewalt, die er auf schändliche Weise mißbrauchte. Kein anderer
Neger war aber mehr geeignet, den erledigten Platz auszufüllen, als Toussaint,
der sich durch seine Mäßigung, wie durch sein großes Genie vor allen her=
vorthat. Doch Toussaint entsagte freiwillig dem hohen Posten und überließ
diesen einem jungen stolzen Neger, Namens Jean François, der sich
durch einige glänzende Waffenthaten berühmt gemacht hatte und wegen seiner
Abkunft von einem afrikanischen Fürstenstamme einen großen Anhang unter
seinen Landsleuten besaß. Auf solche Weise vermied der kluge und gemäßigte
Toussaint einen innern Zwiespalt, welcher der Sache der Befreiung von den
Sklavenketten höchst verderblich hätte werden müssen. Jean François wußte
die Weisheit Toussaints bei seinen beschränkten Geisteskräften nur unvollkom=
men zu würdigen und übergab ihm das Kommando einer Abteilung der
Armee, welcher er die wichtigsten Unternehmungen anvertraute.

4.

Der Ruf der Freiheit, der um diese Zeit mächtig an den Ufern der
Seine erklang, drang bis zu den Inseln Westindiens und hallte besonders

wieder auf St. Domingo, oder, wie wir die Insel jetzt nennen, auf Haytí. Die Spanier wollten diese Insel den Franzosen abtrünnig machen und riefen die Neger unter ihre Fahnen. Toussaint riet ab, doch vergeblich; die Versprechungen, welche die Spanier machten, waren für die Schwarzen allzu lockend. Jean François wurde zum Ritter und spanischen Generallieutenant, Toussaint zum Obersten ernannt und nun der Krieg gegen die französischen Pflanzer mit erneuerter Grausamkeit fortgesetzt. Toussaint war ohne Zweifel der fähigste Kopf in der Negerarmee, aber auch der beste Mensch. Der spanische Marquis Hermona schätzte ihn so überhoch, daß er von ihm sagte: „Der Allmächtige selbst, wenn er vom Himmel auf die Erde niederstiege, könne kein besseres Herz im Busen tragen, als Toussaint."

Indessen sah dieser ein, daß in der Verbindung mit Spanien kein Heil für sein Volk zu erwarten sei. Die französische Republik hatte auch den Schwarzen völlige Freiheit und Gleichheit verheißen, und so ging Toussaint im Jahre 1794 mit einem Teil der Truppen nach Port de Paix, wo sich der Gouverneur von Haytí, General Laveaux, befand, dem er nun Treue gelobte. Sein Wort hat er auch redlich erfüllt, und der französische Obergeneral gewann ihn bald lieb und nannte ihn den Spartakus, welcher durch seine Tugend bestimmt sei, sein Volk zu erlösen. Der französische Konvent ernannte Toussaint zum Divisionsgeneral, und von neuem bewies er, dieser Würde wert zu sein.

General Laveaux hatte als Statthalter von Haytí eine schwierige Stellung. Im Jahre 1796 empörte sich die Kapstadt gegen ihn, und die Aufrührer nahmen ihn gefangen. Da eilte Toussaint, seit seiner Verbindung mit Frankreich Louvertüre genannt, herbei an der Spitze von 10 000 Mann Schwarzen, befreite den Gouverneur und setzte ihn wieder in sein Amt. Dafür wurde Toussaint Louvertüre zum Gouvernements-Lieutenant auf St. Domingo ernannt und nichts Wichtiges mehr unternommen ohne des klugen und weisen Toussaints Rat. Er führte mehrere Unternehmungen gegen die Engländer glücklich aus, und im Jahre 1797 ernannte ihn das französische Direktorium zum Obergeneral aller Truppen auf St. Domingo. Ein Glück für die Insel, denn die Untergenerale Dessalines und Christoph waren grausame Menschen, die nur mit Mühe vom Obergeneral in Zaum gehalten wurden. Um den Parteien auf der zerwühlten Insel ein Ende zu machen und selbst freiere Hand zu bekommen, schickte er die französischen Deputierten, die überall hineinreden wollten, nach Frankreich zurück, aber zum Beweis, daß er der Regierung keineswegs feindlich gesinnt sei, sandte er auch zwei seiner Söhne nach Paris, damit sie dort erzogen würden. Seine Knaben waren gewiß das beste Pfand für seine redliche Gesinnung, und wäre man ihm von Frankreich aus mit gleichem Vertrauen entgegengekommen, so würde er sich nimmer gegen die französische Obergewalt aufgelehnt haben. Das Direktorium aber, anstatt Toussaints edle Handlungsweise zu würdigen, schickte sogleich den General Hédouville als Kommissär nach Domingo, und dieser kam eben an, als Toussaint mit dem englischen General Maitland darüber verhandelte, daß die Engländer die Insel räumen sollten. Hédouville

proteſtierte und wollte die Verhandlung ſelber führen, aber Touſſaint ließ
ſich nicht ſtören und brachte den Vertrag glücklich zuſtande, demzufolge die
Engländer alle feſten Plätze der Inſel räumten. Nun gab Hédouville dem
Befehlshaber der Mulatten,*) General Rigaud, die Weiſung, dem Befehl
Touſſaints nicht mehr zu gehorchen. Der eingefleiſchte Haß der Mulatten
gegen die Neger entzündete einen neuen blutigen Krieg, der aber 1800 mit
dem Siege Touſſaints endigte. Der wackere Mann verfuhr menſchlich mit
ſeinen Feinden, ließ nur wenige ſeiner grauſamſten Feinde hinrichten, den
übrigen erteilte er Amneſtie (Strafloſigkeit), und die von Krieg und Plün=
derung ſchrecklich heimgeſuchten Bewohner der Inſel atmeten unter dem mil=
den Regimente des Oberbefehlshabers neu auf. Touſſaint verſtand meiſter=
lich auch die Künſte des Friedens, der Landbau kam bald durch ihn zur
Blüte, die Zucker= und Kaffeeernten wurden immer reichlicher, und die Be=
völkerung nahm ſchnell wieder zu.

Während er ſo das Regiment trefflich führte, ſchrieb er drei Briefe an
den erſten Konſul Napoleon Bonaparte, um ſeine Schritte vor der franzöſi=
ſchen Regierung zu rechtfertigen. Doch die Antwort Bonapartes ſtellte ihn
nicht zufrieden, denn man lobte zwar ſein bisheriges Benehmen, befahl ihm
aber zugleich, ſich den Befehlen des Generals Leclerc, den man abſenden
würde, zu fügen. Sollte Touſſaint, der allein der Inſel den Frieden ge=
ſchenkt und errungen hatte, jetzt freiwillig vom Schauplatze abtreten und die
Früchte ſeiner Thätigkeit andern überlaſſen? Keiner, das fühlte er, konnte die
oberſte Macht und Gewalt auf Hayti handhaben, wie er. Er ſah mit ſei=
nem durchdringenden Blicke vorher, welche neue Verwirrung entſtehen würde,
wenn er ſein Amt niederlegte, ſein Ehrgeiz war auch erregt, und ſo rüſtete
er ſich entſchloſſen zum Widerſtande.

Am 1. Februar 1802 erſchien die franzöſiſche Flotte vor dem Kap;
Touſſaint ließ dem General Leclerc ankündigen, daß er auf jede Weiſe die
Landung der franzöſiſchen Truppen verhindern würde. Leclerc erwiderte dem
Abgeſandten, daß, wenn ihm die Schlüſſel der Stadt nicht bis 8 Uhr abends
übergeben würden, er Touſſaint ſchon zum Gehorſam zwingen würde. Am
folgenden Tage begann der Angriff auf die Kapſtadt; die Neger aber ſteckten
ſie in Brand und zogen, nachdem ſie auf eine ſolche Weiſe einen Beweis
ihrer furchtbaren Entſchloſſenheit gegeben hatten, in beſter Ordnung ſich zurück.
Leclerc, um Touſſaint milder zu ſtimmen, ſchickte ihm ſeine Söhne zurück,
die er aus Frankreich mit herüber gebracht hatte, und verſprach ihm deren
völlige Freiheit, wenn er ſich ſeinen Beſchlüſſen fügen würde. Touſſaint aber,
immer groß in ſeinen Entſchlüſſen, achtete die Freiheit ſeines Volkes höher,
als die Befreiung ſeiner Söhne, und ſchickte ſie wieder an Leclerc zurück.

5.

Der Krieg begann; diesmal nicht mit dem Glücke, welches bis dahin
Touſſaint begünſtigt hatte. Er wurde am 17. Februar von Leclerc in die

---

*) Kinder eines Weißen und einer Negerin.

Acht erklärt und wenige Tage darauf von der französischen Armee geschlagen. Mit 500 Kriegern zog er sich in die Wälder zurück, sammelte die zersprengten Überreste seines Heeres, vereinigte sich mit dem General Christoph und entwarf den Plan, den ganzen Norden der Insel in Aufstand zu bringen. Aber alle seine Versuche schlugen fehl. Von allen Seiten gedrängt, mußte er noch den Schmerz erleben, daß seine eigenen Generale sich gegen ihn empörten. Jetzt begann er Unterhandlungen mit Leclerc, der ihm den Frieden bewilligte unter der Bedingung, daß er sich ruhig auf seine Güter zurückziehen würde. Toussaint that es und lebte ruhig im Schoße seiner Familie bis zu Anfang Juni 1802, wo er plötzlich von General Brunnet verhaftet und auf ein Schiff gebracht wurde, das mit ihm sogleich nach Frankreich absegelte. Wie man sagt, hatten seine treulosen Generale Dessalines und Christoph, die einen Umschwung der Dinge voraussahen und dann Toussaints Rache fürchten mochten, beschlossen, ihren Obergeneral zu verderben. Zu dem Ende hatten sie einen Brief geschrieben und diesen dem General Leclerc in die Hände gespielt, um Toussaint als mit verräterischen Plänen umgehend darzustellen. Möglich, daß Toussaint schuldig war; doch ohne weitere Untersuchung ward er gleich nach seiner Ankunft in Frankreich auf das Fort Joux bei Besançon abgeführt, wo er im Kerker am 5. April 1803 starb, ohne sein Vaterland und seine Familie wieder gesehen zu haben.

Die Folgen dieser schändlichen Handlungsweise zeigten sich bald, und es ging in Erfüllung, was Toussaint vorausgesehen hatte. Die Neger, über den Verrat ergrimmt, griffen wieder zu den Waffen, und abermals dampfte die Insel von vergossenem Blute. Die Franzosen, der klugen Leitung Toussaints entbehrend, vermochten sich nicht mehr zu halten und verloren die Insel für immer, nachdem sie an 20 000 Mann teils durch das Schwert, teils durch das gelbe Fieber verloren hatten. Der schwache Rest dieser erbärmlichen Armee mußte sich der Gnade der Engländer ergeben, und Dessalines, welcher nun die Zügel der Regierung ergriff, bezeichnete seine Erhebung durch ein allgemeines Morden der Weißen.

Wer sieht nicht in solchen Begebnissen deutlich die Hand des vergeltenden Gottes? Teuer büßte Frankreich den treulosen Verrat an dem Edelsten der Schwarzen, der allein die Oberherrschaft des Mutterlandes über die Insel hätte behaupten können.

Die äußere Gestalt Toussaints zeugte von Kraft und Männlichkeit, obgleich er nicht viel über Mittelgröße war. In seinen Zügen prägte sich trotz seiner natürlichen Häßlichkeit ein unverkennbarer Ausdruck von Kühnheit und Seelengröße aus, die seine Feinde schreckte, seinen Freunden aber Vertrauen einflößte. Sein Benehmen war leicht und zwanglos. Wenn ihn ein Niederer anredete, so lieh er ihm mit einer Aufmerksamkeit, die aller Herzen gewann, Gehör und zeigte eine freundliche Vertraulichkeit, ohne doch jemals seiner hohen Würde das geringste zu vergeben. Seine Uniform war eine Art blauer Jacke mit einem großen roten Kragen, der über die Schultern herabhing, mit roten Aufschlägen, acht Reihen goldener Litzen auf jedem Arme und einem Paar großer goldener Achselbänder, die nach hinten zu

geworfen waren. Außerdem trug er eine Weste, lange Beinkleider von Schar=
lach, Halbstiefeln und einen runden Hut mit roter Feder in der National=
kokarde, den er jedoch öfters mit einem Turban vertauschte. In allen körper=
lichen Übungen war er sehr geschickt, und er zeichnete sich besonders durch
eine unglaubliche Kühnheit und Fertigkeit im Reiten aus. Die wildesten
Pferde wußte er mit einer Leichtigkeit und Sicherheit zu bändigen, die das
Erstaunen der verwegensten Reiter erregte. Um die Ordnung auf seiner
Insel überall aufrecht zu erhalten, begab er sich oft in die entferntesten Pro=
vinzen und erschien plötzlich an Orten, wo man ihn gar nicht vermutet hatte.
Bei der Fähigkeit, alle Strapazen mit Leichtigkeit zu ertragen, reiste er mit
großer Schnelligkeit Tag und Nacht, so daß er oft zu gleicher Zeit an zwei
Orten zu sein schien. Das Ziel seiner Reisen wurde immer sehr geheim ge=
halten, da es seine Absicht war, zu überraschen und mit eigenen Augen
zu sehen, ob seinen guten Anordnungen auch überall gebührende Folge
geleistet werde.

Auf solche Weise, immer thätig und unermüdlich, regierte dieser edle
Mann, der sein segensreiches Leben fern von der Heimat in einem finstern
Kerker beschließen mußte. Man sagt, er sei an Gift gestorben. Wahrschein=
licher aber ist es, daß der Gram über die Trennung von seiner Familie und
allem, was ihm lieb und teuer war, sowie das rauhe, ungewohnte Klima
Europas seinen Tagen vor der Zeit ein Ende gemacht hat.

Achter Abschnitt.

Aufblühende Wissenschaft und Kunst des 18. Jahrhunderts.

I. Linné.

1.

Seit der Erfindung der Buchdruckerkunst war es dem einzelnen möglich geworden, seine Gedanken und Erfahrungen auch andern auf leichte Weise mitzuteilen, und der Drang dazu konnte in keiner Wissenschaft stärker sein, als in der Naturgeschichte, die den Menschen durch so viele rätselhafte Erscheinungen zum Nachdenken veranlaßt. Der Liebhaber der Natur ward zu unausgesetzten Beobachtungen getrieben, jeder Tag brachte ihm Neues und Anregendes in Wort und Wirklichkeit. Die Schiffahrt, welche die entferntesten Länder fremder Weltteile den Europäern aufschloß, unterstützte mächtig die Forscherlust. Jeder wollte unbekannte Naturkörper zur Kenntnis bringen, viele legten sich Sammlungen an und wandten sich an ihre Freunde in den überseeischen Ländern, um die Naturalienschätze zu vermehren.

Aber es war schwierig, all das Mannigfaltige aus den verschiedenen Naturreichen zu ordnen. Die Wissenschaft hatte damals noch keine Gattungen und Geschlechter in streng geschiedenen Reihen abgeteilt; man konnte damals noch nicht sagen: „dieser Schmetterling gehört zu den Tagfaltern und heißt **Citronenvogel**" 2c., man unterschied noch nicht den Kohl-Weißling vom Hecken-Weißling 2c., den scharfen Hahnenfuß (Ranunculus acris) von dem goldgelben (R. auricomus) 2c., sondern man mußte, um das einzelne zu bezeichnen, wie Rösel in seinen „Insektenbelustigungen" sagen: „Der hochcitronengelbe, oranienfarbene Tagpapilio mit breiten Flügeln 2c." Jedermann sieht ein, daß solche Bezeichnungen auch für eine geringe Anzahl von Geschöpfen schwer im Gedächtnisse zu behalten waren und zur Quelle vieler Mißverständnisse wurden, dabei jede bequeme Übersicht erschwerten. So erkaltete der Eifer für das Einsammeln der Naturkörper wieder, und die Wissenschaft kam nicht vorwärts. Da trat Linné auf und beschenkte die Welt mit dem erſten gelungenen Verſuche deſſen, was wir ein Syſtem nennen, d. h. mit einer geordneten Einteilung aller Tiere, Pflanzen und Mineralien.

Zur Bezeichnung eines ganzen Geſchlechtes diente dem wackern Natur= forſcher ein einziger Name, z. B. für das Katzengeſchlecht Felis; um nun die Gattung anzudeuten, erhielt dieſer noch einen Beinamen, z. B. die wilde Katze (felis catus), der Tiger (felis tigris). Linné wählte die lateiniſche Sprache, da ſie von den Gelehrten aller Nationen gekannt war und man ſich ſehr kurz darin ausdrücken konnte. „Die Freude" — ſagt Oken — „nach Linnés Syſtem die ganze Natur mit einem Blicke zu überſchauen und alles, was vorkommt, mit Leichtigkeit darin auffinden und benennen zu können, wirkte ſo mächtig, daß Hunderte von Menſchen, davon ergriffen, ſich in alle Weltteile zerſtreuten, allen Gefahren trotzten und ſelbſt das Leben aufopferten, um Naturalien zuſammenzubringen und ſie ihrem Lehrer zu ſchicken. Andere arbeiteten raſtlos zu Hauſe an der Unterſuchung und Be= ſchreibung der Tiere, welche nun aus aller Welt zuſammenſtrömten, oder die ſie in den Gärten, in den Flüſſen oder am Meere fanden."

2.

Karl von Linné wurde im Mai 1707 zu Rashult in der ſchwediſchen Provinz Smaland geboren. Sein Vater, ein Landpfarrer, war ein leiden= ſchaftlicher Botaniker, und ſo erhielt der kleine Linné frühzeitig Gelegenheit, die Pflanzenkunde zu üben. Der Vater hatte ſeinen Karl zum gleichen Stande beſtimmt und ſchickte ihn frühzeitig auf die Schule zu Wexiö. Aber die Art des damaligen Schulunterrichts ward dem lebhaften Knaben bald ſo zuwider, daß dieſer oft die Schule verſäumte und dafür im Freien umherlief, um Pflanzen zu ſuchen. So kam es, daß er in den gelehrten Sprachen merk= lich hinter ſeinen Mitſchülern zurückblieb. Die Lehrer erklärten daher ſeinem Vater, aus dem Jungen, der ganz ohne Fleiß und nur bemüht ſei, Kräuter und Schmetterlinge zu ſammeln, könne höchſtens ein Handwerker werden. Hierauf gab ihn der Vater zu einem Schuhmacher in die Lehre.

Indes hatte der Arzt Rothmann an dem jungen Linné ungewöhnliche Talente bemerkt; er ſtellte dem Vater vor, daß die Lehrer ſeines Sohnes die Fähigkeiten desſelben nicht gut beurteilt hätten, und riet der Mutter, ihr Gelübde zu halten und ihren Sohn Gott dadurch zu weihen, daß ſie ihm erlaube, ein Prieſter der Natur zu werden. Die Eltern folgten dem Rate des verſtändigen Arztes, und freudig verließ Linné ſeine Werkſtatt. Tüchtige Werke über Botanik waren damals ſelten, und Linné hätte auch kein Geld gehabt, ſie zu kaufen. Doch verſchaffte ihm ſein Gönner Rothmann Tourne= forts „Inſtitutionen", ein Werk, das er nun fleißig ſtudierte. Auch benützte er zwei Jahre lang die Bibliothek von Wexiö. Da ihm aber die Botanik keine Ausſicht auf Verſorgung bot, wählte er als Brotſtudium die Arznei= kunſt, für welche er ſich um ſo tüchtiger fühlte, als ſeine Kenntniſſe in der Pflanzenkunde ihm das Studium derſelben ſehr erleichterten. Er bezog die Univerſität zu Lund, und hier nahm ſich der Botaniker Stobäus des armen Studenten an, rettete ihm auch einſt das Leben, als er auf einer botaniſchen

Wanderung von der sogenannten Höllenfurie, einem in Schweden einheimischen giftigen Gewürme, gestochen worden war.

Linné hatte noch lange Zeit mit Armut und Dürftigkeit zu kämpfen;
doch führte ihm die gütige Vorsehung immer wieder einen Gönner zu. So
lernte ihn bei einem Besuche des botanischen Gartens zu Upsala der berühmte
Celsius kennen und mußte seine außerordentlichen Kenntnisse bewundern. Der
ehrwürdige Prälat zog ihn sogleich aus seiner hilflosen Lage. Celsius arbeitete
damals an seinem schätzbaren Werke über die biblischen Pflanzen; er bedurfte
eines Gehilfen, und er wählte den jungen Linné. Dieser unterzog sich mit
Freuden der ihm aufgetragenen Arbeit, und bei dieser Gelegenheit faßte er
zuerst den großen Gedanken zu einem neuen Lehrgebäude in der Botanik.
Vor der Hand schrieb er seine Gedanken in einem Aufsatze nieder, den er
dem Professor Rudbeck mitteilte. Dieser bewunderte die Neuheit und den
Scharfsinn der darin entwickelten Ideen und trug ihm auf, an seiner Stelle
die Pflanzen im botanischen Garten zu demonstrieren. Rudbeck hatte schon
40 Jahre vorher eine botanische Reise nach Lappland gemacht, deren Ergeb-
nisse die öffentliche Wißbegierde noch mehr reizten; es ward der Plan zu
einer neuen Reise in Anregung gebracht, und Celsius schlug den jungen Linné
dazu vor. Die litterarische Gesellschaft brachte eine Summe von 150 Mark
zusammen, und dieses wenige Geld hielt der Botaniker für hinreichend, eine
Reise von mehr als 800 deutschen Meilen zu machen. Im April 1732 trat
Linné diese höchst gefährliche und beschwerliche Reise an, ganz allein und
nur mit dem Unentbehrlichsten versehen, das er in einem Päckchen hinter
sich auf dem Pferde trug. In sechs Monaten vollbrachte er glücklich seine
Aufgabe und kehrte mit wichtigen Schätzen für die Naturwissenschaft, namentlich für die Botanik, zurück. Bald darauf ließ er die vollständige „Flora
von Lappland" drucken, welche ein Muster für alle ähnlichen Arbeiten wurde.
Ein Reichtum von neuen Entdeckungen, die genaueste und bündigste Beschreibung der Pflanzen war darin niedergelegt, und die Gewächse waren hier zum
ersten Male **nach der Zahl der Staubfäden und ihrem Verhältnis zum Pistill** geordnet.

3.

Noch hatte Linné keine akademische Würde erlangt, die ihn berechtigte,
Vorlesungen zu halten; auch fehlte es ihm an dem nötigen Gelde, sich den
Doktorgrad erteilen zu lassen. Daher nahm er den Vorschlag an, mit sieben
Jünglingen eine mineralogische Reise nach Lappland zu unternehmen. Nach
seiner Rückkehr hielt er zu Falun den Zöglingen des Bergwesens Vorlesungen
über Mineralogie und Hüttenwesen und hatte nun soviel erübrigt, daß er
im Jahre 1735 Doktor der Medizin werden und dann noch eine Reise ins
Ausland machen konnte. Er begab sich nach Holland in die berühmte Uni-
versitätsstadt Leyden, wo damals der große Arzt und Naturforscher Boer-
have wirkte. Dieser staunte über die Tiefe und den Umfang seiner Kennt-

nisse und schloß bald ein enges Freundschaftsbündnis mit ihm. In Leyden war es, wo Linné zuerst mit seinem genialen Natursystem in Tabellen hervortrat. Sein Name ward nun immer berühmter, und überall fand er Freunde und Gönner, durch deren Empfehlung er eine Stelle bei einem Beamten der ostindischen Handelsgesellschaft, dem reichen Clifford, erhielt, der ihn als Hausarzt und als Aufseher über einen herrlichen Garten in Hartecamp bei Harlem anstellte, wo er ungestört sich dem botanischen Studium überlassen konnte.

Im Jahre 1738 verließ Linné Holland, ging zuerst nach Paris, wo er Jussieu und andere berühmte Botaniker kennen lernte, und kam noch in demselben Jahre in Stockholm an. Anfangs kümmerte sich hier niemand um ihn, und notdürftig erwarb er sich durch Ausübung der Arzneikunde seinen Unterhalt. Als aber seine glückliche Behandlung der Brustschwäche bekannt wurde, nahm ihn die Königin Ulrika Eleonora an, und nun strömten ihm die vornehmsten und reichsten Kranken zu. Er ward Arzt bei der königlichen Admiralität und zugleich zum königlichen Botanikus ernannt. 1741 ward auf dem Reichstage beschlossen, Schweden in natur-historischer Hinsicht aufmerksamer, als bisher geschehen war, bereisen zu lassen, und Linné zum Anführer der Reisegesellschaft erwählt. Die Beschreibung dieser Reise gab er 1745 heraus. Aber trotz seiner glücklichen Lage in Stockholm sehnte er sich nach einer Stelle, in der er sich ausschließlich seiner Lieblingswissenschaft widmen konnte, und er fand diese endlich in Upsala, wo er 1742 zum Professor der Botanik ernannt wurde. Unermüdlich forschte und schrieb er nun, und der Glanz seines Namens strahlte über das ganze gebildete Europa. Die meisten Akademieen Europas ernannten ihn zu ihrem Mitgliede, und von vielen Seiten her wurden ihm die glänzendsten und vorteilhaftesten Anerbieten zur Vertauschung seiner Stelle gemacht. Er aber blieb seinem Vaterlande treu; dafür schenkte ihm der König Adolf Friedrich ein Landgut, verdoppelte sein jährliches Einkommen und erhob ihn in den Adelstand (1757). Im Schoße seiner Familie, umgeben von seinen Freunden und Kindern, führte er ein glückliches Leben bis 1774, wo er von einem Schlagflusse betroffen wurde, der mehrmals wiederkehrte und seiner thatenreichen Laufbahn am 10. Januar 1778 ein Ende machte.

Im Jahre 1819 wurde ihm auf Befehl der Regierung in seinem Geburtsorte ein Denkmal gesetzt; allein Linné hätte dessen nicht bedurft, um seinen Ruhm auf die Nachwelt zu bringen. Sein Name wird genannt, solange es eine Naturwissenschaft giebt.

II. Gellert.*)

1.

Wer kennt nicht die schönen Fabeln unsers Gellert, und wer hat sich nicht an den frommen Liedern dieses Dichters erbaut! Wenige Dichter haben soviel zur sittlichen Bildung des Volkes beigetragen, wenige sind auch vom Volke so geliebt und geehrt worden, als Gellert, der, ausgezeichnet als Dichter, noch ausgezeichneter als Mensch war durch den edelsten Charakter, durch den frömmsten, reinsten Lebenswandel!

Christian Fürchtegott Gellert wurde am 4. Juli des Jahres 1715 zu Haynichen, einer kleinen Stadt im sächsischen Erzgebirge, zwischen Freiberg und Chemnitz gelegen, geboren. Sein Vater war daselbst Prediger, konnte sich aber keiner großen Einnahme rühmen und mußte sich sehr einschränken, wenn er die dreizehn Kinder, mit welchen ihn der liebe Gott gesegnet hatte, ehrlich und redlich durch die Welt bringen wollte. Er sowohl wie seine Gattin, eine rechtschaffene, gute und liebenswürdige Frau, bemühten sich, den Kindern von Jugend auf einen frommen, tugendhaften Sinn einzuflößen. Die Schule des Ortes war freilich schlecht, aber unser Gellert war auch für das Wenige, das er dort lernte, seinen Lehrern dankbar und erzählte später manchmal mit Vergnügen, daß er schon in seinem achten Lebensjahre von einem seiner Präceptoren zu mancherlei kleinen Verrichtungen angehalten worden sei und sich dadurch eine Liebe zur Geschäftigkeit angeeignet habe, die ihn in seinem ganzen Leben nicht wieder verlassen habe.

Sobald der kleine Knabe sich einige Fertigkeit im Schreiben erworben hatte, hielt ihn sein Vater dazu an, die schmalen Einkünfte der Familie durch Abschreiben von Kaufbriefen, Dokumenten, gerichtlichen Akten und dergleichen zu vermehren. Der wackere Sohn gehorchte gern, denn er sah trotz seiner Jugend schon ein, daß zur Bestreitung der nötigen Ausgaben so ein kleiner Nebenverdienst willkommen, ja oft notwendig sei, und darum ging er, zur großen Freude des Vaters, immer frisch ans Werk und ermüdete nie.

Unter so ungünstigen Verhältnissen erreichte Gellert sein dreizehntes Jahr, ohne einen einzigen Versuch in der Dichtkunst gemacht zu haben. Still und tief ruhte die Knospe der Poesie in seinem Herzen, bis der Geburtstag des geliebten Vaters eine Veranlassung gab, daß die zarte Blüte zum ersten Mal ihre Hülle durchbrach, um die Familie mit ihrem Dufte zu erfreuen. Die Pfarrwohnung war ein wenig baufällig geworden, und um sie vor dem Einsturze zu bewahren, stützte man sie mit fünfzehn Balken. Vater Gellerts Kinder und Kindeskinder waren auch fünfzehn an der Zahl, und der junge Dichter nahm diesen Zufall als eine Veranlassung, die Nachkommen des Vaters als Stützen desselben in einem Gedichte zu schildern, das in der Familie viel Heiterkeit erregte und allgemeinen Beifall fand. Dem ersten Versuche folgten nun mehrere, und obwohl der kleine Poet keinen Unterricht

---

*) Fr. Hoffmann.

in seiner schwierigen Kunst empfing, verkündigte doch schon mancher gute Gedanke, manche glückliche Wendung, manche gelungene Schilderung, welch ein reicher Schatz von Poesie in seinem Innern ruhte.

Gellerts Vater wünschte, daß sein Sohn Christian Fürchtegott studieren möchte, und dieser Wunsch stimmte glücklicherweise mit dem des Knaben überein. Es gelang, ihm eine Stelle auf der Fürstenschule zu Meißen zu verschaffen, und Fürchtegott ging in seinem vierzehnten Jahre dahin ab, um sich für die Universität vorzubereiten.

Die Fürstenschule zu Meißen war im Jahre 1543 von dem Kurfürsten Moritz von Sachsen gestiftet und mit den Gütern aufgehobener Klöster so reich fundiert worden, daß mehrere hundert Knaben, größtenteils ganz unent= geltlich, darin unterhalten und unterrichtet werden konnten. Sie war, wie die Erziehungsanstalten zu Pforta und Grimma, eine Pflanzschule der Ge= lehrsamkeit, aus welcher viele tüchtige und gründlich gebildete Männer her= vorgingen. Aber dem jungen Gellert sagte der düstere Ernst und die strenge Aufsicht, welche in dieser Anstalt herrschten, nicht zu, und seine Lehrer scheinen es nicht verstanden zu haben, ihn für die alten klassischen Dichterwerke zu begeistern. So kam es, daß er sehr mittelmäßige, jetzt längst vergessene Ge= dichte von Günther, Neukirch und Hanke dem Dichtervater Homeros, dem Horaz und Vergil vorzog. Er suchte die deutschen Dichter nachzuahmen, womöglich sie zu übertreffen, und so übte er sich wacker in der Muttersprache, die zu jener Zeit noch ziemlich steif und unbeholfen war. Sehr vorteilhaft wirkte auf Gellert der Umgang mit Gärtner und Rabener, seinen Mitschülern, welche sich später, gleich ihm, als Schriftsteller auszeichneten. Diese drei Jünglinge schlossen auf der Fürstenschule einen Freundschaftsbund, der bis an das Ende ihrer Tage durch keine Mißhelligkeit gestört wurde.

Nach einem fünfjährigen Aufenthalte verließ Gellert die Schule zu Meißen mit den besten Zeugnissen und begab sich ins elterliche Haus zurück, um sich auf die Universität vorzubereiten. Mit der Zustimmung seines Vaters beschloß er, Theologie zu studieren, und im Jahre 1735 bezog er die Leipziger Hoch= schule. Hier benützte er seine Zeit eben so gewissenhaft wie zu Meißen; aber er begnügte sich nicht damit, sein Brotstudium zu treiben, sondern er be= suchte auch noch andere Hörsäle als die theologischen, um sich eine möglichst vielseitige Ausbildung zu verschaffen. Bald sah der junge Gellert ein, daß er in der Wahl seines Berufes einen Mißgriff gemacht hatte. Gellerts Körper war zart und schwach, seine Gesundheit schwankend, seine Brust nicht die beste. Anhaltendes Sprechen wurde ihm schwer, und bei langem Reden verließ ihn das Gedächtnis. Oft memorierte er acht Tage lang an einer Predigt und fühlte sich immer noch nicht sicher, und ein Vorfall aus seinen früheren Jahren machte ihn noch ängstlicher.

„In meinem fünfzehnten Jahre," so erzählt der Dichter selber, „legte ich die erste Probe meiner Beredsamkeit an meinem Geburtstage ab. Ein Bürger bat mich, Taufzeuge bei seinem Kinde zu sein, das wenige Tage nachher starb. Ich wollte ihm eine Leichenrede halten, obwohl mein Vater mir die Erlaubnis dazu ungern gab. Das Kind sollte zu Mittag begraben werden; früh um acht Uhr fing ich an, meine Parentation auszuarbeiten, ward spät fertig, verschwendete die übrige Zeit mit einer Grabschrift und behielt keine ganze Stunde zum Auswendiglernen. Ich ging indes beherzt in die Kirche, fing meine Rede sehr feierlich an und kam ungefähr bis auf die dritte Periode. Auf einmal verließ mich mein Gedächtnis, und der vermessene Redner stand in einer Betäubung da, von der er sich kaum erholen konnte. Endlich griff ich nach meinem Manuskripte, das aktenmäßig auf einen ganzen Bogen geschrieben war, wickelte es vor meinen ebenso erschrockenen Zuhörern langsam auseinander, las einige Zeit, legte es dann in meinen Hut und fuhr endlich noch ziemlich dreist wieder fort. Man glaubte, ich wäre vor Betrübnis von meinem Gedächtnis verlassen worden. Viel Gelindigkeit! Indes hat mich diese jugendliche Übereilung viel gekostet! Der Gedanke daran verfolgte mich in jeder Predigt, die ich nachher gehalten habe, und brachte mich zu einer Schüchternheit, die mich niemals ganz verlassen hat. Lerne aus meinem Beispiele vorsichtiger handeln, hitziger Jüngling!"

2.

Im Jahre 1739 hatte Gellert seine Studien auf der Universität beendigt und verließ Leipzig, wo er sich einen reichen, wohlgeordneten Schatz von Kenntnissen erworben hatte, um die Erziehung zweier junger Edelleute in der Nähe von Dresden zu übernehmen. Hierauf bereitete er den Sohn seiner Schwester zur Universität vor und begleitete ihn 1741 nach Leipzig, um dort seine Studien ferner zu leiten. Es traf sich glücklich, daß er bei seinem Aufenthalte in Leipzig mehrere junge Männer kennen lernte, die sehr anregend auf ihn einwirkten. Gellert schloß sich besonders an Klopstock, den Sänger der Messiade, an Zachariä, den Dichter des Renommisten und anderer komischer Heldengedichte, dann an Kramer, Ebert, Schlegel, vor allem aber an seinen Freund Rabener an, den er hier zu seiner großen Freude wiederfand. Die jungen, geistreichen, heiteren und witzigen Leute kamen öfters zusammen, studierten gemeinschaftlich die älteren und neueren Dichter, machten selber Versuche im Dichten und tauschten dann ihre Ansichten und Meinungen darüber aus. Keiner schmeichelte dem andern. Jeder sagte frei und streng sein Urteil, und das war bildend für alle.

Gellerts Freunde lieferten Beiträge zu einer Zeitschrift „Belustigungen des Verstandes und Witzes", die mit vieler Teilnahme gelesen wurde. Gellert wurde auch Mitarbeiter, zog es aber bald vor, selber eine andere und noch bessere Zeitschrift zu gründen, „die Bremischen Beiträge", für welche er Fabeln und kleine Erzählungen verfaßte, die großen Beifall fanden und immer größere Aufmerksamkeit erregten, denn sie waren so natürlich, anmutig und leicht, daß man sie gern auswendig lernte. Bei jedem neu erscheinenden Hefte der Bremischen Beiträge sah man zuerst darauf, ob auch Gellert wieder seine Leier darin habe ertönen lassen.

Im Jahre 1744 erwarb sich Gellert die Magisterwürde und trat im nächsten Jahre als öffentlicher Lehrer an der Akademie auf. Sein Vortrag war nicht sehr einladend, denn seine Stimme klang hohl, aber dennoch ström-

ten ihm die Zuhörer zu, denn er wußte so klar und faßlich über die Dicht=
kunst und die Gesetze des Schönen zu reden, daß jedermann es verstand und
zum Nachdenken angeregt wurde. Neben diesen Berufsgeschäften dichtete er
immer neue Fabeln und Erzählungen, welche im Jahre 1746 gedruckt wur=
den. Ein zweites Bändchen folgte im Jahre 1748 und wurde, wie das
erste, mit Begierde aufgenommen, gelesen und auswendig gelernt. Gellerts
Fabeln sind noch immer Lieblinge des deutschen Volkes und haben unendlich
segensreich gewirkt, besonders zur Bildung des Herzens und Geistes der
Jugend. Welch einen tiefen Eindruck sie machten und wie weit sie verbreitet
waren, kann man leicht daraus erkennen, daß eines Tages ein Bauer mit
einem Wagen voll Brennholz zu Gellert kam, ihn fragte, ob er der Herr
wäre, der so schöne Fabeln machen könne, und als der Dichter dies bejahte,
ihm die Ladung Holz als Zeichen seiner Dankbarkeit zum Geschenk machte.
„Die Fabeln haben mir und meinen Kindern so viel Vergnügen gemacht,"
sagte der Bauer, „daß es mich drängte, Ihnen eine kleine Freude zu be=
reiten." Der Beifall des einfachen Landmannes war Gellert noch viel er=
freulicher als die Lobeserhebungen seiner gebildeten Freunde. Der Ruf der
Fabeln durchdrang ganz Europa, und sie wurden rasch hintereinander ins
Englische, Französische, Dänische, Schwedische und Russische übersetzt. Mehrere
Auflagen folgten sich schnell und waren ebenso schnell wieder vergriffen.
Weniger Beifall fanden die Schauspiele und ein Roman, den Gellert unter
dem Titel „Die schwedische Gräfin" herausgab. Dafür erwarben sich die
„Briefe", welche der Dichter auf den Rat seines Freundes Rabener heraus=
gab, wieder großen Beifall. Die „Oden und Lieder", welche im Jahre 1756
erschienen, drangen wie die Fabeln in die Hütten und Paläste, wurden zum
Teil in die Gesangbücher aufgenommen und dienen noch heute zu christlicher
Erbauung.

Zwölf Jahre waren indes vergangen, seitdem Gellert den akademischen
Lehrstuhl bestiegen hatte, und aus lauter Bescheidenheit hatte er es versäumt,
um eine feste öffentliche Anstellung anzuhalten. Im Jahre 1751 ward ihm
jedoch ohne sein Zuthun die Stelle eines außerordentlichen Professors der
Philosophie angetragen, welche er nach einigem Weigern und Bedenken an=
nahm. Er las über Dichtkunst und Beredsamkeit, und seine Vorträge erfreuten
sich eines solchen Zudranges, daß er sie in dem größten Hörsaale des Uni=
versitätsgebäudes halten mußte. Die Achtung, in welcher der liebenswürdige
und bescheidene Mann stand, war unbegrenzt und hatte den besten Einfluß
auf die studierende Jugend. Man rang nach seinem Beifalle, seiner Achtung,
seinem Lobe. Um dies Ziel aber zu erreichen, mußte man sich eines fleißigen
und ordentlichen Lebens rühmen können, und die Folge war, daß die jungen
Studenten selbst auf ihre Sittlichkeit achteten und sich von Roheiten und
wüsten Gelagen fern hielten. Keiner gewann dabei mehr als sie selbst, aber
keiner empfand auch eine herzlichere Freude darüber, als unser liebenswür=
diger Gellert. Er sah, wie sein Beispiel wirkte und zur Nacheiferung an=
feuerte, und anderen sich nützlich zu machen, das war sein größter Lebensgenuß.

Aber während Gellerts Ruhm ganz Deutschland erfüllte, litt er mehr als je an seiner unüberwindlichen Kränklichkeit und sein Körper verfiel, während sein Gemüt oft sehr schwermütig und melancholisch war. Er entsagte der Dichtkunst ganz und gar und beschäftigte sich bloß mit der Moral (Sittenlehre), über die er Vorlesungen hielt. Um sich und andere im Tragen menschlicher Leiden zu stärken, schrieb er „Trostgründe wider ein siech es Leben", ein Buch, das viel gelesen wurde und vielen Trost gewährte, auch in mehrere fremde Sprachen übersetzt wurde. Im Vertrauen zur göttlichen Vorsehung blieb der fromme Gellert in allen Leiden geduldig und immer sanftmütig, trotz der vielen schlaflosen Nächte, der schrecklichen Träume, des körperlichen Ungemachs. An Freunden mangelte es dem edlen, vortrefflichen Mann nicht, und von fern und nah bezeigte man ihm die innigste Teilnahme.

Gellerts Haus wurde von Besuchern nie leer. Alle Welt wollte den berühmten und trotzdem so liebenswürdigen Mann kennen lernen, der so viel Erbauliches und Angenehmes zu schreiben wußte. Als, wie schon oben erwähnt, Gellerts geistliche Lieder erschienen (1756), hatte eben der siebenjährige Krieg begonnen. Da der König von Preußen Sachsen als erobertes Land betrachtete, so wurden alle Gehalte der Staatsdiener vermindert. Auch Gellerten wurden seine 100 Thaler entzogen. Das kränkte ihn nicht, wohl aber das allgemeine Elend, unter dem alle seufzten. Er gab den armen Studenten nach wie vor das Kollegium geldfrei, und begegnete er einem Armen, der seiner Hilfe bedurfte, so suchte er die letzten Thaler und Groschen zusammen, die er noch hatte. Dafür halfen ihm denn wieder angesehene und wohlhabende Leute aus seiner Geldverlegenheit.

3.

Im Winter des Jahres 1756 weilte auch Friedrich der Große in Leipzig. Friedrich liebte die Gelehrten, aber nicht die deutschen Gelehrten, weil er, von Jugend auf zur französischen Sprache angehalten, die französischen Schriftsteller lieb gewonnen hatte, wegen der Feinheit und Zierlichkeit ihrer Sprache und der Schärfe ihres Witzes. Die deutschen Autoren waren damals noch sehr schwerfällig, und die deutsche Sprache sollte erst den Gipfel ihrer Schönheit und Vollendung erreichen, während die französische diesen Punkt längst erreicht hatte. Von Gellert hatte aber der große König eine gute Meinung, und er wünschte den merkwürdigen Mann kennen zu lernen. Der 18. Dezember wurde für den Herrn Professor ein bedeutsamer Tag. Er saß um drei Uhr nachmittags in seinem Schlafrocke, mit einer weißen Mütze, unbarbiert und gar nicht wohl aufgelegt an seinem Pulte, als jemand an seine Thür pochte. „Herein!" — „Ich bin der Major Quintus Jzilius und freue mich, Sie kennen zu lernen. Se. Majestät der König verlangen, Sie zu sprechen, und haben mich hergeschickt, Sie zu ihm zu bringen." Gellert: „Herr Major, Sie müssen mir's ansehen, daß ich krank bin; es wird dem Könige mit einem kranken Manne, der nicht reden kann, nicht viel gedient sein." Major: „Es ist wahr, Sie sehen nicht wohl aus, ich werde Sie auch nicht nötigen, heute mitzugehen; aber das muß ich Ihnen sagen,

wenn Sie sich mit dieser Ausflucht ganz von dem Gange loszumachen ge=
denken, so irren Sie sich. Ich muß morgen wiederkommen, und wenn Sie
da nicht besser sind, übermorgen und das so fort, bis Sie mitgehen können.
Entschließen Sie sich also, ich lasse Ihnen noch eine Stunde Zeit. Um
vier Uhr will ich wieder anfragen, ob ich Sie heute oder ein anderes Mal
mitnehmen soll." Gellert: „Ja, das thun Sie, Herr Major! Ich will
sehen, wie ich mich alsdann befinde."

„Nun ist also der Major fort," erzählt Gellert selber in launiger
Weise, „und der Herr Professor, der zum Unglück seinen Herrn Gödicke nicht
zu Hause hat, schafft sich mit vielem Verdruß und großen Umständen einen
Barbier und eine Perücke, und ist um vier Uhr fertig. Quintus Izilius
kommt, und sie gehen nach dem Apelschen Hause. In dem Vorzimmer be=
finden sich etliche Personen, welche voller Freude sind, den Herrn Professor
kennen zu lernen. Jetzt aber geht die Thür zu Sr. Majestät Zimmer auf.
Sie treten ein und bleiben mit dem Könige die ganze Zeit über allein.
König. Ist Er der Professor Gellert? Gellert. Ja, Ihro Majestät!
K. Der englische Gesandte hat mir viel Gutes von Ihm gesagt. Wo ist Er
her? G. Von Haynichen bei Freiberg. K. Hat Er nicht noch einen Bru=
der in Freiberg? G. Ja, Ihro Majestät! K. Sage Er mir, warum wir
keinen guten deutschen Schriftsteller haben? Der Major. Ihre Majestät
sehen hier einen vor sich, den die Franzosen selbst übersetzt haben, und den
sie den deutschen Lafontaine nennen. K. Das ist viel. Hat Er den Lafon=
taine gelesen? G. Ja, Ihro Majestät, aber nicht nachgeahmt; ich bin ein
Original. K. Das ist also einer; aber warum haben wir nicht mehr gute
Autoren? G. Ihro Majestät sind einmal gegen die Deutschen eingenommen.
K. Nein, das kann ich nicht sagen. G. Wenigstens gegen die deutschen
Schriftsteller. K. Das ist wahr. Warum haben wir keine guten Geschicht=
schreiber? G. Es fehlt uns daran auch nicht. Wir haben einen Maskov,
einen Kramer, der den Bossuet fortgesetzt hat. K. Wie ist das möglich, daß
ein Deutscher den Bossuet fortgesetzt hat? G. Ja, ja, und glücklich. Einer
von Ihro Majestät gelehrtesten Professoren hat gesagt, daß er ihn mit eben
der Beredsamkeit und mit mehr historischer Richtigkeit fortgesetzt habe. K.
Hat's der Mann auch verstanden? G. Die Welt glaubt's. K. Aber warum
macht sich keiner an den Tacitus? Den sollte man übersetzen. G. Tacitus
ist schwer zu übersetzen, und wir haben auch schlechte französische Übersetzungen
von ihm. K. Da hat Er recht. — G. Und überhaupt lassen sich verschie=
dene Ursachen angeben, warum die Deutschen noch nicht in aller Art guter
Schriften sich hervorgethan haben. Da die Künste und Wissenschaften bei
den Griechen blühten, führten die Römer noch Kriege. Vielleicht ist jetzt
das kriegerische Säkulum der Deutschen; vielleicht hat es ihnen auch noch an
Augusten und Louis XIV. gefehlt. — K. Wie? Will Er denn einen
August in ganz Deutschland haben? G. Nicht eben das; ich wünsche nur,
daß ein jeder Herr in seinem Lande die guten Genies ermuntere.

So ging es noch eine Weile fort. Dann fragte der König: Kann Er
keine von Seinen Fabeln auswendig? G. Ich zweifle. Mein Gedächtnis

ift mir untreu. K. Befinne er fich, ich will unterdeffen herumgehen. — — —
Nun, hat Er eine? G. Ja, Ihro Majeftät, den M a l e r.

> Ein kluger Maler in Athen,
> Der minder, weil man ihn bezahlte,
> Als weil er Ehre fuchte, malte,
> Ließ einen Kenner einft den Mars im Bilde fehn
> Und bat fich feine Meinung aus.
> Der Kenner fagt ihm frei heraus,
> Daß ihm das Bild nicht ganz gefallen wollte,
> Und daß es, um recht fchön zu fein,
> Weit minder Kunft verraten follte.
> Der Maler wandte vieles ein;
> Der Kenner ftritt mit ihm aus Gründen
> Und konnt' ihn doch nicht überwinden.

> Gleich trat ein junger Geck herein
> Und nahm das Bild in Augenfchein.
> O! rief er bei dem erften Blicke,
> Ihr Götter, welch ein Meifterftücke!
> Ach, welcher Fuß! O wie gefchickt
> Sind nicht die Nägel ausgedrückt;
> Mars lebt durchaus in diefem Bilde.
> Wie viele Kunft, wie viele Pracht
> Ift in dem Helm und in dem Schilde
> Und in der Rüftung angebracht!

> Der Maler war befchämt, gerühret
> Und fah den Kenner kläglich an.
> Nun, fprach er, bin ich überführet,
> Ihr habt mir nicht zu viel gethan.
> Der junge Geck war kaum hinaus,
> So ftrich er feinen Kriegsgott aus.

K. Und die Moral? G. Gleich, Ihro Majeftät!

> Wenn deine Schrift dem Kenner nicht gefällt,
> So ift es fchon ein böfes Zeichen;
> Doch wenn fie erft des Narren Lob erhält,
> So ift es Zeit, fie auszuftreichen.

K. Das ift recht fchön. Er hat fo etwas Koulantes (Fließendes) in
Seinen Verfen. Das verftehe ich alles. Da hat mir aber Gottfched eine
Überfetzung der Iphigenie vorgelefen; ich habe das Franzöfifche dabei ge=
habt und kein Wort verftanden. Sie haben mir auch einen Poeten, den
P i e t f ch , gebracht, den habe ich weggeworfen. G. Ihro Majeftät, den
werfe ich auch weg. K. Nun, wenn ich hier bleibe, fo muß Er öfter
wiederkommen.

Als Gellert fort war, äußerte der König: „Das ift ein ganz anderer
Mann, als Gottfched. Gellert ift der vernünftigfte unter allen deutfchen Ge=
lehrten." Und in der That, würdiger, einfacher, fefter konnte niemand dem
großen Könige gegenüber auftreten, wie es Gellert in dem mitgeteilten Ge=

spräche gethan hat. Friedrich hat ihm auch den Rat gegeben, öfters zu reiten, und Prinz Heinrich von Preußen schenkte 1762 dem Professor ein Pferd, einen Schecken, geduldig wie ein Lamm, dasselbe Pferd, welches der Prinz in der Schlacht bei Freiberg geritten hatte. Nun sahen die Bewohner Leipzigs den lieben Gellert alle Tage einen Spazierritt machen, aber das Übel wurde doch nicht gehoben, und die Ärzte verordneten eine Kur in Karls= bad. Auch dieses Mittel schlug fehl, doch der Aufenthalt in dem Bade= städtchen war ihm lieb geworden durch manche interessante Bekanntschaft, namentlich des tapfern, aus dem siebenjährigen Kriege bekannten Generals Laudon. Gellert schrieb hierüber an eine Freundin:

„Eine meiner ersten und liebsten Bekanntschaften war der General Lau= don, ein Mann von einem besonderen Charakter und ernsthaft, bescheiden, halb traurig, wie ich, der wenig redete, fast wie ich, aber richtig und wahr redete, nichts von seinen Thaten, wenig vom Kriege sprach, der aufmerksam zuhörte und in seinem ganzen Betragen, in seiner Art sich zu kleiden, eben die gefällige Einfalt und Anständigkeit zeigte, die in seinen Reden herrschte. Er ist nicht groß von Person, aber wohl gewachsen; hager, aber weniger als ich, und hat nachsinnende, tief liegende, lichtgraue Augen, oder auch wohl bläuliche, fast wie ich. Er wurde nur nach und nach vertraulich gegen mich. „O,“ sagte er einmal zu mir, als er mich in der Allee fand, „ich käme oft gern zu Ihnen, aber ich fürchte mich, ich weiß nicht, ob Sie mich haben wollen.“ Ein andermal fing er an: „Sagen Sie mir nur, Herr Professor, wie es möglich ist, daß Sie so viele Bücher haben schreiben können und so viel Munteres und Scherzhaftes? Ich kann's gar nicht begreifen, wenn ich Sie so ansehe!“ — „Das will ich Ihnen wohl sagen,“ antwortete ich, „aber sagen Sie mir erst, Herr General, wie es möglich ist, daß Sie die Schlacht bei Kunnersdorf haben gewinnen und Schweidnitz in einer Nacht einnehmen können? Ich kann's gar nicht begreifen, wenn ich Sie so an= sehe!“ — Damals habe ich ihn das erste Mal lachen sehen; sonst lächelte er nur. Er hatte sich genau nach meinem Geschmacke erkundigt. Er bat mich nicht eher zu Tische, als wenn er allein war; er ließ mich von Herzen aus= reden und redete selbst so. Ich habe aus seinem Munde nichts als Gutes gehört und immer gemerkt, daß er religiös war. Ich mußte ihm eine kleine Bibliothek aufsetzen, denn das war seine Klage, daß er nicht studiert hätte, wiewohl sein natürlich scharfer Verstand und seine große Aufmerksamkeit auf alles, was ihn umgab, bei ihm den Mangel der Wissenschaften ersetzten. „Was geb' ich Ihnen denn, das Ihnen lieb ist?“ fing er einmal an, „ich möcht' es gern wissen.“ — „Herr General! Und wenn Sie mir die ganze Welt geben, das ist mir in meinen jetzigen Umständen gleichgültig.“ Wenn er im Vertrauen mit mir reden wollte, führte er mich in eine ein= same Allee, und niemand störte uns dann.“

Obgleich Gellerts Gesundheit immer schwankender wurde, setzte der fleißige Mann dennoch und immer mit dem größten Beifall seine Vorlesungen fort. Auch der junge Goethe war unter seinen Schülern. Er sprach zu den Studierenden, wie ein Vater zu seinen Kindern, und seine Worte prägten sich tief dem Herzen seiner Zuhörer ein. Allgemeine Trauer und Bekümmernis entstand, als Gellert immer hinfälliger wurde. Auch der Kurfürst nahm innigen Anteil an seinen Leiden und schickte seinen Leibarzt. Doch an Rettung war nicht mehr zu denken. Mit ruhigem und gefaßtem Mute besorgte der Kranke seine häuslichen Angelegenheiten, tröstete die Freunde, die weinend sein Bett umstanden, und erhob oft seine Hände zum Gebet. Aller abwesenden Freunde erinnerte er sich mit Rührung und Dankbarkeit. Als er das heilige Abendmahl in christlichem Glauben genossen hatte, fragte er seine Freunde, wie lang er wohl noch zu leben habe. Vielleicht noch eine Stunde; war die traurige Antwort. „Gottlob!" rief Gellert mit schwacher Stimme aus, — „nur noch eine Stunde!" Nach diesen Worten wendete er sich auf die Seite, schlief ein und entschlummerte ganz unmerklich zu einem besseren Leben. Sein Tod erfolgte am 13. Dezember 1769. Gellert war fünfundfünfzig Jahre alt, als er starb.

Ein stilles Trauern ging durch ganz Deutschland, als die Kunde von Gellerts Tode sich verbreitete. Schmerzlich wurde der Lieblingsdichter des deutschen Volkes beweint, und sein Andenken wurde geehrt wie das eines guten Fürsten.

III. Joseph Haydn.*)

I.

Joseph Haydn wurde am 31. März 1732 in dem Dorfe Rohrau, auf der Grenze von Ungarn und Österreich, geboren. An ihm ward offenbar, wie das Genie eine Gottesgabe ist, die nicht allein in den Palästen der Reichen und Großen einkehrt, sondern auch, und vielleicht am liebsten, aus der Hütte des Armen hervorgeht. Haydns Vater war ein armer Radmacher (Wagner), der ein wenig auf der Harfe klimpern konnte und sich aus seinem Spiel einen Sonntagsverdienst machte. Die Mutter sang dazu, und der fünfjährige Joseph stand neben seinen Eltern mit einem Brettchen, über welches er mit einer Gerte strich, als ob er Violine spielte. Einstmals traf sich's, daß ein benachbarter Schullehrer diese musikalische Scene mit ansah. Dieser erkannte aus dem Gebärdenspiel des Kleinen und aus seinem strengen Takthalten dessen Talent für die Musik und überredete die Eltern, ihm den Knaben mit nach Haimburg zu geben. Daselbst unterrichtete er ihn zwei Jahre lang, und der kleine Joseph machte bald die erstaunlichsten Fortschritte. Zufällig kam der kaiserliche Kapellmeister von Reuter zu dem Schullehrer nach Haimburg. Der letztere erzählte ihm von seinem talentvollen Schüler, den der Kapellmeister alsbald zu sehen verlangte. Reuter prüfte ihn und fand das Lob des Schulmeisters gegründet. „Geben Sie mir den Joseph mit nach Wien," sagte er; „wir wollen sehen, was aus ihm zu machen ist." Und so wurde denn Haydn in seinem achten Jahre

*) E. Ortlepp.

Chorknabe und mußte in der Stephanskirche zu Wien singen. Schon zwei Jahre darauf fing er an, sechzehnstimmige Kompositionen zu setzen. Mit Lächeln erzählte er später: „Ich glaubte, je schwärzer von Noten das Papier, desto schöner die Musik."

Doch in derselben Zeit verlor er seinen herrlichen Sopran und mit ihm seine Stelle als Chorknabe, wodurch er in eine verzweifelte Lage versetzt wurde. Eine Zeitlang wohnte er in einem Stübchen ohne Ofen und Fenster sechs Stock hoch, und als der Winter eintrat, mußte er einen Teil des Tages im Bette zubringen. Öfters schloß er sich den in den Straßen herumziehenden Musikanten an, um einen Zehrpfennig zu bekommen, dann erhielt er einige Privatschüler, die er im Klavierspiel unterrichtete, spielte auch wohl bald an diesem, bald an jenem Orchester mit und lernte dabei in aller Stille die Komposition. „An meinem von Würmern zernagten Klavier," sagte er, „beneide ich nicht das Glück der Könige!" Als ihm die sechs ersten Klaviersonaten von Phil. Em. Bach in die Hände fielen, stand er nicht eher vom Klavier auf, als bis er sie von Anfang bis zu Ende durchgespielt hatte. „Wer mich kennt," sagte er später, „der wird gefunden haben, daß ich dem Emanuel Bach viel verdanke, daß ich seinen Stil gefaßt und mit Sorgfalt studiert habe; er selbst machte mir vor Zeiten ein Kompliment darüber." O deutsche Jugend, die du Musik lernen willst, laß dir doch beide Bach, den Vater Sebastian und den Sohn Phil. Emanuel, angelegen sein, und spiele deutsche Sonaten anstatt der Walzer und Galoppaden!

2.

Nach einiger Zeit lernte Haydn ein Fräulein von Martinitz kennen; diese mußte er im Gesang und Klavierspiel unterrichten, und dafür erhielt er freie Wohnung und freien Tisch. Damals wohnten der größte Komponist und der berühmteste Operndichter in einem Hause beisammen, aber freilich in himmelweit verschiedenen Umständen. Der Komponist hieß Haydn, der Operndichter Metastasio. Dieser ziemlich mittelmäßige Poet hatte gute Tage, indes der arme Musiker im Winter nicht einmal sein Zimmer heizen konnte. Bei Metastasio lernte Haydn auch den Sänger Porpora kennen, der ihn zum Akkompanieren und Stiefelputzen brauchte. Als das Fräulein von Martinitz Wien verließ, geriet der arme Komponist wieder in die traurigste Lage. Endlich fand er Aufnahme in dem Hause eines Friseurs und heiratete dessen Tochter. Unerfahren, wie er war, erst 18 Jahre alt, mußte er nun von seiner Frau und seinem Schwiegervater die bittersten Kränkungen erleiden; diese Verbindung verbitterte ihm seine schönsten Lebenstage. Nachdem er zu dieser Zeit sein erstes Quartett (Komposition für vier Streichinstrumente) komponiert hatte und es den Kunstrichtern vorlegte, wollten diese es gar nicht loben. Indes ging er getrost seinen Weg fort, ohne viel nach den herkömmlichen Regeln zu fragen, denn er meinte, daß in der Musik nur das verboten sei, was ein feines Ohr beleidige. Bald darauf erhielt er eine Organistenstelle bei den Karmelitern in der Leopoldvorstadt; auch spielte er die Orgel in der Kapelle des Grafen von Haugwitz und sang in der

Stephanskirche. Abends durchzog er mit andern jungen Musikern die Straßen; dann wurden gewöhnlich Quartette gesungen, die von ihm selbst komponiert waren. Er setzte auch eine Oper, aber diese fand wenig Beifall und erlebte nur drei Aufführungen. Dabei studierte er immer fort und lernte besonders viel aus des berühmten Fux Gradus ad Parnassum. Dieses Werk lehrte ihn einen Satz in seine Glieder, wie einen Gedanken in die einzelnen Perioden und Sätze zerteilen und durch verschlungene Fäden wieder zu einem Ganzen verknüpfen.

Haydn war jetzt so berühmt geworden, daß ihn der Fürst Esterhazy zu seinem Kapellmeister ernannte. Befreit von den drückenden Sorgen des Lebens konnte er nun seinem Genius freien Lauf lassen. Mit allem Eifer warf er sich nun auf die Symphonie und leistete in diesem Gebiet noch nie Dagewesenes. Auch komponierte er nun den größten Teil seiner herrlichen Streichquartette. Als der Fürst Esterhazy den Entschluß gefaßt hatte, seine Kapelle zu verabschieden, schrieb Haydn die unter dem Namen „Haydns Abschied" bekannte Symphonie. Der Tag des Konzertes erschien; der Fürst war begierig, was ihm seine Kapelle zum letzten Mal vorspielen würde. Da sah er denn, wie gegen das Ende ein Musiker nach dem andern verstummte, sein Notenblatt zusammenrollte und sich aus dem Saale entfernte. Dies machte einen so tiefen Eindruck auf ihn, daß er die Kapelle beibehielt.

3.

Im Jahre 1785 komponierte Haydn sein schönes Oratorium: „Die sieben Worte des Erlösers am Kreuz", und diese großartige Musik wurde mit größtem Beifall in allen Kirchen aufgeführt. Im Jahre 1790 aber hörte die Kapelle doch auf, die Haydn fast dreißig Jahre hindurch geleitet hatte. Dies veranlaßte ihn, einem schon mehrmals an ihn ergangenen Rufe Folge zu leisten. Er reiste nach London ab, um dort zwölf musikalische Akademieen (wie man es nannte) zu geben. Er wurde glänzend aufgenommen; jede der Akademieen trug ihm 200 Pfund Sterling ein, und die Oxforder Universität beehrte ihn mit dem Doktordiplom. Nachdem er aus England zurückgekehrt, leitete er im Nationaltheater zu Wien die Akademieen zum Besten der Witwen und Waisen und brachte durch seine Symphonieen große Wirkungen hervor. Das Publikum fühlte, daß eine neue deutsche Musik geboren sei, wie sie keine andere Nation besaß. Im Jahre 1794 reiste Haydn abermals nach London, wo man ihm ein aus Miltons „verlorenes Paradies" entlehntes Oratorium, das die Schöpfungsgeschichte behandelte, vorlegte; er nahm die Dichtung mit nach Wien und zeigte sie dem kunstsinnigen Freiherrn van Swieten. Dieser ermunterte Haydn, das Gedicht zu komponieren, nachdem er die für zweckmäßig erachteten Abänderungen gemacht hatte. Nach drei Jahren war Haydn mit der Komposition des Oratoriums fertig, dessen Partitur eine Gesellschaft von zehn Gliedern des vornehmsten Wiener Adels für 700 Dukaten kaufte und am 18. Mai 1796 zum ersten Mal im Wiener Nationaltheater aufführen ließ. Die glänzende Einnahme von 4088 Gulden überließen sie ganz dem Komponisten. Der Erfolg übertraf alle Erwartungen. Bald vollendete „die Schöpfung" (so hieß das Oratorium) ihren Kreislauf durch alle Hauptstädte Europas, und Haydns Ruhm stieg auf den höchsten Gipfel. Von Paris aus erhielt er eine goldene Medaille; auch wurde dort in dem Konzert seine Büste in der Mitte des Orchesters aufgestellt und nach der Aufführung seiner neuen Symphonie unter dem Jubel der Anwesenden mit einem Lorbeerkranze gekrönt. Viele auswärtige Akademieen ernannten ihn zu ihrem Ehrenmitgliede.

4.

Zu dem folgenden Oratorium, den „Jahreszeiten", fand sich der herrlichste Stoff in Thomsons unsterblichem Werke gleichen Namens. Haydn las dasselbe mit tiefem, stillem Entzücken; begeistert davon eilte er zu jenem Dichter, der ihn ganz verstand, zu van Swieten, und bat ihn, es ihm möglichst musikalisch zu einem Oratorium einzurichten. Dieser that es mit Vergnügen, und kaum hatte Haydn das Gedicht, als er trotz seines Alters — er stand schon im 65. Lebensjahre — mit solchem Feuer an die Arbeit ging, daß er Tag und Nacht nicht vom Komponieren abließ. Er lieferte ein Werk, das eher einen Jüngling, als einen Greis vermuten ließ.

Einige Jahre vor seinem Tode wurde Haydn von der Dilettantengesellschaft zu Wien zu einer Aufführung seiner Schöpfung eingeladen. Der ausgezeichnete Empfang machte auf den durch die Last der Jahre gebeugten Greis einen tiefen Eindruck; noch gewaltiger aber erschütterte ihn sein eigenes Werk, und bei der alles ergreifenden Stelle: „Es werde Licht!" fühlte er sich dergestalt überwältigt von der Macht der Harmonieen, die er selbst geschaffen, daß ihm die Thränen über die Wangen rollten und er mit emporgehobenen Händen ausrief: „Nicht von mir, von dort kommt alles!" Er unterlag den ihn bestürmenden Gefühlen und mußte weggetragen werden. Kollin hat diese Scene durch ein schönes Gedicht verewigt. Sein Tod erfolgte am 31. Mai 1809, und sein Leichenbegängnis wurde trotz der in Wien damals herrschenden Unruhe feierlich begangen. Die von Menschen erfüllte Schottenkirche war schwarz ausgeschlagen, und der Namenszug Haydns war an den Säulen angebracht. Während der Messe wurde Mozarts Requiem aufgeführt. Haydns Leichnam ruht auf dem Gottesacker vor der Hundsturmer Linie in Wien. — Als seine besten Schüler pflegte er selbst Pleyel, Neukomm und Nessel zu rühmen. Beethoven hatte nur kurze Zeit bei ihm Unterricht und brach sich bald eine neue, ganz eigentümliche Bahn.

Es ist ein eigener Zufall, daß die größten Tonkünstler der Welt, Haydn, Mozart, Beethoven, in unmittelbar auf einander folgender Lebensperiode während fünfzig Jahren alle drei in Wien lebten und auf einander einwirkend die Kunst rasch bis auf den höchsten Gipfel führten. Im Januar 1814 ließ Neukomm aus Dankbarkeit gegen seinen Lehrer über dessen Grabstätte einen Leichenstein mit der goldenen Inschrift setzen:

„Non omnis moriar." (Ich werde nicht ganz sterben.)

5.

Haydns unerschöpfliches Genie hat sich in allen Gattungen der Musik hervorgethan; aber alle seine Werke, deren Zahl sich auf 1400 beläuft, atmen den Hauch der Schönheit und Anmut. Jedes seiner Stücke ist ein abgerundetes Ganze und trägt das Gepräge des Genius auf jeder Seite. Seine Symphonieen sind Meisterwerke voll Wahrheit und Natur; es paart sich in ihnen südlicher Wohllaut mit deutscher Kraft. Überall sprachen dem Künstler die Dinge zum Herzen und erweckten ihm Gedanken, die er musikalisch ausdrückte. Wollte er einen Gedanken zur musikalischen Darstellung bringen, so setzte er sich gewöhnlich erst an das Pianoforte und phantasierte so lange, bis der Gedanke zum Gefühl verdichtet wurde, oder sich zur geeigneten Tonform ausbildete. Wie ist in den Oratorien alles so tief und lebendig erfaßt und wiederum so einfach und klar dargestellt, daß jeder meint, so würde er es selber ausgedrückt haben! Ein Kritiker sagt schön von Haydns Kompositionen:

„Der Ausdruck eines heiteren kindlichen Gemüts herrscht in allen Werken Haydns. Seine Symphonieen führen uns in unabsehbare grüne Haine, in ein lustiges buntes Gewühl glücklicher Menschen; Jünglinge und Mädchen schweben in Reihentänzen an uns vorüber; lachende Kinder, hinter Bäumen und Rosenbüschen versteckt, werfen sich neckend mit Blumen. Es ist ein Leben voll Liebe und Seligkeit, wie vor der Sünde, in ewiger Jugend!"

Man hat sehr passend das Verhältnis von Haydn, Mozart und Beethoven also bezeichnet: Haydn erbaute ein schönes, liebliches Gartenhaus, Mozart schuf das Gebäude zu einem prächtigen Palaste um und Beethoven setzte einen hohen Turm darauf. — Heil aber dem Volk, das solche Komponisten sein nennen darf!

Neunter Abschnitt.

Revolutionen.

I. Karl I. und Cromwell.*)

1.

Als die Königin Elisabeth ohne Nachkommen starb, gelangte Jakob I., der Sohn der Maria Stuart, auf den Thron der vereinigten Königreiche England und Schottland. Obwohl protestantisch, war er doch den Katholiken willkommen, weil sie von dem Sohne der Maria Stuart manche Begünstigung erwarteten. Wir haben schon oben (vergl. S. 172) gesehen, wie sehr sie sich täuschten. Er verdarb es aber auch mit den Protestanten, und als er starb, nahm er den Haß und die Verachtung des ganzen Volkes mit ins Grab.

Sein Sohn Karl I. bestieg unter sehr mißlichen Verhältnissen den Thron (1625). Schon seine Jugend — er zählte erst 15 Jahre — war dem Volke ein Anstoß, und als er sich dem verhaßten Herzog von Bucking= ham, dem Günstling seines Vaters, in die Arme warf, murrte die ganze Nation. Dazu kam, daß er sich eine katholische Gemahlin, Henriette Maria (Heinrichs IV. von Frankreich Tochter), gewählt hatte, welche den refor= mierten Engländern als der leibhafte Antichrist erschien.

Der König erfuhr es bald, wie unglücklich ein Oberhaupt ohne die Achtung seiner Untergebenen ist. Er hatte von seinem unbesonnenen Vater einen Krieg mit Spanien geerbt, und seine Schwester, die Gemahlin des ver= triebenen Pfalzgrafen Friedrich in Deutschland, verlangte gleichfalls seine Hilfe. Um neue Steuern zusammen zu bringen, versammelte er ein Parla= ment, aber dieses verweigerte seine Bitte. Der König borgte das fehlende Geld, und Buckingham rüstete eine Flotte aus, die er selber nach Kadix führte. Aber er verlor den besten Teil seiner Mannschaft, und als er zurückkehrte, behandelte er dennoch das Parlament höchst übermütig. Dafür klagte man ihn nun des Hochverrates an. Karl, anstatt seinen unfähigen Minister zu

---

*) Nach K. F. Becker.

entlaſſen, nahm zwei Mitglieder des Unterhauſes,*) welche die Anklageakte unterzeichnet hatten, gefangen, aber als nun ſämtliche Abgeordnete ſich gegen ſolche Gewaltthätigkeit erhoben, ließ er die Gefangenen wieder frei.

Dennoch hörte der König nicht auf, Buckinghams ſchlechten Ratſchlägen zu folgen, und um das Parlament zu ſtrafen, ließ er es auseinandergehen, bewilligte, allen ſeinen proteſtantiſchen Unterthanen zum Trotz, den Katholiken volle Religionsfreiheit und ſchrieb Steuern aus, ohne das Parlament zu fragen. Mit dem erhaltenen Gelde rüſtete der ehrgeizige Buckingham abermals eine Flotte und ſegelte diesmal nach Frankreich, um den in la Rochelle belagerten Proteſtanten gegen Richelieu beizuſtehen. Doch unverrichteter Sache kam er wieder nach London zurück und der Schatz war leer.

Um wieder Steuern erheben zu können, mußte der König das Parlament abermals zuſammenberufen (1628). Es kam mit dem Entſchluß, die Rechte der Nation gegen alle Übergriffe der Krone zu verteidigen. Mit großer Freimütigkeit ſprachen jetzt die beherzten Männer über die Verletzung der bürgerlichen Freiheit und über die frevelhaften Anmaßungen des Miniſters. Der König, um nur ſeinen nächſten Zweck zu erreichen, gab ihnen recht und erhielt nun wirklich die Bewilligung einer anſehnlichen Steuer. Er war ſchwach genug, über dieſe Bereitwilligkeit Thränen zu vergießen, und verſprach nun feierlich, nichts Unbilliges mehr zu fordern. Aber die Abgeordneten trauten dem veränderlichen Könige nicht und legten ihre Forderungen ſchriftlich vor, in einer petition of rights (Rechtsgeſuch),**) in der ſie das Steuerbewilligungsrecht, Befreiung von willkürlichen Einquartierungen ꝛc. ſich wahrten. Der König fand ſich durch dieſe Petition ſehr beleidigt und erteilte eine unbeſtimmte Antwort. Zugleich erſchien um eben dieſe Zeit (auf des Königs Befehl, wie man nachher erfuhr) eine Predigt von einem angeſehenen Londoner Geiſtlichen im Druck, worin gelehrt ward, alles Eigentum der Unterthanen gehöre im Notfall dem Könige, und dieſer habe das Recht von Gott ſelbſt, ohne Zuziehung des Parlaments dem Volke beliebige Steuern aufzulegen. Für dieſe „verfaſſungswidrigen" Grundſätze zog das Parlament den erkauften Redner zur Rechenſchaft, entſetzte ihn ſeines Amtes, warf ihn ins Gefängnis und verdammte ihn zu einer Geldſtrafe von 1000 Pfund. Dagegen ſchenkte ihm der König aus kindiſchem Trotz gegen das Parlament eine weit höhere Pfründe. Das Parlament, immer mehr erhitzt, wiederholte ſein Verlangen nach der Anerkennung der petition of rights und machte Anſtalten, den Miniſter noch einmal zu belangen. Karl, um ihn nicht aufzuopfern, entſchließt ſich mit ſchwerem Herzen zur Nachgiebigkeit, begiebt ſich ins Oberhaus und erkennt die Petition für ein Reichsgeſetz, mit den üblichen Worten: „Laßt es Geſetz ſein, wie gebeten wird!"

---

* Die Vertreter des hohen Adels und der Geiſtlichkeit bilden das Oberhaus, diejenigen des niederen Adels, des Bürger- und Bauernſtandes das Unterhaus.

**) ſpr. petihſchen of reits.

2.

Aber damit begnügte sich das Parlament nun keineswegs. Die englischen Könige hatten seit mehr als hundert Jahren von den Kaufleuten und Schiffern ohne Zuziehung des Parlaments eine Steuer erhoben, die man „Pfund- und Tonnengeld" nannte. Jetzt glaubte das Parlament auch diese Einnahme dem König streitig machen zu müssen, und als er gar Miene machte, einige Tausend deutsche Reiter kommen zu lassen, die sie mit Gewalt eintreiben sollten, erhob sich ein solcher Lärm, daß er wieder zu seinem alten Notmittel, Aufhebung der Sitzungen, greifen mußte. Bald darauf wurde Buckingham, der abermals einen Kriegszug gegen Richelieu unternehmen wollte, meuchlings ermordet, von einem überspannten Menschen, Namens Felton.

Im Anfang des folgenden Jahres (1629) begann das Parlament seine Sitzungen wieder, aber weit entfernt, sich auf des Königs Forderungen einzulassen, bestritt es vor allem das Recht, ein Pfund- und Tonnengeld zu erheben. Das Unterhaus ging sogar so weit, daß es die Kaufleute verhaften ließ, welche den königlichen Beamten diese Abgabe willig entrichteten. Auch über des Königs Nachsicht gegen die Katholiken wurden heftige Reden geführt, worin sich bereits ein Parlamentsglied, Namens Oliver Cromwell, bemerklich machte. Mit jeder neuen Sitzung wurden die Redner kühner, und dies brachte den König so auf, daß er nicht nur das Parlament rasch auseinander gehen ließ, sondern auch mehrere Mitglieder desselben zum Gefängnis und zu einer Geldstrafe von 1000 Pfund verurteilte. Aber das war Öl ins Feuer gegossen! Die gestraften Volksredner waren stolz auf ihre Bande und rühmten sich, Märtyrer der Freiheit zu sein; ja sie wollten sich nicht einmal lossprechen lassen, um nicht ihre Freiheit königlicher Gnade verdanken zu müssen.

Nun schloß der König, von Buckinghams Fesseln frei, mit Spanien und Frankreich Frieden, freilich schimpflich genug, denn er gab seinen Schwager Friedrich von der Pfalz und die französischen Hugenotten den Katholiken preis. Aber wie hätte er auch andere schützen sollen, da er sich selber nicht zu schützen wußte!

An des ermordeten Ministers Stelle trat jetzt (1630) der Graf von Strafford, ein kluger und entschlossener Mann, der sich fest vorgenommen hatte, dem Parlamente keinen Finger breit mehr nachzugeben. Vielleicht wäre er durchgedrungen, hätte der König nicht zu gleicher Zeit einen andern Ratgeber für die Kirchensachen gewählt, den Bischof Laud von London. Dieser war ein heftiger Feind der Puritaner und Presbyterianer, ihm war der reformierte Gottesdienst zu kahl, und er wollte ihn durch eine neue Liturgie wieder beleben. Das gefiel dem Könige sehr, weil dieser hierdurch eine Annäherung zwischen Katholiken und Protestanten zu erreichen glaubte. Die Puritaner wollten aber alles aus dem Gottesdienste verbannen, was nur entfernt an den Katholizismus erinnerte, und regten nun wieder das Volk gegen die neuen Minister auf. In Schottland war die protestantische Sekte der Presbyterianer mächtig, denen auch jede Annäherung an den katholiſchen Gottesdienſt ein Greuel war. Trotzdem wollte nun Karl in ſeinem Reiche den neuen Gottesdienſt mit Gewalt durchſetzen, und alle Widerſpenſtigen wurden von ihm ins Gefängnis geworfen. So loderte der Zorn des Volkes wieder in hellen Flammen auf! Die Presbyterianer in Schottland errichteten ein Bündnis unter dem Namen der Kovenants, in welchem ſie ſich anheiſchig machten, allen Religionsneuerungen entgegenzuarbeiten und ſich wechſelſeitig gegen alle feindlichen Angriffe zu verteidigen.

Solchen Eingriff in ſeine königlichen Rechte konnte der König nicht dulden; er brachte ein Heer zuſammen und zog gegen die Schotten zu Felde, aber da ihn das engliſche Volk nicht unterſtützte, mußte er ſchmählichen Waffenſtillſtand ſchließen. Des Königs Hilfsquellen waren erſchöpft, und er berief das vierte Parlament, aber dies brachte wiederum zuvor die alten Beſchwerden, ehe es ſich auf Geldbewilligung einlaſſen wollte. Die Schotten hatten des Königs Schwäche kennen gelernt, und als er ſein Parlament wieder auflöſte, brachen ſie in England ein und zwangen den von aller Hilfe entblößten Monarchen zur Verſammlung eines fünften Parlaments, das nun aber von 1640—1648 zuſammenblieb und unter dem Namen des „langen Parlaments" in der engliſchen Geſchichte berühmt geworden iſt.

3.

Die Achtung vor königlicher Majeſtät war nun ganz dahin. Das erſte, was die immer kühner werdenden Abgeordneten durchſetzten, war die Verurteilung des Grafen Strafford und des Biſchofs Laud (ſpr. Lahd). Der edle Graf, welcher es gut mit dem Lande gemeint und ſeinem Könige ſo treu gedient hatte, wurde des Hochverrats beſchuldigt. Vergebens erklärte der König, er könne keine Schuld an ſeinem Miniſter finden; er wolle ihn entlaſſen, aber ſein Gewiſſen ſage ihm, daß er keine Strafe verdiene. Aber die Wut der aufgeregten Volksmenge, die ſchreiend und tobend das Parlamentsgebäude umringte, zwang ihn, das Todesurteil zu unterzeichnen, und Strafford wurde enthauptet. Auch der Erzbiſchof Laud ward eingekerkert; die andern Miniſter retteten ſich durch die Flucht. Das Parlament aber erklärte ſich als vom Volke ausgehend und unauflösbar. So war der König ganz in den Händen ſeiner Feinde, die nun alle drei Reiche, England, Schottland und Irland, wider ihn aufregten.

Die katholiſchen Irländer wurden von den proteſtantiſchen Engländern hart gedrückt und hatten gegen die ihnen von England aufgedrungenen Koloniſten wie gegen Räuber die Waffen ergriffen und 6000 derſelben erſchlagen. Dieſe Meuterei wurde vom Parlament dem Könige zur Laſt gelegt, der doch ganz unſchuldig daran war. Noch machten die Biſchöfe, die auch Sitz und Stimme im Parlamente hatten, einen Verſuch, die alte Verfaſſung zu ſchützen. Sie erklärten nämlich, da man auf ſie ſo wenig Rückſicht nehme, ſo würden ſie alle Geſetze für ungültig erklären, die ohne ihre Zuſtimmung erlaſſen würden. Die meiſt presbyterianiſchen Glieder des Unterhauſes ergriffen begierig dieſe Gelegenheit, alle Biſchöfe des Hochverrats anzuklagen und vor der Hand von allen Verſammlungen auszuſchließen.

Man erfreute sich sogar, die Königin zu beleidigen und mit einer Anklage zu bedrohen; dem Könige aber entzog man ein Recht nach dem andern und suchte sogar das Kriegsheer seinem Befehl zu entreißen. Da schickte Karl einen Abgeordneten ins Parlament und ließ im Oberhause fünf der verwegensten Schreier anklagen, die als Glieder des Unterhauses am meisten sich gegen den König vergangen hatten. Doch diese machten sich heimlich davon, und als am folgenden Tage der König selber, von seinen Garden und Offizieren begleitet, im Hause der Gemeinen erscheint, sieht er die Plätze derer leer, die er sucht. Er hält eine Anrede an die Versammelten und schildert in den kräftigsten Farben ihre Tyrannei und seine Mäßigung, aber umsonst. Beim Herausgehen erhebt sich ein allgemeines Zischen und Murmeln, und trotzige Stimmen schreien unaufhörlich: „Privilegium! Privilegium!"

Am Abend waren alle Bürger der City in Waffen, teils um die fünf Parlamentsglieder zu beschützen, teils weil die Feinde des Königs das Gerücht verbreitet hatten, der König wolle die Stadt in der Nacht an allen Enden anzünden lassen. Den folgenden Tag sah man die Themse mit unzähligen Schiffen und Kähnen bedeckt, die mit kleinen Böllern bewaffnet waren, und in Begleitung der Stadtmiliz und einer unabsehbaren Volksmenge zogen die fünf verfolgten Parlamentsglieder im Triumph einher und wurden in Westminsterhall eingeführt, wo sie unter lautem Jubelgeschrei ihre Plätze im Parlament wieder einnahmen.

4.

Der König mit seinen Prinzen verließ nun London und ging nach York, wo er noch viele Freunde hatte (1642); das Parlament dagegen nahm gar nicht mehr von ihm Notiz, warb Soldaten zu einem Parlamentsheer und errichtete zu Hull ein wohlversehenes Waffenmagazin. Der König, welcher den Hüter desselben, Lord Hotham, zu gewinnen hoffte, reitet von York aus mit etwa 30 Mann dahin, allein Hotham verschließt ihm das Thor, und er muß schimpflich wieder abziehen. Ja noch mehr, als er sich über dieses Betragen des Lords beim Parlament beschwert, billigt und lobt dieses die That.

Doch hatte Karl auch jetzt noch nicht Ursache, alle Hoffnung aufzugeben. Die entfernteren Provinzen und der ganze Adel waren ihm noch treu, und ein kräftiges Haupt hätte aus so vielen und starken Gliedern einen furchtbaren Körper zusammensetzen können. Aber er selber verstand nichts vom Kriege und verließ sich bloß auf seine beiden Vettern, Ruprecht und Moritz von der Pfalz, die seit ihres unglücklichen Vaters Vertreibung Schutz in England gesucht hatten. Die Yorker boten sogar ihrem Könige freiwillig Hilfe an, und mehrere Provinzen folgten dem Beispiel. Sogleich erging ein Beschluß des Parlaments, daß jeder, der dem Könige Beistand leisten würde, für einen Feind des Vaterlandes zu achten sei. Dagegen erließ Karl eine Proklamation, kraft welcher das Parlament und dessen Anhänger für die wahren Verräter der rechtmäßigen Verfassung erklärt wurden. Jetzt war der Bürgerkrieg unvermeidlich. Beide Teile rüsteten. Aber der König hatte kein anderes als geschenktes oder erborgtes Geld, dagegen war das Parlament im Befitz der Flotte, der Hauptstadt und aller Seestädte und hatte sich aller königlichen Einkünfte bemächtigt. Die Londoner schickten soviel Silbergeschirr in die Münze, daß es an Leuten fehlte, die Gaben alle anzunehmen; sogar silberne Fingerhüte und Schmucknadeln von Frauen waren darunter. Alles junge Volk von London ließ sich zum Dienst einschreiben; an einem einzigen Tage meldeten sich über 4000 Mann. Mit den Schotten, die noch in Waffen waren, wurde ein Bündnis geschlossen. Gegen solche Hilfsmittel waren die des Königs allerdings gering. Die Königin verpfändete ihre Juwelen in Holland und erhielt dafür Geld und Schiffe; leider ward ein Teil der letzteren von englischen Kapern aufgebracht, und so blieb auch diese Hilfe unbedeutend. Auswärtige Mächte konnten sich um die englischen Händel nicht bekümmern. Die meisten waren in den dreißigjährigen Krieg verwickelt, in Frankreich erfolgte in diesem Jahre Richelieus Tod, und überdies hatte Großbritannien in den Augen auswärtiger Mächte noch geringe Bedeutung.

Noch wollte Karl mit seinem revolutionären Parlamente den Weg der Güte versuchen und bot die Hand zu einem gütlichen Vergleich. Aber die Bedingungen, die man ihm stellte, waren so hart, daß er sie nicht annehmen konnte. So brach er denn mit 10 000 Mann von Shrewsbury (Schruhsberri) gegen London auf. Das Parlamentsheer, unter dem Befehl eines Grafen von Effer, stellte sich bei Worcester zur Wehr, und bei Edgehill kam es zum Treffen. Prinz Ruprechts Gewandtheit zerstreute die Feinde; Karl, nun schon mutiger, rückte näher an London heran, und jetzt bot das Parlament einen Vergleich an. Der König empfing die Abgeordneten zu Oxford, da er aber auf völlige Wiederherstellung der ehemaligen königlichen Gewalt drang, so zerschlugen sich die Unterhandlungen fruchtlos. Dagegen waren im folgenden Jahre (1644) die königlichen Waffen entschieden glücklich; Prinz Ruprecht nahm Bristol weg, und die Truppen des Königs schlugen die des Parlaments zweimal aufs Haupt. Aber der König war ärmer als jemals, und seine nicht bezahlten Soldaten murrten; er berief nach Oxford ein zweites Parlament, aber dieses konnte ihm kein Geld schaffen. Das Londoner Parlament half sich durch eine Accise auf Bier, Wein und Korn, von der man früher nichts gewußt hatte, die aber jetzt das Volk bereitwillig zahlte.

Bisher hatten die Schotten noch keinen Anteil an dem Kriege genommen, jetzt aber, da ganz England mit Truppen besetzt war, rückten sie auch ein (1644). Der König hatte dagegen ein in Irland geworbenes Corps durch Versprechungen gewonnen, das mitten im Winter die Überfahrt nach England machte. Aber ihnen lauerte Thomas Fairfax (spr. Fehrfer), ein trefflicher General der Parlamentstruppen, auf, griff sie bei Nantwich im nordwestlichen Teile von England an und vernichtete sie völlig. In demselben Jahre verloren des Königs Generale eine Hauptschlacht gegen den nämlichen Fairfax und dessen trefflichen Untergeneral Cromwell, und Karl selber mußte sich nach einem zweiten Treffen mit großem Verlust nach Oxford zurückziehen.

5.

Jetzt beginnt der Zeitpunkt, in welchem Cromwell die Hauptrolle in dem Trauerspiel übernimmt. Oliver Cromwell stammte aus guter, obwohl nicht reicher Familie des Fleckens Huntington. Merkwürdige Schicksale schwebten schon über seiner ersten Jugend. Als Kind hatte ihn ein großer Affe aus der Wiege genommen und war mit ihm, zum Schrecken der Familie, auf das Dach gestiegen. Späterhin wurde der kleine Wage= hals von einem Pfarrer aus dem Wasser gezogen. Man hielt ihn zu den Wissenschaften an, aber sein wilder, unruhiger Sinn fand größere Freude am Umherschweifen, an allerlei Raufereien. Nachdem er sein väterliches Erbteil in Trunk und Spiel verschleudert hatte, sah man plötzlich eine selt= same Bekehrung mit ihm vorgehen. Er las theologische und militärische Schriften, mischte sich unter die hitzigsten puritanischen Eiferer, veranstaltete religiöse Klubs, hielt seinen Hausleuten lange Predigten und erbot sich, allen, denen er sonst im Spiele das Geld abgenommen habe, dasselbe wieder herauszugeben. Als er von einem Oheim eine Summe Geldes erbte, über= nahm er seine Pachtung, doch mit der ruhigen häuslichen Lebensart wollte es nicht gehen, und er schwärmte tiefsinnig umher. Aus Haß gegen das Kirchenregiment entschloß er sich, nach Amerika auszuwandern, aber der König erlaubte ihm das nicht. Als endlich das lange Parlament zu= sammentrat, ward er von der Stadt Cambridge zum Deputierten erwählt. Er besuchte die Sitzungen mit Eifer, wurde aber von niemand besonders beachtet, denn seine Erscheinung war mehr widerlich als angenehm. Er war häßlich von Person, schmutzig in seinem Anzuge, grob in seinen Sitten. Seine Stimme war dumpf und unrein, und was er sprach, hing übel zu= sammen. Er selber mochte sich unter so glänzenden Rednern, wie sie damals das Unterhaus hatte, nicht gefallen und brach sich daher eine andere Bahn. Er hob ein Corps Truppen aus, lauter junge und wohlhabende Pachters= söhne, führte einen ganz eigenen Gemeingeist unter ihnen ein und steckte sie mit seiner religiösen Begeisterung an. Hierauf vereinigte er sich mit Fairfax, einem ehrlichen alten Manne, der aber große Achtung und großes Feldherrn= talent besaß. Cromwell erwies ihm überall die größte Ehrerbietung und erwarb sich dadurch dessen Vertrauen im höchsten Grade. Das der Sol= daten hatte er längst. Sein rasches, durchgreifendes Wesen und seine un= erbittliche Strenge wirkten auf den Trägen ebensosehr, als sein belebender Zuspruch dem Tapferen schmeichelte, und trotzdem, daß er erst in seinem 43. Jahre das Kriegshandwerk ergriff, führte er doch kraft seines Genies das Kommando wie der geübteste General.

Nichts teilte sich von seinem Geiste schneller den Truppen mit, als sein religiöser Enthusiasmus. Cromwell war Hauptmann und Feldprediger zu= gleich, und darin hatte er im Heer viele seinesgleichen. Sie sangen Psalmen und sprachen mit den Worten der Bibel. Die Grundsätze, die hier gepredigt wurden, waren aber noch viel strenger, als die der Puritaner. Man lehrte: Oberherrschaft und Rang sei in weltlichen wie in geistlichen Dingen ganz unerlaubt; jedermann sei geboren, frei zu denken und zu handeln, weder Bischöfe noch Könige hätten das Recht, diese Freiheit zu beschränken. Diese Sekte, die sich Independenten (Unabhängige) nannte, strebte nach der Vernichtung des Königtums und ging sehr schlau zu Werke. Zuerst setzte sie im Hause der Gemeinen ein Gesetz durch, kraft dessen kein Parlamentsglied künftig ein Kommando im Felde führen dürfte. Dieser Vorschlag war vielen Gliedern des Unterhauses willkommen, da sie schon längst die Herren des Oberhauses mit Neid an der Spitze der Armeen gesehen hatten. So kam die Hauptmacht in die Hände von Sir Thomas Fairfax, der kein Parlamentsglied war. Eigentlich hätte nun auch Cromwell seine Stelle aufgeben müssen, allein Fairfax stellte dem Parlamente vor, daß dieser Gehilfe ihm jetzt unentbehrlich sei, und so ward das Gesetz zu Gunsten Cromwells vergessen.

Der König, welcher sich den Winter hindurch in Oxford aufgehalten hatte, versuchte neue Unterhandlungen. Wirklich versammelten sich zu Anfang des Jahres 1645 Abgeordnete von beiden Seiten, aber dem Parlamente war es längst nicht mehr Ernst, den König wieder anzunehmen. Ihn immer mehr zu kränken, nahm man jetzt den Prozeß des noch im Tower sitzenden Erzbischofs Laud wieder vor und sprach ihm, wie vor vier Jahren seinem Freunde Strafford, das Todesurteil. Auch er ging, wie jeder Mann von Charakter, den letzten Gang mit Würde und Fassung. „Niemand" — sagte er auf dem Schafotte — „kann eifriger begehren, aus dieser Welt zu gehen, als ich selber." Betend kniete er nieder und legte das Haupt auf den Block, das mit einem Streiche herunterflog.

Im Felde war der König nun immer unglücklich, seitdem Fairfax und Cromwell den Oberbefehl des Parlamentsheeres hatten. Die Königlichen verloren einen Platz nach dem andern, und als am 14. Juni 1645 ihr Hauptcorps unter Prinz Ruprecht bei Naseby (Nehsbi) völlig von Fairfax und Cromwell geschlagen ward, mußte der König nach Wales fliehen und seinen ältesten Prinzen nach Frankreich schicken, wohin die Königin bereits vorangegangen war. Alle seine Truppen wurden vertrieben und vernichtet.

6.

In dieser äußersten Not faßte der unglückliche König den Entschluß, sich den Schotten in die Arme zu werfen. Er wußte, daß die schottischen Puritaner mit den englischen Independenten schlecht zufrieden seien, und hoffte, wenn er mit vollem Vertrauen sich an jene wendete, sie gegen seine aufrührerischen Engländer für sich zu gewinnen. Verkleidet und nur von zweien seiner Diener begleitet, ritt er des Nachts zum Thore von Oxford hinaus und kam am 5. Mai 1646 im Lager der Schotten an. Die schottischen Generale waren über seinen Besuch sehr verlegen, und da das Londoner Parlament sogleich ein Edikt erließ, worin jedem der Tod gedroht wurde, der sich mit dem flüchtigen Könige zu schaffen mache, so hatten sie die Feigheit, das Parlament sogleich von seiner Ankunft zu unterrichten.

Ihm selber gaben sie indes eine Ehrenwache, dem Anscheine nach, — im Grunde aber eine Zwangswache, um sein Entfliehen zu verhindern. Jetzt sah der König wohl, wie schlecht er sich gebettet hatte. Keine Spur von Teilnahme fand er hier, keine Nachricht von seinen Freunden, seiner Familie, keinen religiösen Zuspruch, an den er so sehr gewöhnt war; vielmehr nichts als Lästerungen der ausgelassenen Puritaner. Zu den Predigten, denen er hier beiwohnen mußte, wählte man solche Texte, die ihn kränkten. Einer dieser fanatischen Pfaffen, nachdem er im Eingange seiner Predigt über die gottlosen Regenten geeifert, gab der Gemeinde auf, ein Lied zu singen, welches anfing: „Was rühmst du doch, Tyrann, dich noch — all deiner Frevel= thaten?" Worauf der König von seinem Sitze aufstand und mit lauter Stimme einen andern Psalm ankündigte, dessen Anfangsworte waren: „Hab Mitleid, Herr, ich bitte dich, — sie wollen mich verschlingen!" Er hatte die Freude, von der gerührten Gemeinde wirklich dieses Lied vorgezogen zu sehen.

Nur schade, daß diese Rührung den Häuptern der schottischen Armee fremd blieb. Ihr Vorteil lag ihnen näher. Das Parlament war ihnen gegen 400 000 Pfund Hilfsgelder schuldig und versprach ihnen, diese Summe in zwei Terminen pünktlich abzuzahlen, wenn sie dagegen den König aus= liefern wollten. Manche schämten sich dieses unwürdigen Handels, doch bei der Mehrheit ging er durch. Der König wurde von einem Trupp englischer Soldaten abgeholt und nach Holmby in der Grafschaft Nordhampton in engen Gewahrsam gebracht (1647).

7.

Nun aber sollte auch der Übermacht des Parlaments ein Ende gemacht werden, und Cromwell mit seinen Soldaten tyrannisierte es wieder ebenso, wie es seinerseits den König tyrannisiert hatte.

Die Armee hatte große Summen rückständigen Soldes zu fordern, die das Parlament trotz der schweren Steuern, welche es dem Volke auferlegte, nicht sobald auftreiben konnte. Um ihr anderweitige Beschäftigung zu geben, wollte man sie nach Irland schicken, allein dieser Befehl erregte allgemeines Mißvergnügen. Die entschlossensten Offiziere setzten eine Vorstellung an das Parlament auf, die von allen Soldaten unterschrieben wurde, und in welcher das gesamte Heer vollkommene Entschädigung für seine Dienste verlangte, widrigenfalls es nicht nach Irland gehen würde. Die Antwort war für die Rädelsführer erwünscht: das Gesuch ward für Meuterei erklärt. Hierauf folgte eine noch ernsthaftere Gegenschrift von Seiten der Independenten, unterschrieben von mehr als 200 Offizieren. Cromwell war heimlich die Seele des ganzen Aufruhrs, aber der Heuchler wußte so schlau seinen Anteil daran zu verbergen, daß das Parlament gerade ihn beauftragte, den Zwie= spalt zu schlichten.

Während dieses mißlichen Handels gab insgeheim Cromwell einem seiner Offiziere den Auftrag, den König aus Holmby zu entführen und ihn ins Lager zu bringen. Mit 500 Reitern ward der Anschlag ausgeführt;

der Wurf war nun geworfen. Das Parlament ohne Armee war ebenso ohnmächtig, als der König ohne Parlament. Der behagliche Fairfax über- ließ Cromwell völlig das Oberkommando, und dieser führte das Heer geradezu auf die Hauptstadt los. Die Einwohner Londons waren darüber mehr er- freut, als erschrocken, denn sie hatten nun fünf Jahre lang zur Genüge er- fahren, was es heißt, statt e i n e s, hundert Herren über sich zu haben, und sie haßten das Parlament gründlich. Das Haus der Gemeinen, um sein Ansehen besorgt, gestand schnell der Armee alle ihre Forderungen zu, aber diese ließ es nunmehr nicht dabei bewenden. Sie verlangte, alle ihre Feinde im Parlament sollten bestraft werden, und als solche wurden die elf mächtigsten Häupter der Presbyterianer = Partei angegeben. Was war zu thun? Die elf Glieder legten freiwillig ihre Stellen nieder, aber das Heer hatte schon wieder eine neue Forderung in Bereitschaft. Die Stadtmiliz sollte abgeschafft und mit einer Abteilung von Independenten vertauscht wer- den. Auch dieses Gesuch mußte das Parlament bewilligen, aber die Bürger erhoben darüber einen Aufstand. Dies hatte Cromwell gewünscht, denn nun hatte er einen Vorwand, um in die Stadt zu rücken. Am 6. August 1647 zogen die Regimenter ein, ohne daß die Stadtmiliz es hinderte. Ein Teil der Truppen umzingelte das Parlamentshaus, in welchem sogleich sieben Peers angeklagt wurden. Einige Tage darauf ward in allen Kirchen ein Dankfest für die wieder hergestellte Freiheit angesagt.

Den gefangenen König behandelte Cromwell höchst freundlich, und der arme Mann schöpfte schon frohe Hoffnung, daß er durch Cromwell wieder auf den Thron gelangen würde; aber dieser Wahn sollte ihm bald genom- men werden. Auf dem Schlosse Hamptoncourt, wohin man ihn gebracht hatte, sah er sich von den ärgsten Hitzköpfen der Independenten umgeben und schöpfte aus ihren Reden und Mienen Verdacht, daß es darauf abgesehen sein möchte, ihn durch Meuchelmord aus dem Wege zu räumen. Cromwell rät ihm heuchlerischer Weise, zu fliehen; er entkommt auch wirklich und er- reicht die Meeresküste. Aber kein Schiff, das ihn hätte über das Meer führen können, war zu sehen. Ungewiß, wohin er sich wenden sollte, fiel ihm ein, den Gouverneur der nahen Insel Wight (Neiht) um Schutz zu bitten. Aber dieser Mann war einer von Cromwells treuesten Gehilfen. Ein abgesandter Bote kam mit einer freundlichen Einladung vom Gouver- neur zurück; der König begab sich zu ihm, wurde aber sogleich verhaftet und an Cromwell wieder ausgeliefert. Nun setzte man ihn in noch strengere Haft und behandelte ihn wie einen gemeinen Verbrecher. Die Independenten und Anhänger Cromwells sprachen laut die Ansicht aus, daß der König, weil er seine Pflichten verletzt habe, nach dem Gesetze gerichtet werden müßte, und das Parlament selber müsse ihn verurteilen.

Erst jetzt rührte sich das Gewissen des Volkes, besonders in Schottland, und so sehr man auch vorher den König gehaßt hatte, so abscheulich fand man doch die Idee, ihn hinzurichten. Nachdem die Schotten vergeblich sich bei dem Parlament in London beschwert hatten, rückte Lord Hamilton, ein schottischer Peer, mit 40 000 Mann in England ein; mit ihnen verbanden sich die treuen Walliser. Aber Cromwell entflammte sein Heer mit neuem Eifer und schlug die Königlichen in mehreren Schlachten, nahm auch den wackeren Hamilton gefangen. Dann rückte er schnell in London ein, umzingelte das Parlament und ließ über 200 der versammelten Abgeordneten teils festnehmen, teils ausweisen. Die übrigen, etwa 60 an der Zahl, waren lauter Independenten und Werkzeuge des Usurpators. Unverzüglich wurde nun dem Könige der Prozeß gemacht. Sie klagten ihn an, er habe bei seiner Thronbesteigung sich eidlich verpflichtet, die Freiheiten seiner Unterthanen zu schützen, diesen Eid aber gebrochen; er habe die Entscheidung seiner Sache dem Gott der Schlachten anheimgestellt, und dieser habe gegen ihn entschieden; er sei nun verantwortlich für das vergossene Blut, und den Vertretern des Volkes komme es zu, ihn zu richten und für die Zukunft ähnliches Unheil durch eine Republik unmöglich zu machen. Sofort faßten sie den Beschluß, einen Gerichtshof zu errichten und über den Verräter Karl Stuart (nicht anders wurde der König mehr genannt) das Urteil zu sprechen. Das Oberhaus verwarf einstimmig den verabscheuungswürdigen Beschluß; doch die Bosheit der Independenten trug den Sieg davon, und das Unterhaus erklärte sich für genügend, um das Volk zu vertreten. Cromwell spielte seine Heuchlerrolle gut. Er stellte sich verwundert über Gottes wunderbare Fügungen und versicherte, er würde den verabscheut haben, der ihm noch wenige Wochen zuvor von des Königs Hinrichtung gesprochen hätte; indessen jetzt erkenne er wohl aus der allgemeinen Übereinstimmung der Lieblinge Gottes, daß diese außerordentliche Begebenheit auf höhere Zulassung geschehe. Noch kürzlich habe er für die Wiedereinsetzung des Königs sprechen wollen, allein die Zunge habe ihm plötzlich am Gaumen geklebt, und das sei ein deutliches Zeichen des göttlichen Willens gewesen.

8.

Indem diese Dinge alle Gemüter beschäftigten, verlangte ein begeistertes Weib aus Herfortshire Gehör vor dem militärischen Konzil, sprach viel von gehabten Offenbarungen und versicherte, daß der eingeschlagene Weg nach Gottes eigenem Zeugnis der rechte sei. Dies tröstete und beruhigte viele, die bis dahin noch gezweifelt hatten, und so gingen denn die religiösen Leute in Gottes Namen ans Werk. Der König wurde nach London gebracht, wo seine Wärter schon völlig mit ihm wie mit einem Missethäter verfuhren. Die Abgeordneten der Gemeinen setzten einen Gerichtshof zu Westminsterhall ein, der aus 133 Richtern bestehen sollte, von denen sich aber kaum 70 einfanden. Diese waren meistens Offiziere, lauter Independenten, an ihrer Spitze Cromwell und dessen fanatischer Schwiegersohn Jreton. Der alte Fairfax war trotz der Einladung nicht erschienen. Man führte den König vor. Die Räume waren mit Zuschauern dicht bedeckt. Als der Ausrufer die Namen der Richter laut vorlas und auch den des Generals Fairfax nannte, rief eine Stimme aus dem Zuschauerhaufen: „Der ist zu klug, um hier zu sein!" Und als die ersten Worte der Anklage vorgelesen wurden: „Im Namen des ganzen englischen Volkes" — rief die nämliche Stimme:

„Nicht der zehnte Teil desselben!" Der wachthabende Offizier befahl jetzt, Feuer zu geben nach der Stelle, woher die Stimme komme, und da zeigte sich's denn, daß der kühne Sprecher — Lady Fairfax war.

Die Anklage geschah darauf mit größter Feierlichkeit. Die Antworten des Königs waren würdevoll und ruhig. Wie übel berechnet auch sein Leben gewesen war, so hatte sein langes Gefängnis doch sein Gemüt gereinigt und gestärkt, und man kann sagen, daß er in seinen letzten Tagen dem Sokrates an Fassung und edler Besonnenheit geglichen habe. Die Soldaten, die ihn zum Gericht führten, mußten auf Befehl ihrer Offiziere laut schreien: „Gerechtigkeit! Gerechtigkeit!" — „Arme Wichte!" sagte Karl, „für ein wenig Geld würden sie ebenso mit ihrem jetzigen Anführer verfahren!" Es gab unter den gemeinen Kerlen einige, die ihm sogar ins Gesicht spieen. Er gedachte des großen Märtyrers Jesus Christus und trug es schweigend. Nur einer von den Soldaten, von des Königs Schicksal gerührt, begann in dessen Gegenwart für sein Heil zu beten. Aber ein barbarischer Offizier, der es bemerkte, gab ihm einen Schlag über den Kopf, daß er niederstürzte. Mit sanfter Stimme sagte der König: „Mich dünkt, die Strafe war zu hart für das Vergehen."

Nur dreimal ward der König vorgeladen, und jedesmal verwarf er die Befugnis der Versammlung, ihn zu richten; er berief sich wiederholt auf die von ihm gemachten milderen Anordnungen und erinnerte an die Hartnäckigkeit und Frechheit des Parlaments. Man verhörte darauf, sehr überflüssig, einige Zeugen, welche beschwören mußten, daß der König wirklich Krieg gegen sein Parlament geführt habe, und hierauf erfolgte der Spruch (27. Januar 1649). Das Volk rührte sich nicht; das Ungeheure der Begebenheit und der schreckende Ernst der bewaffneten Gewalthaber hielt jedes Gemüt erstarrt und jede Zunge gefesselt. Aber wie sich in Zeiten schwerer Verhängnisse oft die edelsten Züge der menschlichen Natur offenbaren, so ward auch in jenen traurigen Tagen manche rührende Erscheinung sichtbar. Vier Grafen, sonst des Königs Freunde und sämtlich ehrenwerte Männer, stellten sich persönlich vor Gericht und sagten aus, sie allein seien als ehemalige Ratgeber des unschuldig verurteilten Königs an allen den Schritten schuld, die man ihm jetzt zum Verbrechen angerechnet habe; sie also sollte man strafen und dafür den König freilassen, dessen Charakter alle Hochachtung verdiene. Aber sie wurden abgewiesen.

Nach gesprochenem Urteil blieben dem König nur noch drei Tage bis zur Vollziehung desselben. In diesen Tagen ließ man seine beiden Kinder, die 14jährige Prinzessin Elisabeth und den noch jüngeren Prinzen von Glocester, die beide noch in England geblieben waren, zu ihm. Der harte Cromwell selbst, welcher Zeuge der ersten Zusammenkunft dieses liebevollen Vaters mit seinen Kindern war, gestand, er habe in seinem Leben nichts Rührenderes gesehen. Diese Vergünstigung war dem Unglücklichen die größte Wohlthat, die man ihm noch hatte erweisen können. Sie beruhigte völlig sein Gemüt, und so nahe er den Pforten des Todes stand, so erquickte ihn doch noch jede Nacht der sanfteste Schlaf, trotz dem Geräusch, welches die

Zimmerleute vor seinem Fenster machten. Das Blutgerüst ward nämlich öffentlich in der Straße von London errichtet, in welcher das Schloß White=hall lag — um der Handlung jedes Zeichen des schüchternen Meuchelmords zu benehmen.

Am Morgen des Todestages (30. Jan. 1649) stand der König früh auf, legte seine kostbarste Kleidung an und ließ sich von seinem treuen Freunde, dem Bischof Juxon (spr. Dschöksen), zum Schafott begleiten. Die ganze Straße war mit Menschen übersäet; in einem Fenster, dem Schlosse gegen= über, sah Cromwell, auf ein seidenes Polster gestützt, dem Schauspiel ruhig zu. Karl wollte das Volk anreden, aber die um die Blutbühne aufgestellten Soldaten machten mit ihren Waffen ein solches Geräusch, daß er diesen Ge= danken aufgeben mußte. — Er unterredete sich daher bloß mit seinen nächsten Begleitern, erkannte sein Schicksal als eine gerechte Strafe dafür, daß er in des braven Straffords Hinrichtung gewilligt, ermahnte die Nachbleibenden zum Frieden und verzieh allen seinen Feinden. Zuletzt tröstete ihn Juxon mit der Aussicht auf ein besseres, schöneres Leben. „Ich weiß es," ant= wortete der König — „ich gehe von einer vergänglichen Krone zu einer un= vergänglichen über, dorthin, wo kein Kummer wohnt." Hierauf kniete er nieder und legte sein Haupt auf den Block. Ein Scharfrichter mit einer Maske schlug ihm dasselbe mit einem Hiebe herunter, worauf ein anderer, gleichfalls verlarvt, es bei den Haaren ergriff und mit den Worten dem Volke zeigte: „Dies ist der Kopf eines Verräters!" Jedermann wandte den Blick vor Wehmut und Unwillen weg; nur Cromwell sagte ruhig zu den Umstehenden: „Nun ist die Religion gerettet und die Freiheit von Tausenden gegründet. Die Grundpfeiler der englischen Republik sind befestigt. Laßt uns jetzt unser Leben daran wagen, den Staat blühend zu machen und die Ruhe nach außen zu erhalten."

9.

Das Königtum wurde nun als auf ewige Zeiten für abgeschafft erklärt, das Oberhaus als unnütz und schädlich vernichtet, ein neues Reichssiegel an= gefertigt mit der Umschrift: „Im ersten Jahre der durch Gottes Segen her= gestellten Freiheit, 1649." Viele vom höchsten Adel wurden hingerichtet, des Königs Bildsäule umgestürzt und das Piedestal mit den Worten ver= sehen: „exiit tyrannus, regum ultimus."*) Zuletzt wollten die Indepen= denten auch noch die beiden Kinder des Königs bei Handwerkern unterbringen, allein die Prinzessin Elisabeth starb bald vor Gram, ehe sie noch den ihr zugedachten Knopfmacher heiraten konnte; den kleinen Prinzen schickte Crom= well selber, zur größeren Vorsicht, über das Meer.

So war denn jetzt England eine Republik, und das neue Parlament bekam den Namen Rumpf=Parlament, weil es nach Aufhebung des Oberhauses nur ein Rumpf ohne Kopf war. Die verwittwete Königin lebte mit ihren Kindern in Paris, war aber, obgleich sie Heinrichs IV. Tochter

---

*) Der Tyrann endete als der letzte der Könige.

war, vom Hofe so sehr vernachlässigt, daß sie aus Mangel an Holz an kalten Tagen sich mit ihrer Tochter im Bette erwärmen mußte. Ihr ältester Prinz, Karl II., hielt sich bald in Holland, bald in Frankreich, bald auf der Insel Jersey auf, arm und verlassen, doch nicht ohne Hoffnung, den blutbefleckten Thron seines Vaters wieder zu besteigen. Die Irländer und Schotten waren mit der neuen Regierung sehr unzufrieden. Ein wackerer Schotte, Marquis von Montrose, hatte zuerst die Fahne des Aufstandes erhoben zu Gunsten Karls II., aber noch war die Furcht vor dem neuen Machthaber so groß, daß er sein kühnes Wagstück mit dem Galgen büßte, ohne daß man ihn retten konnte. Da indessen der Prätendent Karl selber mit sieben Schiffen an der Küste von Schottland erschien und den Schotten alle ihre Forderungen gewährte, wenn sie ihm beistehen wollten: so erklärte sich endlich das ganze Volk gegen Cromwell und brachte ein ansehnliches Heer zusammen. Doch Cromwell zog zuerst gegen Irland, erfocht Sieg auf Sieg und machte das unglückliche Land fast zu einer Einöde; dann führte er einen gleichen Vertilgungskrieg gegen Schottland, wo er den neuen König so entscheidend schlug, daß dieser sich nur mit Mühe nach Frankreich retten konnte. Die Schotten mußten sich vor dem gewaltigen Sieger beugen, und ihr Land wurde mit England vereinigt.

Was sollte nun Cromwell thun? Er wollte nicht in den Privatstand zurückkehren, sondern auf der betretenen Bahn vorwärts gehen, England groß und mächtig, sich aber zum unbeschränkten Herrn des Staates machen. Zunächst mußte ein auswärtiger Krieg die Soldaten zusammenhalten und ihn selber unentbehrlich machen. Im vergangenen Jahre (1650) hatte das Rumpf-Parlament den vereinigten Niederlanden ein Freundschaftsbündnis angeboten, allein die Holländer hatten die englischen Gesandten sehr kalt aufgenommen und den Antrag abgelehnt. Dies nahm Cromwell zur Veranlassung, das Parlament gegen sie zum Kriege aufzufordern. Der erste Schritt dazu war die zu Anfange des Jahres 1651 erlassene Schiffahrtsakte, durch welche allen seefahrenden Nationen untersagt ward, in ihren Schiffen andere als solche Waren in englische Häfen einzuführen, die entweder Produkte oder Fabrikate ihres eigenen Landes wären. Diese Akte brachte dem englischen Handel ebensoviel Vorteil, als dem niederländischen Schaden. Englische Kaper machten von der Zeit an bald Jagd auf die holländischen Schiffe, die jener Akte zuwiderhandelten, und nahmen in kurzer Zeit den Holländern gegen 80 Schiffe weg. Ehe noch der Krieg förmlich erklärt war, gerieten eine englische und eine holländische Flotte im Kanal aneinander, wie zufällig gingen die Feindseligkeiten an, und es entstand daraus eine blutige Seeschlacht, in welcher beide Teile einen gleich starken Verlust erlitten. Nun war zur Freude Cromwells der Krieg begonnen, der englische Admiral Blake (Blehk) mußte sogleich nordwärts steuern und die holländische Heringsflotte wegnehmen, und der Seekampf entbrannte aller Orten. Die Holländer erlitten durch ihren neuaufstrebenden Nebenbuhler großen Verlust.

Nun saß Cromwell wieder fest im Sattel, denn er war der Treue seiner Soldaten gewiß. Das Parlament aber wollte ihm mehrere Regimenter abspenstig machen und sich von der Gewalt der Militär=Partei befreien. Da berief Cromwell wieder seine Offiziere zusammen und faßte einen schnellen Entschluß. Mit 300 Soldaten eilte er nach Westminsterhall, wo die Abge= ordneten eine Sitzung hielten. Nachdem er Thür, Treppen und Vorzimmer des Gebäudes mit seinen Soldaten besetzt hatte, trat er mit einigen Offizieren in den Versammlungssaal, setzte sich nieder und hörte etwa eine Viertelstunde den Debatten zu. Dann sagte er einem Offizier ins Ohr: „Jetzt ist das Parlament zur Auflösung reif!" — „Herr!" erwiderte dieser leise, „ich bitte Sie, es ernstlich zu überlegen, bevor Sie Hand anlegen!" — „Wohl ge= sprochen!" erwiderte der General und saß wieder eine Viertelstunde still. Als nun aber die Versammlung einen Beschluß gegen Cromwell fassen wollte, sagte er abermals zum Offizier: „Jetzt ist es Zeit, ich muß es thun!" und plötzlich sprang er auf, trat mitten unter sie alle und überhäufte sie in einer unverständlichen polternden Sprache mit den heftigsten Vorwürfen über ihre Thrannei, ihren Hochmut und ihre Expressungen. Alle erstaunten und rich= teten sich in die Höhe, aber ehe noch e i n e r Worte finden konnte, die Schmähungen zu erwidern, stampfte er heftig mit dem Fuße, und auf dies verabredete Zeichen füllte sich plötzlich der ganze Saal mit Soldaten. Der Anblick dieser Getreuen erhöhte seine Kühnheit. „Schämt euch," fuhr er die Parlamentsglieder an, „und packt euch fort! Macht ehrlichen Leuten Platz, die ihr Amt besser verwalten! Ich sage euch, ihr seid nicht länger ein Parla= ment! Der Herr ist mit euch fertig und hat sich andere Werkzeuge erkoren, sein Werk zu betreiben!" Hier unterbrach ihn ein gewisser Sir Harry Vane, aber Cromwell überschrie ihn, indem er krampfhaft brüllte: „O Sir Harry Vane, Sir Harry Vane! Der Herr befreie mich von Sir Harry Vane!" Hierauf nahm er einen beim Rocke und sagte zu ihm: „Du bist ein Ehe= brecher!" zu einem anderen: „Du bist ein Säufer!" zu einem dritten: „Du bist ein Wucherer! Was sollen wir mit diesem Gesindel? Fort mit euch!" Die Soldaten waren schon in voller Arbeit, einen nach dem andern aus der Thür zu werfen. Cromwell blieb bis zuletzt, und als der Saal leer war, ließ er die Thür verschließen und ging ruhig nach seiner Wohnung im Palast Whitehall zurück.

10.

So seltsam war in wenig Augenblicken die ganze gesetzgebende Macht in England vernichtet. Jedermann erwartete nun still und furchtsam, in welcher Gestalt die neue Regierung hervortreten würde. Es sollte wieder ein Parlament werden, aber von lauter Begeisterten und Heiligen, die Cromwell fast alle selbst, bloß nach angehörtem Gutachten seines Staatsrats, erwählte. Es waren 128 Personen aus verschiedenen englischen Städten, nur fünf waren aus Schottland und sechs aus Irland. Sie sollten nur 15 Monate Sitzung halten und nachher ihre Nachfolger selber wählen. Am 4. Juli 1653 kam dieser tolle Regierungskonvent zusammen. Die meisten Glieder derselben waren gemeine Handwerker, und ihr eifrigster Schreier, von welchem nach= her das Parlament auch den Namen erhielt, war ein fanatischer Lederhändler,

Preisegott Barebone (Behrbohn). Ihre Zusammenkünfte glichen mehr
Frömmler-Konventikeln als Staatsversammlungen, denn mit langen Gebeten
fingen sie an und endeten sie, man hörte nichts als Sprüche und Anspie-
lungen aus dem alten Testamente, sie nannten die Geistlichen Baalspriester,
die Holländer sündige Mammonsdiener, sich selbst aber Wiedergeborene.
Einer unterschrieb sich Machfriede Heaton, ein anderer: Tötediesünde
Pimple, ein dritter: Stehefestinderhöhe Stringer, ein vierter:
Weinenicht Billin, ein fünfter: Kämpfedengutenkampfdesglau-
bens White und dergl. mehr.

Cromwell selber fühlte, daß dieser Unsinn nicht lange Bestand haben
könnte, auch hatte er die ganze Farce nur deshalb veranstaltet, um sich dem
großen Ziele immer mehr zu nähern, das ihm längst vor Augen stand, an
welches sich aber viele seiner wärmsten Anhänger nicht gewöhnen lassen
wollten. Unter den religiösen Schwärmern waren viele, die ihm nur darum
so treu gedient hatten, um das Reich Christi, welches sie erwarteten, auf
Erden vorzubereiten, und die geneigt waren, ihren Führer als den abscheu-
lichsten Heuchler zu verlassen, wenn sich's am Ende zeigen sollte, daß er nur
darum die Herrschaft der Stuarte gestürzt habe, um sie für sich selbst zu gewinnen. Er hatte deshalb in seinem militärischen Staatsrate selbst oft harte
Kämpfe zu bestehen und schwankte lange, was er thun sollte. Endlich trug
sein kühner Herrschergeist den Sieg davon, er besprach sich heimlich mit einem
Ausschusse der vornehmsten Glieder des Barebone-Parlaments, die ihm besonders anhingen, und diese mußten eines Tages eine Stunde früher in die
Sitzung kommen und in größter Geschwindigkeit votieren, daß das Parlament
jetzt überflüssig sei, und daß man daher die Herrschaft wieder in die Hände
desjenigen zurückgeben müßte, von dem man sie empfangen habe. Sobald
der Beschluß gefaßt war, eilten Deputierte zu Cromwell, ihm denselben feierlich zu überbringen. Unterdessen aber hatten sich die übrigen Parlamentsglieder eingefunden und wunderten sich des Geschehenen nicht wenig. Doch
als sie Rat hielten, wurden sie schnell auf ähnliche Art unterbrochen, wie
das Rumpfparlament. Oberst White erschien mit einem Trupp Soldaten
und fragte sie, was sie hier machten. „Wir suchen den Herrn!" antwortete
einer. „Dann müßt ihr anderswo hingehen," — versetzte der Oberst —
„denn wie ich für gewiß weiß, ist er schon seit mehreren Jahren nicht mehr
hier gewesen." Und damit trieb er sie zum Hause hinaus (12. Dez. 1653).

So lag nun die Regierung abermals in den Händen des Militärs.
General Lambert, Cromwells treuester Zögling, bemächtigte sich jetzt der
Gemüter aller Offiziere, entwarf einen neuen Regierungsplan und ersann
eine neue Würde für Cromwell, der unter dem Titel eines Protektors
(Beschützers) die volle Kraft der Königswürde haben sollte. So hoffte er
alle Teile zu befriedigen. Wirklich genehmigte der Rat der Offiziere den
Entwurf, und Cromwell ward öffentlich zum Protektor auf zeitlebens erklärt.
Ihm ward ein Staatsrat beigesellt, alle drei Jahre sollte er ein Parlament
zusammenberufen, und nach seinem Tode sollte der Staatsrat einen Nachfolger bestimmen dürfen. Eine stehende Armee von 20 000 Mann Fußvolk

und 10 000 Reitern sollte die neue Verfassung schützen, und aus den öffent=
lichen Fonds sollte der Sold für die Unterhaltung des Heeres genommen
werden.

11.

Die in so kurzer Zeit gemachte Verfassung hatte viele Mängel, aber die
Kraft des außerordentlichen Herrschergeistes, der in Cromwell lebte, deckte sie.
Nie ist England berühmter und allen Nachbarmächten respektabler gewesen,
als in den fünf Jahren, da Cromwell an der Spitze der Geschäfte stand.
Auswärtige Monarchen buhlten um seine Freundschaft und sandten ihm
Glückwünsche zu, selbst der stolze Ludwig XIV. nannte ihn seinen Bruder.
Um die Versuche der Königlichgesinnten im Innern des Landes zu vereiteln,
besoldete der Protektor Hunderte von Spionen, die ihm jeden Aufstand schon
im voraus mitteilten, so daß er wirksame und strenge Maßregeln treffen
konnte. Der Seekrieg mit Holland wurde zu Englands Ruhme beendet, das
noch obendrein 85 000 Pfund als Kriegskosten erhielt. Um aber die ver=
lorene Freiheit den Engländern vergessen zu machen, begann Cromwell so=
gleich einen neuen Krieg mit Spanien.

Der treffliche Seeheld Blake hatte eine tüchtige Seemacht geschaffen
und begeisterte durch seine Thaten die Engländer so sehr für den Seedienst,
daß er eigentlich als Begründer der englischen Übermacht zur See angesehen
werden kann. Er führte sein Geschwader ins Mittelländische Meer, wohin
seit den Kreuzzügen kein englisches Schiff gekommen war; er griff die See=
räuber unmittelbar in ihren Wohnsitzen Tunis und Algier an und zwang sie
durch ein heftiges Bombardement zur Unterwerfung. Als die Kriegserklä=
rung gegen Spanien geschehen war, nahm er eine spanische Silberflotte weg
und versenkte viele Schiffe, indes zwei andere englische Admirale St. Do=
mingo angriffen und Jamaika eroberten. Um diesem Kriege noch mehr Ge=
wicht zu geben, schloß Cromwell noch ein vertrautes Bündnis mit den Schwe=
den, dem Erbfeinde Spaniens vom dreißigjährigen Kriege her. Wie sein
Feuergeist in allen Dingen nach dem Höchsten strebte, so wollte er auch seiner
Nation einen heroischen Schwung, ein Interesse für das Große, Allgemeine
geben, und oft hörte man ihn sagen, er wolle den Namen Engländer
eben so gefürchtet als geehrt machen, als der Name eines Römers gewesen
sei. Auch die Landesverfassung, an der er fort und fort arbeitete, zeugt von
demselben kräftigen Streben nach Ordnung und Einheit. Zu Richtern wur=
den die rechtschaffensten Männer erwählt. Die Truppen wurden in die ver=
schiedenen Städte des Reichs verteilt, in strenger Zucht gehalten und prompt
besoldet. Um die Steuern pünktlich einzutreiben, bediente man sich der mili=
tärischen Gewalt, und es wurden deshalb 10 Generalmajore mit fast unum=
schränkten Vollmachten versehen.

Von den royalistischen Anführern, die sich noch immer regten, wurden
ein paar Schiffsladungen voll nach Barbados in die Bergwerke geschickt.
Aber mit seinen eigenen Anhängern hatte Cromwell noch manche Schwierig=
keit. Die sogenannten Heiligen ließen ihn noch immer nicht los, sondern

wollten wie sonst mit ihm beten und singen, seufzen und weinen und die Augen verdrehen und über die Weissagungen im Alten Testamente reden. Da aber der Protektor an diesem Wesen keinen Gefallen mehr fand, verdarb er es natürlich mit vielen. Auch in der Armee gab es noch viele Unzufriedene, und als ihm das feile Parlament die Königskrone antrug, schlug er dieselbe wohlweislich aus, denn er dachte an Cäsars Schicksal. Er mußte auch immer auf seiner Hut sein und ward seines Lebens nicht mehr froh. In seinem Mißtrauen sah er bald nur Feinde um sich her, die auf seinen Tod lauerten. Jedes fremde Gesicht beunruhigte ihn; in großer Gesellschaft schreckte ihn das Geräusch und im einsamen Zimmer die Stille. Er führte nicht nur beständig Pistole, Dolch und Degen bei sich, sondern trug noch einen Panzer unter der Kleidung und that keinen Schritt ohne Begleitung starker Wachen. Seine Reisen machte er wie auf Flügeln des Sturmwindes. Nie kehrte er auf demselben Wege zurück, den er gekommen war; nie sagte er vorher, wann und wohin er gehen wollte. Seine Zimmer hatten verborgene Thüren; sein Schlafgemach wechselte er fast alle drei Tage, und jedesmal sagte er's immer erst den Augenblick vorher und bepflanzte dann den Eingang mit seinen königlich bezahlten Wachen. Sein Gewissen ließ ihm keine Ruhe, und er war mit Gott und der Welt zerfallen.

Bei solchem Gemütszustande mußte auch seine Gesundheit schwinden. Kaum befiel ihn ein schwaches Fieber, als er auch schon von der Nähe des Todes überzeugt war. Er versammelte auch sogleich mehrere Geistliche um sein Bett und fragte sie, ob es auch unbestreitbar sei, daß der einmal von Gott Erwählte nie ganz verworfen werden könne? Sie bejahten es. „Nun dann, wohl mir!" rief er aus, „denn dann weiß ich gewiß, daß ich einmal im Stande der Gnade gewesen bin!" Von dieser Zeit an stieg seine Hoffnung wieder. Aber die Kraft war erschöpft. Die Ärzte zeigten es dem Staatsrate an, daß sein Ende nahe sei. Man fragte ihn darauf, ob er seinen ältesten Sohn zu seinem Nachfolger haben wolle. Er nickte mit dem Kopf und verschied bald darauf, im 59. Jahre seines Alters am 3. Sept. 1658. Ein furchtbarer Sturm erhob sich gerade in der Stunde seines Todes, was seinen zagenden Mitbürgern Stoff zu mancherlei Ahnungen und Betrachtungen gab. Sein Körper ward in der Westminsterabtei unter den Särgen der Könige, jedoch auf Kosten seiner Familie, beigesetzt. Um Cromwell legten die meisten europäischen Höfe Trauer an.

II. Ludwig XVI. Napoleon Bonaparte.[*]

Ludwig XVI.

1.

Ludwig XIV. hinterließ bei seinem Tode (1715) eine drückende Schuldenlast von 2700 Millionen Mark, und die Staatseinkünfte der nächsten Jahre

[*] Nach Th. Welter.

waren schon zum voraus verzehrt. Sein Nachfolger, Ludwig XV., der zum Unglück des Reiches fast sechzig Jahre (von 1715 bis 1774) König hieß, verstand weder zu regieren, noch zu sparen. Was die Kriege nicht aufzehrten, das verschwendeten und stahlen Minister und Mätressen. Eine dieser Damen, welche sich die Liebe des Königs vorzüglich zu erwerben gewußt hatte, kostete dem Schatze in fünf Jahren 120 Millionen Mark. Man wußte am Ende nicht mehr, wo man Geld herbeischaffen sollte. Da fing der König auf den Rat seiner unwürdigen Minister ein entehrendes, aber einträgliches Gewerbe an. Er ließ Papiere stempeln und befahl, diese wie bares Geld anzunehmen. Er kaufte alles Korn, das unentbehrlichste Bedürfnis jedes Tagelöhners, auf und setzte nun die Kornpreise so hoch, daß er bedeutend dabei gewann, das Land aber schwer gedrückt wurde. Aller Fleiß der Landleute und der Handwerker rang vergebens gegen die Not, unter der alles seufzte. Der Adel hatte die einträglichsten Stellen, die Geistlichkeit reiche Pfründen, beide Stände genossen viele Vorrechte (Privilegien), während der dritte Stand, der Bürger, für nichts geachtet wurde. So entspann sich bei den niedern Volksklassen allmählich Haß und Erbitterung gegen die höheren und gegen das Königtum selber. Der Freiheitskampf der Nordamerikaner, an welchem auch viele Franzosen teilgenommen hatten, lebte noch in aller Herzen und entzündete das Verlangen nach Freiheit. Geistreiche Schriftsteller, wie Rousseau und Voltaire, hatten mit beißendem Witz die Privilegien des Adels und der Geistlichkeit und die natürlichen Rechte, die jeder Mensch hat, weil er Mensch ist, verkündet. So waren die Gemüter gespannt und mit Sehnsucht schaute das französische Volk auf den jungen König Ludwig XVI., dessen Thronbesteigung ein Freudenfest war.

Ludwig meinte es gut, er fing seine Regierung mit dem ernsten Willen an, dem Landeselend zu steuern. Aber er war zu schwach, um dem drohenden Übel, das schon zu tief Wurzel gefaßt, Einhalt thun zu können. Die Schuldenlast wurde durch seine Gemahlin, Maria Antoinette, Tochter der Kaiserin Maria Theresia, und durch die verschiedenen Prinzen seines Hauses mit jedem Jahre größer; der Kredit sank mehr und mehr. Vergebens führte der gutmütige König das einfachste Leben, um seinen hartbedrängten Unterthanen die Abgaben zu verringern; die höchst ärgerlichen Verschwendungen seines Hofes blieben nach wie vor. So sah er sich endlich genötigt, dem Rate seines Finanzministers Necker aus Genf zu folgen und die Reichsstände, die seit 1614 nicht versammelt gewesen waren, zu berufen. Necker, der die Absicht hatte, das Defizit der Finanzen durch den Adel und die Geistlichkeit zu decken und dem dritten Stande das Übergewicht zu verschaffen, hatte 600 Deputierte vom dritten Stande (tiers état), 300 vom Adel und eben so viel von der Geistlichkeit versammelt, und der Reichstag wurde in der königlichen Residenzstadt Versailles am 5. Mai 1789 feierlich eröffnet. Es mochte wohl dem Könige nicht ahnen, daß er damit eine Pulvermine angelegt hatte, die ganz Frankreich, ja ganz Europa erschüttern, ihn selber aber vernichten sollte.

2.

Der Adel und die Geistlichkeit waren sehr unzufrieden, den dritten Stand an ihrer Seite zu haben, und hatten auch wenig Lust, große Opfer für das Land zu bringen. Der dritte Stand dagegen verlangte, daß nach Köpfen abgestimmt werden sollte und nicht nach Ständen, denn sonst wären zwei gegen eins gewesen. Darüber kam es zum erbitterten Streit, und Ludwig XVI. löste die ganze Versammlung auf. Doch der dritte Stand blieb auf den Rat des staatsklugen Abbé Sieyes und erklärte sich selber zur Nationalversammlung. Diese kühne Beharrlichkeit begeisterte plötzlich das ganze Volk, und sogar von Adel und Geistlichkeit traten mehrere Abgeordnete zum dritten Stande über, um nun über die Veränderungen zu beraten, die in der bisherigen Verfassung vorgenommen werden sollten.

Der König, höchlich über solchen Gewaltschritt erschrocken, begab sich nun selbst in die Versammlung, drückte sein Mißfallen über die Zwistigkeit der einzelnen Stände aus und befahl zugleich, sie möchte auseinandergehen, um am folgenden Tage nach den drei Ständen abgesondert ihre Beratungen neu zu beginnen. Die Geistlichkeit und der Adel gehorchten dem königlichen Befehle, die Abgeordneten des dritten Standes aber setzten die Beratung fort. Da erschien ein königlicher Gesandter, der Großzeremonienmeister, mit dem gemessenen Befehl, man solle auf der Stelle auseinandergehen. Doch auch hieran kehrte sich die Versammlung nicht. Graf Mirabeau, ein Mann von seltenem Talent, aber auch seltener Verworfenheit, erhob sich mit kühnem Trotze und sagte dem Diener des Königs: „Geh und sage denen, die dich schicken, daß wir hier auf den Willen des Volkes versammelt sind, und daß wir nur der Gewalt der Bajonette weichen werden." Der gutmütige König scheute sich aber, die Bajonette zu brauchen, und vermeinte, es ließe sich alles in Frieden abthun. Darum riet er auch dem Adel und der Geistlichkeit, gütlich mit dem dritten Stande zu verfahren. Aber gerade diese Schwäche brachte die Revolution zum Ausbruch.

Die Bürger hatten Mut bekommen, der Pariser Pöbel stürmte zusammen, die Nationalversammlung gegen jeden ferneren Angriff zu schützen. Böse Menschen von Adel selber suchten heimlich das Volk immer mehr aufzureizen, daß es Ausschweifungen begehen möchte, die man mit Härte strafen könnte. Man gewann die Polizei, Unordnungen des Volks nicht zu hindern, und machte dem Könige eine so schreckliche Vorstellung von der Wildheit der Bürger, daß der König ein Heer von 50 000 Mann um Paris zusammenziehen ließ. Jetzt glaubte die Hofpartei gesiegt zu haben, allein gerade, was sie zu ihrem Schutz gewählt hatte, ward ihr Verderben. Die französischen Soldaten wollten auf die Bürger nicht schießen, eine angebotene Vermehrung des Soldes schlugen alle einmütig ab; die allgemeine Liebe des Volkes belohnte sie. Wo sie öffentlich erschienen, ward ihnen Beifall geklatscht und gerufen; man umarmte und küßte sie öffentlich, die vornehmsten Bürger gingen mit ihnen Hand in Hand.

Da ließ der König deutsche Truppen in Paris einrücken und durch die

23 *

Straßen verteilen. Dies vermehrte die Erbitterung und reizte, Gewalt mit Gewalt abzuwehren. Als seinen Liebling ehrte das Volk den Minister Necker. Das machte ihn der Hofpartei verhaßt, und diese in Verbindung mit der Königin beredeten den König, den Befehl zu erteilen, daß Necker in der Nacht des 11. Juli 1789 Paris verlassen sollte. Die Nachricht von dieser Ausweisung entflammte das Volk von Paris zu wilder Wut, alles lief zu den Waffen und schrie durch die Straßen: „Freiheit oder Tod!" Die Zeughäuser wurden mit Gewalt erbrochen, und bewaffnet zog das Volk vor die Bastille, das ihm längst verhaßte Staatsgefängnis. Diese ward erstürmt und dem Erdboden gleichgemacht, die Besatzung niedergehauen und der Kopf des Kommandanten auf einer langen Stange unter dem Jubel des Volks durch die Stadt getragen. Von dieser That an datiert man die französische Staatsumwälzung (14. Juli 1789).

3.

Der eingeschüchterte König war schwach genug, den Minister Necker sogleich wieder zurückzurufen, sowie alles Militär aus der Umgegend von Paris zu entfernen. Nun meinte das Volk, ihm alles abtrotzen zu können; aus allen Provinzen strömten die unruhigen und neuerungssüchtigen, auch die verworfensten und schlechtesten Menschen in die Hauptstadt, um hier im Trüben zu fischen.

Die Nationalversammlung, deren Seele der dritte Stand war, begann nun rasch, gewaltig und durchgreifend zu wirken. Ohne sich mit der Geldfrage zu befassen, erklärte sie vor allem die Menschenrechte und die Souveränität oder unbeschränkte Gewalt des Volkes, dessen oberster Beamter der König sei. Alle Leibeigenschaft, alle Lehen- und Zinsrechte, welche die großen Grundbesitzungen voraus hatten, alle Privilegien einzelner und ganzer Genossenschaften, alle Vorzüge des Adels und der Geistlichkeit, mit einem Worte: alle mittelalterlichen Feudalrechte wurden aufgehoben und abgeschafft. Dies geschah in der denkwürdigen Nacht vom 3. zum 4. August.

Aus Liebe zur Ordnung und Ruhe genehmigte der König alle Beschlüsse, welche die Versammlung in jener Nacht gefaßt hatte; das Volk aber durchbrach im wilden Taumel der neuen Freiheit jede Schranke der Ordnung und des Gesetzes. Viele ihm verhaßte Männer wurden auf öffentlicher Straße niedergemacht. „An die Laterne!" war das gewöhnliche Mordgeschrei, unter welchem die Unglücklichen fortgeschleppt und an einem Laternenpfahl aufgehängt wurden. Und was die Hauptstadt that, das ahmten die Provinzen nach. Freiheit und Gleichheit! war die allgemeine Losung. Wie in Paris, so wurden in allen Städten die Obrigkeiten durch neue, volkstümlichere ersetzt und eine besondere Bürgerwehr unter dem Namen der Nationalgarde errichtet. Sie trug als Abzeichen der Revolution dreifarbige Kokarden: rot und blau, die Farben der Stadt Paris, und weiß, die Farbe des Reichs. Bewaffnete Banden zogen durch das Land, und mit dem Triumphgeheul: „Krieg den Palästen, Friede den Hütten!" plünderten sie die Schlösser der Edelleute und die Häuser der Geistlichen. Der Herzog von Orleans, des Königs eigener Vetter, der aber die königliche Familie grimmig haßte, wiegelte unaufhörlich das Volk zum Aufruhr auf. Dieser elende, boshafte und verdorbene Mensch gedachte nach dem Umsturz alles Bestehenden sich selber auf den Thron zu schwingen; er verschenkte jetzt sein Geld haufenweise an den Pöbel, um diesen für seine Absichten zu gewinnen. Bei der immer mehr wachsenden Gefahr verließen viele vom Hofe das Land, unter andern der Graf von Artois und der Prinz Condé; viele Edelleute und Geistliche folgten dem Beispiel und wandten sich meist nach Koblenz. Der unglückliche König blieb allein, schutz- und ratlos, in dem brausenden Sturm zurück, der Wut des empörten Volkes preisgegeben. Selbst die Nationalversammlung, obgleich die Mehrzahl der Abgeordneten von dem aufrichtigsten Wunsche beseelt war, eine das Volk beglückende Verfassung zu entwerfen, vermochte nicht, die Ruhe und Ordnung wieder herzustellen. Sie wurde bald durch den Strom des Pöbels ebenso in Bewegung gesetzt, wie das Rad einer Mühle durch die fallenden Gewässer.

4.

Um den König ganz in ihre Gewalt zu bekommen, hatten die Freiheitsmänner von Paris den Plan entworfen, ihn für immer nach Paris zu bringen. Orleans und seine Helfershelfer schlossen sich dieser Partei an und erregten durch künstliche Mittel eine Brotteuerung, indem sie die Kornwagen unterwegs auffingen. Nun wurde ausgesprengt, der König und die Aristokraten (so nannte man die Hofpartei) wollten Paris aushungern. Am 5. Oktober sammelte sich vor dem Rathause eine Menge Weiber, mit Äxten, Spießen und Säbeln bewaffnet; die Fischweiber, „die Damen der Halle" genannt, spielten die Hauptrolle, aber auch Männer in Weiberkleidern sah man unter ihnen. Orleans hatte sie mit Geld und Branntwein beschenkt, das Rathaus wurde erstürmt, die Waffen von den Weibern in Beschlag genommen. Nachdem sie getobt und gelärmt hatten, hieß es: „Nach Versailles! nach Versailles!" Ein Lumpenkerl, mit Namen Maillard, stellte sich an ihre Spitze, und so brachen sie nach Versailles auf. Lafayette, der aus dem nordamerikanischen Freiheitskriege wohlbekannte Held, bot die Nationalgarde auf, um dem Pöbel Einhalt zu thun; aber die Nationalgardisten zwangen ihn selber, sie nach Versailles zu führen. „Wir kämpfen nicht gegen verhungerte Weiber!" riefen sie drohend. Schon war der Abend eingebrochen, und der Regen goß in Strömen herab; aber das hinderte den Haufen nicht, mit 20 Kanonen abzuziehen.

Die Weiber waren schon um Mittag in Versailles, und mit Gesang und Trommelschlag zogen sie in die Nationalversammlung. Maillard, den bloßen Säbel schwingend, mit einem Weibe neben sich, welches an einer langen Stange eine Trommel trug, hielt im Namen des Volkes eine Rede. „Wir haben kein Brot," rief er, „wir wissen, der König und seine Minister sind Verräter; aber der Arm des Volkes ist erhoben, sie zu zerschmettern!" Die Worte wurden von seinen Begleitern mit den heftigsten Drohungen gegen den König und die Königin begleitet. Darauf drang die ganze Rotte der Weiber tobend und lärmend in den Saal und mischte sich unter die Abgeordneten. Ein Weib bemächtigte sich sogar des Präsidentenstuhles und ahmte mit der Glocke in der Hand die Verrichtungen des Präsidenten nach. Dann holten sie Lebensmittel und Wein herbei, tranken und sangen, fluchten und schimpften wild durcheinander und erstickten fast mit ihren Liebkosungen mehrere der Abgeordneten. Die Versammlung suchte sie zu beruhigen, und der Präsident selbst führte einige ins Schloß zum Könige. Dieser gab ihnen die gütigsten Versprechungen, ja umarmte sogar eines dieser Weiber, weil sie ihm nur unter dieser Bedingung glauben wollten. Dann lagerten sie sich wie Soldaten auf dem großen Paradeplatze, zündeten Feuer an, tranken und sangen um die Wette.

Gegen Mitternacht traf auch die Pariser Nationalgarde ein. Der edle Lafayette, welcher sowohl ein Freund der Freiheit, als voll Rechtlichkeit und Ehrliebe war, hatte alles aufgeboten, um fernere Ausbrüche der rohen Leiden= schaften zurückzuhalten. Er hatte zuvor den Haufen schwören lassen, dem Könige treu zu bleiben und vor seiner Wohnung Achtung zu haben. Er selbst ging dann aufs Schloß zur königlichen Familie und verbürgte sich für die Aufrechterhaltung der Ordnung.

Kaum graute der Morgen des 6. Oktober, als eine Bande der Auf= rührer Mittel gefunden hatte, in das Innere des Schlosses zu dringen. Sie mordeten die königlichen Garden, die vor dem Zimmer der Königin Wache hielten, und über die blutenden Leichen stürzten sie in das Schlafgemach der Königin. Allein ihr Opfer, zu größeren Leiden ausersehen, war halb an= gekleidet durch einen geheimen Gang nach dem Zimmer des Königs entflohen, und die wütend hereinbrechenden Mörder durchstachen das verlassene Bett mit Piken und Schwertern. Die ganze Leibwache hatte sich jetzt versammelt und trieb die Mörder aus dem Schlosse. Aber nun wandte sich die ganze Wut des Volkshaufens gegen die Garde, die unmöglich den Kampf gegen die Menge bestehen konnte. Alle erwarteten den Tod. Da erschien der König auf dem Balkon und rief mit ausgebreiteten Armen: „Gnade für meine Garde!“ — „Hoch lebe der König!“ war die Antwort der hierdurch begei= sterten Menge, und augenblicklich ließ sie vom Morden ab, ja sie holte sogar einige gefangene Gardisten herbei und umarmte sie vor den Augen des Kö= nigs. „Die Königin, die Königin!“ schrie dann die Menge. Mit sichtbarer Angst trat dann die unglückliche Fürstin auf den Balkon, an jeder Hand führte sie eins ihrer Kinder. „Fort mit den Kindern!“ schrie man ihr von unten zu. Sie führte diese zurück, und nun stand die erhabene Frau allein auf dem Balkon, mit bethränten Augen und gefalteten Händen, während dort unten die aufrührerische Menge wogte und brüllte und Piken und Ge= wehre in wildester Wut schwenkte. Ein Kerl schlug sein Gewehr auf sie an, doch einer der Umstehenden riß es nieder. Die stille Majestät der ruhig dastehenden wehrlosen Frau gab der Leidenschaft des Volkes eine plötzliche Wendung. Begeistert rief der ganze Haufe: „Hoch lebe die Königin!“ Der König wurde noch einmal verlangt. Er erschien und ihm entgegen hallte

das tausendstimmige Gebrüll: „Nach Paris, nach Paris!" — „Ja, meine
Kinder," erwiderte der König sichtbar bewegt, „ich will nach Paris gehen,
aber nicht anders, als in Begleitung meiner Frau und meiner Kinder." —
„Hoch lebe der König!" schrie nun wieder der Pöbel. Die Königin trat
auch wieder auf den Balkon und versuchte zu sprechen, aber ihre Stimme
konnte vor dem Getöse nicht gehört werden. Da küßte ihr Lafayette die
Hand und sprach zu dem erstaunten Volke: „Die Königin ist sehr erstaunt
über das, was sie sieht. Sie ist hintergangen worden; sie verspricht, sich
nicht mehr hintergehen zu lassen und das Volk zu lieben!" Zum Beweise
der Zustimmung hob die Königin zweimal ihre Arme gen Himmel und
Thränen rollten ihr von den Wangen herab.

5.

Schon um 1 Uhr nach Mittag setzte sich der Zug in Bewegung. Aber
welch ein Zug! Voran wurden die blutigen Köpfe der niedergemetzelten
Leibgarden getragen, als Siegestrophäen auf hohe Stangen gesteckt; die noch
übrig gebliebenen Garden schleppte der Pöbel als Gefangene in seiner Mitte
fort. Dann folgte der Wagen, in welchem der König und die Königin,
ihre beiden Kinder und die Prinzessin Elisabeth, des Königs Schwester,
saßen. Zu beiden Seiten wogte eine ungeheure lärmende Volksmenge. Einige
grinsten nach dem Wagen hin und stießen Verwünschungen und Drohungen
gegen die königliche Familie aus, andere hielten Triumphgesänge, noch andere schrieen: „Da bringen wir euch den Bäckermeister nebst Frau und Lehr-
jungen!" — als ob die Rückkehr der unglücklichen, aller Macht beraubten
Familie die Teuerung in Paris heben würde! Hinter dem Wagen wurden
mehrere Kanonen geführt, Weiber saßen auf den Lafetten und trugen Brot
und Fleisch auf den Bajonetten. Berauschte Männer und Weiber ritten
durcheinander, der ganze Weg war von den Einwohnern der benachbarten
Dörfer besetzt und so voll Menschen, daß die königlichen Wagen oft still
halten mußten. Erst nach sechs Stunden der Angst und Schmach langte
der arme Ludwig vor dem Schlagbaume (Barriere) von Paris an, wo ihn
der Bürgermeister (Maire) empfing, den schönen Tag preisend, welcher den
König von Frankreich der Hauptstadt wiedergebe. Der König erwiderte: Er
sei mit Vergnügen gekommen, und die Königin, sie trete mit Vertrauen in
die gute Stadt. Nach diesen gegenseitigen Förmlichkeiten wurde dem gedemütigten Fürsten erlaubt, sich nach dem Palaste der Tuilerien zu begeben,
in welchem gar keine Anstalten zum Empfang der königlichen Familie getroffen waren, so daß man die Betten borgen mußte.

Von nun an hatte der König keinen Willen mehr und war als Gefangener der Pariser Volksführer zu betrachten. Nicht besser war es mit
der Nationalversammlung; über dreihundert Deputierte verließen dieselbe, weil
sie mit den Mördern des 6. Oktobers keine Gemeinschaft haben wollten.
Die übrigen Deputierten gingen nach Paris und hoben, durch den Schutz des
Pöbels kühn gemacht, eine Einrichtung nach der andern auf, ohne zu bedenken, daß es leichter ist, einzureißen als wieder aufzubauen. Die Sitzun-

gen wurden in einer Reitbahn gehalten, die im Garten der Tuilerien lag und die in der Geschwindigkeit mit Bänken, wie ein Amphitheater hergerichtet war. In der Mitte hatte der Präsident seinen Sitz, zur Rechten saßen die Gemäßigten, zur Linken aber, besonders auf den höchsten Bänken, (dem Berge) die heftigsten Revolutionsmänner. In Paris entstanden Klubs oder Vereine gleichgesinnter Deputierten, die vorher das besprachen, was sie in der Nationalversammlung durchsetzen wollten. In einem Jakobinerkloster versammelte sich der sogenannte Jakobiner = Klub, der aus den gefährlichsten Wühlern bestand. Als äußeres Abzeichen trugen die Jakobiner eine rote, lang herabhängende Mütze. Bald wimmelte ganz Frankreich von Klubs, welche dann ihren gemeinsamen Mittelpunkt in Paris fanden. Die Zuschauer auf der Galerie, größtenteils Anhänger der Jakobiner, bezeichneten durch Zujauchzen und Händeklatschen den ungestümsten Rednern ihrer Partei lärmenden Beifall; dagegen zischten sie die gemäßigten Redner aus, als ob die ganze Versammlung, die über das Wohl und Wehe des Volkes zu beraten hatte, eine Komödie wäre. Die Zerstörungslust kannte keine Grenzen mehr. Die Güter der Geistlichkeit wurden eingezogen, die Klöster aufgehoben, und um den Verkauf zu erleichtern, führte man Papiergeld ein, das man „Assignation" nannte, weil es auf die eingezogenen Güter assigniert oder angewiesen war. Da mußten sich schon manche Käufer der Assignation wegen an die Revolution anschließen, um ihr neues Besitztum zu sichern. Weil aber in der Folge immer mehr und mehr Assignaten fabriziert wurden (man brauchte ja bloß Papier dazu), so sank ihr Wert dermaßen, daß z. B. ein Paar Stiefeln gegen 20 000 Franken zu stehen kam. Die alte Einteilung des Landes in Provinzen hörte auf und man setzte an ihre Stelle eine neue in 83 Departements, in der Regel nach Bergen und Flüssen entworfen. Den König setzte man auf ein Jahrgehalt, der gesamte Erbadel wurde abgeschafft und mit ihm alles, was an Auszeichnung oder Knechtschaft erinnern konnte. Selbst der unbedeutende Titel Monsieur (mein Herr) ward verpönt; man mußte fortan zu jedem citoyen (Bürger) sagen.

6.

Unter solchen Umwälzungen war der 14. Juli 1790, der Jahrestag der Zerstörung der Bastille, erschienen. Das Andenken an diese erfolgreiche That gab Veranlassung zu einem großen Bundesfeste, welches auf dem Marsfelde, einer geräumigen Ebene am westlichen Ende von Paris, feierlich begangen wurde. Schon in der Nacht zuvor hatte sich die Ebene mit Menschen angefüllt. Die Nationalgarde war aufgezogen, und beim ersten Strahl der Morgensonne verkündete der Donner der Kanonen und das Geläute der Glocken den festlichen Tag. Des Morgens 10 Uhr erschienen in der Mitte von Hunderttausenden von Zuschauern die Mitglieder der Nationalversammlung, die Abgeordneten der Departements, später auch der König und seine Familie. Durch einen sehr geschmückten Triumphbogen ging der feierliche Zug auf das Marsfeld. In der Mitte desselben stand ein hoher Altar, der „Altar des Vaterlandes" genannt, diesem gegenüber eine Galerie, auf welcher die Nationalversammlung und der König ihren Sitz hatten. Talleyrand, der Bischof von Autün, hielt das Hochamt und segnete die Fahnen der Departements ein. Unter Freudenschüssen und Festgeläute schwuren im Angesicht des Himmels die Bürgersoldaten, die Nationalversammlung, der König und die Abgeordneten der ganzen Nation Gehorsam den Gesetzen, und alle umarmten sich in trunkener Freude als Brüder. Es war ein großer, herzerhebender Augenblick; ein Band allgemeiner Verbrüderung schien König und Volk wie eine einzige große Familie zu umschlingen und dem gebeugten Lande eine schönere Zukunft zu versprechen.

Allein bald zeigte sich's, wie locker ein Band ist, das nur die plötzliche Rührung knüpft. Die Jakobiner gingen in ihren Gewaltstreichen immer weiter und erlaubten sich sogar grobe Schmähungen gegen den König und seine Familie. Am 18. April 1791 wollte dieser mit seiner Familie nach dem nahe gelegenen Schlosse St. Cloud fahren, um dort, wie gewöhnlich, das Osterfest zu feiern. Schon hatte er den Wagen bestiegen, als der Pöbel mit lautem Geschrei, welches von der wachthabenden Nationalgarde wiederholt wurde, herbeistürzte und forderte, der König sollte die Tuilerien nicht verlassen. Lafayette erschien und befahl der Nationalgarde, den Pöbel auseinander zu treiben und dem königlichen Wagen Platz zu machen. Vergebens! Der Maire eilte herbei und ermahnte zur Ruhe; der König ermahnte und bat, die Königin weinte. Alles vergebens! Nachdem der Lärm länger als eine Stunde gedauert hatte, stiegen die königlichen Personen wieder aus und kehrten beschimpft in ihr Schloß zurück, das nun ihr Gefängnis war. Lafayette war über den Ungehorsam der Nationalgarde so aufgebracht, daß er seine Stelle als Kommandant niederlegte.

Nun faßte der König den verzweifelten Entschluß, sich mit seiner Familie durch die Flucht aus der traurigen Gefangenschaft zu retten. Die Nacht vom 20. zum 21. Juni wurde dazu bestimmt. Anfangs schien das Unternehmen zu gelingen. Abends langte man in St. Menehould (Menu) an. Der dortige Postmeister Drouet, ein wilder Revolutionär, stutzte, als er die Königin sah, die er schon früher einmal gesehen hatte, und bald hatte er auch den König erkannt. Schon waren die Pferde gewechselt und die Reisewagen abgefahren, da faßte der Mann einen kühnen Entschluß. Er setzte sich zu Pferde, jagte auf Umwegen den Reisenden vor und traf vor ihnen in Varennes ein. Sogleich wurde die Sturmglocke gezogen, das Volk trat unter Waffen und besetzte alle Auswege, und als die königlichen Wagen ankamen, wurden sie sogleich angehalten und die Personen zum Aussteigen genötigt. Anfangs leugnete Ludwig, daß er der König sei; als er sich aber immer mehr erkannt sah, rief er wehmütig aus: „Ja, ich bin euer König! In der Hauptstadt von Dolchen und Bajonetten umgeben, will ich in der Provinz mitten unter meinen treuen Unterthanen die Freiheit suchen, deren ihr alle genießt; ich kann nicht länger in Paris bleiben, ohne mit meiner Familie umzukommen." Seine Worte fanden kein Erbarmen. Er ward als Kriegsgefangener nach Paris zurückgebracht, umgeben von zürnenden Pöbelhaufen und Nationalgarde, und es fehlte wenig, daß ihn der Pariser Pöbel beim Aussteigen gemißhandelt hätte.

Dieser mißlungene Versuch verschlimmerte noch die Lage der unglücklichen königlichen Familie. Es wurden noch strengere Maßregeln zu ihrer Bewachung getroffen; die Königin durfte nicht einmal die Thür ihres Schlafzimmers schließen, und als der König selbst sie einst schloß, öffnete der wachthabende Offizier sie sogleich wieder und sagte dabei kalt: „Sie machen sich nur unnütze Mühe, wenn Sie die Thür schließen."

7.

Im September 1791 war die neue Verfassung oder Konstitution vollendet. Der König, welcher voraussah, daß jeder Widerspruch vergeblich sein würde, nahm sie in der ihm übergebenen Form an und beschwor sie. Sie enthielt viel Gutes, aber die königlichen Rechte waren über alles Maß beschnitten. Als die Versammlung (die man die konstituierende nannte) auseinander gegangen war, trat bald eine neue an ihre Stelle, die nun auch das Recht des Königs, die Gesetze des Landes zu bestimmen, für sich in Anspruch nahm und sich die gesetzgebende nannte. Die Mitglieder derselben waren größtenteils junge talentvolle Männer, aber ohne Welterfahrung, nur vom revolutionären Schwindelgeiste ergriffen. Unter ihnen zeichneten sich die Abgeordneten des Departements der Gironde, die sogenannten Girondisten, aus, deren Absicht war, den Königsthron allmählich zu stürzen und auf dessen Trümmern eine Republik zu gründen. In dieser Versammlung saßen aber auch die wildesten Jakobiner, deren boshaftes Trachten dahin ging, den Königsthron nicht allmählich, sondern rasch, durch gewaltsame Mittel zu stürzen. So groß auch die Feindschaft unter den einzelnen Parteien war, in dem Hasse gegen die königliche Familie kamen sie alle überein. Fast alle Ämter, selbst die Ministerstellen wurden mit Jakobinern besetzt, und die gemäßigteren Männer zogen sich allmählich von dem Tummelplatze der wildesten Leidenschaften zurück. Schreckensmänner, wie Robespierre, Marat, Danton, Manuel, Pethion, deren Namen in der Geschichte Frankreichs ewig gebrandmarkt bleiben werden, verübten in dieser vielfach bewegten Zeit Greuel, vor denen das menschliche Gefühl zurückschaudert. Diese Bösewichter verbanden sich mit dem leicht verführten Pöbelhaufen zu Schutz und Trutz, suchten durch dessen Gunst alle bestehende Ordnung zu stürzen, um selber zu Macht und Reichtum zu gelangen. Bei solcher Pöbelherrschaft galt Roheit für Patriotismus, Mäßigung für Schlechtigkeit; wie zur Zeit einer ansteckenden Seuche fürchtete einer den andern. Jeder bedeckte sich mit den ärmlichsten Kleidern, um sich vor der Wut des Pöbels zu schützen. Man brauchte nur recht zerlumpt einherzugehen, um für einen echten Sohn der Freiheit zu gelten. Der Name „Ohnehosen" (Sansculotten) galt für einen Ehrentitel.

Die gesetzgebende Versammlung faßte den Beschluß, es sollten alle Ausgewanderte, die nicht binnen einer bestimmten Frist zurückkehrten, des Todes schuldig und ihrer Güter verlustig sein; desgleichen sollten alle Geistliche,

welche die neue Verfassung nicht beschwören würden, als Empörer und Verräter der Nation gerichtet werden. Als der König sich weigerte, so harten
Beschlüssen, nach welchen er seine eigenen Brüder hätte ächten müssen, seine
Zustimmung zu geben, beschlossen die Jakobiner, dieselbe durch einen Volksaufstand zu erzwingen. Zu diesem Zwecke teilten sie unter dem Pöbel der
schlimmsten Vorstädte Piken aus, und am 20. Juni 1792 drang ein Haufen
von 40 000 Menschen, unter Anführung des Bierbrauers Santerre, mit
tobendem Geschrei auf die Tuilerien los und stürzte die Treppen hinauf,
gerade nach des Königs Zimmer. Die Thür ward eingestoßen, und der
Pöbel drang ein. Unerschüttert trat der König, der nur eine Wache von sechs
Grenadieren um sich hatte, den Frechen entgegen, die von der Majestät seiner
Würde wie betroffen unentschlossen stehen blieben. Aber andere Haufen
drangen nach, überhäuften den König und die Königin mit den heftigsten
Schmähungen und verlangten sofort die Bestätigung der Beschlüsse der Nationalversammlung. Allein der König blieb in dieser schweren Prüfungs-
stunde unerschüttert und nahm ruhig ihre Schmähungen hin. Ein Kerl
warf ihm seine rote Jakobinermütze zu; der König nahm sie gelassen hin
und setzte sie sich auf. Ein anderer reichte ihm seine Flasche und gebot ihm,
auf das Wohl der Nation zu trinken; auch das that der König, und weil
kein Glas zur Hand war, trank er aus der Flasche selbst.

Mit innerer Erbitterung sahen die Grenadiere solche Entwürdigung der
Majestät des Königs und waren entschlossen, ihn mit ihrem Blute zu ver-
teidigen. "Fürchten Sie nichts, Sire!" rief ihm einer von diesen zu. Der
König faßte ruhig dessen Hand, legte sie auf seine Brust und erwiderte:
"Urteile, ob dieses Herz von Furcht bewegt wird."

Endlich entschloß sich die Nationalversammlung, eine Gesandtschaft von
25 Mitgliedern nach dem Palaste zu schicken. Ihre Ankunft machte dem
Tumult ein Ende. "Das arme und tugendhafte Volk", wie Robespierre es
mit Heuchlermiene nannte, zog sich für diesmal ohne blutbefleckte Piken zurück, nicht wenig erstaunt, daß es zu weiter nichts sollte berufen gewesen
sein. Der Maire Pethion lobte es noch besonders wegen der Weisheit und
Würde, mit welcher es dem Könige seine Wünsche überbracht habe.

8.

Dieser mißlungene Versuch steigerte noch die Wut der Jakobiner und
vermochte sie zu dem Entschlusse, durch einen neuen Aufstand entweder den
König zu ermorden oder mindestens abzusetzen. Zu dem Ende hatten sie
noch einen Haufen nichtswürdigen Gesindels aus Marseille und der Umgegend verschrieben, die unter dem Namen der Föderierten oder Verbündeten ihren Einzug (am 30. Juli 1792) in Paris hielten. Der
10. August war zur Ausführung des Planes bestimmt. Am Morgen dieses
verhängnisvollen Tages wurde die Sturmglocke geläutet, und auf dieses
Zeichen wälzte sich das Gesindel der Vorstädte mit den Föderierten tobend
und lärmend nach den Tuilerien. Sogleich traten die Schweizer und die
übrigen treu gebliebenen Garden ins Gewehr, besetzten alle Posten in und

vor dem Palaste und waren entschlossen, das Äußerste für den König zu wagen; dieser untersagte ihnen aber aus übertriebener Gutmütigkeit alles Schießen. Bei dem Andrange so ungeheurer Gefahr eilte schnell Röderer, einer aus dem Magistrate, nach dem Schlosse und riet dem Könige, er möchte doch eiligst mit seiner Familie in die Nationalversammlung fliehen; denn das Ungewitter, welches gegen ihn im Anzuge sei, übersteige alle Vorstellung. Die Königin fühlte die Schande, welche darin lag, Menschen um Schutz anzuflehen, die keinen Schatten von Teilnahme für die königliche Familie gezeigt hatten, und sie wies Röderers Rat mit Heftigkeit zurück. Da wandte sich dieser an sie mit den ergreifenden Worten: „Madame, die Augenblicke sind kostbar; noch eine Minute, noch eine Sekunde, und ich stehe nicht mehr für Ihr Leben!" Die Königin entfärbte sich und sprach tief bewegt: „Nun es sei; auch dieses letzte Opfer wollen wir bringen!" Unter den heftigsten Verwünschungen und Drohungen des Pöbels, der wiederholt schrie: „Nieder mit den Tyrannen! Nieder mit dem Vielfraße! der jährlich 25 Millionen verschlingt!" langten die erlauchten Flüchtlinge bleich und entstellt in der Nationalversammlung an. Beim Eintritt sagte der König mit Würde: „Ich bin hierher gekommen, um Frankreich ein großes Verbrechen zu ersparen, und ich denke nirgends sicherer zu sein, als in Ihrer Mitte, meine Herren!" Man empfing ihn kalt und wies ihn mit seiner Familie nach oben in die Loge des Zeitungsschreibers. Dort mußte er hören, wie die Versammelten über seine Absetzung beratschlagten.

Unterdessen verkündete das Knallen der Gewehre und das Donnern der Kanonen, daß die Entfernung des Königs das Blutvergießen, welches dieser Monarch so sehr fürchtete, keineswegs abgewendet hatte. Die Schweizergarde war nach der heldenmütigsten Gegenwehr größtenteils niedergemacht, das Schloß erstürmt worden. Hierauf begaben sich ganze Haufen des Pöbels, das Gesicht mit Pulverdampf geschwärzt und die Hände mit Blut besudelt, in die Nationalversammlung und forderten die Absetzung des Königs. Nun faßten die Abgeordneten den Beschluß, es solle durch das Volk ein National= konvent gewählt werden, denn das Königtum tauge nicht für Frankreich. Der König wurde vorläufig seiner Würde für verlustig erklärt und wie ein Missethäter mit seiner Familie in den Tempel, einen alten Gefängnisturm, gebracht. Am 21. September 1792 wurde der Nationalkonvent aus den wütendsten Jakobinern errichtet. Sofort wurde die erste Konstitution und die Königswürde aufgehoben, Frankreich, die älteste christliche Monarchie, in eine Republik verwandelt und mit dieser eine neue Zeitrechnung in Verbindung gebracht. Man zählte nun nach Jahren der Republik und fing das erste Jahr vom 21. September 1791 an. Auch die Namen der Monate wurden verändert und statt der Wochen „Dekaden" eingeführt, wovon jede 10 Tage enthielt. Sechsunddreißig heidnische Festtage traten an die Stelle von 52 christlichen Sonntagen. Mit der Abschaffung des Königtums wurden alle Wappen und Bildsäulen der Könige zertrümmert; der Konvent selbst richtete die Banden dazu ab. Ja sogar die königlichen Gräber zu St. Denis, unweit der Hauptstadt, wurden wieder aufgewühlt, die Leichname aus den Särgen gerissen, ihre Gebeine zerstreut. Nichts sollte an die Zeit des Königtums erinnern.

9.

Die Lage des unglücklichen Königs erregte die Teilnahme und Besorgnis aller übrigen Monarchen, besonders des Kaisers Leopold II., der durch so enge Familienbande mit ihm verknüpft war. Der Eifer für die Sache des Königs wurde noch mehr angefeuert durch die Bitten und Vorstellungen der ausgewanderten französischen Prinzen, die zu Koblenz ihr Hoflager hatten und dort die Ausgewanderten unter ihre Fahnen vereinigten. Statt durch weise Mäßigung dem Kriege vorzubeugen, that die Nationalversammlung gerade alles, um ihn herbeizuführen. Sie zog alle Besitzungen ein, welche deutsche Fürsten in Elsaß und Lothringen hatten, und sprach der ganzen Welt Hohn. Je mehr man sich rüstete, um den unglücklichen König mit Gewalt aus den Händen der Bösewichter zu befreien, um so frecher war dessen Mißhandlung. Die Jakobiner zwangen ihn sogar, seinem Schwager Leopold II., der sich für ihn rüstete, den Krieg zu erklären. Als diese Kriegserklärung, welche unter dem 20. April 1792 erlassen wurde, nach Wien kam, war der Kaiser eben gestorben. Ihm folgte sein Sohn Franz II., welcher, in Verbindung mit dem Könige Friedrich Wilhelm II. von Preußen, den Krieg gegen Frankreich eröffnete. Beide ahnten wohl damals nicht, daß dieser Krieg, den sie für einen raschen Triumphzug hielten, mit geringer Unterbrechung bis 1816 dauern und das Glück zahlloser Familien untergraben würde.

Unter Anführung des als Feldherrn hochberühmten Herzogs Ferdinand von Braunschweig rückte ein preußisches Heer, dem der König und seine zwei ältesten Söhne persönlich folgten, nebst 20000 Ausgewanderten und 6000 Hessen durch das Erzstift Trier in Lothringen ein, nachdem schon vorher an den Grenzen der österreichischen Niederlande die Feindseligkeiten zwischen Franzosen und Österreichern begonnen hatten. Die Verbündeten eroberten die Festungen Longwy und Verdün und drangen siegend in die Champagne ein. Ganz Paris war in Bewegung und mehrere Tage der Schauplatz gräßlicher Mordscenen. Am 25. Juli hatte bereits der Herzog von Braunschweig ein Manifest an die französische Nation erlassen — ein unseliges Machwerk des Übermutes und der Verblendung: „Alle Franzosen, welche die geheiligten Rechte ihres Königs nicht sogleich anerkennen würden, besonders aber Paris, sollten die schwersten Strafen leiden. Es sollte dieser Stadt der Empörung ergehen, wie einst Jerusalem, kein Stein solle auf dem andern bleiben, die Stolze vom Erdboden vertilgt werden!" Einer solchen Sprache bedurfte es nur, um alle Franzosen, selbst die königlich gesinnten, auf das äußerste zu erbittern; Jünglinge und Greise strömten zu den Fahnen des beleidigten Vaterlandes. Bei St. Menehould hemmte Dümouriez die siegreichen Fortschritte der Preußen und nötigte sie zu einem höchst unglücklichen Rückzuge. Mangel, Seuchen und üble Witterung (denn die unaufhörlichen Regengüsse hatten die Straßen fast unwegsam gemacht) entmutigten die Kriegsscharen der Deutschen, alles gewonnene Land samt den Festungen wurde von ihnen geräumt. Schon am 23. Oktober verkündigte der Kanonendonner längs der ganzen Grenze, daß „das Land der Freiheit (so lautet der französische Bericht) von den Despotenknechten geräumt sei". Der französische General Cüstine drang nun gegen den Mittelrhein vor, eilte über Speier und Worms nach Mainz und bekam diese wichtige deutsche Feste, die Beherrscherin zweier Ströme, durch bloße Drohungen in seine Gewalt. Dann wandte er sich nach dem reichen Frankfurt, trieb große Brandschatzungen ein, wurde aber hier von den Preußen und Hessen überfallen und über den Rhein zurückgeworfen. Am 6. November besiegte Dümouriez die Österreicher in einer Hauptschlacht bei Jemappes, unweit Mons, und die österreichischen Niederlande, die ohnedies schon dem Kaiser Joseph II. den Gehorsam aufgesagt hatten, nahmen nun mit Freuden die Franzosen auf. Ein anderes französisches Heer nahm dem Könige von Sardinien Savoyen und Nizza weg, weil er sich den Verbündeten angeschlossen hatte.

Man hatte gemeint, die französischen Soldaten, meist junge Burschen ohne alle Waffenübung und Kriegskenntnis, würden gegen die geübteren österreichischen und preußischen Soldaten nicht standhalten; nun sah man, voll Erstaunen, wie diese Leute überall siegten. Singend gingen sie in den fürchterlichsten Kugelregen, mit der kältesten Todesverachtung griffen sie die Stellungen ihrer Feinde an, welche diese für unüberwindlich gehalten hatten, und war ein Regiment dieser jungen Freiheitsschwärmer aufgerieben, so stand gleich wieder ein neues da; denn alles drängte sich herzu, um die „Freiheit gegen die Tyrannen zu verteidigen".

10.

Durch diese Siege noch tollkühner gemacht und gleichsam jenem drohenden Manifeste zum Trotz beschloß der Nationalkonvent, der aus den wildesten Jakobinern bestand, Ludwigs Tod. Der nach dem Blute seines Königs lechzende Robespierre schrie, schon die einzige Thatsache, daß Ludwig König gewesen, sei Verbrechen genug, das den Tod verdiene. Dagegen setzten sich aber die gemäßigteren Girondisten, welche zwar eine republikanische Verfassung, nicht aber die Hinrichtung des Königs gewünscht hatten, und bestanden darauf, daß Ludwig zuvor zu gerichtlicher Untersuchung gezogen würde. Bloß zum Schein gab die andere Partei nach, und der Maire von Paris ward am 11. Dezember nach dem Gefängnisse geschickt, um den König abzuholen. Als er ihm den Beschluß des Nationalkonvents vorlas: „Ludwig Kapet wird um 5 Uhr vor die Schranken des Konvents geführt!" erwiderte der König: „Kapet? — das ist nicht mein Name, wohl aber der Name eines meiner Vorgänger. Doch diese Benennung steht wohl in Verbindung mit der Behandlung, die ich hier seit mehreren Monaten erdulde." Er stieg mit dem Maire in den Wagen und fuhr unter den Drohungen und Verwünschungen des Pöbels nach den Tuilerien, wohin der Konvent seine Sitzungen verlegt hatte. Bei seinem Eintritte in den Saal entstand eine tiefe Stille; aller Augen waren auf ihn gerichtet. Ruhig und ergeben, mit dem

vollen Bewußtsein seiner Unschuld, trat der König vor die Schranken. „Lud=
wig" — so redete ihn der Präsident Barrère an — „die französische Na=
tion beschuldigt Sie; der Konvent will, daß Sie durch ihn gerichtet werden;
man wird Ihnen das Verzeichnis Ihrer Verbrechen vorlesen. Sie können
sich nun setzen!" Der König setzte sich, hörte ohne sichtbare Bewegung eine
lange Anklage, in welcher er des heimlichen Einverständnisses mit Frankreichs
Feinden beschuldigt ward, auch alle durch die Revolution herbeigeführten
Unglücksfälle ihm zur Last gelegt wurden. Die Ruhe und Klarheit, womit
der König jeden Punkt der Anklage beantwortete, setzte selbst seine Feinde in
Erstaunen. Hierauf wurde er unter den Drohungen und Beleidigungen des=
selben Gesindels, durch dessen Reihen er schon einmal gekommen war, ins
Gefängnis zurückgebracht und nunmehr von seinen teuren Unglücksgenossen,
von seiner Gemahlin, Schwester und seinem Sohne völlig getrennt.

Nach des Königs Entfernung brach ein großer Lärm im Konvent aus.
Die Jakobiner verlangten, man solle augenblicklich das Todesurteil über den
Tyrannen aussprechen und dasselbe noch in dieser Nacht an ihm vollziehen,
allein die Girondisten setzten es durch, daß wenigstens die bei jedem Ver=
brecher üblichen Formen beobachtet würden. So wurde denn dem Könige
erlaubt, sich einen Rat zu seiner Verteidigung zu wählen. Ludwigs Wahl
fiel auf den berühmten Rechtsgelehrten Tronchet, der keinen Augenblick
mit der Annahme dieses gefährlichen Prozesses zögerte. Ein durch Talent
und Rechtschaffenheit gleich ausgezeichneter Greis, Malesherbes, ein königlicher
Minister, bot dem Könige freiwillig seine Dienste an, und diese beiden Sach=
walter wählten den jungen talentvollen Desèze zu ihrem Gehilfen. Jedoch
gewann der König durch diese Vergünstigung nichts, als den Trost, noch mit
einigen edlen Männern zu verkehren in einem Augenblicke, wo keiner seiner
Freunde, außer seinem treuen Kammerdiener Cléry, sich ihm nahen durfte.

Am 26. Dezember wurde der König nebst seinen Sachwaltern vor=
geladen. Ehe sie in dem Sitzungssaal erscheinen konnten, mußten sie eine
Zeit lang im Vorzimmer warten; sie gingen in demselben auf und ab. Ein
Deputierter, der vorüber ging, hörte gerade, daß Malesherbes in der Unter=
redung mit seinem Schützling sich der Worte: „Sire, Ew. Majestät!" be=
diente und fragte finster: „Was macht Sie so verwegen, hier Worte aus=
zusprechen, die der Konvent geächtet hat?" — „Verachtung des Lebens!"
antwortete der ehrwürdige Greis. — Endlich wurden sie in den Saal ge=
lassen. Malesherbes konnte vor Rührung nicht sprechen, da trat der feurige
Desèze auf und verteidigte seinen König mit so bewundernswerter Kraft und
Gewandtheit, daß Ludwig gerettet worden wäre, hätten die wilden Jakobiner
nicht längst seinen Tod beschlossen gehabt.

Ludwig wurde wieder abgeführt, und das Mordgeschrei der Jakobiner
hallte im Saale wieder, an allen Thüren, an allen Fenstern, von der Ga=
lerie herab wurde geschrieen: „Tod! Tod!" Ein Jakobiner, ein ehemaliger
Fleischer, verlangte sogar, den König in Stücke zu hauen und in jedes De=
partement ein Stück zu versenden. Der Kampf der Parteien über die Art
und Weise der Verurteilung währte mehrere Tage und Nächte hindurch.

Das bestehende Gesetz, nach welchem ein Angeklagter nur durch zwei Drittel der Stimmen zum Tode verurteilt werden konnte, wurde aufgehoben und bloße Stimmenmehrheit festgesetzt. Endlich am 17. Januar 1793 wurde der König durch eine Mehrzahl von 5 Stimmen (von 366 gegen 361) zum Tode verurteilt. Malesherbes war der erste, welcher dem Könige die Trauer= botschaft brachte, indem er sich ihm unter einem Strome von Thränen zu Füßen warf. Ludwig aber blieb gefaßt und antwortete ruhig: „Nun gut, so bin ich doch nicht länger mehr in Ungewißheit!" Nach kurzer Pause setzte er hinzu: „Seit länger als zwei Stunden denke ich darüber nach, ob ich mir etwas gegen meine Unterthanen vorzuwerfen habe. Ich schwöre Ihnen aber mit dem Gefühl eines Mannes, der im Begriff ist, vor Gott zu zu treten, daß ich nur das Beste meines Volkes gewollt habe."

Nur noch die Vergünstigung wurde dem unglücklichen Fürsten gewährt, sich einen Priester zu wählen, der ihm Trost und Stärkung auf dem letzten Gange des Lebens bringe, und auch die, von seiner Familie Abschied zu nehmen. Es war ein rührender Anblick, als der König nach langer, schreck= licher Trennung die lieben Seinigen wiedersah, um sie nie wiederzusehen. Lange hingen sie aneinander in stummer Umarmung, bis endlich ein Strom von Thränen den bedrängten Herzen Luft machte. Nun ward das Schluchzen und Wimmern des hoffnungslosen Schmerzes so laut, daß man es außer= halb des Turmes hören konnte. Endlich, als die Thränen versiegt waren, trat eine ruhige Unterredung ein, die fast eine Stunde währte. Dann ent= riß sich der König, fast mit Gewalt, den Armen der Seinigen.

11.

Kaum dämmerte der Tag — es war der 21. Januar 1793 —, als Ludwig von seinem Lager aufstand und seinen Beichtvater Edgeworth zu sich rief. Er hörte mit inbrünstiger Andacht die Messe und empfing aus der Hand des Priesters das heilige Abendmahl. Unterdessen wurde es in den Straßen von Paris lebhafter. Der Generalmarsch wurde geschlagen, man fuhr die Kanonen auf; das Getöse von Menschen und Pferden drang schon bis zum Turme. Der König horchte und sprach gelassen: „Es scheint, sie nähern sich!" Jetzt wollte er von den Seinigen noch einmal Abschied nehmen, allein der Geistliche ließ es nicht zu, um dem Könige den Schmerz zu ersparen. Um neun Uhr ging die Gefängnisthüre auf, und Santerre, wel= cher an diesem Tage die Reiterei befehligte, trat mit der Wache ein, ihn ab= zuholen. „Einen Augenblick!" sagte der König und trat zurück, sank betend in die Kniee und empfing von seinem Beichtvater den Segen. Dann erhob er sich und reichte einem in seiner Nähe stehenden Munizipalbeamten sein Testament; dieser aber wies es trotzig zurück mit den harten Worten: „Ich bin hier, nicht um Ihr Testament zu empfangen, sondern Sie zum Schafotte zu führen!" Ein anderer nahm es endlich schweigend hin. „Nun laßt uns gehen!" sagte Ludwig, und der ganze Haufe setzte sich in Bewegung. Mit seinem Beichtvater und zwei Gendarmen stieg er in den bereit stehenden Wagen. Vier= bis fünfhundert wohldenkende Königsfreunde hatten sich ver=

bunden, den König mit Gewalt zu befreien; aber die Jakobiner hatten ihre Maßregeln so gut genommen, daß an keine Rettung zu denken war. Bei Todesstrafe war verboten, auf dem ganzen Wege eine Hausthür oder Fenster zu öffnen; alle Straßen, durch welche der Zug ging, waren mit einer doppelten Reihe von Bürgerwachen besetzt, an allen Ecken hatte man die Kanonen aufgefahren. Den Wagen umgab eine starke Reiterschar, geführt von dem grausamen Santerre.

Nach einer Stunde, um 10 Uhr, langte der Wagen auf dem Platze Ludwigs XV. an, in dessen Mitte das Blutgerüst stand. Man hatte diesen Platz ausdrücklich gewählt, weil an ihn der Tuileriengarten stößt und der König über diesen hinweg das Tuilerienschloß sehen konnte. Der ganze Platz war mit Menschen bedeckt, selbst die Dächer waren dicht besetzt. Rings um das Schafott bildeten 15 000 Soldaten einen großen Kreis, einen engeren die Reiterei unter Santerre. Sobald der König, welcher still für sich gebetet hatte, merkte, daß der Wagen still hielt, sagte er leise zu Edgeworth: „Jetzt sind wir da, wenn ich nicht irre." Sogleich öffnete einer der Henker den Schlag; der König stieg aus und betrat mit festem Schritt das Blutgerüst, auf welchem das Fallbeil, Guillotine genannt, aufgestellt war. Die Henker umringten ihn und wollten ihn entkleiden; er aber wies sie mit Hoheit zurück, legte selbst das Kleid ab und entblößte seinen Hals. Jetzt umringten sie ihn aufs neue, ihm die Hände zu binden. „Was maßt ihr euch an?" rief er unwillig. „Sie binden!" antwortete einer. „Mich binden?" erwiderte Ludwig, „das werde ich nie zugeben!" Doch nun trat der Geistliche herzu, erinnerte den König an das Beispiel Jesu, und Ludwig sprach: „Da will ich denn den Kelch bis auf die Neige trinken!" Dann trat er auf den Rand des Gerüstes, winkte den Trommelschlägern, und diese schwiegen. Mit vernehmlicher Stimme sprach er nun also: „Franzosen, ich sterbe unschuldig an allen Verbrechen, deren man mich anklagt! Ich verzeihe den Urhebern meines Todes und bitte Gott, daß das Blut, das ihr vergießet, nicht einst über Frankreich komme! Und du, unglückliches Volk" . . . . . Aber Santerre stürzte mit dem Degen in der Faust auf die Trommler zu, und die Trommeln verschlangen mit ihrem Lärm die übrigen Worte des Königs. Die Henker ergriffen ihr Opfer und führten es unter das Fallbeil. Der Beichtvater kniete neben ihm und rief ihm die Worte zu: „Sohn des heiligen Ludwig, steige hinauf zum Himmel!" Da fiel das Beil und das Haupt des unschuldigen Königs rollte über das Blutgerüst. Einer der Henkersknechte hob es triumphierend empor und zeigte es dem Volke, während von allen Seiten das Geschrei: „Es lebe die Nation! Es lebe die Freiheit!" ertönte. Hüte und Mützen flogen in die Höhe, und singend tanzte der Pöbel um das Blutgerüst. Der besser gesinnte Franzose aber verbarg, aus Angst vor jener Rotte, seinen tiefen Schmerz in stiller Brust.

So ward von Frankreich, wie 144 Jahre früher von England, das entsetzliche Verbrechen eines durch Richterspruch verhängten Königsmordes vollführt, ein Verbrechen, von dem wir in der ganzen alten Geschichte kein zuverlässiges Beispiel finden. Die blutgierigen Franzosen blieben aber hierbei nicht stehen. Am 16. Oktober 1793 mußte auch Maria Antoinette, die Tochter Maria Theresias, die einst allgebietende Königin von Frankreich, unter dem Fallbeile bluten, im folgenden Jahre kam Ludwigs fromme, tugendhafte Schwester Elisabeth an die Reihe, bis das Würgen und Morden so groß ward, daß man die Schlachtopfer nicht mehr zählen konnte. Den schändlichsten Mord beging man aber am kleinen Dauphin, dem Kronprinzen. Dieser wurde einem Schuster, Namens Simon, übergeben, einem Bösewicht der verworfensten Art, welcher ihn so lange mit Prügeln, Hunger, Frost und Schlaflosigkeit marterte, bis der arme Knabe (am 10. Juli 1795) seinen Geist aufgab.

12.

Die Nachricht von der Hinrichtung des unschuldigen Königs erfüllte ganz Europa mit Entsetzen und Abscheu, aber die Revolutionsmänner boten nun auch ganz Europa Trotz und überwanden glücklich den Aufstand in dem Innern des Landes selber. In der Vendée, jenem Landstriche zwischen Garonne und Loire, längs dem atlantischen Meere, erhob sich das ganze Volk, um den schmachvollen Tod seines geliebten Königs zu rächen; auch die meisten Städte im südlichen Frankreich, als Bordeaux, Toulon, Marseille und Lyon, traten gegen die Königsmörder unter die Waffen. Aber der Konvent bewaffnete die ganze Nation, und während drei Kriegsheere an die Grenze eilten, wurden die Aufstände im Innern blutig unterdrückt. Doch die Gewalthaber in Paris waren auch mit sich selber in Streit, im Konvente erhob sich der Berg, an dessen Spitze Robespierre, Danton und Marat standen, gegen das Thal, von den Girondisten gebildet, die auf den untern Bänken saßen. Mit Hilfe des Pöbels siegte die Bergpartei, und wer von den Girondisten sich nicht durch die Flucht rettete, ward auf das Blutgerüst geschleppt. Doch auch der nichtswürdige Herzog von Orleans, der, um den Jakobinern zu schmeicheln, sich bloß citoyen Egalité (Bürger Gleichheit) genannt hatte, fiel unter dem Beil, weil ihn sein Anhang zum König machen wollte. Marat verlangte für die Guillotine 60 000 Köpfe, um die Republik sicher zu stellen. Da kam ein Mädchen aus der Normandie, Charlotte Corday, deren Freund, einen jungen Offizier, Marat hatte hinrichten lassen, nach Paris, bat um eine Unterredung mit dem Wüterich und erdolchte ihn, als er eben im Bade saß. Nun wütete Robespierre mit unumschränkter Macht, denn auch der furchtbare Danton, von dem verschmitzten Robespierre überlistet, wurde auf die Guillotine geschleppt. Es war die Regierung des Schreckens (des Terrorismus), die jetzt Frankreich im Zaume hielt; täglich wurden hunderte, ohne nur verhört zu werden, auf das Blutgerüst geschleppt. Niemand wagte mehr sein Haus zu verlassen und jeder, der sich öffentlich zeigte, ging als Sansculotte in einer Leinwand-Blouse und eine rote Jakobinermütze auf dem Kopf. Keine Kutschen fuhren mehr, auch keine Wagen; Handel und Wandel hörte auf. Am 7. Nov. 1793 wurde auch die christliche Religion abgeschafft, die Kirchen wurden geplündert, die Kruzifixe und Heiligenbilder zerschlagen, die geweihten Gefäße eingeschmolzen, aus den Glocken Kanonen gegossen. Von nun an sollte bloß die Vernunft verehrt werden, und als Göttin der Vernunft ward eine Operntänzerin auf einem Triumphwagen durch die Straßen geführt. Endlich, als Robespierre seine Hand an mehrere Glieder des Konvents legen wollte, kamen diese ihm zuvor, ein Volksaufstand unterstützte sie, und der blutdürstige Tiger ward gefangen genommen. Als man ihn zum Tode führte, trat ein alter Mann zu ihm und sprach: „Es giebt doch einen Gott!"

Nun erlangten die gemäßigteren Glieder des Konvents das Übergewicht, die übervollen Gefängnisse wurden geöffnet, die Jakobinerklubs geschlossen. Im Jahre 1795 entwarf der Nationalkonvent eine neue Verfassung mit gemäßigter Volksherrschaft, in welcher zwei Volksversammlungen waren, nämlich ein Rat der Fünfhundert, der Gesetze vorschlagen und abfassen, und ein Rat der Alten (aus 250 Mitgliedern bestehend), der die Gesetze bestätigen sollte. Die vollziehende Gewalt erhielten fünf Direktoren. Nachdem ein Aufstand der Pariser durch den kühnen General Bonaparte unterdrückt war, löste sich der Konvent völlig auf.

Napoleon Bonaparte.

1.

Napoleon Bonaparte wurde zu Ajaccio auf der italienischen, jedoch um dieselbe Zeit an Frankreich gekommenen Insel Korsika am 15. August 1769 geboren. Sein Vater war Advokat, wenig bemittelt, aber von Adel; die Mutter erzog ihre acht Kinder (fünf Söhne und drei Töchter) mit aller Sorgfalt. Der Statthalter von Korsika verschaffte dem jungen Bonaparte eine königliche Freistelle in der Militärschule zu Brienne, wo er sich zum Offizier bildete. Noch nicht 14 Jahre alt, war er doch schon ungewöhnlich ernst, verachtete die Spiele seiner Gefährten und suchte die Einsamkeit. Im Kriege geboren, warf er sich mit entschiedener Neigung auf die Kriegswissenschaft. Die tiefsinnigsten Lehren der Mathematik wurden seine Lust, weil er sie alle auf die Kriegskunst bezog. Und gerade die Kriegswissenschaft mußte auf seinen Charakter am mächtigsten einwirken, indem ihm hier die Menschen als Maschinen oder Feinde sich darstellten, die man überlistete oder nach den Regeln der Klugheit vernichtete und schlug. Denn Siegen und Herrschen war schon früh seine Leidenschaft, und nur dann trat er seinen Mitschülern etwas näher, um den Krieg im kleinen zu führen, den er schon im großen sich dachte. Man weiß, wie er seine Gefährten gegen einander aufgereizt, Meuterei gegen die Lehrer angestiftet und sich ein Ansehen unter den Knaben erworben hat. Bemerkenswert ist auch, daß er sich endlich zwei von jenen, und gerade sehr beschränkte Köpfe, zu täglichen Gefährten wählte und diese so an sich zu fesseln wußte, daß sie, in demütiger Bewunderung seiner Überlegenheit, sich zu Werkzeugen seiner Absichten gebrauchen ließen.

Neben seinen mathematischen Studien beschäftigte ihn besonders die Geschichte des Altertums. In allen kühnen Unternehmungen der Vorzeit er-

24*

kannte er das eigene Kraftgefühl, und jedes gelungene Emporstreben, jeder
Sieg gewann ihm das einzige Entzücken ab, dessen er fähig war. Daher
gefielen ihm besonders die Helden Plutarchs; Tacitus dagegen, den er einen
Verleumder des Nero nannte, war ihm verhaßt. In späteren Jahren zog
ihn auch das düstere Gemälde des Nordens in Ossians Schlachtgesängen
an. Die Spartaner wurden ihm Vorbilder der Selbstabhärtung, der Kampf=
lust und jener Wortkargheit, die über den Sinn der Rede in Zweifel läßt.
Sie ahmte er in seinen Worten und Mitteilungen nach und gewann die
große Fertigkeit, mit wenigem viel und immer noch mehr zu sagen, als die
Hörer erkennen sollten. Schon in seinem 14. Jahre war das festabgegrenzte,
eckige (être carré, wie er selber sagte), verschlossene und kräftige Wesen in
ihm ausgeprägt. Einer seiner Lehrer bemerkte über ihn: Ein Korse von Ge=
burt und Charakter, er wird es weit bringen, wenn die Umstände ihn be=
günstigen.

Darum konnte er schon früher als andere aus der Militärschule von
Brienne entlassen werden und wurde nach Paris geschickt, um dort seine
Bildung zu vollenden. Schon nach acht Monaten erhielt er eine Anstellung
als Artillerie=Offizier in der königlichen Armee und machte sich bereits
damals durch großen Ehrgeiz bemerkbar. Bei dem Ausbruch der Revolution
erklärte er sich für die Volkspartei und wurde das erste Mal öffentlich aus=
gezeichnet im Jahre 1793 wegen der Einsicht, mit welcher er vor Toulon,
welches die Engländer besetzt hatten, das Belagerungsgeschütz leitete. 1794
wurde er General, doch bald darauf bei dem Sturze des grausamen Robes=
pierre verhaftet, da man ihn mit Recht beschuldigte, ein Anhänger seiner
Grundsätze gewesen zu sein. Er ward wieder frei, blieb indessen ohne An=
stellung, bis er im Jahre 1795 den ihm gewordenen Auftrag, die gegen den
damaligen Konvent aufgestandenen Bürger zur Ruhe zu bringen, dadurch
vollzog, daß er mit Kartätschen unter die Pariser schießen ließ. Diese That
zeigte, was man von dem jungen General zu hoffen und zu fürchten hatte,
denn schon damals erkannten die ihm Nahestehenden eine Furchtbarkeit in
ihm, die für kriegerische Zwecke brauchbar sei, die man aber außerdem
soweit als möglich von sich entfernt halten müßte. Doch nur die Nahe=
stehenden kannten ihn so.

Die ans Ruder der Regierung gelangten Direktoren hatten den furcht=
baren Plan entworfen, ihren mächtigsten Feind auf dem Festlande, Öster=
reich, niederzuschmettern. Nach diesem Plane sollte der General Jour=
dan durch Franken, Moreau durch Schwaben, der junge Bonaparte
von Italien aus in das Herz von Österreich dringen und dem Kaiser die
Friedensbedingungen unter den Mauern seiner Hauptstadt vorschreiben. Bona=
parte ward zum General der italienischen Armee ernannt.

2.

Der Befehlshaber der italienischen Armee hatte mit den größten Schwierig=
keiten zu kämpfen, denn das Heer befand sich im allerkläglichsten Zustande —
ohne Geld, ohne Kleidung, ohne Zucht und Ordnung, ein wahres Lumpen=

gefindel. Doch sobald der junge Held erschien, änderte sich die Sache; sein Geist erfaßte die Gemüter der Soldaten mit unwiderstehlicher Gewalt, bald kam Ordnung und Begeisterung in das zerrüttete Heer, und es folgte mit neuem Mut seinem kundigen Führer. Der österreichische General Beau = lieu, der unter Waffen grau geworden war, wurde geschlagen; erschrocken trennte sich zuerst der König von Sardinien von dem österreichischen Bunde und bat um Waffenstillstand. Er erhielt ihn nur gegen schwere Opfer. Unaufhaltsam rückte Bonaparte vor. Bei Lodi hatten die Österreicher die über den Fluß Abda führende Brücke besetzt und am Eingange derselben eine Menge Kanonen aufgepflanzt, um augenblicklich alle zu zerschmettern, die es wagen würden, sie zu betreten. Dennoch beschloß Bonaparte den Sturm. Auf seinen Befehl: „Vorwärts!" stürzten 3000 Grenadiere mit gefälltem Bajonett, unter dem Rufe: „Es lebe die Republik!" auf die Brücke; aber ein mörderisches Kartätschenfeuer streckte die Anstürmenden reihenweise zu Boden. Schon wichen die Grenadiere bestürzt zurück; da stellten sich Ber = thier, Massena und Lannes, die Unterbefehlshaber, selbst an ihre Spitze, führten sie im Sturmschritt über die Brücke, eroberten das Geschütz und schlugen das österreichische Heer völlig in die Flucht. Dieser Sieg, den Napoleon Bonaparte im Jahre 1796 (10. Mai) erfocht, erfüllte ganz Ita= lien mit Schrecken und Bewunderung. Vor allen eilten die Herzöge von Parma und Modena, den jungen Helden um Frieden zu bitten. Sie er= hielten ihn gegen Erlegung großer Kriegssteuern und gegen Auslieferung kostbarer Gemälde und anderer Kunstschätze, die er nach Paris schickte, um durch solche Siegeszeichen die eitlen und schaulustigen Bürger der Hauptstadt für sich zu gewinnen. Auch der Papst und der König von Neapel baten um Waffenstillstand und bezahlten dieses Geschenk ebenfalls mit großen Summen. Der Kaiser Franz, erschreckt durch die Fortschritte der französischen Waffen in Italien, schickte eiligst aus Deutschland seinen General Wurmser mit einem neuen Heere dahin; allein trotz der heldenmütigen Tapferkeit ge= lang es nicht, den Siegeslauf des jungen republikanischen Feldherrn und seiner begeisterten Truppen zu hemmen. In mehreren Treffen geschlagen, mußte sich Wurmser mit dem Reste seines Heeres in die Festung Mantua werfen. Hier verteidigte er sich mit dem Mute eines Löwen und blieb un= verzagt, ungeachtet des drückenden Mangels an Lebensmitteln. Um den Hartbedrängten zu entsetzen, schickte der Kaiser ein neues Heer unter dem General Alvinzi nach Italien. Nach mehreren kleineren Gefechten kam es am 18. November 1796 bei dem Dorfe Arkole zu einer Hauptschlacht. Dieses Dorf liegt an einem kleinen Flusse, Alpon, welcher durch eine von Sümpfen durchschnittene Ebene in die Etsch fließt. Die über den Alpon führende Brücke war durch die am jenseitigen Ufer aufgestellte österreichische Artillerie gedeckt. Um den Besitz der Brücke und des Dorfes ward drei Tage lang hintereinander fast mit übermenschlicher Anstrengung gekämpft. Ganze Kolonnen der anstürmenden Republikaner wurden von dem mörde= rischen Feuer der Österreicher niedergeschmettert. Die Generale stellten sich selbst an die Spitze und führten ihre Reihen im Sturmschritt auf die Brücke, aber sie wurden blutig zurückgeworfen. Da ergriff Bonaparte selbst die Fahne, und mit dem Rufe: „Mir nach!" stürzt er mitten im Kugelregen vorwärts auf die Brücke. Schon hatte er die Mitte erreicht, schon hatte er die Fahne als Siegeszeichen aufgepflanzt, da plötzlich erschien eine neue österreichische Truppenabteilung und richtete sogleich das Geschütz auf den anstürmenden Feind. Es entstand ein furchtbares Getümmel auf der Brücke. Die Vordersten wichen bestürzt zurück und rissen bei so großer Gefahr ihren kühnen General, der nicht weichen wollte, mitten durch Tote und Sterbende mit Gewalt fort. Aber im Gedränge stürzte er von der Brücke in den Sumpf, bis zur Mitte des Körpers. Schon ist er vom Feinde umgeben, als die Grenadiere die Gefahr bemerken. Da erschallt der allgemeine Ruf: „Soldaten, vorwärts, den General zu retten!" Sie kehren wütend zurück, stürzen auf den Feind, drängen ihn über die Brücke zurück, und Bonaparte ist gerettet. Zu gleicher Zeit erscheint eine französische Kolonne im Rücken des österreichischen Heeres, und dieses tritt voll Bestürzung seinen Rückzug an.

Diese dreitägige Mordschlacht entschied auch über Mantuas Schicksal. Nachdem Wurmser alle Hilfsmittel des Mutes und eiserner Beharrlichkeit erschöpft hatte, mußte er sich aus Mangel an Lebensmitteln (1797) mit der ganzen Besatzung von 20 000 Mann kriegsgefangen ergeben. So ward Österreich zum Frieden (Kampo Formio) gezwungen, mußte Belgien und die Länder, die es in Italien besessen, abtreten und erhielt dagegen den größten Teil des Gebietes der tausendjährigen Republik Venedig, das der französische General früher verschenkte, als er es hatte; d. h. er versprach es an Österreich und eroberte es sodann. Dagegen bildete er aus den österreichischen Besitzungen in Italien eine neue cisalpinische Republik mit der Hauptstadt Mailand; aus dem Gebiet von Genua ward die ligurische Republik gebildet.

3.

So verließ Bonaparte ruhmgekrönt den ersten Schauplatz seiner glänzenden Siege, und da der französischen Republik damals nur noch ein Feind unbesiegbar war, das seemächtige England, so wurden alle Anstrengungen gegen dieses gerichtet und Bonaparte schon den 28. Oktober 1797 zum Oberbefehlshaber der Armee gegen England ernannt. In allen französischen Häfen an der Nordküste begannen furchtbare Rüstungen; eine große Truppenzahl sammelte sich am Kanal, und alle französischen Zeitungen verkündigten Landung auf England, so daß man in London nicht wenig besorgt ward und drohende Gegenanstalten traf. In der nämlichen Zeit aber, da man die Rüstungen am Kanal mit großem Geräusch betrieb, wurden auch zu Toulon und an der italienischen Küste Schiffe und Truppen versammelt, und seit dem April 1798 sagte man hier und da laut, diese Unternehmung sei gegen Ägypten bestimmt, um von da mit einer Armee nach Ostindien zu gehen und der britischen Herrschaft in Asien ein Ende zu machen.

Allein der Gedanke schien so abenteuerlich, daß man fast nirgends daran glaubte, wie sehr es auch voller Ernst damit war. Die Direktoren unterstützten gern den kühnen Plan, schon aus dem Grunde, um den furchtbaren Italiener mit seiner tapfern Armee aus ihrer Nähe zu entfernen. Am 19. Mai 1798 segelte er mit 40 000 Mann Landtruppen auf einer Flotte von mehr als 400 Segeln von Toulon ab. Es war ein herrlicher Anblick! Günstige Winde trieben die schwimmende Stadt schnell auf der großen Wasserfläche dahin. Alle Soldaten waren voll Mut und froher Zuversicht. Berühmte Feldherren, wie Desaix, Kleber, Mürat, waren an Bord; auch Künstler und Gelehrte hatten sich eingeschifft, in der Hoffnung, auf dem alten berühmten Boden des Wunderlandes Ägypten schätzbare Entdeckungen zu machen.

Am 10. Juni erschien die Flotte vor Malta. Die fast unüberwindliche Felsenfestung ward durch Verrat der französischen Johanniter daselbst ohne Schwertstreich übergeben. Nachdem Bonaparte eine Besatzung von 4000 Mann auf Malta zurückgelassen, segelte er weiter. Unterdessen kreuzte der englische Admiral Nelson mit einer großen Flotte auf dem Mittelländischen Meere hin und her, um die Franzosen aufzusuchen, und es war für diese eine außerordentliche Gunst des Zufalls, daß sie ungesehen nahe bei der englischen Flotte vorübersegelten. Am 1. Juli landeten sie bei Alexandria in Ägypten. In dem Augenblicke, als sie an das Land fuhren, ward in der Ferne ein Schiff sichtbar, welches man für ein feindliches hielt. „O Glück!" rief Bonaparte, „willst du mich verlassen? Nur noch fünf Tage, und es ist alles gerettet!" Das Glück blieb ihm treu. Das Schiff, welches man bemerkt hatte, war eine französische Fregatte. Ungehindert schiffte Bonaparte seine Truppen aus, nahm gleich darauf Alexandrien mit Sturm und rückte dann rasch gegen Kairo, die Hauptstadt von Ägypten. Um das Volk zu beruhigen, machte er bekannt, er sei als Freund des Sultans gekommen und sein Angriff sei nur gegen dessen Feinde, die Mamelucken, gerichtet; von diesen wolle er das Land befreien. Allein die Pforte ließ sich durch solche Vorspiegelungen nicht täuschen und erklärte ihm den Krieg. In diesem fremden Erdteile hatten die Franzosen mit außerordentlichen Schwierigkeiten zu kämpfen. Der Weg nach Kairo führte durch eine große Sandwüste, in welcher sie unablässig von den mameluckischen Reitern angefallen wurden. Verloren war jeder, der sich nur auf einige Schritte vom großen Haufen trennte. Auf ihren raschen Pferden kamen die Feinde eben so schnell herangeflogen, als sie wieder verschwanden. Doch blieben die Franzosen trotz aller Mühseligkeiten stets heiteren Mutes, ja trieben wohl noch Scherz und Kurzweil. Auf ihrem Zuge ergötzten sie sich damit, die Esel, welche das Gepäck der Gelehrten trugen, ihre Halbgelehrten zu nennen. Sobald die Generale beim Heransprengen der Mamelucken kommandierten: „Das Viereck gebildet, die Esel und Gelehrten in die Mitte!" lief jedesmal ein schallendes Gelächter durch die Reihen.

Am 21. Juli 1798 langten die Franzosen im Angesicht der Pyramiden an, als eben die Sonne aufging. Auf einmal machte das erstaunte Heer aus freien Stücken halt, um diese Riesendenkmäler zu begrüßen, die aus einem so hohen Altertume auf uns gekommen sind. Als dies Bonaparte

sah, rief er voll Begeisterung aus: „Franzosen! Heute werdet ihr den Be=
herrschern Ägyptens eine Schlacht liefern; vergesset nicht, daß von den Höhen
dieser Denkmäler vier Jahrtausende auf euch herabschauen!" Und mit nie
gesehenem Mute griffen die Franzosen, im Angesicht der ehrwürdigen Stein=
kolosse, die bei denselben aufgestellten Heeresmassen der Mamelucken an und
erfochten den glänzendsten Sieg. Seit dieser Schlacht bei den Pyra=
miden ward Bonaparte von den Ägyptern nicht anders als Sultan
Kabir, d. i. „Vater des Feuers" genannt. Wenige Tage darauf öffnete
ihm auch Kairo die Thore.

4.

Aber während Napoleon von der Hauptstadt Ägyptens Besitz nahm,
erreichte endlich Nelson die französische Flotte im Hafen von Abukir den
1. August, und sogleich begann die furchtbarste Seeschlacht. Achtzehn Stun=
den lang wurde gekämpft, endlich fing das französische Admiralschiff Feuer
und flog mit 120 Kanonen in die Luft. Das Meer zischte und brauste in
der entsetzlichsten Glut; die französische Flotte ward völlig vernichtet. Die
Engländer herrschten auf dem Mittelmeere von Gibraltar bis Alexandria;
Bonaparte war abgeschnitten und Türken und Engländer rüsteten sich, ihn
von der Landenge von Suez her anzugreifen. Aber er kam ihnen zuvor,
drang über Suez in Syrien und Palästina ein bis nach der Festung Akre;
doch hier wurde das erste Mal seine Hartnäckigkeit gebrochen. Über zwei
Monate lag er vor der Festung; drei Tage hintereinander hatte er vergeblich
Sturm laufen lassen, und als er nun zurück mußte, war er gezwungen, alle
seine Verwundeten und Kranken den erbitterten Feinden preiszugeben. In
Ägypten — das erkannte er wohl — hatte er seine Rolle ausgespielt. Da=
gegen eröffnete sich ihm nach den Briefen, die er aus Europa erhielt, hier
ein günstiger Schauplatz, und glücklich, wie er nach Ägypten gekommen war,
kam er wieder nach Frankreich zurück (Oktober 1799). Ohne das strenge
Quarantänegesetz zu beobachten, reiste er sofort von der Küste nach Paris.
Ganz Frankreich, im unglücklichen Kriege mit Österreich und Rußland, hoffte
von ihm Sieg und Rettung; die Regierung der fünf Direktoren, die zu der
großen Aufgabe zu schwach war, sollte einem Stärkeren weichen. Schnell
brachte Bonaparte mehrere der einflußreichsten Männer, besonders den schlauen
Sieyes, auf seine Seite, dann bewog er die erschrockenen Direktoren zur
Abdankung und ließ sich vom Senat (dem Rat der Alten) zum obersten Be=
fehlshaber der ganzen bewaffneten Macht ernennen. Nun mochten aber viele
schon ahnen, wohin eine solche Militärdiktatur führe, und als sich der Senat
wie der Rat der 500 in St. Cloud versammelten, erhoben in letzterem die
Republikaner ihre Stimme: „Außer dem Gesetz! Nieder mit dem Diktator!"
Da trat Bonaparte mit mehreren Grenadieren in den Saal. Ein lautes
Geschrei bestürmte ihn; man faßte ihn beim Kragen, einige sollen mit Dol=
chen auf ihn losgerannt sein. Nur mit Hilfe seiner Grenadiere ward er der
Wut seiner Feinde entrissen. Draußen aber versammelte Bonaparte seine
treuen Soldaten um sich und sprach: „Ich habe Feinde, kann ich auf euch

zählen?" Hoch lebe Bonaparte! war die Antwort. Und sogleich befahl er dem General Mürat, mit geschlossener Kolonne in den Saal zu rücken und die Versammlung auseinander zu treiben. Der Sturmmarsch wurde geschlagen, die Saalthüren aufgerissen und auf das Kommando „Vorwärts!" rückten die Grenadiere mit gefälltem Bajonett in der ganzen Weite des Saales vor. Und augenblicklich stoben alle Mitglieder der Versammlung aus Thüren und Fenstern.

Am 15. Dezember 1799 wurde eine neue Verfassung eingeführt — die vierte seit zehn Jahren. Es wurden auf zehn Jahre drei Konsuln ernannt, von denen aber Bonaparte der erste und eigentliche Regent war. Er ernannte zu allen Stellen des Krieges und des Friedens; er allein befehligte das Heer. Aber es war auch Zeit, daß eine festere Ordnung wiederkehrte, und diese Ordnung konnte nur mit eiserner Faust aufrecht erhalten werden.

Nun gewann Frankreich sogleich ein neues Leben, und der Kriegsschauplatz wurde mit Siegen eröffnet. Moreau ging über den Rhein, Bonaparte selbst über den großen St. Bernhard, gleich Hannibal, nach Italien, wo er am 14. Juni 1800 die große Schlacht bei Marengo den Österreichern abgewann. Die Eroberung von Oberitalien war die Folge des Sieges, und als Moreau in Deutschland einen glänzenden Sieg bei Hohenlinden (3. Dezember) gewonnen hatte und bis Linz vorgedrungen war, kam es im Jahre 1801 zum Frieden von Lüneville (in Lothringen), den Kaiser Franz, von einem zehnjährigen Kampfe erschöpft, eingehen mußte, während Paul, Kaiser von Rußland, dessen Truppen in der Schweiz und Italien mitgefochten hatten, vom Kriegsschauplatze abtrat. In diesem Frieden verlor Deutschland das ganze linke Rheinufer; alle deutschen Fürsten wurden durch die eingezogenen (säkularisierten) geistlichen Güter entschädigt dafür, daß sie dem Kaiser im letzten Kriege nicht beigestanden hatten.

5.

Während der Ruhe arbeitete Bonaparte unablässig an der innern Wohlfahrt des Landes und suchte die durch die Revolution geschlagenen Wunden möglichst zu heilen. In Gemeinschaft mit dem Papste Pius VII. ordnete er die kirchlichen Angelegenheiten und führte die Feier des öffentlichen Gottesdienstes wieder ein; Schulen wurden hergestellt, um die Jugend zu entwildern; zur Beförderung des Handels wurden Kunststraßen angelegt und in die ganze Verwaltung mehr Ordnung gebracht. Es schien, als wolle er sich den Ruhm eines eben so großen Staatsmannes als Feldherrn erwerben. Darum sagten auch seine Lobredner von ihm, er verbinde mit Alexanders Größe Solons Weisheit! Für die vielen Verdienste um das Vaterland ernannte ihn der Senat am 3. August 1802 zum Konsul auf Lebenszeit. Auch wurde der Orden der Ehrenlegion gegründet, um alle diejenigen zu belohnen, welche sich auf irgend eine Weise um das Vaterland verdient machten. Dem ruhmsüchtigen Manne war es nun ein leichtes, den letzten Schritt zur Alleinherrschaft zu thun. Eine angebliche Verschwörung gegen das Leben des Konsuls, deren Teilnehmer Pichegrü, der Eroberer Hollands,

Georges, Moreau und Enghien, ein Enkel des Prinzen Condé, sein sollten, leistete ihm hierzu noch größeren Vorschub. Pichegrü ward ins Gefängnis geworfen, in welchem er wahrscheinlich durch Meuchelmord umkam; Georges wurde guillotiniert, Moreau verbannt und der Herzog von Enghien von den Franzosen aus Deutschland geschleppt und zu Vincennes (bei Paris) in der Nacht des 20. März 1804 erschossen. Der arme Unschuldige wurde in den trockenen Schloßgraben geführt, vor ein offenes Grab gestellt, und dann befestigte man eine Laterne an seine Brust, damit die Kugeln der Soldaten ihr Ziel nicht verfehlten.

Die Freunde des Mächtigen machten dem Volke leicht begreiflich, daß keine Ruhe sein werde, wenn Bonaparte nicht zum Monarchen erklärt würde. Weil der Königstitel verhaßt war, sollte er Kaiser heißen und als solcher das große fränkische Reich Karls des Großen wieder herstellen. Solches schmeichelte der Eitelkeit der Franzosen, und der gehorsame Senat übernahm es, dem Konsul die Kaiserkrone anzubieten. Als ihm der Senatsbeschluß überbracht wurde, sagte er mit scheinbarer Gleichgültigkeit: „Ich nehme den Titel an, den der Senat für den Ruhm der Nation zuträglich hält, und hoffe, daß Frankreich die Ehre, mit welcher es meine Familie umgiebt, nie bereuen werde." Am 2. Dezember 1804 wurde er als Napoleon I. vom Papste Pius VII. mit ausgezeichneter Pracht feierlich zu Paris in der Kirche von Notredame gekrönt.

So war der Kreislauf der Revolution von der Monarchie zur Monarchie fast wie im alten Rom vollbracht. Feste aller Art, mit orientalischem Gepränge, riefen das Volk zur Freude auf über das Ende des Freiheitstraumes. Aber selbst die Kaiserkrone genügte nicht dem Ehrgeize des Glücklichen; er wußte es dahin zu bringen, daß die italienische Republik ihn auch zum erblichen Könige von Italien ernannte. Am 26. Mai 1805 setzte er die eiserne Krone der Lombarden auf sein Haupt mit den Worten: „Gott gab sie mir, wehe dem, der sie berührt!"

6.

Die grausame Hinrichtung des Herzogs von Enghien, die Willkür, mit der Napoleon Fürsten und Völker behandelte, rief bald wieder seine alten Feinde gegen ihn in die Waffen. Die Seele des Bundes war der unermüdliche englische Minister Pitt; diesmal trat auch Alexander I., seit Pauls Ermordung (1801) russischer Kaiser, der Koalition bei; dagegen vereinigten sich Deutsche — Bayern, Baden und Württemberg — mit den Franzosen. Mit unerwarteter Schnelligkeit ging Napoleon über den Rhein, schloß den umgangenen österreichischen Feldherrn Mack in Ulm ein und zwang ihr sich mit 24 000 Mann zu ergeben (1805). Rasch ging der Zug vorwärts; ohne einen Schwertstreich rückte Napoleon in Wien ein und wandte sich dann nach Mähren, wo das russische und österreichische Heer sich vereinigt hatten. Die beiden Kaiser, Franz und Alexander, waren selbst bei ihren Truppen, um sie durch ihre Gegenwart anzufeuern. Am 2. Dezember 1805 kam es bei Austerlitz (unweit Brünn) zu einer großen entscheidenden Schlacht, in welcher die Verbündeten völlig geschlagen wurden. Der linke russische Flügel wollte sich über einen gefrorenen See retten, aber Napoleon ließ das Eis durch Kanonenkugeln zerschmettern, und mehrere Tausende der Soldaten versanken rettungslos. Bekümmert und niedergeschlagen mußte Kaiser Franz den Preßburger Frieden schließen, worin Österreich Venedig, ganz Tirol und seine Besitzungen in Schwaben verlor, mit welchen Napoleon seine Bundesgenossen Baden, Bayern und Württemberg beschenkte. So unglückliche Folgen für das elende deutsche Kaiserreich hatte die „Dreikaiserschlacht", wie sie Napoleon in seinem Siegesberichte pomphaft nannte, gehabt. Der Kurfürst von Bayern (mit Tirol beschenkt) und der Kurfürst von Württemberg nannten sich nun „Könige" und erklärten nun ihre Unabhängigkeit von Kaiser und Reich. Um aber die Schmach unseres so tiefgebeugten Vaterlandes zu vollenden, stiftete Napoleon den Rheinbund, durch welchen vorerst sechzehn deutsche Fürsten von Kaiser und Reich sich lossagten und Napoleon als ihren Protektor (Beschützer) anerkannten. Für diesen Schutz versprachen sie, ihm mit 63 000 Mann in allen seinen Kriegen beizustehen. Da legte Franz den Titel eines deutschen Kaisers, der nun keinen Sinn mehr hatte, ab und nannte sich (seit dem 6. August 1806) Franz I. Kaiser von Österreich. So endete das tausendjährige deutsche Reich.

Von nun an kannte Napoleons Übermut keine Grenzen mehr; er verschenkte Länder und Kronen wie feile Waren an seine Verwandten und Generale. Ferdinand, der König von Neapel, hatte englische und russische Truppen in seinem Königreiche landen lassen. Sogleich erklärte Napoleon mit lakonischer Kürze: „Ferdinand hat aufgehört zu regieren", und ein großes Heer, geführt von Massena, dem „Sohne des Siegs", und von Napoleons Bruder, Joseph Bonaparte, eilte den Machtspruch zu vollziehen. Ferdinand floh übers Meer nach Palermo, und Napoleon ernannte am 30. März 1806 seinen Bruder Joseph zum König von Neapel. Um seinen Bruder Ludwig zu versorgen, wußte der Schlaue es dahin zu bringen, daß die batavische Republik (die Niederlande) sich diesen zum Könige ausbat, und so wurde Ludwig im Juni 1806 König von Holland. Murat, früher Koch, dann des Kaisers Schwager, wurde Großherzog von Berg und Kleve; der Marschall Berthier Herzog von Neuschatel.

7.

Napoleon benahm sich nun in Deutschland als unumschränkter Herr über Fürsten und Volk. Sein Wille galt als höchstes Gesetz, und wer eine andere Meinung zu haben wagte, wurde von der napoleonischen Inquisition belangt und als Hochverräter bestraft. Ein Nürnberger Buchhändler, Palm, hatte eine Flugschrift, „über Deutschlands Erniedrigung" — nicht selber geschrieben, sondern nur als Geschäftsmann versandt. Dafür wurde er plötzlich von französischen Gendarmen ergriffen, nach Braunau geschleppt, dort vor ein französisches Kriegsgericht gestellt und auf Befehl Napoleons erschossen.

Während so Deutschland tief daniederlag, bestand England allein den schweren Kampf mit Glück, und in der Seeschlacht am spanischen Vorgebirge Trafalgar hatte der britische Seeheld Nelson die französische Flotte abermals besiegt und vernichtet. Zum Glück für Napoleon starb der große Pitt, sein unversöhnlicher Gegner, und dessen Nachfolger ließ einen vorteilhaften Frieden erwarten. Um diesen zu erlangen und sich den Engländern gefällig zu erweisen, mußte Preußen fallen, welches bis jetzt ruhig zugesehen hatte, wie das deutsche Reich zerstückelt und aufgelöst, wie Österreich gedemütigt wurde. Der edle König Friedrich Wilhelm III. hatte unablässig dahin gestrebt, seinem Volke den Frieden zu erhalten; darum war er auf den Vorschlag Napoleons eingegangen, Hannover an der Stelle des abgetretenen Ansbach, Kleve und Berg anzunehmen. Nun bot der französische Kaiser eben dieses Hannover wieder den Engländern an: da blieb dem schwergekränkten Könige von Preußen nichts übrig, als an Frankreich den Krieg zu erklären. Aber Preußen stand nun ganz allein gegen den übermächtigen Eroberer, und obwohl der Kurfürst von Sachsen ein Hilfsheer von 22 000 Mann schickte, so blieb doch der Kampf sehr ungleich, denn die preußischen Heerführer waren größtenteils schon hoch bejahrt und in der neuen Kriegsweise wenig geübt; die jungen Offiziere ohne Erfahrung, aber voll Übermut. So traf das Unglück ein, das man schon im voraus befürchtet hatte. Schon am 10. Oktober 1806 ward die Vorhut der preußischen Armee bei Saalfeld von einer überlegenen Feindeszahl zersprengt, und der Prinz Ludwig Ferdinand von Preußen, die Zierde der Ritterschaft und des Hofes, verlor im Reitergefecht sein Leben. Rasch und mit Eilmärschen rückte die große Armee Napoleons in Thüringen ein. Die Preußen standen in zwei Abteilungen bei Auerstedt und Jena, die eine unter dem alten Herzog Ferdinand von Braunschweig, die andere unter dem Fürsten von Hohenlohe. Ehe sie es sich versahen, hatten sie den Feind im Rücken, so daß sie sich wenden mußten, um zu schlagen. Da geschah am 14. Oktober die Doppelschlacht von Jena und Auerstedt, in welcher gleich zu Anfange des Treffens der Herzog von Braunschweig, von einer feindlichen Kugel über den Augen gestreift, besinnungslos niederstürzte. Vergebens teilte der König und sogar die Königin die Gefahren der Schlacht; vergebens wiederholte Prinz Wilhelm, des Königs Bruder, die Reiterangriffe — die Preußen mußten weichen. Über 50 000 Mann verlor der König an diesem Unglückstage. Beispiellos war die Verwirrung und Auflösung. Der Prinz von Hohenlohe wurde auf der Flucht eingeholt, umzingelt und mit 17 000 Mann gefangen. Mit schändlicher Feigheit übergaben die Festungskommandanten Erfurt, Magdeburg, Spandau, Stettin und Küstrin den Franzosen; nur der wackere Courbiere in Graudenz bewies sich standhaft. Als ihn die Feinde mit höhnenden Worten zur Übergabe aufforderten mit der Schmähung: „es gäbe keinen König von Preußen mehr!" erwiderte er: „Nun wohlan, so bin ich König von Graudenz und werde mich zu verteidigen wissen!"

Schon am dritten Tage nach der Schlacht trennte sich der Kurfürst von

Sachsen von seinem Unglücksgefährten; er trat zum Rheinbunde über und ward zum Lohne dafür von Napoleon mit der Königswürde beschenkt. Traurig aber war das Schicksal des Herzogs von Braunschweig, des Anführers bei Auerstedt. Schwer verwundet floh er nach seiner Residenz und sandte von hier eine Botschaft an Napoleon, um sich der Gnade desselben zu empfehlen. Doch zornig antwortete der Kaiser: „Ich kenne keinen Herzog von Braunschweig, nur einen preußischen General dieses Namens." Krank und des Augenlichts beraubt ließ sich der verfolgte Greis weiter nach Altona bringen und starb in trostloser Verbannung zu Ottensen.

8.

Die Trümmer des preußischen Heeres vereinigten sich hinter der Weichsel mit einem unterdes angekommenen russischen Hilfsheere, und zwei Tage hintereinander, am 7. und 8. Februar 1807, wurde die mörderische Schlacht bei Eylau geschlagen, in welcher die Preußen ihren alten Waffenruhm wieder bewährten. Beide Teile rühmten sich des Sieges, und beide Teile zogen sich zurück. Napoleon hatte bereits einen Aufruf an die Polen erlassen, sich gegen ihre alten Unterdrücker zu erheben, und ihnen versprochen, das Königreich Polen wieder herzustellen. Freudig erhob sich das Volk auf seinen Ruf. Am 14. Juni 1807, am Jahrestage der Schlacht bei Marengo, ward bei Friedland noch einmal blutig gestritten, aber ein vollkommener Sieg über das verbündete Heer der Russen und Preußen von Napoleon errungen. Erschüttert bat der Kaiser Alexander, als er den Furchtbaren den Grenzen seines eignen Reichs schon so nahe sah, um Waffenstillstand und Frieden. Napoleon bewilligte beides und kam mit ihm und dem gebeugten Könige von Preußen auf dem Flusse Niemen zusammen, um das Nähere persönlich zu besprechen. Zu Tilsit wurden dann die Unterhandlungen gepflogen. Hier erschien auch die Königin Luise von Preußen, ein Bild der Hoheit und Anmut. Sie war entschlossen, den gewaltigen Sieger selbst durch Bitten zu einem ehrenvollen Frieden und zur Schonung des Landes und Volkes zu bewegen. In ihrer reinen, hochherzigen Liebe für das Volk und seinen Fürsten scheute sie diese Erniedrigung nicht. Aber Napoleons Herz blieb ungerührt; finster und stolz fragte er die Königin: „Wie konnten Sie auch nur einen Krieg mit mir anfangen?" Da erwiderte ihm Luise mit edler Würde: „Es war Preußen erlaubt, ja es war uns erlaubt, uns durch den Ruhm Friedrichs über die Mittel unserer Macht zu täuschen — wenn wir uns überhaupt getäuscht haben!" Und die wahrhaft deutsche Frau hatte sich nicht getäuscht, daß sie auf den Geist des Volkes baute. Nur darin hatte sie sich getäuscht, daß sie von Napoleons Edelmut etwas hoffte. Preußen verlor alle Länder zwischen der Elbe und dem Rhein, außerdem die polnischen Länder mit der Stadt Danzig, welche für eine freie Stadt erklärt wurde; das polnische Land wurde zu einem Großherzogtum Warschau erhoben und kam zum größten Teil an den König August von Sachsen; einen Teil von preußisch Polen erhielt Rußland. Aus den Ländern zwischen dem Rhein und der Elbe, aus Hannover, Braunschweig, Hessen-Kassel schuf Napoleon das Königreich West=

falen für seinen jüngsten Bruder Hieronymus. So stand jetzt ein kleines Frankreich im Herzen von Deutschland, und fremde Tyrannen geboten in dem Lande Hermanns und dem Ursitze der Sachsen!

So an Ländern zusammengeschmolzen und eingeschlossen zwischen Staaten, die den Franzosen anhingen, sollte Preußen völlig erdrückt werden. Aber die Gewalt, so viel sie auch auf Erden vermag, sie vermag doch nicht den Geist und die sittliche Kraft des Volkes zu zertrümmern. König Friedrich Wilhelm III., der Gerechte und Standhafte, baute auf seines Volkes Treue, und von biederen Vaterlandsfreunden unterstützt, unternahm er eine durchgreifende Verbesserung des Staats= und Heerwesens. Er berief am 5. Oktober 1807 den Freiherrn von Stein, adelig von Geburt und Gesinnung, einen echten Mann des Volks, zum Minister, und dieser unterwarf das Alte einer Umbildung zum Neueren und Besseren. Das bisher bestandene Vorrecht des Adels, ausschließlich Rittergüter zu besitzen, wurde aufgehoben, auch Bürger und Bauern durften fortan solche Güter erwerben. Der Dienstzwang hörte auf. Der Bauernstand wurde frei, der Bürgerstand erhielt seine alten sogenannten „Munizipalrechte", wodurch er früher groß und stark geworden war, eine vortreffliche Städteordnung wieder, jede Bürgergemeinde bekam das Recht, ihre Vertreter sich selber zu wählen. In ähnlichem Geiste bestellte Friedrich Wilhelm III. auch das Heerwesen neu, wobei ihm der treffliche General Scharnhorst mit Rat und That beistand. Der Bürgerstand wurde nun auch als fähig zu allen Offizierstellen erklärt; nur das persönliche Verdienst sollte den Mann adeln. Die alte unzweckmäßige Tracht der Soldaten wurde abgeschafft, ebenso die entehrende Bestrafung durch Stockprügel. Durch die Wiederbelebung des Ehrgefühls wurde aber auch das Nationalgefühl wieder belebt; der Soldat fühlte sich nicht mehr als bloßer Knecht, sondern als Staatsbürger, und kämpfte nun mit Lust und Liebe, wo er früher bloß aus Zwang gestritten hatte. Das Volk begriff bald, wo es fehlte. Zu Königs=berg in Preußen stifteten treffliche Männer einen Verein zur Kräftigung der Vaterlandsliebe, welcher unter dem Namen des „Tugendbundes" sich bald durch das ganze Land verbreitete. Der edle Minister von Stein war die Seele aller dieser Anstrengungen, aber sobald Napoleon davon Kunde erhielt, mußte er nicht bloß seine Entlassung nehmen, sondern auch aus Deutschland fliehen, denn er wurde vom Kaiser als „Volksverführer" geächtet.

An Steins Stelle in Preußen trat 1810 der Minister von Harden=berg, ein ebenso eifriger Freund des Vaterlandes und Feind der Fremd=herrschaft, nur darin glücklicher als sein Vorgänger, daß er den Argwohn der Franzosen täuschte und so ungestört seine segensreichen Verbesserungen durchsetzen konnte. Immer mächtiger durchdrang die geistige und sittliche Ausbildung alle Stände des Volks, während einzelne Ehrenmänner, wie Ernst Moritz Arndt und Ludwig Jahn, voll glühender Vaterlandsliebe das heranwachsende Geschlecht bildeten. Da wurden Turnanstalten errichtet, auf denen die Jugend sich fleißig tummelte, zugleich die edelsten Lehren von Freiheit und Sittlichkeit einsog und hohen Mut und Kampf=lust gewann.

Und wie in Preußen erwachte auch in vielen andern deutschen Landen gerade unter der tiefsten Erniedrigung das National gefühl und bäumte sich gegen die fremde Gewalt.

9.

Inzwischen hatte Napoleon 1808 in Spanien die königliche Familie aus bourbonischem Stamme durch List und Gewalt vom Throne gestürzt und seinen Bruder Joseph zum König von Spanien gemacht. Da aber erhob sich das spanische Volk gegen die fremden Heere zum Vertilgungskampf, und Napoleon lernte zum ersten Male nach so vielen glänzenden Siegen die Volkskraft kennen; er zog selbst nach Spanien, um den Dingen eine bessere Wendung zu geben. Während dieser Zeit hatte Kaiser Franz von Österreich gegen ihn gerüstet, denn er hatte wohl gemerkt, daß der Eroberer mit dem Gedanken umging, die ganze österreichische Monarchie zu vernichten. Erst Preußen, nun auch Österreich, — die Rheinbundsfürsten ohnehin Napoleons Vasallen, und so schien Deutschlands Los entschieden! Österreich aber beschloß, den Plänen Napoleons zuvorzukommen; und das war auch das Ehrenvollste. Ermuntert durch das Beispiel Spaniens, wo alle Kriegskunst Napoleons am Felsen der Volkstreue zerschellte, rief nun Kaiser Franz das Volk zum Kampf auf. Und bald (es war im Jahre 1809) standen 400 000 Mann unter den Waffen. Der Erzherzog Karl erließ einen Aufruf an die ganze deutsche Nation; darin sagte er: „Wir kämpfen, um Deutschlands Unabhängigkeit und Nationalehre wieder zu erringen. Unsere Sache ist die Sache Deutschlands. Nur der Deutsche, der sich selbst vergißt, ist unser Feind!" Auch viele andere Aufrufe erschollen wie Donner zu den deutschen Volksstämmen: „Erwacht aus dem Todesschlafe der Schande, ihr Deutschen! Soll euer Name der Spottruf von Jahrhunderten werden?" Aber Napoleon gebot den Fürsten des Rheinbundes, ihre Heere gegen Österreich zu führen; Preußen war noch von der Übermacht gefesselt, und so gelang es dem schnell aus Spanien zurückeilenden Kaiser abermals, die österreichischen Heere zurückzuschlagen; im Triumph zog er am 10. Mai (1809) in Wien ein und bezog die Residenz von Schönbrunn.

Erzherzog Karl aber rückte mit 76 000 Mann aus Böhmen an die Donau, um Wien zu entsetzen. Napoleon zog ihm entgegen. Am Pfingstsonntag kam es auf dem Marchfelde bei den Dörfern Aspern und Eßlingen zwischen den feindlichen Heeren zur Schlacht, die zwei Tage währte. Mit ungeheurer Erbitterung wurde von beiden Seiten gekämpft; jeder gemeine Mann war ein Held, und die Feldherren wetteiferten mit den Soldaten an persönlicher Tapferkeit. Da klang mancher Ruf wie ein Nachhall aus dem klassischen Altertum; da antworteten die Krieger der österreichischen Infanterie, mauerfest zusammengeschart, der Aufforderung der heransprengenden gewaltigen Reitermassen Napoleons: „Streckt die Waffen!" mit hohem Stolz und Mut: „Holt sie euch!" Der Zauber von Napoleons Unüberwindlichkeit war gelöst; Erzherzog Karl führte, als der Sieg auf die Seite der Franzosen sich lenkte, selbst ein Bataillon herbei, um eine gefährliche Lücke auszufüllen, und ergriff dann selbst die Fahne des Regiments Zach, führte die begeisterten Soldaten an und flog hierher und dorthin, wo die Gefahr am größten war. Napoleon erlitt zum ersten Male eine blutige Niederlage; mit Mühe rettete er sich auf die Donauinsel Lobau. Der tapfere Marschall Lannes war geblieben; die Marschälle Massena und Bessières nebst einer großen Menge von Generalen verwundet. Schrecken durchfuhr das ganze Heer, und es wäre verloren gewesen, wenn die vom Erzherzog Karl erwartete Verstärkung eingetroffen wäre. Aber diese blieb aus, Napoleon gewann Zeit, sich zu sammeln, und schlug die Österreicher bei Wagram zurück. Im Frieden zu Schönbrunn verlor Österreich abermals 2058 Geviertmeilen Landes und drei und eine halbe Million Seelen.

Mit neuen Lorbeeren geschmückt kehrte Napoleon nach Paris zurück. Bald nach seiner Rückkehr ließ er sich von seiner liebenswürdigen Gemahlin Josephine scheiden, weil sie ihm keinen Thronerben geboren hatte, und warb um die Hand der Erzherzogin Maria Louise, der Tochter desjenigen Kaisers, dem er die Hälfte seines Reiches entrissen hatte. Der gebeugte Kaiser Franz brachte in der Hoffnung des Friedens mit schwerem Herzen das Opfer, und am 2. April 1810 fand in Paris mit ungewöhnlichem Gepränge die Vermählung statt.

10.

Tirol war an Bayern gekommen und sollte fortan Süd=Bayern genannt werden; auch die alte Landesverfassung wurde geändert. Aber mit treuer Liebe hing das biedere Bergvolk am alten angestammten Fürstenhause Österreich; noch vor den Schlachten von Aspern und Wagram hatte es sich erhoben, um das Joch der bayerisch=französischen Fremdherrschaft abzuschütteln. Die Häupter des Volksaufstandes waren der Sandwirt Andreas Hofer von Passeyer, ein schlichter, frommer Mann aus dem Volk, kräftig von Gliedern und stattlich von Ansehen mit seinem langen schwarzen Bart; im untern Innthal Joseph Speckbacher, der beste Schütze weit und breit, verwegen zu jeder großen That und meisterlich klug; im obern Innthal der Krämer Martin Teimer. Aber Napoleon schickte den Marschall Lefebre mit vielem Kriegsvolk ins Tiroler Land, da begann am Berge Isel ein langer furchtbarer Kampf gegen die Eindringlinge. Der Speckbacher verlegte ihnen den Weg bei Hall. Er hatte einen jungen Sohn Andreas, „der Anderl" genannt; der Knabe folgte ihm mutig ins Gefecht und da er nicht selber mitfechten durfte, so grub er keck die feindlichen Kugeln aus der Erde heraus, wo sie eingeschlagen, sammelte sie in seinem Hütlein und brachte sie dem Vater. Die Feinde erlitten ungeheuren Verlust, während die Tiroler frisch und lustig auf ihren heimatlichen Bergen standen und unverdrossen mit ihren nie fehlenden „Stutzen" ins Thal schossen. Doch half alles nicht, der Kaiser Franz mußte im Frieden zu Schönbrunn sein treues Tirol den Bayern lassen und seine Tiroler selber auffordern, sich den Siegern zu ergeben.

Da schrieb der brave Hofer seinem Freunde Speckbacher: „Es ist alles aus, Österreich hat uns vergessen!" Doch es sollte noch ärger kommen.

Ein gewisser Kolb, ein Adeliger von Geburt und ein Schurke von Gesinnung, täuschte den gläubigen Hofer durch allerlei erlogene Nachrichten von den Siegen der Österreicher; dieser Kolb und der Kapuziner Haspinger gewannen Hofers ganzes Vertrauen und verleiteten ihn, daß er das Volk aufs neue unter die Waffen rief. Das war den Franzosen gar lieb, denn sie nahmen das zum Vorwand, den Hofer für vogelfrei zu erklären. Er war nun in seiner Heimat nirgends mehr vor Aufpassern und Schergen sicher, hätte aber leicht entfliehen und sein Leben retten können. Das mochte er nicht aus Anhänglichkeit an sein liebes Land Tirol, und er barg sich lieber in einer einsamen Alpenhütte am Passeyer unter Schnee und Eis zwei Monate lang vor seinen Verfolgern. Endlich verriet ihn Joseph Raffl, ein Vagabund, und führte die Häscher am 30. Januar 1810, mitten in der Nacht, zu Hofers einsamer Hütte auf der Alp. Dreimal pochen die Häscher; da tritt der Hofer heraus und sagt ihnen frei und stolz: „Ja, ich bin's, den ihr suchet, schonet nur mein Weib und meine Kinder!" — Sie ergreifen ihn, nehmen ihn gefangen und bringen ihn, mit Ketten gefesselt, nach Mantua. Dort wird er vor ein französisches Kriegsgericht gestellt und zum Tode verurteilt. Als er auf dem Richtplatze niederknien soll, spricht er: „Ich stehe vor dem, der mich erschaffen hat, und stehend will ich meinen Geist aufgeben." Dann drückt er das Kreuz des Heilandes an seine Lippen und ruft selber: „Geht Feuer!" — So starb ein Freund des Vaterlandes.

11.

Allgewaltig stand Napoleon in seiner riesenhaften Größe, drohte mit der einen Hand seinen entkräfteten Feinden und riß mit der andern Provinzen und Königreiche an sich. Zuerst jagte er seinen redlich gesinnten Bruder Ludwig vom Throne Hollands, weil derselbe sich sträubte, zu den Bedrückungen des Volkes die Hand zu bieten; Holland wurde mit Frankreich vereinigt. Dann nahm er Besitz von dem ganzen nordwestlichen Deutschland an dem Ausflusse der Weser, Ems, Elbe, mit den alten Hansestädten Bremen, Lübeck, Hamburg, wodurch die unglücklichen Deutschen ihre großen Ströme, ihre Küsten und ihren Seehandel verloren. Hierauf ließ er den Papst von Rom wegschleppen und vereinigte auch das römische Gebiet mit dem übermächtigen Frankreich, und zwar mit der Bestimmung, daß sein erstgeborner Sohn König von Rom sein sollte. Was stand dem Mächtigen noch im Wege? Der Kaiser von Rußland war sein Bundesgenosse, Preußen und Österreich waren entkräftet, England vermochte nichts gegen ihn zu Lande.

Zur See aber waren ihm die Engländer furchtbare Feinde. Sie hatten seine ganze Marine und seinen ganzen Seehandel vernichtet. Sobald ein neues Schiff aus einem Hafen auslief, kamen sie und nahmen es weg. Die Briten und die Spanier, die noch immer herzhaft ihre Freiheit verteidigten, schienen die einzigen Störer seines Glücks. Darum ließ Napoleon kein Mittel unversucht, England von seiner Höhe herabzuziehen. Dieses Land war mächtig und reich durch seinen Handel, darum wollte er denselben zerstören und verschloß den englischen Schiffen alle Seehäfen von Europa. Wollten Schleich=

händler englische Waren einschwärzen, so nötigte er die Fürsten, das englische
Gut aufzusuchen und verbrennen zu lassen. Diesem „Kontinentalsystem" bei=
zutreten, hatte sich auch Rußland überreden lassen, und Schweden war mit
Waffengewalt dazu gezwungen worden. Bald aber lernte der russische Kaiser
Alexander einsehen, welchen unermeßlichen Schaden er durch die Handels=
sperre gegen England seinen Unterthanen zufügte, er ließ daher Milderung
eintreten. Das verdroß Napoleon; er hatte überdies die Lande des Herzogs
von Oldenburg, eines Verwandten des russischen Kaisers, an sich gerissen und so
den Fehdehandschuh dem großen Rußland ins Gesicht geworfen; auch dieses Land
sollte nun an die Reihe kommen, vor seinem Willen sich zu demütigen.

Alle Kräfte seiner Staaten bot Napoleon zu dem Riesenkampfe auf.
Polen wählte er zum Sammelplatze seiner Völker. Zu 480 000 Franzosen
und Italienern ließ er auch 100 000 Mann deutsche Bundestruppen stoßen,
und Preußen und Österreich, jedes mit 30 000 Mann, mußten es sich ge=
fallen lassen, seine Flanken zu decken. So ging er am 24. und 25. Juni
1812 mit mehr als einer halben Million Menschen und mit 1200 Kanonen
über den Grenzfluß N i e m e n und teilte nun seine große Armee in zwei Heere;
das eine schickte er unter den Generalen M a c d o n a l d und O u d i n o t gegen
Petersburg, das andere führte er selbst mit General N e y gegen Moskau.

Die zwei Hauptstädte Rußlands wurden also zugleich von ihm bedroht,
und beide hatten Ursache zu zittern, denn vergeblich bemühten sich die russi=
schen Heere, die Feinde abzuhalten. Bei Smolensk und am Flusse Moskwa
wurde blutig gestritten, aber Napoleon siegte und warf die Russen zurück.
Unaufhaltsam drang er nach M o s k a u vor, und am 14. September 1812
zog er in die große prächtige Zarenstadt ein. Von den Mauern geschah kein
Schuß auf seine Soldaten, nirgends lauschte ein Feind; aber zu seinem nicht
geringen Befremden drängte sich auch nicht, wie in andern eroberten Haupt=
städten, die neugierige Menge heran, ihn zu sehen und anzustaunen. Dumpfe
Stille herrschte in allen Straßen, wie auf einem Totenacker unter Gräbern.
Fast alle Einwohner waren mit ihrer besten Habe entflohen, und die noch
übrigen hielten sich in dem Innern ihrer Häuser verborgen. Diese gänzliche
Verödung der ganzen Stadt wollte den Franzosen gar nicht gefallen, denn
sie merkten wohl, daß ihnen an der Bequemlichkeit manches abgehen und
namentlich die Küche schlecht bestellt sein würde. Der Kaiser bezog den
K r e m l, das alte Zarenschloß, aber es sollte ihm nicht wohl darin werden.
Plötzlich schlagen an allen Ecken und Enden der Stadt die Flammen empor,
und der Sturm, der sich zugleich erhebt, facht das Feuer an; bald ist ganz
Moskau ein Feuermeer. Mit Grausen sieht Napoleon von einer Terrasse
des Kreml das majestätisch=furchtbare Schauspiel. Vergeblich ist jeder Versuch,
den Brand zu löschen; hochauflodernd verkündigt dieser der Welt: „Das
Gericht wird beginnen über den stolzen gewaltigen Despoten!" Das Heer
mußte vor der Stadt ein Lager beziehen, aber die Soldaten stürzten sich
scharenweise auf die brennenden und rauchenden Trümmer, um nach Beute
zu wühlen. Bald sollte ihnen aber ein Stück Brot mehr wert sein, als
ein Klumpen Gold.

Durch die Einäscherung Moskaus war Napoleons ganzer Plan verrückt worden. Von Feinden umgeben, ohne Lebensmittel, ohne Kleidung und Obdach für sein Heer, konnte er hier nicht überwintern. Sobald er seine Leute auf das Fouragieren ausschickte, fielen die Kosaken über sie her. Noch furchtbarer, als die Feinde, nahte sich die schlimme Jahreszeit. Schon war die Hälfte des Oktobermonats verstrichen, und Napoleon saß noch immer in seinem Kreml, unschlüssig, was er beginnen sollte. Er bot Frieden an, aber man antwortete zögernd und unbestimmt, um ihn hinzuhalten. Endlich erkannte Napoleon, daß es die höchste Zeit sei, den Rückzug anzutreten.

Aber welch ein Rückzug! Der Himmel selbst schien mit den Russen in einen Bund getreten zu sein; denn ein ungewöhnlich früher und strenger Winter trat ein und überraschte die Feinde auf ihrer Flucht. Menschen und Pferde sanken von Hunger und Kälte erschöpft nieder, und wie mit einem Leichentuche bedeckte der Schnee die gefallenen Opfer. Der Weg durch die wüsten Ebenen war bald mit toten Menschen und Pferden, mit Trümmern von Geschütz und Gepäck übersäet. Viele erfroren an dem Feuer, das sie sich angezündet hatten, viele wurden von den Kosaken niedergemacht, ehe die erstarrten Hände sich regen konnten. In Smolensk gedachte Napoleon sich auszuruhen, aber der russische General Tschitschakoff, mit Wittgenstein vereinigt, drohte den Franzosen zuvorzukommen und ihnen den Übergang über die Beresina abzuschneiden. So durfte Napoleon nicht rasten, und am 27. November erreichte er den Beresinafluß, über den schnell zwei Brücken geschlagen wurden. Aber nun entstand ein fürchterliches Gedränge, denn der Feind war in der Nähe und feuerte Schuß auf Schuß mit Kartätschen unter die dichten Haufen. Jeder wollte der erste sein, der sich rettete, so lange Rettung noch möglich war. Um schneller über die Brücke zu kommen, stieß einer den andern ins Wasser; viele stürzten nieder und wurden von den Rädern und Wagen der Kanonen zermalmt, andere suchten auf treibenden Eisschollen das jenseitige Ufer zu erreichen und fanden ihren Tod in den Fluten. Zugleich brach die Brücke ein, und alle, welche noch am anderen Ufer waren, wurden abgeschnitten und gefangen. Über 30 000 Mann verloren die Franzosen bei diesem Übergange.

Am 5. Dezember verließ Napoleon das Heer. Wie Xerxes einst, der Führer von Millionen, aus Griechenland auf einem kleinen Kahne floh, so durchjagte Napoleon in einem elenden Schlitten, den Trümmern seines Heeres voraus, die öden Schnee= und Eisgefilde Rußlands, um nach Frankreich zu eilen und schnell ein neues Heer zu bilden. Den Oberbefehl über die zurück= gebliebenen Heerestrümmer überließ er dem König von Neapel. Seitdem wich alle Zucht und Ordnung; Soldaten, Offiziere, Generale liefen wild durcheinander, und jeder dachte nur an seine Rettung. Die wenigsten Reiter hatten noch Pferde; über die gefallenen Tiere stürzten die Hungrigen her und verzehrten sie mit Gier. Fiel ein Soldat, so stürzten seine Kameraden auf ihn, um mit seinen Kleidern Hände und Füße zu umwickeln. Hatten die Erstarrten sich ein Feuer angemacht, so ertönte der Schreckensruf: „die Ko= saken!" und die Ohnmächtigen strengten ihre letzten Kräfte an zur Flucht.

Über 300 000 Menschen und 150 000 Pferde waren geblieben; zerlumpt und elend kam der armselige Rest der großen Armee in Deutschland an. So endete der stolz begonnene Zug des Eroberers!

12.

Als der General York, welcher mit der preußischen Hilfsarmee an der Ostsee stand, Napoleons Rückzug erfuhr, schloß er am 30. Dezember mit den Russen einen Vertrag ab, kraft dessen die unter seinem Befehl stehenden Truppen für parteilos (neutral) erklärt wurden und sich zwischen Memel und Tilsit aufstellten. Fürst Schwarzenberg that mit dem österreichischen Hilfsheere ein Gleiches. Diese beiden Maßregeln trugen viel zu einer völligen Wendung des Schicksals in Deutschland bei. König Friedrich Wilhelm III. von Preußen, von Napoleon finster beobachtet und bedroht, durchdrungen vom Geiste des ganzen deutschen Volkes, gab plötzlich den Ausschlag. Im Januar 1813 begab er sich von seiner Hauptstadt Berlin nach Breslau, schloß dort einen Bund mit Kaiser Alexander von Rußland und erließ jenen denkwürdigen „Aufruf an mein Volk", der allen Preußen und allen Deutschen tief zu Herzen ging. Mit diesen Worten schloß der Aufruf: „Gott und ein fester Wille werden unserer gerechten Sache den Sieg verleihen und mit ihm die Wiederkehr einer glücklicheren Zeit." Und begeistert erhob sich das Volk in Preußen, eines Herzens und eines Sinnes mit dem König. Schon hatte es im stillen die alten Waffen hervorgesucht und sich fleißig geübt, sie seiner Zeit zu gebrauchen. Aus freiem Antriebe eilten Jünglinge und Männer zu den Reihen des Heeres, entschlossen, für die höchsten Güter, für Freiheit und Ehre, für König und Vaterland zu kämpfen. Es war nicht nötig, auch nur einen Mann zu den Waffen zu zwingen; Männer aus jedem Stande, Prediger, Schullehrer, Studenten, Adelige und Bürgerliche und Landleute stellten sich freudig unter die Fahnen, um das schmachvolle Joch der Franzosen abzuschütteln. Die Bürger und Bauern bildeten die Landwehr, und der König stellte ihre Führer denen des stehenden Heeres an Ehre und Rang gleich. Wenn die Landwehr auszog, da erklangen die Glocken von allen Türmen, und manches lange, aber doch hoffnungsreiche Lebewohl von den Lippen der Mütter und Hausfrauen, der Schwestern und Bräute scholl den Wehrmännern nach. Weil die Kräfte der Regierung tief erschöpft waren, brachte das Volk freiwillige Beisteuern; auch der Ärmste legte freudig seinen Sparpfennig auf den Altar des Vaterlandes nieder. Die Frauen und Jungfrauen verkauften ihr Geschmeide, ja manches deutsche Mädchen schnitt sich das Haar vom Scheitel und brachte den Erlös dem Vaterlande dar.

Preußen hatte kühn den ersten Schritt in der gemeinsamen Sache des ganzen deutschen Vaterlandes gethan; Österreich hielt sich noch neutral, der ganze Rheinbund, besonders Sachsen, dessen König durch Bande der Dankbarkeit an Napoleon gebunden zu sein glaubte, stand noch für die Fremdherrschaft. Napoleon hatte unterdes mit ungeheurer Kraftanstrengung ein neues Heer geschaffen, schnell in den Waffen geübt und ins Feld geführt. Er vertraute auf seine Kriegskunst und den Zauber seines Namens. Bei Lützen und Großgörschen geschah (am 2. Mai 1813) die erste große Schlacht. Napoleon siegte zwar, aber er hatte den Mut der jungen preußischen Krieger kennen gelernt. Die Verbündeten flohen nicht, sondern zogen sich, trefflich geordnet und dem Feinde Trotz bietend, über die Elbe zurück. Bei Bautzen (vom 19. bis 21. Mai) geschah eine zweite Schlacht, und auch da siegte Napoleon, aber auch da behaupteten die Preußen und Russen den Rückzug in geschlossenen Reihen, so daß die Feinde es nicht wagten, sie zu verfolgen. An der Spitze der Preußen stand der alte Blücher, ein Jüngling trotz des Silberhaares, ein erbitterter Feind der Franzosen, des deutschen Volkes Liebling, des Heeres Abgott. Er rückte nach Schlesien, Napoleon ihm nach, aber ohne anzugreifen, denn hinter dem alten Blücher stand der russische General Tettenborn, die Truppen der Hansestädte und eine todeskühne Freischar aus den edelsten deutschen Jünglingen, unter dem Major Lützow. Das war „Lützows wilde verwegene Jagd!" — so hat sie einer von ihnen getauft, der Dichter glühender Freiheits = und Kriegslieder, Theodor Körner, dem das Vaterland lieber war als seine Braut und aller Dichterruhm.

Napoleon schloß einen Waffenstillstand, der vom 4. Juni bis 17. August dauerte; beide Teile rüsteten und stärkten sich zu neuem Kampfe. Da legte sich Napoleons Schwiegervater, Kaiser Franz, ins Mittel und veranstaltete einen Kongreß zu Prag. Aber vergebens. Napoleon wollte nicht ein Haar breit nachgeben und zeigte, daß er den Frieden nicht wollte. Nun aber erklärte ihm auch der österreichische Kaiser den Krieg, und 300 000 seiner Krieger stießen zu dem Heere der Verbündeten. Zwar mißlang ein Hauptangriff auf Napoleon bei Dresden, aber desto herrlicher waren die Siege der Verbündeten bei Kulm, an der Katzbach, bei Großbeeren und bei Dennewitz. Als der kühne Held Blücher am 26. August die Franzosen unter Macdonald an der Katzbach traf, rief er seinen Kriegern zu: „Nun hab ich genug Franzosen herüber! Jetzt, Kinder, vorwärts!" Dies „Vorwärts" dringt allen ins tiefste Herz. „Hurra!" jauchzen sie und stürzen auf den Feind. Der Regen schießt in Strömen herab, an ein Feuern ist nicht zu denken, aber mit gefälltem Bajonett dringt das Fußvolk, mit geschwungenem Säbel die Reiterei in die französischen Heerhaufen ein, der alte Blücher, das Schwert in der Faust, allen voran. Mann an Mann, Herz an Herz wird gefochten mit Mut und Wut, bis die Feinde wanken und fliehen. Zürnend rauschten die wilden geschwollenen Wasser der Katzbach und rissen die Flüchtigen hinab; 18 000 Feinde wurden gefangen, die ganze Armee Macdonalds war aufgelöst.

Aber bald sollte an Napoleon selber die Reihe kommen. Die verbündeten Heere hatten sich immer enger zusammengezogen und suchten Napoleon in den Rücken zu kommen. Das merkte er und zog sich nach Leipzig zurück. Die Verbündeten folgten ihm. Am 16. Oktober begann der Riesenkampf. Mehr als 300 000 Mann Verbündete (Österreicher, Preußen, Russen, Schweden) standen gegen 200 000 Mann Franzosen, und seit acht Uhr des Morgens donnerten über 1000 Kanonen gegeneinander, so daß die Erde erbebte und viele Fenster in Leipzig zersprangen. Der Kampf schwankte unentschieden, Dörfer wurden genommen und verloren. Am blutigsten war der Kampf bei Wachau, wo Napoleon selbst hielt, und bei den vorliegenden Dörfern Güldengossa und Auenhain. Alle Anstrengungen der Verbündeten scheiterten hier an dem Ungestüm der Franzosen und Polen, Napoleon selbst sprengte wiederholt mitten im Feuer aufmunternd an die einzelnen Generale heran, und den neuen Marschall, Fürsten Poniatowski, welchen er mit seinen Polen im heftigsten Gedränge fand, spornte er mit dem Zuruf: „Vorwärts, König von Polen!" an. Um drei Uhr nachmittags hatten die Franzosen solche Fortschritte gemacht, daß Napoleon schon Boten mit der Siegesnachricht nach Leipzig sandte und alle Glocken läuten ließ. Wie ein Grabgeläute ertönten sie in den Herzen der bekümmerten Einwohner. Jedoch nahmen die Öster= reicher und Russen bald ihre alte Stellung wieder ein, während Blücher, der Marschall „Vorwärts", unaufhaltsam die Franzosen warf und sie bis Leipzig zurückdrängte. Der folgende 17. Oktober war ein Sonntag, und man hielt Waffenruhe. Napoleon ließ den Verbündeten Waffenstillstand anbieten, aber diese mochten nichts mehr von seinen Anerbietungen hören. Am 18. Oktober früh erneuerte sich der schreckliche Kampf, und nun traf auch der längst er= wartete Kronprinz von Schweden mit der Nordarmee ein. Während der Schlacht gingen die Sachsen und Württemberger zu ihren deutschen Brüdern über. Napoleon bot vergebens alle Kunst und Kühnheit auf, er unterlag, sein Heer zog sich nach Leipzig zurück.

Am 19. früh kam es zum Sturme auf Leipzig von drei Seiten. Alles lag hier schon seit Tagen voll von Verwundeten und Toten; man hatte Schleusen öffnen müssen, um das Blut ablaufen zu lassen. Macdonald und Poniatowski sollten die Stadt bis auf den letzten Augenblick verteidigen und dann den Rückzug decken. Nach zehn Uhr verließ Napoleon selbst, nachdem er vom König von Sachsen Abschied genommen, die Stadt, und bald nach= her flog die unterminierte und mit Pulver gefüllte steinerne Brücke über die Elster in die Luft. Da erneuerte sich der Tag von der Beresina; es war kein Ausweg mehr. Viele ertranken beim Durchsetzen durch die Elster, unter ihnen der edle Fürst Poniatowski, fast alle übrigen wurden abgeschnitten und gefangen. Etwa 53 000 Mann (15 000 Tote, 15 000 Mann wurden gefangen, und 23 000 Mann mußten in den Lazaretten zurückbleiben) hatten die Franzosen in dieser dreitägigen Völkerschlacht verloren, 52 000 Mann die Verbündeten eingebüßt. Mit den Trümmern seines Heeres floh Napoleon dem Rheine zu; seine Kraft war gebrochen.

Als die Nacht das blutige Schlachtfeld mit ihrem Schleier verhüllte, ließen russische Heerhaufen unwillkürlich ein Lob= und Danklied erschallen, und Tausende von Kriegern stimmten voll Andacht mit ein. Es ging ein Gedanke und ein Gefühl durch aller Herzen, daß der Allmächtige die Schick= sale der Völker und ihrer Fürsten lenkt, die Machthaber, welche nur das Ihre suchen, stürzt und die Niedergebeugten wieder aufrichtet, wenn sie voll mutigen Glaubens und Gottvertrauens für ihre Freiheit kämpfen und ringen.

Die Schlacht bei Waterloo (Belle=Alliance).

Napoleons Ende.

Der Ruhm des glorreichen Jahres 1813 war noch dadurch erhöht worden, daß die Verbündeten den Usurpator in seinem eigenen Lande auf= suchten und endlich einmal wieder es den Franzosen fühlbar machten, was es heißt, den Krieg im eigenen Lande zu haben. Im Januar und Februar des folgenden Jahres erlitt Napoleon auf eigenem Boden bedeutende Nieder= lagen (Schlacht bei la Rothière am 1. Februar 1814 und Bar sur Aube am 27. Februar), welche die Besetzung von Troyes, der Hauptstadt der Cham= pagne, durch die Verbündeten zur Folge hatten. Zwar sollte ihm noch ein= mal das Kriegsglück lächeln, indem er die ungeregelt vordringenden Heer= haufen seiner Gegner in einzelnen Gefechten und Treffen wieder zurückschlug. Doch gerade dieses Glück gereichte ihm zum Verderben, denn er verwarf die im Februar zu Chatillon auf einem Friedenskongresse ihm angebotenen, sehr annehmbaren Bedingungen — die Verbündeten wollten ihm seinen Kaiser= thron lassen und Frankreich in den Grenzen von 1792 — und wollte durch= aus nicht ablassen von seiner Forderung der Alpen= und Rheingrenze mit Belgien, sowie des Königreichs Italien für Eugen. Die Verhandlungen wurden abgebrochen, und die Tage bei Laon (9. und 10. März), bei Soi= sons (13. März) und Arcis (20.—22. März) stellten das Kriegsglück der Verbündeten, welche sich durch Napoleons Operationen in ihrem Rücken nicht abhalten ließen, geradezu auf Paris vorwärts zu dringen, so vollständig wieder her, daß sie schon am 30. März die Höhen des Montmartre vor Paris erstürmten und Tages darauf in die französische Hauptstadt selber ein= ziehen konnten. Am 2. April sprach der französische Senat Napoleons Ab= setzung aus, und dieser, da alle ferneren Machinationen scheiterten, unter= zeichnete am 11. April seine Abdankung, wogegen er den unumschränkten Besitz der Insel Elba und gewisse Summen für sich und seine Familie er= hielt. Am 28. April schiffte er sich nach Elba ein. Im ersten Frieden von Paris, geschlossen am 31. Mai, wurde Frankreich auf seine Grenzen, die es im Anfang des Jahres 1792 hatte, zurückgeführt und Ludwig XVIII., der Bruder des letzten Königs, als König von Frankreich anerkannt.

Deutschlands innere Angelegenheiten und die politischen Verhältnisse Europas sollten in Wien geordnet werden, allwo mit seltener Pracht (im Oktober 1814) ein Kongreß zusammentrat, an welchem persönlich die Kaiser von Österreich und Rußland, der König von Preußen, die Könige von Dänemark, von Bayern und Württemberg (der durch die Schlacht von Leipzig in Gefangenschaft geratene, nun aber in Freiheit gesetzte König von Sachsen hielt sich in der Nähe auf) nebst einer großen Zahl von deutschen Fürsten, sowie die Gesandten aller deutschen und europäischen Staaten (mit alleiniger Ausnahme der Pforte) teilnahmen. Die Aufgabe, aller Ansprüche zu be= friedigen, war eine sehr schwierige; indessen ließ sich's der Kongreß wohl sein, ein Fest und eine Lustbarkeit drängte die andere, obschon die Einigkeit immer mehr schwand und die Frage über Sachsens und Polens Schicksal die Mächte in solche Spannung brachte, daß mit dem Beginn des Jahres 1815 ein Krieg wahrscheinlicher schien als eine Verständigung.

Dieser Zustand der Dinge war dem großen Verbannten, der auf Elba scheinbar in völliger Unthätigkeit lebte, kein Geheimnis geblieben; er hatte überdies Nachrichten aus Frankreich erhalten, die ihm die Anhänglichkeit des Volkes, besonders der Soldaten und Bauern und Käufer von National= gütern, kundgaben. So verließ er, im Vertrauen auf sein Glück und sein Genie, und in der Hoffnung, sein altes Spiel, die Gegner zu teilen und einzeln zu überwältigen, abermals beginnen zu können, am 26. Februar 1815 mit 1100 Mann seiner alten Garde die Insel Elba, landete ohne Hindernis am 1. März bei Cannes und zog, überall mit offenen Armen empfangen, geradezu auf Paris. Die Bourbonen hatten so wenig Halt im französischen Volke, daß Ludwig XVIII. sich plötzlich vom Volke wie vom Heere ver= lassen sah und die Flucht ergreifen mußte; Napoleon zog ohne Schwertstreich am 20. März in Paris ein.

Dieses Ereignis brachte den Wiener Kongreß schnell wieder zur Einig= keit; am 13. März erließen die Mächte eine Achtserklärung gegen Bona= parte, als den Störer des europäischen Friedens, und in dem Allianz= traktat vom 25. März verpflichteten sich Österreich, Preußen, England und Rußland, jederzeit 150000 Mann „wider den Feind Europas" ins Feld zu stellen.

Sofort begannen die Rüstungen, und die Truppen der Verbündeten drangen wieder nach der französischen Grenze vor. Die österreichische Ar= mee unter Schwarzenberg ging am Oberrhein, die preußische unter Blücher am Niederrhein vorwärts; das englische Heer, durch die 7000 Mann starke deutsche Legion, ferner durch 20000 neu geworbene Hannoveraner, 10000 Braunschweiger und ebensoviel Holländer und Belgier verstärkt, operierte in Belgien. Napoleon war schnell mit 170000 Mann und 400 Kanonen gegen Brüssel vorgedrungen; ihm kam alles darauf an, die Heere Blüchers und Wellingtons an der Vereinigung zu hindern und die gesprengten Gegner wo möglich einzeln zu vernichten. Mit ausgezeichneter Gewandtheit und Schnelligkeit warf er die Preußen unter Ziethen bis Fleurus zurück und schlug Blüchern am 16. Juni, trotz des tapfersten Widerstandes, bei Ligny; der greise Held war unter sein verwundetes und gestürztes Pferd zu liegen gekommen, Freunde und Feinde setzten über ihn weg, er aber ward wie durch ein Wunder gerettet. An demselben Tage war auch der tapfere Herzog von Braunschweig bei Quatre=Bras von Ney angegriffen worden und auf dem Schlachtfelde geblieben. Kämpfend zogen sich die Preußen vor der Übermacht zurück. Auch Wellington war bis an den Wald von Soigne bei Waterloo zurückgegangen und hatte auf der Höhe von Mont St. Jean Stellung genommen, von Blücher aber das Versprechen erhalten, er solle durch einen preußischen Heerhaufen unterstützt werden, falls er von Napo= leon angegriffen würde. Noch einmal am Vormittag des 18. Juni hatte

Blücher einen Brief an Müffling geschrieben, worin es hieß: „Ich ersuche Sie, dem Herzog von Wellington zu sagen, daß, so krank ich auch bin, ich mich dennoch an die Spitze meiner Truppen stellen werde, um den rechten Flügel des Feindes sogleich anzugreifen, wenn Napoleon etwas gegen den Herzog unternimmt; sollte der heutige Tag aber ohne einen feindlichen Angriff hingehen, so ist es meine Meinung, daß wir morgen vereint die französische Armee angreifen." Ehre solch einem Heldenentschluß und solchen Truppen, die seit dem 15. Juni durch stete Gefechte, eine blutige Schlacht und einen Nachtmarsch bei dem schlimmsten Wetter und auf grundlosen Wegen schrecklich ermüdet, doch durch das Mißgeschick ihren Mut sich nicht hatten brechen lassen!

Am 18. Juni 12 Uhr mittags begann der Angriff von seiten Napoleons, der eine Kolonne auf den Pachthof Hougomont losstürmen ließ. Das Wäldchen ward von den französischen Tirailleurs genommen, das Vorwerk hingegen von der englischen Garde und den Nassauern behauptet. Gegen 2 Uhr rückten wieder verschiedene Armeecorps, geführt von Ney, einem der besten Generale Napoleons, gegen das britische Centrum vor. Von der Reiterei unterstützt, durchbrachen sie das erste englische Treffen; die britische Kavallerie warf jedoch die französische, und das gut gezielte Feuer des ersten englischen Treffens trieb auch die französische Infanterie zurück. Darauf machte die ganze englische Reiterei einen kräftigen Angriff, ward jedoch zurückgetrieben, und Marschall Ney rückte mit neuen Infanterie=Massen auf der Straße von Brüssel gegen das britische Centrum vor. Napoleon setzte alles daran, dieses zu durchbrechen. Schon hatte die französische Garde mehrere englische Kanonen genommen, als eine herbeieilende Batterie kongrèvischer Raketen Tod und Verderben unter den überraschten Feinden verbreitete. Sie flohen, und mit einem Kartätschenhagel rächte die englische Artillerie den augenblicklichen Verlust ihres Geschützes. Aufgebracht über den geringen Erfolg seiner Anstrengungen warf Napoleon seine Kürassiere auf die englische Linie zwischen den beiden Chausseen; sie sprengten zwischen den Quarrés durch, wurden aber von der englisch=niederländischen Reiterei wieder zurückgeworfen. Während dieses Reitergefechtes hatte Napoleon seine zahlreichen Feuerschlünde ganz nahe vor die englische Front auffahren lassen, und diese richteten erschreckliche Verwüstungen an.*)

Wellington, mit unerschütterlicher Kaltblütigkeit und festem, sicherem Blick, griff überall ein, wo Gefahr drohte, aber seine Linie war schon bedeutend geschwächt, und der Sieg schien sich auf Seite der Franzosen zu neigen; er seufzte nach der Ankunft Blüchers. Und die Preußen kamen. Napoleon, der den Marschall Grouchy mit einem Corps von 30 000 Mann zur Verfolgung Blüchers ausgesandt hatte, ließ sich von der plötzlichen Schwenkung Blüchers nichts träumen. Früh am 18. Juni hatte sich der unermüdliche Greis wieder in den Sattel geschwungen, obwohl ihn infolge seines Sturzes vom Pferde noch jede Bewegung schmerzte. Als er den

---

*) Vergl. meine Biographischen Miniaturbilder. 7. Aufl. II. S. 171.

naſſen Boden und regenſchweren Himmel ſah, rief er ganz heiter: „Das ſind unſere Alliierten von der Katzbach; da ſparen wir dem König wieder viel Pulver!" Nachdem er die Bewegungen der anderen Corps geordnet, begab er ſich an die Spitze des Heeres zu Bülow, deſſen Corps als das friſcheſte den Vortritt haben ſollte. Aber nur mit größter Mühe kam man in dem durchweichten, überall mit Regenlachen bedeckten Boden vorwärts; die hochangeſchwollenen Gräben und Bäche, die engen Wald- und Hohlwege nötigten die Truppenmaſſen, ſich in lange dünne Linien auszudehnen. Die Räder der Geſchütze verſanken bis an die Achſen, und jeden Augenblick geriet der Zug ins Stocken. Der Feldmarſchall aber ward nur von dem einen Gedanken gepeinigt, nicht zur rechten Zeit auf dem Schlachtfelde zu er- ſcheinen. Mit der Beweglichkeit und dem Feuer eines Jünglings eilte der Heldengreis überall hin, wo Not oder Verwirrung war, ermahnte und er- munterte, ſchalt und bat, und wenn ein Ruf: „Es geht nicht, es iſt un- möglich!" in ſeiner Nähe laut wurde, ſo hob er wieder den ſinkenden Mut und die nachlaſſende Kraft mit ſeiner aus ungebrochenem Herzen kommenden Stimme: „Kinder, es muß gehen! Ich habe es meinem Bruder Wellington verſprochen. Hört Ihr's! Ich hab es verſprochen, und Ihr wollt doch nicht, daß ich wortbrüchig werden ſoll!" Und ſein Wort erfüllte die Er- matteten wieder mit neuer Kraft, Wellington ſandte einen Boten nach dem anderen, denn ſeine Not wuchs mit jeder Stunde. Von der nahen Schlacht- linie tönte ohne Unterlaß der Kanonendonner herüber.

Um halb fünf Uhr fuhren die erſten preußiſchen Geſchütze auf den Höhen von Frichemont auf und eröffneten ſogleich ihr Feuer, während zwei Reiterregimenter vordrangen. Bald war Bülow mit dem franzöſiſchen Marſchall Lobau in hitzigem Kampfe, der letztere mußte das Schloß Friche- mont räumen, und trotzdem, daß ihm Napoleon acht Bataillone von der Garde und 24 Geſchütze zu Hilfe ſandte, um Planchenois zu halten, mußten die Franzoſen abends acht Uhr auch aus dieſem Dorfe weichen, und damit war ihr Schickſal entſchieden. Alle Vorteile, welche der rechte franzöſiſche Flügel über den linken engliſchen, der am ſchwächſten war, bereits errungen hatte, waren nun vernichtet, das ſechſte franzöſiſche Corps wurde vom übrigen Heere getrennt, während die im Rücken des Feindes aufgefahrenen 24 preußiſchen Geſchütze ſo gut wirkten, daß alles floh — die Flucht dieſer Truppen traf gerade bei Belle-Alliance mit dem von der engliſchen Reiterei bei la Haye geworfenen Fußvolke zuſammen, ſo daß die Unordnung unter den franzöſiſchen Reihen immer allgemeiner ward. Vergebens ſtellte ſich Napoleon ſelber an die Spitze ſeiner Garde, man hörte von allen Seiten den Ruf: „Rette ſich, wer kann!" Infanterie und Kavallerie, Generale und Trainknechte ſtürzten ſich in chaotiſchem Gemiſch auf die Rückzugslinie, Geſchütz und Gepäck verlaſſend. Mit Gewalt mußte man Napoleon vom Schlachtfelde wegreißen, kaum entging er der Gefangennahme. Denn Fürſt Blücher war ſogleich bereit, alle ſeine verwendbaren Truppen unter Gneiſe- naus Leitung zur Verfolgung aufzubieten. Und dieſe Verfolgung ſetzte dem glorreichen Siege die Krone auf. Nirgends konnte der fliehende Feind

sich festsetzen, rastlos saßen ihm die Preußen auf dem Nacken. In Genappe
fiel der Reisewagen Napoleons mit seinen Edelsteinen, seinem Silberzeug
und anderen Kostbarkeiten, sowie die Kriegskasse und das noch übrige Gepäck der Franzosen nebst 50 Kanonen den Siegern in die Hände. Im
ganzen waren 182 Kanonen, 2 Adler und über 6000 Gefangene die Tro-
phäen eines Sieges, den die heldenmütige Ausdauer des einen Heeres, welches den Stoß aushielt und parierte, und der ebenso heldenmütige Eifer
des anderen Heeres, das im entscheidenden Augenblick die Kraft des Gegners zersplitterte, errungen hatte. Bei Belle=Alliance hatten sich die
beiden Feldherren die Hand gereicht, und von dieser „schönen Eintracht“
wollte Blücher die Schlacht genannt wissen, während Wellington auf dem
Namen Waterloo bestand, weil bei diesem (am Walde Soigne gelegenen)
Dorfe die Hauptmasse seines Heeres ihren Standpunkt genommen hatte.*)

Napoleon brachte am 20. Juni selber die erste Kunde seiner Niederlage nach Paris und daß Blücher und Wellington im Anzuge seien. Nous
sommes écrasés (wir sind vernichtet)! mußten die Freunde Napoleons
selber bekennen. Der Stern des gewaltigen Kriegsfürsten war untergegangen.
Um der Entsetzung durch die französischen Kammern zuvorzukommen, bot er,
aber vergebens — die Abdankung an zu Gunsten seines Sohnes, des
„Königs von Rom“. — Die Verbündeten zogen heran, und er wollte sich
nun zu Rochefort nach Amerika einschiffen. Da er nicht darauf rechnen
konnte, der Wachsamkeit der englischen Schiffe zu entgehen, begab er sich
freiwillig an Bord des englischen Kriegsschiffes Bellerophon, um sich von
diesem nach Amerika überführen zu lassen. Dies geschah aber nicht, vielmehr ward er, als gemeinschaftlicher Gefangener der Verbündeten, an den
Bord des Northumberland gebracht und von den Engländern nach der un-
wirtlichen Felseninsel St. Helena geführt, wo er unter Aufsicht des Gouverneurs Hudson Lowe als Staatsgefangener bewacht wurde. Ein Feuergeist wie der seinige mußte, zur Unthätigkeit verdammt, sich selber verzehren; Schmerz über sein Schicksal, Verdruß und Langeweile untergruben
seine Körper= und Seelenkraft; er starb schon am 5. Mai 1821 am Magen-
krebs, und seine Leiche wurde in einem Thal, welches oft das Ziel seiner
Spaziergänge gewesen war, in einer schlichten Gruft beigesetzt. Am 18. Oktober 1840 aber wurde seine Asche, infolge eines Beschlusses der französischen
Deputiertenkammer unter dem Ministerium Thiers, durch eine französische
Fregatte, welche vom Prinzen Joinville (dem Sohne Louis Philipps)
kommandiert wurde, in Empfang genommen und — mit Bewilligung des
englischen Ministeriums — nach Paris gebracht, um im Dom der Invaliden
feierlichst bestattet zu werden.

---

*) Die Franzosen benannten die Schlacht nach dem Weiler Mont St. Jean.

Zehnter Abschnitt.

Revolutionen und Entwickelungskämpfe der folgenden 50 Jahre in Deutschland und Frankreich.

1. Der deutsche Bund und Fürst Metternich.

Am 8. Juli war Ludwig XVIII. auf den Thron seiner Väter zurück=
gekehrt, am folgenden Tage zogen die Kaiser Franz und Alexander und König
Friedrich Wilhelm III. in Paris ein.

Am 20. November 1815 schlossen die verbündeten Mächte (Rußland,
Österreich, Preußen, England) zum zweiten Mal Frieden mit Frankreich,
das 700 Millionen Franken Kriegskosten bezahlen, die geraubten Kunstwerke
ausliefern, Savoyen und Nizza an das Königreich Sardinien, Saarlouis
und Saarbrücken an Preußen, Landau an Bayern abtreten mußte. Daß
Frankreich so gut davon kam, verdankte es besonders dem Wohlwollen des
Kaisers Alexander und auch Wellingtons; für die Sicherheit Deutschlands
war durchaus keine feste Westgrenze gewonnen, und vergebens wiesen patrio=
tische Staatsmänner und Generale darauf hin, daß jetzt der Zeitpunkt ge=
kommen sei, um die früheren deutschen Reichslande, Elsaß und Lothringen,
den Franzosen wieder abzunehmen.

Auf dem Wiener Kongreß, der die neue Ordnung der Dinge in Europa
feststellte, wurden bereits die deutschen Interessen in den Hintergrund ge=
schoben, und England war mit Frankreich, Österreich mit Rußland wenigstens
darin einverstanden, Deutschland nicht zu voller Machtentwickelung kommen
zu lassen. Der edle deutsche Freiherr von Stein hatte auf dem Wiener
Kongreß nichts mehr zu sagen; der preußische Staatskanzler Hardenberg war
schmiegsamer, und was hätte auch Preußen, die kleinste Großmacht, gegen
die drei andern vermocht? So mußten die preußischen Staatsmänner vor
dem schlauen ränkevollen französischen Diplomaten Talleyrand und seinem
Geistesverwandten Metternich, dem ersten Minister und bald nachher
Staatskanzler Österreichs, die Segel streichen und altpreußische Besitzungen,
wie Anspach und Bayreuth, an Bayern, das für die Entwickelung einer
preußischen Seemacht so wichtige Ostfriesland — nebst Hildesheim, Goslar

und Lingen — an Hannover überlassen. Die Herzogtümer Jülich und Berg, nebst den früheren geistlichen Gebieten von Trier und Köln waren allerdings ein wertvoller Erwerb; es konnte nun eine „Rheinprovinz" gebildet werden; doch schob sich zwischen diese und die östlichen Provinzen das zum König=reich erhobene Hannover ein. Nicht das ganze Sachsen, wie Preußen wollte, sondern nur die eine, zwar größere aber auch dünner bevölkerte Hälfte, ferner vom Großherzogtum Warschau die Provinz Posen, kam an das Königreich Preußen, das nun eine sehr langgestreckte, von Tilsit bis Saarbrücken quer durch ganz Deutschland sich hinziehende Grenze besaß, und an Quadrat=meilenzahl doch nicht so viel, als es 1795 oder gar 1806 besessen, er=rungen hatte.

Dagegen wußte sich Österreich besser abzurunden. Es überließ die an Umfang geringen sogenannten „Vorderlande" am deutschen Ufer des Boden=sees Baden und Württemberg, nahm von Bayern Tirol mit Vorarlberg zu=rück, ferner Salzburg und vom nun aufgelösten Königreich Italien Welsch=tirol, Mailand und Venetien. Bayern erhielt dafür die Rheinpfalz auf dem linken Rheinufer, samt dem bisherigen Großherzogtum Würzburg; es ward zum Königreich erhoben und trat als dritte Macht in den deutschen Bund.

Dieser „deutsche Bund" bestand aus 39, und da Sachsen=Gotha bald ausstarb und mit Koburg sich vereinigte, aus 38 Staaten, zu denen die beiden europäischen Mächte: Österreich und Preußen, und wegen Holstein auch das Königreich Dänemark, wegen Luxemburg das Königreich der (aus Holland und Belgien vereinigten) Niederlande gehörte. Obwohl man von den vielen freien Reichsstädten nur vier hatte bestehen lassen und die vielen reichsunmittelbaren kleinen Fürstentümer, Grafschaften und ritterschaftlichen Gebiete nicht wieder hergestellt waren, stellte der an die Stelle des alten deutschen Reichs getretene Staatenbund außer Österreich und Preußen doch eine bunte Musterkarte dar von 4 Königreichen (Bayern, Sachsen, Han=nover und Württemberg), 1 Kurfürstentum (Hessen=Kassel), 7 Groß=herzogtümern (Baden, Hessen=Darmstadt, Sachsen=Weimar, Oldenburg, Mecklenburg=Schwerin u. Strelitz — und Luxemburg, dem König der Nieder=lande, später Holland — unterthan), 9 Herzogtümern (Nassau, Braunschweig, Sachsen=Gotha, Meiningen, Koburg, Hildburghausen, Anhalt=Dessau, Bern=burg und Köthen), 10 Fürstentümern (Schwarzburg=Rudolstadt und Sondershausen, Hohenzollern=Hechingen und Sigmaringen, Waldeck, Reuß ältere und jüngere Linie, Lippe=Detmold und Schaumburg, Liechtenstein) und 4 freien Städten (Hamburg, Bremen, Lübeck, Frankfurt a. M.). Alle diese Staaten hatten als Bundesglieder gleiche Rechte und Unabhängigkeit, d. h. jeder konnte sich in seinem Innern einrichten, wie er wollte, und nur die gemeinsamen Bundesangelegenheiten wurden von Abgeordneten besorgt, die in Frankfurt a. M. tagten, d. h. berieten und beschlossen. In diesem Bundestage führte Österreich den Vorsitz; es hatte nebst den 5 Königreichen je vier Stimmen, aber auch die kleinsten hatten je eine Stimme, so daß in pleno 70 Stimmen vorhanden waren. Nur bei Veränderung oder Abfas=sung von Grundgesetzen trat dieses Plenum zusammen. Beriet man im engeren Rat — wie es meist der Fall war — so führten die größeren Staaten je eine (Viril=) Stimme und die kleineren vereinigten sich zu einer (Curiat=) Stimme. So konnten einige kleinste Fürstentümer, die zusammen noch lange nicht die Größe einer Provinz des Königreichs Preußen hatten, sich zu einer Stimme vereinigen, die ebensoviel galt als das ganze Preußen, und Österreich und Preußen galten bei der Abstimmung nicht mehr als das kleine Sachsen und Württemberg.

Dem aus so vielerlei nichtdeutschen Völkerschaften zusammengesetzten Kaiserstaat Österreich, dessen reindeutsche Bevölkerung viel geringer war, als die des Königreichs Preußen, war diese Zersplitterung Deutschlands gerade recht, weil er mit Hilfe der kleinen Staaten, welche das Übergreifen Preußens fürchteten und ihre Souveränität nicht opfern wollten, die deutsche Haupt= macht überstimmen und niederhalten konnte. Vorläufig gingen beide Staaten Hand in Hand, da nach den vorangegangenen schweren Kriegsnöten das Be= dürfnis des Friedens allgemein war und die wie durch ein Wunder ge= schehene Niederwerfung Napoleons die Gemüter religiös gestimmt hatte. Noch in Paris (am 26. September 1815) hatten Alexander, Friedrich Wil= helm und Franz I. die „heilige Allianz" geschlossen, worin sie gelobten, sich als Brüder zu lieben und ihre Völker im Geiste des Evangeliums als Glie= der einer christlichen Familie zu regieren.

Doch die deutschen Völker waren aus ihrem geistigen Schlummer und ihrer politischen Gleichgültigkeit erweckt und verlangten nach einer Staats= verfassung, die ihnen das Recht gewährte, über die Verwendung der von ihnen gezahlten Steuern Rechenschaft zu fordern und bei Erlaß neuer Ge= setze zu Rate gezogen zu werden. In Nassau, Baden, Württemberg und Bayern, wo der französische Einfluß sich mächtiger geltend gemacht hatte als in Norddeutschland, mußten sich die Regierungen zu freisinnigeren Verfas= sungen bequemen. Langsamer ging es aber in Österreich und Preußen. Zwar hatte der wohlwollende und ehrliche, wenn auch in seinen Ansichten etwas befangene und in seinen Entschlüssen zaghafte König Friedrich Wil= helm III. schon von Wien aus am 22. Mai 1815 eine Kabinettsordre er= lassen, worin er seinem treuen, opferfreudigen Volke, das in der Stunde der Gefahr Land und Herrscherhaus gerettet, zur Belohnung für dessen Hin= gebung nicht nur die Berufung der Provinzialstände, sondern auch Reichs= stände zur Vertretung des Gesamtstaates versprach. Allein die Räte und Hofleute (meist aus dem hohen Adel), welche ihre Standesinteressen gefährdet sahen, wenn man das Volk an der Gesetzgebung teilnehmen ließ, wußten das Gemüt des Königs wieder einzuschüchtern, indem sie alle gerechten Wünsche des Volks und die Äußerungen der edelsten Patrioten, wie Gnei= senau und Stein, Schleiermacher und Fichte, Arndt und Jahn als staats= gefährlich und revolutionär verdächtigten und überall Verschwörungen und neue Revolutionen witterten.

Vor allen war es Fürst Clemens Metternich, der als österreichi= scher Minister der auswärtigen Angelegenheiten und Lenker des deutschen Bundestages diesen Geist kleinlicher Furcht vor all und jeder Volksfreiheit nährte und in Deutschland jeden Fortschritt auf dem Wege nationaler Einigung und Kräftigung niederzuhalten suchte. Schon den großartigen Aufschwung des preußischen Volkes anno 13 hatte er ungern gesehen. Im Jahre 1815 ließ er in Österreich die alten Landtage (für die einzelnen Provinzen und „Länder" des Kaiserreichs) wieder herstellen, in welchen Adel und Geistlichkeit das Übergewicht hatten und ihrerseits weiter nichts zu thun brauchten, als die von der Regierung geforderten Steuern auszuschreiben, welches Geschäft meist in einem Tage abgemacht wurde. Den ungarischen Reichstag ließ Metternich 14 Jahre lang gar nicht sich versammeln, weil er sich vor dessen freier Sprache fürchtete. Kaiser Franz (er regierte von 1792 bis 1835) haßte so sehr die freien Verfassungen (Konstitutionen), daß sein Leibarzt sich des Wortes „Konstitution" gar nicht bedienen durfte, wenn er auch nur die Leibeskonstitution meinte, er solle doch lieber „Natur" sagen, meinte der Kaiser. Um den Wunsch nach Konstitutionen bei den Völkern gar nicht aufkommen zu lassen, wurde die Presse (Zeitungen und Bücher) einer strengen Censur unterworfen, Universität und Schule ganz unter den Einfluß der Geistlichkeit gestellt, von deren Religionszeugnissen alles Vorrücken der studierenden Jugend auf Gymnasien und Universitäten abhing. „Ich will — äußerte Kaiser Franz — keine Gelehrten, keine erleuchteten Bürger, sondern gehorsame Unterthanen."

In Deutschland aber ließ sich die studierende Jugend nicht so leicht einschüchtern und den Fortschritt auf wissenschaftlichem Felde nicht hemmen. In Preußen wurde von der Regierung für Hebung des Schulwesens, und besonders für Einrichtung guter Volksschulen im Geist Pestalozzis viel gethan. Es war ein Fortschritt auf kirchlich-religiösem Gebiet, daß der König Friedrich Wilhelm die bisher getrennten protestantischen Schwesterkirchen, die lutherische und reformierte, zur Union (Verschmelzung) einer evangelischen Kirche zu vereinigen bemüht war. Im Oktober des Jahres 1817 ward vom ganzen königlichen Hause zu Wittenberg das 300jährige Jubiläum der Reformation Luthers festlich gefeiert. Auf den deutschen Hochschulen suchten hochsinnige, für die Einheit des deutschen Vaterlandes begeisterte Jünglinge, anstatt der früheren „Landsmannschaften" (studentische Verbindungen, die an Deutschlands Zersplitterung gemahnten) eine „deutsche Burschenschaft" zu stiften. Von Jena war diese Verbrüderung (1816) ausgegangen. Wie die Fürsten in Wittenberg das Reformationsfest feierten, so die Jenaer Burschenschaft das große Fest auf der Wartburg; sie wählte den 18. Oktober, den Tag der Leipziger Schlacht, um zugleich das Andenken der Erhebung Deutschlands gegen den Papst vor 3 Jahrhunderten und den über Napoleon vor drei Jahren errungenen Sieg feiern zu können. Die Zahl der Festgäste belief sich auf 500, auch freisinnige Professoren wie Oken und Luden nahmen teil. Unter patriotische und gottinnige Reden fielen freilich auch offene und rückhaltlose Klagen über die Wortbrüchigkeit der Fürsten und den lahmen Bundestag; es wurden zu Anfang und Ende geistliche Lieder, namentlich das Lutherlied: Eine feste Burg ist unser Gott! gesungen und selbst das heilige Abendmahl genommen. Als die Feier vorüber, blieben noch einige Studenten zurück und zündeten, in Nachahmung Luthers, der die päpstliche Bannbulle verbrannte, einen Scheiterhaufen an, um die Schriften einiger Rückschrittsmänner, und dazu noch einen Zopf, einen Korporalstock und eine Schnürbrust in die Flammen zu werfen.

Über dies Beginnen erhob sich an den Höfen der großen und kleinen Fürsten ein nicht geringer Tumult, und selbst Rußland und Frankreich fuhren durch ihre Gesandten über den Großherzog von Weimar her, daß er solche Scenen in seinem Lande dulde. Metternich rieb sich die Hände, weil er nun Gelegenheit fand, mit seinen reaktionären Maßregeln in Deutschland durchzudringen. Noch mehr kam ihm folgender Vorfall zu statten.

Der russische Kaiser Alexander besoldete in Deutschland Spione, die über jede freiheitliche Bewegung, namentlich in der studierenden Jugend, Bericht erstatten mußten. Zu diesen gehörte auch der russische Staatsrat von Kotzebue in Weimar. Da setzte sich unglücklicherweise ein stiller schwärmerischer Jüngling, Karl Sand, der Stifter der Erlanger Burschenschaft, in den Kopf, er sei berufen, zum Wohle des ganzen Volks diesen Kotzebue, diese „Verkörperung aller Gemeinheit" aus der Welt zu schaffen. Kotzebue war von Weimar nach Mannheim gezogen; Sand reiste ihm dorthin nach, ließ sich anmelden und stieß ihm am Abend des 23. März 1819 mit den Worten: „Hier, Verräter des Vaterlands!" den Dolch ins Herz. Dann stieß er sich, die Treppe hinabeilend, selbst den Dolch in die Brust, kniete nieder und rief: „Hoch lebe mein deutsches Vaterland!" und abermals sich in die Brust stoßend: „Ich danke dir, Gott, für diesen Sieg!" Die Wunden, welche er sich beigebracht, waren nicht tödlich. Festgenommen und gepflegt nahm man ihn dann in strenges Verhör, um einer mutmaßlichen Verschwörung auf die Spur zu kommen. Man überzeugte sich, daß er keine Mitwisser hatte, und so ward er am 20. Mai 1820 mit dem Schwerte hingerichtet.

Über die Verwerflichkeit der That Sands herrschte in Deutschland nur eine Stimme. Metternich aber bestürmte den König Friedrich Wilhelm mit Schreckbildern einer im Anzuge begriffenen deutschen Revolution. Der Verfassungsentwurf für Preußen, den Wilhelm von Humboldt eben ausarbeitete, ward bei Seite geschoben; im Juli 1819 wurden alle preußischen Turnplätze geschlossen und der Turnvater Jahn auf die Festung geschickt. Ernst Moritz Arndt ward mit zweien seiner Freunde gleichfalls verhaftet, und im August desselben Jahres kamen unter Metternichs Vorsitz die deutschen Minister in Karlsbad zusammen, um über alle Druckschriften unter 20 Bogen die Censur zu verhängen, die Turnanstalten und Burschenschaften zu verbieten. In Mainz wurde eine Centralkommission zur Untersuchung demagogischer Umtriebe niedergesetzt, die Universitäten wurden unter Aufsicht von Regierungsbevollmächtigten gestellt. Um die freisinnigen Bestrebungen der kleinen deutschen Staaten zu unterdrücken, berief Metternich noch einen Kongreß nach Wien, und von dort ward im folgenden Jahre die Wiener Schlußakte erlassen, welche das innere Unterdrückungssystem vollendete.

2. Karl X. und die Julirevolution in Frankreich (1830).

Die Schlacht von Waterloo hatte Ludwig XVIII. mit den Prinzen aus dem Hause Bourbon wiederum nach Paris zurückgeführt. Schon bei seiner ersten Rückkehr im Jahre 1814 hatte er dem französischen Volke eine Verfassung bewilligt (charte constitutionnelle), welche sehr freisinnige Bestimmungen enthielt und neben den bisher bevorrechteten Ständen: Adel und Geistlichkeit — auch den Ansprüchen des Bürgerstandes gerecht zu werden suchte. Viele Deutsche sahen sehnsuchtsvoll nach Frankreich hinüber und erwarteten sogar von dorther die Befriedigung ihres Freiheitstriebes, dem der von Metternich beherrschte Bundestag so sehr Hohn sprach.

Es gab vier Parteien in Frankreich: die konstitutionelle der Verfassungsfreunde — die zahlreichste, denn der ganze gebildete Mittelstand gehörte ihr an; die Partei der Republikaner und die der Bonapartisten — beide nach den vorhergegangenen unglücklichen Ereignissen sehr zusammengeschmolzen; und viertens die Partei der Royalisten oder Anhänger der unumschränkten Königsherrschaft, denen jede konstitutionelle Freiheit verhaßt war. Diese Partei, zu welcher Adel und Geistlichkeit gehörten, wollte die Privilegien (Vorrechte) beider Stände wieder erlangen, wie sie vor der Revolution von 1789 bestanden hatten. An ihrer Spitze stand des Königs Bruder Karl (der Graf von Artois) und, da Ludwig XVIII. keine Kinder hatte, Erbe des Throns.

Der älteste Sohn Karls, der Herzog von Angoulême, war aber auch kinderlos, und so beruhte die Hoffnung auf Erhaltung des Bourbonen-Geschlechts auf seinem zweiten Sohn, dem Herzog von Berry. Da geschah es, daß ein Sattlergeselle, namens Louvel, durch das Lesen revolutionärer Schriften von glühendem Hasse gegen die Bourbonen erfüllt, den Entschluß faßte, den Herzog von Berry zu ermorden. Als derselbe am 13. Febr. 1820 aus der Oper zurückkehrend seine Gemahlin am Arm zum Wagen führte, stürzte der Fanatiker herbei und stieß ihm mit aller Kraft den Dolch in die Brust. Der schwer Getroffene rief: Ich bin ein Mann des Todes! Seine Gemahlin ward von dem Blut des Gatten überströmt, der, in seine Loge zurückgebracht, unter den Klängen der noch nicht beendigten Ballettmusik (man ließ sie fortdauern, um einen Aufstand zu verhüten) sein Leben aushauchte.

Im September desselben Jahres gebar die Herzogin von Berry einen Sohn, welcher den Titel „Herzog von Bordeaux" erhielt und später als Heinrich V. (Graf von Chambord) als der gesetzliche Erbe des französischen Königsthrons von den Legitimisten anerkannt wurde.

Ludwig XVIII. starb im Jahre 1824, und sein Bruder folgte ihm als Karl X. auf dem Thron. Er hatte zwar schon das 67. Lebensjahr erreicht, aber von den Zeitereignissen nichts gelernt und von seinem Dünkel nichts vergessen. Mit großem Pomp ließ er sich zu Rheims krönen und mit dem heiligen Öle salben. Die Jesuiten gewannen wieder vollsten Einfluß auf den nach einem wüsten Leben sehr kirchlich gewordenen König, dessen Hauptstreben dahin ging, der Geistlichkeit ihr früheres Ansehen und ihre frühere

Macht zurückzugeben. Strenggläubige Bischöfe wurden in seine Umgebung gezogen, aller Orten geistliche Vereine gestiftet, König und Minister wohnten eifrigst den Prozessionen bei, und der öffentliche Unterricht ward von den Jesuiten geleitet. Der Minister Villèle ließ das alles geschehen, um sich in seiner Stellung zu erhalten. Aber im Volke regte sich die Opposition, und es wurden Spottlieder vom Dichter Béranger, die ihre Spitze gegen das Königtum kehrten, gesungen. Als Karl X. am 27. April 1827 über die Nationalgarde Heerschau hielt, erscholl statt des üblichen Lebehochs der Ruf: „Es lebe die Charte! Nieder mit den Ministern! Nieder mit den Jesuiten!" Sofort wurde die Nationalgarde aufgehoben und die Censur wieder eingeführt, doch die Zeitungen, Flugschriften und Witzblätter geißelten nach wie vor das Rückschrittsministerium, und dieses sah sich endlich genötigt abzudanken.

Das Ministerium Martignac, das am 4. Januar 1828 ans Ruder kam, machte der liberalen Partei Zugeständnisse, gab der Presse wieder eine freiere Bewegung und hob die Jesuitenschulen auf. Nur mit Widerwillen hatte sich Karl X. zu solchen Zugeständnissen verstanden. Als nun der neue Minister, der es mit allen Parteien verdarb, weil er alle zufriedenstellen wollte, sich verwickelte, ward er im Sommer des folgenden Jahres (1829) entlassen und der Fürst Polignac, der alte Freund und Gefährte des Königs, ebenso beschränkt und starrköpfig wie dieser, an die Spitze des Ministeriums gestellt.

„Keine Zugeständnisse mehr!" hatte der König offen sich geäußert; die Berufung Polignacs zeigte, daß man am Hofe einen Staatsstreich im Schilde führte. Eine dumpfe Gärung ging durch das französische Volk, und selbst ein glückliches Ereignis konnte an dieser Verstimmung nichts ändern.

Der Dey von Algier hatte nämlich seit Jahren dem französischen Handel großen Schaden gethan, indem seine Raubschiffe die Kauffahrer plünderten, und er war, als ihm der französische Generalkonsul darüber Vorstellungen machte, in seiner Frechheit so weit gegangen, daß er diesen mit seinem Fliegenwedel ins Gesicht schlug. Alsbald erklärte ihm Polignac den Krieg, in Toulon ward eine große Flotte ausgerüstet und ein Landungsheer von 42000 Mann nach Algier übergesetzt, das sofort das feindliche Lager stürmte, die Stadt eroberte, 70 Millionen Franken, dazu 1500 Kanonen und 70 Kriegsschiffe erbeutete. Auch die benachbarten Raubstaaten mußten sich unterwerfen.

Trotz dieser glänzenden Waffenthat fielen die neuen Wahlen der Abgeordneten des Volks nicht zu Gunsten des Ministeriums aus, zu großem Jubel der Liberalen in England und Deutschland, in Italien und Spanien. Dieses wagte nun mit Zustimmung des Königs das Äußerste.

Am 26. Juli wurden die Pariser durch drei Ordonnanzen (Verfügungen des Königs, ohne Zustimmung der Kammer erlassen) überrascht, durch welche die noch gar nicht zusammengetretene Kammer der Volksdeputierten aufgelöst, die Preßfreiheit aufgehoben, ein neues Wahlgesetz festgestellt wurde, das die Zahl der Abgeordneten um die Hälfte verminderte.

Der Marschall Marmont ward zum Oberbefehlshaber der Pariser Besatzung (10 000 Mann) ernannt. Die Journalisten, zu denen auch Thiers zählte, setzten zwar sogleich eine Protestation auf; ihre Druckereien wurden jedoch von der Polizei alsbald versiegelt.

Die entlassenen Arbeiter der Druckereien zogen durch die Straßen und verkündigten, was geschehen sei; der Pöbel rottete sich zusammen und widerstand den Patrouillen, die ihn auseinander treiben wollten. Am Abend des 27. Juli wurden schon hier und da kleine Gefechte geliefert, die Waffenläden wurden geplündert und Barrikaden erbaut. Die dreifarbige Revolutionsfahne zeigte sich wieder, und viele weinten Freudenthränen beim Anblick der so lange vermißten Farben. Vor dem Palais royal säuberte die Garde den Platz und die Gärten von der sich anhäufenden Menge, fühlte sich jedoch bald zu schwach, um dem Andrange zu widerstehen, und der Marschall Marmont sandte ihr fünf Bataillone Linientruppen zu Hilfe. Diese weigerten sich aber, von der Schußwaffe Gebrauch zu machen und feuerten dann über die Köpfe des Volks hinweg, das sie mit dem Rufe lohnte: „Es lebe die Linie!"

In der Nacht vom 27. zum 28. Juli wurden in den Straßen Barrikaden aufgeworfen; die Pariser waren entschlossen, auf Tod und Leben zu kämpfen. „Nieder mit den Bourbonen!" war bereits der Schlachtruf geworden. Als am 28. der Kampf begann, nahmen auch Weiber und Kinder daran teil; Ziegel und Schornsteine wurden auf die Soldaten herabgeworfen, siedendes Wasser und Schwefelsäure aus den Fenstern gegossen. Kaum hatten die Truppen eine Barrikade genommen, als sich dieselbe auch hinter ihnen schon wieder schloß. Ohne Erfrischung gelassen, ermatteten sie endlich in dem heißen Kampfe und beschränkten sich darauf, das Stadthaus und Tuilerienschloß zu verteidigen. Wohl zehnmal erstürmte die Garde das Stadthaus, und zehnmal verlor sie es wieder an die wütend vordringenden Volkshaufen.

Am Morgen des 29. Juli starrte Paris von Barrikaden, der Kampf begann wieder. Um den Truppen freie Bahn zu schaffen, wäre die Anwendung von Artillerie nötig gewesen; doch Marmont wollte nicht mit Kartätschen unter die Volksmassen schießen und gab bereits alles verloren. Offiziere zerbrachen ihre Degen und warfen ihre Uniform ab, zwei erschöpfte Regimenter gingen zum Volk über, ein frischer Anlauf brachte auch die Tuilerien in dessen Besitz. Der greise Lafayette, der sich der Volkspartei angeschlossen, übernahm den Oberbefehl über die bewaffnete Bürgerwehr, Marmont zog sich mit seinen treugebliebenen Truppen nach St. Cloud zurück, wo der König mit seinem Hofe weilte und nun sich bereit erklärte, ein neues Ministerium zu ernennen und die Ordonnanzen zurückzunehmen.

„Zu spät!" war die Antwort der leitenden Liberalen, die sich um den Banquier Laffitte gesammelt hatten. Dieser schrieb eine Proklamation an das französische Volk, worin er den Herzog Louis Philipp von Orleans als den geeignetsten Mann für das neue Bürgerkönigtum bezeichnete; derselbe habe unter der Trikolore (der Revolutionsfahne) gekämpft und sei bereit, aus den Händen des Volks die Krone entgegenzunehmen.

26*

Karl X. hatte sich mit seinen Getreuen weiter nach Rambouillet zurück=
gezogen, wo er am 2. August mit Übergehung des Dauphins (seines Sohnes,
des Herzogs von Angoulème) seinen Enkel Heinrich V., den jungen Herzog
von Bordeaux (Sohn des ermordeten Herzogs von Berry) zum König, und
zur weiteren Beruhigung des Volks den Herzog von Orleans zum General=
lieutenant von Frankreich erklärte. Diesem legte er die Sorge für den jungen
Heinrich V. ans Herz.

Der eiligst versammelten Kammer teilte Louis Philipp am 3. August
die Abdankung des Königs mit, verschwieg aber die Wünsche des alten
Königs in Bezug auf den jungen Herzog von Bordeaux. Die Kammern
erklärten den ganzen älteren Zweig der Familie Bourbon als des Thrones
verlustig und wählten das Haupt der jüngeren bourbonischen Linie, Lud=
wig Philipp von Orleans, zum König der Franzosen. Am
9. August beschwor dieser die Charte Ludwigs XVIII., die noch einige Zu=
sätze zu gunsten der Kammern und der Rechte des Volkes erhalten hatte.
Unter dem Donner der Kanonen und dem Rufe: Vive le roi! bestieg der
neugewählte König den Thron.

Karl X., auch im Unglück viel Würde bewahrend, schiffte sich mit seiner
Familie am 16. August nach England ein und siedelte später nach Görz in
Österreich über, wo er 1836 starb, wie 1844 sein Sohn, der Herzog von
Angoulème. Heinrich V. (s. S. 401) starb auch im Exil in Frohsdorf bei
Wien am 24. Aug. 1883.

3. Die Rückwirkung der Julirevolution auf die Nachbarländer.

Die Niederlage, welche das absolute (unumschränkte) Königtum in der
Person Karls X. erlitten hatte, ward das Signal für alle Unzufriedene in
Europa, um teils durch offene Gewalt, teils durch gesetzliche Opposition ver=
lorene oder ersehnte Rechte wieder zu erlangen. Im September 1830 riß
sich Belgien von Holland durch eine blutige Revolution los, zu welcher die
katholische Geistlichkeit, der das protestantische Holland verhaßt war, den
Hauptanstoß gab. Schlau genug schrieb sie das Wort „Freiheit“ auf ihre
Fahne und verband sich mit den belgischen Liberalen, um den Unterricht und
die Volkserziehung wieder in ihre Hände zu bekommen. König Wilhelm I.
hatte allerdings nicht konstitutionell genug regiert und sich geweigert, ein
Gesetz über die Verantwortlichkeit der Minister vorzulegen. Die Kämpfe
endigten mit der Ablösung von Belgien, das im Prinzen von Koburg, Leo=
pold, einen sehr einsichtsvollen konstitutionellen König erhielt.

Im gleichen Monat September brachen auch an verschiedenen Orten in
Deutschland Unruhen aus. So in Braunschweig. Der ebenso leichtsinnige
als dünkelhafte Herzog Karl befand sich beim Ausbruch der Julirevolution
in Frankreich; entsetzt eilte er nach Braunschweig zurück, wo alsbald eine
Abordnung der Bürgerschaft bei ihm erschien und Abstellung der Beschwer=
den verlangte. Er drohte, mit Kanonen unter die Aufrührer schießen zu
lassen. Da drang (am 7. September) das Volk in sein Schloß und steckte
es in Brand. Der Bruder Karls, Herzog Wilhelm, übernahm nun die Re=

gierung, und der Bundestag bestätigte ihn, nachdem Karl noch allerlei lächer=
liche Versuche zur Eroberung seines Ländchens gemacht.

In Kurhessen regierte der Kurfürst Wilhelm II. mit maßloser Härte;
nach einem Brotkrawall (am 7. September) schlugen sich die Bürger von
Kassel ins Mittel und nötigten den Fürsten am 15. September, Landstände
einzuberufen, welche anfangs Januar 1831 eine Verfassung vereinbarten.

In Hessen=Darmstadt, wo das arme Volk mit Abgaben überlastet war,
hatten es die Stände schon vor der Julirevolution gewagt, dem neuen Groß=
herzog Ludwig II. die Bezahlung von 2 Millionen Gulden Schulden, die
derselbe als Prinz gemacht hatte, zu verweigern. Im September standen
die Bauern in Oberhessen in Masse auf, da man 400000 Gulden als Bei=
trag zu den Krönungsfeierlichkeiten auf die armen Gemeinden verlegt hatte.

Unter ähnlichem Steuerdruck seufzte das Volk in Hannover; in den
Landtagen saßen nur Junker und Beamte; die Unruhen wurden jedoch leicht
unterdrückt. Der Bruder des Königs,*) der Herzog von Cambridge, trat
als Friedensstifter auf und wurde im Februar des folgenden Jahres zum
Vicekönig ernannt.

Auch in Sachsen herrschte Unzufriedenheit, da der katholische König
Anton (1827—1836) die Katholiken auffallend begünstigte, eine strenge
Censur den Leipziger Buchhandel schädigte, die Willkür der Polizei sich be=
sonders gegen die unteren Volksklassen richtete. Auch die Industrie ward
durch hohe Abgaben niedergehalten. Es kam im September zu Straßen=
tumulten in den beiden Hauptstädten des Landes, Leipzig und Dresden; in
Dresden wurde das Rathaus und Polizeigebäude erstürmt und der König
gezwungen, das rückschrittslustige Ministerium Einsiedel zu entlassen und seinen
Neffen Friedrich August zum Mitregenten anzunehmen, welcher dann (Sep=
tember 1831) mit den Ständen eine neue Verfassung ins Leben rief.

Im Oktober 1830 machten die konstitutionellen Spanier einen Versuch,
Ferdinands VII. Gewaltherrschaft zu brechen. Im November wurde der
herrschende Minister Englands, Wellington, wegen seines rückhaltlosen Hasses
aller Volksfreiheiten genötigt, seinen Posten einem liberalen Minister (Grey)
abzutreten. In demselben Monat erhoben sich die Polen, trieben den rus=
sischen Großfürsten Konstantin aus Warschau und erklärten sich unabhängig;
erst nach blutigen Schlachten (Ostrolenka 26. Mai 1831), in denen sie tapfer
kämpften, beugten sie sich der russischen Übermacht; das Königreich Polen
ward russische Provinz.

Im Dezember des Jahres 1830 erhoben sich die Schweizer und
stürzten alle ihre aristokratischen Regierungen, um sie in demokratische zu
verwandeln. Im folgenden Jahre regten sich auch im Kirchenstaat und in
Modena die Mißvergnügten zur Abschüttelung des päpstlichen und österrei=
chischen Jochs.

---

*) König Wilhelm IV. von England war zugleich König von Hannover. Als er
1837 starb und Königin Viktoria ihm folgte, gelangte, da für Hannover die Erbfolge
in weiblicher Linie nicht galt, Ernst August auf den Thron des Königreichs.

4. Der deutsche Zollverein.

Während alle diese Aufstände und Verfassungskämpfe dazu beitrugen, die künstlichen Schranken zwischen Fürsten- und Volksinteressen, zwischen Adel und Bürgertum, zwischen dem Rechts- und Polizeistaat zu beseitigen, entwickelte sich ein Verein, der das meiste dazu beitrug, die Schranken zwischen den deutschen Ländern und Volksstämmen niederzureißen und das ersehnte Ziel der deutschen Einigung anzubahnen. Dies war der Zollverein.

Preußen hatte sich im Jahre 1818 vom übrigen Deutschland durch hohe Zölle abgeschlossen und sich selber damit am meisten geschädigt. Die kleineren Staaten hatten zeitig erkannt, daß mit solchen Zollschranken keine Industrie bei ihnen gedeihen könne; der badische Staatsmann Nebenius hatte das bereits in einer Denkschrift entwickelt und nach ihm der geniale Tübinger Professor Friedrich List die richtigen Grundsätze, um zur Einigung zu gelangen, ausgesprochen, jedoch kein Gehör gefunden. Endlich nahm im Jahre 1828 Preußen die Sache in die Hand, schloß zuerst mit Darmstadt, dann mit Bayern und Württemberg einen Zollverein, dem bald auch Sachsen und Thüringen, Baden und Nassau beizutreten sich genötigt sahen.

Metternich erkannte schon 1833 in dieser Einheitsbewegung eine wie er sagte „für den deutschen Bund und für Österreich höchst nachteilige unheildrohende Erscheinung" und sah voraus, daß unter preußischer Führung sich Deutschland in höchst wichtigen materiellen Interessen einigen werde, die dann auch zur politischen Einigung führen würden. Österreich konnte nicht so schnell seinen Zolltarif ändern und war in vielen Stücken gegen Deutschland zurückgeblieben, das nun die ersten Schritte that, sich den Fesseln des Kaiserstaats zu entwinden. Ohne den deutschen Bundestag hatte Preußen gethan, was der Bund hätte thun sollen, und war eben darum auf dem rechten Wege, der deutsche Bundestag zu werden. Handel und Industrie nahmen einen frischen Aufschwung, Handelsverträge mit auswärtigen Mächten, auch überseeischen, wurden abgeschlossen und brachten den deutschen Namen zur Geltung. Die deutsche Handelsflotte ward die dritte der Welt und kam gleich nach der englischen und nordamerikanischen. Deutsche Kauffahrer segelten auf allen Meeren und brachten die Erzeugnisse des deutschen Gewerbfleißes in alle Lande. Darauf kam auch in die deutschen Ständekammern, sowie in die Zeitschriften, Vereine und Aktiengesellschaften ein praktischer Geist. Im Jahre 1825 trug der Rhein das erste Dampfschiff, zehn Jahre später brauste zwischen Nürnberg und Fürth die erste Lokomotive, 1838 ward die Eisenbahn zwischen Berlin und Potsdam befahren, und nun wurde so rüstig an den Eisenbahnen in Deutschland gebaut, daß im Jahre 1857 in Preußen bereits 685 Meilen, 1867 im Zollvereine bereits 2055 Meilen im Betrieb waren. Chausseen waren schon früher überall gebaut; in Preußen während der Regierung Friedrich Wilhelms III. circa 1000 Meilen. Das preußische Postwesen wurde unter dem tüchtigen Oberpostmeister Nagler sehr vervollkommnet und ein Muster für die übrigen Staaten. Solche Fortschritte entschädigten für manches, was auf dem politischen Gebiet noch fehlte.

5. Ludwig Philipp und die Februarrevolution 1848.

Seit der Hinrichtung Ludwigs XVI. und den Greueln der ersten Revolution war es, als ob ein Fluch auf dem „schönen Frankreich" ruhe und das Volk keine Ruhe mehr finden sollte. Der Königsthron stand auf einem Vulkan, der jeden Augenblick mit neuen Ausbrüchen drohte. Dem durch das Votum der Kammer erwählten Bürger = König grollten die Anhänger des Hauses Bourbon, des Königtums von „Gottes Gnaden", d. h. durch das Recht der Geburt; ein durch den Willen des Volks erhobener König erschien ihnen nicht legitim (gesetzmäßig), weshalb man ihre Partei auch die Legitimisten nannte. Dem Bürgerkönig grollten aber auch die Anhänger des napoleonischen Kaisertums und ferner die Republikaner, die weder Königs- noch Kaisertum, sondern einen Freistaat wollten, in welchem das französische Volk sich selber regieren sollte. Alle diese Parteien feindeten das Julikönigtum an und suchten ihm, wo es sich irgend eine Blöße gab, einen tödlichen Stoß beizubringen.

Der Grundgedanke Ludwig Philipps, den er mit seinem Minister Guizot teilte, war „die richtige Mitte" zwischen den Parteigegensätzen zu halten; er wollte weder das Königtum von „Gottes Gnaden" mit seiner unumschränkten Herrschaft, noch die Volksherrschaft, die ebenso zum Despotismus führte, der dann von einzelnen Demagogen (Volksanführern) geübt wurde. Daß der König sich auf die Klasse der Besitzenden, der Geldmänner gestützt, das erregte den Neid der Arbeiter und Besitzlosen, die auch ihr Recht zur Wahl der Abgeordneten haben wollten. Und das war der Punkt, wo der schlaue und gewandte Advokat Thiers seinen Hebel ansetzte, um das Ministerium Guizot aus dem Sattel zu heben. Er schmeichelte in seinen Reden und Zeitungsartikeln den Volksmassen und erhielt sie in steter Unzufriedenheit mit dem bestehenden Regiment.

Am 28. Juli 1835, dem Gedächtnistage der Julirevolution, ritt der König, von seinem Sohne und einem glänzenden Generalstabe umgeben, nach den Boulevards, um die Nationalgarde zu mustern. Plötzlich fliegt unter schrecklichem Knall ein Hagel von Kugeln aus den Fenstern eines Hauses — über 60 Personen lagen tot und verwundet zu Boden. Es war der Soldat Fieschi, ein Korse, der seine Höllenmaschine (viele verbundene Flintenläufe) auf den König abgefeuert, ihn aber nicht getroffen hatte.

Am 1. März 1840 ward Thiers Ministerpräsident. Um die öffentliche Meinung für das neue Ministerium zu gewinnen, riet Thiers (wie wir bereits erwähnt) die Asche Napoleons von St. Helena nach Frankreich zu bringen. Da man Ludwig Philipp zu große Nachgiebigkeit gegen die Großmächte vorwarf, so wollte Thiers auch nach außen hin der Eitelkeit des französischen Volks Genüge thun. Er unternahm gewaltige Kriegsrüstungen, drohte Deutschland mit einem Angriff auf den Rhein und riet, Paris mit einem starken Festungsgürtel zu umgeben. Da erwachte auch im deutschen Volke der gerechte Nationalstolz; man lachte ob seiner Drohungen und sang den Franzosen Beckers Rheinlied zu: „Sie sollen ihn nicht haben, den freien deutschen Rhein, ob sie wie gier'ge Raben sich heiser danach schrein!"

Schon im Oktober desselben Jahres trat Thiers von seinem Minister=
posten zurück, da es Ludwig Philipp nicht auf einen Kampf mit allen vier
Großmächten ankommen lassen wollte. Mehmed Ali, der Vicekönig von
Ägypten, war nämlich anfangs in seinem Streit mit dem türkischen Sultan,
seinem Oberherrn, von Frankreich unterstützt worden. Als sich aber die
Großmächte zu Gunsten des Sultans erklärten und eine Quadrupelallianz
bildeten, durch welche Frankreich isoliert wurde, mußte letzteres nachgeben.
Thiers schied aus dem Ministerium und machte von neuem Opposition.

Im Jahre 1842 traf den König ein furchtbarer Schlag — der Verlust
seines ältesten, bei dem Volke am meisten beliebten Sohnes, des Herzogs
von Orleans. Dieser fuhr am 13. Juli nach dem Schlosse Neuilly, die
Pferde wurden scheu, und als der Prinz durch einen Sprung aus dem Wagen
sich zu retten suchte, ward er so heftig gegen das Pflaster geschleudert, daß
er schon um 6 Uhr abends verschied. Er hinterließ eine junge Witwe,
Helene (eine mecklenburgische Prinzessin), und zwei Söhne, von denen der
ältere, der Graf von Paris, erst 4 Jahr, der jüngere, Herzog von Chartres,
kaum 2 Jahr alt war.

Erregte auch dieser Trauerfall große Teilnahme, so änderte das doch
wenig in der Gesinnung des Volkes. Der sparsame und nüchterne König,
der in bürgerlicher Kleidung mit dem Regenschirm unter dem Arme spazieren
ging, fiel immer mehr in der Gunst der Franzosen. Es half ihm wenig,
daß seine Söhne so tapfer in Algerien gekämpft, seine Generale so manchen
Triumph errungen hatten.

Im Jahre 1835 wurde Mascara, Abdel Kaders, des arabischen Emirs
Residenz, erobert; 1837 das feste Konstantine erstürmt, 1841 vertrieb Mar=
schall Bugeaud den Emir aus Algerien und erbeutete der Herzog von
Aumale (der vierte Sohn des Königs) dessen Lager, während der Prinz von
Joinville, Admiral der französischen Flotte, die Festungswerke von Tanger
und Mogador zerstörte und Bugeaud 1844 in der Schlacht bei Isly auch
den Kaiser von Marokko, zu welchem sich Abdel Kader geflüchtet hatte, zum
Frieden zwang. Alle diese Erfolge verschlugen aber wenig. Als der Herzog
von Aumale am 13. September 1841 an der Spitze seines Regiments in
Paris einzog, schrie man in der Vorstadt St. Antoine: „Nieder mit Ludwig
Philipp! Nieder mit Guizot!" und zugleich fiel ein Schuß auf den Prinzen,
der nur durch eine zufällige Wendung seines Pferdes gerettet wurde.

Auf den König selber waren nach dem Fieschischen Attentate wieder=
holte Mordversuche gemacht. Man konnte es ihm nicht verzeihen, daß er
im Jahre 1831, als Österreich die Versuche der Italiener, sich der Bot=
mäßigkeit der Fremdherrschaft zu entziehen, niederschlug, das ruhig geschehen
ließ; daß er ferner im Jahre 1847, als zwischen den von Jesuiten auf=
gehetzten katholischen und den protestantischen und gemischten Kantonen der
Schweiz ein Bürgerkrieg ausbrach, sich auf die Seite des Sonderbundes —
der jesuitenfreundlichen Kantone stellte und da abermals mit Metternich ge=
meinsame Sache machte.

Die Oppositionspartei, zu welcher Thiers, Odillon Barrot, Duvergier de Hauranne, auch der Dichter Lamartine gehörten, bekämpfte mit Glück den sittlich achtbaren, jedoch starren und unbeliebten Guizot; sie schrieb das Wort „Wahlreform" auf ihre Fahne, das ein Arbeiterparlament in Aussicht stellte, und hatte am 22. Februar 1848 ein großes Zweckessen, das soge= nannte „Reformbankett" angekündigt, das von der Regierung verboten wurde. Das regte die um ein Schauspiel betrogene Menge auf, und es wurden be= reits hier und da Barrikaden aufgeworfen. Am folgenden Tage mehrten sich die Unruhen, und die von den Häuptern der Opposition gewonnene Nationalgarde rief heiter mit: „Es lebe die Reform, nieder mit Guizot!" Der König entließ seinen treuen Minister, und das erhöhte den Mut des Volks. Angeführt von dem verwegenen Lagrange zog eine wilde Rotte mit der roten Fahne vor das Justizministerium, dann vor das Ministerium des Auswärtigen. Dort stand ein Wachtposten von 50 Mann; Lagrange schoß auf das Pferd des Befehlshabers, worauf der Posten mit einer Gewehrsalve antwortete. Das war's, was Lagrange wollte; er hatte nun Tote und Verwundete, ließ diese auf einen Karren laden und durch die Straßen fahren mit dem Rufe: „Wir sind verraten! man mordet das Volk! zu den Waffen!"

Wie durch ein Zauberwort stiegen nun die Barrikaden aus dem Boden. Der König, welcher den Kopf verlor, ernannte den Marschall Bugeaud zum Oberbefehlshaber der Truppen und entschloß sich zur Berufung von Thiers. Dieser ließ am 24. morgens den Marschall Bugeaud abtreten und durch den General Lamoricière ersetzen. Die erregten Massen hörten jedoch schon nicht mehr weder auf Odillon Barrot, noch auf Thiers. Ein kluger geriebener Zeitungsredakteur, Namens Girardin, lief in den Palast des Königs: „Wenn Ew. Majestät" — rief er dem verwirrten König zu — „nicht auf der Stelle abdanken, zu Gunsten ihres Enkels, so giebt es in zwei Stunden kein Königtum mehr!" Die Königin widersetzte sich dieser Zumutung, Bugeaud riet zu einem Kampfe auf Leben und Tod; auf Zureden seines Sohnes, des Herzogs von Montpensier, ergreift der König die Feder und schreibt, daß er zu Gunsten seines Enkels, des Grafen von Paris, auf die Krone verzichte.

Nun gab es keine Regierung mehr, und die Revolution hatte wieder freie Bahn. Als der greise König im schwarzen Frack seiner Gemahlin den Arm reichte, um sie zum Wagen zu führen, der sie nach Dreux bringen sollte — von dort sollte die Reise nach England gehen — sagte die Königin zu dem nun selber bestürzten Thiers: „Das ist Ihr Werk, mein Herr! Sie verdienten nicht, einen so guten König zu haben!" Thiers entfernte sich schweigend; er hatte nur Guizot stürzen wollen. Zu seiner Schwiegertochter, der schluchzenden Herzogin von Orleans, sagte der König: „Bleiben Sie bei den Kindern, Helene!" — und diese folgte dem Präsidenten Dupin in die Deputiertenkammer, mit den Kindern an der Hand. Sie wurde achtungsvoll empfangen, doch als ein Haufen berauschter Blousenmänner in den Saal drang mit dem Ruf: „Nieder mit der Regentschaft! nieder mit allen Bour= bonen!" geriet alles in Verwirrung, und mit Mühe rettete sich die edle Frau aus dem Gedränge. Sie flüchtete sich mit ihren Söhnen nach Deutschland.

Unterdessen wurden die Tuilerien geplündert und verwüstet, die Krone zerbrochen, der Thronsessel am Fuße der Julisäule verbrannt. Der Dichter Lamartine wurde Präsident der provisorischen Regierung und somit einstweilen Herr der neuen Republik, die, indem sie dem vierten Stande (der Arbeiterklasse) huldigte, nahe daran war, zur Pöbelherrschaft herabzusinken.

6. Die Märzrevolution in Wien und Berlin.

Wie der Feuerfunke in aufgehäuften Zündstoff flog die Kunde von der Pariser Februarrevolution nach Deutschland und Italien hinein, und Österreich wie Preußen blieb diesmal nicht verschont; ihr Staatsbau wurde in seinen Grundfesten erschüttert.

Kaiser Ferdinand I., der Nachfolger des Kaisers Franz seit dem Jahre 1835, war körperlich und geistig schwach und ganz dem Einflusse Metternichs preis gegeben, dessen Kunst darin bestand, alles beim alten zu lassen und Österreich dem deutschen Leben zu entfremden. Alle Glaubens=, Lehr= und Lernfreiheit, alle Rede= und Preßfreiheit war unterdrückt. Die Kunde von dem Zusammensturz des Thrones Louis Philipps elektrisierte die liberale Partei und ganz besonders die Wiener studierende Jugend. Die Ungarn hatten sich schon früher erhoben und der Volksmann Kossuth am 3. März in Preßburg eine kühne Rede gehalten, worin er eine Verfassung für alle Länder Österreichs verlangte. Am 13. März wurde in Wien der niederösterreichische Landtag eröffnet; Tausende hatten sich vor dem Ständehause versammelt und jubelten einem Studenten zu, der die Rede Kossuths vorlas. Die Stände wurden genötigt, eine Deputation in die Hofburg zu entsenden, um dem Kaiser die Wünsche des Volks vorzutragen. Als dieser mit der Antwort zögerte, brach der offene Aufstand aus, und da der milde Ferdinand kein Blutvergießen wollte, so mußte sich das Militär nach kurzen Scharmützeln mit der Bürgerwehr und den Studenten zurückziehen. Der Hof war ratlos; Metternich, der sich feig und charakterlos versteckt hatte, entfloh nach England, und der Kaiser versprach alles, was man verlangte; Preßfreiheit und Bürgerbewaffnung wurden proklamiert, eine liberale Verfassung in Aussicht gestellt. Die bewaffneten Bürger und Studenten wehrten nun den Ausschweifungen des Pöbels und nahmen die in Wien zusammenströmenden Polen, Ungarn und Italiener als Brüder in ihre Reihen auf. Am 15. März zog Kossuth mit großem Triumph in Wien ein, um dem Kaiser die Adresse des ungarischen Reichstages zu überbringen, der ein unabhängiges Königreich mit eigener Regierung verlangte. Die Forderungen der Ungarn (Magyaren) wurden sofort gewährt und Graf Batthyani zum Präsidenten des ungarischen Ministeriums ernannt.

Noch mehr als in Ungarn war in Mailand und Venedig das österreichische Regiment verhaßt. Am 18. März erhob sich die ganze Bevölkerung von Mailand und zwang nach einem zweitägigen Straßenkampf den 82jährigen, doch noch immer jugendfrischen, Marschall Radetzky seine Truppen aus der Stadt in das sogenannte Festungsviereck zwischen Mantua und Verona, Peschiera und Legnago, zurückzuziehen. Auch Venedig erhob sich am 22. März unter dem Advokaten Manin und zwang den unfähigen

Kommandanten Zichy zur Übergabe. Der Papst Pius IX. fühlte sich in seinem Kirchenstaat auch nicht mehr sicher und entwich nach der Festung Gaëta zum König von Neapel. Die Herzöge von Parma und Modena mußten sich nach Österreich flüchten, und nun eilte der König von Sardinien, Carlo Alberto, den Lombarden zu Hilfe, in der Hoffnung, ein oberitalienisches Königreich zu gründen, das stark genug wäre, zwischen Frankreich und Österreich sich zu behaupten. Doch der unerschütterliche tapfere Radetzky schlug ihn in einer Hauptschlacht bei Custozza am 25. Juli und im folgenden Jahre am 23. März bei Novara so entscheidend, daß er in Verzweiflung die Krone seinem Sohne Viktor Emanuel übergab, der am 6. August zu Mailand mit Österreich Frieden schloß. Am 22. August kapitulierte auch Venedig, und eine französische Armee unter Oudinot rückte in den Kirchenstaat ein, eroberte Rom und stellte die alte Papstherrschaft wieder her.

In Preußen war seit dem 1. Juli 1840 Friedrich Wilhelm IV. seinem Vater in der Regierung gefolgt — ein wohlwollender, vielseitig gebildeter, sehr beredter Fürst, aber kein Mann der That, von dem man also auch nicht erwarten durfte, daß er dem Einfluß Metternichs sich entziehen und das Übergewicht Österreichs brechen würde. Wiederholt an das von Friedrich Wilhelm III. gegebene Versprechen gemahnt, eine das ganze Land umfassende Verfassung zu geben und Reichsstände einzuberufen. erklärte er, daß er nimmermehr zugeben werde, „daß sich ein beschriebenes Blatt (die Verfassungsurkunde) zwischen unserem Herrn im Himmel und das Land als eine zweite Vorsehung eindränge". Das Jahr 1848 brachte ihm zum Bewußtsein, daß ein solches „Stück Papier" doch etwas wert sei, und daß er sich eine schwere Demütigung erspart haben würde, wenn er es sechs oder acht Jahre früher seinem Volke bewilligt hätte.

In Berlin hatten am 6. März die Volksversammlungen „vor den Zelten" begonnen, am 13. März kam es zum ersten Zusammenstoß mit dem Militär. Am 17. März erschien eine Kölner Deputation und am folgenden Tage eine Berliner Deputation vor dem Könige und verlangte größere konstitutionelle Freiheit und zugleich Umgestaltung des so verächtlich gewordenen deutschen Bundes zu einem einheitlich regierten Bundesstaat, in welchem auch das deutsche Volk durch seine Abgeordneten vertreten wäre. Der König sagte zu und entließ die Abgeordneten sehr freundlich, das vor dem Residenzschlosse versammelte Volk brachte freudig bewegt dem Könige ein Lebehoch, der zweimal auf den Balkon heraustretend von tausendstimmigem Jubel begrüßt wurde.

Nun aber fiel es auf, daß alle Eingänge des Schlosses mit Militär besetzt waren, und es erhoben sich von allen Seiten Rufe: Militär fort! Diese Zumutung wies der König entschieden zurück. Als nun zwei Schüsse fielen, glaubten die Volksmassen, man habe sie getäuscht, und mit dem Ruf: Man mordet uns! zu den Waffen! liefen sie auseinander, um Barrikaden zu bauen. Im Nu hatten sich etwa 200 Barrikaden erhoben, von denen die schwarzrotgoldene Fahne wehte. Nachmittags 3 Uhr erhielten die Truppen

Befehl zum Angriff, und es entspann sich unter schrecklichem Sturmläuten ein erbitterter Straßenkampf. Zwischen 5 und 7 Uhr wurde die Königs= straße größtenteils frei gemacht; mit Kartätschen wurden die Barrikaden= männer niedergestreckt. Am folgenden Tage (19. März) wären die Truppen des Aufstandes völlig Herr geworden; doch der König, schmerzlich bewegt über das bereits vergossene Blut, gebot um 10 Uhr vormittags Einhalt und seinen Truppen den Rückzug. Das erbitterte Volk aber führte die 216 Leichen der Barrikadenkämpfer, festlich mit Blumen geschmückt, über den Schloßhof, das Lied: Jesus, meine Zuversicht 2c. singend und den König zwingend, vom Balkon aus mit entblößtem Haupte zuzuschauen.

Der König, der das Beste seines Volkes wollte, wenn er auch in der Erregung des Moments sich mehr vornahm, als er nachher auszuführen den Mut hatte, berief sogleich ein freisinniges Ministerium und erließ am 21. März eine Proklamation, worin er seinen Entschluß verkündete, daß er sich zur Wiedergeburt Deutschlands an die Spitze desselben stellen werde und Preußen fortan in Deutschland aufgehen solle! Zur Be= kräftigung dieser Proklamation machte er einen Ritt mit der dreifarbigen (schwarzrotgoldenen) Fahne durch die Hauptstraßen von Berlin. Als nun huldigende Zurufe sich hören ließen: Es lebe der Kaiser von Deutschland! da ward er wieder bedenklich, denn er wollte es weder mit Österreich noch mit den deutschen Fürsten verderben, und als ihm im nächsten Jahre eine Deputation der Frankfurter Nationalversammlung die deutsche Kaiserkrone überbrachte, da wies er dieselbe zurück.

In Wien und Berlin hatte auf kurze Zeit das Volk obgesiegt. Am 22. Juli kam in Wien der Reichstag zusammen, auf welchem die vielen Völkerzungen Österreichs sich geltend machen und ihre Sonderrechte durch= setzen wollten. In Böhmen hatten sich bereits die Czechen wider die Deutschen, in Ungarn die Kroaten wider die Magyaren erhoben. In Prag kommandierte Fürst Windischgrätz, ein adelstolzer Mann und entschlossener General, der mit Kanonen unter das empörte Czechenvolk schoß und dem Slavenkongreß ein Ende machte. Weniger entschieden war der greise Kriegs= minister, Graf Latour, in Wien aufgetreten; er ward vom Pöbel am 6. Oktober mit Hammerschlägen ermordet und sein Leichnam an einen Laternenpfahl gehängt. Am 21. Oktober zog aber Windischgrätz von Norden her, der Kroaten=General Jellachich (spr. Jellatschitsch) von Süden her auf Wien, die Stadt wurde umzingelt und dann mit Sturm genommen. Am 31. Oktober stürmten die kaiserlichen Truppen die letzten Barrikaden. Win= dischgrätz hielt ein strenges Gericht; der Anführer der Wiener Bürgerwehr, Messenhauser, wurde nebst dem von Frankfurt herübergekommenen Demokraten Robert Blum und andern Führern erschossen. Fürst Felix von Schwarzen= berg ergriff mit kräftiger Hand das Staatsruder, verlegte die Reichsver= sammlung nach Kremsier, um sie später aufzulösen; Kaiser Ferdinand aber legte am 22. Dezember seine Krone in die Hände seines 18 jährigen Neffen Franz Joseph nieder.

Es war ein Glück für den jungen Kaiser, daß der alte Radetzky in

Italien siegreich blieb, sonst wäre der österreichische Kaiserstaat aus den Fugen gegangen. Denn die Ungarn, angefeuert von Kossuth, geführt von dem talent= vollen General Görgey und den polnischen Generalen Bem und Dembinski, schlugen die kaiserlichen Truppen unter Windischgrätz, und erst als der russische Feldmarschall Paskiewitsch den Österreichern zu Hilfe kam, wurden diese der Aufständischen Herr.

Ähnlichen Verlauf hatte die Revolution in Berlin. Des Königs Bruder Wilhelm, der Prinz von Preußen, hatte, weil er damals für einen volks= feindlichen Vertreter der Militärherrschaft galt, nach London fliehen müssen, wo er das englische Verfassungsleben eingehend studierte; auf seinen Palast in Berlin hatten die Demokraten „Nationaleigentum" geschrieben. Die kon= stituierende Versammlung wurde vom Pöbel tyrannisiert, der am 15. Juni das Zeughaus stürmte und plünderte. Ein Ministerium machte dem andern Platz, bis der König, dem in Wien gegebenen Beispiel folgend, am 2. No= vember den Grafen Brandenburg, einen Halbbruder seines Vaters, mit der Bildung eines konservativen Ministeriums beauftragte, das gegen die Demo= kraten Front machte. General Wrangel rückte mit Truppenmacht in Berlin ein, entwaffnete die Bürgerwehr, die konstituierende Versammlung ward nach Brandenburg verlegt, dann aufgelöst und darauf von seiten des Königs eine freisinnige Verfassung gegeben.

7. Die Frankfurter Nationalversammlung.

In Südwestdeutschland war alles aus Rand und Band gegangen. Schon am 27. Februar zog eine Volksversammlung von Mannheim nach Karlsruhe, um den Großherzog zur Bewilligung von Forderungen im Sinne der Pariser Demokraten (allgemeine Bewaffnung, Garantie der Arbeit von seiten des Staats u. s. w.) zu bewegen. Das Verlangte ward bewilligt. Die radikalen Volksführer Hecker und Struve waren aber damit noch nicht zufrieden; sie wollten mit Beseitigung aller Fürstenherrschaft eine deutsche Republik.

Der Frankfurter Bundestag, aus seinem langen Halbschlummer auf= gerüttelt, wollte nun auch auf einmal liberal werden und nahm am 9. März die bisher so verpönten Farben der deutschen Burschenschaft (schwarzrotgold) auch seinerseits an. Zugleich lud er 17 freisinnige Vertrauensmänner ein, um mit ihrem Beirat die Bundesverfassung zeitgemäß umzugestalten. Außer Schmerling, Gagern, Gervinus, Dahlmann, Jordan, Uhland erschienen da Männer des Volks, die noch kurz zuvor von ihren Regierungen mit Festungs= haft bedroht gewesen waren. Sie tagten nun mit dem Bundestage.

Eine allgemeine deutsche Nationalversammlung, aus Volks= wahlen hervorgegangen, ließ aber auch nicht lange auf sich warten. Ein Vorparlament wurde in der Paulskirche eröffnet und bahnte jene an. Frankfurt, die freie deutsche Reichsstadt, die so manche glanzvolle Kaiserwahl gesehen, war nun wieder der Mittelpunkt deutsch=nationalen Lebens und Strebens geworden. Am 18. Mai zogen aus dem altehrwürdigen Kaisersaal im Römer 330 Abgeordnete des deutschen Volks nach der Paulskirche, wo

das erste National=Parlament sein schweres Werk, das zersplitterte Deutsch=
land verfassungsmäßig zu einigen, unter dem Vorsitze Heinrichs von Gagern
begann. Auf dessen Vorschlag wurde am 29. Juni der beim Volke beliebte
Erzherzog Johann von Österreich (Bruder des Kaisers Ferdinand) zum
Reichsverweser erwählt, um die Beschlüsse der Nationalversammlung zu voll=
ziehen und das Reich dem Auslande gegenüber zu vertreten. Der alte
Bundestag löste sich auf.

Da ohne ein Reichsheer der Reichsverweser und die Nationalversammlung
machtlos war, so wurde beschlossen, daß die Bundestruppen dem Reichsver=
weser huldigen sollten. Dies geschah am 6. August, aber nur teilweis; von
den Truppen Österreichs, Preußens und Hannovers ward es unterlassen.

Die beiden Hauptmächte, von denen die Gestaltung Deutschlands in
erster Linie abhing, waren zu sehr von der Bändigung der Revolution in
ihrer eigenen Mitte in Anspruch genommen und ließen vorläufig der Frank=
furter Nationalversammlung freien Lauf. Diese beriet so gründlich wie
möglich über die Grundrechte des deutschen Volks. Während sie damit be=
schäftigt war, trat eine Frage an sie heran, an deren Lösung sie praktisch
ihre Macht erproben konnte.

Es war der Erbfolgestreit in Schleswig=Holstein. Holstein, obwohl der
dänischen Krone unterthan, war deutsches Bundesland und nach altem Ver=
tragsrecht zugleich mit Schleswig derart verbunden, daß, falls der dänische
Mannsstamm erlöschen würde, die Regierung an den Herzog von Augusten=
burg kommen mußte. Da nun König Christian VIII. von Dänemark bloß
einen kinderlosen Sohn hatte, so erließ er, um die Herzogtümer in größter
Abhängigkeit von Dänemark zu erhalten, am 8. Juli 1846 einen „offenen
Brief", der das dänische Erbfolgerecht auch auf Schleswig=Holstein aus=
dehnte, und als Friedrich VII. mit dem am 20. Jan. 1848 erfolgten Tode
seines Vaters zur Regierung gelangte, gab derselbe eine Verfassung, in welcher
Schleswig der dänischen Monarchie einverleibt wurde. Deutsche Sprache
und Sitte wurde von den Dänen auf brutalste Weise unterdrückt. Dagegen
protestierten nun die Herzogtümer und verlangten für sich eine besondere
Verfassung. Dies Verlangen wurde von den Dänen mit Hohn zurück=
gewiesen, und so trat in den Herzogtümern eine provisorische Regierung zu=
sammen, ein Truppenkörper machte sich kampfbereit und Scharen deutscher
Freiwilligen eilten zu dem stammverwandten Heer. Dasselbe wurde jedoch
am 9. April bei Flensburg von der Übermacht der Dänen geschlagen. Sofort
beauftragte der deutsche Bund Preußen, die Herzogtümer nötigenfalls mit
Waffengewalt in ihrem guten Recht zu schützen.

General Wrangel rückte mit seinen kampflustigen Preußen unaufhaltsam
vor, warf die Dänen, die sich nach der Insel Alsen flüchteten, und zog weiter
nach Jütland hinein, das er so lange besetzt zu halten gedachte, als bis die
Dänen Genugthuung geleistet haben würden für den Schaden, welchen sie
dem deutschen Seehandel zufügten. Das war jedoch England und Rußland
nicht erwünscht, und ihre Gesandten führten in Berlin eine so drohende
Sprache gegen Preußen, daß der König seinem General Befehl zum Rückzug

gab, der am 6. Juni nochmals die Dänen bei Düppel schlug, sich dann aber dem für Preußen und Deutschland schimpflichen Waffenstillstand von **Malmö** (26. August) fügen mußte.

In Frankfurt, wo man richtig erkannte, daß dieser Malmöer Vertrag bereits ein Aufgeben Schleswigs bedeute, wollte man in patriotischer Aufwallung den Waffenstillstand für null und nichtig erklären. Allein was half's? Deutschland hatte keine Flotte und die Nationalversammlung, die mit Preußen sich nicht verfeinden wollte, keine Truppenmacht. Nach heftigen Kämpfen in der Nationalversammlung wurde der Malmöer Vertrag am 16. Sept. genehmigt. Die demokratische und radikale Partei war darob wütend und erregte einen Volksaufstand. An 20 000 Menschen kamen auf der Pfingstweide zusammen, wo gegen die Monarchen und ihre Schleppträger in hitzigen Reden gescholten und die deutsche Republik gefordert wurde. Am 18. Sept. stürmte die Menge nach Frankfurt zur Paulskirche, fand aber dort österreichische und preußische Bataillone aufgestellt, die eiligst von Mainz herbeigeholt waren. Mit leichter Mühe nahmen diese die errichteten Barrikaden und hielten den Pöbel im Zaum. Dieser rächte sich an zwei Abgeordneten, die als hochmütige Aristokraten bekannt waren, am General Auerswald und Fürst Lichnowsky, welche auf einem Spazierritt überfallen und auf schändliche Weise ermordet wurden.

Solche Vorgänge waren nicht geeignet, das Frankfurter Parlament in der Achtung der deutschen Fürsten und des besonnenen Teils des deutschen Volkes zu heben. Als dieses endlich mit der Feststellung der „deutschen Grundrechte" kurz vor Weihnacht (am 21. Dez.) zustande gekommen war, lehnten nicht nur die beiden Großmächte Österreich und Preußen, sondern auch Bayern, Hannover und Sachsen ihre Annahme ab. Österreich wollte weder größere Freiheit noch strammere Einheit Deutschlands; sobald es sich wieder fühlte, erklärte sein Minister Schwarzenberg, Österreich wolle seine deutschen Provinzen nach wie vor im deutschen Bunde erhalten wissen, zugleich aber sollten die österreichisch-deutschen Länder in ungetrennter Einheit mit der österreichischen Gesamt-Monarchie verbleiben. Gagern, der Präsident der Nationalversammlung, hatte richtig erkannt, daß eine Einigung Deutschlands mit Österreich nicht möglich sei; die Großdeutschen aber hielten eine Abtrennung Österreichs für ein Unglück, während die Kleindeutschen Österreich beiseite lassen und die Leitung und Einigung der übrigen Bundesstaaten Preußen überlassen wollten.

Am 28. März 1849 hatte man sich im Frankfurter Parlament so weit geeinigt oder vielmehr nicht geeinigt, daß mit einer geringen Majorität, mit 290 gegen 248 Stimmen, beschlossen wurde, den König von Preußen, Friedrich Wilhelm IV., zum erblichen Kaiser der Deutschen zu wählen. Der König empfing die Frankfurter Deputation am 3. April und erklärte ihr, daß er ohne freie Zustimmung der deutschen Fürsten die Krone nicht annehmen könne. So schmerzlich die Ablehnung für alle Vaterlandsfreunde war, als sie das letzte Mittel, über den Jammer des alten Bundestags hinauszukommen, verworfen sahen: so war es dennoch kein Unglück für Deutschland, daß Friedrich

Wilhelm IV. nicht annahm; Preußen wäre mit Rußland und Österreich und dem größeren Teil der Kleinstaaten Deutschlands in Krieg geraten in einem Moment, wo es in sich selber zu wenig gefestigt war.

Für das Frankfurter Parlament war aber die Ablehnung der Kaiserkrone von seiten Preußens ein Todesstreich. Österreich, Preußen und mehrere andere Regierungen riefen ihre Abgeordneten aus Frankfurt ab und die Nationalversammlung schmolz zu einem Rumpfparlament von etwa 100 Radikalen zusammen, welche sich vermaßen, die Reichsverfassung dennoch in Deutschland zur Geltung zu bringen. In Dresden brach am 3. Mai ein Aufruhr aus, weil sich der König weigerte, die Reichsverfassung einzuführen und sogar den reaktionären Herrn von Beust zu seinem Minister machte; auch in Pfalzbayern und dem durchwühlten Baden, wo am 9. Mai die Besatzung der Bundesfestung Rastatt sich mit der Bürgerwehr verbrüderte und die Garnison von Karlsruhe ihren Rittmeister ermordete, kam es zu bedrohlichen Aufständen. Sie wurden jedoch von preußischen Truppen unter Anführung des Prinzen von Preußen niedergeworfen, der am 13. Juni in die Pfalz rückte, die Freischaren aufs rechte Rheinufer warf, am 20. Juni wieder den Rhein überschritt und die Aufständischen unter Anführung des Polen Mieroslawski bei Waghäusel am 21. Juni in die Flucht schlug.

Der Reichsverweser, der es nie zu rechter Bedeutung gebracht, kehrte nach Tirol zurück; das Rumpfparlament siedelte nach Stuttgart über und wählte aus seiner Mitte eine aus sieben Personen bestehende Reichsregentschaft; auf Befehl des württembergischen Ministers ward aber schon nach wenigen Tagen das Sitzungslokal geschlossen und die mit so großen Hoffnungen begonnene Nationalversammlung des deutschen Reichs hatte ihr ruhmloses Ende erreicht.

8. Die französische Republik und Louis Napoleon.

Es war ein Glück für Deutschland, daß bei solchen Zuständen diesseits des Rheins unser Nachbar jenseits des Rheins in noch viel größerer Verwirrung und Bedrängnis war.

Der Sturz des Bürgerkönigtums am 24. Febr. 1848 hatte in Frankreich die Arbeiterklasse mit ihren socialistischen und kommunistischen Gelüsten obenauf gebracht, die wider das wohlhabende Bürgertum gerichtet waren und Gütergemeinschaft verlangten. Die provisorische Regierung konnte es nicht hindern, daß ein Arbeiterparlament unter Leitung des Socialisten Louis Blanc und des Arbeiters Albert zusammentrat, in welchem die Besitzlosen ihre Forderungen an die Besitzenden festsetzen wollten; sie erkannte das „Recht der Arbeit" an, d. h. sie verpflichtete sich, jedem unbeschäftigten Arbeiter zu seinem Lebensunterhalt zu verhelfen, so gut wie einem Beamten, und so wurden denn, da bei der allgemeinen Unruhe viel Arbeiter brotlos geworden waren, Nationalwerkstätten errichtet, in welchen 100 000 Arbeiter und darüber auf Staatsunkosten beschäftigt wurden und für die meist nutzlose Arbeit, die sie verrichteten, täglich zwei Franks erhielten. Außerdem hatte die Regierung 20 000 Mobilgarden, junge Proletarier und alte Bummler, zu bezahlen, die für eine tägliche Besoldung von einem Franken sich herbeiließen, exerzieren zu lernen. Da blieb, um das nötige Geld herbeizuschaffen, kein anderes Mittel übrig, als die Steuern um 45 Prozent zu erhöhen, was den Bauern die neue Republik sehr verdächtig machte.

Die Wahlen zur neuen Nationalversammlung waren inzwischen beendigt, und am 4. Mai 1848 trat diese zusammen. Sie erklärte sich für Annahme der Republik, wies jedoch die überspannten Ansprüche der Socialisten und Kommunisten zurück. Diese, angeführt von Barbès, Blanqui, Raspail 2c., rückten in einer Masse von 100 000 Mann heran, um die Versammlung zu zwingen, die Reichen mit einer Steuer von 1000 Millionen Franken zu belegen und Polen wieder herzustellen. Lamartine hatte einen schweren Stand, rettete jedoch die dreifarbige Fahne der Republik gegen die wilden Haufen, welche die rote Fahne als Zeichen des Umsturzes der bestehenden gesellschaftlichen Ordnung aufpflanzen wollten. Mit Hilfe der Nationalgarde wurden sie zur Ruhe gebracht. Da aber die Regierung nicht imstande war, die kostspieligen Nationalwerkstätten zu unterhalten und Miene machte, sie aufzuheben, brach (am 23. Juni) der Aufstand von neuem los und mit verdoppelter Wut. Die Nationalversammlung übergab den Oberbefehl über die 25 000 Mann starke Besatzung, sowie über die National- und Mobilgarde dem General Cavaignac, der mit kalter Entschlossenheit und unbeugsamer Energie den Kampf begann. Als der Erzbischof Affre eine Barrikade bestieg, um die verblendeten Arbeiter zum Frieden zu ermahnen, ward er erschossen; ein anderer Unterhändler, General Brea, ward schändlich ermordet. Cavaignac ließ mit Kartätschen auf die Barrikaden schießen, aber der Straßenkampf war schwierig, die Weiber fochten wie Furien in den Reihen der Männer oder gossen siedendes Öl und Wasser auf die Soldaten herab. Vier Tage und Nächte dauerte das Gemetzel, die Junischlacht endigte mit einem vollständigen Siege Cavaignacs, der von der dankbaren Nationalversammlung zum Präsidenten der Republik ernannt wurde.

Am 4. November ward eine neue Konstitution entworfen (die elfte seit 1791) und die gesetzgebende Gewalt in die Hände der alle drei Jahre von allen Franzosen zu wählenden Nationalversammlung (mit 750 Abgeordneten), die vollziehende Gewalt in die eines alle vier Jahre zu wählenden Präsidenten gelegt. Viele hätten schon jetzt gern wieder einen König gehabt; aber woher den nehmen? Die Republik unter der strengen Regierung eines Cavaignac war den Socialisten und Arbeitern nicht genehm, während die Geistlichkeit auch nicht bei ihr die Rechnung fand. Das alles kam einem Manne aus dem Geschlechte Napoleon Bonapartes zu statten, der schon längst daran gearbeitet, die Aufmerksamkeit des französischen Volks auf seine Person zu lenken. Dieser Mann war Louis Napoleon, ein Sohn des Exkönigs von Holland und der Hortense Beauharnais, der Stieftochter des Kaisers Napoleon. Sein bisheriges Leben war ein sehr unstetes und wechselvolles gewesen. Seine Jugend hatte er in Deutschland und der deutschen Schweiz verlebt (auf den Augsburger Schulbänken hatte er seinen Julius

Cäsar überseßen gelernt), nach dem Ausbruch der Julirevolution war er
(1831) mit seinem älteren Bruder nach Italien geeilt, dort dem Geheim=
bunde der Carbonari (welche die Tyrannei des Königs von Neapel brechen
wollten) beigetreten, von den Österreichern verfolgt nach England entkommen;
hatte am 30. Okt. 1836, um Ludwig Philipps Regierung zu stürzen, in
der Artilleriekaserne zu Straßburg eine Verschwörung angezettelt und war
1840 mit einigen Getreuen und einem abgerichteten Adler, gekleidet wie sein
großer Oheim mit hohen Stiefeln und dem kleinen Hut, in Boulogne er=
schienen, um das dortige Militär auf seine Seite zu bringen, dann nach
Ham ins Gefängnis gebracht, von wo er entfloh. Die Welt hielt ihn für
einen lockeren Abenteurer, der nicht zu fürchten sei. Als die Februarrevo=
lution von 1848 auch die Orleans aus Frankreich vertrieben hatte, erschien
er in Paris und richtete ein Schreiben an die provisorische Regierung, worin
er sagte, „er hege keinen anderen Ehrgeiz als den, seinem Vaterlande zu
dienen". Die Regierung traute ihm aber doch nicht ganz und gebot ihm,
Paris zu verlassen; seine Anhänger bearbeiteten indes das Volk und namentlich
auch die Socialisten zu seinen Gunsten. Er ward zum Abgeordneten in der
Nationalversammlung erwählt, Jules Favre, Louis Blanc und Thiers stimmten
dafür, die Wahl zuzulassen. Den Bauern ließ er Erleichterung der Steuern,
den Geistlichen seine Hilfe, dem Papsttum den alten Glanz wieder zu er=
ringen, in Aussicht stellen. So ging er am 10. Dezember 1848 mit über
fünf Millionen Stimmen aus der Wahlurne als Präsident der Republik
hervor, während Cavaignac nicht einmal zwei Millionen Stimmen erhielt.

Obwohl er feierlichst schwor, „der einzigen unteilbaren Republik treu zu
bleiben", so war der Präsidentenstuhl in seinen Augen doch nur die Staffel,
um auf den Kaiserthron zu gelangen. Daß er den General Oudinot mit
ansehnlicher Truppenmacht nach Rom schickte — die erste Abschlagszahlung,
die er dem Papste und Klerus leistete —, um die römische Republik zu
unterdrücken, das war bereits ein Hohn auf die französische Republik selber.
Die Nationalversammlung wurde zwar immer mißtrauischer gegen ihren Präsi=
denten, brachte sich jedoch durch ihr Parteigezänk um das Vertrauen im Lande.

Im Mai 1852 hätte Louis Napoleon seine Präsidentschaft niederlegen
müssen, und nach einer Bestimmung der Verfassung durfte weder er noch ein
Mitglied seiner Familie für die nächsten vier Jahre wieder gewählt werden.
Darum drang er auf eine Revision, d. h. Änderung der Verfassung, welches
Verlangen aber die Kammer abwies. Nun blieb ihm bloß noch ein Gewalt=
streich übrig, um sich auf seinem hohen Posten zu erhalten. In Verschwö=
rungen und Schlichen geübt, verabredete er mit seinen ergebensten Freunden,
seinem Halbbruder Graf Morny, dem Kriegsminister St. Arnaud, dem früheren
Unteroffizier Persigny, der ihm beim Straßburger Putsch geholfen, den für
die Nacht vom 1. zum 2. Dezember 1851 bestimmten Staatsstreich. Der
2. Dezember, an welchem Napoleon I. gekrönt worden war und die Schlacht
bei Austerlitz gewonnen hatte, galt für einen Glückstag der Napoleoniden.

Im Palast Elysée, der Amtswohnung des Präsidenten, wurde ein Ball=
fest gegeben, und der Herr Präsident zeigte sich sehr heiter und aufgeräumt.

Nachts 2 Uhr verließ er die Gesellschaft, um die schon vorbereiteten Befehle zu unterzeichnen. Das Militär war bereits gewonnen, und St. Arnaud hatte an die Punkte, wo es am nötigsten war, die zuverlässigsten Truppen gestellt, die Staatsdruckerei stand, mit Wachen besetzt, dem Präsidenten zur Verfügung. Wie mit einem Schlage wurden nun alle hervorragenden Glieder der Nationalversammlung, republikanische Offiziere und Zeitungsschreiber gefangen genommen; als der Morgen anbrach, befanden sich Thiers, Viktor Hugo, Eugen Sue, die Generale Cavaignac, Changarnier, Lamoricière — im Gefängnis, und die Pariser fanden zu ihrem nicht geringen Schreck und Staunen überall an den Straßenecken Erlasse angeklebt, daß die National= versammlung aufgelöst, Paris im Belagerungszustande sei und am 14. Dezember das französische Volk durch allgemeines Stimmrecht entscheiden solle, ob es Louis Napoleon auf weitere 10 Jahre zum Präsidenten haben wolle.

Die Überraschung war so groß, daß die Republikaner erst am 3. und 4. Dezember einen Aufstand versuchten, der aber sogleich niedergeschlagen wurde. Vergeblich versuchte die Nationalversammlung, welche ihren Sitzungs= saal geschlossen und mit Truppen besetzt fand, in einem städtischen Gebäude sich zu versammeln; sie wurde durch eindringende Soldaten an ihren Be= schlüssen gehindert, ihre Mitglieder verhaftet. Louis Napoleon zog zu Anfang des Jahres 1852 in den Königspalast der Tuilerien ein, nachdem er 7½ Millionen Stimmen erhalten hatte, die für seine 10jährige Präsident= schaft entschieden; nur 650 000 hatten sich dagegen erklärt.

Die Armee wurde mit Adlern, Kreuzen, einträglichen Medaillen bedacht; Verordnungen über eine strengere Sonntagsfeier fanden den Beifall der Geist= lichkeit; der Umbau von Paris (es sollte geradere Straßen, in denen das Militär besser gegen Volksaufstände operieren konnte, erhalten) kam den Ar= beitern zu statten; industrielle Unternehmungen wurden freigebig unterstützt und somit die Kapitalisten gewonnen. Auf einer Rundreise im Jahre 1852 durch die französischen Städte ließen sich schon viele vive l'Empereur! hören, und auf einem Bankett in Bordeaux erklärte der Schlaue den nach friedlichen Zuständen verlangenden Bürgern: Das Kaisertum ist der Friede. Ein glänzender Empfang bei seiner Rückkehr nach Paris (16. Oktober) war ihm gewiß, und als das Verlangen nach Wiederherstellung des Kaisertums laut wurde, sagte er: „Wenn die Nation mich auf den Thron hebt, so krönt sie sich selbst!" Der Senat, den der Neffe nach dem Vorbilde des Onkels eingesetzt hatte (jeder Senator erhielt jährlich 30 000 Franks Ehrensold), be= schloß am 7. November die Wiederherstellung des Kaisertums, die Volks= abstimmung ergab 7 824 189 Stimmen „Ja" und nur 253 145 „Nein", und so wurde denn am 21. Dezember 1852 Napoleon III. als erblicher Kaiser der Franzosen ausgerufen.

9. Vergebliches Streben Friedrich Wilhelms IV. nach Neugestaltung des deutschen Bundes und Preußens Demütigung in Olmütz.

Hatte das Frankfurter Parlament ohne Mitwirkung des Königs von Preußen nichts zustande gebracht, so sollte nun aber auch der König die

27*

Erfahrung machen, daß ohne Mitwirkung des deutschen Volks und durch bloße Unterhandlungen mit den Fürsten auch keine Neubildung des deutschen Reichs zu gewinnen sei.

Nachdem preußische Truppen im Frühlinge 1849 das Königreich Sachsen und im Grunde ganz Norddeutschland vor der Revolution gerettet hatten, verstanden sich Sachsen und Hannover dazu, mit Preußen den sogenannten „Dreikönigsbund" zu schließen, welcher den Kern zum engeren deutschen Bundesstaate (mit Ausschluß von Österreich) bilden sollte. Es zeigte sich jedoch bald, daß die Könige von Hannover und Sachsen nur im Drange des Augenblicks sich der Leitung Preußens hingegeben hatten; sie waren nicht geneigt, von ihrer ängstlich festgehaltenen Souveränität etwas zu opfern, und die österreichischen Gesandten bestärkten sie in ihrer Abneigung. Zugleich wurden, um alle preußischen Einheitsbestrebungen zu vereiteln, die süddeutschen Regierungen von Österreich bearbeitet und für die Herstellung des Bundes = tages gewonnen. Es trat eine bedenkliche Spaltung ein. Preußen hatte zwar unter des Herrn v. Radowitz Leitung am 20. März 1850 in Erfurt ein kleindeutsches Parlament zusammengebracht, das die neue Unions = verfassung annahm; aber aus Scheu vor Rußlands und Österreichs Ein = sprache vertagte es sich schon nach Monatsfrist, und Preußen behielt nur das sogenannte Fürstenkollegium mit den kleineren Fürsten, während die Könige von Bayern und Württemberg sich an Österreich anschlossen und das von Preußen abgefallene Sachsen und Hannover gleichfalls. Als der junge Kaiser Franz Joseph mit den Königen von Bayern und Württemberg in Bregenz am 11. Oktober zusammenkam, erhielt er die Zusicherung, daß man nötigenfalls gegen Preußen marschieren würde.

Ein Anlaß zum Bürgerkriege war schon gegeben. Der Kurfürst von Hessen hatte in seinem Hochmut den verhaßten Hassenpflug zum Minister gemacht und seine Stände aufgelöst. Als sich aber die Behörden weigerten, die Steuern zu erheben und das Heer sich weigerte, die Widerstrebenden zu zwingen, da floh er auf weiten Umwegen nach Frankfurt, um beim Bundes = tage Schutz zu suchen, der ihm bereitwilligst gewährt wurde. Doch da er zugleich zur Union gehörte, so bestritt ihm Preußen das Recht, beim Bundes = tage Hilfe zu suchen und besetzte seine Hauptstadt Kassel. Alsbald rückte ein bayrisch = österreichisches Corps in Hanau ein und drang gegen Kassel vor. Am 8. November trafen die Vorposten beider Heere bei Bronnzell auf = einander, es kam zu einem kleinen Scharmützel, in welchem — ein Schimmel fiel. Man erwartete eine Schlacht. Doch dazu war Friedrich Wilhelm IV. nicht entschlossen; er entließ, auch durch die Drohungen Rußlands geschreckt, den Minister der Union, seinen Freund Radowitz, und berief den friedlich gesinnten fügsamen Herrn von Manteuffel, welcher dem preußischen Heere Rückzug gebot und dann nach Olmütz ging, um dort dem übermütig durch = greifenden Schwarzenberg in allen Punkten nachzugeben. Rußland und Österreich gingen da Hand in Hand. Preußen mußte geloben, sich der Be = setzung Kurhessens nicht zu widersetzen, Schleswig = Holstein gegen Dänemark nicht weiter in Schutz zu nehmen und auf die Union ganz zu verzichten.

Deutschland war wieder in die alte Vielköpfigkeit und Ohnmacht zurück= geworfen. Zwar wurden zwischen Österreich, Preußen und den deutschen Fürsten zu Dresden Verhandlungen gepflogen, — Österreich und Preußen wollten ein Direktorium bilden, das über Krieg und Frieden entscheiden solle, fanden aber Widerspruch bei den Mittelstaaten, die sich auf Rußland stützten. Österreich erklärte sodann, mit seiner ganzen Ländermasse in den deutschen Bund eintreten zu wollen; dagegen protestierten Rußland und Preußen und die Westmächte England und Frankreich. So blieb denn nichts anders übrig als Wiederherstellung des Bundestags mit dem Vorsitz Österreichs.

10. König Wilhelm I. und sein Minister Otto von Bismarck.

Im Oktober des Jahres 1857 erkrankte der König Friedrich Wilhelm IV., und da er kinderlos war, so übernahm sein Bruder Wilhelm, Prinz von Preußen, provisorisch die Stellvertretung und am 9. Oktober 1858 (auf 10 Jahre) die Regierung. Zunächst wurde das Ministerium Manteuffel ent= lassen und ein freisinnigeres trat an seine Stelle unter dem Vorsitz des Für= sten von Hohenzollern, welcher offen erklärte, „er werde überall der Heuchelei entgegentreten, die Schule und Wissenschaft in größter Freiheit pflegen und in der evangelischen Kirche die Union erhalten". Der Prinzregent war fest entschlossen, seinen Staat der unwürdigen Fesseln, die ihm von Österreich und Rußland aufgezwungen waren, zu entledigen und ihm die Machtstellung zu erringen, auf die er nach Natur und Geschichte ein Anrecht hatte.

Früher noch als in Deutschland sollte aber in Italien die österreichische Oberherrschaft gebrochen werden. Der Franzosenkaiser Napoleon III. ward vom Grafen Cavour, dem sehr gewandten und unternehmenden Minister des Königs von Sardinien, Viktor Emanuel, für ein gegen Österreich gerich= tetes Kriegsbündnis gewonnen; er gedachte, den Italienern, deren Freiheits= bestrebungen er früher unterstützt hatte, eine alte Schuld abzutragen, für sein Frankreich aber auch ein gut Stück Land, nämlich Nizza und Savoyen zu bekommen, falls mit seiner Hilfe Sardinien die Lombardei gewinnen würde. Die französischen Heere rückten über die Alpen und vereinigten sich, von den Österreichern unbelästigt, mit dem Heerkörper des Sardenkönigs. Ein ganz unfähiger ungarischer Magnat, Graf Ghulai, war zum Oberfeldherrn des österreichischen Heeres ernannt worden und machte nun Fehler auf Fehler. Am 4. Juni siegten die vereinigten Franzosen und Sardinier bei Magenta, am 8. Juni zogen Napoleon und Viktor Emanuel unter dem Jubel der Bevölkerung in Mailand ein, und noch einmal, am 24. Juni, wurden die Österreicher bei Solferino geschlagen.

Kaiser Franz Joseph rief Preußen um Hilfe an, und dieses war bereit, sie zu gewähren — am 27. Juni wurde das ganze Heer mobil gemacht; — nur forderte der Prinzregent eine seiner würdige Stellung als Oberbefehls= haber der gesamten deutschen Streitkraft und eine straffere Bundeskriegs= verfassung, ohne welche bei der großen Zersplitterung Deutschlands kein Krieg erfolgreich begonnen und fortgeführt werden konnte. Der Wiener Hof dagegen wollte dem Prinzregenten nur die Stelle des Bundesfeldherrn einräumen, d. h.

ihn zu einem vom Bundestag abhängigen General machen. Ehe man Preußen Zugeständnisse machte, opferte man lieber die Lombardei, und Franz Joseph schloß mit Napoleon Frieden zu Villafranka (12. Juli).

Im August sprach die Nationalversammlung in Florenz die Absetzung der italienischen Fürsten aus dem Hause Lothringen aus, und Ähnliches geschah in Parma und Modena; die zum Kirchenstaat gehörige Emilia (mit der Hauptstadt Bologna) trug am 6. September dem König von Sardinien, unter dessen Scepter Italien sich einigen wollte, die Regierung an.

Am 2. Januar 1861 starb Friedrich Wilhelm IV., und der Prinzregent, als König Wilhelm I., empfing die Krone, entschlossen, ihren Glanz nicht verdunkeln zu lassen. Als erfahrener Soldat des Kriegswesens von Grund aus kundig, lag ihm vor allem die Neubildung (Reorganisation) des Heeres am Herzen, dessen Stärke und Schlagfertigkeit erhöht werden mußte. Zu diesem Zwecke wurde die aktive Dienstzeit in der Reserve ausgedehnt, dagegen die in der Landwehr verkürzt, die Mobilmachung vereinfacht. Der Kriegsminister Roon war bei dieser Um- und Neubildung des Königs rechte Hand, und einen besseren Chef des Generalstabs, als den genialen Moltke, konnte der König auch nicht wählen.

Freilich kostete „das Volk in Waffen", das der König organisieren wollte, viel Opfer an Geld und Zeit, und das Abgeordnetenhaus, das dem Wahne sich hingab, die stärkere Armee werde, da es doch zu keinen Kriegsthaten komme, zur Unterdrückung der bürgerlichen Freiheit dienen, machte entschieden Opposition und verweigerte in hitzigem Parteikampfe die Bewilligung der nötigen Geldsummen. Die Regierung konnte aber das begonnene Werk nicht wieder fallen lassen, und der König mochte um so weniger auf die Ausführung seines großen Gedankens verzichten, als er sich bewußt war, die erhöhte Kriegstüchtigkeit seines Volks nur zum Besten Preußens und der deutschen Sache verwenden zu wollen. So geriet der König mit seinem Abgeordnetenhause in einen Verfassungskonflikt, fand jedoch auch hier im rechten Moment den rechten Mann, der mit kräftiger Entschlossenheit das Staatsschiff durch die Klippen desselben hindurchzuführen vermochte.

Dieser Staatsmann war Otto von Bismarck, seit 1859 Gesandter in St. Petersburg. Früher ein Anhänger der Österreich geneigten Politik hatte er als Bundestagsgesandter in Frankfurt zuerst das wahre Österreich in seinen Irr- und Schleichwegen samt der ganzen Erbärmlichkeit der deutschen Kleinstaaterei kennen gelernt und empört ob des Übermutes, mit welchem Schwarzenberg Preußen behandelte, sich vorgenommen, alle seine Kraft an die Lösung dieser Fesseln zu setzen.

Im Herbst 1862 an die Spitze des Ministeriums berufen, schien ihm das Hochbild, durch Preußen eine Wiederherstellung des deutschen Reiches zu erreichen, ferner denn je gerückt. Das Mißtrauen und die Verstimmung hatte im Abgeordnetenhause und im Volke selber einen hohen Grad erreicht. Unbekümmert um die heftige Opposition erklärte er jedoch, daß, wenn über das Budget (Einnahme und Ausgabe) keine Vereinbarung zwischen der Regierung und dem Abgeordnetenhause erzielt werde, jene auch ohne dasselbe thun werde, was sie für ihre Pflicht erachte. „Preußen", so sagte er offen, „muß seine Kraft zusammenhalten auf den günstigen Augenblick, der schon einigemal verpaßt ist. Preußens Grenzen sind zu einem gesunden Staatskörper nicht günstig. Große Fragen werden aber nicht durch Reden und Majoritätsbeschlüsse entschieden, sondern durch Blut und Eisen."

Alle Widersacher Preußens und die radikalen „Freiheitsmänner" zumal meinten, König Wilhelm und sein Minister wolle eine neue Ära absolutistischer Königsherrschaft beginnen; Preußen wurde verhöhnt und der deutschen Hegemonie (Oberleitung) für unfähig erklärt. Österreich benutzte diese Krisis und schrieb im August 1863 einen Fürstenkongreß nach Frankfurt aus, um dem deutschen Reiche nach seinem (Österreichs) Sinne eine Verfassung zu geben. Neben einem Fürstenhause sollte als Abgeordnetenhaus eine Delegiertenversammlung (aus Abgeordneten der einzelnen Landesvertretungen Deutschlands) gebildet werden. Der König von Preußen, den der österreichische Verfassungsentwurf auf eine Linie mit dem Könige von Bayern stellte, erschien nicht am Fürstentage, der auch bei den meisten Norddeutschen keinen Anklang fand, und so löste sich der Versuch wieder in Nebel auf.

11. Der schleswig-holsteinische Krieg. Das Jahr 1864.

Wir haben schon unter Nr. 7 bei den Wirren des Frankfurter Parlaments des Malmöer Waffenstillstandes gedacht, der für Deutschland eine Schmach war. Es sollte jedoch damit noch nicht sein Bewenden haben. Als am 1. April (1849) die festgesetzte Frist abgelaufen war und die Dänen, welche durchaus nicht nachgeben wollten, sich unterdessen noch mehr gerüstet hatten, entbrannte der Kampf aufs neue. In den Hafen Eckernförde waren dänische Schiffe eingedrungen; eine deutsche Strandbatterie sprengte das Linienschiff Christian VIII. in die Luft und zwang die Fregatte Gefion, sich zu ergeben. Die deutschen Reichstruppen drangen bis nach Fridericia und Veile in Jütland vor, nachdem sie am 13. April die Düppeler Schanzen erstürmt und am 20. April die Dänen bei Kolding geschlagen hatten. Die Dänen aber machten aus Fridericia einen glücklichen Ausfall und schlugen das deutsche Belagerungsheer. Preußen, von den Seemächten gedrängt, schloß am 10. Juli mit Dänemark einen Waffenstillstand, und die deutschen Truppen mußten Schleswig räumen.

Die Waffenruhe dauerte bis zu Anfang des folgenden Jahres (1850). Am 2. Juli kam zu Berlin der Friede zustande, den Preußen im Namen des Bundes abschloß — Schleswig ward den Dänen überlassen. Die Herzogtümer griffen abermals zu den Waffen; am 25. Juli wurden aber bei Idstedt 26 000 Schleswig-Holsteiner von 37 000 Dänen zurückgeschlagen, und nun mußten sich die Herzogtümer dem Willen der Großmächte fügen, und diese entschieden in London (8. Mai 1852), daß nicht der Herzog von Augustenburg, den das Volk verlangte, sondern Prinz Christian von Glücksburg die Herrschaft über Schleswig-Holstein erben sollte. Die zu Deutschland gehörigen Festungen Friedrichsort und Rendsburg wurden den Dänen übergeben und von diesen geschleift. Die deutsche Flotte, welche während des Seekriegs mit Dänemark schon gute

Dienſte geleiſtet hatte (viele Patrioten hatten dazu ihre Beiträge geſteuert) — wurde in Bremerhaſen an die Meiſtbietenden verkauft. Die Dänen erhoben nun noch viel hochmütiger ihr Haupt und ſuchten in den Kirchen und Schulen von Schleswig alles Deutſchtum auszurotten.

König Friedrich VII. von Dänemark hatte bereits eine Geſamtſtaatsverfaſſung vorbereitet, durch welche Schleswig der däniſchen Monarchie gänzlich einverleibt werden ſollte, als er plötzlich am 15. November 1863 ſtarb. Nach dem Londoner Protokoll von 1852 folgte ihm Prinz Chriſtian von Glücksburg als König Chriſtian IX. Anfangs trug er Bedenken, zu der Verfaſſungsurkunde ſeines Vorgängers ſeine Unterſchrift zu geben; aber die Kopenhagener drohten mit einer Revolution, und ſo that er es, um ſeine Krone nicht zu verlieren.

Damit hatten die Dänen ſelber das von den Mächten feſtgeſtellte Londoner Protokoll verletzt, das dem Herzogtum Schleswig eine ſelbſtändige Verfaſſung gewährleiſtete. Die deutſchen Mittel= und Kleinſtaaten hatten das Londoner Protokoll überhaupt nicht anerkannt, und ſo kam in ganz Deutſchland der lang verhaltene Zorn über die Vergewaltigung eines Bruderſtammes durch die übermütigen Dänen zum Ausbruch. Hannöverſche und ſächſiſche Truppen beſetzten im Auftrage des Deutſchen Bundes ſofort Holſtein, und die Bewohner dieſes Herzogtums erklärten, nur dem Auguſtenburger Friedrich als ihrem Herzog huldigen zu wollen.

Dies lag jedoch nicht im Intereſſe Preußens, das die Zahl der deutſchen Kleinſtaaten nicht vermehrt ſehen wollte. Und da Öſterreich ſeinen Nebenbuhler nicht allein in dieſer deutſchen Nationalſache wollte handeln laſſen: ſo rückten auch preußiſche und öſterreichiſche Truppen in Holſtein ein, jene unter dem Feldmarſchall Wrangel und dem Prinzen Friedrich Karl, dieſe unter dem Feldmarſchall=Lieutenant von der Gablenz. Die Dänen wurden aufgefordert, ſofort Schleswig zu räumen. Da ſie dies verweigerten, ſo rückten die Alliierten in dies Herzogtum vor, die Öſterreicher gegen das Danewerk, eine ausgedehnte Schanzenlinie, die Preußen in öſtlicher Schwenkung bei Nacht und Schneeſturm (2. Februar 1864) über die Schlei ſetzend, wodurch der däniſche Oberbefehlshaber de Meza genötigt wurde, den Öſterreichern das Danewerk zu räumen. Ihre Nachhut wurde bei Overſee (6. Februar) erreicht und geſchlagen, und ſchon am 19. Februar konnten die Alliierten Kolding auf der Grenze von Jütland beſetzen. Erſt jenſeits Flensburg, in den ſehr feſten Düppeler Schanzen, ſetzten ſich die Dänen feſt; dieſe wurden von Prinz Friedrich Karl im Sturm genommen (18. April). Auch zur See beſtand die junge preußiſche Marine den ungleichen Kampf gegen die däniſche Übermacht.

Es wurden Friedensverhandlungen mit Dänemark angeknüpft, die ohne Ergebnis blieben, und der Krieg begann von neuem. Die Preußen ſetzten (29. Juni) nach der wohlverteidigten Inſel Alſen über (unter Herwarth von Bittenfeld) und gewannen auch dieſe Inſel. Die alliierten Truppen drangen weit über den Lymfjord bis an die äußerſte Spitze von Jütland vor; die Dänen bequemten ſich endlich zum Frieden, der am 1. Auguſt vor

läufig in Wien verabredet, am 30. Oktober 1864 unterzeichnet ward. Der
König von Dänemark entsagte allen seinen Rechten auf die Herzogtümer
Schleswig = Holstein und Lauenburg zu Gunsten des Kaisers von Österreich
und des Königs von Preußen. Die deutschen Länder im Norden der Elbe
(Nordalbingien) waren von der dänischen Fremdherrschaft befreit, die Schmach
von 1850 war gesühnt.

12. Das Jahr 1866. Preußen erringt die Hegemonie.

Der schleswig = holsteinische Krieg, weit entfernt, die deutsche Frage zu
lösen, hatte die Spannung zwischen Österreich und Preußen einerseits, zwischen den Kleinstaaten und Preußen andererseits, erst recht auf die Spitze
getrieben. Daß es so nicht bleiben konnte, daß es zu einem Entscheidungs=
kampfe zwischen den beiden rivalisierenden Großmächten kommen müsse,
fühlte man allgemein. Die gemeinsame Verwaltung der Herzogtümer erwies
sich immer schwieriger. Zwar trafen König Wilhelm und dessen nun zum
Grafen ernannter Minister Bismarck mit dem Kaiser Franz Joseph und
dessen Minister (Graf Mensdorff) zusammen — in Gastein und Salzburg,
wo zur Vermeidung des Bruderkrieges die Auskunft getroffen wurde, Preußen
solle Schleswig, Österreich dagegen Holstein verwalten, und das kleine Lauenburg solle an Preußen fallen, welches dafür an Österreich 2½ Million
Thaler zahlte. Allein das alles war nur ein Hinausschieben des Kampfes,
und in der Voraussicht desselben beeilte sich Franz Joseph, den Verfassungs=
streit mit Ungarn beizulegen, indem er mit Deak, dem Führer der gemäßigten
Oppositionspartei des ungarischen Landtages, ein Abkommen traf, nach
welchem die Länder der Stephanskrone wieder ein Gesamtkönigreich Ungarn
mit eigener Verfassung und Verwaltung ausmachen sollten. Österreich teilte
sich in zwei Hälften diesseits und jenseits der Leitha (des Grenzflüßchens
zwischen Deutsch=Österreich und Ungarn) — in ein Cisleithanien und Trans=
leithanien. Bismarck hatte schon früher den österreichischen Staatsmännern
den Rat erteilt, Österreich solle seinen Schwerpunkt nach Ofen=Pest verlegen,
und dem französischen Gesandten in Wien, Herzog von Gramont, hatte
er gelegentlich in Karlsbad gesagt, er fürchte durchaus nicht einen Krieg mit
dem verarmten und zerrütteten Kaiserstaate, ja er wünsche ihn sogar. Im
Herbst 1865 war er nach Biarritz, wo damals der französische Kaiser weilte,
geeilt, um mit diesem über die Neutralität Frankreichs zu unterhandeln, die
er auch durch die Drohung einer Allianz mit Rußland erlangte. Im März
1866 kam der italienische General Govone nach Berlin, ein Bündnis mit
Preußen zu schließen, das den Italienern die Erwerbung von Venetien verhieß, während es sie zugleich aus der drückenden Abhängigkeit von Frankreich
herauszureißen versprach.

Österreich blieb auch nicht müßig; es zog Truppen nach Böhmen,
forderte die ihm ergebenen Höfe — Sachsen, Bayern, Württemberg, Hessen=
Darmstadt — auf, sich in Kriegsbereitschaft zu setzen, ließ durch seinen Gesandten den König von Hannover bearbeiten, daß er es nicht mit Preußen
halte, unterhandelte auch mit dem Kaiser Napoleon und bot ihm Venedig

an, falls er durch Teilnahme am Kriege Österreich zu Schlesien verhelfen
würde; am 5. Mai erklärte sich Österreich sogar gegen Italien bereit, ihm
Venetien zu schenken, falls es neutral bliebe. Die Italiener trauten nicht recht,
und der Neutralität Frankreichs war Preußen sicher. Louis Napoleon mochte
darauf rechnen, daß, wenn sich beide Feinde im Kampfe erschöpft haben
würden, er dann um so leichter den Schiedsrichter spielen könne.

Schon am 9. April hatte der preußische Gesandte am Bundestage
(v. Savigny) beantragt, ein nach allgemeinem Stimmrecht gewähltes Parla=
ment zusammentreten zu lassen, „damit Preußen die militärischen Kräfte
wenigstens von Nord= und Mittel=Deutschland zu wirksamer That um sich
vereinige". Das wollten die Fürsten nicht, weil sie in solcher Vereinigung
eine Schmälerung ihrer Macht erblickten. Am 11. Juni berief der öster=
reichische Statthalter v. d. Gablenz die holsteinischen Stände zusammen, daß
sie sich über ihre Wünsche, d. h. für den Herzog von Augustenburg, aus=
sprechen sollten. Preußen erklärte diesen Schritt für eine Verletzung des
Gasteiner Abkommens, drückte mit 24 000 Mann seiner Truppen die öster=
reichische Besatzung aus Holstein heraus und beantragte sodann in Frankfurt
einen neuen Bund mit einem aus direkten Wahlen hervorgegangenen Parla=
ment, unter Ausschluß der österreichischen und niederländischen Landesteile;
die deutsche Heeresmacht sollte im Norden von Preußen, im Süden von
Bayern befehligt werden. Die Bundesversammlung beschloß dagegen (auf
den Antrag Österreichs) am 14. Juni mit 9 gegen 6 Stimmen, die
Bundestruppen auf Kriegsfuß zu stellen und Preußen durch
Waffenmacht zu zwingen, den Bundesbeschlüssen sich zu fügen. Der preu=
ßische Gesandte verließ den Saal, von seiten Preußens den Bundesvertrag
kündigend. Tags darauf bot die preußische Regierung den nächsten Nachbarn:
Hannover, Sachsen, Kurhessen und auch Nassau Frieden an, den vollen
Besitz ihrer Länder zusichernd, wenn sie sogleich abrüsten würden. Als ab=
lehnende Antwort erfolgte, rückten schon am 16. Juni preußische Truppen
in diese Länder ein. Zu Preußen hielten nur die beiden Mecklenburg, Olden=
burg, die thüringischen Herzogtümer und die Hansestädte.

Mit einer Präzision und Schnelligkeit, worüber auch die gegen Preußen
verhetzten Süddeutschen erstaunten, drangen die preußischen Heeresabteilungen
vor; am 17. Juni rückten sie in Hannover, am 18. in Dresden, am 19.
in Kassel ein. Die hannoversche Armee, mit ihrem blinden König planlos
tastend, suchte sich nach Bayern durchzuschlagen, ward jedoch am 27. Juni
von einer kleinen Vorhut festgehalten, deren Angriff sie wohl tapfer und
blutig zurückschlug, sich aber bald darauf, von 40 000 Preußen umschlossen,
als kriegsgefangen ergeben mußte. Die sächsische Armee hatte sich südwärts
auf ihre österreichischen Bundesgenossen zurückgezogen.

General=Feldzeugmeister Benedek, der Oberbefehlshaber des österreichi=
schen Heeres, hatte sein Hauptquartier von Olmütz nach der Festung Joseph=
stadt verlegt und in deren Nähe seine Truppen zusammengezogen. Sie be=
standen aus sieben Armeecorps, von denen zwei durch die Erzherzöge Ernst
und Leopold kommandiert wurden. Die Preußen teilten sich nach dem wohl=

ausgedachten Plane des Generalstabschefs Moltke und des Kriegsministers Roon in drei Heeresabteilungen, die von verschiedenen Seiten in Böhmen eindringen sollten: rechts die Elbarmee, 40000 Mann stark, unter Herwarth von Bittenfeld; im Centrum Prinz Friedrich Karl mit 100,000 Mann; links die schlesische Armee, 116000 Mann, unter dem Kronprinzen. Die Elbarmee marschierte von Dresden an dem rechten Elbufer aufwärts; die erste Armee unter Prinz Friedrich Karl auf der Straße nach Reichenberg; beide überschritten am 23. Juni die böhmische Grenze. Die zweite oder schlesische Armee rückte am 27. Juni unter dem Kronprinzen und General Steinmetz teils über Nachod und Braunau, teils über Liebau nach Trautenau vor. Bei Gitschin sollten sich sämtliche Heere vereinigen.

Gegen die Elb= und erste Armee schickte Benedek den Grafen Gallas mit nur 60000 Mann; er ward geworfen und mußte sich, am 29. Juni bei Gitschin geschlagen, auf Königgrätz zurückziehen. Als die schlesische Armee, die mit vielen Schwierigkeiten zu kämpfen hatte, aus den Engpässen des Grenzgebirges vordrang, ließ sich General Bonin bei Trautenau durch die Versicherung täuschen, daß keine Österreicher in der Nähe seien. Mit dem ersten Armee=Corps drang er in Trautenau ein. Als er die Stadt durchzog, wurde aus den Häusern auf die verhaßten Preußen geschossen; jenseits der Stadt traf er aber auf ein überlegenes österreichisches Corps unter Gablenz, welches die Vordringenden nach hitzigem Gefechte unter schweren Verlusten bis Goldenöls zurückwarf. Dort aber hielten sie stand, bis die Garden von Braunau her zur Unterstützung anlangten (am 28. Juni), und nun wurden die Österreicher zurückgeschlagen, die sich mit einem Ver= luste von 4000 Toten und Verwundeten und 5000 Gefangenen nach Königshof zurückzogen. Aber auch dort war am folgenden Tage (29. Juni) die Garde auf ihren Fersen, und Königshof ward erstürmt.

Noch blutiger war der Kampf, den der linke Flügel der schlesischen Armee zu bestehen hatte. General Steinmetz, der durch den Engpaß von Nachod vordrang, stieß am 27. Juni auf die Österreicher unter dem Feld= marschalllieutenant Ramming. Die Lage war gefährlich; dennoch gelang es der besonnenen und todesmutigen Tapferkeit der Preußen, die Höhen zu be= setzen und durch das mörderische Schnellfeuer der Zündnadelgewehre die Übermacht zurückzuschlagen; auch die preußische Kavallerie warf siegreich die österreichische zurück — der Paß war geöffnet. Am folgenden Tage erfocht der „Löwe von Nachod", wie Steinmetz nun genannt wurde, noch einen Sieg über Erzherzog Leopold bei Skalitz und am 29. Juni über das Corps des Grafen Festetics, das die Vereinigung des Corps von Steinmetz mit dem Gardecorps unter Prinz August von Württemberg hindern wollte.

Nun blieb dem österreichischen Oberfeldherrn, der in wenigen Tagen 35000 Mann verloren hatte, nichts übrig, als seine Streitkräfte bei Königs= grätz zu sammeln. Auf seine Anfrage, ob er mit den nicht in bester Ver= fassung befindlichen Truppen dennoch eine Schlacht wagen solle, erhielt er den Befehl des Kaisers, sofort eine Schlacht zu liefern. Mit 500 Kanonen ſetzte er ſich auf den Höhen zwiſchen der Elbe und Biſtritz feſt, auf den Entſcheidungstag gefaßt.

Auf die Kunde vom glücklichen Fortſchritt ſeiner Armee war König Wilhelm nach Böhmen geeilt und eben in Gitſchin eingetroffen, als die Kunde eintraf, Benedek habe bei Sadowa und Königgrätz feſte Stellung genommen. Noch in der Nacht ward ein Kriegsrat gehalten und beſchloſſen, ſchon am Morgen des folgenden Tages (3. Juli) den Angriff zu beginnen und ein Zuſammentreffen aller preußiſchen Corps auf dem Schlachtfelde ins Werk zu ſetzen. Das preußiſche Heer war etwa 200 000 Mann ſtark, da aber mehrere Truppenkörper der weiter abwärts an der Elbe befindlichen ſchleſi=ſchen Armee nicht rechtzeitig eintreffen konnten, ſo nahmen etwa 150 000 Mann am Kampfe teil.

Um 7 Uhr früh ward derſelbe durch Prinz Friedrich Karl eröffnet, obwohl der Kronprinz mit ſeiner Armee vor mittags nicht zur Stelle ſein konnte. Die furchtbare Artillerie Benedeks, der ſeine Kanonen terraſſenförmig aufgeſtellt hatte, lichtete die Glieder der in der Front anſtürmenden Preußen; die Diviſion Franſecky deckte vier Stunden lang unter gräßlichem Kartätſchen=feuer den linken Flügel und ließ ein Viertel ihrer Infanterie auf dem Schlachtfelde niedergeſchmettert zurück. Endlich, mittags 1 Uhr, drangen zwei Corps der kronprinzlichen Armee auf den rechten Flügel der Öſterreicher ein und machten ihren Brüdern Luft. Wie bei Belle = Alliance (Waterloo) Blücher, ſo war hier bei Sadowa der Kronprinz durch ſtrömenden Regen und auf=geweichten Lehmboden an ſchnellerem Vorrücken gehindert worden; aber allen Hinderniſſen zu Trotz erſchien er noch rechtzeitig genug, um das Schickſal des Tages zu entſcheiden. Benedek ſah ſich, um 3 Uhr nachmittags, plötz=lich im Rücken gefaßt, mit Ungeſtüm warfen die Garden den Feind aus drei auf einander folgenden Poſitionen — noch hielt er die Höhen von Chlum, den Schlüſſel der ganzen öſterreichiſchen Aufſtellung. Da drang General Hiller von Gärtringen, die Wichtigkeit dieſes Punktes erkennend, mitten durch das mörderiſche Feuer gegen Chlum vor, und während er ſelbſt vom Geſchoß tödlich getroffen zu Boden ſank, nahmen ſeine tapferen Bataillone die Höhen im Sturm.

Die Schlacht war gewonnen; um 4 Uhr ſetzte ſich der König an die Spitze der Kavallerie, den auf allen Seiten weichenden Feind zu verfolgen; doch erſt bei Pardubitz um 9 Uhr abends verſtummte der Kanonendonner. Vierzehn Fahnen, 174 Geſchütze, 18 000 Gefangene fielen in die Hände der Sieger, von denen 8800 tot und verwundet bei Chlum, Sadowa und Königgrätz lagen, während der Verluſt auf öſterreichiſcher Seite 42 000 Mann betrug.

Benedek zog ſich mit den Trümmern ſeiner aufgelöſten Armee nach der Feſtung Olmütz zurück, die Preußen aber, von ihm unbeirrt, rückten auf Wien los. Hätten die Italiener im Süden ebenſo ſiegreich gefochten wie die Preußen im Norden, dann wäre der Kaiſerſtaat in doppelte Gefahr geraten. Doch der piemonteſiſche Obergeneral La Marmora war kein Moltke und ſeine Piemonteſen keine Preußen; bei Cuſtozza wurden ſie ſchon am

24. Juni vom tapferen kriegserfahrenen Erzherzog Albrecht (dem Sohne des Siegers bei Aspern, Erzherzog Karl) aufs Haupt geschlagen und über den Mincio zurückgeworfen. Auch den Freischaren unter Garibaldi war es nicht gelungen, in Tirol vorzudringen, und die italienische Flotte wurde von dem österreichischen Admiral Tegethof bei Lissa in die Flucht geschlagen.

Der Sieg von Königgrätz war aber so entscheidend gewesen, daß auch die Piemontesen davon zehren konnten. Unaufhaltsam drangen die preußischen Heere durch Mähren, in einigen glücklichen Gefechten den noch bei Olmütz stehenden österreichischen Truppen den Weg nach Wien abschneidend. Das königliche Hauptquartier war bereits nach Nikolsburg, 12 Meilen von Wien, verlegt, und Prinz Friedrich Karl war schon am 16. Juli über die March auf ungarisches Gebiet vorgedrungen, General Bose hatte nach lebhaftem Scharmützel die Österreicher schon umgangen — als die Nachricht von einem abgeschlossenen Waffenstillstande eintraf.

Der Kaiser von Österreich hatte einen verzweifelten Entschluß gefaßt und am 5. Juli erklärt, er trete Venetien an den Kaiser Napoleon ab und nehme dessen Vermittelung für den Frieden an. Durch diesen Schritt glaubte Franz Joseph, die Südarmee unter Erzherzog Albrecht zu freier Verwendung gegen Preußen und jedenfalls günstigere Friedensbedingungen zu erhalten. Unter französischer Vermittelung kam denn auch am 26. Juli zu Nikolsburg ein Waffenstillstand zum Abschluß, der zugleich den Präliminarfrieden enthielt, welcher später zu Prag am 23. August in einen definitiven Friedensschluß verwandelt wurde. Der Kaiser von Österreich giebt darin seine Zustimmung zur Auflösung des bisherigen deutschen Bundes und zu einer Neugestaltung Deutschlands ohne Österreich, tritt seine Ansprüche an Schleswig-Holstein an Preußen, sowie Venetien an Italien ab; Preußen stiftet einen norddeutschen Bund mit dem Main als Südgrenze; für Sachsen legt Österreich Fürsprache ein, es wird in den Frieden einbegriffen.

Im Südwesten Deutschlands hatte der Krieg gleichfalls, Dank der vortrefflichen Leitung der Heerführer, einen für Preußen glücklichen Ausgang genommen. General von Falckenstein drängte am 10. Juli die Bayern nach glücklichen Gefechten bei Kissingen und Hammelburg über den Main zurück, am 14. Juli warf Göben die unter General Neipperg vereinigten Österreicher, Kurhessen und Darmstädter; am 16. Juli zog Falckenstein in das österreichisch gesinnte Frankfurt ein — der Bundestag rettete sich nach Augsburg und quartierte sich im Gasthause zu den drei Mohren ein. Nachdem General Falckenstein als Gouverneur nach Böhmen abberufen war, trat General Manteuffel an seine Stelle und führte seine Main-Armee zu neuen Siegen, schlug am 23. Juli die Badenser bei Hundheim, am 24. die Württemberger bei Tauberbischofsheim, am 26. die Bayern bei Roßbrunn. Die Mängel der Bundesarmee, welche Preußen so oft vergeblich zu beseitigen gestrebt hatte, waren nun auch dem blödesten Auge sichtbar geworden.

Auch die Mittelstaaten wandten sich an Napoleon um Unterstützung bei den Friedensverhandlungen. Der französische Gesandte Benedetti forderte von Preußen nicht bloß die Grenze von 1814 für Frankreich, er wollte auch für seinen Herrn noch etwas mehr diplomatisch erobern, nämlich die Bundes= festung Mainz, worauf ihm Bismarck ruhig sagte: Dann ist's Krieg! Auf diesen war Napoleon augenblicklich nicht vorbereitet; er wolle sich, erklärte er weiter, zur Not auch mit Luxemburg oder der bayerischen Pfalz begnügen. König Wilhelm wollte aber nicht einen Fuß breit Landes an Frankreich ab= getreten wissen. Bismarck öffnete den Mittelstaaten zeitig die Augen über das, was Frankreich im Schilde führe, und diese schlossen dann rasch nach einander Frieden mit Preußen, indem sie mit demselben zugleich ein Schutz= und Trutzbündnis eingingen. Bayern trat nur zwei kleine Bezirke an Preußen ab; während Hessen=Darmstadt: Homburg und einige Teile Oberhessens über= ließ, das zugleich dem norddeutschen Bunde beitrat. Das Königreich Hannover, das Herzogtum Nassau, Kurhessen, die freie Stadt Frankfurt, sowie Schleswig= Holstein wurden der preußischen Monarchie einverleibt; Sachsen rettete seinen Bestand, indem es rückhaltlos dem norddeutschen Bunde beitrat und sein Militär unter den Oberbefehl des Königs von Preußen stellte.

Preußen war nun das geworden, was es sein mußte, um ein starker Hort Deutschlands zu sein und dem deutschen Namen bei allen Nationen Achtung zu verschaffen. Sein Ruhm ging durch alle Lande, und seine Tüch= tigkeit mußten, wenn auch wider Willen, seine Feinde anerkennen. Der norddeutsche Bund war ein mächtiges Reich, mit dem sich die kleinere Südwesthälfte Deutschlands durch den Zollverein und das Schutz= und Trutz= bündnis für den Fall eines Krieges mit Frankreich oder sonst einer Macht eng verbunden hatte. Was bisher keinem Staatsmann und keinem Parla= ment hatte gelingen wollen, die Einigung des zersplitterten Deutschlands: das hatte der glorreiche Feldzug im Jahre 1866 zuwege gebracht; nicht geschwächt, sondern gestärkt war Deutschland aus dem Bruderkriege hervor= gegangen, und den auf die Erstarkung der deutschen Nation eifersüchtigen und neidischen Franzosen sollte es bald fühlbar werden, welche Kraft ein einiges Deutschland besitzt.

13. Der deutsch=französische Krieg von 1870 und 1871 und seine Frucht: Das neue deutsche Reich.

1.

Nicht nur die französischen Staatsmänner und Kriegsobersten, das ganze Franzosenvolk empfand den schnellen und entscheidenden Sieg Preußens über Österreich als eine ihm selbst beigebrachte Niederlage, ja — soweit ging der Übermut — als eine Schmach, die es rächen müsse. „Revanche für Sa= dowa!" war das Stichwort in Frankreich, das in allen Tisch= und Parla= mentsreden wiederklang. Unser welscher Nachbar hatte auch ganz richtig herausgefühlt, daß nun die Zeit vorüber sei, wo er sich in deutsche An= gelegenheiten mengen und aus deutscher Uneinigkeit Vorteil ziehen konnte.

Dem Cäsar an der Seine, Louis Napoleon, dessen Herrschaft lediglich auf die Volksgunst und das Waffenglück gebaut war, mochte es auch etwas bänglich zu Mute werden; sein Glücksstern schien sich verdunkeln zu wollen. Im Kriege, den er 1853 bis 1855 mit England verbündet gegen den stolzen Zaren von Rußland, Nikolaus I., unternahm (Schlacht an der Alma, Bombardement und Einnahme von Sebastopol am 8. September 1855); sowie in dem italienischen Feldzuge (1859) gegen Österreich im Bunde mit Viktor Emanuel — die Schlachten von Magenta (4. Juni) und Solferino (24. Juni) wurden von den Franzosen gewonnen, — war ihm das Glück treu geblieben. Als er aber zur Unterdrückung der Republik Mexiko ein Heer über das Atlantische Meer und unter seiner Protektion auch einen Kaiser, den unglücklichen Erzherzog Maximilian von Österreich, den Bruder des Kaisers Franz Joseph von Österreich, nach Mexiko sandte und dieser Feldzug nicht nur große Summen, sondern auch den Glauben an seine Unfehlbarkeit verschlang — die Truppen mußten mit Schimpf abziehen und Maximilian ward auf Befehl des Generals Juarez (des Präsidenten der Republik) erschossen — da wandte ihm das Glück den Rücken. Die große Weltausstellung 1867 beschäftigte wohl die Pariser und schmeichelte ihrem Ehrgeize, konnte aber nicht hindern, daß der Ruf nach größerer parlamentarischer Freiheit, die Napoleon bisher unterdrückt hatte, immer lauter wurde. Noch einmal appellierte er an das Volk, das unter Beihilfe der Priester mit mehr als 7 Millionen Stimmen für ihn (1½ Million Stimmen waren gegen ihn) stimmte; doch mußte er sich selber sagen, daß seinem Sohne nur dann die Nachfolge auf dem Throne gesichert sei, wenn er durch einen neuen Krieg und selbstverständlich Ländererwerb den nach gloire dürstenden Franzosen Genüge thäte. Kein Krieg war aber so volksbeliebt, als der gegen Preußen, und kein Ländererwerb so erwünscht, als der des linken Rheinufers.

Louis Napoleon, welcher die Kraft und Tüchtigkeit des deutschen Volkes, insbesondere Preußens, besser kannte als seine spanische Gemahlin Eugenie von Montijo und seine Günstlinge, die ihn zum Kriege drängten, konnte sich nur schwer zu diesem Kriege entschließen, der, wie er wohl wußte, über sein eigenes Sein oder Nichtsein entschied. Ein Versuch, den Deutschen die Bundesfestung Luxemburg zu entreißen, war mißglückt, da mit Zustimmung der europäischen Mächte Preußen zwar seine Besatzung aus der Festung herauszog, diese selbst aber auch geschleift und das Großherzogtum Luxemburg als neutrales Gebiet erklärt wurde.

Nun sollte der erste beste Vorwand benutzt werden, um Preußen den Krieg zu erklären. Die Rüstungen waren durch Marschall Niel vollendet; an Chassepots (Gewehren mit Hinterladung, die an Tragkraft die preußischen Zündnadelgewehre übertrafen) und Mitrailleusen (Spritzkanonen) war kein Mangel; Österreich war für Frankreich gewonnen und bereit, die Niederlage von Königgrätz wieder wett zu machen; in Süddeutschland waren die Demokraten und katholischen Römlinge einmütig im Hasse gegen die norddeutsche protestantische Macht, und der Papst hatte Ende 1869 ein großes Konzil seiner Bischöfe und Prälaten nach Rom berufen, um seine unbeschränkte Herrschaft durch Erklärung der päpstlichen Unfehlbarkeit auf den Gipfel der

Macht zu erheben. Die Jesuiten stellten die Zerschlagung des geeinten Deutschlands als eine Notwendigkeit hin für die Erhaltung des Papsttums, und der Franzosenkaiser sollte der weltliche Arm sein, der das hochverdienstliche Werk ausführte.

Wer sucht, der findet; und so stellte sich der Anlaß zum Kriege schnell genug ein. Die Spanier hatten nach Vertreibung ihrer Königin Isabella sich den Erbprinzen von Hohenzollern-Sigmaringen zu ihrem Könige erwählt und dieser die Wahl angenommen. Die Wahl eines Hohenzollern, obwohl derselbe mit den Napoleoniden noch näher verwandt war, als mit dem brandenburgischen Hause, brachte jedoch alle Franzosen in Harnisch, weil sie darin einen ehrgeizigen Übergriff Preußens erblickten. Der französische Minister des Auswärtigen, Herzog von Gramont, erklärte in der Kammer, Frankreich werde eine solche Vergrößerung der preußischen Macht nimmermehr dulden, und der französische Gesandte Benedetti mußte den im Bade Ems weilenden König Wilhelm zu bestimmen suchen, daß er dem Prinzen die Annahme der spanischen Krone verbiete. Dazu war der König gar nicht befugt und schon diese Zumutung eine unstatthafte, darauf berechnet, Preußen zu demütigen. Indessen verzichtete Prinz Leopold von selber auf den ohnehin wenig einladenden Thron. Nun trieb aber der französische Botschafter sein dreistes Auftreten so weit, daß er vom König eine schriftliche Versicherung verlangte, niemals zugeben zu wollen, daß ein Hohenzoller den spanischen Thron besteige. Gegen eine so beleidigende Forderung erhob sich der gerechte Königsstolz des greisen Helden — er ließ dem zudringlichen Franzosen durch einen Adjutanten sagen, daß er nichts mehr mit ihm zu verhandeln habe.

Diese würdige Zurückweisung französischer Anmaßung fand in ganz Deutschland den lebhaftesten Beifall; die französischen Minister Ollivier und Gramont verkündigten dagegen der Kammer, der Krieg sei nun gewiß, denn Benedetti sei beschimpft worden. Der Kriegsminister Leboeuf erklärte auf die Frage, ob man auch bereit sei: Jawohl, überbereit, bis auf den Gamaschenknopf! Ein Schwindel ergriff das eitle Franzosenvolk, das von einem Spaziergange nach Berlin wie von einer schon sicheren und ausgemachten Sache träumte und die preußischen Heere schon über die Elbe zurückgeworfen sah.

Preußen war jedoch noch besser gerüstet als Frankreich, und Bayern, Württemberg und Baden gingen diesmal mit ihm so wacker Hand in Hand, daß, sobald die französische Kriegserklärung in Berlin übergeben war (am 19. Juli), binnen 10 Tagen bereits 600000 Mann nord- und süddeutsche Truppen marsch- und schlagfertig waren und nach abermals 10 Tagen neun norddeutsche und drei süddeutsche Armee-Korps an der Grenze standen, des Befehls zum Einmarsche in Feindesland gewärtig. Durch das deutsche Volk ging eine Begeisterung wie im Jahre 1813; nur die Päpstlichgesinnten schauten grämlich auf den nationalen Aufschwung aller deutschen Stämme und suchten in Bayern ihren jungen König Ludwig II. von der Teilnahme am Kriege abzuhalten. Doch dieser war ein guter Deutscher, und sein Heer dachte und fühlte wie er.

Drei große deutsche Armeen waren gebildet, welche gegen die zwei französischen Heere zogen. Die erste deutsche Armee stand unter General Steinmetz Ende Juli bei Trier, die zweite unter Prinz Friedrich Karl (bei welcher
auch der König mit Moltke, Roon und Bismarck sich befand) bei Kaiserslautern, und die dritte unter dem Kronprinzen von Preußen begann ihren
Siegeslauf im Elsaß, wo ihr der beste Feldherr mit französischen Kern-
truppen gegenüberstand — der Marschall Mac Mahon, der Held von Magenta. Am 4. August wurde dessen Vorhut unter General Douay bei
Weißenburg durch die ungestüme Tapferkeit der mit den Preußen vereinigten
Bayern zertrümmert, trotz der rothosigen Turkos, trotz Kugelspritzen und
Chassepots, und zwei Tage darauf, am 6. August, wurde das Hauptheer
Mac Mahons aus seiner festen Stellung bei Wörth herausgeworfen und
so gründlich geschlagen, daß es in wilder Flucht durch die Vogesenpässe eilte
und erst bei Chalons sich wieder sammeln konnte. Diese Vernichtung des
rechten französischen Flügels machte es dem Kronprinzen möglich, die große
Rechtsschwenkung vorzunehmen, welche das deutsche Heer zur Umfassung und
völligen Erdrückung des französischen führen sollte, zu Siegen, derengleichen
die Geschichte nicht viele zu verzeichnen hat.

Diese herrlichen Siege im Elsaß, in denen Bayern und Württemberger
in glänzender Tapferkeit mit den preußischen Bataillonen wetteiferten, wirkten
in Paris um so betäubender, als gleichzeitig der verlustvolle Rückzug des
französischen Heeres von Saarbrücken bekannt wurde. Kurz zuvor hatte
Napoleon seinen Parisern eine Gaukelei vorgemacht, indem er nach Saarbrücken, wo nur 900 Mann Preußen belassen worden waren, mit drei
Divisionen vorrückte. Kämpfend und nur langsam weichend zog sich die
kleine Besatzung zurück; der Kaiser aber ließ einen glänzenden Sieg seiner
Truppen melden und schrieb der Kaiserin von seinem Söhnlein: „Louis
hat die Feuertaufe erhalten, seine Kaltblütigkeit hat viele Soldaten bis zu
Thränen gerührt."

Sobald aber Steinmetz mit seiner Armee anlangte, war's mit der
Prahlerei vorbei. Auf den Höhen von Spicheren bei Saarbrücken hatte
das Corps des Generals Frossard sich verschanzt und eine vorzüglich feste
Stellung eingenommen. Trotzdem griff Generallieutenant von Kamecke am
Morgen des 6. August an; die Sturmversuche scheiterten anfangs, als aber
Teile der zweiten Armee unter General Göben zu Hilfe kamen, wurden —
unter blutiger Heldenarbeit — die steilen Höhen genommen, und die erste
und zweite Armee drang über Forbach gegen Metz vor, wo der Marschall
Bazaine mit der Hauptmacht (der sogenannten „Rheinarmee") stand. Um
diese an der Vereinigung mit der von Mac Mahon bei Chalons neugebil-
deten Armee zu hindern, unternahmen es 70000 Preußen unter Prinz
Friedrich Karl, sich seinem 200000 Mann starken, auf dem Abmarsch nach
Verdun begriffenen Heere in den Weg zu werfen und es zum Stehen zu
bringen. Das geschah am 16. August in der mörderischen Schlacht zwischen
den Dörfern Vionville, Flavigny und Rezonville. Bazaine ward
auf Mars-la-Tour zurückgeworfen, verschanzte sich auf den Höhen von St.

Privat und Rezonville und gedachte, von einer so festen Stellung aus die Angriffe der Preußen so zurückzuschlagen, daß sie ihn dennoch müßten ziehen lassen. Am 18. August ward er aber auf seinen befestigten Höhen angegriffen, der Schlüssel seiner Stellung, die Hügel von St. Privat, wurden von der preußischen Garde mit Sturm genommen, und der französische Marschall sah sich mit seinen 180000 Mann auf die Festung Metz zurückgeworfen, wo sofort die Belagerung durch die Armee des Prinzen Friedrich Karl begann. Das war der blutige Sieg bei Gravelotte (Rezonville oder St. Privat) am 18. August, der mit Strömen des edelsten deutschen Blutes errungen wurde.

Nun begann nach dem Plane Moltkes die Jagd auf Mac Mahons neu gebildetes Heer, das, allen unerwartet, das Lager bei Chalons plötzlich geräumt hatte und statt über Rheims nach Paris wieder rückwärts zur Maas gezogen war, um sich — wie es die Befehlshaber in Paris sich ausgedacht — in aller Stille wieder der Mosel zuzuwenden und zum Entsatz der eingeschlossenen Rheinarmee vor Metz zu rücken.

Deutscherseits war gleich nach dem Siege bei Gravelotte eine vierte Armee unter dem Oberbefehle des Prinzen Albert von Sachsen gebildet worden. Sobald man nun von dem Plane Mac Mahons Kunde erhielt, schwenkte die kronprinzliche Armee von ihrem Marsche nach Paris ab gegen Norden; die königliche Armee hielt die Mitte und ging die Maas hinab, den Argonnerwald entlang, und Prinz Albert sollte von Südosten das Mac Mahonsche Heer fassen. Am 30. August überraschten das erste (Bayern) und vierte Corps bei Beaumont die Franzosen beim Abkochen im Lager und sprengten sie auseinander. Ein Durchbruch nach Osten war ihnen bereits verlegt, und am 31. August vollendete der Kronprinz Fritz die Umgehung des Feindes, und es fand der großartige Aufmarsch der deutschen Heere um die Festung Sedan (an der Maas nahe der belgischen Grenze) statt, in deren Umgebung Mac Mahon seine Streitkräfte zusammengezogen und in Schlachtordnung gestellt hatte.

Am 1. September begann die große Schlacht. Die Franzosen wehrten sich tapfer, und die Bayern hatten schwere blutige Arbeit im Dorf Bazeilles, wo sie sechs Stunden lang gegen die Marine-Infanterie fochten und die Bauern aus Dächer- und Kellerluken auf sie schossen, so daß Haus bei Haus erobert werden mußte, bis das ganze Dorf in Flammen aufging. Nicht minder heftig tobte die Schlacht bei den Dörfern Floing und Illy, wo die starke feindliche Stellung von der Infanterie des 5. und 11. preußischen Corps erstürmt wurde. Dichte Massen von französischer Reiterei, erst Kürassiere, dann Chasseurs d'Afrique und Uhlanen, brausten heran auf die dünnen blauen Linien der deutschen Bataillone; diese ließen sie kaltblütig bis auf 150 Schritt herankommen, gaben dann, wie sie standen, ihr Schnellfeuer, und die Schwadronen wälzten sich blutig zerschmettert im Staube. Es war ein großes Kesseltreiben; die Franzosen, von allen Seiten gefaßt, wurden immer mehr nach der Festung zusammengedrängt. Mac Mahon, schwer verwundet, gab das Kommando an Ducrot, dann an den eben aus Algier angelangten General Wimpffen ab. Ein letzter verzweifelter Vorstoß der Franzosen ward von den Bayern zurückgeschlagen, französisches Fußvolk flüchtete sich in buntem Gewirr mit der Reiterei nach Sedan hinein; um 4 Uhr ruhte der Kampf, da sich aber auf den Mauern der Festung keine weiße Flagge blicken ließ, begannen die Württemberger Sedan zu beschießen. Endlich kommt ein Parlamentär und überbringt ein Schreiben des Kaisers.

König Wilhelm hielt westlich von Sedan auf einem Hügel ob Don-chery, von wo er das Schlachtfeld überschauen konnte. Der ihm nun über-brachte Brief Napoleons lautete: „Da es mir nicht vergönnt war, an der Spitze meiner Armee zu fallen, so lege ich meinen Degen zu den Füßen Ew. Majestät nieder."

Am folgenden Tage kapitulierte General Wimpffen mit der ganzen französischen Armee. Es ergaben sich 84000 Mann als Gefangene, dar-unter 1 Marschall, 39 Generale, 230 Stabsoffiziere, 2595 Offiziere, und 330 Kanonen, 70 Mitrailleusen, 139 Festungsgeschütze und 10000 Pferde fielen in die Hände der Sieger, nachdem die Franzosen bereits 25000 Mann an Toten und Verwundeten oder Gefangenen auf dem Schlachtfelde eingebüßt hatten. Napoleon wurde als Gefangener nach Kassel auf Schloß Wilhelmshöhe — wo einst König Hieronymus (Jérome) ein lustiges Leben geführt hatte — gebracht. Tief bewegt telegraphierte König Wilhelm an seine Gemahlin: „Welch eine Wendung durch Gottes Fügung!" Ein Jubel ging durch das ganze deutsche Land, als die Gefangennehmung Napoleons kund ward.

2.

In der That, es war wie über den ersten Napoleon so auch über seinen Neffen ein Gottesgericht ergangen. Die Franzosen aber, anstatt sich selber klar zu werden über ihre Verblendung und sich selber anzuklagen, daß sie die Napoleonsche Regierung so lange geduldet, schoben nun alle Schuld auf ihren Kaiser. Wäre er glücklich gewesen, sie hätten ihn vergöttert; nun traten sie ihn in den Staub, verkündeten die Republik und schrieen: Krieg bis ans Messer! Als Republikaner, meinten sie, würden sie unwiderstehlich sein und die Deutschen zu Paaren treiben.

Bazaine hatte am Tage vor der Schlacht bei Sedan (31. August) den mißglückten Versuch gemacht, bei Noisseville durchzubrechen; Vinoy mit seinem Corps von 25000 Mann, mit dem er zu Mac Mahon stoßen wollte, war auf die Kunde von dessen Gefangennahme nach Paris zurückgeeilt, wo der noch von der Kaiserin berufene Kriegsminister Graf Palikao seine Stelle nieder-legte, und nachdem erst vereinzelte Rufe nach Absetzung des Kaisers und seiner Dynastie laut geworden, proklamierte der junge feurige Advokat Gambetta die Republik vom Stadthause aus. Die Kaiserin entfloh in der Nacht, ver-kleidet, aus den Tuilerien nach England. General Trochu, dem noch Na-poleon den Oberbefehl über die Pariser Truppen anvertraut hatte, ward Präsident der neuen „Regierung der Landesverteidigung", der Advokat Jules Favre Vicepräsident; Gambetta aber riß bald die Macht eines

Diktators an sich. Mit großer Energie wirkte er für die Schaffung neuer republikanischer Heere, wobei er es in der Kunst zu lügen und das Volk mit erdichteten Siegesnachrichten aufzustacheln, noch weiter brachte als das Kaiserreich. Selbst der redliche Favre, der mit Bismarck über den Frieden verhandelte, konnte sich noch nicht ganz von der französischen Eitelkeit und Selbsttäuschung lösen; er erklärte: „Wir werden keinen Fuß breit Landes, keinen Stein unserer Festungen abtreten!"

Da blieb nichts anderes übrig, als daß die deutschen Heere dem hoch= mütigen Pariser Volke auf den Leib rückten und ihre stolze, durch 17 feste Außenwerke (Forts) geschützte Hauptstadt belagerten, um mit der Eroberung von Paris die Franzosen zum Frieden zu zwingen. Am 19. September war der große Ring, den die deutschen Waffen um Paris herum zogen, ge= schlossen. Der frühere Minister Thiers, welcher durch seine Angriffe auf die Napoleonsche Regierung neue Popularität gewonnen hatte, befand sich auf der Reise nach Wien, London und Petersburg, um diese Mächte für ein Einschreiten zu Gunsten Frankreichs zu gewinnen.

Unterdessen war die Hauptstadt des Elsaß, die starke Festung Straß= burg, das einst die Franzosen dem deutschen Reiche geraubt, durch General v. Werder am 28. September zur Übergabe gezwungen worden, der sich dann zur Belagerung von Schlettstadt und der noch viel stärkeren Feste Belfort wandte. Nach und nach fielen die Festungen zweiten und dritten Ranges: Toul, Soissons, Verdun ꝛc. Doch das große Paris, das eine ganze Armee in sich aufgenommen und dessen mit Kanonen reich besetzte Forts jedes nähere Andringen hemmten, leistete tapferen Widerstand. Mit Lebensmitteln und Munition war es vor Beginn der Belagerung wohl ver= sehen worden. Ein früh hereinbrechender rauher Winter legte den Belage= rungstruppen, die alle ihre Bedürfnisse von weither beziehen mußten, da die Pariser die nächste Umgegend verwüstet hatten, nicht geringe Schwierig= keiten in den Weg.

Gambetta war am 7. Oktober mittels Luftballons von Paris nach Tours geflogen, um das Land im Süden und Westen aufzuwiegeln und Freischärler (franctireurs) aller Orten den Deutschen entgegenzuwerfen, die ihre Märsche hemmen sollten. Selbst der gichtkranke Garibaldi war mit seinen Scharen der französischen Republik zu Hilfe geeilt, der es gelungen war, neben der in Paris von Trochu befehligten, aus regulären Truppen (60000 Mann) und Bürgerwehr (über 200000 Mann) bestehenden Armee noch zwei ansehnliche Heere auf die Beine zu bringen: eine Nord=Armee und eine Loire=Armee.

An der Loire hatte sich ein heftiger Kampf entsponnen; die Bayern hatten unter General v. d. Tann am 11. Oktober Orleans besetzt, am 18. Oktober Chateaudun erstürmt und überall heftigen Widerstand gefunden. Das bayersche Corps war aber nur 28000 Mann stark, und als nun die 100000 Mann starke Loire=Armee unter Aurelles de Paladines gegen Or= leans vorrückte, kamen die Bayern in harte Bedrängnis und mußten nach heißem Kampfe bei Coulmiers sich zurückziehen. Bald sollte ihnen Verstär=

kung zukommen. Bazaine, nachdem er sich in Metz 9 Wochen gehalten, sah sich genötigt, am 27. Oktober die Festung samt seinem ganzen ausgehungerten Heere zu übergeben: 173 000 Mann mit 3 Marschällen (Bazaine, Leboeuf, Canrobert) und 4000 Offiziere streckten die Waffen und wurden als Gefangene nach Deutsch= land geschickt. Die 180 000 Mann starke Belagerungsarmee unter Prinz Friedrich Karl hatte wieder freie Hand bekommen. Ein Teil derselben zog auf Paris, ein anderer unter Manteuffel gegen die Nord=Armee Bourbakis, das Gros unter dem Prinzen selbst zog nach dem mittleren Frankreich, um rechts dem General v. d. Tann, links dem General Werder die Hand zu reichen. Nun konnten die Bayern ihre Scharte wieder auswetzen; die Loire=Armee unter Aurelles de Paladines wurde zweimal, bei Beaune (28. November) und bei Loigny (am 1. Dezember) geschlagen, und am 4. Dezember ward der Bahnhof von Orleans erstürmt. Aurelles legte den Oberbefehl nieder, und aus seinem gesprengten Heere wurden mit Heranziehung vieler Ersatzmannschaften zwei Armeen gebildet, von denen die eine unter Chancy auf Paris vorging, aber bei Le Mans geschlagen wurde. Auch die Nord=Armee ward am 23. Dezember bei A m i e n s durch Manteuffel aufs Haupt geschlagen, Bourbaki aber drängte mit neuen Scharen, die er inzwischen im Südosten zusammengerafft hatte, das Wedersche Corps auf die Linie zwischen Besoul und Belfort zurück.

In den ersten Dezembertagen hatten auch die Pariser einen kräftigen Ausfall gewagt, auf der südöstlichen Seite bei C h a m p i g n y, wo Württem= berger und Sachsen sich die Hand boten, jedoch eine lange Strecke aller Schanzen entbehrte. Hier glaubte General Ducrot den Eisengürtel durch= brechen zu können; er stürmte mit 150 000 Mann und zahlreicher Artillerie heran, heldenmütig hielten die Württemberger den Anprall 6 Stunden lang aus, mußten aber endlich ihr Champigny, wie die Sachsen ihr Dorf Brie nach tapferstem Widerstande räumen; doch am 2. Dezember erhielten sie durch preußische Bataillone Verstärkung, und nun gings wieder auf den Feind, der, ohne seinen Zweck erreicht zu haben, nach Paris zurückgeworfen wurde.

König Wilhelm hatte sein Hauptquartier in Versailles, im stolzen Pa= laste Ludwigs XIV. genommen, der in seinem Übermute ein Stück deutschen Landes nach dem andern geraubt hatte, da das zerstückelte vielköpfige deutsche Reich dem durch einen Willen geleiteten und starken Frankreich keinen Wider= stand leisten konnte. Nun war für die Deutschen der Zeitpunkt gekommen, wo sie in gemeinsamem Kampfe wider den Erbfeind sich selber wiedergefun= den, durch glorreiche Siege sich wiederum ein starkes, einiges deutsches Reich errungen hatten, das fortan der Mainfluß nicht mehr in zwei sich fremde Teile trennen sollte. Die Fürsten selber nahmen nun in Übereinstimmung mit den Wünschen aller deutschen Patrioten das Einigungswerk in die Hand, und König Ludwig II. von Bayern, als der mächtigste unter ihnen, trug dem Heldenkönige Wilhelm die Kaiserkrone entgegen; ein gleiches geschah am 18. Dezember von den Abgeordneten des norddeutschen Reichstages. Der greise König empfing sie im Glanze weltgeschichtlicher Siege von einem treuen Volke, dem er auch, als den Feldzug begann, in seinem Herzen „Treue um Treue" gelobt hatte.

Noch immer widerstand die französische Hauptstadt; lange hatten die Deutschen mit der Beschießung derselben gezögert. Am 27. Dezember donnerten die ersten Kanonenkugeln gegen das Vorwerk von Mont Avron im Osten; schon am folgenden Tage war es in ihrer Hand. Am 29. Dezember folgte die Beschießung der Südforts und mit dem neuen Jahre fielen auch Bomben in das „heilige Paris", das vom Hunger schon hart mitgenommen war. Als die Nachricht anlangte, König Wilhelm sei in Versailles zum deutschen Kaiser erwählt worden, geriet alles in neue Wut; noch einmal verlangte man nach einem Ausfall, und Trochu ließ am Morgen des 19. Januar 1871 150 000 Mann unter dem Schutze der Kanonen des Mont Valérien, des stärksten Forts, unter der Leitung des Generals Vinoy ausbrechen, der auch im ersten Anlaufe zwei Verschanzungen der Deutschen nahm, dann aber von den preußischen Feldkanonen so blutig zurückgewiesen wurde, daß 9000 Franzosen auf dem Schlachtfelde blieben.

Darauf legte Trochu den Oberbefehl nieder und Favre unternahm es, wegen der Übergabe zu unterhandeln. Unterdessen hatte General Werder mit seiner geringen Schar von Badensern und preußischer Landwehr in schrecklicher Kälte des harten Winters die Angriffe der Bourbakischen Armee mit heroischer Tapferkeit zurückgeschlagen; das ganze schlecht verpflegte, halb zerlumpte Franzosenheer mußte, da von verschiedenen Seiten deutsche Truppencorps im Anzuge waren, sich auf neutralen Schweizer Boden retten, wo es entwaffnet wurde. Die Verhandlungen zwischen Favre und Bismarck waren am 28. Januar so weit gediehen, daß ein Waffenstillstand für 3 Wochen unterzeichnet wurde, welcher die Forts vor Paris den Preußen auslieferte und die Berufung einer Nationalversammlung nach Bordeaux gestattete, die über den Abschluß des Friedens Beschluß fassen sollte. Die Deutschen beeilten sich, den ausgehungerten Parisern Lebensmittel zuzuführen.

Am 13. Februar konnte die assemblée zu Bordeaux von Favre eröffnet werden; der alte erfahrene gewandte Thiers war von 20 Departements zugleich gewählt worden und wurde am 16. zum Chef der Republik ernannt. Als solcher begab er sich mit Favre zum Kanzler Bismarck, um die Friedensbedingungen festzustellen. Nach so ungeheuren Opfern, welche Deutschland in diesem Kriege gebracht, zu welchem es von den Franzosen auf so leichtfertige Weise herausgefordert war, durfte es mit Fug und Recht einige Landstriche verlangen, welche früher ohnehin zu Deutschland gehört hatten: Elsaß und Lothringen. Zwei so ausgezeichnete Festungen wie Metz und Straßburg sollten fortan den Franzosen ihren Ausfall zum deutschen Rhein nicht mehr erleichtern und stützen. Das war die eine Hauptbedingung. Die zweite war die Zahlung einer Kriegsentschädigung von 5 Milliarden (5000 Millionen Franken); die Räumung der einstweilen besetzten französischen Departements sollte nach Maßgabe der geleisteten Zahlung erfolgen. Das feste Belfort ward wieder an Frankreich zurückgegeben.*)

---

*) Geschlossen wurden die Friedensverhandlungen zu Frankfurt a. M. den 10. Mai 1871.

Wie viel leichteren Kaufes wäre das bethörte Volk davon gekommen, wenn es nach der Schlacht bei Sedan zum Frieden sich bequemt hätte! Nun mußte es die Folgen seines eigenen Thuns und Wollens tragen, und die Versammlung zu Bordeaux nahm (546 gegen 107 Stimmen) die Friedensbedingungen mit schwerem Herzen an. Um dem tief gedemütigten Stolze der Pariser nicht allzuwehe zu thun, hatten sich die am 1. März 30000 Mann stark in die Weltstadt einziehenden Preußen und Bayern dazu verstanden, nur den Raum zwischen dem Triumphbogen und dem Eintrachtsplatze (place de la concorde) zu besetzen. Geduldig ertrugen sie dort die Ungezogenheiten und Herausforderungen des Pariser Gesindels und zogen schon am 3. März, als die Zustimmung zu den Friedensbedingungen von Bordeaux eintraf, wieder aus der Stadt heraus. Sie hielten einstweilen nur noch die nördlichen und östlichen Forts um die Hauptstadt besetzt und ebenso die nordöstlichen französischen Departements. Nur die Landwehr konnte vorläufig an den geliebten heimischen Herd zurückkehren, Linie und Reserve blieben noch auf französischem Boden zurück, der gleich einem Vulkan noch allerlei Ausbrüche befürchten ließ.

Paris, das schon so viele Revolutionen angezettelt hatte, sollte bald eine neue, von der roten Republik in Scene gesetzte, erleben. Am 10. März hatte die Versammlung in Bordeaux ihre Übersiedelung nach Versailles beschlossen; sie stand in Verdacht, ihre Mehrheit neige sich zur Monarchie hin. Das kommunistisch gesinnte Centralkomitee der Pariser verlangte nun in einer Proklamation, daß die Nationalgarde ihre Offiziere selber wählen dürfe und alle militärische Autorität sich den Beschlüssen der Pariser Gemeinde (Kommune) zu fügen habe. Die Pariser Arbeiter hatten das Exercierspiel, das ihnen alle Tage ihren Sold einbrachte, ohne daß sie arbeiten mußten, lieb gewonnen und wollten nun selber die Herren spielen. Die wohlhabenderen Bewohner samt den Behörden verließen Paris. Als der Oberbefehlshaber der Pariser Truppen, Vinoy, den General Le Comte auf den Montmartre sandte, um sich der dort befindlichen Geschütze zu bemächtigen, brach die Revolte aus, Le Comte und ein zweiter General Thomas wurden ermordet, die Nationalgarde fraternisierte mit den Truppen, und Vinoy konnte nur 10000 derselben nach Versailles führen.

Die Forts im Süden von Paris ergaben sich den Aufrührern, die im Norden und Osten waren zum Glück für die Regierung noch in deutschen Händen, und der Mont Valérien im Westen ward noch von Vinoys Truppen besetzt. Die ordnungsliebenden Bürger von Paris zogen sich scheu zurück, 180000 Wähler setzten die neue Regierung der Kommune ein, deren Präsident ein herabgekommener Arbeiterführer, Namens Aßi (aus Bremen, eigentlich Aßmann mit Namen), wurde. Hinter der Kommune von Paris standen die aus allen Ländern sich rekrutierenden Internationalen, die es auf Umsturz der bestehenden Gesellschaftsordnung abgesehen haben. — Bald sollten die Greuel der ersten Revolution in Paris losbrechen. Thiers mußte zur Belagerung Befehl erteilen, Mac Mahon ward Oberbefehlshaber des Regierungsheeres, das unter blutigen Kämpfen Schritt für Schritt vordrang. Geraubt und geplündert hatten die Anhänger der roten Republik schon lange; nun zündeten sie auch das Stadthaus, die Tuilerien, das Louvre und viele andere Paläste an — Weiber und Kinder trugen Petroleum herzu, um den Brand zu schüren, die Vendôme-Säule mit der Statue Napoleons I. wurde zertrümmert, das Haus von Thiers demoliert, die Gefangenen, darunter der Erzbischof von Paris, wurden unbarmherzig erschossen.

Die Truppen hieben alles nieder, was ihnen vor die Klinge kam, und mit den Kanonen, die früher auf die Deutschen gerichtet waren, wurden nun die Pariser niedergeschmettert, die sich noch kurz zuvor erfrecht hatten, die wohldisciplinierten deutschen Truppen „Hunnen", „Barbaren", „Vandalen" zu schelten. Unsere deutschen Landsleute schauten dem wütenden Kampfe ruhig zu. Erst am 25. Mai wurden die regulären Truppen Herren der Stadt, die Feuersbrünste wüteten jedoch noch einige Tage fort.

Daheim aber hatte der deutsche Kaiser Wilhelm I. schon am 21. März — es war der Frühlingsanfang einer neuen Ära deutscher Geschichte — den ersten deutschen Reichstag eröffnet, der mit frischer Kraft des Reiches inneren Ausbau unternahm. Otto von Bismarck, der zum Fürsten erhobene Kanzler dieses neuen Reichs, war, wie er es in den Tagen des Konflikts voraus-gesagt hatte, der populärste Mann in Deutschland geworden.

Am 15. Juni schloß der Kaiser den ersten Reichstag, und tags darauf feierte er an der Spitze eines Teils seiner aus dem Felde zurückgekehrten Krieger (40 000 Mann Garde und 1600 Mann aus allen deutschen Truppen-körpern) den Siegeseinzug in die deutsche Kaiserstadt Berlin. Unser kaiser-licher Kronprinz zog am 16. Juli an der Spitze der braven Bayern, die er zu so viel Siegen und Ehren geführt, in München ein unter dem Jubel des Volks, das den ritterlichen leutseligen Feldherrn, der an der Seite des edlen Bayernkönigs Ludwig ritt, mit Lorbeerkränzen überschüttete. Nicht minder glänzend und gehoben durch die Begeisterung der biederen Württemberger war der Einzug in Stuttgart. Diese Siegesfeste waren zugleich Verbrüde-rungsfeste der deutschen Nation, die sich nun gefunden hatte in Not und Gefahr des großen Vaterlandes als „ein Volk von Brüdern". Wie noch nie in der deutschen Geschichte hatten sich diesmal Preußen und Sachsen, Thüringer und Hessen, Schlesier und Württemberger, Badenser und Bayern wider den gemeinsamen Erbfeind erhoben wie ein Mann und allen Völkern gezeigt, was Deutschland vermag, wenn es einig ist.

Siebzehn Jahre lang hat Kaiser Wilhelm I. zum Segen Deutschlands regiert. Als er am 9. März 1888 in seinem 91. Lebensjahre starb, von seinem Volke geehrt und geliebt, wie selten ein Fürst, hatte er erfüllt, was er bei der Übernahme der Kaiserwürde versprochen; er war gewesen „ein Mehrer des Reiches nicht an kriegerischen Eroberungen, sondern an den Gütern und Gaben des Friedens, auf dem Gebiete der Wohlfahrt, der Freiheit und Gesittung des Volkes."

Ihm folgte auf dem Throne sein Sohn, der Sieger von Wörth, als Kaiser Friedrich III., den unheilbare Krankheit schon nach wenigen Monaten, am 15. Juni 1888 dahinraffte. Schmerzerfüllten Herzens hat das deutsche Volk den Hingang dieses Edlen beklagt, aber voll freudiger Zuversicht steht es in Treue zu seinem Sohne, dem Kaiser Wilhelm II., den Gott in Gnaden behüte!

Zeittafel.

(Zur Übersicht der behandelten Personen und Ereignisse.)

I. Alte Geschichte.

Erste Periode:	Älteste Geschichte, bis auf Cyrus	555 v. Chr.
Zweite Periode:	Von Cyrus bis auf Alexander den Großen	333 =
Dritte Periode:	Von Alexander d. Gr. bis auf Augustus	31 = =
Vierte Periode:	Von Augustus bis zum Untergang des west=	
	römischen Kaisertums	476 n. Chr.

Erste Periode.

v. Chr.	
	Ägypten, der älteste gebildete Staat. Möris, um 2150.
2000	Das assyrische Reich zwischen Euphrat u. Indus, gegründet durch Ninus u. Semiramis. Hauptstädte: Niniveh u. Babylon.
1800—1500	Die Juden in Ägypten. Joseph — Moses.
1300	Sesostris. (Sethos I. u. Ramses II.)
	Die Phönizier, mächtiges Handelsvolk.
1184	Eroberung Trojas durch die Griechen.
1095	Samuel und Saul.
1085	David.
1015	Salomo. Homer aus Kleinasien.
975	Trennung des jüdischen Reiches in Juda und Israel.
888	Lykurg in Sparta. Dido gründet Karthago.
753	**Gründung Roms durch Romulus und Remus.**
743	Aristodemus. Erster messenischer Krieg (743—724).
722	Salmanassar von Assyrien zerstört das Reich Israel.
686	Aristomenes. Zweiter messenischer Krieg (685—668).
666	Zwölfherrschaft in Ägypten. Labyrinth. Psammetich.
615	Necho läßt Afrika durch Phönizier umschiffen.
591	Solon in Athen. Servius Tullius in Rom.
588	Nebukadnezar zerstört Sidon und Jerusalem. (Babylonische Ge= fangenschaft.)
	Das babylonische Reich vom Nil bis jenseits des Tigris.
560	Krösus in Lydien, erobert Kleinasien.
	Pisistratus, Alleinherrscher in Athen.

Zweite Periode.

555	Cyrus gründet das große persische Reich, das durch die Er= oberungen seiner Nachfolger Kambyses und Darius Hystaspis

v. Chr.

von der Donaumündungen und den Wasserfällen des Nil bis jenseits des Indus sich erstreckt.

536 Rückkehr der Juden aus dem babylonischen Exil.

510 Tarquinius der Stolze vertrieben. Rom Republik.

500 Aufstand der kleinasiatischen Griechen gegen die Perser.

490 **Schlacht bei Marathon. Miltiades.**
Athens Seemacht durch Themistokles.
Aristides der Gerechte.

480 Xerxes. Thermopylen. Leonidas.
Seeschlacht bei Salamis, gewonnen durch **Themistokles**.

444 **Perikles.** Athen auf dem Höhepunkte.
Gesetz der 12 Tafeln in Rom. Appius Klaudius. Virginia=Censoren.

431—404 Peloponnesischer Krieg, der die Blüte Griechenlands knickt.
Athen durch Lysander erobert.

399 Tod des Sokrates.

390 Die Gallier in Rom. Manlius Kapitolinus. Kamillus.

378 Befreiung Thebens von den Spartanern. Pelopidas. Epa=
minondas. (Schlacht bei Leuktra 371.)

338 **Schlacht bei Chäronea.** Untergang der griechischen Freiheit.
Philipp I. v. Macedonien (360—336). Demosthenes in Athen.

Dritte Periode.

333 **Alexander der Große** (336—323) erobert das persische
Reich und stiftet das griechisch=macedonische vom Adria=Meer bis
jenseits des Indus. (Treffen am Granicus 334, bei Issus 333.
Thyrus zerstört und Alexandrien gegründet 332.)

280 Pyrrhus von Epirus. Cineas. Fabricius. Schlachten bei
Heraclea und Asculum. Benevent (275).

264—241 **Erster punischer Krieg.** Duilius. Regulus.
(Erste römische Kriegsflotte und erster Seesieg 260.)

218—201 **Zweiter punischer Krieg.** Hannibal über die Pyrenäen
und Alpen nach Italien, siegt am Ticinus, an der Trebia, am
trasimenischen See.

216 Schlacht bei Cannä. Fabius Maximus „Cunctator".

201 Schlacht bei Zama. P. Scipio Afrikanus.

168 Ämilius Paulus schlägt den König Perseus von Macedonien bei
Pydna. Die Juden machen sich frei von Antiochus Epiphanes
167. Makkabäer.

149—146 **Dritter punischer Krieg.** Scipio der Jüngere erobert und
zerstört Karthago. Mummius zerstört Korinth.

133 Beginn des Bürgerkampfes unter den Gracchen (133—121).

111—106 Jugurthinischer Krieg. Metellus. Marus. Sylla.

113—101 Kampf mit den Cimbern. Marius besiegt die Teutonen bei
Aquä=Sextia (Aix) und mit Catulus die Cimbern bei Vercellä
(102—101).

v. Chr.

88—81 Erster Bürgerkrieg. Marius und Sylla. Mithridat von
Pontus.
Sylla, Diktator 81—79. Katilina 65—63.

60—49 Das erste Triumvirat. Pompejus, Crassus, Cäsar.
Cäsar erobert Gallien 58—50. Ariovist 58.

49—45 Zweiter Bürgerkrieg. Cäsar und Pompejus, 48 Schlacht
bei Pharsalus in Thessalien.

44 Ermordung Cäsars durch M. Brutus u. L. Cassius.

43 Zweites Triumvirat: Antonius, Oktavianus u. Lepidus.

43—42 Dritter Bürgerkrieg. Brutus und Cassius besiegt in der
Schlacht bei Philippi (42).

32—31 Vierter Bürgerkrieg zwischen Antonius und Oktavianus.
Sieg des letzteren bei Aktium 31. Tod des Antonius und der
Kleopatra.

Vierte Periode.

31 v. Chr. Oktavianus unter dem Namen Cäsar Augustus der erste
bis römische Kaiser. Rom Weltmacht, herrscht vom Atlantischen
14 n. Chr. Meer bis zum Euphrat, vom Rhein, der Donau u. dem Schwarzen
Meere bis an die Grenze der afrikanischen u. arabischen Wüsten.
Unter der Regierung des Augustus wird Jesus,
der Weltheiland, geboren zu Bethlehem in Judäa, 754
n. Chr. Jahre nach der Gründung Roms.

9 Drusus u. Tiberius machen Eroberungen in Deutschland. Der
Cherusker Armin vernichtet die Legionen des Varus
im Teutoburger Walde.

64 Nero. Brand Roms. Christenverfolgung.

70 Zerstörung Jerusalems durch Titus.

79 Ausbruch des Vesuvs. Herculanums u. Pompejis Untergang.

100 Der edle Trajan. Besiegt die Dacier, Armenier und Parther.

161—180 Mark Aurel. Schwerer Kampf gegen den Markomannischen
Bund.

330 Konstantin d. Gr. erhebt das Christentum zur Staats=
religion. Gründet Konstantinopel. Sein Nachfolger Julianus
sucht das Heidentum wiederherzustellen.

375 Beginn der Völkerwanderung infolge des Vordringens
des Hunnenkaisers. Valens fällt in der Schlacht bei Adrianopel
378 gegen die Goten.

395 Theodosius d. Gr. teilt das römische Reich. Honorius
(Rom) und Arkadius (Konstantinopel), Stilicho und Rufinus
die Minister. Stilicho besiegt die Westgoten unter Alarich bei
Verona (403), den Rhadagais bei Florenz (406).

410 Alarich erobert Rom.

451 Attila, König der Hunnen, vom römischen Feldherrn Aëtius und
den Westgoten bei Chalons an der Marne geschlagen.

n. Chr.

455 Plünderung Roms durch die Vandalen unter Geiserich.

476 Odoaker, Anführer der Heruler und Rugier, Herr Italiens. Romulus Augustulus, der letzte römische Kaiser.

II. Mittlere Geschichte.

Erste Periode: Von Odoaker bis auf Karl den Großen   768 n. Chr.
Zweite Periode: Von Karl d. Gr. bis auf Papst Gregor VII.
Dritte Periode: Von Gregor VII. bis Rudolf von Habsburg   1273 · ·
Vierte Periode: Von Rudolf von Habsburg bis Luther   1517 · ·

Erste Periode.

n. Chr.

489—526 Theodorich, König der Ostgoten, besiegt Odoaker 493; gründet das ostgotische Reich, das sich nach Norden bis zur Donau, nach Osten bis an die Grenze des griechischen Kaisertums erstreckt.

481—511 Chlodwig vereinigt die fränkischen Stämme zu einem Reich und nimmt das römische Christentum an, siegt bei Soissons über Syagrius 486; bei Zülpich über die Alemannen 496; bei Vougli über die Westgoten 507. Teilung des Reiches unter den Nachfolgern Chlodwigs in Austrasien und Neustrien. Erwerbung von Burgund. Brunhilde und Fredegunde.

555 Justinian I., Kaiser des griechischen Reichs, berühmt durch seine Feldherrn und Rechtsgelehrten. Belisar zerstört das Vandalenreich in Afrika, schlägt die Ostgoten in Italien. Narses macht dem Ostgotenreiche (Totilas, Tejas) ein Ende. Exarchat von Ravenna.

566 Die Langobarden unter Alboin erobern Norditalien. Hauptstadt Pavia (570—774).

622 Mohammed (geb. zu Mekka 570) Gründer des Islam. Die Araber erobern in kurzer Zeit Jerusalem, Phönizien, Syrien, Ägypten, Persien und die ganze Nordküste Afrikas. In Sicilien 669, ihre Flotte vor Konstantinopel 672.

732 Karl Martell schlägt die Araber bei Tours.

752 Pipin der Kurze entthront den letzten Merovinger (Childerich III.) und macht sich zum König. Karolinger.

755 Bonifacius. Apostel der Deutschen.

Zweite Periode.

768—814 Karl d. Gr., König der Franken, 800 zum römischen Kaiser gekrönt, gründet das große fränkische Reich von der Tiber im Süden bis zur Eider im Norden, vom Ebro im Westen bis zur Raab im Osten. Kriege mit den Sachsen von 772—803. Wittekind und Albion. Friede zu Selz (803).

n. Chr.

Zug nach Spanien 778. Roland. Unterwerfung des Bayernherzogs Thassilo 788, der Avaren 797. (Gründung der Ost-
mark) der Normannen 810. (Gründung der Nordmark —
Holstein, Hamburg.)

814—840 Ludwig der Fromme teilt zu wiederholten Malen das Reich
unter seine Söhne, Kriege zwischen Vater und Söhnen.

843 Vertrag zu Verdun: Deutschland an Ludwig, Frankreich
an Karl d. Kahlen, Lothringen und Norditalien an Lothar.
Deutsche Karolinger 843—911.

880 Alfred der Große in England, befreit das Land von den
Dänen, regiert ebenso weise als kräftig.

887 Karl der Dicke, der noch einmal auf kurze Zeit Karls d. Gr.
Reich mit der Kaiserwürde vereinte, wird abgesetzt. Arnulf v.
Kärnten — 899. Ludwig das Kind — 911. Deutschland
fortan ein Wahlreich. Konrad I. v. Franken in Fehde
mit dem Sachsenherzog Otto und dessen Sohn Heinrich. Die
sächsischen Kaiser in Deutschland von 919—1024.

919—936 Heinrich I., der Städtebauer, unterwirft die Sorben,
die Wenden, gründet die Mark Nordsachsen und Schleswig
gegen die Normannen, schlägt 933 die Ungarn bei Merseburg.

955 Otto I., der Große, schlägt die Ungarn auf dem Lechfelde
bei Augsburg. Erwirbt Italien. Adelheid und Berengar. Das
„heilige römische Reich deutscher Nation" 962. (Einführung
des Christentums in Ungarn.) Die fränkischen Kaiser in Deutschland 1024—1125.

1024—1039 Konrad II., erwirbt Burgund. Gottesfrieden (treuga dei), Erb-
lichkeit der kleinen Lehen.

1037 Ferdinand v. Aragonien vereinigt in Spanien die Königreiche
Kastilien u. Leon. Kämpfe gegen die Mauren. Der Cid.

1039—1056 Kräftige Regierung Heinrichs III. in Deutschland gegen die
Hierarchie und die Fürsten.

1066 Wilhelm der Eroberer. Schlacht bei Hastings.

1056—1106 Heinrich IV., minderjährig, schlecht erzogen, übermütig. Die
Sachsen zerstören die Harzburg 1074.

Dritte Periode.

1077 Gregor VII., Statthalter Christi, Papst ohne kaiserliche Bestätigung, verhängt über Heinrich IV. den Bann
und demütigt ihn zu Canossa. Er muß endlich aus Rom
fliehen und stirbt zu Salerno 1085.

1095 Kirchenversammlung zu Clermont.

1096—1099 Erster Kreuzzug. Eroberung Jerusalems durch Gottfried
von Bouillon. Hohenstaufische Kaiser 1137—1254.

1137—52 Konrad III. Kampf zwischen Ghibellinen und Guelphen.

n. Chr.

1152—90   Friedrich Barbarossa, von 7 Kurfürsten erwählt. Zieht siebenmal nach Italien in Kampf gegen die lombardischen Städte und gegen Papst Alexander III. Mailand zerstört 1162, lombardischer Städtebund 1167, verliert die Schlacht bei Legnano 1176. Heinrich der Löwe 1180 abgesetzt. Bayern an Otto von Wittelsbach. Vermählt seinen Sohn Heinrich mit Konstantia, Erbin von Neapel und Sicilien.

1190   Dritter Kreuzzug. Friedrich Barbarossa ertrinkt im Saleph. Philipp II. August von Frankreich. Richard Löwenherz. Saladdin. Leopold v. Österreich. Deutschherrnorden gestiftet. (Die Tempelherren schon 1118, Johanniter 1120.)

1207   Wartburgkrieg am Hofe des Landgrafen Hermann v. Thüringen.

1210   Kampf der Gegenkönige Philipp von Schwaben und Otto IV. von Braunschweig.

1209—29   Kreuzzüge gegen die Albigenser und Waldenser. Raimund von Toulouse. Bettelorden der Dominikaner und Franziskaner. Inquisition durch Papst Innocenz III. 1215.

1227   Dschingis-Chan, der mongolische Eroberer.

1215—50   Friedrich II., der große Hohenstaufe. Muß fortwährend mit den Päpsten (Gregor IX. u. Innocenz IV.) kämpfen; auch mit den lombardischen Städten. Gegenkönige: Heinrich Raspe und Wilhelm v. Holland. Empörung seines Sohnes Heinrich.

1228   Fünfter Kreuzzug. Friedrich erwirbt Jerusalem durch Ver

1241   trag. Bund zwischen Lübeck und Hamburg. Anfang der Hansa. Die Mongolen dringen nach Schlesien vor, siegen bei Liegnitz (Wahlstadt), ziehen sich aber nach Ungarn zurück.

1248   Anfang des Kölner Dombaues.

1268   Konradin, der letzte Hohenstaufe, stirbt zu Neapel auf dem Schafott. Karl v. Anjou. Schwaben, Franken und Elsaß in kleine Herrschaften zersplittert.

1256—1273 Traurige Zeit des Interregnums.

Vierte Periode.

1273—1437 Deutsche Kaiser aus dem habsburgischen u. luxemburg. Hause.

1273—1291 Rudolf von Habsburg, stellt Gesetz und Ordnung her, zerstört viele Raubburgen. Bringt Österreich, Steiermark und Kärnten an sein Haus. Ottokar v. Böhmen auf dem Marchfelde besiegt und getötet 1278. Adolf v. Nassau (1291—98) fällt im Kampfe gegen Albrecht, dieser durch Johann v. Schwaben

1308   ermordet. Befreiung der Schweiz. Bund der Eidgenossen: Werner Stauffacher, Walther Fürst, Arnold v. Melchthal. Tell und Geßler. Die Schweizer siegen über die Österreicher bei Morgarten 1315. Sempach 1386 (Arnold v. Winkelried), Näfels (1388).

n. Chr.

1314—47 Ludwig v. Bayern und Friedrich v. Österreich († 1330). Schlacht
bei Mühldorf 1322. Schweppermann.

1340—1450 Kämpfe zwischen England und Frankreich. Siege des „schwarzen
Prinzen" Eduard v. Wales (Crech) 1346) Bertrand du Guesclin
† 1380. Heinrich V. v. England, Sieger bei Azincourt (1415).
Die Jungfrau von Orleans 1430.

1415 Huß zu Konstanz (Kostnitz) verbrannt.

1440 Erfindung der Buchdruckerkunst durch Johann
Gutenberg.

1453 Eroberung von Konstantinopel durch die Türken
Ende des oströmischen Kaisertums.

1492 Entdeckung von Amerika durch Christoph Kolumbus.
Bartholomäus Diaz 1486 segelt bis zum Vorgebirge der guten
Hoffnung. Vasko de Gama 1498 nach Ostindien. — Kabral
nach Brasilien 1500. Amerigo Vespucci nimmt 1501 die
Paria-Küste in Besitz. — Alfons Albuquerque in Ostindien
1509—16. — Ferdinand Magellan 1519—22, umsegelt zum
ersten Male die Erde. Kolumbus † 1506.

1493—1519 Maximilian I. Kriege mit den französischen Königen um
Mailand. Sieg Franz I. bei Marignano 1515. Wormser
Landfrieden und Reichskammergericht 1495. Deutschland in 10
Kreise geteilt 1512.
Letztes Aufflackern des Rittertums. Götz von Berlichingen.

III. Neuere Geschichte.

Erste Periode: **Von Luther bis zum westfälischen Frieden** 1648 n. Chr.
Zweite Periode: **Vom westfälischen Frieden bis zum Tode
Friedrichs des Großen** 1786 „ „
Dritte Periode: **Vom Tode Friedrichs d. Gr. bis zum Sturze
Napoleons I.** 1815 „ „
Vierte Periode: **Vom Sturz Napoleons I. bis zur Errichtung
des Neuen deutschen Reichs** 1871 „ „

Erste Periode.

1517 Dr. Martin Luther (1483—1546) schlägt am 31. Oktober
seine 95 Theses an die Wittenberger Schloßkirche. Zwingli
1518 bekämpft die Mißbräuche des Papsttums in der Schweiz.
Tezel u. Samson. 1520 verbrennt Luther die päpstliche Bannbulle.

1519—56 Kaiser Karl V. Reichstag zu Worms 1521. Luther in die
Acht erklärt, beschützt von Friedrich dem Weisen, Kurfürsten von
Sachsen. Luther beginnt die Bibelübersetzung auf der Wartburg.

1520 Das Stockholmer Blutbad.

1521—25 Krieg zwischen Karl V. u. Franz I. von Frankreich.
Bayard, der Ritter ohne Furcht und Tadel († 1524). Sieg
Karls bei Pavia 1525.

n. Chr.

1521   Kortez erobert Mexiko. Montezuma.
         Gustav Wasa vertreibt die Dänen aus Schweden. Christian II.
         von Dänemark.

1522   Karlstadts Bilderstürmerei. Luther kehrt von der Wartburg zurück.

1523   Tod der Freunde Luthers: Ulrich von Hutten und Franz von
         Sickingen.

1525   Der Bauernaufstand in Franken u. Schwaben. Thomas Münzer.
         Schlacht bei Frankenhausen.

1526   Erster Reichstag zu Speyer. Luthers Katechismus.

1529   Zweiter Reichstag zu Speyer, die Evangelischen überreichen eine
         Protesterklärung gegen die katholische Majorität und erhalten
         den Namen „Protestanten". Luthers großer und kleiner
         Katechismus.

1530   Reichstag zu Augsburg. Übergabe des (von Melanchthon
         abgefaßten) protestant. Glaubensbekenntnisses an den Kaiser.

1531   Bund der Protestanten zu Schmalkalden. Ulr. Zwingli fällt
         in der Kappeler Schlacht gegen die katholischen Urkantone.

1532   Religionsfriede zu Nürnberg.

1534   Wiedertäufer in Münster. Joh. Bockold v. Leyden.
         Stiftung des Jesuitenordens durch Ignatius von
         Loyola.

1539   Johann Kalvin (Jean Chauvin) beginnt die Reform. in Genf.
         Marx Mayer, der Hamburger Grobschmied, und Jürgen Wullen-
         weber, der Bürgermeister in Lübeck.

1546—47   Schmalkaldischer Krieg. Karl V. siegt bei Mühlberg, nimmt
         den Kurfürsten Johann Friedrich gefangen. Landgraf Philipp
         von Hessen ergiebt sich. Moritz v. Sachsen (albertin. Linie)
         erhält die Kurwürde und den größten Teil des sächsischen Landes.

1552   Moritz erzwingt zu Gunsten der Protestanten den Vertrag zu
         Passau.

1555   Religionsfriede in Augsburg.

1558—1603 Elisabeth von England. Hinrichtung der Maria Stuart
         (1587). Die Armada Philipps II. geschlagen 1588.

1565—1609 Aufstand der vereinigten Niederlande gegen Spanien. Alba.
         Wilhelm von Oranien und dessen Sohn Moritz.

1572   Die Pariser Bluthochzeit. Admiral Coligny ermordet.

1589—1600 Heinrich IV. von Navarra (das Haus Bourbon) auf dem
         französischen Thron. Edikt von Nantes 1598.

1618—1648 Der dreißigjährige Krieg. Friedrich von der Pfalz ver-
         liert 1620 die Schlacht am weißen Berge bei Prag. 1621 Auf-
         lösung der Union. Die Parteigänger Graf Ernst v. Mansfeld,
         Herzog Christian v. Braunschweig u. Markgraf Georg Friedrich
         v. Baden durch Tilly geschlagen. Maximilian v. Bayern erhält
         die pfälzische Kurwürde 1623. Christian IV. v. Dänemark 1626
         von Tilly bei Lutter am Barenberge geschlagen. Wallenstein

n. Chr.

dringt bis an die Ostsee vor, wird Admiral der Ostsee und Herzog von Mecklenburg, belagert 1627 Stralsund.

1630 Gustav Adolf von Schweden kommt den deutschen Protestanten zu Hilfe.

1631 Zerstörung Magdeburgs. Gustav Adolf schlägt Tilly bei Breitenfeld, am Lech und besetzt Bayern. Wallenstein wieder

1632 Generalissimus. Schlacht bei Lützen. Wallenstein wird besiegt, Gustav Adolf getötet.

1634 Wallenstein in Eger ermordet. Erzherzog Ferdinand besiegt die Schweden bei Nördlingen. Richelieu unterstützt die Protestanten in Deutschland. Torstenson besiegt die Österreicher bei Breitenfeld und Jankowitz. Max von Bayern durch Wrangel und Turenne zum Waffenstillstand genötigt.

1648 Westfälischer Friede zu Münster und Osnabrück. Den Protestanten wird religiöse und bürgerliche Gleichstellung mit den Katholiken zugesichert.

Zweite Periode.

1649 König Karl I. (Stuart) von England enthauptet. Cromwell Protektor herrscht kräftig und staatsklug von 1653 bis 1658. Navigationsakte (1651).

1640—1688 Friedrich Wilhelm, der große Kurfürst von Brandenburg. Schlacht bei Fehrbellin 1675.

1688—1701 Friedrich III. als Kurfürst, wird 1701 König von Preußen, regiert als Friedrich I. von 1701—1713.

1643—1715 Ludwig XIV. von Frankreich, führt glückliche Kriege gegen Holland und Deutschland. Länderraub. Spanischer Erbfolgekrieg 1701—1714. Eugen von Savoyen und Marlborough siegen bei Höchstädt 1704, bei Ramillies und Turin 1706, bei Oudenarde 1708, bei Malplaquet 1709. Frieden zu Utrecht 1713, zu Rastadt 1714.

1700—1721 Der große nordische Krieg zwischen Karl XII. von Schweden und Peter I. von Rußland. Karl XII. siegt 1700 bei Narva, wird 1709 besiegt bei Poltawa. Erschossen vor Friedrichshall 1718. Nystädter Friede 1721.

1713—1740 Friedrich Wilhelm I.

1740—1786 Friedrich II. d. Gr. von Preußen gewinnt Schlesien und behauptet es in zwei Kriegen (Breslauer Friede 1742, Dresdener 1745), beendet glücklich den siebenjährigen Krieg 1756 bis 1763. (56 Friedrichs Sieg bei Lowositz, die Sachsen bei Pirna gefangen. 57 bei Prag, Niederlage bei Kollin. Sieg bei Roßbach und Leuthen. 58 bei Zorndorf. Überfall bei Hochkirch. 59 Sieg des Prinzen Ferdinand von Braunschweig bei Minden, Niederlage des Königs bei Kunersdorf. 60 Sieg

n. Chr.

bei Liegnitz und Torgau. Friedensschlüsse zu Paris und Hubertusburg 1763.)

1740—80 **Maria Theresia**, Kaiserin von Österreich, Franz I. von Lothringen, ihr Gemahl, deutscher Kaiser 1745—65; ihr Sohn

1765—90 **Kaiser Joseph II.** Toleranzedikt 1781. Aufhebung der Klöster 1781.

1775—83 **Nordamerikanischer Freiheitskrieg.** Die Nordamerikanischen Kolonien halten einen General=Kongreß zu Philadelphia. General Washington führt einen klugen Verteidigungskrieg. Franklin vermittelt 78 das Bündnis mit Frankreich. Niederlage der Engländer bei Yorktown 1781. Friede zu Versailles 1783 sichert den Nordamerikanischen Staaten die Unabhängigkeit.

1786—97 **Friedrich Wilhelm II.**

Dritte Periode.

1789 **Beginn der französischen Revolution.** Ludwig XVI. beruft auf den Rat seines Finanzministers Necker die Reichsstände, der dritte Stand erklärt sich selbst zur **National=verfammlung.** Sieyes. Mirabeau. 1789—91 konstituierende Verfammlung verwandelt das absolute Königtum in ein konstitutionelles. 1791—92 gesetzgebende Verfammlung reißt die Herrschergewalt an sich. Die Jakobiner. Sturm auf die Tuilerien. Ludwig XVI. muß an Österreich den Krieg erklären. Österreicher und Preußen in der Champagne.

1793 **Hinrichtung Ludwigs XVI.** und seiner Gemahlin **Marie Antoinette.** 1792—95 der Nationalkonvent, Frankreich unteilbare Republik. Schreckensherrschaft der Jakobiner. Robespierre. Danton. Marat.

1793—1797 **Erste Koalition** gegen Frankreich zwischen England, Holland, Österreich, Preußen, Sardinien und Spanien durch William Pitt. Franzosen kämpfen glücklich. Preußen schließt den **Baseler Frieden** und giebt das linke Rheinufer preis 1795. — 1794 Robespierre gestürzt. Der Jakobinerklub geschlossen. — 1795 bis 1799 gemäßigte Herrschaft des Direktoriums.

1796—1797 **Erster Feldzug Napoleon Bonapartes.** Siege bei Lodi und Arkole. Schlacht bei Rivoli. Friede zu Kampo=Formio. Österreich tritt seine niederländischen und italienischen Provinzen ab und erhält Venedig.

1797—1840 **Friedrich Wilhelm III.** Königin Louise † 1810.

1798 **Napoleon in Ägypten.** Sieg bei den Pyramiden. Nelson schlägt die französische Flotte bei **Abukir.**

1801—25 **Alexander I.** von Rußland.

1798—1802 **Zweite Koalition** gegen Frankreich zwischen England, Rußland, Österreich, Neapel und der Türkei. Die Franzosen in der

n. Chr.

Schweiz und Württemberg durch Erzherzog Karl, durch Suwarow in Italien geschlagen. Bonaparte kehrt aus Syrien zurück, stürzt das Direktorium.

1799—1804 Bonaparte Konsul, geht über die Alpen, besiegt die Öster= reicher bei Marengo 1800. Moreaus Sieg bei Hohenlinden.

1801 Friede zu Lüneville mit Österreich und dem deutschen Reiche.

1802 Friede zu Amiens mit England und der Pforte.

1804—14 Napoleon I., Kaiser der Franzosen und König von Italien.

1805—7 Die dritte Koalition (England, Österreich, Rußland und Schweden. Preußen sondert sich zu seinem Schaden ab). Ulm genommen, der österreichische General Mack gefangen. Seesieg der Eng= länder bei Trafalgar (1805), aber Napoleon gewinnt die Dreikaiserschlacht bei Austerlitz. Friede zu Preßburg (Öster= reich verliert Venedig und Tirol; Bayern und Württemberg Königreiche).

1806 Errichtung des Rheinbundes u. Ende des deutschen Reiches.
Franz II. (1792—1835) legt die deutsche Kaiserwürde nieder und nennt sich nunmehr Franz I. Kaiser von Österreich. (Joseph Bona= parte, König von Neapel; Ludwig Bonaparte, König von Holland.)

1806—1807 Krieg Napoleons mit Preußen und Rußland. Schlacht bei Jena und Auerstädt 1806, bei Eilau und Friedland 1807. Friede zu Tilsit, der Preußen alles Land zwischen Rhein und Elbe raubt.

1808 Beginn der Wiedergeburt Preußens. Stein und Hardenberg reformieren die Verwaltung, Scharnhorst u. Gneisenau das Heer.

1809 Kampf Österreichs wider Napoleon. Erzherzog Karl siegt bei Aspern (Eßlingen), wird geschlagen bei Wagram. Friede zu Schönbrunn. Salzburg an Bayern, Illyrien an Frankreich. Westgalizien zu Polen geschlagen.

1810 Andreas Hofer zu Mantua erschossen.
Napoleon auf dem Gipfel seiner Macht, vermählt sich mit Maria Louise, Erzherzogin von Österreich.

1812 Krieg mit Rußland. Siege an der Moskwa, bei Smo= lensk, Einnahme von Moskau. Schrecklicher Rückzug über die Beresina.

1813 Preußen verbindet sich mit Rußland. Begeisterung des Volkes. Schlachten bei Lützen und Bautzen. Waffenstillstand. Dann vierte Koalition. (Rußland, Preußen, Österreich, England, Schweden und Spanien.) Große Völkerschlacht bei Leipzig, 16.—19. Oktober.

1814 Die Verbündeten dringen in Frankreich ein. Abdankung Na= poleons zu Fontainebleau.

1815 1. März Napoleons Rückkehr von Elba.
18. Juni Schlacht bei Waterloo oder Belle=Alliance.

n. Chr.

Wellington und Blücher, der Marschall „Vorwärts". Zweite
Einnahme von Paris und zweiter Pariser Friede. Napoleon
nach Helena verbannt, † 5. Mai 1821. Seine Asche am 18.
Oktober 1840 nach Paris geführt.

Vierte Periode.

1815—1820 Der deutsche Bund und Fürst Metternich. Am 20. Nov. 1815
zweiter Pariser Friede der verbündeten Mächte (Rußland,
Österreich, Preußen, England) mit Frankreich. — Deutscher
Bund. (Bundestag.) Heilige Allianz (26. Sept. 1815).
Censur. (Wiener Schlußakte 1820.)

1830   Karl X. und die Julirevolution in Frankreich. (Juli-Ordo-
nanzen.) Ludwig Philipp von Orleans am 9. August zum
Könige der Franzosen erwählt. — Der deutsche Zollverein.

1848   Ludwig Philipp und die Februarrevolution. Thiers
Ministerpräsident. Unterwerfung Ägyptens (Mehmed Ali, Abdel
Kader). Den 22. Febr. 1848 (Reformbankett). Ausbruch der
Revolution in Paris. Märzrevolution in Wien und Berlin.
Louis Napoleon wird am 10. Dez. 48 Präsident d. franzöf. Republik.

1849   Die Frankfurter Nationalversammlung. Erzherzog
Johann wird am 26. Juni Reichsverweser. Schleswig-Holstein-
ischer Erbfolgestreit. Malmöer (schimpflicher) Waffenstillstand.

1851—1852 Louis Napoleons Staatsstreich, 2. Dezbr. 1851. Seine Wahl
zum erblichen Kaiser der Franzosen am 21. Dezbr. 1852.

1857—1859 König Friedrich Wilhelm IV. wird krank und sein Bruder
Wilhelm („Prinz von Preußen") übernimmt provisorisch die
Stellvertretung und am 9. Oktober 1858 (auf 10 Jahre) die
Regierung. Unglücklicher Krieg Österreichs mit Italien und
Frankreich. Frieden zu Villafranka.

1861   Am 2. Januar † Friedrich Wilhelm IV. und der Prinzregent,
als König Wilhelm I., empfängt die Krone. (Roon, Moltke
und Otto von Bismarck.)

1864   Der schleswig-holsteinische Krieg.

1866   Preußisch-österreich. Krieg. Schlacht bei Königgrätz (d. 3. Juli).
Am 26. Juli Waffenstillstand zu Nikolsburg und 23. August
Friede zu Prag.

1870—1871 Der deutsch-französische Krieg. Den 2. Sept. Schlacht bei Sedan.
(Louis Napoleon III. gefangen, Proklamation der französischen
Republik durch Gambetta, Flucht der Kaiserin.) König Wilhelm
in Versailles (18. Januar 1871) zum deutschen Kaiser
ernannt. Kapitulation von Paris (28. Januar). Friedensschluß
mit Frankreich am 10. Mai 1871 zu Frankfurt a./M.

1871—1888 Kaiser Wilhelm I. († 9. März) Erweiterung des Reiches
durch Kolonien.

1888   Kaiser Friedrich III. († 15. Juni).

1888—   Kaiser Wilhelm II. (Erwerbung Helgolands).

Als ein Pendant zu dem vorliegenden Grubeschen Werke, in welchem vorzugsweise die politische Geschichte (Fürsten und Staatengeschichte) zur Darstellung gelangt, ist in gleichem Verlage ein Werk erschienen, das sich die Aufgabe gemacht hat, die Geschichte des deutschen Volks ausschließlich in Beziehung auf Handel und Verkehr, auf Kunst und Wissenschaft, auf Sprache und Sitte u. s. w. der Beobachtung zu unterziehen.

Es sind dies:

Bilder aus der deutschen Kulturgeschichte.

Von Albert Richter,

Zweite Auflage.

2 Bände. Mit zahlreichen Illustrationen in Holzschnitt. Geh. 10 M., eleg. in 1 Bd. geb. 11.50. M.

In diesem Werke wird das materielle, wie das geistige Leben des deutschen Volks in anschaulich gehaltenen, mit reichem Detail ausgestatteten Bildern vor die Augen der Leser geführt, und zwar, unterstützt durch stattliche Illustrierung, welche dem Werke nicht nur einen Schmuck zu verleihen, sondern, da die Illustrationen meist alten Originalen nachgebildet sind, auch ein tieferes Eindringen in die Kulturverhältnisse der Vorzeit zu ermöglichen und das Verständnis des Textes zu fördern bestimmt sind.

Statt weiterer Auseinandersetzung über den Inhalt des Buches, das namentlich der heranwachsenden Jugend aufs wärmste empfohlen zu werden verdient, möge hier nur ein kleiner Teil (der Anfang) des Inhaltsverzeichnisses folgen.

Verlag von Friedrich Brandstetter in Leipzig.

Diesen beiden Werken (Grubes Geschichts- und Richters kulturhistorischen Bildern) schließt sich als Supplement gewissermaßen an:

Biographische Miniaturbilder.

Zur bildenden Lektüre für die reifere Jugend

verfaßt von

A. W. Grube.

7. Auflage. 2 Bände. 45½ Bogen gr. 8. Mit 4 Stahlstichen. Preis 7 M. Geb. 8 M. 50 Pf.

Das Buch bietet abgerundete Biographieen von Männern der Wissenschaft und Kunst, der Politik und des Krieges. Zwar besitzen wir in unserer Litteratur vortreffliche Biographieen der berühmtesten Persönlichkeiten, aber diese entweder so weitsichtig, daß ihr Studium sehr zeitraubend und ihre Beschaffung äußerst kostspielig ist, oder so skizzenhaft, daß ihre Lektüre sich erfolglos erweist. Der Herr Verfasser hat in seinem oft bewährtem Takte hier die rechte Mitte getroffen; er hat Biographieen geliefert, die für die große Mehrzahl der Leser, insbesondere aus dem jugendlichen Alter, vollkommen ausreichen. Seine Darstellung ist lebendig und ansprechend; überall ist auf das Wesentliche der Nachdruck gelegt.

Im Verlage von **Friedrich Brandstetter** in **Leipzig** sind ferner folgende, für die reifere Jugend bestimmte und zu Prämienbüchern und Festgeschenken geeignete Werke erschienen und werden freundlicher Beachtung dringend empfohlen:

Geographische Charakterbilder

in abgerundeten Gemälden aus der Länder- und Völkerkunde.

Nach Musterdarstellungen der deutschen und ausländischen Litteratur.

Von

A. W. Grube.

3. Teile. 18. sehr verbesserte und vermehrte Auflage. Mit 3 Stahlstichen und 30 großen Holzschnitten (Städteansichten u. s. w.) 128½ Bog. gr. 8. Brosch.: 13 M. 50 Pf. Eleg. geb. 17 M.

Wie die „Geschichtsbilder" die Kenntnis der Geschichte unterstützen sollen, so ist es die Bestimmung des vorliegenden Werkes, den geographischen Unterricht fördernd zu beleben. Seit 28 Jahren hat dies Buch sechzehn starke Auflagen erlebt, ist in vielen Tausenden von Exemplaren in drei Erdteilen verbreitet, von vielen Schriftstellern für die Schule und die Jugend ausgebeutet, von Tausenden von Lehrern zum Unterricht, von Eltern zur lehrreichen Lektüre im Familienkreise benutzt. Das wird ja wohl ein sprechender Beweis für die Trefflichkeit desselben sein.

Es sei deshalb nur nochmals darauf hingewiesen, daß der vorstehend angezeigten, neuen (resp. 16.) Auflage dieses Werkes durch Beigabe einer Reihe sauber ausgeführter Holzschnitte und durch Ergänzung eines Titelstahlstichs ein neuer Schmuck verliehen worden ist.

Deutsche Heldensagen des Mittelalters.

Erzählt und mit Erläuterungen versehen

von

Albert Richter.

Mit 2 in Kupfer radierten Kompositionen von **W. Georgy.**

5. Auflage. 2 Bände. 49 Bogen. gr. 8. geh. Preis 6 M.

Eleg. in englische Leinwand gebunden: 7 M. 50 Pf.

„Nach diesen Grundzügen (des ethischen Inhaltes und Wertes unserer nationalen Vergangenheit)" sagt das **Magazin für Litteratur des Auslandes,** 1868, Nr. 18. bei Erscheinen der 1. Auflage „hat einer unserer begabtesten Kenner der mittelalterlichen Litteratur, Albert Richter, eine anschauliche und gemeinfaßliche Übersicht ihrer ersten und bedeutendsten Leistungen, eine Sammlung der alten deutschen Heldensagen, uns in einer neuen, von allen früheren weit abweichenden Fassung vorgeführt . . . Wir wünschen diesem gehaltreichen und klassischen Sammelwerke der älteren deutschen Litteratur, welches jedes frühere ähnlicher Art geradezu entbehrlich macht, zu sittlich-ästhetischer Anregung und Kräftigung die lebhafteste Berücksichtigung und Teilnahme, sowohl in allen Schichten gebildeter Leser, als auch namentlich in denjenigen jugendlichen, wo die bezüglichen dichterischen Stoffe immer noch teils ungenießbar, teils fragmentarisch vorgeführt werden . . . In den Erläuterungen ruht der Schwerpunkt des Werkes und durch sie unterscheidet es sich vor allen ähnlichen, allerdings schon zahlreich vorhandenen Bearbeitungen der Heldensage."